浙江政策年鉴

ZHEJIANG ZHENGCE NIANJIAN

2012

中共浙江省委政策研究室 编

研究出版社

编 辑 说 明

一、《浙江政策年鉴》是由中共浙江省委政策研究室编纂的省级政策性年鉴，主要收集、选编浙江省、市、县（市、区）党委、政府制定出台的可公开发表的部分政策文件。这些政策文件反映了浙江省委、省政府和地方的工作思路和举措，具有浙江特色，是各级党政干部、政策研究工作者的重要工具书，也是研究浙江的重要文献。

二、《浙江政策年鉴》每年出版一卷，2012 卷选载 2011 年制定出台的部分政策文件。

三、本卷《浙江政策年鉴》按年度特色进行分类选编，分为“年度政策综述”、“国家战略举措篇”、“专业规划篇”、“转型升级篇”、“统筹城乡篇”、“民主法治篇”、“宣传文化篇”、“社会民生篇”、“生态文明篇”、“党的建设篇”等十个栏目。

四、本年鉴编纂工作在编辑委员会指导下，依靠省、市、县（市、区）有关部门共同完成，谨向支持年鉴编纂工作的各地各部门表示衷心的感谢。本年鉴疏漏和不足之处，敬请广大读者批评指正。

二〇一二年十一月

中央书记处书记、时任省委书记赵洪祝对《浙江政策年鉴》的批示

政策在经济社会发展中起着关键性作用。在今后的发展中，我们要坚持解放思想、实事求是、与时俱进，把中央精神与浙江实际紧密结合起来，认真研究制定好政策、学习宣传好政策、贯彻落实好政策，不断推进浙江社会主义经济、政治、文化、社会建设和党的建设。

赵洪祝

2007 年 9 月 4 日

序

赵一德

《浙江政策年鉴》创办以来，秉承记录政策、存史资政的宗旨，每年精心收集汇编全省各级各部门出台的政策文件，比较全面系统地反映我省在政策创新方面取得的成果，为各级领导机关科学决策提供依据，为广大理论工作者开展研究工作积累资料，为宣传浙江、研究浙江、解读浙江发挥作用。《浙江政策年鉴（2012卷）》即将付梓，谨向给予大力支持的各有关方面表示衷心感谢！

2011年，在党中央、国务院的正确领导下，省委、省政府团结带领全省人民，高举中国特色社会主义伟大旗帜，深入贯彻落实科学发展观，全面实施“八八战略”和“创业富民、创新强省”总战略，着力“稳增长、抓转型、控物价、惠民生、促和谐”，全面推进经济、政治、文化、社会建设以及生态文明建设和党的建设，改革开放和现代化建设取得了新进展。在过去发展的基础上，2012年6月召开的省第十三次党代会明确提出，浙江基本实现全面建成惠及全省人民的小康社会的宏伟目标。2011年出台的政策文件，有以下重点与特点：

一是应对国际金融危机严重冲击，加快转变经济发展方式。认真落实国务院批复精神，围绕国家战略举措的实施，制定实施海洋经济发展试点工作方案和加快发展海洋经济的政策意见，编制舟山群岛新区发展规划，动员部署义乌市国际贸易综合改革试点。加强与国家部委对接合作，我省累计有32项改革被列为国家级试点或联系点。认真落实应对国际金融危机冲击的一揽子政策，扎实推进大产业、大平台、大企业、大项目“四大建设”，推动产业结构优化升级。重点推动9大战略性新兴产业加快发展、11个重点产业转型升级、42个块状经济向现代产业集群转型、扶持146家工业龙头企业发展壮大，加快14个省级产业集聚区建设，重点建设40个省级服务业集聚示范区。认真解决企业发展中出现的新情况新问题，统筹推进中小企业脱困解难、转型发展。召开世界浙商大会，研究制定支持浙商发展的政策意见，实施浙商回归工程，促进“浙江经济”与“浙江人经济”互动融合发展。开展27个小城市培育和200个中心镇发展改革试点，扎实推进“美丽乡村”建设。制定实施新一轮支持欠发达地区跨越式发展的政策意见，推动欠发达地区加快发展和低收入群众增收致富奔小康。2011年，全省生产总值达到32319亿元，人均生产总值超过9173美元，分别居全国省区市第4位和第5位。全面实施“811”生态文明建设推进行动，进一步强化节能减排工作，不断改善生态环境质量，浙江可持续发展能力居全国各省区第3位。根据中国科学院发布的《中国科学发展报告》，浙江科学发展总水平连续4年居全国各省区第1位，浙江GDP质量指数连续两年居省区第1位。据中国国际经济交流中心评测，浙江转变经济发展方式水平居省区第2位。

二是不断提高人民生活水平，促进社会和谐稳定。加强“法治浙江”基层基础建设，积极推进社会主义民主政治制度化规范化程序化，切实尊重和保障人民群众的经济、政治、文化和社会权益。省委召开十二届十次全会，认真贯彻党的十七届六中全会精神，作出了推动浙江由文化大省向文化强省跨越的重大决策部署。启动实施“惠民富民”十大工程，不断健全为民办实事长效机制。2011年，全省城镇居民人均可支配收入达到30971元，农村居民人均纯收入达到13071元，分别连续11年和27年居各省区首位，城乡居民收入比为2.37∶1。大力发展教育、卫生、体育等各项社会事业，人民群众的受教育程度和健康水平明显提高，全省高等教育毛入学率达47%。加强就业再就业工作，完善社会保障体系，实现城乡居民社会养老保险制度全覆盖，建立了高龄老人补贴制度。省委召开十二届九次全会，审议通过关于加强和创新社会管理的决定，着力建设具有浙江特色的社会管理体系。积极推进全国社会管理创新综合试点，强化社会综合治理和基层基础，有效化解各类社会矛盾。2011年全省群众安全感满意率为96.1%，被认为是最具安全感的省份之一。全省安全生产事故起数、死亡人数和直接经济损失三项指标连续8年“零增长”并有所下降。

三是加强党的先进性和纯洁性建设，着力提高党的建设科学化水平。认真贯彻党要管党、从严治党方针，紧紧围绕保持党的先进性和纯洁性，密切党同人民群众的血肉联系，以改革创新精神全面推进党的思想建设、组织建设、作风建设、反腐倡廉建设和制度建设。认真学习贯彻胡锦涛同志在庆祝中国共产党成立 90 周年大会上的重要讲话精神，引导全省党员、干部把思想和行动统一到中央精神上来，坚定走中国特色社会主义道路的信心和决心。健全促进科学发展的领导班子和领导干部考核评价机制，为深入贯彻落实科学发展观提供领导和组织保证。深入推进领导干部下访活动，深化领导干部定期接待群众来访工作，广泛开展“服务企业、服务基层”专项行动，切实改进工作作风，帮助企业和群众解决实际困难。普遍建立村级便民服务中心，形成了从省到村五级便民服务体系。全面落实党风廉政建设责任制，进一步加强党员领导干部教育管理监督，深入推进惩防体系建设，加强廉政风险防控，从源头上预防腐败发生。进一步加强新形势下工会、共青团、妇联工作，更好地发挥各人民团体联系群众的桥梁纽带作用。

推进政策创新，是落实党的十八大提出的“构建系统完备、科学规范、运行有效的制度体系”的重要方面。政策创新，对于一个地方的发展具有关键性作用。我们要深入学习贯彻党的十八大精神，高度重视政策创新，充分发挥政策创新在改革发展中的先导性作用，以创新实践丰富和完善各项政策，以政策创新推动实践创新。希望全省各级各部门一如既往地支持《浙江政策年鉴》的编撰工作，使其全面系统地记录我省政策创新的历程，在传达政策精神、把握政策脉络、促进政策落实等方面发挥更大的作用。

2012 年 11 月 21 日

作者系省委常委、秘书长

目　　录

年度政策综述

国家战略举措篇

·省委省政府政策·

·市县政策·

专业规划篇

·省委省政府政策·

转型升级篇

·省委省政府政策·

·市县政策·

统筹城乡篇

·省委省政府政策·

·市县政策·

民主法治篇

·省委省政府政策·

·市县政策·

宣传文化篇

·省委省政府政策·

·市县政策·

社会民生篇

·省委省政府政策·

·市县政策·

生态文明篇

·省委省政府政策·

·市县政策·

党的建设篇

·省委省政府政策·

·市县政策·

年度政策综述

年度政策综述

2011年，是“十二五”规划的开局之年，也是我省改革发展进程中的重要一年。一年来，省委、省政府团结带领全省人民，高举中国特色社会主义伟大旗帜，深入贯彻落实科学发展观，全面实施“八八战略”和“创业富民、创新强省”总战略，围绕“十二五”规划确定的各项目标任务，按照“稳增长、抓转型、控物价、惠民生、促和谐”的要求，全面推进经济建设、政治建设、文化建设、社会建设以及生态文明建设和党的建设，取得了全面建设惠及全省人民的小康社会的决定性胜利。回顾这一年省委、省政府的政策文件，主要有以下六个方面：

一、紧紧抓住加快转变经济发展方式这条主线，推进浙江经济又好又快发展

加快转变经济发展方式是推动科学发展的必由之路，也是贯穿“十二五”时期的发展主线。省委、省政府坚持稳中求进、转中求好，出台了一系列政策举措，加快推进经济转型升级，积极推动经济结构战略性调整，促进经济平稳较快发展。

*实施“国家战略举措”。*抓住浙江海洋经济发展示范区、舟山群岛新区和义乌市国际贸易综合改革试点上升为“国家战略举措”的历史机遇，制定出台了加快发展海洋经济的意见、海洋经济发展试点工作方案和海洋新兴产业发展规划，组织力量着手编制舟山群岛新区发展规划，印发了国家海洋局、省政府关于共同推进浙江省海洋经济发展示范区建设战略合作协议相关工作分解落实方案和海关总署、省政府共同推进义乌国际贸易综合改革试点合作备忘录落实方案，推动“国家战略举措”落到实处。

*推进产业优化升级。*研究制定《关于加快培育发展战略性新兴产业的实施意见》，确定了生物、新能源、物联网、高端装备制造等9个战略性新兴产业，明确发展目标，加强规划布局，加大扶持力度。下发了进一步加快发展服务业的政策意见，优化服务业发展的市场环境，对服务业发展的税收、融资、用地、人才培养引进等提出了具体的政策措施。鼓励服务外包产业加快发展，促进在岸外包与离岸外包协调发展。出台了推进特色工业设计基地建设、加快块状经济转型升级的意见，推动传统块状经济向现代产业集群转变。制定政策促进建筑业转型升级，进一步推进建筑强省建设。研究制定统筹省内发展和对外开放、加快实施走出去战略的意见，推进全省产业、企业在全球优化布局、合理配置要素资源，不断壮大、提升浙江本土经济，实现“闯天下”与“强浙江”的有机统一。加强金融创新与发展，在民间融资管理、民间财富管理中心建设、小额贷款公司改革发展、中小企业金融服务中心建设等方面制定出台了一系列政策文件，为产业升级提供金融支持。

*统筹城乡区域发展。*制定了深化万村千乡市场工程、提升发展农家乐休闲旅游业、提升发展农贸市场、加强村卫生室管理和乡村医生队伍建设等政策文件，发展农村经济，改善农民生活。大力发展生态高效农业，在加快推进农业科技创新、提升发展农业机械化、开展农田水利标准化建设、加强农业标准化工作等方面出台了一系列政策文件，切实改善农业生产条件，提高农业发展水平。研究制定了推进欠发达地区加快发展的若干意见，更加注重生态建设，更加注重民生事业，更加注重环境优化，更加注重合力帮扶，强调欠发达地区要走绿色发展、生态富民、科学跨越的发展新路子。坚持走新型城市化道路，出台了加快城市地下空间开发利用的若干意见，进一步完善城市功能，提升城市建设水平。开展智慧城市建设试点工作，把信息化与城市化有机结合起来。

*加强考核评价工作。*印发了健全促进科学发展的领导班子和领导干部考核评价机制、市县党政领导班子和领导干部综合考核评价实施办法、发展方式转变评价指标体系方案、产业集聚区综合考评办法等政策文件，强调把加快转变经济发展方式放在更加突出的位置，切实把全社会发展的积极性引导到科学发展上来。

二、深化“法治浙江”建设，推进社会主义民主政治制

度化规范化程序化

“法治浙江”是浙江推进社会主义政治文明建设的重大实践载体。省委坚持党的领导、人民当家作主、依法治国有机统一，深入推进“法治浙江”建设，发展社会主义民主政治，不断提高社会法治化水平。

强化基层基础。制定出台了《关于加强“法治浙江”基层基础建设的意见》，这是我国关于加强基层法治建设的首个系统性、规范性文件。《意见》强调以服务大局为重要使命，以法治为民为本质要求，以公平正义为价值取向，以和谐稳定为重要目标，把基层基础工作放在法治建设的基础性、战略性地位来谋划和部署，进一步扩大民主、健全法制，力争实现基层党务政务公开工作不断深化、法律法规规章在基层的实施机制不断健全、行政执法便民服务逐步健全完善、基层司法保障能力显著提升、群众法律素质和企业经营管理人员守法意识普遍提高、城乡居民自治机制不断健全、群众利益诉求得到妥善解决。

建设法治政府。制定并实施关于加强法治政府建设的意见，提出“三个着力”的要求，全面推进依法行政，不断增强政府公信力和执行力。“三个着力”，即：着力推动事关依法行政全局的体制机制创新，提高制度建设质量；着力规范行政行为，保证法律法规严格执行；着力增强行政机关工作人员特别是领导干部的依法行政意识，提高依法解决矛盾的能力和水平。

规范行政强制。贯彻实施《行政强制法》，要求把规范行政强制行为作为全面推进依法行政、加快法治政府建设的一个重要抓手，抓紧开展行政强制规定和行政强制实施主体的清理工作，严格遵守行政强制程序，强化对实施行政强制的监督，切实维护公共利益和社会秩序，保护公民、法人和其他组织的合法权益。

完善村务监督。出台进一步加强村务监督委员会建设的意见，要求市、县、乡党委、政府把推进村务监督委员会建设作为加强基层民主政治建设的重要工作来抓，切实做好各项村务监督工作，认真抓好换届选举工作，推进村务监督委员会规范化建设，积极探索符合基层实际、具有浙江特色的村级民主自治、民主监督新路子。

三、推动文化大发展大繁荣，促进浙江由文化大省向文化强省跨越

2011年11月，省委召开十二届十次全会，认真贯彻党的十七届六中全会精神，在总结浙江文化大省建设经验的基础上，作出了加快推动文化大省向文化强省跨越的重大决策部署，提出要以科学发展为主题，以建设社会主义核心价值体系为根本任务，以满足人民群众精神文化需求为出发点和落脚点，以改革创新为动力，着力增强先进文化的凝聚力、公共文化的服务力、文化产业的竞争力、文化发展的创新力、区域文化的影响力和文化人才队伍的支撑力，走出一条具有中国特色、时代特征、浙江特点的文化建设新路子。建设文化强省的总体思路是“三大体系”、“八项工程”、“十大计划”。

“三大体系”。一是建设社会主义核心价值体系。推进马克思主义中国化时代化大众化，牢固树立中国特色社会主义共同理想，弘扬民族精神、时代精神和浙江精神，加强公民道德建设。二是建设公共文化服务体系。完善公共文化设施网络，增强公共文化服务能力，创新公共文化服务机制，加强现代传播能力建设，加强文化遗产传承和利用。三是建设文化产业发展体系。优化文化产业布局，提升文化产业发展层次，加强现代文化市场建设。

“八项工程”。即：文化素质工程、文化精品工程、文化研究工程、文化保护工程、文化产业促进工程、文化阵地工程、文化传播工程、文化人才工程。

“十大计划”。即：中国特色社会主义理论体系普及计划、公民道德养成计划、文艺精品打造计划、网络文化和现代媒体建设计划、重大文化设施建设计划、基本公共文化服务提升计划、文化遗产传承计划、文化产业倍增计划、对外文化拓展计划、文化名家造就计划。

四、积极推进以改善民生为重点的社会建设，加强和创新社会管理

社会建设、社会管理与人民幸福安康息息相关。省委、省政府始终坚持以人为本，在经济发展的基础上，更加注重社会建设和社会管理，着力解决人民群众最关心、最现实、最直接的利益问题，努力使全面小康社会建设成果惠及全省人民，切实维护社会和谐稳定。

加强就业社保工作。实施积极的就业政策，研究制定进一步做好普通高等学校毕业生就业工作、加强职业培训促进就业的意见，以创业带动就业、以培训促进就业。加快实施城乡居民社会养老保险制度，深化完善社会养老服务体系建设，要求在制度全覆盖基础上加快实现城乡居民应参保人员基本参保，并逐步提高城乡居民社会养老保险待遇水平。加强“菜篮子”工程建设，完善和落实“菜篮子”市、县长负责制，确保“菜篮子”市场供应均衡稳定。进一步完善困难群众基本生活价格补贴机制，适当扩大困难群众基本生活价格补贴发放对象范围，适当提高价格补贴标准，切实保障困难群众基本生活。坚定不移做好房地产市场调控工作，加快推进保障性安居工程建设，制定出台城镇住房工作考核督查和约谈办法，不断改善城乡住房条件。

大力发展社会事业。启动实施教育体制改革试点工作，把促进人的全面发展、适应经济社会发展需要作为推进教育改革的出发点，着力解决各类严重妨碍教育发展、社会和群众反映强烈的问题，努力办好人民满意的教育。深化医药卫生体制改革，进一步鼓励和引导社会资本举办医疗机构，开展县级公立医院综合改革试点，深入推进基层医疗卫生机构综合改革，努力解决“看病难、看病贵”问题。加快发展孤儿和困境儿童福利事业，进一步建立健全孤儿和困境儿童保障服务体系。

切实加强社会管理。省委召开十二届九次全会，审议通过了《中共浙江省委关于加强和创新社会管理的决定》，强调实现“五个转变”工作目标，即：在社会管理主体上，从重政府作用、轻多方参与向强化以人为本的政府主导型社会共同治理转变；在社会管理方式上，从偏重管制、控制向更加重视服务、重视协商协调转变；在社会管理环节上，从偏重事后处置向更加重视源头治理转变；在社会管理手段

上，从偏重行政手段向多种手段综合运用转变；在社会管理制度上，从传统的比较粗放单一的制度体系向符合科学发展要求、促进社会和谐稳定的制度体系转变。深入推进"网格化管理、组团式服务"，强调要形成城乡统筹、各方联动、源头治理、优化服务、动态管理的基层社会管理服务新模式。出台关于深入发展和谐劳动关系的意见，提出要着力构建规范有序、公平合理、互利共赢、和谐稳定的劳动关系。加强食品药品安全工作，开展严厉打击食品非法添加剂专项行动，进一步强化药品安全责任，维护人民群众身体健康。

五、积极构建资源节约型和环境友好型社会，深入推进生态浙江建设

省委、省政府全面启动"811"生态文明建设推进行动，坚持生态省建设方略，走生态立省之路，以建设"富饶秀美、和谐安康"的生态浙江为目标，以维护人民群众环境权益、保障改善民生为核心，大力发展生态经济，积极培育生态文化，着力完善体制机制，不断提高人民群众生活品质，努力建设全国生态文明示范区。

强化节能减排。出台了节能减排行动计划和综合性工作实施方案，在全省开展单位地区生产总值能耗和能源消费总量"双控"工作，明确提出单位地区生产总值能耗控制目标是：到2015年全省单位地区生产总值综合能耗下降到0.59吨标准煤；能源消费总量控制目标是：以2010年全省能源消费总量为基数，根据国家下达给我省的"十二五"能源消费总量控制目标，按照"核定基数、分解增量"的方法，确定各地能源消费总量控制目标。出台了进一步加快淘汰落后产能的意见，以高耗能高污染行业为重点，努力构建淘汰落后产能的长效机制。

合理利用资源。加强土地节约集约利用，制定出台了加强和改进垦造耕地工作、进一步加快批而未供土地消化利用等政策，认真落实耕地占补平衡法定义务，着力构建批而未供土地消化利用长效机制，力争到2015年底全省批而未供土地面积减少三分之一左右。制定重要海岛开发利用与保护规划，颁布无居民海岛使用金征收管理办法，推进海岛资源的合理利用。

加强生态建设。制定蓝色屏障行动方案，注重海陆一体、人海和谐，深入推进陆海污染综合防治，加强海洋生态系统保护和修复，促进海洋资源合理开发利用。制定森林浙江行动方案，做好"十二五"期间森林限额采伐管理工作，积极构建绿色屏障。全面推进清洁水源、清洁土壤行动，开展绿色创建行动、绿色城镇行动，积极推进绿色建筑发展，努力营造良好生态环境。做好自然保护区管理有关工作，提高自然保护区规范化管理水平。加快构建环境安全保障体系，着力构建与我省经济社会发展相适应的环境监测监控保障、环保基础设施工程、生态保护和修复工程、环境执法与应急保障、环境信息保障、环境科技支撑等六大体系。

六、保持党的先进性和纯洁性，推进党的建设新的伟大工程

省委认真贯彻党要管党、从严治党方针，紧紧围绕保持党的先进性和纯洁性，密切党同人民群众的血肉联系，以改革创新精神全面推进党的思想建设、组织建设、作风建设、反腐倡廉建设和制度建设。

加强思想建设。专门下发文件，要求各级党组织和广大党员干部认真学习贯彻胡锦涛同志在庆祝中国共产党成立90周年大会上的重要讲话精神，切实把思想认识统一到胡锦涛同志重要讲话上来，并结合实际把胡锦涛同志的重要讲话精神贯彻落实到各项工作中去，把学习效果转化为加强和改进工作的实际成效。

强化干部管理。下发了进一步加强党员领导干部教育管理监督的通知，在健全公共权力规范化运行机制，严格规范和约束党员领导干部从政行为，加强对重要岗位、重点领域和关键环节的监督，完善党政领导干部选拔任用制度等方面提出了新的要求。制定出台党政主要领导干部和国有企业领导人员经济责任审计办法和省属国有企业领导人员管理办法，切实加强对领导干部的管理。

积极转变作风。继续推进领导下访活动，进一步深化领导干部定期接待群众来访工作，要求建立健全省、市、县、乡、村五级领导大接访机制，完善机关部门领导干部接访机制，使其成为各级领导干部转变作风、密切联系群众的重要途径。

完善惩防体系。全面推进廉政风险防控机制建设，要求各级各部门查找廉政风险、评估风险等级，核定权力清单、规范工作流程，合理配置权力、加强有效制衡，推行"阳光权力"、强化监督制约，加强风险预警、落实防控责任，开展风险教育、筑牢思想防线。

国家战略举措篇

中共浙江省委　浙江省人民政府
关于加快发展海洋经济的若干意见

（2011 年 3 月 18 日）

浙委〔2011〕31 号

为认真贯彻落实国家海洋经济发展战略和《国务院关于浙江海洋经济发展示范区规划的批复》（国函〔2011〕19号）精神，进一步发挥我省海洋资源优势，推进海洋经济科学发展，现结合我省实际，提出如下意见。

一、切实增强加快发展海洋经济的战略意识

1. *加快发展海洋经济的重大意义。*我省海域辽阔、海岛众多、海港优良，是国务院确定的全国海洋经济发展试点省，发展海洋经济具有明显优势和良好机遇。加快发展海洋经济是贯彻落实科学发展观、科学开发利用海洋资源、促进全省经济转型升级和可持续发展的必然要求，是完善沿海区域发展战略布局、拓展发展空间、培育新的经济增长点的现实选择，是充分利用国际国内两种资源和两个市场、保障国家战略物资供应安全和经济安全、提升我省综合实力和维护国家海洋权益的重要举措。各地各部门要统一思想认识，把加快发展海洋经济摆上重要战略位置，齐心协力抓好落实。

2. *加快发展海洋经济的总体要求。*认真贯彻党的十七届五中全会及省委十二届八次全会精神，坚持以邓小平理论和“三个代表”重要思想为指导，深入贯彻落实科学发展观，围绕实施“八八战略”和“创业富民、创新强省”总战略，紧扣科学发展主题和加快转变经济发展方式主线，坚持陆海联动、山海协作，统筹发展海洋经济与陆域经济、经济建设与民生保障、资源开发与生态保护的关系，以舟山海洋综合开发试验区（舟山群岛新区）、“三位一体”港航物流服务体系、现代海洋产业体系建设为重点，加强体制机制创新，推进海洋综合开发，努力把我省沿海和海岛地区建设成为国内综合实力和核心竞争力较强、空间配置合理、科教体系完善、生态环境良好、体制机制灵活的海洋经济科学发展示范区。

二、充分发挥规划引领作用

3. *优化空间布局。*把加快发展海洋经济作为重要内容纳入省和沿海市县中长期发展规划。各地要认真落实国务院批准的《长江三角洲地区区域发展规划》、《浙江海洋经济发展示范区规划》和《浙江省重要海岛开发利用与保护规划》以及《浙江省无居民海岛保护与利用规划》等省级海洋经济专项规划，按照构建“一核两翼三圈九区多岛”海洋经济发展总体格局，结合杭州大江东、杭州城西科创、宁波杭州湾、宁波梅山国际物流、嘉兴现代服务业、绍兴滨海、舟山海洋、台州湾循环经济、温州瓯江口等九大产业集聚区的规划建设，组织制订市县海洋经济发展实施意见，明确发展目标和主要任务，特别是空间布局优化、产业结构调整、发展质量提升、生态环境改善等方面要求，切实发挥规划和实施意见的引导作用。

4. *强化产业导向要求。*将产业发展导向与空间区块布局有机结合起来，按照推进科学发展、加快转变经济发展方式、建设现代海洋产业体系的要求，统筹三次产业关系，立足区域比较优势，明确产业定位和培育重点，突出发展涉海现代服务业、海洋新兴产业、临港先进制造业和现代海洋渔业，合理安排重大产业项目的布局和推进时序，实现差别化竞争、特色化发展。

5. 统筹规划协调衔接。海洋经济规划和实施意见要与“十二五”规划相结合，与城市总体规划、土地利用总体规划、县市域总体规划、海洋功能区划等相协调，与环境功能区规划以及交通、能源、水利、信息、滩涂围垦等相关专项规划相衔接。同时科学划分沿海及海岛产业、生态、配套服务、预留区等区块，明确各功能区块的发展导向、建设规模及空间管制要求。

三、加大财税政策支持

6. 加大财政支持力度。积极争取中央财政通过集中的海域使用金，加大对我省海岸带与无居民海岛整治修复、海洋管理和海洋生态保护的支持力度；积极争取国家对我省海岛市县基础设施建设、生态环境保护和社会事业发展的支持，增加安排专项补助，适当降低地方配套资金比例。2010—2012 年，省财政每年安排 10 亿元用于建立海洋经济发展专项资金，重点支持海岛基础设施、海洋科技研发、海洋新兴产业、公共服务平台和海洋生态环境保护等项目建设。同时，省财政再安排 10 亿元用于设立省海洋产业基金，引导社会资金投向海洋新兴产业、涉海现代服务业、临港先进制造业和现代海洋渔业等。省级相关部门各类涉海专项资金的安排使用要按照国家和省海洋经济发展战略要求，有效整合，突出重点，更好地满足海洋经济重大建设项目的需要。沿海和海岛市县要统筹财力，切实加强对本地区海洋经济发展的财政资金支持。

7. 加大税收政策支持力度。积极争取国家对我省海洋经济发展的税收政策支持。为鼓励海洋新兴产业发展，对海岛地区经认定的高新技术企业，减按 15% 的税率征收企业所得税。海岛地区企业为开发新技术、新产品、新工艺发生的研究开发费用可在计算应纳税所得额时加计扣除；符合条件的固定资产可缩短折旧年限或采取加速折旧的办法。海岛地区创业投资企业从事国家重点扶持和鼓励的创业投资，可按投资额的一定比例抵扣应纳税所得额；销售利用海洋风力生产的电力实现的增值税实行即征即退 50% 的政策。鼓励海岛地区软件企业发展，对增值税一般纳税人销售其自行开发生产的软件产品，按 17% 的法定税率征收增值税后，对其实际税负超过 3% 的部分实行即征即退政策；新办软件企业经认定后，自获利年度起，第一年和第二年免征企业所得税，第三年至第五年减半征收企业所得税。海岛地区新办的高新技术企业和连锁经营超市以及新引进的企业总部，按规定纳税确有困难的，可报经地税部门批准酌情减免房产税、城镇土地使用税。

支持海岛地区基础设施和环保项目建设。企业从事符合条件的国家重点扶持的公共基础设施项目的投资经营所得，自项目取得第一笔生产经营收入所属纳税年度起三年内免征企业所得税，第四年至第六年减半征收企业所得税；企业从事符合条件的环境保护、节能节水项目的所得，自项目取得第一笔生产经营收入所属纳税年度起，三年内免征企业所得税，第四年至第六年减半征收企业所得税；海岛地区企业综合利用资源，生产符合国家产业政策规定产品所取得的收入，可在计算应纳税所得额时减计收入。

扶持海岛地区小企业发展。对从事国家非限制和非禁止行业，符合条件的小型微利企业，减按 20% 的税率征收企业所得税。

支持海岛地区金融业发展。2011—2013 年，海岛地区金融机构农户小额贷款的利息收入免征营业税，在计算应纳税所得额时，按 90% 计入收入总额；海岛地区的保险公司为种植业、养殖业提供保险业务取得的保费收入，在计算应纳税所得额时，按 90% 比例减计收入；2011 年海岛地区农村信用社、村镇银行、农村资金互助社、由银行业机构发起设立的贷款公司、法人机构所在县（市、区）及县以下地区的农村合作银行和农村商业银行的金融保险业收入减按 3% 的税率征收营业税；海岛地区纳入全国中小企业信用担保体系试点范围的非营利性中小企业信贷担保、再担保机构，从事中小企业信用担保或再担保取得的担保业务收入按规定享受免征营业税的政策。

支持海岛地区港航物流业发展。对海岛地区符合条件的物流企业，推荐纳入国家发展改革委和税务总局试点物流企业名单，实行营业税差额征税。列为交通运输部与省政府的交通物流合作示范项目和在海岛地区内占地较大的现代物流企业，按规定缴纳城镇土地使用税确有困难的，可按照税收管理权限经批准后给予减免；对港口的码头（即泊位，包括岸边码头、深入水中的浮码头、堤岸、栈桥等）用地，免征城镇土地使用税。

海岛地区企业的设备折旧和职工培训费用可按相关规定税前扣除；海岛地区企业在合并、分立、兼并等企业重组过程中发生转让企业产权涉及的不动产、土地使用权转移行为的，不征收营业税。支持海岛地区农林牧渔业发展，企业从事农林牧渔业项目的所得可以免征、减征企业所得税。

四、增强金融要素支撑

8. 加大信贷资金支持力度。积极支持金融部门参与发展海洋经济，鼓励银行业金融机构加大对海洋经济重点领域、重点项目、重点企业的信贷资金投放力度。搭建银企合作平台，建立海洋融资项目信息库，引导银行业金融机构采取项目贷款、银团贷款等多种模式，优先满足海洋新兴产业、临港先进制造业、港口物流等的资金需求。创新发展船舶融资、航运融资等金融服务业态，推动开展已建和在建船舶抵押贷款、预付保函等金融业务，推广海域使用权抵押贷款、仓单质押、供应链融资等多种抵质押融资方式。

9. 拓宽直接融资渠道。鼓励和推动涉海企业在境内外资本市场上市融资。支持符合条件的企业发行企业债、公司债、可转换债、短期融资券、中期票据等融资产品，支持海洋产业中符合条件的中小企业发行中小企业集合票据，多渠道筹措发展资金。支持引导省、市政府创投引导基金主要投资于涉海新兴产业项目。鼓励境内外资金参与海洋资源开发与保护。积极支持浙商产业投资基金加大对海洋工程、船舶建造、物流仓储、海洋运输企业的投资力度，吸引国内外各类股权投资基金投入海洋经济领域。研究培育港口产业投资基金等商业化投融资渠道。大力发展船舶保险、海上货运险、保证保险，探索新型航运保险业务，培育航运再保险市场。鼓励企业参与期货市场套期保值，鼓励涉海企业在全省未上市公司股份转让试点平台挂牌交易，进行股份转让或定向融资。

10. *大力推进金融创新*。支持符合条件的农村合作金融机构改制组建农村商业银行，增强服务海洋经济的能力，鼓励其他银行业金融机构在符合条件的地区设立服务海洋经济的专业部门，为海洋经济发展提供专业化融资服务；研究组建支持海洋经济发展的商业银行。在沿海及海岛地区推进金融创新示范县（市、区）试点，扩大小额贷款公司、村镇银行、农村资金互助社等新型农村金融组织试点。支持符合条件的金融机构、船舶制造企业设立金融租赁公司，从事船舶租赁融资业务；支持并吸引国内外大型保险机构在我省设立专业性航运保险机构。积极争取在梅山保税港区开展离岸金融试点。探索建立规范的大宗商品中远期交易平台。推动银行、保险、信托等金融机构与风险投资、股权投资、担保机构等建立战略合作，发展海洋投贷联盟。

五、加强土地、海洋和水资源要素保障

11. *加强土地要素保障*。开展“渔耕平衡”探索，积极向国家争取适当调整我省土地利用总体规划控制指标。优化沿海及海岛地区用地布局和用地方式，科学控制建设用地规模和开发强度，保护海涂湿地生态环境。对列入国家和省重点的海岛保护与开发项目，积极争取享受国家重大工程建设项目的用地政策。完善耕地和基本农田保护补偿机制，积极探索重大建设项目补充耕地统筹办法和市场化方式实现耕地占补平衡，保障生态和重点产业项目用地。在年度新增建设用地指标分配中，对沿海及海岛地区的重点建设给予适当倾斜。加强土地节约集约利用和批后监管工作，建立健全评价考核和奖惩激励机制。开展工业用地出让年限分阶段实施、出让金分批缴付试点。加快渔村宅基地流转置换改革，减少审批环节和规费，保障宅基地用益物权。

12. *加强海洋资源保障*。严格落实海洋功能区划，保护滩涂、滨海湿地和海岛的生态环境；编制海域使用规划，实施滩涂分类管理，科学划定海域滩涂可围区、限围区和禁围区，有序开发利用滩涂和资源。加强海洋矿产资源的调查与评价，编制实施海洋矿产资源开发利用规划，科学利用和保护海洋矿产资源。对列入国家和省重点的涉海工程、海洋保护、海洋生态等项目，优先安排围填海年度计划指标；保障航道、锚地、海洋环保、防灾减灾等公共基础设施建设用海（岛）需要。推进海域资源市场化配置，完善海域使用权招拍挂制度，探索建立海域使用权二级市场。做好海洋使用管理与土地管理的衔接，开展凭海域使用权证书办理项目建设手续试点，探索建立规范性制度。

13. *加强水资源保障*。加强沿海及海岛地区水资源保障体系建设，加快推进重大水资源配置工程的实施，提高水资源保障能力。加强水资源保护，实施最严格的水资源管理制度，完善水资源有偿使用制度，全面开展节水型社会建设。加强海洋经济发展相关规划和涉海项目建设布局的水资源论证工作，以水资源保障能力为基础条件，优化海洋经济发展布局和结构。

六、加快推进科技创新

14. *深入实施“科技兴海”战略*。加快构建以企业为主体、市场为导向、产学研紧密结合的开放型海洋科技创新体系。大力支持舟山海洋科学城、浙江大学摘箬山海洋科技岛、宁波海洋生物工程园、杭州国家生物高技术产业化基地、温州中德生命科技园、中国大洋勘察技术与深海科学研究开发基地、舟山海洋生物高技术产业基地、台州海洋生物医药基地等建设。积极创建海水淡化技术装备、船舶技术与装备、海洋风能潮流能开发和利用、海洋增养殖技术与装备、海洋资源勘探开发等国家级研究与开发基地。加快海洋科技中介服务体系建设，鼓励企业、社会团体和个人创办海洋科技服务机构，加快海洋科技成果的应用和转化。加大科技兴海攻关力度，重点突破一批海洋工程装备、海洋生物资源开发与精深加工、海水淡化与海水综合利用、海洋可再生能源开发利用、海洋生态环境保护和海洋现代服务业发展等关键技术和共性技术，加大省级专项经费对科技兴海的投入。

15. *构建海洋科技创新平台*。加强与国家海洋局合作，共建浙江省海洋科学院；加强与科技部合作，共建舟山国家海洋科技创新园。支持浙江省海洋开发研究院建设，拓展海洋平台服务功能，组建海洋产业技术创新战略联盟，争创国家级海洋区域科技创新服务平台。加强与中国科学院、中国工程院、浙江大学、国家海洋二所、中国海洋大学等科研院校的合作，进一步发挥省内涉海院校和科研院所的作用，推进海洋技术创新平台、重点实验室和工程技术中心等建设。创建科技创业投融资服务平台。积极引进境外知名企业与我省沿海市县合作共建科技创新园。

七、加快海洋教育事业发展和人才培养

16. *科学规划涉海类院校布局*。在充分挖掘浙江大学、宁波大学、浙江工业大学和浙江海洋学院等高校在涉海类教学研究方面现有优势的基础上，根据海洋经济发展需要，有计划整合资源，形成更高层次的涉海类高等教育发展平台，全面提升我省涉海类院校的综合发展水平。同时，加强浙江国际海运职业技术学院等涉海类高职院校建设，为海洋经济发展提供实用人才支持。

17. *加强涉海类学科专业建设*。根据开发海洋资源、培育海洋新兴产业的需要，重点支持建设若干个海洋类重点一级学科，扶持一批海洋类新兴、交叉学科。加快涉海类研究生教育步伐。鼓励涉海院校加大专业调整力度，增设一批海洋经济发展急需的新专业群，强化专业特色建设。

18. 加强海洋类人才培养和引进。按需确保海洋类专业研究生、本专科生的招生规模。注重人才培养质量，加强涉海类专业基础和专业课教学，强化实践能力培养，增强毕业生的就业创业能力。在省钱江学者特聘教授、高校中青年学科专业带头人和青年教师资助等方面对涉海类人才给予倾斜支持；增加涉海类教师公派出国进修名额，切实增强涉海类科研、教育力量。积极发挥国家外专局与省政府合作共建的中国海洋科技创新引智园区的平台作用，大力引进和培养一批能够参与国际事务和国际竞争的涉海类高层次人才。加强渔民职业技能和职务船员培训，省千万农村劳动力素质培训工程专项资金要加大对涉海类"两创"实用人才的培训支持力度，继续支持渔民专业技能培训。

八、加强海洋生态保护

19. 优化配置环境容量资源。根据全省环境保护目标要求和海洋功能区划、水功能区划、环境功能区划、区域环境质量现状和产业特点，合理配置环境容量指标，加强污染物总量控制和结构优化调整，促进海洋经济可持续发展。在确保完成主要污染物总量减排目标和满足环境质量要求的基础上，实施污染物排放指标预留调配和排污权交易调配政策，用于支持海洋经济发展示范区建设。

20. 加强深水岸线和无居民海岛保护开发管理。加强海洋海底、岸线、海岛等资源测绘和调查，严格岸线审批和监管，坚持深水深用、科学利用，优先保证港口和临港产业重大项目建设需要。加强无居民海岛保护与利用的监督管理，科学划定无居民海岛主体功能，明确开发方向，实行无居民海岛有偿使用制度。

21. 加强海洋环境保护和生态修复。建立以海限陆、陆海统筹、源头控制、防治结合的海洋环保监管新机制，实行海洋环保目标考核责任制。加强海洋(海岸)工程和入海排污口的监管，开展重点海湾、河口综合整治，加大违法排污处罚力度。建立海洋生态损害补偿(赔偿)制度。全面实施"碧海生态建设行动计划"。开展近岸海域环境实时监测站点建设，完善海洋环境监测预报体系。科学选划海洋废弃物倾倒区并切实加强监管。开展海岛生态修复试点工程，加强海洋渔业资源保护，严格控制近海捕捞强度；加强海洋自然保护区和海洋特别保护区建设，科学开展人工鱼礁、增殖放流、浅海贝藻栽培、滨海湿地生态系统保护等生态修复工作。

九、加快涉海重大项目建设

22. 加强项目计划管理。编制《浙江省"十二五"海洋经济重大建设项目计划》，安排一批符合海洋经济发展方向和要求，具有重要带动作用的基础设施、生态保护和海洋新兴产业等重点建设项目。省"十二五"海洋经济重点建设项目优先列入省"十二五"重大项目规划，按照在建、拟建、储备等进行分类管理，省里每年组织一批项目滚动实施。各地要建立海洋经济项目建设管理长效机制，科学安排、有序实施海洋经济重点项目。

23. 深化项目前期工作。各地要根据项目建设的时序安排和轻重缓急，积极推进项目前期工作特别是政府主导的重大基础设施和公共服务项目前期工作。要切实做好项目前期论证、前置审批和报批工作，为项目正式报批创造条件。相关部门要简化审批手续，提高审批效率。按照项目审批管理权限，涉及国家层面审批的项目，要加强与国家有关部门的沟通衔接工作，争取项目尽快批准，及早开工建设。

24. 加大项目引资力度。充分利用我省海洋资源、区位条件、扶持政策等优势，强化项目招商，加强与世界"五百强"企业和中央直属企业对接，积极争取重大项目落户我省；鼓励和支持民营资本实施海洋经济重大项目。创新开发模式，吸引国内外财团主体进入海洋新兴产业、海洋服务业、临港先进制造业、"三位一体"港航物流服务体系、基础设施网络、海洋生态环境保护等海洋经济发展重点领域的项目投资。积极争取国家支持，组织一批收益稳定的基础设施项目通过公开发行股票、可转换债券、企业债券等方式筹集建设资金的试点，加快海洋经济重大项目建设。

25. 加快推进项目建设。合理安排、有序推进政府主导的重大基础设施和公共服务项目建设，确保项目投资按计划顺利实施，确保工程质量和安全。对重大产业项目建设，项目所在地政府和有关职能部门要积极主动做好服务工作，帮助协调解决存在的困难和问题，推动项目早日竣工投产。

十、加强体制机制创新

26. 推进改革试点。推进舟山海洋综合开发试验区(舟山群岛新区)和舟山海洋旅游综合改革试验区建设，积极开展海洋科技创新改革试点、港航综合配套改革试点、海洋循环经济发展改革试点、清洁能源发展改革试点、宁波港航综合配套改革试点等，创新体制机制，为全省海洋经济持续、快速、健康发展探索积累经验。

27. 创新开放与合作机制。加快梅山保税港区建设，在符合条件的地区探索设立海关特殊监管区域，推进完善宁波、舟山港"大通关"合作机制。根据舟山口岸业务发展需要，积极争取增加港区开放口岸，探索低空开放直升机、低空水上飞机等岛际航空。积极争取温州航空口岸扩大对外国籍飞机开放和开放义乌航空口岸。扩大与国内外的合作交流，吸引资金、技术、人才和管理要素。加强与港澳台地区的合作交流，增加海上和空中航线、航班，扩大对台贸易和人员往来，鼓励我省海运企业积极参与经营两岸直航；扩大对台开放，在促进两岸贸易投资便利化、台湾服务业企业大陆市场准入等方面开展先行先试，加快建设海峡两岸(玉环)商品交易物流中心，在具备条件地区设立浙台农业合作区域，扩大沈家门、梅山、大麦屿、霞关等对台口岸开发。探索建立长三角海洋经济合作交流新机制，加强与珠三角、环渤海地区、海西区等的海洋经济合作。

28. 健全组织协调机制。充分发挥省海洋经济工作领导小组及其办公室的作用，完善综合协调、目标考核和工作推进机制，强化对海洋经济发展的重大决策、重大工程项目以及配套措施的督促落实。沿海市县政府要落实海洋经济工作组织协调机制，制订加快发展海洋经济的扶持政策措施，加大工作力度。省级有关部门要抓好本意见的贯彻实施，研究制订具体的措施；要按照职能分工，各负其责、密切配合，加强沟通协调，提高工作效率和服务质量，为基层和企业提供方便、快捷的服务。

29. 完善综合管理体制。严格实施海洋功能区划制度，强化海域、海岛、岸线使用审批管理，建立健全违法用海（岛）责任追究制度。科学划定陆海、河海界限，明确职能分工。加快建设全省统一的重点海域环境监测监视、海洋防灾减灾、海域使用动态监管、海洋公益服务信息化应用平台。加强海洋、港航的法制建设，深化涉海行政执法体制改革，科学设置执法机构，加强执法队伍和装备建设，逐步推行联合执法，所需工作经费纳入同级财政预算，努力实现海洋综合管理的法制化、规范化、信息化，维护良好的海洋秩序。

浙江省人民政府关于印发浙江省海洋新兴产业发展规划的通知

浙政发〔2011〕8号

各市、县（市、区）人民政府，省政府直属各单位：

现将《浙江省海洋新兴产业发展规划（2010—2015年）》印发给你们，请认真贯彻执行。

二〇一一年一月二十五日

浙江省海洋新兴产业发展规划

（2010—2015年）

发展海洋新兴产业是加快推进浙江海洋经济发展示范区建设，促进经济转型升级的重要举措。根据《国务院关于加快培育和发展战略性新兴产业的决定》（国发〔2010〕32号）精神和《中共浙江省委关于制定浙江省国民经济和社会发展第十二个五年规划的建议》中关于发展海洋经济的总体要求，特制定本规划。规划期限为2010—2015年。

一、发展趋势与基础条件

（一）发展趋势。海洋蕴藏着丰富的油气、动力、矿产、生物和化学资源，是维持人类社会可持续发展的战略空间。随着海洋资源开发不断由浅海向深海、近海向远海发展，以及海底资源新种类的不断发现，海洋战略地位不断提升，国际海洋开发活动全面推进，成为沿海各国相互竞争的焦点。同时，海洋科技的突破已在海水淡化和综合利用、海洋清洁能源、海洋监测观测仪器、现代海水养殖等多个领域显露巨大的产业前景，部分已进入规模化生产阶段。随着海洋科技深入发展，海洋经济领域将在海水利用、能源、矿产、健康食品等方面获得新突破，形成系列新兴产业。因此，沿海主要国家和地区已将海洋新兴产业作为重要发展战略以及转变发展方式、调整产业结构、增强竞争优势的重要动力，纷纷制定相关政策、法规，加强培育扶持。

（二）基础条件。

海洋资源丰富。浙江拥有丰富的港、渔、景、油、涂、岛、能等海洋资源，组合优势明显。其中，规划深水岸线达506公里，约占全国30%，相对集中分布于宁波—舟山海域，是建设深水港群的理想选址。海岛数量约占全国40%，近海渔场22.27万平方公里，滩涂资源面积近400万亩。海洋能蕴藏丰富，可开发潮汐能装机容量约占全国40%，潮流能占全国1/2以上。

区位条件优越。浙江沿海和海岛地区北承长江三角洲地区，南接海峡西岸经济区，东濒太平洋，西连长江流域和内陆地区，区域内外交通联系便利，紧邻国际航运战略通道，具有深化国内外区域合作、加快开发开放的便利条件，有利于发展海洋战略性新兴产业。

产业基础较好。2009年全省海洋经济增加值3002亿元，已形成较完备的海洋产业体系。海洋新兴产业发展迅速，船舶工业、海洋生物医药、海水利用、海洋交通运输四大行业占海洋经济的比重达22%。其中，船舶工业增加值149.6亿元，居全国第3位；海洋生物医药增加值25.1亿元，在甲壳素提取等领域处于全国领先水平；海水利用增加值242.4亿元，杭州为我国海水淡化技术与设备研制中心；海洋交通运输增加值248.5亿元，宁波—舟山港跻身全球第二大综合港、第八大集装箱港。此外，健跳2万千瓦级潮汐电站开工建设，标志我省进入海洋能源开发的先进行列。

科技实力较强。全省拥有涉海科研院所和涉海院系28家，建有国家海洋研发中心4家，海洋科技创新平台15家，涉海科技企业3100余家，海洋科研人员8300余人。海洋科研机构经常费收入居全国第4位，海洋本专科专业点数居第2位，区域海洋科教体系基本建成。

浙江海洋新兴产业发展规模和水平与海洋资源优势还不协调，尚未成为新的经济增长点；海洋科研总体实力与国内外先进水平相比还有较大差距，科研成果产业化水平不高；海洋高技术产业和服务业发展相对滞后；产业发展政策支持力度与协同水平相对不足，需在下一步发展中着力解决。

二、基本思路与发展目标

（一）指导思想。根据国家和我省发展战略性新兴产业总体部署，以海洋经济发展示范区上升为国家战略为契机，围绕构建现代海洋产业体系，发挥区位、资源、产业等组合优势，加大海洋新兴产业科研投入、科技成果转化及相关体制机制创新力度，加大领军科研机构、龙头企业培育和国内外招商选资力度，聚力发展海洋工程装备和高端船舶、海水淡化和综合利用、海洋医药和生物制品、海洋清洁能源、海洋勘探开发服务、港航物流服务等海洋新兴产业，使之成为我省海洋经济发展示范区建设的主要推动力和全省经济转型升级的重要生力军。

（二）基本原则。

坚持创新引领。深入实施“科技兴海”战略，加大涉海类“名校大院”、科研团队和人才培养集聚，整合优化海洋科技、教育资源，增强海洋科技研发和成果转化应用。加强体制机制创新，扩大国际合作，形成多元化发展投入机制和市场化运作机制。

坚持海陆联动。立足经济社会发展和国家海洋权益保障需求，注重海洋与陆域互动，把丰富的海洋资源优势，与陆域经济在城市、科技、产业、市场、人才、资金等方面的优势结合起来，高度重视保护海洋环境，以海引陆、以陆促海，加快海洋新兴产业发展。

坚持合力推动。扩大产、学、研等合作领域和范围，支持企业与大学及科研机构合作，注重以关键技术突破为目标的联合研发，鼓励企业委托大学和科研机构开发研究新技术、新产品，加快科研成果和专利的推广与实施，尽快形成产业集群、知识集群和创新集群新优势。

坚持分类指导。根据各类海洋新兴产业的发展特点，明确相应发展路径。支持具有领先优势的技术和产品，加快产业化进程，形成优势产业和支柱产业；加强共性关键技术研究，跟踪世界先进水平，培育未来海洋新兴产业。

坚持重点突破。从我省实际出发，立足自身优势，优先发展一批基础条件较好、技术条件成熟、成长潜力较大、产业关联度较高的海洋新兴产业，加速形成竞争优势；集中力量突破一批具有重大支撑和引领作用的前沿关键技术，加快实现产业化和国产化，抢占国内外竞争制高点。

（三）发展目标。

到2015年，全省基本形成综合竞争力较强、规模总量居全国前列、拥有一批海洋科技和产业战略制高点的海洋新兴产业体系。

综合实力明显增强。海洋新兴产业增加值达2100亿元左右，占海洋经济增加值的30%以上。在海洋工程装备与高端船舶、海水淡化与综合利用、海洋清洁能源、港航物流服务等领域建成一批具有重要影响力的企业集团、创新服务平台。涉海专利授权数跻身全国前列。

产业布局明显优化。建成一批在全国乃至国际有较强竞争力的海洋新兴产业基地。形成较完善的大宗商品交易平台、海陆联动集疏运网络、金融和信息支撑系统“三位一体”的港航物流服务体系。建成一批海洋工程装备和高端船舶制造基地、海水淡化技术装备和综合利用基地、海洋高技术产业基地、海洋清洁能源基地及海洋勘探开发基地。

科研水平明显提升。海洋科教创新总体水平居全国前列。涉海院所（校）和重点学科、重点实验室、重点企业技术中心、孵化器与中试基地等建设加快推进，海洋科技创新体系基本建成。用于研发的资金投入占海洋生产总值的2.5%以上，做强一批国家级海洋科研、海洋教育基地，形成较强的海洋新兴产业科研创新与产业化推进能力。

三、重点领域与主要任务

（一）海洋工程装备和高端船舶。发挥产业基础较好、潜力较大的优势，突出海洋工程装备和高端船舶在我省海洋经济发展中的重要地位，加强基地建设、领军科研机构和龙头企业培育，成为高端装备制造业发展壮大的新亮点、新领域。

1. 发展导向。根据我国海洋油气资源开发、深海大洋资源勘探开发等发展需求，结合我省海洋工程装备和高端船舶业现有基础和国内外发展趋势，加强海洋特种工程装备、高端船舶等若干重点产业化项目，推动深海运载和通用技术、深水探查作业等关键技术研发，培育企业品牌，扩大产业规模，提高产业集中度，积极建成具有较强国际竞争力的海洋工程装备和高端船舶制造基地。

2. 主要技术与产品。

特种工程装备和高端船舶。重点发展钻井平台、钻井船、海上浮式生产储卸油装置、LNG船、深水作业工程船、海洋石油平台辅助船、综合服务船、海上风机安装船、远洋捕捞船等海洋工程装备和特种工程船舶及运动船艇，积极发展船舶配套装备等高端装备制造；做优做强大型化散货船、集装箱船、化学品船三大主流船型，加强海洋石油平台供应船、半潜式石油平台、万马力级深水三用工作船研发，突破海上风机安装船关键技术，形成系列化自主开发能力和系列品牌产品。加强船用齿轮箱、可调螺旋桨等配套关键技术研发，努力将船舶配套本地化率提高到30%以上，重点发展船用柴油机、舱室机械、通信设备、甲板机械等船用关键设备。

水下运载、作业及通用技术装备。争取国家重大专项落户，推进水下运载及作业装备国产化。依托国家科研机构，争取形成长效高密度电池、水密接插件、水下电机、水下推进系统、液压系统、机械手等配套通用关键部件的自主生产能力。

海洋观测/监测装备。加强深海装备集成技术的国内外合作，择优发展适合江河入海口和大陆架区域及深海复杂环境的观测/监测设备及软件，包括关键性海洋环境观测传感器、关键性系列测量仪器设备、仪器观测平台与集成系统，以及海洋监测信息处理、数据产品分发应用与服务等软件、卫星与航空海洋遥感技术等，力争部分产品达国际先进水平。

3. 重点布局与载体。以打造宁波—舟山海洋工程装备基地为依托，发展海洋工程装备业，推进金海重工海洋工程、中远公司海洋平台、钓山海洋工程制造与改装、惠生重工海上工程等项目建设，加快国家重大专项和国内外行业龙头企业、科研机构引进，加强核心设计、关键技术攻关，以及新材料、新工艺攻关，形成较强的技术、人才储备和产业竞争力。以打造舟山国家级船舶工业基地为依托，发展高端船舶工业，推进浙江造船三期扩建、新长江集团长宏国际产业园等项目建设，加强国家级船舶质检中心建设，提高海洋先进装备检验测试能力，加强船舶设计、船用新材料、船舶关键零部件研制等薄弱环节的重点突破，提升研发设计、技术集成和设备成套化水平，加快形成长产业链、大产业集群配套能力。以打造杭州海洋工程装备配套基地为依托，发展海洋工程装备配套业，推进杭叉港口重装叉车、中高柴油机重工中速柴油发动机、中基日造柴油机、杭齿先进船舶推进系统等项目建设，加快提升我省海洋工程与高端船舶配套能力。

（二）海水淡化和综合利用。发挥我省现有研发和产业优势，突出技术与装备国产化，巩固提升全国领先地位，增强海水淡化和综合利用业的国际竞争力。

1. 发展导向。针对制约海水利用业发展的自主关键配套设备及材料、大型化成套装备和产业配套政策等，积极开展关键材料、产业化成套技术与装备自主研发，突破核心技术，实现大型膜组器国产化，健全产业化技术支撑体系。实施大规模海水利用示范工程，建立产业技术转移中心和装备制造基地，构筑较为完善的政策法规体系，研究出台优惠政策，支持海水利用技术研发和装备制造。鼓励耐盐作物研发与推广种植。

2. 主要技术与产品。

海水淡化。重点开展反渗透高性能海水淡化膜和膜组器、能量回收装置及高压泵等关键技术装备和大型工程系统集成技术，以及1.5万立方/日（单机）反渗透海水淡化示范工程的研发，不断改进和创新海水淡化预处理技术，形成16英寸反渗透膜和膜组器、1000立方/小时及6.0兆帕的高压泵和能量回收装置的设计、制造能力，成为我国主要的反渗透海水淡化技术与设备研制、服务基地。

海水直接利用。重点开展15万吨/小时海水循环冷却塔及配套热交换器、环境友好型水处理药剂等技术装备产业化集成，1万吨/日大生活用海水环境友好关键技术和装备、1000兆瓦机组用高效海水烟气脱硫技术和装备、1万吨/小时海水软化技术和装备的研发、大型海水直接利用工艺和工程等的研发，形成较强的装备设计和制造能力。

海水化学资源利用。重点推进高效节能的提钾、提溴、提镁、浓海水综合利用等大型化、连续化成套技术与装备的研制，形成一定的装备设计和制造能力；力争在海洋精细化工的研发领域取得突破。

海水利用集成研发。重点开展集成膜法（UF、NF、RO）、水电联产、热膜耦合海水淡化成套技术与装备的研究开发与工程试验，推进海洋可再生能源和海水淡化与综合利用耦合利用试验示范，积极拓展膜法海水淡化技术在生物、医药、食品、能源、电子、化工、废水回用、污水处理等领域的应用。

海水利用共性技术研发。重点开展大型海水淡化工程浓盐水利用技术、海水预处理新工艺技术及设备、大型工程取水技术的研究，海水利用工程专用监测、自控仪器仪表及专用新型防腐技术装备和涂料等的研发，形成海水利用配套装备制造和加工产业。

3. 重点布局与载体。以打造杭州国家海水淡化技术与设备基地为依托，发展海水淡化技术与设备业，推进蓝星膜工业海水淡化技术装备制造、浙江千秋环保离子交换膜及树脂、海水淡化高压泵、杭州水处理中心能量回收装置开发应用等项目建设，建立海水淡化产业技术创新战略联盟，提供基础性和共性关键技术支撑，形成包括海水淡化装置研发设计、工程咨询、标准制定、设备制造、工程承揽、系统集成、安装维护等在内的综合性产业集群。以打造舟山海水利用示范基地为依托，发展海水淡化利用业，推进六横、象山、洞头、温岭10万吨/日级等示范项目以及保障海岛居民饮用水的扶持项目建设，积极扩大海水淡化和综合利用规模。

（三）海洋医药和生物制品。发挥浙江海洋生物资源丰富、产业基础较好的优势，坚持自主研发和引进消化相结合，加快产业化，力争成为我国海洋医药和生物制品业重要基地。

1. 发展导向。充分利用海洋特有的生物资源，吸引国家和国际海洋医药和生物制品重大项目落户，加快搭建和完善全省海洋医药和生物制品公共研发平台，培育引进一批高科技企业，争取一批海洋医药和生物制品的科研成果转化项目列入国家重点。创新海洋医药发展路径，灵活利用健康食品、保健品作为海洋药物的过渡。抓住国际上药物专利到期的机遇，加快从原料药向专利药的转型升级。聚力开发一批具有资源特色的海洋药物，初步形成海洋药物新兴产业。利用现代生物技术，开发新型海洋生物制品，形成较显著的经济社会效应。

2. 主要技术与产品。

海洋药物。借助省内外科研力量，加快关键技术和优势药物的研发与突破，深化研究海洋生物活性物质的提取、结构和功能，重点研发生物多糖、生物多肽、生物蛋白、生物毒素等具有浙江资源特色和较好市场开发前景的海洋药物和候选海洋药物，解决产品高效制备、合成和质量控制等药源生产关键技术，力争形成切实可行的中试和产业化规模的技术路线和生产工艺技术体系。积极联合省内外高端科研力量、优秀管理团队，建立完善符合国际规范的海洋药物创新体系和功能完备的海洋药物研发技术平台。支持降脂多烯康、抗肿瘤角鲨烯、氨糖、海蛇胶囊等产品的提升完善。加强海洋候选药物临床前研究，努力构建国家认可的临床前研究技术策略体系与评价数据，提升我省海洋创新药物的临床前研究水平。开展海洋药物临床研究与评价，为医药研发提供有效支撑。“十二五”期间，力争完成1—4种海洋候选药物的临床前研究，开展1—2种海洋药物临床研究。同时，加强海洋成品或半成品药引进，加快提升产业化水平。

海洋生物制品。加快突破一批海洋生物资源高附加值产品开发利用的核心技术，初步形成海洋生物制品产业群。加强海洋生物保健品和功能性食品的研发，以鱼油、鱼胶蛋白、系列多肽、壳聚糖、海藻多糖、鱿鱼墨汁多糖等海洋生物新技术为重点，加快开发一批绿色保健品和功能性食品。加强海洋生物功能材料研发，初步形成医用材料、功能材料及药用制剂辅料、海洋生物化妆品的产业优势，实现海藻多糖植物空心胶囊产业化。加大海洋生物酶制剂研发力度，初步形成切实可行的催化/转化产品产业化规模制备技术路线和生产工艺技术体系。发展海洋动物疫苗与生物饲料添加剂，重点开发减毒活疫苗、亚单位疫苗和DNA疫苗，初步形成新型的浸泡或口服给药系统，力争突破海洋生物来源的饲料添加剂产业化关键技术。研究开发高科技、环保型的海洋生物农药与肥料，重点研究海洋农药和海洋生物肥料规模化生产过程中的优化与控制核心技术，建立海洋农药及生物肥料的质量控制体系。推进海洋生物芯片开发技术在海水养殖育种、疾病诊断、环境检测、水产品质量检测等领域的应用。开展沿海药用生物资源调查，多渠道采集药用海洋生物样品，建立完善海洋生物药源库、种子库和基因库，筛选天然海洋生物活性，开辟新药源。

3. 重点布局与载体。着力打造杭州生物产业国家高技术产业基地、普陀海洋生物高技术产业基地、台州国家级浙江化学原料药基地。积极发展海洋药物业，推进海洋药物与生物制品技改、天然海洋药物研发等项目建设，加强产学研联盟和投融资平台建设，努力形成科研、产业、人才集聚优势。大力发展海洋生物制品业，推进抗艾滋病原料药及其制剂技改、新型营养保健品开发、壳聚糖研发、鱿鱼墨汁多糖和东海乌参等项目建设，完善科研服务、人才支持等公共平台，争取国家海洋生物及其制品质量检测中心落户，推进产业基地化、集群化发展。

（四）海洋清洁能源。发挥我省丰富的海上风能、潮汐能、潮流能等清洁能源和示范工程、科研团队优势，推进技术创新和产业化发展，增强海洋开发的能源安全保障能力。

1. 发展导向。以优化能源电力结构、促进海洋资源可持续利用为出发点，加强海洋清洁能源利用研究开发、技术装备与示范工程建设，积极形成一批重大示范工程、产业化项目，集聚一批海洋清洁能源开发科研团队、骨干机构和科技型企业，成为具有重要影响力的海洋清洁能源开发与产业化基地。

2. 主要技术与产品。

海上风能。在加强海洋综合开发、海上自然灾害、海上电力输送、经济成本等综合评估基础上，整合利用社会资源，加大示范试验规模，积极有序推进海上风电场工程建设，形成约250万千瓦的风电供给能力，改善我省电力结构。

海洋能。发挥我省在潮汐能开发上的科技、人才等优势，加强与国内外绿色能源企业合作，积极有序开发潮汐能电站，合理提高电价补偿标准，推进海洋能产业化进程。加强国际合作，推进岱山潮流能合作项目建设，力争实现商业化开发。加强波浪能、海水温差能、微藻生物质能的研发与示范工程建设。

海洋清洁能源装备制造。重点发展大型潮汐发电机组、大中型混流式机组、大中型轴流式机组，做好抽水蓄能机组、大型冲击式水力发电设备开发及产业化。大力发展大型水轮机组及潮汐能、潮流能装备配套的轴承、铸件、传动以及控制系统，完善海洋能装备产业链。依托风电产业骨干企业，重点突破3兆瓦以上海上风力发电机组整机制造及核心装备生产，鼓励企业大型化、国际化发展。

海洋清洁能源综合开发。针对海上风能、潮汐能、潮流能等能源的不稳定性，以及海岛开发、海洋油气等资源开发对能源需求的独特性，推进海洋能综合开发利用。以嵊山、摘箬山、披山、东极、岱山、大陈等海岛为示范基地，开展海上风能、太阳能的耦合开发，增强能源供给稳定性。开展海上风能、太阳能、潮汐能等与海水淡化、污水处理、特种养殖等的综合利用示范，降低开发成本，促进海岛开发。开展波浪能、温差能与海上科研仪器和海上自动化观测监测系统相结合的示范工程，扩大海洋可再生能源的利用范围，提高利用效率。

3. 重点布局与载体。以打造杭州、温州海上风能装备基地为依托，发展海上风电装备业，推进发电机组生产、大型风力发电关键部件生产、风力发电设备研制等项目建设，发展完善配套行业，打造国内领先的风电整机及核心配套设备生产研发基地。以打造舟、甬、温、台百万级海上风电基地为依托，发展海上风电业，推进华电玉环海上风电场、台州湾海上风电场、象山近海风电场、温岭海上风电场、杭州湾近海风电场2＃、嘉兴1＃海上风电场等项目建设。以打造台州潮汐能与舟山潮流能开发利用基地为依托，加快海洋能开发，推进岱山潮流能发电及设备制造基地和三门健跳、苍南大渔湾、黄墩港、岳井洋等潮汐电站建设，扶持潮流能、潮汐能关键技术、设备和成套装备研发与产业化发展。争取国家和国际的海洋清洁能源试验性项目落户。

（五）海洋勘探开发服务。发挥国家海洋二所、杭州应用声学研究所等科研机构优势，加强海洋勘探开发领域技术性与应用性研究，增强我省海洋勘探开发和服务能力。

1. 发展导向。从国家战略需要和我省海洋新兴产业竞争力提升的高度，面向国际前沿，立足现有基础和国家重大专项争取，统筹安排，以参与近外海勘探开发服务为突破口，做好东海油气田后方基地建设，扩大服务保障范围，延伸服务链；聚力深海矿产资源开发、大洋矿产资源选冶、深海生物及基因资源研发，开展中长期战略规划与布局，加强大洋深海资源及相关科学研究。推进海洋勘探开发体制机制创新，加强与央企多方位合作，发展壮大我省海洋勘探开发力量。

2. 主要技术与产品。

深海矿产资源探查选划与研发。深化开展针对多金属结核、富钴结壳和多金属硫化物等不同深海矿产的开采技术研究，加快勘探技术与装备研发，开发完善适应不同环境、不同矿种的深海集矿机。积极为国家争取和储备战略性资源，支持深海资源综合开发利用技术、共生伴生元素资源评价和综合回收研究，建设多金属结核和富钴结壳矿产资源开发的冶炼半工业试验工程，促进技术工程化。加强选冶共性技术在陆地矿产资源开发中的应用和示范。

深海矿产资源勘探开发装备。争取国家重大项目落户和国际项目合作，加强研发、应用、改进和引进吸收，发展系统的深海矿产资源可视化浅层取样技术，重点发展可视浅钻、电视抓斗、电视多管和箱式取样器、深海深孔岩芯取样钻机等设备，争取实现深海矿产资源勘探开发装备的国产化。

东海油气资源开发服务。以东海油气田开发和在舟山、宁波登陆为契机，支持在舟山建设东海油气田后方综合配套服务基地，增强设备维修、物资配送、海上应急、生活服务、通信保障等综合服务保障能力。加强东海油气田登陆点基地建设服务，保障油气分离、转运、储存和加工的安全运行。

大洋生物基因资源开发。以获取深海基因资源为重点，依托国家海洋二所等研究力量，开展中长期科研攻关，建立深海生物多样性调查、深海基因资源采集、研究和应用体系。建立深海生物样品库、菌种库、基因库，争取中国大洋深海生物及基因资源研发中心落户，为海洋生物基因资源开发利用提供支撑。

海底观测网络建设关键技术。依托科研机构和高校，联合省内外优秀科研力量，开展沿海海洋观测体系建设；启动海底观测网络体系研究，力争在深海传感技术、深海通讯技术、深海探测技术、深海摄像技术等方面实现突破。

3. 重点布局与载体。着力打造杭州海洋勘探开发科研基地、东海油气田后方服务基地和舟山深海大洋勘探开发前沿基地。加强人才培养、技术储备、装备研发，支持国家深海探测、深海取样设备、海底观测网络等科研项目落户，适时组建浙江海洋勘探开发公司。依托舟山海洋科学城，建设中国大洋勘查技术与深海科学研究开发基地、国家级深海勘测与取样装备研制基地，争取国家大洋矿产资源接收储运与研发加工基地落户，努力形成我国深海大洋矿产资源开发前沿阵地和战略性资源的接收储运加工与冶炼试验中心。加强与国家测绘局战略合作，建设浙江国家测绘技术与设备研制基地。

（六）港航物流服务。突出港航服务业作为浙江现代服务业发展重点的战略地位，着力建设以大宗商品交易平台、集疏运网络、金融和信息支撑系统“三位一体”的港航物流服务体系，提升港航物流服务发展水平，建设港航强省。

1. 发展导向。以健全“三位一体”港航物流服务体系为主导，加快现代航运金融服务、航运信息服务、大宗商品交易的培育发展，支持海洋信息服务业发展，集聚一批优秀企业、服务机构，形成完整产业链，抢占高端服务环节，增强港航物流服务业的国际国内竞争力。

2. 主要技术与产品。

大宗商品交易。聚力建设大宗战略物资商品交易服务平台和生产资料交易服务平台，设立石油化工、矿石、煤炭、粮油、建材、工业原材料、船舶等交易区，引导发展流通加工、分拨配送、国际采购、转口贸易等增值服务，推进形成综合性大宗商品交易中心，增强抵御国际市场风险能力。建设完善原油、燃油、PTA、钢材、棉花、小麦、煤炭等交割（收）仓库功能，带动物流金融、现货即期交易等业务发展。积极培育、引进一批大宗商品国际运营商、贸易商、期货经纪商及相关会计、法律、税务等机构，打造规范、透明的运营环境，提高大宗商品贸易现代化水平。

航运金融服务。支持国内外商业银行在浙分支机构积极发展船舶融资、航运融资、物流金融、海上保险、航运保险与再保险、航运资金汇兑与结算、离岸金融业务等现代航运金融服务。高水平建设宁波航运金融集聚区，吸引金融机构入驻，形成航运金融特色品牌。发挥交投、铁投、能源、物产等省属企业领军作用，加大对航运相关项目的投融资力度。引导社会力量参与港口航运开发事业。

航运信息服务。提升电子口岸信息系统的服务功能，加快港口物流信息服务平台建设。重点扶持发展物流信息服务、船舶交易、船舶管理、航运经纪、航运咨询、船舶技术等航运信息服务业，拓展产业链和服务功能。坚持政府扶持引导与企业广泛参与相结合，以建立健全开放、互通、安全、透明的航运信息网络为基础，提高全省物流信息专业开发、综合集成、推广应用水平。

海洋信息服务。积极建立包含海洋资源与环境、经济与统计、文献档案、管理法规等的海洋信息库，满足海洋综合管理和开发活动需要。积极建设海洋环境监测监视网络、防灾减灾预警预报系统以及重大海洋污损事件应急处理、赤潮预报、海洋生态环境信息管理系统，提高全省海洋生态环保能力。加快发展计算机航线优化技术、通讯呼救系统和定位导航系统，提高海洋航运安全保障能力。

3. 重点布局与载体。着力打造舟山大宗商品国际物流岛、宁波梅山保税港区物流园区。依托舟山大宗战略物资商品交易服务平台和宁波生产资料交易服务平台，发展大宗商品交易服务业。推进浙江船舶交易市场改扩建、宁波（镇海）物流商信息港、海峡两岸商品交易物流中心、嘉兴港航物流综合服务中心等项目建设。加快发展航运金融服务业，推进宁波国际金融服务中心北区、梅山保税港区国际商贸核心区等项目建设，加快国际优秀航运金融保险机构引进与本土化发展。积极发展航运信息服务业，推进国家级交通物流电子枢纽、宁波第四方物流系统升级等项目建设，加快宁波—舟山港电子数据交换系统、企业专用物流信息系统的有机对接，力争在全国率先建成“数字港”。支持宁波、舟山、温州、嘉兴、台州航运服务业集聚发展，增强现代航运金融、信息、口岸等服务能力。

同时，进一步发展远洋渔业，加强远洋渔船更新改造和渔场探捕，健全现代远洋渔业产业体系，保持远洋渔业产业水平全国领先。加大远洋渔船更新改造力度，新建100艘以上经济型远洋渔船，组建10家集渔工贸运于一体的大型综合船队和现代企业，形成一批大宗利用产品和高值产品。抓好西南大西洋、太平洋鱿鱼、金枪鱼的渔场探捕，提高捕捞效率。在中西太平洋建设2—5个金枪鱼捕捞、加工、运输配套基地，提升远洋渔业综合保障能力。打造舟山全国领先的远洋渔业基地。

加快建设甬舟、温台、杭州湾三大滨海旅游区，重点建设普陀山—朱家尖—桃花岛、宁波—定海—岱山、嵊泗—洋山—东海大桥、九龙山—南北湖—盐官、象山港—石浦—三门湾、临海桃渚—台州滨海—大陈岛、温州市区—洞头—南麂列岛、雁荡山—乐清湾、苍南—平阳滨海等旅游板块。深化滨海旅游管理体制改革，建设舟山群岛海洋旅游综合改革试验区，支持在普陀山—朱家尖—桃花岛地区实施特殊的旅游政策，争取实施更开放、更便利的出入境管理。积极争取境外邮轮公司在宁波、舟山设立经营性机构，开发邮轮、游艇、垂钓、探险等高端产品，建成我国海洋文化和休闲旅游目的地。

四、重大举措与保障措施

（一）加强组织领导。“十二五”是我省海洋经济和沿海地区转变发展方式的关键时期。结合海洋经济发展示范区建设，积极发挥各级海洋经济工作领导小组及其办公室的作用，加强统筹协调，建立海洋新兴产业重点建设项目库，实施一批重点项目，引导培育一批具有自主知识产权和核心竞争力的重点企业，加快海洋新兴产业发展。

（二）加大资金投入。加大海洋科技开发投入力度，支持海洋高技术领域的核心技术和共性技术研发、生产示范和高技术成果转化，促进产、学、研一体的海洋高技术产业创新体系形成，打造一批集研发、设计、制造于一体的具有核心竞争力的综合科研机构和重点企业。积极拓宽融资渠道，支持各级政府通过贷款贴息和补助等方式，加强对海洋高技术企业创新能力建设和产业化发展的支持。鼓励商业银行扩大对海洋高技术企业的贷款规模。鼓励民营资本投资海洋新兴产业，引导创投基金、风投基金投向海洋新兴产业领域。研究开展科技成果保险试点，探索设立高技术产业保险险种。大力支持符合条件的海洋高技术企业到境内外资本市场上市融资。

（三）强化科技创新。强化国家海洋二所、浙江大学、杭州水处理技术研发中心、浙江工业大学、浙江理工大学等骨干科研机构和龙头企业研发平台建设，发挥各自科研领域优势，为海洋新兴产业各个行业发展提供技术支撑。建设一批海洋高技术研发平台、试验平台、科技资源共享平台和科技成果交易平台，增强省部联合开展科技攻关和共建创新。建立健全科研设备和科技信息开放共享机制，增强创新平台的公共服务功能。

（四）加强人才培养。注重招商引资与招才引智的联动，创新人才培养和引进使用的机制，实施高端人才引进和培养计划。通过培养、引进和国际合作等方式，造就一批掌握海洋尖端技术的人才队伍。依托国家和省重大科技攻关项目，加强海洋高技术实用人才培养，推进研发团队建设。营造良好环境，鼓励人才流动，不断完善有利于激励海洋高技术成果转化的人才评价体系，鼓励科技人才采取技术入股等方式与企业开展合作。

（五）加强对外合作。围绕海洋新兴产业发展，抓好关键技术的引进、消化、吸收、再创新和集成创新，推进原始创新，加快创新成果转化。实施“走出去”战略，鼓励在浙海洋科研机构、院校与中国科学院、中国工程院等国家级大院大所开展多种形式的合作；鼓励和支持有条件的海洋新兴产业企业以独资或合资方式在省外、境外建立原料基地、生产基地、营销中心和经贸合作区，开展境外海洋资源合作开发、国际劳务合作、国际工程承包等。

浙江省人民政府关于印发浙江省重要海岛开发利用与保护规划的通知

浙政发〔2011〕48号

各市、县（市、区）人民政府，省政府直属各单位：

现将《浙江省重要海岛开发利用与保护规划》印发给你们，请认真贯彻执行

二〇一一年六月二十三日

浙江省重要海岛开发利用与保护规划

浙江省是国务院确定的全国海洋经济发展试点省之一，海岛众多，是发展海洋经济的突出优势。加强重要海岛的开发利用与保护，对于贯彻落实国家海洋经济发展战略、推进海岛地区加快发展、建设海洋经济发展示范区等

都具有重要意义。为引导浙江省重要海岛的合理开发与有效保护，根据国家有关法律法规和政策规定，制定本规划。规划范围为浙江省管辖海域范围内的100个重要海岛；规划期限为2011—2015年，展望至2020年，以2010年为基准年。

一、重要海岛选择

重要海岛是指在海洋经济发展中具有重要的经济或生态价值，对实施海洋开发开放和保护海洋生态系统起到核心引领作用，并具备较强辐射与带动能力的海岛。这些海岛是浙江省开展海洋经济发展试点的特色领域，是优化海洋经济发展布局的重要支撑，是打造现代海洋产业体系的重要区域，是构建"三位一体"港航物流服务体系的重要载体，也是推进海洋生态文明建设的重要保障。

在综合考虑海岛资源禀赋与发展潜力的基础上确定重要海岛，具体选择标准如下：

一是陆域面积不小于5平方公里的岛屿。

二是陆域面积不足5平方公里，但属于乡级以上行政区驻地的岛屿。

三是陆域面积不足5平方公里，但在"十二五"期间具有重要开发需求的岛屿。

四是陆域面积不足5平方公里，但处于海洋保护区内的核心岛屿。

根据上述标准，在全省现状海岛(除2008—2009年我省开展的海岛甄别调查统计的2878个海岛外，还包括玉环岛)中筛选了100个岛屿作为本次规划的重要海岛(详见附表)。

二、发展基础

(一)资源概况。100个重要海岛中，有居民海岛92个，无居民海岛8个，约占全省海岛总数的3.5%。大多分布于大陆近岸海域，以宁波—舟山近岸海域和岱山—嵊泗海域为主，62%以上的海岛距大陆不足20公里；分别隶属于宁波、舟山、台州、温州、嘉兴市，涉及17个沿海县(市、区)，其中设区市驻地岛1个(舟山岛)，县(市、区)驻地岛4个(岱山岛、泗礁山、洞头岛和玉环岛)，乡镇驻地岛34个。

重要海岛数量虽不多，但占全省海岛资源总量比重较大。岛屿总面积(含玉环岛，下同)1819平方公里，占全省海岛总面积的96%；岛屿滩涂总面积313平方公里，占全省滩涂总面积的78%；岛屿岸线总长2470公里，占全省海岛岸线总长的53%。港口、渔业、旅游、矿产以及海洋能等海洋资源丰富，尤其是港口资源十分突出，是我国建设大型深水港群的理想选址区域；重要海岛分布的海域毗邻世界四大渔场之一的舟山渔场，是我国重要的海洋商品鱼生产基地；拥有普陀山、嵊泗列岛国家级风景名胜区和桃花岛、岱山、洞头列岛、桃渚、海滨—玉苍山等省级风景名胜区，海洋旅游资源极佳，开发利用前景广阔。

(二)现实基础。目前，100个重要海岛中，除8个无居民海岛尚未开发外，其余均进行了不同程度开发利用，主要集中在海洋渔业、滨海旅游、城镇建设、港口开发、临港工业、基础设施等领域，开发利用和保护的基础较好。港口开发成效显著，在全省沿海四大港口中，宁波—舟山港、温州港和台州港共有29个主要港区的港域范围涉及重要海岛。海洋产业发展迅速，依托优良的深水岸线，海洋装备制造、船舶工业、临港石化、水产品精深加工、粮油加工等产业快速发展，海洋旅游、现代渔业以及海洋生物医药、海洋能源等新兴产业成为发展亮点。海洋生态保护稳步推进，全省11个海洋保护区(包括3个海洋自然保护区和8个海洋特别保护区)中，涉及南麂岛、南韭山、大五峙岛、西门岛、下屿、铜盘山、北渔山、黄兴岛、南爿山岛、北爿山岛、披山岛等重要海岛。

三、目标任务

(一)总体思路。深入贯彻落实科学发展观，围绕实施"八八战略"和"创业富民、创新强省"总战略，按照浙江海洋经济发展示范区建设总体要求，以培育重要海岛主导功能为方向，以港口物流、临港工业、清洁能源、滨海旅游、现代渔业、海洋科教和海洋保护等为重点，以推进海岛开发开放为动力，以维护海洋生态平衡为前提，立足海岛自然资源条件，实施重要海岛分类开发与保护，建立健全符合实际、科学规范的海岛开发与管理制度，推动海岛资源合理利用与有效保护，促进海洋强省建设。

(二)基本原则。重要海岛开发利用和保护，应当遵循以下原则：

1. 合理开发，有效保护。海岛是稀缺性的重要战略资源，生态敏感性较强。应将保护海岛资源及其生态系统放到重要地位，严格保护具有较高生态价值的海岛。对具备开发基础和潜力的海岛，在开发过程中也应注重生态环境保护，最大限度降低对生态环境的负面影响。

2. 因岛制宜，分类引导。由于海岛地域分布、自然成因、外部环境的不同，资源禀赋差异较大，海岛功能呈现多样化特性。根据个体海岛特色，按照功能用途的不同，实施差异化开发利用和保护，最大程度提高海岛资源利用价值。

3. 海陆联动，区域统筹。海岛与其周边海陆之间的关系紧密、互为影响。在实施海岛的开发利用或保护过程中，应妥善处理相邻岛屿之间、岛屿与大陆之间、岛屿与海域之间的关系，统筹考虑、整体实施，实现有效开发和保护。

4. 政府引导，社会参与。海岛作为重要公共资源，其开发与保护活动兼具公益性和市场性。在公益性较强的海岛生态保护、公共资源配置等方面，应强化政府引导作用，避免盲目、无序开发。同时，充分发挥市场机制的基础性作用，调动社会各方面力量共同参与海岛开发与保护工作。

5. 近远结合，有序推进。海岛开发和保护工作是一项长期的系统工程，应妥善处理近期与长远利益之间的关系，既结合当前实际进行开发和保护，又为长远发展留有余地、提供空间。

(三)发展目标。至2015年，全省100个重要海岛主导功能培育取得明显成效，初步建立以重要海岛为核心的海岛地区开发开放新格局和高效、综合、规范的现代海岛管理体系，重要海岛辐射带动作用明显提升，对全省海洋经济发展和海洋生态环境保护的贡献能力显著增强，成为浙江海洋经济发展示范区建设中的重要力量。主要目标是：

1. 对海洋经济发展的支持能力显著提高。重要海岛在现代海洋服务业、海洋新兴产业、先进临港制造业等领域的发展取得重大进展，经济总量与人均GDP增速均超过同期全省平均水平。

2. 成为全省“三位一体”港航物流服务体系的重要载体。重要海岛海陆联运、水水中转方面能力明显提高，成为浙江省打造我国大宗商品物流中心和集装箱干线港的核心区域之一，以及集装箱和油品、铁矿石、煤炭、粮食等大宗散货的集散地。

3. 成为全省海洋经济转型升级先行示范基地。重要海岛内集聚一批在港口物流、口岸贸易、海洋旅游、航运金融、船舶工业、重点装备、绿色石化、清洁能源等领域内全国一流、国际领先的产业和企业集群，在海洋科教、海洋生物、海洋能等领域取得重大突破，成为浙江海洋经济发展方式转变的重要试验与示范基地。

4. 海洋生态环境的保障能力明显改善。重要海岛成为推动全省海洋生态文明建设的重要保障力量，海洋自然保护区和海洋特别保护区建设进一步加强，海洋污染有效控制，海洋生态环境质量全面提升。

至2020年，全省重要海岛的综合能力进一步提升，特色主导功能效益进一步发挥，以重要海岛为核心的海岛地区形成布局合理、特色鲜明、经济发达、功能齐全、环境友好、生态平衡的发展新格局，成为全省海洋经济发展的重要增长点。

（四）主要任务。

1. 分类开发保护，优化空间发展格局。以重要海岛的主导功能为基础，实施海岛的分类开发与分级保护，妥善处理保护与开发的关系，形成“开发中实现有效保护”与“保护中合理促进开发”的互促共进局面，并在省域空间上形成合理的发展格局。

2. 培育主导功能，集聚发展特色产业。推进海洋新兴产业、现代海洋服务业和先进临港制造业的集聚、规模化发展，改造提升传统海洋渔（农）业，延伸产业链，提升价值链，推动形成现代化海洋产业集群。

3. 完善配套能力，构建基础设施网络。按照统一规划、适度超前、统筹兼顾、确保重点的要求，积极推进与重要海岛发展相适应的基础设施建设，使重要海岛便捷地承接、共享浙江沿海大陆地区各类公共服务、公共产品和要素保障。推进重要海岛与周边其他海岛地区实现基础设施的共建共享，充分发挥重要海岛对海岛地区发展的支撑和带动作用。

4. 强化环境保护，推进生态文明建设。牢固树立生态文明理念，科学合理实施重要海岛开发开放，严格执行国家关于海洋生态环境保护的法律法规和相关规定，严格控制并减少向海洋排放污染物，集约、节约利用各类海岛资源，实现经济效益与生态效益的最大化。探索建立重要海岛与其他海岛地区间生态建设协商、合作、补偿机制，推动重要海岛加大对其他海岛地区经济发展和生态建设的支持力度。

四、分类导向与发展布局

根据重要海岛的区位条件、资源禀赋及发展基础，将100个重要海岛分为综合利用岛、港口物流岛、临港工业岛、清洁能源岛、滨海旅游岛、现代渔业岛、海洋科教岛和海洋生态岛，采用分类开发的方式进行有序利用，实现差异化、特色化发展。同时，为积极稳妥推进重要海岛的开发利用与保护，除11个以保护为主的海洋生态岛外，将可开发利用的89个重要海岛根据开发建设的重要性和紧迫性，分为第一批开发利用和第二批开发利用两类。其中第一批开发利用的重要海岛54个，第二批开发利用的重要海岛35个。

（一）综合利用岛。是指陆域腹地较大、资源禀赋较好、人口分布集中、城市（镇）依托较强、主导功能较为综合、产业门类较多、对周边具有较强辐射带动能力的海岛。一般为县级以上政府驻地岛，或是陆域资源禀赋和战略区位特别优越的岛屿。

1. 发展方向。主导功能应涵盖城镇建设、港口物流、临港工业、现代渔业、生态农林业、休闲旅游中的3种或3种以上，且均具有较高的影响力。此类岛屿总体上以现代服务业、高新技术产业和绿色先进制造业为发展方向，加快引导要素集聚，加强产业和城镇配套服务能力建设，提升综合竞争力和区域影响力。

2. 管制要求。加快产业结构升级，禁止发展高污染、高耗能、低技术、低附加值型产业。合理控制人口和产业规模，防止无序扩张，避免近海海域生态环境受到损害。优化建成区的空间功能布局，实施城镇综合整治，推进城镇有机更新。加大污染综合整治，切实解决城市化和工业化加速发展引发的生态环境问题。

3. 空间布局。规划综合利用岛共8个，其中舟山市5个，分别为舟山岛、六横岛、岱山岛、泗礁山和大洋山；温州市2个，分别为灵昆岛和洞头岛；台州市1个，为玉环岛。

4. 分类指引。舟山岛：南部以海洋科学城（临城新区）为重点，大力发展科研创意研发、港航综合服务、海洋高等教育；以定海城区、临城新区和沈家门为重点，发展商贸、餐饮、休闲等生活性服务功能。北部以定海工业园区、新港工业园区、展茅—螺门区块为重点，发展港口物流、高端船舶修造、海洋工程装备、海洋生物医药等海洋产业；以马岙区块为重点，发展液体化工品和LNG（液化天然气）中转储运加工基地；以岑港区块为重点，积极发展油品储运和风能等海洋清洁能源利用。

六横岛：重点发展港口物流、临港工业、新能源产业。港口物流重点发展集装箱、煤炭和油品等中转、储运和贸易；临港工业重点发展大宗散货加工、重型装备制造、高端船舶修造等；新能源重点发展超超临界燃煤发电机组和IGCC（煤炭气化联合循环发电）煤电。

岱山岛：重点发展高端船舶修造、船舶配件、港口机械制造等临港产业和港口物流、滨海旅游、休闲商贸、生活居住等现代服务业。

泗礁山：重点发展城市服务、港口物流、滨海旅游、现代渔业。城市服务以行政、金融、商贸、居住为主；港口物流以大宗散货储运、中转、配送为主；滨海旅游以休闲度假、商务旅游为主；现代渔业以休闲渔业、水产品精深加工与贸易为主。

大洋山：重点发展城镇服务、特色旅游和港口关联产业，形成为洋山港配套的综合服务功能。城镇服务重点发展商务办公、生活居住等；特色旅游重点发展港桥观光、海岛风情、海鲜美食等；港口关联产业重点发展集装箱仓储运输、船舶修造、综合补给等。

灵昆岛：西部地区以商贸流通为重点，同时发展商务办公、高端居住服务和农业休闲旅游等现代城市服务业；东部地区重点发展生物医药、汽车整车制造等战略性新兴产业。

洞头岛：以滨海旅游经济、城市服务经济、现代渔业经济和清洁能源中转储运为主。滨海旅游重点发展海岸观光、海上运动、休闲度假等；城市服务重点发展商务办公、科教研发、生活居住等；现代渔业重点发展渔船避风、水产贸易、加工制造、休闲渔业等；清洁能源重点发展LNG(液化天然气)接收和温东气田开发登陆服务和终端处理利用。

玉环岛：以大麦屿港区为依托，重点发展外贸集装箱、煤炭、石化中转运输；以滨港工业区块、漩门工业区块、经济开发区为重点，加快家具、汽摩配、水泵阀门等传统产业改造提升；依托县城，发展金融、商贸、休闲、居住等生活配套服务。

（二）港口物流岛。是指具有优越的地理区位条件、深水岸线资源和一定陆域腹地空间，以集装箱或大宗商品储运、中转等港口物流功能为主，辅以国际贸易、金融与信息服务、分拨配送、增值加工、博览展示等功能的海岛。一般为沿海港口群中核心港区所在地的岛屿。

1. 发展方向。重点发展集装箱储存、中转、运输和大宗散货储运、加工、贸易、博览展示。坚持港航联动，以港带航，支持航运企业做大做强，积极发展第三方物流和港航服务业，构建包括集疏运网络、大宗商品交易平台、金融和信息支撑系统的“三位一体”港航物流服务体系，形成以现代化、网络化、多元化为特征的港口物流产业集群。

2. 管制要求。统筹规划岸线尤其是深水岸线、航道和锚地等的开发，坚持集约、节约使用岸线资源，保护与合理利用港口资源。对干线航道上的港口岸线资源，优先用于公用码头建设。对岸线利用率低的码头进行整合，引导、支持有条件的自用码头提供公共服务。对利用方向尚不明确的岸线，应予以预留，避免盲目投资、深水浅用、多占少用。同时，制定完善船舶溢油事故等海洋污染应急预案，加强船舶溢油事故、化学品泄漏或爆炸事故等监测观测、应急救助设施建设。

3. 空间布局。规划港口物流岛共24个，其中宁波市1个，为梅山岛；舟山市16个，分别为金塘岛、册子岛、佛渡岛、大猫岛、岙山、鼠浪湖岛、黄泽山、小洋山、西绿华岛、东白莲山、东绿华岛、凉潭岛、马迹山、外钓山、西蟹峙和双子山；温州市4个，分别为小门岛、状元岙岛、北麂岛和凤凰山；台州市3个，分别为上大陈岛、头门岛和龙山岛。

4. 分类指引。集装箱类：包括宁波梅山岛，舟山金塘岛、小洋山、佛渡岛等海岛，以国际集装箱储运、中转以及相关的增值加工、贸易、分拨、配送等物流增值服务业为主。

大宗商品类：主要分为油品、铁矿石、液体化工和件杂货、煤炭等4种。油品主要包括舟山册子岛、岙山、黄泽山、双子山、外钓山、西蟹峙、大猫岛，台州上大陈岛，温州北麂岛和小门岛，以石油战略储备、中转、配送为主，岙山、黄泽山、双子山、外钓山可进一步拓展油品贸易功能；铁矿石主要包括舟山马迹山、凉潭岛、鼠浪湖岛、西绿华岛和东绿华岛，以矿石中转、储运为主，并可依托港口建设大宗商品交易平台，积极发展以矿砂为主的交易功能；液体化工和件杂货主要包括台州头门岛、龙山岛和温州凤凰山，头门岛以液体化工原料和临港型工业原材料运输为主，兼备临港工业功能，凤凰山和龙山岛重点发展石化产品和散杂货运输。煤炭主要为舟山东白莲山，以煤炭加工、配送为主。

综合类：温州状元岙岛，以集装箱和煤炭、石油等大宗散货运输、贸易、天然气接收和终端处理为主，同时依托深水港区，结合温州城市东扩，布局发展相应的临港工业功能和商务、口岸、工程技术综合服务功能。

（三）临港工业岛。是指具有较好的建港条件和充裕的后方腹地空间，以临港型的石油化工产业、重型装备制造业、船舶修造产业、大宗物资加工等工业为主导，兼备一定的生产和生活服务功能的海岛。一般为沿海港口群中重要港区所在地，且具备较好临港工业基础的岛屿。

1. 发展方向。发挥毗邻港口特别是深水良港的区位优势，以产业集聚区、经济开发区、工业园区等平台为依托，发展具有较强港口指向性的重化工业。围绕大企业、大项目的布局，加快上下游和相关配套产业发展。辅助发展金融、物流等生产性服务业和商贸、休闲、房地产等生活性服务业，增强配套服务能力。

2. 管制要求。严格执行产业准入和环境保护政策，严控不符合国家和地方各项规范要求的产业项目或有可能对海岛及海域生态环境造成不可逆转性影响的粗放型产业项目，对重点排污企业的各个生产环节进行实时监控。统筹、有序安排建设空间，对目前尚不具备开发条件的区域，作为预留发展区域予以保护。保育必要的生态空间，在产业区和生活区之间设置一定的生态隔离带，有效降低工业开发对人居环境的影响。加大环境综合整治力度，强化对海岛生态敏感区、近岸海域、滩涂围垦区等重要区域的生态保护。

3. 空间布局。规划临港工业岛共12个，其中宁波市1个，为大榭岛；舟山市10个，分别为衢山岛、大长涂山、虾峙岛、长白岛、小长涂山、小干—马峙、蚂蚁岛、小衢山、湖泥山和西白莲山；温州市1个，为大门岛。

4. 分类指引。临港石化类：主要是宁波大榭岛，重点发展临港石化产业。

船舶修造类：包括舟山小长涂山、小干—马峙、蚂蚁岛、长白岛、西白莲山和湖泥山，重点发展船舶修造、船舶配件和海洋工程。长白岛可兼顾发展海上风电、太阳能利用等清洁能源开发。

临港石化和大宗物资加工类：包括舟山的大长涂山和小衢山，温州的大门岛。大长涂山重点发展大宗散货加工和临港化工；小衢山重点发展木材等大宗物资加工、件杂货加工等临港工业；大门岛重点发展化工和金属、非金属等大宗原材料深加工等。

综合临港工业类：包括舟山衢山岛和虾峙岛。衢山岛重点发展海洋船舶、临港装备制造、大宗物资加工、新能源等产业；虾峙岛重点发展船舶修造、煤炭加工、港口机械装备等。

（四）清洁能源岛。是指具有较好的核能、风能、海洋能等能源资源基础，具备大规模能源开发利用或开展清洁能源利用技术示范性研究的可行性，并有良好基础设施接入条件的海岛。

1. 发展方向。重点发展核电、风电、潮汐能、潮流能、LNG（液化天然气）、太阳能等新能源产业，优化全省能源结构和区域布局。引导能源装备及相关配套设备制造企业和清洁能源技术研发、工程设计、运营管理与培训等机构集聚，推动清洁能源关联产业发展。加快基础设施特别是特高压主电网和骨干网架与大陆、大岛的连接线建设，适应系统高效运行和多元化电源接入的需求。

2. 管制要求。控制增量，对新增项目进行严格审批，限制“高投入、高消耗、高污染、低效益”能源项目。优化存量，坚决淘汰落后产能和设备。积极推广先进、经济的能源利用技术，加强在能源生产、输送、消费等各个环节中的应用，减少或避免污染物和温室气体的产生与排放。加强能源利用选址与周边区域功能布局的协调，合理划定控制区、限制区、缓冲区以及生态隔离带，加强有害废物集中处置、污染事故应急处理和原料运输安全保障，保护周边生态环境。

3. 空间布局。规划清洁能源岛共8个，其中宁波市4个，分别为南田岛、高塘岛、屏风山岛和海山屿；舟山市2个，分别为大鱼山和东福山；温州市1个，为北关岛；台州市1个，为雀儿岙岛。

4. 分类指引。充分利用海岛地区丰富的风力资源和海洋能资源，近期在宁波高塘岛、南田岛、屏风山岛、海山屿，舟山东福山、大鱼山，台州雀儿岙岛，以及温州北关岛等岛屿开展海岛风能、太阳能、海洋能等可再生能源开发利用及多能互补技术的研究与应用。加强核电项目选址的可行性研究，在确保安全的前提下，中远期选择大鱼山、高塘岛、南田岛、雀儿岙岛等海岛探索发展海岛核电，建设海岛小型核堆，打造浙江沿海和海岛地区安全核电生产基地。此外，各岛可结合能源建设实际需要，积极发展研发设计、相关装备制造、设备生产、销售管理、教育培训等能源关联产业发展。

（五）滨海旅游岛。是指具有优美的滨海自然景观、良好的生态环境、深厚的人文底蕴等海洋旅游资源条件，以发展滨海观光、休闲度假、海洋文化、海鲜美食、休闲海钓、滨海体育、海洋生态等特色滨海旅游业为主，以海洋生态环境保护为辅助功能，兼备一定的生产和生活功能的海岛。

1. 发展方向。坚持生态化发展理念，注重资源环境保护，依托海岛资源特色优势，重点发展滨海观光、休闲度假、海洋文化、海鲜美食、休闲海钓、滨海体育、海洋生态等特色旅游，探索发展邮轮游艇、海洋主题公园等高端休闲旅游业，充分体现“一岛一风格，一岛一特色”。统筹开发全省海岛旅游资源，构建以海洋佛教文化和海洋休闲度假为主的多元化海洋旅游产品体系，努力构建海洋旅游产业集群，着力打造“浙江海岛之旅”高端休闲旅游品牌。

2. 管制要求。坚持“严格保护、统一管理、合理开发、永续利用”的基本原则，严格保护滨海旅游岛上的自然和人文景观，合理开发海岛旅游资源，确定适度的开发利用承载量，实现海岛旅游资源的可持续利用。

3. 空间布局。规划滨海旅游岛共25个，其中宁波市3个，分别为花岙岛、檀头山岛和对面山；舟山市16个，分别为朱家尖岛、桃花岛、秀山岛、登步岛、普陀山、元山岛、盘峙岛、花鸟岛、大鹏岛、东岠岛、鲁家峙、白沙山、庙子湖岛、金鸡山、徐公岛和滩浒山；温州市2个，分别为半屏岛和大竹峙岛；台州市3个，分别为下大陈岛、江岩山岛和大鹿山；嘉兴市1个，为外蒲岛。

4. 分类指引。主题文化度假类：包括舟山朱家尖岛、普陀山、桃花岛、登步岛和白沙山，重点依托普陀山“海天佛国”的佛教文化底蕴和朱家尖国家级风景名胜区的资源优势，结合舟山海洋文化、桃花岛金庸影视文化、登步岛红色旅游文化等基础，打造以“自在岛”为主题，综合性、群岛型的休闲度假旅游胜地。

海岛休闲度假类：包括宁波檀头山岛和对面山，舟山元山岛、大鹏岛、盘峙岛、东岠岛、鲁家峙、金鸡山、徐公岛、滩浒山、秀山岛，温州半屏岛和大竹峙岛，台州下大陈岛和嘉兴外蒲岛，依托海岛独特的景观资源，重点发展海岛型的休闲度假、水上娱乐、观光游览等海洋旅游。此外，舟山盘峙岛、东岠岛、鲁家峙、金鸡山等岛毗邻中心城区，发展成为城市拓展的重要组成部分，承担部分城市功能。

海岛生态观光类：包括宁波花岙岛，舟山花鸟岛和庙子湖岛，以及台州江岩山岛和大鹿山，依托良好的海洋生态环境和独特的海岛自然人文景观，重点发展生态型的海岛观光旅游。

（六）现代渔业岛。是指具有良好的渔业发展基础，以发展现代海洋捕捞、海水养殖、水产品加工贸易等功能为主，辅以海洋生物资源保护，兼备一定的生产和生活功能的海岛。

1. 发展方向。以发展生态渔业为导向，优化海水养殖结构，创新海水养殖模式，完善海水养殖管理。提高海洋捕捞队伍素质，积极拓展远洋渔业，提高获取国际渔业资源的能力。加强水产品深加工，延伸水产品产业链，提高水产品附加值，加强水产品加工企业品牌建设，构筑以生态渔业、高效渔业和品牌渔业为特色的现代渔业产业体系。

2. 管制要求。科学确定区域海水养殖的种类和规模，优化养殖结构，改进养殖方式，不断提高海水养殖的科技水平。科学合理确定捕捞量，控制捕捞强度，严格海洋捕捞准入，控制捕捞渔船数量，加强渔船和渔具、渔法管理。提升和改造水产品加工企业，加快企业技术改造，严格控制水产品加工企业的污染物排放。

3. 空间布局。规划现代渔业岛共10个，其中宁波市1个，为东门岛；舟山市3个，分别为枸杞岛、大黄龙岛和嵊山；温州市2个，分别为鹿西岛和北龙山；台州市4个，分别为茅埏岛、扩塘山、田岙岛和鸡山岛。

4. 分类指引。充分依托海岛丰富的滩涂资源，优先发展高效生态海水养殖，建设一批生态型海水养殖园区，减少养殖污染，提升养殖产品品质。依托现有标准渔港建设，积极发展远洋渔业，加强远洋渔船更新改造和远洋渔场开拓；提高海洋捕捞队伍素质，完善配套服务体系，增强获取国际渔业资源能力，建设全国领先的综合性现代远洋渔业基地。依托海岛现有水产品加工业的基础，整合资源，努力建设一批现代水产品加工区，加强科技攻关和技术改造，丰富精深加工产品，培育扶持精深加工企业和科研机构，不断提高水产品精深加工比例。加强水产品专业市场升级改造与信息化平台建设，探索发展主要鱼货物远期合同交易，建成多渠道、便捷化水产品物流配送体系。

（七）海洋科教岛。是指适合从事海洋科研、教育、试验等功能的海岛。一般为海洋类高校或科研机构所在地的岛屿。

1. 发展方向。加强与国内外知名海洋科研院校合作，加快推进海洋科研院校、海洋技术研究中心、海上实验室等海洋科研创新技术平台的建设，努力建设成为全省海洋高科技人才队伍培养的高地和海洋高技术开发和应用转化的前沿阵地。

2. 管制要求。科学划分实验区，保证科学研究实验区用海需求，严格限制非实验区的用海需求，严格控制建设用地增量。禁止在实验区内从事与研究内容无关的开发活动，禁止损害海洋生态环境的开发利用活动。

3. 空间布局。规划海洋科教岛共2个，均位于舟山市，包括长峙岛和摘箬山。

4. 分类指引。长峙岛：实施浙江海洋学院迁建工程，为提升建设海洋大学创造条件，支持设立海洋技术研究中心以及分校、分院(所)，在长峙岛东部形成海洋高等教育、培训和科研基地。

摘箬山：加快推进与浙江大学合作，建设浙大校外海洋科研基地和国家海洋技术海上公共试验场，打造我国重要的海洋科研与海洋技术示范基地，努力建设集科研、示范、休闲、旅游、生态为一体的先进海洋科技岛。

（八）海洋生态岛。是指以保护海岛及其周边海域的海洋生态环境、海洋生物与非生物资源功能为主的海岛。一般为已建或具备建设海洋自然保护区、海洋特别保护区等区域内的核心海岛。

1. 发展方向。重点加强海洋生态保护区建设，积极开展生态修复工程，加大海洋生态保护的投入，完善海洋生态环境的管理，加强海洋生态环境的监控能力，改善海洋生态环境。在不影响海洋生态保护主体功能的基础上，适度开展相关的滨海旅游、增殖放流、科研考察等低强度的利用活动。

2. 管制要求。严格执行国家、省关于海洋自然保护区和海洋特别保护区管理的法律法规、政策规定，实行"严格保护、严控污染"的管制原则。严格保护海岛、海域自然生态系统和珍稀、濒危海洋生物物种资源，禁止对珍稀与濒危动植物进行捕捞和挖掘，严格限定、控制对一般经济渔类的捕捞范围和强度，积极开展渔业种质资源的增殖放流。严禁在海洋生态岛上进行与海洋自然保护区或海洋特别保护区许可范围外的其他任何工程开发活动，严格控制岛上建设项目。积极改善海岛及其近海海域环境质量，加强水土综合防治，控制近岸海域污染，推进海岛生态修复。

3. 空间布局。规划海洋生态岛共11个，其中宁波市2个，分别为南韭山和北渔山；舟山市2个，分别为黄兴岛和大五峙岛；温州市5个，分别为南麂岛、西门岛、铜盘山和南、北爿山岛；台州市2个，分别为披山岛和下屿。

4. 分类指引。南韭山：为宁波象山韭山列岛国家级海洋生态自然保护区的主要岛屿，重点保护江豚、大黄鱼、曼氏乌针乌贼、珍稀鸟类等生物资源和海洋生态环境。

北渔山：为宁波渔山列岛国家级海洋生态特别保护区的主要岛屿，重点保护贝藻类资源和原生态岛礁及其生物资源。

黄兴岛：为舟山普陀中街山列岛国家级海洋特别保护区的主要海岛，重点保护渔业资源、鸟类资源、岛礁资源以及旅游景观资源等。

大五峙岛：为舟山五峙山列岛鸟类省级自然保护区的主要海岛，重点保护海洋鸟类及其赖以生存的海洋生态环境。

南麂岛：为温州平阳南麂列岛国家级海洋自然保护区的主要岛屿，重点保护海洋贝藻类、海洋性鸟类、野生水仙花及其生态环境等资源。

西门岛：为乐清西门岛国家级海洋特别保护区的主要岛屿，重点保护由红树林群落、海洋生物资源、湿地鸟类等构成的滨海湿地生态系统。

铜盘山：为瑞安铜盘岛省级海洋特别保护区的主要岛屿，重点保护地质自然景观资源。

南、北爿山岛：为温州洞头南、北爿山省级海洋特别保护区的主要海岛，重点保护海洋性鸟类及其栖息地生态环境系统和海洋生物资源。

下屿：为台州大陈省级海洋生态特别保护区的核心岛屿，重点保护岛礁类自然景观、岛礁类生物资源和领海基点。

披山岛：为已报待批的省级海洋特别保护区内的主要海岛，重点保护岛礁性鱼类种质资源及岛礁生物资源。

五、保障措施

（一）加强组织领导。发挥省海洋经济工作领导小组和省海洋经济发展试点工作协调推进小组的统筹协调作用，及时研究解决重要海岛开发利用与保护涉及的有关重大问题。沿海市县应建立健全相应的管理和协调机制，统筹做好所属海岛的规划编制、用地用海、基础设施建设、招商引资、项目审核、对外合作、生态保护等工作。

（二）加强规划保障。在本规划的基础上，相关市、县（市、区）应深化编制重要海岛的发展规划，结合各重要海岛实际，进一步明确功能区布局、开发建设时序、重点区块建设、深水岸线与航道锚地利用、土地与海域使用、旅游资源开发、海洋生态保护等内容，实现海岛空间合理布局和资源节约集约利用。

（三）加强政策保障。一方面，积极争取国家层面政策支持。争取实行"以岛养岛"政策，加大对海岛地区的财税支持力度；争取更加合理优惠的海岛用地用海政策，依法科学开发利用滩涂资源；扩大重要海岛对外开放，争取在符合条件的区域建立海岛型保税港区及保税物流园区、保税出口加工区；争取国家对海岛地区海洋产业项目的政策支持。另一方面，加强省级层面政策支持。从财税、金融、土地、海域、科技、人才、生态环境保护、海岛基础设施建设等方面，对重要海岛给予政策支持，推进其跨越式发展，更好地发挥重要海岛在建设舟山海洋综合开发试验区（舟山群岛新区）、"三位一体"港航物流服务体系和国家清洁能源示范省等方面的作用。

（四）加强资金保障。

1. 强化金融支撑。充分发挥银行等金融机构在间接融资中的主渠道功能，推进企业与金融机构的合作，优化金融运行环境，构筑良好的企业融资平台。加快海岛项目信息库建设，积极向金融机构推介科技含量高、经济效益好、带动效应强、示范作用大的项目。引导金融机构运用灵活的信贷政策，优先支持海岛开发建设。充分利用银团贷款等方式，提高海岛建设资金供给的稳定性。

2. 拓宽融资渠道。支持海岛地区符合条件的企业通过国内主板、中小板、创业板市场和境外资本市场上市融资；支持开发建设主体通过资本市场募集建设资金，推动符合条件的开发主体买壳上市；对建设周期长、开发前景好的项目，争取发行中长期基础设施债券；对规模较小但具有稳定现金流的项目，通过项目信托计划、资产证券化等多种方式扩大资金来源；大力发展股权投资基金，引进境内外知名股权投资管理机构，参与岛内重点项目的投资；引导省内各类投资基金支持海岛重大产业项目建设。鼓励条件成熟但未上市的海岛企业在未上市股份转让平台挂牌交易，推进资源优化配置。

3. 加强招商引资。坚持政府引导、企业主体、市场运作相结合，加大政府引导力度，充分调动市场、企业的积极性和主动性，建立多元化的海岛投入机制。加大招商选资力度，培育多种投资主体，积极引入外资、内资和民资，共同参与重要海岛开发建设与保护。

优选外资。根据我省重要海岛的发展需要，统筹策划一批重大涉海项目，建立"十二五"海岛重大项目实施计划。重点就海洋工程、港口物流、海洋科技、离岸海事等领域，加大对东南亚和欧美地区推介招商力度。

争取内资。把握国家实施新一轮沿海开发战略的契机，发挥浙江省重要海岛的资源优势，与央企等国内大型企业开展多领域、多层次、多形式的合作，加大对交通、能源、电力、水利、通讯等基础设施和海洋装备、海水淡化、海洋生物医药、港航金融和信息服务、海洋新能源、海洋旅游等海洋产业领域的投入。同时，发挥省属国有企业的引领作用，加大对海岛重大开发项目的投资力度。

激活民资。贯彻落实国务院"新36条"，鼓励和引导省内民间资本探索和运用建设—移交（BT）、建设—经营—移交（BOT）、转让—经营—移交（TOT）等投融资模式，参与港口物流、战略物资储运、船舶、石化、海洋装备、海洋教育、海洋科研等领域的发展，以及滩涂、海岛、海洋能等资源开发，培育一批充满活力的民营企业，使之成为我省海洋开发和保护的生力军。

（五）加强科技人才保障。

1. 建设海洋科技研发基地。逐步加大各级财政对海洋科研的投入力度，支持国家海洋局第二海洋研究所（浙江省海洋科学院）、浙江大学、浙江海洋学院、浙江省海洋开发研究院、杭州水处理中心等涉海科研院所开展海洋基础研究和关键技术研发，建设我国重要的海洋科研基地、行业研究中心和重点实验室。

2. 构筑科技成果转化平台。在杭州、宁波、舟山、温州、台州等地建设一批海洋科技孵化器、海洋科技中试基地、海洋高新技术产业园，引导海岛地区企业主动与涉海科研机构对接，鼓励产学研联合，加强科技攻关和成果转化，创建科技创业投融资服务平台，大力发展技术交易市场。

3. 培育自主创新型企业。依托海洋科研机构和涉海高等院校的科技优势，鼓励有条件的企业建立自主研发中心、技术中心和实验室，加强新技术、新产品的研发与应用，支持有条件的海岛培育一批在海洋装备制造、海洋生物医药、海水淡化等领域具有技术领先优势和自主知识产权的创新型企业。

4. 引进培育海洋科技人才。支持浙江海洋学院实行省部共建。加强省内高校涉海重点学科建设，加大海洋专业技术人才的培养力度。通过地校联合办学或企业参与办学等形式，高水平建设海洋类中高职院校。加强在校学生订单培养和企业在职员工继续教育，努力提高海岛地区劳动力素质。积极搭建人才交流平台，加强与国际知名企业的合作，引进外国专家和智力。建立高层次人才服务窗口，利用人才市场和中介组织的桥梁作用开展人才交流活动。

5. 优化人才发展环境。鼓励海岛企事业单位引进涉海高层次专业技术人才，对其在安家落户、社会保障、出入境管理、子女入学等方面提供优惠政策和便利服务；大力引进企业战略管理人才、研发人才和高级技工。建设产业工人集体公寓，完善外来务工者社会保障政策等，着力改善各类就业人员工作、生活环境。

（六）加强海岛资源保护管理。认真贯彻落实《海岛保护法》，加快推进浙江海岛保护管理的地方立法进程。沿海各级政府要加强对海岛的保护管理，研究制定具体的政策措施，逐步形成上下统一、配套衔接、运行高效的海岛开发保护管理制度体系。按照国家的统一部署和我省实际，充分运用现代信息技术，依托现有的海域动态监管平台，整合资源，逐步建立全省统一、信息共享的海岛数据库和海岛管理信息系统，对海岛的保护与利用等状况实施监视、监测。加强海岛调查统计，适时启动海岛自然资源的调查评估，提高海岛管理水平。开展海域海岛海岸带整治修复工作。从严审查重要海岛特别是无居民海岛的开发项目，提高准入门槛，全面规范海岛特别是无居民海岛开发利用秩序，引导重要海岛的岛陆、岸滩及近岸海域的合理利用；对暂不具备开发建设条件的岛屿，应做好海岛资源的预留保护，在不影响岛屿主体功能和保护海岛生态的基础上，从严掌控临时性用岛活动。

附件：浙江省100个重要海岛规划一览表

附件

浙江省100个重要海岛规划一览表

所属市	所属县（市、区）	海岛编号	海岛名称	规划类型	陆域面积（km^2）	人口（人）
宁波市（12个）	北仑区	1129	★大榭岛	临港工业岛	28.4	24000
		1265	★梅山岛	港口物流岛	26.9	15000
	象山县	1854	★南田岛	清洁能源岛	84.4	35000
		1865	★高塘岛	清洁能源岛	39.1	20000
		1869	★花岙岛	滨海旅游岛	12.6	1000
		1821	★檀头山岛	滨海旅游岛	11.0	25
		1820	对面山	滨海旅游岛	4.4	15
		1663	☆南韭山	海洋生态岛	4.1	—
		1789	东门岛	现代渔业岛	1.9	6000
		2032	☆北渔山	海洋生态岛	0.4	100
		1739	★屏风山岛	清洁能源岛	0.2	无人岛
		1600	★海山屿	清洁能源岛	0.01	无人岛
舟山市（56个）	定海区 普陀区	980	★舟山岛	综合利用岛	476.0	340000
	定海区	984	★金塘岛	港口物流岛	76.0	42000
		935	★册子岛	港口物流岛	14.3	4000
		850	★长白岛	临港工业岛	11.7	4000
		1025	★长峙岛	海洋科教岛	6.8	5200
		1089	★大猫岛	港口物流岛	6.2	1426
		1074	★岙山	港口物流岛	6.0	3500
		1002	盘峙岛	滨海旅游岛	3.8	1765
		949	大鹏岛	滨海旅游岛	3.5	1500
		1047	东岠岛	滨海旅游岛	3.1	354
		1105	★摘箬山	海洋科教岛	2.3	243
		963	★外钓山	港口物流岛	1.0	75
		1010	西蟹峙	港口物流岛	0.8	357
		783	☆大五峙岛	海洋生态岛	0.1	无人岛

所属市	所属县(市、区)	海岛编号	海岛名称	规划类型	陆域面积(km²)	人口(人)
舟山市(56个)	普陀区	1320	★六横岛	综合利用岛	118.8	90000
		1137	★朱家尖岛	滨海旅游岛	76.0	25000
		1261	★桃花岛	滨海旅游岛	41.7	12120
		1337	★虾峙岛	临港工业岛	27.5	23000
		1176	★登步岛	滨海旅游岛	16.4	5803
		991	★普陀山	滨海旅游岛	11.6	9126
		1327	★佛渡岛	港口物流岛	9.6	2857
		1376	元山岛	滨海旅游岛	6.9	600
		1083	★小干—马峙	临港工业岛	4.7	1750
		809	☆黄兴岛	海洋生态岛	3.4	150
		1110	★鲁家峙	滨海旅游岛	3.0	7746
		913	东福山	清洁能源岛	3.0	120
		1169	蚂蚁岛	临港工业岛	3.0	4100
		1115	★白沙山	滨海旅游岛	2.9	1500
		825	★庙子湖岛	滨海旅游岛	2.6	1100
		1277	湖泥山	临港工业岛	1.5	1463
		1249	东白莲山	港口物流岛	1.4	310
		1366	★凉潭岛	港口物流岛	1.1	—
		1258	西白莲山	临港工业岛	0.8	500
	岱山县	633	★岱山岛	综合利用岛	105.0	106625
		527	★衢山岛	临港工业岛	59.8	54328
		644	★大长涂山	临港工业岛	33.6	2210
		872	★秀山岛	滨海旅游岛	40.2	8406
		634	★小长涂山	临港工业岛	10.9	11586
		606	★大鱼山	清洁能源岛	6.3	2599
		518	★鼠浪湖岛	港口物流岛	2.9	2186
		454	★黄泽山	港口物流岛	2.5	14
		444	★小衢山	临港工业岛	1.9	20
		468	双子山	港口物流岛	0.4	—
	嵊泗县	187	★泗礁山	综合利用岛	25.6	32996
		142	★枸杞岛	现代渔业岛	5.9	8487
		244	★大黄龙岛	现代渔业岛	5.1	9225
		149	嵊山	现代渔业岛	4.2	8619
		423	大洋山	综合利用岛	4.2	11335
		6	花鸟岛	滨海旅游岛	3.6	2118
		292	★小洋山	港口物流岛	1.8	—
		110	金鸡山	滨海旅游岛	1.7	3347
		24	西绿华岛	港口物流岛	1.4	—
		279	徐公岛	滨海旅游岛	1.3	—
		19	东绿华岛	港口物流岛	1.2	519
		237	★马迹山	港口物流岛	1.0	—
		338	滩浒山	滨海旅游岛	0.51	776

所属市	所属县(市、区)	海岛编号	海岛名称	规划类型	陆域面积(km²)	人口(人)
温州市(17个)	龙湾区	3058	★灵昆岛	综合利用岛	25.0	21900
	乐清市	2387	☆西门岛	海洋生态岛	7.0	4500
	瑞安市	2850	北龙山	现代渔业岛	2.7	502
		2885	北麂岛	港口物流岛	2.0	4100
		2832	凤凰山	港口物流岛	0.8	239
		2811	☆铜盘山	海洋生态岛	0.5	196
	洞头县	2651	★大门岛	临港工业	28.7	23300
温州市(17个)	洞头县	2721	★洞头岛	综合利用岛	24.6	73800
		2649	★鹿西岛	现代渔业岛	8.7	7960
		2682	★状元岙岛	港口物流岛	5.5	10600
		2642	★小门岛	港口物流岛	4.6	2700
		2773	半屏岛	滨海旅游岛	2.5	4200
		2751	大竹峙岛	滨海旅游岛	0.5	无人岛
		2640	☆南爿山岛	海洋生态岛	0.07	无人岛
		2634	☆北爿山岛	海洋生态岛	0.06	无人岛
	平阳县	2947	☆南麂岛	海洋生态岛	7.6	1192
	苍南县	3036	北关岛	清洁能源岛	3.7	—
台州市(14个)	椒江区	2240	★上大陈岛	港口物流岛	7.0	3650
		2280	下大陈岛	滨海旅游岛	4.9	
		2341	☆下屿	海洋生态岛	0.4	无人岛
	临海市	2100	★雀儿岙岛	清洁能源岛	4.4	278
		2122	★田岙岛	现代渔业岛	4.3	197
		2180	★头门岛	港口物流岛	3.8	234
	玉环县	3059	★玉环岛	综合利用岛	169.5	537000
		2491	茅埏岛	现代渔业岛	4.9	—
		2571	☆披山岛	海洋生态岛	2.4	—
		2548	鸡山岛	现代渔业岛	1.6	2000
		2517	江岩山岛	滨海旅游岛	1.1	—
		2569	大鹿山	滨海旅游岛	1.0	—
	三门县	2019	扩塘山	现代渔业岛	4.9	100
		1909	龙山岛	港口物流岛	2.3	100
嘉兴市(1个)	平湖市	358	外蒲岛	滨海旅游岛	0.07	无人岛

注1:表内重要海岛的数据为有关市、县(市、区)上报数据汇总,缺项采用《浙江省海岛志》数据;

注2:表内"★"为第一批开发利用的重要海岛(54个),"☆"表明该岛为以保护为主的海洋生态岛(11个),其余为第二批开发利用的重要海岛(35个)。

浙江省人民政府办公厅关于印发浙江海洋经济发展试点工作方案的通知

浙政办发〔2011〕30 号

各市、县(市、区)人民政府,省政府直属各单位:

《浙江海洋经济发展试点工作方案》已经国家发展改革委批准,经省政府同意,现予以印发,请认真贯彻执行。

二〇一一年四月六日

浙江海洋经济发展试点工作方案

根据国务院关于开展全国海洋经济发展试点工作部署,依据国务院批复的《浙江海洋经济发展示范区规划》(以下简称《发展规划》),为统筹做好有关工作,特制定《浙江海洋经济发展试点工作方案》(以下简称《试点方案》)。《试点方案》是建设浙江海洋经济发展示范区,开展海洋经济发展试点工作的行动纲领。

一、总体要求

(一)指导思想。坚持以科学发展观为指导,认真贯彻落实党的十七届五中全会精神,以科学发展为主题,以加快转变海洋经济发展方式为主线,以提高海洋开发、控制、综合管理能力为目标,以加强组织领导为保障,以推进政策先试、制度完善、体制改革、机制创新为重点,进一步解放思想、扩大开放、改革创新、大胆实践,全面完成浙江海洋经济发展试点的各项目标与任务,积极探索海洋经济发展的新思路、新模式、新方法和新举措,为我国建设海洋强国发挥先行示范作用。

(二)基本原则。

坚持国家指导、上下互动。推进试点工作过程中,主动加强与国务院有关部门的沟通衔接,了解掌握国家发展海洋经济的最新精神。同时,加强对沿海市县的统筹协调,把国家要求与地方需求紧密结合起来,形成国家、省、市、县(市、区)上下互动的良好格局。

坚持深入调研、科学论证。深入实地调研,广泛听取各方面的意见建议。加强理论研究,充分了解国内外海洋经济发展的最新动态,吸收借鉴成熟经验。在此基础上,研究提出既符合浙江实际,又具有全国示范意义的海洋经济发展思路与政策措施。

坚持全面统筹、重点突破。注重统筹兼顾,协调好涉海各方面的利益关系。选择一批特色鲜明和主题突出的改革试点任务,采取重点突破、以点带面的方式,确定推进试点的重点领域、重点地区和重点项目,争取在较短时间内取得实效、积累经验、掌握规律。

坚持创新引领、开放推动。积极推动体制机制创新,解决海洋经济发展中的深层次矛盾和问题。运用全球眼光和国际视野,扩大对外开放的广度和深度,转变对外经济发展方式,提高对外贸易和招商引资水平,主动联结内陆腹地,统筹对内对外开放两个大局。

坚持分步实施、有序推进。立足试点工作的总体目标,结合不同领域、不同区域的发展实际,科学确定不同阶段的具体目标和重点任务。积极整合各方面力量,围绕确定的分阶段目标和任务,积极稳妥地推进试点工作。

(三)试点范围。浙江海洋经济发展示范区试点地域范围包括:浙江全部海域和杭州、宁波、温州、嘉兴、绍兴、舟山、台州等设区市的市区及沿海县(市)的陆域(含舟山群岛、台州列岛、洞头列岛等岛群),海域、陆域面积分别为26万和3.5万平方公里,其中海岛的陆域总面积约0.2万平方公里。

(四)试点期限。第一期,2011—2013年;第二期,2014—2015年。

(五)主要目标。

1. 发展目标。围绕《发展规划》提出的目标定位,通过体制机制创新,先行试验一系列重大改革开放措施,力争用五年时间,在以下五个方面取得明显成效:

——海洋经济综合竞争力明显增强。海洋经济总量大幅提高,在全国海洋经济中的地位进一步提升,对陆域经济的辐射带动力显著增强。到2013年,示范区海洋生产总值达5200亿元,占全省地区生产总值比重达14.5%,占全国海洋经济比重达13%。到2015年,示范区海洋生产总值接近7000亿元,占全省地区生产总值比重达16%,占全国海洋经济比重达15%。

——海洋产业结构明显优化。港口物流、滨海旅游、现代渔业、海洋装备制造、船舶工业、海水综合利用等产业优势更加明显,港航服务、海洋金融信息、海洋科教、海洋生物医药、深海资源勘探开发等产业迅猛发展,海洋产业结构更为合理。到2013年,示范区海洋三次产业比为7∶41∶52,海洋新兴产业占海洋经济比重达28%。到

2015年,示范区海洋三次产业比为6∶41∶53,海洋新兴产业占海洋经济比重达30%。

——港口航运能力明显提高。宁波—舟山港作为我国大宗商品国际物流重要基地的地位基本确立,浙北嘉兴港和浙南温州—台州港协调发展,海陆联运、水水中转能力明显提高,海陆联动的集疏运网络日益完善。到2013年,沿海港口完成货物吞吐量8.4亿吨,其中,集装箱吞吐量1500万标箱,原油及成品油、铁矿石、煤炭、粮食吞吐量分别为1.6亿吨、1.6亿吨、1.4亿吨和1400万吨。到2015年,沿海港口完成货物吞吐量9.2亿吨,其中,集装箱吞吐量1750万标箱,原油及成品油、铁矿石、煤炭、粮食吞吐量分别为1.8亿吨、1.7亿吨、1.5亿吨和2000万吨。

——海洋科教水平明显提升。涉海院校和学科建设取得显著成效,海洋自主创新能力明显提高,建成一批海洋科研、海洋教育、海洋文化基地,海洋科技创新体系基本建成。到2013年,示范区内研究与试验发展经费占海洋生产总值比重达2.3%,科技贡献率达65%以上。到2015年,示范区内研究与试验发展经费占海洋生产总值比重达2.5%以上,科技贡献率达70%以上。

——海洋生态环境明显改善。陆源污染物入海排放得到有效控制,海洋生态环境监测与预警体系逐步健全,海洋资源得到科学开发和利用,典型海洋生态系统得到有效保护与修复,生态功能不断改善。到2013年,清洁海域面积达12%。到2015年,清洁海域面积达15%以上。

表1 浙江省海洋经济发展示范区主要指标预期表

主要指标	2009年	2013年	2015年
海洋生产总值(亿元)	3002	5200	7000
海洋生产总值占地区生产总值比重(%)	12	14.5	16
海洋生产总值占全国海洋经济比重(%)	9	12	15
海洋三次产业结构	8∶41∶51	7∶41∶52	6∶41∶53
新兴产业占海洋经济比重(%)	26	28	30
沿海港口货物吞吐量(亿吨)	7.1	8.4	9.2
①原油及成品油吞吐量(亿吨)	1.3	1.6	1.8
②铁矿石吞吐量(亿吨)	1.4	1.6	1.7
③煤炭吞吐量(亿吨)	1.2	1.4	1.5
④粮食吞吐量(万吨)	689	1400	2000
集装箱吞吐量(万标箱)	1118	1500	1750
研究与试验发展经费占海洋生产总值比重(%)	1.9	2.3	2.5
科技贡献率(%)	59	65	70
清洁海域面积(%)	10	12	15

注:2009年数据为实际值,2013年和2015年数据是以2009年数据为基础的预测值。

2. 工作目标。

——规划体系进一步完善。以《发展规划》为依据,精心组织力量,高起点、高水平做好海洋经济发展及相关规划编制工作。2011年底编制完成《浙江省重要海岛开发利用和保护规划》、《浙江省海洋新兴产业发展规划》、《浙江省海岸保护与利用规划》、《浙江省海洋环境保护规划》等专项规划。2011—2013年杭州、宁波、温州、嘉兴、绍兴、舟山、台州等沿海地市编制完成市、县级海洋经济发展规划或试点实施意见,以及相关配套规划。2014—2015年根据试点工作的实施情况,及时补充制定相关规划,进一步完善规划体系。

——政策支撑体系基本形成。针对浙江海洋经济发展试点的基本任务和重点领域,出台保障浙江海洋经济发展试点工作有序推进的一系列支持政策。2011年底明确有关财税、航运、土地及用海、对外开放等方面的支持政策,制定出台加快浙江海洋经济发展示范区建设的政策意见。2011—2013年细化不同层面的相关支持政策。2014—2015年跟踪评估相关政策的实施情况,并予以进一步充实、完善。

——重大项目建设有序推进。围绕浙江海洋经济发展示范区建设的总体布局,统筹谋划、合理安排、分期推进涉海重大项目。2011—2013年重点推进综合交通网、能源保障网、水资源利用网、高速信息网、防灾减灾网等重大基础设施,为海洋经济发展提供有力保障与支撑。2014—2015年重点推进海洋新兴产业、"三位一体"港航物流服务体系、海洋服务业、临港先进制造业、现代海洋渔业等海洋产业项目建设,有序引导项目落地,优化海洋经济发展布局。

——市级改革试点成效显著。以《发展规划》为指导,通过体制机制创新、重点领域突破和涉海项目落地布局,做好市级海洋经济改革试点的主题选择和推进实施工作。力争到2013年,舟山海岛开发开放综合改革试点、杭州海洋科技创新改革试点、宁波—舟山港航综合配套改革试点、台州和绍兴海洋循环经济发展改革试点、嘉兴清洁能源发展改革试点、温州民营经济创新改革试点工作取得阶段性成果,体制机制改革创新初见成效。到2015年,试点工作基本完成,体制机制改革创新成效显著。

二、基本任务

(一)推进形成海洋经济空间布局体系。

1. 基本思路。按照《发展规划》提出的海洋经济发展总体布局,结合浙江省主体功能区规划和城镇体系规划,通过推进宁波—舟山港一体化、建设沿海产业带和三大都市圈、培育九大产业集聚区、开发利用重要海岛,初步形成"一核两翼三圈九区多岛"的海洋经济总体发展格局,为高效有序推进海洋开发奠定基础。

2. 推进重点。

一是推进宁波—舟山港一体化建设。以港口一体化为重点突破口,加快宁波、舟山在港口建设、产业发展、基础设施布局等方面的合作,推进宁波—舟山区域统筹、联动发展。港区建设方面,根据交通运输部和省政府联合批复的《宁波—舟山港总体规划》，抓紧编制大榭港区、梅山港区等一批重点港区控制性详细规划。推进梅山和六横港区建设，逐步形成北仑、穿山北、大榭岛、金塘岛、梅山岛、六横岛等组成的集装箱运输核心区；启动建设衢山港区和扩建六横煤炭基地，建设由马迹山、衢山岛组成的干散货北部核心港区和以镇海、北仑、大榭、舟山本岛的马岙和六横为主体的中部核心港区；整合镇海、穿山、北仑、大榭、岙山、岑港、黄泽山、册子岛等地的港口资源，形成原油和化工制品运输体系。临港产业方面，扩大镇海、穿山、北仑、大榭的临港先进制造业产业带，启动建设舟山本岛及六横岛一批临港先进制造业项目，打造北仑、象山、六横、高亭、长涂和长白修造船业基地。物流园区建设方面，规划建设北仑、金塘、穿山、洋山、梅山、六横等物流园区，将北仑港区建设成集新型临港工业和现代物流业于一体的多功能综合性园区，创建舟山本岛的老塘山、岱山浪激咀和洋山物流园区。

二是发展提升沿海产业带和沿海都市圈。依据《长江三角洲地区区域规划》和《发展规划》，制定环杭州湾和温台沿海产业带发展规划及年度实施计划，发展提升环杭州湾产业带和温台沿海产业带；积极培育杭州、宁波、温州三大沿海都市圈，提升区域中心城市的综合承载能力和服务功能，扩大辐射范围，带动区域整体发展。

三是抓紧推进一批产业集聚区建设。积极推进杭州大江东产业集聚区、杭州城西科创产业集聚区、宁波杭州湾产业集聚区、宁波梅山物流产业集聚区、嘉兴现代服务业集聚区、绍兴滨海产业集聚区、舟山海洋产业集聚区、台州湾循环经济产业集聚区、温州瓯江口产业集聚区建设。

四是开发利用和保护一批重要海岛。根据海岛的战略地位、资源禀赋和产业特色等方面因素，选择若干重要海岛，采用分类开发与保护的方式进行有序利用。建设梅山、金塘、小洋山、册子、头门、上大陈等港口物流岛，成为以集装箱或油品、铁矿石、液体化工、粮食、件杂货等大宗商品的储运、中转等港口物流功能为主的海岛；建设大榭、衢山、大长涂、小门等临港工业岛，成为以临港型的海洋装备制造业、船舶产业等工业功能为主的海岛；建设普陀山、朱家尖、桃花岛、登步岛等滨海旅游岛，建成以滨海旅游业为主导功能的海岛；建设南田、高塘、大鱼山、北关等清洁能源岛，成为以发展风能、海洋能等清洁能源产业为主的海岛；建设枸杞、嵊山、扩塘山等现代渔业岛，建成以发展现代渔业养殖、渔业捕捞基地、水产品精深加工及贸易为主的海岛；建设南麂等海洋生态岛，加强海洋自然保护区建设。

3. 改革与创新举措。

(1)规划方面。2011—2012年组织编制和实施宁波—舟山港一批重要港区控制性详细规划、九大产业集聚区规划、浙江省重要海岛开发利用和保护规划。

(2)体制机制方面。完善宁波—舟山港一体化管理体制。继续推进一体化改革，加强宁波—舟山港管理委员会职能，切实承担职责，做好港域深水岸线、航道、锚地、疏港通道等统一规划、上报、审批和管理。以建立统一的宁波—舟山电子口岸系统为抓手，在口岸监管、海事服务等方面探索建立一体化协调机制，形成统一港航管理平台。推进口岸"大通关"建设，完善宁波—舟山港海关监管和检验检疫等机制，提高口岸通行效率。整合开放口岸，清理规范监管点。舟山、宁波地区海关和检验检疫部门加强联系、配合，提高执法能力和水平。

(3)政策方面。2011—2012年制定出台两大政策意见。一是制定《关于加快推动重要海岛开发利用和保护的若干政策意见》，在海岛功能定位布局、用地用海保障、重大项目审批、财政转移支付政策等方面取得重大突破。二是制定《关于推进产业集聚区建设的若干政策意见》，在产业集聚区领导机制、用地保障、资金支持等方面取得重大突破。

4. 责任分工。

由省发改委牵头负责，省建设厅、省国土资源厅、省经信委、省环保厅、省交通运输厅、省水利厅、省海洋与渔业局、省测绘与地理信息局及沿海各市参与。

国家指导与支持部委：国家发展改革委、工业和信息化部、国土资源部、环境保护部、住房城乡建设部、交通运输部、水利部、农业部、海关总署、海洋局。

(二)构建现代海洋产业体系。

1. 基本思路。根据《发展规划》确定的海洋产业发展方向和重点，通过推进建设一批临港先进制造业基地、一批海洋服务业集聚区以及海洋渔(农)基地，逐步构建以临港先进制造业为基础，以海洋服务业为支撑，以海洋新兴产业为突破口，现代海洋渔业得到提升发展的海洋产业体系。

2. 推进重点。

一是建设一批临港先进制造业基地。建设杭州湾上虞工业园区、浙江台州化学原料药产业园区(临海医化基地)；建设舟山船舶产业基地、宁波高附加值船舶及装备基地、温台特种船舶及船用设备基地、杭嘉运动休闲船艇及大型船用设备基地；建设杭州、宁波、舟山、海盐海洋装备制造业基地；建设普陀六横、象山、洞头、嵊泗海水淡化基地；规划建设宁波、舟山、杭州、台州海洋生物工程产业基地，加快温州中德生命科技园建设。

二是建设一批海洋服务业集聚区。建设宁波、温州海洋金融服务业集聚区和舟山港航服务业集聚区；建设舟山海洋旅游发展试验区，重点发展普陀山—朱家尖—桃花岛、宁波—定海—岱山、嵊泗—洋山、石浦—象山港、三门湾—东矶列岛、石塘—大鹿岛、嘉兴平湖—九龙山、杭州湾大桥—钱塘潮、临海桃渚—台州滨海—大陈岛、温州—洞头—南麂列岛、苍南—平阳等特色旅游，加快选划和建设一批特色旅游度假海岛和岛群；建设舟山、象山水产城，舟山船用商品交易市场，镇海液体化工交易市场等专业市场。

三是建设一批现代海洋渔业基地。推进建设以舟山、宁波、台州、温州为主的涉海现代水产养殖示范园区和舟山远洋渔业综合基地；建设以普陀、定海、象山、温岭、乐清、瑞安为主的现代水产加工园区；建设一批以海洋牧场、海钓业和渔家乐为主要内容的黄金海岸带休闲项目；建设一批省级海水养殖原良种场与繁育基地（栽培中心）；续建一批省级以上重点渔港。

四是布局一批重点海洋产业项目。按照《发展规划》的总体部署，按照“突出重点、体现重大”的要求，加快引进一批具有较强带动作用的临港先进制造业和海洋服务业项目。其中，临港先进制造业重点引进海洋工程装备、海洋勘探开发、汽车类项目；海洋服务业项目重点引进航运服务、港口物流、金融保险、滨海旅游、海洋信息和商贸服务类项目。

3. 改革与创新举措。

（1）规划方面。2011—2012年组织编制和实施《浙江省海洋新兴产业发展规划》、《浙江省装备制造业发展“十二五”规划》、《浙江省船舶产业转型发展规划》、《浙江省海水淡化产业发展规划》和《浙江省渔业发展“十二五”规划》。

（2）政策方面。2011—2013年出台一批支持海洋产业又好又快发展的政策。一是产业准入政策，制定海洋产业发展目录，结合海洋产业情况、生态环境容量和“十二五”发展需求，将海洋产业分为鼓励类、限制类和禁止类，推进海洋新兴产业优先发展。二是财税政策，每年安排一定规模的专项资金，以奖代补的方式用于支持符合产业发展目录要求的重大海洋产业项目。三是用地用海政策，将《发展规划》和《试点方案》确定的重大海洋产业项目列入省重点项目实施计划，优先安排用地用海指标。四是投融资政策，加快涉海项目信息库建设，引导金融机构扩大海洋信贷规模，探索开展海域使用权抵押贷款业务；设立海洋产业基金；探索发展船舶融资、航运融资等金融服务。

4. 责任分工。

浙江省责任部门：由省发改委牵头，省经信委、省科技厅、省财政厅、省交通运输厅、省水利厅、省商务厅、省海洋与渔业局、省旅游局、省能源局、省金融办、省通信管理局、省政府办公厅口岸处和沿海各市参与。

国家指导与支持部委：国家发展改革委、科技部、工业和信息化部、交通运输部、水利部、农业部、商务部、海关总署、旅游局、海洋局等。

（三）构建基础设施网络体系。

1. 基本思路。按照《发展规划》提出的总体要求，通过构建综合交通、能源保障、水资源利用、高速信息、防灾减灾五大基础设施网络，建设一批重大基础设施项目，构建完善的基础设施网络体系。

2. 推进重点。

一是以高等级公路、铁路、内河航道、空港枢纽建设为重点，构建多式联运的综合交通网。重点是加快推进杭州—南京、杭州—宁波和杭州—长沙客运专线、金华—温州铁路扩能改造、杭州—黄山和九江—景德镇—衢州铁路，及杭州、宁波铁路枢纽建设，开展宁波—金华、上海—宁波、金华—台州、上海—乍浦—杭州铁路，以及宁波—舟山跨海铁路等项目前期工作，积极建设以宁波—舟山港为核心的海铁联运网络。加快商丘—合肥—杭州、衢州—宁德等铁路，以及苏州—南通—嘉兴、湖州—苏州—上海等城际铁路项目前期工作。加快杭州、宁波地铁建设，研究推进温州城市轨道交通建设。完善省际快速通道网络。统筹推进建设宁波、舟山、温州、台州等一批集装箱码头和大宗散货码头，加快建设一批疏港快速通道，以及连接港口、城市和产业集聚区的高等级公路，加快推进内河骨干航道联网改造、重要疏港通道建设。加快推进杭州、宁波、温州机场及空港物流中心建设，积极推进嘉兴军民合用机场改扩建和台州新机场规划建设的前期工作。

二是以清洁能源和可再生能源为重点，构建高效环保的沿海和海岛能源保障网。重点是建设嘉兴电厂三期、台州第二电厂等一批超临界、超超临界燃煤电站，提高脱硫脱硝效率；推进秦山核电一期扩建、三门核电一期二期、龙游、苍南等核电项目建设；在海岛和近海建设一批风能、潮汐能、生物质能、太阳能等新能源和可再生能源项目，加快推进舟山东部、宁波象山、台州和温州海域四大百万千瓦级海上风电基地建设，加快推进健跳港潮汐发电示范项目和黄墩港、岳井洋、大鱼湾等万千瓦级潮汐发电站项目；完善电力、天然气、成品油、煤炭等储运网络。

三是以跨区水资源合理配置、海水综合利用和水源地保护为重点，构建清洁可靠的水资源保障网。重点是加快浙东引水、水资源保障百亿工程等水源、引调水工程以及台州北水南调、舟山大陆引水三期等区域配水工程建设；建设象山、六横、洞头等10万吨级/日海水淡化工程；支持扩大杭嘉湖南排、太嘉河引水、平湖塘延伸拓浚、环湖河道整治、苕溪清水入湖河道整治等太湖流域综合整治水利工程建设；推进万里清水河道建设、水库除险加固工程和农村饮水安全工程，完善新安江水库功能。

四是以电子口岸、第四方物流信息系统、海上通讯网络和物联网建设为重点，构建先进适用的高速信息网。建成全省统一的电子数据交换(EDI)网络，按照属地原则分工管理、共享使用；积极发展第四方物流；适度发展完善微波和卫星网；以杭州、嘉兴无线传感网研发为重点，扶持发展物联网。

五是以沿海防护工程和预警信息系统建设为重点，构建安全稳定的防灾减灾网。重点是加快省、市、县三级海洋观测预报机构建设，构建海洋灾害预警与应急响应辅助决策支持平台和信息快速分发系统；制定完善船舶溢油事故等海洋污染应急预案，推进“强塘固房”和标准渔港工程建设。

3. 改革与创新举措。

（1）规划方面。2011—2013年组织编制和实施《浙江省综合交通发展“十二五”规划》、《浙江省能源发展“十二五”规划》、《浙江省清洁能源发展规划》、《浙江省城际轨道交通建设“十二五”规划》、《浙江省国民经济和社会信息化发展“十二五”规划》、《浙江省水资源保护与开发利用“十二五”规划》、《浙江省防灾减灾“十二五”规划》、《浙江省标准渔港建设与提升规划》、《浙江省海岛基础设施建设“十二五”规划》。

（2）政策法规方面。2011—2013年制定《关于进一步推进“三位一体”港航物流服务体系交通发展的意见》、《浙江省可再生能源开发利用促进条例》、《关于进一步推动能源产业发展的意见》、《关于进一步推动燃煤项目脱硫脱硝的意见》、《关于进一步推动海水淡化产业发展的意见》、《关于进一步推动“三位一体”港航信息支撑平台建设的意见》、《关于进一步加强海洋灾害防治工作的意见》和《关于进一步加强标准渔港管理的意见》等。

4. 责任分工。

浙江省责任部门：由省发改委牵头，省经信委、省科技厅、省财政厅、省环保厅、省交通运输厅、省水利厅、省海洋与渔业局、省能源局、省气象局、省应急办、省通信管理局、浙江检验检疫局、宁波检验检疫局和沿海各市参与。

国家指导与支持部委：国家发展改革委、工业和信息化部、环境保护部、交通运输部、铁道部、水利部、农业部、质检总局、能源局、海洋局等。

（四）构建科技教育人才支撑体系。

1. 基本思路。围绕《发展规划》提出的发展思路，通过建设海洋科技研发基地、科技成果转化平台，培育自主创新型企业和创新人才，构建海洋科技教育人才支撑体系。

2. 推进重点。

一是加强海洋科技研发基地建设。加大财政对海洋科研的投入力度，支持国家海洋局第二海洋研究所、杭州水处理技术研究开发中心、浙江大学、浙江海洋学院、宁波大学、温州大学、浙江省海洋科学院、浙江省海洋开发研究院等涉海科研院所和院校开展海洋基础研究、关键技术研发。发挥省海洋科学院、省海洋开发研究院、省发展规划研究院、省水利河口研究院等平台集聚效应，加快实施一批涉海重大科技专项。加强浙江大学海洋信息和海洋工程技术、宁波大学生物技术、浙江工商大学海产品精深加工技术、浙江海洋学院深水网箱制造与船舶修造技术、国家海洋局第二海洋研究所资源保护与遥感技术、杭州水处理技术研究开发中心液体分离膜工程技术、杭州应用声学研究所水声电子工程技术、浙江省海水养殖研究所贝类养殖与净化技术等的研发与成果转化。

二是构筑一批科技成果转化平台。引导企业主动与科研机构对接，产学研联合进行科技攻关，加强科技成果转化，创建科技创业投融资服务平台，大力发展技术交易市场。重点建设浙江网上技术交易市场海洋分市场、浙江省海洋科学院、摘箬山科技示范岛、浙江省海洋科研信息服务中心、浙江海洋发展规划研究咨询中心等科研创新服务平台，为涉海企业提供科研创新服务。扶持一批海洋战略规划、勘测设计、海域评估等中介机构。

三是培育一批自主创新型企业。依托海洋科研机构和涉海高等院校的科技优势，鼓励有条件的企业建立自己的研发中心、技术中心和工程实验室，加强新技术、新产品的研发与应用，培育一批在海洋工程装备制造、深海资源勘探和开发装备制造、海洋生物医药、海水综合利用等领域具有技术领先优势和自主知识产权的创新型企业。

四是引进培育一批海洋科技人才。推进省部合作，优化整合资源，形成学科优势鲜明、科研实力较强的综合性海洋大学。集中力量做大做强浙江海洋学院，办好浙江大学、浙江工业大学、宁波大学、温州大学等的海洋院系，加强涉海重点学科建设，加大海洋专业技术人才培养力度。通过地校联合办学或企业参与办学等形式，高水平建设浙江国际海运职业技术学院等海洋类中高职院校。加强在校学生订单培养和企业在职员工继续教育，努力提高涉海劳动者素质。

3. 改革与创新举措。

（1）规划方面。2011—2012年组织编制和实施《浙江省海洋事业发展规划》、《浙江省海洋科技人才发展规划》等。

（2）体制机制方面。2011—2012年重点加快创新海洋高新人才引进机制，在职称评定、职务晋升、户口、收入分配、住房等方面给予支持。

（3）政策方面。2011—2012年制定海洋科技发展指导意见，明确近期重点研发的海洋科学技术领域和拟建设的海洋科技平台；在杭州、舟山、宁波开展海洋科技创新试点。

4. 责任分工。

浙江省责任部门：由省科技厅、省教育厅牵头，省发改委、省经信委、省财政厅、省人力社保厅、省海洋与渔业局和沿海各市参与。

国家指导与支持部委：国家发展改革委、教育部、科技部、工业和信息化部、人力资源社会保障部、财政部、农业部、海洋局等。

（五）构建海洋资源利用与生态环保体系。

1. 基本思路。按照《发展规划》提出的生态文明建设思路，完善海洋生态环境管理法规，实施海洋资源分类管理计划、海洋环境保护行动计划和海洋保护区建设计划，健全海洋生态环境保护方面的部门协作机制，构建海洋资源利用与生态环保体系。

2. 推进重点。

一是完善海洋生态环境管理法规。严格执行《海洋环境保护法》，完善海洋生态环境管理制度，依法开展规划环境影响评价。加强海洋生态环境保护配套制度建设，建立健全海岸带综合管理、入海口与排污口管理等法规制度。对具有完整自然地理单元的特殊海洋生态环境区域，制定完善相关配套制度。

二是实施海洋资源分类管理计划。在对海域、海岛、岸线、海底、海岸带等资源进行基础调查的基础上，实施资源分类管理计划，集约开发利用各类资源。科学划定海域滩涂可围区、限围区和禁围区等。加强涉海项目的资源利用论证，对毗邻航道和深水岸线的围涂项目，开展动态监测和后评估工作。

三是实施海洋环境保护行动计划。在深入推进《资源节约与环境保护行动计划（2008—2012）》的基础上，组织实施长江口及毗邻海域污染防治规划，实施海洋生物资源和重要港湾及重点海域、重点岛群生态环境恢复工程。加强海陆污染同防同治，优化并严格执行禁渔休渔制度，积极组织实施重点海域和无居民海岛的生态维护工程，加强沿海防护林体系和典型湿地保护工程建设，全面提高海洋的生态环境质量，有效保护海岛及其周边海域的生态系统。

四是实施海洋保护区建设计划。加强南麂列岛国家级自然保护区、韭山列岛和五峙山列岛鸟岛省级自然保护区，以及西门岛、马鞍列岛、中街山列岛、渔山列岛、大陈、铜盘岛海洋特别保护区建设。建立洞头列岛东部、玉环披山、苍南七星岛、象山港等海洋渔业种质资源与濒危物种特别保护区。

五是健全部门协作机制。完善相关制度，加强海洋、环保、渔业等涉海部门在海洋生态环境监测观测设施建设、数据共享、联合执法等方面的合作，推进"浙海网"建设，统一海洋观测、监测技术规范和标准，提高设施利用效率，共享基础数据。提高基层管理协调能力，实现省、市、县(市、区)间在海洋生态环境保护方面的合理分工与高效合作。组织开展海洋生态补偿试点。

六是实施海陆污染同步整治计划。实施近海陆域工业、生活、种植业、养殖业等污染防治和海洋污染同步治理工程，严格涉海工程项目环境监管，建立健全海上重大污染突发事故应急体系。

3. 改革与创新举措。

(1)规划方面。2011—2012 年组织编制和实施《浙江省海洋环境保护"十二五"规划》、《浙江省环境保护"十二五"规划》、《浙江省生态文明建设"十二五"规划》、《浙江省无居民海岛保护和利用规划》、《浙江省海岸保护与利用规划》等，组织开展《浙江省滩涂围垦总体规划》修编，将海洋生态环境建设重点工程纳入国民经济和社会发展规划。

(2)体制机制方面。2011—2012 年重点完善海洋生态补偿机制，扩大《浙江省人民政府关于进一步完善生态补偿机制的若干意见》的适用范围，统筹海、陆生态补偿。

(3)政策方面。2011—2013 年制定《关于加强海洋生态保护的意见》；建立沿海各级海洋生态环保专项资金和海洋生态损害补偿赔偿资金制度；在台州、绍兴开展海洋循环经济发展改革试点。

4. 责任分工。

浙江省责任部门：由省海洋与渔业局、省环保厅、省发改委牵头，省经信委、省科技厅、省财政厅、省国土资源厅、省建设厅、省水利厅、省林业厅和沿海各市参与。

国家指导和支持部委：国家发展改革委、科技部、工业和信息化部、财政部、国土资源部、环境保护部、住房城乡建设部、水利部、农业部、林业局、海洋局。

(六)构建政府管理服务和市场运作体系。

1. 基本思路。围绕《发展规划》提出的海洋综合开发体制的改革方向，完善海洋综合管理体制、海洋公共服务和现代市场体系，构建完善的政府管理服务和市场运作体系。

2. 推进重点。

一是建立省、市、县联动的海洋综合管理体制。立足保护国家海洋权益、海洋资源和海洋环境，进一步加强组织领导，明确各级海洋管理机构的综合管理权限，整合海洋管理职能，形成省、市、县多级联动的海洋综合管理体制。

二是建设海陆统一的政策、法规和规划体系。建立各涉海部门间的协调机制和磋商制度，加强海上综合执法，完善海洋权益维护、海洋开发和资源环境保护的综合管理机制。

三是建设海洋公共服务平台。重点建立海洋重大项目审批平台、海洋产业发展综合信息服务平台、海洋科技创新服务平台、海洋灾害性天气监测预警服务平台、海洋环境监测监管服务平台、海洋灾害预警和应急响应辅助决策支持平台。

四是完善现代市场体系。重点是创新海洋投融资服务平台，支持中小企业参与海洋经济建设，培育多元化的市场主体。继续推进国有资本向重点领域和优势产业集中，鼓励和引导民间资本进入海洋资源开发、涉海基础设施建设、海洋产业和科教文卫事业发展等领域。完善水、电、煤炭、石油、天然气、土地、海域等资源性产品价格形成机制和交易市场。

3. 改革与创新举措。

(1)政策方面。2011—2013 年制定《浙江省人民政府关于推进海洋经济加快发展的若干意见》；将海洋经济发展有关指标纳入省级有关部门和沿海市、县(市、区)政府领导的评价考核指标体系；加快启动温州民营经济创新改革试点。

4. 责任分工。

浙江省责任部门：由省发改委、省海洋与渔业局牵头，省经信委、省环保厅、省交通运输厅、省水利厅、省商务厅、省工商局、省质监局、省能源局、省气象局、杭州海关、宁波海关、浙江检验检疫局、宁波检验检疫局和沿海各市参与。

国家指导和支持部委：中央编委办、国家发展改革委、工业和信息化部、环境保护部、交通运输部、水利部、农业部、商务部、海关总署、工商总局、质检总局、气象局、能源局、海洋局等。

三、核心任务

(一)建设"三位一体"港航物流服务体系。

1. 基本思路。按照《发展规划》提出的发展目标，推动形成大宗商品交易平台、海陆联动集疏运网络、金融和信息支撑系统"三位一体"的港航物流服务体系，高水平建设我国重要的大宗商品国际物流中心和"集散并重"的枢纽港。

2. 推进重点。

(1)建设大宗商品交易平台。一是石油化工交易平台。提升宁波镇海液体化工市场发展水平；规划建设长江三角洲地区汽柴油集散交易中心和上海国际航运中心的船舶加油补给服务中心。二是矿石交易平台。启动建设舟山鼠浪湖、凉潭交易市场；提升舟山马迹山、宁波北仑矿石交易市场和绿华山减载平台发展水平。三是煤炭交易平台。启动建设六横国际煤炭交易中心；提升宁波镇海煤炭交易市场发展水平；建设嘉兴独山、台州头门、温州乐清湾等区域性煤炭交易市场。四是粮食及其他农产品交易平台。提升舟山国际粮油集散中心发展水平;规划建设嘉兴、台州、温州等区域性粮食交易市场;规划玉环台湾农产品交易中心。五是建材交易平台。提升镇海现有钢材交易市场功能,建设千万吨级钢材交易市场;依托宁波、嘉兴等木材交易市场,建设镇海、嘉兴、温州、台州等港口后方4个百万方级木材交易市场。六是工业原材料交易平台。提升发展余姚塑料城,完善物流、金融、检测认证等服务功能;建设千亿元级有色金属交易平台。七是船舶交易平台。以浙江船舶交易市场为基础,联合宁波、台州、温州等船舶交易市场,完善市场布局,提升平台功能,建成全国性船舶交易中心。

(2)完善海陆联动集疏运网络。一是新增港口通过能力2亿吨。加快老港区技术改造和码头设备技术更新,挖掘现有码头吞吐能力;尽快建成凉潭矿石、穿山煤炭码头5个泊位,以及梅山港区集装箱码头5个泊位;加快推进一批进口矿石、原油等大型专业化码头建设,加强深水航道和锚地建设。二是拓展4大集疏运通道。①联通南北沿海大通道。尽快建成嘉兴—绍兴跨江通道、台州—金华高速公路东延段、头门疏港公路;加快建设宁波—台州—温州高速公路复线、钱江通道北接线、104国道温州西过境段改造、台州74省道南延段、京杭运河改造及二通道、嘉兴港海河联运等项目;加快六横—穿山疏港公路、杭州—南京高速公路拓宽、杭州湾跨海大桥北接线(二期)、乍浦—嘉兴—苏州线和杭州—上海线航道、杭州湾跨海铁路等项目前期工作。②联通长江沿线大通道。尽快建成宁波穿山疏港高速公路、宁波绕城高速公路东段、宁波铁路枢纽货运北环线等项目;尽早开工宁波集装箱中心站和大榭、穿山港区支线铁路等项目;加快杭州—绍兴—宁波高速公路、宁波进港支线铁路、杭州—宁波运河宁波段三期等前期工作。③联通西南内陆大通道。尽快建成金华—温州铁路扩能工程、九江—景德镇—衢州铁路等项目;尽早开工杭州—新安江—景德镇高速公路建德至开化段、钱塘江中上游航运复兴工程和瓯江航道开发等项目;加快龙泉—浦城高速公路、温州—洞头疏港公路、宁波—金华及温州—台州进港支线铁路等项目前期工作。④联通世界海洋大通道。增加与原油、矿石、煤炭、粮食主要产区国家的航线;提升沿海远洋运力。三是加快建设8大物流园区。大力推进建设交通运输部和浙江省共建的5大物流示范区(梅山、传化、义乌、绍兴、嘉兴);积极培育温州、台州、舟山等3个物流园区;支持杭州、宁波、温州等国家重点综合运输枢纽建设;重点培育12家省级物流龙头企业;加快建设园区配套公路。

(3)加强金融与信息服务支撑。金融服务系统建设以金融服务创新为核心,重点培育三个渠道,创新三类产品,建立一个机制。培育三个渠道:①研究设立市场化运作的港口产业投资基金,专项用于港口物流、港航基础设施建设等方面。②待条件成熟时,研究组建支持海洋经济发展的商业银行。③建设港航投资公司。由省、市等多方出资,负责港口岸线一级市场开发和公益性港航基础设施建设。创新三类产品:①航运保险产品。研发改进多式联运保险、拓展航运港口基础建设保险等业务。②直接融资产品。支持符合条件的涉海企业上市或发行债券融资。③间接融资产品。支持金融机构开展在建船舶抵押贷款等具备港口物流特征的业务,创新运用信托和租赁融资等融资工具,支持港航及集疏运基础设施建设。建立一个机制:港口金融战略合作机制。搭建产业与金融合作平台,加强港口物流及相关企业与金融机构的沟通协调。

信息服务系统以硬件建设和业务提升为核心,重点建设两大平台,形成三大应用板块。重点建设两大平台:一是数据交换平台。在浙江交通物流公共信息平台和浙江电子口岸、宁波电子口岸的基础上,以政府为主导,协调相关职能部门,联合相关企业,建设统一的标准化、广覆盖、高时效的港航数据交换平台。二是公共服务平台。在数据交换平台的基础上,增加和提升浙江交通物流公共信息平台的功能模块,提供政策、航线、物流、码头、气象等公共信息服务。推动与国外港口物流信息平台的对接,近期重点加快东北亚物流信息服务网建设。形成三大应用板块:一是政务板块。以电子口岸建设为核心,优化口岸业务流程,提高一体化水平,同时加强港口安全监管。二是商务板块。以大宗商品交易平台为核心,完善第四方物流信息平台、船舶交易信息系统,大力发展电子商务。三是生产板块。重点推进各港口业务单位的信息化建设,提高港口运转和管理的现代化水平。

3. 改革与创新举措。

(1)规划方面。2011—2012年组织编制和实施《浙江省"三位一体"港航物流服务体系发展规划》、《宁波—舟山港域现代物流发展规划》、《浙江省港口建设"十二五"规划》、《重要能源资源储运基地布局规划》、《浙江省大宗商品交易平台建设规划》。

(2)体制机制方面。2011—2012年成立由省政府主要领导任组长的"三位一体"港航物流服务体系建设协调小组,不定期召开"三位一体"港航物流服务体系建设会议,协调解决各类重大问题,进行专项动员部署,充分调动各方面的积极性。

(3)政策方面。制定《关于加快建设"三位一体"港航物流服务体系的意见》;设立海峡两岸(玉环)商品交易物流中心、霞关对台贸易园;积极开展宁波—舟山港国际航运发展综合试验区建设相关政策研究,推进实施启运港政策、航运企业免征营业税等方面创新;出台扶持发展船舶交易、船舶管理、航运经济、航运咨询、船舶技术、海洋培训等航运服务业,吸引国际知名航运、物流企业落户浙江;开展中国义乌国际贸易综合改革试点,加快启动宁波港航综合配套改革试点建设。

4. 责任分工。

浙江省责任部门:由省交通运输厅牵头,省发改委、省经信委、省水利厅、省商务厅、省台办、省能源局、省金融办、省政府办公厅口岸处、杭州海关、宁波海关和沿海各市参与。

国家指导与支持部委:国家发展改革委、工业和信息化部、交通运输部、水利部、商务部、人民银行、海关总署、税务总局、银监会、证监会、保监会、台办、能源局、外汇局等。

（二）建设舟山海洋综合开发试验区。

1. 基本思路。依据《长江三角洲地区区域规划》和《发展规划》，着力建设大宗商品国际物流基地、现代海洋产业基地、海洋科教基地和群岛型花园城市，进一步促进群岛开发开放，打造著名的国际物流岛，建设我国海洋综合开发试验区，探索设立舟山群岛新区。

2. 推进重点。

一是建设大宗商品国际物流基地。作为上海国际航运中心和宁波—舟山港的重要组成部分，利用海岛及深水岸线资源优势，加强优势互补，加快国际化深水港口群开发建设和港航服务业发展。加快港航服务集聚区和物流园区建设，重点打造铁矿砂中转贸易、煤炭中转加工配送、油品中转贸易储存、粮食中转加工配送、化工品中转储运加工、集装箱中转运输等基地，近期重点推进国家原油储备库二期、凉潭岛武港矿砂中转、浙能煤炭中转二期、老塘山粮油中转等一批重大项目，成为我国乃至全球重要的大宗商品国际物流基地。

二是建设现代海洋产业基地。支持国家和省重大现代海洋产业项目落户舟山群岛，建设全国重要的滨海旅游休闲基地、海洋生物医药基地、海洋新能源基地、船舶修造基地、水产品精深加工与贸易基地等在内的新型临港产业基地。加大对远洋渔业和国内海洋捕捞业产业转型升级的扶持力度，建设“渔业强市”。

三是建设海洋科教基地。发挥群岛型城市特色与优势，高水平推进建设舟山海洋科学城，加大中国科学院舟山研究中心、浙江大学舟山研究中心、摘箬山科技示范岛等海洋科技创新服务平台和海洋科技创新引智园区、舟山海洋高新技术产业园、浙江海洋开发研究院等海洋科技成果转化平台建设力度，支持国家重大海洋科研成果转化落地舟山，构筑我国新兴的海洋科技研发重地。加强浙江海洋学院、浙江国际海运职业技术学院建设，吸引国外优秀海洋院校到舟山合作举办海洋类院校，支持国内优秀海洋院校在舟山建立涉海专业的教学、实习和科研基地，提升海洋高等教育水平。

四是建设群岛型花园城市。以鸟岛、马鞍、中街山列岛等为重点，规划建设海洋生态保护区。加大海岛特色文化、历史遗存、自然生态景观修复与保护力度，创建国家级海洋海岛旅游景区。加强临城新区与定海城区、沈家门城区功能分工，支持港航、金融、商务、信息、科研等现代服务业项目落户，建设绿色、美丽、智慧的群岛型花园城市。

3. 改革与创新举措。

（1）规划方面。2011—2012 年在《发展规划》的基础上，组织编制《舟山群岛新区规划》，上报国家审批；组织编制和实施舟山海洋科学城发展规划和临港产业、滨海旅游、海洋渔业等“十二五”发展专项规划。

（2）政策方面。2011—2013 年重点争取一批支持政策。一是扩大对外开放。统筹国防安全与经济建设，在确保军事设施和军事行动安全保密前提下，扩大舟山对外开放。将六横、金塘等港区开辟为一级航运开放口岸，支持符合条件的地区按程序申请设立海关特殊监管区域。推进舟山机场扩容。二是拓展开发空间。为实现重要海岛的高效集约开发，在新一轮土地利用总体规划修编中，在确保全国土地利用总体规划纲要确定的浙江全省耕地保有量和基本农田保护面积不减少、建设用地总量不增加的前提下，通过统筹安排全省用地指标，合理确定舟山市新增建设用地规模、耕地保有量和基本农田保护面积；依据海洋功能区划，在严格论证的基础上，适当扩大围填海规模。抓紧推进低空空域管理改革，利用直升机、低空水上飞机等发展岛际航空。

4. 责任分工。

浙江省责任部门：由省发改委、舟山市牵头，省经信委、省科技厅、省财政厅、省国土资源厅、省交通运输厅、省水利厅、省商务厅、省地税局、省海洋与渔业局、省旅游局、省台办、省能源局、杭州海关、宁波海关等部门和机构参与。

国家指导与支持部委：国家发展改革委、科技部、工业和信息化部、财政部、国土资源部、交通运输部、水利部、商务部、海关总署、税务总局、旅游局、台办、能源局、海洋局等。

（三）建设海洋新兴产业基地。

1. 基本思路。围绕《发展规划》提出的海洋产业发展方向，坚持以发展海洋新兴产业为着力点，通过推进建设一批海洋装备制造基地、清洁能源基地、海洋生物医药基地、海水综合利用基地和海洋勘探开发基地，打造海洋新兴产业基地。

2. 推进重点。

一是建设一批海洋装备制造基地。加快建设杭州、宁波、舟山海洋工程装备基地；建设以舟山为重点，宁波海洋工程装备和温州、台州、嘉兴等特种船舶基地为支撑的船舶工业基地；培育引进一批优秀海洋工程、船舶、石化装备、港口装备等领域的科研机构、科研型企业、科研团队和科研领军人才，建设杭州、宁波、舟山海洋先进装备制造研发基地。

二是建设一批清洁能源基地。加快建设三门核电、秦山核电、龙游核电、苍南核电等项目，在东部沿海打造全国最大核电生产基地和核电关联产业基地；有序建设岱山长涂、定海岑港、嵊泗泗礁、海宁尖山等 10 万千瓦级和近海 100 万千瓦级风电场，逐步建设舟山东部、宁波象山、台州、温州海域四大百万千瓦级海上风电基地；积极推进燃料乙醇生产基地项目建设；建设宁波等液化天然气（LNG）接收站，西气东输二线及新粤浙管道浙江段、宁波—台州—温州、金华—衢州—丽水、杭州—金华—衢州等天然气管网，打造天然气利用和 LNG 储运基地。

三是建设一批海洋生物医药基地。推进建设温州中德生命科技园，加强高新技术项目和园区政策扶持，争取国家海洋生物及其制品质量检测中心落户，建成我国海洋生物医药产业发展的重要载体。规划建设舟山、台州、杭州等海洋生物工程产业基地，完善生态环保、科研服务、人才支持等公共平台建设，加强国外优秀海洋生物医药企业引进和本土领军企业培育壮大，推进海洋生物医药产业基地化发展。

四是建设一批海水综合利用基地。建设杭州国家海水淡化技术装备基地和海水淡化技术研发基地，整合研发技术力量，组建浙江海水资源开发利用工程研究平台、产品中试基地。建设舟山海岛地区海水淡化示范基地，推进一批海水淡化重大项目、海水淡化和海水循环冷却技术装备依托工程，以及海岛扶持项目、重点改造项目。

五是建设一批海洋勘探开发基地。依托国家海洋局第二海洋研究所、浙江大学等科研院所(校)，加强海洋勘探业人才培养、技术储备、装备研发，成为我国重要的海洋勘探开发科研与教育基地。支持国家深海探测、深海取样设备、海底观测网络等科研及其产业化项目落户浙江，建设国家级深海取样装备研制基地。支持国家大洋勘查技术与深海科学研究开发基地建设。

3. 改革与创新举措。

(1)规划方面。2011—2012年组织编制和实施《浙江省海洋新兴产业发展规划》、《浙江省建设清洁能源示范省实施方案》、《浙江省能源发展“十二五”规划》和《浙江省新能源和可再生能源发展“十二五”规划》等。

(2)政策方面。制定《浙江省关于加快海洋新兴产业发展的意见》、《浙江省关于加快清洁能源发展的意见》、《浙江省关于加快太阳能开发的意见》和《浙江省关于加快生物质能开发利用的意见》；加快启动海盐县核电关联产业发展改革试点。

4. 责任分工。

浙江省责任部门：由省发改委、省经信委牵头，省科技厅、省财政厅、省水利厅、省商务厅、省气象局、省能源局、省物价局、省金融办、省政府办公厅口岸处、省电力公司、省能源集团等部门和单位参与。

国家指导与支持部委：国家发展改革委、科技部、工业和信息化部、水利部、商务部、气象局、能源局、电网公司等。

四、保障措施

(一)加强组织领导。浙江省海洋经济工作领导小组要切实加强对海洋经济发展示范区建设的组织领导。省海洋经济发展试点工作协调推进小组在省海洋经济工作领导小组领导下，统筹、协调并解决海洋经济发展试点工作中的重要问题，组织实施《试点方案》，研究制定相关政策。省海洋经济工作领导小组办公室和省海洋经济发展试点工作协调推进小组办公室设在省发改委，具体负责协调落实领导小组和协调推进小组决定事项，统筹推进试点中的相关工作。

(二)健全推进机制。建立省、市政府和各有关部门的联动推进工作机制，明确责任，定期召开试点工作联席会议。将海洋经济发展试点工作列为对各级各有关部门工作考核的主要内容。各级各有关部门要重视试点、关心试点、支持试点，加强工作交流，加大宣传力度，合力推进海洋经济发展试点工作。

(三)加大投入力度。加大各级财政对海洋开发的支持力度，省级财政每年安排一定规模的专项资金，用于支持海洋经济发展示范区基础设施、重大产业和重大科教项目，项目所在市县按照一定的比例进行资金配套。同时，鼓励社会力量设立海洋产业风险投资公司，主要投资于市场前景广阔，具有高技术、高附加值，但投入较高、风险较大的新兴产业项目。

(四)营造社会氛围。省、市、县各级要利用报刊杂志、广播电视、网络等媒体，大力宣传海洋经济发展试点的战略决策、目标任务、政策举措，跟进宣传报道海洋经济发展试点的进展情况及阶段性成效，积极组织培训、讲座等多种形式开展主题宣传活动，加强试点交流，总结推广经验，努力营造社会力量共同参与海洋经济发展的良好氛围。

(五)强化能力建设。开展海洋经济调查，推进海洋经济运行监测与评估能力建设。提高海洋经济发展的战略研究能力，强化海洋经济发展的相关技术研发支撑。建设海洋防灾减灾预警预报体系，完善海上交通安全管理和应急救助系统，不断提高航海保障、海上救生和救助服务水平。建立海洋空间基础地理信息系统，完善海洋污染防治设施、海洋环境监测系统和评价体系。

浙江省人民政府办公厅印发国家海洋局浙江省人民政府关于共同推进浙江省海洋经济发展示范区建设战略合作协议相关工作分解落实方案的通知

浙政办发〔2011〕71号

各市、县(市、区)人民政府，省政府直属各单位：

《国家海洋局浙江省人民政府关于共同推进浙江省海洋经济发展示范区建设战略合作协议相关工作分解落实方案》已经省政府同意，现予印发，请各有关市县和部门认真贯彻执行。

二〇一一年七月一日

国家海洋局　浙江省人民政府
关于共同推进浙江省海洋经济发展示范区建设
战略合作协议相关工作分解落实方案

一、共同推进浙江海洋经济发展示范区建设

第一条　浙江省把大力发展海洋经济作为重要战略，举全省之力建设全国海洋经济发展示范区，以此促进全省经济转型升级和社会和谐稳定。（由省政府办公厅牵头，省级各有关部门及沿海各市配合组织落实）

第二条　国家海洋局把浙江作为重点联系和指导的省份，指导探索海洋管理体制机制创新，推进全国海洋事业改革发展在浙江率先突破；支持浙江在海域使用管理、海岛保护利用、海洋生态保护、海洋防灾减灾、海洋综合管理信息化建设、海洋可再生能源利用等方面先行先试，完善配套制度；在编制"十二五"海洋经济发展规划及各专项规划时充分体现浙江省的相关工作。

浙江省加强对海洋经济发展示范区建设的组织领导和统筹协调，加强海洋管理机构建设和人员力量调配，增加资金投入，为海洋经济强省建设提供有力保障。（由省发改委、省编委办、省财政厅、省水利厅、省海洋与渔业局及沿海各市负责组织落实）

第三条　国家海洋局支持浙江省开展海洋经济发展试点工作，指导浙江省开展海洋经济基础调查、运行监测及评估工作。

浙江省切实加强海洋经济运行监测、评估能力建设，开展海洋经济调查，为各级政府科学决策提供依据。（由省统计局、省海洋与渔业局牵头，省级有关部门及沿海各市配合组织落实）

第四条　双方就浙江海洋经济发展示范区建设和试点工作中的重大原则问题举行高层互访和定期会晤协商活动，原则上每半年举行一次，具体由浙江省海洋与渔业局和国家海洋局有关司办衔接联系。（由省海洋与渔业局牵头，省发改委等部门配合组织落实）。

二、共同推进舟山海洋综合开发试验区建设

第五条　浙江省加大对舟山海洋综合开发试验区人财物等必要的配套政策支持和设施建设，国家海洋局支持舟山海洋综合开发试验区建设，共同推动舟山扩大开放，打造现代海洋产业基地和大宗商品国际物流岛，加强海岛生态建设与修复，建设舟山群岛新区。（由省发改委牵头，省级有关部门及舟山市配合组织落实）

第六条　国家海洋局发挥系统科研实力雄厚、领军人才众多等优势，帮助舟山建设中国海洋科学城，建设一批海洋科技创新平台、科研中试基地和孵化器，支持海洋科研成果转化落地，打造我国重要的海洋专业人才教育培养基地。

浙江省制订相关政策，加强人才培养、引进和交流工作。（由省科技厅牵头，省编委办、省财政厅、省海洋与渔业局配合组织落实）

第七条　国家海洋局支持在舟山建设我国大洋勘查技术与深海科学研究开发基地，支持舟山建设我国海水淡化与综合利用产业化基地、海洋可再生能源利用工程及装备示范基地、东海油气田后方基地和海底油气管道。

浙江省加强土地、海域、岸线、海岛和配套服务等方面的保障。（由省发改委、省国土资源厅、省交通运输厅、省水利厅、省海洋与渔业局、省能源局负责组织落实）

三、重点支持浙江海洋经济发展用海用岛需求

第八条　国家海洋局在海域使用项目审批、区域用海规划审批和无居民海岛利用审批和年度围填海计划指标安排上给予倾斜支持，优先保障国家、省级重点建设项目和国家鼓励的战略性新兴产业项目用海和农业围垦项目用海。结合浙江实际，鼓励围填海工程创新平面设计，提倡离岸人工岛式、突堤式、区块组团式围填海和透水性构筑物建设。（由省海洋与渔业局牵头，省发改委、省国土资源厅、省水利厅配合组织落实）

第九条　浙江省科学修编海洋功能区划、制定海岛保护规划，确定重要岸线、海岛、海湾和近岸海域的基本功能、管理要求和开发时序，为浙江海洋经济发展示范区建设预留海域和海岛空间；科学选划沿海和海岛产业集聚区集约用海区域，防止粗放浪费，提高用海效率；在实施用海项目和无居民海岛开发时，加强前期政策处理工作，处理好与利益相关者关系，科学论证，依照法定权限和程序，依法报批审批。（由省海洋与渔业局牵头，省发改委、省国土资源厅、省水利厅、浙江海事局配合组织落实）

第十条　国家海洋局指导帮助浙江省积极推进国家海域动态监视监测系统业务化运行，以围填海为重点，全面加强海域使用动态监视监测，开展重要海湾和重要海域海水动力环境及泥沙量沉积趋势模型试验研究，为科学开发利用海域资源和岸线资源、保护重要航道水道安全以及生物多样性提供决策依据。

浙江省加强海域动态监视监测系统队伍、装备及业务建设。（由省海洋与渔业局、省编委办、省财政厅负责组织落实）

第十一条　国家海洋局支持浙江省通过项目建设争取中央分成海域使用金和无居民海岛使用金补助，专项用于海域海岛整治修复、保护和管理，支持浙江海洋事业发展。加大对海洋新兴产业、海岛基础设施、海洋生态保护等项目的支持。

浙江省积极做好相关的项目论证申报、储备和已批准项目的实施工作。（由省海洋与渔业局牵头，省发改委、省财政厅、省环保厅、省水利厅配合组织落实）

第十二条　国家海洋局支持浙江省推进海域资源市场化配置进程，完善海域使用权招拍挂制度，探索建立海域使用二级市场，积极开展海域价值评估试点。对列入国家和省重点的涉海工程、海洋保护、海洋生态等项目，优先安排围填海计划指标；对符合浙江省海洋经济发展战略的围填海项目指标予以倾斜，适当增加年度计划指标。支持浙江省开展海域使用权证书直接进入基本建设程序试点，推进海域使用管理与土地管理的衔接。

浙江省严格实施《海域使用管理法》，加强海域使用许可管理，在海域资源节约集约利用和市场化配置领域先行先试，为推进全国海域资源市场化配置积累经验。（由省海洋与渔业局牵头，省国土资源厅、省建设厅、省水利厅配合组织落实）

四、共同推进浙江海洋战略性新兴产业发展

第十三条 国家海洋局支持浙江省发展资源型、制造型、服务型和储备型海洋新兴产业，结合当地区域优势推动海洋药物和生物制品开发、远洋极地生物资源开发、海洋可再生能源开发，发展海洋工程装备、海上风电装备、海水利用技术及设备、现代海洋生产性服务、海洋环境监测预报和灾害救援等高端海洋信息服务、深海矿产资源探查储备、大洋生物基因资源研究储备等领域的战略性新兴产业。

浙江省加强《全国科技兴海规划纲要》的组织实施，结合本地区特点，编制实施海洋新兴产业发展规划，落实相关产业政策，加快推进海洋战略性新兴产业的发展。（由省发改委、省科技厅牵头，省经信委、省海洋与渔业局、省气象局配合组织落实）

第十四条 国家海洋局积极创造条件，与浙江省共同推动建设数字海洋示范项目、海水淡化与综合利用产业化工程示范基地、海洋生物制品产业化和海洋创新药物产业体系、深海矿产资源开发利用工程技术中心和深海技术装备公共试验平台、极地海洋生物资源开发技术平台、海洋观测监测仪器设备产业化基地、海岛生态建设实验基地、离岸海上风电装备及工程示范基地、深海铺管船研制及配套工程技术基地、海洋工程装备技术与制造基地、海洋可再生能源开发利用工程及装备制造示范基地、海洋油气勘探开发服务体系与应用示范等海洋战略性新兴产业载体建设，或通过国家海洋系统渠道参与相关领域的开发合作与建设。

浙江省根据国家海洋高新技术发展趋势和要求，编制有关专项规划，合理布局，统筹协调发展。（由省发改委牵头，省经信委、省科技厅、省水利厅、省海洋与渔业局、省测绘与地理信息局、浙江海事局配合组织落实）

五、共同推进浙江海洋科教人才和文化建设

第十五条 国家海洋局支持浙江省建设海洋科技创新平台，支持海洋二所参与共建浙江省海洋科学院。在浙江省海洋科研立项和经费支持等方面给予重点支持，加强基础研究和应用研究，组织对重大科技问题进行攻关。

浙江省积极整合省内现有海洋领域研究力量，加强省海洋科学院建设，给予适当的财政资金支持，建立工作运行机制，加大科研成果转化力度。（由省编委办、省财政厅、省科技厅、省海洋与渔业局负责组织落实）

第十六条 国家海洋局进一步加大对浙江大学、浙江海洋学院、宁波大学等涉海院校的支持力度，鼓励各高校与海洋二所拓宽合作领域，扩大合作培养研究生招生规模。支持浙江涉海高校建设涉海重点实验室和科研基地，承担或参与国家重大海洋科研课题，提高海洋科研实力和学科建设水平。

浙江省加快制定实施海洋院校与学科建设规划，做强做大浙江海洋学院，支持浙江大学等综合类大学设立海洋院系和专业，增强院校综合实力；大力推进涉海类职业院校建设，培养海洋应用型人才。（由省教育厅牵头，省科技厅、省财政厅、省人力社保厅配合组织落实）

第十七条 国家海洋局发挥在海洋领域的聚合作用，支持浙江省开展海洋教育人才引进工作，帮助提升浙江海洋科研实力；适当选派干部到浙江省各级海洋管理部门和海洋经济协调机构挂职锻炼，提高浙江海洋综合管理能力和海洋经济综合协调能力。

浙江省有计划选送优秀年轻干部分期分批到国家海洋局及所属科研机构挂职学习锻炼，参与国家重点海洋科技项目研究、重大工程建设和学术交流，提高浙江海洋管理队伍和科技骨干的素质能力。（由省委组织部、省人力社保厅牵头，省科技厅、省海洋与渔业局配合组织落实）

第十八条 国家海洋局支持浙江省加强海洋文化研究和海洋文化事业发展，挖掘海洋文化资源，保护涉海文化古迹和遗产，办好中国海洋文化节，与浙江省共同办好海洋生态文明论坛，支持海洋主题博物馆建设。

浙江省加强海洋文化研究工作，科学编制海洋文化发展规划，统筹发展海洋文化事业，努力打造海洋文化品牌，弘扬优秀传统文化。（由省文化厅、省海洋与渔业局牵头，省广电局、省新闻出版局配合组织落实）

六、共同加强浙江海洋生态环境保护

第十九条 国家海洋局支持浙江省开展海域、海岛、海岸线等海洋环境与资源的综合性基础调查工作，加强对沿海滩涂、岸线以及海岛等资源的分类指导与管理；支持浙江省根据实际需要依法科学选划海洋倾倒区。

浙江省科学合理组织开展相关工作，健全公众参与机制，形成科学开发海洋资源和保护海洋生态环境的长效机制。（由省海洋与渔业局牵头，省国土资源厅、省环保厅、省交通运输厅、省水利厅、省测绘与地理信息局、浙江海事局配合组织落实）

第二十条 国家海洋局把长江入海口及杭州湾和舟山海域列为国家海洋环境保护重点海域，加大近海生态环境保护与建设支持力度。牵头加强沪苏浙两省一市协作，加大推进《长江口及毗邻海域污染防治规划》实施力度，建立完善省部际联席会议制度，重点在入海污染源联合监控、海洋污染协同治理、重大海洋环境突发事件防范处理、海洋生态建设与修复、海洋环境联合执法、海洋工程监管等领域开展合作和协同治理。

浙江省进一步加强沿海和海岛地区污染防治，强化陆海联防联控机制，实施主要污染物排放总量削减计划，完成国家污染物减排年度任务；加强海洋、海岸工程和海洋倾废的监督管理，完善海洋环境监测评价体系，加强港口作业和船舶工业污染防治，完善配套防污设施，建设"清洁港区"。（由省环保厅、省海洋与渔业局牵头，省交通运输厅、浙江海事局负责组织落实）

第二十一条 国家海洋局支持浙江省加强海洋自然保护区、海洋特别保护区及海洋公园建设，加强典型重要海洋生态系统、海洋生物栖息地、海洋自然历史遗迹和自然景观的保护；加强红树林和湿地保护与修复工程建设，加强海域生态休养生息和生物多样性保护，加大受损海洋生态系统和重要海岛生态修复力度。（由省海洋与渔业局负责组织落实）

七、共同推进浙江海洋经济基础能力建设

第二十二条 国家海洋局支持浙江省加快建设海洋观测预报、海洋灾害应急管理和辅助决策体系，开展海洋灾害风险评估与区划、警戒潮位核定工作，完善海洋灾害调查评估业务化体系，建设渔船海洋环境服务保障体系。

浙江省加强海洋观测监测预报体系建设，整合海洋监测观测站（点），增加监测观测密度和广度、深度，完善各类海洋灾害应急预案，加快建设海洋灾害预警、海洋综合管理信息系统、应急响应辅助决策平台和信息快速分发系统。（由省海洋与渔业局牵头，省财政厅、省国土资源厅、省水利厅、省广电局、省气象局、浙江海事局、省测绘与地理信息局配合组织落实）

第二十三条 国家海洋局在技术、资金和人才管理等方面支持浙江省加强海洋环境应急监测能力建设。

浙江省加强赤潮、绿潮、海上溢油等灾害监测预警及应急救助设施建设，加强灾后生态损害评估；建立跨部门协调应急机制，加强船舶安全管理，提高海洋运输、渔业生产安全保障能力。（由省海洋与渔业局牵头，省财政厅、省环保厅、省交通运输厅、省安监局、浙江海事局配合组织落实）

第二十四条 国家海洋局将浙江海监执法装备、海洋环境监测预报体系、海域使用动态监管体系、海洋综合管理信息系统建设纳入国家总体计划。在海洋执法所需的船艇、车辆、取证等设备的配置更新方面给予支持，并加强对海监执法人员、海洋环境监测预报人员和海域海岛动态监管人员的培训指导。

浙江省加大海监执法装备投入和队伍建设力度，提高海域监管、环境保护、海岛巡查、海监执法人员队伍的整体素质和保护海洋生态环境、维护海洋开发秩序与海洋权益的能力。（由省编委办、省财政厅、省海洋与渔业局负责组织落实）

八、共同打造海洋国际合作示范城市

第二十五条 国家海洋局发挥与全球发达海洋国家的友好合作优势，支持浙江省引进先进的海洋管理经验和技术以及资金，实施好全球环境基金资助的南海生物多样性项目，提升浙江海洋管理水平，共享国际资源，推动海洋经济发展。实施好中意合作"中国沿海地区生态系统适应气候变化能力建设"示范项目，提高沿海城市和地区应对气候变化的弹性，缩短与发达国家在可再生海洋能源和清洁能源开发利用方面的差距，积极打造全球低碳环保示范城市。（由省海洋与渔业局、省建设厅、省气象局及沿海相关市负责组织落实）

第二十六条 国家海洋局支持浙江省申办世界海洋博览会，筹备国际海洋成果应用交流会，进一步推动海洋生态文明（温州）论坛的发展，提升国际影响力。（由省海洋与渔业局、宁波市、温州市负责组织落实）

九、共同探索创新海洋经济发展模式

第二十七条 国家海洋局帮助浙江省在做好海岛保护规划的基础上，支持推进一批重要海岛开发开放，进一步加强用海用岛的支持，加大海洋综合管理力度，创新投融资机制，建设我国海洋综合开发体制改革示范区。

浙江省加强海岛的保护与利用管理工作，编制实施《重要海岛开发利用与保护规划》和《无居民海岛保护与利用规划》。（由省发改委、省海洋与渔业局负责组织落实）

第二十八条 国家海洋局支持浙江省对重要海岛按照总体规划、逐岛定位、分类开发、科学保护的总体要求，发挥重要海岛的独特价值，加大综合开发力度。对列入国家和省重点的海岛保护与开发项目，优先安排审批，推进重要海岛空间资源集约开发；建立海岛生态建设实验基地，加大边远海岛基础设施建设；推进海岛清洁能源建设，积极发展海岛海水淡化和海水综合利用，加快海岛经济发展，改善海岛民生。（由省海洋与渔业局、省发改委负责组织落实）

第二十九条 国家海洋局支持浙江省开展海岛普查，加大资金投入，加强海岛资源的分类管理与有效保护；加强无居民海岛使用权管理，实行无居民海岛利用审批许可和有偿使用制度；建立海岛巡查、修复和利用评估制度，禁止开发未经批准利用的无居民海岛。

浙江省切实加强无居民海岛使用管理工作，积极做好无居民海岛普查等工作，建立无居民海岛巡查、保护制度，严厉查处各种违法用岛行为。（由省海洋与渔业局牵头，省发改委、省法制办、省测绘与地理信息局及沿海各市配合组织落实）

第三十条 浙江省加强海洋领域依法行政工作，完善海域使用、海洋环境保护、无居民海岛保护、海洋环境监测评价、海洋观测预报等地方配套法规和规章，加强海洋法制建设，强化行政执法监督，规范行政执法行为，推进政务公开，依法化解社会矛盾，为海洋经济发展提供法制保障。（由省海洋与渔业局牵头，省法制办、浙江海事局配合组织落实）

第三十一条 浙江省加强海洋行政执法队伍建设，配备与海域、环保、海岛执法工作相适应的执法力量，并逐步承担相应的海洋维权执法工作。（由省编委办、省财政厅、省海洋与渔业局负责组织落实

浙江省人民政府办公厅关于印发海关总署浙江省人民政府共同推进浙江海洋经济发展示范区建设和义乌国际贸易综合改革试点合作备忘录相关工作分解落实方案的通知

浙政办发〔2011〕99号

各市、县(市、区)人民政府,省政府直属各单位:

《海关总署浙江省人民政府共同推进浙江海洋经济发展示范区建设和义乌国际贸易综合改革试点合作备忘录相关工作分解落实方案》已经省政府同意,现予印发,请各有关单位认真贯彻执行。

二〇一一年九月二日

海关总署　浙江省人民政府共同推进浙江海洋经济发展示范区建设和义乌国际贸易综合改革试点合作备忘录相关工作分解落实方案

一、扩大浙江口岸开放

(一)海关总署支持浙江口岸开放工作,加快浙江口岸对外开放项目的审理和国家已批准对外开放项目的验收;支持将宁波港、舟山港、温州港、嘉兴港、台州港口岸扩大对外开放列入《国家"十二五"口岸发展规划》,在具体执行中对重点项目的开放予以研究支持;支持梅山保税港区正式对外开放,支持舟山港高亭等5个港区扩大对外开放,支持舟山重点项目码头临时对外开放;支持义乌机场对外开放,在条件成熟时予以推动;支持浙江省推进"义乌港"建设成为功能完备的"始发港"和"目的港";支持浙江在浙江沿海县(市、区)设立台商投资、贸易和综合区,扩大对台开放。(由省级各有关部门和各有关市配合组织落实)

(二)浙江省完善口岸开发开放管理机制,进一步发挥政府主导作用,按有关规定加强对新设口岸和扩大开放口岸的规划、申报,探索建立口岸检查检验机构提前参与口岸开放规划、项目立项的工作机制;统筹考虑海关监管和地方经济发展需要,加强口岸整合发展,发挥海洋经济大省优势,做大做强浙江口岸,提升浙江辐射长江流域、带动内陆地区发展的能力。(由省政府口岸管理办公室牵头,省级各有关部门和各有关市配合组织落实)

二、推进浙江重点口岸发展

(三)海关总署支持宁波—舟山港一体化发展;支持宁波—舟山港智慧口岸建设,开展物联网项目和电子锁应用等试点;支持研究宁波—舟山港共享上海国际航运中心相关政策;支持将宁波—舟山港列入上海洋山保税港的启运港退税政策试点,并支持申请保税租赁业务政策试点;支持浙江省向国务院申请在舟山实行旅游购物离境退税和离岛免税政策;支持舟山外籍船舶修造业发展,研究制定有针对性的海关监管政策和办法,在舟山口岸先行开展试点;支持境外国际邮轮公司在宁波、舟山设立经营性机构,开展国际航线邮轮服务业务,支持境外大型邮轮公司挂靠宁波—舟山港,使其逐步发展成为邮轮母港;支持将宁波梅山保税港区增列为整车进口口岸。(由省级各有关部门和宁波市、舟山市配合组织落实)

三、加强口岸基础设施和配套设施建设

(四)海关总署配合浙江省争取国家有关主管部门加大对浙江口岸基础设施和配套设施建设的扶持力度;积极协助地方政府科学规划、建设口岸基础设施和配套设施;提前参与货运监管场所建设项目的规划、选址、建设,按规定审批、验收新设货运监管场所。(由省级各有关部门和各有关市配合组织落实)

(五)浙江省加大对口岸基础设施和配套设施建设的投入力度,改善口岸监管条件,提高口岸建设水平;合理规划建设货运监管场所,优化货运监管场所布局,控制货运监管场所数量,支持海关按规定审批验收海关监管场所。(由省政府口岸管理办公室牵头,省发改委、省财政厅、省商务厅、杭州海关、宁波海关和各有关市配合组织落实)

(六)加大对海关监管配套设施建设和监管查验设备的投入力度,针对舟山群岛口岸监管存在的困难,为海关监管提供海上交通工具和移动信息视频监控装置,满足海关执行查验、巡查、监控等监管任务需要。(由省财政厅、杭州海关和舟山市负责组织落实)

四、加强口岸大通关建设

(七)海关总署指导杭州、宁波海关不断优化海关监管服务,深入推进区域通关改革,提高监管效能,促进浙江开放型经济发展;支持舟山口岸实施综合监管改革,建立符合群岛实际的监管新机制;杭州、宁波海关加强与其他口岸查验机构的联系配合,共建和谐口岸。(由杭州海关、宁

波海关、浙江检验检疫局、宁波检验检疫局、浙江海事局、省边防总队和各有关市配合组织落实)

(八)浙江省加强对大通关建设的领导,协调省内相关单位支持电子口岸建设,推动地方电子口岸扩大应用范围,保障地方电子口岸建设和部分运维经费。(由省政府口岸管理办公室牵头,省经信委、省财政厅、省交通运输厅、省商务厅、杭州海关、宁波海关、浙江检验检疫局、宁波检验检疫局、浙江海事局、省边防总队和浙江电子口岸公司、宁波电子口岸公司配合组织落实)

(九)着力打破省内外贸运输、仓储、代理等相关服务业的地区障碍和行政壁垒;教育引导进出口企业、外贸货运代理等诚信守法经营,营造海关监管执法良好环境。(由省政府反走私办公室、省商务厅牵头,省发改委、省交通运输厅、杭州海关、宁波海关配合组织落实)

五、加强海关特殊监管区域及保税监管场所建设

(十)海关总署支持舟山保税港区建设,研究适合舟山群岛新区实际的保税港区管理办法和优惠政策;支持设立义乌保税物流中心(B型),在条件成熟时升格为综合保税区;支持义乌加快发展进口、转口贸易、出口加工、国际采购、配送等业务;支持条件成熟时设立温州出口加工区、湖州出口加工区、台州出口加工区,支持设立宁波镇海、舟山金塘港保税物流中心(B型);指导和帮助浙江省做好新设海关特殊监管区域的前期规划、申报工作,条件成熟时积极推进审核、设立工作。(由省级各有关部门和各有关市配合组织落实)

(十一)浙江省统筹省内海关特殊监管区域的规划、布局,加大对已批准设立海关特殊监管区域的建设和运营管理,加大招商引资力度,吸引高科技含量、高附加值项目落地,引导区外加工贸易企业入区发展,推动加工贸易转型升级;加强与海关的沟通,协助做好海关特殊监管区域监管工作。(由省商务厅、省财政厅、省国税局、省外汇管理局、杭州海关、宁波海关负责组织落实)

六、推进义乌国际贸易综合改革试点

(十二)海关总署加大对义乌小商品进出口监管的改革创新力度,积极配合国务院有关牵头部门在义乌研究建立"市场采购"新型贸易方式,并完善与之相适应的海关监管措施和办法,实现海关对小商品监管"管得住、通得快";按照海关对暂时进出境货物监管办法的规定,为义乌展览会展览品进出境提供通关便利,为展览品办理延期手续提供便利;支持义乌实行港口功能前移的物流运作模式,研究建立进出口便利化监管机制,促进义乌小商品市场可持续繁荣发展。(由省发改委、省商务厅牵头,省交通运输厅、省外办、省国税局和义乌市配合组织落实)

(十三)浙江省加快义乌小商品出口综合治理机制建设,明确工作内容、工作职责和任务,加强和规范对义乌小商品出口的监管;支持推广应用"义乌小商品出口综合治理系统",积极推进义乌小商品出口综合治理信息化建设;积极引导展览会举办方或企业通过 ATA 单证册办理展览品暂时进出境手续;加强对义乌小商品市场商户、外商的政策宣传,支持有针对性地开展知识产权海关保护,整顿外贸代理、外贸货运代理市场,共同推动综合治理机制建设,通过批准市场商户对外贸易经营权,逐步取消小商品出口的外贸代理环节,过渡到"市场采购"贸易方式,简化通关环节,降低贸易成本。(由省商务厅牵头,省工商局、省外办、省国税局、省外汇管理局、杭州海关、浙江检验检疫局和义乌市配合组织落实)

七、加强打击走私综合治理

(十四)海关总署坚持"打防结合,综合治理,突出重点,坚持不懈"的打击走私工作方针,综合运用刑事、行政执法手段,依法打击各类走私犯罪活动;加强与浙江省各级政府及执法部门的联系配合,共同推进打击走私综合治理,为浙江海洋经济发展示范区建设和义乌国际贸易综合改革试点提供良好的环境;落实"宽严相济"的刑事司法政策,实现打击走私法律效果和社会效果的统一。(由省级各有关部门和各有关市配合组织落实)

(十五)浙江省加强打击走私综合治理工作的综合协调,支持海关打击走私工作,整顿规范进出口贸易秩序,推进行风建设,为海关依法履行职责营造良好的环境。(由省政府反走私办公室牵头,省公安厅、省财政厅、省商务厅、省工商局、省海洋与渔业局、省国税局、省外汇管理局、省边防总队和各有关市配合组织落实)

八、加强海关机构编制建设

(十六)海关总署积极支持浙江增设海关机构和增加海关人员编制;在人员编制到位的情况下,按照统筹规划、合理布局的要求,研究支持在符合条件的地区和监管场所设立海关机构;积极研究制定地方政府派往海关协助海关监管人员的管理办法;省内海关不断优化人力资源配置,挖掘潜力,满足地方开放型经济发展需要。(由省政府办公厅牵头,省编委办和各有关市政府配合组织落实)

(十七)浙江省积极支持省内海关发展,根据浙江开放型经济发展需要,支持在符合设关条件的地区设立海关,按照"精简、统一、效能"的原则推动同一地市内海关机构的整合。(由省政府办公厅牵头,杭州海关、宁波海关和各有关市配合组织落实)

(十八)支持海关干部教育培养工作,加强海关与地方干部的交流和挂职锻炼,培养高素质的海关干部人才。(由省委组织部牵头,省人力社保厅、杭州海关、宁波海关和各有关市配合组织落实)

(十九)建立健全海关经费保障长效机制,积极采取措施帮助解决海关在监管服务过程中遇到的困难和问题。(由省政府办公厅牵头,省财政厅、杭州海关、宁波海关和各有关市配合组织落实)

(二十)研究建立在海关人员编制不足时由地方政府派员协助海关监管的机制。(由省政府办公厅牵头,省编委办、省财政厅、杭州海关、宁波海关和各有关市负责组织落实)

九、建立健全署省紧密合作工作机制

(二十一)进一步完善署省合作机制,加强日常工作中的联系配合,共同推动浙江海洋经济发展示范区建设和义乌国际贸易综合改革试点。建立健全海关总署和浙江省人民政府负责同志不定期会晤制度，及时协调、沟通解决双方工作中遇到的需要对方研究支持的问题。充分发挥海关总署办公厅、浙江省人民政府办公厅和杭州海关、宁波海关有关负责同志的联络员作用，及时通报重要工作进展和有关信息，督办有关合作事项的落实。（由省政府办公厅、杭州海关、宁波海关负责组织落实）

（二十二）合作双方要紧密围绕浙江海洋经济发展示范区建设和义乌国际贸易综合改革试点目标任务，按照“共同推进，先行先试，风险共担，可管可控”的原则，完善合作机制，细化具体措施，加大落实力度，力争在三年内取得显著成效。（由省级各有关部门和各有关市负责组织落实）

附件：海关总署办公厅贯彻落实海关总署浙江省人民政府共同推进浙江海洋经济发展示范区建设和义乌国际贸易综合改革试点合作备忘录分工方案

附件

海关总署办公厅贯彻落实海关总署浙江省人民政府共同推进浙江海洋经济发展示范区建设和义乌国际贸易综合改革试点合作备忘录分工方案

一、扩大浙江口岸开放

1. 支持将宁波港、舟山港、温州港、嘉兴港、台州港口岸扩大对外开放列入《国家“十二五”口岸发展规划》，在具体执行中对重点项目的开放予以研究支持。（口岸办）

2. 支持梅山保税港区正式对外开放，支持舟山港高亭等5个港区扩大对外开放，支持舟山重点项目码头临时对外开放。（口岸办）

3. 支持义乌机场对外开放，在条件成熟时予以推动。（口岸办）

4. 支持浙江省推进“义乌港”建设成为功能完备的“始发港”和“目的港”。（监管司、杭州海关）

5. 支持浙江在浙江沿海县（市、区）设立台商投资、贸易和综合区，扩大对台开放。（杭州海关、宁波海关）

二、推进浙江重点口岸发展

6. 支持宁波—舟山港一体化发展；支持宁波—舟山港智慧口岸建设，开展物联网项目和电子锁应用等试点。（杭州海关、宁波海关）

7. 支持研究宁波—舟山港共享上海国际航运中心相关政策；支持将宁波—舟山港列入上海洋山保税港的启运港退税政策试点，并支持申请保税租赁业务政策试点。（加贸司、监管司）

8. 支持浙江省向国务院申请在舟山实行旅游购物离境退税和离岛免税政策。（监管司、关税司）

9. 支持舟山外籍船舶修造业发展，研究制定有针对性的海关监管政策和办法，在舟山口岸先行开展试点。（监管司、杭州海关）

10. 支持境外国际邮轮公司在宁波、舟山设立经营性机构，开展国际航线邮轮服务业务，支持境外大型邮轮公司挂靠宁波—舟山港，使其逐步发展成为邮轮母港。（杭州海关、宁波海关）

11. 支持将宁波梅山保税港区增列为整车进口口岸。（监管司）

三、加强口岸基础设施和配套设施建设

12. 配合浙江省争取国家有关主管部门加大对浙江口岸基础设施和配套设施建设的扶持力度。（口岸办、杭州海关、宁波海关）

13. 积极协助地方政府科学规划、建设口岸基础设施和配套设施。（杭州海关、宁波海关）

14. 提前参与货运监管场所建设项目的规划、选址、建设，按规定审批、验收新设货运监管场所。（杭州海关、宁波海关）

四、加强口岸大通关建设

15. 指导杭州、宁波海关不断优化海关监管服务，深入推进区域通关改革，提高监管效能，促进浙江开放型经济发展。（监管司、杭州海关、宁波海关）

16. 支持舟山口岸实施综合监管改革，建立符合群岛实际的监管新机制。（监管司、杭州海关、宁波海关）

17. 加强与其他口岸查验机构的联系配合，共建和谐口岸。（杭州海关、宁波海关）

五、加强海关特殊监管区域及保税监管场所建设

18. 支持舟山保税港区建设，研究适合舟山群岛新区实际的保税港区管理办法和优惠政策。（加贸司、杭州海关）

19. 支持设立义乌保税物流中心（B型），在条件成熟时升格为综合保税区，支持条件成熟时设立温州出口加工区、湖州出口加工区、台州出口加工区，支持设立宁波镇海、舟山金塘港保税物流中心（B型）。（加贸司、杭州海关、宁波海关）

20. 支持义乌加快发展进口、转口贸易、出口加工、国际采购、配送等业务。（杭州海关）

21. 指导和帮助浙江省做好新设海关特殊监管区域的前期规划、申报工作，条件成熟时积极推进审核、设立工作。（加贸司、杭州海关、宁波海关）

六、推进义乌国际贸易综合改革试点

22. 加大对义乌小商品进出口监管的改革创新力度，积极配合国务院有关牵头部门在义乌研究建立“市场采

购"新型贸易方式，并完善与之相适应的海关监管措施和办法，实现海关对小商品监管"管得住、通得快"。（监管司、杭州海关）

23. 按照海关对暂时进出境货物监管办法的规定，为义乌展览会展览品进出境提供通关便利，为展览品办理延期手续提供便利。（监管司、杭州海关）

24. 支持义乌实行港口功能前移的物流运作模式，研究建立进出口便利化监管机制，促进义乌小商品市场可持续繁荣发展。（杭州海关）

七、加强打击走私综合治理

25. 坚持"打防结合，综合治理，突出重点，坚持不懈"的打击走私工作方针，综合运用刑事、行政执法手段，依法打击各类走私犯罪活动。（杭州海关、宁波海关）

26. 加强与浙江省各级政府及执法部门的联系配合，共同推进打击走私综合治理，为浙江海洋经济发展示范区建设和义乌国际贸易综合改革试点提供良好的环境。（杭州海关、宁波海关）

27. 落实"宽严相济"的刑事司法政策，实现打击走私法律效果和社会效果的统一。（杭州海关、宁波海关）

八、加强海关机构编制建设

28. 积极支持浙江增设海关机构和增加海关人员编制；在人员编制到位的情况下，按照统筹规划、合理布局的要求，研究支持在符合条件的地区和监管场所设立海关机构。（人教司、杭州海关、宁波海关）

29. 积极研究制定地方政府派往海关协助海关监管人员的管理办法。（人教司）

30. 省内海关不断优化人力资源配置，挖掘潜力，满足地方开放型经济发展需要。（杭州海关、宁波海关）

浙江省人民政府办公厅关于印发浙江省无居民海岛使用金征收使用管理办法的通知

浙政办发〔2011〕123号

各市、县（市、区）人民政府，省政府直属各单位：

《浙江省无居民海岛使用金征收使用管理办法》已经省政府同意，现印发给你们，请认真贯彻执行。

二〇一一年十一月五日

浙江省无居民海岛使用金征收使用管理办法

第一章 总 则

第一条 为加强和规范无居民海岛使用金征收和使用管理，促进无居民海岛有效保护和合理开发利用，根据《中华人民共和国海岛保护法》、《财政部国家海洋局关于印发〈无居民海岛使用金征收使用管理办法〉的通知》（财综〔2010〕44号）和《浙江省政府非税收入管理条例》等有关规定，制定本办法。

第二条 无居民海岛使用金是指国家在一定年限内出让无居民海岛使用权，由无居民海岛使用者依法向国家缴纳的无居民海岛使用权价款，不包括无居民海岛使用者取得无居民海岛使用权应当依法缴纳的其他相关税费。

单位和个人利用本省管辖范围内的无居民海岛，应当经国务院或省政府依法批准，并按照本办法规定缴纳无居民海岛使用金。未足额缴纳无居民海岛使用金的，海洋主管部门不得办理无居民海岛使用权证书。

第三条 无居民海岛使用权可以通过申请审批方式出让，也可以通过招标、拍卖、挂牌的方式出让。其中，旅游、娱乐、工业等经营性用岛有两个及两个以上意向者的，一律实行招标、拍卖、挂牌方式出让。

未经批准，无居民海岛使用者不得转让、出租和抵押无居民海岛使用权，不得改变海岛用途和用岛性质。

第四条 无居民海岛使用权出让实行最低价限制制度。

无居民海岛的等别划分、用岛类型界定和无居民海岛使用权出让最低价标准分别参见附件1、附件2和附件3。

第五条 无居民海岛使用权出让价款不得低于无居民海岛使用权出让最低价。

无居民海岛使用权出让最低价的计算公式为：无居民海岛使用权出让最低价＝无居民海岛使用权出让面积×使用年限×无居民海岛使用权出让最低价标准

公式中无居民海岛使用权出让面积以无居民海岛使用批准文件确定的开发利用面积为准。

第六条 无居民海岛使用权出让前应当按国家有关规定由具有资产评估资格的中介机构对出让价款进行预评估，评估结果作为政府决策的参考依据。

第七条 无居民海岛使用金属于政府非税收入，由省级以上财政部门负责征收管理，由省级以上海洋主管部门负责具体征收。

第八条 无居民海岛使用金实行中央地方分成，按照中央20%、省20%、市10%、县(市、区)50%比例缴入国库。

第九条 无居民海岛使用金纳入一般预算管理，主要用于海岛保护、海岛管理、海岛生态修复、海岛调查、海岛基础设施建设和海岛防灾减灾与监视监测系统建设。

第二章 征 收

第十条 无居民海岛使用金按照批准的使用年限实行一次性计征。

应缴纳的无居民海岛使用金额度超过1亿元的，无居民海岛使用者可以提出申请，经批准用岛的海洋主管部门商同级财政部门批准后，可以在3年内分次缴纳。

分次缴纳无居民海岛使用金的，首次缴纳额度不得低于总额度的50%。在首次缴纳无居民海岛使用金后，由国务院海洋主管部门或省海洋主管部门依法颁发无居民海岛使用临时证书；全部缴清无居民海岛使用金后，由国务院海洋主管部门或省海洋主管部门依法换发无居民海岛使用权证书。

无居民海岛使用者申请分次缴纳无居民海岛使用金的申请和批准程序，按照本办法规定的免缴无居民海岛使用金的申请和核准程序执行。

第十一条 省政府批准用岛的，无居民海岛使用金由省海洋主管部门负责具体征收。

第十二条 无居民海岛使用金实行就地缴库办法。

省海洋主管部门征收无居民海岛使用金，应当向无居民海岛使用者开具《无居民海岛使用金缴款通知书》，通知无居民海岛使用者按照有关要求填写“一般缴款书”，在无居民海岛所在市、县(市、区)就地缴纳无居民海岛使用金。省海洋主管部门应将《无居民海岛使用金缴款通知书》以及“一般缴款书”第二联复印件报送财政部浙江监察办备查。

《无居民海岛使用金缴款通知书》应当明确用岛面积、适用的征收等别、征收标准、应缴纳的无居民海岛使用金数额、缴纳无居民海岛使用金的期限、缴库方式、适用的政府收支分类科目等相关内容。无居民海岛使用者应当在收到《无居民海岛使用金缴款通知书》1个月之内将无居民海岛使用金就地缴库。

无居民海岛使用金收入列《政府收支分类科目》1030708“无居民海岛使用金收入”(新增)，并下设01目“中央无居民海岛使用金收入”和02目“地方无居民海岛使用金收入”。缴库时，填写2份“一般缴款书”。其中：中央20%部分填写1份“一般缴款书”，填列《政府收支分类科目》103070801“中央无居民海岛使用金收入”科目，“财政机关”填写“财政部”，“预算级次”填写“中央级”，“收款国库”填写实际收纳款项的国库名称，“备注”栏注明中央分成比例；地方80%部分填写1份“一般缴款书”，填列《政府收支分类科目》103070802“地方无居民海岛使用金收入”科目，“财政机关”填写项目所在地财政部门，“预算级次”分别填写“省级”、“市级”、“县级”，“收款国库”填写实际收纳款项的国库名称，收妥后，按规定比例和级次进行划解，“备注”栏注明地方分成比例。

宁波市缴省部分的无居民海岛使用金由省财政与宁波市财政通过年终结算办理。

第十三条 无居民海岛使用者未按规定及时足额缴纳无居民海岛使用金的，按日加收1‰的滞纳金。滞纳金随同无居民海岛使用金按规定分成比例和科目一并缴入相应级次国库。

第三章 免 缴

第十四条 下列用岛免缴无居民海岛使用金：

(一)国防用岛；

(二)公务用岛，指各级国家行政机关或其他承担公共事务管理任务的单位依法履行公共事务管理职责的用岛；

(三)教学用岛，指非经营性的教学和科研项目用岛；

(四)防灾减灾用岛；

(五)非经营性公用基础设施建设用岛，包括非经营性码头、桥梁、道路建设用岛，非经营性供水、供电设施建设用岛，不包括为上述非经营性基础设施提供配套服务的经营性用岛；

(六)基础测绘和气象观测用岛；

(七)国务院财政部门、海洋主管部门认定的其他公益事业用岛。

第十五条 免缴无居民海岛使用金的，应当依法申请并经核准。

符合本办法第十四条规定情形的项目用岛，申请人应当在收到《无居民海岛使用金缴款通知书》之日起30日内，按照下列规定提出免缴无居民海岛使用金的书面申请，逾期不予受理：

申请人申请免缴省政府审批项目用岛应缴的无居民海岛使用金，应当填写由省级部门统一制定的相关表格，经用岛项目所在地的县级、市级财政和海洋主管部门逐级签署意见后，报省财政、海洋主管部门审批。国务院审批的，由省财政、海洋主管部门联合报财政部、国家海洋局审批。

第十六条 申请人申请免缴无居民海岛使用金，应当提交下列相关资料：

(一)免缴无居民海岛使用金的书面申请和免缴申请表。包括免缴理由、免缴金额、免缴期限等内容；

(二)能够证明项目用岛性质的相关证明材料；

(三)省级以上财政、海洋主管部门认为应当提交的其他相关材料。

第十七条 省级以上财政、海洋主管部门原则上在收到申请人的申请后60日内，由省级海洋主管部门对免缴无居民海岛使用金的合法性提出初审意见，经省级财政部门审核同意后，由省级财政部门会同同级海洋主管部门以书面形式批复申请人。

第十八条 经依法核准免缴无居民海岛使用金的用

岛项目，申请转让无居民海岛使用权或改变海岛用途和用岛性质的，应当由受让人按照有关规定重新履行无居民海岛使用金免缴申请和报批手续。

第十九条 省级以上财政、海洋主管部门按照本办法规定权限核准免缴无居民海岛使用金。其他任何部门和单位均不得核准免缴无居民海岛使用金。

第四章 使 用

第二十条 无居民海岛使用金的具体使用范围如下：

(一)海岛保护。包括海岛及其周边海域生态系统保护、无居民海岛自然资源保护和特殊用途海岛保护，即保护海岛资源、生态，维护国家海洋权益和国防安全。

(二)海岛管理。包括各级政府及其海岛管理部门依据法律及法定职权，综合运用行政、经济、法律和技术等措施对海岛保护、合理利用进行的管理和监督工作。

(三)海岛生态修复。包括依据生态修复方案，通过生物技术、工程技术等人工方法对生态系统遭受破坏的海岛进行修复，并对修复效果进行追踪的工作。

(四)海岛调查。包括对海岛及其周边海域进行水文、气象、地质、矿产等自然环境和资源的保护与利用情况调查。

(五)海岛基础设施建设。包括海岛可再生能源、淡水设施、交通设施等基础设施技术研究与工程建设。

(六)海岛防灾减灾与监视监测系统建设。包括海岛防灾减灾规划体系、技术标准规范、灾害风险评估、监视监测网络等建设工作。

第二十一条 当年缴入国库的无居民海岛使用金由财政部门在下一年度支出预算中安排使用。

第二十二条 无居民海岛使用金支出预算，按照部门预算管理的规定执行。省级分成的无居民海岛使用金在用于省本级支出有结余时，可以视情安排补助市县无居民海岛使用金支出预算，或由省财政部门统筹安排。

第二十三条 无居民海岛使用金的支付按照财政国库管理制度的规定执行。资金使用中涉及政府采购的，按照《中华人民共和国政府采购法》及政府采购的有关规定执行。

无居民海岛使用金支出列《政府收支分类科目》220类02款17项“无居民海岛使用金支出”科目(新增)。

第二十四条 无居民海岛使用金项目资金应当纳入单位财务统一管理，分账核算，确保专款专用。严禁将无居民海岛使用金项目资金用于支付各种罚款、捐助、赞助、投资等。

第二十五条 跨年度执行的项目在项目未完成时形成的年度结转资金，结转下一年度按规定继续使用。项目因故终止的，结余资金按照国务院财政部门关于财政拨款结余资金的有关规定办理。

第五章 监督检查与法律责任

第二十六条 各级财政、海洋主管部门应当加强对无居民海岛使用金征收和使用情况的管理，定期或不定期开展无居民海岛使用金征收和使用情况检查。

第二十七条 拒不缴纳无居民海岛使用金的，由依法颁发无居民海岛使用权证书的海洋主管部门无偿收回无居民海岛使用权。

第二十八条 无居民海岛使用金项目承担单位未按照批准的用途使用无居民海岛使用金的，由县级以上财政部门会同同级海洋主管部门依据职权责令限期改正；逾期不改正的，由县级以上财政部门会同同级海洋主管部门依法收回已拨付的无居民海岛使用金，并给予5年内不得申请无居民海岛使用金项目的处理。

第二十九条 单位和个人有下列行为之一的，依照《财政违法行为处罚处分条例》(国务院令第427号)等有关法律法规进行查处：

(一)不按规定征收无居民海岛使用金的；

(二)不按规定及时足额缴纳无居民海岛使用金的；

(三)违反本办法规定核准免缴无居民海岛使用金的；

(四)申请人不如实提供有关资料，弄虚作假，骗取免缴无居民海岛使用金的；

(五)截留、挤占、挪用无居民海岛使用金的。

第六章 附 则

第三十条 本办法自发布之日起30日后施行。

附件：1. 浙江省无居民海岛等别划分(略)
2. 无居民海岛用岛类型界定(略)
3. 无居民海岛使用权出让最低价标准(略)

浙江省人民政府办公厅关于加强海洋灾害防御工作的意见

浙政办发〔2011〕141号

各市、县(市、区)人民政府,省政府直属各单位:

为防范和减轻海洋灾害影响,保障沿海地区人民群众生命财产安全和海洋经济发展,经省政府同意,现就加强海洋灾害防御工作提出如下意见:

一、充分认识加强海洋灾害防御工作的重要性

近年来,受全球气候变暖、海平面上升、海洋污染等影响,风暴潮、巨浪、赤潮等灾害发生频度和强度有所增大;重大海上溢油污染、危险化学品泄漏爆炸、核泄漏(核辐射)等安全事故及海啸灾害的潜在风险在加大;海水入侵、海岸侵蚀、港湾淤积、外来物种入侵等现象时有发生。随着我省海洋经济发展示范区和舟山群岛新区建设的深入推进,沿海地区人口和投资密度不断增加,涉海产业加速集聚,海洋灾害风险更加凸现,海洋防灾减灾任务非常繁重。尽管沿海各地高度重视海洋灾害防御工作,组织实施"强塘"工程、标准渔港和沿海防护林等建设,推进海洋灾害监测预警和应急管理等工作,海洋灾害防御能力有了明显提升,但仍存在防御海洋灾害基础设施标准不高、海洋灾害观测和预警能力不强、灾害应急处置手段不足等薄弱环节和问题。沿海各地、各有关部门要从保平安、惠民生、促发展的高度,切实采取有效措施,积极防范和应对海洋灾害,为促进海洋经济发展、维护社会和谐稳定提供有力保障。

二、抓好海洋灾害预防工作

(一)开展海洋灾害风险评估与区划。全面开展海洋灾害风险排查,用2至3年时间,摸清主要海洋灾害风险区域分布以及重大工程、重点岸段海洋灾害承载能力等情况。以县域为单位,以风暴潮、海啸、海域污染等灾害为重点,组织实施海洋灾害风险评估与区划工作,编制海洋灾害风险区划图,为合理布局海洋经济发展空间提供科学依据。

(二)加强海洋灾害防御基础设施建设。根据沿海实际和海洋灾害特点,因地制宜抓好各类海洋灾害防御基础设施建设。深入实施"强塘"工程,开展海塘达标建设,完善沿塘配套设施,提高低标准海塘防御能力。加快标准渔港建设,使绝大多数船只能就近安全避风。加强沿海污染事件应急处置中心和应急设备库建设。推进港口、码头和重要海岛的防灾能力建设,完善配套设施,确保正常运行。

(三)推进沿海生态防护屏障建设。加快实施浙江省沿海防护林体系建设规划,高标准建设防护林带和休闲景观绿化带等生态设施,构筑集抗风御潮、防灾减灾等于一体的生态型综合防护缓冲屏障。

(四)强化涉海安全生产监管。严格落实沿海地区生产、储存、使用、经营和运输易燃易爆、有毒有害、有辐射物品的单位安全生产责任制,定期开展安全检查,及时消除安全隐患,严防发生重大海上溢油、危险化学品爆炸泄漏、核泄漏(核辐射)等突发事件,有效防止海洋灾害引发次生衍生灾害。切实加强海上作业和船舶安全监管,落实防风防浪等安全措施。

三、提高海洋灾害观测和预警预报水平

(一)建立健全海洋综合观测网。按照统筹安排、共建共享的要求,整合有关设施资源,初步建成覆盖海岸带、海岛及近海、外海的海洋灾害观测网。力争到2015年,85%的沿海县(市、区)有1个以上海洋观测站(点)。合理布局海洋灾害观测站点,重点完善沿海人口密集区、产业集聚区、海洋灾害频发易发区、海洋灾害防御薄弱点的综合观测设施,推进重点海域海上浮标、海上石油平台观测站、综合观测平台和海上移动观测点建设,在重点开发和保护的海岛增设观测站(点)。

(二)增强重大海洋灾害预警预报业务能力。加强海洋观测预警预报机构队伍建设,逐步完善以省市两级为主、县级为辅的海洋灾害预警预报业务体系。深化与国家海洋局合作,加强风暴潮、赤潮、巨浪、海啸等重大灾害关键预警技术研究与应用,建立精细化数值预警模式。加快海上核泄漏物、溢油、危化物和失事目标搜救等扩散漂移数值预报模型及预警技术研发,及时准确提供漂移方位、污染范围等辅助决策信息。

(三)建立海洋数据信息共享平台。加强海洋与渔业、气象、水利、国土资源、环保、海事、交通运输、海防、地震等部门的海洋灾害观测数据交换和信息共享,推进现有海洋观测通信网络升级,建立海洋数据实时传输专用网络和省级海洋观测数据平台,实现对海洋灾害实时监测监控。依托省应对突发事件军地联动机制,通过设立网络专线等方式,实现沿海市县与当地驻军、武警部队海洋灾害预警信息的互联互通。

(四)加强海洋灾害预警信息发布工作。依托各级突发自然灾害预警信息发布平台,利用手机短信、广播、电视、互联网、报纸等渠道,完善海洋灾害预警信息发布机制,确保重大突发性海洋灾害预警信息能快速有效传递到受灾害影响乡镇(街道)、村(社区)和居民。在滨海旅游区、海水浴场、港口物流区、临港工业区、重大涉海工程与

企业等人口密集场所和重点区域，要通过电子显示屏、有线广播、高音喇叭、鸣锣吹哨等方式，及时播发灾害预警信息。实施海洋渔船安全救助信息系统提升工程，努力实现海洋灾害预警信息覆盖沿海所有船舶。各类媒体及电信运营机构要切实承担社会责任，及时播发、刊载灾害预警信息及相关防御知识，紧急情况下要采用滚动字幕、加开视频窗口或插播等方式第一时间播报。

四、完善海洋灾害应急处置机制

（一）完善海洋灾害应急预案。修订完善《浙江省海洋灾害应急预案》，沿海市、县（市、区）要结合实际，抓紧编制本区域海洋灾害应急预案，细化各灾种的应对措施和处置程序。建立应急预案的备案、检查和评估等制度，加强海洋灾害应急预案动态管理，进一步提高预案的科学性和可操作性。涉海大中型企业、沿海和海岛地区学校、沿海人口密集区及海洋灾害频发易发区等，要定期组织开展预案演练。

（二）积极应对主要海洋灾害。风暴潮、巨浪、赤潮、海啸等海洋灾害预警预报发布后，或海上溢油、化学品污染及核泄漏（核辐射）等海上突发事件发生后，要迅速准确研判灾害性质、影响范围、危害程度和发展趋势，按照相应灾种应急响应要求，适时启动相应等级的应急响应程序，有序组织应急疏散、人员转移、抢险救援及灾后救助等工作，认真落实疫病防控、卫生监督等措施。

（三）健全海洋灾害应急响应体系。沿海县级以上政府要建立应急指挥部，统一指挥、协调各类海洋灾害防御和应急处置工作，形成省和沿海市、县（市、区）海洋灾害应急指挥平台，具体工作由有关成员单位按预案规定职责组织实施。依托现有沿海乡镇（街道）、村（社区）及涉海企事业单位基层防汛防台体系，加强应急救援队伍和志愿者队伍建设，做好海洋灾害防御和应急处置等工作。

（四）做好海洋灾害应急保障准备。统筹民政、防汛防台、卫生、海事等各方资源，完善跨部门、跨地区、跨行业的救灾物资生产、储备、调拨和紧急配送机制，落实必要的应急物资、装备器材等各项保障措施，提高应急救援能力。充分利用已建的各类防灾避险场所及广场、绿地、公园、学校、体育场馆等公共设施，因地制宜落实海洋灾害应急避难点。

五、加强海洋灾害防御工作的组织领导

（一）落实工作责任。沿海各级政府要加强组织领导，落实行政首长负责制和海洋防灾减灾管理责任制，把海洋灾害防御工作摆上平安市、县（市、区）建设和海洋经济发展的重要位置，作为政府和相关部门目标责任考核的重要内容。各有关部门要各司其职，密切配合，共同做好海洋防灾减灾工作。各级防汛防台指挥部要按照《浙江省防汛防台抗旱条例》有关规定，负责指挥协调由台风引起的风暴潮灾害防御和应急处置工作。

（二）编制实施专项规划。组织编制并实施《浙江省海洋灾害防御规划》，统筹推进全省海洋防灾减灾工作。沿海市、县（市、区）要把海洋防灾减灾工作纳入当地国民经济和社会发展规划，根据当地自然环境、主要海洋灾害特点，依法组织制定和实施海洋灾害防御方案。海洋灾害防御规划或方案要与《浙江海洋经济发展示范区规划》、海洋功能区划及当地土地利用总体规划、城乡规划等相关规划相衔接。

（三）加大投入力度。沿海县级以上政府要把海洋防灾减灾工作经费列入同级财政预算，落实资金保障。省财政厅、省海洋与渔业局要制定省海洋防灾减灾项目与资金管理办法。同时，积极拓展防灾减灾资金来源渠道，鼓励和支持有关单位投保企财险、货运险、船舶险等商业保险，建立多元化的投入和风险分担机制。

（四）强化人才科技支撑。大力支持海洋防灾减灾科技创新，深化重特大海洋灾害防御基础研究，力争在风暴潮、海啸等海洋防灾减灾关键领域有所突破。根据我省海洋防灾减灾事业需求，加大海洋观测、预报、风险评估等专业技术人才的引进、培养力度，建立科学合理的人才政策和评价制度，形成鼓励创新、激励人才的良好用人机制。

（五）加强宣传教育。建立健全海洋防灾减灾宣传教育长效机制，逐步将防灾减灾知识纳入国民素质教育体系。借助广播、电视、互联网、报刊等媒体，依托海洋科普教育基地和涉海单位参观场所等载体，利用“防灾减灾日”、“海洋宣传日”等时机，广泛宣传海洋防灾减灾相关法律法规，大力普及海洋灾害防御知识和避险救生技能，提高公众防灾减灾意识和自救互救能力。

二〇一一年十二月十三日

中共宁波市委　宁波市人民政府 关于加快发展海洋经济的意见

（2011 年 5 月 11 日）

甬党〔2011〕8 号

为认真贯彻落实国家海洋经济发展战略和《国务院关于浙江海洋经济发展示范区规划的批复》（国函〔2011〕19 号）精神，根据省委、省政府《关于加快发展海洋经济的若干意见》（浙委〔2011〕31 号）要求，以《宁波市海洋经济发展规划》为依据，现就加快我市海洋经济发展，提出如下意见。

一、明确加快发展海洋经济的重大意义和总体要求

1. 重大意义。我市海洋资源丰富、海洋岛屿众多、区位优势明显、港口岸线优越、海洋经济发达，是浙江省建设国家海洋经济示范区的核心区域，发展海洋经济具有明显优势和良好机遇。加快推进我市海洋经济发展，是贯彻国家海洋经济发展战略、优化沿海区域开发战略布局的战略要求，是落实国家长三角区域规划、共同打造亚太地区重要国际门户的客观需要，是贯彻落实省委“海上浙江”和“港航强省”战略、建设全国海洋经济核心示范区的重要举措，是宁波实施“六个加快”发展战略、转变经济发展方式的现实选择。

2. 总体要求。以邓小平理论和“三个代表”重要思想为指导，认真贯彻落实科学发展观，深入实施“六个加快”发展战略，以科学发展为主题，以转变海洋经济发展方式为主线，以港航服务业、临港大工业、海洋新兴产业和海岛资源开发为重点，以创新体制机制为动力，统筹陆域经济和海洋经济发展，统筹资源开发和环境保护，统筹经济建设和改善民生，着力构建现代海洋产业体系，着力完善海洋基础设施体系，着力提升海洋科教研发能力，着力加强海洋生态文明建设，努力实现“海洋经济大市”向“海洋经济强市”的战略性转变，建成海洋经济实力较强、辐射服务功能突出、空间资源配置合理、科教文化体系完善、海洋生态环境良好、体制机制灵活的全国海洋经济核心示范区。

3. 目标定位。力争到 2015 年，基本建设成为全国海洋经济核心示范区，海洋经济实力较强、辐射服务功能突出、空间资源配置合理、科教文化体系完善、海洋生态环境良好、体制机制灵活，对浙江海洋经济发展发挥先行示范和龙头带动作用。全市海洋生产总值达到 2500 亿元，集装箱吞吐量突破 2000 万标箱，大宗商品交易额突破 4000 亿元，海洋战略性新兴产业增加值占海洋生产总值比重提高到 30％以上，海洋研发投入占海洋生产总值比重提高到 2.5％，主要污染物排海量累计削减 15％以上。

二、强化规划的引领约束作用

4. 优化空间布局。各地要深入贯彻落实国务院批准的《长江三角洲地区区域规划》、《浙江海洋经济发展示范区规划》和《浙江省重要海岛开发利用与保护规划》等省级专项规划，以我市海洋经济发展规划为引领，按照构建“一核、两带、十区、十岛”海洋经济发展总体格局，以宁波杭州湾产业集聚区、梅山国际物流产业集聚区两个省级产业集聚区和余姚滨海、慈东、宁波石化、北仑临港、象山港海洋、大目湾、环石浦、宁海三门湾八个产业功能区的规划建设为载体，结合沿海各地实际，抓紧组织制定海洋经济发展实施意见，明确发展目标和主要任务，切实发挥规划和实施意见的引导约束作用。

5. 明确主导产业。按照推进科学发展、加快转变经济发展方式、构建现代海洋产业体系的要求，立足宁波比较优势，择优发展石化、钢铁、造船、汽车等临港大工业，扶持发展海洋装备制造、清洁能源、海洋生物医药、海洋新材料等海洋新兴产业，大力发展港航物流服务、滨海旅游等海洋服务业，提升发展现代海洋渔业，合理安排重大产业项目布局和推进时序，实现产业差别化竞争和特色化发展。

6. 加强规划衔接。海洋经济规划和实施意见要与"十二五"规划、"六个加快"行动纲要相结合，与城市总体规划、土地利用总体规划、县市域总体规划、海洋功能区划等相协调，与环境功能区规划以及交通、能源、水利、信息、滩涂围垦等相关规划相衔接。同时科学划分沿海及海岛产业、生态、配套服务、预留区等功能区块，明确各区块的发展导向、建设规模及空间管制要求。

三、加大财税支持力度

7. 加大财政支持力度。积极争取中央与省财政加大对我市海洋资源开发利用、海洋生态保护和海岛开发建设等方面的资金支持，争取将宁波海域使用金、无居民海岛使用金上缴中央、省财政部分，以转移支付或其他形式支持宁波海洋经济发展，重点支持海岸带和无居民海岛整治与修复、海洋管理、海洋生态保护和海岛基础性设施建设。市财政在整合优化港口物流、海洋发展等相关资金基础上，加大投入力度，设立海洋经济发展专项资金，重点支持海岛基础设施、海洋新兴产业、海洋公益性设施平台建设、海洋科技创新体系建设和海洋生态环境保护等海洋经济重点领域和薄弱环节发展，具体实施细则由市发改委会同市财政局等市级有关部门制定。市财政每年安排1000万元工作推进经费，由市海洋经济综合管理部门统筹安排，用于我市海洋经济调查研究、规划编制、项目前期、平台搭建等推进工作。同时，市级相关部门结合市委、市政府推进"六个加快"战略部署，整合调整现有工业、科技、智慧城市建设等产业发展资金，按照国家和省、市海洋经济发展战略要求，支持我市海洋产业发展。各县（市）区要建立专项配套资金，切实加强对本地区海洋经济发展的财政资金支持。

8. 加大税收支持力度。根据省委、省政府《关于加快发展海洋经济的若干意见》（浙委〔2011〕31号），积极争取国家对我市海洋经济发展的税收政策支持，加大对海岛科技型创新企业的支持培育力度，引导发展高新技术产业，以此带动社会资本投资，海岛科技型创新企业为开发新技术、新产品、新工艺发生的研究开发费用可在计算应纳税所得额时加计扣除；符合条件的固定资产可缩短折旧年限或采取加速折旧的办法。海岛创业投资企业从事符合条件的创业投资，可按投资额的一定比例抵扣应纳税所得额；销售利用海洋风力生产的电力实现的增值税实行即征即退50%的政策。鼓励海岛软件企业发展，对增值税一般纳税人销售其自行开发生产的软件产品，按17%的法定税率征收增值税后，对其实际税负超过3%的部分实行即征即退政策；新办软件企业经认定后，自获利年度起，第一年和第二年免征企业所得税，第三年至第五年减半征收企业所得税。海岛内新办的高新技术企业和连锁超市龙头企业以及新引进的市外企业集团总部，按规定纳税确有困难的，可报经地税部门批准，3年内减征或免征房产税、城镇土地使用税。

支持海岛基础设施和环保项目建设。企业从事符合条件的国家重点扶持的公共基础设施项目的投资经营所得，自项目取得第一笔生产经营收入所属纳税年度起三年内免征企业所得税，第四年至第六年减半征收企业所得税；企业从事符合条件的环境保护、节能节水项目的所得，自项目取得第一笔生产经营收入所属纳税年度起，第一年至第三年免征企业所得税，第四年至第六年减半征收企业所得税；海岛内企业综合利用资源，生产符合国家产业政策规定产品所取得的收入，可在计算应纳税所得额时减计收入。

扶持海岛小企业发展。对从事国家非限制和禁止行业，符合条件的小型微利企业，减按20%的税率征收企业所得税。

支持海岛金融业发展。2011—2013年，海岛金融机构农户小额贷款的利息收入免征营业税，在计算应纳税所得额时，按90%计入收入总额；海岛保险公司为种植业、养殖业提供保险业务取得的保费收入，在计算应纳税所得额时，按90%比例计入收入总额；金融机构为引进急需高级管理人才而支付的一次性住房补贴、安家费等费用，可按企业所得税相关政策规定在福利费中列支。2011年，海岛农村信用社、村镇银行、农村资金互助社、由银行业机构发起设立的贷款公司、法人机构所在地县（市）区及县以下地区的农村合作银行和农村商业银行的金融保险业减按3%的税率征收营业税；海岛纳入全国中小企业信用担保体系试点范围的非营利性中小企业信贷担保、再担保机构，从事中小企业信用担保或再担保取得的担保业务收入（不包括信用评级、咨询、培训收入），免征营业税。

支持海岛港航物流业发展。海岛物流企业符合条件的，推荐纳入国家发展改革委和国税总局试点物流企业名单，实行营业税差额征税。海岛内占地较大的国家A级物流企业，按规定缴纳城镇土地使用税确有困难的，可按照税收管理权限经批准后给予减征或免征。海岛、港口物流企业以及港航建设企业、大型造船企业，按规定纳税确有困难的，报经地税部门批准，可减免水利建设专项资金。

海岛企业的设备折旧和职工培训费用可按相关规定税前扣除。支持海岛渔业发展，企业从事农、林、牧、渔业项目的所得，可以免征、减征企业所得税。

国内外大型资本集团参与我市海洋经济开发建设，从事海洋高端制造业、现代服务业、高科技产业、战略性新兴产业等现代海洋产业，投资额在1亿元以上的，可实行“一企一策”。具体政策由市发改委会同市财政局等有关部门另行制定。

上述有关财税政策扶持的对象不包含已经实行财政封闭运行的梅山岛、大榭岛和宁波杭州湾新区，但其可参照市里政策执行。

四、加大金融支持力度

9. *加强信贷资金支持*。鼓励银行业金融机构加大对海洋经济重点领域、重点项目、重点企业的信贷资金投放力度。积极搭建政银企合作平台，建立海洋融资项目信息库和信息共享平台，引导银行业金融机构采取项目贷款、银团贷款等多种模式，优先满足海洋新兴产业、临港先进制造业、港口物流业等的资金需求。创新发展船舶融资、航运融资等金融服务业态，推动开展船舶抵押贷款、预付保函等金融业务，推广海域使用权抵押贷款、仓单质押、供应链融资等多种抵质押融资方式，有效满足海洋经济发展的信贷资金需求。

10. *拓宽融资渠道*。鼓励和推动涉海企业在境内外各类资本市场上市融资。支持符合条件的企业充分利用发行企业债、公司债、可转换债、短期融资券、中期票据等融资工具，筹措发展资金。设立由政府引导的海洋产业基金，募集民间资本投资涉海新兴产业项目。鼓励民间资金及市外、境外资金参与海洋资源开发与保护。鼓励企业参与期货市场套期保值，鼓励涉海企业在全省未上市公司股份转让试点平台挂牌交易，进行股份转让或定向融资。大力发展船舶保险、海上货运险、保证保险，探索新兴航运保险业务，培育航运再保险市场。

11. *推进金融创新*。积极培育与大宗商品交易相适应的中远期交易平台，积极争取在我市开展区域性场外交易试点，推进资源优化配置。积极争取设立专业的航运法人保险机构。鼓励银行业金融机构在我市设立支持海洋经济的专营机构，为海洋经济发展提供更为专业、专注、全面的金融服务。开展金融创新示范县(市)区试点，扩大小额贷款公司、村镇银行、农村资金互助社等新型农村金融组织试点。鼓励组建从事航运船舶融资租赁业务的融资租赁公司，支持并吸引国内外大型保险机构在我市设立专业性航运保险机构。鼓励和引导各大金融机构在我市开发新型海洋金融业务和产品。推动银行、保险、信托金融机构与风险投资、股权投资、担保机构等建立战略合作，发展海洋投贷联盟。

五、加大要素保障力度

12. *加强水资源保障*。加大水资源供应力度，增强沿海和海岛地区水资源保障能力。加快海水淡化工程建设，提高海水利用规模和比例。强化需水管理，健全总量控制与定额管理相结合的用水管理制度。强化水资源统一调配，实行严格的水资源管理，完善水资源有偿使用制度。积极探索大都市圈水资源配置网络体系，优化调配水资源，在实现大网供水的同时，整合现有小型水源工程，增强应急保障能力。推进分质供水，推进节水型社会建设。

13. *加强能源资源保障*。加大天然气管网建设力度，促进中心城区和余慈组团管网日益完善，推进奉化、宁海、象山供气管网建设。加快成品油输油管道建设，形成输油管网，提高管输能力。加快新能源和可再生能源开发，打造能源储运基地，改善能源供应结构，形成安全、可靠、清洁、高效的能源保障体系。结合“上大压小”和国家燃煤项目选优工作，协同推进输电通道保护与建设，建立完善厂网协调、电压等级匹配、运行调度灵活的现代化智能电网。鼓励发展海岛和近海风能、潮汐能、生物质能等新能源。

14. *加强土地资源保障*。积极争取开展“渔耕平衡试点”、适当调整土地利用总体规划控制指标，优化用地布局和用地方式，科学控制建设用地规模和开发强度，保护海涂湿地生态环境。合理保障海洋经济发展的建设用地需求，在年度新增建设用地指标分配中，对海洋经济项目建设给予适当倾斜。加强土地节约集约利用和批后监管工作，加大对转而未供土地消化利用和闲置土地清理处置力度，建立健全评价考核和奖惩激励机制。加快渔村宅基地置换流转改革，减少审批环节和规费，保障宅基地用益物权。

15. *加强海洋资源保障*。严格落实海洋功能区划和近岸海域环境功能区划管理，保护海涂湿地生态环境；实施滩涂分类管理，科学划定海域滩涂可围区、限围区和禁围区，科学有序开发利用海域滩涂资源。加强海洋矿产资源的调查与评价，科学利用和保护海洋矿产资源。加强海洋海底岸线、海岛等资源测绘和调查，严格岸线审批和监管，坚持深水深用、科学利用，优先保证港口和临港产业重大项目建设需要。在科学评估围填海工程选址、规模对周边海域影响的基础上，积极争取年度建设用海围填海计划指标；对列入国家和省、市重点的涉海工程、海洋保护等项目优先安排用海指标；优先保障航道、锚地、海洋环保、防灾减灾等公共设施建设用海，积极推进与宁波港口发展相匹配的航道、锚地建设。推进海域资源市场化配置，完善海域使用权招拍挂制度，探索建立海域使用权二级市场。做好海域使用管理与土地使用管理的衔接，探索凭海域使用权证书办理项目建设。

六、加快科技创新

16. *实施“科技兴海”战略*。加快构建以企业为主体、市场为导向、产学研紧密结合的开放型海洋科技创新体系。支持宁波海洋生物科技园建设，积极创建海洋相关技术装备研究与开发基地。加快海洋科技中介服务体系建设，鼓励市内外企事业单位和个人创办海洋科技服务机构，加快海洋科技成果的应用和转化。加大科技兴海攻关力度，重点突破一批海洋工程装备、海洋生物资源开发与精深加工、海水淡化与海水综合利用、海洋可再生能源开发利用、海洋生态环境保护和海洋现代服务业发展等关键技术和共性技术，加大对科技兴海的投入。

17. *搭建科技创新平台*。支持设立宁波大学海洋研究院，着力构建海洋基础研究平台、高科技研发平台和科技应用平台，努力把宁波大学发展成为港口物流、航海航运、船舶与海洋工程、现代海洋渔业、海洋生物与海洋药物等领域的重要研究基地。充分发挥浙江大学软件学院、浙江万里学院等高等院校在海洋经济科技创新方面的作用。依托宁波海洋和渔业研究院等在甬海洋科研院所，建立省级乃至国家级重点涉海实验室、中试基地、工程技术中心和科技创新基地。完善海洋科研成果产业化扶持政策和区域性技术交易中心功能，建立一批海洋科研成果产业化基地，促进基础研究和技术研发相协调，形成孵化、转化、产业化相互协调的科研成果转化体系。

七、加大人才支撑力度

18. *完善涉海院校布局*。充分挖掘宁波大学、浙江万里学院、宁波工程学院等现有涉海高校的教学研究优势，研究组建宁波大学海洋学院，结合支持海洋经济发展需要，有计划整合涉海高等教育、职业教育资源，完善我市涉海类院校的布局。

19. *加强涉海学科建设*。强化我市高校与国内外知名高校合作，引进相关人才充实教师队伍。加大涉海类教师的培养力度，增加涉海类教师公派出国进修名额。充分发挥地方政府在专业设置上的导向作用，建立以社会需求为导向的专业论证制度。大力发展港口物流、航运航海、离岸离甬金融、海洋生物、海洋工程、现代养殖、物联网、智慧城市等领域相关专业，在涉海类博士后流动站、国家级重点学科、国家重点实验室等建设方面实现零的突破。探索在海洋经济专业领域实行定向招生制度。进一步扩大面向中职学生的招生比例，使优秀中职毕业生进入高校学习。

20. *加强涉海人才培养*。通过产学结合的人才培养模式改革，加大我市海洋经济紧缺急需人才培养力度。围绕海洋经济发展，改革应用型硕士研究生培养模式，探索校地联合培养，鼓励企业在职员工修读高校海洋专业工程硕士。促进高校与社会、企业合作，探索建立政府、企业共同参与的高校管理体制，推动官产学研合作深入开展，促使企业介入高校学科专业建设，确保高校人才培养、科研服务的社会适应性。发展海洋类继续教育，深入开展岗位培训、预备劳动力培训和成人“双证制”教育培训。加强渔民职业技能和船员培训，提高涉海人员素质。

八、加大生态保护力度

21. *优化配置环境资源*。加强污染物总量指标的控制，促进海洋经济可持续发展。根据全市环境保护目标要求和沿海海洋功能区划、重点海域及海岛环境影响评价、水功能区划、环境功能区划、区域环境质量现状和产业特点，合理配置环境容量指标。在确保完成主要污染物总量减排目标和满足环境质量要求的基础上，实施污染物排放指标预留调配和排污权交易调配政策。

22. *加强环境保护和生态修复*。建立入海污染物总量与浓度控制制度和海洋与海岸工程环保管理制度。加强海洋(海岸)工程和入海排污口的监管，开展重点海湾、河口综合整治，加大违法排污处罚力度。实施海洋污染海陆综合防治，探索跨区域海洋环境联合治理。建立海洋生态损害补偿(赔偿)制度。开展近岸海域环境实时监测站点建设，完善海洋环境监测预报体系。加强海洋渔业资源保护，严格控制近海捕捞强度。加强海洋自然保护区、生态湿地保护区、海洋特别保护区和水生野生动物保护区建设，科学开展人工鱼礁、增殖放流、浅海贝藻栽培、滨海湿地生态系统保护等生态修复工作。

九、加快涉海项目建设

23. *加强项目管理*。编制《宁波市海洋经济重点建设项目计划》，安排一批符合海洋经济发展方向和要求、具有重要带动作用的基础设施、生态保护和现代海洋产业等重点建设项目，滚动实施。各县(市)区要建立海洋经济项目建设管理长效机制，科学安排、有序实施海洋经济重点项目。

24. *深化项目前期*。要根据项目建设的时序安排和轻重缓急，切实做好项目前期论证、前置审批和报批工作，特别是规划选址、用地预审、海域使用和环评审批材料组织报送，以及项目建议书、可行性研究报告报批等工作，为项目正式报批创造条件。相关部门要简化审批手续，提高审批效率。

25. *强化招商引资*。加强与世界500强企业和中央直属企业对接，积极争取重大项目落户我市，同时鼓励和支持民营资本实施海洋经济重大项目。创新开发模式，吸引国内外财团主体进入海洋新兴产业、海洋服务业、临港先进制造业、“三位一体”港航物流服务体系、基础设施网络、海洋生态环境保护等海洋经济发展重点领域的项目投资。

26. *加快项目建设*。合理安排、有序推进政府主导的重大基础设施和公共服务项目建设，科学、适度把握施工节奏，确保项目投资按计划顺利推进，确保工程安全和质量。对重大海洋经济项目建设，各县(市)区政府和有关职能部门要积极主动做好服务工作，帮助协调落实相关建设条件，推动项目早日竣工投产。

十、加强体制机制创新

27. *建立象山海洋(海岛)综合开发试验区*。编制《象山海洋(海岛)综合开发试验区规划》，积极争取象山县作为全省海洋经济发展综合试验区，在对外经贸合作试验区建设、海洋文化示范区建设、滨海休闲旅游综合开发、现代海洋产业基地建设、重要岛屿开发开放等方面先行先试，为我市全国海洋经济核心示范区建设探索积累经验。

28. *开展港航综合配套改革试点*。根据《浙江省海洋经济发展试点工作方案》要求，编制实施《宁波港航综合配套改革试点方案》，以保税港区、国际航运服务中心和物流园区等为依托，积极开展航运金融创新，大力发展航运保险、船舶融资、资金结算等航运金融服务。争取将梅山保税港区列入离岸金融试点，培育和发展离岸金融市场。探索建立宁波船舶交易市场，鼓励船务服务、港航培训等行业发展。完善宁波—舟山港一体化发展机制，努力争取上海洋山国际航运发展综合试验区的有关优惠政策覆盖到宁波—舟山港，实施船舶特案免税登记、启运港退税等政策。

29. *推进海岛开发开放*。在保护好海岛及其周围海域生态环境的前提下，编制《宁波海岛综合开发利用与保护规划》，按照分阶段开发、市场化运作的思路，积极推进梅山岛、大榭岛、南田岛、高塘岛、檀头山岛、花岙岛、对面山岛、东门岛、悬山岛、田湾岛十个海岛的规划建设，引导社会资本参与海岛开发建设，落实省级有关海岛规划建设的财税、金融、要素保障等政策，着力打造全省乃至全国重要的综合利用岛、港口物流岛、临港工业岛等主体功能岛，提升海岛开发水平，探索海岛开发开放新模式，努力成为我国海洋开发开放的先导地区。

30. 创新开放和合作机制。探索和创新跨区域合作机制，在促进跨区域生产要素共享、推进重大基础设施对接、加强产业合作等方面先行先试。加强与国内外的交流与合作，吸引资金、技术、人才和管理要素。鼓励企业走出去，推动境外资源合作开发，增强国际竞争力。加快宁波—舟山港一体化开发进程，推进浙东沿海港口联盟建设，积极参与上海"两个中心"建设。加强同海峡西岸、江苏沿海、中西部等区域经济发展协作。加强与港澳台、新加坡等国内外著名港口国家和地区的合作交流，探索在航运、产业、科技、教育、贸易等领域的合作新模式。积极参与国际海洋事务，积极申报世界海洋博览会。

十一、强化组织协调

31. 提高思想认识。各地各部门要充分认识加快海洋经济发展的重大战略意义，切实把发展海洋经济摆上重要议事日程，进一步统一和提高思想认识，切实增强发展海洋经济的紧迫感、责任感和使命感，加强调查研究，明确发展思路，落实工作举措，形成工作合力，共同推进我市海洋经济科学发展、转型发展和创新发展。

32. 加强组织领导。建立健全市海洋经济组织领导体系，完善领导小组工作机制，强化对海洋经济重大决策、重要规划和重要政策的统筹协调。进一步充实领导小组办公室工作力量，完善工作职能，落实人员编制，强化工作联络、督促检查和考核激励等工作机制。沿海各市县要加快建立完善相应的海洋经济工作领导机制，制定加快发展海洋经济的扶持政策措施，形成全市上下共同推进海洋经济发展的强大合力。市级各部门要抓好本意见的贯彻实施，按照职能分工研究制订本部门具体实施办法，加强沟通协调，各负其责，密切配合，提高工作效率和服务质量，为基层和企业提供方便、快捷的服务。

33. 强化综合管理。严格实施海洋功能区划制度，加强海岸、海域、海岛等海洋资源的开发管理，严格实行海域使用审批制度、环境影响评估制度、海洋功能区划制度和污染控制排放制度。完善海洋法律法规体系，深化涉海行政执法体制改革，强化执法力量和装备建设，逐步实行海上联合执法。加快建设统一的海洋灾害、海洋环境、海上安全实时监测和预警体系，加强应急管理、处置和救助设施、机制和力量建设。建立联合救助网络，加强跨海大桥、海岸工程、海底管线的安全监测。建立健全海洋资源、海洋经济和海洋环境等相关统计体系。

中共温州市委　温州市人民政府
关于进一步加快温州地方金融业创新发展的意见

（2011 年 11 月 4 日）

温委〔2011〕10 号

金融业是一项战略性产业，也是当前我市提高资源要素配置效率、促进经济转型升级、推动城乡统筹发展、增加城乡居民收入，建设现代化国际性大都市的支柱产业。为深化温州金融改革创新，提高地方金融业的发展水平和综合竞争力，增强金融集聚和辐射功能，提升金融业服务地方经济的能力，进一步推进温州经济社会转型发展，现就加快我市地方金融业创新发展提出如下意见。

一、指导思想和总体目标

（一）指导思想：坚持以科学发展观为指导，紧紧围绕打造服务民营经济的区域性专业金融中心的总体要求，充分发挥金融综合改革试验区先发优势，深化改革，先行先试，积极探索利率市场化，着力健全地方金融组织体系，着力推进地方金融创新发展，着力优化地方金融生态环境，着力维护地方金融稳定，实现金融与经济、社会的互动和谐发展。

（二）总体目标：力争到 2015 年底，全市基本形成具有一定比较优势的地方金融组织框架，实现地方金融机构在创新能力、机构类型、服务网络、管理水平和综合实力等方面的全面发展，实现地方金融业发展水平和金融服务创新能力的明显提高，实现民间金融规范健康发展，努力将我市打造成为地方金融改革创新试验区、民间金融规范发展先行区、中小企业金融服务示范区，形成民间资本集散的"资本之都"，使我市地方金融业的规模、质量和效益保持"全省领先、全国一流"水平。

"十二五"期末，温州金融增加值达到 720 亿元，年均增长 21%，金融业增加值占 GDP 的比重达到 15%，占第三产业增加值的比重达到 30%；银行业本外币存款和贷款分别超过 16000 亿元和 13000 亿元；银行业不良贷款率维持在 1%以下；保险业保费收入超过 180 亿元；企业上市数量超过 30 家；金融业对地方的税收贡献率达到 8%。

二、主要任务

（一）打造资本集散的"资本之都"。建立内外联动机制，发挥民间资本的集聚和辐射效应。通过出台优惠政策、搭建信息平台等多种方式，引导温州辖区内外资本、人才和技术集聚。充分利用商会、协会等民间组织的桥梁组带功能，畅通政府、企业、市场的沟通渠道。从2012年起在温州举办“资本之都”高端论坛，实现资本与项目、资本与企业、资本与市场、资本与资本的对接，将理论引导与实际操作相结合，逐步形成民间资本的集散中心。

（二）推进新型金融组织创新发展。大力推进小额贷款公司、村镇银行、农村资金互助社在我市试点工作。完善规划布局，建立准入制度，健全监管机制，积极向上争取试点指标，力争2013年末小额贷款公司控制发展到100家，注册资本总额800亿元左右，实现中心镇和功能区全覆盖；全市新型农村金融机构及其分支机构（村镇银行、农村资金互助社、贷款公司）总数达到30家。探索组建小额贷款公司联合体，设立以行业龙头企业为发起人的行业性小额贷款公司。争取融资比例、融资渠道、业务创新等方面在全国先行先试，争取提高小额贷款公司自然人参股比例，放宽单一投资者持股比例限制。改善村镇银行外部结算环境和社会公信力，加快村镇银行设立分支机构步伐，积极探索符合温州地方实际和市场规律的村镇银行发展新模式，支持本市优质民营企业投资入股村镇银行。积极探索适合温州实际的农村资金互助社试点模式。积极申报设立侨资民营银行和温州信托投资公司、融资租赁公司、消费金融公司等地方性金融组织，逐步形成不同类型、不同规模、互补性较强的金融组织体系和多层次、差异化的金融服务体系，更好地为我市经济社会发展提供金融服务保障。

（三）促进农村合作金融可持续发展。积极稳妥地推进农村合作金融机构股份制改革，努力实现农村合作金融机构由地方性金融机构向区域性金融机构跨越、由传统型金融机构向创新型金融机构跨越。探索管理体制改革，创新发展模式。2011年开始通过增资扩股全面推进农村合作银行改制为股份制农村商业银行，2年内完成全市农村合作金融机构全部改制为股份制农村商业银行的目标。将市区农村合作银行构建成资本充足、内控严密、运营安全、服务优质、效益良好、具有创新能力和竞争力的现代股份制农村商业银行。增强县域农村合作金融机构服务“三农”和支持小企业的功能。

（四）进一步做大做强温州银行。加快温州银行战略投资者引入步伐，在管理理念、产品研发、市场拓展、盈利模式、企业文化、人才培育等领域进行对接，增强核心竞争力。继续推进上市计划，支持温州银行通过发行次级债、混合资本债等长期债务工具，以及定向增发、配股等股权工具补充资本。支持温州银行通过引入战略投资者扩大和调整股本结构，增强核心资本充足率，继续完善公司治理，深化风险管控，提升经营管理水平和整体发展质量。在银行优化服务、加大对地方经济支持的前提下，适度倾斜地方资源，支持温州银行扩大业务量，扶持温州银行做大做强。“十二五”期间有序推进跨区域经营，争取新设分行3至5家，牵头发起组建村镇银行3至5家。力争“十二五”期末存贷款余额超2000亿元，资产总额超1500亿元，综合实力及核心竞争力跻身全国同类城市城商行第一梯队。

（五）打造特色化的地方金融服务。坚持差异化发展，大力推进产品创新和业务创新，努力打造特色化的金融服务。温州银行、农村合作金融机构、村镇银行和小额贷款公司要积极研发和引入多样化的适合温州地方经济发展需求的金融产品，加快推进对农村住房和涉农承包权、经营权抵押贷款、知识产权质押融资、林权抵押贷款、海域使用权抵押贷款试点工作，探索开展中小企业小额信用贷款、中小企业和农户联保贷款、设备按揭贷款、弱势群体创业贷款和其他创新融资业务。鼓励地方金融机构采取信贷员包村服务、金融辅导员制度、“贷款＋技术”等方式，推动信贷服务方式创新。支持地方金融机构开展农房抵押贷款业务，探索更大区域内的农房流转制度，推进涉农担保创新。发展信托业务，发挥信托工具的功能优势，为基础设施和重点项目提供金融服务。

（六）切实深化保险业的功能作用。以保险创新示范区建设为契机，全面推进与温州民营经济综合配套改革相衔接的政保合作试点，加快将温州打造成浙南保险中心城市。大力发展涉农保险，以完善政策性农业保险和农房保险为重点，逐步建立多层次体系、多渠道支持、多主体经营的农业保险体系。积极开展医疗责任险、火灾公共责任险和自然灾害公众责任保险试点，扩大责任保险在公共场所和高危行业等领域的覆盖面。加快推进企业贷款履约保证保险，积极开展城乡小额贷款保证保险、借款人意外伤害保险等险种试点，探索中小企业贷款与保证保险、意外保险相结合的金融解决方案。研究探索巨灾风险保障机制，争取台风巨灾和农业巨灾保险等险种先行先试，在全省率先建立巨灾风险保障基金。鼓励和引导保险资金投向重大基础设施建设。

（七）争取开展深化利率市场化改革。遵循“立足温州、率先试点，重点突破、循序渐进，秩序稳定、风险可控，服务三农、助推发展”的原则，争取率先在温州范围的地方法人金融机构中开展利率市场化改革试点，有限度地放开银行机构存贷款利率，缩小正规金融与民间金融之间的利率双轨制差距。指导新型金融组织实施规范的市场化利率。各类贷款利率在中国人民银行公布的法定贷款利率4倍内可以自由浮动，由借贷双方自行议定。以地方法人金融机构规范的市场利率和新型金融组织灵活的市场化利率，引导民间借贷利率，影响国有银行、股份制商业银行利率，逐步迈出利率市场化步伐。加强民间借贷利率监测，构建更具代表性的温州民间借贷市场综合利率监测体系。扩大监测范围，增加监测网点，提高监测数据真实性。

（八）努力完善地方融资担保体系。支持民间资本发起设立融资性担保公司，支持各类担保机构采用购并联合、引进嫁接、借梯登高等形式，与国内外实力强的担保机构合资合作，做大做强，向集团化发展。重点支持业绩优良的担保企业做大做强，探索建立全市性的中小企业再担保体系。鼓励融资性担保公司相互开展分保、联保和再担保等业务合作，支持担保公司创新担保产品和担保服务，建立多层次、多方面、多功能的担保服务体系。认真落实

《浙江省融资性担保公司管理试行办法》，加强对融资性担保公司的规范化管理和监督。建立健全担保公司的信用评级和征信管理体系，推动建立银行业金融机构与融资性担保公司的信息共享机制和风险分担机制。

（九）引导民间金融健康发展。贯彻落实国务院关于鼓励和引导民间投资健康发展的若干意见，鼓励和引导民资进入实体经济、基础设施建设、新兴战略行业等领域。在经济中等发达、民间资本活跃、正规金融机构服务不足、有一定的规模经济辐射效应的地区开展民间资本管理公司试点，规范和加强民间资本的有序投资与管理，有效引导民间资本健康合理流动。2011 年在 2 至 4 个已设立金融工作机构的县（市、区），各选择功能区或乡镇（街道）先行开展试点工作。争取在条件成熟的县（市、区）先行开展民间借贷登记服务中心试点，为民间借贷双方提供供求信息汇集发布、借贷合约公证和登记、交易款项结算、资产评估登记和法律咨询等综合服务。制定加强各类融资性中介机构管理意见，指导、协调各类融资性中介服务公司的风险控制和处置，规范发展典当、投资公司、寄售等行业，实施高管资格审查制度，提高准入门槛，严格外部审计制度。坚决取缔非法金融机构和非法金融活动，严厉打击非法集资及非法吸收公众存款行为，防范区域金融风险。

（十）推进企业多渠道融资。完善推进企业上市政策，加大培育和扶持力度，给予拟上市企业用地、财政补助、人才引进等方面更多的支持，对企业上市融资的有关事项，简化手续，特事特办。坚持境内与境外并举，IPO 与借壳同行，全力推进企业多渠道上市融资。5 年内全市在境内外上市公司数量超过 30 家，融资总额超过 300 亿元。积极发掘有潜力的企业，培育和扩大优质上市后备资源。支持上市公司发展壮大，增强再融资能力，推动并购重组，加强规范运作指导。发展债券市场，支持符合条件企业发行企业债券、公司债券、短期融资券、中小企业集合票据等，拓展多元化融资渠道。推动政府融资平台公司、民营企业落实申请发行企业债的各项要求，充分利用资本市场筹集发展资金，参与基础设施建设，夯实企业发展后劲。

（十一）促进股权投资业发展。制定出台促进股权投资业发展的政策，鼓励本土创业投资基金、风险投资基金、产业投资基金和成长型企业股权投资基金的设立、发展，大力推动创业投资企业进入备案管理系统，发挥市场对资金配置的基础性作用，促进股权投资管理机构集聚，吸引境内外优质的股权投资企业落户温州。组建股权投资行业协会，通过政府引导、行业运作，将温州充裕的民间资本转化为产业资本，积极打造民间资本转化示范区。设立温州市级产业投资基金，重点引导支持温州产业集聚区、功能区建设，支持传统优势产业加快发展。组建温州人股权投资基金，“十二五”期间完成温州人股权投资基金募集资金 30 亿元。完善创业投资引导基金运作模式，按照“政府引导、民间参与、市场运作、管理规范”的原则，发挥政府财政性引导基金作用，引导民间资本进入战略性新兴产业、创业创新活动和地方金融产业等领域，实现资本与产业良性互动。

（十二）打造区域性产权交易中心。积极推进区域性产权交易平台的规范和创新发展。发挥民间投资服务平台作用，支持和推动股权营运中心做大做强，引导民间资本服务中心拓展服务功能，支持风险投资研究院创新发展，提高资本配置效率。制定出台扶持股权营运中心发展的政策措施，完善股权交易相关税收政策，强化产权交易平台的融资功能、资本配置功能和价格发现功能。鼓励和支持企业改制为股份有限公司，鼓励和引导非上市公司在股权营运中心平台挂牌，开展融资和股份流转；推动股权质押登记和企业并购重组服务平台建设，为各类股权投资基金提供投资机会和退出通道；强化信息报告制度，形成上市公司后备资源筛选机制。增强股权营运中心功能，探索组建温州金融资产交易所，改善信贷资产的流动性，实现民间资金有效对接。

（十三）加快温州金融集聚区建设。按照“十二五”金融业发展规划和金融集聚区建设规划编制，分解落实规划目标任务，确保落实到位。大力推进金融集聚区总部大楼建设和车站大道金融机构服务网点落实，促进金融业发展空间的合理布局，“十二五”期间金融集聚区初步形成规模。2011 年启动建设首批进驻的金融机构大楼；分批次推进各类金融机构大楼的落地和项目对接工作。大力吸引银行、证券、保险、投资、担保、基金等各类金融要素集聚。同时，加强融合杭甬，对接福厦，促进区域间资源优化配置，实现长三角地区和海西经济区之间的联动对接，发挥集聚和辐射效应。

三、保障措施

（一）加强组织领导。建立温州市地方金融监管服务中心，加强对温州地方金融业发展的组织协调，推进地方金融业改革创新，培育和发展地方金融机构，做大做强地方金融业。各县（市、区）均要建立和完善独立的地方金融协调机构和金融监管分中心机构。建立健全地方金融改革发展和金融安全多方协调机制，强化地方金融管理部门与国家金融管理（监管）部门之间的沟通协调，建立协同管理、共促发展的组织协调机制，完善日常工作合作机制与重大突发事件预警、处理机制，建立条块结合、分工协作的监管协调机制，防范系统性、交叉性风险，防止出现监管真空。

（二）加强政策扶持。加强和完善市级银行机构年度绩效考评奖励制度，完善对金融机构和金融管理（监管）部门的考核制度。完善农业贷款风险补偿机制、小企业贷款风险补偿机制和中小企业信用担保财政补助机制。对运行情况良好、主动让利，积极支持“三农”、小企业发展的小额贷款公司、村镇银行、资金互助社等组织实行政策扶持。加快推动企业上市进程，对拟上市企业，给予土地政策、股权变更等方面的便利，对企业上市过程中遇到的涉税和行政性收费事项，给予适当的政策支持。给予在温注册的股权投资企业和股权投资管理企业相应的财税扶持政策。完善和加大对担保企业的财政支持力度。将温州市民营经济改革创新试验区金融发展重大问题研究项目转化为成果，积极指导实践。

（三）推进信用体系建设。加强征信信息采集工作，进一步完善和推动部门沟通协作，努力扩大企业和个人非银行信息的采集，增强征信系统信息的覆盖面。积极推进中小企业和农村信用体系建设，扩大和完善中小企业信用信息征集工作，加快农户信用档案电子化建设进程，完善信用信息征集和更新的长效机制。按照市场原则培育合格的社会征信服务机构，规范信用评级制度，发展针对商业承兑汇票重点推广企业、信用担保机构的信用评级市场。

（四）强化金融人才支撑。创新金融人才引进政策和模式，大力引进各类金融高端人才服务于温州地方金融业。建立温州金融研究院，完善地方金融人才培养机制。充分利用本市金融教育资源，大力开展系统性的金融管理和专业人才培训。强化金融人才使用、激励、配套服务机制，加强地方金融与国家、国内金融的联系和合作，吸引高层次人才落户温州。对急需的金融机构中高级管理人员，给予生活、工作等方面优惠待遇。实施支持金融人才创业的投融资政策。

附件：1. 关于开展民间资本管理公司试点工作的指导意见（试行）

2. 加快小额贷款公司发展三年行动计划（2011—2013 年）

3. 关于促进温州股权投资业发展的意见（试行）

4. 关于做强做大温州市股权营运中心的实施意见

5. 关于开展民间借贷登记服务中心试点的实施意见（暂行）

6. 温州银行发展规划

7. 温州农村合作金融机构股份制改革总体推进方案

8. 温州市地方金融监管服务中心主要职责

附 1

关于开展民间资本管理公司试点工作的指导意见（试行）

为进一步规范和加强我市民间资本的有序投资和管理，扶持温州资本运作服务市场健康发展，维护温州经济金融安全稳定，促进温州经济社会转型发展，根据《国务院关于鼓励和引导民间投资健康发展的若干意见》（国发〔2010〕13 号）、《温州市人民政府关于鼓励和引导民间投资健康发展的实施意见》（温政发〔2010〕74 号）精神和有关法律法规，现就引导开展民间资本管理公司试点提出如下指导意见：

一、现实意义

温州民间资本充裕，民间投融资行为历来非常活跃，在正规金融体系之外，民间资本在民营经济的发展中扮演了拾遗补缺的重要角色。但是由于缺乏有效的监管和引导，不少民间投资行为存在无序和投机化倾向，甚至存在违规违法开展地下融资现象，扰乱了金融市场秩序和社会治安秩序，潜伏着较大的金融风险。积极开展民间资本管理公司试点，探索创新必要的引导和约束手段，将部分民间“地下”投资的资金引上“地面”，规范和加强民间资金有序流动和有效管理，对防范地方金融风险，维护社会安全稳定，推动区域间的经济互补发展，促进温州经济转型升级等方面都具有重要意义。

二、性质和原则

民间资本管理公司是经批准在一定区域范围内开展资本投资咨询、资本管理、项目投资等服务的股份有限公司。民间资本管理公司应在法律、法规规定的范围内开展业务，其合法的经营活动受法律保护，不受任何单位和个人的干涉。

开展民间资本管理公司试点应遵循下列原则：

（一）投资自愿，共享收益，共担风险。

（二）依法合规经营，接受监督管理。

（三）以服务地方经济为宗旨。

（四）资金来源特定，进入退出需要核准。

按照市政府统一部署，民间资本管理公司试点工作在各县（市、区）有条件、分步骤地推进。试点初期，原则上在 2 至 4 个已设立金融办机构的县（市、区）先行开展。

三、组织领导

民间资本管理公司是引导规范民间资本的创新举措，各级党委、政府和各相关部门应予以大力支持，并积极稳妥有序地加以推进，不断探索总结试点经验。

（一）市人民政府金融工作领导小组牵头负责全市民间资本管理公司试点工作的组织、协调、规范和推进工作。市金融办会同市公安局、市财政局、市工商局、市级金融管理部门等建立联席会议制度，其主要职责为：

1. 共同制定试点工作指导意见及相关的管理办法。

2. 指导县（市、区）做好试点方案的审核和实施。

3. 沟通信息，指导县（市、区）政府及相关部门做好监督管理与风险处置工作。

（二）明确县（市、区）政府的权责。按照“市政府统一领导，县级政府具体组织实施”的工作思路，各试点县（市、区）建立相应的组织领导体系。县（市、区）政府负责民间资本管理公司试点的具体实施工作，确定试点对象，审定组建方案，做好申报材料的审核工作。工商部门做好企业登记事项的监督管理，公安、财政、金融管理等职能部门做好资金运作的监督管理，严厉打击金融违规违法活动。县（市、区）金融办作为民间资本管理公司的业务主管部门，承担日常监管职能。

四、申报设立

（一）民间资本管理公司限在县域范围内，以发起方式设立，其名称由所在地行政区划、字号、行业和组织形式依次组成，如：XX县（市、区）XX（字号）民间资本管理服务股份有限公司。

发起设立民间资本管理公司应符合以下条件：

1. 有10名以上的发起人，发起人应符合的条件为：具备一定经济实力、具有完全民事行为能力、诚实守信、声誉良好的本县域内的企业法人、自然人或其他经济组织。

2. 推荐1名具有一定组织能力，在当地有一定声望的发起人作为主发起人，组建民间资本管理公司筹建工作小组，负责各项筹备工作。

（二）民间资本管理公司组织形式是股份有限公司，其注册资金不低于500万元。试点期间，注册资金上限不超过1亿元。民间资本管理公司的主发起人持股比例不超过20%，其他单个自然人、企业法人、其他经济组织及其关联方持股比例不得超过注册资本总额的10%，也不得低于注册资本总额的5‰。鼓励吸引当地信誉优良、经营稳健的现行资本运作类机构通过重组或参股形式，参与民间资本管理公司的筹建。

（三）民间资本管理公司的筹建工作小组要对当地经济基本情况、组建民间资本管理公司的可行性和必要性、未来业务发展规划、风险控制能力等进行分析研究，拟定可行性研究报告。

拟定具体筹建工作方案，对组织架构、注册资本、股本结构、股权设置、股金认购、从业人员配置、机构选址、管理制度制定和时间安排等事项作出组织和安排。

筹建工作小组结合当地实际，按照《公司法》有关规定和要求，制定民间资本管理公司章程草案，内容应包括总则、业务范围、股权管理、组织机构、业务管理、财务管理，合并、分离、解散和清算以及附则等方面。与章程相配套，以防范风险为核心，研究制定严格的业务和财务管理、收益分配、风险管理等一系列规章制度。

筹建工作小组到工商部门办理相关注册登记事项，并将拟定的可行性研究报告、筹建工作方案、公司章程、主要管理制度以及筹建请示报县（市、区）政府，由县（市、区）政府组织相关部门进行审核，上报市试点联席会议复审，工商部门在受理登记时应征求市级主管部门意见。

（四）召开设立股东（代表）大会，选举产生董事会、监事会。召开股东（代表）大会，审议通过筹建工作报告、章程草案、主要管理制度，并按照章程规定行使大会职权。选举产生董事会、监事会。经过法定程序产生的董事长、监事长、总经理人选须经县（市、区）政府主管部门审核，报市金融办核准通过。

董事长、监事长、总经理等主要管理层应具有从事相关经济工作5年以上，或者从事金融方面工作2年以上经历，具备高中以上（含中专）学历。董事长应具备一定经济实力、有信用、讲诚信、有一定金融知识和社会责任感。

（五）民间资本管理公司在试点初期为保持相对稳定，股东的退出、增加和资金规模的扩大等重大事项变动，需经县（市、区）政府审核并报市试点联席会议核准。原则上股东的股金自公司成立之日起两年内或入股时间不足两年的不得退出，董事、总经理等参与管理人员的股金，在任职期内也不得退出。股东数量和资金规模原则上要试点运行1年以上方可进行变更。

五、合规经营

（一）资金来源。民间资本管理公司以股东的资本金，股东额外增加的投资资金和以私募方式向特定对象募集所得的私募资金作为主要资金来源，必须是货币形式的自有资金，由银行审定资金来源合法合规并出具相关证明。民间资本管理公司也可接受社会捐赠和其他补助资金等。

（二）资金投放。民间资本管理公司的资金主要用于对县辖范围内的企业法人、自然人或其他经济组织及其项目进行投资。试点期间，用于短期财务性投资的项目资金总额不得超过民间资本管理公司资本净额的20%。

（三）投资回报。民间资本管理公司以投资方式投放的资金可以根据被投资项目的盈亏情况按比例共担风险、共享收益，也可以约定固定回报率的方式获取回报。采用固定回报率方式的投资，原则上投资期限在3个月以内的，回报率不超过同期银行贷款基准利率的4倍；期限在3个月至6个月的，不超过同期银行贷款基准利率的3.5倍；期限超过6个月的，不超过同期银行贷款基准利率的3倍。

（四）私募资金的进入与退出。民间资本管理公司在用足资本金和股东额外增加的投资资金外，由于业务扩大需要，可以向外通过私募形式筹集资金。根据不同项目、不同期限、不同风险状况拟定私募协议，在县辖范围内寻找有意愿出资的企业法人、自然人或其他经济组织，原则上单个企业法人、自然人或其他经济组织出资不得超过资本净额的10%，出资期限一般不低于3个月，协议期间资金不得退出，但是可以在县域范围内进行转让。

（五）资金运作管理。民间资本管理公司的项目投资实行市场化审慎经营原则。必须体现分散、审慎的原则，实行项目投资限额管理制度，对单一投资对象的投资总额不得超过资本净额的5%。设立投资决策委员会，完善决策议事机制，由总经理负责，接受董事会的监督，对投资项目进行论证分析决策，并承担相应风险责任。试点期间，股东额外增加的投资资金以及向特定对象募集的私募资金总和不得超过原始资本净额的4倍。

（六）资金结算管理。民间资本管理公司只能在1家商业银行开立账户。向特定对象募集资金、股东额外增加投资额、进行项目投资等日常经营活动都必须通过该合作银行结算，由该合作银行为其办理结算户或银行卡进行账户管理，并负责私募资金的账户托管。投资结算、项目回报以及收益分红均通过银行账户转账处理，原则上不允许进行现金结算，以接受监管部门的监督。

（七）企业会计制度。民间资本管理公司应加强内部控制，参照企业财务会计制度对公司经营活动的账目进行核算管理，并按规定缴纳各项税赋。

（八）分红规定。对民间资本管理公司的资金在经营过程中产生的收益，要按年度进行财务决算。除接受社会捐赠或其他补助的资金及其产生的收益不得进行分红外，年度资金运作的税后利润按以下顺序进行分配：1、弥补本公司以前年度积累的亏损；2、按规定提取各项公积金；3、可分配盈余部分由股东大会（股东代表大会）决定是否向股东分配红利，但最高不超过可分配盈余的40%。

（九）信息披露制度。民间资本管理公司应定期向公司股东、县级政府主管部门、合作银行等披露由会计师事务所审计的财务报表及年度经营成果、投资信息、重大事项等内容。按月将相关财务数据报送县级政府主管部门以及金融管理等单位，将募集的资金总额、投资用途、投资回报率、投资回报等情况向所有股东列表公布1次。

（十）民间资本管理公司不得进行任何形式的非法集资，不得非法吸收或变相吸收公众资金，不得开展经营范围以外的业务，不得在核定的行政区域外从事投资等经营活动，不得进入资本市场从事股票、债券等金融交易，不得以企业的资产为其他单位或个人提供担保。

六、风险防范

（一）县（市、区）政府是民间资本管理公司风险防范与化解的第一责任主体，承担监督管理和风险处置责任。市级有关部门要指导和督促县（市、区）政府加强对民间资本管理公司的监管，建立民间资本管理公司动态监测系统，及时识别、预警和防范风险，指导县（市、区）政府处置和防范风险。

（二）县（市、区）金融办要拟订具体的操作规程和监管细则，牵头做好本辖区试点工作的协调、规范和推进工作，切实加强日常监管。定期做好审计稽查工作，原则上前两年每半年1次，两年后可减为每年1次。

（三）县（市、区）工商局做好准入把关工作，加强对登记事项的监督管理；县（市、区）财政局加强财务制度执行及风险监管，促进民间资本管理公司的规范经营和发展；金融管理部门要加强对资金流向、投资回报率的监测指导和账户结算监管，及时认定非法集资行为，加强政策宣传、监测分析，防范民间资本管理公司的风险。

（四）开户银行应按账户管理规定协助监管部门对民间资本管理公司的账户资金往来进行监督，并承担托管银行的相关责任。

（五）其他相关部门根据自身职能，依法加强监管，做好民间资本管理公司的风险防范工作。

七、处置程序

（一）县（市、区）金融办等有关单位接到民间资本管理公司的风险报告后，应立即启动处置预案，责成公司实施风险处置方案，同时根据实际情况，进一步提出具体化解措施，并监督实施。

（二）在处置过程中，要按照统一、及时、准确、全面的要求对外发布信息。对处置风险过程中引发的投资风险或违法违规行为，及时上报属地县（市、区）政府。

（三）在经营过程中若有非法集资、变相吸收公众资金等严重违法违规行为，由县（市、区）政府组织相关职能部门负责查处，取消其试点资格，吊销营业执照，并追究该企业主要负责人的法律责任。

（四）民间资本管理公司有下列情形之一的，应当解散：

1. 公司章程规定的营业限制届满或者公司章程规定的其他解散事由出现时；

2. 股东会决议解散；

3. 因公司合并或者分立需要解散的；

4. 法律、行政法规规定的其他原因。

（五）要求解散的民间资本管理公司必须在业务主管单位及其他相关部门的指导下，确定清算人，完成清算工作。清算期间，公司存续，但不得开展与清算无关的经营活动。

（六）清算人自确定之日起，负责制定清算方案，清理公司财产，分别编制资产负债表和财产清单，处理与清算有关未了结业务，清缴所欠税款，清理债权、债务，处理清偿债务后的剩余财产，代表公司参与诉讼、仲裁或者其他法律事宜。清算结束后由清算人编制清算报告，经全体股东签名、盖章后，在十五日内向企业登记机关报送清算报告，申请办理注销登记。

八、政策扶持

（一）为体现引导和规范民间资本、促进地方经济发展的政策导向，对“三农”、小企业等项目投资并主动让利力度较大的民间资本管理公司，由当地县（市、区）政府视情况给予适当补助激励。

（二）联席会议成员每年对民间资本管理公司进行分类评价，对依法合规经营、对地方经济建设贡献突出的公司，其当年所缴纳的各项税费的地方留成部分，3年内可以实行适当奖补政策进行扶持。

（三）接受社会捐赠或其他补助的资金只能专项用于对纯农户、种养殖业或小企业等弱势群体项目进行让利帮扶。

九、其他

（一）本指导意见由市金融办负责解释，修改时亦同。

（二）本指导意见自下发之日起施行。

附2

加快小额贷款公司发展三年行动计划
（2011—2013年）

为加大我市小额贷款公司发展力度，进一步做大做强小额贷款公司规模，现制定如下行动计划。

一、总体要求

（一）指导思想。小额贷款公司试点是我市金融改革创新的重要举措，也是我市集聚民间资本、服务地方经济发展的一个有益探索。今后3年，紧紧围绕打造全国民间资本集散中心的总体要求，充分发挥温州金融综合改革试验区先发优势，实行总量控制（全市100－120家）、统一监管的原则，坚持“服务三农”根本宗旨，强化监督管理，创新机制体制，加强政策扶持，努力把小额贷款公司办成经营管理规范、资产质量优良、社会经济效益良好，深受农户和中小企业欢迎的新型地方金融组织。

（二）总体目标。力争经过3年的努力，建立起与我市经济社会发展水平相适应的小额贷款公司发展新格局，有效解决“三农”和中小企业发展资金需求问题。形成试点进程全省领先、经营业绩全国一流的“温州小额贷款公司板块”。

——到2011年底力争全市小额贷款公司机构总量（含筹建）达到50家。

——到2012年底，力争小额贷款公司机构总数发展控制在100家以内。

——小额贷款公司设立重点向我市各县（市、区）中心城区、中心镇、各功能区等发展。

——公司资本净额总量实行三年倍增计划，2011年达到150－200亿元，2012年达到400亿元，力争于2013年达到800亿元。

——将全市小额贷款公司的监管工作统一纳入温州市地方金融监管服务中心，形成监管统一步骤、部门分工负责、防范风险到位的监管体系。

二、主要任务

（一）统一规划稳健发展，扩大服务覆盖面

1. 统筹规划布局。争取省政府下达新增小额贷款公司总体发展任务书，在核定总数范围内将审核权下放到我市，由我市分批公开向社会招投标确定主发起人，报省金融办核准。根据各县（市、区）民间金融需求情况、地方金融办机构建设情况和试点扶持政策落实情况，科学规划，合理布局，积极扩大小额贷款公司服务覆盖范围。市区范围内，2至3年内控制发展到50至60家，县域控制发展到40至50家。新增小额贷款公司必须设立在未开展试点工作的中心镇和街道。争取省政府年内下达新增15家小额贷款公司的发展任务书，推进我市公开向全社会进行小额贷款公司主发起人招投标顺利启动。

2. 扩大服务范围。鼓励小额贷款公司向本县（市、区）辖区内未设立机构的街道和乡镇延伸服务网点。允许开业1年以上，增资扩股1次以上且年度考评为优秀的小额贷款公司，经县（市、区）政府批准，并报备市金融办后，可在本县（市、区）尚未设立小额贷款公司的空白乡镇（街道）设立服务网点，允许在相邻县（市、区）适度开展跨区域金融服务。

（二）创新筹建机构机制，挖掘民间资本潜力

1. 引入招投标竞争机制。推行市场化运作，鼓励全市优秀骨干企业参与竞争，构建开放格局。筹建名额委托市公共资源交易中心进行公开招投标，各县（市、区）、各功能区根据招标准入条件初步筛选竞标企业，向市公共资源交易中心报送竞标名单。为鼓励和促进我市总部经济发展，拿出一定比例的筹建名额向在外温商企业招投标，引导温商企业将总部迁回温州市区及各县。具体办法另行制定。

2. 放宽准入条件。小额贷款公司注册资本金不再设上限，允许在外温商总部迁回温州的企业和中外合资中资绝对控股的企业参与主发起人招投标。主发起人及其关联股东首次入股比例上限扩大到30%，主发起人的工商信用等级由AAA调整为AA以上。欠发达地区可提高引进县外股东出资比率到49%，提高自然人股东出资比例到49%。

（三）大力扩张资本规模，增强经营能力

1. 鼓励增资扩股。鼓励小额贷款公司积极增资扩股，鼓励小额贷款公司将未分配利润注入注册资金。现有22家小额贷款公司在2011年内完成1次增资扩股，全市小额贷款公司资本净额达到100亿元，争取未来两年内，每年完成1次增资扩股。新设立的公司，在符合相关条件后，每年应完成1次增资扩股。

2. 提高融资比例。对小额贷款公司融资比例实行与增资扩股情况相挂钩政策。年度考核优秀、增资扩股达到目标要求的小额贷款公司，融资比例可提高到资本净额的100%。资金来源渠道：一是可向多家银行业金融机构融资；二是经批准向有自有资金的发起股东定向借款；三是经批准在本市范围内小额贷款公司之间进行资金调剂拆借。

3. 支持业务创新。支持考评优秀且增资扩股1次以上的小额贷款公司开展资产转让、票据贴现等业务。支持增资扩股1次以上且上一年度考评优秀的小额贷款公司联合发行中小企业债。支持符合条件的我市小额贷款公司探索通过私募基金方式吸引民间资本参与增资扩股，探索通过温州市金融资产交易所进行信贷资产交易，实现资产证券化。

（四）坚持经营定位，培育特色业务

1. 坚持业务特色。小额贷款公司必须坚持“小额、分散”的原则，确保纯农业和100万元以下占全部贷款余额的比重不低于70%。鼓励和支持小额贷款公司进村入户、全员营销，把贷款业务做精、做细、做优，发挥小额贷款公司业务特色，不断提高在小额贷款领域的信贷技术，成为面向“三农”和中小企业的专业化信贷机构。

2. 引导借贷利率回归理性。坚持经济效益和社会效益相兼顾的原则，对小额贷款公司的平均贷款利率、最高贷款利率按不同地区实际进行指导监管。对“三农”、小企业等新兴培育的主体，要体现让利优惠政策。在确保合理收益回报的基础上，发挥扶持政策引导作用，引导民间资本价格回归合理水平。

（五）理顺监管体制，提高监管效率

1. 实施联合监管体制。将小额贷款公司纳入温州市地方金融监管服务中心统一监管。金融办与工商、人行、银监、财政、公安等职能部门相互配合，细化考核方案，明确各自职责，建立协作机制，既要避免职能交叉又要形成

相互衔接，防止监管出现空白和灰色地带。温州市地方金融监管服务中心每年划出专项监管资金，重点做好小额贷款公司的监管工作。

2. 建立自律组织。在省金融办指导下，组建以行业服务、行业协调、行业自律、维护会员及行业合法权益和行业监督为基本职能的小额贷款公司行业协会，为我市小额贷款公司发展搭建信息与合作的交流平台。

三、保障措施

（一）加强组织领导。完善小额贷款公司联席会议机制，定期召开会议。市金融办要加强对行动计划的统筹协调，根据总体规划和统一部署，认真组织实施。各县（市、区）成立相应的组织机构，进一步加强管理，金融办配备必要的人员，切实履行小额贷款公司管理和风险防范职责，确保三年计划顺利完成。

（二）争取先行先试。争取将浙江省关于小额贷款公司发展布局、拓宽资金来源、创新业务模式、加大政策扶持等方面的创新举措在我市先行先试，逐步形成小额贷款公司在体制机制上的先发优势，使我市小额贷款公司的发展水平走在全省前列、达到全国一流。

（三）加强风险管理。既要严格防控小额贷款公司的政策风险，严防吸收和变相吸收公众存款、暴力收贷、违规放贷、账外经营、抽逃资本金等违法违规行为，又要高度关注经营风险，加强贷款集中度、股东贷款比例的控制管理，加强贷款发放与使用合规性、真实性检查。严禁变相提高贷款利率，不得在合同利率之外以任何名义收取手续费、咨询费或账外经营。发现有重大违法违规行为的，县（市、区）政府要组织有关职能部门严肃查处，责令其停业整顿，并追究公司主要负责人的法律责任。

（四）加大政策扶持。各地、各有关部门要认真落实《浙江省人民政府办公厅关于促进小额贷款公司健康发展的若干意见》（浙政办发〔2009〕71 号）精神，确保各项优惠政策落实到位。对营业期满 3 年的小额贷款公司，在今后 3 年的发展过程中，应给予适当的政策扶持。

（五）加强考核监督。制定各县（市、区）小额贷款公司设立和增资扩股情况定期通报制度，及时总结进展情况，强化各县（市、区）三年行动计划相关工作任务的督促和落实。进一步完善小额贷款公司年度考评办法，依据年度考评情况，在融资比例和业务创新等方面，对各小额贷款公司实行区别对待、分类管理。具体监管考核办法另行制定。

附 3

关于促进温州股权投资业发展的意见(试行)

为促进我市股权投资业发展，优化资源配置，加快经济转型升级，把温州打造成为我省股权投资机构汇聚的多元化民间资本转化创新示范区，根据《浙江省人民政府办公厅关于促进股权投资基金发展的若干意见》（浙政办发〔2009〕57 号）和《温州市人民政府关于加快温州金融业改革发展的意见》（温政发〔2008〕70 号）精神，提出如下意见。

一、确定适用对象

（一）本意见所指股权投资企业是指依法设立并以股权投资为主要经营业务的企业。股权投资管理企业是指受股权投资企业委托，以股权投资管理为主要经营业务的企业。股权投资企业、股权投资管理企业可以依法采取公司制、合伙制等企业组织形式。

（二）股权投资企业的注册资本（出资金额）不低于人民币 1 亿元，且出资方式限于货币形式，首期到位资金不低于人民币 5000 万元，缴清注册资本出资金额的年限为 3 年。股东或合伙人应当以自己的名义出资。其中单个自然人股东（合伙人）的出资额不低于人民币 500 万元。以有限责任公司、合伙企业形式成立的，股东（合伙人）人数应不多于 50 人；以非上市股份有限公司形式成立的，股东人数应不多于 200 人。

（三）股权投资管理企业以股份有限公司形式设立的，注册资本应不低于人民币 1000 万元；以有限责任公司形式设立的，其实收资本应不低于人民币 500 万元。

二、规范工商登记

国家法律、行政法规规定的境内自然人、法人和其他组织以及境外的自然人、法人和其他组织，可以作为股权投资企业和股权投资管理企业的投资者。

各级工商行政管理部门依法对从事股权投资和股权投资管理的企业进行注册登记。股权投资企业、股权投资管理企业名称中的行业可以分别表述为“股权投资”、“股权投资管理”，如“某某股权投资有限公司”、“某某股权投资管理有限公司”等。

三、明确税收政策

（一）合伙制股权投资企业和合伙制股权投资管理企业不作为所得税纳税主体，采取“先分后税”方式，由合伙人分别缴纳个人所得税或企业所得税。

（二）以有限合伙制形式设立的股权投资企业和股权投资管理企业中，执行有限合伙企业合伙事务的自然人普通合伙人，按照《中华人民共和国个人所得税法》及其实施条例的规定，按“个体工商户的生产经营所得”应税项目，适用 5%－35% 的五级超额累进税率，计算缴纳个人所得税。

不执行有限合伙企业合伙事务的自然人有限合伙人，其从有限合伙企业取得的股权投资收益，依照有关规定计算缴纳个人所得税。

（三）合伙制股权投资企业从被投资企业获得的股息、红利等投资性收益，属于已缴纳企业所得税的税后收益，该收益可按照合伙协议约定直接分配给法人合伙人，其企业所得税按有关政策执行。

(四)股权投资管理企业自缴纳第一笔营业税之日起，前两年由同级财政部门全额奖励营业税地方留成部分，后三年减半奖励。股权投资管理企业自获利年度起，前两年由同级财政部门全额奖励企业所得税地方留成部分，后三年减半奖励。

四、加大支持力度

(一)股权投资企业投资于本市的企业或项目，由财政部门按项目退出或获得收益后形成的所得税地方分享部分的60%给予一次性奖励，奖励金额最高不超过300万元。

(二)股权投资管理企业缴纳房产税、城镇土地使用税确有困难的，报经地税部门批准后，可酌情给予减免。新引进的市外股权投资管理企业，其受托管理资金超过10亿元(含)且资金所属股权投资企业纳税地在温州市的，自设立起3年内，报经地税部门批准后，可免征房产税。

(三)对符合条件的股权投资企业、股权投资管理企业因业务发展需要新购置自用办公用房(不包括附属和配套用房，下同)，以办公用途部分建筑面积的一定比例计算，按购房价格的1.5%给予一次性补贴，但最高补贴金额不超过150万元。享受补贴的办公用房10年内不得对外租售。具体办法另行制定。

(四)对符合条件的股权投资企业、股权投资管理企业新租赁自用办公用房的，给予一定比例面积连续3年的租房补贴，补贴标准为房屋租金市场指导价的30%，补贴总额不超过100万元。具体办法另行制定。

(五)股权投资企业、股权投资管理企业的高级管理人员，经市人力社保部门认定符合条件的，可享受我市关于人才引进、人才奖励、配偶就业、子女教育、医疗保障等方面的相关政策。

(六)支持在本市注册的股权投资企业在温州市股权营运中心进行项目对接、股权转让。

(七)支持在本市注册的股权投资企业免费分享政府拟上市企业数据信息。本市优秀拟上市企业优先推荐给在温注册的股权投资企业。对股权投资企业投资的本市企业，优先列入本市重点上市后备企业培育计划，支持其在国内外资本市场上市。

五、推动健康发展

要充分发挥市发展股权投资基金联席会议作用，市发展改革、财政、科技、金融、税务、工商等部门要按照职责分工，研究制订并完善促进股权投资业发展的政策措施和管理制度，规范管理，强化服务，严防风险。市金融办具体负责股权投资业发展的综合协调工作，并指导股权投资管理企业组建行业协会。市有关部门要积极支持、引导行业协会开展工作，促进股权投资管理企业加强自律管理。鼓励和支持有条件的县(市、区)设立股权投资引导基金。

六、其他

本意见自发布之日起实施。实施过程中遇到的问题，由市金融办会同市政府有关部门负责解释。

附4

关于做强做大温州市股权营运中心的实施意见

为进一步规范我市未上市股份公司、有限责任公司和股份合作制公司的股权管理工作，提高我市未上市公司质量，依法维护股东合法权益，建立和完善区域资本市场，按照《中华人民共和国公司法》、《中华人民共和国证券法》的相关规定及国家大力发展资本市场的战略决策和部署，全面落实国务院关于建立多层次资本市场的要求，根据浙江省未上市公司股份转让试点方案的相关精神，现就我市推进股权托管登记交易等工作提出如下实施意见：

一、充分认识推进股权托管登记交易工作的重要意义

(一)开展股权登记托管工作，是明晰企业股权，提高企业股权管理公信力，促进股权有序流动的重要基础。对未上市的股份公司，通过利用股权登记托管机构提供的专业化服务和市场化监督管理，有利于建立规范的法人治理结构，降低财务成本，提高管理水平，提高经济效益，建立归属清晰、流转顺畅的股权管理制度，培养上市公司后备资源。

(二)开展未上市公司股权交易工作，是增强企业股权的流动性，规范股权转让的有效途径。以产权交易方式进行未上市公司股份合理流动，可以为企业融资开辟新的渠道。由于股权登记管理集中、股权转让信息集中，规范的交易行为、公允的交易价格、广阔的选择空间，会驱使各方投资资金汇集，形成集中统一市场，为政府规范股权交易创造条件，有利于充分发挥市场机制优化配置社会资源的作用。

(三)股权登记管理集中、股权转让信息集中，是引导社会资金进入金融服务领域的重要渠道。股权营运中心作为股权转让平台，利用托管机构的信息网络发布资源整合的专业能力和公信力，为丰富充裕的民间资本提供投资渠道，有利于加快经济结构调整优化的步伐，为建立区域性资本市场，利用当地经济资源持续促进经济发展积累经验，打好基础，创造条件。

二、开展股权托管登记交易工作的原则与参与主体

股权登记托管转让工作，要坚持有别于证券市场，按初级资本市场定位和运作的原则；坚持政府主导，统一交易规则，统一信息披露，统一市场监管的原则；坚持统一协调，权责明确，稳步发展，逐次推进的原则；坚持积极稳妥，处理好改革、发展和稳定关系的原则。

股权业务开展的对象是温州市未上市股份有限公司

等。温州市股权营运中心为市政府批准依法设立的专门从事股权相关业务的服务机构。为规范股权业务的开展，指定温州市股权营运中心为唯一的市级股权托管交易平台，承办非上市股份有限公司、有限责任公司的股权托管、交易等业务。

三、加大股权托管登记交易工作的力度

(一)股权登记、托管工作是发展区域资本市场，开展股权交易工作的基础。具体落实以下几项工作：

1. 股份有限公司和上规模的有限责任公司集中登记托管。在我市范围内依法注册设立的未上市股份有限公司纳入股权营运中心托管登记的范围。为保证股权托管工作的顺利完成，凡规定须在温州市股权营运中心登记托管的企业必须到温州市股权营运中心办理托管登记手续后参加年检。

2. 新设立的股份有限公司自成立之日起30日内，应到股权营运中心办理股权托管登记手续；现已注册成立的未上市股份有限公司，自本通知下发之日起3个月内，应到股权营运中心补办股权托管登记手续。

3. 鼓励上规模的有限责任公司(企业规模参照国统字〔2003〕17号文件)到股权营运中心进行托管登记，以及拟上市企业在上市的过程中剥离的非主营业务的子公司到股权营运中心进行托管登记。

4. 在我市范围内依法注册设立的小额贷款公司、未完成股改的我市拟上市企业，应当到股权登记托管机构办理股权托管登记手续。

5. 股权营运中心统一实施股份有限公司股权变更登记。按照现行有关规定，股份有限公司股权变更须报工商管理部门备案。为规范股份有限公司股权交易行为，股权营运中心股权登记作为工商部门对股份有限公司股权变更备案的补充，即对股份有限公司成立后的股东变更先由股权营运中心登记，然后报工商备案。企业在办理工商登记变更和股权变动手续要提供股权营运中心出具的股权托管登记鉴证单、股权转让鉴证单。

6. 积极开展企业股权质押贷款工作，帮助企业解决融资难问题。申请股权质押贷款的未上市股份有限公司，在工商出质登记之前须到股权登记托管机构办理股权托管登记手续，并由市股权营运中心有限公司出具相关股权凭证。有限责任公司股权办理股权质押融资，也可到温州市股权营运中心办理股权登记托管，托管的相关问题参照非上市股份有限公司办理。

7. 在我市范围内依法注册成立的股权投资企业进场登记、托管、质押、交易。

(二)提升纳税服务支持股权交易工作。为鼓励股权统一进场交易，提高股权交易的积极性，股权业务中涉及税收问题的，财政、国税、地税等部门应当给予积极的支持，为股权交易工作的开展创造良好的环境。进入股权营运中心交易平台交易的股权，给予在交易完成之后返还税收地方留成部分的政策优惠。

(三)进场登记企业享受相关优惠政策。鼓励符合条件的股份有限公司进入全省未上市公司股份转让平台。重点培育和扶持进场公司创造条件上市，对公司股权进中心登记的公司优先列入上市后备重点企业名单。对未列入拟上市企业名单但在温州市股权营运中心挂牌并实现交易的市区未上市公司，可享受拟上市企业奖励政策的50%；通过股权登记托管机构提供的改制、申请上市等配套服务并已进入上市实质性程序的市区企业，享受《温州市人民政府关于进一步加强企业上市工作的意见》(温政发〔2011〕20号)规定的各项鼓励政策。各县(市)可参照执行。

四、推进股权托管登记交易工作要求

(一)市金融办、市工商局和市公共资源交易管委办在各自职能范围内配合做好全市企业股权登记托管工作。各有关部门要高度重视，切实加强对股权登记托管交易工作的领导，积极支持和推动股权登记托管工作，研究和解决股权登记托管交易中出现的新情况、新问题。

(二)股权登记托管机构要强化服务功能，规范开展股权融资业务，拓宽企业融资渠道；加强与全国各地的产权交易所的合作，实现企业信息共享，促成市内外优质企业和项目与温州的资金对接，引导温州的民间资本进入专业化、规范化、国际化的投资运作渠道。

(三)市有关部门和各新闻媒体要充分利用新闻媒介的作用，切实做好宣传、推荐，引导企业积极主动在股权营运中心平台挂牌，开展融资和股份流转。

附5

关于开展民间借贷登记服务中心试点的实施意见(暂行)

根据《国务院关于鼓励和引导民间投资健康发展的若干意见》(国发〔2010〕13号)、《温州市人民政府关于鼓励和引导民间投资健康发展的实施意见》(温政发〔2010〕74号)精神和有关法律法规，积极引导和规范我市民间借贷行为，切实保护民间融资双方的合法权益，培育和维护竞争有序的民间融资环境，现就开展民间借贷登记服务中心试点工作，提出如下意见：

一、重要意义

民间融资是温州中小企业和农户的重要融资渠道，在一定程度上促进了地方经济的发展，但没有得到监管部门监管的部分民间金融活动也蕴含了大量的金融风险。因此，通过政府引导、市场运作、交易自愿，开展民间借贷登记服务中心试点，不仅能够及时了解和掌握民间资金动向，防范和化解民间金融风险，促进民间借贷行为向公开化、规范化和阳光化发展，而且对缓解中小企业和农户融资难，发挥温州充裕而活跃的民间资本优势，推进温州经济转型升级，打造温州民间资本之都具有重要意义。

二、性质和原则

民间借贷登记服务中心是经核准在一定区域范围内为民间借贷双方提供中介、登记等综合性服务的有限责任公司或股份有限公司。民间借贷登记服务中心在法律、法规规定的范围内开展借贷供求信息发布、资产评估和登记、公证、结算、法律咨询等配套业务，其合法的经营活动受法律保护，不受任何单位和个人的干涉。

开展民间借贷登记服务中心试点应遵循下列原则：

（一）规避非法集资，实行借贷双方直接对接。借贷双方在公平、合理、自愿的情况下，实行一对一的直接对接活动，避免非法金融传销和非法集资活动。

（二）杜绝高利贷，规范民间借贷利率操作。严格按照国家规定的利率政策由借贷双方直接协商融资利息，避免中介机构从中抬高利率，获取暴利。降低民间借贷融资成本，引导民间借贷规范化、阳光化，从源头上杜绝高利贷产生。

（三）把控风险，执行完善的民间借贷流程。民间借贷登记服务中心引入公证处、会计师事务所、律师事务所、担保机构、银行结算等服务机构，借助专业团队就民间借贷的合法性和风险把控形成强有力的配套服务体系，减少借贷双方法律纠纷和借贷风险。

（四）坚守两条底线，秉承中介职守。借贷双方的资金流直接结算，杜绝第三方服务中介户头代理结算；借贷双方风险自担，服务中心不承担民间借贷坏账的连带责任。

按照市政府统一部署，民间借贷登记服务中心试点工作在各县（市、区）有条件、分步骤地稳妥有序推进。初期选择在市区和瑞安、乐清两市先行开展试点。

三、试点内容

（一）组建设立。

1. 组建方式：可以采取国有公司主导组建或当地优质民营企业发起组建两种模式，以行政区域加字号冠名，通过工商登记设立独立核算企业，具有1000平方米以上的经营场所。

2. 经营模式：通过实体平台和虚拟平台实现中小企业和民间借贷的融资对接，以向会员机构和进场机构收取一定的服务手续费为盈利模式。

3. 人员管理：民间借贷登记服务中心工作人员必须具备相应的专业知识和从业经验，高级管理人员实行核准制。

（二）进驻机构。

1. 试点初期，由依法登记注册，从事民间借贷撮合的投资（咨询）公司等中介机构先行进驻，积极引导依法登记注册并从事中介业务的非融资性担保公司、寄售行、旧物调剂行等机构入场进行登记管理。通过试点运行，逐步引导从事民间借贷的一般法人、自然人和其他组织等进场登记管理。

2. 邀请公证处、资产评估公司、资产登记机构、律师事务所、会计师事务所、融资性担保公司以及银行等服务机构入驻，为民间借贷打造完整的配套服务体系。

（三）职能分工。

1. 民间借贷登记服务中心为民间借贷中介机构和相关配套服务机构提供场地、综合信息汇总及发布、借贷登记等综合服务，并通过相应的进驻机构为个人、机构、企业提供资金供需撮合以及融资信息、第三方鉴证、资信评价、信用管理、金融产品经纪代理、融资担保等专项服务。

2. 投资（咨询）公司和个体工商户等中介机构为民间借贷双方提供资金供求信息的登记和发布服务，安排民间借贷双方见面和洽谈，撮合资金供求双方达成资金借贷交易。

3. 融资性担保公司为借款人提供融资咨询、融资担保服务。

4. 公证、评估、登记、法律咨询等机构为民间借贷双方提供合约公证、资产评估、资产登记、法律咨询等服务。

5. 银行机构为民间借贷交易提供结算服务。

（四）服务流程。

1. 建立资金供求信息库，提供中小企业融资需求信息和提供民间资金供给信息。

2. 通过信息服务系统实体与虚拟平台进行信息配对与对接。

3. 安排资金供给方和需求方一对一面谈。

4. 协助资金供给方、需求方办理借款手续并登记备案。

5. 为借贷双方整理资料、归档，向主管部门备案。

四、风险控制

（一）严格控制进驻机构的中介行为。由民间借贷登记服务中心对进驻的中介机构加强日常监督，防止中介机构违规操作，降低中介机构自身经营风险。中介机构在协助或委托代理业务过程中，要恪尽职守、不越职、不违规。做好民间借贷双方的信息收集与对接，协助或受托代理借贷手续，严禁直接接受出资人资金办理借贷业务。

（二）防范资金来源政策风险。资金供给方所出资金必须为自有资金并提供相关证明，严禁非法集资或变相吸收公众存款。

（三）严禁高利借贷行为。中介机构必须严格执行国家政策规定以内的民间借贷利率，在同期银行贷款基准利率的4倍以内，由借贷双方直接协商借贷利息。

（四）降低借贷双方风险。中介机构依托中心服务体系，为借贷双方提供各类信息，实事求是地对借贷双方信息进行登记，并协助资金供给方对资金需求方进行必要的资格审查，防止借款用途违法违规。尽量做到信息对称，降低借贷双方的风险。

（五）做好信息发布。民间借贷登记服务中心应不断升级信息服务系统，完善借贷供求信息库，及时更新和发布民间借贷供求信息，由借贷双方在资源、公平、合理的情况下，自行或委托服务中心完成对接业务，服务中心不承担资金风险。中介机构应定期梳理信用不良企业及自然人名单上报民间借贷登记服务中心，由民间借贷登记服务中心统一公布。

五、监督管理

由温州市地方金融监管服务中心依照国家法律、法规，对民间借贷登记服务中心的组建设立进行审查核准，对民间借贷登记服务中心以及进入场内的机构和个人行为进行监督管理。民间借贷登记服务中心要配合市地方金融监管服务中心对场内市场主体行为进行日常管理，维护正常市场秩序。

1. 进场资格管理。制定进场机构和个人的执业资格标准并监督实施。

2. 业务范围管理。及时发现场内各主体非法吸存或变相吸收公众存款以及其他超出业务范围的行为。

3. 资金交易利率管理。监控资金交易的利率，及时发现利率违规行为。

4. 违章处理。监管过程中发现问题，及时提交相关部门依法依规处理。

六、政策扶持

（一）组织领导。市政府金融工作办公室牵头负责全市民间借贷登记服务中心试点工作的组织、协调工作。市人行、温州银监分局、市公安局、市财政局、市工商局等部门协同配合，共同商讨试点的规范内容和推进工作。各县（市、区）遵照组建并负责辖内的试点工作。

（二）争取支持。民间借贷登记服务中心是探索民间借贷交易阳光化新途径的一项新生事物。试点过程中可能会出现意想不到的困难和问题，也可能会面临各方面的质疑，因此要加强领导，循序渐进，低调试点，注重实效，依法处理好试点工作中出现的各种困难和问题。同时主动向省政府及有关部门进行汇报沟通，争取理解和支持。

（三）税费优惠。针对资金供求各方对进场登记交易会增加税负的顾虑，可以出台对借贷双方及进场中介机构提供税费减免、先征后奖、租金减免等优惠政策，并根据中介机构的考核评价给予适当奖励，对自行申报纳税的资金供给人提供减免政策。试点初期，民间借贷登记服务中心不收取借贷双方交易手续费用，以保证资金供给方借贷阳光化后的合理收益水平。

（四）做好宣传。通过有效途径，让社会民众了解民间借贷登记服务中心的性质和功能，使借贷双方正确理解民间借贷登记服务中心的运行规则和自己的权利义务，综合平衡投资的风险和收益，维护自身合法权益。可以采取警示标语提醒广大客户，并实行违规举报制度。

附 6

温州银行发展规划

温州银行经过12年多的艰苦创业，现已初步发展成为一家公司治理规范、市场定位清晰、资产质地优良、业务特色鲜明、经营效益良好的区域性股份制商业银行。截至2011年6月末，全行各项存款余额478.14亿元，贷款余额332.29亿元，资产总额568.70亿元，分别是建行初的13.25倍、14.19倍和13.29倍。截至2010年末累计实现利润26.71亿元，累计缴纳税收13.51亿元；资本充足率达到12.70%，核心资本充足率10.66%，不良贷款率0.87%，拨备覆盖率161.02%，各项监管指标全面达标并持续优化，2007年、2008年、2009年连续3年监管评级被中国银监会评为二级行。

今后5年温州银行将贯彻落实科学发展要求，严格执行货币信贷政策，认真履行企业社会责任，紧紧围绕“公众上市银行、区域领先银行、管控优良银行、温商服务银行、品牌知名银行”这一发展目标，走特色化差异化发展道路，提升管理效率、优化盈利模式、创新金融产品，全力推进转型升级，力争使温州银行建设成为温州金融业的“金名片”，打造城商行中的“温州品牌”。

一、增资扩股和引进战投联动，做实资本补充渠道

根据规划，2015年末温州银行资产总额将达1500亿元，力争2000亿元。据此估算，按照10%的资本充足率要求，“十二五”期末温州银行资本总额需达160亿元左右。根据审慎性原则，今后5年需补充资本约120亿元。为满足规划期内业务持续增长对资本的刚性需求，一是通过发行次级债券补充附属资本。根据长期次级债务不高于核心资本30%的规定，分期在银行间债券市场以公募形式发行次级债券，募集资金用于补充附属资本。二是引进战略投资者2家，其他作为一般股东，募集5亿股，发行价格以市场竞价方式确定，设保留价，全额用于补充核心资本，该项工作力争在2011年末或2012年上半年完成。三是定向增发。在完成发债和引入战投后，适时启动定向增发工作，向法人股东配售股份，包括在册法人股东、境内优质法人企业。此外，还将通过自身经营积累、择机IPO公开上市等方式多渠道补充资本。同时，做好“引资”与“引智”的结合文章，注重引进战略投资者后在管理理念、产品服务等方面的嫁接和导入，实现股权结构多元化，发挥资源协同效应，完善法人治理结构，强化风险管控能力，有效提升核心竞争力。

二、提升金融综合服务能力，做大业务经营规模

根据规划，“十二五”期末温州银行各项存款余额将达1260亿元，力争1400亿元；各项贷款余额达900亿元，力争1000亿元；资产总额1500亿元，力争2000亿元；比2010年末增长200%以上。为确保上述规划目标的实现，一是将充分发挥地方银行优势，深度介入地方经济建设。在大力支持我市“双十大项目”和重点工程建设，扶持中小企业发展的同时，积极争取财政性、社保类、公积金存款，并为国企改革提供配套金融服务，实现与地方经济社会发展的良性互动。二是抓住经济结构调整和宏观调控收紧的政策机遇，大力拓展传统业务。当前，我国的利率管理体制为商业银行提供了稳定的盈利模式，宏观调控步入加息周期又提高了商业银行的议价能力。温州银行将牢牢把握这一契机，突出一级法人机制活、决策快、效率高的比较优势，进一步加大对存贷款等传统业务的拓展力度，迅速扩大经营规模和市场份额。三是继续支持中小企业发展。依托在小企业贷款"六项机制"建设方面的良好基础和优势，进一步简化流程、丰富产品，继续扮演好"中小企业主办银行"这一重要角色，集中有限资源保障中小企业信贷投放，确保小企业贷款增长率不低于全部贷款增幅。四是强化产品和服务创新，完善金融综合服务功能。推进包括理念创新、体制创新、机制创新、岗位创新、产品创新、服务创新、管理创新、科技创新等在内的创新能力的全面提高，制订业务发展战略和市场竞争策略、业务中长期发展规划和年度发展计划，根据业务发展战略和市场状况制定有效的新产品研发计划，完善产品服务功能体系和售后服务。

三、深化跨区域发展战略，做宽机构辐射地域

规划期内，温州银行将以长三角区域和海西经济区为依托，以中西部温商集聚、具有区位发展优势的重点城市为努力目标，争取在省内外增设分行3至5家，设立村镇银行3至5家，努力将温州银行打造成为长三角区域、海西经济区和浙江省内较有影响力的金融企业。一是力争建成覆盖全省的总行、分行、支行三级组织机构体系和业务网络，使温州银行成为我省较有影响力和代表性的金融企业。二是以温州银行总行和上海分行为支点，在长三角重要城市合理密集布点，规划期内力争在长三角区域设立分行3至5个。三是努力做好设立北京分行的前期工作，立足中国金融业的前沿阵地，引进国内外先进的理念、制度、管理、技术、产品以及高端人才，并发挥金融改革研究咨询的重要功能。四是积极推进村镇银行建设步伐，规划期内力争作为主发起人发起设立村镇银行3至5家。五是适应跨区域步伐加快和管理半径扩大的实际，进一步加强总部管理能力建设，整合优化总行内部机构设置；同时积极争取支持，在取得建设用地的前提下，启动并积极推进新总部大厦建设工程。同时，拟在省内丽水、台州设立分行，并继续完善分行辖属服务网络体系，在上海、杭州、宁波、衢州地区的4家分行下各增设支行1至2家，在泰顺村镇银行顺利开办的基础上拟增设1至2家村镇银行。

四、严格落实从严治行，做强内控合规防线

认真汲取教训，巩固案防成果，加强合规教育，落实从严治行，强化审计、检辅、考核等监督措施，在全行形成依法合规的经营氛围。一是继续完善全面风险管理架构，加强风险管控队伍建设，总行向分行和管辖行派驻信用风险执行官，提高分支机构的风险监督和处置能力。二是完善业务条线的自律监管机制，建立合规工作责任制，明确岗位职责设定，合规考核突出合规执行情况，将合规责任落实到具体单位和每个员工。三是建立制度执行不到位的责任追究机制，加大违规行为问责力度，严厉惩治违纪违法人员。四是加强员工合规教育培训，营造良好的合规氛围，夯实合规文化基础，采用科学方法对员工的执行力、执行结果以及综合素质进行全面监测、考核和评价，提高全行整体执行效率。五是加快信息化建设进程，完成数据中心建设项目，充分发挥科技在风管、内控领域的先导和保障作用。

五、走差异化、特色化发展道路，做响温州银行品牌

积极响应监管部门对城商行差异化、特色化发展的有关要求，努力探索适应自身特点、定位和优势的发展道路。一是进一步加快管理、业务、结构"三转型"，全力做好公司治理、内部管理、队伍素质、核心竞争力、服务水平"五提升"。利用国家经济快速发展、城商行跨区经营准入政策、国家鼓励中小企业发展等有利因素，做大做强传统业务，做深做精创新业务，稳步提升自身的财务实力和持续发展能力。积极改进经营模式，掌握好业务发展与内部管理之间的动态平衡和稳定，逐步向以结构调整、机制优化为基础的集约型经营模式转变。二是结合经济环境、监管政策和资源禀赋，充分发挥比较优势，打好"温州、温行、温商、温州人"四张牌，形成以"追随温商、服务温州人"为特色，以中小企业、城乡居民为主要客户群体的经营模式，努力把温州银行建设成为温州金融业的一张"金名片"。

附7

温州农村合作金融机构股份制改革总体推进方案

为全面加快我市辖区内农村合作金融机构股份制改革进程，促进农村合作金融可持续发展，更好地发挥金融支农主渠道和服务农民的桥梁纽带作用，特制定以下总体推进方案。

一、工作目标

加快进度，按照股份制改革要求，全面取消资格股，稳步提升法人股比例，规范股权管理，健全流转机制，用两年时间将辖区内农村合作金融机构改制为产权关系明晰、股权结构合理、公司治理完善的股份制金融企业，有效提升我市农村金融品牌，增强社会形象和信誉度，进而提高竞争力，更好地服务地方经济，服务"三农"事业。

二、工作原则

坚持全面股份制改造。全面启动辖区内11家农村合作金融机构股改工作，明确资本属性，强化股权约束。

坚持完全市场化运作。按照诚信、自愿、公平、公开要求实施股权转换，健全市场化的股权定价和流转机制，促进股权有序合理流转。

坚持实施分类指导。结合不同县域、不同机构的实际，采取分阶段、差别化的工作措施，确保股权改造工作平稳有序推进。

坚持维护中小股东权益。在优化股权结构的前提下，完善中小股东利益保护制度，充分发挥中小股东的监督制约作用。

三、工作重点

根据中国银监会关于农村合作金融股权结构优化的有关要求，所有农村合作金融机构要将职工持股比例压缩至20%以内；城区农村合作金融机构法人股比例应高于50%，县域机构法人股比例应高于35%，单家机构应有3至5家持股比例5%以上的法人股东。股份制改革将重点做好以下几项工作：

（一）按期完成职工持股比例达标。根据中国银监会要求，辖内职工持股比例超过20%的机构（瓯海、龙湾、瑞安、乐清农村合作银行，平阳、文成信用联社），采取增资扩股、依法转让等多种方式，2011年底前必须完成规范工作，同时加快推进泰顺、洞头信用联社职工持股比例的规范工作。

（二）加快资格股改造。除龙湾农村合作银行外，加快完成鹿城、平阳、瓯海、乐清、苍南、瑞安、永嘉、文成、泰顺、洞头等10家机构的资格股改造工作，确保进度符合股份制改革筹建要求。鹿城农村合作银行应加快完成清产核资、增资扩股、股权结构调整，包括引进战略投资者、消除资格股等，并于2011年11月底前上报农村商业银行筹建申请材料。2011年底前，完成瓯海、乐清、苍南、瑞安、永嘉等5家农村合作银行和平阳农村信用联社取消资格股的改革工作。同时加快推进文成、泰顺、洞头信用联社取消资格股工作。

（三）优化法人股结构。根据"分类指导、股权多元"原则，经银监部门批准，龙湾、鹿城、瓯海等3家农村合作银行拟引入省级、市级、区级国有企业各占总股本的5%－9.9%，其他8家县域机构实行市、县两级国有企业参股各占总股本的5%－9.9%。在省级国有企业未成立前，可由市级国有企业代持股份，并委托省联社管理。可以通过受让原股东释出股份或定向增发形式再增持农村合作金融机构股份形式，逐步达到相对并列第一股东目标。积极吸引优质民营企业参与入股，实现股权结构多元化，完善法人治理结构，提高风险管控能力，有效提升核心竞争力。2011年底前，鹿城、瓯海、龙湾、瑞安、乐清等5家农村合作银行和平阳信用联社，应通过增资扩股或依法转让，完成股权结构调整，法人股增至规定比例。同时加快推进永嘉、苍南农村合作银行和文成、泰顺、洞头信用联社股权结构达标。

（四）强化资本金监管。根据中国银监会对资本充足率的最低要求8%、好银行标准11.5%的规定，按照资本与资产规模相互匹配、适度超前的原则，为确保金融机构业务持续增长对资本的刚性需求，结合温州实际和各机构盈利水平，实行"分类指导、区别对待"原则，使辖区内机构资本金达到监管规定要求。一是三区两市、苍南等6家合作银行增资扩股总额近期为5亿元以上，两年内达到20亿元。二是永嘉、平阳等两家机构的增资扩股总额近期为2亿元以上，两年内达到10亿元。三是文成信用联社的增资扩股总额近期为1亿元以上，两年内达到5亿元。四是泰顺、洞头等两家机构的增资扩股总额近期为5000万元以上，两年内达到2亿元。

四、加大推进力度

（一）加强计划考核。各有关机构须于每月后3个工作日内，向当地监管部门报告改革工作进度。建立股权改造考核通报制度，按照各机构计划进行按月考核。各地监管部门要结合本方案和机构上报的工作计划，加强对辖区内机构股份制改革工作的督导。

（二）加强准入挂钩。对法人机构推进不力的，将与机构监管评级、高管履职评价、市场准入等严格挂钩，对于表现消极的机构，全面停止市场准入。

（三）加强行业联动。省联社温州办事处要处理好行业自律管理组织与基层法人机构的关系，加强上下沟通，帮助基层机构制定改制规划，支持县级法人机构改革，促进县级法人机构加快机制转换。建立重点事项报告制度，省联社温州办事处要于每月后5个工作日内报告全市改革工作进展情况。

附8

温州市地方金融监管服务中心主要职责

为加强对创新类地方金融组织的监管，培育和发展地方金融业，防范和处置地方金融风险，决定成立温州市地方金融监管领导小组，成员包括市经信委、市公安局、市财政（地税）局、市商务局、市金融办、市工商局、市人行、温州银监分局等部门负责人。领导小组办公室设在市金融办。设置市地方金融监管服务中心（以下简称监管服务中心），机构规格相似正县级，为承担行政职能的事业单位，归口市金融办管理。监管服务中心承担地方金融组织监管和检查工作。

一、主要职责

负责股权投资公司、民间资本管理公司、寄售行和其他各类投资公司的监督和管理；负责小额贷款公司、融资性担保公司、典当商行等由地方政府管理的各类新兴金融行业的专项检查；配合相关金融监管和其他管理部门开展对地方金融机构的专项管理；聘请第三方组织对相关民间金融组织的业务活动及其风险状况进行现场检查；统计、分析地方金融组织的相关数据、信息。

二、内设机构

根据以上职责，监管服务中心设3个职能处室：

（一）监管服务一处。负责股权投资公司、民间资本管理公司、寄售行和其他各类投资公司等的监督和管理；协调其风险防范和处置工作。

（二）监管服务二处。负责小额贷款公司、融资性担保公司、典当行等民间金融组织的专项检查；配合相关金融监管和其他管理部门开展对地方金融机构的管理，协调其风险防范和处置工作。指导和监督市担保行业协会。

（三）综合统计处。负责处理机关日常工作；汇总掌握和综合分析地方金融组织的运行情况；组织开展地方金融业重点课题调研。

三、人员编制

监管服务中心编制15名。其中主任1名（由市金融办主任兼任），副主任2名，中层领导职数6名。监管服务中心的党组织、人事、财务、纪检、监察等事项由市金融办承担。

四、其他

（一）监管服务中心日常运营经费由市财政全额拨款。

（二）提取地方金融组织上缴各县（市、区）税收地方留存部分的一定比例作为监管服务中心的专项检查经费。专项经费用于服务中心各项外部审计检查费用和考核奖励活动等。

（三）经市政府核准收取各类地方金融组织的服务管理费。

（四）建立风险补偿基金，用于应对地方金融组织可能出现的风险处置损失。

五、附则

本规定由市机构编制委员会办公室负责解释，其调整由市机构编制委员会办公室按规定程序办理。

中共台州市委　台州市人民政府
关于促进海洋经济科学发展的政策意见

（2011年7月19日）

台市委〔2011〕5号

为贯彻落实国家海洋经济发展战略和省委、省政府《关于加快发展海洋经济的若干意见》（浙委〔2011〕31号），保障台州海洋经济发展规划的有效实施，促进台州海洋经济科学发展，特制定如下政策意见：

一、把促进海洋经济科学发展摆上重要战略位置

促进海洋经济科学发展是贯彻落实科学发展观、推进台州经济转型升级和可持续发展的必然要求，是实施市委“四大战略”、加快沿海开发的重要举措，是培育新的经济增长点、推动台州新一轮大发展的现实选择。各地各部门要树立海洋战略意识，把握浙江海洋经济发展示范区建设上升为国家战略的重大机遇，把促进海洋经济科学发展摆上重要的战略位置，遵循“循环引领、科学发展、海陆（岛）联动、集聚发展”的基本原则，围绕“主攻沿海、创新转型”这一主线，以台州沿海产业带为主平台，台州湾循环经济产业集聚区为核心区，乐清湾、三门湾为两翼，各开发区块为着力点，构建大平台，引进大项目，培育大企业，做强大产业，促进大开放，打造循环经济特色，推动产业转型升级，再创体制机制优势，努力建成全省乃至全国循环型临港产业示范基地、“三位一体”港航物流重要基地、对台经济合作先行区、海岛综合开发利用试验区，推动台州迈向滨海新时代。

二、统筹规划协调衔接

海洋经济发展规划和实施意见要与市“十二五”规划纲要相结合，与海洋功能区划、台州市城市总体规划、土地利用总体规划、台州港总体规划、县市域总体规划等相协调，与环境功能区规划以及交通、能源、水利、信息、滩涂围垦等相关专项规划相衔接。认真落实《浙江海洋经济发展示范区规划》等规划意见，优化形成重要海域基本功能区，以台州湾循环经济产业集聚区为核心，以三门湾、乐清湾为两翼，构筑“一港三湾三群岛”的海洋经济发展格局。明确各功能区块的发展导向、建设规模及空间管制要求，切实发挥规划的引领作用。

三、明确扶持重点

集中人力财力物力，加快推进政府主导的重大基础设施和公共服务项目建设，完善沿海基础设施网络，构建“三位一体”港航物流服务体系，加强滩涂资源开发保护，合理开发利用重要海岛，推进标准渔港建设。重点支持海洋产业集聚平台、港口物流平台、科技创新平台、海洋对外开放平台和海洋开发投融资平台等五大平台建设。落实国家重点产业调整和振兴规划，大力发展石化、汽车、装备制造等临港支柱产业，扶持发展海洋生物医药等海洋新兴产业，提升发展资源再生利用产业，发展具有较强国际竞争力的产业集群，积极争取国家重大产业项目优先在台州布局。支持省级开发区积极创建“浙江省外商投资新兴产业示范基地”和“浙江省开发区特色品牌园区”，努力创建国家级经济技术开发区。支持远洋渔业和国内海洋捕捞转型升级，积极创建涉海现代水产养殖示范园区和省级现代渔业园区。

四、开展海洋循环经济发展改革试点

认真落实《浙江海洋经济发展试点工作方案》，力争到2013年，台州海洋循环经济发展改革试点工作取得阶段性成果，到2015年试点工作基本完成，体制机制改革创新成效显著。坚持跨区域统筹发展，不断完善有利于台州湾循环经济产业集聚区开发建设的体制机制。加快推进集聚区东部新区开发建设，以“土地＋货币”入股和货币入股方式，对东部新区实行联合开发建设。大力发展循环经济，围绕“构建大循环、发展大产业、提供大配套”的主线谋划产业发展，积极构建石油化工、汽车制造、装备制造、资源再生、健康医疗等主导产业为支撑的循环产业链，着力构建“企业内部循环、园区产业循环、社会资源循环”三大循环体系，力争成为国家级循环经济示范区。

五、鼓励民营经济积极参与海洋开发

发挥台州民营经济优势，深化省级民营经济创新发展综合配套改革，加快建设台州民营海洋经济创新示范区。坚持“非禁即入”原则，清理不利于民营资本进入海洋开发的政策性障碍，鼓励和引导民间投资健康发展，加快民营海洋产业发展，支持民营资本实施海洋经济重大项目，鼓励民营企业参与港口物流、船舶、石化、海洋装备等海洋资源开发和战略性新兴产业发展，鼓励民营企业参与海洋基础设施建设和科教文卫事业发展。在符合条件的前提下，优先安排民营企业参与炼化一体化中下游产业等一批重大项目的开发。

六、积极发展临港和海岛经济

加快港口开发，重点开发头门港区、大陈、黄礁、牛头颈作业区，加快发展大麦屿港区，逐步形成以台州湾为核心，大麦屿为重点港区，健跳、温岭为远景发展港域的“一核一区两域”港口格局。启动建设大麦屿煤炭交易市场、钢材交易市场、台州工业原材料交易市场；规划建设台州石油化工产品交易市场、临海头门煤炭、钢材、石油产品交易市场、台州粮食及粮油产品交易市场等大宗商品交易平台，提升台州船舶交易市场等港口信息平台。加快发展临港工业，推进国家汽车及零部件出口基地、石化基地、金属资源再生产业基地、国家级医化园区、头门港工业园区、台州滨海汽车基地、新能源产业基地等建设。加快建设渔港经济区，推进椒江中心渔港、路桥金清渔港、临海红脚岩渔港、温岭中心渔港、玉环坎门中心渔港、三门健跳渔港等建设。加强海岛保护开发，加快玉环综合开发岛，头门、上大陈港口物流岛，下大陈、蛇蟠滨海旅游岛，扩塘山、鸡山现代渔业岛，披山海洋生态岛等建设，加快建设三门湾—东矶列岛、临海桃渚—台州滨海—大陈岛等特色旅游板块。加快大陈、披山等海洋特别保护区建设。加强无居民海岛保护与利用的监督管理，科学划定无居民海岛主体功能，实行无居民海岛有偿使用制度。加强海岸带和海岛的资源调查，严格岸线审批和监管，坚持深水深用、浅水深用、科学利用，优先保证港口和临港产业重大项目建设需要。

七、增强金融服务扶持

加大信贷资金支持力度。积极支持金融部门参与发展海洋经济，鼓励银行业金融机构加大对海洋经济重点领域、重点项目、重点企业的信贷资金投放力度。搭建银企合作平台，建立海洋融资项目信息库，引导银行业金融机构采取项目贷款、银团贷款等多种模式，优先满足海洋新兴产业、临港先进制造业、港口物流等的资金需求。创新发展船舶融资、航运融资等金融服务业态，推动开展已建和在建船舶抵押贷款、预付保函等金融业务，推广海域使用权抵押贷款、仓单质押、供应链融资等多种抵质押融资方式。拓宽直接融资渠道。鼓励和推动涉海企业在境内外资本市场上市融资。组建增信基金，支持符合条件的企业发行企业债、公司债、可转换债、短期融资券、中期票据等融资产品，支持中小企业发行中小企业集合票据，多渠道筹措发展资金。鼓励、引导、支持引导基金主要投资于涉海新兴产业项目，产业投资基金、股权投资基金等加大对海洋工程、船舶建造、物流仓储、海洋运输企业、海水综合利用等海洋经济领域的投资力度。鼓励企业通过BT、BOT等方式解决资金问题。大力发展船舶保险、海上货运险、保证保险，探索新型航运保险业务，培育航运再保险市场。鼓励涉海企业在未上市公司股份转让试点平台挂牌交易，进行股份转让或定向融资。大力推进金融创新。鼓励银行业金融机构设立服务海洋经济的专营银行，提供专业化融资服务。支持符合条件的农村合作金融机构改制组建农村商业银行，增强服务海洋经济的能力。推进金融创新示范县市区试点，扩大小额贷款公司、村镇银行、农村资金互助社等新型农村金融组织试点，增加服务海洋经济的广度和深度。支持金融租赁公司联合当地金融机构、船舶制造企业，积极开展船舶租赁融资业务。支持并吸引国内外大型保险机构在我市设立专业性航运保险机构。推动银行、保险、信托等金融机构与风险投资、股权投资、担保机构等建立战略合作，发展海洋投贷联盟。探索建立规范的综合产权交易平台，鼓励涉海产权、股权、债权进场转让交易。

八、加强土地和用海要素保障

对列入国家和省重点的海岛保护与开发项目，积极争取享受国家和省重大工程建设项目的用地政策。保障生态和重点产业项目用地，积极探索重大建设项目补充耕地统筹办法和耕地占补平衡市场化方式实现耕地占补平衡。在年度新增建设用地指标分配中，对海洋经济发展重点项目予以重点倾斜。对列入国家和省重点的涉海工程、海洋保护、海洋生态等项目，优先安排围填海年度计划指标。优先保障航道、锚地、海洋环保、防灾减灾等事关民生发展的公共基础设施建设用海(岛)需要。积极探索海域使用权流转，推进海域资源市场化配置，完善海域使用权招拍挂制度。编制海域使用规划，做好海域使用管理与土地管理的衔接，根据上级部署开展凭海域使用权证书办理项目建设手续试点，探索建立规范性制度。

九、充分发挥税收政策作用

积极争取国家、省对我市海洋经济发展的税收政策支持。对经认定符合条件的高新技术企业，减按15%的税率征收企业所得税。企业为开发新技术、新产品、新工艺发生的研究开发费用可在计算应纳税所得额时加计扣除；符合条件的固定资产可缩短折旧年限或采取加速折旧的办法。创业投资企业从事国家重点扶持和鼓励的创业投资，可按投资额的一定比例抵扣应纳税所得额；销售利用海洋风力生产的电力实现的增值税实行即征即退50%的政策。鼓励软件企业发展，对增值税一般纳税人销售其自行开发生产的软件产品，按17%的法定税率征收增值税后，对其实际税负超过3%的部分实行即征即退政策；新办软件生产企业经认定后，自获利年度起，第一年和第二年免征企业所得税，第三年至第五年减半征收企业所得税。新办的高新技术企业和连锁经营超市以及新引进的企业总部，按规定纳税确有困难的，可报经地税部门批准酌情减免房产税、城镇土地使用税。企业从事符合条件的国家重点扶持的公共基础设施项目的投资经营所得，自项目取得第一笔生产经营收入所属纳税年度起三年内免征企业所得税，第四年至第六年减半征收企业所得税；企业从事符合条件的环境保护、节能节水项目的所得，自项目取得第一笔生产经营收入所属纳税年度起，三年内免征企业所得税，第四年至第六年减半征收企业所得税；对经认定的资源综合利用企业，生产符合国家产业政策规定产品所取得的收入，可在计算应纳税所得额时减计收入。对从事国家非限制和非禁止行业，符合条件的小型微利企业，减按20%的税率征收企业所得税。2011—2013年，金融机构农户小额贷款的利息收入免征营业税，在计算应纳税所得额时，按90%计入收入总额；保险公司为种植业、养殖业提供保险业务取得的保费收入，在计算应纳税所得额时，按90%比例减计收入；2011—2013年，农村信用社、村镇银行、农村资金互助社、由银行业机构全资发起设立的贷款公司、法人机构所在地在县市区及县以下地区的农村合作银行和农村商业银行的金融保险业收入减按3%的税率征收营业税；纳入全国中小企业信用担保体系试点范围的非营利性中小企业信贷担保、再担保机构，从事中小企业信用担保或再担保取得的担保业务收入自主管税务机关办理免税之日起三年内免征营业税。对符合条件的物流企业，推荐纳入国家发展改革委和税务总局试点物流企业名单，实行营业税差额征税。列为交通运输部与省政府的交通物流合作示范项目和占地较大的现代物流企业，按规定缴纳城镇土地使用税确有困难的，可按照税收管理权限经批准后给予减免；对港口的码头(即泊位，包括岸边码头、深入水中的浮码头、堤岸、堤坝、栈桥等)用地，免征城镇土地使用税。企业的设备折旧和职工培训费用可按相关规定税前扣除；企业在合并、分立、兼并等企业重组过程中发生转让企业产权涉及的不动产、土地使用权转移行为的，不征收营业税。支持农林牧渔业发展，企业从事农林牧渔业项目的所得可以免征、减征企业所得税。

十、统筹财政支持

积极争取中央、省财政通过集中的海域使用金、无居民海岛使用金，加大对我市海岸带与无居民海岛整治修复、海洋管理和海洋生态保护的支持力度。积极争取国家、省对我市沿海基础设施建设、生态环境保护和社会事业发展的支持。积极争取省海洋经济发展专项资金和省海洋产业基金，增加安排专项补助。市财政建立海洋经济发展专项资金，重点支持海洋公益性设施平台、海洋科技研发、海洋新兴产业、海洋生态环境保护、海岛基础设施等项目建设。每年根据项目情况，由市级相关部门提出意见，市财政统筹安排。其中2011年，市本级安排台州湾循环经济产业聚集区东部新区注册资金、头门港资本金贴息、海洋经济发展专项资金和海洋渔业结构调整等资金7亿多元。市级相关部门各类涉海专项资金的安排使用要有效整合，突出重点，更好地满足海洋经济重大建设项目的需要。沿海各县市区要统筹财力，切实加强对本地区海洋经济发展的财政资金支持。各地所得的海域使用金要全额用于海洋事业和海洋经济发展。

十一、加大项目引资力度

强化项目招商，加强与世界"五百强"企业和中央及省直属企业对接，积极争取重大项目落户我市。创新开发模式，吸引国内外财团主体进入海洋经济发展重点领域的项目投资。积极争取国家、省支持，组织一批收益稳定的基础设施项目通过公开发行股票、可转换债券、企业债券等方式筹集建设资金。切实做好项目前期论证、前置审批和报批工作，为项目正式报批创造条件。相关部门要依法简化审批手续，提高审批效率。相关县市区要建立海洋经济项目建设管理长效机制，科学安排、有序实施海洋经济重点项目，形成"策划、储备、开工、建设、投产、扩产"等"六个一批"的项目滚动发展格局。推进海洋开发体制改革，建立浙江头门港投资开发有限公司、台州循环经济发展有限公司、沿海高速有限公司等较强实力的公司。加强涉海行业的兼并重组和转型升级，组建若干个具有较强竞争能力的海洋产业集团。

十二、加快培养海洋人才

加强涉海类专业建设和人才培养，鼓励市直高校调整专业结构，重点支持建设若干个海洋类专业，做好海洋类本专科生的招生规划，加强涉海类专业基础和专业课教学。在高校对涉海类人才给予倾斜支持，选派涉海类教师出国进修。大力引进和培养一批能够参与国际事务和国际竞争的涉海类高层次人才。市农村劳动力素质培训工程专项资金要加大对涉海类"两创"实用人才的培训支持力度，加强渔民职业技能和职务船员培训。加强与国家海洋二所、中国海洋大学和中国科学院台州应用技术研发与产业中心、浙江大学台州研究院等科研院所的合作，进一步发挥市内大专院校和科研院所的作用，加快海洋开发研究机构建设，推进海洋技术创新平台、重点实验室和工程技术中心等建设。

十三、优化配置环境容量资源

根据全市环境保护目标要求和海洋功能区划、水功能区划、环境功能区划、区域环境质量现状和产业特点，合理配置环境容量指标，加强污染物总量控制和结构优化调整。在确保完成主要污染物总量减排目标和满足环境质量要求的基础上，实施污染物排放指标预留调配和排污权交易调配政策，用于支持海洋经济发展。建立以海限陆、陆海统筹、区域联动、源头控制、防治结合的海洋环保监管新机制，实行海洋环保目标考核责任制。开展重点海湾、河口综合整治，加大违法排污处罚力度。建立海洋生态损害补偿(赔偿)制度。全面实施"碧海生态建设行动计划"。开展近岸海域环境实时监测站点建设，完善海洋环境监测预报体系。科学选划海洋废弃物倾倒区并切实加强监管。

十四、创新开放与合作机制

扩大对台贸易和人员往来，鼓励我市海运企业积极参与经营两岸直航。加强与海峡西岸经济区对接，在促进两岸贸易投资便利化、台湾服务业企业大陆市场准入等方面开展先行先试，加快建设海峡两岸（玉环）商品交易物流中心，扩大大麦屿等对台口岸开放开发，规划玉环台湾农产品交易中心，争取玉环大麦屿口岸列入国家对台小额贸易试点口岸。推进三门健跳港区对外开放口岸工作。加快仙居台湾农民创业园建设，扩大对台农业合作区域。加快建设温岭浙台海洋经济创投中心。健全海洋开发对外合作平台，争取设立独立监管的保税区、出口加工区。加大与长三角海洋经济发展先进地区的合作交流，建立与珠三角、环渤海地区等的海洋经济合作。

十五、加强对海洋经济工作的组织领导

各级党委、政府要切实把促进海洋经济科学发展列入重要议事日程，加大工作力度，加强统筹推进。完善综合协调、目标考核和工作推进机制，建立完善市海洋经济工作领导小组及其办公室，强化对海洋经济科学发展的重大决策、改革试点、重大工程项目以及配套措施的督促落实。加强海洋经济统计工作，开展海洋经济运行监测与评估。加强海洋防灾救灾体系建设，完善海洋防灾减灾预警预报体系、沿海防护林体系、防洪御潮体系和高标准城市防洪体系、海洋灾害应急处理救助体系。加大海上搜救基础设施和海岛、商船、渔船应急救助能力建设，强化海洋渔业安全生产。市级有关部门要抓好本意见的贯彻实施，研究制订具体措施。沿海县、市、区要建立相应机构，制订实施意见和扶持政策。

中共舟山市委　舟山市人民政府
关于印发《舟山群岛海洋旅游综合改革试验区建设实施方案》的通知

舟委〔2011〕2号

各县（区）委、县（区）人民政府，市直属各单位：

现将《舟山群岛海洋旅游综合改革试验区建设实施方案》印发给你们，请结合实际认真贯彻执行。

中共舟山市委

舟山市人民政府

二〇一一年一月二十八日

舟山群岛海洋旅游综合改革试验区建设实施方案

为认真贯彻落实省政府办公厅《关于印发舟山群岛海洋旅游综合改革试验区建设意见的通知》（浙政办发〔2010〕89号）精神，按照舟山国家级海洋综合开发试验区建设要求，根据舟山海洋旅游产业发展实际，特制定舟山群岛海洋旅游综合改革试验区建设实施方案。

一、指导思想

坚持以科学发展观为指导，深入实施省委“八八战略”和“两创”战略，紧紧围绕市委提升“三大定位”、推进“四海建设”的战略目标，以加快建设舟山海洋综合开发试验区为统领，以改革开放为动力，以转型升级为重点，以创新体制机制为突破口，全面推进舟山群岛海洋旅游综合改革试验区建设，努力把舟山群岛打造成为我国海岛旅游的示范基地、浙江旅游经济发展的重要引擎、浙江海洋经济发展战略的有力支撑。

二、发展目标

全面整合海洋旅游资源，立足改革创新，在深化旅游管理体制机制改革，开发海洋旅游新业态、新产品，创建海洋旅游服务标准化体系，创新旅游品牌营销模式，促进海洋生态文明旅游，实施更加开放的产业政策等方面先行先试，重点突破，有序推进。到2015年，全市接待国内外游客达到3500万人次，旅游业总收入达到315亿元，旅游收入相当于GDP的比重稳定在25%左右，旅游结构不断优化，游客平均逗留时间延长，人均消费水平比2010年提高50%以上，旅游从业人数比重有较大幅度上升，普陀山的辐射作用进一步增强，朱家尖等核心区块的旅游功能进一步强化，对周边景区的带动作用日益明显，旅游业在全市服务业中的龙头地位进一步凸显，对海洋经济的拉动作用进一步增强。旅游管理、营销、服务和产品开发的特色化、市场化、国际化水平显著提升。到2020年，接待国内外游客超5000万人次，成为国际著名的佛教旅游胜地和群岛型海洋休闲旅游目的地。

三、主要任务

（一）深度开发海洋旅游新业态新产品

将舟山群岛作为大景区统一布局，整体规划，有序开发,依托舟山群岛独特而丰富的海洋和佛教文化资源,加快“舟山群岛?八大游”精品项目建设,深度开发海洋旅游新业态、新产品,到2015年基本建成六大类旅游区、五大类旅游基地,科学规划、有序建设四大类主题岛屿,为浙江省乃至全国海洋旅游产业更好更快发展积累经验,作好示范。

1. 加快建设特色海洋旅游区

观音文化体验区。优化提升普陀山旅游发展环境,丰富完善佛教文化内涵,着力建设人类非物质文化遗产和国家文化生态保护区。进一步扩大普陀山的品牌效应和辐射作用,推进朱家尖等重点区域旅游产品开发,运营好“印象?普陀”等一批精品旅游项目,建设完成首届世界佛教论坛会址等一批佛教文化旅游设施,建设完成集“海、陆、空”交通功能于一体的旅游综合集散设施,按照“时尚海洋、自在生活”的定位,再启动建设一批与普陀山相衔接的佛教文化体验项目和时尚海洋休闲度假产品,把朱家尖建设成为具有鲜明特色的“自在岛”,使之成为观音文化延伸与体验区,提高朱家尖旅游开发的整体水平。

港城景观游览区。在舟山新城、定海古城、沈家门港和东港、定海港、高亭港等主要滨海城镇,结合旧城改造、新区建设、港区功能转型等,建设游人码头、游览栈道、休闲广场、商务酒店等商业和娱乐设施,建造港城滨海景观带,打造集生活居住、休闲观光、海鲜美食、商务活动、旅游购物等于一体的新型港城景观游览区。通过城市旅游延长旅客逗留时间,拉动旅游消费。

经典岛村乐居区。重视海洋海岛文化的保护和挖掘,规划开发一批具有“石墙青瓦”等典型海岛特征和浓郁海洋文化的民宅群或村落,结合新渔农村建设,建设完成定海区大鹏岛、茶人谷,普陀区朱家尖箬箕湾、桃花乌石子、东极庙子湖、白沙,岱山县凉峙、双合、桃树湾,嵊泗县田岙、会城岙、枸杞大王等一批经典海岛渔农村。完善渔家精舍、特色海鲜餐馆、民俗文化演绎场所等旅游设施,改造提升“渔(农)家乐”,丰富岛村休闲旅游产品。

滨海综合度假区。利用舟山群岛丰富的自然生态海湾和沙滩资源,在朱家尖东沙、桃花塔湾、长峙岛、秀山东部、嵊泗南北朝阳、南长涂、基湖沙滩等建设完成一批海滨综合度假区。推进海景旅游房产、商务会展、海岛温泉、海上运动、水上飞机等新兴旅游产品开发。

岛屿会所休闲区。根据各岛屿自然和文化生态特征,按照“一岛一酒店,一岛一会所”的模式,开发完成凤凰岛、砚瓦岛、西峰岛、悬鹁鸪岛、大西寨岛、豁沙山岛等一批各具特色、主题鲜明的私密型经典旅游度假会所,科学规划、有序开发无人岛屿,打造高端的岛屿度假休闲区。

海岛生态示范区。坚持走海岛生态旅游可持续发展道路,充分利用滩涂、盐田、荒山、荒岛等资源,在朱家尖、秀山、长峙、桃花等岛屿,规范发展一批“生态修复型”高尔夫旅游项目,建设完成朱家尖大青山、桃花安期峰、嵊泗枸杞等一批海岛生态公园,探索把中街山列岛的青浜、东福山、西福山、马鞍列岛的毕下、花鸟、绿华等岛屿建设成为充分利用风能、太阳能、潮汐能等无化石能源的生态旅游示范岛,推进低碳绿色旅游产品开发。

2. 精心打造时尚海洋旅游基地

邮轮旅游基地。依托舟山优良的港口资源,建设完成朱家尖西岙舟山群岛国际邮轮码头(对台直航客运站),争取实质性运营邮轮旅游项目,加强与上海、厦门等国际邮轮港的合作与交流,开辟对台邮轮直航等多条境内外邮轮航线,使舟山群岛成为国内重要的国际邮轮多点挂靠港和邮轮旅游基地。

游艇旅游基地。依托良好的产业基础和港湾等自然资源,建设完成普陀朱家尖樟州湾、定海凤凰岛等游艇基地,启动建设桃花、朱家尖西岙等游艇项目,组建一批游艇俱乐部,运营环舟山群岛的游船旅游项目,使舟山群岛成为浙江省游艇生产、展示、交易中心,成为全省乃至华东地区规模最大、设施最完善的游艇旅游基地。

海钓旅游基地。依托丰富的海洋生物资源,建设完善白沙、泗礁、朱家尖、秀山、嵊山—枸杞、东极等钓场,引进国际海钓赛事,培育大众和专业海钓品牌,使舟山群岛成为浙江省乃至全国的海钓中心,并进一步打造世界级的海钓基地。

康体旅游基地。依托独特的海洋文化和自然生态资源,在朱家尖、册子等地开展帆船、环岛自行车、赛车等体育赛事和攀岩、蹦极、冲浪等极限运动,完善自驾游、房车等旅游设施,开发海洋疗养、健身等保健项目,打造康体旅游品牌,使舟山群岛成为全国重要的海洋康体旅游基地。

禅修旅游基地。依托深厚的佛教文化资源,以普陀山为核心,建设完成佛教音乐馆、素斋馆、图书馆、博物馆等佛教文化场所,在中国佛学院教育学院、普济寺、宝陀讲寺、福泉庵、双泉庵等宗教场所开发禅修体验旅游产品,定期进行讲经说法、禅修体验等活动,不断提升佛教文化功能,成为国内外重要的佛教禅修体验基地。

3. 着力推进四大类主题旅游岛屿

根据舟山群岛各个岛屿不同的海洋文化积淀和海洋旅游发展基础,加快促进文化与旅游相融合,继普陀山之后,着力规划和打造朱家尖、桃花、秀山、白沙、嵊山、枸杞、登步等一系列海洋文化主题旅游岛屿。

丰富提升类主题岛。完善提升“佛岛”普陀山佛教文化旅游,深入挖掘“海天佛国、观音道场”文化内涵,以观音文化中的“和谐文化”为核心,开发心灵之旅、修学之旅、养生之旅等旅游项目,提升三大香会期、观音文化节、“千人斋”等一系列佛教文化活动,扩大普陀山与国内外佛教界的交流合作。积极推进《观音传说》申报列入人类非物质文化遗产代表作名录,努力把普陀山建设成为著名的世界佛教圣地和国际旅游胜地。

基本建成类主题岛。利用丰富的海湾、沙滩、滩涂、海洋生物及海洋文化等自然和人文资源,做精做好沙雕文化、武侠文化、海钓文化、泥文化、渔文化等旅游产品,基本建成朱家尖、白沙、秀山、桃花、鲁家峙等主题岛屿,使这些岛屿成为接待设施优良、服务品质一流、生态环境优美的旅游胜地。

规划开发类主题岛。对登步、东极、册子、嵊山、枸杞、西峰岛、葫芦岛等岛屿，依据“规划先行、逐岛开发、分步实施”原则，在土地、海域、岸线的利用，交通、水、电等基础设施的配置，环境、社会的管理等方面，服从旅游发展需要，以旅游产业为核心进行规划布局、开发管理，打造各具特色的文化旅游主题岛。

收储保护类主题岛。对五峙山和中街山列岛、马鞍列岛、川湖列岛、三星列岛等原始生态保存完好的未开发岛屿，实行严格的保护制度，在保护中有序开发，在开发中强化保护，维护各个岛屿独立的生态系统环境，建设零污染排放区，打造成为自然生态和现代文明和谐相融的海洋生态岛。

（二）加快提升海洋旅游目的地服务水平

旅游行业涉及部门多，产业关联性大，在旅游基础设施建设、市场运作、环境改善等方面，需要相关产业和部门的互动和支持；在全市产业布局、设施建设、项目开发时应充分考虑旅游功能，做到统筹安排、协调发展。

1. 构建多级海洋旅游门户。建设完成朱家尖慈航广场一级旅游门户和普陀山正山门功能外移工程，基本完成三江码头次级门户，统筹考虑舟山跨海大桥定海入口、嵊泗小洋山等旅游门户。各级旅游门户应充分利用现有设施，增强旅游服务功能，提升服务管理水平，着力构建“换乘一体化”、“节点网络化”、“功能旅游化”、“旅途便捷化”的旅游集散网络。

2. 推进海上旅游交通“公交化”。按照安全、舒适、快捷、密集的要求，大力完善舟山群岛海上旅游交通基础设施，着力提升舟山本岛与各主要岛屿以及各旅游岛屿之间旅游交通运力和舒适度，努力构建完善的海上旅游交通网络。

3. 创新海洋旅游标准化体系。创建国家海洋旅游服务标准化示范区，推进海中洲旅业集团等国家旅游服务标准化试点单位的旅游标准体系建设，在积极推广国家、国际通行旅游服务标准的同时，探索制定生态高尔夫、海钓、游艇、海滨浴场、渔家乐（渔家宾馆）、禅修等海洋旅游新业态、新产品服务标准，为国家完善海洋旅游服务标准体系先行先试。构建完成海洋旅游目的地信息服务管理标准化体系，建立健全全市景点门票网上销售系统。

4. 实行旅游景区“轮休”、“限流”制度。坚持可持续发展战略，大力倡导文明旅游、生态旅游，对洛伽山等区域面积小、生态承载能力较弱的旅游景区实行轮休制，对普陀山等重点景区实行游客最高日流量限制，建设资源节约型和环境友好型示范旅游景区。

5. 完善海洋旅游特色要素。建设完成海洋旅游商品工业园，形成以“渔”、“船”、“佛”三大品牌为重点的旅游商品多渠道销售网络，打响舟山群岛海洋旅游商品品牌，不断提高旅游购物在海洋旅游总收入中的比重。在加快高星级酒店建设的同时，着力推进经济型酒店、汽车旅馆和渔农家旅馆的建设，2015 年的宾馆、酒店总床位数比 2010 年翻一番，能基本满足快速增长的游客需求。着力推进“中国海鲜之都”工程建设，做深舟山海鲜品牌文章。

（三）积极创新海洋旅游品牌营销模式

积极探索多元化旅游宣传营销新模式，坚持一手抓境内市场，一手抓入境市场，整合宣传力量，创新营销方式，形成营销合力。

1. 整合资源，强化品牌优势

统一标识和品牌。策划实施舟山群岛旅游形象 VI 系统，形成特色鲜明、风格统一的旅游标识，在此基础上开发系列旅游产品，集中打造“海天佛国？渔都港城”的形象品牌。

设立形象展示中心。在上海、杭州、泉州等地利用现有的旅游集散中心和依托相关旅行社办事机构，设立“舟山群岛旅游形象推广中心”；在市内的朱家尖蜈蚣峙等地设置统一的“舟山群岛旅游服务中心”，提供规范化、个性化旅游服务，使之成为集中反映舟山旅游的窗口和服务中心。

打造精品旅游线路。根据旅游资源情况，进一步发挥政府的主导作用，策划推出一批佛教文化、海滨运动、海洋文化、群岛环游、度假休闲等精品线路，形成具有特色主题的多元化海洋旅游产品体系。

2. 接轨市场，创新营销方式

创意营销。积极策划旅游创意活动，在深化“我为泥狂”海泥狂欢日、海岛户外越野赛、海岛超级英雄挑战赛等旅游创意活动的基础上，充分挖掘舟山群岛自然和文化资源，在互联网上开设有关舟山海洋历史文化和海岛景点的博客和论坛，开发以舟山海洋旅游为题材的大型网络游戏，加强与知名网站的合作，联合推广网上旅游和旅游电子商务，提升海洋旅游形象和产品的影响力。

节庆营销。加大旅游与文化的结合，在丰富中国海洋文化节等节庆内涵的同时，积极向外输出舟山群岛旅游节庆品牌，重点推介中国普陀山南海观音文化节、中国国际沙雕节等文化特色鲜明、品牌影响较广的节庆活动，通过节庆外拓不断扩大舟山群岛的知名度。

区域营销。进一步细分旅游客源市场，对特定市场实施定向营销。积极对接长三角地区自助游市场，充分利用交通改善带来的同城效应，做好与沪、杭、甬、温、苏、锡、常等各城市的实质性对接与合作，通过旅游班车、交通专线、集散中心等多种交通方式，实现无缝对接。参与浙东旅游黄金线的组织合作，做好旅游品牌联合推广工作。

3. 借机造势，提升品牌形象

借试验区建设营销。围绕创建舟山群岛海洋旅游综合改革试验区总体目标，加大工作宣传力度，引导各部门、各单位和市民广泛参与试验区建设，不断放大试验区的品牌效应，提升城市品位，营造全民参与建设试验区的良好社会氛围。

借项目、事件营销。充分利用旅游新业态、新产品的引进、建设、运营等环节进行宣传营销。积极利用邮轮对台直航、文化创意等旅游事件，做好前期铺垫、现场高潮、后续跟进等多阶段旅游营销文章。

借资源、环境营销。充分发挥海天佛国普陀山的品牌优势和舟山海洋海岛旅游资源优势，以优良的投资环境、丰富的旅游资源，吸引战略性旅游投资开发，拓展观光型和度假型双重旅游客源市场。用生态文明、海洋文化的理念对舟山自然生态环境进行策划包装，用低碳经济、健康价值的特征进行推介宣传。

（四）深入推进海洋旅游管理体制机制改革

建设舟山群岛海洋旅游综合改革试验区，必须深化体制机制改革，建立与旅游综合改革试验区建设相配套的一系列管理体制和运作机制，重点突破，先行先试，为推动全省乃至全国海洋旅游产业发展，提供经验，树好样板。

1. 创新旅游管理体制。推进海洋旅游管理体制改革，建立舟山群岛海洋旅游综合改革试验区管理委员会，组建舟山市旅游委员会，实行两块牌子、一套班子的领导管理体制。建立风景资源与旅游管理一体化体制，把规划部门的风景名胜区管理等职能划归旅游管理部门，进一步强化旅游部门的统筹规划、协调、指导、管理旅游业发展的职能，各风景名胜区和重点旅游发展区的旅游开发建设规划由旅游部门在城市总规的框架下组织编制，按程序审批，具体旅游项目建设报批前，由旅游部门在发改部门立项前签署项目审核意见，以强化对旅游资源的管理、开发和保护，探索、实践与大旅游产业发展和舟山群岛旅游目的地相适应的“全要素”旅游管理模式。探索整合相关部门的涉旅职能，建立统一高效的旅游投诉、咨询服务平台，在市旅游质监所的基础上组建市旅游质监支队。进一步完善机构设置，增加规划、安全等职能处室，筹建旅游信息中心。适当增加旅游规划、营销、安全和服务的人员编制，强化统筹规划、协调、管理和服务等旅游职能。进一步加强旅游行业协会建设，更好地发挥行业协会在我市旅游业发展中的作用，规范市场运作机制，提升旅游行业整体素质和服务水平。

2. 争取旅游开放政策。扩大舟山口岸的开放范围，放宽产业准入条件，加快旅游新业态、新产品的探索和引进，逐步实行邮轮旅游和旅行社团队入境免签证。在朱家尖舟山群岛国际邮轮码头（对台直航客运站）、普陀山机场和小洋山国际航运中心附近等地设立免税商店，在朱家尖建立包括码头、仓库、交易区三合一的舟山保税旅游小商品交易区或对台商品交易区，按国际惯例选择合适区域尝试实行国际游客购物离岛退税政策。争取普陀山机场开通国际航线，开展国际旅游包机业务，积极拓展私人商务包机业务，争取开放水上飞机等岛际低空航线。

3. 创新投融资机制。探索组建新的投融资平台，引导金融机构创新产品和服务，开办依托景区经营权等质押贷款业务，支持符合条件的海洋旅游企业通过股票上市、发行债券和中期票据、产权置换等方式筹措资金，为海洋旅游加快发展提供金融支撑。积极培育、扶持普陀山旅游发展股份有限公司通过整合资源，包装上市。加大招商引资，鼓励国内外大企业、大集团参与舟山群岛海洋旅游综合改革试验区建设，推进旅游融资渠道多元化。

4. 逐步完善配套机制。进一步梳理、完善促进我市海洋旅游业转型升级、开发开放的各项政策。加大政府对旅游基础设施建设的投入和对旅游宣传推广、人才培训、公共服务的支持；适度增加财政对旅游产业的转移支付，服务业发展专项资金、扶持中小企业发展专项资金、外贸发展基金以及节能减排专项资金等要对符合条件的旅游企业，给予与其他企业同等支持。支持海洋旅游项目用地用海，适当增加旅游业发展土地供应，支持利用荒地、荒坡、荒滩、边远海岛的土地开发旅游项目。

5. 推进旅游国际化。以国际化理念，引导舟山群岛海洋旅游业发展。积极引进国际品牌旅游企业来舟山投资、开发旅游项目，开展旅游管理、旅游培训等活动，完善旅游国际化要素，提升舟山海洋旅游业开发和管理水平。加强国际交流合作，在国际会展和大型赛事组织、海洋旅游国际化研究等领域寻求突破。加强旅游境外营销，大力拓展入境旅游市场。

四、保障措施

创建舟山群岛海洋旅游综合改革试验区，是省委、省政府作出的重要战略部署，是一项长期而又艰巨的任务。全市上下要高度重视，全力以赴，进一步解放思想，在政策、资金、项目安排等方面给予大力扶持，提供强有力的保障措施。

（一）加强组织领导。舟山群岛海洋旅游综合改革试验区管理委员会在市委、市政府的统一领导下，具体负责试验区的各项工作。进一步明确试验区管理权限和各职能部门、相关责任单位的工作职责和重点，加强协调配合，建立相应的责任考核体系，调动各部门的参与积极性，进一步形成发展合力。

（二）完善工作机制。健全试验区建设例会制度，研究和解决试验区建设过程中的困难和问题。将试验区建设的目标任务分解到各县（区）、各部门。建立试验区建设推进实绩考核奖励制度，并将考核情况作为各县（区）、各部门综合工作考核的重要内容。市属有关部门要加大与国家、省相关部委的工作对接和联系，对创建海洋旅游综合改革试验区的各类事项和相关政策要逐一突破，争取更大力度的支持，全面推进试验区的创建。

（三）加大财政引导。为进一步推进试验区建设，要加大对旅游行业的投入和扶持力度，发挥财政对旅游业的引导作用，根据财政收支情况，适度增加市旅游发展资金。为充分发挥政府对海洋旅游业的主导作用，国有资产要加大对旅游业的直接投入，对引导性、前瞻性、战略性的旅游项目，要适时进行重点投资建设，以后待条件成熟时再推向市场。

（四）强化人才支撑。采取“高枝嫁接”等举措，聘请国内外著名旅游专家担任市政府旅游发展顾问；整合市内海洋学院和海运学院等旅游师资力量，实体运作浙江海洋旅游研究院，加强对海洋旅游规划和前瞻性课题的研究；采取“校校、校企合作”等举措，开展校企订单、针对性集中培养等形式，培养一批适应舟山海洋旅游发展需要的紧缺型人才；采取“基地实践”等举措，在企业中建设一批旅游技能实践基地，选择大专院校毕业生到企业进行实习，专门培养旅游一线服务人员；采取“筑巢引凤”等举措，实行一系列优惠政策，引进舟山缺乏的旅游高端复合型人才。通过多措并举、多管齐下，打造一支素质优良、结构合理的海洋旅游人才队伍。

舟山市人民政府关于加快建设中国(舟山)大宗商品交易中心的实施意见

舟政发〔2011〕63号

中国(舟山)大宗商品交易中心(以下简称大宗商品交易中心)是根据国务院批复的《浙江海洋经济发展示范区规划》、“浙江舟山群岛新区”的战略定位和省政府建设“三位一体”港航物流服务体系的重大决策而建设的综合性大宗商品交易平台。交易中心的建设有利于加快推进我国重要的大宗商品国际物流中心和储运中转加工交易中心建设,大力促进浙江海洋经济发展;有利于先行先试,加快推进浙江舟山群岛新区建设;有利于加快推进我市现代服务业发展,推动港航物流创新发展和转变港航经济发展方式。为加快建设大宗商品交易中心,现提出如下实施意见:

一、指导思想、基本原则和发展目标

(一)指导思想。

以科学发展观为统领,根据《长江三角洲地区区域规划》、《浙江海洋经济发展示范区规划》和设立“浙江舟山群岛新区”等国家战略,围绕“转变经济发展方式,加快港口转型升级”主线,按照全省“一个中心、两个平台”的“三位一体”港航物流体系建设总体思路,立足宁波一舟山港区位优势和现实基础,在加快建设一批大宗商品储运中转基地和物流园区的同时,建设定位合理、要素完善、功能健全、服务先进、管理规范的大宗商品交易中心。

(二)基本原则。

1. 政府主导,企业主体。政府主导推进大宗商品交易平台建设,坚持企业主体、市场化运作的原则,建设发展大宗商品交易中心。

2. 营造特色,错位发展。发挥宁波一舟山大宗散货枢纽港在全国的领先优势,准确定位,完善商品交易、公共信息、口岸通关、金融配套、航运综合、行政审批等六大综合服务功能,提升大宗商品交易中心核心优势。

3. 政策扶持,完善功能。加大政策引导和扶持力度,积极吸引贸易商、会员企业等交易主体参与大宗商品交易、交割活动,吸引物流、航运、金融、保险、担保、信息等服务商入驻交易平台,完善服务功能。

4. 加强监管,规范发展。建立健全交易中心管理监督机制和风险防控体系,加强政府对交易行为、交易风险的全方位监管,把好准入标准,规范交易行为,营造良好的交易环境。

(三)发展目标。

到2015年,基本建成以石油化工品、铁矿石、煤炭、有色金属、纸浆、钢材、粮食等为主要上市品种的大宗商品交易市场体系,集聚、培育一批规模以上的大宗商品贸易交易和现代物流企业,交易额达2000亿元以上,建成全国重要的大宗商品交易中心。到2020年,建成石油化工品、铁矿石、煤炭、有色金属、纸浆、钢材、粮食、木材、纺织原材料、塑料制品原材料等品类齐全的大宗商品交易市场体系,交易额达5000亿元以上,建成立足浙江、面向全国、辐射亚太地区的国际性大宗商品综合交易、结算和定价中心。

二、建设完善的大宗商品交易中心功能体系

突出大宗商品交易中心功能体系建设,充分发挥综合竞争优势。

(一)商品交易服务功能。

建设安全、稳定和高效的大宗商品电子交易系统,为大宗商品交易提供电子撮合交易、现货挂牌交易、现货竞价交易服务。依托浙江船舶交易市场建设,提供船舶交易服务。

(二)公共信息服务功能。

依托交易中心网站建设,构筑公共信息平台,搜集、审核和发布有关大宗商品及船舶价格动态、船价指数、交易信息、资讯、融资需求等综合信息;建设公共物流信息系统,查询和发布物流需求,查询货物运输、运力需求、运行控制等相关信息,并进行实时监控和统计;通过系统接口,实现与口岸通关信息平台、省公共物流信息平台和主要物流企业的对接,提供相关信息服务。

(三)口岸通关服务功能。

依托港口EDI、存证管理、会员服务和数据交换等应用系统平台,集中海关、检验检疫、边检、海事等口岸查验单位及相关服务机构,为大宗商品进出口贸易、加工和物流企业提供便捷的“一站式”通关服务。

(四)航运综合服务功能。

主要提供航运企业资质认证、信用评估、合同管理、船舶登记等管理服务;提供船舶价格、价格评估、资质认证、融资、担保、结算、档案管理和船舶交易经纪业务等综合服务;提供综合运输、仓储、物流、货代、运力管理等综合业务服务;提供航运保险、船舶租赁、资金监管等航运金融服务;拓展航运咨询、评估、信息等延伸服务。

(五)金融配套服务功能。

围绕大宗商品交易和船舶交易,利用现代金融信息技术,积极创新金融产品,为大宗商品交易和船舶交易提供资金支付结算、融资管理、资金监管、电子签章、信用评级、

保险、合同管理、凭证管理、第三方监管、担保等金融配套服务。

（六）行政审批服务功能。

相对集中涉外和涉港、涉航等管理部门，提供快捷、便利和高效的“一站式”行政审批服务。

三、加快推进大宗商品交易中心规范化建设和创新发展

按照“政府主导、市场运作”的原则，组建浙江舟山大宗商品交易所有限公司（以下简称“交易所”）作为交易中心的市场运营主体。贯彻执行《中国（舟山）大宗商品交易中心交易市场监督管理暂行办法》，加快推进大宗商品交易中心规范化建设和创新发展。

（一）加强交易所规范建设。

交易所作为交易中心的市场运作主体，要严格遵守国家相关法律法规，不断加强规范化建设，制定实施安全规范的交易、交割规则、风险控制办法、会员管理办法、资金及货物监管、信用评级等制度体系，严格防范交易风险，确保交易所“公平、公开、公正”运营。加强交易所管理人员培训和内部约束工作，导入先进的公司管理模式，提升交易所管理水平。要加大交易中心系统建设投入，做好交易平台系统软件升级和硬件更新、维护等工作，确保交易平台安全、稳定和高效运行。

（二）有效规范市场主体进入条件。

实行有效规范的市场主体进入条件，申请成为交易所交易商、会员的必须是企业法人或合格的自然人现货投资者。企业法人要选择有深厚行业背景以及良好经营业绩、市场信誉和组织能力的；合格的自然人现货投资者要选择遵守国家相关法律法规、交易所规章制度，具有较强抗风险能力和投资水平的。企业法人或合格自然人现货投资者要满足交易所规定的固定办公场所、从业人员资质、职业操守等规范性条件，按照国家有关法律法规从事交易活动，并接受交易所的检查、考核和中国（舟山）大宗商品交易中心管理委员会（以下简称交易中心管委会）及相关职能部门的监管。

（三）鼓励交易模式创新。

实行交易会员（席位）制，主推大宗商品现货交易和大宗商品即期交易等交易模式创新，实现每日现货价格，满足实物交割、投资和保值等多种交易需求。按照规范的交割管理办法，实行撮合竞价交易、期内自主交割、到期集中交割和延期交割补偿等制度。

（四）支持融资、结算模式创新。

1. 融资模式创新。根据对交易商会员的信用评级、交易标的物价值等情况，交易中心协助战略合作银行对评定合格的交易商会员进行授信，确定授信额度。提供票据贴现、仓单（提单）质押、保理和信用证等多元化的（贸易）交易融资方案。

2. 结算模式创新。建立监管严格的交易保证金托管和划转系统，实现交易商自有银行账户和交易所保证金清算专户之间的安全、无缝对接。结合浙江舟山群岛新区建设，先行先试，积极探索大宗商品交易的结算制度创新。

（五）鼓励上市品种创新。

按照“成熟一个、推出一个”，“集中优势、重点推出”的思路，积极稳妥适时推出既符合国家战略利益，又符合国际国内市场需求的石油化工品、铁矿石、煤炭、有色金属、纸浆、钢材等上市交易品种。

（六）积极拓展配套服务。

各相关部门和单位要采取有效的政策措施，积极支持大宗商品交易中心拓展交易融资、担保、货物监管、信息技术、物流、航运、保险等配套和增值业务，为大宗商品交易提供良好的发展环境。

四、加强对大宗商品交易中心发展的政策扶持

（一）贯彻落实国家、省、市相关政策意见。

贯彻落实国家、省、市关于加快现代服务业、物流业、航运业、商贸流通业、金融业等行业发展政策和全市关于促进招商引资、人才引进、楼宇经济发展的相关意见、办法等，充分发挥政策意见的引导和扶持作用，促进大宗商品交易相关企业和行业发展。上述政策意见明确的相关优惠政策，由相应主管部门负责落实，相关企业按照“就高不就低、不重复叠加”的原则享受相应政策。

（二）设立发展大宗商品交易专项引导资金。

市财政设立发展大宗商品交易专项引导资金，主要用于落户舟山的交易所及交易商、授权服务中心（会员）、专业服务机构对地方贡献的奖励和做大交易所交易规模的奖励等。专项引导资金实施的具体操作办法由交易中心管委会与市财政局另行研究制定，交易中心管委会负责具体实施。各县（区）政府和相关管委会要结合本地区实际，在年度财政预算中安排大宗商品交易专项引导资金，支持本地区大宗商品交易发展，更好地发挥专项资金的引导作用。

（三）实行商务办公用房购置和租赁优惠。

1. 市级财政一次性安排专项补助资金500万元，用于交易中心办公场所过渡用房租赁，不足部分由交易中心管委会统筹解决。对交易所新购置舟山大宗商品交易大楼办公用房的，以建造成本价计算给予优惠；如租赁舟山大宗商品交易大楼办公用房的，实行优惠价租赁。

2. 实行商务用房购置和租赁优惠。对在舟山注册并取得交易所交易商或授权服务中心（会员）资格的企业，或取得大宗商品交易专业服务资质的服务机构，经交易中心管委会认定后，可按同地段商务楼售价优惠10－20%购买舟山大宗商品交易大楼商务办公用房，或以优惠价租赁交易大楼商务办公用房。对未在舟山注册，但取得交易所交易商或授权服务中心（会员）资格，或取得大宗商品交易专业服务资质的服务机构等，经交易中心管委会认定后，以10%以内的优惠价购置或租赁大宗商品交易大楼办公用房。

上述购置或租赁大宗商品交易大楼商务办公用房的优惠，具体以奖励或补贴形式操作。对在临城新区购置或租赁除舟山大宗商品交易大楼办公用房以外的其他商务办公楼用房，如符合新城楼宇经济发展相关政策则可以享受相应奖励和补助。

（四）鼓励和扶持物流、金融支撑体系建设。

加强规划引导和资金、土地指标、政策等要素保障，鼓励和扶持矿砂、油品、煤炭、粮食、化工品、集装箱等物流园区建设，积极吸引物流企业向重点物流园区集聚。加快培育发展第三方、第四方骨干物流企业，促进物流企业进行技术改造、技术创新，积极扶持物流信息化和标准化建设，为促进大宗商品交易发展奠定扎实的物流支撑。

积极引导银行、保险等各类金融机构支持大宗商品交易发展。大力吸引股份制银行、国际投行及国内外知名投资咨询、资产评估、风险投资、会计、审计、担保、保险等中介服务组织落户舟山。积极培育地方法人金融机构。鼓励市内银行积极向上争取信贷政策倾斜，加大对大宗商品交易、重点物流项目建设的信贷支持力度。鼓励金融机构积极开展面向大宗商品交易的金融创新活动，提升大宗商品交易的金融服务水平。支持货物监管、担保、保险机构加强与银行的合作，积极探索货物监管、担保和保险风险补偿、风险控制等机制建设，构建完善的大宗商品交易金融支撑体系。

（五）加强口岸通关服务工作。

全面落实预约通关等制度，积极创造条件实现全天候通关监管服务。进一步推行“绿色通道”等通关模式改革，协调解决好跨省、跨市的转通关，减少通关时间，加快通关速度，积极帮助企业降低物流成本。加强对通关中介服务机构的监管、指导，规范中介行为，切实提高服务水平。加强口岸通关服务中心工作经费保障。

（六）积极支持高级专业人才引进。

积极支持引进大宗商品交易专业人才落户舟山。对交易所引进的高级技术、管理人才，经市人才办资格认定后，其年缴个人所得税在3万以上的，由市财政按纳税额的40%予以相应奖励。对交易所引进的中高级经营管理人才，以及取得交易所交易商、会员和专业服务机构资质企业引进的高级技术、管理人才，经市人才办资格认定后，可享受相应的人才引进政策。对促进大宗商品交易发展作出突出贡献的有关企业单位，由交易中心管委会推荐并提出申请，经市人民政府审核同意，报市人大常务委员会审议授予该企业负责人荣誉市民称号，并享受相应政策。

（七）实行“一企一议”政策。

对地方经济作出重大贡献的交易所、交易商、授权服务中心（会员）及专业服务机构等，根据实际情况，实行“一企一议”政策。

五、保障措施

（一）加强组织领导。

建立大宗商品交易中心发展协调领导小组。由市长和分管副市长分别担任组长和副组长，发改、港航、交易中心管委会、财政、税务、商务、经信、工商、交通、质监、安监、教育、银监、人民银行、外汇管理、人才办、人力社保、口岸、国资、公安等有关单位和相关县（区）政府负责人为成员。协调领导小组重点研究大宗商品交易发展的重大事宜，协调解决发展中的重大问题，加强部门、地区间的协作，合力推进大宗商品交易中心发展。协调领导小组下设办公室（设在交易中心管委会），承担日常工作。交易中心管委会要切实加强职能和队伍建设，认真履行对交易中心的监督、管理、协调、指导和服务等工作，促进交易中心健康、可持续发展。

（二）完善和优化大宗商品交易相关服务。

各地区、各部门要结合本地区、本部门实际，积极出台服务支持大宗商品交易发展的相关政策和措施。交易中心管委会，商务、经信、安监、税务、质监、金融等相关部门要主动对接，努力争取上级主管部门的大力支持，按照“程序到位、手续简化、及时办结”的要求，及时、高效办理经营资质、工商和税务登记、资金信贷等相关审批手续，为交易商、授权服务中心（会员）和专业化服务机构顺利落户，有效开展大宗商品交易及相关配套业务提供完善、优质的服务。

（三）切实加强大宗商品交易专业人才队伍建设。

市相关部门要将大宗商品交易及相关配套产业专业人才纳入全市紧缺人才引进目录，抓紧引进一批高素质的大宗商品交易、交割及银行、保险、融资、担保、航运、物流管理等专业人才，缓解现阶段我市大宗商品交易专业人才紧缺的问题。相关部门和单位要加强与国内外大院名校和专业研究机构合作，实行专业培训、定向培养和招才引智，加快大宗商品交易专业人才队伍建设。

（四）加强重大问题研究和政策争取工作。

各有关部门要围绕大宗商品交易，加强大宗商品进出口贸易、经营资质、口岸开放、航运服务、金融创新等重大政策研究。坚持先行先试，结合保税港区申报和规划建设，积极向国家争取扩大上市交易品种范围和交易结算模式创新，重点争取大宗商品经营资质、交易模式、贸易信贷、资金结算、风险管理、金融创新、保税贸易、外汇管理、航运服务、口岸开放等相关政策支持。

二〇一一年十月十五日

专业规划篇

浙江省人民政府关于印发浙江省文化产业发展规划(2010—2015)的通知

浙政发〔2011〕3号

各市、县(市、区)人民政府,省政府直属各单位:

现将《浙江省文化产业发展规划(2010—2015)》印发给你们,请结合实际,认真贯彻实施。

二○一一年一月七日

浙江省文化产业发展规划(2010—2015)

为加快发展文化产业,进一步推动经济转型升级,不断满足人民群众的精神文化需求,努力促进文化大发展大繁荣,切实增强文化软实力和影响力,根据《国务院关于印发文化产业振兴规划的通知》(国发〔2009〕30号)、《中共浙江省委关于制定浙江省国民经济和社会发展第十二个五年规划的建议》(浙委〔2010〕94号)和《中共浙江省委浙江省人民政府关于印发〈浙江省推动文化大发展大繁荣纲要(2008—2012)〉的通知》(浙委〔2008〕71号)精神,特编制《浙江省文化产业发展规划(2010—2015)》。

本规划中文化产业的范畴主要参考国家《文化产业振兴规划》,并结合国家统计局《文化及相关产业统计体系》和我省实际情况有所调整,主要包含文化创意业、影视服务业、新闻出版业、数字内容与动漫业、文化会展业、文体休闲娱乐业、文化产品流通业、文化产品制造业等领域。本规划期限为2010至2015年,其中近期至2012年。

一、发展现状与趋势

(一)现实基础。

1. 文化产业规模处于全国前列。"十一五"以来,全省文化产业增加值年均增长率达16%左右(现价,下同)。2009年全省文化产业增加值807.96亿元,比上年增长9.9%,高出同期GDP增长速度2.8个百分点。2008年全省文化产业增加值约占全国的7.5%,居全国第5位。

2. 文化产业优势领域逐渐显现。经过多年发展,全省新闻出版、影视服务、文化旅游、文化会展和文化产品制造等产业逐步确立了在全国的优势地位。2009年全省新闻出版业总体经济规模综合评价居全国第3位,其中总产出达到1019.03亿元,居全国第2位;增加值达到266.02亿元,居全国第4位;营业收入达990.52亿元,居全国第2位。2009年,全省拥有影视制作机构525家,资产规模超过200亿元,电视剧产量居全国第2位,票房总收入居全国第5位。

3. 新兴文化业态快速成长。近年来，全省数字动漫、数字电视、数字出版、网络广播影视等新兴文化业态快速发展，2009年全省共生产影视动画片43部32758分钟，居全国第2位。截至2009年，全省11个设区市的市区和大部分县市已经开通有线数字电视，拥有网络出版资质的单位9家，涉足网络出版的经营性网站近100家，网络游戏、网络音乐等网络文化企业58家，注册资金5亿元，居全国第4位。

4. 文化产业集聚水平不断提升。经过多年培育，全省文化产业集聚发展态势逐步显现，对全省文化产业发展的示范和带动效应不断扩大。截至2008年底，全省已形成各种类型的文化产业集聚区块70多个，其中，影视制作、动漫游戏、出版印刷、文具生产、艺术品业等成为产业集聚效应最为明显的行业。从产业规模和集聚区块分布情况看，杭州、宁波两地的创意产业集聚较为明显，温州、台州等地印刷产业集聚区块较多，金华、丽水等地的文体产品和工艺品集聚区块较多。

5. 文化市场主体不断发展。通过推进文化体制改革，先后组建了浙江广电集团、浙江出版联合集团、浙江日报报业集团等十多家大型文化企业集团，出版、发行、电影等行业经营性单位基本完成转企改制。与此同时，积极鼓励民间资本投资参与兴办文化产业，形成了广厦集团、横店集团、宋城集团等一批在全国或全省有较大影响的民营文化龙头企业。据不完全统计，截至2008年底，全省共有规模以上民营文化企业3.5万余家，投资总规模达到1300亿元以上，吸纳就业人员75万余人，成为推动文化产业发展的重要力量。

6. 文化产品服务出口快速增长。2008年全省文化产品和服务出口总额达到41.56亿美元，其中文化产品出口41.3亿美元，文化服务出口2396万美元，2002—2008年文化产品和服务出口总额年均增幅高达26.8%。目前，全省文化产品和服务出口遍及世界180多个国家和地区，其中以出口到欧盟、美国、日本、东盟等国家和香港地区为主，对欧盟和美国的出口分别占30%和27%。

尽管全省文化产业发展成就显著，但也存在较多的问题：产业发展水平还不高，还未成为全省的支柱产业。产业规模较小，2009年全省文化产业增加值仅占生产总值的3.5%。文化产业结构不尽合理，文化资源配置区域差异较大。2009年全省文化产业增加值构成中，文化服务业仅占37.3%；区域间文化设施资源相差较大，如全省58个县级城市只有19个建有多厅影院。文化消费支出占比较低，文化消费结构有待优化。2009年全省城镇居民人均娱乐教育文化消费支出占总消费支出的比重为13.8%，明显低于发达国家30%的水平；城镇居民人均文化消费支出是农村人均文化消费支出的2.86倍，城乡文化消费差距仍较大。文化产业政策法规体系不健全，文化资源未能得到有效配置。传统的文化管理模式与尚未完善的文化政策体系造成文化资源难以系统开发，文化产业链条无法有效贯通，规模化发展和大市场运作难以形成，文化领域的优惠政策难以真正落实。文化产业高端复合型人才较为缺乏，文化人才政策仍需健全。全省文化产业从业人员主要集中于制造流通领域，文化资本运营、文化经纪代理、媒体产业经营管理等高端复合型人才较为缺乏，对文化人才的引进、培养、激励与保障等机制仍需进一步健全。

（二）发展趋势。

1. 文化产业成为经济转型升级的新引擎。党的十六大以来，中央高度重视发展文化产业，2009年国务院出台的《文化产业振兴规划》，将文化产业作为战略性、先导性产业提升到国家层面。当前，我省正处于人均GDP向10000美元跨越的阶段，城乡居民精神消费需求快速增长，影视、动漫、数字内容、体育、文化旅游等领域的消费热点不断涌现，文化产业的成长性与可持续性明显增强，这将有效促进经济结构调整和产业转型升级，特别是后危机时代，文化产业作为扩大内需、促进消费的重要支撑力，将真正成为经济转型升级的新引擎。

2. 文化产业发展结构将呈现重大调整。随着文化体制改革的深入推进，在市场导向和政府推动的合力下，文化产业结构面临全方位的战略性调整。从所有制结构看，转企改制后的国有文化集团市场竞争力明显增强，民间资本将进一步增强在文化产业领域的话语权，一批跨地区、跨行业、跨所有制的大型文化产业集团将成为文化市场上的主导力量。从行业结构看，文化服务业发展规模不断扩大，新兴业态层出不穷，并已呈现高速增长态势，文化制造业将向"微笑曲线"两端转型。从空间结构看，文化服务业将更多向人口密集区域集聚，传统制造类文化产业将更多向园区集聚，并可能向我国中西部地区以及发展中国家转移。

3. 高新技术对文化产业发展产生重大影响。信息技术的突破和运用，催生了各类以网络为载体、以数字内容为特征的新兴文化业态，加速了文化行业间的融合。材料科技、装备工艺等高新技术的发展，将极大地提升传统文化产业的科技含量，实现产业链和价值链的延伸，推动传统文化产业的转型升级。与此同时，高新技术的运用和新业态的出现，也加剧了文化产业内部不同渠道间的竞争，传统文化业态的生存压力不断增大。

4. 全球化背景加快文化"走出去"步伐。尽管全球金融危机在短期内可能导致各国提高贸易壁垒，但从长远看，全球化浪潮已经势不可挡，区域间文化交流与合作蔚然成风。随着我国综合国力进一步提升，以5000年文明为积淀的文化软实力也将显著增强，国际市场对具有中国元素和中国文化内涵的文化产品需求将进一步增加。国内文化企业到海外参与兼并、收购、合作等机遇将进一步增多，中国文化的国际影响力也将进一步增强。

二、总体要求与目标

（一）指导思想。坚持以邓小平理论和"三个代表"重要思想为指导，全面贯彻落实科学发展观，深入实施"八八战略"和"创业富民、创新强省"总战略，坚持社会主义先进文化前进方向，以推动文化产业转型升级、优化文化产业结构为主线，以改革创新为动力，以发展特色文化产业群、建设文化产业示范基地、推进重大文化产业项目、培育优势文化企业、扶持文化会展活动为重点，构建"一核三极七心四带"的文化产业总体布局，全面提升文化产业综合实力和市场竞争力，增强文化产业对其他产业的渗透提升和带动能力，推动浙江文化大发展大繁荣，满足人民群众日益增长的精神文化需求，将文化产业培育成国民经济的新增长点和经济转型升级的新引擎，并最终成为我省国民经济的新兴支柱产业和满足人民群众日益增长精神文化需求的重要支撑。

（二）基本原则。

1. 坚持正确导向。坚持社会主义先进文化前进方向，正确处理"两种属性"和"两个效益"的关系，弘扬主旋律、提倡多样化，统筹发展公益性文化事业与经营性文化产业，最大限度地满足人民群众日益增长的精神文化需求，努力实现社会效益和经济效益的统一。

2. 坚持改革创新。坚持以体制改革和科技创新为动力，为文化产业发展创造良好的体制机制和政策环境，创新文化生产、传播、流通、消费方式，突出高技术、高附加值等特征，提高文化产品的科技含量和品牌含量。坚持以结构调整为主线，加快文化产业转型升级，大力提升文化服务业的比重，增强文化产业对其他产业的渗透提升和带动能力。

3. 坚持特色优势。注重发挥省内各区域地方优势，挖掘具有地方特色的文化资源，开发生产相应的文化产品，建设相应的文化产业基地和项目，增强其根植性和生命力。

4. 坚持集聚集约。进一步推动文化产业的集聚程度和集约水平，开展集聚平台建设，实施大项目引导，提升文化产业基地区块的能级和辐射能力。

5. 坚持多元开放。坚持以市场为导向、以企业为主体，充分发挥市场在文化资源配置中的基础性作用，壮大国有或国有控股的文化企业，引导和鼓励民营资本进入文化产业，千方百计巩固与拓展国际市场，提高文化产业综合实力和市场竞争力。

（三）发展目标。到 2015 年的总体目标是：文化产业发展体系更为完善，体制机制更富有活力，企业创新能力显著增强，文化产品和服务出口明显扩大，文化产业增加值在地区生产总值中的比重明显提高，成为我省国民经济的新兴支柱产业；文化产业综合实力和市场竞争力显著增强，在全国的地位得到较大提升，全面巩固和发展在新闻出版、文化创意、影视服务、数字内容与动漫、文体休闲娱乐以及文化产品制造等领域的领先地位。具体包括五大方面的目标：

1. 总量和比重进一步提高。文化及相关产业增加值的年均增长速度明显高于同期经济增长速度，在地区生产总值中的比重进一步提高。到 2012 年，文化产业增加值占全省 GDP 比重达到 4.2%以上，文化服务业占比达到 40%以上；到 2015 年，文化产业增加值占全省 GDP 比重达到 5%以上，文化服务业占比达到 45%以上。

2. 产业优势进一步增强。重点引导发展的新闻出版、文化创意、影视服务、数字内容与动漫、文体休闲娱乐、文化会展等产业得到较快发展，新兴文化业态快速壮大，一批特色文化产业群基本确立；建成一批具有集聚效应和产业特色的重点文化产业基地和项目，对文化产业的拉动作用明显增强；涌现出一批具有跨地区跨行业经营、较强综合实力和创新能力的骨干文化企业集团，一批文化产业的战略投资者初步形成。

3. 创新能力进一步提升。以企业为主体、市场为导向、产学研相结合的文化创新体系初步形成，文化产业人才资源加速集聚，文化产业关键创新技术得到提升，文化策划和原创能力进一步提高，数字化、网络化技术广泛运用，文化企业装备水平和科技含量显著提高，打造一批具有自主知识产权和核心竞争力的文化品牌。

4. 市场体系进一步优化。市场在文化资源配置中的基础性作用得到更好发挥，文化产品和生产要素合理流动，城乡文化市场进一步发展，文化产品和服务出口进一步扩大，文化会展活动带动能力进一步增强，现代流通组织和流通形式逐步成为文化流通领域的主要力量，文化消费领域不断拓展，在城乡居民消费结构中的比重明显提高。

5. 体制机制进一步完善。文化体制改革得到深化，文化宏观管理体制进一步完善，民营文化企业加快发展，以公有制为主体、多种所有制共同发展的文化产业格局基本形成。文化产业扶持政策更加完善，体制机制创新更显活跃，以资本为纽带推进文化企业兼并重组取得重要进展，文化产业发展活力明显增强。

三、总体布局和发展重点

（一）构筑"一核三极七心四带"总体布局。根据文化产业初步形成的集聚态势和地域特色，把杭州建设成为全省文化产业发展核心，推动形成宁波、温州和浙中城市群三大文化产业增长极，建设湖州、嘉兴、绍兴、衢州、舟山、台州、丽水七大特色性文化产业集聚中心，构筑浙北、浙中、浙东、浙西南四大文化产业发展带，从整体上引导形成"一核三极七心四带"的文化产业发展总体布局。

1. 一核。立足杭州省会城市独特的政治、文化中心地位，依托杭州近年来快速崛起的文创产业规模，利用杭州"动漫之都、休闲之都、创意之都"等知名效应，挖掘省属大型文化产业集团和文化产业高端人才高度集聚的资源优势，引导发展文化创意、新闻出版、影视服务、数字内容与动漫、文体休闲娱乐等优势产业，将杭州打造成为全省综合性的文化产业发展核心及全国一流的文化创意产业中心。

2. 三极。发挥宁波副省级城市、计划单列市的制度优势，依托其全省重要工业中心和国际化港口城市的地位，加快文化产业对传统制造业的渗透影响，重点培育发展文化创意、动漫游戏、文化会展等行业，力争把宁波建设成为全省重要的文化产业增长极及全国重要的文化产业基地。依托温州现有的印刷业、文化产品制造业、创意设计业及文化旅游等优势基础，鼓励发展促进制造业转型升级的文化创意产业，逐步提升制造业文化含量，引导发展数字动漫等新兴文化产业，巩固提升印刷业集群优势，扶持形成全省重要的文化产业增长极和国内外知名的印刷产业基地。以金华、义乌、东阳为主体的浙中城市群要利用商贸影视文化既有基础，进一步发展影视制作、网络游戏、文化旅游、品牌会展、文化产品流通等产业，进一步巩固在全国行业发展中的领先优势，形成全省重要的文化产业增长极。

3. 七心。按照特色优势发展的原则，引导形成全省七大特色性文化产业集聚中心，即湖州太湖文化创意特色中心，重点引导文化创意、数字内容与动漫等行业；嘉兴江南文化创意特色中心，重点引导文化创意、文化会展、艺术创作等行业；绍兴轻纺珍珠文化特色中心，重点引导工业设计、文化休闲等行业；衢州"两子"文化创意特色中心，重点引导文化旅游、文体制造等行业；舟山海洋文化创意特色中心，重点引导文化创意、文化旅游、沙滩运动、影视服务等行业；台州工业产品设计特色中心，重点引导工业设计、文体制造等行业；丽水生态工艺文化特色中心，重点引导发展生态文化旅游、工艺品制造、艺术设计等行业。

4. 四带。从各区域原有的文化产业发展资源和共性特征出发，引导形成基本覆盖全省的四大文化产业发展带。以沪杭甬高速公路为总体轴线，依托杭州东部、宁波北部、嘉兴、湖州、绍兴北部等浙北环杭州湾区域较为深厚的平原水乡文化积淀，以及该区域紧邻上海等文化创新资源集聚中心的优势，引导发展文化创意、数字内容与动漫、艺术创作等优势产业，推动新兴文化业态发展，强化文化对其他产业的提升带动作用，构筑具有浓郁现代文化气息的浙北创意文化产业带；以杭金衢高速公路为总体轴线，依托金华、绍兴南部和衢州中部、丽水北部等区域的文化产品商贸流通基础以及东阳横店影视的知名品牌，引导发展文化会展、文化产品流通、影视服务等优势产业，构筑具有浓郁传统文化气息的浙中影视与流通文化产业带；以甬台温高速公路为总体轴线，依托温州、台州、宁波东部、舟山等滨海、海岛地区较为独特的海洋文化特征，以及发达的日用轻工、文体用品等制造基础，利用全省推进海洋经济发展的有利时机，发挥海洋文化大气的底蕴，引导发展海洋旅游、海洋文化会展、工业设计、演艺娱乐、文体制造等优势行业，构筑具有浓郁海洋文化气息的浙东海洋文化产业带；以浙西南山地延展为总体轴线，依托杭州西部、衢州、丽水南部、温州南部等区域的生态休闲旅游资源和传统特色文化优势，引导发展生态文化旅游、艺术创作、传统工艺品制造等优势行业，构筑具有浓郁山水文化气息的浙西南生态文化产业带。

（二）重点发展八大产业。按照发展特色文化产业群的要求，重点发展文化创意、影视服务、新闻出版、数字内容与动漫、文化会展、文体休闲娱乐、文化产品流通、文化产品制造等八大重点产业，明确八大产业的发展导向和发展载体，全面构筑我省文化产业的新优势。

1. 文化创意业。

发展导向。文化创意业主要包括艺术创作、艺术设计、咨询服务、文化科技等重点领域。加大对文艺精品创作生产的扶持力度，努力推出一批体现国家和浙江文化精品创作水准，在全国产生重大影响的文化精品。加大对工业设计、环境艺术、服装设计等创意产业的扶持和引导力度，着力发展品牌设计、包装设计、产品设计、时尚设计、多媒体设计以及手工艺品设计等，不断增强产业渗透力和辐射带动力，推进"浙江制造"向"浙江创造"转变。加快广告策划业的优化升级，加强创意和创新，提高专业化服务水平，培育一批具有全国影响力的综合性广告公司。引导和鼓励咨询服务创新，重点发展市场调研和策划、企业咨询、商业策划、金融咨询等行业。培育和规范艺术品交易市场，鼓励发展艺术品经营机构，努力促进艺术品经营业繁荣发展。鼓励发展乐器、棋艺、书法、绘画等社会文化生活教育服务。

发展载体。重点培育杭州、宁波和温州三大创意能力突出、辐射能力较强的综合性创意城市，以及嘉兴、台州、义乌三大专业化水平较高并具有地域经济文化特点的特色化创意城市。全面推进白马湖生态创意城、之江文化创意园、西湖创意谷、杭州山南设计创意产业园、宁波和丰创意广场、温州学院路创意产业园、绍兴中国轻纺城纺织创意中心、丽水万象创意产业园等基地建设。大力扶持西泠印社集团有限公司、思美传媒股份有限公司、浙江南方建筑设计有限公司等优势企业。重点推进天洳山书院及配套设施建设项目、ADA国际设计中心项目、嘉德威工业设计园项目等建设。

2. 影视服务业。

发展导向。影视服务业主要包括广播、电影、电视的拍摄、制作、传输、播映和集成等领域。影视服务业发展要坚持社会主义核心价值观，关注重大历史和现实题材，重点抓好主旋律电影、电视剧、纪录片、动画片、网络视频的创作生产，努力使我省影视业走在全国前列。加快发展电视剧产业，推动电视台电视剧制作机构在完成转企改制的基础上，进一步建立健全现代企业制度，面向市场做大做强。积极推动国有电影发行放映单位转企改制，积极组建集电影制作、发行放映、电影频道、新媒体业态为一体的省级电影集团，着力培育发展一批国有或国有控股的骨干电影发行放映企业。大力推进电影院线和城镇数字影院建设，着力发展品牌院线、特色院线、数字院线和跨区域院线等，做大做强浙江时代、浙江横店、温州雁荡、浙江星光等院线，形成覆盖全省城乡的影院终端网络。加快改造建设数字化多厅电影院，大力推广运用数字化电影放映技术。推进和优化横店国家影视产业实验区产业链，形成影视拍摄、后期制作和院线发行紧密结合的产业链体系。大力推进有线广播电视网络数字化整体转换和双向化改造，加快网络广播电视、手机电视、公共视听载体、移动电视等新媒体发展，加快推进通信网、广电网和互联网"三网融合"，形成较为完整的数字广播电视产业链。

发展载体。影视服务业拍摄与制作应以浙江横店影视产业集聚区为核心，西溪创意产业园、"中国坞"文化创意产业园、南浔文化创意产业基地、安吉竹海（影视）创意园等为支撑，大力推进影视基地建设。做大做强浙江广播电视集团、浙江省电影有限公司、杭州文化广播电视集团、华数数字电视传媒集团有限公司、浙江华策影视股份有限公司、浙江横店影视城有限公司等龙头企业。加快推进浙江影视后期制作中心项目、象山影视城（二期）项目、嘉兴国际影视与文化创意制作基地项目等建设。

3. 新闻出版业。

发展导向。新闻出版业主要包括新闻业、书报刊出版印刷发行业、音像及电子出版物出版印刷复制发行业、网络出版和数字出版业，以及与新闻出版相关的版权服务业。进一步做优新闻业，积极探索新闻媒体分类改革，按照中央部署，扎实推进非时政类报刊社的改革，加快推进党报党刊发行体制改革，探索建立面向市场的发行公司。以建设新闻出版强省为目标，做强做精书报刊等传统出版业，大力发展网络出版、数字出版、手机出版等非纸介质现代新型出版业态，推动新闻出版业转型升级。积极促进印刷复制业转型发展，加强印刷复制园区建设，积极发展数码印刷、特色印刷、绿色印刷。积极发展现代出版流通、物流产业，大力发展出版物连锁经营、物流配送、电子商务等现代分销形式、流通业态，构建“高效、便捷、有序”的现代出版物流通体系。加快培育版权交易服务机构，加大版权保护力度，促进书报刊音像及电子出版物版权贸易的健康发展。实施图书“走出去”工程，构建海外发行渠道和平台，扩大浙版图书影响力。

发展载体。以浙江日报报业集团、浙江出版联合集团、浙江在线新闻网站等为龙头，积极推进新闻宣传加强创新，进一步提高舆论引导能力，同时积极推进产业经营与发展，进一步增强发展活力，为增强新闻出版影响力提供坚实基础。以杭州为核心，宁波、温州、金华等为结点，整合新闻出版物流基地，形成“高效、便捷、有序”的新闻出版网络体系。重点推进杭州国家数字出版产业基地、浙江新出版数字传媒研发中心和中国移动杭州手机阅读基地、中国古代造纸印刷文化村、百步文化印刷创意园、绍兴印刷产业创意园等基地建设，逐步把杭州、宁波、苍南、路桥、义乌五大特色印刷产业区块打造成为国内乃至国际知名的印刷产业基地，加快扶持衢州印刷集聚区和台州路桥横街印刷产业集聚区发展。做大做强新雅投资集团有限公司、曙光印业集团有限公司等行业龙头企业。重点推进浙江日报报业集团新闻印发基地项目、浙江新出版数字传媒研发中心项目、图书销售与文化服务网点建设项目、杭州数字出版印刷产业园项目等建设。

4. 数字内容与动漫业。

发展导向。数字内容与动漫业主要包括动漫业、网络游戏业、互联网信息服务业和无线网络服务业。数字内容与动漫业发展要充分利用3G时代与三网融合的技术趋势，以杭州高新区国家动漫产业基地、西湖区国家数字娱乐产业基地为载体，依托浙江大学、中国美术学院、浙江传媒学院等国家动画教学研究基地的科研力量，坚持自主创新和引进品牌相结合、民族文化和现代时尚相结合、创意内容与数字科技相结合，加大动漫、网络游戏及衍生产品的开发力度，全面推进数字内容与动漫产业发展。鼓励创办综合性或行业性的电子商务网站、文化信息服务网站，创作生产以移动通信设备为终端的多媒体广告、影视音像文艺作品、手机游戏及衍生产品等文化产品，开发关键网络技术、应用无线网络技术和相关设备。努力将浙江打造成为全国领先的以动漫游戏、数字内容服务为特色的数字娱乐基地，国内具有重要影响力的动漫游戏产业中心。

发展载体。以杭州为龙头，以杭州高新区国家动画产业基地、西湖数字娱乐产业园等数字内容与动漫产业基地建设为重点，集聚专业创意人才和数字内容与动漫企业，加大杭州“中国国际动漫节”的宣传和推广力度，打造产业带动能力突出、辐射能力强、具有国际影响力的中国“动漫之都”。加快推进宁波国家级动漫游戏原创基地建设，培育全国重要的原创动漫产品生产、创作基地。以湖州科技创业园、嘉善浙北动漫基地、绍兴动漫产业创意园区、浙中网络文化创意产业园等文化产业基地建设为依托，着力将湖州、嘉兴、绍兴、金华建设成为在全国具有一定知名度的数字内容与动漫产业发展集聚区。加大对数字内容与动漫企业和项目的扶持力度，重点培育浙江中南集团卡通影视有限公司、杭州漫齐妙动漫制作公司、宁波成功多媒体通信有限公司、浙江海利控股集团、金华比奇网络公司等一批具有全国性影响力的数字内容与动漫龙头企业，建设阿里巴巴·淘宝城项目、迪斯尼动漫项目、盛大网络全球首家互动娱乐产业示范基地项目、浙江省动漫衍生产品交易中心等一批具有重大引导和带动效应的示范项目。

5. 文化会展业。

发展导向。文化会展业主要包括文化会展服务、文化艺术体育商务代理服务等行业。文化会展业发展要以打造国际知名会展目的地、全国重要的会展中心及会展强省为目标，加快浙江会展业专业化、市场化、国际化进程，加快培养和引进会展业专门人才，完善会展中介机构体系，培育一批具有国际竞争实力的会展市场主体。在已有的文化用品、轻纺产品、五金制品等传统会展品牌的基础上，结合浙江文化产业的发展趋势，加快培育文化创意产品、工艺美术品、文体休闲娱乐产品等新型会展产品，积极打造浙江会展强省。加快推进展示工程资质认定、展览品牌与会展活动评优、会展统计等工作，扶持文化艺术体育商务代理企业。

发展载体。加快构建以杭州、宁波为中心，以嘉兴、绍兴、义乌等特色会展城市联动发展的会展业体系，在全省范围内合理布置和整合会展场馆资源，建设一批高档次、多功能的现代化会展场馆，在以上海为中心的长三角会展业体系中发挥重要功能。以中国杭州文化创意产业博览会、杭州“西湖艺术博览会”、“中国国际动漫节”等为依托，打造一批优势文化展会；以杭州西湖国际博览有限公司、中国国际动漫节会展有限公司为依托，打造一批知名文化会展企业。

6. 文体休闲娱乐业。

发展导向。文体休闲娱乐业主要包括生态文化业、文化旅游业、演出业、体育服务业和文化娱乐业。生态文化业要充分挖掘全省生态资源优势，按照建设生态文明的要求，积极发展森林生态文化、水生态文化、湿地生态文化、海洋生态文化等多种领域，实现文化与区域生态、休闲旅游的融合发展。文化旅游业要做优做特民俗文化、水乡古镇、海洋文化等文化旅游区块，积极开发宗教、美食、丝绸、影视、修学、科技等特色文化旅游，积极举办具有丰富文化内涵的文化旅游活动，打响“诗画江南、山水浙江”的文化旅游品牌。演出业要切实推动国有文艺院团改革，加大对民营院团的扶持力度，支持其与国有院团平等竞争、共同发展，不断完善演出市场网络体系，推动浙江演艺市场向多元化、品牌化方向发展。推进文化演艺与旅游的深度融合，实现全省4A级以上风景区都有一台特色文化演出项目。体育服务业以运动休闲、健身服务和体育竞赛表演为发展重点，打造特色运动休闲基地，积极培育大型体育产业集团。文化娱乐业要引进、开发新的娱乐形式，提高娱乐产业的整体层次和文化品位，鼓励建设经营面向老年人和中低收入居民的休闲娱乐场馆设施，加大行业监管和市场开拓力度。

发展载体。以城市为中心，充分整合文化资源，加快构筑杭州国际文化休闲、宁波滨海都市文化、温州山水文化、浙北古镇文化、绍兴古越文化、浙中商贸影视文化、舟山海洋文化、台州山海文化和浙西南生态文化等九大文体休闲娱乐业发展板块，形成地域文化特色鲜明、优势互补、区域联动的文体休闲娱乐业发展格局。重点推进杭州创意良渚文化产业基地、黄龙体育中心体育文化创意中心、宁波梁祝爱情文化产业园、嵊州中国民间越剧城、景宁全国畲族文化发展基地等文体休闲娱乐基地建设，培育区域性文体休闲娱乐产业发展集聚区。以浙江新远文化产业集团、浙江旅游集团、宋城集团、杭州金海岸有限公司、长兴百叶龙演出公司等企业为重点，培育文体休闲娱乐产业发展的大企业和企业集团。以杭州奥体中心项目、西湖文化广场浙江文化艺术中心项目、径山禅茶文化旅游综合体项目等建设为抓手，促进全省文体休闲娱乐业的发展。以中国国际钱江(海宁)观潮节、中国网络音乐节、舟山群岛·中国海洋文化节、舟山·国际沙雕节、中国金华·国际黄大仙文化旅游节等会展活动为重点，培育具有浓郁地方特色和丰富文化内涵的会展活动。

7. 文化产品流通业。

发展导向。文化产品流通业主要包括文体用品销售、文体设备销售、相关文体产品销售、艺术品经营等行业。文化产品流通业要以建设文化产品大流通格局为目标，进一步加强文化产品实体市场建设和文体产品网络销售平台等现代化商贸平台建设，加强仓储、物流、海关、金融、商检、保险、信息网络等配套服务设施建设，带动全省艺术创作及文化产品制造业的发展。积极推进文化产品流通业现代化改造，以阿里巴巴等网上交易市场为重点，加速文化产业电子商务体系开发，构建行业性、综合性、多领域的B2B、B2C、C2C电子商务模式，推动文化产业流通渠道创新。

发展载体。以义乌文化产品市场及各地文化产品专业市场为依托，构筑以浙中为中心，以全省快速交通网络为支撑的文化产品实体市场体系。加快义乌文体专业市场提升改造，进一步巩固其在全国的文体用品流通中心、信息中心、展示中心和出口基地的地位。加快杭州、温州、台州等地文体用品专业市场区块的建设培育。以西泠印社集团“江南艺术品交易中心”项目、东方卢浮宫文化艺术品展示中心项目、衢州奇石交易市场建设项目、宁波书城建设项目等为依托，推进一批文化产品流通体系建设项目。加快培育和发展博库书城、淘宝网、好易购家庭购物等新兴文化产品流通平台。

8. 文化产品制造业。

发展导向。文化产品制造业主要包括文体用品生产、文体设备生产、演艺设备制造、工艺美术品制造、包装装潢印刷品和其他印刷品等行业。文化产品制造业要抓住我省加快建设“大平台大产业大项目大企业”的机遇，利用已有产业集聚优势，推动文化产品制造块状经济向现代产业集群转变，加快文体用品、木制玩具、体育休闲用品等领域的转型升级，推动工艺美术品、演艺设备等领域的高端化发展，大力提高文化产品档次和技术含量，培育若干个区域品牌，不断提高产业高新技术含量和产品附加值，提升在国内外市场的竞争力。

发展载体。充分依托浙江块状经济基础，加大制造业文化含量，培育文化制造业品牌。大力推进南浔善琏“中国湖笔之都”产业基地、江山羽毛球产业基地、温州桥下教玩具产业基地等建设，重点扶持浙江华鹰控股集团有限公司、宁波音王集团有限公司、宁波海伦乐器制品有限公司、衢州醉根艺品有限公司、华宝斋富翰文化有限公司等骨干企业。加快推进杭州临安昌化国石文化城项目、中国衢州莹白瓷研制中心、中国印章产业基地项目等建设。

(三)实施“四个一批”行动计划。以发展特色文化产业群为引领，以建设文化产业示范基地、推进重大文化产业项目、培育优势文化企业、扶持文化会展活动为具体依托，实施文化产业发展“四个一批”行动计划。

1. 建设一批重点文化产业基地。按照“有空间、有规模、有基础、有前景”的要求，引导建设一批具有集聚效应的重点文化产业基地，进而加快发展一批文化创意、影视服务、新闻出版、数字内容与动漫等不同产业的示范基地，突出特色、提高水平，推动文化产业的集群发展，打造文化产业集聚和落实产业扶持政策的新载体。

2. 推进一批重大文化产业项目。按照“有主体、有规模、有效益、有带动”的要求，着力抓好一批规模大、带动力强的文化产业项目，努力在优势产业领域形成强大竞争实力，在传统产业领域打造优势产业品牌，在新兴产业领域实现跨越发展，激发文化产业发展的新动力。

3. 培育一批优势文化企业。按照“有实力、有影响力、有核心竞争力”的要求，培育一批具有行业代表和区域代表意义的优势文化企业，进而通过跨地区、跨行业、跨所有制兼并、联合、重组等途径，打造一批成长性好、竞争力强、具有重大示范带动作用的大型文化企业集团，增强文化产业的竞争力。

4. 扶持一批文化会展活动。按照“有影响、有规模、有特色、有实效”的要求，扶持一批精品文化会展活动，搭建我省文化产业对外宣传和交易的新舞台，逐步扩大文化会展活动的经济、社会效益，进一步扩大文化产业的影响力。

四、主要举措

(一)深化文化体制改革。

1. 创新文化发展体制机制。推动文化体制改革的进一步深化，解放和发展文化生产力，激发全社会的文化创造活力，形成新的文化发展体制机制。深化国有文化单位改革，推动建立健全现代企业制度，完善法人治理结构。进一步推动政府职能转变，实现政企分开、政事分开、管办分离，不断优化文化发展环境。深化文化事业单位的内部机制改革，继续大力推进劳动人事、收入分配和社会保障制度改革，引入竞争激励机制，制订完善工作评价机制和绩效考评办法，形成政府、社会、公众代表相结合的监督管理和考核评价体系。

2. 促进文化企业加快发展。坚持把文化事业单位转企改制与跨区域、跨行业整合紧密结合起来，支持国有文化集团跨地区覆盖、多媒体经营、跨行业拓展，打造文化领域的战略投资者。继续扶强扶大浙江日报报业集团、浙江广播电视集团、浙江出版联合集团等国有文化集团，着力扩大国有文化产业增量，培育和打造若干在新闻出版、影视服务等领域的国有文化集团。大力支持中南卡通、华策影视、横店影视、宋城演艺等知名民营企业，鼓励支持企业进入创业板，做大做强企业实力。

(二)夯实文化消费基础。

1. 提升城乡居民的文化消费水平。适应城乡居民消费结构变化的趋势，努力提供价格合理、丰富多彩的文化产品和服务，完善和优化文化消费的基础设施和消费环境，增强消费者购买意愿和能力，提升城乡居民的文化消费水平。持续拓展教育培训、体育健身、商贸会展、休闲旅游等与文化相结合的服务性消费，积极引导社会公众的文化消费。积极扩大体育赛事的影响力，组织承办国际国内品牌赛事活动，繁荣体育竞赛表演市场。推动在纺织等制造业中进一步融入文化元素，提高制造业的文化内涵和审美效果，促进文化创意衍生品生产，通过具备文化及创意元素的商品销售扩大文化消费。

2. 加大对新兴文化产品与服务的政府采购。大力推进城乡基本公共文化服务均等化，加快采用政府购买、社会供给的形式提供公共服务。进一步加大政府对新兴文化产品和服务的采购，在个人消费暂时无法发挥合力的领域扩大政府消费，培育与促进新兴产业的发展。引导国有影视播放机构对原创动漫产品的采购，促进动漫产品与电视电影播放、工艺品设计、图书音像出版的结合。加大政府对手机网络内容制作与播放等自主研发的新兴文化产品的采购力度，积极争取更多新兴的文化产品进入国家《政府采购自主创新产品目录》。

(三)完善文化市场体系。

1. 推进文化产品市场建设。重点建设传输快捷、覆盖广泛的文化产品传播渠道，完善城乡实体书店体系，大力培育网络电子书店，加强报刊发行体系建设。规范发展演出市场，支持大中城市推广票务连锁服务，形成覆盖全省的票务连锁服务网络。大力推进电影院线的跨地区整合，加大数字化多厅影院的建设与改造，逐步提高全省电影院线的整体实力。扶持艺术品市场发展，加快艺术品产权体系建设，努力形成具有国际影响力的艺术品交易中心。努力推进文化产品流通业发展，加快培育专业实体市场和以网络为载体的新兴文化市场，加快网络线上交易与线下物流结合的文化产品流通模式建设。加强以跨地区连锁经营、信息化管理和现代物流为特征的大型现代文化流通企业建设，重点培育一批主业突出、具有著名品牌、辐射力强的大型文化流通企业，重点建设几个具有区域辐射力的文化产品物流中心建设。

2. 加强文化市场体系监管。建立健全知识产权体系，大力加强对自主创新型文化产品与服务的知识产权保护。积极培育知识产权交易中介与交易市场的发展，鼓励自主文化产权合法交易。大力支持省内企业加大品牌建设力度，着力培育一批国内著名、国际知名的文化品牌与文化商标。逐步整合现有各类文化监管体系，根据行业发展规律与企业发展需求出台一批监管政策，确保文化产业各个领域有序发展。强化对涉及青少年群体的书籍、音像、网络等知识载体与内容的监管，严厉打击假借文化载体营销非法读物的组织与个人，净化文化市场环境，促进文化产业健康发展。

(四)提升文化科技含量和文化品牌。

1. 提升文化科技含量。加强数字技术、数字软件、数字内容、网络技术和安全播出等核心技术的研发，提高装备技术和制造技术的水平，加快关键技术设备改造更新。积极发挥下一代广播电视网络、第三代移动通信网络、宽带光纤接入网络等网络基础设施建设。积极运用高新技术改造传统娱乐设施和舞台技术，鼓励文化设备提供商研发新型电影播放设备、数字电影娱乐设备、便携式音响系统、流动演出系统及多功能集成化音响产品等新型产品和设备。扶持新型文化业态发展壮大，支持发展移动多媒体、网络广播影视等新型业态，开发移动文化信息服务、数字娱乐产品等增值业务，为各种便携显示终端提供内容服务。大力发展纸质有声读物、电子书、手机报和网络出版物等新兴新闻出版业态，实现传播渠道多元化。妥善处理新兴文化产业发展与网络信息安全的关系，切实维护国家文化和信息安全。

2. 提升文化品牌。要把文化品牌作为发展文化产业的着力点，在已有文化品牌的基础上，深入挖掘浙江历史文化、民俗文化、生态文化、都市文化等方面的资源优势，加强品牌的策划、培育和宣传，积极打造一批具有浙江特色的民间工艺品牌，一批具有较高知名度和美誉度的影视、动漫、出版物、演艺等现代文化产品品牌，一批文化旅游和文化节庆品牌，一批区域特色文化品牌，努力形成覆盖全省、特色鲜明的浙江文化品牌群，增强浙江文化品牌的整体竞争力。

（五）加强文化人才培养。

1. 大力培养引进文化人才。适应文化产业发展的要求，切实加强文化人才队伍建设，提高人才队伍的综合素质。加强文化领域领军人物和各类高层次专门人才的引进，推进理论、新闻、出版、文艺和文化经营管理等“五个一批”人才工程建设，努力造就一批在国内外具有重要影响的文化人才。依托浙江大学、中国美院、浙江传媒学院、浙江工业大学等高校师资科研力量，探索产学研一体化人才培养机制。开设文化经营管理人才培训班，培养一批熟悉市场经济规律，懂经营、善管理的文化人才。实施文化高端人才引进计划，注重吸引财经、金融、科技等领域的优秀人才和海外创意、设计、研发、管理等高端人才进入文化产业领域。

2. 健全文化人才管理制度。建立健全人才培养选拔机制，创新培养方式，通过高校联合办学、定向培养、在职进修培训、实践锻炼等多种途径，培养高层次文化人才。健全人才使用、流动机制，采取签约、项目合作、技术入股等多种方式，鼓励以岗位聘任、项目聘任等多种方式集聚文化人才。加大对民营文化企业优秀人才的政策倾斜，着重在户口档案转入、经济适用房购置等领域设立绿色通道。梳理和完善全省现有文化人才相关优惠政策，形成人才政策洼地。

（六）扩大文化对外贸易。

1. 鼓励文化产品和服务出口。充分挖掘和利用全省丰富的历史文化资源，努力培育一批戏剧、音乐、舞蹈、动漫、民间工艺、版权贸易等领域的，具有浙江特色的对外文化精品项目，参与国际文化市场竞争，扩大出口贸易。加强与周边省市的文化交流合作，积极参与长三角文化产业发展。推动全省出版业积极参与“中国图书推广计划”，加强与境外出版机构的合作，扩大浙版出版物出口和版权输出。培育一批出版、发行、影视、演艺等领域的外向型骨干文化企业和企业集团，培育一批对外文化中介机构，发展一批文化营销企业，积极开展国际市场调研、咨询和营销业务。

2. 鼓励文化企业“走出去”。建立健全政府有关部门之间、各文化行业之间的指导协调机制，理顺管理领域各条块与文化“走出去”整体战略之间的关系。树立现代营销理念，把握国际市场规则，优化出口区位选择，充分利用各类国际性文化博览会、影视节、出版物展销等活动，构建国际营销网络，做好文化产品和服务的推介和营销。发展文化营销企业，鼓励与培育对外文化中介机构大力开展国际市场调研、咨询和营销业务，为文化“走出去”提供信息、人才和服务支撑。鼓励重点文化出口企业积极开展跨国经营，在境外投资、注册公司，发展海外俱乐部会员，加入海外相关协会，委托国际代理，与国际知名文化公司开展合资合作等，不断巩固与拓展国际文化市场。认真贯彻《关于进一步加强和改进文化产品和服务出口工作的意见》（中办发〔2005〕20号）等，以服务贸易专项资金为导向，引导和推动文化产品和服务更多地“走出去”。积极引导社会资本投入文化出口领域，鼓励兼并重组，推动文化出口企业管理创新，提升国际竞争力。在项目审批、内容审查等部门审批程序上，采取“内外有别”的管理模式，更加便利、透明、高效地为企业服务，在输出我国核心文化价值的同时实现经济利益的最大化，在海关通关、人员出境、外汇汇出等方面，制订符合文化出口企业特点的便利措施，不断为文化出口创造良好的发展环境。大力支持国家文化出口重点企业和重点项目，持之以恒地打造文化品牌。

五、实施保障

（一）强化组织领导。各级政府和有关部门要把加快发展文化产业作为深入实施“创业富民、创新强省”总战略、推动经济发展方式转变的一个重要抓手，纳入经济社会发展的总体规划，作为评价地区发展水平、衡量发展质量和领导干部工作实绩的重要内容；要把文化产业发展放在突出位置，充实完善组织管理职能，建立和完善文化产业统计制度，切实做好促进文化产业发展的各项基础性工作。

（二）降低产业准入门槛。按照《国务院关于非公有资本进入文化产业的若干决定》（国发〔2005〕10号），鼓励非公有资本进入《浙江省文化产业项目投资指南（2009）》（浙发改社会〔2009〕1055号）鼓励类和允许类的领域。积极吸收社会资本进入文化创意、影视制作、演艺娱乐、动漫、印刷、出版物分销等领域，鼓励非公有资本参与国有文化单位的转企改制和股份制改造，逐步形成多种所有制共同发展的文化产业格局。根据国家有关政策法规和省内外文化产业发展情况，适时对《浙江省文化产业项目投资指南（2009）》进行调整和修订，逐步放宽相关领域的政策限制，提高文化产业开放程度。

（三）加大财政投入力度。进一步加大公共财政对文化发展的投入力度，建立财政投入稳定增长机制，力争做到“十二五”时期文化投入占财政支出比重高于“十一五”时期。进一步整合扩大文化产业专项资金规模，不断完善专项资金的使用管理办法，重点支持重大文化产业项目、企业和基地建设，支持文化领域新产品、新技术的研发，支持大宗文化产品和服务出口。合理整合文化产业相关领域的财政扶持资金，进一步发挥财政投入的引导和统筹效应，通过财政对文化产业的战略投资，带动社会投资，推动民企合作，完善金融资本市场。进一步落实与完善版权奖励机制，加大对文化企业自主版权的政府采购与出口扶持。有条件的市、县（市、区）财政应安排文化产业发展专项资金，采取补助、贴息和奖励的方式，支持文化企业、文化产业项目和文化产业基地建设。

（四）落实税收优惠政策。贯彻落实《国务院办公厅关于印发文化体制改革中经营性文化事业单位转制为企业和支持文化企业发展两个规定的通知》（国办发〔2008〕114号）、《财政部、海关总署、国家税务总局关于支持文化企业发展若干税收政策问题的通知》（财税〔2009〕31号）、《财政部、国家税务总局关于文化体制改革中经营性文化事业单位转制为企业的若干税收优惠政策的通知》（财税〔2009〕34号）、《财政部、国家税务总局关于扶持动漫产业发展有关税收政策问题的通知》(财税〔2009〕65号)等有关优惠政策,经营性文化事业单位转制为企业,自转制注册之日起至2013年底止免征企业所得税,出口图书、报纸、期刊、音像制品、电子出版物、电影和电视完成片按规定享受增值税出口退税政策。进一步推动拥有自主知识产权的文化企业申报高新技术企业,对通过认定的高新技术企业及时落实所得税优惠政策。

(五)加强生产要素保障。加大对文化产业重点项目的用地支持力度,规划确定的重点文化产业基地、重大文化产业项目以及优势文化企业的用地空间位置、规模等信息,应尽量纳入市、县、乡三级新一轮土地利用总体规划的"允许建设区"或"有条件建设区"范围,确保文化项目建设"落地"或预留发展空间。认真落实《浙江省人民政府办公厅关于支持文化体制改革和文化企业发展的意见》(浙政办发〔2009〕104号)对省级国有文化单位土地使用权处置的相关规定。积极鼓励利用存量土地发展文化产业,加大对低效利用土地的盘活利用和闲置土地的清理处置力度,确保文化产业在内的转型升级项目用地优先供应。支持以划拨方式取得土地的文化单位利用工业厂房、仓储用房、传统商业街等存量房产或土地资源兴办文化产业。鼓励文化经营单位利用自有土地资源进行产业开发,在确保原有文化设施面积的前提下,通过合法方式盘活资产。

(六)建立健全投融资体系。深入贯彻落实国家9部委《关于金融支持文化产业振兴和发展繁荣的指导意见》(银发〔2010〕94号),建立健全全省文化产业投融资体系。加强银行业金融机构与文化企业的对接合作,推动银行业金融机构根据文化企业的特点,探索开发多元化、多层次的信贷产品和贷款模式,完善和改进信贷管理制度和流程,加大有效的信贷支持,不断提高服务效率。鼓励和引导文化企业积极扩大直接融资规模,推动一批市场前景广阔、投资运营状态良好的文化企业做大做强,鼓励符合条件的文化企业上市融资,重点支持中小文化企业进入创业板融资;鼓励符合条件的文化企业通过发行企业债券的方式投资开发战略性、先导性的文化项目;以国有资本为主,积极引进战略投资者,筹资设立省级文化产业基金,支持文化产业发展。建立健全有利于文化产业融资的配套机制,发挥产权交易所的投融资服务功能,为知识产权拍卖和交易等提供一站式服务;加快制定著作权、文化品牌等无形资产的评估和质押办法,鼓励组建文化产业融资担保中介机构和知识产权专利评估机构,建立和完善文化资产评估体系;探索建立文化产业投资风险分摊机制,鼓励担保和再担保机构开发适应文化产业的担保业务品种。

浙江省人民政府关于印发
浙江省体制改革十二五规划的通知

浙政发〔2011〕24号

各市、县(市、区)人民政府,省政府直属各单位:

现将《浙江省体制改革"十二五"规划》印发给你们,请结合实际,认真贯彻实施。

二〇一一年四月十九日

浙江省体制改革"十二五"规划

"十二五"时期是浙江体制改革的攻坚突破期。深化改革是贯彻落实科学发展观的必然要求,是加快经济发展方式转变的强大动力,是实现富民强省的必由之路,是促进社会和谐的关键之举。本规划主要根据《浙江省国民经济和社会发展第十二个五年规划纲要》编制,目的是加大改革攻坚力度,完善科学发展的体制保障,率先建成完善的社会主义市场经济体制。本规划是"十二五"时期指导全省体制改革的重要依据。规划期限为2011—2015年。

一、改革背景

(一)"十一五"改革主要进展。"十一五"时期是极不平凡的五年,也是改革取得重大进展的五年。全省上下深入贯彻落实科学发展观,全面实施"八八战略"和"创业富民、创新强省"总战略,扎实推进"全面小康六大行动计划",坚持用改革的办法破解发展难题,用创新的举措应对危机挑战,出台了《中共浙江省委关于深化改革开放推动科学发展的决定》,全面推进经济、政治、文化、社会和生态文明建设等各领域改革,"十一五"改革规划提出的主要目标任务顺利完成。

1. 转型升级的体制先行探索,发展方式转变迈出新步伐。在杭州市综合配套改革试点、嘉兴和义乌统筹城乡综合配套改革试点、温州和台州民营经济创新发展综合配套改革试点等三大省级综合配套改革试点基础上,全面开展转变经济发展方式综合配套改革试点,并被列为国家发展改革委改革联系点。制定发展方式转变评价指标体系。

加快海洋经济发展试点省建设。建立产业集聚区规划建设体制，9大战略性新兴产业和11大重点产业加快培育和转型，推进42个块状经济向现代产业集群转型提升试点。实施企业分离发展服务业改革，创新现代服务业集聚发展机制。积极完善新型农业经营主体和农业主导产业培育机制。深化国有资产监管体制和国有企业改革，新一轮省属国有企业改革基本完成。出台鼓励支持和引导非公有制经济发展、民间投资健康发展等政策意见，促进民营经济较快发展。全面推进国家工程技术创新试点省建设，出台提高自主创新能力、建设创新型省份和科技强省的意见，科技综合实力、区域创新能力居全国前列。

2. *要素市场化配置改革深入推进，发展支撑能力实现新提升。*全面落实工业用地招拍挂出让制度，开展工业用地分年期出让的改革试点，开展土地承包经营权流转改革，稳步推进征地制度改革，推进农村宅基地置换改革试点，建立健全滩涂围垦和低丘缓坡综合开发利用机制。阶梯式水价改革试点和高耗能行业差别电价改革逐步推进。排污权有偿使用和交易制度改革试点全面推进。推进公共资源交易平台建设，形成省、市、县三级公共资源交易网络。地方金融创新力度不断加大，农村信用社产权改革基本完成，成立42家农村合作银行，新型农村金融组织加快发展，已设立134家小额贷款公司、21家村镇银行和4家农村资金互助社；大力推进专利权、商标专用权、股权、林权、农房、海域使用权等抵质押贷款试点，积极拓展产投、创投、股投等基金，率先开展股权出资出质登记改革试点，探索中小企业集合发债，积极推进企业上市，全省上市公司数量达242家。

3. *统筹城乡的体制改革加快实施，城乡一体化发展形成新格局。*推进城乡规划一体化，县(市)域总体规划编制全面完成。新型城市化、都市区、城市群培育发展机制不断完善，深入实施200个中心镇培育工程，启动27个小城市培育试点。城乡社会保障、社会事业和公用设施等基本公共服务均等化的体制机制加快建立。开展按居住地登记的户籍制度改革试点，全面推进流动人口居住证制度。全面推进农村综合改革。出台全国首个土地(林地)承包经营权出资农民专业合作社登记办法。政策性农业保险和农村住房保险制度在试点基础上全面推进，探索了一条具有浙江特色的高风险地区农业保险新路子。率先建立省级城乡统筹发展水平综合评价制度，全省城乡统筹发展水平从基本统筹进入整体协调阶段。

4. *社会体制改革走在前列，经济社会协调发展跃上新台阶。*加快建立城乡统筹就业制度，充分就业的体制机制基本形成。率先建立城乡居民社会养老保险制度，社会保险加快从制度全覆盖向企业全覆盖、人员全覆盖迈进，企业职工基本养老保险参保人数五年增加703万人，参保人数累计达1580万人；城镇职工基本医疗保险参保人数净增693万人，参保人数累计达1334万人。最低生活保障、住房保障、医疗救助等制度不断完善。深化医药卫生体制改革，基本医疗保障制度、基本药物制度、基层医疗卫生服务体系、基本公共卫生服务均等化、公立医院五项重点改革全面推进，三年阶段性目标基本完成。不断深化教育体制改革，义务教育经费保障机制、义务教育教师绩效工资等改革深入推进，农村中小学“四项工程”、职业教育“六项行动计划”等深入实施。深入推进文化体制改革试点省建设，经营性文化事业单位改革、文化市场综合执法体制改革率先完成，公共文化服务体系、民营文化产业发展等走在全国前列。

5. *行政管理体制改革不断深化，服务型政府建设取得新成效。*扩权强县改革走在全国前列，下放义乌市618项、其他县市443项经济社会管理权限，实现从强县扩权到扩权强县的转变。强镇扩权改革率先推进。基本完成非行政许可事项清理和行政审批职能整合集中改革，五年取消省级非行政许可事项518项。网上审批、集中审批、代理审批、联动审批等审批方式不断创新。政府投资项目管理加快完善，企业投资项目核准和备案制全面实施。建立“收入一个笼子、预算一个盘子、支出一个口子”财政管理模式，全面推行部门预算、国库集中支付、政府采购等制度。深入推进新一轮省管县财政体制改革，变“两保两挂”、“两保一挂”为“分类分档激励奖补机制”。规划体制改革加快推进，建立从规划立项到实施监督的全程管理制度。按照大部门体制要求完成新一轮省级政府机构改革。完成行业协会与行政机关的人员、机构、财务“三脱钩”改革任务，探索政府部分职能向行业协会转移改革试点。建立政府民主决策和权力阳光运行机制，加快电子政务建设，政府信息公开和管理方式不断创新。

6. *扩大开放的体制机制更加完善，开放型经济发展形成新优势。*义乌国际贸易综合改革试点获国务院批准。转变外贸发展方式进一步加快。加快大通关体制建设，优化海关、质检、外汇等监管和服务，率先建立以行业协会为主体的国际贸易预警和摩擦应对机制。扩大出口信用保险覆盖面和保单融资规模，实施跨境贸易人民币结算试点。完善“走出去”的政策环境，支持企业设立境外营销网络和开展跨国并购。加强对内合作交流，推进长三角区域专题合作，探索与中西部省份“投资换资源”和“煤电联合开发”等战略性省际合作模式，建立健全对口援建机制。

同时，必须清醒地认识到，制约经济社会发展的深层次体制机制矛盾仍然存在。促进经济结构调整的体制机制尚未真正建立，要素市场化配置改革、扩大消费的改革、拓宽民营经济发展空间的改革有待深化。社会领域改革相对滞后，公共服务供给总量不足且配置不均等，收入分配制度、社会利益诉求机制等亟待完善。统筹城乡发展的体制改革需进一步深化，农村土地使用制度、户籍制度等改革有待深化，现代农业发展机制有待进一步健全。公共服务型政府建设尚未到位，政府职能转变滞后，职能交叉、政出多门、多头管理问题仍较突出。

(二)“十二五”改革的新形势。“十二五”是浙江全面建成惠及全省人民的小康社会、加快基本实现现代化的关键时期。全省人均GDP从7000美元加快向10000美元跨越，工业化、城市化、市场化、信息化和国际化深入推进，发展方式、城乡结构、社会建设等面临深刻变革，既提出了

深化改革的迫切要求，也拓展了深化改革的新空间。

1. 经济转型升级提出改革新要求。“十二五”时期，世界发展格局和发展模式面临深刻变化，出口导向模式面临严峻挑战，经济发展中长期积累的结构性、素质性、体制性矛盾更加突出，过多依赖低端产业、低成本劳动力和资源环境消耗的增长方式将难以为继，进入加快转变经济发展方式的攻坚时期。发展方式问题从根本上说是体制机制问题。加快有利于经济发展方式转变和经济结构调整的体制改革，为经济转型发展奠定动力基础，将是“十二五”时期深化改革贯穿始终的一条主线。

2. 社会加速转型赋予改革新使命。浙江进入加快和谐社会建设的新阶段，社会建设从满足基本公共服务需求向更加重视人的全面发展转变。公共产品供给短缺与公共需求全面快速增长的矛盾更加突出，缩小收入分配差距的任务相当艰巨，社会矛盾增多，迫切要求加快推进以改善民生为重点的社会体制改革，为保持社会和谐稳定提供体制机制保障。

3. 新型城市化提出改革新任务。浙江城市化起步较早，非农从业人口比重超过80%，城市化率达59%。“十二五”时期，将进入同步推进工业化、城市化和农业现代化的关键时期，都市圈和城市群加快发展，小城市和中心镇加快培育，对城乡公共服务布局和资源配置产生重大影响，迫切要求加快统筹城乡发展的体制机制创新，为改变城乡二元结构、改善对农民以及城市外来务工人员的公共服务创造条件。

4. 生态文明建设拓展改革新领域。随着经济社会迅速发展，资源要素保障、生态环境保护的任务更重。加快推进生态文明建设，实现人与自然和谐相处、协调发展，成为必然选择，迫切要求加快资源节约型、环境友好型社会建设的体制机制创新，深化生态补偿机制、节能减排机制等改革，为生态文明建设提供体制机制保障。

二、改革的总体思路

（一）总体要求。以邓小平理论和“三个代表”重要思想为指导，深入贯彻落实科学发展观，继续全面实施“八八战略”和“创业富民、创新强省”总战略，以科学发展为主题，以加快转变经济发展方式为主线，围绕富民强省、社会和谐根本目的，大力推进经济体制改革，积极深化行政管理体制改革，加快推进社会体制、文化体制、生态文明建设体制等改革，加强改革的总体规划、统筹协调和整体推进，提高改革决策的科学性，增强改革措施的协调性，加快构建充满活力、富有效率、更加开放、有利于科学发展的体制机制，为科学发展走在前列、全面建成惠及全省人民的小康社会提供体制机制保障。

——改革领域，从经济体制改革为主向“五位一体”改革转变。适应经济、社会、政府转型的要求，以科学发展观为统领，协调推进经济体制、政治体制、社会体制、文化体制和生态文明建设体制“五位一体”的全面制度创新。

——改革导向，从注重增长速度为主向建立有利于科学发展的体制机制转变。针对浙江经济三十多年高速增长中积累的体制机制矛盾，加快建立促进经济社会协调和促进人的全面发展的体制机制，以体制机制创新推动科学发展。

——改革方式，从单兵突进为主向综合配套转变。随着改革的系统性、综合性、配套性显著增强，积极实施经济社会多个领域综合配套改革，着力提高改革决策的科学性和改革措施的协调性。

——改革路径，从基层自行探索为主向上下联动转变。随着改革更深地触及深层次体制机制矛盾，基层的改革探索需要上级的指导和支持，通过赋予一定的先行先试权，上下联动，多方互动，加快突破重点领域和关键环节的体制机制障碍。

（二）基本原则。

1. 解决当前突出问题与谋划长远发展相结合。既着力破除影响经济稳定增长的体制机制矛盾，又着眼推进经济发展方式转变，建立有利于经济社会全面协调可持续发展的体制机制。

2. 试点先行与整体推进相结合。强化试点先试先行，加快实现重点领域和关键环节的改革突破，善于总结推广试点经验，示范引领全省面上改革。

3.“破旧”与“立新”相结合。既着力破除阻碍生产力发展的体制机制障碍，又着力创建新的体制机制，及时把行之有效的改革创新上升到立法层面。

4. 改革发展稳定相结合。正确处理改革、发展、稳定的关系，充分考虑改革的力度、发展的速度和社会可承受的程度，把握好改革时机和节奏，用最小波动换取改革推进和社会稳定。

（三）主要目标。

“十二五”浙江改革的总体目标是，力争保持体制机制领先优势，努力构建充满活力、富有效率、更加开放、有利于科学发展的体制机制，到2015年率先建成完善的社会主义市场经济体制。

一是基本形成充满活力的转型升级机制。市场主体更具创新活力，要素市场化配置机制更有效率，创业创新环境更加优化，内外开放体系更加健全，经济增长的内生机制更加强劲，城乡经济社会发展更趋和谐，经济结构更趋合理。

二是基本形成普惠均衡的公共服务体制。统筹城乡的公共就业服务体系更加完善，多层次、全覆盖、可转移、可持续的社会保障制度全面建立，教育、医疗城乡均衡发展机制不断健全，城乡一体的公共设施配置机制进一步完善。

三是基本形成繁荣活跃的文化发展机制。政府主导、社会参与、覆盖城乡的公共文化服务体系更加健全，文化管理体制更加科学，文化事业和文化产业发展机制更加完善。

四是基本形成绿色和谐的生态文明建设机制。低碳经济、循环经济、生态经济发展的激励约束机制基本建立，促进资源节约和环境保护的体制机制更加完善，人与自然更加和谐。

五是基本形成依法高效的行政管理体制。公共财政体制进一步完善，政府行政效能加快提升，政府管理方式更加科学民主，公共服务型政府建设取得显著成效。

三、改革的主要任务

（一）大力推进经济体制改革。

1. 深化转变经济发展方式综合配套改革试点。全面推进“11+1”个市转变经济发展方式综合配套改革试点，加强国家发展改革委改革联系点制度建设，着力在综合配套、民营经济创新发展、统筹城乡、扩大对外开放、社会主义新农村建设、工业转型升级、现代服务业发展、特色产业发展、海洋开发、生态经济创新发展、国际贸易等方面实现改革新突破。

表 “11+1”个市转变经济发展方式综合配套改革试点

地区	试点主题	试点内容
杭州	综合配套	着力推进自主创新、产业转型升级、区域合作、社会保障、服务型政府等体制改革，率先建成创业创新充满活力、民生保障全面覆盖、政府管理科学高效的综合配套改革试点区。
宁波	扩大对外开放	着力推进区域开发、产业升级、港口整合、金融服务、行政管理等体制改革，加快建立与开放型经济相适应的市场经济体制和运行机制，全面提升经济国际化水平，率先建成内外联动、互利共赢、规范高效、接轨国际的开放型经济先行区。
温州	民营经济创新发展	全面推进制度创新、要素供给、市场准入、和谐创业、发展环境等五个方面的改革，提升民营经济发展素质，拓展民营经济发展新空间，再创“温州模式”新优势，力争建设成为机制体制更活、创新能力更强、发展环境更优的民营经济创新发展示范区。
台州	民营经济创新发展	推进企业制度创新和发展模式转型，放宽市场准入和优化发展环境，形成公平竞争的市场准入机制、自主创新的政策体系、健全完善的要素市场体系、创新创业的发展环境、规范健全的现代企业制度和现代产权组织，在全省乃至全国率先创建民营经济创新发展示范区。
湖州	社会主义新农村建设	积极探索市校、军地、企村共建社会主义新农村的体制机制，大力推进村镇规划、产业发展、生态环保、科技创新和劳动力素质提升，加快建立以工促农、以城带乡的社会主义新农村建设长效机制，率先建成经济繁荣、生活富裕、村容整洁、充满活力的新农村建设示范区。
嘉兴	统筹城乡	着力推进城乡规划一体化、基本公共服务均等化、资源要素配置市场化和有利于强镇发展的体制改革，加快建立统筹城乡发展新体制，率先建成体制机制活、统筹水平高、带动作用强的统筹城乡发展先行区。
绍兴	工业转型升级	探索建立推进传统产业改造升级、块状经济转型提升、新兴产业培育发展、资源要素集约利用等体制机制，加快推进工业转型升级，率先建成产业集群层次高、节能环保水平高、自主创新能力强、市场竞争实力强的新型工业化发展先导区。
金华	现代服务业发展	探索建立推进服务业集聚发展、制造业与服务业联动发展、现代营销网络构建、自主创新品牌建设等体制机制，率先建成特色鲜明、布局合理、功能完善的现代服务业发展先行区。
衢州	特色产业发展	探索建立推进特色产业集聚、专业人才引进、创新平台建设等体制机制，加快推进现代产业集群培育发展，率先建成“高起点、跨越式、集约化、特色型”的产业集聚发展试验区。
舟山	海洋开发	探索建立推进海洋产业转型升级、海洋经济对外开放、海洋资源保护与开发等体制机制，加快推进海洋综合开发利用，率先建成海洋综合实力强、生态环境佳、开放体制优、海陆联动机制活的海洋综合开发试验区。
丽水	生态经济创新发展	大力发展生态农业、生态工业和生态旅游业，探索建立推进生态功能区建设、生态环境保护和节能减排等体制机制，率先建成生态产业创新发展、生态环境和谐优美的全国生态文明建设先行区和示范区。
义乌	统筹城乡和国际贸易	在统筹城乡综合配套改革试点的同时，探索建立推进小商品国际贸易管理创新、服务创新、贸易方式创新的体制机制，率先建成贸易流通便捷、平台功能完善、服务管理一流的小商品国际贸易试验区。

2. 创新海洋经济发展示范区建设体制。创新海岛开发保护体制和海洋开放体制。积极构建"三位一体"港航物流服务体系，深化宁波一舟山港一体化体制改革，健全海港与"内陆港"合作机制，完善保税港区监管服务体制，加快口岸"大通关"体制改革。推进海域资源市场化配置改革，完善海域使用权招拍挂制度，探索舟山海洋开发试验区渔耕平衡改革试点。健全航运金融服务体系，积极创新船舶融资、航运融资、物流金融、海上保险等金融业务。加快杭州、宁波、嘉兴国家创新型城市建设，推进舟山海洋综合开发试验区建设，探索设立舟山群岛新区，推进杭甬海洋科技创新、甬舟港航配套服务、温台民营海洋产业发展等试点，形成科学、有序、高效、完善的体制环境。

3. 建立健全产业结构优化调整机制。完善战略性新兴产业培育和传统产业提升机制，创新产业集聚区管理体制，推进现代产业集群转型升级示范区试点。形成有利于服务业发展的体制机制，继续推进企业分离发展服务业改革，完善现代服务业集聚示范区创建机制，建立适应"三网融合"的监管体制和政策体系，推进杭州、宁波全国服务业综合改革试点，积极开展旅游综合改革试点。创新农业经营体制，完善粮食生产功能区、现代农业园区建设机制，推进农业生产规模化、标准化和生态化，建立健全农技推广、动植物疫病防控、农产品质量监管"三位一体"农业公共服务体系。

4. 推进企业转型发展的体制改革。继续深化国有资产监管体制改革，鼓励国有企业引入战略投资者、股份制改造，推动国有资本向基础性、战略性行业和优势企业集中，进一步完善国有企业法人治理结构。优化民营经济发展环境，鼓励民间资本进入基础产业和基础设施、市政公用和社会事业、现代服务业、战略性新兴产业等领域，营造各种所有制经济依法平等使用生产要素、公平参与市场竞争、同等受到法律保护的体制环境。支持民营企业跨地域、跨所有制相互参股、联合重组和嫁接外资，支持民营企业加快建立健全现代企业制度，推进科技创新、管理创新、市场创新和制度创新。

5. 推进资源要素市场化配置改革。深化国有建设用地有偿使用制度改革，积极推进工业用地分年期出让和租赁改革，进一步完善低效利用土地退出和存量建设用地盘活利用的政策制度，加快建立总量控制、供需双向调节、差别化管理的土地调控机制。进一步完善滩涂围垦和低丘缓坡综合开发利用机制，积极探索在海陆交界地带将海域使用权和土地使用权统一开发、供给和接续管理的体制机制，制定和完善海岸带综合管理、入海口与排污口管理、海洋生态损害补偿等体制机制。深化矿产资源开发管理制度改革。深化水利工程管理体制和水资源保护与开发利用体制改革，完善水资源管理体制，开展水权制度改革试点，探索用水总量控制及水权交易制度。稳步推进居民生活用水阶梯式水价和企业用水超计划累进加价办法的实施，逐步建立鼓励水资源循环利用的价格激励机制。加大分时电价、居民用电阶梯式价格、高耗能行业差别电价实施力度，全面推行合同能源管理。健全鼓励可再生能源发电、供热的价格机制。稳步推进农村电力体制改革。

6. 实施有利于自主创新的体制改革。推进国家技术创新工程试点省建设，重点引导和支持创新要素向企业集聚，健全以企业为主体、市场为导向、产学研相结合的技术创新体系。完善创新主体和创新平台建设机制，支持企业联合高等院校、科研机构建立产业技术创新战略联盟，推进科技创新集聚区规划建设，推进重大科技基础设施开放共享。完善自主创新的政策激励机制，开展科技小额贷款公司试点，支持科技信贷专营机构、政策性担保机构发展，深化科研经费管理体制改革。鼓励发展科技中介服务，完善知识产权创造、运用、服务、保护体系。积极完善人才培养、评价、激励、保障机制，推进重点科技创新团队建设。

7. 加强地方金融改革创新。推动"中小企业金融服务中心"和"民间财富管理中心"建设。鼓励支持民间资本投资地方金融业，逐步放开民间资本准入限制，积极发展小额贷款公司、村镇银行、农村资金互助社等新型农村金融组织，继续深化农村信用社改革，支持有条件的县市信用联社改制为农村商业银行或社区银行，支持城市商业银行引进战略投资者、公开发行上市和跨区域发展，加快引进境内外金融机构和培育浙商系列总部金融机构，积极发展产业投资基金、创业投资基金、证券投资基金。创新金融产品，推动债券融资，规范运用信托、租赁、资产证券化等工具拓展中小企业融资渠道。健全中小企业信用担保体系和农村信贷担保机制。加强地方资本市场建设，完善地方产权交易平台，继续抓好未上市公司股权转让试点，引导支持优质行业龙头企业多渠道上市融资。推进杭州、宁波、温州金融集聚区建设，培育一批金融创新示范县(市、区)。

(二)加快推进社会领域体制改革。

1. 完善就业和社会保障制度。坚持创业带动就业和城乡统筹就业，健全创业型城市和充分就业社区(村)建设机制，完善有利于高校毕业生充分就业、农民工转移就业、困难群体帮扶就业的体制机制。健全"两金一卡"欠薪支付机制、劳动人事争议调处机制，努力构建和谐劳动关系。深入实施城乡居民社会养老保险制度，继续推进做实企业职工基本养老保险个人账户试点，健全养老保险待遇调整机制，完善养老保险关系跨区域转移接续制度。完善城镇职工、城镇居民医疗保险和新型农村合作医疗等基本医保跨制度、跨地区转移接续的政策制度，全面推进医疗保险门诊统筹、市级统筹和城乡统筹，实现全省医保"一卡通"。继续推进失业、工伤、生育保险制度。完善城乡住房保障制度，健全廉租住房、公共租赁住房、经济适用住房等多元化的住房保障体系。推进国家基本养老服务体系建设试点。建立健全社会救助和保障标准与物价上涨挂钩的联动机制。完善孤残儿童等困境儿童福利体系，大力发展慈善事业。

2. 加快推进教育体制改革。全面推进国家和省各项教育改革试点。完善义务教育教师流动、教育质量监测等制度，促进优质教育资源向农村流动。探索职业教育产学研联合体、中高职一体化等改革。深化人才培养模式改革，改革课程设置和教学方式方法，探索推进高等教育对外开放。深化考试招生制度改革，完善以素质教育为导向的中学考试招生制度，扩大高校招生自主权。深化办学体制改革，加快建立政府主导、社会参与、办学主体多元、办学形式多样的办学体制，开展民办教育综合改革。健全依法办学、自主管理、民主监督、社会参与的现代学校制度。深化教师制度改革，完善教师培训、教师资格制度，建立健全教师准入、退出机制。

3. 深入实施医药卫生体制改革。在全面完成三年医改目标基础上，健全基本医疗保障制度，努力实现人人参保，提高保障水平。全面实施国家基本药物制度，规范药品招标采购制度，建立健全财政补偿机制。健全基层医疗卫生服务体系，推进以全科医生为重点的基层医疗卫生人才队伍建设，全面实施县乡村医疗卫生资源统筹配置改革。继续推进基本和重大公共卫生服务项目体制改革。全面推进公立医院改革，加强规划调控和资源整合优化。鼓励引导社会资本发展医疗事业，加快民营医院规范发展，形成多元办医格局。

4. 深化文化体制改革。完善公共文化服务体系，建立公共财政投入公益文化的稳定增长机制，引导社会资金投入公共文化建设。深化公益性文化事业单位管理体制和运行机制改革，推进图书馆、博物馆、美术馆等公益性文化设施免费开放，加强数字图书馆建设。推进经营性文化单位转企改制。健全文化管理体制，理顺文化行政管理部门与文化企事业单位关系，探索建立新型国有文化资产管理体制，切实推进管办分开。巩固完善文化市场综合执法体制改革。完善文化产业发展机制，鼓励社会资本通过控股、参股等方式投资文化产业，创新文化集聚集约发展的体制机制。

5. 改革收入分配制度。建立居民收入在国民收入中的比重、劳动报酬在初次分配中的比重稳步提高机制。推进工资集体协商制度，建立健全最低工资标准与全社会平均工资联动增长机制、职工工资正常增长机制和支付保障机制。全面实施事业单位绩效工资改革，完善公务员职务与级别相结合的工资制度。完善居民财产性收入稳步增长机制，健全城乡低收入居民增收帮扶机制，完善收入再分配调节机制。努力实现居民收入增长和经济发展同步、劳动报酬增长和劳动生产率提高同步。

6. 创新社会管理体制。完善社会管理格局，基本建立与社会主义市场经济体制相适应、具有浙江特色的社会管理体系，提高社会管理科学化水平。加强和完善党和政府主导的维护群众权益机制，形成科学有效的利益协调机制、诉求表达机制、矛盾调处机制、权益保障机制。推进社会管理创新综合试点，完善以社区党组织、社区居委会、社区社会组织为主的社区民主自治模式，形成基本公共服务、居民互助服务、市场有偿服务相结合的社区服务体系，建立以社区为载体的政府行政管理与基层群众自治有效衔接机制。扩大社区直接选举，建立健全民主决策、民主监督、民主议事协商、民主评议等制度。探索建立村（社区）基层行政事务与自治事务分开的体制机制。创新“两新组织”管理服务模式，完善社会组织协同管理机制。加强和改进流动人口和特殊人群管理服务。加强虚拟社会管理，健全网络舆论引导与动态管控机制。加强和完善公共安全体系，完善社会治安防控体系，完善应急管理体制。

（三）深入推进统筹城乡发展体制改革。

1. 完善新型城市化发展机制。实施都市圈带动战略，强化中心城市核心带动作用，创新都市圈、城市群发展机制。开展小城市培育试点，建立健全适应小城市发展的就业、土地、金融、行政管理等制度。深入实施中心镇培育工程，建立中心镇辐射范围内规划共编、工程共建、功能共享的体制机制。建立健全城乡公共资源均衡配置机制。

2. 深化户籍制度改革。对本地进城农民，在县市域范围内建立原有权益可保留、当地城镇居民基本公共服务可享受、原有经济和财产权益可流转交易的户籍管理制度，在小城市试点镇先行试点。稳步推进以居住证为主的人口属地化管理，推进外来务工人员积分落户等改革试点，把有稳定劳动关系并在城镇居住一定年限的农民工，逐步转为城镇居民。

3. 深化农村土地制度改革。稳步开展农村土地整治，继续推进城乡建设用地增减挂钩试点。健全农村土地确权登记制度，稳步推进农村集体经营性建设用地流转试点，积极探索农村宅基地退出和流转机制，加快构建城乡统一的建设用地市场。继续推进征地制度改革，逐步规范征地范围，探索建立土地增值收益共享机制，完善征地补偿安置机制。建立健全土地承包经营权流转市场和农村产权交易平台。深化林权制度改革，完善林权流转机制，推进国有林场改革。探索建立耕地保护补偿机制。

4. 进一步深化农村改革。积极推进农村改革试验区建设试点，同步推进工业化、城市化和农业现代化。完善现代农业经营主体培育机制，加快构建集约化家庭经营与产业化合作经营相结合的新型农业经营体制，鼓励土地、林地承包经营权作价出资建设农民专业合作社，鼓励工商资本进入农业开发，鼓励产业化经营。加快农村社区股份合作制改革，建立健全村级集体财富积累机制。继续推进政策性农业保险和农村住房保险，建立健全财政支持的巨灾风险分散机制，加快政策性农业保险立法。实施中心村培育建设工程。完善和创新扶持欠发达地区发展的政策，深入实施新一轮山海协作工程，健全欠发达地区内源发展机制。

（四）积极创新生态文明建设体制。

1. 进一步健全生态补偿机制。建立有利于主体功能区规划与生态环境功能区规划实施的体制机制，健全和完善生态环保补偿机制，健全生态保护地区重大生态环保基础设施省、市、县联合共建机制。继续实施生态环保财力转移支付制度。完善分类补偿与分档补助相结合的森林生态效益补偿机制，逐步提高生态公益林补偿标准。探索建立海洋生态损害补偿机制和渔业资源补偿机制。完善交接断面水质监测和水环境补偿机制，提高源头地区保护水源的积极性和受益水平。探索建立饮用水源保护生态补偿机制，完善自然保护区、海洋自然保护区、海洋特别保护区和海洋牧场扶持政策。

2. 建立健全多元化的减排机制。加快推进清洁生产。全面推进排污权有偿使用和交易试点，全面实施排污许可证制度，健全省市两级排污权交易平台，推进二氧化硫和COD排放权交易。加快建立碳排放权有偿使用与交易制度，积极发展碳汇林业，积极开展森林碳汇交易，积极研究海洋碳汇和渔业碳汇交易机制。健全污水处理收费机制，逐步推行按污染程度分档分类计费。建立健全生活垃圾分类、收集、运送、处理机制。推进建设项目环评“区域限批”改革，完善重点区域、流域、行业、企业污染整治机制。完善农业面源污染防治和土壤污染治理修复机制。

3. 完善支持生态产业发展的政策制度。进一步完善促进生态农业、生态工业、生态旅游业发展的政策制度，大力推进循环经济试点省建设，加快推进国家可持续发展实验区建设。健全环保信用等级评价制度，探索绿色企业信贷倾斜、优先上市或发行债券融资等制度。建立绿色节能产品优先列入政府采购制度。建立健全用能产品能效标识、再利用产品标识、节能建筑标识和环境标志制度，健全新能源汽车、节能环保标识产品补贴机制。完善畜禽养殖场排泄物综合利用、农牧结合和农村沼气建设制度。努力形成节约资源和保护生态环境的产业结构、消费模式、增长方式。

（五）继续推进开放体制改革。

1. 推进义乌国际贸易综合改革试点。以加快转变外贸发展方式为主线，着力构建“市场采购”新型贸易方式，积极探索现代流通新型业态，建立健全配套的监管服务制度；围绕人流、物流、资金流、信息流，加快服务平台建设，提升市场服务功能；强化现代服务业与先进制造业联动发展和区域协作，促进产业转型升级、区域协调发展；率先建立适应国际贸易发展需要的行政管理服务体制，形成良好的政策环境和制度保障。通过大胆探索、先行先试，基本形成有利于科学发展的新型贸易体制框架，建成贸易流通便捷、平台功能完善、服务管理一流的国际贸易试验区。

2. 健全转变外贸发展方式的体制机制。完善以自有品牌、自主知识产权和自主营销为重点的出口结构调整机制。完善服务贸易促进机制，着力提高资本技术密集型服务占服务贸易出口比重。建立进口激励机制，大力引进国际先进技术、装备、资源类商品和农业优良品种。加快构建全方位、多层次、高效快捷的国际贸易摩擦预警防范和应对机制，健全反补贴应对工作机制。推进贸易融资和汇率避险金融产品创新，健全信用和金融风险规避机制。

3. 创新利用外资方式。完善招商选资机制，拓展利用外资领域，建立健全外资投向现代服务业、战略性新兴产业、教育医疗等社会事业的鼓励引导机制。创新利用外资方式，鼓励外资以参股、并购等方式参与省内企业的改组改造和兼并重组，鼓励企业利用境外资本市场融资。优化外商投资企业投融资环境，开展外商投资企业债权转股权审批登记改革。

4. 完善有利于“走出去”的体制机制。完善企业境外投资引导促进机制，健全企业在境外投资设立营销网络、生产基地、经贸合作区、资源基地的体制机制，健全大型专业市场“走出去”机制。支持企业在境外设立和购并研发机构，支持优势企业收购境外先进技术和知名品牌企业。拓展对外承包工程领域和承揽方式。完善金融支持企业“走出去”机制，拓宽境外投资多元融资渠道，积极推进个人境外直接投资试点。深化境外投资管理体制改革，健全境外投资风险防范体系。

5. 完善区域合作交流机制。贯彻落实长三角区域规划和指导意见，积极参与上海国际航运中心和金融中心建设，完善长三角交通、能源、信息、科技等重点专题合作机制和城市经济合作机制。积极推动温州、衢州、丽水、金华、台州参与海西经济区建设。探索“投资换资源”、“煤电联合开发”、“粮食生产供给基地”等多种与中西部和东北地区互动合作模式。扩大与港澳台合作交流，完善对口支援和对口帮扶工作机制。

（六）着力深化行政管理体制改革。

1. 健全公共财政体制。优化财政支出结构，逐步提高民生支出所占比重。完善财政转移支付制度，提高一般转移支付比重，建立完善县级基本财力保障机制。健全“收入一个笼子、预算一个盘子、支出一个口子”财政管理体制，推进财政预算编制、执行、监督“三位一体”改革。深化预算制度改革，完善政府公共预算、国有资本经营预算和社会保障预算制度，积极推进专项资金清理整合改革。建立以目标为导向的预算资金绩效管理制度，切实提高财政资金使用绩效。深化完善国库集中支付改革，完善政府采购管理体制和运行机制。推进公务消费制度改革，深化公务用车制度改革。完善政府债务管理机制。

2. 深化审批制度改革。继续清理和减少行政审批事项，开展以减少审批部门、审批事项、审批环节、审批时间为主要内容的行政审批制度改革。建立行政审批事项动态管理制度，严格行政审批事项的设置程序和审核机制，建立批管分离的高效审批运作机制。继续推进行政审批服务中心标准化、规范化体制改革。建立健全投资项目联动审批机制。推进行政审批服务全程代理制和网上审批制。

3. 继续深化扩权改革。深化扩权强县改革，进一步增强县级政府社会管理和公共服务能力，探索开展省直管县体制改革试点。推进扩权强县向两头延伸，增强市一级统筹经济社会发展和整合公共资源等职能；深入推进强镇扩权改革，赋予小城市试点镇相当于县级的经济社会管理权限，其他中心镇部分县级经济社会管理权限。探索开展中心镇行政综合执法管理体制改革。

4. 创新政府管理方式。健全科学决策、民主决策、依法决策和重大决策责任追究制度，推进电子政务建设，完善政务公开运行机制。全面推进依法行政，完善行政复议、行政赔偿、行政补偿、行政裁量权等制度，深化行政执法体制改革，推进相对集中行政处罚权和综合执法试点。推进规划体制改革，加快规划立法进程。深化投资体制改革，规范政府投资，放活民间投资。健全重大工程项目建设和重大政策制定的社会稳定风险评估机制。

5. 推进事业单位和行业协会改革。按照政事分开、事企分开、管办分离的要求，推进生产经营和中介服务类事业单位转企改制，主要承担行政职能的监督管理类事业单位逐步转为行政机构，或将其行政职能划归行政机构。强化公益类事业单位的公益属性，深化内部管理制度改革，加快建立法人治理结构，推进管理体制、人事制度、财政供给制度、收入分配制度、社会保险制度等改革。进一步推进政府与市场中介组织分开，加快建立有利于中介机构公平竞争的体制机制，加快政府购买公共服务改革，开展政府部分职能向行业协会转移的改革试点。

四、改革的保障措施

（一）加强组织领导，统筹推进改革。充分发挥各级改革领导小组对改革工作的统筹领导作用，形成党委领导、政府抓总、部门协同、上下联动、合力攻坚的改革工作新格局。完善统筹协调推进改革工作机制。建立与国家部委联动推进改革的合作机制，积极争取国家政策支持。进一步完善省、市、县合力推进改革的联动机制。探索以综合配套改革试点为载体带动面上改革的有效机制，以点带面加快推进改革。

（二）明确责任分工，有效实施改革。根据本规划部署的各项改革任务，每年出台深化改革的实施意见，按职能分工分别由省级部门和各地政府牵头实施，重大改革任务完成情况列入部门目标责任制考核，各部门要进一步细化落实任务，明确责任领导、责任人、工作计划和实施步骤。完善改革专项督察制度，对重大改革事项及时跟踪改革进展，督促改革落实。完善改革分析评估制度，定期发布改革形势分析报告，监测分析改革进展。及时总结改革进展与成效，向省委、省政府报告。

（三）坚持分类指导，积极探索改革。把握好改革的时机和节奏，分类指导、分步实施。对已经开始试点的改革，要精心设计改革方案，加快改革进度，积累改革经验。对全面推进的改革，要周密组织实施，切实抓出成效。对条件尚未成熟的改革，要加强改革前期研究，积极创造条件，适时推出。对涉及重大利益关系调整与群众切身利益密切相关的改革，要广泛听取意见，组织专家论证，先试点后推广。

（四）强化制度建设，着力巩固改革。加强法制建设，善于把实践证明行之有效、较为成熟的改革举措以地方性法规、规章形式加以规范。完善改革激励机制，增强改革动力，加强改革成就和改革经验宣传，营造推进改革的舆论环境，在全社会形成鼓励创新、允许探索、包容失败的改革氛围。

浙江省人民政府关于印发浙江省科学技术十二五发展规划的通知

浙政发〔2011〕35 号

各市、县(市、区)人民政府，省政府直属各单位：

现将《浙江省科学技术“十二五”发展规划》印发给你们，请认真贯彻实施。

二〇一一年六月七日

浙江省科学技术“十二五”发展规划

为认真贯彻落实科学发展观，深入实施“八八战略”和“创业富民、创新强省”总战略，进一步提高自主创新能力，加快创新型省份和科技强省建设，发挥科技对经济社会发展的支撑引领作用，促进转变发展方式取得实质性进展，特制定本规划。

一、形势与需求

“十一五”时期是我省科技事业大发展、自主创新能力大提升的五年。在省委、省政府的领导下，各项科技工作顺利推进，科技发展的主要指标提前完成，科技对经济社会发展的支撑引领作用显著增强。科技发展进入重要跃升期，推动经济发展开始向创新驱动转变。2009 年全省科学发展水平居全国第四位。2010 年全社会科技投入 800 亿元以上，是 2005 年的 2.5 倍；研发经费支出相当于生产总值的比重从 2005 年的 1.2%提高到 1.82%；研发人员 20 万人年，是 2005 年的 2.5 倍；专利申请量和授权量均居全国第三位，有效专利数居全国第二位；国际科学论文被引用数居全国第四位。重大科技专项实施绩效明显，在大型空分设备、工业汽轮机等成套装备、汽车设计制造和纯电动汽车、风力发电、新药创制、器官移植、农作物品种选育、城镇污水处理技术等方面取得重大突破，获得国家科技奖励的成果成倍增长。公共科技创新平台和各类创新载体建设取得明显进展，青山湖等科技城启动建设，建立了 57 个公共科技基础条件、行业和区域科技创新平台。科技体制改革不断深化，以企业为主体、市场为导向、产学研相结合的技术创新体系初步建立。环境、人才、平台、项目四位一体的工作布局和科技部门牵头抓总、有关部门协调配合、省市县集成联动的科技管理体制基本确立，科技资源配置得到优化，科技经费使用绩效明显提高。科普事业不断发展，全省公民科学素质水平居全国各省区首位。创新型省份建设步伐加快，我省成为国家技术创新工程首个试点省，杭州、宁波、嘉兴市成为国家创新型试点城市，宁波、绍兴高新技术产业园区升格为国家高新技术产业开发区，55个县（市、区）成为科技强县（市、区），以杭州市为中心，宁波、嘉兴市为副中心，其他市和各县（市、区）各具特色的区域创新格局基本形成。

未来五年，国际国内宏观环境将继续发生深刻变化，经济全球化和创新国际化加快发展，国际金融危机孕育和引发新一轮科技革命，科技越来越成为经济社会发展的决定性力量，全球进入空前的创新密集和产业加速变革时代。世界主要国家和国内兄弟省市区纷纷将科技创新作为发展的核心战略。党的十七届五中全会提出，坚持把科技进步与创新作为转变经济发展方式的重要支撑。我省经济社会发展将进入加速转型期，转变发展方式，调整经济结构，培育战略新兴产业，改造提升传统产业，发展海洋经济和循环经济，实现城乡、区域统筹，改善民生，促进社会和谐，都对科技创新提出了新的更高的需求。但是我省自主创新能力还不强，高层次创新人才严重不足，科技基础条件还很薄弱，科技投入还远不能满足创新需求，高新技术产业发展相对滞后，自主创新的体制机制还有待进一步完善，科技创新的任务更加紧迫而繁重。我们必须迎难而上，突破制约，紧紧围绕经济社会发展的迫切需求，深化改革，扩大开放，加快发展，大幅度提高自主创新能力，推动经济社会走上创新驱动、科学发展的道路。

二、总体思路、指导思想、发展目标和战略部署

（一）总体思路。以邓小平理论和“三个代表”重要思想为指导，认真贯彻落实科学发展观，深入实施“八八战略”和“创业富民、创新强省”总战略，坚持“自主创新、重点跨越、支撑发展、引领未来”的发展方针，以科学发展为主题，以加快转变经济发展方式为主线，以提高自主创新能力为核心，以深化改革扩大开放为动力，以实施自主创新能力提升行动计划和国家技术创新工程试点省为抓手，以培养造就创新型科技人才队伍为保障，以服务于转型升级为根本任务，力争使我省科技发展实现新的跨越，为创新型省份和科技强省建设打下坚实的基础，为转变发展方式取得实质性进展作出更大的贡献。

（二）指导思想。一是更加注重提高企业的自主创新能力，引导创新要素向企业集聚，以企业为主体，以市场为导向，产学研相结合，组织实施重大科技项目和重大科技成果转化及产业化。二是更加注重创新人才队伍建设，把培养人才、引进人才、发现人才、更好地使用人才作为科技工作的重大任务和根本保障。三是更加注重科技工作的对外开放，充分利用和集聚全球科技资源，加强引进消化吸收再创新，加速提升我省自主创新能力与核心竞争力。四是更加注重创新基础条件和环境建设，加强重大科技基础设施、公共科技创新平台和各类创新载体建设，提高科技创新的实验试验装备和公共服务水平，营造有利于自主创新的法制政策环境和人文社会环境。五是更加注重支撑转型、服务民生，把发展战略新兴产业、解决经济转型升级、生态文明建设和保障民生的重大科技问题作为科技进步与创新的出发点和落脚点，着力提高产业技术层次、节能减排和健康安全水平，改善城乡居民生活质量。六是更加注重科技体制机制创新，注重发挥企业、科技人员、科研机构和地方政府、各类园区管委会的作用，进一步优化区域创新布局，实现科技创新基地布局与新兴产业发展布局、城市化发展布局、先进制造业基地和现代服务业产业基地布局相结合，强化资源集成，加快构建科技投融资服务体系、科研评价体系、科技服务体系及科技管理体系。

（三）发展目标。通过五年的努力，进一步确立企业的创新主体地位，完善区域创新体系，掌握和转化推广一批关系战略新兴产业、现代农业、现代服务业、节能减排、健康安全的关键共性、核心技术，创新基础条件显著改善，高素质创新人才规模成倍增长，全社会创新意识和全民科学素养明显提高，自主创新能力和支持转型发展的贡献得到大幅提升，在全国率先进入创新型省份的行列。

力争到2015年，研发经费投入、研发人员总量、发明专利授权量、新产品产值、高新技术产业产值等主要指标比2010年实现翻番；研发经费支出相当于生产总值的比重力争达到2.5%，其中企业研发投入占主营业务收入的比重力争达到1.3%；研发人员40万人年，其中企业研发人员32万人年；发明专利授权量突破10000件，保持全国前列；规模以上工业企业新产品产值2万亿元以上，新产品产值率达到23%以上；高新技术产业产值2万亿元以上；科技进步贡献率达到55%以上，战略新兴产业增加值（高新技术产业增加值）占地区生产总值的比重每年提高1.5个百分点，高新技术产业增加值占工业增加值的比重力争达到30%。

（四）战略部署。一是实施10个重大科技专项，着力培育战略性新兴产业；二是实施10项科技成果转化工程，加快提升传统产业和民生科技水平；三是加强重大创新基地、平台与载体建设，改善科技基础条件；四是深入实施百千万科技创新人才工程，加快创新型人才队伍建设；五是加强基础研究与关键技术研究，提升原始创新能力；六是实施知识产权和技术标准战略，增强区域核心竞争力；七是深化科技体制改革，加快建设区域创新体系；八是扩大科技对外开放，集聚国内外科技资源；九是改善科技创新环境，强化规划实施保障。

三、实施重大科技专项，着力培育战略新兴产业

（一）加快实施重大科技专项。围绕我省培育发展九大战略新兴产业和保障改善民生，加强主动设计，组织联合攻关，实施新能源技术、新材料技术、生物技术、新一代网络信息技术、高端装备制造技术、节能环保技术、新能源汽车技术、海洋开发技术、设施农业和精深加工技术、重大与高发疾病防治技术10个重大科技专项，着力突破一批核心和关键、共性技术，开发一批具有自主知识产权的战略产品，加快以“智慧城市”为重点的“智慧浙江”建设，以科技为重点跨越带动经济社会发展。

（二）加快高新技术产业开发区（园区）和基地建设。努力促进城市化与工业化的融合，充分依托全省产业集聚区，加快建设一批国家级和省级高新技术产业开发区（园区）和战略新兴产业基地。支持杭州、宁波和绍兴等国家高新技术产业开发区提升发展，充分发挥其带动和辐射作用，进一步形成环杭州湾高新技术产业带，争取发展成为国家自主创新示范区。加快省级高新技术产业园区建设升级，支持有条件的园区争取升格为国家级高新技术产业开发区。支持14个省级产业集聚区布局建设高新技术产业园区和新兴产业基地。引导高新技术产业开发区（园区）、基地把新兴产业作为今后的发展方向，把发展成效作为评价考核园区的重要指标。突出重点，形成特色优势，注重实效，着力办好浙江大学国家大学科技园、浙江省国家大学科技园、宁波国家大学科技园、中国美院国家大学科技园。鼓励高新技术产业开发区、园区和新兴产业基地建设创新园区和工业设计基地，集聚优质科技资源，提升自主创新能力。

（三）大力发展高新技术企业。高新技术企业是培育发展战略新兴产业的主体。积极引导和推动工业龙头骨干企业创新创业发展高新技术企业，成为战略新兴产业的领头羊。用足用好国家扶持高新技术企业发展的政策，着力培育一批高新技术的龙头骨干企业。重点依托146家龙头骨干企业，做强做大一批高新技术企业研发中心和企业研究院，建设一批省级重点实验室和工程技术研究中心，支持高新技术龙头骨干企业牵头组织实施重大科技项目，发展新兴产业，组建产业技术创新战略联盟。支持大、中城市城区因地制宜发展有特色优势的科技企业孵化器、加速器、科技园，加快培育高新技术企业和科技型中小企业。到2015年，全省科技孵化器面积比2010年增加1倍以上，达到800万平方米，在孵企业达到10000家以上；全省高新技术企业达到5000家以上，科技型中小企业达到10000家以上；主营业务收入1亿元以上的高新技术企业达到2000家以上，其中10亿元以上的200家以上。

四、实施科技成果转化工程，加快提升传统产业和民生科技水平

（一）加快农业农村科技进步。围绕发展现代农业和新农村建设，加快构建现代农业产业技术体系，充分发挥涉农高校、科研院所的作用，坚持和完善科技特派员制度，建立健全农业科技推广服务体系，充分发挥农业专业合作社等的科技示范带动作用，推进富民强县科技行动计划，积极发展现代种业，培育农业龙头科技企业，建设一批国家级和省级农业科技园区，组织实施农业新品种示范转化工程、高效生态农业生产技术转化工程和农产品加工与安全技术转化工程，提高农业生产技术水平、农产品市场竞争力和农民收入水平。

（二）提升传统产业和块状经济科技含量。围绕传统产业和块状经济转型升级的需求，充分发挥行业、区域创新平台和块状经济专家服务组的作用，加强块状经济的专业工业设计产业基地建设，加强产学研合作，大力发展各类科技服务业，组织实施节能技术转化工程、现代纺织和皮塑生产技术转化工程、先进化工建材生产技术转化工程、制造业信息化技术转化工程，加快高新技术和先进适用技术在纺织服装、皮革塑料、化工、建筑材料等传统优势产业中的推广应用，降低物耗能耗，提高劳动生产率、产品品质与附加值，提升行业区域竞争力。

（三）加强民生领域科技创新。围绕人口健康、食品药品质量保障、公共安全、生态保护等重大民生科技问题，充分发挥卫生、安全、医药监管、环保等行业主管部门和各市、县（市、区）政府及相关部门的作用，建立专家服务组，加强科普宣传，开展自然灾害、生产安全事故预防和应急处置技术创新，组织实施减排技术、基层卫生适宜技术和服务业数字化技术三大科技成果转化工程，建设一批示范工程、示范基地和国家级、省级可持续发展实验区，全面提高健康安全水平和生态环境质量。

五、加强重大创新基地、平台与载体建设，改善科技基础条件

（一）加快重大科技创新基地建设。以大城市为中心规划建设创新研发基地。加快青山湖等科技城建设，坚持“高起点、高标准、高水平”的理念，按照“特色鲜明、品质一流、作用突出”的要求，制订完善中长期规划，加快强企强院强所等创新主体建设，加大招引企业性等强院强所力度，引进一批国内外一流的企业集团科研机构和大学研发机构，引进一批科技服务业机构和科技创业中介服务机构，建设一批国家级和省级重点实验室、工程中心、检测中心，培育一批技术转移转化机构。抓好杭州城西科创产业集聚区的规划和建设，形成“三湖一带”（西湖—南湖—青山湖，沿文一西路创新带）的科技走廊，大力支持杭州滨江新区、大江东创新基地、宁波研发园、温州科技城、嘉兴科技城和孵化城、湖州南太湖科创中心、舟山海洋科学城、丽水中药科技园、德清科技城等一批科技创新基地建设，支持舟山国家级海洋科教基地建设，努力打造“浙江硅谷”，使之成为国内外科技资源集聚区、科技改革试验区、技术创新源头区、高新企业孵化区、低碳经济示范区，成为国家重点科技创新基地和自主创新示范区。

（二）加快基础、行业、区域三类重大创新平台建设。按照“整合、共享、服务、创新”的基本思路，注重质量、注重机制、注重提升、注重实效，不断探索完善平台建设和运行的体制机制，进一步建好57个创新平台，提高资源共享和公共服务水平。努力争取现代纺织、新药创制、集成电路、汽车及零部件、服装产业等平台提升为国家技术创新服务平台。围绕省级产业集聚区和块状经济转型升级示范区发展的需要，重点建设一批区域创新平台。

（三）加快重点实验室、工程技术研究中心等创新载体建设。优化重点实验室和工程技术研究中心布局。大力提高高校、院所重点实验室的水平，完善运行机制，进一步推进重点实验室向社会、企业开放共享。引导优质科技资源向企业集聚，鼓励和支持企业与高校、科研院所联合共建实验室。优先在行业龙头骨干企业、高新技术企业和战略新兴产业领域布局建设一批工程技术研究中心、重点实验室。支持高校、院所在战略高技术领域布局建设重点实验室，在研发活动相对密集的创新集聚区、科技城建设公共实验室和工程技术研究中心。到"十二五"末，省级以上重点实验室、工程技术研究中心达到250家以上，其中重点企业的重点实验室及研究机构占总量的比重达到85%以上。

六、深入实施百千万科技创新人才工程，加快创新型人才队伍建设

（一）大力培育创新领军人才与创新团队。重点引进创新团队的领军人才，带动创新团队的全面提升和建设水平的提质。结合重大科技专项、重大科技成果转化工程的实施和重大创新平台、创新载体的建设，加大扶持力度，强化产学研合作，着力培育150个省重点科技创新团队和100个企业技术创新团队，深入实施"151"人才工程，造就数百名科技创新领军人才、数千名学术技术带头人和数万名研究开发骨干，着力引进和培育若干国际一流的领军人才和创新团队。

（二）加快引进海内外高层次人才。进一步优化创新创业环境，加大激励力度，积极组织实施国家和省"千人计划"，鼓励支持高校、科研院所特别是企业引进一批具有真才实学的海外高端专业技术人才、掌握核心技术的海外高级工程师。改革人事分配制度和科研立项评审制度，以企业为主体，面向海外公开招聘重点实验室和工程技术研究中心主任或首席科学家，鼓励支持海外高层次科技创新人才领衔实施重大项目。进一步推进钱江人才计划，支持浙江海外高层次人才创新园、中国海洋科技创新引智园和留学生创业园建设，继续组织清华大学、浙江大学等的海外学子"浙江行"活动，积极引进和帮助海外科技人才来我省创新创业。

（三）加强企业创新人才和青年创新人才的培养和引进。实施企业家技术创新战略能力提升计划，培养一批具有战略眼光和国际化视野、善于组织开展技术创新和转化重大科技成果的科技型企业家，培育一批科技新浙商。实施优秀青年科技创新人才培养计划，依托各类科技计划项目和创新载体，着力培养青年人才，支持青年人才主持实施重点科技项目。实施高技能人才培养计划，培养各类具有创新能力和精湛技艺的人才。

七、加强基础研究与核心技术研究，提升原始创新能力

（一）持续加强基础研究。瞄准科学技术发展前沿，加大自然科学研究投入，发挥我省学科优势，完善自然科学基金项目指南和资助重点，优化基础研究布局，继续培育在数学与信息科学、物理学、植物学、传染病学等方面的研究优势。支持浙江大学优势学科和省属高校重中之重学科建设，增强基础研究能力。支持我省科研人员参与和领衔承担国家"973"计划、国家自然科学基金重大重点项目和国家杰出青年科学基金项目，鼓励自由探索、跨单位合作研究，积极参与国内外学术交流，加大青年研究人员培养力度。加强基础学科之间、基础科学与应用科学、自然科学与人文社会科学的交叉融合，获取一批高水平原创成果，进一步提高我省基础研究总体水平，国际科学论文引用数继续位居全国前列。

（二）加强面向重大战略需求的核心和关键技术研究。围绕产业升级、节能减排、健康安全、山海开发、生态建设等重大战略需求，重点加强绿色与精密制造、纳米技术、微电子、云计算、新一代网络通信与物联网、先进能源、资源利用与生态环境保护、食品安全、公共卫生与重大疾病防治、生物医药、绿色化工与新材料、现代农业、海洋科技等领域的核心与关键技术研究，力争在战略高技术领域获得一批具有国内外影响力的创新成果，增强技术储备。

八、实施知识产权和技术标准战略，增强区域核心竞争力

（一）强化科技创新的知识产权导向。深入实施知识产权战略，使企业尽快成为知识产权研究开发投入的主体、知识产权申报申请的主体、知识产权创新应用的主体、知识产权保护的主体和知识产权产业化与回报的主体。

加强知识产权创造。鼓励企业加大知识产权投入，重点培育一批拥有核心专利、熟练运用专利制度、国际竞争力较强的知识产权优势企业。把获取自主知识产权特别是发明专利作为科技计划项目立项和验收、科技奖励标准的重要依据，把拥有自主知识产权的数量、质量作为认定创新型企业、高新技术企业和评价省重大创新平台、产业技术创新战略联盟等创新载体运行绩效的重要标准。鼓励高等学校、科研院所将获取自主知识产权作为专业技术职称评定、职级晋升的重要条件。

加强知识产权运用。积极组织企业实施专利战略推进工程，鼓励企业联合构筑专利联盟，推进专利技术产业化。支持企业加快发明专利成果的转化、产业化。鼓励企业购买国内外发明专利或取得专利许可，提高运用知识产权的能力，增强核心竞争力。

（二）加强知识产权的保护和管理。完善司法、行政、行业、企业相结合的知识产权保护机制，建立健全知识产权维权援助机制。加强专利行政执法、市场监管和法律援助。加强专利行政执法队伍建设，健全省、市、县（市、区）三级行政执法体系，充实基层执法力量。专利行政执法部门要与司法部门加强信息沟通，完善执法协调机制。加强行业知识产权自律，指导企业协调解决专利纠纷，提高企业应对境外知识产权诉讼的能力。

实施重点企业知识产权管理促进工程，建立和完善企业知识产权管理制度，提高企业知识产权管理水平。建立重大经济活动知识产权审议机制，开展重大技术与装备引进、企业并购、技术出口的知识产权法律状态监督或审议。加快知识产权（专利）信息服务平台建设，提供功能完善、方便快捷的专利信息公共服务。构建专利代理行业诚信体系，规范专利代理行业秩序。

（三）加快技术和产业标准的开发和应用。围绕提高产业技术水平与竞争力的需要，加强技术和产业标准的研制，鼓励企业和有关单位积极参与国际标准、国家标准、行业标准制修订。以装备制造、电子信息、轻工、纺织、医药、建材、环保、有色金属等产业为重点，加快实质性采用国际标准和国外先进标准步伐，助推产业升级。积极开展环境保护、资源节约、生态农业、现代服务等领域地方标准研究与制定。加强标准与知识产权的结合，大力推进具有自主知识产权的技术和专利及时转化为标准，全面提升标准化总体水平。到2015年，我省为主参与制修订国家标准、行业标准300项以上。

九、深化科技体制改革，加快建设区域创新体系

（一）进一步确立企业的创新主体地位。积极调动企业开展技术创新的积极性，引导企业不断加大科技投入，引进培养创新人才，建立健全技术创新激励机制。进一步改革科技计划管理体系，优化科技资源配置，引导创新要素向企业集聚。支持高层次科技创新人才向企业流动。支持企业研发机构、工程技术研究中心、重点实验室和博士后科研工作站建设。支持企业牵头和参与承担国家、省重大科技专项与重大科技成果转化工程项目，大幅度提高企业自主创新能力与核心竞争力。

加快推进创新型企业试点示范工作。引导企业根据自身实际，在构建创新体系、探索创新机制、培养创新人才、营造创新环境、弘扬创新文化、提高创新能力等方面，开展综合试点、组合试点、单项试点。通过示范一批、试点一批、带动一批，加快创新型企业的培育和发展。支持行业龙头骨干企业发展成为国家级和省级创新型企业。支持市、县（市、区）重点培育一批创新型企业，带动块状经济向现代产业集群转型。力争建设县级以上创新型企业5000家以上，其中省级创新型企业500家以上，国家级创新型企业50家以上。

大力推进企业研发机构建设。鼓励支持行业龙头骨干企业、大中型企业和企业集团建立企业研究院，争创国家企业重点（工程）实验室、工程技术研究中心和企业技术中心。鼓励支持高新技术企业和大中型企业建立省级企业研究（技术）中心、院士专家工作站、博士后流动工作站，与高校院所共建各类研发机构，联合开展研究开发、新产品试制、成果转化、人才培养等活动。到2015年，在行业龙头骨干企业和重点行业产业中建立150家以上的企业研究院，省级研发（技术）中心达到2500家以上，规模以上工业企业建立研发机构的比例达到15%以上。

（二）深化科研院所和高校科研体制改革。深化和完善科研院所分类改革，加快建立“职责明确、评价科学、开放有序、管理规范”的现代科研院所制度。结合事业单位改革，大力推进公益类科研院所内部体制机制改革，完善“一所（院）两制”，全面实行岗位管理制度和人事聘用制度，推行首席科学家和研究员制度。推进公开招聘、人事代理和按需设岗、按岗聘用、竞聘上岗的用人管理制度。建立符合公益科研特点、体现岗位与业绩的分配激励机制，收入分配向优秀人才和关键岗位倾斜。完善对公益类科研院所的考核评价制度，加大对基础研究、公益技术研究和服务的稳定支持。支持转制科研院所深化产权制度、劳动制度和科研管理制度改革，加强行业共性、关键技术的研究开发和公共技术服务，加强科技成果的转化、产业化，做强做大科技产业。积极推进各类科研院所建立科研支持产业、产业反哺科研的有效机制。

围绕我省经济社会发展的迫切需求，调整优化科研院所布局，集中力量建设一批国内一流的科研院所。支持企业和高校科研院所以院引院、以所引所，做强做大，加强与国内外大院名校与企业的合作共建。支持科研院所培养引进高层次人才，改善科研院所实验装备条件，增强科研院所科研开发、成果转化、人才培养能力。借鉴国内外先进经验，按照新体制、新机制筹划建设工业研究院。大力发展工业设计、质量计量检验检测机构。到2015年，全省科研院所的科技人员、固定资产、科研经费、专利和科学论文、技工贸收入、利润等主要指标比2010年翻一番，培育若干家科技人员上千人、装备资产超亿元、研发经费超5000万元、技工贸收入超10亿元、掌握一批具有自主知识产权核心技术的大型科研院所。

围绕提高自主创新能力，深化高校科研体制改革和人事制度改革，完善业绩考核评价、专业职务评聘和分配奖励制度。根据基础研究、应用技术开发、成果转化推广等不同科技活动的特点，确定不同的考核评价、专业职务评聘和分配奖励制度，调动各类科研人员的积极性和创造性。充分发挥浙江大学和省属高校在我省自主创新中的基础和生力军作用。鼓励和支持有条件的省属高校发展为研究型或教学研究型大学。

（三）大力发展科技服务业。完善和落实扶持科技服务业、科技中介服务机构和发展技术市场的政策法规。大力发展研发设计业，以创新成果产业化为内容的创业服务业，信息系统集成服务业和增值服务业，检验检测、知识产权、技术转移、技术服务、技术咨询、技术评估等各类科技创新中介服务机构和科技创业中介服务机构，培育技术市场主体，推动科技服务的市场化、专业化、网络化和社会化。支持各类高校、科研院所建立技术转移机构，支持科研人员独立或参与创办科技中介机构，培育一批重点科技中介机构，促进产学研结合与科技成果转化。充分利用信息网络技术等现代化的手段，完善网上技术市场的创新和创业服务功能，畅通创新与创业渠道，推动产业化。进一步办好有形技术市场，建立技术产权交易所。加强和完善科技成果与技术交易合同登记管理。积极推进科技中介机构行业准入和资质认定制度建设。鼓励各类科技中介机构分工合作、联合构建科技成果转化平台，建立和共享各类科技专家库、项目库和成果库。开展各类技术中介的增值服务，支持市、县（市、区）举办各类科技合作对接服务活动，大力发展科技会展业。到2015年，技术市场交易额达到100亿元以上，科技服务业增加值达到500亿元，占生产总值和服务业增加值的比重分别达到1.3%和2.5%左右。

（四）培育一批产学研结合的产业技术创新战略联盟。大力推进产学研结合，加强高校、科研院所与企业的人才交流，鼓励高校、科研院所与企业合作开展技术创新。围绕战略性新兴产业培育和传统优势支柱产业转型升级的需要，以企业为主体，由行业龙头骨干企业牵头，依托重大创新平台，联合高校、科研院所，建立利益共享、风险共担的产业技术创新战略联盟。联盟成员共享信息、协作攻关，联合实施行业重大共性关键技术研究开发，培育产业链，增强产业核心竞争力。到2015年，在电子信息、新能源、生物医药、电动汽车、先进装备制造、节能环保等战略新兴产业和纺织、化工、特色农业等重点产业建设50个左右的省级产业技术创新战略联盟，支持有条件的争取成为国家产业技术创新战略联盟。

（五）深化科技管理体制改革。坚持创新环境、人才、平台、项目“四位一体”的工作格局，推进政府科技管理工作的“五个转变”。健全省部、厅市、部门会商制度，加强科技工作的综合协调和宏观管理。加强软科学特别是科技发展战略和政策研究，完善专家咨询制度，加强重大科技项目的主动设计，提高科技创新决策和管理的前瞻性、科学性。以提高科技经费使用绩效为中心，深化科研项目与经费管理办法改革，适当提高科技项目经费中劳务费支出比例。坚持“三审一决策”的立项管理制度，完善项目经费预算评审制度，提高预算安排的合理性。加强科技项目的中期检查、绩效评估、结题验收等全过程管理。推行重大科技项目监理制，完善科技经费的审计制度。加强科研学术诚信体系建设，加大对科研不端行为的查处力度，完善监察制度。

十、扩大科技对外开放，集聚国内外科技资源

（一）充分利用全球创新资源。实行更加积极主动的开放创新战略，不断拓展新的开放领域和空间，建立充分利用全球创新资源的体制机制和工作抓手。鼓励企业“引进来、走出去”，成为国际科技合作与交流的主力军。支持有条件的企业到海外设立、兼并和收购研发机构，设立双向互动的国际科技园或孵化器，引进和利用海外高层次人才，购买国外专利、专有技术、软件著作权、工艺配方和品牌。支持企业牵头联合高校、科研院所与外方合作建立国际产业技术创新战略联盟，组织实施重大技术引进、消化、吸收和再创新项目，提高先进装备的国产化程度。支持高校、科研院所和企业积极参与国际学术交流和国际大科学计划、大科学工程，利用海外科研基础条件加强国际科技合作，建立中外联合实验室和工程技术中心。在高新技术产业开发区（园区）、行业龙头骨干企业和重点高校院所建立一批国际科技合作基地、出口商品基地和国际技术转移机构。办好青山湖以色列科技产业园、舟山国际科技岛、巨化中俄科技合作园。建设国际科技合作“三网两库”，重点加强与美国、欧盟、日韩、俄罗斯等以及我国台湾、港澳等地区的科技合作。

（二）引进大院名校和大型央企民企军企共建创新载体。大力引进大型央企民企军企及一流大学来浙设立分支机构和科技成果转化基地。支持浙江清华长三角研究院、中国科学院宁波材料所等800余家共建创新载体的建设和发展，充分发挥其在承接大院名校科技人才优势、服务我省经济社会发展的作用。及时协调解决共建载体在基本建设、人才引进、实验试验条件和研究开发、成果转化等方面遇到的困难和问题。支持共建载体与企业合作，转移转化科技成果。进一步调动企业和市、县（市、区）政府的积极性，面向北京、上海、南京、西安、武汉、成都等高校、科研院所集中的城市，继续大力引进大院名校大企业共建创新载体。继续加强与中国科学院的全面合作，深入实施“432”工程。“十二五”期间争取新引进共建各类科技创新载体300家以上，其中具有较大规模的高水平重点创新载体50家以上。

（三）大力推进军民科技融合发展。国防科技系统具有丰富的科技储备和强劲的创新实力，加强军民科技合作是提高我省自主创新能力的重大举措。结合我省实际，研究制订军民科技合作规划和政策措施，支持民营企业和高校、科研院所积极参与国防技术装备的研制和生产，大力引进军工集团和国防科研机构到我省转移转化科技成果，建立国防科技产业园和军民两用产业基地。鼓励民营企业参与军工企业改组改制。鼓励科技中介机构积极参与军民科技合作。

十一、改善科技创新环境，强化规划实施保障

（一）完善与落实鼓励自主创新的政策法规。依靠法律手段保障和推进科技进步。认真组织学习宣传和贯彻落实科技法律法规，把它纳入普法教育的重要内容，切实提高全社会的科技法制意识。加强地方科技立法调研和立法工作，不断完善地方科技法规规章。各级政府及科技行政部门要依法行政、依法办事，自觉接受人大及其常委会的依法监督和政协的民主监督。

完善和落实自主创新政策。进一步落实企业研究开发费加计扣除、高新技术企业和技术先进型服务企业税收优惠、政府优先采购自主创新产品、创业投资企业和科技企业孵化器税收优惠等政策，支持和鼓励企业增加研发投入，降低企业创新成本和风险。深化技术要素参与股权和收益分配，探索推行技术期权、股权奖励等形式的股权激励，强化人才创新创业激励机制。注重经济政策和科技政策相互协调，完善财税、金融、政府采购、人才队伍建设等政策措施，加强政策执行情况的监测评估。

（二）切实加大科技投入。进一步加大公共财政对科技的投入力度，省、市、县（市、区）财政用于科学技术的经费增长幅度应当高于同级财政经常性收入的增长幅度。到2015年，省、市、县（市、区）财政用于科学技术的经费占本级财政预算内经常性支出的比例应当分别达到8%、4.2%和3.2%以上。健全和完善科技专项资金管理办法，加强财政科技专项资金使用情况的监督检查，提高财政科技资金的使用绩效。建立和完善以企业技术创新需求为导向的科技计划立项机制，引导企业加大研发投入。积极探索发挥企业主体作用、产学研结合开展重大技术创新活动的有效方式和项目组织管理方式，鼓励和引导创新要素向企业集聚。加大成果转化资金的投入力度，强化技术和成果转移的审核机制。

（三）完善促进科技创新创业的投融资服务。科技、金融、财政、税务、银监等部门要加强统筹协调，建立科技金融工作联动机制，在科技金融运行体制上有所突破，进一步促进科技资源与金融资源的对接，加快发展符合科技创新产业化和现代金融发展规律的科技投融资服务业。支持有条件的市、县（市、区）积极开展科技投融资试点。探索建立金融科技贷款的风险补偿机制，鼓励银行积极发放科技开发贷款和知识产权质押贷款，支持有条件的市、县（市）设立商业银行科技分支机构或业务部门。推动政策性担保体系建设，推行多种形式的融资担保，拓宽企业融资渠道。支持创新型企业、高新技术企业上市或进入未上市公司股份转让平台。大力发展科技创业投资，扩大省创业投资引导基金，鼓励有条件的市（县）设立创业投资引导基金。积极推动科技保险，分散企业技术研发和产业化风险，推动具有自主创新产品和技术走向市场。创新财政资金扶持方式，综合运用无偿资助、贷款贴息、风险补贴、绩效奖励和引导基金等多种方式，逐步形成财政资金的引导放大机制和企业融资风险的分散补偿机制。努力构建银行信贷一块、风险资本投资一块、知识产权质押一块、科技担保一块、科技保险一块、财政支持一块的“六个一块”科技投融资的合作体系，缓解科技型企业融资难问题。

（四）加强科技普及工作。充分认识科普工作的重大意义，认真学习宣传和贯彻落实《中华人民共和国科学技术普及法》、《全民科学素质行动计划纲要》，面向广大青少年、农民、城镇劳动人口和各级干部，进一步加强科学技术普及工作，提高全民科技素质。大力推广应用各类科技成果和先进适用技术，重点宣传推广节能减排技术、先进纺织和皮塑生产技术、先进化工和建材生产技术、制造业信息化技术、基层卫生适宜技术、服务业数字化技术和创新方法。加强对科普工作的组织协调。完善科普工作联席会议制度。发挥科技行政主管部门的职能作用，牵头抓好科普工作，充分依靠各级科协、社科联、工青妇等社会团体和各有关部门以及广大科技人员，开展科技活动周、科普日、科技讲座等形式多样的科普活动。加快各类科普教育基地建设。积极组织开展科技人员学术交流、青少年发明创造、技术工人与农民技能竞赛等适宜不同群体的创新实践活动。充分发挥新闻出版、广播电视、互联网等传播媒体的作用，广泛宣传科技政策法规、科技项目、科技成果、创新文化、先进科技人物及自主创新先进经验，形成全方位、多层次的科技宣传与普及体系，努力营造尊重科学、尊重人才、尊重创造、宽容失败的环境和氛围。

（五）强化科技创新合力。牢固树立和贯彻落实科学发展观和正确的政绩观，加快推动发展向主要依靠科技进步、劳动者素质提高和管理创新转变。坚持一把手抓第一生产力不动摇，加强对科技创新创业支撑转型升级所作贡献的引导和激励。各级科教领导小组要加强宏观指导和组织协调，及时研究解决科技工作中的重大问题。各有关部门要各司其职，形成合力，积极参与和支持科技工作。各级领导干部要带头学科学、讲科学、用科学，不断提高科学指导工作的水平。建立市、县（市、区）和部门领导干部联系科技型企业的制度。坚持和完善党政领导科技进步目标责任制，继续推进科技强市、科技强县（市、区）创建活动。建立健全科技统计监测、评价和通报制度，全面、及时、准确反映科技进步动态。全省科技系统干部要深入开展创先争优活动，坚持依法行政，切实加强党风廉政建设，着力提高整体素质和工作能力。

附件：1.“十二五”科技发展主要指标
2.“十二五”重大科技专项主要内容
3.“十二五”科技成果转化工程主要内容
4. 名词解释（略）

附件 1

“十二五”科技发展主要指标

指标名称	2010 年	2015 年	增幅
研发经费占生产总值比重（%）	1.82	2.5	提高 0.14
企业研发投入占主营业务收入比重（%）	0.85 *	1.3	提高 0.09
科技进步贡献率（%）	51 *	55	提高 0.8
研发人员（万人年）	20 *	40	年均 14.9%
企业研发人员（万人年）	17 *	32	年均 13.5%
发明专利授权量（件）	6410	10000	年均 9.3%
规上企业新产品产值（亿元）	10143	20000	年均 14.5%
新产品产值率（%）	19.6	23	提高 0.68
高新技术产业产值（亿元）	11668	20000	年均 11.4%
高新技术产业增加值占工业增加值比重（%）	23	30	提高 1.4
科技服务业增加值	200 *	500	年均 20.1%
科技服务业增加值占服务业增加值比重（%）	1.7 *	2.5	提高 0.16
战略新兴产业增加值占生产总值的比重（%）	4.5 左右 *	12 左右	每年提高 1.5

注：带 * 的数据为预计数。

附件 2

“十二五”重大科技专项主要内容

名称	任务及内容	2015 年目标
新能源技术	重点加强太阳能、风能、生物质能和海洋能等可再生能源应用的高端实用技术研发和产业化。加强低能耗提纯多晶硅技术、太阳能光伏电池技术和逆变控制器等核心组件的研发，积极推进太阳能电池生产线及核心组件装备国产化，实施太阳能光伏发电和分布式应用示范工程，扩大应用范围。突出大功率双馈、直驱、液压风力发电机组、主控制器及数字风力发电场调度控制和并网控制等系统关键核心技术的研发，实现兆瓦级风电机组的规模化生产和推广应用。提升秸秆和农林废弃物裂解制生物油、气、碳，非食用油脂生产生物柴油，纤维素类植物生产生物乙醇的技术水平。加快生物质直燃和掺烧发电、气化发电系统设备及其关键部件的研发和应用。解决生物质固化成型、高效燃烧及供热、垃圾发电二噁英处理等关键技术。加强地热能和海洋能技术研发和应用。	在太阳能、风能、生物质能利用关键环节掌握一批具有自主知识产权和国际先进水平的核心技术。
新材料技术	加强碳纤维、超高强聚乙烯纤维、氟硅高分子材料及功能化学品、低成本稀土永磁材料、纳米改性及复合材料、生物工程材料等高性能结构材料和功能材料的研发和产业化应用。重点加强光电晶体材料、储能材料、发光材料，高强轻质铝合金、镁合金、钛合金和铜合金材料，特种陶瓷、绿色建材及碳纤维、特种增强纤维、永磁与软磁铁氧体材料、高耐蚀性和低成本稀土永磁材料等的研发和产业化。加强新型纳米功能涂层、纺织染整纳米材料等纳米改性及复合材料的研究开发，发展专用纳米粉体材料、纳米晶块体材料、纳米陶瓷及金属材料等相关产业。加强开发药物控制释放、组织修复与再生等生物工程材料的研究开发和产业化。加强特种氟硅单体及其高性能聚合物的研究，开发特种氟硅功能化学品、高性能工程塑料、弹性体材料、具有光电磁功能、分离或吸收吸附高分子功能材料、无公害自降解高分子材料。	掌握高性能硅晶、半导体照明、磁性和氟硅等新材料生产关键技术，确立碳纤维、储能、发光等材料产业技术在全国的领先地位。
生物技术	重点加强生物育种、生物农药等农业生物技术，生物制药和制剂技术，加强生物炼制、生物催化、生物基材料等生物制造技术方面的研发与产业化。生物农业方面，重点突破分子育种、转基因、杂种优势利用等育种关键共	
生物技术	性技术，加强种质资源保护和优质育种新材料创制；突破食品加工与生物制造技术、农业生物药物靶标发现、新载体发掘利用、药物源头的微生物及代谢产物高通量挖掘等前沿和关键技术，加强新型生物农药、生物制剂、液体生物燃料、动植物生物反应器等重大产品研发。生物医药方面，重点推进新型疫苗与诊断试剂、基因工程药物、抗体工程药物、微生物药物、核苷酸类药物的研发；拥有自主知识产权的蛋白质、多肽类药物的新品种开发、具有改善药物半衰期的白蛋白偶联和 PEG 化新药及治疗性单克隆抗体的开发。重点支持生物转化合成手性药物、生物诊断技术产品的研发和产业化，支持新结构、新靶点、新机制的创新药物，加快缓释、控释、靶向定位等新型释药系统的研发。加强中药有效成分评价、筛选、提取、分离等新药研究和传统中药产品二次开发，加快推进中药现代化。生物制造方面，重点开展酶工程和发酵工程、菌种构建和选育改良，生物活性物质分离提取、生物标志物与功能分子筛选、工业酶规模化表达、中药材规范化种植、中药材产地初加工和饮片加工等关键技术。	育成高产优质多抗专用等动植物新品种 100 个以上，生物育种水平居国内领先；研制完成 3—5 个创新药物、2 个新释药系统，改造 5—10 个大品种药物和原料药物，成为全国新药创制强省。
新一代网络信息技术	重点加强集成电路、通信网络、物联网、高端软件和云计算等新一代网络信息技术的研究与应用。支持采用具有知识产权的 IP 核设计集成电路，并在民生领域得到广泛应用，成功实现该产业链的形成；研究高性能、低功耗的先进射频硬件节点间的相互通信、路由和协同技术、新一代互联网以及宽带无线数字通信技术及装备，进一步支持光通信产业的发展，支持三网融合的实施；研究物联网系统架构、信息交互、标识技术与协同信息处理，推动物联网本身的智能化、实时化以及可扩展化的实现；支持云计算的计算虚拟化、存储虚拟化及服务计算技术，开发核心基础软件与中间件。重点支持电子商务、文化创意、安全监控、环境监测和灾害预警、智能交通、现代物流、资源管理、数字旅游、文物保护、远程传媒等重点领域的规模化应用。	形成具有自主知识产权的 IP 核产品产业链；攻克物联网应用的关键技术与配套软硬件；突破虚拟化核心技术，保持软件产业技术及产品国内先进。

名称	任务及内容	2015 年目标
高端装备制造技术	重点开展现代大型装备的大功率动力装置和先进控制系统、清洁高效发电、轨道交通等设备的研究与集成，开发一批重大工程和大工业连续化生产的关键设备和成套设备。加强对机床本体设计和制造、高精度数控系统及功能部件等中高档数控加工设备的关键核心技术的研究，实现5轴以上联动的大型中高档数控机床及其数控系统和关键功能部件产业化生产。加快高等级压力容器、核电用泵及阀门等核电关联设备研发与产业化。	全面提高现代大型装备绿色制造、高可靠长寿命等集成技术水平，基本实现高端机型自主设计和高附加值环节的自主配套。
节能环保技术	重点加强绿色高效热能、电能利用及节水、节材、节能建筑等技术、装备和材料的研发与产业化；加强水体和大气污染防治、固废弃物处置、生态保护修复、资源循环利用等关键核心技术和装备的研发和产业化。节能方面，重点加强低温余热发电、生产过程低温热能回收、低温余热交换器等技术和装备的研发，开展高能耗行业生产过程的水、电和原材料的节约技术研发和推广，支持半导体LED等照明高效技术研发，开展泵、电机、空调等典型机电产品的节能技术研究和推广应用，继续开展大功率变频器和产品的开发与应用，积极推进智能电网的强电传输技术及其产品开发，大力发展建筑节能技术和绿色建筑材料的研究与开发应用，推进交通运输节能减排与生态建设技术的研发。环保方面，重点针对重度污染行业，开展工业废水治理与中水回用、流域水污染控制与水环境质量改善、区域大气污染控制、洁净煤燃烧技术、生活污水处理和污泥处置、水生态保护和修复、重金属污染治理、大宗固体废物处理及资源化、土壤污染防治与修复、农业农村污染治理、核与辐射安全等技术及其相关装备的研发和应用，加快对传统生产工艺进行绿色化改造。	低温余热利用、绿色照明、建筑节能等节能技术应用和生态保护修复、资源循环利用等技术达到国内先进水平，节能环保技术集成和工程设计能力达到国内领先水平。
新能源汽车技术	以高性能纯电动汽车、混合动力汽车为重点，加强城市公交、乘用车、出租车和特种用车等整车及配套技术的集成设计开发与产业化。重点加强动力电池、驱动电机和电控系统等关键核心零部件的开发。加快汽车电子产品在新能源汽车上的应用。降低新能源汽车生产成本，提高整车性能。加大机电耦合、能量回收等混合动力汽车关键技术的开发，加大汽车电子化和智能化产品在节能与新能源汽车上的应用技术开发。	突破高效实用动力电池、电机、控制系统等关键零部件的核心技术，整车设计及制造达到国内领先水平。
海洋开发技术	重点研究开发利用海洋资源的新技术、新工艺、新产品；研究港口物流装备、信息化、船舶制造、海洋工程等的重大关键核心技术与应用。加快信息技术在港口的应用，提高港口集疏运数字化水平。加强船舶精度设计与建造、船用柴油机及齿轮箱等传动推进装置、船用导航及自动化装置等关键装备技术的研发和产业化。加快大吨位海水淡化装置、车船用移动淡化装置的推广应用和规模化生产，开发水电联产、热膜耦合等海水淡化成套技术和装备，研究临港石化工业和核电工业的海水冷却技术、生活用海水的生化处理技术。加快大型港口和港口集疏运网络建造技术、港口物流现代技术装备、海洋航运与港口服务技术装备、大宗商品交易平台的研究开发。加强海洋生物与药物资源开发与深度加工利用，研究开发高附加值海洋生化制品、保健食品和天然海产药物。加快海洋运输和生态环境安全关键技术创新与海洋环境灾害应急防治技术等研究，开展近海生态环境修复、近海濒危水生生物救护和人工驯育等技术的研究。	船舶设计制造、港口物流、海水淡化、海洋药物开发等技术处于国内领先水平。
设施农业与精深加工技术	重点开展先进农业装备、工厂化设施农业装备、现代农用物资、农产品生态控制技术、数字农业技术、节水节地农业技术的研究。围绕我省粮油、果蔬、畜禽、水产、茶叶、食用菌、竹木、中药材等大宗特色优势农产品，加强农副产品高值化深加工技术、工艺和装备的研究、现代食品设计与制造研究、功能性成份提取、纯化和应用技术研究、农产品加工副产品和废弃物的综合利用研究、农产品冷链物流技术与装备的研究，完善农产品加工制造技术体系，加快具有市场前景的方便营养、功能食品和天然药物的开发，培育发展畜禽产品、水产品、粮油、果蔬、森林食品加工产业链，扶持一批农产品精深加工科技企业，提升特色农业产业的竞争力。	农业机械化水平明显提高，果蔬、水产、林产品、畜产品等大宗特色优势农产品的精深加工技术达到国内领先水平，农产品加工率达50％以上。
重大与高发疾病防治技术	重点研究重大传染病、代谢病与心脑血管病、恶性肿瘤、精神与神经疾病、视觉健康和致盲性疾病、老年病等高发疾病的预防控制、早期筛查、诊疗、严重创伤及灾难事件的应急抢救新技术、新方法、新体系。加强外科微创、重要污染物对健康危害因素风险评估与预警、出生缺陷综合防治和生殖健康、中医药防治、生物治疗、干细胞和再生医学、生物医用材料等新技术的研发与临床应用。	应对重大传染病的应急和综合防控能力显著提高；重症乙肝和结核病患者病死率降低10—20％；在器官移植、外科微创、视觉健康和致盲性疾病防治技术等方面处于全国领先水平。

附件3

“十二五”科技成果转化工程主要内容

名称	任务及内容	2015年目标
农业新品种示范	重点推广已育成并经国家和省审定、认定的农林渔畜禽业新品种100个以上，建立30个良种规模化繁育基地。在省级现代农业园区和粮食生产功能区，开展水稻、油菜、旱粮等主要农作物的中试示范，在省级现代农业综合区、农业主导产业示范区和特色农业精品园，开展瓜菜、果品、畜禽、茶叶、花卉、食用菌、中药材、水产、林木等优势特色农业新品种的中试示范。	在全省建立50个种子种苗中试示范及产业化基地；农业主导产业的良种覆盖率提高至95%以上。
高效生态农业生产技术	加强高产、优质、高效、生态、安全的农作物种植技术、水产和畜禽养殖技术、林特业资源培育与利用技术、海洋养殖技术、远洋渔业开发技术的示范推广，建立现代农业技术体系；加强农林生态技术、循环农业技术、水土资源、气候资源保护利用和农田水利先进适用技术(产品)的集成应用与示范推广，发展节地、节水型农业；加强农业环境污染防控与修复、农业重大灾害防控、农业废弃物资源循环利用技术的推广应用，提高农业生态保护能力，促进农产品安全生产。加快高效生态新型农作制度和现代农业装备设施的推广应用，提高农业现代化水平。	农业劳动生产率提高50%以上；无公害农产品种植面积和产量比2010年翻一番。
农产品加工与安全技术	加强现代食品设计与制造、农副产品精深加工及配套装备、农产品物流与安全等技术的推广应用，培育发展畜产品、水产品、粮油、果蔬、森林食品加工产业链。加强农产品与食品风险评估、快速检测、溯源预警、安全控制等成熟技术的推广应用，创建农产品质量安全与标准化生产科技综合示范区。加强微生物发酵等生物技术、天然活性物质的提取、分离和纯化等技术在农产品精深加工上的转化应用，加快具有市场前景的功能食品和天然药物的开发，提高农产品附加值。	力争我省主要农产品附加值提高3倍以上，培育发展若干特色农产品加工科技产业链。
节能技术	重点在工业、建筑和照明等领域开展高效节能技术推广转化与示范工程。加快推广企业能量系统优化与控制技术、水煤浆代油洁净燃烧技术、拖动(电梯)节能技术、高中低各种参数余热余压循环回收与多联产技术和工业锅炉节能改造技术等。加快节能隔热墙体材料、既有建筑节能改造、可再生能源的建筑一体化、楼宇中央空调节能等先进技术的推广应用。做好杭州、宁波、湖州国家“十城万盏”示范项目的基础上，实施我省高光效LED道路照明“十城万盏”计划。	能源和资源的综合利用率达到国内先进水平。
现代纺织、皮塑生产技术	重点推广转化新型纺织纤维、塑料改性专用料制备，高档纺织品、皮革加工生产、高效节能环保印染后整理、皮塑生产及先进纺织服装、皮塑加工装备等先进技术成果。围绕纤维材料、织造印染后整理等环节，推广转化制备技术、优质高档纺织品和新颖特色纺织品加工技术、再生循环技术、高效环保节能降耗印染后整理技术、先进纺织服装装备及其数字化技术等。推广转化高性能塑料改性专用料生产技术、环境友好塑料生产技术、高品质皮革生产技术、产业用皮塑制品生产技术、清洁化制革技术和生产过程中废弃物处理和回用技术、皮塑加工先进装备制造技术。	新型功能性、产业用纤维和高性能纤维的比重达到全国领先水平，纺织纤维再生循环在产业应用上取得重大突破，绿色制造技术和先进装备在纺织、皮塑行业得到有效推广。
先进化工、建材生产技术	重点转化推广化工、建材领域的先进绿色生产、控制、管理及新材料、新工艺、新装备等技术成果。推广选择化学反应方式、介质和路径的绿色化设计技术，有毒有害原料、溶剂和催化剂的替代技术，新型催化剂开发和高效催化技术，新型高效分离、提取及过程强化技术，重大化工新产品的开发技术等，加快传统化工生产过程的绿色化改造和产品档次的提高。推广新型干法水泥生产技术、粉体加工技术，以废弃物为生产原料或燃料的水泥生产装备和技术。浮法玻璃全氧燃烧的工程技术、浮法玻璃表面改性及PDP基板玻璃制造技术。加快推广健康、环保、节能、轻质、安全、耐久、低VOC环保型、抗菌型建筑材料的生产技术和固体废弃物生产新型墙体材料的技术。	医药、染料中间体合成等主要化工流程工业关键环节绿色化改造30项以上；水泥、玻璃、玻纤等主要产品的生产工艺技术和技术经济指标达到国内领先水平。

名称	任务及内容	2015年目标
制造业信息化技术	重点转化推广制造业产品设计、生产装备、流程控制、在线检测监控及企业管理、仓储营销等信息化技术。面向机电装备、汽车制造等行业，加快推广机械装备、纺织机械等核心控制器自动生成与平台设计技术，装备自动生产线的专机、专用设备的模块化设计技术，基于数字化设计的数字化样机技术，物联网条件与环节下的现代物流与先进管理技术，面向提高产品质量的在线检测与监控技术。推广企业资源计划、三维辅助设计、产品全生命周期管理、流程工业能源协调优化、网络协同制造、电子商务等技术在企业的应用；推广设计制造一体化"甩图纸"信息化技术在机电装备、汽车制造等行业的应用，推广经营管理信息化"甩账表"技术在纺织、化工、机械制造等行业的应用，为我省实施制造业信息化工程提供支撑平台、工具及应用软件与系统，构建新型应用、开发和服务体系。	产品数字化、智能化与设计、制造和生产过程的自动化水平达到国内领先水平，传统产业的综合竞争力大幅提升。
减排技术	重点转化推广复合高效生物脱氮除磷、中水回用、水蚯蚓原位消解、污泥干化焚烧与热解和燃煤烟气脱硫脱硝等无害化处置技术，适用于企业废水处理、农村生活污水和生活垃圾处理的技术及集约化设备。推广复合高效水解、高效COD降解菌、高效絮凝药剂、曝气生物流化床、生物移动床、同步硝化反硝化、中水回用等污水处理厂氨氮、总氮提标减排与废水总量减排技术；水蚯蚓原位消解污泥技术，污泥热解、污泥调理、深度脱水技术设备综合集成的污水处理全流程污泥减量化技术；污泥热处置系统污染物控制、节能的污泥干化焚烧与热解等污泥无害化处置技术；农村生活污水和生活垃圾就地处理装备模块化与集成化技术；城市环卫、化学工业、机电制造喷涂等产生的恶臭废气和中低浓度有机废气的净化技术；燃煤烟气脱硫脱硝技术；汽车尾气减排与净化技术。	高效减排技术在造纸、印染、酿造等重度污染行业得到广泛推广，生活污水污泥处理技术居世界领先水平。
基层卫生适宜技术	重点推广慢性病类、妇女儿童类、急救类、康复护理类、中医药类、公共卫生类、眼耳鼻喉皮肤病类、计划生育类等8大类100项以上卫生适宜技术。培养一大批面向基层服务的专业技术骨干，初步建立起以基地为基础的基层适宜卫生技术推广应用长效工作机制。	在全省建立50个左右基层卫生适宜技术推广基地，全面提高社区、乡镇医疗技术水平和质量。
服务业数字化技术	重点加强现代信息技术在商贸流通、文化传媒、交通运输、医疗卫生、公共安全等方面的推广应用。推广电子编码、物流运输实时监控等物流信息系统技术与区域性物流运营管理技术等方面的商贸流通与第三方物流技术；数字认证与电子合同技术，无线移动、射频识别、智能终端等装备技术，无缝协同电子商务服务平台建设技术等方面的电子商务技术；二维三维动漫、数字内容版权保护与管理、文化遗产高保真等文化传媒技术。组织新型电子商务服务示范工程、现代物流服务示范工程、数字医疗示范工程、动漫影视制作工程、专业市场移动商务示范工程等应用示范工程，以应用示范带动面上推广。	建成一批现代服务业示范工程，形成若干行业数字化应用技术解决方案，服务业数字化水平达到国内领先。

浙江省人民政府关于印发
浙江省十二五金融业发展规划的通知

浙政发〔2011〕36号

各市、县（市、区）人民政府，省政府直属各单位：

现将《浙江省"十二五"金融业发展规划》印发给你们，请认真贯彻实施。

二〇一一年六月九日

浙江省“十二五”金融业发展规划

“十二五”时期是我省全面实施“八八战略”和“创业富民、创新强省”总战略，加快推动科学发展和转变经济发展方式的关键时期。金融业是现代服务业的重要组成部分，是推动科学发展、转变经济发展方式的重要支撑。本规划根据《浙江省国民经济和社会发展第十二个五年规划纲要》编制，是今后五年我省金融业发展的行动纲领。

一、发展基础和发展环境

（一）现实基础。“十一五”时期我省金融业快速、高效、健康发展，逐步形成了银行业的“浙银品牌”、证券业的“浙江板块”、保险业的“浙江亮点”、地方金融的“浙商系列”，基本建立了结构较为合理、功能相对完善的金融体系，初步确立了富有特色的“金融强省”地位。

1. 金融总量快速增长，为经济社会发展提供了有力支撑。2010年末全省金融机构的本外币存款余额达54478亿元，居全国第4位，贷款余额46939亿元，居全国第2位，存贷款总量均提前实现翻一番目标，贷款增量居全国首位。五年新增境内外上市公司135家，截至2010年末全省共有境内外上市公司242家，累计融资额达2310亿元。证券、期货代理交易额年均增长77%和83%，年均证券交易额和期货代理交易额分别占全国交易总额的10%和16%。保险业务规模持续增长，保费收入年均增长21.6%，2010年实现834亿元，居全国第6位。

金融业对经济的贡献度逐年提高，为我省经济社会发展提供了有力保障。“十一五”时期全省金融业增加值年均增长21.4%，2010年金融业增加值达2288亿元，占全省生产总值及服务业增加值的比重分别为8.4%和19.5%，比2005年分别提高3.4和6.7个百分点。2010年金融业对全省生产总值的贡献率达到9.1%。

2. 金融体系日益完善，运行质量和效益良好。全省初步形成了银行、证券、期货、保险、信托、租赁、基金等多种金融机构并存，全国性、区域性、地方性机构协调发展的多元化金融组织体系。截至2010年末全省共有3家政策性银行、5家国有大型银行、12家股份制商业银行、10家外资银行、129家中小法人银行机构、16家证券和期货类公司、460家证券和期货营业部及62家产险和寿险经营主体。其中，地方法人金融机构140家。此外，全省共设立小额贷款公司134家、融资性担保机构402家、典当公司324家和地方产权交易机构23家。

金融业运行质量和抗风险能力持续提高。2010年末浙江银行业金融机构总资产达64745.7亿元，比2005年末增长1.7倍，2010年以银行业为主的金融机构实现税后利润1054亿元，资产利润率居全国前列；银行不良贷款余额和不良贷款率持续保持“双降”，全省银行业金融机构五级分类不良贷款比率0.95%，比2005年末下降1.4个百分点，资产质量保持全国前列；法人银行机构资本充足率、拨备覆盖率分别提高到13.4%、260.5%。

3. 地方金融改革不断深化，金融机构竞争力明显增强。通过改革开放和体制机制创新，银行业的“浙银品牌”初步确立；通过抓住中小企业板和创业板的推出、境外上市等重要机遇推进企业多渠道上市融资，证券市场的“浙江板块”加速崛起；通过不断完善保险体系，创新保险产品，保险业的“浙江亮点”逐步显现；通过整合重组、增资扩股、改制上市等多种途径，浙商银行、浙商证券、财通证券、浙商保险、信泰人寿、浙商基金、浙商信托、浙商期货、浙商租赁等“浙商系列”总部金融机构的影响力逐步增强。私募股权市场迅速发展，机构数量、管理资本量和投资项目数跻身全国前列；地方产权市场规模快速增长，初步建立了未上市公司股权转让平台。

同时，农村金融体制改革不断深化。通过明晰产权制度、理顺管理体制、化解历史包袱，全省农村信用社系统改革取得明显成效。到2010年末已成立42家农村合作银行。启动实施5家农村合作银行组建农村商业银行，一批县级法人农村金融机构进一步做强做大；全省农信系统的存贷款规模居全国第2位，资产质量、综合效益均居全国前列。积极推进小额贷款公司、村镇银行、农村资金互助社等新型金融组织试点，完善了农村金融组织体系。

4. 金融创新稳步推进，对外开放水平不断提高。银行业积极探索“抱团增信”、“网络联保”、“桥隧模式”、“路衢模式”、“信贷工厂”等多种金融服务方式，推出了供应链融资、物流融资、网络融资、小企业债权集合信托、小额贷款保证保险等60多种信贷创新产品，开展了林权、农村住房、海域使用权、船舶、仓单、股权、专利权、商标专用权、排污权等抵质押贷款业务。积极推进金融市场创新，短期融资券、中期票据、中小企业集合票据等企业债务融资工具快速发展，在全国率先发行证券、金融债券等创新产品。证券期货业全面推行证券、期货保证金安全存管，保险业积极推进农业保险、商业保险参与社保等业务试点。

金融业对外开放水平不断提高。宁波市率先对外资银行开放人民币业务，花旗、汇丰、渣打等国际知名金融机构相继进入浙江。目前，全省已拥有外资银行法人机构2家、分行12家、支行8家，共有12家外资保险机构在我省开展业务。人民币跨境贸易结算、金融机构引进战略投资者取得实质性进展，澳洲联邦银行、荷兰合作银行、摩根士丹利集团、日本三井住友等国际知名金融机构与我省金融机构开展了战略合作。

5. 金融生态环境持续优化，促进金融发展和维护金融稳定成效明显。我省各级政府大力支持金融监管部门加强金融监管，通过建立政、银、企多方参与的金融稳定协调机制，强化金融监管部门与地方政府的协调配合；建立了处置非法集资的协调机制，强化对民间融资的规范引导和重大金融风险的预防处置，确保了区域金融和社会的稳定；制定出台一系列促进金融业发展的政策，通过建立和完善小企业贷款风险补偿机制、强化信贷政策和产业政策的协调、鼓励企业通过资本市场直接融资等措施，有效保障了经济和社会发展重点领域和重点项目的资金需求，促进了区域经济的健康发展。

面对国际金融危机的严峻挑战，我省各级政府和金融机构着力做好"保障、创新、防范"三篇文章，切实落实"不惜资、不抽贷、不附加费用、不简单影响担保链企业"的"四不"要求，积极采取措施增强各类中小企业贷款风险补偿和应急转贷资金的保障能力，通过购并重组、引入战略投资者、托管等救助措施，妥善处置了多家企业资金链断裂引发的风险，有效应对了国际金融危机的影响，使我省金融生态环境得到持续优化。

"十一五"时期我省金融业的发展取得了一系列突出成绩，但是服务经济社会发展能力和金融业自身发展水平仍存在一些不足：一是在金融服务能力方面，相对于我省中小企业日趋旺盛的金融服务需求，大机构对小企业的金融服务有待进一步加强，以服务中小企业为主的地方法人金融机构规模较小、金融服务供给能力不足，金融服务的供求难以充分匹配；二是在金融产业发展方面，产业化程度偏低，金融市场体系的培育还不够完善，金融对实体经济的支撑和引领作用有待进一步发挥；三是在多元融资结构方面，多样化融资渠道不宽，资本市场发展相对滞后，直接融资比重偏低，企业过度依赖以银行信贷为主的间接融资状况仍未改变，多元融资格局尚未形成；四是在金融资源配置方面，金融资源集聚程度不高，中心城市的金融发展对全省的辐射带动效应有待进一步加强。同时，大量富余的民间资金还难以有效转化为金融资本和产业资本，民间融资规范化问题亟待解决。

（二）发展环境。

1. 宏观背景。从国内外宏观经济和金融形势看，"十二五"时期全球经济仍有可能出现不稳定因素，但总体将进入缓慢复苏阶段，并出现有利于新兴市场经济体发展的积极变化。我国经济虽然也面临一些不确定性，但工业化、城市化进程方兴未艾，经济发展长期向好趋势没有改变。经济持续较快增长对金融的旺盛需求将进一步显现。国际金融危机之后，金融业发展重心重新转移到服务于实体经济，以金融稳定增长为主旨的金融监管在全球范围内形成共识。在此背景下，我国将在维护金融稳定的前提下，通过大力增强金融业实力和国际竞争力，促进金融市场规范发展，实现经济与金融的良性互动发展。

从国家金融发展战略和政策导向看，"十二五"时期在有效监管和规范运作的前提下，深化金融改革开放和推进金融创新发展，仍将是我国金融发展战略的必然选择。加快推进人民币国际化，完善人民币汇率形成机制，健全金融监管协调机制和国际合作机制；稳步推进利率市场化改革，选择性地放开利率定价权，加快利率市场化进程；健全国有金融资产管理体制，完善地方政府金融管理体制；进一步鼓励金融产品创新、金融组织创新和金融业态创新，积极发展各种所有制的中小金融机构、地方金融组织和新型农村金融组织，引导民间投融资活动健康发展等，将成为我国金融业发展的重要政策取向。同时，"十二五"时期是直接融资和资本市场大力发展的有利时期。我国将进一步促进股票市场、商品期货市场、债券市场、金融衍生市场的创新发展；推动区域性产权交易市场、股权转让和场外交易市场的发展，加快发展股权投资和创业投资，完善和健全多层次资本市场的体系。

从长三角金融一体化发展格局看，随着以上海国际金融中心建设为核心的长三角金融一体化发展加快推进，将进一步提升浙江金融整体实力和创新能力，增强浙江金融服务承接能力和金融开放度。上海国际金融中心建设将有利于浙江主动对接上海的金融市场、国际金融服务和金融产业链，承接金融后台服务系统向浙江延伸，使浙江与上海在金融资源配置、金融服务对象等方面形成错位、互动发展格局，从而有利于我省大力发展财富管理机构和中小金融机构，有效服务中小企业、民营企业、县域经济和城乡居民。但同时，上海国际金融中心建设也可能带来金融资源流失和金融人才竞争加剧等不利影响。

2. 发展趋势。我省经济社会发展正处在工业化和城市化中后期。"十二五"时期浙江经济将保持稳定较快增长，人均生产总值有望突破 1 万美元大关，经济社会发展将超过上中等收入国家平均水平。按照国际经验，人均生产总值达到 7000—10000 美元的国家或地区，金融业增加值占生产总值的比重一般在 14—20%之间。我省金融业发展与这一水平相比差距明显，存在着巨大的发展潜力。随着我省经济发展进入加速转型期、社会建设进入整体推进期、体制改革进入攻坚突破期，浙江金融业发展既面临着难得的历史机遇，同时也面临许多挑战。

经济转型、产业升级进入关键期。"十二五"时期《长江三角洲地区区域规划》的全面实施和"浙江海洋经济发展示范区"建设上升为国家战略，为我省加快经济转型升级创造了更加有利的条件。我省将大力推进经济发展方式转变，加快转型升级和自主创新能力提升；加快城市化进程，重点培育中心镇和小城市，推进新农村建设，促进城乡统筹发展；加快发展海洋经济、促进山海协作和区域协调发展；优先发展先进制造业、高新技术产业、现代服务业，培育和促进战略性新兴产业的发展，促进块状经济向现代产业集群转型；实施"四大"发展战略，建设 14 个省级产业集聚区，形成具有特色竞争力的现代产业体系。推动我省经济社会转型升级发展，离不开金融要素的支撑和金融产业的支持。同时，也将催生大量的金融需求并改变金融服务的需求结构，这既给金融业转型发展带来历史性的机遇，也对如何形成与经济转型相适应的新型金融结构、体系和业态是一个重要考验。

金融产业成为国民经济支柱产业。"十二五"时期做大做强金融产业，充分发挥其对经济引领和支撑等主导性作用，将成为浙江经济发展和结构调整的战略需求。我省金融产业将构建起银行业、证券期货业、保险业和其他金融业态多业并举、地方金融蓬勃发展的"大金融"架构，进一步向市场化、规模化、集团化、国际化方向迈进。同时，如何满足金融产业大发展对金融资源集聚、金融要素流动和金融人才的需求，是我省金融业发展面临的挑战。

民间资本亟待转化为经济发展新动力。我省是民营经济大省，民间资本实力雄厚，大量的民间资本亟需寻求有效投资渠道。《国务院关于鼓励和引导民间投资健康发展的若干意见》(国发〔2010〕13号)明确提出鼓励和引导民间资本进入六大领域。随着金融业改革开放和民间金融规范化进程的深入，各类民间资金运用渠道将进一步放宽，浙江金融业发展空间巨大。同时，如何破解民间资金投资难和中小企业融资难并存的“两难”困境，变堵为疏，合理引导民间资本流向，通过地方金融业发展将民间资本有效转化为产业资本，使之成为推动经济增长的持续动力，是浙江金融业发展面临的挑战。

二、发展目标和战略任务

(一)指导思想。“十二五”时期我省金融业发展的指导思想是：以科学发展观为统领，紧紧围绕“八八战略”和“创业富民、创新强省”总战略，以加快转变经济发展方式为主线，强化金融对经济转型升级的支撑作用，进一步提升金融服务能力和保障能力；以打造“中小企业金融服务中心”和“民间财富管理中心”为重点，强化中小金融和地方金融特色，进一步提升金融业的自身发展水平和竞争能力；以优化金融发展环境为基础，改进金融资源的配置方式和效率，进一步提升金融集聚能力和均衡发展水平，形成与经济社会协调发展的金融支撑体系，实现金融业的创新驱动、内生增长，促进经济社会持续平稳健康发展。

(二)发展目标。“十二五”时期我省金融业发展的总体目标是：着力打造全国领先、特色鲜明、具有较大影响力的“中小企业金融服务中心”和“民间财富管理中心”，进一步推进金融产业强和金融服务能力强的“金融强省”建设，实现金融与经济社会的良性互动、协调发展。

通过“一个强省、两个中心”建设，实现我省金融业发展从单一目标向“强经济”和“强金融”双目标拓展；通过“两个中心”支撑和突显“金融强省”的特色，进一步增强金融保障能力、创新能力、集聚能力、竞争能力，实现金融保障服务能力和金融产业自身发展水平“双提升”，逐步形成浙江金融的主导产业格局、特色功能体系、核心竞争能力和生态环境支撑系统。

“十二五”时期我省金融业发展的具体目标：

——金融业发展的贡献率进一步提高。全省金融业增加值年均增长15%左右，2015年金融业增加值达4600亿元左右，占全省生产总值和服务业增加值的比重分别达到12%和24%左右，对全省生产总值的贡献率持续提高。融资结构进一步优化，直接融资比重提高到10%以上。

——银行业发展水平保持全国领先。全省金融机构存贷款余额年均增长12%以上，2015年存贷款余额分别突破8万亿元和7万亿元；信贷结构进一步优化，争取涉农贷款占比提高到6%，小企业贷款比重达到25%以上，小企业贷款的年均增速高于全部贷款增速和全国平均水平，法人银行机构资本充足率和拨备覆盖率达到监管要求。全省银行业金融机构不良贷款率控制在1.5%以下。

——多层次资本市场发展进一步完善。证券、期货交易额和证券、期货机构盈利能力继续保持全国领先地位。全省在境内外证券市场上市公司总数达到350家左右，新增募集资金达到1200亿元以上，上市公司总数继续保持全国前3位。各种债券累计发行额占全国同期发行总额的5%以上。资本市场融资额、资产证券化率等指标居全国各省前列。积极探索区域性场外交易市场和各类资产交易市场，争取试点或有新的突破。

——保险业创新发展能力不断提升。到“十二五”期末，实现保费收入比“十一五”期末翻一番，保险深度超过4%，保险密度超过2800元，产寿险业务规模和增长速度继续位于全国前列。

——地方金融机构加快做强做大。通过推进地方金融机构的改革创新、资源整合，做强一批有实力、有特色的地方品牌金融机构；通过大力推动符合条件的地方法人银行、期货公司上市，支持证券公司做强做大并争取上市，发展壮大一批“浙商系列”总部金融机构；大力推动各类创投公司、基金公司的发展，积极争取各类新型金融组织的设立，创设一批符合浙江特色的新型金融机构。到“十二五”期末，力争使各类地方法人金融机构和金融组织数量明显增加。

——金融生态环境进一步优化。地方金融监管体系进一步完善，建立有效的金融稳定监测和金融风险预警系统；社会信用体系进一步完善，民间融资规范化积极推进；金融人才素质和投资者素质进一步提高，金融市场和金融活动进一步规范，实现金融秩序持续稳定，金融资产质量、经营效益、风险控制水平继续保持全国前列水平，巩固和维护信誉良好、创新活跃、具有吸引力的金融发展环境。

(三)战略任务。

1. 强化金融要素支撑，促进经济社会转型发展。保持信贷投入的适度增长，保障经济社会发展需求。充分发挥大型金融机构的支撑和引领作用，通过积极争取各银行机构总行的信贷规模支持，盘活存量资金，引入异地资金，保障浙江经济发展的资金需求，特别是加大对实体经济的信贷支持，确保贷款规模和增速、增量继续保持全国领先。加强信贷政策与产业政策的协调配合，提高金融资源配置效率，优化信贷结构，实现金融资源配置与产业转型升级的良性互动，重点支持先进制造业、高新技术产业和现代服务业，加大对传统产业改造提升的支持力度。

积极发展新型金融业务，支持经济社会转型升级。重点发展与浙江经济转型密切相关的海洋经济、战略性新兴产业等领域的新型金融业务，发展贸易金融、网络金融、消费金融等新兴金融。大力发展支持浙江海洋经济的金融业务，拓宽海洋产业融资渠道，培育航运金融特色，推动设立海洋产业投资基金，开展海域使用权抵押贷款、海洋渔业保险、航运融资与保险、渔业信用保证基金等海洋金融服务。加快发展银团贷款业务，确保“四大”项目、重点建设项目和企业等的资金供应；充分发挥保险业的风险保障功能，信托业、基金业的资本集聚功能，支持重点产业转型升级。搭建并购融资服务和产权交易平台，支持企业通过并购实现转型升级；鼓励金融机构支持中小企业发展，支持新农村建设、保障性住房建设等民生领域的发展。

提高直接融资比重，引导企业通过资本市场实现转型升级。支持行业骨干企业上市，支持企业利用资本市场开展并购重组，有效发挥上市公司的龙头作用；充分利用中小企业板和创业板市场，推动中小民营企业和科技型企业的转型发展；推动更多优质企业在境内外资本市场上市融资；大力发展地方债券市场，鼓励金融机构开发新型债券产品，引导转型企业积极利用债券融资渠道，支持符合条件的中小企业集合发行债券，满足其中长期资本需求；充分利用期货市场功能，鼓励企业通过期货市场管理价格风险。

2. *完善金融机构体系和市场功能，构建"大金融"产业格局*。加快构建适应多层次需求的银行业金融机构体系。各类大型银行业金融机构在浙机构要加快推进战略转型，在保持业务总量领先的同时提升服务中小企业的能力，积极引进总行到浙设立各类专营机构、私人银行和消费金融业务中心、后台服务中心，引领浙江金融业的发展。大力推进地方银行业的发展，支持具有较强竞争力的银行立足浙江、面向全国，开展战略性机构布局，积极利用资本市场做大做强；支持一批民营银行打造成为中小企业"伙伴银行"；促进地方城市商业银行加快改革发展。进一步强化农信系统服务"三农"的能力，加快发展新型农村金融组织，培育专注"支农支小"的金融服务体系。大力引进具有先进管理经验和金融技术的外资金融机构。推进信托投资公司、金融租赁公司和企业财务公司的稳步发展。

大力推进总部金融机构的发展。支持地方金融机构做强做大，进一步提升我省"浙商系列"总部金融机构实力，通过整体升级，实现向股权优化、治理完善、内控有效、经营特色突出、具有较强竞争力的现代金融企业跨越。积极探索政府金融资源整合模式，组建和发展若干家省级金融控股公司和地方大型金融企业。加快引进大型优质的证券公司、期货公司到浙江设立机构；积极培育地方保险市场主体，吸引外资保险总公司进驻浙江，鼓励专业保险机构、保险资产管理公司等多种市场主体共同发展。

积极培育支持创新创业的股权投资机构。吸引国内外知名的证券基金公司、保险资产管理公司、股权投资管理公司、创业（风投）公司等落户浙江。大力发展民间财富管理机构，积极创设各类产业投资基金、股权投资基金、创业（风险）投资基金、证券投资基金，加快本土机构投资者的发展。进一步增加对浙江省创业投资引导基金的投入，充分发挥其在我省创业创新中的引导和孵化作用。

不断完善金融市场体系和优化市场功能。积极推进区域性金融资产交易平台建设，构建充满活力的货币市场和农村金融市场；积极推进多层次资本市场体系建设，加快推进企业上市工作，继续打造中小企业板、创业板市场的"浙江板块"，进一步拓展境内外资本市场融资，提高上市公司整体实力和质量；大力发展地方资本市场，积极推进产权交易、未上市公司股权转让平台建设，力争区域性场外交易市场有新的突破；大力发展保险市场，着力构建多层次的风险保障体系，探索地方保险资金运用的有效途径；积极利用银行间等债券市场，扩大企业通过债券市场募集资金的规模，稳步推进资产证券化，增加中长期企业债券的发行规模。

3. *大力推动地方金融改革创新，增强金融业的竞争优势和品牌影响力*。大胆实施改革创新，提升地方金融资源的集聚能力和配置效率。支持在浙全国性银行及非银行金融机构积极推进金融创新。推进省内地方法人商业银行做强做大。深化农村信用社改革，加快推进股份制改造，支持有条件的县级行（社）改制成农村商业银行。支持小额贷款公司以及村镇银行、农村资金互助社等新型农村金融组织加快发展。支持省内证券、期货、保险、信托、租赁、财务、资产管理公司等非银行金融机构的发展，积极发展产业投资基金、创业投资基金、证券投资基金。支持有条件的大型企业集团发展财务公司等非银行金融机构。

大力推进金融业对外开放步伐，促进金融业创新发展。支持金融机构通过引进境外战略投资者改善治理结构，提升管理水平和发展能力；支持金融机构与境外金融机构开展创新业务合作，引进先进业务模式和创新产品，逐步开展跨境业务；支持金融机构积极开展海外投资的金融服务，进一步提升国际结算、外汇交易服务能力；支持境外优秀金融机构到浙设分支机构和开展业务；支持金融机构"走出去"，通过在境外设立分支机构，开展跨境证券业务和境外期货代理业务试点。

积极支持金融业务、金融产品和金融组织创新。鼓励银行业金融机构加快转变发展方式，通过科技创新、业务创新和服务方式创新，进一步增强服务地方经济能力。支持证券公司开展投资银行业务，争取资产证券化、直接投资、融资融券创新业务资格。支持期货公司开展资产管理业务与投资咨询业务创新试点，打造浙江期货公司优势品牌。支持保险企业积极开展农村小额保险、科技保险、保证保险，推进发展责任保险，鼓励发展商业养老和健康保险，支持保险企业参与"三农"建设和民生事业。大力推进金融组织的创新，促进科技金融和消费金融的快速发展。加快设立"网商银行"工作步伐，鼓励科技银行、社区银行、金融仓储公司、消费金融公司等新型金融业态的发展。

4. *优化金融产业空间布局，实现区域金融协调发展*。积极融入上海国际金融中心建设，加强长三角金融合作。充分利用长三角金融协调发展的合作机制，以区域金融中心城市、特色金融城市、金融集聚区的建设为载体，积极参与长三角区域的金融市场联动、产业整合和管理创新，进一步推动区域金融创新、金融服务的沟通协作，在产品研发与营销、资源共享、风险防范、人才交流等方面加强协作，实现金融资源跨区域的优化配置。主动承接上海国际金融中心建设的辐射和带动作用，争取同步试点、共享政策，实现借势发展和错位发展。

进一步优化金融资源集聚的空间布局。积极推动金融资源在中心城市的有效集聚，提升金融产业的规模化水平。在杭州、宁波、温州和特色金融城市开展金融集聚区、金融商务区试点，高起点制定建设规划，科学安排重点金融项目，尽快形成特色鲜明、功能互补的金融产业集群。

通过规划的引领和重点金融项目的配套，不断延伸和完善金融产业链，大力发展金融领域的设备制造、服务外包、软件产业、人才培训、后台服务和研发等配套产业，为金融机构的集聚发展提供全方位的配套服务。

大力发展县域和农村金融，推进基本金融服务的均等化。科学规划县域金融市场，完善中心城镇的金融机构布局，鼓励各类金融机构增加在县域和农村的网点，大力发展各类农村金融组织，健全县域和农村金融服务体系。实行适当倾斜政策，鼓励在欠发达地区增设金融业分支机构，开发和推广与当地经济社会发展水平相配套的金融产品，引导资金以多种方式投向欠发达地区重点基础设施建设，实现城乡金融协调发展。

5. 建立金融发展协调机制，营造良好金融生态环境。继续深化政府、银行和企业三方的紧密合作，各级政府及有关部门要主动搭建项目对接、银企合作平台，实现信贷政策与产业政策的有效衔接。加快推进地方投融资平台的整合、创新发展，增强政府的投融资能力。积极推进监管合作和信息共享平台建设，建立政府、企业、银行和司法四位一体的风险防控机制。建立健全金融维权“绿色通道”，引导银行业金融机构牢固树立社会责任意识，建立地方金融与地方经济融合互动发展的合作机制。

完善金融风险防范和处置协调机制。加强地方金融管理，建立健全金融风险处置协调机制，推动金融机构建立金融风险识别和监测评估体系，提高风险防控能力，着力防范化解金融风险，维护金融稳定健康发展。研究制定民间融资管理办法，引导民间金融规范发展。坚持打击和防范两手抓、治标与治本相结合，建立健全长效机制，严厉打击金融犯罪活动，坚决取缔非法集资行为。

健全和完善社会信用体系建设。进一步完善企业和个人信用评价体系，加强中小企业和农村信用体系建设，推进征信管理体系建设；建立诚信激励与失信惩戒机制，引导市场主体信用自律。加快整合人行、银监、工商、税务、财政、质监、产权登记、电力等部门的信息资源，建立便捷、高效的信息共享平台。进一步完善融资担保市场建设，逐步形成以商业性和互助性担保公司为主体、以政策性担保公司为辅助、以全省性再担保机构为支撑的多层次融资担保体系，形成良好的社会信用环境。

三、战略举措和保障措施

（一）战略举措。围绕建设具有浙江特色的“金融强省”发展目标和任务，着力实施若干重大战略举措。

1. 确立“两个中心”的功能定位，构建具有浙江特色的“金融强省”功能支撑体系。

(1)中小企业金融服务中心的功能定位：

——形成全国领先的中小企业放贷中心功能。使我省成为全国对中小企业信贷投入比重最高、中小企业信贷融资最便利的地区之一，构筑全国性的“资金洼地”。

——形成全国领先的中小企业投资中心功能。使我省成为全国中小企业产业投资最活跃、中小企业投资的金融服务最齐全的地区之一，构筑全国性的“资本高地”。

——形成全国领先的中小企业直接融资功能。使我省成为全国中小企业上市数量最多、融资金额最大、上市资源储备最丰富，债券、票据市场健全，地方产权交易最活跃的地区之一。

——形成全国领先的中小金融总部集聚功能。使我省成为全国中小企业金融服务总部最集中、地方中小金融机构数量最多的地区之一。

——形成全国领先的中小企业金融创新功能。使我省成为全国中小企业金融服务创新能力最强、创新产品最多、融资渠道最丰富的地区之一。

——形成全国领先的中小金融产品交易定价功能。使我省成为全国最具影响力的中小企业资金定价中心、中小企业产权定价中心、中小企业金融产品交易中心、中小企业投融资信息中心之一。

(2)民间财富管理中心的功能定位：

——形成全国领先的财富管理机构聚集功能。使我省成为全国财富管理机构类型最齐全、地方法人财富管理机构数量最多的地区之一。

——形成全国领先的民企总部金融服务功能。使我省成为全国中小企业和民营企业总部金融服务最健全、总部财富管理最领先的地区之一。

——形成全国领先的创业投资管理中心功能。使我省成为全国创业风险投资机构(基金)最活跃、本土创业风险投资机构(基金)数量最多的地区之一。

——形成全国领先的产业投资管理中心功能。使我省成为私募股权投资基金和产业投资基金最活跃的地区之一。

——形成全国领先的财富管理服务创新功能。使我省成为全国财富管理业务门类最丰富、创新最活跃的地区之一。

——形成全国领先的财富管理政策创新功能。使我省成为财富管理政府支持力度最大、政策配套最好的地区之一。

2. 加快建设区域金融中心和金融集聚区，构建具有浙江特色的“金融强省”空间支撑体系。加快建设长三角南翼金融集聚区，形成以区域金融中心城市为核心、区域金融特色城市为支撑、金融创新示范县(市、区)为亮点、其他地区金融服务均等化为基础的多层次金融空间布局。

加快建设杭、宁、温区域金融中心城市。把杭州打造成为金融综合实力突出的长三角重要区域金融中心。充分发挥杭州承接上海、面向长三角的辐射带动作用，围绕金融核心区的建设、传统金融集聚带的提升和新兴金融集聚区的打造，建设成为在全国有影响力的中小金融机构总部集聚区、财富管理机构集聚区、金融后台服务和金融服务外包等公共服务基地。把宁波打造成为对接上海、服务海洋经济的区域性专业金融中心。充分利用宁波得天独厚的临港优势，加快发展海洋金融、航运金融并与临港大工业发展相配套的口岸金融服务。重点提升航运金融实力和创新能力，在航运融资、航运保险与再保险、航运资金汇兑与结算、离岸金融业务等航运金融方面形成特色品牌。把温州打造成为连接长三角和海峡西岸两大经济区、服务民营经济的区域性专业金融中心。充分发挥温州民间资本规模优势和民营经济示范区的体制优势，积极推进其在民营企业投融资方面的先行示范作用。同时，对接海峡西岸经济区的发展契机，夯实其作为两大经济区连接节点的区域金融中心地位。

打造一批区域金融特色城市。强化台州民营银行发展领先的优势，促进民营银行示范中心建设，努力形成特色鲜明的民营银行先行区、小企业金融服务示范区；提升绍兴在专业化产业的金融服务特色，围绕产业转型升级推进金融创新，发挥其在产业集群金融服务方面的先行示范作用；发挥嘉兴作为我省接轨上海国际金融中心建设的桥头堡和纽带作用，积极承接上海金融业梯度转移，发挥其在对接上海金融中心建设中的示范带头作用；拓展金华、义乌在市场商贸和物流金融领域的区域特色，发挥其在中小企业融资和贸易金融方面的先行示范作用；加大湖州农村金融创新力度，不断推进新型农村金融组织发展，创新农村金融业务，发挥其在金融服务新农村建设中的示范作用；结合舟山海洋经济发展的特点和需求，推进服务海洋经济的金融机构和金融业务创新，大力发展海洋金融；支持丽水、衢州等地加快地方金融业改革发展，大力推进金融服务均等化。

重点培育一批金融创新示范县(市、区)。结合我省新型城市化发展，在一些经济发达、城市化水平较高、金融创新活跃的县(市、区)，积极稳妥地开展金融创新示范县(市、区)创建工作。支持和引导具备条件的县(市、区)结合实际，在金融运行和管理体制机制、金融组织体系和金融产品创新、民间融资渠道创新、新型金融服务产业创新等方面选择开展试点工作，加快培育一批县域金融特色城市。

加快欠发达地区金融服务体系建设。以金融服务均等化为目标，提高欠发达地区县域金融机构和乡镇金融服务网络配置水平和覆盖面，完善服务于小企业、“三农”和社会事业的基本金融服务，健全适合当地民营经济特色和经济社会发展需要的中小型金融机构，形成结构合理、协调发展的金融产业空间布局。

3. 着力打造六大金融公共服务平台，构建具有浙江特色的“金融强省”服务支撑体系。

(1)构筑金融机构集聚平台。打造中小金融机构集聚基地。在我省区域金融中心城市规划建设全国领先的中小金融机构集聚基地，主要吸纳银行业法人中小金融机构、国内外大型金融机构的中小企业专营机构或中小企业金融管理总部、村镇银行管理总部或控股公司等入驻，逐步形成中小金融机构齐全、配套服务功能完善，在全国具有领先地位和较大影响力的中小金融机构集聚基地。在金融机构相对集聚的金融特色城市，可根据条件，规划次级中小金融机构集聚区，通过合理布局、有效整合、政策配套，形成金融业集聚效应。

建设财富管理机构总部基地。在我省区域金融中心城市规划建设高规格的财富管理总部基地，主要吸纳证券公司、期货公司、信托投资公司总部，各类证券投资基金、产业投资基金，创业投资机构、私募股权投资机构总部，国内外大型金融机构的财富管理或私人银行总部、国内外大型财富管理机构和保险及保险资产管理公司等入驻，逐步形成财富管理机构总部集聚、经营环境优良并在全国具有领先地位和较大影响力的财富管理机构总部基地。在各类财富管理机构相对集聚的金融特色城市，可根据条件，规划次级财富管理机构总部集聚区，形成资源协同效应，为民营企业和城乡居民提供高质量的民间投资和财富管理服务。

(2)构筑金融资源整合平台。探索组建地方金融控股公司。按照“政府主导、市场运作”的原则，适时组建省级金融控股公司，逐步整合银行、信托、证券、保险、期货、基金等金融机构的资源，积极探索金融综合经营试点。同时，支持区域中心城市在条件成熟时开展地方性金融控股公司的试点。积极稳妥地发展民营金融集团、金融控股公司和各类综合性金融企业。

积极打造“浙江金融板块”。把资本市场作为做优做强我省金融的重要平台，推动具备条件的地方银行加快上市步伐，积极支持我省证券公司、期货公司增资扩股并创造条件争取上市，支持其他符合条件的地方金融机构和金融中介服务机构上市。建立金融机构上市孵化、推进平台，将符合条件的金融机构纳入平台重点扶持，协调解决在改制和申报过程中遇到的难题。力争尽快形成我省上市金融机构和金融中介服务机构上市群体，打造资本市场的“浙江金融板块”。

(3)构筑金融资产交易平台。争取建立区域性场外交易市场。积极呼应国家发展多层次资本市场的政策导向，在国家监管部门的指导下，先行探索区域性场外交易市场，构建省内中小企业股权合理流动、资本优化配置、定向直接融资的公共平台，力争引领地方资本市场的创新发展。进一步强化产权交易平台的融资功能、资本配置功能，重点开展未上市公司股份转让试点。积极创新产权交易产品，探索技术产权、文化产权、排污权、水权、碳排放权、农村土地承包权和林地流转等产权交易，稳步拓展区域性泛产权交易。

探索建立金融资产交易平台。加快建立政府引导、金融机构参与的融资服务平台，逐步建设覆盖全省的金融资产交易市场，力争发展成为长三角地区有影响的区域性金融资产专业化交易平台。开展多元化的金融资产交易业务，探索中小企业信贷转让、票据交易、理财产品、中小企业集合债券、金融资产转让等创新业务，提供创新金融资产交易产品开发、金融资产交易产品标准化设计，以及金融资产投融资咨询和相关增值服务。开展地方金融机构股权交易业务，促进地方国有金融资产的流通和整合，鼓励和引导民间资本进入并参与金融服务产业发展。

(4)构筑金融后台服务平台。规划建设金融公共支撑服务基地。按照立足浙江、对接上海、面向长三角、服务全国的要求，高标准建设金融公共支撑服务基地，积极引进国内外法人金融机构设立异地灾难数据备份中心、金融后台呼叫中心、金融新产品开发、金融人才培训基地，整合并吸引地方中小金融机构的后台服务资源有效集聚。

强化金融公共支撑服务基地的功能定位。增强金融专业后台服务中心功能，重点发展国内外金融机构的后台数据处理、数据备份和数据仓库、呼叫中心、后台账务处理等服务；增强金融服务外包交付中心功能，重点发展金融软件外包、金融专业技术性外包和高端金融业务流程外包等外包交付服务；增强金融信息灾难备份中心功能，强化金融技术研发功能，重点支持金融研发机构、金融人才培训机构建设。

(5)构筑农村金融公共服务平台。强化农村合作金融公共服务平台。以省农信联社为载体，构建农村合作金融公共服务平台。发挥省农信联社整合服务优势，积极开发科技支撑、信息交流、资金运营以及风险互助等公共服务平台，为农村合作金融机构提供全方位的公共服务。在坚持服务“三农”宗旨和保持省县两级法人体制的基础上，引导省农信联社进一步强化服务、优化管理，积极推进战略转型，探索开展农村金融服务的新机制，构建农信股权投资平台和公共服务平台，着力构建省县两级法人职能清晰、业务互补、充满活力的新型农信社体制模式。

构建县域金融综合公共服务平台。探索组建全省统一的县域金融综合公共服务平台，改善小额贷款公司、融资性担保公司、典当公司等小型金融组织在金融管理、运营成本、信息渠道、人才储备和风险控制等方面存在的不足。在构建信息汇总处理、数据资源共享、业务监管等基本功能的基础上，逐步形成集信息交流、流程管理、业务监管、风险互助、融资服务、产品研发等功能于一体的综合性公共服务平台，为广泛分布于县域和农村的小型金融组织提供高质量、标准化的公共服务。

(6)构筑投资基金引导平台。创设金融产业投资基金。依托政府财政性引导资金，设立专业投资于我省金融机构股权的金融产业投资基金，同时吸纳民间资本投入，主要参与地方金融机构增资扩股、地方金融机构的股改和上市，支持地方金融机构补充资本金及改制转型，逐步壮大我省地方金融机构的资本实力。

创设一批新兴产业投资基金。发挥政府财政性资金的引导作用，组建海洋产业投资基金，发挥浙商产业基金、浙江创投基金等各类基金的作用，主要投向我省战略性新兴产业、现代服务业、传统产业改造升级等重点产业，推动我省经济转型升级和新兴产业发展。

创设一批购并重组投资基金。依托省产权交易所在我省企业购并重组、优化资源配置中的平台作用，通过政府财政性资金的引导，组建重点支持企业购并重组的专业化投资基金，强化政府在企业购并重组和产业转型升级中的引领作用。

(二)保障措施。

1. 优化政策环境。创新地方金融政策法规环境。以国家金融方针、政策和法律法规为依据，高起点制订我省地方金融市场和地方金融机构发展规划，研究制定地方金融产业支持政策，推动地方金融政策的改革创新。在国家政策和法律允许的范围内，根据我省金融发展实际需要，积极制订促进地方金融发展的地方性法规，为我省金融市场和金融机构的发展积极构建良好的政策法规环境。

营造金融创新先行先试的环境。努力营造金融创新的政策环境，积极向国家争取创新型金融组织、金融市场和金融创新业务的先行先试，鼓励金融机构积极开展组织创新、业务创新和金融产品创新，打造全国先行的“金融创新试验区”、“民间融资规范发展示范区”，力争使我省的金融改革和政策创新走在全国前列。

2. 创新体制机制。进一步理顺地方金融管理体制。充分发挥省金融办对地方金融产业发展的规划指导、协调服务和管理职能。完善金融国有资产管理体制，按照“职能集中、责权对称、高效有序”的要求，加快建立“权利、义务和责任相统一，管资产和管人、管事相结合，与地方政府承担防范处置金融风险职能相匹配”的新型地方金融管理体制。

完善金融服务和金融监管的协调机制。省级金融管理部门要创新对地方金融机构的规范管理方式，完善与国家金融监管部门之间的沟通协调机制。建立全省金融运行综合信息库，构建有效的区域金融运行监测平台，完善区域金融风险预警机制、区域金融资源有效配置机制、金融突发事件处置机制，实现地方金融管理模式和服务模式的创新。

3. 加大财税扶持。加大财政资金扶持力度。扩大省金融业发展专项资金的规模，并根据需要逐步增加专项预算，新增资金专门用于推进“中小企业金融服务中心”和“民间财富管理中心”建设。各地政府也要设立专门资金，加大财政对金融业发展的扶持力度。加强财政资金引导，完善小企业贷款风险补偿制度，深化小额贷款公司与金融机构的合作机制，加强对股权投资、地方资本市场建设等的扶持，完善中小企业信用担保体系建设。

加强税收政策支持。认真贯彻落实国家有关促进金融业发展的税收政策，加强我省扶持金融业发展的税收政策研究，进一步制定完善支持和促进金融业发展的税收政策。

4. 强化人才支撑。实施金融人才培养工程。推进实施金融人才培养“125”工程，即组织培训1000名金融经营领导和高级管理人才、2000名金融研究和专业技术人才和5000名金融专业服务人才，提升我省金融人才的整体素质，满足金融业快速发展的需求。

建立金融人才培养基地。支持浙江大学、浙江金融职业学院等省内外高校开展分层次金融人才培养，加快人才培训基地建设。加强省金融研究院建设，推进地方金融研究和金融创新人才培养，建设一流的金融创新研究基地、金融创新示范基地、金融创新人才培养基地。

加强金融人才引进。建立人才引进考核评价机制和激励机制，加大各层次金融人才的引进力度，提高人才国际化水平。建立高素质人才库，大力引进高层次金融研究、创新、技术、市场和资本运作等方面的专业人才。加大对地方金融业发展的人才保障力度，鼓励区域金融中心城市设立金融人才发展专项资金，制定金融人才工作计划，对引进的金融人才给予生活、工作等方面的优惠待遇。

浙江省人民政府关于印发浙江省软件和信息服务业十二五发展规划的通知

浙政发〔2011〕37 号

各市、县(市、区)人民政府,省政府直属各单位:

现将《浙江省软件和信息服务业"十二五"发展规划》印发给你们,请结合实际,认真贯彻实施。

二〇一一年六月十日

浙江省软件和信息服务业"十二五"发展规划

软件和信息服务业与经济社会各行各业的融合度高,对生产与消费的拉动作用大,是经济发展的倍增器、发展方式的转换器、产业转型升级的助推器,也是信息化与工业化深度融合的粘合剂。加快发展以软件和信息技术服务业、信息传输服务业和信息资源服务业为重点的软件和信息服务业,是改造提升传统产业、培育发展新兴产业的战略重点之一,对提高国民经济运行质量和人民群众生活品质具有重要意义。

一、现实基础

(一)软件产业综合实力不断增强。近年来,我省软件产业规模不断扩大,产业结构逐步优化,特色优势更加明显,经济效益不断提升,成为全国软件产业发展最为活跃的地区之一。2010 年全省软件产业业务收入 701.4 亿元,同比增长 35.7%,居全国第 7 位,其中信息技术服务收入 187.9 亿元,增长 48.2%,占软件业业务收入总量的 26.8%。盈利能力显著增强,软件产业增加值 294 亿元,增长 41.6%,占全省生产总值的 1.08%;实现利税 212.2 亿元,其中利润 166.3 亿元,增长 77.6%。软件企业数量不断增加,竞争力不断提高。到 2010 年底全省已认定软件企业 1509 家,在海内外上市的软件企业 34 家,居全国第 3 位;软件业务年收入超亿元的企业 99 家、超 10 亿元的企业 11 家,利润超亿元的企业 27 家、超 10 亿元的企业 4 家;2010 年入选中国软件业务收入百强企业 11 家,居全国第 3 位,入选国家规划布局内重点软件企业 21 家,居全国第 4 位;通过计算机信息系统集成资质认证企业 198 家,其中一、二级企业 47 家,居全国第 3 位;软件产品登记数累计 8219 个,一批行业应用软件和解决方案成为全国同类产品市场占有率"冠军",金融、通信、交通、电力、财税、工业控制、医疗卫生、纺织印染、安防监控等行业应用软件具有较高的市场占有率和品牌知名度。

(二)通信业发展水平领先全国。"十一五"期间,全省通信网络基础设施建设取得跨越式发展,已成为支撑国民经济和社会发展的重要基础设施,服务能力和水平持续增强,通信监管体系进一步完善,市场竞争环境不断优化,通信网络建设、用户规模、业务总量、频率资源利用率均居全国前列。2010 年全省电信业务总量 1914.61 亿元,居国内第 3 位;固定电话用户 1998.55 万户,普及率 36.92 部/百人;移动电话用户 5047.35 万户,普及率 93.25 部/百人;互联网用户 3970 万户,普及率居全国第 3 位;农村通信建设村通率达 100%,行政村宽带通达率超过 96%。电信、移动、联通三大通信运营商实现全业务运营,具备提供"宽带+无线+语音+信息"的综合信息服务能力。3G 网络建设取得阶段性成果,实现 11 个市 3G 网络全覆盖,发展 3G 业务用户 300 万户。电信增值业务快速发展,非话业务比重不断扩大,各种信息化应用层出不穷。

(三)广播电视业迅速发展。"十一五"期间,全省广播电视网络发展迅速,建成了广播电视并重,农村城市并举,无线、有线、卫星、微波等多种技术手段并用的多层次、现代化的广播电视、综合信息覆盖网络体系,发展水平居全国前列。2010 年全省广播影视经营总收入 176.12 亿元,同比增长 44.25%,有线电视联网率城市和集镇为 100%、行政村为 99%以上,居各省区第 1 位;有线电视综合入户率 94.34%,城乡居民有线电视入户率分别达 99%和 89%以上,居全国前列。以"杭州模式"为代表的数字电视产业蓬勃发展,并开始从有线覆盖向有线、无线、移动综合覆盖转型,从单一广播电视节目内容服务向家庭综合信息服务转型。"三网融合"开始试点。全省有线数字电视用户超过 700 万户,平均数字化率达 55%,移动数字电视网络初步构建完成并开始运营。

(四)新兴信息服务业领跑全国。以互联网增值服务、电子商务、动漫游戏等为代表的新兴信息服务业快速发展,互联网服务能力居全国前列,应用发展在国内具有重要影响力。全省信息化发展指数居各省区第 1 位。2010 年全省网民 2786 万人,普及率53.8%,均居全国第 4 位;IPv4 地址数占全国 5.1%,居全国第 4 位;网站数超过 18.98 万个,占全国的 9.9%,居全国第 4 位;域名数

106.38万个，占全国的12.3%，居全国第3位。电子商务发展独占鳌头，目前已形成了千余家电子商务网站，中小企业上网比重、行业网站数、B2B和C2C综合交易平台交易额均居全国第一，行业网站数占全国的21%，全国行业电子商务网站100强我省占54席。动漫和网络游戏产业发展迅速，特别是杭州市形成了良好的产业基础，拥有5个国家级动漫基地，动画片产量连续两年居全国各大城市之首，杭州国际动漫节已成为国内唯一"国家级"动漫专业会展，影响力不断扩大。

我省软件和信息服务业发展仍存在不少制约因素：一是创新能力偏弱，核心技术缺乏，基础软件、工具软件、核心芯片的开发能力不强，技术标准、知识产权等关键环节仍受制于人。二是对产业具有较大带动和引领作用的龙头骨干企业很少，国际市场竞争力不强、主导权不够。三是推进"三网融合"还有不少体制机制方面的问题有待解决。四是人才环境有待优化，不少城市住房价格居高不下，商务成本攀升，创业成本和生活压力加大，人才流失现象堪忧。五是软件和信息服务业国际产业转移趋势和金融危机影响下市场需求受到压制的矛盾并存，不少国家以信息安全和贸易不平衡为由，对我国企业和产品进入设置障碍，影响了国际市场的开拓。

二、发展背景

（一）软件和信息服务业的宏观发展环境不断优化。许多国家以加快经济结构调整、发展战略性新兴产业为主题，高度重视软件和信息服务业发展。我国把包括软件和信息服务业在内的新一代信息技术产业作为重点发展的七大战略性新兴产业之一，出台了《国务院关于加快培育和发展战略性新兴产业的决定》(国发〔2010〕32号)和《国务院关于印发进一步鼓励软件产业和集成电路产业发展若干政策的通知》(国发〔2011〕4号)，从政策措施上予以扶持，发展环境不断优化。

（二）软件和信息服务业的新兴领域不断拓展。全球范围内信息技术正经历一系列创新和变革，软件技术与互联网技术、多媒体技术、计算技术、传输技术等各类技术相互融合渗透，新技术、新产品、新业务以及新的商业模式不断涌现，信息产品价格和信息服务费用不断降低，社会对信息产品和服务的需求日益多样化，信息技术与其他技术的结合更加紧密，不断向新的领域拓展。

（三）信息化与工业化深度融合为软件和信息服务业创造更大的发展空间。随着信息化与工业化融合步伐不断加快，软件和信息服务业进一步渗透并服务于国民经济各行各业，许多省份把信息技术的推广应用作为转变发展方式的重要举措，我省围绕加快经济转型升级的要求，也将大力推进重点行业、产业集群、龙头骨干企业的信息化建设。这将极大地创造对信息产品和服务的市场需求，为我省软件和信息服务业的发展创造广阔的内需市场。

（四）国际产业转移新趋势为我省软件和信息服务业发展带来良好机遇。国际金融危机引发了全球新一轮的资源整合和产业结构调整，企业间的垂直并购、软硬件企业横向并购、规模扩张并购等并购重组更加频繁，全球信息技术产业体系将在较大范围内进行重构，现代服务业国际转移步伐不断加快，服务外包不断兴起。我国综合实力显著增强、产业基础日益坚实和巨大的市场潜力为承接国际产业转移创造了有利条件，具有良好产业基础的我省软件和信息服务业在全球产业格局调整中面临难得的发展机遇。

（五）破解我省经济发展的素质性、结构性矛盾要求软件和信息服务业发挥更大作用。当前，我省正处于经济结构调整和转型升级的关键期，转变发展方式面临诸多挑战，长期以来形成的能源、资源、环境等要素制约趋紧的状况未得到根本性改观，区域发展呈现新的竞争格局，这都要求我省在改造提升传统产业和培育发展战略性新兴产业上快马加鞭，更上新台阶。大力发展软件和信息服务业是实现我省经济转型发展的重要途径之一。

三、指导思想、基本原则和发展目标

（一）指导思想。以科学发展观为指导，以适应经济社会发展的战略需要、大力推进信息化与工业化深度融合为主题，以促进发展方式转变为主线，以优化产业发展环境为基础，以创新与融合为动力，在企业化、市场化、标准化、规范化建设的基础上，加强各类软件与信息服务业产业基地建设，集聚软件创新资源、创业人才、创业企业、创业服务等要素，全面提升产业核心竞争力及综合服务能力，形成具有浙江特色的软件创新、软件创业、软件服务、软件应用市场开发的创新创业发展之路，为"智慧浙江"建设、产业转型升级、公共管理服务水平的提高、人民生活品质的改善作出新贡献。

（二）基本原则。

需求驱动，应用为本。坚持与应用市场开发相结合、与智慧城市建设试点相结合，立足需求，抓应用促发展，主动适应经济和社会发展的需要，积极培育和创造新的市场，深化信息技术的推广应用，在推动国民经济和社会信息化水平不断提升的同时实现产业又好又快发展。

互动合作，融合发展。推动部省市互动及区域合作，加强对外合作交流，建立全方位、多层次、宽领域的合作机制，形成共赢发展的良好局面。以信息化与工业化深度融合为契机，加快软件和信息服务业向各行各业渗透，促进融合发展。

突出重点，优化结构。立足产业现状，加强产业引导，突出关键领域，实现差异发展，推动产业向服务转型，提高服务收入在产业业务收入中的比重，提升产业层次，优化产业结构，引导整个产业向高端化发展。

强化创新，提升能力。强化技术创新、产品创新、管理创新和业务创新，通过创新驱动产业发展，提高核心竞争力和综合服务能力，为经济转型升级提供更有力的支撑，为社会发展提供更好的服务。

（三）发展目标。

总体目标：到"十二五"末，全省软件和信息服务业规模继续保持全国前列，实现业务收入3000亿元，年复合增长率达到15%以上；实现增加值1200亿元，年复合增长率达到14%以上，占全省生产总值的比重超过3%。构建布局合理、结构优化、竞争有序、创新能力和服务水平一流的产业体系，建成技术先进、功能完善、安全可靠、覆盖城乡的网络基础设施，形成一批知名企业和著名品牌，成为具有国内外重要影响力的软件和信息服务业基地，加快建设软件和信息服务业强省。

具体目标：一是技术水平和信息服务能力国内一流，特色优势更加明显，市场占有率居全国第一的行业应用软件达到30个以上，形成软件和信息服务知名品牌50个，取得软件著作权超10000个。

二是创建中国软件名城1个，建设一批产业集聚示范区，使我省成为国内重要的软件产业基地、信息服务基地、电子商务基地、动漫游戏产业基地、数字内容服务基地、信息外包服务基地和新型业态创新示范区。

三是形成以杭州为中心，宁波为次中心，温州、嘉兴、金华、绍兴、台州、湖州为新兴重点发展区，舟山、衢州、丽水为特色发展区的软件业发展格局，实现梯度发展、差异发展；形成以杭州、宁波及各中心城市为先行先试区和引领发展区，带动县、乡(镇)、村发展的通信业和广播电视业发展格局，努力实现公共信息服务均等化。

四是培育年业务收入超100亿元的龙头企业6家以上、超10亿元的骨干企业30家以上、超1亿元的企业150家以上，列入全国软件业百强的企业争取10家以上，上市企业数达到50家。

五是建成优质安全高性能的通信网络，并基本完成向下一代网络的全面转型，实现城乡通信协调发展，健全网络安全保障体系，逐步建立和完善公平、规范、高效的通信市场监管体制，形成适应通信网络和业务融合趋势的监管模式。

六是完善和健全覆盖城乡的广播影视公共服务体系和全省应急广播体系，广播电视人口综合覆盖率达到100%，力争基本实现有线广播电视户户通，县以上城市(含县城)以及中心镇基本实现有线电视数字化、双向化和地面数字电视覆盖。广播电台、电视台制播系统全部实现数字化、网络化。

七是全省软件出口与信息外包服务年收入超过50亿美元。

八是信息技术进一步融入到各行各业，在全社会得到更加广泛和深入的应用，“智慧浙江”建设试点工作取得明显成效。

四、发展重点

“十二五”期间，根据产业现实基础和未来发展趋势，软件和信息服务业发展重点是强化四大优势领域、壮大三大成长领域、提升三大基础领域、培育三大新型业务。

(一)强化四大优势领域。在行业应用软件领域，强化金融、通信、电力、财税、工业控制、医疗卫生、纺织服装、安防监控、智能交通等行业软件和解决方案的开发应用。在基础通信服务领域，强化移动电话、固定电话、IP电话和专用通信等基础通信服务。在数字电视服务领域，强化有线数字电视、地面无线数字电视、卫星数字电视服务的协调发展，大力推进高清电视、手机电视、网络电视、交互式电视、立体电视等新业务的发展。在电子商务领域，强化第三方综合性电子商务公共服务和化工、医药、纺织、丝绸、塑料、食品、五金等专业性电子商务服务；大力发展现代物流，促进电子商务、现代物流、现代金融服务等综合软件，向提供更综合、更有效、更直接解决问题的“三位一体”的服务领域拓展。

(二)壮大三大成长领域。在信息技术增值服务领域，壮大信息系统集成服务、信息技术咨询和应用服务、设计开发服务等信息技术增值服务。在网络增值服务领域，壮大基于网络的即时通讯、视频监控、异地存储、搜索、支付、位置定位等网络增值服务。在数字内容服务领域，壮大动漫游戏、数字出版、数字图书馆、网络音视频、手机阅读等数字内容服务。

(三)提升三大基础领域。在嵌入式软件领域，提升通信、工业控制、数控装备、仪器仪表、纺织机械、智能交通、视频监控、汽车电子、医疗电子、信息家电等领域嵌入式软件的开发应用水平。在集成电路(IC)设计领域，提升嵌入式CPU的IP核、系统级芯片(SoC)等高端芯片以及面向数字电视、信息安全、消费电子、应用电子、工业设备和仪器仪表等领域专用集成电路的设计开发和应用水平。在信息安全产品和服务领域，提升安全加密、电子认证、网络防御、应急响应、容灾备份、安全测试、风险评估等信息安全产品和服务水平及产业化程度。

(四)培育三大新型业务。在信息资源增值服务方面，培育信息采集、信息加工、信息处理、数据挖掘和数据开发应用等信息资源增值服务。在“云计算”服务方面，培育SaaS(软件即服务)、PaaS(平台即服务)、IaaS(基础设施即服务)、SNS(社会性网络服务)等“云计算”服务。在物联网应用服务方面，培育在现代网络环境下的各类物联网应用服务。

五、主要任务

“十二五”期间，我省软件和信息服务业发展的主要任务是实施以“三推进四培育”为主要内容的七大工程。

(一)信息化与工业化融合推进工程。把发展工业软件作为信息化与工业化融合的切入点和突破口，推动工业软件在骨干企业、重点行业和产业集群中的应用。开展典型工业软件和行业解决方案的创新试点示范，加强网络工业设计服务基地建设；加强信息技术与工业产品的融合，提高产品智能化程度，提升装备制造水平；推动面向传统产业和块状经济的公共信息服务平台建设，促进公共服务平台的专业化、网络化、一体化，实现资源整合共享。

(二)“三网融合”推进工程。与新一代网络建设、应用、标准统一提升相结合，以电信网、广播电视网、互联网“三网融合”试点示范为契机，建立“三网融合”推进机制，探索“三网融合”基础上的网络和业务平台建设模式、业务创新机制和商业模式。逐步建立适应省情的市场竞争机制和业务合作模式，完善包括内容制作和发布、网络和业务运营、软件开发和终端产品制造等环节的产业链建设。鼓励多业务、多网络、多终端的融合和产业价值链的延伸，为用户提供更加便捷、丰富、个性化、多样化的综合信息服务。

（三）服务外包推进工程。与国际化相结合，协调推进在岸和离岸信息服务外包，重点推动金融、电信、电力、卫生、税务等领域以及大中型企业和政府部门的信息服务外包，重点拓展美欧、日本等海外信息服务外包市场。推动一批服务外包示范园区建设，强化服务外包合作对接平台及载体建设，开展信息服务外包宣传推介，培育外包服务骨干企业，鼓励大型骨干企业开展信息技术部门剥离试点，培育和拓展外包服务市场。

（四）产业基地培育工程。与城市化相结合，推动产业集聚和资源整合，依托现有软件和信息服务园区，积极创建中国软件名城，打造软件和信息服务业创新创业基地、各类数据与“云计算”服务基地，建设一批数据中心、灾备中心和信息服务平台，加强配套设施和支撑体系建设，强化服务功能，充分发挥辐射和带动作用。同时，根据我省现实基础和产业特色，打造电子商务基地、动漫游戏产业基地、数字内容服务基地、信息外包服务基地和“云计算”等新型业态创新示范区。

（五）知名品牌培育工程。与技术和标准创新、龙头骨干企业培育相结合，实施品牌战略，完善品牌激励措施，加大品牌宣传和保护力度，塑造和弘扬品牌文化，充分发挥品牌效应，在打造中国软件名城的基础上，创建一批具有国内外重要影响力的产业名园，培育一批具有核心竞争力的知名企业，形成一批具有自主知识产权和市场占有率居全国同行业领先地位的名牌产品。

（六）优势企业培育工程。大力培育优势企业，优化配置人才、土地、资金等资源要素，引导企业向服务转型，推动企业建立技术、产业联盟，开展联合创新和应用推广，发展一批大集团、引进一批大企业、做强一批特色优势企业、培育一批高成长企业、集聚一批有创新活力的中小企业。

（七）新型业态培育工程。与新的商业模式创新相结合，顺应产业服务化趋势，探索在互联网、移动互联网、物联网环境下的服务模式创新，开展“云计算”等新业态的试点示范，促进“三网融合”条件下的新兴增值业务发展，培育产业新的增长点。

六、保障措施

（一）加强政策引导。落实《国务院关于印发进一步鼓励软件产业和集成电路产业发展若干政策的通知》（国发〔2011〕4号）等支持软件和信息服务业发展的政策措施，健全软件和信息服务业统计体系，加大财政、税收、信贷、用地、知识产权保护等方面的支持力度，积极争取国家重大科技专项和产业化项目。发挥好省信息服务业专项资金等财政资金的作用，支持重点领域的发展。加大政策宣贯力度，通过发布规划、产业发展指南和开展培训等形式加强产业引导。

（二）培育市场需求。积极推动信息化与工业化深度融合，以城市商业模式、应用模式创新为载体，加快推进“智慧浙江”建设试点工作，大力培育信息产品和服务的消费市场，引导企业、个人和社会的消费和投资，拓展市场空间。通过政府采购国产软件产品和信息服务，推动有条件的部门和企业采购第三方服务，扩大内需市场，对部分具有自主知识产权的创新产品和服务倡导政府首购。积极拓展国际市场，主动承接国际服务外包转移，支持企业在国际贸易中运用法律武器和国际规则应对知识产权纠纷、技术性贸易壁垒、反倾销等贸易摩擦，维护自身合法权益。

（三）拓宽投融资渠道。逐步完善以政府投入为导向、企业投入为主体、社会投入和外资投入为重要渠道的多元化投融资体系。充分发挥政府财政资金的导向作用，引导社会资金投入软件和信息服务业，推动企业创新创业资本与风险投资、私募基金以及其他社会资本的嫁接，鼓励企业通过证券、债券、基金等金融工具融资。支持成长性好的中小型软件和信息服务企业在创业板上市。完善中小企业担保机制，鼓励金融机构开展软件和信息服务企业股权抵押、知识产权质押、合同质押、资质抵押、信用保险、科技保险等试点。

（四）优化人才环境。依托高等院校培养高层次专业人才，支持高等院校、职业学校、科研院所与有条件的软件和信息服务企业合作建立人才培养和实训基地。鼓励采用“订单式”教育、“定制式”培养等方式，培养适应市场需求的实用型人才。优化人才发展环境，完善人才激励机制，引进海内外高端人才，推动人才国际合作和人才互认，鼓励各地政府制定并落实优惠政策，在住房保障、子女就学、户籍迁移、社会保障等方面给予支持。

（五）规范行业秩序。完善有利于产业发展的市场准入机制，建立适应“三网融合”的体制机制。研究推行软件产品登记制度、计算机信息系统集成资质认证制度和信息工程监理制度，推进信息服务资费管理改革，研究建立适应市场环境变化的资费管理办法。加强行业自律、行业监督和行业管理，维护市场竞争秩序，促进有序竞争。加强网络及安全信息监管，营造安全可靠的信息服务环境。推动行业诚信体系与企业信用评价体系建设，加强企业和个人信用安全保护，营造守法诚信的市场环境。加强信息技术服务标准的制定及推广工作，积极推进信息技术服务标准化、规范化。加强知识产权保护，大力推进软件正版化。

（六）推进合作交流。积极搭建各类合作交流平台，加强区域合作和国际合作，加大招商引资、招才引智和重大项目引进力度，鼓励国内外知名企业来我省设立研发机构、服务中心和地区总部。建立支持企业“走出去”的服务平台，积极提供市场调研、法律咨询、信息收集、资金融通等服务，支持企业在境外设立研发、市场营销及服务机构，鼓励有条件的企业通过海外上市、跨国并购、直接投资等方式参与国际市场竞争，提高企业的创新能力、市场响应能力和资源配置能力。

（七）强化统筹协调。加强相关部门间的协调配合，建立联席会议制度，研究解决产业发展、行业管理、市场监管、统计等方面的重大问题。完善部省市联动机制，支持有关县（市、区）结合当地实际发展特色优势产业或开展新业务的试点示范工作。充分调动企业、产业基地（园区）、高等院校、研究机构、行业协会、中介机构等的积极性，形成推动产业发展的合力。

浙江省人民政府关于印发浙江省旅游业发展十二五规划的通知

浙政发〔2011〕38号

各市、县（市、区）人民政府，省政府直属各单位：

现将《浙江省旅游业发展“十二五”规划》印发给你们，请结合实际，认真贯彻实施。

二〇一一年六月十三日

浙江省旅游业发展“十二五”规划

“十二五”时期是我省全面建成惠及全省人民小康社会的关键时期，为把旅游业培育成为我省国民经济的战略性支柱产业，实现率先建成旅游经济强省的目标，根据《国务院关于加快发展旅游业的意见》（国发〔2009〕41号）、《浙江省人民政府关于印发浙江省国民经济和社会发展第十二个五年规划纲要的通知》（浙政发〔2011〕15号）、《中共浙江省委浙江省人民政府关于推进旅游业转型升级加快建设旅游经济强省的若干意见》（浙委〔2009〕49号）和《浙江省人民政府关于进一步加快旅游业发展的实施意见》（浙政发〔2010〕56号）精神，特编制本规划。

一、现实基础和面临的形势

（一）现实基础。“十一五”是我省旅游业面临挑战最多、遭受困难最大、发展形势最为复杂的五年，也是旅游系统克难攻坚、开拓创新、真抓实干的五年。在全省上下共同努力下，“十一五”规划确定的各项指标均已圆满完成。旅游整体实力越来越增强，“十一五”全省旅游总收入年均增长19.16%，旅游经济综合实力已经从2005年的全国第五位上升到全国第三位。旅游产业结构越来越优化，食住行游购娱等环节全面发展，新兴业态不断涌现，旅游产品日趋丰富，旅游市场更加多元，旅游空间结构渐趋均衡。旅游发展基础越来越牢固，中国最佳旅游城市和优秀旅游城市创建工作取得突出成绩，“十百千”创建工作顺利推进，旅游度假区建设步伐进一步加快，高等级景区、高星级饭店和品质旅行社数量都位居全国前列。全省旅游项目总投资约2900亿元，是“十五”时期的近四倍。旅游开放合作越来越广阔，国内外旅游营销活动卓有成效，国际排名前十位的饭店集团均已进驻浙江，与国家旅游局和兄弟省市的合作进一步加强。旅游体制改革越来越深化，旅游资源一体化管理体制已经由风景旅游逐渐向文化与旅游、体育与旅游一体化拓展，风景旅游一体化管理体制正在从县级逐步向市级延伸，旅游投融资机制更加灵活。旅游综合贡献越来越明显，旅游业不仅直接带动了众多行业的发展，成为加快城乡发展特别是革命老区发展和新农村建设的重要推手，而且在提高人民生活质量，促进生态文明建设，加强爱国主义教育和社会主义核心价值体系建设等方面都发挥了重要作用。“十一五”期间，平均每年新增旅游就业岗位在10万个以上。

“十一五”浙江旅游发展积累了宝贵的经验，其中最重要的是四个方面：一是市场主导，创新发展。民营企业成为旅游开发与经营管理的主力军，市场机制的基础性作用越来越明显，旅游业发展的内生动力越来越强大。二是领导重视，保障发展。省委、省政府出台了旅游经济强省建设的政策意见，各级党委政府对旅游业的重视程度明显加强。三是合力兴旅，融合发展。旅游业与相关产业的融合与渗透不断加强，旅游部门与相关部门的联合与协作日趋紧密。四是审时度势，借势发展。面对不同形势及时调整思路，创新方法，采取切实有效的工作措施。

浙江省旅游业“十一五”规划主要指标及其实现程度

指标名称	2005年基数	2010年规划指标	2010年实绩	2010年规划指标实现程度
接待国内旅游者（亿人次）	1.28	2.76	2.95	106.8%
国内旅游收入（亿元）	1240	2800	3045.5	108.7%
接待入境旅游者（万人次）	348	590	684.7	116%
旅游创汇（亿美元）	17	35	39.3	112.3%
旅游总收入（亿元）	1379	3000	3312.6	110.4%

（二）面临的形势。“十二五”时期是加快旅游业新一轮大发展的机遇期，是推进全省旅游业转型升级的关键期，是实现旅游经济强省目标的攻坚期。

全省旅游业新一轮大发展的机遇主要来自三个方面：一是旅游业面对的消费需求更加旺盛；二是旅游业发展的政策环境更加有利；三是旅游业发展的供给条件更加优越。

实现旅游业转型升级既是我省转变发展方式的客观要求，也是旅游业自身发展的实际需要。从全省看，低水平、同质化的旅游开发方式和简单落后的经营管理方式已经无法支撑未来的发展，只有增加资本、技术和智慧要素的投入，才能有效化解日趋严重的旅游产品结构性矛盾，才能有效提高旅游业的经营效益。从各地看,尽管发展条件和发展阶段不同,面临的具体问题有差异,但旅游目的地之间的竞争日趋激烈,旅游业转型升级的任务同样紧迫。

"十二五"时期要顺利实现"旅游经济强省"建设的目标,虽然有利因素很多,但面临的任务比以往更加艰巨。在宏观层面上,全省各地的旅游业发展还很不平衡,少数县市的旅游经济仍然处在自发状态,旅游消费需求增长与旅游业发展相对滞后的矛盾日趋明显。具体而言,旅游企业不强,旅游人才不足,旅游国际化水平不高,旅游科技支撑缺乏和旅游项目推进难度加大等问题,已经越来越成为旅游经济强省建设的制约因素,必须通过更深层面的体制机制改革和更大力度的政策创新加以解决。

二、指导思想、主要原则和发展目标

(一)指导思想。"十二五"时期全省旅游业发展的指导思想是:以邓小平理论和"三个代表"重要思想为指导,全面贯彻落实科学发展观,深入实施"创业富民、创新强省"总战略,以科学发展为主题,以转变发展方式为主线,通过改革创新激发活力、增强动力,加快推进旅游业的全面发展与融合发展,加快推进旅游业的转型升级与品质提升,加快推进旅游业的多元化、集群化、信息化与国际化,努力实现全省旅游业新一轮的大发展和新跨越,把旅游业培育成为国民经济的战略性支柱产业和人民群众更加满意的现代服务业。

(二)主要原则。"十二五"时期全省旅游业发展的主要原则是:坚持创新发展,着力推进制度改革与创新,不断完善市场配置机制;着力推进产品创新和业态创新,以新产品和新业态引领旅游消费市场;着力推进工作手段与方法的创新,不断提高驾驭新时期旅游业发展的能力和水平。坚持品质优先,以文化铸就特色,以品质彰显实力,着力提升旅游产品、旅游服务和旅游管理的文化内涵,加快形成浙江旅游的鲜明个性与独特魅力。坚持统筹协调,大力推进产业融合发展,不断拓展旅游发展的新领域与新空间。着力推进全省各地因地制宜错位发展,加快构筑比较竞争优势。努力推进区域之间、城乡之间和行业之间的协调发展,实现速度、结构、质量、效益的统一。坚持以人为本,把旅游业作为新时期重要的民生产业来抓,牢固树立游客至上、安全第一的观念,把服务人民群众作为旅游工作的出发点,把人民群众的满意度作为衡量旅游服务水平的根本标准。坚持生态文明,加强资源环境保护,重视节能减排,倡导低碳旅游,推行绿色消费,把生态文明建设贯穿于旅游业发展的全范围和全过程。

(三)发展目标。"十二五"时期,全省旅游业发展的总体目标是:把旅游业建设成为我省国民经济的战略性支柱产业、转型升级的优势产业、生态文明的先导产业、惠民富民的民生产业和品质生活的助推产业,使浙江成为全国旅游业创新发展的示范省和国际化发展的先行省,率先在全国建成旅游经济强省。

1. 建设旅游业创新发展的示范区。加快推进市县两级旅游资源管理一体化、涉旅产业发展一体化的体制机制改革,构建与综合性大产业相协调的制度基础。加快营造更加有利的发展环境,进一步调动国内外企业特别是浙商民营企业发展旅游的积极性,形成多元主体竞相投入,品牌企业主导发展的崭新局面,充分发挥市场机制的基础性作用。加快优化旅游投入的要素结构,形成资本、技术与智慧要素主导旅游业发展的新格局。加快创新旅游业商业运行模式。发挥旅游业综合带动功能,加快形成全社会共推旅游业发展,共享旅游业发展成果的良性循环。

2. 建设旅游业国际化发展的先行区。以国际化标准推进全省各级旅游目的地基础设施、接待设施、服务设施建设和外语环境建设,加快建设一批具有国际竞争力的旅游产品,不断增强旅游城市的生活体验功能和综合服务功能。整合政府资源和企业资源,构建以全球浙商和国外友好城市为依托的旅游营销网络,多渠道对重点入境旅游市场实行更具针对性的营销。大力改善国际旅游交通条件和国际游客出入境条件,重点建设一批具有更高市场占有率的国际旅游城市,大力鼓励旅游企业加强国际合作,推进旅游经营理念和管理方式的国际化。

3. 率先在全国建成旅游经济强省。确保全省旅游总收入年均增长率超过15%,实现旅游经济增长"两个明显高于",即明显高于全省生产总值年均增长率,明显高于全国旅游业年均增长率,逐年提高旅游业在国民经济主要指标中的比重。到2015年,全省旅游总收入超过6000亿元,旅游经济总量继续位居全国三强之列;旅游增加值占全省生产总值比重提高到6%以上,占服务业增加值的比重达到13%左右,旅游对地方财政的贡献率达到5.5%;旅游产品更加丰富,服务品质更加优良,惠民产品明显增加,游客满意度明显提高,旅游的公共形象显著提升;旅游业对城乡发展的综合带动作用进一步增强,旅游就业容量进一步扩大,旅游就业人数占全省城乡就业总人数的比重达到7.5%以上。

"十二五"全省旅游业发展预期指标

大类指标	具体指标	2010年	2015年
旅游市场规模	国内旅游人数(亿人次)	2.95	5.0
	入境旅游人数(万人次)	684.7	1000
	组团出境旅游人数(万人次)	100.2	130
旅游消费水平	城乡居民年均出游次数	2	3
	旅游消费相当于居民消费总量的比例	/	12%
旅游经济效益	旅游业总收入(亿元)	3312.6	6100
	旅游业增加值占生产总值比重	5.4% *	>6%
	旅游业增加值占服务业增加值比重	12.5% *	13%
	旅游对地方财政贡献率	5.3% *	5.5%
旅游社会效益	旅游就业人数(万人)	300 *	360
	旅游就业占全省就业比重	6.1% *	7.5%

注:带"*"为2009年旅游卫星账户指标数据,2010年的数据将由省统计局于2011年7月份测算完成。

三、主要任务

（一）着力拓宽旅游发展领域。

1. 促进全省各地旅游业全面加快发展。巩固提升优秀旅游城市和旅游“十百千”工程的创建成果，就大力推进特色旅游城镇和“美丽乡村”建设，大力支持和促进旅游经济强县在旅游业转型升级和创业创新上继续走在全省和全国前列。大力推动旅游先发区的“二次创业”，加强资源整合和景区集群发展，完善旅游公共服务设施，提升旅游服务品质，构建县域一体化的旅游发展格局，形成具有鲜明主题形象的县域旅游目的地。大力推进旅游后发区抢抓发展机遇，发挥比较优势，加快把旅游业培育成为国民经济的战略性支柱产业。

2. 促进旅游业与第一产业的融合发展。大力加强旅游与农、林、牧、渔、水等相关产业和行业的融合发展，积极推进休闲农林渔业发展，因地制宜发展多种形式的乡村旅游。积极支持革命老区发展旅游业，着力培育浙北、杭绍、浙东、温台和金衢丽红色旅游区片，拓展提升国家级和省级红色旅游经典景区，促进红色旅游与乡村生态旅游、休闲度假旅游的融合发展。积极推进以中心城市为依托的环城乡村旅游带建设，促进重要旅游城镇和高等级旅游景区周边的乡村旅游业发展，探索乡村旅游产业集群建设。

3. 促进旅游业与第二产业的融合发展。积极发展工业观光旅游和商务考察旅游。依托特色工业企业和特色加工制造业集聚区，形成一批体验性强、产业链长、影响力大的工业旅游区。大力发展旅游商品加工业，加快改善传统特色工艺品的花色品种和加工制造水平，加强民族服饰、乡土纪念品和简易拼装型度假屋、移动式度假屋等旅游度假实用品的开发。大力发展具有自主知识产权的各类户外活动用品及宾馆饭店专用产品。大力培育旅游房车、邮轮游艇、景区索道、游乐设施和数字导览设施等旅游装备制造业。加强旅游商品的研发和生产，建设全国性旅游商品研发、制造和交易中心。

4. 促进旅游业与相关服务业的融合发展。以大型国际会展、重要文化活动和体育赛事为平台，重点发展商务会展旅游、文化旅游、体育旅游、养生保健旅游、美食旅游、邮轮游艇旅游和置业旅游，有序发展高尔夫旅游和大型主题公园旅游，积极探索发展海洋邮轮旅游。大力发展购物旅游，加快提高旅游购物在旅游消费中的比重。争取试办国际通行的旅游体育娱乐项目。

5. 促进旅游业与战略性新兴产业的融合。关注国家和全省战略性新兴产业的发展态势，充分利用其发展成果促进旅游业的改造提升，积极探索旅游业与战略性新兴产业融合发展的路径。加强旅游业与信息产业、节能环保产业的融合发展，使旅游业成为新兴信息技术和节能环保技术应用的重要领域。跟踪通用航空发展动态，积极探索发展通用航空旅游。

（二）着力丰富旅游产品供给。

1. 全面推进旅游产品开发与提升发展。充分利用山水优势和乡村优势，稳步推进各类旅游资源开发，新建一批精品景区，不断丰富旅游产品供给。坚持走内涵发展和联合发展的路子，积极推进传统观光景区的提升发展，加快推动旅游产品开发从单一观光功能向休闲度假的综合性功能转变，从粗放型开发向资源整合和深度利用转变，从单个景区向集群化转变。积极推进全城旅游和县域旅游大景区建设。大力推进旅游景区内外的环境风貌整治，切实加强旅游景区与周边村镇的协调发展，全面提升高等级景区的整体品质。

2. 加快改善薄弱环节的旅游产品供给。加快发展大型综合景区和高水平旅游综合体，依托高等级景区和旅游度假区，通过资源整合、产业融合和板块联合促进旅游要素的集聚，做大新产品新业态，做足休闲度假功能，做强旅游度假经济，做响旅游度假品牌。加快发展晚间休闲娱乐产品，建设和完善特色餐饮和室内休闲运动场所，打造游客喜爱的文化演艺产品，丰富晚间旅游消费项目。加快发展购物旅游产品，增加旅游商品的种类和数量，注重旅游商品的特色和质量，建设旅游购物场所，提高旅游购物在全省旅游总收入中的比重。加快发展夏季和冬季旅游产品，开发建设避暑度假休闲基地、冬季观光游览和运动休闲基地，打造冬夏旅游新亮点。

3. 积极培育特色鲜明的新型旅游产品。充分利用各地优势特色文化资源，开发建设一批主题特色鲜明、产品创意独特、游客乐于参与的文化体验产品。以山水环境为依托，有机整合自行车、登山健行、拓展、溯溪、划船、垂钓、游艇等体育运动项目，开发建设一批以户外活动为特色的运动休闲产品。以道路交通为纽带，以旅游城镇、旅游景区和乡村旅游地为依托，加快建设旅游营地产品。推进温泉旅游产品的差异化开发和旅游功能的综合化发展，开发建设一批各具特色的温泉休闲产品。依托博大精深的中医文化和温泉、竹炭、中草药等特色资源，整合利用现代医疗保健技术和各类养生保健设施，开发建设一批养生保健产品。依托城镇经济社会环境，开发建设以旅游特色街区、社区旅游和旅游小镇为代表的城镇休闲产品。依托中心城市和旅游度假区，有序发展高尔夫旅游，积极探索发展邮轮旅游、游艇旅游，开发建设一批高端休闲旅游产品。结合旅游景区和旅游度假区建设，积极培育旅游度假功能，推进房地产功能转型，开发建设一批置业旅游产品。

（三）着力优化旅游空间布局。

1. 建设更加发达的旅游经济圈。建设以杭州、绍兴、嘉兴和湖州为主体的浙北旅游经济圈，充分发挥杭州的带动作用，以古越文化、江南水乡风情和运河古镇文化为支撑，加快提升绍兴、乌镇、南浔等一批古城古镇旅游休闲区块，加快发展千岛湖、太湖、南湖等一批湖山休闲度假和红色旅游区块，加快建设长兴、安吉、德清等一批乡村旅游休闲区块，使之持续成为全省和长三角旅游经济发展的核心动力区。建设以宁波和舟山为主体的浙东旅游经济圈，增强中心城市的旅游休闲功能，充分发挥历史文化、宗教文化和海洋海岛资源的比较优势，依托溪口—滕头和普陀山等高等级景区，加快推进三江六岸、定海、临城、沈家门等城市旅游休闲集聚区块建设，加快推进东钱湖、象山半岛等休闲度假区块建设，加快形成一批特色海岛休闲度假区块,使之成为带动全省和长三角发展的新兴动力区。建设以温州和台州为主体的浙东南旅游经济圈,发挥山海并举的资源优势、工商繁荣的产业优势和充满活力的体制机制优势,加快提升雁荡山、楠溪江、天台山等一批传统旅游区块,加快推进温州瓯江沿岸、台州绿心的城市旅游休闲集聚区块建设,加快形成洞头、桃渚等滨海休闲度假区块。建设以金华—义乌为主体的浙中旅游经济圈,依托义乌国际商贸城和横店影视城等高等级景区,做大做强商贸购物旅游和影视文化旅游特色区块,提升发展武义温泉休闲度假区块。建设以衢州和丽水为主体的浙西南旅游经济圈,依托生态环境的整体优势,加快推进江郎山、仙都等传统旅游区块的整合提升,加快推进遂昌、景宁等特色乡村旅游区块的建设,加快培育一批以生态休闲和养生度假为特色的旅游休闲区块。

2. 构建更加合理的旅游目的地体系。积极引导各类旅游目的地彰显特色、错位发展,加快推进四个层次的旅游目的地建设,形成较为完善的旅游目的地体系。以杭州、义乌、绍兴、宁波、舟山等国际化程度较高的中心城市为主体,以提高国际旅游市场份额为目标,依托精品品牌景区,积极推进国际化旅游目的地建设。以区域中心城市为依托,以扩大国内旅游市场份额为目标,以自然山水、历史古镇、生态休闲为特色,大力开发适合不同层次游客的旅游产品,加快打造一批全国著名的旅游目的地。以旅游经济强县和高等级景区为载体,以推进长三角旅游一体化为目标,着力打造一批在长三角范围具有较大影响力的区域性著名旅游目的地。以旅游强镇和旅游特色村为基础,重点培育一批乡土气息浓郁、文化特色鲜明、综合品质优良的精品乡村旅游目的地。

3. 增强中心城市的集聚带动作用。积极推进杭州、宁波、温州和金华—义乌四大长三角区域中心城市的创新发展。杭州要在整合都市圈的基础上,进一步成为全省旅游创新发展的中心和国际化发展的示范区,不断增强在长三角旅游业发展中的中心地位。宁波要加快整合都市圈旅游资源,在推动全省海洋海岛旅游和浙东旅游业发展过程中发挥龙头带动作用。温州要加快整合都市圈旅游资源,进一步成为民营经济推动旅游发展的示范区和带动浙南地区、接轨海西经济区的枢纽。金华—义乌要充分利用特色产业优势,特别是义乌的国际化基础,加强城市群的融合发展,为促进中西部地区的旅游业发展做出更大贡献。加快推进湖州、嘉兴、绍兴、舟山、台州、衢州、丽水等七个区域中心城市的旅游公共服务体系建设,不断增强中心城市的旅游休闲功能和旅游集散功能,推动市域旅游一体化发展。

4. 大力推进海洋海岛旅游业发展。以滨海中心城市为依托,加快建设甬舟、温台和跨杭州湾三大海洋旅游区,合理构建全省海洋旅游业布局。加快推进海陆和岛际旅游的立体交通网络建设,有效改善海洋海岛旅游目的地的交通条件。重点建设普陀金三角、宁波—定海—岱山、嵊泗—洋山、石浦—象山港、温州—洞头—南麂、苍南—平阳、雁荡—乐清湾、台州—大陈岛、三门湾—东矶列岛、石塘—大鹿岛、嘉兴平湖—九龙山和杭州湾大桥—钱江潮等板块。加快选划和建设一批以碧海金沙为特色的旅游度假海岛和岛群,使之尽快成为向国内外市场展示"海上浙江"风采的标志性休闲度假品牌。鼓励舟山国家级旅游综合改革试点城市、舟山群岛海洋旅游综合改革试验区先行先试,大胆创新,为全省海洋旅游发展提供经验。

5. 大力推进浙西南生态旅游业发展。发挥生态旅游资源优势,推动浙西南旅游业的加快崛起,促进全省旅游业发展的空间均衡。积极推进以优势资源和优势区位为依托的旅游景区建设,围绕重点景区配套建设完善旅游基础设施。加快把世界遗产地江郎山等一批高等级景区建设成为具有更强市场竞争力和更强综合带动力的旅游目的地。进一步加强浙西南旅游中心城市建设,打造一批个性鲜明、景观优美、空间集聚、功能综合的休闲娱乐特色街区,增强中心城市的旅游集聚辐射能力,推动周边地区的整合发展。加强浙西南地区的省际旅游合作,把温州、丽水、衢州建设成为接轨海西经济区和浙闽赣皖边际旅游的重要枢纽。

(四)着力完善旅游公共服务。

1. 完善公共信息服务体系。推进信息技术在旅游消费、旅游生产经营和旅游管理服务过程中的广泛运用。加快完善网站在线信息服务、景区现场信息服务和热线声讯服务,大力推进各类旅游信息服务系统的融合。推动旅游网站的功能升级,依托主要旅游网站开发网上预订和支付功能。开发应用景区电子门禁、电子导游、景区监管等信息系统,促进旅游目的地的数字化管理与服务。选择一批有条件的旅游城市,积极创建"智慧旅游城市"。加快构建区域整合、部门整合、全省一体化的旅游公共信息服务平台,不断提高公共信息资源的共享程度。

2. 完善公共交通服务体系。增加国际航线和航班,开辟国际邮轮线路,加快形成与主要国际客源地双向直航的立体交通格局。进一步加强浙江与港澳台地区的旅游交通联系,大力推进长三角高速交通网的建设与完善,积极推动浙江与海西经济区的旅游交通接轨。加快推进陆海旅游交通和岛际旅游交通建设,进一步完善航空、公路、铁路和水路枢纽的交通服务,加强支线旅游交通和核心景区通景公路建设,推动城市公交服务网络延伸到周边主要景区和乡村旅游点。加快构建主客共享的城市休闲慢行道路系统。加快完善旅游交通引导标识系统。

3. 完善公共服务设施体系。大力加强各级旅游城镇和旅游景区的公共服务设施建设,积极推进旅游营地建设和公路服务区功能完善,不断满足自驾车游客的服务需求。鼓励发展汽车和自行车租赁业务,逐步形成异地租车和还车的连锁经营服务,促进自驾车旅游的发展。加强各级旅游集散中心的建设与完善,实现游客集散、交通换乘、信息咨询和产品订购等多项服务功能的统一。

4. 完善安全保障服务体系。建立健全旅游安全管理机构,落实安全管理责任制,形成全省各地协调和相关部门联动的安全管理机制。重点做好旅游交通、旅游饭店、景区游乐设施安全和旅游食品卫生安全。加大旅游安全设施投入，完善旅游景区的消防、安全防护、安全警示、紧急救援电话等设施，做好灾害性天气预报和地质灾害预警服务。加强救援设施和救援队伍建设，加快建立和完善多层次、一体化的海陆旅游应急救援服务体系。建立迅速处置境外旅游突发事件的有效机制，确保出境游客的人身安全。推进旅游安全保险体系建设，全面实现旅游保险，尤其是把旅游安全纳入保险体系。

5. 增加公益性惠民产品供给。积极推进城乡公共服务场所和设施的主客共享，鼓励各行业面向当地居民和外来游客开放相关场所和设施。推动城市公园年卡和旅游年卡等的受益对象从当地居民扩大到全体游客，鼓励各地不断推出惠及游客的各种旅游优惠服务措施。全面落实旅游景区对老年人、学生和残障游客等特殊人群门票优惠政策。积极鼓励旅游景区逐步取消门票制度，进一步推动文博场馆、红色旅游点、风景名胜区、森林公园、地质公园、湿地公园等率先取消旅游门票。进一步规范旺季旅游饭店价格调节机制，对节假日旅游热点饭店实施最高限价措施。

6. 优化目的地市场综合环境。增强城乡居民的旅游参与意识，发扬热情好客的优良传统，营造文明友善的旅游目的地社会环境。进一步加强旅游诚信体系建设，引导旅游企业规范经营，建立旅游企业信誉等级评估、公告体系和违规记录公示制度。加强《旅行社条例》的贯彻落实，完善旅行社诚信经营机制；大力整顿和规范旅游市场秩序，严厉打击扰乱市场秩序的违法行为和违规经营行为，切实保护旅游消费者和经营者的合法权益；加强旅游执法队伍建设，发挥旅游行风监督员的作用，加大旅游监督和执法的工作力度；健全旅游投诉处理工作制度，完善旅游目的地市场综合治理机制。

7. 全面提升旅游服务质量。进一步贯彻落实《旅游服务质量提升纲要》，大力提升旅游从业人员的服务意识和服务水平，积极推行旅游目的地服务质量评价和游客满意度调查评价制度。大力培育和引进品牌旅游公司，推动旅游业专业化管理和连锁化经营，促进旅游管理和服务水平的提升。支持舟山等地做好旅游标准化试点示范工作，鼓励地方和企业大胆探索，积极制定和实施各类旅游新产品与新业态的管理服务标准，为全省和全国提供借鉴。

（五）着力扩大旅游消费市场。

1. 引导释放旅游消费需求。全面落实带薪休假制度，鼓励用人单位结合国家法定节假日弹性安排带薪休假、探亲休假时间。大力倡导积极的消费理念，鼓励全民参加旅游休闲活动，有效释放潜在的旅游消费需求。积极倡导红色旅游和修学旅游，鼓励企事业单位开展奖励旅游和福利旅游，使旅游成为增进民生福利的有效载体，进一步促进旅游消费。

2. 创新提高市场营销水平。进一步加强浙江旅游总体形象的传播推广工作，加快构建更加协调和合理的省域旅游目的地形象体系。推出一批精品旅游线路和特色主题旅游线路，形成具有国际影响力的旅游线路产品。积极探索政府资源与企业资源，省级资源和地方资源的整合途径，促进旅游形象传播与旅游产品营销的高效联动，促进省、市、县三级营销的有机整合。积极探索自主营销与合作营销、委托营销、代理营销相结合的多元化营销模式，制定实施更有针对性的市场营销策略。创新市场营销手段，加强网络营销和手机营销，提升旅游营销的实际效果。

3. 巩固提升国内市场份额。坚持把国内市场放在优先位置，立足长三角市场，不断扩大省内市场和沪苏市场，着力开拓细分市场和中远程市场。以本省市场为基础，以沪苏市场为重点，使之继续成为全省国内游客接待量持续增长的可靠支撑。以大中旅游城市为依托，争取国内中远程游客接待量的明显增长。以新产品新业态和旅游景区综合提升为基础，大力开拓休闲度假、商务会展、奖励旅游、红色旅游、自驾车旅游、老年旅游、高端旅游等细分客源市场。重视海西经济区发展带来的市场机遇，积极促进旅游线路对接，建立全方位、多层次的合作互动机制，努力开辟新的市场空间。

4. 大力开拓入境客源市场。充分发挥杭州等国际化程度较高的旅游目的地的带动作用，大力培育入境旅游的新“引擎”，加快形成全省各地共拓入境市场、共享入境客源的新局面。继续加强与港澳地区的合作，探索浙台旅游组织新形式，积极推进与台湾旅游的双向合作。努力保持日韩市场的稳定增长，推动日韩客源人群结构的优化。进一步扩大东南亚市场，积极开发南亚和西亚市场。抓住我国国际经贸往来日益频繁的良好机遇，有效构建旅游营销网络，探索新的营销渠道，寻求欧美市场的新突破，积极开拓大洋洲入境市场，努力开辟入境旅游新空间。

5. 积极引导出境旅游发展。继续支持浙江公民赴海外旅游目的地旅游，合理增加出境组团数量，进一步满足日益增长的出境旅游需求。加强对出境旅游产品的促销引导和监控，建立和完善出境旅游目的地安全预警制度，不断提升出境旅游的服务质量，维护出境游客的合法权益。

（六）着力提升旅游产业素质。

1. 提升旅游业文化内涵。促进文化和旅游的深度结合，努力把文化内涵贯穿于旅游业发展的各个环节和整个过程。积极探索各类物质与非物质文化遗存地旅游产品的开发方式和表现形式，使游客在生动活泼的旅游活动中获得知识和乐趣。增强旅游商品、餐饮和住宿的地方文化特色，形成具有自主品牌的特色旅游产品，使旅游宾馆和餐饮服务场所成为展示地方文化的重要窗口。培育富有地方特色和民族特色的演艺节庆和文化体育活动，使旅游活动成为传承和弘扬优秀文化的重要载体。重视旅游产品研发和科技成果在旅游业中的应用，积极发展多种形式的科普旅游，充实自然保护区、地质公园、森林公园和湿地公园旅游产品的科学内涵，提升产品的科普教育功能。

2. 提升旅游惠民富民能力。积极引导和加快发展乡村旅游业，不断提高乡村旅游的就业吸纳能力和增收致富能力。积极推动旅游与农林渔业、加工制造业和其他服务行业的融合发展，形成旅游经济新亮点，为城乡经济社会发展作出新贡献。建立健全乡村旅游从业人员培训机制，加强对农民的培训。建立健全旅游就业信息网络，向社会提供更加充分的旅游就业信息服务。探索建立乡村旅游就业激励机制，鼓励大学毕业生在乡村旅游领域就业创业。

3. 提升生态文明建设水平。全面贯彻落实省委《关于推进生态文明建设的决定》，加快提高旅游业的生态文明建设水平。贯彻国家旅游局《关于进一步推进旅游行业节能减排工作的指导意见》，建立旅游饭店、景区、旅行社等行业的节能降耗标准，支持旅游经营单位积极利用新能源和新材料，广泛运用节能节水减排技术，大力创建绿色环保企业，有效降低旅游生产的单位能耗和碳排放量。积极推行饭店节能减排100条，深入开展绿色饭店创建活动。推行A级景区节能减排30条，稳步推进全省生态旅游区的创建工作。积极推动乡村旅游经营户和其他旅游经营单位做好节能减排工作。进一步加强全省旅游资源及生态环境保护工作，进一步做好旅游景区建设与防洪、水环境保护、水土保持和生态修复等的配套协调。积极倡导文明节俭绿色的低碳旅游方式，支持和鼓励低碳旅游消费。

4. 提升旅游行业整体素质。饭店业要以推进饭店特色文化主题建设为核心，引领饭店业特色化、品牌化和合理化发展。旅行社业要以品质等级评定为抓手，鼓励连锁经营和网络化发展，推进大型旅行社集团化、中型旅行社特色专业化和小型旅行社门市化的步伐。景区景点业要以做大做强为目标，以提升旅游文化内涵为根本，全面推进功能转型、产品创新和要素集聚，努力实现旅游景区的业态多元化、功能综合化、管理规范化和运营市场化。乡村旅游要以品质优化、产品创新和功能转型为重点，推进提升发展、整合发展、集聚发展和有序发展，实现做精、做特和做优的目标。健全旅游人才工作的体制机制，提高人才队伍整体素质，优化旅游人才结构，使各类人才供给更加适应全省旅游业创新发展和国际化发展的需要。依法规范旅游从业人员特别是导游人员的劳动用工管理，确保旅游从业队伍的稳定。

四、重点工作

（一）实施旅游千亿工程，推进旅游业项目建设。实施“千亿”工程，加快推进“十二五”期间全省总投资超过3000亿元的旅游项目建设，重点推进50个单体投资超10亿元、总额超2000亿元的旅游重大项目建设。五年内，争取有100个以上项目列入全省重点建设项目和全省服务业重大项目，积极争取一批项目列入国家旅游重点建设项目。大力支持新增旅游项目的立项建设，积极引导重大旅游项目从基础设施领域向旅游活动领域转变。着眼大众化需求，加快建设一批休闲度假旅游项目。着眼个性化需求，加快建设一批新型特色旅游项目。着眼高消费需求，加快建设一批高端优质旅游项目。着眼高品质需求，加快建设一批旅游公共服务项目。依靠各级政府的大力支持，完善相关部门分工联合的项目推进机制，落实重大项目的管理服务责任单位，制定实施全省旅游系统内部考核办法，确保重大项目的顺利实施。通过旅游重大项目的带动，进一步夯实全省旅游业发展的基础，增强全省旅游业发展的后劲。

（二）实施旅游融合工程，推进旅游业拓展深化。着力加强旅游业与相关产业的融合，拓展融合发展领域，深化融合发展程度，推进旅游业在更宽领域、更深层次和更高水平上的全面发展。“十二五”期间通过加强与商务、文化、体育、农办、农业、林业等部门的合作，全省重点建设10个4A级以上旅游购物景区、10个在全国具有较高知名度的旅游文化演艺项目、50个非物质文化遗产旅游经典景区、50个博物馆A级景区、50条特色商业示范街、100个运动休闲基地和100个休闲观光农业示范园。

（三）实施旅游创优工程，推进目的地全面提升。开展全省优秀旅游目的地创建工作，落实国家旅游局的工作部署，巩固和深化全国优秀旅游城市和全省旅游“十百千”工程的创建成果。以完善目的地旅游服务设施、提升目的地服务质量、提高目的地友好程度为主要内容，以人民群众满意度作为评价标准，创建10个优秀国际旅游目的地和100个优秀旅游目的地城市、优秀县域旅游目的地和优秀乡村旅游目的地。以优秀旅游目的地创建工作为基础，进一步发挥旅游业整合带动经济社会全面发展的作用，努力培育10个左右以旅游经济为主导的县（市、区），树立新时期以旅兴县的榜样。

（四）实施行业提升工程，推进旅游业做优做强。大力开拓旅游特色潜力行业，重点提升景区、饭店和旅行社三大传统行业的发展水平，合力培育具有国际竞争力的旅游龙头企业。“十二五”期间全省要努力建成30个年游客接待量超过200万人次、旅游收入超过1亿元的高品位大型综合景区，争取创建5家以上5A级景区、50家4A级景区、4家以上国家级生态旅游示范区、30家省级生态旅游区、3家以上国家工业遗产旅游示范区；重点培育15家旅游龙头企业，力争有3—5家旅游企业上市。培育100家特色文化主题饭店，培育10家优秀本土饭店管理集团，五星级饭店增加到100家以上；五星级旅行社增加到20家以上，品质旅行社增加到200家，争取有10家旅行社稳定在全国百强旅行社行列。

（五）实施度假平台工程，推进度假区加快发展。把国家级和省级旅游度假区建设作为“十二五”时期全省旅游业发展的重点工作来抓。以发展旅游度假产业为方向，整体推进经济开发区模式，大力培育度假区的旅游度假服务功能、资源环境整合功能、旅游产品培育功能和开发管理创新功能，加快把旅游度假区建设成为旅游产业要素的集聚区和旅游经济转型升级的示范区。五年内争取新增3家以上国家级旅游度假区，省级旅游度假区总量达到30个以上，争取有3—5个度假区列入省服务业集聚示范区。实行旅游度假区的动态考核管理，完善旅游度假区的准入和退出机制，做到有进有出，优胜劣汰。力争到“十二五”期末有10个度假区进入高效产出和稳定发展的成熟阶段，新增度假区进入快速启动和初见成效的阶段。

（六）实施旅游惠民工程，推进旅游业惠民利民。推进公益性景区免费向游客开放；完善和推行面向全体市民的旅游景区年卡制度，探索建立覆盖全省、衔接长三角的旅游优惠年卡制度；全面落实旅游景区对老年人和学生等特殊人群的门票优惠政策；加快建立和完善旅游公共服务信息平台；积极推动各市建立主客共享的公共自行车服务体系；加快建成一批自驾车旅游道路和旅游营地；加强乡村旅游从业人员培训，期末乡村旅游就业人数达到12万人以上。全省每年新增10万个以上旅游就业岗位，旅游业就业人数达到360万人以上，使旅游业成为城乡居民就业增收的重要渠道。

（七）实施人才兴旅工程，推进旅游业人才建设。由省人力社保厅和省旅游局牵头负责，用三年时间培养150名左右具有世界眼光、战略思维、熟悉国际惯例和规则、精通本行业专业知识的旅游领军人才。五年内重点培养1000名资本运作、职业管理、营销推广、规划设计和科研教育骨干人才，培养50名高级导游，新增20000名各类技能等级人员，实现全省旅游从业人员的全员培训。积极促进高等院校的旅游人才培养和旅游科研工作，大力推进浙江旅游职业学院的局省合作共建，大力支持其升格为本科院校。

（八）实施旅游改革工程，推进改革试验区建设。加快推进旅游改革试验区的创新发展，着力在体制机制创新、产品业态创新和配套政策创新等方面取得突破性成效。推进舟山国家级旅游综合改革试点城市、舟山群岛海洋旅游综合改革试验区建设，在深化体制机制改革、开发新业态新产品、创新海洋旅游服务标准、促进生态文明建设、创新旅游营销模式、探索更加开放的产业政策等方面先行先试，加快建成以“海天佛国、渔都港城”为特色，国际知名的群岛型佛教旅游胜地和海洋休闲旅游目的地，使舟山群岛成为我国海岛旅游的示范基地、全省旅游经济发展的重要引擎和全省海洋经济发展带战略的有力支撑；推进市县旅游综合改革试验区建设，推进淳安、遂昌、洞头、武义、仙居、安吉等县进行县级旅游综合改革试点，使之成为旅游业转变发展方式的先行区；认真总结全省各地的旅游改革经验，积极探索和推进各类旅游专项改革试点工作。

五、保障措施

旅游业正在加快成为综合性的大产业，发展领域横跨三次产业，管理服务涉及众多部门，产业发展已经大大超越了旅游职能部门的调控范围。为确保“十二五”全省旅游业各项任务的完成，顺利实现规划确定的发展目标和预期指标，必须采取更加强有力的保障措施。

（一）加强组织领导。各级政府要认真贯彻《国务院关于加快发展旅游业的意见》（国发〔2009〕41号）精神，从经济社会全局发展和长远发展高度充分认识新时期旅游业的重要地位与作用，把旅游业作为“十二五”时期国民经济的战略性支柱产业和服务业的龙头产业来培育，把旅游基础设施和重点旅游项目纳入各地国民经济和社会发展“十二五”规划，切实加强组织领导。编制和调整城市总体规划、土地利用规划、海洋功能区划、基础设施规划、村镇规划时，要充分考虑旅游业发展的需要。根据旅游业增长速度和建设用地产出水平，合理调整旅游业发展的年度用地供给，努力保障重点旅游项目的用地指标。积极支持盘活存量建设用地，发展旅游项目。着力解决海洋海岛旅游开发中涉及的旅游用海问题，大力支持海岛旅游开发。

（二）加强旅游体制机制的改革。加快建立和完善风景资源、文化体育与旅游一体化的管理体制，积极推动市、县两级建立具有综合职能的旅游管理委员会，鼓励各地进行旅游管理体制的改革创新，为旅游业成为综合性大产业奠定更加坚实的制度基础。根据《浙江省人民政府关于进一步加快旅游业发展的实施意见》（浙政发〔2010〕56号）精神，积极探索旅游业与农林渔业、特色加工制造业和相关服务业融合发展的有效途径，加快建立旅游部门与文化、体育、农业、林业、海洋、商业、交通、建设、科技、水利、环保等部门分工负责、协调推进的长效工作机制，把合力兴旅作为市县两级政府部门年度考核的重要内容。鼓励旅游改革试验区在体制机制上大胆改革，先行先试，为其他地方的改革提供经验。

（三）加强各级政府的财政支持。充分认识旅游产品和旅游效益的公共属性，为政府履行公共管理职能提供财政投入保障。进一步加大对欠发达地区重点景区、红色旅游、乡村旅游等进行基础设施建设的投资支持力度。市、县（市、区）政府要加大对旅游基础设施建设的投入。根据全省财政收入和旅游业发展情况，逐步增加省旅游发展资金，重点用于全省旅游总体形象宣传、规划编制、人才培训、旅游公共服务体系建设等。市、县（市、区）要相应增加旅游发展资金，加大对旅游宣传推广、人才培训、公共服务的财政支持力度。各级政府在安排促进企业发展的相关专项资金时，对符合条件的旅游企业给予支持。把旅游促进就业纳入就业发展规划和职业培训计划，落实好相关扶持政策。

（四）加强政策措施的完善落实。进一步落实宾馆饭店与一般工业企业同等的用水、用电、用气价格政策。鼓励旅行社参与政府采购和服务外包。旅行社按营业收入缴纳的各种收费，计征基数应扣除各类代收服务费。污染排放达到国家标准或地方标准并已进入城市污水处理管网的旅游企业，缴纳污水处理费后，免征排污费。旅游企业用于宣传促销的费用依法纳入企业经营成本。鼓励银行卡收费对旅行社、宾馆饭店、景区售票商户参照超市和加油站档次进行计费，进一步研究适当降低对宾馆饭店的收费标准。

（五）加强行业指导与目标管理。加强省市两级旅游职能部门的行政指导，进一步做好各种类型的行业交流。充分发挥旅游规划专家的作用，在实地调查基础上深入剖析全省各地旅游业发展中的经验与问题，针对发展条件和发展阶段的差异性，研究提出旅游业发展的分类指导意见。充分发挥旅游行业协会的作用，研究提出景区业、饭店业、旅行社业和新兴涉旅行业的分类指导意见。积极探索实施全省各级旅游职能部门的垂直目标管理办法，把目标考核与激励机制引入旅游行业管理过程，确保“十二五”各项目标任务圆满完成。

附件：1.“十二五”旅游重点建设项目（略）
2. 高品位大型综合景区情况（略）
3. 重点培育的部分旅游龙头企业（略）
4. 各市景区和旅行社创建计划（略）
5. 五星级饭店与特色文化主题饭店创建计划（略）

浙江省人民政府关于印发浙江省十二五物流业发展规划的通知

浙政发〔2011〕41号

各市、县(市、区)人民政府,省政府直属各单位:

现将《浙江省"十二五"物流业发展规划》印发给你们,请结合实际,认真贯彻实施。

二〇一一年六月十四日

浙江省"十二五"物流业发展规划

加快现代物流业发展,对优化资源配置,改善投资环境,促进产业结构优化升级与经济发展方式转变,具有十分重要的意义。为指导"十二五"时期全省物流业快速协调有序发展,根据《浙江省国民经济和社会发展第十二个五年规划纲要》,制定本规划。

一、发展背景

(一)发展现状。

1. 物流业规模持续扩大,在国民经济和服务业中的地位明显提升,但物流成本仍较高。"十一五"时期,我省物流业发展全面提速,物流业增加值和社会物流总额年均增长率分别为12.9%和13.5%。2010年全省实现物流业增加值2550亿元,分别占全省服务业增加值和生产总值的21.7%与9.4%;实现社会物流总额8.75万亿元,约占全国总量的7.0%。但从物流成本看,2010年全省物流总费用与生产总值的比率约为17.6%,仍大大高于发达国家10%左右的水平。

2. 物流企业成长迅速,经营业务不断拓展,但企业规模仍然偏小,功能较为单一。2010年全省有物流法人单位1.1万余家,3A级以上物流企业105家,占全国总数的12.27%。越来越多的物流企业从原来提供单一的运输仓储服务向提供全方位、多层次、一体化服务转变,从简单的承揽物流业务向根据客户需要开发专业物流服务转变。公路港、"无水港"、物流金融、物流总包等新业务模式不断涌现。但从总体结构看,小型物流企业居多,从事传统装卸、储存、运输服务的企业依然占很大比重,无序竞争还比较严重。

3. 物流基础设施建设加快,发展条件逐步改善,但物流标准化、信息化发展相对滞后,部分地区物流园区建设存在一定盲目性。"十一五"时期,在各级政府的高度重视下,包括交通、信息网络在内的物流基础设施建设成效显著。截至2010年底,我省铁路营业里程达到1761公里;通村以上公路总里程达到11万余公里,其中高速公路里程3383公里;内河航道通航里程达到9704公里;沿海港口货物吞吐量达到7.9亿吨,内河港口货物吞吐量达到3.4亿吨;杭州、宁波等空港建设进展顺利。物流园区建设加快推进,传化物流基地和义乌国际物流中心等一批物流园区和物流中心项目示范作用凸显。但是,物流信息化水平仍然不高,公共物流信息平台建设尚处在探索阶段,物流标准化建设进展缓慢。尤其值得关注的是,物流园区建设缺乏统一规划,有的地区发展存在一定盲目性。

4. 政府对物流业发展的扶持和推动力度不断加大,但企业物流外包比例偏低,社会化物流需求不足问题依然存在。"十一五"时期,我省陆续制定出台了关于进一步加快现代物流业发展的若干意见、物流业调整与振兴三年行动计划等一系列规划和政策文件,各地也制定出台了一批相应的配套规划和政策。特别是国家《物流业调整和振兴规划》实施以来,各级政府进一步加大了工作力度。从企业层面看,尽管近几年来对第三方物流的认识已有较大提高。但是,不少企业仍固守"大而全、小而全"的传统经营方式,企业集成的物流业务外包比例仍然较低,社会化物流需求相对不足,在一定程度上影响到物流企业的创新动力和专业化服务能力的提升。

(二)机遇和挑战。

1. 我省经济发展进入新阶段所带来的旺盛物流需求为物流业发展提供了难得机遇。"十二五"时期,我省将进入人均生产总值7000—10000美元的发展阶段,尤其是随着海洋经济发展示范区和大平台大产业大项目大企业建设的全面推进,社会物流总需求必将强劲增长。同时,随着经济发展方式转变所带来的产业分工不断深化,循环经济、低碳经济等发展理念不断推广,居民对生活品质的要求不断提升,我省专业化的物流需求将快速增长,物流业发展潜力巨大。

2. 深水大港、块状经济和电子商务等独特优势为我省物流业发展提供了强力依托。目前,我省已基本形成以宁波—舟山港为核心,嘉兴港和温州港、台州港为两翼的沿海港口体系,2010年宁波—舟山港货物吞吐量达6.33

亿吨，集装箱吞吐量达1315万标箱，分别位居全国海港第1位和第3位，优越的港口条件为我省物流业特别是大宗商品物流和国际集装箱物流发展奠定了坚实的基础；我省专业市场和块状经济发达，全省有交易额超百亿元的专业市场22个、超10亿元的专业市场202个，拥有年产值超百亿元的块状经济70多个、年产值超10亿元的块状经济300多个，专业市场和块状经济相对集中的物流需求为物流业发展提供了良好的发展环境；我省以阿里巴巴为代表的电子商务产业集群在B2B、B2C和C2C等各领域发展优势明显，一批电子商务企业异军突起，拥有全国50%以上的市场份额，快速发展的电子商务为快递物流发展创造了市场需求，成为我省物流业发展的独特产业机遇。

3. 高端人才缺乏和体制政策障碍是我省物流业发展的主要瓶颈。我省现有物流企业中约有50%的从业人员是从传统的物资储运企业中转型而来，缺乏现代物流所需要的统筹运营意识和经营管理能力。而随着我省物流业的快速增长，社会对物流人才的需求正急剧扩大，全省物流人才特别是中、高级物流管理人才和工程技术人才匮乏的问题突出。同时，现有条块分割的体制壁垒以及一些政策障碍成为制约物流业一体化、网络化发展的瓶颈。

二、总体要求

（一）指导思想。深入贯彻落实科学发展观，全面实施“八八战略”和“创业富民、创新强省”总战略，紧紧抓住国家《物流业调整和振兴规划》实施契机，充分依托深水大港、块状经济和电子商务等独特优势，以港口物流、专业市场和产业集群物流、城乡配送和快递物流为发展重点，着力发展第三方物流，着力拓展物流增值服务，着力推广供应链管理，突出体制政策创新，积极推进物流业与制造业、金融业的联动发展，努力构建现代物流产业体系，为全省经济发展方式转变提供有力支撑。

（二）主要原则。

——强化基础产业定位。充分认识物流业对其他产业的渗透作用和带动效应，进一步强化物流业在国民经济中的基础性作用，加大产业的规划引导力度，强化政策扶持，加快物流基础设施建设，促进物流业加快发展，进而带动其他产业发展。

——突出重点发展领域。依托我省物流发展有利条件，突出港口物流、专业市场和产业集群物流、城乡配送和快递物流三大重点领域，力求在大宗商品交易平台、集疏运网络、金融和信息支撑系统“三位一体”港航物流服务体系建设、制造业与物流业联动发展和城乡物流配送网络建设上取得突破，带动全省物流业快速协调发展。

——壮大物流市场主体。一方面，加强对物流市场主体的培育，通过分离发展、引进移植和整合提升等多种途径，大力培育专业化、高效率的物流企业。另一方面，加强对第三方物流市场需求的培育，通过引导鼓励工商企业剥离非核心的物流业务，扩大物流外包市场，为物流企业成长发展创造良好的市场环境。

——拓展增值服务空间。大力发展现代物流，鼓励物流企业开展业态创新、技术创新和商业模式创新，提供多样化、集成化物流服务，丰富物流产业链，提升物流价值链；积极推广供应链管理理念，全面提高物流企业综合竞争力和全社会总体物流效率。

（三）发展目标。到2015年，全省物流业取得快速发展，空间布局明显优化，以港口物流、专业市场和产业集群物流、城乡配送和快递物流等为重点的现代物流产业体系基本形成，在服务业中的支柱地位和国民经济中的基础性作用进一步凸显；物流业增加值年均递增12%左右，达到4500亿元左右（按2010年价格计算），占全省服务业增加值的比重达到23%左右，占生产总值比重达到10%左右；全社会物流总费用相对于GDP的比率明显下降。

——港口物流特色优势进一步强化。大宗商品交易平台建设取得明显进展，基本实现大宗商品物流和国际集装箱物流并重发展，初步形成大宗商品交易平台、集疏运网络、金融和信息支撑系统“三位一体”港航物流服务体系，争取批准设立中国（浙江）大宗商品交易中心。

——物流园区建设快速有序推进。规划确定的20个重点物流园区建设取得明显进展，70%的物流园区年营业收入超过10亿元，年营业收入超百亿元的物流园区达到3个以上。

——物流龙头企业培育取得明显成效。规划确定的100家重点物流企业培育取得明显进展，形成一批具有国内较大影响力的第三、第四方物流和供应链集成服务品牌，力争有3家以上物流企业上市。

——物流标准化、信息化建设明显加快。以物流企业为重点的物流信息系统建设取得明显进展，普及率和网络化水平均有较大提高，公共物流信息平台建设、整合实现新突破，物流标准化建设同步推进。

三、主要任务

（一）以物流枢纽和物流节点建设为重点，优化物流业发展空间布局。根据全省四大物流枢纽的功能分工和杭州、宁波两个全国性物流节点城市定位，依托杭州、宁波、义乌三个全省大通关试点城市条件，分类分层推进物流建设，优化全省物流业发展空间布局。一是突出宁波—舟山港口物流枢纽建设，充分发挥保税港区和保税物流园区等开放环境优势，积极推进“三位一体”港航物流服务体系建设，构建大宗商品物流和国际集装箱物流并重发展的国际枢纽港；二是加强杭州综合性物流枢纽建设，充分发挥省会城市、电子商务之都和国际空港优势，强化以空港（保税）物流为特色、配送和快递物流为基础的物流体系建设，构建全省综合物流中心；三是推进金华—义乌内陆型物流枢纽建设，加快直通关建设，争取设立义乌B型保税物流中心，强化内陆口岸和区域中转联运物流中心功能，构建以“全球小商品集散中心”为特色的浙中物流枢纽；四是加快温州区域性物流枢纽建设，加快铁路、航空、港口物流基地等的规划建设，充分利用其联结长三角与海西经济区的区位特点，构建浙南闽北区域性物流枢纽。在加强四大物流枢纽建设基础上，推进嘉兴、湖州、绍兴、台州、衢州、丽水等区域性物流枢纽以及县域物流节点建设和发展。

依托不同层次的物流枢纽和物流节点，合理推进物流园区建设。在继续加强杭州空港物流园区、宁波梅山保税港区物流园区、义乌物流园区等重点物流园区建设的同时，根据各地发展实际和物流网络建设的需要，再选择一批不同层级、不同规模、不同特色的物流园区，强化科学规划和协调推进，引导有序发展。

（二）以港口物流、专业市场和产业集群物流、城乡配送和快递物流发展为重点，构建现代物流产业体系。把大力发展港口物流作为重中之重。充分发挥我省深水岸线长和沿海岛屿多、建港和储运条件好的优势，依托长三角及长江流域物流市场需求，抓住国际产业转移、上海国际金融中心和国际航运中心建设、浙江海洋经济发展示范区建设等契机，重点围绕大宗商品和国际集装箱两大物流业务体系，以宁波—舟山港为核心，以嘉兴港和温州港、台州港为两翼，着力构建“三位一体”港航物流服务体系。突出抓好大宗商品交易平台建设，提高国际范围资源集聚整合能力，带动金融、信息以及其他配套服务跟进发展。充分发挥宁波梅山保税港区和洋山保税港区等海关特别监管区优势，大力发展国际中转、仓储、贸易和加工增值服务，加快形成与上海港差异化、特色化协同发展格局，全力打造亚太地区大宗商品物流主要枢纽和我国国际集装箱物流重要枢纽。

围绕专业市场和产业集群需求打造物流支持系统。充分发挥市场大省优势，以专业市场集中仓储与货运配载物流需求为导向，以现有专业市场配载物流为基础，创新物流服务模式和运营组织形式，促进专业市场转型提升和物流服务升级。充分发挥制造业块状集聚优势，在主要的产业集聚区块，加快建设以原辅材料采购和仓储金融质押为核心功能、以解决中小企业融资困局和提供生产资料集约采购服务为目的的第三方供应链物流平台，为产业集群转型升级提供供应链管理和物流保障。

完善城乡配送基础物流网络。适应连锁经营业态发展需要，鼓励企业应用现代物流管理技术，在大中城市发展面向流通企业和消费者的社会化协同配送物流服务。抓好杭州城市配送物流体系建设试点，解决配送中心、城市快递、配送车辆通行、停靠和装卸作业等问题，提高城市配送的专业化水平。充分发挥邮政快递网络和交通运输部门小件快运网络基础作用，积极鼓励物流企业大力发展网货配送与快递物流业务。加快建设覆盖全省的网货配送与快递物流中心网络，打造低成本和现代化的网货配送与快递物流服务公共平台，构建便捷高效、竞争有序、技术先进、服务优质的快递服务体系，推动全省快递物流业务实现跨越式发展。适应城乡一体化发展进程，着力加强以农村货运站为主体的农村物流基础设施建设，加快小件快运推广工作与乡村配送物流建设。完善药品、食品、鲜活农产品的冷藏、加工、运输和配送等物流设施，提高药品、食品、鲜活农产品冷藏运输比例，支持发展农资和农村消费品物流配送中心建设。

（三）以分离发展、引进移植和整合提升为重点，加强物流市场主体建设。分离发展一批。鼓励工商企业按照分工协作原则，引导其剥离物流业务，促进企业内部物流社会化；适时选取典型物流企业开展产业联动试点示范，做大做强一批专业化的物流企业。

引进移植一批。充分利用我省优越的物流发展条件，抓住发达国家和地区物流产业加快转移的有利时机，面向境外引进一批国际著名物流企业；加强与央企等大企业合作，共同发展一批骨干物流企业。

整合提升一批。鼓励现有运输、仓储、货代、联运、快递企业加快资源整合、功能整合和服务延伸，引导物流企业通过参股、控股、兼并、联合、合资、合作等多种形式进行资产重组，加快向现代物流企业转型提升。

（四）以物流标准化、信息化和高新技术开发应用为重点，加快推进物流现代化进程。把物流信息化建设作为推进物流现代化的核心任务。重点要推动物流企业业务运营信息系统建设，支持通用信息模块软件和专业物流业务运营需要的物流信息软件开发推广。积极探索物流公共信息平台建设，包括全省物流公共信息平台、全省电子口岸大通关信息网络，以及道路、水运、铁路、航空等货运信息网络开发，提高物流公共信息服务能力。

把物流标准化建设作为推进物流现代化的基础工作。依托我省成熟物流企业制定相关服务标准和技术标准，力争成为国家级标准，扩大我省在国家物流通用基础类、物流技术类、物流信息类、物流管理类、物流服务类等领域标准制定的话语权。加快物流管理、技术和服务标准的推广，鼓励企业采用标准化物流计量、货物分类、物品标识、物流装备设施、工具器具、信息系统和作业流程等，提高物流的标准化程度。加快对现有仓储、转运设施和运输工具的标准化改造，鼓励企业采用标准化的物流设施和设备。实施物流标准化服务示范工程，选择大型物流企业、物流园区开展物流标准化试点工作并逐步推广。

把物流高新技术开发应用作为推进物流现代化的重要举措。大力发展多式联运、特种货物、大吨位厢式货车和甩挂运输等现代运输方式。大力推广集装技术和单元化装载技术，完善并推广物品编码体系，广泛应用条形码、智能标签、无线射频识别（RFID）等自动识别、标识技术以及电子数据交换（EDI）技术，发展可视化技术、货物跟踪技术和货物快速分拣技术，尤其要大力发展和应用物联网技术，全面提高物流运营效率。

（五）以深化改革开放为重点，着力改善物流业发展环境。积极争取宁波—舟山港分享上海国际航运中心的优惠政策。加快口岸开放步伐，争取增加沿海港口开放口岸和内陆义乌等地航空开放口岸，不断拓展沿海保税港区及内陆口岸保税物流功能，争取设立中国（浙江）大宗商品交易中心和以大宗商品国际贸易为特色的保税港区。探索建立适应供应链管理和物流网络一体化发展的体制机制，进一步深化研究物流业税收政策、地价政策、物流金融创新和宁波—舟山港管理一体化方案，为“十二五”时期我省物流业大发展创造提供有利的发展环境。

四、重点举措

（一）规划建设一批重点物流园区。按照集中与分散相结合的原则，围绕海港、空港和铁路、公路场站等交通枢纽，围绕产业集聚区和开发区、专业市场和产业集群等物流需求集聚地，围绕中心城市区域分拨配送中心等，规划建设一批重点物流园区。优先满足重点物流园区建设的合理用地需求，注重园区建设土地集约节约利用。支持园区公共服务平台建设。优先推荐进园物流企业实行营业税差额征税；新入园的物流企业按规定缴纳城镇土地使用税确有困难的，可按税收管理权限报经批准，给予减免城镇土地使用税。

专栏1　重点规划建设的物流园区

1. 杭州空港物流园区（包括杭州空港保税物流中心和杭州萧山国际机场物流园两大区块）
2. 杭州下沙物流园
3. 杭州江东物流园区
4. 宁波梅山保税港区物流园区
5. 宁波镇海大宗货物海铁联运物流枢纽港
6. 宁波空港物流园区
7. 舟山六横大宗商品物流园区
8. 舟山衢山港大宗商品综合物流园区
9. 温州潘桥国际物流基地
10. 瑞安江南物流园区
11. 义乌物流园区（包括国际物流区和国内物流区两大区块）
12. 金华国际物流园区
13. 湖州德清临杭物流园区
14. 湖州长兴综合物流园区
15. 嘉兴现代物流园（包括北区和南区两大区块）
16. 嘉兴港区综合物流园（包括乍浦港区和独山港区两大区块）
17. 绍兴县中国轻纺城现代物流园区（包括中国轻纺城仓储物流中心、中国轻纺城国际物流中心和柯东仓储中心三大区块）
18. 台州市物流园区（包括南区和北区两大区块）
19. 衢州综合物流园区
20. 丽水综合物流园区

（二）推进实施一批重点物流项目。按照规划先导、适度超前、滚动开发的原则，推进实施一批符合区域和行业发展规划，具有战略性、带动性和可行性的重点物流项目。主要分五大类：一是布局在杭州、宁波—舟山、金华—义乌和温州四大物流枢纽及其他物流节点的物流项目；二是与大宗商品物流和国际集装箱物流相关的港口物流、保税物流项目；三是服务于专业市场和产业集群的仓储与货运配载物流项目和供应链集成服务物流项目；四是构建适应城乡物流配送网络体系需要的城市配送、网货快递和乡村物流配送项目；五是加快推进适应物流信息化、标准化需要的物流信息平台、通用物流信息管理软件开发与推广和物流标准化试点项目。各地、各部门要加快推进物流项目前期工作，强化土地、资金、人才等要素保障，切实协调解决项目实施中的矛盾和困难。对于“十二五”省重点物流项目，优先纳入年度省服务业重大项目计划和省重点项目，优先推荐申报国家有关扶持资金，优先安排省服务业发展引导资金贴息或补助。

专栏2　重点推进实施的物流项目

1. 浙江八达物流基地建设项目
2. 英特药业公共医药物流平台建设项目
3. 杭州市粮食收储有限公司粮食现代物流建设项目
4. 杭州市石大路货运物流中心项目
5. 祐康农产品低温物流体系建设项目
6. 浙江新农都现代农产品物流中心项目
7. 杭州龙腾国际物流中心项目
8. 杭州保税物流中心（B型）项目
9. 杭州萧山国际机场物流园区项目
10. 中国轻纺原料物流交易基地项目
11. 杭州蔬菜物流有限公司冷库及配套建设项目
12. 建德物流中心项目
13. 桐庐现代物流中心项目（二期）
14. 浙江供销联合配送集团物流中心项目
15. 浙江富阳口岸国际物流中心三期项目
16. 传化物流（富阳）基地项目
17. 宁波梅山保税物流园区保税物流配送中心、集卡服务区项目
18. 宁波镇海大宗货物海铁联运物流枢纽港项目
19. 宁波集装箱海铁联运物流枢纽站项目
20. 宁波北仑现代国际物流中心项目
21. 现代国际物流园集卡服务中心项目
22. 宁波保税区现代保税物流基地项目
23. 宁波梅山保税港区物流园区项目
24. 宁海物流中心项目
25. 慈溪市综合物流园区项目
26. 余慈仓储物流中心项目（二期）
27. 宁波空港国际物流园项目
28. 奉化火车站（尚桥）物流中心项目
29. 双屿物流中心（二期）项目
30. 瓯江口新区物流中心（一期）项目
31. 江南物流园区项目
32. 龙湾港区物流中心项目（港口园区项目一期工程）
33. 吴兴织里儿童产业物流中心项目
34. 浙江德隆物流仓储项目
35. 家电物流配送中心项目
36. 德清临杭物流园区Ⅱ区工程项目
37. 渤海物流东部交割总库项目
38. 环太湖金属物流园项目
39. 湖州综合物流园区项目
40. 川山甲智能物流和供应链管理公共服务平台项目
41. 嘉兴南方丝绸市场物流中心项目
42. 浙江物流科技创业园项目
43. 嘉兴华东钢贸城仓储配送中心项目

44. 独山港期货交割仓库项目
45. 中国航油物流有限公司浙江平湖油库项目
46. 海宁马桥经编园区物流扩建项目
47. 浙江广联物流有限公司项目
48. 桐乡甩挂运输迁建项目
49. 绍兴集亚物流基地项目
50. 绍兴港越城港区中心作业区(绍兴港现代物流园区)项目
51. 上虞市信诚物流中心扩建项目
52. 浙江高速公路枢纽港(上虞)综合物流基地项目
53. 嵊州市桑蚕丝物流储备中心项目
54. 诸暨市现代物流园区(一期)项目
55. 新昌县国际物流中心项目(海关监管点)
56. 绍兴滨海物流中心项目
57. 金华中外运国际物流中心项目
58. 浙中建材市场仓库物流配套设施项目
59. 永康物流中心二期、三期项目
60. 浙江物产(浙中)供应链物流服务基地项目
61. 浙江嘉宝物流基地项目
62. 浙江(磐安)"浙八味"物流中心项目
63. 衢州巨化物流园区(一期)项目
64. 衢州柳丰物流有限公司城乡物流集结项目
65. 浙江驰骋物流中心项目
66. 龙游综合物流基地项目
67. 江山综合物流中心项目
68. 温岭市公路物流中心项目
69. 玉环海峡两岸商品交易物流中心物流加工、物流配送、物流综合服务区项目
70. 浙江三特生态渔业发展有限公司农产品冷链物流项目
71. 临海港口(国际)物流园区项目
72. 椒江葭沚物流园区项目
73. 浙江山鹰物流仓储配送中心项目
74. 黄岩农博农副产品物流中心项目
75. 临海江南物流集散中心项目
76. 仙居绿色农产品综合服务网建设项目
77. 浙江美顺达石化有限公司物流中心项目
78. 浙江(舟山)大宗商品交易平台项目
79. 舟山陆港现代物流配送中心项目
80. 舟山水产品国际物流中心项目
81. 浙江天禄能源有限公司成品油储运项目
82. 舟山港航集聚区项目
83. 洋山国际中转物流园区项目
84. 浙江鸿汇现代医药物流中心项目
85. 松阳县物流中心项目(松阳县工业园区物流基地)
86. 缙云路网物流中心项目
87. 义乌小商品国内物流中心项目
88. 义乌市内陆口岸场站工程项目
89. 义乌小商品出口监管中心项目
90. 义乌物流园区信息化工程项目

(三)选择培育一批重点物流企业。根据企业的规模和影响力大小、商业模式优劣、成长性高低等,选择培育一批省级重点物流企业,优先选择培育第三方物流企业和物流重点发展领域企业。列入省重点物流企业名单的企业,要进一步理清发展思路,立足自身优势,顺应物流业发展趋势,在做专做精和做大做强上下功夫。各地、各部门应给予更多关注和支持,进一步完善重点物流企业联系制度,改进政府服务,帮助企业协调解决发展中面临的困难和问题,在建设用地上给予倾斜,在税收政策上给予优惠,在上市融资上给予优先,在品牌创建上给予支持,促进企业更好地发展壮大,切实担当物流龙头企业的重任。

专栏3　重点培育发展的物流企业

1. 浙江传化物流基地有限公司
2. 浙江省八达物流有限公司
3. 华瑞物流股份有限公司
4. 杭州萧山国际机场有限公司
5. 浙江物产物流投资有限公司
6. 浙江长运物流股份有限公司
7. 杭州货运管理服务中心
8. 杭州三里洋物流有限公司
9. 杭州畅宇物流有限公司
10. 浙江中通通信有限公司
11. 浙江新安物流有限公司
12. 浙江川山甲物资供应链有限公司
13. 中交物产集团有限公司
14. 浙江通创智慧服务有限公司
15. 杭州新颜物流有限公司
16. 浙江百世物流科技有限公司
17. 浙江英特物流有限公司
18. 浙江远洋运输物流有限公司
19. 杭州第一汽车运输有限公司
20. 杭州富日物流有限公司
21. 杭州近江物流有限公司
22. 杭州八方物流有限公司
23. 杭州珍诚医药在线股份有限公司
24. 杭州萧山国际物流有限公司
25. 杭州富阳口岸国际物流有限公司
26. 浙江双马国际货运有限公司
27. 浙江兴力国际货运有限公司
28. 杭州汉德国际货运有限公司
29. 浙江海洲国际货运代理有限公司
30. 浙江涌金仓储股份有限公司
31. 浙江省邮政速递物流公司
32. 浙江顺丰速运有限公司
33. 浙江申通快件服务有限公司
34. 上海圆通速递有限公司杭州分公司
35. 杭州浙韵速递有限公司
36. 浙江中通速递服务有限公司

37. 浙江九龙国际物流有限公司
38. 宁波港铃与物流有限公司
39. 浙江中外运有限公司
40. 宁波中远物流有限公司
41. 宁波富邦物流有限公司
42. 宁波市金星物流有限公司
43. 宁波市汽车运输集团有限公司
44. 宁波海运股份有限公司
45. 宁波龙星物流有限公司
46. 中国宁波外轮代理有限公司
47. 镇海石化物流有限责任公司
48. 宁波经济技术开发区中通物流有限公司
49. 宁波海联物流有限公司
50. 宁波神化化学品经营有限责任公司
51. 慈溪市公铁联运有限公司
52. 慈溪市交通物流发展有限公司
53. 宁波舜发国际物流有限公司
54. 宁波金洋化工物流有限公司
55. 宁波港国际集装箱有限公司
56. 宁波大港(新世纪)货柜有限公司
57. 宁波长胜货柜有限公司
58. 慈溪市余慈物流中心有限公司
59. 温州东风运输有限公司
60. 迅捷物流集团有限公司
61. 温州长运集团有限公司
62. 温州市鹿富物流有限公司
63. 苍南浙闽边贸物流中心开发有限公司
64. 浙江尊龙物流有限公司
65. 湖州华安物流发展有限公司
66. 湖州鑫达国际物流有限公司
67. 浙江兴一物流有限公司
68. 浙江长兴捷通物流发展有限公司
69. 振石集团浙江宇石国际物流有限公司
70. 浙江汇联物流有限公司
71. 浙江五洲乍浦港口有限公司
72. 浙江顺天物流有限公司
73. 桐乡市濮院物流园区发展有限公司
74. 中国轻纺城国际物流中心有限公司
75. 浙江金剑国际货运有限公司
76. 上虞市信诚物流中心
77. 嵊州领带物流股份有限公司
78. 金华市中宇物流有限公司
79. 浙江广深物流有限公司
80. 浙江诚毅国际物流有限公司
81. 义乌市交通发展有限责任公司
82. 义乌市扬翔国际货运代理有限公司
83. 巨化集团公司
84. 衢州汽车运输集团有限公司
85. 衢州柳丰物流有限公司
86. 浙江驰骋物流有限公司
87. 中国舟山外轮代理有限公司
88. 德勤集团股份有限公司
89. 浙江名捷物流有限公司
90. 普陀海运集团有限公司
91. 浙江山鹰物流有限公司
92. 天天控股集团有限公司
93. 浙江五星物流有限公司
94. 浙江中捷环洲供应链集团股份有限公司
95. 浙江陆通物流有限公司
96. 台州天啸物流有限公司
97. 丽水市汽车运输集团有限公司
98. 浙江鸿汇医药物流有限公司
99. 浙江路网物流有限公司
100. 浙江天虹物流有限公司

(四)培养引进一批高素质物流人才。发挥高等院校作用,在本科院校和高职院校、技工学校中建立不同培养目标的物流教学体系,培养适应不同岗位需要的物流人才。发挥行业协会和骨干企业作用,加强与国内外培训机构的合作,开展物流人才的培训工作。提高在职培训针对性,企业高管和高级工程技术人员培训以“走出去”为主,重点学习新理念、新知识和新商业模式,企业一般员工培训重点提高岗位技能,新入职大学生培训重点提高岗位适应能力。大力推行物流职业资格证书制度,开展物流领域技能鉴定工作。通过努力,力争用3—5年时间,培养150名左右具有世界眼光、战略思维、熟悉国际惯例和规则、掌握本行业专业知识的现代物流业领军人才;引进1000名左右现代物流业高端人才和紧缺急需骨干人才,争取10名左右列入浙江省“海外高层人才引进计划”,2名左右进入国家“千人计划”。面向国内外引进高级技术职称或博士学位的高层次物流人才,所支付的一次性住房补贴、安家费、科研启动经费等费用,可据实在计缴企业所得税前扣除,必要时给予适当资金补助。鼓励以智力资本入股或参与分红。落实人才引进政策,切实帮助解决高端物流人才及配偶、子女的住房和就业、就学等问题。

(五)修订完善一批物流业促进政策。开展对现行物流业发展政策实施状况的全面检查,找出薄弱环节,提出解决方案。做好国家《物流业调整和振兴规划》、《关于促进物流业健康发展的若干意见》的贯彻落实工作,梳理省及有关部门支持物流业发展的政策措施,形成统一明确的物流业发展政策。对于已经过时或难以适应物流业发展需要的政策,及时加以修订完善。凡是可以有所作为的政策领域,应积极探索实践,力争取得突破。

浙江省人民政府关于印发
浙江省十二五城镇住房保障与房地产业发展规划的通知

浙政发〔2011〕43 号

各市、县(市、区)人民政府,省政府直属各单位:

现将《浙江省"十二五"城镇住房保障与房地产业发展规划》印发给你们,请结合实际,认真贯彻实施。

二〇一一年六月十五日

浙江省"十二五"城镇住房保障与房地产业发展规划

为持续加强城镇住房保障,推动房地产业转型升级,提高房地产服务业水平,促进房地产市场平稳健康发展,根据《浙江省国民经济和社会发展第十二个五年规划纲要》,特制定本规划。

一、"十一五"取得的主要成就

(一)城镇住房保障。"十一五"期间,各级加大对保障性住房的建设力度,到2010年底,全省已累计解决77.01万户城市中低收入家庭的住房困难,城镇住房保障受益家庭覆盖面达13.8%。其中,以廉租住房货币补贴和实物配租方式解决6.86万户,售租经济适用住房解决32万户,通过旧住宅区综合改造、公共租赁住房和限价商品住房建设等解决38.15万户。全省已全面实现低保标准两倍以下城市住房困难家庭廉租住房"应保尽保",基本满足当地城镇居民人均可支配收入60%以下的城市住房困难家庭购租经济适用住房的需要。到2010年底,全省累计出售公房8950万平方米、146万套;累计向125万城镇居民发放住房补贴250亿元;累计向86万户家庭发放公积金贷款1614亿元。

(二)房地产业。"十一五"期间全省房地产开发投资额从1574.3亿上升到3030亿,年均增长15.8%,占全社会固定资产投资的比重保持在20%左右;房地产业增加值从808亿元上升到1520亿元,年均增长16.9%,占全省生产总值的比重保持在5%左右,占第三产业增加值的比重保持在13%左右;房地产业税收从205亿元增加到468亿元,年均增长22.3%,占全省地税总收入的比重保持在20%左右;房地产企业数量从3549家增加到5500多家,其中一级资质企业从40家增加到120家,从业人员由7.1万人增加到10万人左右。到2010年底,全省已有15家房地产企业入围中国房地产企业百强,其中绿城集团入围前十强;已有15家房地产企业在海内外证券市场成功上市;已有18个住宅小区列入"国家康居示范工程",23个住宅小区通过国家A级住宅性能认定;已有温州正泰、绍兴宝业、杭萧钢构被批准为国家级住宅产业化基地。房地产业的快速发展,极大地改善了城镇居民的人居条件。五年来,全省累计新开工商品住房2亿平方米,竣工1.5亿平方米,销售1.8亿平方米,城镇居民人均住房面积由26.44平方米提高到35.3平方米。

(三)房地产服务业。"十一五"期间,我省物业、评估、经纪、咨询等房地产服务业快速发展,绿城物业、耀江物业、裕兴中介、永正评估、恒基评估等一大批综合实力强、品牌形象好的房地产服务企业脱颖而出。特别是物业服务已拓展到不动产管理所有领域,覆盖90%以上的新建小区和50%以上的旧住宅小区。到2010年底,全省物业服务企业达3215家,从业人员达40万,物业企业在管建筑面积达27.7亿平方米,主营业务年收入达90.6亿元,占全省第三产业产值的比重达0.77%。房地产价格评估业发展加速,2010年营业收入达5.2亿元,比上一年增长22%,处理银行抵押贷款评估业务达2.1万亿元。

但是,我省城镇住房保障与房地产业发展还存在着一些不足和问题,主要有:住房保障的覆盖面有待进一步拓宽,住房保障的水平有待进一步提高,住房保障的规范化、制度化、精细化管理亟待进一步加强;房地产市场供需结构性矛盾还比较突出,部分城市房价仍然上涨过快,房地产业集约化程度还不高;房地产服务业发展还相对滞后,服务水平偏低,市场管理尚不规范等。

二、"十二五"的指导思想、主要目标和具体指标

(一)指导思想。以邓小平理论和"三个代表"重要思想为指导,深入贯彻落实科学发展观,以"完善体系、加强保障、稳定市场、优化结构、促进发展"为工作方针,着力强化城镇住房保障,不断改善中低收入家庭住房条件;着力加强和改善市场调控,推进房地产业转型升级,促进房地产市场平稳健康发展;着力加快房地产服务业发展,提升服务水平和综合实力;着力增强行业监管服务能力,提高城市住房工作科学规范管理水平。

(二)主要目标。

——大力推进公共租赁住房等保障性住房建设,以扩大城市住房保障覆盖面为重点，在全面解决城市低收入家庭住房困难的同时，逐步构建解决城市中等偏下收入家庭住房困难问题的住房保障体系。

——大力开展危旧房改造和限价商品房等建设，充分发挥政府的支持和引导作用，逐步构建改善其他住房困难家庭居住条件的政策支持体系。

——大力加强市场调节，优化土地和商品住房供应结构，加快普通商品住房建设，缓解市场供求结构性矛盾，规范市场秩序，逐步构建以自住型普通住房为重点、基本满足不同层次住房需求的商品住房体系。

——大力提升房地产业科技化、集约化发展水平，加快产业转型升级，以推广节能省地环保型住宅模式为重点，逐步构建房地产业与相关产业协调发展的产业发展体系。

——大力增强行业科学规范管理能力，以加快信息平台和信用体系建设为抓手，以提升服务水平和规范市场为重点，逐步构建与经济社会发展和人民生产生活需要相适应的新型行业监管服务体系。

（三）具体指标。

1. 城镇住房保障方面。

——覆盖范围：到2015年，全省城镇住房保障覆盖面达到20%以上，基本实现人均可支配收入60%以下城镇住房困难家庭廉租住房应保尽保；基本满足人均可支配收入80%以下城镇住房困难家庭购租经济适用住房的需要；基本满足城镇中等偏下收入住房困难家庭租住公共租赁住房的需要；基本完成城市旧住宅区和国有林场、农场、独立工矿等危旧房改造；逐步实现廉租住房、经济适用住房、公共租赁住房等之间的相互衔接和融合。

——建设投入：“十二五”期间，全省开工建设各类保障性安居工程住房5550万平方米、76万套，新增廉租住房货币补贴家庭1.6万户，相应投资达到1900亿元左右，供地“应保尽保”，土地出让金用于保障性安居工程住房建设的比例不低于净收益的10%或总额的2%。

2. 房地产业方面。

——开发投资：“十二五”期间，全省房地产开发投资保持6%左右的年均增长，占全社会固定资产投资比重保持在20%左右，到2015年达到4050亿元，五年总额达到18000亿元；全省房地产业增加值保持8%左右的年均增长，占全省生产总值的比重保持在5%左右，占第三产业增加值的比重保持在13%左右，到2015年达到2200亿元，五年总额达到9600亿元。

——市场供应：“十二五”期间，全省累计完成商品房新开工面积2.6亿平方米，其中普通商品住房供应比重明显提高，综合性商业地产占商品房供给总量的比重不低于20%。

——企业发展：到2015年，全省年销售额突破百亿元的大型房地产企业达到10家以上，其中3家以上年销售额突破300亿元，房地产上市企业达到20家以上。

——住宅产业化：到2015年，全省新创建国家级住宅产业化基地3个、国家康居示范工程10个以上，20个以上住宅小区通过国家A级住宅性能认定。

3. 房地产服务业方面。

——经济贡献：“十二五”期间，包括物业、评估、经纪、咨询等在内的房地产服务业营业收入年平均增长15%以上，到2015年年营业收入达到400亿元，其中物业服务业年营业收入达到220亿元以上。

——覆盖面：服务领域进一步拓展，特别是物业服务到2015年平均覆盖率达到80%以上，其中新建住宅小区实现物业服务全覆盖，旧住宅小区物业服务或准物业服务覆盖率达到70%以上，新建非住宅物业服务覆盖率达到60%以上。

——就业人数：到2015年，房地产服务业从业人员达到100万人以上，其中物业服务行业从业人数达到60万人。

——企业发展：到2015年，培育年营业收入10亿元以上的全国性物业服务企业1—3家，年营业收入在1亿元以上的全省性物业服务企业10—20家；一级资质物业服务企业年营业收入占行业年营业收入总量的30%以上；实现物业服务上市企业零的突破。

三、主要任务

（一）完善城镇住房保障体系。

1. 扩大保障覆盖面。全面调查城市低收入住房困难家庭、城市中等偏下收入住房困难家庭和其他住房困难家庭的住房需求情况。通过新建、改建、配建、调剂等多种方式，加快推进各类保障性安居工程住房建设，多渠道增加保障房源，突出发展公共租赁住房。鼓励有条件的地区加快推进廉租住房、经济适用住房、公共租赁住房的衔接和融合。

2. 完善管理机制。加快实现从注重建设向建设管理并重的转变。健全住房保障申请、审核、公示和退出机制，提高动态化、规范化、制度化、精细化管理水平。切实防范和严肃查处虚报、隐瞒、伪造个人信息和转租、群租、混租等各类违法违规行为。强化工程质量监管，加强日常管理服务，不断提高各类保障性安居工程住房的宜居性。

3. 创新建设运行模式。加快建立政府主导、社会参与的机制，引导社会资金参与保障性安居工程建设和运营。鼓励外来务工人员较多的开发区、产业园区集中建设公共租赁住房。鼓励村集体经济组织利用集体留用地，建设外来务工人员公寓。鼓励住房困难职工较多的单位，在符合城乡规划的前提下，经当地政府批准利用自用土地建设公共租赁住房。

（二）促进房地产市场平稳健康发展。

1. 进一步增加有效供给。优先保障中小套型普通商品住房建设用地，房价上涨过快的城市，要增加居住用地供应总量。将住房销售价位、套数、套型面积等条款纳入土地出让合同，确保中小套型住房供应结构比例严格按规定落实到位。加大土地批后管理和施工现场监管力度，督促房地产开发企业严格执行土地出让合同和规划、施工许可证的规定，促进商品住房加快开工建设。对依法收回的闲置土地，优先安排用于保障性安居工程住房和普通商品住房建设。

2. 合理引导居民住房消费。加强正面舆论宣传，引导居民理性住房消费。严格执行差别化住房信贷政策和税收政策，支持居民购买自住型、改善型普通商品住房。进一步发挥住房公积金制度对引导住房合理消费的积极作用。突出住宅居住功能，严格限制各种名目的炒房和投机性购房行为。

3. 规范房地产市场秩序。严格执行土地出让收支管理各项规定，严肃查处各类违法违规用地和囤地、炒地行为。规范房地产企业开发经营行为，严格规划、设计、施工管理，严肃查处违规调整规划和变更容积率的行为。加强商品住房预售管理，落实预售资金监管措施。加大对捂盘惜售、囤积房源、散布虚假信息、扰乱市场秩序等违法违规行为的查处力度。建立完善房地产监管分析系统和企业信用监督制度，努力构建新型行业监管服务体系。

4. 积极开发多元物业。重点发展商业物业，促进都市商贸、楼宇、总部、会展、网络、服务外包等经济的繁荣。大力发展特色物业，充分挖掘我省丰富的人文资源，促进主题景区、景观住宅、旅游度假区、休闲观光区等多种形态物业的开发建设。着力发展创意物业，通过建设孵化器、创意产业园等，促进设计、版权、专利、文化、咨询等创意产业发展。

（三）加快推进房地产业转型升级。

1. 转变产业发展模式。以建筑工业化、部品产业化、住宅全装修为重点，加快推进房地产业从半手工半机械化模式向现代工业化模式转变。以国家住宅产业化试点省建设为契机，全力推进住宅设计标准化、住宅建筑工业化、住宅生产经营社会化，推动房地产业向研发、设计、品牌、营销、服务等高附加值环节延伸。以保障性安居工程住房为重点，加快住宅产业化模式的推广和普及。

2. 推广低碳住宅与科技应用。积极推进国家康居示范工程建设和A级住宅性能认定，全面推广省地节能环保型住宅，研究制定低碳住宅相关技术标准和评估体系，提升住宅安全、健康、环保、节能水平。大力发展房地产科技综合支撑体系，加快智能化科技在住宅产业中的应用。

3. 提高产业发展水平。培育一批房地产开发、金融、信托、证券、保险等资本密集型企业；发展一批房地产研发、设计、评估、咨询等知识密集型企业；壮大一批物业、安装、家政、维修、社区服务等劳动密集型专业企业，不断提高房地产业专业化、集团化、集约化发展水平。

（四）加快房地产服务业发展。积极拓展房地产服务领域，大力发展面向民生的房地产服务业，加快构建包括物业、经纪、评估、咨询、产权产籍管理、房产测绘、房屋拆迁、白蚁防治等在内的房地产服务体系。积极引导房地产服务业在地下空间的发展，提高地下空间开发利用水平。逐步规范房地产服务业市场准入，制定出台行业服务准则，不断提高行业服务质量。积极创新竞争机制，加快实现房地产服务业从量的扩张向质的提升转变。重点发展物业服务业。加快推进物业服务由简单化、低层次、被动式的经营模式向提供健康、文化教育、居家生活等高层式、主动式增值服务的综合模式转变，加快推进物业服务企业从低技术含量、劳动密集型向技术密集型、服务创新型转变，着力构建现代物业服务体系。鼓励支持物业服务企业走专业化、多元化发展道路，拓展服务领域，创新服务方式。鼓励引导物业服务企业重组兼并，着力打造一批现代物业服务集成商。研究制定科学的物业服务标准体系和合理的收费标准体系，促进行业规范发展。

四、重点工作

（一）以政府为主导，建设一批公共租赁住房示范项目。以解决中等偏下收入住房困难家庭的住房困难问题为重点，积极探索符合各地实际的公共租赁住房建设要素保障和投融资机制，探索建立有效的建设运行模式，研究完善公共租赁住房准入、退出及日常管理制度，建成一批公共租赁住房示范项目。

（二）以品牌建设为重点，做强做大一批龙头企业。以著名品牌认定为抓手，建设一批在全国具有影响力的知名房地产企业和产品品牌。以全省服务业重点企业认定为契机，培养一批竞争力强、影响范围广、产业带动效果明显的房地产服务龙头示范企业。着力建设国家级、省级研发中心与行业科技共享平台，加快房地产企业管理创新、技术创新、工艺创新、产品创新，完善房地产企业法人治理结构，不断提高房地产企业综合实力。

（三）以研发生产为核心，培育一批产业化基地。制定完善推进住宅产业现代化的扶持政策和激励措施，创新住宅产业运行机制。结合住宅产业化、低碳科技和智能化科技的开发应用，打造一批高端要素集聚平台和产业化基地，加快科技、人才、资金、服务、市场等要素的集聚，加快标准化住宅体系、工业化建筑体系和通用部品配套体系的建设与推广。加快"节能、节地、节水、节材、环保"型低碳住宅成套技术和智能化住宅成套技术的开发应用。

（四）以低碳智能为方向，建设一批绿色示范项目。按照生态文明建设的要求，加快发展绿色建筑，加大对我省国家住宅产业化基地、国家康居示范工程、国家A级住宅示范项目、省地节能环保型住宅示范工程、园区生活服务体系建设示范项目的扶持力度，建设一批绿色示范工程，树立若干个在全国领先的标杆项目，发挥其对全省房地产行业的示范带动效应。

（五）以中心镇为平台，推进城乡住房体系一体化。加快城镇住房保障向中心镇延伸覆盖，加快解决中心镇中等偏下收入城镇居民的住房困难问题，鼓励有条件的中心镇把已经在城镇就业参加社会保险的外来务工人员，纳入到城镇住房保障体系。加快推进农村住房改造建设，继续开展农村困难群众住房救助。鼓励引导房地产企业参与中心镇各类住房建设和运营。

（六）以提升服务为根本，完善管理和信用体系。加快建设全省统一的监管分析平台，完善城镇住房保障、房地产市场和房地产服务业网络化管理体系，提高省市县三级数据共享和业务协同能力。加强房地产信用体系建设，健全信息披露制度，实现城镇住房保障准入、退出和房地产市场失信惩戒、市场清出的动态管理。

五、保障措施

(一)加强组织领导。进一步把城镇住房保障与房地产业发展纳入经济社会发展全局,摆上重要议事日程。建立各级政府负总责、抓落实的领导机制和工作机制。充分发挥省城乡住房工作协调委员会的作用,及时研究制定有关政策,协调解决重大问题。加强部门分工协作,健全信息沟通和共享机制,进一步形成工作合力。加强考核督查,严格落实城镇住房保障目标责任制,完善城镇住房保障和房地产工作约谈和通报制度。进一步理顺城镇住房保障和房地产市场管理职责,加强机构队伍建设。

(二)完善政策法规体系。加快修订完善房地产开发、产权、拆迁、抵押、物业服务等方面的地方性法规和规章。在现有廉租住房和经济适用住房等管理办法的基础上,加快研究制定《浙江省城镇住房保障管理条例》。加强调查研究,及时制定出台行之有效的政策措施,完善城镇住房保障和房地产业发展政策体系。研究出台住宅产业化和房地产服务业有关扶持政策措施和规范标准。

(三)强化要素保障。优先保证保障性安居工程和普通商品住房建设的土地供应。加大闲置土地清理处置力度,盘活存量建设用地,提高土地利用效率。研究出台支持房地产龙头企业发展、产业化基地建设、低碳住宅和智能科技应用等的用地政策。严格落实保障性安居工程住房资金筹措各项规定。充分发挥债券、信托、保险等金融工具的作用,建立市场化融资平台,拓宽融资渠道。进一步发挥住房公积金的住房保障作用。严格落实保障性安居工程税费优惠政策,研究出台扶持房地产服务业发展和产业转型升级的优惠政策。通过省校共建、校企合作等方式,大力培养房地产专业人才,全面开展上岗培训和继续教育,完善资格认证体系和持证上岗制度,提高从业人员业务素质和水平。

浙江省人民政府关于印发
浙江省商贸流通业十二五发展规划的通知

浙政发〔2011〕44 号

各市、县(市、区)人民政府,省政府直属各单位:

现将《浙江省商贸流通业“十二五”发展规划》印发给你们,请结合实际,认真贯彻实施。

二〇一一年六月十五日

浙江省商贸流通业“十二五”发展规划

为促进我省商贸流通业实现科学发展,根据全省“十二五”发展规划总体思路和服务业发展规划要求,特制定本规划。规划范围包括:生产资料流通、工农业品销售等生产性商贸服务业;零售、餐饮、社区商业等生活性商贸服务业;典当、旧货、拍卖、成品油等特种商贸业。同时,对连锁经营、电子商务、物流配送、现代会展等现代流通方式和百货、超市、专卖店、商品交易市场、商业街等商贸业态的发展提出指导性意见。

一、发展现状和面临的形势

(一)发展现状。“十一五”时期,我省商贸流通产业规模持续扩大,城乡商贸服务网络日趋完善,流通现代化程度不断提高,产业综合竞争力不断增强,顺利完成了“十一五”规划的主要目标,初步形成了现代流通方式和传统流通业态协同发展、生产性商贸流通业和生活性商贸流通业同步推进、“引进来”和“走出去”双向互动、城乡市场一体化进程不断加快的良好发展格局。

1. 商贸流通产业规模不断扩大。2010 年全省社会消费品零售总额 10163.3 亿元,首次突破 1 万亿元大关,总量居全国第四,比 2005 年增长 118.8%,超额完成“十一五”规划目标。全省现有商品交易市场 4146 个,实现成交总额 12717 亿元,比 2005 年增长 77.3%,市场成交总额、超亿元市场数量、单个市场成交额连续多年居全国首位。批零贸易和餐饮业增加值达 30643.48 亿元,占全省 GDP11.3%,是我省国民经济第二大产业部门。

2. 生活性商贸流通体系日益完善。商业设施建设不断完善,全省建成营业面积 5000 平方米以上的大型商业网点 200 多家,基本覆盖了县级以上城市。商业集聚区建设有序推进,全省共建成商业特色街(区)100 多条,杭州、宁波等大城市发展了一批集购物、休闲、娱乐、餐饮为一体的现代购物中心。社区商贸服务水平逐步提升,全省已有 5 个市建立了综合性社区服务平台。新型业态快速发展,网上购物和都市生活配送日趋活跃。餐饮服务市场持续繁荣,美容美发、家政服务等生活服务业得到较好发展。

3. 生产性商贸流通体系加快推进。工业品流通日趋多元化,形成了中间商代理、零售商采购、批发市场、展销会、商场专柜、连锁专卖、电子商务和订单生产等多渠道并存的格局。现代流通方式不断推广，中小企业电子商务应用全国领先，全国100强行业电子商务网站中有4成在我省注册。自主品牌营销网络快速发展，连锁专卖店和商场专柜销售比重不断提高。专业批发市场稳步发展，全省现有工业消费品交易市场756家，实现交易额4411.2亿元。会展经济有序发展，全省每年举办各类展会达600多个，一批品牌会展已具备一定规模和影响。

4. 农村现代商贸流通体系初步建立。农村消费网络不断完善，全省实现了乡（镇）连锁超市全覆盖，商品统一配送率不断提高。截至2010年底，全省19646个行政村累计建立了20376个连锁便利店，村级连锁便利店覆盖率达58.5%。家电、汽车及摩托车下乡工作顺利推进，农产品交易市场稳步发展，全省拥有农产品交易市场2252家，实现交易额2847亿元，其中交易额超10亿元的市场达50家。农资供应网络不断健全，全省已开设农资连锁网点1.6万个，基本实现了每个乡（镇）有农资连锁店、主要行政村有连锁销售网点的格局。

5. 商贸流通产业竞争力不断增强。业态结构日趋优化，连锁经营规模和水平持续提高，正逐步由传统商贸业向其他服务业领域延伸，由城市向农村拓展。商贸企业规模不断扩大，2010年50家省重点流通企业实现营业额4800多亿元，省物产集团、阿里巴巴、杭州大厦（单店）营业额均位居全国同行业首位。流通领域品牌加快发展，全省现有"中华老字号"91家，国家评定钻级酒家酒店60多家，数量居全国前列。零售业对外开放不断深入，全省现有外资商业建设项目2349个。流通领域节能降耗初见成效，再生资源回收体系建设稳步推进，6个城市（项目）列入全国试点。市场运行监测、大型商业企业及网点监测、产业损害监测和成品油市场监测等信息系统已投入使用并运行良好。猪肉、食糖、化肥、棉花、药品等重点商品储备制度不断完善，市场应急和调控能力逐步提高。

6. 商贸流通业发展环境逐步改善。规划引导作用明显，"十一五"产业规划得到较好执行，网点布局规划和行业子规划不断完善，所有的设区市和48个县（市）编制了商业网点布局规划。流通领域法规不断健全，行业监管依法有序开展，典当、拍卖、直销、二手车及报废车、成品油、散装水泥、特许经营和酒类经营等行业监管得到加强。生猪定点屠宰成效明显，市、县（市、区）、乡三级生猪定点屠宰率分别达99.8%、99.73%和97.09%。政策环境不断优化，财政、税收、用水用电等政策措施有所加强，流通企业金融环境有所改善，投融资渠道更加多元。商贸领域综合行政执法逐步展开，已有9个市、县（市）列入商务部综合行政执法试点，商务信用体系建设稳步推进，市场经济秩序不断改善。

（二）面临的形势。"十二五"期间，全球经济发展模式发生深刻变化。我国作为全球重要经济体，将成为承接国际中高端制造和服务产业转移的重要区域，国内经济增长模式逐步向内需外需协调拉动型转变，扩大消费已成为我省重要发展战略，商贸流通业发展空间更加广阔。但是，"十二五"期间还处于后金融危机时期，欧美等主要经济体发展态势尚未明朗，消费市场竞争加剧，电子商务、高速铁路快速发展以及我省城市化进程加快和经济发展方式的转变，都对商贸流通业提出了更高的要求，我省商贸业发展任务更为艰巨。"十二五"期间我省商贸流通业发展的主要发展机遇是：

1. 商贸流通业战略地位不断提升。"十二五"期间，在我国将扩大消费内需确定为长期战略导向的背景下，居民消费升级换代将不断加快，家电、汽车、建材等耐用品消费继续增长，服务性消费所占比重也将大幅提升，全省消费品市场将保持繁荣活跃的良好态势。市场拓展方面，通过大力发展商贸流通业，构建通畅高效的浙江产品营销网络，扩大浙江产品销售，保障我省经济持续稳定发展。扩大消费方面，依托商贸流通业的繁荣，构建便捷优良的居民消费服务网络，进一步扩大城乡消费市场，提高最终消费率，增强消费对经济增长的拉动作用。产业转型升级方面，充分发挥流通环节的价值实现和提升功能，引导工业生产从制造环节逐步向品牌营销和产品研发拓展，提高经济运行质量和效益。

2. 商贸流通产业发展空间更加广阔。随着经济发展水平不断提高，"大流通、大市场、大贸易"的现代流通格局正逐步形成，商贸流通已从传统的实物流通逐步发展为商流、物流、信息流、资金流相融合的全要素、全过程流通，成为国民经济运行和社会再生产的起点和归宿点。同时，"十二五"期间新兴消费群体正在成为消费主流，适应年轻一代消费的连锁经营、网络购物、信用消费以及移动电子商务等消费模式将快速发展，物联网、高速铁路等新技术的快速推广应用，使城市之间的商圈互补联动成为现实。传统商品批发市场等业态将逐步与会展、物流等生产性现代商贸服务有机融合。再生资源回收体系的建设将推进"双向流通"的发展，成为"十二五"商贸流通业的重要增长点，商贸流通产业发展空间将更加广阔。

3. 全省新一轮战略布局为商贸流通业提供新平台。"十二五"时期我省工业化、信息化和城市化步伐加快，经济社会发展全面转型，为商贸流通业发展提供了新平台。海洋经济发展战略地位的确定，将推动宁波—舟山港口一体化，加快发展我省港口物流业，促进大宗商品交易平台和海铁、海路联运网络发展。义乌国际贸易综合试点改革，将加速市场、城市和产业的融合，增强商品交易市场的服务功能和辐射范围，为进一步探索市场与城市、市场与产业的互动发展以及内外贸一体化提供发展新模式。此外，制造业集群示范区建设和新型城镇化建设的加速推进，也为我省转变商贸流通发展方式，深入谋划商贸产业布局创造良好条件。

"十二五"期间我省商贸流通业发展面临的主要挑战是：

1. 商贸流通业竞争更加激烈。一方面，随着流通领域的全面对外开放，沃尔玛、家乐福等跨国流通巨头纷纷凭借资本、人才和管理优势，加速在国内市场布局，开始向二、三线城市发展，并通过设立国际采购和物流中心等方式，从流通终端渗透到整个流通环节。另一方面，本轮金融危机对欧美等世界主要经济体的市场规模和消费模式的影响将在较长一段时间内持续存在。

2. 商贸流通业体制改革更加艰巨。管理体制上，由于历史原因商贸流通管理体制一直没有理顺，部门分割、条块分割等现象仍没有根本性消除，政出多门的问题依然存在。经营体制上，传统经营模式没有得到根本提升，流通领域组织化程度较低，传统市场主体大而不强，现代流通企业小而散的局面没有根本性改变，商贸流通产业整体竞争力有待提高。

3. 商贸流通业创新发展更加紧迫。在市场国际化程度不断提高、电子商务等新型业态不断涌现、中西部快速发展和长三角一体化进程不断加快的背景下，我省商贸流通业的传统优势正逐步弱化，以商品批发市场为主导的营销方式已不能满足浙江产品销售的需要，亟须构建更加通畅高效的营销和配送网络，提升我省产品的市场占有率和品牌价值。

二、指导思想、发展目标和战略思路

（一）指导思想。以邓小平理论和“三个代表”重要思想为指导，坚持全面贯彻落实科学发展观，深入实施“八八战略”和“创业富民、创新强省”总战略，紧紧围绕《浙江省国民经济和社会发展第十二个五年规划纲要》的总体目标，深化流通体制改革，完善商贸政策法规，夯实商贸流通产业基础，加快推进流通现代化，提升流通产业竞争力，进一步发挥商贸流通引导生产、促进消费和推动经济发展方式转变的功能，为我省科学发展走在前列，惠及全省人民小康社会全面建成作出积极贡献。

（二）发展目标。按照“发展大商贸、建设大市场、促进大流通、实现大转型”的总体要求，推进商贸流通产业发展，基本实现“现代商贸流通强省”的目标。到2015年，全省基本形成便捷、安全、优质、多元的城乡现代生活性商贸流通网络，初步实现高效、节约、增值和内外贸一体化的现代工农业产品流通网络，流通产业竞争力不断增强，市场监测和预警机制更加完善，商务信用和行业监管机制逐步健全，政府服务更加高效。

1. 商贸流通产业规模持续快速壮大。到2015年，全省批发零售贸易业商品销售总额突破6万亿元，社会消费品零售总额达2万亿元，年均实际增长12.5%左右；批发零售和住宿餐饮业增加值占全省生产总值的比重保持在11.5%左右；批发零售和住宿餐饮业从业人员占全社会从业人员比重达16%左右。

2. 生产性商贸流通体系不断完善。2015年全省工业品产销率保持在97.5%以上，品牌营销逐步推进，生产企业新设品牌连锁网点2万个，新增运用电子商务的中小企业10万家，培育有产业依托的省内重点展会20个，培育交易额超100亿元的生产资料市场15家，30个城市建成再生资源回收体系，水泥散装率达80%。

3. 生活性商贸流通体系快速升级。全省性和区域性商业中心基本形成，商业网点布局更加合理，5000平方米营业面积以上网点达300家，省级特色商业示范街达50条。社区商贸服务更加完善，各市全面建成居民生活综合服务平台，餐饮、家政等居民生活服务稳步发展，网上购物、都市配送等现代消费方式推广应用，多层次、多元化的消费网络基本形成。

4. 农村现代商贸流通体系日益健全。乡（镇）连锁网点经营水平不断提高，村级连锁便利店覆盖率达70%。培育营业额超亿元的农产品流通企业50家，交易额超10亿元的农批市场75家，营业额超亿元的农资企业15家，农村现代居民消费、农产品流通和农资供应网络逐步形成。

5. 商贸流通产业竞争力不断增强。流通现代化程度不断提高，全省连锁率达到35%，物流业增加值年均递增达12%，电子商务和专业市场发展继续保持全国领先地位。培育2—3家营业额超1000亿元的综合性商贸企业，5家营业额超100亿元和10家营业额超50亿元的商贸零售企业。培育一批电子商务平台；中华老字号、钻级餐饮、金鼎百货等商贸品牌企业数量居全国前列。推动成品油流通、拍卖、典当、生猪屠宰等特种商贸行业稳步发展。

（三）战略重点

1. 转型发展。按照“创新强商”的总体要求，推进商贸流通产业转型升级。推进流通方式现代化，大力发展连锁经营、电子商务和物流配送。实现组织方式现代化，加快商品交易市场经营主体由摊位制向公司制转变，鼓励市场创新经营和管理模式，提高市场集中度。加快发展总经销、总代理，缩减流通环节，提高经济运行速度和效益。大力推动电子信息、机械自动化、无线射频识别（RFID）等先进技术在商贸流通领域的应用。加快推进流通企业经营管理现代化，积极培育大型流通企业，推动流通产业从销售终端向整个流通环节延伸，提升商贸流通对上游产业的引导控制力，全面推进商贸流通产业转型升级。

2. 联动发展。按照“跳出流通，发展流通”的思路，加强贸工联动、贸农联动及商贸业与其他服务业之间的联动发展。通过建立健全现代工业品流通网络，提高浙江产品流通效率和市场占有率，推动浙江先进制造业发展。加快农产品流通网络建设，提升农副产品价值，促进农业增值和农民增收。加强商贸业与旅游业、交通运输业、金融业、房地产业等服务业之间的联动，着力形成商贸流通业与制造业、农业和其他服务业间的互促、互动和融合的良好发展格局。

3. 统筹发展。统筹内外贸发展，主动接轨国际市场，充分利用好国外、省外和省内三大市场，加快推进内外贸一体化，逐步形成统一开放、竞争有序、互利互补的全球大市场。统筹城乡发展，突出中心城市地位，提高中心城市对周边城镇的市场辐射力。加快城乡商贸一体化进程，加强城镇和乡村商贸流通设施的建设，鼓励商贸企业向城镇和乡村延伸经营网络。加快发展现代流通方式，改造提升传统商贸业态，培育大型商贸流通企业，扶持中小商贸企业发展，逐步形成特色鲜明、功能完善、消费带动明显的商贸服务体系。

4. 节约发展。努力构建资源节约型经济发展模式，按照资源节约型发展模式和循环经济的总体要求，从提高运行效率、发展双向流通和实施商贸业节能降耗等渠道入手，加快节约型商贸经济发展。推进通畅高效的现代流通网络建设，减少流通环节，加快流通速度，提高流通效率，降低流通环节的各种损耗。加强市场运行监测，科学反映市场供需动态和发展趋势，促进生产和消费的有效对接，减少资源浪费，提高经济运行效率和效益。深入实施商贸领域节能降耗，注重逆向物流发展，加快再生资源回收体系建设，逐步推进从注重商品销售向兼顾销售和回收的“双向流通”发展机制。推进大型传统商贸企业关键能耗设备改造。

5. 特色发展。突出中心城市消费市场规模和能力优势，把杭州市打造成全国商业中心之一，将宁波市、温州市、金华市—义乌市和衢州市分别建成长三角南翼重要商贸中心、浙南商贸中心、国际小商品贸易中心和边际商贸中心。突出产业特色和行业优势。发挥电子商务先发优势，支持杭州市、金华市打造全国电子商务中心。依托品牌企业集聚优势，鼓励杭州市、宁波市、温州市加快品牌连锁专卖网络和商场专柜建设，建设品牌营销示范区。加快推进嘉兴市、湖州市城乡商贸一体化，率先实现城乡协调发展。推动绍兴市、金华市、台州市加快商品交易市场改造提升，加快培育一批集商品展示、交易和物流为一体的商贸集聚区。鼓励衢州市、丽水市、舟山市大力发展农副产品、土特产品加工和贸易，形成全省农副产品和土特产品的加工贸易中心。加大省属综合性流通企业培育力度，支持省物产集团逐步建立覆盖全省、辐射全国、连通全球的分销服务网络。支持省商业集团、省兴合集团和杭钢商贸有限公司尽快发展成具有国际竞争力的龙头企业。

三、主要任务

（一）围绕消费促进和升级，完善生活性商贸流通体系。

1. 构建完善的消费服务网络。网点布局上，加快发展社区标准超市和便利店，大力发展品牌产品连锁专卖店，有序发展购物中心、百货商场、大型超市等大中型商业设施，推动日用消费品交易市场商场化改造。经营业态上，提升发展传统零售业，加快发展都市物流配送服务，鼓励发展网上购物、移动电子商务等新型购物方式，推进品牌直销购物中心（Outlets）建设，规范发展电视购物、直销等无店铺销售模式。服务内容上，规范“购物节”、“美食节”等促销方式，打造一批在全国有较大影响的品牌促销活动。探索发展个性化营销，针对特定消费群体，着力培育一批细分行业消费服务品牌；完善售后服务，加强消费者权益保障，逐步构建良好的消费环境。

2. 加快促进消费升级换代。促进消费结构升级，积极培育新的消费热点。继续鼓励汽车消费，完善汽车消费信贷服务，引导即期消费、挖掘潜在消费，保持汽车消费的市场份额。继续挖掘装饰建材、电子信息和通信产品消费，加快拓展教育培训、家政服务、文化娱乐、体育健身、休闲旅游等服务消费领域。深入实施“以旧换新”工作，在做好家电汽车以旧换新工作的基础上，分阶段拓展以旧换新的消费品种类，加快促进消费升级换代。推进二手车市场改造升级，建立健全交易信息平台，促进汽车等耐用消费品二手市场发展。完善信用体系建设，大力发展信用消费，提高居民即期消费能力，加快构建消费主导型的经济发展模式。

3. 大力发展居民生活服务业。完善社区商业便民服务体系，积极培育省级社区商贸服务示范企业，提升全省社区商贸服务水平。鼓励社区商贸企业运用连锁经营等方式设立社区超市、便利店、“菜篮子”专营店、家政服务等各类便民服务网点。积极推进综合性社区服务平台建设，实现地级市全覆盖，并逐步向县城和乡镇延伸。推进菜市场改造力度，推动地级市全面实施标准化菜市场示范工程，逐步带动县（市、区）和城镇菜市场改造提升。支持汽车快修服务进社区，积极发展便利快捷维修等售后服务，鼓励加油站加快发展日用消费品零售业务。积极推进经济型酒店、沐浴、洗染、维修、人像摄影、美容美发等生活服务业发展。

4. 提升发展餐饮业。加强规划引导和管理，加大基础设施投入，形成多层次、多元化、高质量的餐饮服务网络。实施餐饮业“三名”工程，培育一批中华餐饮名店、浙江餐饮名店，中国烹饪大师、浙江烹饪大师和浙江名菜名点。着力推进餐饮服务标准化建设，促进餐饮业规范化经营，大力发掘和培育“浙菜”品牌，引导中式正餐企业连锁化发展，支持品牌餐饮企业做大做强。引导餐饮企业错位发展，充分挖掘我省地方餐饮特色和文化资源，大力发展主题宴席、有机绿色餐饮和地方特色小吃。积极推进“放心早餐”工程，推进早餐、主食配送经营标准化、规范化和规模化，支持早餐企业发展“集中生产、统一配送、连锁经营”的早餐门店、早餐亭（车）。鼓励餐饮龙头企业在大中城市发展主食加工配送中心。大力发展餐饮夜市。

5. 打造生活服务集聚区。推进不同层次的生活消费集聚区建设。支持杭州市、宁波市、温州市等地结合大型商业综合体的建设和发展，适当提高大型商业网点布局密度，加快引进配套服务行业，提升核心城市商圈的市场辐射能力。鼓励其他地市及义乌市适度引进国内外知名商贸企业入驻，加快形成辐射力强、消费便捷、服务优良的区域性生活消费服务集聚区。要结合城市消费文化和习俗，支持有条件的地区建设商务休闲街区、夜间休闲街区、旅游休闲特色商业街区等，并对具备条件的街区进行提升，打造一批省级特色商业示范街，进一步改善城市消费环境。

（二）围绕工业经济发展和提升，健全生产性商贸流通体系。

1. 建立通畅高效的工业品流通网络。鼓励工业企业整合品牌、产品和服务等资源，通过直营或者特许加盟的方式，建设自主品牌连锁专卖网络，延伸销售网络终端。实施“名品进名店”工程，推动一批消费者认可度较高、质量好的品牌产品进入大型商场开设专柜，逐步推动浙江产品分销渠道由批发市场向百货专柜和专卖店等品牌营销拓展。支持有条件的企业建立从原材料采购到产品销售服务的电子商务系统。加大第三方电子商务交易平台培育力度，支持中小企业通过第三方平台开展电子商务活动。引导企业探索销售终端共享等模式，积极推进全国浙商营销网络和省外“浙江名品贸易中心”建设，提升浙江产品的整体影响力。

2. 推进工业品流通内外贸一体化。加快外贸发展方式转变，推进境外营销网络和海外贸易中心建设，提升外贸产品附加值。深入开展产销对接，组织适销对路的浙江产品进入国内外零售企业采购网络，逐步向跨国采购体系拓展。积极引导国内外零售企业在浙江设立区域总部、采购中心和物流中心，提高浙江产品的销售份额。实施外贸转内销工程，搭建对接平台，组织一批质量较好、适合国内市场销售的外贸产品与国内知名百货企业、连锁超市、全国浙商营销网点进行对接，推动优质外贸产品逐步投向国内市场。鼓励企业赴境内外参展和促销，提升产品的终端控制力和市场份额。

3. 建立健全新型生产资料供应网络。加快构建与我省工业生产规模、结构相适应的现代生产资料流通体系。鼓励在钢铁、煤炭、塑料等生产资料流通领域应用物流配送、流通加工、连锁经营、电子商务、佣金代理等流通方式。加快发展生产资料购销平台，鼓励专业化流通企业围绕产业集群的生产需求，针对特定行业建立和完善统一的生产资料购销网络和现代化仓储物流设施。支持大型生产资料流通企业兼并重组，努力培育一批竞争能力强、辐射范围广、带动作用大的生产资料流通龙头企业。加强生产资料流通企业与生产企业及金融信息服务业间的合作协作，逐步向产供销物流一体化转变，提升生产性服务功能，形成上下游有机融合的供应链。继续保持我省水泥散装率在全国的领先地位，推进水泥散装化和预拌混凝土、砂浆的推广使用，完善散装水泥物流配送设施，加快农村水泥散装化进程。

4. 大力发展再生资源回收网络。积极参与国家再生资源回收体系建设试点，开展省级再生资源示范城市建设。完善工业园区、城市居民社区、乡镇所在地和较大的行政村回收网点布局，发展网络收废、电话收废等新型回收方式，合理建设再生资源分拣中心和集散市场，提高资源利用率。支持报废汽车回收拆解企业改造升级，有序发展电子废弃物回收拆解。培育再生资源回收龙头企业，形成以回收网点为基础、集散市场为依托、龙头企业为骨干的“三位一体”再生资源回收体系。

5. 积极建设生产性商贸服务集聚区。以适应先进制造业基地建设标准为要求，强化展会、物流、营销和电子商务等商贸服务功能，推进生产性商贸服务集聚区建设。加快品牌展会培育，进一步办好“杭州西湖博览会”、“中国国际消费品博览会”、“中国义乌国际小商品博览会”、“中国食品博览会”、“中华老字号精品博览会”等一批综合性展会。结合块状经济特色，培育轻纺、塑料、五金工量刀具等一批专业性展会。整合物流资源，引导有条件的产业集群分离外包物流、营销、生产资料供应等服务，细化集群产业链分工，加快形成集约化、专业化的物流配送体系。推进商品批发市场转型升级，推动有产业依托的商品批发市场逐步向集“信息中心、交易中心、展示中心、物流中心和设计中心”于一体的生产性综合商贸服务区转型。

（三）围绕农村经济发展，建设农村现代商贸流通体系。

1. 加快农村消费市场网络建设。结合农村社区建设，支持商贸流通企业加快发展农村连锁超市，提高农村连锁网点覆盖面。整合农村商贸资源，加快推行“一网多用”，鼓励发展农村综合商贸服务社，融合农资、药品、图书、音像和社区服务等经营内容，提高农村商业网点综合服务能力和服务水平。创新农村物流配送方式，支持商贸企业采用公交车搭货、上门提货和农产品易货等配送方式，降低物流成本，提高农村商品统一配送率。推动农村连锁超市信息化改造，加强从业人员培训，提高农村超市经营管理能力。加快农村流通现代化，建设“浙江农村电子商务网”，推动电子商务等现代流通方式向农村发展。

2. 积极培育农村消费增长点。继续做好家电、汽车、摩托车等耐用消费品下乡的政策宣传、组织实施和经营指导，推动更多适销对路的工业品下乡。挖掘农村消费潜力，提升发展一批乡镇传统庙会，培育具有农村市场特色的“购物节”。不断培育农村消费增长点，通过“农家乐”、“农家菜”吸引城市消费群体到农村消费，推动文化娱乐、家政服务等向农村延伸。

3. 建立农产品现代流通网络。加快农产品流通设施建设，支持建设一批现代化农产品展销中心、仓储中心和物流配送中心，进一步完善农副产品冷链物流。培育农产品流通龙头企业，改造升级一批辐射能力强、产业带动明显的大中型产地农产品批发市场和销地农产品批发市场；培育一批贸工农一体化、内外贸相结合的大中型农产品流通企业。拓展农产品流通渠道，推动“农超对接”、订单农业、经纪人营销等流通模式发展；推广信息技术应用，推行农产品流通标准化，大力发展电子商务，提高农产品流通效率。创新农产品流通方式，探索发展拍卖、期货等交易新模式。

4. 进一步完善农资供应网络。大力发展农资连锁经营，加快推进种子、农药、化肥、农机、农膜等农资连锁经营网点建设，提高农资的集中采购和统一配送率，建立集中采购、统一配送、统一定价的现代农资流通体系。加大农资流通龙头企业培育力度，鼓励发展连锁经营，完善售后服务，强化科技咨询，依托连锁网点，建立健全农资检测和监督机制，完善农业生产技术指导和农资售后服务体系，探索发展大型农机租赁、农资和农产品易货贸易等服务模式。

（四）围绕发展方式转变，实施商贸流通业竞争力提升工程。

1. 大力发展现代流通方式。加快发展连锁经营，推动连锁经营从传统商贸业向现代服务业拓展，由城市向农村市场延伸，切实提高连锁率。大力发展电子商务，依托产业集群和专业市场，推进行业电子商务平台建设。加快培育一批产品丰富、消费便捷、售后服务完善的购物网站。鼓励发展移动电子商务、社区电子商务和企业供应链电子商务，提高电子商务销售比重。加快商贸物流业发展，大力发展连锁企业和商品交易市场物流配送中心，完善商贸企业配送网络，加快建设城乡生活配送服务体系和生产资料加工配送网络。引导物流配送企业推广装卸机械化和配送自动化，完善鲜活农产品的冷藏、加工、运输和配送物流设施，大力发展冷链物流。积极培育第三方物流企业，有效降低物流成本。大力发展总经销、总代理等现代营销方式，推进商品交易市场经营户的公司制改造，提高市场集中度；推进大型商贸企业自有品牌销售，规范发展虚拟经营，提高流通的终端控制力和流通产业现代化水平。

2. 加快培育商贸流通龙头企业。完善财政、税收、融资等政策，继续做好省重点流通企业培育工作，鼓励各市加大对重点商贸企业的扶持力度，形成国家、省、市三级培育机制。鼓励企业通过兼并、重组、上市等途径，快速做大做强。支持有条件的流通企业实行跨区域乃至跨国经营战略，努力发展一批拥有自由品牌、主业突出、核心竞争力强的大型流通企业集团。支持中小流通企业开展加盟合作，实行特色化、专业化、品牌化经营，提高竞争力和经营管理水平。培育龙头商品交易市场，加强商品市场规划引导和提升发展，改造提升一批生产资料批发市场、日用消费品市场和农产品批发市场，努力形成一批市场集中度较高、辐射能力较强、经营规范的品牌市场。加大流通企业商标、商号等知识产权保护力度，鼓励商贸企业积极申报中国驰名商标、中华老字号和商业名牌，开展浙江老字号认定，做好老字号的保护和发展。进一步推进金鼎百货、钻级酒家等国家层面的商贸企业等级评定，提升商贸企业品牌影响力和综合竞争力。

3. 有效整合商贸流通资源。进一步增强政府的调控和引导职能，有效整合商贸流通资源，弥补我省商贸企业单体规模小的不足，提升产业整体竞争力。支持零售企业通过联合采购，提升商品定价优势，降低采购成本，提高企业盈利能力。建设企业销售联盟，支持优势产业的关联企业，进行销售终端共享，推行整体销售，共同培育产品品牌。推广通用技术应用，针对流通企业共性问题，加强管理模式和技术研究，采取政府购买公共服务等方式，推广流通领域先进管理模式和科技的应用，全面提升流通企业经营水平和综合竞争力。

4. 有序发展特殊商贸服务业。加强成品油市场规划和监管，完善成品油零售和批发网点布局，探索发展撬装式加油站，逐步建立成品油现代销售体系。合理规划典当行业规模，推进品牌化和规模化经营，提升典当行的资金周转速度和融资能力。推进拍卖行业结构调整，进一步做强做大拍卖企业，扩大行业整体规模，鼓励拍卖企业发展分公司，支持企业开拓无形资产拍卖和社会委托等业务。贯彻落实《浙江省生猪定点屠宰厂（场）设置规划》，推进生猪定点屠宰场升级改造，提高生猪定点屠宰率。研究制定药品流通发展规划，推进现代医药流通网络建设。加强烟草、食盐、烟花爆竹和危险化学品专卖网络建设和监管。

（五）围绕市场调控能力提升，建立高效的监测预警机制。

1. 加快建立健全市场运行监测网络。进一步加强全省市场运行监测体系建设，不断完善监测制度，优化样本结构，扩大监测范围；逐步推广市场运行监测市级平台建设，进一步完善“小商品指数”和“纺织指数”等相关监测信息网络平台；着力构建一体化、多层次的市场运行监测信息体系，不断提高监测结果的科学性和准确性。整合高校院所、行业协会、企业等社会各方研究力量，打造专职分析人员和专家相结合的市场运行分析队伍，不断提高市场运行的预测、预警能力。

2. 健全重要商品和生活必需品应急调控机制。加快完善市场应急管理工作体系、重要物资储备体系和市场风险资金保障体系，增强政府宏观调控和应对突发事件的能力。深入推进粮食流通体制改革，加强粮食储备，保障粮食市场供应和价格稳定。完善生猪、食糖等生活必需品和成品油、农资、化肥、棉花等重要商品储备制度，适当增加储备品种和数量，提高储备规模。建立和完善政府储备和商业代储相结合的现代储备制度，引导和鼓励企业保持适当库存水平。健全重点调控商品应急响应企业联系制度，加快应急资源动态数据库建设，建立应急采购、加工、调用和补偿工作机制，有效整合社会应急资源。完善“菜篮子”市场供应协调机制，以猪肉为重点，完善应急预案和调控体系。

3. 建立健全产业安全预警机制。加强事先预防，发挥预警机制在有效运用贸易救济措施维护产业安全中的基础性、前瞻性、预防性作用，进一步完善“一体两翼”的产业损害预警机制建设。有序推进产业安全数据库扩容工程，不断扩大预警监测样本企业覆盖面。推广运用浙江省产业损害预警监测分析系统，加强对重点产业产品的预警监测，提高预警监测分析水平。

4. 建立和完善贸易救济援助机制。完善事后救济，进一步做好反倾销等贸易救济工作，结合我省实际，立足维护国内产业安全，逐步建立完善贸易救济援助机制。探索建立贸易救济援助的地方性工作规范，设立贸易救济援助专项资金，为受损企业申请贸易救济措施提供技术援助，为受损严重或自身恢复能力不足的企业和产业提供支持，确保我省产业安全。

（六）围绕发展环境优化，完善商务信用和行业监管机制。

1. 加强商贸流通行业监管。认真做好成品油、典当、拍卖和直销的行政许可管理，完善审批流程，提高管理和服务水平。加强商业特许经营市场监管，加快推进特许人备案和执法工作，建立完善信息披露和年报制度，规范全省特许经营行为。加强食品流通领域安全监管体系建设，建立流通企业食品质量安全责任监管制度。贯彻落实《生猪屠宰管理条例》和《浙江省实施〈生猪屠宰条例〉办法》，加强对定点屠宰企业监管，规范屠宰加工行为，建立肉品质量安全可追溯制度。建立从鲜活农产品生产基地到超市的冷链系统、物流配送系统和快速检测系统，保证农副产品的质量和安全。规范酒类商品流通秩序，强化酒类流通企业备案登记和随附单溯源制度管理。做好再生资源回收、零售商促销、品牌汽车销售等经营者备案工作，不断规范商贸流通领域经营行为。

2. 推动流通领域综合行政执法。整合商务行政执法资源，加快商贸领域立法和体制改革进程，加强商贸综合行政执法队伍建设。加强执法业务培训和指导，完善执法制度，优化人员素质，规范执法行为。健全举报投诉服务体系，推进全省各市、县（市、区）“12312商贸领域举报投诉服务中心”建设，提高商贸综合执法影响力。建立协作配合机制，密切与公安、工商、质检、农业、卫生等部门的联系，提高执法效能。

3. 推进商贸领域信用建设。依托全省公共信用平台建设，制定和完善商贸信用体系制度，以商贸信用分类管理制度和商务领域信用信息管理系统为基础，推动部门、区域间信息公开、共享。协调有关部门和信用服务机构建立健全守信激励、失信惩戒制度。指导商贸领域各行业开展信用建设工作，鼓励开展信用等级评定，促进行业自律，提高企业的诚信经营意识和信用管理水平。开展信用宣传教育活动，营造诚信兴商的社会环境。

四、保障措施

（一）加强组织领导，全面推进商贸流通工作的开展。各级政府要进一步统一思想，提高认识，从战略和全局的高度加强对商贸流通工作的组织领导，将做好商贸流通工作作为经济工作的核心内容之一和重要考核指标，认真开展“现代商贸流通强市（县）”创建工作，进一步理顺商贸流通管理体制，加强管理队伍建设，着力提高管理和服务水平。省市场流通工作领导小组各成员单位要明确职责分工，切实履行职能，努力形成发展合力，推进商贸流通工作科学发展。

（二）完善规划法规，强化政府引导和管理。进一步转变政府职能，强化对商贸流通产业的调控、管理和服务。加强产业规划引导，做好任务分解，落实配套措施，把各种调控政策与行业发展规划紧密衔接起来，保障规划的贯彻和有效实施。结合产业发展实际需要，编制好相关行业子规划，逐步建立和完善商贸流通产业规划体系。加强商业网点布局规划管理，率先在地级市推行大型商业网点建设项目听证会制度，逐步向全省推广，引导商贸设施有序建设。推进商贸领域法规体系建设，加大现有法规的执行力度，完善执法程序，提高依法行政能力。积极开展立法调研，重点推进城乡商业网点规划管理、电子商务、会展业、再生资源回收等地方性法规出台，逐步完善全省商贸流通法规体系。

（三）加大扶持力度，营造灵活宽松的政策环境。按照“内需拉动型的经济增长模式”的总体要求，加大对商贸流通业的政策支持力度，认真抓好现行各项政策的执行和完善。加大财政支持力度和专项资金整合，加强对现代流通业、国内市场开拓、大型流通企业培育、农村流通网络建设、再生资源回收体系构建及市场运行监测和调控体系完善等领域的扶持。加大税收支持力度，全面实施连锁经营企业全省统一纳税，做好省重点流通企业、省农产品流通龙头企业、老字号企业的税费优惠政策，继续实施再生资源回收企业的增值税退税政策，落实农副产品税收抵扣政策。加大金融支持，创新融资担保方式，丰富商贸流通企业融资手段，发展供应链融资业务，积极开展动产、应收账款、仓单等抵质押方式。支持国内贸易信用保险业务发展，建立信用风险分担机制，支持符合条件的省重点流通企业在银行间债券市场发行短期融资券和中期票据。支持省重点流通企业上市，积极利用资本市场进行融资。加强银商合作，建立银行卡结算费率标准，促进银行卡在商贸流通业的使用，加快研究电子消费卡业务管理问题，推动出台相关的业务管理办法，严格规范管理。切实落实用地、用电和用水等政策，营造良好的商贸流通业发展环境。

（四）夯实产业基础，抓好商贸流通业配套措施的落实。一是加强商贸流通领域基础设施建设。确定300个商贸流通业重点建设项目。二是推进商贸流通领域大平台建设，重点在商贸服务集聚区、中小企业电子商务服务平台、生产资料交易平台和社区商贸服务平台等领域确定40个平台予以重点推进。三是培育大型商贸流通企业，在现有的50家省重点流通企业基础上，综合营业规模、盈利能力、业态创新等条件，确定100家左右的商贸流通企业进行培育。四是加快推进标准化建设。做好《商业街管理技术规范》、《电子商务模式规范》等商贸领域国家标准的宣传和执行工作，并结合我省实际，重点围绕零售与批发、商贸服务、生产性服务、居民服务等领域，制订出台一批地方性标准。五是完善行业统计体系，加快建立完整的商贸流通业单位名录库；把连锁率、物流成本、电子商务交易额等一批新的流通行业指标纳入统计范围，建成一套能全面反映全省商贸流通业发展规模、结构、效益及潜力的统计监测指标体系，为政府决策和调控提供科学依据。六是建立省商贸业联合会，培育和发展商贸流通领域行业协会等中介组织，充分发挥其在商业网点设置、产业损害调查、行业自律以及政府与企业间桥梁搭建等方面的积极作用，推动全省商贸业健康有序发展。

（五）深化体制改革和对内对外开放，增强流通产业活力。

按照建设统一开放有序大市场的要求，深化商贸流通体制改革。完善市场准入制度，打破地区封锁、条块分割和行业垄断等行为，保障商品自由流通，充分发挥市场机制优化配置流通要素的作用，尽快形成大流通的发展格局。深化国有流通企业改制，提升商贸企业经营活力；加快推进内外贸一体化，支持跨国分销企业在我省设立商品采购中心、物流配送中心和销售管理中心，有序引进一批对全省经济转型升级有带动作用的商贸大项目、大企业。加强区域商贸经济合作，充分利用长三角一体化、西部大开发、中部崛起和振兴东北老工业基地等有利时机，鼓励企业积极到省外设立营销、采购和服务网络，加快形成全国统一大市场。营造内外资相同的政策环境，严禁地方政府对外资商业实施超国民待遇政策，杜绝商贸建设项目对外资商业进行定向招标等行为。落实国务院《关于鼓励和引导民间投资健康发展的若干意见》，营造各类所有制企业进入流通领域的公平政策环境，支持有条件的民营企业参与重要商品和领域的经营。

（六）完善人才教育培训机制，全面提升商贸从业人员素质。加强商贸领域从业人员的政策教育、学历教育、管理培训和技能培训，逐步建立和完善人才培训、激励约束和引进交流等机制。推进流通领域学科专业建设，鼓励省内院校开设连锁经营、物流配送、电子商务、现代会展等专业和课程，培养符合现代流通业发展需要的专业人才。加强商贸流通领域职业教育和岗位技能培训，健全各项技能资格认证制度，加强职业道德、依法规范经营、基本技能等岗前培训。加强商贸管理队伍建设，实施“十二五”期间“人才强商”工程，开展以市、县(市、区)商贸管理人员和企业主要负责人为对象的系列培训，全面提高商贸流通领域人员素质。

浙江省人民政府关于印发浙江省电子商务产业十二五发展规划的通知

浙政发〔2011〕45号

各市、县(市、区)人民政府，省政府直属各单位：

现将《浙江省电子商务产业“十二五”发展规划》印发给你们，请结合实际，认真贯彻实施。

二〇一一年六月十六日

浙江省电子商务产业“十二五”发展规划

电子商务是依托现代信息技术进行的新型商务活动。近年来，电子商务在全球范围内正以前所未有的速度迅猛发展，并逐步渗透到研发、生产、流通、消费等实体经济活动的全过程，成为引领生产生活方式变革的重要推动力。“十二五”时期是我省加快经济发展方式转变的关键时期。进一步巩固和发展电子商务的先发优势，对我省开拓国际国内市场，改善人民生活，加快经济转型升级，提升综合实力具有重要意义。

《浙江省电子商务产业“十二五”发展规划》(以下简称《规划》)，根据《浙江省国民经济和社会发展第十二个五年规划纲要》总体要求制定。《规划》范围包括商品和服务的网上贸易以及与之紧密相关的信息技术、配送、支付、认证等支撑服务产业，并对传统产业和社会各领域电子商务应用提出指导性意见。

一、基本现状和发展形势

(一)基本现状。浙江是电子商务大省，传统产业及社会各领域电子商务应用快速推进，技术、支付、物流等支撑服务取得重大突破，各项主要指标均处于全国前列。据不完全统计，截至2010年底，全省拥有各类电子商务网站近4000家，其中行业电子商务网站约2000家，占全国的20%。全省60%以上的工商企业开始涉足电子商务领域，企业间电子商务交易额达7000多亿元，约占全国的16%。全省现有各类零售网站2000余家，在第三方平台上经营的网商50多万个，实现网络零售额500多亿元，约占全国的10%。

1. 产业规模和专业化程度全国领先。全省电子商务呈现快速发展的良好态势。电子商务的不同业态互动发展，B2B(企业间电子商务平台)、C2C(第三方零售平台)、B2C(企业自建零售平台)等领域均涌现出一大批专业化电子商务企业，经营规模和竞争力居全国前列。其中，阿里巴巴现有注册会员数5600多万个，业务辐射190多个国家和地区，已成为全球最大的B2B电子商务平台。淘宝网现有经营网商500多万个，用户总数达3.7亿人，2010年交易额超4000亿元，已成为全球最大的网络零售平台。依托我省块状经济优势，一批专业电子商务平台处于全国同行业领先地位，一批B2C网络零售企业快速发展，团购、网上竞拍等新型业态不断涌现。

2. 传统产业电子商务应用不断深入。电子商务已逐步渗透到工农业产品销售的各环节。传统工商企业纷纷涉及电子商务领域，一批传统零售企业先后建立零售网站，一批生产资料批发市场先后建立大宗商品网上交易平台，部分小商品批发市场的经营户开始由实体销售向网上交易转型。同时，同城购物稳步发展，电子商务在企业采购和销售环节得到广泛应用，品牌制造企业开始建立自主销售平台，农产品网上交易日趋频繁。

3. 经济社会各领域电子商务加快应用。文化产业、数字出版、社区服务、旅游、教育等领域纷纷采用电子商务手段提升行业服务水平。全省现有从事网络游戏运营和相关增值服务企业49家，一批数字图书馆、数字博物馆和数字艺术馆相继建成，省内主流传统媒体已基本实现数字化服务。社区电子商务全面推进，全省已有8个地级市开通了社区服务电子商务平台，房产、票务等中介服务纷纷实行网上预订。各大旅游景点依托互联网开展旅游票务、餐饮和住宿等网上营销。农村电子商务应用逐步兴起。

4. 电子商务支撑服务取得重大突破。电子商务的快速发展与支付、技术、物流和认证等支撑服务体系的突破性发展相互促进。网上支付业务在各大银行相继推出，特别是以“支付宝”为代表的第三方支付平台的出现，有效解决了网络信用和支付安全问题。2010年支付宝使用商家超过46万家，已成为全球最大的第三方网上支付平台。技术研发日趋成熟，云计算、物联网和自然语言等新兴技术不断出现，有效解决存储空间、计算能力和数据服务等瓶颈问题。物流领域已形成六大物流走廊、四大物流聚集中心和五条省际物流通道，特别是快递业迅速兴起，为网络零售快速发展提供物流支撑。截至2010年，我省拥有快递经营许可业务企业712家，全国民营快递前10强中浙商占了7席。电子认证日趋广泛，支撑体系不断建立，全省累计发放各类电子证书60多万张，为电子商务发展夯实了基础。

5. 电子商务发展环境不断改善。硬件环境日趋完善，截至2010年，有线宽带接入比例达98%以上，城市接入带宽4M以上超过45%，乡(镇)接入带宽2M以上达40%，行政村接入带宽1M以上达30%，3G网络实现了乡(镇)以上重要地段全覆盖。发展软环境不断优化，成立了省电子商务工作领导小组，制定了《浙江省人民政府办公厅关于加快电子商务发展的意见》(浙政办发〔2006〕58号)等一批产业扶持政策，实施了“万家企业电子商务推进工程”和“全省电子商务提升工程”。电子商务人才培育力度加大，省内13所高校开设电子商务本科专业，国内首个电子商务博士点和首个电子商务企业博士后工作站均落户我省。同时，依托开展打击网络购物领域侵犯知识产权和制售假冒伪劣商品行动等载体，努力营造和维护良好的网上交易秩序。

但是，我省电子商务发展也存在发展短板和瓶颈。一些地方和部门对发展电子商务意义的认识有待提高，产业扶持政策尚不系统，扶持力度有待进一步加大。大多数行业网站仍处于供求信息发布等初级阶段，行业电子商务服务单一，工商企业电子商务应用程度不深等问题较为凸现，离集商流、物流、信息流、资金流为一体的目标还有距离。网络零售起步较迟，网络零售企业(B2C)单体规模和团购等新型业态落后于北京、上海等省(市)。支撑服务亟待完善，物流配送和中高端人才供给跟不上电子商务发展需要，特别是电子商务配送中心及仓储用地落实困难，部分浙商经营的快递企业总部外迁。

(二)发展形势。“十二五”时期，我省电子商务有望进入跨越发展期，机遇大于挑战。

1. 发展空间巨大。近年来，全球电子商务一直保持高速发展态势，在今后一段时间内仍将保持高速增长。我国是世界第二大经济体，网民数量全球第一，随着具有网络消费习惯的新生代居民逐渐成为消费市场主力，网上交易市场规模将大幅度提升。据预测，到2015年我国电子商务交易额将达18万亿元，相当于2010年的3.75倍，其中网上零售额将达3万亿，是2010年的6倍，占社会消费品零售总额比重10%，市场空间十分巨大。同时，各级政府对电子商务工作的高度重视，工业化和信息化的深度融合，移动智能终端的加速应用，都为电子商务市场继续保持快速增长创造了坚实基础。

2. 战略地位提升。电子商务以“全天候、全方位和零距离”的特点，改变着传统经营模式和生产组织形态，影响着产业结构调整和资源配置。在拓展市场方面，电子商务突破了传统的“商圈”概念，使交易和服务象产品一样流通，进入全国乃至全球市场，扩大了市场空间。针对全球不同时区，企业可在电子商务平台上进行全天候交易，延长了交易时间。农村居民可以依托电子商务，逐步享受到城市居民同等的消费和服务，开拓了农村市场。在产业转型方面，依托电子商务，生产商可以直接构建零售终端，与消费者进行交易，大大缩减流通环节，进一步降低交易成本。目前，网络销售已成为新品牌成长的“快车道”。据测算，依托网络销售仅用传统方式1/5的时间和1/40的投入，就能培育出一个知名品牌，加快了企业向微笑曲线两端高附加值领域的拓展。在市场监管领域，网络交易具有“来源可追溯、去向可查证、责任可追究”的特征，是新时期实现市场有效监管和新商业文明建设的重要支撑。此外，电子商务在节能减排、创造就业、支持创业等方面也发挥着重要作用。

3. 浙江优势明显。我省发展电子商务基础扎实、氛围浓厚，杭州市、金华市分别被授予“中国电子商务之都”和“中国电子商务创业示范城市”称号，拥有全球最大的B2B平台、C2C平台和第三方支付平台及一大批全国领先的行业电子商务平台。同时，我省消费模式多样，产品多为高度市场竞争的日用消费品，且市场两头在外，跨区域、远距离的交易日益频繁，迫切需要电子商务的快速发展和深度应用。“十二五”期间，我省提出了提高产品市场占有率、加快品牌培育和提升产品附加值的要求，也为我省电子商务的快速发展提供了重要动力。

4. 面临挑战严峻。与发达国家相比，我省在电子商务核心技术、战略布局、新商业文明等方面仍有一定差距。与国内其他省(市)相比，我省网络自主零售(B2C)发展落后于北京市和上海市，网商数量、网购市场规模落后于广东省，与江苏等省份的优势也正逐步缩减。面对北京、上海、广东、四川、重庆等省(市)把电子商务作为战略性产业，加大财政、税收、用地等方面支持力度的局面，我省电子商务的全国领先地位面临严峻考验，加快我省电子商务发展刻不容缓。

二、指导思想、基本原则和发展目标

(一)指导思想。以邓小平理论和“三个代表”重要思想为指导，坚持全面贯彻落实科学发展观，深入实施“八八战略”和“创业富民、创新强省”总战略，紧紧围绕《浙江省国民经济和社会发展第十二个五年规划纲要》的总体目标，以市场需求为导向，商务活动为核心，技术创新为支撑，提升发展电子商务平台，加快推进网络购物，建立健全支撑体系，大力推广应用范围，加快构建全球领先的电子商务产业链，为我省科学发展走在前列，惠及全省人民小康社会全面建成作出积极贡献。

(二)基本原则。

——市场运作和政府引导相结合。遵循市场经济规律和电子商务产业自身发展要求，结合浙江产业特色，发展符合浙江实际的电子商务产业。同时，按照战略性新兴产业培育和打造“国际电子商务中心”的要求，强化政府在产业规划、政策引导、配套完善、法规建设、市场监管等方面作用，加快推进我省电子商务健康有序发展。

——扶持促进和规范发展相结合。坚持“在发展中规范，在规范中提升”的发展路径，努力创建具有比较优势的政策环境，形成良好的电子商务发展氛围，确保我省在电子商务产业的市场份额、商业模式和技术创新等方面达到全球先进水平。同时，加快建立健全电子商务相关配套法律法规，推动我省电子商务由“放开搞活”向“规范提升”阶段发展。

——全面发展和创新提升相结合。结合我省转变经济发展方式的总体要求，加快推进电子商务在传统产业和社会各领域的应用，提升全省电子商务整体发展水平。着力推动电子商务及支撑服务企业进行战略、模式、技术及管理等方面的创新，推动先进技术应用，创新发展电子商务模式。

——壮大企业和完善支撑相结合。按照建设全球先进电子商务产业链的要求，做大电子商务交易平台，做强电子商务企业。加快推进电子商务支撑体系建设，发展电子商务产业链。鼓励和支持新兴技术应用和商业模式创新。加快对物流配送、诚信机制、人才资金等制约因素的破题，推进电子商务与支撑体系同步协调发展。

——重点集聚和全面布局相结合。结合我省各地电子商务发展实际和基础，在支持重点区域加快推进的同时，兼顾全省电子商务协同发展。支持杭州市打造国内领先的电子商务中心城市。推动金华市发展成为国内行业电子商务企业重要集聚区。支持宁波市、舟山市依托大宗商品交易实体平台，发展大宗商品网上交易。鼓励温州市、湖州市、嘉兴市、绍兴市、台州市等地加快网络购物和行业电子商务平台发展。推动电子商务在衢州市、丽水市农副产品交易过程中的应用。支持电子商务企业实行运营总部和技术支持、仓储物流中心跨区域布局，鼓励和支持有条件的电子商务企业通过外设分支机构、并购、合作等方式，加快在省内、国内的市场布局和国际市场拓展。

（三）发展目标。到2015年我省电子商务产业规模和竞争力全国领先，产业集聚程度不断提高，网络市场辐射度和综合实力更加凸显，技术、物流、支付和认证等支撑体系进一步完善，电子商务在社会经济各领域深入应用，实现电子商务强省目标，为把浙江打造成为“国际电子商务中心”奠定扎实基础。

——产业发展水平全国领先。到2015年，全省企业间网络交易额超过2万亿元，占全国15%以上；网络零售额超过2500亿元，占全国10%以上；B2B、C2C和第三方支付平台全球领先优势进一步巩固，国际市场辐射力不断增强。

——产业集聚效应更加明显。集聚一批国内领先的电子商务企业总部、行业电子商务平台和生产资料等大宗商品交易平台；培育2—3家销售额在50亿元以上和20家销售额在10亿元以上的网络零售企业；推动5—10家电子商务企业上市，引进一批国际知名电子商务企业及配套服务商。

——应用水平全面提升。中小企业电子商务普及率达80%，一批龙头骨干工商企业建成自主电子商务平台，并实现电子商务供应链管理；农村电子商务应用快速推进；政府电子商务采购比重逐步提高；文化传媒、新闻出版、金融、旅游、教育、卫生等其他领域电子商务应用基本普及。

——支撑体系逐步完善。云计算和移动商务等技术创新快速推进，培育1—2家国家级电子商务研发机构；建成覆盖全省地级市的城市物流配送网络，物流配送和电子商务一体化协同发展格局基本形成；在线支付、移动终端支付等新型支付工具快速推广；电子认证应用更加普及和规范。

——发展环境更加优化。全省各级政府和部门对于电子商务产业的战略地位认识不断提高；管理机构比较健全，管理队伍逐步建立，人才教育和培训深入推进；政策环境不断完善，投融资更加便利；法规和标准体系逐步建立。

三、主要任务及重点工程

（一）实施电子商务大平台工程。结合我省经济结构和产业特征，进一步做强电子商务平台，企业间电子商务模式广泛运用，数字增值业务不断延伸。进一步壮大综合性电子商务交易平台。

加快提升发展行业电子商务。依托我省块状经济、专业市场和产业集群，强化行业电子商务平台服务功能，推进行业网站由信息流服务向信息流、商流、物流和资金流综合服务发展。

加快发展供应链电子商务。有效整合流通环节的各种资源，支持一批具有较强流通环节控制力的企业建立连接上游供应商和下游经销商交易业务的电子商务平台，提升我省流通企业对市场的控制力。

大力推进大宗商品电子交易平台建设。结合海洋经济发展示范区建设，依托宁波—舟山深水港口和大宗商品交易市场，支持生产资料经营企业和专业批发市场开展大宗商品网上交易，增大大宗商品定价话语权。加快农村综合电子商务平台建设，开展大宗农产品网上交易。

重点工程之一：电子商务大平台工程

1. 综合平台。支持阿里巴巴扩大市场覆盖范围，不断拓展境外市场，巩固全球最大的B2B电子商务平台地位。

2. 行业平台。依托产业集群和专业市场，重点在化工、纺织、医药、服装等领域打造10个左右全国领先，集交易、物流、支付等服务的行业电子商务平台。支持优势流通企业整合上下游资源，培育一批电子商务供应链平台。整合行业平台资源，支持网盛生意宝实施“小门户＋联盟”建设计划，建成面向全球市场的行业B2B平台搜索引擎。

3. 大宗商品。支持生产资料经营企业和批发市场发展电子商务，培育煤炭、钢铁、塑料等10个左右的大宗商品交易平台。

4. 农村平台。整合现有农产品网上交易平台相关资源，建设一个全省性农产品交易的综合性电子商务平台。

5. 数据挖掘。依托电子商务平台，开展海量数据智能分析，实现数据增值业务，强化电子商务功能。

（二）实施网络零售促进工程。发挥网络零售成本低、覆盖广、速度快的优势，加快网络零售企业和第三方购物平台发展，实现企业规模、盈利能力和品牌的提升。

大力发展第三方网络零售平台，扩大网络零售商品和服务种类，推动服装、电脑及配件、家电、数码、家居、母婴用品、土特产等商品进行网上销售，支持淘宝网做大做强，进一步巩固其全球最大第三方网络零售平台地位。

加快发展网络零售，支持企业自建平台进行网络零售，鼓励发展特定商品门类或者特定消费人群的网络零售平台，做精做透专业网络零售业务，着力培育一批辐射全国消费市场的网络零售企业，争取形成企业总部、利润、税收、就业在浙江，销售覆盖全国乃至全球市场的良好发展格局。

推进传统商贸业和网络零售融合发展。支持传统百货、连锁超市等企业依托原有实体网点、货源、配送等商业资源开展网络零售业务。结合城市居民日常消费需求，进一步发展集电子商务、呼叫中心和城市配送为一体的同城网络零售。支持小商品市场经营户开展网上销售，推进传统零售业与网络零售有机接轨。

探索发展新型网络购物方式。结合农村流通实体网点建设，支持发展面向广大农民的网络零售平台，探索网上看样、实体网点提货等经营模式。规范发展网络团购，逐步建立市场准入制度，加强对团购组织者和资金的监管，促进健康持续发展。

重点工程之二：网络零售促进工程

1. C2C领域。巩固发展淘宝网的全球最大网络零售平台地位，支持其发展针对企业的相关业务，鼓励一批淘宝网个人网店逐步向专业化网络销售企业转型，推动淘宝网完善市场准入和投诉理赔制度，全面提升服务水平。

2. B2C领域。开展B2C整体推进工作，确定20—30家潜力网络零售企业，通过财政资金引导、税收减免、宣传推广等政策手段，提升浙江网络零售业整体发展水平和竞争力。

3. 传统产业。在传统超市、百货等企业中，分年度确定一批网上销售重点建设项目，建设网络零售网点，延伸市场覆盖面。

4. 商品市场。开展日用消费品市场网络销售试点，强化商品市场的仓储、配送、采购等功能，发展一批以小商品市场为依托的网商集聚区。

（三）实施浙江产品网销工程。结合我省日用轻工业发达的产业特色，发挥第三方电子商务平台领先优势，推动我省企业直接面向消费者开展网上销售，建设网上零售终端，提升浙江品牌影响力和附加值。

鼓励企业开展网络零售。支持我省生产企业到淘宝网及国内其他第三方零售平台开设网络旗舰店、专卖店。支持专业网络销售企业承接传统企业的电子商务业务，在淘宝网等第三方平台进行网络销售，发展网络总代理、总经销。

探索发展境外网络销售。加快语言翻译、报关结汇、境外配送等配套业务发展。支持我省电子商务平台针对不同语言进行区域划分，延伸境外服务网络。鼓励企业依托电子商务平台建设境外零售终端，开展境外批发或零售业务，推进企业在境外建设品牌，提升产品附加值。

支持龙头骨干企业开展自主电子商务。选择一批标准化程度高、产品系列齐全、品牌效应明显和销售网络健全的生产企业建立企业自主网站，实现采购、生产、销售全流程电子商务。

重点工程之三：浙江产品网销工程

1. 中小企业上网。加强对阿里巴巴平台中“浙江专区”的建设、宣传和推广，打造“浙江中小企业网上集聚区”。

2. 国内网络销售。依托淘宝网，每年推动1000家品牌企业到“淘宝商城”开设网络旗舰店（专卖店）；推动1000家成长型企业到“无名良品”开设网络直销店；推动500家老字号和土特产经营企业到“特色浙江”平台进行销售。

3. 境外网络销售。在日本开展“网上展示、实样寄送电子商务工程”试点，并逐步向其他国家和地区推广。每年推动500家浙江品牌企业通过阿里巴巴“速卖通”开展境外小额批发或零售业务。

4. 自主销售平台。开展大中型企业自主电子商务平台建设试点，推动100家骨干企业建立自主电子商务平台。

（四）实施电子商务全方位推进工程。在加快发展工业、农业等实体商品网上交易的同时，同步推进服务和数字产品的网上交易。

推进电子商务进入文化产业和数字出版业领域。完善制度建设，加强知识产权保护，鼓励平面出版物和视频节目数字化，支持舞台剧目、音乐、美术、非遗和文献资源等进行数字化转化、开发、下载和交易，规范发展网络游戏等文化服务，培育专业性文化产品交易平台。依托网络建立数字版权运营体系，探索“自助出版模式”。

推动电子商务在服务业领域的应用。逐步探索和推广电子商务在政府采购中的应用，进一步降低采购成本，提高采购效率和透明度。推进金融领域电子商务应用，加快发展网络融资、理财等金融中介业务，规范发展虚拟货币交易平台。积极建设社区便民服务平台，实现地级城市全覆盖并逐步向县（市、区）一级延伸。

重点工程之四：电子商务全方位推进工程

1. 虚拟商品。引导“5173中国游戏服务网”虚拟货币交易平台规范有序发展，巩固全国最大虚拟商品

电子商务平台地位。支持发展立足本省、延伸全国的文化服务产品专业性电子商务交易平台。发展“自助出版模式”,建设全省数

2. 数字出版。字出版网上交易系统。

3. 商务服务。培育一批金融、会计、法律、培训等专业性电子商务平台,大力发展商务服务类电子商务。

4. 生活服务。鼓励设区市建设社区服务公共平台,在实现全省11个地级城市全覆盖的同时,逐步向县(市、区)延伸服务。加快发展旅游电子商务,培育若干个在全国具有一定影响的旅游电子商务企业。

5. 中介服务。培育一批票务、房产、人才、网上挂号等专业性中介电子商务服务平台。

(五)实施电子商务技术创新工程。加快云计算的应用。抓住杭州市列入首批“云计算服务创新发展试点城市”契机,加快推进我省云计算发展。建设云服务平台,完善云安全解决方案,加快海量存储、虚拟化和低功耗等云计算技术在电子商务领域应用。

加快发展信息技术服务外包。鼓励基础电信运营商、软件供应商、系统集成商的业务转型,为电子商务企业提供平台开发、信息处理、数据托管、应用系统等外包服务。积极引进国内外知名服务企业来浙设立区域总部,对中小电子商务企业开展软件运营(SaaS)等服务。

创新发展移动电子商务。支持基础电信运营商、增值业务服务商、内容提供商和金融服务机构之间加强协作,依托应用手机、个人数字助理和掌上电脑等智能移动终端,开展移动电子商务。加快移动电子商务服务平台建设,鼓励现有电子商务交易平台开展移动电子商务业务,逐步提高移动电子商务交易比重。

重点工程之五:电子商务技术创新工程

1. 云计算技术。支持杭州市开展云计算服务创新发展试点,推动阿里巴巴云计算中心发展,推广云计算技术应用。

2. 技术外包。开展信息技术服务外包示范工作,在信息技术服务提供商当中,确定一批示范企业,以示范带动服务水平的提高。

3. 模式创新。开展移动电子商务试点,选择一批购物网站作为内容提供商,与电信运营商、增值业务服务商和金融服务机构之间开展对接,加快推进移动电子商务。

(六)实施物流配送保障工程。整合现有工业、商业、仓储和运输等物流信息资源,推进物联网等先进物流技术及装备的应用。大力发展第三方物流,推进第四方物流,提高物流企业的社会化、组织化和信息化水平。推进新型物流配送中心建设,加快建立物流信息网络,切实降低物流成本,提高现代物流效率和效益。

推进电子商务与第三方物流互动发展,为网上交易提供快速高效的物流支撑。培育信誉良好、服务到位、运作高效的重点快递配送企业,积极创造条件,吸引外地浙商快递企业总部回流,推动网络零售快速发展。结合同城购物平台,推进都市生活品配送企业发展。支持电子商务企业建设仓储、配送等物流设施,推动电子商务和物流配送融合发展,建立高效通畅的电子商务物流配送体系。

重点工程之六:物流配送保障工程

1. 发展物流网络。构建覆盖全省地级市的都市配送网络,并逐步向县级城市、城镇和农村延伸。

2. 培育物流企业。开展电子商务与物流配送的对接试点,培育20家左右与电子商务企业深度合作的第三方物流示范企业和快递示范企业。

3. 建设物流项目。支持一批重点电子商务企业物流中心建设。

4. 引进物流资源。引进一批浙商投资的快递物流企业和国际先进快递物流企业到浙江设立总部。

(七)实施支付和认证体系建设工程。加快建立由网上支付、移动支付、固话支付以及其他支付渠道构成的综合支付体系,为电子商务提供安全、高效的资金结算服务。鼓励银行拓展电子银行服务业务,强化在线支付功能。鼓励银行加强与电子商务企业的合作,发展电子票据、移动支付等新型电子支付业务,推出适合电子商务特点的支付产品和服务。加强第三方支付平台建设,引导第三方支付机构在依法合规经营的基础上,加快产品和服务创新,做大做强非金融机构支付服务市场。推进认证平台建设,完善电子认证基础设施,开展电子认证加密技术研究。加强信息安全防范,引导电子商务企业完善数字认证、密钥管理等安全服务功能。健全信息安全管理制度与评估机制,提高电子商务系统的应急响应、灾难备份、数据恢复、风险监控等能力。

重点工程之七:支付和认证体系建设工程

1. 建设支付平台。进一步拓展“支付宝”第三方支付系统市场服务范围,提升“一站式”支付服务能力,打造全球领先的第三方支付平台。

2. 创新支付手段。开展新型支付产品试点工作,推广电子票据、移动支付等新型支付产品应用。

3. 推进认证工作。支持电子认证服务平台、综合监管平台和第三方电子认证平台建设,扩大认证体系在电子商务中的应用范围。

(八)实施电子商务示范工程。以点面结合、示范带动为要求,确定一批电子商务示范园区和示范县(市、区),确定一批省级电子商务示范企业进行重点培育,支持电子商务示范企业做大做强。加快电子商务产业园试点、总结和推广,完善政策支撑,吸引国内外电子商务企业及网络技术、物流配送、融资支持等配套企业入驻,争取在“十二五”期间,培育出一批省级电子商务产业示范园区。

重点工程之八:电子商务示范工程

1. 示范企业。在综合经营规模、盈利能力、经营模式和发展潜力等要素的基础上,重点针对行业电子商务平台、网上购物平台、网上购物企业、社区服务电子商务平台以及文化、出版、中介、物流、社区等社会各领域商务平台,确定一批省级电子商务示范企业进行重点培育。

2. 示范园区。加快电子商务产业园试点步伐,做好成功运作模式的探索、总结和推广,争取在"十二五"期间,培育一批省级电子商务产业示范园区。

3. 示范区县。综合考虑电子商务应用普及、电子商务企业集聚、大型平台建设和产业园区发展等要素,认定一批省级电子商务示范县(市、区)。

四、保障措施

(一)完善电子商务产业政策。加大财政支持力度。通过省流通业发展专项资金切块重点支持电子商务发展,并根据"十二五"期间推进电子商务发展需要,逐步加大财政支持力度。推动成立浙江省电子商务投资和创业基金,引导带动全省电子商务产业发展。

落实税收支持政策。实施税收优惠,支持电子商务及相关服务企业参与高新技术企业认定,符合条件并通过认定的,可享受高新技术企业和技术先进型服务企业税收政策。落实电子商务项目技术创新的研究开发费用加计扣除政策。对符合小型微利企业条件的电子商务企业按规定予以减免企业所得税。研究解决物流企业代理采购、电子商务税收管辖、税务登记和电子发票应用等相关问题。

加大融资支持力度。支持重点电子商务企业与银行加强电子商务网络融资合作,开发面向中小企业的交易支付、网络结算、信贷等业务。鼓励金融机构积极探索无形资产和动产抵押融资方式,扩大电子商务企业贷款抵质押品范围。积极发展网络联贷联保等中小企业网络融资产品,规范提升中小型电子商务及相关服务企业的信贷审批和发放效率。积极支持符合条件的电子商务企业上市融资,发行短期融资券、中期票据和中小企业集合票据,拓展直接融资渠道。

给予用地政策支持。统筹安排电子商务产业园用地空间,优先保障有利于当地产业转型升级的重大电子商务项目用地。在不改变用地主体、不重新开发建设等前提下,鼓励利用工业厂房、仓储用房等存量房产、土地资源兴办电子商务企业,其土地用途可暂不变更。对国家和省政府的重点电子商务项目,优先保障项目落地。

给予其他政策支持。要方便证照办理,除依据法律、行政法规和国务院决定外,各部门一律不得设置前置性审批事项。放宽电子商务企业出资最低限额,允许电子商务企业注册资本分期缴付。推动将信息通信基础服务纳入"普遍服务"和"基本公共服务"范畴,逐步降低信息服务资费。

(二)加大基础设施建设力度。加快基础通信设施、光纤宽带网和移动通信网建设,推动"三网融合",构建基于IMS、IPv6和OTN/DWDM并支撑融合业务发展的下一代信息通信网络。积极利用新一代移动通信技术建设宽带无线城市,实现覆盖城乡、有线无线相结合的宽带接入网。全面推进光纤到楼、入户、进村,实现政府机关和公共事业单位光纤网络全覆盖和新建小区光纤宽带全覆盖。实施信息化和工业化融合战略,鼓励企业基于研发、采购、制造、营销和管理等全领域信息化,推动上下游中小企业信息化应用,加快推进企业信息化。推进农村地区和边远地区的宽带互联网等信息通信基础设施建设,建立健全农村信息服务体系。

(三)加快电子商务人才培育。创新电子商务人才培养机制。鼓励省内高校开展电子商务、物流等学科建设。建立健全多层次的培训体系,推进中小电子商务企业、配套服务商的中高级人才学历继续教育,支持有条件的电子商务企业与科研院所、高校合作建立教育实践和培训基地,鼓励和动员社会力量举办电子商务职业培训。鼓励开展面向农民和下岗工人的电子商务知识培训。加大省外优秀电子商务人才的引进力度。积极通过以奖代补、费转成本等方式,支持引进高端复合型电子商务人才。研究制定电子商务职业认证制度,健全电子商务人才成长促进机制,建立后备人才资源库,努力构建国内领先的电子商务人才集聚高地。

(四)营造良好的发展环境。开展电子商务发展战略和政策研究,建立完善发展评价体系,提升电子商务统计监测、分析的科学化水平。建立重点电子商务企业(园区)运行监测统计信息发布制度,研究制定电子商务产业统计指标体系,规范电子商务统计工作。加快研究制定电子商务行业标准,出台针对在线支付、安全认证、物流配送等支撑服务环节的行业标准和规范。加强行业协会等中介组织建设,提升行业管理和服务水平。加大电子商务宣传力度,积极营造良好的政策导向和舆论氛围。

(五)依法保障电子商务发展。推进电子商务地方性立法,重点围绕消费者权益保护、商业秘密保护、网络信用管理、特殊电子商务业态的市场准入等问题,研究制定我省电子商务法规实施细则。在相关立法未出台前,先制定有关促进电子商务发展和管理的规范性文件。建立健全多部门联动防范机制,切实做好执法检查和日常监管,严厉打击依托网络的制售假冒伪劣商品、侵犯知识产权、传销、诈骗等行为。推进网上经营主体信息公开披露,探索建立电子商务信用管理和信息共享机制,推广信用产品在电子商务中的应用,促进浙江电子商务规范有序发展。

(六)切实抓好《规划》任务的落实。各级政府要把推动电子商务产业发展工作摆上重要议事日程,进一步加强思想认识、组织领导、政策扶持和工作能力。要充分发挥好省电子商务工作领导小组及其办公室的综合协调作用,明确职责,健全机制,促成合力。各地要落实专门的牵头部门,认真做好《规划》的分解、落实等工作。要加强对《规划》实施情况的考核、评估和监督检查,提高考核评估的针对性、科学性和有效性,推动《规划》要求的全面完成。

浙江省人民政府关于印发浙江省城乡社区服务业十二五发展规划的通知

浙政发〔2011〕47 号

各市、县(市、区)人民政府,省政府直属各单位:

现将《浙江省城乡社区服务业"十二五"发展规划》印发给你们,请结合实际,认真贯彻实施。

二〇一一年六月二十三日

浙江省城乡社区服务业"十二五"发展规划

为进一步推进城乡社区建设,健全以居民需求为导向的城乡社区服务体系,加快城乡社区服务业发展,提高生活质量,扩大社会就业,改善社会管理,维护社会稳定,特制定本规划。

本规划所指的社区服务业,是指在政府主导和扶持下,为满足城乡社区成员的多种需求,以社区为依托,动员各种社会力量参与为社区服务的社会事业和新兴产业,涵盖政府组织提供的公共服务、市场主体提供的商业服务、社区组织和社会组织提供的非营利性服务等。

一、发展现状

"十一五"期间,全省切实加强社区服务设施建设,积极拓展社区服务领域,不断完善社区服务功能,努力提高社区服务质量,社区服务业进入体系化和制度化发展阶段。一是社区服务组织领导体系基本建立。省委、省政府专门成立省城乡社区建设领导小组,城乡社区建设统筹推进力度进一步加大。二是社区服务经费保障机制逐步形成。政府财政投入、集体经济投入、市场化投入、社会化投入以及居民自筹,共同构成社区服务业的发展基础。全省城市社区建设经费 2005 年为 5.04 亿元,2010 年增长到 12 亿元,年均增长 19%。三是社区服务设施加快完善。到 2010 年底,全省已建立 275 个街道社区服务中心、764 个乡镇社区服务中心、12061 个村级社区服务中心,12.3 万个社区服务设施(网点)。全省城市社区工作服务用房总面积 2006 年为 93 万平方米,2010 年增加到 212 万平方米,95.7%的工作服务用房面积达到 350 平方米以上。农村社区服务中心总面积达到 647 万平方米。四是社区服务方式方法不断创新。适应经济社会发展要求,以社会化、专业化、信息化等为引领,推行了城乡社区服务中心"一站式"服务,建立了社区公共服务工作站、社会事务站等新的服务主体,创设了组团式服务、信息平台服务等新的服务方式,拓展了服务楼宇经济等新的服务内容,培育了一批知名社区服务品牌。五是社区服务队伍持续壮大。全省初步建立起一支专兼职结合的城乡社区工作者队伍,在城市以专职为主,在农村以兼职为主。目前,全省共有 3056 个城市社区居委会,专职社区工作者达 2.14 万人。城市专职社区工作者年龄、性别、学历结构日益改善,政治、经济待遇逐步提高,人均年收入达 3.6 万元,实现省委、省政府提出的收入不低于当地上一年职工平均工资水平的目标。农村社区工作者专业化、职业化程度逐步提高。社区志愿服务队伍蓬勃发展,全省共建立社区志愿服务组织 1.33 万个,登记注册志愿者 95.8 万人,仅 2010 年参加志愿服务活动 205 万人次。

"十一五"时期,我省社区服务业发展取得丰硕成果,2010 年社区服务业增加值达 1290 亿元,年均增长 12%;吸纳从业人员 370 万人,为我省经济社会发展做出了重要贡献,同时也为"十二五"时期社区服务业发展奠定了坚实基础。但是,社区服务业发展还存在一些矛盾和问题:社区服务设施还不够完善;城乡之间、地区之间社区基本公共服务水平差距较大;城市社区商业服务主体规模不大,农村社区商业服务供给能力不足;社区志愿服务活力还需进一步增强。"十二五"时期我省人均 GDP 将从 7000 美元向 10000 美元迈进,社区服务业发展进入大有可为的战略机遇期。同时,家庭结构小型化、人口结构老龄化、需求结构多元化日益明显,外来流动人口定居意愿增强,对社区服务业发展提出新的更高要求。为此,要将社区服务业作为第三产业发展的重点领域深入推进,充分发挥其在拉动经济增长、实现充分就业、统筹城乡发展、提升社会福利水平、化解社会矛盾等方面的重要作用,为全面建成惠及全省人民的小康社会做出更大贡献。

二、发展思路与目标

(一)指导思想。以邓小平理论和"三个代表"重要思想为指导,深入贯彻落实科学发展观,以不断满足社区居民的物质文化生活需要为出发点,充分发挥政府、社区组织、社会组织、驻社区单位、企业及居民个人在社区服务中的作用,拓宽服务领域,优化服务结构,改进服务方式,提高服务质量,规范行业管理,努力推动城乡社区服务业持续健康发展。

（二）基本原则。

坚持以人为本、服务群众。把居民的服务需求作为第一信号，把居民满意程度作为检验工作成效的第一标准，促进社区服务覆盖到所有居民，推动城乡社区公共服务均等化，满足城乡居民多层次、多样化的物质文化生活需求。

坚持政府引导、多元参与。强化政府在政策制定、规划引导、工作部署、设施建设、财力投入等方面的职能，切实履行政府推进城乡社区公共服务均等化的职责。坚持以市场为导向，以企业为主体，充分发挥市场配置资源的基础性作用，大力发展社区商业服务。鼓励社区居民和社会组织积极参与社区服务。

坚持因地制宜、分类指导。根据经济社会发展水平和社区不同类型，针对城乡社区服务水平差异，加强分类指导，加大统筹力度，有效解决城乡居民实际问题，努力缩小城乡社区服务差距，整体推进城乡社区服务业发展。

坚持改革创新、增强活力。大力推进社区服务体制机制创新，不断改革政府公共服务方式，提升社区服务的开放水平，降低服务成本，增强发展活力，保持发展优势。

（三）发展目标。

——到 2015 年，逐步建立与社会主义市场经济体制相适应，与浙江经济社会发展相协调，符合社会化、产业化、专业化、制度化、均衡化发展要求，以政府投入为主导，政府直接服务与购买服务相结合，社区组织协助服务与企业、社会组织、志愿者参与服务相结合，服务设施健全、信息化程度较高、服务功能完善、覆盖城乡社区全体成员、服务质量和管理水平较高的社区服务业体系。

——到 2015 年，社区服务业增加值超过 2200 亿元，占全省 GDP 的 5.4%，年均增长 12%；从业人员总数达到 440 万人，年均增长 4%。

——到 2015 年，实现社区便民服务信息平台、乡镇（街道）社区服务中心、村（居）社区服务中心全覆盖。市县建有以服务热线为标志的便民服务信息平台，乡镇（街道）建有综合性社区服务中心。城市社区用房满足工作服务要求，村级社区服务中心达到 15000 个以上。

三、主要任务

（一）加强社区公共服务。扩大公共服务供给，加强社会治安、社区矫正、公共卫生、计划生育、优抚救济、社区教育、劳动就业、社会保障、社会救助、住房保障、消费维权以及老年人、残疾人、未成年人、流动人口权益保障等工作，推动公共服务覆盖城乡社区。发挥社区基础平台作用，整合政府各部门在城市基层的办事机构，积极推进“一站式”服务。加强社区公共服务组织、专业服务机构建设，就近就便为社区居民提供公共服务。

1. 发展新型社会福利服务。建立健全与人口老龄化进程相适应、与经济社会发展水平相协调，以居家为基础、社区为依托、养老机构为支撑，资金保障与服务保障相匹配，基本服务与选择性服务相结合，政府主导、社会参与、全民关怀、惠及城乡全体老年群体的社会养老服务体系。建立养老服务信息需求系统，实施养老服务补贴制度，到“十二五”末，养老机构床位占老年人口总数的 3%，实现城乡社区居家养老服务基本覆盖。以残疾儿童家庭为基础、社区康复站为骨干、儿童福利机构和专业性残疾人康复机构为示范，大力开展社区残疾儿童康复教育服务，推进孤残儿童社区照顾。依托社区开展精神残疾人生活照料、康复养护、技能培养、文化娱乐、体育健身等服务，发展社区心理咨询，提高居民精神卫生和心理健康水平。探索建立家庭暴力受害者社区庇护场所。鼓励、扶持社区慈善公益组织实施各类公益服务项目。推动慈善超市建设，实现社会捐助制度化、经常化。

2. 推进社会保障与社会救助服务。全面建设乡镇（街道）、村（社区）社会保障与社会救助工作平台。完善城乡居民社会养老保险制度，加快推进参保缴费。加强职业技能培训，落实培训补贴政策，加快推进农村劳动力转移。加大政府购买社区公益性岗位力度，开发社区公共保洁、环境绿化、设施维护以及托老、托幼服务等公益性岗位，努力解决困难群体就业问题。完善最低生活保障制度，深入推进低收入家庭收入核定工作。完善医疗救助制度，实现与城镇职工（居民）基本医疗保险、新型农村合作医疗有效衔接。加强临时救助工作，对因突发事件导致生活困难的城乡社区居民给予及时救助。

3. 提升安全服务。加强社区警务室（站）和综合治理组织建设，积极推进警力下移，整合各种社会资源，全力维护社会治安稳定。构建公共卫生、食品安全、群体性突发事件、自然灾害等社区应急反应机制，提高应对突发事件、保护居民安全的能力。探索在信访、社会纠纷、特殊对象帮教等方面开展社会工作，在突发事件处置中实施社会工作介入。推进实施社区法律顾问制度和法律援助制度，逐步在街道社区、外来人口聚居区、敬老院等建立公证联系点。

4. 强化卫生计生服务。建立政府、集体、社会多元投入机制，完善农村卫生和计划生育服务网络，实现服务全覆盖。深化社区卫生服务机构运行机制改革，实行核定任务、核定收支、绩效考核补助的财务补偿机制，探索实施收支两条线、公共卫生和医疗保障经费总额预付等管理办法。建立县级医疗卫生机构与社区卫生服务机构分工协作的工作机制，加强对社区卫生服务机构的业务督导和培训。建立健全城乡居民健康档案管理制度。

5. 拓展文体科教服务。全面完成城乡社区文化活动场所建设，打造开放式活动平台，推进城乡社区文化活动交流互动。建立社区体育俱乐部等活动组织，开展社区居民国民体质监测工作，构建监测网络服务体系。推进街道社区教育中心和社区市民学校建设，开展形式多样、内容丰富的教育培训服务。加强社区文艺骨干、体育指导员培训，开展邻居节、文化艺术节、趣味活动节、体育健身节和科普活动周活动。

6. 加强流动人口服务。坚持公平对待、合理引导，实行与户籍人口同宣传、同服务、同管理，为流动人口的生活与就业创造良好环境和条件。建立本地居民与外来人员共同参加的各类融合性社会组织，提高社区认同感和归属感。加强出租房屋管理，依法做好信息登记、证件办理等工作。

7. 开展生态环境服务。加强生态文明宣传，引导居民选择绿色、低碳生活。加强对社区噪音、污水、垃圾和有害气体的防范、监测和处理，加快村庄环境整治步伐，营造宜居环境。

（二）发展社区商业服务。加强规划引导和政策扶持，按照“方便、实惠、安全、生态”的原则，加快发展购物、休闲、综合服务等社区商业，满足居民生产生活、消费娱乐等需求。

1. 推进商贸服务业。完善社区商业便民服务体系，提升社区商贸服务水平，积极培育省级社区商贸服务示范企业，鼓励社区商贸企业采用连锁经营等方式到社区设立超市、便利店、“菜篮子”专营店、家政服务站等各类便民服务网点，完善社区服务网络。强化社区商业规划的科学性和权威性，选择大型居住区建设社区商业中心，探索建设商务休闲街区、夜间休闲街区、旅游休闲街区等商业特色社区。依托供销合作社现有设施、经营网点等为农服务资源，实施“千村千社便民工程”，力争用三年时间建立2000个综合服务社。加快推进经营种子、农药、化肥、农机、农膜等农资的连锁网点建设，建立集中采购、统一配送、统一定价的现代农资流通体系。建立社区再生资源回收服务网点，发展网络收废、电话收废等服务方式。加快发展社区配送服务、代理服务、保健服务，实现送货上门、送餐上门、修理上门。倡导利用信息技术开展社区便民服务，发展网上交易、网上服务。

2. 发展家庭服务业。适应人口老龄化和生活节奏加快的趋势，重点发展家政服务、养老服务、社区照料服务和病患陪护服务。适应经济社会发展水平和居民消费方式变化，发展家庭用品配送、家庭教育等行业。引导家庭服务公司树立品牌意识，重视商标注册，争创国家和省级品牌。加强家庭服务管理机构和中介机构人员培训，努力打造高素质的服务队伍。加强行业自律，制定家庭服务业标准和家政企业等级标准。

3. 提高社区物业服务覆盖率。新建住宅区全部推行专业化物业服务，加快实施旧住宅小区物业服务改善工程。到“十二五”末，物业覆盖率达到80%。鼓励发展综合性物业服务，提供健康养生、文化教育、居家生活等增值服务。规范物业管理服务，完善业主和物业企业双向选择机制。

（三）发展社区组织和社会组织非营利性服务。支持鼓励各类组织和个人参与社区公益服务，加强社区组织建设，培育社会组织发展，发挥他们在组织动员居民参与社区自治性、公益性服务中的作用。

1. 提高社区组织服务能力。加强社区党组织、社区居民委员会建设，建立有效承接社区公共服务的社区公共服务站、事务站等新社区服务组织。在楼宇经济发达的地区，依托楼宇建立社区服务站，对楼宇内单位提供公共服务。扩大社区居民委员会成员的来源，丰富村（居）务公开民主管理内容与形式，畅通社区居民参与社区服务渠道。城市社区实行社区工作者与居民错时上下班制度，农村社区确保8小时工作制，有条件的可参照城市社区实施错时上下班制度。

2. 培育社会组织服务能力。培育发展各类公益慈善组织、群众性文体组织、科普组织，特别是为老年人、儿童、残疾人、困难群众服务的服务组织，对管理规范、公益性强、有利于促进社区和谐的社区社会组织，提供必要的场所和经费资助。采取“培育＋补贴＋奖励＋购买”方式，大力扶持参与社区服务的社会组织。

3. 发展志愿服务。依托社区组织、社会组织，开展社区志愿者注册登记，提供志愿服务。坚持义务性参与，鼓励居民无偿参与社区服务。探索鼓励性参与，形成“爱心银行”、“服务储蓄”等机制。通过委托、购买等方式，将社区公益性服务项目交由志愿服务组织管理、承担。按小时平均工资计算志愿服务产出国民经济产值，尝试发布志愿服务对国民经济的贡献。到“十二五”末，年人均志愿服务时间力争达40小时。

4. 鼓励驻社区单位参与社区服务。驻社区单位将文化、教育、体育等活动设施向社区居民开放，将服务性、公益性活动项目向社区开放，社区资源向驻社区单位的员工开放，实现资源整合利用。

5. 鼓励社会工作各类人才提供社区服务。建立社会工作全面介入社区服务制度，以社会工作理念、社会工作方法促使社区服务更加专业、更有成效。

四、重点建设项目

（一）加快建设公共服务平台。

——新建60个左右社区便民服务信息平台，承担事务咨询与生活求助服务，通过企业、志愿者加盟，架起政府、加盟企业、个体工商户、志愿者与居民的桥梁，实现信息化与社区服务的融合。

——新建600个乡镇（街道）社区服务中心，承担“一站式”公共服务职能，同时提供残疾预防、残疾人康复训练、新生儿护理、心理干预等专业性强、社区层面难以普遍开展的服务，实现全省每个乡镇（街道）均建有社区服务中心。乡镇（街道）社区服务中心面积要达到500平方米（1000平方米）以上。建设50个功能比较齐全、示范作用明显的街道社区服务中心，面积不少于2000平方米。

——新建5000个以上村级社区服务中心，承担办理公共事务、组织居民活动、开展社区服务等功能，面积不少于350平方米。全省村级社区服务中心达到15000个以上，实现功能的全覆盖。

（二）加快发展重点服务行业。

——养老服务。加强养老机构、居家养老服务站和老年活动室建设，增强服务功能；鼓励发展养老服务企业，重点发展社区食堂、日间托养照料等；切实提高养老服务整体质量。

——物业服务。鼓励物业服务企业重组兼并，实行集约化、规模化经营。制定物业服务与收费标准体系，促进业主与物业企业协作协调。

——家政与维修服务。加强就业服务和职业技能培训，落实培训补贴政策。规范家政服务机构、家庭和家政服务员之间的权利义务关系，维护家政服务员合法权益。发展家庭用品配送、家庭教育等服务，满足家庭特色需求。

鼓励大型家政服务企业通过参(控)股、重组、连锁(加盟)经营,扩大规模,形成网络。支持高等院校、职业学院开设相关专业,培养经营管理人才。支持汽车快修服务进社区,积极发展便利快捷的维修等售后服务。

——再生资源回收服务。发展低碳消费主导下的再生资源回收产业,完善城乡社区绿色回收网点。培育再生资源回收龙头企业,形成以回收网点为基础、集散市场为依托、龙头企业为骨干的“三位一体”再生资源回收体系。

(三)加快培育骨干服务组织和企业。

——培育骨干服务组织。在养老、助残、慈善、家政、物业等领域培育参与社区服务的骨干社会组织,对参与社区服务的骨干社会组织加大资金扶持力度。

——培育骨干服务企业。扶持市场发展前景优、经营管理模式好、能更好满足社区居民需求的企业,形成一批连锁化、品牌化、规范化的社区服务龙头企业,发挥品牌企业的示范带动作用。

——落实扶持政策。企业和社会组织承担具有比较优势的社区服务,由政府通过招投标和评审等方式向其购买。落实社区服务领域的税收减免、培训补贴等政策,加强用地保障。

五、保障措施

(一)加强组织领导。各级政府要充分认识发展社区服务业的重要性,坚持以社区服务引领社区建设,把社区服务工作摆上重要位置,纳入当地国民经济和社会发展总体规划,在人、财、物等方面提供坚实保障。进一步明确各级政府和有关部门在社区服务业发展中的工作职责,完善政府统一领导、民政部门牵头协调、有关部门配合、社会广泛参与的社区服务业发展工作机制。

(二)加大资金投入。坚持多渠道筹集社区服务所需经费,将城乡社区的工作经费和人员报酬补助、服务设施和社区信息化建设等经费纳入财政预算,加大福利彩票、体育彩票公益金对社区福利和文体设施建设的投入,公共财政对社区服务的支出比“十一五”时期明显增长。加大社区服务业专项扶持资金投入,对服务设施建设、购买公益服务等予以资助。

(三)增强自治功能。完善村(居)民自治,推广城市社区居民委员会直接选举,开展以村(居)民会议、议事协商、民主听证为主要形式的民主决策实践,以自我管理、自我教育、自我服务为主要目的的民主管理实践,以村(居)务公开、民主评议为主要内容的民主监督实践,扩大村(居)民对社区服务过程和效果的监督评议。建立健全社区委员会、业主委员会和物业服务机构协调机制,协调解决物业纠纷,维护各方合法权益。推进行业自治,发挥行业自治组织在提供服务、反映诉求、规范行为等方面作用,鼓励家政服务、物业服务等行业协会积极协助政府部门制定服务标准和等级标准。

(四)加强队伍建设。推动社区工作者专业化、职业化建设,严格按标准配备城市社区工作者,争取每个农村社区专职工作者不少于2名,并实行城乡社区专职工作者考试招录制度。建立社区专职工作者工资增长机制、工作奖励机制,实行“专业技术资格与岗位挂钩、岗位与薪酬挂钩、待遇与业绩挂钩”。加大从社区培养选拔干部工作力度,进一步提高社区工作者的工作积极性。到2015年全省20%以上的社区工作者持有《社会工作者职业水平证书》。建立社区工作者的选聘分离制度,鼓励社会各方面人才进入社区工作者队伍。开展社会工作人才队伍建设,吸引更多社会工作人才用社会工作方法参与社区服务,为广大村(居)民群众提供更专业的服务。

(五)加强统计评估。研究制定城乡社区服务业统计指标体系,定期对各地发展状况实施评估。建立社区服务业数据库,全面掌握动态信息。加强社区服务业设施建设、服务管理、居民需求、满意程度等方面的调查评估,推行由第三方调查机构承担具体评估工作。开展社区服务项目培育评选活动,打造一批社区服务品牌,鼓励各地在扩大服务供给、改革服务方式、优化服务队伍等方面进行积极创新。

浙江省人民政府关于印发
浙江省老龄事业发展十二五规划的通知

浙政发〔2011〕59号

各市、县(市、区)人民政府,省政府直属各单位:

现将《浙江省老龄事业发展“十二五”规划》印发给你们,请结合实际,认真贯彻实施。

二〇一一年八月五日

浙江省老龄事业发展“十二五”规划

为加快推进浙江省老龄事业发展，积极应对人口老龄化，根据《浙江省国民经济和社会发展第十二个五年规划纲要》，制定本规划。

一、发展背景

（一）现实基础。“十一五”时期，各地紧紧围绕“老有所养、老有所医、老有所教、老有所学、老有所乐、老有所为”目标，大力做好老龄工作，较好地完成了“十一五”规划确定的主要任务，老龄事业呈现出协调发展、整体推进的良好态势。老年社会保障工作全面推进。率先全面实施城乡居民社会养老保险制度，深入完善职工基本养老保险政策体系，全省享受企业基本养老金、机关事业单位离退休金和城乡居民基础养老金的老年人达753万人，企业退休人员基本养老金水平居全国前列；率先实施城镇居民基本医疗保险制度，全省参加城镇职工基本医疗保险、城镇居民基本医疗保险、新型农村合作医疗的老年人达685万人；新型社会救助体系实现城乡全覆盖，全省老年低保对象达到23万人，农村五保和城镇“三无”对象集中供养率达到95%以上，医疗救助资助农村五保、低保老人和残疾老人等困难群众参加新型农村合作医疗和城镇居民基本医疗保险105万人。老年福利事业加快发展，全省养老机构床位达到18.9万张，百位老年人拥有养老床位2.4张；居家养老服务网络逐步建立，人群覆盖面不断扩大；老年优待政策进一步完善，享受各类优待的老年人达到709万人；百岁老人长寿补贴标准继续提高。老年法制建设不断加强，老年人合法权益得到有效维护。老年文化教育体育事业持续较快发展，老年人精神文化生活更加丰富。全社会老龄意识明显提高，敬老爱老助老氛围日益浓厚。“十一五”时期老龄事业的快速发展，为保障和改善民生，促进经济社会协调发展作出了重要贡献，也为今后事业发展奠定了基础。

表1 “十一五”规划主要指标完成情况

指标名称	2005年	规划目标	2010年
(1)基本养老保险参保人数(万人)	876	1000	1606
(2)被征地农民基本生活保障(万人)	155	——	422
(3)基本医疗保险参保人数(万人)	632	900	1334
(4)新农合老年人参合率(%)	——	85	90
(5)社区卫生中心覆盖率(%)	80左右	90以上	95
(6)县(市)老年活动设施普及率(%)	52	80以上	83
(7)老年法宣传普及率(%)	城85 乡65	城95以上 乡75以上	城95 乡85
(8)老年人参加教育比率(%)	7.7	10以上	10
(9)老年体育人口比率(%)	45	60	60
(10)养老机构床位数占老年人口比率(%)	1.5	2	2.4

（二）发展趋势。“十二五”时期，我省老龄事业发展面临着巨大的挑战，人口老龄化呈现加速发展趋势。到2015年，60岁以上老年人口将达到991万，占全省户籍人口的20%以上，年均增长4.5%；80岁以上高龄老人将达到157万，年均增长5.3%。同时，人口老龄化的快速发展与家庭小型化、空巢化相重叠，与新型工业化、新型城市化相伴随，与经济转型、社会转型相交织，老年人口社会抚养负担将进一步加重，急剧增长的社会养老需求与老龄事业发展滞后的矛盾将日益突出，老年社会保障和社会养老服务体系的建设任务将更加艰巨。对此，必须高度重视，采取切实有效措施，认真加以应对。

二、指导思想、基本原则和总体目标

（一）指导思想。以邓小平理论和“三个代表”重要思想为指导，深入贯彻落实科学发展观，全面实施“八八战略”和“创业富民、创新强省”总战略，围绕全面建成惠及全省人民的小康社会总目标，坚持“党政主导、社会参与、全民关怀”工作方针，实施积极应对人口老龄化战略，推动老龄事业健康快速发展，切实保障老年人的合法权益，努力满足老年人不断增长的物质文化需求，确保老年人生活更加幸福、更有尊严。

（二）基本原则。

——坚持老龄事业与国民经济社会发展相结合。围绕“科学发展走在前列、惠及全省人民的小康社会全面建成”的总体目标，确立老龄事业在经济社会发展大局中的战略地位和战略作用，纳入统筹规划，促进协调发展。

——坚持生存保障与发展提升相结合。切实保障老年人基本生活，充分关注农村五保、城镇“三无”、低保、残疾、高龄、空巢等特殊老年群体的需求，逐步满足老年人的经济保障、医疗卫生、养老服务、精神文化、社会参与等方面的需求。推动老龄公共服务均等化，提高老年人社会福利水平，确保老年人共享经济社会发展成果。

——坚持体制建设与机制创新相结合。把实现好、维护好、发展好老年人切身利益作为老龄工作和老龄事业发展的根本出发点和落脚点，把解决当前突出的老龄问题和应对人口老龄化长期挑战作为老龄事业的全局战略，着重加强老龄工作体制建设，创新老龄事业发展机制，实现老龄事业健康持续发展。

——坚持政府主导与社会参与相结合。发挥政府在老龄事业发展中的主导作用，加强政策引导、资金支持、市场培育和监督管理。创造条件，支持和引导社会力量参与老龄事业发展，培育和壮大养老服务业；鼓励和支持家庭养老，倡导和探索个人储蓄养老和以房养老，形成政府主导、社会参与、市场运作的老龄工作格局。

（三）总体目标。围绕提高老年人生活质量，着力保障老年人基本生活需求，着力保障老年人医疗健康需求，着力增强老龄服务供给能力，推进各项老龄工作继续走在前列，促进城乡老年人基本公共服务均等化，逐步形成制度公平、城乡一体、区域平衡、发展可持续的老龄事业新局面，让老年人同步迈入全面小康社会。

表2 “十二五”老龄事业发展主要指标

指标名称	2010年	2015年
(1)职工及城乡居民养老保险参保人数(万人)	2750	3400
(2)城镇职工及城镇居民医疗保险参保人数(万人)	1810	2130
(3)新农合老年人参合率(%)	90	95以上
(4)养老机构床位数占老年人口比率(%)	2.4	3
(5)居家养老服务网络覆盖率(%)	22	90以上
(6)县(市)老年活动设施普及率(%)	83	100
(7)老年体育人口比率(%)	60	45以上*
(8)老年人参加教育比率(%)	10	15以上
(9)老年法宣传普及率(%)	城95 乡85	城95以上 乡85以上
(10)人均期望寿命(年)	77	78
*按照国务院发布的《全民健身计划(2011—2015年)》标准。		

三、具体发展目标和主要任务

(一)构建惠及全体老年人的社会保障体系。

发展目标：到2015年，建成以“老有善养”、“病有良医”、“困有优助”为目标，以基本养老保险、基本医疗保险、新型农村合作医疗为基础，以最低生活保障、困难老人救助为支撑，以计划生育奖励扶助、高龄老人补贴为补充，覆盖城乡、惠及全体老年人的社会保障体系。

主要任务：按照全覆盖、保基本、多层次、可持续的要求，统筹城乡社会保障事业发展，积极推进社会保障老年人群全覆盖，切实增加养老保障收入，不断提高老年医疗保障水平，加大困难老人救助力度，逐步缩小老年人与城乡居民在收入与社会保障等方面的差距。

1. 进一步健全完善养老保障制度。

(1)深化完善职工基本养老保险制度，逐步推进企业基本全覆盖向人群全覆盖发展，扩大老年人群覆盖面，实现养老保险关系无障碍转移。

(2)进一步完善城乡居民社会养老保险制度，提高制度兼容性，有序推进城乡居民参保缴费工作，确保基础养老金覆盖到城乡所有符合条件的老年人。

(3)健全和完善被征地农民基本生活保障制度，实现先保后征，确保被征地农民原有生活水平不降低、长远生计有保障。

(4)继续推进企业年金制度，探索建立以房养老、土地养老等自助、互助养老模式，鼓励、支持商业保险机构开办形式多样的商业养老保险。

(5)继续实施农村部分计划生育家庭奖励扶助制度，扩大奖励扶助覆盖面，提高农村计划生育家庭养老保障水平。

2. 进一步深化完善医疗保障制度。

(1)不断完善基本医疗保险政策，逐步扩大医疗保险覆盖面，稳步提高参保人员的医疗保障水平。积极探索医疗保险关系转移接续和异地结算办法，方便老年人就医。以建立城镇职工基本医疗保险门诊统筹制度为重点，以提高城镇居民基本医疗保险住院和门诊大病报销比例为重点，逐步减轻老年人医疗费用负担，提高医疗保障水平。

(2)进一步完善新型农村合作医疗制度，适当扩大老年人大额门诊特殊病种报销范围，稳步提高老年人重大疾病医疗保障水平。

(3)探索城镇居民基本医疗保险与新型农村合作医疗制度并轨，逐步将二者整合转化为城乡居民医疗保险制度。

(4)继续开展老年人免费健康体检活动，提高老年人健康水平。

3. 进一步完善老年人社会救助体系。

(1)完善城乡最低生活保障制度，实现符合条件的老年人应保尽保；健全临时救助制度，确保因各类突发事件导致生活困难的老年人得到及时救助。

(2)加快推进医疗救助工作，确保将低保、农村五保老人和低收入家庭老人等全部纳入医疗救助范围，加大对经济困难老人参加医疗保障个人缴费部分的补助力度，对个人负担医疗费用有困难的老人，及时给予医疗救助，全面推行医疗救助即时结报，提高医疗救助效率。

(3)继续开展为困难老年人“送温暖”、“送光明”活动。

(二)构建覆盖城乡的社会养老服务体系。

发展目标：到2015年，基本建成以居家养老为基础、社区服务为依托、机构养老为支撑，资金保障与服务提供相匹配，无偿、低偿和有偿服务相结合，覆盖城乡的社会养老服务体系，努力满足老年人不同层次的养老服务需求。

主要任务：按照政府主导、政策扶持、社会参与、市场推动的原则，加快建设覆盖城乡的社会养老服务体系，逐步实现老有安养。

1. 进一步加强养老机构建设。

(1)继续加大投入，调整结构，完善功能，增加养老机构床位供应量，切实提高床位使用率和服务水平。加强国办养老机构建设，通过采取建设资金补贴、公建民营、税费优惠、购买服务等政策措施，大力扶持民办养老机构发展。到2015年，养老服务机构基本实现乡镇(街道)全覆盖，养老床位数达到老年人总数的3%以上，民办养老机构床位数占总床位数的50%以上。

(2)重点发展养护型养老机构，政府投资的养老机构以养护型为主，通过政府购买服务引导民办养老机构向养护型转变。加快将养老机构纳入医保定点单位范围，实现医疗保险与养老服务的对接。

2. 进一步完善居家养老服务。

(1)坚持政府引导与市场化运作相结合，大力推进居家养老服务社会化、市场化、产业化发展进程。进一步加大政策扶持力度,把居家养老服务列入服务业发展的重点,充分利用服务业发展专项资金,引导鼓励社会组织、家政服务企业等参与居家养老服务。

(2)整合社区服务资源和设施,加快推进居家养老服务网络建设,全面提升城乡社区生活服务、日间照料、医疗卫生、文化教育等养老服务能力。到2015年,居家养老服务网点实现社区和中心村全覆盖,新建5000个以上农村“星光老年之家”,基本实现农村社区全覆盖。

3. 建立养老服务评估、监管和政府补贴制度。

(1)建立养老服务信息管理系统,提高社会养老服务信息化水平。开展老年人养老服务需求评估,根据评估结果,对低保人员中的失能、半失能老人,给予基本养老服务政府补贴。

(2)研究制订养老服务标准和质量评估办法,引入第三方机构开展评估工作。加强行业协会建设,逐步完善行业自律自查机制。

(3)建立完善行政监管体系,制定实施基本养老服务标准和养老服务业监督考核制度,强化行业管理和服务指导功能。

(三)构建全面和谐的安养环境体系。

发展目标:到2015年,形成居住更加舒适、人际关系更加融洽、社区更加安全、全面和谐的安养环境。

主要任务:坚持以人为本、和谐发展,加强老年人居住环境、人际环境、社区环境建设,加快推动环境友好型老年社区的形成和发展。

1. 营建适合老年人的公共设施和居住环境。

(1)合理规划布局养老机构和居家养老、老年文教体育等服务设施。新建、改扩建公共建筑、社区(城市)道路、公共设施和场所,全面执行《城市道路和建筑物无障碍设计规范》,对既有建筑分期分批逐步完善无障碍功能,新建城市道路、公共建筑和养老机构等无障碍率达到100%。

(2)逐步实施对老年人聚居的城市旧住宅区(危旧房)改造,新建和改造的居民住宅小区建有适合老年人生活和活动的公共配套设施。大力推进方便老年人居家养老和家人照料的新型住宅建设,探索实施“住宅适老化改造”和“多层公寓电梯改造”工程。

(3)积极改善困难老年人居住条件,对符合经济适用住房和廉租住房条件的老年人,优先给予认购和配租。

2. 营造家庭温馨、邻里互助的融洽人际环境。开展“敬老月”活动,树立和表彰敬老爱老模范。倡导赡养纠纷家庭签订赡养协议书,明确赡养责任。积极开展邻里互帮互助,构建和谐邻里关系。开展“老年温馨家庭”创建活动,提高老年人居家养老幸福指数。推进孝文化进社区、进学校、进家庭“三进”活动,弘扬敬老、爱老、助老的良好社会风尚。到2015年,“三进”活动推进到3000所学校、30000个社区(村)、300000户家庭。

3. 创建“老年友好型城市”和“老年人宜居社区”。按照国家关于开展“老年友好型城市”和“老年人宜居社区”创建活动的要求,研究制订创建方案,建立创建机制,共同推动创建活动的开展。到2015年,全省力争创建10个“老年友好型城市”和200个“老年人宜居社区”。

4. 共建社区安全环境。

(1)加强社区管理创新,关注老年人的诉求,及时化解矛盾和纠纷,创造和谐社区环境。

(2)实行人防、物防、群防相结合,构建警民互动的社区治安防控体系,加强社会治安巡防,提升老年人的安全感。

(3)针对老年人易受经济违法犯罪行为侵害的特点,做好防范和打击工作,开展防范知识预警宣传,维护老年人的财产安全。预防和打击针对老年人家庭暴力,对涉老家庭暴力案件,依法及时作出严肃处理。

(四)构建充满活力的老年公共文化服务体系。

发展目标:到2015年,形成群众文化丰富多彩、体育健身全面普及、终身教育乐在其中、社会参与积极主动、生活观念和谐健康、充满活力的老年公共文化服务体系。

主要任务:按照建设文化大省的战略部署,坚持以政府为主导、公共财政为支撑,加强老年文体设施建设,培育老年文体队伍,发展老年教育,共建充满活力、参与广泛的老年社会文化生活。

1. 加强老年文体设施建设。

(1)省财政继续资助经济欠发达地区建设老年活动中心,全省所有县(市)建有1个以上综合性、多功能老年活动中心。配合全省中心镇培育和“美丽乡村”建设,建设完善农村基层老年活动设施,90%以上的中心镇建有老年活动中心,95%以上的中心村建有综合性老年活动场所。推进老年体育活动中心(俱乐部)建设,5年间建成省级老年体育活动中心(俱乐部)250个。

(2)加强基层文化设施建设,构建社区15分钟、村落30分钟文化圈。提升公益性文化场所面向老年人的服务能力,积极提供更多适合老年人的公共文化产品和服务。

2. 推动老年文体活动。

(1)积极鼓励发展各类老年文艺队伍,全省重点培育1000支基层老年文艺骨干团队。

(2)坚持办好每年一届的全省老年文化艺术周,各市县每年至少举办1次有一定规模和影响、老年人广泛参与的文化体育活动。

(3)组织开展以老年人为主题的群众文化活动,按照公益性、均等性、基本性、便利性原则,大力开展“送戏、送书、送讲座展览”下乡活动,丰富老年人精神文化生活。广泛开展符合老年人生活习惯和生理心理特点的健身活动,支持和引导老年人参加群众性体育比赛。

(4)继续开展老年人国民体质监测,促进老年人身心健康。

3. 大力发展老年教育。

(1)建立健全党委领导、政府支持的老年大学办学机制,引导县以上老年大学合理定位,分类发展。

(2)拓宽浙江老年电视大学办学渠道,完善教学体系,创新教学课程和教学方法,促进老年远程教育规范化发展。

(3)加大财政投入力度，建立欠发达县老年大学资金帮扶机制，完善福利彩票公益金扶持老年电视大学教育网络建设有关政策。

(4)整合老年教育资源，积极引导社会力量参与老年教育服务，并进行规范管理。

4. 加强老年影视新闻出版工作。

(1)鼓励影视制作机构制作更多老龄题材的影视作品，广播电视媒体积极创造条件开设老龄栏目，通过专题片、新闻报道、公益广告等形式播出老龄节目。

(2)探索和改进老龄节目的表现形式，提高思想性、艺术性、娱乐性和观赏性。充分发挥网络传媒的作用，及时、生动反映老年人生活。

(3)鼓励、扶持出版面向老年人的图书、音像制品和电子、网络出版物，支持老年报刊的出版和发行。

5. 建立完善老年人社会参与机制。

(1)根据老年人的兴趣爱好、个性特点成立各类兴趣组织和俱乐部，为老年人参与社会创造条件。

(2)开展基层老年人协会骨干培训，支持和引导基层老年人协会按照“自我管理、自我教育、自我服务”的方针，加快自身发展，规范协会建设，做好老年人协会登记、注册和备案管理工作。

(3)发挥老年专业社团作用，支持离退休专业技术人员开展送医、送科技、送文化活动。重视发挥老年人知识、技能和经验优势，支持老年人参与社区服务、关心教育下一代、维护社会治安等公益活动。鼓励低龄健康老年人参与志愿服务活动。

(五)构建平等共享的老年人权益保护体系。

发展目标：到2015年，形成法律法规更加完善、法律服务渠道更加畅通、老年优待更加全面、基本权益得到普遍保障、公正平等的老年权益保护体系。

主要任务：紧紧围绕“法治浙江”建设，以保护老年人生存权和发展权为宗旨，进一步加强老年法律法规建设，推进法律法规的贯彻实施，加大老年法律援助力度，全面深化老年人优待工作，切实保障老年人合法权益。

1. 进一步完善老年法律法规。加强老年法制体系建设，完善老年社会保障、老年健康、老年文化教育等方面的法规规章，修订《浙江省实施〈中华人民共和国老年人权益保障法〉办法》。

2. 深入贯彻实施老年权益保障法律法规。完善执法体系，开展执法监督检查，将贯彻实施《中华人民共和国老年人权益保障法》和《浙江省实施〈中华人民共和国老年人权益保障法〉办法》纳入政府工作目标，列入各级人大执法检查范围。把老年人权益保障工作纳入“民主法治村(社区)”创建活动，实行一起创建、一并考核，推进基层保护老年人合法权益工作的开展。

3. 开展老年法律法规宣传教育。将《中华人民共和国老年人权益保障法》和《浙江省实施〈中华人民共和国老年人权益保障法〉办法》纳入全省“六五”普法规划，充分利用“浙江法治宣传月”、“12·4”全国法制宣传日和一些节庆日活动，运用广播、电视、报纸、网络等多种媒体，采用喜闻乐见的形式，开展全民法制宣传教育，把普法宣传教育与保护老年人合法权益结合起来。

4. 加大老年法律援助服务力度。

(1)加强各级法律援助站建设，建立健全老年人法律援助网络，拓展法律援助渠道，扩大法律援助覆盖面，完善法律援助服务机制。到2015年，力争85%以上的县(市、区)建立法律援助老年工作站，所有乡镇(街道)、村(居)建立工作站或联系点，老年人法律援助服务覆盖面达到95%以上。

(2)开通法律援助“绿色通道”，对老年人法律援助案件，实行“优先立案、优先解答、优先指派”政策，对低保、残疾、孤寡老人进一步放宽受理条件，扩充援助事项，实现“应援尽援”。

5. 加强和创新老年社会管理。建立完善党政主导的老年社会管理体系，逐步形成科学有效的利益协调机制、诉求表达机制、矛盾处理机制和权益保护机制。建立公安、司法、民政、人力社保、卫生、信访等部门间的信息交流机制，推进基层老年服务和维权组织建设，坚持服务与维权并重、调解与处理相结合，妥善处理涉老纠纷和矛盾，切实保护老年人的合法权益。

6. 加强老年人优待工作。全面贯彻落实《浙江省优待老年人规定》，逐步提高老年优待工作法制化水平，扩大优待项目，提高优待标准，推动老年优待工作城乡之间、区域之间平衡发展。把老年人优待工作纳入政府目标管理体系，建立督查制度，确保各项优待规定落到实处。

四、重点工程

*(一)老年人收入保障提升工程。*建立和完善老年社会保障和救助水平正常调整机制，逐步实现各项社会保障和救助标准提高幅度与经济发展速度、居民收入增长水平基本同步。稳步提高企业退休人员养老待遇水平，逐步提高城乡居民社会养老保险基础养老金水平，适当提高精减退职人员等的生活困难补助费标准。完善低保救助政策，实行分层分类施保，对老年低保对象给予重点照顾。完善高龄老人补贴制度，提高百岁老人长寿补助标准。

*(二)老年人医疗健康促进工程。*推进各级老年医疗、康复机构建设，建设省老年医疗中心，鼓励各地兴办老年病专科医院、老年康复中心、失能老人护理机构和临终关怀医院，在精神病治疗机构中设置一定比例的老年病床位。加强全省200强乡镇卫生院(社区卫生服务中心)老年医疗、康复能力建设，并普遍设置老年病床位。稳步提高各项医疗保障报销比例，逐步降低个人支付比例，其中城镇居民基本医疗保险个人支付比例和新型农村合作医疗政策范围内住院费用个人支付比例降至30%以下。探索建立高龄老人、失能老人和低收入家庭老人参加新型农村合作医疗减免费政策，逐步实现由公共财政负担参保费用。加强基层医疗卫生机构建设，构建“20分钟医疗服务圈”，提高老年医疗服务的可及性。加强老年慢性病防治与管理，老年人慢性病规范管理率达到60%以上。

*(三)空巢老人关爱工程。*借助养老机构和居家养老服务平台，建立以乡镇(街道)为组织单元、村(居)为节点、

基层老年人协会为骨干的空巢老人帮扶网络。明确重点服务对象，确定重点服务内容，开展个性化帮扶服务，做到生活照料与精神关爱并重。政府给予必要的经费支持，保证帮扶活动的顺利开展。改革完善老年人口户籍迁移管理政策，为空巢老人与赡养人随迁提供条件。动员社会力量，开展为空巢老人献爱心活动。建立法律约束和道德监督机制，确保空巢老人家庭子女履行赡养照护和精神慰藉责任。到2015年，空巢老人帮扶网络覆盖面城镇达到90%以上，农村达到80%以上。

（四）失能老人照护工程。把失能老人照护作为社会养老服务体系建设重点，探索建立失能老人长期照护服务机制。加强护理型养老、医疗机构建设，增加照护床位供给，逐步满足失能老人机构照护需求。国办养老机构新增床位，优先用于失能老年人的介助、介护服务。积极发挥社区卫生服务体系作用，完善社区卫生服务中心（站）医疗照护和康复服务功能，为失能老人开展上门治疗、家庭病床、护理康复等服务。逐步实施家庭服务政策，加强家庭照护支持，为失能老人家庭提供“喘息服务”，对家庭主要承担照护者提供免费或低偿照护技能培训，提高家庭照护质量。到2015年，为城镇80%以上、农村50%以上的失能老人家庭提供“喘息服务”或照护技能支持。建立养老机构综合责任保险制度，鼓励支持商业保险机构开设老年人意外伤害保险，降低老年人支付风险。探索建立长期护理保险制度，为失能老人提供稳定的护理保险费用。

（五）养老服务专业培训工程。高度重视养老服务队伍建设，不断提高养老服务从业人员专业水平。建立养老服务人员培训机制，通过院校培养、集中培训和远程教育等形式，有计划、分层次、多渠道开展从业人员培训。建立和发展养老服务职业技能鉴定和培训机构，大力培育高技能人才队伍。实行养老护理员职业资格证书制度，新从业人员实行先培训后上岗，原有从业人员实施三年轮训计划。引入社会工作的理念和方法，逐步培育建立一支素质较高、结构合理的专业老年社会工作者队伍。力争到“十二五”末，80%左右的从业人员取得初级护理证书，20%左右的从业人员取得中级护理证书。

（六）百万志愿者助老工程。规范志愿者组织建设，加强志愿者注册和培训工作，提升服务能力和水平，积极开展志愿者为老服务活动。以志愿服务基地为依托，以专业性助老志愿服务组织为主体，以低龄、健康老人服务高龄、失能老人为补充，以“一助一”长期结对服务为重点，开展贴近实际需求、形式多样、内容丰富的常态化志愿者助老服务行动。广泛建立“时间银行”制度，进行志愿服务储蓄，促进为老志愿服务持续健康发展。

（七）百万老人乐学工程。组织力量开发建设老年教育课程体系，有计划地编定一批适应老年人多层次需求的辅导教材。依托各级各类老年大学、老年活动中心（室）和城乡基层社区组织，通过开展远程教育、网络教育、文化下乡、科技下乡、专题讲座、专题培训等活动，为全省百万老年人提供包括家庭理财、生活照护、医疗保健、精神健康、信息技术以及人力资源开发等方面新知识、新技能，使老年人进一步融入社会。筹建浙江省老年教育中心，进一步满足“老有所学”需求，提升老年教育水平。

（八）老龄产业培育工程。发挥政府宏观指导作用，制定实施老龄产业发展规划，研究制订扶持老龄产业发展的信贷、投资等优惠政策。鼓励支持社会资本兴办养老服务业，培育一批养老服务业龙头企业，创新养老服务模式，开发养老服务产品，优化养老服务业资源配置，逐步形成产业化规模、连锁经营和品牌效应，提升养老服务水平。建立老龄产业发展基金，鼓励引导研发机构、生产企业加强对适合老年人生理心理需要的生活用品和照护产品的研发生产，特别是老年住宅、老年康复辅具的研究开发。积极拓展适合老年人的金融、理财、保险等服务项目。引导旅游企业完善和开发老年旅游项目，满足新一代老年人旅游文化需求。建立完善老龄产业的相关行业标准和服务规范，培育行业中介组织和行业协会，加强行业服务和监管，促进老龄产业健康发展，为社会服务业发展创造新的增长点。

五、保障措施

（一）完善老龄工作体制机制。各地要切实加强对老龄工作的领导，将老龄事业纳入经济社会发展总体规划，出台相应综合性政策文件，促进老龄事业与经济社会协调发展。充分发挥老龄工作委员会成员单位的职能作用，齐抓共管，形成合力，共同推进老龄事业发展规划目标任务圆满完成。调动发挥企业、事业单位和社会组织的作用，引导社会各界力量兴办老龄事业。弘扬中华民族尊老、敬老、助老的优良传统，夯实老龄事业发展社会基础，形成老龄事业发展新局面。

（二）建立老龄事业发展经费投入机制。建立老龄事业与经济社会发展相适应的投入增长机制，把老龄事业作为重要的民生工程，纳入公共财政支出重点，加大投入力度，确保经费投入逐年增长。鼓励引导社会资金、慈善捐助投入老龄事业，逐步提高福利彩票公益金用于老龄事业发展的比例，形成政府和社会共同投入的多元化经费投入机制。

（三）加强老龄宣传工作。充分发挥广播、电视、报刊、网络等各种媒体在老龄宣传中的作用，大力做好老龄宣传工作。抓住党委、政府方针政策、决策部署中与老年人利益相关的结合点，坚持从保障改善民生的视角，扩大老龄宣传的社会影响力。鼓励新闻媒介做好老龄化发展形势、老龄政策、老龄工作和社会为老服务等方面的宣传报道。积极创新宣传形式，把敬老爱老活动与和谐社区、文明村镇、五好家庭等主题建设活动结合起来，营造尊老敬老、养老助老的社会氛围。

（四）加强老龄工作机构和队伍建设。适应老龄事业发展需要，在机构建设、人员编制、办公条件、工作经费上给予切实保证。加强基层老龄工作组织建设，完善基层老龄工作网络，充实配备乡镇（街道）老龄工作专职干部。把老龄工作干部培训纳入组织人事部门培训计划，不断提高政治素养和业务素质。加强和规范城镇社区和农村基层老年人组织建设，逐步实行依法登记或备案管理。

（五）提高老龄工作科学化信息化水平。跟踪老龄事业发展全局性、战略性问题，关注老龄工作热点、难点问题，深入基层，深入实际，开展老龄问题调查研究。进一步做好老龄问题科学研究，充分发挥大专院校和科研院所的作用，开展老龄事业重大项目和前瞻性课题攻关。建立老龄科研课题组织引导机制，资助中青年学者和基层老龄工作者开展老龄问题研究。建立老龄事业信息化协同推进机制，建立老龄信息采集、分析数字平台，健全城乡老年人生活状况跟踪监测系统，为党委、政府科学决策提供客观依据。开展老龄科研国际国内交流和学术合作，借鉴国内外成功经验，推动我省老龄事业发展。

（六）建立完善检查评估激励机制。各地、各有关部门要结合老龄事业发展实际和老龄工作职能，按照本规划的要求，制订本地、本部门的规划或实施方案，建立完善老龄事业目标考核制度，对规划实施情况定期开展自查和监督。各级老龄工作机构要会同有关部门对规划实施情况进行中期和期末检查评估，及时报送和发布规划执行情况评估报告。继续开展老龄工作先进单位评选表彰活动，建立完善推进老龄事业发展的激励机制。

浙江省人民政府
关于印发浙江省环境保护十二五规划的通知

浙政发〔2011〕68号

各市、县（市、区）人民政府，省政府直属各单位：

现将《浙江省环境保护"十二五"规划》印发给你们，请结合实际，认真贯彻实施。

二〇一一年九月二十六日

浙江省环境保护"十二五"规划

为做好"十二五"时期的环境保护工作，根据《中共浙江省委关于推进生态文明建设的决定》（浙委〔2010〕64号）和《浙江省国民经济和社会发展第十二个五年规划纲要》，特制定本规划。

一、现实基础与面临的形势

（一）现实基础。"十一五"时期，我省认真贯彻落实科学发展观，全面实施环境保护"十一五"规划，深入推进生态省建设，扎实开展"811"环境污染整治行动和"811"环境保护新三年行动，认真实施资源节约与环境保护行动计划，环境保护工作取得了明显的成效。

——污染减排任务超额完成。2010年全省二氧化硫排放总量为67.8万吨，比2005年累计削减21.16%；化学需氧量排放总量为48.7万吨，比2005年累计削减18.15%。两项指标均超额完成国家下达的"十一五"污染减排任务。

——生态环境质量稳中趋好。2010年全省地表水水质达标率达64.7%，比2005年提高16.9个百分点；八大水系、运河和主要湖库地表水达到或优于Ⅲ类标准的比例达74.3%，比2005年提高9.4个百分点，11个设区市环境空气质量优良天数比例在86—98.4%之间。全省生态环境综合指数连续多年位居全国前列。

——环保能力建设迈上新台阶。率先实现县县有污水处理厂，率先推进镇级污水处理设施建设，镇级污水处理设施已覆盖467个建制镇。城镇生活垃圾、危险废物和医疗废物集中处置设施日臻完善，农村生活污水、垃圾处理设施加快建设。环保机构队伍建设进一步加强，环境科技创新平台和创新载体建设扎实推进，环保信息化管理水平不断提高，环境质量自动监测站和重点污染源在线监控系统率先建成。

——生态示范创建广泛开展。到2010年，全省已累计建成国家级生态县1个、国家级生态示范区43个、国家环保模范城市7个、全国环境优美乡镇238个、省级环保模范城市7个、省级生态县30个、省级生态乡镇835个；累计建成省级绿色学校1095家、省级绿色社区538个、省级生态环境教育示范基地95个。

——制度政策创新不断深化。率先编制实施县以上生态环境功能区规划，率先开展排污权有偿使用和交易试点，率先实行跨行政区域河流交接断面水质目标管理考核，全面推进生态环保财力转移支付，探索实行绿色信贷、绿色证券、绿色保险、绿色贸易、绿色采购等绿色经济政策。

"十一五"时期的环境保护工作有不少经验值得总结。一是坚持把生态省建设作为重要载体，健全生态环保工作机制，初步形成了全社会齐抓共管、共建共享的良好格局。二是坚持把环境保护作为加快转变经济发展方式的有力抓手，综合采取环保准入、污染治理、监管服务等措施，有力促进经济转型升级。三是坚持把保障人民群众环境权益作为改善民生的重要内容，着力解决事关人民群众切身利益的环境问题，有效保障环境安全。四是坚持把重点突破、整体推进作为生态环保的基本策略，突出抓好主要污染物减排、重点环境问题整治，推动面上工作的深入开展。五是坚持把强化责任作为生态环保的重要保障，严格落实政府管理主体责任和企业治污主体责任，强化责任考核激励和约束机制。六是坚持把制度创新作为推进环保事业持续发展的动力支撑，注重重点领域和关键环节的改革创新，构建完善法规、规划、标准、政策体系。

（二）"十二五"时期面临的机遇和挑战。在新的历史时期，环境保护面临着加快发展的新机遇：党的十七届五中全会提出把建设资源节约型、环境友好型社会作为加快转变经济发展方式的重要着力点，环保工作被摆到了更加突出的战略位置。省委十二届七次全会对生态文明建设作出了全面部署，提出要走生态立省之路，为从更高水平统筹经济社会发展与环境保护指明了方向。我省经过多年的发展，综合实力进一步增强，为环境保护奠定了坚实的物质基础。新型城市化加快推进，海洋经济发展列为国家战略，为从整体上优化资源环境配置和要素布局创造了更加有利的条件。与此同时，环境保护也面临着一系列压力和挑战：我省发展中长期积累的结构性、素质性、体制性矛盾尚未得到根本解决，过多依赖资源环境消耗的增长方式尚未根本转变；随着经济持续快速发展、城市化持续快速推进，资源环境承载力不足的问题日益明显，污染减排的压力进一步加大；常规污染与新型污染并存，各种污染因子叠加复合，环境问题变得更为复杂，改善环境质量的难度持续增加与人民群众环境需求不断提高之间的矛盾更加突出；国内问题与国际问题互联，应对气候变化等全球环境问题面临更大的挑战。

综合判断形势，环境保护仍然处于大有可为的重要战略机遇期。必须主动适应经济社会发展的新变化，顺应人民群众的新期待，真抓实干、开拓创新，努力把我省环保工作推向全面加强污染治理、全面加强生态建设、全面加强执法监管、全面推进共建共享，以环保优化发展的新阶段。

二、指导思想、基本原则和规划目标

（一）指导思想。紧紧围绕科学发展主题、加快转变经济发展方式主线和全面建设小康社会的新要求，坚持生态省建设方略、走生态立省之路，以打造"富饶秀美、和谐安康"的生态浙江为目标，以保障人民群众环境权益为出发点和落脚点，以保护环境、优化发展、维护权益为工作方针，以体制机制创新为动力，着力解决影响人民群众身体健康和可持续发展的突出环境问题，持续改善城乡生态环境质量，全力保障生态环境安全，为浙江科学发展走在前列、惠及全省人民小康社会全面建成提供强有力的生态环境支撑。

（二）基本原则。

——坚持生态文明导向。紧紧围绕省委关于生态文明建设的决策部署，以促进人与自然相和谐、经济社会发展与环境保护相协调为着眼点，充分发挥环境保护作为生态文明建设主阵地和根本措施的作用，致力于构建可持续的产业结构、增长方式和消费模式，努力打造"富饶秀美、和谐安康"的生态浙江。

——坚持环保优化发展。以资源环境承载能力为基础，统筹经济社会发展与环境保护，综合运用标准引导、准入把关、监管倒逼、减排推动、整治促进、服务助推等手段，切实发挥环境保护对转变经济发展方式的先导和倒逼作用，实现在优化中发展、在发展中保护。

——坚持成果惠及人民。秉持以人为本、环保为民的理念，把维护人民群众环境权益作为环保工作的出发点和落脚点，加大预防、保护和治理力度，城乡统筹、陆海联动、工农并促、水气齐抓、多业并举，切实解决好关系人民群众切身利益的环境问题，着力改善人居环境，增进民生福祉。

——坚持体制机制创新。把改革创新作为环保事业发展的不竭动力，加快构建完善的环保制度体系、目标责任体系、执法监管体系、科技支撑体系、基础保障体系和公众参与体系，加快形成政府主导、企业主体、全社会共同推进的环保工作机制和生产、流通、分配、消费全过程控制的环保工作格局。

（三）规划目标。到2015年，全省主要污染物排放总量显著减少，国家下达的"十二五"污染减排任务全面完成。全省环境质量明显改善，生态环境综合指数继续保持全国前列。八大水系、运河、主要湖库省控以上断面劣Ⅴ类水质比例控制在5%以内，达到或优于Ⅲ类水质的比例大于75%；平原河网水质明显改善；县以上城市集中式饮用水源地水质达标率大于90%；近岸海域水质总体保持稳定。县以上城市环境空气质量年均浓度值均达到或优于二级标准；设区市环境空气质量优良天数比例均达到90%以上；灰霾天气出现频率明显下降；酸雨率和酸度均有所下降。环保制度建设不断加强，环境安全保障体系基本形成，生态省建设取得新进展，生态文明水平明显提高。

三、重点任务

（一）持续深化污染减排，促进经济发展方式转变。

1. 强化污染物排放源头控制。

优化产业结构。健全完善环境与经济综合决策机制，合理配置环境容量资源，加快发展资源消耗低、环境污染少的战略性新兴产业、高技术产业和现代服务业，促进产业集聚和转型升级。以节能环保为方向，加快改造提升造纸、印染、化工、制革、电力、冶金、建材等传统产业。完善落后产能淘汰机制，不断提高落后产能淘汰标准，健全落后产能退出机制，加快促进产业结构调整。严格落实总量替代、排污许可、标准提升、区域限批、规划环评等手段，综合运用差别电价、以奖促治、脱硫脱硝补贴、出口退税、排污权交易等措施，着力加大减排监测、预警、核查、考核力度，强化污染减排在结构调整、经济转型中的杠杆调节功能，促进产业结构优化升级。

严格环境准入。全面实行空间准入、总量准入、项目准入"三位一体"，专家评价和公众评议"两评结合"的环境准入制度，强化建设项目全过程监管。根据区域主体功能定位和资源环境承载能力，推进分区环境管理，实施差别化的环境准入和管理政策。完善规划环境影响评价体系，建立规划环评和项目环评审批联动机制，从决策源头防止环境污染和生态破坏。深入实施项目审批与区域环境质量、产业结构调整、环保基础设施建设、污染减排绩效等挂钩的制度,继续实行以新代老、增产减污、总量削减替代等措施。严格执行化学原料药、造纸、印染、农药、电镀、生猪养殖、染料、酿造、热电等行业环境准入指导意见,加强火电、钢铁、水泥、平板玻璃等重污染项目准入管理,限制粗钢、水泥、有色金属等生产行业新增产能。

节约能源资源。严格控制新增煤炭消费总量,实行电煤总量控制,积极发展清洁能源,切实降低煤炭消费比重。到2015年,非化石能源占一次能源消费总量的比重达到15%左右。加快发展循环经济,加强工业、农业和生活废弃物的资源化综合利用,推动建立全社会资源循环利用体系。大力推行清洁生产,依法对重点污染企业以及使用或排放有毒有害物质的企业实行强制性清洁生产审核。大力发展绿色经济,加强绿色技术创新和推广应用,加快推进传统农业、制造业、建筑业、交通运输业和工业园区的生态化改造。

2. 强化重点领域水污染治理。

加强重点行业企业水污染整治。开展造纸、印染、制革、医药、化工等重点行业废水深度处理,强化中水回用,降低污染物排放总量。加快工业园区污水集中处理工程建设和提标改造,加强对纳管企业氨氮、总磷和有毒有害污染物的管控,推动重点污染行业工艺废水分质处理,强化企业污染治理设施运维管理。到2015年,造纸、化工、制革行业主要水污染物负荷下降30%以上,印染行业主要水污染物负荷下降25%以上。

提高城镇污水处理水平。继续推进污水处理设施建设,加快完善污水收集管网。到2015年,基本实现镇级污水处理设施全覆盖,全省新增城镇污水收集管网6000公里,县以上城市污水处理率达到85%以上。加快推进污水处理设施提标改造,新建、在建城市污水处理厂配套建设脱氮除磷设施,太湖流域、钱塘江流域城镇污水处理设施执行一级A标准,其他地区城镇污水处理设施执行一级B标准。鼓励城镇污水再生利用。

深化养殖污染整治。调整优化畜牧业布局,严格实行区域和总量双重控制,严格落实禁养区和限养区制度。大力推广农牧结合、资源利用等畜禽养殖污染生态化治理模式。到2015年,全面实现生猪存栏50头以上畜禽养殖场排泄物无害化处理与资源化利用,规模化畜禽养殖场排泄物综合利用率达到97%以上。大力开展规模以下养殖户污染整治,因地制宜建设生态畜牧养殖小区,积极引导散养户向养殖小区集中。积极推行水产生态养殖模式,加强水产养殖污染治理。到2015年,建成生态种养结合和水产养殖废水排放生物处理试点100个。

3. 强化大气污染物减排。

推进电力行业污染减排。加强火电企业脱硫脱硝工程建设和运行监管。新建和在建火电燃煤机组同步配套建设高效脱硫脱硝设施,现役燃煤发电机组在确保脱硫设施高效运行的基础上,开展烟气脱硝治理或低氮燃煤技术改造,125MW以上燃煤机组脱硫效率达到90%以上,200MW以上燃煤机组脱硝效率达到70%以上。加快热电行业烟气脱硫设施改造步伐,35吨/时以上燃煤锅炉脱硫效率达到80%以上。严格控制热电行业氮氧化物排放,积极推进低氮燃烧示范工程建设。

实施非电行业污染整治。强力推进冶金、石化、建材等重点行业减排。2011年底前,钢铁企业全面建成投运脱硫设施。2012年底前,焦化企业完成焦炉干熄焦改造,并同步建设废气除尘和脱硫设施。加快推进有色金属冶炼企业烟气脱硫设施建设。深入实施石化重点企业脱硫改造,脱硫效率达到70%以上。加强建筑陶瓷窑、浮法玻璃重点生产企业烟气二氧化硫治理,脱硫效率达到60%以上。开展水泥行业氮氧化物减排试点,重点企业新型干法窑推行低氮燃烧技术。鼓励4—20吨/时燃煤锅炉实行清洁能源改造或洁净燃烧技术改造,禁止直接燃用含硫量超过0.5%的煤炭。

加强机动车氮氧化物控制。合理控制机动车保有量增长速度,加快构建快速便捷绿色交通系统。实施统一的机动车环保检验合格标志管理,加速淘汰"黄标车"和低速载货车。实施严格的机动车污染物排放标准,全省新车注册登记与全国同步执行国家机动车污染物排放标准,其中杭州、宁波、温州、湖州、绍兴等5个国家大气污染防治重点城市和嘉兴、金华、台州等3个省级大气污染防治重点城市力争提前执行国Ⅳ、国Ⅴ阶段排放标准。加快建设机动车排气检测和监管体系,建立在用机动车检测与维修制度,严格车用油品和清净剂环保监管。

(二)着力改善环境质量,提升人民群众生活品质。

1. 认真实施清洁水源行动。

强化饮用水源保护。加强集中式饮用水源地建设和管理。2012年底前,全面完成集中式饮用水源地保护区范围的划定;2013年底前,全面完成饮用水源保护区范围内的排污口清理,完成保护区标志牌和界桩的设置;2015年底前,全面完成合格规范饮用水源创建。加强饮用水源汇水区域点源、面源和流动源污染控制,强化工业污染源有毒有害物质管控。认真开展饮用水源生态安全评估,积极实施水岸带湿地保护和恢复工程。强化饮用水源地水质和蓝藻预警监控,完善突发污染事件应急预案。加快开展饮用水源地全指标监测,建立农村饮用水源地水质常规监测制度。

深化重点流域水环境综合治理。深入实施跨行政区域河流交接断面水质保护目标管理考核,加快完善流域区域水环境管理工作机制。制订实施钱塘江、瓯江、甬江、飞云江、椒江、曹娥江、鳌江、苕溪八大流域和杭嘉湖、宁绍、温黄、温瑞四大平原河网污染防治规划,稳步推进工业、城镇生活、农业农村和河道内源污染治理,严格控制有机物、氮、磷等污染物排放。深入推进太湖流域水环境综合治理,确保完成国家下达的太湖流域水环境治理任务。编制实施重点湖库环境保护规划,做到一湖(库)一策,有效遏制水体富营养化趋势。

加强海洋环境污染防治。坚持陆海统筹、河海兼顾,着力控制重点河口、海湾入海排污总量,突出抓好氮、磷、重金属等入海污染物减排。强化沿海产业集聚区、重点工业区块、城镇和农业面源污染整治，加强排海企业废水治理设施和集中污水处理厂改造建设。实施重大涉海工程环境影响评价和后评估，严格涉海工程环境监管，完善港口、码头、船舶排放油类、化学品、垃圾、污水接收和处理设施，加强造船业、拆船业污染治理。合理规划海水养殖，大力发展生态养殖，加强滩涂和近海水产养殖污染整治。建立跨区域、跨部门海上环境应急体系，提高海上环境事故快速反应和处置能力。

2. 深入实施清洁空气行动。

加强颗粒物污染控制。严格控制工业烟粉尘排放，推广应用袋式或静电等高效除尘技术，确保稳定达标。淘汰污染严重的铸造冲天炉、单段煤气发生炉等工业炉窑，工业锅炉配置符合环保要求的除尘设施。加强对货物装卸、物料堆放中粉尘和建筑工地、道路扬尘的污染控制。加快推进农作物秸秆综合利用，建立健全禁止露天焚烧秸秆的长效管理机制，杜绝秸秆野外焚烧现象。

开展挥发性有机物污染防治。以石化、溶剂、涂料使用类行业和精细化工等行业为重点，大力推进有机废气回收利用和治理。加强燃料油、有机溶剂输配和储存过程中的油气回收和挥发控制，完成加油站、储油库、油罐车油气综合治理。全面开展医药化工、日用化工、染料、化学试剂等行业有机废气治理，深入实施印刷、印染、木材加工、家具(玩具)制造、制鞋、喷漆、涂料、塑料、橡胶、合成革生产等企业挥发性有机物控制，加快淘汰工艺落后的生产稀释剂、涂料、油墨、黏合剂的小化工企业。

实施城市蓝天工程。优化工业布局，严格禁止在城市市区及近郊建设钢铁、建材、焦化、有色、化工等废气高排放企业。深入推进"高污染燃料禁燃区"划定工作，逐步扩大禁燃区范围，积极推行清洁能源，改善能源消费结构。深化城市烟尘、机动车尾气、餐饮业油烟、洗染业废气治理，加强城市污水处理厂、垃圾填埋场、垃圾焚烧设施废气污染整治。健全大气污染联防联控机制，实行区域大气污染物特别排放限值，加强区域联合执法检查，增强区域大气环境保护合力。到 2015 年，大气污染防治重点城市市区清洁能源使用率达到 70%以上，城市市区建筑施工现场均达到扬尘控制要求，酸雨、灰霾和光化学烟雾明显减少。

控制温室气体排放。完善温室气体排放控制管理体系和监督实施机制，加强二氧化碳减排统计、监测和考核，探索将减缓和适应气候变化指标纳入环境影响评价体系。总结推广市县建设低碳城市的经验，进一步加大新能源和低碳技术的研发和产业化投入，大力发展高效生态农业、现代服务业等低碳产业，大力推广绿色建筑、绿色交通，大力培育低碳生活理念和消费模式。到 2015 年，全省单位地区生产总值二氧化碳排放强度指标完成国家下达的目标任务。

3. 扎实开展清洁土壤行动。

加强农田土壤环境保护。开展省级土壤环境功能区划工作，制订土壤污染防治规划，落实建设项目土壤污染环境影响评价制度，加强对影响土壤环境重点污染源的监管。以基本农田、主要农产品产地特别是"米袋子"、"菜篮子"基地为重点，加大粮食生产功能区、现代农业园区土壤环境保护力度。严格控制主要粮食产地和蔬菜基地的污水灌溉，加强农业生产资料使用环境管理。开展农田土壤环境监测、评估与安全性划分工作，对受污染的耕地和农产品基地实施农产品种植结构调整，对污染严重且难以修复的土地依法调整其功能。到 2015 年，主要农产品产地土壤污染得到有效控制。

加强土壤环境质量调查评估。深入开展主要农产品基地，重点工矿企业、大中型城市周边农产品种植区、饮用水源保护区土壤和地下水环境状况调查，加快建成全省土壤环境状况数据库。深入推进基本农田土地质量和农产品产地环境状况调查，抓紧启动全省山地丘陵农业地质环境调查，全面掌握全省污染场地数量、分布、类型和污染程度。试点开展工业集中区土壤环境质量定位监测，实行重金属、有机污染物排放企业周边土壤及地下水环境质量日常监测。编制全省污染场地环境风险控制清单，推行污染场地开发利用风险评估。污染企业用地到期或功能调整前，要进行回顾性评估，禁止未经评估的场地进入流转和二次开发环节。

深化土壤污染治理与修复。完善污染土壤修复制度，建立污染场地治理修复分类目录，制订污染场地治理修复环境管理办法和规范。强化污染场地治理修复责任落实，重点加大对责任主体灭失的污染场地治理修复的投入。以农产品基地和敏感区块土壤污染治理修复为重点，加快建设一批不同污染类型的土壤治理修复试点示范工程。

(三)严格防范环境风险，切实维护环境安全。

1. 加强重金属污染综合防治。

抓好重点治理。以重点防控区—重点防控行业—重点防控企业—重点防控污染物为主线，认真实施重金属污染综合防治规划。制订实施 18 个重点防控区污染综合防治规划，整治提升 5 大重点防控行业，完成 305 家重点防控企业的达标整治。到 2015 年，全省 5 类重金属污染物排放量比 2009 年规划调查数据降低 5%以上，其中非重点防控区 5 类重金属污染物排放量比 2009 年规划调查数据降低 5%，重点防控区 5 类重金属污染物排放量比 2009 年规划调查数据降低 20%。

提高治理水平。大力推进重金属排放企业强制性清洁生产审核，着力推动制革、冶炼、金属表面处理、铅蓄电池和电石法聚氯乙烯等行业的技术革新，降低重金属生产原料用量，提高重金属物质回收率。加快实施重金属排放企业污染治理设施升级改造，规范企业排污口、物料堆放、废渣场，鼓励企业对重金属污染物进行深度处理。加强燃煤烟气汞的排放控制，提高常规污染物治理设施的协同除汞效果。加强含重金属危险废物安全处置设施建设，规范处置利用行为，防止二次污染。

完善监管体系。严格涉重金属行业环境准入，实行涉重金属产业准入公告，加强涉重金属建设项目环境风险影响评价。建立重金属污染健康危害监测评估制度，加强重金属排放企业周边区域环境监测，开展环境与健康风险评估。加强重金属污染环境监测能力建设，全省18个重点防控区所在县（市、区）加快建设重金属专项实验室，配置相应的仪器设备，305家重点防控企业加快建设污染源在线监控设施，完善环境应急预案。到2015年，全省范围内建立起较为完善的重金属污染防治体系、事故应急体系、环境与健康风险评估体系。

2. 加大固体废物污染治理力度。

加强危险废物污染防治。强化危险废物产生、转移、利用、处置全过程监管，完善危险废物台账管理制度，严格危险废物利用处置行业环境准入，规范危险废物利用处置行为，健全危险废物区域监管联动和应急保障机制。加快推进城乡一体的危险废物、医疗废物收集处置体系建设，建成温州危险废物集中处置设施。积极推进工业区配套焚烧处置设施规范化改造，限期淘汰企业自建的不符合环保要求的处置设施。加强危害性生物废弃物、实验室危险废物等非工业源危险废物的环境管理与安全处置。到2015年，建成较为完善的危险废物回收、利用和处置体系。

加强生活垃圾和工业固废无害化处置。加强生活垃圾处理设施无害化改造，突出抓好填埋场渗滤液、焚烧烟气及飞灰污染治理。加强尾矿、脱硫石膏、粉煤灰等大宗工业固体废物堆存的污染防治，突出抓好尾矿库的环境风险防范。加快建立废弃电器电子产品回收处理拆解体系，规范拆解行为，切实防范拆解过程中的二次污染。到2015年，县以上城市生活垃圾无害化处理率达到95%以上，工业固体废物综合利用率达到94%以上，主要废弃电子产品拆解处理率达到90%以上。

加强污泥无害化处置。加快推进城市污水处理厂和工业园区污水处理厂污泥处置设施改造建设，全面开展工业企业污泥规范化处置。到2015年，基本完成县以上城市污水处理厂和化工、医药、印染、制革、造纸等重点行业企业污泥处置设施改造建设，设区市本级污水处理厂污泥无害化处置率达到95%以上，县（市）污水处理厂污泥无害化处置率达到90%以上，重点企业污泥无害化处置率达到90%。完善污泥处置政策激励和引导机制，逐步将污泥处置费用纳入污水处理成本，保障污泥处置设施持续稳定运行。

加强进口废物环境管理。加快推进进口废物圈区化管理，完成台州金属资源再生产业基地建设和区外废五金类定点企业迁建工作，鼓励建设其他类型进口废物集中加工利用园区。完善进口废物审查与监管制度体系，建立完善网络化的电子台账信息系统和在线视频监控联网系统，提高我省进口废物实时监管和信息化水平。

3. 强化核设施和放射源监管。

加强核设施污染防控。进一步完善核设施环境本底调查和流出物监测与评价制度，扎实做好三门核电站外围辐射环境监测和运行前两年环境本底调查，适时开展龙游、苍南拟建核电项目建造前环境放射性本底监测调查。强化核与辐射安全审评和监督，重点抓好秦山核电基地扩建工程辐射环境保护。

加强放射源长效监管。完善放射源、射线装置和开放性同位素应用分级监管，全面完成全省辐射安全许可证核发、换发工作和射线装置申报登记工作。严格放射性物品运输安全管理和监督，做好省级城市放射性废物库管理，及时收贮废旧、闲置放射源和放射性废物。“十二五”时期，各设区市放射源监控率达到100%，闲置、废旧放射源和普通放射性废物收贮率保持100%。妥善处置核与辐射历史遗留问题，切实加强对铀矿和伴生矿采冶、废旧金属回收市场、金属冶炼厂、辐照中心的监管。

加强电磁辐射环境监管。加强广播电视、移动通信、高压输变电等伴有电磁辐射基础建设项目的环境影响评价与环保“三同时”竣工验收，严格环境监管。全面开展全省电磁辐射污染源电磁环境监测申报工作，妥善解决已建成辐射项目的电磁辐射环境污染问题。

4. 加强危险化学品风险防范。

合理布局危险化学品产业。严格禁止在水系源头、饮用水汇水区、居住区上风向和渔农业生产区等环境敏感地区新增高环境风险化学品项目，并逐步清退已有企业。严格限制重点防控区高污染、高风险化学品企业生产规模，加快推进化工企业园区化发展，逐步提高园区环境准入标准。合理规划临港集聚区石油、化工、医药、冶金等产业，严格控制产业规模。着力加强对台州医化、宁波临港石化、萧绍区域化工、常山化工园区等重点区域的环境监管，切实防范环境风险。

加强危险化学品全过程监管。全面开展重点区域、重点行业危险化学品生产、使用、运输、存储情况及环境风险隐患调查，制订浙江省有毒有害化学品和新化学物质等重点环境管理类危险化学品清单。严格实施重点环境管理类危险化学品使用、转移登记制度，加强对危险化学品存储、运输及销毁过程中的环境风险管理，加强对涉有毒有害化学品企业、实验室的环境监管。加强对危险化学品生态毒理和环境行为的生态效应评估，建立危险化学品环境风险防控管理和应急信息数据库，完善危险化学品污染事故应急预案。

削减有毒有害污染物排放。加强重点环境管理类危险化学品生产和使用企业的清洁生产审核，淘汰技术落后、环境风险高的工艺和产品，鼓励采用无毒或低毒化学原料替代技术。加大有毒有害污染物治理力度，加快改造不符合排放标准的污染治理设施，加强有毒有害污染物处理工艺和技术研究，提高有毒有害污染物处理能力。加强有毒有害化学品废弃物和污染场地的协同管理与处置。

5. 推进持久性有机污染物治理。

加强持久性有机污染物污染防治。加快实施《浙江省持久性有机污染物（POPs）“十二五”污染防治规划》，大力推进再生有色金属生产、废弃物焚烧、炼钢、铁矿石烧结等重点行业二噁英减排工程。严格涉持久性有机污染物项目环境准入，落实污染物削减和控制措施，确保达标排放。加快淘汰再生有色金属生产、废弃物焚烧、炼钢、铁矿石烧结行业落后产能、工艺和设备。加快多氯联苯电容器及污染物清运处置，加强多氯联苯污染场地监督管理。

加强持久性有机污染物监测监控。完善持久性有机污染物污染源动态管理信息系统，建立多部门参与的污染防治协调机制。加快建设主要持久性有机污染物环境监测监控系统，制订重点排放源定期监测制度，开展监督性监测和自主性监测。到2015年，初步建立持久性有机污染物环境无害化管理体系。

加强持久性有机污染物基础研究。开展环境、农产品、食品等介质中持久性有机污染物存在水平、健康影响等方面的研究，探索建立持久性有机污染物环境与健康风险管理机制。加强持久性有机污染物削减控制和处置修复技术科研攻关，着力提高持久性有机污染物污染防治水平。深入调查杀虫剂等持久性有机污染物现状，建立持久性有机污染物和污染源优先治理目录。

（四）全面加强生态建设和保护，构建美好生态家园。

1. 优化城镇环境。

加强城镇环境综合整治。优化城镇功能布局，统筹规划城镇环保基础设施，促进城镇空间布局和生态环保相协调。深入开展城乡结合部、城中村和背街小巷环境整治，着力消除绕城环城污染带。加快推进城市环保基础设施向郊区延伸，实现城郊一体、统筹管理。大力实施城市河道截污、配水和生态修复，营造水清、流畅、岸绿、景美的水景风貌。强化市容环境卫生管理，营造整洁、规范、有序的市容市貌。鼓励中心城市和部分城市小区实行生活垃圾分类、定时定点投放，完善生活垃圾分类收运处置体系。着力解决环杭州湾城市群灰霾天气、嘉兴市饮用水水质、台州市区化工臭气等重点环境问题。

加强城镇人居环境建设。加强人居环境规划设计，实现空间拓展与自然人文要素相结合，彰显城市特色和魅力。推进城镇密集地区城际生态廊道建设，维护城市区域生态系统完整性和稳定性。结合园林城镇创建，完善城镇绿地系统规划，加强开放性城镇生态休闲绿地和居住区绿地建设，提高城镇绿化水平。积极发展绿色建筑，着力抓好建筑节能和绿色建筑试点示范。

加强城镇噪声污染防治。完善城市声环境功能区划，着力推进城市噪声达标区建设。加大工业噪声、道路交通噪声污染防治力度，加强商业噪声、餐饮娱乐噪声污染整治，严格广场群众性文体活动和施工工地噪声管理。到2015年，城镇各类噪声污染得到缓减，区域环境噪声小于55分贝的县以上城市比例达到75%以上。

2. 推进农村环境保护。

加强农村环境综合整治。以“美丽乡村”行动为载体，深入实施农村环境“五整治一提高”工程，着力推进“千村示范、万村整治”工程扩面提升，认真落实“以奖促治”和农村环境保护规划各项措施。加快编制路网、管网、林网、垃圾处理网、污水处理网一体化整治建设规划，深入开展沿路、沿河、沿线、沿景区环境综合整治。大力推进生态敏感地区村庄整治，扎实开展农村环境连片整治。

加强农村生活污染治理。积极推行分散处理和集中处理相结合的农村生活污水处理方式，提高农村生活污水处理率。完善农村生活垃圾收集处置体系，统筹布局农村生活垃圾无害化处理设施和收运系统，提高农村生活垃圾处理水平。到2015年，农村生活污水处理行政村覆盖率达到70%以上，农村生活垃圾集中收集实现行政村全覆盖。进一步加强农家乐环境管理和污染治理。到2015年，全省农家乐餐饮污水治理率达到80%。

加强农村工矿污染防治。加快农村工业结构调整和优化升级，严格工业项目环境准入，严防重污染产业和落后产能向农村转移。深化农村低、小、散污染企业和专业村、块状区域污染整治，推行污染物集中治理。加强农村地区化工、电镀、金属冶炼等企业搬迁和关停之后遗留污染治理，逐步解决历史遗留的农村工矿污染问题。到2015年，全省农村存在的突出工业污染问题基本得到解决，重点工业污染源实现稳定达标排放，农村工矿污染信访投诉量明显下降。

加强化肥农药污染防治。积极推进测土配方施肥和农药减量控害增效工程，大力推广使用配方肥、专用肥、掺混肥等高效肥，鼓励开发环保型、缓释型肥料，引导农民科学施肥。大力推广运用病虫草害综合防治、生物防治和精准施药等技术，引导农民使用生物农药或高效、低毒、低残留农药。在全省农业生产重点县市建立农田氮、磷流失控制示范区，有效减少化肥、农药施用量，促进农业生产清洁化。积极防治秸秆、地膜、农药（兽药）包装物等农田废弃物污染。

3. 推进生态屏障建设。

加强生态保护分区管理和分类指导。依据主体功能区划，完善生态功能区划体系，构建“两屏六区”生态空间格局。按照区域主体功能定位，实行差别化的空间环境准入和分类管理政策。长三角南翼城市密集区、温州都市区、金衢丽中心城区等优化开发区域，提高环境准入条件，制订较高的排污权有偿取得价格，实行更为严格的污染物排放标准和总量控制指标，限制资源依赖性产业扩张；甬台温沿海地区、舟山海岛地区、绍金衢丽丘陵盆地等重点开发区域，科学开发利用资源要素和环境容量，加快完善城乡环保基础设施，实行严格的污染物排放总量控制指标；浙西南山区、浙西北山地丘陵区、浙中江河上游地区等限制开发区域，坚持保护优先，严控污染产业布点，实现污染物排放总量持续下降。自然保护区、风景名胜区等禁止开发区域依法实施保护，严禁不符合功能定位的产业活动。

加强自然生态保护区建设。加强自然保护区规范化建设，着力提高管护能力和建设水平。到2015年，省级以上自然保护区均达到规范化建设要求。开展重要生态功能保护区建设，重点抓好钱塘江、瓯江、太湖等主要流域源头地区的生态保护。加强滨海湿地、河流湿地、湖泊湿地等国家和省级重要湿地的建设，有效遏制湿地面积萎缩和功能退化的趋势。

加强生物多样性保护。开展生物物种资源调查和编目，制订优先保护物种名录，编制实施生物多样性保护战略及行动计划。建立完善以保护重要生物物种及遗传资源为目标的自然保护区、移地保护设施和种质资源库，加快推进野生动植物原生境保护区和湿地建设。加强生物物种资源出入境监管，完善物种资源对外输出审批及出入境查验、引进外来物种环境影响评价、物种资源登记备案等制度，控制生物物种及遗传资源流失。开展生物物种资源可持续利用研究与开发，加强转基因生物、外来入侵物种和病原微生物环境安全管理。

加强生态修复工程建设。在水体污染较严重的江河流域、平原河网和重点水环境功能区，积极建设水环境生态治理和修复工程，实施杭嘉湖、萧绍宁、温黄、温瑞等平原地区生态河道整治，开展甬江、鳌江等重点河流廊道生态修复试点。加快修复湖库生态系统，继续对城市内河、农村河沟池塘开展清淤、疏浚、清障、保洁、生态护岸等综合治理，提高水体自净能力。深入推进小流域、坡耕地及林地水土流失综合治理，加强开发建设项目水土保持监督管理。加强矿山生态环境整治，加快推进废弃矿山特别是露天开采矿山边坡整治和复垦、复绿及景观修复工作。加强沿海滩涂、重点港湾和重点海域生态修复，启动海岛生态修复试点工程。

加强资源开发生态监管。按照保护优先、开发有序的原则，加大水、土地、矿产、森林、海洋等资源开发过程中的生态监管力度，有效控制不合理的资源开发活动。统筹生产、生活、生态用水，合理进行上下游、地表地下水调配，有效保护水资源。优化用地空间布局，严格保护耕地和生态用地，合理开发低丘缓坡，提高土地资源集约节约利用水平。加快矿业结构和布局调整，减少矿山数量，促进规模化开采、集约化经营。加强森林资源保护，大力推进林业重点工程建设，加强中幼林抚育、低效林改造、林相改造，提高林分质量。统筹滩涂开发和湿地保护，控制滩涂开发强度，确保滩涂面积动态平衡。

4. 开展各类生态创建。

深入推进生态示范、环保模范城市和绿色系列等三大系列创建活动，强化创建管理，完善退出机制，注重创建实效。扎实推进杭州、安吉、湖州、临安等地国家和省生态文明建设试点，及时总结推广试点经验。继续推进生态市、县(市、区)、乡镇(街道)创建活动，切实改善区域生态环境状况。以创建环保模范城市为载体，加强城市环境综合整治，着力改善城市人居环境。加快创建绿色机关，深化绿色企业(环境友好型企业)、绿色学校、绿色社区、绿色医院、绿色饭店、绿色家庭等“绿色细胞”建设。加强生态环境教育示范基地建设，拓展环境宣传教育场所和公众参与平台。到2015年，力争70%的县(市、区)达到省级生态县建设标准，50%以上的城市创建成为省级以上环保模范城市。

(五)注重环保能力建设，完善环境安全保障体系。

1. 完善环境监测监控体系。

加强环境质量监测网络建设。全面推进饮用水源水质自动监测站和地表水交接断面水质自动监测系统建设，推广建设水质安全在线生物预警系统，加快形成全天候实时监控的水环境质量监控体系。加快实施大气复合污染立体监测工程，全面建成大气复合污染立体监测网络。积极开展$PM_{2.5}$、臭氧、氮氧化物等污染物监测，扎实推进空气环境质量评价。完善土壤常规监测体系，基本建成覆盖全省的土壤环境监测网络。开展敏感生态系统区生态监测。加强农村环境质量监测，定期公布农村环境状况。健全海洋环境监测评价体系与赤潮预警体系，对生态敏感海域实施实时监控。继续实施大型湖泊藻类发生状况遥感监控，逐步形成遥感监测与地面监测相结合的立体监测预警体系。

加强污染源监控体系建设。继续推进重点污染源自动监控系统建设，加快建立省市县三级污染源自动监控网络。加强对自动监控系统及仪器设备的运维巡检和更新改造，充分发挥设施效用。加强各级污染源监控中心建设，加快建立省市县三级应急预警监测联动机制。着力拓展监测因子，重点加强对有毒有害污染物的监测监控。积极开展生活垃圾、危险废物处置设施监控系统建设。

加强核与辐射监测体系建设。建立放射性同位素(放射源)在线监控与预警网络，建设近海水域环境放射性监测实验室，完善全省辐射环境监测网。加强对核电基地、核电厂流出物的监督监测，优化秦山核电基地外围辐射环境连续自动监测系统，建成三门核电厂外围环境辐射连续监测和流出物监督监测系统。

2. 完善环境执法与应急体系。

加强环境执法监察能力建设。以基层环境监察机构现场执法和机动能力为重点，加快推进环境监察机构标准化建设。研究建立环境现场执法技术指导规范，进一步明确执法标准、要求和程序，提高执法标准化、规范化水平。到2015年，全省环境监察机构全部通过国家环境监察标准化建设验收，其中省级环境监察机构和50%以上的市级环境监察机构达到一级标准，50%以上的县级环境监察机构达到二级标准。

加强环境应急保障能力建设。全面开展环境风险调查评估，加强重点风险源、重要和敏感区域环境监管，建立全防全控防范体系。健全环境风险防范、应急预案、应急响应和恢复评估机制，加强应急仪器设备、物资储备和信息传输系统建设。积极开展省市县和多部门联动的突发环境事件应急演练，制订完善分区分行业的环境应急预案体系。规范和强化突发环境事件应急处置机制，研究建立灰霾天气、饮用水源保障、危险品泄漏、藻类暴发专项应急处置体系。探索建立环境损害评估和承保理赔机制，加快环境损害赔偿立法进程。加强核与辐射应急能力建设，强化核应急指挥系统功能。到2015年，全省形成较为完善的环境应急预防预警监控网络和指挥信息调度平台。

加强环境信访工作。拓展环境信访举报和响应途径，完善省市县三级联网的信访处理信息系统，建立突出环境信访问题预警平台。加大环境信访调处力度，深化环境污染矛盾纠纷和信访积案排查化解工作，减少越级信访和重复信访。完善环境信访工作督查机制，加大对重点敏感信访案件的督查督办力度。完善信访公众参与机制，加大信访处理过程公开力度。

3. 推进环保信息化建设。

*建设环保信息化标准体系和环境数据中心。*深入实施《浙江省数字环保信息化规划》，建立符合我省实际的信息化标准体系，建成环境法规与标准、环境文献与公报、环境质量、污染源管理、行政执法、污染监督与控制、生态环保等环境政务和业务数据库群，构建省市两级环境数据中心。到2015年，环境信息化技术和装备达到规范化建设标准。

*建设环境信息综合管理平台和辅助决策平台。*完善环境在线监测信息系统、环境管理信息系统、环境信息综合分析系统，提高环境信息综合管理能力。建立全省环保辅助决策平台和核与辐射应急辅助决策系统，提高环境行政管理、应急指挥、快速反应能力。到2015年，全省环境信息化管理应用水平达到国内领先水平，环境信息技术支撑能力明显加强。

*建设环境互动服务平台和环境信息安全保障体系。*加快推进环境信息数据交换和共享平台建设，努力实现环境信息资源整合集成。以电子政务综合平台为依托，建立完善环境信息资源服务平台。以省环保政务网站为门户，为企业和公众提供"一站式"环境信息服务。不断健全环境信息化技术支持和运维规范制度，大力推进环境信息化运维管控体系建设。加强涉密数据安全管理，强化人员保密意识教育，有效保障环境信息安全。

4. 推进环保队伍和人才建设。

*加强环保管理队伍建设。*进一步完善各级环保机构，重点加强基层环保机构建设，加快构筑"纵向到底、横向到边"的网格化环保执法监管格局。鼓励各级环保部门在市辖区、重点乡镇和重点开发区(工业园区)设立分局、环保所、监察中队等环保派出机构。着力提高环保管理队伍综合素质，深入推进环保系统作风建设和反腐倡廉建设，努力打造一支政治过硬、作风正派、业务精通、结构合理的环保管理队伍。

*加强环保人才培养。*认真实施《浙江省环保系统十年科技人才培养规划(2006—2015)》，加快培养一批高素质的环保人才。建立多元化人才培养机制，强化对各类人才的培训和再教育。重点加强环保领军人才、核心技术研发人才培养和创新团队建设，努力造就一批在国内外有一定知名度的学术和技术带头人。着力构建环保人才培养长效机制，完善人才培养各项制度，加强人才组织管理，营造尊重人才、平等公开和竞争择优的制度环境，推动环保人才事业全面发展。

四、重点工程

根据规划主要目标和重点任务，"十二五"时期实施主要污染物减排、清洁水源、清洁空气、清洁土壤、重点领域环境风险防范、核与辐射环境保护、生态环境保护与建设、环境安全保障能力建设等八大重点工程。

*(一)主要污染物减排工程。*开展造纸、印染、化工、制革等废水排放重点行业提标改造、深度治理和中水回用，新建、扩建城镇污水处理厂81座(规模为5000立方米/日以上)，升级改造现有城镇污水处理设施14个，建设城镇污水再生利用工程37个、污泥处理处置工程48个，新增城镇污水管网6000公里以上。完成44台200MW以上燃煤机组烟气脱硝设施、119台35吨/时以上锅炉烟气脱硫设施建设和改造，实施钢铁、石化、建材行业烟气脱硫、水泥行业低氮燃烧和烟气脱硝等工程。全面实施畜禽养殖和机动车污染减排工程。

*(二)清洁水源工程。*实施城乡集中式饮用水源保护区污染源治理、排污口拆除、截污及隔离设施建设、标志设置等工程。在杭嘉湖、萧绍宁、温黄、温瑞等重点平原河网地区实施河道生态化整治，开展甬江、鳌江生态修复试点和瓯江干流水生态保护与修复试点。新建81个县以上饮用水源水质自动监测站、57个交接断面水质自动监测系统，推进11个设区市的藻类监测能力建设。

*(三)清洁空气工程。*对烟尘排放浓度超过30mg/m^{3}的电厂实施除尘器改造，工业锅炉、水泥生产设备配套高效除尘设施，印染企业完成定型机废气净化设施建设，石化、溶剂和涂料使用类、精细化工等行业实施有机废物治理工程。开展城市扬尘污染防治，市区餐饮业全部安装油烟净化设施。实施农村秸秆禁烧和综合利用工程。完成182个空气质量自动监测站位建设，全面建成全省大气复合污染立体监测网络。

*(四)清洁土壤工程。*以主要农产品种植区、饮用水源保护区和重点工矿企业为重点，开展土壤污染调查、监测和评估，基本建成覆盖全省的土壤环境监测网络。实施典型区域、典型类型污染土壤治理修复试点工程，完成杭州电化集团、温岭市温峤镇重金属污染场地修复试点示范工程和台州市路桥区多氯联苯(PCBs)污染场地修复工程。

*(五)重点领域环境风险防范工程。*实施重金属18个重点防控区、5大重点防控行业、42个综合治理项目、305家重点防控企业整治工程。建成温州危险废物集中处置设施，实施工业园区配套焚烧处置设施规范化改造，续建、新建63座城镇生活垃圾无害化处理设施。开展重点危险化学品生产、使用和储运企业污染治理。

*(六)核与辐射环境保护工程。*建成核事故场外应急、辐射环境管理信息系统，环境保护部辐射环境监测重点实验室，秦山核电基地放射性流出物在线监督监测系统，三门核应急指挥中心，三门核电厂外围辐射环境连续监测系统和流出物监督监测系统，福建宁德核电厂外围浙江境内环境辐射连续监测系统等项目。落实电离、电磁辐射重点污染源污染防控措施，实施历史遗留铀矿、伴生矿冶炼等放射性污染综合整治工程。

*(七)生态保护与建设工程。*完成钱塘江上游、太湖流域和重要饮用水源保护区26个县(市、区)农村环境连片整治示范项目。实施省级以上自然保护区规范化建设，推进自然保护区及湿地生态修复工程建设，优化主要保护物种栖息地和生境。开展生物资源调查，建设种质资源库和珍稀物种培育基地。实施杭州湾、象山港、三门湾、乐清湾等重点港湾和沿海滩涂、重点海域生态修复，启动海岛生态修复试点工程。

*(八)环境安全保障能力建设工程。*加快推进各级环境监测、监察机构标准化建设，加强乡镇环保派出机构执法装备、基层环境监测执法业务用房建设，完善重点污染

源和敏感区域环境质量在线监测监控系统，提高环境应急保障能力。实施数字环保信息化建设，建成环境质量、污染源和环境管理“三位一体”的信息化管控体系。加快环保公共科技创新服务平台、环保科技创新基地建设，建成5个省级以上环保重点实验室和一批环保科普基地。

五、保障措施

（一）强化责任落实。各级政府、各有关部门要把生态环保作为转变经济发展方式、保障和改善民生的重要抓手和重点任务，切实加强对这项工作的组织领导，确保认识到位、责任到位、措施到位、投入到位。要完善考核指标体系和考核办法，建立符合生态文明要求的生态环保工作考核机制。建立健全生态建设和污染减排绩效评价机制，逐步将发展过程中的环境损益纳入经济社会发展综合评价体系，纳入企业负责人业绩考核范围。

（二）加强环境法治。根据国家立法进展和实际需要，及时完善我省环保法规政策体系。重点抓好饮用水源保护、建设项目环境保护管理、机动车排气污染防治、辐射环境监督管理等方面法规规章的制订完善。完善部门联动、公众参与、企业（单位）自我监督、边界联动监管、信息公开、网格化执法等机制，强化经济处罚、停产整治、媒体曝光、挂牌督办、区域限批、荣誉摘牌等措施，增强环境司法保障，提高环境执法效能。规范环保行政许可、现场执法检查、排污收费、行政处罚等行为，加强和改进行政复议工作，健全行政执法监督检查和稽查制度。

（三）完善经济政策。继续把环保信用作为企业资信评价的重要依据，完善绿色信贷政策，严格信贷环保要求，建立上市公司环境信息披露机制和环境绩效评估机制。深入推进主要污染物排污权有偿使用和交易，积极开展面源削减与点源削减的抵扣交易。制订烟气脱硝电价政策，建立激励清洁能源发电的电价机制，实行可再生能源发电和垃圾焚烧发电优先上网和补贴。健全责、权、利相对应的规范有序的生态补偿机制，全面深化生态补偿工作。建立环境污染责任保险制度，将高环境风险行业纳入绿色保险体系。稳妥提高污水垃圾处理费和排污费征收标准，深化环境资源价格改革，加快建立反映市场供求关系、资源稀缺程度、环境损害成本的环境资源价格机制。

（四）健全环境标准。全面评估现行环境质量标准及其实施体系，及时制订环境敏感流域区域特别排放限值。研究制订固定源氮氧化物、机动车、挥发性有机物等污染源地方排放标准，及时出台非常规污染物控制标准和优先控制污染物名录。强化造纸、印染、制革、医化等行业排放标准的实施，研究完善相关的最佳可行技术导则、污染防治技术规范。建立单位产品和工业增加值污染物产生量、排放量评价和控制制度，完善印染、造纸、化学原料药、制革、酿造、电镀、热电、生猪养殖等重污染行业环境准入条件。

（五）推动科技进步。深入实施引进大院名校共建创新载体战略，深化产学研协作，加快推进环保公共创新服务平台、环保创新基地、环境技术研发中心、国家级和省级环保重点实验室建设。结合环保科技重点发展领域和优先主题，开展综合性环境管理、污染防治和生态修复、主要污染物减排、环境监测预警等关键、共性技术研究，力争若干核心技术达到国内领先水平。深入开展“十二五”水专项研究，注重环保示范工程建设及项目推广，加快环保先进适用技术和示范项目产业化进程。深化环境科技体制改革，建立和完善科研成果奖励制度。

（六）发展环保产业。加强规划统筹、政策扶持和管理服务，加快培育环保产业，切实增强环保企业市场竞争力和抗风险能力。以环保装备和产品生产、环保工程、环保服务业、资源再生与综合利用为重点，加快培育一批环保产业龙头骨干企业。着力推进环保产业集聚区和基地建设，优化环保产业结构和空间布局。积极推进技术研发、环保咨询、污染治理设施运营、环境监测等环保服务业发展，着力提升环保服务业质量和水平。加强环保产业市场监管，提高环保市场规范化水平。

（七）加大资金投入。各级政府要把环境保护作为公共财政支出的重点，积极调整支出结构，加大对污染防治、生态保护和建设、农村环境保护、环保试点示范和环保监管能力建设的投入。严格预算执行管理，加强资金使用绩效评价和项目后续管理，切实提高财政资金使用效益。完善多元化的环保投融资机制，制订有利于环保投资的激励政策，引导鼓励社会资金以独资、合资、承包、租赁、拍卖、股份制、股份合作制、BOT等不同形式参与生态环保事业。

（八）加强宣传教育。依托各类环境教育基地和电视、电台、报纸、网络等载体，广泛开展生态环保宣传教育，增强全民生态环保意识，弘扬生态文明理念。继续将生态环保知识纳入国民教育体系和各级党校、行政学院教学计划，继续开展企业生态环保专题教育，提高广大青少年、公务人员、企业人员对加强生态环保、建设生态文明重要性的认识。认真组织“浙江生态日”和世界环境日、地球日、世界水日纪念活动，强化全民生态环保责任感，努力营造全社会关心支持生态环保工作的良好氛围。

（九）深化公众参与。严格落实环境质量公报、污染物减排结果发布、企业环境信息公开、重大环境污染事件公告等制度，确保环境信息及时公开。积极运用环保听证、社会公示、环境信访、有奖举报、市民检查团、环保义务监督员、“12369”环保热线等措施，推动公众有序参与和监督环保工作。加强环境舆情动态监测、分析和跟踪，完善舆情反应机制，加强和改进舆论引导。完善环境影响评价公众参与机制，提高环境影响评价民主化、科学化水平。积极引导环保民间组织发展。

（十）加强交流合作。加强与环保国际组织和其他国家、地区的合作，共同推动国际性、区域性重大环境问题的解决。积极引进国际先进的环保理念、技术和管理经验，提高我省环保管理和技术水平。加强环境与贸易的协调，积极应对绿色贸易壁垒，完善对外贸易产品环境标准，建立完善进口货物环保监控体系和环境风险评估机制，严格防范污染引进、有害外来物种入侵。深入推进长三角地区、海西经济区、皖江城市带产业承接转移示范区环保合作，完善区域流域污染联防联控机制，提高区域生态环境共防、共治、共保水平。

浙江省人民政府关于印发浙江省水利发展十二五规划的通知

浙政发〔2011〕76 号

各市、县(市、区)人民政府,省政府直属各单位:

现将《浙江省水利发展“十二五”规划》印发给你们,请结合实际,认真贯彻实施。

二○一一年十月二十日

浙江省水利发展“十二五”规划

“十二五”期间是水利改革发展的重要机遇期。为大力推进水利建设,全面增强水利对经济社会发展的支撑和保障能力,促进我省水利改革发展和现代化建设走在全国前列,根据《中共中央国务院关于加快水利改革发展的决定》(中发〔2011〕1 号)、《浙江省国民经济和社会发展第十二个五年规划纲要》和《中共浙江省委浙江省人民政府关于加快水利改革发展的实施意见》(浙委〔2011〕30 号)精神,特编制《浙江省水利发展“十二五”规划》。本规划是我省国民经济和社会发展“十二五”规划体系中的重要专项规划,是指导全省水利改革发展、确定水利重大工程布局和建设安排的重要依据。

一、水利改革发展现状和面临的形势

(一)“十一五”水利改革发展成就。“十一五”期间是我省水利工作由传统水利向现代水利、工程水利向资源水利转变的重要时期。各地高度重视水利工作,坚持人水和谐、节约为先、综合治理、建管并重的治水理念,以防洪安全、水资源供给、水环境承载能力“三大保障体系”建设为总抓手,切实加大水利投入力度,加快水利建设和水利管理改革步伐,一大批水利工程相继建成投入运行,发挥了较好的综合效益,为全省经济社会发展作出了重要贡献。

1. 防御洪(潮)涝台旱灾害的能力明显增强。大力实施“强塘”工程,全省完成 1160 座病险水库除险加固任务;加固海塘 388 公里,配套加固水闸 366 座,滨海地区防台御潮综合能力稳步提高;加固干流主要堤防和小流域堤防 1100 公里,开展了 20 条中小河流重点河段治理;开展易涝常灾地区防洪排涝工程建设,完成了湖州市大钱港整治等工程,开工建设温岭市金清新闸排涝二期、台州市栅岭汪排涝调蓄等工程;启动杭嘉湖低洼地区圩区整治和大中型泵站更新改造工程建设,开展了 20 个小型农田水利重点县建设,有效增强了防御洪(潮)涝台旱灾害的能力。同时,基本建成基层防汛体系,实施水雨情网格化预警管理,健全水雨情监测和预警预报体系;建立水利工程安全巡查制度,防汛抢险物资储备和应急抢险队伍建设不断加强。确立了“以人为本、以防为主、以避为先”的防御洪(潮)涝台旱灾害的科学理念,科学调度和应对突发事件能力不断提升,成功防御了“桑美”等超强台风以及流域性洪水、局地强降雨等灾害,人民群众的生命财产损失大幅降低。

2. 民生水利建设成效显著。全面完成千万农民饮用水工程建设目标,解决和改善了 1159 万农村人口的饮水安全问题,探索建立了农村饮水工程长效运行管理机制。新增节水灌溉面积 450 万亩,新增经济型喷微灌面积 20 万亩。顺利完成“十一五”农村水电电气化县建设,启动实施“千站改造惠农保安工程”,新建和改造水电站 770 座,新增装机超过 100 万千瓦。

3. 水资源保障能力稳步提升。水资源保障工程建设有序推进,建成了绍兴曹娥江大闸、湖州老虎潭水库、龙游沐尘水库等一批水源工程以及嘉善太浦河取水一期、玉环引水等一批引水工程,开工建设钦寸水库、舟山大陆引水二期等工程,水资源配置工程总体格局初步形成。建设了一批小型水源工程和应急备用水源工程。全省新增年供水能力 20 亿立方米。开展水库水源安全保障试点工程建设,宁波、绍兴等地开展了水源保护投入机制的探索。

4. 水生态保护与水土保持扎实推进。建设清水河道和整治农村河沟 23000 公里。开展丽水瓯江流域水生态系统修复试点和杭州引水入城等区域生态配水工程建设。加强开发建设项目水土保持监管,推进经济林地水土流失治理、生态清洁型小流域建设,全省新增水土流失治理面积 4180 平方公里。同时,坚持滩涂资源开发利用和生态环境保护相结合,滩涂围垦和沿海防洪御潮、岸线保护和利用相结合,有序推进滩涂围垦,完成慈溪徐家浦两侧、台州三山涂、定海钓浪等一批重点围涂工程,滩涂圈围 63 万亩。因地制宜开展低丘红壤资源的开发利用,开发面积

6.9万亩。

5.水资源管理水平进一步提高。颁布实施了《浙江省防汛防台抗旱条例》和《浙江省水利工程安全管理条例》等一批地方性法规和政府规章，进一步加强水政执法机构队伍和执法能力建设，强化水资源依法管理。编制和实施了主要流域综合规划和一批重大水利专项规划。加强水资源管理和保护，全面实施建设项目水资源论证制度、取水许可制度、水资源有偿使用制度和水功能区管理制度，形成了覆盖全省的水资源综合规划体系，水资源费收取基本实现全面覆盖，承压地下水禁限采目标基本实现。开展了椒江流域的水量分配，启动杭嘉湖地区水量分配工作。开展节水型社会试点建设，万元工业增加值用水量降到53.7立方米，农田灌溉水有效利用系数提高到0.56。水文水资源和水土保持监测体系建设加快推进，水利信息化水平不断提高；水利科技投入不断加大，科研力量不断增强，水利创新与推广能力明显提升。深入推进水管体制改革，初步建立了大中型水利工程维修养护和小型水库、山塘巡查机制；水利投融资体制改革继续深化，初步形成以公共财政投入为主、多渠道筹资的水利投融资机制；开展水行政管理体制改革的探索，行政管理更加规范高效，为"十二五"水利改革发展打下了坚实的基础。

（二）水利改革发展面临的形势。今年党中央、国务院作出加快水利改革发展的决定以来，各级党委、政府高度重视水利工作，全社会对水利空前关注，水利工作力度、投入力度正在不断加大，"十二五"水利改革发展面临着十分难得的机遇。同时，"十二五"时期是我省全面建成惠及全省人民小康社会的关键时期，水利工作面临新任务新要求：转变经济发展方式、产业结构优化升级将带来用水方式和结构的新变化；实施浙江海洋经济发展示范区、舟山群岛新区和义乌国际贸易综合改革试点等三项国家战略，工业化、城市化、农业现代化同步推进，产业集聚区等特定区域的集约发展，要求对这些区域提供更高的防洪减灾和水资源、水环境保障能力；粮食生产功能区、现代农业园区（以下简称"两区"）的建设，要求突破农田水利服务能力不足的瓶颈；广大人民群众生活水平不断提高，对水质量、水环境和水生态提出了新的要求，水利工作任务十分艰巨。

但是，与此不相适应的是，我省水利建设还存在一些薄弱环节：在防灾减灾能力上，主要江河堤防、海塘、水库、山塘还需要进一步加固，标准有待提高，保护范围尚需扩大，中小河流尚未系统治理，滨海滨湖平原排涝能力不足，防汛抢险应急能力亟待提高。在水资源保障方面，还存在着水资源调蓄能力不足、供水水源单一、供水保证率不高、水源地水质不达标等问题。在水环境方面，部分平原地区河网水质较差，水环境改善趋势不明显。在农田水利方面，基础设施建设历史欠账较多，长效管理机制尚未落实。深化水利改革进入攻坚阶段，需要破解长期存在的体制机制矛盾。

二、总体要求

（一）指导思想。以科学发展观为指导，围绕深入实施"八八战略"、"创业富民、创新强省"总战略以及省委、省政府关于转变经济发展方式的一系列战略部署，以提升水利对经济社会发展的支撑和保障能力为主线，以深化水利改革为动力，防汛抗旱除涝并重，开源节流保护并举，扎实推进水利基础设施建设，大兴农田水利，实行最严格的水资源管理制度，不断深化改革、强化管理，提高防洪减灾综合能力、水资源保障能力、水资源保护及河湖健康保障能力，构建有利于水利科学发展的制度体系，努力使我省水利改革发展和现代化建设走在全国前列。

（二）基本原则。

——坚持以人为本，改善民生。把人民群众的根本利益作为水利工作的出发点和落脚点，把解决人民群众最关心、最直接、最现实的水利问题摆在水利工作的首要位置，保障水利建设和改革成果惠及全省人民，推动民生水利新发展。

——坚持人水和谐，节水为先。实行最严格的水资源管理制度，强化节约用水，不断提高水资源利用效率。以水资源和水环境承载能力作为经济社会发展布局和产业结构优化升级的基础条件，合理配置水资源。

——坚持政府主导，社会参与。坚持水利的公益性、基础性和战略性地位，建立健全公共财政对水利投入的稳定增长机制和以政府为主导、多渠道投入的水利投融资机制，大幅度增加水利投入，形成政府与社会协同治水兴水合力。

——坚持立足保障，突出重点。以转变经济发展方式的战略举措为导向，围绕"三项国家战略"、"大平台、大产业、大项目、大企业建设"、"工业化、城市化、农业现代化三化同步"以及"两区"建设等重点，针对当前存在的水利工程建设与管理薄弱环节，从防洪减灾、资源供给、水环境改善等多方面提升保障能力。

——坚持统筹规划，协调发展。以《浙江省国民经济和社会发展第十二个五年规划纲要》为统领，与主体功能区规划、土地利用总体规划等相衔接，统筹安排水利发展布局和重要项目。注重城乡统筹，大幅度提高对农田水利的投入；注重区域协调，加大对欠发达地区的支持力度；注重建管并重，加强水利管理，提升行业能力，以适应水利工程建设新高潮的要求。

（三）发展目标。根据上述指导思想和基本原则，按照建设"平安水利、民生水利、资源水利、生态水利和科技水利"的要求，"十二五"水利发展的总体目标是：深入实施"强塘"工程，提高防汛抗旱应急能力，完善防洪减灾体系，"平安水利"建设扎实推进；以服务"两区"建设为重点，实施农田水利标准化建设，建立健全基层水利服务体系，"民生水利"进一步拓展和深化；以节约用水为基础，强化水资源保障工程建设，实行最严格的水资源管理制度，构建水资源合理配置和高效利用体系，促进工程水利转变为"资源水利"；以促进水的有序流动、提高水环境承载能力为主要手段，推进水环境综合整治工程建设，加强水资源保护和水土保持，打造支撑生态文明建设的"生态水利"；强化水利科技、教育和人才建设，加强行业能力建设，提升信息化水平，构建支撑水利可持续发展的"科技水利"。到"十二五”末，水利对全省经济社会发展的支撑和保障能力显著提高，水利改革发展和现代化建设走在全国前列。

具体目标是：

——防洪减灾方面。规划内病险水库和海塘配套加固全面完成，水库年病险率控制在3%以内；完成主要江河堤防加固450公里、中小河流重点河段治理1000公里，全省城市防洪达到国家规定的设防标准，力争达到上限标准，继续完善城市排涝设施，逐步提高排涝标准；沿海重点区域防潮标准达到50年一遇以上，主要平原和低洼易涝地区排涝标准提高到10年一遇以上。防汛防台抗旱体系进一步完善，防洪减灾综合能力明显提高。

——农田水利建设方面。扩大灌溉面积300万亩，标准农田质量提升区域灌溉保证率达到90%以上，旱涝保收面积占基本农田保护面积70%以上，高效节水灌溉面积占有效灌溉面积的20%，农田灌溉水有效利用系数提高到0.58以上。农村河道综合治理10000公里。

——水资源合理配置和高效利用方面。“水资源保障百亿工程”扎实推进，新增供水能力15亿立方米，城市、农村供水保证率分别提高到95%和90%以上；用水总量控制在230亿立方米以内，万元GDP用水量控制在78立方米以内，万元工业增加值用水量降低到44立方米以下。完成滩涂围垦60万亩。新增水电装机60万千瓦。

表：“十二五”水利发展主要指标

类别	序号	水利发展主要指标	指标值
约束性指标	1	用水总量(亿立方米)	<230
	2	万元GDP用水量(立方米)	<78
	3	万元工业增加值用水量(立方米)	<44
	4	农田灌溉水有效利用系数	>0.58
	5	病险水库除险加固(座)	>415
	6	主要江河堤防加固(公里)	450
	7	中小河流治理(公里)	1000
	8	杭嘉湖低洼圩区整治(万亩)	200
	9	改善(提高)农村饮水安全人口(万人)	395
预期性指标	10	主要水功能区水质达标率	>55%
	11	水库年病险率	<3%
	12	海塘配套加固(公里)	436
	13	大中型病险水闸除险加固(座)	28
	14	扩大灌溉面积(万亩)	300
	15	新增固定式喷微灌面积(万亩)	100
	16	标准农田质量提升区域灌溉保证率	>90%
	17	农村河道综合整治(公里)	10000
预期性指标	18	新增水电装机(万千瓦)	60
	19	新增年供水能力(亿立方米)	15
	20	完成滩涂圈围(万亩)	60
	21	新增水土流失治理面积(平方公里)	3000
	22	完成投资(亿元)	1980

——水环境改善和水生态保护方面。加大河湖水系连通工程建设及水生态保护与修复力度，主要水功能区水质达标率大于55%，完成水土流失治理3000平方公里，沿海平原承压地下水全面禁限采。水文化遗产得到有效保护，优秀水文化得到大力弘扬。

——构建有利于水利科学发展的制度体系方面。水利投入稳定增长机制建立健全，最严格的水资源管理制度全面推行，水利科技创新能力和信息化建设全面提升，基层水利服务体系建立健全，水利队伍建设明显加强，水利依法行政和公共服务能力显著提高。

三、“十二五”水利建设主要任务

“十二五”期间主要实施“强塘”工程、农田水利、水资源保障、水环境改善和水生态修复、行业能力提升等五类工程。

（一）深入实施“强塘”工程。通过深入实施“强塘”工程，综合采取工程措施和非工程措施，加强防洪薄弱环节建设，提高防洪减灾能力。

1. 工程措施。继续开展海塘达标建设，提高部分非标准海塘和低标准海塘的防御能力，加固海塘436公里，配套建设或加固水闸181座；继续实施已发现的病险水库除险加固，加固病险水库415座以上，水库年病险率控制在3%以内；加强水库安全动态监测和海塘安全鉴定工作，及时加固发现的病险水库和海塘，消除安全隐患；优先整治洪涝易发、人口集中、经济集聚、农田连片的120条中小河流重要河段，完成整治1000公里；以提高防洪标准、扩大保护范围、增强内涝外排能力为重点，继续完善城市防洪工程体系，结合主要江河和中小河流堤防建设，提高中心镇防洪能力；推进钱塘江北岸海塘防御超标准风暴潮工程建设。加固钱塘江、瓯江、甬江、飞云江、鳌江、椒江等主要江河堤防450公里；加快推进永嘉南岸水库等流域性控制工程和杭嘉湖、宁绍、温黄、温瑞平原以及金衢、丽水等低洼易涝地区防洪排涝骨干工程建设。

2. 非工程措施。制订实施《浙江省市县级防办应急管理能力建设指导意见》。建立和落实基层防洪防台巡查预警制度，进一步完善基层防汛防台体系长效管理机制。完成山洪灾害非工程措施建设。修订完善防汛防台抗旱预案，组织重点区域、重要部位防洪防台抗旱能力的论证分析和评估。加强蓄滞洪区的建设和管理，加强防汛抗旱物资储备和应急抢险队伍建设。积极推进洪水风险管理，制订重要江河、重点区域及城市洪水风险图；进一步完善重要流域洪水调度和水量应急调度方案，完善大型水库洪水调度系统，研究大中型水库抗旱供水调度方案，建设重要江河洪水调度决策支持系统。

专栏一："强塘"工程建设主要任务

病险水库除险加固：加固病险水库415座以上，水库年病险率控制在3%以内。

海塘配套加固：海塘加固和提高标准436公里，配套建设或加固水闸181座。推进钱塘江北岸海塘防御超标准风暴潮工程建设。

主要江河堤防加固：完成450公里。

中小河流治理：治理120条中小河流重点河段，完成1000公里。

城市防洪：建设温州市西向排洪、嘉兴城市防洪拓展、湖州城市防洪二期、东阳城市防洪和永康城市防洪等工程。

区域防洪排涝：建设宁波鄞东南沿山干河、台州栅岭汪排涝调蓄、台州洪家场浦排涝调蓄、乐清乐虹平原防洪二期、绍兴防洪排涝河道整治一期、丽水盆地易涝区好溪堰水系整治等工程。

其中，针对近年来洪涝灾害严重地区突出存在的薄弱环节，近期重点建设：

钱塘江流域兰溪河段的堤防加固约60公里，根据规划分级设防，同时配套建设一批水闸和泵站。

浦阳江流域浦江、诸暨河段堤防加固约35公里，新建永宁水库、充分发挥流域内现有水库的防洪能力，改造和建设蓄滞洪区。

东苕溪流域余杭河段建设瓶窑羊山湾河道治理和北塘加固工程，完成堤防加固约50公里。

温州鳌江、楠溪江等"两江"治理，建设苍南横阳支江、平阳鳌江治理水头段和麻萧段、永嘉排涝应急工程等，完成堤防加固约90公里。

（二）加强农田水利工程建设。"十二五"期间，我省将新增粮食生产功能区500万亩、现代农业园区400万亩左右。大兴农田水利工程建设，要以保障"两区"建设为重点，开展农田水利标准化建设，发展高标准旱涝保收农田和高效节水灌溉。"十二五"期间，全省新增旱涝保收面积325万亩，扩大灌溉面积300万亩，标准农田质量提升区域灌溉保证率达到90%以上。加快杭嘉湖低洼圩区整治工程建设，开展30个以上小型农田水利重点县建设，推动"一高四小"水利工程（高效节水灌溉、小山塘、小堰坝、小机埠、小沟渠的新建、改造、整治等工程）建设。到"十二五"末，全省60%以上有农田水利建设任务的县（市、区）达到农田水利标准化建设要求。进一步做好县级农田水利建设规划修编工作，加强与当地"两区"规划和各涉农专项规划的衔接，整合农田水利和农业综合开发、土地整理、标准农田质量提升等项目，发挥综合效益。建立健全农田水利工程长效管理机制，加强维修养护。

专栏二：农田水利工程建设主要任务

骨干渠系配套改造：建设114处灌区骨干渠系配套改造工程，改善灌溉面积633万亩。

灌排闸站更新改造：完成64座灌排闸站更新改造。

杭嘉湖圩区整治：整治低洼圩区178处，共200万亩。

"一高四小"水利工程：优先在现代农业园区、设施农业区、饮用水源地、低丘缓坡和经济园地建设高效节水灌溉工程，新增固定式喷微灌100万亩，整治各类山塘1.6万座，改造各类农田沟渠25500公里，开发利用低丘红壤7万亩。

农村河道综合整治：完成农村河道综合整治10000公里。

小型水源工程：加固建设小型灌溉水源工程600座。

（三）加快水资源保障工程建设。围绕"大平台、大产业、大项目、大企业"、海洋经济建设等重大战略，加强对产业集聚区、舟山群岛新区以及重要城市、拟培育成小城市的中心镇等的水资源保障，在节约用水前提下，综合采取现有蓄水工程功能调整、新建水源工程和引调水工程、海水淡化等非常规水资源利用多种措施，建成集约高效、城乡统筹、量质并重、多源共济的水资源配置工程体系。

1. 继续加强水源和引调水工程建设。续建舟山大陆引水二期工程、新昌钦寸水库、平湖太浦河取水一期工程等，新建好溪水利枢纽、台州朱溪水库、宁波自曹娥江引水工程等，新增年供水能力15亿立方米。建设闲林水库等城市应急备用水源。加强水资源科学调度，构建宁波、浙北、浙中地区水库群联合供水、台州"北水南调"等区域水源联网联调的水资源配置模式。实施农村饮水安全提升工程，改善提高395万农村人口的饮水安全条件。因地制宜，在水资源紧缺地区积极推广应用海水淡化等非常规水源；加强对饮用水水源的水质保护、监管和综合整治，努力遏制部分供水水源水库富营养化趋势，实施30余座水库水源安全保障工程。在推进水资源配置工程建设的基础上，开展战略性水源的前期研究。继续争取调整新安江水库功能和管理体制，开展新安江引水工程前期研究。开展温州小溪引水、台州十三都水库、宁海辽车水库等工程的前期研究。

2. 继续实施"千站改造惠农保安工程"。加快老电站更新改造进程，推进11个水电新农村电气化县建设，积极推动农村水电增效扩容改造，更新改造水电站320座，强化水电安全监管。

专栏三：水资源保障工程建设主要任务

水源及调蓄工程：建成长兴合溪水库、新昌钦寸水库、平阳顺溪水利枢纽和慈溪郑徐水库等，开工建设永嘉南岸水库、好溪水利枢纽、台州朱溪水库、仙居孟溪水库、绍兴夏泽水库、诸暨永宁水库、松阳黄南水库和宁波慈西水库等。

引调水工程：建成浙东引水工程、楠溪江供水工程、平湖太浦河取水一期工程等，开工建设宁波自曹娥江引水工程、舟山大陆引水三期工程、嘉善太浦河取水二期工程等。

农村饮水安全提升工程：改善395万农村人口的饮水安全条件。
应急备用水源工程：建成杭州闲林水库，开工建设萧山湘湖、海宁鹃湖、海盐千亩荡等工程。
海水淡化：建设一批海水淡化工程，总规模14万吨/日。
水库水源安全保障工程：实施30余座水库水源安全保障工程。
农村水电：建设11个水电新农村电气化县，更新改造水电站320座。
其中，舟山群岛新区的水资源保障工程：
本地水资源开发：建设一批小型水源工程，增加调蓄能力约1000万立方米。
引调水工程：建成舟山大陆引水二期工程。开工建设舟山大陆引水三期工程，增加引水流量1.2立方米/秒；力争开工建设嵊泗大陆引水工程。
河道、水库连通工程：整治舟山本岛河道水系，建设一批翻水泵站，实现河道～水库及水库～水库连通，增加既有河道、水库调蓄能力。
海水淡化：建设8个海水淡化工程，总规模12.5万吨/日。

3. 科学开发利用滩涂资源。坚持开发利用与节约保护并重，按照规划，抓紧推进钱塘江河口地区以及沿海地区一批重点围涂工程建设，完成圈围60万亩。结合河口综合治理，开展温州瓯(江)飞(云江)围垦一期工程等重大项目的建设。坚持生态围垦理念，优化滩涂围垦布置形式。开展滩涂资源调查，修编滩涂围垦总体规划，对滩涂资源变化情况进行动态监测。加强对河口治理的基础研究及基础资料调查与监测，根据滩涂淤涨状况，引导开展人工促淤，促进滩涂资源可持续利用。

专栏四：滩涂围垦重要工程

宁波：续建宁海下洋涂围垦等3项工程，新建余姚治江围涂四期等6项工程，围涂总面积41.3万亩。
温州：续建苍南江南涂等4项工程，新建瓯飞围垦一期等4项工程，围涂总面积46.4万亩。
嘉兴：续建海盐县东段围垦工程，围涂总面积1.3万亩。
绍兴：续建上虞世纪丘治江围涂工程，新建上虞世纪新丘治江围涂工程，围涂总面积8.3万亩。
舟山：续建六横小郭巨二期促淤围垦等3项工程，新建嵊泗小洋山北侧围垦等6项工程，围涂总面积13.5万亩。
台州：续建台州市椒江区十一塘围垦等4项工程，新建临海市北洋涂围垦二期等4项工程，围涂总面积31.1万亩。

(四)建设水环境改善和水生态修复工程。按照"引得进、流得动、排得出"的总体要求，以提高水的流动性作为主要手段，增强水环境承载能力，加快太湖流域水环境综合治理五大水利骨干工程建设，增加多年平均引水量约5亿立方米。建设瓯江丽水段、义乌江生态治理工程等，改善水生态环境。建设绍兴平原河道整治、温州温瑞塘河整治等工程，连通河网水系，促进沿海平原水体有序流动。加强重要生态保护区、水源涵养区、江河源头区的保护，落实重要流域水生态修复与保护措施。在水资源配置中加大对生态用水的配置比重，增加江河湖泊生态用水。开展易灾地区水土流失综合治理和坡耕地综合治理工程建设，治理水土流失面积3000平方公里。

专栏五：促进水环境改善和水生态修复的主要水利工程

太湖流域水环境综合治理五大工程：完成扩大杭嘉湖南排工程、太嘉河工程，加快建设平湖塘延伸拓浚工程、苕溪清水入湖河道整治工程、环湖河道综合整治工程。
河流生态治理工程：义乌江生态治理、仙居县永安溪干流生态保护与治理、瓯江丽水段水生态系统保护与治理、宁波东钱湖清淤等工程。
平原河网水系沟通工程：绍兴平原河道整治、宁波市河道调水工程等。
水土流失治理工程：在遂昌、开化等69个县(市、区)开展水土流失综合治理。

(五)实施行业能力提升工程。按照依法管水、科学治水的要求，加强水利法制保障和科技支撑，推进水利基础信息管理平台建设，进一步提升水利行业能力。

1. 推进依法管理。进一步完善水法规体系。加强水政执法能力和队伍建设，建立健全预防为主、预防与调处相结合的水事纠纷预防和调处机制，加大水事违法案件查处执行力度，建立重大水事违法案件挂牌督办制度。强化水工程安全管理和安全生产监管，依法管理河湖水域，加强建设项目水土保持的监督管理。规范行政许可行为，依法依规简化行政审批手续。

2. 着力提高科学管理水平。按照《第一次全国水利普查实施方案》要求，完成第一次水利普查，为水利工作提供基础数据。开展河口滩涂开发利用管理等规划编制工作，完善水利规划体系，发挥规划在涉水事务管理中的指导、约束作用。加强水利信息采集、处理、传输工作，建设水利数据中心，更新改造防汛指挥系统，进一步完善电子政务系统、水资源管理信息系统、水利工程安全运行管理信息系统、水政执法监督管理平台等一批业务应用系统，提高水利信息化水平。

3. 加强水文基础设施建设。优化水文站网布局，针对频发的局地强降雨和洪涝台旱灾害，着力增强重点地区、重要城镇、中小河流、山洪易发地区、沿海风暴潮和旱情等的水文测报能力。完善水雨情信息自动采集和网格化预警系统，提高系统在恶劣天气条件下的信息传输保障能力；依托水文基础设施和水文站网，强化水资源、水生态和水土保持监测与服务。支持中国水利博物馆等加强水文化遗产研究和保护。

4. 推进水利科技创新。针对防洪减灾、水资源保障、水环境改善、农田水利以及加强水资源管理等重点领域，加大水利科技投入，以水利科技创新平台、重点实验室为主要载体，继续建设省水利防灾减灾、河口海岸重点实验室，加强应用基础研究、先进适用技术研究和水利科技成果推广，建设一批水利科技推广示范基地。加强水利国际交流和合作。培育水利科研、勘测、设计、咨询、代建、区域建设项目法人等机构，着力加强对基层水利单位和建设项目的服务，提升水利建设、管理的能力和水平。提高浙江水利水电专科学校和浙江同济科技职业学院的办学质量和办学层次。

专栏六：提升水利行业能力的主要基础设施工程

防汛减灾：建设省防汛物资基地迁建工程、钱塘江安全应急中心基地等。

教育与科研设计：建设省灌溉试验中心站、省水利工程质量安全监督实验室、省水利河口研究院省重点实验室科研用房（一期）工程、浙江水利水电专科学校下沙校区迁扩建三期、浙江同济科技职业学院校区扩建、省水利水电勘测设计院试验基地、省水利水电工程局科研楼等，建设一批科技推广示范基地。

水利信息化：建设省级水利数据中心、防汛抗旱管理系统，完善电子政务系统，建设水利工程安全运行管理等业务应用系统。

水文监测：新建或改建一批水文站、水位站、雨量站和水文试验站，建设一批水文巡测基地、水资源监测中心，实施省水土保持监测站网二期工程。

四、水利改革与管理主要任务

“十二五”期间水利改革与管理的主要任务是实行最严格水资源管理制度、建立水利投入稳定增长机制、加快水利工程建设与管理体制改革、健全基层水利服务体系、推进水价改革和节水型社会建设，构建有利于水利科学发展的体制机制。

（一）实行最严格的水资源管理制度。确立水资源开发利用、用水效率、水功能区限制纳污“三条红线”，建立水资源管理责任和考核制度。

1. 建立用水总量控制制度。以水资源综合规划为依据，制定全省八大流域水量分配方案。基本建立覆盖省、市、县（市、区）三级行政区域的取用水总量控制指标。实行区域和重点用水户计划用水管理。推进规划水资源论证工作。探索研究水权制度建设。

2. 建立用水效率控制制度。建立区域、行业和用水产品用水效率指标体系，建立健全用水定额管理制度、用水计划管理制度、缺水地区高耗水项目准入制度和建设项目节水“三同时”制度，对取用水大户实行重点监控，加大对高耗水行业、重点企业节水技术改造和城镇供水管网改造。

3. 建立水功能区限制纳污制度。提出水功能区限制纳污总量意见和年度分解计划，严格控制入河湖排污总量。强化入河排污口设置的审查管理。加强水功能区监测，实行水功能区达标率管理。加强地下水管理，严格执行地下水禁限采管理制度，开展地下水动态监测站网建设。

4. 建立水资源管理和保护“三条红线”评价体系。明确县级及县级以上政府主要负责人对本行政区域水资源管理和保护工作负总责，水行政主管部门会同有关部门，对各地区“三条红线”的落实情况进行考核，考核结果作为地方政府领导干部综合考核评价和生态保护财政转移支付的重要依据。

（二）建立水利投入稳定增长机制。将水利作为公共财政投入的重点领域，加大投入力度。

1. 加大财政投入力度。认真落实从土地出让收益中提取10%用于农田水利建设的政策，充分发挥新增建设用地土地有偿使用费等土地整治资金的综合效益，其用于农田水利基本建设和保护方面的支出不低于20%。严格按照《浙江省地方水利建设基金筹集与使用管理实施细则》，足额征收水利建设资金，专项用于水利工程建设与维护。落实有重点防洪任务和水资源严重短缺的城市要从城市建设维护税中划出不少于15%用于城市防洪排涝和水源工程建设的要求。加大一事一议财政奖补力度，充分调动农民兴修农田水利的积极性。

2. 完善水资源有偿使用制度。合理调整水资源费征收标准，扩大征收范围，严格征收、使用和管理。

3. 加强金融支持。充分利用优惠政策，引导金融机构增加水利信贷资金。鼓励符合条件的市、县（市、区）政府融资公司通过直接、间接融资方式，拓宽水利投融资渠道，吸引社会资金参与水利建设。

（三）加快水利工程建设和管理体制改革。坚持建管并重，以开展“十二五”全国加快水利建设与管理改革试点省工作为契机，进一步深化水利工程建设与管理体制改革。

1. 全面落实公益性、准公益性水管单位基本支出和维修养护经费。推进小型水利工程管理改革，落实管护主体和责任，探索建立区域化集中管理模式，培育专业化管理服务队伍。细化水利工程管理内容和责任，完善管理标准，健全管理考核制度。

2. 全面落实水利工程质量、安全责任制。健全水利工程质量与安全监督管理机构。适应大规模水利建设的需要，转变水利建设行业监管方式，推行以县级区域为单位或以同类项目打捆组建项目法人，鼓励水利勘测、设计、监理等技术服务单位提供组团式服务，加快推行建设项目代建制，提高水利工程建设管理专业化水平。

（四）建立健全基层水利服务体系。建立健全职能明确、布局合理、队伍精干、服务到位的基层水利服务体系，因地制宜，采取多种方式，健全乡镇水利服务机构，按照“条块结合、以条为主”的模式，建立健全县域内流域（区域）水利站，落实流域（区域）水利站或综合设置乡镇水利服务机构的人员编制，所需经费纳入县级财政预算。防汛防台抗旱任务较重的乡镇要落实防汛防台抗旱办事机构。强化基层水利服务机构水资源管理、防汛防台抗旱、农田水利建设、水利科技推广等公益性职能。大力推广农民群众自我管理、合作用水等组织形式，选配或采取政府购买服务的方式，推广建立村级水利（水务）员制度，协助基层水利服务机构做好涉水的相关服务工作。

（五）推进节水型社会建设。推进节约用水，加大农业、工业、生活节水和非常规水源利用的力度，推进农业高效节水工程建设，推广生活节水器具，推广先进节水技术和工艺，提高水资源循环利用水平，不断提高用水效率。理顺水利工程供水价格，逐步实行阶梯式水价制度和超计划超定额用水累进加价制度，综合利用经济、技术、法规和行政等手段，促进节水型社会建设。在义乌、玉环、舟山、余姚等试点基础上，争取三分之一市县建成"体系完整、制度完善、设施完备、高效利用、节水自律、监管有效"的节水型市县。强化城乡水资源统一管理，鼓励有条件的地方实行水务一体化。

五、投资规模

（一）投资总额。根据规划任务，经初步测算，全省"十二五"规划项目投资1980亿元（其中滩涂围垦工程投资406.6亿元）。"十二五"水利投资结构分别为：

1. 按工程类别分为："强塘"工程占28%，农田水利工程占24%，水资源保障工程占14%，水环境改善和水生态修复工程占9%，滩涂围垦工程占21%，行业能力建设占4%。

2. 按年度分为：根据中发〔2011〕1号文件精神，全省2011年至2020年年平均投入应不低于490亿元（即2010年水利投入的二倍），十年总投入应不低于4900亿元。"十二五"规划投资1980亿元，占今后十年总投入的40.4%。分年度投资分别为：2011年270.2亿元，2012年330.2亿元，2013年397.3亿元，2014年461.9亿元，2015年521.0亿元。

3. 按地区分为：杭州市177.0亿元，宁波市310.1亿元（其中滩涂围垦工程投资76.1亿元），温州市350.6亿元（其中滩涂围垦工程投资177.7亿元），嘉兴市139.8亿元（其中滩涂围垦工程投资2.3亿元），湖州市116.6亿元，绍兴市153.2亿元（其中滩涂围垦工程投资16.8亿元），金华市135.2亿元，衢州市88.3亿元，舟山市160.3亿元（其中滩涂围垦工程投资93.3亿元），台州市189.4亿元（其中滩涂围垦工程投资40.5亿元），丽水市126.7亿元，省本级33.5亿元。

（二）资金筹措渠道。"十二五"规划投资通过以下渠道筹措：

1. 将水利作为公共财政投入的重点领域，明显提高财政性资金对水利投入的总量和增幅。

2. 按照《浙江省地方水利建设基金筹集与使用管理实施细则》足额征收水利建设资金。

3. 严格按照10%的比例从土地出让收益中提取农田水利建设资金。

4. 新增建设用地土地有偿使用费等土地整治资金用于农田水利支出不低于20%。

5. 合理调整水资源费等规费征收标准，扩大征收范围。

6. 加强与金融机构合作，增加水利信贷资金。

7. 充分调动农民兴修农田水利的积极性。

8. 积极引导社会资金参与水利建设。

六、保障措施

（一）加强组织领导，落实目标责任。各级政府要高度重视水利改革发展，把水利工作摆在重要位置，及时研究和解决水利改革发展重大问题。政府主要领导要负总责，亲自抓战略规划、工作部署、督促检查，确保责任到位、措施到位、投入到位。要建立完善考核评价和责任追究制度，严格落实防汛抗旱、饮水安全保障、水资源管理、水库安全管理等行政首长负责制。要及时将本规划明确的水利建设、水利改革与管理的主要任务分年度分解落实到各地、各有关部门。各级水行政主管部门要细化工作方案，抓好各项任务的实施。各有关部门要各司其职、密切配合，共同推进水利改革发展工作。

（二）加大政府投入，保障水利建设。各级政府要将水利作为公共财政投入的重点领域，确保财政性资金对水利的投入总量和增幅都有明显提高。要足额征收水利建设基金，专项用于水利建设与管理。要严格按照10%的比例从土地出让收益中提取农田水利建设资金。逐步完善水利项目的省补助政策。加强对各地水利投入政策落实情况的监督检查，进一步强化对水利资金使用的监督管理及绩效评价，确保"十二五"规划投资落到实处、发挥效益。要充分利用财政贴息、中长期政策性贷款等优惠政策，大幅增加水利建设的信贷资金。发挥我省民营经济比较发达的优势，积极吸引民营资本投入经营性水利项目。

（三）深化前期工作，确保项目进度。《浙江省水利发展"十二五"规划》中约2800个项目需开展前期工作，各地要高度重视。各级水利部门要制订前期工作方案，加强与发展改革、财政、国土资源、建设、交通运输、环保、农业、林业、海洋与渔业、文物等部门的协作，积极争取中央有关部门的支持。要制订项目前期工作各环节的进度目标，加强督促检查。要认真落实项目前期工作责任制，严格执行进度报表制度。要突出重点，加强事关全局的重大水利项目前期研究，力争不断扩大防洪骨干工程、重要水资源调配工程及滩涂围垦工程等的项目储备。完善前期工作招投标制，依法依规简化前期工作程序。

（四）强化队伍建设，提供人才保障。加强领导班子和干部队伍建设，创新干部选拔和培养方式，推进竞争性选拔干部工作，加大干部双向交流和实践锻炼力度，增强干部队伍活力。深入实施水利人才战略，以拔尖人才、年轻人才和新技师为重点，加大高层次、高技能人才培养力度，积极构建水利创新团队。着力完善人才评价、考核、激励机制，进一步营造有利于优秀人才脱颖而出的用人环境。以基层单位特别是基层水利服务体系有关人员为重点，推进新一轮干部教育培训工作，提高水利工作者业务素质和履职能力。加强岗位资格管理，组织水利行业技能竞赛。

（五）营造良好氛围，形成工作合力。加大省情、水情宣传力度，把水利纳入公益性宣传范围，纳入国民素质教育体系和中小学教育课程体系，纳入各类教育培训内容。大力弘扬水文化，提高全民水患意识、节水意识、水资源保护意识和灾害防御自救意识，在全社会形成节约用水、合理用水的良好风尚。要鼓励和引导全社会支持水利事业，集中各方力量办好水利。

浙江省人民政府关于印发浙江省质量强省建设十二五规划的通知

浙政发〔2011〕85 号

各市、县(市、区)人民政府,省政府直属各单位:

现将《浙江省质量强省建设"十二五"规划》印发给你们,请认真贯彻实施。

二〇一一年十一月十八日

浙江省质量强省建设"十二五"规划

为深入贯彻落实科学发展观,全面实施"八八战略"和"创业富民、创新强省"总战略,进一步加快推进质量强省建设,切实发挥质量建设在转变发展方式、实现富民强省中的基础性作用,根据《浙江省人民政府关于印发浙江省国民经济和社会发展第十二个五年规划纲要的通知》(浙政发〔2011〕15 号)、《浙江省人民政府关于加快建设质量强省的若干意见》(浙政发〔2011〕18 号)精神,特制定本规划。

一、现实基础和面临形势

(一)现实基础。"十一五"期间,我省认真实施国务院《质量振兴纲要(1996 年—2010 年)》和《浙江省质量振兴实施计划(1998—2010 年)》,提升社会质量意识,完善质量工作体系,建立质量监管机制,强化质量基础建设,质量工作迈上了新的台阶,为质量强省建设奠定了良好基础。一是质量总体水平稳中有升。产品质量监督抽查合格率稳定提高,产品质量层次不断提升;建设工程质量保持全国领先,城市品质和村镇建设质量明显提升;生态环境质量继续位居全国前列,主要污染物排放总量持续下降;服务质量不断改善,服务业规范化、标准化不断推进,顾客满意度不断提高。二是质量安全保障能力不断增强。食品、农产品、强制性认证产品、生产许可证产品等涉及安全产品质量监督抽查合格率持续稳定,没有发生重、特大产品质量安全事故;工程质量安全状况明显改善,建筑施工百亿元产值死亡率低于全国平均水平。三是质量基础建设逐步夯实。企业质量管理体系建设逐步推进,卓越绩效管理等先进质量管理方法逐步推广,质量公共服务平台逐步健全,环保基础设施建设不断完善。四是质量创新能力有所提升。企业技术创新能力持续增强,国家级品牌拥有量位居全国前列,标准研制和争取标准话语权的能力显著增强。五是质量政策法规体系渐趋完善。质量相关地方性法规建设不断加强,质量政策体系日趋成熟,质量工作法制化、科学化、规范化水平不断提高。

然而,当前我省质量建设水平与加快转型升级、提升生活品质的要求差距很大,与国际先进水平差距更大。主要体现在:质量总体水平仍然不高,质量安全事件时有发生,质量标准水平偏低,质量技术保障能力不够强,质量责任落实不到位,基层监管力量严重不足,社会诚信体系不健全,全社会重视质量的意识和环境有待进一步形成,引导和鼓励社会力量参与质量建设的工作体系有待进一步建立。

(二)面临形势。"十二五"时期,国内外宏观环境将继续发生深刻变化,质量强省建设面临着新的机遇和挑战。从国际看,全球经济发展方式面临深度调整,科技创新孕育新突破,围绕市场、资源、人才、标准的竞争更加激烈,各种形式的贸易保护主义抬头,质量已成为影响国家和地区综合实力、国际竞争力的重要因素;从国内看,总体上仍处于重要战略机遇期,转变发展方式、保障改善民生成为当前和今后一个时期的重大战略任务,以质量为核心要素的区域合作与竞争呈现新的局面;从省内看,是全面建设惠及全省人民小康社会的攻坚时期和深化改革、加快转变经济发展方式的关键时期,随着我省进入人均 GDP 由 7000 美元向 10000 美元跨越的新阶段,经济结构进入加快调整期,以公共品需求为主的民生需求进入快速增长期,人民群众提升发展质量和生活品质的要求更为迫切。建设质量强省,增强以质量为核心要素的区域竞争力,是破解能源、土地、环境承载力等要素制约,发展生态经济,建设生态文明,实现科学发展的战略举措;是解决经济发展中的结构性、素质性、资源性问题,加快产业升级,增强综合实力,提升发展质量的迫切需要;是保障群众切身利益,改善民生,提高生活品质,维护社会稳定的必然要求。必须进一步增强科学发展的自觉性和坚定性,切实把质量建设摆到更加突出的位置,走出一条具有浙江特色的质量强省之路。

二、指导思想、基本原则和主要目标

(一)指导思想。"十二五"时期质量强省建设的指导思想是:以科学发展观为统领,深入实施"八八战略"和"创业富民、创新强省"总战略,以加快转变发展方式为主线,坚持全面、全程、全民的质量观,切实强化质量工作的基础性作用,着力推进技术创新、品牌创新、标准创新和管理创新,抓发展质量,提生活品质,努力使全省产品、工程、服务、环境等重点领域质量水平适应经济社会发展要求,为

全面建成惠及全省人民的小康社会、基本实现现代化提供强劲动力和有力保障。

（二）基本原则。“十二五”时期质量强省建设的基本原则是：坚持民生为本，安全第一。把改善民生作为质量工作的出发点和落脚点，致力于质量惠民，着力提高城乡居民生活品质；把保障质量安全作为质量强省建设的首要任务，确保人民生命财产安全，促进社会和谐稳定。坚持企业为基，诚信至上。充分发挥企业在质量建设中的主体作用，引导广大企业走质量强企、质量强业之路；加强质量诚信建设，推进行业、企业进一步加强自律，完善质量诚信制度，逐步形成激励守信、惩戒失信的质量信用监督机制。坚持实体入手，质量优先。着眼于提升浙江经济社会发展质量，突出抓好产品、工程、服务、环境四大实体质量；更加注重发展的质量、结构和效益，努力创建浙江质量建设的特色和优势，增强以质量为核心的区域竞争力。坚持统筹谋划，重点推进。从发展全局的高度谋划推进质量建设，并结合各地实际，突出重点领域、主导行业、特色产业，制定质量建设规划和政策，推动各地质量建设的特色化发展。

（三）主要目标。“十二五”时期质量强省建设的主要目标是：到2015年，全省质量基础建设明显加强，质量安全状况明显改善，质量创新能力明显提升，全社会质量意识明显增强，总体质量达到国内领先或国际先进水平。

1. 产品质量全面提升。国家监督抽查合格率保持全国先进水平，省级监督抽查批次合格率达到92%以上；地产食品、药品和食用农产品例行监测、监督抽查批次合格率分别达到93%、95%和96%以上；规模以上企业采用国际标准与国外先进标准比率达到85%以上，质量、环境管理体系认证持证率达到40%以上。

2. 工程质量稳步提高。竣工交付使用的工程质量达到国家标准或规范要求，交验合格率达到100%，大中型工程建设项目一次性验收合格率达到100%；新建民用建筑全面实施节能设计标准；积极推进建筑节能示范工程，在建筑用能监管、既有建筑节能改造、光伏等可再生能源在建筑中的应用和低碳绿色建筑等方面有新的突破。

3. 服务质量明显改进。建立和完善现代物流、信息、科技等生产性服务业以及旅游、商贸等生活性服务行业的标准体系；推进5000家服务企业建立质量管理体系，服务企业质量管理水平明显提升，主要服务行业顾客满意率显著提高。

4. 环境质量持续改善。主要污染物排放总量显著减少，地表水环境质量持续好转，城乡环境空气质量明显改善，区域噪声得到有效控制，污染土壤治理与修复试点工程取得明显成效，环境风险防范能力和安全保障能力进一步增强，全省生态环境质量总体水平继续保持全国领先。

专栏1:“十二五”浙江省质量强省建设主要指标

产品质量	国家监督抽查合格率保持全国先进水平，省级监督抽查批次合格率达到92%以上；地产食品、药品和食用农产品例行监测、监督抽查批次合格率分别达到93%、95%和96%以上。
	规模以上企业采用国际标准与国外先进标准比率达到85%以上。
	形成一批具有国际竞争力和影响力的名牌产品和名牌企业。
	依托块状经济规划和产业集群分布，建立形成一批针对新兴产业或重点扶持行业的出口产品示范区。
工程质量	竣工交付使用的工程质量达到国家标准或规范要求，交验合格率达到100%，大中型工程建设项目一次性验收合格率达到100%。
	新建民用建筑全面实施节能设计标准。
	积极推进建筑节能示范工程，在建筑用能监管、既有建筑节能改造、光伏等可再生能源在建筑中的应用和低碳绿色建筑等方面有新的突破。
服务质量	建立和完善现代物流、信息、科技等生产性服务业以及旅游、商贸等生活性服务行业的标准体系。
	培育300个以上浙江服务名牌。
	推进5000家服务企业建立质量管理体系，服务企业质量管理水平明显提升。
	主要服务行业顾客满意率显著提高。
环境质量	县以上城市环境空气质量年均浓度值均达到或优于二级标准，11个设区市环境空气质量达到二级标准的天数比例达到90%以上；八大水系、运河和主要湖库省控以上断面劣Ⅴ类水质比例小于等于5%，达到或优于Ⅲ类标准的比例大于75%；区域环境噪声小于55分贝的县以上城市比例达到75%以上；全省化学需氧量、氨氮、二氧化硫和氮氧化物减排量达到国家下达的“十二五”目标要求。

三、主要任务

（一）深入实施“三大战略”，加快推进经济转型升级

知识产权战略、标准化战略、品牌战略是质量建设的三大主导战略，在质量强省建设中处于核心地位。

1. 实施知识产权战略。建设以企业为主体、市场为导向、产学研结合的自主创新体系。建立健全知识产权创

造、管理和实施的激励机制，促进企业开发具有自主知识产权的核心技术；及时将技术创新成果转化为标准，转化为现实生产力，以技术创新推动标准创新，实现质量创新；注重管理创新、经营模式创新的结合，形成创新合力。重点组织实施重大科技专项，加快科技创新平台建设，大力培育技术创新型企业，鼓励和支持企业大力开发、引进和应用优秀专利、商标和版权，增强知识产权创造运用能力。到2015年，全省实施50个以上重大科技专项，培育500家创新型企业，商标注册总量70万件(其中国际注册6万件)，发明专利授权量力争突破1000件，专利技术实施率达到国内领先水平。

2. *实施标准化战略*。紧紧围绕现代产业体系和生态文明建设，加快构建浙江特色的标准体系。加强技术标准的研制，全面提升我省在国际、国内市场的标准话语权。加快实质性采用国际标准和国外先进标准步伐，全面提升我省标准化水平。重点鼓励申报建立全国专业标准化技术委员会、分技术委员会，参与国际标准、国家标准、行业标准制修订，积极开展地方服务、环境、能耗等标准制修订工作，推进装备制造、电子信息等11个制造业转型升级的重点产业采用国际标准和国外先进标准，大力推进专利标准化工作，鼓励企业形成自己的核心技术专利链，有针对性地引导部分行业组建专利联盟，围绕核心技术进行联合投资、合作开发，鼓励具有自主知识产权的技术及其产品及时转化为标准。到2015年，争取拥有国家和省级专业标准化技术委员会150个以上；为主参与制修订国家、行业标准300项以上，力争10项以上国际标准提案；农业标准化推广实施率达到60%以上，块状产业联盟标准推广实施率达到30%以上；培育发展500家标准创新型企业。

专栏2:“十二五”浙江省标准化建设重点内容

地方标准体系建设	围绕节能减排和生态文明建设，加强环境保护、节能、节水、节地和资源综合利用地方标准建设，重点加强安全生产和社会公共安全领域的地方标准建设。在商贸、现代物流、信息服务、商务、旅游、社区服务等重点领域制定一批服务标准和规范。形成以资源节约、环境保护、公共安全、现代农业和服务业为核心的结构合理、重点突出、与浙江经济社会发展水平相适应的地方标准体系。
专业标准化技术委员会建设	重点围绕生物产业、新能源产业、高端装备制造业、节能环保产业、海洋新兴产业、新能源汽车产业、物联网产业、新材料产业、核电关联产业等九大战略性新兴产业以及现代商贸、现代物流、信息服务、商务服务、社区服务、发展义乌“市场采购”新型贸易模式等服务业重点领域，建立一批国家和省级专业标准化技术委员会。
农业标准化项目	围绕“保供增收、转型提质、美村惠民”的目标，立足我省农业十大主导产业，紧密结合现代农业“两区”、“三化”建设，继续大力推进我省农业标准化示范区创建工作，着力建设国家、省级农业标准化示范项目300个以上，建设标准化示范基地300万亩以上，有效发挥农业标准化示范区的辐射、带动作用，为我省农产品品质提升、农业转型升级和社会主义新农村建设发挥重要作用。
块状产业联盟标准项目	围绕42个块状经济向现代产业集群转型升级示范区和50亿元以上的重点块状产业建设一批联盟标准项目。
服务业标准化项目	在现代商贸、现代物流、信息服务、科技服务、商务服务、旅游、文化服务、社区服务等服务业重点领域，积极开展服务标准化试点，建设200个服务标准化试点项目。

3. *实施品牌战略*。加强品牌政策研究，制定品牌培育规划，培育、保护和发展一批在国内外有较大影响力的品牌产品、品牌工程、品牌企业和区域品牌，努力创建拥有自主知识产权的国际知名品牌，积极推进品牌大省向品牌强省转变。重点鼓励争创名牌产品、驰(著)名商标、鲁班奖、钱江杯等品牌(工程)，培育和保护地理标志产品，鼓励老字号企业创新发展，积极培育区域品牌，形成一批具有核心竞争力的现代产业集群。到2015年，培育创建3000个浙江名牌，其中包括100个浙江区域名牌、300个浙江服务名牌和500个浙江农业名牌；培育发展300件驰名商标、3000件浙江省著名商标。

专栏3:浙江省质量提升和区域名牌培育基地

转型升级重点块状产业(共24个)	萧山化纤纺织、余杭家纺、慈溪家电、乐清工业电气、绍兴县纺织、平湖光机电、金华汽车和零部件、义乌饰品、台州医药化工、黄岩模具、衢州氟硅、缙云机床、富阳造纸、建德精细化工、余姚节能照明及新光源、德清生物医药、嘉善电子信息、东阳磁性电子材料、兰溪棉纺织、江山木业加工、路桥金属资源再生、临海休闲用品、龙泉汽车空调零部件、遂昌金属制品。
地理标志保护产品(共23个)	嘉兴杭白菊、庆元香菇、金华火腿、龙泉青瓷、常山胡柚、新昌花生、塘栖枇杷、余姚杨梅、慈溪杨梅、天台乌药、三门青蟹、宁波金柑、瓯海瓯柑、建德严冬关五加皮酒、丁岙杨梅、温州温郁金、临安天目山铁皮石斛、长兴吊瓜籽、龙泉灵芝、云和黑木耳、建德里叶白莲、象山白鹅、枫桥香榧。
各区域推荐产业(共29个)	临安电缆、分水圆珠笔、建德低压电器、温州纺织服装、温州制笔、温州眼镜、德清木业、平湖服装、许村家纺、海宁太阳能、海盐标准件、南北湖千斤顶、平湖洁具、崇福皮草、王店小家电、上虞照明电器、枫桥服装、义乌无缝内衣、永康电动工具、浦江水晶、衢州风动机械、开化龙顶茶叶、龙游造纸、江山蜂产品、黄岩塑料制品、路桥喷雾器、三门胶带、椒江缝制设备、青田石雕。

（二）建立健全“四大体系”，切实提升质量保障水平

建设质量强省，质量安全是底线，质量技术是支撑，质量诚信和质量评价是前提。建立健全质量安全保障、质量技术支撑、质量诚信和质量评价体系，是推进质量强省建设的重要基础。

1. 建立健全质量安全保障体系。围绕保障质量安全，加快出台与相关法律配套的地方性法规和政府规章，确保质量安全有法可依。明确各级政府对质量安全负总责，建立目标责任制，落实质量安全监管职能，建立条块结合的监管机制，有效整合监管力量，实施区域监管，加强地方政府与监管部门间的协调配合，进一步落实乡镇（街道）基层政府的质量安全监管责任。特别要探索建立食品质量安全监管新机制。坚持从源头抓质量安全，严把市场准入关、环境准入关。建立质量安全风险监测和预警体系，加强对质量安全风险信息的收集、汇总、分析、评估，对重大质量安全隐患能够做到早发现、早研判、早预警、早处置，探索有效的市场退出机制，确保产品质量、工程质量、服务质量、环境质量安全，防止系统性、区域性的重大质量安全事故发生。重点建立全省质量安全动态数据库；开展对食品、农产品以及重点工业产品等质量安全问题的专项整治；深入推进环境污染防治工作，严格防范环境风险，切实维护环境安全，加强重金属污染综合防治，加大固体废物污染治理力度，加强核设施和放射源监管，确保核与辐射环境安全，建立危险化学品风险防范体系，提升区域风险防控能力；推进实施中小学校舍安全工程，实施住宅工程质量分户验收制度；构建完善质量安全应急救援系统，不断提高应对质量安全突发事件的快速反应能力。

专栏4:“十二五”浙江省质量安全保障体系建设重点内容	
产品质量安全	优化政策法制环境。制定出台《浙江省实施〈中华人民共和国食品安全法〉办法》等质量安全法律法规，引导和推动企业切实承担起质量安全主体责任。 完善质量监管机制。进一步完善生产许可、监督抽查、监测预警、风险评估、强制退出等质量安全监管机制。构建食品生产企业质量安全风险分级监管体系，实现食品获证企业质量安全监测全覆盖。建立产品质量安全动态数据库，加强风险评估和预警预测，进一步完善质量安全应急救援系统。加强乡镇（街道）质量安全监管站所建设，进一步完善基层监管网络。 落实质量安全责任。推动地方政府落实区域产品安全责任，努力将质量安全监管责任落实到乡镇（街道）基层。 加大监管工作力度。围绕民生和安全，突出重点区域、重点行业、重点企业和重点产品的专项监督抽查，加大执法打假力度，严厉查处各类质量违法违规案件。加大对重点食品特别是食品添加剂的监管，切实保障食品质量安全，确保各市、县（市、区）政府所辖区域内不发生区域性、行业性重大产品质量安全事故。
工程质量安全	构建建筑市场监管体系。进一步规范建筑市场秩序，狠抓招投标源头监管，完善招投标竞争机制；严格市场准入清出制度，进一步加强企业资质动态监管，完善建筑业企业定期检查制度；强化建筑市场管理与工程现场管理“两场联动”，加大行政执法力度，依法处罚失信的责任单位和责任人；加强安全生产动态监管，进一步强化建筑施工安全生产许可制度。 完善工程质量安全事故防范体系。促进建设、勘察、设计、施工、监理等各方责任主体和施工图审查、质量检测等有关单位以及各类执业人员质量安全责任意识普遍提高；进一步建立和完善质量保险、施工图审查、质量检测、竣工验收、质量保修等监督管理制度。进一步健全企业质量保证体系，严格落实质量责任，强化质量形成过程市场行为监管，有效防范和遏制重大工程质量事故；进一步加大工程质量安全事故的查处力度，完善工程质量事故及违法、违规行为的责任追究机制。
服务质量安全	完善城乡配送基础物流网络，提升安全服务能力。完善药品、食品、鲜活农产品冷藏、加工、运输和配送等物流设施，提高药品、食品、鲜活农产品冷藏运输比例，支持发展农资和农村消费品物流配送中心建设。 提高金融防风险能力。加强地方金融管理，建立健全以“一办一行三局”及各金融机构为主体的金融风险处置协调机制，推动金融机构建立金融风险识别和监测评估体系，提高风险防控能力，着力防范化解金融风险，确保浙江金融稳定健康发展。 提升信息安全服务水平。提升安全加密、电子认证、网络防御、应急响应、容灾备份、安全测试、风险评估等信息安全服务水平及产业化程度。
环境质量安全	加强污染减排重点项目建设。围绕化学需氧量、氨氮、二氧化硫、氮氧化物等主要污染物总量减排和降低重点行业二噁英类持久性有机污染物排放强度，实施一批重点减排工程。重点抓好造纸、印染、制革、化工、医药、电镀等行业的污染治理设施建设，确保污水排放达标率稳定在90%以上。到2015年，新增城镇污水配套管网4000公里以上。到2012年，县以上城市污水处理率达到80%以上，2015年达到83%以上。到2012年，80%以上的建制镇建成污水处理设施，2015年全省有条件的建制镇全部建成污水处理设施。 加快固体废物污染防治设施建设。积极开展城市生活垃圾分类收运处置，推进现有生活垃圾处理设施无害化改造，加强垃圾填埋场环境监管和二次污染治理，提高生活垃圾资源化利用水平。 加快污水处理厂污泥处置设施建设。到2012年，基本完成设区市和有条件的县（市）污水处理厂污泥处置设施建设改造，到2015年，全面完成县以上城市污水处理厂污泥处置设施建设改造，基本实现污泥无害化处置和资源化利用。完善工业固体废物回收利用和交换系统，加快危险废物集中处置设施建设，积极改造工业园区配套的焚烧处置设施，切实强化危险废物全过程监管。到2015年，形成覆盖全省的危险废物回收利用和处理处置设施体系。 加强农村生活污染治理。积极推进农村环境连片整治，全面提高农村生活污水处理率。到2012年开展生活污水处理的行政村覆盖率达到60%以上，2015年达到70%以上。

2. 建立健全质量技术支撑体系。按照转型升级和生态文明建设的要求，加强检验检测机构规划布局，建设标准信息服务平台，更好地发挥中介组织作用，形成特色鲜明、功能互补、覆盖全面、接轨国际的技术服务体系。加强现有检验检测资源整合，发挥社会资源优势，重点建立一批国家级质量检验中心和重点实验室；建设一批技术创新平台和企业技术中心；建设提升一批融合技术研发、分析试验、标准研制、培训咨询功能的检验检测公共技术平台；建设一批高水平的食品、农产品、环境监测实验室；进一步加强计量基础，完善量值传递和溯源体系。

专栏5:"十二五"浙江省检验检测体系建设重点内容

一、质检领域		
战略性新兴产业检验检测能力建设	高端装备制造业	高速电梯、高档机床、高性能制造装备、现代仪器仪表以及阀门、轴承、精密磨具等关键基础零部件和特色产品。
	海洋新兴产业	海洋先进装备制造、海洋工程平台、海水淡化技术装备。
	新能源产业	太阳能光伏光热产品、风力发电设备及关键部件。
	新能源汽车产业	动力电池、电控系统等新能源汽车关键零部件。
	物联网产业	传感器元件、RFID产品和物联网智能管理系统。
	新材料产业	高性能有色金属材料、绿色建材及碳纤维等新型无机材料、有机硅等化工新材料、新型纤维材料、环保功能材料。
	核电关联产业	核级压力容器等重装设备、备品备件、辅助设备和基础元件。
	节能环保产业	高效照明产品、智能电网配套产品，大气污染治理装备等环保装备。
	生物产业	生物能源、生物环保、生物新材料、生物安全。
转型升级重点产业检验检测能力建设	石化产业	石油化工、精细化工、基础化工原料产品。
	船舶产业	各类船舶修造材料、舾装产品、船舶甲板机械、舱室机械、船舶电子电器、观通导航设备等船用设备。
	钢铁和有色金属产业	金属化学成分、机械物理性能、无损检测、腐蚀试验以及高温金相、高温蠕变等性能，铜合金、铝合金、镁合金及深加工产品和再生金属。
	汽车产业	制动系统、承载系统、传动系统、转向系统等关键零部件，汽车电器、汽车装饰产品及汽摩配。
	轻工产业	日用电器、照明电器、造纸、制革、塑料制品。
	纺织工业	纺织品、再加工纤维制品和絮用纤维制品、纺纱、织造、染整，差别化纤维和新型纤维。
	建材工业	新型墙体材料、建筑安全玻璃、管材、装饰装修材料、新型交通材料。
	建筑产业	建筑施工质量检测。
食品等消费品质量安全检验检测能力建设	食品	食品生物安全、有害添加物及兽药、激素等药物多残留、新型高新技术加工食品检测以及食品安全风险监测能力。
	消费品	化妆品、服装家纺、皮革、家用电器、玩具、文教用品、家用装饰装修材料、家具、小型游乐设施等涉及人身健康安全的消费品检验检测能力。
二、计量领域		
计量监管亟需的计量技术能力建设	全面强化全省社会公用计量标准建设，改造更新一批长度、力学、热工、电学、化学领域的省、市、县级最高社会公用计量标准，提升其准确度和自动化程度；在无线电、时间频率、光学、声学、电离辐射领域根据需要新建一批社会公用计量标准。完善贸易结算、安全防护、医疗卫生、环境监测等领域强制计量检定技术能力，提高项目覆盖率。加强计量器具型式评价试验能力建设，覆盖我省计量器具制造业90%以上需求。加强计量器具嵌入式软件评估、软件防作弊以及国产仪器仪表可靠性评价能力建设。加快电磁辐射污染、谐波电能计量、天然气实流计量和蒸汽、热能等能源环保计量项目建设。	
产业发展亟需的计量技术能力建设	重点建设生物仪器、生物芯片、光伏器件、太阳模拟器、纳米仪器、高能电离辐射、材料热物性测量等计量标准，填补我省在这些领域的计量标准空白；在长度、力学、热工、电学、无线电等领域扩大测量范围，提高测量准确度，实现极值、动态、多参数测量；加强虚拟、在线、远程计量测量技术能力建设；重点建设物联网新型传感器型式评价试验能力，适应战略性新兴产业和转型升级重点产业自主创新和产业培育壮大要求。	

三、特种设备安全与节能领域
围绕特种设备安全监管重点，进一步建设和提升大型电站锅炉、储罐、压力容器与管道、电梯、起重机、罐车等定期检验和监督检验能力，积极稳妥地推进在线检验、基于风险的检验、无损检测新技术新方法的应用。加强电梯检验检测能力建设，突出建设高速电梯及零部件检验能力。加强金属材料检测能力建设，形成对锅炉、压力容器、压力管道等材质的在役检测、金属监督及失效分析能力。加强压力管道、埋地管线及密封元件检测能力建设，提升压力管道及密封元件型式试验能力；提升对不同类型、不同起重量起重机的安全性评价能力。加强锅炉、电梯、换热压力容器、热电机组等高耗能特种设备节能检测和能效测试能力建设。
四、建筑工程领域
围绕新型城市化和新农村建设重点，加强建设工程检测行业标准规范体系建设，提升高新技术和重大、关键技术的检验检测能力，提升建设工程领域的核心检验检测能力。开展建筑风洞和建筑震动台等检验检测项目，加强突发性事件、防灾减灾的检验检测项目的公共检验检测平台建设，提升对建设工程突发性事件、地质灾害与台风等防灾减灾检测能力。建立完善覆盖工程建设质量、安全全过程的建设工程公共检验检测体系，提升建设工程领域的公共检验检测能力。
五、环境监测领域
全省饮用水源地水质自动监测系统建设。2012年底前建成全省县以上主要集中式饮用水源地环境自动监测系统，基本形成以自动监测为主、常规监测为辅、快速准确的饮用水源地水质应急预警监测体系。监测指标为常规五参数、氨氮、总磷、生物综合毒性和藻类分类。全省地表水交接断面水质自动监测系统建设。建设涵盖全省主要水系跨行政区域交接断面水质监测监控系统，同时建立配套的质量保证系统、数据传输系统、管理控制系统、综合查询分析系统、数据发布系统和运维管理系统，基本形成以自动监测为主、常规监测为辅的交接断面水质监测体系。至2013年底建设和完善99个地表水交接断面水质自动监测系统。全省大气复合污染立体监测网络建设。至2015年，依托我省现有城市环境空气质量监测系统，以区域大气环境复合污染为监测对象，提升大气环境监测技术能力，建成覆盖全省、监测仪器完备、监测项目齐全、技术先进、管理有效和布局合理的浙江省大气复合污染立体监测网络。

3. 建立健全质量诚信体系。以“信用浙江”征信系统为载体，搭建反映产品质量、工程质量、服务质量、环境质量，信用资源互通共享的质量信用信息平台，客观、公正、公开反映企业的质量信用状况。建立健全质量信用评价标准，制定实施质量信用“黑名单”制度，注重发挥市场机制的作用，逐步形成激励守信、惩戒失信的质量信用监督机制，逐步完善质量信用的政策体系，扶持和激励质量诚信企业，加大失信惩戒的力度。开展多层次质量诚信制度与文化建设，引导企业注重质量信誉，培育诚实守信的企业质量文化，树立浙江质量信用形象。建立发改、建设、环保、质监、金融、税务等部门质量信用信息共享机制。

专栏6：“十二五”浙江省质量诚信体系建设重点内容	
质量诚信基础信息建设	在2011年实现产品生产加工环节主要企业质量诚信信息公开向社会提供查询的基础上，逐步实现与贸易流通、进出口产品以及食品、食用农产品等产品质量诚信信息的互通互联。到“十二五”末，实现产品、工程、服务和环境质量诚信信息的互通互联。
行业质量诚信自律建设	有100个以上主导行业协会制定行业质量诚信守则和规范，明确行业诚信要求，建立行业协会自律机制，广泛开展业内质量诚信宣言、公约等自律活动，指导和促进企业完善质量诚信内部管理。
企业质量诚信自律建设	有10000家以上重点企业建立设计、采购、生产、检验、售后服务全过程的质量诚信制度，加强员工质量责任感和质量诚信意识的教育，强化企业诚信自律的能力。

4. 建立健全质量评价体系。与转型升级评价体系相衔接，建立涵盖产品质量、工程质量、服务质量和环境质量的综合质量评价体系。在现有质量指数的基础上，继续探索建立以产品质量监督抽查数据为核心的产品质量评价体系。以工程项目巡查和交竣工验收为基础，建立健全企业内控、监理检验、业主验收、政府监督、社会评价相结合的工程质量评价体系。以加强各行业的服务标准建设为基础，建立以第三方机构开展的用户满意度测评数据为支撑的服务质量评价体系。以建设现代化环境质量监测网络和环保物联网为基础，研究建立涵盖生态经济、生态环境和生态文化各个方面的生态文明社会综合评价体系。

（三）推进实施“五项工程”，全面加强质量建设

1. 推进质量基础工程。加强质量管理和质量建设基础理论研究，建立省级专业质量研究机构。大力培育和发展质量建设领域的社会中介机构，促进社会力量参与技术服务、检验检测、信用评价和质量管理等工作。以提高企业质量管理水平为重点，指导企业加强标准化、计量、检验检测等技术基础工作，健全质量管理体系，抓好质量管理知识、技能培训，引导和指导企业提升质量意识、质量技术能力和质量管理水平，进一步确立企业在质量建设中的主体地位，发挥其主导作用。到2015年，推进3000家企业导入卓越绩效管理等先进质量管理模式；推动10000家企业实施全面质量管理、精细化管理、5S管理、六西格玛管理等有效的质量管理方法；推进10000家企业开展质量管理、环境管理、职业健康安全等体系认证。

2. 推进质量创优工程。充分发挥品牌、标准的引领和

政府质量奖的激励作用，广泛开展质量强市、质量强县、质量强镇、质量强业和质量强企活动，推进质量创优，树立一批区域、行业、企业的质量建设先进典型，通过典型引路、示范带动，全面提升质量建设水平。到2015年，培育30个质量强县、100个质量先进乡镇、100个食品安全示范乡镇；培育100家省级质量先进示范企业、1000家各级政府质量奖企业。推进产品质量创优，加强42个块状经济向现代产业集群转型升级示范区建设，培育100个优质产品生产基地。推进工程质量创优，新创建30个以上鲁班奖等国家优质工程、500个钱江杯优质工程；推进服务质量创优，培育一批旅游经济强县，争创50个以上全国卫生城市，创建50个全国交通行业文明单位，培育100个左右省级现代服务业集聚示范区和100家以上省级服务业重点企业，建设一批省级服务业重点项目。推进环境质量创优，抓好生态县市、生态乡镇、生态村等生态示范系列创建，建设1000个美丽乡村，深化绿色企业、绿色学校、绿色社区等绿色系列建设。

3. 推进质量惠民工程。以解决人民群众最关心的突出质量问题为重点，切实采取措施，提高生活品质，打造放心浙江、安居浙江、生态浙江、和谐浙江。开展产品质量惠民行动，组织实施新一轮“菜篮子工程”，深入开展“千镇连锁超市、万村放心店”和“关注民生、计量惠民”等活动，切实加强食品、药品及农产品等涉及人身健康安全产品的质量监管，严厉打击制售假冒伪劣产品违法行为。开展工程质量惠民行动，大力推进新型城市化和新农村建设，推动公共基础设施向农村延伸覆盖。积极推进农村危旧房改造，加强经济适用房、廉租房等保障性住房的供给。深入实施“千村示范万村整治”工程和农村环境“五整治一提高”工程。开展服务质量惠民行动，加快提升旅游、休闲等生活性服务业发展水平，进一步提升人民群众生活品质；进一步改进公共服务质量，着力推动教育、医疗、卫生和社会保障等公共服务均等化发展。加强数字卫生建设，建立标准统一、信息共享的居民个人电子健康档案，实现数据共享。在100个以上街道推行“居家养老”服务。开展环境质量惠民行动，加强城乡环境综合整治。推进清洁空气行动、城市“清静工程”、合格规范化饮用水源地创建工程，开展水库水源保护建设。畅通质量诉求渠道，完善12315、12365、12369、12312等质量投诉举报平台建设。

4. 推进质量制度创新工程。推进产品质量保障制度建设，全面开展企业信用评价，试行市场化的“质量信得过”评价机制；进一步落实商品修理更换退货“三包”责任规定；推进实施缺陷产品及不安全食品召回制度，落实企业召回的责任；逐步施行生产企业产品质量明示和承诺制度。推进工程质量保障制度建设，实施优质优价制度和工程总承包制度，尝试推进专业机构代建制度，鼓励创建精品工程、优质工程；积极推行工程质量保险，提高抗风险能力；加强工程招投标管理，着力构建统一、开放、竞争、有序的建设有形市场。推进服务质量保障制度建设，全面建立消费者满意度评价制度，促进服务业标准化、规范化、市场化、国际化发展。推进环境质量保障制度建设，深化环境资源价格改革，完善反映资源稀缺程度、环境损害成本的环境资源价格机制；进一步健全生态补偿机制，完善跨界断面河流水量水质目标考核与生态补偿相结合的办法，健全饮用水源保护生态补偿、森林生态效益补偿机制，完善自然保护区财政专项补助政策；深入推进主要污染物排污权有偿使用和交易，开展面源削减与点源削减的抵扣交易；继续把环保信用作为企业资信评价的重要依据，完善绿色信贷政策，建立上市公司环境信息披露机制和环境绩效评估机制；建立环境污染责任保险制度，将高风险行业纳入绿色保险体系。

5. 推进质量文化工程。深入持久地开展质量法制教育。把质量法制教育纳入“六五”普法的重要内容，广泛开展《消费者权益保护法》、《产品质量法》、《食品安全法》、《环境保护法》、《工程质量安全条例》、《缺陷产品召回条例》等法律法规的教育，切实增强全民的质量法制意识。促进企业履行法定的质量义务，依法开展生产和经营；引导广大消费者和用户运用有关法律法规，维护自身的合法权益。开展多层次质量知识和技能教育培训。把企业员工素质的提高作为质量建设的重要环节，组织实施“质量教育百万人培训计划”，分层开展对企业经营者、质量管理人员、工程技术人员以及广大员工的质量法规、质量管理知识教育和技能培训。创造条件在全省各综合类高等院校开设质量管理、标准化等课程，重点培养高层次的质量管理人才。大力加强质量宣传。充分利用电视、广播、报刊、网络等媒体，广泛宣传质量强市、质量强县、质量强镇、质量强业、质量强企先进典型。加强对质量违法行为的舆论监督，曝光典型案例。深入开展“质量月”、“3·15国际消费者权益日”、“世界标准日”、“国际计量日”等群众性质量活动，努力营造政府重视质量、企业追求质量、社会崇尚质量、人人关注质量的良好社会氛围。

四、保障措施

(一)加强组织领导。省质量强省工作领导小组要统筹协调质量强省建设工作。省质监局、省发改委、省建设厅、省环保厅等各职能部门要明确分工，落实责任，形成合力。各地要加强领导，明确质量强市、强县、强镇工作目标，落实工作责任，把质量工作及质量水平状况纳入各级政府目标考核。要把质量建设规划纳入各级国民经济和社会发展“十二五”规划体系。

(二)健全法制体系。在现有国家法律法规和部门规章的基础上，进一步加强质量建设领域的地方立法工作，不断完善地方质量法规体系。高度重视企业主体责任的立法，加快与质量安全密切相关的市场准入、标准化、食品安全等方面的地方立法和服务业质量立法步伐。完善质量执法监督机制，落实行政执法责任制，提高执法人员的综合素质和执法水平。加大执法力度，严厉打击侵犯知识产权、制售假冒伪劣商品等违反质量相关法律法规、侵害公共、个人权益的违法行为。

(三)完善激励机制。建立完善政府质量奖励制度，营造崇尚质量的环境氛围；建立积极采用国际标准和国外先进标准进行技术改造的政策导向，加大扶持力度，促进产业的优化升级；鼓励创新和创新成果的转化，对参与各类国际和国家标准制订的给予奖励；鼓励企业培育品牌，特别是支持高新技术企业、生态低碳企业、服务企业培育国内外知名品牌，在政府采购及工程招投标等方面给予政策倾斜；配合战略性新兴产业发展和块状经济向现代产业集群转型升级，规划建设高水平的检测检验、标准信息公共服务平台等，加大公共财政投入力度，加强政策扶持；加大对质量安全、民生计量等工作的财政投入，足额保证质量安全监督抽查、民生计量强制检定、基层监管机构日常办公等经费，提高财政资金使用效率，推动质量强省各项工作开展。

（四）建设人才队伍。加强质量人才队伍建设，积极开展质量工作的对外合作与人才交流，培养一批质量管理、标准化领域的学科带头人和技术专家。实施省级学术和技术带头人、省级突出贡献优秀专家等人才制度，加大对质量专业人才的培养选拔力度，提高质量管理人员和质量从业人员的综合素质。引入市场机制，在户籍、教育、薪酬等方面制订吸引质量管理优秀人才的政策措施，引进和培养高级质量管理人才。

附件：至"十一五"末浙江省质量建设的成就

附件

至"十一五"末浙江省质量建设的成就

<table>
<tr><td rowspan="9">总体质量水平</td><td rowspan="5">产品质量</td><td>生产领域产品质量监督抽查合格率</td><td>90%左右</td></tr>
<tr><td>流通领域商品质量抽查合格率</td><td>75%左右</td></tr>
<tr><td>出口商品检验批次合格率</td><td>99%以上</td></tr>
<tr><td>规模以上企业采标率</td><td>80%</td></tr>
<tr><td>农业标准化推广实施率</td><td>42.3%</td></tr>
<tr><td>工程质量</td><td colspan="2">建设工程质量保持全国领先，"十一五"期间，获得鲁班奖67个，占全国总数10%；获得国优金奖2个，占全国总数9.5%；获得国优银奖87个，占全国总数12.8%。</td></tr>
<tr><td>服务质量</td><td colspan="2">文化、教育、卫生、社区服务等公共服务业系统化、体系化趋势明显；现代物流、信息、科技等生产性服务业和旅游、商务、商贸等生活性服务业竞争性渐趋显现，各业态规范化、标准化水平不断提高。</td></tr>
<tr><td rowspan="2">环境质量</td><td rowspan="2">总体环境质量稳中趋好，主要污染物排放总量持续下降，生态环境质量位居全国前列</td><td>11个设区市环境空气质量达到二级标准的天数比例达到85%以上；八大水系、运河和主要湖库地表水达到或优于Ⅲ类标准比例达74.3%；"十一五"期间，全省化学需氧量累计削减16.2%，全省二氧化硫排放量累计削减20.9%。</td></tr>
<tr><td>建成国家级生态县1个、国家级生态乡镇238个、国家级生态示范区43个、国家环保模范城市7个、省级生态县30个、省级生态乡镇835个、省级环保模范城市7个。</td></tr>
<tr><td colspan="2" rowspan="5">质量安全保障能力</td><td>食品监督抽查合格率</td><td>90%以上</td></tr>
<tr><td>农产品监督抽查合格率</td><td>95%以上</td></tr>
<tr><td>强制性认证产品监督抽查合格率</td><td>90%左右</td></tr>
<tr><td>生产许可证产品监督抽查合格率</td><td>90%以上</td></tr>
<tr><td>亿元生产总值生产安全事故死亡率</td><td>0.13以内</td></tr>
<tr><td colspan="2" rowspan="3">质量基础建设</td><td>企业质量管理体系建设</td><td>行业龙头骨干企业、规模以上企业、规模以下企业通过ISO9000认证比例分别为99%、69.7%、27.6%；实施卓越绩效模式比例分别为40%、6.3%、2.6%；实施5S管理比例分别为60.5%、25.2%、8.2%。</td></tr>
<tr><td>质量公共服务平台建设</td><td>检验检测机构1100家，从业人员18000人，实验室面积50万平方米，检验检测装备资产原值23亿元，国家产品质检中心26家，部级产品质检中心17家，省级产品质检中心71家，计量认证的检验检测产品和参数20000个，覆盖率70%左右。</td></tr>
<tr><td>环保基础设施建设</td><td>实现县以上城市污水处理厂全覆盖，农村生活污水处理率40%，生活垃圾收集率80%。</td></tr>
<tr><td colspan="2">质量创新能力</td><td colspan="2">获得国家标准创新贡献奖20个，占全国的6.1%；全国专业标准化技术委员会秘书处59个，占全国的4.1%；参与制修订国际标准35项，参与制修订国家标准1655项，参与制修订行业标准1326项；颁布实施工程建设地方标准75部，标准设计图集115册，备案的企业标准676部。
拥有中国名牌289个、中国驰名商标195个、浙江名牌2080个、浙江省著名商标2564个；规模以上企业新产品产值率接近20%；工业产品中高技术产业、装备制造业、拥有发明专利的产品占74.8%，获得省级以上科技进步奖产品、国家级新产品占34.7%；建筑业十项新技术应用示范工程面积320万平方米，完成节能改造试点面积10余万平方米；环保体制机制创新不断深化，环保基础能力建设迈上新台阶。</td></tr>
<tr><td colspan="2" rowspan="2">质量政策法规体系</td><td colspan="2">质量相关法律、行政法规14部，部门规章211件，地方性法规、地方政府规章96件。</td></tr>
<tr><td colspan="2">11个设区市及部分县（市、区）建立了政府质量奖制度。各级政府纷纷出台标准化、品牌激励政策，大力扶持企业争取国际标准、国家标准发言权，鼓励企业创名牌产品。</td></tr>
</table>

浙江省人民政府关于印发
浙江省十二五重大建设项目规划的通知

浙政发〔2011〕89 号

各市、县(市、区)人民政府,省政府直属各单位:

现将《浙江省"十二五"重大建设项目规划》印发给你们,请结合实际,认真贯彻实施。

二〇一一年十一月二十八日

浙江省"十二五"重大建设项目规划

"十二五"时期是我省全面建设惠及全省人民小康社会的攻坚时期,是深化改革、加快转变经济发展方式的关键时期。根据《浙江省国民经济和社会发展第十二个五年规划纲要》,为引导投资方向、优化投资结构、提高投资效益、改善发展环境、实现发展目标,特制定本规划。规划期为 2011—2015 年。本规划是对"十二五"时期我省重大项目建设作出的总体部署,是开展重大建设项目前期工作、推进重点工程建设以及引导土地、资金等各类资源要素合理配置的重要依据。

一、"十一五"回顾

"十一五"时期,我省坚持以科学发展观为统领,积极贯彻落实国家一系列决策部署,采取有力措施,积极推动以"五大百亿"工程和"三个千亿"工程为主体的重点项目建设。主要是加强规划引导,编制和实施重大建设项目年度计划,大力推进项目前期工作;加强组织协调,完善重点建设联席会议制度,及时破解重大建设项目推进中的落地难、筹资难、开工难等问题;加强规范管理,严格履行基本建设程序和项目管理制度,强化目标责任考核,推动重大建设项目高效规范实施;加强改革创新,坚持和完善企业投资项目核准和备案制,加快推进投资项目联动审批机制,建成并运行全省统一的投资项目管理信息系统。但是,我省重大项目建设过程中仍然存在一些矛盾和问题,主要表现为服务业投资和民间投资比重仍然不高、区域投资布局亟待优化、资源要素供给压力加大、项目审批和核准等前期工作难度增加等。

通过努力,"十一五"期间我省一大批重大建设项目建成投入使用,为"保增长、调结构、促转型、惠民生"打下了坚实基础,为保持我省经济平稳较快发展和社会和谐稳定提供了有力支撑。"十一五"规划的 249 个项目已完成 115 个,完成投资 7886 亿元,是"十五"时期的 2.76 倍,占同期全社会固定资产投资的 16.2%,实际投资完成率 96%。

二、指导思想与发展目标

(一)指导思想。深入贯彻落实科学发展观,继续全面实施"八八战略"和"创业富民、创新强省"总战略,以科学发展为主题,以加快转变经济发展方式为主线,扎实推进"大平台、大产业、大项目、大企业"建设,全面推进一批事关全局、事关长远的重大建设项目,为我省科学发展走在全国前列,全面建成惠及全省人民的小康社会提供坚强支撑。

(二)基本原则。

坚持投资方向与战略部署相一致。围绕我省加快产业结构优化、统筹城乡区域协调发展、建设海洋经济强省和创新型省份、推进生态文明建设、加强社会管理创新等战略部署,组织实施一批投资强度大、技术含量高、带动性强的重大建设项目。

坚持投资总量与投资结构相协调。合理确定重大建设项目规模和总量,注重优化投资结构,提高主体功能区确定的重点开发区域投资比重,提高有利于产业转型升级的产业类项目和公共服务类项目比重,提高欠发达地区及生态屏障地区项目的比重。

坚持政府引导与市场运作相结合。继续深化投资体制改革,合理界定政府投资范围,严格执行项目用地、环保、节能等准入标准,有效遏制盲目扩张和重复建设。放宽市场准入,确立民间投资的主体地位,发挥民间投资在我省转型发展中的重大作用。

坚持近期投资与长远谋划相衔接。理顺重大建设项目的长远规划与阶段性目标的关系,近期缓解瓶颈制约,同时为中远期发展积极创造条件。加大项目储备,根据项目前期工作进展情况,把握建设时机和时序。

(三)发展目标。

1. 总体目标。"十二五"时期,全省全社会固定资产投资预期年均增长 10%,五年投资总规模约 8.3 万亿元,重大建设项目计划投资约 1.51 万亿元,约占同期全社会固定资产投资的 18%左右,产业转型升级和民生领域的投资比重进一步提高,投资结构明显优化。力争通过重大建设项目的实施，使我省发展平台建设取得新成效、产业转型升级取得新突破、重大基础设施保障能力跃上新台阶、社会发展设施服务能力达到新水平、城乡功能设施建设取得新进展、生态文明建设树立新形象，为全面建设惠及全省人民的小康社会奠定坚实基础。

2. 分类目标。

(1)发展平台建设。加快推进14个产业集聚区、全省开发区(园区)发展提升、沿海滩涂围垦、低丘缓坡开发等项目建设，为我省大产业、大项目、大企业的引进和培育提供新空间。

(2)产业转型升级。创建100个左右现代农业综合区，力争建成800万亩左右粮食生产功能区。建成国内重要的石化、船舶、汽车、装备制造等工业基地，推动制造业11个重点产业转型升级取得突破。推进省级现代服务业集聚示范区建设，发展和提升现代商贸、金融服务、现代物流、信息服务、科技服务等重点行业。建设一批国家级产业基地，形成若干个千亿产值规模的战略性新兴产业。

(3)重大基础设施。构建协调发展的综合交通网，铁路营运及建设里程达到3300公里以上，其中时速200公里以上高标准铁路里程达2300公里以上，高速公路总里程达4200公里；港口货物吞吐能力达10亿吨，集装箱吞吐能力达1800万标箱；机场年旅客吞吐能力达4000万人次；形成杭州至省外长三角主要城市1小时和省内各市1.5小时交通圈。构筑能源保障网，全社会电力装机达8000万千瓦以上，清洁能源机组比例提高到35%以上，新增500千伏及以上电网4300公里以上、天然气管网1000公里以上。完善防洪防台抗旱体系，提高水资源保障能力，加强水生态环境保护。推进“三网”融合发展，加快空间信息基础设施建设，提高信息化水平。

(4)社会发展设施。建立住房保障体系，建设保障性和政策支持性住房76万套，完成150万户农村住房改造。推进“富民惠民”十大工程，建成一批水平先进、发展均衡的教育、卫生、文化、旅游、体育、科技、社会福利等社会发展设施，基本公共服务体系逐步完善。

(5)城乡功能设施。培育27个小城市和173个省级中心镇，完成1万个村环境综合整治任务，下山移民40万人，新增供水能力110万吨/日，建设改造管径100毫米以上供水管网1000公里，城市轨道交通里程达190公里，城市快速路里程达650公里以上。海洋经济综合实力明显增强，欠发达地区加快发展，城乡综合服务功能不断完善。

(6)生态文明建设。全面实施“811”生态文明建设推进行动，深化循环经济示范省建设。新增城镇污水处理能力138万吨/日以上，新增生活垃圾无害化处理能力1.2万吨/日以上，全省森林覆盖率达到61%以上。单位生产总值能耗和主要污染物减排指标继续保持全国领先水平，资源利用效率大幅提高，生态环境状况指数继续位居全国前列。

三、重大建设项目安排

规划“十二五”重大建设项目365个，总投资2.87万亿元，“十二五”计划投资约1.51万亿元；按推进层次分为“实施项目”、“预备项目”两类，其中实施项目318个，总投资2.44万亿元，“十二五”计划投资约1.51万亿元；预备项目47个，总投资4298亿元。实施项目分为发展平台建设、产业转型升级、重大基础设施、社会发展设施、城乡功能设施、生态文明建设六大领域。

(一)实施项目。

1. 发展平台建设。规划安排17个项目，总投资2193亿元，“十二五”计划投资1473亿元。

高起点、高水平推进14个产业集聚区基础设施建设，着力建设一批新的产业发展平台和产业新城，加快推进全省开发区(园区)发展提升项目建设。继续推进全省低丘缓坡开发利用和保护，有序实施瓯飞围垦工程等全省沿海滩涂围垦和围填海工程。

2. 产业转型升级。规划安排77个项目，总投资3936亿元，“十二五”计划投资1785亿元。

现代农业。积极开展全省现代农业园区建设，培育一批高效生态特色农业生产基地。围绕粮食安全，实施粮食生产功能区建设工程和标准农田质量提升工程，加强农业基础设施建设。实施远洋渔业项目，促进海洋捕捞业转型升级。加强对台农业合作，建设仙居、苍南等台湾农民创业园。大力发展都市农业和生态农业，重点实施嘉兴南湖世合新农村建设项目。

先进制造业。加快实施中国南车、吉利、金华青年、众泰、东风裕隆等企业的汽车、装备产业项目；推进嘉善富士康电子等项目，大力发展电子信息等资金和技术密集型产业；推进镇海炼化扩建、台州炼化一体化等项目建设，择优发展石化、海洋工程等现代临港工业；实施宁波白板纸、古越龙山绍兴黄酒、桐昆差别化纤维等项目，改造提升纺织、轻工等传统行业。

现代服务业。实施杭州国际博览中心、宁波东部新城三大中心、义乌国家级小商品国际贸易区、温州龙湾城市综合体等项目，大力发展现代商贸、金融服务等生产性服务业。建设白马湖生态创意城、梅山保税港区物流园区、横店影视产业集聚区等一批现代服务业集聚区，构筑生产性服务公共平台。实施清华长三角研究院、中关村长三角创新园等项目，提升发展重大科技创新平台。

战略性新兴产业。积极实施杭州高新区物联网产业园、宁波新材料国家高技术产业基地、运达风电制造基地、德清通用航空产业基地、中国核电城、巨化集团氟硅、仙居甾体药物特色产业基地等项目，大力培育物联网、生物、新能源、新材料、高端装备制造、节能环保、新能源汽车、核电关联等产业。

3. 重大基础设施。规划安排104个项目，总投资10808亿元，“十二五”计划投资6879亿元。

综合交通网。建成杭长、杭甬、宁杭客专、金温扩能改造和杭州东站枢纽、宁波枢纽等铁路项目，开工建设杭黄、九景衢、商合杭、通苏嘉、湖苏沪、金台、衢宁、金华至建德等城际铁路；继续推进绍嘉通道、龙庆、杭长杭州至安城段等高速公路建设，开工建设甬台温复线、杭新景建德至开化段、杭金衢高速杭州至金华段拓宽工程等高速公路；积极推进梅山港区、六横、凉潭、乐清湾港区等地的码头建设和京杭运河、钱塘江中上游航道改造等项目，建成杭州萧山二期、宁波栎社三期、温州、义乌等机场扩建项目，提升综合交通服务水平。

能源保障网。优化发展清洁高效煤电，实施嘉兴电厂三期、苍南发电厂、六横电厂、台州第二电厂等项目。适度发展天然气发电项目，抢建华电杭州半山天然气热电联产项目等一批天然气发电项目，建成龙湾、镇海、金华等燃机油改气项目，以及一批天然气分布式能源项目。稳步发展核电，完成秦山核电二期扩建，推进三门核电一期和方家山核电建设。有序开发水电，实施仙居抽水蓄能、景宁大均和泰顺交溪流域水电项目。加快新能源开发和利用，实施风电、生物质发电、阳光屋顶工程。大力开展能源储运设施建设，建成宁波 LNG 接收站、甬台温、金丽温天然气管道、东海丽水 36—1 气田、甬台温等成品油长输管线；推进温州 LNG、舟山国储石油基地扩建等项目。加快建设输变电工程，进一步形成以大型电厂为支撑，以 500—1000 千伏环网为主网架的现代化电网。

水资源综合利用网。加快建设浙东引水、嘉兴太浦河取水等工程，开工建设朱溪水库、舟山大陆引水三期等水源和引调水工程，建设闲林水库等一批重要城市应急备用水源工程，提高水资源保障能力。加快病险水库、海塘、堤防、水闸加固和流域性控制工程、防洪排涝骨干工程建设以及独流入海河流治理，完善防洪抗台抗旱体系。推进太湖流域水环境综合治理“五大工程”、农村河道综合整治、水土流失综合治理、百库水源安全保障等工程建设，加强水生态环境保护。

高速信息网。推进全省传输网络建设，建成大容量、高速率、高质量、安全可靠的公众骨干传输网。拓展全省数据网络建设，加快建设宽带接入网和 IP 骨干网扩容工程。提升全省移动通讯网络建设，继续优化第二代移动通信系统，加快建设第三代移动通信系统。加快“数字浙江”支撑网络建设，大力推进有线广播电视网络数字化整体转换和双向化改造。

4. 社会发展设施。规划安排 55 个项目，总投资 2361 亿元，“十二五”计划投资 1734 亿元。

保障性住房。结合旧城改造、拆迁安置等，推进公共租赁住房、经济适用房、廉租房、限价商品房等全省保障性住房建设，逐步解决城镇中等偏下收入家庭以及国有农场、林场职工住房困难问题。

教育设施。继续实施杭师大新校区、同济大学浙江学院、浙江海洋学院迁建、浙江传媒学院桐乡校区等项目，积极推进浙江大学紫金港校区西区、浙江教育学院小和山校区二期、宁波大学扩建等新建项目，完善高等教育设施。

卫生设施。积极推进浙一医院城站院区、浙二医院国际医学中心、温一医院迁建等省级医院项目，加快形成杭州、宁波、温州、金华—义乌等四大省级医学中心。推进杭州滨江医院、湖州第三医院迁建、丽水第二医院迁建等一批项目，进一步优化调整市、县（市、区）医院布局。继续实施全省乡镇中心卫生院建设改造项目。

文化设施。推进京杭大运河整治和保护浙江段、宁波历史街区保护与更新等项目建设，加强文化遗产保护和传承。积极推进小百花艺术中心、宁波中国港口博物馆、舟山大剧院等一批文化设施建设，推进杭州、台州、绍兴、嘉兴等科技馆建设，满足人民群众多元化、多层次的精神文化需求。实施央视影视基地、浙江国际影视中心等项目，扩大我省影视产业在全国的影响力。

旅游设施。继续推进南宋皇城遗址综合保护、良渚国家遗址公园（二期）、太湖旅游度假区等续建项目，新建江郎山风景名胜区保护性基础设施、龙游石窟旅游度假区、丽水生态休闲养生基地、泰顺廊桥——氡泉生态休闲度假区、朱家尖自在岛旅游开发等项目，拓展旅游发展空间，增强旅游配套设施的功能。实施舟山群岛海洋旅游试验区新业态项目，支持旅游新业态的发展。

体育设施。推进浙江省全民健身中心建设，完善全民健身服务体系。实施杭州、宁波、温州、湖州和绍兴等奥体中心项目，增强承办大型体育赛事能力。新建浙江嘉兴特奥运动综合训练基地，完善残疾人体育设施建设。

社会福利设施。推进杭州第三福利院、湖州社会福利中心、衢州老年公寓、丽水综合福利院等设施建设，合理布局福利设施，进一步完善社会福利设施网络。

5. 城乡功能设施。规划安排 34 个项目，总投资 4250 亿元，“十二五”计划投资 2604 亿元。

都市圈功能优化设施。实施杭州城市轨道交通一、二期，宁波城市轨道交通 1 号线和 2 号线一期等工程建设。推进杭州、宁波、温州、湖州、绍兴、台州、丽水城市快速路网，以及嘉兴市 BRT 快速公交建设，缓解中心城市交通拥堵难题。推进杭州清泰水厂饮用净水改造、温州西向水厂、湖州城乡供水一体化等供水项目建设，完善城市供水设施。

海洋经济发展。推进舟基集团钓山海洋工程制造与改造、温州中欧船业修造船项目，择优发展临港先进制造业。推进舟山大宗商品交易平台、宁波大宗生产资料交易服务平台、舟山高等级公共航道整治等项目，构筑“三位一体”港航物流服务体系。推进中国（舟山）海洋科技引智园区、浙江大学（舟山）摘箬山岛外海基地等建设，加快发展海洋科教设施。推进玉环海山岛旅游综合开发、三门蛇蟠岛旅游开发等项目，加快发展海洋服务业。

小城市、中心镇培育和“美丽乡村”建设。加快农村住房建设与改造，不断改善广大农民的住房条件。实施中心镇“两百双千”工程，促进人口集聚、产业转型和推进基本公共服务均等化。推进“千村示范万村整治”工程，以新型城市化带动新农村建设，形成城乡一体化发展新格局。

欠发达地区发展。实施欠发达地区异地搬迁和重点欠发达县群众增收致富奔小康特别扶持项目。推进滩坑库区旅游综合开发、庆元屏都综合新区等项目建设，提高欠发达地区生态经济水平。继续推进“山海协作”，建设绍兴——衢州山海协作示范区基础设施配套等项目。

6. 生态文明建设。规划安排 31 个项目，总投资 893 亿元，“十二五”计划投资 639 亿元。

节能减排。加快湖州环太湖印染企业、嘉兴市区化工企业、钱江源头污染企业搬迁改造提升工程，实施台州化学原料药产业园区椒江区块和丽水市区南城水性合成革生态化改造项目。协调推进全省污水处理及再生利用设施、生活垃圾无害化处理及危险废物处置设施建设。

循环经济。推进全省城市矿产基地、国际金融组织贷款循环经济和建筑节能项目、舟山大鱼山废旧汽车循环利用产业化基地项目建设，加快永康再生资源回收利用、浦江水晶产业循环经济试点基地建设。

生态经济(森林碳汇)。继续实施全省重点防护林工程，建设宁波、湖州等森林城市、温州国家森林旅游试验示范区、台州碳汇森林等项目，增加森林碳汇能力。

生态安全保障。实施全省海洋与海岛生态环境保护建设、生态湿地治理项目，推进台州绿心生态区、“三江两岸”生态景观保护与建设等工程。继续推进台州市污染土壤生态修复项目，开展生态修复。

(二)预备项目。

安排47个预备类重大建设项目，规划总投资4298亿元，经过努力，力争在“十二五”末前开工建设。包括：

台塑二期、宁波钢铁扩建、杭钢搬迁、绍兴远东石化年产120万吨PTA、嘉兴石化年产120万吨IPTA、万丰奥特集团飞机和汽车零部件及工业机器人、长宏国际海洋工程、浙江华欣年产40万吨环保纺织新材料项目等产业升级项目。

甬金铁路、沪乍杭铁路、龙丽温高速公路(含泰顺支线)、杭绍台高速公路(上三高速公路复线)、申嘉湖高速公路西延(湖州至安吉段)、杭绍甬高速公路二期(钱江通道至杭州湾大桥余慈连接线)、千黄高速公路淳安段、杭州绕城公路改建工程、梅山保税港区多用途码头项目、外钓石油储运项目、台州金属资源再生产业基地码头项目、马迹山国际物流岛项目、舟山群岛国际邮轮码头工程、大麦屿5万吨级邮轮码头项目、天禄中际油品储运工程、六横凉潭武港矿砂中转码头二期工程、丁诸线航道整治工程、衢州机场迁建项目、丽水机场项目、乐清电厂三期工程、国华宁海电厂三期工程、大唐乌沙山二期及配套海水淡化工程、华能玉环电厂三期扩建工程、嘉兴电厂四期、天荒坪(二)抽水蓄能电站、天台九龙抽水蓄能电站工程、缙云抽水蓄能电站项目、乌龙山抽水蓄能电站项目、泰顺抽水蓄能电站项目、三门健跳潮汐能电站项目、苍南核电项目、浙江国际煤炭进口配送中心项目、浙江第三LNG接收站项目、宁波LNG调峰储运中心一期工程、新安江引水工程等重大基础设施项目。

浙江图书馆二期项目、北京外国语温州学院项目等社会发展设施项目。

杭州至周边城市轨道工程、宁波轨道交通工程等城乡功能设施项目。

四、环境影响评价

(一)环境协调性分析。部分“十二五”重大建设项目实施后将带来较好的节能减排和环境效益，有利于促进“资源节约型和环境友好型社会”构建和全省生态文明建设。

规划至2015年我省清洁能源利用量相当于4792万吨标准煤，按替代煤电测算，约可减排二氧化硫8.6万吨，减排二氧化碳1.07亿吨，减排烟尘2万吨，减排氮氧化物6.9万吨。

规划至2015年我省新增污水处理能力138万吨/日以上，年可减排化学需氧量7.6万吨，减排氨氮0.95万吨，新增的污水处理设施对“十二五”全省化学需氧量减排贡献显著。规划新增生活垃圾焚烧发电和填埋处理能力1.2万吨/日以上，每年可有效处理生活垃圾约430万吨。

规划至2015年我省新增重点防护林总规模18.5万公顷，新增二氧化碳吸收能力约126万吨，吸收烟尘335吨。

综合以上，通过上述重大建设项目的实施，预计年可减排二氧化硫约8.6万吨，减排氮氧化物约6.9万吨，减排烟尘排放约2万吨，减排二氧化碳约1.07亿吨，减排化学需氧量约7.6万吨，减排氨氮约0.95万吨。

(二)主要规划项目的环境影响分析。规划至2015年，我省建成投产煤电项目装机1354万千瓦，预计新增二氧化硫排放量约4.5万吨，新增烟尘排放约1.2万吨，新增氮氧化物约5.38万吨，新增二氧化碳排放约8854万吨。

规划至2015年，我省新建高速公路1000公里，新建铁路1795公里，新增500千伏及以上电网4300公里以上，将占用大量土地，对我省的生态多样性造成一定程度的影响，降低生态环境自我修复能力。此外，大量的土建工程将在建设期间带来一定程度的噪声污染、大气污染、水环境污染、固体废弃物污染，以及水土流失等。

(三)规划项目实施的环保措施。严格按照《环境影响评价法》，落实我省环境功能区划等各项要求，切实加大重大建设项目的污染防治力度，做到环境保护设施与主体工程“三同时”。全面落实综合减排措施，扎实做好化学需氧量、氨氮、二氧化硫、氮氧化物等主要污染物的减排工作，加强重点区域粉尘、烟尘、总磷、总氮等污染物减排，严格控制重金属、持久性有机污染物等有毒有害污染物排放。加强项目环评工作，按规定开展环评公示。加强项目选址管理，注重生态保护和防止水土流失。按规定开展节能评估工作，挖掘节能潜力，落实节能措施。

五、保障措施

(一)加强组织领导，强化综合协调。各级政府要把重大项目建设列入重要议事日程，继续坚持领导干部重大项目联系制度，协调项目建设中的重大问题。各级发改部门围绕重大决策、推进重大项目，继续坚持重点建设联席会议制度，加强工作协调和信息沟通。各级国土、建设、规划、环保和行业主管部门切实履行职能，全力支持重大建设项目，努力形成推进重大建设项目的工作合力。

(二)加强规划引导，做好项目前期。坚持“以规划带项目”，依据本规划开展项目前期工作，增强规划的刚性约束。按年度分解规划任务，编制实施重大建设项目前期、重点建设和省级政府投资项目年度计划，规划项目条件成熟时列入各类年度计划，形成“开工一批、建设一批、竣工一批、储备一批”的滚动发展机制。健全政府投资决策机制，完善政府投资项目决策程序，提高投资决策的科学化、民主化水平。深化重大建设项目前期工作，落实专门机构、人员和前期工作经费。协调推进重大建设项目报批工作，落实规划选址、用地预审、环评、能评等前置审批条件，加快项目审批、核准进度。

（三）加强要素保障，优先配置资源。坚持资源优先配置，确保重大项目所需的土地、资金、环境容量等要素资源保障到位。加强用地计划与各类投资计划的联动，对列入本规划和省有关投资计划的重大项目优先安排土地指标；妥善处理规划项目涉及的基本农田，做好耕地占补平衡。统筹安排各类政府性资金，努力争取中央预算内资金，落实项目资本金和地方配套资金，鼓励和引导金融机构加大支持力度。做好重大建设项目管理和技术人员的引进、培养工作，提高人才保障能力。对列入本规划、省相关投资计划的重大建设项目，优先配置环境容量指标。强化配套保障，优先协调解决重大建设项目的施工用电、用水、用油等。加强对征地拆迁工作的政策指导和动态监管。力争一批重大项目上升为国家重点建设项目，争取享用相应的项目支持政策。

（四）加强改革创新，优化投资环境。深化审批制度改革，切实减少审批环节，完善投资项目联动审批机制。推广行政审批服务全程代理制和网上审批制，推进全省投资项目管理信息系统有效运行。建立和完善重大项目社会风险评估制度和公示制度，建设政府投资项目储备库，深化政府投资代建制，逐步建立政府投资责任追究制度。深入贯彻落实国家和省关于鼓励和引导民间投资健康发展的政策措施，推进民间资本与重大建设项目有效对接，防止民间资本过度向省外转移。加强与央企对接合作力度，争取更多央企扩大在我省投资。加强重大建设项目舆论宣传，编撰《浙江省投资大全》，营造良好的投资和建设环境。

（五）加强项目管理，确保质量效益。严格执行基本建设程序，落实项目法人责任制、招标投标制、合同管理制、工程监理制和项目资本金制度。政府投资重大项目要严格按照《浙江省政府投资项目管理办法》，杜绝“三超”与“三边”工程，确保工程质量和投资效益。继续完善政府投资项目监管体系和企业投资监管体系，各级审计机关要依法加强对政府投资项目审计监督，各级发改部门要加强重大项目稽察，积极推进政府投资项目后评价工作。建立完善政府投资的咨询决策、执行、监督体系。开展对重大项目的前期、质量、管理、进度和安全等方面量化考核，落实奖惩措施，开展动态考核和督查。

附件：1. 浙江省“十二五”重大建设项目统计表（实施项目）（略）
2. 浙江省“十二五”重大建设项目（实施项目）（略）

浙江省人民政府关于印发浙江省人才发展十二五规划的通知

浙政发〔2011〕97 号

各市、县（市、区）人民政府，省政府直属各单位：

现将《浙江省人才发展“十二五”规划》印发给你们，请结合实际，认真贯彻实施。

二〇一一年十二月九日

浙江省人才发展“十二五”规划

为深入实施人才强省战略，加快推进人才强省建设，根据《浙江省国民经济和社会发展第十二个五年规划纲要》和《浙江省中长期人才发展规划纲要（2010—2020年）》，特制定本规划。

一、发展背景

“十一五”时期是我省人才大发展的五年。在省委、省政府的正确领导下，我省大力实施人才强省战略，人才发展取得显著成绩。制定实施中长期人才发展规划纲要、“十一五”人才发展规划等重大人才规划，人才强省战略布局基本形成，党管人才工作格局逐步完善。出台加强党政人才、企业经营管理人才、专业技术人才、高技能人才、农村实用人才队伍建设和欠发达地区人才开发、大学生“村官”选聘等政策意见，人才资源市场化配置机制不断健全，人才在经济转型升级中的保障和支撑作用进一步增强。组织实施省特级专家制度、海外高层次人才引进“千人计划”、151 人才工程、重点创新团队推进计划等重大人才工程，大力培育引进人才科技创新载体，不断改善人才创新创业环境，为培养凝聚高层次人才和团队创新创业提供了良好平台。2009年底，全省人才资源总量达到655万人，具有高级专业技术职称人才22.8万人，高技能人才100万人。“十一五”期间引进各类人才15.8万人。人才事业的快速发展，为推动经济社会发展提供了有力人才支持，也为未来发展奠定了坚实人才基础。

但是，当前我省人才发展总体水平仍存在一些与经济社会发展需要不相适应的问题，与一些先进省份相比仍有一定差距，主要是：人才优先发展的理念还没有完全确立，人才资源开发投入不足；人才结构性矛盾较为突出，高层次创新型人才、高技能人才短缺，高端人才、领军人才尤其紧缺；人才发展体制机制还不够完善，高层次人才发展平台较少，人才创新创业环境有待改善；企业在人才开发中的主体作用尚未充分发挥，人才国际化步伐需要进一步加快等等。“十二五”时期是我省科学发展走在前列、全面建成惠及全省人民小康社会的关键时期。大力推动人才发展，抓紧培养集聚各方面优秀人才，比以往任何时候都更加迫切。我们必须用战略眼光看待人才工作，坚持把人才作为转型之要、竞争之本、创新之源，牢固树立人才是科学发展第一资源、第一要素和第一推动力的理念，采取有效措施，加大工作力度，努力开创人才辈出、人尽其才、才尽其用的新局面。

二、指导思想、主要目标和总体要求

（一）指导思想。高举中国特色社会主义伟大旗帜，以邓小平理论和“三个代表”重要思想为指导，深入贯彻落实科学发展观，紧紧围绕实施“八八战略”和“创业富民、创新强省”总战略，坚持党管人才，坚持“人才优先、服务发展，以用为本、创新机制，高端引领、统筹推进，优化环境、开放聚才”原则，以高层次、高技能人才为重点，以重大人才工程、重大人才发展平台为抓手，以人才政策和制度创新为动力，统筹推进各类人才队伍建设，加快建设人才强省，为加快经济发展方式转变、推动科学发展提供有力人才支撑。

（二）主要目标。今后五年人才发展的主要目标是：全面确立人才优先发展的战略布局，重大人才工程和平台建设取得重大进展，人才政策创新取得较大突破，人才资源总量持续增长、素质稳步提升、结构更趋合理，人才对经济社会发展的引领支撑作用明显增强，人才发展总体水平和人才竞争力位居全国前列。到2015年，人才资源总量达到870万人；主要劳动年龄人口受过高等教育的比例达到15.2%，每万劳动力中研发人员达到63人年；人力资本投资占生产总值比例达到14.1%，人才贡献率达到36.5%。现代农业、先进制造业、现代服务业、战略性新兴产业、海洋经济等重点领域人才比重明显加大，高层次创新创业人才大幅增加，人才国际化水平明显提高，建成一批区域性人才高地和人才集聚区，农村、基层和欠发达地区人才队伍得到加强。

统筹推进六支人才队伍建设。到2015年，全省党政人才为28.5万人左右；经营管理人才总量达到287万人；专业技术人才总量达到410万人，高级、中级、初级专业技术人才比例为14∶54∶32；高技能人才总量达到160万人，占技能劳动者比例达到24%；农村实用人才总量达到105万人；社会工作人才总量达到10万人。

2015年人才发展主要指标

指　　标	单位	2015年目标值
人才资源总量	万人	870
党政人才	万人	28.5
经营管理人才 其中：企业经营管理人才 事业单位管理人才	万人	287 270 17
专业技术人才 其中：在管理岗位	万人	410 121
高技能人才	万人	160
农村实用人才	万人	105
社会工作人才	万人	10
每万名劳动力中研发人员	人年/万人	63
高技能人才占技能劳动者比例	%	24
主要劳动年龄人口受过高等教育比例	%	15.2
人力资本投资占生产总值比例	%	14.1
人才贡献率	%	36.5

（三）总体要求。全面把握人才工作目标，结合浙江特点，突出重点、统筹兼顾、有序推进、高效发展。一是坚持人才投资优先，健全政府、社会、用人单位和个人多元人才投入机制，加大对人才发展的投入，科学配置政府人才投入资源，加快形成人力资本优先积累局面。二是突出高层次人才、高技能人才开发，突出重点领域产业人才、紧缺急需人才开发，突出企业人才开发，以人才优先开发推动产业升级和城乡区域协调发展。三是加快建设有利于人才成长和作用发挥的各类创新创业平台，提升中心城市和产业集聚区的人才集聚和辐射功能，吸引国内外各类优秀人才到浙江创新创业。四是破除影响人才成长发展的体制机制性障碍，构建有利于人才创新创业的制度环境，激发各类人才的创新活力、创造智慧和创业激情。五是充分发挥党管人才工作格局作用，实行人才工作项目化管理，精心组织实施重大人才工程，狠抓落实，重点突破，带动各领域各层次人才队伍建设。

三、人才队伍建设重点

（一）突出培养造就高层次创新创业人才。围绕加快建设创新型省份，重点培养造就一批能冲击国际科技前沿、处于国内一流水平的科技领军人才和创新团队，一批熟悉国际国内市场、推动产业转型升级的企业家队伍，一批掌握核心技术、引领新兴产业发展的科技创业领军人才，大批敢于创业、善于创新的优秀青年人才。

各地、各部门和行业实施相应的高层次创新型人才、优秀拔尖人才培养项目,形成衔接有序、分层分类、梯次配备的全省高层次创新型人才培养体系。加强省特级专家评选和资助服务工作。组织实施省151人才工程、重点创新团队推进计划、百千万科技创新工程、高校创新人才培养工程、高素质医疗卫生人才培养工程、企业研发领军人才培养工程、企业经营管理人员素质提升工程、钱江高级人才引进计划等人才培养工程。支持我省专家学者和各类优秀人才进入国家级人才计划(工程)。加大对青年创新人才的发现、培养、使用和资助力度。重视发挥老专家、老教授和各类离退休高层次人才的作用。深化产学研合作,重视发挥企业引才用才的主体作用,引导支持企业与高校、地方政府共建各类创新创业载体。积极开展与国内大院名校的科技人才战略合作,共建科技、人才基地。进一步加强国内高层次人才引进工作,继续办好北京、上海高层次人才交流洽谈会,吸引国内高层次人才来浙江创新创业。

(二)加快培养造就高技能人才。围绕我省先进制造业、现代服务业、战略性新兴产业发展,通过深入组织实施高技能人才建设三年行动计划,培养引进一批企业紧缺急需的技能型人才,基本解决我省高技能人才队伍建设滞后问题,使高技能人才队伍不断满足我省经济社会发展的需要。

把高职院校、技工院校作为培养高技能人才的主渠道,加快培养一大批技术技能型、复合技能型和知识技能型高技能人才。完善高技能人才培养平台,重点培育一批国家级、省级示范高职院校、重点技师学院,建设一批特色专业、新兴专业和骨干专业。充分发挥企业在高技能人才队伍建设中的主体作用,切实加强校企合作,加强综合性高技能人才公共实训基地建设。建设一批技能大师工作室。畅通高技能人才引进渠道,全方位贯通高技能人才职业发展通道。鼓励吸纳高校毕业生进入高技能人才队伍,扩大高技能人才规模,大幅度增加高级工总量,提升高技能人才素质。建立完善多元化高技能人才投入保障机制。

(三)大力开发重点领域紧缺急需人才。大力开发现代农业领域的紧缺人才。围绕优质、高效、生态、安全的目标,重点培养引进农产品质量安全、生物质能技术、数字农业与农业信息、农产品深加工、农业生物技术等方面的人才和致富带头人,加快生态农业的关键技术创新与突破。大力开发工业转型升级重点产业的紧缺人才。围绕汽车产业、船舶产业、钢铁产业、石化产业、装备产业、电子信息产业、有色金属产业、轻工产业、纺织产业、建材产业、医药产业等转型升级重点产业的技术改造和现代管理创新,重点培养引进一大批高水平科技研发人才、战略统筹人才和高层次经营管理人才。大力开发战略性新兴产业发展所需的紧缺人才。围绕培育发展生物产业、物联网产业、新能源产业、新材料产业、高端装备制造业、节能环保产业、海洋新兴产业、新能源汽车产业、核电关联产业,以高技术和高附加值为导向,重点培养引进同步掌握国际先进技术、能够引领产业发展的科技人才。大力开发现代服务业发展所需的紧缺人才。围绕现代商贸、金融服务、现代物流、信息服务、科技服务、旅游、文化服务、房地产、社区服务、服务外包等服务业重点行业,大力培养引进高层次专业人才、高级管理人才和创业型人才。大力开发海洋经济专门人才。围绕建设海洋经济强省、加快建设全国海洋经济发展示范区,重点培养引进海洋高新技术、基础学科、海洋环保、港航物流等现代海洋产业人才。大力开发社会转型发展重点领域专门人才。着眼于有序推进社会转型、构建和谐社会,大力开发教育、政法、宣传思想文化、人文社会科学、医药卫生、社会工作、社区建设、防灾减灾等社会发展领域的专门人才。

加强产业、行业人才发展统筹规划和分类指导,开展人才需求预测和分析研究,定期发布急需紧缺人才目录,探索建立人才紧缺指数发布制度。加强党政人才培训,完善干部培养教育体系,按照分级分类的原则,每五年一轮大规模培训干部,提高各级领导干部和公务员推动科学发展的能力和素质。调整优化高等学校学科专业设置,加大急需研发人才和紧缺技术、管理人才的培养力度。开展重点领域专门人才知识更新培训。加快构筑特色产业人才密集区,打造现代产业人才高地。引导科研人才、工程技术人才向重点产业集聚。完善专业技术人才继续教育体系,深入实施专业技术人员知识更新工程,整合继续教育资源,大力发展网络和远程教育,形成广覆盖、多层次、开放式的继续教育培训网络。大力倡导校企合作的双元培养模式,加快推进实习基地、见习基地和实训基地等载体建设和企业访问工程师(实习工程师)项目,注重依托项目、工程培养人才,建立培训机构、人才、用人单位和全社会广泛参与的人才培养机制。实施现代农业和新农村建设人才支撑计划、社会工作人才培育计划、文化人才工程,加快培养各领域专门人才。建立由行业主管部门牵头、相关单位共同参与的重点领域人才开发协调机制,提高重点领域急需紧缺专门人才开发效率和水平。加强区域人才开发合作,推动长三角人才开发一体化进程,构建人才资源开发共享和联动机制。

(四)加快打造国际化人才队伍。坚持开放聚才,构建开放灵活的引才聚才用才机制,加快人才国际化步伐,打造区域性国际化人才高地。

创新人才开发政策和服务体系。开展人才发展改革试验,建设人才特区,逐步建立与国际接轨的人才开发机制和环境。深入实施"千人计划",大力引进海外高层次人才和智力。拓展海外高层次人才引进渠道,加强与国外政府组织、人才机构、大院名所等机构的合作与交流,定期组织企事业用人单位赴国(境)外举办招才引智专场活动。加快建设海外高层次人才创新创业基地。实施引进国外智力工程,积极开展国际人才智力项目合作交流活动,到2015年,累计聘请国(境)外专家12.5万人次。开展慰问招揽留学人员活动。加快建设海外人才引进联络站。依托高校、科研机构探索建立海外高层次人才引进驿站。完善海外高层次人才需求信息发布平台,加强浙江海外人才网、国外智力信息库建设。实施国际化人才培养工程,扩大境外学习培训规模，建立一批境外培训基地，选拔优秀人才参加国际科研计划、学术交流访问，培养推荐优秀人才到各类国际组织工作。“十二五”期间，选派各类人才出国（境）培训1万名以上。积极吸引外籍人才、留学生、港澳台学生来浙学习和工作，鼓励和支持各类海外人才为浙服务。

四、重大人才工程

（一）151人才工程。

目标任务：以提升自主创新能力为核心、以培养年轻学术技术带头人为目标，到2015年，培养100名左右在国内学术和技术领域具有一定知名度的第一层次高级专家；500名左右能代表我省学科优势和学术、技术水平的第二层次高级专家；1000名左右年轻优秀学术技术带头人后备人选。

主要举措：一是制订《浙江省151人才工程（2011—2020年）实施意见》。每两年选拔一次，每次选拔重点资助培养人员25名，第一层次培养人员50名，第二层次培养人员200名，第三层次培养人员400名。二是实施重点资助计划，“十二五”期间，在能力业绩特别突出的第一、二层次培养人员中择优遴选50名左右进行重点培养，在第三层次培养人员中择优遴选资助240名左右。三是省级科学计划、工程建设、技术创新项目和自然科学基金等向培养人员重点倾斜，优先推荐培养人员申报“863”、“973”计划项目及科技支撑重大项目、杰出青年基金等各类国家级项目基金。四是发挥用人单位主体作用，对151人才组建学术科研团队及科研经费、实验设备、工作场所等方面给予支持和保障。五是举办省151人才高级研修班，每年选派一批培养人员到国外著名高校、科研院所和跨国企业进行中长期培训，探索实施省151人才导师制度。六是完善培养经费投入体系，省财政对省151人才工程重点资助对象和第一、二层次培养人员及第三层次择优资助人员，分别一次性给予每人12万元和8万元、4万元、3万元经费资助。

（二）高技能人才培养计划。

目标任务：加快培养引进一大批技术技能型、复合技能型和知识技能型高技能人才，争取到2015年底，新增各类高技能人才50万人，高技能人才占技能劳动者的比例达到24%。

主要举措：一是实施高技能人才选拔工程。每两年在全省评选表彰10名“钱江技能大奖”、50名“首席技师”、300名“浙江省技术能手”。二是实施高技能人才引进集聚工程。“十二五”期间，争取从省外引进紧缺急需型高技能人才3000名，其中引进海内外高端技能型人才150名。三是实施职业院校发展行动计划。重点扶持100所中等职业教育改革发展示范学校。进一步扩大技工院校办学规模，到2013年，全省技工院校达到80所，其中高级技工学校和技师学院20所，在校生数15万人。在现有12家省高技能人才公共实训基地的基础上，新建3—5家。四是实施“金蓝领”国（境）外培训工程。每年选派100名紧缺型职业（工种）、具有相应技能水平、创新潜力和行业国际视野、跨语言交流能力的一线优秀技术工人和技工院校名师，到国外知名企业职业培训机构培训研修。五是实施技能人才培训校企合作工程。全省各高职院校、技工院校年培训企业高技能人才500人次以上。六是实施紧缺高技能人才培训工程。全省培养10000名高技能人才，其中省本级培训5000名。七是实施技能大师工作室建设工程。根据企业生产需要，选择科技和技能含量较高的规模以上企业，在全省建立100个技能大师工作室。八是实施高技能人才评价推进工程。积极探索多元化技能人才评价体系，建立健全职业技能鉴定社会化考评体系，研究建立以职业院校学生为对象的职业资格认证体系。

（三）百千万科技创新人才工程。

目标任务：着眼于扩大科技人才规模和提升创新能力，加大科技创新人才培养和引进力度，到2015年，培养和引进200名国内外一流的创新领军人物、2000名学术技术带头人、5000名研发骨干。

主要举措：一是遴选培育150个省重点科技创新团队，加大扶持力度，着力引进和培育一批国内外一流的创新领军人才。二是依托国家技术创新工程试点省八个一批试点建设、重大创新平台、重大科技专项和科技转化工程，加强对战略性新兴产业、高新技术产业科技创新人才的培养和引进。三是实施“钱江人才计划”，扶持新近归国留学人员创新创业，到2015年，资助留学回国人员项目500个。四是实施企业家技术创新战略能力提升计划，培养一批具有战略眼光和国际化视野、善于组织开展技术创新和转化重大科技成果、能够引领行业发展的科技型企业家。五是实施“优秀青年科技创新人才培养计划”，通过省杰出青年科学基金项目、新苗人才项目等，培养引进一批优秀青年创新人才。

（四）海外高层次人才引进“千人计划”。

目标任务：围绕优先发展的重点产业和科技创新重点领域，省及地方分层次引进一批海外高层次人才。省级层面，“十二五”期间力争引进并重点支持500名左右能够突破关键技术、发展高新技术产业、带动新兴学科的学科带头人、科技领军人才和高层次创业人才，其中150名左右争取入选国家海外高层次人才引进“千人计划”。

主要举措：一是完善“千人计划”引才体系。加大省“千人计划”实施力度，实施“海鸥计划”（“千人计划”短期项目），各地和高校、科研院所、企业结合实际实施海外引才计划，进入国家“千人计划”人选努力实现“保四增量”。二是建立海外引才长效机制。每年定期组团赴美欧日、香港等发达国家和地区招引海外高端人才，举办民营企业与海外人才智力对接活动。借助驻外机构、海外留学人才社团、海外人才中介组织，建立海外引才联络处。三是做大做优引才平台。办好“浙洽会”国外人才智力项目对接洽谈会、浙江·杭州国际人才交流合作大会、浙江·宁波人才科技周、留学人才浙江行等活动。四是创新引才方式。充分发挥海外高层次人才浙江大学驿站作用，支持地方、企业等引进海外高端人才。鼓励和支持我省地方、企业、高校、科研机构通过建立研发机构和海外创新创业基地吸纳海外优秀人才。五是健全引才服务保障机制。建立健全省市联动、统分结合的海外引才服务窗口，落实引进人才的各项政策待遇。注重发挥省海外高层次人才联谊会作用。加强对海外引进人才的创业培训。创造条件建设若干国际学校、国际医疗服务机构。

（五）重点创新团队推进计划。

目标任务：到2015年，努力建成300个左右创新人才集聚、创新机制灵活、持续创新能力强、创新绩效明显，具有国内一流水平的省级创新团队。在科技创新重点领域建设150个突破关键共性技术、研发战略产品、推广重大成果的科技创新团队；在重点发展产业、行业龙头骨干企业、科技型创新企业建设100个企业重点技术创新团队；在人文社会科学、宣传文化领域建设50个文化创新团队。

主要举措：一是围绕推动我省产业转型升级和文化事业发展，遴选一批省重点科技创新团队、企业技术创新团队和文化创新团队。二是组织实施企业技术创新团队“121”工程，省市县三级联动、分级管理、梯次建设，在全省重点企业打造100个能与国际先进同行竞争的技术创新团队，200个具有国内同行先进水平的技术创新团队，1000个瞄准国内技术研发前沿、具有较强竞争力的技术创新团队。三是加大对创新团队建设的支持力度，在人才培养、引进、项目研发等方面给予连续稳定的资助，全面落实税收优惠等各项自主创新扶持政策，引导金融机构支持创新团队建设和创新成果产业化。四是依托重点创新团队，引进培育一批掌握核心关键技术的高层次人才、创新领军人才、企业技术研发骨干、一线工程师和高技能人才。五是通过实施重大项目、工程和课题招标等方式，引导和组织重点创新团队开展持续攻关，着力突破一批核心关键技术，形成一批高水平、高质量的科技创新和文化创新成果。六是积极引导创新团队开展产学研合作，通过项目合作开发、共建创新载体、开展人才培养，推动创新成果转化。

（六）现代服务业高端人才培养引进计划。

目标任务：“十二五”期间，围绕我省现代服务业发展的重点领域、重大项目和服务业集聚区建设，培养1000名左右了解省情特点、熟悉国际规则的现代服务业国际化高端人才；引进5000名左右现代服务业高端人才和紧缺急需骨干人才，重点引进国际知名服务业企业的高级专业技术人才和经营管理人才、具有海外成功创业经验的现代服务业创业人才和团队。

主要举措：一是充分发挥杭州、宁波、温州、义乌等中心城市或现代服务业集聚示范区的辐射带动作用，依托现代服务业重大项目建设，加快培养引进现代服务业人才。二是组织举办现代商贸、金融服务、现代物流、信息服务、电子商务、旅游、文化创意、研发设计、数字传媒、服务外包等培训班，加强对现代服务业紧缺急需高端人才培养。三是在发达国家、地区建立现代服务业高端人才培养基地，与国际专业组织、知名大学、国际行业学会（协会）、国（境）外专业培养机构建立长期稳固的合作关系。四是定期组织企事业单位赴香港、新加坡等地招聘现代服务业高端人才，加强长三角地区现代服务业人才的交流与合作。五是建立现代服务业网上人才市场，加强与国际人才中介机构的合作，建立现代服务业高端人才资源库，实现现代服务业高端人才引进、配置常态化。

（七）企业经营管理人才素质提升计划。

目标任务：着眼于提高我省企业现代化经营管理水平和国际竞争力，到2015年，培养100名能够引领行业发展方向、善于开展国际竞争和合作的优秀企业家，1000名具有系统现代经营管理知识和丰富实战经验的创新创业型企业家，10000名具有较高职业素养的职业经理人，基本实现全省规模以上企业中高层经营管理人才普遍接受工商管理知识学习培训。

主要举措：一是加大高端人才的国际化培养力度，每年选拔一批优秀中青年企业家赴国外高校、企业培训学习，着力提高我省企业家队伍的国际化水平。二是围绕产业集群转型升级和促进龙头骨干企业发展，每年组织200名左右高层次企业经营管理人才到国内知名高校或研究机构参加学习。三是每年组织企业经营管理人才开展经济发展系列专题培训。四是推进企业家在线学习，建设好全省企业网络学院，扩大培训规模，提高培训效率。五是加快企业经营管理人才培训基地建设，每年组织编制浙江省重点管理咨询机构、培训机构名录，组织认定全省企业管理创新示范咨询培训机构若干家，引进一批国内外品牌咨询培训机构。六是每年认定一批管理创新示范成果，作为企业经营管理人才培训的案例和教材；每年组织认定一批管理创新（精细化管理）示范企业，作为全省企业经营管理人才培训的实训基地。“十二五”期间，完成10万人次的精细化管理专门人才培训任务。

（八）宣传文化系统“五个一批”人才工程。

目标任务：着眼于加快文化大省建设，培养造就一批有较高学术造诣、联系实际的人文社科专家，一批群众喜爱的名记者、名编辑、名主持人，一批精通业务知识的出版专家，一批艺术水平精湛的作家、艺术家，一批既懂宣传文化发展规律、又懂市场运作规律的文化经营管理专家。实施“百千万”人才工程，到2015年，全省培养选拔300名左右在本行业或本学科领域有较大影响的宣传文化领域领军人物，3000名民间文艺人才，30000名宣传文化带头人。

主要举措：一是加强对“五个一批”人才发展的政策扶持，每两年选拔宣传文化各领域“五个一批”人才60名，实行动态管理。二是制订个性化培养使用方案，建立稳定持续的培养资助机制，对全省“五个一批”人才、全国“四个一批”人才，分别给予每人3万元、5万元的人才培养经费，相关单位配套资助。有计划选送人选人才参加业务进修和出国培训。三是探索完善首席记者（编辑）制、新闻节目主播制、课题负责人制度、记者编辑个人署名专栏制度、作品研讨会制度、专业技术人员轮岗（交流）制度、合同制作家（艺术家）等工作机制和工作方式。四是加强优秀民间文艺人才培养，选拔一批“浙江省优秀民间文艺人才”，对入选者给予一次性文化特殊补贴，提供参与宣传文化领域重点工作、重大文艺活动项目、对外文化交流、学术交流、培训进修、专著出版、个人艺术作品展、个人专场演出等机会。五是积极宣传“五个一批”人才及其优秀成果，推出大型系列专题片《文化之星》，在浙江在线网站建立“五个一批”人才视频网页。

（九）高校创新人才培养工程。

目标任务：深入实施高等学校高层次人才引进与培养工程，引进一批省高校“钱江学者”（省高校特聘教授），遴选一批省高校优秀中青年学科、专业带头人，资助培养一大批优秀青年教师和“双师”素质教师，选送一批优秀青年教师赴海外进行访学、进修，培养造就大批学术名师、教学名师、教学团队和高水平创新团队。

主要举措：一是利用国家和省海外高层次人才引进平台，结合各高校省重点学科建设工程和一级学科学位点建设要求，鼓励并支持各高校引进一批领军人才，其中特聘教授50名左右。二是结合新一轮重点学科和优势专业建设，继续做好新一轮学科和专业带头人培养工作，分两批共遴选学科带头人300名、专业带头人200名。三是争取教育部和省级青年教师国内访问学者资助项目，选派一批青年教师赴国内大院名校做访问学者。四是发挥长三角教育联动合作平台效应，积极开展区域内教师互访、柔性流动和共享，增进优秀青年教师的交流。五是借助长三角名企业和大项目、大工程实施，派遣青年教师下企业和到实际工程项目中锻炼，培养青年教师的“双师”素质。六是利用国家留学基金委资助项目，选派一批优秀青年教师赴海外访学、进修。

（十）高素质医疗卫生人才培养工程。

目标任务：实施卫生高层次创新人才培养工程，培养一批医学学科带头人；实施基层卫生人才素质提升工程，建立一支以全科医师为重点的基层医疗卫生人才队伍。推进住院医师规范化培训、继续医学教育、乡村医生培训，建立完善卫生技术人员培训网络和制度，提高各级各类卫生技术人员整体素质。

主要举措：一是加大对各类卫生高层次人才培养工程的投人，通过定人定向的扶持培养，培养100名国内领先、国际知名的卫生高层次人才。二是建立以全科医生为重点的农村基层卫生人才培养新模式，委托定向免费培养农村社区医生2200名。三是开展农村乡镇卫生院（包括社区卫生服务中心）招聘执业医师工作，为农村乡镇卫生院招聘执业医师3000名。四是大力开展在职卫技人员的医学继续教育，健全多渠道、多途径的教育培训方式，建立和完善全科医生培训制度。五是创新卫生人才引进和使用方法，鼓励医疗卫生单位通过各种方式聘用海内外卫生高层次人才。六是深化卫生系统人事分配制度改革，健全卫生人才管理体制，创新卫生人才工作机制，完善农村基层卫生人才优惠政策。

（十一）社会工作人才培育计划。

目标任务：建立健全以职业培训为重点、机构发展为载体、政府购买服务为引导的社会工作人才培养体系，建设一支社会工作管理、服务、教育和研究人才并重，结构优化、布局合理的社会工作人才队伍。到2015年，培养社会工作人才10万人，其中高级人才1500人，中级人才4500人。

主要举措：一是加强高校社会工作学科建设和发展，大力推进社会工作专业硕士学位（MSW）教育，发展社会工作专业博士学位教育。二是实施社会工作知识普及工程，将社会工作知识纳入党政领导干部教育培训内容，逐步推广社会工作通识教育。三是实施社会工作职业能力提升工程，推进社会工作培训与教育基地建设，重点建设5家省级示范社会工作人才培训与继续教育基地。四是实施民办社会工作服务机构促进工程，建立政府购买社会工作服务机制，鼓励扶持社会力量兴办、资助民办社会工作服务机构，建立民办社会工作服务机构自治、监督、评估机制，探索建立民办社会工作服务机构孵化基地，重点扶持建设5家省级示范性民办社会工作服务机构。五是实施社会工作督导培训工程，加快建设质量优良、结构合理、规模适度的社会工作督导人才队伍。六是实施社会工作人才信息化服务工程，构建全省社会工作信息化系统服务平台，建立社会工作人才信息库。

（十二）现代农业和新农村建设人才支撑计划。

目标任务：结合农业农村重大工程、重大专项、重点项目实施和农业科研创新平台、涉农高校科研院所、特色农业示范基地建设，培养造就一批高水平农业学术技术带头人和优秀农业科技创新人才，一批以科技特派员、基层农技推广人员为重点的现代农业科技推广人才，一批农业企业家、农民专业合作组织负责人等农村创新创业领军人物，一批高层次农村社区管理、村庄规划与管理人才。“十二五”期间，重点培训农业中高级专业技术人才5000人次，每年培训农村实用人才10万人。

主要举措：一是实施现代农业领军人物培养工程，每年选拔200名国家级和省级农业龙头企业、农民专业合作社负责人等优秀农村实用人才到大专院校、科研院所、省级实训基地和境外（国外）进行知识更新、创新创业能力和综合素质提升培训。二是实施农业产业带头人职业能力提升工程，每年选拔2000名农村专业合作社负责人、农业中小企业业主、现代农业经营业主、农家乐经营业主、农村种养业大户、农产品营销大户、农村科技示范户等农村产业带头人，加强创业技能和创业能力培训。三是深入实施“千万农民素质提升工程”，依托职业院校、现代远程教育、电大、农广校、农函大、成人文化技术学校（社区学院）、科研技术推广单位等各类培训机构，加强农民转移就业技能培训、农业专业技能培训和农村劳动力“双证制”培训。四是抓好农村党员、农村青年、退伍军人和选聘到村任职大学生创业技能培训。五是完善现代农业科技人才和新农村建设人才选拔、培训和激励机制，加大城区科技、教育、文化、卫生等优质资源对农村的支持力度，加强对农村教师、卫生人才、科技人员的定向免费培训。六是继续实施百村引智示范项目和师资支持计划、万名医师支援农村卫生工程、农村文化人才素质提升工程、农村社区管理服务人才建设工程、农村青年创业人才培养工程、青年农民培训工程、农村女能手培养工程。加强农村指导员、科技特派员工作。

（十三）支持欠发达地区人才开发“希望之光”计划。

目标任务：结合山海协作工程、欠发达地区奔小康工程，以欠发达地区人才需求为导向，实施人才培养工程、人才支持工程、智力服务工程、人才开发资助工程，加强欠发达地区人才资源开发，深入推进干部挂职锻炼、人才培训工作，定期组织开展专家服务欠发达地区活动，省人才强省战略专项资金进一步加大对欠发达地区人才开发的资助。

主要举措：一是大力培养欠发达地区各类人才，省直单位、发达地区与欠发达地区开展互派干部挂职锻炼工作，实施欠发达地区基层干部培训计划。加大欠发达地区实用人才培养，开展双证制教育，每年培训农村劳动力100万人次以上。组织“农村大学生”定向培养，每年招收一批省重点扶持欠发达乡镇农村青年进行高等学历和非学历教育。二是加强教育、科技、卫生、文化人才的结对联系帮扶，实施农村中小学教师“领雁工程”，组织开展“百人千场”名师送教下乡活动，实施欠发达地区卫生技术人才支援计划，每年招募优秀应届高校毕业生到欠发达地区开展“三支一扶”、参与远程教育和青年中心建设与管理。深化校企合作工作，不断提升区域自主创新能力。三是加大对欠发达地区的智力支持，定期组织高层次人才、国外专家赴欠发达地区开展咨询服务活动、举办专题讲座，支持欠发达地区引进国外智力项目，支持欠发达地区人才赴国（境）外培训。建立一批高级专家联系服务基地和人才培养基地。四是加大欠发达地区人才开发投入，省人才强省战略资金继续安排专项经费支持欠发达地区引进、培养急需人才。

五、人才创新创业平台建设

（一）青山湖科技城。根据“国际一流、国内领先、浙江典范”的要求，坚持高起点规划、高标准建设、高水平引进，完成5平方公里的青山湖科技城核心区主体建设，积极引进一大批大院名所和大企业研发机构、集聚一批高层次特别是研发骨干人才，努力把科技城建设成为长三角乃至全国创新要素最活跃的研发基地之一，成为国际先进、国内一流的科技资源集聚区、技术创新源头区、高新企业孵化区、低碳经济示范区。

（二）浙江海外高层次人才创新园（中央企业集中建设人才基地）。采用“属地政府建设园区、企业投资建设平台、条块政策给支持”的模式，完成首期3平方公里园区建设。计划引进10名在业内有较大影响、居于世界先进水平和国内领先地位的科技领军人才，集聚100名左右拥有自主知识产权、掌握核心技术或关键技术的高端研发人才，1000名左右熟悉掌握研发技能的科研骨干，集聚一批创新团队，成为按全新机制运行的人才改革发展试验区和国内一流的人才创新基地。

（三）中国海洋科技创新引智园区。整合国家和省有关政策、项目、资金、服务等资源，引进200名有一定国际影响、在学科领域具有权威地位的国外专家，组织开展200个与海洋经济产业相关联的引智项目，努力将引智园区建设成中国海洋科技创新基地、中国海洋科技国际化人才培养中心、中国海洋科技引智成果研发推广平台、国际海洋人才智力优质资源集聚高地和中国海洋引智创新综合示范区。

（四）海外高层次人才创新创业基地。充分发挥浙江大学、杭州高新区（滨江）等国家级海外高层次人才创新创业基地作用。依托高新区、园区、高校、科研院所和大企业集团，建立20个以上省级海外高层次人才创新创业基地，引进一批海外高层次人才和项目，支持宁波高新区、嘉兴科技城、温州科技城、中国（舟山）海洋科技城等创建国家级海外高层次人才创新创业基地。加大留学人员创业园建设扶持力度，新建4—5家省级留学人员创业园，全省留学人员创业园总数达30家，提高园区的综合服务、成果孵化以及产业辐射能力。

（五）加强各类创新创业平台建设。加快引进国内外大院名校、大企业，大力建设公共科技基础条件平台、行业创新平台、区域创新平台等“六个一批”创新载体。在大企业集团、行业骨干企业建设一批国家级、省级研发机构以及行业和区域创新平台。“十二五”期间，新建三类重大科技创新服务平台25家，平台总数达到80家左右，争创国家技术创新服务平台5家以上，省级以上重点实验室、工程技术研究中心达到200家以上。扩大博士后科研工作站规模，总数达到200家，引导支持有条件的企业建立博士后科研工作站。加强大学生创业园建设，促进大学生创业就业。

六、政策和制度创新

建立健全人才投入、培养、引进、评价、使用、激励、保障等政策法规，以政策创新带动体制机制创新，营造公开平等、竞争择优的制度环境，推进人才发展的科学化、制度化、规范化。

（一）建立健全人才开发、权益保护等方面的政策法规。研究制订浙江省人力资源市场管理条例。修订专业技术人才继续教育、外国专家来浙工作管理等法规、规章。加快劳动人事争议处理地方立法，加强劳动人事争议处理工作。完善知识产权工作体系，加大知识产权知识普及和执法保护力度。

（二）实行人才投资优先保证的财政政策。逐步改善经济社会发展的要素投入结构，各级政府进一步提高人才专项资金投入占财政一般预算支出的比例，满足人才发展重点领域、重点项目的投入需求。完善财政人才资金使用管理办法，探索建立绩效评价体系，提高资金使用效益。积极发挥财政资金的引导和推动作用，支持鼓励社会、用人单位和个人加大人才投入。

（三）实施海外高层次人才居住证（“浙江红卡”）制度。认真落实《浙江省海外高层次人才居住证管理暂行办法》，对符合条件的海外高层次人才在创业、保险、购房、子女入学等方面给予本地居民同等待遇，并给予落户、出入境签证、申请长期居留等方面的便利。加强海外引才服务窗口建设，完善跟踪管理和全程服务机制。

（四）实施人才特区政策。研究制订更加开放、更加灵活、更富效率的人才政策，在国家和省级高层次人才创新创业基地推进人才发展改革试验，建设一批人才智力高度密集、科技创新高度活跃、新兴产业高度发展的人才特区。

（五）实施“人才＋资本”创业投融资政策。积极培育发展风险投资、创业投资基金，鼓励更多的民营企业、社会投资机构投资人才创新创业活动，促进民间资本与人才对接。设立政府人才创业投资引导基金，引导民间资本进入创业投资领域。

（六）实施加强创新型科技人才发展的政策。研究制订加强创新型科技人才队伍建设的意见，进一步优化科技资源配置、改进科技评价激励制度、完善科研投入方式、加强科研学术诚信体系建设，实施有利于科技人员潜心研究创新和促进科技成果转化的政策。

（七）实施强化产业集聚区人才保障的政策。统筹产业集聚区规划与人才发展规划，建立产业集聚区人才需求信息监测和定期发布制度，形成人才开发与产业集聚区建设协同规划、相互促进的良性机制。

（八）实施促进企业人才开发的政策。改革企业人才评价和激励办法，企业人才平等享受政府人才培养引进、职称评定、表彰奖励、住房申请等方面政策，平等利用政府支持人才创新创业的资金、项目、信息等公共资源，平等参与政府开展人才宣传、表彰、奖励等方面活动，引导和推动人才向企业流动和集聚。支持非公有制经济组织设立研发机构、技术中心、博士后科研工作站。研究制订促进非公有制企业引进人才的政策。

（九）制订人才流动配置方面的政策。加强人才市场体系建设，发展专业性、行业性人才市场，提升人才市场精细化程度，培育和扶持各类人才中介机构，做大做强人才服务业。加快建立社会化的人才档案公共管理服务系统。

（十）实施促进人才柔性引进和使用的政策。完善柔性引才政策，吸引国内外高层次人才以项目合作、智力入股、兼职兼薪、成果推广转化、特聘岗位等形式来我省开展人才智力服务。在全省经济社会发展的重点领域建立省级院士专家工作站100个，积极引导和支持市县建设一批特色院士工作站。

（十一）实施引导和鼓励大学生到基层创业就业的政策。制订大学生创业资金资助、创业扶持、创业培训、职称评定等政策，推进大学生创业园、大学生创业实训基地、就业创业实习基地建设。稳步推进选聘大学生到农村任职工作，完善落实选聘政策，加强培养使用，支持鼓励大学生“村官”自主创业，引导大学生“村官”有序流动。推进大学生志愿服务省内欠发达地区计划。继续招聘大学生到乡镇卫生院、农村学校工作。

（十二）完善人才评价制度。坚持以职业分类为基础，以品德、能力和业绩为导向，建立重在业内和社会认可的人才评价机制，形成科学、分类、动态、面向全社会各类专业技术人才的职称制度。全面推行职业资格证书制度，加快职业准入制度建设，完善职业水平评价制度。完善专业技术职务聘任制度，落实用人单位在专业技术职务聘任中的自主权。对具有真才实学、业绩突出的优秀特殊人才，组织专门的专业技术资格评审委员会开展评审，开辟专业技术资格评价绿色通道。推行学历证书和职业资格证书“双证书”制度。

（十三）完善企事业单位人事管理、收入分配、激励保障等制度。加快事业单位人事制度改革，全面推行事业单位聘用制度、岗位设置管理制度和公开招聘制度。稳步推进工资制度改革，完善事业单位岗位绩效工资制度，完善国有企业领导人员年薪制、期权期股等薪酬管理办法。建立产权激励制度，制订知识、技术、管理、技能等生产要素按贡献参与分配的办法。

（十四）健全高层次创新创业人才奖励制度。完善各类人才奖励制度，坚持奖励向生产一线倾斜、向基层倾斜，形成以政府奖励为导向、用人单位和社会力量奖励为主体的人才奖励体系。设立“浙江省杰出创新创业人才奖”，对有突出贡献的人才实行重奖。

（十五）完善优化人才生活保障的政策。各地要结合实际需要加强人才住房建设，完善人才住房使用管理制度。建立健全优秀人才疗休养和带薪休假制度。探索重要人才政府投保制度。完善社会保险制度，支持用人单位为优秀人才建立补充养老、医疗保险。

七、组织实施

（一）加强组织领导。完善党委统一领导、组织部门牵头抓总、有关部门各司其职密切配合、社会力量广泛参与的人才工作格局，推动规划顺利实施。充分发挥人力资源和社会保障部门的职能作用，发挥各级党政机关和工会、共青团、妇联、科协、社联等人民团体和协会作用，发挥企事业单位主体作用，形成整体工作合力，确保规划各项任务落到实处。

（二）强化考核督查。分解落实人才规划目标任务，建立规划实施情况监测报告制度，加强对规划贯彻落实情况的督查。健全市县党政领导人才工作目标责任制考核办法，完善考核指标，改进考核方法，强化考核的激励和约束作用。

（三）加强基础建设。组织开展人才发展难点问题、重大应用性人才政策的研究，积极探索新时期人才资源开发规律。建立和完善人才资源统计调查制度、人才发展年度报告制度，健全人才资源信息库。加强人才工作者队伍建设。

（四）营造良好氛围。大力宣传促进科学发展的人才观，宣传人才发展方针政策、重大举措，宣传人才发展典型经验和优秀人才典型案例，形成全社会重视、关心、支持人才发展的良好氛围。

浙江省人民政府关于印发
浙江省全面推进依法行政十二五规划的通知

浙政发〔2011〕100号

各市、县(市、区)人民政府,省政府直属各单位:

现将《浙江省全面推进依法行政“十二五”规划》印发给你们,请结合实际,认真贯彻执行。

二〇一一年十二月十五日

浙江省全面推进依法行政“十二五”规划

为全面推进依法行政,建设法治政府,根据《国务院关于加强法治政府建设的意见》(国发〔2010〕33号)精神,结合我省实际,制定本规划。

一、规划背景

(一)“十一五”全省推进依法行政取得的主要成就。“十一五”时期,各级政府和部门以科学发展观为指导,深入实施“八八战略”和“创业富民、创新强省”总战略,认真贯彻落实建设“法治浙江”等重大决策部署,扎实推进依法行政,政府工作法治化取得重大进展。

1. 公民权益依法保障水平明显提高。制定并组织实施《浙江省公民权益依法保障行动计划》,公民人身财产权益、社会权益、经济生活权益、救济权益等保障工作主要目标基本实现。全省财政用于民生的支出年均增长21.1%,连续五年财政支出增量的2/3以上用于民生。2009年、2010年公众对公民权益依法保障工作的满意度保持在80%左右。

2. 政府职能和管理方式进一步转变。制定《浙江省加强县级人民政府行政管理职能若干规定》(省政府令第261号),推进扩权强县、强镇扩权改革,基层政府社会管理和公共服务能力进一步增强。重大决策事项社会征询、专家论证、听证公示制度基本建立。经清理行政许可事项减少3/4以上;大部分县(市、区)完成政府部门内部行政审批职能整合与集中改革。以省政府网上办事大厅为龙头的省、市、县、乡四级便民服务网络和省、市、县三级电子监察体系基本形成。

3. 政府立法和制度建设加快推进。省政府完成地方性法规草案51件,制定、修改规章85件。建立并实施立法草案网上征求意见、公开征集立法建议和立法听证等制度,公众参与立法的渠道不断拓宽。专家参与立法工作进一步加强。组织开展了2次政府规章集中清理。颁布实施《浙江省行政规范性文件管理办法》(省政府令第275号),行政规范性文件管理制度进一步健全。

4. 行政执法规范化建设不断深化。各级行政执法机关基本做到职权、机构、岗位、人员和责任“五定”。64个市、县(市、区)实施城市管理相对集中行政处罚权工作。全面开展规范行政处罚裁量权工作。

5. 社会矛盾纠纷化解机制进一步健全。全省80%以上的行政争议实现“定分止争、案结事了”,行政复议在化解行政争议中的作用日益显现。各级政府与法院建立健全预防和化解行政争议机制,行政与司法良性互动格局逐步形成。实施“人民调解质量工程”,推进人民调解工作机制创新,人民调解成功率保持在95%以上。深入开展矛盾纠纷排查化解工作,切实加强信访规范化建设,全省信访总量持续下降,信访积案化解率保持在80%以上。

6. 依法行政意识和能力不断增强。行政机关工作人员依法行政和法律知识学习培训制度基本建立;11万余名行政执法人员通过培训考试取得行政执法资格。行政机关工作人员特别是领导干部的法治观念和依法行政意识明显增强,运用法律手段解决经济社会问题的能力逐步提高。

(二)“十二五”全面推进依法行政面临的形势。“十二五”时期是全面建设惠及全省人民小康社会的攻坚时期,是经济社会转型的关键时期。依法行政工作处于内外环境不断改善、社会需求更加强烈的新阶段。从发展阶段看,我省经济发展进入加速转型期,社会建设进入整体推进期,体制改革进入攻坚突破期,政府依法管理经济、文化、社会事务面临许多新的重大课题。从社会需求看,公众依法维权意识不断提高,社会监督力度不断加大,社会行为的规范、利益关系的协调、矛盾纠纷的调处迫切需要提高各级政府社会管理法治化水平。从法治建设进程看,当前和今后一个时期法治建设的主要任务是解决有法不依、执法不严的问题,各级行政机关作为法律、法规和规章的主要实施主体,担负重大责任。但是,与此不相适应的是,政府职能转变还没有完全到位,社会管理和公共服务相对薄弱,仍存在职能交叉、权责脱节和效率不高等问题;行政决策程序和机制还不够完善,行政决策的公开透明度和公众参与度有待提高，决策违法或者不当的情况时有发生；部分领域的政府立法和制度建设相对滞后，一些立法项目和行政规范性文件制定的针对性、合理性和实效性还不够强；执法不严、不公、不廉和行政不作为、乱作为等问题尚未得到根本解决，一些损害公众利益的现象依然存在，社会矛盾纠纷时有发生，行政机关工作人员的依法行政意识和能力有待进一步提高。

二、指导思想和主要目标

（一）指导思想。以科学发展观为指导，认真落实依法治国基本方略，围绕深入实施“八八战略”和“创业富民、创新强省”总战略，坚持以人为本、执政为民，推进体制机制创新和制度建设，规范行政行为，加强行政监督和问责，更加注重依法化解社会矛盾纠纷，不断增强政府公信力和执行力，力争法治政府建设走在前列，为促进我省经济社会平稳健康发展、全面建设惠及全省人民的小康社会提供有力的法治保障。

（二）主要目标。经过五年努力，合法行政、合理行政、程序正当、高效便民、诚实守信、权责统一的基本要求有效落实。

——行政管理体制改革扎实推进。行政机关的职能和权限界定更加明确、合理，政府职能转变取得实质性进展，行为规范、运转协调、公正透明、廉洁高效的行政管理体制加快形成。

——行政决策制度更加完善。科学、民主、规范的行政决策体系进一步健全，公众参与行政决策的范围和程度不断扩大，合法性审查制度全面推行。

——制度建设质量进一步提高。提出法规草案、制订规章和行政规范性文件符合法定权限，遵循法定程序，针对性、合理性、实效性明显增强。

——行政执法更加严格规范。行政执法程序进一步完善，行政执法裁量权得到有效规范，行政执法责任更加明确，行政执法能力明显提升，公民合法权益得到切实保障。

——社会矛盾纠纷化解机制基本健全。行政调解工作有效推进，行政复议的功能和公信力进一步提升，信访制度更加完善、秩序更加规范，社会矛盾纠纷得到依法及时化解。

——行政监督和问责工作切实加强。公民对行政行为的监督权得到切实保障，政府内部层级监督和专门监督进一步加强，违法、不当的行政行为得到及时纠正，行政问责有效落实。

——依法行政意识和能力进一步提升。行政机关工作人员特别是领导干部带头学习法律、遵守法律，维护宪法和法律权威，自觉执行依法行政各项要求。

三、重点任务

（一）加快推进政府职能转变和管理创新。以转变政府职能为核心，进一步理顺政府与市场、政府与社会的关系，努力实现政府职能从偏重事后处置向更加注重源头治理转变、从过多包办向更加注重共同治理转变，加快建设行为规范、运转协调、公正透明、廉洁高效的行政管理体制。

1. 积极推进政府职能转变。加强经济调节和市场监管，更多地运用经济和法律手段管理经济，切实把政府经济管理职能转到主要为市场主体服务和创造良好发展环境上来；继续整顿和规范市场经济秩序，加快市场信用体系建设，加强对市场主体的信用监管。加强社会管理创新，健全社会管理体制和工作机制；深入实施公民权益依法保障行动计划，加强群众权益保障机制建设；完善信息网络管理；加强政府应对突发事件能力建设，进一步健全突发事件预警和应急处置机制。完善公共服务，深入推进基本公共服务均等化，探索建立有序竞争和多元参与的基本公共服务供给体制，完善公共服务项目特许经营机制和民间投资公共服务的财政资助机制。严格依法规范政府民事行为。

2. 积极推进行政管理体制和管理方式创新。认真贯彻实施《浙江省加强县级人民政府行政管理职能若干规定》（省政府令第261号），深入推进扩权强县改革。着力推进强镇扩权和中心镇综合执法工作。加强和完善相对集中行政处罚权工作。深入推进市县非行政许可审批事项清理，全面完成市县政府部门内部行政审批职能整合改革。加强电子政务建设，建立健全网上信息服务平台、便民服务网络平台，积极推行网上审批、“一个窗口对外”和“一站式”服务。加强行政服务中心建设，规范行政服务中心运行。重视运用行政规划、行政指导、行政合同等方式实施管理。

3. 积极推进政府信息公开。坚持方便群众知情、保障群众参与和监督的原则，加大政府信息主动公开力度。重点推进财政预算和执行、公共资源配置、城乡规划、土地利用、拆迁安置、重大建设项目审批和实施、社会公益事业建设等领域，以及行政许可、行政处罚、行政收费等管理环节的政府信息公开；依法应当主动公开的政府信息实现全面公开。完善和落实依申请公开政府信息制度。大力推进办事公开，所有面向社会服务的政府部门都要依法公开办事依据、条件、要求、过程和结果。做好重大突发事件和群众关注热点问题的信息公开，及时回应社会关切，正确引导社会舆论。落实政府信息公开载体，加强政府网站信息的维护和更新。健全和落实政府信息公开评议考核和年度报告制度。

（二）完善行政决策机制。完善行政决策规则和程序，努力形成科学化、民主化、规范化的行政决策机制。

1. 合理界定重大行政决策事项范围。各级政府和部门应当依照有关法律、法规和规章的规定，进一步明确重大行政决策事项范围，并向社会公布。

2. 健全重大行政决策公众参与机制。对涉及面广、关系公众切身利益的重大行政决策，除依法不得公开的外，应当通过政府网站、报纸等，广泛征求意见，并以适当方式反馈意见采纳情况。对专业性强的重大行政决策，应当组织专家进行必要性和可行性论证。对公众有重大分歧或者依法应当听证的重大行政决策，应当组织听证。

3. 全面推行重大行政决策风险评估制度。对事关经济社会发展全局和公众切身利益的重大行政决策，实行合法性、合理性、可行性和可控性评估，确定风险等级并制订相应的化解处置预案。建立和完善部门论证、专家咨询、公众参与、专业机构测评相结合的风险评估机制。

4. 全面落实重大行政决策合法性审查制度。作出重大行政决策，应当事先交由法制机构进行合法性审查；未经合法性审查或者经审查不合法的，不得作出决策。重大行政决策应当经政府全体会议、政府常务会议或者部门领导班子会议集体讨论决定。

5. 建立健全重大行政决策后评估及责任追究机制。完善重大行政决策实施情况后评估制度，探索实行决策实施部门评估、专家评议、社会公众特别是行政管理相对人评价相结合的办法，根据评估结果决定是否调整或者停止执行决策。对违反规定权限或者程序决策、决策出现重大失误、依法应当决策而不作出决策、因决策造成重大损失的，按照谁决策、谁负责的原则依法依纪追究责任。

（三）加强和改进制度建设。坚持依法立法、科学立法、民主立法，突出重点、统筹兼顾，更加注重现行法规规章的完善以及实施性、特有性立法，健全工作机制，提高制度建设质量。

1. 合理安排政府立法项目。在继续加强经济立法的同时，更加注重社会建设与社会管理领域立法。加强促进经济发展方式转变立法，抓紧制订或者修改发展海洋经济和服务业、促进科技进步、节约资源能源、强化市场监管等方面的地方性法规草案和规章。加强社会建设和社会管理立法，抓紧制订或者修改促进就业、完善社会保障、加强群众权益保障、加强文化市场监管、维护公共安全、应对突发事件、规范社会组织等方面的地方性法规草案和规章。加强推进生态文明建设立法，抓紧制订或者修改加强环境保护、完善水资源管理、保障饮用水安全、加强水土保持、完善生态补偿机制等方面的地方性法规草案和规章。加强政府自身建设立法，抓紧制订或者修改规范行政决策和行政执法程序、政府信息公开、政府采购、行政监督、机构设置和编制管理等方面的地方性法规草案和规章。

2. 完善政府立法工作机制。建立健全公开向社会征集政府立法项目机制。健全和落实地方性法规和规章草案公开征求意见制度，探索采纳意见情况说明制度。加强专家参与政府立法工作。加强立法指导、协调和沟通，进一步发挥政府法制机构在政府立法中的主导协调作用。完善和落实政府立法项目可行性研究制度。完善与人大、政协有关单位和人民团体的联系、沟通和听取意见机制。

3. 严格行政规范性文件制定程序。认真落实制定直接影响行政管理相对人利益的行政规范性文件公开征求意见、合法性审查和集体讨论决定制度。逐步实行行政规范性文件统一登记、统一编号、统一发布制度。探索建立行政规范性文件有效期制度。

4. 落实规章和行政规范性文件定期清理制度。对规章一般每隔5年清理一次，对行政规范性文件一般每隔2年清理一次，及时修改或废止与上位法相抵触、不一致以及不符合经济社会发展要求的规章和行政规范性文件。建立健全规章和行政规范性文件实施情况评估机制。

5. 强化规章和行政规范性文件备案审查。严格执行规章和行政规范性文件报备制度，改进规章和行政规范性文件备案审查工作机制和方法，建立健全报备规章和行政规范性文件备案登记、网上公布和情况通报制度，加强对报备文件的合法性审查。加强规章和行政规范性文件公众异议处理工作，完善规章和行政规范性文件纠错机制。

（四）加强和规范行政执法。坚持合法行政、合理行政、程序正当、权责一致原则，着力规范行政执法行为。在抓好面上行政执法的同时，重点加强食品药品安全、社会治安、安全生产、环境保护、征地拆迁、劳动保障、消费者权益保护和文化市场等事关公众切身利益、社会普遍关注领域的行政执法，努力实现严格、规范、公正、文明执法。

1. 深入推进行政执法规范化建设。深化行政执法责任制，依法及时调整并公布行政执法责任制方案，落实行政执法责任。完善行政执法程序，明确执法流程、环节、期限和步骤，健全调查取证规则。建立健全重大具体行政行为集体讨论决定、案例指导、行政决定公开等制度。加强行政执法信息化建设，推行执法流程网上管理。深入开展规范行政处罚裁量权工作，完善行政处罚裁量标准调整机制。探索行政许可等行政执法裁量权规范化工作。推行行政执法说理性工作。加强行政执法部门执法协作和信息资源共享建设。建立健全行政执法与刑事司法衔接机制，加强涉嫌犯罪案件的移送工作。探索建立重点领域行政执法情况年度报告和重大违法案件公布制度。完善行政执法评议考核制度。严格行政执法资格管理，加强行政执法人员的法律知识和业务培训、行政执法纪律和职业道德教育。

2. 加强重点领域监管。

——加强食品药品安全管理。严格实施食品药品生产许可制度，强化食品药品质量安全日常监督，重点加强食品质量监督抽查和药品安全评价性抽检工作。实施食品药品生产企业分类监管制度，实行不合格食品药品强制召回制度，严厉查处药品、保健食品虚假广告。强化食用农产品质量安全源头管理，落实食用农产品质量安全监测制度、药物及有毒有害物质残留抽检制度，重点监测和抽检蔬菜、畜禽、水产品等主要农产品生产基地、农产品批发市场、农贸市场和超市。加强对农村地区和学校食堂、企业食堂、小餐馆等重点餐饮服务单位的日常监管。

——加强社会治安管理。加强对流动人口、特殊人群的管理和服务，严格城镇房屋租赁治安管理，严厉查处黄赌毒等违法活动。加强禁毒宣传教育、网吧管理、校园周边环境整治等工作，切实落实预防青少年违法犯罪措施。严格公共复杂场所、特种行业、重点单位、重要设施的安全防范，强化危险品管理，加强监督检查。实施重点违法犯罪专项整治。

——加强环境保护监管。严格执行环境影响评价、生态环境功能区规划管理、核辐射环境监管、排污许可、生态环境补偿等制度，严格执行环境安全、生态保护、节能减排等方面的强制性标准和约束性指标。加强饮用水水源安全保障，重点落实饮用水水源保护制度。加强重大规划和建设项目环保管理，重点落实环境影响评价审批制度、环境监理制度、试生产管理制度和“三同时”验收制度。加强固体废物污染防治，推进工业废弃物资源化利用，落实危险废物和医疗废物无害化集中处置制度。加强养殖业污染防治，依法实行畜禽养殖禁养区和限养区制度、新建规模化养殖场排污申报和许可证制度；强化水产养殖管理，严控水库、湖泊网箱养殖规模。全面推进农村环境整治。完善重点环境问题限期整治和督办制度。

——加强征收拆迁管理。严格执行物权法、土地管理法、房地产管理法、国有土地上房屋征收与补偿条例等法律、法规和规章，规范土地及房屋征收程序，全面落实听证制度，完善征收补偿制度，落实被征地农民基本生活保障制度，健全争议协调裁决机制，强化违法征收拆迁责任追究。严肃查处违法用地，加大闲置土地处置力度，规范旧城改造、撤村建居等行为。

——加强安全生产监管。全面执行安全生产管理制度，重点加强对道路交通、烟花爆竹、危险化学品、矿山、消防等安全管理。加强重大危险源监管，健全重大事故隐患预防、控制和应急处置机制，加强省、市、县以及企业重大危险源监控网络建设。积极开展安全管理标准化活动，重点落实中小企业安全生产主体责任，依法整顿或者关闭不符合安全生产条件的企业，限期淘汰技术落后、安全保障条件差的工艺和设备。

——加强劳动保障监察。严格执行社会保险法、劳动合同法、就业促进法和劳动保障监察条例等法律、法规和规章，重点查处企业拖欠工资、不签订劳动合同、不缴纳社会保险费、就业歧视和非法职业介绍等违法行为，进一步规范企业用工行为，督促企业履行劳动和社会保障义务。加强和规范人力资源市场管理，加强劳动保障监察“两网化”管理基层服务平台建设，建立完善城乡统筹的劳动用工长效监管机制。

——加强消费者权益保护。严格执行消费者权益保护法、反不正当竞争法、反垄断法等法律、法规和规章，切实落实市场监管职责，重点查处商业贿赂、滥收费用、霸王条款、拒绝交易、强制交易、制假售假、虚假宣传、违法广告、欺骗性有奖销售等违法行为。积极推进消费维权监督网建设，完善消费者投诉处理机制。

——加强文化市场监管。加强对娱乐场所、出版物、网吧、营业性演出等的监督管理，规范文化市场秩序。加强网络文化建设和管理，制止和查处各类传播色情、暴力、封建迷信等违法活动。加强广播电视设施保护，规范广播电视服务行为。

（五）依法积极化解社会矛盾纠纷。落实各级政府和部门化解社会矛盾纠纷法定职责，畅通公众利益诉求表达和权益救济渠道，完善社会矛盾纠纷化解机制，努力形成社会矛盾纠纷化解合力。

1. 建立健全行政调解工作体制。加快建立由各级政府负总责、政府法制机构牵头、各职能部门为主体的行政调解工作体制。研究制订行政调解制度，明确调解范围，规范调解程序，落实人员配备和工作责任。对环境污染、自然资源权属、土地承包、公共安全事故、社会治安等方面的民事纠纷，以及涉及人数较多、影响较大、可能影响社会稳定的纠纷，要在法律规定范围内主动进行调解。完善行政调解与人民调解、司法调解、信访、仲裁的衔接与互动机制，加强人民调解工作。

2. 加强和改进行政复议工作。认真贯彻行政复议法及其实施条例，全面履行行政复议法定职责，充分发挥行政复议在解决行政争议中的主渠道作用。畅通行政复议渠道，建立健全信访与行政复议相互衔接、分工合作的工作机制，引导公众依法申请行政复议。改进行政复议审理方式，完善行政复议案件调查、调解、和解机制，积极推行行政复议听证制度，探索建立行政复议案例指导机制。探索开展相对集中行政复议审理工作。建立健全行政复议与行政监察协作机制，加大对不履行行政复议法定职责、拒绝或者拖延履行复议决定行为的责任追究力度。健全行政复议机构，按照法定要求落实行政复议工作人员。建立健全适应行政复议工作特点的激励机制和经费装备保障机制。行政复议案结事了率达到90%以上。

3. 强化行政与司法的良性互动。建立健全政府与法院预防化解行政争议联席会议、行政复议与行政审判联席会议制度，加强行政复议机关与审判机关之间的沟通协调，及时研究行政复议、行政审判中反映的共性、疑难问题。加强行政应诉工作，全面推行行政机关负责人出庭应诉制度，自觉履行人民法院依法作出的生效判决和裁定，及时处理并反馈人民法院作出的司法建议。

4. 加强信访工作。认真贯彻实施信访条例，严格落实信访工作责任制，尊重和依法保障群众信访权利，不断完善信访工作制度，规范信访秩序。进一步提高信访事项办理质量和效率，健全信访事项终结制度。加强信访与诉讼、行政复议、仲裁、执法监督之间的配合，积极引导信访人通过法律途径表达诉求。完善信访反馈与政策研究联动机制，对信访工作中发现的普遍性问题，及时提出完善和调整相关政策的意见和建议。

（六）强化行政监督与问责。坚持有权必有责、用权受监督、违法受追究，不断完善和落实各项行政监督及行政问责制度，督促和约束行政机关及其工作人员严格依法履职，保障行政权力行使的合法、合理和有效。

1. 自觉接受人大监督和政协民主监督。认真执行各级人民代表大会常务委员会监督法等有关法律、法规，自觉接受人大及其常委会的监督，向其报告工作、接受质询。对事关改革发展稳定大局、公众切身利益和社会普遍关心的热点问题，要主动向同级人大常委会进行专题报告。严格执行政府规章和行政规范性文件向有关人大常委会报备制度。自觉接受、积极支持政协民主监督，认真听取和对待政协对政府工作的意见和建议。

2. 充分发挥社会监督作用。更加注重包括舆论监督在内的社会监督，加强与工会、共青团、妇联等人民团体的沟通，拓宽群众监督渠道，支持新闻媒体对违法或者不当的行政行为进行曝光，保证行政权力在阳光下运行。建立健全行政投诉举报处理制度，有关行政机关收到群众对行政行为的投诉和举报，应当根据各自职责进行调查，依照职权和时限进行处理，并将处理结果告知投诉人、举报人。建立健全舆情收集分析和处理工作机制。

3. 加强行政内部监督。严格执行《浙江省县级以上人民政府行政执法监督条例》，加强行政执法监督，及时纠正违法或者不当的行政行为。针对公众反映强烈、社会关注的行政执法领域突出问题，深入开展专项执法监督。健全和落实行政执法案卷评查制度。探索建立行政执法情况抽查及情况报告和通报制度。审计、财政、监察等部门要依法加强监督。

4. 严格行政问责。严格执行行政监察法、公务员法、行政机关公务员处分条例等法律、法规，完善行政问责工作机制，坚持有错必纠、有责必问。健全和落实行政执法过错或者错案责任追究制度。

（七）进一步增强行政机关工作人员特别是领导干部依法行政意识和能力。要把增强行政机关工作人员特别是领导干部依法行政意识和能力作为一项全局性和基础性工作，加强督促、教育、培训、考察和考核，不断增强其法治理念和依法办事意识，不断提高其法律素养和运用法律手段管理经济社会事务的能力。

1. 推行依法行政情况考察和法律知识测试制度。依照规定做好行政机关领导干部任职前的依法行政情况考察工作。重视提拔使用依法行政意识强、善于用法律手段解决问题和推动发展的优秀干部。完善公务员考试录用制度，更加注重对依法行政和法律知识的测试；对拟从事行政执法、政府法制等工作的人员，要组织依法行政和法律知识考试。

2. 建立公务员学法长效机制。完善各级行政机关领导干部学法制度，通过定期安排专题法制讲座、政府学习会或者政府常务会议学法等形式，学习依法行政、重要法律制度等方面的知识；县级以上政府每年至少举办2期领导干部依法行政专题研讨班。加强公务员依法行政培训，各级行政学院和公务员培训机构举办的行政机关公务员培训班，要把依法行政知识纳入教学内容。定期组织行政执法人员法律知识培训、专门法律知识轮训和新法律法规专题培训。

四、保障措施

（一）加强组织领导。各级政府及其部门要认真贯彻省委、省政府关于加强“法治浙江”、法治政府建设的各项规定，把全面推进依法行政、加强法治政府建设摆在更加突出的位置。行政首长要对本地区、本部门的依法行政工作负总责，切实承担起领导责任。县级以上政府常务会议或者部门领导班子会议每年至少安排2次依法行政工作汇报，及时研究解决本地区、本部门依法行政中存在的突出问题，部署全面推进依法行政、加强法治政府建设的具体工作。

（二）强化监督考核。要加强对推进依法行政工作的督促指导和监督检查，狠抓落实。加强依法行政工作考核，将依法行政工作情况纳入政府目标考核、绩效考核评价体系。建立由政府法制机构会同统计部门或委托社会组织定期实施的依法行政工作情况社会满意度测评机制，加强对舆情民意的分析研判。

（三）完善财政保障机制。推进公共财政体制改革，完善财政预算管理，统筹安排和规范使用财政资金。行政经费包括立法、执法、监督等经费，统一纳入财政预算予以保障，不得自筹和变相自筹行政执法经费。认真贯彻政府非税收入管理法规，实行政府非税收入分类管理，严格执行“收支两条线”制度。组织开展对行政事业性收费和罚没收入使用情况的专项执法检查和审计监督活动，强化责任追究。

（四）加强法制队伍建设。县级以上政府及其部门要按照有关规定，进一步加强法制队伍建设，使机构设置、人员编制及配备与其承担的职责和工作任务相适应，保障法制机构依法履行政府立法、行政复议、执法监督、政府法律顾问等法定职能。要重视乡镇特别是中心镇政府的法制机构建设，加强工作力量配备，并有专人负责法制工作。加强以法制机构为依托的政府法律顾问工作，探索实行政府法律顾问专职人员聘任制。加强政府法制信息化建设，提高收集、整理和分析与依法行政相关的基础信息的能力和水平。政府法制工作机构及其工作人员要加强自身建设，努力提高新形势下推进依法行政、做好群众工作、化解社会矛盾纠纷的能力和水平。

（五）营造依法行政的社会氛围。深入开展法治宣传教育，组织实施普法活动，重点加强与公众生产生活密切相关的法律法规和规章宣传，弘扬社会主义法治精神，增强公民依法维护权利、自觉履行义务的意识，营造学法、尊法、守法和依法办事的良好环境。完善政府法制宣传机制，拓宽宣传渠道，大力宣传推广各地、各部门推进依法行政工作的典型经验。

附件：“十二五”时期省政府立法调研项目库（略）

浙江省人民政府关于印发浙江省十二五全民健身实施计划(2011—2015年)的通知

浙政发〔2011〕102号

各市、县(市、区)人民政府,省政府直属各单位:

现将《浙江省全民健身实施计划(2011—2015年)》印发给你们,请结合实际,认真组织实施。

二〇一一年十二月十八日

浙江省全民健身实施计划(2011—2015年)

为进一步发展全民健身事业,广泛开展全民健身运动,构建惠及全省人民的全民健身服务体系,加快体育强省建设进程,根据《全民健身条例》(国务院令第560号)、《全民健身计划(2011—2015年)》(国发〔2011〕5号)和《浙江省全民健身条例》,结合实际,制定本实施计划。

一、指导思想

全面贯彻落实科学发展观,深入实施《全民健身条例》、《全民健身计划(2011—2015年)》和《浙江省全民健身条例》,切实保障广大公民参加全民健身活动的合法权益,按照加快建设体育强省和实现体育现代化的要求,以增强人民体质、提高全民素质和生活品质为目标,不断加强全民健身公共服务体系建设,丰富人民群众的精神文化生活,形成健康文明科学的生活方式,促进社会和谐文明进步。

二、目标任务

到2015年,群众体育普及程度明显提高,广大群众的体育健身意识进一步增强,经常参加体育锻炼人数明显增加,全民身体素质和健康水平不断提高,基本实现体育公共服务均等化,形成便民、利民的全民健身公共服务体系。

(一)强化政府的体育公共服务职能,将全民健身事业纳入本地区国民经济和社会发展规划,将全民健身事业经费纳入财政预算,并随着国民经济的发展逐步增加对全民健身的投入。

(二)经常参加体育锻炼人数(即每周参加体育锻炼活动不少于3次、每次不少于30分钟、锻炼强度中等以上的人数)达到全省总人口的35%以上。

(三)全省城乡居民身体素质和健康水平不断提高,达到《国民体质测定标准》基本要求的城乡居民(不包括在校学生)人数比例超过90%。

(四)公共体育设施建设有较大发展,形成省、市、县(市、区)、乡镇(街道)、社区(行政村)五级公共体育设施网络,人均公共体育场地面积达到1.5平方米以上,50%以上的市、县(市、区)建有全民健身活动中心,实现城市社区、行政村基本公共体育设施全覆盖;努力实现各类体育设施向社会开放,公共体育设施开放率达到100%,公办学校体育设施开放率达到70%以上。

(五)全面发展社区体育、农村体育、职工体育、老年人体育、残疾人体育、少数民族体育,不断满足各类人群的体育健身需求;全面推广广播操、工间操制度,引导群众积极开展全民健身活动。

(六)完善社区体育组织网络和体育社团建设,巩固发展青少年体育俱乐部、社区体育俱乐部和农村体育俱乐部创建成果,形成遍布城乡、规范有序、富有活力的社会化全民健身组织网络,全省所有县(市、区)建有体育总会及各类体育社团,城市社区和农村新型社区实现体育组织全覆盖。

(七)大力开展社会体育指导员和非奥项目教练员、裁判员等基层体育骨干培训,到2015年,全省培训基层体育骨干6万人以上,其中社会体育指导员人数达到总人口的2‰以上,业务素质和技能得到较大提升;大力加强全民健身志愿者队伍建设,做到组织落实、结构合理、覆盖城乡、服务到位,志愿服务活动普遍开展。

(八)大力推进学校"阳光体育运动",重视幼儿体育,保证中小学生每天至少参加体育锻炼1小时,在校学生普遍达到《国家学生体质健康标准》的基本要求,其中达到优秀标准的人数比例超过20%,耐力、力量、速度等体能素质明显提高。

(九)深入开展体育创强争先工作,到2015年,力争全省3个市和60个以上县(市、区)达到体育强市、体育强县(市、区)标准,60%以上的镇(乡)、街道达到体育强镇(乡)、先进街道标准,全面普及小康体育村(社区)。

(十)完善国民体质监测制度,推进各级国民体质监测与健身指导中心建设,加强体质测定和健身指导服务,建立和完善省国民体质基础数据库。关注国民体质健康问题,大力推广科学健身方法,不断提高科学锻炼水平。

三、主要措施

(一)认真贯彻实施《全民健身条例》、《全民健身计划

(2011—2015年)》、《公共文化体育设施条例》和《浙江省全民健身条例》等法律法规，加强对贯彻执行情况的监督检查。进一步强化政府的体育公共服务职能，加强和创新体育社会管理，大力推进全民健身服务体系建设，努力实现体育公共服务均等化，切实保障公民健身权利。

（二）加大群众体育宣传力度，不断增强群众的体育意识，形成浓厚的体育氛围，使体育锻炼成为广大群众自觉的、重要的生活方式之一。促进体育健身与旅游、休闲、娱乐有机结合，推动体育健身向体育旅游、体育休闲、体育娱乐升级发展。充分发挥浙江丰富的山水自然资源和海洋资源优势，大力构建具有"国际性、品牌性、特色性"的四大体育休闲生活圈：浙中地区构建钱江水系和京杭运河体育带、浙西地区构建山地特色体育休闲基地、浙东南地区构建海洋体育健身区、浙北地区构建环太湖全民健身圈，为群众提供内容丰富、形式多样的体育健身服务。

（三）广泛组织开展各类群众性体育活动。以"全民健身日"和"全民健身月"为载体，通过片区联动、区域联动、全民健身展示、群众体育节、运动会等形式，组织开展群众性体育活动和体育比赛，推动群众体育的普及和开展。不断完善全民运动会制度，办好省体育大会、省海洋体育运动会、省体育社团运动会、省社区运动会等群众性体育赛会。大力弘扬民族传统体育文化，广泛开展民族传统体育教育活动，积极举办民族民间传统体育项目展示和竞赛活动。有条件的单位可每年举办全民健身运动会。

（四）切实加强学校体育工作，高度重视青少年体育场地设施建设，尤其是要大力改善农村学校体育条件。全面实施《国家学生体质健康标准》，在加强体育教学的同时，广泛开展青少年学生阳光体育运动。组织开展篮球、足球、排球中学生联赛、校园足球及田径、游泳等学校体育基础大项和适合学校开展、学生参与的相关体育项目，丰富青少年学生的课外体育活动。办好各级体育特色学校。抓好"阳光体育后备人才基地"认定工作，推动青少年体育俱乐部、户外体育活动营地建设。

（五）大力发展基层体育事业，夯实体育强省建设的基础。以体育强县（市、区）、体育强镇（乡）创建为抓手，促进区域体育的全面发展；以提高农民身心健康为重点，深入实施农民体育健身工程，扎实推进小康体育村、村级体育俱乐部建设，缩小城乡之间、地区之间差距。

（六）加快群众体育组织网络建设，增强全民健身的组织能力。充分发挥各级体育总会的作用，加强各级各类体育社团和青少年体育俱乐部、社区体育俱乐部、星级职工体育俱乐部、村级体育俱乐部、老年体育活动中心（俱乐部）、休闲体育俱乐部等群众体育组织建设。充分发挥各类群众体育组织的作用，广泛宣传普及科学健身知识，大力开展体育培训、健身指导、竞赛表演等活动。

（七）积极推进基层体育骨干队伍建设，提高全民健身的科学化水平。通过建立社会体育指导员培训基地和非奥项目发展培训基地，不断加强社会体育指导员、各类运动项目教练员和裁判员队伍建设。加强培训，不断提高广大群众体育工作人员的业务素质和管理水平。大力推进全民健身志愿服务队伍建设，广泛开展志愿服务活动，推动全民健身事业科学发展。

（八）加快国民体质监测站（点）建设，完善国民体质监测制度。积极整合各类资源，逐步完善全省国民体质监测网络服务体系，为群众进行体质测定、运动能力评定，提供运动健身指导。充分发挥省级国民体质监测与健身指导中心的作用。将国民体质监测指标纳入社会发展综合统计指标体系，定期开展国民体质监测活动，定期向社会公布监测结果，并积极探索国民体质测定与科学运动选材的结合，实现国民体质监测站（点）与基层综合服务中心的有效融合。着手开展全省国民体质健康等级标准的研究制订工作。

四、政策保障

（一）完善全民健身法制建设。抓紧做好修订《浙江省实施〈中华人民共和国体育法〉办法》、《浙江省全民健身条例》等地方性法规的相关工作。结合全民健身事业发展实际，继续加强地方体育立法，制订配套的行政规范性文件，为全民健身事业持续健康发展提供完善的法制保障。

（二）加大对全民健身事业的投入。县级以上人民政府要按照《全民健身条例》的要求，将全民健身事业纳入本地区国民经济和社会发展规划，将全民健身工作所需经费列入本级财政预算，在经费、机构、人员等方面给予支持，特别是要加大公共财政对全民健身公共服务体系的投入力度。留归各级体育主管部门使用的彩票公益金，应根据国家有关规定主要用于全民健身事业，并加强监督管理，确保专款专用。引导社会力量兴办全民健身事业，鼓励自然人、法人或其他组织对全民健身事业提供捐赠和赞助，并依法享受税收优惠政策。体育行政主管部门要会同有关方面加强对经营性体育场所的监管。

（三）加快公共体育设施建设。重视各类公共体育设施的规划和建设，县级以上人民政府在城乡规划中要统筹公共体育设施布局，尤其是要加大对农村地区和城市社区等基层公共体育设施建设的投入，努力在全省建成一批面向广大群众、适合开展群众性体育活动的全民健身中心。结合学校体育设施建设和对公众开放，大力改善全民健身条件，重点支持省级全民健身活动中心建设，积极推动乡镇（街道）全民健身中心、中心村全民健身广场、体育休闲公园的建设。

（四）不断提高各类体育设施的利用率。努力实现各类体育设施向社会开放，确保公共体育设施全部向社会开放；建立和完善经费补偿、体育设施责任保险等制度，机关、企事业单位要积极创造条件向社会开放体育设施，不断提高社会体育设施开放率；进一步强化政府公共服务职能，以确保校园安全和维护教学秩序为前提，积极推进学校体育设施向社会开放。

（五）加强全民健身信息、科研工作。加快全民健身公共信息服务网络建设，提高全民健身公共信息服务能力。出版一批高质量的全民健身科普图书、培训教材、音像制品，提高公民体育健身的科学素养。做好民族民间传统体育项目的发掘整理和传播推广工作，鼓励优秀民族民间传统体育项目申报“非物质文化遗产”名录。完善全民健身基础数据统计体系，做好国民体质监测和全民健身活动状况调查工作。积极研制、推广适合不同人群特点的体育健身新项目。

五、组织实施

（一）省实施全民健身计划领导小组及其办公室要切实加强对推行全民健身实施计划工作的组织领导；各成员单位要根据职责分工，落实相关责任，强化统筹协调，高度重视全民健身事业。各部门、各行业要结合实际，制订相应的《全民健身实施计划》，并认真组织实施。

（二）各市、县（市、区）政府要建立健全全民健身工作领导机构，切实加强组织领导，按照《全民健身计划》和本实施计划，结合实际，制订本行政区域的《全民健身实施计划》，并认真组织实施；要把全民健身工作列入重要议事日程，及时研究解决工作中的困难和问题；要对为全民健身事业做出突出贡献的单位和个人进行表彰奖励。

（三）加强督促检查，巩固实施成果。要建立健全全民健身计划实施效果评估考核机制。县级以上体育行政主管部门要会同有关部门不定期对《全民健身计划（2011—2015年）》和本省、本地区实施计划的实施情况进行检查指导，并在2014年对实施成效进行全面评估，评估报告报本级人民政府。省政府将定期对各市、县（市、区）贯彻实施《全民健身计划（2011—2015年）》和本实施计划有关情况进行检查，并将其纳入各级政府考核内容。

浙江省人民政府关于印发
浙江省就业和社会保障发展十二五规划的通知

浙政发〔2011〕105

各市、县（市、区）人民政府，省政府直属各单位：

现将《浙江省就业和社会保障发展“十二五”规划》印发给你们，请结合实际，认真贯彻实施。

二〇一一年十二月二十六日

浙江省就业和社会保障发展“十二五”规划

为进一步保障和改善民生，促进我省就业和社会保障事业科学发展，根据《浙江省国民经济和社会发展第十二个五年规划纲要》，制定本规划。

一、发展背景

（一）“十一五”时期是我省就业和社会保障事业成功应对各种考验、取得重大突破、实现持续快速发展的五年。

1. 就业工作成效显著。积极的就业政策体系基本形成，统筹城乡的市场就业机制不断健全，面向全体劳动者的职业技能培训制度初步建立，就业规模不断扩大，就业结构逐步优化。大力推动创业带动就业，重点加强高校毕业生、农村转移劳动力、城镇失业人员就业工作，认真落实企业减负政策稳定就业局势。五年间，累计实现城镇新增就业391万人，城镇登记失业率控制在3.5%以内，城镇零就业家庭发现一户、及时解决一户；高校毕业生就业率均超过92%，位居全国前列；累计完成农村劳动力技能培训686万人，转移农村劳动力193万人，第三产业从业人员比例提高4个百分点。

2. 社会保障制度体系建设取得突破性进展。社会保障制度建设步伐明显加快，职工基本养老保险制度进一步完善，企业职工基本养老保险省级统筹稳步推进，城乡居民社会养老保险制度在全国率先全面实施，覆盖城乡的基本医疗保险制度巩固完善，医疗保险市级统筹全面实现，保生活、促就业、防失业“三位一体”的失业保险制度以及工伤、生育保险制度不断完善。各项社会保险扩面工作进展顺利，保障水平稳步提高，转移接续问题逐步解决。社保基金监督管理继续加强，社保经办管理服务水平明显提升。“十一五”末，全省企业职工基本养老保险、城镇职工基本医疗保险、新型农村合作医疗、失业保险、工伤保险、生育保险参保人数分别达到1606万人、1344万人、2970万人、875万人、1475万人、864万人，分别比2005年末增加729万人、704万人、492万人、430万人、1022万人、579万人，城乡居民社会养老保险参保人数达到1214万人，城镇居民基本医疗保险参保人数达到543万人。422万名被征地农民参加社会保障。企业退休人员月人均基本养老金达到1595元，继续位居全国前列。社会保障领域部分历史遗留问题得到较好解决。

3. 工资收入分配制度改革稳步推进。顺利完成第四次公务员工资制度改革和事业单位收入分配制度改革。实行公务员职务和级别相结合的工资制度，津贴补贴得到全面清理规范。实行事业单位工作人员岗位绩效工资制度，义务教育、公共卫生与基层医疗卫生事业单位岗位绩效工资制度稳步实施。加强企业工资收入分配宏观调控，大力推进工资集体协商制度，职工工资共决和正常增长机制进一步完善。4次调整全省最低工资标准，最低工资水平位居全国各省区前列，企业一线职工工资得到合理增长。2010年全社会在岗职工平均工资达30650元，五年间年均增长8.7%。

4. *劳动关系调整机制逐步健全*。劳动关系政策法规体系和劳动标准体系进一步健全。劳动合同制度和集体合同制度实施得到有力推进，协调劳动关系三方机制逐步完善，在全国率先建立工资支付保证金、欠薪应急财政周转金、农民工记工考勤卡、网格化管理、劳动保障诚信建设等5项制度。深入开展劳动关系和谐企业、开发区（工业园区）创建活动。劳动保障监察执法和劳动人事争议调解仲裁工作进一步加强，企业调解、乡镇调解、仲裁调解相结合的调解网络体系更加完善，深入开展"春雨"、"春雷"、"春苗"等专项行动，劳动者合法权益得到有力维护。

5. *就业和社会保障法制建设步伐加快*。制（修）订《浙江省职工基本养老保险条例》、《浙江省实施〈禁止使用童工规定〉办法》、《浙江省征地补偿和被征地农民基本生活保障办法》等一系列地方性法规和规章，具有浙江特点的就业和社会保障法规政策体系建设进程加快。依法行政意识不断增强，法制监督不断深入，行政执法责任进一步强化，就业和社会保障行政争议得到妥善化解。探索建立经常性、制度化普法工作模式，开展各种形式的普法活动，普法工作取得良好成效。

6. *基层基础工作得到进一步加强*。覆盖城乡的劳动保障管理服务网络初步形成，公共服务体系建设进一步加强，基层平台建设加快推进。以金保工程为龙头的信息化建设取得重大进展，信息化覆盖业务领域步伐明显加快，社会保障"一卡通"建设有序推进。财务统计、理论研究、新闻宣传、队伍建设等工作取得新进展。"十一五"末，全省共有338个街道、1025个乡镇、2242个社区、16245个行政村建立基层劳动保障平台；共建立劳动仲裁院100家，在1212个乡镇（街道）建立劳动关系协调委员会；各市都有专门机构和人员提供12333劳动保障电话咨询服务；共发放社会保障卡370万张。

（二）"十二五"时期，是我省经济转型、社会转型、政府转型的关键时期，是全面建成惠及全省人民小康社会的攻坚时期，也是我省就业和社会保障事业加快发展的重要时期，就业和社会保障事业发展既面临着重大机遇，也面临着新的挑战。

1. *加快转变经济发展方式对就业和社会保障事业发展提出了新要求*。加快转变经济发展方式是"十二五"时期经济社会发展的主线。实现经济转型升级，重点要推进"三个转变"，全面落实扩大内需战略，加快形成消费、投资、出口协调拉动经济增长的局面，必须稳定和扩大就业，健全社会保障体系，增加城乡居民收入，增强居民消费意愿和能力；要促进经济增长从主要依靠物质资源消耗向主要依靠科技进步、劳动者素质提高和管理创新转变，必须全面提升人力资源素质，加快培养创新型人才和高技能劳动者；要促进产业结构优化升级，淘汰落后和过剩产能，必须化解就业结构性矛盾，积极开展就业帮扶和援助，妥善处理破产、困难企业劳动关系。就业和社会保障工作必须紧紧围绕转变经济发展方式这一主线来展开、去推进。

2. *加强社会建设对就业和社会保障事业发展提出了新任务*。就业和社会保障涉及人民群众切身利益，是保障和改善民生的首要任务，是加强社会建设的重要内容。当前，我省就业和社会保障领域，还有不少群众关心的问题没有得到切实解决，招工难和就业难相互交织，仍有部分群众缺乏社会保障，各类群体收入差距扩大，侵害劳动者合法权益现象时有发生。同时，人们价值取向和行为方式日趋多元，利益诉求更加强烈，统筹协调各方利益关系的难度进一步加大。就业和社会保障工作必须适应社会转型的需要，科学判断形势，加强政策研究，促进社会建设，维护社会和谐稳定。

3. *推进基本公共服务均等化对就业和社会保障事业发展提出了新课题*。当前，人民群众对就业、社会保障、职业培训、劳动关系协调、社会福利等基本公共服务需求进入加速扩张期，现有的就业和社会保障公共服务还难以满足人民群众日益增长的需求。城乡、地区、群体之间平等就业机会和社会保障水平存在差距，公共服务不够便捷高效，基层就业和社会保障服务体系尚不健全，服务设施、服务人员队伍以及信息化建设亟待加强。为此，必须大力推进就业和社会保障基本公共服务均等化，努力提高公共服务的能力和水平。

4. *新型城市化和人口老龄化对就业和社会保障事业发展提出了新挑战*。新型城市化战略的深入实施带来农村劳动力的转移和社会管理方式的变革，就业和社会保障压力进一步加大，流动人口特别是农民工进城落户、就业、社会保障、子女上学、生活居住及融入城市等问题日益突出。同时，人口老龄化、高龄化的加速发展，给养老、医疗保障和养老服务体系建设带来严峻挑战。因此，必须进一步健全统一、规范、灵活的人力资源市场，建立更加体现公平性、适应流动性、保证可持续性的社会保障体系。

二、指导思想、基本原则和发展目标

（一）*指导思想*。以邓小平理论和"三个代表"重要思想为指导，深入贯彻落实科学发展观，全面实施"八八战略"和"创业富民、创新强省"总战略，坚持就业优先、保障为基，着力稳定和扩大就业，健全社会保障体系，完善工资收入分配制度，构建和谐劳动关系，强化公共服务体系建设，努力实现就业和社会保障事业全面协调可持续发展，更好服务于经济社会发展大局，为全面建成惠及全省人民的小康社会作出新的更大贡献。

（二）*基本原则*。

——*坚持以人为本*。把保障和改善民生作为工作的出发点和落脚点，切实解决人民群众最关心、最直接、最现实的利益问题，促进城乡劳动者体面就业、有尊严生活，实现社会保障惠及全民，确保人民群众共享改革发展成果。

——*坚持改革创新*。解放思想，开拓进取，以更大的决心和勇气深入推进就业和社会保障改革创新，继续完善促进就业的综合性政策体系，加快实现社会保障人群全覆盖，深化工资收入分配改革，创新劳动关系协调和纠纷处理机制。

——坚持统筹兼顾。正确处理政府、市场和社会的关系，统筹城乡、区域、人群之间就业和社会保障政策，统筹机关、企事业单位工资收入分配改革，统筹就业、社会保障、工资收入分配、劳动关系等各项工作，促进就业和社会保障各项事业协调发展。

——坚持服务发展。始终把就业和社会保障工作置于经济社会发展全局予以积极推进，进一步加快就业和社会保障公共服务体系建设，健全基层服务网络，提高基本公共服务均等化水平，促进经济转型升级和社会和谐稳定。

（三）发展目标。“十二五”时期，我省就业和社会保障事业发展的主要目标是：

——就业更加充分。就业规模持续扩大，就业结构进一步优化，劳动者职业能力明显提高，就业权益得到全面保障，失业风险得到有效控制，就业局势保持稳定，统一规范的人力资源市场和城乡均等的就业公共服务体系基本形成。五年城镇新增就业 300 万人，城镇登记失业率控制在 4%以内。

——社会保障体系更加健全。覆盖城乡的社会保障制度更加完善，参保人群进一步扩大，保障水平稳步提高，管理服务更为高效便捷。到“十二五”末，职工基本养老保险、城乡居民社会养老保险、城镇职工基本医疗保险、城镇居民基本医疗保险、失业保险、工伤保险、生育保险参保人数分别达到 2000 万人、1400 万人、1500 万人、630 万人、1000 万人、1700 万人、1000 万人。

——工资收入分配格局更加合理。符合机关、事业单位和企业特点的工资收入分配制度进一步完善，工资水平决定机制、正常增长机制和支付保障机制逐步健全。劳动报酬在初次分配中的比重逐步提高，遏制并逐步缩小不合理的收入差距，公正合理有序的工资收入分配格局初步形成。全社会在岗职工平均工资年均增长 10%以上。

——劳动关系更加和谐稳定。劳动合同制度全面实施，集体协商谈判和集体合同制度普遍建立，劳动关系三方协调机制更加健全。劳动保障监察工作体系更加完善，以网格化、网络化管理为基础的预防预警机制进一步健全，劳动者权益得到有效维护。到“十二五”末，规模以上企业劳动合同签订率达到 96%，小企业劳动合同签订率大幅度提高，已建工会的企业集体合同签订率达到 100%，劳动争议仲裁结案率达到 94%以上。

“十二五”时期浙江省就业和社会保障发展主要指标

指标名称	2010 年	2015 年	五年新增数	属性
一、就业				
城镇新增就业人数（万人）	——	——	300	约束性
城镇登记失业率（%）	3.2	<4	——	预期性
三次产业就业结构	16∶50∶34	13∶49∶38	——	预期性
二、社会保障				
职工基本养老保险参保人数（万人）	1702	2000	298	约束性
城乡居民养老保险参保人数（万人）	1214	1400	186	约束性
城镇职工基本医疗保险参保人数（万人）	1344	1500	156	约束性
城镇居民基本医疗保险参保人数（万人）	543	630	87	约束性
失业保险参保人数（万人）	875	1000	125	约束性
工伤保险参保人数（万人）	1475	1700	225	约束性
生育保险参保人数（万人）	864	1000	136	约束性
城乡三项基本医疗保障参保率（%）	92	>95	>3	约束性
社会保障卡持卡人数（万人）	370	3438	3068	预期性
三、工资和劳动关系				
全社会在岗职工平均工资（元）	30650	>49360	>〔10%〕	预期性
最低工资标准（元/月）	1100	>2020	>〔13%〕	预期性
规模以上企业劳动合同签订率（%）	95.6	96	——	预期性
已建工会企业集体合同签订率（%）	71	100	——	预期性
劳动争议仲裁结案率（%）	96.5	>94	——	预期性

注：1.〔 〕内为五年年均增长率；

2. 城乡三项基本医疗保障参保率指年末参加城镇职工基本医疗保险、城镇居民基本医疗保险和新型农村合作医疗的总人数与全省常住人口之比。

三、主要任务

（一）实施就业优先战略。把促进就业放在经济社会发展的优先位置，形成经济转型升级与稳定和扩大就业良性互动的长效机制。坚持劳动者自主择业、市场调节就业、政府促进就业相结合，统筹城乡就业，扩大就业规模，实现更加充分、更高质量的就业。

1. 实施更加积极的就业政策。实行更加有利于促进就业的财政政策，财政支出要向欠发达地区和民生领域倾斜。实行更加有利于促进就业的税收优惠政策，对劳动者自谋职业、自主创业以及企业增加就业岗位、吸纳重点群体人员就业等，依法给予税收优惠。实行更加有利于促进就业的金融支持政策，鼓励金融机构加大小额担保贷款力度，拓宽中小企业和个体创业融资渠道。实行更加有利于促进就业的贸易政策，对易受贸易状况影响的行业或企业，适时采取针对性措施减少失业。实行更加有利于促进就业的投资政策，在政府主导性投资项目中，将增加就业岗位和优化人力资源配置作为项目评估的重要内容。实行更加有利于促进就业的工资收入分配和社会保障政策，鼓励支持用人单位提高基层一线职工工资水平，对从事基层公益性岗位的困难人员实行岗位补贴和社保补贴；扩大失业保险支出范围试点，提高其促进就业的支出比重。实行更加有利于劳动者多渠道、多形式就业的灵活就业政策，鼓励和扶持劳动者自谋职业和到非正规组织就业。

2. 全面促进以创业带动就业。建立健全政策扶持、创业培训、创业服务“三位一体”的创业工作机制。落实市场准入、行政事业性收费减免、创业补助等创业扶持政策，扩大扶持对象范围，加大扶持力度。健全创业培训制度，使有创业意愿的城乡劳动者都能得到免费创业培训。建立健全创业服务体系，为创业者提供项目信息、政策咨询、开业指导、融资、人力资源、跟踪扶持等社会化服务，完善和推广创业导师制度。围绕产业转型升级，探索创业促进就业的新领域、新途径，大力扶持初创型、微小型和创新型科技企业发展，建设一批示范性创业孵化基地和高校毕业生创业园、见习基地等。着力优化创业环境，加强创业意识培养，激发创业热情，鼓励、引导和支持高校毕业生、被征地农民、退伍军人等人群自主创业，推动全民创业。

3. 优化就业结构。做好经济结构战略性调整中的就业工作，在改造提升传统产业、培育发展战略性新兴产业、加快发展海洋经济和现代服务业中促进和扩大就业，积极培育新的就业增长点。继续促进第一产业就业人口转移，稳定第二产业就业份额，大力拓宽第三产业就业渠道，大力发展劳动密集型产业、服务业，鼓励发展小微企业、社会组织、家庭服务业，创造更多就业岗位。加强城乡就业政策衔接，建立健全城乡一体的劳动者平等就业制度，加大对欠发达地区就业扶持力度，促进就业均衡发展。营造良好就业环境，畅通就业渠道，稳步提高低端就业人群收入水平，继续扩大中等收入群体就业规模，吸引更多优秀人才来浙就业，逐步实现全体劳动者体面就业。

4. 做好重点群体就业工作。将高校毕业生就业工作放在首位，实施高校毕业生就业推进计划，加强高校毕业生就业服务指导、就业见习、就业援助工作，引导支持高校毕业生到城乡基层、中小企业和非公有制企业就业。在加快推动农业现代化中，多渠道促进农村富余劳动力转移就业。扩大就业困难人员帮扶范围，继续加强对农民工特别是新生代农民工、就业困难人员特别是零就业家庭人员和困难家庭高校毕业生的就业帮扶，大力开发公益性岗位，建立健全长效援助机制和工作保障制度。

专栏1：就业促进工程

一、劳动力素质提升工程。根据经济转型升级的需要，在现代农业、海洋经济、战略性新兴产业、现代服务业等领域，实施企业职工技能提升培训和就业困难群体培训，重点培训转型升级急需紧缺技能人才。开展百万农村劳动力转移就业培训，实施“金蓝领”培训项目，每年派遣100名技工赴国外培训。

二、高校毕业生就业推进计划。进一步开发适合高校毕业生的基层管理和公共服务岗位，力争全省每个社区至少配备1名高校毕业生。重点建设20个高校毕业生创业园区、大学生科技园等，加快建设高校毕业生创业实习基地、孵化基地。开展就业公共服务进校园活动，为高校毕业生提供政策咨询、职业指导、岗位信息等服务。举办高校毕业生就业服务周、就业服务月等专项活动。高校毕业生就业率稳定在90%以上。

三、就业援助工程。建立对4050人员、零就业家庭人员、困难家庭高校毕业生等就业困难人员的“一对一”帮扶机制，力争做到“出现一人、帮扶一人、就业一人”，帮助150万名城镇失业人员实现再就业。以创建充分就业社区（村）为抓手，开展针对性就业服务、就业援助，力争使90%的社区、70%的村达到充分就业社区（村）标准。

四、企业用工帮扶工程。开展企业用工摸底调查，建立春节期间农村劳动力流动监测和信息发布制度。开展“民营企业招聘周”、“春风行动”等就业服务专项活动，开展劳务合作、技能人才培训等企业用工专项援助活动。

5. 加强职业技能培训。健全面向全体劳动者的职业技能培训制度，紧密结合市场需求和劳动者就业要求，推进职业技能培训，强化职业技能鉴定。根据产业转型升级和企业技术进步要求，加快构建劳动者终身职业培训体系，大力开展劳动预备制培训、就业技能培训、岗位技能提升培训，将能力提升贯穿于劳动者就业的各个阶段。加强职业技能培训能力建设，统筹利用各类职业培训资源，建立以职业院校、企业和各类职业培训机构为载体的社会化职业培训体系。完善政府购买培训成果机制。大力推行就业导向的培训模式，加强高校毕业生、城镇失业人员和农村转移劳动力职业技能培训，力争使所有有培训需求的人员至少得到一次技能培训，努力实现“培训一人、就业一人”和“就业一人、培训一人”的目标。依托设备先进、师资力量雄厚的职业院校和技术先进、管理规范的企业，实施就业培训基地建设工程。

专栏 2:就业培训基地建设工程

一、示范性创业孵化基地建设。鼓励和支持有条件的市、县(市、区)建设1—2个集创业培训(实训)、创业服务、创业孵化、展示交流等功能于一体的创业孵化基地(创业园)。建立10个省级创业孵化示范基地(创业园)。

二、技工院校能力建设。重点培养港口、物流、先进制造业、现代服务业等方面的技能人才,推进“双证制”学历教育,培养复合型人才。重点支持建设15所技工院校,对技工院校校区、校舍、实训场所及配套设施进行改扩建,对教学、实训设施设备进行更新换代,改善办学条件。

三、公共职业培训机构能力建设。重点支持建设15个就业技能培训基地,加强就业训练中心基础设施建设,购置实训设备,为城乡劳动者提供公益性职业技能培训、政策法规咨询、培训信息发布、培训指导等服务。

6. 完善就业和失业调控机制。健全城乡就业和失业统计制度,完善城镇调查失业率统计办法,及时准确监测企业岗位变化情况。健全失业预警和调控机制,加强失业评估和预防,及时采取措施,组织失业人员做好相应的就业准备,缩短失业周期,实现有效调控。鼓励企业切实履行稳定就业的社会责任。完善就业与社会保障联动机制,增强就业的稳定性,提高就业质量。

专栏 3:职业供求信息监测和失业监测预警工程

一、人力资源市场职业供求信息监测。重点支持建设15个职业供求信息城市监测点,形成覆盖全省的人力资源市场职业供求信息监测体系,建立市场职业供求信息分析、报告与发布制度。

二、失业监测预警。在全省所有市、县(市、区)开展失业动态监测;建立失业预警指标体系及预警模型,开展失业预警;建立就业失业证管理服务平台,为实施失业调控和稳定就业局势提供决策依据。

(二)加快建立全民社会保障体系。坚持“全覆盖、保基本、多层次、可持续”的方针,以人人享有为目标,加快推进保障对象全民化、保障方式多样化、筹资渠道多元化、管理服务社会化,努力在全国率先建立统筹城乡、惠及全民、功能完备的社会保障体系。

1. 完善社会保障制度政策。认真贯彻实施社会保险法,坚持以社会统筹与个人账户相结合的方式推动机关事业单位养老保险制度改革,推进企业职工基本养老保险个人账户做实试点;全面实施城乡居民社会养老保险制度,落实被征地农民基本生活保障;注重发挥医疗保障体系的整体功能,积极推进城乡一体化的医疗保障体系建设;研究制订城乡统一的失业保险制度,强化预防失业、促进就业功能,制订失业人员参加职工基本医疗保险补贴办法;形成工伤预防、经济补偿、职业康复相结合的工伤保险制度体系,实施工伤康复中心建设工程;大力推进生育保险制度建设。积极推进社会保障制度城乡统筹和区域协调,加强同类社会保险制度间的整合衔接,完善各项社会保险关系跨区域转移接续政策,推进区域统筹和异地协作。平稳推进企业职工基本养老保险省级统筹实施工作,逐步统一城乡居民基本医疗保险政策和管理,全面推进医疗保险、工伤保险、生育保险市级统筹,完善失业保险省级调剂金制度,逐步实现失业保险省级统筹。

2. 继续扩大社会保障覆盖范围。继续扩大各项社会保障制度覆盖面,将符合条件的各类群体纳入相应的社会保障制度。重点做好农民工、非公有制经济组织从业人员、灵活就业人员的参保工作。创新完善政策,在现有制度框架内,继续推进社会保障历史遗留问题的研究解决。完善和落实被征地农民社会保障政策。制订激励政策,鼓励和引导各类人员早参保、多缴费、多得益。继续全面推进社会保险“五费合征”,完善部门联动工作机制,形成促进参保扩面的倒逼机制。

3. 提高社会保障待遇水平。根据经济社会发展情况和各方面承受能力,统筹提高各项社会保障待遇水平,逐步缩小城乡、区域、群体之间的待遇差距。继续提高企业退休人员养老金水平。综合考虑农村居民人均纯收入、城镇居民人均可支配收入增长情况等因素,适度提高城乡居民社会养老保险基础养老金,并向高龄老人倾斜。建立完善失业保险金随最低工资标准调整的联动机制。以提高住院和门诊大病报销比例为重点,稳步提高参保人员的医疗保障水平。适当提高工伤保险和生育保险待遇水平。

4. 加强社保基金监督管理。加快建立立法律监督、行政监督和社会监督相互促进的社会保险监督体系。完善社保基金要情报告、信息披露、支付监督、举报投诉、内部审计、反欺诈、经办内控等监管制度,形成现场监督与非现场监督相结合、事后查处与事前预防相结合的社保基金监督机制,努力维护社保基金的安全完整。进一步完善筹资机制,改善筹资结构,建立基金储备,探索通过省级集中投资管理的方式实现社保基金保值增值。

5. 健全多层次社会保障体系。制订优惠鼓励政策,大力发展企业年金、职业年金和补充医疗保险,积极鼓励发展储蓄性养老保险,鼓励商业保险公司提供与社会保障相衔接的产品和服务。大力推进社会养老服务体系建设,发展老年服务业,积极创新和完善养老服务模式。

专栏 4:全民社保工程

一、提高养老保障水平。职工基本养老保险参保人数新增298万人以上,城乡居民社会养老保险参保率稳定在95%以上。职工基本养老金和城乡居民社会养老保险基础养老金稳定增长。建立精减退职人员、计划外长期临时工及遗属生活困难补助的长效保障机制和正常调整机制。

二、提高医疗保障水平。城镇职工及城镇居民基本医疗保险参保人数达到2130万人,新农合参合率稳定在95%以上。逐步提高城镇居民医保和新农合的待遇水平,城镇职工医保与城镇居民医保、新农合的待遇差距逐步缩小,政策范围内住院医疗费用支付比例分别达到

80%、75%、75%以上，最高支付限额分别提高到当地职工平均工资、城镇居民人均可支配收入、农村居民人均纯收入的8倍以上，各级财政城镇居民医保和新农合补助标准提高到每人每年300元以上。逐步提高城乡居民包括大学生的健康体检标准。

三、发展企业年金和职业年金。扩大企业年金覆盖范围，规范方案报备，完善年金分配、未归属权益处置等政策，推进企业年金有序运作。在事业单位养老保险制度改革的基础上，按照改革前后待遇水平平稳衔接的原则，加快推进事业单位职业年金建设。

四、解决社会保障群体性利益问题。逐步解决未参保集体企业退休人员，因辞职、除名、自动离职等原因离开本省机关、企事业单位、社会团体人员，复员退伍军人及原下乡知青等群体的养老保障问题。解决原民办教师、代课教师、农村电影放映员、乡村医生等涉农群体的城乡居民社会养老保险问题。

五、实施工伤康复中心建设工程。重点支持建设5个省级工伤康复中心，加快省、市、县三级工伤康复中心建设，初步形成分层次、相衔接、特色互补的工伤康复服务格局，加强工伤预防和康复工作，促进工伤伤残职工重返就业岗位。

（三）深化工资收入分配制度改革。统筹机关、事业单位和企业工资收入分配关系，着力提高低收入职工特别是基层一线职工的工资水平，遏制并逐步缩小不合理收入差距，形成公正合理有序的工资收入分配格局。

1. 完善企业工资收入分配制度。大力推进工资集体协商制度建设，建立健全企业工资共决机制和正常增长机制，加快形成市场机制调节、企业自主分配、平等协商确定、政府监督指导的企业工资收入分配制度。改进国有企业工资总额管理办法，深化国有企业尤其是高收入、垄断性行业工资收入分配制度改革，合理调控工资增长。完善监管办法，严格规范国有企业负责人薪酬管理，使国有企业负责人收入水平与内部职工工资水平保持合理比例。

2. 完善事业单位工资收入分配制度。全面实施事业单位绩效工资，建立符合事业单位特点、体现岗位绩效、分级分类管理的收入分配制度。建立高层次人才收入分配激励机制，健全事业单位主要负责人收入分配激励约束机制。改进事业单位工资总额管理办法，规范事业单位津贴补贴，合理调控不同类型、地区、行业事业单位收入水平。统筹协调事业单位在职人员与离退休人员、在册人员与非在册人员的收入分配关系。

3. 完善公务员工资收入分配制度。按照国家部署，建立健全职务与职级并行制度，实行职级与待遇挂钩。对长期在基层和艰苦边远地区工作的干部实行工资福利倾斜政策。结合经济社会发展、财政收支、物价水平等情况，在继续规范公务员津贴补贴的基础上，实施地区附加津贴制度。

4. 加强工资收入分配调控。继续完善工资指导线制度、人力资源市场工资指导价位制度、行业人工成本信息指导制度，加快建立统一规范的企业薪酬调查和信息发布制度。加强调控，引导企业合理进行工资分配，企业一线职工工资增长幅度要普遍高于企业平均工资增长幅度。探索建立最低工资标准与人均生产总值联动增长机制，稳步提高最低工资标准。建立公务员与企业相当人员工资水平调查比较制度，适时合理调整机关、事业单位工作人员工资水平。

专栏5：企业薪酬调查工程

建立统一规范的企业薪酬调查和信息发布制度，统一调查内容、指标体系、调查方法和信息发布，及时掌握并定期发布各行各业劳动者的薪酬和企业人工成本信息，为企业工资集体协商和公务员调整工资提供依据，为加强工资分配宏观调控提供支持，为社会各方面提供公共信息服务。

（四）深入发展和谐劳动关系。坚持职工和企业利益双维护、行政和市场双调节、物质和精神双关怀、企业和区域双创建，逐步建立规范有序、公正合理、互利共赢、和谐稳定的新型劳动关系，促进劳动者更加体面地劳动、有尊严地生活。

1. 完善劳动关系协调机制。全面实行劳动合同制度，切实提高小企业、农民工合同签订率，扩大专项集体合同和行业性、区域性集体合同的覆盖面。全面推进劳动用工备案制度建设，建立统一的劳动用工信息数据库，加强对企业劳动用工的动态管理。建立健全集体协商制度，提高集体协商的实效性。推进劳动标准体系建设，修订完善劳动保护标准，积极引导企业不断改善劳动条件。健全协调劳动关系三方机制，探索组织模式，完善协调职能，切实发挥三方在调节收入分配、促进集体协商、调处劳动纠纷等方面的作用。健全劳务派遣规定，加强对劳务派遣用工的规范引导。完善企业裁员机制，规范企业规模裁员行为。深入实施劳动关系和谐指数评价和发布制度，积极推行企业和谐劳动关系标准认证，建立动态预测预警和分级响应机制。

2. 提高劳动人事争议处理能力。贯彻"预防为主、基层为主、调节为主"的工作方针，继续推进乡镇（街道）、村（社区）、企业三级劳动争议调解组织建设，完善基层人民调解组织、劳动争议调解组织、事业单位调解组织、劳动人事争议仲裁机构建设，充实一线劳动人事争议调解工作力量，加快形成多渠道、多层次的社会化调解网络，完善社会化劳动人事争议处理长效机制。加快仲裁机构实体化建设步伐，实施劳动人事争议仲裁院建设工程，重点加强办案场所、设备等基础设施建设，定期开展仲裁员业务培训，提高争议处理效能和专业化水平。

3. 加强劳动保障监察工作。加大用人单位劳动用工和人力资源市场监管力度，有效惩处和纠正劳动保障违法行为。加强劳动保障监察网格化、网络化建设，健全覆盖城乡的劳动保障监察定位、定人、定责的管理体系。加强劳动保障诚信档案建设，强化对用人单位的分类监管。建立健全突发事件隐患动态预警和重大事件报告制度，及时掌握企业生产经营状况和职工权益保护情况，妥善解决职工的合理诉求。完善工资支付保障机制，进一步完善企业工资保证金、欠薪应急财政周转金、农民工记工考勤卡"两金一卡"制度，重点解决拖欠农民工工资问题。建立全省统一集中的指挥系统，加强装备建设，提高处理违法案件和处置劳动保障群体事件的能力，切实维护劳动者合法权益和社会稳定。加强劳动保障监察机构建设，不断提高执法人员的素质和业务能力，实现监察机构标准化、人员专业化、执法规范化。

专栏6:和谐劳动关系建设工程

一、劳动人事争议仲裁院建设工程。全省共建有市、县级劳动人事争议仲裁院101个，实现仲裁机构实体化建设全覆盖。加强仲裁标准庭建设，劳动人事争议仲裁院至少配备1个标准仲裁庭、1个接待室和1个调解室。年办案在500件以上的，配备2个标准仲裁庭；年办案在1000件以上的，配备3个标准仲裁庭。完善劳动人事争议仲裁基本设施配备。提升劳动人事争议案件处理能力。

二、劳动保障监察网格化、网络化管理机制建设工程。实施网格化管理考核，开展劳动保障监察信息系统二期建设。建设劳动保障监察案件预防和处理指挥中心，在县级以上劳动保障监察机构安装运行实时监控系统。建设劳动保障监察信息系统网格化管理子系统，实行全省数据集中管理。

（五）积极做好农民工工作。适应实施新型城市化战略、推进城乡一体化发展需要，促进农村富余劳动力稳定转移就业，推动城乡劳动者享有均等化基本公共服务，逐步完善政府主导、部门参与、全社会共同支持的农民工工作格局。

1. 促进农村富余劳动力转移就业。组织引导农民工转移就业，健全覆盖农民工的就业公共服务体系。增加县域非农就业机会，增强小城镇和中心镇对农村富余劳动力的吸纳能力，促进本省农民就地就近转移就业。加强与劳动力输出大省的劳务对接，有序引导外省农民工到我省就业创业。加强农民工职业技能培训，建立农民工基本培训补贴制度，重点培养技能适用型和技术熟练型农民工。加快发展农村职业教育，提高新生代农民工的就业能力。大力发展家庭服务业，重点发展家政服务、养老服务、社区照料服务、病患陪护服务等业态，充分发挥家庭服务业对促进就业的作用。

专栏7:促进家庭服务业发展工程

一、家庭服务业公益性信息服务平台建设。以促进家庭服务业发展、扩大就业为目标，每年推进10个市、县（市、区）建立家庭服务业公益性信息服务平台，完善家庭服务业公益性信息服务平台供需对接、信息咨询、服务监督等功能，加快形成便利、规范的家庭服务体系，为家庭、社区、家庭服务机构提供公益性服务。

二、家庭服务业从业人员定向培训工程。每年对1万名家庭服务业从业人员进行职业技能培训，逐步实现家庭服务业职业技能培训全覆盖；依托现有培训资源，建设20个家庭服务业从业人员培训基地。

2. 推进农民工权益保障机制建设。健全涉及农民工的社会保障政策，完善农民工基本公共医疗卫生服务制度，督促企业改善农民工劳动条件和落实劳动保护标准，提高农民工劳动合同签订率和社会保险参保率，切实解决农民工权益保障突出问题。

3. 稳步推进农民工市民化。建立促进农民工进入城镇落户的政策体系，消除农民进城务工的政策性歧视和体制性障碍，增进农民工人文关怀，稳步推进农民工在住房、医疗、子女教育、社会保障、文化生活、权益保护等方面平等享受城市基本公共服务。加强农民工基层服务平台建设，为农民工有序融入城市创造良好环境和有利条件。

4. 建立健全农民工工作机制。健全农民工工作协调机构，建立农民工工作目标责任考核和激励约束机制，落实各级政府、协调机构和各成员单位的工作责任，促进农民工工作常规化、制度化、规范化。

专栏8:农民工关爱工程

向农民工平等开放社区等基层便民服务中心。关注农民工就业，实施"农民工就业援助行动"，定期或不定期举办农民工专场招聘会，为农民工就业搭建信息平台；通过落实小额担保贷款及贴息等各项扶持政策，鼓励、支持有条件、有能力的农民工自主创业并带动就业。制订完善涉及农民工的社会保障政策，进一步扩大农民工参保覆盖面，切实维护农民工合法权益，加强对农民工的生活援助，建立健全援助长效机制，帮助减轻生活经济负担，形成全社会共同尊重、关爱、帮助农民工的良好氛围。

（六）加强就业和社会保障公共服务体系建设。有效整合资源，建立健全以基层为重点的就业和社会保障公共服务体系，加快形成覆盖城乡的公共服务网络，全面提高服务能力和水平，为广大人民群众提供规范、均等、便捷、高效的公共服务。

1. 加强就业公共服务。加快整合公共职业介绍和人才交流服务机构，形成覆盖城乡的就业公共服务体系，促进就业服务的制度化、专业化、标准化和信息化。健全均等化的城乡就业公共服务制度，全面落实对劳动者的免费就业公共服务、对就业困难人员的就业援助和对特定群体的专项服务等政策措施。完善就业和失业登记管理制度，创新服务方式，拓展服务功能，为劳动者提供平等优质高效的就业服务。推进人力资源市场管理体制与政策制度的统一，完善市场监管体系，培育和发展各类就业服务中介，树立服务品牌，以市场需求为导向推进就业公共服务创新。

2. 强化社会保障公共服务。加快社会保障规范化、信息化、专业化建设步伐，明确职能职责，健全管理体制，完善管理手段，整合经办资源，提高服务能力和水平。全面建立公民社会保险登记制度，加快社会保障卡发放。建立健全社会化管理服务体系，企业退休人员纳入社区管理比例达到90%以上，逐步推进和拓展医疗保险和工伤保险社会化管理服务等工作。

3. 大力推进就业和社会保障公共服务基础设施建

设。加强省、市、县三级社会保障服务中心、人力资源市场建设,重点支持县以下就业和社会保障服务机构设施建设。力争全省所有乡镇(街道)都建立就业和社会保障服务中心,所有社区都设立就业和社会保障服务站,所有行政村都设立劳动保障和社会救助站。按照"中心城区有市场、主要乡镇有网点、街道社区有窗口"的要求,建立和形成覆盖城乡的人力资源市场网络,加快形成统一规范的人力资源市场。各市、县(市、区)全部开通12333特服号码,形成"一地呼入、全省咨询"的人力资源社会保障电话咨询服务体系。

4. 建立健全基层就业和社会保障一站式公共服务平台。加强乡镇(街道)、村(社区)就业和社会保障公共服务机制建设,实现管理服务重心下移。整合各项公共服务资源,形成以就业公共服务、职业技能培训、人力资源服务、社会保险经办、劳动关系协调、劳动争议调解仲裁、劳动保障监察等为重点服务内容,以集中办公为主要形式,一站式便民公共服务平台。

5. 加强基层就业和社会保障公共服务人员队伍建设。根据服务对象数量,科学核定编制,合理配置工作人员。加大财政投入力度,切实解决人员经费问题。通过公开招聘、兼职、政府购买服务等形式,充实基层公共服务队伍,优化人员结构。加强岗位培训,提高工作人员的业务素质和操作技能。深入开展优质窗口创建活动,增强服务意识,规范服务行为。

专栏9:就业和社会保障公共服务设施建设工程

按照中心城区综合性服务场所面积不低于1000平方米、县级不低于500平方米的标准建设就业和社会保障服务场所,每年重点支持10个市、县(市、区)就业和社会保障服务场所建设。推进基层平台规范化、标准化建设,实现乡镇(街道)、村(社区)全覆盖。

(七)推进人力资源社会保障信息化建设。以实现社会保障"一卡通"为重点,加快推进金保工程二期建设,进一步改善信息化基础设施,健全信息化服务体系,为人力资源社会保障事业发展提供统一、高效、安全的信息系统应用支撑平台。

1. 建设统一的人力资源社会保障信息化管理系统。整合资源,构建统一的技术支持平台,加强各级数据中心建设,促进全省信息化系统与全国的衔接互联,实现信息化系统对业务工作、服务人群、服务区域和服务机构的全覆盖。加快互联网服务渠道和基层信息平台建设,构建多层次、全方位的人力资源社会保障公共服务信息系统。加强人力社保、财政、地税等部门信息联网工程建设,促进社会保障相关部门信息共享,提升社保基金信息化管理水平。

2. 实现覆盖全省的社会保障"一卡通"。以社会保障卡和跨地区社会保障业务服务为抓手,构建社会保障"一卡通"异地应用平台和专网系统。建立覆盖全省的社会保障卡档案管理信息系统,加快社会保障卡的发放,推进社会保障卡的应用,拓展社会保障卡的功能,实现对全体劳动者"记录一生、管理一生、服务一生"。

3. 加快业务领域信息支持系统建设。建设统一、规范、标准的人力资源社会保障应用系统,促进城乡各类社会保险、人力资源管理业务的协同办理。建设全省统一的跨地区信息交换与结算平台,为就业公共服务、异地就医结算、异地居住退休人员社会化服务、社会保险关系转移接续等各项跨地区业务的开展提供有力支撑。完善联网数据采集系统、基金监督应用系统、宏观决策支持系统,大力推进市场动态监测信息系统和失业预警信息系统建设。继续推进12333电话咨询服务信息平台建设,实现全省各级电话咨询服务联动。

专栏10:人力资源社会保障信息化建设工程(金保工程二期)

建设覆盖全省、联通城乡的人力资源社会保障信息网络,完善省、市、县三级数据中心;建设全省统一的网络安全信任体系,建设省级灾备中心。建设统一的社会保险应用系统、人力资源管理应用系统、监督监察应用系统;建设跨地区数据交换平台和结算平台。完善基金监督应用系统和宏观决策支持系统。加快各类公共服务系统建设,全面提升系统性能和安全性。完善基层信息平台建设,实现各级12333电话咨询服务联动。全面发放社会保障卡,持卡人数达到3438万人。

四、保障措施

(一)加大公共财政投入。进一步强化各级政府在就业和社会保障方面的职责,建立正常投入机制和财政分担机制,严格落实各级政府在维持社会保险基金平衡方面的责任,不断增强社会保险基金的支付能力。按照建立健全公共财政的要求,调整和优化财政支出结构,努力增加就业和社会保障投入,提高就业和社会保障支出占财政支出的比重,确保每年增幅不低于当地财政经常性支出的增幅,逐步实现社会保障支出占财政支出比重达到20%。

(二)健全规划实施机制。各级政府要切实加强对规划实施工作的组织领导,把就业和社会保障工作纳入当地经济社会发展总体规划,加强组织协调,精心组织实施。要制订各项目标任务分解落实方案、重大项目实施方案和年度实施计划,明确责任部门和进度要求,确保规划按计划、按步骤实施。各级人力社保、财政、地税等有关部门,要加强沟通,密切配合,妥善解决工作中遇到的问题,推进规划顺利实施。要建立完善规划实施目标责任考核机制,把规划重点指标特别是约束性指标完成情况纳入政府目标责任考核体系。要建立健全监测、评估、督查机制,定期通报规划实施进展情况。

(三)推进重大工程项目建设。进一步发挥重大工程项目基础性、示范性作用,实现重大政策措施实施和重大工程项目推进的有机结合,促进就业和社会保障基础设施改善和管理服务能力提升。加强对重大工程建设的组织领导,明确各级人力社保部门及有关部门的责任,加大考核力度,形成上下联动、多方协作机制。严格项目评估,强化项目管理,科学制订实施计划,确保项目保质保量如期完成。

(四)加强法制建设。全面实施就业和社会保障各项法律,推动《浙江省城镇基本医疗保险条例》、《浙江省工伤保险条例》、《浙江省劳动人事争议仲裁条例》、《浙江省失业保险条例》、《浙江省实施〈中华人民共和国劳动合同法〉条例》、《浙江省就业促进条例》、《浙江省人力资源市场管理条例》等法规制（修）订，研究制订《浙江省工资支付保障金实施办法》等规章，基本形成与国家法律法规相配套、与经济社会发展相适应、比较完备、具有浙江特点的就业和社会保障法规政策体系。深化行政审批制度改革，完善行政许可实施办法，强化对非行政许可项目的审批管理。做好规章和行政规范性文件清理工作，完善行政执法监督制度，不断提高依法行政水平。进一步加强普法宣传教育。

（五）强化科研支撑。建立人力资源和社会保障专家咨询委员会，强化重大改革政策合理性、可行性论证，确保出台政策的科学性、实效性。重点开展就业和社会保障发展战略、基础理论和重大政策研究，加强政策评估、技术标准、量化分析、预警预测以及社会保险精算等专题研究。加强就业和社会保障基础数据调查统计，建立专题数据库、资料库和数据分析系统，提高决策支持能力。大力推进科研成果的转化和应用，形成理论研究、技术开发与事业发展良性互动机制。

（六）加强队伍建设。继续深入开展创先争优活动，进一步增强人力社保系统干部职工的大局意识、责任意识和服务意识，始终保持干事创业激情，不断改进工作作风。开展大规模轮训，不断提高工作人员的业务能力和综合素质。积极推进惩防体系建设，切实做到制度管权、制度管事、制度管人，努力建设一支思想硬、业务精、工作实、服务优的干部职工队伍，为就业和社会保障事业科学发展提供强有力保障。

（七）加大宣传力度。坚持正确的舆论导向，深入开展就业和社会保障新闻宣传、政策宣传和典型宣传。创新宣传形式、宣传方法和宣传载体，增强宣传工作的主动性、针对性和实效性。充分整合各方资源，积极拓展宣传阵地，努力形成宣传合力。完善舆情工作机制，提高舆论引导能力，积极营造有利于就业和社会保障发展的舆论氛围。

浙江省人民政府关于印发浙江省社会发展十二五规划的通知

浙政发〔2011〕108 号

各市、县（市、区）人民政府，省政府直属各单位：

现将《浙江省社会发展“十二五”规划》印发给你们，请结合实际，认真贯彻实施。

二○一一年十二月三十日

浙江省社会发展“十二五”规划

加快社会发展，是促进人的全面发展和保障改善民生的内在要求，是提升社会公平正义与和谐稳定的重要保障，是转变经济发展方式和扩大内需的必然途径，是全面建成惠及全省人民的小康社会的战略任务。为更好地推进“十二五”时期社会发展工作，根据《浙江省国民经济和社会发展第十二个五年规划纲要》，制定本规划。

一、发展背景

“十一五”时期是浙江改革开放和全面建设小康社会取得重大进展的五年，是社会事业全面较快发展和人民得到较多实惠的五年。“十二五”时期是我省深入学习实践科学发展观、全面建成惠及全省人民的小康社会的攻坚时期，必须以更大决心和力度扎实推进社会发展。

（一）现实基础。“十一五”以来，全省深入实施“八八战略”和“创业富民、创新强省”总战略，扎实推进“全面小康六大行动计划”，不断加强以改善民生为重点的社会建设，推进社会管理创新，如期完成“十一五”社会发展规划主要目标任务。

1. 基本公共服务均等化扎实推进。率先制定并实施基本公共服务均等化行动计划，以社会保障、社会事业、公用设施三大体系为重点，明确了基本公共服务均等化的制度框架。2008 年以来，每年组织实施 80 多项基本公共服务均等化项目，到 2010 年累计完成均等化项目投资 2333 亿元，城乡、区域、人群之间的基本公共服务差距逐渐缩小。

2. 社会事业全面较快发展。文化大省与科技强省、教育强省、卫生强省、体育强省等建设扎实推进。国家技术创新工程试点省建设加快，研究与试验发展经费支出占生产总值比重达 1.82%，区域综合创新能力居全国第 5 位。率先实行城乡免费义务教育，十五年教育普及率达 97%，高等教育毛入学率达 45%，居全国各省区第一。覆盖城乡的公共文化服务体系基本建成，县级图书馆和文化馆、乡镇综合文化站基本实现全覆盖，经常参加体育锻炼人数占全省总人口的 31.1%。医疗卫生服务能力明显增强，每千人执业（助理）医师数达到 2.41 人，人均期望寿命达 77 岁。

3. 社会保障制度实现全覆盖。就业形势保持稳定，五年新增城镇就业391万人。率先建立城乡居民社会养老保险制度，完善企业职工基本养老保险制度，构筑城镇职工、城镇居民、新农合三大医疗保障体系，养老和医疗保障在制度上实现城乡全覆盖，企业职工基本养老保险和城镇职工基本医疗保险参保人数五年分别净增729万和704万，城乡居民社会养老保险参保人数达1295万，新农合参保人数达2972万。连续五年提高企业退休人员基本养老金标准，水平居全国前列。社会救助规范化建设深入推进，基本建立了资源整合、层次清楚、种类齐全、标准规范的社会救助制度。新型社会福利体系形成基本框架，社会养老服务体系建设有序推进，养老机构床位数达到全省老年人口数的2.4%。

4. 社会管理不断加强。与社会主义市场经济体制相适应、具有浙江特色的社会管理体系初步建立，党委领导、政府负责、社会协同、公众参与的社会管理格局不断健全，社会组织发展能力有效提升，基本实现行业协会与行政机关人员、机构、财务"三脱钩"。深化"平安浙江"建设取得积极成效，深入开展平安创建活动，坚持和发展"枫桥经验"，完善信访工作机制，创新流动人口服务管理，创新"网格化管理、组团式服务"等管理模式，完善社会治安防控体系，群众安全感满意率达到95.82%。应急管理全面加强，突发事件应急处置体系基本形成。

5. 社会改革纵深推进。保障和改善民生的公共财政体制加快建立，连续五年财政支出增量的2/3以上用于民生。医药卫生体制改革全面启动，五项重点改革取得阶段性成果，县乡村医疗卫生资源统筹配置改革加快推进。教育体制改革不断深化，义务教育经费保障机制、义务教育教师绩效工资等改革深入推进。全国文化体制改革综合性试点各项工作扎实推进，文化事业单位改革、文化市场综合执法体制改革率先完成，公共文化服务体系、文化产业发展等走在全国前列。

6. 社会结构加快转型。城乡结构加快优化，非农从业人口比重超过80%，城市化率达59%。城乡居民收入连续10年和26年位居各省区首位，城乡居民收入差距是全国最小的省份之一，劳动所得占生产总值比重下降态势有所趋缓。中产阶层加快形成，私营企业投资者、个体工商户以及各类经营管理人员、专业技术人员等群体持续扩大。

同时，社会发展还存在一些不足和问题，主要表现在：社会公共资源主要集中于城市，欠发达地区、农村地区相对不足；自主创新能力不够强，人才总量不足，人才素质和结构不尽合理，人口老龄化加速，人口机械增长过快；社会问题与社会矛盾错综复杂，利益表达与协调机制不够完善，加强和创新社会管理刻不容缓。

（二）发展阶段。"十二五"时期我省总体上仍处于可以大有作为的战略机遇期。科学发展主题与加快转变经济发展方式主线，对社会发展的转型支撑功能提出新要求；和谐发展与保障改善民生，对社会发展的公共服务功能提出新期待。社会发展进入整体推进期，战略地位更加突出。

1. 社会需求处于快速增长期。"十二五"时期，浙江进入人均生产总值7000美元向10000美元迈进的发展阶段。居民消费结构加速升级，教育、医疗保健、文化娱乐、体育及旅游等服务消费显著增加，拉动社会服务需求快速增长。同时，居民对精神文化、健康安全、生活质量的认识和标准普遍提高，对专业化、高端化的非基本公共服务提出更高要求，社会公共服务需求呈现多层次、多样化格局。

2. 社会结构处于深刻变动期。人口老龄化程度仅次于上海，人口红利加快减弱；流动人口大量增加，流动人口管理服务、城乡就业和社会保障衔接、城市公共管理和社会治安等问题亟需解决。社会阶层分化加速，职业更加多元，"单位人"加快向"社会人"转型，社会人员组成趋于复杂。政府、企业和居民三者分配关系不尽合理，收入差距扩大势头尚未根本扭转，优化收入分配的要求更加迫切。

3. 社会矛盾处于集中凸显期。公共需求快速增长，而公共服务供给总量不足，配置结构也不够合理。社会利益、社会思想更趋多元，社会矛盾交织复杂。以互联网为代表的信息技术快速发展，舆论传播和社会交流方式发生巨大变化，使社会进入矛盾凸显、风险增加阶段。生产安全、食品安全、卫生防疫、交通安全等公共安全问题，随着经济规模增大和社会流动性增加而更加突出，社会管理难度增加。

4. 社会改革处于深入推进期。医药卫生体制改革在全面完成三年医改目标任务基础上，将进一步深入推进。文化体制改革试点省建设全面推进。中长期教育规划加快实施，国家和省教育改革试点稳步开展。以"两个同步"为目标，收入分配改革力度将进一步加大。顺应社会需求多元化要求，民办社会事业等公共服务供给创新步伐将大大加快。适应社会转型加快趋势，社会管理体制创新必须大力推进。

二、总体要求

（一）指导思想。以邓小平理论和"三个代表"重要思想为指导，深入贯彻落实科学发展观，全面实施"八八战略"和"创业富民、创新强省"总战略，围绕科学发展主题和加快转变经济发展方式主线，以富民强省、社会和谐为根本目的，以促进人的全面发展为核心，以保障和改善民生为出发点和落脚点，着力健全社会服务体系，着力加强和创新社会管理，着力推进基本公共服务均等化，着力深化社会领域改革，切实加快社会转型，切实促进社会公平正义，切实维护社会和谐稳定，全面建成惠及全省人民的小康社会。

（二）基本原则。

——坚持把促进人的全面发展作为社会发展的核心要求。坚持以人为本的发展理念，尊重人民群众的参与权和表达权，扎实推进文化强省建设，加快教育强省、科技强省、卫生强省、体育强省建设，满足城乡居民多元化、多层次的社会服务需求，提高居民健康素质和文明程度，提升居民生活品质和人生内涵。

——坚持把公平正义普惠均衡作为社会发展的基本取向。坚持尽力而为、量力而行，健全符合省情、比较完整、覆盖城乡、可持续的基本公共服务体系，统筹城乡、区域、群体之间的社会事业、民生保障和社会管理，强化对困难群体的帮扶照顾，提升社会服务的公平性与均衡性，确保经济社会发展成果惠及全省人民。

——坚持把社会体制改革作为社会发展的内在动力。更加重视社会领域制度建设和创新，着力破除束缚社会发展的政策性、体制性障碍，加快社会事业、收入分配等改革步伐，建立健全政府主导的社会协同治理机制，完善多元化的社会发展投入机制，凝聚和提升整体合力，为全面建成惠及全省人民的小康社会提供体制机制保障。

——坚持把支撑和促进经济发展方式加快转变作为社会发展的战略任务。在加强社会发展的公共服务、民生保障等传统功能的同时，突出社会发展在提升人力资本、增强创新能力等方面的功能，发挥社会服务业在扩大内需、形成服务业经济新增长点以及引导要素、产业和人口合理布局中的作用。

（三）主要目标。“十二五”时期，浙江社会发展的总体目标是：顺应全省人民过上更好生活新期待，努力实现城乡居民学有所教、劳有所得、病有所医、老有所养、住有所居、难有所助，增强社会活力，促进公平正义，维护和谐稳定，社会发展综合水平继续保持全国领先。

——社会服务更加健全。基本公共服务体系加快建立，均等化程度不断提高。五年新增城镇就业300万人，社会保障实现人群全覆盖。科教文卫体等社会事业加快发展，财政教育经费支出占一般预算支出比重超过21%，每千人执业（助理）医师数不低于2.51人。城乡住房条件不断改善，社会养老服务体系基本建立。满足多元和个性需求的社会服务产业规模迅速扩大，服务水平加快提高。

——社会结构更加合理。新型城市化战略深入实施，城市化率达到63%左右，城乡一体化发展迈上新台阶。人口自然增长率稳定在6‰以内，人口素质加快提高，新增劳动力平均受教育年限达13.5年，人均期望寿命达78岁。收入差距扩大趋势得到遏制，城镇居民人均可支配收入和农村居民人均纯收入分别年均增长8.5%和9%，中等收入群体比重加快提高。

——社会管理更加有序。具有浙江特色的社会管理体系加快形成，维护群众权益机制进一步完善，社会组织参与社会管理作用进一步发挥，社会应急管理进一步健全，社会关系更加协调，社会行为更加规范，社会秩序更加良好，社会大局更加稳定，力争社会管理科学化水平处于全国前列。

——社会安全更有保障。“平安浙江”建设深入推进，人民群众安全感满意率稳定在95%以上。安全生产状况稳定好转，亿元生产总值安全生产事故死亡率下降至0.13%。食品药品安全保障监管水平不断提高，整体接近国际先进水平。生态环境进一步改善，经济发展、人口布局与资源环境承载能力更趋协调。

表1 “十二五”时期社会发展主要指标

序号	指标名称	单位	2010	2015	年均增长
1	研究与试验发展经费支出占生产总值的比重	%	1.82	2.5	〔0.68〕
2	财政教育经费支出占一般预算支出比重	%		>21	
3	学前3年入园率	%	95	96	〔1〕
4	高等教育毛入学率	%	45	56	〔11〕
5	新增劳动力平均受教育年限	年	12.8	13.5	〔0.7〕
6	文化产业增加值占生产总值比重	%	3.8	7	〔3.2〕
7	每千人执业（助理）医师数	人	2.41	>2.51	〔>1〕
8	经常参加体育锻炼人数占总人口比重	%	31.1	>35	〔>3.9〕
9	人均期望寿命	岁	77	78	〔1〕
10	新增城镇就业人数	万人	—	—	〔300〕
11	职工及城乡居民养老保险参保人数	万人	2750	3400	〔650〕
12	基本医疗保障覆盖率	%	92	>95	〔>3〕
13	每百名老人平均拥有养老机构床位数	张	2.4	>3	〔>0.6〕
14	城镇住房保障覆盖面	%	13.8	>20	〔>6.2〕
15	城市化率	%	59	63	〔4〕
16	城镇居民人均可支配收入	元	27359	41100	8.5%
17	农村居民人均纯收入	元	11303	17400	9%
18	城乡居民收入比	—	2.42	<2.36	—
19	人口自然增长率	‰	4.53	<6	—
20	社会组织数量	个	28937	38700	6%

序号	指 标 名 称		单位	2010	2015	年均增长
21	人民群众安全感满意率		%	95.82	>95	—
22	亿元生产总值生产安全事故死亡率		%	0.23	0.13	—
23	食品安全检测覆盖率		%		90	
24	单位生产总值二氧化碳排放量		吨/万元		国家下达指标	—
25	主要污染物排放	化学需氧量	万吨	84.2	74.6	〔−11.4%〕
		氨氮	万吨	11.84	10.36	〔−12.5%〕
		二氧化硫	万吨	68.4	59.3	〔−13.3%〕
		氮氧化物	万吨	85.3	69.9	〔−18.0%〕

注：城乡居民收入绝对数按2010年价格计算，增长速度按可比价格计算；〔〕内数据为五年累计数。

三、主要任务

围绕促进人的全面发展和提升社会活力，着力健全科教文卫、社会保障等社会服务，着力加强和创新社会管理，着力保障社会安全，积极推进基本公共服务均等化和社会领域改革，全面加快社会进步。

（一）优先发展科教事业。

1. 大力提升区域创新能力。深入实施国家技术创新试点省工程，突出抓好创新型企业培育、产业技术创新战略联盟建设和创新型城市建设，加快构建以企业为主体、市场为导向、产学研结合的技术创新体系。鼓励有条件的企业联合科研院所、高等院校建立技术中心、研究院、重点实验室等创新载体。组织实施10个重大科技专项和10大科技成果转化工程，着力突破一批核心和关键共性技术，转化推广一批重大科技成果。加快建设青山湖科技城、未来科技城等一批重点科创基地，新建和提升一批省级高新园区。加快科技创新人才与团队培养，更大力度引进海外高层次人才。围绕人口健康、食品药品质量保障、公共安全、生态保护等重大民生科技问题，大力推进民生领域科技创新。纵深推进国内外科技交流与合作，加强技术引进和消化吸收再创新。深入实施知识产权战略，强化科技创新的知识产权导向，加强知识产权创造、运用和保护。深化科技管理体制改革，加快科技投融资体系建设，促进科技与金融结合。到2015年，研发经费支出占生产总值比重达到2.5%，科技进步贡献率达到55%以上，在全国率先进入创新型省份行列。继续实施全民科学素质行动计划，广泛开展面向各类人员的科普活动，全面提高公众的科学文化素养。

2. 推进基础教育优质均衡发展。推进学前教育上等级，加快建设乡镇中心幼儿园，构建以乡镇中心幼儿园为主体的农村学前教育体系；完善县（市、区）为单位的幼儿园布局规划体系；大力支持民间资本发展学前教育，健全公办民办并举的办园体制；建立财政、社会、家庭成本分担的学前教育经费保障机制。推进义务教育高水平均衡发展，以薄弱学校改造和健全县域内资源合理配置为重点，实现以县域为单位的高水平均衡。进一步做好外来务工人员子女就学工作，保障家庭经济困难和残疾的适龄儿童、少年平等接受义务教育，逐步消除群体间教育差距。推进普通高中的多样化、特色化发展，以课程建设为载体，着眼于学生的个性化、多样化发展，积极推进特色示范普通高中建设。

3. 加强职业教育和终身教育。建立健全政府主导、行业指导、企业参与的职业教育办学体制，完善“工学结合、校企合作”的职业教育发展机制。以“双师型”教师队伍和实训基地建设为重点，加强职业教育基础能力建设，完善资格证书制，创新高技能人才培养模式。多形式发展继续教育，加强公共平台和网络建设，有效整合图书馆等各类学习资源，鼓励发展职业培训等教育产业，推动学校教育资源和社会教育资源的双向开放，积极构建学历和非学历教育并举、职前职后贯通的继续教育体系，加快建设学习型社会。

4. 提高高等教育办学水平和竞争力。加强重点高校建设，支持浙江大学、中国美术学院加快建设世界一流大学，浙江工业大学等若干所具有较强综合实力的大学成为国内知名高水平教学研究型大学，若干所特色教学型本科院校进入全国同类院校前列，一批国家级示范高职院校成为国内一流以至具有一定国际影响力的院校。支持一批民办高校办出水平和特色，成为一流学校。加大学科专业布局调整和建设力度，做实一级学科，做强二级学科，构建基础学科、应用学科、交叉新兴学科互为联系、互为促进、协调发展的学科体系。全面建立对接用人单位、校企合作的专业建设和人才培养体制。

5. 全面加强特殊教育。完善特殊教育布局和结构，形成盲教育以省级为主，聋教育以市级为主，培智教育以县级为主的学校设置布局，基本建立从学前教育到高等教育的特殊教育体系，切实保障残疾学生同步接受教育的权利。加强特殊学校建设，把社会福利院、聋儿康复中心等从事教育工作的机构纳入特殊教育体系。增加特殊教育投入，鼓励社会各界多种形式参与举办特殊教育。继续对大中小学残疾学生实行学费、住宿费减免政策。

专栏1 “十二五”教育发展重点工程

幼儿园等级提升工程。科学规划、合理布局，加快改造提升幼儿园整体办学水平。到2015年等级幼儿园比例达到80%，每个乡镇至少建成1所达到等级标准的中心幼儿园。

义务教育学校标准化建设工程。统一城乡学校基本办学标准，以薄弱学校特别是农村学校改造为重点，全面提高中小学校办学水平。到2015年，全省中小学标准化学校比例达到85%。

深化完善特色高中示范建设工程。研究制订《浙江省特色示范普通高中评定办法》，以大力开发课程资源为切入点，实施普通高中课程改革，改革普通高中评价机制，鼓励和支持学校实现特色发展。到2015年，全省优质特色高中比例达到50%。

中等职业学校现代化建设工程。建设100所国家级、省级中等职业教育改革发展示范学校，扶持建设200个中职教育特色专业、新兴专业和骨干专业；分类扶持建设好100个为先进制造业、现代服务业和现代农业服务的中职教育实训基地。

高等学校优势与特色学科专业建设工程。在地方高校集中力量建设10个重中之重一级学科、若干个省重中之重学科和人文社科重点研究基地，300个省重点学科。在做好全省高校专业建设发展规划的基础上，重点建设基础好、与我省主导产业密切结合的优势特色专业。

特殊教育学校建设工程。着眼于完善布局，改善办学条件，提高办学水平，满足残疾儿童平等接受教育的需要。到2015年，新建聋哑学校3所、培智学校12所，自闭症特殊学校1所，完成全省特殊教育学校总体布局。

终身教育服务平台建设工程。完善覆盖全省的县(市、区)、乡镇(街道)、村(居委会)三级社区继续教育网络。整合现有成人教育、继续教育等资源，以广播电视大学为基础，加快建设浙江开放大学。积极建设终身学习数字化公共服务平台，实施城乡居民双证制、预备劳动力培训计划。

6. 着力强化各类人才培育引进。确立人才优先发展的战略布局，培养造就数量充足、素质优良、结构合理、发展协调、实力强劲的创业创新人才队伍，逐步形成与转型发展相适应的人才资源结构。以高层次、高技能人才为重点，统筹推进六大人才队伍建设。加快实施“151人才工程”、“百千万科技创新人才工程”、海外高层次人才引进“千人计划”、重点创新团队推进计划等12个重大人才工程。引导社会加大人力资本投资，到2015年人力资本投资占生产总值比例达14.1%。实施支持人才创业、强化人才集聚、优化生活保障等政策，改善人才评价、选拔任用、流动配置、激励保障等机制，营造良好的引人、留人、用人环境。依托“千万职工技能素质工程”、“千万农民素质提升工程”等，大规模开展人才培训。统筹城乡人才布局，加大城区科技、教育、文化、卫生等优质资源对农村的支持力度，加强对农村教师、卫生人才、科技人员的定向免费培训。

专栏2 浙江六大人才队伍建设

党政人才队伍。按照加强党的执政能力建设和先进性建设的要求，以提高领导水平和执政能力为核心，以各级领导干部为重点，加强思想政治建设、组织建设、作风建设、制度建设和反腐倡廉建设，努力造就高素质党政人才队伍。

企业经营管理人才队伍。以提升创业创新能力、市场竞争能力和现代经营管理能力为核心，以培育现代企业家和职业经理人为重点，推进企业经营管理人才职业化、市场化、专业化、国际化，培养造就大批引领创业创新、具有全球战略眼光和社会责任感的优秀企业家，培养造就高素质企业经营管理人才队伍。到2015年，企业经营管理人才总量达到270万人。

专业技术人才队伍。以提高专业水平和创新能力为核心，以高层次人才和紧缺人才为重点，培养造就数量充足、素质优良、结构合理、充满活力的专业技术人才队伍。到2015年，专业技术人才总量达到410万人。

高技能人才队伍。以提升职业素质和职业技能为核心，以技师、高级技师为重点，大力提高技能人才的技术知识和创造性运用新技术、新设备、新工艺的水平，培养造就数量充足、梯次合理、技艺精湛的高技能人才队伍。到2015年，高技能人才总量达到160万人。

农村实用人才队伍。以提高科技素质、职业技能和经营能力为核心，以农村实用人才带头人和农村生产经营型人才为重点，培养造就大批经营能人、生产能手、能工巧匠，努力建设有觉悟、懂科技、善创业、会经营、有特色的农村实用人才队伍。到2015年，农村实用人才总量达到105万人。

社会工作人才队伍。以提高社会工作从业人员专业化、职业化能力为核心，以社会工作专业人才为重点，培养造就一支数量充足、专业化水平较高、结构比较合理的社会工作人才队伍。到2015年，社会工作人才总量达到10万人。

(二)提升居民健康水平。

1. 实施健康浙江战略。加快卫生强省建设，构建全民健康促进体系，全面改善居民健康生活质量，人群主要健康指标达到或接近高收入国家水平。坚持城乡卫生统筹发展，新增卫生资源向基层和农村倾斜，实施县域医疗强化项目，推进县级医院能力提升、乡镇卫生院标准化建设和村级卫生服务全覆盖。推进以全科医生为重点的基层医疗卫生人才队伍建设，建立住院医师规范化培训制度。加强公立医院规划布局调整和资源优化整合，加快形成4个省级医学中心和7个区域医学共享平台。调整扩大重大和基本公共卫生服务项目，稳步提高基本公共卫生服务项目和城乡居民健康体检的人均经费标准。加强疾病防治、妇幼保健、卫生监督和卫生应急等公共卫生机构建设，加大重大、新发传染病、慢性非传染疾病和地方病的防控力度，推进职业病防治体系建设。积极推进中医药振兴发展，实施中医"三名"、"三进"计划，积极开展中医药科技优先支持领域和优势病种研究。重视社会心理健康，建立健全省、市、县三级和城乡社区精神卫生服务网络。实施重点人群健康关怀行动计划，加强重点人群健康管理。开展群众性健康普及培训工作，加强避险逃生、自救互救的培训。

专栏3 "十二五"卫生事业发展六大工程

全民健康推进工程。稳固新型农村合作医疗制度，政策范围内住院补偿比例达到75%以上；完善基本公共卫生服务均等化制度；全面实施基本药物制度；实施儿童、妇女、老年人等重点人群和残疾人等弱势群体健康关怀行动计划；加快发展健康服务产业。

公共卫生强化工程。加强疾病防治能力建设，重点推进全省疾控机构实验室建设；进一步完善妇幼保健工作网络，90%的妇幼卫生机构达到规范化建设标准；加强卫生应急综合能力建设，100%的县级卫生监督机构建设达到国家规定的标准；加强食品安全综合协调管理和血液安全保障能力建设，深入开展新时期爱国卫生运动。

基层卫生完善工程。提高县级医疗卫生资源配置总量，在全省县级区域中心城市建成20家左右具有一定辐射带动能力的三级医院，积极培育形成200个左右具有较大规模和较强服务能力的中心镇卫生服务机构，乡镇卫生院标准化率达到100%、规范化建设率达到70%以上，培育建成4000个左右的标准化中心村卫生服务机构，建立基层医疗卫生服务管理新机制。

卫生科教创强工程。构建卫生人才支撑平台，全面推进住院医师和全科医生规范化培训项目，实施"大学生村医"项目；构建健康科技支撑平台，重点建成100个重点学科群、创新学科、支撑学科和100个县级医学龙头学科；构建卫生信息支撑平台，城乡居民规范化电子健康档案建档率达到90%以上，全省80%的二级以上医疗机构使用电子病历。

公立医院优化工程。完善公立医院规划调控机制，完善公立医院管理体制和运行机制，完善公立医院经济政策，加快民营医院规范发展，加快区域医疗卫生资源优化整合，提升医疗服务品质。

中医药提升工程。健全和完善中医药服务体系，加强中医药服务能力建设，大力繁荣中医药文化。

2. 提升体育服务水平。全面贯彻落实《全民健身条例》和《全民健身计划(2011—2015)》，强化政府公共服务职能，推进体育强市、强县(市、区)、强镇(乡)建设，构建亲民、便民、利民的全民健身服务体系。加强公共体育设施建设，实现城市社区、行政村基本公共体育设施全覆盖，促进各类体育设施向社会开放。广泛组织开展群众性体育活动和体育比赛，提高经常参加体育锻炼人口比重。完善国民体质监测制度，提高广大群众特别是青少年的健康素质。优化竞技体育项目结构，提高竞技体育综合实力。发展健身休闲体育，开发体育竞赛和表演市场，发展体育用品、体育中介和场馆运营等服务，向社会提供更多优质的专业体育服务。

3. 加快发展健康产业。完善健康产业行业标准和执业规范，大力发展与健康直接或间接相关的产业，形成完整的健康产业链和产业体系。重点支持和规范发展以预防疾病、维护健康为目标的健康管理产业、养生保健产业、商业健康保险产业、老年护理产业、体育健身业等，进一步满足群众多层次、多样化的健康服务需求。

(三)健全就业和社会保障体系。

1. 积极扩大社会就业。实施就业优先发展战略，坚持把促进就业放在经济社会发展的优先位置，健全劳动者自主择业、市场调节就业、政府促进就业相结合的机制，创造平等就业机会，提高就业质量，努力实现充分就业。实施更加积极的就业政策，重点解决好高校毕业生、农村转移劳动力、城镇就业困难人员等人群的就业问题。完善自主创业政策，健全政策扶持、创业培训、创业服务三位一体的创业工作机制，大力推进创业型城市创建，鼓励创业带动就业。建设覆盖城乡的公共就业服务体系，健全统一规范的人力资源市场，完善面向全体劳动者的职业技能培训制度，提升城乡劳动者素质。引导劳动者转变就业观念，鼓励多样化就业，努力实现体面就业和稳定就业。构建和谐劳动关系，全面实施劳动合同、集体合同、最低工资、工资集体协商等制度，完善劳动争议调解工作机制，维护劳动者合法权益。完善人力资源市场供求分析制度，加强对重点行业、重点企业用工情况的动态监测，建立健全就业"两难"问题防控机制。

2. 加快社会保险向人群全覆盖迈进。健全养老保障体系，扩大企业职工养老保险和城乡居民社会养老保险参保覆盖面，到2015年末，参保人数达3400万人，全面落实企业职工基本养老保险省级统筹，推动机关事业单位养老保险制度改革，加强各类养老保险转移接续和整合衔接，建立基本养老保险待遇正常调整机制。健全医疗保障体系，完善城镇职工、城镇居民和新型农村合作医疗保险制度，五年新增城镇职工及城镇居民医疗保险参保人数243万人，新农合参保率稳定在95%以上，城乡三项基本医疗保险政策范围内的医保基金支付水平提高到70%以上。推进医疗保险市级统筹，推动基本医疗保险付费方式改革，完善社会保障"一卡通"制度。健全失业、工伤、生育保险制度，完善被征地农民基本生活保障，加强社会保障基金运营监管。积极探索商业保险参与多层次的社会保障体系建设。

3. 加大城乡住房保障力度。统筹推进廉租住房、经济适用住房、限价房和公共租赁住房建设，逐步扩大城镇住房保障覆盖面，"十二五"期间，新建城镇保障性安居工程77.6万套。结合旧城区、城中村和园中村改造，基本完成基础设施简陋、建筑密度大、集中成片的旧住宅区、危旧房和非成套住宅改造。创新住房保障模式，建立选购、租赁、租买结合、先租后买以及货币补贴等多元化的保障方式。严格保障住房管理，健全城镇住房保障申请、审核、公示和退出制度。加大农村住房改造建设力度，完成150万户农村住房改造建设。

4. 完善社会福利和社会救助体系。大力发展孤残儿童福利事业，11个设区市均建有至少1所综合性儿童福利机构，全省90%以上救助管理机构达到规范化建设要求，鼓励和扶持社会力量兴办残疾儿童康复特教服务机构，建立孤残儿童养育标准自然增长机制。健全残疾人、精神病患者、流浪人员等群体福利服务体系，到2015年精神病人福利床位数达5000张。大力发展慈善事业，扶持发展慈善公益类社会组织，鼓励社会力量参与慈善福利事业，推动慈善救助项目化，完善和落实慈善捐助税收减免政策，健全彩票公益金支持慈善事业发展机制。完善最低生活保障制度，建立健全居民经济状况核对体系，健全低保标准动态调整和困难群众价格补贴机制。完善医疗、教育、住房、灾害、司法等专项救助，健全临时救助制度，巩固农村五保和城镇"三无"人员集中供养成果。加快建立殡葬救助保障制度，逐步向所有居民提供免费基本殡葬服务。

5. 建立完善养老服务体系。推进养老机构建设，机构养老服务床位数年均增长10%以上，到2015年全省养老机构床位数占老年人口数的3%以上。加快示范性城乡养老服务照料中心（站）建设，提升社区居家养老服务网点生活服务、文体活动、老年教育等服务功能，发展居家养老服务。建立公开、平等、规范的养老服务产业准入制度，采取公建民营、民办公助、政府补贴、购买服务等多种方式，鼓励民间组织、企业和个人创办养老机构，支持和鼓励社会力量多形式参与国有社会福利设施的建设和经营。鼓励发展居家养老专职护理服务。

（四）推动文化大发展大繁荣。

1. 加强社会主义核心价值体系建设。全面贯彻落实省委十二届十次全会精神，从文化大省向文化强省迈进。实施中国特色社会主义理论体系普及计划，推进马克思主义中国化时代化大众化，牢固树立中国特色社会主义共同理想。弘扬民族精神、时代精神和浙江精神，弘扬浙江人民善于创业、勇于创新的精神品格和文化传统，努力在全社会形成鼓励创业创新、宽容失败挫折的社会氛围。全面实施公民道德养成计划，制定实施《浙江省公民道德建设纲要》。进一步加强青少年思想道德建设，深入实施"春泥计划"。深入开展群众性精神文明创建活动，加强诚信体系建设，加强法制宣传教育，努力建设"信用浙江"和"法治浙江"。加强人文关怀和心理疏导，培育自尊自信、理性平和、开放包容、积极向上的社会心态。

2. 推动优秀文化产品创作生产。坚持正确创作方向，全面实施文艺精品打造计划，加强文化精品创作生产规划，建立浙江文化创作题材库，重点推动重大革命和历史题材、现实题材、青少年题材、新农村建设题材等作品的创作。切实抓好"五个一工程"等国家级重大奖项参展参赛作品的创作生产。支持和鼓励中小型文化内容服务企业的发展。繁荣发展哲学社会科学，深入实施马克思主义理论研究和建设工程，加强优势学科和重点研究基地建设，推出一批具有重大创新意义的研究成果。加强和改进新闻舆论工作，把握新闻媒体的政治导向、价值导向和稳定导向，提高舆论引导的及时性、权威性和公信力、影响力。实施网络文化和现代媒体建设计划，加强和改进网络文化建设和管理，发展社会主义先进网络文化。完善文化产品评价激励机制，形成有利于出精品、出人才、出效益的环境。加强文化人才队伍建设，造就高素质领军人物和高素质文化人才队伍，加强基层文化队伍建设，创新文化人才工作机制。

3. 加强公共文化服务体系建设。按照科学规划、合理布局、适度超前的要求，进一步完善省、市、县、乡、村五级公共文化设施网络。实施重大文化设施建设计划，重点建设一批标志性文化设施。深入推进文化强镇工程，提升乡镇文化站的综合服务能力，行政村和社区文化活动室实现全覆盖。实施基本公共文化服务提升计划，深入实施"新农村文化建设十项工程"和"文化低保"工程，加强村级农家书屋和农村出版发行小连锁工程建设，推进多种形式的文化惠民活动。积极推动公共文化服务数字化、信息化建设，推动公共文化场馆实行连锁经营和联盟合作，推进和完善公共图书馆、博物馆、美术馆、文化馆、展览馆、青少年宫等公益性文化设施免费开放服务。加强现代传播能力建设，培育一批大型现代传媒集团，加快推进电信网、广电网、互联网三网融合。实施文化遗产传承计划，加强各级文物保护单位、大遗址、历史文化名城名镇名村、历史建筑保护工作，加强专题、特色博物馆建设，推进世界文化遗产申报。

专栏4　新农村文化建设十项工程

农村文化基础设施建设工程	农村电影放映"2131"工程
广电惠民服务工程	送戏送书工程
文化信息资源共享工程	农村文化活动繁荣工程
文化遗产保护工程	农村文化队伍素质提升工程
农民体育健身工程	农村文化示范户创建工程

4. 加强文化产业体系建设。深入实施《浙江省文化产业发展规划》，重点推进文化产业倍增计划，推动文化产业成为国民经济支柱性产业，到2015年文化产业增加值力争比2010年翻一番，占生产总值比重达7%。大力实施文化产业发展"122"工程，着力培育100家重点文化企业、20个重点文化园区（基地）、助推20家文化企业上市。推进文化产业结构调整，加快发展新闻出版、影视服务、文化会展、文体休闲娱乐、文体用品制造等优势文化产业，大力发展文化创意、动漫游戏、数字出版、移动多媒体等新兴文化产业。推动文化产业与旅游、体育、信息、教育、工业、工程设计等产业融合发展。深入实施重大项目带动战略，重点推进电影院线、重点网站、数字出版基地、国际文化贸易平台等重大工程项目建设。深入实施科技带动战略和文化产业品牌战略。加强现代文化市场建设，加快发展大众文化消费市场，优化文化产品和要素市场配置，大力发展连锁经营、电影院线等现代流通方式，发展以网络为载体的新兴市场。加快建立若干具有国际影响力的文化产品展示交易平台，着力打造中国国际动漫节、义乌文化产品交易博览会等重大文化会展。加快构建文化企业与金融机构的战略合作机制，完善文化产业投融资体系。实施对外文化拓展计划，开展多形式多层次的对外文化交流，加大推动文化产品和服务出口力度。

专栏5　推进文化强省建设"十大计划"

中国特色社会主义理论体系普及计划	基本公共文化服务提升计划
公民道德养成计划	文化遗产传承计划
文艺精品打造计划	文化产业倍增计划
网络文化和现代媒体建设计划	对外文化拓展计划
重大文化设施建设计划	文化名家造就计划

5. 大力发展旅游产业。努力建设全国旅游业创新发展示范省和国际化发展先行省，在全国率先建成旅游经济强省。着力丰富旅游产品供给，积极建设新景区和提升老景区，积极培育红色旅游、文化体验、度假休闲、养生保健、旅游营地等新型产品，不断优化旅游产品结构。着力优化旅游空间布局，积极打造旅游目的地体系，增强区域中心城市的集聚带动作用，推进海洋海岛和浙西南地区旅游业加快发展。着力完善旅游公共服务体系，增加惠民产品供给，优化旅游市场环境，有效改善旅游公共服务。着力扩大旅游消费市场，引导释放旅游消费需求，巩固提升国内市场份额、大力开拓入境客源市场，促进旅游产品开发与客源市场建设相互推动。到2015年全省城乡居民年均出游达到3次。着力提升旅游产业素质，大力提高旅游业国际化水平，提升旅游业文化内涵、生态文明和行业品质。加快推进舟山群岛海洋旅游综合改革试验区建设，以及淳安、遂昌等县级旅游综合改革试点，积极探索推进旅游业体制改革创新。

（五）全面做好人口工作。

1. 加强人口计生服务。坚持计划生育基本国策，创新人口工作体制，探索完善生育政策途径，稳定适度低生育水平，不断提高人口和计划生育的公共管理、社会服务水平。正确引导人口流动和分布，促进人口均衡发展。实施优生"两免"工程，推进"优生咨询、两免检查、婚姻登记"为一体的综合服务平台建设，探索出生缺陷二、三级干预，大力提高出生人口素质。开展青春期生殖健康教育、婚前和孕前保健、孕产期保健等工作，加强优生咨询、指导、服务以及性病、艾滋病防治。加强对出生性别比偏高问题的综合治理，促进社会性别平等，努力遏制出生人口性别比偏高势头。完善农村部分计划生育家庭奖励扶助、特别扶助和公益金制度，推动计划生育优先优惠政策逐步融入社会保障政策体系。加强流动人口计划生育属地化管理，促进流动人口计划生育基本服务均等化。加强人口和计划生育信息化建设。

2. 完善流动人口服务与管理。实施《浙江省流动人口居住登记条例》，稳步推进按居住地登记的人口属地化管理，完善实有人口管理模式。落实国家放宽中小城市和小城镇落户条件政策，推进外来务工人员积分落户制度改革试点，完善流动人口居住证制度，加快建立城乡统一的户口登记制度。建立健全流动人口服务管理专门机构和工作体系，加强对农民工特别是新生代农民工的权益保护和人文关怀，逐步实现基本公共服务由户籍人口向常住人口扩展。探索非本地户籍农村社区居民参加社区自治，扩大社区参与。构建境外在浙人员动态管理和服务机制，将境外在浙人员纳入实有人口管理，完善覆盖外国人入境、居留、出境全过程的动态综合管理体系。探索建立以公民身份号码为唯一代码的人口基础信息库，加强部门间信息共享和服务平台建设，实现人口基本信息资源共建共享。

3. 切实保障残疾人权益。全面关心和尊重残疾人，保障残疾人的政治、经济、文化权益，加强残疾人社会保障和服务体系建设，提高残疾人共享全面小康实现程度，实现有需求的残疾人人人享有基本生活保障、基本医疗卫生康复服务、安全住房和义务教育，普遍得到职业培训与服务，普遍参与社区活动。推进"十大小康·阳光助残行动"和"十大残疾人服务能力建设工程"，办好第八届全国残疾人运动会，大力推进扶残助残爱心城市（区）创建活动。加强残疾预防，全面实施残疾儿童抢救性康复工程。加快建设综合服务设施和残疾人康复、托养机构，加强残疾人工作基层组织和专职、专业、志愿者队伍建设，推进残疾人无障碍建设工程，加大科技助残力度，建立完善残疾人状况信息监测体系。

专栏6　"十大小康·阳光助残行动"和"十大残疾人服务能力建设工程"

十大小康·阳光助残行动。包括小康·阳光生活保障行动、小康·阳光医疗康复行动、小康·阳光托（安）养行动、小康·阳光特教行动、小康·阳光就业创业行动、小康·阳光扶贫行动、小康·阳光安居宜居行动、小康·阳光文体健身行动、小康·阳光维权行动、小康·阳光志愿服务行动。

十大残疾人服务能力建设工程。包括残疾人综合服务设施全覆盖工程、残疾人专业康复机构建设工程、残疾人专业托养机构建设工程、残疾人就业服务机构规范化建设工程、残疾人组织建设工程、残疾人工作专业人才培养工程、科技教育助残工程、无障碍环境建设工程、统计监测体系和信息化建设工程、残疾人事业结对帮扶工程。

4. 加强老年人、妇女儿童等群体权益保护。实施应对人口老龄化战略，完善老年人权益保障和优待政策法规，加大对生活困难老人的救助力度，推进社会养老服务体系建设，加快老年文教体育事业发展。保障妇女平等参与经济社会发展权益，深化妇女健康促进工程，加强未成年人保护，建立孤儿等困境儿童福利制度，强化闲散青少年、流浪未成年人、农村留守儿童的教育、管理和帮扶，加强青少年预防犯罪。关爱精神病患者，完善精神病患者医疗保险与救助保障制度，健全精神病患者社区服务体系。

（六）加强和创新社会管理。

1. 加强和完善维护群众权益体系。建立健全群众利益诉求表达机制，尊重和依法保护群众信访权利，进一步发挥人大、政协和人民团体、行业协会、大众传媒的社会利益表达功能。建立健全社会矛盾纠纷调解机制，坚持和发展"枫桥经验"，加强法律援助工作，推动矛盾纠纷排查化解常态化管理，加强人民调解、行政调解、司法调解及其联动配合，加强行业性、专业性调解组织建设，专业人民调解委员会组织建设，推广实施"和谐促进工程"、"和事佬协会"等做法，构筑多元化的大调解格局。建立健全维护群众利益的决策机制，健全重大事项公众参与机制。建立健全社会稳定风险评估机制，全面推行重大工程项目和重大政策制定社会稳定风险评估。

2. 健全基层社会管理和服务体系。强化城乡社区自治和服务功能，推进社区居民依法民主管理社区公共事务和公益事业，加快社区服务中心建设，发挥驻区单位、社区民间组织、物业管理机构、专业合作经济组织在社区建设中的积极作用，推行政府购买社区服务，鼓励发展社区志愿服务，积极引导群众通过各种方式参与社区建设。扩大基层民主，支持城乡村（居）民自治组织依法实现自我管理、自我教育和自我服务。加强村务监督委员会制度建设，完善"四议两公开"制度，积极推广民主恳谈会等做法。加强基层组织建设，以乡镇（街道）综治工作为平台，整合基层管理和服务资源，完善网格化管理、组团式服务。推进政府、乡村（社区）、企业法律顾问制度建设，为加强和创新社会管理提供常态化法律服务。

3. 加强非公有制经济组织和社会组织管理体系。扎实推进"综治进民企"，深化和谐企业创建，推动企业形成兼顾国家、社会、股东、管理者和员工利益的协调机制。推动社会组织健康发展，重点培育和优先发展经济类、公益慈善类、城乡社区类社会组织和民办非企业单位，支持社会组织参与公共服务和社会管理。加快建立全省统一的登记管理信息系统，优化社会组织审批登记程序。健全公共财政对社会组织的资助和奖励机制，加大政府购买公共服务力度。推进政府部分职能向社会组织转移，支持人民团体参与社会管理和公共服务，发挥群众参与社会管理的基础作用。

4. 加强信息网络管理。健全网上舆论引导机制，加强网络主流媒体建设，培养健康向上的网络文化。加强网络舆情分析、研判和监测，及时主动回应社会和群众关切。坚持开展多种形式的领导干部与网民互动交流活动，建立公开透明、及时有效的信息发布制度。建立专兼职结合的网络评论员队伍，增强重大突发事件和群体性事件的网上应对能力。加大技术手段和监管平台建设，维护网上传播秩序。依法打击网络淫秽色情、赌博、诈骗、制造谣言、恶意诬陷等违法犯罪活动。

5. 完善社会治安防控机制和应急管理体制。大力开展平安创建活动，加强社会治安综合治理，全面整合各种社会防控资源，建立健全专群结合、点线面结合、网上网下结合、人防物防技防结合、打防管控结合的立体化治安防控体系。加强基层政法综治组织和执法单位以及城乡社区警务室、群防群治等基层基础建设，继续推进综治网络向城乡社区和企业延伸。加强刑释解教人员等特殊人群的安置帮教和管理，有效预防和做好特殊人群的超前预防、临界预防和重新违法犯罪预防。探索社区矫正工作，防止脱管、漏管。建立和落实社会治安重点地区和突出问题排查诊治工作机制，着力解决突出治安问题和安全隐患。大力发展群防群治队伍，发挥保安公司、中介服务机构在社会治安管理中的作用，充分发挥治安动态视频监控系统的作用。加强应急队伍和应急保障能力建设，针对重大突发事件，健全各项应急预案，推进应急演练；完善应急联动、军地协调、信息发布、资源征用和社会动员等机制，提高突发事件应急处置能力。加强平安医院建设，全面建立医疗纠纷第三方调解机制，积极构建和谐医患关系。

（七）切实保障社会安全。

1. 切实加强食品药品安全。健全食品药品安全责任体系，完善考核评估和责任追究机制。加快完善食品药品安全标准，建立食品药品质量追溯制度，形成来源可追溯、去向可查证、责任可追究的安全责任链。加强食品药品电子监管和技术支撑能力建设，强化检验检测、风险监测和安全预警。突出基本药物监管，以实施电子化监管为主要手段，建立完善基本药物供应和质量保障体系。加强药品研究、生产、流通及医疗机构药品使用环节全过程的日常监管，完善县、乡、村三级药品监管网络，推进"药品安全示范县"创建。加大动植物检验检疫力度，构建动植物检验检疫防控体系、监管体系和安全质量体系，提升口岸生物安全保障能力，抓好进口动物及其产品、粮谷、种苗等敏感农产品检验监管和安全卫生监控，增强进出境动植物检疫除害处理能力。实施餐饮安全"321示范工程"，切实保障学校和工地食堂食品安全。

2. 大力推进安全生产。强化企业安全生产诚信机制建设，建立企业安全生产黑名单制度，推动企业自觉履行安全生产主体责任。健全安全生产技术标准体系，深入开展安全生产标准化建设，加强安全科技支撑体系建设，提高安全技术标准保障能力。完善安全生产应急管理与协调指挥系统，提升应对各类事故的能力。加强危险化学品、矿山、烟花爆竹、建筑（建设）等高危行业企业安全管理，做好城市化和产业转移进程中的重大事故防范，确保安全生产事故数、死亡人数和直接经济损失三项指标继续零增长。深入开展安全培训和安全文化建设，加快提高全民安全意识和防范自救能力。

3. 提高防灾减灾能力。完善防灾减灾应急体制机制，推进集减灾、避灾、救灾物资存储等功能于一体的避灾工程建设，赋予学校、体育场馆等公共设施具有应急安置功能，实现市、县级均有1所以上避灾安置中心，乡镇、多灾易灾城乡社区均有1所避灾安置所。提高应急备灾能力，力争省、市、县均有1个符合国家标准的救灾物资储备库。启动浙江省救灾物资储备中心建设工程。探索建立"城乡社区、社会组织、社会工作联动"的工作机制，逐步提高防灾减灾的科学化、社会化、专业化水平。推进城乡综合减灾示范社区创建活动，普及全民防灾减灾知识，加强灾害信息员职业技能培训，建设农村应急广播体系。以防汛防台抗旱、供水、供电、供气、通讯保障、交通运输、内河水上搜救和学校、医院、商场、娱乐场所安全为重点，加强核电设施场外事故、沿海港口危险品安全、重大桥隧等基础设施营运安全等重大专项应急，加强适应气候变化特别是应对极端气候事件能力建设，提高综合防灾减灾能力。创新社会消防管理，推进构筑社会消防安全"防火墙"工程。加强气象、水文、海洋、地震等部门协作，提高对自然灾害和重大公共事件的监测、预测和预警能力。整合各类灾害信息资源和应急技术系统，建立健全应急指挥平台，完善社会应急联动体系和防灾避险设施，加强平灾结合的减灾救灾抢险专业队伍建设和应急演练。

4. 提升信息安全防护能力。贯彻落实《浙江省信息安全等级保护管理办法》、《浙江省网络与信息安全应急预案》，统筹部署信息安全风险评估基础环境建设、信息安全等级保护、网络与信息安全应急管理机制以及信息安全监管体系建设，认真落实信息安全责任制，加强信息安全督促检查，不断提高网络与信息安全保障水平。强化档案与电子文件安全监管，确保重要公共档案信息安全。大力推进电子认证证书在电子政务和电子商务中的应用，加快推进技术设施建设，加强信息安全技术开发，推动信息安全产品发展，加快发展信息安全产业。

5. 加强生态环境保护和生态文明建设。坚持走生态立省之路，致力于改善人居环境，大力发展循环经济，推进低碳城市试点和节水型社会建设试点。倡导形成绿色化、低碳化的生产生活方式，实施绿色税收、绿色信贷和绿色保险等经济政策，推行清洁生产，提倡节约用电、用水，推进垃圾分类和循环利用，鼓励绿色出行。探索建立多类型的生态补偿机制，逐步提高生态公益林补偿标准，健全资源、排污权有偿使用和交易制度，探索建立“碳交易”制度。加大对重点地区、重点流域、重点行业、重点企业的污染整治力度，完善城乡污水、垃圾收集处理等环保基础设施建设，进一步加大流域、平原、河网、湖库水环境综合整治力度，建立重点流域和湖库蓝藻、海洋赤潮的预警应急机制。继续强化工业、城镇生活和农业等各类水污染源治理，县级以上集中式饮用水源地水质达标率超过90%。全面推进城市大气、噪声和水污染治理达标，在实施“千村示范、万村整治”工程基础上顺势推进“美丽乡村”建设，切实加强饮用水保护保障力度，抓好农村饮水安全工程、农村河道综合整治工程和百库水源地安全保障工程等。推进农村环境连线成片综合整治，建立健全农村卫生长效管护制度，加快建设绿色城镇和美丽乡村。保护文化特色村，注重各类文化遗产的环境风貌保护，推进生态文化宣传与设施建设。重视生态平衡，加强生态保护和修复工作。加强生态林建设和保护，扎实推进森林城市、森林城镇和森林村庄建设，完善生态屏障布局。树立生态优先理念，建立健全生态文明建设长效机制。

（八）扎实推进基本公共服务均等化。

1. 扩大基本公共服务供给。在完善社会保障、社会事业、公用设施“三大体系”的基础上，将基本公共服务范围逐步拓展为基本生存服务、基本发展服务、基本环境服务和基本安全服务“四大领域”，将社会治安、生产安全、消费安全等公共性安全服务列为基本公共服务的重要内容，加快构建符合省情、比较完整、覆盖城乡、可持续的基本公共服务体系，把基本公共服务制度作为公共产品向全民提供。以国家标准为基础，结合我省实际，制定实施全省统一的基本公共服务标准，合理划分各级政府的事权与支出责任，明确各类基本公共服务的保障标准和覆盖水平。根据经济社会发展和居民实际需求变化情况，适时调整基本公共服务范围，提升基本公共服务保障标准和水平。

专栏7 基本公共服务“四大领域”

基本生存服务。包括公共就业服务、社会保障、保障性住房等。

基本发展服务。包括基础教育、基本医疗卫生、公共文化体育、法律服务、民政等社会事业中的公益性领域。

基本环境服务。包括公共交通、公共通信和邮政、农村安全饮用水、环境保护等。

基本安全服务。包括社会治安、生产安全、消费安全等。

2. 优化基本公共服务布局。加大基本公共服务资源向农村、欠发达地区和困难群体的倾斜力度，切实优化基本公共服务资源布局，大力推进基本公共服务均等化。推动城乡基本公共服务统一规划和制度衔接，加快完善县、乡、村三级基本公共服务网络，统筹整合基层基本公共服务资源，鼓励和引导城市优质公共服务资源向农村延伸，扎实推进城乡基本公共服务均等化。进一步完善省对市、县特别是欠发达地区的转移支付制度，健全完善山海协作、结对帮扶机制，加快推进地区性基本公共服务均等化。完善困难群体社会保护体系建设，切实缩小不同群体之间的基本公共服务差距，加快建立全民共享的基本公共服务制度体系，到2015年基本实现人人享有基本公共服务的目标。

3. 强化基本公共服务保障。增强公共财政保障能力，建立基本公共服务财政支出增长长效机制，合理安排初次财政分配和财政转移支付，切实增强各级财政特别是县级财政提供基本公共服务的保障能力。创新基本公共服务供给模式，加快建立政府主导、社会参与、公办民办并举的基本公共服务供给模式，提高基本公共服务供给的效率。强化政府公共服务职能，省级政府是基本公共服务均等化的推动主体，市、县（市、区）政府是基本公共服务的实施主体。健全完善基本公共服务均等化监测评价和问责制度，建立科学合理的基本公共服务评价体系，将评价考核结果纳入领导班子和领导干部政绩考评体系。

（九）加快推进社会领域体制改革。

1. 推进教育体制改革。以提高教育质量为核心，全面推进国家和省各项教育改革试点，使教育更加顺应人民群众对接受更多更好教育的新期待。完善义务教育教师流动、均衡度监测等制度，促进优质教育资源向农村流动。探索职业教育产学研联合体、中高职一体化等改革。深化人才培养模式改革，改革课程设置和教学方式方法，探索推进高等教育对外开放。深化考试招生制度改革，完善以素质教育为导向的中学考试招生制度，扩大高校招生自主权。深化办学体制改革，加快建立政府主导、社会参与、办学主体多元、办学形式多样的办学体制，开展民办教育综合改革，开展学前教育办园体制改革。健全依法办学、自主管理、民主监督、社会参与的现代学校制度。深化教师制度改革，完善教师培训、教师资格制度，建立健全教师准入、退出机制。

2. 深化医药卫生体制改革。在全面完成医改三年阶段性目标基础上，健全基本医疗保障制度，加快城镇职工、城镇居民和新型农村合作医疗的制度接轨。全面实施国家基本药物制度，实行紧密型乡村一体化管理的社区卫生服务站(村卫生室)全部纳入基本药物实施范围，县及县以上公立医院将基本药物作为首选药物并按规定比例使用。健全基层医疗卫生服务体系，加快基层医疗卫生机构综合改革，深化县、乡、村医疗卫生资源统筹配置改革。继续推进基本和重大公共卫生服务项目体制改革。积极推进公立医院改革，加快实施县级医院综合改革，逐步消除以药养医机制，有效探索“管办分开、政事分开、医药分开、营利性与非营利性分开”等重大体制机制创新。鼓励引导社会资本发展医疗事业，加强民营医院规范管理，形成多元办医格局。

3. 深化文化体制改革。深化国有文化单位改革，以建立现代企业制度为重点推进经营性文化单位改革，培育合格市场主体。拓展出版、发行、影视企业改革成果，加快公司制股份制改造。推进一般国有文艺院团、非时政类报刊、新闻网站转企改制，推进党报发行体制和影视剧制播分离改革，深化广电网络“一省一网”整合发展。全面推进文化事业单位劳动人事、收入分配和社会保障制度改革，探索建立事业单位法人治理结构，推动一般时政类报刊社、保留事业单位体制的文艺院团实行企业化管理。推进文化管理体制改革，理顺政府与文化企事业单位的关系，推进政府由办文化向管文化转变。扩大文化市场综合执法改革成果，继续深化市、县文广新局运行机制改革。完善国有文化企业集团绩效考核等管理制度。创新公共文化服务机制，建立财政投入稳定增长机制，鼓励社会力量积极参与公益性文化建设。

4. 推进收入分配制度改革。改革收入分配关系，切实提高居民收入在国民收入分配中的比重，提高劳动报酬在初次分配中的比重，努力实现居民收入增长和经济发展同步、劳动报酬增长和劳动生产率提高同步。创造条件增加城乡居民财产性收入，努力提高中等收入家庭比重，推进中等收入人群为主体的橄榄型社会建设。建立健全最低工资标准与全社会平均工资联动增长机制、职工工资正常增长机制和支付保障机制。全面实施事业单位绩效工资制度，完善公务员职务与级别相结合的工资制度。大力实施低收入群众增收行动计划，提高低收入群体发展能力和收入水平。

5. 推进社会服务体制改革。改革政府公共服务提供方式，推进政府购买公共服务，积极采取公共服务项目经营权转让、财政贴息补助等方式，推动民办社会事业发展，鼓励社会资本投资建立非营利性公益服务机构，探索医疗等社会事业向外资开放。支持民间资本投资社会服务产业，除法律法规禁止或涉及国家安全领域外，全面放开国内外资本投资社会服务产业的限制，鼓励社会资本参与国有企事业单位改制，促进多元化的社会服务产业新格局。

6. 推进城乡统筹发展改革。按照工业化、城市化和农业现代化同步推进要求，建立健全以城带乡、以工促农的城乡协调机制。完善新型城市化发展机制，强化中心城市和城市群在统筹城乡发展中的辐射和带动作用，开展小城市培育试点，探索推进农村宅基地置换改革，促进在城镇稳定就业的农民向市民转化，引导农村人口向中心镇、中心村集聚。强化城乡发展总体规划、专项规划和土地利用总体规划的衔接，实现城乡基础产业、基础设施、公用事业和社会事业的一体化规划和发展，实现功能共享。

四、保障措施

“十二五”时期，把社会发展摆在更加突出的位置，进一步完善组织领导、加大投入力度、强化人才支撑、努力营造氛围，为社会发展规划的实施提供强有力的保障支撑，确保社会发展取得更大成就。

(一)加强组织领导。切实加强对社会发展工作的组织领导。加强对社会发展各项工作的总体协调，建立健全社会发展工作定期沟通和统筹安排的机制，及时协调解决社会发展中的重大问题和群众关心的热点问题。建立健全社会发展分工合作机制，形成一级抓一级、层层抓落实的工作格局。制订社会发展年度计划，强化规划对社会发展投资、项目安排等决策的引领作用。建立健全社会发展目标管理责任制，将社会发展工作纳入各级政府和各有关部门的目标责任考核。建立规划督查评估机制，完善规划反馈与调整机制，增强规划的执行力。

(二)加大投入力度。坚持社会服务以政府投入为主，完善多元化的社会发展投入机制。把社会发展作为财政支出的重点领域予以优先保障，着力强化对农村、欠发达地区、低收入人群的投入倾斜。完善财政转移支付制度，提高一般性转移支付比重，完善省直管县的财政体制，增强基层公共服务供给能力。加强社会发展各领域财政资金的使用监管，提高财政资金使用绩效。明确纯公益类、准公益类和社会服务产业类等不同领域的基本范围和准入条件，积极采取公开招标、政府采购、项目补贴、定向资助等形式，引导民间资本进入社会公共服务领域；积极采取放宽准入门槛、打破行政垄断、强化政策扶持等举措，引导民间资本投资发展社会服务产业。

(三)强化人才支撑。把人才队伍建设作为社会发展工作的重中之重，营造尊重知识、尊重人才的良好氛围。按照专项人才中长期发展规划的要求，加强社会工作服务人才、教研人才、管理人才队伍建设，提高其服务基层、服务群众和促进社会发展的工作能力。大力培养文化、教育、医疗、法律、社区、社会福利、社会组织、工青妇联、司法矫正、少年事务等领域的社会工作专门人才，完善社会工作人才专业技术职务聘任制度，提高社会工作人才社会地位。强化民间社会工作服务机构和志愿者队伍建设。完善社会工作者资格考试、业绩考核、同行评议相结合的职业水平评价认证制度，推进社会工作者标准化、专业化和职业化。加强基层社会工作人才建设，对基层社会工作人员逐步参照专业技术职务聘任制度建立职业发展制度，通过挂职锻炼、弹性工作等方式引导社会工作人才向基层流动。积极组织基层社会工作人员专业培训。

(四)营造良好环境。把创造良好环境作为推动社会发展工作的重要内容，引导全社会共同关注、共同推进社会发展。加大社会发展法制宣传和依法治理力度，重点加强社会保障、社会组织和基层自治等方面的法规建设，完善社会发展法规和政策体系。建立和完善社会发展形势分析和发展水平综合评价、基本公共服务均等化实现度评价、社会发展规划中期评估等公开发布制度，增进公众对社会发展规划目标任务、进展情况的了解。加大社会发展工作宣传力度，巩固和发展全社会支持社会发展、关心社会发展的良好局面。

转型升级篇

中共浙江省委　浙江省人民政府
关于加快培育发展战略性新兴产业的实施意见

（2011年8月1日）

浙委〔2011〕76号

为认真贯彻落实《国务院关于加快培育和发展战略性新兴产业的决定》（国发〔2010〕32号），加快我省战略性新兴产业发展，抢占新一轮经济和科技发展制高点，推动转变经济发展方式取得实质性进展，现提出如下实施意见。

一、充分认识加快培育发展战略性新兴产业的重要意义

战略性新兴产业是以重大技术突破和重大发展需求为基础，对经济社会全局和长远发展具有重大引领带动作用，知识技术密集、物质资源消耗少、成长潜力大、综合效益好的产业。加快培育发展战略性新兴产业，是推进我省产业结构优化升级、加快转变经济发展方式的重大举措，是培育新的经济增长点、实现可持续发展的根本之策，是构建国际竞争新优势、掌握发展主动权的迫切要求，是全面建成惠及全省人民的小康社会、加快现代化建设的必然选择。近年来，我省在战略性新兴产业领域已培育了一批企业，建设了一批技术创新平台，创建了若干个产业基地，在一些重点领域形成了一定的竞争优势，具备了较好的产业基础，但也面临着企业技术创新能力不强，产业基地建设进展不快，应用市场开发力度不够大，支持创业创新的政策和体制不完善，人才队伍建设保障重点不突出等问题。各地各部门必须充分认识加快培育发展战略性新兴产业的重要意义，加强组织领导，明确工作重点，强化政策措施，创新体制机制，开拓进取，真抓实干，务求实效。

二、明确总体要求和发展目标

（一）指导思想。坚持以邓小平理论和“三个代表”重要思想为指导，深入贯彻落实科学发展观，全面实施“八八战略”和“创业富民、创新强省”总战略，紧紧抓住世界新科技革命和产业转型升级的机遇，面向经济社会发展的重大需求，把加快培育发展战略性新兴产业放在更加突出的位置，按照高端化、特色化、规模化、集聚化、国际化的发展方向，发挥企业主体作用，加大政策扶持力度，完善创新体系，优化市场环境，着力抓好研究开发、成果转化、标准制定、产业发展、市场培育和人才支撑，抢占经济和科技竞争制高点，努力将我省建设成为全国战略性新兴产业发展先导区，为加快经济转型升级、转变经济发展方式、促进经济社会可持续发展作出贡献。

（二）基本原则。

*政府推动，企业主体。*以市场为导向，发挥政府的规划引导、政策激励和组织协调作用，营造良好环境，创造市场机会，调动企业主体的积极性，积极构建产学研用相结合的推进体系。

*创新驱动，人才支撑。*把掌控技术源和增强核心技术能力放在突出位置，重点突破产业发展关键技术和重点产品，加强创新体系建设，大规模培养引进高层次和高技能

人才，鼓励创业创新，不断增强自主创新能力和成果转化能力，抢占科技发展制高点。

合理布局，集聚发展。引导战略性新兴产业向省级产业集聚区、省级以上高新技术产业开发区（园区）、省级以上经济开发区（工业园区）、产业集群示范区集聚，规划发展空间，保障要素资源，加强产业配套，形成具有国际竞争力的新兴产业集群基地。

开放合作，协同共创。支持引导民营企业投身战略性新兴产业，促进创新型中小企业迅速形成规模化发展能力，深度开展国内外合作与交流，积极探索合作新模式，重点对接引进跨国公司、央企、国内知名企业和大院名所，加快形成开放集成、互利共赢的发展格局。

重点突破，示范带动。围绕战略性新兴产业的重点领域和关键环节，坚持以集中资源要素促发展，以开发拓展市场促发展，以集群基地建设促发展，以创新和示范应用促发展，推进战略性新兴产业对传统产业的辐射渗透和改造提升，不断提高产业整体竞争力。

（三）发展目标。"十二五"期间，战略性新兴产业增加值年均增长15%以上，增速高于"十一五"水平，高于当年生产总值的增速，高于全国的平均增幅，到2015年达到5000亿元左右，占生产总值的比重达到12%左右；形成一批具有核心竞争力的大企业和一批创新活力旺盛的中小企业；若干产业规模和创新能力居全国前列；初步建成若干个特色鲜明、国内一流的战略性新兴产业基地，成为我省经济新的增长极，对经济转型升级的推动作用明显增强。

到2020年，战略性新兴产业成为我省经济发展的重要支柱，在若干领域形成全国战略性新兴产业的重要优势产业集群；战略性新兴产业增加值占全省生产总值的比重接近20%。

三、加强规划布局

（一）认真实施战略性新兴产业发展规划。按照生物、新能源、物联网、高端装备制造、节能环保、新材料、新能源汽车、海洋新兴产业及核电关联产业等九个战略性新兴产业发展规划明确的发展思路、发展目标、重点领域、重点任务和政策措施，制订落实年度实施方案，明确年度目标任务和责任分工，加大工作力度，加强培育扶持，推动产业发展。

（二）加快战略性新兴产业基地建设。把省级产业集聚区、省级以上高新技术产业开发区（园区）作为培育发展战略性新兴产业的主阵地来规划建设，明确1—2个发展重点，加大培育力度，战略性新兴产业增加值占生产总值的比重今后五年每年提高3个百分点以上；省级以上经济开发区（工业园区）、产业集群示范区要把战略性新兴产业作为发展方向，引导现有产业转型升级，战略性新兴产业增加值占生产总值的比重今后五年每年提高2个百分点以上。着力培育一批创新能力强、创业环境好、特色突出、集聚发展的省级战略性新兴产业示范基地，力争成为国家级战略性新兴产业示范基地。

（三）明确各地战略性新兴产业发展重点。各地要结合实际，突出比较优势，明确重点领域，避免盲目发展和无序竞争。11个市分别重点抓好几个重点领域的产业发展：杭州市重点培育发展生物、物联网、节能环保和高端装备制造等产业；宁波市重点培育发展新能源、新材料、物联网和海洋新兴等产业；温州市重点培育发展新能源、新材料、高端装备制造等产业；湖州市重点培育发展高端装备制造、新能源、生物医药等产业；嘉兴市重点培育发展物联网、新能源、核电关联等产业；绍兴市重点培育发展高端装备制造、新材料、生物医药等产业；金华市重点培育发展新能源汽车、新能源、生物等产业；衢州市重点培育发展新能源、新材料和高端装备制造等产业；舟山市重点培育发展新能源、高端装备制造、海洋新兴等产业；台州市重点培育发展生物、高端装备制造、海洋新兴等产业；丽水市重点培育发展高端装备制造、生物医药、新材料等产业。

四、强化科技创新

（一）加强研究开发。围绕战略性新兴产业的培育发展，积极支持高等院校、科研院所和企业申报国家科技计划、知识创新工程和自然科学基金等各类项目。加大对具有重大社会效益创新成果的奖励力度。强化知识产权的创造、应用和保护，鼓励企业联合组建专利技术联盟，完善知识产权转移转化的利益保障和实现机制。进一步推进知识产权量的增长和质的提升，确保专利申请量、授权量继续处于全国领先地位。大力促进重大科技专项尽快形成产业化能力，重点支持市场前景广阔、能够拉长产业链的重大科技成果转化项目，加快科技企业孵化器和技术交易市场建设。加强产业创新支撑体系建设，大力发展研发服务、检测认证服务、信息服务、创业服务、技术交易、人力资源服务、投资和管理咨询、环境服务等知识密集型服务业。力争"十二五"期间全省研究与试验发展经费支出占生产总值的比重年均增幅高于"十一五"实际增幅。

（二）突破关键技术。结合国家重大科技专项和我省战略性新兴产业技术突破重点，设立九大战略性新兴产业重大科技专项，突破一批关键技术、高端共性技术和瓶颈技术，形成一批自主知识产权。对符合专项要求的科技攻关和推广应用项目，加大力度持续给予支持。

（三）完善创新载体。积极探索构筑新体制、新模式的工业技术研究院，并将其打造成为集聚高端人才的平台、工业前端技术若干领域的研发与转化应用平台。支持省内高校和科研机构在相关学科上形成国内乃至国际领先优势。着力引进国内相关领域的大院名所，大力扶持国家工程实验室、工程研究中心、企业技术中心建设，积极支持行业龙头骨干企业建立高水平研究院，推进龙头骨干企业建立省级工程（技术）研究中心、院士工作站、重点（工程）实验室和工业产品质量控制技术与技术评价实验室。鼓励企业与国内一流科研机构和高校紧密合作，组建一批产业技术创新战略联盟。围绕产业核心技术、关键共性技术的研发攻关和系统集成，建设一批工程化平台和检验检测等公共服务平台。

（四）深化国际科技合作。多层次、多渠道、多方式推进国际科技合作与交流。鼓励境外企业和科研机构来我省设立研发机构。支持符合条件的外商投资企业与内资企业、研究机构合作申请国家科研项目。支持省内企业积极开展全球研发服务外包，在境外开展联合研发活动和设立研发机构。支持企业兼并、收购境外科技研发机构，引进优秀科技人才，购买外国专利、专有技术和其他知识产权。积极探索在境外建设科技和产业园区。

（五）加快技术标准和品牌建设。鼓励企业、高校和科研机构在加强自主创新的基础上，主导或参与制(修)订战略性新兴产业领域国际标准、国家标准和行业标准，加大战略性新兴产业专业标准化技术委员会建设力度，加快形成一批适应战略性新兴产业发展需要的地方标准，充分发挥标准化对引领、规范和促进产业快速健康发展的作用，努力掌握制定标准的主导权；大力支持和鼓励战略性新兴产业品牌建设，做大做强自主品牌，支持企业到境外注册商标，培育国际品牌。

（六）强化人才支撑。完善人才引进培养使用体系，建立高校、科研机构创新人才向企业流动的机制。加快实施海外高层次人才引进"千人计划"，优先支持引进战略性新兴产业领域的学科带头人、科技领军人才和高层次创业人才。加大力度吸引国内优秀人才来浙江创业创新。完善省特级专家制度，深入实施"151"人才工程、百千万科技创新人才工程、重点创新团队推进计划等重大人才工程，加快培养战略性新兴产业高层次人才和创新团队。加强职工技能培训，提高产业工人素质，形成高技能人才队伍。积极在战略性产业领域龙头骨干企业建立博士后科研工作站。

五、积极培育市场

（一）组织实施重大应用示范工程。以应用促发展，围绕提高人民群众健康水平、缓解环境资源制约等紧迫需求，选择处于产业化初期、社会效益显著、市场机制难以有效发挥作用的重大技术和产品，统筹衔接现有试验示范工程，组织实施全民健康、绿色发展、智能制造、材料换代、信息惠民等重大应用示范工程，引导消费模式转变，培育市场，拉动产业发展。充分发挥杭州、宁波、嘉兴等国家创新型试点城市的示范作用，选择一批产业基础好、创新能力强的市、县(市、区)开展省级创新型城市试点，促进城市创新和产业创新的互动发展。

（二）支持市场拓展和商业模式创新。鼓励绿色消费、循环消费、信息消费，创新消费模式，促进消费结构升级。扩大终端用能产品能效标识实施范围。加强新能源并网及储能、新能源汽车等领域的市场配套基础设施建设。在物联网、三网融合、云计算、节能环保、新能源、新能源汽车等领域，支持企业大力发展有利于扩大市场需求的专业服务、增值服务等新业态。积极推行合同能源管理、废旧商品回收利用等新型商业模式。落实国家有关创新药物、新能源、资源性产品价格形成机制和税费调节机制，落实新能源发电全额保障性收购制度。积极谋划"智慧城市"试点工作，以应用创新、标准创新和商业模式创新带动相关产业发展。完善产品出口信贷、保险等政策，积极支持战略性新兴产业领域的产品、技术和服务开拓国际市场。加强企业和产品国际认证合作。支持企业积极应对贸易摩擦，开展海外知识产权保护工作。

（三）完善市场准入制度。制订战略性新兴产业发展指导目录，对进入目录的产品加大扶持力度。支持战略性新兴产业的产品进入政府采购目录。加快建立政府补贴和重大项目工程采购制度，对新兴产业自主创新产品予以支持，促进首台(套)自主装备使用政策的落实。每年推广一批我省企业开发的战略性新兴产业新技术和新产品，优先向使用财政资金的重大建设项目和采购项目推荐，不断加大政府首购政策力度。进一步健全药品注册管理的体制机制，完善药品集中采购制度，支持临床必需、疗效确切、安全性高、价格合理的创新药物优先进入医保目录。

六、加快推进大项目大企业建设

（一）实施一批重大项目。争取更多的项目列入国家高新技术产业化和重大科技专项，做好组织申报和实施工作。集中力量组织实施若干重大产业创新发展工程，实现产业化的重大突破。组织专业招商队伍，加大招商选资和招商引智力度，采取团队招商、以商招商、网上招商、产业链招商、中介招商、定点招商、委托招商等多种形式，引进一批对战略性新兴产业整体水平提升和产业链完善具有关键性作用的大、好、新项目。加强战略性新兴产业项目储备库建设，实行动态管理。

（二）培育一批骨干企业。积极引导和推动省级龙头骨干企业发展战略性新兴产业。引导和推动省属国有大企业加大对战略性新兴产业领域的投资力度。鼓励外资设立创业投资企业，引导外资投向战略性新兴产业。积极引进世界500强企业、中央企业与我省企业强强联合、兼并重组，培育形成一批具有核心竞争优势的战略性新兴产业企业。通过上市、股权融资、引进创投基金等方式推动具有技术优势的创新型中小企业规模化发展。

七、加大财税政策扶持力度

（一）加大财政支持力度。"十二五"期间，在整合相关部门用于战略性新兴产业专项资金的基础上，省财政预算安排一部分资金，设立5亿元战略性新兴产业发展专项资金，重点支持关键技术研发、重大创新成果产业化、重大应用示范工程建设和标准品牌创新。积极争取中央财政支持，对国家扶持的战略性新兴产业项目需要地方配套的，根据财力状况，由省、市或县(市)按比例分担。加强财政政策绩效考评，创新财政资金管理机制，提高财政资金使用效率。

（二）落实税收等激励政策。用足用好国家出台的各项促进科技投入和科技成果转化、支持高技术产业发展等方面的税收政策，研究完善我省支持战略性新兴产业发展的税费激励政策。鼓励各地对经认定的重大战略性新兴产业投资项目承担单位，按其新增地方财政贡献给予一定比例扶持，专项用于企业扩大再生产。对创新产品产业化项目，按新产品新增地方财政贡献给予一定比例扶持，专项用于企业创新投入和研发团队奖励。

（三）引导社会资金投入。发挥好现有创投基金作用，引导社会资金投向生物、新能源、物联网等战略性新兴产业重点领域。鼓励民营企业增加研发投入，提高自主创新能力，掌握拥有自主知识产权的核心技术，参与国家重大科技计划项目和技术攻关。通过加速固定资产折旧等方式，鼓励民营企业应用信息、生物等新兴技术改造提升传统产业，淘汰落后产能，加快技术升级。鼓励民营企业参与军民两用高技术开发和产业化。鼓励和引导民间资本参与国有企业改革和行业联合重组。

八、增强金融要素支撑

（一）加大信贷支持力度。引导金融机构建立适应战略性新兴产业特点的信贷管理和贷款评审制度，加大对战略性新兴产业的信贷投放，提高对战略性新兴产业的贷款比重。积极推进股权、知识产权质押融资、供应链融资、贸易融资等金融产品创新，深化科技金融合作。加快建立包括财政出资和社会资金投入在内的多层次担保体系。综合运用风险补偿等财政优惠政策，促进金融机构加大支持战略性新兴产业发展的力度。鼓励商业银行设立科技支行，支持战略性新兴产业发展。省级以上高新技术产业开发区（园区）可设立一家服务园区内科技型中小企业的小额贷款公司，缓解新兴产业中小企业融资难问题。

（二）拓宽直接融资渠道。优先推荐战略性新兴产业领域符合条件的中小企业在中小企业板和创业板上市。支持符合条件的企业到境外上市。支持产权交易所开展未上市股份有限公司股权转让试点，拓宽创业投资退出渠道。支持战略性新兴产业领域符合条件的企业发行企业债券、公司债券、短期融资券和中期票据等，积极推动战略性新兴产业中小企业发行中小企业集合票据。加快研究设立生物、新能源、物联网等战略性新兴产业创业投资引导基金，并积极争取列入国家新兴产业创业投资计划，充分运用市场机制，带动社会资金投向战略性新兴产业中处于创业早中期阶段的创新型企业。加强与境内外创业投资和股权投资基金的合作，吸引风险资本投入我省战略性新兴产业。

九、加强土地和环境资源保障

（一）加强土地保障。各地在年度新增建设用地指标安排使用和土地供应上，应优先保障战略性新兴产业用地。在产业集聚区开发建设中，应当优先安排战略性新兴产业项目，确保新增战略性新兴产业发展用地占全部新增工业用地的50%以上。积极探索节约集约用地制度，逐步建立新兴产业示范基地的用地效益评价和激励机制。

（二）加强环境资源保障。根据生态环境功能区规划、清洁区域环境资源禀赋和产业特点，合理配置战略性新兴产业示范基地的污染物总量控制指标。建立和完善主要污染物和碳排放交易制度。在确保完成主要污染物减排目标和满足环境质量要求的基础上，掌握和储备一定数量的初始排污权指标，用于加大对战略性新兴产业重点项目的支持。积极探索建立总量控制、主动监测、预警和调控的节能降耗机制。

十、推进体制机制创新

（一）加强组织领导。各级党委、政府要把培育发展战略性新兴产业摆在突出位置，把战略性新兴产业的发展作为转变发展方式的重点来进行考核，建立组织领导体制，主要领导亲自抓，分管领导具体抓，各有关部门分工负责，完善扶持政策，营造良好环境，统筹各方资源，加强引导支持，充分调动各方面的积极性。充分发挥省促进战略性新兴产业发展工作领导小组及其办公室的作用，完善综合协调、目标考核和工作推进机制，强化对促进战略性新兴产业发展的重大决策、重大工程项目以及配套措施的督促落实。

（二）加强配套设施建设。按照培育发展战略性新兴产业的要求，加快完善交通、能源、水利、信息网络等相关配套设施，合理安排、有序推进政府主导的重大基础设施和公共服务项目建设。加快“三位一体”港航物流体系建设。科学推进钱塘江航道的开发利用。

（三）营造良好的发展环境。理顺管理体制，深化审批制度改革，提高服务质量和效率。清理和修改不利于民间投资发展的法规政策规定，切实保护民间投资的合法权益。积极营造公平有序的市场竞争环境，健全社会信用体系。充分发挥商会、行业协会等社会组织的作用，建立健全社会化服务体系。积极开展宣传，营造良好的社会氛围。

（四）发挥高校及科研机构作用。充分利用浙江大学等高校的支撑和引领作用，加强战略性新兴产业相关专业学科建设。建立校企联合共建产学研联盟培养人才的新机制，鼓励战略性新兴产业示范基地与高校、科研机构合作建立高层次和高技能人才培养基地。贯彻落实技术要素参与股权和收益分配政策，完善对科技人员的激励机制，促进形成适应战略性新兴产业发展需要的人才基地。

（五）建立评价考核体系。建立和完善符合战略性新兴产业发展实际的统计评价指标体系，建立信息交流、定期报告和产业统计监测调查制度，建立导向明确、指标科学、责任落实的培育发展战略性新兴产业考核制度。省促进战略性新兴产业发展工作领导小组办公室每年组织进行考核，检查和督导发展规划、年度实施方案的落实情况，并将考核结果予以通报。

各地各部门要根据本实施意见的要求，抓紧制定实施方案和具体落实措施，加大支持力度，认真组织实施。

浙江省人民政府关于
加快建设质量强省的若干意见

浙政发〔2011〕18号

为深入贯彻落实科学发展观，切实发挥质量建设在转变经济发展方式、实现富民强省中的基础性作用，现就加快建设质量强省提出如下意见：

一、重要意义、指导思想和总体要求

（一）重要意义。建设质量强省，增强以质量为核心要素的区域竞争力，是破解能源、土地、环境承载力等要素制约，发展生态经济，建设生态文明，实现科学发展的战略举措；是解决经济发展中的结构性、素质性、资源性问题，加快产业升级，增强综合实力，提升发展质量的迫切需要；是保障群众切身利益，改善民生，提高生活品质，维护社会稳定的必然要求。各级、各部门必须充分认识建设质量强省的重要性、紧迫性，切实把推进质量强省建设摆到"十二五"发展的战略位置，努力向质量要资源、用质量保环境、靠质量实现全面发展。

（二）指导思想。以科学发展观为统领，深入实施"八八战略"和"创业富民、创新强省"总战略，围绕加快转变经济发展方式，坚持质量优先、以质取胜，坚持民生为本、企业为基，坚持宏观着眼、实体入手，坚持统筹规划、因地制宜，抓发展质量、提生活品质、建质量强省，为全面建成惠及全省人民的小康社会、基本实现社会主义现代化提供强劲动力和有力保障。

（三）总体要求。牢固树立全面、全程和全民的质量观，努力实现由产品质量向发展质量、由质量监管向质量建设、由"制造大省"向"品质强省"转变，通过大力实施知识产权战略、标准化战略和品牌战略，建立健全质量安全保障体系、质量技术支撑体系、质量诚信体系和质量评价体系，突出抓好产品质量、工程质量、服务质量、环境质量等重点领域的质量建设，促使全省质量基础建设明显加强，质量安全状况明显改善，质量创新能力明显提升，全社会质量意识明显增强，总体质量达到国内领先或国际先进水平。

二、深入实施三大战略，增强质量竞争力

（四）深入实施知识产权战略，促进质量创新。大力支持和鼓励企业实施专利、商标、版权等知识产权战略，按照激励创造、有效运用、依法保护、科学管理的方针，着力完善知识产权制度，积极营造良好的知识产权法制环境、市场环境、文化环境，大幅度提高我省的知识产权创造、运用、保护和管理能力。重点组织实施国家技术创新工程试点、重大科技专项及公共科技服务平台建设，以技术创新促进质量提升。到2015年，实施50个以上重大科技专项，培育500家创新型企业，商标注册总量达到70万件（其中国际注册6万件），专利申请量、授权量位居全国前列，专利技术实施率达到国内领先水平。

（五）深入实施标准化战略，夯实质量基础。加快构建具有浙江特色的产品、工程、服务、环境质量标准体系，推动和引领产业结构调整和转型升级。以战略性新兴产业为重点，加强技术标准研制，积极参与国际标准、国家标准、行业标准制修订，争取标准"话语权"。推进全省装备制造、电子信息等11大重点产业实质性采用国际标准和国外先进标准，提升国际市场竞争力。积极开展地方服务、环境、能耗等标准制修订，促进服务业发展和环境保护、节能减排工作的标准化、规范化。到2015年，为主参与制修订国家、行业标准300项以上，农业标准推广实施率达到60%以上，块状产业联盟标准推广实施率达到30%以上，建设200个服务标准化试点项目。

（六）深入实施品牌战略，提升质量竞争力。围绕现代农业、高新技术产业、战略性新兴产业、现代服务业和重点工程领域，制定品牌培育规划和品牌政策，创建一批拥有自主知识产权和核心竞争力的品牌产品、品牌工程和品牌企业，树立浙江品牌形象，打造国际知名品牌。推动传统产业以联盟标准为纽带，培育区域品牌，带动形成一批现代产业集群。引导企业注重品牌质量，加强品牌保护和宣传，推动企业从产品竞争、价格竞争向质量竞争、品牌竞争转变。到2015年，累计培育创建在国内外有影响的浙江区域名牌100个、浙江服务名牌300个、浙江名牌产品3000个、驰名商标250件、浙江省著名商标3000件。

三、建立健全四大体系，强化质量基础

（七）建立健全质量安全保障体系，增强质量安全防控能力。加快与质量安全密切相关的市场准入、标准化、食品药品安全、环境准入等方面的地方立法，确保质量安全有法可依。进一步明确各级政府对质量安全负总责，建立政府统筹协调、部门依法监管、企业落实责任、社会共同监督的质量安全工作机制。完善和落实质量安全追溯、召回、区域监管和责任追究等制度。加快建立和实施质量安全风险评估、监测、预警、信息通报和应急处置机制，切实增强事前防范、事中控制和事后处置能力。

（八）建立健全质量技术支撑体系，增强质量技术服务能力。切实加强检验检测、标准信息、认证认可、计量测试等质量技术基础，形成特色鲜明、功能互补、覆盖全面、接轨国际的质量技术服务体系。围绕培育战略性新兴产业和块状产业向现代产业集群转型升级，配套建立一批国家级质量检验中心，建设提升一批融合技术研发、分析试验、标准研制、培训咨询功能的检验检测公共技术服务平台。围绕质量安全技术保障，合理布局产品、工程、环境质量检验检(监)测机构，建设一批高水平实验室。进一步加强计量基础，完善量值传递和溯源体系。加强信息化技术保障，搭建资源共享的标准信息服务平台，加快质量基础信息资源开发利用。鼓励开展质量管理体系认证和咨询服务。

(九)建立健全质量诚信体系，增强质量行为约束能力。以“信用浙江”征信系统为载体，搭建反映产品质量、工程质量、服务质量、环境质量，信用资源互通共享的质量信用信息平台，客观、公正、公开反映企业的质量信用状况。建立健全质量信用评价标准，制定实施质量信用“黑名单”制度，注重发挥市场机制的作用，逐步形成激励守信、惩戒失信的质量信用监督机制。开展多层次质量诚信制度与文化建设，引导企业注重质量信誉，培育诚实守信的企业质量文化，树立浙江质量信用形象。

(十)建立健全质量评价体系，增强质量建设引导能力。以建立和实施质量状况调查制度为基础，研究建立产品、工程、服务、环境质量统计指标体系。运用检验检测、市场调查、环境监测等手段和方法，客观反映全省四大实体质量的变化情况，作为衡量区域和行业发展质量的依据，每年开展质量建设目标考核评价。将质量评价指标纳入全省发展方式转变评价指标体系，引导各级政府及全省企业把工作着力点放到以质取胜、转型发展上来。

四、狠抓四大实体质量建设，提升生活品质和发展水平

(十一)提升产品质量。重点解决食品、药品、农产品以及重点工业产品质量安全等问题。开展产品质量惠民行动，有关部门要制定加强产品质量工作意见，指导企业建立健全质量管理、质量诚信、标准化和计量检测体系，推动企业落实质量安全主体责任。在年产值50亿元以上的块状产业基本建立和实施联盟标准，推进转型升级。加大对涉及健康安全的重点产品的监督抽查力度，开展质量安全预警工作，完善并落实质量安全区域监管办法，探索和实施分类监管制度。结合全省现代农业园区、粮食生产功能区建设和实施新一轮“菜篮子”工程，建设一批农业标准化示范项目，巩固深化“千镇连锁超市、万村放心店”活动。加强生猪定点屠宰管理，加强食品药品、危险化学品等涉及人身健康安全的产品质量监管，严厉打击制假售劣等违法行为。到2015年，国家监督抽查合格率保持全国先进水平，省级监督抽查批次合格率达到92%以上，其中地产食品、药品和农产品分别达到93%、95%和96%以上；规模以上企业采用国际标准与国外先进标准率达到85%以上，质量、环境管理体系认证持证率达到40%以上。

(十二)提高工程质量。重点解决工程质量安全监管力量不足、企业工程质量主体责任难以落实等问题。以建筑、道路、水利工程为重点，完善工程质量安全监管机制，探索建立工程招投标和质量监管联动制度。建立健全行政执法、行业自律和中介服务相结合的监管体系，在工程规划、设计、施工、监理和验收等环节，严格实施工程项目法人质量责任终身制。探索建立工程勘察设计质量水平为主体的勘察设计招投标评价机制，推行重大工程设备监理制度。大力推进节能建筑建设和改造，积极采用新材料、新工艺、新技术，推进建筑节能示范工程。开展工程质量惠民行动，实施住宅工程分户验收制度。狠抓大型公共建筑、公共交通工程、大型水利工程、住宅工程等质量安全管理。到2015年，竣工交付使用的工程质量达到国家标准或规范要求，交验合格率达到100%，工程质量水平继续保持全国前列；新建民用建筑实施节能设计标准，可再生能源在建筑中得到推广应用。

(十三)改进服务质量。重点解决服务企业规范化水平不高、品牌意识不强以及质量体系不完善等问题。以服务标准化为基础、服务品牌为纽带、服务业质量管理体系为保障，开展服务质量惠民行动，努力提高服务业发展水平。到2015年，建立和完善现代物流、信息、科技等生产性服务业和旅游、商贸等生活性服务行业的标准体系；推进5000家服务企业建立质量管理体系，服务企业质量管理水平明显提升；主要服务行业顾客满意率显著提高。

(十四)改善环境质量。重点解决水源污染、土壤污染和城市空气污染等问题。强化环境污染源头控制，严格环境准入，开展环境质量惠民行动。到2015年，主要污染物排放总量显著减少，地表水环境质量持续好转，城乡环境空气质量明显改善，区域噪声得到有效控制，污染土壤治理与修复试点工程取得明显成效，环境风险防范能力和安全保障能力进一步增强，全省生态环境质量总体水平继续保持全国领先。

五、加强组织领导，落实保障措施

(十五)加强组织领导。省质量强省工作领导小组统一领导、协调全省质量强省建设工作。省质监局、省建设厅、省发改委、省环保厅分别牵头负责产品、工程、服务、环境质量建设工作，各相关部门要各司其职，密切配合，形成合力。各级政府要切实加强领导，结合本地实际制定质量建设规划并纳入国民经济和社会发展“十二五”规划体系，细化工作目标，研究建立质量强市、县(市、区)指标体系和考核办法，形成政府主导、企业主体、部门主动、领导小组主推的责任落实机制，层层组织开展质量强市、强县(市、区)、强镇(乡、街道)活动，确保质量强省的各项目标任务落到实处。

(十六)加大政策扶持。建立并实施省、市、县(市、区)三级政府质量奖励制度，以各级政府质量奖为导向，组织开展质量管理先进企业创建活动，推进千家企业实施卓越绩效管理、万家企业导入全面质量管理等有效质量管理体系；建立以采用国际标准和国外先进标准进行技术改造的政策导向，加大扶持力度，促进产业的优化升级；鼓励创新和创新成果的转化，对参与各类国际和国家标准制订的单位给予奖励；鼓励企业争创国内外知名品牌，在政府采购、工程招投标等方面给予政策倾斜；配合战略性新兴产业发展和块状经济向现代产业集群转型升级，规划建设高水平的检测检验、标准信息公共服务平台，加大公共财政支持的力度；加大对质量安全、民生计量等工作的财政投入，足额保证质量安全监督抽查、民生计量强制检定、基层监管机构日常办公等经费，提高财政资金使用效率，推动质量强省各项工作开展。

（十七）发挥主体作用。企业要在质量强省建设中发挥主体作用，完善内部质量分析、质量问题报告以及质量事件应急处理等制度，落实主体责任。企业应严格按标准组织生产经营，加强关键环节质量控制，履行质量检验检测义务，落实售后服务责任，建立健全质量管理体系。加强质量文化建设，倡导科学的质量观和正确的价值观，坚持诚实守信的职业操守，自觉抵制违法生产经营、违法排污行为。优势企业要充分发挥标杆作用，引领新产品开发和品牌创建，将质量管理的先进方法向供应链的两端延伸，形成高质量的产业链。

（十八）加强人才培养。坚持培养与引进并重原则，加强质量人才队伍建设。有关高等院校要开设质量管理、标准化等课程，重点培养高层次的质量管理人才；鼓励发展职业技术教育，大力培养具有一技之长的一线员工；各地、各有关部门要帮助企业开展职工操作技能及企业经营者管理技能培训，提高企业全员质量意识和质量行为能力。重视和加强质量工作的对外合作与人才交流，培养一批质量管理、标准化领域的学科带头人和技术专家。加快推行质量专业技术人员职业资格制度，重要产品生产企业的关键质量岗位应当配备必要的质量工程师和具有质量专业职业资格的技术人员。

（十九）优化质量环境。进一步完善质量法制环境，加快建立健全适应我省经济发展的质量地方性法规、规章体系。加大质量执法力度，严厉打击侵害企业和消费者合法权益的质量违法行为。健全公平竞争、优胜劣汰的市场机制，引导资源要素向优质产品、优质工程和优质服务集聚。完善质量投诉和消费维权机制，畅通12315、12365、12369等质量投诉举报渠道。将质量法律、法规纳入全民普法教育规划，开展全民质量法制教育。积极发挥中介组织作用，为技术创新、品牌培育、标准制修订、科学管理等方面提供咨询服务。推进第三方质量评价（鉴定）、用户满意度测评等技术服务活动，引导企业诚实守信、合法经营。

（二十）营造质量氛围。充分发挥新闻媒体质量舆论宣传的主渠道作用，坚持正确的舆论导向，对质量强省建设进行广泛宣传，促进各行各业思质量之举、谋质量之策。加强舆论监督，加大对质量违法行为曝光力度。继续深入开展“质量月”、“3·15”、“质量万里行”等群众性质量活动，提高全民质量意识，倡导理性科学节能环保的消费观念，努力营造政府重视质量、企业追求质量、社会崇尚质量、人人关注质量的良好社会氛围。

二〇一一年三月十五日

浙江省人民政府关于进一步加快发展服务业的若干政策意见

浙政发〔2011〕33号

2008年全省服务业工作会议以来，各地、各部门认真执行《浙江省人民政府关于进一步加快发展服务业的实施意见》（浙政发〔2008〕55号），将发展服务业作为加快推进产业结构调整、转变经济发展方式的重要途径，服务业规模不断扩大，结构持续优化，发展水平明显提高。“十二五”时期是我省经济社会转型发展的关键时期，也是服务业实现大发展的重要战略机遇期，但也面临许多体制政策障碍和要素瓶颈制约，需要进一步突破。为进一步深化服务业发展体制改革和创新，加大对服务业的支持力度，营造良好的服务业发展环境，特制订如下政策意见：

一、优化服务业发展的市场环境。各类服务业企业登记注册时，各部门一律不得设置前置性审批事项；进一步降低服务业企业出资最低限额，允许公司注册资本分期缴付，注册资本可以首付20%，其余部分在2年内缴足。法律、法规和国务院决定已有规定的，从其规定。

取得执业资格的专业人员20人以上，上年度业务收入不低于300万元的中介服务企业取冠省名的，注册资本放宽到200万元。文化、旅游、中介服务企业组建企业集团，其母公司最低注册资本放宽到1000万元，母公司和子公司合并注册资本放宽到3000万元。

文化、广播电视、新闻出版、社会保障、医疗卫生、体育、建设等部门要对本领域能够实行市场化经营的服务，提出放宽市场准入、清理进入壁垒等方面的具体措施。

积极推动行政机关和事业单位等公共机构购买社会服务。逐步增加教育培训、研究咨询和法律事务等服务的政府采购，采取有效措施积极稳妥地推进检验服务外包。进一步完善政府采购机制，提高政府采购效率，促进政府和国有企业为主投资的项目广泛采用设备和专业服务整体外包采购。

优化商务服务市场环境。会计、审计事务所开展服务时，对于实行政府指导价管理的收费项目，可在基准收费标准基础上，按照上浮不超过30%，下浮不低于经营成本的原则确定具体收费。大力推进主管部门与所属中介服务机构彻底脱钩，推动中介服务业市场的发展。进一步规范中介服务业市场，建立并实施会计、审计、税务、资产评估、检测等经济鉴证类服务企业及其注册专业人员退出机制，完善监管责任追究制度和定期检查制度，对未能持续保持法定设立条件或违法违规的经济鉴证类服务企业，应依据有关法律、法规实行行业退出。

加强信用体系建设与应用。建立健全服务业企业信用信息归集平台、共享查询平台以及守信失信发布平台，实现对服务业企业信用体系的长期实时跟踪管理。对执业质量出现严重问题的企业，要依法依规撤销企业和负责人的执业资格。

二、进一步调动各地发展服务业的积极性。鼓励发展服务业尤其是现代服务业，优化财政收入结构，对市县营业税比上年增收上交部分的返还奖励与年度服务业发展目标完成情况挂钩，完成目标的给予全额返还奖励，完不成目标的作相应扣减，超额完成目标的追加奖励。返还奖励资金主要用于扶持发展服务业。

对省级金融业营业税继续按收入来源市县进行划分，其当年收入比上年增收部分给予市县20%的奖励，主要用于扶持金融业等现代服务业发展。

三、继续实施对工业企业分离发展服务业有关政策。工业企业分离后的生产性服务业税负如高于原税额，高出部分继续由各地政府对该企业予以补助；为鼓励工业企业分离发展服务业，对分离后的服务企业其自用的房产缴纳的房产税、占地面积较大应缴纳城镇土地使用税确有困难的，报经地税部门批准，在设立初期的三年内给予减征。对分离后新设立的服务企业缴纳水利建设基金确有困难的，报经地税部门批准，可在政策范围内给予减免照顾；其所购的固定资产因技术进步等原因，可以加速折旧。

对工业企业分离后新设立的研发、设计、网络技术、创意、服务外包、软件开发、现代物流等生产性服务企业，符合高新技术企业、软件企业或技术先进型服务企业、货物运输自开票纳税人条件的，及时组织认定并落实好各项税收优惠政策。

对工业企业分离后的商贸企业向供货方收取的场地费、广告促销费、上架费、展示费、管理费等费用，在确定收取额度和比例时，如不与商品销售量、销售额挂钩的，应从经营收入中剥离出来单独核算缴纳营业税。

四、扩大营业税差额征税惠及面。根据《浙江省营业税差额征税管理办法（试行）》，继续细化营业税差额征税具体政策规定，扩大营业税差额征税政策的惠及面，提高政策落实的针对性和可操作性。全面推广应用“营业税差额征税管理应用系统”，进一步简化营业税差额征税办税手续，优化办税流程。

五、支持服务业企业向高端化发展。服务业企业为开发新技术、新产品、新工艺发生的研究开发费用，未形成无形资产计入当期损益的，在按照规定据实扣除的基础上，按照研究开发费用的50%加计扣除；形成无形资产的，按照无形资产成本的150%摊销。

继续鼓励和支持产学研联盟研究开发服务业共性和关键技术，对提升电子商务、现代物流、文化传媒、数字教育、协同医疗和社会保障等服务业领域原始创新能力和集成创新能力的重大项目，予以优先立项。

落实国家相关政策，大力发展高技术服务业。对经认定的技术先进型服务业企业，减按15%的税率征收企业所得税。

六、用足用好所得税优惠政策。从事国家规定的符合条件的环境保护、节能节水项目的所得，居民企业技术转让所得，符合规定的科技企业孵化器的所得，对于国家规划布局内的重点软件生产企业的所得，可按有关规定享受所得税优惠政策。经认定的新办软件生产企业和集成电路设计企业，按规定享受增值税和所得税优惠政策。

七、切实加强服务业发展用地保障。进一步完善土地利用规划和计划管理，制定符合服务业行业实际的投资强度和用地标准，逐步增加服务业建设用地总量。

鼓励各级政府将实施城镇规划和旧城改造中收购储备的存量土地，优先用于发展现代物流、金融服务、科技服务、信息服务、文化服务和商务服务等现代服务业；鼓励用地单位在不改变用地主体、不重新开发建设等前提下，充分利用工业厂房、仓储用房、传统商业街等存量房产和土地资源兴办信息服务、研发设计、创意产业等现代服务业，其土地用途可暂不变更。

对经济转型升级具有重要带动作用，但自身盈利水平还不高的研发设计、仓储物流等生产性服务业项目，实行与工业项目用地同等的供地方式。

八、积极拓展服务业企业融资渠道。支持符合条件的服务业企业通过主板、中小板、创业板和境外上市融资。在确定年度上市重点培育企业时，增加服务业企业数量，实施“服务业企业上市助推计划”。重点培育一批较为成熟、具有竞争优势的服务业企业进入全省上市后备企业资源库，享受省企业上市工作联席会议各成员单位提供的“绿色通道”服务；选择一批有上市潜力、处于成长期的服务业企业，作为服务业企业上市的后备队伍，支持帮助其进行上市策划，引入战略投资者，推动其快速发展。

鼓励银行业金融机构积极探索应收账款质押、仓单质押、现金担保等无形资产和动产抵押融资方式，扩大贷款抵质押品范围；开发符合服务企业需求的产品和服务。积极推广供应链融资、物流融资、网络融资等金融产品，建立小企业信贷审批和风险定价机制，提升服务业中小企业的信贷审批和发放效率。对经批准的纳入全国中小企业信用担保体系的担保机构按照国家规定标准收取的担保业务收入，可按照规定免征营业税。

对于发展前景好的优质服务业企业，支持其发行中长期企业债券、短期融资券、中小企业集合票据；对于规模较小但具有稳定现金流的项目，支持其通过项目信托计划、资产证券化等多种方式扩大资金来源。探索建立各类社会资本参与的服务业股权投资基金。支持符合条件的服务企业集团申报设立财务公司等非银行金融机构。

九、加大服务业人才培养引进工作力度。组织实施现代服务业人才引进培养计划，逐步提高服务业高端人才入选省151人才工程比例，加大对服务业领军人才培养力度。鼓励各类高级人才来浙创业和工作，由各地政府以纳税贡献和企业成长性为依据确定一批服务业企业，对其高层次管理人才和科技人才，其上交个人所得税留地方部分三年内予以全额返还。对于报经省政府认可后发放的对优秀博士后等高技术人才、特殊人才的奖励，免征个人所得税。

对规模较大或创新能力较强，能引领行业发展的服务业企业副总经理以上人员，经有关部门批准，可不受学历、资历、任职资格等限制，破格直接申报高级经济师资格；对经资格认定的留学回国人员，可根据其学历、资历，直接申请申报相应专业技术资格。完善和规范服务业职业资格制度，规范服务业职业资格准入机制、注册考核机制和退出机制。

服务业企业引进高端人才而产生的有关住房补贴、安家费、科研启动经费等费用，可列入成本核算。

每年推出若干个现代服务业紧缺急需的职业培训项目和专业能力水平认证项目，对参加培训及考试的人员，经认定，可视情给予适当政府补贴。

十、切实落实服务业用电、用水、用气与一般工业同价政策。扎实推进服务业用水(桑拿、洗浴、洗车等高耗水行业除外)、用气价格实现与一般工业同价。各地要制定服务业用电与一般工业同价政策的执行时间表，确保政策尽快全覆盖。

十一、切实抓好服务业重点行业“十二五”规划实施。现代商贸、金融服务、现代物流、信息服务、科技服务、旅游、文化服务、房地产、社区服务、服务外包和电子商务等重点行业“十二五”规划颁布后，有关部门要制定实施方案，细化目标任务，明确工作责任，并建立实施情况跟踪评估制度。各地、各部门要根据需要进一步编制相应的区域规划和专项规划，认真组织实施。

对省规划布局内的建设项目，同等条件下优先纳入省服务业重大项目计划，各地、各部门要在用地、资金、人才等要素保障上给予重点支持。

十二、支持现代服务业集聚示范区发展。各省级现代服务业集聚示范区要编制规划，做到准确定位、合理布局、科学发展，并以规划为指导，统筹安排用地空间。允许省现代服务业集聚示范区经当地政府批准自建公租房性质的公寓，用于解决引进专业人才和具有一定技能的员工住房问题。

对省现代服务业集聚示范区内鼓励发展的服务业企业，报经地税部门批准，1—3年内给予房产税和城镇土地使用税的减免优惠。

14个省级产业集聚区，要优先发展现代服务业尤其是生产性服务业，科学规划布局，落实政策举措。

十三、鼓励引进企业总部和行业龙头企业。对当年引进全国性金融保险机构总部(或跨国公司区域性总部)的，继续给予引进地财政一次性奖励。对新引进的服务业大企业大集团或其设立的地区总部、服务业行业龙头企业、服务业高端企业，依据其税收贡献、吸纳就业和产业水平情况，经省有关部门认定，由省服务业财政引导资金给予一次性奖励。

鼓励引进国内外著名服务企业总部、地区总部、采购中心、研发中心，各级政府对引进企业在自建、购买或租赁办公用房上给予支持；对新引进的省外企业集团总部，报经地税部门批准，可给予三年内免征房产税、城镇土地使用税的优惠。

对上述新引进企业的高管人员，经当地政府批准，给予个人所得税的返还奖励。

各地可结合当地实际制定引进服务业企业总部和行业龙头企业的具体奖励政策。

十四、着力培育本土服务业龙头企业。对省服务业重点企业，以上一年实交地方税收为基数，每年上交的地方税收增速超过10%部分，由当地政府予以奖励；报经地税部门批准，2年内对其新增加的房产和用地给予减免房产税和城镇土地使用税的优惠。

鼓励服务业企业兼并重组，做大做强，对其在合并、分立、兼并等企业重组过程中发生转让企业产权涉及的不动产、土地使用权转移行为，不征收营业税。

十五、加快服务业品牌创建和标准化建设。制定服务业品牌培育计划，完善服务业品牌评价办法和评价机制。引导服务业企业积极注册商标，支持省服务业重点企业参评服务业品牌。各地要对获得不同层级、不同类别服务业品牌称号的企业给予表彰奖励，对新获得中国驰名商标、中国名牌等称号的服务业企业给予一次性奖励。

鼓励行业协会和企业参与服务业国家标准、地方标准和行业标准的制定，开展服务业标准化试点和示范项目建设，推广服务标准。继续在现代物流、旅游、交通运输和社区服务等领域开展服务业标准化试点示范工作，积极争取开展国家级服务业标准化试点，对试点地区和企业给予资金支持。抓紧制定省级地方行业标准，对暂不具备制定标准的服务行业，积极开展服务承诺、服务规范和服务公约等行业自律制度建设。加强对服务企业的标准化培训，鼓励企业采用国际和国外先进标准。对列入国家和省服务业标准化计划的项目，给予一定资金补助。

十六、合力推进服务业重大项目建设。建立省服务业重大项目库。实施年度省服务业重大项目计划，对列入省服务业重大项目计划的项目，建立省、市、县(市、区)三级联动推进机制，协调解决项目实施过程中出现的困难和问题。

切实抓好列入省重点建设项目和省服务业重大项目计划的服务业项目用地落实工作。对于服务业建设用地比重较高的地方，安排用地指标确有困难的服务业重大项目，经省发改委和省国土资源厅会商，报省政府同意，酌情给予解决部分用地指标。

积极组织服务业项目融资推介会、银企洽谈会等活动，搭建金融机构和服务业企业的交流沟通平台，促进服务业银企融资对接，积极引导金融机构加大对服务业集聚示范区和服务业重大项目的支持。

十七、充分发挥财政资金对服务业发展的引导作用。根据服务业重点行业“十二五”规划确定的发展重点，各部门要整合使用各类服务业专项资金，集中配置资金资源，提高资金利用效率。财政等部门要对各专项资金的使用进行绩效考核，并向省服务业工作部门联席会议报告。

省级服务业财政引导资金规模从2011年开始增加到1亿元，并建立逐年增长机制。根据服务业工作需要，适当扩大服务业引导资金的使用范围，主要包括引进企业总部、集聚示范区、服务业工作先进单位、突出贡献企业和创新企业等方面的奖励，以及服务业人才培训补助、全省性服务业重大活动经费等。各地也要建立服务业发展财政引导资金并逐步扩大规模，优化使用结构，充分发挥财政资金的导向作用，切实提高使用效益。

十八、完善统分结合的服务业工作机制。进一步发挥好全省服务业工作部门联席会议的作用，加强省相关部门的交流和协作。强化省、市、县（市、区）三级联动，建立相应工作机制，共同推进服务业发展。

建立省服务业工作部门联席会议成员单位和全省发改系统服务业形势分析季度例会制度。完善省市县一体的服务业运行监测网络。各地也要建立相应的服务业形势分析制度。

加强服务业统计工作。各地、各行业主管部门要加强服务业统计力量。统计部门要完善服务业统计方法制度。行业主管部门要建立健全行业统计体系，努力做到客观全面反映行业发展状况。实施服务业重点行业专项分类统计，完善省级现代服务业集聚示范区统计直报制度。

重视发挥服务业行业协会的作用。鼓励发展服务业联合会和专业性行业协会等社会中介组织，逐步推进部分政府职能向行业协会转移的改革。

十九、进一步加强对服务业工作的组织领导和考核。各地要建立服务业发展领导小组或服务业工作部门联席会议制度，有条件的地方可依托经济综合部门组建服务业综合协调机构，充实人员力量，进一步加强综合管理，更好地发挥综合规划、政策制定和统筹协调作用。

推广杭州市服务业月度协调例会制度的经验，各地要逐步建立政府服务业协调例会制度，协调解决服务业发展中的突出问题。

加大服务业工作考核力度。省与各市、县（市、区）建立目标责任制，将服务业发展指标纳入地方党政领导班子综合评价考核指标体系范围；建立并完善服务业发展年度目标和重点工作责任分解制度，建立量化目标和工作情况相结合的地市和省直部门服务业工作考核制度。年度服务业发展目标由省分解到市，再由市分解到县（市、区）。

二十、切实做好本政策意见的深化细化和贯彻落实工作。各地、各部门要认真抓好本政策意见的学习贯彻工作，加大宣传力度，抓紧制定相应实施细则或配套政策，在全省范围内形成加快服务业新一轮大发展的良好氛围，努力完成我省“十二五”服务业发展的各项目标任务。

二〇一一年六月七日

浙江省人民政府关于进一步加强国有土地使用权出让收支管理的通知

浙政发〔2011〕34号

各市、县（市、区）人民政府，省政府直属各单位：

国有土地使用权出让收支管理是政府财政收支管理活动的重要组成部分。近年来，全省各地认真贯彻执行《国务院办公厅关于规范国有土地使用权出让收支管理的通知》（国办发〔2006〕100号）及财政部、国土资源部、中国人民银行《国有土地使用权出让收支管理办法》（财综〔2006〕68号）、《浙江省人民政府关于切实规范国有土地使用权出让收支管理的通知》（浙政发〔2007〕49号）等文件精神，国有土地使用权出让收支管理工作总体良好，对促进我省经济社会发展发挥了重要作用。但是，在实践中也不同程度存在认识不足、管理粗放等问题，特别是擅自缓缴收入、随意扩大支出范围、不按规定计提专项资金等问题较为突出，必须深化思想认识，采取有效措施切实加以解决。为进一步加强国有土地使用权出让收支管理，充分发挥土地资金效用，现就有关事项通知如下：

一、健全国有土地使用权出让收支基金预算管理制度

预算管理是实现国有土地使用权出让收支管理规范化的重要制度。各地要扎实做好国有土地使用权出让收支预算编制和执行工作，财政部门要严格按规定具体组织编制国有土地使用权出让收支预决算草案，并按法定程序报经同级人民代表大会或常务委员会审批，各级政府及相关部门要严格按照国家和省的规定，将国有土地使用权出让收支全额纳入地方基金预算管理，收入全额缴入地方国库，支出一律根据地方基金预算从地方国库中拨付，实行彻底的“收支两条线”管理。

二、进一步规范国有土地使用权出让支出管理

加强国有土地使用权出让支出管理，既是政府规范收支管理的客观需要，也是促进社会和谐稳定的具体要求。各级政府要严格按照规定科学合理安排国有土地使用权出让支出，不得随意扩大支出范围，不得侵害被征地农民合法权益。具体支出内容：

（一）征地和拆迁补偿支出。包括土地补偿费、安置补助费、地上附着物和青苗补偿费、拆迁补偿费。

（二）土地开发支出。包括前期土地开发性支出以及财政部门规定的与前期土地开发相关的费用等，含因出让土地涉及的相关道路、供水、供电、供气、排水、通讯、照明、土地平整等基础设施建设支出，以及按相关需要支付的银行贷款本息等支出。

（三）支农支出。包括用于保持被征地农民原有生活水平补贴支出、补助被征地农民社会保障支出、农业土地开发支出、农田水利建设支出以及农村基础设施建设支出。

（四）城市建设支出。包括完善国有土地使用功能的配套设施建设以及城市基础设施建设支出，具体有城市道路、桥涵、公共绿地、公共厕所、消防设施等基础设施建设支出。

（五）保障性住房支出。包括廉租住房保障资金支出、城市和国有工矿棚户区改造支出。

（六）教育支出。

（七）其他支出。包括土地出让业务费、缴纳新增建设用地土地有偿使用费、国有土地收益基金支出、社会保障资金支出以及支付破产或改制国有企业职工安置费用和用于地方政府融资平台公司注资及用于归还贷款本息的支出等。

上述各项支出中，必须确保足额支付征地和拆迁补偿费、补助被征地农民社会保障以及保持被征地农民原有生活水平补贴的支出。同时，要重点向新农村建设倾斜，逐步提高用于农业土地开发和农村基础设施建设的比重，逐步改善农村居民的生产、生活条件，努力提高农村居民的生活质量和水平。

三、严格按规定及时足额计提有关专项资金

从国有土地使用权出让收入中计提专项资金，目的是为了保证专项事业发展需要。因此，各地对各相关专项资金要严格按规定及时足额计提。

（一）用于农业土地开发的土地出让金。按土地出让平均收益的15%计提。

（二）国有土地收益基金。按国有土地使用权出让总成交价款的3—5%计提。

（三）廉租住房保障资金。按国有土地使用权出让收益的10%以上或国有土地使用权出让收入总额的2%以上计提。

（四）农田水利建设资金。按国有土地使用权出让收益的10%或国有土地使用权出让收入总额的2%计提。

（五）教育资金。具体按国家和省政策规定计提。

（六）社会保障资金。按不低于国有土地使用权出让收入总额的5%计提。

（七）国家和省政府规定应计提的其他专项资金。

四、建立和完善信息共享制度

建立信息共享机制是完善国有土地使用权出让收支管理的重要手段。各级财政、国土资源管理部门和人民银行分支机构要明确分工、落实责任，加强沟通、密切配合，共同做好土地出让收支管理信息系统的应用工作。已经安装全省国有土地出让收支管理信息系统的市县，要抓紧调试启用；尚未安装的市县要尽快落实，最迟于2011年9月30日前完成安装并启用。

五、严格落实责任追究制度

各级财政、国土资源、行政监察、审计等部门及人民银行分支机构要进一步强化对落实土地出让收支管理政策情况的监督检查，切实维护土地出让收支管理政策的严肃性，有效防范管理风险。对于未及时足额缴纳土地出让收入、未将土地出让收支全额纳入地方基金预算管理、已收缴的土地出让收入未按规定及时缴入地方国库，以及越权减免缓缴或变相减免土地出让收入、擅自扩大使用范围、违规使用土地出让收入等行为，要严格按照《财政违法行为处罚处分条例》（国务院令第427号）等规定进行处理，并依法追究有关责任人员的责任。

二〇一一年六月七日

浙江省人民政府关于推进特色工业设计基地建设加快块状经济转型升级的若干意见

浙政发〔2011〕81号

各市、县（市、区）人民政府，省政府直属各单位：

为发挥工业设计在推进块状经济向现代产业集群转型升级中的支撑作用，现就推进全省特色工业设计基地建设提出如下意见：

一、重要意义

（一）推进工业设计发展是提升现代制造业水平的重要手段。工业设计是以工业产品为主要对象，运用新技术、新材料、新工艺，结合美学、经济学等知识，对产品功能、结构、形态、包装等进行整合优化的创新活动。工业设计属于产业链中极具增值力的环节，核心是产品设计，其发展水平是衡量工业竞争力的重要标志，对增加产品科技、知识和文化含量，创造并满足更多市场需求，提高产品附加值，提升制造业发展水平，具有十分重要的作用。

（二）推进特色工业设计基地建设是提升块状经济的重要途径。推进特色工业设计基地建设，是推进工业设计发展的重要抓手，是促进工业化与城市化结合、制造业与服务业融合的重要载体，有利于集聚工业设计企业、高校、科研院所的智力和人才等高端创新要素，激活创新资源，打造创业创新平台；有利于构建产学研结合的创新体系，加快工业设计创新成果产业化步伐，推动块状经济制造优势向研发设计优势拓展；有利于完善面向中小企业的技术创新服务体系，帮助中小企业转型升级，全面提升块状经济发展水平。

二、目标要求

（三）总体要求。以科学发展观为指导，按照视觉艺术与现代科技相结合、创新创造与应用制造相结合、开发市场与满足需求相结合的原则，坚持政府主导、企业主体，按照公司化运作、特色化定位、信息化服务、第三方评价、实绩导向激励的要求，加快建设一批特色工业设计基地，为中小企业提供创新服务，推动块状经济向现代产业集群转型升级。

（四）主要目标。力争用3年时间，在全省11个市、规模以上工业总产值超千亿元的县（市、区）、42个省级块状经济向现代产业集群转型升级示范区（以下称工业大市、大县、大区），基本建成特色工业设计基地；发挥特色工业设计基地对块状经济的支撑和提升作用，全面提升产品和产业层次，基本满足块状经济中小企业产品创新需求，应用工业设计成果的产值占全部新产品产值的50%以上；形成一批对块状经济转型升级支撑力强、带动力大的省级特色工业设计基地，培育数千家设计成果多、有影响力的特色工业设计企业；做大做强工业设计产业，全省工业设计业务总收入居全国前列。

三、重点任务

（五）建设一批特色工业设计基地。依托工业大市、大县、大区的工业园区、产业集聚区、经济开发区、高新技术产业园区，利用现有公共服务平台、总部经济大楼或老厂房改造，吸引专业工业设计企业和工业设计人才集聚，建设一批特色工业设计基地。支持基地实行公司化运作，实现自主经营、自负盈亏，充分发挥产业对接、创业帮扶、企业孵化、平台营建、人才培育、国际交流等功能，为落户的工业设计企业提供专业化、有特色的服务。

（六）构筑特色工业设计基地服务平台体系。形成市场化运营的特色工业设计基地综合服务平台，逐步建立起工业设计数据标准查询平台、快速成型技术平台、工业设计投融资平台、国际交流平台、知识产权保护服务平台、网络技术交易平台等服务外包的平台体系，为基地内的设计企业和基地外的制造企业提供全方位的集成服务。创新平台运营机制，采取服务外包、绩效考核等方式提高服务效率。推进工业设计信息化应用水平，建立工业设计基础数据库、资源信息库和共享交流平台，了解设计前沿、借鉴设计经验、发掘设计元素。

（七）培育工业设计企业。各地要创造条件，引进一批有利于推动当地块状经济产业发展的工业设计企业；吸引科技人员、高等院校、科研院所到基地创办一批工业设计企业（机构）；引导有条件的龙头企业分离研发机构，成立独立运营的设计公司，在为原有企业提供设计服务的同时，为配套中小企业及其他企业提供社会化服务。工业设计企业要注重设计创新和服务模式创新，加强与制造型中小企业的合作，为块状经济中小企业提供专业化设计服务。着力打造一批创新能力强、设计水平高的国内外知名工业设计企业。

（八）推进设计成果转化和产业化。在工业设计中充分集成应用新技术、新材料、新工艺等成果，改善产品外观，完善产品结构和功能，增加产品科技和知识含量，研发设计新产品，改造提升老产品，提高块状经济产品附加值，增强企业竞争力。应用广告策划设计、品牌形象设计、外观包装设计、展览展示设计等工业设计成果，加强对产品和企业品牌的宣传，培育一批新的品牌企业。

（九）促进设计企业与制造企业对接。积极扩大工业设计市场需求与供给，加强设计企业与中、小、微型制造企业的对接，引导制造企业通过招标或委托代理设计等方式，开展工业设计业务外包，提高工业设计服务外包市场容量。支持设计企业与制造企业组建以设计服务链为纽带的产业联盟，通过设计咨询、现场服务、市场调研、品牌推广，建立契约式、订单式的长期合作关系。运用电子商务模式，开展网上工业设计交易，扩大工业设计服务领域。组织举办有影响力的工业设计对接会或优秀工业设计成果展，提升工业设计影响力，带动国内外设计企业与我省制造企业的交流合作。

（十）加强工业设计人才队伍建设。探索有利于工业设计人才成长的教育体系和人才培养模式，培育更多适应工业设计发展需求的复合型人才。引导高等院校设立工业设计专业，与工业设计企业、工业设计基地等共建设计人员实训基地，完善产学研结合的设计人才培养体系。探索建立由工业设计基地、设计企业和政府资助相结合的办法，引进国内外专业培训机构，选送优秀工业设计人才赴国内外著名院校和设计机构培训，提升我省工业设计整体水平。加大工业设计领域创新创业人才的引进力度，吸引海内外工业设计人才和机构来我省从事设计业务。

四、政策措施

（十一）支持特色工业设计基地投资建设运营公司的政策。工业大市、大县、大区要将特色工业设计基地作为当地生产性服务业平台建设的重要内容，出台支持特色工业设计基地投资建设运营公司的政策，支持投资建设运营公司长期投资经营。在现有工业园区、产业集聚区、经济开发区、高新技术产业园区中优先安排土地用于特色工业设计基地建设。为保持特色工业设计基地的长期运营发展，基地的用房一般不可分割出售。对利用老厂房翻建多层厂房、厂内空地建造三层以上厂房用于特色工业设计基地的，建成使用后次月起3年内，按规定纳税确有困难的，可按税收管理权限报经税务机关批准，给予减免房产税照顾。对完成经政府相关部门认可的年度工业设计企业招商、提供设计服务项目总量要求的基地，由当地政府进行奖励。对列入省级特色工业设计基地试点并完成年度综合评价目标的，由省级财政资金给予奖励，符合条件的，可列入省级服务业集聚示范区，享受相关政策。符合省级科技企业孵化器认定条件的，优先认定为省级科技企业孵化器并推荐申请国家级科技企业孵化器认定；经认定为国家级科技企业孵化器的，享受科技企业孵化器的相关优惠政策。对按规定纳税确有困难的特色工业设计基地，可报经地税部门批准，酌情减征房产税、城镇土地使用税和水利建设专项资金。

（十二）支持工业设计企业发展的政策。对入驻基地的工业设计企业，经相关主管部门认定后，由当地政府视财力情况，给予一定的场租补助，并可考虑企业对当地新增税收的贡献，给予一定的专项支持用于企业发展。对在特色工业设计基地内的企业或个人从事技术转让、技术开发业务和与之相关的技术咨询、技术服务业务取得的收入，经科技部门认定、登记并报主管地税机关备案后，免征营业税。支持特色工业设计基地内工业设计企业积极申请国家科技型中小企业技术创新基金等项目；符合高新技术企业认定条件的，优先认定为高新技术企业，享受高新技术企业的优惠政策。探索在特色工业设计基地建立中小设计企业融资担保机制，鼓励担保机构根据设计企业的设计专利、企业服务订单等为设计企业提供融资担保。

（十三）支持工业设计成果转化的政策。加大政府对工业设计开发的支持力度，提高制造企业对高水准工业设计的采用率，企业从事符合国家产业政策的新技术、新产品、新工艺的设计开发费用视同研究开发投入。鼓励有条件的地区积极推广合同设计成果应用管理。对经由当地政府认定的特色工业设计基地组建工业设计成果交易中心，可由当地政府根据交易成果和产业化成效给予一定奖励。支持制造企业购买工业设计成果，根据企业对地方新增税收贡献情况，由当地政府按设计交易合同额给予工业设计公司、制造企业一定的补助。支持各地在特色工业设计基地内以公开招标评审的方式，举办年度“工业设计与制造企业合作示范项目”评选，并由当地政府给予一定的设计费用补助。加大政府采购工业设计成果的产品（服务）的支持力度，并鼓励在同等条件下优先购买。

（十四）支持工业设计公司引进人才的政策。建立工业设计人才评价机制，按国家有关规定，探索制定工业设计职业资格制度。对特色工业设计基地内引进急需的高层次专业技术人才、高技能人才，符合相关规定的，由地方政府给予一次性安家补助，并提供相应的人才专项住房，协助解决户籍、子女入托或就学等问题。对特色工业设计基地引进的外籍设计专家，各地可根据其个人所得税缴纳情况，3 年内给予一定补助。支持海外高层次工业设计人才来我省特色工业设计基地创业，并积极推荐优秀人员入选省或国家“千人计划”。开展“浙江省设计大师”认定工作，对符合条件的省级设计大师优先推荐其参与“五一劳动奖章”、“劳动模范”等评选。支持工业设计领军人才带头组建创新团队，对符合条件的优先列入省级重点创新团队，享受有关扶持政策。鼓励设计企业开展股权激励工作，对企业以股权期权、股票增值权、限制性股票计划等形式给予设计人才的奖励，符合有关规定的，按照国家有关股权激励的个人所得税优惠政策执行。

（十五）加强工业设计知识产权保护的政策。加强知识产权宣传教育，提高设计企业知识产权保护意识。鼓励设计企业及相关企业申请知识产权，引导设计企业及相关企业申请外观设计专利、实用新型专利、发明专利和进行版权登记。建立设计合同登记制度，将设计合同纳入现有技术市场合同登记制度，鼓励企业、设计机构等对设计项目合同进行登记，促进设计市场交易规范化。重视工业设计知识产权管理和保护工作，支持在特色工业设计基地设立保护知识产权协调机构，通过签署倡议书或联合声明的方式，抵制知识产权侵权行为，切实维护企业和设计师的合法权益。加大对侵犯知识产权的打击力度，对经依法判定为故意侵犯他人知识产权的企业要进行媒体曝光，并依法承担相应的经济责任，同时 3 年内不得享受省、市、县（市、区）财政的各类扶持政策。

（十六）合力扶持特色工业设计基地的政策。从 2012 年起连续 3 年，省经信委（省中小企业局）、省科技厅（省知识产权局）、省科协每年从相关专项资金中安排不低于 10% 的资金，省人才办、省发改委、省人力社保厅等有关单位从相关专项资金中安排一定比例的资金，用于支持特色工业设计基地建设。各市、县（市、区）政府和工业园区、产业集聚区、经济开发区、高新技术产业园区也要给予相应的配套支持。

五、组织领导

（十七）建立健全工作机制。各级政府要加强领导，将特色工业设计基地建设工作列入相关责任制和党政领导科技进步责任制考核内容，负责落实特色工业设计基地选址、经营主体确定，建立相应的运行机制，制定相应的配套政策。省级有关部门要建立工作协调机制，形成工作合力，加强对全省推进特色工业设计基地建设工作的指导，落实支持政策。省经信委（省中小企业局）要负责做好牵头工作，省人才办、省发改委、省科技厅（省知识产权局）、省财政厅、省人力社保厅、省地税局、省科协等单位要根据各自职责，做好推进工作，各有关单位的工作列入省政府工作考核内容。

（十八）积极推进试点工作。从工业大市、大县、大区选择确定 10 个块状经济区块，开展省级特色工业设计基地建设试点工作。列入省级试点的特色工业设计基地所在地政府负责试点的具体工作，根据本地实际制订试点工作方案并报省经信委会省级有关单位审查批准后实施。省级有关单位对省级特色工业设计基地建设试点实行对口联系指导。

（十九）启动实施绩效评价。建立特色工业设计基地和重点工业设计企业的统计监测体系。采取政府购买服务的方式，通过招标或公开征集的方法，选取有资质和能力的第三方评价机构，按照公开、公正、公平的原则，每年开展一次对省级特色工业设计基地和工业设计企业绩效的动态评估，作为省级试点调整和政策扶持的参考依据。对达不到试点要求的基地，取消试点资格。

（二十）营造良好社会氛围。加强社会舆论引导，增强全社会工业设计创新意识，提高特色工业设计基地对块状经济转型升级中支撑作用的认识。发挥省工业设计协会等社会组织的作用，开展相关行业调研、利益协调、诉求反映、争议解决等活动，加强行业自律，开展行业服务。加强与国内外工业设计领域的合作与交流，积极组织企业参加国内外重大工业设计活动。每两年举办一次全省工业设计成果展，扩大我省工业设计企业和产品在国内外的影响力。

附件：省级有关单位推进特色工业设计基地建设职责分工（略）

二〇一一年十一月九日

浙江省人民政府关于统筹省内发展和对外开放加快实施走出去战略的意见

浙政发〔2011〕84号

各市、县（市、区）人民政府，省政府直属各单位：

根据中央关于"十二五"期间加快实施"走出去"战略的要求，为充分发挥"走出去"在"稳增长、调结构、促平衡"方面的积极作用，继续保持我省"走出去"工作走在全国前列，构建更加积极主动、互利共赢开放新格局，现就统筹省内发展和对外开放、加快实施"走出去"战略提出以下意见：

一、总体要求

（一）指导思想。以邓小平理论和"三个代表"重要思想为指导，深入贯彻落实科学发展观，全面实施"八八战略"和"创业富民、创新强省"总战略，以服务经济转型升级、增强经济整体国际竞争力为主线，统筹利用国际国内两个市场、两种资源，加强与世界各国和地区的投资贸易合作，推进全省产业、企业在全球优化布局、合理配置要素资源，不断壮大、提升浙江本土经济，培育本土跨国公司，赢得国际竞争新优势，实现"闯天下"与"强浙江"的有机统一。

（二）基本原则。

——立足实际，发展浙江。结合浙江经济发展实际，遵循产业国际化发展规律，按照"跳出浙江、发展浙江"的思路，围绕拓展市场、调整结构、应对贸易摩擦、引进高新技术和资源等目标，积极鼓励企业"走出去"发展，提升浙江经济的综合实力。

——政府引导，企业主体。坚持市场导向和企业自主决策、自担风险的原则，积极鼓励和引导有条件的各类所有制企业到境外开展各种形式的投资、贸易合作。既要发挥政府部门的引导、支持作用，更要激发企业作为"走出去"主体的内在动力。

——突出重点，有序发展。加强全省"走出去"发展的布局规划、产业指导和规范管理，重点支持一批具备条件的优势行业、骨干企业"走出去"发展，实施一批境外技术研发、资源能源合作、农业开发、生产基地、营销网络项目，鼓励开展海外并购，推动"走出去"有序、健康发展。

——着眼未来，反哺浙江。统筹省内发展和对外开放，正确处理好"走"、"留"、"引"的关系。在积极鼓励企业留住本部、走出加工环节，留住研发及研发成果、走出营销环节，留住高新产业产品、走出相对过剩的产业产品，做强做大本土产业，培育壮大本土经济的同时，大力支持"走出去"企业回归发展，引入先进技术、知名品牌和高端人才，形成和培育"浙江籍"的跨国国际知名大公司，共推浙江发展继续走在前列。

（三）发展目标。经过一个时期的努力，全省产业和企业在全球的布局更加合理有序，经济国际化水平不断提升，企业跨国经营能力日益增强，各类风险防范和权益保障工作逐步到位，使"走出去"与"引进来"协调发展，对全省经济发展的贡献明显增强。"十二五"期间，争取实现对外直接投资和国外经济合作两个"翻一番"，即对外直接投资额累计实现100亿美元，国外经济合作营业额累计完成200亿美元；重点支持100个境外投资合作示范项目；努力培育100家以上具有一定国际竞争力的跨国公司；着力打造10个传统优势产业在境外集聚发展的平台。

二、加大对"走出去"的财税政策支持

（四）发挥财政资金的鼓励和引导作用。省建立实施"走出去"战略专项资金，对"走出去"企业给予支持。各地也要根据"走出去"工作实际需要，安排落实专项资金，注重资金使用绩效，发挥好资金的导向作用。主要支持方向：

1. 建立营销网络。对在境外设立以推广自主品牌为主，具备营销接单、售后服务、仓储配送等功能的营销展示中心项目，取得较好成效的，给予一定的奖励。

2. 投保保险。鼓励境外投资合作企业投保出口信用保险，降低海外投资合作风险，对投保企业给予一定比例的保费补贴。对派驻海外工作的中方人员，鼓励所在企业向保险机构投保人身意外伤害保险，按最高不超过实际保费支出的50%给予资助。

3. 运保费。对从事境外农、林、渔及矿业开发，回运资源性产品所发生的自境外起运地至国内口岸间的运保费，按企业实际支付费用的一定比例给予补助。

4. 研发项目。对境外研发共性和关键技术项目，在省内申报境外科技研发项目时予以优先立项，并按照实际

外汇投入予以一定资助。

5. 境外产业园(区)建设。支持相对过剩产业在境外集群发展。对境外产业园(区)承办单位在公共建设的投入资金给予一定资助,在购置(或租赁)土地的贷款给予贴息支持,对入园(区)省内企业支付的地价款(或租赁费)给予一定资助。

6. 承包工程保函资金。引导和帮助企业积极争取中央财政设立的对外承包工程保函风险专项资金。鼓励对外承包工程较为发达的市、县(市、区)设立对外承包工程保函风险专项资金。

(五)落实各项税收政策。加强对境外投资合作企业的税收政策宣传和境外税务指导,认真落实有关多双边税收协定,落实境外所得税税收抵免政策,完善相关税收优惠政策。市、县(市、区)政府要结合当地实际对重点境外投资合作企业以及国家级境外经贸合作区、重大境外并购项目实施企业,制订具体奖励政策。对上述企业引进的跨国经营管理和技术高端人才以及长期外派国外工作的高管,经县以上政府批准,给予个人所得税的返还奖励,其住房货币补贴、安家费、科研启动经费等费用可列入成本核算。

三、创新对"走出去"的金融支持

(六)构建"走出去"金融支持体系。针对浙江中小企业"走出去"发展的特点,提升金融机构服务能力,创新运行模式和金融保险产品。完善中小企业"走出去"信贷审批和风险评估机制,降低融资成本和提高放贷效率。对"走出去"融资规模大的银行,在核定借用外债规模、融资性对外担保额度上予以倾斜。

(七)拓展"走出去"企业融资渠道。鼓励银行业金融机构探索境外资产、境外应收账款、出口退税单等抵押融资方式。对"走出去"发展前景好的境外投资合作重点企业、重点项目,支持发行中长期企业债券、短期融资券,鼓励有条件的企业在境外直接融资。发挥浙江民资充裕的优势和国有龙头企业的投融资平台作用,积极发展境外投资合作专业贷款担保公司,积极推动设立各类民间境外投资合作股权投资基金,有效弥补民营企业"走出去"实力不足问题。

(八)扩大人民币跨境使用。积极推进跨境贸易人民币结算,支持"走出去"企业开展跨境资金池业务,提高资本运作水平。稳步推进境外投资人民币结算试点,鼓励银行直接或通过境外分行或代理行对境外投资项目发放人民币贷款,省里对使用人民币进行境外投资的企业和向境外投资企业提供人民币融资的银行给予一定奖励。积极推进我省个人境外直接投资先行先试。

四、强化对"走出去"的服务保障

(九)加强规划引导。按照加快发展、扩大规模、提高质量、确保安全的要求,围绕"十二五"期间全省产业调整和发展规划,定期编制我省实施"走出去"战略的重点国别(地区)目录和重点产业目录,明确全省对外投资合作国别地区产业导向,着力培育我省参与国际经济合作和竞争新优势。

(十)强化平台建设。按照"走出去"布局和产业导向,在美国、欧盟、东盟、北非等我省对外投资合作重点国家和地区设立联络处,推动建立友好省州关系,签署投资贸易合作互惠机制,举办"走出去"推广活动,同时积极推动上述国家和地区官方机构来我省举办投资促进活动。

加强各类境外投资合作促进机构建设,整合相关公共信息、金融支持、风险预警和涉外财会、法律等专业服务,搭建"走出去"公共服务平台,鼓励和支持省内法律、财会等中介机构开展国际业务。

(十一)落实人才保障。实施"跨国投资、经营和国际工程承包人才专项计划",加快培育一支熟悉跨国经营、国际工程承包的人才队伍,为"走出去"提供人才保障。依托有关高校院所,建立一批跨国投资、经营人才培训基地。鼓励海内外各类高端人才去海外浙江企业工作,逐步提高跨国经营管理和技术人才入选省151人才工程的比例,对"走出去"作出贡献的外国专家优先推荐西湖友谊奖。跨国企业引进的高层次管理技术人才和长期外派海外的高管,根据其学历、资历,可直接申报评审相应专业技术资格。

(十二)注重风险预警和应急援助。充分发挥浙商海外分布广泛、人脉关系众多的优势,建立健全境外投资合作风险预警网络,加强预警提示和风险防范工作。巩固落实境外经贸纠纷和突发事件处置工作机制,加强领事保护。各地要按照要求建立相应工作机制,以属地管理为主,实施援助应急处置,切实维护我省企业在海外项目的合法权益。

五、完善"走出去"各项便利举措

(十三)规范和简化审批手续。各地、各部门要认真履行职能,积极创新管理,进一步简化境外投资合作企业、项目核准等手续,降低准入门槛,赋予企业更大自主权,除法律、法规和国家已有规定外,一律不得设置前置性审批事项,积极推进境外投资贸易的便利化。

(十四)改善各项服务。支持"走出去"企业负责人申办APEC商务旅行卡,对"走出去"项目洽谈、产业对接活动的出国(境)手续予以优先办理。支持企业为外派高级管理人员办理工作所在地长期居留证及配偶、未成年子女随行申请。外汇管理、税务部门要给予境外项目必要、合理的用汇和实施更加便利的外汇核销、退税手续。海关、检验检疫等口岸查验部门要为境外投资和工程承包企业提供通关便利。

六、重视"走出去"行业自律和服务

(十五)加强与境外商会的联系。各级商务主管部门要加强与境外各类浙江商会的协调和联络,支持其加强与当地主流商会、政府机构的沟通交流,成为有效维护海外浙江企业、浙商自身权益的良好平台。

(十六)发挥境外商会的作用。充分发挥境外各类浙江商会的信息服务、业务咨询、风险预警等方面的作用,探索建立境内外浙江企业和浙商的交流互动机制,助推浙江企业"走出去"。境外浙江商会要积极引导、协调"走出去"浙江企业,加强联合,规范海外经营,促进行业自律,避免无序竞争，加强保护知识产权、生态环保和履行社会责任的意识。

七、支持“走出去”企业回归发展

（十七）积极拓展回归发展空间。支持和鼓励“走出去”企业发挥跨国经营方面的信息、资金、人脉和技术等优势，积极参与浙江海洋经济发展示范区、义乌国际贸易综合配套改革试点和浙江舟山群岛新区三大国家战略建设。

（十八）努力搭建回归发展平台。依托14个省级产业集聚区和各类国家级、省级经济开发区（园区）以及青山湖科技城、未来科技城等平台，主动引入一批拥有国际品牌、掌握核心技术的“走出去”企业回归投资高端制造业、战略性新兴产业和现代服务业，发展集“研发设计、运营管理、集成制造、营销服务”为一体的总部经济。

（十九）进一步优化回归发展环境。各地、各部门要建立相应的工作机制，完善相关政策，提高服务效率，大力扶持“走出去”企业回归发展。境外投资企业回归投资对当地经济转型升级具有重要带动作用的研发设计、高端装备制造及新兴产业项目，在用地、资金和人才等要素保障上要给予重点支持。

八、加强“走出去”的组织领导

（二十）加强“走出去”工作的领导和协调。成立全省“走出去”工作领导小组，进一步完善由商务部门牵头，发展改革、财政、人民银行、公安、统计、税务、海关、检验检疫、外汇管理、外事等部门参加的“走出去”工作协调机制，分析“走出去”形势，研究解决重大问题，认真落实对外投资合作重点项目、重点企业的跟踪服务机制。对列入省重点培育的跨国企业，建立省、市、县（市、区）三级联动推进机制，协调解决境外投资项目实施过程中出现的困难和问题。

（二十一）完善“走出去”工作的分析和考核。要切实加强“走出去”统计工作，进一步完善境外投资合作统计方法和制度，全面反映境外投资合作发展状况。建立全省商务系统“走出去”形势分析例会制度，完善境外投资合作运行监测网络。进一步加强联合年检年审工作，完善考核激励机制，对“走出去”工作成绩显著的县（市、区）、先进单位和个人每年给予表彰，努力形成全省“走出去”工作的良好氛围。

（二十二）认真抓好“走出去”政策意见的细化落实。各地、各部门要把加快实施“走出去”战略工作摆在更加重要的位置，进一步解放思想，转变观念，根据本意见要求，抓紧研究制订具体实施办法，尽快将有关政策措施落到实处，切实推动全省“走出去”工作的持续健康发展。

附件：省级有关部门工作分工安排（略）

二〇一一年十一月十六日

浙江省人民政府关于加快建筑业转型升级进一步推进建筑强省建设的意见

浙政发〔2011〕90号

各市、县（市、区）人民政府，省政府直属各单位：

建筑业是我省的重要优势产业。近年来特别是《浙江省人民政府关于促进建筑业持续健康发展加快培育建筑强省的若干意见》（浙政发〔2005〕67号）和《浙江省人民政府关于加快推进建筑业“走出去”发展的若干意见》（浙政发〔2009〕4号）出台以来，我省建筑业综合实力持续提升。2010年全省建筑业总产值达12008亿元，是2005年的2.5倍，占全国建筑业总产值的比重达12.5%，各项主要经济技术指标继续保持全国领先。“十二五”时期是全面建设小康社会的关键时期，是深化改革开放、加快转变经济发展方式的攻坚时期，工业化、信息化、城镇化、市场化、国际化继续深入发展，建筑市场需求潜力巨大，建筑业发展仍处于可以大有作为的重要战略机遇期。为抓住机遇，加快我省建筑业转型升级，进一步推动建筑强省建设，特提出如下意见。

一、指导思想和目标任务

（一）指导思想。认真贯彻落实科学发展观，深入实施新型城市化战略，以加快转变发展方式为主线，以体制机制创新为动力，以行业结构调整为突破口，以“走出去”发展为重要着力点，以培育建筑强市、强县、强企为重要支撑，更加注重以人为本，更加注重科技进步，更加注重节能环保，更加注重市场秩序，更加注重质量安全，全面提升行业整体水平和竞争能力，加快实现建筑业转型升级，推动我省从建筑大省向建筑强省跨越。

（二）目标任务。到2015年，我省建筑业各项主要经济技术指标继续保持全国领先，实现建筑强省战略目标：

——经济社会效益进一步凸显。建筑产业规模进一步扩大，并实现规模、质量和效益同步提升。到2015年，全省建筑业年总产值超过20000亿元，按建筑业企业口径统计的建筑业增加值超过3500亿元，利税总额达到1200亿元。

——产业发展结构进一步优化。推行工程总承包，实现传统建筑业向现代建筑服务业的转变；推动专业结构调整，逐步形成大土木建设格局，实现产业联动发展；产业集中度进一步提高，到2015年产业集中度的产值CR60达到40%，年产值100亿元以上的建筑业企业超过30家。

——科技创新水平进一步提高。加大科技研发投入，加强人才队伍建设，推广应用创新成果，推动省级以上企业技术中心创建，提高建筑业企业技术装备水平和绿色施工水平。到2015年，省级以上企业技术中心力争达到100家。

——市场拓展能力进一步增强。拓展国内外市场，加强区域化、基地化、规模化建设。到2015年，浙江企业在省外的建筑业产值占比达到55%、省外百亿元区域市场达到25个、国际工程年承包额力争达到80亿美元。

——质量安全保障进一步强化。全面实施“质量强省”战略，建立健全建设工程质量安全管理体系，促进工程质量安全管理水平进一步提高，“浙江建设”品牌效应进一步凸显。

二、推进产业转型升级

（三）加快推进产业结构调整。鼓励企业通过改组、联合、兼并、股份合作等形式做大做强，加快培育一批资产规模大、经济效益好、管理水平高、核心竞争力强的大型建筑业企业。引导中小企业做精做专，加快培育一批经营特色强、科技含量高、市场前景好的专业企业。完善劳务分包制度，探索建立建筑劳务分包市场。支持建筑业企业发挥优势，向上下游产业延伸，形成“突出主业、适度多元”的产业发展格局。交通、电力、水利等行业主管部门要大力支持勘察、设计、施工、监理等企业实现多行业发展，在政府投资（含政府投资占主体）项目招投标中，不得以超过招标项目要求的业绩作为投标的必要条件。

（四）积极推行工程总承包。积极探索推动施工总承包向工程总承包转变，实现设计施工相融合，形成设计、采购、施工、试车一条龙的工程总承包服务能力。积极开展政府投资项目工程总承包实践。建设行政主管部门要会同交通、电力、水利等行业主管部门在市场准入、招投标、施工许可、市场监管等方面，加快研究出台适应工程总承包模式的配套政策措施，为建筑业企业实行工程总承包提供支撑。

（五）大力发展工程咨询服务企业。培育和完善建筑市场中介体系，进一步规范建筑市场中介机构。鼓励工程咨询、勘察、设计、监理、招标代理、造价咨询、检验检测等中介服务企业联合重组或互补合作，拓宽服务领域。探索创新工程项目管理模式，鼓励具备条件的政府投资项目率先推行全过程工程项目管理。鼓励符合条件的企业以代建的方式参与政府投资项目的建设和管理。

三、提升企业综合实力

（六）加强科技创新及应用。加快建立以市场为导向、产学研相结合的技术创新体系，引导企业通过战略合作、校企合作、技术转让、技术参股等方式，加大科技创新力度。鼓励企业编制工程建设标准和工法，开发拥有自主知识产权的专利和专有技术。积极推进企业技术中心建设，鼓励一级以上建筑业企业建立市级以上企业技术中心，特级建筑业企业争创国家级企业技术中心。企业为开发新产品、新技术、新工艺发生的研究开发费用，未形成无形资产计入当期损益的，在按规定据实扣除的基础上，可再按研究开发费用的50%加计扣除，直接抵扣当年的应纳税所得额；形成无形资产的，可按无形资产成本的150%在税前摊销。

（七）强化人才支撑。健全建筑业人才培养和引进机制，推动建筑业企业与专业院校合作，着力培养一批企业领导人才、经营管理人才、专业技术人才和高技能人才。加强企业职业教育培训，提高职工综合素质。建筑业企业应按职工工资总额的2.5%足额提取职工教育经费，专款专用。企业实际使用的不超过计税工资总额2.5%部分的职工教育经费，可在企业所得税前扣除，超过2.5%的部分可在以后纳税年度扣除。禁止在工程招投标中压减职工教育经费。对获得国家级工程质量奖、国家级施工工法或2项及以上省级最高工程质量奖的项目负责人，在推荐评定建筑类相应高级专业技术资格时，予以优先考虑。

（八）创新经营管理模式。鼓励企业开展管理创新，提高集约化、精细化、专业化管理水平。按照现代企业制度的要求，完善企业产权制度和法人治理结构，健全激励约束机制，探索管理、技术、资本等要素参与收益分配的有效方式，调动企业经营管理人员、技术骨干的积极性和创造性。推动信息技术与企业管理相融合，加快建立高效的企业信息化管理平台，提高管理效率。

（九）推进建筑工业化。加快推进建筑工业化和住宅产业化，积极推动建筑业与建材业相融合，通过模块化设计、工厂化制造、集成化施工，形成建筑工业化生产和施工能力。支持建筑业企业提高装备水平。建筑业企业引进大型专用先进设备，可享受与工业企业相同的贷款贴息等优惠政策。以节能环保为导向，加快核心、关键技术领域新技术推广应用，积极研发使用新工艺、新技术和新材料。

四、加快“走出去”发展步伐

（十）积极拓展国内外市场。支持建筑业企业跟踪国内外投资热点，围绕重点区域、重点专业领域和重点工程项目“走出去”发展，拓展市场空间。支持建筑业企业利用自身优势，与国内外知名承包商组成联合体，共同承揽境外大型工程项目。鼓励企业实施国际通用的质量、环境、职业健康安全管理体系认证。建立健全建筑业市场重大工程事件应急协调机制，保障“走出去”战略顺利实施。

（十一）用足用好国家扶持政策。支持建筑业企业申请国家对外经济合作专项资金、对外承包工程保函风险专项资金、中非发展基金、中小企业国际市场开拓资金、对外承包工程项目流动资金贷款贴息、援外优惠贷款和承包工程项目设备出口退税等国家扶持政策。积极引导企业与国家开发银行、进出口银行、中信保险公司等银行和保险机构合作，争取金融支持。努力解决我省对外承包工程项目中出现的开立保函资金困难等问题，鼓励对外承包工程业务集中的市县设立对外承包工程保函风险专项资金。

（十二）创新对外合作方式。鼓励建筑业企业申报对外援助成套项目施工任务实施企业资格，积极争取我国援外工程项目。密切跟踪我国多（双）边经贸合作框架协议，大力推动我省建筑业企业承接框架协议下建设项目。商务部门要发挥优势，帮助我省建筑业企业争取国家对外援助和重大投融资项目。支持建筑业企业与矿产勘探开发企业合作，探索“以工程换资源”等新型合作方式，开展对外工程承包。积极参与我国政府推动的境外经贸合作园区工程项目建设，带动我省建筑设计、咨询、施工、监理等企业“走出去”发展。

五、提高市场监管水平

（十三）完善建筑市场信用体系。建立全省统一的建筑业企业、人员和项目信息管理系统，加大工程项目信息公开力度，完善信用信息采集、报送、发布、查询制度，实现全省建筑市场信用信息互通、互认、互用。建立信用奖惩机制，将信用信息与招投标、资质审批、评优评奖、工程担保等挂钩，提高失信成本，营造依法守信的建筑市场信用环境。积极培育工程担保市场，加强对担保机构的资信管理，健全担保机构备案、保函保管等制度，充分发挥工程担保调节和规范市场的作用。

（十四）规范招投标和工程造价管理。进一步加强工程建设招投标监管，完善招投标竞争机制，提倡优质优价和综合最优价中标，引导企业良性竞争。坚决遏制和打击围标串标、转包、挂靠和低于成本价报价等违法违规行为。建立健全统一规范的工程造价信息系统，逐步形成以市场为导向的工程造价机制。建立国有投资招标控制价备案和竣工结算价信息报送制度。加强造价咨询市场动态监管，完善建设工程价格信息发布系统。加快预算定额的修编工作，调整预算定额中“人、材、机”结构和人工单价，确保预算定额真实反映市场价格。加强建设工程施工合同备案和履约管理，合理控制工程造价和工期。

（十五）完善工程质量安全保障体系。加强建筑工程质量安全监督管理，严格落实安全生产责任制，规范建设、勘察、设计、施工、监理等各方责任主体和各类执业人员质量安全行为。完善施工图审查、质量检测、竣工验收、质量保修等制度，推进施工现场数字化管理。探索建筑工程质量保险和安全生产责任保险制度，提高建筑业风险防范化解能力。强化监管队伍建设，提高监管效能。

（十六）维护企业及从业人员合法权益。规范业主行为，保障建筑业企业合法权益。凡业主要求承包商提供履约担保的，应当向承包商对等提供工程款支付担保。建立工程款结算、协调、仲裁和清算约束机制，加强工程款结算管理。加快国有投资项目审计和结算速度，确保工程款及时结算。规范企业用工行为，加强劳动合同管理，全面推行建筑业务工人员实名制管理。以民工学校为平台开展素质教育和技能培训，改善农民工生产生活条件，加快推动农民工向现代产业工人转化。健全农民工工资支付保障机制，完善建筑业农民工工伤保险办法，研究建立建筑业企业以工程项目为单位参加工伤保险的参保方式。

六、落实保障措施

（十七）强化政府推动。在命名“建筑之乡”的基础上，继续巩固发展成果，组织开展“建筑强市”、“建筑强县”命名活动，大力宣传优秀建筑业企业和建筑业企业家的先进事迹，营造建筑业发展的良好氛围。各市、县（市、区）政府要高度重视建筑业发展，建立健全相应的工作机制，制订实施建筑业发展规划，研究出台扶持建筑业发展的具体政策措施，共同推动建筑业转型发展和建筑强省建设。

（十八）减轻企业负担。总承包企业将工程进行分包或总承包企业、专业承包企业进行劳务分包，按全部工程额扣除分包工程承包额的余额计算缴纳营业税。对我省建筑业企业从事技术转让、技术开发及相关技术咨询、技术服务业务所取得的收入，免征营业税。对我省建筑业企业在境外提供建筑业劳务，暂免征收营业税。不得擅自设立除投标保证金、履约保证金、质量保证（保修）金、农民工工资保证金之外的其他保证金。工程竣工验收合格后，履约保证金要及时全额返还施工企业，质量保证（保修）金滞留时间最长不得超过 24 个月。研究制订年度投标保证金、投标保证金联保、农民工工资保证金区域统筹、保证金信用浮动等制度，鼓励采用银行保函作为保证金形式，减轻企业资金压力。

（十九）拓宽企业融资渠道。探索推广以建筑材料、工程设备、在建工程等为抵押和以应收账款、股权、商标权、专利权等为质押的形式，解决企业融资问题。落实支持中小企业的信贷政策，加强融资帮扶。引导保险机构和银行合作开发适合建筑业特点的应收账款信用保险和质押贷款。探索建立建筑业企业融资担保机构，引导建筑业企业通过融资租赁方式缓解资金压力。鼓励符合条件的建筑业企业利用股票、信托计划、公司债、中小企业集合票据、短期融资券、中期票据等多元化融资工具进行融资。

（二十）加强企业用地保障。各级政府要根据土地利用总体规划、城市总体规划和县市域总体规划，合理规划安排建筑业企业发展用地。特别是对于集研发中心、信息化平台于一体的建筑业企业总部基地和建筑机械、设备、材料、预制构件的生产、仓储、租赁、维修等项目的用地要给予重点保障，促进建筑业企业总部经济发展，引导建筑业企业走工业化、基地化发展道路。

二〇一一年十二月一日

中共浙江省委办公厅　浙江省人民政府办公厅 转发省委人才工作领导小组《关于在浙江杭州未来科技城（浙江海外高层次人才创新园）建设人才特区打造人才高地的意见》的通知

浙委办〔2011〕153号

各市党委和人民政府，省直属各单位：

省委人才工作领导小组《关于在浙江杭州未来科技城（浙江海外高层次人才创新园）建设人才特区打造人才高地的意见》已经省委、省政府同意，现转发给你们，请结合实际认真贯彻落实。

中共浙江省委办公厅
浙江省人民政府办公厅
二〇一一年十二月二十七日

关于在浙江杭州未来科技城（浙江海外高层次人才创新园）建设人才特区打造人才高地的意见

中共浙江省委人才工作领导小组

为贯彻落实《浙江省中长期人才发展规划纲要（2010—2020年）》，创新人才发展体制机制，加快实施人才强省战略，省委、省政府决定，依托浙江杭州未来科技城（浙江海外高层次人才创新园）全面建设人才特区。现提出如下意见。

一、建设人才特区的重要意义

人才是科学发展的第一资源、第一要素。在特殊区域建设人才特区，以特殊政策、特殊机制为支撑，实行“特事特办”，率先在经济社会发展全局中确立人才优先发展的战略布局，构建与国际接轨、与社会主义市场经济体制相适应、有利于科学发展的人才体制机制，是加快建设人才强省，形成我省人才竞争比较优势的战略选择。浙江杭州未来科技城（浙江海外高层次人才创新园）是中组部、国务院国资委确定的中央企业集中建设的四大人才基地之一，是我省引进集聚海外高层次人才的重要平台，依托这一平台建设人才特区，有利于加快聚集高层次创业创新人才特别是海外高层次人才，有利于培养拔尖领军人才，促进各类人才的全面发展，有利于依靠人才智力优势提升自主创新能力，促进我省科技进步和战略性新兴产业发展，对我省深入贯彻落实科学发展观、加快转变经济发展方式、全面建成惠及全省人民的小康社会具有重要意义。

二、建设人才特区的主要任务

建设人才特区的主要任务是：着眼于服务创业，激活创新，面向以海外高层次人才为代表的急需紧缺人才，优化人才创业创新环境，加大人才体制机制创新力度，经过努力，到2015年，初步建成“人才科技资源充分聚集、人才体制机制充满活力、人才公共服务便利优质、人才创业创新高度活跃”的人才特区，打造区域人才高地。

（一）人才科技资源充分集聚。加快实施“千人计划”等高层次人才引进计划，集聚一批能突破关键技术、发展新兴产业、引领新兴学科的带头人和领军人才，集聚一批具有旺盛创业创新能力的创新团队。

（二）人才体制机制充满活力。率先确立人才优先发展的战略布局，在人才投入、科研和创业支持政策、管理服务等方面先行先试，率先构建与国际接轨的创业孵化机制、创业金融服务体系和科研创新环境。

（三）人才公共服务便利优质。在重大项目布局、科研基础设施建设、科研经费投入与使用、税收、人才奖励、人才生活保障等方面有良好的政策支持。重点完善高层次人才创业扶持政策，健全创业金融服务体系，建立融资担保、贷款贴息、知识产权质押等多元化的融资扶持政策，实现特区内人才与资本的深度契合。

（四）人才创业创新高度活跃。围绕我省产业发展导向，以突破战略性新兴产业核心技术、关键技术和加快高新技术产业化为目标，重点开展信息、物联网、新能源、新材料、生物医药、节能环保等产业的研发攻关和产业转化，培育一批高科技、高成长性的企业，引领和推动经济转型升级。

三、建设人才特区的支持政策

（一）创业奖励与资助。加大对人才特区引进人才的支持力度，由省委人才工作领导小组办公室牵头，整合省有关部门和杭州市、余杭区科技、人才、创业创新等专项资金，对引进高层次创业创新人才及其团队，在科研项目、重点实验室、试验基地、创新平台建设和人才培养方面优先予以支持。其中引进国际一流的创业创新领军人才及其团队，经认定给予总额不低于1000万元支持；引进国内一流的创业创新领军人才及其团队，经认定给予总额不低于500万元支持。积极支持和鼓励特区内引进的海外高层次人才申报国家和省"千人计划"，并给予相应奖励和待遇保障，申报省"千人计划"可直接报省专项办。杭州市、余杭区要按照有关人才政策，在项目投入资助、办公用房租金、人才住房保障等方面，做好政策兑现工作。

（二）企业注册登记。积极支持海内外高层次人才以技术入股或者投资等方式创办企业，允许以商标、著作权（版权）、专利等知识产权（须在国内注册或登记并受保护）出资创办企业，非货币出资金额最高可占注册资本的70%。创办高新技术产业企业冠"浙江"省名的，注册资本放宽到200万元。创办的中介服务企业和拥有自主知识产权的科技型企业组建企业集团的，母公司和子公司合并注册资本放宽到3000万元。创办的企业申请变更为无区域企业名称的，可享受名称变更直通车待遇，直接到省工商局办理手续。

（三）科技项目布局和科研投入。在人才特区优先布局国家、省科技重大专项、科技成果转化工程、重点实验室等科技项目，优先支持人才特区建设科技创新平台。设立的科技企业孵化器符合条件的，优先认定为省级科技企业孵化器，并优先申报国家级科技企业孵化器。积极支持人才特区内符合条件的企业申报国家、省高新技术企业。对特区内从事当前重点发展的高新技术领域研发活动的企业，尤其是海外高层次留学人员创办的企业给予一定的科研经费资助，直接资助可实行科研项目经费分阶段拨付及项目后补助政策。鼓励特区内企业加大科技研发投入，企业研究开发费用未形成无形资产计入当期损益的，在按规定据实扣除的基础上，按照研究开发费用的50%加计抵扣应纳所得税额；形成无形资产的，按照无形资产成本的150%摊销。特区内外籍留学归国人员创办的外商独资和中外合资企业，可凭《浙江省海外高层次人才居住证》和海外留学证明，同等申报国家、省级科技计划项目。特区内的重大专项课题项目，可在项目（课题）直接费用扣除设备购置费和基本建设费后，按照一般不超过16%的比例列支间接经费。企业承担重大专项课题发生的间接经费，符合税法相关规定的，允许在所得税税前扣除。

（四）创业投融资。加快推进省金融创新示范区建设，健全人才特区内的创业金融服务体系，形成政府资金与社会资金、股权融资与债权融资、直接融资与间接融资相结合的创业投融资体系。建立政府性创业投资引导基金，引导社会资金加大对人才创业创新的投入，重点支持投资于初创期或成长期科技企业的风险投资。建立创业投资服务中心，制定相应政策，大力集聚股权投资机构、股权投资管理公司和天使投资者在人才特区落户，促进人才与资本的对接。支持特区内企业境内外上市或并购重组，积极培育和服务上市企业。鼓励商业银行在人才特区创办科技支行或科技信贷专营部门，为科技创新型企业提供信贷服务。

（五）税收优惠。"十二五"时期，省里对人才特区内符合条件的新投资企业，按规定程序审核认定，其项目投产后3年内缴纳的增值税、营业税、企业所得税所形成的地方财政收入，按当年增收上交省部分予以杭州市、余杭区奖励性补助。杭州市、余杭区可根据实际统筹安排奖补资金，结合自有资金，出台支持企业发展的具体政策。特区内单位和个人从事技术转让、技术开发和相关技术咨询服务的收入免征营业税。2015年12月31日前，人才特区内符合条件的科学研究、技术开发机构，在合理数量范围内进口国内不能生产或性能不能满足需要的科技开发用品，免征进口关税和进口环节增值税、消费税；人才特区内符合条件的科学研究机构和学校，以科学研究和教学为目的，在合理数量范围内进口国内不能生产或性能不能满足需要的科学研究和教学用品，免征进口关税和进口环节增值税、消费税。入选国家、省"千人计划"的海外高层次人才来华工作，进境合理数量的生活自用物品，可享受一定的税收优惠和便捷通关待遇。杭州市和余杭区要从实际出发制定政策，在一定期限内对人才特区内入选国家、省"千人计划"人才所缴纳个人所得税市、区留成部分给予奖励性补助。

（六）建设用地。省切块下达年度新增建设用地指标时，对人才特区给予适当倾斜。人才特区内贯通干道及对外交通基础设施建设项目列入省重大交通项目的，可申请使用省预留重大基础设施用地指标。杭州市、余杭区要优先保障人才特区用地需求，同时督促其加强土地集约利用。人才特区土地公开出让时，可细化行业分类，引导符合产业导向的企业和海外高层次创业创新人才进驻。对实验室、科研院所等项目，在招标拍卖挂牌出让时土地用途可设置为科教用地。高层次人才创办的企业总部、研发中心和产业化基地，可根据项目需求由政府建设，以租赁方式提供使用并给予一定租金补贴，企业可适时回购。

（七）外汇账户管理与结汇。外籍或取得海外永久居留权的留学人员取得的合法收入，可全部购买外汇携带或汇出境外。进一步改进人才特区外商投资企业管理，建立健全高科技中资企业外汇结算账户、跨国公司研发机构研发经费专用外汇账户、外商投资企业外汇账户等各类企业外汇账户的分类管理制度。

（八）人才培养。积极鼓励特区内高层次人才和团队申报省特级专家、"151人才工程"、省重点创新团队等人才工程。入选国家"千人计划"的海外高层次人才，可直接认定相应高级专业技术资格。吸收符合条件的国家、省"千人计划"人才进入省科技项目评审和人才评审专家库。支持高校教师、科研院所研究人员经所在单位备案后到人才特区创办企业或到企业兼职，开展科研项目转化的研究攻关，享受股权激励政策，个人身份和职称保持不变。鼓励境内外专家在特区内长期或者短期从事技术创新、讲学、学术交流活动以及各类合作活动。鼓励符合条件的创业人才和企业创新人才到高校、科研院所担任兼职教授或客座研究员，从事教学或合作开展科研课题研究，联合培养研究生。加强浙江大学海外高层次人才驿站与人才特区的合作。

（九）居留、出入境和落户。按照国家有关规定和程序，符合条件的外籍高层次人才及其随迁配偶和子女可申请永久居留，为其办理《外国人永久居留证》。对于尚未获得《外国人永久居留证》的外籍高层次人才及其配偶和子女，需多次临时出入境的，可申请办理《浙江省海外高层次人才居住证》，凭居住证办理相应期限的居留许可或申请多次入境有效F签证。对于愿意放弃外国国籍、申请加入或恢复中国国籍的，优先为其本人及其配偶、子女办理加入中国国籍并落户浙江的手续。具有中国国籍的高层次人才及其配偶和子女，可不受户籍所在地的限制，直接在我省居住地落户。

（十）人才生活保障。人才特区要加快人才专用房建设，建立人才住房奖励政策，对不同层次人才给予专用房出售、购房补助、租房补贴等优惠。高层次人才配偶随迁并无法安排工作的，由用人单位参照本单位人员平均工资水平，以适当方式为其发放生活补贴、按规定办理社会保险，其出国前的缴费年限可累计计算。人才特区内持有《浙江省海外高层次人才居住证》人才的子女，按当地户籍人口同等就近接受义务教育。入选国家、省"千人计划"人才的子女需就读当地民办学校的，由当地有关部门优先帮助协调。符合医疗照顾待遇的高层次人才由当地落实相应医疗照顾待遇，设立定点医疗机构提供优质医疗服务，开展定期健康检查。所需医疗资金通过现行医疗保障制度解决，不足部分由用人单位按照有关规定予以解决。鼓励有条件的医院与境内外保险公司开展商业医疗保险合作，方便海外高层次人才在浙就医。支持未来科技城根据需要规划建设国际学校，方便外籍人才子女就学。

四、建设人才特区的组织领导

在省委人才工作领导小组的指导下，由省委组织部牵头，杭州市委、市政府、省发改委、省经信委、省教育厅、省科技厅、省公安厅、省财政厅、省人力社保厅、省国土资源厅、省建设厅、省商务厅、省卫生厅、省国资委、省地税局、省工商局、省金融办、省国税局、杭州海关、人行杭州中心支行和余杭区委、区政府共同组成浙江杭州未来科技城建设人才特区工作指导委员会，负责人才特区建设的组织领导和统筹协调。杭州市和余杭区具体负责人才特区的建设工作。

浙江省科研机构创新基地（青山湖科技城）可参照此政策执行。

浙江省人民政府办公厅关于鼓励服务外包产业加快发展的实施意见

浙政办发〔2011〕2号

为认真贯彻落实《国务院办公厅关于鼓励服务外包产业加快发展的复函》（国办函〔2010〕69号）精神，结合我省实际，经省政府同意，现就鼓励服务外包产业加快发展提出如下实施意见：

一、放宽服务外包示范城市技术先进型服务企业的认定条件。将技术先进型服务业务收入占本企业总收入的比例降至50%，取消企业需获得国际资质认证的要求。简化技术先进型服务企业申报核准程序，加快认定工作，并由示范城市政府科技部门会同相关部门组织实施。

二、开展省级技术先进型服务企业认定工作。推动服务外包企业创新服务模式，支持服务外包企业做大做强，支持专业化服务企业发展。省科技厅会同省商务厅等有关部门，参照国家有关标准，研究制定"浙江省技术先进型服务企业"认定办法。具体组织认定工作由各市政府科技部门会同相关部门组织实施，报省科技厅备案、统一编号。

三、放宽服务外包企业及培训机构申请国家服务外包人才培训资金的条件。将服务外包业务额下调至50万美元，离岸外包业务额占服务外包业务额执行比例下降至50%。培训机构按财政部、商务部有关规定申请国家服务外包人才培训资金。

四、落实离岸服务外包业务营业税免税政策。将营业税免税政策扩大到示范城市所有离岸服务外包业务。对示范城市通过认定的技术先进型服务企业，主管税务机关要及时做好减免税备案手续，确保认定通过与享受税收优惠同步。其他非示范城市新增离岸外包业务营业税地方留成部分重点用于支持离岸服务外包的发展。

五、加大财税政策的支持力度。积极争取国家服务外包专项资金的支持，用好国家支持软件产业发展的政策。2013年12月31日前，对示范城市技术先进型服务企业，减按15%的税率征收企业所得税；职工教育经费按不超过企业工资总额8%的比例据实在企业所得税税前扣除，超过部分在以后纳税年度结转扣除。省财政支持省级国际服务外包示范园区建设的具体办法由省财政厅会同省商务厅研究制定，专项支持园区公共技术、公共信息和公共培训等服务平台的建设运行。发挥省信息服务业专项资金的作用，重点支持信息外包服务项目、支撑平台和相关能力及载体建设。各级财政要进一步加大对服务外包的支持力度，扩大资金规模，重点支持服务外包重点项目和示范园区建设以及人才培训、国际市场开拓；离岸服务外包业务新增所得税地方留成部分重点用于支持服务外包企业的发展。

六、努力解决中小服务外包企业融资难问题。积极引导各金融机构和小额贷款公司、创业投资公司等准金融机构认真落实金融支持服务外包产业发展的各项措施，创新金融产品和服务方式，拓宽服务外包企业的融资渠道。大力支持有条件的服务外包企业在境内外特别是创业板上市，进入全省未上市公司股份转让试点平台进行股份转让和私募融资。积极搭建银企交流平台，促进银企加强沟通与协作。

七、支持服务外包企业开拓国际市场。各级商务主管部门要积极组织企业参加境外服务外包投资促进活动，鼓励服务外包企业海外并购，引导企业用足用好中央财政支持服务外包企业开拓国际市场的相关政策。各地要增加对服务外包境外产业对接活动的财政资金投入，积极打造服务外包境外产业对接投资促进交流平台。

八、积极培育在岸外包业务。各地要把促进政府部门和企业发包作为推动在岸服务外包产业发展的重点，鼓励其将信息技术的开发、应用和部分流程性业务发包给专业的服务供应商。实行有利于在岸服务外包发展的政府采购政策，积极培育在岸服务外包市场。

九、实施服务外包企业经营呼叫中心业务新政策。示范城市内全部面向国外市场的服务外包企业经营呼叫中心业务（即最终服务对象和委托客户均在境外），实施不设外资股权比例限制的试点。鼓励有条件的非示范城市服务外包企业积极开展面向国际市场的呼叫中心业务。

十、加大服务外包人才培训与培养力度。深化地方高校计算机专业人才培养模式改革，在地方高校开展服务外包专业人才培养试点。加快服务外包实训、实习和培育基地建设，鼓励利用各种培训资源，多形式、多渠道加快服务外包人才培养，为服务外包企业提供合格的实用型人才。省财政支持服务外包培训机构、培育基地建设和师资培训的具体办法由省财政厅会同省商务厅、省教育厅、省人力社保厅等部门研究制定。

十一、加快高层次服务外包人才引进。各地要采取有力措施，结合服务外包发展实际，制定高层次人才引进目录，拓宽引才渠道，加大引才力度。对引进的服务外包人才，在落户、住房安置、子女入学等方面提供便利，并可按规定给予一定的补助。

十二、创新服务外包海关监管模式。示范城市要认真做好服务外包保税监管推广实施工作，对服务外包企业履行国际服务外包合同，由国际服务外包业务境外发包方免费提供的进口设备实施海关保税监管。

十三、减轻服务外包企业负担。将符合人力社保部门规定条件的服务外包企业均纳入“五缓四减三补贴”政策范围之内，进一步简化审批程序，方便企业申请并享受相关扶持政策。

十四、推广服务外包企业特殊劳动工时制。将示范城市技术先进型服务企业实行的特殊劳动工时制推广到全省其他地区符合条件的服务外包企业，加快审批进度，提高审批效率。

十五、方便服务外包企业人员进出境。支持服务外包企业派遣员工赴境外提供技术支持、开展售后及咨询服务，并为其提供签证便利。服务外包企业因完成境外订单所需的境外技术人员，需长期居留在我省工作的，省人力社保部门在办理就业许可时，为其设立绿色通道。

十六、简化外汇收支手续。在服务外包企业开展对外服务贸易、发展离岸外包业务时给予账户开立、资金汇兑、外汇划转方面的政策便利，允许经外汇管理、商务等部门认定的承接服务外包的企业开立经常项目外汇专用账户，用于收付代外包客户发放的薪酬、津贴等外汇资金。积极鼓励服务外包企业采用人民币计价结算，降低企业汇率风险。

十七、认真做好服务外包专项规划。各市、各省级服务外包示范园区要结合实际，制订、完善服务外包产业中长期发展规划，明确服务外包发展的产业布局、重点领域和新兴领域，促进在岸外包与离岸外包的协调发展。

十八、加强服务外包业务的统计分析。省商务、统计、外汇管理等部门要抓紧建立、完善全省服务外包及服务贸易统计体系。加大对行业组织和社会中介机构的支持力度，对其开展服务外包信息交流、标准制定、统计分析、市场开拓、专家支持系统建设等方面给予一定的资助。

十九、加强对服务外包工作的领导。省服务外包工作领导小组要加强组织领导和综合协调，认真研究解决全省服务外包发展的重大问题。各地要结合实际建立相应的领导协调机制，将发展服务外包作为重要工作来抓，切实加强服务外包工作机构和队伍建设，落实专门人员及相关经费，明确责任，狠抓落实，推动我省服务外包产业实现跨越式发展。

二○一一年一月十二日

浙江省人民政府办公厅转发省中小企业局等部门关于浙江省融资性担保公司管理试行办法的通知

浙政办发〔2011〕4号

各市、县（市、区）人民政府，省政府直属各单位：

省中小企业局、省金融办、浙江银监局、省发改委、省财政厅、省商务厅、人行杭州中心支行、省工商局制定的《浙江省融资性担保公司管理试行办法》已经省政府同意，现转发给你们，请认真贯彻执行。

二○一一年一月十八日

浙江省融资性担保公司管理试行办法

省中小企业局　省金融办　浙江银监局　省发改委
省财政厅　省商务厅　人行杭州中心支行　省工商局

第一章　总　则

第一条　为切实加强对全省融资性担保公司的监督管理，根据国家有关法律法规，结合我省实际，现就贯彻落实银监会等七部门《融资性担保公司管理暂行办法》(2010年第3号令，以下简称《暂行办法》)，制定本试行办法。

第二条　融资性担保公司是指依法设立，经营融资性担保业务的有限责任公司和股份有限公司。

第三条　融资性担保公司应坚持诚实守信、运作规范、严控风险、创新发展。各级政府及有关部门应切实加强对融资性担保公司的规范管理。

第四条　建立浙江省融资性担保业务监管联席会议制度，研究制定促进融资性担保行业发展和监管的政策措施。联席会议办公室设在省中小企业局，负责日常工作。

第五条　融资性担保公司及其分支机构(分公司)的设立实行分级审批。注册资本在人民币5000万元以上的融资性担保公司，由省中小企业局和省金融办联合审批、联合监管。注册资本在人民币5000万元(含)以下的融资性担保公司，由设区市中小企业行政主管部门依据本办法审批。

第六条　设区市中小企业行政主管部门负责做好本辖区内融资性担保公司的日常监管工作，加强风险防范，及时向当地政府报告重大监管事项，维护金融稳定。

第七条　各级政府和有关部门应当不断加强和完善融资性担保公司的扶持政策，对服务中小企业和“三农”融资业绩突出的担保公司给予重点支持。

第二章　设立、变更和终止

第八条　在本省辖区设立融资性担保公司及其分支机构(分公司)，除符合《暂行办法》规定条件外，还应当具备以下条件：

(一)在省内设立的融资性担保公司注册资本不得低于2000万元(含)人民币。其中：融资性担保公司在省内设立分支机构(分公司)的，注册资本不得低于1亿元人民币；融资性担保公司跨省(自治区、直辖市)设立分支机构(分公司)的，注册资本不得低于3亿元人民币。注册资本为实缴货币资本，其来源应当真实、合法，并由出资人或发起人一次性足额缴纳到位。

(二)拟设立分支机构(分公司)的融资性担保公司还必须符合以下条件：担保业务持续经营两年以上且连续盈利，上年末担保责任余额不低于净资产的3倍；无违法违规经营记录。

(三)非融资性担保公司申请从事融资性担保业务，经监管部门审批后，获得经营许可证，完成工商登记变更手续后方能开展融资性担保业务活动。

第九条　申请设立外商投资的融资性担保公司，需按国家有关规定办理外资审批手续。

第十条　融资性担保公司及其分支机构(分公司)设立审批程序如下：

(一)注册资本在人民币5000万元以上的融资性担保公司及其分支机构(分公司)的设立，由设区市中小企业行政主管部门初审，符合条件的，报省中小企业局，并抄送当地金融办(上市办)。省中小企业局会同省金融办审核并下达批复。省中小企业局依据批复颁发经营许可证。

(二)注册资本在人民币5000万元(含)以下的融资性担保公司的设立，经公司所在地县级中小企业行政主管部门初审后，报设区市中小企业行政主管部门，符合条件的，由设区市中小企业行政主管部门下达批复和颁发经营许可证，再报省中小企业局备案。

(三)融资性担保公司及其分支机构(分公司)凭经营许可证到工商行政主管部门依法办理工商登记。

第十一条　在本省新设立融资性担保公司除需提交《暂行办法》规定的材料外，还需提交工商行政主管部门依法签发的《企业名称预先核准通知书》复印件。

融资性担保公司申请设立分支机构(分公司)，需提交下列材料：

(一)融资性担保公司设立分支机构(分公司)申请表；

(二)经营许可证复印件；

(三)营业执照(副本)复印件；

(四)经审计的前两个年度财务会计报告；

(五)外省(自治区、直辖市)融资性担保公司拟在本省设立分支机构(分公司)的，还需提供所在省(自治区、直辖市)主管部门签发的许可证明。

第十二条　融资性担保公司申请变更事项需提交下列材料：

(一)融资性担保公司事项变更申请表；

(二)经营许可证复印件；

(三)变更注册资本的，须提供有法定资格验资机构出具的验资报告；

(四)其他需要提供的材料。

融资性担保公司变更事项涉及公司登记事项的，依法办理有关审批和工商变更登记。

第三章　业务创新与风险控制

第十三条　在不违反国家有关法律法规前提下，根据中小企业融资需求，鼓励融资性担保公司创新融资担保产品和融资担保服务。通过风险补偿、以奖代补等形式，重点扶持担保业务量大、创新工作突出以及经营规范、风险控制良好的融资性担保公司。

第十四条 融资性担保公司按照平等、自愿、公平及等价有偿、诚实守信原则与银行业金融机构开展合作，并在合同中明确约定承担担保责任的方式和风险分担比例。

第十五条 融资性担保公司应当加强担保资本金管理，不得以任何方式抽逃资本金，不得违规使用资本金，并按有关规定及时向监管部门报告资本金使用情况，主动配合监管部门对资本金使用等情况的监督检查。

第十六条 跨省（自治区、直辖市）设立分支机构（分公司）的融资性担保公司，应当设立首席合规官和首席风险官，并由取得律师或注册会计师等资格、具有五年以上担保或金融相关从业经验的人员担任。

第十七条 融资性担保公司应当按照当年担保费收入的50%提取未到期责任准备金，按不低于当年年末担保责任余额1%的比例提取担保赔偿准备金，按税后利润的一定比例提取一般风险准备金。融资性担保公司的担保赔偿准备金和一般风险准备金累计达到其注册资本金30%以上的，超出部分可转增资本金。

第四章 监督管理

第十八条 省融资性担保业务监管联席会议成员单位应当按各自职责，做好融资性担保业务的指导和监管工作。

第十九条 融资性担保公司应当遵守《担保企业会计核算办法》及有关统计报表制度，按照要求及时向设区市中小企业行政主管部门报送有关材料。设区市中小企业行政主管部门汇总后报省中小企业局，其中注册资本在人民币5000万元以上的融资性担保公司有关材料同时抄送省金融办。

第二十条 融资性担保公司监管实行年度报告制度。融资性担保公司应在每年2月底前向设区市中小企业行政主管部门提交年度报告，报告包含下列材料：

（一）经营许可证复印件；

（二）《融资性担保公司年度报告书》；

（三）合作银行提供的上一年度期末在保责任余额证明；

（四）经会计师事务所审计的上年度财务会计报告；

（五）参加资信评估中介机构评级的，提交有效的信用等级证明；

（六）监管部门要求提供的其他有关材料。

监管部门依据有关规定审核融资性担保公司的年度报告，对违反《暂行办法》和本试行办法规定的，应及时进行规范，依法披露和查处。

第二十一条 引导和鼓励融资性担保公司参加取得相应资质的资信评估中介机构的信用评级，并积极加强自身的信用建设。

第二十二条 引导和鼓励融资性担保行业从业人员参加行业培训和行业相关考试认证，不断提高从业人员素质，提升业务管理水平。

第二十三条 融资性担保公司应配合人民银行做好有关信息采集工作。对符合人民银行征信管理要求的，融资性担保公司可凭拟受保企业的授权证明和相关文件，在征信系统中依法查询拟受保企业的资信情况和经营业主的个人信用记录。

第二十四条 对融资性担保公司发生担保诈骗、金额达到其净资产5%以上的担保代偿或投资损失，以及董事、监事等高级管理人员涉及严重违法、违规等重大事件时，融资性担保公司应当立即采取应急措施，并及时报告当地监管部门。

融资性担保公司重大风险事件报告和应急处置，依照国家有关融资性担保机构重大风险事件报告和应急管理办法执行。

第二十五条 省内各级信用担保行业协会应充分发挥行业自律和信息交流作用，加强行业形象宣传，积极配合监管部门做好融资性担保公司的管理工作。

第二十六条 未经批准，违反国家法律法规，擅自经营融资性担保业务的，由省中小企业局和省金融办依法查处，相关职能部门在各自职责范围内予以协助配合。

第二十七条 本试行办法印发前已设立的从事融资性担保业务的公司，应当在2011年3月31日前，按《暂行办法》和本试行办法规定进行规范，并到相应的中小企业行政主管部门申请办理经营许可证。

申领融资性担保业务经营许可证除应符合前款规定外，还应具备以下条件：

（一）按截至申请经营许可证日期计算，成立一年以上的从事融资性担保业务的公司，上一月度末在保责任余额不得低于注册资本金，其中注册资本在人民币5000万元及以上的，在保责任余额最低要求可适当降低至注册资本的50%。

（二）公司自设立后，没有违法违规经营行为。

（三）监管部门规定的其他审慎性条件。

第二十八条 本办法印发前已设立的从事融资性担保业务的公司，申领经营许可证需提交下列材料：

（一）融资性担保公司经营许可证申请表；

（二）营业执照（副本）复印件；

（三）合作银行提供的上一月度末在保责任余额证明；

（四）经审计的上一年度财务会计报告；

（五）参加资信评估中介机构评级的，提交有效的信用等级证明。

申领经营许可证涉及变更事项的，还需提交融资性担保公司事项变更申请表。

第五章 附　　则

第二十九条 本办法未尽事宜，按照《暂行办法》规定执行。

第三十条 本办法自发布之日起施行。

浙江省人民政府办公厅关于印发浙江省发展方式转变评价指标体系方案(试行)的通知

浙政办发〔2011〕37 号

各市、县(市、区)人民政府,省政府直属各单位:

《浙江省发展方式转变评价指标体系方案(试行)》已经省政府同意,现印发给你们,请认真贯彻执行。

二〇一一年四月二十一日

浙江省发展方式转变评价指标体系方案(试行)

发展方式转变是落实科学发展观的战略举措。为衡量我省发展方式转变进程和效果,进一步形成加快转变发展方式的导向,明确转变发展方式的重点任务和目标要求,促进经济转型升级,根据省委、省政府工作部署,特制定发展方式转变评价指标体系方案(试行)。

一、指导思想和主要原则

(一)指导思想。深入贯彻落实科学发展观,全面实施“八八战略”和“创业富民、创新强省”总战略,以科学发展为主题,以加快转变经济发展方式为主线,以富民强省、社会和谐为根本目的,结合我省经济社会发展实际,建立导向明确、指标科学、全面反映发展方式转变的评价指标体系,切实引导全省把工作着力点放到推动发展方式加快转变上来,加快提升我省综合实力、国际竞争力和可持续发展能力。

(二)主要原则。

1. 导向原则。反映转变发展方式的本质要求和阶段要求,体现省委、省政府的战略思路和工作部署。通过建立发展方式转变评价指标体系和开展评价工作,形成落实科学发展观和树立正确政绩观的鲜明导向。

2. 重点原则。既要尽可能覆盖发展方式转变的各个方面,又要突出重点,选择具有代表性、典型性的指标,避免指标的交叉重复。

3. 实用原则。努力把科学性、创新性和可操作性有机统一起来,选取便于采集和计算的指标。对于一些必须反映而又缺乏现行统计指标支持的内容,应积极推动相关统计调查制度建设,待条件成熟后再纳入评价指标体系。

4. 客观原则。坚持客观性、权威性,尽量选用直接来自于统计调查等部门的指标,明确数据口径、计算方法,规范数据报送制度。同时,注重企业和社会公众的评价,合理设置满意度评价指标。

5. 动态原则。既要坚持从易到难,选取数据来源可靠稳定的指标,保持指标体系和评价方法的连续性、稳定性,又要根据发展方式转变新形势、新要求,定期适当对指标体系进行调整和完善。

二、指标体系

指标体系由结构优化、创新发展、资源环境、社会公平、管理质量等五大指数,43 项具体指标、68 项细化指标构成(详见附件 1)。指标的权重确定总体上采用平均赋权法,在平均赋权的基础上,对综合性和关键性指标适当加大权重。该指标体系涵盖了经济、社会、政府转型的方方面面,涉及面广,便于从不同角度评判发展方式转变的成效和进程。

三、评价工作机制

每年年中开展全省及 11 市上一年度发展方式转变综合评价工作。由省政府办公厅牵头,召开发展方式转变综合评价工作例会,对我省各地、各部门发展方式转变进程进行科学评价,并根据经济和社会发展的阶段性特征,以及省委、省政府工作的阶段性任务要求,研究提出完善综合评价指标体系和评价工作的意见建议。各市政府和省级相关部门要明确工作职责,进一步健全统计制度和行政记录,指定专门机构和人员负责相关指标(省、市)两级数据以及相关材料的提供。省统计局会同省级有关部门和各市政府,具体负责数据采集核实和指数测算,编写《浙江省发展方式转变评价报告》,经省政府审定后发至各市政府及省级各部门,并根据需要向社会公布。

附件:1. 浙江省发展方式转变评价指标体系

2. 指标解释、计算方法和数据来源

附件 1

浙江省发展方式转变评价指标体系

五大指数	43项具体指标	权重	68项细化指标	单位
结构优化指数(31)	1. 人均 GDP	3	1. 人均 GDP	元
	2. 人均地方财政收入	3	2. 人均地方财政收入	元
	3. 城镇居民人均可支配收入	2	3. 城镇居民人均可支配收入	元
	4. 农村居民人均纯收入	2	4. 农村居民人均纯收入	元
	5. 农业现代化程度	2	5. 农业标准化生产程度	%
			6. 农业组织化程度	
			7. 农业设施化程度	
	6. 高新技术产业总产值比重	2	8. 高新技术产业总产值占规模以上工业总产值的比重	%
	7. 装备制造业总产值比重	2	9. 装备制造业总产值占规模以上工业总产值的比重	%
	8. 规模以上工业企业总资产贡献率	2	10. 规模以上工业企业总资产贡献率	%
	9. 第三产业比重	4	11. 第三产业比重	%
	10. 居民消费率	3	12. 居民消费率	%
	11. 城市化水平	4	13. 城市化率	%
	12. 出口结构优化	2	14. 服务贸易出口相当于货物和服务贸易出口的比重	%
			15. 高新技术产品和机电产品出口占总出口的比重	%
创新发展指数(17)	13. 每万人人才资源数	3	16. 每万人人才资源数	人
	14. 平均受教育年限	2	17. 平均受教育年限	年
	15. 研发与教育经费投入水平	4	18. R&D 经费支出相当于 GDP 的比重	%
			19. 人均教育经费投入	元
	16. 品牌创建水平	2	20. 商标创建水平	—
			21. 商号创建水平	—
			22. 企业名牌创建水平	%
	17. 标准制修订及标准采用情况	2	23. 每千个国家标准中为主制修订数量	
			24. 规模以上工业企业主导产品采标率	
	18. 信息化应用水平	2	25. 互联网用户比例	
			26. 移动电话普及率	
	19. 外资引进及对外投资相当于 GDP 的比例	2	27. 外资引进相当于 GDP 的比例	
			28. 对外投资相当于 GDP 的比例	
资源环境指数(19)	20. 每亩耕地农业产出率	2	29. 每亩耕地农业产出率	元/亩
	21. 建设用地集约利用水平	2	30. 建设用地集约利用水平	—
	22. 万元 GDP 能耗	3	31. 万元 GDP 能耗	吨标准煤
	23. 万元 GDP 用水量	2	32. 万元 GDP 用水量	立方米

五大指数	43 项具体指标	权重	68 项细化指标	单位
资源环境指数(19)	24. 工业固体废物综合利用率	2	33. 工业固体废物综合利用率	%
	25. 环境质量综合评分	3	34. 城市环境空气质量	%
			35. 地表水环境质量	%
			36. 饮用水源地水质	%
			37. 城市区域环境噪声	分贝
	26. 主要污染物排放削减率完成任务的比率	3	38. 化学需氧量排放削减率完成任务的比率	%
			39. 二氧化硫排放削减率完成任务的比率	%
			40. 氮氧化物排放削减率完成任务的比率	%
			41. 氨氮排放削减率完成任务的比率	%
	27. 生活垃圾污水处理率	2	42. 城乡生活垃圾处理率	%
			43. 城乡污水处理率	%
社会公平指数(19)	28. 城乡居民收入差距	2	44. 城乡居民收入之比	倍
	29. 居民收入基尼系数	2	45. 城镇居民收入基尼系数	—
			46. 农村居民收入基尼系数	—
	30. 城乡低保标准比	2	47. 城镇低保标准与农村低保标准比	—
	31. 人均民生财政支出	2	48. 人均民生财政支出	元
	32. 养老医疗保险覆盖率	3	49. 城镇职工及城乡居民养老保险参保率	%
			50. 城镇职工及城镇居民基本医疗保险参保率	%
			51. 新型农村合作医疗参合率	%
	33. 住房保障水平	2	52. 当年住房公积金参建人数净增长率	%
			53. 城镇住房保障实施比率	%
	34. 医疗卫生水平	2	54. 每千人医生护士数	人
			55. 每千人床位数	张
	35. 养老服务水平	2	56. 每百位老人养老床位数	张
	36. 劳动参与率	2	57. 全社会从业人员占劳动年龄段人口的比重	%
管理质量指数(14)	37. 食品药品抽样检测合格率	2	58. 生产及餐饮服务环节食品抽样检测合格率	%
			59. 药品抽样检测合格率	%
	38. 公共安全水平	2	60. 每十万人生产安全事故死亡人数	人
			61. 每万人严重刑事案件立案数	件
	39. 地方政府性债务债务率	2	62. 地方政府性债务债务率	%
	40. 政府行政审批服务水平	2	63. 纳入电子监察的审批事项比例	%
			64. 审批效率	%
	41. 行政行为违法不当率	2	65. 行政诉讼案件败诉率	%
			66. 行政复议纠错率	%
	42. 公民权益保障满意度	2	67. 公民权益保障满意度	%
	43. 居民对政府服务满意度	2	68. 民生改善满意度	%

附件 2

指标解释、计算方法和数据来源

1. 人均 GDP(正指标):人均国内生产总值,是发展经济学中衡量经济发展状况的指标,也是重要的宏观经济指标之一。

人均 GDP=地区生产总值(GDP)÷年平均常住人口

数据来源:省统计局

2. 人均地方财政收入(正指标):反映地区经济实力和公共服务提供能力的核心指标。

人均地方财政收入=地方财政收入÷年平均常住人口

数据来源:省财政厅

3. 城镇居民人均可支配收入(正指标):指城镇居民家庭可用于最终消费支出和其他非义务性支出以及储蓄的总和,即城镇居民家庭可以用来自由支配的收入。

数据来源:国家统计局浙江调查总队

4. 农村居民人均纯收入(正指标):指农村住户当年从各个来源得到的收入相应地扣除所发生的费用后的收入总和,主要用于再生产投入和当年生活消费支出,也可用于储蓄和各种非义务性支出。

数据来源:国家统计局浙江调查总队

5. 农业现代化程度(正指标):反映农(渔)业发展模式的转变和农(渔)业产业内部产业结构的调整变化。

农业现代化程度=农(渔)业标准化生产程度×0.3+农(渔)业组织化程度×0.3+农(渔)业设施化程度×0.4

其中:农业标准化生产程度=按标准组织生产的耕地、经济林(含竹林)、渔业养殖面积÷耕地、经济林(含竹林)、渔业养殖总面积×100%

农业组织化程度=产业化组织带动农户数÷总农户数×100%

农业设施化程度=(设施农业栽培面积÷农作物栽培面积)×100%×0.7+(畜牧规模养殖数量÷总畜牧饲养量)×100%×0.3

数据来源:省质监局、省农业厅、省林业厅、省海洋与渔业局

6. 高新技术产业总产值比重(正指标):反映高新技术产业为地区经济发展与产业结构优化所作的贡献,体现地区经济可持续发展能力。

高新技术产业总产值比重=规模以上制造业工业企业高新技术总产值÷规模以上工业企业总产值×100%

数据来源:省统计局

7. 装备制造业总产值比重(正指标):装备制造业是为国民经济和国防建设提供生产技术装备的制造业,是制造业的核心组成部分,是国民经济发展特别是工业发展的基础。

装备制造业总产值比重=规模以上装备制造业工业企业产值÷规模以上工业企业总产值×100%

数据来源:省统计局

8. 规模以上工业企业总资产贡献率(正指标):反映企业全部资产的获利能力,是反映产业转型升级带来的工业企业投入产出效率提高的核心指标。

规模以上工业企业总资产贡献率=(利润总额+税金总额+利息支出)÷平均资产总额×100%

数据来源:省统计局

9. 第三产业比重(正指标):反映产业结构调整优化的指标。

第三产业比重=第三产业增加值÷GDP×100%

数据来源:省统计局

10. 居民消费率(正指标):经济增长由主要依靠投资、出口拉动向依靠消费、投资、出口协调拉动转变。居民消费率反映居民消费对经济增长的拉动作用。

居民消费率=居民消费支出÷GDP×100%

数据来源:省统计局

11. 城市化水平(正指标):反映城市化进程的重要指标,指城镇居民人口占总人口的比率,随着城市化进程的推进,人口将不断集中。

城市化水平(城市化率)=年末城镇居民人口÷年末常住人口×100%

数据来源:省统计局

12. 出口结构优化(正指标):反映外贸发展方式转变的重要指标,由数量的扩张向质量的提高转变,由低附加值的劳动密集型产品向高附加值的技术密集型产品出口转变,支持具有自主品牌和高附加值产品出口,扩大服务产品出口,控制高耗能、高污染产品出口。包括服务贸易出口相当于货物和服务贸易出口的比重、高新技术产品和机电产品出口占总出口的比重两项指标(机电产品和高技术产品目录均采用海关公布口径)。

服务贸易出口相当于货物和服务贸易出口的比重=服务贸易出口额÷货物和服务贸易出口总额×100%

高新技术产品和机电产品出口占总出口的比重=(高新技术产品出口额+机电产品出口(剔除其重复部分))÷货物出口总额×100%

数据来源:省商务厅

13. 每万人人才资源数(正指标):综合反映劳动力资源整体素质水平的提升,人力资源是推动经济发展的重要因素之一,人力资源的数量和质量将直接影响经济未来发展的潜力。

每万人人才资源数=年末人才资源数÷年末常住人口(万人)

数据来源:省统计局

14. 平均受教育年限(正指标):指特定人群接受学历教育(包括成人学历教育,不包括各种学历培训)的年数,

这里设定为15岁以上人口。

数据来源：省统计局

15. 研发与教育经费投入水平（正指标）：科技创新是推动经济结构调整、加快转变发展方式的重要动力，研发经费投入和教育投入都是培育和提升创新能力的重要支撑。包括R&D经费支出相当于GDP的比重、人均教育经费投入两项指标。教育经费投入包括财政预算内经费和预算外经费。

R&D经费支出相当于GDP的比重＝R&D经费支出÷GDP×100%

人均教育经费投入＝教育经费投入总额÷年平均常住人口

数据来源：省统计局、省教育厅

16. 品牌创建水平（正指标）：品牌建设是市场竞争的核心，名牌商标创建是品牌建设的核心，是知识产权的重要组成部分，也是自主创新成果的重要体现。

商标创建水平＝（中国驰名商标＋省著名商标×1/10＋注册商标×1/1000）÷注册企业数（万家）

商号创建水平＝省知名商号个数÷注册企业数（万家）

企业名牌创建水平＝浙江名牌产品生产企业个数÷规模以上企业数×100%

数据来源：省工商局、省质监局

17. 标准制修订及标准采用情况（正指标）：标准问题是产业发展的核心问题，有利于跨越国际贸易中的技术壁垒。标准制修订情况反映企业自主创新能力的提升以及将自主产权转化为生产标准的能力，掌握行业“话语权”。采标是采用国际标准和国外先进标准的简称，包括国际标准、国外先进标准以及在国际上具有先进水平的我国国家标准或者行业标准。主导产品是指企业所有产品中销售份额较高的产品。

每千个国家标准中为主制修订数量＝当年为主制修订国家标准数量÷当年颁布的国家标准总数×1000

规模以上工业企业主导产品采标率＝规模以上工业企业主导产品采标数量÷规模以上工业企业总数×100%

数据来源：省质监局

18. 信息化应用水平（正指标）：反映信息化水平高低的指标，包括互联网用户比例和移动电话普及率两项指标。互联网用户数是指在邮电部门实际办理登记手续且已入网的用户数。移动电话指在邮电部门登记，通过移动电话交换机进入移动电话网、占有移动电话号码的电话用户，用户数字以实际办理登记手续进入邮电部门移动电话网的户数进行计算。

互联网用户比例＝互联网用户数÷年末常住人口×100%

移动电话普及率＝移动电话用户数÷年末常住人口（百人）

数据来源：省通信管理局

19. 外资引进及对外投资相当于GDP的比例（正指标）：衡量一个地区开放程度的指标之一，坚持“引进来”和“走出去”相结合，反映资金要素的国际间流动情况。实际利用外资总额按照当年平均汇率进行换算。

外资引进相当于GDP的比例＝实际利用外资总额×当年平均汇率÷GDP×100%

对外投资相当于GDP的比例＝中方境外投资额÷GDP×100%

数据来源：省商务厅

20. 每亩耕地农业产出率（正指标）：反映一个地区耕地资源的利用水平和产出效率。

每亩耕地农业产出率＝农业增加值÷年平均耕地面积

数据来源：省国土资源厅、省统计局

21. 建设用地集约利用水平（正指标）：指土地集约利用水平综合评价指标体系的综合分值，从建设用地的利用强度、经济用地弹性、经济增长耗地、土地利用管理绩效等四个方面综合反映土地要素的投入产出效率，是反映经济从粗放型向集约型转变的指标之一。

数据来源：省国土资源厅

22. 万元GDP能耗（逆指标）：反映资源消耗水平的重要指标之一，说明一个地区经济活动中对能源的节约利用程度，反映经济结构和能源利用效率的变化，体现经济发展的可持续性。

万元GDP能耗＝全社会能源消费量÷GDP（可比价）

数据来源：省统计局

23. 万元GDP用水量（逆指标）：反映节水型社会建设的成效，说明一个地区经济活动中对水资源节约利用程度和利用效率的高低，体现经济的可持续发展。

万元GDP用水量＝全社会用水量÷GDP（可比价）

数据来源：省水利厅

24. 工业固体废物综合利用率（正指标）：反映资源综合利用水平提高的指标之一，指工业固体废物综合利用量占工业固体废物产生量的百分比。工业固体废物产生量是指企业在生产过程中产生的固体、半固体状和高浓度液体状废弃物的总量。工业固体废物综合利用量是指通过回收、加工、循环、交换等方式，从固体废物中提取或者使其转化为可以利用的资源、能源和其他原材料的固体废物量（包括当年利用往年的工业固体废物累计贮存量）。

工业固体废物综合利用率＝工业固体废物综合利用量÷（工业固体废物产生量＋综合利用往年贮存量）×100%

数据来源：省环保厅

25. 环境质量综合评分（正指标）：环境的保护和治理，以及经济环境之间的平衡发展，是经济转型升级的一个重要体现，该指标综合反映地区环境质量水平，包括水环境、声环境、空气质量等方面。城市环境空气质量指城市环境空气质量达到Ⅰ级或Ⅱ级天数（或周数）占全年监测总天数（或周数）的比例。地表水环境质量指地表水省控断面和交接断面水质达到《地表水环境质量标准》（GB3838－2002）中Ⅰ－Ⅲ类水质标准的断面个数占监测断面总数的比例。饮用水源地水质达标率是指水质达到

《地表水环境质量标准》(GB3838－2002)Ⅲ类标准的水量占总取水量的比例。区域环境噪声,用等效声级评价,区域环境噪声等效声级指城市建成区内经认证的环境噪声网格监测的等效声级算术平均值。

数据来源:省环保厅

26. 主要污染物排放削减率完成任务的比率(正指标):包括化学需氧量排放、二氧化硫排放、氮氧化物排放和氨氮排放削减率累计完成五年规划目标任务的比率,反映减排工作的推进进度,体现经济发展的可持续性。

主要污染物排放削减率完成任务的比率＝化学需氧量排放削减完成任务的比率×0.25＋二氧化硫排放削减完成任务的比率×0.25＋氮氧化物排放削减完成任务的比率×0.25＋氨氮排放削减完成任务的比率×0.25

数据来源:省环保厅

27. 生活垃圾污水处理率(正指标):反映城乡居住环境的改善程度。包括城镇污水处理率、城镇生活垃圾无害化处理率、农村污水处理行政村覆盖率、农村生活垃圾处理行政村覆盖率。

城乡生活垃圾处理率＝城镇生活垃圾无害化处理率×城市化率÷100＋农村生活垃圾处理行政村覆盖率×(100－城市化率)÷100

城乡污水处理率＝城镇污水处理率×城市化率÷100＋农村污水处理行政村覆盖率×(100－城市化率)÷100

数据来源:省农办、省建设厅

28. 城乡居民收入差距(逆指标):反映经济发展过程中城乡居民收入水平的差异程度,以农村居民人均纯收入为1。

城乡居民收入差距＝城镇居民人均可支配收入÷农村居民人均纯收入

数据来源:国家统计局浙江调查总队

29. 居民收入基尼系数(逆指标):是测量收入分配均等程度的重要指标。一般判断标准:0.2以下高度均等,0.2—0.3之间相对均等,0.3—0.4差距相对合理,0.4以上差距偏大。包括城镇居民收入基尼系数和农村居民收入基尼系数。

数据来源:国家统计局浙江调查总队

30. 城乡低保标准比(逆指标):反映低收入人群奔小康工程实施状况以及低收入人群的生活水平和状态,同时也反映出城镇低收入群体与农村低收入群体之间的生活水平差距,以农村低保标准为1。

数据来源:省民政厅

31. 人均民生财政支出(正指标):反映政府在改善民生方面的支出情况,体现经济发展惠及全体公民的程度,包括用于公共安全、教育、文化体育与传媒、科学技术、社会保障与就业、医疗卫生、环境保护、城乡社区事务、农林水事务等九个方面的支出。

人均民生财政支出＝地方财政支出中用于民生的支出÷年平均常住人口

数据来源:省财政厅

32. 养老医疗保险覆盖率(正指标):反映社会整体基本保障程度的指标,包括城镇职工及城乡居民养老参保率、城镇职工及城镇居民基本医疗保险参保率、新型农村合作医疗保险参保率等内容。

城镇职工及城乡居民养老保险参保率＝年末城镇职工及城乡居民养老保险参保人数÷城镇职工及城乡居民应参加养老保险人数×100％

城镇职工及城镇居民基本医疗保险参保率＝年末城镇职工及城镇居民医疗保险参保人数÷城镇职工及城镇居民应参加城镇医疗保险人数×100％

新型农村合作医疗参合率＝参加新型农村合作医疗保险人数÷应参加新型农村合作医疗保险人数×100％

数据来源:省人力社保厅、省卫生厅

33. 住房保障水平(正指标):反映地区住房公积金制度实施和保障性住房实施的情况,体现住房方面的民生改善状况。城镇住房保障累计实施户数包括通过廉租住房、经济适用房、公共租赁房、城市旧住宅(危旧房、城中村)改造,限价商品房等解决城市中等偏下收入住房困难家庭户数。

当年住房公积金参建人数净增长率＝当年净增实缴住房公积金的职工人数÷2003(2004)年实缴住房公积金的职工人数×100％

城镇住房保障实施比率＝城镇住房保障累计实施户数÷城镇居民家庭户数×100％

数据来源:省建设厅

34. 医疗卫生水平(正指标):反映医疗卫生机构的硬件水平和医疗卫生服务水平,包括千人医生护士数和千人床位数两项指标,统计范围为全省卫生医疗机构(不包括村卫生室)。医生指具有医师执业资格证书及其级别为"执业医师"或"执业助理医师"且实际从事医疗、预防保健工作的人员。护士指具有注册护士证书且实际从事护理工作的人员。

每千人医生护士数＝年末医生护士数÷年末常住人口(千人)

每千人床位数＝年末床位数÷年末常住人口(千人)

数据来源:省卫生厅

35. 养老服务水平(正指标):社会正逐步进入老龄化,增加机构养老床位是提供养老服务的重要途径之一,体现老年人口共享社会发展成果的程度。养老机构包括城乡各类国办、民办福利院、敬老院等。

养老服务水平(每百位老人养老床位数)＝年末养老机构床位数÷年末户籍60岁以上人口(百人)

数据来源:省民政厅

36. 劳动参与率(正指标):就业是民生之本,保持较低的失业率是经济实现稳定发展的重要因素。

劳动参与率(全社会从业人员占劳动年龄段人口的比重)＝年末全社会从业人员÷年末常住15—64周岁人口×100％

数据来源:省统计局

37. 食品药品抽样检测合格率(正指标):食品药品的合格状况关乎居民的生命安全,合格率的高低从一个侧面反映了社会安全状况，包括生产环节、餐饮服务环节食品抽样检测合格率和药品抽样检测合格率。

食品抽样检测合格率＝生产环节食品抽样检测合格率×0.5＋餐饮服务环节食品抽样检测合格率×0.5

数据来源：省食品药品监管局、省质监局

38. *公共安全水平（逆指标）*：反映社会公共安全状况，是体现政府社会公共管理水平的综合性指标，包括生产安全事故死亡人数、严重刑事案件立案数等。

每十万人生产安全事故死亡人数：指因工矿商贸企业、道路交通、水上交通、火灾事故、渔业船舶水上事故、铁路路外事故等造成意外死亡人数相当于总人口的比重。

每十万人生产安全事故死亡人数＝生产安全事故死亡人数÷年末常住人口数（10万人）

数据来源：省安监局

每万人严重刑事案件立案数：刑事案件立案数是反映地方社会治安状况的重要指标。刑事案件范围包括放火、爆炸、劫持、杀人、伤害、强奸、绑架、抢劫等八类严重刑事案件。

每万人严重刑事案件立案数＝严重刑事案件立案数÷年末常住人口（万人）

数据来源：省公安厅

39. *地方政府性债务债务率（逆指标）*：反映该地区当年可支配财力对政府性债务余额的比例。

地方政府性债务债务率＝政府性债务余额÷当年可支配财力×100％

数据来源：省财政厅

40. *政府行政审批服务水平（正指标）*：服务型政府建设是政府转型的方向，行政审批制度改革是政府职能转变和管理方式创新的重要体现，包括审批事项纳入程度以及审批效率。

政府行政审批服务水平＝纳入电子监察的审批事项比例×0.4＋审批效率×0.6

数据来源：省监察厅

41. *行政行为违法不当率（逆指标）*：行政行为违法不当是指行政主体的行政行为违法，或虽然没有违反法律规定，但明显违反了合理、客观、适度的原则。

行政行为违法不当率＝行政诉讼案件败诉件数÷行政被诉案件数×100％×0.5＋行政复议纠错件数÷行政复议案件数×100％×0.5

数据来源：省法院、省法制办

42. *公民权益保障满意度（正指标）*：从主观上反映公民对人身财产权益保障，社会权益保障，经济生活权益保障，知情权、表达权、参与权和监督权保障，救济权益保障等五个方面的满意程度。

数据来源：省法制办

43. *居民对政府服务满意度（正指标）*：从主观上反映居民对食品药品质量、社会保障、环境保护、就医、受教育、安全感、政府公开办事、突发事件处理、就业和收入等十大方面的满意程度。

浙江省人民政府办公厅转发省发改委省统计局关于浙江省产业集聚区综合考评办法（试行）的通知

浙政办发〔2011〕50号

各市、县（市、区）人民政府，省政府直属各单位：

省发改委、省统计局制定的《浙江省产业集聚区综合考评办法（试行）》已经省政府同意，现转发给你们，请认真贯彻执行。

二〇一一年五月十九日

浙江省产业集聚区综合考评办法（试行）

省发改委　省统计局

第一章　总　　则

第一条　为加快全省产业集聚区建设步伐，提高省级产业集聚区发展水平，努力建成新型工业化和新型城市化相结合的示范区、经济转型升级的先行区，根据《浙江省人民政府关于印发浙江省产业集聚区发展总体规划（2011—2020年）的通知》（浙政发〔2010〕45号）和《中共浙江省委办公厅浙江省人民政府办公厅关于加快推进产业集聚区建设的若干意见》（浙委办〔2010〕74号）精神，制定本考评办法。

第二条　省产业集聚区综合考评工作每年进行一次，考评对象为14个省级产业集聚区，综合考评产业集聚区规划建设总体情况。

第三条 坚持全面性和导向性相结合、发展水平和工作推进相结合、集中考评和日常监测相结合的原则，实施动态评价考核，确保考评过程科学、公平、公开、公正。

第二章 考评内容

第四条 考评内容包括产业集聚区建设发展水平与工作推进状况两部分，考评总分100分，其中建设发展水平60分，工作推进状况40分。

第五条 产业集聚区建设发展水平重点考评产业优化、要素利用、创新提升、环境保护、建设成效等5方面内容，共20个单项指标，合计100分(具体参见附件1)。根据《浙江省产业集聚区统计监测评价实施办法》，在各单项指标得分的基础上计算综合得分，按60%的权重系数计算得出年度建设发展水平分值。

第六条 产业集聚区工作推进状况重点考评组织领导、运行管理、项目推进、工作联动、管理创新等5方面内容，共计40分(具体参见附件2)。综合各产业集聚区所报材料和现场考评情况，得出省级产业集聚区年度工作推进状况分值。

第三章 组织实施

第七条 经省产业集聚区规划建设工作领导小组同意，组织相关部门人员和专家成立省产业集聚区综合考评小组，由省产业集聚区规划建设工作领导小组办公室牵头开展具体考评工作。

第八条 综合考评小组的主要职责是:制定综合考评实施方案，对各省级产业集聚区考评申报材料进行审核，组织开展现场考评，提交综合考评结果报告。

第九条 产业集聚区综合考评工作程序：

(一)自查自报。各省级产业集聚区按照《浙江省产业集聚区统计监测评价实施办法》，按季填报产业集聚区统计监测情况；次年1月上中旬对照考评标准，填报《浙江省产业集聚区工作推进状况考评表》(附件2)并提供相关证明材料，在规定时间内上报省产业集聚区规划建设领导小组办公室。

(二)实地考评。次年1月下旬或2月上旬，综合考评小组按照综合考评标准，结合各地申报材料，赴各产业集聚区实地考评。

(三)综合排序。省发改委会同省统计局根据省级产业集聚区发展水平和工作推进情况，形成综合考评结果。

(四)批准发布。综合考评结果经省产业集聚区规划建设工作领导小组同意后发布。

第四章 奖惩办法

第十条 综合考评结果经省产业集聚区规划建设工作领导小组审核后，于次年3月底向产业集聚区所在地政府、产业集聚区主管部门、产业集聚区通报，并在一定范围内向社会通报。

第十一条 年度排名前3位的产业集聚区评定为年度优秀单位(产业集聚区)，在下一年度用地指标分配、环境容量配置等方面予以倾斜；对年度排名末位、未达到开发建设要求的省级产业集聚区，予以警告；对年度排名连续2年处于末位、未达到开发建设要求的产业集聚区，予以通报批评，并酌情调减下一年度用地指标、环境容量等方面的支持政策。

附　则

第十二条 本综合考评办法由省产业集聚区规划建设工作领导小组办公室负责解释，并根据产业集聚区建设情况适时予以调整修订。

本办法自2011年起试行。

附件：1. 浙江省产业集聚区发展评价指标体系

2. 浙江省产业集聚区工作推进状况考评表(略)

附件1

浙江省产业集聚区发展评价指标体系

大项	单项指标	权重	目标导向
产业优化方面(22分)	1. 企业竞争力	3	引导产业集聚区产业布局优化，形成地区经济新增长点，突出“优、新、高、特”的产业导向，提高产业竞争力。
	2. 高效生态精品农业总产值占农业总产值的比重	4	
	3. 战略性新兴产业总产值占工业总产值的比重	4	
	4. 服务业营业收入增长率	5	
	5. 主导特色产业主营业务收入占全部企业主营业务收入的比重(个性指标)	6	

大项	单项指标	权重	目标导向
要素利用方面（22分）	6. 集聚区从业人员占所在地区从业人员的比重	5	反映产业集聚区资源优化配置的水平，引导区内企业的高效集约发展，提高投入产出比，提升企业产品附加值。
	7. 劳动生产率	6	
	8. 企业总资产贡献率	6	
	9. 土地建设开发进程（建设面积占园区规划面积的比重）	5	
创新提升方面（18分）	10. R&D经费支出相当于主营业务收入的比重	5	反映产业集聚区创新发展潜力，强化创新能力的提升，促进产业集聚区的高水平建设。
	11. 科技活动人员占从业人员的比重	4	
	12. 每万人从业人员有效发明专利数	5	
	13. 新产品总产值占工业总产值的比重	4	
环境保护指标（19分）	14. 主要污染物减排	5	反映产业集聚区可持续发展的能力，促进经济社会和生态环境协调发展。
	15. 单位增加值能耗水平	5	
	16. 单位增加值水耗水平	5	
	17. 废物综合利用率	4	
建设成效方面（19分）	18. 单位土地面积产业增加值	8	反映产业集聚区对推动当地经济发展、增强当地财政实力、提高居民收入方面的贡献和作用。
	19. 区内地方财政收入增速	5	
	20. 职工平均工资增速与企业平均上缴税收增速之比	6	

浙江省人民政府办公厅关于印发推进中小企业金融服务中心建设行动计划的通知

浙政办发〔2011〕94号

各市、县（市、区）人民政府，省政府直属各单位：

《推进中小企业金融服务中心建设行动计划》已经省政府同意，现印发给你们，请结合实际，认真贯彻实施。

二〇一一年八月二十六日

推进中小企业金融服务中心建设行动计划

改革开放以来特别是"十一五"时期，我省金融业取得了长足发展，基本建立了结构较为合理、功能相对完善的金融体系，金融运行质量和效益明显提高，对经济社会发展的支撑作用进一步增强。但我省金融业发展水平还不能完全满足经济社会发展需要，特别是中小企业金融服务供求矛盾依然比较突出。推进中小企业金融服务中心建设，是促进金融资源有效集聚、金融服务供求有效匹配的重要举措，是发挥我省民营经济比较优势、加快金融业新一轮发展的必然途径，是提升金融产业发展水平和保障服务能力的迫切要求。为有效推进中小企业金融服务中心建设，根据全省"十二五"金融业发展规划，特制定本行动计划。

一、总体要求、目标和原则

（一）总体要求。全面贯彻实施"八八战略"和"创业富民、创新强省"总战略，以科学发展为主题，以加快转变经济发展方式为主线，进一步深化金融改革与创新，强化中小金融和地方金融特色，构建较为完善的中小企业金融服务体系，为建设金融产业强和金融服务能力强的“金融强省”打下坚实基础。

（二）发展目标。围绕建设“中小企业放贷、中小企业投资、中小企业直接融资、中小金融总部集聚、中小金融产品交易定价、中小企业金融创新”等六大功能定位，基本形成全国领先、特色鲜明、具有较大影响力的中小企业金融服务中心，进一步推进“金融强省”建设。具体实现以下目标：

——金融业增加值及中小企业贷款的比重进一步提高。实现金融业增加值占全省生产总值和服务业增加值的比重分别提高到12%和24%；小企业贷款比重达25%以上。

——中小企业专营机构有效集聚。实现80%以上的全国性、地方性商业银行成立中小企业专营机构；力争形成证券、保险、期货、信托、基金、股权投资机构以及国外大型财富管理机构集聚的总部基地。

——中小企业融资平台和产权交易平台逐步形成。实现中小企业在证券市场直接融资额累计增长60%以上；中小企业参与期货市场交易家数累计增长10%；未上市企业股权交易覆盖全省11个市；中小企业债券、信托基金、股权融资总额累计增长20%以上。

——金融创新业务和产品不断推出。创新各类金融产品，力争新增专注服务中小企业的银行类金融产品50种以上，新增保险类产品及其他金融产品30种以上。

（三）基本原则。

1. 处理好政府引导与市场运作的关系。坚持政府在规划引导、政策制定和制度建设等方面主导作用的同时，充分发挥市场的主体作用，形成金融机构和社会力量共同参与、共同推进的市场机制。

2. 处理好先行先试与循序推进的关系。在坚持先行先试，不断创新体制机制的同时，按照“先机构、再平台、后中心”、“先区域、再国内、后国际”的建设步骤，积极稳妥地推进中小企业金融服务中心建设。

3. 处理好推动浙江特色发展与长三角金融协作发展的关系。坚持发展浙江金融特色和优势的同时，按照长三角金融协调发展的定位分工，加强与上海国际金融中心的优势互补与战略合作，形成分工合理、借势错位发展的格局。

二、主要任务

根据上述总体要求与目标，今后五年需重点推进“五大平台”建设。

（一）推进中小企业金融机构体系平台建设。

1. 引进一批专营机构。大力鼓励各大全国性商业银行浙江分支机构积极向总行争取在浙设立各类中小企业专营机构、村镇银行控股公司、中小企业金融产品研发中心和服务中心。杭州、宁波、温州等中心城市要积极创造条件，引进中小企业专营机构总部落户浙江。积极引进境外中小企业专业银行进驻浙江设立机构、开展业务。支持对小企业专营机构实行差别化监管，适当放宽小企业信贷风险容忍度，支持收益覆盖风险的小企业信贷专营模式。（有关市政府、省金融办、浙江银监局牵头，相关银行业金融机构配合组织落实）

2. 做强一批地方金融机构。加快推进地方金融机构改革发展，支持12家地方商业银行通过增资扩股、联合重组、上市融资等方式，进一步做强、做优服务中小企业的专业银行；支持符合条件的县（市、区）农信法人机构改制为农村商业银行。支持证券、期货、保险、信托、基金等法人机构发展壮大，逐步形成在全国有影响力的总部地方金融机构。（省金融办牵头，省财政厅、人行杭州中心支行、浙江银监局、浙江证监局、浙江保监局、省农信联社、有关市政府配合组织落实）

3. 发展一批新型金融组织。加快发展以服务小企业、“三农”为主的小额贷款公司、村镇银行、农村资金互助社等新型农村金融组织，争取在5年内小额贷款公司达到300家，新型农村金融机构逐步覆盖到县（市、区）；加快“网商银行”筹建工作，争取在浙江设立全国首家网络商业银行。（省金融办、浙江银监局牵头，省工商局配合组织落实）

（二）推进中小企业投融资交易平台建设。

1. 构筑金融服务平台。积极培育与中小企业金融服务中心相适应的金融市场体系，整合各类金融资源，逐步建设由政府引导，企业、金融机构、中介组织和机构投资者共同参与的中小企业金融服务平台；为中小企业投融资提供信贷、票据、理财产品等多元化金融资产交易市场，形成集融资信息、交易定价、资金融通对接、征信评级等功能的服务平台。（省金融办、人行杭州中心支行、杭州市政府牵头，省财政厅、省发改委、浙江银监局配合组织落实）

2. 培育发展地方资本市场。依托浙江产权交易所，联合各地产权交易机构，积极打造全省统一的未上市公司股权转让平台，鼓励更多的未上市公司进入转让平台，探索股权投资企业进场交易，不断完善产权交易市场功能。在国家监管部门的支持指导下，先行探索在浙江建立区域性场外交易市场。以杭州高新技术开发区（滨江）为主体，积极争取“新三板”扩容试点，为高新技术企业拓宽股份转让平台。（省金融办、浙江证监局牵头，省科技厅、省工商局、有关市政府配合组织落实）

3. 拓展保险、债券等市场功能。鼓励发展小额贷款保证保险、出口信用保险和国内贸易信用保险，探索建立再保险交易市场、保单转让市场和信托资产转让市场等。发展地方债券市场，做好中小企业集合信托债权基金、私募债券等融资产品的开发和发行工作，逐步形成为中小企业提供保险、集合债券、信托、租赁等创新融资服务的平台，扩大中小企业直接融资渠道。开展科技和金融结合试点工作。（浙江保监局、省金融办牵头，省发改委、省科技厅、人行杭州中心支行、浙江银监局、浙江证监局配合组织落实）

（三）推进中小企业金融创新平台建设。

1. 创新个性化融资产品。鼓励银行业金融机构围绕初创型企业发展，开发更多的小额信贷产品；围绕出口贸易企业发展，采取票据贴现、信用证押汇、对外担保、保单质押融资，开发出口信贷、出口信用保险产品；围绕中小企业转型升级，开展并购贷款、供应链融资、物流融资、租赁融资、网络贷款等多种融资方式。积极推动大银行与小额贷款公司开展业务合作，探索大银行批发资金和小额贷款公司零售贷款业务。（人行杭州中心支行、浙江银监局、浙江保监局、省金融办牵头，有关金融机构配合组织落实）

2. 创新融资担保方式。鼓励银行业金融机构积极发展股权质押、知识产权质押贷款，支持科技型企业发展。拓宽中小企业抵（质）押物范围，大力发展动产质押、票据质押、应收账款质押、订单质押、保单质押等多种方式贷款，支持中小企业发展。创新发展船舶融资、海域使用权抵押贷款，支持海洋经济发展。鼓励银行积极探索集体土地使用权和土地承包经营权流转抵押、林权抵押融资，大力推广农户小额信用贷款、农房抵押、大中型农机具抵押、粮食订单质押、农户联保贷款等，增强对"三农"金融服务力度。（浙江银监局牵头，省金融办、人行杭州中心支行、省农办、省农业厅、省林业厅、省科技厅、有关金融机构配合组织落实）

3. 创新多元融资渠道。积极拓展中小企业股权融资、项目融资、债券融资、信托融资等多渠道融资。重点推进一批小型巨人企业在境内外证券市场上市，力争上市公司总数达到350家左右。支持符合条件的中小企业发行企业债、公司债、短期融资券、中小企业集合票据等。支持典当业的健康发展，加强业务合作与创新，发挥典当的融资功能。（省金融办牵头，省发改委、省商务厅、人行杭州中心支行、浙江证监局、有关市政府配合组织落实）

（四）推进地方金融资源集聚平台建设。

1. 加快建设金融集聚区。编制杭州、宁波和温州金融集聚区发展详细规划，合理布局金融集聚区发展空间。努力把杭州建设成为在全国有影响力的中小金融机构总部集聚区、财富管理机构集聚区、金融后台服务和金融服务外包等公共服务基地；把宁波打造成为对接上海、服务海洋经济的区域性专业金融中心；把温州打造成为连接长三角和海峡西岸两大经济区、服务民营经济的区域性专业金融中心。（杭州、宁波、温州市政府分别牵头，省发改委、省财政厅、省金融办配合组织落实）

2. 加快开展金融创新示范县（市、区）试点。选择金融创新活跃的县（市、区）开展金融创新试点，统筹协调金融资源配置，结合当地实际，在金融管理体制机制改革、金融组织体系和服务产品创新、民间融资阳光化创新、商业保险功能创新、新型金融后台服务平台建设等方面开展试点，加快培育一批县域金融特色城市。（省金融办牵头，省财政厅、人行杭州中心支行、浙江银监局、浙江证监局、浙江保监局、省农信联社、试点县（市、区）政府配合组织落实）

3. 加快组建地方金融控股平台。整合省属现有各类地方金融企业的股权，优化重组金融性国有资产，组建省级金融控股公司。通过省级金融控股公司参股、控股地方银行、证券、保险、产业基金等金融机构，参与中小企业金融服务中心建设。加快省农信联社转型发展，深化创新，构建农信股权投资平台，推进农村合作金融公共后台服务平台建设。（省财政厅、省金融办牵头，人行杭州中心支行、浙江银监局、省农信联社配合组织落实）

4. 加快规划建设金融公共后台服务基地。统筹规划金融公共后台服务产业发展，在杭州市余杭区规划建设立足浙江、面向长三角、服务全国的金融公共后台服务基地。建立省、市、区三级共同推进机制，加大招商力度，制定配套政策，营造发展环境，吸引境内外金融机构的后台服务机构落户和集聚，逐步形成金融后台服务基地品牌。（省金融办、杭州市政府牵头，杭州市余杭区政府组织落实，人行杭州中心支行、浙江银监局、浙江证监局、浙江保监局配合落实）

（五）推进中小企业金融服务保障平台建设。

1. 规范发展壮大担保机构。鼓励各地建立信用担保机构补偿基金和担保机构再保险机制，完善政策性担保、商业性担保、互助性担保机构体系。规范融资性担保公司，扶持发展100家注册资本在亿元以上的融资性担保公司。推动组建省级中小企业信用再担保机构，为县、乡一级中小担保机构提供信用增级服务。（省经信委、省金融办牵头，省融资性担保业务监管联席会议成员单位，有关市政府配合组织落实）

2. 健全中介服务和社会信用体系。制定相关政策措施，促进信用评级、资信评估、会计审计、法律和保险代理、经纪、公估等金融中介服务机构加快发展，支持金融网络资讯信息服务平台建设。积极采取措施，将省级有关部门的信息整合成统一高效的信息平台，不断完善征信系统功能，建立适合中小企业特点的信用评价标准。（人行杭州中心支行、省发改委牵头，省工商局配合组织落实）

3. 加强金融风险防范机制创新。进一步创新金融监管机制，积极配合金融监管部门，争取率先开展地方金融监管体制创新改革试点，建立地方金融管理、金融监管协调机制，形成相互协作、信息共享、风险可控的金融监管制度。建立健全金融稳定工作协调机制，完善金融突发事件应急预案和应急处置机制，切实维护金融稳定和安全。（省金融办牵头，人行杭州中心支行、浙江银监局、浙江证监局、浙江保监局、有关市政府配合组织落实）

三、保障措施

（一）加强组织领导。建立中小企业金融服务中心建设指导协调机制，制定落实阶段性目标任务和各项政策措施，加强对实施工作的统筹协调。

（二）加强财税扶持。加大财政扶持力度，在金融发展资金中安排专项资金用于支持中小企业金融服务中心建设。各地政府要根据需要和财力可能，支持中小企业金融服务中心建设。

（三）加快先行先试。积极争取将我省中小企业金融服务中心建设列入国家试点。在国家政策和法律法规允许的范围内，出台服务中小企业的金融改革创新配套政策，在金融要素市场、金融机构和金融产品创新等方面开展先行先试，建立健全服务中小企业的金融体系，不断形成服务中小企业的金融发展体制机制新优势。

(四)加强人才支撑。推进实施金融人才培养"125"工程,建立激励机制,着力培养和鼓励引进各类金融高端人才。加强与国内外金融类专业教育培训机构合作,加快建设金融人才库和人才培训平台。

(五)加强考核监督。制定科学合理的考评办法,对各级政府和有关部门实施中小企业金融服务中心建设行动计划的进展情况进行年度考评。建立信息交流和定期报告制度,及时总结进展情况,定期向省政府提交专题报告,强化对各级政府和有关部门相关工作任务的督促和落实。

附件:推进中小企业金融服务中心建设行动计划重点实施项目

附件

推进中小企业金融服务中心建设行动计划重点实施项目

项目类别	序号	项目名称	实施目标及内容	责任单位	参与单位
一、金融集聚区建设项目	1	杭州金融集聚区	实施目标:规划建设杭州金融集聚区。 实施内容:将杭州建设成为在全国有影响力的中小金融机构总部集聚区、财富管理机构集聚区、金融后台服务和金融服务外包等公共服务基地。	杭州市政府	省金融办、省发改委、省财政厅
	2	宁波金融集聚区	实施目标:规划建设宁波金融集聚区。 实施内容:将宁波打造成为对接上海、服务海洋经济的区域性专业金融中心。	宁波市政府	省金融办、省发改委、省财政厅
	3	温州金融集聚区	实施目标:规划建设温州金融集聚区。 实施内容:将温州打造成为连接长三角和海峡西岸两大经济区、服务民营经济的区域性专业金融中心。	温州市政府	省金融办、省发改委、省财政厅
二、金融综合性建设项目	4	金融创新示范县(市、区)	实施目标:培育、发展一批适应经济发展要求的县域特色金融,形成示范作用。 实施内容:选择金融创新活跃的县(市、区),结合当地实际,在金融管理体制机制改革、金融组织体系和服务产品创新、民间融资阳光化创新、新型金融后台服务平台建设等方面开展试点。	省金融办	省财政厅、人行杭州中心支行、浙江银监局、浙江证监局、浙江保监局、省农信联社、试点县(市、区)政府
	5	省中小企业金融资产交易中心	实施目标:形成集融资信息、交易定价、资金融通对接、征信评级等功能的融资服务平台。 实施内容:通过建设信贷、票据、理财产品、中小企业集合债券等多元化金融资产交易市场,为中小企业提供多元化、全方位的金融服务。	省金融办、人行杭州中心支行、杭州市政府	省财政厅、浙江银监局
	6	省金融公共后台服务基地	实施目标:在杭州市余杭区规划建设省金融公共后台服务基地。 实施内容:通过建立省、市、区三级共同推进机制,加大招商力度、制定配套政策、营造发展环境,吸引境内外金融机构的后台总部机构及各类后台服务主体的落户和集聚。	省金融办、杭州市政府、杭州市余杭区政府	人行杭州中心支行、浙江银监局、浙江证监局、浙江保监局
	7	嘉兴南湖金融服务外包和产业转移基地	实施目标:规划建设嘉兴南湖金融服务外包和产业转移基地。 实施内容:努力把嘉兴打造成承接上海国际金融中心建设和金融产业转移、集聚金融服务外包、服务长三角的金融集聚基地。	嘉兴市政府、嘉兴市南湖区政府	省发改委、省金融办、人行杭州中心支行、浙江银监局、浙江证监局、浙江保监局

项目类别	序号	项目名称	实施目标及内容	责任单位	参与单位
三、金融机构体系建设项目	8	省级金融控股公司	实施目标：探索组建综合实力强、专业化程度高、具有一定影响力和调控能力的金融控股公司。 实施内容：整合现有各类地方金融企业，优化重组金融性国有资产，通过组建省级金融控股公司并参股、控股地方银行、证券、保险、产业基金等机构，参与中小企业金融服务中心建设。	省财政厅、省金融办	人行杭州中心支行、浙江银监局、浙江证监局、浙江保监局
	9	网商银行	实施目标：积极争取组建网商银行。 实施内容：依托阿里巴巴电子商务网络基础，省政府、杭州市政府、省建行和阿里巴巴集团共同出资，积极争取组建全国首家网络商业银行。	省金融办、浙江银监局、杭州市政府	省建行、阿里巴巴集团
	10	村镇银行和农村资金互助社	实施目标：争取“十二五”期末，村镇银行、农村资金互助社等新型农村金融机构逐步覆盖到县（市、区）。 实施内容：加快发展村镇银行、农村资金互助社等新型农村金融组织，逐步满足小企业和“三农”资金需求。	浙江银监局	省农办、省金融办
	11	浙江农信“三农”产业投资基金	实施目标：探索组建浙江农信“三农”产业投资基金。 实施内容：通过探索组建“三农”产业基金，规范引导民间资本进入农村金融领域，支持“三农”发展。	省农信联社	省金融办、省发改委
	12	舟山海洋发展银行和舟山海洋产业投资基金	实施目标：争取组建舟山海洋发展银行和舟山海洋产业投资基金。 实施内容：通过争取组建海洋发展银行和海洋产业投资基金，促进海洋新兴产业培育，支持舟山市海洋经济发展。	舟山市政府	省发改委、省金融办、浙江银监局
四、金融改革创新项目	13	小额贷款公司创新发展	实施目标：争取“十二五”期末，小额贷款公司达到300家，进一步拓宽小额贷款公司融资渠道。 实施内容：以规范引导民间融资为重点，积极稳妥发展小额贷款公司。大力推动大银行与小额贷款公司开展业务合作，探索大银行批发资金和小额贷款公司零售贷款业务。	省金融办	小额贷款公司试点联席会议成员单位
	14	全省农信系统改革转型	实施目标：加快省农信联社的转型，推动县级农信社股份制改革。 实施内容：建设农信股权投资平台、农信金融公共后台服务平台等，选择一批符合条件的县级农信法人机构改制为农村商业银行，打造“浙江农信”品牌。	省金融办	省财政厅、人行杭州中心支行、浙江银监局、省农信联社
	15	小额贷款保证保险	实施目标：建立满足中小企业需求的贷款保证保险模式，发挥保险在缓解中小企业融资难方面的积极作用。 实施内容：在全省开展小额贷款保证保险试点，探索商业运作和政府主导的有机组合模式，走出一条符合浙江实际、具有推广价值的保险破解中小企业融资难新路。	浙江保监局、省金融办	有关市政府
	16	湖州中小企业融资产品创新、抵押担保方式创新	实施目标：创新中小企业个性化的融资产品和融资抵押担保方式，为中小企业提供多元融资渠道。 实施内容：积极推动林权、股权、应收账款、知识产权等质押贷款业务的扩面增量。完善有关制度环境，探索推动排污权、农房、农地流转、海域使用权抵质押贷款业务创新试点。	湖州市政府	浙江银监局、省金融办、人行杭州中心支行、省农办、省农业厅、省林业厅、省科技厅

项目类别	序号	项目名称	实施目标及内容	责任单位	参与单位
四、金融改革创新项目	17	绍兴特色产业金融创新平台服务创新	实施目标:为绍兴特色块状经济提供金融服务,推动其向现代产业集群转型升级。 实施内容:围绕特色产业的金融需求,引导金融机构开展有针对性的金融创新,提供适用性更强的金融产品和服务。	绍兴市政府	省金融办、人行杭州中心支行、浙江银监局、浙江证监局、浙江保监局
	18	台州小企业金融服务创新	实施目标:打造区域特色的小企业金融服务创新示范区。 实施内容:积极引导台州银行、浙江泰隆、浙江民泰三家城商行进一步做专做精、做强做大,打造中小企业专营银行。推动小企业金融服务模式、管理技术和金融产品的深层次创新。	台州市政府	省金融办、人行杭州中心支行、浙江银监局、浙江证监局、浙江保监局
五、金融平台建设项目	19	中小企业上市培育服务中心	实施目标:搭建中小企业上市服务平台,积极培育浙江中小企业上市资源。 实施内容:整合监管部门、地方政府和中介机构力量,设立中小企业上市培育服务中心,为中小企业改制、发行上市、规范运作和并购重组提供指导服务,培育企业上市后备资源。	浙江证监局、省金融办	各市金融办
	20	衢州中小企业融资平台	实施目标:建设中介类中小企业服务平台。 实施内容:在原"金融服务110"平台的基础上,进一步加强融资、信用评级、资产评估、抵押等业务创新,完善平台功能,更好地为中小企业提供金融服务。	衢州市政府	省金融办、人行杭州中心支行、浙江银监局
	21	丽水中小企业融资公共服务平台	实施目标:组建中小企业融资服务平台。 实施内容:通过政府搭台、市场主导、企业参与的模式,设立中小企业融资服务中心和产业引导基金,为中小企业提供融资担保、资产评估、产权交易、信息发布、引进创业投资或股权投资等综合性金融服务。	丽水市政府	省金融办、人行杭州中心支行、浙江银监局
六、金融先行先试项目	22	区域性场外交易市场试点	实施目标:探索建立区域性场外交易市场。 实施内容:依托未上市股份公司股权转让平台,进一步完善其产权、股权交易等市场功能,在国家监管部门的支持指导下,积极稳妥地推进区域性场外交易市场建设。	省金融办、浙江证监局	试点市政府
	23	宁波保税区离岸金融试点	实施目标:形成宁波保税区离岸金融发展特色区。 实施内容:推动离岸金融业务试点,引导符合条件的企业开设离岸账户,协助金融机构开展业务试点。	宁波市政府	省金融办、人行杭州中心支行、浙江银监局
	24	义乌人民币结算国际化试点	实施目标:积极打造区域性货币兑换、外汇交易和跨境贸易人民币结算中心。 实施内容:坚持先行先试,积极开展专业货币兑换、货币经纪等业务,进一步丰富为市场交易服务的信贷、结算、兑换等现代金融产品,推动股权、产权、收益凭证融资等新型融资方式。	义乌市政府	省金融办、人行杭州中心支行、浙江银监局、浙江证监局、浙江保监局

浙江省人民政府办公厅关于从土地出让收益中计提农田水利建设资金有关事项的通知

浙政办发〔2011〕115号

各市、县（市、区）人民政府，省政府直属各单位：

为切实加大农田水利建设投入力度，加快改善农田水利设施条件，根据《中共中央国务院关于加快水利改革发展的决定》（中发〔2011〕1号）和《财政部水利部关于从土地出让收益中计提农田水利建设资金有关事项的通知》（财综〔2011〕48号）精神，经省政府同意，现就我省从土地出让收益中计提农田水利建设资金有关事项通知如下：

一、统一农田水利建设资金的计提口径和比例。2011年1月1日至2011年6月30日期间，按《中共浙江省委浙江省人民政府关于加快水利改革发展的实施意见》（浙委〔2011〕30号）规定的计提口径和比例执行，即：各市、县（市、区）按土地出让收益的10%或土地出让总额的2%计提农田水利建设资金。从2011年7月1日起，按《财政部水利部关于从土地出让收益中计提农田水利建设资金有关事项的通知》规定的计提口径和比例严格执行，即：各市、县（市、区）统一按当年实际缴入地方国库的招标、拍卖、挂牌和协议出让国有土地使用权取得的土地出让收入，扣除当年从地方国库中实际支付的征地和拆迁补偿支出、土地开发支出、计提农业土地开发资金支出、补助被征地农民社会保障支出、保持被征地农民原有生活水平补贴支出、支付破产或改制企业职工安置费支出、支付土地出让业务费、缴纳新增建设用地土地有偿使用费等相关支出项目后，作为计提农田水利建设资金的土地出让收益口径，按照10%的比例计提农田水利建设资金。

二、实行农田水利建设资金按季计提和年终清算。各市、县（市、区）应当按季度从土地出让收益中计提农田水利建设资金，并在年终进行统一清算。具体计提和清算办法，由省财政厅会同有关部门另行制定。

三、实行计提资金省级统筹。从2011年7月1日起，各地（不含宁波）从土地出让收益中计提的农田水利建设资金按20%上缴省级（如今后中央统筹，省级统筹政策再作研究调整）；计算上缴省级资金的土地出让收益率不得低于20%，低于20%的按20%计算；上缴省级的农田水利建设资金实行按季预缴、年终统一清算的方式办理。宁波市对所属县（市、区）是否统筹部分农田水利建设资金，由宁波市政府决定。

四、明确农田水利建设资金使用范围。农田水利建设资金实行专款专用，专项用于农田水利设施建设。具体使用范围包括：小型农田水利设施、田间工程和灌区末级渠系的新建、修复、续建、配套、改造；山丘区小水窖、小水池、小塘坝、小泵站、小水渠等“五小水利”工程建设；发展节水灌溉，推广渠道防渗、管道输水、喷灌滴灌等技术；骨干农田水利建设（圩区整治、大中型灌区泵站改造、农村灌排河道整治、小型水库建设加固等）。同时，也可以用于上述农田水利设施的日常维护支出，但不得用于人员经费、公用经费等经常性开支。

五、规范农田水利建设资金支出管理。农田水利设施建设支出项目，应根据市、县级政府批准的农田水利建设规划提出。农田水利建设资金的支付，统一按照财政国库管理制度有关规定执行。由于计提清算原因造成的农田水利建设资金结余，因农田水利建设项目变更、调整等形成的农田水利建设资金结余，以及跨年度的农田水利建设项目结转的农田水利建设资金，可以继续结转下年度安排使用。省级统筹的农田水利建设资金分配使用管理办法另行制定。

六、建立健全农田水利建设资金预决算制度。农田水利建设支出预算安排，要统筹考虑公共预算资金来源，避免同类农田水利建设支出项目重复安排资金。农田水利建设资金收支预算调整，要严格按照政府性基金预算管理以及土地出让收支预算管理的相关规定执行。各地要认真编制农田水利建设资金收支预决算，预决算有关情况报送省财政厅、省水利厅备案。

七、严肃农田水利建设资金监管纪律。各市、县（市、区）要严格按照本通知规定，及时足额计提农田水利建设资金，确保农田水利建设资金按照规定用途使用，不得将农田水利建设资金并入地方水利建设基金管理。各级财政、水利、审计等部门要切实加强对农田水利建设资金计提、使用、管理等环节的监督检查。对不按本通知规定计提、使用和管理农田水利建设资金的，严格按照《财政违法行为处罚处分条例》（国务院令第427号）有关规定予以处理。

从土地出让收益中计提农田水利建设资金，是中央和省委、省政府加快水利改革发展做出的一项重大决策。各级政府和有关部门要站在全局的高度，切实落实好这项政策。省财政厅、省水利厅要按本通知要求，抓紧细化完善各项具体措施。

二〇一一年十月二十日

浙江省人民政府办公厅关于深入推进小额贷款公司改革发展的若干意见

浙政办发〔2011〕119号

各市、县(市、区)人民政府,省政府直属各单位:

我省小额贷款公司经过三年试点发展,取得了明显成效,在改善"三农"和小企业金融服务、培育竞争性农村金融市场、促进农村金融改革以及规范引导民间融资等方面发挥了重要作用。为深入推进小额贷款公司改革发展,进一步拓宽融资渠道,创新服务模式,加强规范管理,促进小额贷款公司规范、健康和可持续发展,现提出如下意见:

一、进一步明确小额贷款公司改革发展总体要求

1. *明确发展目标*。以科学发展观为指导,坚持服务"三农"和小企业的发展方向,按照"只贷不存、小额分散、规范经营、防范风险"的原则,逐步做精做专、做强做大小额贷款业务,把小额贷款公司培育成为特色鲜明的金融性贷款公司以及服务县域"三农"和小企业的新型农村金融组织。具备条件的小额贷款公司可按照中国银监会规定申报转制为村镇银行。

2. *统筹规划布局*。制订小额贷款公司发展布局规划和年度工作计划,按照"总量统筹、分市布局"的原则,安排年度新增总量、各市(设区市和义乌市,下同)新增指标,经省政府同意后,由各市政府负责平衡协调。各市政府应科学规划各县(市、区)小额贷款公司布局,重点向小城市和中心镇倾斜,避免重复布局,防止一哄而上。支持温州市在小额贷款公司发展中先行先试。

3. *有序扩大覆盖面*。各县(市、区)政府要根据规划布局和年度计划安排,积极有序地扩大小额贷款公司覆盖面。申报新增小额贷款公司名额的条件是:在县域范围内"三农"和小企业贷款需求较大、民间融资活跃的;县级政府重视并已落实省政府制定的扶持政策的;现有小额贷款公司运行良好、经营规范、风险可控的;已明确风险管理职能部门的县(市、区)。列为省金融创新示范县(市、区)的,新增名额可适当增加。

二、适度调整小额贷款公司的准入条件

4. *适度放宽准入条件*。各县(市、区)政府要采取公开公平的方式择优选择当地资金实力强、有社会责任感的民营骨干企业设立小额贷款公司;小额贷款公司的主发起人及其关联股东首次入股比例上限扩大到30%,但不得再参股本县域其他小额贷款公司;一般股东入股本县域小额贷款公司不得超过2家;鼓励已设立的小额贷款公司增资扩股,注册资本不再设上限;鼓励经营层和业务骨干入股小额贷款公司;允许符合条件的企业到本市欠发达县域主发起设立小额贷款公司;结合块状经济、特色产业发展等实际,探索设立若干专业性、区域性较强的小额贷款公司;支持在国家级和省级高新技术开发区设立小额贷款公司。

5. *适当扩大服务范围*。选择若干家运行情况良好、资本金规模较大、风险管控严密、连续两年考评为优秀的小额贷款公司,经所在地县级政府同意,在落户地县级政府明确承担风险防范责任的前提下,经省小额贷款公司管理部门同意后可到省内欠发达地区及本市域范围的乡镇设立分支机构。对设在主城区的小额贷款公司,经市小额贷款公司管理部门同意后可在同城范围内设立分支机构并开展贷款业务。

三、有序拓宽小额贷款公司资金来源渠道

6. *探索扩大融资比例*。支持银行业金融机构与小额贷款公司开展资金批发与小额贷款零售业务的合作。对坚持服务"三农"和小企业、合规经营、风险控制严、利率水平合理的小额贷款公司,其融资比例可放宽到资本净额的100%。资金来源渠道主要包括:扩大银行业金融机构的融资比例,小额贷款公司可自主选择若干家银行业金融机构融资;经市小额贷款公司管理部门同意后向主要法人股东定向借款,借款资金来源必须是主要法人股东的自有资金,借款利率一般不超过同期银行融资利率;经市小额贷款公司管理部门同意后可在本市范围内小额贷款公司之间进行资金调剂拆借。

7. *稳步拓展直接融资渠道*。对运行情况良好、合规经营、连续两年考评为优秀的小额贷款公司,经省小额贷款公司管理部门审核并依照监管部门的有关规定,可与银行业金融机构、地方金融资产交易平台合作开展资产转让等业务。回购式资产转让业务规模不得超过小额贷款公司资本净额的50%。鼓励符合条件的小额贷款公司通过境内外资本市场上市融资。

8. *切实加强融资管理*。各级小额贷款公司管理部门要加强对小额贷款公司的融资管理,制订相应的管理制度,确保小额贷款公司按照规定的渠道和比例进行融资,并将本地融资情况及时报送省小额贷款公司试点联席会议办公室。银行业金融机构要加强对融资资金的管理,跟踪监督小额贷款公司融资的使用情况。日常监管部门要制订相应的监管措施,严防小额贷款公司吸收或变相吸收社会公众资金。

四、积极创新小额贷款公司服务模式

9. *做精、做优小额贷款业务*。小额贷款公司要坚持

“小额、分散”的业务特色，树立“客户资信立身”的经营理念，不断开发客户群体，与银行业金融机构错位、互补发展。要严格做到“三不得、三严禁”：“三不得”即单户100万元以下的小额贷款以及种植业、养殖业等纯农业贷款余额占比不得低于70%，贷款期限在2个月以上的经营性贷款余额占比不得低于70%，对贷款客户不得在贷款利息之外以任何名义收取手续费、咨询费；“三严禁”即严禁变相提高贷款利率，严禁账外经营，严禁贷款资金流向泡沫产业和民间借贷市场。

10. *创新服务方式*。鼓励小额贷款公司发挥自身贴近基层、贴近农村的优势，与银行机构开展小额信贷业务合作。鼓励小额贷款公司与金融机构开展保险代理、租赁代理、基金代理等业务合作，扩大服务领域，提高中间业务收入，逐步降低贷款利率水平，实现社会效益和经济效益双赢。

五、不断强化对小额贷款公司的规范管理

11. *落实地方政府风险管理职责*。各县(市、区)政府作为小额贷款公司风险防范和处置的第一责任人，要进一步加强管理，明确专门的金融管理部门，并配备必要的人员，切实履行风险管理和处置的职责，确保小额贷款公司规范经营。各市政府要加强督查和指导，并定期将本市小额贷款公司运行情况报送省小额贷款公司试点联席会议办公室。

12. *加强日常监管*。各级监管部门要切实提高对小额贷款公司的日常监管水平，加大对小额贷款公司业务合规性、真实性的检查，加强对小额贷款公司资金流、贷款利率的动态检测，及时预警小额贷款公司的风险隐患。加强社会监督，严厉打击非法集资、高利贷、暴力收贷等违法违规行为。

13. *建立退出机制*。对审计、考核和日常监管中发现小额贷款公司有非法吸收公众资金、发放高利贷或变相超额提高贷款利率、账外经营、违规融资、违规放贷等重大违纪违规行为，或出现重大经营风险的，县级政府要组织有关职能部门严肃查处，责令其停业整顿。对确实经营不善、风险较大、严重影响金融秩序、损害社会公众利益的小额贷款公司，县级政府应组织有关职能部门对其实施关闭清算等市场退出措施，或由实力强、经营规范的优秀小额贷款公司收购兼并，确保风险可控。

14. *加强内部建设*。切实加强小额贷款公司经营团队建设，主发起股东要牵头把握发展方向和制订发展规划，增强战略投资意识、科学发展意识和社会责任感。健全教育培训制度，制订高管人员任职资格核准实施办法，建立主要高管的年度约谈制度，努力培养一支遵守职业道德、会管理、善经营的小额贷款公司经营团队。

六、努力营造小额贷款公司良好发展环境

15. *认真落实扶持政策*。各县(市、区)政府要认真落实《浙江省人民政府关于贯彻落实国务院常务会议精神支持中小企业健康发展的实施意见》(浙政发〔2011〕73号)和《浙江省人民政府办公厅关于促进小额贷款公司健康发展的若干意见》(浙政办发〔2009〕71号)的规定，确保各项扶持政策落实到位。对经营业绩优良的小额贷款公司，其营业税和所得税地方留成部分，原定3年由同级财政全额补助政策执行期满后，有条件的县(市、区)可顺延3年执行文件规定的所得税地方留成部分全额给予补助政策。

16. *加大服务“三农”的政策导向*。小额贷款公司农户小额贷款利息收入的营业税和企业所得税，参照《财政部国家税务总局关于农村金融有关税收政策的通知》(财税〔2010〕4号)规定执行；贷款损失准备金计提可参照金融企业中小企业贷款损失准备金税前扣除政策执行。

17. *建立公共服务平台*。充分发挥小额贷款公司行业协会的作用，建立行业运行自律公约，加强行业自律管理。推进小额贷款公司公共服务平台建设，支持小额贷款公司加入人民银行的征信系统，提高管理与服务水平。

18. *加强组织领导*。各级政府要加强对小额贷款公司的组织领导，帮助解决实际困难，加强风险防范，支持小额贷款公司可持续发展。要进一步健全全省小额贷款公司试点联席会议工作机制，根据年度考评、年度审计、日常监管情况，在融资比例、业务创新等方面对小额贷款公司实行区别对待、分类管理；各级金融办、财税、工商、人行、银监等部门要按照职责分工，切实履行本部门职责；要认真落实联席会议议定事项并及时将落实情况反馈联席会议办公室；要互通信息、互相配合、齐抓共管、形成合力。各银行业金融机构要在融资、业务创新合作等方面，继续加强与小额贷款公司的协作，实现互利互惠，努力营造良好的政策环境，推进小额贷款公司健康和可持续发展。

二〇一一年十月三十一日

浙江省人民政府办公厅关于印发推进民间财富管理中心建设行动计划的通知

浙政办发〔2011〕126号

各市、县(市、区)人民政府，省政府直属各单位：

《推进民间财富管理中心建设行动计划》已经省政府同意，现印发给你们，请结合实际，认真贯彻实施。

二〇一一年十一月八日

推进民间财富管理中心建设行动计划

为有效推进民间财富管理中心建设，大力提升浙江金融业核心竞争力，根据全省“十二五”金融业发展规划，特制定本行动计划。

一、总体要求和发展目标

（一）总体要求。深入实施“八八战略”和“创业富民、创新强省”总战略，坚持以科学发展观为指导，以加快转变经济发展方式为主线，进一步深化金融改革与创新，引导和规范民间融资行为，不断提升民间资金向产业资本的转化能力，着力构建机构类型齐全、集聚效应显著、运行规范有序的民间财富管理体系，为建设“金融强省”提供有力支撑。

（二）发展目标。着力提升财富管理机构聚集和民企总部金融服务功能，提高创业投资管理和产业投资管理能力，切实加强财富管理服务创新和政策创新，建成在全国有较大影响力的民间财富管理中心。经过五年努力，实现以下目标：

——成为全国财富管理集聚功能领先、服务网络覆盖面广的地区之一。着力建设一批民间财富管理集聚区，增强和发挥杭州、宁波、温州民间财富管理集聚示范效应，促进全省其他有条件的地区培育形成民间财富管理特色，完善民间财富管理服务网络。

——成为全国财富管理机构类型齐全、法人机构数量多的地区之一。着力发展一批民间财富管理机构，在杭州市财富管理核心区集聚200家以上实力较强的财富管理机构；在宁波市、温州市以及省内其他财富管理集聚区发展一批有特色的财富管理机构。

——成为全国直接投融资活跃、民营企业财富管理健全的地区之一。着力打造一批民间财富管理平台，通过构建全省产权交易公共服务平台、多层次资本市场及金融资产交易市场、金融中介配套服务体系的“一平台、两市场、一体系”，力争全省在境内外证券市场上市的公司总数达到350家左右，新增募集资金达到1200亿元以上，不断提高直接融资比例。

——成为全国财富管理业务广泛、创新活跃的地区之一。着力创新民间财富管理服务，针对不同层次的投融资需求，通过社会资本增量的优化配置和存量资产的优化重组，创新发展各类财富管理业务和产品，不断提升民间资金向产业资本的转化能力。

二、主要任务

根据上述总体要求和发展目标，今后5年需重点推进以下5项工作：

（一）建设一批民间财富管理集聚区。

1. 建设杭州财富管理核心集聚区。发挥杭州市金融生态环境良好、自然环境优美、文化积淀丰厚、毗邻上海国际金融中心的优势，重点发展以股权投资机构、银行、保险、证券、期货、信托及各类资产管理机构总部为主的财富管理核心集聚区，成为在全国具有领先地位和较大影响力的财富管理机构总部基地。合理布局集聚区内适宜财富管理机构发展的办公、培训、生活等功能区块。（杭州市政府牵头，省发改委、省财政厅、省金融办、人行杭州中心支行、浙江银监局、浙江证监局、浙江保监局配合组织落实）

2. 建设宁波和温州两大特色优势财富管理集聚区。发挥宁波市港口和海洋资源优势，重点发展以离岸金融、航运金融、贸易金融为特色的财富管理集聚区。发挥温州市民间资本规模大、投融资活跃的优势，重点发展以私募股权投资和创业投资为特色的财富管理集聚区。（宁波、温州市政府分别牵头，省发改委、省财政厅、省金融办配合组织落实）

3. 形成覆盖面广、贴近市场需求的民间财富管理网络。通过杭州、宁波、温州民间财富管理集聚区的辐射、带动，在全省有条件的市、县（市、区）因地制宜地培育和发展一批特色鲜明的财富管理集聚区，形成覆盖广泛的财富管理网络。（各有关市政府牵头，省发改委、省财政厅、省金融办配合组织落实）

（二）发展一批民间财富管理机构。

1. 培育和引进一批证券投资基金公司。培育省内证券投资基金，促进其管理资产总量和业绩达到全国中等以上水平。同时，吸引国内外知名基金管理公司来浙江设立分公司。（各市政府牵头，省金融办、浙江证监局配合组织落实）

2. 培育和引进一批股权投资机构。吸引国内外知名股权投资机构总部迁至浙江或来浙江设立分支机构，以及通过合资、合伙、合作等形式新设机构。做大做强省内股权投资机构。创新证券公司和信托公司投资业务，支持省内法人证券机构向中国证监会争取直接投资业务试点资格，设立直接投资业务部门或专业的直接投资子公司，进一步完善多层次的股权投资基金体系。（各市政府牵头，省金融办、省发改委、浙江证监局配合组织落实）

3. 发展各类资产管理机构。吸引国内外知名保险公司来浙江设立保险资产管理公司，支持省内保险法人机构设立保险资产管理公司，拓展保险资金投资渠道。吸引证券公司来浙江设立资产管理子公司，促进我省证券公司定向资产管理、集合资产管理和专项资产管理等三项业务规模进入全国证券公司中等以上水平。支持省内有条件的企业集团设立财务公司。支持大型上市公司设立投资总部或投资子公司，通过产业并购与行业创新技术的孵化培育，促进上市公司可持续发展。支持省内信托机构规范发展证券投资信托产品，审慎开拓个人信托业务。充分利用我省期货公司发展优势，在中国证监会推出期货特定客户资产管理业务后积极争取试点，为投资者参与期货市场提供专业化服务。（各市政府牵头，浙江银监局、浙江证监局、浙江保监局、省金融办配合组织落实）

4. 引入私人银行业务机构。引入国内一流商业银行和知名外资银行的私人银行业务机构，为高端客户提供全方位理财服务。（各市政府牵头，浙江银监局配合组织落实）

5. 完善金融中介服务体系。引入和培育财务顾问、信用评级、资信评估、会计审计、法律及保险代理、经纪、公估等金融中介服务机构，为财富管理提供一系列配套服务。（各市政府牵头，省金融办、浙江保监局配合组织落实）

（三）打造一批民间财富管理平台。

1. 完善产权交易市场体系。进一步强化产权交易平台的融资功能和资本配置功能。积极创新产权交易产品，探索技术产权、文化产权、排污权、水权、碳排放权、农村土地承包权和林权等产权交易，稳步拓展区域性泛产权交易。（省金融办牵头，省财政厅、省国资委、省农业厅、省林业厅、省科技厅、省环保厅、省文化厅、人行杭州中心支行、浙江银监局配合组织落实）

2. 构筑多层次资本市场。加快建设全省未上市公司股份转让平台，加强制度建设，鼓励更多的未上市公司和投资机构参与股权交易市场。完善省、市、县（市、区）三级梯队培育上市后备资源机制，推动更多符合条件的企业在境内外证券市场上市融资。在国家监管部门的支持指导下，争取在浙江探索建立区域性场外交易市场。（省金融办、浙江证监局牵头，省工商局、各市政府、浙江产权交易所配合组织落实）

3. 健全金融资产交易市场。推动整合各类金融资源，完善金融资产交易市场，为各类金融资产提供全程式交易中介服务，探索地方金融机构股权、信托产品、私募股权、保险产品及相关金融衍生品交易等新型业务，促进金融资源优化配置。（省金融办牵头，省财政厅、人行杭州中心支行、浙江银监局、浙江证监局、浙江保监局配合组织落实）

4. 构建金融服务研究平台。整合政府、高校、金融信息技术企业和金融机构研究团队的力量，建立财富管理资讯信息服务和研究平台，形成全国一流的民间财富管理研究力量。（省金融办牵头，浙江金融研究院、人行杭州中心支行、浙江银监局、浙江证监局、浙江保监局配合组织落实）

5. 开展民间融资规范试点。研究制订加强民间融资管理的意见，引导民间融资规范发展。选择在民间融资活跃的市、县（市、区）开展规范民间融资试点，合理引导民间融资的资金投向和利率水平。探索民间融资阳光化途径，在政策允许的前提下，开展各种非存款类小额放贷规范化试点。加强民间融资的法制宣传和诚信教育，防范和打击非法集资活动。（省金融办牵头，人行杭州中心支行、浙江银监局、各有关市、县（市、区）政府配合组织落实）

（四）创新民间财富管理服务。

1. 创新各类投资基金运作模式。鼓励和支持设立以服务海洋经济、战略性新兴产业等为主的产业投资基金，以上市公司并购重组及行业整合为主的产业并购整合基金，以产业升级为主的股权投资基金和并购基金等。发展和完善政府引导基金，吸引国内外知名股权投资机构和管理团队，引导社会资本集聚，支持地方重点产业发展。（省金融办、省财政厅、省发改委牵头，省经信委、人行杭州中心支行、各市政府配合组织落实）

2. 积极推动债券市场发展。加大发行基础设施类债券的力度，吸引保险资金设立债权投资计划，积极支持经济效益好、信誉度高的大型企业发行企业债，鼓励上市公司发行公司债和可转换债，积极推广短期融资券、中期票据、中小企业集合票据等债务融资工具，推动资产证券化的创新发展，探索在全国银行间市场发行非公开定向债务融资工具等创新产品。（省发改委、人行杭州中心支行牵头，省金融办、浙江证监局、浙江保监局配合组织落实）

3. 创新发展不同层次的财富管理产品和服务。大力发展适合大众投资者需求的收益相对稳定、风险较低的各类标准化理财产品或固定收益类产品，以及面向高端客户的个性化、全方位资产管理服务和面向企业法人的资产管理服务，探索开展各类资产受托管理业务。（浙江银监局牵头，省金融办、有关金融机构配合组织落实）

（五）支持民间资本进入金融领域。

1. 支持民间资本参与地方金融机构改革。支持民间资本以入股方式参与城市商业银行、证券公司、保险公司的增资扩股，参与农村信用社等地方金融机构的改制。（省金融办牵头，省财政厅、人行杭州中心支行、浙江银监局、浙江证监局、浙江保监局、省农信联社配合组织落实）

2. 鼓励民间资本参与设立各类金融机构。鼓励民间资本发起或参与设立金融租赁公司、小额贷款公司、村镇银行、农村资金互助社等金融机构（组织）。探索发展民间资本参与的消费金融公司、汽车金融公司等新型金融机构。（省金融办牵头，省工商局、人行杭州中心支行、浙江银监局配合组织落实）

3. 支持民间资本发起设立各类创新金融组织和金融中介服务机构。支持民间资本发起设立融资性担保、典当、创业（风险）投资等金融组织，以及财务顾问、信用评级、资信评估，保险代理、经纪、公估等各类金融中介服务机构。（省金融办牵头，省经信委、省发改委、浙江保监局配合组织落实）

三、保障措施

（一）加强组织领导。建立民间财富管理中心建设的指导协调机制，制订落实具体政策措施，加强对实施工作的统筹协调。

（二）加强政策扶持。省、市、县（市、区）财政要整合扶持金融业发展的相关资金，加大对民间财富管理中心建设的扶持力度，对总部金融机构入驻、金融业务创新、人才引进等方面给予补助和奖励。

（三）加强管理服务。对民间财富管理业务所派生的新兴金融机构、创新金融业务建立有效的备案管理制度，并提供高效、灵活的服务。切实加强风险防范，加强投资者的风险意识和投资理念教育，进一步完善社会信用体系。

（四）加强人才支撑。贯彻落实人才强省战略，制订吸引各类高层次金融人才的配套政策，建立激励机制，着力引进和培养金融高端人才。加强与国内外金融科研教育单位和专业培训机构合作，加快建设金融人才培训平台。

（五）加强考核监督。制订科学合理的考评办法，对各地级市及有关部门实施民间财富管理中心建设行动计划的进展情况进行年度考评。建立信息交流和定期报告制度，及时总结进展情况，强化对工作的督查和落实。

附件：推进民间财富管理中心建设行动计划重点实施项目

附件

推进民间财富管理中心建设行动计划重点实施项目

项目类型	序号	实施项目名称	实施目标及内容	责任单位	参与单位
一、民间财富管理集聚区	1	杭州财富管理核心集聚区	实施目标：规划建设杭州财富管理核心集聚区。 实施内容：发挥杭州市金融生态环境良好、自然环境优美、文化积淀丰厚、毗邻上海国际金融中心的优势，重点发展以股权投资机构、银行、保险、证券、期货、信托，及各类资产管理机构总部为主的财富管理核心集聚区。	杭州市政府	省发改委、省财政厅、省金融办、人行杭州中心支行、浙江银监局、浙江证监局、浙江保监局
	2	宁波财富管理集聚区	实施目标：规划建设宁波财富管理集聚区。 实施内容：发挥宁波市港口和海洋资源优势，重点发展以离岸金融、航运金融、贸易金融为特色的财富管理集聚区。	宁波市政府	省发改委、省财政厅、省金融办
	3	温州财富管理集聚区	实施目标：规划建设温州财富管理集聚区。 实施内容：发挥温州市民间资本规模大、投融资活跃的优势，重点发展以私募股权投资和创业投资为特色的财富管理集聚区。	温州市政府	省发改委、省财政厅、省金融办
二、民间财富管理机构	4	专业航运保险机构	实施目标：设立专业航运保险机构。 实施内容：围绕海洋经济中的港航物流服务需求，通过设立专业航运保险机构，在海上货运保险、物流保险、船舶保险、进出口产品责任保险等方面提供专业保险服务。	宁波市政府	
	5	保险资产管理公司	实施目标：设立保险资产管理公司。 实施内容：吸引排名全国前列的保险公司在浙江设立保险资产管理公司，支持省内保险法人机构设立保险资产管理公司，增强运用保险资金的能力。	杭州市政府、浙江保监局	省金融办、浙江保监局、有关保险机构
	6	九鼎华东总部和清科华东总部	实施目标：引入九鼎华东总部系列项目和清科华东总部。 实施内容：在嘉兴市南湖区金融创新示范区引入九鼎华东总部、九鼎商学院、九鼎俱乐部等九鼎系列机构，以及清科华东总部，形成创业投资与私募股权投资领域综合服务平台，带动金融后台服务及外包产业、风险投资和私募股权投资行业发展。	嘉兴市政府	
	7	温州人股权投资基金	实施目标：组建温州人股权投资基金。 实施内容：依托温州市丰厚的民间资本优势，大力发展股权投资基金产业，“十二五”时期完成温州人股权投资基金的组建工作，基金总规模为30亿元、首期5亿元，温州市财政出资10%作为引导基金。	温州市政府	

项目类型	序号	实施项目名称	实 施 目 标 及 内 容	责任单位	参与单位
三、民间财富管理平台	8	丽水市侨资股权投资服务中心	实施目标：组建丽水侨资股权投资服务中心。 实施内容：充分发挥丽水市华侨集中、侨资雄厚的优势，通过组建侨资股权基金，将分散在民间的华侨资金通过股权投资基金、创业投资基金、中小企业集合信托基金等方式，转化为支持地方经济发展的产业资本。	丽水市政府	
	9	产权交易市场体系	实施目标：完善产权交易市场体系。 实施内容：进一步强化产权交易平台的融资功能和资本配置功能。积极创新产权交易产品，探索技术产权、文化产权、排污权、水权、碳排放权、农村土地承包权和林地流转等产权交易，稳步拓展区域性泛产权交易。	省金融办	省财政厅、省国资委、省农业厅、省林业厅、省科技厅、省环保厅、省文化厅、人行杭州中心支行、浙江银监局
	10	未上市公司股份转让平台	实施目标：打造全省未上市公司股份转让平台。 实施内容：加快建设全省未上市公司股份转让平台。加强制度建设，鼓励更多的未上市公司和投资人参与股权交易市场。	省金融办	浙江证监局、省工商局、各市政府、浙江产权交易所
	11	区域性场外交易试点	实施目标：探索建立区域性场外交易试点。 实施内容：依托未上市公司股份转让平台，并进一步完善、提升其产权、股权交易等市场功能，在国家监管部门的支持指导下，积极稳妥地推进区域性场外交易市场建设。	省金融办、浙江证监局	试点市政府
	12	金融资产交易市场	实施目标：健全金融资产交易市场。 实施内容：推动整合各类金融资源，完善金融资产交易市场，探索为地方金融机构股权、信托产品、保险产品、私募股权及相关金融衍生品等提供交易中介服务。	省金融办	省财政厅、人行杭州中心支行、浙江银监局、浙江证监局、浙江保监局
	13	创业创新企业上市(杭州)培育基地	实施目标：构建服务创业创新企业对接资本市场的大平台。 实施内容：通过设立培育中心、培训中心、研究中心、路演中心等平台，提供上市咨询、辅导和宣传推介活动，开展拟上市公司和上市公司高管培训，围绕资本市场重大问题开展研究，举办研讨会，并为首次公开发行企业提供网上路演服务和上市仪式电视直播。	杭州市政府	浙江证监局
	14	湖州产业集群融资服务中心	实施内容：设立湖州产业集群融资服务中心。 实施内容：建立信息平台、召开项目推介会等方式，为项目方和机构投资者提供对接平台，并提供相关培训。	湖州市政府	
	15	股权投资并购(绍兴)中心	实施目标：搭建股权投资、并购绍兴信息中心。 实施内容：利用民间资金和资本意识强的优势，加快绍兴市在股权投资、企业并购等方面形成区域性信息中心。	绍兴市政府	
	16	金华股权投资及并购信息平台	实施目标：建立金华股权投资及并购信息平台。 实施内容：利用金华市丰富的民间资金优势和信息技术优势，搭建较为完善的股权投资及并购信息平台。	金华市政府	
	17	民间融资规范试点	实施目标：开展非存款类小额放贷规范化试点，探索民间融资阳光化途径。 实施内容：选择在民间融资活跃的县(市、区)开展规范民间融资试点，合理引导民间融资的资金投向和利率水平。在政策允许的前提下，开展各种非存款类小额放贷规范化试点。加强民间融资的法制宣传和诚信教育，防范和打击非法集资活动，促进民间融资规范发展。	省金融办	人行杭州中心支行、浙江银监局，有关市、县(市、区)政府

项目类型	序号	实施项目名称	实施目标及内容	责任单位	参与单位
四、民间财富管理服务创新	18	民间财富管理研究所	实施目标:成立民间财富管理研究所。 实施内容:整合政府部门、高校、金融信息技术企业和金融机构研究团队的力量,成立民间财富管理研究所,争取在民间财富管理领域形成全国一流的研究力量。	省金融办	浙江金融研究院、人行杭州中心支行、浙江银监局、浙江证监局、浙江保监局
	19	航运产业发展基金	实施目标:设立航运产业发展基金。 实施内容:以政府资金为引导,集聚社会资金,设立航运产业发展基金,首期规模拟为20亿元,主要投资相关航运产业。	宁波市政府	
	20	舟山海洋产业投资基金	实施目标:组建舟山海洋产业投资基金。 实施内容:以政府资金为引导,聚合全省民间资金,适度考虑引入境外资金,组建舟山海洋产业投资基金,首期规模在5亿元以上,投资方向为舟山市内涉海大型产业投资项目以及市内大型基础建设投资。	舟山市政府	
	21	台州转型升级投融资创新	实施目标:设立各类引导基金和台州民资股权服务中心,支持地方经济转型升级。 实施内容:由涉及台州沿海产业带开发的县(市、区)共同发起设立台州湾产业引导基金,设立战略性新兴产业、金融、物流、旅游、文化产业及现代农业等发展基金,充分发挥政府引导协调作用,吸引社会资本集聚,支持地方经济转型升级;同时发挥台州市民营企业集中、民间资本雄厚的优势,通过搭建信息平台、组织推介活动等,引导民间资金参与建立股权投资公司、小额贷款公司、融资性担保公司等,为地方经济发展增加资金供给。	台州市政府	
	22	衢州金融产业投资基金	实施目标:设立衢州金融产业投资基金。 实施内容:通过设立金融产业投资基金,推动地方金融机构改革,参与金融创新。	衢州市政府	
五、民间资本进入金融领域	23	民间资本参与农信社改制	实施目标:引导民间资本参与县级农信社的股份制改革。 实施内容:积极稳妥推进县级农信社的股份制改革,鼓励和支持民间资金入股农村商业银行,优化股权结构。	省金融办	省财政厅、人行杭州中心支行、浙江银监局、省农信联社
	24	民间资本发起或参与设立小额贷款公司与村镇银行,农村资金互助社	实施目标:引导民间资本发起或参与设立小额贷款公司与村镇银行、农村资金互助社等新型农村金融机构(组织),使小微企业和“三农”金融服务得到明显改善。 实施内容:以引导民间资金、促进可持续发展为重点,鼓励民间资本发起或参与设立小额贷款公司与村镇银行、农村资金互助社等中小型金融机构。	省金融办	省工商局、人行杭州中心支行、浙江银监局

浙江省人民政府办公厅
关于加快发展家庭服务业的实施意见

浙政办发〔2011〕132号

各市、县(市、区)人民政府,省政府直属各单位:

家庭服务业是以家庭为服务对象,向家庭提供各类劳务,满足家庭生活需求的服务行业。家庭服务业需求大,极具发展潜力。为加快发展我省家庭服务业,根据《国务院办公厅关于发展家庭服务业的指导意见》(国办发〔2010〕43号)精神,结合我省实际,经省政府同意,现提出如下意见:

一、总体要求和基本目标

(一)总体要求。坚持市场运作与政府引导相结合,促进家庭服务业市场化、产业化、社会化发展;坚持政府扶持与规范管理相结合,完善并落实扶持家庭服务业发展的产业政策,规范经营行为和用工行为;坚持满足生活需求与促进经济结构调整相结合,满足家庭生活多样化服务需求,带动相关服务行业发展;坚持促进就业与维护权益相结合,努力扩大就业规模,维护从业人员的合法权益。

(二)基本目标。到2015年,家庭服务业发展的政策体系和监管措施基本健全,行业规范和标准化体系基本建立;基本形成多层次、多形式的家庭服务市场和经营机构,培育行业示范企业100家;就业规模不断扩大,从业人员综合素质不断提高,企业、家庭、从业人员权益得到有效维护。到2020年,形成覆盖全省、惠及全民、较为健全的家庭服务体系,总体发展水平与全面建设小康社会的要求相适应。

二、加强家庭服务业发展的统筹规划和引导

(一)科学制订规划。省级有关部门要根据国民经济和社会发展"十二五"规划及服务业发展主要目标,制订全省家庭服务业发展规划。各地也要结合实际制订相应规划,明确发展目标、主要任务和保障措施。各有关部门要制(修)订相关行业规划和专项规划。研究制订家庭服务业发展评价体系,促进规划的实施。

(二)明确发展重点。研究制订不同时期的家庭服务业发展指导目录。当前,要适应人口老龄化和生活节奏加快的趋势,重点发展满足家庭基本需求的家政服务、养老服务、社区照料服务、病患陪护服务等。加快基本养老服务体系和残疾人服务体系建设,积极发展居家服务、社区日间照料和专业化服务机构,支持社会力量参与公办服务设施的运营。因地制宜发展家庭用品配送、家庭教育。依托中心镇、中心村,逐步发展面向广大农村的家庭服务。

(三)培育服务市场。积极鼓励各种社会资本投资创办家庭服务企业。除法律、行政法规另有规定外,对设立家庭服务企业不得提高注册资本最低限额。支持工会、共青团、妇联、残联等组织利用自身优势发展多种形式的家庭服务机构。鼓励促进家务劳动社会化,积极扩大家庭服务需求。各级政府及有关部门面向困难群众提供的家庭服务类公共产品,要面向市场、面向社会购买。营造开放、竞争、有序的家庭服务市场秩序,不得设置市场壁垒。支持有条件的家庭服务企业"走出去",拓展发展空间。

(四)完善信息平台。整合资源,增加投入,实施家庭服务业公益性信息服务平台建设工程。2012年底前,各设区城市的家庭服务业公益性信息服务平台全部投入运行。依托家庭服务业公益性信息服务平台,健全供需对接、信息咨询、服务监督等功能,对家庭服务机构的资质、服务质量进行监督评价,形成便捷、规范的家庭服务体系。加快促进公共就业服务信息平台、家庭服务业信息平台、社区信息服务平台等信息服务资源的互联互通、资源共享,扩大信息覆盖面和服务范围,为家庭、社区、家庭服务机构提供公益性服务。

(五)发挥社区作用。加快社区服务体系建设,统筹社区家庭服务业发展。扶持社区家庭服务场所建设,将洗染、废旧物资回收利用、家用电器及其他日用品修理、社区保洁、社区保安等需要就近提供服务的家庭服务站点纳入社区服务体系建设。鼓励不设服务场所的各类家庭服务机构与医疗服务机构、社区管理和服务机构等加强合作,增强可持续发展能力。支持大型家庭服务企业采用连锁经营等方式到社区设立各类便民站点。加快社区综合信息服务平台建设,支持社区居民自治组织为家庭提供信息服务,支持社会组织开展互助志愿服务活动。

三、落实家庭服务业发展扶持政策

(一)鼓励兴办中小型家庭服务企业。将国家和省促进中小企业发展的政策措施落实到家庭服务企业,为企业设立、经营提供便捷服务和政策支持。支持企业通过连锁经营、加盟经营、特许经营等方式,整合服务资源,扩大服务规模,增加服务网点,健全服务网络。除有特别规定外,企业设立连锁经营门店可持规定的文件和材料,直接到所在地工商行政管理机关申请办理登记手续。加大对中小型家庭服务企业的多元化融资支持,拓宽融资渠道,扩大信贷抵押担保物范围,建立健全信用风险分散转移机制,推进金融产品和服务方式创新。

(二)大力实施品牌战略。选择一批管理规范、运作良好、示范性强的家庭服务企业进行重点培育,引导其规模化、网络化、品牌化发展。支持企业建立和完善现代企业制度，积极开展技术、管理和服务创新，争创驰名商标、著名商标，打造知名品牌。对新获得驰名商标、著名商标的家庭服务企业，参照《浙江省工业转型升级财政专项资金管理办法》规定，给予一次性奖励。

（三）支持鼓励家庭服务领域就业创业。把发展家庭服务业与落实就业扶持政策紧密结合起来，鼓励农村富余劳动力、城镇就业困难人员和高校毕业生到家庭服务业就业、创业。对家庭服务机构招用就业困难人员，签订劳动合同并缴纳社会保险费的，按规定给予社会保险补贴。对就业困难人员在家庭服务业从事个体经营或者灵活就业的，按规定给予社会保险补贴。员工制家政服务企业在与家政服务员签订劳动合同期限内，其签订劳动合同情况经当地人力社保部门认定符合条件的，可按照“先缴后补、一年一补”的原则，享受养老保险、医疗保险、失业保险补贴，补贴标准为企业实际缴纳上述社会保险费的50%，补贴期限不超过3年。高校毕业生、领取失业保险金人员、就业困难人员、农村富余劳动力、返乡农民工等自主创业从事家庭服务业的，公共就业服务机构按规定免费提供开业指导、创业培训、小额担保贷款、人事劳动档案保管等“一条龙”服务，并加强跟踪指导和帮扶。各类创业孵化基地要对进入基地的家庭服务业创业人员提供创业营业用房和相关政策扶持，并根据基地内创业企业吸纳就业情况，给予一定数额的种子资金和一定期限的房租补贴；有条件的地方，经当地人力社保部门对创业孵化企业吸纳从业人员参保情况进行认定后，可按给予孵化企业参保人员每人每年不超过500元社会保险费补贴，享受期限暂定3年，具体标准由各地自行决定。对高校毕业生从事家庭服务业的，在报考公务员、应聘事业单位工作岗位时可按有关规定视同基层工作经历。大力开发家庭服务业公益性岗位，安排就业困难人员就业。健全覆盖城乡的公共就业服务体系，加强乡镇（街道）、村（社区）就业服务平台和农民工（新市民）综合服务中心建设，为家庭服务从业人员免费提供政策咨询、就业信息、职业指导和职业介绍等服务，为家庭服务企业招聘人员和家庭雇用家政服务员免费提供推荐服务。加强劳务输入地和输出地的信息对接，促进有组织的家庭服务劳务输出，降低求职成本，提高成功率。

（四）加大财政资金支持力度。各级财政要认真梳理现有支持家庭服务业发展的政策，进一步扶持家庭服务业重点行业和领域发展。综合运用贷款贴息、经费补助和表彰等多种形式，在项目扶持、房租补贴、公益性岗位补贴、技能培训、社会保险补贴、小额担保贷款、信息服务网络建设、宣传推介以及品牌家庭服务企业创建等方面予以重点支持。扶持家庭服务业所需经费符合失业保险基金、就业专项资金、残疾人就业保障金支出范围的，按规定予以列支。

（五）落实税费等扶持政策。落实扶持中小企业发展的税收优惠政策，对符合条件的员工制家政服务企业，按国家有关规定，自2011年10月1日至2014年9月31日，对家政服务企业由员工制家政服务员提供的家政服务取得的收入免征营业税。中小型家庭服务企业按规定缴纳城镇土地使用税确有困难的，报经省级地税部门批准，可减免城镇土地使用税；当期货币资金在扣除应付职工工资、社会保险费后，不足以缴纳税款的，经税务机关批准，可以延期缴纳税款，最长不得超过3个月。落实社区服务、养老服务、维修服务、便利连锁经营、废旧物资回收利用等服务业态的税收优惠政策，对符合条件的小型微利企业，减按20%的税率征收企业所得税；将年应纳税所得额低于3万元（含3万元）的小型微利企业的优惠政策延长至2015年，并按规定及时扩大范围。物业服务企业、民办非企业单位开展家庭服务业业务，符合条件的，可享受上述优惠政策。经税务机关在2011年1月1日至2013年12月31日期间审批，家庭服务业企业当年新招用符合条件的人员，与其签订1年以上期限劳动合同，并依法缴纳社会保险费的，在3年内按实际招用人数予以定额依次扣减营业税、城市维护建设税、教育费附加和企业所得税优惠，定额标准为每人每年4800元。鼓励个体经济组织从事家庭服务业，经税务机关在2011年1月1日至2013年12月31日期间审批，符合条件的失业人员和高校毕业生从事个体经营家庭服务业的，在3年内按每户每年8000元为限额依次扣减其当年实际应缴纳的营业税、城市维护建设税、教育费附加和个人所得税；对农民工回乡创办家庭服务业实体，在登记注册后给予3年扶持，实行收费和小额担保贷款优惠，并在登记服务、准入条件、经营范围、注册资本等方面比照失业人员自主创业的优惠政策执行；登记失业人员、农民工、残疾人、退役士兵以及普通高校毕业生从事个体经营家庭服务业的，自其在工商部门首次注册登记之日起3年内，免缴登记类、证照类等有关行政事业性收费。

各地要积极鼓励利用存量土地发展家庭服务业，做好重点社会养老服务项目用地保障。城市新建居住小区要预留规划面积，优先考虑家庭服务业站点发展的需要。完善价格政策，实行社会养老机构与居民家庭用电、用水、用气同价，其他家庭服务机构与一般工商业用电、用水、用气同价。落实促进残疾人就业的有关政策，鼓励和扶持具备劳动能力的残疾人从事家庭服务。对有居家失能老人、残疾人、困境儿童的家庭其他成员从事家庭服务业，给予相应的经济补助和免费技能培训。支持商业保险机构开发家庭服务保险产品，推行家政服务机构职业责任险、人身意外伤害保险等险种，防范和化解风险。

四、规范家庭服务业市场秩序

（一）推行服务标准。建立健全家庭服务业标准体系，扩大服务标准覆盖范围。相关部门、行业协会和企业要积极做好家庭服务业各项服务标准制（修）订和实施工作，推行服务承诺、服务公约、服务规范，提高服务质量。支持我省家庭服务企业参与国家家庭服务业相关标准的制订和实施工作，对参与标准制订工作的企业，按照《浙江省服务业发展引导财政专项资金管理办法》规定，给予一次性奖励。

（二）加强市场监管。制订家政服务机构资质规范，规范家庭服务机构从业行为。加强市场日常监管,依法查处违法经营行为,坚决取缔非法职业中介,维护家庭服务消费者的合法权益。设立家政服务机构或其他组织从事家政服务经营的,须向当地人力社保、商务部门备案。

(三)强化行业自律。大力加强家庭服务业行业协会建设,在开办经费、办公场地、人员配备等方面给予扶持,为协会开展行业交流、人才培训、行业自律等工作提供有利条件。行业协会要在政府主管部门指导下,推动家庭服务机构开展规范化建设,出台行业服务公约,推行家庭服务协议示范文本,组织开展技能比赛、服务质量评定,调解服务纠纷,调查处理违反行规行为,并配合有关部门开展行业统计、制订行业服务标准和行业工资指导价位。对成绩突出的家庭服务业企业协会,按照《浙江省服务业发展引导财政专项资金管理办法》规定,给予一定的奖励。

(四)抓好诚信建设。大力开展家庭服务机构诚信经营和家庭服务从业人员职业道德教育。健全守信褒扬和失信惩戒机制,在家庭服务机构资质评级以及日常监管、表彰奖励中,要重点考核诚信经营情况,将家庭服务诚信情况纳入社会信用体系,并与全社会的诚信记录联网。

五、提高家庭服务从业人员职业技能

(一)加强职业技能培训。整合培训资源,调动培训机构的积极性,努力提高培训质量。充分发挥规模经营企业、技工院校、就业训练中心、行业协会和工青妇组织的作用,根据当地家庭服务市场需求和用工情况,积极开展各种形式的培训。实施家政服务员、养老护理员、病患陪护员等家庭服务从业人员定向培训工程。落实培训补贴政策,统一培训补贴基本标准,统一培训机构资质规范,统一培训考核标准、程序和办法。各地要落实好国家和省有关加强职业院校教材开发、师资培训、实训基地等基础能力建设的相关政策,加大对定向培训的投入。

(二)开展职业技能鉴定。探索符合家庭服务特点的职业技能鉴定模式,鼓励从业人员参加职业技能鉴定或专项能力考核。经鉴定考核合格并获得国家职业资格证书的,按规定给予一次性鉴定补贴。建立职业培训结业与技能鉴定同步实施制度,构建家庭服务从业人员从初级工、中级工、高级工到技师、高级技师的发展通道。家庭服务机构应坚持先培训后上岗制度,完善技能水平和薪酬挂钩机制,鼓励从业人员积极参加培训和鉴定考核,引导广大家庭选择持有家庭服务职业资格证书或专项职业能力证书的从业人员提供服务。

(三)促进专业人才培养。将家庭服务业经营管理和专业人员培养纳入省中长期人才发展规划,组织实施家庭服务业高端人才培养计划。鼓励有条件的家庭服务企业与高等院校、中等职业学校、技工学校和科研院所合作,建立家庭服务人才培养基地和实习基地,并按规定落实相关扶持政策。加强家庭服务职业经理人培训,完善人才交流和激励约束机制,引导家庭服务专业人才合理流动。

六、维护家庭服务从业人员合法权益

(一)规范家庭服务机构、家庭与从业人员的关系。研究制订适应家政服务特点的劳动用工政策及劳动标准,促进家政服务员体面劳动。招聘并派遣家政服务员到家庭提供服务的家政服务机构,应与员工制家政服务员签订劳动合同或简易劳动合同,执行家政服务劳动标准,家政服务机构还应当与家庭签订家政服务协议。以中介名义介绍家政服务员但定期收取管理费的机构,要执行员工制家政服务机构的劳动管理规定。引导家庭与通过中介组织介绍或其他方式自行雇用的非员工制家政服务员签订雇用协议,明确双方的权利和义务。其他家庭服务机构及其从业人员应当依法签订劳动合同,执行劳动法律法规一般规定。

(二)维护家政服务员劳动报酬等权益。各地人力社保部门要定期公布当地家政服务员工资指导价位,促进工资水平逐步提高。家政服务员的工资不得低于当地最低工资标准。家政服务机构向员工制家政服务员收取管理费的,不得高于规定的比例。员工制家政服务员可以实行不定时工作制,家政服务机构及家庭应当保障其休息权利,具体休息或补偿办法可经实际协商确定。

(三)促进从业人员参加社会保险。家庭服务机构及其从业人员应当按规定参加社会保险、缴纳社会保险费。非员工制城镇户籍家政服务员可以灵活就业人员身份,自愿按规定参加职工基本养老保险和城镇职工基本医疗保险或城镇居民基本医疗保险。非员工制农业户籍家政服务人员可以按有关规定和自愿的原则,参加职工基本养老保险和城镇职工基本医疗保险或城镇居民基本医疗保险,也可以参加城乡居民社会养老保险和新型农村合作医疗。工伤保险及其他有条件的社会保险险种要针对家政服务员特点,实行灵活便捷的参保缴费方式,并根据参保人员需要按规定做好转移接续工作。

(四)健全从业人员权益维护机制。按照"鼓励和解、加强调解、加快仲裁、衔接诉讼"的要求,及时妥善处理家庭服务机构与从业人员之间的劳动争议。建立包括企业调解、基层调解及区域性调解、社会调解的工作网络,提高仲裁效率,努力将争议化解在基层。加强与人民法院的沟通,促进裁审衔接。加大监察执法力度,依法查处家庭服务机构违反劳动保障法律法规的行为。对家庭与非员工制家政服务员之间因履行雇用协议引起的民事纠纷,要积极引导当事人通过人民调解、行业协会调解、诉讼等渠道解决。依法在家庭服务企业中建立工会。发挥各级工会、共青团、妇联和残联组织优势,通过政策咨询、法律援助、维权热线等方式,配合有关部门做好家庭服务从业人员权益维护工作。

七、切实加强家庭服务业发展的组织领导

(一)建立健全协调机制。各地要于2011年底前建立由人力社保部门牵头,发展改革、商务、民政、工商、财政、工会、共青团、妇联等部门和单位组成的发展家庭服务业促进就业联席会议制度,联席会议办公室设在人力社保部门。联席会议主要负责协调处理发展家庭服务业促进就业的重大问题,并推动制订相关政策法规、规划和措施。联席会议办公室要加强统筹协调、促进工作落实,联席会议各成员单位要各司其职、加强协作,其他有关部门也要做好涉及家庭服务从业人员的文化生活、公共卫生、计划生育、党团和工会建设等各项工作。省发展家庭服务业促进就业联席会议要对各地工作开展情况进行监督检查。

（二）深化细化政策措施。从行业发展、企业培育、财税金融、技能培训、社会保险、信息服务平台建设、社会组织等方面，进一步研究制订鼓励和支持家庭服务业加快发展、扩大就业的政策措施。省级有关部门要根据本实施意见，结合各自职能，尽快出台专项政策措施和实施细则。各地要按照本实施意见要求，抓紧制订促进家庭服务业发展的具体政策措施。

（三）完善统计调查制度。研究建立家庭服务业统计调查制度，进一步完善家庭服务业统计调查方法和指标体系，健全家庭服务业信息发布制度，做好家庭服务业发展形势的监测与分析工作。统计所需工作经费由同级财政保障。充分发挥各部门和行业协会的作用，建立健全信息共享机制，促进家庭服务业统计信息交流，提高统计数据的准确性和及时性，为制订规划、政策提供依据。

（四）营造良好社会氛围。大力宣传发展家庭服务业的重要意义和政策措施，积极倡导家务劳动社会化的新观念，及时总结推广各地、各部门创造的先进经验。及时宣传优秀家政服务人员的先进事迹，不断增强行业诚信意识和优质服务意识，努力提高家庭服务从业人员的社会地位，在全社会形成尊重、关心、支持家庭服务业发展的良好氛围。

二〇一一年十一月二十二日

浙江省人民政府办公厅关于加强和改进民间融资管理的若干意见（试行）

浙政办发〔2011〕133号

各市、县（市、区）人民政府，省政府直属各单位：

为加强对民间融资的引导与规范，发挥民间融资积极作用，改善中小企业融资环境，防范和打击非法集资，维护我省经济金融秩序和社会稳定，根据国家有关法律法规以及加强和创新社会管理的总体要求，经省政府同意，现就加强和改进民间融资管理提出如下意见：

一、充分认识加强和改进民间融资管理的重要意义

民间融资是指在依法批准设立的金融机构以外的自然人、法人以及其他经济主体之间，以货币资金为标的的价值转移及本息支付的融资行为。民间融资在我省创业创新、中小企业成长以及“三农”发展中发挥了积极作用，在一定程度上缓解了中小企业融资难问题。但是，民间融资活动隐蔽性强、参与主体复杂、涉及面广，加上法律制度尚不完善、监管缺位，存在很大的风险隐患。一旦融资主体发生资金链断裂或非法集资行为，容易引发群体性事件，也易诱发暴力讨债、非法拘禁、恶意逃债、哄抢物资等恶性案件，严重影响经济社会和谐稳定。因此，各地、各部门必须高度重视，既要看到民间融资所起的积极作用，也要看到民间融资无序发展所带来的负面影响。在当前中小企业尤其是小微企业融资困难、经营压力加大的情况下，更需要加强和改进对民间融资的管理，引导民间融资阳光化、规范化发展，切实缓解中小企业融资难和民间资金投资难问题，促进经济转型升级。

二、准确把握民间融资管理的基本原则

按照“引导发展、创新管理、防范风险”的原则，以改善中小企业和“三农”融资环境为出发点，以引导规范和创新管理为重点，倡导发展合法融资，探索有效监管途径，严厉打击非法集资，有效遏制高利放贷，切实防范潜在风险，确保区域经济金融安全。

三、积极拓宽民间资金投资渠道，合理引导民间资金流向

深入贯彻落实《国务院关于鼓励和引导民间投资健康发展的若干意见》（国发〔2010〕13号）等一系列政策措施，鼓励和引导民间资金进入基础产业和基础设施、市政公用事业、政策性住房建设、医疗卫生和教育文化等社会事业、金融服务和商贸流通等法律法规未明确禁止准入的行业和领域。鼓励和引导民间资本投向我省海洋经济、现代服务业和战略性新兴产业等重点领域。鼓励和引导企业、投资机构通过多种途径集聚民间资金参与省内重大项目建设和国有企业改制重组。

四、大力发展专业资产管理机构，推进民间资金集约化管理

充分发挥我省民间资金丰裕、投资者积极性高、承担风险能力较强等优势，通过设立政府引导基金和各类股权投资基金，引进国内外高端人才，营造宽松发展环境，大力培育发展专业资产管理和投资管理机构，以集约化管理方式，吸引更多的民间资金通过股权、债权投资方式有序流入实体经济和成长型骨干企业。

五、加快地方金融机构发展步伐，吸引更多民间资金参与地方金融机构改革

支持民间资金参与地方商业银行、农村信用社以及其他非银行金融机构的改制和增资扩股；支持民间资金参与小额贷款公司设立和增资扩股，参与村镇银行、农村资金互助社等新型农村金融组织试点扩面。鼓励和支持小金融机构开发更多的适合民间资金投资需求的金融产品和服务。

六、开展民间融资监管试点，探索民间融资有效监管途径

选择温州市、省级金融创新示范县（市、区）以及部分民间融资活跃的市、县（市、区），率先开展民间融资监管试点工作，摸索经验，逐步推广。试点市、县（市、区）要探索建立民间融资备案管理制度，引导融资主体特别是法人实体进行民间融资备案登记。将民间融资的备案登记资料作为依法保护民间融资双方的合法权益、处理民间融资纠纷以及打击和处置非法集资案件的重要依据。鼓励试点市、县（市、区）建立民间融资服务机构，承担民间融资备案登记、信用建设以及民间融资中介组织运行情况监测等工作。试点市、县（市、区）要探索培育民间融资中介类服务机构，开展自然人、法人以及其他经济主体之间的民间融资信息中介服务试点，引导资金供需双方对接，降低民间融资成本，优化民间资金的行业和区域配置。加强对民间融资中介服务机构的指导和监督管理，异地企业来我省开展大额民间融资或民间融资中介服务的，应在省内设立一定规模的子公司或独立企业，并到其注册地或融资所在地政府金融工作部门备案登记。

七、加强对从事民间融资相关业务行为的监管

各地、各部门要按照“属地管理”和“谁主管、谁负责”的原则，强化对担保公司、典当行、寄售行、调剂行、投资类机构以及网络贷款服务机构等主体从事民间融资相关业务行为的检查与监督，防止其借用各类名义从事吸收公众存款、高利放贷等非法金融业务活动。

八、严厉打击非法集资等违法行为

依法打击非法吸收公众存款、集资诈骗、高利转贷等违法行为和资金掮客的违法活动，以及假借公司股票上市、项目投资等名义进行非法集资或资本传销活动。加大对非法集资案件特别是大案要案的处置力度。坚决取缔“台会”、“标会”等扰乱地方金融秩序的各种非法金融组织。引导和警示企业谨慎使用高息融资，对涉足民间高利借贷尤其是通过高利借贷进行固定资产投资或超过一定期限流动资金周转的，要及时予以劝导和制止。依法依规从严处理参与高利放贷、转贷的国家公务员和金融机构工作人员。

九、维护民间融资秩序，切实保护债权人合法权益

民间融资利率由融资双方参考市场资金价格水平协商确定，超过央行公布的同期同档次银行贷款基准利率四倍的超出部分利息不受法律保护。按照市场原则加强对服务小微企业的民间融资管理，降低市场风险和道德风险。在处理重大民间融资纠纷和非法集资案件时，要做好资产保全、财产处置及主要责任人财产的持续追究工作，切实防止“假破产”等案件发生。对暴力讨债、逼债、哄抢财物等严重影响企业正常生产经营和社会秩序的违法行为，要依法依规打击。加强民间融资宣传引导和风险提示，增强民间融资活动参与者的法律意识，提高企业和群众对非法民间融资活动的识别能力。

十、加强监测预警，强化对民间融资风险和非法集资案件的处置

充分发挥民间借贷利率监测体系的作用，先行在试点市、县（市、区）建立健全民间融资监测体系和工作机制，逐步完善民间融资规模和利率监测体系，加强民间融资动态跟踪和风险预警。当前特别要跟踪掌握涉及高利借贷的重点骨干企业的生产经营情况、财务状况及风险。对发现的问题和风险隐患，要及时采取应对措施，更多地运用市场化方式化解风险。鼓励和引导省内外行业龙头企业参与危困企业重组，促进企业转型升级。对重大民间融资事件和非法集资案件，要按照“属地管理、分业管理”原则做好应急响应、善后处置和应急保障工作。建立重大民间融资风险事件和非法集资大案要案督办制度。

十一、加强组织领导，切实强化民间融资管理工作责任

各市、县（市、区）要切实加强对民间融资管理工作的领导，制定民间融资管理实施办法，建立民间融资管理工作机制，形成市、县（市、区）政府负责、部门协调配合的民间融资管理工作体系。省政府金融工作部门要牵头做好民间融资管理和试点组织协调工作，制定民间融资中介机构和备案登记管理办法，并及时总结完善。有关部门要按照职责分工，密切配合，加强部门和区域协作，加强工作信息和监测信息资源共享。省政府将民间融资管理工作纳入对各市、各部门年度工作考核内容，对不履职或履职失误造成严重后果的要实行问责。

二〇一一年十一月二十八日

杭州市人民政府办公厅关于拓展提升国家级试点和基地的实施意见

杭政办〔2011〕1号

各区、县(市)人民政府,市政府各部门、各直属单位:

为充分发挥国家级试点和基地建设在全市保增长、调结构、促转型中的集聚辐射功能及示范带动效应,根据《中共杭州市委　杭州市人民政府关于加强我市国家级试点和基地建设的若干意见》(市委〔2009〕16号)精神,现就拓展提升我市国家级试点和基地提出如下实施意见。

一、把国家级试点和基地建设纳入长远发展规划

(一)编制发展规划。杭州市国家级试点和基地建设工作领导小组办公室(以下简称市试基办)要编制国家级试点和基地建设发展规划,明确发展目标、发展重点和保障措施,作为全市"十二五"发展规划的重要组成部分。各区、县(市)政府与市各有关部门要把国家级试点和基地的发展任务切实纳入各自的"十二五"发展规划和专项规划,把国家级试点和基地作为本地区、本行业加快发展的战略支撑和落实"十二五"发展战略的重要载体,做到科学发展、引领发展、转型发展、集聚发展;要认真分解落实本地区、本行业国家级试点和基地的发展任务,确保其与国家级试点和基地的发展要求紧密结合、互相支撑,发挥其引领科技发展、助推产业提升、优化社会管理的作用。

(二)优化空间布局。要加强与相关规划的衔接,把国家级试点和基地的空间布局纳入全市产业布局规划,并根据我市新一轮城市总体规划和土地利用规划,合理确定国家级试点和基地的空间布局,集约高效利用土地,发挥其产业集聚效益和规模效益;要根据所在地区的经济特色和优势,按照促进地区经济社会均衡发展的要求,预留国家级试点和基地拓展区的发展空间。对已认定的国家级试点和基地拓展区,规划部门应根据相关规范、标准和发展要求,做好公共设施配套工作。

二、推动国家级试点和基地的开发建设

(三)加大政府投入。凡国家级试点和基地基础设施建设项目,优先列入市重点项目或推荐申报为省重点项目。国家级试点和基地建设遇到拆迁安置问题的,优先给予解决。省下达给杭州市的农转用年度指标,切出10%作为专项指标用于国家级试点和基地建设,指标分配计划报市试基办备案。国家级试点和基地内工业用地和科研用地的土地出让金,由所在区、县(市)政府指定的管理机构专项用于国家级试点和基地基础设施建设。工业、科技创新和文化创意产业等专项扶持资金向国家级试点和基地倾斜,安排给国家级试点和基地申报项目的资金,不低于年度专项扶持资金总额的30%。

(四)实行集约发展。鼓励国家级试点和基地节约集约利用土地,在符合规划、不改变用途的前提下,允许其适度提高现有工业用地土地利用率。同时,对不符合节约集约发展要求的国家级试点和基地,市规划部门应会同市试基办和相关区、县(市)政府,根据国家级试点和基地的发展要求,以及国家相关管理规范和审批程序,报相关规划批准机构申请调整。

(五)鼓励企业参与。积极探索运用移交(BT)、建设一经营一移交(BOT)、转让一经营一移交(TOT)等投融资模式,鼓励和引导社会资金以独资、合资、合作等方式,投资国家级试点和基地及其公用事业、基础设施等的建设。

三、加大对入驻国家级试点和基地企业的政策扶持力度

(六)加强税收扶持。

1. 给予奖励性补助。对国家级试点和基地内新设立的企业,符合条件的,经税务部门审核批准,其项目投产后3年内缴纳的地方税收,可按比例予以奖励性补助;对企业的技术改造项目,投产后3年内新增的地方税收部分,经税务部门审核批准,可按比例予以奖励性补助。

2. 落实税收优惠政策。企业自建园区出租(自批准为国家级试点和基地并投入使用时起)、或企业将国家级试点和基地内自有物业出租给其他企业使用、或企业在国家级试点和基地内发展成特色区块,纳税确有困难的,经税务部门批准,前3年免收、后2年减半收取房产税、城镇土地使用税;国家级试点和基地内企业用于引进高层次人才的配套科研经费等可列入成本,科研创新经费、设备折旧费和职工培训费等可按相关规定予以税前扣除;国家级试点和基地内单位和个人从事技术转让、技术开发和与之相关的技术咨询、技术服务等业务取得的收入,免征营业税;企业在合并、分立、兼并等重组过程中发生转让企业产权涉及的不动产、土地使用权转移,免征营业税。

(七)引领研发创新。着力引导国家级试点和基地的产业结构向高端调整和发展,重点扶持国家级试点和基地内的自主创新和高端示范项目。推动优质科技资源集中,对国家级试点和基地内新申报成为国家级工程实验室、国家级工程研究技术中心、国家级企业技术中心、国家级企业重点实验室、国家级企业博士后工作站的企业或单位,在原有奖励的基础上,每新申报成功一项再奖励100万元。优先考虑将国家级试点和基地内的企业列入我市大企业大集团培育发展计划、"瞪羚计划"和"雏鹰计划"的重点培育对象。

(八)推进多渠道融资。支持国家级试点和基地内符合条件的企业通过主板、中小板、创业板及境外上市融资。大力发展股权投资基金,引入国内外知名股权投资管理机构,参与国家级试点和基地内重点项目的投资。引导市、区各级相关产业基金、创投基金支持国家级试点和基地内重大项目建设,并将支持情况作为对产业基金、创投基金年度评价的依据之一。

(九)鼓励吸引人才。鼓励国家级试点和基地吸纳海外高层次人才和大学生创业,并对其初创企业给予各项优惠政策。国家级试点和基地内企业人员,符合相关条件的,优先享受我市有关人才落户、社保、购房、子女就学等方面的优惠政策。

(十)优化配置环境容量资源。实施国家级试点和基地规划环境影响评价,进入国家级试点和基地的项目严格实行环境影响评价制度;提高项目准入门槛,鼓励高科技含量、高附加值、低排放、低污染的企业进入国家级试点和基地发展;加强污染物总量控制,国家级试点和基地项目的排污总量通过排污权交易实施调配,并在项目所在区、县(市)范围内削减平衡。

四、构建产业基地协作和利益共享机制

(十一)实行联合招商。市外经贸局、经合办应会同市试基办、相关部门及各相关区、县(市)建立全市产业基地发展网络平台,完善产业基地招商引资项目库,对外统一发布招商信息,对内共享信息资源;以产业基地招商引资项目库为基础,按年度编制产业基地重点招商项目计划,把产业基地招商作为全市对外招商引资和对内经济协作的重要组成部分。对有突出贡献的单位和个人,经市对外开放工作协调小组批准,可按照市招商引资相关政策予以奖励。

(十二)建设公共平台。鼓励建设国家级试点和基地公共服务平台,并支持其跨单位整合、跨园区共享、市场化运作、企业化管理。对产业基地建设面向全市的公共服务平台,经基地管理机构申请并报经市试基办审核批准,给予一次性财政补助,补助金额为平台建设实际总投入的20%-30%,最高不超过200万元。平台建成运营后,对运营支出大于收入的平台运营单位,经产业基地申请并经市试基办评估其使用效益后,给予运营维护补贴,年补贴金额为平台运营收支实际差额的20%-30%,最高不超过50万元。

五、其他

本意见涉及的资金支出,在市国家级试点和基地建设专项资金中统筹安排。

二〇一一年一月二十二日

中共杭州市江干区委　杭州市江干区人民政府关于加快转变经济发展方式进一步构筑中心区产业体系的若干政策意见

江委〔2011〕1号

各街道、镇，区直属各单位：

为深入贯彻科学发展观，加快转变经济发展方式，推进经济结构调整的有力突破，实现我区经济社会跨越式发展，按照"引导性、激励性、保障性"相结合的原则，特提出以下政策意见：

一、培育优势产业，推进转型升级

坚持增量引进和存量提升并重，推进产业转型升级，构筑以现代服务业为首位产业、新兴产业为重要支撑、传统优势产业为基本依托的现代产业体系。

（一）加快发展现代服务业。立足资源禀赋，发展金融及衍生产业，中介服务、现代商贸、现代物流等产业，积极培育总部经济。

1. 金融及衍生产业。在引进银行、保险、证券等金融机构的同时，重点培育创业（风险）投资、投资担保和管理、小额贷款等业态，强化金融服务功能。

新设立的创业投资、投资担保和管理机构三年内按其年度经常性税收对区财政贡献最高给予100%资助，每年不超过200万元；对投资机构一次性重大投资收益产生的区财政贡献，按"一事一议"给予扶持；经认定为重点投资担保机构的，另行给予租购办公用房资金补助等"一企一策"。现有企业享受本轮政策。

在我区设立的小额贷款公司，按江政办发〔2010〕109号文件给予扶持。对入驻我区的银行、保险、证券等金融机构总部、地区总部、省级总部的，按照省、市有关文件落实扶持政策。

2. 中介服务产业。重点培育科技中介、信息咨询、法律会计、产权交易、职业中介等行业，形成楼宇经济重要支撑。

新引进年度纳税额在50万元及以上的企业，经认定，第一年以其对区财政贡献的100%、第二年按70%、第三年按50%给予资助。现有企业年度纳税额达到200万元及以上的，以其较上一年新增区财政贡献的50%给予资助。

3. 现代商贸业。重点培育大型购物、连锁经营及品牌代理、商品贸易、社区商业等业态模式，加快建设商业综合体。

对年度纳税额首次达到1000万元、2000万元、3000万元、5000万元、8000万元及以上的大型购物中心、百货商场，分别给予10万元、20万元、30万元、50万元、80万元的一次性奖励。对其中引进独立核算的国内外一线品牌及世界500强企业投资项目，给予"一企一策"。

对年度纳税额达到500万元及以上的综合超市（连锁）、400万元及以上的专卖店（专业店）等独立核算机构，给予10万元、5万元的一次性奖励。现有连锁企业转变模式实现税收落地的，以其落地后年度纳税额对区财政贡献给予一定奖励；对税收落地并实现单独注册的，加大奖励力度。

对楼宇中年度纳税额达到100万元及以上的商贸类企业，经属地申报并认定后，以其较上一年度新增区财政贡献的50%给予资助。对社区商业企业，经认定对提升社区服务品质有较大贡献的，给予表彰奖励。

10%留用地引进知名品牌商业综合体项目的，经认定，给予所在村、社区50—100万元奖励，在用地挂牌出让后先期到位30%的资金，三年内建成营业的到位全部资金，提前建成营业的，加大奖励力度。市级建设主体引进国内外知名开发商运作商业综合体、特色街项目的，根据项目实际到位资金给予一定比例奖励。

4. 现代物流业。重点培育以区域性物流为主、城市物流为辅的总部型业态模式。

新引进年度纳税额在100万元及以上的企业，经认定，第一年以其对区财政贡献的100%、第二年按70%、第三年按50%给予资助。现有企业年度纳税额达到300万元及以上的，以其较上一年度新增区财政贡献的50%给予资助。

5. 总部经济。立足于增强中心城区服务功能，鼓励区外各类企业在江干设立总部，支持搬迁企业留总部。

区外企业在我区新设立具有总部职能的独立法人机构，且年度纳税额在100万元及以上的，经认定，第一年以其对区财政贡献的80%、第二年按70%、第三年按60%给予资助，对重点企业可加大资助力度。

新引进世界500强企业、国内外行业龙头、央企及国有大企业集团的区域性总部和品牌连锁企业总部（包括有上市潜力的科技型企业），经认定，除享受上述财政资助外，另行给予总部租购办公用房资金补助等"一企一策"。引进国际知名品牌总经销商或总代理商的，经认定，享受此条政策。

鼓励搬迁企业留总部，帮助企业落实总部用房，对搬迁前年度纳税额在100万元及以上企业留总部的，经认定，以其年度对区财政贡献的60%给予资助，重点企业可加大力度。对我区经济发展具有较大贡献的搬迁企业组团运作总部大楼的，给予"一事一议"。

（二）大力发展新兴产业。重点发展信息服务、节能环保、生物医药、新能源、新材料和文化创意等产业，提升区域经济竞争力。

6. 信息服务产业。以互联网、物联网、"三网融合"经济为导向，重点培育电子商务、软件开发、服务外包、增值服务等行业。

新引进符合产业导向的企业第一年、第二年以其对区财政贡献的100%、第三年按50%给予资助。现有企业年度纳税额达到50万元及以上的，以其较上一年度新增区财政贡献的50%给予资助。对新引进的行业龙头或产业运作商，经认定对发展新兴产业具有引领作用的，给予"一企一策"。

7. 重点培育掌握核心技术、市场潜力大的节能环保、生物医药、新能源、新材料等战略性新兴产业。

新引进符合产业导向的企业第一年、第二年以其对区财政贡献的100%、第三年按50%给予资助。现有符合导向的制造企业年度纳税额达到300万元及以上、研发和服务型企业年度纳税额达到100万元及以上的，以其较上一年度新增区财政贡献的50%给予资助。

8. 文化创意产业。重点培育设计服务、现代传媒、文化旅游、教育培训、动漫游戏等行业，扶持文化创意产业基地。

新引进符合产业导向的企业第一年、第二年以其对区财政贡献的100%、第三年按50%给予资助。现有设计服务类企业年度纳税额达到100万元及以上、其他企业年度纳税额达到50万元及以上的，以其较上一年度新增区财政贡献的50%给予资助。大力扶持文化创意产业基地建设，具体按照文化创意产业专项政策实施。

（三）优化提升传统优势产业。鼓励企业改造提升，支持企业做精做强主营业务，促进产业与城市融合发展。

9. 转型发展城市工业。鼓励发展以研发、销售总部和核心工厂为主要特征的城市工业。工业企业具备研发中心、销售中心、结算中心职能且年度纳税额在500万元以上的，以其较上一年度新增区财政贡献的40%给予资助。

10. 鼓励发展现代都市农业。对通过省、市级农业休闲观光园和最美丽农业休闲旅游示范点认定、农业园区认定、"农家乐"示范村认定的，经审核后，分别给予省级10万元、市级5万元的一次性奖励；农业企业申报国家和省、市各类项目并获得资助的，区财政给予配套；农业企业外拓生产基地的，视贡献大小给予扶持。

11. 鼓励建筑业发展壮大。新引进年度纳税额在500万元及以上的企业，第一年以其对区财政贡献的80%、第二年按60%、第三年按40%给予资助；现有企业年度纳税额达到1000万元及以上的，以其较上一年度新增区财政贡献的40%给予资助。企业被评为国家和省、市级工法的，分别给予30万元、20万元、5万元的一次性奖励；总承企业独立承包工程荣获国家鲁班奖、国优工程、省"钱江杯"的，分别给予50万元、20万元、5万元的一次性奖励（参建单位不享受）。

12. 改造提升专业市场。支持专业市场改造提升，对列入年度计划进行一般性改造按时按标准完成，并通过消防验收合格的，给予10－30万元的一次性奖励，结合电子商务等新业态进行改造提升的，加大奖励力度；对就地推倒重建的市场，给予"一场一策"；对完成年度停办、搬迁专业市场任务的责任单位，给予40－100万元的一次性奖励。

13. 鼓励创建商业特色街。鼓励各街道、镇挖掘潜力打造商业特色街（包括夜市），经认定审核后，给予20－100万元的一次性奖励，评为市级及以上先进的，适当加大奖励力度。鼓励国内外知名开发商参与商业特色街建设，经申报认定实施的，给予"一街一策"、"一店一策"。

14. 提升商贸企业档次规模。对首次评定为四星级、五星级宾馆（酒店）的，分别给予20万元、50万元的一次性奖励；对新通过星级认定的旅行社和达标百货店、金鼎百货店的，给予一定奖励。

对年度纳税总额达到500万元及以上的宾馆酒店、200万元及以上的娱乐餐饮企业，以其较上一年度新增区财政贡献的40%给予资助。

二、发展楼宇经济，推进产业集聚

把楼宇经济作为增量培育的着力点，加强政企合作，多途径打造一批品牌楼宇，推进优势产业集聚，实现做大做强。

（一）突出前期引导，打造特色楼宇。发挥现代服务业集聚区建设项目引导资金的作用，形成每年1亿元以上的资金规模，加强前期投入和引导，打造一批特色楼宇。

15. 培育功能特色。结合发展新经济新产业，打造以金融、总部、中介、科技型企业为重点、产业集聚的品牌楼宇；打造产业集聚度、关联度高的文化创意、电子商务、科技型物业等产业园（基地）；打造以人才创业、成果转化、技术服务、科技孵化为重点的公共服务平台。制定特色楼宇（新兴产业园、公共服务平台）认定评价办法，明确规模、业态和资助等标准。

16. 实施专项扶持。实行年度培育计划，对列入年度重点培育的特色楼宇，分类给予专项政策扶持，并实施合同化管理。

对楼宇业主利用自有资源或者第三方机构通过"返租、购买物业"打造特色楼宇的，经申报审核认定，在租金补助、购房资助、融资支持、财政扶持等方面分类给予"一楼一策"。

对各街道、镇和科技经济园通过"返租物业、做地做房"等模式打造特色楼宇的，经申报审核认定，给予加大区级资金配套和融资支持等"一楼一策"。

17. 注重经济社会效益。经评估，特色楼宇建成标准高于合同约定并具有较好经济社会效益的，在"一楼一策"的基础上，再给予一定奖励。

对10%留用地项目创新业态打造科技、总部等特色楼宇的，经认定后从高标准给予合作商"一楼一策"；对属地村、社区给予100－200万元奖励，以用地挂牌出让和建成运营为节点，分批到位奖励资金。

（二）发挥引领带动作用，做大做强楼宇经济。发挥特色楼宇的引领带动作用，推进产业集聚，做大做强楼宇经济。

18. 鼓励企业购买楼宇。对符合产业导向的企业在我区指定的商务楼宇中一次性购买面积300平方米及以上自用办公用房的，并且企业注册落地、年度纳税额在100万元以上的，经认定，给予每平方米500－1000元的购房补助，单家企业不超过100万元，分三年到位补助资金，对重点企业可加大力度。

19. 鼓励打造品牌楼宇。楼宇业主或管理机构引进品牌运营商、服务商、物业提升楼宇品质的，对其投入部分给予10%资助，最高不超过50万元；对于首次评为市四星级、五星级写字楼的，分别给予10万元、20万元的一次性奖励；新认定为市级特色楼宇的，给予一定奖励或财政资助。

20. 鼓励楼宇做大规模。对单幢楼宇入驻率和税收属地率均达到80%以上，且年度纳税总额（不包括房地产企业）达到1000万元、3000万元、5000万元、7000万元、1亿元及以上的，分别给予管理机构5万元、10万元、20万元、30万元、40万元的一次性奖励。

三、鼓励企业创新，促进做大做强

坚持把提升企业创新能力作为培育优势产业的关键环节来抓，促进转型发展、创新发展，加快做大做强步伐。

（一）鼓励企业技术创新。鼓励产学研合作，支持企业加大科技研发投入，提升企业科技创新能力。

21. 鼓励科技创新平台建设。新认定为国家和省、市级研发（技术）中心的，分别给予50万元、30万元、10万元的一次性奖励（含配套资助），对不同年度获得高一级认定的进行补差奖励。新认定为国家和省、市级科技孵化器的，分别给予50万元、30万元、20万元的一次性奖励（含配套资助），对不同年度获得高一级认定的进行补差奖励，并自认定起三年内按孵化器内企业纳税的区财政贡献，给予管理机构50%、30%、20%的资助。新认定为区级研发中心、产学研合作示范企业的，给予3万元的一次性奖励。企业与高校院所共建创新载体并取得实效的，经认定按实际投入额的15%给予资助，最高不超过50万元。

22. 鼓励企业发展高新技术。新认定的国家和省、市、区级高新技术企业，分别给予30万元、20万元、5万元、3万元的一次性奖励。申报火炬计划、创新基金等国家级项目的，给予企业专项审计费用50%的一次性补贴，通过后给予每项5万元的一次性奖励，每家企业最高不超过20万元。

23. 支持企业知识产权建设。新认定的国家和省、市级专利示范（试点）企业，分别给予10万元、8万元、5万元的一次性奖励。区内实施的科技成果，新荣获国家科学技术进步奖（技术发明奖）一、二、三等奖的，分别给予50万元、30万元、20万元的一次性奖励；新荣获省科学技术一、二、三等奖的，分别给予20万元、15万元、10万元的一次性奖励；新荣获市科学技术进步一、二等奖的，分别给予8万元、5万元的一次性奖励。

24. 支持服务业科技创新。新认定为国家和省、市级“技术先进型服务业企业”的，分别给予30万元、20万元、10万元的一次性奖励。实施区科技型服务企业认定制度，经认定为技术密集、知识密集、人才密集型的生产性服务业企业，授予“江干区科技型服务业企业”称号，并给予5万元的一次性奖励。

（二）鼓励企业优化经营管理。引导企业实施质量、品牌战略和拓展市场，鼓励企业优化用能管理。

25. 鼓励企业实施质量、品牌和拓市场战略。软件企业新通过CMM、CMMI、PCMM三级、四级、五级认证的，分别给予10万元、30万元、100万元的配套资助。新获得国家和省、市名牌产品（驰名商标）的，分别给予30万元、20万元、10万元的一次性奖励（含配套资助）。

对企业参加区有关部门组织的拓市场活动给予扶持，省内资助3万元、国内资助5万元、国外资助10万元（不含在本市范围内活动）。

26. 鼓励企业加强用能管理。企业通过市清洁生产审核的，给予主要经营者2万元奖励，开展电平衡、水平衡测试并验收合格的，有关费用按50%给予配套资助。对列入市级及以上计划的落后产能淘汰项目、节能减排技术改造项目并获得补助的，区财政给予配套资助，并按照市政府对项目实施所减少的能源消耗和污染物排放量的奖励标准给予配套奖励。

实施节能目标考核制度，对区重点用能单位年度节能降耗目标责任制考核达标的单位，给予主要经营者1万元奖励；对节能降耗工作成绩突出的单位和个人予以表彰奖励。

（三）加强企业梯队建设。建立全方位、分层次的梯队式企业培育结构，强化针对性扶持，促进做大做强。

27. 推进重点企业做大做强。对列入杭州市大企业大集团培育五年行动计划的企业，按有关文件精神给予“一企一策”。对新进入全国500强或全国民营500强的企业，分别给予主要经营者30万元、25万元的一次性奖励，同时进入两项排名的从高奖励。

对列入杭州市上市培育对象的企业，自列入年度起三年内以其对区财政贡献情况，经主管部门认定，给予一定补贴。企业在国内中小板上市的，给予150万元的一次性奖励；在创业板上市的，给予100万元的一次性奖励；在境外上市的，给予50万元的一次性奖励；对上市公司入驻我区的，给予“一事一议”。

28. 加快培育成长型企业。建立成长型企业培育库，对列入市“瞪羚计划”的，按照有关文件精神给予“一企一策”。被评为我市最具成长型的企业，给予一定奖励资助。

29. 大力发展科技型初创企业。实施科技型初创企业培育工程（起飞计划），对列入“起飞计划”的企业，给予房租补贴、贷款贴息、财政奖励和融资支持，具体按江政办发〔2010〕108号文件执行。

开展年度优秀企业评选，分行业评选一批突出贡献企业，按稳定经营情况评选一批优秀骨干企业，并给予表彰奖励。

四、转变发展理念，提升服务水平

立足于加快结构调整、推进产业转型升级，加大对创业创新的支持力度，进一步优化发展环境。

（一）加快人才引进。坚持政企互动，重点引进海内外优秀创业创新人才，支持人才和团队创业。

30．大力引进海内外高层人才和团队。发挥政府在招才聚智方面的主导作用，实施引进海内外优秀创业创新人才“百人计划”，重点引进在新兴产业领域中拥有核心技术或者发明专利，并处于国际先进、国内领先行列，且能在我区实现产业化的领军人才和团队。

31．支持高层次人才和团队创业。加快建设以浙江省国家大学科技园为重点的高层次人才创业园，支持高层次人才和团队带项目、带技术创业，对经认定评估的创业项目，分类给予启动资金、项目资助、贷款贴息、财政奖励、生产生活用房及安家补助等扶持政策，对列入国家和省“千人计划”、市“521”计划的，加大奖励资助力度。

32．鼓励企业引进高层次人才。鼓励企业引进重点领域、核心技术、紧缺岗位的高层次人才，对引进国家“千人计划”、省“千人计划”、市“521”计划人才的，分别给予企业8万元、5万元、2万元的一次性奖励，并帮助企业申请和协调解决人才用房，落实相关配套资助。

对企业新建院士工作站、博士后工作站等创新载体的，经认定后给予10万元的一次性奖励。建站后每引进1名院士进站工作给予10万元的一次性科研补助经费，每引进1名博士后进站工作给予5万元的一次性科研补助经费。

（二）加大融资支持。创新金融服务运作模式，搭建企业融资平台，多种渠道解决企业融资难题。

33．创新政府融资平台。深化钱江时代系列债权基金，完善“政府＋银行＋担保”的贷款合作模式，拓宽中小企业融资渠道。加大区级种子资金规模，以无偿资助、债权基金或天使投资等方式有效解决科技型初创企业融资难题。发挥区创业投资引导基金作用，引导社会资金投向我区科技型、成长型企业。

34．优化金融企业服务。对入驻我区的创业（投资）、投资担保等机构，除享受本意见第1条政策外，按市有关文件规定给予风险补偿资金配套。对各类金融服务结构和政府共同搭建融资平台的，给予一定奖励资助。

建立统一的政府投融资管理和执行机构，加强与银行、投资、担保等金融及服务机构的合作，确保政府基金规范、高效运行。

（三）加强创业创新服务。鼓励创业创新，推进以创业带动就业，为发展创新型经济、打造创新型城区提供保障。

35．鼓励各类群体创业。支持各单位打造创业载体，鼓励大学生、下岗失业人员、被征地农民等各类群体创业，根据有关文件精神，提供用房补助、融资贷款等优惠政策。经认定列入重点培养对象的，加大扶持力度。

36．完善科技创新服务体系。成立区科技服务中心，建立健全科技项目组织、科技成果转化、公共服务平台建设、科技物业运作、科技产业孵化、投融资、科技招商和产学研合作等科技创新服务体系。

37．深化服务理念。根据企业的不同需求，突出针对性服务，推进政府服务从项目报批、注册登记、资金资助等传统服务向产业转型、人才引进、子女入学、融资支持等深层次服务全方位拓展；落实企业减负各项政策，优化行政审批制度，强化部门联动，推进“一条龙”“一站式”服务，为创业创新提供良好环境。

五、加强组织领导，完善机制体制

38．加强组织领导。建立由区领导任组长的产业扶持资金工作领导小组，明确领导小组成员单位及工作职责；牵头制定江干区重点产业发展指导目录，研究出台贯彻本意见的责任分解方案和具体实施细则。

39．完善政策体系。按照构建“1＋X”体系的要求，有关部门要抓紧出台人才、融资等专项政策，修订完善现代服务业集聚区建设引导资金、文化创意产业资金等管理办法，确保《意见》的可操作性和实效性。

40．健全工作机制。各部门要完善联系协调、统计分析、专项考核等制度办法，根据本意见要求建立健全科技项目申报、认定审核评估等工作机制。各街道、镇和科技经济园要根据本意见精神进一步完善相关工作机制和管理办法。

六、其他

41．政策享受范围。财政收入级次在江干区的企业可享受本政策。同一项目获得上级多项资助或奖励的，择优执行，但不能重复配套资助奖励。对不符合我区产业发展导向或者企业当年发生重大安全生产事故、严重欠薪行为、违反环保法律法规的，不能享受。

42．扶持资金承担。上述政策所需资金，一次性奖励由区财政负担。与财政贡献挂钩的奖励和资助项目，由区本级与街道、镇及科技经济园的财政体制共同承担，特殊项目除外。享受“一企一策”、“一事一议”、“一楼一策”的，经产业扶持资金工作领导小组认定并报批后实施。

43．政策兑现及解释。上述政策中，一次性奖励在年度经济工作会议时兑现，其他政策在年度后由相关责任部门牵头拟定奖励资助方案，经产业扶持资金工作领导小组审核并报批后兑现。上述政策由区委政研室、区财政局牵头，会同相关部门负责解释。

本意见自2011年1月1日起实施，执行时间暂定3年。江委〔2008〕1号文件及补充意见停止执行，原有相关扶持政策与《意见》不符的，参照本意见执行。

中共江干区委
江干区人民政府
二〇一一年一月一十二日

中共杭州市萧山区委 杭州市萧山区人民政府 关于进一步促进中小企业平稳健康发展的若干政策意见(试行)

(2011年10月15日)

萧委〔2011〕31号

为积极应对后金融危机挑战,切实帮助中小企业解决当前面临的融资难等突出困难和问题,促进中小企业转型升级、稳健经营,确保全区经济平稳健康发展,特制订以下若干政策意见。

一、切实帮助中小企业解决融资难、融资成本高问题

1. 区财政设立5亿元的政府应急专项资金,用于为符合条件的企业提供资金周转。由区财政局负责制订政府应急专项资金使用管理办法,完善应急专项资金使用审批、损失分担等工作机制,切实抓好具体实施。

2. 区财政安排落实5亿元中小企业集合债权基金,用于解决中小企业融资难问题。

3. 加大信贷资金保障力度。全区各金融机构要积极向上级行争取新增信贷规模,确保完成全年新增贷款300亿元的目标,确保中小企业贷款增速高于全区平均增速,确保中小企业贷款增量高于去年同期水平。区政府对驻萧金融机构加大中小企业信贷支持情况实施考核奖励,考核结果进行通报。具体考核办法由人行萧山支行负责制定,并会同区财政、发改、经发等部门进行考核。

4. 各驻萧金融机构要切实履行社会责任,与企业一起共渡时艰,对企业正常的信贷资金要做到不压贷、不抽贷、不延贷,共同维护良好的金融环境和投资环境。

5. 各驻萧金融机构要全面贯彻落实中央和省关于支持中小企业的信贷政策,严格做到"三严五禁止",即严格执行"三个办法、一个指引"贷款新规,做到实贷实付和受托支付,防止贷款资金被挪用或外流,使贷款资金真正进入实体经济;严格落实利率风险定价机制,企业贷款利率上浮幅度不得超过20%,符合产业导向、转型升级要求的小企业贷款利率不得上浮;严格落实信用贷款试点任务,积极推行小企业信用贷款试点。禁止存贷挂钩,禁止一切不合理收费或以收取财务顾问费、咨询费等形式变相提高利息,禁止搭售金融产品,禁止向民间借贷中介机构融资,禁止将银行自身考核指标压力转嫁给企业。适当降低授信业务的存款回报要求,承兑汇票保证金比例不得超过50%。

6. 各驻萧金融机构要创新信贷产品,积极开展在建厂房、设备、应收帐款、集体土地使用权、股权质押等新型担保抵押贷款方式,综合运用银行承兑汇票、信用证、保函、远期外汇等各种表外金融工具,满足中小企业多元化的融资需求,切实缓解融资难。区房管、工商、国土等部门要探索扩大抵押担保物范围,凡是法律不禁止、评估价值较合理、权属较清楚的财产都可以进行抵押物登记。2012年12月31日前,企业房产抵、质押登记费用按标准的50%收取。

7. 对企业出口退税应退未退期限超过三个月以上的,经税务部门出具证明,银行审核同意后,企业可申请流动资金质押贷款,区财政给予企业贷款额的3%贴息补助。

8. 扩大担保公司政策覆盖面。凡依法经营,主要业务从事中小企业融资担保的所有担保机构,可按照《关于进一步完善扶持中小企业担保公司发展的意见》(萧政发〔2009〕76号)的规定,享受相应扶持政策。

9. 进一步拓展和强化再担保业务。区再担保公司要进一步拓宽思路,创新工作方法,经联合审核后,要高效率、高质量地为优势成长型、苗子型工业企业和十大产业中重点,扶持的中小企业,提供短期流动资金贷款的担保服务。

二、切实加大对中小企业的帮扶力度

10. 设立中小企业发展专项资金。区财政每年安排5000万元资金,用于扶持优势成长型、苗子型工业企业发展,担保公司、小额贷款公司和银行对中小企业金融贷款的风险补偿等方面的资金扶持,鼓励和引导中小企业产业提升和转型升级。

11. 大力支持困难企业稳定就业。实行社保补贴、岗位补贴,补贴资金在促进就业资金中列支,补贴标准参照就业困难人员社保补贴标准执行。对在岗培训所需资金,按规定从企业职工教育经费中列支,不足部分由促进就业资金予以适当补贴。

12. 对中小企业属于促进科技进步、环境保护和国家鼓励类投资项目的设备需要加速折旧的,可按规定缩短折旧年限或者采取加速折旧的方法,税务机关应及时办理事前备案手续。

三、切实减轻企业负担

13. 报经批准,对经营困难的中小企业、优势成长型、苗子型工业企业以及十大产业中重点扶持的中小企业,可给予减免水利建设专项资金、房产税和城镇土地使用税。

14. 中小企业因有特殊情况不能按期申报纳税的,区级有关部门要积极争取上级税务机关给予一定期限的延期申报。对经营困难、符合转型升级要求的小型微型企业,按照有关规定减免税费。严格执行中央关于提高小型微型企业增值税和营业税起征点、减半征收小型微利企业所得税政策延长至2015年底并扩大范围等财税支持措施。

15. 暂缓调整企业基本养老保险的单位部分缴费比例和工会费上解比例。2011年10月1日至2012年12月31日，企业基本养老保险的单位部分缴费比例继续按照现行12%的标准执行；暂缓推行原按“双低”标准参保企业的职工医疗保险。

符合转型升级要求、暂时经营困难的企业，经批准，可缓缴应由企业缴纳的社会保险费。

2011年度集中减征1个月由企业缴纳的基本医疗保险、失业保险、工伤保险、生育保险4项社会保险费。

增加中小企业工会经费的留存额度，原则上按30%上解。

四、切实支持企业创业创新

16. 各镇街场和工业园区要积极利用闲置土地和厂房，或在每年的增量土地中切块安排专项指标，建设一批功能齐全的中小企业创业基地，区财政根据创业基地实际投资情况给予一定的贴息补助。

17. 为广大中小企业提供公共服务的技术创新平台，区财政按平台实际投资额的10%予以资助。

18. 积极组织实施中小企业素质提升工程。按照三年培训3000家企业的目标，开展中小企业经营管理专项培训，引导中小企业科学规范管理。

19. 鼓励中小企业通过电子商务形式拓展市场，对与我区产业发展关联度大的独立电子商务平台给予项目设备投资额的10%贴息补助，其他独立电子商务平台给予项目设备投资额的5%贴息补助。

20. 进一步完善政府采购支持中小企业的有关政策，提高政府投资项目中采购中小企业货物、工程和服务的比例；进一步提高政府采购信息发布透明度，完善政府公共服务外包制度，对适宜拆分项目进行拆分。区财政局、区招投标管理办要制订支持中小企业参与政府采购和政府公共服务外包的实施办法，并切实抓好落实。

五、切实优化企业经营环境

21. 加强组织领导。区委、区政府成立稳定规范金融秩序、促进经济转型工作领导小组，负责研究和协调解决促进中小企业稳定发展、经济平稳运行的各项工作。各镇街和工业园区要落实责任，建立领导班子和工作机构，强化属地管理，加强摸底排查，扎实做好中小企业帮扶工作，切实维护社会稳定。各区级部门要发挥职能作用，加强协作配合，形成工作合力。

22. 完善工作机制。建立政银企司法“四位一体”的协调机制，健全经济运行和企业风险的预警机制、企业信用担保机制、稳定就业帮扶机制和区镇联动帮扶中小企业工作机制，强化信息交流上报制度，完善应急处置工作预案，妥善处置突发事件。进一步教育引导广大企业主加强自律，遵纪守法，诚信经营。要规范民间金融秩序，高度关注并及时有效打击欠薪逃匿、暴力讨债等违法行为，有效遏制民间借贷高利贷化倾向，确保社会和谐稳定。

23. 优化政府服务。建立区领导牵头、相关区级部门对口联系金融机构的工作制度，指导落实相关金融政策。完善“服务企业、服务基层”的长效机制，进一步落实区、镇街、工业园区联系企业制度，深入开展“为中小企业送温暖”活动，深入了解企业困难，帮助企业渡过难关。组织开展中小企业收费情况专项检查，进一步规范行政事业性收费。

24. 强化宣传引导。树立正确的舆论导向，充分利用报刊、电视、广播、互联网等传媒，大力宣传企业主动应对困难，加快转型升级，实现平稳发展的典型事例，大力宣传促进中小企业健康发展的政策举措，切实增强中小企业发展信心，大力营造政银企抱团取暖、共渡难关的良好发展氛围。

25. 实行“一事一议”政策。对为有效化解中小企业经营中的困难和矛盾，开展企业兼并重组的，可实行“一事一议、一企一策”的扶持政策。

26. 本政策意见由区委政研室、区经发局、区财政局、人行萧山支行负责解释，自发文之日起施行。

宁波市江东区人民政府办公室
关于突破五千万元现象企业发展瓶颈
助推企业二次创业的实施意见

东政办发〔2011〕64号

各街道办事处，区政府各部门、各直属单位：

为有效破解企业发展“五千万元现象”，全力助推中小企业实现二次创业，促进经济平稳较快发展，根据“三思三创”主题教育实践活动总体安排，现就突破“五千万元现象”企业发展瓶颈，助推企业二次创业提出如下意见。

一、重要意义

“五千万元现象”是指企业产值达到一定规模后遇到发展理念、资金、管理、人才、市场、技术等瓶颈制约而产生停滞不前或难以跨越发展的状态，这种既缺乏内生动力又缺乏外生助力的发展难题已引起社会各界的高度重视。积极关注和应对“五千万元现象”是贯彻落实科学发展观、深入践行“三思三创”主题教育实践活动的实际行动；是全面建设服务强区、推进转型升级的客观需求；是实现经济快速发展的新支点和新动力的必然要求；是增强经济发展内生动力、增创江东发展新优势的具体举措。

二、指导思想

以科学发展观为指导，深入贯彻落实市委、市政府“六个加快”决策部署，按照区委七届十次全会精神，紧紧围绕服务强区主战略和转型升级主线，以“五站”服务为抓手，改善创业服务环境，着力激发企业家创业热情和潜能，推动企业转型升级，推动企业二次创业，促进江东经济社会平稳较快发展。

三、工作措施

（一）搭建企业家创业加油站。区政府每年安排培训经费100万元，全面加强企业家培训工作。一是开办“企业家学院”。与国内外知名大专院校、科研院所、培训机构合作开设流动“企业家学院”，不定期选送企业家赴外地或国外培训，根据企业家需求量身定制培训内容，进一步点燃企业家创业激情、开拓发展视野、提高统筹谋划能力。二是实施定点培训。选择区内培训学校开展定点合作，聘请国内名师，为企业中高级管理人员开展各类专题培训，提升企业经营团队的综合管理水平。（责任单位：区人力社保局、区发改局）。

（二）搭建企业家经验交流站。区政府每年安排100万元经费，积极为企业家们搭建交流平台。一是举办企业家沙龙活动。选择固定场所不定期邀请企业家参加沙龙活动，让企业家在相互交流中碰撞智慧的火花。二是开办企业家讲堂。邀请成功民营企业家开设讲堂，以企业的成功经验为案例，结合企业家在创业过程中的思考心得，为其他企业家们传经送宝、指点迷津，激发共鸣。三是创立企业家俱乐部。俱乐部采用松散的会员制形式，通过举办组织企业家体检、开展户外健身、外出考察、心理咨询等不定期活动，实现关爱企业家身心健康、开拓企业家思维和眼界、促进企业家相互交流的作用。四是编发《创业激情》期刊。汇集国内外最新经济动态、成功企业实战案例、企业家采访札记等，供企业交流借鉴。（责任单位：区发改局）

（三）搭建资源共享信息站。区政府每年安排100万元经费，着力于搭建信息共享平台。一是建立科技信息平台。充分利用市场资源，将具有技术优势的企业纳入平台信息共享系统，发布新产品研发、知识产权、技术改造、股权合作等信息，促进科技资源的开放、共享、整合，为中小企业提供科技信息服务。二是推动信息对接平台建设。联合科研院所、高等院校等各类创新主体，建立科技资源开放共享平台，推动产学研合作向深度和广度发展。搭建创意设计公共技术中心，发布最新创意产品设计信息，促进设计产业与制造产业的融合发展。三是举办要素资源对接会。不定期举办资金、技术、产品、人才等各类要素资源对接会，搭建企业间要素对接平台，进一步促进全区信息资源的流动互通。（责任单位：区发改局、区科技局、区人力社保局）

（四）搭建机制保障服务站。政府部门充分发挥职能优势，创新举措，建立服务企业的长效机制。一是完善江东区87150000企业公共服务平台。通过平台热线、短信、QQ群、网上查询、网上接待室等多种沟通模式，即时处理企业的各类咨询和解难需求。整合全区32家涉企部门和七个街道的职能优势和服务力量，以完善的“收集问题—解决问题—考核监督”流程，充分发挥释疑解惑、解难帮困、信息传递、情感沟通等各项服务功能。二是提高政府部门行政效率。深化行政审批职能归并改革，深入推进行政审批标准化建设，明确行政审批事项的审批标准和流程，做到规则透明、程序透明、效率透明。建立执法单位行政执法登记制度和内部检查、收费、处罚登记台帐制度，规范执法行为。全面实行涉企收费公示制，进一步清理和规范收费项目。三是强化“领导联系企业”服务制度。明确每位领导联系2—5家重点骨干企业，定期到重点企业开展指导和调研工作，帮助企业理清发展思路、协调解决企业实际问题。同时，在实行区领导蹲点服务企业制度的基础上，主动作为，实行部门领导分工负责制、责任跟踪督查制、责任到人帮扶制，努力为企业创造一个公平、公正、健康、有序的发展环境。（责任单位：区企服办、各街道、各部门）

（五）搭建企业发展政策站。充分发挥政策对企业的引导和支持作用，努力营造良好的政策环境。一是加大财政扶持力度。区政府每年安排1亿元产业资金，重点扶持中小企业突破发展瓶颈，尽快做大做强。同时，制定科学合理的政策绩效评估标准和程序，加强对扶持资金的绩效管理进行评价，进一步提高资金使用效益。二是完善政策体系。根据国家和省市有关政策和宏观经济形势，在修订完善重点行业、骨干企业的政策体系和机制的同时，注重研究制订成长型企业培育发展政策，以带动全区整个产业结构转型升级，实现经济平稳较快发展。三是发挥专项融资担保资金效用。充分发挥江东区科技型中小企业融资担保风险专项资金作用，支持科技型中小企业的融资担保和企业短期资金周转，有效应对制约企业发展的融资难问题。（责任单位：区有关部门）

四、工作要求

区服务企业领导小组统一领导和部署此项工作，各部门、各街道要统一思想，加强领导，形成主要领导亲自抓，分管领导具体抓，相关部门配合抓的工作氛围，及时协调解决有关重大问题和疑难问题。

要把破解“五千万元现象”与深入开展“三思三创”主题教育实践活动相结合，建立定期走访企业、定期联系企业制度。及时了解掌握企业发展中遇到的困难和问题，及时帮助协调解决，做到事事有着落，件件有回音。

要认真查找机关工作效率和服务水平中存在的问题，采取有力措施加以整改，并切实修订和完善有关制度，提高政府服务水平。

要强化宣传，利用党政信息网、《今日江东》等载体，全面展示企业二次创业的成就和风采，热情褒扬企业家在转型发展、调整优化产业结构中所发挥的作用，客观展现他们的成功经历和心路历程，生动介绍他们的成功经验和做法，发挥成功创业的典范效应，鼓励和引导更多的企业在我区再创辉煌。

二〇一一年八月九日

中共慈溪市委关于做好“创二代”培育工作的若干意见

（2011年5月26日）

慈党〔2011〕12号

为全面贯彻落实科学发展观，深入实施市委市政府“一个引领、五大突破”战略部署，切实强化创业创新的精神激励和人才支撑，大力培育创业创新创未来的“创二代”，进一步调动发挥“创二代”共建富裕文明、绿色生态、更具活力现代化中等城市的积极性和创造性，特提出如下意见。

一、加强“创二代”培育的重要意义

当前，以传承家业的年轻工商业经营者为主体，包括年轻的在慈自主创业人士、高层次专业人才、在外慈溪籍创业人士等组成的一批有理想、有抱负、有责任的“创二代”群体，已成为我市经济社会发展中越来越重要的特殊队伍。做好对他们的培育工作，是我市落实《中共中央、国务院关于加强和改进新形势下工商联工作的意见》（中发〔2010〕16号）文件精神的具体体现，不仅是满足这一群体增进联系合作、提升自身素质、拓展创业平台等内在诉求的需要，更有利于促进非公经济健康发展和非公经济人士健康成长，有利于引领区域经济转型升级和可持续发展。近年来，我市依托各级商会、青年企业家协会、女企业家协会、青年联合会、海外留学归国创业发展促进会以及国际家族企业论坛、家业长青接班人学院等载体，在“创二代”的组织联谊和教育引导等方面，做了大量有效的探索工作，为进一步加强“创二代”培育打下了坚实基础。全市各级务必从全局和战略的高度充分认识“创二代”培育工作的重要性和紧迫性，进一步解放思想，更新观念，完善政策，创新机制，改进方法，把“创二代”培育工作做深做实做好。

二、加强“创二代”培育的指导思想和总体要求

加强“创二代”培育的指导思想是：以科学发展观为指导，坚持发挥思想政治工作引领作用，坚持团结、服务、引导、教育的方针，积极营造有利于“创二代”健康成长的社会环境，构建适应现代企业制度和经济社会发展要求的“创二代”成长机制，为我市经济社会转型发展和可持续发展提供支撑。

加强“创二代”培育工作的总体要求是：通过五到十年左右时间努力，实现新生代企业经营者总量大幅增加，结构明显优化，综合素质显著提高，努力培养和造就一支具有战略思维能力和现代企业经营管理水平、具有坚定政治立场、开拓创新精神和社会责任意识的“创二代”队伍。

三、加强“创二代”培育的主要任务和工作重点

（一）着力构筑组织引导平台

积极建立横向到边、纵向到底的多种形式的联谊组织，做到上下联动、左右互动，形成全市“创二代”之间相互学习、共同交流，相互合作、共谋发展的良好氛围。开展国内外高端交流活动，积极探索“创二代”成长规律，着力创造与国际知名专家学者和著名企业成功接班人士的交流互动机会，为我市“创二代”健康成长和企业健康发展传授经验、解疑释惑，努力促使我市“创二代”更好更快地成长。

（二）着力健全教育培养机制

建立教育培训机制。以宁波家业长青接班人专修学院为基地，积极引进国内著名大学机构在慈建立“创二代”培训研究基地，对全市具有代表性的“创二代”有计划、有步骤、分期分批地加以系统培训。市财政在人才教育培训资金中专门安排市“创二代”培育专项资金，并逐年增加，逐步形成政府主导、企业社会广泛参与的投入机制，切实提供财力资金保障。建立帮扶机制。建立各级党政领导干部与“创二代”结对制度，组织一批市内外经营管理实绩突出、社会形象完好的第一代成功企业家及成功人士对“创二代”开展帮带工作，促进“创二代”健康成长。

（三）着力完善创业创新扶持政策

加大“创二代”创业创新扶持力度，鼓励引导“创二代”在改造提升传统产业和培育发展新兴产业、新型业态中创业发展。探索设立“创二代”创投基金，政府部门提供一定的启动资金，积极引导“创二代”开展创投活动，在市新兴产业集群区或文化商务区等地开辟“创二代”创业创新基地，用于社会实践、交流互动、合作发展。

（四）着力营造政治关爱环境

多渠道提高“创二代”的政治地位，把经过综合评价表现优秀的“创二代”列入非公经济后备代表人士档案，增加他们参政议政的机会。对他们中的优秀分子在各类政治安排中予以优先考虑、积极推荐，市委市政府设立“慈商新锐风云榜”，每两年举行一次“创二代”精英评比表彰活动，对“创二代”群体中思想政治表现好、诚信守法、企业经营状况佳、创业创新能力强、履行社会责任多的人士进行表彰奖励，进一步激发全市“创二代”的创业创新热情。营造良好舆论氛围，利用各级媒体刊物、宣传报道我市“创二代”的典型人物和案例，让全社会了解、关心、支持“创二代”，形成有利于“创二代”健康成长的社会氛围；同时编制出版“新慈商”刊物，开展对外宣传交流，塑造慈溪“创二代”的良好形象。

四、工作要求

（一）切实加强组织领导。市成立加强“创二代”培育工作领导小组，由市委主要领导牵头，市委统战部、市委组织部、市委宣传部、市工商联等相关部门组成，下设办公室（办公室设在市委统战部），形成市委统一领导，统战部门牵头负责，相关职能部门和社会团体各司其职、密切配合，社会力量广泛参与的“创二代”培育工作新格局。

（二）不断健全网络体系。各镇（街道）党（工）委要成立相应的工作协调小组，指导本地“创二代”工作的开展。各镇（街道）要积极创造条件，依托辖区基层商会成立联谊会或联谊小组等相应组织，支持其经常性开展活动，相关部门要力所能及地提供业务帮助指导，为在全市广泛深入地开展“创二代”培育工作提供有力的基础保障。（三）明确落实工作职责。加强“创二代”培育工作是一项系统工程，各单位要根据部门职能认真履行工作职责，密切配合，齐抓共管，进一步形成强大的工作合力。建立联谊活动组织工作由市委统战部、市工商联共同负责；教育培训工作由市委组织部牵头，市工商联具体实施，市经济发展局、市人事局分工协作、共同完成；联系帮带、综合评价和表彰奖励工作由市委统战部负责，市工商联具体实施；加强政策扶持、提供资金保障工作由市财政局、市经济发展局、市科技局、市金融办等组织实施；打造“创二代”创业创新基地由市委统战部负责，市新兴产业集群区或文化商务区等具体落实，市工商联配合实施；营造舆论氛围工作由市委宣传部负责，慈溪日报社、市广播电视台、慈溪新闻网具体实施；打造国际高端交流品牌由市委统战部牵头，市工商联具体负责。

中共象山县委　象山县人民政府
关于工业经济提质扩量强服务转型跨越求突破的若干意见

（2011 年 1 月 31 日）

县委〔2011〕5 号

为全面贯彻县委十二届十一次全会和县“两会”精神，深入实施“千家规模企业培育工程”，进一步突出工业主体地位，加快工业经济转型跨越，确保全社会工业产值、规模以上工业产值同比增长 16%以上，工业投入完成 50 亿元，净增销售收入 500 万元以上企业超过 100 家，争取新增上市企业 2 家，新组建集团公司 4 家，节能降耗完成上级下达的任务。现对 2011 年全县工业经济发展提出如下意见：

一、加大重点骨干培育力度

1. 鼓励重点企业发展壮大。凡当年被评为强势型（培育）企业或列为“两创倍增”计划的企业，享受“一厂一策”的扶持政策，强势型培育企业和列为“两创倍增”计划的企业实行目标合同管理。凡当年被评为实力型、潜力型和实缴税金超过 150 万元且不低于 2009 年度实绩的企业，实缴增值税和所得税比上年递增 15%以上部分，县财政留成部分 50%奖励企业。对列入成长型企业的中小企业，当年度实缴税金超过 50 万元的，实缴增值税、所得税超过上年 30%以上部分，县留成部分 60%奖励企业。当年实现目标的兑现奖励额度的 50%，第二年实现目标后兑现全部奖励，第二年未实现目标不再兑现奖励。

2. 鼓励行业龙头企业做强做优。对列入省级工业行业龙头骨干企业的，落实省政府《关于支持行业龙头骨干企业加快发展的若干意见》文件精神，在产业发展、市场开拓、技术转移、资源配置等方面给予重点支持，积极争取申报省、市、县各级工业发展扶持政策补助。对龙头骨干企业在用地、融资需求和提升管理方面给予重点保障。聘请龙头骨干企业经营者为政府经济顾问，政治上给予一定的荣誉和关怀，邀请参与全县重大活动。

3. 鼓励兼并、联合、重组。对县内企业通过兼并、联合、重组等途径组建集团公司，能够发挥龙头作用，重组后总资产超过 1 亿元、且负债率不超过 70%的企业，对其所涉及权证变更过户的各项税费，县所得部分全部奖励给企业。

4. 鼓励发展总部经济。在东陈新区划出 200 亩土地设立总部经济基地，着力引进和培育一批总部企业，加快建设总部企业集聚区。根据新引进总部企业的投资和实缴税金情况，相应安排企业总部用地。建立一批符合我县产业导向的工业企业总部名录，在用地政策、财政奖励等方面给予倾斜。着力吸引税源型企业落户我县，对新引进的注册在象山、生产基地等设立在县外的企业，当年发生在我县计税销售 5000 万元以上，或实缴税金 300 万元以上的，对当年实缴增值税和所得税县留成部分的 50%给予奖励；已落户的企业三年内环比新增部分的 60%给予奖励。

二、扶持中小企业发展

5. 加快培育规模企业。继续使用好 2000 万元规模企业培育专项资金，在标准厂房租费、工业投资、创业辅导培训等方面加大扶持力度。对列入年度计划、符合产业导向的规模培植企业（原口径）并实现目标的，实缴增值税和所得税比上年递增 15%以上部分，县财政留成部分 60%奖励给企业；新办企业上年实绩为零的，基数按当年实绩减半计算。设立销售上台阶奖，根据净增规模企业（原口径）家数，给予镇乡（街道）和开发区、产业区每家 2 万元的工作经费补助。规模企业（原口径）当年销售首次达到

2000万元的，给予5万元的奖励。

6. *鼓励原创型企业发展。*对年应纳税额低于3万元的小型微利企业，财务管理规范且帐证齐全的，企业所得税县留成部分给予50%奖励。继续使用好1000万元中小企业创业风险投资基金，对筛选纳入县重点扶持的原创型企业，中小企业创业风险投资基金给予50万元以内的风险投资或风险担保。

7. *支持高校毕业生自主创业。*自毕业起5年内，35周岁以下(含)的高校毕业生来象新办工业项目，携带自主知识产权的产品和项目的，经认定，自其在工商部门登记注册之日起3年内，由县财政补助登记类、证照类和管理类收费，2年内企业所得税县留成部分给予全额奖励。高校毕业生自主创业自筹资金不足的，可申请中小企业创业风险投资基金风险投资，额度一般在实际投资额的20%以内。

8. *推进中小企业服务平台建设。*安排中小企业发展基金300万元，用于中介服务机构、典型宣传、考察学习、新办工业企业等经费补助奖励。继续使用好500万元公共服务平台建设资金，推动各类检测中心、研发中心、信息中心的创建和完善。充分发挥象山工业经济信息网的作用，完善"8718"企业公共服务平台建设。安排工业行业协会发展扶持资金50万元，用于行业课题研究、行业管理培训、行业标准起草制订、产学研合作等资源共享建设方面的经费补助。加快推进滨海工业园、城东工业园中小企业培植基地建设，对新设独立核算、独立运作、落户企业15家以上，标准厂房3万平方米以上的小企业创业基地，给予20万元的奖励。对进入县中小企业创业(培植)基地、中小企业孵化中心(建筑面积2万平方米以上)租用标准厂房生产的中小企业，经认定，每月给予3元/平方米的租费补助，同一企业补助不超过2年。

三、培育发展新兴产业

9. *加强产业规划引导。*深入实施"1555"工业发展战略，制定《象山县战略性新兴产业指导目录》，大力培育发展新能源、新材料、新装备、海洋生物、软件信息等五大战略性新兴产业。设立新兴产业发展专项资金1000万元，在用地保障、财政奖励、贴息补助等方面进行重点扶持。原针织、船舶和模具行业的专项扶持政策继续执行。

10. *加强龙头企业培育。*五大战略性新兴产业分行业确定1—2家行业龙头企业，每年实行动态管理，促进各类要素向新兴产业龙头企业集中。对行业龙头企业和新引进总投资在3000万元以上的新兴产业优质项目，投资强度在150万元/亩以上的，实行"一个企业，一个县级领导挂帅，一个帮办小组"进行优质帮办服务。对全县新兴产业发展有重大带动作用的战略性项目个案，实行"目标合同管理"、"一事一议"、"一厂一策"。

11. *加强要素资源保障。*投资3000万元以上的优质新兴产业项目，投资强度在150万元/亩以上的，经认定，可以单独供地，土地出让底价按照不低于所在地等别的70%执行。优先安排新兴产业项目与银行对接，适当提高授信额度，实行优惠贷款利率政策。对符合我县新兴产业发展方向和总体布局、具有较高科技含量、拥有自主知识产权、市场前景好、示范带动强的新兴产业投资项目，经企业申报、专家评审、社会公示，县经发局牵头相关部门审批等程序后，按实施过程中同期银行贷款基准利率给予贴息，单个项目的贴息总额最高为300万元。

四、提高自主创新能力

12. *加大财政支持力度。*县财政安排结构调整项目扶持资金2000万元，专项用于补助(奖励)企业的技术改造、技术创新项目，引导企业推进结构调整和转型升级。对针织服装、临港装备、汽配、输变电、水产食品加工、模具等行业，延伸和完善产业链的项目，总投资额在2000万元以上的，按《象山县重点行业投资项目补助实施细则》规定进行扶持。

13. *鼓励加大设备投入。*单体台套分别在3万元、50万元、200万元以上的设备，按实际投资额分别给予2%、3%、6%的一次性补助；对列入市重点优势技术改造项目，按现有标准再提高0.5个百分点，若市贴息补助不足的由县财政配套补足；对列入县成长型企业技术改造项目，按现有标准再提高1个百分点；对列入年度计划的规模培植企业(原口径)技术改造项目，新增设备、新建项目技术设备投资额分别降低到50万元、100万元以上，按现有标准再提高1个百分点。单个技术改造项目补助最高不超过200万元。

14. *鼓励开发新产品。*对获得国家级新产品和列入国家级火炬计划项目的每项奖励20万元；对被认定为国家级首台套的奖20万元、省级首台套奖10万元；对被认定为市级以上重点优秀新产品(包括最佳自主创新工业新产品、最具市场竞争力工业新产品)，每项奖励5万元，对通过市级以上鉴定的新产品，每项奖励1万元。企业同一年度多只新产品可累计奖。

15. *鼓励增加研发投入。*企业开发新技术、新工艺、新产品所发生的科技经费支出在50万元以上且占到销售收入2%以上的，按实际支出数的10%予以补助，最高不超过10万元(高新技术企业不在补助范围内)；培育优势产品，对本年度被国家有关行业管理部门首次认定为国内市场占有率居全国前5位，其产品销售收入在5000万元以上，且同比增长20%以上，凭有效证明奖励企业20万元，同时获得名牌的不重复奖励。对获得国内外发明专利，专利权人为企业的每项奖2万元，专利权人为个人的每项奖1.2万元；获得实用新型专利的，专利权人为企业的每项奖0.5万元，专利权人为个人的每项奖0.2万元；获外观设计专利的，每项奖励500元(从科技三项经费中列支)。对参与国家标准制定并已发布实施的单位，一次性奖励10万元，对参与省级地方标准或者国家行业标准制定并已发布实施的单位，一次性奖励5万元。

16. *鼓励建设技术中心。*对全县重点行业中新建的工业产品研发中心、工业产品检测中心、公共信息服务中心等，且独立核算、独立运作、服务对象达到15家以上的公共技术服务平台，每家给予20万元经费补助，对其当年新增设备投资额在50万元以上的，按设备投资额的2%

给予补助。对建立市级以上企业技术中心(工程研究中心)或公共技术服务平台所需的关键检测设备,单台价格在30万元以上的,按8%给予一次性补助。被新认定为的国家、省、市、县级企业技术(工程研究)中心,分别给予50万元、20万元、10万元、5万元的奖励;对被首次认定为高新技术企业,给予10万元奖励,对被认定为宁波市先进装备制造业重点企业的工业企业,给予20万元奖励。

17. *鼓励发展生产性服务业*。鼓励工业企业分离发展现代物流、贸易服务、科技信息、专业化配套服务、创意服务等生产性服务业,自分离次年起3年内,免收水利基金,其实现的地方财力新增部分,予以50%的补助。企业购置的固定资产因技术进步等原因,允许加速折旧。对主辅分离后设立的服务业企业所用水、电、气等要素价格,享受工业企业同等待遇。积极促进工业设计与创意产业发展,凡被认定为国家级、省级、市级的设计公司或研发设计中心分别给予20万元、10万元、5万元的奖励;对参加国家级、省级、市级的工业设计、创意大赛获奖的,分别给予10万元、5万元、3万元的奖励。

五、提升企业管理水平

18. *鼓励管理创新*。鼓励企业建立现代企业制度,开展现代管理示范企业创建活动,县经发等部门要安排专人给予业务工作上的支持或辅导,并在经费上予以补助。对列入年度计划,实施6S管理、精细化管理的企业,经审核验收后,给予每家3万元的奖励。被认定为县内企业咨询单位的按实际咨询费用给予20%的工作经费补助。

19. *鼓励制度创新*。对有意向组建集团公司和上市的企业进行专业跟踪辅导,对聘请专业咨询机构和代理公司的经费,给予一定的补助。继续鼓励企业在境内外上市,成功上市后县政府给予每家100万元的奖励;拟上市企业因股份制改造或上市规范要求,在兼并重组、资产重组、财务规范过程中,经批准,对地方形成新增税收的县留成部分,以项目补助的形式全额补助给拟上市企业;个人股东分红转为股本的,所涉及的个人所得税经税务部门批准暂缓征收,待股权转让时再按规定征收;拟上市企业进入上市辅导期当年起3年内,经批准,企业所得税比上年递增15%以上部分,县财政留成的50%部分以项目补助的形式奖励企业。

20. *鼓励品牌创建*。对首次获得名牌、驰名(著名、知名)商标的,国家级每项奖50万元,省级每项奖5万元,市级每项奖3万元(同一产品同年度获得多项荣誉称号不重复奖励)。获得区域性品牌的,对相关的行业协会,国家级奖10万元,省级奖8万元,市级奖5万元。安排50万元区域性品牌创建经费。

21. *鼓励两化融合*。坚持信息化带动工业化,推进企业制造过程自动化、工业产品智能化、企业管理现代化和商务交流网络化。对企业在实施上述信息化应用中,软件及配套硬件单体投入(不包括土建部分)达到50万元以上,软件投入高于项目总投入的40%,实施期限不超过2年且形成信息化系统集成的项目,经认定,软件按财务支出数的30%给予补助,最高不超过50万元。对列入年度计划实施“两化融合”项目的企业,经验收,成效显著的企业给予每家5万元的奖励。对建立信息化公共服务平台,服务企业在15家以上的,经认定,给予每家10万元的工作经费补助。

六、强化节能降耗

22. *推进全县节能降耗*。县财政安排节能专项资金800万元,用于促进全社会节能降耗工作的开展。对节能降耗重点领域共性、关键技术攻关,高效节能产品研发以及可再生能源和新能源的研发项目,经评审,分档次给予10万元以内的研发经费补助。推进重点节能技术(产品)应用。对应用十大节能技术(产品)的节能投资项目,工业企业年节能量在200吨标准煤以上和非工业企业(单位)年节能量在100吨标准煤以上的项目报宁波市节能资金补助;工业企业项目投资额在30万元以上、非工业企业投资额在15万元以上,节能(电)效果达到20%以上的,按项目实际投资额给予10%的补助,最高补助额在50万元以内。

23. *推进落后产能淘汰*。强化针织服装染整行业节能减排,对节能减排成效显著的项目(包括淘汰落后产能项目),按项目实际投资额给予12%的补助,最高补助额在60万元以内。对使用本县节能产品,并列入县风光互补照明系统试点计划的,每艘渔船按实际设备投资额的50%给予补助。对低效高耗锅炉实施改造,工业企业投资额在20万元以上,非工企业投资额在10万元以上,按项目实际投资额给予12%的补助。根据宁波市节能专项资金管理办法,对高效照明灯具推广县承担部分给予补助。在专项资金中安排40万元,用于新农村节能项目补助。

24. *推进节能管理*。推广合同能源管理,采用合同能源管理模式的节能应用项目,在取得实际节能降耗效益后,按项目实际设备技术投资额的20%予以补助,最高补助额在25万元以内。对年耗能500吨标煤(等价值)以上的用能企业,年节约标煤100吨以上、200吨以上、300吨以上的企业,经审核,分别给予每家5万元、8万元、10万元的奖励。在全县范围内实行节能工作目标考核,对未完成节能目标的单位和企业实行“一票否决制”,不能享受有关优惠扶持政策。

25. *推进清洁生产*。对自愿开展清洁生产和列入试点的企业,通过清洁生产审核验收的,按实际审核费支出的50%给予补助;对通过清洁生产审核的中高费方案,按审核期内项目实际投资额的8%给予补助,最高补助额在50万元以内,列入强制清洁生产的企业不得享受财政补助。获得市环保模范企业的奖励5万元,获得省级以上绿色企业荣誉称号的奖励10万元。

26. *推进循环经济发展*。加快工业循环经济试点园区项目实施和推进,对试点园区内的循环经济项目建设,给予当年投资额的8%补助,最高补助额在60万元以内。列入宁波市重点新能源、可再生能源及新型资源综合利用的项目,按规定由县财政承担一定比例的补助。实施再生资源回收利用、工业废弃物利用、资源综合利用等循环经济项目,项目投资额在20万元以上的,按项目实际投资额给予8%的补助，最高补助额控制在30万元以内。

七、优化工业发展环境

27. 建立服务企业长效机制。完善县涉企部门联席会议制度，定期通过现场办公、政企互通、限时办结等形式切实为企业解决实际困难。出台《在全县开展优化工业发展环境整治活动的实施意见》，着力推进工业发展环境建设，全面深化优化企业服务。

28. 加强用工服务。加强与各类职业技术院校、中介机构、劳务协作基地等相关机构沟通联系，根据引进、输送务工人员人数，给予一定的经费补助。对纳税贡献大、生产正常的企业，适当在生活用地比例上给予倾斜，允许企业建造职工宿舍。鼓励企业引进外来劳动力，经向劳动部门办理录用备案，与企业签订劳动合同、实际连续1年、按规定缴纳社会保险的，按年末企业外来员工净增数，给予企业300元/人的奖励(新办企业减半奖励)；鼓励企业积极招用本地新增劳动力或本地失业人员，经向劳动部门办理录用备案，与企业签订劳动合同、实际连续1年、按规定缴纳社会保险的，按年末本地员工净增数，给予企业200元/人的奖励(新办企业减半奖励)。

29. 鼓励拓展市场。安排国内合作经费150万元，用于横向经济协作、原料基地建立、市场拓展、劳动力基地建设、山海协作等工作经费补助。推动企业通过建立直销中心、开设经营网点等方式来拓展国内市场；鼓励政府采购在同质同价的情况下优先采购本地产品。对企业参加由政府组织的国内重要展会给予展位费全额补助，对参加其他由省以上人民政府或国家行业协会等相关组织的展会给予展会费50%的补贴，最高不超过3000元。县财政安排300万元资金，专项用于针织服装内销市场拓展。

30. 提高融资担保水平。县中小企业融资担保有限公司注册资金增加到13500万元，鼓励有条件的镇乡(街道)建立担保分机构；提供2亿元担保责任余额，专门用于规模培植企业(原口径)融资担保。积极调整担保结构，不再新增“两高一资”企业贷款担保额度。鼓励社会各界共同参与建立民营担保企业，并按实际担保年新增余额的1%给予补助，新办担保企业上年实绩为零的，基数按当年实绩减半计算，最高不超过200万元。由政府、企业共同出资建立企业资金周转基金，帮助企业解决临时性资金周转需要。完善金融机构考核奖励办法，引导服务中小企业发展。

31. 推进土地集约利用。经批准，对工业企业在现有厂区内新建、扩建等建设项目，免缴建设领域相关税费。在原有厂房基础上，实施厂房加层改造的，新增建筑面积每平方米补助15元(简易厂房不得享受)。对当年实缴税金(包括免抵调)在200万元以上的工业企业，土地亩均税收贡献额在10万元以上的，按其缴纳城镇土地使用税的30%给予奖励。加快已供土地的开发利用，对产业区、开发区已落户的闲置企业加大清理整治力度，已取得土地未开发的必须限期推进开发，超期未开发的企业不得享受技改补助政策。实施低耗高产高新技术项目工程，从在建项目中选择符合当前国家产业政策导向、单位能耗低、人均产出高、产品技术含量高、清洁环保型、设备先进且设备投资额在300万元以上的工业投资项目，按第13条标准，给予连续两年的补助。

32. 强化人力资源建设。安排培训资金150万元，用于工业管理干部队伍、企业经营者、业务骨干的培训和EMBA毕(结)业证书获得者的奖励。鼓励引进人才，对携带高科技开发项目、从事高新技术成果转化、创办领办高新技术领域的合资合作或独资项目等人才，经有关部门认定后，可采用一事一议的办法，通过科研、技改等渠道，给予经费资助。对企业引进的高级职称人才，个人工资薪金年收入在12万元以上部分，其按规定缴纳的个人所得税县留成部分60%给予奖励。经认定，对设立院士工作站的企业，给予50万元的奖励；设立博士后工作站的企业，给予20万元的奖励。

33. 完善考核激励机制。加强对各镇乡(街道)工业经济发展考核，每年评定年度工业发展先进镇乡(街道)；推动企业梯队的考评和培育，每年评定强势型企业、实力型企业、潜力型企业、成长型企业；建立“工业风云榜”，评选表彰象山“纳税二十强”、“成长之星”和“科学发展专项先进企业”、“工业经济服务优胜单位”等；开展工业企业排位竞赛活动。

附则：

1. 对当年度有追究涉罪行为和较大安全责任事故的企业，不得享受各类优惠政策。

2. 对实力工程、技术创新、工业风云榜、节能专项资金管理办法、镇乡工业考核办法、节能目标考核办法等方面的具体实施细则，由县经济发展局会同有关部门制订。

3. 本意见由县经济发展局、县财政局负责解释。

宁海县人民政府关于
保增长促转型推进中小微企业稳步发展的若干意见

宁政发〔2011〕27号

各乡镇人民政府、街道办事处，县政府直属各单位：

为认真贯彻落实国务院常务会议和省、市政府文件精神，积极应对国际国内形势变化，努力保持经济平稳健康可持续发展，结合宁海当前实际，就推进中小微企业平稳健康发展，提出如下若干意见。

一、加强税收政策支持

全面落实各项税收优惠政策，提高小微企业增值税和营业税起征点，将小微企业减半征收企业所得税政策延长至2015年底，并扩大范围。对经营困难、符合转型升级要求的中小微企业，经财税部门批准，可一次性缓交3个月税款，可减免中小微企业城镇土地使用税、房产税、水利建设专项资金、职教经费3个月。对已经出台的企业财政扶助政策，要加快兑现速度，能提前兑现的提前兑现，能部分兑现的部分先兑现。原定3年内对小额贷款公司缴纳的所得税、营业税县所得部分由县财政给予全额补助政策执行到期的，可延长到2012年年底。在2011年10月至2012年12月期间在近期城镇规划居住区外的企业遇到资金困难需要整体转让闲置厂房，受让企业继续从事工业生产经营，且该厂房难以准确核算土地成本的，经批准，土地增值税按5%核定征收。

二、加大社会保险政策的扶持力度

在确保企业退休人员养老金按时足额拨付及职工社保待遇不受影响的前提下，实施“五缓、四减、三补贴”办法，对符合转型升级要求、暂时经营困难的企业，经县人力社保、财税部门批准，允许缓缴应由企业缴纳的社会保险费；减征由企业缴纳的基本医疗保险、失业保险、工伤保险和生育保险四项社会保险费；实施社保补贴和岗位补贴。具体办法另行制定。

三、加强融资性担保体系建设

为了增强县担保公司的担保能力和抗风险能力，县财政安排1000万元用于增加担保公司注册资本，担保公司风险补偿金按市有关规定给予足额配套补助；2011、2012年每年安排宁海县兴宁中小企业发展促进中心转贷风险补助资金500万元。为了减轻中小微企业的负担，担保公司的担保费自发文之日起6个月内减半收取；大力发展融资性担保公司，切实解决中小微企业融资难问题。

四、建立企业应急周转金

县财政安排1000万元作为中小微企业应急周转资金，用于生产经营正常、符合转型升级要求、资金暂时周转困难企业的应急周转。

五、认真贯彻落实国家和省、市支持中小微企业的金融政策

鼓励各银行业金融机构加大对中小微企业的金融支持力度，县财政在原小企业贷款风险补偿奖励专项资金的基础上，2011、2012年每年再安排100万元，用于对贯彻国家和省、市金融政策落实情况的专项考核(考核细则另行制定)。完善《宁海县金融机构奖励考核办法》，突出以信贷增量和增速、“三严五禁”规定执行情况及中小微企业贷款比例为重点，鼓励在贯彻国家政策的前提下，实施更加灵活的信贷政策，进一步创新中小微企业贷款还款方式；允许银行业金融机构扩大小企业贷款风险补偿奖励资金的使用范围，对小企业金融服务成效突出的单位和个人进行奖励。切实加强银行业监督管理，对各银行业金融机构贯彻落实政策情况进行定期通报。

六、切实降低企业融资成本

严格执行“三严五禁”规定，即严格执行《流动资金贷款管理暂行办法》、《个人贷款管理暂行办法》、《固定资产贷款管理暂行办法》和《项目融资业务指引》，做到实贷实付和受托支付，防止贷款资金被挪用或外流，使贷款资金真正进入实体经济；严格落实利率风险定制机制，对小微企业贷款利率原则上不上浮或少上浮；严格落实省政府确定的信用贷款试点任务。禁止存贷挂钩，禁止一切不合理收费，禁止搭售金融产品，禁止向民间借贷中介机构融资，禁止将银行自身指标压力转嫁给企业。各银行业金融机构要与企业风险共担，对生产经营正常、资金周转一时困难的企业，不抽贷、压贷，不变相提高利率。开展金融专项检查，人行县支行、宁波银监局宁海办事处要加强监管和查处力度，实行举报奖励制度。

七、积极拓展融资渠道

各银行业金融机构要努力拓宽融资渠道，积极利用资产转让、委托贷款等业务引入外部资金；创新适合中小微企业的抵押产品，完善动产抵押、知识产权抵押等操作办法，推广提升企业产业链融资等创新产品，并引导金融机构积极探索拓宽中小微企业资产抵质押范围，盘活存量资产。加快推进企业股份制改造和企业上市，提高直接融资比例。

八、规范民间金融秩序，拓宽民间资本投资渠道

切实加强民间金融监管，促进民间借贷规范化，加大对涉及非法吸收公众存款、集资诈骗等违法行为的查处力度，严厉打击以放高利贷为生的黑恶势力和暴力讨债等违法犯罪行为。支持民间资本参与地方金融改革，鼓励民间资本参与发起设立或参股小额贷款公司、村镇银行等新型金融组织；支持发展各类股权投资、融资性担保、典当以及各类金融中介服务机构。

九、加大新兴产业和中小微企业的培育扶持力度

大力发展战略性新兴产业，县财政安排3000万元，设立宁海县新兴产业发展投资引导基金，支持和引导战略性新兴产业发展；吸引国内外优秀的创业投资企业及管理团队进入我县设立创业投资企业，为新兴产业发展提供资金支持。加大中小微企业的培育，设立一定额度的专项资金，用于支持中小微企业技术创新、品牌建设、产业集聚、信用担保、创业基地、人才培训、管理咨询和公共服务平台建设等。

十、鼓励企业加大对劳动力替代性的自动化设备投入

扎实推进企业转型升级步伐，努力提高自动化程度，解决用工难问题。对劳动力替代性的自动化设备投入后，产生实际效果的，该技改投入的补助由原来的2.5%提高到6%。对劳动力替代性的自动化设备的界定在资金管理办法中予以明确。

十一、引导企业管理提升

鼓励企业管理创新，建立现代企业制度，完善企业法人治理结构，推进企业精细化管理，提升企业管理水平，县财政每年安排专项资金100万元，用于对提升企业管理的奖励。

十二、大力发展总部经济

落实总部经济优惠政策，以延长产业链，提升价值链为目标，支持有条件的龙头企业发展成为资本运营型、科技导向型、文化创意型、规模经济型或综合集团型总部企业，大力发展创新研发、集成制造、系统销售、售后服务“四位一体”的企业总部和总部经济基地，2011、2012年每年安排200万元产业链培育专项资金。积极推动二三产业分离和产业基地建设，促进我县产业链向研发设计和品牌营销的高端延伸，向集约集聚发展转变。

十三、进一步规范企业用地政策

加大闲置土地的清理力度，严格执行闲置土地的处置政策。建立健全产业项目用地分类评价体系，提高用地容积率和单位面积固定资产投资强度。大力推进土地征收工作，协调项目用地报批供应手续，加快土地供应速度。对在2010年11月1日全县开展“两违”整治行动之前，规划工业区内企业历史遗留的土地和房产问题，要结合实际给予妥善解决。

十四、优化企业创业创新扶持机制

推进小企业创业基地建设，计划在宁海经济开发区、宁海科技园区、西店滨海工业区、雪坡工业安置小区、模具城等区块建设一批标准厂房，争取列入市级创业基地。鼓励各类投资主体利用闲置商务楼宇和工业厂房等改造建立小企业创业基地。加强研发设计、检验检测、设备共享、科技成果转化等公共技术服务平台建设，经认定的市级及以上中小企业技术服务平台，其所取得的技术转让、技术开发和与之相关的技术咨询、检验检测、技术服务等业务收入，免征营业税。支持科技型中小企业发展，经认定的市级科技型企业，自认定当年起，其形成的地方财力新增部分给予50%的补助。加大对专利及知识产权的扶持力度，对获得国内外发明专利、实用新型专利、外观设计专利授权的，给予一定补助。

十五、积极支持企业开拓国内外市场

加大财政引导支持力度，培育企业开拓国际市场能力。支持有条件的企业建立营销网络，推动企业加快开拓国内市场。

十六、鼓励企业兼并重组整合

全面落实国务院促进企业兼并重组的有关政策，优化政策扶持和服务，开通企业兼并重组“绿色通道”。按有关程序经审核批准后，对企业股权转让过程中涉及的不动产、土地使用权转移行为不征收营业税；对被兼并企业将房地产转让到兼并企业中的，暂不征收土地增值税。对兼并重组过程中产生的地方行政事业性收费实行全免，对兼并重组过程中产生的地方新增财力给予全额补助。

十七、以能动服务帮扶困难企业

各相关单位要建立健全企业风险预警机制，负责做好各自管辖范围的企业风险处置和维护稳定的工作，对生产经营正常、符合转型升级要求、但出现暂时性资金周转困难或涉及担保的企业，推动开展逾期贷款调解合作，防止措施不当激化矛盾；对确因经营不善，资金链断裂的企业，实行封闭操作，推动符合条件的企业兼并重组，防止资金链、债务链风险的扩散；帮助长期亏损、扭亏无望的企业平稳退出，做好善后工作，维护多方合法权益。

十八、加快项目建设步伐

围绕县“十二五”规划战略部署，按照区域规划、产业规划和各专项规划，及时抓好后续项目研究和生成，加快启动一批重大项目前期工作。推进重大产业项目投资，在坚持遏止限制类、淘汰类项目的基础上，对国内领先或国际标准的产业项目强化对标考核；对符合生产力布局规划的重特大产业项目，在总量容量评审过程中建立“绿色通道”全力给予支持，并加强重点监察和考核。

十九、进一步优化企业引进人才的生活环境

对具有大学本科及以上学历或人力社保部门颁发的技师职业资格证书、中级及以上专业技术资格证书的非宁海籍企业员工，可按有关规定有计划地享受“公租房”或人才公寓的政策。在本意见发文之前已建成的工业园区及工业区块内建造行政办公和生活服务等配套设施用房，不得改变土地权属和用地性质，不得建造成套房，不得分割转让。自本意见发文之日起，工业园区及工业区块内企业不得自行建造配套居住用房，由工业园区及工业区块所在开发管理部门按服务半径统一规划，统一建造生活配套综合服务设施。

二十、优化企业服务

贯彻浙江省加强政府自身建设电视电话会议精神，组织开展“政企互动凝合力、转型升级促发展”专项活动，宣传和落实政策举措，引导增强企业信心，解决企业实际困难，形成合力，努力推进企业平稳持续发展。完善8718企业服务平台宁海县子平台的服务功能，拓展服务内容，提升服务能力，加大督查力度，切实发挥平台服务企业实效。积极探索建设服务企业促发展长效机制。

二十一、加强宣传和舆论引导

要加大正面宣传引导，有效利用各种媒体，做好重点政策的宣传和解读，及时报道中小微企业健康发展和金融财政支持中小微企业发展的典型案例，引导企业树立发展信心，履行社会责任。准确把握舆论导向，回应人民群众关心的热点问题，建立和完善舆论应急预案，切实维护社会稳定。

二〇一一年十一月八日

温州市鹿城区人民政府办公室
关于印发鹿城区楼宇经济工作实施方案的通知

温鹿政办〔2011〕118 号

各街道办事处、藤桥镇人民政府，区政府直属各单位：

《鹿城区楼宇经济工作实施方案》已经 2011 年区政府第 8 次区长办公会议研究同意，现印发给你们，请认真遵照执行。

二〇一一年六月二十七日

鹿城区楼宇经济工作实施方案

楼宇经济是在现代商务楼宇密集区域，以商务楼宇为载体，通过优化商务办公环境，吸引各类企业投资，带动区域经济发展的一种新型经济形态。鹿城区作为温州市中心城区，发展楼宇经济，增强中心城区聚集与辐射功能，是实施“优二强三”战略的内在要求。为更好地适应城市建设发展的客观形势，充分发挥辖区优势，进一步优化投资环境，促进我区楼宇经济的快速发展，特制定本实施意见。

一、工作目标

充分发挥街道（镇）及各职能部门的作用，协调辖区内各相关单位，加强协作，增强合力，加大宣传力度，营造良好环境，建立楼宇综合服务中心，为企业提供优质、高效、便捷的服务，促进优质企业在我区楼宇登记入驻。

通过对楼宇经济工作的引导，努力在中心城区打造专业化特色楼，进而提高楼宇经济对城区经济综合实力的贡献与支持。

二、主要措施

（一）成立领导机构

区政府成立楼宇经济发展工作领导小组，由副区长任组长，17 个部门分管领导任小组成员共同参与楼宇经济发展工作，下设办公室在区经贸局；统一思想，加强领导，定期研究工作中的问题，确保工作顺利进行。街道（镇）成立相应领导小组，实行主要领导负责制，定期走访楼宇企业掌握动态信息。

（二）建立楼宇综合服务中心

由街道（镇）牵头，区各相关职能部门指定专人，成立楼宇综合服务中心，具体负责联系服务楼宇经济工作的相关事宜。

（三）扩大楼宇招商

街道（镇）要组织力量，引导楼宇业主有针对性地进行准确的定位与包装，通过社会招商媒体和政府网络等多种渠道发布楼宇闲置面积等情况，扩大对楼宇的宣传力度，努力吸引商务机构转入本区域；同时建立楼宇资源台帐掌握招商动态，并开发楼宇经济综合管理信息平台。

（四）创新服务方式

1. 扩大宣传。一是制作服务宣传手册。将全区各行政执法部门的电话、地址、网站、投诉热线及各行政审批事项的流程、所需材料、办理时限等资料汇总整理成“企业办证服务指南”，发放到楼宇入驻企业和拟招商入驻企业，为企业提供全面、及时的办证指导和信息服务。二是建立综合服务中心制度。为企业解答各方面的疑问，提供政策法规、工商、税务等咨询服务，使企业更方便地获取丰富的信息资源。

2. 主动参与。实行全程代办服务制。对新入驻楼宇的企业实行全程式代办服务，由街道招商员负责代办新入驻企业的工商注册、税务登记等有关手续；各行政审批部门集中指导、积极配合并及时办理企业的各项手续。

3. 跟踪服务。在坚持全程式跟踪服务的基础上，注重完善后续服务，帮助楼宇入驻企业解决实际困难。

三、职责分工

楼宇经济是一项系统的工程，各街道（镇）和有关职能部门要细化责任分工，明确职责任务，加强沟通，协同合作，确保楼宇经济工作的正常运行。

（一）街道（镇）是辖区楼宇经济工作的责任主体，要按照属地管理和区域经济发展的总体要求，进一步明确发展目标，确定工作重点，负责收集辖区楼宇招商、建设等信息，及时掌握动态；抓好楼宇的推介、招商、项目对接等工作。

（二）区经贸局要做好楼宇经济发展协调工作，及时发现楼宇经济发展中存在的问题，为领导决策提供参考；对街道（镇）楼宇经济工作进行业务指导。

（三）区发改局负责规范各类行政性收费，强化服务，减轻楼宇单位和入驻企业负担。

（四）房管鹿城分局负责协助街道（镇）做好与楼宇物业部门的衔接和协调工作；协助做好楼宇平面图、业主基本情况等相关资料的收集工作。

（五）工商鹿城分局要建立和实行工商所对口联系街道（镇）楼宇企业的服务机制。根据相关法律、法规开通“绿色通道”，并对重点企业实行全程跟踪服务。加强楼宇内企业的属地“经济户口”监管，为楼宇经济快速发展创造良好有序的市场经营环境。

（六）税务部门要根据相关法律、法规对楼宇企业开通“绿色通道”，快速办理税务登记手续；及时提供楼宇内企业税收数据资料供楼宇经济工作领导小组及楼宇综合服务中心查阅，配合街道（镇）做好楼宇经济发展的统计及经济分析工作，更好推进楼宇经济工作。

（七）区财政局要核定楼宇单位和楼宇内入驻企业的财政收入级次，并逐步完善财政支持的具体办法。

（八）区招商局要负责做好招商工作，要深入街道（镇）和楼宇开展招商服务，全方位、多渠道开展招商工作。

（九）区审管办要负责提供有关楼宇企业办证服务指南，协调督促各相关审批部门为楼宇经济发展提供优质服务。

（十）公安、规划、住建、城管与执法、统计、环保、卫生、人事劳动等各相关部门要按照各自职能的要求，加强协调，主动服务，简化手续，创造良好的服务环境。

（十一）区新闻中心负责楼宇宣传工作，通过媒体大力宣传楼宇经济工作中的好做法，营造良好的发展氛围。

四、奖励措施

对发展楼宇经济实行财政专项资金奖励，具体奖励办法由区经贸局和财政局共同制定，报区政府常务会议通过后实施。

中共瑞安市委　瑞安市人民政府
关于做好投融资平台整合重组工作的通知

瑞委发〔2011〕86号

各镇党委、人民政府，各街道党工委、办事处，市直属各单位：

为全面贯彻落实科学发展观，优化国有经济结构布局，提高国资运营效率，做大做强国有企业，服务经济社会发展，结合我市实际，市委、市政府决定，实施新一轮投融资平台整合重组工作。现将有关事项通知如下：

一、指导思想

以科学发展观为指导，根据《中华人民共和国公司法》、《中华人民共和国企业国有资产法》等法律法规，推进政府投融资体制改革，促进国有企业资源配置进一步优化、法人治理结构进一步完善、运营效率进一步提高、投融资等发展机制进一步拓展，充分发挥国有经济的基础性、保障性、先导性作用，加快城市化和城乡一体化进程。

二、主要目标

合理吸纳优质资源，集聚资产做大企业规模，组建瑞安市国有资产投资集团有限公司，将其打造为政府融资的大平台、资产管理的大管家、项目建设的大业主，提升政府对国有资产的统筹调配作用。在集团公司名下分别组建滨海新城、塘下北市区、飞云南市区等城市建设开发公司作为配套的投融资平台，突出城市功能区建设功能，同时新设4个镇级新农村建设投资公司，保留瑞安经济开发区发展总公司、新区建设发展有限公司、旧城改造发展有限公司的现有运行模式不变，形成既有交通、水利、工商产业、公用事业、城市和村镇建设等行业板块公司，又有“一核四区四市镇”的地域板块公司。

三、基本框架

（一）将现有的瑞安市城市建设开发投资有限公司、瑞安市国有资产投资控股有限公司、瑞安市工业国有资产投资经营有限公司、瑞安市商贸国有资产投资经营有限公司整合重组，组建瑞安市国有资产投资集团有限公司（以下简称国投集团）。

（二）国投集团下辖12个国有独资性质的投融资平台公司，内设2个非独立法人机构的分公司（工贸经营分公司、交通能源分公司），以行业和区域板块划分投资建设领域，具体如下：

1. 组建瑞安市滨海新城建设开发有限公司。以瑞安市东海滩涂开发建设有限公司为母体，负责滨海新城区（丁山围垦区）投资建设。

2. 组建瑞安市塘下北市区城建开发有限公司。以瑞安市塘下城市建设有限公司为母体，承担塘下北市区城市建设和塘下镇新农村建设职能，包括汽摩配产业基地建设投资。

3. 组建瑞安市飞云南市区城建开发有限公司。以瑞安市服务业开发建设有限公司为母体，承担飞云南市区城市建设职能，包括江南物流园区建设投资。

4. 组建瑞安市安阳城区建设开发有限公司。考虑安阳城区功能区尚未组建，近期保留瑞安市新区建设发展有限公司和瑞安市旧城改造发展有限公司，该两个公司原投资经营领域和运行模式暂时不变。

5. 组建瑞安市陶山镇新农村建设投资公司。

6. 组建瑞安市湖岭镇新农村建设投资公司。

7. 组建瑞安市马屿镇新农村建设投资公司。

8. 组建瑞安市高楼镇新农村建设投资公司。

上述四个镇级投融资平台公司承担所在镇基础设施

投资建设主体、生态搬迁脱贫工程实施主体、农房建设开发主体、宅基地置换主体、土地承包经营权受让主体等职能。

9. 组建瑞安市水利投资有限公司。负责飞云江综合整治、温瑞塘河（环城河）综合治理等水利项目的投融资。

10. 保留瑞安经济开发区发展总公司。原投资经营领域和运行模式不变。

11. 保留瑞安市水务集团有限公司。原运行模式不变，投资经营领域增加污水、排水工程。

12. 保留浙江商城集团有限公司。商城集团作为市政府直属企业的现有建制不变，归属国投集团管理。

13. 注册设立瑞安市国有资产投资集团有限公司工贸经营分公司，作为国投集团内设的非独立法人机构，承担第二、三产业领域投资建设。下辖企业包括市场服务中心、华侨饭店、一百商场有限公司、商贸二手车公司、车辆停泊开发服务有限公司、捷达汽车出租公司、商贸产权交易有限公司、化工轻工建材总公司、擒雕乳品有限公司、百好乳品厂、双环工业公司、木材物资贸易总公司、浦鱼陵园开发公司、国投担保公司、浙南旧车机动车交易市场有限公司等。

14. 注册设立瑞安市国有资产投资集团有限公司交通能源分公司，作为国投集团内设的非独立法人机构，以道路、桥梁、港口、码头、交通站场、能源建设为投资经营领域，下辖企业包括滨海大道（飞云江三桥）建设开发有限公司、瑞枫投资有限公司、客运站场投资建设有限公司、高速公路投资公司、北麂渔港有限公司、管道燃气经营公司等。

四、管理及运行机制

（一）明确职责，理顺资产管理关系。市政府作为国有资产所有者的总代表，其发展方向、投融资等重大活动由市政府直接决策与协调。市政府授权国资监管机构代表政府加强对经营性国有资产的管理，依法享有对投融资平台公司资产收益、重大决策和选择管理者等出资人权利。

国投集团以及子公司（以下统称“平台公司”），以经济效益和社会效益最大化为目标，根据《中华人民共和国公司法》、《中华人民共和国企业国有资产法》等法律法规，实施资本营运和资产产权化管理，执行重大事项报告制度，承担融资任务和资产保值增值责任，并对下一级出资或托管企业行使出资人权利。

各功能区、工程指挥部是政府投资建设项目的组织实施者和协调监督者。各行业主管部门主要负责在行业业务发展和投资项目建设方面给予指导、协调和帮助，依法行使行业管理、行政许可、行政执法等管理职能，支持平台公司的业务发展和经营工作。

（二）实行经营预算管理，强化业绩考核。市财政局（国资办）要编制市本级国有资本经营预算，制订行政管理费用和营运资本分离等具体配套措施，落实工资与行政管理费用的总额预算管理办法，严格遏制企业自定薪酬现象，确保国有资本经营预算制度顺利实施。审计部门要依法对平台公司及主要负责人组织各类审计。监察、审计、财政、国资监管部门和行业主管等部门组成考核工作小组，每年制订国有资产经营业绩考核指标，共同负责对平台公司的资产安全性、营运效益性和政府指令性指标的完成情况进行考核，根据年度（任期）目标考核结果兑现奖惩。

（三）加强机构编制管理，禁止擅自招工用人。平台公司的机构、职能、编制“三定方案”报市编委批准。实行劳动用工准入审批制，确因经营管理需要招工用人的，须事先制订方案，分别由出资的母公司和国资监管机构审核后报市政府批准，原则上面向社会公开招聘，实行劳动用工合同制。

（四）加强动态监管，防止国有资产流失。国有股权形成、划转或比例发生变化和国有资产对外投资、抵押、担保、承包、租售等，均须报市政府决策或授权国资监管机构审批。未经规定程序的，国土资源、公共资源交易管理、房管、工商和金融机构等单位在办理相关手续时要严格把关。

（五）完善法人治理结构，加强班子建设。按照党管干部原则，管资产与管人、管事相一致原则，优选平台公司领导班子和高级管理人员。

——国投集团按相当于正科级别机构设置，董事长、党委书记、总经理的正副职和纪委书记、监事会主席、总会计师（总经济师、总工程师）由市委管理，经市委组织部考察，报市委决定任免。

——滨海新城建设开发有限公司、塘下北市区城建开发有限公司、飞云南市区城建开发有限公司、瑞安经济开发区发展总公司的班子成员由各功能区、瑞安经济开发区管委会提名推荐，并会同国投集团考察，由国投集团任免。其中正副职负责人人选须报市政府审批。

——镇级投融资平台公司其法人治理结构组成人员，由所在镇党委、政府提名推荐，并会同国投集团考察，由国投集团任免。

——国投集团其他子公司的法人治理结构组成人员、国投集团内设机构（包括分公司）正副职负责人，由国投集团考察任免。

——国投集团财务总监、非职工代表监事由国资监管部门任免。

五、组织保障

（一）加强领导，落实职责。为切实加强对投融资平台整合重组工作的领导，市里成立投融资平台整合重组工作领导小组，市委副书记、市长担任组长，市委、市政府分管领导担任副组长，有关单位主要负责人为成员。领导小组负责整合重组工作的安排部署和指导实施，并对实施过程中的重大事项进行协调决策。领导小组下设办公室，负责筹划和实施整合重组的日常具体工作，拟定各平台公司运行规则，研究人事安排调配建议方案，做好人财物的交接工作等。

（二）周密部署，有序推进。投融资平台整合重组工作涉及面广、政策性强、时间紧，必须做到计划周密、行动迅速、高效快捷，要采取切实可行的办法，开展企业机构合并和搭建、清产核资、资产划转、人员调配和财务审计等整合重组工作，依法办理各类手续，确保在 2011 年 7 月 15 日前完成企业工商注册和变更登记，将整合方案及“三定方案”付诸实施。在此基础上，进一步实施企业内部资产的再优化、再重组，使公司的经营管理职责更明确，资产和人员关系更清晰，推进企业加快发展。

（三）解放思想，做大平台。平台公司作为市政府投融资的有效载体，肩负着公共性、关键性领域的基础设施建设投融资的使命，有关单位要解放思想，优化服务，合力提升平台公司的营运和融资能力。通过对土地和房产、优质股权、政府公共资源与产品特许经营权等存量资产的划转注入，有效整合土地出让、项目营运、资本运作、补助资金、贴息资金等产生的收益，推进资产集聚经营和资源综合利用，做大资产总量，确保平台公司净资产、现金流和未来收益稳步增长，保持快速稳健发展态势。

（四）严肃纪律，强化监管。为严肃组织纪律，确保投融资平台整合重组工作顺利推进，整合重组期间，对市级国有企业人事、资产债务、重大决策和重大财务活动等事项实行暂时冻结。任何单位不得突击提拔干部、招聘人员、发放财物、转移债权债务，防止发生以权谋私行为，防止国有资产流失。同时，各企业要做好宣传发动和思想政治工作，维护企业正常的生产经营秩序，确保平稳过渡。纪检监察、审计、国资监管等部门要加强监督检查，防止违规违纪行为的发生，对离任的企业法定代表人要及时做好离任审计工作。

附件：投融资平台架构（略）

中共瑞安市委
瑞安市人民政府
二〇一一年七月八日

中共安吉县委　安吉县人民政府
关于加快推进椅业产业集群转型升级的实施意见

安委〔2011〕4号

为进一步加快椅业产业转型升级，提升产业整体发展水平，切实提高椅业产业区域竞争力、企业综合竞争力、产品市场竞争力，助推县域经济又好又快发展，根据浙江省人民政府《关于进一步加快块状经济向现代产业集群转型升级示范区建设的若干意见》（浙政发〔2010〕44号）的要求，现提出如下意见。

总体要求：以科学发展观为统领，以建设现代产业集群示范区为抓手，以打造“世界椅业基地”为目标，坚持自主创新的发展模式，大力实施产业转型升级。主要目标：力争到2015年，椅业产业集群产值规模达到500亿元，年销售收入超20亿、10亿、1亿的企业分别达到2家、5家、50家。经过提升发展，努力形成椅业产业集群的六大竞争优势，即龙头企业带动作用明显的集聚优势、配套协作紧密的产业链优势、持续创新的技术领先优势、公共服务平台的支撑优势、资源共享的网络市场优势、政企联动的品牌推广优势，产业集群的综合实力和国际竞争力显著增强，成为推动安吉县域经济发展的重要力量。

一、加快集群示范区建设

（一）强化战略筹划和科学规划。确立政府主导、企业主体、专家学者广泛参与的工作体系，组织编制椅业产业集群发展战略，从全球产业链、价值链、供应链和资本链整合提升高度，对椅业产业转型升级工作进行整体筹划、科学规划，着力构建现代产业集群。开发区（递铺镇）以龙头企业的进一步发展为重点，突出盘活闲置资产；在皈山乡低丘缓坡区块规划建设安吉现代椅业产业园，突出引进有一定科技含量的特优项目。引导龙头骨干企业制订企业行动计划，形成企业与产业相互支撑的规划体系。

（二）强化项目带动作用。实施椅业产业集群发展战略，按照产业强链补链要求和转型发展需要，建立椅业产业项目库。对产业升级带动性强的重大项目；有创新产品和创新渠道，预期效益好的中小项目；关联度大，附加值高，清洁生产型的高端配件项目予以支持，通过项目带动集群经济发展，实现产业升级。企业建设项目符合支持条件的，在入驻安吉现代椅业产业园时优先统筹安排，并享受园区政策。

二、构建市场营销网络

（三）支持企业开拓国内市场终端。鼓励企业开拓国内市场，龙头骨干企业及省级以上品牌企业在国内地级市以上政府所在地，以直营连锁、特许加盟、专卖店等方式建立终端销售网络的，统一形象设计，经主管部门验收合格，单个营业用房面积在100平方米以上，10个以上的每个补助2万元；面积在200平方米以上，10个以上每个一次性补助5万元；在500平方米以上的直销点，每个一次性补助8万元；1000平方米以上的直销点，每个一次性补助10万元。以上网点不重复计算奖励，最高不超过500万元。

（四）支持企业提升国际市场竞争力。鼓励企业拓展国际市场提升国际市场竞争力，注重量的扩张和质的提升，提升产品档次，提高产品附加值，着力自主品牌建设，实现从贴牌生产到原创设计制造到创牌经营的升级，增强可持续发展竞争力。

鼓励有条件的企业在境外建立营销和实业投资，当年企业赴境外设立、收购品牌或以并购、参股等形式建立营销网络或实业投资，投资额50万美元以上的，经主管部门审核批准（凭开业注册证明，投资换汇水单等相关材料），按其投资额度的3%奖励，（单个企业最高不超过100万元）。

（五）鼓励发展电子商务。鼓励企业开展网上营销业务。支持有条件椅业企业建立从原料采购到产品销售的电子商务系统，企业电子商务应用项目由主管部门备案，并经网络经营服务行为工商登记，已正常运转、验收合格的，按项目当年实际支出额的50%补助，最高不超过20万元。

（六）提高产品市场竞争力。鼓励企业积极参与全国各地各级政府的采购招投标活动，对中标企业凭政府采购中标通知书和政府采购合同给予奖励，中标金额在100万以上（含100万元）至500万元以下的，每标奖励1万元；500万以上（含500万元）的，每标奖励2万元，最高不超过20万元。对入围市级以上政府采购协议供应商的企业一次性奖励2万元，最高不超过10万元。

三、实施龙头企业培育

（七）鼓励企业做大做强。对列入椅业龙头骨干企业培育对象的企业，实行“一企一策”，进行动态管理，每年评定。加大财政支持力度，椅业企业（集团控股企业合并计算）当年实际入库税收达到1000万元以上的，按销售收入进行分档扶持，销售收入超3亿元、5亿元的企业，分别按其当年实际入库税收中县财政所得比上年增长20%以上、15%以上部分全额奖励给企业；销售收入达10亿的企业，按其当年实际入库税收中县财政所得比上年增长部分全额奖励给企业，奖励资金纳入企业奖励专户，专项用于企业技术改造和技术创新项目、品牌建设、营销渠道建设等。

（八）鼓励企业兼并重组。鼓励支持产业内企业组建产业联盟。对行业龙头骨干企业实施横向、纵向联合并购重组成功的（行业龙头骨干企业控股），对兼并过程产生的相关税费在当年实际入库税收县财政所得部分全额奖励给企业，并在兼并的次年计算财政奖补标准时，被兼并部分不计入考核基数。县财政奖励兼并过程产生的相关税费金额和奖励实际入库税增量金额的总和不得超过当企业年实际入库税收。

（九）鼓励企业股改上市。对完成股份制改造的，县政府一次性奖励企业20万元；对进入上市辅导并经省证监局备案的，县政府一次性奖励企业50万元；对成功上市的企业或买壳上市且注册地迁址安吉的，县政府给予企业高管团队一次性奖励100万元。

对进入上市辅导期的企业，三年内，以进入辅导期前一年的计税利润为基数，每年递增计税利润同比上年增长10%的，超过部分的企业所得税地方留成部分由县财政给予补助。

对企业上市募集资金的计划投资项目，所需建设用地指标优先予以安排，并优先推荐申报国家、省、市和县有关扶持项目。

（十）加强产业链配套协作。鼓励配件企业与龙头骨干企业在生产、技术等方面开展协作，在省椅业协会成立的基础上适时组建椅业配件专业委员会。组建以相关部门、椅业协会和龙头骨干企业为成员的配件企业推选委员会，建立配件企业分类推选的评估机制，推选委员会每两年组织评审一次。对推选为优强配件企业给予政策优惠，年度销售收入2000万元，入库税金100万元以上的配件企业，其当年入库税收县财政所得比去年增长10%以上部分计提纳入财政企业奖励专户，专项用于企业技术改造、管理提升、广告投入等；鼓励本县配件企业开展技改创新，企业研发费用达到60万元以上的，按当年实际投入的10%补助（单个企业不超过50万）；对符合我县产业导向的配件企业因发展需要扩大再生产的，优先安排入驻安吉县现代椅业产业园。

（十一）支持企业开发和生产的产品体现专一化、特色化。在细分产品（网吧椅、按摩椅等）领域具有一定影响力的特色优势企业，经评选报主管部门备案，参照享受优强配件企业政策。

四、强化创新能力提升

（十二）加大企业科技创新投入。鼓励企业加快构建企业科技创新体系，加大技术创新投入。企业为开发新技术、新产品、新工艺发生的研究开发费用，未形成无形资产计入当期损益的，在按照规定据实扣除的基础上，按照研究开发费用的50%在企业所得税前加计扣除；形成无形资产的，按照无形资产成本的150%摊销。企业技术开发费加计扣除部分已形成企业年度亏损，可以用以后年度所得弥补，但结转年限最长不得超过5年。企业开发新技术、新产品、新工艺的研发费用和高端人才引进（需主管部门备案）的实际投入，未能享受国家税前抵扣政策的，地方财政给予一定额度的补助，年度研发经费和高端人才引进投入在300万元（含）以上占销售收入1.5%的，按照实际投入金额给予10%的补助，最高不超过200万元。

（十三）加快企业创新平台建设。鼓励国内外高校和科研院所在安吉建立研发机构，对新建的省级以上独立型科研院所（中心）的，给予重点支持，有上级经费支持的，给予1:1配套。企业批准为省级、国家级高新技术企业研发中心分别奖励30万元、100万元。企业认定为省级重点实验室（含工程技术中心）的，给予企业50%的补助，补助内容为实验设备、仪器、软件的实际投入，同一企业当年补助不超过200万元。企业创建国家级重点实验室（含工程技术中心、企业技术中心），经主管部门同意立项审批，连续三年给予企业1:1配套补助，补助内容为实验设备、仪器、软件及高层次人才引进（需主管部门备案）等的实际投入，同一企业每年补助不超过400万元，对于立项后四年内未被认定的企业，已享受的有关政策奖励，由主管部门同县财政予以收回，全额上缴县财政。

（十四）提高产品开发创新能力。支持企业进行技术改造，不断提升产品品质。鼓励企业提高装备水平，企业单个项目生产设备二年内投入累计达到1000万元(零增地项目500万)以上的,项目投产后给予先进设备4%的奖励。引导企业以市场需求为导向,加快研究开发并投产一批有自主知识产权、有较高附加值和有市场竞争力的新产品,对当年开发省级以上新产品5个以上,企业新产品产值占企业销售收入50%以上的,在享受原有新产品奖励政策的同时,再一次性奖励企业10万元;对列入国家级新产品开发计划的,每项奖励10万元,对列入国家自主创新产品的,每项奖励20万元。

(十五)加大对产业内企业标准制定的支持。推动相关部门成立省级以上(含省级)椅业标准技术委员会。组织行业内龙头骨干企业起草制定行业标准,切实提高产品在市场上的美誉度和产品定价的话语权。对主导或参与行业(省级以上)、国家、国际技术标准制定的企业和单位,分别一次性给予10、20、30万元的奖励。

(十六)大力推进管理创新。引导企业建立符合现代企业制度要求、适应本企业实际和转型升级需要的组织形式和法人治理结构。引导企业提高战略筹划、生产组织、技术开发、财务管理、市场营销、售后服务等基础性管理水平,夯实管理创新基础。鼓励企业推行精细化管理、精益化生产等管理创新项目,项目投入的专家咨询、设备、工艺工装等费用,两年内累计投入500万元以上,经立项、审计验收合格,给予企业15%的补助,单个企业最高不超过100万元。

五、加快品牌战略实施

(十七)加强产业区域品牌建设。深入推进品牌战略,政企联手,通过组织策划国内外高层次区域品牌推广活动、创建"安吉椅业"电子信息及商务平台、举办椅业产业发展论坛等渠道,提升安吉椅业产业整体影响力。

加强对区域品牌的管理,相关部门制定"安吉椅业"浙江区域名牌推广使用方案,引导椅业企业重视区域品牌建设,引导企业使用名牌标志。加大对假冒伪劣商品的查处力度,对存在严重质量问题,假冒名牌产品情节恶劣、严重损害区域品牌形象的企业和个人,要依法予以查处并公开曝光。

(十八)支持企业品牌建设。对以行政方式获得国家级驰名商标或中国名牌产品的企业一次性奖励100万元;对获得省、市著名商标或名牌产品、著名商号的企业一次性分别奖励10万元和2万元(不含复评和续评)。

鼓励有条件的企业购买国外知名品牌,经主管部门评估认定,每个品牌给予100万元奖励。鼓励产业内龙头骨干企业依托品牌优势,采取收购、兼并、控股、联合、虚拟经营等方式,整合众多无牌、贴牌加工企业的生产能力,扩大品牌经营规模,加快形成一批拥有自主知识产权和国际竞争力的知名品牌,提升产业主导产品附加值。

六、推动金融服务支撑

(十九)支持金融机构与椅业产业建立战略合作关系。建立椅业产业中小企业贷款风险补偿基金。县财政每年安排一定的中小企业信用担保和风险补偿专项资金,用于引导和支持中小企业信用担保机构和再担保机构发展。充分利用政府性资源,积极探索发行椅业产业中小企业集合债券。鼓励金融机构创新金融产品和服务方式,以银企会商、整体授信等方式加大对椅业产业的金融支持力度,优先保障行业龙头骨干企业、科技创新型企业和重点项目的信贷需求。建立完善财产抵押制度和贷款抵押物认定办法,采取动产、应收账款、仓单、股权和知识产权(专利、商标)质押方式,缓解产业内中小企业贷款抵质押不足矛盾。

七、支持公共服务体系建设

(二十)支持建设创新公共服务平台。在完善既有的公共服务平台基础上,鼓励面向产业集群,具有基础性的研发中心、技术中心、检测中心、会展中心、公共物流等项目建设。对创新公共平台项目建设,按实际投入补助20%—30%(不含土地、房产),单个项目补助不超过100万元。鼓励建立产业技术创新联盟和行业知识产权联盟,运作正常后,经考核合格的,一次性奖励牵头单位10万元。

鼓励中介服务机构配合政府部门或单独以市场化运作方式,组织技术研发、检验检测、信息服务、教育培训、管理咨询、品牌推介、节能减排等方面的活动。经审核认可对推动产业发展发挥重要作用的中介机构,县财政每年给予5—10万元不等的工作经费补助。

椅业公共平台和中介机构从事研发设计、检验检测所产生的营业税、所得税,经审核认定,县所得部分前三年100%予以补助,后两年50%予以补助。

(二十一)积极发挥行业协会作用。加快成立浙江省椅业协会。鼓励协会配合政府部门或单独以市场化运作方式,开展行业信息数据收集统计、运行分析、标准制订、品牌培育、组织参展、行业自律以及应对技术贸易壁垒等工作。主管部门加强对协会的指导,支持协会挥作用,县财政每年给予10—20万元不等的经费补助。

(二十二)加快发展生产性服务业。鼓励龙头骨干企业在设计开发、原料采购、仓储物流、市场销售、教育培训、检验检测等非制造环节,在满足本企业生产经营所需同时,为产业内其它中小企业提供社会化服务。对于新设立的生产性服务业企业,享受剥离前的同等税收政策。分离后设立的属于研发、设计、创意等技术知识含量较高的生产性服务业,可按规定认定为高新技术企业,享受相应的高新技术企业优惠政策。

(二十三)积极构筑椅业商贸流通平台。进一步加强对安吉国际椅业展销中心的扶持力度,鼓励引导椅业企业进驻展销中心开设窗口,着力把展销中心打造成椅业商贸、展览综合基地。进一步加强对安吉转椅市场一、二期的指导和管理,使之成为全国重要的椅业、配件辅料集散中心。

八、加大人力资本支撑

(二十四)成立专家服务团。由县委组织部、县发经委、县科技局联合组织遴选省内外专家学者组成专家服务团。专家服务团要在产业集群战略筹划、行业高端咨询、关键共性技术攻关、推荐技术创新项目、紧缺人才培养和宣传政府扶持政策等方面履行职责，切实为产业集群发展提升服务。建立健全专家服务团的考核管理机制，具体按有关文件执行。

（二十五）加强人才队伍建设。建立健全鼓励人才创新的激励机制，鼓励有条件的龙头骨干企业实行期权、股权激励人才，建立完善人才和科技成果有偿转移机制。打造产业集群创业创新团队。加大企业家、高级管理和技术研发人才培养引进力度，造就一支懂经营、擅管理、善钻研、具备国际化视野和战略思维的高端人才队伍。教育、人事部门或企业要主动对接大专院校和国家级行业协会等组织机构的人才、技术、管理优势，不断强化产业转型升级的外部智力支撑。加强技能型产业工人队伍建设。加大对技能型产业工人的培养培训力度。鼓励机关部门、协会、中介组织开办形式多样，针对性、实用性强的培训活动，满足产业转型升级需要。

九、建立健全组织保障

（二十六）加强组织领导。成立安吉县椅业产业集群示范区建设领导小组，加强统筹指导和协调，各成员单位要根据职能分工，加强协作配合，形成工作合力，着力解决产业集群示范区建设过程中出现的重大问题，推动椅业产业转型升级，提升椅业产业整体发展水平。

（二十七）附则。本意见由县发展改革与经济委员会负责解释，与工业经济三十条同步使用（不重复享受），从发文之日起实施。

中共湖州市南浔区委办公室　湖州市南浔区人民政府办公室关于印发《南浔区招商引资项目异地落户办法（试行）》的通知

浔委办通〔2011〕8号

各镇党委、镇人民政府，南浔经济开发区党委、管委会，区级各单位：

《南浔区招商引资项目异地落户办法（试行）》已经区委、区政府研究同意，现印发给你们，请认真贯彻执行。

中共湖州市南浔区委办公室
湖州市南浔区人民政府办公室
二〇一一年三月八日

南浔区招商引资项目异地落户办法（试行）

为提高在谈项目落户我区的成功率，对因规划、环保、土地等因素制约致使在谈项目不能在本镇（南浔经济开发区）落户的，鼓励其重点推荐到临沪工业区、临港产业带及符合规划等条件的工业功能区，促进全区产业有序集聚。为加强各镇、南浔经济开发区之间开展横向合作，特制定以下办法：

一、业绩计算

异地落户的内外资项目，年终考核时，按引荐单位30%、落户单位70%统计工作业绩。

二、奖励分配

1. 异地落户项目的引荐人奖励由落户地单位承担镇（南浔经济开发区）应承担的部分。

2. 异地落户项目的招商实绩奖按引荐单位30%、落户单位70%计奖。

三、税收分享

项目落户竣工投产的次年起的三年内，所获税收镇（南浔经济开发区）所得部分共同分享。引荐单位按第一年30%、第二年25%、第三年20%和落户单位按第一年70%、第二年75%、第三年80%分享。

四、操作流程：

1. 项目引荐镇（南浔经济开发区）在征得项目投资方同意后，将在谈项目信息报区外经贸局，由区招商引资工作领导小组根据项目的行业、规模、用地等情况推荐给合适的镇（南浔经济开发区）落户。

2. 项目引荐镇（南浔经济开发区）征得项目投资方同意，自行推荐到其他镇（南浔经济开发区）落户的，报区外经贸局备案。

3. 项目引荐镇（南浔经济开发区）应指定专人密切配合落户镇（南浔经济开发区）共同做好项目的各项洽谈工作，直至双方签订投资协议。落户地镇（南浔经济开发区）负责做好项目的报批及落地等有关事项。

4. 税收分享具体操作由区财政局负责，区外经贸局配合。

本办法自2011年1月1日起执行，由区外经贸局、区财政局负责解释。《南浔区外资项目异地落户考核办法》（浔政发[2007]27号文件）同时起终止执行。

中共嘉兴市委　嘉兴市人民政府
关于加强科技创新促进转型升级的意见

嘉委〔2011〕17号

各县(市、区)委、县(市、区)人民政府,市级机关各部门,市直属各单位:

加快科技创新,促进转型升级,是“十二五”时期中央、省委关于推动科学发展、转型发展的基本要求。当前,嘉兴正处在一个重要的战略转型期,经济结构性、素质性矛盾仍然突出,生产要素和资源环境制约加剧,传统经济发展方式难以为继,加快转型升级的任务十分紧迫。加强科技创新,促进转型升级,是贯彻党的十七大精神和落实科学发展观的必然选择,是实施“创新引领”战略、提高自主创新能力的内在要求。通过加强科技创新,对于加快经济转型升级、提升区域竞争力和可持续发展能力具有十分重要的意义。为深入实施“创新引领”战略,加快转变经济发展方式,现就加强科技创新、促进转型升级提出如下意见。

一、加强科技创新促进转型升级的总体要求

1. 指导思想

以邓小平理论和“三个代表”重要思想为指导,深入贯彻落实科学发展观,坚持“自主创新、重点跨越、支撑发展、引领未来”的科技工作方针,全面实施“创新引领”战略,以建设国家创新型试点城市和浙江省区域创新体系副中心为载体,以“三大倍增”和“四大建设”为抓手,优化创业创新环境,集聚创新资源和高端要素,完善区域创新体系,健全科技创新体制机制,加快科技成果产业化,大力发展创新型产业,不断提升科技创新对经济社会转型升级的支撑引领作用,促进经济社会又好又快发展。

2. 基本原则

坚持要素集聚、支撑发展。加快集聚国内外创新资源和高端要素,着力解决制约经济转型升级的科技人才、机制体制和要素保障等问题,全面提升转型支撑能力,推动产业优化升级。

坚持企业主体,政府引导。充分发挥市场机制在配置科技资源中的基础性作用,强化政府政策支持,引导创新资源优先向企业集聚,推动企业成为科技创新的主体,不断提高自主创新能力。

坚持突出重点,整体推进。紧密结合产业发展的方向,加快科技与经济有机融合,形成一批具有嘉兴特色的科技创新成果,协调推进社会民生、农村科技、资源环境等领域的科技进步。

坚持人才为本,高端引领。树立人才是科学发展第一资源的理念,统筹各类创业创新型人才队伍建设,充分发挥创业创新型人才在经济社会发展和科技创新中的核心作用,努力使嘉兴成为长三角地区人才集聚高地。

3. 发展目标

全面实施“创新引领”战略,创新平台体系日趋完善,创新资源加速集聚,创业创新环境不断优化,创新成果产业化明显加快,自主创新能力大幅提高,科技创新对经济社会发展的促进作用明显增强。到2015年,全市科技综合实力位居全省前列,创新能力居国内领先水平,基本建成浙江省区域创新体系副中心和创新型城市。

——全社会科技投入不断增加,R&D经费占GDP比重达到2.6%,研究与试验发展经费支出占生产总值比重年均增幅高于全省平均水平。

——高新技术产业加速发展,高新技术产业产值达到2000亿元以上,高新技术产业增加值占规模以上工业增加值的比重达到25%。

——战略性新兴产业发展明显加快,六大战略性新兴产业产值突破3600亿元,占全市规模以上工业总产值的比重达到30%。战略性新兴产业增加值年均增长15%,占地区生产总值的比例达到18%。

——创新成果取得明显突破,全市专利申请总量达到3.5万件,专利授权总量达到2.5万件,发明专利申请量年均增长10%以上,建成国家知识产权工作示范城市。

——人才对转型升级的作用明显增强,人才资源总量达到87万人,引进培育200名具有省内、国内领先水平的嘉兴市创业创新领军人才,打造100个左右嘉兴市级以上重点创新团队,率先基本建成人才强市。

二、大力发展创新型产业,加快产业结构优化升级

4. 培育发展战略性新兴产业。认真实施战略性新兴产业发展规划,以高技术和高附加值为导向,引导人才、技术、资金、土地等资源向战略性新兴产业领域集聚,积极培育发展新能源、新材料、物联网、节能环保、生物、核电关联等产业,实现工业跨越式发展。充分发挥科技创新对战略性新兴产业发展的基础性作用,组织实施关键技术攻关,加快技术标准建设,实现一批重大技术专利的突破,推进战略性新兴产业快速发展。抓好战略性新兴产业招商推介,大力引进科研院校新兴产业相关科技成果的产业化项目。组织实施一批战略性新兴产业重大示范项目,培育一批战略性新兴产业龙头企业和专精特新科技型、创新型中小企业,培育一批战略性新兴产业基地。

5. 推进高新技术产业集群化。着力提升高新技术产业发展规模和水平,推进高新技术产业集群化。完善以区

域集聚、龙头带动、专业配套为基础的协作体系，以技术研发、品牌经营、工业创意为基础的创新体系，以专业市场、物流仓储、公共平台为基础的服务体系，培育形成具有核心竞争优势的高新技术产业集群支撑体系。加快形成新能源、电子信息、高端装备制造、新材料四大主导高新技术产业和节能环保、生物医药两大新兴产业的“4＋2”高新技术产业集群。

6. *改造提升传统产业*。坚持把自主创新作为传统产业转型升级的中心环节，加快采用高新技术、先进适用技术改造提升传统产业，推动传统产业由成本优势向创新优势转变。加快纺织、服装、皮革、化纤等传统产业向高端化、品牌化发展，提高传统产业核心竞争力。着力解决共性关键技术，提高传统产业整体技术水平。广泛采用数控技术等信息化手段，提高产品的制造质量及装备的数字化、智能化、成套化水平。建立完善产业准入政策和退出机制，综合运用经济、法律和行政手段，加快淘汰落后产能。

7. *积极发展现代服务业*。坚持把发展现代服务业作为产业转型升级的着力点，大力实施服务业优先发展战略和服务业“倍增计划”，推动现代服务业和先进制造业融合发展。优化服务业结构，重点发展现代物流、科技服务、商务会展、金融服务、总部经济等生产性服务业，大力发展软件信息、服务外包、文化创意等新兴服务业，提升发展商贸流通、旅游休闲、健康养老、社区服务等生活性服务业。优化服务业发展环境，完善服务业优先发展机制，促进要素资源配置向服务业倾斜。大力促进现代服务业总量增加、结构优化、领域拓宽，提高服务业的市场化、产业化和社会化水平。

8. *加快发展现代都市型生态农业*。加强农业科技创新，强化农业现代化的科技支撑，加快转变农业发展方式。积极推进农业科技自主创新与农业科技成果推广应用，加强农业科技推广体系建设，促进优势特色农产品保鲜与深加工、花卉苗木快繁、生态种养技术和新型高效农产品加工设备等应用推广。健全农科教结合、产学研协作机制，加强建设公益性农业科研与科技推广机构两大基础平台，建立科研与生产紧密结合、科技成果高效转化的有效机制。大力培育现代职业农民，加强农业科技创新人才队伍与科技推广人才队伍建设，提高农业科技创新与推广水平。大力发展农业专业化服务组织，加快构建多元化的农业科技社会化服务体系。

三、完善区域创新体系，加快创新型城市建设

9. *加强企业技术创新*。完善以企业为主体、市场为导向、产学研紧密结合的技术创新体系。进一步强化企业在技术创新中的主体地位，积极引导研发设备、人才、科技项目、知识产权等创新资源向企业集聚。鼓励支持科技创新型企业独立或联合科研院校建立研发机构，推进重点实验室、博士后科研工作站和院士工作站等创新载体建设，鼓励有条件的企业在国内外技术创新条件较好的地区设立研发机构。支持企业加大科技投入力度，鼓励企业参与国家、省级的重大科技计划，提高企业创新能力和水平。积极实施企业技术创新的财税优惠政策，扶持中小企业技术创新活动，激发民营企业自主创新活力。推进企业内部技术创新运行机制的完善，形成有利于新产品、新技术、新工艺开发以及管理创新、组织创新、营销创新的内部激励机制。加大对创新型企业的培育力度，提高企业技术集成、引进消化、吸收与应用能力，不断增强微观主体的可持续创新能力。

10. *推进科研院校科技创新*。鼓励高校、科研机构建立面向服务企业、产业的实验室和工程技术中心，扶持高校、科研机构以多种方式与企业合作，联合建立研究中心或创新基地。引导大院名校与本地企业建立以市场为导向、以产权为纽带、以项目为依托的优势互补、风险共担、利益共享、共同发展的合作机制，实现科研开发优势与生产经营优势的高度融合。支持科研院校建立技术转移机构和转化基地，承担起企业“孵化器”的作用，不断转化最新科技成果。充分发挥高校、科研机构的知识和人才优势，大力开展人力资源教育和培训，为企事业单位培养适用型人才。

11. *加大政府科技制度创新*。加快政府职能转变，推动体制创新和管理创新，调动各类创新主体的积极性、主动性，不断优化区域创新环境。建立健全科技创新配套政策，形成企业、科研院所、科技中介、政府之间合理分工、密切联系、相互促进、高效运转的区域创新制度体系。加大知识产权保护力度，鼓励知识产权创造与运用，加大知识产权执法工作。建立健全科技奖励制度，设置科技成果转化奖，形成政府和社会力量相结合的科技奖励制度。强化政府部门的责任意识和服务意识，积极主动地为企业服务、为高层次人才服务，逐渐从主要依靠优惠政策向着力营造良好创新环境转变。

12. *加强科技中介服务创新*。大力发展科技中介服务组织，理顺政府与中介组织之间的关系，形成法律定位明晰、政策扶持到位、监督管理完善的科技中介发展环境。支持科研院校设立专门的技术转移机构，鼓励发展民营科技中介服务机构，积极引进国内外著名的科技中介服务机构。引导科技中介为企业提供技术评估、咨询、转让交易、专利代理、科技信息等各类科技中介服务，促进科技成果就地转化。提升科技中介服务机构的服务水平，引导科技中介服务机构向专业化、规模化、规范化方向发展。

四、加强创新平台建设，增强自主创新能力

13. *完善区域创新平台*。按照资源集聚、特色明显、功能分区、错位发展的原则，形成以嘉兴国际商务区、嘉兴科技城、浙江科技孵化城为主体的科技创新带。高水平推进省级高新区建设，全力争创国家级高新技术产业区。大力发展国家高新技术特色产业基地、国家农业科技园区、国家（嘉兴）机电元件产业园等园区，形成集研发、成果转化和产业化于一体的产业创新基地。

14. *推进重大科技创新平台建设*。加快大院名校的创新平台建设，鼓励国内外科研院所、高等院校等优质创新资源入驻嘉兴设立研发机构和创新载体。进一步推进浙江清华长三角研究院、浙江中科院应用技术研究院等综合创新平台建设，加大研发设计、技术转移、教育培训和成果转化力度，切实发挥平台的集附性和基础性功能。推进区域性行业创新平台建设，紧密结合区域块状特色经济转型升级的需要，建设一批行业重大科技创新平台，突破一批共性关键技术。加大对区域重点行业创新平台的政策扶持力度，提高对块状经济转型升级的支撑作用。

15. 提升企业孵化平台水平。加快企业孵化器建设，形成多层次多元化科技企业孵化体系。进一步完善企业孵化平台的配套政策，不断提高孵化平台的孵化能力和服务水平。完善企业孵化平台的毕业、产业化机制，为孵化成熟的科技企业提供产业化厂房和推荐进入园区发展。积极创建省级和国家级高新技术企业孵化平台，努力使企业孵化平台成为引领创业、转化成果、吸纳就业、培育产业的主阵地。

16. 加快科技公共服务平台建设。有效整合各类科技创新资源，加快建设具有公益性、基础性、战略性的公共服务平台。加大对行业技术中心、区域研发中心、检测中心、信息中心、物流中心、营销展示中心、培训中心等服务机构的培育发展。完善公共服务平台运作的体制机制，推进政府公共服务与市场驱动紧密结合，提高平台建设和运行质量。

五、健全政产学研合作机制，促进科技成果产业化

17. 完善政产学研对接机制。建立健全合理配置科技资源的统筹机制，加强政府部门、高等院校、科研院所、金融机构和企业之间沟通和合作。大力促进智力与资本的对接，形成人才、项目、资本相结合的科技成果产业化模式。健全大院名校现代科研院所制度，增强本地院校的科技创新、技术转移、产业化和市场经营能力。加强院企科技对接活动，共建学科和技术联合攻关，提高本地国有、外资和民营资本承接技术转移能力。全面强化与国内外大院名校的科技合作，以多种方式吸引其他院校的高新技术成果到嘉兴转化。积极推进科技重大专项成果和专利技术的商品化和产业化，提高新兴科技产业的培育能力。探索建立产学研合作的信用机制、责任机制、利益机制和运行机制，创建适合科技产业化发展的产业技术创新战略联盟。

18. 完善技术成果交易转让机制。完善政府科技管理和服务方式，建立嘉兴市科技成果转化促进中心，提供成果登记、成果发布、技术交易、成果转化项目认定、科技项目资金支持、领军人才和创新团队认定、科技资本对接等科技服务。积极推进第三方核心技术和专利评估，完善成果交易价格形成机制。鼓励通过技术交易会、技术信息发布会、技术市场、网上技术市场等途径，广泛开展技术交易活动。鼓励高校、科研机构科技人员创业创新，支持各类组织和个人利用专利、专有技术等科技成果进行转让交易。

19. 完善科技成果转化促进机制。建立完善科技成果转化的财税促进政策。探索科技成果股权化制度改革，积极开展期权激励试点，支持成果所有者和完成人按比例共享成果交易和转化收益。以投资补助和贷款贴息形式扶持一批市级科技成果转化项目，加快成果和技术向企业推广和应用的进程。制定和实施“科技型中小企业成长路线图计划”，培育一批科技成果转化潜质较好的科技型中小企业。建立区域科技资源共享机制，建立嘉兴科技资源共享网，促进市域高校、科研机构和大型企业的仪器设备、检测检验、文献资料等科技资源向社会开放服务。

六、健全科技金融体系，加大科技创新投入

20. 完善多元化科技投入体系。构建以企业投入为主体、政府投入为引导、金融机构、社会资金和外资共同参与的多层次、多渠道的多元科技投入体系。切实增加政府对科技创新的投入，各级政府要确保财政科技经费增长幅度高于同级财政经常性收入增长幅度二个百分点左右，确保市科发资金每年要有所增长，到2015年各级财政科技经费占同级财政经常性支出的比例达到5%。围绕创新平台建设、科技成果产业化、人才引进、科技项目配套等，积极争取国家和省级的科技资金投向嘉兴。引导支持企业加大科技投入，加大对企业自主创新投入的所得税税前抵扣和企业研究开发仪器设备加速折旧政策的执行力度，鼓励企业提高研发费用支出占销售收入的比重，努力使企业成为研究开发投入的主体。

21. 促进科技金融结合。推动各类金融机构与科技创新的紧密合作，大力拓展商业银行、非银行金融机构以及资本市场等各类资金投向科技创新的渠道。激励商业银行加大对科技企业和科技产业化项目的贷款支持力度，鼓励政策性银行、商业银行和其他金融机构开展知识产权权利质押贷款业务。支持科技企业上市，以天交所科技创新板落户嘉兴为契机，搭建企业股权交易平台，满足成长性科技企业直接融资需求。大力发展创业投资和股权投资基金，做实做强创业投资引导基金，积极引进国内外优秀的创业投资和股权投资基金，引导民间资本和外资投向科技创新。充分发挥信用担保的作用，加大科技中小企业担保业务的风险补偿力度，落实担保业务风险补偿和贴息资金。鼓励保险机构为企业提供高新技术企业产品研发责任保险、研发中止保险、关键研发设备保险、营业中断保险等科技保险服务。

22. 完善科技金融中介服务体系。积极发展科技金融服务业，为企业提供科技投融资、信息交流、咨询服务、资本市场服务等一站式服务，实现创业创新活动与市场的无缝对接。建立科技创新投融资信息数据库，为科技投融资提供必要的数据分析、市场预测、信息检索、风险预警和平台交流等专业服务。加强专利代理、商标代理和著作权代理、会计师事务所、律师事务所等中介服务机构建设。发挥专业行业协会作用，培育有利于科技创新和产业化的中介服务组织。

七、加强人才队伍建设，发挥人才在科技创新中的引领作用

23. 加强创业创新型人才队伍培养。充分发挥教育在人才培养中的基础性作用，完善各类人才培养体系，健全人才培养开发机制。大力发展高等教育，加快培养应用型、技能型、创新型人才。健全企业经营管理人才培训机制，培育一批优秀禾商，提高企业家科技素质和创新意识。大力培养高层次专业技术人才，实施“新世纪专业技术带头人”、“青年英才计划”等各类人才培训计划。健全以职业院校为基础、企业为主体的高技能人才培养培训机制，积极培育高级技工。依托成人学校、职业培训机构和现代远程教育，加快新农村建设人才培养。

24. 加大领军人才和创新团队引进力度。大力实施“创新嘉兴？精英引领计划”和重点创新团队推进计划，引进培育一批引领经济转型升级的创业创新领军人才和创新团队。办好“星耀南湖”、赴国（境）外开展人才政策推介等大型招才引智活动。依托大院名校，组团式引进海内外高层次人才。建立人才国际化交流合作机制，鼓励和支持我市人才中介机构与国外人才中介机构开展交流合作。加强留学人员创业园等平台建设，提高吸纳海外留学人员的能力。鼓励国内外各类高层次人才通过合作研究、技术入股、兼职兼薪等“柔性引才”形式开展人才智力服务。

25. 优化人才发展环境。加强人才政策研究，形成创业创新支持、企业人才优先开发、产业集聚区人才保障、人才优先投资等人才发展政策体系。依托嘉兴科技城、浙江科技孵化城等创新平台打造一批高层次人才创业创新基地和人才驿站，增强区域人才集聚优势。健全创业创新型人才关爱机制和“一站式”服务体系，落实创业创新型人才在安居、配偶就业、子女入托入学、医疗保健等方面的相关待遇。加快建设人才公寓四期工程和市级领军人才公寓，实现县（市、区）人才公寓全覆盖，不断改善人才的居住环境。

八、优化科技创新环境，营造转型升级氛围

26. 加强科技创新领导。各级党委、政府要坚持从全局和战略的高度，把科技创新作为调整产业结构、转变经济发展方式的中心环节，把加强科技创新工作摆在经济工作的突出位置。各县（市、区）要结合本地实际，制定本地区的实施计划，明确重点，细化措施，强化责任，突出一把手抓第一生产力和第一资源。各有关部门要各司其职，形成合力，积极参与和支持科技创新的各项工作。进一步强化党政领导科技进步目标责任考核，加大对科技创新的考核激励力度。健全科技统计监测、评价和通报制度，及时、准确反映科技创新动态。

27. 完善科技创新制度。切实加强区域创新政策体系建设，完善科技投入、区域创新平台、科技成果产业化、企业技术创新、科技中介服务、科技金融、人才工作等科技政策，形成系统化的科技创新制度。进一步深化科技管理创新，进一步完善立项、监督、执行、验收和评价相分离的科技管理体系。健全科技创新要素保障机制，使政策与体制创新成为推动科技创新的持续动力。

28. 培育科技创新文化。把科技创新贯穿于加快转变经济发展方式的全过程，努力形成全社会推进科技进步的良好氛围。大力弘扬创新精神，积极培育开拓进取、自强不息、敢为人先、宽容失败的创新文化，推动创新成果不断涌现、创新人才脱颖而出，为推动转型升级提供强大支撑。全面贯彻尊重劳动、尊重知识、尊重人才、尊重创造的方针，加大科学普及工作，努力提高公众科学素养和科学文化素质。着力营造有利于科技创新的文化环境、法治环境、舆论环境，形成人人崇尚创新、参与创新、敢于创新、乐于创新和全社会重视关心支持科技创新的良好局面。

中共嘉兴市委

嘉兴市人民政府

二〇一一年七月八日

嘉兴市人民政府关于加快发展现代产业集群的若干意见

嘉政〔2011〕9号

各县（市、区）人民政府，市政府各部门、直属各单位：

为加快转变经济发展方式，培育发展现代产业集群，增强全市工业经济的综合实力和核心竞争力，根据《浙江省人民政府关于进一步加快块状经济向现代产业集群转型升级示范区建设的若干意见》（浙政发〔2010〕44号）和《浙江省人民政府办公厅关于加快块状经济向现代产业集群转型升级的指导意见》（浙政办发〔2009〕72号）精神，特提出如下若干意见：

一、指导思想

全面落实科学发展观，坚持走新型工业化道路，大力发展现代产业集群，加快形成以区域集聚、龙头带动、专业配套为基础的协作体系，以技术研发、品牌经营、工业创意为基础的创新体系，以专业市场、物流仓储、公共平台为基础的服务体系，努力培育形成具有核心竞争优势的现代产业集群。

二、基本原则

坚持企业主体、政府指导原则。遵循市场经济规律，充分发挥企业在发展现代产业集群中的主体作用，政府主要通过强化规划引导、建设支撑平台、加大政策扶持等，积极营造有利于发展现代产业集群的良好环境。

坚持重点突破、全面推进原则。抓住发展现代产业集群中的薄弱环节和重点问题，建立市级指导、县（市、区）和镇（街道）负责的工作机制，先行试点，重点突破，以点带面，全面推进。

坚持存量优化、增量带动原则。加快信息化与工业化融合，加强标准引领、品牌带动、管理创新，坚持开放拉动、增量推动，注重大项目、大企业的引进，突出新兴产业拉动作用，提升综合竞争力。

坚持分类指导、注重实效原则。根据总体规模、区域布局、发展水平和分布特点，遵循不同产业块状经济发展的内在规律，实行分类指导，突出针对性和实效性，分步实施，扎实推进。

三、培育目标

实施“百亿”现代产业集群培育计划，重点培育20个现代产业集群（具体见附件），力争到2015年，全市年销售收入超500亿元的现代产业集群达到2个，400～500亿元的现代产业集群达到3个，300～400亿元的现代产业集群达到4个，200～300亿元的现代产业集群达到5个，100～200亿元的现代产业集群达到6个，现代产业集群销售收入占工业总量的比重超过70%。

经过提升发展，努力形成产业集群的四大竞争优势：

企业集聚优势。以工业园区（开发区）为载体，进一步推动企业集聚发展，着力形成以大企业为龙头、中小企业为基础、专业分工协作为纽带的组织结构。开展“十百千”大企业梯队培育计划，即到2015年，全市培育年销售收入超100亿元龙头企业10家、年销售收入超10亿元骨干企业100家、年销售收入超亿元重点企业1000家。实施中小企业成长计划，全市每年争取培育300家规模以下企业成长为规模以上企业。

产业链优势。加快提升优势产业和培育战略性新兴产业，推动优势产业从劳动密集型向技术密集型转型，从低加工度向高加工度提升，强化产业招商，大力发展新兴产业，到2015年，全市培育年销售收入超百亿元的优势产业集群13个，年销售收入超百亿元的新兴产业集群7个，加快形成现代产业集群体系。

技术创新优势。引导和支持创新资源向产业集群集聚，继续加快企业技术中心建设，探索建立企业间联合研发中心，充分发挥嘉兴科技城、浙江科技孵化城等科技创新平台的“引擎”作用，鼓励建立各类行业、区域共性技术服务平台。到2015年，力争全市企业研发投入占销售收入比重达到1.85%，新增省级以上企业技术（研发）中心12家以上，企业技术创新能力在同行业中处于领先水平。

绿色制造优势。以节能减排为主要抓手，推行高效率、低消耗和可循环、少排放的绿色制造模式，推动块状经济向资源节约集约和生态环保型产业集群转变。到2015年，力争全市亩均工业增加值在现有基础上提高20%以上，产业集群资源利用效率、集约用地水平和废弃物减排处于省内领先水平。

四、工作重点

（一）加强规划引导。以政府为主导，龙头骨干企业为主体，联合科研院校、行业协会等力量，以国际化视野，从全球产业链、价值链、供应链和资本链整合提升的高度，从工业化、城市化、市场化、信息化互动的角度，对发展现代产业集群工作进行整体谋划，科学规划。各地要结合本区域产业发展实际，抓好现代产业集群实施方案的编制和落实工作，编制的方案要体现集群特点、明确培育目标、突出关键环节，尤其要明确平台建设、龙头培育、项目支撑等提升重点，并分年度制订实施计划。

（二）推进布局优化。加快推进国家级、省级开发区（工业园区）、市镇工业园区和科技创新平台建设，优化空间布局，完善设施配套。继续开展市镇工业园区转型升级考核，评定命名一批嘉兴市特级、甲级、乙级转型升级工业园区，引导企业向园区集聚。加快推进特色产业园区建设，重点推进电子信息、汽车零部件，以及新能源、新材料、节能环保、生物产业等优势产业和新兴支柱产业特色园区建设步伐。着力推进纺织、服装、皮革和紧固件等产业的空间优化和产业整合，进一步拓展产业发展空间。

（三）强化龙头培育。积极培育块状经济中关联度大、主业突出、创新能力强、带动性强的龙头骨干企业，特别是重点抓好13家省工业行业龙头企业和市级工业行业龙头骨干企业的发展，发挥其产业辐射、技术示范和销售网络中的引领作用，引导其通过联合、并购和品牌经营、虚拟经营等方式整合中小企业，鼓励支持其在省外、海外设立原料、能源供应基地和营销网络等，不断提升竞争优势。

（四）实施项目带动。坚持“内外并举”，加强产业招商和定向招商，引进一批产业层次高、带动力强的重大项目。实施一批企业重大技术改造项目，尤其要谋划实施一批总投资5亿元以上的重大项目，强化要素保障，以持续有效的增量投入，推进现代产业集群发展。

（五）构建服务平台。加强工业园区（开发区）和产业集聚区的公共服务平台建设，着力构建技术研发、产品检测、电子商务等中心，逐步形成用工、培训、融资、物流等综合服务平台。推进专家服务，对重点产业集群组织科技服务特派团队，加强集群研发和创新工作，促进产学研合作。加强产品创意、管理咨询、技术专利、检测信息、教育培训、市场营销、融资担保等面向中小企业的中介服务机构建设。

（六）提升区域品牌。大力实施质量振兴和品牌带动战略，鼓励有关行业协会、重点优势企业牵头或由中小企业合作，共同打造区域名牌和专业商标品牌基地，努力培育区域品牌，着力将企业品牌、产业品牌、区域品牌上升为城市品牌，形成浓厚的区域产业文化。加强区域品牌宣传推介，引导企业抱团参展，扩大产业影响力。抓好品牌保护，强化行政执法力度，切实维护品牌形象。支持引导企业参与制订、修订行业标准、国家标准和国际标准，占领技术领域制高点。至2015年，全市培育省级以上品牌400个，新增企业制修订国家标准、行业标准30项。

（七）发挥协会作用。加快块状经济相应的专业性行业协会的建设力度，积极吸收龙头骨干企业进入协会。充分发挥行业协会的桥梁和纽带作用，及时反映行业情况和企业诉求，引导企业贯彻落实好产业政策。在政府指导、授权或委托下，协助做好行业信息收集统计、运行分析、标准制订、品牌培育以及应对技术贸易壁垒诉讼等工作。加强行业自律，规范行业竞争秩序。

五、保障措施

（一）健全机制。各县（市、区）要建立健全政府主要领导负责、分管领导具体抓、部门分工明确、责任到位、合力扶持的工作协调机制。市工业转型升级领导小组办公室具体负责全市发展现代产业集群工作，市级相关部门要根据职责分工，加强协作配合，共同研究解决发展现代产业集群的重大问题。产业集群所在的县（市、区）政府负责对本区域发展现代产业集群实施方案编制和组织协调工作，对跨县域的产业集群，要探索建立以核心区所在县（市、区）政府牵头的跨地区工作协调机制，研究解决发展现代产业集群所需的支撑条件，减少重复投入和无序竞争。各县（市、区）要定期向市工业转型升级领导小组办公室上报工作情况，市政府每年将听取相关工作汇报，并开展专项工作督查。

（二）示范推进。在充分发挥全市5个省块状经济向现代产业集群转型升级示范区作用的基础上，重点抓好20个市重点培育的百亿以上产业集群，并作为市级试点。各试点所在地政府要在2011年上半年编制好实施方案，迅速启动相关工作，完善政策配套，加大工作力度，积极加以推进。在抓好试点并进行总结规范的基础上，2012年在全市面上推开。在2013年、2015年分别对发展现代产业集群工作开展中期评估和期末考核评估，对发展成效显著的给予表彰奖励。

（三）强化保障。加大对发展现代产业集群的财政扶持力度，按照财政体制，给予试点单位一定的财政补助，并对产业集群内优化产业链、价值链、供应链的项目给予重点扶持。加强产业集群与金融机构的对接与合作，创新融资方式。对重点培育提升的产业集群，各金融机构要根据国家产业政策和信贷政策规定，重点加以扶持。

附件：嘉兴市重点培育现代产业集群一览表（至2015年）

嘉兴市人民政府
二〇一一年一月二十五日

附件：

嘉兴市重点培育现代产业集群一览表（至2015年）

序号	集群名称	销售规模目标（亿元）	牵头单位
1	嘉兴港区化工新材料产业集群	600	嘉兴港区管委会
2	嘉善太阳能光伏产业集群	500	嘉善县政府
3	桐乡濮院秀洲洪合针织产业集群	470	桐乡市政府　秀洲区政府
4	海宁太阳能产业集群	450	海宁市政府
5	桐乡洲泉化纤产业集群	450	桐乡市政府
6	海宁经编产业集群	380	海宁市政府
7	南湖汽配机电产业集群	350	南湖区政府
8	平湖光机电产业集群	300	平湖市政府
9	嘉善木业家具产业集群	300	嘉善县政府
10	海宁皮革制品产业集群	280	海宁市政府
11	平湖服装产业集群	260	平湖市政府
12	海宁家纺产业集群	260	海宁市政府
13	秀洲新能源产业集群	200	秀洲区政府
14	嘉善电子信息产业集群	200	嘉善县政府
15	海盐核电关联产业集群	180	海盐县政府
16	海宁包装产业集群	180	海宁市政府
17	桐乡崇福皮草产业集群	160	桐乡市政府
18	嘉兴经济技术开发区汽车零配件产业集群	150	嘉兴经济技术　开发区管委会
19	嘉善纽扣产业集群	150	嘉善县政府
20	海盐机械标准件产业集群	130	海盐县政府

绍兴县人民政府关于建设中国轻纺城电子商务平台的实施意见

绍县政发〔2011〕3号

为深化中国轻纺城"二次创业"，加快国际性纺织制造中心、贸易中心和创意中心建设，按照"政府主导、整合资源、企业化运作"的整体思路，加强轻纺城电子商务平台建设，进一步推进纺织产业转型升级和轻纺城提升发展。现制定以下电子商务平台建设实施意见：

一、指导思想

按照政府主导与民营企业参与相结合的原则，加快建设以网上纺织品信息交互和产品批发交易为核心、以现代物流为依托、以网上市场管理服务为辅助的电子商务大平台。拓展轻纺城市场交易和服务功能，有效突破有形市场发展瓶颈，探索实现传统交易与新型交易融合互补、提升管理服务科学化水平的新型市场经营模式，进而进一步增强轻纺城的国际影响力和竞争力，有力推动我县纺织产业和经济转型升级。

二、建设目标和功能

（一）发展目标

立足绍兴，服务全球纺织企业，突出重点，分步推进，把中国轻纺城电子商务平台打造成为国内最权威、国际有影响的纺织业电子信息和商务平台。

用1年时间，整合相关资源和专业网站，建立起覆盖轻纺城所有企业和经营户及1万家以上境内外经销商和10万家采购商的纺织品资源库，计划应用国际最先进的电脑技术、网络技术和移动个人终端等技术和手段为一体，建设具有操作性的第三方交易平台，使之成为国内最有权威的纺织品电子信息和商务网站。用3—5年时间，将这一网站建设成为全球纺织产品信息最集中、交易最便捷、诚信度最高的纺织品电子商务平台，并争取成为中国第一家"网上专业市场"上市公司。

（二）主要内容与功能

以发展现代物流为着力点，依托纺织品交易"现场、现品"的特性，实现轻纺城实体市场与网上市场互动发展，推进纺织品交易的多元化和服务的信息化，带动有形市场的进一步扩展和提升，探索出现代专业市场创新发展的新路子。中国轻纺城电子商务平台建设将分步分期实现以下五大功能和服务：

1. 纺织信息交互、资讯发布：(1)提供新产品、新技术、流行趋势、行业数据等的信息检索；(2)提供纺织贸易信息，包括订单信息、供应信息、市场行情等；(3)为销售与采购双方提供需求对接；(4)为网站会员分级别提供相应价值产品信息咨询及增值服务；(5)提供纺织产品创意设计咨询、展示等相关服务。

2. 纺织品网上交易：(1)进行纺织原料、库存品、服装等网上交易活动，推进纺织品网上实时交易；(2)开展网上纺织服装样品展示，供采购双方进行网上看样订货、网上订单交易；(3)开展单证处理、贸易申报、物流信息处理、贸易结算、跨境电子单证交换等配套电子商务服务；(4)举办网上纺织品展会。

3. 企业商务服务：(1)提供企业实用商务软件下载、产品开发、技术运用指导等；(2)运用物联网提供物流配送信息服务；(3)针对不同企业提供行业预警信息发布，企业发展技术支持等服务；(4)提供企业管理服务软件；(5)举办针对网上纺织品开发、应用的培训、会议、论坛等活动。

4. 政务管理：(1)提供国内外纺织行业宏观态势、产业政策、发展趋势、贸易环境信息参考；(2)提供市场政策和商务信息服务；(3)开展网上证照办理、工商税务服务和营业房转让转租等管理服务；(4)发布柯桥纺织指数、市场行情、相关展会信息等。

5. 移动业务服务：(1)与移动互联网结合，利用手机终端，发布采购、销售等信息提供服务；(2)利用手机商务功能，开展数据、资讯等的上传、下载服务。

三、保障措施

1. 加强工作领导。成立中国轻纺城电子商务平台建设领导小组，县政府主要领导任组长，县委、县政府分管领导任副组长，县府办、县发改局、县经信局、县科技局、县公安局、县财政局、县交通运输局、县国资办、县国税局、县工商局、轻纺城建管委、钱清镇等单位为成员单位，领导小组办公室设在轻纺城建管委，协调相关具体工作。

2. 明确运行机制。按照政府主导、企业化运作模式，组建国有控股股份有限公司。公司由县委、县政府委托轻纺城建管委直接进行考核管理，董事长管理考核参照轻纺城市场开发经营有限公司；为充分发挥经营团队积极性，公司总经理由董事会聘任，公司运行管理考核办法、总经理及公司技术管理骨干薪资待遇突破县内其他国资公司考核管理办法，与经营业绩挂钩，由主管部门和公司董事会提出具体意见。平台名称定为"网上中国轻纺城市场"（简称"网上轻纺城"），原轻纺城股份公司的"网上轻纺城"名称予以整合收购并注销。

3. 加大扶持力度。加大对"网上轻纺城"运行政策扶持力度。(1)在"网上轻纺城"设立网上商铺并办理网上营业执照且经营的当年度前10000家纺织服装企业或经营户，每家奖励1000元；(2)对“网上门市部”营业执照办理并实际纳税经营的县外注册网上经营户总数当年度达到3000家以上，每家奖励给“网上轻纺城”1000元，该项政策总额不超过1000万元；(3)上述扶持政策连续执行三年，由轻纺城建管委和县财政局负责实施和监督，自2011年1月1日起执行。

二〇一一年一月十八日

中共嵊州市委　嵊州市人民政府关于印发《加快发展战略性新兴产业推动工业经济转型升级的政策意见》的通知

嵊市委〔2011〕11号

各乡镇、街道，市级机关各部门：

现将《加快发展战略性新兴产业推动工业经济转型升级的政策意见》印发给你们，请结合实际，认真贯彻执行。

中共嵊州市委

嵊州市人民政府

二〇一一年六月十日

关于加快发展战略性新兴产业推动工业经济转型升级的政策意见

为全面落实科学发展观，推动各级各部门和广大企业比学赶超、创先争优，市委、市政府安排扶持工业经济奖励专项资金3亿元，培育发展战略性新兴产业，推动产业转型升级，推动全市工业经济赶超发展。

一、鼓励企业做大做强(安排3800万元)

1. 按照企业实缴税金、纳税销售和亩均贡献实绩，评比“工业企业30强”和“成长型企业30优”。对获得“30强”企业的经营者，给予当年实缴税金比上年增长部分的20%奖励；对获得“30优”企业的经营者，给予当年实缴税金比上年增长部分的10%奖励(单个企业最高不超过200万元)。

2. 对“30强”企业设立入围奖和进位奖。当年新入围企业给予每家10万元奖励，进位企业每进一位给予5万元奖励(新入围企业按上年度第30位进位)，比上年每退一位扣5万元。

3. 对当年实缴税金5000万元以上且同比增长的工业企业经营者，授予“嵊州市经济发展特别贡献奖”。对下列三种工业企业经营者授予“嵊州市经济发展功臣”称号：

①对当年实缴税金2000万元以上且同比增长的；②当年纳税销售5000万元、实缴税金500万元以上且同比增长150%以上的；③当年完成工业性投资5亿元以上的。

4. 对首次达到规模以上的工业企业每家给予2万元的奖励，对纳税销售首次达到1亿元、5亿元、10亿元、20亿元、30亿元的工业企业分别给予5万元、10万元、20万元、50万元、100万元奖励。

5. 对当年在境内新上市的企业，给予300万元的奖励。

二、鼓励企业项目投入(安排14500万元)

6. 安排土地保障专项资金1亿元，对重大投资技改项目、招商引资项目及战略性新兴产业投资项目地价进行优惠。

7. 在当年实际完成固定资产投资5000万元以上(零土地技改设备减半计算)的工业项目中评选“工业投资十大项目”。对获得“工业投资十大项目”第1名到第10名的分别给予100万元、90万元、80万元、70万元、60万元、50万元、40万元、30万元、20万元、10万元奖励。

8. 加大技术设备专项贴息。对三大主导产业转型升级和战略性新兴产业投资(技改)项目，当年设备实际投资达到1000万元、3000万元、5000万元、1亿元的分别给予3%、4%、5%、6%(战略性新兴产业增加2个百分点)贴息。

9. 对企业实施重大技术改造项目、重大招商引资项目、重大科技项目、研发平台建设和快速发展的重点骨干企业给予“一厂一策”或“一事一议”扶持。

10. 对获得国家、省专项补助的重大技术改造项目分别给予30万元、10万元奖励；对完成绍兴市级企业管理信息化试点项目、重点产品中试项目计划任务的分别给予5万元奖励。

11. 在当年纳税销售3000万元以上工业企业中评选“节约集约发展十佳企业”，分别给予5万元奖励。

三、鼓励企业招商选资(安排1500万元)

12. 安排招商选资工作奖励资金，对引进市外投资总额5亿元人民币或5000万美元以上的重大工业性项目并落户建设的，按项目约定期内实到资金的1‰（战略性新兴产业项目2‰）给予奖励，最高不超过100万元（战略性新兴产业项目不超过200万元）。

13. 鼓励对嵊州市内企业利用内外资嫁接，利用土地、厂房、设备等资产与无关联国内外企业和个人开展合资（合作）经营对合资（合作）经营项目总投资达5000万元（500万美元）且在约定期内完成资产过户交割和报备建设的，在资产过户过程中（包括土地流转）产生税金的地方留成部分给予全额奖励。鼓励嵊州市内企业并购无关联国内外战略性新兴产业研发机构及企业进行上下游整合，对并购资金达1000万元的，按并购实际现金支出额的2%予以奖励，最高不超过500万元。

14. 对当年新批的鼓励类外商投资项目、注册外资在1000万美元以上且当年到位注册资本50%以上的，给予引进及项目实施单位10万元的奖励；对注册外资在3000万美元以上且当年到位注册资本30%以上的，给予项目引进及实施单位20万元的奖励；对注册外资在5000万美元以上且当年到位注册资本20%以上的，给予项目引进及实施单位30万元的奖励。

四、鼓励企业科技创新（安排1800万元）

15. 设立高新技术产业发展专项资金1000万元，对高新技术（产品）攻关、科技创新公共服务平台建设、科技成果的引进转化等进行专项扶持。具体资金管理办法由市科技局会同市财政局另外制订。

16. 设立企业自主创新专项资金800万元，对科技型企业培育、企业研发平台建设、知识产权保护、新产品研发、科技计划项目推进和科学技术进步等自主创新活动进行奖励。具体奖励办法由市科技局、经信局会同市财政局另外制订。

五、鼓励企业开拓市场（安排1000万元）

17. 在当年自营出口额300万美元以上且同比正增长的企业（含关联企业）中，按自营出口额绝对值排名，评出“外贸企业规模奖”金、银、铜奖共10名，分别给予30万元、20万元、10万元人民币奖励；按自营出口同比增幅排名，评出“外贸企业进步奖”金、银、铜奖共10名，分别给予20万元、10万元、5万元人民币奖励；对当年自营出口额首次达到1亿美元、5000万美元、500万美元的企业，分别给予20万元、10万元、5万元人民币奖励。外贸企业规模奖和外贸企业进步奖不重复计奖。

18. 企业参加市政府组织的重点境内外展销会，按实际摊位费给予全额奖励（部分重点参展摊位费由市政府提前垫付）；自行参加并经备案批准的境内外展销会，按每标准摊位分别给予3000元、1万元人民币奖励（广交会、华交会除外）。同家企业同次参展的奖励不超过三只标准摊位（或27平方米）。

19. 对当年获得出口安全认证、出口环保认证、境外商标注册的，每件给予1万元人民币奖励；当年投保出口信用保险的，给予实际保费的50%奖励；当年赴境外投资兴办生产性企业、设立境外营销机构（不包括办事处），且有运作实绩的分别给予10万元、3万元人民币奖励。

六、鼓励企业节能减排（安排850万元）

20. 在全市重点用能企业中评选“节能减排十佳企业”（节能、减排各五佳），在全市实施的工业性投资项目中评选“节能减排十佳项目”（节能、减排各五佳），分别给予5万元奖励。

21. 对获得省级以上专项补助的节能、节电、节水项目给予5万元奖励；对获得省级、绍兴市级“绿色企业”、“清洁生产企业”及“环境友好型企业”称号的分别给予5万元、3万元奖励。

22. 鼓励企业生产和推广节能产品，对列入国家级“节能产品惠民工程”推广目录、省级节能产品推广招标目录的企业分别给予一次性20万元、5万元奖励。

23. 对按计划完成拆除落后产能整体生产线的企业进行奖励。（具体奖励办法另行制订）。

七、鼓励企业转型升级（安排2000万元）

24. 全面落实“嵊州市领带服装产业转型升级实施方案”、“嵊州市机械电机产业转型升级实施方案”、“嵊州市电器厨具产业转型升级实施方案”中的扶持政策，加快三大产业转型升级步伐。

25. 对当年获得“全国质量奖”、“省政府质量奖”、绍兴市和嵊州市“市长质量奖”的企业分别给予50万元、20万元、15万元、10万元奖励；对当年批准设立国家标准委员会分技术委员会（工作处）、实质性为主制订（修订）完成国家标准（国际标准、行业标准）的企业分别给予20万元、10万元奖励，参与制订（修订）的给予2万元奖励；对获得省级标准创新型企业给予3万元奖励。

26. 对当年获得中国驰名商标或中国出口名牌的企业给予50万元奖励（通过司法认定获得的给予10万元奖励）；对当年获得省、绍兴市级名牌产品、著名商标、出口名牌的企业分别给予5万元、2万元奖励；对当年获得省著名商号的企业给予3万元奖励。

八、鼓励单位创优争先（安排4550万元）

27. 安排工业经济考核专项资金300万元，对经济开发区和乡镇（街道）工业经济考核优胜单位进行奖励。

28. 安排开放型经济考核专项资金100万元，对经济开发区和乡镇（街道）开放型经济考核优胜单位进行奖励。

29. 安排招商引资考核专项资金350万元，对有招商实绩的乡镇（街道）、部门进行奖励，对承办全市重大招商活动的乡镇（街道）、部门给予补助奖励。

30. 安排个私集聚区发展专项资金400万元，对个私集聚区建设和个私经济发展竞赛优胜单位进行奖励。

31. 安排示范区建设专项资金200万元，用于创建国家级现代产业集群示范区建设（工信部）和外贸转型升级示范区建设（商务部）。

32. 安排人才专项资金800万元，用于人力资源引进和企业家培训工作。

33. 安排工业性行业协会专项资金200万元，用于加强行业协会建设，鼓励行业协会融资担保，开展行业协会

"三比"竞赛，对获得优胜的行业协会进行补助奖励。

34. 安排推进质量强市建设专项资金200万元，用于质量安全和管理、先进质量管理模式导入、四大主体质量管理和质量管理星级企业奖励。

35. 安排专项资金2000万元，对开展工业经济工作进行统筹安排。

九、其他

36. 企业和个人必须依法经营，对存在偷税、侵权、假冒等违法违规行为而受到处罚的，不符合城乡规划管理、生态环保要求，以及当年发生较大以上生产安全事故、影响重大的劳资纠纷、信用失范等事件的，一律取消享受上述政策的资格。

37. 对同一事项涉及多项奖励(资助)的，奖金(资金)按"从高、不重复"的原则给予奖励(资助)。原有市内企业做大做强和项目投入奖励额度不超过当年实缴地方税费增长额。

38. 成立市工业经济考核领导小组，由分管工业副市长任组长，经信局、财政局主要负责人任副组长，科技局、商务局、统计局、招商局、国税局、工商局、质监局主要负责人为成员。领导小组下设办公室，办公室设在经信局，由经信局主要负责人任办公室主任，经信局、财政局分管负责人任副主任，具体负责解释和实施。

39. 本政策意见从2011年1月1日起实施，以前的工业经济政策与本政策不一致的以此为准。

金华市金东区人民政府
关于加快旅游产业发展的若干意见

(2011年4月19日)

金区政〔2011〕17号

各镇乡人民政府、街道办事处，区政府各部门、各直属单位，金东新区重点项目建设办公室、金东经济开发区管委会：

为充分挖掘我区旅游资源优势，大力发展以"文化、生态、休闲、度假"为主题的特色旅游经济，实现我区旅游经济健康、快速、可持续发展，特提出如下意见：

一、统一思想，进一步提高加快旅游产业发展重要性的认识

1. 旅游业是关联度大、开放性强、对全区第三产业发展具有较大带动作用的产业。发展旅游经济是我区转变经济增长方式、提升第三产业发展水平、促进城乡统筹协调发展的有效途径。我区地处长三角地区，金义大都市圈内，旅游资源丰富，区位优势明显、民营企业发达、社会消费及投资旅游业的积极性渐趋高涨，具备开发旅游休闲度假产业的潜在实力与广阔前景。各镇乡(街道)、各部门一定要充分认识发展旅游经济的重要意义，紧紧抓住有利时机，增强责任感、紧迫感和使命感，切实把旅游业作为我区国民经济的重要产业来培育，作为第三产业的重点来抓，努力开创我区旅游产业发展新局面。

二、加强规划，强化管理，促进旅游产业可持续发展

2. 科学制订旅游发展规划，完善旅游规划体系。按照《金东区旅游发展总体规划》，做好各项旅游区的专项规划，并做到与城市建设、土地利用规划以及农业、林业、交通、水利、环保、文化等产业规划相衔接；各旅游景区要根据旅游发展规划和各自景区特点编制景区开发建设的详细规划；各风景名胜区、重点文保单位、文化宗教场所、城市公共绿地等各类涉旅项目建设规划，要符合《金东区旅游发展总体规划》和景区规划，规划论证和会审须有区旅游管理部门参加。

3. 强化管理，合理开发与保护旅游资源。旅游资源开发和旅游项目建设必须符合旅游发展总体规划和资源保护的要求，坚持保护、开发、利用并重，实现经济效益、社会效益、生态效益相统一。要加强规划管理。一是强化对旅游规划实施情况的监督检查。二是加大对景区内其他建设的管理力度，景区内所有建设必须实施"一书两证"审批制度。三是对景区外的旅游项目，有关部门在选址定点、立项审批时要征求区旅游管理部门的意见，防止盲目开发和低水平重复开发。

三、加大政策扶持力度，促进旅游业快速发展

4. 加大政府财政支持力度。从2011年起，区财政每年安排旅游发展专项资金300万元。主要用于旅游景区基础设施建设、景点开发、旅游规划编制、项目包装、旅游服务品牌提升、旅游宣传营销、旅游行业管理及人才培训等。

5. 加大对旅游项目用地政策扶持。对符合区旅游发展总体规划、土地利用总体规划的旅游项目，优先列入建设计划，优先安排用地指标。每年安排一定的"农转用"用地指标用于旅游项目开发建设。

6. 奖励特色旅游开发项目。加强对国家、省级风景名胜区的旅游规划和长效管理。大力发展绿色生态休闲旅游，拓展现代农村的特色旅游功能，提高现代农业的休闲观光效应，挖掘特色文化的旅游资源价值。

(1)发展乡村休闲旅游。加快旅游强镇、旅游特色村建设。根据国家旅游局、农业部实施乡村旅游"百千万工程"部署，对镇乡(街道)引进2000万以上的旅游项目且项目竣工投入营业后奖励20万元；对新评定为省级旅游强镇的奖励20万元、省级特色旅游村的奖励10万元;区级旅游强镇的奖励10万元、区级特色旅游村的奖励5万元(区级旅游强镇、特色旅游村评比办法另行制定)。

(2)发展农业休闲旅游。对新评定为区级休闲观光农业示范园的奖励5万元(评比办法另行制定)。

(3)发展文化休闲旅游。充分挖掘非物质文化遗产、先进文化、时尚文化的旅游价值,发展文化休闲旅游,并带动精神文明建设。对新评定为区级特色文化旅游基地的奖励5万元(评比办法另行制定)。

(4)每年重点扶持1-2个特色旅游项目。对村集体和镇乡政府新开发符合区旅游发展总体规划的名人、古建、生态休闲、农业观光等旅游项目的景区道路(游步道)、游客接待咨询服务中心、停车场、公共厕所等旅游基础服务设施建设,按实际工程投资额的30-50%给予资助。最高不超过100万元。

7. 扶持新办旅游项目。凡新办的旅游项目(不含宾馆、饭店、产权式酒店),对投资额在1000万元以上的,按工程实际支付额的1%资助,最高不超过50万元。对新建的旅游酒店、宾馆项目投资额在500万元以上的,在项目竣工投入营业后,按工程实际支付额的1%资助,最高不超过50万元。对投资额在5000万元以上的重大旅游项目,在用地、融资等政策方面可采取"一事一议,特事特办"的办法解决。

8. 扶持旅游企业上等级、上规模、上水平。

(1)对新评定为AAA级以上的旅游景区(点),分别给予AAA级10万元、AAAA级20万元的一次性奖励。

(2)对新评定为二星级以上的旅游宾馆饭店,分别给予二星级2万元、三星级10万元、四星级20万元、五星级40万元的一次性奖励。

(3)对新评定为三星级以上品质旅行社的一次性奖励5万元、"年度全省百强社"的一次性奖励10万元、"全国百强社"的一次性奖励15万元。

(4)旅行社组织来金东旅游人数(有门票)全年达到1万人次的,一次性奖励1万元,达到1.5万人次的,一次性奖励2万元,达到2万人次的,一次性奖励3万元。

四、加大宣传促销力度,大力拓展国内外旅游市场

9. 建立促销保障机制。区旅游发展专项资金安排一定经费用于旅游宣传促销。鼓励旅游景区、旅游企业强化营销意识,加大宣传促销投入,积极参加全市全区旅游整体促销。

10. 完善旅游促销手段,拓展国内外市场。积极推进旅游信息化工程建设,建立旅游信息服务中心,充分利用影视、互联网、报刊等宣传媒体,提高金东旅游的知名度和美誉度。要不断提出旅游新产品、新线路。充分利用旅游资源互补性、关联性强的特点,加大与周边旅游景区的合作,互惠互利、资源共享、推进旅游快速发展。要充分利用义乌国际商贸城的优势,积极发展国内旅游和入境旅游。

五、强化行业管理,提升旅游整体素质

11. 加强旅游行业管理。建立健全旅游质监机构、投诉制度和执法制度,保障游客合法权益,为游客创造良好的服务环境。建立旅游行业协会、充分发挥其民间性、自律性的管理和服务功能,为旅游业的健康快速发展服务。加强旅游安全管理和人才培养。按照"谁主管、谁负责"的原则,落实安全管理责任制,严格执行事故责任追究制度。进一步健全旅游行业管理人员、旅游从业人员上岗资格的考核培训制度,鼓励旅游从业人员参加中、高级技术等级培训。

六、形成合力,优化旅游发展环境

12. 改善旅游交通环境。制订完善区内公共交通规划,确保旅游交通顺畅。优先安排通往重点旅游景区(点)的道路建设。一级公路及通向重点旅游景区(点)的主要道路上要设置旅游景区(点)交通指示牌,并纳入道路规划和建设内容。针对目前城区通往各景区的公交线路尚未完全开通的情况,要与公交部门做好衔接工作,为游客旅游提供交通方便。对外地进入我区境内的旅游客车,交通管理部门要提供宽松的交通环境,情节轻微的违章行为,应依法从快从简处理,减少游客滞留时间。

13. 改善旅游基础设施和生态环境。重点为抓好道路、停车场、公厕、旅游咨询服务中心、警务室、治安岗亭、医疗救助站、规范化旅游标识和指示牌等景区配套设施建设。禁止在旅游景区(点)从事污染环境、破坏景观和生态的生产经营活动,对旅游景区(点)内的污染企业实行关、停、拆、迁,严禁开石采矿和商业性伐木,防止工业"三废"污染和人为破坏景观。

14. 创造良好的旅游经营环境。加强对旅游市场的监督管理,规范对旅游企业的收费行为,公开收费项目,收费标准及收费依据,严禁乱收费、乱摊派、乱罚款,努力营造安定、祥和的旅游环境。对饭店宾馆的治安检查,应持治安检查证依法有序的进行,避免无序、多头检查。

七、加强领导,切实增强对旅游产业的指导

15. 加强组织领导。建立金东区推进旅游产业发展领导小组,统筹全区旅游发展战略,及时研究、协调和解决旅游经济发展中的重大问题,督促落实各项工作任务。聘请业界有一定知名度的专家、学者、组成金东区旅游发展专家咨询委员会,定期召开会议,听取专家关于金东区旅游开发建设的意见、建议。实施全区旅游一盘棋,使上下一起共同抓好旅游经济工作。

16. 齐抓共管,加快旅游产业发展。各级党委、政府和各部门要高度重视旅游工作,切实加强对旅游业的领导和支持,把旅游工作列入重要议事日程,以高度的责任感创造性地开展工作,并结合各自实际,制定具体的措施,及时研究解决旅游业发展中出现的新情况、新问题,切实把加快旅游产业发展的各项任务落到实处,使旅游经济得到较快发展。

八、其他事项

17. 本意见所指旅游企业为在金东区办理注册工商营业执照和税务登记的景区(景点)、旅游饭店(酒店、宾馆)、旅行社等。

18. 同一事项符合本意见多项奖励(资助)条件的,不重复享受奖励(资助),按就高原则兑现。上述项目市、区两级政府用于奖励(资助)的经费,属金东经济开发区范围内的部分由开发区上报区财政统一兑现。

19. 本意见所指项目投资额不含土地费用和房产出让费用部分,以工程决算财务实际支付额为准。

20. 本意见自发文之日起施行,具体由区旅游局、区财政局负责解释。

义乌市人民政府关于完善工业项目招选和供地方式的若干意见

义政发〔2011〕80号

各镇人民政府,各街道办事处,市政府各部门:

为高效利用土地资源,积极引进和培育优势产业项目,进一步加快产业结构调整优化,着力推动产业转型升级,推进大平台大产业大项目大企业建设。根据我市实际,现就建立完善工业项目招选和供地方式制定本意见:

一、总体思路

以科学发展观为指导,坚持公开、公平、公正原则,根据工业项目总投资、单位面积投资强度、达产后年平均税收额等主要数据指标,积极推行分级、分类的项目招选和差别化供地方式。进一步建立和完善市场导向的资源配置机制和优胜劣汰的项目竞争机制,逐步形成统一、规范、有序的工业项目供地模式,提高工业用地集约利用水平。

二、工业项目分类和准入条件

(一)重点引进战略性新兴产业、高新技术产业,或是产业关联度大、能带动产业优化升级和集群发展的传统优势工业项目,简称A类工业项目。项目应符合国家产业政策规定,达到环境准入和节能评估要求,总投资额5亿元人民币以上,单位面积投资强度不低于400万元/亩,达产后年平均纳税额不少于30万元/亩。

(二)积极引导特色工业项目竞争性发展,简称B类工业项目。项目应符合国家产业政策规定,并达到环境准入及节能评估要求,总投资额1亿元人民币以上,单位面积投资强度不低于250万元/亩,达产后年平均纳税额不少于20万元/亩。

(三)加快培育"孵化"小微型工业企业,简称C类工业项目。项目应符合国家产业政策规定,并达到环境准入及节能评估要求,总投资额少于1亿元人民币,单位面积投资强度不少于200万元/亩。

三、工业项目招商及供地方式

(四)A类工业项目用地采用"一企一策"挂牌方式出让。受让企业原则上分两个阶段签订土地出让合同,第一阶段使用年限原则上为5至8年。

(五)B类工业项目用地采用拍卖或招标方式出让。由经济开发区、工业园区及各工业功能区所在镇(街道)根据产业规划和行业布局要求,以竞争性出让方式选择入驻,确定价高者为工业用地受让人,受让企业原则上分两个阶段签订土地出让合同,第一阶段使用年限一般不超过5年。

(六)C类工业项目采用"先租后售"或"一次性招标(拍卖)"方式出让。

实施"先租后售"模式,是指在特定区块规划建设若干标准化厂房或工业大厦,由国有独资(控股)企业或引进专业机构通过挂牌、拍卖等方式受让工业用地,然后按确定的地块规划控制指标建成标准厂房(工业大厦),以"谁受让、谁招商","先招租、后转让"的形式招引企业入驻。招引企业必须明确准入条件和产出承诺,履行合同约定的投入产出指标,否则由土地受让业主承担相应的违约责任。

"一次性招标(拍卖)"出让方式,是指各镇(街道)存量的20亩以下零星工业用地,按照"好中选优"原则,主要面向我市现有的成长性好、税收贡献较大且无工业用地的生产性企业,以价高者中标为原则,实行"一次性招标(拍卖)"方式直接出让,受让企业原则上分两个阶段签订土地出让合同,第一阶段使用年限一般不超过5年。

四、项目招选和供地程序

(七)A类工业项目"一企一策"招选和挂牌出让工业用地程序。

一是出让地块准备。由相关镇(街道)、经济开发区、工业园区会同经发局、国土局、建设局等单位根据工业用地年度供应计划,拟定招商用地的具体区块,并完成拟出让工业用地政策处理和"三通一平"。二是组织招商报名。以经济开发区、工业园区以及各工业功能区所在镇(街道)为项目招商主体,会同相关部门组建专业招商力量,主动开展项目招商储备工作。国土部门发布土地出让预公告,各招商主体发布招商公告、接受项目报名。三是项目考察论证。各招商主体按照招商条件,对报名的项目进行逐个考察,并会同市工业开发办组织有关部门、评审专家进行论证和筛选。四是确定入选项目。各招商主体负责提出具体化的项目招选方案、项目业主受让用地承诺和个性化配套扶持政策建议方案,分别报请市政府常务会议和市委专题会议研究审定入选项目。五是组织挂牌出让。国土部门编制出让方案,并依照有关法律法规、政策规定以及出让方案明确的规则、程序和方式实施挂牌。拟出让地块的出让底价不得低于市政府规定的工业用地出让最低价标准。

(八)B类工业项目拍卖(招标)方式出让工业用地

程序。

一是出让地块准备。由相关镇(街道)、经济开发区、工业园区等招商主体会同经发局、国土局、建设局等单位根据工业用地年度供应计划,拟定招商用地的具体区块,并完成拟出让工业用地政策处理和“三通一平”。二是制定方案、发布公告。各招商主体会同市工业开发办一起提出竞投对象资格条件,报市政府审批。国土部门依据经市政府批准的竞投条件编制出让方案、发布出让公告。三是组织报名、资格审查。符合条件的项目业主持相应有效文件向各招商主体报名,凭各招商主体的书面资格审查意见向国土局提出申请。四是确定底价、实施拍卖或招标。国土部门依照有关法律法规、政策规定以及出让方案明确的规则、程序和方式实施拍卖或招标活动。拟出让地块的出让底价不得低于市政府规定的工业用地出让最低价标准。

(九)C类工业项目“先租后售”模式出让工业用地程序。

一是明确规划、落实地块。由镇(街道)、经济开发区、工业园区会同相关部门在特定区块规划建设若干标准化厂房或工业大厦及其配套生活设施,并根据工业用地年度供应计划,拟定具体区块,完成拟出让工业用地的政策处理和“三通一平”。二是发布公告、组织招选。国土部门发布土地出让预公告。各镇(街道)、经济开发区或工业园区等招商主体会同相关部门,面向国有独资(控股)企业或其他专业机构组织招选标准厂房(工业大厦)的建设业主。三是考察确定项目建设业主。各招商主体负责提出具体化的项目招选方案,报市工业开发办初审,初审确定后分别报请市政府常务会议和市委专题会议研究审定入选项目。四是确定底价、实施挂牌或拍卖出让。国土部门编制出让方案,并依照有关法律法规、政策规定以及出让方案明确的规则、程序和方式实施挂牌或拍卖活动。拟出让地块的出让底价不得低于市政府规定的工业用地出让最低价标准。五是项目建设和企业入驻。项目建设业主按确定的地块规划控制指标(容积率、建筑密度、行政办公及生活服务设施用地所占比例)建成厂区(工业大厦),以“先招租、后转让”的形式招引企业入驻。

(十)C类工业项目“一次性招标(拍卖)”方式出让工业用地程序。

一是出让地块准备。由相关镇(街道)、经济开发区、工业园区等招商主体确定存量的零星工业用地具体区块,并完成拟出让工业用地政策处理和“三通一平”。二是制定方案、发布公告。各招商主体会同市工业开发办一起提出竞投对象资格条件,报市政府审批。国土部门依据经市政府批准的竞投条件编制出让方案、发布出让公告。三是组织报名、资格审查。符合条件的企业持相应有效文件向各招商主体报名,凭各招商主体的书面资格审查意见向国土局提出申请。四是确定底价、实施拍卖或招标。国土部门依照有关法律法规、政策规定以及出让方案明确的规则、程序和方式实施拍卖或招标活动。拟出让地块的出让底价不得低于市政府规定的工业用地出让最低价标准。

五、完善工作机制

(十一)进一步明确招商主体责任,充分下放招商引资政策权限。授予和扩大经济开发区、工业园区、商贸服务业集聚区和各工业功能区所在镇(街道)对供地面积、财政补助等方面的政策决定权,凡低于我市现有支持政策要求的项目,由各招商主体自行确定,报市委市政府审议备案;对突破现有政策要求的优质工业项目,提交市委市政府集体研究决定。

(十二)完善工业项目准入机制,严格把好项目质量关。严格控制无产业优势、无税收贡献、无投资经验的“三无”项目或亩产税收和投资强度低于全市平均水平的项目供地。

(十三)实行工业项目用地出让、扶持政策与项目产出贡献挂钩制度,项目申请用地必须承诺相应的投资强度和亩产税收等经济指标,设立必要的项目建设保证金和税收保证金,明确违约责任。

(十四)定期开展工业用地出让绩效评估和考核。全面落实各镇(街道)、经济开发区、工业园区及相关部门的监管责任,各招商主体要对项目建设、投产进行全程跟踪、监督和评估,国土部门要会同有关部门和单位对工业用地出让合同的履行情况进行复核验收。对未按期建成投产或达产后未实现规定亩产税收的企业,分别由相关的招商主体和职能部门依法追究违约责任,追回财政扶持资金、补交相关规费等,直至收回工业用地。

(十五)加强工业用地出让转让监管,对违反合同约定转让工业用地的企业,按首次转让时市场评估价与实际缴纳出让金的差额收取违约金。

(十六)分级建立工业项目储备库,市重大工业项目由市工业开发办负责汇总,在全市范围实现信息共享、资源统筹。积极引导产业集聚发展,合理安排行业布局,除市重大工业项目以外,引导B类和C类工业项目相对集聚。

(十七)健全完善招商引资联席会议制度,定期分析研究招商引资工作,着力解决招商引资过程中涉及的相关法律法规、政策及专业技术等方面问题。

(十八)完善工业用地储备和供应计划。国土部门要会同各镇(街道)根据产业发展要求,每年安排一定量的工业用地指标,并认真落实各项政策处理和“三通一平”等前期工作。

(十九)加大产业财政扶持力度,建立市重大产业项目和重大产业发展扶持专项资金。

(二十)优化工业项目服务机制,不断加大金融支持力度,拓宽企业融资渠道。建立企业信用信息平台和重大工业项目绿色通道,切实提高办事效率,加快项目建设。

(二十一)本意见未尽事宜,参照我市相关规定执行。

二〇一一年十一月一日

中共永康市委　永康市人民政府
关于实施在外“丽州英才”智力回归工程的若干意见(试行)

永委〔2011〕13号

各镇党委、政府，各街道党工委、办事处，经济开发区党委、管委会，城西新区党工委、管委会，市机关各部门，市直各企事业单位：

为深入实施人才先行战略，进一步发挥在外“丽州英才”资源优势，鼓励在外永康籍高层次人才带技术、带成果、带信息参与永康总部经济建设，推动智力回归工程，促进我市经济社会又好又快发展，特提出如下意见：

一、总体目标

着眼于永康经济社会发展大局，凝聚各类在外永康籍高层次人才，通过采取建组织、搭平台、强服务等措施，积极开展难题咨询、技术攻关、项目合作、引才引智等活动，全面实施在外“丽州英才”智力回归工程，引导和鼓励在外永康籍高层次人才服务家乡，力争到2015年实现“151”目标，即：引回投资额2000万元以上的科研合作项目10个，重点解决企业发展技术难题或行业普遍存在的技术瓶颈50项，完成智力回归100名。

二、智力回归对象

1. 永康籍在外从事科研、教学工作的高级专业技术人才；

2. 永康籍在外担任大型企业副总以上的高层次经营管理人才；

3. 永康籍旅居海外高层次人才；

4. 永康籍在外担任重要领导职务或重要岗位的党政军领导干部。

三、重点产业领域

根据我市“十二五”期间打造中国五金产业核心区的战略目标，围绕八大行业，重点在以下产业领域开展智力回归，引进项目、技术和人才：一是五金制造业，包括汽车、摩托车及配件、高档防盗安全门、智能锁具生产线、纳米陶瓷应用家居电器及厨具、新型不锈钢保温杯、抗菌不锈钢厨卫制品、运动器材和模具制造业等领域。二是经济型节能与新能源汽车产业。三是特色装备制造业，包括经济型精密数控设备、专业性金属加工设备、小型农用机械、园林机械等领域。四是新特材料产业，包括碳酸钴、磷酸铁锂新能源电池，钛合金、钴合金、无氧铜、高纯度铜、精密高强度铝合金、稀有金属合金、超薄精密压延件等金属材料，纳米改性材料、钢材用纳米涂料，反光材料、磁性材料等。五是新能源产业。

四、具体举措

1. 成立在外“丽州英才”联谊会。开展在外“丽州英才”信息征集工作，及时做好人才信息的确认完善和跟踪修订，建立在外“丽州英才”信息库，成立在外“丽州英才”联谊会领导机构，负责在外“丽州英才”的联谊、咨询服务、引才引智等工作。

2. 出台相关优惠政策。一是对落地永康的科研合作引进项目，优先安排用地指标(供地后企业必须按合同规定及时开工、竣工)，并全程代理项目报批、土地使用等方面的事宜。二是对回归项目所在企业，年税收500万元以上(含500万元)或亩产税收10万元以上(含10万元)的，按纳税总额5%的比率给予奖励。三是对帮助企业解决发展技术难题或破解行业发展技术瓶颈，产生显著效益的，按贡献大小给予一次性5万—50万元的经济奖励。

3. 开展院士专家“家乡行”活动。依托在外“丽州英才”联谊会，充分挖掘永康市在全国各地的科技人才资源优势，每年定期开展一次以上院士专家“家乡行”活动，柔性引进院士专家团队，进一步集聚高端智力人才，促进我市经济转型升级。

五、组织保障

1. 加强组织领导。建立由市委副书记为组长，市人才办、人力资源和社会保障局、科协、总部办、科技局、经信局、财政局、工商联、协作办为成员单位的在外“丽州英才”智力回归工程领导小组，领导小组下设在外“丽州英才”联络办公室(设在市人才办，办公地点设总部办)，具体负责在外“丽州英才”的联络、服务等工作。

2. 明确职责分工。在外“丽州英才”智力回归工程是一项事关永康全面转型升级的工作，各成员单位要在市委、市政府和市人才工作领导小组的领导下，加强协同配合，形成共建合力。市人才办要拟订在外“丽州英才”智力回归工程的年度工作计划、重大活动、工作目标，提交领导小组审定后付诸实施；市人力资源和社会保障局要会同科技、经信等部门加强我市企业发展技术难题的征集和引进项目的受理、初审工作；市科协要加强与在外“丽州英才”的沟通交流，及时掌握院士专家新项目、新技术；市总部办(联络办)要加强对在外“丽州英才”的服务，及时通报在外“丽州英才”情况，编印《丽州英才》期刊，为领导小组提供相关信息，同时，要及时帮助协调解决人才返乡时碰到的困难；协作办、工商联要利用在外永康商会，加强与当地“丽州英才”的联系，营造一个“家乡牵挂、牵挂家乡”的良好氛围。

3. 注重工作实效。要加强我市产业发展趋势和存在的问题研究，定期开展企业发展难题和项目需求调查汇报会，有效结合在外“丽州英才”的新项目、新技术，采取“联人、联事、盯项目”的工作方式，努力引进切合永康实际的项目，破解永康发展所遇难题的新技术、新方法，确保取得实效。

中共永康市委
永康市人民政府
二〇一一年九月二十三日

中共武义县委　武义县人民政府
关于构筑创业创新人才高地加快建设人才强县的若干意见(试行)

县委〔2011〕28号

各乡镇、街道，县直属各单位：

为认真贯彻落实科学发展观，深入实施“生态立县、工业强县、旅游富县、科技兴县”四大发展战略，构筑创业创新人才高地，加快建设人才强县，为我县经济社会科学发展提供强有力的人才支撑和智力保障，结合我县实际，特制定本意见。

人才引进

第一条　人才引进的重点对象：本县企事业单位急需的高层次人才、紧缺人才和高技能人才。

(一)高层次人才

1. 中国科学院院士，中国工程院院士；

2. 国家级重点人才(国家级有突出贡献的中青年专家，国家“千人计划”入选者，享受国务院特殊津贴人员，国家杰出青年基金获得者，长江学者特聘教授，国家级重点学科、重点实验室、工程技术研究中心学术技术带头人，国家“百千万人才工程”入选者)；

3. 省部级重点人才(省“千人计划”入选者，省部级有突出贡献的中青年专家，省“151人才工程”第一、二层次培养人员，博士生导师)；

4. 具有博士学位或正高级专业技术职务任职资格人员；

5. 市专业技术拔尖人才，市科技创新领军人才，市“321”人才工程第一、二层次培养人员，金华市名师、名校长、名医，具有副高专业技术职务任职资格人员。

(二)紧缺人才

1. 规模以上新经济组织、新社会组织的中高级经营管理人才；

2. 五金机械、文旅休闲、汽摩配、电子信息、新材料、新能源、旅游、商贸、创意、会展、物流、金融等我县第二、三产业中紧缺专业人才；

3. 创业创新人才和团队。具有自主知识产权来我县实施成果转化的海内外创新人才、各行业国内外优秀人才；带资金、带项目、带技术来武义投资创办或领办科技型企业的高层次创业创新人才和团队；

4. 具有全日制普通高校本科以上学历或中级专业技术职务任职资格的其他紧缺专业人才。

(三)高技能人才

具有高级技师、技师资格的人才。

企业单位引进各类人才一律准入。事业单位引进全日制普通高校毕业的硕士研究生和“211工程”全日制普通高校本科以上学历紧缺专业人才，可以采取直接考核的方式进入。

第二条　引进人才(指人事和户籍关系转入武义的人员，其中企业单位引进高层次人才可以不转，下同)的优惠政策：

(一)完善政府津贴制度。非公企业引进的高层次人才，与用人单位签约三年以上，且每年服务时间不少于7个月的，按实际在武服务月数发放政府津贴，每人每月标准为：中国科学院院士、中国工程院院士1万元，国家级重点人才5000元；省部级重点人才2000元，具有博士学位或正高级职称的人才1000元；市专业技术拔尖人才，市科技创新领军人才，市“321”工程第一层次培养人选，具有副高级职称的人才500元。

(二)实施安居工程

1. 全面推进人才公寓建设。结合科技园和省高新技术产业园区建设兴建人才公寓，作为引进高层次人才的周转用房。鼓励开发区、各工业功能区、企业建造人才公寓。在人才公寓未投入使用或住房不能满足引进人才需求时，鼓励用人单位安排临时住房或给予租房补贴。

2. 发放高层次人才安家补贴。引进人才与用人单位签订三年以上期限合同且服务满两年，鼓励用人单位给予一次性安家补贴，其参考标准为：第1类高层次人才80万元/人，第2类高层次人才50万元/人，第3类高层次人才30万元/人，第4类高层次人才10万元/人，第5类高层次人才5万元/人。夫妻双方同属引进人才的同时享受。凡用人单位按上述标准兑现安家补贴的，县财政给予用人单位50%配套资助。

进入公务员队伍(含参照公务员管理事业单位)人员或到机关事业单位、国有控股企业在编工作人员不享受安家补贴。

(三)妥善解决子女入学和配偶安置问题。对引进的第1至5类高层次人才，其子女义务教育阶段允许择校就读。对其他各类引进人才的子女，其子女义务教育阶段，按就近属地就读的原则，由教育部门合理安排入学。对引进人才的配偶，用人单位或相关部门要积极推荐就业，对企业引进博士学位以上高层次人才的配偶，采取一事一议的办法予以妥善安置。

（四）完善引进人才户籍管理。公安部门要简化引进人才的落户手续，引进人才及配偶可落户在单位所在地的乡镇(街道)或社区、村(居)委会。引进人才落户后，须向户口所在地的乡镇(街道)计生部门提供原户籍所在地的计生证明及材料，及时移交计生关系，接受属地服务与管理。

第三条 加大柔性引才引智力度

（一）鼓励企事业单位大力引进智力项目。新建国家级、省级企业博士后科研工作站的企事业单位，分别给予一次性10万元、5万元的奖励。鼓励我县企事业单位与有关高校、科研院所共建博士后创新实践基地，经认定，县财政一次性补助2万元。博士后出站后继续留在建站单位工作并签约5年及以上的，县财政一次性补助建站单位科研经费2万元。对经申报获得正式立项的国外引智项目，县财政给予一定配套经费补助。对参加由县政府组织的校企合作、智力对接的企业，视其项目和成果转化情况给予5000元至3万元的补助。

（二）实行柔性引进人才补助。按照“不求所有，但求所用”的引才用智理念，鼓励柔性引进人才。对企业聘请外来人员主持省级以上科技攻关项目研发的，给予科技攻关项目主持人一次性生活补贴5000元。

（三）进一步完善科技创新服务平台建设。发挥“国家大院名校武义联合技术转移中心”等县校科技人才合作开发平台的优势，加强与高校院所合作，继续引进高校院所来我县设立技术转移工作站，为企业提供技术开发、技术咨询等智力服务。对在武义设立技术转移工作站的高校院所，每年给予3—5万元的工作经费；技术转移工作站负责人在武义工作期间，给予每人每天100—200元的补贴；对技术工作站工作情况及绩效进行考核，考核结果为优秀的技术转移工作站，给予工作站负责人1万元的奖励；每年度在与武义县有科技合作活动的高校院所专家中评选一定数量的优秀科技合作专家，并给予每人5000元的奖励。

（四）实施“人才回归”工程。建立武义籍在外高层次人才信息库，加强动态联系，定期开展在外武义籍专家回乡活动，为武义经济社会发展献智出力。

第四条 建立完善“人才工作联络站”，跨区域预约引才引智。发挥异地商会(同乡联谊会)等组织在引才引智中的作用，在高校和人才比较集中、产业结构接近的城市设立人才工作联络站，负责与当地人才服务机构交流沟通、人才交流信息的搜集整理、人才交流活动的计划安排等工作，县财政每年安排一定工作经费，为人才引进搭好“鹊桥”。

第五条 建立武义县引进人才证明制度。用人单位引进人才，应及时到人事部门办理有关登记手续，对符合条件的引进人才颁发《武义县引进人才证明书》，凭证享受相关优惠待遇。

人才培养

第六条 加大党政人才培养力度。认真落实全县公务员培训规划，进一步丰富培训内容，创新培训形式。选拔优秀中青年干部赴国内高校攻读硕士、博士学位或赴境外进修。结合武义经济社会发展实际，着重加强公务员服务经济发展能力的培养，与省内外高校合作培训办班，提升公务员队伍的素质。

第七条 加强高素质企业经营管理队伍建设。抓好县内规模以上企业中高级管理人员的轮训，鼓励企业经营管理人员参加工商管理硕士(MBA)研修班，逐步建立一支与我县企业发展相适应的企业经营管理人才队伍。

第八条 加大专业技术人才培养力度。研究制订中青年学术(学科)、技术带头人梯次培养计划，着力培养一批适应我县经济社会发展需要的学术(学科)、技术带头人、年轻优秀人才及储备人选。对进入国家“百千万人才工程”、省“151人才工程”、金华市“321人才工程”第一、二层次培养人员的科研项目优先给予立项。组织高层次人才和中青年人才赴境内外培训、研修和学术、技术交流访问。

第九条 大力引进培养和集聚创业创新型人才。积极引进海内外创业创新型领军人才，对于携带科研课题和项目的引进人才，有关部门给予优先立项和启动经费补助；对来我县从事高新技术研究、创办领办高新技术领域的合资合作或独资项目的人才，经县科技局、经贸局认定后，科技经费、技改经费优先给予补助。加大创业创新团队培养政策扶持力度。参加经劳动部门认定的培训机构所举办的创业培训班并取得相应培训合格证书后自主创业的学员，按持《就业失业登记证》人员的标准享受武政发〔2009〕78号规定的相关扶持创业的优惠政策。

第十条 积极培养技能人才。建立健全技能人才培养体系，加大资金投入力度，以县职校为依托，进一步完善校企合作培养机制，充分发挥技能人才在我县经济社会发展中的作用。每年培养1000名以上技能型人才，引导、支持和推动企业开展技能人才培养工作。对在企业工作并取得技师、高级技师职业资格证书的，分别给予一次性2000元、5000元的奖励。

第十一条 加强农村实用人才队伍建设。整合优化农村教育培训网络，深入实施农村劳动力转移培训工程，着力培养致富带头人、科技带头人、经营带头人等农村实用人才，充分发挥他们的示范带头作用，带动广大农民致富奔小康；建立健全农村实用人才认定和评价制度，不断扩大职业资格证书在农村的覆盖面；鼓励农村实用人才进行学历教育，建立学历证书、职业资格证书的“双证制”培养体系。

第十二条 加强社会工作人才队伍建设。建立社会工作者入职教育、继续教育等各阶段衔接的教育培训体系，大力推进社会工作的职业化和专业化进程，建立社会工作者职业水平评价制度，加强社会工作人才的培训，鼓励从业人员取得社会工作执业资格证书，并纳入专业技术人员管理范畴，着力打造一支素质高、业务强的社会工作人才队伍。

第十三条 实施名师、名校长、名医培养工程。充分利用"名师名校长工作站"和相关优质资源，大力开展名师送教，名师研修实践等活动，不断优化教师队伍结构，提升整体师资队伍素质。加强中青年卫生技术人员的培养，重点选拔确定一批我县医学科技创新水平较高、专业技术过硬的好苗子，充实"武义名医"、学科带头人队伍，推广引用一批新技术，推动我县医学科学的创新能力。凡被授予省级名师、名校长、名医的，一次性奖励8000元，且自获评起三年内每月发放津贴400元；被授予市级名师、名校长、名医的，一次性奖励4000元，且自获评起三年内每月发放津贴300元，符合两项或两项以上津贴发放标准的，按就高原则，不重复享受。

人才工作载体

第十四条 深化县校合作科技人才开发平台建设。以"国家大院名校武义联合技术转移中心"为载体，拓展"校企合作科技交流"活动。定期赴高校、科研院所集中地或与我县产业结构相近、人才集中的大中城市开展项目洽谈和人才交流活动，与高校院所开展人才培养合作，进一步增强校企合作科技交流引才活动实效。

第十五条 积极创建高层次人才创业创新基地。对入选省、市高层次人才创业创新基地的，县财政分别给予5万元和3万元的补助。

第十六条 加快推进高校毕业生就业见习基地建设。对毕业二年内的武义生源全日制普通高校毕业生，开展为期6－12个月的就业见习，引导企业吸纳储备人才。见习期间，见习单位按不低于本县最低工资标准发给见习学员生活补贴，县财政按本县最低工资标准的50%给予见习单位补贴。

第十七条 广泛开展国际人才交流合作。创造条件赴国外开展项目推介、人才招聘、智力对接活动，建立国际智力资源工作网络，拓展与境外中介机构和信息咨询机构的合作。

人才开发机制建设

第十八条 完善人才开发竞争机制。坚持"公开、平等、竞争、择优"的原则，推行以聘用制为主要内容的事业单位用人制度。建立能上能下、能进能出，有利于人才流动和发挥作用的竞争机制。

第十九条 健全考核评价机制。根据各类人才的不同特点，改进和完善人才考核评价的方式方法，突出综合业绩考核评价，建立一套科学的人才考核评价指标体系。

第二十条 改革分配机制。建立差异化、多元化分配和奖励制度，强化激励机制。鼓励各类人才以专利、发明、技术等要素参与分配或入股。鼓励用人单位在不违反国家有关法规政策的前提下，依据本单位的实际情况自主选择分配方式。

第二十一条 创新人才奖励机制。建立健全评奖体系，对为全县经济社会发展作出突出贡献的各类人才和单位给予奖励。

（一）设立"武义县十佳高技能人才"、"武义县十佳青年创业人才"、"武义县优秀创新团队"等奖项，每二年开展一次评选活动。

（二）继续设立"武义县专业技术拔尖人才"、"武义县享受县政府津贴优秀人才"等奖项，每三年开展一次评选活动。

人才服务

第二十二条 加强人才市场建设，完善人才市场服务体系，不断强化人才市场的公共服务职能，提升人才市场服务水平。每年编制《武义县紧缺专业人才导向目录》，引导人才合理流动，优化人才资源结构。加强人才信息网络建设，办好武义人力资源网。

第二十三条 及时推荐各类优秀人才参加国家、省、市、县各类先进的评选；引进人才可按有关程序推选为党代表、人大代表、政协委员；在人才申报评审和破格晋升相应的专业技术职称上做好服务工作。

第二十四条 大力培育发展社会人才中介服务机构。积极引进国内外优秀的高级人才访聘公司，与政府人才市场实现优势互补。支持人力资源服务产业发展，充分发挥民营人力资源中介服务机构的作用，对规范经营、为武义人力资源服务业作出突出贡献的民营人力资源中介服务机构给予表彰奖励。

第二十五条 加强与国内外人才服务机构的交流合作，拓宽引才渠道，积极组团赴国内外招聘高层次人才和企事业单位紧缺人才，展位费、住宿费、交通费给予一定的补助。

第二十六条 建立高层次人才联系制度。不定期组织开展高层次人才联谊等活动，加强与高层次人才的沟通与交流。定期组织高层次人才健康体检。

组织与保障

第二十七条 坚持党管人才原则，强化县委人才工作领导小组职能，及时分析全县人才队伍建设情况，研究制定加强人才队伍建设的指导性意见和政策性文件，部署年度工作任务，不断完善以组织部门牵头抓总、相关职能部门协调配合、社会力量广泛参与的人才工作机制。

第二十八条 各级党委、政府要高度重视人才工作，把人才引进和培养工作放到突出的位置，党政主要负责人要亲自抓。要对人才工作进行专项考核，并列入各乡镇（街道）和县机关各部门年度责任制考核内容。

第二十九条 加大人才资金投入。人才发展专项资金投入占一般预算支出的比例不低于0.5%，且当年增长幅度不低于本级财政一般预算支出增长幅度。县财政确保每年人才经费500万元以上，人才经费主要用于人才引进、培养服务、奖励、补助、人才工作环境营造等。县委人才办负责制定县委人才经费使用管理办法。人才的各项津贴、补助，由用（引）人单位申报，县人事劳动社会保障局会同相关部门初审，报县委人才办审定，并经公示后实施。

乡镇(街道)、企事业单位也应根据各自的实际,突出重点,加大人才工作的投入,努力形成政府、社会、用人单位、个人相结合的人才投入机制。

第三十条 本意见由县委组织部、县人事劳动社会保障局负责解释,并由县委人才办牵头负责制定实施细则。

第三十一条 本意见自发文之日起执行。原武政办〔2003〕81 号、县委〔2004〕14 号同时废止。与其他已出台的人才政策不一致的,以本意见为准。县里有政策规定的,按就高原则不重复享受。

中共武义县委
武义县人民政府
二〇一一年七月一十一日

中共龙游县委 龙游县人民政府
关于深入开展"工业服务月"活动的实施意见

县委〔2011〕12 号

各乡(镇)党委、政府,街道党工委、办事处,县机关各部门:

为认真贯彻落实县委九届十三次全会和县十一届政府八次全会精神,切实帮助企业做大做强,加快推进项目建设,提升工业发展平台,优化园区配套功能,促进转型发展、科学跨越,县委、县政府决定,开展以"扶优扶强,转型升级"为主题的"工业服务月"活动。现将有关事项通知如下:

一、指导思想

深入贯彻科学发展观,认真落实中央、全省经济工作会议和市委五届十三次全会精神,围绕"产业新城"目标定位,深入实施"工业立县、开放兴县、特色强县"战略,按照"两年求突破、五年争跨越"要求,全力实施工业转型升级攻坚行动,全力支持工业园区,全力帮扶工业企业,全力推进项目建设,加快推进新型工业化,着力提升工业竞争力。

二、活动内容

突出工业转型升级主题,围绕产业培育、龙头骨干企业培育、平台建设、技术创新、项目推进、招商引资、节能减排等重点开展专项服务。

1. *主导产业培育专项服务。*建立主导产业专项服务领导小组,由相关县领导担任组长,经贸、发改、财税、招商、环保、人劳社保、科技等部门及龙游工业园区、城南工业区、湖镇镇等相关单位负责人为成员。负责研究制定重点产业发展政策措施,对主导产业招商谈判、项目推进、要素保障、产业配套等定期进行专题研究,促进主导产业做优做强。设立若干个产业培育服务小组,开展产业专题服务。积极开展衢州省级产业集聚区龙游区块规划建设,建立完善平台建设投入、新兴产业规划及项目落地决策等机制。加快"一区二块"拓展提升,加快用地指标报批,有序推进土地平整、管网配套等后续工程,争取熟地滚动储备 3000 亩。深化实施"腾笼换鸟",推进工业闲置资产合理流转;引导部分投产企业加快续建项目建设,提高容积率;鼓励企业实施零用地技改,增加单位土地产出率。

2. *龙头骨干企业培育专项服务。*由经贸局牵头,制定龙头骨干企业培育扶持专项政策,排出第一批 20 家龙头骨干企业培育名单。根据龙头骨干企业各自实际,因企制定并落实特惠式、针对性扶持措施。引导企业开展发展战略研究,制订发展规划。积极推动企业上市,制定实施鼓励企业上市优惠政策,组织开展企业上市辅导培训,搭建意向上市企业与知名券商沟通交流的平台,帮助企业选择合适主承销商,培育一批上市后备企业,加快企业上市步伐。支持龙头骨干企业二、三产分离,提升企业管理模式。鼓励发展总部经济,大力发展农产品加工型龙头骨干企业,积极引进物流等生产性服务业,促进一二三产联动发展。

3. *技术进步品牌提升专项服务。*由科技局、经贸局牵头,加强政策宣传与引导,鼓励企业加大技改投入,积极开展节能节水、装备升级、工艺优化、质量控制等各类技术改造,争取实施技改项目 70 个以上。鼓励企业建设各级技术中心,研究制定县级企业技术中心评选办法,力争新增市级以上企业技术中心 4 家。引导企业加强与科技院校合作,健全特种纸研究院运行机制,提高技术引进和新产品开发能力,进一步完善区域技术创新体系。鼓励企业、行业协会和中介机构参与行业标准、国家标准的制定修订,保护企业创新成果。实施品牌提升工程,重点在优势产业集群领域培育一批品牌产品、品牌企业和区域品牌。完善项目决策机制,引入能源消耗、环境承载评估制度,把好源头关。引导企业加快推进技术节能减排,确定 8—10 个节能减排技改项目,落实责任,加强推进。引导企业实施清洁生产制度,有针对性地开展清洁生产审核,争取通过清洁生产审核企业 6 家。同时,要加强向上对接,积极为企业节能减排项目建设争取政策支持。通过节能减排专项服务,为完成全年节能减排任务打下坚实的基础。

4. *招商选资促转型专项服务。*由招商局牵头,发挥县招商局和"一区二块"招商局专业招商主力军作用,充实专业招商力量,完善招商工作机制,着力引进央企省企、上市公司、行业龙头企业来我县设点布局,力争成为大企业大集团的制造基地;着力引进主导产业龙头型项目和产业下游项目;着力引进新能源、新材料、高端装备制造等新兴产业项目。进一步完善工业项目决策咨询制度,实施产业招商专家咨询机制，力争引进高技术含量、高附加值、高贡献率和少用地、少能耗、少排放的“三高三少”项目。对全县招商引资和技术改造项目进行全面梳理，预排出50个县重点工业项目，落实联系县领导和责任部门。建立健全项目建设责任体系和问责机制，抓好工业投资项目“全程代理服务”制度和招商引资企业“终身服务”制度落实，联系县领导和责任部门要深入项目现场开展调查研究，掌握项目进展情况，切实帮助解决问题，确保完成阶段性目标进度。

三、步骤方法

“工业服务月”活动参加对象为各乡镇（街道）、县机关各部门、工业园区和具有行政管理职能事业单位的全体人员。活动分三个阶段，安排如下：

第一阶段：学习调研阶段（2月11日至2月23日）

春节后召开全县干部大会，对“工业服务月”活动进行部署。县四套班子领导要按照责任分工，亲自带队深入园区、深入企业、深入项目，全面了解和掌握企业做大做强方面存在的困难和问题，并开展联系结对服务。各乡镇（街道）、县机关各部门要通过召开学习讨论会、“一把手”形势报告会、组织召开企业家座谈会等形式，引导全县干部强化工业首位意识，认真查找本系统、本单位和干部个人在服务园区、服务项目、服务转型升级方面存在的不足和问题，对照要求制定整改措施，认真抓好落实整改，并结合本单位工作职责制定相应的实施方案和“一企一策一干部”帮扶服务措施。县四套班子领导和县机关各部门及乡镇（街道）对园区、企业、项目调研中收集的困难和问题进行系统的梳理汇总，于2月20日前报县“工业服务月”办公室，各单位的服务措施和实施方案一并上报。

第二阶段：解决问题阶段（2月24日至3月20日）

由县委、县政府和县“工业服务月”活动领导小组召开问题交办会，将服务园区建设、服务项目推进、服务转型升级的重点工作任务落实到相关部门单位，明确工作要求和解决时限。凡属各部门单位职责范围内的问题，要以最快速度办结；需要与有关部门协调解决的，要尽快拿出处理意见，制定解决时间表，跟踪服务，尽快解决；对一时难以解决的重大、难点问题，要及时向县“工业服务月”活动办公室反馈，适当放宽解决期限，创造条件努力解决；对目前无法解决的问题，要做好解释工作，做到事事有落实、件件有回音。各单位要及时将问题的解决情况反馈到县“工业服务月”活动办公室，对没有解决的问题要逐个进行分析研究，暂时确实无条件解决的问题须经县“工业服务月”活动领导小组审定。

第三阶段：巩固提高阶段（3月21日至3月31日）

开展“工业服务月”活动“回头看”，对“工业服务月”活动情况进行总结，进一步明确下步工作重点和要求，完善长效机制，不断巩固和扩大活动成果。各单位“工业服务月”活动总结于4月1日前报县“工业服务月”活动办公室。

四、工作要求

1. 统一思想，提高认识。深入开展“工业服务月”活动，是我县按照“两年求突破、五年争跨越”要求，实施工业转型升级攻坚行动，加快建设产业新城，提升工业竞争力的重要抓手，县四套班子领导要做好示范当好表率。各乡镇（街道）、县机关各部门要精心部署，广泛宣传，深入发动，强化落实，确保“工业服务月”活动各项重点工作任务的完成，以切实有效的措施和行动实现作风的转变、效能的提高和各项工作措施的落实。

2. 加强领导，做好协调。为加强对活动的组织领导，成立县“工业服务月”活动领导小组，由县委副书记郑春弟任组长，常务副县长叶浩平、县纪委书记毛卓战任副组长，成员由县委办、县府办、县纪委（监察局）、组织部、宣传部、经贸局、发改局、招商局、行政服务中心、县工商联、人民银行等部门负责人组成。领导小组的主要职责是：负责全县“工业服务月”活动方案制订；对“工业服务月”活动进行部署检查，抓好落实，统筹安排活动进程；对重点工作进展情况进行督查，指导各阶段工作开展；定期听取重点工作进展汇报，督促检查工作落实，研究重大疑难问题的解决办法。领导小组下设办公室（设在县纪委），县纪委副书记洪玉章为办公室主任，具体负责活动的安排、组织实施、协调指导以及情况汇总、反馈、督办及信息编报等工作，办公室成员由县委组织部负责从各单位抽调。

3. 强化宣传，营造氛围。县“工业服务月”活动办公室要通过督查通报、信息简报等形式，及时通报活动进展情况，推动活动开展，增强活动成效。新闻舆论部门要精心策划，创新方式方法，加大宣传力度，县电视台、电台、《今日龙游》要开辟“工业服务月”宣传专题（专栏），及时宣传报道各地、各单位服务园区建设、服务项目推进、服务转型升级的做法和成效，对干扰和破坏经济发展环境的人和事要予以曝光。

4. 突出重点，狠抓落实。各单位“一把手”是“工业服务月”活动的第一责任人，要负总责、亲自抓，并明确具体责任人。要建立“工业服务月”重点工作任务责任落实情况定期督查通报制度，县委督查室、县政府督查室和县“工业服务月”活动办公室要加强对各项工作责任落实情况的监督检查，对工作拖拉、帮扶措施落实不到位的单位要进行通报批评，情节严重的要追究主要领导和相关责任人的责任。要将“工业服务月”重点工作任务完成情况与乡镇（街道）和部门年度目标综合考核相挂钩；各单位要结合各自职能，将服务企业发展、加快转型升级工作和落实招商引资企业“终身服务”制度纳入本单位干部评先评优的重要内容。全县广大干部要切实转变作风，不搞形式主义，不做表面文章，坚持阶段性和经常性相结合，建立健全服务工业、服务园区、服务企业的长效机制。

附表一：“工业服务月”活动重点工作责任分工表（略）

附表二：县领导、部门服务产业责任分工表（略）

附表三：县领导联系重点工业项目责任分工表（略）

附表四：县领导、部门服务重点企业责任分工表（略）

中共龙游县委

龙游县人民政府

二〇一一年二月十五日

中共台州市委　台州市人民政府
关于建设台州湾循环经济产业集聚区的若干意见

（2011年2月18日）

台市委发〔2011〕28号

为深入贯彻科学发展观，认真落实省委、省政府建设生态文明、发展海洋经济、推进大平台大产业大项目大企业建设的重大决策部署，积极实施主攻沿海战略，加快转变经济发展方式，争创台州新一轮发展新优势，现就建设台州湾循环经济产业集聚区提出如下意见。

一、规划范围和重要意义

（一）规划范围。台州湾循环经济产业集聚区（以下简称台州湾集聚区）位于台州椒江口两岸及温黄平原东部，包括台州市区东部组团、台州石化工业基地、临海东部组团（临海分区）和温岭东部组团（温岭分区），其中台州市区东部组团由椒江分区、路桥分区、开发分区和台州东部新区组成。

（二）重要意义。加快建设台州湾集聚区，有利于顺应当前循环经济发展潮流，加快台州经济发展方式转变；有利于呼应国家新一轮沿海开发开放战略，使台州成为浙江省乃至全国沿海开发的重要战略节点；有利于落实浙江省海洋经济发展战略决策，推进台州生产力布局东移；有利于实施市委主攻沿海战略，构建台州科学发展创新发展的大平台。加快建设台州湾集聚区，是台州跨越式发展的潜力和希望所在，具有十分重大的战略意义。

二、指导思想和基本原则

（三）指导思想。坚持以邓小平理论和"三个代表"重要思想为指导，深入贯彻落实科学发展观，按照我省"八八战略"、"创业富民、创新强省"总战略和我市"主攻沿海、自主创新、城市群构建、民生优先"四大战略的要求，以加快培育经济增长点、着力打造发展制高点为目标，以推进生态文明建设、发展循环经济为主线，以企业集中布局、产业集群发展、资源集约利用、功能集合构建为内涵，打造以"循环型的发展模式、高新化的产业导向、生态式的环境品质"为特色的新型产业集聚区，努力将其建设成为中国循环经济发展示范区、新型城市化先行区、浙江海洋经济发展带重点区和台州转型发展核心引领区。

（四）基本原则。1. 坚持循环引领。努力建设生态文明和发展循环经济，着力建设企业内部小循环、区域产业中循环和社会资源大循环，推动物质闭环循环和能量多级利用，达到物质能量利用最大化和废物排放最小化。2. 坚持陆海联动。以陆域经济和技术为依托，以陆域空间为腹地和市场，强化大港口带动，积极培育临港型产业，实现海洋资源与区域优势紧密结合，海洋产业与陆域经济联动发展。3. 坚持集群集聚。健全科技、人才、金融服务体系，建立制造、营销、研发优势，围绕台州主导产业、支柱产业和循环经济导向，在产业链上集合，在空间布局上集聚，发展大产业、完善大配套，促进台州产业向国际性产业集群转变。4. 坚持创新带动。加快创新体系和自主创新能力建设，全面提升民营经济的科技化、集约化、规模化和国际化水平，保持台州民营经济的发展在全省乃至全国的领先地位，让创新成为区域经济发展的主要手段和标志。5. 坚持统筹协调。统筹考虑城镇、产业上的合理布局、功能上的相互配套、资源上的共同分享，通过统一的领导协调机制、统筹的建设推进机制和创新的开发建设体制等，进一步强化合力、强调协同。

三、主要工作

（五）发挥规划引领作用。1. 完善规划体系。在《台州湾循环经济产业集聚区发展规划》的基础上，编制《台州湾循环经济产业集聚区总体规划》及重点区块开发计划、《台州湾循环经济产业集聚区现代产业体系建设规划》及主导产业行动计划，编制完善各分区规划和若干专业规划，形成较为完善的规划体系。2. 加强规划衔接。注意与台州市城市总体规划、台州市域总体规划、台州城市群规划、土地利用总体规划、海洋功能区规划、主体功能区规划等基础规划相协调，与环境功能区规划以及交通、能源、水利、信息、滩涂围垦等专项规划相衔接。探索"几规合一"的规划编制新模式。3. 强化开发功能区理念。基于产业、港口、配套服务、生态、留存等功能合理布局综合产业园区、专业产业园区、城市功能新区、海港经济区、空港经济区、农业观光区、渔港经济区、旅游度假区、生态保护区等开发功能区，注意协调好新建区块与建成区块的关系，协调好开发功能区与主城区、邻近城镇关系。

（六）构建现代产业体系。围绕"构建大循环、发展大产业、提供大配套"的主线谋划产业发展，推动三次产业联动发展，促进产业结构优化和经济转型升级。要把招商引资作为最重要的突破口和主抓手，切实加大招商引资的力度和强度，通过招商引资带动产业结构调整、带动园区提档扩容、推动城市化进程，努力形成国资、民资、外资等共同发展的新格局。立足低碳经济、循环经济和生态经济，积极构建石油化工、汽车制造、装备制造、资源再生、健康医疗等主导产业为支撑的循环产业链，培育发展新材料、新能源、节能环保等战略性新兴产业，积极发展现代服务业、重视发展都市旅游业、提升发展生态农渔业，构建以循环经济为特征、三次产业协调发展的现代产业体系。

(七)加强生态文明建设。坚持可持续发展战略,牢固树立生态文明理念,以保育陆域和海洋生态系统、净化自然环境为主要目标,构建"一区一带六廊多通道"的生态安全总体格局,发展绿色生态农业和观光农业,加强沿海防护林、高标准的海塘与生态景观工程建设,建立完善的沿海防灾减灾应急救助体系和生态安全保障体系,加强各组团、各类功能区之间的生态廊道,以及沿江、沿路绿化景观隔离带建设。同时,加强水环境、大气环境、固体废弃物等污染防治,保护海湾、海岛、滩涂等重要生态区域,增强经济发展与生态保护的联动效应。

(八)加快基础设施建设。以强化区域联系、实现交通一体化发展为目标,构筑高速公路、城际干线公路、铁路、港口和机场等多种方式相结合、内外联系通畅的综合交通体系。重点推进沿海高速公路、台州港头门港区、台州新机场、金台铁路及支线、74和75省道南延、椒江二桥等重大项目筹划和建设。着力推进能源供应网、水资源利用与保护网、防灾减灾网、信息传输网等基础设施建设,提高区域综合承载能力。有序推进教育、卫生、文化等公共服务设施建设,促进社会事业发展,加快形成完备的公共服务体系。

(九)深入推进改革开放。坚持改革创新,理顺管理体制,不断完善有利于台州湾集聚区开发建设的体制机制。完善开放体系,积极争取国家、省有关先行先试优惠政策的支持,努力建设民营经济创新发展综合配套改革试验区和海洋综合开发体制改革试验区。积极探索资源节约型和环境友好型有关政策措施。率先推进现代政府管理体制创新,探索建立公共服务投资经营体制及政策体系。以规划为龙头、利益为纽带,研究"飞地"政策等,探索跨区域统筹机制;坚持政府调控、市场运作,探索以公司制开发为主体的开发运行机制。

四、要素保障

(十)加大用地需求保障。加强土地资源保护。提高节约集约用地水平。在年度新增建设用地指标分配中,优先安排用地指标用于台州湾集聚区建设。

(十一)优化配置环境容量资源。严格执行环保政策。严格实施区域污染物排放总量控制,加强对区域污染物排放的监测、统计和考核。创新产业集聚区项目环评管理机制。在确保完成主要污染物总量减排目标和满足环境质量要求的基础上,预留部分指标,按照排污权交易调配政策专项用于台州湾集聚区建设。

(十二)增强资金保障能力。积极鼓励和引导金融机构在台州湾集聚区设立金融网点,加大对台州湾集聚区建设的信贷投放,积极拓宽直接融资渠道。积极探索有利于区域股权投资的有效形式。坚持政府主导、社会资本参与、市场化运作的开发模式,加强投融资平台建设。鼓励社会资本参与,推出一批面向社会的基础性、环保型和公共服务型开发建设项目,引导社会资本共同参与台州湾集聚区开发建设。

(十三)加快科技和人才队伍建设。推动优质科技资源向台州湾集聚区集聚,深化校企合作,加快院士工作站、博士后科研工作站以及公共创新平台建设,鼓励和支持企业依托重点科技成果转化项目和创新平台,推动高层次创业创新人才向企业、园区集聚和依靠核心技术自主创业。鼓励行业龙头企业建立产业技术创新联盟。优化科技要素分配激励机制。制订台州湾集聚区人才发展规划;对各类紧缺急需人才开展定向和专项招聘;鼓励企业开展定向培养和订单培养,加快培养紧缺应用性人才和技能型人才。建设人才公寓等人才保障性住房,全面落实人才引进和培养优惠政策,妥善做好台州湾集聚区内各类人才居住、子女入学、配偶就业等工作。

五、财税支持

(十四)设立专项资金。市政府建立台州湾集聚区市区东部开发建设专项资金。台州市区东部组团内财政收入、土地出让金收入、海域使用金收入、城市建设配套费等规费收入市级以下所得部分全额纳入专项资金。《台州湾集聚区市区东部开发建设专项资金管理办法》由台州湾集聚区管委会、市财政局和市级相关部门另行制定。椒江、路桥、临海、温岭应建立相应的专项资金,专项用于相应分区的发展。

(十五)用好上级政策。用足用好《省委办公厅、省政府办公厅关于加快推进产业集聚区建设的若干意见》(浙委办〔2010〕74号)中有关税收优惠政策。其中符合要求的新投资企业和迁入项目主体税种省得奖励性补助应全部用于相应分区建设。

(十六)加大财税支持。完善激励型财政机制。市本级财政的先进制造业资金、高新技术产业化资金、现代服务业资金等专项资金,要重点支持台州市区东部组团内的项目。市本级财政征收的城市建设配套费、维护建设税等各项市得部分(不含市区东部组团部分)重点支持台州市区东部组团发展。对入驻台州市区东部组团内的项目,除中央、省规定的收费项目,减免有关行政事业性费用。

(十七)实施特殊政策。对进入台州湾集聚区的规模特别大、带动效应特别强的重大项目和重点企业,实行特殊的优惠政策,补助年限及基期起始等可视情况予以专题研究。

六、组织领导和体制机制

(十八)加强组织领导。市委、市政府建立台州湾集聚区开发建设领导小组,对台州湾集聚区实施统一领导,明确发展目标,部署工作任务,确定责任主体,强化监督检查,解决开发建设中的重大问题。市委、市政府建立台州湾集聚区党工委、管委会,为市委、市政府的派出机构,负责台州湾集聚区开发、建设和管理。台州湾集聚区开发建设领导小组办公室设在台州湾集聚区管委会。台州湾集聚区管委会增挂台州石化工业基地管委会牌子。整合工作性质在台州湾集聚区的市属工作机构,将市浙江化学原料药基地建设管委会、市石化办公室和台州机场筹建办公室等机构改设在台州湾集聚区管委会。整合台州湾集聚区各分区现有的开发建设主体,统一改称为台州湾集聚区某某分区管委会。根据工作需要,在台州湾集聚区设立若干市级派驻机构。台州湾集聚区管委会要加强对台州湾集聚区各分区管委会、各市级派驻构的领导和指导。各分区管委会实行所在区(市)和台州湾集聚区管委会双重领导制度。市级派驻机构实行市级部门和台州湾集聚区管委会双重领导制度。

按照“分类管理、统分结合”的原则,台州湾集聚区管委会在市委、市政府和台州湾集聚区开发建设领导小组的统一领导下,对台州湾集聚区进行统筹规划布局、统筹建设跨区域重大项目、统筹协调解决重大事项。对临海、温岭东部组团主要实施指导协调开发建设;对市区东部组团的椒江分区、路桥分区、开发分区主要实施领导开发建设;对台州东部新区、台州石化工业基地、台州新机场等分别实行联合投资开发,实施统一开发建设。《台州湾循环经济产业集聚区管理办法》另行制定。台州湾集聚区管委会具体职责在该《办法》中予以明确。

(十九)建立对市区东部组团各分区统分结合的领导管理体制。合理确定统分范围,坚持以统为主,做到统分相宜,强调发挥“统”的功能,促进集聚集约发展,同时又要有利于充分调动各方积极性,平稳推进各项工作,形成“市区联动、部门协同、各司其职、分工负责”的格局。对涉及优化产业空间布局,提升集聚集约水平,推动可持续循环发展,改善发展环境的重点控制性环节必须发挥“统”的功能,实行统一管理,主要是:1. 统一协调,统筹解决台州湾集聚区的重大问题;2. 统一规划,对规划实行统一编制和管理,保证布局和功能定位的实施;3. 统一政策,统一招商、财税、土地、环保、征收安置等重大政策,防止各自为政,恶性竞争;4. 统一配套,对跨区域、公共性重要基础设施、重点公共服务平台统一配套建设,共建共享,提高资源配置效益;5. 统一准入,统一准入要求、准入标准、准入管理,推进科学、高效、可持续发展;6. 统一宣传,统一对外宣传口径,统一组织重大宣传和招商活动,打响台州湾集聚区品牌。以上“六个统一”的基本精神也适用于临海、温岭东部组团,特别是对于跨区域、规模大、带动作用强的重大项目实施,要发挥好“统”的功能。

同时,要避免台州湾集聚区管委会大包大揽,维护市区东部组团各分区开发建设主体的相对独立性,鼓励开展差别化竞争,充分调动各地的积极性。各分区根据规划布局和功能定位,确定各自的建设任务,分头建设,分区承担,分步实施。

(二十)建立对台州东部新区联合开发的建设管理体制。在保持行政区划、财政分成等基本体制不变前提下,由台州市政府、椒江区政府、路桥区政府、台州经济开发区管委会等四方共同出资,成立股份制开发公司,对台州东部新区实行联合开发建设。台州东部新区由台州湾集聚区管委会负责统一开发、建设和管理。台州东部新区产生的地方财政收入省级财政返还部分全部返还台州湾集聚区,市级以下地方财政收入、土地出让金收入返还暂定10年优惠期,其中90%须用于基础设施建设。优惠期内,台州东部新区的投入、产值、税收等统计后,按股份比例只分配数据,不分配收益。优惠期满后,收益按股份比例返还各出资方财政。

(二十一)赋予和保证职权。台州湾集聚区管委会受市政府委托,作为市政府的派出机构,在台州湾集聚区行使市级经济管理权限和相应的行政管理职能。按照事权一致的原则,实行“充分授权、就地办结”的行政审批制度。市政府及有关部门通过直接授权、委托审批、设立派驻机构、项目备案、人员派驻等形式,充分授权于台州湾集聚区管委会及其相关机构直接履行,使台州湾集聚区管委会真正拥有所授权限。工作联系紧密的市级部门,可用领导兼职的形式直接参与台州湾集聚区管委会的工作,以提高授权、协调的效率。各项审批事项,凡属市政府部门办理的应在集聚区办结,做到办事不出集聚区。对需上报中央和省有关部门审批事项,由市级有关职能部门在承诺办理日内履行上报手续。

(二十二)配强工作力量。根据《省委办公厅、省政府办公厅关于加快推进产业集聚区建设的若干意见》(浙委办〔2010〕74号),台州湾集聚区管委会机构规格与市级政府工作部门相同,按规定程序报经批准,主要负责人的级别可适当高配。根据工作需要,台州湾集聚区管委会负责人、各分区管委会主要负责人的级别可适当高配。要把政治素质高、业务能力强、具有开拓创新精神的优秀干部选派到台州湾集聚区的领导岗位或重要岗位,提高各级管委会的组织协调能力、管理能力和服务能力。

(二十三)完善考核体系。制订科学合理的统计监测和评估考核制度。动态考核各分区开发建设进度和科学发展水平,重点在发展新兴产业、集聚创新要素、高效开发土地等方面制定评估指标和考核机制。把台州湾集聚区建设的主要任务列入市委、市政府对各级、各部门工作考核的重要内容。对相关区、市和市级有关部门推进台州湾集聚区的重点工作任务及其成效开展专项督查,抓好落实。

中共台州市黄岩区委　台州市黄岩区人民政府 印发《关于推行重点项目审批代办制的实施意见(试行)》的通知

黄区委发〔2011〕25号

各乡、镇、街道党委(党工委)和政府(办事处),区级机关各单位:

现将《关于推行重点项目审批代办制的实施意见(试行)》印发给你们,请结合实际,认真贯彻落实。

中共台州市黄岩区委

台州市黄岩区人民政府

二〇一一年六月二十七日

关于推行重点项目审批代办制的实施意见(试行)

近年来,我区通过深化行政审批制度改革,在一定程度上促进了政府管理方式、管理手段和管理内容的有效转变,尤其是区政府行政服务中心的建立与运行,为企业、群众办事提供了一个集中、便利的审批服务平台,提升了政府行政效能。为进一步改进工作作风、提升服务水平、优化发展环境,现就推行重点项目审批代办制提出如下实施意见(试行)。

一、指导思想

以科学发展观为统领,紧紧围绕"解放思想、创新实干"这一主题,为重点项目提供优质、高效、便利的代办服务,进一步破解"办事难",实现政府服务再提速、发展环境再优化。

二、基本原则

(一)自愿委托。符合代办条件的重点项目,项目单位均可提出委托申请,委托代办机构办理相关审批事项。

(二)无偿代办。所代办事项按法律、法规明确规定必须由项目单位缴纳的费用除外,一律实行免费代办服务。

(三)高效合法。在依法合规、不损害公共利益和项目单位合法权益的前提下,为项目单位提供优质、高效的代办服务。

(四)上下联动。依托区、乡镇街道、村(居、社区)三级服务体系,建立分工协作、上下互动、全面覆盖的代办网络。

(五)配套改革。在推行代办制的同时,继续深化行政审批制度改革,进一步推进职能归并,确保充分授权,做到代办中心窗口办结。同时依法削减审批事项,进一步压缩承办时限,再造审批流程、简化审批环节,实现提速增效。完善"绿色通道"办理制,建立代办项目办理登记与挂牌销号制度,积极创造条件加快网上审批服务平台建设,构建"一站式"和"一网式"相结合的审批服务体系。

三、代办范围

黄岩区域范围内、符合产业发展政策且属区本级审批、核准、备案、审核权限范围内的重点项目。

四、代办内容

(一)受托项目从立项到开工所涉及的行政审批事项;

(二)受托项目的供电、供水、供气、通讯等公共服务事项;

(三)根据受托项目单位的实际情况,延伸和扩大代办服务的具体事项。

以上代办事项可根据项目单位要求进行全程代办或部分代办。与行政审批相关的中介技术服务事项,原则上由项目单位自主选择服务机构办理,代办中心提供协助、指导服务。

五、组织机构

(一)建立代办机构

在区政府行政服务中心内设立区重点项目审批代办中心(以下简称"代办中心"),代办中心主任由区政府行政服务中心副主任兼任,代办工作的运行由区政府行政服务中心负责。各乡镇街道、村(居、社区)要建立便民服务中心和确定专门人员承担代办服务,建立和健全服务体系。黄岩经济开发区可根据实际情况,设立相应的代办机构。

1. 区级代办机构职责:一是负责直接在区本级审批项目的代办;二是负责对代办员队伍进行培训和管理;三是负责对代办过程中出现的问题进行协调推进。

对涉及区本级以上审批权限的项目,由区各行政审批职能部门,按照对口原则,确定专人进行协办。

2. 乡镇街道、黄岩经济开发区代办机构职责:一是负责本区域范围内项目的代办;二是负责对本单位代办员的管理;三是负责对涉及本级以上审批权限项目的协办。

3. 村级代办机构职责:一是负责村本级项目的代办;二是负责对本村代办员的管理;三是协办有关项目。

(二)组建代办员队伍

1. 区政府行政服务中心设立专门代办窗口，由区委组织部先抽调3－5名区管后备干部担任专职代办员进驻中心挂职坐岗，后视代办工作进展情况再作适当调整。区政府行政服务中心的各代办机构(职能部门)设立代办窗口，由该代办机构的行政审批科科长任代办员，承担项目代办服务工作，涉及多部门的交叉代办项目由区政府行政服务中心负责牵头协调。

2. 乡镇街道、村(居、社区)建立便民服务中心，确定专门人员承担本辖区的代办服务(具体实施意见另行发文)。

六、保障措施

(一)加强组织领导。建立区推行重点项目审批代办制工作领导小组，负责推进全区重点项目审批代办工作，研究解决代办制工作中的重点问题。领导小组办公室(设在区纪委)负责推进工作的协调、督查，对代办制工作推进过程中遇到的问题，研究提出相应对策措施，及时报领导小组协调解决。

(二)健全协调机制。区政府行政服务中心要进一步健全联审例会制度，及时协调解决代办工作中遇到的具体问题，实行“超时默认”和“缺席默认”制度。联审例会由区政府行政服务中心主任为召集人，相关职能部门负责人参加，联审例会不能解决的问题，由区政府行政服务中心提交区政府协调处理。

(三)强化监督考核。区政府行政服务中心负责代办工作的日常管理与考核，并对代办项目实行全程监管，对代办员实行动态评估，代办员的评估结果纳入代办员所在单位的廉能评估，与综合目标责任制考核挂钩。

七、工作要求

(一)统一思想，提高认识。建立重点项目审批代办制是进一步优化发展环境、着力打造服务型政府的一大举措，也是加强和创新社会管理的一项有益探索。各级各部门要充分认识推行代办制的重要意义，要从转变政府职能、深化行政管理体制改革的高度，积极探索创新，扎实抓好代办制的各项工作。

(二)加强领导，强势推进。一要落实领导责任，实行“一把手”负总责，分管领导具体抓，强势推行代办制工作。二要分工协调抓好落实，为确保重点项目审批代办制的顺利实施，各级各部门要各负其责，合力推进。区纪委(区监察局)、区委督查室、区政府督查室要做好代办工作的督查；区委组织部要研究落实后备干部挂职锻炼计划，并出台相关管理办法；区委宣传部要加大宣传力度，营造良好氛围；区政府行政服务中心要切实履行管理职责，并按照代办制的要求，在健全与完善代办服务的基础上，负责做好代办员队伍组建、代办员业务培训、代办制工作细则制定、部门间业务协调以及日常管理等工作；其他相关部门也要根据各自职能，协同做好相关工作。三要上下联动，各乡镇街道、村(居、社区)要按照区委、区政府的统一部署，结合各地实际，积极推进代办制工作。

(三)总结经验，不断完善。建立、推行重点项目审批代办制是一项改善政府服务的新举措，需要在实践中不断完善与提高。因此，各级各部门要在推进代办制工作进程中，及时总结经验与不足，及时发现新问题、研究新对策，不断完善代办制。

台州市路桥区人民政府
关于加快金融业发展的实施意见(试行)

路政发〔2011〕2号

为深入贯彻落实科学发展观，加快推进区域性金融中心建设，加大对金融业发展的支持力度，充分发挥金融业在现代经济中的核心作用，进一步促进我区经济社会快速健康发展，特制定本办法。

第一条 设立区金融业发展专项资金。自2010年起，区财政每年安排一定资金，专项用于扶持金融业的发展，奖励对地方经济发展做出突出贡献的金融机构和个人。奖励每年评定一次，试行2年。

第二条 鼓励金融机构法人总部或地区总部来路落户。对在我区新设立的金融机构法人总部给予一次性扶持资金500万元，对在我区新设立的金融机构台州总部及村镇银行总部给予一次性扶持资金100万元。

第三条 对营业税和企业所得税均缴纳在路桥的金融机构及其相关人员，按以下办法奖励。

1. 税收地方贡献奖励。按金融机构每年所缴纳的营业税和企业所得税所形成的区级财政所得部分的2%给予奖励。

2. 税收同比增长奖励。对金融机构所缴纳的营业税、企业所得税、个人所得税所形成的区级财政所得，年同比增幅在30%以下(含30%)部分，按区级财政所得增加额给予5%奖励；增幅在30－50%(含50%)部分给予10%奖励；增幅50%以上部分按20%给予奖励，本项资金奖励给金融机构总部领导班子成员。

3. 个人所得税奖励。对金融机构总部领导班子成员个人当年实际缴纳“工资、薪金所得项目”个人所得税，区级财政给予70%奖励。对路桥金融机构在区外设立的分支机构领导班子成员个人在路桥总部代扣代缴的个人所得税区级财政所得，区级财政给予50%奖励。

第四条 对其它金融机构及其相关人员的奖励。对营业税和企业所得税没有同时缴纳在路桥的金融机构及其相关人员实行工作目标考核奖励，奖励总额为70万元，奖励对象为金融机构领导班子成员，具体奖励办法详见附件(《路桥区金融机构工作目标奖励办法》)。

第五条 小额贷款风险补偿及相关政策。

1. 小额贷款公司对涉农贷款、弱势群体的创业贷款和其他领域的小额贷款，由区级财政按当年日平均贷款余额给予年1%的贷款风险补偿，期限为三年。其余政策按浙政办发〔2009〕71号《浙江省人民政府办公厅关于促进小额贷款公司健康发展的若干意见》执行。

2. 对其它银行业金融机构的小企业贷款余额比上年增长部分，按0.25%的比例给予补偿。

第六条 加强规划布局，提升金融硬件设施建设水平，不断完善金融业空间布局，编制金融功能区域布局规划。并根据我区产业发展规划和区域金融业集聚的现状和优势，在新城区块积极规划筹建金融集聚区，建设金融配套服务设施，改善办公、商业等服务环境，吸引金融机构聚集发展。

第七条 进一步加强对金融工作的领导。区政府金融工作办公室承担区政府管理、协调、服务全区金融工作。要强化对金融业发展的统筹协调作用，加强与各金融管理部门和各类金融机构的交流沟通，建立协同管理、共促发展的组织协调机制。

第八条 建立防范化解金融风险工作机制。充分发挥金融监督管理部门的作用，及时通报情况，搞好协调指导，整合各方力量共同维护辖区金融稳定，防范金融风险。制定金融风险处置预案，建立金融风险预警机制，把风险及时化解在萌芽阶段，维护金融稳定。

第九条 本办法自2010年1月1日起实施，之前出台的与本办法有冲突的文件以本办法为准。

区政府金融工作办公室会同区财政局负责本办法的解释及相关政策的落实工作。

附件：路桥区金融机构工作目标奖励办法

二〇一一年一月二十日

附件：

路桥区金融机构工作目标奖励办法

一、奖励对象

本办法奖励对象为营业税和企业所得税没有同时缴纳在路桥的金融机构领导班子成员。

二、奖励依据和考核指标

以人民银行台州中心支行提供的数据和金融机构上报的部分实际数据以及向有关部门征集的意见为考核依据，采取定量考核和定性考核相结合的办法。

(一)定量指标

1. 贷款投入(不含票据)(基本分60分)

(1)月均贷款余额增幅与上年持平得25分，比上年每减少一个百分点扣5分；每增一个百分点加10分。

(2)月均存贷比与上年持平得25分，比上年每减少一个百分点扣5分；每增一个百分点加10分。

(3)对我区政府性项目和重点项目投入的月均贷款余额，与上年持平得10分，比上年每减少三百万元扣2分；比上年每增加一千万元加5分。

2. 税金入库(基本分20分)

以各金融机构上年末入库税金额为基数，与上年末持平得20分，每增加一百万元加10分；减少的本项不给分。

(二)定性指标

以内部管理、服务质量、综合实力排名为考核内容，以定性考核为主，凡考核合格、较好的给基本分20分。视以下情况对本项指标进行加扣分：

1. 凡获得省级分行、省级监管部门表彰或因金融产品创新而对我区经济社会贡献和社会影响较大的，每项加10分。

2. 凡因服务质量差、造成不良影响，被媒体批评、群众多次投诉的，酌情扣5—10分。

3. 凡发生经济、刑事案件和重大责任事故的，定性指标考核为零分。

4. 对企业(项目)出现临时生产经营(建设)困难、但具较好发展前景，经区政府或有关部门协调后，相关措施未执行落实，并擅自抽减贷款的，定性指标考核为零分，再视情况扣减相应分数直至取消考评资格；对发生的重特大事故或自然灾害，因未及时给予赔付而造成重大不良影响的，定性指标考核为零分，再视情况扣减相应分数直至取消考评资格。

三、奖励办法

采取百分制形式，从积分高到低确定一、二、三等奖励。

对银行业金融机构、保险业金融机构、证券业金融机构进行分类考核，后两类金融机构侧重于对入库税金、保费收入、赔付情况、开户数、营业额以及定性指标的考核。

本办法奖励总额核定为70万元。

中共温岭市委　温岭市人民政府
关于进一步加快服务业发展的若干意见

（2011 年 8 月 17 日）

温市委发〔2011〕58 号

服务业发展水平是衡量现代经济社会发达程度的重要标志。加快发展服务业是贯彻落实科学发展观，提升优化产业结构，转变经济发展方式的战略要求。为进一步加快我市服务业发展，依据《国务院办公厅关于加快发展服务业若干政策措施的实施意见》（国办发〔2008〕11 号）、《浙江省人民政府关于进一步加快发展服务业的若干意见》（浙政发〔2011〕33 号）等文件精神，结合我市实际，特提出如下意见：

一、加快重点行业提升

（一）积极培育物流运输业发展

1. 首次被评为 5A、4A、3A 级物流企业的，可分别补助 50 万元、30 万元、10 万元。

2. 对拥有集装箱车辆达 100 辆及以上、50－99 辆、20－49 辆的规模货运企业，每年可分别给予 35 万元、20 万元、5 万元的补助。对拥有大型厢式货车达 100 辆及以上、50－99 辆、20－49 辆的规模货运企业，每年可分别给予 10 万元、5 万元、2 万元的补助。

3. 对提供公共交通服务，拥有公交车辆达 80 辆及以上、50－79 辆、20－49 辆的规模公交企业，每年可分别给予 20 万元、10 万元、5 万元的补助。

4. 鼓励公交企业提高车辆档次，加快车辆购置和更新，对购置 20 万元以上环保型公交车的，政府补助 25%。

（二）大力扶持金融业发展

1. 对各银行业金融机构的信贷投入，可按当年新增本外币贷款（包括票据承兑、信用证）月均余额的万分之零点五给予奖励。当年开业的减半计奖。

2. 对当年赔偿（给付）金额超过 5000 万元以上的保险公司，可按赔偿（给付）金额的万分之五奖励。

3. 对国有、股份制商业银行存贷比月平均在 75% 以上，农村合作银行、城市商业银行存贷比月平均在 70% 以上的贷款，可按月平均额的万分之零点五给予奖励。对当年存贷比月均比例超过上年存贷比月均比例的贷款，可按月平均额的万分之零点五给予奖励。

4. 对银行、保险、证券、期货、典当、小额贷款公司等金融机构，每新增地税收入 100 万元，可奖励 2 万元。

5. 对我市重点政府性投资项目的信贷投入，可按当年贷款月均余额的万分之一给予奖励。

6. 对我市服务业重点项目、重点企业（房地产企业除外）的信贷投入，可按月均贷款余额的万分之一给予奖励。

7. 对在我市新设立的法人金融机构，每家可补助 20 万元，对外地银行在我市新设立的分支机构，每家可补助 10 万元。

8. 温岭市内的法人银行业金融机构，在市外新设立分支机构，设立分行、支行的可分别补助 20 万元、10 万元。

9. 凡银行、保险、证券等在金融网点相对欠缺的镇、街道（滨海、石塘、石桥头、城南、坞根）设立营业网点，每新增一家可补助 20 万元，在这些地方单独设立离行式存取款自助银行的，每新增一家可补助 10 万元。

10. 对营业税和所得税均缴纳在温岭的法人金融机构，其领导班子成员和总部中层管理人员个人当年实际缴纳“工资、薪金所得项目”个人所得税，分别按市级财政所得部分的 70% 和 30% 给予奖励；对在温岭市外设立的分支机构，其领导班子成员个人在温岭总部代扣代缴的“工资、薪金所得项目”个人所得税，按市级财政所得部分的 50% 给予奖励。

11. 对本市证券营业部引进外地上市公司个人股东来我市进行股权托管转让并纳税，视同招商引资，市财政按限售股转让时个人所得税市级财政所得的 70% 奖励给纳税人，5% 奖励给证券营业部，奖励兑现时间为股份转让税收入库的次月。

（三）加大对旅游业的扶持力度

1. 首次被评为国家 5A、4A、3A 级景区的，可分别补助 50 万元、30 万元、10 万元。

2. 首次被评为全国工农业旅游示范点等国家级旅游景区（点）、省旅游强镇、省旅游特色村的，可分别补助 15 万元、10 万元、5 万元。

3. 鼓励我市旅游企业开展地接业务，每年安排一定资金用于地接业务的奖励。

4. 首次被评为全国百强、省百强的旅行社，可分别补助 30 万元、5 万元。

5. 首次被评为省五星、四星品质的旅行社，可分别补助 30 万元、10 万元。

6. 对新设或新增出入境业务的旅行社可补助 10 万元。

7. 首次被评为五星级、四星级的旅游饭店，可分别补助 80 万元和 30 万元。

8. 首次被评为绿色饭店的，可补助 10 万元。

（四）加大对重点专业市场的扶持力度

1. 首次被评为省五星、四星文明规范市场的，可分别补助50万元、20万元。首次获得省重点市场和区域性重点市场称号的，可分别补助20万元、10万元。

2. 对投资额上亿元的新办重点市场，在市场开业第一年，对市场举办者按其所缴纳的企业所得税和营业税，折合成市级财政所得部分的标准给予全额补助，第二年、第三年减半补助，每年最高限额为200万元。

3. 对成交额在10亿元以上的重点市场，在迁建、扩建项目供地安排上给予倾斜和优先保证，其土地使用权出让起始价按评估确认价格实行公开挂牌出让。鼓励重点市场在不改变用途且符合规划、消防安全的前提下，按规定程序在原有用地范围内改造提升。

4. 对投资额在1亿元以上的新办市场或成交额在10亿元以上重点市场的商铺或摊位，经金融机构和市场举办者认可，可以办理商位使用权质押登记和质押贷款。

5. 对投入1000－3000万元进行改造的市场，按计划如期开工的，在重新开业时可给予50万元补助；投入3000万元以上进行改造的市场，按计划如期开工的，在重新开业时按缴纳城市建设配套费的50%给予补助（不足50万元的，按50万元补助）。最高限额为200万元。

（五）鼓励商贸业改造提升

1. 对租赁场地门店营业面积在1万平方米以上的购物中心，开业经营满2年后，可给予投资方100万元补助；营业面积每增加1万平方米，补助金额相应提高20万元，最高限额200万元。新建的，在租赁补助基础上，上浮50%给予补助，最高限额300万元。

对租赁场地门店营业面积在0.6万平方米以上精品百货店、大型超市、仓储式会员店，开业时，可给予投资方30万元补助；营业面积每增加0.6万平方米，补助金额相应提高10万元，最高限额60万元。新建的，在租赁补助基础上，上浮50%给予补助，最高限额90万元。

对租赁场地仓储面积在0.5万平方米以上的配送中心，开业时，可给予投资方10万元补助；仓储面积每增加0.5万平方米，补助金额相应提高5万元，最高限额20万元。新建的，在租赁补助基础上，上浮50%给予补助，最高限额30万元。

2. 对国有商业网点，按规划进行改造的项目，可按其所缴纳城市建设配套费的标准予以补助，最高限额50万元。

3. 首次被评为五钻、四钻、三钻级酒店（不含个体户）的，可分别补助30万元、10万元、5万元。

4. 首次被评为金鼎、银鼎、铜鼎百货商场的，可分别补助30万元、10万元、5万元。

5. 首次被评为国家级、省级、县市级商业示范社区的，可分别补助20万元、10万元、5万元。

6. 鼓励发展村级连锁超市建设。对当年新增的直营店、加盟店，每家可分别补助5000元、3000元。

7. 对按照浙江省再生资源回收利用体系示范城市建设规范要求，建成较为完善的再生资源回收站（点）20家以上的再生资源回收龙头企业，社会效益显著的，可给予再生资源回收龙头企业每个回收站（点）5000元补助。

8. 积极扶持“放心早餐”工程。对工厂化生产、封闭式统一配送、销售网点（统一标准销售流动推车）达到30家（辆）以上的生产或流通企业，给予重点扶持。

（六）鼓励文化产业发展

1. 对新办建筑面积2000平方米以上文化娱乐、广电影视、动漫游戏企业的，可按每平方米30元的标准进行补助，最高限额为50万元。

2. 对新设立或新引进的动漫游戏企业，自设立或引进年度起三年内，给予地方税收市级财政所得部分全额补助。每年最高限额为50万元。

3. 对在中央电视台首次播出的动画片可按每分钟1200元给予奖励，省台首次播出的动画片可按每分钟600元给予奖励。在中央台、省级卫视首次播出的电视连续剧（每部二十集以上、每集40分钟以上），可给予每集3万元和1.5万元奖励。电影作品（单部90分钟及以上）在国内影院首播，可按每一部30万元给予奖励。对在省级以上出版机构出版发行的原创影视、动漫、文学作品，发行量在5万册以上的，可一次性给予5万元奖励。引进在中央台、省台播出的动漫作品版权，并与本地产业链接，进行批量生产的，可分别一次性给予30万元、15万元奖励。对举办有影响的动漫节庆活动，可一次性给予10万元奖励。

（七）加快发展信息服务业

1. 对列入国家、省级信息化各类专项计划的项目，可按国家或省有关规定予以配套补助，最高不超过50万元。对通过省级软件企业认定的企业，可给予20万元补助。通过省级软件产品认定的，每只软件产品可给予5万元的补助。

2. 对取得国家计算机信息系统集成资质认证一级、二级、三级和四级的企业，可分别给予30万元、20万元、10万元和5万元奖励；通过CMMI三级和二级及以上的企业，分别给予50万元和20万元奖励。对取得国家信息系统工程监理资质认证甲级资质和乙级资质的监理企业，可分别给予30万元和10万元奖励。对新取得信息安全（工程）认证二级和一级的企业，可分别给予20万和10万元奖励。

3. 对服务业企业建立独立电子商务应用平台，且正常运行，其硬件及配套软件实际投资额在50万元以上的，可按投资额20%给予补助，最高限额为50万元。对通过电子银行或者第三方结算，年网上实际成交额首次达到1亿元以上的，可给予10万元补助，年网上实际成交额首次达到3亿元以上的，可给予20万元补助，年网上实际成交额首次达到5亿元以上的，可给予50万元补助。

（八）鼓励汽车4S店发展

对奔驰、宝马、凌志、路虎、沃尔沃、保时捷等顶级国际品牌在温岭设立4S店的，每家可补助30万元，其土地使用权出让起始价按评估价格实行公开挂牌出让。

（九）鼓励农家乐项目提升

1. 每年选择5家已完成规划编制、发展前景好、具有示范带头作用的市级以上农家乐特色项目，进行重点扶持。

2. 首次被评为省级"农家乐"特色村(点)的，可补助20万元。

(十)加大对广告业的扶持

1. 对广告营业额达100万元，纳税在10万元以上的广告公司，给予纳税额10%的补助。

2. 首次被评为国家一、二、三级广告企业的，可分别奖励20万元、10万元、5万元。

3. 鼓励广告企业参加各类公益广告作品比赛，对获得国家、省级奖励的广告，可分别一次性给予3万元、1万元奖励。

(十一)加大对房地产业的培育

对房地产开发项目通过国家、省级康居示范工程验收的，可分别奖励20万元、10万元；对首次被评为国家、省级物业管理优秀小区的物业服务企业，且管理小区建筑面积达20万平方米，可分别奖励20万元、10万元。

二、加快重点平台建设

(十二)推进工业厂房兴办现代服务业

对符合城市(镇)总体规划和产业布局规划，基本满足使用功能的停车泊位配置标准的工业厂房和仓储用房(近期政府规划拆迁的除外)，在房产证和土地使用权证齐全，消防和结构安全符合规定的前提下，每年交纳土地净收益金后，经有关部门依据《浙江省城乡规划条例》规定批准，可临时改变房屋用途，用于现代服务业发展，土地用途和使用权人可暂不变更。今后政府需拆迁的，仍按原用途进行补偿。

(十三)支持现代服务业集聚示范区发展

1. 扶持服务业集聚区发展和集聚区内企业成长。每年安排一定的资金用于城市商圈、专业街区和生产性服务业集聚区的基础设施建设和宣传推广。并对引进符合规划的项目和土地出租方或房屋出租方可给予一定的补助。

2. 对列入省、台州市现代服务业集聚示范区的，可分别一次性给予30万元、10万元奖励。

3. 积极发展楼宇经济。鼓励法律、会计、咨询、广告、设计、研发等中介服务机构和海运企业向商务楼宇集聚。

(十四)积极推动公共服务平台建设

对全市产业发展具有明显带动作用的服务平台，予以重点扶持。

三、加快重大项目推进

(十五)对列为我市服务业重大项目和影响我市经济社会发展的一些事项，在年初排出计划，实行"一事一议"，予以重点扶持。

(十六)对国家、省确定的服务业扶持项目，可按规定给予配套补助。对列入省、台州服务业重点项目的，待项目完成后，可分别一次性给予20万元、10万元奖励。

(十七)对列入国家鼓励类的服务业项目在供地安排上给予倾斜，对列入市级以上服务业重点项目库的建设项目用地指标应予优先保证。对世界500强企业或国内行业前十强的知名企业到我市投资服务业项目，其土地使用权出让起始价按评估价格实行公开挂牌出让。

(十八)2009年12月31日前立项的服务业项目所涉及的城市建设配套费实行先征收后奖励政策，对实际投资额在3000万元以上的服务业项目，按计划如期完工的，可按其所缴纳城市建设配套费的50%予以补助，最高限额200万元。

四、加快重点企业培育

(十九)着力培育服务业龙头企业。

1. 每年在银行业、非银行金融业、房地产业、信息服务业、交通运输业、批发业、零售业、专业市场、咨询服务业、技术服务业、住宿和餐饮业、旅游休闲和居民服务等行业中，根据入库税收、就业人数、企业规模、能源消耗、带动效应等情况，分别确定5至10家为服务业重点企业，由市委、市政府予以表彰。

2. 加强服务业重点企业宣传。每年有计划地在电视台、报纸、网络等新闻媒体上对服务业重点企业进行宣传。

3. 对评为省、台州、市服务业重点企业的(房地产企业除外)，可分别一次性给予20万元、10万元、5万元奖励。连续三年被市政府评为服务业重点企业的(房地产企业除外)，可一次性给予企业主要经营者3万元奖励。

4. 对省、台州市、市服务业重点企业(房地产企业除外)，以上一年实交税收为基数，每年上交的地方税收增速分别超过10%、20%、30%的，超过部分的市级财政所得部分可给予全额奖励，最高限额分别为50万元、30万元、20万元。

5. 建立服务业企业治安重点保卫制度，将部分重点企业列入保卫名单。

6. 每年在服务业重点企业中开展评选十大优秀企业家活动，对被评为服务业十大优秀企业家的，由市委、市政府予以表彰，对新进入十大优秀企业家行列的，可给予5万元奖励。

7. 每年从服务业发展引导资金中安排100万元，有计划地组织部分市服务业重点企业负责人、服务业行业协会负责人和从事服务业工作的各级干部有针对性地赴国外学习考察和进行国内短期培训学习，开拓企业家的视野和思路，提高各级干部开展服务业工作的能力。

8. 鼓励服务业企业兼并重组，做大做强，对其在合并、分立、兼并等企业重组过程中发生转让企业产权涉及的不动产、土地使用权转移行为，不征收营业税。

(二十)支持服务业企业上市

争取服务业企业上市零的突破，对拟上市的企业按照我市有关上市鼓励政策执行。

(二十一)积极鼓励服务业经营试点工作

每年在重点行业中选择一批发展前景好的服务业企业进行各类经营试点，经验收合格后予以补助。

(二十二)积极推广服务业标准化体系

1. 每年选择一批服务业企业开展标准化试点工作，并予以重点扶持。

2. 围绕我市重点发展的服务业领域，引导服务行业在执行国际标准、国家标准、行业标准、地方标准的基础上，制订实施个性化的企业标准，增强服务提供能力和市场竞争力。对牵头制订并完成国家标准、行业(或地方)标准的企业以及研究开发和检验检测等技术机构，可分别给予20万元、10万元专项补助；对制修订标准的主要参与企业以及研究和检验检测等技术机构，可给予5万元专项补助。

3. 鼓励行业和企业开展质量提升活动，对国家、省级立项的质量赶超标准化重点项目，在获得国家、省级财政资金补助的基础上，再给予50%的配套资金扶持，最高限额分别为50万元、30万元。

（二十三）鼓励工业企业分离发展服务业

1. 制造业企业分离后新设立的服务企业水、电、气等要素价格，享受原工业企业同等待遇。

2. 若分离后税负高于原税额，高出部分由财政予以补助；分离后设立的服务企业，自用的生产经营房产，需缴纳的房产税、城镇土地使用税等，如纳税有困难的，经税务部门批准，可3年内减征；分离设立服务企业后，三年内所增加营业税市级财政所得部分的20%由财政奖励给分离主体企业。

（二十四）加快服务业品牌建设

对获得中国驰名商标（中国名牌、中华老字号）、浙江省著名商标（浙江省知名商号、浙江省名牌产品、浙江省老字号）、浙江省消费者信得过单位的总部在温岭的服务业企业，可分别补助100万元、20万元、5万元。

（二十五）加大服务业人才培养和引进力度

1. 鼓励各类高级人才来温岭创业和工作，由市政府以纳税贡献和企业成长性为依据确定一批服务业企业，对其高层次管理人才和科技人才，其上交“工资、薪金所得项目”个人所得税市级财政所得部分三年内予以全额奖励。

2. 对规模较大或创新能力较强，能引领行业发展的服务业重点企业副总以上人员，经有关部门批准，可破格直接申报高级经济师资格；对经资格认定的留学回国人员，可根据其学历、资历、直接申请申报相应专业技术资格。

3. 每年推出若干个现代服务业紧缺急需的职业培训项目和专业能力水平认证项目，对参加培训及考试的人员，经认定，可视情给予适当政府补贴。

4. 对引进国内外著名服务企业总部、地区总部、采购中心、研发中心的高管人员，经市政府批准，给予“工资、薪金所得项目”个人所得税市级财政所得部分返还奖励。

5. 服务业企业引进高端人才而产生的有关住房补贴、安家费、科研启动经费等费用，可列入成本核算。

五、附则

（二十六）加强对服务业发展工作的组织领导，成立服务业发展领导小组，指导和协调服务业发展中的重大问题，提出促进加快服务业发展的政策，部署涉及全局的重大任务。领导小组办公室设在市三产办。

（二十七）市财政每年安排不少于3000万元的服务业发展专项引导资金，重点扶持服务业重点项目建设，同时用于服务业重大课题研究、规划编制、招商引资、考察培训、行业规范及考核奖励等。每年对引导资金使用情况进行绩效评估。

（二十八）本意见扶持的企业和项目必须是在温岭注册（独立建帐、在温岭纳税）以及在温岭投资建设的，且必须是依法统计、会计规范化考核合格、依法经营的服务业企业。奖励要适当考虑税收贡献情况，兼顾行业平衡。凡企业当年被查处有瞒报虚报、偷税骗税行为的，不予享受优惠政策。

（二十九）对企业同一事项涉及多项奖励的，按奖励额最高的一项执行。企业获得的奖励、补助资金应纳入相关的财务科目，否则予以追回。企业迁出本市的，在历年经营活动中有关规费优惠部分，予以收回。

（三十）本意见奖励扶持政策的兑现，由企业提出申请，镇（街道）签署意见，经行业主管部门审核后，报市第三产业办公室汇总，再由市第三产业办公室牵头会同市财政局及相关行业主管部门核查确认，报市服务业工作领导小组同意后由市第三产业办公室、市财政局和相关行业主管部门联合发文予以兑现。

（三十一）本意见由市第三产业办公室、市财政局负责解释。

（三十二）本意见自发布之日起施行，原温市委发〔2010〕71号文件同时废止。

玉环县人民政府关于印发
玉环县股权投资引导基金实施意见的通知

玉政发〔2011〕29号

各乡镇人民政府，各街道办事处，县政府直属各单位：

《玉环县股权投资引导基金实施意见》已经县政府同意，现印发给你们，请结合实际，认真组织实施。

二〇一一年五月四日

玉环县股权投资引导基金实施意见

为切实完善我县股权投资体系，推进企业体制机制创新，优化企业股权结构，促进经济转型升级，成立玉环县股权投资引导基金（创业投资）。现制订玉环县股权投资引导基金实施意见。

一、引导基金的设立

县财政出资2000万元设立县股权投资引导基金，县国有资产经营公司作为该基金的投资主体。

二、股权投资运作方式

由县国有资产经营公司与天相投资顾问有限公司合作，在本县成立注册资金为县投资引导基金五倍以上的“浙江天相创业投资企业”（以注册名为准），开展股权结构改造。专项引导基金实施期限为5年，引导期满后退出，以同期银行基准贷款利率，一次性收回本息。

三、股权结构改造任务

创投公司在引导基金介入后，5年内要完成企业股权结构改造5家以上，对本地企业要完成6000万元以上的投资目标。股权结构改造以本县拟上市企业和政府扶持鼓励的重点骨干企业为主。

四、引导基金的管理

县经贸局（上市办）、财政（国资）局等要积极参与创投公司投资项目的监管，支持并监督创投企业完成股权结构改造任务。

五、支持创投企业发展的激励政策

由县财政按照创投公司、管理公司及其主管人员应纳税的县得部分70%比例，予以奖励相应的纳税主体。

六、本意见由县经贸局（上市办）负责解释。

舟山市定海区人民政府关于进一步加快投融资体制机制建设的实施意见

定政发〔2011〕27号

各乡镇人民政府、街道办事处，区政府各单位：

为进一步强化金融保障功能，夯实区域发展基础，加快推进海洋综合开发，建设浙江舟山群岛新区，现就我区投融资体制机制建设提出如下实施意见。

一、工作目标

——完善以银行机构、小额贷款公司为主体，信托投资、股权投资等民间投资机构为补充，保险、担保等金融中介健康发展的区域金融市场体系。

——建立集投融资服务、投融资信息服务和探索创新金融服务手段等功能于一体，网上网下互动、专业资源互补的投融资信息服务平台。

——打造金融贷款、融资租赁等间接融资模式高效运转，BT/BOT/TOT、企业上市、股权交易、债券发行等直接融资机制不断完善的多元化融资渠道。

——坚持政企分离、社会参与和市场化运作，理顺国有资产管理体制，整合盘活国有存量资源，做大做优做好政府性投融资主体。

——设立金融业发展引导资金，配套完善有利于引进金融机构、有效控制金融机构经营风险、引导金融机构加大对区域经济支持力度等的投融资扶持支撑体系。

——初步构建政府引导，金融机构积极参与，政银企互动共赢的投融资管理服务体系。

二、主要任务和职责分工

（一）完善区域金融市场体系

1. 引进银行和保险机构。积极引进外地商业银行，推动市级银行、保险机构在定海新设立分支机构，筹建成立定海村镇银行，谋划建设定海金融大厦，争取年内新开业1家，确定落户2家。（区金融办负责）

2. 推进定海农村合作银行股份制改革。加快开展清产核资、征集发起人、工商名称预核准、定向募股等工作，争取年内完成股份制改革试点总体方案报批。（区金融办负责）

3. 发展壮大小额贷款公司。完成华晟小额贷款公司股权转让，开展增资扩股准备工作，筹建成立第二家小额贷款公司，兑现小额贷款公司奖励扶持政策。（区金融办、区财政局负责）

4. 强化与信托投资机构和股权投资机构合作。争取与至少1家信托投资或股权投资机构于年内签订战略合作协议，适时探索筹建区中小企业信托基金。（区金融办负责）

5. 大力发展融资性担保公司。开展区经济担保公司股份制改革，探索吸引金融机构和民间资本共同入股，提升担保能力。培育壮大现有民营担保公司，探索建立企业融资互助合作组织。鼓励民间资本发起新设立融资性担保公司。（区财政局、区经信局、区金融办负责）

（二）建设投融资信息服务平台

1. 建立网上投融资信息传输平台。建立定海投融资网(暂名,下同),争取年内试运营。整合发布全区银行机构、小额贷款公司、投资机构、投资人等投资方的资金供给信息和项目建设主体、企业、私营业主等融资方的资金需求信息,以及保险机构、担保公司等第三方机构的金融中介服务信息,畅通信息共享渠道。(区金融办负责)

2. 建立网下专业投融资服务平台。以定海投融资网为基础,实体化运作定海"金融超市"。通过开设业务办理窗口,推出融资计划、业务代理等增值服务,开展融资需求初步核实、筛选并汇总反馈融资信息。争取2012年底前网下专业投融资服务平台初步建成并投入运营。(区金融办负责)

3. 成立投融资信息服务平台经营主体。积极开展投融资信息服务平台的盈利机制研究,探索以项目招商推进平台整体转让或政府、社会资本共建等方式,推动平台经营主体企业化,运作市场化。(区金融办负责)

(三)打造多元化融资渠道

1. 推动金融机构服务创新。鼓励创新金融产品,探索推动海域使用权抵押、在建船舶抵押、大宗商品质押、股权质押等业务。大力推广"中小企业贷款保证保险"、"集装箱运输企业专项贷款保证保险"等保证保险业务。探索"打包贷款"、"银团贷款"模式,并选择具备条件的行业协会或区重点项目开展试点。定期举办中小企业贷款保证保险融资推介会,推动开展大宗商品质押业务试点和定海工业园区"银团贷款"试点。(区金融办、区经信局、定海工业园区管委会负责)

2. 推动融资租赁业务发展。加强融资租赁业务的市场培育,组织开展融资租赁业务培训,对接大型融资租赁公司,推动我区企业通过直接租赁、项目融资租赁等多种融资租赁方式快速实现融资、融物和技术更新,加速我区企业规模扩张。(区金融办负责)

3. 推动BT/BOT/TOT融资模式。排摸梳理我区在建及拟建的大型项目,特别是公共基础设施建设项目,加大项目包装和推介力度,并通过BT、BOT、TOT等新型融资模式,吸引区外资金参与建设和经营。(各乡镇政府、街道办事处负责)

4. 推动企业上市融资。建立区上市后备资源库,完善企业上市服务机制,择优培育、重点扶持,形成企业自主、市场运作、政府扶持的上市工作格局。争取帮助德勤集团股份有限公司年内完成上市材料申报,指导森森集团股份有限公司、浙江舟山正和船厂开展上市准备工作。(区金融办负责)

5. 创新开展"金融物流"业务。推动金融机构与原油、粮油、液体化工品等大宗物资商品储运企业合作,为客户提供融资担保、存货质押、仓单质押、保兑仓等增值服务。引导支持仓储企业开展仓储货物质押监管业务,培育本地第三方仓储货物质押监管公司。探索推动银行、保险机构、物流企业开发信用保险融资产品。(区金融办负责)

6. 推动企业债券融资。加强企业债券融资的政策、操作流程等基础性工作研究,大力推动我区有条件企业通过发行企业债券筹集资金。争取年内完成区国有资产经营有限公司企业债券发行申报。(区国资局、区发改局、区财政局负责)

(四)做大做优政府性投融资主体

1. 整合做大国有资产经营公司。开展区国有资产管理运行体制改革,建立"国资局一国有资产经营公司一国有控股、参股企业"三级管理体制。主动对接银监部门,加快推动全区政府融资平台调整为一般公司类管理。加大国有土地、港口、滩涂、岸线使用权等现有资产的整合力度,完善土地收储机制,探索通过以行政经营性资产和资源性资产注资的方式,做大做实区国有资产经营公司。(区国资局负责)

2. 推动国有资产经营公司市场化运作。建立完善现代企业管理制度,开展总经理负责制试点,健全监管、考核机制,按年度实施考核并根据结果给予奖励。引入民间资本股权,完善国有资产经营公司的股权结构,形成科学有效的制衡机制和法人治理结构。(区国资局负责)

(五)完善投融资扶持支撑体系

1. 设立区金融业发展引导资金。区财政每年安排300万元,建立区金融业发展引导资金,用于奖励在定海新设立和支持定海区域经济作用突出贡献的金融机构和金融中介机构;奖励成功上市、发债或进场浙江省未上市公司股份转让交易的企业;补助企业上市、发债或进场浙江省未上市公司股份转让交易期间发生的费用。(区金融办、区财政局负责)

2. 设立贷款风险补偿资金。区财政每年安排300万元资金,建立区中小企业贷款风险补偿专项资金,用于鼓励和促进银行业金融机构、担保机构和保险机构加大对中小企业的信贷支持力度,降低中小企业融资成本。(区金融办、区财政局负责)

3. 大力发展转贷基金会。整合做大已有的转贷基金会,适度扩充区工商联转贷基金会(定海区融旺投资有限公司)、区海运协会转贷基金会资本金。引导水产、螺杆加工等行业企业组建成立行业性转贷基金会。(区工商联、区交通运输局、区经信局、区财政局负责)

4. 完善配套扶持政策。制订金融机构来定海设立区级法人或分支机构的优惠政策。完善金融机构支持定海经济发展的考核办法,实施金融机构考核结果与政府性存款相配套的激励机制,进一步加强区政府对金融机构放贷的引导和扶持。(区金融办、区财政局负责)

(六)建立投融资管理服务体系

1. 完善区金融办。认真编制好区金融业发展规划,制定完善区金融办三定方案,合理配备金融办机构人员,强化其服务企业和项目融资、推动全区金融业改革发展的功能。(区编办、区金融办负责)

2. 建立重大项目融资协调机构。成立区重大项目融资工作协调小组,负责协调推进全区重大项目融资工作。(区重点办、区金融办负责)

3. 成立金融服务中小企业促进会。成立区金融服务中小企业促进会,服务中小企业间接融资、投资咨询、管理

咨询、专业培训等。(区金融办负责)

三、保障措施

区金融工作领导小组是推进全区投融资体制机制建设工作的领导机构,制订部署工作任务,组织实施工作考核,评定工作推进优秀单位和个人。各责任单位要围绕工作任务,抓紧制订计划进度,落实分管领导和工作人员。区金融办作为总牵头单位,要发挥综合协调作用,加强督促落实,确保各项任务高效高质完成。

二〇一一年八月八日

庆元县人民政府关于印发
庆元县对台招商引资优惠政策的通知

庆政发〔2011〕36号

各乡(镇)人民政府,县政府直属各单位:

《庆元县对台招商引资优惠政策》已经2011年第4次县政府常务会议通过,现予印发,请遵照执行。

附件:庆元县对台招商引资优惠政策

二〇一一年五月五日

附件

庆元县对台招商引资优惠政策

为吸引台商到我县投资,加快产业结构调整,结合我县实际,特制定本政策。

一、享受本政策的台商投资企业须同时符合以下条件

(一)台资注册资本金须在100万美元(含)以上的制造业项目。

(二)单个项目总投资额在300万美元(含)以上、每亩固定资产投资额不少于15万美元,具体行业标准按《浙江省工业建设项目用地控制指标》执行。

(三)项目符合国家产业政策,重点投资方向为:生物科技、电子信息、电气机械、通专用设备制造、交通运输设备、新能源、新材料等。

(四)遵守中华人民共和国国家的法律、法规和台商投资园的相关要求,依法经营。

二、台商投资企业享受的优惠政策

(一)投入扶持政策

1. 在合同约定时间内完成项目建设并投产的,单个项目总投资在300－500万美元(含300,不含500)的项目,按土地出让价款20%的标准予以奖励;500－1000万美元(含500,不含1000)的项目,按土地出让价款30%的标准予以奖励;1000万美元(含)以上的项目,具体奖励标准实行一事一议。

2. 属市级以上高新技术项目的,再按土地出让价款10%的标准予以奖励。

3. 项目建设土建部分,从土地摘牌后一年之内完成主体工程的,再按土地出让价款20%的标准予以奖励。

4. 首家取得土地使用权的入园企业,且在合同约定时间内完成项目建设并投产的,具体奖励标准实行一事一议。

(二)财政扶持政策

1. 在国家统一的税收优惠政策基础上,台商投资企业缴纳的增值税和企业所得税,留县部分剔除上解省20%后,从企业投产之日起全额奖励企业,一定三年。

2. 新入园企业,在合同约定时间内完成厂房建设并投入生产的,经批准,建设期间缴纳的城镇土地使用税,留县部分剔除上解省20%后,全额奖励企业。

3. 台商投资企业的高级管理者(含副总经理、副总工程师及以上职务)缴纳的本企业工资薪金所得个人所得税,留县部分剔除上解省20%后,从本企业投产之日起全额奖励其本人,一定三年。

(三)台商投资企业同时享受县内出台的其它有关工业经济发展的扶持政策。

三、台商认定:由经贸局组织相关部门进行认定。

四、同时具备本政策第一条款中四个条件的外资企业参照本政策享受相关优惠政策。

五、本政策由县经贸局负责解释,自发文之日起执行。

中共缙云县委　缙云县人民政府
关于缙云县引进创新创业领军人才的实施意见

县委〔2011〕78号

各乡镇党委、人民政府，县属各单位：

为积极引进海内外创新创业领军人才，促进我县产业转型升级和经济结构调整，根据市委《关于加强高层次人才队伍建设的若干意见》和缙云县"十二五"人才发展规划等文件精神，现就加快引进创新创业领军人才提出如下实施意见：

一、指导思想

以邓小平理论和"三个代表"重要思想为指导，全面落实科学发展观，以增强自主创新能力为主线，以提升区域经济竞争力为核心，坚持"企业主导、政府扶持"的原则，努力引进一批具有国内外产业领先水平的高级专家和重要影响的科技领军人才，推动缙云经济社会又好又快发展。

二、工作目标

根据国家产业发展导向，围绕我县的新兴产业发展和传统产业改造升级，力争在"十二五"期内引进一批能够有效突破关键核心技术、发展壮大新兴产业、促进产业跨越发展的领军型创新创业人才。

三、对象和条件

创新创业领军人才是高层次人才队伍的核心，特别是在增强自主创新能力方面，具有极其重要的引领作用。本意见所指的创新创业领军人才为两院院士、国家自然科学奖或科技进步奖获得者、国家有突出贡献的中青年专家、国家杰出青年科学基金获得者、国家"千人计划"入选者、省特级专家、省科学技术重大贡献奖获得者等获得国家级、省级荣誉称号的高级人才，并符合下列条件之一：

（一）具有在国内外知名的科研院所或大型企业工作经历，能够引领产业发展走在国际前沿，属于国际某一学科、产业领域内的学术或技术带头人。

（二）拥有独立知识产权或专有技术，处于国内外领先水平，具有较大市场潜力，能够进行产业化生产，对产业转型升级和提升经济竞争力有明显推动作用的高级人才。

（三）有利于我县主导产业、支柱产业以及新兴产业发展，在重大项目攻关、核心技术突破、科研基地建设中具有关键作用的领军人才。

四、扶持政策

（一）杰出人才奖励。在缙工作期间入选国家海外高层次人才引进"千人计划"的，县政府给予一次性100万元的科学技术人才奖励。

（二）创业启动资金资助。领军人才牵头实施的项目，经推荐、评审，符合要求的，给予200－500万元的创业启动资金，待公司正式注册或项目批准立项后拨付。

（三）住房补助。领军人才在缙工作期间，在未购置住房之前由县政府提供100平方米左右的住房并免收租金。若自行租赁住房的，5年内按市场价格给予不超过150－200平方米的租金补助。领军人才若在本县自行购房并与企业签订10年以上工作合同的，县政府给予一次性80－100万元人民币的购房补助；若不自行购房，需入住县政府建成的人才公寓的，无偿安排150－200平方米左右住房，工作期满10年后无偿拥有该住房的产权。其它助手符合缙云县人才公寓入住条件的优先给予安排。

（四）其他优惠政策

1. 领军人才及主要助手共5人，在公司注册之日起的当年及后5年内，其年薪金所得产生的个人所得税留县部分全额奖励给个人。

2. 领军人才在缙工作期间，享受在职县处级领导干部同等医疗保健服务待遇。

3. 领军人才配偶应聘到县属事业单位，符合招聘条件的，可采用考核方式直接聘用。

五、引进程序

（一）资格初审。应聘者填写《缙云县引进创新创业领军人才申报书》，报县委组织部进行资格初审。

（二）专家评议。由县经信局组织国内外同行业专家对应聘者及其项目进行匿名通讯评议。

（三）综合评审。由县经信局委托知名科研院所等中介机构组成综合评审小组进行综合评审。

（四）签订合同。县委人才工作领导小组根据专家评审意见进行综合评定并报县委县政府批准，由政府主管部门与领军人才和企业签定相关协议。

六、组织领导和职责分工

缙云县引进创新创业领军人才工作，由县委人才工作领导小组组织实施。县委组织部负责创新创业领军人才引进的综合组织协调工作；县经信局负责引进人才的专家评议、综合评审等工作；县科技局负责专利认定、后续科技专项扶持等工作；县人力资源和社会保障局负责引进人才的各项社会保险办理和协助安排家属就业等工作；县财政局负责引进人才的专项资金落实和跟踪管理等工作；县卫生局负责落实引进人才的医疗保健待遇等工作；其他有关部门根据各自职责，共同做好创新创业领军人才引进及后续服务等相关工作。

中共缙云县委

缙云县人民政府

二〇一一年十二月十四日

统筹城乡篇

中共浙江省委　浙江省人民政府 关于推进欠发达地区加快发展的若干意见

（2011 年 3 月 16 日）

浙委〔2011〕29 号

根据省委十二届八次全会确定的"十二五"时期实现"科学发展走在前列，惠及全省人民的小康社会全面建成"的总体目标和"欠发达地区跟上全省发展步伐"的要求，为推进欠发达地区加快绿色发展、生态富民、科学跨越，经省委、省政府研究，现提出如下意见：

一、总体要求

1. 指导思想。以邓小平理论和"三个代表"重要思想为指导，深入贯彻落实科学发展观，全面实施"八八战略"和"创业富民、创新强省"总战略，以科学发展为主题，以加快转变经济发展方式为主线，把普遍增加群众收入、全面提升民生水平、不断增强内生功能作为中心任务，全面实施主体功能区战略，协调推进新型工业化、新型城市化、农业现代化和新农村建设、生态文明建设，大力发展生态经济，注重优化城乡布局，不断完善基础设施，全面提升公共服务，着力构筑生态屏障，全力建设"山上浙江"，推动欠发达地区加快走上绿色发展、生态富民、科学跨越的新路子。

2. 主要目标。到 2015 年，欠发达地区发展的总体目标是：所有县（市、区）基本达到全面建设小康社会的目标，与发达地区差距明显缩小。主要目标是：

——居民收入水平明显提升。城乡居民收入普遍较快增加，增幅高于全省平均水平；农村居民人均纯收入达到 12000 元以上，年均增长 10％以上；60％的低收入农户（低保户除外）家庭人均纯收入超过 6000 元；城乡居民收入差距明显缩小，生活质量不断提高。

——民生保障水平明显提升。充分就业基本实现，社会事业加快发展，社会保障全面覆盖，基础设施更加完善，基本公共服务均等化水平明显提高，民生保障水平与发达地区的差距明显缩小。

——内生发展功能明显增强。产业结构、城乡结构、人口结构调整稳步推进，生态经济加快发展，人口布局显著优化，城乡面貌明显改变，生态环境持续优化，生态城市、绿色城镇、美丽乡村建设取得明显进展，绿色发展、转型发展、集聚发展格局初步形成，人均生产总值增幅高于全省平均水平。

3. 基本原则。

——绿色发展，生态富民。以生态文明建设为导向，全面实施主体功能区规划和生态环境功能区规划，大力发展生态经济，不断优化生态环境，加快形成节约能源资源和保护生态环境的产业结构、增长方式和消费模式，推动居民收入水平和生活质量不断提升。

——转型发展，科学跨越。以深化改革、制度创新、结构调整为重要举措，准确把握欠发达地区发展阶段、内在规律和特色优势，协调推进经济、社会、文化、生态建设，不断强化发展基础，增强发展动力，切实提高发展质量和效益，促进经济社会加快走上科学发展轨道，努力跟上全省发展步伐。

——集聚发展，城乡统筹。以统筹城乡区域发展为基本战略，联动推进新型城市化和新农村建设，全面推进绿色城镇和美丽乡村建设，不断健全以工促农以城带乡的长效机制，努力构筑经济优势互补、功能定位清晰、城乡一体发展、人与自然和谐相处的区域发展格局。

——内生发展，合作联动。坚持自身努力与外部支持有机结合，加大财政扶持、生态补偿、区域协作、结对帮扶力度，积极引导广大干部群众自力更生、艰苦创业，不断增强发展的内生动力，促进欠发达地区在创业创新中实现自主发展，在开放合作中实现共赢发展。

二、大力发展生态经济，促进经济结构转型升级

4. 大力发展高效生态农业。按照推进农业规模化、标准化、生态化的要求，加强欠发达地区粮食生产功能区、现代农业园区建设，扶持发展一批茶叶、果品、笋竹、油茶、食用菌等特色农业生产基地，支持工商企业投资发展高效生态农业，延长农业产业链，提高农业附加值。加大对农田水利建设、设施农业发展、农机具购置、林区道路修建、农业科技推广、农产品品牌培育等扶持力度，着力支持发展一批带动农民增收的农业龙头企业、农民专业合作社等现代农业经营主体。适当增加欠发达地区省级农业龙头企业、示范性农民专业合作社的数量。省对油茶产业发展、林区道路建设的扶持资金重点用于欠发达地区。

5. 着力发展生态工业。支持现有工业园区扩容和提升，鼓励跨县建设一批工业园区，搭建绿色制造业集聚发展平台。推进工业园区生态化，支持发展绿色生态环保产业和工业循环经济，打造一批生态经济的先行区、示范区。进一步加大对来料加工业的扶持力度，支持来料加工、专业村、工厂化基地、集中小区建设和经纪人创业，引导发达地区劳动密集型加工企业、外贸企业到欠发达地区发展来料加工基地。省中小企业扶持资金、工业转型升级资金、循环经济扶持资金、外向型经济发展等专项资金向欠发达地区倾斜安排。

6. 优先发展生态旅游业。抓好县域风景旅游发展规划和重点景区规划编制，加强通景公路等旅游基础设施建设，扶持各类旅游经营主体做大做强，加快形成以重点景区为龙头、骨干景点为支撑，农家乐休闲旅游点、休闲观光农业园为基础的发展格局。把美丽乡村建设与农家乐休闲旅游业发展有机结合起来，扶持建设一批省级农家乐休闲旅游业特色县、示范乡(镇、村)和休闲观光农业园。各级政府要优先认定一批农家乐休闲旅游村(点)作为政府会议定点采购单位。省旅游发展专项资金、农家乐发展扶持资金等进一步向欠发达地区倾斜安排。

7. 支持发展现代服务业和新兴产业。大力扶持发展物流配送、连锁超市、电子商务等现代流通方式，基本实现连锁便利店在行政村全覆盖。鼓励大型商贸企业到欠发达地区发展现代流通业，支持供销社、商贸、邮政、金融等企业向欠发达地区延伸服务，建设日用消费品、农产品、生产资料和再生资源等经营网点。加快发展农产品现代流通业，扶持产地农产品市场建设，推动“农超对接”，鼓励在发达地区建立特色农产品营销中心，落实农产品批发市场用地等政策。支持文化创意、森林文化等产业发展，建设一批省级重点采风创作基地。

三、加快推进城乡建设，促进产业和人口集聚

8. 完善城乡规划体系。按照区域统筹、城乡一体和小县大城、内聚外迁的要求，认真实施主体功能区规划、县市域总体规划和土地利用总体规划，完善城镇体系规划和村庄布局规划，加大对规划编制的财政补助和技术支持力度。科学规划城乡一体的公路交通运输网、通信信息网、商贸物流网、供水供电网、垃圾污水处理网等设施，加快形成县城、中心镇和中心村协调发展的格局，推动欠发达地区集聚发展、集约发展。

9. 推进绿色城镇建设。把县城和中心镇作为转型发展的重要平台，把城镇建设、产业发展、人口集聚、生态保护和土地节约有机结合起来，科学确定城市组团中各城镇的功能定位和产业布局。支持以县城为依托的产业集聚平台建设，提升县城综合承载能力。积极培育绿色中心镇，提升中心镇的人口产业集聚功能和公共服务辐射功能。省里优先安排县城和中心镇建设的用地指标。

10. 推进美丽乡村建设。深入实施“千村示范、万村整治”工程，结合国家农村环境连片整治项目的实施，着力推进连线成片的村庄整治，配套推进基础设施建设，打造一批各具特色的美丽乡村，省村庄整治等资金向欠发达地区倾斜。整合建设项目和扶持资金，推进中心村培育建设和农村土地综合整治，推动自然村整合和农居点缩减，提高欠发达地区农村人口集中居住和农村土地集约使用水平。继续实施农村环境“五整治一提高工程”，健全村庄环境卫生长效保洁机制。

11. 推进农民异地搬迁和转移。把县城、中心镇和中心村作为主要迁入地，大力引导高山远山、重点水库库区、山洪地质灾害隐患点、偏远小岛等缺乏基本生活和公共服务条件的区域群众有序搬迁，逐步提高搬迁补助标准，每年搬迁 6 万人以上。各地要统筹各级财政扶持资金，加大对自然村整体搬迁、公寓式节地安置、特困户异地搬迁和宅基地整理复垦的补助力度，宅基地复垦收益要提高用于搬迁小区建设和农户搬迁的补助额度和比例。结合中心镇和产业集聚区等建设，积极探索在城镇有合法固定住所的农村人口将户口迁移到城镇，享受与当地居民一样的教育、医疗、就业、社保、住房等待遇，并保留其迁出地的土地山林承包经营、集体经济收益分配等权益的有效办法。积极探索有利于农村劳动力跨市县转移就业、进城落户的机制。对吸纳异地搬迁农民、低收入农户、被征地农民就业的企业，可参照城镇下岗失业人员再就业优惠政策执行，并由财政给予一定补助或奖励。

四、大力发展民生事业，推进基本公共服务均等化

12. 大力促进全民创业和充分就业。加大农村劳动力技能培训力度，提升转移就业能力。支持利用集体闲置土地建设小企业创业基地，着力营造以县城、中心镇为主要载体的非农产业和现代农业创业平台。加大创业就业政策扶持力度，健全创业就业服务体系，支持各类人才到欠发达地区创业，鼓励能人带动下的合作创业，形成以创业带动充分就业的格局。省“千万农民素质提升工程”补助资金向欠发达地区倾斜安排。各地应将低收入农户、被征地农民和异地搬迁农民中就业困难人员纳入就业援助对象。

13. 加快发展社会事业。扶持农村学前教育上水平和普通高中布局优化，建立健全低收入家庭学前儿童和家庭经济困难普通高中学生资助制度。支持骨干职业学校和实训基地建设。鼓励教师在农村基层和艰苦边远地区工作，对在农村基层和边远地区工作的教师实行工资、职称(职务)等倾斜政策。支持公共卫生专业机构、县级医院、乡镇卫生院标准化建设和配备基本设备装备，加强卫生人才队伍建设。支持文化体育事业发展，“十二五”时期县县建成图书馆、文化馆，基本完成数字电视整体转换和网络双向化改造。

14. 不断提升社会保障水平。支持扩大城乡居民社会养老保险、城镇居民基本医疗保险、新型农村合作医疗保险、职工基本养老和医疗保险的覆盖面，提升保障水平。严格按规定落实好农民工参加企业职工社会保险及跨统筹地区转移接续政策。逐步提高欠发达地区最低生活保障、医疗救助、教育救助、住房救助等社会救助水平。从2011年起，各地农村“低保”年标准提高到每人2500元以上。

五、着力加强基础设施建设，提高保障发展水平

15. 加快交通基础设施建设。加快高等级公路建设和国省道干线、县(乡)际公路技术改造，加强农村公路建设和养护，有序开展农村联网公路建设。国省道和重要县道建设省级补助资金继续向欠发达地区倾斜安排，国省道养护工程由省级投资，农村公路大中修工程由省给予适当补助。加快欠发达地区铁路建设，提升铁路运输能力。全面实施“水上康庄工程”，加快乡镇渡航船及配套码头改造，继续完善海岛交通设施，进一步解决库区、海岛群众出行难问题。

16. 加快能源基础设施建设。加强骨干电网建设，增强电网吸收消纳能力，两年内基本解决小水电“送出难”问题。依托新一轮农网改造升级工程，深入推进集约农网和农村电气化建设。“十二五”时期用于欠发达地区的省农网改造资金比“十一五”时期有较大幅度增长。支持有条件地区因地制宜发展生物质发电、风电、太阳能、沼气等可再生能源。

17. 加快水利等基础设施建设。加大对水利基础设施建设的投入力度，扶持“强塘”工程、中小河流治理、中小病险水库除险加固、山洪地质灾害防治、农村安全饮用水、水库水源地保护和非工程性预警防灾措施等建设，着力提高防灾减灾能力。支持农村自动气象站建设，五年内覆盖主要乡镇。加快欠发达地区现代通信网络和农村信息综合应用服务平台建设。

六、切实加强生态环境保护建设，构筑生态屏障

18. 加快生态屏障建设。加大钱塘江、瓯江等主要流域源头地区生态保护投入，支持省级以上自然保护区保护和建设。加强生态公益林建设，大力开展森林抚育经营，着力发展珍贵树种和经济林。支持生态安全保障体系、环境监测监控体系和环境执法应急保障体系建设，重点做好饮用水源、地下水资源、主要河流交界断面及入海口水质、县以上城市空气质量的监测。省生态保护、自然保护区、环境保护等专项资金加大向欠发达地区倾斜支持。

19. 加强污染治理和生态修复。加大污染物减排力度，提高主要污染物的达标排放率。实施清洁水源、清洁空气、清洁土壤行动，加强水污染、大气污染、土壤污染防治。鼓励兴办环境污染治理、资源循环利用和再生资源回收利用等项目。推进水生态环境修复，实施水环境治理和修复工程，加强对饮用水源和战略性水源的保护，发展保水洁水渔业。重大生态环保基础设施实行省市县联合共建。

20. 健全生态补偿机制。按照“谁保护、谁受益”，“谁改善、谁得益”，“谁贡献大、谁得益多”原则，逐步建立科学的生态补偿标准体系。逐步提高各类资源规费用于生态补偿的比重，并向欠发达地区、重要生态功能区、水系源头地区和自然保护区倾斜。完善跨界断面河流水量水质目标考核与生态补偿相结合的办法，提高源头地区保护水源的积极性和受益水平。健全分类补偿与分档补助相结合的森林生态效益补偿机制，2011年省级以上公益林最低补偿标准每亩提高至19元。探索建立政府管制下的污染物排放总量控制、污染物排放指标分配和排污权交易制度。大力发展碳汇林业，探索建立碳汇交易机制并开展试点。

七、大力推进低收入农户增收致富，实施欠发达县特别扶持政策

21. 深入实施“低收入农户奔小康工程”。以低收入农户集中村为重点，大力扶持低收入农户发展特色种养业、来料加工业、农家乐休闲旅游业，着力发展村级集体经济，加快形成“一乡一业”、“一村一品”的专业化生产和产业化经营格局。支持扶贫龙头企业和扶贫合作社发展，对规模较大、带动能力较强的龙头企业和合作社给予贷款贴息等政策扶持。完善扶贫小额信贷制度，继续扶持低收入农户集中村建立资金互助组织，进一步规范村级资金互助组织管理。完善低收入农户数据库，切实做到分类指导、分户决策、帮扶到户、责任到人。加强扶贫工作监督检查和绩效评估，提高扶贫资金使用效率。探索建立低收入标准确定机制和低收入农户界定机制，推动扶贫工作走上规范化、制度化轨道。

22. 实行重点欠发达县特别扶持政策。从2011年起，连续三年对低收入农户比较集中的重点欠发达县实行特别扶持政策，支持实施一批增加农民收入、提升民生水平、增强内生功能的项目。实施紧水滩库区、乌溪江库区等重点库区和高山远山地区群众增收致富工程，继续推进“小岛迁、大岛建”工程。各地要优先将低收入农户集中村、少数民族乡村、革命老区乡村列为扶持对象。

八、深入实施山海协作工程，实现合作共赢

23. 深化产业发展合作。建立对口共建山海协作园区制度，合作共建6大山海协作园区，省循环经济项目贴息、技改贴息、开发区专项等资金向共建园区基础设施和重大项目建设倾斜安排。各级政府优先保障山海协作项目用地需求。完善共建园区利益分成机制，吸引发达地区的产业和要素向共建园区转移。巩固和加强发达地区与欠发达地区间的资源与产业合作。深入实施"山海协作工程·百村经济发展促进计划"、"省外浙商帮扶低收入群众增收152计划"，积极引导发达地区企业和省外浙商到欠发达地区实施产业开发和投资。鼓励发达地区企业到欠发达地区职业高中、中专、技校建设职业技能培训基地，开展劳动力订单培训、定向培训，省财政按参训后实现就业人数给予适当补助。

24. 强化社会事业合作。健全省级单位牵头的山海协作专题合作组机制，深化发达地区与欠发达地区政府部门、社会团体、民主党派之间的协作，促进欠发达地区社会事业发展。发达市县要逐步增加财政等资金，对口援建一批教育、科技、文化、卫生等社会事业项目。

25. 加强对内对外开放合作。引导欠发达地区主动融入"长三角"，支持温州、丽水、衢州三市在海西经济区建设中寻求发展机遇，实现融合发展。继续办好"义博会"山海协作专区，支持欠发达地区组团参加"浙洽会"、"西博会"、五金博览会和海西经贸洽谈会等省内外重大展会，有条件展会的设立山海协作专区。

九、不断强化职能扶贫，加大结对帮扶力度

26. 强化职能扶贫。落实职能部门对欠发达地区、低收入农户集中村、低收入农户等扶贫对象的普惠服务和特惠支持措施。加强职能部门之间的工作协调，协同推进产业开发、技能培训、社会事业、社会保障、基础设施、村庄整治、农房建设等各项工作。加强对省级部门职能扶贫工作的绩效考核，省政府将职能扶贫绩效纳入对部门的年度工作目标责任制考核内容。

27. 加强结对帮扶。完善由省级机关、事业单位、高等院校、大型医院、国有企业、强县强镇等组成的省级结对帮扶体系，健全结对帮扶单位协作配合的团队结对帮扶机制。各牵头单位要加强组织协调，指导和督促成员单位落实帮扶工作。各成员单位要落实责任，明确目标任务，制定实施方案，增加资金投入，加大帮扶力度，提高帮扶针对性，不达小康不脱钩。完善农村工作指导员选派办法，未派指导员的帮扶单位要落实干部联系结对村，指导落实帮扶工作。健全"一村一计一部门"、"一户一策一干部"的市县两级结对帮扶机制，进一步加大帮扶力度，确保帮扶工作每年有新进展、新成效。

十、切实增加投入，强化要素保障

28. 强化财政扶持。2011—2013年，省财政每年专项筹措23亿元，对欠发达地区尤其是重点欠发达县和贫困集中区域给予特别扶持。"十二五"后期，视财力情况进一步加大投入，用于对重点欠发达县和贫困集中区域的扶持。省级对欠发达地区的相关扶持资金要在"十一五"时期基础上做到总量增加、比重提高。

29. 强化金融服务。加强对金融机构的协调和指导，增加对欠发达地区的信贷投入。健全金融服务体系，积极支持我省金融机构到衢州、丽水设立分支机构，稳步发展新型农村金融机构和小额贷款公司，探索建立县域范围的社区银行。加快推进农村征信体系建设，推动林权抵押贷款扩面增量，扩大土地承包经营权、农村住房和海域使用权等抵押贷款试点。创新金融产品和服务，提高"丰收小额贷款卡"和"金穗惠农卡"覆盖面，实施"便民支付工程"，开展"金融服务村村通"试点。

30. 强化用地保障。对欠发达地区新增建设用地计划指标分配实行倾斜。依据新一轮土地利用总体规划，积极开展农村土地综合整治，规范城乡建设用地增减挂钩试点工作，努力实现耕地占补平衡。按照"宜耕则耕、宜林则林、宜建则建"的要求，加大低丘缓坡综合开发力度，积极引导城乡建设更多利用低丘缓坡的非耕地。

31. 强化科技支持。鼓励高等院校、科研机构与欠发达市县建立产学研联盟，搭建科技创新服务平台，支撑主导产业和特色产业发展。深入实施科技富民强县促进行动，完善团队和法人科技特派员制度，在欠发达地区率先创建一批科技特派员创业点。培植一批农业企业科技研发机构和农业高科技企业，新建一批农业科技示范基地，推动农业科技成果产业化。继续实施新农村建设科技示范促进行动，开展村镇特色产业集群创新等关键技术开发与应用示范。建立科技创新风险投资机制，在财政、税收、融资等方面加大对欠发达地区科技创新的扶持力度。

32. 强化人才支撑。深入实施人才开发"希望之光计划"，引进转型发展紧缺人才，组织开展专家服务欠发达地区活动，省"人才强省战略"专项资金加大对欠发达地区人才开发的补助。加强和改进选聘高校毕业生到村任职工作，加强管理考核，强化激励保障。健全省级和发达地区医院、学校、科研机构的专业技术人员到欠发达地区服务的制度。加大对农村实用人才培训和农村青年人才培养的扶持力度，切实发挥农村实用人才和优秀青年人才的作用。

十一、进一步加强对欠发达地区发展的组织领导

33. 切实加强组织领导。各级党委、政府要把推进和扶持欠发达地区加快发展作为统筹区域发展的重大任务，列入重要议事日程。省委常委会、省政府常务会议每年听取有关工作汇报，研究解决欠发达地区发展中的重大问题。省委常委和副省长各联系一个欠发达县，深入到联系点调查研究，解决实际困难。各级各有关部门要加强工作指导和服务，加大倾斜支持力度。欠发达地区各级党委、政府要进一步强化责任、开拓进取，把推动绿色发展、生态富民、科学跨越的各项举措落到实处。各级扶贫开发领导小组要充分发挥综合协调、督促检查等职能作用，推动各部门整合资源和力量，形成合力。

34. 着力加强干部保障。坚持德才兼备、以德为先原则，选好配强市、县、乡镇的党政领导班子特别是党政"一把手"，优化班子结构，增强班子整体功能。加强干部队伍建设，扎实推进干部教育培训工作。继续推进选派欠发达地区领导干部到省级机关挂职、省级机关干部到欠发达地区挂职、发达地区与欠发达地区互派干部挂职工作。健全省级机关干部不定期到结对帮扶村蹲点调研制度，积极为群众送服务、办实事。

35. 充分发挥基层组织和党员干部作用。大力宣传党的方针政策，弘扬艰苦奋斗、自力更生、奋发有为的优良传统，积极引导广大干部群众转变发展观念，不断激发干部群众的积极性和创造力。切实加强以党支部为核心的村级基层组织建设，充分发挥基层党组织和党员在带动广大干部群众共谋发展、合力建设中的战斗堡垒作用和先锋模范作用。加强对基层干部的激励，加大村级运行资金和村干部报酬的补助力度。加大对低收入农户集中村发展集体经济的扶持力度，整合有关财政扶持资金和结对帮扶资金，支持村集体经济组织通过多种形式实现集体资产数量和质量的提升。省里在安排支持村域经济发展项目时向人口规模较大、产业特色明显或少数民族人口较多的低收入农户集中村倾斜，对有利于村级集体经济发展的项目予以优先扶持。

36. 积极引导社会扶贫。充分发挥工商联、工会、共青团、妇联等的作用，进一步动员民营企业、爱心人士参与扶贫开发。发挥慈善基金会、扶贫基金会等社会团体的作用，动员社会力量捐赠扶贫事业。企业通过符合条件的公益性社会团体或者县级以上政府及其部门，用于《公益事业捐赠法》规定的公益事业的捐赠支出，在年度利润总额12%以内的部分，准予在计算应纳税所得额时扣除。

海岛地区参照本意见执行。省级有关部门要根据本意见制定具体的贯彻落实办法。

中共浙江省委　浙江省人民政府
关于加快水利改革发展的实施意见

（2011 年 3 月 16 日）

浙委〔2011〕30 号

为认真贯彻《中共中央国务院关于加快水利改革发展的决定》（中发〔2011〕1 号）和《国务院关于切实加强中小河流治理和山洪地质灾害防治的若干意见》（国发〔2010〕31 号）精神，全面增强水利对经济社会发展的支撑和保障能力，现结合我省实际，提出如下实施意见。

一、总体要求

1. 指导思想。以邓小平理论和"三个代表"重要思想为指导，深入贯彻落实科学发展观，全面实施"八八战略"和"创业富民、创新强省"总战略，按照加快推进生态文明建设的决策部署和"科学发展走在前列、惠及全省人民小康社会全面建成"的总体目标，围绕全面提升水利对经济社会发展的支撑和保障能力，切实把水利建设摆上基础设施建设的重要位置，深入实施"强塘固房"工程，积极推进农田水利建设，强化水生态保护、水资源管理及综合利用，加强科学治水、依法治水，深化水利体制机制改革，加大公共财政投入力度，进一步引导全社会力量投入水利，大力构建节水型社会，加快推进水利现代化。

2. 主要目标。到 2015 年，水利对经济社会发展的支撑和保障能力显著提高，水利改革发展和现代化走在全国前列。主要目标是：

——"强塘固房"工程深入推进，八大流域和中小河流重点河段治理基本完成，全省城市防洪达到国家规定的设防标准，力争达到其上限标准，着力提高中心镇防洪能力，用 10 年左右时间达到 20 年一遇标准；主要平原和低洼易涝地区排涝标准提高到 10 年一遇以上；规划内病险水库、水闸、山塘除险加固和海塘配套加固全面完成，病险水库年发生率控制在 3%以内；山洪地质灾害防御的薄弱环节和易灾地区的突出问题基本解决，沿海易受台风灾害影响地区、山区地质灾害危险区域危旧房改造加固、避让搬迁基本完成；防汛防台抗旱体系更加完善，防灾减灾综合能力明显提高。

——"水资源保障百亿工程"扎实推进，年供水能力新增 15 亿立方米，城市、农村供水保证率分别提高到 95%、90%以上；节水型社会建设全面推进，万元 GDP 用水量控制在 78 立方米以内；粮食生产功能区、现代农业园区水利设施同步配套完善，新增节水灌溉面积 350 万亩，农田灌溉水有效利用系数提高到 0.58 以上。

——水生态环境明显优化，城乡河道综合治理全面推进，河湖健康功能得到有效维护，主要水（环境）功能区水质显著改善，主要河口得到有效治理；重要湿地区域生态得到明显修复；内河水运、水产、水电功能统筹开发，河道功能综合利用；完成滩涂围垦 60 万亩；完成水土流失治理 3000 平方公里；沿海平原承压地下水全面禁限采；水文化遗产得到有效保护，优秀水文化得到大力弘扬。

——水利可持续发展体制机制不断完善，水利投入稳定增长机制建立健全，最严格的水资源管理制度全面推行，水利科技创新能力和信息化水平全面提升，水利队伍建设明显加强，基层水利服务体系建立健全，水利依法行政和公共服务能力显著增强。

到2020年，现代化的防汛防台抗旱减灾体系基本建成，水资源合理配置和高效利用体系建立健全，水生态环境全面改善，现代水利发展的体制机制基本建成。

3. 基本原则

——民生优先，人水和谐。着力解决好人民群众最关心最直接最现实的水利问题，严格遵循自然规律和社会发展规律，合理开发、优化配置、全面节约、有效保护水资源。

——统筹兼顾，标本兼治。坚持把服务城市化工业化农业现代化作为水利发展的基本导向，更加注重安全水利、资源水利、生态水利的相互协调，更加注重城市与乡村、流域与区域、发达地区与欠发达地区水利的相互协调，更加注重工程配套、工程措施与非工程措施的相互协调。

——依法治水，建管并重。坚持把建立健全水法规体系和加强水行政执法作为水利发展的保障，切实加强水利基础设施建设，规范和强化水利工程的建设和运行管理，加强管理制度、信息化和队伍能力建设，推进水利科学化规范化法制化。

——深化改革，创新体制。坚持把体制机制创新作为推进水利发展的强大动力，全面实行水资源管理制度，切实解决制约水利发展的矛盾和问题，着力构建符合科学发展要求、具有浙江特色的现代水利发展体制。

——政府主导，社会参与。坚持水利的公益性、基础性和战略性地位，建立健全公共财政对水利投入的稳定增长机制和以政府为主导、多渠道投入的水利投融资机制，大幅度增加水利投入，形成政府与社会协同治水兴水的强大合力。

二、深入实施“强塘固房”工程，全面提高防汛防台抗旱综合能力

4. 加快推进河流治理。加强钱塘江、瓯江等八大流域主要堤防加固建设，提升流域的防洪排涝能力，“十二五”时期完成干堤加固建设450公里以上。推进中小河流治理，优先对洪涝易发、人口集中、经济集聚、农田连片的河段进行堤岸加固和清淤疏浚，“十二五”时期完成中小河流治理1000公里以上。加强山洪灾害易发地区小流域治理和山洪沟治理，提高防御山洪灾害的能力。

5. 深入实施病险水库水闸山塘除险加固。继续巩固大中型水库除险加固成果，加快小型水库除险加固，加强水库安全动态监测，及时消除安全隐患，“十二五”时期完成病险水库除险加固415座以上。加快大中型、重点小型水闸除险加固和安全隐患严重的危险山塘整治。

6. 大力推进海塘配套加固。加固已建标准海塘，提高低标准海塘的防御标准，完善沿塘配套建筑物，推动钱塘江北岸海塘防御超标准风暴潮工程建设，巩固、完善和提高海塘防御风暴潮的能力，“十二五”时期完成海塘配套加固436公里。

7. 建设完善区域防洪排涝工程。完善城市防洪排涝工程体系，扩大工程的保护范围，提高城市和产业集聚区防洪排涝能力。推进杭嘉湖、宁绍、温黄、温瑞平原以及金衢、丽水等低洼地区防洪排涝骨干工程和平阳顺溪水库等防洪控制性工程建设，提高区域防洪排涝能力。

8. 切实加强山洪地质灾害防治和农村危旧房改造。进一步清查山洪、泥石流、滑坡、崩塌等灾害隐患点的基本情况，编制山洪地质灾害风险图。加快对沿海易受台风灾害影响地区、地震重点监视防御区、地质灾害危险区的危旧房改造加固或人员避让搬迁，“十二五”时期全省需要避让搬迁和治理的重要地质灾害隐患点基本得到避让或治理，落实地质灾害隐患点防灾避险预案和群测群防责任。

9. 不断完善预案和监测预警体系。修编完善防汛防台抗旱预案、山洪地质灾害防御预案、重要流域洪水调度方案和水量应急调度预案，形成有效的预案体系。加强水文、气象基础设施建设，扩大覆盖范围，优化监测站网布局，着力增强重点地区、重要城市、行政区界和地下水的水文测报能力，加快应急机动监测能力建设。建设覆盖全省的防汛防台抗旱综合信息共享平台，健全水利、气象、水文、海洋、海事、国土、环保、建设、卫生等部门密切协作的防洪安全、供水安全和水环境安全的监测预报预警体系。

10. 健全防汛防台抗旱组织指挥体系。全面落实以行政首长负责制为核心的防汛防台抗旱各项责任制，强化统一指挥、分级负责、部门协作、反应迅速、协调有序、运转高效的防汛防台抗旱管理机制，健全防汛防台抗旱指挥系统。巩固基层防汛防台体系建设成果，进一步落实重要堤防、病险水库、地质灾害易发区等巡查预警制度，建立健全基层群防群治的长效机制。推进省市县三级山洪地质灾害监测预警平台建设，扩大防汛视频会商系统覆盖范围，并向防汛重点乡镇延伸，建立重要防洪工程远程图像监视系统。加快建设防灾避灾场所，加强专业化与社会化相结合的抢险救援队伍建设，完善防汛抗旱救灾物资储备调运管理制度。尽快建立防汛防台抗旱督察制度，确保各项工作落到实处。

三、大力兴修农田水利，全面提高农业旱涝保收稳产高产能力

11. 加快农业“两区”水利设施建设。以粮食生产功能区、现代农业园区为重点，落实农田水利基本建设项目，完善灌排配套渠系，确保粮食生产功能区农田旱涝保收、稳产高产，确保现代农业园区防洪排涝灌溉标准达到相应农业生产要求。加快完成大中型灌区配套改造任务。继续抓好“千万亩标准农田质量提升工程”、“百万造地保障工程”和农村土地综合整治等配套农田水利设施建设，着力提升耕地生产能力。

12. 加快“百万亩低洼易涝圩区整治工程”建设。按照“总体规划、因地制宜、突出重点、分步实施”的要求，结合太湖流域水环境综合整治五大骨干工程建设，先行实施杭嘉湖圩区整治工程，配套推进圩堤加高加固、水闸改造、泵站更新改造。“十二五”时期力争完成低洼圩区综合整治200万亩、泵站改造和扩建10万千瓦。

13. 加快“百万亩喷微灌工程”为重点的节水灌溉建设。大力推广应用农业高效节水技术，扩大管道输水和喷微灌面积。优先在设施农业区、饮用水源地、低丘缓坡和经济园地建设高效节水灌溉工程，注重节水灌溉试验与技术开发，加强节水灌溉工程质量管理，着力提高农业灌溉水平。

14. 加强“五小水利工程”建设。大力推进“小型农田水利重点县”建设，新建和改造一批小山塘、小堰坝、小水池、小泵站和小沟渠，加快末级渠系改造和田间工程配套，完善灌排体系。“十二五”时期力争实施“小型农田水利重点县”30个以上。

四、加快实施“水资源保障百亿工程”，全面提升水资源综合开发利用能力

15. 加快推进水资源配置工程建设。围绕全省经济社会发展和重大战略布局，合理开发、调配水资源。深入实施“水资源保障百亿工程”，“十二五”时期建成合溪水库、钦寸水库、萧山引水枢纽、舟山大陆引水二期等水源和引调水工程，开工建设朱溪水库、好溪水利枢纽、舟山大陆引水三期等工程。构建浙北、浙中地区水库群联合供水、台州“北水南调”等区域水源联网联调的工程格局，加强跨地区、跨流域引调水工程的管理。坚持大中小结合、蓄引提并举原则，建设一批城市应急备用水源工程、抗旱水源工程和中水回用、海水淡化、分质供水、雨水利用等非常规水资源利用工程，推动一批山区中小型水库建设，提高城乡供水保证率和饮用水源水质。开展新安江引水等前期研究工作。加强人工增雨作业能力建设，科学开发利用空中云水资源。

16. 继续推进农村饮水安全提升工程建设。巩固“千万农民饮用水工程”建设成果，推进农村供水标准化、规范化建设和城乡一体化供水。“十二五”时期改善395万农村人口饮水条件。落实好农村饮水安全工程建设和管理有关政策，构建工程运行和管理长效机制，加强日常管理和维护。

17. 科学推进沿海滩涂资源开发利用。修编滩涂围垦总体规划，加强滩涂资源开发利用的前期工作，加大促淤围垦力度，加快滩涂围垦项目建设。注重滩涂围垦与沿海防台御潮、岸线保护和利用有机结合，推进围区人工湿地、防风林带营建，确保围区水面率达到12%以上。

18. 统筹发展水电水运水产。实施“千站改造惠农保安”工程和水电电气化县建设，推进农村水电更新改造。统筹兼顾防洪、灌溉、供水、生态等功能和农民利益保障，合理开发水能资源，强化水电安全监管。统筹河道与航道建设，积极推进“内河水运复兴行动计划”，加快形成畅通、高效、平安、绿色的现代化内河水运体系。统筹江河湖库水资源的保护和利用，积极发展保水洁水渔业。

五、积极实行水资源管理制度，全面改善水生态环境

19. 建立用水总量控制制度。确立水资源开发利用“控制红线”，制定八大流域水量分配方案，建立覆盖全省的取用水总量控制指标体系及相应管理办法。按照经济社会发展规划、城市总体规划等规划的编制、重大建设项目的布局与当地水资源承载能力和防洪（潮）要求相适应的要求，加强相关规划和项目建设布局的水资源论证工作，未通过水资源论证的有关规划不得批准实施；严格限制水资源不足地区建设高耗水型项目，凡没有通过水资源论证并取得许可管理的建设项目，不得开工建设。严格取水许可管理，落实用水计划管理。加强对地下水资源的保护和合理开发利用，严格执行地下水禁限采管理制度，建立健全地下水监测网络。科学制定和切实执行水资源调度方案，协调好生活、生产和生态环境用水。推进水权制度建设，积极探索水资源市场化配置的有效途径。

20. 建立用水效率控制制度。确立用水效率“控制红线”，落实节约用水办法，理顺节水管理体制，把节水工作贯穿于经济社会的各领域和全过程。加快建立区域、行业和用水产品的用水效率指标体系。加强用水定额管理，对取用水大户实行重点监控。建设项目节水设施与主体工程要同时设计、同时施工、同时投产。加大对高耗水行业、重点企业节水技术改造和城镇供水管网改造，开展节水型载体和示范工程建设。各级要研究制定政策措施，鼓励全社会节约用水，推进节水型社会建设。

21. 建立水（环境）功能区限制纳污制度。确立水（环境）功能区“限制纳污红线”，从严核定水域纳污容量，严格控制入河湖排污总量。认真制定和严格实施水（环境）功能区限制排污总量，切实落实水污染防治和污染减排工作举措。强化入河排污口设置的审查管理，对排污量已超出水（环境）功能区限制排污总量的地区，限制审批新增取水和入河排污口。建立水（环境）功能区水质达标评价体系和监测体系，完善监督管理制度。

22. 建立水资源管理责任和考核制度。抓紧制定实行最严格水资源管理制度的办法，建立水资源管理和保护“三条红线”的评价体系。县级以上地方人民政府主要负责人对本行政区域水资源管理和保护工作负总责。严格实施水资源管理考核制度，水行政主管部门会同有关部门，对各地区水资源开发利用、节约保护主要指标的落实情况进行考核，考核结果作为地方政府相关领导干部综合考核评价和生态保护财政转移支付的重要依据。加强水量水质监测能力建设，建立健全水资源监测网络和数据共享平台，为强化监督考核提供技术支持。

23. 加强水资源和水环境保护。加强重要生态保护区、水源涵养区、江河源头区、湿地的保护，落实重要流域的水生态修复与保护措施。加快太湖流域水环境综合整治五大骨干工程的建设。加强饮用水水源地保护，依法划定饮用水水源保护区，推进“百库饮用水水源保护工程”建设，推进饮用水水源地环境综合整治，强化饮用水水源应急管理。

24. 加强水土保持。推进易灾地区、江河源头区、水源涵养区水土流失防治，开展饮用水水源保护区生态清洁型小流域建设，加大造林绿化、生态修复、坡耕地退耕还林力度。强化生产建设项目水土保持的管理，健全建设项目水土保持方案审批和工程竣工验收制度，严格执行水土保持设施与主体工程同时设计、同时施工、同时使用的建设项目管理制度，坚决遏制新增人为水土流失，加强水土保持生态环境监测并及时向社会公告。建立健全水土保持补偿制度。

25. 推进森林资源保护。推进生态公益林建设，扩大八大流域源头和两岸山地生态公益林面积，开展森林抚育经营，发展名贵树种，提高森林质量，增强森林固土护坡、涵养水源、调节径流的功能。加强林业基础设施建设，完善森林防火体系、林业有害生物防治体系，推进地质灾害易发地区生态环境综合治理，提高山洪地质灾害防御能力。

26. 深化城乡河道水环境整治。深入实施万里清水河道建设，结合城镇环境建设和连线成片的村庄整治，加大城乡河网水系的综合整治力度，改善水环境，营造水景观，共建生态城市、绿色城镇和美丽乡村。全面开展城乡河道的保洁，建立健全河道长效保洁机制。"十二五"时期完成农村河道综合整治 10000 公里、河道保洁 15000 公里。

六、着力增加水利投入，建立健全水利投入稳定增长机制

27. 加大公共财政对水利的投入。发挥政府在水利建设中的主导作用，将水利作为公共财政投入的重点领域，积极引导社会各类资金和力量投入水利建设，力争今后 10 年全社会水利年平均投入比 2010 年高出一倍。积极筹措财政水利资金，加大对水利的专项投入；从土地出让收益中提取 10%或从土地出让总额中提取 2%用于农田水利建设；充分发挥新增建设用地土地有偿使用费等土地整治资金的综合效益，其用于农田水利基本建设和保护方面的支出不低于 20%；按照中央关于进一步完善水利建设基金政策的规定，足额征收水利建设资金，专项用于水利建设与管理；完善水资源有偿使用制度，合理调整水资源费征收标准，扩大征收范围，严格征收、使用和管理；有重点防洪任务和水资源严重短缺的城市要从城市建设维护税中划出不少于 15%用于城市防洪排涝和水源工程建设。逐步完善水利项目的省补助政策。加强对水利投入的绩效评价，确保增加投入的政策落到实处。

28. 加强对水利建设的金融支持。综合运用财政和货币政策，引导金融机构增加水利信贷资金。根据不同水利工程的建设特点和项目性质，确定财政贴息的规模、期限和贴息率。支持农业发展银行开展水利建设中长期政策性贷款业务，鼓励其他银行业金融机构增加农田水利建设的信贷资金。支持符合条件的水利企业上市和发行债券，积极探索水利企业集合发债及资产证券化的可行性，开展水利项目收益权质押贷款等多种形式融资。完善政策性农业保险和农房保险，全面推进洪水保险、水利工程保险。

29. 广泛吸引社会资金投资水利。鼓励符合条件的市、县(市、区)政府融资公司通过直接、间接融资方式，拓宽水利投融资渠道，吸引社会资金参与水利建设。鼓励农民自力更生、艰苦奋斗，在统一规划基础上，按照"多筹多补、多干多补"原则，加大"一事一议"财政奖补力度，充分调动农民兴修农田水利的积极性。按照国家增值税改革和立法进程，完善农村水电增值税政策。落实国家水利工程耕地占用税政策。积极稳妥推进经营性水利项目进行市场融资。

七、继续深化水利体制机制改革创新，进一步增强水利发展活力

30. 完善水资源管理体制。强化城乡水资源统一管理，对城乡供水、水资源综合利用、水环境治理和防洪排涝等实行统筹规划、协调实施，促进水资源优化配置，鼓励有条件的地方实行水务一体化。完善流域管理与区域管理相结合的水资源管理制度，建立事权清晰、分工明确、行为规范、运转协调、监督有力的水资源管理工作机制。进一步完善水资源保护和水污染防治协调机制。

31. 积极推进水价改革。充分发挥水价的调节作用，兼顾效率和公平，大力促进节约用水和产业结构调整。完善分类水价制度，实行城市居民生活用水阶梯式水价制度、工业和服务业超计划超定额用水累进加价制度，阶梯式水价递增部分和累进加价主要用于节水技术研发推广、设施建设和管理。推进水利工程原水价格改革，向城市和工业供水的水利工程的原水价格按成本加适当利润核定，并与公共供水的销售价格同步调整。进一步推广免收定额内农业灌溉用水水费，相关费用由当地财政根据实际情况予以补助。制定海水淡化、中水回用等非常规水资源利用的鼓励政策。

32. 加快水利工程建设和管理体制改革。强化水利建设行业监管，全面落实水利工程质量、安全责任制。加快推行非经营性政府投资水利项目的代建制。区分水利工程的性质和规模，建立健全工程分类管理的长效机制。深化国有水利工程管理体制改革，妥善解决水管单位人员分流和社会保障问题，落实好公益性、准公益性水管单位基本支出和维修养护经费。推进小型水利工程管理改革，明晰所有权和使用权，落实管护主体和责任，推广物业化管理、民间组织管理等模式，探索建立"以大带小、小小联合"的区域化集中管理模式。建立健全水利工程管理的考核制度。

33. 建立健全基层水利服务组织。建立健全职能明确、布局合理、队伍精干、服务到位的基层水利服务体系。完善县域内流域(区域)水利站"条块结合、以条为主"的管理体制，健全乡镇水利服务机构。防汛防台抗旱任务较重乡镇设置的防汛防台抗旱办事机构，与乡镇水利服务机构实行综合设置。落实流域(区域)水利站或综合设置乡镇水利服务机构的人员编制，所需经费纳入县级财政预算。强化基层水利服务机构水资源管理、防汛防台抗旱、农田水利建设、水利科技推广等公益性职能。大力推广农民群众自我管理、合作用水等组织形式，依托村级农业服务站点，选配或采取政府购买服务的方式，组建一支稳定的村级水利(水务)员队伍，协助基层水利服务机构做好涉水的相关服务工作。

八、切实加强对水利工作的领导

34. 落实各级党委政府责任。各级党委、政府要站在全局和战略高度，切实加强水利工作，及时研究解决水利改革发展中的突出问题。实行防汛防台抗旱、饮水安全保障、水资源管理、水库安全管理行政首长负责制，加强对水利财政投入、项目建设、运行管理等工作的督查。各级水行政主管部门要切实增强责任意识，认真履行职责，抓好水利改革发展各项任务的实施工作。各有关部门要各司其职、密切配合，共同推进水利改革发展。把加强农田水利建设作为农村基层组织开展“创先争优”活动的重要内容，充分发挥农村基层党组织的战斗堡垒作用和广大党员的先锋模范作用。

35. 加强依法治水。建立健全水法规体系，全面推进水利综合执法。深化水政执法体制改革，探索水利、国土、环保、林业、城市管理、交通、公安等多部门联合执法机制，加强水政执法队伍建设，提高综合执法能力。强化水行政监督和水事违法案件查处执行力度，建立重大水事违法案件挂牌督办制度，限期查处整改。健全预防为主、预防和调处相结合的水事纠纷调处机制，完善水事纠纷应急预案。加强水域保护，建设项目占用水域必须科学论证并办理审批手续。编制完善水利规划体系，加快重点项目前期工作。做好水库移民安置工作，落实后期扶持政策。

36. 推进水利科技创新。建立健全水利科技创新体系，强化基础条件平台建设，鼓励水利科研（设计）院所提升层次、扩大规模，支持水利科技重大创新平台、重点实验室建设。加强水利科技的基础研究和先进适用技术研发，“十二五”时期力争在防灾减灾、江河治理、水资源管理、水利信息化等领域获得一批具有重大实用价值的研究成果。强化水文在防汛减灾中的技术支撑作用，更好地为经济社会发展提供水文服务。加大水利先进技术和适用产品推广应用力度，建设一批水利科技推广示范基地。逐步增加各级水利科学研究和推广资金。加快推进信息技术在防汛抗灾、水利工程管理、水资源管理、水政执法等方面的应用。

37. 加强水利人才培养和队伍建设。大力培养、引进和用好水利管理人才、专业技术人才和高技能人才，加快构建水利创新团队，完善人才评价、流动和激励机制。支持浙江水利水电专科学校和浙江同济科技职业学院提高办学质量和水平。支持中国水利博物馆办成研究和保护水文化、弘扬优秀水文化的重要载体。适应水利改革发展新要求，不断提升水利干部职工队伍素质，切实增强建设管理和依法行政能力。鼓励广大科技人员服务于水利改革发展第一线，加强对基层水利职工在职培训、继续教育。水利干部职工要弘扬“献身、负责、求实”的水利行业精神，更加贴近民生，更多服务基层，更好奉献社会。

38. 动员全社会力量关心支持水利工作。加大力度宣传省情水情，提高全民水患意识、节水意识、水资源保护意识，广泛动员全社会力量参与水利建设。把水情教育纳入国民素质教育体系和中小学教育课程体系，作为各级领导干部和公务员教育培训的重要内容。把水利纳入公益性宣传范围，为水利又好又快发展营造良好舆论氛围。对在加快水利改革发展中取得显著成绩的单位和个人，各级人民政府要给予表彰奖励。

各地各部门要结合实际，研究制定配套措施和办法。

中共浙江省委　浙江省人民政府
关于加快推进农业科技创新的若干意见

（2011 年 11 月 3 日）

浙委〔2011〕97 号

为加快提升农业科技创新与成果转化应用水平，促进农业现代化建设，现就加快推进农业科技创新提出如下意见。

一、充分认识加快推进农业科技创新的重要性

农业科技创新是保障粮食安全、推进农业现代化的根本出路，也是提高农业核心竞争力和土地产出率、劳动生产率、资源利用率的关键因素。“十一五”期间，我省各地深入实施现代农业科技创新工程和新农村建设科技推广工程，积极创新工作机制，不断提高科技创新能力和应用水平，有力促进了现代农业发展。但必须清醒看到，我省农业科技总体水平不高，存在自主创新能力薄弱、成果转化应用滞后、技术体系建设缓慢、研究推广队伍不强、农科教产学研结合不紧密、投入保障体系不完善等问题，还不能满足现代农业发展的需要。“十二五”时期是我省协调推进工业化、城市化和农业现代化的关键时期，加快推进农业科技创新与进步显得尤为重要和紧迫。各级党委、政府要高度重视农业科技创新工作，把它放到建设创新型省份和科技强省、加快经济转型升级的突出位置，进一步加强组织领导，加大投入力度，创新体制机制，全力推动农业科技再上新台阶。

二、明确加快推进农业科技创新的总体要求

以邓小平理论和“三个代表”重要思想为指导，深入贯彻落实科学发展观，全面实施“八八战略”和“创业富民、创新强省”总战略，紧紧围绕农业现代化建设和农民迫切需求，坚持重在应用、资源共享，以实施现代种业发展工程、产业技术支撑工程、成果转化应用工程、创新能力提升工程为抓手，以现代农业园区、粮食生产功能区（以下简称“两区”）和乡镇（区域）农业公共服务中心为载体，以培育现代农业科技主体为核心，以体制机制创新为动力，加强农业前沿技术的原始创新，着力突破农业主导产业提升和

食品质量安全保障的关键、共性技术，大力推进农业科技成果转化应用。到2015年，力争培育一批具有自主知识产权和重大应用前景的优良品种，扶持一批具有核心竞争力的种业企业；突破一批农业主导产业关键、共性技术，转化应用一批重大农业科技成果，现代农业产业技术体系不断完善；培育一批具有自主创新能力的农业科技企业，强化一批涉农科研机构及高校科技创新载体，建立健全现代农业科技创新体系；增强农技推广、动植物疫病防控、农产品质量监管"三位一体"的农业公共服务体系功能，建设一批乡镇(区域)农业公共服务中心，完善科研机构及高校与市、县(市、区)农业科技合作机制和科技特派员制度，农科教产学研一体化的新型农业科技推广服务体系初步构建，农业科技贡献率达60%以上，科技对农业的支撑和引领能力进一步增强。

三、大力实施现代种业发展工程

按照产学研融合、育繁推一体的要求，以增强育种能力为核心，以技术优势领域和特色主导产业为重点，大力实施新品种选育重大科技专项，切实加强传统优势品种改良，着力培育现代种业企业，全面提升种业发展水平。到2015年，全省力争培育10家左右区域性、专业性骨干龙头种业企业和3—5家大型现代种业集团，选育180个左右新品种(系)，其中100个以上进入生产主导品种，并具有新品种保护权和生产技术标准。

(一)实施新品种选育重大科技专项。切实加强种业基础性、公益性研究，开展种质资源搜集、保护与开发利用，强化核心育种材料、生物育种方法及关键技术研究。大力推进商业化育种研究，育成一批具有良好应用前景、自主知识产权和核心竞争力的优良品种；开展种子标准化生产、加工工艺、快速检验、制种机械等研发与应用。

(二)实行育种多学科联合攻关。在农业科技创新团队和科技创新服务平台基础上，进一步整合涉农科研机构、高校和种业企业的育种科技资源，组建多学科跨单位的粮油和农业主导产业育种攻关协作组。实行协作组首席专家负责制，支持骨干龙头种业企业牵头组织开展目标品种选育，建立统一规划、合理分工、资源共享、绩效挂钩、运行高效的协作攻关机制。

(三)培育发展现代种业企业。鼓励工商资本、高校和科研机构的育种科技资源向种业企业集聚。加强种业企业科技创新能力建设，支持企业引进育种先进技术和装备，建立以企业为主体、产学研融合、育繁推一体的商业化育种和种业应用技术创新体系。加强种业企业科研基地和制繁种基地建设，建立规模化、标准化、集约化和机械化的种子生产基地。选择一批规模较大、成长性较好的种业企业加以重点扶持，鼓励其与大型企业强强联合、牵头组建育种协作攻关组，培养引进育种领军人才和经营管理、良种推广人才，打造若干个育种能力强、生产加工技术先进、市场营销网络健全、技术服务到位、育繁推一体化的现代种业集团。

四、大力实施农业产业技术支撑工程

按照建立与产业链相配套的技术链的要求，以提高产业增产增效能力为中心，大力实施设施农业与农产品精深加工重大科技专项和科技富民强县促进行动，切实加强对薄弱环节的技术攻关，着力推进产业各环节的技术配套，全面提升农业科技水平。到2015年，十大农业主导产业技术链基本形成，耕地设施栽培面积、喷微灌技术应用面积均达300万亩以上，农产品精深加工率达40%以上。

(一)实施设施农业与农产品精深加工重大科技专项。围绕加快发展园艺栽培、山地种植、畜牧饲养、水产养殖等设施农业，加强材料、设施、装备、灾害防御和配套农艺技术的研发。加强农产品精深加工和保鲜储存、冷链物流等技术、工艺与装备的研发，提高农产品精深加工和储存保鲜水平。加强农业标准化生产、高效安全投入品生产、农产品综合利用、农业废弃物无害化及资源化利用技术的研发，确保农产品质量安全，促进农业生态化。

(二)实施产业技术体系建设行动。整合现有农业科技优势资源，以产业为主线、产品为单元，重点建设粮油和十大农业主导产业技术体系，按产业基本形成从技术研发到示范推广、从种子种苗到产品上市各环节紧密衔接，农科教、产学研紧密结合的科技创新、成果转化和推广服务机制。

(三)实施科技富民强县促进行动。以健全县域农业主导产业技术链为目标，以提升产业链薄弱环节技术水平为重点，以集成技术创新成果为主要形式，加快产业技术体系攻关成果的推广应用。省科技富民强县专项资金重点扶持欠发达地区在"一县一业"的基础上，依托团队科技特派员，深化产学研合作，推进产业链各环节的技术集成与应用，促进农业增效、农民增收。

五、大力实施农业科技成果转化应用工程

把农业科技成果转化应用作为检验科技创新成效的基本要求。以农业企业和农民专业合作社为主要对象，以"两区"和农业高科技园区为主要载体，大力实施农业新品种示范、高效生态农业技术、农产品安全与加工技术三个转化行动，着力推进农业科技成果及时有效转化，努力实现转化一项成果、培育一批企业、提升一门产业、致富一方农民。到2015年，全省力争转化1000项以上科技成果，扶持500家以上农业科技企业，普遍建立省级示范性农民专业合作社与科研机构之间的科技研发、成果转化协作关系。

(一)大力实施农业科技成果转化行动。实施农业新品种转化行动，重点推广高产优质多抗农作物新品种、节粮型健康养殖新品种和林业特产新品种。实施高效生态农业技术转化行动，重点转化高效生态的种养技术、农业资源高效利用技术、高效节水灌溉技术、生态环境保护技术、动植物病虫害和疫病防控技术、防灾减灾技术。实施农产品安全与加工技术转化行动，重点转化农产品质量安全与标准化生产、精深加工、冷链物流等技术。

(二)着力提升"两区"和农业高科技园区的科技水平。按照"区域化布局、企业化运作、标准化生产、产业化经营、品牌化营销"的要求，加快转化最新科技成果，把"两区"打造成为技术密集与配套的成果转化应用示范区，并把一批条件较好的“两区”建设成为省级农业高科技园区。进一步加强农业高科技园区建设,加快建立农业科技信息、金融、良种等创业服务中心和国内外交流合作服务中心,把农业高科技园区打造成为科技要素集聚区、技术创新试验区、成果转化示范区、科技企业孵化区,并把有条件的园区建设成为农业总部经济园和国家级农业科技园区。

(三)大力培育农业科技成果转化应用主体。进一步培育农业科技企业,鼓励企业增加科技投入,加强产学研合作,引进培养科技人才,建立技术研发机构,增强自主创新、成果转化和产业化能力。支持农业企业、农民专业合作社加强与科研机构的联合,吸纳、转化、推广科技成果,带动农户提高应用技术能力。落实引导大学毕业生从事现代农业的政策措施,提高农业主体科技应用水平。

(四)积极培育农业高科技产业。积极发展现代种业、现代农业装备、生物肥药、海洋生物、生物质能源、生物基材料等农业高科技产业,做大做强一批农业高科技企业。进一步加强生物农业、数字农业、环控农业、智能农业等农业高新技术研发,形成一批具有自主知识产权的重大创新成果,并实现产业化。

六、大力实施农业科技创新能力提升工程

按照强化产业需求导向、优化科技资源配置的要求,以涉农科研机构、高校为主力军,以培养引进科技创新领军人才为核心,以各类农业科技创新平台为载体,积极推进涉农高校农业科研机构、重点农业科研院所、农业企业研究院、产业技术创新战略联盟等创新主体建设,继续扶持农业类重点实验室、工程技术中心、产业技术创新服务平台等创新载体建设,切实加强农业科技创新团队建设,全面增强农业科技创新能力。到2015年,培育20个以上农业企业研究院,各大农业主导产业都建有1个以上产业技术创新战略联盟,涉农科研机构、高校新建改建20个以上农业类科研机构,新建20个以上农业类重点实验室和工程技术中心,组建30个以上农业科技创新团队。

(一)积极推进农业科技创新主体建设。支持浙江大学、省农科院、浙江农林大学、浙江海洋学院等涉农高校和省部属农业科研院所优化学科结构和资源配置,建设一批符合产业发展导向的研究平台,着力打造国内领先、世界一流的专业创新主体。加快农业科技创新体系建设,以省级农业科研机构为龙头,带动市级农科院所面向区域特色产业,整合科技资源,增强创新和服务能力。鼓励有实力的农业企业创办产学研结合的研究院,牵头组建产业技术创新战略联盟,开展农业科技研究,增强自主创新能力。

(二)加快推进农业科技创新载体建设。支持各类农业科技创新主体围绕产业发展导向,新建和重组一批市场化运作的省级重点实验室和工程技术研究中心,省级有关专项资金优先扶持企业建设创新载体。鼓励涉农科研机构、高校与企业联合建设区域特色产业技术创新服务平台。

(三)切实加强农业科技创新团队建设。深入实施“千人计划”和“百千万创新人才计划”,加强农业科技创新人才培养,重点引进一批创新领军人物。围绕粮油和十大农业主导产业,组建多学科跨单位的农业科技创新团队。加强中青年农业科技人才培养,支持优秀中青年科技人员承担省级以上科技项目。

七、深入推进农科教产学研一体化

按照营造创新载体、集聚创新资源、转化创新成果的要求,以完善评价激励和利益分配机制为核心,着力创新农业人才培养方式,不断深化农业科技体制改革,加快健全农业公共服务体系,探索建立农科教产学研一体化的体制,建立鼓励公益性基础性研究的成果评价体系和利益共享机制,形成与现代农业发展要求相适应的农业科研教育推广新格局。

(一)创新农业教育培训方式。按照提高农业人才培养针对性和实用性的要求,加快调整涉农高校和职业技术教育的学科结构,创新教育体制机制,培养数量充足、结构合理、素质优良的人才。浙江大学、浙江农林大学、浙江海洋学院等涉农高校要充分发挥农业学科优势,在继续培养高层次农业人才的同时,加强农业技术推广硕士、涉农类本专科生的培养。电大、农函大、农广校和涉农职业技术学院(校)等要适应需求,优化结构,整合资源,建成农业实用人才培养培训基地。

(二)深化农业科技体制改革。深化农业科技管理体制创新,健全以产业发展需求为导向的重大科技项目设计机制,完善科技资源向应用研究、转化推广、产学研结合倾斜的配置机制。建立以应用为导向的科研单位与科技人员绩效评价机制和职称评聘制度。加强评审专家和项目负责人信用管理。深化农业科研体制改革,强化公益性研究,建立健全功能明确、治理完善、运行高效、监管有力的农业科研体制。

(三)完善农业公共服务体系。按照强化县级、健全乡(镇)级、发展村级的要求,进一步健全基层农技推广、动植物疫病防控和农产品质量监管“三位一体”的农业公共服务体系,开展乡镇(区域)农业公共服务中心建设。理顺县乡(镇)农技推广体制,强化县级指导服务功能和乡(镇)级组织实施功能,进一步健全分工合理、职责明确、服务高效、运行顺畅的农技推广体制。鼓励基层供销社发挥“技物结合”的优势,把销售农资与推广农技结合起来,成为开展农技推广服务的一支重要力量。加强基层农业科技人才队伍建设,对基层农技人员进行知识更新培训,开展基层农技人员定向培养试点,鼓励涉农专业大学毕业生到农业公共服务机构就业,切实解决基层农技推广队伍老化、青黄不接的问题。

(四)探索农科教产学研一体化体制。完善科技协作机制,鼓励涉农科研机构、高校与地方合作,组建由农技推广组织、农业龙头企业、农民专业合作社、农业科技企业等共同参与的农科教产学研联盟。坚持和完善科技特派员制度,进一步鼓励涉农科研机构、高校及科技人员发挥技术优势,深入农村基层,转化应用农业科技成果。支持法人科技特派员、团队科技特派员、个人科技特派员以多种形式在基层创业,与基层建立更加紧密的技术服务关系。继续组织实施省农技推广项目,促进农业科技成果落地转化。

八、切实加强对农业科技创新的组织领导和政策支持

（一）进一步加强组织领导。各级党委、政府要把推进农业科技创新摆上重要议事日程，把农业科技发展规划列入经济社会发展、科技发展、新农村建设和现代农业发展等规划，在资源配置上予以倾斜。继续把农业科技创新与进步绩效列入对市县科技进步考核和新农村建设考核的重要内容。省政府建立省农业科技工作领导小组，加强对农业科技创新的领导和组织协调。各级科技、财政、发展改革、教育、农业、林业、渔业、水利、气象等部门要密切配合，形成合力。充分发挥各级科协等社会团体和农村工作指导员、科技特派员的作用，广泛运用广播、电视、报刊、互联网等各类媒体，开展形式多样的农业科技知识普及和信息服务，不断提高广大干部群众的科技意识和科技素质。

（二）进一步增加农业科技投入。建立健全政府主导的多元化多渠道农业科技投入机制。把增加农业科技投入放到公共财政支出的优先位置，建立健全农业科技投入稳定增长机制，落实各级财政科技经费三分之一以上用于农业科技的政策。“十二五”时期，省财政将大幅增加农业科技投入，重点用于育种攻关、粮油和十大农业主导产业技术体系建设、新品种新技术和重大科技成果转化、科技创新能力建设等。同时，要优化科技经费配置，优先保障生产急需的关键、共性技术研发；规范科研经费使用，确保科研经费真正用于科研活动；拓宽农业科技投入渠道，引导工商资本、民间资本等社会力量投入农业科技创新。

（三）进一步加强知识产权保护。鼓励农业企业、涉农高校、科研机构及科技人员申请专利特别是发明专利，加大知识产权保护力度，严厉打击各类侵权行为。加强动植物种质资源和新品种权保护，鼓励注册使用农产品证明商标和原产地标识。加强区域优势农产品的品牌培育，鼓励农业企业和农民专业合作社申报知名商号，享受跨区域跨行业的商号保护政策。

（四）进一步完善政策激励机制。继续执行农业科技成果转化的奖励政策，每年表彰奖励一批农业科技成果转化中成绩显著的农业科技工作者，每五年表彰奖励一批农业科技突出贡献者。认真贯彻落实《浙江省高新技术促进条例》和《浙江省鼓励技术要素参与收益分配若干规定》，完善技术要素参与分配的机制，对在关键技术研发和重大成果转化中作出重要贡献的科技人员按规定给予奖励。

浙江省人民政府关于
加快城市地下空间开发利用的若干意见

浙政发〔2011〕17号

城市地下空间开发利用是城市建设和发展的重要组成部分。为适应新型城市化的需要，促进经济发展方式转变和城市可持续发展，现就加快城市地下空间开发利用提出如下意见。

一、充分认识加快城市地下空间开发利用的重要性和紧迫性

随着我省经济社会持续快速发展，特别是工业化、城市化的加快推进，城市用地紧缺、交通拥堵、环境污染等问题日益突出，城市发展面临越来越大的空间制约和挑战。合理有序开发利用城市地下空间，有利于加快转变经济发展方式、深入推进新型城市化，有利于拓展城市发展新空间、提高空间资源利用效率，有利于提高城市整体防护能力、促进人防民防一体化发展，有利于节约资源和保护环境、推进城市生态文明建设，有利于保障和改善民生、促进全面小康社会建设。随着城市综合经济实力的不断增强和科学技术水平的不断提高，加快城市地下空间开发利用的经济技术条件更趋成熟，并面临极好的发展机遇。各级政府、各有关部门要从全局和战略的高度，充分认识加快城市地下空间开发利用的重要性和紧迫性，紧紧抓住机遇，积极探索，大胆实践，创新体制机制，采取更加有力的措施，加快推动城市地下空间开发利用。

二、指导思想和基本原则

（一）指导思想。深入贯彻落实科学发展观，紧紧围绕实施新型城市化战略，积极推进体制机制和政策创新，依法加强管理，合理有序开发利用城市地下空间，增强城市整体防护能力，优化城市功能配置，提高城市空间资源利用效率和综合承载能力，促进城市又好又快发展。

（二）基本原则。

——统一规划、合理开发。坚持地下规划与地上规划相结合、适度超前与量力而行相统一，加快形成规范的城市地下空间规划体系，合理有序开发利用城市地下空间，努力构建城市立体发展新格局。

——公共优先、综合利用。坚持把公共利益放在城市地下空间开发利用的首位，平为战（灾）用、战（灾）为平用，综合利用、服务民生，努力实现城市地下空间开发利用经济效益、社会效益、战备效益和环境效益的有机统一。

——质量第一、确保安全。坚持安全发展、清洁发展、可持续发展，加强人才和技术支撑，加强规划建设全过程监管，加强生态环境保护，确保城市地下工程质量，确保城市地下空间开发利用安全。

——政府主导、社会参与。坚持政府统一管理城市地下空间开发利用，在加强政府规划调控、加大政府投入的同时，充分发挥市场配置资源的基础性作用，积极引导鼓励社会资金参与城市地下空间开发利用，加快构建多元化投融资机制，努力实现城市地下空间可持续开发利用。

——因地制宜、分类指导。坚持城市地下空间开发利用与城市功能定位、城市特色培育相适应，鼓励各地发挥优势，结合新城建设、旧城改造、轨道交通和市政设施建设，因地制宜推进城市地下空间开发利用。

三、主要任务

（一）加强城市地下空间开发利用规划。各级政府在组织编制或修改城市总体规划、县市域总体规划、城市群规划时，应根据城市发展需要，加快编制城市地下空间开发利用专项规划。城市地下空间开发利用专项规划可与人民防空专项规划一并编制，也可单独编制，但要与人民防空专项规划等其他各类专项规划相衔接。城市地下空间开发利用专项规划应对地下交通干道、地下管网、人民防空设施、应急避难场所，以及停车、商业、仓储等其他地下工程建设作出规划，并制订近期、中期和长期实施计划。城市控制性详细规划、修建性详细规划要设地下空间开发利用的专门章节，具体落实城市地下空间开发利用专项规划的要求。省城乡规划主管部门要会同省级有关部门加快制订城市详细规划中地下空间开发利用部分的编制标准。要加强城市地质环境和地下资源的调查评价，努力提高城市地下空间开发利用专项规划的科学性。

（二）建立健全城市地下空间权属管理制度。城乡规划主管部门要按照有关规划要求，明确城市地下空间开发利用范围、总体布局、建设用地性质、用途、开发强度、起止深度和层次要求。城市地下（包括山体）空间建设用地归国家所有，其使用权可由国土资源主管部门依法划拨或出让。相关审批文件明确地下连同地表土地使用权开发使用、共同建设的，应将地下空间连同地表作为一个整体确定建设用地使用权，一并进行土地登记发证；经依法审批单独以地下土地使用权进行开发建设的，应单独批准供地，并根据用地性质核准使用年限，单独办理地下土地使用权登记发证。人防工程等公益性的地下建设用地使用权，符合划拨用地规定的，通过划拨方式取得。经营性用地和除符合划拨条件外的地下建设用地使用权，应当通过招标、拍卖、挂牌等有偿使用方式（含租赁）取得。国土资源主管部门和房产主管部门应当依法办理地下空间建设用地使用权和地下建（构）筑物权属登记，颁发相应权证，并在产权证中注明"地下空间"；属于人防工程的应注明"人防工程"，并记载其平时用途。对独立开发的已建人防工程，可按上述原则予以确权，由国土资源主管部门和房产主管部门颁发相关权证；对依法结合民用建筑修建的防空地下室，待国家有关法律明确其所有权归属后再行确权。省有关部门要抓紧研究制订城市地下空间建设用地管理和权属登记暂行办法，报省政府批准后实施。

（三）规范城市地下空间开发利用建设管理。对结合地面建筑进行的地下工程建设，应随地面建筑一并向城乡规划主管部门申请办理规划许可手续。对独立开发的地下交通干道、商业仓储设施和能源、通信、人防工程以及停车等其他地下工程设施，应按有关规定向城乡规划主管部门申请办理规划许可手续，其中人防工程建设的设计必须报经人民防空主管部门审查批准，未经人民防空主管部门审查批准，城乡规划和建设主管部门不得办理建设工程规划许可证、施工许可证；不属于人防工程的地下空间开发项目应当依法兼顾人防需要，具备一定的防空功能，其设计审查和竣工验收应当有人民防空主管部门参加。

（四）加强城市地下空间开发利用安全监管。严格把好地下工程施工企业资质关，督促施工企业严格遵守安全施工规范。加强城市地下空间使用的安全应急体系建设，完善各类应急预案，提高应急处置能力。城市地下空间使用单位要按照有关规定设置安全管理机构或配备安全管理人员，建立健全安全管理规章制度和责任制度，做好城市地下工程设施的日常管理、维护和更新。城市地下空间开发利用项目和人防工程应按照消防规范和标准综合考虑平面布置、防火分区、安全疏散、消防给水、防排烟、消防电气和灭火救援等需要。利用城市地下空间储存易燃、易爆和有毒物品的，必须符合危险品管理相关规定。

（五）加快构建城市地下空间开发利用公共信息管理平台。加强城市地下空间开发利用数据信息收集整理，加快建立城市地下空间开发利用档案信息平台。完善城市地下空间管理信息共享机制，建设、国土资源、人防、通信、电力等部门要对各自管理的地下建（构）筑物和各类管线、设施进行普查建档，对相关数据信息进行整理，并通过公共信息管理平台实现信息资源的整合、共享。

四、保障措施

（一）加强组织协调。省政府成立浙江省城市地下空间开发利用工作领导小组，负责组织协调全省城市地下空间开发利用工作，领导小组办公室设在省建设厅。各市、县（市、区）政府也要高度重视这项工作，建立健全相应的组织协调机制，抓好各项工作的落实。各级规划建设、人防、发展改革、公安、国土资源、房管、环保、交通运输、水利、卫生、工商、安监、应急管理、电力、通信管理、质监、文物等其他有关主管部门要按照各自职责，承担相应管理职能。

（二）强化政策扶持。对事关经济社会长远发展的重大地下工程和主要用于防空防灾的地下工程，应当以政府投资为主，积极吸纳社会资金参与。对主要用于满足民生需要的地下工程，应当在政府指导下鼓励社会资金参与开发建设，其投资、建设、经营可享受相关优惠政策。有关部门要研究制订鼓励社会资金投资建设地下商业街、大型地下综合体和其他地下工程的政策措施，在土地出让金、建设使用相关税费等方面予以优惠。

（三）强化科技支撑。积极发挥高等院校、科研院所的优势，加快培养城市地下空间开发利用专门人才。积极引进国内外地下空间开发利用专门人才。建立城市地下空间开发利用专家咨询机制，积极推进城市地下空间开发利用决策民主化、科学化。认真学习借鉴国内外的成功经验，加快制订、修订和完善与城市地下空间开发利用相关的标准和技术规范。加大城市地下空间开发利用的科研投入，积极推广应用各种新材料、新技术、新工艺、新工法。

（四）营造良好环境。积极推进城市地下空间开发利用的相关立法工作，加大城市地下空间开发利用执法监管力度，创新执法监管方式，依法及时查处各类违法违规行为，努力营造良好的法治环境。加强城市地下空间开发利用的宣传引导，进一步提高社会各界开发利用城市地下空间的责任意识和参与意识，形成全社会关心支持城市地下空间开发利用的良好氛围。

二〇一一年一月十五日

浙江省人民政府关于进一步加强乡镇财政建设的意见

浙政发〔2011〕52号

乡镇财政是乡镇政府履行职能的重要基础，是促进农村经济建设和社会事业和谐协调发展的重要保障。我省乡镇财政自1985年建立以来，在巩固基层政权、规范和加强乡镇政府收支管理、促进乡村经济和社会事业发展等方面起到了积极的作用。近年来，随着经济发展和新农村建设步伐的推进，公共财政加快向农村覆盖，乡镇财政管理工作面临新的形势和任务。为进一步加强乡镇财政管理，更好服务于乡镇政府履行农村社会管理和公共服务职能，现就进一步加强乡镇财政建设提出如下意见：

一、充分认识加强乡镇财政建设的重要性

统筹城乡协调发展战略实施以来，乡镇政府职能不断转变，农村社会管理和公共服务任务日益增加。中央和地方连续出台支持新农村建设和强农惠农的政策措施，持续增加对农村经济和社会事业的资金投入。随着我省城乡基本公共服务均等化和美丽乡村建设步伐的加快，乡镇财政收支规模不断增大，对基层财政科学化、精细化管理要求也日益提高。加强乡镇财政建设，充分发挥乡镇财政职能作用，关系到党和国家民生政策在基层的贯彻落实，关系到农村广大人民群众的切身利益，关系到统筹城乡发展，具有十分重要的现实意义。

二、进一步明确乡镇财政管理职责

根据目前乡镇政府承担的职责任务，按照“一级政府、一级财政”的基本要求，当前和今后一个时期我省乡镇财政管理机构的主要职责是：认真贯彻执行党和国家的方针政策，严格遵守财政法律、法规和财经制度；负责乡镇预（决）算编制、预算执行和预算管理；统筹乡镇范围各项政府性收支管理，加强财源建设，协助税收征管工作；管理乡镇政府性债权债务，负责乡镇国有资产和政府采购监管工作；负责乡镇行政事业单位财务管理和监督，管理乡镇会计事务；负责乡镇范围各项财政性资金的使用管理；负责对村级组织财政扶持资金的监管；承担其他乡镇财政财务管理工作。

三、完善县对乡镇财政的管理体制和管理方式

各地应按照统一领导、分级管理和财权与事权相一致、财力与事权相匹配的原则，合理划分乡镇收支范围，完善乡镇财政管理体制，进一步理顺县（市、区）与乡镇的财力分配关系，体现财力适度向基层倾斜，充分调动乡镇政府聚财理财积极性，确保乡镇收支平衡，促进乡镇经济社会事业发展。

各地应根据所辖乡镇实际情况，划分不同类型，区别对待，分类管理。对经济较发达、财政收支规模较大或集聚和辐射作用明显的中心镇，要进一步完善有利于促进中心镇经济社会发展和小城市培育的财政体制，更好地发挥中心镇的辐射和带动作用。对经济发展水平中等的乡镇，要根据县乡财力实际情况，合理确定财政体制，充分调动乡镇理财积极性，确保增收节支保平衡。对经济欠发达、财政收入规模较小的乡镇，可继续实行“乡财乡用县管”，同时由县（市、区）级财政保障其必要的支出，以增强欠发达乡镇的社会管理和公共服务能力。

四、加强乡镇财政管理机构建设

各地要结合深化乡镇机构改革，进一步完善乡镇财政管理职责，设置乡镇财政管理机构，加强人员力量配备，并积极探索加强乡镇财政管理的方式。乡镇财政管理机构所需编制由县级在乡镇编制总额内调剂解决。乡镇财政管理机构以乡镇管理为主，业务上接受县级财政部门指导。乡镇对财政管理机构负责人和总预算会计人员的调整应征得县级财政部门的同意。

五、加强对乡镇财政的指导和管理

按照“省级加强指导、市级大力推动、县级抓好落实”的要求，省、市、县（市、区）财政部门要加强对乡镇财政的管理和业务指导。要建立信息沟通机制，上级财政部门要将政策动向、资金动态和管理要求及时传导给乡镇财政管理机构；要改善乡镇财政工作条件，添置必要的办公设施；要加快知识更新，做好乡镇财政人员的业务培训工作；要建立考评机制，规范乡镇财政运行，增强公共服务意识，不断提高基层财政财务管理水平。

加强乡镇财政建设是深化公共财政管理改革的需要。各级政府要高度重视乡镇财政建设工作，特别是县级政府要根据当地实际制定落实具体工作措施。各有关部门要增强全局观念，积极支持乡镇财政开展工作。各级财政部门尤其是县级财政部门要认真抓好乡镇财政管理，加强队伍建设，夯实财政管理基础。切实把我省乡镇财政建设工作推向一个新的台阶，促进全省农村经济和社会事业又好又快发展。

二〇一一年七月十五日

浙江省人民政府
关于提升发展农业机械化的意见

浙政发〔2011〕88号

各市、县（市、区）人民政府，省政府直属各单位：

为大力发展农业机械化，提高农业设施装备水平和生产效率，促进农业现代化建设，根据《国务院关于促进农业机械化和农机工业又好又快发展的意见》（国发〔2010〕22号）精神，现就提升发展农业机械化提出如下意见：

一、充分认识提升发展农业机械化的重要意义

农业的根本出路在于机械化。农业机械化是农业现代化的物质基础、重要内容和主要标志。近年来，各地、各有关部门认真贯彻实施《中华人民共和国农业机械化促进法》，不断加大政策支持力度，积极推进农机科技和管理、经营、服务机制创新，农机装备和应用水平明显提高。随着农业加快转型升级、劳动力成本不断提高，必须加快发展农业机械化，推进农业规模化、标准化，提高农业生产效率。与此不相适应的是，目前仍存在农业机械化发展水平差异较大、农机农艺融合度不高、农机资源利用率偏低、农机工业"低小散"等问题。各地、各有关部门要充分认识发展农业机械化的重要性和紧迫性，采取积极有效措施，大力发展农业机械化和现代农机工业。

二、总体要求

（一）指导思想。以科学发展观为指导，顺应现代农业发展趋势和农民群众需求，坚持农机与农艺、农机制造与农机应用融合发展，加大政策支持引导力度，结合粮食生产功能区、现代农业园区（以下简称"两区"）建设，推进农机技术创新、组织创新和管理创新，拓展农机应用领域，提高农机应用水平，推进农机工业转型升级，为农业现代化提供有力支撑。

（二）总体目标。到2015年，力争全省农机总动力达到2700万千瓦，水稻、小麦等主要粮食作物全程机械化率达到70%以上，规模生产的蔬菜、水果、林业特产、花卉苗木、畜禽、水产的主要生产环节和产品初加工等基本实现机械化；实现农机工业产值800亿元，培育发展联合收割机、拖拉机、植保机械、渔业机械、茶叶加工机械、笋竹加工机械、喷微灌设施、水泵等一批具有竞争力的农机产业。

（三）基本原则。

——坚持重点突破、全面发展原则。在继续推进粮食生产全程机械化的基础上，扩大农机应用领域，提升农机在农业主导产业关键生产环节的应用水平。

——坚持立足应用、统筹发展原则。以市场为导向，大力推广适合农民使用和地形特点的农机产品，着力推进农机农艺融合发展、农机产业与现代农业协调发展。

——坚持创新机制、注重效率原则。大力发展现代农机服务组织，完善农机社会化服务机制，提升农机装备的通用性和动力配套比，提高农机资源利用率。

——坚持政府引导、依法发展原则。继续加大对农机购置、使用和农机工业的扶持力度，依法加强对农机产品质量和安全生产监督管理，促进农业机械化健康发展。

三、大力推动农机科技进步

（一）加强农业机械化科技研发。整合科研单位、高等学校、生产企业和推广部门的农业机械化科研资源力量，健全农机科研协作机制，加强农机科技创新平台建设和关键技术攻关，加快研究开发一批适合现代农业发展的农机新产品、新技术。加强农业机械研究院所建设。农机科研开发按有关规定享受税收优惠政策。各级政府在高新技术企业认定、科技企业扶持、技术改造、重大科技攻关项目安排等方面给予倾斜，引导农机企业增加新技术、新产品开发投入，支持农机企业成为技术创新主体。

（二）大力推广先进适用农业机械化技术。完善"三位一体"基层农业公共服务体系，加强农机推广队伍建设，确保必要的人员与经费，逐步改善基层农机部门工作条件。加强责任农机员队伍建设，落实推广责任。充分利用现有农机化学校、农机化技术推广机构等资源，加强对农机操作人员的培训，提高操作、维修和保养农机具的技能。结合"两区"建设，建立一批农业机械化示范区（基地），组织实施农业主导产业机械化示范工程，引导农业经营主体使用先进适用农机具。

（三）构建农机农艺融合发展长效机制。各级农业部门要加强协调和指导，引导农机企业研究开发和生产农民迫切需要、与现行农作制度和农艺规范相衔接的农机产品。建立农机和农艺科研单位协作攻关机制，加强农机农艺技术集成。制定科学合理、相互适应的作业规范和农艺标准。以提高农机作业适应性为重点，推动栽培和养殖方式改进、品种选育，形成农机农艺融合发展的技术体系。

四、积极发展农机社会化服务

（一）培育发展新型农机社会化服务主体。大力发展农机专业合作社、农机作业公司、农机经纪人等新型农机服务主体。结合“两区”和基层农业公共服务中心建设，培育一批集作业、加工、维修、培训等多种服务功能的区域性、综合性农机服务中心，因地制宜推行“菜单式”、“托管式”、“全程化”服务。支持粮食重点产区利用粮食收储企业的场地规划建设粮食烘干中心。

（二）创新农机服务机制。大力推进农机信息化建设，依托“浙江农民信箱”和农机行业网站，构建农业机械化公共信息网络平台，促进农机服务供需对接。鼓励农机专业大户联户合作开展农机服务，鼓励农机服务组织开展跨区作业服务。对跨区作业的联合收割机以及运输联合收割机（包括插秧机）的车辆，在收费公路上免收通行费。

（三）构建现代农机流通体系。大力提升农机流通服务水平，优化市场布局，完善服务网络，发展连锁经营，培育一批辐射面广、服务质量好的大型农机流通企业、品牌农机店和区域性农机市场，健全农机零配件供应网络，提高农机产品流通效率，方便农民购机。建立农机产品售后服务体系，依托重点生产企业、专业流通企业建立售后服务中心，提高服务能力。完善农机产品“三包”制度，健全和规范农机修理市场，明确产品售后维修责任，规范服务程序，提高维修能力和服务质量。

五、加强农机产品质量监管和安全监理

（一）强化农机市场监管。完善农机产品质量、作业质量、维修质量标准体系，规范农机销售、作业、维修服务行为。加强在用农机产品质量调查和安全鉴定，重点加强对财政补贴农机的质量监督和跟踪调查。依法加强对农机市场和维修网点的监管，完善农机质量投诉网络，严厉打击制售假冒伪劣农机产品行为，切实维护农民合法权益。

（二）加强农机安全监理。认真落实农机安全生产责任制，深入开展“平安农机”创建活动，依法规范容易发生安全事故的农机上牌、检验、培训、考试、发证等工作，扎实推进农机安全保险、安全宣教、免费实地检验、机具报废更新等工作。建立健全农机安全动态巡查制度，研究探索农田、场院等道路外行驶的农机安全监管巡查制度。加强基层农机安全监理队伍建设，公安部门与农机部门要加强合作，完善监管网络。

六、加快推进农机工业转型升级

（一）培育农机制造业龙头企业和产业集群。鼓励农机制造企业战略重组，加快集团化、集约化进程，形成若干个具有较强竞争力的大型企业集团和产业集群。完善产业组织结构，形成以大型企业为龙头、中小企业相配套的产业体系和产业集群，提升产业集中度和专业化分工协作水平。鼓励中小企业走专业化、科技型发展道路，提高企业竞争实力。

（二）优化农机产业和产品结构。建立农机行业市场退出机制，逐步淘汰落后产能，杜绝低水平重复制造，优化产业布局。鼓励农机生产企业由单机制造为主向成套装备集成为主转变，积极开发多功能、智能化、经济型、环保型农机，优化农机产品结构。大力发展发动机、传动、电控、液压等核心部件产业，增强核心竞争力。推进动力机械与配套农具、主机与配件的标准化、系列化和通用化开发生产，提高农机动力配套比。

（三）着力提高农机工业制造水平和产品质量。支持农机制造企业加大技术改造力度，改善企业研发和生产条件，应用精密成型、智能数控等先进加工装备和柔性制造、敏捷制造等先进制造技术，提高农机制造工艺及装备水平。加快新技术、新工艺、新设备和新材料应用，提高关键零部件加工精度，逐步淘汰消耗高、污染重、技术落后的工艺和产品。加强生产技术工人培训，提高工人劳动技能，不断提升生产水平。

七、加大政策支持力度

（一）深入实施农机化促进工程。省财政继续安排专项资金，加大农机化促进工程实施力度。各级政府也要安排资金支持农机技术试验示范推广、从业人员培训、示范基地建设、农机购置（更新）补贴、农机服务组织培育、农机安全生产和农村机耕路建设改造等，促进农业机械化全面发展。继续实施并完善农机作业补贴制度，省财政继续对水稻机插、油菜机收、统防统治作业给予补贴，适时组织开展秸秆还田等农机作业补贴试点。建立农机报废更新机制和回收制度，加快淘汰高能耗、高排放的农业机械。

（二）完善农机购置补贴政策。根据农机存量变化和农业生产需要，及时调整农机购置补贴产品种类和补贴标准，完善农机购置补贴管理办法。强化购机补贴政策信息公开，及时、准确公开购机补贴政策内容、程序和要求，保障农民的知情权和选择权。加强监管，严肃查处倒卖补贴指标和补贴产品、套取补贴资金、借补贴之机乱涨价和乱收费等违规行为。根据我省实际，进一步扩大自选补贴产品的品种范围，满足不同区域和不同层次购机需求。支持粮食收储企业购买粮食烘干机、除杂机、输送机，为农民提供服务，确保储备粮质量。

（三）优化金融服务。进一步加大对农户和农机服务组织购买农机的信贷支持力度，对符合产业政策和信贷原则的农机制造企业技术改造、新产品开发和农机流通设施建设，积极给予信贷支持，满足合理信贷资金需求。在保障信贷资金安全的前提下，创新金融产品和服务方式，采取灵活的贷款期限与还款方式，积极推动小额信用贷款、联保贷款和农机抵押贷款业务等多种融资模式。中小农机制造企业可享受国家扶持中小企业发展的相关政策。探索开展农机政策性保险工作。

（四）认真落实税费优惠政策。对企业从事农技推广、农机作业和维修等服务项目的所得，免征企业所得税。开展农业机耕、排灌、植物保护及相关技术培训业务的收入，免征营业税。贯彻落实好农机企业研究开发费加计扣除政策。对生产国家支持发展的新型、大马力农机装备和产品，确有必要进口的关键零部件及原材料，免征关税和进口环节增值税。农机制造企业属于国家重点扶持的高新技术企业的，减按15%的税率征收企业所得税。按照现行规定对批发和零售的农机实行免征增值税政策。

（五）加强农业机械化基础设施建设。加大农村机耕路、进排水渠道、机埠、林区作业道建设力度，改善农机作业环境。加大对农机安全监理、推广鉴定、信息服务等公益性设施建设的支持力度，增强农业机械化公共服务能力。在规划、用地、用电等方面积极支持农机专业合作社建设农机停放场（库、棚），改善农机保养、停放条件。

八、加强组织领导

（一）加强统筹协调。各地要高度重视农业机械化工作，切实加强组织领导，建立农业机械化联席会议制度，具体协调和指导农业机械化工作，结合本地实际，制定农业机械化、农机工业发展规划，落实政策措施，加大推进力度。要切实加强农业机械化综合协调与管理队伍建设，充实力量，保障工作经费，改善工作条件。充分发挥行业协会的协调、服务、自律等作用。

（二）明确部门分工。有关部门要认真履行职责，加强协作，优化服务。各级农机部门要统筹农业、林业、渔业、水利等机械化工作，具体抓好规划指导、政策实施、监督管理、技术推广等工作。农机工业主管部门要加快制订农机工业发展规划、产业政策。发展改革部门要落实扶持农业机械化和农机工业发展的基本建设投资。财政部门要落实扶持农业机械化和农机工业发展的资金，加强农机购置补贴政策实施的监管。商务部门要加强对农机流通行业的指导，加快农机流通体系建设。科技部门要加大对农机科研开发的支持力度。石化、电力等单位要保障农机作业用油、用电。其他有关部门都要积极支持农业机械化和农机工业发展。

（三）加强宣传引导。深入宣传《中华人民共和国农业机械化促进法》、《农业机械安全监督管理条例》等有关法律法规，强化农机管理人员依法行政和农机经营人员依法经营意识。通过创建“农机化示范区”、“平安农机”等活动，营造促进农业机械化的良好氛围。大力宣传使用农机作业增加收入的典型例子，科学引导农民购买、使用农机，促进我省农业机械化和农机工业又好又快发展。

二〇一一年十一月二十四日

浙江省人民政府办公厅关于进一步加强农业标准化工作的若干意见

浙政办发〔2011〕12号

为提高农产品品质，促进现代农业（林业、渔业，下同）发展，经省政府同意，现就进一步加强农业标准化工作提出如下意见：

一、充分认识农业标准化工作的重要性

农业标准化是农业现代化的重要内容和标志，是确保农产品质量安全的基本措施。近年来，我省不断健全农业标准体系，积极推广应用标准化技术，有效促进了高效生态农业的发展。但是，农业标准化技术的应用面还不广，到位率还不高。加强农业标准化工作，提高农业标准化技术应用水平，有利于引导农业生产者科学使用农业投入品，提高农产品质量安全水平，满足群众绿色消费需求；有利于提高农产品商品性，增强农产品市场竞争力和应对国际贸易“绿色壁垒”的能力，促进农业发展方式转变；有利于农业生产者增强环境保护意识，科学合理利用农业资源，促进农业可持续发展和生态文明建设。各地、各有关部门要充分认识做好农业标准化工作的重要性，进一步加强组织领导和政策引导，努力推动农业标准化工作上新台阶。

二、总体要求和主要目标

（一）总体要求。坚持以科学发展观为指导，认真贯彻省委十二届七次、八次全会精神，紧紧围绕农业增效、农民增收和满足居民绿色消费需求的目标，以提高农产品质量安全水平和市场竞争力为着力点，坚持市场主导与政府引导相结合、技术创新与接轨国际相结合、重点突破与整体推进相结合，加大农业标准化技术推广应用力度，进一步健全农业标准体系和标准化工作机制，探索建立农产品优质优价导向机制，全面提升农业标准化水平，为农业现代化建设提供有力支撑。

（二）主要目标。到“十二五”末，力争主要农产品安全指标与国际接轨，农业标准体系进一步完善。农业标准化生产覆盖率达到60%以上，农产品质量抽检平均合格率达到95%以上。无公害农产品、绿色食品、有机农产品（以下简称“三品”）生产规模进一步扩大，总量达到5500个，产地认定和产品认证种植面积达到1500万亩以上。强化农产品品牌培育，着力培育100个国家地理标志产品、600个浙江农业名牌产品，注册农产品商标6万件。健全农产品质量检测体系，检测能力和检测资源利用率进一步提高。建设一支业务素质较高的农业标准化工作队伍，培养3000名农业标准化推广骨干人员，农业标准化工作水平进一步提升。

三、主要措施

（一）完善农业标准体系。以国家标准、行业标准为基础，积极采用国际标准和国外先进标准，加快农产品品质提升、安全高效生产技术规程、产品质量分等分级、产品质量安全追溯等地方标准研制，努力建立科学、统一、权威的农业标准体系。各地要针对当地特色农产品研究制定相应农业标准规范；指导农业企业、农民专业合作社研制高于国家标准和行业标准的企业标准或联盟标准，建立完善企业标准体系。鼓励产学研各方联合开展农业标准研究，引导有条件的农业生产主体主导或参与制订国际、国家、行业标准，抢占标准“制高点”。

（二）全面推广农业标准化技术。按照产品安全、产业发展、生态循环、农民增收的要求，加强农业标准化技术培训与推广，大力推行“支持一个主体、执行一套标准、编制一张生产模式图、建立一份生产档案、培育一个品牌”的机制，通过编制发放形象直观的农业生产模式图以及举办培训班、送科技下乡等途径，指导农民应用农业标准化技术，特别是要指导农民科学使用农（兽、渔）药、肥料等投入品，严格控制农产品农（兽、渔）药残留、重金属含量，确保农产品质量安全。现代农业园区、粮食生产功能区要全面应用标准化技术；农业龙头企业、农民专业合作社等现代农业主体要率先应用农业标准化技术，逐步建立农产品生产记录、产地标识、包装标识、认证标志等制度。开展农业标准化示范创建活动，创建300个示范带动能力较强的国家级、省级农业标准化示范项目以及一批农业标准化示范区（基地）、示范合作社（企业）、示范乡镇、示范县，带动全省应用农业标准化技术。

（三）大力促进“三品”生产。现代农业园区和粮食生产功能区生产的大宗农产品应基本取得“无公害农产品”认证。要按照“有良好生态环境、有技术规程、有质量标准、有品牌和包装、有营销载体”的要求，结合生态循环农业示范县、示范区等建设，建设一批有规模、有品牌、质量可追溯的绿色食品和有机农产品生产基地。要引导省级以上农业产业化龙头企业、大型骨干食品加工企业以及省级示范性农民专业合作社发展绿色食品和有机农产品生产。农业主导产业示范园、精品园的主要农产品要求达到绿色食品认证标准。鼓励在农产品批发市场、大型超市等农产品集散地设立“三品”专销网点，加大营销力度。参加政府及部门举办展会的食用农产品应达到无公害农产品以上标准。

（四）积极推进农产品质量管理体系认证。引导和鼓励农业企业、农民专业合作社开展GAP、GMP、HACCP、ISO9000、ISO14000等管理体系认证，促进农产品生产、加工与国际接轨，提高生产经营水平。加快建立健全农产品产地准出、市场准入、退出、质量安全追溯等制度。充分挖掘农产品资源优势，积极推进农产品地理标志保护工作，培育农产品区域名牌，提高农产品附加值和市场竞争力。

（五）强化农产品检测能力建设。按照科学布局、合理分工、资源共享、体现特色的原则，加强统一规划和政策引导，形成省、市、县三级政府检验和社会中介检验、企业自检相结合的多元化检测体系。各地要结合实际，充分利用现有检测资源，制订农产品检测体系建设规划，加强对可以承担农产品质量安全检测资源的动态管理，建立检测设备和检测结果信息共享机制，促进检测资源优化整合，提高检测设备利用率。省级检测机构要重点开展“高、精、尖”项目检测，加强农产品质量安全研究和风险评估；市、县级检测机构要重点开展符合当地产业特色的常规项目检测；农产品生产企业要根据市场准入要求和产品质量标准，开展质量检测；农产品流通企业要开展快速检测，把好质量关，确保群众农产品消费安全。

（六）优化农业标准化信息服务。整合全省标准化信息资源，建立完善农业标准综合数据库，创建浙江省农业标准化信息服务平台。加强与“浙江农民信箱”以及各农业科技创新服务平台的对接，拓宽农业标准化信息交流渠道。及时研究、评议和跟踪欧、美、日等发达国家（地区）农产品技术性贸易措施，完善预警与应对服务体系，及时为农业生产主体提供农产品技术法规、标准、合格评定程序、市场准入等信息，有效应对技术壁垒，促进农产品出口。

（七）加强对农业标准实施的监督。全面推行农产品例行检测、初级农产品农（兽、渔）药残留和农业投入品质量抽检制度，依法加强对产地环境质量标准、种子种苗标准、产品标识标注以及农业投入品特别是农（兽、渔）药残留限量等标准实施的监督，依法加大对不符合强制性标准农产品的查处力度。依法加强“三品”监管，落实“三品”年检、抽检、市场监察等制度，完善市场退出机制，维护和提升品牌公信力。加快构建农产品安全信息和生产经营者信用数据资源共享平台，建立农产品质量安全信息通报和风险预警制度，完善农产品质量安全事故应急处置机制。

（八）加强农业标准化人才队伍建设。重视开展农业标准化教育与培训，有计划、分层次对基层农技推广人员、标准化技术和管理人员、农业种养大户、农民专业合作社及农业龙头企业技术管理人员进行标准化知识培训，培养一支农业标准化专家队伍和推广队伍。加强农产品质量检测人员培训和检测技术能力验证工作，增强业务能力。加强农业标准化专业技术委员会的建设与管理，在标准研制、咨询服务、技术培训等方面发挥重要作用。

（九）加大政策扶持力度。支持有关单位开展农业标准化和农产品检测监控技术研发，扶持培育农产品安全检测与标准技术创新团队，把效益显著的农业标准研制项目列入科学技术进步奖评定范围，促进农业科研成果转化为标准。财政扶持的各类特色农产品基地、现代农业园区、粮食生产功能区等农业发展项目要明确标准化建设要求。各级政府要进一步增加投入，把检验检测体系建设、例行监测和监督抽查、标准化宣传培训、信息服务体系建设等所需资金列入财政预算；加大对农业标准的研制实施、农业标准化示范区建设、品牌建设、地理标志产品保护等的财政支持力度；对采用国际标准、国外先进标准的农产品生产单位予以政策扶持，对制定国际、国家、行业、地方标准的单位和个人给予补助；加大对“三品”发展的财政扶持力度。鼓励工商资本、民间资本等投入农业标准化建设，逐步形成以政府投入为导向，农业企业投入为主体，社会投入为补充的多渠道、多元化投入机制。

（十）加强组织领导。各级政府要把加强农业标准化工作作为推进农业现代化的重要举措，切实加强组织领导，落实工作职责及相应经费，完善农业标准化协调推进机制。要充分利用新闻媒介，广泛宣传《中华人民共和国农产品质量安全法》等法律法规以及农业标准化实施成果、重要作用等，提高生产经营者的标准意识、质量意识和品牌意识，逐步使学标准、讲标准、用标准成为广大农民的自觉行动。有关部门要认真履行职责，积极组织实施和支持农业标准化工作，共同提高全省农业标准化水平。

二〇一一年二月二十一日

浙江省人民政府办公厅关于加快推进全省农贸市场提升发展工作的通知

浙政办发〔2011〕73号

各市、县（市、区）人民政府，省政府直属各单位：

为进一步发挥农贸市场在保障农副产品供应、维护食品安全和平抑农副产品价格中的重要作用，经省政府同意，现就推进全省农贸市场落实“保供应、保安全、稳物价”要求，实施“标准化、信息化”改造（以下简称“两保一稳两化”改造），促进全省农贸市场提升发展工作有关事项通知如下：

一、充分认识农贸市场改造提升的重要性和紧迫性。农贸市场是城乡居民“菜篮子”供应的主渠道，直接关系到民生的改善。近年来，我省农贸市场得到较快发展，特别是通过三年（2005—2007年）城市农贸市场改造提升和三年（2008—2010年）农村小菜场规范整治，农贸市场的设施、环境和服务逐步改善。但是，我省农贸市场发展的总体水平还不能完全满足广大人民群众的新要求新期待，部分农贸市场仍存在规划布局滞后、管理手段粗放、食品安全存在隐患等问题。对此，全省各级必须高度重视，充分认识推进农贸市场改造提升对于稳增长、促转型、惠民生、保稳定的重要意义，充分认识在当前物价上涨较快、食品安全问题突出的新形势下，做好农贸市场改造提升工作的重要性和紧迫性，把它作为为民办实事的一项重点工作予以全力推进。

二、明确农贸市场改造提升的目标任务。推进全省农贸市场改造提升，要坚持以科学发展观为指导，准确把握农贸市场作为社会公共服务基础设施重要组成部分的功能定位，以文明示范农贸市场创建活动为载体，全面推行“两保一稳两化”改造，全面提升农贸市场建设、管理和服务水平。2011年各县（市、区）要完成1家以上中心农贸市场的“两保一稳两化”改造试点；2012年各县（市、区）要完成城区和中心镇农贸市场的改造任务；2013年基本完成全省农贸市场改造任务。

三、合理规划农贸市场网点布局。市、县（市、区）政府要科学编制农贸市场布局专项规划，并与城乡商业网点规划相衔接，经综合协调后纳入城乡规划体系。以方便城乡居民生活为基本要求，统筹考虑农贸市场的服务半径、区域辐射及配套设施等因素，合理设置农副产品批发市场、农贸市场等的区域网点布局，建设批发集散与分销零售良性互动的农副产品供应保障体系，避免无序、重复建设。城镇小区配套的农贸市场，要严格按照城镇规划的要求配足用好摊位面积，严禁挪作他用。

四、着力推进农贸市场的软硬件升级和业态创新。开展文明示范农贸市场创建活动，切实抓好农贸市场的软硬件改造升级和业态创新。一要加快推进硬件改造升级。以“地不湿、无异味、菜安全、价公道、计量准、可休息”为基本要求，在遵循国家有关农贸市场建设标准和验收规范的基础上，制定实施文明示范农贸市场创建标准，对农贸市场进行标准化改造，优化整体功能布局，合理划行归市，体现人性化设计要求，推行农贸市场在用衡器的“四统一”（统一配备、统一管理、统一检定、统一轮换），进一步改善农贸市场购物环境。二要加快推进软件改造升级。以“价公示、可追溯、联成网”为基本要求，普遍建立农贸市场信息公告系统，运用电子信息技术及时公布农副产品供应、价格、检测结果等公共服务信息；普遍建立交易追溯系统，对上市农副产品实行全程追溯管理，逐步实现农副产品的全索证、全备案；普遍建立联网监测系统，对农贸市场主要农副产品供应、价格和食品安全进行监测并实现监测信息的区域联网共享。三要积极鼓励业态创新。支持农贸市场与农业龙头企业、专业合作社、种养殖大户等建立产销对接机制，探索建立直供直销、连锁配送、“订单提货式”、“菜单配菜式”、净菜销售等模式，实现服务的优质化、个性化和便捷化。

五、创新农贸市场投资运营体制。逐步探索建立与农贸市场作为社会公共服务基础设施重要组成部分的功能定位相适应的投资运营体制。农贸市场投资主体和投资方式的确定，应有利于更好地发挥其公共服务的作用，鼓励和支持国有、集体资本参与投资经营，发挥引导和示范作用。

六、建立健全农贸市场监督管理体系。对未进行工商登记的农贸市场(经营点)，应指导、帮助其整改完善，符合必备条件，通过工商登记，统一纳入监管，形成政府部门监督、市场举办者管理、经营户自律的机制。一要建立健全食品安全监督管理制度。落实市场准入制度，对农贸市场经营者资格进行严格审核，督促经营者建立和落实进货查验、购销台账、质量承诺等制度；强制落实快速定性检测制度，完善快速定性检测体系，全面建立农贸市场检测室，增添检测设备，增加检测项目，提高检测频率，公开检测结果，并将检测情况录入电子信息系统，实现农贸市场食品安全的实时监管；落实责任追究机制，明确市场经营户是食品安全的第一责任人，市场投资者、监管者要承担相关责任，对检测不合格的农副产品要及时销毁，对屡次发现销售质量不合格农副产品的经营户要清退出场。二要建立健全市场供求监测预警机制和价格监管制度。大型农贸市场要逐步建立主要农副产品供求和价格监测体系，实时监控和公布农副产品供求状况和价格水平；逐步建立农副产品供需调节和价格预警应急机制，必要时可通过组织抛售储备、实施价格临时干预等形式，平抑重要农副产品销售价格；严厉打击恶意哄抬物价、串通涨价、囤积居奇等违法经营行为，保持农副产品价格的总体稳定。三要建立健全信用评价监管制度。积极推进农贸市场经营户信用评价、计量诚信和分类监管体系建设，建立健全信用记录，公示信用分类结果，实施信用激励与惩戒，打造以诚信守法为核心的商业文明。

七、完善配套政策。各级财政要根据财力情况，积极筹措落实财政专项资金支持农贸市场配套设施改造、食品安全检测设备添置、市场监管人员配置、在用衡器“四统一”、摊位费减免、业态创新和文明示范农贸市场创建奖励等。各级政府和省级有关部门要认真落实国家制定的土地供给、降低营业税费、用水用电优惠等扶持政策，以更好地体现农贸市场的公益属性。

八、加强组织领导。省政府成立省农贸市场改造提升工作领导小组，办公室设在省工商局。各市、县(市、区)政府要成立农贸市场改造提升工作组织领导机构，加强对农贸市场改造提升工作的指导、组织和协调。要把农贸市场改造提升工作列入各级政府目标责任制考核。各级工商、商务等相关部门要充分发挥职能作用，各负其责，相互配合，合力推进农贸市场改造提升工作。各地要建立农贸市场改造提升工作信息专报制度，及时反映工作情况，总结推广典型经验。要加大宣传力度，形成全社会关心、支持、参与农贸市场改造提升工作的良好氛围。

二〇一一年七月六日

浙江省人民政府办公厅关于
提升发展农家乐休闲旅游业的意见

浙政办发〔2011〕82号

近年来，我省农家乐休闲旅游业快速发展，形成了乡村民宿、休闲观光农业、休闲农庄、乡村乐园等多种农家乐休闲旅游业态，为促进农民创业就业增收、统筹城乡发展发挥了重要作用。但是，一些地方农家乐休闲旅游业仍存在着布局分散、内容单一、特色缺乏、配套产业发展滞后、产业链较短、带动能力不强等问题。为提升发展农家乐休闲旅游业，经省政府同意，现提出如下意见：

一、总体要求

(一)指导思想。以科学发展观为指导，紧密结合生态文明和美丽乡村建设，围绕增加农民收入、满足群众消费需求的目标，以市场为导向、农民为主体，坚持发展、规范、提升并举，加大政策支持引导力度，科学规划布局，综合开发利用农村特质资源，创新发展机制，规范经营管理，完善产业配套，丰富经营内容，不断提升农家乐休闲旅游业经营管理和总体发展水平。

(二)主要目标。到2015年，力争全省农家乐床位数达12万张、餐位数达80万个，从业人员达12万人，带动农村就业30万人，接待能力和吸纳劳动力就业能力明显增强；服务质量明显提升，省级农家乐特色村、特色点数量比2010年翻一番，分别达300个以上，四星、五星级农家乐经营点(户)数量翻两番，达600个以上；乡村文化特色进一步凸显，省级农家乐特色村(点)中，主题特色农家乐达30%以上；区域集聚效应进一步显现，建成省级农家乐特色乡镇60个、特色精品示范区20个和一批省级农家乐精品线路；经营收入和综合效益明显提高，全省农家乐接待游客数量超1.2亿人次，经营收入达120亿元以上，其中农产品及创意加工产品销售收入达20亿元以上，有效满足群众消费需求，使农家乐休闲旅游业成为增加农民收入、改善农村生态的大产业。

(三)基本原则。

——坚持因地制宜、持续经营原则。发展农家乐休闲旅游业，必须充分考虑区位、自然生态等条件以及投入能力、市场容量和环境承载能力等因素，科学开发利用农村资源和传统特色产业，合理布局，量力而行，适度开发，持续经营。

——坚持立足“三农”、突出特色原则。发展农家乐休闲旅游业，必须坚持农民的主体地位，依托农村特有的自然生态景观、民俗文化、传统特色产业等资源，发展具有地方区域和农耕文化特色的餐饮、民宿、娱乐体验、运动健身、养生休闲、养老休养、农产品和手工艺品传统加工及创意加工等产业，打造农家乐特色品牌。

——坚持产业联动、综合开发原则。发展农家乐休闲旅游业，必须综合考虑食、住、行、游、购、娱等要素，与农业、农民、农居等形成产业链，促进农家乐休闲旅游业与高效生态农业、农产品加工业、农村服务业等联动发展和产业融合，提高农家乐经营水平和综合效益。

——坚持规范管理、依法经营原则。发展农家乐休闲旅游业，必须遵守相关法律法规，支持和帮助经营主体认真落实安全、消防、卫生、环保等有关规定，同时要建立符合农家乐休闲旅游业发展特点和实际的监管办法和工作机制，完善相关行业标准和运行规则，引导农家乐经营主体诚信经营，促进农家乐休闲旅游业规范、健康发展。

二、政策措施

（一）优化农家乐规划布局。各地要根据自然条件、人文资源、特色产业和经济社会发展状况，结合土地利用、美丽乡村建设等规划，以县域为单位，制定和完善农家乐休闲旅游业发展规划，明确农家乐休闲旅游业发展重点区域，找准市场定位，突出经营主题和特色，推进区域内不同农家乐业态以及其他参与者的分工协作，形成农家乐休闲旅游业块状经济。

（二）综合开发利用农家乐特质资源。各地在依法保护自然生态和文化资源的基础上，要重视挖掘乡土特色文化、农耕文化以及森林、海洋生态文化，不断丰富农家乐文化内涵。立足山区、平原、海岛村庄特色、产业特色以及民俗文化等，重点发展基于乡村民宿的农家乐特色村，并引导农民经营与农家乐相关的农副产品、休闲食品、手工艺产品、创意产品等，形成“一村一品”、“一户一特”、“一品一业”发展格局。积极挖掘农家乐的参与体验、教育认知等功能，引导居民参与、体验农业生产，购买、消费特色农产品，促进农业生产。因地制宜发展针对特定消费群体的以休闲度假、文化体验、养生健身、修身养性等为特色的高端农家乐，不断满足群众个性化消费需求。

（三）创新农家乐休闲旅游业发展机制。鼓励农家乐休闲旅游业特色村充分利用集体建设用地建设旅游接待和公共服务设施。积极探索利用荒滩、荒坡及林地等非耕地建设农家乐休闲旅游公共服务设施和接待设施的政策措施。充分发挥村级组织的协调作用，利用村里闲置的学校、会堂、仓库等房产资源和集体建设用地，建设农民没有能力建设的配套项目，并开展统一服务、统一管理、统一营销等，帮助农民开办、经营农家乐。在有利于农民增收的前提下，引导社会资本参与兴办一家一户农民办不了、一村一社办不起的乡村休闲旅游项目和配套产业，鼓励社会投资者与村级组织合作建设农家乐休闲旅游特色村公共服务设施、核心接待设施及必要的景观和游乐项目，提高农家乐经营档次。结合现代农业园区建设，鼓励农业经营者延伸产业链，建设一批以农业休闲观光为主要内容的农家乐。

（四）不断提升农家乐经营水平。将农家乐经营业主培训全面纳入“千万农村劳动力素质培训工程”，逐步将农家乐经营业主培养成具有现代经营理念、善于经营管理的新型农村创业人才；加强对农家乐从业人员的培训，将他们培养成熟练掌握服务技能、熟悉风土民情的实用人才。逐步建立农家乐生物和农业讲师团，开发农家乐导览和讲解系统。研究制定适合传承农家特色菜肴的农家乐厨师培训课程和职业技能评定标准，稳定和提升农家乐厨师队伍。支持发展农家乐促进会、行业协会、专业合作社、旅游服务中心等组织，发挥其自我约束、自我管理、自我服务功能，营造公平竞争环境。积极推进农家乐品牌经营，全面开展农家乐星级评定和挂牌经营，实施浙江省农家乐特色村（点）创建工程和精品培育项目，着力培育一批既有农家乐基本特点又有自身品牌的省级农家乐休闲旅游特色村（点）。

（五）积极扩大客源渠道。借助旅行社等专业渠道，加大宣传推介力度，广泛引导城乡居民到农家乐休闲度假消费。组织开展形式多样的公共营销活动，在重点城市举办农家乐公共推介活动，省市县联合在重点客源城市建立统一的浙江农家乐销售平台。充分利用“浙江农家乐”网站、“浙江农民信箱”等信息平台，及时收集、发布信息，促进农家乐供需对接。对符合政府会议要求的规范化农家乐特色村（点），经公开招标等方式可列入政府采购会议培训定点饭店名单，鼓励将小型会议等安排在农家乐特色村（点）。结合机关、企事业单位带薪休假制度的改革和实施，鼓励干部职工到农家乐休闲度假。鼓励幼儿园、中小学、高等学校与农家乐特色村（点）联建教育基地、学生实习实训基地、农事体验场所和运动拓展场地。

（六）扎实推进农家乐休闲旅游业标准化规范化建设。完善农家乐休闲旅游业相关行业标准和运行规则，加强对农家乐经营场地、接待设施、活动项目以及食品卫生、环境保护、服务质量的安全规范管理，推进农家乐休闲旅游业标准化建设。进一步完善农家乐经营点（户）经营范围和经营项目的工商登记办法。探索适合农家乐住宿经营的治安管理办法。明确适合农家乐发展实际的消防安全条件和要求，加强监管，并在证照办理、费用收取等方面给予必要支持。对海上、水上以休闲渔船为载体的农家乐，要明确管理主体，严格审批制度，落实业主的安全责任，配备必要的安全设施器材，严禁不符合安全要求的渔船从事农家乐经营活动。严格依照生态环境功能区规划等要求，以区域环境承载力和环境功能区达标为前提，通过建立健全环境管理机制、完善环保措施、控制区域污染排放总量等措施，促进农家乐休闲旅游业可持续发展。

（七）加大对农家乐休闲旅游业的投入力度。各级财政要设立农家乐专项扶持资金，并根据产业发展需要视财力可能逐步增加投入，重点支持以农民为主体经营、以农业农村为主要经营内容、整村发展的农家乐。加大对农家乐公共服务设施建设的投入力度，加快完善供电、供水、通信、交通、旅游、卫生、水利、安全、污水处理、垃圾收集中转等设施。优先将农民群众有迫切要求、具有发展农家乐休闲旅游业资源条件的村庄列入"千村示范、万村整治"等工程和美丽乡村建设行动计划，建设一批农家乐休闲旅游特色村、乡镇。银行业金融机构要加大对农家乐休闲旅游业的信贷支持力度，围绕农家乐发展需求，积极开发农户小额信用贷款、农户创业贷款、农户联保贷款、丰收小额贷款卡、青年创业贷款等适合农家乐的信贷产品，不断丰富金融产品和服务方式，满足不同层次农家乐发展需求。

（八）优化对农家乐休闲旅游业的指导服务。各地要加强对农家乐规划选址、设计建设、经营服务、宣传促销的全程服务。协调落实农家乐发展用地，解决重点骨干农家乐村（点）必需的永久性设施用地问题。统筹规划农家乐集中区域的道路建设，将省级农家乐特色村（点）纳入国道、省道交通指示牌的标注内容，根据农家乐休闲旅游业的发展需要提高道路等级，结合通村公交线建设，逐步开行直通重点城镇的农家乐专线车。在农家乐集中区域特别是以养老为特色的农家乐集中地，加强村社区卫生服务站（卫生室）建设，完善与上级医疗卫生机构的联系机制，开展规范化的基本公共卫生服务和基本医疗服务，加强长住游客健康管理。鼓励银行业金融机构在农家乐集聚地区优先布设 ATM 机，为符合条件的星级农家乐经营户（点）提供 POS 消费终端等电子化结算方式。

（九）加强对提升发展农家乐休闲旅游业工作的组织领导。建立健全各级农家乐休闲旅游业工作领导（协调）机构，进一步明确相关部门职责任务，建立健全统筹协调和联合服务机制。在欠发达地区，要建立市县领导和部门联系帮扶农家乐村（点）制度，帮助解决农家乐发展中的困难和问题。积极探索农家乐集中村、乡镇建立农家乐工作（服务）站（组）等服务组织，创新服务方式。各级农办、旅游、财政、公安、国土资源、工商、卫生、质监、环保、交通运输、农业、林业、海洋与渔业、水利等有关部门要认真履行职责，制定完善有利于农家乐休闲旅游业健康发展的管理办法和政策措施，加强指导服务，共同推进农家乐休闲旅游业提升发展。

自本文印发之日起，《浙江省人民政府办公厅关于加快发展农家乐休闲旅游业的意见》（浙政办发〔2007〕1 号）自行废止。

二〇一一年八月一日

浙江省人民政府办公厅
关于开展农田水利标准化建设的意见

浙政办发〔2011〕84 号

为贯彻落实《中共中央国务院关于加快水利改革发展的决定》（中发〔2011〕1 号）和《中共浙江省委浙江省人民政府关于加快水利改革发展的实施意见》（浙委〔2011〕30 号），经省政府同意，现就开展农田水利标准化建设提出如下意见：

一、充分认识开展农田水利标准化建设的重要意义

农田水利是农业生产的重要基础设施，是农村经济社会发展的基本保障条件，是农村生态文明建设的重要支撑系统。浙江人多地少，水资源时空分布不均，特别是随着我省工业化、城镇化的深入推进以及全球气候变化影响的加大，加强农田水利建设、保障农业发展，具有特殊重要的意义。近年来，各地、各有关部门认真落实中央和省委、省政府关于加强农田水利工作的部署要求，相继实施一大批农田水利建设项目，为促进农业农村发展发挥了重要作用。但必须清醒地看到，当前我省农田水利建设还相对滞后，标准偏低、管护不力、设施老化和功能弱化等问题较为突出，农田水利设施薄弱仍然是农村基础设施建设的明显短板，已成为影响农业稳定发展和粮食安全的主要瓶颈，亟待进一步加强和改善。开展农田水利标准化建设，通过建立和推行科学、统一的建设标准，进一步规范农田水利工作，有利于推进我省农田水利现代化进程，对于全面提升农田水利设施建设质量和管理水平、增强农业综合生产能力、努力扭转农业主要"靠天吃饭"的局面具有重要意义。各地、各有关部门要增强对做好农田水利标准化建设工作的自觉性和紧迫感，抓紧组织开展农田水利标准化建设，着力推动我省农田水利事业上新台阶。

二、农田水利标准化建设的目标要求

（一）总体要求。以实施农田水利建设标准化管理为抓手，以发展高标准旱涝保收农田和高效节水灌溉为核心，以粮食生产功能区和现代农业园区为重点，加快推进农田水利基础设施建设，着力完善管护运行长效机制，进一步改善农业生产条件、促进农业旱涝保收和稳产高产，为现代农业发展和粮食安全提供有力的水利支撑和保障。

（二）基本目标。"十二五"期间，全省新增旱涝保收面积 325 万亩，扩大灌溉面积 300 万亩，新增固定喷微灌 100 万亩，标准农田质量提升区域灌溉保证率达到 90%以

上，旱涝保收面积占基本农田保护面积从60%提高到70%以上，高效节水灌溉面积占有效灌溉面积从9%提高到20%，灌溉水利用系数从0.56提高到0.58以上。

到"十二五"末，全省60%以上有农田水利建设任务的县(市、区)达到如下要求：

1. 农田水利工程布局合理、配套完善，达到农田防御洪、涝、旱、渍灾害的设计标准；

2. 旱涝保收面积占基本农田保护面积的比重达到75%以上(平原县达到85%以上，其他县达到70%以上)；

3. 标准农田质量提升区域灌溉保证率达到90%以上，冬季地下水位控制在60—80厘米以下，旱作区1日暴雨1日排至田面无积水，水稻区1—3日暴雨2—4日排至耐淹水深；

4. 高效节水灌溉面积占有效灌溉面积的比重比"十一五"末提高10%或达到20%以上；

5. 灌溉水利用系数达到省定的所在市相应目标；

6. 集中连片500亩种植规模以上的农业"两区"达到旱涝保收农田水利标准；

7. 农田水利建管运行长效体制机制建立，农田水利信息化基本实现。

三、农田水利标准化建设的主要任务

(一)抓好农业"两区"水利设施建设。按照水利条件合理布局农业"两区"。落实粮食生产功能区和现代农业园区农田水利基本建设项目，完善灌排配套渠系，"两区"内骨干灌排渠系建筑物配套率达到100%、工程完好率达到90%以上，确保粮食生产功能区农田旱涝保收、稳产高产，确保现代农业园区防洪排涝灌溉标准达到相应农业生产要求。具体按省水利厅制定的农业"两区"农田水利建设相关标准执行。继续抓好"千万亩标准农田质量提升工程"、"百万造地保障工程"和农村土地综合整治等配套农田水利设施建设，着力提升耕地生产能力。

(二)加快"百万亩低洼易涝圩区整治工程"建设。按照"总体规划、因地制宜、突出重点、分步实施"的要求，结合太湖流域水环境综合整治五大骨干工程建设，对易洪易涝问题突出的我省粮食主产区杭嘉湖圩区先行实施整治。"十二五"期间，力争完成杭嘉湖圩区综合整治200万亩，配套加高加固圩堤2000公里，新建和改造水闸1.5万座，扩建和改造圩区排涝泵站5.5万千瓦。

(三)推进小型农田水利重点县建设。"十二五"期间，开展30个以上小型农田水利重点县建设，示范推动"一高四小"工程建设，新建和改造一批高效节水灌溉、小山塘、小堰坝、小机埠、小沟渠，完成小型水库和山塘综合整治6000座以上。通过竞争立项，优先安排农业增产增效潜力大、示范带动力强的项目，着力解决农田水利建设"卡脖子"和"最后一公里"问题。

(四)深入实施"百万亩喷微灌工程"和田间工程配套建设。按照一年一县一示范、三年连成片、五年成规模的要求，加快"百万亩喷微灌工程"为重点的节水灌溉建设，扩大管道输水和喷微灌面积，"十二五"期间建成喷微灌示范区100万亩。优先在现代农业园区、设施农业区、饮用水源地、低丘缓坡和经济园地建设高效节水灌溉工程。加快以灌区配套改造为主要内容的田间工程配套建设，积极推广节水省地的地下管道技术，"十二五"期间完成农田渠道改造25500公里。大力加强节水灌溉技术开发和推广应用，继续开展作物灌溉和耐淹试验，建立墒情测报系统，提高灌区服务水平。

(五)完善农田水利管理体制机制。完善基层流域(区域)水利站"条块结合、以条为主"的管理体制，强化基层水利站水资源管理、防汛防台抗旱、农田水利建设、水利科技推广等公益性职能。科学核定基层流域(区域)水利站人员编制，所需经费纳入当地财政预算。积极探索农民参与农田水利管理模式，推广农民群众自我管理的民间水利组织，组建村级水利(水务)员队伍。

四、加强对农田水利标准化建设的组织领导

(一)落实工作责任。各级政府要站在同步推进工业化、城镇化和农业现代化的高度，把农田水利标准化建设摆在农村基础设施建设的优先领域，作为当地农业农村工作的重点任务切实抓紧抓好，确保完成各项建设任务。建立农田水利标准化建设考核制度，层层落实责任，以县级为单位实施年度考核。考核结果作为新农村建设评比、粮食安全责任制考核、水利"大禹杯"评比的一项重要依据。各市要将"十二五"农田水利建设综合性指标和主要建设任务逐一落实到县(市、区)、分解到年，并将具体工作方案报省水利厅核备。

(二)增加财政投入。各地要建立健全公共财政对农田水利投入的稳定增长机制，有条件的可设立农田水利建设专项资金。从土地出让收益中提取10%足额定向用于农田水利建设。充分发挥新增建设用地土地有偿使用费等土地整治资金的综合效益，其用于农田水利基本建设和保护方面的支出不低于20%。省级有关部门要切实加强对农田水利建设资金的计提划缴、预算管理、定向使用等环节的监督检查。

(三)加强统筹规划。各地要进一步做好县级农田水利建设规划修编工作，加强与当地农业"两区"规划和各涉农专项规划的衔接。对农田水利和农业综合开发、土地整理、标准农田质量提升等各类项目，要科学规划、统筹安排，加强资源整合，优化布局功能，发挥综合效益。要根据农业"两区"不同建设需求，按照"缺什么补什么"原则，因地制宜实施农田水利建设工程。

附件：1. 全省"十二五"农田水利建设主要任务考核指标表

2. 全省灌区灌溉水利用系数分解表

二〇一一年八月四日

附件 1：

全省“十二五”农田水利建设主要任务考核指标表

	新增旱涝保收面积[1]（万亩）	其中2011年	扩大灌溉[2]面积（万亩）	其中2011年	新增固定式喷微灌面积（万亩）	其中2011年	1—10万方山塘整治（座）	其中2011年	圩区整治面积（万亩）	其中2011年
杭州市	40	6	36	6	9.7	1.6	1185	130	15	
宁波市	40	7	36	6	20.0	4.5	400	50		
温州市	20	3	42	7	11.8	2.0	192	20		
湖州市	45	5	17	3	7.6	1.3	248	30	70	11.02
嘉兴市	75	13	10	2	3.2	0.5	0	0	115	30.19
绍兴市	28	5	30	4	4.5	0.8	735	90		
金华市	25	4	30	5	5.1	0.9	798	130		
衢州市	15	3	28	5	12.4	2.1	997	60		
舟山市	2	0.3	6	1	1.0	0.2	236	20		
台州市	22	4	35	6	9.7	1.6	333	60		
丽水市	13	1.7	30	5	15.0	2.5	876	60		
合计	325	52	300	50	100	18.0	6000	650	200	

注：1. 包含圩区整治受益的耕地面积；
2. 指通过灌溉工程设施配套使原无灌溉设施的耕地、园林坡地等达到一般年景可进行正常灌溉的面积，主要包括以实施农田水利建设、农业综合开发、土地整理、农业“两区”建设、现代林业精品园（示范区）建设等项目新增或恢复的灌溉面积。

附件 2：

全省灌区灌溉水利用系数分解表

	2010年系数	2015年系数	“十二五”农田渠道改造长度（公里）	其中5万亩以上灌区干支渠沟
杭州市	0.566	0.587	3200	110
宁波市	0.552	0.573	3200	430
温州市	0.533	0.553	1700	410
湖州市	0.602	0.624	2800	60
嘉兴市	0.627	0.649	3200	330
绍兴市	0.549	0.569	2900	190
金华市	0.538	0.559	2900	450
衢州市	0.49	0.508	1900	480
舟山市	0.649	0.672	200	0
台州市	0.527	0.547	2000	970
丽水市	0.542	0.563	1500	70
合计	0.56	0.581	25500	3500

浙江省人民政府办公厅
关于开展智慧城市建设试点工作的通知

浙政办发〔2011〕107号

各市、县(市、区)人民政府,省政府直属各单位:

为认真贯彻落实《中共浙江省委浙江省人民政府关于加快培育发展战略性新兴产业的实施意见》(浙委〔2011〕76号)和省政府、国家工业和信息化部、国家标准化管理委员会《共同推进浙江省信息化与工业化深度融合和智慧城市建设试点战略合作框架协议》(以下简称《战略合作框架协议》)精神,现就开展智慧城市建设试点工作有关事项通知如下:

一、重要意义

当前,随着新一代网络与信息技术的迅速发展和深入应用,信息化正酝酿着重大变革和新的突破,数字化应用向智慧化应用迈进已成为必然趋势,城市智慧化更成为当今世界城市发展的重要趋势和基本特征。建设智慧城市,就是建设信息化与城市化、工业化、市场化深度融合的城市,就是利用云计算、互联网与物联网等新一代信息技术加快科学发展的城市,就是大力发展现代网络经济、现代网络文化、现代网络生活、现代服务型政府的城市。

推进智慧城市的建设,有利于引进国内外著名IT企业,形成相关信息产业集聚发展的优势;有利于网络传输、软件服务、电子商务与物流服务、网络银行后台服务等网络服务产业的发展,带动传统服务业向现代服务业转型;有利于带动智能汽车、智能医疗设备、智能电网装备、智能安居和智能安保设备等先进装备制造业的发展,提高装备制造网络化、智能化水平;有利于科研创新基地以及人才教育培训基地的建设和发展,提高科技人才的集聚和支撑保障能力;有利于创新社会管理,提升公共服务效率;有利于促进节能减排和生态环境建设,改善市民生活品质;有利于光网、无线网、互联网、物联网、云计算等新一代信息基础设施建设,提高智慧应用的承载能力,加快现代化发展。

《中共浙江省委浙江省人民政府关于加快培育发展战略性新兴产业的实施意见》(浙委〔2011〕76号)把开展智慧城市建设试点作为今后一个时期培育发展战略性新兴产业的一项重要任务。省政府与国家工业和信息化部、国家标准化管理委员会签署了《战略合作框架协议》,初步形成省政府和国家信息化主管部门、标准化主管部门为主导,邀请国家有关业务主管部门参加的“3+X”指导与服务模式,共同推进我省信息化与工业化深度融合和智慧城市建设试点。近年来,宁波、杭州等地纷纷利用现代网络与信息技术加强城市管理、改善城市服务、完善城市功能,取得了一定成效,为开展智慧城市建设试点打下了良好的基础。

各地、各有关部门要把开展智慧城市建设试点作为当前加快经济转型升级、促进发展方式转变、创新社会管理、加强公共服务、提升城市现代化水平的一项重大举措,加强领导,提高认识,创新思维,统筹谋划,精心组织,积极稳妥地部署、推进和落实试点工作,务求取得实效。

二、总体思路和基本目标

(一)总体思路。深入贯彻落实科学发展观,全面实施“八八战略”和“创业富民、创新强省”总战略,坚持应用促发展、创新促提升、试点促融合、监管保安全的原则,以商业模式的创新来开拓新兴市场,带动现代网络服务、新型装备制造等新兴产业的发展;以城市试点为抓手,以点带面,推动信息化与城市化的深度融合;以服务外包、公司化运作为切入点,探索新的建设、运行、管理模式和体制机制;以标准化建设为重点,打响智慧应用的品牌,促进智慧城市可持续发展;以技术、管理、法制为主要手段,加强消费者权益、网络市场秩序维护和安全监管;以国家部委、省、城市三级“3+X”指导服务模式为试点质量和可持续发展的保障,突出城市的主体责任,上下联动,协同推进,开展智慧城市建设试点,为全省乃至全国创造新经验、探索新路子。

(二)基本目标。通过3至5年的努力,力争城市网络基础设施进一步完善,并向农村覆盖,形成有线网与无线网紧密衔接的高速网络;智慧城市建设试点项目示范效应突出,智慧应用效能明显,形成一批业务流程与信息技术融合的国家标准、行业标准和地方标准;智慧技术创新取得突破,形成一批集聚发展的智慧产业基地;信息安全总体可控,形成规范有序的现代网络市场秩序;信息化总体水平保持全国领先,走出一条具有浙江特色的智慧城市建设之路,为加快经济转型升级、创新社会管理、促进发展方式转变取得实质性进展发挥积极作用。

三、试点项目申报条件及程序

(一)申报条件。根据省政府与国家工业和信息化部、国家标准化管理委员会《战略合作框架协议》,宁波市开展智慧城市建设综合试点,其他有条件的设区市及义乌市开展智慧城市建设的多项或单项试点。各市根据自身条件在交通、物流、电网、城管、医疗、健康、环保、安保、水利、旅游、工业、商务、政府、社区等领域选择申报试点项目。具体条件如下：

1. 强有力的组织领导。市委、市政府高度重视，对当前信息化发展趋势、特征及利用现代网络实现科学发展有着深刻的理解，思想认识统一，组织领导健全，“一把手”负总责、分管领导具体负责，明确牵头和责任部门，落实运行管理主体。

2. 统一应用市场开发。试点的范围应覆盖全市，先行可选择一个县(市、区)进行探索，积累经验，逐步推进，最终实现全覆盖。可依托中国电信浙江公司、中国移动浙江公司、中国联通浙江分公司、省电力公司与本地符合条件的企业参与，与国内外大企业共同组建专业公司，负责智慧城市建设试点项目运营，并带动引进国内外著名 IT 企业及相关研发机构“落地”。

3. 政策保障到位。试点城市政府要在财政、人才、科技、金融、市场、产业基地建设等方面研究制定切实有效的政策措施，优化服务，改善环境，为试点的顺利推进、取得实效创造良好的保障条件。

4. 明确试点的合作主体。试点城市政府要充分发挥电信、移动、联通、电力等大企业的作用，在试点项目的选题、试点方案的咨询与编制、投资与运行主体的组建、应用市场的开发等方面，借助他们的智慧和力量，着眼于合作创新创业，共同推进试点工作。

5. 示范作用突出。抓住当前人民群众反映强烈、迫切需要解决的热点、难点问题，利用现代网络和技术，创新商务模式，开展示范应用，破解民生和转型发展的难题。在试点过程中，注重加强标准建设，力求提升为国家标准、行业标准或地方标准，在更大范围内推广。

6. 工作基础扎实。试点领域的选择要有较好的信息化基础和应用基础，近年来已经作了不少的有益探索，取得了一定的阶段性成果。当地与试点项目相关的产业基础较好，有一定的产业支撑、配套能力和科技人才基础，通过试点能进一步带动相关产业基地集聚发展。

(二)申报和实施程序。坚持自主自愿、宁缺勿滥的原则，由各市申报试点项目。

1. 各市充分考虑自身的基础、条件和优势，有针对性的选择试点项目，组织编制试点实施方案，多方比选论证，并经市政府常务会议讨论确定后，与试点的合作主体联合上报省政府。首批试点项目及试点方案请于 11 月 15 日前上报。

2. 由省信息化工作领导小组办公室组织专家对市里上报的试点实施方案进行评审，提出意见，并经省信息化工作领导小组审议后，报省政府审定。

3. 经审定的智慧城市建设试点项目实施工作，纳入省政府、国家工业和信息化部、国家标准化管理委员会三方会商、共同支持的工作计划。

4. 所在市将智慧城市建设试点项目的实施工作纳入年度工作计划，明确年度工作任务与目标，按试点方案精心组织实施。

5. 试点项目完成后，由省信息化工作领导小组办公室组织评审。水平领先、实绩突出、服务对象评价高的可向全省推广；经国家工业和信息化部、国家标准化管理委员会和有关业务主管部门认可后作为示范项目积极向全国推广。

四、工作要求

(一)省信息化工作领导小组要加强对智慧城市建设试点工作的统筹规划，协调解决试点工作中的重大问题。建立智慧城市建设试点工作专家顾问委员会，加强政策、技术、业务和标准建设等方面的咨询。省信息化工作领导小组办公室要组织对试点工作进行指导和推动，建立考核评价机制，及时做好总结、推广工作。省级有关业务主管部门要积极参与试点，联合派出试点指导组，加强对试点项目的业务指导和服务，并帮助争取国家相关主管部门共同参与试点，给予切实的支持。

(二)试点城市要成立由政府主要负责人任组长的领导小组，建立负责日常工作的办公室，加强组织协调，明确政策措施，保障相应的人力、物力、财力等资源和政策举措的落实。各市经信委要会同有关业务主管部门做好组织实施工作，加强对运营主体的指导服务，及时总结完善，积极稳妥推进。

(三)试点城市要高度重视标准化建设，注重业务流程标准与信息技术标准的融合，超前设计、同步推进，边实践探索、边总结完善，形成与商务模式创新相适应的高度融合的地方标准、行业标准、国家标准。省质监局和试点城市质监局要做好试点项目标准化建设的指导和服务工作。

(四)试点城市要创新投资、运行和管理机制。要实行分类指导，对政府公共服务外包的项目，要积极探索投资主体与运行管理主体分开，实行公司化运作的新模式。要加强对试点领域应用市场开发的统筹协调，防止重复建设。

(五)试点城市要将试点工作与宣传普及、人才培养、产业基地建设、产学研结合的协同创新、科技服务业发展相统筹。要努力扩大试点的积极社会影响，努力提高试点项目的综合效益。

二〇一一年十月九日

浙江省人民政府办公厅关于进一步加强村卫生室管理和乡村医生队伍建设的实施意见

浙政办发〔2011〕122 号

各市、县(市、区)人民政府,省政府直属各单位:

根据《国务院办公厅关于进一步加强乡村医生队伍建设的指导意见》(国办发〔2011〕31 号)和浙江省深化医药卫生体制改革的有关精神,经省政府同意,现就进一步加强村卫生室(含社区卫生服务站,下同)管理和乡村医生队伍建设,提出如下实施意见:

一、总体要求

按照保基本、强基层、建机制的要求,结合我省实际,明确乡村医生职责,改善执业场所,实现村卫生室和乡村医生全覆盖。将村卫生室纳入基本药物制度和基本医保(新农合)门诊统筹实施范围,完善乡村医生补偿、养老政策,健全培养培训制度,规范执业行为,强化管理指导,提高乡村医生服务水平,为农村居民提供安全有效、方便价廉的基本医疗卫生服务。

二、明确村卫生室和乡村医生职责

村卫生室和乡村医生(包括在村级医疗机构执业的执业医师、执业助理医师,下同),主要为农村居民提供公共卫生和基本医疗服务,包括在专业公共卫生机构和乡镇卫生院(含社区卫生服务中心,下同)的指导下,按照服务标准和规范开展基本公共卫生服务;协助专业公共卫生机构落实重大公共卫生服务项目,按规定及时报告传染病疫情和中毒事件,处置突发公共卫生事件等;使用适宜药物、适宜技术和中医药方法为农村居民提供常见病、多发病的一般诊治,将超出诊治能力的患者及时转诊到乡镇卫生院及县级医疗机构;受卫生行政部门委托填写统计报表,保管有关资料,开展宣传教育和协助新农合筹资等工作。

三、加强村卫生室管理

(一)明确村卫生室规划设置和建设标准。县级卫生行政部门根据区域卫生规划和医疗机构设置规划,综合考虑服务人口、居民需求以及地理条件等因素,按照"20 分钟医疗服务圈"的建设要求,合理规划村卫生室设置。原则上每个行政村设置 1 所村卫生室。按照村级卫生服务全覆盖的要求,在人口密集、交通便利地区,村卫生室的设置可以按服务可及性适当调整,实行共建共享。乡镇卫生院所在地的行政村原则上不设村卫生室。对居住分散的行政村,可通过设立乡镇卫生院医疗卫生服务流动站点等多种形式提供医疗卫生服务。

村卫生室可以由政府、集体或单位举办,也可以由乡村医生联办或个体举办,经县级卫生行政部门批准后设立。村卫生室的用房和基本设备按照国家和省规定的标准配备,可充分利用村集体公用设施改扩建,或者纳入村级综合服务中心统一规划建设。各地要按照省统一部署,认真做好辖区内村卫生室和乡村医生情况的摸底调查,全面掌握村级医疗资源现状,并根据调查结果完善村卫生室建设规划,采取多种方式支持村卫生室的房屋建设和设备购置,加快推进村卫生室建设,确保 2011 年底前每个应设村卫生室的行政村都有 1 所村卫生室。

(二)积极推进乡村卫生服务一体化管理。县级卫生行政部门要将村卫生室和乡村医生纳入管理范围,对其服务行为和药品器械使用等进行监管。要建立健全符合村卫生室功能定位的规章制度和业务技术流程,组织乡村医生培训。要科学划分乡镇卫生院和村卫生室的职能分工,明确应当由乡村医生提供的基本公共卫生服务具体内容,合理核定其任务量,确保与其功能定位和服务能力相适应。县级卫生、财政、价格等部门要加强对村卫生室和乡村医生补助经费使用的监管。督促其规范会计核算和财务管理,公开医疗服务和药品收费项目及价格,做到收费有单据、账目有记录、支出有凭证。

对政府举办的村卫生室,实行人、财、物统一的紧密型乡村卫生一体化管理,村卫生室及其执业人员按有关规定承担相应职责,并纳入乡镇卫生院的统一管理。对非政府办的村卫生室,加强行政、业务、药械、财务、绩效考核等规范管理。在县级卫生行政部门统一组织下,委托乡镇卫生院对村卫生室及乡村医生的服务质量和数量进行考核,考核结果作为财政补助经费的依据。

(三)提高村卫生室信息化水平。各地要将村卫生室纳入基层医疗卫生机构信息化建设和管理范围,充分利用信息技术对其服务行为、药品器械供应使用加强管理和考核。建立统一规范的居民电子健康档案,实行乡镇卫生院和村卫生室统一的电子票据和处方笺,提高村卫生室及乡村医生的服务能力和管理水平,并实现与乡镇卫生院信息互通、资源共享。各级财政要对村卫生室信息化建设予以支持。

四、加强乡村医生队伍建设

(一)合理配置乡村医生。乡村医生可在村级医疗卫生机构执业。要按照服务人口数量和工作量合理配备乡村医生,原则上每个村卫生室应有 1 名乡村医生执业。由乡镇卫生院统一管理的村卫生室,可采取由乡镇卫生院派医生执业，确保2011年底前实现每个村卫生室都有乡村医生。鼓励医学院校毕业生到基层医疗卫生机构工作。

（二）严格乡村医生执业资格。乡村医生必须具有乡村医生执业证书或执业（助理）医师证书，在卫生行政部门注册并获得相关执业许可。在村卫生室从事护理等其他服务的人员也应具备相应的合法执业资格。县级卫生行政部门要严格按照《执业医师法》和《乡村医生从业管理条例》等有关法律法规，加强准入和执业考核管理。新进入村卫生室从事预防、保健和医疗服务的人员，应当具备执业助理医师及以上资格。严禁并坚决打击不具备资格人员非法行医。

（三）加强乡村医生的培训。各市、县（市、区）要根据《浙江省乡村医生培训规划（2010—2015年）》，制订本地乡村医生培养培训规划和年度计划，采取临床进修、集中培训、城乡对口支援等多种方式，选派乡村医生到县级医疗卫生机构或医学院校接受培训。县级卫生行政部门对在村卫生室执业的乡村医生每年免费培训不少于两次，累计培训时间不少于两周。

（四）加强乡村医生后备力量建设。各市、县（市、区）卫生行政部门要结合本行政区域内乡村医生执业情况，编制乡村医生队伍建设规划，建立乡村医生后备人才库，进一步完善委托定向培养等制度，及时补充到村卫生室。要制订优惠政策，吸引城市退休医生、执业（助理）医师到村卫生室工作，有条件的地方积极推行大学生村医计划。各地要结合探索建立全科医生团队和推进签约服务模式，加强乡村医生队伍建设和全科医生队伍建设的衔接。

（五）积极解决乡村医生的养老保障问题。各地要积极引导乡村医生按照国家和省养老保险有关政策规定参保缴费。

五、将村卫生室纳入相关制度实施范围

（一）在村卫生室实施基本药物制度。将村卫生室纳入基本药物制度实施范围，在村卫生室配备使用基本药物，实行零差率销售，执行基本药物制度的相应政策。基本药物由乡镇卫生院负责统一供应。

（二）积极将村卫生室纳入新农合门诊统筹实施范围。将符合条件的村卫生室纳入新农合定点医疗机构管理，并将村卫生室收取的一般诊疗费和使用的基本药物纳入新农合支付范围，支付比例不低于在乡镇卫生院就医的支付比例。要充分发挥新农合对村卫生室、乡村医生医疗费用和服务行为的监管作用。鼓励各地结合推进新农合门诊统筹，同步开展新农合支付方式改革，利用支付政策引导村卫生室和乡村医生转变服务行为，提高服务质量。要加强对新农合支付村卫生室诊疗和药品费用的监管，防止虚开单据，骗取套取新农合资金。

六、完善乡村医生补偿政策

根据乡村医生提供服务的数量和质量多渠道予以补偿。对乡村医生提供的基本公共卫生和基本医疗服务，主要通过政府购买服务的方式进行合理补助。对符合规划设置要求并实施基本药物制度的村卫生室，按要求完成基本公共卫生和基本医疗服务任务并经考核合格后，由当地财政给予定额补助。实施基本药物制度后，要确保在村卫生室执业的乡村医生合理收入不降低。探索建立政府补助、社会和集体多方支持的村卫生室运行经费保障机制。鼓励有条件的地方进一步提高对服务年限长和在偏远、条件艰苦地区执业的乡村医生的补助水平。

七、切实做好组织实施工作

（一）加强组织领导。各市、县（市、区）政府要高度重视乡村医生在基层医疗卫生服务体系中的重要作用，将村卫生室和乡村医生队伍建设作为医改的重要工作，列入议事日程，完善相关配套政策，确保顺利实施。各有关部门要认真履行职责，强化协作配合，加大督促指导力度，确保各项工作扎实推进。

（二）制订具体实施办法。各市、县（市、区）政府要结合本地实际，进一步细化、实化相关政策措施，在本实施意见印发后30个工作日内，制订具体实施办法，并报省医改办、省卫生厅、省财政厅、省人力社保厅备案。

（三）落实资金保障。各市、县（市、区）政府要积极调整财政支出结构，将完善乡村医生补偿和养老政策以及村卫生室建设等方面所需资金纳入财政年度预算，并及时拨付到位，确保资金专款专用，不得挤占和挪用。省级财政要加大对欠发达地区的转移支付力度。严禁以任何名义向乡村医生收取、摊派国家规定之外的费用，要为乡村医生创造良好的执业环境。

二〇一一年十一月四日

浙江省人民政府办公厅关于进一步加强农村集体资金资产资源管理的意见

浙政办发〔2011〕135号

各市、县（市、区）人民政府，省政府直属各单位：

为推进农村社会管理创新，维护农民群众和农村集体经济组织的合法权益，促进农村集体经济持续健康发展和农村社会和谐稳定，经省政府同意，现就进一步加强农村

集体(指村级集体,下同)资金、资产、资源(以下简称“三资”)管理工作提出如下意见:

一、充分认识加强农村集体“三资”管理的重要性

农村集体“三资”是社会主义生产资料公有制在农村的主要表现形式,依法属于村(股份)经济合作社(以下简称村经济合作社)全体成员共同所有,主要包括:货币资金、有价证券、固定资产、实物投资、债权股权、无形资产和集体土地、山林、滩涂等。加强农村集体“三资”管理,是稳定和完善农村基本经营制度、发展壮大村级集体经济的客观要求,是加强和创新农村社会管理的重要内容,也是推进农村基层党风廉政建设、增强基层组织战斗力、维护农村社会和谐稳定的重要措施。近年来,各地不断完善农村集体经济组织治理结构,积极创新管理体制,转换经营机制,健全工作制度,加强监督指导,农村集体“三资”管理取得了明显成效。当前,随着工业化、城市化和新农村建设的深入推进,农村集体“三资”管理面临着许多新情况、新问题,一些地方行政村合并、撤村建居后,农村集体“三资”的占有、使用、分配关系发生了很大变化,农村集体“三资”处置滞后;重资金管理、轻资产资源管理问题比较突出;制度执行和监督不到位,损害群众利益的案件时有发生;农村经营管理队伍不稳、人员老化,不适应新形势下“三资”管理工作。各级党委、政府要高度重视农村集体“三资”管理工作,切实加强组织领导,采取积极有效措施,着力提高农村集体“三资”管理水平。

二、总体要求

以科学发展观为指导,深入实施“八八战略”和“创业富民、创新强省”总战略,围绕维护好、实现好、发展好农民群众的根本利益,大力发展村级集体经济,加强村经济合作社建设,健全和落实“三资”管理制度,推进民主理财,强化监督,加强基层农村经营管理队伍建设,着力构建“管理规范、监督有力、运行高效、富有活力”的农村集体“三资”管理工作体系。

三、工作重点

(一)加强村经济合作社组织建设。村经济合作社要及时申领或变更村经济合作社证明书、机构代码证,建立社员名册,完善社员代表会议等各项制度,规范运行。行政村合并后要同步设置新的村经济合作社,做好集体资产融合和账户合并工作,实现“并村并账并心”。合并方案经民主程序决定后,经乡镇政府(街道办事处)同意并报县级农业行政主管部门备案。撤村建居后凡有农村集体“三资”的,都要因地制宜建立村经济合作社。

(二)开展农村集体“三资”清产核资。清查村集体所有的“三资”,做好台账,及时记载变动情况。已出让或报废的资产,应当按相关程序和手续及时核销。实行承包和租赁经营的资产、资源,应当登记承包和租赁单位、期限、金额等。农村集体土地要及时向国土资源管理部门申请办理土地所有权证、使用权证。实行家庭承包经营的耕地、林地等,要按法律规定建立家庭承包经营登记簿。

(三)健全农村集体“三资”管理制度。县(市、区)、乡镇政府(街道办事处)要根据有关规定,制定农村集体“三资”管理制度,指导各村制定具体规定。规范集体资金管理制度,按照每个村级集体经济组织设一个银行基本存款账户的要求,取消多余户头。村级各类收支要纳入村经济合作社账户统一核算。严禁村经济合作社为他人和组织担保,严禁村干部私自出借村集体资金。规范票据管理制度,村级收支都要应用浙江省农村集体经济组织统一收款收据和国家规定的票据。规范非生产性支出制度,实行村行政事务“零招待”和村公费订阅报刊限额制度,严格控制干部固定补贴人数。任何单位不得向村级组织摊派或要求捐款、赞助。健全资产资源管理制度,村级集体工程建设项目、固定资产购置和资产、资源承包租赁、处置等,应按规定的金额或面积由村、乡镇(街道)、县(市、区)分级面向社会公开招投标,并签订合同,明确双方权利和义务、违约责任等。大额资产资源承包租赁、处置的,应当委托具有资质的单位进行评估,结果经社员(代表)会议确认。

(四)建立农村集体“三资”监管系统。已建成村级财务计算机监管网络的,要积极拓展服务功能,增加管理模块,升级为农村集体“三资”监管系统,将村级财务收支的原始凭证、村级资产资源的实物图片、承包租赁合同、招投标文件等原始资料录入管理系统,及时变更相关信息,实现实时监控。尚未建成的地方,要尽快启动建设,在清产核资的基础上直接建成农村集体“三资”监管系统,实行县(市、区)—乡镇(街道)联网,有条件的地方实行县(市、区)—乡镇(街道)—村三级联网。逐步把农村土地承包经营和流转信息纳入农村集体“三资”监管系统。

(五)大力发展村级集体经济。继续落实并加强扶持村级集体经济发展的政策措施,不断完善结对帮扶、村企合作、山海协作等工作机制,大力扶持由村经济合作社领办的农民专业合作社以及由其实施建设的现代农业等项目。允许以村经济合作社名义申报政府有关发展现代农业等项目。探索将财政扶持农业龙头企业、农民专业合作社的资金转化为村集体股份的途径,为村集体创造新的经济来源。依托农村土地流转市场或产权交易所,搭建农村产权交易平台,逐步增加交易品种,土地承包经营权、林权流转和其他农村集体资产资源承包、租赁、处置的,原则上都要进入产权交易平台进行公开、公平交易,盘活农村集体资产资源。积极实施“强村工程”,支持引导各地通过开发集体资源、盘活集体资产、经营集体资金,以租赁、入股等方式发展符合农村实际的产业,壮大村级集体经济。力争到“十二五”末消除集体经济年收入在万元以下的“空壳村”,5万元以下的集体经济薄弱村明显减少。

(六)加快推进农村集体资产股份制改革。按照依法、自愿、民主、公正的原则,以城中村、园中村和经营性收入100万元以上的村为重点,扎实推进股份合作制改革,有条件的地方可以根据实际和群众意愿整体推进。已实施股份合作制改革的地方,要积极探索创新股份经济合作社经营机制,促进资产保值增值;尚未实施股份合作制改革的地方,要积极试点,并在试点基础上稳步推进。

(七)加强农村集体“三资”管理队伍建设。贯彻落实《国务院关于深化改革加强基层农业技术推广体系建设的意见》(国发〔2006〕30号)精神，把农村经营管理系统的行政管理职能列入政府职责，切实加强各级农村经营管理机构建设。按照“讲正气、懂业务、会管理”的要求，着力提高农村经营管理队伍素质。要根据《浙江省人民政府关于改革和加强基层农业技术推广体系的通知》(浙政发〔2005〕32号)精神，按照精简高效原则合理配备乡镇(街道)农村经营管理人员。有条件的乡镇(街道)可将会计代理扩大到农村集体“三资”管理服务。要将乡镇(街道)会计代理机构工作经费列入财政预算。加强村助理会计(报账员)管理。

四、加强对农村集体“三资”管理工作的监督

(一)推行社务公开，强化民主监督。涉及农村集体“三资”管理的重大事项，必须经社员(代表)会议表决通过。村务监督委员会要履行民主理财职责，加强对农村集体“三资”管理制度执行情况的监督，定期向社员(代表)会议报告民主理财工作和集体资产变动情况。要按照“公开时间及时按期、公开内容真实易懂、公开程序规范严格、公开形式灵活多样”的要求，通过公开栏、村级简报、有线电视、手机短信、触摸屏等多种形式，按季或按月逐笔详细公开村级财务，方便群众随时查询。

(二)完善村级会计委托代理制，强化会计监督。农村集体“三资”管理服务机构要切实加强对村财务收支的审核，村级集体资产资源承包、租赁和村级工程建设合同要报农村集体“三资”管理服务机构备案并纳入农村集体“三资”监管系统。

(三)推进“万村审计”工程，强化审计监督。按照《浙江省农村集体经济审计办法》，重点围绕村级财务收支、土地征用补偿费、重大建设项目、经济合同兑现审计、村干部经济责任审计和离任审计、信访问题专项审计等，推进农村集体经济财务“三年一轮审”工作，促进审计经常化、制度化，防止农村集体“三资”流失。

(四)加大监督检查力度，强化责任追究。严格执行《浙江省违反村级财务管理规定行为责任追究办法》，对通过审计、检查和信访、举报受理中，发现、查实违反村级财务和“三资”管理有关规定的行为，要追究相关人员责任，构成违纪的，移交纪检监察部门处理；构成犯罪的，依法移送司法机关追究刑事责任。

五、切实加强对农村集体“三资”管理工作的领导

农村集体“三资”管理涉及广大农民群众的切身利益，事关农村社会和谐稳定。各级政府要高度重视农村集体“三资”管理工作，把这项工作作为推进新农村建设、创新农村社会管理的重要内容和长期任务来抓，切实加强组织领导。各级财政要加大对农村集体“三资”管理工作的支持力度。将农村集体“三资”管理知识纳入对村干部培训的主要内容，分级做好农村经营管理干部的培训。加强对乡镇(街道)代理会计、村助理会计(报账员)的知识更新培训，可以由当地财政部门委托农业部门组织实施，增强培训的针对性，切实提高基层农村经营管理队伍素质。

二〇一一年十二月二日

浙江省人民政府办公厅关于扎实推进基层农业公共服务中心建设进一步强化为农服务的意见

浙政办发〔2011〕136号

各市、县(市、区)人民政府，省政府直属各单位：

为增强基层农业公共服务能力，努力满足农民群众日益增长的农业公共服务需求，促进农业现代化建设，经省政府同意，现就扎实推进基层(乡镇、区域)农业(含农业、林业、渔业等，下同)公共服务中心建设、进一步强化为农服务提出如下意见：

一、充分认识建设基层农业公共服务中心的必要性

近年来，各地深入推进基层农技推广体系改革，建立健全农技推广责任制度和农技推广、动植物疫病防控、农产品质量监管“三位一体”基层农业公共服务体系，农技推广服务队伍和为农服务能力明显增强，在宣传“三农”方针政策、推广农业技术、防控动植物疫病、帮助农民发展现代农业等方面发挥了重要作用。随着农业加快转型发展，农民群众对农业公共服务提出了更多、更高的要求，与此不相适应的是，目前农业公共服务体系仍存在条件手段落后、人员队伍老化以及服务资源分散、内容单一、水平较低等问题，特别是农业生产性公共服务比较薄弱，迫切需要加强基层农业公共服务中心建设，为农民群众提供多样化、综合性的服务。各地、各有关部门要把基层农业公共服务中心建设作为创新政府管理服务、推进“三化同步”的一项基础工作、惠民工程来抓，切实加强组织领导，加大政策支持和建设力度，不断完善和增强服务功能，努力满足农民群众服务需求。

二、基本目标和基本原则

(一)基本目标。以满足农民群众服务特别是农业生产性服务需求为目标，按照“综合设置、分类建设、多功能、一体化”的思路，立足当地实际和产业特色，结合现代农业园区、粮食生产功能区（以下简称“两区”）建设，争取用3年左右时间，在现有“三位一体”基层农业公共服务体系基础上，通过资源整合、加强服务条件及能力建设、组织和链接各类社会化服务资源等途径，在全省建设1000个左右功能多元、场所固定、设施配套、人员精干、服务优质、运行规范的基层农业公共服务中心，其中300个为示范性基层农业公共服务中心，为农民群众提供多样化的优质服务，促进农业现代化建设。

（二）基本原则。

——方便农民。基层农业公共服务中心的选址要方便农民生产生活，功能设置和运行管理要充分考虑农业生产与农民实际，按农民需求提供优质服务。

——因地制宜。根据当地农业产业规模、区域布局和农民需求，统筹规划布局，突出重点，建设符合现代农业发展要求，具有鲜明服务特色的基层农业公共服务中心。

——整合资源。建设基层农业公共服务中心要充分整合和利用现有各类乡镇农技站所人员、场所、设施等资源以及相关项目，注重实效，避免重复建设和浪费。

——分类推进。基层农业公共服务中心建设由县级政府负总责，具体建设内容、规模、运行管理等由省农业、林业、渔业等有关部门提出指导意见。

三、统筹规划布局，突出建设特色

各地要根据当地农业产业特点、规模、布局，立足县域进行统筹规划布局，以现有“三位一体”乡镇农业公共服务中心（或区域性农业类站所）为基础，突出建设重点和特色，统筹各类公益性和社会化服务资源，综合设置基层农业公共服务中心。特别要结合“两区”和农业特色优势产业强镇（乡）建设，重点选建一批起点高、功能全、设施优、服务好的示范性农业公共服务中心，强化生产性服务，突出产业特色，发挥带动作用。同时要注重各基层农业公共服务中心间的分工与协作，推进资源优化配置和共享。在符合土地利用总体规划的前提下，基层农业公共服务中心要尽可能靠近农业生产区域，以及时掌握农业生产经营情况，方便服务农民。

四、拓展服务内容，适应农民需求

要围绕农民群众发展现代农业的迫切需求，拓展和完善基层农业公共服务中心的服务功能，突出强化生产性服务功能，全面推行“3＋X”的“一站式”职能配置和服务模式，即在履行好农技推广、动植物疫病防控、农产品质量监管三项基本服务职能的基础上，根据需要和可能，提供“三农”政策宣讲以及农业市场、农业科技、土地（林地、滩涂）流转等信息服务；防汛防旱、农业资源管理以及农田水利、林区道路、标准鱼塘管护等管理服务；引入农业气象、电力设施等服务。有条件的特别是示范性基层农业公共服务中心，要努力向农产品公共营销等服务领域拓展，并引入农村金融咨询及办理、政策性农业保险等服务。结合“两区”建设的农业公共服务中心，鼓励其与“两区”管委会合署，具体负责“两区”的规划实施、项目建设、日常管理等，为“两区”经营主体提供产前、产中、产后等服务。

在抓好以上公益性服务的同时，要积极拓展基层农业公共服务中心功能。组织、支持农民专业合作社、基层供销社等社会化服务主体开展工厂化育苗、农机作业、农机维修、农资供应、电子商务等经营性服务，实现公益性服务和社会化服务的有机链接。

五、完善设施配套，改善服务条件

各地要加强统筹协调，科学调配资源，落实和建设基层农业公共服务中心用房，重点配备与农业产业相关的仪器设备、科技资料、信息化工具、培训设施等基本装备。示范性基层农业公共服务中心应当有200平方米以上的工作用房，设立专门的服务大厅、专用检验检测室、培训教室、气象工作室、对外办事服务接待窗口，能较好发挥“三位一体”公共服务、农业综合服务等功能；其他农业公共服务中心应当有必要的工作用房和配套服务设施设备，能满足履行农业公共服务职能的需要。

同时，要引导和链接基层供销社、农业龙头企业、农村信用社、农机公司、农业保险公司等各类社会化服务力量，结合自身业务特点和需要，积极参与基层农业公共服务中心建设。

六、配备精干人员，提升服务质量

各地要根据服务工作的需要及相关政策规定，科学核定基层农业公共服务中心的编制，配备与服务任务相适应的专兼职工作人员，确保农民能随时联系到工作人员。服务人员尽可能“一专多能”。加强对现有基层农业公共服务人员的继续教育，争取用3年时间，对全省农技人员进行一次知识更新轮训。充实、加强基层农业公共服务力量，对现有人员不足或不适应岗位要求的，要通过公开招聘及时进行充实、调整，原则要求农业类或与农业服务相关专业大专以上学历；积极鼓励大学毕业生到基层农业公共服务中心工作；鼓励聘用期满后的大学生村官通过定向公开招聘的方式到基层农业公共服务中心工作，切实解决基层农业公共服务队伍老化问题。创新基层农技人员培养机制，探索基层农技人员定向培养试点。

要围绕“便农、高效、优质”的服务目标，全面落实农技推广责任制度，建立健全基层农业公共服务中心首问责任制、服务承诺制、责任追究制等内部管理制度。加强现场指导服务，进一步做好窗口受理服务、专家坐堂和预约服务、电话网络信息咨询服务等。建立科研单位、农业专家联系制度，鼓励农业专家到基层农业公共服务中心蹲点指导；各级农口部门、科研单位要选派年轻干部到农业公共服务中心工作，并作为培养农业干部的一条重要途径。对在基层农业公共服务中心工作的责任农技员申报省级农技推广项目予以倾斜支持。同时要充分发挥农业专业大户、乡土人才、农业龙头企业技术人员等的作用，通过政府购买服务、志愿服务等途径，引导他们为农民服务，切实增强服务力量。

七、理顺管理体制，规范运行机制

基层农业公共服务中心为公益一类事业单位。坚持条块结合的管理体制，乡镇政府主要负责基层农业公共服务中心的日常工作管理，强化农业管理服务功能；县级农口相关主管部门主要负责业务指导。乡镇农业公共服务中心原则上在现有各类乡镇农业类站所(农业公共服务中心)基础上建立,可保留原乡镇农技站所牌子,实行“多块牌子、一套人马”。

各地要明确基层农业公共服务中心的职责任务,落实建设、运行、管理主体及责任人;明确农业公共服务人员的岗位职责,避免农业公共服务人员“行政化”倾向。要按照有关规定制定人事管理、固定资产管理、项目管理、资金管理、运营服务等各项管理制度以及工作流程,确保其规范、有序运行。

八、整合资源力量,加大建设力度

各级政府要在整合统筹现有专项的基础上,加大对基层农业公共服务中心建设的支持力度,落实和建设固定场所、配套设施,保障人员工资、福利以及办公、设施、技术培训、示范基地建设等所必需的经费。省财政将加大对基层农业公共服务中心建设的支持力度,今后有关基层农业公共服务体系建设、农产品质量检测、农业科技推广、农民培训等方面的经费向基层农业公共服务中心倾斜。同时,积极鼓励和引导基层供销社、农业龙头企业、经营业主等采用联建、挂牌、设立服务窗口、指定服务点等多种方式,共同参与乡镇农业公共服务中心建设和运行,进一步集聚服务要素和资源,拓展服务内容,增强实力和活力。

九、加强组织领导,形成建设合力

基层农业公共服务中心是“三位一体”基层农业公共服务体系建设的提升和延伸,是创新政府服务的重要举措,也是我省今后为农服务的重要平台。省里将把基层农业公共服务中心建设纳入新农村建设年度考核内容。各地、各有关部门要把基层农业公共服务中心建设摆上重要议事日程,加强组织协调,制订建设规划和工作方案,落实政策措施,加大推进力度。各级农口部门要加强对基层农业公共服务中心的指导;机构编制、人力社保等部门要根据农业公共服务中心职能和承担的任务,保障必要的编制和人员配备;发展改革部门要把基层农业公共服务中心列入基本建设计划;财政部门要保障必要的建设、人员和工作等经费;国土资源部门要优先落实用地指标;科技部门要加大科技指导和服务力度;教育部门要加强农业类学科建设和学生培养;其他有关部门都要大力支持基层农业公共服务中心建设。

二〇一一年十二月二日

浙江省人民政府办公厅关于深化万村千乡市场工程的实施意见

浙政办发〔2010〕142号

各市、县(市、区)人民政府,省政府直属各单位:

自2005年全国实施“万村千乡市场工程”以来,在各地和各部门的共同努力下,我省农村现代流通网络建设取得了明显成效,乡镇连锁超市已实现全覆盖,行政村连锁便民店覆盖面已达到82%,各方资源有效整合,方便了农村群众生产生活,保障了农村消费安全,提高了农村基本公共服务水平。为统筹城乡商贸发展,加快形成规范、竞争、开放、有序的农村现代商品流通体系,经省政府同意,现就进一步深化“万村千乡市场工程”提出如下意见:

一、指导思想

以科学发展观为指导,以改善消费环境、增加农民收入、扩大农村消费、促进农村民生改善为目的,以连锁经营、物流配送、电子商务等现代流通方式为手段,以连锁经营龙头企业、商品配送中心、农村连锁超市便民店网点、乡镇现代商贸服务区、村级现代商贸服务中心等为载体,加快形成县城、乡镇、行政村不同层次、特色分明、统分结合的现代农村日用消费品流通体系,延伸拓展农产品流通、农村居民生产生活服务、商务信息服务等功能,推动工业品下乡进村和农产品出村进城双向流通,提高农村现代商贸服务水平,促进农村经济社会又好又快发展。

二、基本原则

(一)坚持城乡统筹。围绕推进城镇化特别是中心镇、中心村建设,整合商贸、供销、粮食、盐业、烟草、药品、邮政、电信、农业等部门和行业资源,加大财政资金引导力度,吸引社会投资,推进发展城镇商贸服务和农村商贸服务有机结合,建立功能完善、城乡一体发展的现代商贸服务体系。

(二)坚持农民受益。既要围绕农民群众生活需要,创造方便安全实惠的消费环境,提供质优、价廉、品种全的商品,又要拓展便民服务范围,搞好农副产品收购、再生资源回收、商务信息、邮政通讯代办和费用代缴等农民急需的生产生活服务,实现一网多用,真正成为一项民生工程。

(三)坚持市场导向。既要发挥好政府的引导与调节作用,积极为流通企业开拓农村市场创造良好环境,更要强化企业的市场主体作用,在传承农村传统商贸特色的同时,注重与连锁经营、物流配送、电子商务等现代流通方式的有机结合,不断提升企业经营管理和为农服务的能力与水平。

（四）坚持因地制宜。立足各乡镇、行政村经济发展水平和人口分布等具体情况，采取不同措施，由点到面，合理布局，稳步推进，培育和发展一大批适应农村经济社会发展需要的商贸流通企业，促进全省农村现代流通体系的持续健康发展。

三、工作目标

在保持乡镇连锁超市全覆盖基础上，力争到“十二五”末全省行政村连锁便民店覆盖面达到100%。坚持覆盖率、成活率、统一配送率、直营店比率、信息化率和一网多用齐步推进，重点在提高直营店比率、配送率和一网多用上取得突破，全面提高乡镇连锁超市和行政村连锁便民店的建设质量和服务质量。每个县（市、区）都要规划建设1个以上能够满足当地农村商品统一配送需要的配送中心，建成一批乡镇现代商贸服务区和村级现代商贸服务中心，提升农村现代商贸服务业的整体水平。

四、主要任务

（一）培育发展一批城乡连锁超市龙头企业。各县（市、区）要根据当地农村流通发展实际，通过“引进来”和培育本地龙头企业相结合的方式，选择确定1家以上连锁超市企业作为实施“万村千乡市场工程”的主体，加大培育发展力度，同时注重培育壮大农村流通骨干企业。省城乡连锁超市龙头企业由省商务厅会同有关部门认定公布，实行动态管理。

（二）培育发展一批农村市场经营管理者。以城乡连锁超市龙头企业为依托，加强培训和宣传引导，吸纳农民进入农村流通领域。鼓励农民在自愿参加的基础上，与城乡连锁超市龙头企业合作，经营乡镇连锁超市和行政村连锁便民店。鼓励各类农产品流通组织、从事农产品运销的大户和农村经纪人，与城乡连锁超市龙头企业合作，开展农产品销售服务，培养一支熟悉农产品销售的经营管理者队伍，畅通农产品流通渠道。

（三）建设改造一批县（市、区）农村商品配送中心。通过新建、老厂房改建等多种途径和措施，加大配送中心建设和提升改造力度。引导商品配送中心完善分区功能，使用电子标签、传送带、手持终端、升降叉车、升降平台等现代化物流工具，提高机械化程度；引导乡镇连锁超市和行政村连锁便民店与配送中心总部电脑连网，自动生成配货订单，提高信息化和商品配送自动化程度；引导商品配送中心增加物流车辆，配置冷链等物流设备，提高商品物流配送能力。

（四）建设改造一批乡镇和行政村商业经营网点。各乡镇、行政村要结合中心镇、中心村和村级便民服务中心建设，加大农村商业网点建设力度；要为城乡连锁超市龙头企业落实乡镇连锁超市和行政村连锁便民店商业网点提供协调和便利服务，稳定商业网点的经营租赁成本，共同推进农村现代商贸服务体系建设。

（五）提升规范乡镇连锁超市，建设乡镇现代商贸服务区。要重视乡镇连锁超市外部标识形象和内部设施建设，保障商品质量，提高经营管理水平，拓展为农服务功能。在此基础上，整体谋划乡镇现代商贸发展规划，加强百货经营网点、住宿服务网点、餐饮服务网点、农资连锁网点、农产品批发市场或农贸市场、再生资源回收网点等商贸服务基础设施建设，全面改造提升农村现代商贸业态，引导农村商贸服务功能集聚，建设乡镇现代商贸服务区，推动农村现代商贸服务上档升级。

（六）加快扩大行政村连锁便民店覆盖面，建设村级现代商贸服务中心。要加快建设行政村连锁便民店，统一企业标识，统一门店配置，统一服务理念和服务规范。围绕农民群众日常生产生活所需，加快建设行政村餐饮经营网点、农产品经营网点、农资经营网点，集中打造一批布局相对集中，标识规范，集多种服务功能于一体的村级现代商贸服务中心。

（七）加强农村流通体系信息化建设。积极搭建农村流通网络信息化平台，在乡镇和行政村的连锁超市、便民店配备POS系统（包括软件和硬件），开发商品流通、金融服务、通讯服务、农村信息服务“四大功能”，实现农村商品流、资金流、信息流“三流”合一。积极发展农村电子商务，满足农村多样化信息需求。要通过推进信息化，提升便民店建设质量，提高“万村千乡市场工程”为农服务水平。

（八）强化农村市场监管。加强各类执法检查，形成部门合力，加大对假冒伪劣商品经营行为的打击力度，特别是要突出对进货渠道的检查，加强源头管理，为“万村千乡市场工程”深入推进创造良好的环境。

五、扶持政策

（一）财政政策。省财政继续安排农村商贸服务体系建设专项资金，重点支持农村现代流通体系基础设施建设，培育省城乡连锁超市龙头企业，扩大行政村连锁便民店覆盖面，提高乡镇连锁超市和行政村连锁便民店信息化水平，推进乡镇现代商贸服务区和村级现代商贸服务中心建设。具体支持标准和办法由省财政厅、省商务厅会同有关部门研究制定。各地也要根据实际需要安排落实专项资金，注重资金使用绩效。

（二）税费政策。

1. 统一纳税。省城乡连锁超市龙头企业在省内实行跨市、县（市、区）经营，凡符合由总店全资或控股开设，在总部管理下统一经营，与总部微机连网，实行统一采购，统一配送，统一核算，统一管理等条件的连锁超市、便民店，报经省国税局会同省财政厅备案后，可由总店向其所在地税务机关统一申报缴纳增值税。连锁超市龙头企业实行统一纳税后，所属地区间财政收入由省财政厅制订调整办法。

2. 减免房产税。单位和个人将房屋出租给省城乡连锁超市龙头企业开设乡镇连锁超市和行政村连锁便民店，经验收合格并正常经营而取得的租金收入，按规定纳税确有困难的，经地方税务机关批准，可酌情减免房产税。

3. 减免城镇土地使用税。省城乡连锁超市龙头企业商品配送中心缴纳城镇土地使用税确有困难，经地方税务机关批准，可酌情减免城镇土地使用税。

4. 适当奖励。对农村商贸发展作出突出贡献的省城乡连锁超市龙头企业，当地政府可以给予适当奖励。

（三）规划和用地政策。商务主管部门要积极会同建设、规划部门做好商业网点和配送中心的规划工作，充分利用现有基层供销社网点、农村综合服务社和村镇公共设施，支持省城乡连锁超市龙头企业拓展网点，建立配送中心。省城乡连锁超市龙头企业配送中心建设运输、配送、仓储项目用地，按仓储用地执行。公安、交通、城管等部门对省城乡连锁超市龙头企业商品配送提供通行便利。

（四）简化证照办理程序。省城乡连锁超市龙头企业开设乡镇连锁超市和行政村连锁便民店，可持加盖总部确认印章的总部营业执照复印件等材料到所在地工商行政管理部门办理登记手续。工商、税务、烟草、药监、文化、农业等部门对便民店相关证照办理给予方便，简化相关程序。

（五）扩大经营范围。

1. 经验收合格并正常经营的乡镇连锁超市和行政村连锁便民店经营乙类非处方药，由连锁企业总部向市食品药品监管部门提出许可申请，市食品药品监管部门采用告知承诺制，简化审批手续；允许便民店按乙类非处方药条件经营部分中药材（饮片）；适当放宽部分第二类医疗器械的设置条件；对缺乏储运条件的企业，其药品可委托通过GSP认证的药品批发企业代为配送。

2. 经验收合格并正常经营的龙头企业直营门店经营音像制品、书籍报刊，可持经原发证部门加盖确认印章的连锁总部许可证复印件，到当地县级新闻出版行政部门备案后，直接换领相关证件；对加盟门店，经总部承诺担保经营责任，可参照直营门店办法执行。

3. 经验收合格并正常经营的便民店申请经营卷烟零售业务，各地在办理许可证时，在符合《烟草专卖许可证管理办法》第十四条规定的“经营资金”和“与住所相独立的固定经营场所”的前提下，可适当放宽布点间距限制。对取得烟草专卖许可证的乡镇连锁超市和行政村连锁便民店，由当地烟草公司访销配送。

4. 经验收合格并正常经营的便民店申请经营农副产品代购代销、农业生产资料、废旧物资回收、农村商务信息、邮政、电信、移动、金融、费用代缴等便民服务项目，相关部门应当给予支持。

六、加强组织领导

各地、各有关部门要进一步提高对“万村千乡市场工程”重要性的认识，切实加强领导，完善组织协调机构，制订具体贯彻意见，落实责任部门，精心组织实施。成立全省“万村千乡市场工程”建设领导小组，由省政府有关领导任组长，相关职能部门负责人为成员，领导小组办公室设在省商务厅，具体负责日常工作。加强对“万村千乡市场工程”目标任务的督查和年度考核。各地在深化“万村千乡市场工程”的同时，要因地制宜开展现代商贸服务示范镇和示范村创建工作，加快推进城乡一体的现代商贸流通体系建设，为全省经济社会持续平稳较快发展作出贡献。

二〇一一年十二月二十一日

中共桐庐县委　桐庐县人民政府
关于建设“潇洒桐庐·秀美乡村”统筹城乡
精品工程的实施意见

县委〔2011〕36号

各乡镇党委、人民政府，各街道党工委、办事处，县级机关、企事业各单位：

为深入推进城乡区域统筹发展，加快构建城乡一体化发展新格局，全面建设经济繁荣、设施完善、环境优美、文明和谐的社会主义新农村，经县委、县政府研究，决定在全县开展“潇洒桐庐·秀美乡村”统筹城乡精品工程建设。现提出如下实施意见：

一、指导思想

坚持以科学发展观为统领，确立“经营农村”新理念，按照村庄建设与乡村旅游、节庆活动相互促动、联动发展的思路，以中心村、特色村建设和“两江沿岸”生态建设与保护为主抓手，以创建“全国休闲农业与乡村旅游示范县”为载体，着力打造生态环境优美、基础设施配套、文化传承深厚、产业特色鲜明、乡村旅游活跃、农民增收致富的“潇洒桐庐·秀美乡村”。

二、总体目标

从2011年起，计划用3年时间，全面实施“5525”工程，即：打造5条秀美乡村风情带，开展5大乡村节庆活动，培育25个风情特色村（点）。按照“一年有亮点、两年见成效、三年成示范”要求，于2011年完成风情特色村（点）的规划编制和建设项目确定，开始基础性建设工作；2012年年底前基本完成点线硬件基础设施建设、村容村貌全面整治、培育发展产业经济和其他各项软件建设，建设工作初见成效；2013年全面完成五条风情带的建设任务。通过加强规划指导、优化功能布局、加大资源整合、有序组织实施，三年内使我县的乡村节庆活动实现主题内涵多元化、节庆活动常态化、宣传推广品牌化、节庆运作市场化和辐射带动有效化目标。

三、建设内容

（一）打造5条乡村风情带，培育25个风情特色村（点）

1. 诗画山水带（区域：以富春江为“玉带”，串联起江南镇窄溪村、桐君街道梅蓉村、桐君山、城南街道金牛村、大奇山国家森林公园、巴比松度假庄园、富春江镇芦茨村、白云源、严子陵钓台等村庄和景区）。依托富春江丰富的山水资源、秀丽风光、文化底蕴，通过对风情特色村建设以及沿线水路码头、亲水平台、村庄整治、生态修复、县城滨江风情大道等“三江两岸”生态建设和保护工程的实施，打造集秀美山水、田园风光、桐城新貌、新农村建设于一体的富春江“最美三十里画廊”。

2. 古风民俗带。(区域:从江南镇环溪村、徐畈村、深澳村、荻浦村沿320国道、柴雅线至凤川镇翙岗村、天子岗、天龙九瀑、新合乡新合村等村庄和景点)。依托深澳古村落、凤川古建筑、新合革命根据地,以及江南小吃、江鲜、时节等民俗、特产,通过对风情特色村(点)建设和古村落旅游、红色旅游的开发,打造集浓郁文化、古色古香、传统民俗、红色旅游于一体的桐庐"靓丽东大门"。

3. 产业风情带(区域:从横村镇阳山畈村沿徐七线经香山村至莪山乡中门村、钟山乡大市村,辐射旧县街道鸿儒村、明大农庄等)。依托横村地区山花资源、畲乡风情、针纺织业等优势,通过对风情特色村的农户集聚、环境整治和沿线道路改造、休闲农庄提升等工程建设,突出产业特色,打响"烂漫山花"品牌,使该区域成为农业、农村、农民"转型致富的示范区"。

4. 运动休闲带(区域:以红石湾乡村旅游度假区、瑶琳镇桃源村为中心,沿05、16省道和分水江辐射至琴溪村、东琳村、瑶琳森林公园和永安村)。依托整条带上丰富的旅游景点和运动拓展基地,通过对5个精品村(点)进行整治建设,景区、景点的转型升级,乡村度假及运动拓展基地的改造提升,沿线道路规划建设,打造集户外运动、休闲旅游、乡村度假于一体的长三角"著名乡村旅游目的地"。

5. 生态养生带(区域:依托分水江天溪湖休闲度假区、合村生态旅游度假区、天子地生态旅游景区等自然资源及分水制笔、合村绣花等特色产业,沿江、沿路辐射至分水镇新龙村、柏山村、百岁坊村及库管委后岩村、合村乡合村村、百江镇百江村)。通过对5个特色村(点)及沿线道路建设,休闲农庄培育、工业旅游开发等,打造集旅游度假、生态养生、游乐休闲于一体的"休闲养生基地"。

(二)提升5大乡村节庆活动

1. 中国乡村美食节暨桐庐土菜节。突出乡村美食的主题,利用本土食材,充分挖掘桐庐餐饮文化,深度开发"十六回切"家宴、富春江江鲜、山珍野味、绿色食品等特色,按照不同季节,分别推出"春食竹笋"、"夏品江鲜"、"秋尝螃蟹"、"冬过大年"等特色主题活动,以食会友、以食扬名,促进农家乐、乡村餐饮业发展,打响"美食桐庐"的品牌。

2. 中国乡村文化节——江南时节。突出"传承历史、延续文明"主题,在"淡化时节、文明过节"的前提下,对被列为杭州市非物质文化遗产的江南时节进行包装,融入舞龙、舞狮、竹马、剪纸等民间艺术,吐故纳新,发扬传承,倡导文明过节。在传承古色古香、古风古韵的江南历史文化特色的基础上,把江南时节办成展示农村新貌、发展乡村旅游、促进农民致富的重要载体。从农历八月初一江南石阜村开游,至年底农历十二月收官,打响"古风桐庐"的品牌。

3."潇洒桐庐·烂漫山花"节。突出"潇洒桐庐·烂漫山花"主题,从3月桃花盛开持续到7月蜜梨采摘,分项举办"潇洒桐庐·幸福农村"新闻文学摄影采风、"潇洒桐庐·品味生态"农副产品展示展销会、"潇洒桐庐·崇尚低碳"自行车漫游山花、"潇洒桐庐·风情畲乡"杭州·莪山"三月三"畲族文化节、"潇洒桐庐·传统庙会"横村三月初八文化经贸活动、"潇洒桐庐·春华秋实"闭幕式暨蜜梨开摘仪式等系列分项活动,充分运用山花(桃花、梨花、油菜花、杜鹃花、兰花)这一乡村特有元素,丰富大地艺术,发展"赏花经济",延伸特色农业产业链,促进农业产业结构调整,提高农民收入,打响"烂漫桐庐"的品牌。

4. 潇洒桐庐户外休闲运动节。突出"生命在于运动"主题,依托丰富的户外运动资源,开展包括富春江水上真人CS游戏、卡丁车越野挑战赛、马术体验表演、山地自行车、溯溪、垂钓、烧烤、野营、射箭、水上运动、徒手攀岩、悬崖速降、篝火晚会、探胜觅幽等形式多样的休闲体验运动,倡导休闲运动的生活理念,支持休闲山庄、运动拓展基地、汽车营地等建设,发展乡村体验、运动休闲产业,打响"休闲桐庐"的品牌。

5. 富春江亲水避暑节。围绕"亲水、休闲、避暑"主题,依托富春江山水开展激情冲浪、漂流、亲水派对、家庭水上运动会、小铁人三项赛等夏季亲水系列活动,依托生态环境优良的村落、溶洞开展纳凉、避暑、养生等活动,吸引都市人群来乡村休闲避暑,打响"清凉桐庐"的品牌。

四、建设要求

(一)以科学规划为龙头,彰显特色

围绕推进城市基础设施向农村延伸、城市公共服务体系向农村覆盖、城市现代文明向农村辐射的要求,做好"5525"工程的空间、产业总体规划。以总体规划为龙头,以秀美乡村风情带为载体,以风情特色村(点)为节点,按照生态优先、景观优先、公建优先等原则,进行高标准、高起点规划。风情带、特色村(点)确定后,统一进行详细规划编制,包括村庄布局、环境整治、产业发展、绿化布局、河道水系整治、生活污水治理、公共服务设施布局等。规划要突出风情带和节庆活动的系列化、差异化、特色化,体现风情特色村(点)和乡村节庆活动的功能性、示范性、带动性。

(二)以村庄建设为基础,改善民生

按照"布局优化、道路硬化、庭院绿化、路灯亮化、河道净化、卫生洁化、服务强化"的要求,开展沿路、沿江、沿溪综合整治,完善交通、水电、通信等基础设施配套建设;紧密结合"十百"工程、清洁桐庐、生态村创建等活动,深入开展村庄整治、庭院绿化、污水处理等项目建设,大力实施改路、改水、改厕、改塘工程;合理配备文化活动场所和公共体育设施、村级卫生服务站等公共服务设施,不断完善农村公共服务体系,让农民充分享受现代文明。

(三)以产业发展为重点,促进增收

各风情特色村(点)要坚持从现实基础出发,充分依托当地生态资源、区域优势、历史文化内涵、社会经济条件及技术基础等,注重挖掘与创新并举,努力寻求发展突破口,着力规划培育符合风情带特色定位要求,适合当地实际并具有市场竞争力的特色休闲农业、都市农业、生态农业、高效农业,充分挖掘农业内部增效潜力,积极发展品质优良、特色明显、附加值高的特色农产品,推动主导产业不断向纵深发展。要全力打造"一村(点)一品"、"一村(点)一特"

和“一村(点)一业”,推进科学发展,促进农民增收致富。

(四)以乡村旅游为载体,打造品牌

风情特色村(点)要充分考虑生态环境和旅游区域的总体形势,制定规划、完善功能、提高服务档次,通过创星评优,品质提升,力争打造成为集休闲度假、餐饮娱乐、农事体验等为一体的精品农家乐。要坚持串点成线、网线成片、连片成面,注重点线片面的衔接和统筹,全面包装秀美乡村风情特色点线,彰显桐庐整体特色。要充分发挥旅游产业的综合带动效应,使乡村旅游与所在村形成利益共同体,通过乡村旅游资源的挖掘及利用,促进秀美乡村建设的全面展开;以秀美乡村建设为平台,利用乡村日渐完善的基础设施,满足来乡村旅游者吃、住、行、游、购、娱等方面需求发展。要切实提高桐庐农业休闲和乡村旅游的知名度和美誉度,真正打响具有桐庐特色的农业休闲和乡村旅游品牌。

五、保障措施

(一)加强领导,形成合力

“潇洒桐庐·秀美乡村”统筹城乡精品工程建设由县统筹城乡发展工作中心村建设推进组领导,办公室设在县农办,具体负责“5525”工程建设的项目审核把关、工程推进、指导协调和督查考核等工作。各有关乡镇(街道、库管委)和职能部门要成立相应的工作领导小组或协调小组,严格按照计划要求推进项目建设,形成上下有机衔接的工作体系。

(二)加大统筹,保障资金

县财政每年安排不少于1亿元资金用于“潇洒桐庐·秀美乡村”统筹城乡精品工程建设,其中已被列为统筹城乡中心村或重点示范特色村建设的村(点),按中心村、特色村的规定统筹安排建设资金;其余未被列为中心村或重点示范特色村的村(点),县财政每年每村(点)安排不少于100万元的“潇洒桐庐·秀美乡村”统筹城乡精品工程建设资金;县财政每年统筹安排不少于300万元宣传推广专项资金,用于乡村节庆活动统一包装营销和组织实施。同时,将资金统筹整合的范围扩大到交通、环保、卫生、教育等领域。加强资金使用管理,出台专项资金使用管理办法,努力做到项目业主、乡镇(街道)、县级财政三位一体、整合联动,真正体现县级财政的带动牵引作用。

(三)完善机制,加强督查

风情特色村(点)的项目要依据有关程序进行申报,以村(点)为单位打包立项,适当简化有关程序,确保项目顺利实施。要加强项目监管,确保工程质量和进度。“5525”精品工程建设纳入县委、县政府专项工作考核,建立动态考评机制,加强申报入围、评星升级、罚劣退出管理。通过定期召开推进组办公会议和现场指导等形式,加强项目跟踪督查。同时,形成建前、建中、建后专项考核评估、专项公示制度,确保精品工程建设顺利推进。年度项目完成后,在所在乡镇(街道、库管委)初验基础上,由县统筹城乡中心村建设推进组成立验收组进行验收。

(四)扩大宣传,营造氛围

由县委宣传部牵头,筹划对“5525”工程进行整体宣传包装。统一设置对外宣传设施,设立网站,加大信息报道力度,利用报刊、电视、网络等各类媒体,立体式、全方位地宣传“潇洒桐庐·秀美乡村”统筹城乡精品工程建设,重点宣传该项工程的意义、方针政策、目标任务、工作成效和典型经验,充分调动广大干部群众的积极性和创造性,营造全社会参与和支持“潇洒桐庐·秀美乡村”统筹城乡精品工程建设的浓厚氛围。

附件:5条秀美乡村风情带和25个风情特色村名单(略)

中共桐庐县委
桐庐县人民政府
二〇一一年七月十三日

中共淳安县委办公室　淳安县人民政府办公室 关于建设“秀水家园、美丽乡村”的实施意见

县委办〔2011〕100号

各乡镇党委、政府,县属各单位:

为深入推进社会主义新农村建设,提升城乡统筹发展水平,加快形成城乡区域发展一体化新格局,根据《浙江省美丽乡村建设行动计划(2011－2015年)》(浙委办〔2010〕141号)、《关于开展美丽乡村建设的实施意见》(市委办〔2011〕7号)等文件精神,经研究,现就我县开展“秀水家园、美丽乡村”建设制定如下实施意见:

一、指导思想

以科学发展观为统领,以提升农民生活品质为出发点,以建设一批“科学规划布局美、村容整洁环境美、创业增收生活美、乡风文明身心美”的美丽乡村为目标,以深化和提升“十村示范、百村整治”工程建设为载体,坚持标准,分类指导,突出重点,整体推进,注重长效,积极打造品位乡村、发展品牌产业、培养品质农民,切实增强生态经济的

实力，弘扬生态文化的活力，彰显生态环境的魅力，整体推进淳安农村的物质文明、精神文明、政治文明和生态文明建设，加快惠及全县人民的小康社会建设步伐。

二、总体目标

按照“重点培育、全面推进、争创品牌”的总要求，围绕建设“秀水家园，美丽乡村”总目标，以开展“生态家园建设工程、生态环境提升工程、生态产业推进工程、生态文化培育工程”为抓手，重点抓好30个中心村、5个旅游精品村、55个县级特色示范村（市级美丽乡村精品村）和15个左右整乡整镇推进美丽乡村建设，从抓点连线，到最终成片，通过5年的努力，全县大多数乡镇、村达到美丽乡村建设工作要求，为淳安打造全国一流的休闲旅游度假胜地奠定良好的基础条件。

在空间布局上：以“一环三线”为重点建设区域，一环：即环千岛湖国家级美丽乡村精品旅游线；三线：即千汾运动休闲线、05省道养生度假线和杭千高速山水景观线。

在时间节点上：以举办春、夏、秋、冬四个季节的不同主题和风情的乡村休闲旅游节庆活动为载体，扩大知名度和品牌影响力，辐射带动美丽乡村建设，促进农民增收。春季突出踏青、摄影、采茶等户外活动主题，如千岛湖乡村摄影节等；夏季突出漂流节等亲水活动主题，如千岛湖漂流节；秋季突出水果采摘等农事体验主题，如千岛湖柑橘节等；冬季突出民俗风情等文化活动主题，如千岛湖浙皖古道文化节等。

三、实施步骤

（一）制定规划（2011年）。2011年完成“秀水家园、美丽乡村”县域总体规划编制及一环三线、乡村休闲旅游节庆活动专项方案编制工作。

（二）全面实施（2012年—2014年）。2012年完成千汾运动休闲线精品打造工作，2013年完成05省道养生度假线精品打造工作，2014年完成杭千高速山水景观线精品打造工作，初步树立“秀水家园、美丽乡村”建设品牌。

（三）巩固提升（2015年）。重点开展配套连接工程建设，全面完成创建任务，为打造环千岛湖美丽乡村精品旅游线确立基础。完善建前、建中、建后督查机制和跟踪复评制度，健全长效管理机制。

四、基本原则

（一）规划先行。以精品线路为载体，以行政村为单位，进行高标准、高起点规划，注重规划之间的衔接，强化规划的前瞻性、科学性和可操作性，确保规划落地、项目顺利实施。

（二）注重特色。坚持把展示乡镇特色和村庄个性作为美丽乡村建设的重要内容。注重挖掘每个村庄的历史遗迹、风土人情、风俗习惯等人文元素，结合各自自然地理条件，体现村庄个性魅力，彰显淳安整体以及区域的风格和特色。

（三）农民主体。充分尊重农民意愿，实行民主决策、民主管理。通过教育、宣传、培训强化农民的主体意识，激发农民群众主动性、创造性，促使他们自觉地投身到美丽乡村建设中来。

（四）统筹兼顾。统筹新农村建设、库区移民、整村推进生态建设、水利工程、农村住房改造建设和农村土地综合整治等工作载体，整合协调各方力量。

五、主要内容

（一）实施生态家园建设工程，彰显科学规划布局美。功能完善、设施配套的居住条件是美丽乡村建设的基础，要按照“科学规划布局美”的要求，推进中心村、精品村和特色村培育建设，实施农村土地综合整治和农村危旧房改造等项目建设，改善农民居住条件，构建生态美好家园。一是推进农村人口集聚。大力实施农民异地转移集聚工程，加强农村住房改造，合理规划农居点，引导农民向县城、中心镇、中心村集聚。开展农村土地综合整治，全面整治农村闲置住宅、废弃住宅、私搭乱建住宅。实施农村建设节地工程，鼓励建设多层公寓住宅，推行建设联立式住宅，控制建设独立式住宅。二是实施农村安居工程。推进饮用水源山塘综合整治、水库除险加固、地质灾害综合治理。推进农村危旧房改造，提高农村人居安全和防灾减灾能力，同时注重农村建筑与乡土文化、自然生态相协调。三是完善基础设施配套。深入实施农村联网公路、农民饮水安全、农村电气化等工程建设，促进城乡公共资源均等化。到2015年，通村公路硬化率达到100%；行政村客运通达率达到94%以上，城乡客运一体化率达到55%以上。统筹建设农村社区公共服务中心，健全农村文化、体育、卫生、培训、托老、通讯等公共服务。

（二）实施生态环境提升工程，彰显村容整洁环境美。整洁优美的村庄环境是美丽乡村建设的核心，要按照“村容整洁环境美”的要求，突出重点、连线成片、健全机制，切实抓好改路、改水、改厕、垃圾处理、污水治理等项目建设，扩大“十村示范、百村整治”工程的建设面，提升建设水平，构建优美的农村环境体系。一是开展村庄环境综合整治。围绕村道硬化、垃圾处理、卫生改厕、污水治理等内容，深入开展农村环境整治，确保村域整治全覆盖。垃圾集中收集率达到100%，生活污水收集处理、卫生改厕覆盖率分别达到70%和90%以上。按照“四季常绿、三季有花”的要求，开展园林绿化村建设，做到“黄土不见天”。开展以“干净、整洁、有序、美观”为主要目标的整洁行动，清理围墙乱贴乱画，实施拆墙透绿；消除房屋周边杂物，清理积存垃圾，消灭卫生死角；拆除违法违规和破旧废弃建筑，粉刷修饰或拆除与周围景观不协调的建筑，消除视觉污染。在环境综合整治的基础上，开展生态村创建工作，市级生态村要占全县行政村总数的50%以上。二是推进连线成片整治。按照“多村统一规划、联合整治，区域一体化建设”的要求，开展沿湖、沿路、沿河、沿线、沿景区的环境综合整治，点线面结合，共同推进基础设施的配套建设，串点成线、连线成片，打造一批各具特色的美丽乡村风景线。村庄整治实现全覆盖，开展整乡整镇美丽乡村建设的乡镇要占全县总乡镇数的60%以上。三是建立长效管护制度。按照建设与管理并重原则，坚持“稳运行、全达标”要求，加强定期、不定期的维护和检测，切实提高垃圾、污水等基础设施的收集率、处理率和达标率。从人员、制度、职责、经费等四个方面入手，强化村庄卫生保洁、设施维护和绿化养护等工作，建立健全筹资机制和运行机制，村庄卫生保洁经费和污水处理设施长效维护等要纳入县财政预算。

（三）实施生态产业推进工程，彰显村强民富生活美。经济发展和生活富裕是美丽乡村建设的保障，要按照“村强民富生活美”的要求，编制农村产业发展规划，推进产业集聚升级，发展新兴产业，促进农民创业就业，构建高效的农村生态产业体系。一是大力发展特色经济。提升“四大主导产业”（茶叶、蚕桑、干水果、毛竹）、壮大“四大特色产业”（山地蔬菜、中药材、油茶、畜牧业），培育“两大新兴产业”（食用菌、地瓜干），加大土地承包经营权流转力度，推进规模经营，形成特色产业村。二是大力发展生态旅游业。充分利用创建村交通方便快捷、文化传承厚重、山水资源丰富、农业特色鲜明等优势，顺应城镇居民“自驾游”快速增长的新趋势，大力发展“农家乐”休闲游、民俗游、山水游。实施农家乐加快发展与规范提升工程，强化农家乐污染整治，农家乐集中村实行村域统一处理生活污水，推广油烟净化处理等设备，促进农家乐休闲旅游业可持续发展。三是大力发展来料加工业。鼓励来料加工经纪人创办工业企业，让更多的农民实现就地就近创业就业。

（四）实施生态文化培育工程，彰显乡风文明和谐美。良好的村风和现代生态文明意识是美丽乡村建设的条件，要按照“乡风文明和谐美”的要求，积极引导村民追求科学、健康、文明、低碳的生产生活和行为方式，构建和谐的农村生态文化体系。一是培育特色文化村。充分发掘和保护古村落、古民居、古建筑、古树名木和民俗文化等历史文化遗迹遗存，优化美化村庄人居环境，把特色文化村打造成为弘扬农村生态文化的重要基地。二是开展宣传教育。深化开展“双万结对共建文明”活动和农村“种文化”活动，开辟生态文明橱窗、科普宣传画廊等文化阵地，开展形式多样的科技、生态文明知识宣传、培训活动。三是组织农民素质培训。在抓好农民技能培训的同时，加强生态环保知识、政策和法律法规等方面的宣传教育，使保护生态、爱护环境成为广大农民的自觉行动和生活准则。四是促进乡村社会和谐。全面推行“村务监督委员会”制度，做到村级财务收支逐笔公开。充分尊重村民的民主权利，加强村民代表会议、村务监督委员会、民主理财小组“三个组织”建设，完善村民会议和村民代表会议议事规则，切实保障村民的知情权、参与权、管理权、监督权和决策权。

六、组织实施

（一）乡村为主。美丽乡村建设工作以各乡镇、村为主组织实施，其中乡镇是责任主体，村两委是实施主体，县里给予指导和扶持。各创建乡镇、村要结合实际，委托有资质的设计单位编制美丽乡村建设专项规划，并建立强有力的领导机构和工作班子合力推进美丽乡村建设工作。

（二）全面推进。各乡镇要广泛开展宣传，发动行政村对照建设标准和要求，因村制宜地制定创建方案，分年度实施美丽乡村建设工作，力争通过5年努力，基本达到美丽乡村建设要求。

（三）分类实施。各乡镇要针对不同类型的村分类实施美丽乡村建设工作，对已创建全面小康建设示范村和已开展省、市环境整治村创建的村，要在做好长效管理、巩固创建成果的基础上，对照要求进行完善提升；对未开展省、市环境整治村创建的村，按照市委、市政府提出的到2012年村庄整治全覆盖的要求进行村庄整治，再按要求进行完善提升。

（四）突出重点。各乡镇要确定重点，抓好典型，以点带面，培育精品亮点。县里将重点以中心村、市级美丽乡村精品村、市级重点整治村、县级旅游精品村、县级特色示范村、待整治村“一村五项目”、已整治村生活污水处理提升、沿湖沿线整治和整乡整镇推进美丽乡村建设为载体，切实推进全县美丽乡村建设。整乡整镇推进美丽乡村要抓好所辖每个村的创建，不断完善提升，并抓好各村庄间的公共区域环境整治。

七、保障措施

（一）编制建设规划。结合县域总体规划、城镇发展规划和土地利用规划，完善现有各类生态专项规划。按照生态优先、景观优先、公建优先的原则，科学编制县域美丽乡村建设专项规划，细化生产、生活、服务各类区块的生态功能定位，明确垃圾、污水、改厕、绿化等各类项目建设的时序与要求。各乡镇也要因地制宜配套编制美丽乡村建设专项规划。

（二）加大投入力度。县财政要加大美丽乡村建设奖励和补助力度，专项安排中心村、特色村（精品村）、美丽乡村面上建设（“十百”工程）专项资金，并视年度建设任务和实际需要逐年增加。县级各部门要按照“美丽乡村规划建设到哪里，相关部门的服务和资金配套就跟到那里”的要求，切实加大对美丽乡村建设资金的整合力度。同时，积极引导“联乡结村”、区县协作等项目以及社会资金合力推进美丽乡村建设。

（三）营造良好氛围。充分发挥电视、广播、报刊、网络等主流新闻媒体的作用，开展形式多样、生动活泼的宣传教育活动，总结宣传先进典型，形成全社会关心、支持和监督美丽乡村建设的良好氛围。要进一步提高社会各界、民间组织、企业和农民群众投身美丽乡村建设的责任意识和参与意识，采用规划公示、专家听证、项目共建等办法，拓展民众参与建设的渠道和途径，广泛动员社会各界参与支持美丽乡村建设。

（四）加强组织领导。各乡镇、各部门要高度重视美丽乡村建设工作，把这项工作作为现阶段推进新农村建设和生态文明建设的重要载体和主要抓手。乡镇、村两级要建立美丽乡村建设的工作班子，精心组织、认真实施，努力取得实实在在的成效。县里要建立美丽乡村建设评价体系和奖惩激励机制，把美丽乡村建设作为衡量各级干部政绩的重要内容。每年开展一次创建乡镇、村和个人的先进评比活动，并给予表彰奖励。

中共淳安县委办公室
淳安县人民政府办公室
二〇一一年八月五日

中共宁波市委　宁波市人民政府
关于推进相对欠发达地区跨越式发展的若干意见

（2011 年 12 月 23 日）

甬党〔2011〕19 号

加快低收入农户脱贫致富奔小康，推动相对欠发达地区跟上全市发展步伐，以乡镇为区域基本消除面上贫困和欠发达状态，不仅是相对欠发达地区农民群众的热切期盼，也是全市各级党委、政府重大的政治责任，更是确保“十二五”时期我市率先建成全面惠及全市人民小康社会和城乡一体化发展示范区的客观要求。根据中央、省委关于农村扶贫开发意见精神，结合我市实际，特提出如下意见。

一、指导思想与基本原则。以邓小平理论和“三个代表”重要思想为指导，全面贯彻落实科学发展观，围绕市委提出的“六个加快”战略部署和“两个率先”目标任务，以推进新型城镇化和幸福美丽新家园建设为引领，以普遍增加相对欠发达地区农户收入、全面提升民生水平为中心任务，以集聚发展、城乡联动，绿色发展、转型升级，和谐发展、民生优先，创新发展、协作帮扶为基本原则，通过加大财政扶持、强化区域协作、社会帮扶和依靠自身努力，推动相对欠发达地区实现跨越式发展。

二、重点扶持对象和主要目标。市级确定余姚市大岚镇、鹿亭乡、四明山镇、梁弄镇、黄洪片（梨洲街道、陆埠镇），奉化市溪口镇（原董村、跸驻、班溪等 7 个区块）、大堰镇，宁海县胡陈乡、茶院乡、桑洲镇、前童镇、岔路镇、深甽镇、水车片（跃龙街道）、双峰片（黄坛镇），象山县高塘岛乡、鹤浦镇、新桥镇、泗洲头镇共 16 个乡镇 3 个片（以下简称“16＋3”区域）为重点扶持区域，以低收入农户为重点帮扶对象。至“十二五”末，市级重点扶持区域基本达到全面建设小康社会的目标，区域内农民人均纯收入达到 15000 元左右，年均增长 13％左右；2012 年起低保户人均纯收入达到 6000 元以上，低保标准随着经济社会发展水平逐步提高；力争下山移民 8000 户以上；城镇建成区、中心村、特色村和集中居住点集聚效应凸显，基础设施更加完善，基本公共服务均等化水平明显提高，村庄整体面貌大幅提升，农民生活品质普遍提高，与发达地区差距明显缩小。

三、统一规划实施项目化管理。强化规划引领，进一步明确建设与发展思路，“16＋3”区域都要围绕跨越式发展目标和“三集中”要求，厘清区域内人口集聚、产业发展、村庄布局、基础设施、生态涵养等空间布局和功能定位，县（市）要编制完善脱贫致富奔小康总体规划和村庄布局规划。按照优先发展、适度发展、限制发展和特色发展的要求，乡镇（街道）、村要编制完善人口集聚点、基础设施、公共服务等专项建设规划及产业发展专项规划。以规划为依据合理排定一批基本建设类和资金补助类项目，建立完善项目库，并确定建设时序，分步实施。由市农办牵头会同相关职能部门每年对该区域符合政策扶持导向的建设发展项目实行项目化管理，全面建立建设项目和扶持资金公告公示制度。根据项目实施的规模和效益，在保持并整合现有专项扶持资金 5100 万元的基础上，市财政每年新增 1 亿元专项扶持资金重点用于该区域项目补助，确保扶持资金用于最需要、最见效的建设项目上。

四、加快推进人口转移集聚。把促进人口内聚外迁作为改变相对欠发达地区落后面貌的根本举措，以县城、乡镇建成区、已确定的中心村、特色村和规划集聚点为主要迁入地，促进区域内农户分期分步有序搬迁。支持组建实施移民安置小区项目的农房投资公司，推行政策引导和市场化运作相结合的农房改造模式和安置方式。有效整合下山移民、地质灾害搬迁及农房“两改”政策的扶持资金，加大对整村搬迁、特困户异地搬迁补助力度，提高宅基地复垦收益用于搬迁农户补助额度和比例，切实降低农民迁移成本。市级在专项扶持资金中每年安排 900 万元继续对移民搬迁农户按每户 5000 元进行补助。以规划建设的人居集聚点为重点区域，市级在专项扶持资金中每年安排 900 万元，以实际完成的搬迁户数按户均 5000 元标准，对移民安置小区的基础设施和公共服务设施配套项目进行补助。对愿意进城镇规划区定居、自愿退出住宅的农户，可探索在县域范围内享受城镇保障性住房有关政策。“十二五”期间原确定的市向“南三县”转移支付用于移民安置的 3000 万元资金，要确保专款专用。

五、大幅提升村庄整体面貌。按照建设“新型城镇、幸福美丽新家园”要求，“16＋3”区域镇村建设都要以规划为依据，整体实施以危旧房拆除、保留房外立面改造、村内道路建设、饮用水管网改造、垃圾无害化处理、生活污水治理、村庄绿化公共休闲设施建设、村内河道整治保洁、村级便民服务文体中心改造建设、集中养老设施建设等为主要内容的村庄整治建设提档升级“十大行动计划”，力争在“十二五”期间该区域村庄整体面貌得到根本改观。在整合并享受职能扶贫政策的基础上，市级在专项扶持资金中每年安排 9000 万元，对 60 个左右村的村庄整治建设按中心村、全面小康村、特色村、规划保留的一般村分档实施特惠制补助。对规划短期内保留村、撤并村等逐步萎缩、消亡的村庄，原则上维持现状，不再进行新的投入和设施配套，鼓励引导撤并迁移，同时确保基础设施和公共服务项目资金转用于迁入地建设，提高设施配套规模效益，有关部门要切实降低和减免各类规费收取。

六、增强产业支撑带动力。将人口集聚与产业集聚有机结合，以产业发展带动促进人口集聚，在县域范围内进一步完善产业布局，优先安排在人居集聚区配置产业基地。支持发展绿色生态环保产业，培育发展一批农产品精深加工企业以及利用先进实用技术改造一批传统加工项目。重点扶持利用生态优势、规模效益明显、有效促进农民增收、示范带动能力强的特色优势产业项目，鼓励通过人口迁移引导农田、林地流转和集中连片开发，支持工商资本投资或合作参股开发高效生态农业，打造"一村一品"、"多村一品"的专业化生产和产业化经营格局。积极扶持各类市场建设，扩大农产品销售渠道，鼓励打造农产品拳头品牌。挖掘区域内山水、人文、自然资源内涵及综合优势，优先发展乡村生态、休闲旅游业，积极探索"景区＋农家乐"联动发展模式，改善农家乐休闲旅游业发展环境。在继续对该区域落实面上支农惠农产业政策的基础上，适当降低享受门槛，对特色产业发展给予适度倾斜，增强内生发展动力。

七、提高低收入农户增收与保障水平。继续实施低收入农户致富奔小康工程，四县(市)确定区域内需重点帮扶的低收入农户群体，调整完善数据库，建立动态管理机制，切实做到建档立卡、分类指导。以有劳动能力的低收入农户、异地搬迁农民中的就业困难人员为主要帮扶对象，积极开展有针对性的职业和实用技能培训，通过加大下山移民转移就业力度，增强农业龙头企业等经营主体联结带动功能，发展特色农业产业基地、来料加工、乡村休闲旅游等业态引领就业创业，实施三个带动，将低收入群体纳入帮扶覆盖范围，市级在专项扶持资金中每年安排1000万元给予产业引导扶持。继续落实惠农补贴和生态补偿等支持保护政策，逐步提高生态公益林补偿标准，让更多农户通过直接补贴获得转移性收入。建立低收入农户脱贫与社会保障有机衔接机制，将符合条件的年老、患病、伤残等无劳动能力低收入户全部纳入低保范围，2012年起"南三县"区域内实现城乡低保一体、标准一致，低保户人均纯收入达到6000元以上，低保补差所需资金在市向"南三县"转移支付中列支或由县(市)本级财政预算安排。

八、健全村级运行保障机制。加强基层组织建设，配强基层干部队伍，深入推进城乡统筹基层党建结对、帮扶结对共建活动，调整充实市级机关各部门农指员力量选派，充分发挥好农村工作指导员上下联络、驻村帮扶的作用。为保证村级功能正常运行，加大对村级运行经费倾斜补助力度，四个县(市)要制订完善具体办法，根据村庄规模、社会事务管理职能等必要开支，核定村级组织运行经费补助额度并纳入财政预算，确保2012年起每村运行经费达到10万元以上。四县(市)要创新村级集体经济发展模式，以县(市)或有发展潜力的乡镇为单位，集中资金、土地资源统一组织合作开发项目，通过农村土地综合整治和城乡建设用地增减挂钩在城镇和工业区异地置业，集中开发标准厂房和三产用房，有效配置村级集体物业经营资产，稳步增加村级集体收入来源。市级在专项扶持资金中每年安排1500万元用于村级运行经费及增强造血功能项目补助。

九、深化改革加大要素倾斜配置。把改革创新作为推进区域集聚集约内生发展的根本动力，积极探索以农民宅基地和农民住房置换城镇产权住房，以土地(林地)承包经营权置换城镇社会保障，在保障农民仍享有原村集体经济组织成员〔除农村宅基地、土地(林地)承包经营权以外〕集体资产及收益分配等权益的前提下，吸纳农民在城镇集聚落户，四县(市)都要分别确定一个乡镇先行启动试点。进一步盘活利用好土地资源，加大低丘缓坡综合开发力度，积极引导城乡建设更多利用低丘缓坡的非耕地，在农村土地综合整治中获得的土地出让收益和开展增减挂钩试点的土地增值收益，重点用于保障该区域内土地整理复垦、农房改造、集聚安置小区建设、基础设施和公共服务设施建设。市级每年安排土地指标200亩专项用于四县(市)下山移民搬迁建设，县(市)要根据实际需求配套落实并重点给予保障。加大金融支持力度，拓展政银合作放大融资规模，推广以BT、BOT等模式开展各类项目建设，探索以按揭贷款形式解决农民购房资金困难。组建政府出资的农业担保公司，支持开展林权、农民住房、土地承包经营权等抵(质)押贷款融资。加大支农信贷力度，贯彻落实《宁波市银行业金融机构农业贷款风险补偿办法(试行)》，对"16＋3"区域内银行业金融机构农业贷款实行定点风险补偿，补偿资金按年度农业贷款的1%确定并由市级全额承担。

十、强化区域协作帮扶。按照"统筹联动上台阶、结对帮扶上水平、农民群众增实惠"的要求，创新帮扶举措，充分发挥政府部门、区(市)、强镇、强企和社会力量综合优势，倡导先富带后富，组织开展组团式对口协作帮扶，原则上一定四年不变。一是开展区域对口协作帮扶。确定慈溪市对口协作帮扶宁海桑州镇、岔路镇、前童镇、水车片，北仑区对口协作帮扶宁海胡陈乡、茶院乡、深甽镇、双峰片，鄞州区对口协作帮扶象山新桥镇、泗洲头镇、鹤浦镇、高塘岛乡，江东区、海曙区分别对口协作帮扶奉化溪口镇、大堰镇，镇海区、江北区分别对口协作帮扶余姚市梁弄镇、鹿亭乡，余姚市组织强镇(街道)负责辖区内四明山镇、大岚镇、黄洪片的对口协作帮扶。开展对口协作帮扶的区(市)要建立由分管领导挂帅的协调小组，制定实施方案，明确目标任务，由区(市)统筹落实帮扶资金，原则上每个乡镇、片每年不少于100万元，并切实提高帮扶实效。二是市级组建四个工作指导组。由挂钩联系四县(市)的市领导挂帅，部分市级部门为成员单位，掌握了解帮扶进度，指导督促项目落实，检查评审帮扶绩效。三是组建项目对接组。四个县(市)要建立强有力的工作班子，以对口协作帮扶为契机，借力发展，主动有为，抓好落实，扎实开展领导联镇、部门联村、干部联户帮扶活动。广泛发动工商企业、人民团体、爱心人士等社会力量助力相对欠发达地区发展,深化村企结对,鼓励企业开展多种形式的合作共建,四县(市)该区域内村企结对要实现全覆盖,对企业用于扶贫公益事业的捐赠资助资金,可按规定在所得税税前扣除。

十一、积极开展职能扶贫。有关职能部门要根据"16+3"区域总体规划和专项建设规划要求,加强协调衔接和项目功能整合,完善落实倾斜政策,协同推进下山移民、村庄整治、产业开发、基础设施、社会事业、社会保障等各项工作。充分发挥各职能部门扶贫的作用,交通、水利、环保、国土、农林、旅游等部门要在农村联网公路、资源型机耕路建设、山区小流域治理、农民饮用水工程、水源地保护及污水治理、下山移民用地保障、特色产业和乡村旅游发展等方面,教育、卫生、民政、劳动保障等部门要在中小学标准化建设、乡镇卫生院村卫生室达标改造建设、最低生活保障制度完善、城乡居民养老体系接轨、山区居家养老服务开展等方面,增加项目投资和政策支持。对低收入农户子女入学援助、医疗保障和重大疾病救助、突发自然灾害救助等助学、助医、助困方面,相关部门要给予特惠扶持。发挥工商联、慈善基金会等社会组织在结对帮扶、扶贫济困中的作用。

十二、落实责任加强考核激励。坚持市抓统筹、县(市)负总责、乡镇抓落实,建立规划到村、帮扶到户、责任到人的工作机制,把扶持欠发达地区跨越式发展作为统筹城乡区域发展的重大任务,列入各级党委政府重要议事日程,层层落实责任。四县(市)要加大对该区域的投入力度,对所涉项目按不少于1:1资金配套。要充分发挥广大干部群众自力更生建设美好家园的主动性,引导农民积极参与,鼓励村庄整治建设、基础公益设施项目建设纳入"一事一议"以奖代补范围。市统筹城乡发展推进新农村建设领导小组办公室具体承担对"16+3"区域发展的组织协调、责任分解、绩效评估、考核检查等工作,并会同相关部门研究建立针对该区域发展的绩效评估考核办法。市与四县(市)、县(市)与"16+3"区域要逐级签订目标管理责任书,目标完成情况要作为各级领导干部政绩考核的重要依据。建立扶贫开发工作激励机制,对区域发展实绩明显、率先完成目标任务的乡镇、村,"十二五"期间享受各项扶持政策不变。实施脱贫奔小康综合绩效考评排名制,设立先进奖和"摘帽"奖,对扶贫开发工作实效显著的先进乡镇、村实施考核奖励和经费补助。

各相关职能部门和四县(市)要根据本意见精神,进一步对现有政策举措进行梳理并创新突破,研究制定相应操作性实施办法,切实抓好工作落实。

中共宁波市镇海区委　宁波市镇海区人民政府
关于加快推进全域城市化的意见

镇区委〔2011〕34号

为深入贯彻落实科学发展观,积极实施中央和省委关于统筹城乡发展和"三化同步"战略决策以及市委"六个加快"战略部署,加快转型升级,拓展城市空间,改善城市形象、完善城市功能、提升城市品质,现就加快推进全域城市化提出如下意见。

一、加快推进全域城市化的总体要求

(一)深刻认识加快推进全域城市化的重大意义。全域城市化是城市不断发展和完善的过程,是指在镇海全境范围,通过推进城市发展全域谋划、基础设施全域布局、产业体系全域协调、民生保障全域统筹、社会管理全域提升、社区文化全域繁荣、体制机制全域一体,全面提高城乡一体化水平,提升居民生活品质。近几年我们在市委、市政府推进"中提升"战略的大背景下,从区情特点和优势出发,从"县域型"发展思维中跳出来,深化完善区域规划,不断加大项目投入,各城市功能区块同步建设,大城区建设框架全面拉开,城乡统筹一体化发展格局基本形成。但也要清醒地看到,我区城市发展水平仍然滞后于工业化进程,与群众的期盼和要求还有不少差距,在城市综合功能、形象品位、设施配套、城乡建设管理等方面还存在着不少问题。加快推进全域城市化是全面落实科学发展观,实施省委"两创"总战略和市委"六个加快"战略要求,全力推进现代化生态型港口强区建设的客观需要,是加快经济转型升级,完善城市功能,提升城市能级的内在要求,是顺应广大人民群众的要求,共享发展成果,提高生活品质,促进社会和谐的重要举措。各级各部门要从全局和战略高度出发,充分认识加快推进全域城市化的重大意义,进一步统一思想认识,以更宽视野、更新思路、更高水平推进现代化生态型港口强区建设,努力打造长江三角洲全域城市化示范区。

(二)加快推进全域城市化的指导思想和基本原则。以邓小平理论和"三个代表"重要思想为指导,深入贯彻落实科学发展观,全面落实省委"两创"总战略和市委"六个加快"战略部署,深入实施"重塑新优势、实现新跨越"战略要求,围绕建设宁波大都市新型城市化先行区和长江三角洲全域城市化示范区的战略定位,以推进城区发展模式转型升级为主线,以新城开发建设、老城改造提升、"2016"工程深入实施为抓手，坚持中心带动、网络布局、全境开拓、分步推进，促进传统农业向现代农业转型、传统农村向现代社区转型、传统农民向现代市民转型，率先在全省全市实现全域城市化，全面融入宁波都市区，努力打造为宁波中心城北部功能完善、布局合理、产业发达、环境良好、共生融合的现代化生态型港口强区。在具体实践中，重点把握以人为本、统筹发展，统一规划、分步推进，改革创新、重点突破的基本原则。

（三）加快推进全域城市化的目标定位。到2015年，全域城市化体制机制基本建立，基础设施、现代产业、民生保障、社会管理和文化价值体系更加完善，人居环境和生活品质明显改善，城市化水平达到85%，基本建成现代化生态型港口强区，成为宁波市全域城市化示范区。到2030年，城乡全面融合，实现空间布局、产业布局、基础设施、公共服务和社会保障全域一体化，城市化率达到95%以上，构建形成全域一体、和谐共生的现代化、多元型都市新城区，全面建成现代化生态型港口强区，成为长江三角洲全域城市化示范区。

二、加快推进全域城市化的重点任务

（四）推进城市发展全域谋划。科学编制全域城市化发展规划，制定完善基础设施、产业发展、公共服务、社会管理和文化建设等专项规划，形成近远期结合、前瞻性与可操作性结合的规划体系，切实发挥规划的引导约束作用。优化空间布局规划，牢固树立区域空间统筹组织、开放融合、功能主导、可持续发展的基本理念，综合考虑区域产业、人口、资源等因素，对区域空间进行统筹规划和合理布局，建立以城乡互动、功能互补、区域一体为特征的区域空间发展形态，逐步形成西部新城、东部老城、蛟川片区（沿甬江景观带）、澥浦片区和九龙湖组团五片联动的大城区格局。优化城乡社区布局规划，做好“2016”规划评估工作，全面推进“2016”工程建设。

（五）推进基础设施全域布局。全面提升基础设施现代化水平，加快区域一体的路网、电网、水网、气网、信息网和生态环保网建设，建立适应现代居民生产和生活需要的基础设施体系。推进杭甬复线、洪镇铁路支线改造工程、宁波舟山跨海铁路等区域性重大交通设施建设，加快东外环、北外环、世纪大道等城市道路建设，做好农村公路网与区域性道路、城市道路的衔接，构建便捷、通畅、快速的全域一体的交通网络体系。推进城市轨道交通建设，构建一个以大容量轨道交通和快速公交系统为骨干，常规公交为主体，其它公共交通工具为辅的全域一体的现代化公共交通体系。推进给水并网工程，加快区域污水处理系统、区域性环境卫生设施和区域天然气网建设，提升区域电网和信息网功能，实现区域集中供热，建成全域一体的城市公建设施。深入开展“区域风景线”行动，成片连线开展街景整治、环境绿化和村庄美化工作，建设一批“宜居、宜业、宜游”的幸福美丽新家园。

（六）推进产业体系全域协调。坚持科技创新驱动和信息化带动，促进产业结构调整和产业层次提升，发挥比较优势，提升海洋经济、临港经济和都市经济发展水平，着力构建结构优化、技术先进、清洁安全、附加值高的现代产业体系。加快海洋经济发展，着力构建以港航服务业、临港先进制造业、海洋工程建筑业、海洋新兴产业为重点的现代海洋产业体系。发展临港大工业，促进石化产业向产品精深化、产业延伸化、价值高端化发展，努力打造高技术含量、高附加值、环境友好的石化产业体系。改造提升制造业，做大做强先进装备制造业，提升整机制造水平，积极采用高新技术、先进适用技术和现代管理技术改造提升优势传统工业。发展高新技术和文化创意产业，积极培育发展物联网产业。积极发展建筑业，推动商业楼宇、住宅地产开发建设。加快发展生产性服务业，大力发展港口物流业、航运业、金融服务业等。积极发展生活性服务业，加快大型城市综合体、生活消费品市场综合体、商业特色街建设。大力发展休闲旅游业，主动对接长三角旅游市场，做好后世博旅游文章，着力打造旅游强区。加快发展现代都市农业，全面推进“五园一带一基地”建设，积极发展设施型、精品型、生态型、创意型、休闲型、循环型农业，打造一批特色鲜明的观光休闲精品区块和乡村休闲观光旅游品牌。

（七）推进民生保障全域统筹。坚持民生优先原则，建立全域一体、可持续的民生保障体系，推进基本公共服务均等化和社会保障一体化，不断提高人民群众的生活质量和水平。实施更加积极的就业政策，完善公共就业服务体系，推进素质提升工程，提高居民创业就业能力，促进城乡居民增收。加快发展教育和体育事业，促进教育均衡发展，深入开展全民健身活动。深化医药卫生体系改革，推进卫生服务体系标准化建设，提高医疗卫生服务水平。完善社会保障体系，提高保障水平，推进社会保障一体化。健全社会救助体系，发展社会福利和慈善事业，保障困难群众生产生活。加快推进住房保障工程，完善住房保障体系。推动社会服务多元化，创新公共服务供给模式，完善政府购买公共服务政策，推进非基本公共服务市场化改革，鼓励和推动企业、社会组织和个人参与公共服务的供给，建立多主体、多渠道、多方式、高效率的公共服务运作体系。

（八）推进社会管理全域提升。扎实推进社会管理创新各项工作，高起点谋划建立全域一体的社会管理体系，提高社会管理成效，促进经济社会协调发展。深化“法治镇海”、“平安镇海”建设，构建区、镇（街道）、村（社区）三级社会管理服务体系，实施网格化社会服务管理全覆盖。以区行政服务中心、社会管理服务指挥中心、矛盾联调中心、网络管理中心等平台为核心，拓展和发挥社会管理服务功能。整合社会管理力量，建立起部门相互协作、密切配合的工作机制，理顺城管与环保、工商、规划、公安等部门关系，积极探索“大城管”联合执法制度。深化“数字城市”和“智慧城管”建设，坚持综合应用现代信息技术进行集成创新，实现社会实时、动态和精细管理，降低社会管理成本，提高社会管理效率。规范提升社区公共服务全程化代理和“一站式”办理模式，强化城乡社区服务功能。倡导公民社会管理理念，确立公众参与共识，组织和调动全社会力量主动参与社会管理。

(九)推进社区文化全域繁荣。推动社会主义文化大发展大繁荣,不断提高人民群众的思想道德素质和科学文化素质,加速推进农民市民化进程。深入推进基层文明创建活动,加强社会公德、职业道德、家庭美德、个人品德建设,提高广大居民文明素养,广泛开展志愿服务,着力打造"文明之城"、"爱心之城"、"礼仪之城"。加快建设公共文化基础设施,提升城乡一体"十五分钟文化活动圈"。广泛开展群众性文化活动,着力打造"雄镇大舞台"品牌,不断提升文化影响力。

(十)推进体制机制全域一体。深化公共服务体制改革,建立城乡一元的公共服务制度,让农民平等共享发展成果。深化基层行政管理体制改革,理顺政府的事权和财权,完善社区治理机制。加快推进农村产权制度改革,积极推进土地流转、村集体经济股份制改革和村改居工作。深化土地管理制度改革,建立统一的土地市场和平等土地要素交换关系,建立完整的土地用益物权。深化农村金融体制改革,构建多层次广覆盖可持续的农村金融服务体系。推进户籍制度改革,构建一元化户籍制度。

三、加快推进全域城市化的保障措施

各级各部门要加强对推进全域城市化工作的领导,切实加大保障力度,创新体制机制,加快全域城市化进程。

(十一)强化组织领导,完善工作机制。建立区加快推进全域城市化领导小组,组长、副组长分别由区委、区政府主要领导担任,成员由区委办、区政府办、区农办、区住房与建设交通局、区发改局等部门主要领导组成,统筹协调全域城市化推进工作。下设办公室,负责协调各方关系,形成发展合力。各级各部门要把推进全域城市化摆上重要议事日程,坚持党政"一把手"亲自抓,分管领导具体抓,建立职能明确、权责一致、运转协调的全域城市化工作机制。

(十二)加大保障力度,营造良好氛围。加大人财物的有效投入,建立区全域城市化发展专项资金,激活农村资源要素参与城市化建设,吸引更多社会资金支持城市化建设。充分发挥新闻媒体的作用,加大对全域城市化的宣传普及,动员和依靠社会力量,努力营造举全区之力推进全域城市化的良好氛围。

(十三)落实目标责任,强化检查督促。各级各部门要进一步明确工作职责,确保全域城市化各项任务落到实处、取得实效。完善干部政绩考核评价体系,把基础设施建设、产业转型升级、公共服务提升和社会管理提升等作为推进全域城市化的重要指标,把推进全域城市化成效作为考核各级领导班子绩效的重要内容。加强对全域城市化工作的日常指导和督查,落实奖罚措施。

扎实推进全域城市化,是一项宏大的系统工程,是实现跨越发展的重要驱动力和增长点。全区各级党组织和广大党员干部,要把握历史机遇,牢记历史使命,以"三思三创"为动力,学习标杆、赶超标杆,扎实做好全域城市化各项工作,为推进现代化生态型港口强区建设,打造长江三角洲全域城市化示范区做出新的贡献。

中共宁波市镇海区委
宁波市镇海区人民政府
二〇一一年九月二日

中共宁波市鄞州区委　宁波市鄞州区人民政府
关于加快新一轮小城镇建设的意见

(2011 年 4 月 2 日)

甬鄞党〔2011〕14 号

加快小城镇建设,是贯彻落实科学发展观、着力统筹城乡发展的有力载体。近年来,鄞州区小城镇建设持续发展,节点支撑能力不断增强,但城镇面貌落后、功能滞后问题依然存在。根据我区小城镇建设工作实际,现就加快新一轮小城镇建设提出如下意见:

一、指导思想和基本原则

(一)指导思想

以科学发展观为统领,紧紧围绕"六个加快"战略部署,按照我区十二五总体规划要求,坚持经济结构调整、城乡建设水平、社会综合管理、群众生活品质的优化升级,把小城镇建设作为新农村建设的龙头和创业富民、创新强区的重要精致、宜居宜业、繁荣发达、和美幸福的生态型、国际性、现代化宁波南部新城。

(二)总体目标。围绕上述指导思想,今后五年城市发展的总体目标是:

——打造城市经济新高地。依托城市功能区块开发和重大产业基地建设,大力发展以服务经济为主体的城市经济新业态,建成区域性总部基地,现代服务业在城区产业中的比重提高到 75%以上,基本形成以新型、高端、品牌为特色的现代城市产业体系。

——打造品质特色新都市。优化空间布局,拓展发展框架,突出形态提升,完善功能配套,城市核心区面积扩大到 80 平方公里,常住人口控制在 60 万人以内,城市的集聚承载力和辐射带动力显著增强。

——打造幸福生活新家园。顺应人民群众过上更好生活新期待，健全完善道路交通、公共服务、生活设施等综合体系，城市管理水平不断提升，宜居宜业的良好环境基本形成，城市居民幸福感明显增强，实现城市让生活更美好。

二、推进城市发展“四个十大”建设

（一）建设十大城市功能区块

1. 宁波南部商务区。该区块由前河南路、鄞州大道、宁南南路、日丽中路围合而成，面积0.8平方公里，重点建设南部商务区一、二、三期、门户区及周边科技孵化产业园、软件动漫创意园等项目，到2015年，建成区域性总部基地、软件动漫产业基地和服务外包集聚基地，打造区域总部新地标。

2. 下应生态商住区。该区块由鄞县大道、绕城高速、金峨路围合而成，是衔接南部新城与东钱湖旅游度假区的重要板块，面积13.3平方公里，重点建设居住教育综合体、社区商业样板区、沿河景观商业带、生态文化产业园等项目，到2015年，努力建设生活品质之城，打造都市人居胜地。

3. 长丰滨江生态休闲区。该区块北接江东、南至杭甬高速、西邻奉化江，是宁波中心城区“三江六岸”的重要组成部分，面积2.1平方公里，重点建设演艺娱乐、居住商业等综合体项目，到2015年，基本建成兼具居住、商务、休闲、旅游等功能的滨江综合片区，打造甬城娱乐新都会。

4. 潘火家居商贸区。该区块东至福庆路、南至中塘河及杭甬高速、西到桑田路、北至甬台温铁路，是衔接南部新城与东部新城的重要板块，面积5平方公里，重点建设家居、商务、居住等综合体项目，到2015年，基本建成兼容商业商务和居住生活的城市重要发展片区，打造国际家居之都。

5. 中河都市商贸区。该区块位于嵩江路与钱湖路交叉带，面积0.64平方公里，重点推进传统工业和传统市场的改造，建设精品商业、要素物流等项目，到2015年，基本建成宁波又一核心精品商圈，打造国际名品之都。

6. 首南商贸休闲区。该区块位于鄞州大道两侧，面积0.53平方公里，重点建设休闲娱乐、特色街区等项目，到2015年，基本建成特色鲜明、业态多元、人气集聚的城市综合功能区，打造都市娱乐体验中心。

7. 慧丰万达商业区。该区块位于钟公庙街道四明路两侧，面积0.56平方公里，重点推进联盛广场、四明广场、商务中心、老街改造、华茂地块等建设项目，到2015年，基本建成以万达商业广场为龙头的城市核心商圈，打造宁波商业副中心。

8. 奉化江生态文化区。该区块由奉化江东侧沿江区域和湿地公园组成，面积1.16平方公里，重点建设综合文化广场、滨江文化休闲区、湿地文化创意产业带等项目，到2015年，基本建成滨水居住生态文化区，打造都市文化创意港。

9. 鄞州都市工业集聚区。该区块以鄞州投资创业中心为核心，面积7.8平方公里，重点建设创新128园区、清华长三角研究院宁波科技园、中物院宁波军转民科技园等项目，到2015年，基本建成城市高端工业集聚区，打造工业转型升级示范园。

10. 石楔综合商贸区。该区块东至南塘河和奉化江、南至茶桃路、西至机场路、北至杭甬高速，面积4.04平方公里，重点推进滨水商业街、轻纺城改造、汽车城建设等项目，到2015年，基本建成城市多功能综合商贸区，打造新型专业市场群。

（二）发展十大城市主导产业

1. 高端商务业。按照“做优布局、做大规模、做强特色、做精品牌”要求，以南部商务区为龙头，钟公庙、中河、潘火、下应等区块为支撑，重点发展企业集团总部和新型商务业态，到2015年，建成百幢高端商务楼宇，培育百家区域企业总部，商务企业数量和税收贡献倍增，打造区域性综合商务中心。

2. 现代商贸业。以培植、提升为重点，创新现代流通方式，做大做强商贸经济规模实力，重点发展商业广场、专业特色街、城市商贸综合体和社区便民商业，到2015年，城区社会消费品零售总额年均增长25%以上，打造区域性现代商贸中心。

3. 现代物流业。以空港物流、海运物流等专业物流为引领，以生产要素物流和消费品物流为主体，以信息技术为支撑，加快物流集聚区和新型物流业态建设，大力发展第三、第四方物流，到2015年，现代物流业增加值年均增长20%以上，全社会物流成本下降15%，打造区域性现代物流运营集散中心。

4. 都市旅游业。优化城区旅游发展布局，建设都市旅游产业基地，打造集都市购物、商务会议、生态旅游和运动休闲于一体的旅游体系，实现由都市旅游过境地向都市旅游目的地的转变，到2015年，实现城区旅游总收入80亿元、游客量800万人次，成为宁波都市旅游热地。

5. 软件动漫业。以软件信息和动漫游戏为主体，坚持集聚区建设与产业链完善并重、龙头企业培育与中小企业孵化结合、项目带动与人才引进并举，到2015年，实现软件动漫产业收入上百亿、企业超千家、从业人员过万人，打造成为全省领先的国家动漫游戏原创产业基地和软件产业集聚基地。

6. 文化娱乐业。按照“促发展、提能级、强集聚”的要求，规划建设沿奉化江、甬新河和中兴河湿地文化创意产业带，重点打造一批特色文化娱乐基地和新型文化娱乐业态，到2015年，城区文化娱乐产业增加值年均增长20%以上，文化娱乐产业发展跻身全省第一方阵。

7. 都市新型工业。坚持以信息、科技、低碳为引领，加快城区工业企业转型升级和二、三产业分离发展，力促工业生产制造基地转变为企业研发营销总部，同时大力推进工业设计、技术研发、市场营销、风险投资等都市工业服务体系建设，到2015年，基本形成都市新型工业产业体系。

8. 现代金融业。按照“健全服务体系、提升产业功能、防范金融风险”要求，提升发展现代金融业，到2015

年，人民币存贷款余额、保费收入、上市公司数量和融资额均实现翻番，支行级以上金融机构超过50家，外资银行引进取得突破，努力建成宁波金融机构集聚区、上市企业样板区、金融生态示范区。

9. 中介服务业。围绕企业转型发展和居民消费升级，重点培育会计审计、法律评估、检验检测、职介代理、咨询培训、广告策划、家政物业等新兴业态，到2015年，中介服务企业数量破千家，初步形成现代中介服务产业体系。

10. 房地产业。优化城区房地产发展空间布局，坚持商品住房和保障性住房两手抓，完善多样化、多层次的房地产供应体系，到2015年，完成商品房开发500万平方米以上，房地产业继续保持稳定健康发展。

（三）健全十大城市公基配套

1. 教育。迁建鄞州中学，建设1所普通高中，新建鄞州第二实验中学等5所中学和新城区中心小学等7所小学，建成一批小区配套幼儿园，探索优质教育资源联合办学模式，引进一批优秀校长和幼儿园园长，到2015年，新增中、小学各200个以上班级、幼儿园100个班级，打响城区优质教育品牌。

2. 卫生。扩建鄞州二院，新建区妇女儿童保健医院，推进钟公庙、下应、石碶等街道卫生院建设，加快标准化社区卫生服务站建设，引进一批医疗卫生专家，培育一批特色专科医院和特色专科门诊，到2015年，新建扩建医院5所，引进副高以上医卫专家50名，城区医疗卫生服务水平全面提升。

3. 文化。新建区综合活动中心、城市展览展示馆，建设一批综合文化广场等城市公共文化活动空间，鼓励民间资本投资博物馆、文化馆、艺术馆、体育馆等文体设施，加快大型公共文体设施市场化运作，推进单位文体设施向社会开放，到2015年，区、街道、社区三级公共文体活动网络全面形成。

4. 道路。打通连接宁波老城区的沧海路、桑田路、福明路、解放路、金达路和宁南南路、下应南路等南北向道路，加快首南路、嵩江路、堇山路、鄞州大道等东西向道路延伸建设，推进环城南路、广德湖路和城市轻轨等快速通道建设，适时改建钱湖路、天童路、鄞县大道等道路，到2015年，新建改建20条以上城市道路，全面提升城区路网通达能力。

5. 菜场。新建慧灯寺、联心、东湖等一批菜市场，迁建下应菜市场，加快现有菜市场改造提升和标准化建设，完善菜市场交通、环保、消防等基础设施和内部经营管理制度，到2015年，建设菜市场8家，改造提升菜市场3家，方便居民日常生活。

6. 污水处理。推进鄞西污水处理厂、江东南区污水处理厂二期扩容工程建设，加快城区污水收集管网建设，促进居民小区、企事业单位污水纳管收集，配套完成鄞西片区、鄞南片区和江南片区污水主干管建设，到2015年，城区污水处理能力提高到20万吨/日，生产生活污水全部纳入污水处理系统。

7. 保障性住房建设。加快以公共租赁住房为重点的保障性住房建设，多渠道扩大公租房房源，完善养老、医疗、教育、交通等配套设施，健全公共租赁住房政策体系，同时全面整治中河、下应、石碶等街道15个老旧住宅小区，到2015年，建设公共租赁住房16万平方米、整治改造老旧住宅小区100万平方米，城区住房困难家庭居住用房得到基本保障。

8. 城中村拆迁改造。基本完成钟公庙、中河、首南和潘火区域城中村拆迁改造，全面推进下应和石碶街道城市规划区范围内的旧村拆迁改造，加大安置房建设力度，到2015年，拆迁改造旧村民宅130万平方米、非住宅200万平方米以上，建成安置房200万平方米以上，整体改善城市居住环境。

9. 地下空间设施建设。建成地下机动车道和地下人行通道各1条，每年新建一个公共地下停车场，规划建设地下商场和下沉式生活垃圾转运站，实施四明东路、天童南路、贸城路、嵩江路四条城区高压电线下埋工程，到2015年，逐步完善城市地下公共空间和设施。

10. 慢行系统规划建设。完善景观内环（彩色生活环）和景观外环（有氧健身环）两大慢行系统规划，建设人行步道、自行车道和公园绿地节点，到2015年，初步形成城市慢行系统。

（四）实施十大城管提升工程

1. 内河整治。实施城市河道整体清淤疏浚，打通城区“断头河”，强化城区污水纳管排放，推进雨污分离，杜绝污水直排入河，新建2座大型翻水站、1座排水碶闸，建设5条景观河道、5处公共滨水空间，从严打击违规排污、违章搭建、填埋侵占等行为，到2015年，建立内河整治管理常态化工作机制，实现“河畅、水清、岸绿、景美”目标。

2. 固废弃物处置。推进垃圾分类处理，完善垃圾收集、分选、转运、处置设施体系，建设工业固体废弃物处置中心和危险废物安全处置场，加强医疗、化学废弃物专业收集清污和集中处置，强化建筑垃圾定点倾倒和综合处置，规范渣土运输管理，配套推进大嵩滩涂围塘工程、装潢垃圾中转站、洞桥生活垃圾卫生填埋场扩容等工程建设，到2015年，基本实现生活和医疗垃圾无害化处理、垃圾渗滤液达标排放、建筑垃圾泥浆规范化处置。

3. 空气清洁。加快城区工业企业搬迁和升级改造，两年完成燃煤燃油锅炉改用清洁能源工作，强化建筑领域粉尘管控，开展餐饮业油烟整治，加强机动车尾气排放治理，积极推广清洁、可再生能源，倡导全社会节能减排，有效减少二氧化硫、二氧化碳排放和可吸入颗粒物污染，到2015年，城区环境空气质量优良率保持在90%以上。

4. 绿网建设。建设城市中央湿地公园，实施城市核心区域增色增香、造景改造及垂直绿化工程，打造“城市绿肺”；推进鄞州公园、剑桥公园和高教园区中央绿带、前河路景观带等绿地升级改造，建设“城市绿景”；建设鄞县大道、鄞州大道、宁南路、天童路等城市主干道绿地，形成“城市绿廊”，到2015年，人均公共绿地达到15平方米。

5. 广告规范。拆除整改一批高立柱广告和楼顶、楼面商业广告，新建一批大型Led、公共空间广告，提升城市核心区块、主干道路、交通节点及城市人口集聚区的市容形象，加强一般道路、背街小巷和商业开发围墙广告管理，强化城市标识管理，提升指路牌、候车亭样式，完善公共设施便民等功能，到2015年，基本形成城市广告规范化、标准化、现代化管理体系。

6. 公共交通。构建公交优先体系，开辟四横六纵公交专用车道，新建公交枢纽站、公交停保站，建成公交优先信号系统和智能报站调度系统，推进客货分流，规范非机动车管理，提高公交线网密度和运能，加大清洁能源车辆投放，构建城区公交环线，实行主要路段延时服务，提高司乘人员服务质量，到2015年，公交车平均运营速度提高到20公里/小时以上、公交车辆拥有率达到12标台/万人、线网密度达到2.5公里/平方公里。

7. 夜景灯光。实施城区灯光升级改造工程，优化功能区块、城市核心区域夜景灯光照明，建设一批节能绿色照明示范工程，加快城区照明设备智能化改造，实现功能景观照明和智能绿色照明相协调，到2015年，城市道路装灯率达100%、亮灯率超过98%、设施完好率超过90%。

8. 街景改造。系统规划设计城市主干道街景，促进平面布局与立体建筑相协调，打造标志性城市街景；深化“十小”行业整治，整体改造街区配套设施，建设特色街区，美化街区环境；注重文化元素与区域传统特色相融合，精心布局建设一批城市雕塑，打造精致街景小品，到2015年，全面形成特色街景形象。

9. 物业管理。完善区、街道、社区三级联动和社区、物业、业主三方共管的物业管理体制，创新物业管理相关制度，构建新型物业管理模式，实施老旧住宅小区、拆迁安置小区、商品住宅小区和商务楼宇分类物业管理，完善物业行业自律机制，探索培育政府性物业公司，鼓励示范创建，推进小区物业管理上台阶、上等级，到2015年，小区物业费收缴率和居民满意度均保持在85%以上，创建市级以上示范小区(大厦)30个。

10. 智慧生活。建设区医疗卫生数据中心等一批信息平台，打造智慧医卫；完善智能交通管理、运输等数字系统，打造智慧交通；加快楼宇、小区智能化改造，打造智慧小区；推行公共服务“一卡通”，建设城市信息亭，加快公共事务呼叫中心和网上审批服务中心建设，打造智慧服务，到2015年，率先建成一批“智慧型社区”，让城市居民享受高效、便捷、舒适的智慧生活。

三、强化新一轮城市发展保障

(一)着力“破五难”

1. 破拆迁安置难。坚持依法合规拆迁，落实部门统一审核把关城区拆迁政策，进一步规范拆迁程序。完善以市场化货币补偿和调产安置相结合的拆迁安置方式，推进非住宅用房拆迁，加快拆迁安置小区建设，提高集中安置小区建设标准，探索区块间安置房共享机制，保障群众合法权益。深化分级负责、分片包干、条块结合、多方联动的拆迁工作机制，进一步强化工作合力。依法加强违法建筑处置管理，集中开展违法建筑专项整治，严格落实新增违法建筑街道管控责任。坚持做过细群众工作，建立拆迁工作群众参与机制，完善争议调处办法，倡导和谐拆迁。

2. 破征地供地难。科学制定城区项目用地计划表，对列入年度计划的项目用地要“确保落实”，对重点区块和项目用地要“确保快批”。按照可转为建设用地的实有集体农用地的5%明确村级发展留用地，采取落地安置、不动产安置、指标回购等办法落实村级发展留用地，鼓励以街道为单位集中建立村级发展留用地区块，加强村级发展留用地用途管理和建设管理。强化建设项目用地规模控制，推进城区符合条件工业企业“退二进三”，切实解决城区土地“批而未征、征而未用、用而未尽”问题。以农村土地综合整治为抓手，开展跨区域城乡建设用地增减挂钩试点，探索城区、镇区、村三级联动安置新方式。

3. 破资金筹措难。加大城区土地收储出让力度，每年排出一批出让土地，优化出让时序，加快出让步伐。拓宽民间资本参与城市建设渠道，通过制定特许权协议等办法，授予民间资本承担公共性基础设施项目的融资和建设工作，允许区国有投资公司经批准面向村级集体经济组织和民营企业定向募集资金。积极争取各类政策性银行、商业性银行贷款和国家专项建设资金，完善落实政府性存款与城市发展贷款资金双向挂钩制度，鼓励引导金融机构加大对城市开发建设的资金投入。

4. 破项目招商难。坚持内资外资、国资民资、央企国企全面引进，重点引进一批对城市发展具有重要支撑作用的城市综合体项目、战略性大项目和实力型大企业，在依法合规前提下，实行差别化供地政策，试行邀请招标、项目招标、方案招标新办法。系统梳理新一轮招商引资政策，继续保持政策洼地优势。充分发挥区内大企业招商优势，完善委托中介招商办法，对引进重大项目贡献突出的企业和个人实行重奖。统筹政府招商资源，建立部门、功能区块和街道招商引资联动工作机制。

5. 破人才引进难。围绕人才“引得进、留得住、用得好”目标，坚持引进培育城市规划建设管理人才和产业发展人才并重，每年引进各类专业人才100名。对引进城市规划、建设、管理高层次人才，参照社会事业领域高层次人才引进办法，制定倾斜政策，根据不同的单位性质和用人机制，试行政府雇员制，规范合同用人制，大力引进一批紧缺急需人才。深化政府与高校院所合作，建立现代服务业研究中心，打造城建专家智囊库。加快人才公寓、人才驿站建设，切实解决人才实际困难。健全人才评价体系，试行按业绩定酬办法，激发人才创业创新热情。

(二)积极“创五优”

1. 优组织领导。区成立城市发展工作领导小组，由区委书记任组长、区长及区委区政府相关分管领导任副组长，领导小组负责新一轮城市发展的统筹谋划、政策决策和协调落实重大项目、重大资金安排等工作，领导小组办公室设在新城区管委会，负责制定城市发展五年行动计划和年度工作计划，细化目标任务，明确时间节点，落实责任主体，强化工作考核，确保各项工作顺利推进。同步强化城区工作办公室职能，负责做好街道管理体制创新和目标管理考核、社区建设和物业管理、城区环境整治等综合协调和政策研究工作。强化街道属地管理责任，进一步落实街道拆迁安置、城市管理、公共服务和社会面源管理主体责任。

2. 优规划设计。完善新城区80平方公里城市空间布局规划，制定城市产业、社会事业、公基配套等专项规划，编制各功能区块规划，充分注重规划间衔接和协调。深化完善各区块核心项目设计，确立城市主色调，美化城市天际线，加强城市形态研究和业态建设，打造城市风格特色。强化城市规划管理，实行“阳光规划”，严格执行“蓝线”(城区水系)、“绿线”(城市绿地)、“黄线”(市政基础设施)、“红线”(用地道路和建筑边界)、“紫线”(文化文物)，推行“五线”规划管理法。

3. 优建设品位。按照建设百年建筑、打造精品城市要求，鼓励企业引入国内外优秀设计公司和高层次设计人才，打造城市地标性建筑，对获得建筑工程类大奖给予相应奖励。加强建设工程领域安全生产管理，实行项目施工安全承诺和现场安全管理绩效考评制度，确保建设工程施工安全。全面落实建筑节能强制性标准，加快现有建筑节能改造，推广新型墙体建材，重点加强新建住宅和公共建筑节能，打造“绿色低碳”建筑。

4. 优社区基础。加强社区服务场所建设，创新公共服务配套社区接收、托管方式，探索统一建设社区邻里中心和公共空间新办法，试行新建住宅小区项目社区管理组织统一审核、统签协议、统一收缴制度。创新基层治理结构，完善社区工作者公开招聘制度，鼓励大学生到社区任职，每年选派一批社区工作者外派挂职，大力加强平安、文明、和谐社区创建，探索建立新型城市社区管理模式。深化城市社区规划布局，基本完成村改居任务，完善社区股份合作制改造，建立健全农民市民化促进机制。

5. 优服务管理。强化项目审批服务，完善重大城市建设项目联合审批制度，进一步提高审批效率和服务质量。强化城区地名管理，健全各类建筑和地下管线建设档案。强化综合执法管理，建立区级部门联合执法常态化工作机制，切实增强综合执法合力。强化社会治安综合治理，加强外来人口服务管理和打防控一体化体系建设，探索整合治安、交警、城管视频监控系统，推行网格化社会管理。强化廉效风险管理，切实做好工程建设领域反腐倡廉工作。强化正面宣传引导，营造全社会参与和支持城市发展的良好氛围。

中共永嘉县委　永嘉县人民政府
关于加快推进农房改造集聚建设的
实施意见(试行)

永委发〔2011〕117号

各功能区党委、管委会，各镇(街道)党(工)委、人民政府(办事处)，县直属各单位：

为加快推进农房改造集聚建设，更好促进城乡统筹发展，根据《中共温州市委温州市人民政府关于加快城乡统筹综合改革的若干意见(试行)》(温委〔2011〕1号)文件精神和市委、市政府关于城乡统筹综合改革的决策部署，结合我县实际，现就加快推进农房改造集聚建设提出如下实施意见。

一、基本原则

按照“农民可接受、政府可承受、发展可持续”的原则，在“自愿、依法、有偿”的前提下，有序推进农房改造集聚建设，促进我县经济社会协调持续发展。

(一)统一规划，统筹推进。进一步优化县域总体规划，合理确定“1＋X”空间布局规划数量和规模，并做好县域总体规划、城镇总体规划和土地利用总体规划之间的紧密衔接，优化用地布局，为农房改造集聚建设预留足够空间。

(二)集聚发展，节约用地。积极引导农户整村连片向功能区、中心镇和新社区集聚，产业向功能园区集中，耕地适度规模集中经营，完善宅基地管理机制和退出机制、流转机制，确保农村住房改造集聚建设新增用地与农村建设用地复垦土地总量增减平衡有余，农房改造集聚的建设用地节余率一般不得低于20%。

(三)政府主导，规范运作。以各功能区、各镇为实施主体，按照“一镇一规划、一镇一政策、一镇一平台、一镇一试点”的要求，充分尊重农民意愿；组建国有投资农房建设经济实体，负责农房改造集聚建设项目的统一开发建设。

(四)农民自愿，依法公开。农民是农房改造集聚建设的直接参与者和最大受益者，要充分发挥农民主体地位，发扬民主、集中民意，实事求是、量力而行，不搞强迫命令，不搞“一刀切”。要依法审批，严格执行城乡规划、土地管理等方面的法律法规和政策规定，切实规范操作程序。农房置换的全进程要向全社会公开，重要内容实行公示，保障群众的知情权、参与权、选择权和监督权，充分体现公正、公平、公开。

二、政策措施

（一）鼓励向功能区和中心镇集聚。在坚持政策的前提下，通过完善有关配套措施，加快要素集聚，优化资源配置，为农房改造集聚提供必要的要素保障。在坚持农民自愿的前提下，鼓励跨镇集聚和整村连片搬迁，通过宅基地置换、农房价格杠杆等手段进行调节，同时充分利用地段级差，面积调控，积极引导向沿江各功能区和中心镇加速集聚，实现农房集聚“三级连跳”，一步到位。沿江各功能区和中心镇在制定具体政策时，要突出吸纳接收跨功能区、跨镇集聚的政策措施。

（二）做好建设用地复垦和农房拆旧搬新。按照“先弃旧、后置换”的要求，农户在搬入置换房之前，必须先签订协议退出旧房，并将宅基地及其使用的其它建设用地使用权移交给村集体，由村集体统一处置。置换出的土地，按照土地利用总体规划，属复垦区的必须复垦；属允许建设区的，征收为国有土地后用于开发建设。有关单位要做好土地复垦和项目建设的立项等对接工作，积极利用土地增减挂钩，实现滚动发展。复垦后的农村土地由村集体组织实行土地流转，实现规模化、产业化经营。

（三）实施宅基地置换。要根据农户实际需要，建立完善宅基地置换制度。农村宅基地权益属户籍制度改革前的村集体经济成员的农民所有，即户籍制度改革后迁入农村的其他人员不享有宅基地权益。

1. 置换对象

置换对象必须同时满足以下条件：(1)本县范围内拥有合法产权（宅基地）的在册农户，或符合申请建房条件但因规划控制冻结个人建房审批和确定搬迁的村的农户；(2)自愿有偿退出农村宅基地并不再享受宅基地安置待遇；(3)列入各功能区、各镇按照“整村优先”、“连片优先”、“集约节约优先”原则的农房改造集聚建设农户，重点工程建设需要的迁移户，地质灾害避险户，危旧房，住房困难户，核心景区范围、重点古村落保护区等政策确定优先置换的对象。

2. 置换程序

(1)自愿申请。凡符合置换条件的对象，以户为单位向所在村委会以书面形式自愿退出全部农村宅基地，并书面提出自愿置换的申请。

(2)审核认定。经宅基地所在村委会（经合社）核实报所在功能区（镇）后，功能区（镇）指派专业人员入户调查测量，按规定要求建立以户为单位的档案。跨功能区（镇）异地安置的由县政府确定审核主体。

(3)公示公告。坚持“三公开、一监督”，即公开置换政策、公开置换对象、公开置换房源、接受群众监督。对经认定符合条件的置换对象一律实行公示制度。公示内容包括农户人口、置换面积、置换地点、旧房处理情况等。经公示无异议的，由功能区（镇）或县农房改造领导小组办公室按有关办法确定置换户，并进行公告。

(4)建新拆旧。置换公寓由各镇新农村建设投资有限公司或功能区投融资平台统一组织建设，并负责与置换户签订置换协议，协议内容包括置换地点、建筑面积、付款方式、交付时间及旧房拆除期限等。置换户要在约定期限内自行拆除原住房及附属建筑物，方可办理相关置换手续。向置换户交房之前，由功能区（镇）统一向上级主管部门申请注销置换户原住房土地使用权证、房屋所有权证。

3. 置换方式

农户以宅基地置换，可自愿选择下列方式之一：(1)按人均住房建筑面积置换，每人30—50平方米计算所得建筑面积；(2)按合法建筑基底土地面积置换，在本镇或本功能区进行置换的，可按合法建筑基底面积1:1—1:3比例计算置换安置建筑面积，跨镇置换的，上限适当下调；(3)按合法建筑面积置换，以合法建筑面积1:1比例计算安置建筑面积；(4)按货币方式安置，选择货币安置的，按房地产市场评估价予以补偿，并给予一定的奖励。采用以上(1)至(3)置换方式的，每户置换面积最高不得超过300平方米且不超过2套，最低不低于人均30平方米，如低于人均30平方米，按人均30平方米标准申购。跨镇异地置换的，可按价格、面积的不同系数予以差异化安置。

4. 置换人口认定

以置换时本户户籍人口为依据（独生子女可以2人计算），户籍不在册的现役军人（不含军官）、在校大中专学生、现正在劳动教养、拘役、服刑人员及符合法规政策规定的其他人员等特殊情形，可计算置换人口。具体认定办法（含有效分户时间节点）由功能区、镇制订实施。

5. 置换户型

农房改造集聚置换的公寓房可分为多层、小高层、高层三种类型，根据控制性详细规划或建设规划进行制定。户型设计在充分调查摸底的基础上，确定最适宜置换的套型，同时兼顾多样化。

6. 置换价格

住宅房屋置换公寓房的安置价应按照综合成本价结合实际情况确定，增购价按高于综合成本价但低于市场价确定。

建设项目综合成本价构成：(1)建安成本；(2)土地成本（国有划拨的征地成本）；(3)小区内各项配套费；(4)工程前期其它费用（代建费、勘察设计费、监理费、政府规费等）；(5)基本预备费；(6)资金成本（利息）；(7)专项维修资金；(8)旧房及附属补助费。

7. 对农房拆除及有关土地的补助

被置换的原住宅房屋、构筑物及其它农民使用的非住宅建设用地由农房改造集聚建设项目实施主体（以下简称实施主体）给予适当补助，宅基地已置换集聚点公寓房的，宅基地不再实行补偿。补助后的农民使用的其它非住宅建设用地由村集体收回，并进行复垦整理。具体补助标准：

(1)住房：钢筋混凝土结构的建筑物按每平方米500元给予补助，砖混结构的建筑物按每平方米400元给予补助，砖木结构的建筑物按每平方米300元给予补助，木结构的建筑物按每平方米200元给予补助。

(2)栏基、坑基等附属物按每平方米50元给予补助。

(3)住户退宅后，住房、附属建筑物占有的建设用地和道坦等其它建设用地由各功能区、各镇统一组织复垦，按验收后合格确定的复垦面积，予以一定资金补助。

8. 农村住房合法性认定

(1)以土地使用权证和房屋所有权证为依据，认定为合法宅基地和合法建筑；未有上述权证的，按无登记建筑物认定办法执行，根据项目不同实施主体，分别由各实施主体牵头，原旧房所在功能区(镇)、县规划建设、县国土资源等部门参与组成的认定小组进行确认。(2)牲畜栏、简易房改建、道坦搭建等地面其它设施均不享受置换安置房面积。(3)对认定为违法建筑的，不计置换面积，不予补偿。

(四)集聚点建设、管理及资金运作模式

1. 各镇(功能区)农房改造集聚建设实行"一镇(功能区)一政策"、"一项目一细则"。各功能区、各镇的农房改造集聚建设政策报县政府审批，各项目细则由县农房改造集聚建设工作领导小组办公室牵头组织有关部门审查后，由当地功能区、镇批准实施。

2. 县政府作为农房改造集聚建设的主要责任主体。各功能区、各镇要进一步整合现有资源，组建功能区投融资平台和镇新农村建设投资有限公司，承担功能区、中心镇基础设施的投资主体、农房改造集聚建设项目的实施主体等市场主体功能。

(五)农房产权流动

1. 对取得集体土地使用证和房屋所有权证的住房，可以对房屋设定抵押权。对实现抵押权的房屋，允许由本县农村户口人员购买，县国土资源部门应当为其办理土地变更手续，县房管部门应当为其办理房产变更手续。

2. 住户自愿以有偿退出农村宅基地而取得国有土地(划拨)使用权和房屋所有权证的安置房，人均30平方米以内不得转让，多余套房在取得土地使用权、房屋所有权5年后允许上市交易，并须按规定补交土地出让金。

(六)其它相关政策

1. 整合原有的涉农专项资金重点用于全县农房改造集聚建设和规划编制，农房改造集聚建设规划编制资金列入年度财政预算。符合条件的集聚农户可享受农村住房困难群众救助等政策。

2. 确保年度新增建设用地指标不少于10%用于农房改造集聚建设、农村住房保障和农村基础设施建设；对退出的宅基地复垦为耕地的，复垦指标优先用于本功能区、本镇及承担农房改造集聚建设功能区、镇的农房改造集聚建设和土地出让开发项目。

3. 免收农房改造集聚建设项目的市政基础设施配套费，除房屋和土地登记中的证书工本费以外，免收其它行政事业性收费。水、电、管道煤气等经营性收费具体协商确定。

4. 各类金融机构要支持农房置换集聚点的农户办理安置房按揭贷款。

5. 通过宅基地置换的置换户，除不再享有申请、使用农村宅基地权外，实行"三分三改"后，原土地(山权)承包权不变(农村土地综合整治立项的宅基地复垦的耕地和农村土地承包法规定的情形除外)、股份分红权不变，并继续享有法律法规政策规定的相关权利。

6. 鼓励集聚人口自主创业，鼓励工商企业吸纳集聚人口就业，县工商、财税等部门要给予全力支持，并在相关规费上给予优惠。提高集聚人口创业能力，县人事劳动社会保障部门每年要定向免费向集聚人口提供创业、就业及相关技能培训，并要向困难群众优先提供公益性就业岗位。

三、加强组织领导，抓好责任落实

(一)加强领导，落实责任。县委、县政府成立农房改造集聚建设工作领导小组。下设办公室作为专门的工作机构，负责对全县农房改造集聚建设的组织实施和指导。办公室主任由县规划建设局局长兼任，办公室副主任可按副乡科长级配备。各功能区、各中心镇要相应成立以主要领导为组长的农房改造集聚建设工作领导小组，下设专门办公室，并抽调规划建设、国土资源等相关部门人员兼职，具体负责农房改造集聚建设日常工作。同时，各功能区和中心镇要根据本意见制定相应的农房改造集聚建设实施办法及具体优惠政策。

(二)加强协作，简化手续。县政府要专门制定出台农房改造集聚建设项目集中办理、联合审批等制度，简化农房改造集聚建设项目的审批程序，开设绿色通道，开展一条龙服务，提高工作效率。

(三)加强督促，严格考核。县委、县政府将农房改造集聚建设列为功能区、中心镇、部门的重要考绩内容，并将考核情况作为干部提拔使用的重要依据。跨功能区、跨镇集聚的，迁出功能区、镇和迁入功能区、镇均可计算考核指标分。

(四)加强宣传，积极引导。各功能区(镇、街道)和有关部门要加强宣传，充分调动农户的积极性和主动性，及时总结推广好做法、好典型。要加强交流，相互借鉴，相互促进，共同提高，确保农房改造集聚建设的相关政策措施和各项任务有序推进。

中共永嘉县委

永嘉县人民政府

二〇一一年八月三十一日

中共苍南县委　苍南县人民政府关于加快统筹城乡发展推进社会主义新农村建设的若干意见

苍委〔2011〕1号

各乡镇党委、人民政府，县直属各单位：

为进一步统筹城乡发展，推进社会主义新农村建设稳步深入、健康有序发展，在新的起点上开创我县社会主义新农村建设工作新局面，根据中央农村工作会议和市委市政府《关于加快城乡统筹综合改革的若干意见（试行）》（温委发〔2011〕1号）文件精神，结合我县实际，现提出如下意见：

一、统一思想，深刻认识加快统筹城乡发展推进社会主义新农村建设的重要意义

1. 深刻认识推进社会主义新农村建设重大意义。扎实推进社会主义新农村建设，是贯彻落实科学发展观的重大举措，是确保我县现代化建设顺利推进的必然要求，是全面建设小康社会的重点任务，是保持经济平稳较快发展的持久动力，是构建社会主义和谐社会的重要基础。各乡镇、各部门要深刻理解建设社会主义新农村战略决策的重大意义，切实加大工作力度，把社会主义新农村建设扎实、稳步地向前推进。

2. 充分认识加快统筹城乡发展的紧迫性。从我县情况看，在推进现代化过程中，当前最突出的问题是城市化和城乡一体化进程滞后，特别是城乡二元结构带来的深层次矛盾问题尤为突出。由于农村土地、资产、户籍等制度和经济社会管理体制的制约，各类要素不能在城乡之间自由流动，既严重阻碍了农村发展，也影响了苍南现代化进程。因此，加快城乡统筹综合改革，是贯彻落实党的十七大和十七届三中、五中全会精神以及省委“两创”总战略的实际行动，是从根本上解决“三农”问题的重大举措，是我县建成全面小康社会和率先基本实现现代化的重要保证。

二、指导思想和奋斗目标

3. 指导思想。以邓小平理论和“三个代表”重要思想为指导，全面贯彻党的十七大和十七届三中、四中、五中全会精神，深入贯彻落实科学发展观，牢固树立“重中之重”战略思想，坚持工业反哺农业，城市支持农村和多予、少取、放活的方针，不断加大强农惠农政策力度，按照在工业化、城镇化深入发展中同步推进农业现代化的总体要求，以城乡统筹为根本方法，以“三分三改”为核心，以“县域城镇化”的理念，围绕城乡统筹综合改革，加快现代农业建设、不断改善民生、夯实农村发展基础，扎实推进社会主义新农村建设，加快建设农民幸福生活的美好家园。

4. 奋斗目标。到2015年，全县统筹城乡发展水平明显提升，新型城市化和新农村建设联动推进的体制机制初步形成，“绿色苍南、美丽家园”活动取得明显成效，农民收入普遍增加，城乡基本公共服务均等化基本实现，欠发达地区跟上全县发展步伐，城乡一体化发展迈上新的台阶。主要预期目标是：“十二五”时期农村居民人均纯收入年均增长12%。

具体要达到“八个明显提升”：农村居民收入水平明显提升；现代农业建设水平明显提升；农村二三产业发展水平明显提升；美丽乡村建设水平明显提升；农村公共服务水平明显提升；城乡体制改革水平明显提升；农村社会管理水平明显提升；乡风文明建设水平明显提升。

三、积极推进城乡统筹综合改革，切实增强农村发展活力

5. 积极推进城乡统筹综合改革工作。以城乡统筹为根本方法，以要素市场化为导向，以“三分三改”为核心，以农村住房改造集聚建设为切入点，以功能区和中心镇建设为平台，以政府推动和政策支持为保障，积极推进城乡统筹综合改革工作，扎实推进马站试点工作。

6. 积极推进“三分三改”。“三分”，是指政经分开、资地分开、户产分开。政经分开就是把村“两委”组织与村级集体经济组织分开，把农村居民社会成员身份和经济成员身份分开，保障村级组织坚强有力正常运转和社员正当合法权益；资地分开，就是把非土地资产与土地资产分开，为分类处置创造条件，使各类资产能够正常自由流动，实现优化配置；户产分开，就是把户口与产权关系分开，使农民在农村所享有的各项权益不因户口转换而改变。“三改”，是指股改、地改、户改。股改就是对村级集体经济中的非土地资产进行股份制改革，按现代企业制度运行，而土地资产则建立土地合作社，保持集体所有性质不变；地改就是农用地在“三不变”（权属不变、用途不变、量质不变）的前提下进行流转，宅基地的用益物权用来帮助农民进镇入城，农村集体建设用地进入市场；户改就是以“两实”（实有人口、实有住所）按居住地登记户口的户籍管理制度改革。要把“三分三改”作为解决“三农”问题的关键，贯穿于城乡统筹综合改革的全过程和各个方面。通过“三分三改”的联动推进，进一步加快城市化进程，从而使农民转变为市民、农村转变为社区、传统农业转变为现代农业。

7. 加快中心镇、中心村建设。以加快构建“1650”大中小城市网络型组团式都市区发展新格局为引领，全面推进中心镇建设，进一步完善中心镇的教育、文化、卫生、基础设施等城镇功能，提高城镇品质，发挥其对农村的吸纳引导作用，鼓励农村人口向中心镇集中、产业向园区集中、公共服务向建成区集中。加快实施乡镇行政区划调整。以扩权强镇为重点深化乡镇管理体制改革。加快中心村建设。以推进农村土地综合整治、农村社区服务中心建设、农村住房改造建设、农村环境综合整治等项目建设为基本载体，推进农村人口和村庄向中心村集聚。探索集体土地置换、集体建设用地使用权流转、村庄撤并等方法，引导自然村及周边行政村的农村人口到中心村集中居住。建立健全农村新社区管理服务体制。

8. 加快农房改造步伐。根据政府主导、村民自愿、操作规范、节约用地、统筹推进的原则，按照“农民可接受、政府可承受、发展可持续”的要求，以新型城市化和城乡一体化为目标，以改善民生为主线，以编制实施“1＋X”村镇规划布局为引领，尊重农民意愿，创新体制机制，加强政策引导，积极有序推进农村住房改造集聚建设，加快改善农村人居环境，努力推进生产发展、生活富裕、生态良好、自然人文特色彰显的中心镇、新社区建设。加强农房改造和农村危旧房修缮加固工程，县财政每年安排一定的资金，专项用于农村住房改造建设，2011 年启动 10 个村的农房改造项目。鼓励农村人口向中心村和新社区集中。

9. 深入推进农村各项体制机制改革。完善农村土地承包经营权流转制度，推进农村集体资产产权制度、户籍管理制度、农村集体建设用地使用权制度、农村社会保障制度、农村新社区管理服务体制和农村金融体制等各项体制机制改革，组建和培育乡镇投融资平台，加快推进公共服务均等化工作。深化集体林权制度改革。按照“先试点、后推广，先易后难”的原则，在产权明晰的乡镇抓好改革试点，取得经验后，在全县积极稳妥推进集体林权制度改革。深化农村金融创新工作，加快农村信用体系建设，推广便农支付工程，积极争取开展资金互助联合会试点工作，新增小额贷款公司 2 家。

10. 发展壮大村级集体经济。以村级集体经济发展壮大为重点，促进新农村建设。支持村级集体经济发展，以增加村级“造血”功能为着力点，以扶持中低收入村为重点，充分发挥财政职能，因地制宜，促进村级集体经济实力的提升。按照创新机制、拓宽思路、规范管理的要求，发挥财政资金的引导和杠杆作用，在自愿前提下，充分整合利用集体资源，鼓励村级集体经济组织，通过多种形式，实行集体资产数量和质量的提高，并从中获得持续性收益。积极探索财政支持村级集体经济发展具有普遍意义和推广价值的合理模式，建立健全促进村级集体经济发展的长效机制。

四、深化水利改革发展，强化农业农村基础设施建设

11. 切实加强水利基础设施建设。把水利基础设施建设作为我县农村基础设施建设的重中之重来抓。“十二五”期间投资 78.1 亿元建成一批重点骨干防洪减灾工程项目，为我县新农村建设提供强有力的保障。大力推进强塘工程，2011 年度投资计划 8.7 亿元，12 月前全面完成夏桥水闸改建工程建设；进一步加快朱家站水闸迁建前期工作和政策处理工作，8 月份进场开工；横阳支江除险加固工程要争取上级资金支持，2011 年 8 月开工建设上游段桥墩至马杜桥段，同时，完成江南海塘龙港城区段 11.1 公里的除险加固工程，防洪标准达到 50 年一遇洪水不决堤；完成 16 座山塘水库除险加固工程。

12. 提高防汛防台抗旱应急能力。加强灾害性天气、地质灾害监测预警，提高雨情汛情旱情预报水平。加强农业气象服务体系建设，进一步加强气象基础设施建设，在原来已建 22 个自动站的基础上，再建 5—10 个自动站，并在部分重点乡镇和试点村安装气象信息电子显示屏 5－8 个，争取创建气象防灾减灾示范乡镇和防雷示范村居各 1—2 个，并积极做好气象观测场选址征地工作和台风地标物建设工作，大力提升气象监测预警能力。完善应急处置预案，建立健全统一指挥、分级负责、部门协作、反应迅速、协调有序、运行高效的防汛防旱应急管理机制。深入开展山洪灾害防治县级非工程设施建设，开展山洪普查，划定山洪灾害危险区，确定乡镇和小流域临界雨量、水位预警指标，建设水雨情监测网站，配备县乡村预警设施，建设县级监测预警平台，建立群测群防和组织责任体系。实现指挥决策科学有效、抢险救灾及时有力。

13. 继续推进农村饮水安全工程。2011 年要全面解决 18.8 万人的饮水安全问题，确保完成年度投资计划 1.2 亿元。至 2013 年将长效管理覆盖至所有农村饮用水项目。加快珊溪引水工程平苍段建设，做好江南供水管网布局的前期工作。

14. 扎实推进河道整治工程建设。“十二五”期间，计划投资 5 亿元，疏浚河道 1000 公里，护岸 200 公里。2011 年，投入 6000 万元，整治和疏浚河道 150 公里，完成灵溪的新建河、官堂河和肖江塘河的整治；同时，加强江南河道的整治力度，对括山、钱库、巴曹主河道进行疏浚，达到水质洁净、美化环境、防洪排涝的生态要求。至 2013 年完成全县主河道、以及城镇、村庄周边河道的整治任务。继续抓好小流域治理工程，开工建设埔坪、岱岭、炎亭、凤阳等四条小流域治理 20 公里。

15. 切实增加水利建设投入。发挥政府在水利建设中的主导作用，将水利作为公共财政投入的重点领域。财政对水利投入的总量和增幅要有明显提高。力争今后 10 年全社会水利年平均投入比 2010 年高出一倍。继续足额征收水利建设资金。从土地出让收益中提取 10％或从土地出让总额中提取 2％用于农田水利建设。充分发挥新增建设用地土地有偿使用费等土地整治资金的综合效益，其用于农田水利基本建设和保护方面的支出不低于 20％。广泛吸引社会资金投资水利，积极稳妥推进经营性水利项目进行市场融资。

16. 建立健全水利长效管理机制。强化城乡水资源统一管理，逐步建立用水总量控制制度，严格实行建设项目水资源论证制度，加强地下水管理保护，控制入河湖排污总量，加强水资源管理责任考核，完善流域管理和区域管理相结合的水资源管理体制。推进水价改革，充分发挥水价对城镇用水和源水价格的调节作用。深化国有大中型水利管理体制改革，充分发挥市场机制在水利建设和运行中的调节作用。

五、加快发展现代农业，提高农业综合生产能力

17. 加快粮食生产功能区建设。按照因缺补缺、全面完善的要求，开展以基础设施、地力培肥、机制创新和科技提升等为主要内容的粮食生产功能区建设，不断提高粮食综合生产能力。到2015年，规划建设9.2万亩粮食生产功能区，其中2011年完成18738亩粮食生产功能区建设目标。

18. 大力发展主导产业。重点发展设施蔬菜、食用菌、茶叶、水果、畜禽、马蹄笋、油茶、海水养殖等主导产业，大力推广"一村一品"、"一乡一品"农业发展模式，因地制宜培育一批农业特色强镇强村，逐步形成沿横阳支江、沿海公路和"78"省道三条特色农业产业带。实施农产品品质提升工程和品牌战略，加快制订并推广应用主导产业生产技术标准，健全农业标准体系和农产品质量安全检测体系，开展农产品产地准出管理试点，鼓励各类农业生产主体开展无公害农产品、绿色食品和有机食品"农业三品"的认证，扩大"农业三品"生产。

19. 加快畜牧业转型升级。"十二五"期间，要着力构建农牧结合、资源循环、安全优质、集约高效、可持续发展的现代生态畜牧业生产体系，全面提升畜产品综合生产能力和供给能力，全县猪肉等主要食用畜产品自给率达到80%。逐步推进牲畜上山、水禽下田、园地养鸡的总体发展思路，稳步发展生猪、蛋鸭、食草动物等重点产业。全面促进畜牧业与种植业、生态环境的协调发展。加快畜禽标准栏舍和相关设施建设，到2015年，建成年出栏500头以上的标准化生猪养殖场(小区)100个，其中年出栏1万头以上5个，年出5000头以上的5个。2011年新建年出栏500头以上标准化生猪养殖场(小区)20个，其中年出栏1万头以上1个，年出栏1000头以上7个，总投资2000多万元。积极实施产业主体培育工程，着力构建新型畜牧产业体系。2011年要支持生猪产业协会的理事单位整合重组专业合作社，鼓励引导合作社参与生猪定点屠宰加工，并联合创办饲料加工、有机肥生产企业，建成一个以合作化为主要特征的、利益共享的新型产业主体。

20. 加快设施农业发展。坚持市场主导、农民主体与政府引导相结合，以农业主导产业为重点，因地制宜，科学规划，按照实际实用实效、设施与农艺相配套的要求，推进设施农业技术创新，完善配套技术，强化农艺控制，增强农民使用设施能力，提高农业综合生产能力。到2015年，力争全县发展设施大棚、棚架栽培面积达到4.5万亩(含水产品养殖、花卉苗木)；喷微灌技术应用面积达到2万亩，农业设施装备水平明显提高。县、乡(镇)财政要加大支农资金，加大对设施农业的扶持力度，现代农业、农业产业化、农业科技推广、种子种苗工程、农业综合开发、农田水利、节水灌溉等项目资金要向设施农业倾斜，扶持农民专业合作社、农户发展设施农业基地，鼓励工商企业、农业龙头企业等各类社会资金采取股份合作制、租赁制等多种方式投资设施农业。

21. 加快渔业基础设施建设。合理开发利用海域、海岛、海岸带资源，加大霞关、巴曹两大港口开发力度，积极引进大型临港"龙头"项目，优化捕捞、提升养殖、深化流通加工，积极实施碳汇渔业行动计划，着力构筑以临港工业、港口物流、滨海旅游和现代渔业为特色的海洋产业体系，推进海洋经济强县建设，2015年实现海洋经济增加值占全县GDP比重10%以上。"十二五"期间，要加大政策扶持和财政补助力度，加快渔业基础设施建设。继续实施"6+2"标准渔港体系建设，完成渔港建设总投资2.6亿元，提高沿海地区防灾减灾能力，推进新渔村建设；积极推进现代渔业园区建设工程，总投资达5000多万元，重点建成10个省级现代渔业示范区，辐射带动全县养殖业，2011年启动7个省级现代渔业园区建设，其中渔业主导产业示范区3个、特色渔业精品园4个；积极实施捕捞渔船转型升级示范工程；大力支持水产品加工园区建设和水产品批发市场扩建，重点在苍南(巴曹)中心渔港经济区规划建设水产品加工园区，在县城建设浙闽台水产城。

22. 加快林业经济建设。积极培育林业主导产业，扩大油茶种植面积，2011年计划新造油茶3000亩，低改500亩，建设油茶苗圃基地60亩。进一步扩大全县马蹄笋、杨梅等各类经济林种植面积，建立马蹄笋和油茶2个省级主导产业园区。大力支持木竹加工厂、花卉苗木、森林食品等各类林业企业发展，进一步完善"合作社(公司)+基地+农户"的产业化经营模式。开展林区道路建设工程，积极落实省林业厅下达的100公里主干道和50公里辅道建设任务。大力发展森林生态休闲旅游，加快省市县三级森林公园建设步伐，尽早使玉苍山国家森林公园升级为国家4A景区。

23. 加快现代农业园区建设。争取用三年左右的时间，建设马站和沿江(横阳支江)2个省级现代农业综合区、8个主导产业示范区和30个特色农业精品园。加快苍南台湾农民创业园建设。整合农业科技推广经费、农业基础设施建设经费、各类产业扶持经费，重点向现代农业综合区倾斜。同时，积极引入市场化运作机制，鼓励现代农业综合区引入工商资本，形成全社会广泛参与的多元化投入格局。积极开展土地承包经营权转包、出租、入股、互换、转让、托管等多形式的流转，发展土地适度规模经营，提高综合区的集聚化发展水平。支持在现代农业园区内集聚发展设施农业和农业机械化，扩大农机具等补贴范围，提高农业设施装备水平。全面促进综合区农业生产经营向专业化、标准化、规模化、集约化发展。努力把综合区建设成为基础设施完善、功能布局合理、产品结构优化、科技应用先进、经济效益显著、示范带动作用明显的集农业生产、科技示范、休闲观光为一体的省级现代农业综合区。

24. 强化农业服务体系建设。健全县、乡两级农业技术推广中心，深入实施首席推广专家、农技指导员、乡镇责任农技员、科技特派员制度。组建农业主导产业创新团队，大力推广“专家＋农技人员＋科技示范户”的模式。完善农技推广、动植物疫病防控、农产品质量安全监管“三位一体”基层农业公共服务体系建设。积极实施渔业政策性保险工程。从2011年开始，按照省、市有关要求，给予渔业互保以20%配套补助。探索将水产养殖品种列入农业政策性保险范围。积极探索为农服务新体制、新机制，大力推广动物防疫“政府购买”创新机制。

六、千方百计增加农民收入，着力保障和改善农村民生

25. 深入实施“低收入农户奔小康”工程。加大对欠发达地区的财政扶持力度，每年专项财政扶贫资金增幅不低于财政收入增长幅度，强化扶贫项目扶持带动战略，推进欠发达地区绿色发展生态富民科学跨越。力争到2015年，全县欠发达地区发展方式有效转变，民生水平快速提升，区域差距明显缩小。每年减少低收入农户3万人，实现50个低收入农户集中村收入超过全国农民人均收入水平。巩固提升扶贫产业基地和培育壮大扶贫产业经营主体，积极支持低收入农户集中村产业发展，重点建设一批产业特色村，加强产业扶贫的辐射带动能力，确保低收入农户增收幅度高于当地平均水平、低收入农户数量稳步减少。大力实施整村推进村建设。有序推进异地搬迁，在县城、中心镇、工业功能区、中心村等规划建设一批异地搬迁安置小区，鼓励高山、远山及地质灾害点农户逐步实施搬迁，做到“搬得下、稳得住、富得起”。每年完成3000人的搬迁目标。积极开展金融扶贫，在300万资本金的基础上，2011年继续注入300万元的资本金，使贴息扶贫贷款的规模从900万元增加到2000万元，争取更多的省级贷款贴息资金，搞好低收入农户集中村资金互助组织的试点。健全专项扶贫、职能扶贫、社会扶贫相结合的大扶贫格局。

26. 促进移民创业增收致富。做好移民创业致富项目，对于移民创业致富带头人、种养殖大户、优秀移民企业，给予3万元以内的资金奖励。做好移民劳动技能培训。做好移民教育补助项目，对于考取全日制大专以上的在册移民子女当年一次性给予1000元奖励，对于考取高中的贫困在册移民子女，每学年给予800元补助。做好移民温馨行动项目，对贫困、特困移民户送温暖慰问面每年达到登记在册移民户的5%以上，原则上(当年)每户平均不少于500元慰问金。做好移民救助保障项目，城乡居民合作医疗保险个人缴纳部分的50%由县财政补助。按照每人每年600元的补助标准，做好直补资金发放。每年投入360万，在移民村(点)实施“基础设施、生产开发、科技推广”三大类工程项目。每年投入290万，推进库区和移民安置区基础设施项目、人畜饮水项目、生产性开发项目等建设。加大对移民小额贷款的力度。

27. 积极提升农民劳动技能和拓宽农民增收渠道。实施“农民素质提升工程”，按照专业化、品牌化培训的要求，推进农民培训向质量型、提高型转变，为新农村建设提供强有力的人才支撑。深入实施实用人才培训计划。2011年计划培训农民9000人次。全面拓展农民创业就业领域，引导和支持农民在来料加工业、休闲旅游业等领域创业。健全组织机构，完善扶持政策，加强经纪人队伍建设及来料加工队伍培训力度，努力拓宽来料加工业务渠道，提高来料加工覆盖面，积极搭建低收入群众就业、创业平台，2011年实现12000人就业。完善农业补贴政策，逐步提高补贴水平和农村社会事业投入水平，增加农业劳动者的保护性收入和转移性收入。

28. 切实提升农村社会事业水平。加大城乡居民合作医疗保险财政支付力度，财政人均补助标准由150元提高至280元、住院报销比例由35%提高到60%以上。全面实行国家基本药物制度，政府举办的卫生院和社区卫生服务站实行药品零差价销售，切实解决看病贵问题。完善城乡公共文化体系，选送优秀文艺节目、电影、图书及书画摄影作品下乡，丰富和充实农村居民业务文化生活。为低保户减免有线电视网络初装费和视听维护费，创建文化信息资源共享工程网络基层服务点50个、图书流通网点100个和农村文化示范户300户，千方百计地增加农村公共文化供给。加大就业和社会保障工作力度。全面落实就业再就业政策，加强对残疾人等就业困难人员援助力度，确保全县100%的社区和60%以上行政村达到“充分就业社区(村、居)”标准。继续抓好各类养老保险扩面提待工作，完成城乡居民社会养老保险参保率90%以上的目标任务，80周岁以上老人的基础养老金在每月60元的基础上新增40元的高龄补贴。

七、深入实施“绿色苍南、美丽家园”，建设农民美好家园

29. 深入实施“绿色苍南、美丽家园”。加强城镇绿化建设。以城乡环境“五化”为主要内容，以“五沿”中的沿路为重点，突出绿化先行，大力实施县级城区和城镇绿化工程、交通干线森林通道建设工程、海岸基干林带建设工程、江河森林景观带建设工程、平原农区林带林网建设和村庄绿化工程、森林碳汇建设工程等六大工程，完成绿化造林2.2万亩，建设绿化林带297公里。加强森林资源的培育、保护和管理，加大森林防火力度，严厉打击破坏森林资源的违法犯罪行为，提高我县绿化总量和绿化质量，努力为人民群众创造一个干净、有序、优美的生活环境，全面提升城市形象和水平，为打造浙南闽东北最具活力的工贸生态滨海城市奠定坚实基础。

30. 加大村庄环境整治力度。以“道路硬化、垃圾处理、污水治理、卫生改厕和村庄绿化”项目为重点，在继续推进扩面整治的同时，着力加大串点成线、连线成片的综合整治力度，提高整乡整镇的整治比例，着力打造一批各具特色的美丽乡村风景线。2011年完成84个省、市待整治村，5个整乡整镇连体整治的任务，推进镇级生活污水处理设施建设。推进农村面源污染治理，严格执行污染物排放标准。完成全县畜禽禁养区、限养区方案调整，大力推进规模畜禽养殖场污染排泄物治理，推广农药化肥减量增效工程，鼓励开展农业植保统防统治服务，减少农业面源污染，保护农村生态环境。推进农村公共设施物业化管理的长效机制建设，巩固整治成果。

31. 加快农村基础设施建设。继续抓好乡镇卫生院危旧房改造和村卫生室标准化建设，切实解决看病难问题。深入开展"清洁家园"行动。继续推进生态乡镇创建，确保完成2个省级生态乡镇，2个市级生态乡镇以及30个县级以上生态村创建工作。强化卫生死角整治，注重环卫设施的整合共享，高度重视南部垃圾处置工作，新建3座垃圾中转站，创建50个清洁家园示范村、135个清洁家园合格村。继续实施农村联网公路建设。加快乡镇敬老院改造，提高敬老院硬件设施和管理服务水平，进一步提升集中供养能力。加大农贸市场改造提升力度，逐步推行"农改超"、"农加超"模式。继续实施家电下乡工程，大力推进农村连锁超市和便利店建设。

八、切实加强领导，确保新农村建设顺利推进

32. 切实加强组织领导。切实完善"三农"工作领导体制，进一步强化"三农"工作综合部门建设，进一步健全党委统一领导、党政齐抓共管、农村工作综合部门组织协调、有关部门各司其职的农村工作领导体制和工作机制。切实加强考核工作，坚持把农业是否发展、农民是否增收和农村是否繁荣作为乡镇党政领导政绩考核的重要依据，三农工作业绩将与村居干部待遇挂钩。

33. 切实增加公共财政投入。强农惠农的思想认识只能增强不能削弱，强农惠农的政策力度只能加大不能减小。切实做到"三个重点、三个确保"，财政支出重点向农业农村倾斜，确保用于农业农村的总量、增量均有提高；预算内固定资产投资重点用于农业农村基础设施建设，确保总量和比重进一步提高；土地出让收益重点投向农业土地开发、农田水利和农村基础设施建设，确保足额提取、定向使用。切实加强金融对"三农"的服务，引导金融机构加大涉农信贷投放力度，保持涉农贷款增量占比不低于上年，涉农贷款增速不低于同期各项贷款增速。确保足额落实中央、省市农口项目的地方配套资金。

34. 切实加强农村基层组织建设。全面推进村委会、村监委、村经社换届工作。要着眼于全面落实党员群众民主权利，积极探索和完善村级组织选举制度和方式，切实改进选举方式，全面推行"三项承诺"制度，制定并通过村民自治章程。加强换届选举纪律教育，坚决查处贿选等违法违纪行为，大力开展"清障行动"。把农村社会稳定工作作为全面推进新农村建设的重要基础。切实加强农村社会管理，充分发挥农民群众当家作主的作用。进一步加强基层民主制度建设，完善"四议两公开"制度，推进村干部"双述双评"、村务监督等民主监督办法，扩大村民自治范围，推进村务公开，加快形成能充分反映农民群众民主诉求和意愿的机制。积极支持村集体物业经济发展，不断发展壮大村集体经济。

35. 积极动员社会各方积极参与。鼓励各种社会力量参与农业和农村转型发展，形成社会各方合力共建的良好氛围。进一步转变部门职能，把"三农"工作作为自身职能工作的有机组成部分，推动部门工作和服务向"三农"领域延伸。深入开展村企结对。动员社会力量积极参与社会主义新农村建设。

中共苍南县委
苍南县人民政府
二〇一一年五月八日

中共文成县委　文成县人民政府关于推进农业转型升级促进现代农业发展的若干意见(试行)

文委发〔2011〕141号

各乡镇党委、政府，县机关各单位：

为认真贯彻落实科学发展观，加快农业产业结构调整和发展方式的转变，大力发展现代农业，促进农业增效、农民增收，根据《省委省政府关于推进欠发达地区加快发展的若干意见》(浙委〔2011〕29号)，结合我县实际，现就推进农业转型升级提出如下意见。

一、推进农业转型升级的总体要求、基本原则和主要目标

1. 总体要求。深入贯彻落实科学发展观，立足保障农产品有效供给、农业健康发展和农民持续增收，着力推进产业结构、经营主体、经营方式、科技创新、基础设施、服务机制和管理方式的转型升级，实现农业发展由小规模分散经营向规模化、集约化、产业化经营转变，由主要依靠物质资源投入向依靠科技进步、劳动者素质提高和管理创新转变，由主要追求数量扩张向注重品质效益提升转变，加快建设优势凸现、经营集约、功能多元、发展持续、经济社会生态效益相统一的现代农业。

2. 基本原则。

(1)生态优先原则。积极推进农业发展方式转变，发展资源节约型、环境友好型农业，合理利用和有效保护农业资源，发挥农业保障供应和支撑生态的双重作用，实现农业可持续发展。

(2)集聚发展原则。主要依托现代农业园区为载体，集成集约资源要素，拓展产业链功能，打造区域特色品牌，形成主导产业突出、规模效应明显、组织化程度较高、农民增收效果显著，引领现代农业发展的产业集聚区。同时，通过项目整合、部门配合、资源组合，加大资金整合力度，统筹安排涉农项目资金支持农业产业化示范基地建设。

(3)市场导向原则。以市场为导向，发挥市场对产业发展的带动和促进作用。强化政府公共服务与管理，建立健全政府主导的多元化投入机制，营造产业发展的良好环境。

(4)示范引导原则。抓住转型升级中的典型，积极采用典型示范的方法，增强示范的适用性，提高运用示范引导农民进行转型升级的能力和水平。

(5)科技推动原则。坚持依靠推进农业科技创新，提高农业核心竞争力。紧紧围绕现代农业发展要求，加强农业科技攻关，加大农业科技成果转化力度，强化农业科技培训，提高农业科技贡献份额。

3. 主要目标。力争到2013年，我县农业转型升级取得新进展，基本形成产业特色明显、优质高效和持续增长的现代农业框架，使我县成为浙南山区优质农产品的保障供给区、发展现代农业的先行区、循环农业的示范区。粮食生产能力保持稳定，全县粮食年总产量保持在5.6万吨以上；农林牧渔业总产值达到7.14亿元，年均增长7%；优势特色产业地位突出，在农业总产值中比重占60%以上；农民人均纯收入达到8064元，年均增长11%以上。

二、加快推进产业结构转型升级

1. 加快农业“两区”建设。加快粮食生产功能区和现代农业园区建设，鼓励农民群众、种养大户、村级组织和工商资本积极投入“两区”建设。县财政支农资金要重点扶持“两区”建设。

(1)粮食生产功能区建设。以提高粮食综合生产能力、确保粮食安全为目标，进一步加强基础设施建设、强化地力培育、提升科技水平、建立社会化服务组织、创新服务管理机制，努力建成高标准吨粮田。2011至2013年，重点欠发达县群众增收致富奔小康特扶资金(简称特扶资金，实施时间为2011至2013年，下同)安排1500万元，地方财政安排配套资金500万元，用于粮食生产功能区建设。县财政每年安排专项资金30万元用于水稻病虫监测、预警预报、新品种引进、试验、示范以及救灾种子储备。力争到2013年，全县建成28个粮食生产功能区，面积3.87万亩。

(2)现代农业园区建设。按照高标准建设、园区化管理的要求，积极建设主导产业示范区和特色农业精品园。使之成为我县农业主导产业集聚的功能区、先进科技转化的核心区、体制机制创新的试验区、现代农业的样板区。争取到2013年，全县建成水果、蔬菜等5个主导产业示范区和水果、茶叶、蔬菜、花卉等27个特色农业精品园，新增特色农业面积1.5万亩以上。

2. 大力发展生态循环农业。加大政策资金投入和项目建设扶持，发挥政策和财政资金的导向作用，加大政策向生态循环农业建设领域的倾斜力度。充分调动农业经营主体和社会力量的积极性，建立多元的农业投入机制。以农业废弃物资源化利用和治理农田面源、畜禽养殖和农村生活等三大面源污染为重点，在标准化生产、有机肥使用、废弃物利用、农产品加工等方面进一步提升，实现农业产业基地内资源的循环反复利用，切实提高农业产业基地的经济、社会和生态效益。深化农业产业结构调整，合理布局再生能源、畜禽粪便收集处理中心和有机肥加工、废弃物回收企业，实现资源利用集约化、投入物品减量化、生产过程清洁化、废弃物利用资源化、产品供给优质化，着力形成资源节约和环境友好的生态循环农业产业体系。

3. 做大做强特色产业。认真实施主导产业发展规划，加大力度调整产业区域布局，大力发展特色农业产业带，壮大农业块状经济。做大做强果蔬、茶叶、兔业等主导产业，加快发展中药材、油茶、竹木、淡水渔业、花卉苗木等高效特色产业。

①发展提升果蔬产业。着重扶持高山蔬菜、杨梅、蜜梨等地方特色明显、市场潜力大、经济效益高的名特优新品种。进一步加大对老基地的改造，改善基地生产条件，提升管理水平，建设一批标准化、规模化的优质果蔬生产基地，实现提质增效目标。三年共安排特扶资金1985万元，用于果蔬产业示范区和精品园建设。杨梅产业重点扶持区域为：大峃、珊溪、黄坦、玉壶、南田等主产区；蜜梨产业重点扶持区域为：南田、百丈漈、西坑、黄坦等主产区；综合小水果产业重点扶持区域为：大峃、珊溪、黄坦、南田、峃口、巨屿等。力争到2013年，全县建成4个水果主导产业示范区、7个水果精品园。水果种植面积达到8万亩，产值达1.2亿元。

②推动茶叶产业升级。加强名优早茶开发，进一步优化品种，提高机械化生产水平，推动茶叶产业升级。茶叶产业重点扶持区域为：峃口、周山、珊溪、巨屿、大学、百丈漈等茶叶主产区。三年共安排特扶资金555万元，用于名茶精品园区建设。力争到2013年，全县建成11个名茶精品园，茶园面积扩大到3万亩，产值达8000万元。

③加快提升兔业产业。加快肉兔规模养殖示范基地建设，积极创建种兔场，切实改进兔业饲养方式，走规模化、标准化、生态化产业发展模式。积极做好面上量的扩张，开展向低收入农户赠送种兔帮扶活动。三年共安排特扶资金800万元，用于提升兔业产业，全县兔饲养量达到150万只，养殖规模化水平达到80%以上，产值达1.25亿元(包括加工值)。

④促进中药材产业提升。扶持一批有一定规模、有发展潜力的中药材示范基地，积极引进推广优良品种，不断提高中药材产量、品质与效益，推动全县中药材产业整体提升。三年共安排特扶资金600万元，用于扶持中药材产业发展。力争到2013年，全县中药材面积达到1万亩，产量1500吨，其中，中药材示范基地5个2000亩，种子种苗基地100亩。

⑤全面提升油茶产业。切实加强对低产老油茶基地改造和良种繁育，培育一批有一定规模的优质高产油茶推广示范基地，全面提升我县油茶产业水平。三年共安排特扶资金400万元，用于扶持油茶产业发展。力争到2013年，新建良种油茶示范基地1万亩，先进技术推广示范基地2000亩。

⑥提升竹产业水平。充分挖掘竹林地生产潜力，降低竹林生产成本，改善竹区生产条件，促进竹林集约经营。三年共安排特扶资金800万元，用于竹林道建设和低产低效竹林改造。力争到2013年，建成竹林主干道53公里，实施低产低效竹林改造11600亩。

⑦发展淡水渔业。发展淡水渔业稳定常规水产，发展名优水产提升稻田养鱼，提高水产品产值。县财政每年安排资金100万元，用于发展淡水渔业，到2013年，全县淡水养殖面积达8500亩，沟坑式稻田养鱼面积2000亩，新建示范基地7个。

⑧发展花卉苗木产业。以市场为导向，以科技为动力，以效益为中心，大力推广新品种和先进适用技术，全面提高花卉苗木产业规模化、专业化、标准化水平，使之成为我县新型高效特色产业。到2013年，全县花卉苗木面积达3000亩，产值3600万元。

4. 开拓农业多种功能。加大农业深度和广度开发力度，加强农业生产、生活、生态与文化功能的有机融合，拓展现代农业的多样性功能。继续推进休闲观光农业、农家乐发展，大力发展农产品加工业和流通业，推动产业转型，促进农民分流就业，积极筹建农业体验中心。三年共安排特扶资金1500万元，用于扶持发展农家乐休闲旅游业。结合美丽乡村建设，重点扶持大学、南田、西坑、百丈漈、珊溪、黄坦等乡镇创建农家乐特色村(点)。鼓励乡镇大力扶持发展农家乐。三年共安排特扶资金500万元，用于实施一村一品项目10个，扶持手工艺、食品特产类的旅游小商品，带动2000户农民年增加收入1000万元。到2013年，创建5个农家乐特色村和15个特色点。接待旅游人数86万人次，农家乐经营收入4500万元。

三、加快推进农业经营主体转型升级

1. 加快推进农业规模经营。加快农业经营制度创新，建立土地合作社，大力推进农业规模化经营，转变农业生产经营和要素配置方式。通过转让、转包、出租、入股等方式，鼓励连片规模流转土地，提高土地集约化程度和经营者的规模效益，鼓励和支持各农投公司受让农户的土地承包经营权。县财政每年安排一定的资金，用于土地流转工作的奖励。到2013年，力争全县土地规模流转率达50%以上，经济发达乡镇达60%以上。加大农业用地供应，在节约集约用地的基础上，县农业、国土、环保等相关部门要尽量帮助农业龙头企业、种养专业合作社、大户解决农业生产用地。

2. 大力培育农业(扶贫)龙头企业和农民专业合作社。鼓励有能力、有实力的工商企业、私营业主等经营主体创办农业企业，从事农业生产经营和服务，推行农业生产的企业化经营。加大农业企业技术改造力度，鼓励企业积极开展新产品研发，不断提高企业市场竞争能力。按照服务农民、进退自由、权利平等、管理民主的要求，健全内部运行机制和管理制度，提升专业合作社规范化水平。在百丈漈建立300亩的农产品加工基地，安排特扶资金1000万元，支持农产品加工基地配套设施建设。安排特扶资金1000万元，用于扶持农业(扶贫)龙头企业、农民专业合作社和农产品营销网络建设。争取到2013年，全县培育农业(扶贫)龙头企业10家以上，培育规范化专业合作社20家，产值达3亿元以上。

3. 积极开展农业招商选资。切实做好农业招商项目的筛选包装，建立健全农业招商项目库，每年推出一批特色明显、回报率高、辐射面广、带动力强的农业招商选资项目。坚持"引进来"和"走出去"相结合，加大农业项目招商力度，吸引县内外农业企业、工商企业等民间主体投资现代农业开发建设。加快建设百丈漈农产品加工基地，吸引一批有实力、市场前景好、带动力强的龙头企业和农民专业合作组织入驻基地，延伸产业链，提高农产品附加值，推动农业产业可持续发展。

四、加快推进农业经营方式转型升级

1. 加快农业品牌化。推进品牌农业建设，坚持创品牌、树品牌、护品牌相结合，加大品牌整合力度，集中力量打造一批覆盖面广、影响力大、竞争力强、带动作用明显的知名品牌。县财政每年安排一定的扶持资金，支持品牌农业建设。

2. 加强农业标准化。围绕我县农业主导产业和优势农产品，加快农业标准规范的制(修)订。鼓励、支持农业龙头企业、农民专业合作社、农业技术推广站开展农业标准化示范活动。县财政每年安排15万元，用于加强农业标准化建设。

3. 实施营销网络化。积极筹建农产品交易市场。鼓励农业龙头企业、农民专业合作组织在大中城市及本县县城设立长期固定、统一标识的营销中心专卖或连锁店。鼓励农业龙头企业、农民专业合作组织加强品牌农产品宣传促销。到2013年，争取在县内外建立文成名特优农产品营销中心10家，专卖店20家，年销售产值5000万元。

4. 推进农业信息化。加强建设农产品产地编码信息查询系统、动植物防疫检疫管理系统、"三品"生产质量安全监督管理查询系统、农产品电子商务系统、气象信息和灾害性天气预警信息系统等农业公共管理和公共服务信息化平台。拓展农民信箱等信息服务平台的功能，实施农民信箱"村村联网工程"，推进信息进村入户。

五、加快推进农业科技支撑转型升级

1. 加快农业科技创新平台建设。强化农业企业(专业合作社)在科技创新中的主体地位，加快各类农业科技创新平台建设，努力提高科技支撑服务"三农"能力。加快新品种、新技术、新材料的引进示范和推广应用，大力推进具有市场竞争力的农业科技特色示范基地建设。

2. 加快培育特色种子种苗。积极引进和推广良种、良苗，抓好良种繁育示范基地建设，完善繁育推广体系。县财政每年安排资金30万元，用于优良种子种苗的引进、培育和推广。

3. 健全农业科技推广体系。立足科技转化应用，集成推广一批农业先进适用技术，提高科技支撑水平，促进农业发展尽快走上依靠科技进步上来。完善农技推广组织、责任、培训、保障体系。加强农业技术人才队伍建设。广泛吸引农科院校毕业生到农技推广系统就业，进一步培养农村乡土人才。建立多元化农业科技示范推广体系，不断改进推广方式，全力推动先进技术落地，促进科技成果转化。

4. 深入开展农民素质培训。立足提升传统农民、转化返乡农民、培育新型农民，着力培养有文化、善经营、会管理的职业农民，培育一批规模经营户、科技示范户、营销专业户。安排特扶资金1400万元，开展"农村实用人才技能和创业培训"、"专业农民农业技能培训"、"转移就业技能培训"和"低收入农户劳动力转移服务"，不断提高农民科技文化素质和参与市场竞争能力，加快农民转移就业和农业创业。到2013年，全县累计培训农民1.5万人以上。

5. 支持大学生农业就业创业。具有全日制普通高校专科(高职)以上学历，年龄35周岁以下，具有本省籍贯，在本县从事农业创业就业的大学生，在市级以上示范性合作社，签订劳动合同且合同期限在一年以上，办理相应社会保险，年基本报酬不少于2万元的；牵头兴办农民专业合作社，担任理事长，并被县级以上责任单位认定为规范化农民专业合作社；在省内专职从事种植业、养殖业达到一定规模的法人代表、农场场长或承包户主，承包土地期限在5年以上并签订规范化承包(流转)合同的，按《关于鼓励和支持大学毕业生从事现代农业的若干意见》(浙政办发〔2010〕141号)有关规定，对每人每年给予1万元补助，连续补助三年。

六、加快推进农业基础设施转型升级

1. 扶持设施农业。重点支持蔬菜、水果、花卉苗木、中药材等主导产业或优势产业基地配套设施建设。对经申报确认的钢管大棚、连栋大棚、温室大棚、蔬菜育苗中心、预冷保鲜库、喷滴灌设施(包括管网)、太阳能杀虫灯、冷藏运输车、频振式杀虫灯、基质穴盘育苗、防虫网等农业设施，给予相应的补助。

2. 完善水利农田设施。积极向国家、省市争取项目补助资金，进一步加大县财政支持力度，加快推进我县农田水利基本建设、山塘水库除险加固等工程建设。县财政按土地出让收入的2%建立水利农田建设资金，努力改善我县农业生产条件，促进农业综合生产能力的逐步提高。水利农田建设资金要向农业"两区"重点倾斜，支持农业"两区"水利设施建设。

七、加快推进农业公共服务转型升级

1. 加强基层农业公共服务。建立健全基层农业技术综合推广服务体系，按照"精简、统一、效能"原则，合理设置机构，在全县9镇1乡建立健全农业技术推广、动植物疫病防控、农产品质量监控"三位一体"的基层农业公共服务中心，实现机构设置专业化；科学合理配备机构人员；把基层农业公共服务经费纳入财政预算，确保基层农业公共服务需求。

2. 完善农业社会化服务。努力建设覆盖全程、综合配套、便捷高效的农业生产社会化服务体系。鼓励专业大户、合作社等生产经营主体开展植保统防统治、水稻机插、油菜机收等社会化服务，按作业面积给予相应的补贴。

3. 健全农业风险防范机制。安排特扶资金500万元，设立农业风险资金，加强农业风险防范。对水稻、茶叶、蔬菜、中药材、水果、油茶、花卉苗木、兔业等农业产业生产经营主体，因不可抗拒自然灾害、病虫害、动植物疫病和市场影响造成的减产、减收、绝收等风险给予适当补助。

4. 完善农业发展基金使用管理。健全农业发展基金筹措使用管理办法。基金实行项目化管理，采取"一事一议"的方式，切实提高农业生产发展资金的使用效益。基金重点用于支持符合产业政策，能推动全县农业产业结构调整的项目和直接带动农民增收的农业产业化经营龙头企业。进一步整合财政支农资金，不断壮大农业生产发展资金，2012年起县农业生产发展基金整合增为每年800万元，并根据法定比例逐年增长，列入县财政年度预算。

5. 改善农业金融服务。鼓励金融机构增加对"三农"的信贷投入，落实涉农贷款增量奖励政策。拓展农村抵押担保物范围，开展大型农用生产设备抵押贷款、土地承包流转后的经营权抵押贷款试点；积极开展林权抵押贷款，创新林业融资渠道，县财政对林农用于生产经营的林权抵押贷款给予财政贴息。进一步完善风险保障机制，增加政策性农业保险品种，扩大保险覆盖面，实现农(林)业主要品种全覆盖。扩大扶贫小额贷款规模，推进低收入农户集中村资金互助组织(发展互助会)试点扩面，安排特扶资金1400万元，其中扶贫小额贷款专项资金1000万元，贴息资金400万元，年发放扶贫小额贷款800户3000万元；新增低收入农户集中村发展互助会20个。

八、进一步营造农业转型升级的社会环境

1. 建立联席会议制度。为切实加强对农业转型升级工作的组织领导，形成推动农业转型升级的合力，建立农业转型升级工作联席会议制度。联席会议总召集人为县长，召集人为县政府分管副县长，成员由县府办、县农办、县发改局、县经贸局、县财政局、县农业局、县水利局、县林业局、县环保局、县科技局、县人事劳动社会保障局、县统计局、县国土资源局、县工商局、县质量技术监督局、县人行、银监办、县农村信用联社等部门主要负责人组成，办公室设在县农办。联席会议主要职责为：科学制定农业产业发展项目总体规划，研究确定农业项目年度实施计划和阶段性工作计划，研究拟定涉农资金项目的整合方案，协调解决项目实施中的难点问题，督促检查涉农部门相关政策的落实和任务完成情况。联席会议各成员单位要各司其职，各负其责，加强协调，密切配合，形成推动农业转型升级的强大合力。

2. 规范项目资金管理。进一步健全现代农业生产发展资金管理制度，规范资金的使用管理和绩效评估。为确保集中财力办大事，各部门要突出重点，把好能够引导和促进产业做大做强的关键环节，把有效的资金用在刀刃上。同时要以现代农业项目为平台，进一步加大资金整合力度，将性质相同、用途相近的支农资金统筹安排使用，充分发挥资金的规模效益。县有关部门要不断完善现代农业项目资金申报管理办法，加强对项目的可行性评估论证、业务指导、监督检查、绩效考核等制度建设；各乡镇要加强领导，切实抓好项目的论证、申报和组织实施。对弄虚作假、骗取、套取财政资金或者将财政资金截留挪用的单位（个人），除追回原补助资金外，三年内取消一切财政支农资金补助资格。

3. 转变工作作风。坚持求真务实，推进工作重心下移，以多种方式和途径问政于民、问需于民、问计于民，强化示范，切实解决农业生产、农民增收过程中的实际问题，确保农业转型升级实际效果。进一步强化服务意识，尊重农民创造，方便农民办事，积极开展送科技、政策、信息下乡等活动，建立为农服务长效机制，并追究有关法律责任。

4. 营造良好环境。积极鼓励大胆创新，保护和调动各方面改革创新的积极性，营造宽松的改革发展环境。加强对先进典型、先进模式的总结、宣传和表彰，扩大影响力和辐射力。进一步加大农业执法力度，依法及时查处农业违法案件和生产事故，保障农民合法权益和农业安全生产。加强和改善行政管理，努力为加快转变农业发展方式、推进农业转型升级创造和谐稳定的社会环境。

九、附则

1. 本实施意见实行时间为 2011—2013 年。以前出台的扶持农业产业相关政策与本意见有不一致的，以本意见为准。

2. 本实施意见由各责任单位负责解释。

附件：文成县现代农业项目资金补助实施办法（试行）

中共文成县委

文成县人民政府

二〇一一年八月十七日

附件：

文成县现代农业项目资金补助实施办法（试行）

为切实发挥我县财政支农资金对农业农村发展的引导、扶持作用，积极推进我县农业产业结构的战略性调整，大力发展现代农业，促进农业增效、农民增收，特制定本实施办法。

一、农业“两区”补助政策

1. 粮食生产功能区建设

扶持重点主要是功能区公共基础设施建设维修、农田质量提升、科技提升、机制创新等。其中，公共基础设施建设维修包括：农田水利设施、机耕路、田间作业道、农机下田坡、农电网等建设维修；农田地力提升包括：施用有机肥、配方肥、秸秆还田以及种植绿肥等；农业科技提升包括：主推技术、统防统治、测土配方施肥推广应用等；机制创新包括：成立专业合作组织，购置农机具，建立生产服务机制，开展统一机械作业、育供秧、植保、水浆管理以及代育、代种、代管、代收等。

公共基础设施建设维修的补助标准不超过造价的 80%；农田质量提升、农业科技提升的补助标准不超过造价的 30%；机制创新的补助标准原则上不超过造价的 50%。如上述项目获得其他财政性补助的，各类财政性补助合计不超过以上项目补助标准，上级财政部门另有规定的除外。（责任单位：县农业局）

2. 现代农业园区建设

扶持重点主要是园区基础设施、生产设施、农业装备、农业科技、农业社会化服务平台、循环农业建设平台等方面建设。其中基础设施包括：蓄水灌溉、田间水利、田间作业道、机耕路、林区作业道路、电力设施等；生产设施包括：钢管大棚、温室、喷滴灌设施、杀虫灯、温湿调控设备、保鲜冷藏，县级蔬菜育苗中心、县级花卉苗木育苗中心、鲜活农产品农产品分级包装及质量安全检测等设备等；土建类设施包括：标准化茶叶加工厂房、农产品产地交易市场、农产品分级包装、烘干、保鲜冷藏及质量安全检测场所、库房等；农业装备包括：农业生产、加工、烘干、贮运等环节的农业机械及农业信息、技术、营销等公共服务设施等；农业科技包括：农业新品种、新技术、新机具的推广，良种引进、繁育、工厂化育苗、品种优化改良、土壤肥力提升、农业标准化、先进实用技术和高效生态生产模式等推广应用；农业社会化服务包括：统一服务、土地流转、规模经营、农产品分级包装、冷链系统、品牌建设、产地交易市场管理等；循环农业建设包括：循环农业设施装备、农业废弃物综合利用及循环模式创新等。

基础设施、生产设施的补助标准为不超过造价的 70%；土建类设施的补助标准为不超过造价的 50%；农业装备、农业科技、农业社会化服务、循环农业建设的补助标准为不超过造价的 30%。如以上项目已获得其他财政性补助的，各类财政性补助合计不超过以上项目的补助标准（上级财政部门另有规定的除外）。（责任单位：县农业局）

二、产业基地扶持政策

符合农业功能区规划，但未列入现代农业园区建设的项目，按以下标准补助。项目实行申报制度，经立项并经验收合格后，给予补助。

1. 鼓励良种茶叶发展。

经验收合格，新开发无性系良种茶园（低产老茶园改造）连片面积 20 亩以上；开发（改造）当年每亩补助 200 元，其中白茶、乌龙茶等良种茶每亩补助 400 元。第二、三年达到幼龄茶园抚育管理技术标准要求的，每亩每年分别再补助 100 元。鼓励在坡度 25 度以上的山坡地种茶，凡在山坡地连片种植良种茶叶20亩以上的，除享受以上补助外，第一年和第二年享受粮食补贴每年每亩200元。茶叶企业或大户新建或改建标准茶厂的，按标准厂房使用面积每平方米给予补助200元，最高补助不超过6万元。（责任单位：县农业局）

2. 鼓励发展优质果蔬生产基地。

经县责任单位立项、验收合格的新造、改造连片50亩以上的果蔬基地当年每亩给予补助200元。第二、三年达到抚育管理标准的，每年每亩再补助100元。（责任单位：县农业局）

3. 加快肉兔规范化养殖。

（1）对能够带动周边农户养兔并提供技术指导的养兔场（户）列入养兔示范场（户），对新改建兔笼200个以上，常年存栏200头以上，一次性补助0.7万元，对新改建兔笼500个以上，常年存栏500头以上，一次性补助2万元，对新改建兔笼1000个以上，常年存栏1000头以上，一次性补助5万元。

（2）对新改建兔笼2000个以上，同品种能繁母兔700头以上，取得二级种兔场资格的养兔场一次性补贴20万，对新建兔笼4000个以上，同品种能繁母兔1200头以上，取得一级种兔场资格的养兔场一次性补贴40万。

（3）对有养兔需求的低收入农户和散养户赠送种兔。（责任单位：县科技局、县农业局）

4. 发展高产优质中药材基地。

扶持资金重点用于中药材示范基地优良品种引试、种子种苗基地建设、以及水、电、路、生产管理用房、仓储设施等配套设施建设，中药材先进适用加工设备引进、产品质量认证、名优产品、品牌创建与中药材生产扩面增量以奖代补。

中药材生产扩面增量以奖代补每亩补助200元以内；示范基地配套设施建设、加工设备引进补助金额在总投资的40%以内；优良品种引试、种子种苗基地建设、产品质量认证、名优产品、品牌创建补助金额在总投资的20%以内；其中，30%的特扶补助资金在项目验收通过后拨付。（责任单位：县农办）

5. 培育优质高产油茶基地。

经验收合格新造油茶基地连片50亩以上每亩补助400元，其中第一年补助200元，第二、第三年达到抚育管理标准的，每年每亩补助100元；低产油茶林改造连片50亩以上每亩补助400元，其中第一年补助300元，第二年达到抚育管理标准的，每亩补助100元。同时，鼓励坡度在25度以上的山坡地种植油茶，通过土地流转，对规模种植50亩以上的种植大户，在前两年每年给予粮食补贴200元/亩。（责任单位：县林业局）

6. 实施低产竹林改造。

在毛竹林道建设及低产低效林改造规划区域内，低产低效林改造每亩补助460元；规划区域内有采用毛竹覆盖技术的笋用竹林，覆盖1亩折合低效林改造10亩，每亩补助4600元。竹林主干道建设每公里补助5万元。（责任单位：县林业局）

7. 发展淡水渔业。

对连片面积30亩以上沟坑式稻田养鱼基地，给予每米水泥田埂补助18元，每坑塘补助400元。每年安排一定资金鼓励发展水产品加工、名特优水产品种以及土著鱼类养殖、观赏鱼养殖。休闲渔业项目，奖励池塘、山塘水库养殖大户；对符合规范的苗种场，名优苗种繁育以及常规苗种提片复状进行补助。加强水产质量管理，加强鱼病防治监管，为了修复改善水域水产资源，安排一定资金用于增殖放流。（责任单位：县水利局）

8. 发展花卉苗木产业。

经验收合格，新发展花卉苗木基地连片面积在5亩以上50亩以下的，给予补助苗木成本的20%；连片面积在50亩以上的，给予补助苗木成本的30%。（责任单位：县农业局、县林业局）

三、开拓农业多种功能补助政策

1. 推进休闲观光农业发展。规模在50亩以上，注册资金在30万元以上，投资在100万元以上的休闲观光农业给予实施单位酌情补助。（责任单位：县农办、县农业局）

2. 加快发展农家乐休闲旅游业。具体扶持措施见《关于加快发展农家乐休闲旅游业的若干意见》（文政发〔2011〕3号）。（责任单位：县农办、县旅游局）

3. 一村一品特扶项目。重点扶持产品的设计开发、技术改造、手工作坊规范化建设、品牌创建、设备等环节。补助金额在扶持重点内容总投资的30%以内（规划总投资1000元，特扶500万元），同一实施单位的同一项目最高不超出50万元。其中，30%的特扶补助资金在项目验收通过后拨付。（责任单位：县农办、县经贸局、县旅游局）

四、土地规模流转补助政策

1. 县财政对当年新增连片规模流转（转让、转包、出租、入股）30亩以上的水田，流转合同规范，且流转年限5年的，按实际流转面积一次给土地流出户每亩150元奖励；在土地流转承包期限内，流转年限超过5年的，每亩每年再奖励40元。

2. 县政府每年开展土地流转工作先进单位评选活动，对当年规模土地流转面积前三名的乡镇土地流转服务站，分别给予3万、2万、1万元的奖励。三年内耕地连片规模流转面积达到该乡镇耕地总面积50%以上的乡镇土地流转服务站一次性奖励10万元。具体补助政策详见《关于印发文成县农村土地承包经营权流转暂行办法的通知》（文政办发〔2010〕103号）（责任单位：县农业局）

五、农业龙头企业（专业合作社）扶持政策

重点扶持县级以上农业（扶贫）龙头企业新产品开发、生产工艺技术改造、生产加工设备更新（引进）改造、品牌创建、市场营销网络建设、技改贴息等环节。

重点扶持市级规范化（扶贫）农民专业合作社仓储设施、品牌创建、农产品质量安全体系建设、标准化生产基地建设等环节。

补助标准：

（1）补助金额在扶持补助环节总投资的20%以内（规

划总投资5000元，特扶1000万元)，同一实施单位的同一项目最高不超出120万元。其中，30%的特扶补助资金在项目验收通过后拨付。

(2)鼓励农业龙头企业做大做强。对国家、省、市、县人民政府新命名的农业(扶贫)龙头企业，分别给予一次性10万元、5万元、3万元、1万元的奖励。

(3)对运行机制规范、经营规模大、带动作用强，被评为县级规范化示范性农民专业合作社的，给予奖励1万元。(责任单位：县农办、县农业局、县林业局)

(4)鼓励农业龙头企业(合作社)在县城及大中城市设立长期固定、统一标识的专卖或连锁店，(须经当地工商、税务登记)。在城市开办文成名特优农产品营销中心或者文成名特优农产品专卖店，在开办当年按开办补助经营投资(产品采购、工薪支出及流动资金除外)的50%一次性给予补助，年底按经营业绩再给予适当奖励，最高不超过20万元。(责任单位：县农办)

六、品牌培育扶持政策

1. 对当年获得国家驰名商标或国家名牌农产品的企业，给予奖励50万元；获得省著名商标或省知名商号或省名牌农产品的企业，给予奖励10万元；获得市著名商标或知名商号或市名牌农产品的企业，给予奖励5万元。对同时获得品牌系列称号的企业，按照最高级别奖励，不重复计奖；对复评的品牌按上述奖励金额的50%予以奖励。对批准确定为地理标志产品的实施单位予以奖励2万元。

2. 对获得温州市、浙江省农博会金奖和优质农产品奖的实施单位分别给予5000元和2000元的奖励。

3. 鼓励涉农行业申请注册商标，凭《商标注册证》，每件给予补助1000元。

4. 对通过国家无公害农产品认证或绿色食品或有机食品认证的实施单位奖励2万元(同一实施单位，每增加认证1个产品，每个产品增加3000元)；对通过无公害农产品复审换证及通过绿色食品、有机食品认证年审的实施单位，奖励1万元。

5. 对参加由县统一组织参加的市早茶节、市迎新春农产品大联展、省绿茶博览会、省农博会、浙江省(上海)名特优新农产品博览会，展示、展销的企业或合作社，摊位费财政全额补助；鼓励农业龙头企业、农民专业合作组织加强品牌农产品宣传，对在省、市农博会、茶叶展销会上做品牌宣传的企业或合作社，按广告费总额的50%给予补助，但同一企业年最高补助金额不超过2万元。(责任单位：县农业局、县质监局、县工商局)

七、农业标准化建设扶持政策

1. 加快农业标准规范的制(修)订。围绕我县农业产业和主导农产品，制订、发布县级农业标准规范的，一次性补助2万元/项；修订县级农业标准规范的，一次性补助1万元/项。

2. 加强农业标准化示范项目建设。对通过县级农业标准化推广示范验收单位，“优秀”项目以奖代补资金3—5万元/个，“合格”项目以奖代补资金1—3万元/个。

3. 对通过省级无公害农产品生产基地认证和国家无公害农产品认证的实施单位，奖励2万元；对通过绿色食品、有机食品认证的实施单位，分别奖励3万元；对通过无公害农产品生产基地、无公害农产品复审认证及通过绿色食品、有机食品认证年审的实施单位，奖励1万元。(责任单位：县农业局、县质监局)

八、加快农业科技创新扶持政策

1. 推进农业科技创新平台建设。对认定为县级以上农业科技特色示范基地的，每家给予2万元补助；对列入市级科技富民强镇行动计划项目的，给予一定比例的配套经费支持。对新认定的国家级、省级、市级农业企业研发中心的，分别给予10万元、5万元、3万元的奖励；对省级以上农业科技企业给予一次性奖励3万元。(责任单位：县科技局、县农业局)

2. 培育特色种子种苗。建立连片20亩以上良种、良苗繁育推广基地的，经验收确认后，给予一次性补助5—10万元。对新办并取得省一级、市级、县级(含省二级)(没发的)《种畜禽生产经营许可证》的种畜禽企业(基地)，分别给予一次性补助10万元、5万元、3万元。扶持育苗中心发展。县财政对应用穴盘苗、容器苗的企业或个人予以30%价格的补贴。(责任单位：县农办)

九、设施农业扶持政策

设施农业建设连片面积5亩以上，并达到质量规范要求，经申报确认，钢管大棚、连栋大棚、温室大棚、蔬菜育苗中心、预冷保鲜库、喷滴灌设施(包括管网)、太阳能杀虫灯等农业设施补助标准(除省市补助以外)为造价的40%，最高不超过80%；冷藏运输车每吨补助3万元，最高不超过车价的50%；频振式杀虫灯、基质穴盘育苗、防虫网补助标准为造价的30%。对基地配套设施酌情给予补助。

十、县农村劳动力素质提升培训暨低收入农户素质培训补助政策

农村劳动力素质提升培训补助项目主要包括农村实用人才培训、专业农民农业技能培训、转移农民就业技能培训、低收入农户劳动力转移服务等。

(1)农村实用人才培训以实用型、技艺型、创业型培训为主，集中培训时间一般不少于40课时，按每人每课时6元给予补助，最高不得超过500元/人，若教学安排调研、考察、参观等活动的，可根据实际费用给予适当补助，但最高不得超过800元/人。

(2)专业农民农业技能培训，培训时间一般不少于40课时(可累计，含理论与实践课)，按每人每课时6元给予补助，最高不得超过500元/人。

(3)转移就业技能培训分中短期培训与长期培训两个档次进行补助。中短期培训的培训时间不超过3个月，补助标准根据工种难易程度、时间长短、成本高低予以确定。长期培训的培训时间在3个月以上，由中、高等职业培训学校(机构)进行系统培训，就业率达到90%以上的，凭培训机构出具的学费正式发票的80%给予补助，但最多不超过8000元/人；低收入农户参加培训给予100%的补助。

(4)低收入农户劳动力转移服务重点引导我县低收入

农户劳动力与企业达成用工协议，或企业积极主动提供就业岗位，引导、招聘低收农户劳动力转移就业。促进低收入农户劳动力与正规就业的用人单位签订劳务合同期限不少于3个月的，给予企业400元/人的补助。

(5)为了做好农村实用人才、专业农民农业技能培训的考核评定及发证工作，县财政按照当年培训资金总额的1.5%比例给予补助。(责任单位：县人事劳动社会保障局)

十一、支持大学生农业就业创业政策

获得教育部门认可的全日制专科以上学历，年龄35周岁以下，具有本县籍贯，在本县从事农业创业就业的大学生，在市级以上示范性合作社，签订劳动合同且合同期限在一年以上，办理相应社会保险，年基本报酬不少于2万元的；牵头兴办农民专业合作社，担任理事长，并被县级以上责任单位认定为规范化农民专业合作社；在省内专职从事种植业、养殖业达到一定规模(1、粮油：种植面积30亩、复种50亩以上；2、畜牧：在非禁养区内从事养殖，年存栏商品猪70头以上，或年存栏商品猪禽3500羽以上，或年存栏蛋鸡7000羽以上；3、水产：养殖面积50亩以上；4、蔬菜：露地种植面积10亩以上或设施栽培面积5亩以上；5、食用菌：种植面积10000平方尺以上；6、笋竹：种植面积100亩以上；7、茶叶、水果、中药材、花卉苗木：种植面积30亩以上；8、从事农产品加工，年产值在100万元以上，持有工商、税务等部门注册登记的相关手续的法人代表、农场场长或承包户主，承包土地期限在5年以上并签订规范化承包(流转)合同的。补助标准：财政对每人每年给予1万元补助，连续补助三年。同一人不能重复享受补助政策。(责任单位：县农业局)

十二、小额扶贫贷款政策

扶贫小额贷款按《文成县扶贫小额信贷实施暂行办法》(文扶字〔2009〕19号)执行。特扶扶贫小额贷款贴息资金按扶贫资金专户管理，贴息资金支出按增加的专项资金与原渠道专项资金比例分摊。

扶持低收入农户集中村建立资金互助组织(发展互助会)，每建立一个给予补助20万元。(责任单位：县扶贫办)

十三、项目和资金管理

1. 项目负责单位

扶持项目实行联席会议制度和责任单位负责制，由项目业务部门分头把关，负责立项、监督、管理。

2. 项目申报

(1)符合申报基本条件的项目单位编制申报方案，由所在乡镇审核签署意见后，报相关负责部门。(2)各相关部门组织相关人员对项目可行性进行审核，提出项目资金拼盘初步意见，并将项目上报联席会议办公室。(3)办公室根据各成员单位提出的年度农业项目实施计划，进一步分析梳理，提出全县农业年度实施项目计划书。(4)联席会议对计划书研究后，确定年度农业项目实施计划，并提出立项和资金整合方案。(5)联席会议以会议纪要的形式确定议定事项。各成员单位和项目责任单位根据各自的工作职责抓好项目的实施、管理和监督。

3. 项目验收

上述项目按非工程类项目进行管理。下达立项计划后，项目管理单位与项目实施单位签订合同，再由各负责部门会同项目所在乡镇根据合同内容进行监督管理并初验，初验合格后，向县联席会议办公室提出验收申请，由联席会议办公室组织验收组进行项目验收，并提出资金安排意见，交联席会议批准后落实。

4. 资金管理

各项目扶持资金由县财政部门负责筹集和监督管理，各农口部门负责扶持资金使用和监督检查，审计等部门要加强资金的监督和审计，做到专户存储、专款专用，防止截留、移用和他用。对虚报、隐瞒实情骗取补助资金的，一经查实，相关项目单位三年内不得享受优惠政策。

中共泰顺县委　泰顺县人民政府
关于推进“中国美好乡村”建设的实施意见

泰委〔2011〕6号

为加快我县社会主义新农村建设，提升城乡统筹发展水平，优化我县农村发展环境，夯实生态文明建设基础，根据《浙江省美丽乡村建设行动计划(2011～2015年)》(浙委办〔2010〕141号)精神，县委、县政府决定，2011～2015年在全县全面推进“中国美好乡村”(以下简称美好乡村)建设。现结合我县实际，提出以下实施意见：

一、指导思想和总体目标

(一)指导思想。深入贯彻党的十七大和省委十二届七次、市委十届九次全会以及县委十二届十次全会精神，坚持以科学发展观为指导，认真贯彻落实《中共泰顺县委关于推进生态文明建设的决定》，以促进人与自然和谐相处、提升群众生活品质为核心，围绕科学规划布局美、村容整洁环境美、创业增收生活美、乡风文明身心美的目标要求，以深化提升“千百工程”建设为载体，着力推进农村生态人居体系、农村生态环境体系、农村生态经济体系和农村生态文化体系建设，形成有利于农村生态环境保护和可持续发展的农村产业结构、农民生产方式和农村消费模式，建设一批生态、生产、生活“三生融合”的美好乡村，为加快推进“三生融合幸福泰顺”建设夯实基础。

（二）总体目标。结合泰顺县“十二五”发展规划、县域总体规划、土地利用总体规划和生态功能区规划，综合考虑各地不同的资源禀赋、人文积淀、区位条件和经济社会发展水平，按照“重点培育、全面推进、争创品牌”的总要求，推进美好乡村建设。以“一轴六线四区”为重点建设区域（“一轴”指58、52省道为主轴，“六线”指雅阳、三魁、筱村、彭溪58省道连接线和文泰线、老58省道沿线，“四区”指乌岩岭、廊桥—氡泉—九峰、飞云湖、南浦溪等四大景区），以实施农村生态人居建设、农村生态环境提升、农村生态经济推进、农村生态文化培育“四大工程”为主要内容，按照“串点成线、连线成片、完善提升”的思路，积极争创精品村、重点村、特色村。通过五年（2011～2015年）的努力，全县80%以上的中心村达到美好乡村建设要求。总体上实现以下目标：

——农村生态经济加快发展。乡村工业污染、农业面源污染、畜禽养殖污染得到全面治理。循环经济、清洁生产等各类技术普遍应用，高效、低耗、低排放的乡村生态工业、生态农业、生态旅游业快速发展。

——农村生态环境普遍改善。村庄环境综合整治深入推进，农村垃圾、污水得到有效治理，村庄美化绿化水平不断提高，农村卫生长效保洁机制普遍形成，连线成片效果明显，农村安全防洪、农民安全饮水得到加强，农村宜居水平显著提高。

——资源集约利用成效显著。中心村培育和农村住房改造建设稳步推进，农村人口集中居住和农村土地集约利用水平不断提高。农村新型能源得到广泛开发和利用，节地、节材、节能技术得到普遍推广，农业废弃物综合利用得到全面推广。

——农村生态文化日益繁荣。美好乡村建设活动广泛开展，建设氛围浓厚。生态文明新风尚全面形成，生态文明理念在农村深入人心。农村特色生态文化得到有效发掘、保护和弘扬，农村健康文明的生活方式初步形成。

二、基本原则

（一）坚持以人为本。以农民群众满意为标准，充分发挥村级组织和村民在美好乡村建设中的主体作用，尊重农民群众的知情权、参与权、决策权和监督权，引导他们大力发展生态经济、自觉保护生态环境、加快建设生态家园，做到美好乡村建设依靠农民、美好乡村建设成果惠及全体农民。

（二）坚持规划先行。根据《泰顺县生态环境功能区规划》、《泰顺生态县建设规划》和《泰顺县城镇建设总体规划》，结合区域位置、经济基础、发展条件等实际，在整合、归并各类专项规划的基础上，按照“环境整洁、村容优美、设施配套、布局合理”的要求，科学编制美好乡村建设总体规划。同时，进一步完善产业发展、城镇建设、中心村建设等规划，形成完备的美好乡村建设规划体系。

（三）坚持统筹兼顾。按照城乡生态文明一体化发展的要求，优化城乡生态空间布局，科学安排城乡生态环境整治、城乡基础设施和公共服务设施等项目建设。统筹农村生态经济、生态人居、生态环境和生态文化建设，既要重点抓好农村的生态环境建设，又要着力推进生态产业、生态文化的发展。统筹“千百工程”、“农村强塘固房”工程和农村土地综合整治等工作载体，整合协调各方力量。

（四）坚持因地制宜。把展示乡村特色作为美好乡村建设的重要内容，因地制宜、分类指导推进美好乡村建设，从最薄弱、最紧要的问题入手，突出建设重点、反映农村特点、挖掘文化内涵、地方特色，使村庄建设形成“一村一景”、“一村一品”。农村建筑要体现不同村庄、不同民俗的文化风格和个性特点，与农村生态和谐融合。

（五）坚持生态优先。遵循自然发展规律，把改善和优化人与自然、人与人、人与社会之间的关系，贯穿于美好乡村建设的全过程，把保护农村生态环境、展示农村生态特色作为美好乡村建设成效的重要体现，推进农村生态环境保护和建设。按照资源节约、环境友好的要求，发挥生态优势，合理进行产业开发经营和资源综合利用，发展乡村生态农业、生态旅游，实现“建设、管理、经营”的相互促进和“保护、开发、增效”的良性互动。

三、实施步骤

以五年（2011～2015年）为计划期限，实现“前两年打造精品、树立品牌，后三年以点带面、整体推进”的目标。

（一）打造精品、树立品牌阶段（2011～2013年）：完成美好乡村建设总体规划编制。坚持试点先行，2011年完成20个左右美好乡村创建任务，2012年完成15个左右美好乡村创建任务，2013年完成15个左右美好乡村创建任务。重点建设精品示范村和特色示范村，初步形成美好乡村建设品牌效应。

（二）以点带面、整体推进阶段（2014～2015年）：2014年实现村庄整治全覆盖。每年完成15个左右美好乡村创建任务，进一步扩大美好乡村品牌的影响力，努力使我县美好乡村建设走在全省前列。

四、建设内容

（一）实施“农村生态人居建设工程”。按照“规划科学布局美”要求，开展中心村培育建设、农村土地综合整治、农村危旧房改造建设和农村基层组织建设，改善农民居住条件和农村人居环境，构建舒适的农村生态人居体系。

1. 推进农村人口集聚。以优化村庄和农村人口布局为基本导向，修编完善以中心村为重点的村庄布局规划。大力推进中心村培育建设和农村土地综合整治，实施“农村建设节地”工程，采取村庄整治、建新拆旧、经济补偿、异地搬迁等办法，推动自然村落整合，提高农村人口集中居住和农村土地集约使用水平，农村人均建设用地面积比现状缩减20%以上。

2. 推进生态家园建设。结合中心镇、中心村培育和下山移民搬迁，因地制宜推进农村住房集聚改造建设。到2015年全面完成收入在2007年农村低保收入标准150%

以下的农村困难家庭危房改造任务，提高农村人居安全和防灾减灾能力。开展“农村宅基地专项清理”行动，全面整治农村闲置住宅、废弃住宅、私搭乱建住宅，支持农户利用空闲地、荒地荒坡建房。鼓励村级组织盘活利用存量建设用地开展新农村建设。

3. 推进农村节能节材。深入实施“农户污水净化沼气”工程，畜牧养殖场(户)沼气利用技术普遍推广。推动“建筑节能推进”工程在农村的实施，农村路灯太阳能供电、太阳能热水器等太阳能综合利用进村入户。积极引导农村新建住宅采用节能新技术，支持农户使用新型墙体建材和环保装修材料。

4. 完善基础设施配套。深入实施农村联网公路、农民饮水安全和农村电气化等工程建设，促进城乡公共资源均等化。加快农村交通建设，到2015年，在行政村公路通村率和通村公路硬化率均达100%的基础上，行政村客运通达率达94%以上，城乡客运一体化率达55%以上。村内河沟池塘得到全面治理，农村自来水覆盖率达100%；加强农业水利基础设施建设，完善供水和灌溉工程体系。

5. 提升公共服务水平。统筹农村社区公共服务中心建设，实施“农村老年福利服务星光”计划，健全农村文化、体育、卫生、培训、托老、救助、通讯等公共服务。农村社会养老保险政策覆盖面达100%，农村合作医疗参保率达95%以上，农村五保对象集中供养率达95%以上。

6. 完善农村基层组织。推进村“两委”、村经济合作社、村监督委员会、农村党员服务中心建设，强化干部培训，发挥党员服务作用。加强和规范村级财务管理，落实农村集体、公益事业“一事一议”制度，提高村民自治程度。加强农村土地使用权流转中介服务，促进农村农用地优化配置和高效利用。

(二)实施“农村生态环境提升工程”。按照“村容整治环境美”要求，突出重点、连线成片、健全机制，切实抓好改路、改水、改厕、垃圾处理、污水治理、村庄绿化等建设，扩大“千百工程”覆盖面，提升建设水平，构建优美的农村生态环境体系。

1. 推进农村环境保护。全面推进“千百工程”扩面提升，做好垃圾收运体系、污水处理、卫生改厕、农业面源污染等建设，确保“建设进度、工程质量和村庄整治覆盖面、群众受益面”四到位，村庄环境综合整治覆盖面达90%以上。在环境综合整治的基础上，积极开展生态村创建，使市级生态村占行政村总数的80%以上。每个乡镇建有1个以上垃圾中转站或处置设施，农村垃圾达到减量化、资源化、无害化处理要求。

2. 推进连线成片整治。按照“多村统一规划、联合整治，城乡联动、区域一体化建设”要求，编制农村区域性路网、管网、林网、溪网、垃圾处理网、污水治理网的一体化建设规划，结合中央和省、市关于“农村环境连片整治项目”的实施要求，开展沿路、沿溪、沿线、沿景区的环境综合整治，点线面结合，共同推进基础设施配套建设，打造一批各具特色的美好乡村，使开展美好乡村建设的乡镇占乡镇总数80%以上。

3. 开展村庄绿化美化。深入实施“兴林富民示范工程”，以增加绿量为重点，开展村庄绿化美化，形成道路溪流乔木林、房前屋后果木林、公园绿地休憩林、村庄周围护村林的村庄绿化格局。大力开展道路、街道、溪流沿线和单位、村庄、景区周边的环境绿化工程，鼓励企业、单位、家庭开展厂区绿化、庭院绿化，全面提升农村绿化水平。在主要道路和社区中心安装照明设施，加强县域主干道沿线、建设村内主要道路沿线建筑的立面统一美化改造，达到村庄绿化、建筑美化、路灯亮化的建设目标。

4. 建立长效管护制度。按照建设与管理并重原则，坚持“稳运行、全达标”要求，加强定期、不定期的维护和检测，切实提高垃圾、污水等收集率、处理率和达标率。从人员、制度、职责、经费等四个方面入手，强化村庄卫生保洁、设施维护和绿化养护等工作，建立健全“政府补一点、集体出一点、群众筹一点”的筹资机制和运行机制，村庄卫生保洁经费纳入县财政预算。积极探索乡村综合保洁站建设办法，拓展村庄保洁范围，全方位开展村、路、溪等一体化保洁工作。制定村民广泛参与的垃圾分类处理制度，开展垃圾分类处理试点工作。

(三)实施“农村生态经济推进工程”。按照“创业增收生活美”要求，因地制宜编制农村产业发展规划，推进产业集聚和产业升级，构建高效的农村生态产业体系。

1. 发展乡村生态工业。按照生态功能区规划的要求，严格产业准入门槛，严禁“二高一资”(高污染、高耗能、资源性)产业入户水源保护区及水库库区。深入实施“产业转型升级工程”，实现污染集中治理，严格执行污染排放标准。推动“技术创新推进工程”和“落后产能淘汰推进工程”在农村的实施，推行“循环、减降、再利用”等绿色技术，调整乡村工业产业结构，农村小冶炼、小造纸等落后产能淘汰率达100%。建设标准厂房、民工公寓，发展农民技能培训服务中心、来料加工服务点和村级物业等，不断壮大村级经济实力。

2. 发展乡村生态农业。充分发挥农村土地资源、气候条件和区位条件优势，大力推进现代农业综合园区和特色农业精品园建设，积极培育无公害、绿色、有机农产品基地。加快土地承包经营权流转，推进农业规模化、标准化和产业化经营。积极创新农作制度，发展立体农业、生态循环农业和观光休闲农业。积极实施“农药减量控害增效”工程，提高农业清洁化生产水平，农业化肥施用强度降低5%，商品有机肥推广使用量提高30%以上，高效低毒低残留农药推广使用面积达80%以上，肥料、农药利用率均提高5%以上。积极推广畜禽生态养殖模式，加强畜禽养殖污染治理。加快推行规模养殖场排污申报登记和排污许可证制度，规模化畜禽养殖场排泄物综合利用率达95%以上。

3. 发展乡村生态旅游。发挥农村山水风光秀丽、农耕文化多样、人文底蕴深厚的优势，利用森林景观、田园风光、山水资源和乡村文化，发展各具特色的乡村休闲旅游业，加快形成以重点景区为龙头、骨干景点为支撑、“农家乐”休闲旅游业为基础的乡村休闲旅游业发展格局。实施“农家乐”加快发展与规范提升工程，开展“农家乐”污染整治工作,"农家乐"经营户生活污水治理率达100%;"农家乐"集中村按照村域统一处理模式,开展生活污水治理工作,并在经营户中全面推行油烟净化处置设备。

(四)实施"农村生态文化培育工程"。按照"乡风文明素质美"要求,以提高农民群众生态文明素养,形成农村生态文明新风尚为目标,把继承与弘扬、发掘与培育、保护与利用有机结合起来,加强生态文明知识的普及教育,构建和谐的农村生态文化体系。

1. 培育特色文化村。编制农村特色文化村落保护规划,制定保护政策。在充分发掘和保护古村落、古民居、古建筑、古树名木和民俗文化等基础上,优化村庄人居环境,把历史文化底蕴深厚的传统村落培育成为传统文明和现代文明有机结合的特色文化村,特别要挖掘传统农耕文化、山水文化、古建文化、民俗文化,把特色文化村打造成为弘扬农村生态文化的重要基地。

2. 开展宣传教育。深化"双百结对共建文明"行动,拓展农村"种文化"活动的覆盖面,把提高农民群众生态文明素养作为深化文明乡(镇)、文明村、文明社区、文明家庭等文明创建活动的重要内容,开辟生态文明宣传窗等生态文化阵地,运用村级文化活动中心、图书室等场所,开展形式多样、内容丰富的生态文明知识宣传、培训活动,形成农村生态文明新风尚。

3. 转变生活方式。结合农村乡风文明评议,开展文明清洁户示范评比等群众性生态文明创建活动,引导农民生态消费、理性消费。制定教育、监督、管理相结合的美好乡村建设村规民约,理顺村级组织运行机制,规范广大村民行为,积极提倡少用塑料袋,广泛使用竹篮、环保袋,努力降低白色污染。倡导生态殡葬文化,全面推行生态葬法。

4. 促进乡村社会和谐。坚持美好乡村建设与基层组织建设并重,开展争当"新农村建设先锋"行动,加强农村社会管理。加强村务监督委员会建设,积极推行以村党组织为核心和民主选举法制化、民主决策程序化、民主管理规范化、民主监督制度化为内容的"四化一核心"工作机制,调节农村各方面利益关系,有序引导农民合理诉求,有效化解农村各类矛盾纠纷,确保农村社会和谐稳定。积极探索农村便民服务机制,以农村社区为节点,按照农民经济身份与社会身份分离、农村集体经济组织成员身份与权利不变以及社区居民属地化管理的原则,探索中心村组织机构设置方式。

四、保障措施

(一)加强组织领导。各乡镇、各部门要坚持党政"一把手"亲自抓,层层抓落实。县里成立美好乡村工作领导小组,负责创建的组织、协调和指导工作。实行县领导驻村指导、部门结对帮扶制度。各有关乡镇要建立相应的工作机构,具体负责该项工作的组织实施。按照"资金性质不变、管理渠道不变、统筹使用、各司其职、形成合力"的原则,有效整合相关项目资金,投入美好乡村建设,确保创建工作取得实效。充分发挥广播、电视、报刊、网络等主流新闻媒体的新闻舆论导向和监督作用,广泛开展形式多样、内容丰富、生动活泼的美好乡村建设宣传教育活动;县各新闻媒体要设立建设美好乡村专栏、专题,跟踪报道建设情况,加强对先进典型的总结和推广,形成全社会关心、支持和监督美好乡村建设的良好氛围。

(二)强化规划引领。在县域总体规划、城镇发展规划和土地利用总体规划、全县旅游总体规划、生态功能区规划的指导下,根据村庄布局规划和村庄建设规划,开展美好乡村建设总体规划编制工作。根据"既有个性亮点、又有区域特色"规划原则,按照全县的地域特点和产业布局,以产业发展规划、交通发展规划、环境保护规划、旅游发展规划为重点,编制具有泰顺特色的美好乡村村庄整治提升规划。美好乡村村庄整治提升规划要突出精品村、重点村、特色村和整治村等创建类型,精品村创建要实施完成"四大工程"的全部建设内容,特色村创建在整体推进"四大工程"建设的基础上,要彰显其个性和特色,整治村参照省村庄整治建设有关标准执行。

(三)加大投入力度。县财政设立美好乡村建设专项补助资金,加强财政资金对美好乡村建设的奖励和补助。对经考核验收达到美好乡村建设标准的行政村,根据人口规模大小实行以奖代补。相关部门单位当年安排的涉农资金,必须优先考虑创建村对应实施项目后,方可安排其他建设项目。按照"谁投资、谁经营、谁受益"的原则,鼓励不同经济成分和各类投资主体以独资、合资、承包、租赁等多种形式参与农村生态环境建设、生态经济项目开发。支持民间资本以BT模式(建设—移交)、BOT模式(建设—运营—移交)等形式,参与农村安全饮水、污水处理、沼气净化等工程建设。通过市场化的手段拓宽资金渠道,也可通过村企结对、部门联村等形式,吸引社会资金参与美好乡村建设,最终建立多方筹资、共建共享的投入机制。

(四)严格考核管理。美好乡村建设列入乡镇和部门的综合考核、生态文明建设考核和社会主义新农村建设考核内容。建立健全美好乡村建设评价体系,明确奖惩激励机制。严格申报制度,各乡镇要认真对照有关创建计划要求和考核标准,做好美好乡村创建申报各项工作;美好乡村工作领导小组办公室(设在县环保局,以下简称美好乡村创建办)全面负责做好对申报对象的审核工作,并确定创建对象。严格考核表彰,美好乡村创建办牵头负责美好乡村创建考核验收、评选等工作。同时,在审定项目实施后,美好乡村创建办要与实施乡镇签订责任书,对在规定时间内完成项目实施的村庄予以资金补助,对在规定时间内未完成项目实施的村庄取消资金补助,列入下一年度创建计划。建立建前、建中、建后督查考核机制,落实精品村、重点村、特色村跟踪复评制度,对连续2年复评不合格的村庄取消美好乡村称号。每年开展1次美好乡村建设先进评比活动,并予以表彰奖励。

附:"中国美好乡村"建设工作任务(2011~2015年)分解表(略)

中共泰顺县委
泰顺县人民政府
二〇一一年八月三日

中共湖州市委办公室　湖州市人民政府办公室
关于加快培育新农村建设领军人才的实施意见

（2011年11月7日）

湖委办〔2011〕20号

为进一步加快新农村建设领军人才的培育力度，扎实推进社会主义新农村建设，全面提升我市美丽乡村建设水平，现就加快培育新农村建设领军人才提出如下意见。

一、指导思想

以邓小平理论和“三个代表”重要思想为指导，深入贯彻落实科学发展观，深化市校合作共建，优化教育资源配置，以湖州农民学院和农村各类培训机构为平台，以提升农民综合素质为着眼点，以扩大农村实用人才队伍为基础，突出复合型、高端型新农村建设领军人才培育，为全面提升新农村建设水平提供坚强的人才保证和广泛的智力支持。

二、主要目标

——人才总量稳步增长，队伍规模不断壮大。到2015年，全市农村领军人才达到5500人，实用人才达到10.8万人；到2020年，全市农村领军人才达到8000人，实用人才达到12万人。

——人才素质大幅提高，层次结构逐步合理。农村劳动力人均受教育年限达到并超过全国平均水平，人才的分布、层次、类型等结构趋于合理。到2015年，全市农业推广硕士达到70名，“学历＋技能”型农民大学生达到2000名；到2020年，农业推广硕士达到150名，“学历＋技能”型农民大学生达到3500名。

——人才培育机制创新，成才环境明显优化。农村领军人才培育机制不断创新，人尽其才的环境基本形成。农村人才梯度培育体系基本建立，农村领军人才引进、培育、使用机制进一步优化。政策体系进一步完善，党管人才的基本原则和市场配置人才资源的有效机制得到进一步实现。

三、基本原则

服务发展，人才优先。统筹新农村建设和人才发展，牢固树立人才优先发展的战略意识，做到人才资源优化开发、人才结构优化调整、人才投入优先保证、人才制度优先创新。

高端引领，整体开发。以复合型、高端型领军人才的培育和使用为重点，大力开发新农村建设急需的各类人才，做大人才规模、提高人才素质、优化人才结构、发挥人才作用。

强化培育，引育并举。在突出本土农村领军人才培育的同时，不断加大农村领军人才引进、培育和使用力度，加强人才引进与本土人才培育的有机结合，实现农村领军人才队伍建设的可持续发展。

创新机制，优化环境。强化农村领军人才培育和使用机制创新，充分激发各类人才特别是领军人才的创新能力和创造活力，进一步优化人才发展的综合环境。

四、培育重点

（一）经营创业型领军人才。培育一批经营理念新、管理水平高、市场开拓能力强的经营创业型领军人才。到2015年，经营创业领军人才达到3000人，到2020年达到4000人。

主要工作措施：一是实施素质提升工程。围绕我市实施现代农业“4231”产业培育计划，依托浙江大学等大专院校，着力加强对市级以上示范性农民专业合作社领办人、四星级以上农家乐休闲旅游经营户（点）业主和现代农业园区、市级以上重点农业龙头企业、农村规模型民营企业经营管理者的培育。二是实施后备领军人才培育工程。依托湖州农民学院，在“学历＋技能”型农民大学生中选拔一定数量的优秀学员，由浙江大学首席专家领衔的创业导师团队进行重点辅导和培育。三是落实相关扶持政策。对列入重点培育对象的领军人才在项目申报、立项上给予政策支持；对其所需的信贷担保，农业担保公司要优先安排；对其创新创业项目的风险，政府担保风险基金要重点保障。

（二）技术推广型领军人才。培育一批具有较高学历水平，了解现代农业科技发展趋势，掌握最新育种、植保和防疫等技术，善于源头创新和转化集成再创新，其品种和技术推广在全省有知名度，效益达到全省先进水平的技术推广型领军人才。到2015年，技术推广型领军人才达到500人，到2020年达到1000人。

主要工作措施：一是深入实施“四大工程”。深入实施现代种业发展工程、产业技术支撑工程、成果转化应用工程和创新能力提升工程，大力培育农业科技推广、应用和转化的领军人才和科研团队。二是全面推进“1＋1＋N”新型农推联盟建设。强化新品种、新技术、农业新机具的研发、引进和转化推广，坚持农技推广与本土农技推广人才培育的有机结合，选拔联基地、带农户的农推人才进行重点培育，不断提升现有农技推广人才的综合素质。三是健全农技推广高端人才教育培训机制。办好浙江大学农推硕士湖州农民学院教学点，选拔一批有志于农业技术推广的相关人员进行专业培育。对长期从事农业技术推广，取得显著业绩的农技推广人才，优先安排参加专业技术培训。

（三）能工巧匠型领军人才。培育一批具有鲜明地方特色、民俗特点并能代表当地较高水准的非物质文化遗产传承人、民间艺术家、手工艺人和乡村民俗文体工作者。到2015年，能工巧匠型领军人才达到800人，到2020年达到1200人。

主要工作措施：一是制定落实地域特色文化扶持政策。高度重视能工巧匠型人才的培育，制定并落实相关扶持政策。开展免费培训，指导其创业；鼓励通过师徒方式传承特殊技能；制定相应的职称评定规范和荣誉称号评选标准。二是开展农村文体健身人才定向和专项培育。对有志于从事农村文化和体育健身事业的相关人员，通过高校定向、专项培训和随团受训同练等方式，充实到乡镇文体专业团队、文化站和农村社区大学，享受相关扶持政策。三是搭建产业融合发展式创业平台。依托当地自然生态、农业产业和民俗文化优势，结合新农村建设，把传统特色文化、民俗文化的挖掘开发保护与乡村旅游业发展、特色旅游产品开发有机结合起来，为能工巧匠型领军人才搭建一个施展才能、创业致富的平台。

（四）社会管理服务型领军人才。培育一批承担社会管理和社会服务职能的高端农村社会工作者。到2015年，社会管理服务型领军人才达到1200人，到2020年达到2000人。

主要工作措施：一是建立健全培育培训机制。建立不同学历、层次教育协调配合，区域内外多渠道合作，专业培训和知识普及相结合的社会管理服务型人才培育体系。二是优化完善岗位设置。加快农村社会福利、社会救助、社会慈善体系建设，科学规划、合理布局社区服务设施、服务岗位，鼓励和引导有一定专长的社会工作者从事社会管理和社会服务。三是建立健全评价激励机制。逐步推进农村社会管理服务人才登记制度和执业资格制度，建立健全社会管理服务型领军人才的职称评定机制和考核评估机制。

（五）党员“双带双创”型领军人才。按照把党员培育成创新创业能人、把创新创业能人培育成党员的要求，在培育经营创业型、技术推广型、能工巧匠型和社会管理服务型领军人才的同时，注重农村党员领军人才的培育，着力建设一支适应农村社会转型，特别是在新农村建设各项事业推进过程中带头带领群众创新创业，得到群众和社会高度认可的高素质农村党员干部队伍。到2015年，党员“双带双创”型领军人才总量达到1000人，2020年达到1500人。

主要工作措施：一是不断深化党员先进性教育。发挥党员干部远程教育网和各级党校平台作用，定期开展党员集中轮训，实现党员先进性教育的常态化和制度化。二是加强农村“两新”组织党建工作。以加强产业协会、农民专业合作社（联社）和农村新社区、中介服务组织的党建工作为重点，推进农村新经济组织和新社会组织的党建工作。三是构建完善监督激励机制。坚持民主集中制，完善党内监督和群众监督机制。完善农村党员“双带双创”综合考核评价体系。

五、保障措施

（一）统一思想认识，加强组织领导

认真贯彻落实农村人才培育工作有关文件和会议精神，牢固树立人才资源是第一资源、人才资本是第一战略资本的观念。始终坚持党委统一领导，组织部门牵头抓总，有关部门密切配合，社会力量广泛参与的农村领军人才工作格局。发挥党委领导核心作用，创新统分结合、上下联动、协调高效、整体推进的农村领军人才工作运行机制，强化各职能部门工作职责。充分调动各人民团体、企事业单位、社会组织的主动性和积极性，动员和组织全社会力量，形成农村领军人才工作整体合力。

（二）完善规划引导，创新培育机制

根据新农村建设和农村经济社会发展要求，将领军人才培育纳入本地区中长期人才发展规划，因地制宜制定农村领军人才的培育重点和实施方案。坚持引育结合，结合市校合作共建、南太湖精英计划等全市重大人才计划和工程，注重引进高端人才和创新创业团队，创新人才引进机制。坚持以提高思想道德素质和创新能力为核心，以完善教育内容和教育方式为基础，创新农村领军人才培育开发机制。建立政府部门宏观调控、市场主体公平竞争、中介组织提供服务、人才自主择业的农村领军人才流动配置机制。完善农村领军人才分配、激励、保障制度。

（三）加大投入力度，完善政策支持

各级政府优先保证对新农村建设领军人才发展的投入，支持企业和社会组织建立专项发展基金。通过税收、贴息等优惠政策，鼓励和引导社会、用人单位、个人投资人才资源开发。鼓励和引导高校毕业生到农村和中小企业就业，加大科技特派员到农村和企业服务的力度，健全引导人才向农村基层流动扶持政策。通过共建科技创新平台、开展合作教育、共同实施重大项目等方式，完善高层次人才和创新团队培育扶持政策。

中共德清县委　德清县人民政府关于加快水利改革发展的意见

（2011年6月1日）

德委〔2011〕5号

为全面贯彻落实《中共中央国务院关于加快水利改革发展的决定》（中发〔2011〕1号）、《中共浙江省委浙江省人民政府关于加快水利改革发展的实施意见》（浙委〔2011〕30号）和《中共湖州市委湖州市人民政府关于加快水利改革发展的意见》（湖委〔2011〕4号）精神，加快我县水利改革发展，增强水利对经济社会发展的支撑和保障能力，结合我县实际，提出如下意见。

一、总体要求

1. 指导思想。以邓小平理论和“三个代表”重要思想为指导，深入贯彻落实科学发展观，大力实施“开放创新、接沪融杭”战略，围绕“推进新型工业化、新型城市化、城乡一体化，加快建设长三角‘秀美、富裕、和谐’的现代田园城市”目标，按照建设“平安水利、民生水利、资源水利、生态水利和科技水利”的总体要求，切实把水利作为基础设施建设的优先领域，把农田水利作为农村基础设施建设的重点任务，把严格水资源管理和水生态保护作为加快转变经济发展方式、促进生态文明建设的战略举措，把骨干水利工程建设作为重要抓手，加强科学治水、依法治水，深化水利体制机制改革，加大公共财政投入力度，进一步引导全社会力量投入水利，大力构建节水型社会，努力走出一条具有德清特色的水利现代化道路。

2. 主要目标。到2015年，水利对经济社会发展的支撑和保障能力显著提高。主要目标是：

——建设“平安水利”，防灾保安能力全面提高。全面启动二轮治太，实施苕溪清水入湖河道整治（德清段）、扩大杭嘉湖南排工程（德清段）等骨干水利项目；县城和重点建制镇防洪能力达到50年一遇标准，排涝能力达到20年一遇标准；平原圩区防洪能力达到20年一遇标准，排涝能力达到10年一遇标准；防汛防台抗旱体系更加完善，防灾减灾综合能力明显提高。

——建设“民生水利”，农田水利基础设施明显改善。规划内中型病险水闸和万方以上屋顶、饮用水源山塘的除险加固工程全面完成，病险水库年发生率控制在3%以内；现代农业园区、粮食生产功能区水利设施同步配套完善；中小河流域重要河段和人居密集段防洪能力达10—20年一遇标准；山洪地质灾害防御的薄弱环节和易灾地区的突出问题基本解决；水电站安全隐患基本得到消除。

——建设“资源水利”，节水型社会全面推进。加强重点饮用水水源地保护；加快推进城乡供水一体化，切实提高城市、农村优质水供水保证率；全面实行最严格的水资源管理制度；节水型社会全面推进，节约用水机制基本建立；万元国内生产总值和万元工业增加值用水量明显下降；加快中型灌区改造，大力发展高效节水灌溉，农田灌溉水有效利用系数提高到0.63以上。

——建设“生态水利”，水生态环境得到有效保护。城乡河道综合治理全面推进，河湖健康功能得到有效维护，主要水（环境）功能区水质显著改善；重要湿地区域生态得到有效保护；完成水土流失治理15平方公里；水文化遗产得到保护，优秀水文化得到弘扬。

——建设“科技水利”，水利防汛科技水平不断提升。全县水文水资源信息监测网络、山洪灾害非工程措施进一步完善，防汛抗旱指挥信息化水平不断提高；全县水文水资源、水利政务管理信息系统初步建立，水利科技和信息化水平全面提升。

到2020年，现代化的防洪减灾体系基本建成，水资源合理配置和高效利用体系建立健全，水生态环境全面改善，水利现代化的体制机制不断完善。

3. 基本原则。一要坚持民生优先。着力解决好人民群众最关心最直接最现实的水利问题，推动民生水利新发展。二要坚持统筹兼顾。注重平安水利、民生水利、资源水利、生态水利、科技水利的相互协调，注重城市与乡村、流域与区域、东部平原与西部山区水利的相互协调，注重工程配套、工程措施与非工程措施的相互协调。三要坚持依法治水。加强水行政执法，保障水利发展、促进人水和谐。四要坚持改革创新。把创新体制机制作为推进水利发展的强大动力，切实解决制约水利发展的矛盾和问题。五要坚持政府主导。建立健全公共财政对水利投入的稳定增长机制和以政府为主导、多渠道投入的水利投融资机制，形成政府与社会协同治水兴水的强大合力。

二、加快水利基础设施建设，全面提高防灾保安能力

4. 全力推进骨干水利工程。全面启动实施苕溪清水入湖河道整治（德清段）、扩大杭嘉湖南排工程（德清段），骨干河道的防洪引排能力明显提高。

5. 建设完善区域防洪排涝工程。完善县城城市防洪排涝工程体系，扩大工程的保护范围，结合中心镇培育，推动重要城镇防洪工程建设。推进新建成重点工业区的防洪工程建设，提高产业集聚区的防洪排涝能力。

6. 深入实施病险水闸山塘除险加固。加快中型病险水闸除险加固和安全隐患严重的危险山塘整治，“十二五”期间完成2座中型病险水闸除险加固及47座屋顶山塘及部分重要饮用水山塘整治。

7. 积极推进中小河流治理。积极开展洪涝易发、人口集中、产业集聚、农田连片的中小河流域综合整治，完成阜溪武康镇段治理工程13.9公里，德清大闸下游河道整治工程2.1公里。

8. 加强山洪地质灾害防治。进一步清查山洪、泥石流、滑坡、崩塌等灾害隐患点的基本情况，编制山洪地质灾害风险图。加快对山区地质灾害危险区治理，重要地质灾害隐患点基本得到避让或治理。全面完成山洪灾害防治县级非工程措施建设。落实地质灾害隐患点防灾避险预案和群测群防责任。

9. 提高防汛防台抗旱应急能力。全面落实以行政首长负责制为核心的防汛防台各项责任制，强化统一指挥、分级负责、部门协作、反应迅速、协调有序、运转高效的防汛防台抗旱管理机制。巩固基层防汛防台体系建设成果，进一步落实重要堤防、水库、山塘、地质灾害易发区等巡查预警制度，建立健全基层群防群治长效机制。提升防汛会商、监视、监测预警信息化水平，加强水文、气象基础设施建设，整合水利、气象、环保、公安、交通等部门资源，建立覆盖全县的防汛防台抗旱综合信息共享平台。加强避灾场所建设与规范管理，加强防汛防台救灾物资储备、调运、管理，加强抢险救援队伍建设，尽快建立防汛防台抗旱督察制度，完善应急预案。

三、大力兴修农田水利，全面提高农业稳产高产能力

10. 加快农业“两区”水利设施建设。以粮食生产功能区、现代农业园区建设“3830”工程为重点，落实农田水利基本建设项目，完善“两区”的水利排灌体系。加快灌区的节水配套改造，提高农业旱涝保收能力，确保农业稳产高产。

11. 加快实施新一轮圩区整治工程。按照“总体规划、因地制宜、突出重点、分步实施”的要求，加快实施圩区整治工程，配套推进圩堤加高加固、水闸建设改造、泵站更新改造，确保“十二五”期间完成圩区整治300平方公里以上。

12. 全面推进小型农田水利重点县建设。大力推进“小型农田水利重点县”建设，加快机埠、水闸新建、改造和渠道整治，“十二五”期间完成机埠更新改造133座，渠道整治387公里。完成小水电改造12座。

四、积极推进水资源安全保障工程，全面实施城乡一体化供水

13. 积极推进水资源安全保障工程建设。加快实施对河口水库水资源安全保障工程建设，加强饮用水小型水库和山塘管理，提升水资源安全保障能力，改善城乡居民饮用水条件。

14. 全面实施城乡一体化供水。巩固农民饮用水工程建设成果，加快推进城乡一体化供水，真正实现全县城乡供水“同源、同网、同质”目标。

五、积极实行最严格的水资源管理制度，全面改善水生态环境

15. 建立用水总量控制制度。确立水资源开发利用“控制红线”，建立覆盖全县的取用水总量控制指标体系及相应管理办法。加强经济社会发展相关规划的水资源论证工作，并与当地水资源承载能力和防洪要求相适应，未通过水资源论证的规划不得批准实施。严格执行建设项目水资源论证制度和取水许可审批管理制度，从严控制高耗水型项目建设，凡没有通过水资源论证并取得许可管理的建设项目，不得开工建设。加强对地下水资源的保护，严格执行地下水禁限采管理制度，建立健全地下水监测网络。强化水资源统一调度，协调好生活、生产和生态环境用水。

16. 建立用水效率控制制度。确立用水效率“控制红线”，加快制定区域、行业和用水产品的用水效率指标体系。加强用水定额管理和计划用水管理，对年取水量10万方以上用水户进行实时监控。落实建设项目节水设施与主体工程同时设计、同时施工、同时投产的“三同时”制度，加快对高耗水行业、重点企业节水技术改造和城镇供水管网改造。鼓励全社会节约用水，推进节水型社会建设。

17. 建立水(环境)功能区限制纳污制度。确立水(环境)功能区“限制纳污红线”，从严核定水域纳污总量，严格控制入河湖排污总量。认真制定和严格实施水(环境)功能区限制排污总量，切实落实水污染防治和污染减排工作举措。强化入河排污口设置的审查管理，对排污量已超出水(环境)功能区限制排污总量的地区，限制审批新增取水和入河排污口。建立水(环境)功能区水质达标评价体系，完善监督管理制度。

18. 建立水资源管理责任和考核制度。实行最严格的水资源管理制度。各乡镇、开发区(高新区)行政主要负责人对本行政区域水资源管理和保护工作负总责。加强水质水量监测能力建设，建立健全水资源监测网络和数据共享平台，为强化监督考核提供技术支持。严格实施水资源管理考核制度，县水行政主管部门会同有关部门，对各乡镇、开发区(高新区)的水资源开发利用、节约保护等情况进行考核，考核结果纳入全县年度综合考核体系。

19. 加强水资源和水生态保护。落实重要河流的水生态修复与保护措施。加强饮用水水源地保护，依法划定饮用水水源保护区，强化饮用水水源应急管理。通过实施对河口、老虎潭水库集水区水土保持综合整治、污染源治理、生态修复、强化监管等措施，使重点供水水源地得到较好保护。

20. 严格水域管理。按照“严格控制、保护生态、分类管理、占补平衡”的原则，加大水域保护力度。进一步规范建设项目占用水域行为，对确需占用水域的，必须科学论证并办理审批手续。

21. 加强水土保持。推进易灾地区、河湖源头区、水源涵养区水土流失防治，开展生态清洁型小流域建设，加大造林绿化、生态修复、坡耕地退耕还林力度。强化生产建设项目水土保持管理，健全建设项目水土保持方案审批和工程竣工验收制度。严格执行水土保持设施与主体工程同时设计、同时施工、同时使用的建设项目管理制度。加大矿山水土保持监管力度，推进生态公益林建设，大幅减少人为水土流失。建立健全水土保持补偿制度。

22. 深化城乡河道水环境整治。深入实施“千里清水河道”整治和农村河道保洁工作，结合城镇环境建设与和美家园建设，加大城乡河网水系的综合整治力度，改善水环境，营造水景观，建设生态城镇和绿色乡村，“十二五”期间完成农村河道综合整治180公里。

六、建立水利投入稳定增长机制，切实增加水利投入

23. 加大公共财政对水利的投入。将水利作为公共财政投入的重点领域，充分发挥政府在水利建设中的主导作用，积极引导社会各类资金和力量投入水利建设，力争今后10年全社会水利年平均投入比2010年高出一倍以上。积极筹措财政水利资金，加大对水利的专项投入；从土地出让总额中提取2%用于农田水利建设；充分发挥新增建设用地土地有偿使用费等土地整治资金的综合效益，其用于农田水利基本建设和保护方面的支出不低于20%；按照中央、省关于进一步完善水利建设基金政策的规定，足额征收水利建设资金，专项用于水利建设与管理；完善水资源有偿使用制度，落实省水资源费征收政策，扩大征收范围，严格征收、使用和管理。从城市建设维护税中划出不少于15%用于城市防洪排涝工程建设。加强对水利投入的绩效评价，确保增加投入的政策落到实处。落实农村水电增值税和水利工程耕地占用税政策。

24. 加强对水利建设的金融支持。综合运用财政和货币政策，引导金融机构增加水利信贷资金。根据不同水利工程的建设特点和项目性质，确定财政贴息的规模、期限和贴息率。鼓励农发行等银行业金融机构开展水利建设中长期政策性贷款业务，增加水利建设的信贷资金。支持符合条件的水利企业上市和发行债券，积极开展水利项目收益权质押贷款等多种形式融资。完善政策性农业保险、农房保险，积极推进洪水保险和水利工程保险。

25. 广泛吸引社会资金投资水利。进一步做大做强政府水利融资平台，拓宽水利投融资渠道，吸引社会资金参与水利建设。鼓励农民自力更生、艰苦奋斗，在统一规划基础上，按照多筹多补、多干多补原则，加大一事一议财政奖补力度，充分调动农民兴修农田水利的积极性。积极稳妥推进经营性水利项目进行市场融资。

七、不断深化水利体制机制改革，切实增强水利发展活力

26. 完善水资源管理体制。强化城乡水资源统一管理，对城乡供水、水资源综合利用、水环境治理和防洪排涝等实行统筹规划、协调实施，促进水资源优化配置。完善水资源管理制度，建立事权明晰、分工明确、行为规范、运转协调、监督有力的水资源管理分工机制。进一步完善水资源保护和水污染防治协调机制。

27. 积极推进水价改革。充分发挥水价的调节作用，兼顾效率和公平，大力促进节约用水和产业结构调整。完善分类水价制度，实行城市居民生活用水阶梯式水价制度、工业和服务业超计划超定额用水累进加价制度，阶梯式水价递增部分和累进加价主要用于节水技术研发推广、设施建设和管理。推进水利工程原水价格改革，向城市和工业供水的水利工程的原水价格按成本加适当利润核定，并与公共供水的销售价格同步调整。

28. 加快水利工程建设和管理体制改革。强化水利建设行业监管，全面落实水利工程质量、安全责任制。区分水利工程的性质和规模，建立健全工程分类管理的长效机制。深化国有水利工程管理体制改革，落实好公益性、准公益性水管单位基本支出和维修养护经费。对新建公益性国有水利工程，及时落实管理机构和经费。推进小型水利工程管理改革，落实管护主体和责任。对公益性重点小型水利工程管护经费给予适当补助。建立健全水利工程管理的考核制度。

29. 健全基层水利服务体系。建立健全职能明确、布局合理、队伍精干、服务到位的基层水利服务体系。完善县域内流域(区域)水利站“条块结合、以条为主”的管理体制，健全乡镇、开发区(高新区)水利服务机构。防汛防台抗旱任务较重的乡镇、开发区(高新区)设置的防汛防台抗旱办事机构，与乡镇、开发区(高新区)水利服务机构实行综合设置。落实流域(区域)水利站或综合设置乡镇、开发区(高新区)水利服务机构的人员编制，所需经费列入县级财政预算。强化基层水利服务机构水资源管理、防汛抗旱、农田水利基本建设、水利科技推广等公益性职能。大力推进广大农民群众自我管理、合作用水等组织形式，依托村级农业服务站点，选配或采取政府购买服务的方式，组建一支稳定的村级水利员队伍，协助基层水利服务机构做好涉水的相关服务工作。

30. 加强水利新技术的推广与应用。加大水利先进技术在防灾减灾、河湖治理、水资源管理、农业高效节水、水利信息化等领域的应用。加强水利科技推广示范基地建设，逐步增加水利科技推广资金。加快推进信息技术在防灾抗灾、水利工程管理、水资源管理、水政执法等方面的应用。

八、加强对水利工作的领导，为可持续发展提供可靠保障

31. 落实责任。各乡镇、开发区(高新区)要站在全局和战略高度，切实加强水利工作，及时研究解决水利改革发展中的突出问题。实行防汛防台抗旱、饮水安全保障、水资源管理、水库安全管理行政首长负责制，加强对水利财政投入、项目建设、运行管理等工作的督查。县水行政主管部门要切实增强责任意识，认真履行职责，抓好水利改革发展各项任务的实施工作。各有关部门要各司其职、密切配合，共同推进水利改革发展。把加强农田水利建设作为农村基层组织开展“创先争优”活动的重要内容，充分发挥农村基层党组织的战斗堡垒作用和广大党员的先锋模范作用。

32. 加强依法治水。严格执行水法律法规，全面推进水利综合执法。深化水利执法体制改革，探索水利、国土、环保、林业、建设、交通、公安等多部门联合执法机制，加强水政执法队伍建设，提高综合执法能力。强化水行政监督和水事违法案件查处执行力度。科学编制水利规划，完善全县水利规划体系，加快重点建设项目前期工作，强化水利规划对涉水活动的管理和约束作用。

33. 加强水利人才培养和队伍建设。大力培养、引进和用好水利管理人才、专业技术人才和高技能人才。适应水利改革发展新要求，加强水利干部职工的在职培训、继续教育，不断提升水利干部职工队伍素质，切实增强建设管理和依法行政能力。

34. 动员全社会力量关心支持水利工作。加大水利宣传力度，提高全民水患意识、节水意识、水资源保护意识和水法制意识，广泛动员全社会力量参与水利建设。把水情教育纳入国民素质教育体系和中小学教育课程体系，作为各级领导干部和公务员教育培训的重要内容。把水利纳入公益性宣传范围，为水利又好又快发展营造良好舆论氛围。对在加快水利改革发展中取得显著成绩的单位和个人，给予表彰奖励。

中共嘉兴市秀洲区委办公室　嘉兴市秀洲区人民政府办公室关于进一步加强城乡社区服务中心规范化建设的实施意见

秀洲委办〔2011〕41号

各镇、街道党委（党工委）、政府（办事处），区级机关各部门：

近年来，我区以“两新”工程建设为抓手，积极推进城乡统筹发展，进一步完善基层社会管理和服务体系，切实加强城乡社区便民服务工作，为群众提供政务、事务服务，取得了明显成效。为认真贯彻落实省纪委《关于进一步加强村级便民服务中心建设的实施意见》（浙纪发〔2011〕2号）和市纪委《关于加快城乡社区服务中心办事大厅建设的指导意见》（嘉纪发〔2011〕18号）精神，确保全区在2011年10月底前实现城乡社区服务中心全覆盖目标，结合区委、区政府《关于推进农村社区建设的实施意见》（秀洲委〔2009〕14号）的部署要求，现就进一步加强城乡社区服务中心规范化建设提出如下实施意见：

一、进一步认识加强城乡社区服务中心规范化建设的重要意义

推进城乡社区服务中心建设，把行政管理、行政审批、行政服务延伸到基层，进一步完善基层社会管理和服务体系，是新形势下贯彻以人为本、执政为民理念的必然要求，是加强和创新社会管理、促进社会和谐稳定、深入推进基层党风廉政建设的重要举措和有效载体，有利于切实转变干部作风，提高办事效率，密切党群、干群关系。上级党委、政府对这项工作高度重视，省委书记赵洪祝明确提出，要认真总结村级便民服务中心建设经验，不断加以完善，因地制宜，求得实效，切实把这件惠及百姓的实事办好。各级各部门一定要认真学习、深刻领会，切实加强组织领导，认真抓好落实，按照一社区一中心一大厅的要求，加快推进“一站式”办事大厅建设，确保在2011年10月底前实现全区城乡社区服务中心全覆盖。

二、城乡社区服务中心规范化建设工作目标

按照要求，城乡社区服务中心内设的“一站式”办事大厅面积应不少于50平方米，设置开放式办事窗口，为群众提供便捷高效服务。要完善办事大厅配套设施，配备电话、电脑和网络等必需的办公设施，桌椅、饮水机等便民设施，公示栏、投诉箱等接受群众监督的设施。

要全面加强城乡社区服务中心办事大厅规范化建设，进一步深化提升“八个一”（建好一站式服务窗口、设立一块牌子、集中一批服务项目、制定一个办事流程、构建一个网上平台、实施一套管理制度、编制一本服务指南、建立一本工作台帐）建设标准，在全区城乡社区服务中心办事大厅普遍实现“硬件设施完备、服务事项全面、制度管理健全、队伍建设到位、服务对象满意”的工作目标，构建便捷、高效、和谐的为民服务体系，促进全区社会和谐、稳定和发展。

三、规范城乡社区服务中心机构设置和人员配备

（一）机构设置。进一步整合服务资源，发挥现有服务中心的作用，已经建成的城市社区服务中心名称统一为“xxx镇（街道）xxx社区服务中心”，农村社区服务中心名称统一为“xxx村社区服务中心”，牌子挂于中心门口显著位置。“一站式”办事大厅名称统一为“办事大厅”，牌子挂于大厅门口显眼位置。

（二）人员配备。城乡社区服务中心主任，原则上由村（社区）党组织书记或村民委（社区）主任担任，全面负责城乡社区服务中心工作，办事大厅应配备2名以上中心工作人员，由村（社区）干部、驻村（社区）大学生担任，有条件的地方可聘请专职人员，负责日常代办服务工作。

四、规范城乡社区服务中心工作职责和服务项目

（一）城乡社区服务中心主要职责：

1. 负责法律、法规、政策及群众办理行政许可事项的咨询和解释等服务；

2. 负责受理登记群众的申请，实行报送代办服务；

3. 负责有关政务、村务（居务）、服务信息公开公示工作，对村（居）民开具相关证明材料，并提供适宜办理的其他服务事项；

4. 与相关部门做好工作衔接，配合相关部门做好审批项目预审和现场调查工作；

5. 按时报送统计报表和相关资料。

（二）城乡社区服务中心服务内容：

1. 进一步明确服务事项。按照区政府办公室《关于切实做好秀洲区便民服务村（社区）代办点工作的通知》（秀洲政办发〔2009〕97 号文件要求，认真做好党员服务、农村经济服务、社会事务服务、卫生计生服务、劳动保障服务、综合治理服务、文化体育服务、审批代理服务等八个方面服务事项。

2. 进一步扩充服务事项

（1）国土资源与城乡建设服务事项：农村宅基地审批受理和代办，设施农用地审批受理和代办，农村宅基地确权登记发证受理和代办，农村建房初审、建房政策法规和技术咨询等。

（2）农业服务事项：农产品买卖市场信息发布，有关生产技术、气候变化、抗灾救灾、支农惠农政策传达，动植物疫病防控、农产品质量安全监管，农资供应、植保统防统治等生产作业性服务，农村土地承包及土地流转管理与服务。

（3）综合服务事项：家电下乡补贴申报，出具证明材料（加盖印章），发布疾病防控、健康体检信息，有线数字电视安装、维修等申报受理等。

五、建立健全工作制度和工作流程

（一）健全工作制度。城乡社区服务中心要严格执行秀洲政办发〔2009〕97 号文件规定的来访接待、首问责任、办事承诺、情况报告、登记归档、专人负责等六项基本工作制度，进一步建立健全 A、B 岗轮值制度、办结结果群众评价制度，提升管理水平，优化服务质量。

（二）规范工作流程。城乡社区服务中心要坚持“便民、公开、依法、高效、自愿”的原则，进一步规范《代办事项流程图》、《初审上报事项流程图》、《咨询服务事项流程图》，根据申办人申办事项的类别不同，开展代办服务工作，主要由申请、受理、办理、回复四个环节组成。

1. 申请环节。由办事群众向城乡社区服务中心口头或书面申请，并提交相关证件。对不属于城乡社区服务中心代办范围的，应当解释清楚，并告知申办人向有关单位申请办理。

2. 受理环节。凡属于城乡社区服务中心代办的事项，应予以受理，并向申办人发放一次性告知清单。对手续齐全的，应向申办人出具代办件通知书或初审上报件通知书，并做好受理登记。对手续不全的，口头或书面告知需补交的材料清单，待材料齐全后再重新受理。

3. 办理环节。经过受理登记后，确定全程代办员，明确办理期限和承办责任。全程代办员应及时到镇（街道）行政服务中心、区行政审批服务中心相关窗口办理，确保在承办时限内完成。

4. 回复环节。办理完毕后，应及时将办事结果通知申办人，并归还有关证件，做好各项费用结算以及听取申办人的意见。

六、组织领导和工作要求

加强城乡社区服务中心规范化建设，实现便民服务全覆盖，是一项系统工程，涉及面广、工作量大。各级各部门要高度重视，建立健全党委领导、政府负责、纪委组织协调、职能部门各司其职、群众广泛参与的领导体制和工作机制。形成一级抓一级、层层抓落实的工作局面。

（一）落实责任分工。民政、农经、人事劳动社会保障、人口计划生育与卫生、行政审批和国土资源等职能部门，要进一步下放权力，按照“能进则进”的要求，扩大基层服务事项，简化办事程序，提高服务水平，切实做到“便民、为民、利民。

（二）加强日常管理。区民政局要进一步加强对城乡社区服务中心的设施建设、制度建设、队伍建设，加强日常管理和指导，确保运作有序、规范操作。区行政审批服务中心要进一步加强对城乡社区服务中心代办审批事项的指导和培训，积极探索网上审批和电子监察系统延伸到城乡社区服务中心运作机制，确保快速、高效。

（三）强化督促检查。区、镇（街道）纪检监察组织要负责牵头协调和检查考核，理顺工作关系，落实工作责任，加强督促检查，及时掌握工作进展情况，协调解决工作中的矛盾和问题，定期开展对工作人员到岗到位及工作作风、效能情况的检查，推动工作落实；并将村级便民服务中心建设列入党政领导班子考核和落实党风廉政建设责任制考核的重要内容，对认识不到位、工作不得力的单位和部门要追究领导责任。

中共嘉兴市秀洲区委员会办公室
嘉兴市秀洲区人民政府办公室
二〇一一年六月二十六日

中共海盐县委　海盐县人民政府
关于开展“五大工程”建设加快推进全县
现代农业发展的意见

（2011 年 5 月 30 日）

盐委〔2011〕13 号

为贯彻落实中共嘉兴市委、嘉兴市人民政府《关于实施“五个一百”示范工程加快推进全市现代农业发展的意见》（嘉委〔2010〕13 号）文件精神，切实增强粮食综合生产能力，大力发展生态高效都市型农业，加快推进“两新”建设，现就开展“五大工程”建设，加快推进全县现代农业发展提出如下意见：

一、建设内容

（一）“1617”粮食生产功能区建设工程。到 2015 年，全县建成 13 万亩粮食生产功能区，其中千亩以上粮食生产功能示范区 16 个；到 2018 年，全县粮食生产功能区总面积达到 17 万亩。

（二）“2650”现代农业园区建设工程。到 2015 年，全县建成凤凰、湖山 2 个相对集中连片、每个面积 2.5 万亩以上的省级现代农业综合区；建成粮油、蔬菜、水果、蚕桑、畜牧、水产等 6 个主导产业示范区；建成 50 个以上相对集中连片 500 亩左右（水产 100 亩左右）的特色农业精品园。

（三）“双十百”现代农业经营主体培育工程。到 2015 年，农业龙头企业达到 100 家，其中带动能力强、经济规模大、社会效益好、竞争优势明显的示范性农业龙头企业 10 家以上。

到 2015 年，规范化农民专业合作社达到 100 家，其中组织机构健全、管理运作规范、带动能力强、市场竞争优势明显的国家级、省级农民专业合作示范社 10 家以上。

（四）“1550”农产品品牌创建工程。到 2015 年，全县创建国家、省、市三级知名农产品品牌总量达到 50 个。

（五）“1560”土地流转推进工程。到 2015 年，全县土地流转率达到 60%以上。

二、工作重点

突出规划引领，不断完善现代农业“五大工程”体系；突出生态高效，把握现代农业发展方向，转变农业发展方式；突出现代农业主体培育，提升龙头带动能力；突出都市型特征，推进农业产业融合和功能拓展；突出基础设施建设，改善农业生产条件。

三、保障措施

（一）加强领导，健全组织体系。建立县现代农业“五大工程”建设工作领导小组，各镇（街道）要成立相应的工作机构，形成良好的工作推进机制。

（二）统筹协调，凝聚各方力量。县现代农业“五大工程”建设工作领导小组成员单位要各司其职，积极主动，创新举措，完善政策，合力建设“五大工程”。有关部门和单位要积极支持“五大工程”建设。

（三）增加投入，加大扶持力度。建立稳定的农业投入增长机制。围绕“五大工程”建设，整合农综开发、小农水、粮食增产工程、农村土地综合治理等项目资金，进一步完善农业产业化政策。其它有关支农资金要支持“五大工程”建设。

（四）强化支撑，推进社会化服务。推进农业科技创新，实施责任农技推广制度，进一步完善农业科技支撑体系。建立健全农业经营主体和农民培训机制，推行农业生产全程社会化、专业化服务，进一步加强农业公共服务体系建设。到 2015 年，培养 150 名以上现代职业农民带头人、150 名以上城乡一体新社区优秀管理人才、150 名以上优秀基层农业技术推广人才、150 名以上农村职业经纪人才和 150 名以上农业社会化、专业化服务人才。

（五）强化考核，确保工作落实。建立现代农业“五大工程”建设考核激励机制，考核结果纳入县委、县政府对各镇（街道）和各相关部门（单位）年度工作目标责任制考核及新农村建设考核范围。

附件 1：“1617”粮食生产功能区建设工程实施方案；

附件 2：“1617”粮食生产功能区建设工程任务分解表（略）；

附件 3：“2650”现代农业园区建设工程实施方案；

附件 4：“2650”现代农业园区建设工程任务分解表（略）；

附件 5：“双十百”现代农业经营主体培育工程实施方案；

附件 6：“双十百”现代农业经营主体培育工作任务分解表（略）；

附件 7：“1550”农产品品牌创建工程实施方案；

附件 8：“1550”农产品品牌创建工程任务分解表（略）；

附件 9：“1560”土地流转推进工程实施方案；

附件 10：“1560”土地流转推进工程任务分解表（略）。

中共海盐县委

海盐县人民政府

二〇一一年五月三十日

附件 1

“1617”粮食生产功能区建设工程实施方案

根据省政府办公厅《关于加强粮食生产功能区建设与保护工作的意见》(浙政办发〔2010〕7 号)要求,结合我县实际,特制定“1617”粮食生产功能区建设工程实施方案。

一、指导思想

以科学发展观为统领,以提高粮食综合生产能力为核心,采取良田、良种、良法、良机、良制“五良”配套综合措施,实施建设粮食生产功能区。

二、目标任务

到 2015 年,全县建成 13 万亩粮食生产功能区,其中千亩以上省级粮食生产功能示范区 16 个;到 2018 年,全县粮食生产功能区总面积达到 17 万亩。实现基础设施完善、农田质量提高、生产技术先进、服务体系健全、产业提升发展的目标。

三、工作重点

(一)依据粮食功能区规划进行粮食功能区建设。各镇(街道)要依据粮食功能区规划及县下达任务,积极组织实施粮食功能区建设与认定工作。功能区建成认定后,将认定资料,随同电子地图、数据库报县农业行政主管部门备案。

(二)完善粮食生产功能区工作机制。粮食功能区以县政府为建设责任单位,镇(街道)负责具体实施。实行项目分级验收认定制度,千亩以上功能区须通过省市验收认定。

(三)强化粮食生产功能区农田质量提升。加强土地整理,通过土壤改良、地力培肥,改善农田地力性状。

(四)以功能区建设为平台,推进优质稻米产业化。扶持主体建设优质米加工中心,打造优质米品牌,提高产品附加值;建立优质米生产基地,开展粮食订单生产收购,提高种粮效益。

(五)大力提升粮食生产功能区社会化服务水平。通过农民专业合作社、家庭农场等主体,着力建设一批区域布局合理的育秧中心、粮食烘干中心、统防统治及农机服务组织,为粮食生产功能区内及周边农户提供统一服务。

四、保障措施

(一)加强领导,健全组织体系。建立由县政府主要领导任组长的粮食生产功能区建设工作领导小组,领导小组办公室设在县农经局,统筹协调粮食功能区建设工作。各镇(街道)成立相应的机构,明确目标任务,分解落实责任。

(二)加大投入,强化扶持力度。加大对功能区建设的投入力度,建立稳定的农业投入增长机制,形成多渠道、多元化投入机制。设立专项建设资金,县财政每年整合 1000 万元资金用于功能区建设。

(三)加强管理,强化项目推进。粮食生产功能区严格实行项目化管理保护,每个粮食生产功能区要明确镇(街道)行政负责人为管理保护责任人。不断提高管护水平,严格保护粮食生产功能区耕地,原则上不得占用,涉及重大项目冲突的必须严格按“先补后占,占一补一、同等质量”的要求执行。

(四)强化考核,确保工作落实。建立严格的考核制度,将粮食生产功能区建设和管护纳入县委、县政府对各镇(街道)和各相关部门年度工作目标责任制考核及新农村建设考核范围,同时列入粮食安全责任制考核内容。

附件 3

“2650”现代农业园区建设工程实施方案

为加快发展生态高效都市型农业,根据《浙江省人民政府办公厅关于开展现代农业园区建设工作的意见》(浙政办发〔2010〕6 号)要求,结合我县实际,特制定“2650”现代农业园区建设工程实施方案。

一、指导思想

按照“政府推动、多元投入、市场运作、政策扶持”的工作方针,集中力量建设一批现代农业园区。

二、目标任务

到 2015 年,完成“2650”现代农业园区建设目标,即全县建成凤凰、湖山 2 个省级现代农业综合区,建成粮油、蔬菜、水果、蚕桑、畜牧、水产 6 个主导产业示范区,建成 50 个以上特色农业精品园。

三、总体要求

(一)设施装备优良。园区内基础设施完善,农田有效灌溉率基本达到 100%,旱涝保收率 90%以上,主要生产环节机械化率 80%以上。

(二)技术模式先进。园区内农作制度合理,种养模式先进,生态环境优良,良种覆盖率达 100%,科技贡献率达 70%以上。

(三)产品优质安全。园区内全面实施农业标准化生产、农产品产地准出制度、质量可追溯制度,农产品无公害认证率达到 100%,每个综合园区至少拥有 1 个省级以上名牌农产品。

(四)经营机制创新。园区内农业生产规模化、组织化、产业化水平高,土地流转率达 40%以上,实现农业生产、加工、营销、服务、休闲观光等协调发展。

（五）管理服务到位。园区建设管理责任落实，运行制度完善。生产经营主体普及应用“浙江农民信箱”，推行首席农技专家对口联系，农技指导员和责任农技员任务明确、职责到位。

（六）经济效益提高。园区单位面积产出比周边同类产区高20%以上。

四、保障措施

（一）强化组织领导。在县现代农业“五大工程”建设工作领导小组的统一领导下，各镇（街道）要成立相应的现代农业园区建设工作机构，落实人员和经费，具体负责本区域内农业园区建设组织、协调和管理。

（二）做好规划引领。按照规划引领发展、项目支撑规划的思路，精心实施现代农业园区建设，突出重点区域和环节，细化制定年度建设计划，“两分两换”试点区域、农村土地综合整治区域应优先布局。

（三）创新园区运作机制。按照集中、集聚、集约发展的要求，推进园区市场化运作，不断探索完善园区建设和管理机制，加快园区基础设施和重点项目建设。建立和完善目标责任制考核体系和奖惩激励机制，组织开展园区认定工作。

（四）大力培育建设主体。坚持“谁投资、谁经营、谁受益”的原则，支持农业龙头企业、农民专业合作社、家庭农场、农业种养大户参与园区建设。加大招商引资力度，积极引导工商资本、民间资本、外商资本投入园区建设。鼓励科技人员、大学生等通过承包和入股方式参与园区建设。

（五）加大政策扶持。一是集中资金，重点用于现代农业园区建设，交通、电力等建设资金要向园区倾斜。二是完善财政贴息政策，对通过融资投入园区的建设资金，给予一定贴息。三是完善土地政策。加快园区内土地流转，对围绕园区主导产业发展农产品加工、冷链物流、兴办农产品市场等所需建设用地予以优先保障。四是加强金融支持力度。鼓励金融机构探索建立农业项目优先贷款和最低贷款机制，进一步增强兴农担保公司农业融资担保功能，优化担保结构，园区内农业经营主体融资担保予以优先安排。

（六）构建科技创新体系。积极推动园区内农业经营主体与高校、科研院所对接，创办各类科研站所，支持企业聘用科技专家。进一步完善农技推广、疫病防控、农产品质量监管“三位一体”农业公共服务体系，加快园区内科技创新和技术集成步伐。

附件5

“双十百”现代农业经营主体培育工程实施方案

为加快培育现代农业经营主体，全面提升农业组织化、产业化经营水平，促进农业发展方式转变，特制定“双十百”现代农业经营主体培育工程实施方案。

一、培育目标

（一）到2015年，农业龙头企业达到100家，其中带动能力强、经济规模大、社会效益好、竞争优势明显的示范性农业龙头企业10家以上。

（二）到2015年，规范化农民专业合作社达到100家，其中组织机构健全、管理运作规范、带动能力强、市场竞争优势明显的国家级、省级农民专业合作示范社10家以上。

二、建设标准

（一）农业龙头企业。企业要求规模大，产权清晰，总资产报酬率高，资产负债率小于70%，主营产品产销率达到90%以上，银行信用等级在A级以上，企业与农户建立紧密稳定的利益联结机制，带动农户300户以上或联结基地500亩以上。

（二）规范化农民专业合作社。要求在工商行政管理机关登记注册；有比较健全的管理机构和服务网络，有比较规范的合作社章程和管理制度，有专职管理人才，能有效地开展产前、产中、产后统一服务，统一购买农业投入品和统一销售社员生产的农产品比例均在80%以上，年销售额达到100万元（养殖类的达到200万元）以上，实行民主管理、民主决策、民主监督和独立进行会计核算，盈余分配符合要求；合作社产业优势明显，成员在50个以上，带动农户在200户以上。

三、保障措施

一是加快农业基础设施建设；二是完善科技创新体系；三是加强农产品营销市场体系建设；四是加大农业品牌培育力度；五是大力发展现代家庭农场；六是加大政策扶持力度。

四、监管服务

（一）实施动态监测。严格按照类型、效益、信用、竞争力和规模、带动能力、服务功能等条件把好准入关，并实施每年一次的动态监测，实行优胜劣汰。

（二）优化发展环境。各部门要加强领导和协调，搭建平台，创造条件，努力营造农业企业、农民专业合作社、家庭农场快速发展的良好环境。新闻媒体要切实加强引导，全力营造农业经营主体和谐发展的舆论氛围。

（三）开展“双十佳”评选活动。每年开展“海盐县十佳农业龙头企业”和“海盐县十佳农民专业合作社”评选活动，对当选企业及合作社给予表彰奖励。

附件 7

“1550”农产品品牌创建工程实施方案

为进一步提高海盐农产品知名度，提升整体形象和市场竞争力，特制定“1550”农产品品牌创建工程实施方案。

一、指导思想

以科学发展观为指导，紧紧围绕我县农业主导产业及优势特色产业，以实施农业标准化为手段，以推进农业产业化为核心，以加强农产品商标注册为基础，以开展知名农产品品牌建设为重点，加强领导，制定规划，加大投入，营造氛围，全面推进我县农业转型升级和生态高效现代农业发展。

二、目标任务

到 2015 年，全县创建国家、省、市三级知名农产品品牌总量达到 50 个，其中国家级 4 个，省级 11 个，市级 35 个。使农产品品牌领域明显拓展，数量明显增加，质量明显提高，品牌经济成为农业经济发展的有力支撑。

三、保障措施

（一）提高农业组织化程度，培育农产品品牌创建主体。农业龙头企业、农民专业合作社、家庭农场、行业协会是农产品品牌经营的主体和核心。扶持和培育现有农业龙头企业、农民专业合作组织，加强招商引资，积极吸纳外来资本、工商资本、民间资本投身农业开发和农业产业化经营，壮大农产品品牌主体。

（二）鼓励农产品商标注册，壮大农产品品牌群体。增强农业生产经营主体的商标意识，鼓励农业经营主体进行农产品商标注册，支持和鼓励传统农产品的集中产区积极申报原产地保护和地理标志证明商标，提升传统农业，打造农业区域品牌，夯实品牌创建的基础。

（三）开展名牌名品认定推荐，扩大知名品牌数量。积极开展各级名牌农产品、知名品牌、著名商标推荐、认定工作，遵循无偿、自愿、公开、公平、公正的原则，以市场评价、用户评价和质量评价为依据，积极推荐申报各级名牌产品。加强农业、工商、质监等部门协作，建立一支业务精、服务好的农业品牌人才队伍，强化农业品牌服务。

（四）加强领导，加大扶持力度。各级党委政府要把知名农产品品牌作为做好“三农”工作的重要抓手和推进新农村建设的重要措施，摆上重要议事日程，进一步深化目标任务，统一规划，明确目标，完善机制，形成创建合力。县工商、质检、农业、财政、科技等部门要明确职责，统筹规划，加大投入，按照县政府农业产业化激励政策有关支持农业品牌建设的各项规定，加强引导，优质服务，同时加大宣传力度，提高各品牌主体的创建意识，切实推进全县农产品知名品牌建设工作。

附件 9

“1560”土地流转推进工程实施方案

为进一步加快土地流转步伐，推进农业产业化、规模化经营，特制定“1560”土地流转推进工程实施方案。

一、指导思想、基本原则和目标任务

（一）指导思想。以科学发展观为指导，认真贯彻党的十七届三中、四中、五中全会精神，以稳定农村土地承包关系为基础，以优化农业要素配置、提高农业生产效率、增加农民收入为目标，紧紧围绕“十二五”规划纲要，创新土地流转形式、机制与管理，深入开展土地流转“守合同，重信用”评定工作，把推进土地流转与“两新”和农业“两区”建设紧密结合起来，促进我县农业跨越发展和转型升级。

（二）基本原则。推进土地流转要坚持家庭承包经营制度不变原则；坚持依法、自愿、有偿原则；坚持政府引导、市场主导原则；坚持因地制宜、分类指导原则。

（三）目标任务。到 2015 年，全县土地流转率达到 60%以上，流转面积达到 12.4 万亩，全程社会化服务面积达到 7 万亩。2012 年，全县土地流转率达到 50%以上。

二、工作要求

（一）制定流转规划。各镇（街道）要根据县下达的目标任务，围绕“两新”、农业“两区”建设和农村土地综合整治项目，组织制定土地流转规划，并按规划制订分年度实施计划，报县农业经济局备案。

（二）明确工作职责。各镇（街道）是推进土地流转工作的第一责任单位；各村（社区）经济合作社是推进土地流转工作的直接责任单位；县土地流转工作领导小组成员单位要各司其职，做好各项工作。

（三）确保流转质量。加强对土地流转工作的指导，规范土地流转行为，鼓励农户委托村经济合作社流转土地，实现土地集中连片规模流转，促进土地规模经营，实行农业集约化、专业化生产，提高土地规模经营效益，实现土地流转可持续发展。

三、保障措施

（一）加强领导，增强合力。县、镇（街道）农村土地流转工作领导小组承担土地流转推进工程的领导工作。各镇（街道）、各有关部门要高度重视，加强领导，形成合力，确保土地流转顺利推进。

（二）创新机制，促进流转。各镇（街道）要积极创新土地流转机制，探索信托制和储备制；进一步完善土地流转激励机制、土地流转风险保障体系和土地流转农民的社会养老保障制度，鼓励农户全部流出承包土地。

（三）加强管理，扎实推进。县、镇（街道）、村（社区）三级土地流转服务平台要加强对土地流转的信息传递、法规政策咨询、合同签订、纠纷调处、档案建管等工作的指导、管理与服务，扎实推进我县的土地流转工作。

中共诸暨市委　诸暨市人民政府
关于城乡统筹拓展发展空间的政策意见

市委〔2011〕5号

各镇乡党委、政府，各街道党工委、办事处，市级机关各部门，市属企事业单位：

为进一步优化城乡布局，加快城镇集聚，拓展发展空间，特制订本政策意见。

一、适用范围

本意见适用于本市行政区域内村庄拆并、中心村建设和农村土地综合整治（包括宅基地置换、土地复垦、废弃铁路和废弃矿山综合整治）。

二、总体思路

通过村庄拆并，推动城镇集聚；通过农村多余房屋的拆除，把增加建设用地指标与保障性用房安置相结合，吸引农村人口向城市、中心镇集聚；通过土地节约集约和对废弃铁路、废弃矿山、闲置建设用地整理挖潜，增加发展空间；鼓励中心城区和中心镇多拆并出形象，一般镇乡尤其是山区镇乡多复垦拓空间。

三、工作机制

1. 明确工作责任。各镇乡（街道）作为村庄拆并与中心村建设和农村土地综合整治的具体工作主体。

2. 明确主管责任。对应部门主管负责，职能部门全力配合。具体为：开发委负责陶朱街道，规划局负责暨阳街道、浣东街道，发改局负责店口、大唐、枫桥、牌头、次坞五个省级中心镇，农办负责其余19个镇乡。国土资源局负责农村土地综合整治项目的立项、报批、监督、验收和补助兑现，废弃铁路和废弃矿山整治净增的土地复垦指标任务由市国土资源局核实的数据为准。

3. 加强领导协调。市委、市政府成立工作协调小组，由市委副书记郭浩良任组长，市委常委、常务副市长赵源恩，市委常委、副市长宣方乐，副市长方建明任副组长，对重大问题牵头协调，并按职责分工对口负责。

四、政策措施

1. 村庄拆并，具体政策由市政府另行制订。

2. 农村土地综合整治，具体项目中关于净增复垦指标的相关政策为：

（1）提高净增复垦指标的补助力度：通过废弃铁路和废弃矿山等建设用地整治净增的复垦指标，每亩补助9万元；通过村庄改造、老镇拆迁、宅基地整治等多种渠道净增的复垦指标，每亩补助18万元，超考核任务部分每亩再奖励2万元。

（2）宅基地复垦产生的净增复垦指标，优先用于本镇乡发展；通过宅基地置换到中心城区购买保障性住房净增的复垦指标，由市政府统一调配使用；通过废弃铁路和废弃矿山等整治净增的复垦指标，由市政府统一调配使用；中心镇自行建设保障性住房，优先保证用地指标。

（3）通过农村多余房屋拆除，增加建设用地指标的，与保障性住房安置直接挂钩；通过宅基地整治增加复垦指标的，每亩补助18万元，由镇乡（街道）与村、户共同分配。具体实施细则由市国土资源局制定。

3. 对拆迁与复垦再按每拆迁1万平方米或每增10亩复垦指标，给予1亩商住用地指标的奖励。

4. 加强项目服务和项目优惠，立项审批必须快捷简便，收费能免则免、能缓则缓、能减则减。

五、考核办法

上述工作列入市委、市政府年度岗位目标责任制考核。具体考核任务按年度下达（2011年任务见附表，废弃铁路和废弃矿山整治净增的土地复垦指标由市国土资源核准后再行确定，但不计入附表中净增复垦指标任务数）。完成考核任务的得基本分20分，在此基础上拆迁每超1万平方米或复垦指标每增10亩的奖励1分，反之扣1分；奖励分上不封顶、倒扣分扣完为止。

附件：镇乡、街道2011年复垦指标及拆迁任务分解表（略）

中共诸暨市委

诸暨市人民政府

二〇一一年一月十七日

中共金华市婺城区委 金华市婺城区人民政府关于加快现代农业强区建设的意见

（2011年4月1日）

婺区委〔2011〕20号

为加快现代农业强区建设步伐，努力开创我区工业化、城市化、农业现代化“三化同步”发展良好局面，经区委、区政府研究，提出如下意见。

一、指导思想

当前和今后一个时期，我区加快现代农业强区建设的指导思想是：以科学发展观为统领，全面开展现代农业园区和粮食生产功能区建设，有效提升我区农业基础设施建设水平，创新农业发展体制机制，扎实推进农业规模化、集约化经营和标准化生产，做大做强优势产业，提高农产品良种覆盖率、产出率、优质率、加工转化率和市场占有率，通过“强基础、抓创新、转方式、调结构”，全面推动农业产业整体实现转型升级，加快建设现代农业强区。

二、转变农业发展方式，促进农业产业升级

1. 加快粮食生产功能区和现代农业园区建设(以下简称农业“两区”建设)。以粮食生产功能区建设为主抓手，着力建设一批高产稳产良田，推广一批良种良法，培育一批新型粮食生产主体，形成以规模型产粮乡镇为重点，专业合作社、种粮大户、科技示范户为基础，良田、良种、良法、良机、良制相配套的粮食产业发展新格局。以现代农业园区建设为主平台，整合科技、物资、品牌、机制等要素，着力优化产业结构，促进三产联动，形成产业集聚、特色鲜明、设施先进、功能多元、效益显著的现代农业产业体系。

2. 加快特色农业发展。完善农业发展规划，按照“梯度式发展山区生态休闲特色农业、丘陵绿色无公害农业和平原现代设施高效农业”的思路，壮大特色优势主导产业，并加快传统产业改造步伐，推进农业产业转型升级。推进农产品品牌整合，努力打造主导产业品牌，实行特色品牌保护与经营政策配套，加强地理标志认定保护，打造特色农业品牌。加快培育“一村一品”主导产业专业村。

3. 加快多功能农业开发。积极开发农业生态保护、观光休闲、文化传承等功能，大力发展旅游农业、休闲农业，大力发展城郊特色农业，着力推进乡村旅游业的发展。积极整合农村旅游资源，以“桂花节”、“茶花节”、“油菜花节”为抓手，全面加强农村旅游市场营销，拓展农村旅游市场，积极打造一批农家乐休闲旅游精品线路。加快功能米等功能性农产品开发。

4. 加快生态循环农业发展。按照低碳经济发展要求，着力推进生态循环农业技术和模式应用，大力发展节约型农业，积极推进农业废弃物资源化利用，努力提升现代生态畜牧业水平，大力优化农业产业结构和区域布局，保障农产品无害化供给，实现资源利用节约化、生产过程清洁化、废弃物利用资源化、环境影响无害化，不断提高生态循环农业发展的水平和效益。

5. 加强农业经营主体培育。加快推进农业龙头企业、农民专业合作社整合提升，创建有利于现代农业经营主体发展壮大的良好环境，积极支持农业经营主体实施科技创新、加快技术改造和产品升级，重点扶持一批直接带动农民增收和有发展潜力的农业龙头企业和示范性农民专业合作社，增强现代农业经营主体带动能力。鼓励种养大户进行工商登记，使之成为农业生产法人，积极鼓励高校毕业生投身现代农业。

6. 转变农产品营销方式。加快农产品流通网络建设，大力发展农村物流配送、连锁超市、电子商务等现代流通方式，支持供销合作社、邮政、商贸企业向农村延伸服务；加快农产品交易市场建设，活跃城乡物资交流；支持发展现代粮食物流，推广农户科学储粮。建立健全农产品信息服务体系，强化信息引导和产销衔接。开展农业电子商务平台建设，积极探索农产品网上销售。大力扶持和培育发展农村流通经纪人、大户和中介服务组织，积极推进农产品生产基地与大型连锁超市、学校、城镇社区及大企业等产销对接。

三、加强基础设施建设，提高农业综合生产能力

1. 加强农田水利基本建设。大力发展节水灌溉，推广渠道防渗、管道输水和喷滴灌技术，加快建设一批节水灌溉项目。切实抓好全国小型农田水利重点县建设。加快建设高标准农田，整合农业综合开发、农村土地整治、标准农田建设等项目，大规模开展中低产田改造，实行田、水、路、林、村综合治理。加强耕地质量建设，大力实施“沃土工程”，加大对测土配方施肥、土壤有机质提升的支持力度。

2. 全力推进农业机械化。加强农机农艺措施结合，着力在秸秆还田、水稻育插秧、收割、烘干、运输等方面加快推进农业机械化，推进水稻生产全程机械化。提高农机装备水平、科技水平、作业水平、安全生产水平和农业机械化服务水平，加快培育和发展机械联合、技术联合、服务联合、信息联合等“四联合”农机专业合作组织，大力开展跨区作业，提高农业机械的利用率和农机化整体效益。

3. 大力推进现代化设施应用。按照实际实用实效、设施与农艺相配套的要求，通过推广先进设施、发展连片设施、应用生态设施，扩大现代化设施在农业产前、产中、产后各个环节的装备应用。重点推广大棚设施、智能温室、节水灌溉技术，以及与之相配套的作业机械、植保机械和自动化控制设备。同时，着力发展一批农副产品深加工机械、低温冷藏、冷藏运输等设施。完善设施配套技术，努力提升设施农业发展的规模、质量和效益，使之成为我区现代农业的重要业态。

4. 全面提升农村综合信息服务水平。加快农业信息化体系建设，加强信息资源整合，促进"金农工程"、"三电合一工程"和农村党员干部现代远程教育等多网融合。实施"农民上网"工程，完善乡村电脑网络服务平台，加快推进农民信箱工程和万村联网工程建设，特别是抓好农业"两区"建设的信息化建设，提升信息服务水平。

四、创新体制机制，优化农业发展环境

1. 稳定和完善农村基本经营制度。积极推进农村集体产权制度改革，发展壮大集体经济。坚决守住耕地保护红线，建立保护补偿机制，对基本农田实行永久保护。加快农村集体土地使用权、集体建设用地使用权等确权登记颁证工作，有序开展农村土地整治。深化集体林权制度改革，推进兴林富民。进一步落实山林产权，加强林权管理服务平台建设，规范集体林权流转，促进森林资源可持续发展。

2. 推进农村土地承包经营权流转。积极探索土地承包经营权入股、出让土地农户补贴、"土地流转实物租金＋土地增值收益提成"等土地流转增值收益分配新机制，鼓励园区内零星分散经营土地的农户以转包、出租、互换、转让、土地股份合作与托管等多种方式转出土地；采取区域化布局、专业化生产、一体化经营，大力发展"季节性规模经营"等新型产业组织形式，实现规模化种植、标准化生产和现代化经营。

3. 大力提升农业社会化服务水平。加强政府公共服务，进一步完善基层农技推广、动植物疫病防控和农产品质量监管"三位一体"公共服务体系建设，强化技术推广、病虫防治、疫病防控、市场营销等服务。强化农产品质量监管，推进农产品标准化生产，建立完善农产品市场准入制度和产品质量可追溯制度。推行农业专业化、社会化服务，进一步加大农机、植保等社会化服务组织培育，鼓励采取挂钩结对、委托代办、对口服务等多种形式，推进农资经营、农机作业、病虫防治、动物诊疗、产品销售等专业化服务，培育一批影响力大、服务能力强、带动范围广、示范作用大的专业服务组织和服务模式，提升农业社会化服务水平。

五、强化要素投入，增强农业发展后劲

1. 不断加大资金投入力度。按照总量持续增加、比例稳步提高的要求，不断增加农业投入。确保财政支出优先支持农业发展，预算内固定资产投资优先投向农业基础设施建设项目，土地出让收益优先用于农业土地开发和农业基础设施建设。认真落实国家扩大良种补贴品种政策，增加农机具购置补贴，并不断扩大补贴种类。落实和完善农资综合补贴动态调整机制。按照存量不动、增量倾斜的原则，新增农业补贴适当向种粮大户、农民专业合作社倾斜。落实稻谷最低收购价政策，支持优势骨干企业参与收储。同时，要确保全区70％农业扶持资金用于农业"两区"建设，今后每年新增部分资金100％用于农业"两区"建设。

2. 加快支农项目优化整合。继续加强农业项目库建设，规划储备、申报和争取一批综合性、流域性、区域性、全局性的农业农村经济社会发展项目。对重大农业基础设施建设、农业产业化经营和新农村建设连片推进的重点项目，配套建立支农项目整合投入机制，加大支农项目资金整合力度。

3. 加强农村金融服务。有序发展小额贷款组织，积极发展农村资金互助社，推进农民专业合作社开展信用合作试点。继续做好农业企业、农户小额信用贷款工作，完善农户联保贷款、农户大额贷款制度。落实对农业产业化龙头企业和新经济组织的信贷倾斜政策。大力发展农村政策性担保业务，鼓励各类企业出资参股农业产业化担保公司，扩大担保规模。有序推行农房、土地承包经营权、大型农用生产设备等抵押贷款。扩大水稻、油菜等主要农作物和能繁母猪、生猪等养殖业的政策性保险承保覆盖面，积极推进森林保险业务。支持发展农村小额保险等涉农商业保险，探索建立农村保险与农业信贷相结合的银保互动机制。

4. 积极引导社会资源投向"三农"。大力完善基础设施和配套优惠政策，提升服务水平，优化农业投资环境，加大农业招商引资力度，通过综合运用财政贴息、担保贷款、以奖代补、民办公助、先建后补等手段，引导企业、社会组织和个人投资农业，支持农业产业发展和农业基础设施建设，提升我区农业现代化经营水平。

六、实施"168"工程，促进农业可持续发展

1. 编制一套科学的发展规划。科学编制《金华市婺城区现代农业发展总体规划(2011—2015)》，并以总体规划为指导切实抓好粮食生产、蔬菜瓜果、水果、畜牧、茶叶、林业、渔业、休闲观光农业等产业发展子规划的编制工作，科学优化农业产业发展布局，明确重点措施，全面推进我区现代农业科学发展。

2. 重点实施六大提升工程。一是农业产业结构提升工程。以八大优势产业培育及其结构优化为重点，进一步提升产业化经营水平，使主导优势产业产值在农业总产值中的比重进一步提升。二是现代农业设施提升工程。加快农业"两区"建设，建成一批现代农业产业基地，使全区农业基础设施建设水平显著提升。三是农业经营主体实力提升工程。大力培育和扶持农业龙头企业、农民专业合作组织等新型经济主体发展成长，为农业产业发展增强后劲。四是农业服务水平提升工程。建立健全乡镇"三位一体"农业公共服务体系，构建政府主导力、科技支撑力、农民主体力、社会参与力"四力合一"的农业公共服务体系和机制。五是粮食和农业综合生产能力提升工程。强化农业科技支撑，充分挖掘增产潜力，着力提高单产，促进农业生产优质高效。六是农业品牌效应及经济效益提升工程。培育一批农业名牌产品，鼓励农业经营主体积极注册农产品商标，不断增强市场竞争力。

3. 出台八项农业发展扶持政策。根据发展实际和工作需要，区有关部门要进行深入调研，制订出台关于加强粮食生产功能区建设提高粮食生产综合能力、促进生态循环农业发展、促进现代设施农业发展、促进土地流转和规模经营、加快农业招商引资与农业科技创新、激励农民专业合作社和农业龙头企业加快发展、鼓励新生代农民和高校毕业生从事现代农业、加强农业品牌创建等八个方面的扶持奖励政策，为我区农业产业发展创造良好的政策环境，促进农业科学发展。

常山县人民政府关于
鼓励投资现代农业园区的若干政策意见

常政发〔2011〕57号

为积极鼓励各类主体投资我县现代农业园区，切实提高现代农业园区建设水平，促进农业增效、农民增收，根据省政府办公厅《关于开展现代农业园区建设工作的意见》（浙政办发〔2010〕6号）、县政府《关于开展现代农业园区建设的意见》（常政发〔2010〕55号）等文件精神，结合我县实际，经县政府研究，现就鼓励投资现代农业园区制定如下政策意见：

一、扶持对象

凡进入我县现代农业园区（含现代农业园区综合区、主导产业示范区、特色农业精品园，下同）投资发展现代设施农业（指各类型玻璃温室，钢架大棚等设施栽培、饲养和休闲观光农业）的企业、组织和个人；以本地农产品为主要原料的加工企业；以销售本地农产品为主的流通企业。

二、扶持条件

（一）现代设施农业项目。投资总额必须在300万元以上（含300万元，下同）、经营规模200亩以上、且亩均设施投入在1.5万元以上。

（二）农产品加工和农产品流通企业。投资总额必须在2000万元以上（含2000万元，下同）。

三、扶持政策

（一）鼓励投资发展现代设施农业，建立特色农产品基地或发展休闲观光农业

1. 土地流转扶持政策。对一次性相对集中连片流转耕地200亩以上、流转期10年以上的投资主体，项目建成并达到投资强度后，县财政一次性给予每亩200元的补助；一次性相对集中连片流转耕地500亩以上1000亩以下、流转期10年以上的投资主体，项目建成并达到投资强度后，县财政分年度给予前两年每年每亩200元的补助；一次性相对集中连片流转耕地1000亩以上、流转期10年以上的投资主体，项目建成并达到投资强度后，县财政分年度给予前三年每年每亩300元、第四至第五年每年每亩150元的补助。对于流转旱地、山坡地（包括林地）发展现代设施农业的投资主体，流转面积达到前述三类面积标准，项目建成并达到投资强度后，县财政分别按前述三类标准的年度给予实际土地流转价格50%的补助，但最高补助标准不超过耕地流转补助标准的50%。同一农业项目（包括土地开发、土地流转）补助政策按就高不就低原则只享受一次，不得重复享受。土地流转工作由项目所在乡镇负责落实，对组织实施土地流转的乡镇一次性给予每亩150元的工作经费补助。

2. 农业生产配套用地政策。凡土地流转期限5年以上并签订流转合同、经营面积100亩以上的（多处流转土地的，可按总量控制、方便生产的原则分点建设）投资主体，因生产需要建造临时设施的，使用非耕地及未利用地的，视实际需要使用配套设施用地；使用耕地的，在不破坏耕作层的前提下，经审批后，允许其在流转土地范围内按流转面积5‰左右比例使用。

3. 设施农业设备和农业机械扶持政策。投资主体建设农业钢架大棚、玻璃温室等设施和购买农业机械，享受省定设施农业设备补贴和农业机械购置补贴政策。

（二）鼓励投资创办以本县农产品为主要加工原料的加工企业

以本县农产品为主要加工原料的加工企业，在享受《关于加快转型升级做大做强工业企业的若干意见》（常委〔2010〕23号）文件的有关政策的基础上，还享受以下优惠政策：

1. 财政贴补政策

（1）新办农产品加工企业，自投产之日起，其前五年实际上交税收每年每亩土地达到2万元，5年内由县财政给予其年度内实交的增值税、所得税地方实得部分100%的贴补。认定为省级农业龙头企业的，再延长2年。

（2）对出口创汇农产品加工企业，享受《关于进一步促进外向型经济发展的若干意见》（常政发〔2009〕25号）文件的有关扶持政策。

2. 用水用电政策

（1）企业用电按浙价〔2002〕377号文件《关于农产品

加工型龙头企业等用电价格的通知》规定执行。

(2)使用集中式管网供水系统的，其水价按用水价优惠20%执行。

(三)投资创办以销售本县农产品为主的农产品流通企业，享受《关于进一步促进现代物流业发展的若干意见》(常政发〔2009〕60号)文件的有关扶持政策。

(四)一事一议政策

对科技含量高、带动能力强或投资规模特别大的项目，采取一事一议，经县委财经领导小组同意后，给予更优惠的政策。

(五)其他优惠政策

1. 积极为设施农业、农产品加工和流通企业提供信贷支持

(1)县域金融机构的信贷政策要向现代农业园区的设施农业项目、农产品加工企业和流通企业倾斜，对实力强、资信好的企业和投资主体，采取直接授信方式给予支持。

(2)创新信贷支持方式，解决企业和投资主体抵押物不足：一是完善和推广农业企业大额订单质押贷款业务；二是进一步拓展"抱团贷款"业务，通过综合授信以及等级评定方式，扩大符合条件的经济主体实行"抱团贷款"，积极开展"公司＋农户、基地＋农户"的联保贷款；三是开展出口农业退税托管贷款。对农产品出口退税未能及时到位的，出口企业可凭出口退税凭证向有关开户银行申请退税帐户托管贷款。

2. 全面推行全程代理服务。由项目引进单位负责为投资主体提供咨询、项目报批、领证等全过程服务工作。有关部门要简化办事手续，为投资主体提供优质便利的服务。

3. 减免有关费用。农业企业和农业项目投产前所涉及的行政事业性收费免收；中介服务收费实行"一费制"，收费标准由县招商局"一费制"办公室本着就低不就高的原则与中介机构协商确定，也可由项目业主与中介服务机构自行协商确定。

4. 对引进人员进行奖励。对引进县外客商到投资创办农产品加工企业的单位或人员(包括以商招商的)，按常委办〔2009〕43号文件规定进行奖励。

四、政策兑现

(一)主体申报。符合上述要求的投资主体在每年11月底前向现代农业园区管委会提出申请(申请表格附后)，并附相关证明材料(土地流转协议、流转金支付凭证、设施或设备购买发票等)，经所在乡镇或有关部门审核后上报。

(二)部门验收。现代农业园区管委会根据主体申报内容，会同相关部门进行实地验收，验收合格后，于12月底前报县政府审批。

(三)政策兑现。县政府审批同意后，兑现扶持政策。

五、在现代农业园区以外区域投资发展现代设施农业的经营主体，投资总额达到500万元以上(含500万元)，经营规模200亩以上，且亩均设施投入在2万元以上，享受园区内同等规模经营主体的优惠政策。

六、本意见从2011年1月1日起执行。以前政策如与本意见规定的政策不符的，以本意见规定的政策为准。

七、本意见由县现代农业园区管委会负责解释。

附件：常山县现代农业园区扶持项目申请表

二〇一一年九月二十七日

中共丽水市委办公室　丽水市人民政府办公室
关于丽水市推进美丽乡村建设的实施意见

(2011年6月20日)

丽委办〔2011〕50号

根据《中共浙江省委办公厅浙江省人民政府办公厅关于印发〈浙江省美丽乡村建设行动计划(2011～2015年)〉的通知》精神，为扎实推进我市美丽乡村建设工作，特制定如下意见。

一、总体要求

(一)指导思想。

深入贯彻落实科学发展观，全面实施省委"两创"总战略和市委"三市并举"发展战略，紧紧围绕建设生态文明和中共丽水市委办公室文件全面小康社会两大目标，以促进人与自然和谐相处、提升农民生活品质为核心，围绕科学规划布局美、村容整洁环境美、创业增收生活美、乡风文明身心美的目标要求，以深化提升"百村示范、千村整治"工程建设为载体，充分发挥生态优势，着力推进农村生态人居、生态环境、生态经济和生态文化体系建设，努力把我市农村打造成为"山青水秀的生态走廊、村容整洁的美丽乡村和宜居宜业宜游的美好家园"。

(二)总体目标。

按照"重点培育、全面推进、争创品牌"的要求推进美丽乡村建设。到2015年，力争全市50%左右的县(市、区)(包括丽水开发区，下同)达到省级美丽乡村建设先进县(市、区)的工作要求，60%以上的乡镇开展整乡整镇美丽乡村建设，创建市级美丽乡村示范村100个，培育建设市级中心村200个。

二、主要任务

美丽乡村建设以县(市、区)为单位通盘谋划,点线面结合,整体推进。

(一)抓点示范。

开展美丽乡村示范村创建。到2015年,创建100个左右(每年20个左右)可看可学可推广的宜居宜业宜游的美丽乡村示范村,以此带动全市美丽乡村建设工作。美丽乡村示范村重点抓好"四个美"建设。按照"规划科学布局美"的要求,修编完善村庄建设规划,加强村庄基础设施建设,健全防灾救灾和公共服务体系。开展农村住房改造,集约节约利用土地,着力改善农民居住条件,构建舒适的农村生态人居体系。按照"村容整洁环境美"的要求,提高村庄整治建设水平,切实抓好改路、改水、改厕、垃圾处理、污水治理、村庄绿化等项目建设,建立健全长效管护机制,构建优美的农村生态环境体系。按照"创业增收生活美"的要求,编制农村产业发展规划,推进产业集聚升级,发展新兴产业,促进农民创业就业,构建高效的农村生态产业体系。按照"乡风文明身心美"的要求,以提高农民群众生态文明素养、形成农村生态文明新风尚为目标,加强生态文明知识普及教育,积极引导村民追求科学、健康、文明、低碳的生产生活和行为方式,增强村民的可持续发展观念,构建和谐的农村生态文化体系。

抓好中心村培育建设。按照布局合理化、产业规模化、人口集聚化、设施配套化、服务社区化、环境生态化的要求,以规划为引领,以项目化管理为手段,到2015年,全市培育建设200个左右"人口集中、产业集聚、要素集约、功能集成"的中心村。

一是引导农村人口集聚。根据中心村的功能定位、区域定点以及农村人口的分布,按照"培育中心村、整治一般村、提升特色村、缩减撤并村"的要求,强化村庄建设空间管制,采用集体土地置换、集体建设用地使用权流转、村庄撤并等办法,引导自然村及周边行政村的农村人口向中心村集聚。

二是促进土地集约节约利用。深入开展农村土地综合整治,合理调整村庄土地利用结构和空间布局,科学安排农业生产、农民生活和农村基础设施建设等各类用地,加快建设农民集中居住区,逐步缩减自然村点数量。

三是配套建设基础设施。统筹推进中心村给排水、供电、道路、绿化及垃圾处理、污水治理、电气化、信息化等基础设施建设,全面改善村庄生态环境和人居环境。

四是完善公共服务体系。根据中心村发展方向与带动范围,按照"管理有序、服务完善、文明祥和"的要求,统筹建设中心村社区综合服务中心、文化活动场所、体育健身场等公共服务场所。引导基层供销社、金融机构、电信、电力、邮政、气象、体育、交通运输等部门结合基层综合服务社建设,在中心村设立服务站点。

五是大力发展村域经济。按照"一村一品、一村一业"的要求,合理选择各具特色的村域经济发展路子。大力发展高效生态的现代农业,培育特色精品农产品。积极发展农家乐休闲旅游业、来料加工业、物业服务等二三产业,规范发展农民专业合作组织,发展壮大村集体经济。

(二)抓面连线。

整乡整镇成片推进综合整治。按照"多村统一规划、联合整治,城乡联动、区域一体化建设"的要求,编制农村区域性路网、管网、林网、河网、垃圾处理网、污水治理网一体化建设规划,开展环境综合整治。实现村庄整治建设由星星点点打"游击战"向集中力量打"阵地战"、打"歼灭战"转变,切实提高村庄整治建设水平。深入开展万里清水河道建设,成片推进农村河道水环境综合治理,使农村环境明显优化。在农村环境综合整治基础上,开展生态村创建工作,到2015年,市级生态村占县域行政村总数的50%以上。

稳步推进沿路、沿江、沿景区"三沿"地区连线整治。按照《中共丽水市委办公室丽水市人民政府办公室关于丽水市推进"三沿"整治创建美丽乡村行动计划的实施意见》(丽委办〔2010〕74号)精神,利用三年时间(2011～2013年),以高速公路、国道、省道沿线两侧(包括入城口、互通区)、主要河道沿线两侧及河道本身、沿景区道路两侧为重点。着力抓好"三清三治三改"工作,彻底改善"三沿"地区的环境面貌。一是抓好"三清"。清理垃圾。加快"三沿"地区农村垃圾固废收集处理设施建设,因村制宜地开展农村垃圾处理,逐步实行"村收、乡(镇)集、县处理"的全县域垃圾统一处理模式。清理违法违章建筑。按照"谁所有、谁制造、谁整理"的原则,清理违章建筑、废弃场;按照"规范、安全、美观"的要求,清理广告牌、路牌,制定沿线广告布点控制性规划,规范各种交通警示标志、旅游标志、宣传牌。二是实施"三治"。治理污水。全面清除露天粪坑,开展卫生改厕,按照规定排放标准的要求,采用纳管式、集中式、分散式等方式,因村制宜地开展农村生活污水治理。治理坟墓。采取搬迁、就地深埋或绿化覆盖等措施对坟墓进行整治改造,使沿线看不到裸露的坟墓,恢复自然生态景观。治理河道。按照"水清、流畅、岸绿、景美"的要求,对河道进行综合整治。三是加强"三改"。危旧房改造。推进农村危房、旧房改造和墙体立面整治,改善农户住房条件,消除赤膊墙,改善视觉效果。旧村改造。按照"改造空心村、撤并自然村、建设新农村"的要求,对危旧房较集中的村,连片拆除危旧房,进行旧村改造。林相改造。坚持"自然演替为主,人工促进为辅"的原则,对荒芜低效经济林、疏林地、荒山荒地、火烧和病虫害迹地、开垦地、裸露山体等进行改造,逐步形成多林种、多树种、多色彩、多层次的林相结构,达到优化、美化、彩化的森林景观效果。对沿线季节性和常年性抛荒田开展整理,推进沿线农业产业带的发展,改善沿线农田景观。

三、工作措施

(一)加强组织领导。

各级党委、政府要高度重视美丽乡村建设工作,把这项工作作为现阶段推进新农村建设和生态文明建设的重要载体和主要抓手来抓。坚持党政主要领导亲自抓,县乡两级要加强美丽乡村建设工作力量,充分发挥村庄整治建设工作协调(领导)小组的作用。

(二)编制建设规划。

结合县市域总体规划、城镇发展规划和土地利用总体规划，完善现有各类生态专项规划，加快供水、污水处理、垃圾收集处理等专项规划向周边农村延伸，进一步提高生态专项规划覆盖范围。按照“生活宜居、环境优美、设施配套”的要求，以“三沿”整治为核心内容，科学编制美丽乡村建设规划，细化区域内生产、生活、服务各区块的生态功能定位，明确垃圾、污水、改厕、绿化等各类项目建设的时序与要求。

（三）加大投入力度。

按照“资金性质不变、管理渠道不变，统筹使用、各司其职、形成合力”的原则，加大对美丽乡村建设资金的整合力度。鼓励不同经济成分和各类投资主体以独资、合资、承包、租赁等多种形式参与农村生态环境建设、生态经济项目开发。

积极探索依法取得的农村集体经营性建设用地使用权、生态项目特许经营权、污水和垃圾处理收费权以及林地、矿山使用权等作为抵押物进行抵押贷款，引导金融资金参与美丽乡村建设。

（四）营造良好氛围。

充分发挥电视、广播、报刊、网络等主流媒体的作用，开展形式多样、生动活泼的宣传教育活动，总结宣传先进典型，形成全社会关心、支持和监督美丽乡村建设的良好氛围。通过规划公示、专家听证、项目共建等途径，广泛动员和引导工商企业、民营企业家、华人华侨、爱心人士等参与支持美丽乡村建设。

（五）严格督查考核。

市委、市政府已将美丽乡村建设工作纳入“6＋1”年度目标责任制考核，且将“三沿”整治、中心村培育、危旧房改造和美丽乡村示范村创建等列为主要内容。同时，每年开展市级美丽乡村建设先进县（市、区）评比，名额在30％左右，由市委、市政府进行表彰，并将名列前茅的推荐上报为省级美丽乡村建设工作先进县（市、区）。对美丽乡村示范村，将由市委、市政府对其进行命名表彰和奖励。市“百村示范、千村整治”工作协调小组要加强工作督查，确保美丽乡村建设工作顺利开展。各地要建立美丽乡村建设评价体系和奖惩激励机制，把美丽乡村建设列入各级党政干部政绩综合考核、社会主义新农村考核范畴，有效推进美丽乡村建设工作。

附：1. 丽水市推进“三沿”整治创建美丽乡村行动计划年度考核办法
2. 丽水市中心村培育建设年度考核办法
3. 丽水市农村危旧房改造工作年度考核办法
4. 丽水市美丽乡村示范村评定办法

附1

丽水市推进“三沿”整治创建美丽乡村行动计划年度考核办法

为有效加强对推进“三沿”整治创建美丽乡村行动计划实施的管理，落实工作责任，完善激励机制，根据《中共丽水市委丽水市人民政府关于2011年度综合考核工作的实施意见》（丽委〔2011〕4号）文件精神，特制定本办法。

一、考核对象与目的

考核对象为各县（市、区）党委、政府和丽水开发区。分年度对“三沿”整治创建美丽乡村行动实施情况进行考核，重点考核“三清三治三改”等方面的整治实绩。考核分值计入“6＋1”年度目标责任制考核总分。

二、考核内容

考核分共性目标和个性目标，主要从组织建设、制度建设、整治办工作绩效、整治实绩、整治经费等五个方面进行。整治实绩为个性目标，其它四个方面为共性目标。

（一）组织建设。

1. 组织领导。党政分管领导明确，领导机构健全，“三沿”整治创建美丽乡村行动纳入当地经济社会发展规划和政府任期目标。

2. 工作机构。根据工作需要，及时建立“三沿”整治创建美丽乡村行动计划领导小组及其办公室，有工作班子和专职的工作人员，有办公地点和专项工作经费。

3. 部门协调。领导机构办公室和各成员单位职责明确，分工合理，责任落实，工作协调配合。

4. 工作部署。全年至少召开一次由党政主要领导或分管领导主持的工作会议，研究部署工作。

（二）制度建设。

1. 规划目标责任制。制定和编制“三沿”整治创建美丽乡村行动计划三年实施总体方案和建设规划，制定和编制年度实施方案和计划。乡镇（街道）、村及相关部门层层签订整治目标管理责任书。

2. 管理服务制度。建立资金管理、技术指导、考核奖罚以及领导、部门、社会各界联村结对等制度。

3. 长效管理制度。建立健全卫生保洁、污水治理和垃圾收集处理的日常管理和公共设施有效管护的长效机制，切实做到人员、经费、职责、制度四落实。

4. 工作档案制度。相关文件、目标管理责任书、信息简报、工作总结、调研报告等资料收集完整，整理归档；建立“三沿”整治创建美丽乡村行动计划工作台账。

（三）整治办工作绩效。

1. 工作落实。按季召开由各成员单位和有关乡镇（街道）等参加的整治进展情况交流会，分析问题，研究对策。

2. 检查指导。帮助指导有关乡镇（街道）、村制订整治建设规划方案；开展相关业务培训。加强沿线整治情况和整治质量的检查指导，及时发现问题，制定对策。

3. 信息报送。(1)如实填写整治工作进度情况月报表,及时上报无差错。(2)按月上报工作进展情况。(3)按要求报送工作信息简报,每月个例信息和综合信息各1则以上。

(四)整治实绩。

完成年度目标任务。全面完成年初规划方案所确定的“三沿”整治工作目标

(五)整治经费。

1. 专项资金投入。县(市、区)财政和丽水开发区财政要设立专户,安排“三沿”整治专项资金,实行专款专用。

2. 规范使用。规范使用、管理财政专项补助资金,有资金使用管理办法。

3. 筹资机制。出台“三沿”整治政策。鼓励和支持企事业单位、社会团体、个人等社会力量参与“三沿”整治。整合各方资源,基本形成集体和农民自筹为主、政府补助为辅、社会各方力量支持的多渠道筹集整治资金的有效机制。

三、考核程序

按照县(市、区)和丽水开发区自查、市核查的程序实施考核。

(一)县自查。

各县(市、区)、丽水开发区“三沿”整治创建美丽乡村行动计划领导机构办公室要在全面总结年度工作的基础上,对照本《办法》组织自查,并按照考核计分表进行自查打分。

(二)市核查。

在县(市、区)和丽水开发区自查基础上,市协调小组办公室组织对县(市、区)和丽水开发区进行全面核查,形成核查报告,并进行核查打分。

四、考核上报材料要求

各县(市、区)和丽水开发区进行全面自查后,向市整治办提出要求进行核查的申请,同时提供以下材料:

(一)申请报告;

(二)年终工作总结;

(三)自查报告;

(四)自查情况计分表;

(五)年度“三沿”整治完成情况表;

(六)出台的有关重要政策文件;

(七)其它。

五、考核时间

县(市、区)和丽水开发区应在每年12月底前完成自查,市核查工作在次年1月中旬前完成。

六、其它

本办法实施中的具体问题,由市“百村示范千村整治”工作协调小组办公室负责解释。

附件:年度县(市、区)“三沿”整治工作考核计分表(略)

附2

丽水市中心村培育建设年度考核办法

根据《中共丽水市委丽水市人民政府关于2011年度综合考核工作的实施意见》(丽委〔2011〕4号)文件精神,为有效反映各地中心村建设成效,特制定年度考核办法。

一、考核对象

考核以县(市、区)(包括丽水开发区,下同)为单位进行,主要考核中心村培育建设年度计划任务完成情况。考核分值计入“6+1”年度目标责任制考核总分。

二、考核内容

考核分组织建设、办公室工作绩效、建设实绩、资金投入等四个方面进行。

(一)组织建设

1. 组织领导。党政分管领导明确,中心村培育建设工作纳入当地经济社会发展规划和政府任期目标。

2. 工作机构。根据工作需要,建立中心村培育建设工作领导小组及其办公室,有工作机构和专职工作人员,有专项工作经费。

3. 部门协调。领导小组办公室和各成员单位的任务明确,分工合理,责任落实,工作协调配合。

(二)办公室工作绩效。

1. 工作落实。根据本地实际,制定县域中心村培育的三年实施方案和年度工作计划。

2. 检查指导。指导中心村编制村庄建设规划和方案,落实中心村建设项目,开展相关业务培训,指导中心村开展项目建设。

3. 信息报送。如实填写进度报表,及时上报无差错;按时上报半年和年终工作总结;积极报送工作信息简报。

(三)建设实绩。

1. 规划编制。按照平原、山区的不同特点,有利于人口集中、产业集聚、土地集约、设施配套的要求,进一步修编完善县(市、区)域中心村布局规划,使中心村布局更加科学合理。充分利用新一轮土地利用总体规划修编的有利时机,及时调整土地利用总体规划,确保村庄建设规划落地。

2. 项目建设。按照“布局合理化、产业规模化、人口集聚化、设施配套化、服务社区化、环境生态化”开展中心村项目建设,并取得阶段性成效(根据项目实施情况,并对照“六个化”标准目标进行综合评定)。

(四)资金投入。

1. 专项资金。建立中心村培育专项资金,并落实到村到项目。

2. 政策措施。专门出台推进中心村建设实施意见，进一步制定完善各项具体政策措施，特别是财政、金融、土地等方面的扶持政策。

3. 筹资机制。鼓励和支持社会力量参与中心村建设，形成多渠道、多层次、多元化的建设投入机制。

三、考核程序

按照县(市、区)自查、市抽查的程序实施考核。

(一)县自查。

各县(市、区)中心村建设领导小组办公室要在全面总结年度工作的基础上，组织各成员单位对照本《办法》进行认真自查，并按照考核计分表进行自查打分。

(二)市抽查。

在各县(市、区)自查基础上，市领导小组办公室组织成员单位采取查阅工作档案、实地查看、走访农户等方式对县(市、区)中心村建设工作进行检查。按市里下达给各县(市、区)任务数30%的比例进行逐村检查。

四、考核上报材料要求

县(市、区)进行全面自查后，向市里提出申请报告，同时提供以下材料：

(一)县(市、区)申请报告；

(二)县(市、区)年终工作总结；

(三)县(市、区)自查报告；

(四)县(市、区)自查情况计分表；

(五)中心村分村建设情况进度表；

(六)县(市、区)出台的有关重要政策文件；

(七)其它。

五、考核时间

考核年度为本年度的1月1日至12月底。县(市、区)自查应在12月底前完成，市抽查工作在次年1月中旬前完成。

本办法实施中的具体问题，由市中心村建设领导小组办公室负责解释。

附件：年度丽水市中心村培育建设考核计分表(略)

附3

丽水市农村危旧房改造工作年度考核办法

为扎实推进农村危旧房改造工作，根据《中共丽水市委丽水市人民政府关于2011年度综合考核工作的实施意见》(丽委〔2011〕4号)文件精神，特制定本考核办法。

一、考核内容

考核以县(市、区)(包括丽水开发区，下同)为单位。考核内容主要是：组织建设、制度建设、工作实绩、工作措施和办公室工作五个方面。

(一)组织建设。

1. 组织领导。党政分管领导明确。

2. 工作配合。建立完善工作班子。成员单位任务明确，分工合理，责任落实，协调配合。

(二)制度建设。

1. 建立责任制度。制定年度工作方案，层层签定目标考核责任书。

2. 管理服务制度。完善农村危旧房改造审批、确权发证等制度，简化程序。

3. 工作档案制度。市、县、乡镇等各级相关政策文件、目标考核责任书、信息简报、工作通知、工作总结、调研报告、工作过程图片等资料收集完整，整理归档；建立农村危旧房改造工作台帐，数据准确，并可查到县(市、区)、乡(镇)、村、户，到具体项目。

(三)工作实绩。

1. 实施农村危旧房改造完成情况。

2. 新启动的旧村改造项目全部有建设规划。

3. 符合条件(有土地证、无违法违章建筑、权属清楚无纠纷、农户主动申报)的房屋所有权证发放率达到100%。

4. 履行农村危旧房改造工程质量和安全监督管理职能，没有重大事故。

5. 旧村改造实施村数。继续实施的村基础设施同步配套，不断完善；新启动实施村数达到年度目标要求。

6. 实施旧村改造后，村庄规划布局基本合理，基础设施基本配套齐全，公共服务设施基本满足农民的生产和生活需要，环境整洁优美。

7. 规划保留村全部制定建房用地调剂办法。

8. 符合条件(农民主动申报)村的住房集体土地使用证发证率达到100%。

9. 及时调整土地利用总体规划，确保与村镇规划对接。

10. 积极开展宅基地复垦，农民建房用地指标落实。

11. 农居点和异地转移安置小区及时供地。

(四)工作措施。

1. 完善政策。根据浙委〔2009〕56号文件和丽委〔2009〕4号文件，重点围绕破解“五大难题”，结合当地实际，完善农村危旧房改造政策。

2. 资源整合。加强建设用地资源、资金资源和政策资源的整合。

3. 加大投入。按丽委〔2009〕4号文件补助标准，落实旧村改造村的基础设施建设补助资金。加大对困难群众危旧房改造的扶持力度等。

(五)办公室工作。

1. 信息报送。(1)如实填写《丽水市农村危旧房改造工程统计月报表》(附件2)，及时上报无差错。(2)按时上报工作总结。(3)积极报送工作信息(全年报送20篇以上)。

2. 调查研究。组织各成员单位和有关乡镇，积极开展调查研究，撰写内容全面、数据详实、对领导决策有参考价值的综合调研报告(综合调研报告全年至少2篇)。

3. 其它工作。市农村危旧房改造工作领导小组办公室，根据工作需要布置的其它工作。

二、考核程序

(一)县自查。

各县(市、区)农村危旧房领导小组办公室要在全面总结年度工作的基础上，组织成员单位对照本办法进行认真自查。

(二)市考核。

在县(市、区)自查的基础上，市农村危旧房改造工作领导小组办公室负责统一协调、统一考核。市建设局、市国土局分别负责县(市、区)农村危旧房改造和旧村改造实绩的核查，并向市农村危旧房改造工作领导小组办公室提供县(市、区)完成实绩的核查分值。市农村危旧房改造工作领导小组办公室，结合日常督促、检查情况，对县(市、区)农村危旧房改造工作情况作出综合评价。评价结果报市委、市政府审定，按县(市、区)总数的50%确定为市级优秀，推荐考核名列前茅的若干单位为省优秀，考核结果同时作为农民增收六大目标考核奖励依据之一。

三、考核时间

县(市、区)自查应在2011年12月25前完成，市考核安排在2012年1月上旬。

附件:2011年度丽水市农村危旧房改造工作考核计分表(略)

附4

丽水市美丽乡村示范村评定办法

为充分发挥示范村在美丽乡村建设中的辐射带动作用，切实推进我市美丽乡村创建工作，特制定美丽乡村示范村评定办法。

一、评定原则

(一)坚持科学规划布局美、村容整洁环境美、创业增收生活美、乡风文明身心美的目标要求，能充分反映我市美丽乡村建设水平，具有示范带动作用。

(二)坚持“公开、公平、公正”的操作程序，好中选优，各方公认。

(三)坚持标准与区域平衡相结合，筛选评定县(市、区)(包括丽水开发区)示范村。

二、参评条件

美丽乡村示范村必须是规划保留的行政村，村级班子战斗力强，同时要符合以下条件。

(一)规划科学布局美。村庄规划科学合理，村居建设符合规划。基础设施配套，公共服务体系完善。土地集约节约利用，农民居住条件改善，防灾救灾体系健全，舒适的农村生态人居体系初步构建。

(二)村容整洁环境美。改路、改水、改厕、垃圾处理、污水治理等村庄整治项目成效明显，注重村庄绿化和河道池塘保洁，建立健全长效管护机制，优美的农村生态环境体系初步形成。

(三)创业增收生活美。深入推进生态农业生产，积极发展“农家乐”休闲旅游等新兴产业，促进农民创业就业，高效的农村生态产业体系初步确立。

(四)乡风文明身心美。文体活动阵地健全，传统文化项目别具特色；群众文体活动丰富多彩，生态文明知识教育普及，追求科学、健康、文明、低碳的生产生活和行为方式，和谐的农村生态文化体系逐步形成。

三、评定标准

评定内容	指标及要求	评定标准	分值
规划科学布局美	1. 村庄布局合理	有村庄建设规划，得2分；按村庄建设规划实施，得2分；村庄布局合理，得1分。	5
	2. 基础设施配套	村内路网布局合理，主次分明，村内主干道硬化率达到100%，得3分；主干道和公共场所路灯安装率100%，得2分；给水、排水系统完善，管网布局规范合理，自来水入户率达到95%以上得2分。未达到上述要求者酌情给分。	7
	3. 公共服务体系健全	建有社区综合服务中心，得2分；商业、文化、卫生、培训、托老、通讯、体育、气象防灾等公共服务健全，得3分。未达到上述要求者酌情给分。	5
	4. 危旧房改造基本完成	村内危旧房基本得到改造，得2分；村内房屋实用美观、错落有致，具有明显的地方特色和乡土风情，得2分。未达到上述要求者酌情给分。	4
	5. 土地利用合理	村庄所有建设项目符合土地利用总体规划，得1分；依法审批建设用地，得1分；村庄农地整理效果明显，得2分；各项建设中土地的集约利用率高，得1分。未达到上述要求者酌情给分。	5

评定内容	指标及要求	评定标准	分值
村庄整洁环境美	6. 垃圾收集处理全覆盖	每10—15户配备1个垃圾箱,得2分;垃圾集中房按照村庄建设规划、村庄人口分布和自然村落布局合理配置,得2分;有垃圾清运工具,得1分。未达到上述要求者酌情给分。	5
	7. 污水收集处理率60%以上	每少2个百分点扣1分。	5
	8. 卫生户厕农户达90%以上	每少2个百分点扣1分。	5
	9. 村庄绿化覆盖率达20%以上	每少1个百分点扣1分。	5
	10. 建立卫生长效管护制度	管护人员落实,得2分;经费落实得1分;制度、职责落实得1分;垃圾、污水等设施运行正常,得1分。	5
创业增收生活美	11. 农民人均收入高于县域平均水平	每低于平均水平1个百分点扣1分。	5
	12. 人均集体可支配收入高于县域平均水平	每低于平均水平1个百分点扣1分。	5
	13. 县级以上农家乐特色村	评为县级以上农家乐特色村的,得5分;不是农家乐特色村的,根据宜业宜游情况酌情给分。	5
	14. 农村养老保险覆盖率≥75%	每低于1个百分点扣1分。	4
	15. 新型农医参保率≥90%;	每低于1个百分点扣1分。	5
乡风文明身心美	16. 村务管理民主	村级组织工作规则健全,得1分;村级重大事项决策程序完善,得1分;村务公开制度和档案管理规范,得2分;村级财务委托乡镇代理,或建立了规范的财务制度,得1分。未达到上述要求者酌情给分。	5
	17. 生态文化活动丰富	开辟生态文明橱窗等生态文化阵地的,得2分;运用村级文化教育场所,开展形式多样的生态文明知识宣传、培训活动的,得2分;有3支以上的运动队得1分,每年体育活动4次以上得1分;古建筑、传统文化得到有效保护的,得1分。	7
	18. 形成生态文明新风尚	社会风尚良好,邻里和睦,无赌博、封建迷信活动,婚丧、生育和建房等没有铺张浪费和盲目攀比现象,倡导生态殡葬文化。根据具体情况酌情给分。	5
	19. 学前教育入学率≥90%	每低于1个百分点扣1分。	3
	20. 社会治安较好	无重大刑事案件,一般案件不高于1件,得3分;无上访案件,得2分。	5
合计	—	—	100

四、评定程序和要求

(一)评定程序。

当年12月底前,由各县(市、区)美丽乡村(村庄整治)创建领导小组办公室组织推荐。次年1月中旬前,市"百村示范,千村整治"工作协调小组办公室组织相关专家通过查阅资料、实地查看等方式进行评定。总分在90分以上的报请市委、市政府授予"丽水市美丽乡村示范村"称号,并由市财政给予每村安排5万元的以奖代补资金。

(二)申报材料要求。

申请报告内容除概述申报村的地理位置、环境条件、村庄规模,着重说明按照"四个美"的要求进行创建的相关情况和取得的主要成效。并附相关的图片资料和申报表,装订成册。

附件:丽水市美丽乡村示范村申请表(略)

中共青田县委 青田县人民政府
关于印发《青田县中心镇强镇扩权工作的实施意见》的通知

青委〔2011〕156 号

各乡镇党委、政府，县直各单位：

《青田县中心镇强镇扩权工作的实施意见》已经县委、县政府同意，现印发给你们，请认真贯彻执行。

中共青田县委

青田县人民政府

二〇一一年十一月二十一日

青田县中心镇强镇扩权工作的实施意见(试行)

根据省委、省政府《关于进一步加快中心镇发展和改革的若干意见》(浙委办〔2010〕115 号)和《浙江省强镇扩权改革指导意见》(浙发改城体〔2010〕1178 号)等文件精神，结合我县实际，现就推进中心镇强镇扩权工作提出如下实施意见：

一、扩权范围

鹤城镇、温溪镇、船寮镇、海口镇、腊口镇等省市级中心镇。

二、扩权内容

(一)下放经济社会管理权限

按照转变职能、理顺关系、权责统一、优化结构、提高效能的要求，赋予中心镇部分县级经济和社会管理权限，将涉及 9 个部门的 18 项行政管理事项和权限的交由中心镇行使(具体见附件)。

(二)扩大人事权

1. 推进中心镇政府职能转变，进一步完善中心镇“三定”方案。以建设服务型政府为导向，按照经济社会发展及扩权的实际需要，根据加强社会管理和公共服务功能的要求，科学设置机构、合理配备人员。

2. 理顺中心镇条块关系。县级部门派驻中心镇的机构，实行条块结合管理机制，部门派驻机构副职领导干部任免应征求中心镇党委意见；部门派驻机构副职领导干部的年终考核由主管部门和中心镇党委政府共同负责，其考核等次由中心镇党委提出书面建议，主管部门予以确认。中心镇干部选拔任用，列入县委组织部干部管理权限的，由中心镇党委提出书面建议人选；列入县委干部管理权限的中心镇干部职务任免、调动，也应听取中心镇党委的意见建议。

(三)加大财政投入

1. 温溪镇实行“划分收入、核定支出、收支包干、递增分成”的财政体制。在温溪镇设立财政局，在船寮镇、腊口镇、海口镇分别设立财政所。加强乡镇财政管理，巩固乡镇财政零负债成果。

2. 凡在中心镇(鹤城镇、温溪镇除外)范围内收取的基础设施配套费、国有土地出让金纯收益、耕地开垦费(或垦复金)、排污费等非税收入，除按规定上缴给省、市及县统筹外，全部用于中心镇建设。

3. 每年给中心镇(鹤城镇、温溪镇除外)安排一定数量的经营性土地用于出让，保障城镇建设资金需求。

(四)优化要素配置

1. 在土地利用总体规划修编时，优先考虑中心镇发展的需要。全县每年切块新增建设用地指标向中心镇倾斜，对符合国家产业政策的项目，优先解决用地指标。中心镇通过土地开发整理途径增加的土地指标优先留镇使用。中心镇非农建设项目占用耕地不能实现占补平衡的，在全县范围内实行平衡。支持中心镇开展农村建设用地减少和城镇建设用地增加改革试点，推进中心镇农村集体土地、农民房屋产权制度和户籍制度改革，促进人口向中心镇集聚。

2. 深化中心镇投资体制改革，坚持谁投资、谁经营、谁受益的原则，加大中心镇投资体制改革力度，支持中心镇组建开发建设投资公司，拓宽融资渠道，吸引多种资本参与基础设施、社会事业和产业功能区建设，形成多元化投资格局。

3. 镇域范围内各类国有闲置资产，可在办理国有土地出让及房产等相关权证后，由国有资产管理部门统一向银行申请贷款，筹集中心镇建设资金。

三、扩权方式

主要采取交办、委托、延伸机构等方式下放。

交办是指没有法律法规明确规定的非行政许可事项

由县级职能部门直接交办给中心镇行使。

委托是指法律、法规、规章明确规定,属于行政许可事项,而且实施主体必须是县级职能部门,不能以镇政府名义直接行使的,由县级职能部门和中心镇政府签订委托执法、审批协议书,明确委托事权范围和责任。为便于中心镇行使相关事权,除上级部门有特殊规定外,县级职能部门应刻制本部门的业务专用章由中心镇使用。

延伸机构是指在中心镇设有派出机构的部门,通过县级职能部门将事项下放给其派出机构行使。

四、保障措施

(一)加强组织领导。中心镇培育工作领导小组要加强对中心镇强镇扩权工作的组织领导,及时研究解决扩权过程中的难点问题。县级职能部门和中心镇要切实提高认识、把握重点,加强沟通协调,通力协作配合,按照职责分工做好工作衔接,共同推进中心镇强镇扩权工作顺利开展。中心镇党委书记可列席参加县委常委会,镇长可列席参加县政府常务会议。

(二)落实政策措施。县级职能部门要从各自职能出发,出台下放权限的实施细则,明确扩权事项的工作流程,研究制定配套制度和管理办法,加强对扩权事项的指导、培训和监管,帮助中心镇相关人员尽快熟悉业务,取得相应资格,提高执法水平和管理能力。中心镇要加强行政审批服务中心建设,配强工作人员,公开办事程序、前置条件和办结时限,确保扩权事项放而不乱、高效运作。

(三)严格督查考核。由县中心镇培育领导小组办公室牵头,会同法制办、财政、审计及各授权部门,每半年对中心镇强镇扩权工作进行一次专项督查。并将强镇扩权工作列入中心镇及部门考核,强化制度约束,确保此项工作取得实效。

附:中心镇扩权事项目录

附:

中心镇扩权事项目录

一、规划建设局

1. 颁发建设项目选址意见书、建设用地规划许可证、建设工程规划许可证、乡村建设规划许可证。

2. 负责颁发域内临时建设用地规划许可证、临时建设工程规划许可证。

3. 负责临时占用镇内道路审批。

4. 挖掘镇内道路审批。

5. 除大型户外广告之外的审批及所有张贴、张挂广告的管理权。

6. 区域内市政、园林、绿化、环卫等公用事业的建设管理及城市房屋拆迁管理等工作。

7. 1—6条中行政许可和非行政许可事项所对应的监管及行政强制措施、行政处罚等工作。

二、国土局

8. 土地预审权。

三、水利局

9. 水产养殖证核发。

四、农业局

10. 动物及动物产品检疫证明的核发。

11. 植物调运检疫证明的核发。

五、林业局

12. 林木种子生产许可和经营许可。

13. 商品林的采伐。

六、卫生局

14. 餐饮服务许可。

七、环保局

15. 建筑施工夜间作业许可证核发。

八、旅游局

16. 风景区临时性建设审核。

17. 风景区经营活动审核。

九、公安局

18. 本县范围内户口迁移到中心镇。

民主法治篇

中共浙江省委关于加强“法治浙江”基层基础建设的意见

（2011 年 8 月 22 日）

浙委〔2011〕85 号

加强“法治浙江”基层基础建设，是实现科学发展、保持经济平稳较快增长的迫切需要，是落实法治为民、全面改善民生的客观要求，是推进基层法治、维护社会和谐稳定的重要保障。为深入贯彻省委十二届九次全会精神，建立健全推进“法治浙江”基层基础建设的长效机制，进一步提高全社会法治化水平，现就加强“法治浙江”基层基础建设提出如下意见。

一、总结和发展“法治浙江”基层基础建设的实践经验

近年来，各地各部门认真贯彻落实省委决策部署，高度重视法治建设基层基础工作，坚持把固本强基作为“法治浙江”建设的战略举措和重点工作加以部署，积极探索实践，取得了明显成效，并在工作中形成了许多好做法好经验。

——把党委领导、齐抓共管作为加强法治基层基础建设的组织保障。普遍建立了党委牵头抓总的领导体制和部门协同推进的实施体系，逐步建立起职责明确、覆盖全面的法治基层基础工作网络，做到法治基层基础工作有人抓、有人管，初步形成了省市县乡四级上下联动的工作格局。

——把创新方法、完善载体作为加强法治基层基础建设的重要手段。从实际出发，把法治工作融入到基层各项工作之中，把基层法治创建与为群众办实事紧密结合起来，探索形成了一批富有特色、成效明显的工作载体和抓手。

——把保障公平、维护正义作为加强法治基层基础建设的价值追求。认真践行公平正义的法治理念，依法处理基层事务，妥善协调社会各方面的利益关系，维护群众合法权益，积极弘扬和倡导社会公平正义。

——把群众参与、共建共享作为加强法治基层基础建设的关键环节。积极发挥基层群众在民主法治建设中的主体作用，加大教育引导力度，抓好宣传发动，拓宽渠道、丰富形式，充分调动和组织广大群众参与法治建设，努力形成共建共享的良好局面。

——把法治为民、服务群众作为加强法治基层基础建设的根本任务。始终坚持法治为民，把维护人民群众的根本利益作为加强法治基层基础建设的出发点和落脚点，着力解决好群众关注、关系民生的热点、难点问题，确保法治建设能够真正反映民意、惠及百姓。

——把民主促和谐、法治保和谐作为加强法治基层基础建设的重要目标。注重把民主和法治作为促进基层社会和谐稳定的重要基础，扩大基层民主，加强基层依法治理，完善基层群众自治机制，深化基层平安创建活动，切实维护社会和谐稳定。

以上六个方面既是近年来我省推进“法治浙江”基层基础建设取得的经验，也是今后深化“法治浙江”基层基础建设必须坚持的原则。各地各部门要结合实际，在实践中继续探索创造各具特色、务实管用的好做法、好经验，推动我省“法治浙江”基层基础建设不断取得新的进展。

二、加强“法治浙江”基层基础建设的总体要求和工作目标

加强“法治浙江”基层基础建设必须坚持以邓小平理论和“三个代表”重要思想为指导，深入贯彻落实科学发展观，根据依法治国基本方略和省委建设“法治浙江”决策部署，紧紧围绕加强和创新社会管理的要求，以服务大局为重要使命，以法治为民为本质要求，以公平正义为价值取向，以和谐稳定为重要目标，把基层基础工作放在法治建设的基础性、战略性地位来谋划和部署，进一步扩大民主、健全法制，为实现富民强省、社会和谐稳定奠定坚实的法治基础。

加强“法治浙江”基层基础建设，是一项长期而艰巨的任务。到2015年，力争实现如下目标：

——基层党务政务公开工作不断深化。基层党务公开制度全面实施，基层党员干部群众参与党内事务渠道进一步拓宽，乡镇（街道）政务公开进一步推进，政务服务水平进一步提高。

——法律法规规章在基层的实施机制不断健全。建立健全法规规章在基层实施情况质量评估制度，基层依法按程序解决实际问题的机制不断完善，不适应基层的法规规章及时得到修改或废止，基层保障经济社会发展的法治环境进一步改善。

——行政执法便民服务逐步健全完善。基层行政执法体制改革逐步深入，执法为民的理念得到贯彻落实，方便群众办事的公共服务平台进一步健全和完善。

——基层司法保障能力显著提升。强化基层司法保障的措施得到落实，司法维护基层社会稳定和公平正义的能力显著提升，基层司法在人民群众中的公信力不断提高。

——群众法律素质和企业经营管理人员守法意识普遍提高。与群众、企业生活生产密切相关的法律法规得到普及，群众的法律意识和法治观念不断增强，企业经营管理人员诚信守法和依法经营的意识和能力普遍提高，形成崇尚法律、遵守法律和维护法律权威的社会氛围。

——城乡居民自治机制不断健全。村（居）民自治的组织体系不断完善，民主选举、民主决策、民主管理、民主监督制度日益健全，政府依法行政与村（居）民依法自治的关系进一步理顺。

——群众利益诉求得到妥善解决。畅通诉求渠道，依法及时化解社会矛盾纠纷，加强基层法律服务，群众的各项民生权利得到有效维护和发展。

三、加强“法治浙江”基层基础建设的主要任务

根据省委建设“法治浙江”的总体部署和加强法治基层基础工作的要求和目标，各地各部门要紧密结合实际，在实践中不断总结完善、统筹推进，推动我省法治基层基础工作再上新台阶。

（一）稳步实行基层党务公开制度。认真落实在党的基层组织实行党务公开制度，针对不同类型党的基层组织的特点，确定相应的公开内容和形式，提高党务公开的针对性和有效性。党的基层组织要按照制定目录、实施公开、收集反馈意见、立卷归档等程序，通过党内有关会议、文件、简报和公开栏等方式，及时公开基层党组织决议、决定及执行情况等内容。把党务公开与政务公开、厂务公开、村（居）务公开和公共事业办事公开等结合起来，做到相互促进、协调运转，不断完善公开制度。把党务公开与党内基层民主建设结合起来，积极推行党员议事会等好做法，推进基层党内民主决策，保障党员主体地位，拓宽基层党员干部参与党内事务渠道，巩固党的依法执政基础。

（二）加强法律法规规章在基层的全面实施。适应中国特色社会主义法律体系形成后的新形势新任务，在加强法律法规规章实施上狠下功夫，健全完善法律法规规章在基层的实施机制，不断提高法律法规规章实施的科学化水平。制定出台现行法律法规规章的配套措施，将法律法规规章中比较原则的规定具体化，增强在基层实施的可操作性。切实加强规范性文件备案审查工作，及时修改或废止不适应基层的法规规章。切实加强执法规范化建设，促进基层依法行政和公正司法，着力解决基层群众普遍关注的执法方面存在的问题。深入实施“六五”普法规划，鼓励群众主动参与法治建设和法律实施全过程，推动基层单位善于运用法律解决现实生活中的实际问题，引导基层群众依法按程序解决矛盾纠纷，用法律武器维护自身的合法权益。

（三）推进乡镇行政执法体制改革。探索建立“条块结合、条条联手”的工作机制，推进乡镇综合执法改革，不断提高乡镇政府依法行政和公共服务能力。合理界定县（市、区）及其执法部门与乡（镇）政府的职能，推动行政执法重心下移。县级有关执法部门可依法将能够委托的行政执法事项特别是与群众生产生活、乡村建设直接相关的执法工作落实到乡镇政府，方便群众办事。建立健全基层行政执法沟通协作机制，未实行委托执法和未设立派驻机构的县级职能部门，应当加强与乡镇政府的协作配合。把乡镇行政执法体制改革与强镇扩权改革工作结合起来，推进中心镇政府依法行政，增强中心镇管理服务功能。

（四）强化基层司法保障能力。创新社会治安防控体系，依法严厉打击各类违法犯罪，建立健全点线面结合、人防物防技防结合、打防控结合、网上网下结合的立体化社会治安防控体系，维护基层社会稳定。依法妥善处理劳动就业、社会保障、教育、医疗、住房、环保、消费等领域的纠纷，切实维护人民群众切身利益。认真研究“三农”工作中出现的法律问题，有效化解农民工追索劳动报酬、农产品买卖、农村土地承包等纠纷，保护农民权益，促进农业发展，维护农村稳定。基层法院要审慎处理农村集体土地征收、城镇国有土地上房屋拆迁案件，切实保障被征地农民、被拆迁人合法权益。巩固和完善人民法庭直接立案工作机制，着力解决当事人立案不便问题，方便人民群众诉讼。切实发挥人民陪审员来自群众、熟悉群众、代表群众的独特优势，发挥人民陪审优势，最大限度引导当事人尊重和自觉履行生效裁判。切实发挥检察机关的法律监督职能，延伸法律监督触角，强化基层法律监督工作。基层检察院要重点监督发生在基层的社会保障、劳动就业、征地拆迁、医疗教育、农村集体资产等关系群众切身利益的违法案件。积极开展社区矫正工作，加强刑释解教人员帮教安置。

（五）推行“参与式预算”、“实事工程代表票决制”等基层新做法。充分发挥基层人大在推进“法治浙江”建设中的重要作用。积极推行“参与式预算”制度，由基层人大负责组织，人大代表和群众代表参与，对政府及部门预算编制、预算执行情况进行民主恳谈，实现实质性参与的预算审查监督，提高政府财政预算、部门预算的科学性和透明度。积极推行乡镇“实事工程代表票决制”，在广泛征求意见的基础上，对于乡镇政府提出的实事工程备选项目，根据轻重缓急和财力情况，通过乡镇人代会代表票决确定，同时加强项目组织实施和监督管理，提高基层为群众办实事的能力和水平。

（六）推进基层便民服务“公共平台”建设。加强基层公共服务平台建设，整合社会服务、行政审批、资源配置、应急管理、电子政务等管理服务职能，积极构建统一规范和协调运作的便民公共服务中心。以提高服务质量和效率为重点规范服务中心运行，逐步实行“一个窗口受理、一站式审批、一条龙服务、一个窗口收费”的运行模式。加强信息网络管理平台建设，形成横向拓展到各部门和各行业，纵向延伸到各乡镇（街道）和村（社区），全方位的政府公共服务网络平台。强化基层社会服务职能，不断扩大社会服务范围，把与发展民主、健全法制密切相关的政策服务、法律服务纳入便民服务领域，打造功能齐全的综合性社会服务平台。

（七）建立健全“大调解”工作体系。坚持和发展“枫桥经验”，大力推行“网格化管理、组团式服务”，按照建立健全“大调解”工作体系的要求，努力把社会矛盾化解纳入法治轨道。建立健全民间组织调“和”机制，推广建立如“和事佬协会”等民间调解组织，争取第一时间发现化解矛盾。建立健全人民调解促“和”机制，对于民间调解组织没有及时调处或调解不成的矛盾，基层人民调解员及时启动调解程序。健全完善综治工作中心保“和”机制，对于人民调解员未能调解成功的矛盾纠纷，启动联调机制。健全完善行政调解护“和”机制，依法及时解决民事纠纷和行政争议。健全完善司法途径要“和”机制，对于已经进入司法途径的各类案件纠纷，采用诉调衔接、检调对接、轻微刑事案件和解等机制。建立健全特殊举措维“和”机制，加强和创新基层社会管理，健全司法救助机制，探索专案经营机制，把各类矛盾纠纷、群体性事件化解在基层。

（八）推广建立基层法治促进员制度。从县级党政机关特别是政法部门中选聘一批知法懂法干部，到乡镇及重点村、重点社区、重点工程项目、重点企业担任法治促进员。各地要在先行试点的基础上，逐步推广并建立基层法治促进员制度。基层法治促进员主要履行调研社情民意，宣传政策法规，调解矛盾纠纷，指导民主法制，参与社会管理等职责。各地要把法治促进员制度与农村指导员制度、基层法律援助、“农村（社区）法律顾问”制度、“法律六进”活动等有机结合起来，做到协调一致，统筹推进，提高法治促进员工作实效。

（九）依法加强城市社区居民委员会建设。加快推进以社区党组织为核心的城市社区组织体系建设，重点做好城乡接合部、城中村、工矿企业所在地、新建住宅区、流动人口聚居地的社区居民委员会组建工作。健全城市基层管理和服务体制，加强人民调解、治安保卫、公共卫生、计划生育、群众文化等各类社区居民委员会下属委员会建设，切实增强社区居民委员会组织居民开展自治活动和协助区和街道加强社会管理、提供公共服务的能力。建立健全社区党组织与社区居民委员会联席会议制度，规范社区居民委员会管理，确保社区居民委员会工作有效运转。建立健全社区党组织、社区居民委员会、业主委员会和物业服务企业协调机制，及时协调解决物业服务纠纷，维护各方合法权益。

（十）深化“民主法治村（社区）”建设。把“民主法治村（社区）”创建作为重要载体，强化村（社区）民主法治建设。以提升创建质量为重点，不断完善“民主法治村（社区）”创建内容和考评标准，强化动态考评机制，探索持续激励机制。要加强指导，体现特色，力争形成一批在加强村务监督委员会制度建设、依法制定自治章程、村规民约以及在人民调解、法制宣传和法律服务等方面各具特色的先进典型。要强化服务，从创建对象和基层群众的实际需要出发，大力宣传与民生密切相关的法律法规和政策，提供多种形式的法律服务和法律援助，保障人民群众特别是困难群众的合法权益，倡导良好道德风尚。

（十一）深化“诚信守法企业”建设。总结“诚信守法企业”创建试点经验，制定创建考评体系，加强激励机制建设，推进企业民主法制建设，提升企业诚信守法意识，鼓励企业积极承担社会责任。把“诚信守法企业”创建与推进企业民主管理、“劳动关系和谐企业”建设结合起来，完善以职工代表大会为基本形式的企事业单位民主管理制度，全面施行劳动合同制度，实行集体合同集体协商，积极拓展厂务公开、民主管理的内容和形式，支持职工参与管理和监督，维护职工自身合法权益。

（十二）推广村级重大事务决策“五议两公开”工作法。健全基层党组织领导的充满活力的群众自治机制，在全省推广“党员群众建议、村党组织提议、村务联席会议商议、党员大会审议、村民（代表）会议决议和表决结果公开、实施情况公开”为主要内容和操作流程的村级民主决策“五议两公开”工作法，依法规范村级组织民主决策，完善村民会议、村民代表会议民主议事决策制度和议事规则。在村级事务决策过程中，应当通过民主恳谈会、听证会、说事会等途径，充分了解和征求群众意见，在实施过程中，要充分发挥村务监督委员会作用，做到村级事务决策全程规范透明运行，切实保障人民群众的监督权。

（十三）依法规范村级集体资金、资产、资源管理。村级的集体资金、资产、资源（简称“三资”），依法属于村经济合作社集体所有。村级集体“三资”纠纷是影响基层和谐稳定的重要因素。村级各项收入必须统一纳入集体经济组织账户核算，严禁公款私存、白条抵库、多头存款和私设小金库等。建立集体资产和资源登记台账，健全资产资源清查制度，完善资产资源承包、租赁、出让制度，实行村级工程项目管理和招投标办法，规范村集体土地征收、农村集体建设用地取得及使用等制度。稳妥推进产权明晰的村级集体资产股份制改革，制订并不断规范完善村股份经济合作社的章程，建立起适应市场经济要求的村级集体“三资”管理体制。稳妥推进村会计代理制，在坚持村级集体“三资”所有权、管理权、审批权和民主监督权不变的原则下，由乡镇（街道）按照一村一账的要求，为委托实行村会计代理的村记账、结账和报账。

（十四）不断提高法律援助在基层的覆盖面。降低法律援助“门槛”，扩大受援对象和受案范围，使更多的基层困难群众得到法律援助。将基层发生的土地承包经营权、相邻权、宅基地使用权纠纷，伪劣农药、种子、化肥坑农事件，环境污染造成种植、养殖业损害和其他人身损害，以及家庭暴力等涉及民生的事项，逐步列入法律援助的受案范围，不断满足基层群众的法律援助需求。加强对农村五保、低保对象和残疾人、老年人、未成年人等特殊群体的法律援助。通过开展异地法律援助互动合作等方式，加强对农民工、流动人口的法律援助。积极推行“一站式”法律援助模式，采取发放“法律援助卡”、开辟“绿色通道”、上门受理服务等方式，简化法律援助申请程序。继续在行业部门和社会团体开展建立法律援助站（点）工作。统筹配置城乡法律服务资源，加强基层法律服务工作者和法律援助志愿者队伍建设，推行“乡村法律顾问制度”，推进律师、公证服务进社区、进农村，增强基层法律援助力量。

（十五）着力加强青少年法治意识培育。要从国家长治久安和繁荣昌盛的高度，充分认识青少年法治意识培育在法治建设中的深远意义。根据青少年不同阶段的身心特点和接受能力，开展针对性的法治意识教育，引导青少年养成遵纪守法的行为习惯，树立社会主义法治理念和民主法治意识。充分发挥学校法制教育的主渠道作用，完善学校法制教育的内容与体系，推进中小学校法制教育课时、教材、师资、经费“四落实”。整合各种社会法制教育资源，积极发挥中小学校兼职法制副校长、法制辅导员或法治促进员作用，建立多种形式的青少年法制教育示范基地，健全学校、家庭、社会“三位一体”的青少年法制教育格局。积极推进高校法学理论教育教材建设和师资队伍建设，大力宣传我国的根本制度、根本任务、国体、政体、基本政治制度和基本经济制度，引导高校学生牢固树立党的领导、人民当家作主和依法治国有机统一的观念。创新方法和渠道，做好对不良行为青少年、社会闲散青少年、农村留守儿童等特定青少年群体的法治意识教育工作。

四、加强对法治基层基础工作的领导

各地各部门要统一思想认识，切实加强组织领导，充实基层法治工作力量，确保职责到位、领导到位，把服务基层作为加强法治基层基础工作的重要着力点，坚持重心下移、服务群众。

（一）整合资源力量。各地要进一步健全完善党委统一领导，人大、政府、政协分工负责，部门共同实施的基层法治建设组织领导体系，健全基层法治组织，完善基层工作网络，确保工作有人抓、有人管，积极推动基层法治建设覆盖全社会。充分发挥执法单位在基层法治建设中的主力军作用，有效整合基层各方面的力量，切实做到重心下移、工作联动、服务基层、服务群众。探索推进村（社区）、规模企业法治工作联络员队伍建设，着力提高村（社区）、企业推进法治建设的能力。

（二）注重典型示范。各地各部门要从实际出发，认真培育和树立一批看得见、叫得响、站得住的先进典型，突出重点和主攻方向，力求以点上突破推进面上工作，使法治基层基础工作学有榜样、赶有目标。要注重发挥典型的引领带动作用，加大对先进典型的宣传力度，充分发挥以点带面效应，不断把法治基层基础工作推向深入。

（三）加强舆论引导。各地各部门要积极营造重基层、打基础、强基本的舆论环境，注重把握正确的舆论导向，大力倡导民主法治，积极引导树立社会主义法治理念，广泛普及民主法制知识，形成全社会关注、关心法治基层基础工作的良好氛围。要充分发挥基层法治工作机构和组织的积极作用，动员社会各方面的力量积极参与，最大限度地把人民群众组织动员起来，真正使基层法治建设成为人民群众自己的事业，让法治基层基础建设的成果惠及全省人民。

中共浙江省委　浙江省人民政府 转发《浙江省普法教育领导小组关于在全省公民中开展法制宣传教育的第六个五年规划(2011—2015年)》的通知

浙委〔2011〕65号

各市、县(市、区)党委和人民政府,省直属各单位:

《浙江省普法教育领导小组关于在全省公民中开展法制宣传教育的第六个五年规划(2011—2015年)》已经省委、省政府同意,现转发给你们,请结合实际情况,认真组织实施。

法制宣传教育是全面落实依法治国基本方略,深入推进"法治浙江"建设的一项基础性、先导性工程。党的十七大和十七届五中全会提出了深入开展法制宣传教育的重大任务。中国特色社会主义法律体系的形成,广大人民群众法治意识的不断增强,对法制宣传教育提出了新的更高要求。继续深入开展法制宣传教育,对于全面推进"法治浙江"建设,顺利实施我省国民经济和社会发展"十二五"规划,加快建设惠及全省人民的小康社会都具有重要意义。各级党委、政府要切实加强对法制宣传教育的领导,进一步强化党委领导、人大监督、政府实施、政协支持的法制宣传教育领导体制和各部门齐抓共管、全社会共同参与的工作机制,把法制宣传教育纳入国民经济和社会发展规划,纳入对各地各部门的目标考核,确保"六五"普法规划落到实处。各级领导干部要带头学法守法用法,进一步增强宪法意识,进一步提高依法执政、依法行政、依法决策、公正司法的能力。广大公务员要切实加强与履职相关的专门法律知识学习,不断提高运用法律手段解决矛盾和问题的能力。要着力推进青少年法制宣传教育,引导青少年养成遵纪守法的行为习惯,培养社会主义合格公民。要坚持法制宣传教育与法治实践相结合,全面提高社会法治化管理水平。要大力建设社会主义法治文化,传播法律知识,阐释法治原则,弘扬法治精神,树立社会主义法治理念,形成自觉学法守法用法的社会氛围,为全面建设"法治浙江",实现科学发展走在前列、惠及全省人民的小康社会全面建成的目标营造良好的法治环境。

中共浙江省委
浙江省人民政府
二〇一一年六月二十八日

浙江省普法教育领导小组关于在全省公民中开展法制宣传教育的第六个五年规划(2011—2015年)

根据《中共中央、国务院转发〈中央宣传部、司法部关于在公民中开展法制宣传教育的第六个五年规划(2011—2015年)〉的通知》(中发〔2011〕6号)精神和省委关于加强"法治浙江"建设等决策部署的要求,结合我省实际,制定本规划。

一、指导思想、工作原则和总体目标

(一)指导思想。高举中国特色社会主义伟大旗帜,坚持以邓小平理论和"三个代表"重要思想为指导,深入贯彻落实科学发展观,紧紧围绕"八八战略"、"创业富民、创新强省"总战略和"十二五"时期经济社会发展的目标任务,按照建设"法治浙江"的要求,坚持法制宣传教育与社会主义核心价值观教育相结合、与社会主义法治理念教育相结合、与社会主义公民意识教育相结合、与社会主义法治实践相结合,深入开展法制宣传教育,积极推进基层依法治理,大力弘扬社会主义法治精神,为顺利实施我省国民经济和社会发展"十二五"规划《纲要》,实现科学发展走在前列、惠及全省人民的小康社会全面建成的目标营造良好的法治环境。

(二)工作原则

——坚持围绕中心,服务大局。紧紧围绕我省国民经济和社会发展"十二五"规划确定的目标任务,服务经济发展方式转变、服务自主创新、服务生态文明建设、服务保障改善民生、服务社会和谐稳定,部署和落实法制宣传教育各项工作任务,助推浙江经济社会又好又快发展。

——坚持以人为本,服务群众。紧贴人民群众生产生活实际,满足人民群众对法制宣传教育的新期待和新需求,寓法制宣传教育于服务群众之中,大力实施"法制宣传近民工程",实现好、维护好、发展好广大人民群众的根本

利益。

——坚持把握规律，开拓创新。把握法制宣传教育工作的规律和特点，适应经济社会发展的新要求，创新工作理念，丰富宣传内容，改进方式方法，健全长效机制，不断为法制宣传教育注入新活力。

——坚持分类指导，注重实效。根据不同地区、不同部门、不同行业、不同对象的特点和法律需求，确定针对性的宣传内容，因地制宜，分类施教，以实际成效评判法制宣传教育工作。

——坚持学用结合，普治并举。把法制宣传教育与多种形式的法治实践结合起来，大力开展地方、基层和行业依法治理以及专项治理活动，着力解决群众关心的热点难点问题，推动全社会法治化管理水平不断提高。

（三）总体目标。通过广泛深入的法制宣传教育和法治实践，进一步坚定法治建设的中国特色社会主义方向，提高全民法律意识、法律素质和法律信仰，提高社会法治化管理水平，促进社会主义法治文化建设，努力实现法制宣传教育理念和手段与全社会学法用法需求相一致，公民法律意识和法律素质与全省经济社会发展总体水平相一致，社会法治化管理水平与人民群众对法治社会的期望相一致，为顺利实施我省国民经济和社会发展“十二五”规划夯实法治基础。

二、主要任务

（一）突出宣传宪法和社会主义法治理念。突出抓好宪法的学习宣传教育，大力宣传我国的根本制度、根本任务、国体、政体、基本政治制度和基本经济制度，大力宣传公民的基本权利和义务以及国家生活的基本原则，进一步增强人民群众的宪法意识、公民意识、爱国意识、国家安全统一意识和民主法制意识，在全社会牢固树立党的领导、人民当家作主和依法治国有机统一的观念，牢固树立国家一切权力属于人民的观念，牢固树立权利义务相一致的观念，教育和引导广大人民群众自觉维护宪法和法律的权威，使宪法在全社会得到一体遵行。突出抓好社会主义法治理念的学习宣传教育，促使广大党员干部和公职人员牢固树立并自觉践行依法治国、执法为民、公平正义、服务大局、党的领导理念，切实提高政治意识、大局意识和法治意识，推动社会主义法治理念逐步深入人心。

（二）深入学习宣传中国特色社会主义法律体系和国家基本法律。突出抓好中国特色社会主义法律体系的学习宣传，广泛宣传中国特色社会主义法律体系形成的重要意义、基本经验及其基本构成、基本特征。深入宣传宪法相关法、民法商法、行政法、经济法、社会法、刑法、诉讼与非诉讼程序法等方面的法律以及我省的地方性法规，在全社会进一步营造学法守法用法的浓厚法治氛围，努力发挥法律在经济社会发展中的规范、引导、保障作用。

（三）深入学习宣传促进经济发展的法律法规。学习宣传关于社会主义市场经济秩序、宏观经济调控、产业结构调整、国有资产管理等法律法规，促进经济结构转型升级和发展方式转变，保持经济平稳较快发展。学习宣传资源节约和管理、环境和生态保护、防灾减灾以及节能治污减排、循环经济等法律法规，促进资源节约型、环境友好型社会建设。学习宣传推进科技进步、加强自主创新、人才流动管理、知识产权保护等法律法规，促进创新型社会建设。学习宣传农村基本经营、农村土地管理、农业支持保护和农村金融等方面的法律法规，促进社会主义新农村建设。学习宣传城乡规划建设管理和城乡经济社会发展一体化相关法律法规，促进城乡和区域协调发展。

（四）深入学习宣传加强和创新社会管理的法律法规。学习宣传维护国家安全、保障社会稳定、促进民族团结等相关法律法规，维护社会和谐。学习宣传社会治安综合治理、流动人口服务管理、突发事件应急管理相关法律法规，提高管理水平。学习宣传新闻出版、广播影视、文化文艺、网络电信管理相关法律法规，促进新闻传播和文化市场管理。学习宣传维权、信访、调解、诉讼相关法律法规，创新矛盾纠纷化解方式，健全法律顾问体系，大力推进政府、乡村、社区、企业法律顾问制度，引导公民依法理性有序表达利益诉求。

（五）深入学习宣传保障和改善民生的法律法规。学习宣传尊重和保障公民权利的法律法规，促进公共权力规范运行。学习宣传社会保障、医疗卫生、社会救助、收入分配等法律法规，促进社会公平正义。学习宣传就业创业、集体合同、劳动合同、人事劳动争议处理等法律法规，促进劳动关系和谐。学习宣传房屋拆迁、医患纠纷、土地征用与补偿、土地承包经营权流转等法律法规，维护人民群众的合法利益。学习宣传安全生产、食品药品、抗灾救灾、公共卫生、证券期货、统计财税等法律法规，保障人民群众生命财产安全。学习宣传司法救助、法律援助以及妇女儿童、老年人、残疾人权益保护等法律法规，维护特定群体合法权益。

（六）切实加强反腐倡廉法制宣传教育。以领导干部和公务员为重点，加强公务员法、行政监察法、审计法和廉政准则等相关法律法规和党内法规的宣传教育，坚持反腐倡廉法制宣传教育与政治理论教育、理想信念教育、职业道德教育、党的优良传统和作风教育相结合，充分发挥各类廉政、法纪教育基地的作用，不断提高各级领导干部和公务员廉洁自律的自觉性。广泛开展面向社会的反腐倡廉法制宣传教育，坚持廉政法制教育从青少年抓起，引导青少年树立正确价值观和高尚道德情操。

（七）积极推进社会主义法治文化建设。积极搭建法治文化创建平台，鼓励社会各方力量特别是各类文化团体参与法治文艺作品的创作生产，增加产品数量，提高产品质量。加强优秀法治文化作品的宣传和展演力度，推精品、创品牌。加大法治文化阵地建设，依托重大文化惠民工程和城乡文化设施提升工程建设，以中心镇、社区、村公共文化设施为重点，逐步完善基层法治文化公共设施，建立法治文化教育基地。精心组织“浙江法治宣传月”和“12·4”全国法制宣传日等主题活动，以各种宣传月、宣传周、宣传日、重大任务和重大事件为契机，广泛开展形式多样的法制宣传活动，打造主题活动品牌。加强法治文化理论研究和实践探索，将法治文化与精神文明建设，与中华传统文化、地方特色文化、行业文化、群众文化等有机融合，扩大法治文化的辐射效应，增强法治文化的影响力、渗透力和感染力，扎实推进富有浙江特色的社会主义法治文化建设。

（八）深入推进社会主义法治实践。继续深化“法律进机关、进乡村、进社区、进学校、进企业、进单位”主题活动，进一步加强制度建设，创新方式方法，探索长效机制，实现“法律六进”活动常态化、规范化，不断提高各级领导干部和公务员依法管理、依法办事、服务社会的能力，增强农村和社区依法自治功能，培育青少年良好的法律素养和道德情操，提高企业核心竞争力和依法防范风险的能力，增强各类社会组织自我管理、自我服务的能力。扎实开展多层次多领域依法治理工作。深入开展创建法治市、法治县（市、区）工作先进单位和法治县（市、区）工作示范单位活动，做好与全国法治城市、法治县（市、区）创建活动的衔接工作，不断提高创建水平。认真贯彻国务院《全面推进依法行政实施纲要》和《关于加强法治政府建设的意见》，开展“依法行政示范单位”创建活动，推进行业部门结合自身特点实施依法治理，坚持依法、科学、民主决策；健全行政执法程序，规范行政执法行为，强化行政监督和问责，完善执法责任制、执法公示制和执法过错责任追究制，不断提高政府公信力和执行力。认真贯彻中央司法体制和工作机制改革要求，切实加强政法机关和队伍建设，维护司法权威，促进司法公正。继续深化“民主法治村（社区）”和“诚信守法企业”等创建活动，提升创建质量，巩固创建成果，深化基层依法治理。积极推动基层民主法治建设向新的领域延伸发展，以“平安校园”创建和校园及周边环境安全整治为契机，开展“依法治校”示范单位创建工作。建立完善符合法律规定、体现自身特色的规章制度，加强和改进学校内部管理，提高依法治教水平。结合社会管理创新，围绕社会热点难点问题开展专项依法治理。以依法管理、优质服务为主要内容，提高各类服务行业、窗口单位的依法办事能力。

三、对象和要求

法制宣传教育的对象是一切有接受教育能力的公民。着力加强领导干部、公务员、青少年、企事业经营管理人员和职工、农民以及外来务工人员等不同社会群体的法制宣传教育。把领导干部和青少年作为重中之重。

（一）切实加强领导干部学法用法。围绕增强领导干部依法决策、依法执政、依法办事的意识和能力，深化宪法和国家基本法律学习。坚持完善党委（组）理论学习中心组集体学法、政府常务会议会前学法、法制讲座、法制培训等制度。严格落实领导干部法律知识年度分级考试（考核）制度，加大督促检查力度。加强对领导干部任职前法律知识的考察、学法守法用法情况的督促检查和年度考核，把依法决策、依法管理、依法办事等考核结果作为干部综合考核评价的重要内容。在行政执法部门逐步推行领导干部述职述廉述法。健全完善人大任命领导干部任前法律知识考试制度，并逐步扩大到非人大任命领导干部。把法制教育纳入领导干部理论学习规划和各级党校、行政学院和其他干部培训机构教育培训课程，开发精品课程和案例，突出对领导干部“法治、责任、有限、服务”等意识能力的培养。大力探索推进领导干部学法用法的有效方法和工作机制，加强法律专业干部的培养、使用和交流。

（二）切实加强公务员学法用法。围绕提高公务员运用法治思维和法律手段解决矛盾和问题的能力，重点加强宪法、通用法律知识和与履职相关的专门法律知识学习教育。加大对公务员特别是行政执法人员和司法人员的法律知识培训力度，定期开展社会主义法治理念教育、专门法律知识轮训和新颁布法律法规专题培训。完善、落实公务员法律知识考试（考核）制度，将考试（考核）成绩作为任职、晋级、奖惩的重要依据。坚持、完善行政执法人员法律知识培训、考试和持证上岗制度，健全执法质量考核机制。进一步提高司法机关公正公开、廉洁高效的执法水平，把执法质量和执法水平作为衡量工作、考核班子、检验队伍的重要指标。完善新录用公务员法律知识考核制度。

（三）着力推进青少年法制宣传教育。根据青少年身心特点和接受能力，开展针对性的法制宣传教育。结合公民意识教育，引导青少年养成遵纪守法的行为习惯，树立社会主义法治理念和法治意识，培养社会主义合格公民。要充分发挥学校法制教育的主渠道作用，结合《浙江省中长期教育改革和发展规划纲要（2010—2020 年）》的实施，在全省教育部门和各级各类学校深入开展法制宣传教育，实现在校学生、教育管理干部和教职员工的全员覆盖。加强法制教育与德育、智育、美育的有机结合，完善学校法制教育的内容与体系，明确学校法制教育对不同年龄学生、不同类型学校的具体目标和要求，逐步将法制教育纳入各级各类学校教学大纲，列入浙江省地方课程教材，保证课时。加强青少年法制教育工作队伍和机制建设，把法制教育作为中小学校长培训和任职的必修内容，有计划地培养专兼职结合的法制教师队伍，不断完善学生德育导师制、学生违法犯罪预警机制。加大学校法制教育督查考核力度，将学校法制教育计划、课程、教材和师资“四落实”情况纳入学校综合考评内容，与教师育人职责考评机制相结合。积极推进高校法学理论教育教材建设和师资队伍建设，引导高校师生牢固树立社会主义法治理念。结合大中小学生社会实践，依托各类校外实践实训基地和活动中心，积极开辟“第二课堂”，组织开展适合青少年特点的各种法治实践教学活动，整合各种社会资源，加强青少年法制教育基地建设，培育一批有规模、高质量的青少年法制教育示范基地，进一步健全完善学校、家庭和社会“三位一体”的青少年法制宣传教育格局。重视发挥法制副校长、法制辅导员队伍作用，加强培训指导，健全工作制度。依托社区、村委会等社会基层组织加强对有不良行为青少年、社会闲散青少年等特定青少年群体以及农村留守儿童的法制宣传教育，重点开展青少年权益保护、预防和减少青少年违法犯罪等法律法规的宣传教育。

（四）深入开展企事业经营管理人员和职工法制宣传教育。围绕提高诚信守法、依法经营、依法办事的观念和能力，加强有关社会主义市场经济和与企事业经营管理相关的法律法规宣传教育和社会责任意识教育，提高企事业单位回报社会、服务社会的意识和能力。按照“谁用工、谁负责”的原则，落实企业经营管理人员法律知识培训制度，建立和完善企业经营管理人员学法用法考试(考核)机制。把法制培训、考试(考核)纳入国家出资企业管理者教育、考核。不断完善企业法律顾问制度，加强企业法律顾问建设，保障法律顾问依法参与企业经营管理。加强职工法制学校等平台建设，切实推动职工法制教育落到实处。加强事业单位、非公有制经济组织、新社会组织管理人员的法制培训，提高依法管理、依法办事能力，努力消除法制宣传教育盲区和空白点。

(五)深入开展农民法制宣传教育。结合新农村建设实际和广大农民的现实需求，广泛开展与农民生产生活密切相关法律法规的宣传教育。创新农村法制宣传教育的途径和方法，充分利用农村党员现代远程教育平台、“千万农民素质提升工程”等载体开展法制宣传教育，重点加强村干部、党员、村民小组长、村民代表、各类农村实用人才等对象的法制培训，提高他们依法参与基层民主建设、依法管理基层事务、依法调解矛盾纠纷的能力。有步骤实施农村“法律明白人”培养工程，健全完善农村法制宣传工作队伍。进一步加强农村法制教育阵地建设，全面实现每个乡镇设立一个法制辅导站，每个行政村配备一名法律顾问，建立一个法制学校、一个“普法宣传栏”和一个法律图书室(柜)的目标。

(六)认真做好外来务工人员法制宣传教育。把外来务工人员法制宣传教育纳入本地区普法工作中，统一规划，统筹安排。按照“谁用工、谁负责”的原则，在外来务工人员较集中的单位和地方，结合外来务工人员服务管理各个环节，依托各类法制培训机构开展与外来务工人员工作生活密切相关的法律法规的宣传教育，提高其理性表达利益诉求、依法维护自身权益的意识和能力。探索完善外来务工人员输出地与输入地政府相关部门协作配合、有机衔接的法制宣传教育工作机制，帮助外来务工人员合法有序融入当地社会。

做好其他社会群体的法制宣传教育。大力加强服刑在教人员、刑释解教人员、社区服刑人员等特殊群体的法制宣传和法律服务，维护他们的合法权益。

四、工作步骤和安排

第六个五年法制宣传教育规划从 2011 年开始实施，到 2015 年结束，分三个阶段进行：

宣传发动阶段：2011 年上半年。各地各部门根据本规划研究制定本地区本部门五年规划，做好宣传发动工作。

组织实施阶段：2011 年下半年至 2015 年。各地各部门应依据本规划确定的目标、任务和要求，结合实际，制定年度工作计划，认真组织实施，确保本规划全面贯彻落实。2013 年开展中期督查和表彰。

检查验收阶段：2015 年下半年。在省委、省政府的统一领导下，组织对规划实施情况的总结验收。

五、组织领导和保障

(一)强化组织领导。进一步强化党委领导、人大监督、政府实施、政协支持的法制宣传教育领导体制和各部门齐抓共管、全社会共同参与的工作机制。各级党委、政府要牢固树立抓法治建设与抓生产力同等重要、抓法制宣传教育就是抓经济社会发展软环境的意识，切实加强对法制宣传教育的领导，把法制宣传教育纳入国民经济和社会发展规划，纳入党委、政府目标考核及“平安浙江”、“法治浙江”建设考核范围，与各类法治创先工作相结合。在坚持现有的法制宣传教育组织领导体系和工作机制的基础上，调整充实法制宣传教育工作领导小组，落实成员单位职责，分解规划任务，加强检查督促，建立成员单位联络员队伍。党委和政府各部门及人民团体、行业要把法制宣传教育列入年度工作计划，确定领导机构或专人负责组织实施，结合各自职能，落实法制宣传教育责任。各级人大要加强对法制宣传教育工作的监督检查，在立法调研、执法检查及新法颁布实施过程中，加强法制宣传教育。各级政协要通过视察、建议等参政议政途径，支持法制宣传教育工作。

(二)创新工作理念。适应“十二五”期间经济社会发展变化新形势，正确认识法制宣传教育在调整各种社会关系、从事各项社会管理中的预防性、基础性、先导性作用，在全社会大力宣传“普法是社会责任”、“普法是公益事业”的工作理念。要坚持“谁执法、谁普法”的原则，面向社会开展专业法的宣传教育，针对社会热点难点问题，组织开展重点领域、重点工程、重点项目专项法律服务和法制宣传，促进经济社会平稳较快发展。要创新法制宣传教育方式方法，通过法律服务和法制宣传等多种手段，开展群体性事件、社会热点问题、突发公共事件法律评析，提高法制宣传教育针对性和实效性，提升法治舆论引导能力。广泛动员、鼓励、引导和支持各类社会力量参与、支持法制宣传教育工作。积极探索以市场化、项目化运作手段，鼓励公众和社会组织参与法制宣传和法治实践创新。

(三)发挥媒体作用。开展公益性法制宣传教育，是大众传媒的一项重要社会责任。要充分发挥广播、电视、报刊、网络等各类媒体资源优势，进一步办好普法专题和栏目，加大公益普法广告制作、播放力度，积极构建全方位的媒体法制宣传平台，更加有效地开展法制宣传教育。要注重运用新型媒体，不断发展数字电视、互联网、手机等新型媒体的普法功能。积极开发和建立法制宣传教育网站、网页，构建以“浙江法治在线”网站为核心的省、市、县三级普法网络。成立法制新闻协会，统筹规划，积极组织协调，不断创新法治类栏目内容，拓展宣传教育的深度。坚持正确的舆论导向，传播法律知识，弘扬法治精神，发挥舆论在疏导群众情绪、化解社会矛盾方面的引导作用，提升大众传媒法制宣传的整体质量和教育效果。

(四)加强阵地建设。完善城市、乡村公共活动场所法制宣传教育设施。适应不同群体的需求，分别建立法院旁听审判、党员干部法纪教育和青少年法治实践活动等基地，通过体验式教育巩固提高学法效果。加大法制宣传阵地投入，建设一批法治文化中心、法治画廊、法治广场、法治街区等不同类型、不同规模的法制宣传场所，覆盖市、县（市、区）、乡镇街道和村（居）。鼓励创新创优，有步骤地命名法制宣传教育示范基地、法治文化建设示范点，完善奖励扶持政策。加强法律服务阵地建设，充分发挥司法行政服务中心、法律服务所、法律援助中心、农村党员远程教育平台以及其他部门行业基层站所、服务中心等阵地的积极作用，整合法制宣传阵地资源。

（五）优化队伍配置。加强专兼职普法队伍建设。严格按照有关职数和编制的规定，配齐配强各级专职法制宣传干部队伍，大力开展业务培训，提高业务能力。加强对各级普法讲师团、法制副校长、法制辅导员、法制宣传志愿者、法制新闻工作者、法制文艺团体、法制宣传联络员队伍的培训、管理、指导和宣传表彰，提高工作能力和水平。重视发挥法制宣传志愿者的作用，通过成立各级法制宣传志愿者队伍，鼓励和吸引学习法律、研究法律、从事法律职业和立志于民主法治建设的公民，积极参与法制宣传教育和法治实践。

（六）健全评估机制。尝试建立科学量化的法制宣传教育评价体系，开展法制宣传教育绩效评估体系课题研究。完善考核评估机制，引入社会评价功能，探索建立人大代表、政协委员评价制度，对规划实施情况进行年度考核、阶段性检查和专项督查，对重点对象学法用法情况进行专项检查。各地各部门要将法制宣传教育工作纳入年度目标管理考核内容，督促检查落实。健全激励机制，对做出显著成绩的先进单位和先进个人依照规定进行表彰奖励。

（七）落实经费保障。各级政府应根据本地区经济社会发展水平，制定法制宣传教育工作经费保障标准，并纳入年度财政预算，专款专用。各地、各单位法制宣传教育工作经费落实情况纳入“六五”普法考核验收的重要指标，其中，县（市、区）级每年人均经费不低于0.6元（含外来常住人口），已高于0.6元的县（市、区）不得低于原标准；省、市两级根据法制宣传教育工作需要予以保障。鼓励社会团体、企事业单位对法制宣传教育事业的公益性投入。

浙江省人民政府
关于加强法治政府建设的实施意见

浙政发〔2011〕71号

为全面推进依法行政，进一步加强法治政府建设，根据《国务院关于加强法治政府建设的意见》（国发〔2010〕33号，以下简称《意见》），结合我省实际，提出如下实施意见：

一、总体要求

1. 加强法治政府建设的总体要求。深入贯彻科学发展观，认真落实依法治国基本方略，进一步加大国务院《全面推进依法行政实施纲要》（以下简称《纲要》）实施力度，紧紧围绕“八八战略”、“创业富民、创新强省”总战略，以建设法治政府为目标，着力推动事关依法行政全局的体制机制创新，提高制度建设质量，着力规范行政行为，保证法律法规严格执行，着力增强行政机关工作人员特别是领导干部的依法行政意识，提高依法解决矛盾的能力和水平，全面推进依法行政，不断增强政府公信力和执行力，为推进我省经济转型升级，促进社会和谐稳定，全面建设惠及全省人民的小康社会提供有力的法治保障。

二、切实转变政府职能

2. 稳步推进行政体制改革。积极开展转变经济发展方式综合配套改革试点。认真贯彻实施《浙江省加强县级人民政府行政管理职能若干规定》，深入推进扩权强县改革。加快中心镇建设，推进强镇扩权，依法赋予中心镇相应的县级经济社会管理职能。继续深化行政执法体制改革，稳步推进综合执法，完善相对集中行政处罚权工作。减少行政执法层次，提高基层执法能力，落实行政执法责任，坚决纠正多头执法、多层执法和不执法、乱执法等行为。

3. 强化社会管理和公共服务职能。按照转变职能、权责一致、强化服务、改进管理、提高效能的要求，着力提高各级政府特别是基层政府的社会管理和公共服务能力，加强面向基层和群众的服务与管理。健全社会管理体制和工作机制，探索开展社会管理创新综合试点。深入实施公民权益依法保障行动计划，加强群众权益保障机制建设。加强对流动人口、特殊人群的管理和服务，健全社会治安、食品药品安全、安全生产、应急管理等公共安全体系。加快市场信用体系建设，完善市场主体公共信用数据库，并依法向社会公开、共享。加强对非公有制经济组织、社会组织的管理、引导和培育，完善和落实设立登记、备案等管理和服务制度。完善信息网络管理，健全网上舆论引导机制，落实信息安全等级保护制度，提高对虚拟社会的管理水平。以发展社会事业和解决民生问题为重点，深入推进基本公共服务均等化。探索建立有序竞争和多元参与的基本公共服务供给体制，完善公共服务项目特许经营机制和民间投资公共服务的财政资助机制。

4. 创新行政管理方式。深化行政审批制度改革，大力压缩行政审批项目，推进市县非行政许可审批事项清理，继续开展行政机关内部行政许可职能整合改革。完善企业投资项目核准制、备案制，健全投资项目联动审批机制，推广行政审批服务全程代理制。进一步加强电子政务建设，建立健全网上信息服务平台、便民服务网络平台，积极推行网上审批、“一个窗口对外”和“一站式”服务。加强行政服务中心建设，规范行政服务中心工作，提高办事效率和质量。积极探索民主协商、公众参与的管理机制，重视运用行政规划、行政指导、行政合同等方式实施行政管理。引导和支持非公有制经济组织、社会组织有序参与社会管理和公共服务。

三、加强和改进制度建设

5. 合理安排政府立法项目。按照突出重点、统筹兼顾、必要可行的原则，科学制定政府立法工作计划。更加注重现行法规规章的修改完善，更加注重实施性和特有性立法，更加注重社会建设与社会管理领域的立法。围绕转变经济发展方式，抓好发展海洋经济、循环经济、服务业以及促进科技进步、节约资源能源、加强市场监管等方面的立法项目。围绕加强社会建设和社会管理，抓好促进就业、完善社会保障、加强群众权益保障、维护公共安全、应对突发事件、规范社会组织、化解社会矛盾纠纷等方面的立法项目。围绕推进生态文明建设，抓好强化城乡环境监管、加强海洋环境保护、完善水资源管理、保障饮用水安全、加强水土保持、完善生态补偿机制等方面的立法项目。围绕加强政府自身建设，抓好规范行政决策和行政执法程序、政府信息公开、政府采购、行政监督、机构设置和编制管理等方面的立法项目。

6. 完善政府立法工作机制。按照确保质量的要求，坚持科学立法、民主立法，提高政府立法工作的透明度和公众参与度。建立健全公开向社会征集政府立法项目机制。除依法需要保密的外，政府立法草案要通过召开座谈会、听证会和网上登载等方式向社会公开征求意见。探索建立听取和采纳意见情况说明制度。建立健全专家咨询论证制度，通过召开论证会、座谈会或者委托立法课题研究、立法草案起草等形式，充分发挥专家在政府立法中的作用。健全和落实立法项目可行性研究制度，凡是要求列入政府立法工作计划的项目，起草单位应当事先组织课题研究和草案起草，充分论证其必要性、可行性。加强立法指导、协调和沟通，进一步发挥政府法制机构在政府立法中的主导和协调作用。加强与人大、政协、人民团体和有关单位的联系沟通，注重听取其意见和建议。积极探索开展政府立法成本效益分析和社会风险评估。加强政府规章解释工作。

7. 健全规范性文件制定程序。各级政府及其部门制定规范性文件要严格遵循法定权限和程序，不得设定行政许可、行政处罚、行政强制等事项，不得违法增加公民、法人和其他组织的义务。制定对公民、法人和其他组织的权利义务产生直接影响的规范性文件，应当公开征求意见，由法制机构进行合法性审查，并经政府常务会议或者部门领导班子会议集体讨论决定；未经公开征求意见、合法性审查、集体讨论的，不得发布施行。逐步实行规范性文件统一登记、统一编号、统一发布制度。探索建立规范性文件有效期制度。

8. 强化规范性文件备案审查。严格执行《浙江省行政规范性文件管理办法》有关规定，对规范性文件做到有件必备、有备必审、有错必纠，重点防止违法增加公民、法人和其他组织义务或者影响其合法权益以及地方或者行业保护等内容在规范性文件中出现。改进规范性文件备案审查工作机制和方法，建立健全规范性文件备案登记、公布、情况通报和监督检查制度，加强备案工作信息化建设。对公民、法人和其他组织提出的审查规范性文件的建议，按照有关规定及时研究办理。加大规范性文件纠错力度，对违法或者不当的规范性文件，有权机关要依法及时予以撤销或者改变，并向社会公布。备案监督机构要定期向社会公布通过备案审查的规范性文件目录。

9. 落实规章和规范性文件定期清理制度。坚持立改废并重，对不符合经济社会发展要求，与上位法相抵触或者不一致、相互之间不协调的规章和规范性文件，及时进行修改或者废止。对规章一般每隔5年清理一次，对规范性文件一般每隔2年清理一次，清理结果要向社会公布。积极开展规章和规范性文件实施情况后评估工作，根据评估结果提出完善制度、改进执法的意见和建议，并督促有关单位予以落实。

四、坚持依法科学民主决策

10. 规范行政决策程序。各级政府及其部门要科学、合理界定本地区、本部门重大决策范围。对属于重大决策范围的事项，必须按照公众参与、专家论证、风险评估、合法性审查和集体讨论决定的程序进行决策。对重大决策事项，除依法不得公开的外，事先应当通过政府网站和其他媒体向社会公开征求意见；对有重大分歧或者依法应当听证的重大决策事项，应当组织听证；对专业性强的重大决策事项，应当组织专家进行必要性和可行性论证。重大决策要经政府常务会议或者部门领导班子会议集体讨论决定，并在会前交由法制机构进行合法性审查，未经合法性审查或者经审查不合法的，不得作出决策。

11. 建立健全风险评估制度。对事关经济社会发展全局和人民群众切身利益的重大决策事项，要以社会稳定、环境、经济等方面的风险评估为重点，实行合法性、合理性、可行性和可控性评估。建立完善部门论证、专家咨询、公众参与、专业机构测评相结合的风险评估工作机制，通过舆情跟踪、抽样调查、重点走访、会商分析等方式，对决策可能引发的各种风险进行科学预测、综合研判，确定风险等级并制定相应的化解处置预案。

12. 建立健全重大决策跟踪反馈和责任追究机制。在重大决策执行过程中，要通过抽样检查、跟踪调查、指标考核等方式，及时掌握决策执行情况、评估决策执行效果，并据此适时调整和完善有关决策。对违反决策规定、出现重大决策失误、造成重大损失的，要按照谁决策、谁负责的原则严肃追究责任。

五、严格规范公正文明执法

13. 完善行政执法程序。各级行政机关要强化程序意识，细化执法流程，明确执法环节和步骤，健全执法调查和取证规则，规范行政执法文书，做到职责分明、流程清楚、要求具体、期限明确。建立健全重大具体行政行为集体讨论决定、案例指导、行政决定公开等制度。加强行政执法信息化建设，推行执法流程网上管理，提高执法效率和规范化水平。县级以上人民政府要建立健全相关机制，促进行政执法机关信息交流和资源共享，加强执法协作。

14. 切实规范行政裁量权。深入开展规范行政处罚裁量权工作，建立行政处罚裁量标准制度，细化、量化行政处罚裁量权。按照平等对待、教育与处罚并重、过罚相当的原则，合理设置行政处罚裁量标准，避免轻过重罚、重过轻罚。要根据法律法规规章的修改和废止情况以及经济社会形势变化，对行政处罚裁量标准进行相应的调整和完善。逐步推行行政执法说理性工作，行政处罚决定书应当就违法行为的事实、情节、性质、社会危害程度等因素以及最终选择处罚种类、幅度等情况作出详细说明。积极探索行政许可等行政执法裁量权规范化工作。

15. 加强行政执法队伍建设。严格行政执法资格管理，不具备行政执法资格的单位和人员不得从事行政执法。加强行政执法人员的法律知识和业务培训，加强行政执法纪律和职业道德教育，不断提高行政执法人员的素质和能力。

16. 严格落实行政执法责任制。根据法律法规规章的立、改、废情况，及时调整行政执法责任制方案，明确行政执法依据、职权、事项、机构、岗位、人员和责任，并向社会公布。完善行政执法评议考核制度，把行政执法评议考核结果作为执法人员奖励惩处、晋职晋级的重要依据。建立行政执法过错或者错案责任追究制度，对因行政行为侵害公民、法人或者其他组织的合法权益，或者造成重大社会影响的，有关部门必须及时启动监督程序。对不依法履行职责或者违反法定权限和程序实施行政行为的，要依法追究责任人员的责任；行政机关内部行政执法责任不明确的，要追究有关领导的责任。

六、积极预防和化解社会矛盾纠纷

17. 建立健全行政调解工作体制。要高度重视行政调解工作，加快建立由各级政府负总责、政府法制机构牵头、各职能部门为主体的行政调解工作体制，充分发挥行政机关在化解行政争议和民事纠纷中的作用。政府主要领导要亲自抓，分管领导要具体抓，及时研究解决行政调解工作中出现的矛盾和问题。要完善行政调解制度，明确调解范围，规范调解程序，落实调解责任。对环境污染、自然资源权属、土地承包、公共安全事故、社会治安等方面的民事纠纷，以及涉及人数较多、影响较大、可能影响社会稳定的纠纷，要在法律规定范围内主动进行调解。积极指导、支持和保障村(居)民委员会等基层组织开展人民调解工作。加强行政调解与人民调解、司法调解、信访、仲裁的衔接与互动，形成化解社会矛盾纠纷的合力。

18. 加强和改进行政复议工作。认真贯彻行政复议法及其实施条例，全面落实行政复议法定职责，充分发挥行政复议在解决行政争议中的主渠道作用。畅通行政复议申请渠道，建立健全信访与行政复议相互衔接、分工合作的工作机制，引导人民群众依法申请行政复议，对行政机关无正当理由不受理复议申请的行为要坚决纠正。改进行政复议审理方式，完善行政复议案件调查、调解、和解机制，积极推行行政复议听证制度。探索开展相对集中行政复议审理工作。坚持有错必纠，对违法或者不当的行政行为，该撤销的撤销，该变更的变更，该确认违法的确认违法。建立健全行政复议与行政监察协作机制，对不履行行政复议法定职责、拒不履行或者无正当理由拖延履行行政复议决定的，依法追究有关人员的责任。健全行政复议机构，充实行政复议工作人员，行政复议机构审理行政复议案件应当由2名以上行政复议人员承办。建立健全适应行政复议工作特点的激励机制和经费装备保障机制。

19. 强化行政与司法的良性互动。建立健全各级政府与法院预防化解行政争议联席会议、行政复议与行政审判联席会议制度，加强复议机关与审判机关之间的沟通协调，及时研究行政复议、行政审判中反映的共性问题、疑难问题。各级行政机关要认真做好行政应诉工作，完善和落实行政机关负责人出庭应诉制度，尊重并自觉履行生效判决和裁定。对司法建议应当在规定期限内做出处理并反馈。

七、强化行政监督与问责

20. 深化政务公开。全面贯彻实施政府信息公开条例，加大政府信息主动公开力度，扩大政府信息公开范围，为社会监督创造便利条件。政府信息公开要及时、准确、具体。重点推进财政预算和执行、公共资源配置、城乡规划、土地利用、拆迁安置、重大建设项目审批和实施、社会公益事业建设等领域，以及行政许可、行政处罚、行政收费等管理环节的政府信息公开。对人民群众提出的政府信息公开申请，要依法及时予以答复、提供服务。建立健全政府信息公开的监督和保障机制，定期对政府信息公开工作进行评议考核。依法妥善处理好信息公开与保守秘密的关系。大力推进办事公开，所有面向社会服务的政府部门都要全面推进办事公开制度，依法公开办事依据、条件、要求、过程和结果。要规范和监督所有面向基层服务的医院、学校、公交等公共企事业单位的办事公开工作，重点公开岗位职责、服务承诺、收费项目、工作规范、办事纪律、监督渠道等内容，为人民群众提供优质、高效、便利的服务。

21. 自觉接受监督。各级政府及其部门要自觉接受人大及其常委会的监督、政协的民主监督和人民法院的司法监督。对事关改革发展稳定大局、人民群众切身利益和社会普遍关注的热点问题，县级以上人民政府要主动向同级人大常委会专题报告；对政府规章和规范性文件，要及时按规定报送人大常委会备案。自觉接受、积极支持政协的民主监督，虚心听取政协对政府工作的意见和建议。更加注重接受社会舆论和人民群众的监督，加强与工会、共青团、妇联等人民团体的沟通，完善群众投诉举报制度，支持新闻媒体对违法或者不当的行政行为进行曝光。政府法制机构、监察部门和上级行政机关收到群众对行政行为的投诉和举报，应当依照职权进行调查，并及时将处理结果告知投诉人、举报人。要指定专门机构收集分析舆情及新闻媒体反映的问题，涉及行政行为的，及时送交有关部门进行研究，依法作出处理；对社会影响较大的问题，要及时将处理结果向社会公布。

22. 加强行政内部监督。上级行政机关要严格执行《浙江省县级以上人民政府行政执法监督条例》等有关规定，切实加强对下级行政机关的监督，及时纠正违法或者不当的行政行为。针对人民群众反映强烈、社会关注的行政执法领域的突出问题，有计划、有重点地开展专项监督。健全行政执法案卷评查制度，行政机关应当建立行政处罚、行政许可、行政强制等行政执法的案卷，有关监督检查记录、证据材料、执法文书应当立卷归档。审计、财政、监察等部门要依法履行专项监督职责，重点加强对建设工程项目招投标、经营性土地使用权出让、财政专项资金和预算执行、政府采购以及其他关系公共利益事项的监督。对行政执法中存在的违法或者不当的问题，有权机关要及时提出整改意见并督促落实。

23. 严格行政问责。严格执行行政监察法、公务员法、行政机关公务员处分条例和关于实行党政领导干部问责的暂行规定，坚持有错必纠、有责必问。监察部门要积极推进行政问责和政府绩效管理监察，促进行政机关廉政勤政建设。对因有令不行、有禁不止、行政不作为、失职渎职、违法行政等行为，导致一个地区、一个部门发生重大责任事故、事件或者严重违法行政案件的，要依法依纪严肃追究有关人员直至行政机关负责人的责任，督促和约束行政机关及其工作人员严格依法行使权力、履行职责。

八、提高行政机关工作人员特别是领导干部依法行政意识和能力

24. 推行依法行政情况考察和法律知识测试制度。各级行政机关工作人员特别是领导干部要带头学法，增强宪法和法律意识，自觉养成依法办事的习惯，不断提高与依法行政和履行职务相适应的法律素质，提高运用法治思维和法律制度解决经济社会发展中突出矛盾和问题的能力。重视提拔使用依法行政意识强，善于用法律手段解决问题、推动发展的优秀干部。按照规定做好行政机关领导干部任职前的依法行政情况考察工作。公务员录用考试要注重对依法行政和法律知识的测试，加大测试比重，对拟从事行政执法、政府法制等工作的人员，还要组织专门的依法行政和法律知识考试。

25. 健全公务员学法长效机制。完善各级行政机关领导干部学法制度，通过定期安排专题法制讲座、政府学习会或者政府常务会议学法等形式，学习依法行政、重要法律制度等方面的知识。县级以上人民政府每年至少举办2期领导干部依法行政专题研讨班。各级行政学院和公务员培训机构举办的行政机关公务员培训班，要把依法行政知识纳入教学内容。定期组织行政执法人员法律知识培训、专门法律知识轮训和新法律法规专题培训，并把培训情况、学习成绩作为考核内容和任职晋升的依据之一。

九、加强组织领导和工作保障

26. 进一步健全依法行政工作领导体制和机制。各级政府及其部门要认真贯彻《纲要》、《意见》和《国务院关于加强市县政府依法行政的决定》（国发〔2008〕17号）以及省委、省政府关于法治政府建设的各项规定，把全面推进依法行政、加强法治政府建设作为加强和创新社会管理的重要内容，摆在更加突出的位置抓紧抓好。各级政府及其部门都要建立主要负责人牵头的依法行政领导协调机制。行政首长要对本地区、本部门的依法行政工作负总责，切实承担起领导责任，将依法行政任务与改革发展稳定任务一起部署、一起落实、一起考核。县级以上人民政府每年要向同级党委、人大常委会和上一级人民政府报告推进依法行政情况，政府部门每年要向本级人民政府和上一级人民政府有关部门报告推进依法行政情况。县级以上人民政府常务会议或者部门班子会议每年至少听取2次依法行政工作汇报，及时研究解决本地区、本部门依法行政工作中存在的突出问题，部署全面推进依法行政、加强法治政府建设的具体任务和措施。加强对推进依法行政工作的督促指导、监督检查和舆论宣传，对成绩突出的按照国家有关规定给予表彰奖励，对工作不力的予以通报批评。加强依法行政工作考核，将依法行政工作情况纳入政府目标考核、绩效考核评价体系，将考核结果作为对政府领导班子和领导干部综合考核评价的重要内容。政府法制机构要会同统计部门或者委托社会组织定期对依法行政工作情况进行社会满意度测评，开展舆情民意的分析研判，为改进工作提供重要依据。

27. 加强行政执法经费的财政保障。行政执法经费要统一纳入财政预算予以保障，确保行政管理职能有效行使，不得自筹和变相自筹。认真贯彻政府非税收入管理法规，实行政府非税收入分类管理，严格执行“收支两条线”制度，防止和纠正乱收费、乱罚款等违法行为。要组织开展对行政事业性收费和罚没收入使用情况的专项执法检查和审计监督，对下达或者变相下达罚没指标、违反罚缴分离规定以及将行政事业性收费、罚没收入与行政执法机关业务经费、工作人员福利待遇挂钩的，要依法追究有关责任人员的责任。

28. 加强法制机构和队伍建设。县级以上人民政府及其部门要按照《纲要》和《意见》的要求，进一步加强法制机构建设，使机构规格、人员编制与其承担的职责和工作任务相适应，保障法制机构依法履行政府立法、行政复议、执法监督等法定职能，充分发挥法制机构在推进依法行政、建设法治政府方面的组织协调和督促指导作用。各市、县要重视乡镇法制工作，落实工作人员，明确相应责任，切实做好基层依法行政工作。加强以法制机构为依托的政府法律顾问工作，探索实行政府法律顾问专职人员聘任制。加大对法制干部的培养、教育、使用和交流力度，重视提拔政治素质高、法律素养好、工作能力强的法制干部。加强政府法制信息化建设，提高收集、整理、分析依法行政相关基础信息的能力和水平。法制机构及其工作人员要加强自身建设，努力提高新形势下做好政府法制工作的能力和水平，努力当好政府或者部门领导的参谋、助手和顾问。

29. 营造良好社会氛围。各级政府及其部门要采取多种有效形式深入开展法治宣传教育，精心组织实施普法活动，特别要加强与人民群众生产生活密切相关的法律法规和规章宣传，大力弘扬社会主义法治精神，切实增强公民依法维护权利、自觉履行义务的意识，努力推进法治社会建设。要完善政府法治宣传机制，拓宽宣传渠道，加大宣传力度，大力宣传各地、各部门推进依法行政、加强法治政府建设的典型经验。

二〇一一年十月八日

浙江省人民政府关于贯彻实施《中华人民共和国行政强制法》的通知

浙政发〔2011〕72 号

各市、县（市、区）人民政府，省政府直属各单位：

《中华人民共和国行政强制法》（以下简称行政强制法）已于 2011 年 6 月 30 日经十一届全国人大常委会第二十一次会议通过，将于 2012 年 1 月 1 日起施行。该法的公布施行，对于保障和监督行政机关严格依法履行职责，提高行政管理效率，维护公共利益和社会秩序，保护公民、法人和其他组织的合法权益具有重要意义。为做好行政强制法的实施工作，根据《国务院关于贯彻实施〈中华人民共和国行政强制法〉的通知》（国发〔2011〕25 号）精神，现就有关问题通知如下：

一、加强学习、培训和宣传工作

行政强制法是继行政处罚法、行政复议法、行政许可法等之后又一部规范政府共同行为的重要法律，与行政机关关系重大。这部法律确立了我国行政强制的基本原则，规定了行政强制的种类和方式、行政强制设定、行政强制措施实施程序、行政强制执行程序、申请人民法院强制执行、实施行政强制的法律责任等重要制度，对行政强制作了系统规范和全面调整。

各级行政机关工作人员特别是领导干部要带头认真学习行政强制法，了解具体规定，深刻领会精神实质，准确把握行政强制法对行政执法提出的新任务、新要求。要分层次开展培训工作，对行政机关工作人员和领导干部进行专题培训；对行政执法人员进行业务培训，使他们全面掌握行政强制法的各项规定，同时要开展严格规范公正文明执法教育，引导他们树立正确的执法理念。要充分利用报纸、广播、电视、互联网等媒体，广泛宣传行政强制法，让人民群众了解行政强制法，并监督其实施，依法维护自身合法权益。

二、抓紧开展行政强制规定的清理工作

各地、各部门要按照“谁制定、谁清理”的原则，对现行有效的规章、规范性文件开展一次行政强制规定专项清理。行政强制实施主体对现行的不符合行政强制法的规定，要抓紧提请制定机关清理。规章、规范性文件存在设定行政强制措施或者行政强制执行，扩大法律、法规规定的行政强制措施对象、条件、种类范围，或者与行政强制法规定的行政强制措施实施程序以及行政强制执行程序不一致的，要及时予以修改或者废止；确需保留的，要抓紧提出上升为法规的立法建议。在开展规章和规范性文件清理工作中，凡涉及省政府规章、省政府及省政府办公厅规范性文件的清理，由负责执行的省级有关部门提出清理建议及说明，于 2011 年 10 月 31 日前送省法制办。全省规章和规范性文件的清理工作要在 2011 年 12 月 15 日前全部完成，清理结果要向社会公布，并按规定报送备案。凡与行政强制法不一致的有关行政强制的规定，自 2012 年 1 月 1 日起一律停止执行。

三、抓紧开展行政强制实施主体的清理工作

根据行政强制法的规定，行政强制措施由法律、法规规定的行政机关实施，不得委托；行政强制执行由具有行政强制执行权的行政机关实施或者由行政机关申请人民法院实施；法律、行政法规授权的具有管理公共事务职能的组织可以在法定权限范围内以自己的名义实施行政强制；行使相对集中行政处罚权的行政机关，可以实施法律、法规规定的与行政处罚权有关的行政强制措施。各地、各部门要抓紧依据行政强制法开展行政强制实施主体清理工作。行政机关没有法定依据实施行政强制、行政机关内设机构以自己名义实施行政强制措施、非行政机关未经法律或者行政法规授权行使行政强制权、行政机关实施已依法交由行使相对集中行政处罚权行政机关行使的行政强制措施的，都要予以纠正。加强行政执法人员的资格管理，未具备执法资格的人员不得实施行政强制。有关行政机关、组织应当对本单位依法可以采取行政强制措施、行政强制执行的种类、情形（事项）及依据进行全面梳理，并向社会公布。这项工作要在 2012 年 1 月 1 日前完成。

四、严格遵守行政强制程序

行政强制法既规定了行政强制措施、行政机关强制执行以及行政机关申请人民法院强制执行的一般程序，又对查封、扣押、冻结等行政强制措施以及加处罚款和滞纳金、代履行等行政强制执行的程序作了专门规定。各地、各部门要准确把握行政强制法有关行政强制程序的立法精神，严格遵守有关规定，建立健全相关配套制度，规范行政强制执法行为、文书格式和内容，并对现行有关行政强制程序的规定进行一次全面梳理，纠正违反法定程序的做法，把行政强制法的各项程序规定落到实处，真正实现既有效维护公共利益和社会秩序，又切实保护公民、法人和其他组织的合法权益。对采用教育、劝导等非强制手段可以达到行政管理目的的，不得实施行政强制。

五、强化对实施行政强制的监督

行政强制法强化了对行政机关实施行政强制的监督，对行政机关及其工作人员违法实施行政强制应当承担的法律责任作了明确规定。各地、各部门要采取有力措施，加强对行政机关实施行政强制的监督。将有关行政强制的规定作为规范性文件备案审查的重点，对违法设定或者规定行政强制的，要坚决予以纠正。要结合贯彻实施行政强制法，完善行政执法责任制，落实执法责任。要完善当事人对于行政机关实施行政强制进行陈述申辩的制度，尊重并保障当事人申请行政复议、提起行政诉讼、要求损害赔偿的权利。要健全行政强制执行的补救制度，对已执行的行政决定被撤销、变更或者执行错误的，行政机关应当恢复原状或者退还财物，或者依法给予赔偿。县级以上人民政府要建立重大行政强制决定备案制度，明确备案范围和要求；要切实加强对实施行政强制的监督检查，坚决纠正违法实施行政强制的行政行为；应当追究法律责任的，依法追究有关责任人员的责任。

各地、各部门要把贯彻实施行政强制法，规范行政强制行为作为当前和今后一个时期全面推进依法行政、加快法治政府建设的一个重要抓手，把严格执行行政强制法与贯彻实施国务院《全面推进依法行政实施纲要》、《国务院关于加强市县政府依法行政的决定》（国发〔2008〕17 号）、《国务院关于加强法治政府建设的意见》（国发〔2010〕33 号）结合起来，统筹考虑、统一安排。要充分发挥政府法制机构的作用。政府法制机构要不断加强自身建设，积极履行好政府和政府部门领导参谋、助手和法律顾问的职责。

各地、各部门接到本通知后，要结合本地、本部门实际，认真研究、落实。对行政强制法实施中的有关重要情况和问题，请及时报告省政府。

二〇一一年十月八日

中共浙江省委办公厅　浙江省人民政府办公厅
关于进一步加强村务监督委员会建设的意见

（2011 年 3 月 2 日）

浙委办〔2011〕16 号

为认真贯彻落实中央领导同志对我省村务监督委员会建设的重要批示精神，根据省委、省政府关于加强农村基层党风廉政建设的部署，经省委、省政府领导同志同意，现就进一步加强村务监督委员会建设提出以下意见。

一、认真学习、深刻领会中央领导同志批示精神，进一步提高对加强村务监督委员会建设重要性的认识

各级党委、政府和纪检监察机关要认真学习贯彻中央领导同志重要批示精神，充分认识加强村务监督委员会建设、发挥村务监督委员会作用，是加强村级民主监督、完善村民自治机制、创新农村社会管理的积极探索，是规范村干部用钱用权行为、加强农村党风廉政建设的有效手段，是推动落实中央强农惠农政策、维护群众切身利益、密切农村党群干群关系的重要举措。要切实增强责任感和使命感，把加强村务监督委员会建设作为今年农村党风廉政建设的重点工作来部署，采取更加扎实有效的措施，抓紧抓好，抓出新的成效。

二、切实做好各项村务监督工作，充分发挥村务监督委员会作用

加强村务监督委员会建设，重在发挥作用。根据《浙江省村务监督委员会工作规程（试行）》（以下简称《工作规程》）明确的监督内容和当前农村工作实际，村务监督重点突出以下方面：

1. 加强对强农惠农政策措施落实情况的监督。把中央支农资金物资使用、农村基础设施建设、公共服务改善等政策措施和省委、省政府扶持粮食生产、“两区”建设，实施“美丽乡村行动计划”、“基本公共服务均等化行动计划”、“低收入农户奔小康工程”等一系列强农惠农政策措施的落实情况列为监督重点，保证这些政策和措施真正落到实处，真正惠及广大农户和村民。

2. 加强对村级民主决策的监督。对村经济和社会发展规划、村庄建设规划、新农村建设和农村社区建设项目安排与资金使用、村集体经济项目的立项承包方案、集体经济大额资金的使用、集体举债、集体资产处置、集体企业的改制方案、村集体土地房屋等集体资产的承包和租赁、宅基地的安排和使用、征收征用土地各项补偿费的分配和使用等重大事项的决策情况实行监督。监督村务决策是否按照规定程序进行，及时纠正违反民主决策程序的行为。

3. 加强对村务公开、财务公开情况的监督。主要监督公开内容是否全面真实，公开时间是否及时，公开形式是否科学，公开程序是否规范，广大群众是否明白。对村务、财务公开工作中存在的问题，村务监督委员会应督促村民委员会按时答复和处理。

4. 加强对村级集体资金、资产和资源管理的监督。重点是对村级各项收支、集体土地征收征用补偿费、村级集体资产资源的使用和处置等情况进行监督；对财务支出事项，按月或按季进行审查；对村级集体投资经营情况和集体土地房屋、山林等资产、资源处置情况实行全过程监督。要贯彻落实《浙江省村级财务管理规范化建设意见》，通过加强监督，力争全省在2014年前基本实现村级财务管理规范化。

5. 加强对村工程建设项目的全程监督。对建设工程项目的确立、施工单位的选择、质量验收到资金预决算及支付等进行全过程监督。重点监督项目确立是否合理；施工单位是否按有关程序实行竞争性选择；有无随意变更规划工程设计；工程建设质量是否合格；资金管理和支付是否规范等。

三、采取有效措施，推进村务监督委员会规范化建设

各地要结合实际，认真研究、抓紧制定贯彻落实《工作规程》的具体意见和实施办法，切实提高村务监督的针对性，增强监督的实效。

要进一步完善配套制度，使学习培训、工作报告、工作台账、业绩考评、申诉救助、经费保障等工作有章可循。村务监督委员会应每月或每季召开一次成员会议，定期开展集体学习，研究村务监督有关事项；每年应向村党组织和村民会议或村民代表会议报告工作，并由村民会议或村民代表会议对村务监督委员会的工作情况进行民主评议，对其成员进行信任度测评。

村务监督委员会要依法主持由村民会议或村民代表会议对村民委员会成员履行职责情况的民主评议，确保民主评议的质量；要进一步规范收集民意、调查核实、监督落实、通报反馈、公布结果等监督程序，严格依规实施村务监督；要积极探索和推行程序式监督、参与式监督、审核式监督、评议式监督等行之有效的监督方式，增强监督效果。

四、认真抓好换届选举工作，夯实村务监督委员会建设的组织基础

根据省委、省政府统一部署，村务监督委员会换届选举工作正在顺利开展。各地要根据《村民委员会组织法》、《工作规程》和《关于认真做好2011年村务监督委员会换届选举工作的意见》的规定，认真做好换届选举各项具体工作，确保今年4月底前圆满完成村务监督委员会换届选举任务。

要规范选举程序和选举方式，严格把握任职资格条件，严格实行候选人资格审查，把思想政治素质好，坚持原则、公道正派、遵纪守法、群众信任度高、熟悉财务、热心农村公共事业的村民选进村务监督委员会，确保“五种情况人员”零当选。要加强党组织对村级民主监督工作的领导，进一步建立健全村党组织领导的村务监督工作机制，理顺村务监督委员会与村委会、村集体经济合作组织的关系，确保村级组织正常有效运转。大力引导、鼓励、支持村党组织成员特别是分管纪检工作的委员通过法定程序选为村务监督委员会主任，把党员或村民代表通过法定程序选为村务监督委员会成员。

换届工作结束后，各市、县(市、区)要部署开展对村务监督委员会成员的政治和业务培训，切实提高他们的综合素质和履职能力。乡(镇、街道)要抓好培训工作的组织落实，采取专题学习、业务交流、集中培训、以会代训、远程教育等多种形式，进行有关法律法规、村务公开、财务管理、“三资”管理、工程建设管理等专题业务培训，使村务监督委员会成员敢监督、能监督、善监督，真正发挥好监督作用。

五、加强对村务监督工作的领导，进一步形成齐抓共管的工作合力

市、县(市、区)、乡(镇、街道)党委、政府要高度重视村务监督委员会工作，把推进村务监督委员会建设摆上重要议事日程。要按照创新和加强社会管理的要求，把推进村务监督委员会建设作为加强基层民主政治建设、创新社会管理、服务广大群众和加强反腐倡廉建设的重要工作来抓，建立健全党委统一领导、纪委组织协调、部门各负其职、群众广泛参与，一级抓一级、层层抓落实的领导体制和工作机制。要结合中央和省委关于创先争优活动的部署，把加强村务监督委员会建设作为农村开展创先争优活动的载体和抓手，进一步促进基层党员干部的作风建设，推动创先争优活动不断深化。

各级纪委要统一规划、全面推动，精心组织、狠抓落实。要把村务监督委员会建设作为深化“评星晋级”活动和开展“农村基层党风廉政建设示范村”创建工作的重要内容，强化考核激励，全面推行村务监督委员会成员履职承诺制度。要积极推动村务监督委员会的工作创新，不断规范村务监督委员会的工作机制和流程，总结推广工作规范、成效明显的村务监督委员会典型，以点带面整体推进全省村务监督委员会建设。要加强与组织、宣传、民政、农业、财政等有关部门的联系和协调，抓好责任分解，明确工作要求，督促任务落实，形成整体工作合力。县(市、区)纪委要加强组织协调，细化工作目标，加强分类指导。乡(镇、街道)纪委要认真组织实施，抓好工作落实。

村党组织要积极支持村务监督委员会及其成员认真履职，发挥好监督作用。

奉化市人民政府关于
加强政府法律顾问制度建设实施意见的通知

奉政发〔2011〕234 号

各镇人民政府、街道办事处，市政府各部门、直属各单位：

为深入贯彻依法治国基本方略，进一步推进依法行政，加快“法治奉化”建设进程，规范和完善政府法律顾问工作，根据国务院《全面推进依法行政实施纲要》和《宁波市人民政府关于加强政府法律顾问制度建设的意见》（甬政发〔2011〕81 号）精神，现就加强政府法律顾问制度建设提出如下意见：

一、指导思想

坚持以邓小平理论、“三个代表”重要思想为指导，以科学发展观为统领，以“三思三创”主题教育实践活动为契机，着力提高依法行政的能力和水平，加快法治政府建设步伐，完善以事前防范和事中控制为主、事后补救为辅的行政行为法律风险化解机制，推进“法治奉化”建设，切实保障公民、法人和其他组织的合法权益，为我市经济社会发展创造良好的法治环境。

二、工作目标

建立健全各级政府法律顾问制度，形成市、镇（街道）两级政府法律顾问网络。通过 1—2 年的努力，各镇（街道）法律顾问制度普及率达到 100%；具有行政执法主体资格的各政府工作部门法律顾问制度普及率达到 100%。村和社区的法律顾问制度进一步完善。

三、政府法律顾问的基本条件

担任政府法律顾问，应当遵守宪法、法律，拥护党的路线、方针、政策，坚持科学发展观，注重理论联系实际；受过系统的法学教育并具有较好的法学理论知识和较强的实际工作能力，具有四级律师以上职称；具有一定的专业影响力及较高的职业道德和操守；志愿服务于社会公共事务，工作责任心强；有相当的时间和精力履行法律顾问的职责，身体健康。镇政府、街道办事处聘任政府法律顾问的专业技术条件可以适当放宽，具体由聘任单位自行确定。

四、政府法律顾问的聘任程序

聘任政府法律顾问，应当采取单位推荐与个人申报、定向邀请与公开选聘相结合的方式，按照预先设定的政府法律顾问聘任条件，由市政府法制办和市司法局共同组织实施，择优筛选、提出政府法律顾问聘任名单建议，报市政府批准并以市政府的名义印发聘任通知、颁发聘书，向社会公开。各政府部门及镇（街道）聘请法律顾问的，应当报市政府法制办和市司法局备案，以本部门名义印发聘任通知、颁发聘书，向社会公开。政府法律顾问的人数，根据工作需要确定。政府法律顾问每届聘期应在聘任合同中约定。

五、政府法律顾问的主要职责

根据聘任单位的要求，对重大行政决策议案提供合法性审查意见或者进行法律风险评估；对规范性文件草案进行合法性审查或法律论证，并提供法律意见和建议；为对外交往和重大经济项目谈判中涉及的重要法律问题提供咨询、论证意见；起草或者协助起草合同、协议以及其他法律事务文书；代理合同类诉讼、仲裁、执行和其他非诉法律事务；参与信访案件的处理和行政调解工作并提供法律意见、建议；参与指定日信访接待，为接访人或信访人提供法律咨询服务；协助开展法律知识教育培训和法制宣传工作；承办聘任单位交办的其他涉法事务等。

六、政府法律顾问的权利和义务

受聘政府法律顾问在履行职责时，有权独立发表咨询意见，不受任何单位或个人的干涉；有权通过聘任单位法制机构调阅与履行职责相关的资料、文件；为履行职责的需要，可以向聘任单位法制机构提出调研、考察的要求。同时，受聘政府法律顾问不得利用参与政府法律顾问工作所获得的非公开信息，为本人或者他人直接或者间接谋取利益；不得以政府法律顾问的身份从事商业活动；不得违反保守国家秘密和商业秘密的规定；未经聘任单位授权，不得擅自对外透露所承担的工作内容。

七、工作要求

1. 提高认识。各地各部门要从实施依法治国方略、加强政权建设的高度，充分认识建立和完善政府及职能部门法律制度的重要性、必要性和紧迫性，把政府及职能部门法律顾问工作摆上应有位置，周密部署，确保政府及职能部门法律顾问制度全面实施。

2. 加强领导。政府法律顾问制度建设，要在我市全面推进依法行政领导小组的统一领导下，作为近期推进依法行政、建设法治政府的重要内容，列入重要议事日程，抓紧抓好，抓出成效。市法制办会同市司法局共同负责全市政府法律顾问制度的推进工作，市司法局负责法律顾问的日常管理工作。

3. 落实责任。市司法局会同市法制办负责推进全市各级政府及职能部门法律顾问制度的建立和完善，共同研究，统一规划，建立相应的政府法律顾问名单（专家库），健全长效机制，完善相应配套措施，为充分发挥法律顾问作用、保障法律顾问开展工作创造条件。

各地各部门要按照《中共中央办公厅、国务院办公厅转发〈司法部关于进一步加强和改进律师工作的意见〉的通知》（中办发〔2011〕30号）规定“建立健全律师担任政府法律顾问和从事公益性法律服务经费保障机制”的要求，落实法律顾问工作经费，完善政府购买法律服务制度，在聘用律师、基层法律服务工作者及法学专家担任法律顾问时，提供一定的经费保障。

4. 加强管理。各镇（街道）、各部门要建立和完善政府法律顾问工作规则和相关配套制度，规范工作程序，明确工作责任。加强与政府法律顾问的联系、沟通，努力为政府法律顾问开展工作创造条件。市司法局要按照政府法律顾问制度科学发展的要求，建立业绩考核和绩效评价机制，建立工作档案，加强工作指导，抓好典型，表彰先进，奖优汰劣，充分发挥政府法律顾问在推进依法行政中的作用。

二〇一一年十二月六日

中共绍兴市委关于
加强“法治绍兴”基层基础建设的实施意见

绍市委发〔2011〕86号

各县（市、区）委，市级各部门党委（党组、工委）：

为深入贯彻市委六届十一次全会精神，建立健全推进“法治绍兴”基层基础建设长效机制，进一步提高全社会法治化水平，根据省委《关于加强“法治浙江”基层基础建设的意见》（浙委〔2011〕85号）总体部署，现就加强“法治绍兴”基层基础建设提出如下实施意见。

一、总体要求

（一）重要意义。加强“法治绍兴”基层基础建设，是推动转型升级、保持经济平稳较快发展的现实需要，是落实法治为民、全面改善民生的客观要求，是推进基层法治、维护社会和谐稳定的重要途径。近年来，各级各部门认真贯彻落实市委决策部署，把固本强基作为“法治绍兴”建设的战略举措和工作重点加以落实，全力以赴抓基层、打基础、强基本，取得了明显成效。当前，经济和社会形势发生的深刻变化，对“法治绍兴”建设提出了新的更高要求。推进科学发展，民主法治是重要保障，基层基础是有力支撑。各级各部门要充分认识加强“法治绍兴”基层基础建设的重要意义，切实增强工作的责任感和紧迫感，不断在新的起点上推进“法治绍兴”建设。

（二）指导思想。坚持以邓小平理论和“三个代表”重要思想为指导，深入贯彻落实科学发展观，根据依法治国基本方略和省委建设“法治浙江”的总体部署，紧紧围绕经济社会发展大局，以加强和创新社会管理为着力点，以坚持和发展“枫桥经验”为总抓手，以增强全社会法治意识为突破口，进一步扩大民主、健全法制，切实保障人民合法权益，着力促进社会公平正义，有效维护社会和谐稳定，努力为加快建设特色产业城市、文化休闲城市、生态宜居城市，全面建成惠及全市人民的更高水平的小康社会，奠定坚实的法治基础。

（三）主要目标。加强“法治绍兴”基层基础建设，是一项长期而艰巨的任务。到 2015 年，总体上要实现以下目标：

——基层民主建设不断深化。基层党务政务公开制度全面实施，基层党员干部群众参与党务政务渠道进一步拓宽；基层政权建设有效加强，基层民主决策程序更加完善；政府依法行政与村（居）民依法自治的关系进一步理顺，城乡居民自治机制不断健全。

——基层行政执法更加规范。法律法规规章在基层的实施机制不断健全，基层依法按程序解决实际问题的机制不断完善；乡镇行政执法体制改革逐步深入，依法行政能力明显提高；方便群众办事的公共服务平台进一步健全完善。

——基层司法能力显著提升。基层政法队伍素质进一步提升，基层执法监督体系不断完善，基层法律服务水平逐步提升，司法维护基层社会稳定和公平正义的能力显著提高，基层司法在人民群众中的公信力明显提高。

——基层依法治理深入推进。“民主法治村（社区）”、“诚信守法企业”、“劳动关系和谐企业”等创建活动扎实开展，创建覆盖面进一步扩大；“大调解”工作体系进一步健全完善，依法及时化解社会矛盾纠纷的能力不断提高。

——群众法治意识明显增强。法律“六进”活动不断深化，社会主义法治精神得到进一步弘扬，与群众、企业生活生产密切相关的法律法规得到进一步普及，公民依法表达诉求、依法维护权益的风尚进一步形成。

二、强化基层民主建设

（一）深化基层党务公开。认真落实党的基层组织实行党务公开制度，针对不同类型党的基层组织的特点，确定相应的公开内容和形式，提高党务公开的针对性和有效性。把党务公开与政务公开、厂务公开、村（居）务公开和公共事业单位办事公开等结合起来，相互促进、协调运转、不断完善。把党务公开与党内基层民主建设结合起来，以落实党员的知情权、参与权、选举权、表达权、监督权为重点，进一步提高党员对党内事务的参与度，拓宽党员意见表达渠道，营造党内民主讨论、民主监督的良好环境。党的基层组织要完善制定目录、实施公开、收集反馈意见、立卷归档等程序，通过党内有关会议、文件、简报和公开栏等方式，及时公开基层党组织决议、决定及执行情况等内容。

（二）推进基层民主决策。积极推行“参与式预算”制度，选择人民群众普遍关注的议题，由基层人大负责组织，人大代表和群众代表参加，对政府及部门预算编制、预算执行情况进行民主恳谈，实现实质性参与的预算审查监督，提高政府财政预算、部门预算的科学性和透明度。积极推行乡镇“实事工程代表票决制”，对于乡镇政府提出的实事工程备选项目，根据轻重缓急和财力情况，由乡镇人代会代表票决确定，并通过加强项目组织实施和监督管理，提高乡镇政府为群众办实事的能力和水平。积极推行“党员群众建议、村党组织提议、村务联席会议商议、党员大会审议、村民（代表）会议决议和表决结果公开、实施情况公开”为主要内容和操作流程的村级民主决策“五议两公开”工作法，依法规范村级组织民主决策。

（三）发展基层群众自治。健全基层党组织领导的充满活力的村民自治机制，进一步完善民主选举程序和民主决策、民主管理、民主监督等制度，积极引导由村民委员会在农村自治工作中发挥主要作用向村民直接通过行使民主权利发挥积极作用转变。加快推进以社区党组织为核心的城市社区组织体系建设，重点做好城乡结合部、城中村、工矿企业所在地、新建住宅区、流动人口聚居地的社区居民委员会组建工作，切实增强社区居民委员会组织居民开展自治活动和协助政府加强社会管理、提供公共服务的能力。注重发挥企事业单位职工代表大会、工会及社会团体、业主委员会等其他群众自治团体和组织的作用，形成全面和系统的基层群众自治工作网络。

三、推进基层依法行政

（一）加强基层法律法规规章实施。制定出台现行法律法规规章的配套措施，将法律法规规章中比较原则的规定具体化，增强在基层实施的可操作性。加强规范性文件备案审查工作，及时修改或废止不适应形势的规范性文件。切实加强执法规范化建设，促进基层依法行政，着力解决基层群众普遍关注的执法方面存在的问题。深入实施“六五”普法规划，鼓励群众主动参与法治建设和法律实施全过程，引导基层单位运用法律手段解决现实生活中的实际问题，引导基层群众依法按程序解决矛盾纠纷，运用法律武器维护自身的合法权益。

（二）推进乡镇行政执法体制改革。推进乡镇综合执法改革，探索建立“条块结合、条条联手”的工作机制，不断提高乡镇政府依法行政和公共服务能力。推动行政执法重心下移，支持县级有关执法部门依法将能够委托的行政执法事项特别是与群众生产生活、乡村建设直接相关的执法工作落实到乡镇政府，方便群众办事。建立健全基层行政执法沟通协作机制，未实行委托执法和未设立派驻机构的县级职能部门，应当加强与乡镇政府的协作配合。把乡镇行政执法体制改革与扩权强镇改革工作结合起来，推进中心镇政府依法行政，进一步增强其管理服务功能。

（三）完善基层公共服务平台建设。整合社会服务、行政审批、资源配置、应急管理、电子政务等管理服务职能，积极构建统一规范、协调运作的市、县（市、区）、乡镇（街道）、村（社区）四级便民公共服务中心。以提高服务质量和效率为重点，规范便民公共服务中心运行，逐步实行“一个窗口受理、一站式审批、一条龙服务、一个窗口服务”的运行模式。加强信息网络管理平台建设，形成横向覆盖各部门和各行业、纵向贯通各乡镇（街道）和村（社区）、全方位的政府公共服务网络平台。强化基层社会服务职能，不断扩大社会服务范围，逐步把与发展民主、健全法制密切相关的政策服务、法律服务纳入便民服务范畴。

四、维护基层司法公正

（一）加强基层政法队伍建设。大力加强公安派出所、司法所、人民法庭、基层检察室等基层司法部门和工作组织建设，进一步增强基层政法队伍实力、活力和战斗力。深入持久开展中国特色社会主义理论体系教育、社会主义法治理念教育、职业道德教育、纪律作风教育，深化执法大培训，不断提高基层政法队伍整体素质和执法水平。完善执法监督体系，进一步扩大和落实警务、检务、审务、所务公开，加快建立集立案、办案、审批、查询、监督于一体的执法办案管理监督系统，实现执法管理全程化、实时化、公开化。坚持从严治警方针，严肃查处违法违纪行为，确保基层政法队伍的纯洁性。

（二）强化基层司法保障能力。完善社会治安防控体系，依法严厉打击各类违法犯罪，维护基层治安安定。依法妥善处理劳动就业、社会保障、教育、医疗、住房、环保、消费等领域的纠纷，切实维护人民群众切身利益。法院要审慎处理农村集体土地征收、城镇国有土地上房屋拆迁案件，切实保障被征地农民、被拆迁人合法权益。巩固和完善人民法庭直接立案工作机制，方便人民群众诉讼。发挥人民陪审员来自群众、熟悉群众、代表群众的独特优势，最大限度地引导当事人尊重和自觉履行法律裁判。检察院要重点监督发生在基层的社会保障、劳动就业、征地拆迁、医疗教育、农村集体资产等关系群众切身利益的违法案件。司法行政部门要积极开展社区矫正工作，加强刑释解教人员帮教安置。

（三）提升基层法律服务水平。降低法律援助"门槛"，将基层发生的土地承包经营权、相邻权、宅基地使用权纠纷，伪劣农药、种子、化肥坑农纠纷，以及家庭暴力等涉及民生的纠纷，逐步列入法律援助的受案范围。加强对农村五保、低保对象和残疾人、老年人等特殊群体的法律援助。通过开展异地法律援助互动合作等方式，加强对农民工、流动人口的法律援助。统筹配置城乡法律服务资源，加强基层法律服务工作者和法律援助志愿者队伍建设，推行"乡村法律顾问制度"，推进律师、公证服务进社区、进农村。建立基层法治促进员制度，从县级党政机关特别是政法部门中选聘一批知法懂法干部，到乡镇及重点村、重点社区、重点工程项目、重点企业担任法治促进员，履行调研社情民意，宣传政策法规，调解矛盾纠纷，指导民主法制，参与社会管理等职责。

五、加强基层依法治理

（一）培育公民法治精神。积极推进法制宣传教育进机关、进乡村、进社区、进学校、进企业、进单位，积极宣传与公民权利义务、群众生产生活密切相关的法律法规，有针对性地引导广大群众学法律、讲权利、讲义务、讲责任，在全社会形成崇尚法制、维护法律尊严的良好氛围。以领导干部和青少年为重点，切实抓好重点对象的法制宣传教育，进一步建立健全学法用法制度，带动全体社会成员提高理性表达利益诉求、依法维护自身权益的意识和能力。认真做好农村留守儿童、刑释解教人员、社区矫正人员及生活困难人员等群体的法制宣传教育，实现法制宣传教育全覆盖。

（二）完善"大调解"工作体系。加强市、县两级人民调解中心和乡镇（街道）联合调解室建设，完善村（社区）人民调解组织，推进"校调会"、"家调会"、"消调会"、"商调会"等专业性、行业性调委会建设，加快建立纵向到底、横向到边、纵横交错的大调解组织网络体系。建立健全人民调解、行政调解、司法调解、仲裁调解及信访调处衔接联动的工作流程、对接程序、效力确认等制度，实现诉调、检调、警调、仲调等调解方式的无缝对接。加强人民调解队伍管理，探索建立人民调解员等级制度，发展壮大以专职人民调解员为骨干、兼职人民调解员为补充的调解队伍。以县（市、区）为单位，建立大调解工作专项资金，为调解协议的有效履行提供必要补充，实现即调即付，促进案结事了。在行业纠纷突出的领域引入商业保险机制，确保赔偿金无障碍支付，提高调解协议履行率。

（三）规范农村"三资"管理。农村集体资金、资产、资源（简称"三资"），依法属于村集体所有。村级各项收入必须统一纳入集体经济组织账户核算，严禁公款私存、白条抵库、多头存款和私设小金库等。健全完善乡镇（街道）农村集体"三资"代理服务中心，进一步拓展强化资金、资源的动态管理和重大"三资"事项审核监督等职能，实行专业化管理。建立集体资产和资源登记台账，健全资产资源清查制度，完善资产资源承包、租赁、出让制度，实行村级工程项目管理和招投标，规范村集体土地征用、农村集体建设用地取得及使用等制度。完善农村集体"三资"信息化管理系统，加快实现市、县（市、区）、乡镇（街道）、村四级联网，提高"三资"管理信息化水平。

（四）深化基层法治创建。深化"民主法治村（社区）"建设，完善创建内容和考评标准，不断提升创建质量，努力形成一批在加强村务监督委员会制度建设、依法制定自治章程、村规民约以及在人民调解、法制宣传和法律服务等方面各具特色的先进典型。总结"诚信守法企业"创建试点经验，制定创建考评体系，加强激励机制建设，推进企业民主法制建设，提升企业诚信守法意识，鼓励企业积极承担社会责任。把"诚信守法企业"创建与推进企业民主管理、"劳动关系和谐企业"建设结合起来，全面施行劳动合同制度，完善集体合同制度和工资集体协商制度，积极拓展厂务公开、民主管理的内容和形式，支持职工参与管理和监督，维护职工合法权益。

六、落实保障措施

（一）形成工作合力。牢固树立固本强基的思想，把加强法治基层基础工作摆到更加突出的位置，深入分析民主法治建设中存在的基础性、根本性问题，明确工作方向和重点，制定工作措施、落实工作责任、提供有力保障。有效整合各种资源，健全完善党委统一领导，人大、政府、政协分工负责，部门共同实施的基层法治建设组织领导体系，充实基层法治工作力量，真正做到有人抓、有人管。

（二）完善工作机制。发现、总结、提炼在推进法治基层基础工作实践中涌现出的好做法好经验，及时上升为制度规范，形成长效工作机制。强化基层法治建设的工作责任制，突出法治建设基层基础工作的重点，明确目标责任，抓好任务分解，加强督促检查，确保各项部署和措施落到实处。强化法治调研和信息联络机制，建立健全社会动员机制和参与机制，加强舆论引导，营造夯实法治基层基础的良好社会氛围。

（三）创新工作载体。从实际出发，进一步拓展工作思路，丰富工作手段，改进工作方法，探索新载体、新举措，把加强法治基层基础的各项工作任务落实到相应的工作抓手上。坚持求真务实，确保各项工作不落空、有实效，防止搞形式、走过场。尊重基层的首创精神，鼓励和引导基层大胆探索，不断创造出符合群众期待、适应法治需求、实践效果良好的新经验。

中共绍兴市委

二〇一一年十月二十二日

金华市人民政府办公室
关于加快建立农村法律顾问制度的实施意见

金政办发〔2011〕40号

各县（市、区）人民政府，市政府有关部门：

为贯彻落实《中共金华市委金华市人民政府关于加快推进社会主义新农村建设的若干意见》（市委〔2006〕9号）和《中共金华市委金华市人民政府关于推进农村社区建设的意见》（市委〔2010〕7号）精神，经市政府同意，现就加快建立农村法律顾问制度，提出如下实施意见：

一、建立农村法律顾问制度的工作目标

按照政府统一领导、司法行政部门指导协调、行业协会配合、法律服务机构与乡镇对接、法律工作者广泛参与的总体思路，在开展“百名律师联百村”、“千村千顾问”等活动的基础上，加强政策引导、优化资源配置，到2011年底、2012年6月全市乡镇和行政村法律顾问配备率分别达到80%和100%，实现县（市、区）、乡镇、村三级法律顾问服务网络全覆盖，初步形成农村法律顾问制度架构。

二、建立农村法律顾问制度的原则

1. 政府倡导原则。鼓励和引导律师、公证员、基层法律服务工作者担任农村法律顾问，开展法治帮扶，提供法律服务。司法行政部门认真做好宣传发动、指导、协调和服务工作，努力为开展农村法律顾问工作创造良好条件。

2. 合理配置原则。按照“一村（社区）一顾问”要求，建立以律师、公证员和法律服务工作者为主体的农村法律顾问工作网络，确保每个行政村（社区）有一名法律顾问。

3. 协商一致原则。要根据农村经济发展情况和法律需求实际，采取多种方式提供服务。涉及有偿服务内容应由法律服务机构与村经济合作社协商一致，并以合同形式约定。

三、农村法律顾问的主要任务

（一）服务农村经济社会发展。围绕建设现代农业、繁荣农村经济、推进农村资源综合开发利用和社会事业发展等提供法律服务，促进农村经济组织合法经营、依法管理。

（二）服务和谐农村建设。围绕影响农村社会稳定的突出问题，引导村民以合法方式和正常途径表达利益诉求，通过调解等形式帮助化解群体性、复杂性、易激化的矛盾纠纷。

（三）服务农村民主法治建设。开展有针对性的法制宣传，提高村民法律意识，帮助开展民主法治村创建活动和村务法律体检工作，推动农村民主法治建设不断深化。

（四）服务困难群众。充分发挥各自专业优势，使农村困难群众得到及时有效的法律帮助。

四、工作要求

（一）加强组织领导。建立农村法律顾问制度是促进社会主义新农村建设的重要举措，各地要高度重视，统一思想，加强领导，制定计划，加快形成由政府牵头，司法行政部门组织实施，农办、民政、财政、国土资源、建设、农业、林业、环保等部门密切配合的工作格局，确保农村法律顾问制度建设有序推进。

（二）建立激励机制。司法行政部门要加强对农村法律顾问工作的督查、考核，及时协调解决工作中面临的困难和问题，不断完善农村法律顾问工作机制，提高法律服务的质量和效果。并列入对各地普法依法治理工作考核。对工作认真负责、成绩突出的单位和个人给予表彰。

（三）完善保障措施。要认真落实农村法律顾问工作经费保障，对建立法律顾问制度的村，由财政部门给予适当补助。司法行政部门要认真做好核实工作，主动与财政部门衔接，做到专款专用，确保农村法律顾问制度建设目标如期实现。

二〇一一年六月十日

中共天台县委办公室　天台县人民政府办公室 关于印发《天台县村务监督委员会工作规程(试行)》的通知

天县委办〔2011〕46 号

各乡镇党委、政府，各街道党工委、办事处，县直属各单位：

《天台县村务监督委员会工作规程(试行)》已经县委、县政府研究同意，现印发给你们，请认真遵照执行。

中共天台县委办公室

天台县人民政府办公室

二〇一一年六月十三日

天台县村务监督委员会工作规程(试行)

为进一步加强村务监督委员会规范化建设，充分发挥村务监督委员会的作用，根据《中华人民共和国村民委员会组织法》、《中国共产党农村基层组织条例》、《浙江省村务监督委员会工作规程(试行)》等法律法规和有关政策规定，结合我县实际，制定本规程。

第一章　机构性质和组织设置

第一条　村务监督委员会是村级民主监督组织，由村民会议或村民代表会议选举产生，向村民会议或村民代表会议负责并报告工作。

第二条　村务监督委员会在村党组织的领导下独立开展工作。

第三条　村务监督委员会任期与村民委员会相同。

第四条　村务监督委员会一般由 3—5 人组成，其中主任 1 人。主任一般由村党组织成员或党员担任。具体职数根据村的规模大小确定，撤并村数较多的，可适当增加名额，原则上使每个撤并村均有人被选为村务监督委员会成员。成员因故出缺的，应当在 6 个月内由村民会议或村民代表会议进行补选。

第五条　根据实际需要，村务监督委员会下设村务公开、“三资(资金、资产、资源，下同)”管理、工程项目等若干监督小组。

第二章　任职条件和产生方式

第六条　村务监督委员会成员一般应具备以下条件：

(一)有选举权和被选举权的本村村民，以及长期居住在本村且具有选举权和被选举权的其他人员；

(二)思想政治素质好，坚持原则、公道正派、遵纪守法，在群众中有较高威望；

(三)热心本村公共事业，具有一定的政策水平，掌握一定的国家相关法律法规知识；

(四)懂村级经济、工程管理，熟悉基层各项涉农政策，有一定的组织协调能力和书面、口头表达能力；

(五)能正常履职。

第七条　下列人员不得提名为村务监督委员会成员候选人：

(一)被判处刑罚未执行完毕，刑满释放(或被判处缓刑考验期满后)未满 5 年的；

(二)被劳教或解除劳教未满 3 年的；

(三)违反计划生育未处理或受处理后未满 5 年的；

(四)涉黑涉恶受处理未满 3 年的；

(五)开除党籍处分 5 年内，留党察看期满后 2 年内，撤销党内职务或行政记大过以上处分 2 年内，受其他行政或党纪处分 1 年内的；

(六)违反国家法律法规，正被立案侦查或关押的；

(七)参加邪教组织和非法活动，道德品质低劣，在群众中影响较坏的；

(八)上年或当年被评为不合格党员的；

(九)长期外出、身患疾病无法正常工作及丧失民事行为能力的。

第八条　村务监督委员会成员实行回避制度，除兼任村务监督委员会主任的村党组织成员本人外，村党组织、村民委员会、村经济合作社管理委员会的成员及其近亲属不得担任村务监督委员会成员。村文书、村报账员不得到村务监督委员会及其下设机构兼职。

第九条　村务监督委员会的选举办法，由村民选举委员会在乡镇(街道)的指导下根据各村实际情况拟订，提交村民会议或村民代表会议讨论通过后公布实施。

第十条　村务监督委员会候选人的产生。村党组织应根据村民推荐或自荐情况，在广泛征求意见的基础上提出初步候选人，经乡镇(街道)党委(党工委)对候选人任职条件初审并报县级有关部门联审后，确定正式候选人名单，正式候选人中应确保 1 人为村党组织成员或党员。

第十一条 正式候选人应在选举前以书面形式向全体村民作廉洁竞选承诺、履职承诺和辞职承诺。承诺内容事先要由乡镇(街道)党委(党工委)审核把关。有条件的村，可开展竞职演说。

第十二条 村务监督委员会成员在任期内如有下列情形之一的，应当辞去村务监督委员会成员职务，不主动辞职的，由乡镇(街道)纪委(纪工委)责令辞职。

(一)身体状况不佳，不能胜任工作的；

(二)不履行“三项承诺”的；

(三)因违纪违法行为受到党纪处分或被追究刑事责任的；

(四)严重违反社会公德行为的；

(五)无正当理由，连续 3 次或半年内累计 4 次不参加村务监督委员会活动，一年内累计外出 6 个月以上或一年中连续外出时间 3 个月以上且影响工作的；

(六)不履行村民(或公民)应尽义务的。

第三章 工作职责和权利义务

第十三条 村务监督委员会的职责：

(一)积极向干部群众宣传党的路线、方针、政策和农村党风廉政、新农村建设等方面的有关规定；

(二)对村两委贯彻执行党的路线、方针、政策和上级有关规定的情况进行监督；

(三)对村民会议或村民代表会议决定执行情况、重大事项决策、重点工程建设情况、村务公开和村“三资”管理情况等进行监督；

(四)对村干部廉洁自律、履行创业承诺情况进行监督，主持召开民主评议会，民主评议每年至少进行一次，其中村民委员会成员如连续两次被评议不称职的，其职务终止；

(五)听取和受理村民的意见和建议，及时向村两委反映村民对村务管理的意见和建议；

(六)协助做好村民的思想政治工作，支持和配合村党组织、村民委员会正确履行职责；

(七)向村民会议和村民代表会议负责，执行村民会议或村民代表会议授权的其他监督事项。

第十四条 村务监督委员会及其成员享有以下权利：

(一)知情权。列席村两委会，查阅有关文件资料，了解掌握村务的决策和管理执行情况。

(二)质询权。对村级事务和村干部履职情况开展询问质询，要求村干部作出解释。

(三)审核权。对村务公开内容、财务公开情况和财务报账前的原始凭证进行审核。

(四)建议权。围绕村级事务提出工作建议和意见。

第十五条 村务监督委员会及其成员应履行以下义务：

(一)带头遵守国家法律法规和村民自治章程、村规民约；

(二)坚持实事求是、客观公正反映问题；

(三)认真完成村党组织和村民会议或村民代表会议授权监督的事项；

(四)积极参加村党组织、乡镇(街道)、县级部门等组织的有关活动。

第十六条 村务监督委员会实施监督时一般按以下程序进行(详见村务监督委员会工作流程图)：

(一)收集民意。根据村民会议和村民代表会议决议事项，围绕村民关注的热点、难点问题，通过上门走访、召开座谈会、设立意见箱等形式广泛收集村民的意见和建议，确定监督事项。

(二)研究对策。围绕监督事项开展调查，了解、核实相关情况，查阅、收集有关资料。对收集到的意见和建议进行认真分析，形成监督方案。

(三)监督落实。按照监督方案，认真细致、客观公正地开展监督工作，及时发现和纠正存在的问题。

(四)通报反馈。通过发布公告、召开会议、个别反馈等形式及时公布监督结果，对村民的询问作出解释说明。

第十七条 村务监督委员会主要工作内容及流程：

(一)监督村级重大事项决策(详见村级重大事项决策监督流程图)。1. 监督村级重大事项决策按照“五步法”进行。村级各组织如有违反决策程序的，督促村级各组织及时予以纠正。2. 对由村民会议或村民代表会议研究决定的村级重大事项的执行情况进行监督。

(二)监督村务公开(详见村务公开监督流程图)。1. 对村务公开具体方案进行审查，审查村务公开各项内容是否全面、真实，提出补充完善意见。2. 受理群众对村务公开的投诉，调查群众反映的问题，对村务公开内容确有遗漏或者不真实的，督促村民委员会及时补充更正；对反映不实的，及时向群众做好解释工作。3. 督促村级组织按期实施村务公开。

(三)监督村级“三资”管理。1. 监督村级财务(详见村级财务监督流程图)。参与制定本村集体财务计划和各项财务管理制度，检查、审核村级财务账目及相关的村级经济活动事项。按照村级财务公开报审制，对村财务收支逐笔进行审核，对同意报销的票据加盖财务审核章后，由会计人员审核入账。对不合理的财务开支，由责任人承担相关开支。2. 监督村集体资产、公共资源公开出租、出(转)让以及村级物品采购等活动。监督集体资产资源管理、债权债务的结算以及经济合同的拟定和履行情况。

(四)监督村级工程建设(详见村级工程建设监督流程图)。1. 督促村两委认真执行村级工程建设项目和集体资产资源等经营性项目的有关公开招投标规定。2. 参与本村建设工程项目招投标和经营性项目承发包事前、事中、事后的监督、检查和验收。3. 对工程建设中的风险点进行排查，制定相应的防范措施。4、发现规避招标、暗箱操作、扰标围标等现象或材料采购、工程质量、资金拨付等方面存在问题时，有权要求村两委及时整改。

(五)监督村干部廉洁履职(详见村干部廉洁履职监督

流程图)。1. 对村两委任期目标执行情况进行监督。2. 主持召开村民代表会议,对村两委成员开展民主评议活动。3. 督促抓好村干部"创业承诺"、"廉政承诺"事项的落实,协助乡镇(街道)做好对村干部的考核工作。4. 对履行职责不力,以及涉嫌违法违纪的,应及时向乡镇(街道)党委(党工委)、纪委(纪工委)反映。

(六)监督村民关注的热点、难点事项(详见村级热点、难点事项监督流程图)。1. 收集村民在新农村建设过程中关注的热点、难点事项。2. 及时向村两委提出建设性意见。3. 督促村两委落实村民合理的意见和建议。4. 向村民反馈整改落实情况。

第四章 工作制度和保障措施

第十八条 实行工作例会制度。村务监督委员会一般每月召开一次工作例会,研究分析有关监督工作情况,必要时可随时召开。

第十九条 实行工作报告制度。村务监督委员会每半年一次向村党组织和村民会议或村民代表会议报告工作情况。

第二十条 健全学习培训制度。村务监督委员会应定期开展集体学习,加强自身建设。

乡镇(街道)纪委(纪工委)要加强对村务监督委员会工作的指导及成员的培训,定期开展"俱乐部"活动,重点就农村政策、村级财务、工程建设、资产资源管理和农村违规违纪违法案例等方面进行交流、研讨,及时协调和帮助解决村务监督中的复杂疑难问题。

第二十一条 建立工作台账制度。村务监督委员会每次开展工作,都应全面、如实记录,以备查阅。村务监督委员会工作台账列为村务档案,妥善保管。

第二十二条 建立村务档案监督制度。村务监督委员会应监督村委会建立村务档案,村务监督委员会应做好档案备份工作。村务档案包括:选举文件、会议记录、土地发包方案和承包合同、经济合同、集体财务账目、集体资产登记文件、公益设施基本资料、基本建设资料、宅基地使用方案、征地补偿费使用及分配方案等。村务档案应真实、准确、完整、规范。

第二十三条 健全民主评议制度。接受村民会议或村民代表会议对村务监督委员会成员进行民主评议,结果向全体村民公布。成员信任票低于50%的,取消其成员资格。

本村五分之一以上有选举权的村民或三分之一以上村民代表联名要求罢免村务监督委员会成员的,村党组织应在一个月内召开村民会议或村民代表会议进行票决,信任票低于50%的,取消其成员资格。

第二十四条 对应当依法由村民会议或村民代表会议进行讨论决定的有关事项,如村民委员会未组织召开相关会议就作出决定的,村务监督委员会应督促村民委员会及时召开村民会议或村民代表会议,予以表决。村民委员会拒不召开的,村务监督委员会应及时向乡镇(街道)反映,由乡镇(街道)党委(党工委)牵头,帮助召开村民会议或村民代表会议予以表决。

第二十五条 村务监督委员会在无法履行合法、有效监督或其成员受到打击报复的,可以向乡镇(街道)纪委(纪工委)反映,乡镇(街道)纪委(纪工委)在接到申请后15个工作日内予以明确答复和妥善处理。乡镇(街道)纪委(纪工委)无法解决时报县农村干部违法违纪案件查办联席会议办公室,联席会议一般应在10个工作日内召开,根据具体情况确定责任单位或组织调查组调查。

第二十六条 村务监督委员会成员应享有与其他村干部同等待遇,具体标准由村民会议或村民代表会议讨论决定。

第二十七条 村务监督委员会应有固定的办公场所和办公设备,做到牌子、印章齐全,制度上墙。

第五章 附则

第二十八条 本规程由中共天台县纪律检查委员会、天台县监察局负责解释。

第二十九条 本规程自发文之日起施行,《天台县村民监督委员会工作暂行办法》同时废止。

附:1. 村务监督委员会工作流程图(略)
2. 村级重大事项决策监督流程图(略)
3. 村务公开监督流程图(略)
4. 村级财务监督流程图(略)
5. 村级工程建设监督流程图(略)
6. 村干部廉洁履职监督流程图(略)
7. 村级热点、难点事项监督流程图(略)

宣传文化篇

中共浙江省委
关于认真贯彻党的十七届六中全会精神
大力推进文化强省建设的决定

(2011年11月18日中国共产党浙江省第十二届委员会第十次全体会议通过)

浙委〔2011〕105号

为深入贯彻党的十七届六中全会精神，根据《中共中央关于深化文化体制改革、推动社会主义文化大发展大繁荣若干重大问题的决定》，结合浙江实际，就大力推进文化强省建设，作出如下决定。

一、充分认识推进文化强省建设的重要性和紧迫性

(一)建设文化强省的重大意义。文化是民族的血脉和灵魂，是人民的精神家园。当今时代，文化越来越成为民族凝聚力和创造力的重要源泉，越来越成为综合国力竞争的重要因素，越来越成为经济社会发展的重要支撑，丰富精神文化生活越来越成为人民的热切愿望。党的十七届六中全会作出坚持中国特色社会主义文化发展道路，努力建设社会主义文化强国的重大战略部署，为浙江的文化改革发展指明了方向。文化建设是中国特色社会主义事业总体布局的重要组成部分，没有社会主义文化繁荣发展，就没有社会主义现代化。浙江要顺应科学发展新要求，把握文化发展新趋势，满足人民群众精神文化生活新期待，落实中央对浙江提出"走在前列"的总体要求，就必须切实担负起为文化强国建设先行探索的重大责任，加快推动文化大省向文化强省迈进。

(二)建设文化强省面临的新形势新要求。当前，浙江经济发展进入加速转型期，社会建设进入整体推进期，体制改革进入攻坚突破期，文化在推动科学发展、促进社会和谐中的作用更加凸显，但我省文化发展同经济社会发展和人民群众日益增长的精神文化需求还不完全适应，面临着一系列新情况新问题：一些领域道德失范、诚信缺失，一些社会成员人生观、价值观扭曲，用社会主义核心价值体系引领社会思潮的任务更为紧迫；城乡之间、区域之间的文化发展还不够平衡，文化产品与服务还不能充分满足人民群众日益增长的精神文化需求，公共文化服务体系需要进一步健全；文化产业规模较小、结构不合理，实力和竞争力还有待提升；在国内外有影响力和知名度的文化高端人才较为缺乏，文化人才队伍建设亟待加强。我省要全面建成惠及全省人民的小康社会，就必须切实解决这些矛盾和问题，切实推动文化大发展大繁荣，既要让人民过上殷实富足的物质生活，又要让人民过上健康丰富的文化生活，为继续解放思想、坚持改革开放、推动科学发展、促进社会和谐提供坚强思想保证、强大精神动力、有力舆论支持、良好文化条件。

(三)建设文化强省的现实基础和有利条件。我省文化底蕴深厚，文化资源丰富，人文优势明显，文化发展基础

良好，素有“文物之邦”之称。改革开放以来，历届省委高度重视文化建设，始终坚持用文化引领前进方向、凝聚奋斗力量、激发创造活力，对文化建设作出了一系列重大部署。1999年，省委提出建设文化大省的目标任务；党的十六大以来，省委从建设中国特色社会主义事业全局的战略高度，把加快建设文化大省作为实施“八八战略”和“创业富民、创新强省”总战略的重要内容，作为加强党的执政能力建设和先进性建设的重要方面，率领全省各级党组织和广大干部群众着力建设社会主义核心价值体系、公共文化服务体系、文化产业发展体系等“三大体系”，深入实施文明素质工程、文化精品工程、文化研究工程、文化保护工程、文化产业促进工程、文化阵地工程、文化传播工程、文化人才工程等“八项工程”，扎实推进教育强省、科技强省、卫生强省、体育强省等“四个强省”建设。我省十多年的文化大省建设，显著提高了人民群众的思想道德素质和科学文化素质、促进了人的全面发展，显著增强了浙江的文化软实力，为文化强省建设奠定了坚实的工作基础。同时，我省经济社会的快速发展，为文化强省建设提供了有力的物质支撑。我们必须以高度的文化自觉和文化自信，大力建设文化强省，在坚持以经济建设为中心的同时，自觉把文化繁荣发展作为坚持发展是硬道理、发展是党执政兴国第一要务的重要内容，作为深入贯彻落实科学发展观的一个基本要求，解放思想、转变观念，抓住机遇、乘势而上，进一步推进文化建设与经济建设、政治建设、社会建设以及生态文明建设协调发展，不断开创浙江社会主义文化大发展大繁荣的新局面。

二、正确把握推进文化强省建设的总体要求

（四）建设文化强省的指导思想。推动浙江从文化大省向文化强省迈进，必须全面贯彻党的十七大精神，高举中国特色社会主义伟大旗帜，以马克思列宁主义、毛泽东思想、邓小平理论和“三个代表”重要思想为指导，深入贯彻落实科学发展观，进一步实施“八八战略”和“创业富民、创新强省”总战略，坚持社会主义先进文化前进方向，以科学发展为主题，以建设社会主义核心价值体系为根本任务，以满足人民群众精神文化需求为出发点和落脚点，以改革创新为动力，着力增强先进文化的凝聚力、公共文化的服务力、文化产业的竞争力、文化发展的创新力、区域文化的影响力和文化人才队伍的支撑力，走出一条具有中国特色、时代特征、浙江特点的文化建设新路子，为全面建成惠及全省人民的小康社会、提前基本实现社会主义现代化，提供强有力的思想保证、精神动力、智力支持和文化条件。

（五）建设文化强省的总体思路。在巩固文化大省建设成果基础上，继续深入推进社会主义核心价值体系、公共文化服务体系、文化产业发展体系等“三大体系”建设，深入推进文明素质工程、文化精品工程、文化研究工程、文化保护工程、文化产业促进工程、文化阵地工程、文化传播工程、文化人才工程等“八项工程”，重点实施中国特色社会主义理论体系普及计划、公民道德养成计划、文艺精品打造计划、网络文化和现代媒体建设计划、重大文化设施建设计划、基本公共文化服务提升计划、文化遗产传承计划、文化产业倍增计划、对外文化拓展计划、文化名家造就计划等“十大计划”，以更高层次、更宽视野、更大力度，推动社会主义先进文化更加深入人心，推动社会主义精神文明和物质文明更加全面发展，推动全社会的文化创造活力更加迸发、社会文化生活更加丰富多彩，推动人民群众基本文化权益得到更好保障、人民思想道德素质和科学文化素质全面提高，把浙江建设成为人文精神高尚、文化事业繁荣、文化产业发达、文化氛围浓郁、文化形象鲜明的文化强省。

到2020年，文化改革发展的目标是：社会主义核心价值体系建设深入推进，公民文明素质和社会文明程度明显提高；公共文化服务体系全面建成，文化产品更加丰富，精品力作不断涌现，文化民生切实改善，人民群众共建共享文化改革发展成果的格局基本形成；文化产业发展体系不断完善，文化产业成为国民经济的重要支柱性产业，整体实力和竞争力显著增强；文化体制机制创新不断深化，文化产品创作生产经营机制充满活力，文化改革发展的宏观环境切实优化；文化人才队伍发展壮大，一批文化领军人物脱颖而出，民间文化人才的作用得到充分发挥。努力基本建成与浙江经济社会发展水平相适应的文化强省。

（六）建设文化强省的基本原则。

——坚持先进文化引领。始终坚持马克思主义在意识形态领域的指导地位，坚持社会主义先进文化前进方向，坚持为人民服务、为社会主义服务的方向和百花齐放、百家争鸣的方针，大力发展面向现代化、面向世界、面向未来的，民族的科学的大众的社会主义文化，建设全省人民共有精神家园。

——坚持人民群众的主体地位。按照贴近实际、贴近生活、贴近群众的要求，尊重群众首创精神，发挥人民在文化建设中的主体作用，坚持文化发展为了人民、文化发展依靠人民、文化发展成果由人民共享，努力提高人民群众的科学文化素养，促进人的全面发展。

——坚持把社会效益放在首位。正确把握文化的意识形态属性和商品属性，始终把社会效益放在首位，努力实现社会效益和经济效益的有机统一。加强对文化产品创作生产的引导，坚决抵制庸俗、低俗、媚俗之风，更好地发挥文化引领风尚、教育人民、服务社会、推动发展的作用。

——坚持协调发展。促进文化与经济、政治、社会和生态文明建设相协调，重视发挥文化对经济转型升级的作用。着力推进城乡、区域文化协调发展，统筹发展公益性文化事业和经营性文化产业，促进文化资源和要素的合理配置，实现重点突破和均衡发展相结合、长远规划和分步实施相结合，切实推动文化建设科学发展。

——坚持改革创新。注重传承优秀传统文化，与时俱进地弘扬浙江精神，广泛吸收借鉴国内外文明成果，积极推进文化观念理念、内容形式、体制机制、传播手段创新，以改革促发展、促繁荣，进一步解放和发展文化生产力，不断提高文化软实力。

三、大力建设社会主义核心价值体系

（七）推进马克思主义中国化时代化大众化。坚持不懈地用中国特色社会主义理论体系武装党员干部、教育人民群众，推动学习实践科学发展观向深度和广度拓展。深入推进学习型党组织建设。坚持以领导班子和领导干部为重点，以党委（党组）理论学习中心组为龙头，以各级党校、行政学院、干部学院等为主阵地，引导党员、干部深入学习贯彻党的基本理论、基本路线、基本纲领、基本经验，学习马克思主义经典著作，系统掌握马克思主义立场、观点、方法，完善领导干部述学、评学、考学办法，着力提高领导干部运用科学理论和知识分析、解决问题的能力。实施中国特色社会主义理论体系普及计划，积极探索和运用报刊、广播电视、新闻网站等新闻媒体开展理论宣传，组织编写通俗理论读物，深化“社科普及周”和“人文大讲堂”等社科品牌建设，推动科学理论为广大人民群众所理解、所掌握、所运用。坚持党政领导联系高校制度和到高校作形势政策报告制度，进一步加强高校思想政治理论课建设，发挥高校在推动马克思主义大众化中的作用，推动中国特色社会主义理论体系进教材、进课堂、进头脑，加强和改进大学生思想政治教育。

（八）牢固树立中国特色社会主义共同理想。深入开展理想信念教育，引导干部群众深刻认识中国共产党领导和中国特色社会主义制度的历史必然性和优越性，深刻认识中国特色社会主义道路既是实现社会主义现代化和中华民族伟大复兴的必由之路，也是创造人民美好生活的必由之路，自觉把个人理想融入中国特色社会主义共同理想之中，最大限度把广大人民团结和凝聚在中国特色社会主义伟大旗帜之下。紧密结合中国特色社会主义在浙江的生动实践，联系干部群众思想实际，针对社会热点难点问题，从理论和实践结合上作出有说服力的回答，引导干部群众在重大思想理论问题上划清是非界限、澄清模糊认识，有力抵制各种错误和腐朽思想影响。深入开展各种主题教育活动，进一步深化形势政策教育、国情教育、革命传统教育、改革开放教育、国防教育，组织学习中国近现代史特别是党领导人民进行革命、建设、改革的历史，坚定广大干部群众对中国特色社会主义的信心和信念。

（九）弘扬民族精神、时代精神和浙江精神。深入开展以爱国主义为核心的民族精神教育，大力弘扬爱国主义、集体主义、社会主义思想，激励人们把爱国热情转化为推动发展的实际行动。广泛开展以改革创新为核心的时代精神教育，引导干部群众始终保持昂扬向上、奋发进取的精神状态，以思想不断解放推动事业持续发展。组织开展“我们的价值观”大讨论，大力弘扬浙江精神，弘扬优秀传统文化，继续开展“我们的节日”等主题活动。认真落实爱国主义教育基地免费开放的有关政策，切实加强爱国主义教育基地建设、管理和使用。深入实施《2011—2015年浙江省红色旅游发展规划》，提升红色旅游发展水平。广泛开展优秀共产党员、劳动模范、优秀中国特色社会主义事业建设者等评选宣传活动。

（十）加强公民道德建设。全面实施公民道德养成计划，制定实施《浙江省公民道德建设纲要》，深入开展社会主义荣辱观宣传教育，深化“做一个有道德的人”主题实践活动，弘扬中华传统美德，加强社会公德、职业道德、家庭美德、个人品德教育，在全社会形成守规则、重礼仪、懂感恩、讲诚信、有责任、做好事的良好道德风尚。评选表彰道德模范，学习宣传先进典型，引导人民增强道德判断力和道德荣誉感。广泛深入开展“讲文明树新风”活动，深化文明出行、文明用语等文明礼仪宣传教育活动，大力倡导爱国、敬业、诚信、友善等道德规范。广泛开展志愿服务，建立和完善社会志愿服务体系，形成男女平等、尊老爱幼、扶贫济困、扶弱助残、礼让宽容的人际关系。大力弘扬慈善文化，促进慈善公益事业。深化群众性精神文明创建活动，推进文明生产、文明生活，促进环境优美、秩序优良、服务优质，提升城乡文明程度。深入实施“千万农村劳动力素质培训工程”。加快完善学校德育体系，进一步加强青少年思想道德建设，构建学校、家庭、社会紧密协作的教育网络。深入实施未成年人思想道德建设“春泥计划”，扎实推进乡村学校少年宫建设。深化网络文明创建活动，努力形成文明办网、文明上网的良好风尚。深化政风、行风建设，开展道德领域突出问题专项教育和治理。把诚信建设摆在突出位置，大力推进政务诚信、商务诚信、社会诚信和司法公信建设，建立健全覆盖全社会的征信体系，着力打造“信用浙江”。全面实施《浙江省领导干部德的考核考察评价办法（试行）》，教育引导各级领导干部自觉践行社会主义荣辱观。加强法制宣传教育，提高公民法律素质，推动人人学法遵法守法用法，促进“法治浙江”建设。创新基层思想政治工作，加强人文关怀和心理疏导，培育自尊自信、理性平和、开放包容、积极向上的社会心态。深入开展科普教育，大力弘扬科学精神。深化反腐倡廉教育，加强廉政文化建设，深入推进廉政文化“六进”活动，营造风清气正的社会环境。

四、推动优秀文化产品创作生产

（十一）积极打造文艺精品。坚持正确创作方向，推动和引导广大文艺工作者积极投身到讴歌时代和人民的文艺创造活动之中，在社会生活中汲取素材、提炼主题，推出更多无愧于历史、无愧于时代、无愧于人民的优秀文艺作品。全面实施文艺精品打造计划，加强文化精品创作生产规划，建立浙江文化创作题材库，重点推动重大革命和历史题材、现实题材、青少年题材、新农村建设题材等作品的创作。加大对文艺创作的扶持力度，建立健全精品创作生产的组织化和市场化机制，努力形成一批文学、戏剧、电影、电视、动漫、音乐、舞蹈、美术、摄影、书法、曲艺、杂技以及民间文艺、群众文艺等各个门类的文艺精品。切实抓好“五个一工程”等国家级重大奖项参展参赛作品的创作生产。支持和鼓励中小型文化内容服务企业的发展，形成一批以提供影视、演艺、文化数字信息、文化资讯等为主的内容提供商。大力弘扬浙江优秀传统文化，学习借鉴国内外文化创新有益成果，兼收并蓄、博采众长，增强文化产品时代感和吸引力。

（十二）繁荣发展哲学社会科学。深入实施马克思主义理论研究和建设工程，坚持以重大理论和现实问题为主攻方向，深化“中国特色社会主义在浙江的实践”研究，推出一批具有重大创新意义的研究成果，更好服务我省经济社会发展。加强对浙江优秀传统文化的挖掘和研究。整合哲学社会科学研究力量，加强优势学科和重点研究基地建设，加强社科院、党校和高等院校社科研究机构建设，推进新型“智库”建设。进一步加强对浙江文化发展战略的研究。深化与中央科研机构和大院名校的合作。加快各级社科联组织建设。深化哲学社会科学管理机制创新，加大对人才和精品的激励力度，激发广大社科工作者的积极性创造性。发挥省哲学社会科学基金示范引导作用，推进哲学社会科学品牌建设，继续实施省级学术著作出版基金项目，扩大浙江学者和浙江学术影响力。

（十三）加强和改进新闻舆论工作。把握新闻媒体的政治导向、价值导向和稳定导向，坚持团结稳定鼓劲、正面宣传为主，壮大主流舆论，提高舆论引导的及时性、权威性和公信力、影响力。充分发挥党报党刊、广播电视、新闻网站在舆论引导中的核心作用，发挥都市类媒体、网络媒体、手机媒体多层次、多角度舆论引导的特色和优势，构建统筹协调、责任明确、功能互补、覆盖广泛、富有效率的舆论引导新格局。加强和改进正面宣传，精心组织重大主题报道，形成正面舆论强势。加强社会热点难点问题引导，从群众关注点入手，科学解疑释惑，有效凝聚共识。做好重大突发事件新闻报道，健全应急报道和舆论引导机制，提高时效性，增加透明度。完善新闻发布制度，加快构建覆盖党委、政府、高校、企事业单位的全方位新闻发布体系。加强和改进舆论监督，推动解决党和政府高度重视、群众反映强烈的实际问题，维护人民利益，密切党群关系，促进社会和谐。加强新闻品牌建设，打造若干在全国具有较大影响力的媒体和名专栏、名节目。加强新闻从业人员的社会责任和职业道德教育，自觉抵制错误思潮和错误观点，坚决杜绝虚假新闻。

（十四）发展健康向上的网络文化。按照积极利用、科学发展、依法管理、确保安全的方针，实施网络文化和现代媒体建设计划，加强和改进网络文化建设和管理，大力发展社会主义先进网络文化。加强网上舆论引导，加大网上主题宣传、成就宣传和典型宣传的力度，唱响网上思想文化主旋律，用正确舆论引导广大网民。坚持开展各种形式的领导干部与网民互动交流活动，建立健全网民留言办理长效机制。加强网络文化产品的创作生产，积极参与国家网络内容建设工程，推动浙江文化的网络传播。大力推进“浙江记忆”特色数据库建设，培育“浙江精品出版网站”，制作生产适合互联网和手机等新兴媒体传播的精品力作，鼓励网民创作格调健康的网络文化作品。支持重点新闻网站加快发展，发挥主要商业网站建设性作用，培育一批网络内容生产和服务骨干企业。加强和改进互联网宣传管理，加快形成法律规范、行政监管、行业自律、技术保障、公众监督、社会教育相结合的互联网管理体系。加强对论坛、博客、微博客等社交网络和即时通讯工具等的引导和管理，督促网络服务和运营企业履行法律义务和社会责任，规范网上信息传播秩序。深入开展网络文化环境整治行动，依法惩处和打击传播有害信息行为。加强互联网有关管理机构和队伍建设。加强技术手段和监管平台建设，不断提高依法、规范、科学、系统、动态管理水平。

（十五）完善文化产品评价激励机制。加强对文化产品创作生产的引导，深化马克思主义文艺观、新闻观教育，深化党的群众路线、群众观点教育，深化拓展“三项学习教育”和“走基层、转作风、改文风”活动，深化“与时代同行”——作家艺术家深入生活等主题实践活动，推动广大文化工作者牢固树立以人民为中心的创作导向，把遵循社会主义先进文化前进方向、人民群众满意作为评价作品的最高标准，推出更多思想性知识性艺术性观赏性相统一、深受群众喜爱的精品力作。坚持把群众评价、专家评价和市场检验统一起来，加大对产生良好社会影响的文化作品的奖励力度，建立有利于出精品、出人才、出效益的评价机制。建立公开、公平、公正评奖机制，规范各类文化奖项评比，提高权威性和公信度。加强和改进文艺评论，开展积极健康的文艺批评。加大优秀文化产品推广力度，设立专项艺术基金。推动和鼓励主流媒体、公共文化场所在资金、频道、版面、场地等方面为展演展播展映展览优秀文化作品提供条件、搭建平台。

五、着力构建公共文化服务体系

（十六）完善公共文化设施网络。按照科学规划、合理布局、适度超前的要求，进一步完善省、市、县（市、区）、乡镇（街道）、村（社区）五级公共文化设施网络。实施重大文化设施建设计划，重点建设浙江图书馆新馆、浙江档案馆新馆、浙江艺术学院、浙江社科活动中心、浙江文学馆、浙江文化会堂等一批标志性文化设施，打造浙江文化地标。各地要结合实际，加强文化馆、博物馆、图书馆、档案馆、美术馆、科技馆、工人文化宫、老年活动中心、青少年宫等公共文化服务设施建设，完善面向妇女、未成年人、老年人、残疾人的公共文化服务设施。加快推进多厅数字影院建设，到2015年所有市、县城都有一个以上多厅影院。加快推进农村有线数字电视整体转换和网络“双向化”改造。统筹规划和建设基层公共文化服务设施，深入推进文化强镇工程，提升乡镇文化站的综合服务能力，行政村和社区文化活动室实现全覆盖。

（十七）增强公共文化服务能力。实施基本公共文化服务提升计划，完善覆盖城乡、结构合理、功能健全、实用高效的公共文化服务体系，加强惠及全省人民的公共文化供给能力建设，发挥各级便民服务平台的作用，让群众广泛享有免费或优惠的基本公共文化服务。深入推进广播电视村村通、文化信息资源共享、乡镇和社区综合文化站（室）、农村电影放映、农家书屋、文化低保等文化惠民工程，充分发挥基层党组织活动场所、党员服务中心、远程教育、廉政文化教育基地等作用，保障人民群众看电视、听广播、读书看报、进行公共文化鉴赏、参与公共文化活动等基本文化权益。公益性文化事业单位、专业艺术团体、广播影视机构、出版企业和文联、社科联、作协等文化团体要充分发挥主体作用，为群众提供更多更好的公共文化产品。把主要公共文化产品和服务项目、公益性文化活动纳入公共财政经常性支出预算。采取政府购买、项目补贴、贷款贴息、税收减免等政策措施，鼓励文化企业参与公共文化服务。大力开展各类公益性文化活动，推动企业文化、校园文化、军营文化、机关文化、社区文化、村落文化、广场文化蓬勃发展。继续办好浙江文化艺术节。深入开展全民阅读、全民健身活动，推动“千镇万村种文化”、“钱江浪花”、“雏鹰计划”、文化科技卫生“三下乡”、科教文体法律卫生“四进社区”、“送欢乐下基层”等活动经常化。加快建设覆盖城乡的流动图书馆、流动博物馆、流动少年宫、流动演出服务网，促进优质文化资源向基层和农村流动。率先建成城乡一体、快速便捷的公共图书馆服务网络。扩大政府采购公益文化产品和服务的范围，确保经济困难家庭、农民工和残疾人等群体享受公共文化服务。

（十八）创新公共文化服务机制。统筹城乡文化发展，加快推进城乡文化一体化，把支持农村文化建设作为文明县（市、区）创建基本指标，增加农村文化服务总量，缩小城乡文化发展差距。积极推动公共文化服务数字化、信息化建设，建立“网络图书馆”、“网络博物馆”、“网络剧场”等覆盖全省的数字文化服务网络。大力推广农村出版物发行小连锁、图书馆总分馆制建设等经验，推动公共文化场馆实行连锁服务和联盟合作。各级财政要确保足额经费投入，完善各级公共图书馆、博物馆、美术馆、文化馆、纪念馆等公共文化场馆的免费开放服务，逐步推进展览馆、科技馆、工人文化宫、青少年宫等免费开放。各类公共场所要为群众性文化活动提供便利。进一步推进主要党报党刊在农村基层的免费赠阅工作。发挥浙江民营经济优势，鼓励社会力量积极参与公益性文化建设，支持民办博物馆、艺术馆等民间文化机构的发展。争创国家公共文化服务体系示范区。

（十九）加强现代传播能力建设。加强党报党刊、电台电视台和重点新闻网站建设，鼓励和支持我省主要媒体跨行业、跨媒体发展经营，鼓励和支持不同业态媒体之间的重组合作，努力形成一批大型现代传媒集团。支持浙江日报报业集团实施全媒体全国化战略，发展成为具有较强传播力和影响力的国内外知名传媒集团。支持浙江广电集团向新兴传播业态拓展，构建立体化、全天候的新闻传播格局。支持浙江网络广播电视台建设和发展。支持浙江出版集团打造一批在全国有较大影响力的出版社，形成一批在全国具有比较优势的出版门类和出版品牌，建设成为全国重要的数字移动多媒体出版企业。抓好重点新闻网站建设，做大做强浙江在线新闻网站。加快推进电信网、广电网、互联网三网融合，形成全省统一、互联互通、有序运行的新媒体集成播控平台。支持各市推进报刊、电视、广播、网络等媒体的建设和发展。

（二十）加强文化遗产传承和利用。实施文化遗产传承计划，加快构建科学有效的文化遗产保护体系，提高全社会文化遗产保护意识，使我省文化遗产保护工作继续走在全国前列。巩固提高杭州西湖世界文化遗产保护水平，加快推进以大运河、良渚遗址为重点的世界文化遗产申报工作。积极做好历史文化名城、名镇、名村和街区保护工作，加大古村落保护力度。构建布局合理、主体多元的博物馆网络体系，推出若干特色鲜明的博物馆品牌。以史前遗址、越国遗址、瓷窑遗址、城市遗址为重点，深入实施大遗址保护计划。继续推进“国家文化遗产保护科技区域创新联盟（浙江省）”试点建设。加快建立非物质文化遗产保护制度，进一步做好传承人保护工作，推进各类传承基地建设，促进活态传承。加强文化生态保护，建设一批非物质文化遗产生态保护区、民族传统节日标志地和非物质文化遗产展示中心，着力构建非物质文化遗产展示共享体系。加强文化典籍和档案文献保护、整理和出版工作，编纂《浙江文丛》、《浙江通志》、《中国历代绘画大系》，建立《浙江省珍贵古籍名录》和全省古籍保护、修复网络，实施浙江历史文化记忆工程。广泛开展优秀传统文化教育普及活动，在国民教育中增加优秀传统文化课程内容。繁荣发展少数民族文化事业。

六、加快构建文化产业发展体系

（二十一）优化文化产业布局。实施文化产业倍增计划，加快发展文化产业，推动文化产业成为国民经济的重要支柱性产业。到2015年，文化产业增加值力争比2010年翻一番，占全省GDP比重7%。加强对文化产业发展的规划引导，大力实施文化产业发展“122”工程，着力培育100家重点文化企业、20个重点文化产业园区（基地），助推20家文化企业上市，提高文化产业规模化、集约化、专业化水平。积极培育全国一流的文化产业中心，打造一批特色文化产业基地，发展一批特色文化产业，形成一批特色文化产业县（市、区）。发挥浙江海洋经济优势，大力推进海洋文化产业发展。推进文化产业结构调整，加快发展新闻出版、影视服务、文化会展、文体休闲娱乐、文体用品制造等优势文化产业，大力发展文化创意、动漫游戏、数字出版、移动多媒体等新兴文化产业。推动文化产业与旅游、体育、信息、教育、工业、工程设计等产业的融合发展。鼓励和引导非公有制资本进入文化产业，培育和扶持一批民营龙头文化企业，大力支持中小民营文化企业发展，形成以公有制为主体、多种所有制共同发展的文化产业格局。吸收外资进入法律法规许可的文化产业领域，保障投资者合法权益。

（二十二）提升文化产业发展层次。把重大文化建设项目纳入大平台大产业大项目大企业“四大建设”总体布局，深入实施重大项目带动战略，抓好一批成熟度高、成长性好、具有先导性的重大工程和项目。重点推进数字出版基地、影视基地、动漫产业基地、重点网络媒体、电影院线、国际文化贸易平台等重大工程项目建设。深入实施科技带动战略，把重大文化科技项目纳入相关科技发展规划和计划，加强核心技术、关键技术、共性技术攻关，加快科技创新成果转化。健全以企业为主体、以市场为导向、产学研相结合的文化技术创新体系，重点扶持一批特色鲜明、创新能力强的文化科技企业。深入实施文化产业品牌战略，充分挖掘我省历史文化、民俗文化、海洋文化、生态文化的资源优势，打造一批具有较高知名度和影响力的文化品牌。

（二十三）加强现代文化市场建设。加快发展大众文化消费市场，开发特色文化消费，扩大文化服务消费，努力提升城乡居民的文化消费水平。鼓励文化企事业单位为群众提供图书、电影、演艺、网络等方面质优价廉的文化产品，为困难群众和农民工文化消费提供适当补贴。积极发展文化旅游，发挥旅游对文化消费的促进作用。优化文化产品和要素的市场配置，构筑统一开放竞争有序的现代文化市场体系。推进文化产品市场建设，重点发展书报刊、电子音像、演艺娱乐、动漫游戏、广播影视、工艺美术等产品市场。积极培育文化要素市场，有序发展文化人才、信息、技术等交易市场。大力发展连锁经营、物流配送、电子商务、电影院线等现代流通方式，发展以网络为载体的新兴市场，加快网络线上交易与线下物流结合的文化产品流通模式建设，发展版权代理、知识产权评估、演艺经纪、工艺美术品拍卖等文化中介行业。加快建立若干具有国际影响力的文化产品展示交易平台，着力打造杭州中国国际动漫节、义乌文化产品交易博览会等重大文化展会，鼓励和扶持国内外具有重大影响的文化节展活动落户浙江。加快构建文化企业与金融机构的战略合作机制，促进文化与资本市场对接，鼓励各种风险投资基金、股权投资基金参与文化产业发展。支持文化企业通过上市、发行企业债券等形式直接融资。

七、推进文化体制机制改革创新

（二十四）深化国有文化单位改革。加快推进全省经营性文化单位改革，着力建立现代企业制度，培育合格文化市场主体，打造一批有实力和竞争力的国有文化企业。组建电影、演艺等大型国有文化集团。拓展出版、发行、影视企业改革成果，加快公司制股份制改造，完善法人治理结构，形成符合现代企业制度要求的文化企业经营管理模式。按照区别对待、分类指导、循序渐进、逐步推开的要求，推进一般国有文艺院团、非时政类报刊社、新闻网站转企改制，推进党报发行体制和影视剧制播分离改革，深化广电有线网络“一省一网”整合发展。着眼于突出公益属性、强化服务功能、增强发展活力，全面推进文化事业单位劳动人事、收入分配和社会保障制度改革，明确服务规范，加强绩效评估考核，探索建立事业单位法人治理结构。进一步完善党报党刊、电台电视台管理和运行机制。推动一般时政类报刊社、保留事业体制的文艺院团实行企业化管理。

（二十五）推进文化管理体制改革。加快推进政府职能转变，理顺政府与文化企事业单位关系，实现政企分开、政事分开、管办分离，履行好政策调节、市场监管、社会管理、公共服务职能。扩大文化市场综合执法改革成果，继续深化市、县文广新局运行机制改革，创新文化市场综合执法方式和监管模式。按照管人、管事、管资产、管导向相结合的要求，完善国有文化集团绩效考核等管理制度，切实加强国有文化资产管理。制定公共文化服务保障、文化产业振兴、文化市场管理等方面的政策措施，综合运用法律、行政、经济、科技等手段，提高文化建设科学化、法制化水平。

（二十六）创新文化走出去模式。实施对外文化拓展计划，开展多渠道多形式多层次的对外文化交流，加大文化产品和服务出口力度，推动浙江文化走向世界。进一步打造“连线浙江”、“浙江文化周（节）”等对外文化交流品牌。积极推进我省主流媒体的海外阵地建设，鼓励开展与海外媒体的合作交流，继续办好浙江电视台国际频道和《浙江新闻周刊》。组织对外翻译优秀学术成果和文化精品。充分发挥学术组织、艺术机构在对外文化交流方面的资源优势。设立省级对外文化交流基金，扶持我省对外重点文化交流活动，鼓励民间对外文化交流。抓好影视动漫、出版物、文艺演出等国际营销网络建设，拓展与国际演艺、展览、出版中介机构和经纪人的合作，支持各种所有制的内容生产和服务类文化企业到海外开办分支、分销机构。制定出台扶持文化出口政策，建立《浙江文化出口重点企业和项目目录》，重点培育一批外向型文化出口企业和产业基地，鼓励文化企业以参股、并购等多种形式拓展国际市场，打造一批国际知名文化企业品牌。加强同香港、澳门的文化交流合作，加强同台湾的各种形式文化交流。

八、加强文化人才队伍建设

（二十七）造就高层次领军人物和高素质文化人才队伍。全面贯彻党管人才原则，推进文化创新团队建设，组织实施文化名家造就计划，继续实施宣传文化系统“五个一批”人才工程，大力培养和造就覆盖理论、新闻、文艺、出版、文化产业经营管理等各个领域的领军人物和专业人才。拓宽人才培养渠道，创新人才培养模式，重点抓好高端紧缺文化人才培养，搭建文化人才终身学习平台。鼓励高等学校和中等职业学校开设文化创意、影视制作、数字动漫等专业，与文化企事业单位共建培养基地。充分发挥浙江大学、中国美术学院等高等院校在文化人才培养和文化传承、创新、发展中的作用。以文艺创作人才、文化创意和文化产业经营管理人才、现代传媒人才、网络新技术人才为重点，鼓励采取签约、项目合作、技术（专利、品牌）入股、岗位聘任等方式，向海内外多渠道引进优秀文化人才和名师大家。充分发挥高校、科研院所、文化企业、文化产业园区人才集聚功能，努力打造浙江文化人才高地。

（二十八）加强基层文化人才队伍建设。认真贯彻中宣部等六部委关于加强地方县级和城乡基层宣传文化队伍建设的意见，制定我省基层文化人才队伍建设规划，完善机构编制、学习培训、待遇保障等方面的政策措施。深入实施基层文化队伍素质提升工程。配足配强县级和乡镇、行政村、社区宣传文化工作者。设立城乡社区公共文化服务岗位，对服务期满高校毕业生报考文化部门公务员、相关专业研究生实行定向招录。鼓励支持各类民间文化团体发展，重视发现和培养优秀民间文艺人才、非物质文化遗产项目代表性传承人。积极培育和发展文化志愿者队伍，建立文化志愿工作机制，构建省、市、县、乡、村五级文化志愿服务网络体系，形成专兼结合的基层文化工作队伍。

（二十九）创新文化人才工作机制。完善人才培养开发、评价发现、选拔任用、流动配置、激励保障机制，营造有利于各类文化人才脱颖而出、施展才干的制度环境。创新文化人才职称评审办法，形成以业绩为依据，品德、知识、能力等要素共同构成的人才评价体系。创新文化人才分配制度，探索实施高层次文化人才协议工资、项目工资等多种分配形式。创新文化人才激励机制，健全以政府奖励为导向、用人单位和社会力量奖励为主体的人才奖励体系。建立省级文化荣誉制度，评选浙江省"中青年德艺双馨文艺工作者"。实施特级专家聘任、首席专家、文化名家工作室制度。重视发现和培养社会文化人才，对非公有制文化单位人员评定职称、参与培训、申报项目、表彰奖励同等对待。大力宣传文化领域领军人物、优秀人才及其成果，积极营造尊重劳动、尊重知识、尊重人才、尊重创造的社会舆论环境。加强职业道德建设和作风建设，引导广大文化工作者进一步增强社会责任感，切实成为德艺双馨的优秀文化生产者和传播者。

九、强化组织保障

（三十）加强党对文化工作的领导。各级党委和政府要把文化建设摆在全局工作的重要位置，深入研究意识形态和宣传文化工作新情况新特点，及时研究文化改革发展重大问题，切实担负起推进文化改革发展的政治责任，牢牢把握意识形态工作主导权，掌握文化改革发展领导权。制定我省社会主义核心价值体系建设实施纲要，把社会主义核心价值体系融入国民教育、精神文明建设和党的建设全过程，贯穿改革开放和社会主义现代化建设各领域，体现到精神文化产品创作生产传播各方面。把文化建设纳入经济社会发展总体规划，把文化改革发展成效纳入科学发展考核评价体系，作为领导班子和领导干部实绩分析的重要内容。加强对文化改革发展的量化考评，制定浙江省文化发展指标体系。加快建立全省统一规范的文化统计制度。加强文化领域领导班子和党组织建设，选好配强文化领域各级领导班子，努力使他们成为领导文化建设的行家里手。把文化建设内容纳入干部培训计划和各级党校、行政学院、干部学院教学体系，加强领导干部文化工作培训和人文素质培养。各级领导干部要自觉提高文化素养，做践行社会主义先进文化的表率。注重在文化领域优秀人才、先进青年、业务骨干中发展党员。文化战线全体共产党员要在推进文化改革发展中创先争优、发挥先锋模范作用。

（三十一）健全共同推进文化建设工作机制。建立健全党委统一领导、党政齐抓共管、宣传部门组织协调、有关部门分工负责、社会力量积极参与的工作体制和工作格局。实施党政领导"一把手"工程，加强对文化强省建设的组织和协调。进一步健全完善省、市、县三级文化建设领导小组，明确相应机构和人员。党委宣传部门要充分发挥协调指导作用，各级文化部门要自觉贯彻中央和省委决策部署，落实文化改革发展目标任务，发挥文化建设主力军作用。支持人大、政协履行职能，支持民主党派、无党派人士和人民团体发挥作用，共同推进文化改革发展。政府有关部门要履行职责、密切配合，工青妇等群团组织要发挥优势，形成文化建设的合力。推动文联、作协、记协等文化领域人民团体创新管理体制、组织形式、活动方式，履行好联络协调服务职能，加强行业自律，依法维护文化工作者权益。全面贯彻党的宗教工作基本方针，发挥宗教在促进文化繁荣发展中的积极作用。牢固树立马克思主义群众观点，自觉贯彻党的群众路线，积极创造条件，支持广大群众参与文化建设，及时总结来自群众、生动鲜活的文化创新经验，让蕴藏于人民群众中的文化创造活力得到充分发挥。

（三十二）完善文化建设法制和政策保障。结合"法治浙江"建设，加快地方性文化立法进程，抓紧研究制定公共文化服务促进、文化产业促进、知识产权保护、广播电视管理、印刷业管理和音像制品管理等地方性法规或政府规章，提高文化建设法制化水平。贯彻落实国家和我省现有的文化发展政策，根据实际需要研究制定支持文化强省建设的配套政策。继续贯彻落实国家现行关于对文化产业发展的税收优惠政策。文化企业按规定认定为高新技术企业的，减按15%税率征收企业所得税。对文化内容创意生产、非物质文化遗产项目经营按国家有关政策给予相关税收优惠。研究制定文化建设用地专项政策，文化设施用地纳入当地的土地利用总体规划和年度计划，对重点文化产业建设项目在土地上予以优先支持。在不改变用地主体、不重新开发建设等前提下，鼓励企业充分利用工业厂房、仓储用房、传统商业街等存量房产和土地资源兴办文化产业，其土地用途可暂不变更。鼓励社会力量投资兴办文化实体，在工商登记、项目审批、土地征用、规费减免、财政扶持、投融资以及从业人员职称评定等方面享受同等待遇。继续执行文化体制改革配套政策，对转企改制国有文化单位扶持政策执行期再延长五年。

（三十三）加大财政投入力度。进一步加大公共财政对文化建设的投入力度，建立财政投入稳定增长机制，提高文化支出占财政支出比例，保证财政投入的增幅高于本级财政经常性收入增长幅度，"十二五"时期文化事业投入占财政支出比重高于"十一五"时期。建立健全有关文化发展的各类专项资金和基金，逐步扩大资金规模，提高各级彩票公益金用于文化事业比重。社区公共文化设施建设要落实从城市住房开发投资中提取1%的规定，省、市、县三级设立农村文化建设专项资金。加大对欠发达地区、海岛地区文化建设投入的倾斜力度。扩大省级文化产业发展专项资金规模，对影视发展、动漫产业、文化走出去等进行重点扶持。改革政府对文化事业投入方式，着力提高投入效率。

（三十四）加强文化领域管理。加强对文化发展的方向、总量、结构和质量的宏观调控，推进文化管理工作的科学化、制度化、规范化。加强对理论社科、文化演艺、新闻出版、互联网等各类文化阵地的管理。加强综合执法队伍建设，切实提高文化市场监管水平。深入开展"扫黄打非"，坚决扫除毒害人们心灵的腐朽文化垃圾，努力净化文化环境。加大知识产权保护力度，依法惩处侵权行为，维护著作权人合法权益。加强文化法制宣传，加大执法力度，及时总结和推广文化建设的成功经验和做法，营造文化发展的良好环境。

中共浙江省委办公厅　浙江省人民政府办公厅转发《省精神文明建设委员会关于开展文明县(市、区)创建活动的意见》的通知

浙委办〔2011〕24号

各市、县(市、区)党委和人民政府,省直属各单位:

《省精神文明建设委员会关于开展文明县(市、区)创建活动的意见》已经省委、省政府领导同志同意,现转发给你们,请结合实际认真贯彻执行。

近年来,我省大力开展文明城市、文明村镇、文明单位等群众性精神文明创建活动,城乡居民文明素质得到显著提高,城市整体形象得到明显提升,呈现出经济发展、社会安定的良好局面。总体上看,群众性精神文明创建工作扩面提升的条件已经具备。同时,加快推进城乡一体化发展,对农村精神文明建设提出了更高的要求。开展文明县(市、区)创建活动,对于推动城市文明向农村辐射、城市设施向农村延伸、城市公共服务和社会保障向农村拓展,整体提高城乡居民文明素质,提升社会文明程度,促进城乡统筹协调发展,具有重要作用。各地各单位要从全局和战略的高度,充分认识开展文明县(市、区)创建工作的重要意义,加强领导,精心组织,推动创建工作取得实效。

各地各单位在工作中遇到的新情况和问题,要及时报告省委、省政府。

中共浙江省委办公厅
浙江省人民政府办公厅
二〇一一年三月十六日

省精神文明建设委员会关于开展文明县(市、区)创建活动的意见

为进一步推进群众性精神文明创建活动,整体提高全省城乡文明程度,根据中央办公厅、国务院办公厅《印发〈关于进一步加强新形势下农村精神文明建设工作的意见〉的通知》(中办发〔2010〕39号)和省委办公厅、省政府办公厅《转发〈省委宣传部、省文明办关于加强农村精神文明建设的意见〉的通知》(浙委办〔2010〕8号)精神,现就开展文明县(市、区)创建活动提出如下意见。

一、指导思想

高举中国特色社会主义伟大旗帜,以邓小平理论和"三个代表"重要思想为指导,深入贯彻落实科学发展观,围绕我省"十二五"发展目标,加快新型城市化和社会主义新农村建设,推进城乡基本公共服务和社会保障全面均衡覆盖,优化城乡发展环境,突出加强社会主义核心价值体系建设,整体提升城乡居民文明素质和社会文明程度。

二、工作原则

1. 围绕中心,服务大局。紧扣科学发展的主题,推动加快转变经济发展方式,服务改革发展稳定大局,服务新型城市化和社会主义新农村建设,服务"十二五"规划顺利实施。

2. 以人为本,改善民生。坚持以不断满足城乡居民的精神文化需求、提高群众的生活质量和文明素质为宗旨,充分尊重群众主体地位,把解决广大人民群众最关心、最直接、最现实的利益问题放在首位,着力改善民生,吸引群众参与共建共享社会主义和谐社会。

3. 城乡统筹,均衡发展。坚持城市与农村统筹发展,努力形成新型城市化与农业农村现代化互相促进、均衡协调发展的体制机制,加快推进城乡经济社会一体化发展。

4. 注重实效,循序渐进。坚持从本地区经济社会发展实际出发,把创建工作作为一项长期性任务和日常性工作来抓,研究制定符合本地区发展规律的创建目标,积极探索、健全和落实长效管理机制,不搞有违科学发展的形象工程、形式主义,使创建工作真正成为提高城乡居民文明程度和生活质量的有效手段。

三、工作重点

(一)大力加强思想道德建设。突出社会主义核心价值体系建设,把加强思想道德建设作为文明县(市、区)创建的基础工作和中心环节,深入实施文明素质工程,加强社会主义荣辱观教育,广泛开展以"创业创新"为核心的浙江精神教育、以文明礼仪为重点的社会公德教育、以诚信负责为重点的职业道德教育、以感恩报德为重点的家庭美

德教育和以行为养成为重点的个人品德教育。广泛开展“讲文明、讲科学、讲卫生、讲法制、改陋习”活动,积极倡导科学文明的生活方式。大力普及礼仪知识、强化礼仪意识、注重礼仪实践,引导和鼓励人们从身边小事做起,养成良好的行为习惯。深入开展以“做一个有道德的人”为主题的道德系列实践活动,使人们在参与活动中充实精神生活、提升道德境界,把社会主义核心价值体系的要求内化为文明素质、转化为文明行为。

(二)丰富群众精神文化生活。坚持贴近实际、贴近生活、贴近群众的原则,着力加强城乡文化设施建设和公共文化服务体系建设,加大文化工作服务基层、服务农民的力度,广泛开展送文化、“种文化”活动,努力为广大群众提供更多更好的文化产品和服务,促进城乡文化资源共享,不断满足城乡广大人民群众求知、休闲、娱乐等多样化文化需求。结合春节、清明、端午、中秋等重要传统节日,以“我们的节日”为主题,广泛开展节日民俗、文化娱乐活动,弘扬中华民族优秀文化传统。积极实施“春泥计划”,按照未成年人的身心成长规律,精心设计载体,满足未成年人精神文化需求;大力整治校园周边环境,为广大未成年人特别是农村未成年人营造健康向上的社会文化环境。

(三)加强城乡居民生产生活环境建设。以基层群众性精神文明创建活动为载体,加强城乡基础设施建设,推进完善城乡交通、水利、邮政、电力、通信、供水、燃气供应、环卫、市场等城乡一体的基础设施网络体系,使城乡居民在衣食住行等方面享有同等的便利条件。加大农村环境综合治理力度,加快危房改造,加强绿化建设,着力解决乱张贴、乱搭建、乱设摊、乱停放、乱堆放和乱倒垃圾等问题,推动村庄美化、环境净化。深入推进平安村镇建设,创新农村社会管理机制,强化治安管理和安全防范措施,营造和谐稳定的社会环境。适应社会主义新农村建设要求,加强农村文明社区、文明集市建设,努力营造管理民主、服务完善、文明祥和的社区环境和依法经营、诚实守信、整洁有序的市场环境。

(四)推进公共服务保障体系建设。加强公共产品供给、设施网络、人才资源、技术支撑等公共服务建设,基本实现城乡公共服务的均等化。建立健全劳动就业、社会保险、社会救助等相互衔接、相互促进的工作联动机制,实现社会就业平等充分、社会保险健全完善、社会救助全面协调、社会关系和谐稳定、管理服务规范高效,城乡居民劳有所得、病有所医、老有所养、住有所居的目标。开展科技志愿服务,发挥农技专家、科普人员、种植养殖能手的作用,向农民传授实用生产技术、职业技能,帮助提高增收致富能力。

四、评选方法

文明县(市、区)创建采取申报达标制,每两年申报评选一次。由符合申报条件的县(市、区)提出申请,报上一级文明委审核后,由上一级党委、政府向省委、省政府提出书面推荐报告。省文明委牵头制定下发《浙江省文明县(市、区)测评体系》,并对申报县(市、区)进行测评;对符合文明县(市、区)命名标准的,经省文明委全体会议审议通过并在省级主要新闻媒体公示后,报请省委、省政府命名为省文明县(市、区)。对被授予荣誉称号的省文明县(市、区),由省文明委定期组织复评。

五、加强组织领导

(一)高度重视创建工作。各级党委、政府要始终坚持两手抓、两手都要硬的方针,把开展文明县(市、区)创建活动列入经济社会发展总体规划,纳入科学发展考核评价体系,作为领导干部工作实绩的重要内容。建立健全“党委统一领导、党政齐抓共管、文明委组织协调、有关部门各负其责、全社会共同参与”的工作机制,把文明县(市、区)创建的各项任务分解落实到各个职能部门。要深入实际、深入基层,广泛听取城乡居民对文明县(市、区)创建工作的意见和建议,把握创建工作的特点和规律,找准工作切入点和突破口,精心设计载体,落实具体措施,确保创建工作取得实效。

(二)完善创建政策措施。各级政府要从实际出发,因地制宜,加大投入,并向农村特别是贫困乡镇、村倾斜。推进农村精神文明建设与生产经营、基础设施、环境保护、公共服务、社会事业协调发展。完善相关优惠政策,鼓励社会力量参与支持文明县(市、区)创建。

(三)加大城市对新农村建设的支持力度。进一步加大结对共建的力度,组织城市党政机关、企事业单位、大专院校、社会团体以及新经济组织和新社会组织,特别是各级文明单位与村镇开展共建文明活动,帮助建设公共设施、治理村容村貌、改善文化条件、发展社会服务、培育新型农民。

(四)加强督促检查和典型示范。各级党委、政府要加强对创建工作的研究,实施分类指导,在整体推进的同时,要注重特色创建。省文明委各成员单位要加强对各地各单位创建工作的指导,及时提出符合实际要求的指导意见,帮助解决创建过程中遇到的困难和问题。要及时总结推广各地在创建过程中形成的好经验好做法,推动创建工作上水平。

中共浙江省委办公厅转发《省委宣传部关于进一步加强先进典型宣传工作的意见》的通知

浙委办〔2011〕95号

各市、县(市、区)党委,省直属各单位党委(党组):

《省委宣传部关于进一步加强先进典型宣传工作的意见》已经省委同意,现转发给你们,请结合实际认真贯彻落实。

中共浙江省委办公厅

二〇一一年八月十五日

省委宣传部关于进一步加强先进典型宣传工作的意见

近年来,我省各地各部门高度重视先进典型宣传工作,充分发挥先进典型的示范、引导、带动作用,为深入贯彻落实科学发展观,全面建设惠及全省人民的小康社会,提供了强大精神动力。重视和加强先进典型宣传工作,已经成为全省推进社会主义核心价值体系建设的重要举措。为了进一步提高我省先进典型宣传工作质量和水平,不断增强先进典型的影响力和感召力,现提出如下意见。

一、充分认识先进典型宣传工作的重要性

先进典型是时代的先锋、社会的楷模、群众的榜样。树立先进典型是我党的优良传统和政治优势,也是宣传思想政治工作的重要内容。随着经济体制深刻变革、社会结构深刻变动、利益格局深刻调整、思想观念深刻变化,社会思想多元多样多变更加明显,社会舆论形成和传播渠道更显复杂,宣传思想政治工作坚持以社会主义核心价值体系引领社会思潮的任务日益繁重。切实加强先进典型宣传工作,充分发挥先进典型的示范带动作用,对于大力弘扬民族精神、时代精神和以创业创新为核心的浙江精神,推进社会主义核心价值体系建设,激励广大干部群众坚定不移走中国特色社会主义道路,树立正确的世界观、人生观和价值观,促进社会和谐稳定,具有十分重要的意义。

各地各部门要从全局和战略高度,充分认识新时期先进典型宣传工作的重要性和必要性,以改革创新思维,大力加强先进典型宣传工作,在本地本部门培育先进典型,宣传先进典型,运用好先进典型,努力开创全省先进典型宣传工作新局面。

二、加强先进典型的发掘和培育工作

根据不同时期党委、政府的中心工作,有计划、有步骤地发掘、培育先进典型。处理好先进典型数量与质量的关系,做到数量服从质量,密度服从效果。

1. 注重在调查研究中发掘培育先进典型。各地各部门要深入基层主动发掘、培育先进典型。加强对先进典型产生的时代背景、人文环境、规律特点等的调查研究,善于发现本地区本部门的各类先进典型,摸清基本情况,掌握第一手资料。各部门要及时向宣传主管部门报告调研情况,推荐先进典型。

2. 注重在新闻宣传中发掘培育先进典型。新闻媒体是宣传先进典型的主阵地。各地各部门要善于发挥新闻媒体发掘先进典型的重要作用,善于在新闻报道中及时关注、分析、发掘各类先进典型,制定先进典型培育计划。对值得在全社会推广学习的先进典型,要协调媒体和有关部门及时深入挖掘精神内涵,大张旗鼓地进行宣传报道。

3. 注重在社情民意中发掘培育先进典型。高度关注来自各类新兴媒体的有关社情民意和先进典型的信息素材,及时分析总结导向明确、民意集中、传播速度快、网民点击率高的人物和事件,适时加以引导、发掘和培育,使广大手机用户和网民高度关注的新兴媒体成为发掘、培育和产生先进典型的新的途径。

4. 注重在各类活动中发掘培育先进典型。将中央、省委统一组织开展的创先争优等各类学习教育和先进评选活动纳入先进典型的发掘范畴,注意挖掘和培育群众认可、具有较扎实的基础、经得起实践检验、有较强的社会影响力和说服力的先进典型。各地各部门也要把各类学习教育和先进评选活动纳入先进典型的发掘和培育范畴,积极培育更多、更高层次的先进典型。

三、规范先进典型的宣传工作

1. 先进典型宣传的分类。根据分级分类宣传的原则,按照先进典型获得的荣誉及先进事迹的影响力,将先进典型的宣传分为省级及省级以上、市级、县(市、区)级三级。省级分重大先进典型和省级先进典型两类。省级重大先进典型应事迹突出感人,教育意义深远,具有全省、全局性示范引领作用,在当地或当地先期宣传中获得干部群众的充分认可,并受到中央和省委领导同志批示肯定或由中央、省委发文表彰的典型。省级先进典型应事迹较突出，贡献较大，社会反响较好，在当地或当地先期宣传中群众认可度较高，具有广泛开展学习的意义。

2. 先进典型宣传的申报。按照由下至上、由低到高、严格审批的原则，开展先进典型宣传的申报工作。省级先进典型的宣传，由先进典型所在的市或部门向省委宣传部申报审批。省级重大先进典型的宣传由先进典型所在的市或部门向省委宣传部申报，再由省委宣传部报送省委审批。属党员领导干部的，由省委宣传部会同省纪委、省委组织部等部门审核并签署意见后再报省委审批。对其中有重大影响和示范带动作用、可以在全国宣传推广的重大先进典型，由省委宣传部报省委同意后，以省委宣传部名义报送中央宣传部审批。中直机关统一部署评选的或经省委批准由省直机关组织评选的系统内先进典型，如需在省级主要新闻媒体集中宣传，由系统先进典型所在的主管部门自行与省委宣传部联系申报。市、县级先进典型分别由本级党委宣传部会同有关部门审核后，由宣传部报同级党委审批，并报上级党委宣传部备案。

3. 先进典型宣传的组织。各级先进典型的宣传工作，由同级党委宣传部负责，并制订宣传计划统一组织宣传。对省级先进典型，省委宣传部门要组织省级主要新闻媒体统一采访，安排重要版面、时段进行刊播，并部署下级主要媒体联动刊播。对省委作出学习决定的重大先进典型，经省委同意后，可组织报告团在全省范围内开展巡回报告。对在应对突发性事件、抢险救灾或其他特殊场合中涌现出来的震撼力强、影响面大，或中央和省委主要领导有重要批示的先进典型，省委宣传部要组织安排主要新闻媒体在第一时间宣传报道。

4. 先进典型宣传的工作要求。坚持党的群众路线，把听取群众意见、收集群众反映、吸引群众学习贯穿先进典型宣传工作的全过程。把征求当地纪检监察和组织人事、社会治安综合治理、人口计生等有关部门的意见做在宣传工作之前，广泛听取社会各界的评价，确保先进典型“树得起、立得住、推得开、学得来”。要尊重宣传规律，创新宣传方式方法，在用好传统传媒的同时，充分运用网络、手机等新兴媒体，创新运用报告会、座谈会、研讨会、理论文章等典型宣传方式，善于运用群众喜闻乐见的演唱、舞蹈、诗歌、独幕剧、小品和电影、电视剧等形式，努力增强先进典型的吸引力和感染力，不断扩大先进典型的覆盖面和影响力。

四、完善先进典型宣传工作的长效机制

1. 建立完善先进典型的评价反馈机制。通过开展座谈交流、社会调查、网上测评等，广泛听取和收集先进典型宣传推广后的反映，并以此作为检验典型宣传效果、不断改进典型宣传工作的重要举措，努力提高典型宣传工作的针对性和实效性。

2. 建立完善先进典型的定期回访制度。各级宣传部门应会同先进典型所在地党委、政府及有关部门，对已经学习宣传过的先进典型，开展定期回访，进一步发现和挖掘其先进事迹，做好跟踪宣传工作。各地各部门要把宣传先进与解决实际问题结合起来，在政治上、工作上、生活上关心本地、本单位的老典型，帮助解决其实际困难和问题，保持先进典型的积极性、先进性和持久影响力。

3. 建立完善先进典型宣传的储备资料库。各级党委宣传部要建立先进典型宣传的储备资料库，并及时将拟选树宣传的先进典型材料报送上级党委宣传部，最后列入浙江省先进典型宣传储备资料库，为全省有序开展先进典型宣传工作提供坚实基础。

五、加强组织领导

先进典型宣传工作是一项各方关注、影响广泛的唱响主旋律工程，必须坚持党委统一领导、宣传部门牵头组织、各部门共同参与的领导体制和工作机制。各级党委要切实加强领导，充分调动各方面积极性、主动性和创造性，扎实做好先进典型的宣传和推荐工作。各级党委宣传部作为先进典型宣传工作的职能部门，要切实担负起组织、指导和协调的职责，完善工作制度，落实工作责任，认真抓好典型挖掘、报送、宣传等工作。各地各部门要加强沟通协调，扎实推进先进典型宣传工作，形成互相配合、齐抓共管的工作格局，努力把我省先进典型宣传工作提高到一个新水平，为科学发展走在前列、全面建成惠及全省人民的小康社会作出新的更大贡献。

中共浙江省委办公厅　浙江省人民政府办公厅
关于加快广播电视有线网络“一省一网”
整合发展的通知

浙委办〔2011〕100号

各市、县(市、区)党委和人民政府，省直属各单位：

按照中央关于深化文化体制改革、加快推进广播电视有线网络整合发展的部署要求，结合我省实际，经省委、省政府同意，现就加快全省广播电视有线网络“一省一网”整合发展工作通知如下：

一、充分认识加快广播电视有线网络"一省一网"整合发展的重要意义

广播电视有线网络是传输广播电视节目、开展文化和信息服务的重要基础，是国家信息化的重要支撑平台。经过多年的建设和发展，我省广播电视有线网络发展迅速，影响与作用日益增强。但是，面对"三网融合"的新趋势和文化传播方式的新变化，我省广播电视有线网络经营分割、资源分散、各自为政的状况，严重制约了广播电视事业的发展壮大。组建统一的省级广播电视网络公司、加快全省广播电视有线网络"一省一网"整合发展，建设统一贯通、全程全网、管理规范、技术先进、运行高效、安全可靠的广播电视有线传输网络平台和公共信息服务基础网络，对于巩固和拓展党的宣传文化阵地、满足人民群众日益增长的精神文化和信息需求、提升广播电视有线网络建设水平、加快发展文化产业、促进信息化建设，具有十分重要的意义。各地各部门要充分认识加快广播电视有线网络"一省一网"整合发展的重要性和紧迫性，牢固树立政治意识、大局意识和责任意识，按照科学发展观的要求，结合浙江实际，抓住发展机遇，扎实推进全省广播电视有线网络"一省一网"整合发展工作。

二、明确和落实广播电视有线网络"一省一网"整合发展工作任务

以华数数字电视传媒集团有限公司为基础，省、市、县(市、区)广播电视播出机构共同参与，依据产权明晰、权责明确、利益共享、风险共担的现代企业制度，组建浙江华数广电网络股份有限公司。该公司为省级广播电视网络公司。公司实行统一规划建设、统一技术标准、统一集控平台、统一品牌形象、统一运行管理。各市、县(市、区)广播电视播出机构要在完成台网经营分离、广电有线网络机构转企改制和确保台控网络的基础上，与浙江华数广电网络股份有限公司组建全资或合资子公司，形成以资本为纽带、多种资本合作方式并存、全省统一市场和服务的紧密型联合发展格局。创新全省广播电视有线网络管理体制机制，尽快建立和完善省管市、市管县的公司运营和治理架构。省与杭州市对浙江华数广电网络股份有限公司实施共同管理。运用高新技术，以内容为核心创新网络文化生产方式，大力开发新的网络业务，提高服务质量水平，精心打造优质品牌，使广电网络成为促进"三网融合"和现代服务业发展的重要平台。

全省广播电视有线网络"一省一网"整合发展工作要按照省里的部署要求，坚持行政推动、市场运作的方式，市、县同步推进，先成熟先整合，加快组织实施。力争在今年12月底前实现全省市级广播电视有线网络资本联合，完成县级广播电视有线网络公司化改造任务；2012年6月底前基本实现全省广播电视有线网络资本联合，基本完成广播电视有线网络"一省一网"整合发展任务。鼓励以市为单位整合县级广播电视有线网络。

在广播电视有线网络"一省一网"整合发展中，要正确处理好改革发展稳定的关系，做到人员思想稳定、队伍平稳过渡、工作正常开展、改革发展两不误；要认真做好资产评估工作，确保国有资产保值增值；要坚持以人为本，按有关规定妥善做好转企后的人员安置和社会保险等工作，切实保障职工的合法权益；要坚持"省、市、县三级共赢、社会效益和经济效益共同提高"的方针，通过发展解决整合过程中出现的各种问题，实现各方利益诉求，特别是要保护好市、县(市、区)有线网络运营主体的利益，充分调动各地的积极性。浙江华数广电网络股份有限公司与各参与整合的网络公司在利益分配上按出资的股比结构实现责权利统一，所获股权收益主要用于支持当地广播电视事业发展。各级广播电视有线网络公司要坚持正确的发展方向，牢牢把握政治属性，遵守法规纪律，确保广播电视节目的安全优质传输和播出，尊重用户的选择权和知情权，统筹合理收费，切实维护用户的合法权益。

三、加强对广播电视有线网络"一省一网"整合发展工作的领导

全省广播电视有线网络"一省一网"整合发展，在省文化体制改革工作领导小组的统一领导下进行，建立"党委统一领导、政府组织推动、宣传部门协调指导、广电部门具体落实、有关部门密切配合"的组织工作体制，实行省抓市、市抓县，一级对一级负责的工作责任机制。各市要在做好本级网络整合工作的同时，切实指导督促所辖县(市、区)完成网络整合工作。各级党委、政府要把广播电视有线网络整合发展工作摆上重要位置，纳入年度工作考核，加强组织领导。各级政府要加强对整合后当地广电网络建设工作的指导，加大投入并扶持推动有线数字电视整体转换和网络双向化改造。各级文化体制改革工作领导小组及其办公室要抓好面上指导协调，并定期将整合工作情况上报上级有关部门。各级广电行政部门要切实履行好主管部门职责，加强督促检查，规范引导有线网络健康可持续发展。各级广播电视台和有线网络机构要服从大局，精心实施，加快进度，确保如期完成任务。各级有关部门要按照职责分工，积极支持配合，形成工作合力。各地要认真落实支持文化体制改革和文化产业发展的各项政策，抓好政策宣传和思想政治工作，引导广大干部职工进一步提高认识、转变观念，积极投身于广播电视有线网络"一省一网"整合发展工作。

各地各有关单位要严格组织纪律和财经纪律，自本通知下发之日起，各级广播电视有线网络机构要冻结人员和资产，不得调整机构编制和改变人员身份，不得突击调入人员和提拔干部，不得抽走资金、转移资产，确保正常经营和资产安全。对违纪违规的，要严肃追究相关单位和人员的责任。

附：浙江省加快广播电视有线网络"一省一网"整合发展实施方案

中共浙江省委办公厅

浙江省人民政府办公厅

二〇一一年八月二十三日

附件

浙江省加快广播电视有线网络“一省一网”整合发展实施方案

为深入推进文化体制改革、加快文化事业和文化产业发展，根据省委、省政府的部署和要求，现就我省加快广播电视有线网络“一省一网”整合发展，制定本实施方案。

一、指导思想、原则要求和工作目标

（一）指导思想。

认真贯彻落实中央关于深化文化体制改革的精神，按照省委、省政府关于加快推进广播电视有线网络“一省一网”整合发展的工作部署，着眼于做大做强全省广播电视有线网络文化产业，巩固壮大广播电视主流媒体阵地，不断丰富人民群众的精神文化生活和提高广播电视数字化应用水平，按照“统一规划建设、统一技术标准、统一集控平台、统一品牌形象、统一运行管理”的总体要求，以华数数字电视传媒集团有限公司(以下简称华数集团公司)为基础，由省、市、县(市、区)广播电视播出机构共同参与组建一体化运营的浙江华数广电网络股份有限公司，形成统一贯通、全程全网、管理规范、技术先进、运行高效、安全可靠的广播电视有线传输网络平台和公共信息服务基础网络，为加快建设文化大省、推动文化大发展大繁荣和促进“三网融合”、推进信息化建设，全面建成惠及全省人民的小康社会作出积极贡献。

（二）原则要求。

1. 科学发展、体现特色。立足浙江广播电视有线网络的发展现状，适应国家推进“三网融合”的发展趋势，坚持科学发展，整合调整结构，优化资源配置，改变不利于改革发展的利益格局，创新管理体制、运行机制和经营模式，走出一条以资本为纽带、多种资本合作方式并存的具有浙江特色的“一省一网”整合发展之路，实现全省广播电视有线网络规模化、产业化、跨越式、可持续发展。

2. 行政推动、市场运作。各级党委和政府要切实加强领导，大力推动本地广电播出机构积极加入浙江华数广电网络股份有限公司，彻底改变全省广播电视有线网络资源分散、各自为政的状况。坚持以人为本，按照属地原则认真做好广播电视有线网络机构转企人员的安置工作，切实保障广大干部职工的合法权益，确保“一省一网”平稳推进。各级广播电视播出机构和网络运营单位要以全局利益为重，按照现代企业制度要求和资本市场运作规则，实现全省广播电视有线网络一体化运营。

3. 兼顾各方、利益共享。正确处理好改革与稳定、省与市县、台与网、当前与长远、事业与产业等一系列关系，在坚持整合发展的前提下，把握台控网络的改革方向，统筹兼顾各方利益，充分调动地方政府以及广播电视机构推进“一省一网”的积极性。鼓励网络企业创新体制机制，增强发展生机活力，确保国有文化资产保值增值。

4. 统一部署、分步推进。根据省委、省政府关于加快推进广播电视有线网络“一省一网”整合发展的要求，按照“市县同步推进、先成熟先联合”的原则，加快实施浙江华数广电网络股份有限公司组建工作。做到统一目标、分类指导、精心组织、有序推进，确保全省广播电视有线网络“一省一网”整合发展任务按计划全面完成。

（三）工作目标。

2011年12月底前实现全省市级广播电视有线网络加入浙江华数广电网络股份有限公司，完成县级广播电视有线网络公司化改造任务；2012年6月底前基本实现全省县级广播电视有线网络的资本合作和一体化运营。鼓励以市为单位整合县级广播电视有线网络。通过深入推进“一省一网”资本整合工作，最终实现全省广播电视有线网络资产全面加入浙江华数广电网络股份有限公司，并接轨资本市场。

浙江华数广电网络股份有限公司组建后，要积极适应“三网融合”的要求，进一步加大体制创新、机制创新、技术创新、业务创新、经营模式创新，率先建成一个用户规模、资产总量、技术标准、业务内容、经营管理等位居全国前列的大型国有文化骨干企业，不断提升我省广电产业的综合竞争力，为全省各地提供更为丰富优质的广播影视节目和数字化信息服务。

二、公司的性质、宗旨和管理框架

（一）公司性质。

浙江华数广电网络股份有限公司是按照“产权明晰、权责明确、利益共享、风险共担”原则组建的国有股份制文化骨干企业，具有独立法人资格。

浙江华数广电网络股份有限公司原则上在各市、县(市、区)分别设立全资或合资子公司。各子公司具有独立法人资格，税收按照有关税法规定由当地征管。

各地广播电视播出机构应是当地有线网络的出资人，或受当地政府有关部门委托行使出资人的权利和义务。

（二）管理框架。

浙江华数广电网络股份有限公司和各地全资或合资子公司，要按照现代企业制度实行法人治理结构，按照一体化要求进行运营和管理，并自觉接受政府有关部门监管。

党委宣传部门负责对网络公司领导干部、宣传导向及传输安全和重大国有文化资产的指导监管工作。广电行政管理部门负责对网络公司的行政监管和业务指导工作。财政(或国资)部门履行对网络公司国有文化资产的监管职责。

为实施省级层面对华数集团公司的双重管理，在浙江华数广电网络股份有限公司组建过程中，要按照省广电局与杭州市文广新局、杭州文广集团对华数借壳上市前置审批有关股份比例问题所商定的意见执行。华数集团公司董事长人选事先须报省委宣传部审核同意。

在推进全省广播电视有线网络整合过程中，浙江华数广电网络股份有限公司董事长由华数集团公司董事长兼任。全资子公司主要领导由当地党委、政府提名推荐，浙江华数广电网络股份有限公司董事会聘任；合资子公司及其他合作公司主要领导由当地党委、政府提名推荐，经浙江华数广电网络股份有限公司审核认可，由当地党委、政府按干部管理程序任命。

（三）公司宗旨。

浙江华数广电网络股份有限公司要坚持“各方互利共赢，社会效益和经济效益共同提高”的原则，致力于优化全省广播电视有线网络资源配置，实现一体化运营并快速接轨资本市场做强做大；致力于积极创新业务型态，大力开发多种业务，增强内容生产的核心竞争力，满足人民群众日益增长的精神文化需求；致力于提供安全、优质、高效、便捷的广播电视节目传输服务，确保各地广播电视播出机构充分发挥党和政府的宣传阵地作用，确保经国家批准的各套广播电视节目完整传输，确保各地党委、政府公益性节目完整免费传输。

三、合作方式和实施步骤

按照省委、省政府推进“一省一网”的总体要求，全省广播电视有线网络整合发展坚持以资本为纽带、以资产合作为基础，以股份制方式组建浙江华数广电网络股份有限公司，分阶段推进实施。

（一）合作方式。

结合我省实际，可采用以下三种合作方式：

1. 组建全资公司。市、县（市、区）广播电视播出机构以当地全部有线网络资产作价的形式，直接向浙江华数广电网络股份有限公司投资参股并成为股东。同时当地网络公司变更为浙江华数广电网络股份有限公司的全资子公司，负责当地广播电视有线网络及其相关业务。

2. 组建合资公司。市、县（市、区）广播电视播出机构以当地部分有线网络资产作价的形式参股浙江华数广电网络股份有限公司，浙江华数广电网络股份有限公司与当地广播电视播出机构组建合资公司；或者浙江华数广电网络股份有限公司直接投资市、县（市、区）广播电视有线网络，并与当地广播电视播出机构组建合资公司。合资公司的股份比例由浙江华数广电网络股份有限公司和当地广播电视播出机构按照有利于推进“一省一网”的原则协商确定。该合资公司按照一体化运营要求，负责当地广播电视有线网络及其相关业务。

3. 委托经营管理。县（市、区）将当地广播电视有线网络的产权和经营权进行分离，委托浙江华数广电网络股份有限公司进行经营管理，网络资产仍归属当地所有。浙江华数广电网络股份有限公司依据委托在当地设立全资运营子公司，负责当地广播电视有线网络运营。

除资本合作确实存在困难的个别县级广播电视有线网络可采取第三种合作方式外，全省各市和大部分县级广播电视有线网络均应采用“组建全资公司”方式或“组建合资公司”方式加入浙江华数广电网络股份有限公司。

鼓励和支持浙江华数广电网络股份有限公司与各地积极探索其他有利于推动网络整合发展的合作方式，协商互利共赢的发展空间。

（二）实施步骤。

分以下三个阶段：

1. 第一阶段（2011 年 8 月至 9 月）：完成浙江华数广电网络股份有限公司的组建。

（1）嘉兴、金华、湖州、丽水、衢州等五市广播电视播出机构以各自持有的当地有线网络的全部股权，与华数集团公司持有的上述五市广播电视有线网络的全部股权作为投资额，共同发起成立浙江华数广电网络股份有限公司。上述工作在 2011 年 8 月底前完成。

（2）浙江华数广电网络股份有限公司成立的同时，分别在嘉兴、金华、湖州、丽水、衢州等五市成立全资子公司。上述工作在 2011 年 9 月底前完成。

2. 第二阶段（2011 年 8 月至 12 月）：完成其他市级广播电视有线网络加入浙江华数广电网络股份有限公司。

（1）宁波、台州两市广播电视播出机构可采用“组建全资公司”方式，也可采用“组建合资公司”方式加入浙江华数广电网络股份有限公司。依照具体合作方式，浙江华数广电网络股份有限公司在宁波、台州两地分别成立全资或合资子公司。上述工作在 2011 年 12 月底前完成。

（2）针对已经加入中广有线公司的温州、绍兴、舟山等市广播电视有线网络的实际情况，浙江华数广电网络股份有限公司要在国家广电总局的指导支持下，主动与中广有线公司积极协商，可以采取互相参股等多种合作方式，稳妥实现资本合作。上述工作原则上要在 2011 年 12 月底前完成。

3. 第三阶段（2011 年 8 月至 2012 年 6 月）：完成县级广播电视有线网络加入浙江华数广电网络股份有限公司。

（1）县级广播电视有线网络是直接加入浙江华数广电网络股份有限公司还是通过市网整合后再加入浙江华数广电网络股份有限公司，由所在市党委、政府按照本实施意见的有关要求研究确定。具体实施方案在报省广电局批准同意后实施。上述工作在 2011 年 9 月底前完成。

（2）县级广播电视播出机构改变当前有线网络资产“台网合一”的运营现状，完成有线网络的公司化改造任务，实现“台控网络、台网经营分离、网络企业化运作”，确保当地广播电视有线网络资产、人员明晰，特别是确保乡镇广电站从事有线网络管理工作的人员（但不包括从事宣传工作的人员）明晰。上述工作在 2011 年 12 月底前完成。

（3）县级广播电视有线网络加入浙江华数广电网络股份有限公司的具体合作方式，由浙江华数广电网络股份有限公司与当地广播电视播出机构协商确定，可采用“组建全资公司”方式，也可采用“组建合资公司”方式。依照具体合作方式，浙江华数广电网络股份有限公司在当地分别成立全资或合资子公司。上述工作在 2012 年 6 月底前完成。鼓励和支持条件成熟的县级广播电视有线网络加快进入浙江华数广电网络股份有限公司。

（4）对资本合作确实存在困难的个别县（市、区），在报省广电局批准同意后，可以给予一定时间的过渡期。在过渡期内，允许当地广播电视有线网络采用“委托经营管理”的方式加入全省一体化运营。浙江华数广电网络股份有限公司依据委托在当地分别成立全资运营子公司。待条件成熟后再进行资本合作。上述工作在2012年6月底前完成。

四、工作事项

（一）清产核资和资产评估。

全省广播电视有线网络都必须按照国家和省里有关国有资产管理的政策法规开展清产核资和资产评估工作。由浙江华数广电网络股份有限公司委托第三方顾问机构，制定全省广电有线网络清产核资和资产评估工作标准（具体标准另行制定），报省广电局审核、省财政厅批准后实施。其中，涉及省级国有文化资产的需报经省文改办批准同意。全省广播电视有线网络资产评估值确认，统一采取重置成本法的评估值。

1. 清产核资。

按照省里制定的工作标准，各地自行聘请具有从业资格且经当地财政（或国资）部门认可的第三方中介机构，对当地广播电视有线网络资产进行清产核资。当地财政（或国资）部门负责对第三方中介机构出具的广播电视有线网络资产清产核资报告进行审核确认。

2. 资产评估。

按照省里制定的工作标准，浙江华数广电网络股份有限公司和当地共同聘请具有从业资格且经当地财政（或国资）部门认可的第三方中介机构，对当地广播电视有线网络资产进行审计评估。当地财政（或国资）部门负责对第三方中介机构出具的广播电视有线网络资产审计评估报告进行审核确认。

3. 基准日。

嘉兴、金华、湖州、丽水、衢州等五市广播电视有线网络资产评估的基准日，统一确定为2010年12月31日。其他广播电视有线网络清产核资和资产评估的基准日，由浙江华数广电网络股份有限公司与当地广播电视播出机构共同协商后具体确定。

（二）收益分配。

1. 浙江华数广电网络股份有限公司和各地广播电视播出机构，按照现代企业制度要求和“责权利统一，同股同权、同股同利”的基本原则，进行利润分配和权益确认。同样的资本合作方式享受同等权益。

2. 采用“委托经营管理”方式的，具体收益按照“存量不变、增量分成”的原则进行分配。“存量不变”是指，一是委托前广播电视有线网络业务带来的所有收入、成本支出和产生的利润等全部归当地；二是委托前广播电视有线网络所需承担的更新改造、政府服务等工作产生的投资和成本费用等也由当地承担。“增量分成”是指，一是委托后新开展的其他业务所产生的所有收益按比例进行分成。分成比例由浙江华数广电网络股份有限公司和当地协商确定。二是委托后广播电视有线网络新投入所需资金由浙江华数广电网络股份有限公司和当地协商确定具体比例，新投入所产生的所有收益按照当时确定的比例进行分成。

3. 要在遵循《公司法》等相关法律法规的前提下，鼓励浙江华数广电网络股份有限公司加大现金分红比例。各广播电视播出机构作为出资人所获股权分配收益，必须用于支持当地广播电视宣传事业发展。

（三）人员安置。

各地广播电视有线网络转企后，对现有从业人员的身份和社会保险等相关待遇，按照国家有关规定和当地出台的政策执行，切实保障广大干部职工的合法权益，确保队伍思想稳定和工作正常开展。

五、工作要求

1. 加强组织领导。根据“党委统一领导、政府组织推动、宣传部门协调指导、广电部门具体落实、有关部门密切配合”的要求，在省文化体制改革工作领导小组的领导协调下，由省广电局负责全省广播电视有线网络“一省一网”整合发展的各项具体落实工作。各地要按照本实施方案的有关要求，结合实际抓好本区域广播电视有线网络“一省一网”整合发展的推进工作，确保各项任务按计划全面完成。

2. 合力推进发展。广播电视有线网络“一省一网”整合发展工作是我省重大文化体制改革任务，时间紧、任务重、难度大。各级党委、政府必须把这项工作摆上重要议事日程，列入年度岗位责任目标，并建立相应的考核制度，作为评价领导干部工作实绩的重要内容。各有关部门要进一步明确职责分工，制定保障措施，加强协作配合，形成整体合力，扎实有效地推进这项工作的落实。各级广电部门要切实当好党委、政府的参谋和助手，认真履职，周密部署，积极推进广播电视有线网络“一省一网”整合发展工作。

3. 落实扶持政策。各级发展改革、经信、国资、财政、人力社保、工商、物价、税收等部门，要切实落实国务院、省政府有关扶持文化产业发展的政策，支持和鼓励多渠道融资并接轨资本市场，支持广播电视有线网络“一省一网”整合发展工作。新成立的浙江华数广电网络股份有限公司和各地全资或合资子公司，继续享受文化体制改革单位的各项财政、税收等优惠政策。

4. 加强宣传推广。采取多种形式，大力宣传推进广播电视有线网络“一省一网”整合发展工作的重要意义，正确引导和帮助相关工作人员统一思想认识，转变发展观念，为加快推进广播电视有线网络“一省一网”整合发展工作营造良好的舆论环境。

杭州市余杭区人民政府办公室关于批转鼓励影视、动漫产业发展的若干意见的通知

余政办〔2011〕125号

各组团、余杭经济开发区管委会，各镇乡人民政府、街道办事处，区政府各部门、各直属单位：

区文创办拟定的《关于鼓励影视、动漫产业发展的若干意见》已经区政府2011年第4次区长办公会议通过，现批转给你们，请认真贯彻落实。

二〇一一年五月九日

关于鼓励影视、动漫产业发展的若干意见（试行）

为进一步加快建设"杭州市文化创意产业综合示范区"，促进影视、动漫等新兴产业的发展，根据《关于统筹扶持政策加快发展文化创意产业的若干意见》（余政办〔2010〕25号）等相关文件精神，现就进一步鼓励和扶持影视、动漫产业的发展提出如下意见：

一、专项资金

加大财政扶持力度，从2011年起，区财政每年在区文化创意产业专项资金中安排影视、动漫产业专项扶持资金，重点鼓励和扶持影视、动漫产业发展，重点支持影视、动漫作品创作以及对影视、动漫企业的培育、项目的推进和平台建设等方面的资助、奖励等。

二、扶持项目

对企业申报的影视、动漫项目，经综合考评后列入区文化创意产业专项资金资助计划的，确定为重点扶持的项目，最高按项目实际完成投资额的15%给予资助，最高不超过200万元；确定为一般扶持的项目，最高按项目实际完成投资额的10%给予资助，最高不超过50万元。首期拨付总资助额的40%，另60%的余款经审计合格后拨付。

三、播映奖励

1. 凡在本区申报，经国家广电总局批准播映的原创电影，在全国院线上映首轮票房达到500万元及以上的，奖励出品方10万元；首轮票房达到1000万元及以上的，奖励出品方50万元，原创三维电影在此基础上加倍奖励。

2. 凡在本区申报，经国家广电总局批准播放的电视连续剧(每部二十集以上、每集40分钟以上,下同),在中央一套首次播出的,每集奖励6万元,在央视其他频道首次播出的,每集奖励5万元,最高不超过250万元;在省级卫视首次播出的,每集奖励2万元,最高不超过80万元。

3. 凡在本区申报,经国家广电总局批准播放的原创电视动画片,在中央台、上星频道黄金时段播出的,每分钟奖励1000元,原创三维动画片在此基础上加倍奖励,最高不超过200万元;在中央台、上星频道其他时段播出的,每分钟奖励800元,最高不超过150万元;在省级、市级电视台黄金时段播出的,每分钟奖励500元,其他时段播出的,每分钟奖励300元,最高不超过80万元;在境外有影响的电视台(经国家广电总局和世界动画学会认定)黄金时段播出的,每分钟奖励1500元,其他时段播出的,每分钟奖励1200元,最高不超过200万元。

4. 动画、电视连续剧在多个台播出的,按就高不重复的原则给予奖励。

5. 电影、电视连续剧及动画作品能结合我区风俗、文化或自然风光,并起到较好的宣传和推广作用的,经专家评定后一次性奖励20—200万元。

四、发行奖励

1. 对经国家有关部门批准、正式应用于手机平台的原创动漫、影视、游戏作品,一次性奖励15万元。

2. 对出版发行的原创影视、动漫作品(转让作品不在此列),发行量在5万册以上的,一次性奖励5万元。

五、精品奖励

1. 对公开播映、发行的原创影视作品、动漫游戏,在国际上获得权威大奖的以及在国内获国家级、省级、市级政府类奖项的,分别奖励100万、50万、30万、10万元。

2. 被国家广电总局推荐为优先播出的优秀动画片,被国家文化部或新闻出版总署认定并推广的民族优秀网游及益智网游,一次性奖励20万元。

六、销售奖励

对企业拥有自主知识产权的动漫游戏产品,年销售总额在2000—5000万元的,按年销售总额的1%给予奖励;5000万元以上部分,按2%给予奖励。其中,年境外销售总额在1000万元以上的,再一次性奖励10万元。销售奖励最高不超过100万元。

七、演出补助

发展我区动漫舞台剧,鼓励儿童剧、青春剧等艺术形式向动漫化、多媒体化方向延伸。对在社会上获得良好演出效果的动漫舞台剧(节)目,给予出品方每场次3000—5000元的补贴。

八、人才建设

加强人才队伍建设,加快引进国内外影视、动漫产业人才,鼓励留学归国人员创办影视、动漫企业,具体按照我区"千人计划"、"出国留学人员创业资助办法"等政策的规定执行。

九、融资担保

支持和引导担保机构为我区中小影视、动漫企业的融资提供担保,吸引国内外的风险资本投向影视、动漫企业,鼓励我区影视、动漫企业上市。具体按照我区"创投引导基金管理办法"、"促进企业上市实施意见"等政策执行。

十、总部企业奖励

入驻我区的影视、动漫企业,经认定为总部企业的,给予相应的政策优惠,具体按照我区鼓励总部经济发展的有关政策执行。

十一、配套资金

对获得市级及以上财政资金扶持的影视、动漫产业项目,上级有配套要求的,按照不高于1∶1的比例进行配套补助;如获得多级财政资金扶持的,按就高不重复的原则进行配套;如该项目已获得区财政资金补助和奖励的,视作抵扣相应配套数额,抵扣不足的部分予以补足。

十二、附则

1. 本意见所需的财政扶持资金,除文中已明确资金来源之外,均在区文化创意产业专项资金中予以安排。

2. 本意见中所指的影视、动漫产品,需在我区申报、并经国家广电总局等有关部门批准。如影视、动漫产品属联合投资拍摄、制作的,申报企业必须是该影视、动漫产品的主要投资人或第一投资人。

3. 新设企业从设立年度起,五年内对其全部奖励(资助)额度以其五年内实际对区本级财政贡献总额为限;以后年度对其奖励额度以其当年度对区本级财政贡献总额为限。

4. 企业迁出余杭区的,须进行财政、税务清算,所享受的奖励(资助)须全额退还区财政。

5. 本意见中企业或影视、动漫作品是否达到有关奖励、补助的条件均由区文创办负责认定、审核。

6. 本意见执行期间,如遇国家和省、市相关政策调整的,则按照国家和省、市调整后的相关政策执行。

7. 本意见自公布之日起施行,由区文创办、财政局、文广新闻出版局负责解释。

杭州市余杭区文化创意产业办公室

二〇一一年四月十六日

中共余姚市委
关于贯彻党的十七届六中全会精神
深化文化强市建设的决定

（2011年12月29日中共余姚市委十三届十六次全体会议通过）

余党〔2011〕19号

为深入贯彻党的十七届六中全会精神，根据中共中央《关于深化文化体制改革、推动社会主义文化大发展大繁荣若干重大问题的决定》、中共浙江省委《关于认真贯彻党的十七届六中全会精神、大力推进文化强省建设的决定》和中共宁波市委《关于贯彻党的十七届六中全会精神、加快推进文化强市建设的决定》，结合余姚实际，现就深化文化强市建设，推动余姚文化大发展大繁荣，作出如下决定。

一、充分认识深化文化强市建设的重要性和紧迫性

1. 深化文化强市建设的重大意义。文化是民族的血脉和灵魂，是人民的精神家园。当今时代，文化越来越成为民族凝聚力和创造力的重要源泉，越来越成为综合国力竞争的重要因素，越来越成为经济社会发展的重要支撑，丰富精神文化生活越来越成为人民的热切愿望。党的十七届六中全会作出坚持中国特色社会主义文化发展道路，努力建设社会主义文化强国的重大战略部署，为余姚文化改革发展指明了方向。站在新的历史起点上，要继往开来增创科学发展新优势，再接再厉建设和谐幸福新余姚，就必须按照宁波市委对余姚提出的争做区域发展“发动机”、争当科学发展“排头兵”的要求，把握文化为魂、文化自强的导向，进一步深化文化强市建设，努力开创余姚文化大发展大繁荣的新局面。

2. 文化强市建设面临的新形势新任务。余姚历史悠久，文化底蕴深厚，素有“文献名邦”、“东南最名邑”的美誉。近年来，全市上下围绕建设文化强市目标，积极推进社会主义核心价值体系建设，大力弘扬“崇文崇德、开明开放、创新创优”的新时期余姚精神，着力深化文化体制改革，不断完善公共文化服务体系，加快发展文化产业，文化建设取得了明显成效，人民群众的思想道德素质和科学文化素质显著提高，文化软实力显著增强，为余姚改革发展和现代化建设提供了有力支撑。当前，余姚经济发展进入加速转型期，社会建设进入整体推进期，文化在推动科学发展、促进社会和谐中的作用更加凸显。但我市文化发展同经济社会发展和人民群众的愿望还不完全适应，面临着一系列新情况新问题：社会多元多样多变，一些领域道德失范、诚信缺失，社会成员的责任意识和文明素养与社会发展水平不适应，弘扬新时期余姚精神、用社会主义核心价值体系引领社会思潮的任务更为紧迫；城乡文化发展水平还不够平衡，公共文化产品还不够丰富，完善公共文化服务体系、满足人民群众日益增长的精神文化需求的任务更为紧迫；文化事业与文化产业发展还不够协调，历史文化与现代文明的融合还不够深入，深化文化体制机制改革创新、把文化优势转化为区域综合竞争优势的任务更为紧迫。面对新形势、新任务，各级党委政府必须从全局和战略的高度，充分认识文化建设的重要性和紧迫性，切实解决这些矛盾和问题，更加自觉、更加主动地推进文化强市建设，确保余姚文化改革发展走在全省全国前列。

二、正确把握深化文化强市建设的总体要求

3. 指导思想。高举中国特色社会主义伟大旗帜，以邓小平理论和“三个代表”重要思想为指导，深入贯彻落实科学发展观，以科学发展为主题，以建设社会主义核心价值体系为根本任务，以满足人民群众精神文化需求为出发点和落脚点，以改革创新为动力，坚持先进文化引领，坚持社会效益为先，坚持群众主体地位，坚持统筹协调发展，坚持彰显余姚特色，加快推动文化大发展大繁荣，切实增强余姚发展软实力，努力走出一条具有时代特征、余姚特色的文化建设新路子，为增创科学发展新优势、建设和谐幸福新余姚提供坚强思想保证、强大精神动力、有力舆论支持、良好文化条件。

4. 总体目标。在巩固现有文化建设成果的基础上，以更宽视野、更高层次、更大力度，积极实施文化建设“十大行动”，大力推进社会主义核心价值体系、现代文化传播体系、公共文化服务体系和文化产业发展体系等“四大体系”建设，积极创建全国文明城市和国家级历史文化名城，到2020年，基本实现先进文化的凝聚力、公共文化的服务力、文化产业的竞争力、文化发展的创新力、区域文化的影响力和文化人才队伍的支撑力显著增强，建成人文环境良好、文化事业繁荣、文化产业发达、文化特色鲜明的文化强市。

三、大力建设社会主义核心价值体系

5. 实施中国特色社会主义理论体系普及行动。坚持不懈地用中国特色社会主义理论体系武装党员、教育人民。深入推进学习型党组织建设，不断规范市、乡镇（街道）、村三级党组织中心组理论学习，进一步健全领导干部述学、评学、考学制度，引导党员干部系统掌握马克思主义立场、观点、方法，不断提高运用科学理论分析和解决问题的能力。巩固和深化“姚江讲坛”、“小载体讲大道理”等品

牌建设，广泛开展形势政策、革命传统等主题教育活动，切实加强基层党校主阵地建设，积极探索利用报纸、电视、广播、网络、手机等传媒开展理论普及活动，使党的理论、路线、方针、政策得到形象化解读、通俗化表述、大众化传播。繁荣发展哲学社会科学，加快社科研究基地和社科专家人才库建设，组织开展社科命题研究和社科普及活动，为余姚经济社会发展提供决策咨询服务。

6. 实施新时期余姚精神弘扬行动。大力弘扬“崇文崇德、开明开放、创新创优”的新时期余姚精神，不断丰富和发展新时期余姚精神的时代内涵，着力增强新时期余姚精神的引导力和影响力，使之成为全市人民的主体意识，成为推动和谐幸福新余姚建设的强劲动力。积极培育各具特色的企业精神、学校精神、行业精神，广泛开展“我们的价值观”大讨论和“余姚给我幸福、我为余姚添彩”主题宣传教育实践活动，大力宣传践行新时期余姚精神的先进典型，推动形成崇尚先进、学习先进、争当先进的浓厚氛围，引导广大干部群众始终保持改革创新、赶超跨越的精神风貌。

7. 实施公民道德素质提升行动。大力弘扬爱国主义、集体主义和社会主义思想，深入开展社会主义荣辱观教育，切实加强社会公德、职业道德、家庭美德、个人品德建设，积极实施“道德文化广场、道德文化长廊、道德讲堂、道德文宣队、道德评议会、道德银行”等“六个一”道德建设工程，广泛开展“我们的节日”、“做一个有道德的人”主题实践活动和“最美丽余姚人物”系列推荐评选活动，不断深化志愿服务，着力推进政务诚信、商务诚信、社会诚信和司法公信建设，在全社会形成守规矩、重礼仪、懂感恩、讲诚信、尽责任、做好事的良好道德风尚。深化文明城市、文明行业、文明村镇、文明单位等群众性精神文明创建活动，推动创建工作的精细化、常态化和品牌化，不断提升城乡文明指数。加强和改进未成年人思想道德建设，深入实施“春泥计划”，扎实推进“阳光少年成长乐园”建设，健全完善阳光少年成长服务中心运作机制，构建学校、家庭、社会“三位一体”的教育体系。创新基层思想政治工作，加强人文关怀和心理疏导，培育自尊自信、理性平和、开放包容、积极向上的社会心态。

四、大力建设现代文化传播体系

8. 实施舆论宣传先导行动。牢牢把握正确的舆论导向，坚持团结稳定鼓劲、正面宣传为主的方针，努力践行“三贴近”原则，不断发展壮大主流舆论。充分发挥余姚日报、市广播电视台、余姚新闻网的主力军作用，强化市互联网新闻传播中心的职能，推进报台网联动，构建多元、立体、高效的新闻传播、舆论引导格局。进一步深化重大决策、重大成就、重大典型、重大活动的主题宣传，聚焦群众关心关注的现实问题，提升围绕中心、服务大局、贴近基层、服务群众的能力。建立完善新闻发布制度，不断健全应急报道和舆论引导机制，努力增强时效性、透明度和公信力。加强和改进舆论监督，推动解决党委政府高度重视、群众反映强烈的实际问题。加强新闻品牌和新闻队伍建设，着力打造一批反映时代精神、体现余姚特色的知名专栏、专题，培养一批名记者、名编辑、名主持人，强化新闻媒体的社会责任，不断提升新闻报道的吸引力、感染力。组织开展多渠道、多形式、多层次的对外宣传和文化交流活动，依托“姚籍记者故乡行”、“全国知名网络媒体余姚行”等活动载体，加强与高端媒体、海外媒体的合作，大力宣传推介余姚的人文历史、山水风貌和建设成就，着力提升余姚在海内外的影响力和美誉度。

9. 实施网络文化建设行动。按照“积极利用、科学发展、依法管理、确保安全”的方针，加强和改进网络文化建设和管理，大力发展社会主义先进网络文化。利用余姚新闻网等主流网站加强网上舆论引导，唱响网上思想文化主旋律。加强网络问政，完善余姚 e 政平台，定期举行领导干部与网民互动交流活动，健全网民留言办理长效机制。加强网络文化产品的创作生产，积极参与省、宁波市的网络内容建设工程，制作生产格调健康的网络文化作品，组织举办网络文化嘉年华，丰富广大人民群众的网上精神文化生活。强化互联网管理机构、监管平台、人才队伍等建设，提高监管技术水平，加强对论坛、博客、微博客等社交网络和即时通讯工具等的引导和管理，深入开展网络文化环境整治行动，依法惩处和打击传播有害信息行为，营造健康向上的网络文化环境。

五、大力建设公共文化服务体系

10. 实施文化设施升级行动。按照“科学规划、合理布局、适度超前”的要求，进一步完善市、乡镇(街道)、行政村(社区)、自然村四级公共文化设施网络。加快推进市民公共文化中心、市文化艺术中心、市广播电视中心、市报业传媒中心等一批标志性文化设施建设，规划建设一批具有地域特色的文化广场、城市雕塑、民间博物馆等，努力打造余姚文化地标。大力开展省文化强镇、省和宁波市文化示范乡镇(街道)、村(社区)创建活动，改造提升集镇综合文化中心和村(社区)文化宫，全市乡镇(街道)综合文化站达到省一级站标准。鼓励社会力量参与文化设施建设，支持民办博物馆、艺术馆等民间文化机构发展，加快建设一批晨晚练活动点、戏曲阁等，利用空闲厂房等场地建设改造一批门球场、灯光球场、笼式足球场等文化设施，满足不同群体的文化活动需求。加快推进全市数字电视整体转换工作，建立“电子阅览室”、“网上博物馆”、“网络剧场”等覆盖全市的数字文化服务网络，提高公共文化服务数字化、信息化建设水平。

11. 实施阳光文化普惠行动。加强市公共文化服务中心建设，成立阳光文化之友联谊会，筹建阳光文化基金会，完善阳光文化服务项目，让群众广泛享有免费或优惠的基本公共文化服务。深入推进广播电视户户通、文化信息资源共享、农村电影放映、农家书屋建设等文化惠民工程，保障人民群众基本文化权益。巩固发展乡镇(街道)现有文化品牌，切实加强城乡业余文体团队建设，着力推动企业文化、校园文化、机关文化、社区文化、村落文化、广场文化等群众性文化活动的蓬勃开展。深入实施文化精品打造工程，加强文化精品创作生产规划，加大对原创文学、音乐、舞蹈、动漫、影视、美术、摄影等文化题材创作的扶持力度，着力抓好精神文明建设“五个一工程”等文艺作品的创作生产，努力打造一批体现余姚人文特色、深受广大群众喜爱的精品力作。

12. 实施文化遗产传承行动。围绕创建国家级历史文化名城，强化文化遗产保护意识，深入实施历史文化名城保护规划，着力延续历史文脉，不断彰显文献名邦特色。突出抓好河姆渡文化、姚江文化、浙东四明山革命文化三大标志性文化遗产的保护传承和开发利用，着力推进历史文化名城、名镇、名村和街区保护工作，不断强化对文化线路、文化景观和文化区块的整合利用，大力提升河姆渡遗址、田螺山遗址等博物馆展览展示功能。深入推进历史文化印记工程，做好地方古籍整理出版工作，提升国际河姆渡文化节的档次和水平，办好“姚江百家讲坛”，着力建设国际阳明学研究中心和国际河姆渡文化研究中心，积极开展文化研讨交流活动。完善非物质文化遗产项目、传承人和传承基地“三位一体”保护体系，重点做好姚剧、余姚土布制作技艺等的保护传承工作，不断扩大余姚非物质文化遗产的影响力。

六、大力建设文化产业发展体系

13. 实施文化产业发展行动。编制实施《余姚市文化产业发展规划》，着力发展一批产业集聚区，推进一批重点产业项目，培育一批文化龙头企业，提升一批会展节庆活动，打造一批文化产业品牌，努力使文化产业成为余姚经济社会发展的新引擎。加快文化产业结构调整，大力提升影视设备、体育健身设备、包装印刷等传统文化产业，扶持发展创意设计、网络信息、动漫游戏等新兴文化产业，加快推动文化产业与旅游、体育、信息、教育、工业、工程设计等产业的融合发展，积极构建现代文化产业体系。鼓励引导民间资本进入文化产业，培育扶持一批民营龙头文化企业，大力支持中小民营文化企业发展，推动形成以公有制为主体、多种所有制共同发展的文化产业格局。深入实施重大项目带动、科技创新、品牌培育战略，建立以企业为主体、以市场为导向、产学研相结合的文化技术创新体系，扶持培育重点文化产业品牌，开展文化创意先锋企业评选活动，加快建设一批省级、宁波市级文化产业示范基地，全面提升文化产业发展层次。

14. 实施文化市场繁荣行动。加快发展大众文化消费市场，开发特色文化消费，积极发展文化休闲旅游，扩大文化服务消费，努力提升城乡居民的文化消费水平。大力发展图书报刊、电子音像、演艺娱乐、动漫游戏、广播影视等产品市场，加快培育资本、文化人才、信息、技术等文化要素市场，扶持发展版权代理、产权评估、演艺经纪、艺术品交易等文化中介行业，积极发展连锁经营、电子商务、电影院线等现代流通方式，构建贯通城乡的文化产品流通网络，建立统一开放、竞争有序的现代文化市场体系。加快构建文化企业与金融机构的战略合作机制，促进文化与资本市场对接，鼓励各种风险投资基金、股权投资基金参与文化产业发展。

七、切实强化文化强市建设的领导和保障

15. 加强对文化强市建设的组织领导。各级党委和政府必须把文化建设摆在全局工作的重要位置，切实担负起推进文化改革发展的政治责任，牢牢把握意识形态工作主导权，掌握文化改革发展领导权。坚持把文化建设纳入经济社会发展总体规划，与经济社会发展一同研究部署、一同组织实施、一同督促检查、一同推进落实，并把文化改革发展成效纳入科学发展考核评价体系，作为衡量领导班子和领导干部工作业绩的重要依据。进一步健全完善市、乡镇(街道)两级文化建设领导小组，明确相应机构和人员，加强对文化强市建设的组织和协调。支持人大、政协履行职能，充分发挥宣传、文化等部门的职能作用，引导群团组织、人民团体等社会各界积极参与文化建设，形成党委统一领导、党政齐抓共管、宣传部门组织协调、有关部门分工负责、社会力量积极参与的工作体制和工作格局。

16. 推进文化体制机制创新。按照“加大力度、加快进度、巩固提高、重点突破、全面推进”的要求，加快推进经营性文化单位改革，着力建立现代企业制度，培育合格文化市场主体。根据区别对待、分类指导的原则，扎实推进市艺术剧院的改革，创新市新华书店、电影公司等国有文化企业的经营管理模式，形成面向市场、富有活力的体制机制。组织开展文化创新奖、文化品牌评选活动，加大改革和整合力度，积极推进广播电视网络整合工作，进一步做大做强市互联网新闻传播中心、市公共文化服务中心、市阳光少年成长服务中心。进一步完善文化市场综合执法机制，强化对文化市场的监督管理，切实提高市场监管效率和依法行政水平，确保文化市场健康有序发展。

17. 加强文化人才队伍建设。积极培育打造文化创新团队，大力培养和造就覆盖理论、新闻、文艺、出版、文化产业经营管理等各个领域的领军人物和专业人才。拓宽人才培养渠道，创新人才培养模式，积极创设“人才工作室”、“名师授徒”等形式，搭建文化人才终身学习平台，着力培养一批文化专业人才。建立人才引进“绿色通道”，鼓励采取签约、项目合作、技术(专利、品牌)入股、岗位聘任等方式，积极引进一批优秀文化人才。认真贯彻落实中宣部等六部委关于加强地方县级和城乡基层宣传文化队伍建设的意见，进一步配齐配强市级、乡镇(街道)、村(社区、基层单位)工作力量，加强对乡镇(街道)宣传委员、宣传文化干事、文化站长、基层宣传文艺骨干等的培训，不断提高基层宣传文化队伍的素质能力。设立城乡社区公共文化服务岗位，对服务期满高校毕业生报考文化部门公务员实行定向招录。完善人才培养开发、评价发现、选拔任用、流动配置、激励保障机制，设立文化荣誉称号，表彰奖励成绩显著的文化工作者，营造有利于各类文化人才脱颖而出、施展才干的制度环境。

18. 加大文化发展政策扶持。进一步加大公共财政对文化建设的投入力度，建立财政投入稳定增长机制，提高文化支出占财政支出比例，保证财政投入的增幅高于本级财政经常性收入增长幅度，“十二五”时期文化事业投入占财政支出比重高于“十一五”时期。逐步扩大文化建设专项资金规模，重点用于基层文化设施升级、文化品牌培育、文化团队建设、专业文化人才培养和文化遗产保护等工作。文化建设用地纳入土地利用总体规划和年度计划，每年安排一定数量的土地指标用于集镇综合文化中心和村落文化宫升级改造，对重点文化产业建设项目在土地安排上予以优先考虑。开发建设单位在住宅小区开发建设中，应当按照规定配置文化活动用房。采取政府购买、项目补贴、贷款贴息、税收减免、税前列支等政策措施，鼓励社会力量参与公共文化服务。贯彻落实国家、省、宁波市现行关于对文化产业发展的税收优惠政策，对文化内容创意生产、非物质文化遗产项目经营按国家有关政策给予相关税收优惠。

中共洞头县委　洞头县人民政府
关于加强宣传文化队伍建设的实施意见

洞委发〔2011〕66 号

各街道党工委、办事处，乡镇党委、人民政府，县直属各单位：

为深入贯彻落实党的十七大和十七届四中、五中全会精神，根据中央宣传部等六部委《关于加强地方县级和城乡基层宣传文化队伍建设的若干意见》（中宣发〔2010〕14号）、省委宣传部等六部门《关于加强地方县级和城乡基层宣传文化队伍建设的实施意见》（浙宣〔2010〕60 号）和市委宣传部等七部门《关于加强和改进地方县级和城乡基层宣传文化队伍建设的实施意见》（温宣〔2011〕10 号）要求，适应新形势下我县宣传思想文化工作需要，进一步增强我县宣传文化队伍的创造力、凝聚力、战斗力，现就加强宣传文化队伍建设提出如下实施意见。

一、充分认识加强宣传文化队伍建设的重要意义

1. 宣传思想文化工作的新任务迫切需要加强基层宣传文化队伍建设。长期以来，我县宣传文化工作者在传播科学理论、引导社会舆论、建设先进文化、弘扬文明风尚、化解社会矛盾等方面，作出了不懈努力，付出了大量心血，为加快建设文化洞头、增强文化软实力、提升人民群众文化生活品质、推动社会主义文化大发展大繁荣作出了积极贡献。但是，我县宣传文化队伍总体薄弱的状况还没有得到根本改变，编制偏紧、人员偏少、能力和素质还不适应不符合新形势新任务要求等问题还没有得到根本解决。因此，要从全局的高度，从确保党委、政府中心工作贯彻落实的角度，深刻认识加强宣传文化队伍建设的重要意义，进一步增强责任感、使命感和紧迫感，采取有力措施，抓紧抓好这项基础性、战略性工程，努力造就一支政治坚定、素质优良、扎根基层、服务群众的宣传文化队伍。

二、进一步明确县委宣传部工作职责和管理权限

2. 县委宣传部作为县委主管意识形态工作的综合职能部门，负责指导宣传文化系统各部门单位的工作，统筹推进基层宣传思想文化工作，承担着思想理论教育、宣传舆论引导、公共文化服务、舆情调查研究、精神文明创建、对外宣传与网络宣传管理、阵地队伍建设与管理等方面的重要工作职责。

3. 坚持党管宣传、党管文化、党管干部和管人与管事相结合的原则，根据职责分工，按照干部管理权限，县委宣传部会同县委组织部共同做好全县宣传文化系统领导干部管理和领导班子建设。宣传文化系统领导班子的调整及领导干部的任免、考核，由县委宣传部参与考察。

4. 县委宣传部负责指导全县宣传文化系统干部队伍建设，做好宣传文化系统各单位中层重要岗位干部的管理工作。宣传系统各单位主要负责人及各街道、乡镇分管宣传思想文化工作的领导干部的任免应事先征求宣传部门的意见。宣传委员的分工调整要报县委宣传部备案。

三、进一步充实宣传文化工作力量

5. 加强县委宣传部工作力量。根据工作领域不断拓展的实际，进一步配齐完善相关职能机构，配备与实际工作相适应的人员力量。按科级设立中共洞头县委对外宣传办公室（县政府新闻办公室、县互联网宣传管理办公室）。按科级建立县社会科学界联合会（简称县社科联）和海霞文化发展工作办公室（简称海霞办），归口县委宣传部管理。同时要落实上级要求，做好非领导职务的配备。

6. 进一步明确街道和乡镇宣传委员、宣传员和宣传干事的工作职责。宣传委员的主要职责是：拟订本地宣传思想文化工作计划并负责组织实施；组织开展思想理论教育，推进学习型社会建设，抓好党委理论中心组学习、形势政策宣传教育、社科知识普及教育等工作，完成上级组织布置的党员学习教育任务；弘扬传承优秀传统文化，加强基层公共文化服务体系建设，建好管好用好宣传文化阵地，推进村居、企业、学校等基层宣传文化工作队伍建设，开展多种形式的宣传文化活动，丰富群众文化生活；组织开展社会主义核心价值体系宣传教育和群众性精神文明创建活动，推进思想道德建设、乡风文明建设，培育社会主义文明新风尚；组织开展基层干部群众思想动态调查研究、舆论引导、主题宣传、网络舆情应对、党报党刊征订等工作，积极营造良好的社会舆论氛围；归口管理文明办、综合文化站，联系广播电视站。宣传员和宣传干事的主要职责是：协助宣传委员做好本地全年宣传思想文化工作计划的研究制订和组织实施，负责本地思想理论教育、学习型组织创建、主题宣传报道、网络舆论引导、群众性精神文明创建、传统文化保护传承和群众文化活动等日常工作，并在建设宣传文化阵地、联系基层宣传文化队伍、推进信息舆情与调研工作中发挥骨干作用。

7. 各街道和乡镇配备宣传员、宣传干事、文化员。从实际出发配备宣传干事1—3名；设立负责精神文明建设的机构，在街道、乡镇社会事务办增挂文明办牌子，配备若干名专兼职人员；综合文化站按街道、乡镇规模配备2—5名专职文化员。街道和乡镇宣传员、宣传干事、文化员的录用和选调需征求业务主管部门意见。其中，文化员录用的条件设置需要征求业务主管部门意见。宣传员、文明办主任、综合文化站站长按中层正职配备。宣传员、文明办主任、综合文化站站长的任免要先征求业务主管部门意见，经县委组织部审核后，再由街道党工委或乡镇党委发文任免，并报县委组织部和县委宣传部备案；街道、乡镇不得将综合文化站编制用于其它岗位。

8. 加大对宣传系统专业技术人员的培养力度。加大文化产业、网络宣传、信息服务等新型急需人才的培养、引进和使用力度。完善人才评价机制，研究建立宣传文化人才评价标准。

9. 主动关心重视民间文化人才和非公有制经济组织及新社会组织中的文化人才，把这方面人才的开发培养纳入全县人才发展规划。就文化能人、民族民间文化传承人等方面人才制订特殊补贴办法，给予适当经济补助。

10. 组建县文化志愿者队伍。制订《文化志愿者章程》，动员、鼓励各方面人才特别是有文艺专长的人员成为宣传文化志愿者，指导、协助村居开展各类群众文化活动。

11. 完善新闻舆论人才队伍建设。建立外宣奖励制度，激发全县新闻工作队伍的积极性和创造性。加强新闻发言人、新闻评论员、网评员和网络舆情信息员队伍建设，进一步提升舆论引导水平。

12. 推进村居宣传文化指导（辅导）员队伍建设。研究制订宣传文化指导（辅导）员工作办法，每年向村居选派优秀宣传文化工作者，指导开展基层群众文化活动，促进基层文化繁荣发展。

13. 各村居和党委建制企事业单位至少有1名宣传员，负责组织开展宣传思想文化服务工作，并切实保障各宣传员的相应待遇。

四、进一步完善宣传文化队伍培养考核机制

14. 宣传文化部门要制订切实可行的教育培训计划，每年要对宣传文化干部、新闻发言人、新闻工作者、理论宣讲骨干、文化志愿者、新闻评论员、网评员、舆情信息员等进行一次以上专题培训，村居、企业、学校宣传文化员和文化志愿者至少每三年进行一次轮训。

15. 加大干部交流和实践锻炼力度。县委宣传部要制订计划，按照干部管理权限，从宣传文化单位抽调一批干部上挂锻炼，选派一批干部到基层宣传文化单位、街道、乡镇和上级机关、企事业单位进行多岗位实践锻炼。

16. 建立健全宣传文化队伍业绩考核评价机制。加强对县级宣传文化系统各单位，街道和乡镇宣传委员、宣传员、宣传干事的绩效考核；县文明办、县文化广电新闻出版局（体育局）、县广播电视台要加强对街道和乡镇文明办、综合文化站、广播电视站的绩效考核，考核结果报县委宣传部。要将宣传文化工作纳入各街道、乡镇及县级部门的年度目标责任考评体系，确保各项任务落到实处。各街道、乡镇要切实加强对村居宣传文化干部的业绩考核和评价工作。

17. 强化考核评价结果的运用，考核评价要与奖惩挂钩，把考核结果作为加强宣传文化干部队伍建设的重要依据，与干部选拔任用、培养教育、管理监督和激励约束有机结合。完善表彰激励制度，加大对优秀基层宣传文化工作人员的评优评先力度，对作出突出贡献的基层宣传文化工作者给予表彰奖励。

五、进一步强化宣传思想文化工作的保障

18. 建立完善经费投入机制。充分发挥政府与社会两个方面的作用，形成多元、稳定的投入机制，县和街道、乡镇两级财政要发挥主导作用，切实保证宣传思想文化投入逐年增长。

19. 从人员配备、经费投入、阵地建设、待遇条件等方面充分保障队伍建设。设立宣传文化专项资金，确保县公共文化服务、文艺精品创作、宣传文化阵地建设、广播电视事业发展、文化保护研究、舆论引导和对外宣传、精神文明建设、社科普及研究、干部队伍教育和人才培养工程等各项工作顺利开展。街道、乡镇要根据区域人口情况，每年安排一定额度的宣传文化专项资金，统筹考虑，专款专用，确保基层宣传思想文化工作有氛围、有保障、有作为。

六、切实加强宣传文化队伍建设的组织领导

20. 要高度重视全县宣传文化队伍建设，宣传、组织、机构编制、发改、财政、人事劳动等部门要认真贯彻中央和省、市及我县关于加强宣传文化队伍建设的有关精神，切实落实好各项工作要求。

21. 各街道、乡镇和县级有关部门要按照本意见的部署要求，严格执行，确保落实到位。

22. 本意见自发布之日起施行。以往有关规定与本意见不一致的，按照本意见执行。

中共洞头县委

洞头县人民政府

二〇一一年八月十六日

中共湖州市委办公室　湖州市人民政府办公室关于加快文化产业发展的若干政策意见

（2011年6月22日）

湖委办〔2011〕15号

为认真贯彻落实国家、省大力发展文化产业的意见，推进我市文化产业又好又快发展，结合我市实际，特制定如下政策意见。

一、建立专项资金，强化财政扶持

（一）建立文化产业发展专项资金。市本级建立文化产业发展专项资金500万元，用于对市本级重点文化产业项目支持。资金实行年度积转，资金安排由市文化建设领导小组办公室（以下简称市文建办）、市财政局共同审核。

（二）支持重点文化产业发展。对列入市重点培育的报业、出版、发行、文化产品印刷、广播电视、电影放映、新媒体、文化艺术、文体培训、会展、创意设计等文化产业进行重点扶持；对生产销售文化用品、设备及相关文化产品的企业扶持，按照《湖州市人民政府关于进一步推动工业转型升级的若干意见》（湖政发〔2011〕6号）执行。

（三）鼓励创建文化产业园区（基地）。支持将旧城区、旧村、旧工业区、旧建筑等改造成为文化产业园区和基地。经市文建办认定的文化产业园区和基地，可享受市高新技术产业园区的各项优惠政策。对新创建国家级文化产业示范基地、省级和市级文化产业示范基地，一次性分别奖励50万元、20万元、5万元。

（四）支持文化项目建设。对实际投资额（不含土地）在1000万元及以上、500万元及以上、200万元及以上的符合文化产业发展方向、有利于提升湖州文化产业竞争力的文化产业项目，分别按实际投资额（不含土地）的2%、1.5%、1%给予补助（生产企业按实际设备投入额计算），单个项目最高补助不超过50万元。

（五）扶持文化企业发展。

1. 新办文化企业，当年企业所得税实缴8万元以上的，从开办年度起3年内新增的所得税、营业税所形成的地方财政收入给予全额补助；对年实缴纳所得税和营业税首次达到100万元、50万元、30万元以上的文化企业，一次性分别奖励25万元、12万元、6万元。首次被评为国家四星级以上的电影院和国家乙级甲等以上剧院的企业，给予一次性奖励15万元。

2. 新闻服务、出版发行和版权服务、广播电视电影服务和文化艺术服务等文化企业，当年首次实现营业收入达到2000万元、1000万元、500万元及以上的，一次性分别奖励15万元、10万元、5万元。

3. 对我市融资性担保公司为有融资担保需求、符合文化产业发展方向的企业提供担保，参照湖政办函〔2010〕18号文件有关规定，给予政策性补助。市重点培育文化企业可向市小企业专项信用贷款推介办（市经信委）申请无抵押、无担保的短期信用贷款，贷款最高额为200万元。

（六）支持文化企业大力开拓国内外市场。

1. 对文化企业参加由市文建办批准组织的中国（深圳）国际文化产业博览交易会、中国义乌文化产品交易博览会等境内外重点文化产业博览会的摊位费给予资助。同一博览会每家企业最高资助3个标准摊位，已享受国家、省资助的不再重复补助。

2. 企业出口我市文化产品，根据出口产生的效益和产业带动作用的不同，经市文建办评估后给予企业补助，最高补助不超过20万元。

（七）大力扶持原创动漫、影视、游戏等创意产品。

1. 取得国家级“动漫企业证书”的动漫企业，一次性给予20万元奖励。

2. 企业投资创作，由本市申报获国家级、省级政府奖项的数字动漫原创作品，一次性分别奖励20至30万元、5至15万元；企业创作，经国家文化部或工信部批准且正式上线运营的原创网络游戏，每款奖励5至10万元。获多个奖项的，按从高不重复原则执行。

3. 企业投资，在本市申报、由国家广电总局或省广电局批准播出的原创动画片，在中央、省级电视台播出的，一次性分别奖励每分钟2500至3000元、1000至1500元。在多个台播出的，按从高不重复原则执行，最高补助额每部作品分别不超过150万元、60万元。动画片版权出口一次性奖励每分钟2000元，最高不超过150万元。

4. 企业独立投资制作，在本市申报、由国家广电总局或省广电局批准播出的原创电视剧，在中央电视台一套黄金时段首播的，一次性奖励每集2至3万元，最高奖励额每部作品不超过100万元；在中央电视台八套黄金时段首播的，一次性奖励每集8000元，最高奖励额每部作品不超过25万元；在省级卫视台黄金时段首播的，一次性奖励每集3000元，最高奖励额每部作品不超过10万元。在多个台播出的，按从高不重复原则执行。对企业合作投资制作并在本市申报的原创电视剧，给予10至30万元的奖励。

5. 企业独立投资制作，在本市申报、由国家广电总局或省广电局批准播出的原创电影，在国内电影院线播出的，每部一次性奖励50万元，在中央电视台电影频道播出的，每部一次性奖励20万元。对企业合作投资制作并在我市申报的原创电影，分别按上述标准减半执行。

6. 企业独立投资制作，被国家电影局列入推荐播出的优秀国产影视动画片，每件作品奖励5万元。

二、加大税收优惠，推动产业发展

（八）鼓励发展高新技术文化企业。在文化产业支撑技术等领域内，依据《高新技术企业认定管理办法》和《高新技术企业认定管理工作指引》的规定认定的高新技术企业，减按15%的税率征收企业所得税。经认定的动漫企业自主开发、生产动漫产品，可申请享受国家现行鼓励软件产业发展的所得税优惠政策。

（九）经营性文化事业单位转制为企业，自转制注册之日起，免征企业所得税。

（十）由财政部门拨付事业经费的文化单位转制为企业，自转制注册之日起，对其自用房产免征房产税。

（十一）党报、党刊将其发行、印刷业务及相应的经营性资产剥离组建的文化企业，自注册之日起所得的党报、党刊发行收入和印刷收入免征增值税。

（十二）对电影发行企业取得的电影发行收入和电影放映企业在农村的电影放映收入，免征增值税和营业税。

（十三）扩大文化产品出口。文化产品出口可按照国家现行税法规定享受出口退税政策，文化劳务出口境外收入免征营业税。为生产重点文化产品而进口国内不能生产的自用设备及配套件、备件等，按现行税收政策有关规定，免征进口关税。

（十四）文化服务型企业发生的公益性捐赠支出，不超过年度利润总额12%的部分，准予扣除。文化企事业单位的资产处置所得，在扣除税费后可全额返还用于固定资产更新。

三、优化土地供给，推进项目建设

（十五）支持以划拨方式取得土地的单位，利用存量房产和土地资源出租兴办文化创意产业。经城市规划许可，其土地用途和使用权人可暂不变更。

（十六）国有文化企业使用的原划拨土地，土地用途符合《划拨用地目录》的，经所在地县级以上人民政府批准，可仍以划拨方式使用。

四、加强人才建设，提高创新活力

（十七）建立文化产业人才的培养和引进机制。文化产业人才的培养和引进纳入我市“365”优秀创新团队培养工程和“南太湖精英计划”、“南太湖特聘专家计划”、“南太湖紧缺急需人才引进计划”等人才工程，并享受相应政策扶持。

（十八）建立灵活用人机制。引导和支持用人单位引进文化产业高端人才和紧缺的专业人才。引进的优秀文化人才可享受《湖州市引进和培养高素质人才的实施办法》中住房、税收、技术职务、养老保险、科研经费、继续教育、子女就学等方面的优惠政策。

（十九）建立健全激励机制。每两年组织一次“十大优秀文化经营人才”评选活动，并进行表彰奖励。

五、附则

（二十）凡符合享受各种扶持优惠政策的文化企业，需向市文建办提出申请，经市文建办初审后商文化建设领导小组相关成员单位核准后执行。各级各部门要进一步贯彻落实国家、省里已出台的有关支持文化产业的政策措施，不断完善实施政策的申报程序。

（二十一）本意见适用于市区（包括吴兴区、南浔区、湖州经济技术开发区、太湖旅游度假区）各类文化企业（单位）。各县可参照制定相应政策。

（二十二）对文化产业发展中涉及用地优惠等特殊政策问题和重大文化产业项目，可采取“一事一议”办法协调解决。

（二十三）本意见自2011年1月1日起实施。其中涉及财税条款由市财政税务部门负责解释，其它条款由市委宣传部、市委组织部、市文广新闻局、市国土资源局等职能部门负责解释。文化产业园区和基地认定办法、文化产业项目认定办法、文化产品出口补助细则、“十大优秀文化经营人才”评选表彰办法等具体实施细则由市文建办负责制定，其他有关实施细则由相应职能部门负责制定，其中涉及“一事一议”的政策由市文化建设领导小组统一协调落实。

中共长兴县委办公室　长兴县人民政府办公室关于印发《长兴县2011年加快文化升华“六大行动”实施方案》的通知

长委办发〔2011〕47号

各乡镇(街道、园区)党委、政府,县级机关各部门:

《长兴县2011年加快文化升华“六大行动”实施方案》已经县委、县政府研究同意,现印发给你们,请认真贯彻实施。

中共长兴县委办公室

长兴县人民政府办公室

二〇一一年四月二十九日

长兴县2011年加快文化升华“六大行动”实施方案

为全面贯彻《中共长兴县委关于推动文化大发展大繁荣的实施意见(2008－2012)》和《长兴县国民经济和社会发展第十二个五年规划纲要》,进一步提高全县人民的思想文化素质,丰富广大群众的精神文化生活,加快实现文化升华新突破,提升区域发展软实力,特制定本实施方案。

一、指导思想及奋斗目标

高举中国特色社会主义伟大旗帜,以邓小平理论和“三个代表”重要思想为指导,深入学习实践科学发展观,全面贯彻党的十七届四中、五中全会精神,立足长兴经济社会发展实际,紧紧围绕十二五时期“加快文化升华,不断增强区域发展软实力”的目标和建设“先进文化”、“和谐文化”、“创新文化”的要求,坚持先进文化的发展方向,大力建设社会主义核心价值体系,弘扬传统特色文化;以和谐文化培育人,形成全县人民共同的理想信念和道德规范;坚持与时俱进,不断创新文化体制、文化载体、文化产业和文化活动。不断完善公共文化服务体系,加快文化产业事业发展,推动文化产业成为我县国民经济新增长点和经济转型升级新引擎,充分发挥文化引导社会、教育人民、推动发展的功能,进一步提升长兴的文化软实力,全力打造浙江省先进文化建设示范区,推动社会主义文化大发展大繁荣。

二、主要工作及责任分解

(一)文明素质提升行动

坚持发展先进文化、和谐文化,大力建设社会主义核心价值体系,充分发挥文化的熏陶、教育、激励作用,在全县深入推进社会公德、职业道德、家庭美德、个人品德建设,不断拓展群众性精神文明创建活动,促进人的现代化与城市国际化同步。

1. 深入开展“十万学生、十万家长、十万职工共学弟子规、争做文明人”系列活动。

责任单位:县文明办、教育局、发改委、总工会、团县委、妇联、文广新局、传媒集团

2. 结合全县“一宣讲六推动”活动,开展送文明礼仪下乡系列活动。

责任单位:县创建办、文明办、各乡镇(街道、园区)

3. 深入实施春泥计划,组织农村未成年人开展健康有益的假期活动,提升未成年人思想道德水平。

责任单位:县文明办、教育局、团县委、各乡镇(街道、园区)

4. 积极开展“道德模范—时代新农民”推选活动,引领农村道德新风尚。

责任单位:县文明办、农办

5. 巩固提升省级示范文明城市创建成果,积极争创全国文明县城,全面推进群众性精神文明创建工作。

责任单位:县创建办、文明办

6. 广泛开展爱心文化志愿服务,继续推进长兴春蚕公益志愿者活动、“爱心大篷车”和《小彤热线》“温暖2011”活动等,不断深化志愿者服务。

责任单位:县文明办、传媒集团、团县委、县志愿者协会

7. 充分挖掘、培育和弘扬具有鲜明长兴特色的文化气质和精神风貌,开展“长兴精神”的征集和提炼活动。

责任单位:县委宣传部、县文明办、文广新局(体育局)、文联、传媒集团

(二)文化惠民促进行动

突出社会效益,坚持城乡区域统筹,加快文化事业发展,全面推进公益性文化设施建设,实现城乡公共文化服务体系的全覆盖,广泛开展群众性文化娱乐活动,最大限

度地满足人民群众的基本文化需求。

1. 加大投入，完善公共文化服务体系，更好地保障人民群众的基本文化权益。

(1)全面推进农村文化“八有”保障工程，实现全县农村公共文化服务全覆盖。

责任单位：县委宣传部、县文广新局(体育局)、传媒集团、各乡镇(街道、园区)

(2)积极做好长兴县文化馆新馆、艺术馆和国际射击中心的建设和启用工作，启动太湖博物馆、新体育中心、科技馆建设，充分发挥其群众文化的龙头和示范作用。

责任单位：县文广新局(体育局)、科技局、住建局

(3)大力加强乡镇综合文化站、村(社区)文体活动室建设，推进县级文化示范村(社区)创建。

责任单位：县文广新局(体育局)、各乡镇(街道、园区)

(4)继续完善和规范我县公共图书馆服务体系，推进县、乡、村三级图书馆的建设，充分发挥全国文化信息资源共享工程三级服务点的作用。

责任单位：县文广新局(体育局)、各乡镇(街道、园区)

2. 围绕全县重要工作和重大节日，精心组织全县性的大型文化活动。

(1)以庆祝建党90周年和纪念辛亥革命100周年为主题，组织开展系列文化活动。

责任单位：县委宣传部、县机关党工委、文广新局(体育局)、教育局、总工会、传媒集团、各乡镇(街道、园区)

(2)举办新年音乐会、“欢欢喜喜过大年”新春演出、元宵节、国庆节、“长洽会”群文系列活动(农民艺术节)等大型节庆文化活动。

责任单位：县文广新局(体育局)、各乡镇(街道、园区)

3. 坚持城乡联动，积极开展群众性文化活动，丰富群众文化生活。

(1)进一步推进“幸福长兴”大舞台周周演和“幸福乡村”大舞台建设，优化运行机制，组织举办2011“幸福长兴”大舞台暨“永远跟党走”乡镇(街道)干部演唱大赛等丰富多彩的文化活动。指导、鼓励农民自办文化，引导村镇之间进行演出交流活动。

责任单位：县文广新局(体育局)、各乡镇(街道、园区)、相关部门

(2)继续开展文艺下乡、电影下乡、图书下乡等基层文化服务活动。

责任单位：县文广新局(体育局)、各乡镇(街道、园区)

(3)组织开展全县群众广场舞、健身操培训，并举办相应的展演或比赛。

责任单位：县文广新局(体育局)、机关党工委、各乡镇(街道、园区)

(4)举办全县读书节、艺术节活动。

责任单位：县委宣传部、县文广新局(体育局)、机关党工委、教育局、文联、新华书店

(5)以长兴电视台文化生活频道为主阵地，重点办好“我想上春晚”才艺选拔赛、“冲关大挑战”比赛和“男声女声”歌唱大赛等文化娱乐活动。

责任单位：县传媒集团

4. 积极开展对外文化交流。

(1)借助长兴大剧院的平台优势，邀请国内外知名文化团队来长演出，为长兴市民送上丰盛的“文化大餐”。

责任单位：县文广新局(体育局)

(2)发挥长兴百叶龙的品牌优势，整合狮舞、旱船等优秀民间表演项目，积极参与对外重大演出活动，进一步提升长兴的文化知名度。

责任单位：县文广新局(体育局)

(三)文化品牌塑造行动

深入挖掘长兴历史文化传统，统筹城乡资源优势，进一步打响“陆羽茶文化”、“长兴百叶龙”、“帝乡佛国”等文化品牌，重点做好乡镇、机关文化品牌的培育工作。

1. 县级特色文化品牌打造

(1)“陆羽茶文化”品牌打造

进一步推进茶文化和茶产业交流与合作，以“陆羽茶文化节”为平台，全面展示长兴作为茶文化发源地的深厚历史文化底蕴，打响“大唐茶都”品牌，提升文化“软实力”，进一步提高长兴的知名度、美誉度和社会和谐度。

责任单位：县委宣传部、县文广新局(体育局)、农办、农业局、文联、相关乡镇(街道、园区)

(2)“长兴百叶龙”民间文艺品牌打造

建立有效的扶持发展机制，加强艺术培训基地建设，做大做强做优“百叶龙”文化品牌。

责任单位：县文广新局(体育局)、教育局、林城镇

(3)长兴旅游文化品牌打造

挖掘和弘扬帝乡佛国、红色、太湖、古生态等文化内涵，推进“四五六”旅游发展战略，打响“古生态奇观、茶文化圣地”文化旅游品牌，逐步形成以建设县城旅游集散地为中心，环太湖高端休闲度假旅游、顾渚陆羽茶文化旅游、二界岭农业观光和运动体验旅游、古生态旅游、仙山湖生态旅游、新四军红色经典旅游六大组团相互环抱，以“绿色经济廊道”为链接的“绿色经济环”，着力提升旅游经济强县的形象和品牌。

责任单位：县委宣传部、县旅游局、县文广新局(体育局)、相关乡镇(街道、园区)

2. 乡镇(街道、园区)文化品牌打造

推进乡镇(街道、园区)品牌文化建设，提升品牌文化内涵，提炼各自的品牌文化，打造“一乡(镇)一品”文化品牌金名片。

(1)结合农事节庆活动，继续举办具有乡镇地域特色的节庆文化活动，努力打造“一乡(镇)一节”文化特色。

责任单位：各乡镇(街道、园区)

(2)挖掘乡镇(街道、园区)文化历史资源，策划、提炼区域文化品牌，开展乡镇(街道、园区)文化品牌征集活动，包括文化宣传语、文化标识和文化特色解读。

责任单位：县委宣传部、文联、传媒集团、各乡镇(街道、园区)

(3)依托魅力乡村建设，进一步推进有条件的行政村建设“特色文化展示馆”，围绕村名解读、村情介绍等开展

“百村争辉”征文评选活动，彰显村域文化魅力。

责任单位：县农办、文广新局（体育局）、文联、各乡镇（街道、园区）

（4）策划举办“欢乐长兴行”聚焦乡镇文化活动周，对全县乡镇（街道、园区）分别集中一周时间进行全方位宣传报道，进一步展示乡镇文化魅力，打造“一乡（镇）一品、一乡（镇）一节”文化特色。

责任单位：各乡镇（街道、园区）、县传媒集团

3. 机关行为文化品牌打造

丰富机关干部文化生活，组织开展丰富多彩的活动，培育积极健康的机关文化。

（1）结合机关工作职能，推进机关文化建设，组织开展“长兴县机关文化提炼”活动。

责任单位：县机关党工委、县级机关各部门

（2）组织举办机关运动会、工间操大赛、机关干部登山、游泳、羽毛球、乒乓球比赛、“党员唱红歌”等活动。

责任单位：县机关党工委、文广新局（体育局）、县级机关各部门

（3）组织机关干部征文比赛，出版《长兴县机关干部文学作品选》，提升机关干部的文化素养。

责任单位：县机关党工委、文联、县级机关各部门

（4）以“长兴大讲堂”为载体，邀请国内外知名专家、学者来长作机关文化建设专题讲座。

责任单位：县机关党工委、文广新局（体育局）

（四）文化产业推进行动

加快文化产业发展，启动实施文化产业发展“十二五”规划，搭建文化服务平台，发展特色文化产业，做大重点文化行业，培育新兴文化业态，探索文化产业发展新优势，提升文化产业对经济发展的贡献率，推动文化产业成为我县国民经济新增长点和经济转型升级新引擎。

1. 开展文化创意产业招商行动

依托长兴已有的文化和产业资源优势，大力推进文化创意产业招商，着力发展创意设计、文化演出、文化会展等一批特色文化产业，引进一批规模大、带动力强的文化产业项目。

责任单位：县招商局、文广新局（体育局）

2. 启动文化休闲产业集聚区建设

逐步形成布局合理、主体优良、重点突出、后续活力的文化产业格局。

（1）以图影高端休闲度假区为重点，推进环太湖休闲旅游产业集聚区建设。

责任单位：县发改委、旅游局、太湖图影旅游度假区

（2）依托顾渚山陆羽茶文化景区，规划建设“茶文化”主题文化创意产业集聚区。

责任单位：县发改委、旅游局、水口乡

（3）完成“江南红村”项目建设，打造江南小延安红色旅游产业集聚区。

责任单位：县文广新局（体育局）、旅游局、槐坎乡

（4）围绕宗教文化和生态文化两大文化主体，打造仙山湖宗教文化休闲产业集聚区。

责任单位：县委统战部、旅游局、泗安镇

3. 推进文化创意项目建设

推进古木博物馆、紫砂文化产业园、文化特色街等文化产业项目建设。

责任单位：县发改委、文广新局（体育局）、科协、住建局、国土资源局、龙山新区

（五）文化人才培育行动

创新人才培养体制，建立健全人才培养的长效机制，加大文化艺术领域领军人才的培养和引进力度，培训提升城乡基层文艺工作者队伍的专业素质，为加快文化升华、推动文化大发展大繁荣提供有力人才保障。

1. 健全完善基层文艺工作者队伍信息库，充实人员配置。

责任单位：县文广新局（体育局）、各乡镇（街道、园区）

2. 大力推进名师名医名家培养工程，拓宽引才渠道，加大培养力度。责任单位：县委宣传部、县文广新局（体育局）、文联、传媒集团

3. 充分发挥教育系统的人才优势，组建县文体志愿者队伍，与乡镇（街道、园区）结对，负责对该乡镇（街道、园区）文化干部、村（社区）业余文艺骨干的业务培训和文艺活动的指导。

责任单位：县委宣传部、县教育局、文广新局（体育局）、各乡镇（街道、园区）、志愿者协会

4. 加强业余团队建设，培育和发展各类民间文体队伍，为推动我县文化大发展大繁荣发挥积极作用。

责任部门：县文广新局（体育局）、文联、总工会

5. 组织开展县首届“德艺双馨”优秀文艺工作者评选活动，为鼓励文艺人才脱颖而出创设良好的政策环境。

责任部门：县委宣传部、县文广新局（体育局）、文联

（六）文化精品创作行动

以“五个一工程”建设和“群星奖”、“牡丹奖”评选为抓手，充分发掘和利用我县民间文化资源，创作具有地域特色、深受群众喜爱的优秀文学艺术作品，着力打造一批代表长兴形象、诠释长兴精神、具有时代特色的文学、戏剧、音乐、舞蹈、影视等文化艺术精品。

1. 制定并出台《长兴县优秀文艺作品奖励办法》（暂命名）

责任单位：县委宣传部、县文广新局（体育局）、文联

2. 保护非物质文化遗产，收集整理长兴民间文化，出版《长兴故事》新编（暂命名）。

责任单位：县委宣传部、县文广新局（体育局）、文联

3. 进一步激励全县广大文艺工作者的创作热情，抓住打造浙江省先进文化建设示范区的契机，创作一批具有长兴特色的文艺精品，积极参加全国或重大国际区域比赛。

责任单位：县委宣传部、县文广新局（体育局）、文联

三、保障措施

1. 加强领导，为加快文化升华“六大行动”提供组织保障

成立县文化建设工作领导小组，定期召开专题会议，

加强对全县文化建设的工作领导、组织协调和督促检查，为加快实现文化升华“六大行动”提供坚强组织保障。要牢固树立“文化就是生产力，更是竞争力”的理念，建立健全党委统一领导、政府组织实施、宣传部门协调指导、行政主管部门和各责任单位各司其职、密切配合的领导体制和工作机制（责任部门中排首位的为牵头部门）。各乡镇（街道、园区）一定要高度重视，从构建和谐社会、提升城市文明程度，以及实现“四大突破、两个加快”总体战略的高度，充分认识文化升华既是时代潮流，更是精神追求，切实把这项活动摆在突出位置，纳入党委和政府的重要议事日程，动员组织各方面力量积极支持和参与文化建设，重点在增强凝聚力、提高供给力、促进生产力、开发创造力上下功夫。牵头部门要充分发挥协调作用，制定针对性强的具体实施方案。新闻媒体要进行广泛宣传发动，组织专门力量对相关活动情况进行生动及时的对内对外报道，及时通过宣传阵地发布活动信息，营造浓厚的氛围。

2. 加大投入，为加快文化升华“六大行动”提供资金保障

认真贯彻落实国家、省、市、县支持文化事业和文化产业发展的各项政策，着力提高文化服务和文化产品的供给能力，加大公共财政对文化事业发展的投入力度，在设立500万文化建设专项资金的基础上，逐步提高乡镇、村（社区）文化建设资金投入比例，特别要扶持乡镇文化品牌树立、文化服务提供、文艺精品创作、文化人才培养和优秀文化社团发展等项目。对属于纯公益性文化事业单位的乡镇综合文化站及文体指导员的有关经费，要纳入各级财政预算，并足额安排。鼓励社会各界以捐赠、赞助、合作等形式，支持和促进文化事业发展，鼓励企业参与文化设施和文化项目的市场化运作，努力形成覆盖城乡、功能完备、惠及全县人民的公共文化服务体系，不断满足人民群众日益增长的精神文化需求，保障人民基本文化权益，丰富人民精神文化生活。

3. 强化考评，为加快文化升华“六大行动”提供机制保障

定期开展文化督查，建立健全文化建设工作责任制，进一步形成良好的工作机制。各级各部门要加大对文化发展的政策支持力度，把推进长兴文化大发展大繁荣的目标任务纳入经济社会发展总体规划，纳入科学发展考评体系。人大、政协要充分发挥监督和参政议政作用，加快推进文化升华“六大行动”的开展。宣传、文化、建设、规划、旅游等部门要切实加强对文化发展工作的指导，文化职能部门要加强与企业、学校、民间的文化合作，县委宣传部和县文广新局（体育局）成立考评小组负责实施考核，加强对文化升华“六大行动”进展情况的检查和指导，全力推进文化大发展大繁荣工作。

中共台州市椒江区委关于加强区级和城乡基层宣传文化队伍建设的实施意见

（2011 年 11 月 10 日）

椒区委〔2011〕7 号

为认真贯彻落实党的十七大和十七届四中、五中、六中全会精神，根据中央宣传部等六部门《关于加强地方县级和城乡基层宣传文化队伍建设的若干意见》（中宣发〔2010〕14 号）、省委宣传部等六部门《关于加强地方县级和城乡基层宣传文化队伍建设的实施意见》（浙宣〔2010〕60 号）和台宣〔2011〕23 号文件要求，结合我区基层宣传文化队伍现状，经区委领导同意，现就加强区级和城乡基层宣传文化队伍建设提出如下实施意见。

一、加强基层宣传文化队伍建设的重要意义

（一）充分认识区级和城乡基层宣传文化队伍建设的重要性。改革开放以来，我区基层宣传文化队伍服务于经济社会发展大局，在传播科学理论、引导社会舆论、建设先进文化、弘扬文明风尚、化解社会矛盾等方面作出了不懈努力，为加快推动经济社会又好又快发展作出了重要的贡献。但长期以来，受各种因素的影响，宣传文化队伍出现逐层弱化的趋势，基层宣传文化队伍编制偏紧、人员偏少、待遇偏低、兼职过多、能力和素质不适应不符合新形势新任务要求等问题还没得到有效解决，制约了我区宣传文化工作整体能力和水平的提升。为此，各级各部门要从巩固党执政基础的高度，深刻认识加强基层宣传文化队伍建设的重要意义，进一步增强责任感、使命感和紧迫感，为基层宣传文化工作发展提供坚强的组织保障和人才支持。

二、加强区委宣传部机构设置和力量配备

（二）加强区委宣传部的机构设置和人员配备。根据区级宣传思想文化工作不断拓展的实际，配齐并完善区委宣传部机关内设职能科室。区委宣传部应按规定抓紧配齐配好人员。严格干部准入制度，不得随意占用区委宣传部的编制。加强精神文明创建、对外宣传与网络宣传管理机构建设，并加强人员配备。根据工作需要和上级要求，网管办可升格为副科级机构。要结合实际，落实好宣传部机关非领导职务的配备，非领导职数原则上应按区管实职领导职数的半数设立。

三、加强全区宣传文化系统领导班子建设和干部管理

（三）加强区级宣传文化系统班子建设和干部管理。坚持党管宣传、党管文化、党管干部、管人和管事相结合的原则，重视加强对宣传文化系统干部的培养、选拔和使用。区委组织部、区委宣传部要按照干部管理权限，认真做好全区宣传文化系统各单位领导班子建设和干部管理工作。区委宣传部要会同区委组织部负责抓好全区宣传文化系统领导干部的任免、交流、年度考核等工作。

（四）健全完善宣传文化系统领导干部管理体制。依照《关于加强宣传、思想工作的通知》（中发〔1989〕7号）精神，宣传文化系统中属区委管理的干部（包括区新闻中心、椒江广电中心、区教育局、区文广新局、区体育局、区卫生局、区文联、区社科联等8个单位的区管干部），由区委宣传部和区委组织部共同负责考察了解，提出任免意见，由区委组织部上报区委任免。

（五）抓好宣传文化系统中层干部管理。宣传文化系统中中层正职任免，由所在单位党委（党组）提出书面意见报区委宣传部，经区委宣传部考察研究并书面批复后，由主管单位党组织发文公布。宣传文化系统中层干部的任免须报送区委组织部备案。建立健全宣传文化系统中层正职干部任前公示制度，公示期限一般不少于7天。

四、加强基层宣传文化工作力量配备

（六）抓好镇（街道）基层宣传文化工作力量的充实配备。进一步明确镇（街道）宣传委员、宣传干事的工作职责，充分发挥他们在城乡基层宣传文化工作中的骨干作用。各镇（街道）宣传委员的任免，应在区委常委会召开前征求区委宣传部的意见。各镇（街道）要配备专职宣传干事1－2名，宣传干事享受镇（街道）中层相应待遇，其任免必须事先征求区委宣传部意见，并报区委宣传部备案后任免。各村居（社区）要明确相应的工作人员负责组织协调宣传文化方面的工作。区、镇（街道）两级财政要切实保障社区和行政村宣传文化工作人员的相应待遇。

（七）加强镇（街道）文化站和文化员管理。镇（街道）文化站是政府举办的公益性文化机构，是群众文化活动和精神文明建设的重要阵地，不得挪作他用。深入实施文化站由镇（街道）党（工）委政府和区文化主管部门双重管理模式。每个镇（街道）文化站至少应有1－2个专职人员编制，部分街道可适当增加编制。文化站站长由镇（街道）推荐，经区文广新局考察后任命，任职期间享受镇（街道）中层相应待遇。文化员的录用、调离、辞退、借用等都由镇（街道）事先向区文广新局提出意见，经区文广新局同意后，方可办理。

五、建立健全宣传文化干部学习培训交流机制

（八）加强宣传文化队伍培训。根据省、市、区分级分工负责培训的要求，把培训作为更新知识、提高能力、创新思路的有效载体，制定切实可行的教育培训计划，力争用3年时间分期分批将基层宣传文化干部培训一遍。区委宣传部干部、各镇（街道）宣传委员、区级宣传文化系统各单位属区委管理的干部参加市委宣传部组织的培训。区委宣传部负责当地宣传文化系统各单位中层干部、各镇（街道）宣传文化干事、各村居（社区）宣传文化骨干和优秀民间文化人才的培训。区文广新局负责各镇（街道）文化员和文化志愿者的培训。新任宣传文化系统领导干部、新进区级宣传系统的干部必须进行培训，培训时间不少于5天。要将媒体应对纳入干部培训主体班次的必要内容。

（九）加强干部交流和实践锻炼。区委宣传部要有计划地从宣传文化单位抽调一批干部上挂、下派锻炼。区委组织部要利用人才培养专项经费，每年选派若干名有基础、有潜力的优秀宣传文化人才，到上级部门或协会挂职，或脱产到高校进修学习，努力造就一批文化大师、文化名人和学术带头人。宣传文化系统干部特别是领导班子成员，应按相关规定进行轮岗或交流，工作成绩突出的应当予以提拔重用。

六、抓好专业技术人才和民间文化人才队伍发展

（十）加强宣传文化系统专业技术人员的培养力度。加大核心价值体系传播、网络宣传、文化产业、信息服务等新型急需人才的培养、引进和使用力度。重视支持民间文化人才队伍发展。建立民间文化人才库，命名一批文化遗产传承人，对传承活动开展较好的民间文化能人给予经济补助。关心重视民间文化人才和非公有制经济组织及新社会组织中的文化人才，把这方面人才的开发纳入区人才发展规划，在人才政策和人才服务方面一视同仁、平等对待。对文化能人、民族民间文化传承人等方面人才，在省、市有关部门经济补助的基础上，给予相应配套补助。

（十一）积极培育和发展宣传文化志愿者队伍。动员、鼓励各方面人才特别是有文艺专长的人员成为宣传文化志愿者。根据上级要求，区里要组建文化志愿者大队，各镇（街道）要建立文化志愿者中队。加强对文化志愿者的管理，支持文化志愿者开展活动。区文化馆要加强业务指导。

七、建立完善基层宣传文化队伍的工作业绩考核

（十二）加强基层宣传思想文化工作业绩考核。科学制订考核办法，健全评价机制，建立和完善区委对镇（街道）、镇（街道）对村居（社区）的宣传思想文化工作目标责任考核体系，着力把宣传思想文化工作的隐性政绩转化为显性的可操作的量化标准。区委宣传部要加强对宣传文化系统领导班子、领导干部和镇（街道）宣传委员、宣传干事、文化员的业绩考核，各镇（街道）要加强对村居（社区）宣传文化工作人员的业绩考核，在重点工作的完成情况、体现办事效率和服务水平等方面拟定合理可行的量化考核办法。突出考核宣传文化工作围绕中心、服务经济社会发展所取得的实际成效，突出考核建设公共文化服务体系、推动文化大发展大繁荣、满足人民群众精神文化需求所取得的实际成效，突出考核把握导向、维护社会和谐稳定所取得的实际成效。要强化考核评价结果运用，把考核评价结果作为加强宣传文化干部队伍建设的重要依据，与干部提拔任用、奖励惩罚、培养教育、管理监督有机结合起来。进一步健全完善激励表彰制度，在各级宣传文化系统表彰先进活动中更多地向基层倾斜。

八、加大宣传思想文化工作的保障力度

（十三）建立完善经费投入机制。建立健全区级和城乡基层宣传文化队伍建设的经费投入机制，把区级宣传文化工作经费纳入同级财政预算，保证宣传文化投入随着地方经济的发展和财力的增强逐年增长，确保宣传文化领域重点活动、重点项目的顺利推进。镇（街道）宣传文化经费按人口总数确定相应的基数标准，每年也要随着地方经济的发展和财力的增强逐步增长。完善镇（街道）文化站工作人员养老、失业、医疗保险、住房公积金等社会保障机制，确保应有的工资福利待遇。

九、加强对宣传文化队伍建设的领导

（十四）切实加强对宣传文化工作的领导。各级党组织要真正关心支持宣传文化队伍建设，帮助解决实际困难和问题。各相关职能部门应当主动加强沟通配合，各负其责，抓好落实。组织、机构编制、发改、财政、人事和社会保障等部门，要贯彻好中央、省委和市委精神，严格按照相关要求落实对区级和城乡基层宣传文化队伍建设的各项措施。各镇（街道）要做好基层宣传文化干部职级待遇、干部队伍建设等工作。区委宣传部要会同有关部门，加强对本意见贯彻执行情况的督促检查，并将贯彻执行情况及时向区委报告。

十、本意见由区委宣传部和有关部门负责解释。

十一、本意见自发布之日起施行。凡与本意见不一致的，按照本意见执行。

中共舟山市普陀区委
关于加强全区宣传文化队伍建设的实施意见

（2011年10月18日）

普委〔2011〕10号

为深入贯彻中宣部等六部门《关于加强地方县级和城乡基层宣传文化队伍建设的若干意见》（中宣发〔2010〕14号）、省委宣传部等六部门《关于加强地方县级和城乡基层宣传文化队伍建设的实施意见》（浙宣〔2010〕60号）、市委宣传部等六部门《关于加强县区和城乡基层宣传文化队伍建设的实施意见》（舟宣〔2011〕9号）文件精神，结合我区实际，现就加强全区宣传文化队伍建设提出如下实施意见：

一、充分认识加强宣传文化队伍建设的重要意义

基层宣传文化队伍是党的宣传文化队伍中一支重要力量，担负着用党的理论路线方针政策联系群众、宣传群众、教育群众、引导群众、凝聚群众的重要职责。长期以来，我区宣传文化队伍在区委、区政府的正确领导和上级宣传部门的有力指导下，为推动普陀经济社会又好又快发展提供了强大的精神动力、思想保证和舆论支持。同时也应该看到，我区宣传文化队伍建设还不能充分适应新形势下全区宣传文化工作的新要求。因此，要从党和国家发展全局高度和加快推进浙江舟山群岛新区建设的实际出发，进一步增强责任感、使命感和紧迫感，采取有力措施把这项基础性、战略性工程抓紧、抓实、抓好，努力造就一支政治坚定、素质优良、扎根基层、服务群众的宣传文化队伍。

二、认真落实加强基层宣传文化队伍建设的各项任务

1. 明确区委宣传部基本任务和主要职责。区委宣传部作为区委主管意识形态方面工作的综合职能部门，负责指导宣传文化系统各单位、各部门的工作，在加强基层宣传文化队伍建设中发挥着组织者、推动者和实践者的重要作用。区委宣传部的主要职责是：组织开展思想理论教育，积极向党员、干部和群众宣讲党的理论、路线、方针和政策；组织开展群众文化和社科知识普及活动，促进文化事业和文化产业发展，丰富群众文化生活；管好用好宣传文化阵地，组织开展对外宣传，加强互联网宣传和管理工作，营造良好的社会舆论氛围；组织开展群众性精神文明创建活动，培育社会文明新风尚；组织开展基层干部群众思想动态调查研究，提出对策建议；加强宣传文化队伍建设，为推动社会主义文化大发展大繁荣提供坚强的组织保证和人才支持。

2. 抓好领导班子建设和干部管理工作。切实加强区委宣传部领导班子建设。坚持德才兼备、以德为先的用人标准，选好、配强区委宣传部领导班子。坚持党管宣传、党管文化、党管干部和管人与管事相结合的原则，区委组织部、区委宣传部要切实抓好全区宣传文化系统单位领导班子建设和基层宣传文化干部管理工作。区委宣传部要认真做好宣传文化系统各单位中层重要岗位干部的管理工作，乡镇街道党委宣传委员的任免应事先征求区委宣传部的意见。

3. 充实加强区委宣传部工作力量。根据工作需要和队伍建设实际不断充实力量，按照现有定编尚未配齐人员的，应抓紧配齐人员。要落实好中央、国家有关部委关于非领导职务的配备要求。区委宣传部要根据思想理论教育、宣传舆论引导、公共文化服务、舆情调查研究、精神文明建设、对外宣传与网络宣传管理等工作日益繁重的现状，综合设置职能科室，配备相应人员，根据实际工作需要，进一步充实加强工作力量，尤其要加强精神文明建设、对外宣传与网络宣传管理。

4. 加强乡镇(街道)宣传文化队伍建设。选优配强乡镇(街道)党委宣传委员,配备专职宣传文化干事,明确宣传委员、宣传文化干事工作职责,确保主要精力做好各项宣传文化工作。乡镇(街道)综合文化站要配备专职人员,每个乡镇(街道)综合文化站(中心)一般要有2个以上编制,中心镇可适当增加编制,要选好、配强乡镇(街道)综合文化站(中心)站长(主任)。加强社区宣传文化工作力量,各社区班子中要有1名成员负责宣传文化工作,并配备1名专(兼)职宣传文化员。要建立社区宣传文化指导(辅导)员队伍,有条件的可聘用大中专毕业生担任社区宣传文化工作指导(辅导)员,确保事有人管、责有人担。

5. 加大基层宣传文化干部人才的培训培养力度。根据中央和省、市委对宣传文化系统干部培训要求,切实制定可行的教育培训计划,在组织好人员参加上级党委宣传部开展的各类培训、轮训的同时,区委宣传部要将社区宣传文化工作者、文化志愿者纳入培训范围。加强干部交流和实践锻炼力度,区级宣传文化系统领导班子成员在同一岗位任职满10年的,应当交流,工作业绩突出的应当提拔重用。积极选派宣传文化部门干部和工作骨干到乡镇(街道)和上级机关、企事业单位进行多岗位实践锻炼。

6. 加强民间文化人才队伍建设。大力支持民间文化人才队伍发展,认真贯彻落实《浙江省优秀民间文艺人才培养管理办法》,关心重视民间文艺人才和非公有制经济组织及新社会组织中的文化人才,加强对这方面人才的发现和培养。完善民间文艺人才培养服务机制,对文化能人、民间文艺传承人等文化人才给予适当经济补助。积极培育和发展文化志愿者队伍,动员和鼓励各方面人才特别是有文艺专长的人员成为文化志愿者。加强对文化志愿者的管理,大力支持文化志愿者开展活动。

7. 完善宣传文化队伍工作业绩考核。区委宣传部要加强对宣传文化系统各单位及乡镇街道宣传系统干部和文化站工作人员的工作业绩考核,考核评价内容要充分体现宣传文化系统工作特点,考核纳入党委、政府工作目标考核体系。要强化考核评价结果的运用,制定明确的工作任务、岗位职责和量化考核标准,考核评价要与奖惩挂钩,把考核评价结果作为加强宣传文化干部队伍建设的重要依据,与干部选拔任用、培养教育、管理监督、激励约束有机结合起来,不断激发干部创新创业热情。

三、切实加大宣传文化队伍建设的保障力度

1. 强化组织保障。各级党委政府要切实加强对宣传文化工作的领导,帮助宣传文化部门解决工作中遇到的实际困难和问题,支持宣传文化队伍建设。党委组织、机构编制部门,政府发展改革、财政、人力资源和社会保障等部门,要贯彻好中央和省、市委精神,切实落实对全区和城乡基层宣传文化队伍建设的各项要求。

2. 强化经费保障。要进一步加大对基层宣传文化队伍建设的投入,充分发挥政府和社会两个方面的作用,形成多元、稳定的投入机制。特别是政府要发挥主导作用,财政部门要随着经济的发展和财力的增强,做到宣传文化投入逐年增长。要设立专项资金,用于公共文化服务、舆论引导和对外宣传、精神文明建设、干部队伍教育和人才培养工程等方面,为宣传文化各项工作的顺利开展提供保障。

3. 强化制度保障。宣传文化部门要认真履行职责,主动加强与相关部门沟通协调,积极争取支持和帮助。各乡镇、街道和有关部门要认真对照本意见精神进行自查,对不符合要求的,要抓紧予以整改落实。

社会民生篇

中共浙江省委　浙江省人民政府
关于深入发展和谐劳动关系的意见

（2011 年 2 月 23 日）

浙委〔2011〕23 号

为认真贯彻落实党的十七届五中全会精神，进一步形成企业和职工利益共享机制，促进经济持续健康发展和社会公平和谐，加快全面建成惠及全省人民的小康社会，现就深入发展和谐劳动关系工作提出如下意见。

一、充分认识新形势下深入发展和谐劳动关系的重要意义

和谐劳动关系是社会主义和谐社会的重要内容。深入发展和谐劳动关系是维护职工合法权益、促进职工全面发展的根本举措，是促进企业持续健康发展、推动经济转型升级的重要保障，是巩固发展党的执政基础和群众基础、动员广大职工投身中国特色社会主义伟大事业的必然要求。近年来，全省各级党委、政府深入贯彻落实科学发展观，认真贯彻实施劳动法律法规，率先培育开放城乡劳动力市场，优化人力资源配置；推进大社保体系建设，加快建立人人享有的社会保障制度；强化和落实企业社会责任，促进企业与职工互利共赢发展；打造社会化维权平台，充分发挥工会组织在维护职工合法权益中的作用；开展劳动关系和谐企业（开发区、工业园区）创建活动，普遍建立劳动关系三方协调机制，企业生产经营持续健康发展，职工权益得到较好维护，社会保障水平明显提高，劳动监察执法明显强化，全省劳动关系总体保持和谐稳定。义乌社会化维权、温岭工资集体协商、北仑劳动争议社会化大调解、传化集团发展和谐劳动关系等做法和经验，得到中央领导同志的肯定。同时，也要清醒地看到，随着劳动关系日益多元化、复杂化，广大职工特别是新生代农民工的价值观念、社会需求发生了较大变化，就业难和招工难问题并存，企业职工收入分配机制尚不健全，基本公共服务供给还不能满足广大职工的需求，劳动纠纷矛盾进入易发期和多发期，协调劳动关系的任务依然十分繁重。各级党委、政府要从建设“平安浙江”、“法治浙江”，构建和谐社会的高度，切实增强紧迫感和责任感，把发展和谐劳动关系工作摆到突出位置，准确把握本地区劳动关系的现状和特点，深入分析工作中存在的薄弱环节，进一步加大工作力度，完善工作举措，创新工作思路，健全体制机制，推动全省发展和谐劳动关系工作上新台阶。

二、总体要求和工作原则

（一）*总体要求*。高举中国特色社会主义伟大旗帜，以邓小平理论和“三个代表”重要思想为指导，全面贯彻落实科学发展观，深入实施“八八战略”和“创业富民、创新强省”总战略，坚持党委领导、政府履职、工会推动、企业参与的工作格局，全面实施劳动法律法规规章，完善各项制度政策，依法维护职工和企业的合法权益，着力构建规范有序、公平合理、互利共赢、和谐稳定的劳动关系，促进企业持续健康发展，实现广大劳动者体面劳动和生活。

（二）工作原则。

坚持职工和企业利益双维护。正确处理发展经济与改善民生、维护职工合法权益与促进企业健康发展的关系，引导广大企业始终坚持以职工为本、以职工全面发展推动企业健康发展，引导广大职工与企业同呼吸共命运、立足岗位建功立业，在促进企业健康发展中改善自己的生活，实现职工和企业利益双维护，实现共建共享、和谐发展。

坚持行政和市场双调节。在党委的领导下，政府及有关部门、工会组织和企业方代表组织依法协调劳动关系，广大企业和职工依法开展企业民主管理，加快推进劳动关系协调工作的制度化、规范化、长效化。进一步健全城乡统一、开放有序的劳动力市场，强化市场服务，规范市场管理，充分发挥市场对劳动力资源配置的基础性作用和对劳动关系的调节作用。

坚持物质和精神双关怀。坚持以人为本，着眼于满足职工全方位多层次需求，既注重落实物质待遇，又注重加强人文关怀，切实保障广大劳动者在就业创业、劳动合同、职业培训、安全卫生、休息休假、劳动报酬、社会保险、社会福利、居住条件、子女教育、文化娱乐、权益维护等方面的权利，使广大劳动者物质有保障、精神有追求，促进广大劳动者身心健康和全面发展。

坚持企业和区域双创建。动员社会各方力量积极参与，广泛深入开展劳动关系和谐企业创建活动，积极推动开展区域性创建活动，进一步形成全方位、多层次的和谐劳动关系创建格局。把创建活动与建章立制、规范管理紧密结合起来，促进劳动关系协调长效机制的建立。健全组织机制，完善评价体系，提高创建质量和水平。

三、强化劳动关系基础

（一）全面实施劳动合同制度。深入实施《中华人民共和国劳动合同法》，大力推行劳动合同制度，重点解决小企业特别是农民工劳动合同签订率偏低问题。到2012年，所有企业与职工普遍签订劳动合同。依法规范劳动合同内容，提高劳动合同质量。各级人力社保部门要加强指导服务，制订适合小企业和农民工特点的简易劳动合同格式文本，为签订劳动合同提供便利。企业和职工双方要全面履行劳动合同，依法变更、解除和终止劳动合同。劳动合同签订率纳入各级政府年度工作目标责任考核。

（二）加快推行集体合同制度。认真贯彻实施《浙江省集体合同条例》，建立健全民主、平等的集体协商机制，扩大集体合同覆盖面。到2012年，已建立工会的企业普遍与职工方签订集体合同。拓展集体协商领域和内容，扩大专项集体合同和行业性、区域性集体合同覆盖面。产业集群发展规模较大、行业特色明显、中小企业众多的区域，要尽快建立健全行业性、区域性集体合同制度。企业与职工双方要全面履行集体合同。各级人力社保部门、工会组织及其他有关部门要依法加强对集体合同签订和履行的指导监督，行业协会和商会要积极发挥自律作用。

（三）建立健全企业民主管理制度。依照国家法律和《浙江省企业民主管理条例》等有关规定，加强企业民主管理，积极推进厂务公开，依法保障职工知情权、参与权、表达权和监督权。企业应当就直接涉及职工切身利益的重大事项建立健全规章制度，并通过职工大会、职工代表大会或其他形式，与工会或者职工代表平等协商确定，依法履行告知程序。规范完善职工代表大会制度，建立健全公司制企业职工董事、职工监事制度。职工要遵守企业依法制定的规章制度，切实履行劳动义务。各级政府及有关部门和工会组织要指导企业健全民主管理制度，依法完善企业规章制度，并督促双方认真履行。到2012年，企业职工代表大会和厂务公开工作在公有制企业实现全覆盖，在已建立工会的规模以上非公有制企业中达到80%。

（四）依法规范劳动用工行为。坚持企业用工自主，依法规范企业用工行为。严禁非法用工，规范使用劳务派遣和非全日制用工。规范职工考勤记录、工资支付等基础管理，认真执行国家工时制度，确保职工休息休假权利。企业要积极履行社会责任，努力稳定职工就业岗位，确实需要裁员的，要规范裁员行为，履行法定程序，避免引发劳动纠纷。企业改制和关闭破产时，要依法保护职工权益，确保社会稳定。各级政府及有关部门和工会组织要加强对企业裁员行为的指导和管理。

四、着力调节收入分配

（一）加强对企业工资分配的指导和调控。继续完善工资指导线、人力资源市场工资指导价位、行业人工成本信息指导制度，加快建立统一规范的薪酬调查和信息发布制度。加强调控，引导企业合理进行工资分配，“十二五”期间企业一线职工工资增长幅度要普遍高于企业平均工资增长幅度。积极创造条件，鼓励企业职工增加财产性收入。加强国有企业工资分配管理。各级人力社保部门要会同财政、国资监管部门进一步规范完善国有企业收入分配管理办法，理顺管理体制，规范分配秩序，限制过高收入，努力扭转行业之间、经营者与职工之间收入差距扩大趋势。

（二）稳步提高和严格执行最低工资标准。各级政府要统筹考虑经济发展水平、物价水平和职工平均工资增长等因素，科学制定最低工资标准。“十二五”期间，建立最低工资标准与人均地区生产总值联动增长机制，稳步提高最低工资标准，最低工资标准的增长幅度要明显高于社会平均工资增长幅度。加强监督检查，及时查处企业利用计件工资和通过加班加点规避最低工资的行为，确保最低工资制度有效落实。

（三）加快建立健全职工工资集体协商机制。充分发挥劳动关系协调三方机制作用，加强基层工会组织和行业协会、商会等企业代表组织建设，加快推动各类企业普遍建立工资集体协商机制，大力推行行业性、区域性工资集体协商机制。已建立工会的企业，2012年年底前要全面推行工资集体协商。积极支持广大职工特别是职工代表参与工资集体协商，工会组织要积极主动行使协商要约权，企业要积极响应要约。职工工资集体协议签订后，双方要严格履约，有关方面要监督执行。企业经过工资集体协商发放给职工的合理的工资薪金支出，经当地人力社保部门审核同意可列入企业成本。

（四）完善职工工资支付保障机制。完善企业工资保证金、欠薪应急周转金、农民工记工考勤卡“两金一卡”制度，落实属地管理责任，加大企业工资支付保障工作力度。加强对重点行业、重点区域的监控，切实防范处置拖欠职工工资特别是农民工工资问题，实行行政司法联动，坚决打击恶意拖欠工资行为，确保广大职工按时足额领到工资，确保不发生新的拖欠，确保不因欠薪引发重大群体性事件。

五、促进职工身心健康和全面发展

（一）加强安全生产和劳动保护。认真贯彻实施安全生产法律法规规章，落实安全生产责任，健全安全生产管理制度，完善安全生产标准，提高安全生产技术水平，夯实企业安全生产基础。加强安全生产日常监管，建立健全安全生产隐患排查与治理机制，确保隐患治理整改责任、措施、资金、时限和应急预案“五到位”。加大安全生产投入，积极推行使用安全适用的技术和装备，提高安全生产保障能力。强化职工安全生产培训教育，深入开展群众性安全生产活动，增强广大职工的安全意识和安全生产能力。改善劳动条件，加强劳动保护和职业卫生，切实保障广大职工的生命安全和身心健康。

（二）提高劳动者职业技能。坚持城乡统筹、就业导向、技能为本、终身培训的原则，健全面向全体劳动者的职业培训制度，努力实现“培训一人、就业一人”和“就业一人、培训一人”的目标。面向有就业要求和培训愿望的劳动者开展多种形式的就业技能培训，强化实际操作技能训练和职业素质培养，提高其就业能力。健全企业职工培训制度，通过在岗培训、脱产培训、业务研修、技能竞赛等多种形式，大力培养高技能人才。统筹利用各类职业培训资源，创新培训模式，提高培训质量，使职业培训贯穿劳动者从初级工、中级工、高级工到技师、高级技师的成长全过程，不断提高广大职工的职业技能水平和素养。

（三）增进职工人文关怀。各级党委、政府及有关部门、工会组织和广大企业要加大资金投入，积极兴办福利事业，为广大职工调养身心、提高素质，全面参与经济、政治、文化和社会生活，实现自我价值、追求幸福生活创造良好条件。加强企业党组织和工青妇组织建设，大力弘扬社会主义核心价值体系和工人阶级伟大品格，动员广大职工以企业发展为己任，不断增强对企业的认同感和归属感。支持广大职工特别是青年职工通过多种途径学习成才，提高综合素养，引导鼓励他们立足岗位，奋发进取，建功立业。加强职工文化阵地建设，着力培育企业先进文化，开展丰富多彩的文体活动，丰富职工的业余生活。高度重视职工心理健康，建立机制、构建平台，畅通职工交流情感、表达诉求、参与企业民主管理的渠道，加强对青年职工特别是新生代农民工的心理疏导，提高职工心理素质和心理调适能力。高度关注职工需求，积极开展“人文关怀进企业、进园区”等主题活动和为职工献爱心、送温暖活动，特别是对困难职工要倍加关怀，努力为他们排忧解难。

六、强化基本公共服务

（一）完善社会保障制度。加快建立健全“多层次、广覆盖、保基本、可持续”的社会保障体系，持续扩大社会保障覆盖面，确保广大企业职工公平享有基本社会保障。贯彻实施社会保险法，继续推进社会保险费“五费合征”，加强制度衔接、完善相关政策、稳步提高待遇，妥善处理历史遗留问题，加快推动五大社会保险向人员全覆盖迈进。加快社会保险信息网络建设，加快实施社会保险“一卡通”，强化社会保险服务管理工作。继续深化完善社会救助体系，健全低保金动态调整机制，完善专项救助政策，落实困难群众基本生活价格补贴机制，加快发展社会慈善事业，动员全社会力量扶贫帮困，切实保障包括困难职工在内的困难群众的基本生活。

（二）加强公共医疗卫生服务。完善公共医疗卫生服务体系，积极推进公立医院改革，健全城乡社区卫生服务网络，建立健全大型工矿企业医务室，方便职工群众就地就近就医。认真贯彻实施《中华人民共和国职业病防治法》，加强职业卫生监管，健全企业劳动卫生制度，提供基本职业卫生服务，严格落实职工职业卫生防护和职业健康检查，加强对威胁职工群众身体健康的职业病、传染病、慢性病等的监测与预防控制，有效控制职业危害，依法落实职业病人待遇。按照属地服务管理原则和基本公共服务均等化要求，落实农民工在传染病防治、住院分娩、孕产妇保健管理、儿童保健和免疫接种等基本公共卫生服务方面的市民待遇，免费为农民工提供各项计划生育技术服务。

（三）重视解决好农民工子女入学问题。各级政府要将农民工同住子女义务教育纳入教育事业发展规划，统筹安排，同步实施，保障其平等接受义务教育。持有本省居住证的农民工，与其同住的子女需要在居住地接受义务教育，符合省政府规定条件的，可以凭居住证到居住地所在县级人民政府教育主管部门申请就读。县级人民政府教育主管部门应当按照规定予以保障，不得收取学费、杂费、借读费、教科书费、作业本费。

（四）着力解决企业职工住房问题。加大保障性安居工程建设力度，加快公共租赁住房、廉租住房、经济适用住房等保障性住房建设，努力改善城市中等偏下收入住房困难家庭的居住条件。积极鼓励企业职工通过住房公积金按揭贷款等政策途径解决住房问题。农民工数量较多的城市，要加强政策支持，采取有效措施，多渠道、多形式改善农民工居住条件。特别是农民工集中的开发区和工业园区，要按照集约用地的原则，积极引导企业等各类投资主体建设一批面向区内就业人员出租的公共租赁住房。企业要切实承担起改善农民工居住条件的责任，向农民工提供符合基本卫生和安全条件的居住场所。

七、努力化解劳动关系矛盾

（一）加大劳动监察执法力度。健全完善劳动法律监督制度，充实劳动监察力量，加强劳动监察网格化、网络化建设。有计划地开展劳动用工、劳动合同、工资支付、社会保险、工作时间、安全生产等专项执法检查，建立重大案件挂牌督办制度，依法及时查处拖欠工资、违法用工、不签订劳动合同、不依法参加社会保险等侵害职工合法权益的违法行为，对构成犯罪的要依法追究刑事责任。

（二）加强劳动争议调解处理。贯彻“预防为主、基层为主、调解为主”的工作方针，继续推进乡镇（街道）、村（社区）、企业三级劳动争议调解组织建设，完善基层人民调解组织、劳动争议调解组织、劳动人事争议仲裁机构建设，充实一线劳动争议调解工作力量，加快形成多渠道、多层次的社会化调解网络，最大限度地通过调解快捷平稳地解决劳动争议，把矛盾化解在基层，消除在萌芽状态。各级劳动人事争议仲裁机构、司法机关要本着为民服务、落实“快立案、快结案、办好案”的原则，及时有效调解处理劳动争议案件，切实保护职工合法权益。

（三）着力防范劳动关系矛盾激化。各级党委、政府及有关部门要将劳动关系舆情作为社会舆情分析的重要内容，定期分析研判本地区劳动关系发展状况，及时发现和妥善处理涉及劳动关系突出问题的舆情。建立健全突发事件隐患动态预警和重大事件报告制度，及时掌握企业生产经营状况和职工权益保护情况，及时妥善解决职工的合理诉求，耐心细致地做好思想引导工作。对劳动关系领域出现的苗头性、倾向性问题，要积极主动应对，及时妥善处理，确保事态不蔓延、不升级、不转化。

八、深入开展创建活动

（一）加快实现企业创建全覆盖。充分发挥创建和谐劳动关系先进企业的示范引领作用，以非公有制企业、中小企业为重点，不断扩大劳动关系和谐企业创建活动的覆盖面。已建立工会的企业到2012年开展创建活动的要达到90%以上，到2013年实现创建活动全覆盖。通过开展创建活动，引导广大企业积极履行社会责任，严格执行劳动法律法规规章和政策，切实保障职工合法权益。

（二）积极推动区域性创建活动。积极推动劳动关系和谐开发区（工业园区）创建活动，探索开展劳动关系和谐乡镇（街道）、劳动关系和谐城市创建活动。到2013年，省级以上开发区（工业园区）普遍达到创建标准，其他开发区（工业园区）普遍开展创建活动，50%以上乡镇（街道）的创建活动达到有组织、有标准、有考评、有激励、有实效的“五个有”要求。探索开展创业型城市、充分就业城市、无欠薪城市创建活动。

（三）不断提高创建质量和水平。各地要加强组织协调，制定具体实施方案，广泛动员各方参与创建活动。进一步完善综合性与专项性、区域性与行业性、定性与定量相结合的创建考核评价标准。着眼于解决影响劳动关系和谐发展的突出问题，因地制宜确定创建模式，制定不同层面的创建考核评价办法，提高创建活动的针对性和实效性。注重创建过程，注重职工参与，逐步从评选制向申报制过渡，形成分级管理、滚动晋级的创建工作机制。劳动关系和谐企业创建活动情况纳入企业信用评价体系。探索建立劳动关系和谐企业创建活动情况与政府支持政策挂钩的机制。涉及企业和经营者的各类评优创先，要把和谐劳动关系创建活动情况作为重要条件和依据。加强创建活动的后评估，对复查评估不合格的，取消其创建荣誉。支持和鼓励各地积极探索，建立和完善劳动关系评价指数和企业社会责任评价体系。

九、加强组织领导

（一）落实领导责任。发展和谐劳动关系是一项重大系统工程。各级党委、政府要高度重视，切实加强领导，落实工作责任，组织动员各方力量合力推进。各级组织、宣传、人力社保、经信、教育、公安、司法、财政、环保、建设、卫生、人口计生、国资监管、工商、安全生产监管、法制、综治、法院等单位和工会组织、企业代表组织要密切配合、加强协作，形成齐抓共管的工作局面。鼓励各地探索实践，大胆推进制度创新、政策创新和工作创新。开展区域劳动关系和谐指数评价和发布工作。

（二）健全协调机制。各级人力社保部门要会同工会组织、工商联及其他企业方代表组织，进一步健全劳动关系三方协调机制，共同研究解决劳动关系协调中遇到的重大问题，及时向党委、政府提出意见和建议。人力社保部门要切实履行牵头职责。工会组织要进一步加强基层工会建设，发挥组织优势，及时反映职工的呼声和要求，维护职工合法权益。工商联要加强对非公有制企业的引导教育。企业联合会、企业家协会等企业方代表组织要积极开展调查研究，代表企业参与劳动关系协调，引导企业切实履行社会责任。

（三）加强法治建设。加强劳动关系协调的地方立法工作，完善劳动关系协调制度和政策，着力解决劳动关系协调中存在的普遍性问题和深层次矛盾。增强劳动关系协调政策法规的科学性和可操作性，保证广大职工的合理诉求和合法权益得到充分体现。保障法制统一和规范，对与上位法相抵触、不一致，或者相互之间不协调的法规规章和规范性文件，要及时修改或者废止。加大法律法规宣传教育和普及力度，增强全社会守法意识。强化行政执法责任制，加强部门联动和配合，提高执法能力和效率。

（四）强化舆论引导。各级党委、政府及有关部门要组织新闻媒体大力宣传发展和谐劳动关系的重大意义，大力宣传创建和谐劳动关系先进开发区（工业园区）、先进企业和先进工作者的事迹，大力宣传富有社会责任感、悉心关爱职工的优秀企业经营者和爱岗敬业、勇于奉献的优秀职工的事迹。及时总结推广实践中涌现出的成功经验，引导社会各方面积极参与支持和谐劳动关系创建活动，为发展和谐劳动关系营造良好的社会氛围。

各市、县（市、区）党委、政府和省直有关单位要根据本意见，结合实际抓紧研究具体实施意见。工作中遇到的重大情况和问题，要及时报告。

浙江省人民政府关于加快实施城乡居民社会养老保险制度的意见

浙政发〔2011〕19号

我省自2009年建立城乡居民社会养老保险制度以来，各级政府高度重视，扎实推进各项工作，已经取得明显的阶段性成效。截至2010年底，全省城乡居民社会养老保险参保人数已达1170万人，其中578万人已领取养老金。但在实际工作中也存在参保率不够高、参保人员缴费额偏低、基层经办力量不足等问题。为到2012年基本实现城乡居民应保尽保的目标，特提出如下意见：

一、指导思想和基本原则

（一）指导思想。以科学发展观为指导，紧紧围绕富民强省、社会和谐的根本目的，按照在全国率先建立覆盖城乡居民社会保障体系的总体要求，深入实施城乡居民社会养老保险制度，加强统筹协调，完善政策措施，提高服务能力，推进参保缴费，稳步提高待遇水平，确保所有城乡居民老有所养。

（二）基本原则。一是完善政策、扩大覆盖面。进一步加强政策宣传，强化激励机制，在制度全覆盖基础上加快实现城乡居民应参保人员基本参保。二是合理筹资、提高待遇。鼓励个人选择缴费标准，加大财政补贴力度，逐步提高城乡居民社会养老保险待遇水平，努力实现"保基本"的要求。三是规范管理、高效服务。加强部门协调，强化平台建设，规范经办业务，不断提升管理能力和服务水平。

二、主要目标任务

（一）加快实现城乡居民应参保人员基本参保的目标。到2011年底，全省城乡居民参保人数达到1250万人以上，参保率达90%，其中45—59周岁人员参保率达95%；到2012年底，全省城乡居民参保人数达到1330万人以上，参保率达95%以上。

1. 加大缴费激励。各地要进一步完善现行参保缴费政策，对选择当地上年度农村居民人均纯收入或城镇居民人均可支配收入8%及以上缴费档次的参保人员，适当加大财政缴费补贴力度，激励和引导参保人员早参保、多缴费、多得益。

2. 加强政策宣传。各地要进一步加大城乡居民社会养老保险制度宣传力度，采取政策解读、典型引导、帮助群众算账等多种形式，在重点做好45—59周岁人员参保缴费工作的同时，积极引导45周岁以下的中青年参保缴费，不断扩大城乡居民社会养老保险覆盖面。要采取有效措施，推动原老农保参保人员加快衔接纳入城乡居民社会养老保险，推动被征地农民积极参加城乡居民社会养老保险。

（二）稳步提高待遇水平。到2012年底，通过个人选择当地上年度农村居民人均纯收入8%左右缴费档次缴费和适当增加财政补贴等办法，逐步使参保缴费人员养老待遇接近或达到当地农村最低生活保障水平。

1. 适时适度调整基础养老金。根据经济社会发展水平和财政承受能力，综合考虑农村居民人均纯收入、城镇居民人均可支配收入增长情况等因素，适时适度调整全省城乡居民社会养老保险基础养老金最低标准。鼓励各地从当地实际出发，合理适度提高基础养老金水平。

2. 增加缴费年限养老金档次。为进一步体现"长缴多得"原则，增设16年及以上缴费年限养老金月计发标准，对缴费16年及以上的参保人员，其月缴费年限养老金从第16年起按5元/年计发。

3. 建立高龄老人补贴制度。各地要整合已出台的高龄补贴政策，从2011年4月1日起，对年满80周岁的高龄老人，在享受城乡居民养老金待遇的同时，每月给予不低于30元的高龄补贴。

（三）健全完善制度政策。健全政策体系，完善财政补贴机制，实现相关养老保障制度与城乡居民社会养老保险制度的畅通衔接。

1. 加快相关养老保障制度衔接。研究解决老农保、被征地农民基本生活保障和其他各类原有城乡养老保障制度与城乡居民社会养老保险制度的整合衔接，增强城乡居民社会养老保险制度的兼容性，逐步实现城乡居民养老保障制度标准统一、待遇发放统一、管理服务统一。

2. 完善财政补贴长效机制。各地要统筹政府财力，确保城乡居民社会养老保险财政补贴资金足额到位。加大省级财政转移支付力度，进一步规范分类分档转移支付比例，增强欠发达地区的财政保障能力。

3. 建立健全基金监管制度。加快制定城乡居民社会养老保险财务会计制度，建立健全城乡居民社会养老保险基金管理的各项规章制度，加强管理，规范运作。加大对基金收缴、发放、管理和运营各个环节的监控和检查，定期公布基金筹集和支付信息，做到公开透明，接受社会监督，确保基金安全。

（四）提高经办服务能力。加快建设覆盖城乡的基层劳动保障和社会救助服务平台，把城乡居民社会养老保险经办服务纳入其中，加快推进信息网络建设，着力构建规范高效的经办服务体系。

1. 加快实现基层服务平台全覆盖。各地要加大基层劳动保障和社会救助服务平台建设资金投入，合理配备人员，确保乡镇(街道)基层服务平台建设实现机构、场地、人员、经费、制度、工作“六到位”。加快推进行政村(社区)服务平台建设，到2011年底每个行政村(社区)服务平台都要有一名人员经办城乡居民社会养老保险业务并保持相对稳定，有一套信息终端设备，有一条联接专网或公网的信息线路，向每位参保人员发放一张银行卡，并建立规范的经办工作制度，作出相应的服务承诺。

2. 加快推进城乡居民社会养老保险信息网络建设。各地要有效整合劳动保障信息平台，进一步完善城乡居民社会养老保险统一信息系统，加快实现全省所有乡镇(街道)、村(社区)城乡居民社会养老保险信息网络全覆盖。实施全省参保人员生存信息实时共享工程，到2011年底完成参保人员生存信息省级数据中心和全省所有生存信息采集节点及养老保险经办机构比对节点建设，实现参保人员生存信息网络实时核查。建立城乡居民户籍动态信息沟通机制，确保城乡居民社会养老保险参保人员户籍信息准确完整。

3. 构建规范高效的经办服务体系。各地要进一步加强社会保险经办机构建设，根据实际工作需要配备城乡居民社会养老保险工作力量，工作经费列入当地财政预算。建立健全工作制度，加强业务培训，提高人员素质，确保经办规范有序，流程运转顺畅。加快推进城乡居民社会养老保险金融代办服务向乡村延伸，到2011年底实现城乡居民社会养老保险参保缴费、待遇发放由金融机构代收代发。

三、加强组织领导

加快实施城乡居民社会养老保险制度，是实现到2012年人人享有基本养老保障目标的重要保证。各市、县(市、区)政府要进一步高度重视这项工作，根据本意见要求抓紧制定具体实施方案，并将其纳入当地经济社会发展规划和年度计划，作为政府年度目标责任制考核的重要内容，加大经费保障力度，确保完成目标任务。各级各有关部门要各负其责、密切配合，进一步形成工作合力。人力资源社会保障部门要充分履行城乡居民社会养老保险行政主管部门的职责，统筹规划，加强协调，规范管理，及时通报相关情况；财政部门要制定年度预算，足额安排资金，并及时拨付到位；公安部门要认真核实户籍信息，及时提供信息变更情况；民政部门要及时提供参保人员生存信息。

二〇一一年三月十五日

浙江省人民政府
关于加快推进保障性安居工程建设
坚定不移做好房地产市场调控工作的若干意见

浙政发〔2011〕21号

为加快推进保障性安居工程建设，坚定不移做好房地产市场调控各项工作，根据《国务院办公厅关于进一步做好房地产市场调控工作有关问题的通知》(国办发〔2011〕1号)和全国保障性安居工程工作会议精神，现提出如下意见，请认真贯彻执行。

一、进一步明确总体要求和目标任务

(一)*总体要求*。紧紧围绕科学发展这一主题和加快转变经济发展方式这一主线，按照加快建设惠及全省人民小康社会的总体要求，以新型城市化为统领，以加快实现“住有所居”为目标，着力深化以住房保障、政策支持、商品住房、产业发展和监管服务为主要内容的城镇住房体系建设；进一步强化土地、资金等要素保障，加大城镇住房保障力度，全面完成保障性安居工程建设各项目标任务；明确新建商品住房价格控制目标，坚持供需双向调节，坚定不移落实房地产市场调控政策，努力实现房地产业与经济社会协调发展。

(二)*主要任务*。2011年全省确保新开工保障性安居工程住房18万套，新增廉租住房货币补贴0.5万户。9月底前力争80%的保障性安居工程项目开工建设，11月底前确保全部开工建设。继续增加房地产居住用地有效供给，加大普通商品住房开发建设力度，严格落实差别化住房信贷、税收政策和限购措施，加强市场监管，规范市场秩序，坚决遏制部分城市房价过快上涨势头，确保实现城市商品住房价格控制目标。

二、加快推进保障性安居工程建设

(三)*突出加快公共租赁住房建设和供应*。各地要把公共租赁住房作为今后实施城镇住房保障的主要形式，保障性安居工程年度建设任务中公共租赁住房建设要占主导地位，并逐年提高其占比。特别是房价较高的城市，更要大幅度增加公共租赁住房供应。要切实落实国家和省提出的在商品住房项目中配建公共租赁住房的要求，尽快建成和配租一批公共租赁住房。同时，要充分运用土地供应、投资补助、财政贴息或注入资本金、税费优惠等政策措施，引导房地产开发企业和其他机构投资者参与公共租赁住房建设和运营，鼓励外来务工人员较多的开发区、产业园区集中建设公共租赁住房，鼓励住房困难职工较多的单位，在符合城乡规划前提下，经当地政府批准利用自用土地建设公共租赁住房。

（四）继续多渠道加快其他各类保障性安居工程住房建设。继续加快廉租住房和经济适用住房建设，到2012年廉租住房、经济适用住房覆盖当地城镇居民人均可支配收入80%以下的住房困难家庭。农业、林业、国有资产管理等部门要切实履行牵头职责，充分调动农（林）场、企业和住户等多方面的积极性，加快推进既有危旧房改造。继续加快城市旧住宅区（危旧房、城中村）改造，改善住户居住条件。

（五）切实加强保障性安居工程建设的资金保障。严格落实《浙江省人民政府关于加快解决城市低收入家庭住房困难的实施意见》（浙政发〔2007〕57号）关于廉租住房保障资金筹集的规定，特别是要在土地出让收入中及时足额计提廉租住房保障资金。省级财政设立保障性住房专项补助资金，支持各地加快发展公共租赁住房和欠发达地区、海岛地区筹集廉租住房房源。对不按规定及时足额计提和使用廉租住房保障资金的地区，不予安排省级以上财政补助资金。市、县（市、区）财政要按照当地保障性安居工程建设任务需要落实配套资金。严格执行国家和省有关保障性安居工程建设税费减免政策，有效降低建设成本。

（六）进一步规范保障性住房建设、分配和管理。各地要认真履行项目建设基本程序，依法规范招标投标行为，落实项目法人责任制、合同管理制、工程监理制，优化完善规划设计和设施配套，确保保障性安居工程施工安全和工程质量，提高宜居性。进一步完善住房保障申请、审核、公示、轮候、复核机制，健全住房保障准入联合审核机制，充分发挥社会监督作用，确保分配过程公开透明、结果公平公正。加强保障性住房合同管理，明确保障对象的权利、义务和违约责任。加强新建公共租赁住房权属管理，不得进行土地分割登记，不得按套、按户进行房屋登记发证。加快建立住房保障管理信息系统，加强日常巡查，实施住房保障对象动态监测和管理，对经济状况和住房状况发生变化、不再符合保障条件或违规使用保障性住房的，严格按照有关规定和合同予以处理。各地要切实加强住房保障管理机构和具体实施机构建设，健全管理体制，充实工作人员，落实工作经费，确保保障性安居工程各项监督管理工作有效落实。

三、加大住房用地供应管理和调控力度

（七）加强用地保障，增加有效供应。严格落实保障性安居工程建设用地责任制。各地要抓紧编制并及时公布2011年度住房用地供应计划，2011年住房用地供应计划总量不得低于前两年年均实际供应量，保障性住房、城市旧住宅区（危旧房、城中村）改造住房和中小套型普通商品住房用地占住房用地供应计划总量的比重不得低于70%。各市、县（市、区）在新增建设用地年度计划中，要单列保障性住房用地，做到应保尽保。凡未按时发布住房用地供应计划的地区，一律不得向保障性住房、城市旧住宅区（危旧房、城中村）改造住房和中小套型普通商品住房以外的商品住房供地。要提前做好保障性安居工程建设项目储备并落实到具体地块，依法收回的国有土地和储备土地优先安排用于保障性安居工程建设。进一步完善供地政策，研究落实住房用地供应预案，建立健全房地产用地招拍挂出让公告审查制度和出让土地高溢价、高地价报备制度。加强对拟出让地块的评估，把握房地产用地出让的区域、数量、结构和时序，积极推广"限房价、竞地价"方式供应中低价位普通商品住房用地。在供应商品住房用地前，要按照本地区向社会公布的年度新建商品住房价格控制目标，以及拟供地所在区域的房价地价水平，合理确定出让底价的控制区间，防止各类商品住房高地价的出现。加强对土地市场准入资格和资金来源审查，凡参加土地竞买的单位或个人，必须说明资金来源并提供房地产开发资质等相应证明。房价高的地区，要进一步增加限价商品住房用地计划供应量。

（八）做好土地市场监测监管。建立健全覆盖全省的地价动态监测系统，特别是要加强对重点城市房地产用地出让地价的监测分析，及时掌握地价异动情况。加强住房建设用地全程监管，实时跟踪土地开发利用情况，加大清理查处违法违规行为的力度，严厉打击囤地炒地，确保闲置土地及时依法依规处置到位，促进住房用地按期依规开发利用。对擅自改变保障性住房用地性质的，要坚决纠正和严肃查处。对已供房地产用地，超过两年没有取得施工许可证进行开工建设的，必须及时收回土地使用权，并处以闲置一年以上罚款。依法查处非法转让土地使用权的行为，对房地产开发建设投资达不到25%以上的（不含土地价款），不得以任何方式转让土地及合同约定的土地开发项目。

四、落实供需双向调节政策，合理引导住房需求

（九）严格落实新建商品住房价格控制目标。各地要围绕落实本地区2011年度新建商品住房价格控制目标，进一步明确各部门职责任务，切实采取有效措施，确保实现价格控制目标。进一步清理调整与当前国家和省房地产市场调控精神不相符、不利于控制本地区新建商品住房价格的有关政策规定。深入研究分析房地产市场供需关系变化，及时掌握近期和后续可供预（销）售的房地产开发项目和新建商品住房供应总量、结构等情况，科学合理引导新建商品住房规范有序上市预（销）售。密切跟踪商品住房价格走势，加强房地产价格统计调查，强化商品住房价格统计分析和动态监测，根据商品住房价格波动情况，及时调整和完善相关政策措施。

（十）严格执行相关税收政策，加强税收征收管理。认真贯彻落实《财政部国家税务总局关于调整个人转让住房营业税政策的通知》（财税〔2011〕12号），对个人购买住房不足5年转手交易的，统一按其销售收入全额征收营业税。按照国家税务总局《土地增值税清算管理规程》要求，着力推进土地增值税清算管理工作，并对定价明显超过周边房价水平的房地产开发项目进行稽查。加大房地产价格评估技术的应用试点和推广力度，加强存量房交易税收征管，坚决堵塞“阴阳合同”产生的税收漏洞。严格执行个人转让房产的所得税征收政策。

（十一）切实执行差别化住房信贷政策。对贷款购买第2套住房的家庭，首付款比例不得低于60%，贷款利率不得低于基准利率的1.1倍。人民银行分支机构可根据地方政府新建商品住房价格控制目标和政策要求，在国家统一信贷政策的基础上，提高第2套住房贷款的首付款比例和利率。银行业监管部门要加强对商业银行执行差别化住房信贷政策情况的监督检查，对违规行为要严肃处理。各银行业金融机构要切实增强政策执行的自觉性、准确性和严肃性，严格执行发放个人住房按揭贷款的信贷政策规定，严禁发放消费性贷款用于购房。

（十二）规范住房公积金贷款管理。住房公积金贷款主要用于支持缴存职工家庭的基本住房需求。利用住房公积金贷款购买第2套住房的，仅限于现有人均住房建筑面积低于当地平均水平的缴存职工家庭用于购买改善居住条件的普通自住房。第2套住房公积金贷款首付款比例不得低于60%，贷款利率不得低于同期首套住房公积金个人住房贷款利率的1.1倍。停止向购买第3套及以上住房的缴存职工家庭发放住房公积金个人住房贷款。严禁使用住房公积金贷款进行投机性购房。

（十三）严格执行住房限购政策。已经出台住房限购政策的城市要制定完善实施细则，确保政策落实到位。对提供虚假证明材料的购房人，不予办理房屋登记手续，相应的经济和法律责任由其本人承担。对未严格核实购房人资格、违规签订商品住房销售合同或代理合同的房地产开发企业、房地产经纪机构，要依法严肃处理。尚未采取住房限购措施的地区，要加强分析研判，根据当地房地产市场走势，密切关注重点地区执行住房限购措施后可能对本地房地产市场产生的影响，适时研究出台住房限购措施，确保实现本地区年度新建商品住房价格控制目标。

（十四）调整优化住房发展方式。要以中小套型、中低价位普通商品住房开发建设为重点，调整优化住房供应结构，保持合理的房地产投资和开发建设规模，满足居民合理住房需求。积极开展国家住宅产业化基地建设和住宅性能认定，推广省地节能环保型住宅和全装修住宅，加大节能、节水、节材、节地、环保等产业化成套技术应用，提升新建商品住房全装修比重，引导建立科学合理的住宅建设模式，促进住宅产业可持续发展。列入国家康居示范工程的房地产开发项目原则上应全装修交付，公共租赁住房全面推行全装修。

五、进一步规范房地产市场秩序

（十五）强化房地产开发行为监管。积极推行房地产开发主体、项目、行为“三位一体”的综合型、动态化监管模式。进一步加强房地产开发企业资质和房地产开发项目监管，严格执行房地产开发项目资本金和项目手册制度。严格执行商品房预售许可制度，强化商品房预售许可项目的批后跟踪管理。按照《浙江省商品房预售资金监管暂行办法》规定，全面加强商品房预售资金监管。严肃查处房地产开发经营中违反规划、施工、预售许可等各种违法违规行为。各银行业金融机构要加强房地产开发企业的信贷资金管控，严防开发企业违规挪用信贷资金，严格禁止用信贷资金支付土地出让金。预售资金监管银行要认真履行监管职责，积极推行以在建工程抵押的房地产开发贷款，进一步加强对销售回笼款的监控。密切关注房地产开发企业关联单位的信贷资金使用合规性。对存在土地闲置、改变土地用途和性质、拖延开竣工时间、捂盘惜售等违法违规记录的房地产开发企业，停止新增开发项目贷款，存量贷款不予展期。

（十六）规范发展住房租赁市场。认真落实住房和城乡建设部《商品房屋租赁管理办法》，市、县（市、区）政府和商品房屋租赁主管部门要结合当地实际，合理确定当地人均租住建筑面积最低标准，认真研究分析一定时期内房屋租金变动情况，定期发布分区域不同类型商品房屋的市场租金水平等信息，合理引导租赁双方预期。按照《浙江省居住房屋出租登记管理办法》（省政府令第281号）规定，各地公安机关要会同有关部门切实做好居住房屋出租登记相关工作，加强居住房屋动态信息采集，严肃查处违规出租、拼租、群租以及扰乱租赁市场价格等行为，规范房屋租赁市场。

（十七）加强房地产经纪活动管理。认真贯彻住房和城乡建设部《房地产经纪管理办法》，加强对房地产经纪机构和从业人员的管理。房地产经纪机构及其分支机构自领取营业执照之日起30个工作日内，必须到所在市、县（市、区）房地产主管部门备案。在房地产经纪机构从事房地产经纪活动的人员，必须取得房地产经纪人或房地产经纪人协理资格。各地房地产主管部门、价格主管部门要通过现场巡查、合同抽查、投诉受理等方式，采取约谈、记入信用档案、媒体曝光等措施，加强对房地产经纪机构和房地产经纪人员的监督管理。

（十八）加快房地产监管分析平台建设。各地要按照“统一规划、统一标准、统一平台、统一部署”的要求，加强组织领导，加大资金和人力、物力投入，加快建立健全本地区全覆盖的城市个人住房信息系统，完善房地产项目监测系统，在2011年内基本实现省、市、县（市）三级联网，为落实房地产市场调控政策提供信息支撑。在此基础上，要以提升房地产市场监管能力和服务水平为重点，进一步完善信息网络，加快建成业务综合、部门共享、信息安全、服务规范的全省房地产市场和住房保障监管分析平台，不断完善房地产市场监测预警、分析报告、信息披露、信用管理等长效监管机制。

六、严格落实问责机制，加强舆论宣传引导

（十九）严格落实问责机制。满足人民群众的基本居住需求，是保障和改善民生的重要内容，是以人为本、执政为民的必然要求。各级政府要切实承担起加快推进保障性安居工程建设和促进房地产市场平稳健康发展的责任，认真贯彻落实中央和省委、省政府各项决策部署，严格落实住房保障和稳定房价工作的考核问责机制。省城乡住房工作协调委员会要建立健全对市、县（市）政府的住房工

作考核机制。对新建商品住房价格出现过快上涨势头、土地出让中连续出现楼面地价超过同类地块历史最高价，以及保障性安居工程建设进度缓慢、租售管理和后期使用监管不力的地区，省建设厅、省国土资源厅、省监察厅要会同有关部门，及时约谈当地政府有关负责人。未如期确定并公布本地区年度新建商品住房价格控制目标、新建商品住房价格上涨幅度超过年度控制目标、没有完成保障性安居工程建设目标任务的，有关市、县（市）政府要向省政府作出报告，省监察厅、省建设厅等部门要视情况，根据有关规定对相关负责人进行问责。对执行差别化住房信贷、税收政策不到位，房地产相关税收征管不力，房地产信息系统建设滞后等问题，也要纳入约谈和问责范围。

（二十）加强舆论引导。各地要建立健全房地产市场信息发布制度，适时发布土地供应、住房供需和住房保障体系建设等方面的权威信息，正确引导社会舆论，为推进城镇住房保障、促进房地产市场平稳健康发展营造良好的氛围。各级新闻单位要正确解读房地产市场调控和保障性安居工程建设的政策措施，大力宣传各地加强城市住房工作的经验做法和实际成效。要积极引导房地产开发企业承担社会责任，引导广大消费者树立正确的住房消费观念，稳定市场预期。要防止虚假信息或不负责任的猜测、评论误导消费预期，对制造、散布虚假消息的，要追究有关当事人的责任。

二〇一一年三月二十四日

浙江省人民政府关于印发浙江省发展学前教育三年行动计划（2011—2013年）的通知

浙政发〔2011〕29号

各市、县（市、区）人民政府，省政府直属各单位：

学前教育是国民教育体系的重要组成部分。办好学前教育，关系广大儿童的健康成长，关系千家万户的切身利益，关系国家和民族的未来。在各地、各有关部门的共同努力下，从上世纪90年代以来，我省学前教育事业取得了长足进步，尤其是2008年省政府召开全省学前教育工作会议之后，各地更加重视学前教育工作，积极推动学前教育加快发展，学前教育办学条件和办学质量迅速提高。但是，我们必须清醒地看到，当前我省学前教育发展还很不平衡，地区之间、城乡之间差异还很大，农村地区学前教育发展明显滞后，成为各级各类教育中的薄弱环节。

为贯彻《国务院关于当前发展学前教育的若干意见》（国发〔2010〕41号）精神，加快提升我省学前教育发展水平，促进教育事业科学发展，现将《浙江省发展学前教育三年行动计划（2011—2013年）》印发给你们，请结合实际，认真贯彻实施。

二〇一一年五月十八日

浙江省发展学前教育三年行动计划（2011—2013年）

为贯彻落实全省教育工作会议精神和《浙江省中长期教育改革和发展规划纲要》（2010—2020年），积极发展学前教育，更好地满足适龄儿童入园需求，促进学前教育事业科学发展，根据《国务院关于当前发展学前教育的若干意见》（国发〔2010〕41号）精神，特制订我省发展学前教育三年行动计划。

一、现实基础

自上世纪90年代以来，我省学前教育呈现加快发展势头，已基本构建起了多元投入、公办和民办共同发展的格局，本省户籍儿童学前三年入园率超过95%。特别是2008年全省学前教育工作会议以后，各地认真贯彻《浙江省人民政府关于进一步加快学前教育发展全面提升学前教育质量的意见》（浙政发〔2008〕81号），积极实施乡镇中心幼儿园建设、民办幼儿园升等奖励、低收费幼儿园生均教育费补助和培训幼儿教师等措施，学前教育办学条件和办学质量迅速提高。截至2010年底，全省已办各类幼儿园9864所，其中教育部门办907所，其他部门办163所，集体办943所，民办7850所，分别占9.20%、1.65%、9.56%和79.59%；在园幼儿183万，其中公办幼儿园占34.59%，民办幼儿园占65.41%；拥有幼儿园园长和专任教师共105059人，其中大专以上学历占58.88%，本科以上学历占11.78%，事业编制人员约为12%，持有教师资格证的约为56%。2010年全省财政性学前教育经费占财政性教育经费的比例为2.43%。

当前，我省学前教育还存在一些突出问题和矛盾，全省等级幼儿园的覆盖面只有70%，部分地区低于50%；教师队伍数量不足，专业化程度低，整体素质不高；地区之间、城乡之间发展不平衡，农村地区学前教育发展明显滞后；适应公共服务要求的学前教育财政投入机制尚未建立，财政投入偏低，有质量的学前教育资源短缺；对民办学前教育机构的管理和服务还很薄弱，大多数民办幼儿园办园条件和教育质量较差。

二、发展目标与任务

（一）总体目标。2011—2013年，完成城乡幼儿园建设布局，基本满足家长就近便利送子女入园需求，学前三年幼儿（包括进城务工子女）入园率保持在95%以上；幼儿教师队伍专业化程度明显提高，大专以上学历超过80%，持证上岗率达到80%以上；以乡镇中心幼儿园为依托的农村幼儿园管理指导网络全面形成，教育质量有较大幅度提高，等级幼儿园覆盖面达到85%以上。

（二）年度目标与任务。

——到2011年底，各县（市、区）基本完成幼儿园布局规划，出台发展学前教育的政策措施；80%以上乡镇（街道）建有等级中心幼儿园，等级幼儿园覆盖面达到75%以上；幼儿教师大专以上学历和持证上岗率均达到60%以上。

——到2012年底，90%以上的乡镇（街道）建有等级中心幼儿园，全省等级幼儿园覆盖面达到80%以上，幼儿教师大专以上学历和持证上岗率达到70%以上。

——到2013年底，所有乡镇（街道）建有等级中心幼儿园，全省等级幼儿园覆盖面达到85%以上，幼儿教师大专以上学历和持证上岗率达到80%以上。

三、发展原则

（一）政府主导。切实落实各级政府在发展学前教育中的规划、投入、监管和保障公平等方面的责任。坚持以大力发展普惠性幼儿园为方向，逐步建立“广覆盖、保基本”的学前教育公共服务体系。

（二）多元投入。多形式吸引社会资金举办等级幼儿园，大力鼓励发展民办学前教育，形成多元化发展的格局，保证人民群众对学前教育的基本需求。

（三）突出内涵。着力提高保教质量，坚持以儿童生活为基础，以游戏为基本形式，切实加强学前教育师资队伍建设和保育教育研究，不断扩大优质学前教育覆盖面。

（四）因地制宜。指导各地依据经济发展水平和社会需求，统筹规划公办、民办幼儿园发展，多层次、多样化发展学前教育。

四、主要举措

（一）科学规划配置学前教育资源。

1. 充分考虑城市化推进、进城务工人员随迁子女增加以及计划生育政策等因素的影响，实行按常住人口每千户100名适龄儿童的比例，以县（市、区）为单位规划布局和建设幼儿园。新建幼儿园参照浙江省工程建设标准《普通幼儿园建设标准》（DB33/1040—2007），园舍规模一般不超过360名幼儿，生均用地面积不超过18平方米。

2. 积极推进城市（包括县城，下同）在连片居住区配套兴建幼儿园。城市进行连片居住区开发建设时，应根据城乡规划，以教育用地划拨或作为土地竞拍前置条件安排好幼儿园用地，配套建设相应规模的幼儿园。配套幼儿园要与居住区同步规划、同步建设、同步验收、同步交付。配套幼儿园作为公共教育资源，由当地政府统筹安排举办公办幼儿园或委托举办普惠性民办幼儿园，并应充分考虑进城务工人员随迁子女接受学前教育的需求。未按规定安排配套幼儿园建设的居住区不予规划建设立项和审批。

3. 在农村积极建设等级幼儿园。把幼儿园列入新农村建设的重要项目，进行统一规划，优先建设。适应人口集聚趋势，重点建设乡镇等级中心幼儿园。同时，按照就近便利和确保质量的原则，合理规划建设乡村幼儿园或村幼儿教学点。

4. 统筹利用各种资源兴建幼儿园。充分利用中小学布局调整富余的校舍以及一些社会空置楼宇，改造建设幼儿园。支持和扶持城镇社区街道、农村集体、企事业单位和城乡个人举办幼儿园。完善支持民办幼儿园发展的政策，对新建民办上等级幼儿园，在土地出让、规费减免、租金等方面给予政策优惠。

（二）切实加大学前教育投入。

1. 增加各级政府对学前教育的投入。将学前教育投入列入各级财政预算，新增财政教育经费向学前教育倾斜。省级财政每年安排学前教育专项经费，重点用于支持欠发达地区乡镇中心幼儿园建设、普惠性民办幼儿园扶持、困难家庭子女入园减免补助和幼儿教师培训。各市、县（市、区）政府每年在土地出让金和教育费附加中安排一定比例用于改善幼儿园办园条件。各县（市、区）财政性学前教育经费占同级财政性教育经费的比例三年内提高到5%以上。

2. 建立生均教育费补助机制。各市、县（市、区）财政要逐步建立起幼儿园生均教育费制度，对办园行为规范、教学质量合格、教师待遇落实、收费合理的各级各类幼儿园予以生均教育费补贴，使公共学前教育经费惠及全体入园儿童。

3. 建立健全学前教育资助制度。对在各级各类普惠性幼儿园入读、城乡低保家庭的儿童和残疾儿童，各地应给予一定比例的保育费资助，资助经费由同级政府承担。

4. 加大对民办幼儿园的扶持力度。各地应对普惠性民办幼儿园给予一定的奖励，引导幼儿园提升办学水平。同时，可以通过派遣公办教师支教等形式予以扶助和支持。教育部门要定期向社会公布一批办园质量高、社会声誉好的示范性民办幼儿园。

（三）大力加强学前教育师资队伍建设。

1. 严格幼儿教师资格准入制度。制定《幼儿教师管理办法》，建立合格幼儿教师注册登记管理制度，依法实施对幼儿教师的资格准入管理。对未取得教师资格证的教师，要求限期取得任职资格。依法解聘不合格教师。

2. 加强学前教育教师的培养培训。幼儿园新教师培养统一纳入高等师范院校招生计划。扩大幼儿师范生招生规模，积极探索以初中毕业生为招生对象的五年制学前教育高职培养模式。加强中等职业学校幼教保育专业建设。完善幼儿园园长和教师分级培训体系，三年内完成对所有等级幼儿园园长和骨干教师的轮训。切实落实对幼儿园卫生保健人员的专业知识培训。

3. 合理配备幼儿园教职工。省机构编制部门会同教育、财政等部门研究制定我省幼儿园教职工编制配备的指导意见。各地要根据省指导意见，结合实际，为公办幼儿园核定事业编制，逐步配齐幼儿园教职工。新增编制优先向农村地区乡镇中心幼儿园倾斜。

4. 依法落实幼儿教师地位和待遇。完善幼儿教师职称评聘制度，对长期在农村基层和艰苦边远地区工作的幼儿教师实行倾斜政策。民办幼儿园要认真执行《劳动合同法》，依法规范用工，保障保教人员合理收入待遇。民办幼儿园符合任职条件的专任教师，可以参照事业单位人员标准享受养老、医疗等社会保障。

(四)完善准入制度，加强规范管理。

1. 加强幼儿园准入管理。依据《浙江省幼儿园申办审批办法》和《浙江省幼儿园准办标准》，加强对各级各类幼儿园的分类管理。开展对无证学前教育机构的排查，对达到“准办标准”的民办幼儿园，由县级教育行政部门及时给予审批，颁发“办园许可证”；对整改后仍不能达到“准办标准”的无证幼儿园依法予以关停撤销。

2. 完善和落实幼儿园年检制度。加强市、县(市、区)学前教育管理力量，构建幼儿园质量监管评估体系，建立幼儿园信息管理系统，完善幼儿园年检制度。对幼儿园的年检评估结果要及时公示，接受社会和家长的监督。年检评估的结果要作为各级财政经费补助的重要依据。

3. 强化幼儿园安全监管。幼儿园实行就近招生，严禁使用非法、非客运车辆接送幼儿。重视幼儿园人防、技防、物防建设，加强园舍安全检查和教学活动中师生安全的预防。强化幼儿园食品的采购、运送、储存等环节管理，做好幼儿的卫生保健和传染病的预防工作。健全各项安全管理和卫生防疫制度，落实责任制。

4. 规范幼儿园收费管理。根据国家收费管理办法，省价格主管部门牵头制定幼儿园收费管理指导意见。利用国家财政性经费和国有资产举办或参与举办的各类公益普惠性幼儿园，其收费标准的制定和调整，须报同级价格主管部门审核、批准后执行。民办幼儿园收费，按照《民办教育促进法》、《民办教育促进法实施条例》等规定，根据办园成本合理确定，报当地价格主管部门备案后执行。价格主管部门定期对当地民办幼儿园的办园成本进行监审，引导民办幼儿园合理确定收费标准。各级各类幼儿园实行收费公示制度，禁止乱收费。各级各类幼儿园应当加强财务管理。

(五)切实提高幼儿园保育教育质量。

1. 深入贯彻《幼儿园工作规程》和《幼儿园教育指导纲要(试行)》，加强对各级各类幼儿园教育教学活动的指导，扎实开展幼儿园教育教学活动的研究和交流，优化教育教学内容，防止和纠正“小学化”倾向。加强对幼儿园玩教具、幼儿读物的配备与使用指导，为保障幼儿游戏创造条件。

2. 积极组织开展学前教育对口支援活动。充分发挥公办幼儿园的辐射引领作用，公办幼儿园要积极以办分园或教学点等多种形式与民办幼儿园和农村幼儿园合作办学。进一步推进城乡幼儿园互助共同体建设工作，建立健全以乡镇中心幼儿园为依托的农村幼儿园管理指导网络，加强对农村幼儿园有针对性的指导，不断提高农村幼儿园的保教质量。

(六)完善工作机制，加强组织领导。

1. 学前教育实行“地方负责、分级管理、部门合作”的管理体制。省政府主要负责对全省学前教育事业发展的宏观规划、政策制定、统筹协调和指导监督。市、县(市、区)政府为当地学前教育事业发展的主要责任者，承担本区域学前教育事业的规划责任、投入责任、监管责任和推进均衡服务的责任。鼓励乡镇(街道)以各种形式支持发展学前教育。

2. 加强统筹协调，形成推动学前教育发展的合力。教育部门要牵头制定相关政策和标准，充实学前教育管理和教研力量，切实加强对学前教育的监督管理和科学指导。机构编制部门要会同相关部门加强对各地公办幼儿园核编工作的指导，逐步增加公办幼儿园教职工编制总量。发展改革部门要把学前教育纳入当地经济社会发展规划，支持幼儿园建设发展。财政部门要加大投入，制定有利于支持学前教育发展的政策。城乡建设部门要制定城镇小区和新农村配套幼儿园的建设规划。国土资源部门要落实幼儿园建设用地。人力资源和社会保障部门要制定完善幼儿园教职工的人事劳动、工资待遇、社会保障和职称评聘政策。价格、财政、教育部门要根据职责分工，加强幼儿园收费管理。综治、公安部门要加强对幼儿园安全保卫工作的监督指导，整治、净化幼儿园周边治安环境。卫生部门要监督指导做好幼儿园卫生保健工作。民政、工商、质监、安监、食品药品监管等部门要根据职能分工，加强对幼儿园的指导和管理。妇联、残联等单位要积极开展对家庭教育、残疾儿童早期教育的宣传指导。充分发挥城市社区居委会和农村村民自治组织的作用，建立社区和家长参与幼儿园管理和监督的机制。

3. 因地制宜组织实施，全面推进计划完成。各市、县(市、区)政府要切实把学前教育纳入本地经济社会发展“十二五”规划；根据本计划的精神，制定和完善实施方案及年度实施计划。尤其是要在优化布局结构、加大财政投入，加强幼儿教师队伍建设、提高保育教育质量等方面制定具体措施。

4. 建立督促检查、考核奖惩和问责机制。省政府将学前教育发展水平纳入教育现代化达标评价体系，省教育厅将学前教育工作纳入教育科学和谐发展考评体系。各级教育督导部门要把学前教育作为督导重点，加强对各级政府责任落实、教师队伍建设、经费投入、安全管理等方面的督导检查，并每年向社会公示督导检查结果。

五、重大行动计划

(一)乡镇中心幼儿园建设行动计划。2011—2013年，省级财政每年安排资金，支持欠发达县(市)新建乡镇等级中心幼儿园，或利用现有闲置资源改建等级中心幼儿园。

(二)扶持民办幼儿园发展行动计划。2011—2013

年，省级财政每年安排经费，对现有民办幼儿园实行奖补，提高其办学质量与水平。

（三）贫困家庭子女入园教育费补助行动计划。从2011年秋季开始，省级财政每年安排经费，对欠发达县（市）的城乡低保家庭子女和残疾儿童入园减免保教费给予转移支付补助。

（四）幼儿教师素质提升行动计划。实行分级培训。2010—2012年，省级培训乡镇中心幼儿园骨干教师4000名，市级培训农村幼儿园骨干教师6000名，县级开展幼儿教师资格证培训30000人；到2012年底，每一所乡镇中心幼儿园和农村幼儿园至少有一名园长和一名以上骨干教师参加省市级培训，省级培训覆盖面达到20%以上。

浙江省人民政府关于进一步完善困难群众基本生活价格补贴机制的通知

浙政发〔2011〕58号

各市、县（市、区）人民政府，省政府直属各单位：

2004年我省建立了困难群众基本生活消费品价格上涨动态补贴机制，在保障困难群众基本生活方面发挥了积极作用。根据国务院《关于稳定消费价格总水平保障群众基本生活的通知》（国发〔2010〕40号）精神和国家发展改革委等五部委《关于建立社会救助和保障标准与物价上涨挂钩的联动机制的通知》（发改价格〔2011〕431号）要求，省政府决定进一步完善困难群众基本生活价格补贴机制，现就有关事项通知如下：

一、适当扩大困难群众基本生活价格补贴发放对象范围。困难群众基本生活价格补贴（以下简称价格补贴）对象为：城乡最低生活保障对象、重点优抚对象、城镇“三无”人员、农村五保供养对象、农村“三老”人员、城乡最低生活保障边缘对象以及因下岗失业、患重大疾病、受灾害影响等造成生活特别困难的人员。各地可以根据实际情况，扩大保障范围，但不得缩小保障范围。同时，具有多重身份的补贴对象按照就高不就低的原则，只能以一种身份享受价格补贴。

二、调整低收入居民基本生活费用价格指数编制方法。为更加贴近困难群众实际生活状况，将按季编制“低收入居民基本生活费用价格指数”改为按月编制“低收入居民基本生活费用价格指数”（以下简称价格指数），并将其作为实施困难群众基本生活价格补贴机制的依据。价格指数编制由国家统计局浙江调查总队会同省统计局、省物价局负责。

三、改革价格补贴机制启动和停止条件。当月同比价格指数涨幅达到或超过3%时，启动价格补贴联动机制，发放价格补贴。月同比价格指数涨幅低于3%时，停止发放价格补贴。

四、适当提高价格补贴标准。

城乡最低生活保障对象、重点优抚对象、城镇“三无”人员、农村五保供养对象和农村“三老”人员的补贴标准，改为按月计算价格补贴后，按月度同比价格指数涨幅的一定倍数乘以当地城乡月最低生活保障标准确定价格补贴金额，倍数在1.5—2倍之间，具体由各市、县（市、区）政府确定。具体计算公式为：

月度补贴金额＝月度同比价格指数涨幅×各地倍数×城乡月最低生活保障标准

在实际操作中，月度价格补贴发放金额原则上不低于每人每月15元。

其他保障对象基本生活价格补贴，原则上按不低于城乡最低生活保障对象基本生活价格补贴的50%发放，具体标准由各市、县（市、区）政府确定。

五、改革价格补贴发放办法。价格补贴采用“按月计算、按季发放”的办法，逐月按照月价格指数涨幅计算价格补贴标准，在每季末月价格指数公布后的1个月内一并发放，直至联动机制停止。

六、明确资金来源和保障。价格补贴所需资金，纳入同级政府财政预算。欠发达地区对城乡最低生活保障对象、重点优抚对象、城镇“三无”人员、农村五保供养对象和农村“三老”人员发放价格补贴所需的资金，由省级财政继续给予适当补助。

七、对全日制普通高校在校学生参照困难群众基本生活价格补贴机制发放临时伙食补贴。全日制普通高校在校学生在校学习期间，按学校所在地城镇低保对象价格补贴的50%发放伙食补贴，所需资金按照学校隶属关系由同级财政安排。

各地、各部门要充分认识完善困难群众基本生活价格补贴机制的重要性、紧迫性，切实加强组织领导，建立健全相关工作机制，制定切实可行的措施，确保联动机制落实到位。

本通知自2012年1月1日起执行。《浙江省人民政府关于进一步建立健全困难群众基本生活价格补贴机制的通知》（浙政发〔2008〕86号）同时废止。

二〇一一年八月三日

浙江省人民政府关于进一步做好普通高等学校毕业生就业工作的意见

浙政发〔2011〕61号

为进一步做好普通高等学校毕业生(以下简称高校毕业生)就业工作,促进我省经济平稳较快发展和社会和谐稳定,根据国务院《关于进一步做好普通高等学校毕业生就业工作的通知》(国发〔2011〕16号)精神,结合我省实际,提出如下意见:

一、积极拓展高校毕业生就业领域和就业岗位

(一)努力创造更多适合高校毕业生的就业机会。各地要深入贯彻落实省委十二届四次全会精神,加快转变经济发展方式,在推进战略性新兴产业、传统优势产业、现代服务业和海洋经济发展中,着力培育新的就业增长点,开发一批适合高校毕业生就业的工作岗位。大力发展具有增长潜力的生产性服务业和生活性服务业,积极鼓励发展服务外包、动漫、现代信息技术、创意、现代农业等智力密集型、技术密集型产业,建立产业转型升级与促进高校毕业生就业良性互动的长效机制。在安排政府主导性投资项目时,要突出投资项目对扩大就业贡献率的分析和测算,把就业岗位增加、人力资源配置作为项目建议书和可行性报告的重要内容;鼓励和引导生产性项目提前招工,允许按工程费用的一定比例计提所招人员岗前培训费用,纳入项目投资估算与概算;探索建立投资带动就业评估机制,更好地发挥投资对就业的带动作用。及时发布和宣传行业发展规划和相关专业领域的人才规划,引导高校合理调整专业设置,推进人才培养模式改革。根据经济社会发展和产业结构调整的需要,建立分层分类的人才培养体系。大力开展高层次、急需紧缺和骨干专业技术人才队伍建设。加强现代农业、装备制造、能源、信息技术、现代管理、生物技术、新材料、海洋、生态环保、现代交通运输、文化创意等转型升级重点领域人才的培养工作。继续加大职业教育投入力度,逐步建立以职业院校为基础、企业为主体,学校教育与企业培养紧密联系、政府推动和社会支持相结合的职业技能人才培养机制。

(二)充分发挥中小企业的就业主渠道作用。各地要进一步改善中小企业发展环境,大力发展劳动密集型产业、服务业、小型微利企业和创新型科技企业,将落实中小企业扶持政策与做好高校毕业生就业工作紧密结合,鼓励企业积极吸纳高校毕业生就业。利用当前"招工难"的倒逼机制,促进企业加快转型升级,鼓励中小企业优化用工结构、实施人才储备战略、加大高校毕业生使用和培养力度。对招收高校毕业生达到一定数量的中小企业,地方财政应优先考虑安排扶持中小企业发展资金,并优先提供技术改造贷款贴息。对劳动密集型小企业当年新招收登记失业高校毕业生达到企业现有在职职工总数20%(超过100人的企业达10%)以上的,可按规定申请最高不超过200万元的小额担保贷款,并按有关规定享受财政贴息。对企业新招收毕业年度内(毕业年度指毕业当年1月1日至12月31日,下同)高校毕业生,在6个月内开展岗前培训的,按规定给予企业职业培训补贴。有条件的地方对毕业年度内本省籍高校毕业生到非公有制中小企业就业,签订一年以上劳动合同、缴纳社会保险费且工资收入相对偏低的,每年可给予个人一定标准的就业补助,补助期限最长不超过两年,所需资金从促进就业资金中列支,具体补助办法由各地自行制定。对企业招收就业困难高校毕业生、签订劳动合同并缴纳社会保险费的,按规定给予社会保险补贴。高校毕业生到中小企业就业的,在专业技术职称评定、科研项目经费申请、科研成果或荣誉称号申报等方面享受与国有企事业单位同类人员同等待遇。

(三)鼓励支持高校毕业生到城乡基层、中西部地区、艰苦边远地区和欠发达地区就业。各地要进一步贯彻《中共浙江省委办公厅浙江省人民政府办公厅印发〈关于引导和鼓励高校毕业生到农村和社区工作的实施意见〉的通知》(浙委办〔2006〕72号),大力开发公共教育、医疗卫生、文化、科技等适合高校毕业生就业的基层管理和公共服务岗位,积极鼓励和引导高校毕业生到城乡基层特别是城乡社区工作,解决好他们在工资待遇、社会保障、人员编制、户口档案、职称评定、教育培训、人员流动、资金支持等方面的实际问题,力争全省每个社区都至少配备一名高校毕业生从事专职社区工作。高校毕业生从事现代农业的,可按有关规定享受扶持政策。统筹实施"选聘高校毕业生到村任职"、"三支一扶(支教、支农、支医和扶贫)"、"大学生志愿服务西部计划"、"大学生志愿服务省内欠发达地区计划"等基层服务项目,做好项目之间的政策平衡。对毕业年度内本省籍高校毕业生到社区(村)就业并按规定缴纳社会保险费的,可给予一定标准的就业补助,所需资金从促进就业资金中列支,具体补助办法由各地自行制定。进一步落实对基层就业服务期满考核合格人员的政策措施,自2012年起,省级机关录用公务员,除部分特殊职位外,均应从具有两年以上基层工作经历的人员中录用。设区市及以下机关特别是县乡机关招录公务员,应采取有效措施积极吸引优秀应届高校毕业生报考，录用计划应主要用于招收应届高校毕业生。切实做好免费师范毕业生就业和高校毕业生应征入伍工作，支持高校毕业生到中西部地区、艰苦边远地区和省内欠发达地区就业。对应征入伍服义务兵役的高校毕业生和到中西部地区、艰苦边远地区县以下基层单位就业且服务期达到3年以上(含3年)的高校毕业生，按规定实施相应的学费和助学贷款代偿。对到省内欠发达地区就业的高校毕业生，在机关工作的，试用期工资可直接按试用期满后工资确定；在事业单位工作的，可提前转正定级。

二、大力促进高校毕业生自主创业和灵活就业

(四)放宽创业市场准入条件。各地要从注册资金、人员、经营场所、行政事业性收费等方面进一步完善创业扶持政策，降低创业门槛，引导高校毕业生自主创业。对高校毕业生初创企业，可按照行业特点，在法律、法规许可范围内，合理调整注册资金、人员等准入条件，允许注册资本分期到位，允许高校毕业生依法将商业性租借房、临时商业用房作为创业经营场所，允许高校毕业生履行法定手续后将家庭住所、非商业用房作为创业经营场所。对从事翻译服务、软件设计开发、网络技术开发、电子商务、动漫设计等企业，在不影响周边环境和公共安全的前提下，允许其把当地政府提供的场地作为经营场所。对毕业2年以内的高校毕业生从事个体经营的，按有关规定，自其在工商部门首次注册登记之日起3年内，免收管理类、登记类和证照类等有关行政事业性收费。

(五)落实和完善创业税收金融扶持政策。各地要结合创业型城市创建工作要求，进一步落实和完善高校毕业生创业扶持政策。对持《就业失业登记证》(注明"自主创业税收政策"或附着《高校毕业生自主创业证》)的高校毕业生在毕业年度内从事个体经营(除建筑业、娱乐业及销售不动产、转让土地使用权、广告业、房屋中介、桑拿、按摩、网吧、氧吧外)的，3年内按每户每年8000元为限额依次扣减其当年实际应缴纳的营业税、城市维护建设税、教育费附加和个人所得税。2011年1月1日至2011年12月31日，对高校毕业生创办的年应纳税所得额低于3万元(含3万元)的小型微利企业，其所得减按50%计入应纳税所得额，按20%的税率缴纳企业所得税。进一步改进和完善"小额担保贷款+信用社区建设+创业培训"联动工作机制，对符合条件的高校毕业生在户籍所在地的信用社区从事创业活动，经基层相关部门进行资信评估，申请小额担保贷款的，可以免除反担保手续；对取得"创业培训合格证书"的高校毕业生，创业项目经设区市以上开业指导专家论证通过的，申请小额贷款可免除反担保手续；对申请贷款数额较小的就业困难高校毕业生免除反担保手续。对毕业2年以内的高校毕业生自主创业自筹资金不足的，可在创业地按规定申请小额担保贷款，并按规定可享受不超过20万元贷款额度的财政贴息扶持；对合伙经营和组织起来就业的，可根据实际需要适当提高贷款额度。进一步探索财政资金、风险投资资金等与大学生创业赛事的对接模式，多渠道加大创业资金投入，鼓励扶持更多高校毕业生创业。

(六)加强创业教育、创业培训和创业服务。各高校要广泛开展创业教育，创新创业类课程，完善创业教育课程体系，并将创业教育课程纳入学分管理。鼓励有条件的县(市、区)依托高等院校、职业院校、团校开展创业青年订单式培训。有创业意愿的未就业高校毕业生、毕业年度高校毕业生和毕业班学生在定点培训机构参加创业培训的，根据其获得创业培训合格证书或就业、创业情况，按规定给予培训补贴，所需资金从促进就业资金中列支。鼓励各类创业服务机构为有创业意愿的高校毕业生开展政策咨询、信息服务、项目开发、风险评估、开业指导、融资服务、跟踪扶持等"一条龙"创业服务。各地要把高校毕业生创办中小企业的创业辅导作为公益性服务，对提供创业辅导成效突出的机构，给予适当的经费资助和奖励，所需资金从促进就业资金中列支。

(七)开展大学生创业园建设。各地要结合当地实际，按照土地利用总体规划和城乡建设总体规划，开展大学生创业园建设。政府投资建设的高校毕业生创业园，可通过低价租赁或政府财政补贴等方式，提供创业场地扶持。对认定为省级高校毕业生创业园的，其多层标准厂房的租赁收入及占地，按规定纳税确有困难的，报经地税部门批准，可减免房产税、城镇土地使用税。各地可根据创业园内创业组织吸纳高校毕业生就业情况，给予一定数额的种子资金资助。

(八)支持网上创业和灵活就业。各地要鼓励和支持高校毕业生开展网上创业，或通过多种形式灵活就业。对灵活就业高校毕业生申报就业的，提供免费劳动保障和人事代理服务，做好社会保险关系的接续，落实就业困难高校毕业生灵活就业社会保险补贴政策，帮助他们逐步实现稳定就业。各地可根据实际，对网上创业或以其他灵活方式创业的，给予一定创业补助。

三、切实提升高校毕业生职业技能和就业能力

(九)加强高校毕业生职业技能培训和鉴定。各地要积极组织有培训需求的高校毕业生参加职业技能培训和技能鉴定，帮助其提高职业技能水平。对高校毕业生在毕业年度内参加职业技能培训的，根据其取得职业资格证书(未颁布国家职业技能标准的职业应取得专项职业能力证书或培训合格证书)或就业情况，按规定给予培训补贴。对高校毕业生在毕业年度内通过初次职业技能鉴定并取得职业资格证书或专项职业能力证书的，按规定给予一次性职业技能鉴定补贴。

(十)完善高校毕业生就业见习制度。出台高校毕业生就业见习管理办法，建立高校毕业生就业见习基地评估体系，开展省级高校毕业生就业见习示范基地建设。各地要结合当地产业发展需要和高校毕业生情况，选择一批规模较大并有一定社会影响力的企业作为就业见习基地，积极引导有条件的科技企业孵化器创建大学生科技创业见习基地，鼓励各级政府机关、事业单位和社会团体提供适量公共服务窗口作为见习岗位。高校毕业生见习期间，当地政府和见习单位按不低于当地最低工资标准给予基本生活补助，其中政府补助原则上不低于总补贴额的50%。见习单位支出的见习补贴相关费用，不计入社会保险缴费基数，但符合税收法律法规规定的，可以在计算企业所得税应纳税所得额时扣除。各地要根据当地经济发展和物价水平，合理确定和及时调整见习基本生活补助标准。见习单位要为见习高校毕业生缴纳综合商业保险，其费用可在促进就业资金中列支。鼓励用人单位招用见习生，高校毕业生被见习单位招(聘)用的，可补缴见习期的养老保险费，补缴的养老保险费(个人缴费部分除外)可在促进就业资金中列支。

(十一)支持高校毕业生参与科研项目研究。鼓励承担国家和地方科研项目的单位积极聘用优秀高校毕业生参与研究工作。在重大重点项目实施过程中，签订劳动合同的高校毕业生参与项目研究期间的相关劳务性费用和社会保险缴费可按规定从项目经费中列支。期满后续聘或到其他岗位就业的，就业后工龄与参与研究期间的工作时间合并计算，社会保险缴费年限合并计算。

四、大力开展高校毕业生就业服务和就业援助

(十二)加强就业指导服务。各高校要加强就业指导队伍建设，全面开展职业发展指导和就业创业教育，将就业指导课程纳入教学计划，建立贯穿于整个大学教育期间的职业发展和就业指导课程体系。各级人力社保、教育部门要按照场地、人员、设施、经费、职责、制度"六到位"的要求，大力加强高校就业创业指导站建设，积极推动公共就业服务向高校延伸。各地可根据实际情况，对高校就业创业指导站建设给予一定补助，所需资金从促进就业资金中列支。健全公共就业服务机构面向包括高校毕业生在内所有劳动者的免费服务制度，实现就业服务制度化、专业化、标准化和信息化。推进人力资源市场管理体制与政策制度的统一，完善市场监管体系，培育和发展各类就业服务中介和服务品牌。大力开展公共就业服务进校园活动，创新就业服务模式，采取组织企业进校园、召开就业见习对接会、专场招聘会和供求洽谈会、开展网络招聘等活动，为高校毕业生提供安全可信、及时高效的就业信息服务。各级人力社保部门、教育部门和各高校要加强合作，做好离校前后的信息对接和服务接续。各级公共就业人才服务机构要按照就业促进法的规定，为已就业高校毕业生免费办理就业登记，并按规定提供人事、劳动保障代理服务，建立就业登记与劳动合同管理、社会保险费缴纳联动机制。对未就业的高校毕业生可按规定办理失业登记，并纳入户籍所在地失业人员统一管理，全面落实为登记失业高校毕业生免费提供政策咨询、职业指导、职业介绍和人事档案托管等服务政策。鼓励各类职业中介机构为高校毕业生提供就业服务，对为登记失业高校毕业生提供服务并符合条件的可给予职业介绍补贴。进一步完善以实名制为基础的高校毕业生就业统计制度，建立健全回原籍未就业高校毕业生信息库，夯实高校毕业生就业工作基础。

(十三)强化就业援助。教育部门要根据相关政策及时认定困难家庭高校毕业生，并将未就业困难家庭高校毕业生情况移交原籍地高校毕业生就业工作部门。各高校可根据困难家庭高校毕业生的实际情况，给予适当的求职补助。各地公共就业服务机构要将困难家庭高校毕业生纳入当地就业援助体系，建立专门台账，实施"一对一"职业指导和重点帮扶，并向用人单位重点推荐。鼓励各地大力开发农村中小学教师、司法助理、民政协理员、就业援助员等适合高校毕业生的公益性岗位，安置就业困难高校毕业生。对在公益性岗位就业并符合条件的高校毕业生，按规定落实社会保险补贴和公益性岗位补贴。有就业愿望和就业能力的困难家庭高校毕业生回原籍的，由当地政府托底安置。重视做好女性、残疾人、少数民族等高校毕业生的就业工作，少数民族地区招录机关事业单位工作人员，以及在少数民族地区的国有企业招用员工，同等条件下优先招录少数民族高校毕业生。各级公共就业人才服务机构应根据女性毕业生、残疾人高校毕业生特点，开展有针对性的就业服务，落实相关就业扶持政策。

(十四)保障就业权益。各地应取消高校毕业生落户限制，允许高校毕业生在就(创)业地落户。改革高校毕业生就业制度，简化高校毕业生就业程序。对到各类用人单位就业的高校毕业生，其职称评定、工资待遇、社会保险办理、工龄确定等要严格按照国家有关规定执行。高校毕业生从企业、社会团体到机关事业单位就业的，其参加基本养老保险缴费年限合并计算为工龄。加大各类企业特别是中小企业在劳动用工、缴纳社会保险费方面的劳动监察力度，切实维护高校毕业生就业权益。进一步加强人力资源市场管理，大力开展人力资源市场清理整顿工作，严厉打击非法职业中介和招聘过程中的各类欺诈行为，加强互联网就业信息监督管理，规范互联网求职行为。认真执行残疾人就业条例的有关规定，切实保障残疾人高校毕业生就业权益。落实取消就业体检中乙肝检测项目的有关规定，防止各类就业歧视，维护高校毕业生公平就业权利。

各地、各有关部门要加强对高校毕业生就业工作的组织领导，把高校毕业生就业工作列入政府政绩考核内容，强化目标责任，制订有效措施，精心组织实施。要进一步健全高校毕业生就业工作联席会议协调机制，充分发挥部门职能，注重相关政策衔接，及时解决工作中遇到的问题。要大力宣传促进高校毕业生就业的各项政策和先进典型，引导企业树立正确的用人观念，营造良好的就业环境。

二〇一一年八月二十三日

浙江省人民政府
关于加强职业培训促进就业的实施意见

浙政发〔2011〕64 号

为贯彻落实《国务院关于加强职业培训促进就业的意见》(国发〔2010〕36 号)精神和《浙江省中长期人才发展规划纲要(2010—2020 年)》、《浙江省中长期教育改革和发展规划纲要(2010—2020 年)》要求,加强技能人才队伍建设,全面提升劳动者素质,有效缓解就业总量矛盾和结构性矛盾,促进经济发展方式转变,结合我省实际,现就加强职业培训促进就业提出如下实施意见:

一、指导思想和目标任务

(一)指导思想。深入贯彻落实科学发展观,大力实施"八八战略"和"创业富民、创新强省"总战略,以促进就业和经济发展为目的,坚持城乡统筹、就业导向、技能为本、终身培训的原则,着力推动制度创新、加强能力建设、完善保障机制,进一步扩大职业培训规模、增强职业培训的针对性和有效性,形成政府引导、市场调节、企业主体、社会支持、劳动者积极参加的职业培训新格局,劳动者职业能力和整体素质明显提升。

(二)目标任务。"十二五"时期,建立覆盖对象广泛、培训形式多样、管理运作规范、保障措施健全的职业培训工作新机制,健全面向全体劳动者的职业培训制度,基本形成职业(工种)齐全、设施设备完好、区域布局合理的职业院校、社会培训机构和公共实训基地网络,满足不同人群、不同技能等级的职业培训需求,力争使每个有培训愿望的就业创业者至少获得一次职业技能培训或创业培训,新生劳动力掌握一项初级以上职业技能,企业技能岗位职工普遍提高一个技能等级,实现"培训一人、就业一人"和"就业一人、培训一人"的目标。

二、广泛开展面向各类劳动者的职业培训

(一)大力开展就业技能培训。坚持以就业为导向,强化实际操作技能训练和职业素质培养,着力提高参训人员就业能力和培训后的就业率。深入实施千万农民素质提升工程,积极开展农民农业专业技能、农民转移就业技能培训,推动农民培训从适应性、数量型向战略性、质量型转变,使广大农民实现就近就地就业和转移就业。做好退役士兵免费职业技能教育培训工作,使退役士兵通过培训取得相应学历证书或职业资格证书,并尽快实现就业。加强失业人员的初级技能和技能提升培训,组织开展新成长劳动力的劳动预备制培训,使他们掌握一技之长,帮助其实现就业和再就业。深入实施成人"双证制"教育培训,进一步提高成年居民文化水平和就业能力,延长人均受教育年限。鼓励高等院校大力开展职业技能和就业能力培训,加强就业创业教育和就业指导服务,同时扶持一批规模较大并有一定社会影响力的企事业单位作为就业见习单位,为高校毕业生提供见习机会,确保高校毕业生就业率。各级人力资源市场应定期公布市场供求、紧缺工种工资指导价位等信息,积极引导各类劳动者选择适合自身需要的职业培训。基层劳动保障平台要积极鼓励引导辖区内各类劳动者参加职业培训。

(二)切实加强岗位技能提升培训。适应企业产业升级和技术进步的要求,引导企业建立和完善职工培训制度,贯通企业职工从初级工、中级工、高级工到技师、高级技师的成长通道。针对岗位需求和职工特点,开展脱产培训、岗位练兵、班组长培训等多层次、多样化培训;结合技术创新、技术改造和项目引进,开展新技术、新工艺、新材料等相关知识和技能培训。鼓励企业建立技能培训与职工考核、使用及待遇相挂钩的机制,职工参与职业培训情况作为晋升职业资格的必要依据。企业开展职工培训状况、技术工人占职工总量的比重及落实技术工人待遇情况,可作为企业参加评优、资质评估的参照条件。进一步加大对特定行业、特定工种和岗位就业准入制度执行情况的监察力度,对涉及人民群众生命财产安全的高危岗位(工种)实行岗位培训、定期培训等强制培训制度。

(三)积极推进创业培训。依托有资质的教育培训机构,针对创业者特点和创业不同阶段需求,开展多种形式的创业培训。鼓励有创业要求和培训愿望、具备一定创业条件的城乡各类劳动者以及处于创业初期的创业者参加创业培训。通过规范培训标准、提高师资水平、完善培训模式,不断提高创业培训质量和受训者的创业能力。强化创业培训与小额担保贷款、税费减免等扶持政策及创业咨询、创业孵化等服务手段的衔接,健全政策扶持、创业培训、创业服务相结合的工作体系,提高创业成功率。

(四)着力抓好高技能人才培养。认真贯彻落实《浙江省高技能人才队伍建设三年行动计划(2011—2013 年)》,动员社会各方面力量开展高技能人才培养,加快建立一支数量充裕、结构合理、技艺精湛的高技能人才队伍。以我省战略性新兴产业为重点,建立和完善政府补贴和企业培养相结合的紧缺高技能人才培训研修制度和青年高技能人才储备制度。完善高技能人才培养使用激励政策,企业在聘的高级工、技师、高级技师分别对应助理工程师、工程师、高级工程师享受同等工资福利待遇，支持企业对聘用的高技能人才按专利、技术、信息等要素参与收入分配。探索建立高技能人才津贴制度，引导企业为高技能人才设立高技能津贴，已有津贴的要及时调整、适当提高标准。

三、切实提高职业培训的质量和实效

（一）整合培训资源。强化职业院校社会培训功能，支持各类职业院校举办与自身优势专业相关的职业培训。依托示范性高等职业院校、技师学院、高级技工学校和重点中等职业学校，着力打造一批功能齐全、设备先进、培训质量高、辐射带动能力强的职业培训示范基地。进一步明确政府举办技工院校的责任，充分发挥在职业培训、技能人才培养方面的作用，到“十二五”末，力争每个市都建立1—2所高级技工学校或技师学院，鼓励和引导经济发达的县（市）举办技工院校。加强乡镇成人文化技术学校和各类社区学校建设，增强其职业培训能力。鼓励民间资本和社会力量建立培训机构，加快形成职业培训的市场化机制。民办培训机构在师资培养、技能鉴定、就业信息服务等方面与其他职业培训学校同等对待；经评估符合条件的民办培训机构可转为技工院校，并在招生就业、师资培养、实训基地建设等方面与公办技工院校同等对待。加强公共实训基地建设，力争在经济较发达的县（市）建立以初、中级技能培训鉴定为主的公共实训基地，在各市提升改造一批以中、高级技能培训为主的公共实训基地。按照政府适当补助的模式，“十二五”期间，建设一批与我省主导产业、区域经济、块状经济发展相适应的综合性高技能人才公共实训基地。

（二）改进培训方式。大力推行校企合作，支持企业与学校合作建立实训基地，积极鼓励职业院校、社会培训机构和企业共同开发培训课程，引导开展订单式培训、定向培训、定岗培训。完善政府购买培训成果机制，按照“条件公开、自愿申请、择优认定、社会公示”的原则，制定承担政府补贴培训任务的培训机构的基本条件、认定程序和管理办法；严格执行培训开班事前审批、事中抽查、事后鉴定考核制度，健全培训效果跟踪评估制度，鼓励探索第三方监督机制，切实保证培训质量。推动大中型企业建立技能大师工作室，到“十二五”末，全省建立200家技能大师工作室，使其成为企业技师技术交流、科研创新、师傅带徒的平台。各地应对高技能人才培养贡献突出的技能大师工作室进行适当补贴。

（三）强化基础管理。完善职业培训教师到大中型企业、院校培训和研修制度，建立教师国际交流学习机制，加快培养既能讲授专业知识又能传授操作技能的“一体化”教师队伍。进一步完善专兼职教师制度，鼓励企业高技能人才和专业技术人员到院校担任教师。高技能人才和专业技术人员考核录用到院校任专业教师或实习指导教师的，允许其在试用期内取得教师资格。加强职业培训信息化管理，各市在2012年底前要建立统一的职业培训信息管理平台，对承担培训任务的培训机构进行动态管理，对参训人员实行实名制管理，提高信息共享程度。做好职业技能鉴定基础工作，积极开发职业培训鉴定教材和题库。建立健全职业技能鉴定社会化考评体系，鼓励工程技术人员等专业技术人员参加职业技能鉴定，取得相应职业资格证书。大力推行技能人才企业评价制度，在规模以上大中型企业普遍建立高技能人才考核评价制度，对企业贡献突出的优秀高技能人才经人力社保部门审批后可直接颁发相应的职业资格证书。加强职业技能鉴定和职业院校课程的衔接，推动职业院校毕业生“双证书”制度。建立职业培训结业与技能鉴定同步实施制度，凡享受政府职业培训补贴的人员，都应参加职业技能鉴定。各级职业技能鉴定机构要按照国家职业技能鉴定有关规定和要求，为劳动者提供及时、方便、快捷的职业技能鉴定服务。

（四）搞好就业服务。充分利用各类就业服务机构，通过举办专场招聘会、校企对接等形式，搭建参加职业培训人员与用人单位双向选择的平台，有效推荐参训人员实现就业。认真落实免费职业介绍的有关规定，为劳动者就业提供服务。加强基层公共就业服务队伍建设，将其作为社区工作队伍建设的重要内容，通过公开招聘、兼职等形式，进一步充实基层公共就业服务人员力量，切实提高公共就业服务能力。加强省、市、县三级人力资源市场建设，建立覆盖城乡的人力资源市场网络，逐步实现全省联网，不断丰富就业信息内容、拓展信息发布渠道、提高就业信息质量，方便劳动者就业。

四、充分发挥职业培训资金的支持作用

（一）完善补贴政策。按照不同职业（工种）难易程度及其培训时间长短、成本差异和培训后的就业状况，科学合理地确定培训补贴基本标准，并定期予以调整、及时向社会公开。尽快建立以培训工种紧缺程度、获得技能等级高低确定培训补贴的制度，消除因户籍、群体差异形成的职业培训补贴差别。政府培训补贴每人每年享受一次。根据培训对象特点和培训组织形式，在现有补贴培训机构方式的基础上，研究建立直补个人、直补企业等职业培训补贴方式。公办职业院校参与职业培训，其场地、设施设备使用等费用可计入培训成本。

（二）加大资金投入。各级政府要加大对职业培训补贴资金的整合力度，具备条件的地区，统一纳入就业专项资金，统筹使用，提高效益。各级财政要加大投入，调整就业专项资金支出结构，逐步提高职业培训支出比重。经当地政府或县以上财政、人力社保部门共同批准，符合我省经济转型升级需要的紧缺工种实训项目开发经费、公共实训基地实训设备购置经费和职业培训信息化建设经费可在就业专项经费中列支。各地对培训鉴定教材题库开发、师资培训、职业技能竞赛、评选表彰等基础工作要积极给予支持。建立健全技工院校财政投入保障机制，进一步加大职业教育专项经费对技工院校的投入，公办技工院校教育经费按学校隶属关系统一纳入同级财政预算，并根据办学层次和教育成本科学合理核拨教学经费。企业要按规定足额提取并合理使用企业职工教育经费，职工教育经费的60%以上应用于一线职工的教育和培训。职工教育经费的提取与使用情况应列为厂务公开的内容，定期或不定期进行公开，接受职工监督。对自身没有能力开展职工培训，以及未开展高技能人才培训的企业，县级以上政府可依法对其职工教育经费实行统筹，人力资源社会保障部门会同有关部门统一组织培训服务。

（三）加强资金监管。各地要加强对职业培训资金的管理，明确资金用途、申领拨付程序和监管措施。建立享受培训补贴政策的人员和单位的基础信息数据库，有效甄别培训补贴申请材料的真实性，防止出现冒领行为。要采取切实措施，对补贴对象审核、资金拨付等重点环节实行公开透明的办法，定期向社会公开资金使用情况，审计部门依法加强对职业培训补贴资金的审计，防止骗取、挪用、以权谋私等问题的发生，确保资金安全，审计结果依法向社会公告。监察部门对重大违纪违规问题的责任人进行责任追究，涉及违法的移交司法机关处理。

五、加强对职业培训工作的组织领导

（一）明确工作职责。各地、各有关部门要高度重视职业培训工作，将其纳入目标管理，作为对领导干部实绩考核的重要内容，列入重要议事日程。要建立在政府统一领导下，人力社保部门牵头，发展改革、农办、经信、教育、科技、财政、建设、农业等部门各司其职、密切配合，工会、共青团、妇联等人民团体广泛参与的工作机制。各级人力社保部门要加强对职业培训的统筹管理、业务指导、技能鉴定和监督检查；发展改革部门要加强对职业培训基础能力建设的规划；农办要积极组织实施千万农民素质提升工程；经信部门要引导企业加强职业培训工作；教育部门要大力发展职业教育，引导职业院校、乡镇成校和社区学校积极参与职业培训；科技部门要广泛开展高技能人才技术创新工作；财政部门要确保职业培训工作的经费投入，加强职业培训资金的管理；建设部门要加强对建筑行业技术工人的培训；农业部门要加强对农技人员的培训和农民的专业技术培训；工会、共青团、妇联要引导企业开展岗位练兵、技能比武等活动。

（二）制定培训规划。各地要按照区域经济发展、劳动者职业培训需求以及职业培训资源和能力等情况，科学制定职业培训中长期规划，并纳入本地区经济社会和人才发展总体规划。认真做好职业培训年度计划的制订实施工作，明确各类人员的培训任务、培训目标和培训要求。充分发挥行业主管部门和行业组织在职业培训工作中的作用，做好本行业技能人才需求预测，指导本行业企业完善职工培训制度，落实职业培训政策措施。建立职业培训规划、计划实施情况检查评估制度，省人力社保部门要会同有关部门对培训工作进展情况进行检查。

（三）注重宣传引导。大力开展“钱江技能大奖”、“首席技师”、“职业技能带头人”、“青年岗位能手”、“巾帼建功标兵”和“浙江杰出职工”金锤奖、银锤奖等技能人才评选活动，选择技术含量高、通用性广、从业人员多、社会影响大的职业广泛开展多层次技能竞赛，为技能成才创造条件。积极推动职业院校举办技能大赛，引导职业院校学生增强技能水平。重视提高技能人才的社会地位，评选劳动模范和其他社会先进人物，应增加技能人才的比例，从异地引进的具有高级技师职业资格且符合当地产业发展需求的高技能人才，在户口迁移、子女就学、住房等方面享受当地专业技术人才引进政策。大力宣传各级党委、政府关于加强职业培训工作的方针政策，宣传技能成才和成功创业的典型事迹，宣传优秀职业院校和职业培训机构在职业培训方面的特色做法和显著成效，营造尊重劳动、崇尚技能、鼓励创造的良好氛围。

二〇一一年九月八日

浙江省人民政府
关于进一步加强饮用水水源保护工作的意见

浙政发〔2011〕92号

各市、县（市、区）人民政府，省政府直属各单位：

为进一步加强饮用水水源保护工作，切实保障人民群众饮水安全，根据《中华人民共和国水污染防治法》、《浙江省水污染防治条例》，特提出如下意见：

一、充分认识加强饮用水水源保护工作的重要性和紧迫性

饮水安全是人民群众正常生活的基本条件，水源保护又是确保饮水安全的首要任务。近些年来，全省上下扎实开展饮用水水源保护各项工作，有力保障了人民群众饮水安全。同时必须清醒地看到，影响饮用水水源安全的各类隐患依然存在，威胁饮用水水源安全的突发事件仍时有发生，保障人民群众饮水安全依然任重道远。各级政府、各有关部门要从贯彻落实科学发展观和执政为民、改善民生的高度，充分认识加强饮用水水源保护工作的重大意义，切实增强责任感和紧迫感，采取更加有力的措施，扎扎实实做好这项工作。

二、推进饮用水水源保护区划定和合格规范饮用水水源保护区创建工作

（一）科学划定饮用水水源保护区。进一步完善水功能区划、水环境功能区划。现有水功能区划、水环境功能区划不合理、影响饮用水水源保护的，要尽快调整。因项目开发建设确需调整水功能区划、水环境功能区划的，要从严控制，涉及饮用水水源的，原则上不准降低保护级别。2012年底前，全面完成集中式饮用水水源保护区范围的划定。

（二）积极创建合格规范饮用水水源保护区。各级政府要制订创建计划，落实创建责任，明确进度要求，加快推进合格规范饮用水水源保护区创建工作。到2012年底前，设区市本级饮用水水源完成合格规范饮用水水源保护区创建工作，县级以上集中式饮用水水源地水质达标率达到86%以上；到2015年，其他饮用水水源完成合格规范饮用水水源保护区创建工作，县级以上集中式饮用水水源地水质达标率达到90%以上，乡镇集中式饮用水水源地水质达标率达到75%以上。

三、实施饮用水水源地综合整治

（一）全面排查饮用水水源地安全隐患。各级政府要定期开展饮用水水源地安全隐患排查。排查的重点是：饮用水水源地周边、上游及沿江沿河可能影响饮用水水源安全的造纸、酿造、化工、制药、印染、制革、冶炼、电镀、矿山（尾矿库）等行业以及其他涉及危险化学品生产、使用、贮存的单位；饮用水水源保护区周边的污水处理厂、垃圾填埋场、加油站、储油罐、渔业或水产养殖、规模化畜禽养殖等非工业污染源；可能污染饮用水水源地的道路、水路交通隐患点位；危险化学品运输车船。对排查中发现的违法行为，要依法严肃查处；对排查中发现的安全隐患，要及时清理整治。要根据排查情况建立饮用水水源污染隐患动态数据库，切实做到防患于未然、治患于萌芽。

（二）大力推进工业污染防治。对湖库型水源地集雨区和河流型水源地上游的建设项目，要严把准入关。对重点流域内的土地利用规划和区（流）域开发利用规划，以及工业、农业、畜牧业、能源、水利、交通、城市建设、旅游、自然资源开发等专项规划，要按规定开展规划环评。要进一步优化产业布局，加快调整饮用水水源保护区周边及上游产业结构，优先发展节能环保的高新技术产业和其他无污染产业。大力推进造纸、酿造、化工、制药、印染、制革、冶炼、电镀、矿山等重污染行业整治，坚决淘汰不符合产业政策和节能减排要求的落后产能，依法关闭逾期未完成治理任务的污染企业。

（三）深入开展农业面源污染防治。全面清除饮用水水源一级保护区内的畜禽养殖行为，逐步清除饮用水水源二级保护区内的畜禽养殖行为。加强对饮用水水源保护区内及周边农业种植施用化肥、农药的监控。禁止在饮用水水源一级保护区内施用化肥、农药，限制在饮用水水源二级保护区内施用化肥、农药。指导饮用水水源保护区周边农户合理施用化肥、农药，鼓励施用有机肥，减少施用化肥和化学农药，推进畜禽粪便和农作物秸秆资源化利用，严禁施用高毒、高残留农药。积极推行肥药减量控害增效技术，减少农田化肥氮磷流失。

（四）着力加强渔业养殖污染治理。制订实施水产养殖规划，积极推行水产生态养殖模式。饮用水水源保护区禁止从事投饵养殖，集雨区内严格限制集约化水产养殖。逐步清退具有饮用水水源功能的水库库区内现有的水产养殖场。积极发展保水洁水渔业，通过人工放养滤食性鱼类，优化鱼类品种结构，增殖保护土著水生生物资源，改善水域生物群落组成，保持水体生物链平衡。依法严厉打击炸鱼、毒鱼、电鱼等破坏水源地生态的违法行为。

（五）有效控制城乡生活污染。加强农村生活污水处理，推广生态型零排放治理模式。湖库型水源地集雨区内所有城镇都要建成污水处理设施，或将污水纳入周边污水处理厂处理。加快推进城乡生活垃圾无害化处置，全面推行"户集、村收、镇（乡）运、县（市）处理"的生活垃圾集中收集处置机制。不具备集中处置条件的偏远农村，要按照"统一收集、就地分类、无害化处理"的方式加以解决。结合实施"下山脱贫"工程，引导水源地集雨区人口向城镇或水库下游地区转移，逐步降低水库集雨区人口密度。

（六）切实加强道路水路危险化学品运输安全管理。公安部门划定、调整危险化学品运输车辆通行区域或者指定剧毒化学品运输车辆线路时，应当避开饮用水水源保护区，确实无法避开的，应当采取限速、设置饮用水水源警示标志和完善道路交通安全设施等措施，确保通行安全。运输车辆应按规定载运危险化学品，悬挂或者喷涂符合国家标准的警示标志，配备押运人员，并保证所运输的危险化学品处于押运人员的监控之下。交通运输部门应督促道路建设单位严格落实环境影响评价有关要求，在饮用水水源保护区周边新建道路设置防护栏、溢流沟、沉淀池等必要的污染防护设施。船舶经过饮用水水源保护区的，必须遵守法律法规和国家、省有关饮用水水源保护的规定。

（七）积极开展水源地生态保护与修复。积极推进湿地保护示范工程建设，有效控制藻类及氮、磷污染，提高水源地生态自净功能。大力开展生态清洁型小流域建设、水源地源头水源涵养林和生态公益林建设。面向湖库坡度为20度以上、其他坡度为25度以上的山体原则上要退耕还林。严格控制水源地上游及周边地区的开发活动，依法查处未经规划许可乱砍滥伐、毁林开荒、私挖滥采等破坏生态环境的违法行为。积极开展湖泊底泥生态疏浚，深入实施"万里清水河道"工程，建立湖库、河道长效保洁机制。

四、加强饮用水水源地水质监测

县级以上集中式饮用水水源地要加快建立自动预警环境监测体系，乡镇饮用水水源地要全面建立常规监测体系。到2012年，新建81个主要饮用水水源水质自动监测站。对存在风险隐患的饮用水水源，要加密水质及污染特征因子监测频次，及时掌握水质变化状况。加强应急监测能力建设，确保发生污染事故时，能迅速准确地监测和分析污染物种类、数量、来源和潜在危害。

五、强化饮用水水源保护区环境应急管理

（一）严格落实饮用水水源保护区风险防范措施。各级政府要建立饮用水水源保护区风险管理系统，落实风险防范责任，完善各类风险防范措施。着力推进饮用水水源保护区环库截污工程（包括防污沟、导污渠、集污池等）和重要连接水体风险防范工程建设。饮用水水源上游及周边生产、使用有毒有害化学品的企业必须制订应急预案，原料储存区要设置围堰，厂区要配套建设事故池，备足应急物资。积极推进城市应急备用饮用水水源地建设。到2015年，县级以上城市应具备2个以上水源供水能力，有必要的地区还应建设应急备用地下水水源地。

（二）积极推动饮用水水源保护区预警体系建设。各级政府要建立饮用水水源保护区分级预警体系和预警数据信息汇总分析系统，加强对水源水质状况及安全形势的研判，及时发出水源地安全预警。河道型饮用水水源地上下游要建立饮用水水源保护协调合作机制和跨界监测信息共享机制，完善区域应急监测网络和应急处置方案，增强区域联合预警能力。供水单位应定时检测取水口水质，并对出厂水水质实施实时监测。发现异常情况的，要立即采取有效措施予以处置，并及时向当地政府报告。

（三）全面提升饮用水水源应急保障能力。各级政府要积极推进政府、污染源单位和供水单位“三位一体”的饮用水水源应急体系建设，科学编制饮用水水源突发环境污染事件应急预案，定期组织开展演练和评估，形成预案动态管理制度。2012年底前，完成省市县三级政府饮用水水源突发环境污染事件应急预案的编制。加强各类应急物资、设备的配备储备，确保发生事故时能第一时间调配到位。各级环保、安监、公安、建设、交通运输、水利、农业、卫生、消防、供水等部门要加强联动，有效防范安全生产事故和交通事故导致的次生污染事件。

（四）及时妥善处置饮用水水源突发环境事件。各级政府要保持对饮用水水源突发环境事件的高度敏感，一旦发生涉及饮用水水源的污染事件，要按程序报告，并及时妥善处置。饮用水水源污染事故导致原水供应中断的，所在地政府应当启动相应的应急预案，保障饮用水应急供应。对能够通过工程措施治理污染的，尽量减少供水影响、缩短停水时间；对能够取用临时备用水、实行间歇供水的，尽量做到不停水。在取水受到影响时，要认真分析原因，视情采取深度处理、投加活性炭等备用措施，在确保供水水质的前提下，尽量减少对正常供水的影响。

六、加强农村饮用水水源安全保障

各级政府要加强规划，加大投入，加快建立安全、可靠的农村供水体系。切实加强农村分散式饮用水水源地环境保护与污染治理，着力消除各类污染隐患。加强对农村现有简易水厂和供水设施的改造，落实各项净水措施，因地制宜解决农村饮水安全问题。深入实施“农村饮水安全提升工程”，提高农村饮水安全保障水平。到2015年，完成395万农村人口改善饮水安全状况的任务。加快区域集中供水设施和管网建设、改造、维护与管理，推动城市供水向农村延伸覆盖，逐步实现区域集中供水同网同质同价。

七、完善饮用水水源保护的保障措施

（一）加强组织领导。加强饮用水水源保护，事关人民群众身体健康，事关社会和谐稳定，事关生态文明建设。各级政府要把饮用水水源保护工作作为必须履行到位的基本职责，进一步加强领导，落实责任，完善措施，扎实推进各项工作，确保人民群众饮水安全。饮用水水源保护工作情况纳入各级生态建设目标责任考核体系，作为评价领导班子、领导干部政绩的重要内容，与生态市县、环保模范城市创建等工作挂钩。

（二）加大资金投入。优化财政支出结构，整合各类专项资金，加大对饮用水水源保护工作的财政投入。加大对水源地污染源实施搬迁整治、禁止和减少施用化学肥药、建设生态公益林、实施生态移民和生态修复等的生态补偿力度。完善水资源有偿使用制度，合理调整水资源费征收标准，扩大水资源费征收范围，严格水资源费征收、使用和管理。完善多元化投融资机制，拓宽投融资渠道，引导和鼓励社会资金投资参与饮用水水源保护。

（三）强化科技支撑。加大饮用水水源保护专项科技经费投入，积极开展相关科技攻关，重点做好饮用水水源保护区污染物削减、湖库富营养化形成和消除机理、水体氮磷污染控制、藻类防治、水体生态修复技术、洁水保水渔业养殖、农村农业面源污染控制等技术和示范工程的研究与推广。加快制订水源环境监测用计量器具检定（校准）技术规范。

（四）营造良好氛围。广泛开展饮用水水源保护宣传教育，提高社会公众对加强饮用水水源保护重要性的认识，调动社会各界参与这项工作的积极性、主动性和创造性。建立健全饮用水水源环境信息公开制度，积极推行有奖举报制度，公开曝光处理相关违法行为，切实保障人民群众的知情权、参与权和监督权，努力形成全社会关心、支持和参与饮用水水源保护工作的良好氛围。

二〇一一年十二月五日

浙江省人民政府关于深化完善社会养老服务体系建设的意见

浙政发〔2011〕101号

各市、县(市、区)人民政府,省政府直属各单位:

为积极应对人口老龄化,努力满足全社会不断增长的社会养老服务需求,提高我省社会养老服务水平,现就深化完善社会养老服务体系建设提出如下意见:

一、总体要求和工作目标

(一)总体要求。坚持以邓小平理论和"三个代表"重要思想为指导,深入贯彻落实科学发展观,继续加大工作力度,积极完善体制机制,努力创新发展模式,全面构建与我省人口老龄化进程相适应、与经济社会发展水平相协调,以居家为基础、社区为依托、机构为支撑,资金保障与服务保障相匹配,基本服务与选择性服务相结合,政府主导、社会参与、全民关怀的社会养老服务体系,确保广大老年人老有所养、安享晚年。

(二)工作目标。到2015年,全省城乡社区居家养老服务实现全覆盖,养老服务设施合理布局基本形成;基本建立以护理型为重点、助养型为辅助、居养型为补充的机构养老服务模式,培育一批规模较大的养老服务集团或连锁服务机构,每百名老年人拥有养老服务床位数达到3张以上,其中护理型床位占比不低于40%,民办养老服务机构床位占比达到50%以上;省、市、县(市、区)养老服务指导中心、乡镇(街道)养老服务中心、城乡社区居家养老服务照料中心(站)三级组织管理系统和服务网络不断健全,养老服务管理实现标准化、规范化。

二、加快发展居家养老服务

(一)着力提升城乡社区居家养老服务功能。城乡社区已建的居家养老服务站、"星光老年之家"要通过设施改造、功能提升,转型升级为社区居家养老服务照料中心或小型养老服务机构。尚未建有居家养老服务设施的城乡社区,要加大力度,整合资源,加快建设。到2015年,城市社区实现居家养老服务照料中心全覆盖,三分之一以上的农村社区建有居家养老服务照料中心。

(二)鼓励发展居家养老服务机构。采取购买服务、项目委托、以奖代补等多种形式,鼓励和引导社会力量开展居家养老服务,重点扶持发展一批专业从事居家养老服务的企业和民办非企业单位。

(三)积极改进居家养老服务方式。依托社区服务信息平台,对接老年人服务需求和各类社会主体服务供给,为老年人提供便捷的居家养老服务。有条件的地方要为高龄老人、低收入失能老人免费配置"一键通"等电子呼叫设备。

三、积极发展以护理型为主的养老机构

(一)实行养老服务机构的分类管理。大力发展具有医护功能,以接收失能、失智老人为主,提供长期照护的为护理型养老服务机构;以接收半自理老人、自理老人为主,提供适当照护,集中居住式的为助养型养老服务机构;以接收自理老人为主,采取家庭式居住方式,设有配套的护理和生活照护场所的为居养型养老服务机构。重点支持发展护理型养老服务机构,在政策上给予一定的倾斜。营利性养老服务机构到工商行政管理部门进行工商注册登记,非营利性养老服务机构到民政部门进行民办非企业单位登记,取得法人资格。

(二)加强公办养老服务机构建设。现有社会福利机构和乡镇(街道)养老服务机构,要完善设施、增强功能、提高服务质量,加快发展为护理型养老服务机构。尚未建有敬老院(五保供养服务中心)的乡镇(街道)原则上都要建设1所以上以护理为主的养老服务机构。继续推进敬老院转型升级,在满足农村五保对象集中供养的同时,积极为有需求的其他老年人提供养老服务。

(三)大力发展民办养老服务机构。扶持社会力量兴办各类养老服务机构。鼓励企业、社会组织、个人创办社区养老服务机构,就近就便为社区老年人提供集中照护和居家养老服务。社区养老服务机构可以实行集团化管理模式、办理法人登记,也可通过社区服务组织备案进行登记管理。

四、注重提高养老服务机构的医疗康复服务能力

(一)加强养老服务机构、城乡社区居家养老服务照料中心(站)与医疗机构的合作。规模较大的护理型养老服务机构须单独设置卫生所(医务室);规模较小的护理型养老服务机构和助养型养老服务机构可单独设置卫生所(医务室),也可与周边医院、社区医疗卫生服务机构合作,促进养医结合。有条件的地方,城乡社区居家养老服务照料中心(站)应与社区医疗卫生服务中心(站)加强合作,实现资源共享。养老服务机构内独立设置的卫生所(医务室),可向当地人力社保部门申请,纳入当地医保定点机构。卫生、人力社保部门要加强对养老服务机构医护人员的管理、培训和业务指导监督,将其专业技术资格评价纳入统一管理。

（二）提高养老服务机构康复服务能力。继续实施“福彩助我行”活动，免费为社会困难老人和护理机构的失能、失智老人提供各类康复辅助器具。加强省级康复中心建设，推动其向康复医院转型，扩大规模，提升水平，为全省养老服务机构康复服务提供示范和技术指导。

五、加强和创新养老服务运行管理

（一）建立养老服务补贴制度。对城乡最低生活保障家庭中的失能、失智老人，政府给予养老服务补贴。根据老年人或其家庭意愿，到养老服务机构接受服务的，其养老服务补贴由当地民政部门支付给相应的养老服务机构；居家接受服务的，其养老服务补贴由当地民政部门支付给提供服务的居家养老服务企业或从事居家养老服务的机构。从2012年起，养老服务补贴标准参照当年度重度残疾人托（安）养费用补助标准执行。有条件的地方，可将政府养老服务补贴范围扩大到中低收入家庭中的失能、失智老人以及高龄老人等。省民政厅要会同有关部门制订养老服务补贴的具体实施办法。

（二）健全养老服务评估制度。以县（市、区）为单位，对当地老年人的家庭经济状况、身体状况和养老服务需求进行评估，建立数据库，实行动态管理。全面建立公办养老服务机构服务对象入住评估制度和养老服务机构质量评估及监督检查制度，切实维护老年人基本权益。

（三）完善养老服务机构政策性保险制度。坚持政府支持、机构投保、保险公司运作的原则，实施养老服务机构政策性保险制度。通过全省统保、行业互保的办法，降低养老服务机构运营风险。对各类养老服务机构投保费用，当地财政可给予适当补助。

（四）加强养老服务机构安全管理。各级民政、卫生、工商、公安消防部门要切实履行业务主管和行政监管部门职责，依法加强对养老服务从业人员的安全教育和养老服务场所的安全检查，及时督促整改公共卫生和消防安全方面的问题，消除各类安全隐患。严格养老服务机构登记审批和年检年审制度，新建机构申领《社会福利（养老）机构设置批准证书》，应当依法提交建设、消防、卫生防疫等有关部门的验收报告或审查意见书及其他必备材料。对已经建成运行的养老机构和新建的城乡社区小型养老服务机构，以及利用农村集体土地或农村宅基地兴办建设养老服务机构的，公安消防部门要加强检查指导，发现火灾隐患的，应当及时提出整改意见，并抄送民政部门。民政部门要督促其尽快落实整改措施，符合消防安全要求。要全面推行养老服务机构综合责任的政策性保险，防范和减少入住老人的人身安全风险。

（五）推进养老服务标准化建设。民政部门要会同有关部门抓紧研究制订机构养老服务、居家养老服务等相关标准，建立养老服务信息化管理系统，开展养老服务标准化试点。通过等级评定、标准引导和信息化管理等，提高养老服务行业的专业化、规范化水平。

（六）探索养老服务新机制。实行居家养老服务招标制度，通过政府招标采购方式，引导具备资质的各类社会机构进入养老基本公共服务领域。积极探索养老服务机构收费管理新机制，鼓励实行养老服务机构公办民营模式和非营利性养老服务机构连锁运营模式，降低运营成本，提高服务水平。通过资金、信息引导和现代信息技术的支持，在居家养老服务和机构养老服务之间形成贯通机制，确保老年人自主选择养老服务方式和服务场所，满足不同养老服务需求。

六、加大政策扶持力度

（一）加强养老服务机构用地保障。以市、县（市、区）为单位，按照到2015年养老床位占老年人口总数5%以上的要求，合理规划布局养老服务机构，确保满足养老服务机构建设用地需求。对福利性和非营利性养老服务机构项目建设用地，采用政府划拨方式供地；对营利性养老服务机构项目建设用地，可根据土地用途，依据养老服务机构具体类型，参照成本逼近法等方法进行地价评估后，采取招标拍卖挂牌出让方式供地。鼓励用地单位在符合城市规划的前提下，充分利用工业厂房、仓储用房、学校、办公楼等存量房产和土地兴办养老服务机构，支持农村集体经济组织使用村级建设留用地兴办养老服务机构，相关部门要积极支持协助并依法办理相关手续。

（二）加强社区居家养老服务配套用房建设。将居家养老服务用房列入城市社区配套用房，按每百户15—20平方米建筑面积落实，有条件的地方可适当提高配建标准。新建小区在交付时须配套相应面积的居家养老服务用房，老小区要通过腾退、置换相应房产予以配置。已经用于居家养老服务的用房要确定产权，切实保障居家养老服务的开展。鼓励城乡社区利用布局调整后的学校、办公服务设施等公共资源改造或建设居家养老服务设施。

（三）加大资金支持。省财政设立社会养老服务体系建设专项资金，重点用于养老服务补贴、养老服务机构建设、居家养老服务设施建设和鼓励发展民办养老服务机构等，并向农村和欠发达地区倾斜。从2012年起，省财政对用房自建、床位数达到20张及以上、符合有关部门规定资质条件的非营利性民办养老服务机构，按核定床位一次性给予每张床位6000元补助；对租用用房且租用期3年以上的非营利性民办养老服务机构，达到前述条件的，省财政按核定床位给予每张床位每年1000元补助，连续补助3年。在此基础上适当提高对护理型养老服务机构的床位补助标准。省级社会养老服务体系建设专项资金使用管理办法由省财政厅、省民政厅制订。

（四）落实税费优惠政策。养老院提供的育养服务免征营业税；对符合条件并认定为非营利性组织的养老服务机构的收入，免征企业所得税；对企事业单位、社会团体和个人等社会力量通过非营利的公益性社会团体、基金会，或者国家机关向福利性、非营利性的老年服务机构的公益性捐赠支出，按规定予以税前扣除；对福利性、非营利性的老年服务机构自用的房产、土地免征房产税和城镇土地使用税；对养老院占用耕地免征耕地占用税；社会福利院、敬老院、养老院、老年公寓等养老服务机构，缴纳水利建设专项资金确有困难的，报经税务部门批准，可予以减免照顾。政府主办和特许经营的供水、供电、供气、通信、有线（数字)电视等经营单位,应为养老机构提供优质服务和优惠收费。其中,用水、用电、用气等价格与居民用户实行同价;免收养老机构电话、有线(数字)电视、宽带互联网一次性接入费,养老机构有线(数字)电视基本维护费标准按不高于当地居民用户主终端基本维护费标准的50%协商收取。对从事居家养老服务企业的税费支持政策,按照《浙江省人民政府办公厅关于加快发展家庭服务业的实施意见》(浙政办发〔2011〕132号)执行。

七、加强机构队伍建设

(一)建立健全养老服务组织机构。各市、县(市、区)要建立养老服务指导中心,切实做到有机构、有职责、有编制、有人员、有场地、有经费;乡镇(街道)要依托公办养老服务机构建立综合性养老服务中心,配备专门的工作人员;城乡社区要建立居家养老服务照料中心(站),配备必要的养老服务工作人员,落实专项工作经费和专门工作场所。切实增强养老服务组织机构功能,分级承担组织指导、服务培训、服务补贴审批发放、评估评审、监督检查等职责。同时,各地要依法加强对敬老院管理,认真做好符合条件的乡镇(街道)敬老院的事业法人登记工作。

(二)加快养老服务队伍建设。支持引导大中专院校开设养老护理专业。鼓励大中专院校护理专业、社会服务与管理、公共事务管理和家政学等相关专业毕业生到养老服务机构和社区就业,从事养老服务工作。在养老服务业中设置社会工作岗位,纳入民政部门统一管理。切实提高养老护理员工资水平,探索建立养老护理员特殊岗位津贴制度。大力倡导义工服务,积极推广"银龄互助"等行动,动员更多社会力量加入养老服务行列。

(三)实行养老护理员职业资格评定制度。各级民政和人力社保部门要加强养老护理员专业技术培训,按照养老护理员国家职业标准开展养老护理员职业资格考评工作。各市、县(市、区)设立养老护理员培训鉴定专项经费,对辖区内从事养老服务的工作人员进行系统培训,经培训鉴定合格后颁发相应职业资格证书。

八、进一步加强组织领导

(一)科学统筹规划。各级政府及有关部门要加强调查研究,依据当地经济社会发展规划、城乡规划和土地利用总体规划,深入分析研究当地老年人口数量、结构及发展趋势和养老服务需求,着眼统筹城乡、统筹居家和机构养老服务,科学制订社会养老服务体系建设中长期规划和年度工作计划。年度养老服务建设项目应及时纳入当地的年度用地计划。

(二)落实工作责任。社会养老服务体系建设是今后一个时期保障和改善民生的一项重点任务,事关千家万户的安宁和幸福,事关全社会的和谐稳定。各级政府务必高度重视,将其列入重要议事日程,列入政府为民办实事工程,列入政府和相关部门年度重点目标任务考核范围,明确责任,狠抓落实。为加强对社会养老服务体系建设的组织领导,省政府成立社会养老服务体系建设领导小组,各市、县(市、区)政府也要建立相应的组织协调机制。各级民政部门要切实履行牵头协调职责,做好整体谋划、管理指导、标准制订、监督检查等工作。各有关部门也要充分履行职责,加强协同配合,共同推动这项工作。

(三)营造良好氛围。各地要采取多种形式,深入宣传社会养老服务体系建设的重要意义、目标任务和法规政策,引导社会各界积极参与、大力支持社会养老服务体系建设。要认真总结经验,树立典型,大力开展养老服务示范活动。要加强照护文化建设,切实提高养老服务从业人员的职业道德水平,广泛开展为老志愿服务,在全社会大力营造敬老爱老助老的良好风尚。

自本意见印发之日起,《浙江省人民政府办公厅关于促进养老服务业发展的通知》(浙政办发〔2006〕84号)、《浙江省人民政府关于加快推进养老服务体系建设的意见》(浙政发〔2008〕72号)自行废止。

二〇一一年十二月十五日

中共浙江省委办公厅　浙江省人民政府办公厅关于深入推进"网格化管理、组团式服务"的意见

(2011年8月31日)

浙委办〔2011〕107号

近年来,全省各地各有关部门以开展深入学习实践科学发展观活动和创先争优活动为契机,积极探索推行"网格化管理、组团式服务",整合基层资源,下移工作重心,寓管理于服务中,推进了党在基层领导方式的改革和创新,密切了党群干群关系,提升了基层服务管理水平,初步形成了具有浙江特色的社会管理模式。为深入贯彻落实省委十二届九次全会精神,着力完善基层社会管理和服务体系,现就深入推进"网格化管理、组团式服务"提出如下意见。

一、充分认识深入推进"网格化管理、组团式服务"的重要意义

"网格化管理、组团式服务"的基本内涵是,在党的统一领导下,最大限度地整合基层管理服务资源,寓管理于服务,使社会管理更为精细、服务群众更为直接,努力实现

全方位、动态式管理和多样化、多元化服务，推进平安建设，维护社会稳定，保障改善民生，促进社会和谐。推行“网格化管理、组团式服务”，是我省基层党建工作的探索创新，也是加强和创新社会管理的成功实践。深入推进“网格化管理、组团式服务”，是深化“平安浙江”建设、加强和创新社会管理的有力抓手，是坚持和发展“枫桥经验”、加强基层基础工作的重要举措，是满足人民群众对美好生活新期待、新要求的具体实践，对于提高党的执政能力，推动科学发展，保障和改善民生，全面建成惠及全省人民的小康社会具有重要意义。

二、进一步明确深入推进“网格化管理、组团式服务”的指导思想和目标任务

深入推进“网格化管理、组团式服务”，要坚持以邓小平理论和“三个代表”重要思想为指导，深入贯彻落实科学发展观，以为民、便民、惠民为宗旨，以基层网格为管理单元，以多元参与为组织形式，以信息化手段为技术支撑，以推动科学发展、促进社会和谐为主要目的，把加强党的建设与加强社会管理和服务紧密结合起来，最大限度地整合基层管理服务资源，最大限度地推动社会管理和服务向末端延伸，形成城乡统筹、各方联动、源头治理、优化服务、动态管理的基层社会管理服务新模式，实现社会管理服务的常态化、人性化、精细化，着力推进“平安浙江”建设，积极构建和谐社会。

深入推进“网格化管理、组团式服务”，要努力实现以下四个方面目标：

（一）管理服务网络全面覆盖。基层管理服务责任单元划分切合实际、科学合理。管理服务队伍职责明确，结构优化，精干高效，与基层党政组织、群团组织、群众自治组织、非公有制经济组织、社会组织等有效衔接和优势互补，形成横向到边、纵向到底的基层社会管理服务网络体系。

（二）管理服务功能更加健全。基层政府行政资源、公共服务资源、社会资源、市场资源等管理服务资源得到最大限度的整合和利用。各类基层管理服务平台有机融合、全面覆盖，规范化、信息化建设水平显著提高，作用得到有效发挥。基层管理服务网格的宣传教育、信息收集、矛盾化解、安全防范、民主监督和公共服务、志愿服务、市场化服务等功能日趋完善。

（三）管理服务效能明显提升。基层社会管理和服务机制完善，制度规范，运行有序。人民群众诉求表达渠道更加畅通，合法权益得到有效维护。重大事项社会稳定风险评估机制全面实施，矛盾纠纷调处、社会治安防控、公共安全管理和社会公共服务水平显著提升，重点人群、社会组织、信息网络等重点领域管理和服务措施进一步落实。基层突出矛盾纠纷、信访和群体性事件得到有效预防和减少，生产安全事故、刑事治安案件等多发高发势头得到遏制，基层平安创建水平不断提高。

（四）群众满意度进一步提高。基层党政组织和党员干部以人为本、服务为先的意识显著增强，作风明显改善，深入基层了解情况、解决问题、化解矛盾的主动性、积极性、创造性进一步提高。基层社会治理机制进一步完善，党员干部联系服务群众制度更加健全，做群众工作能力明显提升，人民群众满意度进一步提高。

三、进一步创新完善“网格化管理、组团式服务”的工作举措

（一）调整优化责任单元，推进管理服务网格化。在充分考虑地理、经济、人文布局的基础上，按照尊重传统、着眼发展、便于管理、全面覆盖和保持管理对象整体性的原则和要求，科学合理划分管理服务责任网格。原则上，在农村，以自然村落、片组或一定数量住户为基本单元划分网格。在城市社区，以居民小区、楼幢等为基本单元划分网格，住户数量可适当扩大。农村和城市社区辖区内的机关、企事业单位归入相关网格。在工业园区、科技园区、文创园区、商务楼宇和部分城郊结合部、拆迁人口较多的社区、流动人口数量较多且集中居住地区等特定区域，可建立若干专属网格；流动人口数量较少或分散居住的，可纳入当地常住人口管理服务网格。全面推行“一格多员”的责任网格管理模式，切实把工作任务落实到每一网格。

（二）有效整合力量资源，推进管理服务系统化。立足实际，分级、分类组建管理服务团队，最大限度地整合和利用各方面资源，满足群众个性化、多样化需求。根据组建层次、参加人员和服务内容的不同，一般可建立自治服务、基础服务和专业服务等类型的服务团队。自治服务团队，一般由村（社区）组建，居住在网格内的党代表、人大代表、政协委员、老干部、党（团）员、“大学生村官”、社会组织人员和乡土人才等参加，为所在网格群众提供日常性服务。基础服务团队，一般由乡镇（街道）组建，乡镇（街道）干部、村（社区）干部、农村工作指导员、社区（驻村）民警、专职巡防员、专职消防员、社区治安员、流动人口协管员、计生协管员等参加，主要负责对责任网格进行经常性的联系服务，重点做好公共服务工作。专业服务团队，主要在县（市、区）、乡镇（街道）层面组建，由相关职能部门、技术部门、社会组织、志愿者协会中的专业人士等参加，为群众提供专业和特色服务。建立健全“一网格＋一党支部（党小组）”模式，把党支部（党小组）建在网格上，使党组织和党员进一步融入基层群众工作中，成为引领基层社会管理创新的中坚力量。

（三）建立完善运行机制，推进管理服务规范化。明确网格服务团队负责人及其成员的具体责任分工，充分发挥网格服务团队宣传员、信息员、调解员、治安员、民主监督员等作用，全面落实网格管理服务各项措施。健全完善民情采集机制，组织网格管理服务团队每年不少于2次深入网格进行走访服务，全面掌握社情民意动态，做好上情下达和下情上传工作。健全完善党委、政府民意研判机制，乡镇（街道）至少每月1次、县（市、区）每季1次、市级每半年1次召开民情分析会，梳理分析网格民情，提出整改方案，落实整改措施，切实解决群众关心的热点难点问题。健全完善惠民服务机制，积极推行“15分钟党员服务圈”、党员“一员双岗”和为民办事全程代理等做法，组织网格服务团队发挥自身专长和优势，采取集中性服务和经常性服务相结合的办法，为群众提供政策、技术、信息、文化等各类服务。健全完善问题调处机制，及时受理群众提出的各类诉求，分层分类、上下联动做好解释宣传、调处解决和答复反馈工作，把不稳定因素消除在萌芽状态。建立健全市、县（市、区）部门融入网格化工作机制，在基层有分设机构和人员的部门要动员基层资源，参与当地网格服务团队各项工作；其他部门要针对群众反映的问题，定期提供政策咨询等专业服务。积极开展在职党员干部"双角色、双争优"活动，组织在职党员干部到各自所居住社区报到，为社区群众提供专业服务。建立完善"两代表一委员"融入网格化工作机制，开展代表融入网格、委员服务网格工作，畅通网格内群众诉求渠道。健全完善教育培训机制，每年至少开展1次服务团队负责人集中培训，全面提高服务团队掌握民意、调处矛盾、化解纠纷、扶贫帮困等能力，打造高素质服务队伍。

（四）不断创新工作手段，推进管理服务信息化。积极搭建网格管理服务信息化工作平台，以县（市、区）级信息中心为主平台，以基层社会管理综合信息系统为基础，按照以用促建、建管同步、鼓励创新、上下联动、资源统筹的原则，建立集诉求受理、信息采集、综合监管、协调指挥和系统记录评价于一体的社会管理服务信息系统。大力推进"81890"、"12345"等民生服务平台建设，充分利用热线电话、社区QQ群、网络微博、手机短信、电子信箱等信息平台，增强互动服务功能和快速反应能力，及时搜集社情民意，认真做好解疑释惑、宣传政策、方便办事等工作，切实加强对各类突发事件和社会热点问题的舆论引导，牢牢掌握网格舆情应对主动权。规范网上办事流程，建立健全网格问题网上登记、报送、分析、汇总、分流和处理机制，及时将群众诉求传递给有关职能部门，限时办结，切实提高为民办事效率。

（五）发挥基础平台作用，推进管理服务一体化。加强平台间资源、信息、功能整合，充分发挥乡镇（街道）综治工作中心在基层加强和创新社会管理、维护社会和谐稳定中的基础作用，充分发挥便民服务中心和党员服务中心为党员群众提供服务的重要作用，协调联动推进网格管理服务。以创建"示范综治工作中心"为载体，扎实推进综治工作中心规范化建设，进一步规范职责定位，配齐配强基层综治领导干部和专职工作人员，推动工作网络和机制向村、社区和网格拓展。建立派出所、法庭、检察室、司法所等基层维稳机构与综治工作中心的工作对接机制，进一步整合基层综治维稳力量。全面建立村级（社区）便民服务中心，实现便民服务网络全覆盖。扎实推进党员服务中心建设，逐步推动村（社区）、企业建立党员服务中心（站、点），力争到2012年底基本实现党员服务中心（站、点）在村（社区）一级全覆盖。按照责权相统一的要求，赋予综治工作中心在网格社会管理工作中相应的任务分流指派、力量指挥调度、工作检查督办、考核奖惩建议等权力，加大统筹协调力度，切实形成矛盾联调、治安联防、问题联治、事件联处、平安联创、管理联抓的良好局面。

四、切实加强对"网格化管理、组团式服务"的组织领导

深入推进"网格化管理、组团式服务"，是省委在总结各地实践经验的基础上，根据新形势下加强和创新社会管理的要求作出的重要决策部署。各级党委、政府和有关部门要高度重视，加强领导，精心组织，狠抓落实，努力提高基层社会管理和服务的科学化水平。

（一）统筹谋划，精心组织。把深入推进"网格化管理、组团式服务"纳入党委、政府加强和创新社会管理的重要内容，列入重要议事日程，进一步统一思想，统筹谋划，完善工作方案，深入动员部署。建立党委政府统一领导、组织部门发挥组织优势、综治部门负责牵头协调、有关部门协作配合、社会各方共同参与的工作格局，加强组织领导，形成工作合力。注重把组织开展"网格化管理、组团式服务"与平安创建、新农村建设、基层基础建设以及创先争优活动等有机结合起来，协调推进，提升整体工作水平。

（二）分类指导，注重实效。从各地实际出发，因地制宜提出加强"网格化管理、组团式服务"的具体办法和措施，区别不同情况，搞好分类指导。各有关部门和单位特别是县级党委组织部门、政法综治部门要加强分工协作，结合各自职能及业务工作，指导乡镇（街道）、村（社区）和网格服务团队做好察民情、纾民困、解民忧、保民安等方面工作，切实解决社会管理中存在的突出矛盾和问题。

（三）强化保障，推动落实。各县（市、区）、乡镇（街道）每年都要安排专项经费，为推进"网格化管理、组团式服务"提供必要的支持和保障。各县（市、区）要制定"网格化管理、组团式服务"工作考核办法，把开展"网格化管理、组团式服务"工作情况作为领导班子和领导干部任期考核、经济社会发展目标考核和平安、综治考核的重要内容，作为相关人员考核奖惩、提拔任用的重要依据，健全完善考核奖惩机制，最大限度地调动党员、干部和社会各方面参与这项工作的积极性。

（四）加强宣传，营造氛围。广泛做好宣传发动工作，采取多种形式，让全社会进一步深化对开展"网格化管理、组团式服务"重要意义的认识，充分感受到这种管理服务模式带来的好处，让广大干部群众积极主动地投入到这项工作中来。及时总结推广和宣传各地各部门推进网格管理服务的典型经验和成功做法，为全面深化这项工作提供示范和借鉴。突出宣传基层推进"网格化管理、组团式服务"中涌现出的先进典型和生动事迹，大力营造比学赶超的浓厚氛围。

中共浙江省委办公厅　浙江省人民政府办公厅关于加强县级信访工作的意见

（2011年10月12日）

浙委办〔2011〕125号

为深入贯彻党的十七届五中全会和省委十二届九次全会精神，进一步落实中发〔2007〕5号、浙委〔2007〕89号、浙委办〔2006〕39号等文件规定，切实加强县级信访工作，现提出如下意见。

一、充分认识加强县级信访工作的重要意义

县级是我国政权组织中的一个重要层次。做好县级信访工作，对于做好群众工作，维护群众合法权益，保持社会和谐稳定，具有重要意义。从信访工作实践看，县级反映的社会矛盾最为集中、解决信访问题也最为直接有效，抓好了县级就抓住了做好信访工作的“牛鼻子”，就打牢了信访工作的基础。近年来，虽然我省在加强县级信访工作方面做了大量工作，县级信访工作整体水平得到了较大提升，对维护社会和谐稳定起到了积极的促进作用，但是面对经济体制深刻变革、社会结构深刻变动、利益格局深刻调整、思想观念深刻变化的新形势，当前全省各类越级上访、去京非正常上访仍不同程度地存在，各类群体性、集聚性事件时有发生，影响社会和谐稳定的矛盾和问题还比较多，对进一步做好县级信访工作提出了新的更高要求。各级党委、政府一定要从政治和全局的高度出发，坚持用群众工作统揽信访工作，充分认识加强县级信访工作的重要性，把加强县级信访工作摆在更加突出位置，进一步落实县级信访工作责任，创新县级信访工作理念，完善县级信访工作机制，推动大量信访问题在县级得到解决和化解，努力为建设“平安浙江”、“法治浙江”，构建和谐社会作出新的更大贡献。

二、畅通渠道，完善县级信访工作机制

1. 完善源头防范机制。坚持全方位保障，加大对民生的投入，优化公共资源配置，完善社会保障体系，把住引发信访的原生问题这个源头。坚持开放式决策，在研究重点工程建设、公共政策调研等重大事项时，广泛征求群众意见，及早开展风险评估，避免因决策失误、群众利益受损导致信访，把住制定和实施决策这个源头。坚持民主化管理，转变工作作风，提高依法行政水平，增强依法办事能力，加强村级组织建设，把住政务村务管理这个源头，切实解决财务不清、办事不公、权力滥用等问题，从根本上预防和减少信访问题的发生。

2. 完善诉求表达机制。充分尊重和保护群众的信访权利，热情文明接待群众来访，认真负责办理群众来信。具备条件的县（市、区）要设立联合接访中心，对群众来访事项做到“一门受理、限时办结”，形成信访部门综合协调、接访单位动态调整、工作流程规范完整、服务群众便捷高效的运行机制。整合县级信访机构、专线电话、网络平台等信息资源，积极开通绿色邮政和网上信访，方便群众及时就地反映诉求，实现信访渠道多元化、便捷化、高效化。逐步建立人民群众意见和建议征集制度，加强汇集和分析研究，及时发现问题，改进工作，完善政策，接受监督。

3. 完善矛盾纠纷排查化解机制。完善源头预防、经常排查、随时化解、常抓不懈的矛盾纠纷大排查大化解制度，健全县、乡、村三级排查网络，做到日排查、周报告、月分析；搭建多层次、全方位的信息报送平台，实行点对点的信息互动和双向反馈；建立集体上访事前预警、事中化解、事后处理“三环相扣”工作制度，制定应急预案，对可能发生的越级上访、集体上访做到早发现、早介入、早处理，有效防止问题积累和矛盾激化，真正做到小事不出村居（社区）、一般事项不出乡镇（街道）、大事不出县（市、区）。

4. 完善秩序维护机制。坚持一手抓宣传教育，多做解释、劝返和说服工作，注重宣传党的路线方针政策，把解决思想问题与解决切身利益问题结合起来，把教育疏导与提供服务结合起来，依法实施适当信访救济，积极引导群众依法、理性、逐级、有序地表达利益诉求；一手抓依法处置，对信访活动中出现的违规、无序、过激等行为，运用法律武器来解决，触犯法律的，坚决依法打击，不断树立正确的信访导向。

5. 完善业务工作机制。严格落实国务院《信访条例》，从落实岗位职责、规范工作程序和时限等入手，进一步完善办信、接访、督查、复查复核等工作制度，规范信访事项的受理、转送、交办、督办、回复等工作流程，做到办理快速、责任明晰、处理到位、反馈及时，推进信访工作制度化、规范化、科学化建设。进一步落实信访公开承诺制和首问首办责任制，并向城市社区和企业单位延伸，切实提高初信初访办结率，使群众反映的问题在基层得到及时妥善处理。

6. 完善终结调处机制。健全信访事项三级终结制度，引导群众逐级上访，减少重复上访和越级上访。坚持调解优先原则，健全人民调解、行政调解、仲裁调解、司法调解衔接联动机制，进一步推广律师参与信访工作做法，变小调解为大调解、单一调解为综合调解，使群众合理诉求在基层一线得到及时妥善解决。大力推行听证制度，严格依据法律和政策规定，充分听取各方意见和建议，做到以理服人、以法服人，有效化解信访矛盾和疑难问题。

三、夯实基础，加强县级信访工作机构和队伍建设

1. 加强县级信访工作机构建设。要按照协调联动、运转顺畅、务实高效的原则，规范县级信访部门机构设置，健全综合、办信、接访、督查、复查复核、网上信访、电话受理等职能科室，机构编制、中层干部职数、人员配备要与信访工作任务和形势发展相适应。县(市、区)党政工作部门和直属单位要根据任务需要，配齐配强工作力量。有条件的县(市、区)要积极开展用群众工作统揽信访工作试点，着重在机构设置、职责功能、运行机制等方面进行探索实践，形成完善的群众工作和信访工作网络。

2. 加强县级信访工作基础建设。各级党委、政府要重视改善县级信访工作条件，加强办公自动化建设，保障正常的工作经费。加大全国信访信息系统建设和应用力度，争取用两年时间完成系统在所有县(市、区)党政工作部门横向互联，并在确保网络数据安全的前提下，推进系统在乡镇(街道)的应用，从而实现系统在全省全覆盖。

3. 加强县级信访干部队伍建设。县(市、区)党委、政府及组织人事部门要关心信访干部的成长，加大信访干部的培训、交流、选拔力度，对作出突出贡献、取得显著成绩的信访干部，要给予表彰奖励和提拔重用。采取进修培训、轮岗交流、挂职锻炼等多种形式，加强对信访干部的培养，一般一年举办1—2期业务培训班，不断提高信访干部的政治素质和业务水平。继续完善新提任干部、后备干部、新进公务员到信访部门挂职锻炼制度，工作时间不少于6个月。

四、加强领导，强化县级信访工作责任

1. 加强组织领导。各市、县(市、区)党委、政府要切实加强对县级信访工作的领导，将其纳入党委、政府中心工作。各县(市、区)每季度召开一次专题会议，分析研判信访形势，部署安排信访工作。充分发挥联席会议综合研判、协调组织、完善政策、总结推广、督导落实的职能作用，各成员单位之间要密切配合、协同作战，加强对信访突出问题特别是政策问题的研究，增强统筹力；充分发挥信访部门督查督办的职能，增强影响力；充分发挥职能部门解决问题、化解矛盾的主体责任，增强执行力；充分发挥工青妇等群团组织和"两代表一委员"及社会中介组织联系群众、反映社情、协调关系、化解矛盾的作用，从不同渠道对社会矛盾进行分流和疏导，扩大信访工作社会参与面，增强协同力，进一步形成各负其责、齐抓共管的县级信访工作大格局。

2. 坚持领导带头。切实加强县级信访工作，县级党政领导干部要做到"四个带头"。一是带头落实信访工作责任制。县级党政主要领导是第一责任人、负总责，分管领导直接负责、亲自抓，其他领导成员"一岗双责"、协助抓。对涉及信访的重要工作、重大行动、重大问题，主要领导要亲自研究部署、组织协调，切实履行自身职责，以此影响和带动形成一级抓一级、层层抓落实的信访工作责任体系。二是带头阅批群众来信。县级党政领导干部要以对党和人民高度负责的态度，认真阅批和及时处理群众来信。上级机关交办的重要信件和带有倾向性、苗头性的联名信，县级党政领导干部特别是主要领导干部要亲自处理、答复并跟踪督办。三是带头接待群众来访。县(市、区)党委、政府要认真落实县级党政领导干部每月至少安排一次定点接待群众来访的要求，常态开展"县委书记大接访活动"。每年1月1日前制定县级党政领导干部全年接访计划表，在办公、接访场所上墙公布，并以适当方式向社会公告，方便信访群众了解和参与。坚持把定点接访与重点约访、带案下访结合起来，深入基层一线，认真听取群众意见，推动及时就地解决信访问题。四是带头包案处理。对群众反映强烈的突出信访问题实行县(市、区)党政领导干部包案处理，直到案结事了、停诉息访。对群众反映的疑难复杂、涉及面广、社会关注度高、带有普遍性的信访事项，党政主要领导要亲自包案处理。领导班子调整后，后任领导对前任领导包案、尚未处理完毕的信访事项要继续认真负责地进行处理。

3. 完善考核体系。继续把县级信访工作纳入平安建设考核体系，健全县级信访工作考核评价机制。县(市、区)党委、政府要根据信访工作形势和任务要求，每年制定信访工作目标，逐级签订责任书，层层落实责任制。认真落实县(市、区)工作目标管理考核评分办法，半年检查一次，年终全面考核，将考核结果与评优评先、干部任职使用相挂钩。对全年没有发生来省集体上访和去京非正常上访的县(市、区)，在平安建设和信访工作考核中予以加分。

4. 严格责任追究。落实"谁产生问题、谁承担责任、谁受到追究"的要求，建立健全违反信访工作纪律责任追究制度，进一步改进和完善县级信访工作情况通报、重点管理、诫勉谈话、督查督办方式方法，对责任不落实、工作不到位、措施不得力、处置不及时的，严肃追究相关单位和人员的责任。

浙江省人民政府办公厅关于建立政策性农业保险巨灾风险准备金制度的通知

浙政办发〔2011〕8号

各市、县(市、区)人民政府,省政府直属各单位:

为进一步健全政策性农业保险体系,有效应对巨灾风险,促进农业可持续发展,省政府决定自2011年1月1日起建立政策性农业保险巨灾风险准备金制度。现将有关事项通知如下:

一、政策性农业保险巨灾风险准备金的筹集

在提高种植业保险品种费率基础上,对水稻、油菜、蔬菜(瓜果)大棚、林木火灾(包括公益林)、林木综合、露地西瓜、柑橘树等7个种植业险种,按照当年种植业保费25%的比例提取资金,建立政策性农业保险巨灾风险准备金。当历年积累超过当年种植业保费1.2倍时,继续提取的资金作为政府超赔基金积累。今后我省共保体新增中央和省定种植业险种,同步纳入政策性农业保险巨灾风险准备金制度。

二、调整种植业品种费率及财政补贴

(一)调整费率。将种植业保险品种费率调整为:水稻从5%提高到7.5%;蔬菜(瓜果)大棚从3—5%提高到3.6—6%;露地西瓜从5%提高到7.5%;柑橘树从1.5%提高到4%;油菜、林木火灾、林木综合费率不变。

(二)调整保费财政补贴比例。按照不增加农户负担的原则,种植业保险品种费率调整所增加保费基本上由各级财政承担。具体分担如下:

1. 水稻。欠发达及海岛地区中央、省、县按35∶48∶10分担,其他地区按35∶32∶26分担;农户自负7%。

2. 油菜。欠发达及海岛地区中央、省、县按35∶45∶10分担,其他地区按35∶30∶25分担;农户自负10%。

3. 公益林。欠发达及海岛地区中央、省、县按50∶40∶10分担,其他地区按50∶20∶30分担;农户不承担。

4. 林木火灾及林木综合。欠发达及海岛地区中央、省、县按30∶27∶18分担,其他地区按30∶18∶27分担;农户自负25%。

5. 蔬菜(瓜果)大棚。欠发达及海岛地区省、县按33∶22分担,其他地区按22∶33分担;农户自负45%。

6. 露地西瓜。欠发达及海岛地区省、县按36∶24分担,其他地区按24∶36分担;农户自负40%。

7. 柑橘树。欠发达及海岛地区省、县按45∶30分担,其他地区按30∶45分担;农户自负25%。

三、政策性农业保险巨灾风险准备金的使用

原以种养两业总保费为基数进行清算的方式调整为种植业和养殖业分别清算。当种植业参保品种全年赔款总额超过种植业保费1.3倍时,政策性农业保险巨灾风险准备金负责承担1.3—2倍部分,超过2倍部分按原超赔方案进行分摊。

四、政策性农业保险巨灾风险准备金的管理

政策性农业保险巨灾风险准备金实行"逐年积累、总量封顶、专户管理、专款专用",由省财政厅制订政策性农业保险巨灾风险准备金财务管理办法,省共保体首席承保人人保财险浙江省分公司在省财政厅指定银行设立专户,省财政厅与人保财险浙江省分公司共同管理。

宁波市参照本通知执行。

二〇一一年一月三十日

浙江省人民政府办公厅关于开展严厉打击食品非法添加和滥用食品添加剂专项行动的通知

浙政办发〔2011〕42号

各市、县(市、区)人民政府,省政府直属各单位:

当前,在食品生产经营中违法添加非食用物质和滥用食品添加剂已成为影响食品安全的突出问题。为严厉打击食品非法添加和滥用食品添加剂行为,切实维护人民群众身体健康和生命安全，根据全国严厉打击食品非法添加和滥用食品添加剂专项工作电视电话会议和《国务院办公厅关于严厉打击食品非法添加行为切实加强食品添加剂监管的通知》(国办发〔2011〕20号)精神，省政府决定在全省开展严厉打击食品非法添加和滥用食品添加剂专项行动，现就有关事项通知如下：

一、严厉打击食品非法添加行为

(一)严禁在食品中添加非食用物质。根据有关法律法规，任何单位和个人禁止在食品生产中使用食品添加剂以外的任何化学物质和其他可能危害人体健康的物质，禁止在农产品种植、养殖、加工、收购、运输中使用违禁药物或其他可能危害人体健康的物质。

(二)加强非法添加行为监督查验。各地、各有关部门要依法加大监督检查力度，实行网格化监管，明确责任，分片包干，消除监管死角。督促食用农产品生产企业、农民专业合作经济组织、食品生产经营单位严格依法落实查验、记录制度，并作为日常监管检查的重点。督促食品生产经营单位建立健全检验制度，增加自检频次。完善监督抽检制度，强化不定期抽检和随机性抽检，特别要针对生鲜乳收购、活畜贩运、屠宰等重点环节和小作坊、小摊贩、小餐饮等薄弱部位，加大巡查和抽检力度，提高抽检频次，扩大抽检范围。推广应用快检筛查技术，提高抽检效率。

(三)依法从重惩处非法添加行为。各地、各有关部门要始终保持高压态势，严厉打击非法添加行为。对不按规定落实记录、查验制度，记录不真实、不完整、不准确，或未索证索票、票证保留不完备的，责令限期整改。对提供虚假票证或整改不合格的，一律停止其相关产品的生产销售；对因未严格履行进货查验而销售、使用含非法添加物食品的，责令停产、停业；对故意非法添加的，一律吊销相关证照，依法没收其非法所得和用于违法生产经营的相关物品，要求其对造成的危害进行赔偿。对上述行为，同时依法追究其他相关责任。对生产贩卖非法添加物的地下工厂主和主要非法销售人员，以及集中使用非法添加物生产食品的单位主要负责人和相关责任人，一律依法移送司法机关在法定幅度内从重从快惩处。

(四)完善非法添加行为案件查办机制。要强化行政执法与刑事司法的衔接，相关监管部门发现非法添加线索要立即向公安等部门通报，严禁以罚代刑、有案不移。对涉嫌犯罪的，公安部门要及早介入，及时立案侦查，对影响重大或者跨市的案件由省公安厅挂牌督办。有关部门要积极配合公安部门调查取证，提供相关证据资料和检验鉴定证明，确保案件查处及时、有力。

(五)加强非法添加行为源头治理。对国家公布的食品中可能违法添加的非食用物质以及禁止在饲料和饮用水中使用的物质，经信、农业、质监、工商和食品药品监管等部门要依法加强监管，要求生产企业必须在产品标签上加印“严禁用于食品和饲料加工”等警示标识，并建立销售台账，实行实名购销制度，严禁向食品生产经营单位销售。加强对化工厂、兽药和药品生产企业的监督检查，监督企业依法合规生产经营。要严密监测，坚决打击通过互联网等方式销售食品非法添加物行为。对农村、城乡结合部、县城周边等重点区域，企业外租的厂房、车间、仓库以及城镇临时建筑、出租民房等重点部位，各地要组织经常性排查，及时发现、彻底清剿违法制造存储非法添加物的“黑窝点”，坚决捣毁地下销售渠道。

二、规范食品添加剂生产使用

(一)严格监管食品添加剂生产销售。质监部门要严格执行食品添加剂生产许可制度，从严惩处未经许可擅自生产的企业；加强原料采购和生产配料等重点环节的日常监管，督促生产企业严格执行有关标准和质量安全控制要求。规范复配食品添加剂生产，严禁使用非食用物质生产复配食品添加剂。工商部门要监督食品添加剂销售者建立并严格执行进货查验、销售台账制度，严厉查处无照经营和违法销售假冒伪劣食品添加剂的行为。质监、工商、食品药品监管等部门要严厉查处制售使用标签标识不规范的食品添加剂行为，督促企业将标签标识作为食品添加剂出厂和进货查验的重要内容，不得出厂、销售不符合法定要求的产品。

(二)加强食品添加剂使用监管。食品生产经营单位和餐饮服务单位要严格执行食品添加剂进货查验、记录制度，不得购入标识不规范、来源不明的食品添加剂，严格按照相关法律法规和标准规定的范围和限量使用食品添加剂。各监管部门要加大监管力度，严肃查处超范围、超限量等滥用食品添加剂的行为。餐饮服务监管部门要指导餐饮服务单位规范食品添加剂使用，不得虚假宣传、欺骗消费者。要重点加强对提供火锅、自制饮料、自制调味料等服务的餐饮单位使用食品添加剂的监管。

(三)严格食品添加剂标准管理。省卫生厅要严格执行国家有关食品添加剂企业标准备案的管理规定，规范食品添加剂企业标准备案工作。对暂无国家标准的食品添加剂，有关企业或行业组织可以依据有关规定向省卫生厅提出参照国际组织或相关国家标准指定产品标准的申请，由省卫生厅向卫生部提出食品添加剂标准指定的请示。

三、加强长效机制建设

(一)强化监测预警。加强食品污染物监测和食源性疾病监测网络建设，强化非法添加物和食品添加剂监测，及时开展安全评估，做到早发现、早报告、早预警，切实防范系统性风险。各地、各有关部门在监管中发现新的可疑非法添加物或易滥用的添加剂，要立即通报省卫生厅，由省卫生厅向卫生部报告。

(二)强化协调联动。各地、各有关部门要密切协调配合，强化联合执法，严格按照《浙江省食品安全信息管理办法(试行)》(浙食安委〔2011〕1号)规范信息发布。发现违法制售使用非法添加物和滥用食品添加剂的，要及时将信息通报给相关地区和部门。相关地区和部门接到通报后，应当立即依法采取控制措施，查处违法行为。

(三)强化诚信自律。经信等部门要加强食品生产经营行业管理，推动诚信体系建设，在食品行业开展“讲诚信、保质量、树新风”活动，引导企业树立安全发展、诚信经营的理念。2011年底前，各监管部门按系统对所有食品生产经营者建立食品安全信用档案。食品和食品添加剂等行业组织要切实负起行业自律责任，积极组织企业开展自查自纠和内部监督，加强行业监督和培训，及时发现行业中存在的问题并报告监管部门，未能及时发现并报告的要通报批评。

（四）强化社会监督。各地要按照《浙江省举报食品领域违法犯罪行为有功人员奖励办法》（浙财社〔2005〕116号）的相关规定，认真落实本地食品安全有奖举报制度，设立专项奖励资金，完善工作机制，指定专门部门负责，切实落实对举报人的奖励，保护举报人的合法权益，鼓励生产经营单位内部人员举报。要结合本地实际制定食品安全信息员、协防员管理办法，加强食品安全信息员、协防员队伍建设。积极支持新闻媒体舆论监督，认真追查媒体披露的问题，及时回应社会关切，公开查处的食品安全案件。同时，对造成社会恐慌的假新闻制造者，要依法严肃追究责任。

（五）强化科普宣教。各地、各有关部门要通过多种形式，大力宣传相关法律法规和标准知识、各类违法添加和滥用食品添加剂行为及其危害以及严厉惩处的措施，要宣传至农户、农业企业、农民专业合作经济组织、食品生产企业、食品经营单位和餐饮服务单位以及从业人员，做到家喻户晓、应知尽知。各地要特别针对小作坊、小摊贩、小餐饮进行集中宣教培训，开展案例警示教育，使其了解相关法律法规和政策规定，自觉规范生产经营行为。

四、严格落实责任

（一）企业要切实承担食品安全主体责任。食品生产经营者要依法履行食品安全责任，严格执行查证验货、购销台账、过程控制、产品召回等各项质量安全控制制度，杜绝使用非法添加物，规范使用食品添加剂，及时排查、整改食品安全隐患。要建立食品安全控制关键岗位责任制，明确企业主要负责人为防止非法添加和滥用食品添加剂的第一责任人，负责原材料采购和生产配料的人员为直接责任人，并分别签订责任书；对第一责任人所在单位发生违法添加行为、直接责任人发现单位购入或使用非法添加物未及时向监管部门报告的，第一责任人和直接责任人必须承担法律责任。大型食品企业要建立食品安全管理机构，确保各项食品安全措施落实到位；所属公司产品出现问题的，要暂停本企业所有同类产品的销售并向社会公告，经批批检验合格后方可继续销售。

（二）强化各级政府责任。各级政府统一负责、领导本行政区域打击非法添加和滥用食品添加剂工作，将其作为食品安全工作的重点，主要负责人要亲自抓，分管领导要直接负责。要制定年度工作计划并认真组织实施，切实加大人力、物力和经费投入，保障监管工作需要。

（三）严格落实部门责任。各有关部门要认真履行食品安全监督管理和行业管理职责，及时查处纠正违法违规行为；建立实施岗位责任制，细化、明确各级各类监管岗位的监管职责，并抄送同级监察机关；切实加强本系统监督执法队伍建设，提高素质，增强监管责任意识，提升依法行政和科学监管能力。财政部门要加大对打击食品非法添加行为和食品添加剂监管工作的支持力度。科技等部门要组织有关方面加强科技攻关，优先支持食品添加剂标准和非法添加物快检筛查技术的研发。

（四）加大责任追究力度。监察部门要加大责任追究力度，对失职、渎职行为要依法依纪追究责任。对行政区域内较长时间或较大范围出现非法添加行为且未及时有效查处的，或者行政区域内大型食品生产经营企业出现违法添加行为的，要严肃追究当地政府及部门相关负责人的责任。对监督检查中走过场、不按规定履职的公职人员，要从严追究责任；情节严重的，依法依纪开除公职；涉嫌徇私舞弊、渎职犯罪的，移交司法机关追究刑事责任。

二〇一一年五月九日

浙江省人民政府办公厅关于启动实施教育体制改革试点工作的通知

浙政办发〔2011〕54号

各市、县（市、区）人民政府，省政府直属各单位：

为贯彻落实全省教育工作会议精神，全面实施《浙江省中长期教育改革和发展规划纲要（2010—2020年）》，经省政府同意，省教育体制改革领导小组决定全面启动实施教育体制改革试点工作。现将有关事项通知如下：

一、指导思想和基本原则

（一）指导思想。深入贯彻科学发展观，遵循教育规律，以加快教育现代化、建设人力资源强省为目标，以深化体制机制改革为重点，以提高质量为核心，着力解决各类严重妨碍教育发展、社会和群众反映强烈的问题，努力形成有利于教育事业科学发展的体制机制，为全面加快教育现代化、办人民满意教育提供动力支持和制度保证。

（二）基本原则。一是坚持以人为本，着力解决重大现实问题。从社会和群众反映强烈的问题入手，着力破除体制机制障碍，努力解决深层次矛盾，把促进人的全面发展、适应经济社会发展需要作为推进教育改革的出发点，努力办好人民满意的教育。二是坚持统筹规划，确保改革协调有序进行。搞好整体设计，正确处理改革、发展和稳定的关系，立足当前，着眼长远，以事关全局的关键环节为切入点，有计划、有步骤地推进改革试点，确保改革的科学性和系统性。三是坚持因地制宜，鼓励各地各校大胆试验。充分考虑各地区和各级各类学校发展的多样性与差异性，发挥地方、学校和师生的主动性、积极性、创造性，鼓励各地各校结合实际，积极探索创新，开创教育改革发展的新局面。

二、试点任务及主要内容

（一）完善学前教育体制机制改革。强化政府的学前教育公共服务职能。保护和调动社会力量发展学前教育的积极性。健全学前教育公共财政保障机制，健全和规范幼儿教师培养和培训机制，着力解决优质学前教育资源不足和“入园贵”等问题。

1. 强化政府发展学前教育责任的试点。落实政府在学前教育规划建设、经费保障、师资队伍建设和教育质量提升等方面的主导作用。制订激励政策，有效调动社会各界举办合格幼儿园的积极性，探索建立有效的学前教育民办公助机制。建立覆盖城乡居民的学前教育公共服务体系。

2. 探索多种形式扩大学前教育资源的试点。建立政府主导、社会参与、公办民办并举的学前教育办园体制，有效调动企事业单位、社会团体、社区和村集体经济组织等举办合格幼儿园的积极性。制定科学的学前教育质量监管和评价体系，普遍提升民办幼儿园质量。

3. 强化幼儿园教师培养的试点。努力培养一支满足我省高质量普及学前三年教育的高素质幼儿园教师队伍。

（二）人才培养模式改革。继续推进基础教育课程改革。优化普通高中课程设置，增加学生学习选择性。探索中高职一体化培养模式，深化职业教育工学结合、校企合作。推进小班化教学，推广实施“轻负高质”课堂教学。探索建立高校间课程互选、学分互认机制，鼓励学生跨校选课。开展拔尖创新人才培养试验。改革研究生培养机制。

1. 深化普通高中课程改革。按照“调结构、减总量、优方法、改评价、创条件”的思路，完善基础教育课程改革，研究与探索符合我省实际的普通高中课程设置方案和各学科教学要求，构建重基础、多样化、可选择的普通高中课程体系。

2. 普通高中多样化建设试点。选择和支持一批课程开发能力较强的普通高中开展特色课程建设，把职业教育课程有选择地引进普通高中，推进高中多样化发展。

3. 小班化教学试点。在有条件的县（市、区）推广“小班化教育”，着力提高素质教育水平。加强师资培训工作，提高教师开展小班化教育研究与实践的能力。

4. 中小学教学改革试点。鼓励各地各校以培养孩子学习兴趣、学习习惯、学习能力为主要内容，因地制宜，探索多样化的教学组织方式、授课方式和评价体系。

5. 职业教育学校深化工学结合校企合作试点。建立职教集团或联盟，合作共建共享、开放、高效的实训基地；探索建设职业教育产学研联合体，优化校企一体、工学交替的人才培养模式。

6. 中高职一体化培养模式改革试点。探索应用型本科高校、高职院校、中职学校一体化人才培养模式改革，进一步完善职业教育体系，构建人才成长立交桥。

7. 高校教学和人才培养模式创新试点。鼓励高校立足实际，有针对性地开展多种形式的人才培养模式试点，推进教学方法、手段和管理改革，全面提高高等教育人才培养质量。

8. 高校学分互认课程互选改革试点。建立和完善高校间课程互选、学分互认机制，鼓励学生跨校选课和辅修专业，推进高校教学资源共享。

9. 研究生培养机制改革试点。改革研究生选拔机制，完善研究生奖助制度和导师负责制，创新培养模式，优化培养过程，提升研究生的创新能力和学术水平。

10. 大学生生活指导和生活教育试点。探索将高校学生德育工作体系延伸至公寓等学生生活社区的机制和载体，突出学生主体地位，提高大学生生活指导和生活教育效果。

11. 大学生社会实践分层分类实施机制建设试点。把社会实践纳入正常教学计划和德智体能综合测评体系，建立对学生和指导教师参与社会实践活动情况的评估机制，增强教师与学生参与社会实践的积极性。

12. 大学生德育和管理服务网络构建试点。建立大学生德育和管理服务网络平台，开展网络思想政治教育，实现高校学生事务管理及日常服务工作信息化。

（三）深化考试招生改革。在坚持和完善统一高考招生制度的基础上，扩大高校招生自主权，探索多样化的高考招生录取模式，增加学生和学校的相互选择性，逐步提高高中学业水平考试和学生综合素质评价在高考招生中的影响和作用。

1. 拔尖创新学生培育机制试点。通过“大学预备生”和“大学直通车”等形式，探索拔尖创新人才“高中—大学”有机衔接的培养机制。

2. 高职自主招生试点。深化高职院校“校考＋高考”、校考校录模式试点，规范校考办法。探索“注册入学”。

3. 普通高校综合评价招生改革试点。落实新课改高考方案，不断完善“三位一体”综合评价体系。

4. 农业类专业面向农村定向招生试点。参照社区医生定向培养办法，根据各地提出的培养需求和省确定的定向就业政策，开展农业类专业面向农村定向招生、定向培养试点工作。

（四）深化现代学校制度建设。着眼于正确处理政府、学校、社会之间关系，推进政校分开、管办分离，建设现代学校制度。坚持公办高校党委领导下的校长负责制，完善“党委领导、校长负责、教授治学、民主管理”制度，推进高校内部管理改革。

1. 中小学现代学校制度建设试点。制定中小学校《章程》，建立学校法人治理结构，完善学校内部管理制度。

2. 探索落实高校办学自主权试点。探索现代大学制度建设途径，进一步转变政府对高校的管理方式，扩大和落实高校办学自主权，优化高校内部管理，逐步形成章程法定、权责明晰、调控有力、运转有序、充满生机和活力的现代大学制度。

3. 高校内部管理体制改革试点。按照“党委领导、校长负责、教授治学、民主管理”的要求，开展高校内部治理结构改革，进一步增强学校发展的内在活力。

（五）深化办学体制改革。积极鼓励支持民办教育发展。清理并纠正对民办学校的各类歧视政策，制订和落实支持民办教育发展的政策措施，增强民办学校的自我发展能力。探索建设创业型大学，整合终身教育资源建设开放大学。

1. 民办教育综合改革试点。积极鼓励支持民办教育发展。清理并纠正对民办学校的各类歧视政策，制订和落实支持民办教育发展的政策措施，增强民办学校的自我发展能力。

2. 扩大民办学校招生、收费权限试点。在规范办学的前提下，赋予民办学校较大的招生、收费权限，增强民办学校的自我管理、自我发展能力。

3. 创业型大学建设试点。支持高校加强产学研的结合和转化，努力为“创新、创业”提供智力支持，实现高校知识和技术加快向产业转化。

4. 开放大学建设试点。整合各类教育资源建设开放大学，建立宽进严出的入学制度和学习成果认证体系，形成可以自由选择学习时间和地点的开放性学习。

（六）深化教育管理体制改革。完善分级分类管理体制，按照现代学校制度要求转变政府管理教育的方式。健全高校学科专业设置与动态调整机制，增强与经济社会发展的适应性。探索形成科学的教育质量评价和调控机制。

1. 素质教育质量监测体系试点。研究建立反映学生身心发展状况和素质教育质量的监测指标体系，开展监测试点。

2. 中职学生跨区域招生试点。以设区市为单位，支持部分中职学校和专业在设区市范围内跨区域招生。

3. 高校专业设置与调整管理新机制改革试点。增强高校专业建设自我规划、自主管理、自我发展的责任和权利，加快完善学校专业调整与优化动态机制，主动适应区域经济社会发展的需求。

4. 开展地方政府促进高等职业教育发展综合改革试点。强化地方政府统筹发展职业教育的职责，有效发挥地方政府主导与调控指导作用，推进行业、地方与高校深入合作共建，建立产学研联盟长效机制，建成适应区域经济社会发展需要，与地方政府定位、地方发展需要相匹配的结构合理、形式多样、灵活开放、联动发展的服务型高职教育区域。

5. 建立高等学校总会计师制度试点。建立健全高等学校总会计师准入、培养、选拔等机制，创新并界定总会计师制度在现代大学管理制度中的职责内容与履职范围，增强高校财经工作的科学性、专业性和高效性，促进浙江高等教育科学和谐发展。

6. 制订高校生均经费基本标准试点。研究制订普通高校生均经费标准和生均财政拨款基本标准的办法，建立与生均经费标准相适应的高校成本分担机制，体现高等教育的公平和绩效，为提高高等教育质量、确保高等教育事业又好又快发展提供足够经费保障。

7. 高校毕业生质量跟踪调查评价试点。引入第三方力量，对高校毕业生的就业、职业发展情况、薪酬水平等进行追踪调查，以此评价学生原就读学校的教学质量和办学水平。

8. 教育行政执法体制改革试点。探索建立地方教育执法机构，制订科学合理的教育执法制度。

（七）深化教师制度改革。严格教师准入制度，建立健全教师转岗、退出等机制。建立义务教育段教师在县域内有序合理流动制度，加强农村和薄弱学校、薄弱学科的师资配备。全面建立和启动实施中小学、幼儿园校（园）长和教师专业发展培训制度。改革教师教育专业、课程、培养方式方法，探索职教类师资培养模式。

1. 完善教师资格制度。按照“国标、省考、县聘、校用”的要求，通过中小学教师资格考试改革和注册试点工作，进一步完善并严格实行教师资格准入制度，打破教师资格终身制，优化教师队伍。

2. 改革中小学教师培训制度。建立覆盖全员的教师培训制度，提高教师参加培训的学时要求。建立教师自主选择的培训制度，增强教师参与培训的积极性，促进教师终身学习的动力机制建设。建立教师培训机构竞争制度，增强教师培训项目的有效性，提高培训质量。

3. 推进义务教育教师流动。建立和完善县域内义务教育教师有序流动制度，推进义务教育高水平均衡发展。

4. 小学全科教师培养试点。适应部分地区包班教学需要，尝试培养适应小学尤其是低年段各科教育的全科教师，促进教学组织和教学方式的转变。

5. 中职类师资培养模式改革试点。从招生、学制、专业和课程设置、培养方式、校企合作等多方位入手，探索职教类师资培养模式。

6. 高校教师分类考核试点。根据教职员工所在岗位及工作特点，对教职员工进行岗位分类，并实行不同侧重点的考核，充分调动各类教职员工的积极性。

7. 高校教师跨校应聘和兼课试点。建立配套机制，有计划地推进校际教师互聘和教师跨校兼课试点，促进高校教学资源共享。

（八）继续扩大教育开放。扩大教育对外交流与合作，推进高等教育国际化，引进国外优质教育资源，学习借鉴国外先进的教育理念、制度和教学方法，提高我省高校留学生比例。

提高教育对外开放水平试点。全面提高教育国际化水平，以多种形式的对外教育交流与合作，促进学校优化专业、改进课程、提升教师素质、丰富校园文化，加快提升教育质量和办学水平。

三、扎实推进教育体制改革试点工作

（一）加强组织领导。各地要深入学习贯彻《浙江省中长期教育改革和发展规划纲要（2010—2020年）》，认真落实省委、省政府关于教育体制改革的各项部署。为加强对教育改革和开放工作的领导，省政府成立省教育体制改革领导小组，统筹研究、部署教育体制改革试点工作，协调解决教育改革过程中遇到的各类突出问题。省教育体制改革领导小组成员单位要积极参与、支持、配合教育体制改革试点工作，及时研究提出改革措施。各地也要成立相应的工作机构，加强对教育体制改革试点工作的指导和组织。教育体制改革试点单位要认真负责地实施改革试点工作，确保试点工作顺利推进。要充分调动广大师生员工的积极性和主动性，引导和鼓励他们参与教育改革、深化教育改革。

（二）细化实施方案。省教育体制改革领导小组办公室要认真组织试点承担单位制订改革实施方案，并组织专家进行科学论证，确保改革方向正确、措施科学。尤其是要认真组织实施好我省承担的13项国家教育体制改革试点任务，确保出成效、出经验。各试点地区、高校要高度重视，在充分调研、群策群力的基础上，细化试点项目实施方案。改革试点实施方案要立足于从实际出发，针对难点问题，着力于创新体制机制，明确改革目标、改革措施、进度安排、配套政策、保障条件、责任主体、风险分析及应对措施、预期成果及推广价值等主要内容。实施方案要充分听取师生员工、教育工作者和社会各界的意见。改革试点方案报省教育体制改革领导小组备案后正式实施。

（三）加强检查指导。教育体制改革试点启动后，省教育体制改革领导小组将对试点实施情况进行督导与评估，对措施不具体、保障不到位、效果不明显、群众不满意的试点项目将予以调整，同时根据实际需要对试点项目进行增补。各地也要按照试点工作计划进度，开展跟踪调研，及时了解情况，定期进行评估，在实践中不断完善试点方案。对实践中出现的新情况和新问题，要认真研究，及时处理；对实践中的好经验与做法，要及时总结，加强宣传推广。教育体制改革试点过程中涉及的重大政策调整、重大改革举措、重大改革风险，要及时报告省教育体制改革领导小组办公室。

（四）加强宣传引导。各级政府和新闻媒体要加强对改革的宣传，大力宣传国家和省关于教育改革的总体部署，宣传教育改革试点的顶层设计和实施方案，宣传重大改革措施的精神和内容，宣传基层教育改革的新成果、新经验，宣传在教育改革过程中涌现的先进典型。要坚持正确的舆论导向，引导全社会正确认识教育改革、理解教育改革、支持教育改革。

附件：浙江省教育体制改革试点项目实施方案

二〇一一年六月三日

附件

浙江省教育体制改革试点项目实施方案

一、国家级教育改革试点项目

序号	试点项目	试点任务	试点承担单位
1	强化政府发展学前教育责任	落实政府在学前教育规划建设、经费保障、师资队伍建设和教育质量提升等方面的主导作用。制订激励政策，有效调动社会各界举办合格幼儿园的积极性，探索建立有效的学前教育民办公助机制。建立覆盖城乡居民的学前教育公共服务体系。	杭州市、宁波市
2	探索多种形式扩大学前教育资源试点	建立政府主导、社会参与、公办民办并举的学前教育办园体制，有效调动企事业单位、社会团体、社区和村集体经济组织等举办合格幼儿园的积极性。制定科学的学前教育质量监管和评价体系，普遍提升民办幼儿园质量。	全省
3	加强幼儿园教师培养试点	培养一支满足我省高质量普及学前三年教育的高素质幼儿园教师队伍。	浙江师范大学杭州幼儿师范学院
4	推进义务教育教师流动	建立和完善县域内义务教育教师有序流动制度，推进义务教育高水平均衡发展。	嘉善县
5	深化普通高中课程改革	按照“调结构、减总量、优方法、改评价、创条件”的思路，完善基础教育课程改革，研究与探索符合我省实际的普通高中课程设置方案和各学科教学要求，构建重基础、多样化、可选择的普通高中课程体系。	全省

序号	试点项目	试点任务	试点承担单位
6	开展地方政府促进高等职业教育发展综合改革试点	强化地方政府统筹发展职业教育的职责，有效发挥地方政府主导与调控指导作用，推进行业、地方与高校深入合作共建，建立产学研联盟长效机制，建成适应区域经济社会发展需要，与地方政府定位、地方发展需要相匹配的结构合理、形式多样、灵活开放、联动发展的服务型高职教育区域。	宁波市、温州市
7	探索落实高校办学自主权试点	探索现代大学制度建设途径，进一步转变政府对高校的管理方式，扩大和落实高校办学自主权，优化高校内部管理，逐步形成章程法定、权责明晰、调控有力、运转有序、充满生机和活力的现代大学制度。	浙江工业大学、浙江师范大学、宁波大学、杭州师范大学、绍兴文理学院
8	建立高等学校总会计师制度试点	建立健全高等学校总会计师准入、培养、选拔等机制，创新并界定总会计师制度在现代大学管理制度中的职责内容与履职范围，增强高校财经工作的科学性、专业性和高效性，促进浙江高等教育科学和谐发展。	部分高校
9	制订高校生均经费基本标准试点	研究制订普通高校生均经费标准和生均财政拨款基本标准的办法，建立与生均经费标准相适应的高校成本分担机制，体现高等教育的公平和绩效，为提高高等教育质量、确保高等教育事业又好又快发展提供足够经费保障。	部分高校
10	完善教师资格制度	按照“国标、省考、县聘、校用”的要求，通过中小学教师资格考试改革和注册试点工作，进一步完善并严格实行教师资格准入制度，打破教师资格终身制，优化教师队伍。	全省
11	改革中小学教师培训制度	建立覆盖全员的教师培训制度，提高教师参加培训的学时要求。建立教师自主选择的培训制度，增强教师参与培训的积极性，促进教师终身学习的动力机制建设。建立教师培训机构竞争制度，增强教师培训项目的有效性，提高培训质量。	全省
12	提高教育对外开放水平试点	全面提高教育国际化水平，以多种形式的对外教育交流与合作，促进学校优化专业、改进课程、提升教师素质、丰富校园文化，加快提升教育质量和办学水平。	部分高校
13	民办教育综合改革试点	积极鼓励支持民办教育发展。清理并纠正对民办学校的各类歧视政策，制订和落实支持民办教育发展的政策措施，增强民办学校的自我发展能力。	全省

二、省级教育体制改革试点项目

改革任务	试点项目		试点任务	试点承担单位
一、人才培养模式改革	1	普通高中多样化课程建设试点	选择和支持一批课程开发能力较强的普通高中开展特色课程建设，有选择地引进职业教育课程，推进高中多样化发展。	30所高中
	2	小班化教学试点	在县域内开展“小班化教育”试点，着力提高素质教育水平。试点学校要加强师资培训工作，提高教师开展小班化教育研究与实践的能力。	绍兴市，衢州市，杭州市下城区、拱墅区，桐庐县，宁波市江北区、鄞州区，洞头县，海盐县，海宁市，绍兴市越城区，绍兴县，诸暨市，金华市金东区，舟山市定海区，天台县
	3	中小学教学改革试点	以培养孩子学习兴趣、学习习惯、学习能力为主要内容，积极探索推广新的教学组织方式、授课方式和评价体系。	金华市，衢州市，宁波市鄞州区，湖州市南浔区，安吉县，绍兴县，诸暨市，衢州市衢江区，岱山县，台州市黄岩区、路桥区，温岭市，松阳县
	4	职业教育学校深化工学结合、校企合作改革试点	建立职教集团或联盟，合作共建共享、开放、高效的实训基地；探索建设职业教育产学研联合体，优化校企一体、工学交替的人才培养模式。	杭州市、湖州市、金华市、台州市、德清县、绍兴县、永康市、江山市、龙泉市

改革任务		试点项目	试点任务	试点承担单位
一、人才培养模式改革	5	中高职一体化培养模式改革试点	探索应用型本科高校、高职院校、中职学校一体化人才培养模式改革，进一步完善职业教育体系。	宁波市、绍兴市，浙江工业大学、浙江海洋学院、浙江科技学院、浙江机电职业技术学院、浙江艺术职业学院、浙江金融职业学院、浙江建设职业技术学院、浙江工业职业技术学院、浙江工贸职业技术学院、杭州科技职业技术学院、宁波天一职业技术学院、宁波职业技术学院、衢州职业技术学院
	6	教学和人才培养模式创新试点	全面学分制教学改革。应用型人才培养模式改革。工程教育改革。教学模式改革。	中国美术学院、浙江工业大学、浙江师范大学、浙江理工大学、杭州电子科技大学、中国计量学院、浙江中医药大学、浙江海洋学院、温州医学院、浙江财经学院、浙江科技学院、浙江传媒学院、嘉兴学院、浙江外国语学院、浙江万里学院、浙江树人学院、杭州师范大学、温州大学、绍兴文理学院、湖州师范学院、台州学院、宁波诺丁汉大学、丽水学院、宁波工程学院、浙江警察学院、宁波大红鹰学院、浙江水利水电专科学校、浙江医学高等专科学校、浙江交通职业技术学院、金华职业技术学院、浙江艺术职业学院、浙江金融职业学院、浙江建设职业技术学院、浙江纺织服装职业技术学院、浙江工业职业技术学院、义乌工商职业技术学院、台州职业技术学院、浙江经济职业技术学院、宁波城市职业技术学院、丽水职业技术学院、宁波职业技术学院、杭州职业技术学院、宁波天一职业技术学院、浙江广厦建设职业技术学院、杭州科技职业技术学院、浙江同济科技职业技术学院、温州科技职业技术学院、浙江大学城市学院、浙江大学宁波理工学院
	7	高校学分互认、课程互选改革试点	有计划地鼓励学生跨校互选辅修专业和课程，尝试跨校颁发文凭。	杭州师范大学牵头，下沙高教园区各高校参加。
	8	研究生培养机制改革试点	在统筹教学、科研资源的基础上，改革研究生选拔机制，完善研究生奖助制度，建立科学研究为导向的导师负责制，创新培养模式，优化培养过程，提升研究生的创新能力和学术水平。	中国美术学院、浙江工业大学、浙江师范大学、宁波大学、浙江理工大学、中国计量学院、浙江海洋学院、浙江农林大学、温州医学院、浙江财经学院、杭州师范大学、温州大学
	9	大学生生活指导和生活教育试点	研究探索将高校学生工作体系延伸至公寓等学生生活社区的机制和载体，突出学生主体地位，充分发挥学生自我教育、自我管理与自我服务功能。	浙江工业大学、浙江师范大学、浙江理工大学、杭州电子科技大学、中国计量学院、浙江中医药大学、温州医学院、浙江财经学院、嘉兴学院、杭州师范大学、绍兴文理学院、丽水学院、衢州学院、浙江交通职业技术学院、浙江机电职业技术学院、浙江金融职业学院、浙江经贸职业技术学院、浙江建设职业技术学院、浙江工业职业技术学院、浙江经济职业技术学院、丽水职业技术学院、湖州职业技术学院、嘉兴职业技术学院、杭州科技职业技术学院、衢州职业技术学院、浙江同济科技职业技术学院、温州科技职业学院、浙江大学城市学院

改革任务		试点项目	试点任务	试点承担单位
一、人才培养模式改革	10	大学生社会实践分层分类实施机制建设试点	进一步增强大学生社会实践的吸引力和实效性。加强社会实践机制体系建设。将社会实践与学校教育教学相结合,把社会实践纳入正常教学计划和德智体能综合测评体系。建设对学生和指导教师参与社会实践活动情况的评估机制,增强教师与学生参与社会实践的积极性。	浙江工业大学、浙江师范大学、宁波大学、杭州电子科技大学、中国计量学院、浙江水利水电专科学校、浙江建设职业技术学院
	11	大学生德育和管理服务网络构建试点	建立一个网络教育管理引导平台,开展网络思想政治教育,实现学生事务管理及日常服务工作信息化,有效推进高校学生工作现代化建设。	下沙高教园区14所高校
二、考试招生改革	12	拔尖创新学生培育机制试点	通过“大学预备生”和“大学直通车”等形式,实现拔尖创新人才“高中—大学”的有机衔接。	浙江大学,部分高中
	13	高职自主招生试点	高职院校“校考＋高考”、“校考校录”模式试点。完善校考办法试点。探索“注册入学”办法。	浙江水利水电专科学校、浙江交通职业技术学院、金华职业技术学院、温州职业技术学院、浙江旅游职业学院、浙江机电职业技术学院、浙江商业职业技术学院、浙江艺术职业学院、浙江金融职业学院、浙江经贸职业技术学院、浙江纺织服装职业技术学院、浙江工贸职业技术学院、浙江经济职业技术学院、宁波职业技术学院、湖州职业技术学院、嘉兴职业技术学院、浙江育英职业技术学院、衢州职业技术学院、杭州职业技术学院、杭州科技职业技术学院、浙江国际海运职业技术学院、浙江同济科技职业技术学院、浙江横店影视职业学院
	14	普通高校综合评价招生改革试点	完善高中学业水平考试、综合素质评价、统一高考“三位一体”招生评价体系。	中国美术学院、浙江工业大学、杭州师范大学
	15	农业类专业面向农村定向招生试点	参照社区医生定向培养办法,由各地根据当地区域发展规划提出培养需求,由承办院校定向招生、定向培养、定向就业。	浙江海洋学院、浙江农林大学、金华职业技术学院、宁波城市职业技术学院、丽水职业技术学院、嘉兴职业技术学院、温州科技职业学院
三、现代学校制度建设	16	中小学现代学校制度建设试点	制定中小学校《章程》,建立学校法人治理结构,完善学校内部管理制度。	嘉兴市
	17	高校内部管理体制改革试点	按照“党委领导、校长负责、教授治学、民主管理”的要求,开展高校内部治理结构改革,进一步增强学校发展的内在活力。	浙江工业大学、宁波大学、杭州电子科技大学、浙江中医药大学、浙江农林大学、嘉兴学院、浙江万里学院、浙江树人学院、杭州师范大学、绍兴文理学院、浙江金融职业学院、丽水职业技术学院、浙江大学宁波理工学院

改革任务	试点项目		试点任务	试点承担单位
四、办学体制改革	18	扩大民办高校招生、收费权限试点	确保依法规范办学的前提下，赋予民办学校较大的招生、收费权限，增强民办学校的自我管理、自我发展能力。	宁波大红鹰学院、温州大学城市学院
	19	创业型大学建设试点	支持高校及其举办者按照“创新、创业”的要求，全方位深化改革，加强与经济社会的联系与合作，不断提高创业人才培养水平，提高服务转型升级水平，并在服务过程中实现自身的超常规发展。	浙江农林大学、浙江万里学院、杭州师范大学、绍兴文理学院、义乌工商职业技术学院、浙江工贸职业技术学院、浙江大学城市学院
	20	开放大学建设试点	整合各类教育资源，设置建立“开放大学”，建立宽进严出的入学制度和学习成果认证体系，形成可以自由选择学习时间和地点的开放性大学学习。	浙江广播电视大学
五、教育管理体制改革	21	素质教育质量监测体系试点	心理健康教育环境与社会环境监测；思想品德教育环境与社会环境监测；学业水平教育环境与社会环境监测。	宁波市、舟山市、台州市、丽水市、杭州市下城区、宁波市江北区、德清县、绍兴县、诸暨市、浦江县、临海市
			艺术素养监测。	宁波市、温州市瓯海区、嘉善县、武义县、遂昌县
			身体健康水平监测。	全省大中小学
	22	以设区市为单位中职学校跨区域招生试点	允许部分专业和学校在设区市范围内跨区域招生。	杭州市、嘉兴市、绍兴市、衢州市、舟山市、台州市、丽水市
	23	高校专业设置与调整管理新机制改革试点	增强高校专业建设自我规划、自主管理、自我发展的责任和权利，加快完善学校专业调整与优化动态机制，主动适应区域经济社会发展的需求。	浙江工业大学、浙江师范大学、宁波大学、浙江理工大学、杭州电子科技大学、浙江工商大学、浙江中医药大学、浙江农林大学、温州医学院、浙江树人学院、杭州师范大学、绍兴文理学院、湖州师范学院、台州学院、浙江水利水电专科学校、浙江交通职业技术学院、金华职业技术学院、浙江商业职业技术学院、浙江金融职业学院、浙江经济职业技术学院、宁波城市职业技术学院、丽水职业技术学院、杭州职业技术学院、湖州职业技术学院
	24	高校毕业生质量跟踪调查评价试点	委托中介机构，对毕业生的就业、职业发展情况、薪酬水平等进行追踪调查，对学校教学质量和办学水平进行评价。	浙江工业大学、浙江师范大学、浙江理工大学、浙江工商大学、嘉兴学院、温州大学、浙江交通职业技术学院、温州职业技术学院、浙江旅游职业学院、浙江经贸职业技术学院、宁波职业技术学院、浙江大学宁波理工学院
	25	教育行政执法体制改革试点	健全教育执法机构，制订科学合理的教育执法制度。	义乌市
六、教师制度改革	26	义务教育学校教师流动试点	建立和完善县域内义务教育教师流动制度，促进教师合理有序流动，加强农村学校、城镇薄弱学校的师资配备，推进义务教育高水平均衡发展。	宁波市、绍兴市、衢州市(以上含全市各县(市、区))，桐庐县、温岭市、仙居县

改革任务	试点项目		试点任务	试点承担单位
六、教师制度改革	27	小学全科教师培养试点	根据一些地方和学校小班化包班教学的实际需要，尝试培养适应小学尤其是低年段各科教育的“全科教师”，促进教学组织和教学方式的转变。	杭州市、温州市、湖州市、遂昌县、松阳县，杭州师范大学、温州大学、湖州师范学院
	28	中职类师资培养模式改革试点	从招生、学制、专业和课程设置、培养方式方法、校企合作等多方位入手，探索改革职教类师资培养模式。	浙江工业大学、浙江师范大学、宁波城市职业技术学院
	29	高校教师分类考核试点	根据教职员工所在岗位及工作特点，对教职员工进行岗位分类，并实行不同侧重点的考核，充分调动各类教职员工的积极性。	浙江工业大学、浙江师范大学、宁波大学、杭州电子科技大学、杭州师范大学、金华职业技术学院、宁波职业技术学院
	30	高校教师跨校应聘和兼课试点	有计划地推进校际教师互聘教师跨校兼课，并形成配套机制。	浙江财经学院牵头，下沙高教园区各高校参加
七、扩大教育开放项目	31	提高教育对外开放水平试点	全面提高教育国际化水平，以多种形式开展对外教育交流与合作，促进学校优化专业、改进课程、提升教师素质、丰富校园文化，加快提升教育质量和办学水平。	宁波市、金华市、义乌市，中国美术学院、浙江师范大学、宁波大学、浙江理工大学、杭州电子科技大学、浙江工商大学、浙江中医药大学、浙江海洋学院、浙江农林大学、温州医学院、浙江财经学院、浙江科技学院、杭州师范大学、绍兴文理学院、宁波诺丁汉大学、宁波工程学院、浙江越秀外国语学院、浙江水利水电专科学校、金华职业技术学院、浙江旅游职业学院、浙江艺术职业学院、浙江金融职业学院、浙江经贸职业技术学院、浙江纺织服装职业技术学院、宁波职业技术学院、杭州万向职业技术学院、浙江大学城市学院

浙江省人民政府办公厅关于加快发展孤儿和困境儿童福利事业的意见

浙政办发〔2011〕60号

为进一步发展我省儿童福利事业，切实维护儿童的合法权益，根据《国务院办公厅关于加强孤儿保障工作的意见》(国办发〔2010〕54号)精神，经省政府同意，现就加快发展孤儿和困境儿童福利事业提出如下意见：

一、重要意义、基本原则和工作目标

(一)重要意义。孤儿是指失去父母、查找不到生父母的未满18周岁的未成年人。困境儿童是指流浪未成年人和因其他原因暂时失去生活依靠的未成年人。孤儿和困境儿童是社会上最弱小、最困难的群体，需要政府和社会更多的关爱和呵护。省委、省政府一直高度重视孤儿和困境儿童的成长，制定了一系列政策措施，推动儿童福利事业发展，孤儿和困境儿童生活状况得到了明显改善。但从总体看，我省孤儿和困境儿童的保障服务体系还不够健全，保障服务水平还有待提高，城乡之间、地区之间发展还不平衡。加快发展孤儿和困境儿童福利事业，是贯彻落实科学发展观、实现人的全面发展的必然要求，是保障和改善民生、维护儿童合法权益的重要举措，是加强社会建设和管理、促进社会公平正义的迫切需要。各地各有关部门要充分认识加快发展孤儿和困境儿童福利事业的重要性，切实增强责任感和使命感，进一步建立健全孤儿和困境儿童保障服务体系，使他们和其他儿童一样幸福健康成长。

（二）基本原则。一是坚持以人为本、孤有所抚的原则，采取多种方式，妥善安置孤儿和困境儿童，使他们回归家庭、融入社会。二是坚持全面保障、适应发展的原则，确保孤儿和困境儿童在生活、医疗、康复、教育、住房、就业等方面享有制度保障和专业服务，并与经济社会发展水平相适应。三是坚持统筹兼顾、适度普惠的原则，实现城乡之间、地区之间、机构收养与亲属抚（托）养之间孤儿和困境儿童保障服务均等化。四是坚持政府主导、社会参与的原则，强化政府主体责任，鼓励引导社会力量参与发展孤儿和困境儿童福利事业。

（三）工作目标。到2015年，孤儿和困境儿童保障体系更加健全，服务水平不断提高，基本建立起以家庭养育为基础、机构服务为骨干、社区照顾为依托，城乡一体化、组织网络化、服务专业化、保障制度化的适度普惠的孤儿和困境儿童福利体系。

二、建立健全孤儿和困境儿童保障体系

（一）有效拓展安置渠道。采取鼓励公民依法收养、推进家庭寄养、强化亲属监护、提倡社会助养、完善机构供养等多种方式安置养育孤儿，依法明确孤儿的监护人，倡导孤儿亲友承担监护职责。由民政部门监护的孤儿，可以在儿童福利机构集中安置，也可以根据民政部《家庭寄养管理暂行办法》实施家庭寄养，其中重度残疾孤儿原则上实行机构集中养育。由孤儿父母生前所在单位或孤儿住所地的村（居）民委员会担任监护人的，可以由监护人委托有抚养意愿和抚养能力的家庭养育孤儿。积极开展孤儿国内收养工作，依法办理登记等相关手续。对寄养的孤儿，寄养家庭有收养意愿的，应优先为其办理收养手续。继续稳妥开展涉外送养工作，进一步完善涉外送养工作规范。切实加强对流浪未成年人的救助保护，对于暂时查找不到家庭的流浪未成年人，可视情延长其在流浪未成年人救助保护机构的救助和教育时间；确实无法查明身份的，可由儿童福利机构安置。

（二）切实保障基本生活。按照孤儿基本生活水平不低于当地平均生活水平的原则，建立孤儿基本生活最低养育标准自然增长机制，并实行城乡统筹。福利机构养育的孤儿年基本生活最低养育标准按不低于当地上年度城镇居民家庭人均消费性支出的70%确定；社会散居孤儿年基本生活最低养育标准按不低于当地福利机构孤儿养育标准的60%确定。具体标准由各地予以明确，但不得低于《民政部关于制定福利机构儿童最低养育标准的指导意见》（民发〔2009〕77号）的要求。同时，要按照《浙江省人民政府关于进一步建立健全困难群众基本生活价格补贴机制的通知》（浙政发〔2008〕86号）规定给予动态价格补贴。对因其他原因暂时失去生活依靠的其他未成年人，可比照孤儿予以救助。

（三）加强医疗康复保障。社会福利机构集中养育和社会散居的城镇孤儿应当参加城镇居民基本医疗保险，社会散居的农村孤儿应当参加新型农村合作医疗，其个人缴费部分由财政承担。孤儿医疗费用先按规定在城镇居民基本医疗保险或新型农村合作医疗基金中报销，不足部分按规定在医疗救助资金中解决。鼓励建立贫困家庭儿童大病慈善救助制度及专项资金，加大儿童大病救助力度。到2015年，基本形成以城镇居民基本医疗保险和新型农村合作医疗为基础、以城乡居民医疗救助和儿童大病慈善救助制度为补充的孤儿医疗保障体系。进一步完善“残疾孤儿手术康复明天计划”长效机制，扩大手术病种和康复项目，实现残疾孤儿免费康复服务全覆盖，并向贫困家庭残疾儿童延伸。切实做好“0—6岁贫困残疾儿童抢救性康复项目”，对残疾婴幼儿，做到及早发现、及早干预、及早开展手术矫治和专业康复训练。充分发挥儿童福利机构、专业性残疾人康复机构、医疗卫生机构的资源优势，为有需求的社会散居孤儿、社会残疾儿童及其家庭提供康复服务。

（四）落实教育优惠政策。按照健康适龄孤儿接受普通教育，中重度残疾适龄孤儿集中接受特殊教育，轻度残疾适龄孤儿随班就读的原则，全面加强孤儿教育工作。适龄孤儿在公办幼儿园接受教育的，免收保育费；在义务教育学校就读的，免收住宿费，免费提供爱心营养餐；在高中段学校就读的，免除学费、代管费，相关经费由当地政府给予补助。将高等院校全日制在读的孤儿纳入资助体系，优先享受学费减免、国家助学金、困难补助和国家助学贷款补贴等政策待遇。

（五）优先解决住房困难。因地制宜解决孤儿成年后的住房问题，及时将他们纳入城乡困难群众住房救助体系。对居住在农村的无住房的孤儿，符合条件的，优先纳入农村困难群众住房救助体系，乡（镇）政府和村民委员会要积极鼓励、动员社会力量及居住地村民帮助其建房。对城镇散居以及儿童福利机构的孤儿，符合廉租住房条件的，优先安排实物配租；符合经济适用住房申请条件的，优先予以解决。

（六）大力扶持就业创业。积极支持和帮助孤儿成年后自谋职业和自主创业。孤儿成年后就业困难的，优先安排到政府开发的公益性岗位就业。有劳动能力且处于失业状态的，要将其列入城镇“零就业家庭”失业人员和农村低保家庭劳动力就业扶持范围，并按规定落实好职业培训补贴、职业技能鉴定补贴、免费职业介绍、职业介绍补贴和社会保险补贴等政策。

三、切实提高对孤儿和困境儿童专业服务水平

（一）加强儿童福利机构建设。继续实施“儿童福利机构蓝天计划”，到2012年，各市都要拥有一所具有适度规模，具备养护、医疗、康复、特教功能的综合性儿童福利机构。孤儿较多的县（市）可独立设置儿童福利机构，其他县（市）要依托综合性社会福利院设立相对独立的儿童部或将孤儿集中到市级儿童福利机构养育。继续抓好各市流浪未成年人救助保护中心建设，充分发挥其作用。加强浙江民政康复中心建设，强化儿童福利事业指导职能，使之成为全省孤儿和困境儿童的医疗、康复、指导、培训、科研中心。努力改善儿童福利机构的工作条件，为其配备抚育、康复、特教必需的设备器材和救护车、校车等。加强儿童福利机构规范化建设，严格按照民政部《儿童社会福利机构基本规范》要求，建立和完善儿童福利机构孤儿接收、救治、康复、教育和生活管理标准，健全以目标岗位责任制为核心的管理制度。充分发挥儿童福利机构的专业优势，加强对亲属抚养和家庭寄养工作的监督、指导与评估，寄养家庭的劳务费用补贴由当地财政解决。

（二）大力发展康复特教服务。加强儿童福利机构的特教班或特教学校建设，为机构内残疾孤儿提供特教康复服务；鼓励和扶持社会力量兴办残疾儿童康复特教服务机构，当地政府应保障其合理用地需求，在运营资金等方面给予支持；积极开展社区残疾儿童康复特教服务，孤儿、残疾儿童较多的社区应建立社区康复工作站，并依靠儿童福利机构、残疾人康复机构、特教学校、社区卫生服务中心及有关专业社会志愿者服务队伍，加强对社区康复特教工作的指导，组织开展残疾儿童家长培训，及时提供康复特教服务和技术支持，建立健全以残疾儿童家庭为基础、社区康复工作站为骨干、儿童福利机构和专业性残疾人康复机构为示范的社区康复教育训练模式，为残疾儿童提供系统完整的康复教育训练。加大政策支持力度，对具有非营利性组织资格的残疾儿童康复特教服务机构取得的符合免税范围的收入，享受企业所得税免税收入优惠；对福利性、非营利性的残疾儿童康复特教服务机构按规定纳税确有困难的，经批准可减免房产税和城镇土地使用税；对儿童福利机构提供的养育服务免征营业税；对企业或个人通过公益性社会团体或者县级以上政府及其组成部门，向非营利性残疾儿童康复特教服务机构等公益事业的捐赠支出，准予按税法规定在计算缴纳所得税前扣除。儿童福利机构和残疾儿童康复特教服务机构的教学和学生生活用水、用电、用气（燃料）等价格与居民用户执行同价，免收城市市政设施配套费、集镇配套设施建设费，免收有线（数字）电视、固定电话装移机（含有线宽带）工料费等一次性接入费，并减半收取视听维护费。引导省内基础电信运营企业，根据地方经济差异，减半收取相关业务通信费用或面向孤儿福利事业制定更大优惠力度的资费政策。

（三）加快专业服务人才培养。大力培养医疗康复和特教方面的中高级专业技术人才，建立和完善儿童福利专业社会工作者职业水平评价、残疾儿童康复护理技术人员职业资格制度，实现儿童福利工作队伍职业化、专业化。加大对儿童福利机构工作人员的培训，不断提高服务水平，同时要逐步提高儿童福利机构工作人员的工资福利待遇，确保人员队伍稳定。将儿童福利机构中设立的特教班或特教学校的教师、医护人员专业技术职务评定工作纳入教育、卫生系统职称评聘体系，并在结构比例、评价方面给予适当倾斜。教育、卫生部门举办的继续教育和业务培训要主动吸收儿童福利机构相关人员参加。积极推进孤残儿童护理员职业资格制度建设，支持开发孤残儿童护理员教材，设置孤残儿童护理员专业，加强对孤残儿童护理员的培训。积极开发儿童福利机构社工志愿者服务岗位，引入专业社会工作者，为孤儿健康成长提供良好的专业服务。

四、进一步完善发展孤儿和困境儿童福利事业的工作机制

（一）强化组织领导。各级政府要高度重视孤儿和困境儿童福利保障工作，将其纳入国民经济和社会发展总体规划、相关专项规划和年度计划，建立健全政府主导、民政牵头、部门协作、社会参与的儿童福利工作机制。民政部门要充分发挥职能作用，会同有关部门加强调查研究，完善政策措施，抓好工作落实。财政部门要建立稳定的经费保障机制，将孤儿和困境儿童所需资金纳入社会福利事业发展资金预算，切实保障孤儿的基本生活和儿童福利专项工作经费。采取多渠道筹措资金的办法，鼓励社会力量支持儿童福利事业，加大福利彩票公益金对儿童福利事业的投入。省级财政要建立专项资金，对各地儿童福利机构建设及设施设备更新、孤儿基本生活保障等给予补助。发展改革部门要统筹安排儿童福利机构、康复特教服务机构设施建设项目。公安部门要及时出具弃婴（儿童）捡拾报案证明，积极查找弃婴和儿童的生父母或者其他监护人；对确认为孤儿的，应为其及时办理儿童福利机构集体户口。教育、卫生、人力资源社会保障、司法、建设、计生、残联、共青团、妇联等相关部门单位要在各自的职责范围内做好相关工作。

（二）加强基层基础。各级民政部门要依托儿童福利机构或社会福利机构，加强对儿童福利工作的指导。县级民政部门要与社会散居孤儿监护人签订协议，对监护人领取、使用孤儿基本生活费以及孤儿养育状况提出相应要求，明确监护人依法履行的监护职责和抚养义务。建立城乡社区儿童福利督导制度，对已建立社区服务中心的城乡社区，要在工作人员中确定 1 名孤儿养育状况督导员；未建立社区服务中心的农村，要在村两委成员中指定 1 名督导员。建立全省儿童福利信息管理系统，纳入政府职能部门数据库管理，实施对孤儿数量的精确统计和实时更新，并依托社区服务信息平台，及时向社会提供儿童康复特教服务等信息。要定期对孤儿进行普查，及时建立孤儿档案，为儿童福利事业发展提供决策支持和技术保障。

（三）实行动态管理。对依法被收养的孤儿，自被收养的下个月起不再纳入政府孤儿供养福利保障范围。对查找到父母或父母重新履行抚养义务的孤儿，自查找到父母或父母重新履行抚养义务的下个月起不再纳入政府孤儿供养福利保障范围。孤儿成年后，具备劳动能力和完全民事行为能力的，如在校学生则继续为其供养福利，非在校学生则一次性发放 6 个月孤儿基本生活费后不再纳入政府孤儿供养福利保障范围。对孤儿成年后不具备劳动能力、无民事行为能力或限制行为能力的，如符合低保条件则纳入最低生活保障，符合城镇“三无”和农村五保条件则按照有关法规政策妥善安置。各地要以优待孤儿为原则，做好相关政策制度的衔接，确保孤儿保障不低于原有水平。

（四）加大宣传力度。各地要充分发挥新闻媒体的作用，大力弘扬中华民族慈幼恤孤的传统美德，广泛宣传先进事迹和先进典型，营造全社会关心关爱孤儿和困境儿童的良好舆论氛围。要通过慈善捐赠、实施公益项目、提供服务等形式，进一步引导社会力量广泛参与孤儿和困境儿童福利事业。要加强法制宣传教育，有效遏制和打击拐卖孤儿、遗弃婴儿（儿童）等违法犯罪行为，同时要引导社会依法收养、依法行善，全面保护儿童权益，推动社会文明进步。

二〇一一年六月十七日

浙江省人民政府办公厅转发省发改委省卫生厅等部门关于进一步鼓励和引导社会资本举办医疗机构实施意见的通知

浙政办发〔2011〕69号

各市、县（市、区）人民政府，省政府直属各单位：

省发改委、省卫生厅、省财政厅、省商务厅、省人力社保厅《关于进一步鼓励和引导社会资本举办医疗机构的实施意见》已经省政府同意，现转发给你们，请结合实际，认真贯彻执行。

二〇一一年七月一日

关于进一步鼓励和引导社会资本举办医疗机构的实施意见

省发改委　省卫生厅　省财政厅　省商务厅　省人力社保厅

根据《国务院办公厅转发发展改革委卫生部等部门关于进一步鼓励和引导社会资本举办医疗机构意见的通知》（国办发〔2010〕58号）精神，结合我省实际，现就进一步鼓励和引导社会资本举办医疗机构提出如下意见：

一、指导思想、基本原则和主要目标

（一）指导思想。深入贯彻落实科学发展观，深化医药卫生体制改革，加快转变卫生发展方式。鼓励和引导社会资本举办医疗机构，建立以公立医疗机构为主导、非公立医疗机构加快发展的运行规范、竞争有序的多元化办医格局，满足人民群众多层次的医疗服务需求，不断提高全省人民健康水平。

（二）基本原则。

——统筹规划，共同发展。完善区域卫生规划和医疗机构设置规划，充分调动各方积极性，坚持公立医疗机构为主导，鼓励和支持非公立医疗机构共同发展。

——平等准入，完善政策。坚持公开、公平、公正原则，实行统一的准入制度，消除政策障碍，营造非公立医疗机构良性发展的新环境。

——正确引导，依法监管。加强行业监管，规范职业行为，依法维护非公立医疗机构和人民群众的合法权益。

（三）主要目标。建立与我省经济社会发展水平相适应的多元化办医新格局，强化和完善医疗卫生服务体系。到“十二五”末，非公立医疗机构床位数占全省医疗机构总床位数的比例争取达到20%以上。

二、放宽社会资本举办医疗机构的准入范围

（四）鼓励和支持社会资本举办各类医疗机构。社会资本可以自主选择举办营利性或非营利性医疗机构。营利性医疗机构到工商行政管理部门进行工商注册登记，非营利性医疗机构到民政部门进行民办非企业单位登记，取得法人资格。优先鼓励社会资本以多种形式举办上规模、高层次的综合医院和有特色的专科医院。鼓励有资质人员依法开办个体诊所。

社会资本举办的医疗机构可选择与其医院类别和功能相适应的诊疗科目，报卫生行政部门依法核准。对符合申办条件、具备相应资质的，应予以批准并及时发放相应许可，不得无故限制非公立医疗机构执业范围。非公立医疗机构按照批准的执业范围、医院等级、服务人口数量等，合理配置大型医用设备。

（五）调整和新增医疗卫生资源优先考虑社会资本。各地要把非公立医疗机构纳入当地国民经济和社会发展规划，根据当地卫生发展规划进行正确引导，支持其规范、健康发展。在区域卫生规划和医疗机构设置规划中，要给非公立医疗机构留有合理空间，其设立条件、资质审核、审批程序等与公立医疗机构相同。需要新增和调整卫生资源时，在符合准入标准的条件下，优先考虑由社会资本举办医疗机构。

（六）鼓励和支持非公立医疗机构做大、做强。鼓励社会资本举办和发展具有一定规模、有特色的医疗机构，引导有条件的医疗机构向高水平、高技术含量的大型医疗集团发展，实施品牌发展战略，树立良好的社会信誉。鼓励非公立医疗机构加强临床科研和人才队伍建设。

（七）鼓励社会资本参与公立医院改制。根据区域卫生规划，合理确定公立医院改制范围。可在公立医院改革试点地区以及部分国有企业所办医院先行试点。引导社会资本以多种方式参与包括国有企业所办医院在内的公立医院改制，积极稳妥地把部分公立医院转制为非公立医疗机构，适度降低公立医院的比重，促进公立医院合理布局。要优先选择具有办医经验、社会信誉好的非公立医疗机构参与公立医院改制。在改制过程中，要按照严格透明的程序和估价标准对公立医院资产进行评估，加强国有资产处置收益管理，防止国有资产流失；按照国家和我省政策规定制定改制单位职工安置办法，保障职工合法权益。

公立医疗机构逐步减少并严格控制特需服务，公立和非公立医疗机构特需服务所得收入应按规定缴纳税费。

（八）允许境外资本举办医疗机构。进一步扩大医疗机构对外开放，将境外资本举办医疗机构调整为允许类外商投资项目。允许境外医疗机构、企业和其他经济组织与我省医疗机构、企业和其他经济组织以合资或合作形式设立医疗机构。境外资本既可举办营利性医疗机构，也可以举办非营利性医疗机构。鼓励境外资本在我省相对欠发达地区投资举办医疗机构。

香港、澳门特别行政区和台湾地区以及国际知名品牌医疗实体的资本在我省举办医疗机构，按规定享受优先支持政策。

（九）规范外资办医的准入程序。医疗外资项目的核准和审批应当执行现行法律法规以及国家和我省现行政策。中外合资、合作医疗机构的设立由省卫生厅和省商务厅审批，其中设立中医、中西医结合的医院需征求省中医药管理局意见。外商独资医疗机构的设立由卫生部和商务部审批，其中设立中医、中西医结合、民族医医院的需征求国家中医药管理局意见。具体办法由相关部门另行制定。

三、进一步改善社会资本举办医疗机构的执业环境

（十）社会资本举办医疗机构，在用地政策上给予支持。社会资本举办医疗机构建设应符合土地利用总体规划和相关城乡规划，非营利性医疗卫生设施用地可以划拨方式提供土地使用权，非营利性医疗机构不得擅自改变土地用途，如需改变，应依法办理用地手续。营利性医疗机构建设用地实行有偿使用。

（十一）鼓励金融机构运用信贷手段，支持非公立医疗机构的举办和发展。营利性非公立医疗机构可以利用有偿出让取得的土地、产权明晰的房产等固定资产申请抵押贷款，国土资源、房产管理部门应予办理抵押登记手续。

（十二）落实非公立医疗机构税收政策和价格政策。社会资本举办的非营利性医疗机构按国家规定享受税收优惠政策，用电、用水、用气、用热与公立医疗机构同价，提供的医疗服务和药品要执行政府规定的相关价格政策。营利性医疗机构按国家规定缴纳企业所得税，提供的医疗服务实行自主定价，免征营业税。

营利性医疗机构自用房产、土地，报主管地税机关备案后，自取得执业登记之日起，3年内免征房产税、城镇土地使用税。非公立医疗机构通过公益性社会团体或县级以上政府及其部门，用于公益事业的捐赠支出，在年度利润总额12%以内的部分，准予在计算应纳税所得额时扣除。

（十三）鼓励各地购买非公立医疗机构提供的服务。鼓励各地采用政府采购或其他形式，选择符合条件的非公立医疗机构承担公共卫生服务以及政府下达的医疗卫生支农、支边、对口支援等任务。支持社会资本举办的社区卫生服务机构、个体诊所等非公立医疗机构在基层医疗卫生服务体系中发挥积极作用。

非公立医疗机构在遇有重大传染病、群体性不明原因疾病、重大食物和职业中毒以及因自然灾害、事故灾难或社会安全等事件引起的突发公共卫生事件时，应执行政府下达的指令性任务，并按规定获得政府补偿。

（十四）将符合条件的非公立医疗机构纳入医保定点范围。非公立医疗机构凡执行政府规定的医疗服务和药品价格政策，符合医保定点等相关规定的，人力社保、卫生、民政等部门应按程序将其纳入职工和城镇居民基本医疗保险、新型农村合作医疗、城乡医疗救助、工伤保险、生育保险等社会保障定点服务范围，执行与公立医疗机构相同的报销政策。

（十五）设立社会资本举办医疗机构专项补助资金。非公立医疗机构获得国家级、省级和市级重点学科建设项目的，享受公立医疗机构重点学科建设经费补助同等待遇。各级卫生行政部门应将非公立医疗机构的重点学科建设统一纳入本地区医疗卫生机构重点学科建设范畴。省级卫生行政部门根据全省非公立医疗机构发展实际，设立专门面向非公立医疗机构的重点学科建设计划。

（十六）鼓励对社会资本举办的非营利性医疗机构进行捐赠。鼓励企业、事业单位、社会团体以及个人等对社会资本举办的非营利性医疗机构进行捐赠，并落实相关税收优惠政策。鼓励红十字会、各类慈善机构、基金会等出资举办非营利性医疗机构，或与社会资本举办的非营利性医疗机构建立长期对口捐赠关系。

四、加大对非公立医疗机构人员队伍建设的扶持力度

（十七）优化非公立医疗机构用人环境。非公立医疗机构依据国家相关法律法规，享有用工自主权。其招聘录用的人员必须依法签订劳动合同，建立法定的劳动关系，在人才交流服务机构实行人事代理，按照规定参加社会保险。

有条件的单位可为中级职称（含）以上人员建立补充保险，以确保他们的待遇水平。

非公立医疗机构聘用外籍或港澳台医务人员，按国家有关规定执行。

（十八）改善非公立医疗机构外部学术环境。非公立医疗机构人员在职称评聘、科研立项、参加学术活动、评先评优等方面享有与公立医疗机构同类人员同等的待遇。各医学类行业协会、学术组织和医疗机构评审委员会要平等吸纳非公立医疗机构参与，保证非公立医疗机构占有与其在医疗服务体系中的地位相适应的比例，保障非公立医疗机构医务人员享有承担与其学术水平和专业能力相适应的领导职务机会。

（十九）加强对非公立医疗机构的人员培训。各地要把非公立医疗机构卫生技术人员的培养纳入医疗卫生人才继续教育、技能人才职业技能培训、全科医生培养培育和住院医师规范化培训等培训计划。政府相关部门要有计划地对非公立医疗机构的举办者和各级管理者进行政策法规、现代管理知识等培训，提高管理人员综合素质，促进科学管理和依法治院。

（二十）鼓励医师多点执业，医务人员合理流动。鼓励医师在确保医疗服务质量的前提下，根据规定的程序进行多点执业，各地人力社保和卫生部门应制定相关的实施办法。

鼓励医务人员在公立和非公立医疗机构间合理流动，支持非公立医疗机构通过各种形式聘用公立医疗机构医务人员。各地不得限制医务人员在公立医疗机构与非公立医疗机构之间自由流动。各地可根据当地实际出台办法，保障公立医疗机构医务人员在公立医疗机构与非公立医疗机构间自由流动，有关部门和单位应按国家有关规定及时给予办理执业地点变更、人事劳动关系衔接、社会保险关系转移、档案转接等手续。

五、加强指导和规范管理，促进非公立医疗机构持续健康发展

（二十一）引导非公立医疗机构规范执业。非公立医疗机构作为独立法人实体，自负盈亏，独立核算，独立承担民事责任。非公立医疗机构要执行医疗机构管理条例及其实施细则等法规和相关规定，提供医疗服务要获得相应许可。严禁非公立医疗机构超范围服务，依法严厉打击非法行医活动和医疗欺诈行为。规范非公立医疗机构医疗广告发布行为，严禁以任何形式发布虚假、违法医疗广告。卫生部门要把非公立医疗机构纳入医疗质量控制评价体系，通过日常监督管理、医疗机构校验和医师定期考核等手段，对非公立医疗机构及其医务人员执业情况进行检查、评估和审核。

建立社会监督机制，将医疗质量和患者满意度纳入对非公立医疗机构日常监管范围。发挥医疗保险对医保定点机构的激励约束作用，促进非公立医疗机构提高服务质量，降低服务成本。

（二十二）促进非公立医疗机构守法经营。非公立医疗机构要严格按照登记的性质开展相应的业务，严格执行法律法规和各项政策规定，执行国家规定的财务会计制度，依法进行会计核算和财务管理，接受相关部门的监督检查。非营利性医疗机构所得收入除规定的合理支出外，只能用于医疗机构的继续发展。对非营利性医疗机构违反经营目的、收支结余用于分红或变相分红的，卫生部门要责令限期改正；情节严重的，按规定责令停止执业，并依法追究法律责任。营利性医疗机构所得收益可用于投资者经济回报。非公立医疗机构要按照临床必需的原则为患者提供适当的服务，严禁诱导医疗和过度医疗。对不当谋利、损害患者合法权益的，卫生部门要依法惩处并追究法律责任。充分发挥会计师事务所对各类医疗机构的审计监督作用。

（二十三）推动非公立医疗机构提高管理水平。鼓励非公立医疗机构推行现代化医院管理制度，建立规范的法人治理结构，加强成本控制和质量管理，聘用职业院长负责医院管理。支持社会资本举办医院管理公司提供专业化的服务。允许非公立医疗机构采用各种方式聘请或委托国内外具备医疗机构管理经验的专业机构参与医院管理，提高管理效率。指导非公立医疗机构依法实施劳动合同制度，建立和完善劳动规章制度。

（二十四）培育和增强非公立医疗机构的社会责任感。非公立医疗机构要增强社会责任意识，坚持以病人为中心，加强医德医风建设，大力弘扬救死扶伤精神，加强医务人员执业道德建设和人文精神教育，做到诚信执业。鼓励非公立医疗机构通过按规定设立救助基金、开展义诊等多种方式回报社会。进一步培育和完善非公立医疗机构行业协会，充分发挥其在行业自律和维护非公立医疗机构合法权益等方面的积极作用。

（二十五）加强非公立医疗机构的信息化建设。要保障非公立医疗机构在政策知情和信息、数据等公共资源共享方面与公立医疗机构享受同等权益。要提高信息透明度，按照信息公开的有关规定及时公布各类卫生资源配置规划、行业政策、市场需求等方面的信息。将非公立医疗机构纳入省市县信息平台建设，以医院管理和电子病历为重点，推进信息化建设。

（二十六）完善非公立医疗机构变更经营性质的相关政策。社会资本举办的非营利性医疗机构原则上不得转变为营利性医疗机构。确需转变的，应注销后进行清算，再重新申办，并根据其经营性质，报经原审批部门批准并依法办理相关手续。社会资本举办的营利性医疗机构转换为非营利性医疗机构，可提出申请并依法办理变更手续。变更后，按规定分别执行国家有关价格和税收政策。

（二十七）建立非公立医疗机构的退出机制。非公立医疗机构如发生产权变更，可按有关规定处置相关投资。非公立医疗机构如发生停业或破产，按照有关规定处理。

（二十八）此前有关规定与本意见不一致的，以本意见为准。

浙江省人民政府办公厅
关于加强“菜篮子”工程建设的意见

浙政办发〔2011〕85号

为稳定“菜篮子”产品生产和市场供应，满足城乡居民日益增长的消费需求，根据《国务院办公厅关于统筹推进新一轮“菜篮子”工程建设的意见》(国办发〔2010〕18号)等文件精神，经省政府同意，现就加强“菜篮子”工程建设提出如下意见：

一、充分认识加强“菜篮子”工程建设的重要性

加强“菜篮子”工程建设，稳定“菜篮子”产品生产和市场供应，事关农民增收和城乡居民日常生活，事关物价稳定和经济社会发展大局，是重要的民生工程。近年来，各地、各有关部门认真贯彻国务院和省政府的部署要求，扎实推进“菜篮子”工程建设，“菜篮子”产品产量、质量不断提高，品种多样并实现全年均衡供应，市场价格合理，有效满足了居民消费需求，为促进经济社会平稳较快发展起到了重要作用。但是，“菜篮子”产品生产的组织化、规模化程度依然较低，生产流通基础比较薄弱，产销信息不对称，利益机制不完善，流通环节多、损耗大、成本高，“菜贱伤农、菜贵伤民”现象仍时有发生。由于“菜篮子”产品不耐储运、具有较强的地域性，即使在全国大流通的形势下，部分产品仍必须保持一定的自给率，并加强调控，以稳定市场。各地、各有关部门要从执政为民、稳定物价、保障经济平稳较快发展的高度，充分认识加强“菜篮子”工程建设的重要性，认真落实“菜篮子”市、县(市、区)长负责制，采取有效措施，确保“菜篮子”产品生产稳定、供应均衡、价格合理。

二、总体要求

以科学发展观为指导，以满足城乡居民消费需求、促进农民增收为目标，完善和落实“菜篮子”市、县(市、区)长负责制，坚持市场调节与政府调控相结合，统筹抓好生产与供应，进一步加强生产基地建设，合理布局发展“菜篮子”产品生产。完善流通设施和网络，促进产销对接，降低流通成本。加强市场监测和预警，健全“菜篮子”产品分级储备制度，完善风险调控机制。加强“菜篮子”产品质量建设，确保居民消费安全。加大政策支持力度，提高“菜篮子”产品自给率和应急调控能力，确保“菜篮子”市场供应均衡稳定。

三、以现代农业园区建设为载体，进一步加强“菜篮子”生产基地建设

(一)切实保护和稳定“菜篮子”生产基地及能力。各地在推进城市化、工业化的同时，要统筹考虑“菜篮子”生产基地建设，进一步增加投入，结合现代农业园区建设，支持建设一批集约化、设施化“菜篮子”生产基地。大中城市要按城市常住人口人均0.05亩的标准落实保障型、应急型蔬菜生产基地，有条件的地方要建立叶菜生产功能区，切实稳定近郊蔬菜基地面积及生产能力，提高本地应季蔬菜自给能力。加强《全国蔬菜产业发展规划(2011—2020年)》重点县基础设施建设，培育发展一批“菜篮子”产品生产大县。支持建设生猪、奶牛等规模养殖场(小区)，重点加强养殖场(小区)水、电、路以及畜禽养殖废弃物污染防治、疫病防控等设施建设。保护和提升生态型标准化水产养殖塘，加快现有老化规模水产养殖场设施标准化改造步伐，支持水产养殖场水、电、路等基础设施和配套机械设备、水质调控设施、水生动物防疫设施、循环水利用、水质在线监测系统等建设，着力建成一批现代渔业园区、水产健康养殖示范场。

(二)科学布局发展“菜篮子”产品生产。大力发展名优蔬菜瓜果和山地蔬菜、设施蔬菜生产，稳定发展近郊蔬菜特别是叶菜生产。在稳定发展生猪、奶牛产业的同时，大力发展家禽、兔、肉羊等产业，杭嘉湖等平原主产区要引导小规模养殖户集中兴办生态养殖小区和规模养殖场，金衢绍等地要充分利用低丘缓坡发展生态畜牧业，甬温舟台丽等地要大力发展山区海岛畜牧业，增加肉、蛋、奶等主要畜产品产量。大力发展现代渔业，积极发展城市周边和沿江、沿湖、沿海水产养殖，扩大设施养殖面积，大力发展远洋渔业；加强渔业资源保护，加大水生生物增殖放流力度，促进渔业可持续发展。

(三)大力推进“菜篮子”产品生产方式转变。大力推广应用优良品种、先进适用技术和新型种养模式，提高“菜篮子”产品生产水平。加快“菜篮子”产品标准制(修)订和推广应用，积极发展无公害农产品、绿色食品、有机农产品。引导农业龙头企业、工商资本参与“菜篮子”产品规模化基地建设，大力扶持发展“菜篮子”产品专业合作社，鼓励生产经营主体创建品牌，促进生产方式转变和产业集聚。支持农业龙头企业、农民专业合作社到省外建立稳定的“菜篮子”基地，并将“菜篮子”产品运回省内销售。

四、加强产销对接，提高“菜篮子”产品流通效率

(一)推进“菜篮子”产品产销对接。充分利用“浙江农民信箱”、新农村商网等信息工具，及时发布“菜篮子”产品供求信息，促进产销信息对接。有序引导“菜篮子”产品加

工流通企业和大型企事业单位等农产品消费单位与生产基地建立以"订单"为纽带的产销协作机制。扩大"农超对接"范围，发展一批生鲜农产品连锁超市及直接采购基地，建设一批农产品"农超对接"项目。继续办好浙江农业博览会等农业展会，组织开展多种形式的农产品公共营销活动，搭建销售平台。积极探索建立"平价市场"、"定时定点菜场"、"社区菜店"以及在农贸市场开辟本地"菜篮子"产品直销区等途径，减少流通环节，方便居民购买。

（二）大力发展"菜篮子"商品现代流通业。在"菜篮子"产品优势区域核心生产基地，根据需要新建和改造一批产地批发市场，在大中城市规划布局一批与产地市场衔接的大型销地批发市场，支持在交通物流节点建设鲜活农产品配送中心、农产品展示展销中心，完善农产品流通体系。支持农产品批发市场交易厅（棚）、水电、信息、质量检测、冷藏保鲜、电子统一结算、流通加工配送和垃圾处理等设施建设；支持农贸市场标准化建设。"十二五"期间，省财政统筹安排农村商贸服务体系建设、副食品风险基金等专项资金，集中财力在"菜篮子"产品优势产业集中区重点扶持建设和改造提升30家产地批发市场。支持有条件的地方建设跨区域的大型农产品物流配送中心，支持在"菜篮子"产品重点集散地和交通枢纽地建设中继性冷藏物流中心，与城区冷藏配送中心形成对接，改善农产品流通环境。积极发展连锁经营、配送、电子商务、特许经营等现代农产品流通业态。

（三）推进"菜篮子"产品现代加工体系建设。加快发展"菜篮子"产品加工业，提高分拣清洗、预冷处理、速冻保鲜、分等分级、整理包装、畜禽屠宰等初加工水平，降低产后损耗，实现延时错时上市。扶持发展一批"菜篮子"产品加工集聚区，引导"菜篮子"产品加工业集群发展。

五、健全"菜篮子"产品市场监测预警体系，加强信息指导和市场调控

（一）完善"菜篮子"产品市场价格和供求监测预警体系。各地要密切关注"菜篮子"产品市场信息，进一步整合农业、价格、商务、统计等部门掌握的信息资源，合理布局"菜篮子"产品价格和供求信息监测点，增加监测品种，及时对主要"菜篮子"产品生产情况、供求信息、价格走势等进行监测、分析和预警，并在各级价格、农业、商务等部门门户网站发布相关信息，有效引导生产和销售。各级财政应加大对"菜篮子"产品预警体系建设的支持力度。各级农业、商务等部门要加强对"菜篮子"产品生产、经营主体的信息指导和服务。

（二）加强"菜篮子"产品市场调控。有条件的地方，对确定的城市保障型、应急型生产基地可以研究探索建立临时收储制度。各地应加大商品价格调节专项资金整合力度，支持大中城市建立统一的"菜篮子"价格调节基金制度，实行政府补助、生产者以丰补歉、行业协会等主体日常管理的办法，在市场供求失衡导致生产者严重亏损时，启用价格调节基金，对生产者给予一定补助，保护好再生产能力，具体办法由各市、县（市、区）制定。对符合条件的农业龙头企业非常规性扩大收购"菜篮子"产品产生的贷款优先安排贴息补助。鼓励农产品行业协会、农业龙头企业、农民专业合作社采取建立风险基金、保护价收购、利润返还等形式，与农户建立紧密利益联结机制。

（三）建立健全风险应对机制。大中城市要根据本地"菜篮子"产品产销情况，依托重点加工流通企业等现有设施，完善地方储备体系和收储机制。建立叶菜种子储备制度，确保灾期、淡季应急生产需求。抓好重大自然灾害、重大病虫害发生时"菜篮子"产品的价格监控、货源组织和市场供应。健全"菜篮子"产品政策性农业保险制度，鼓励各地开办特色"菜篮子"产品保险，逐步扩大"菜篮子"产品保险覆盖面。

六、切实加强监管，维护"菜篮子"市场秩序

（一）加强"菜篮子"产品质量检测能力建设。按照科学布局、合理分工、资源共享、体现特色的原则，加强统一规划和政策引导，形成省、市、县三级政府检验和社会中介检验、企业自检相结合的多元化检测体系。各地要结合实际，加强对农产品质量检测资源的动态管理，建立检测设备和检测结果信息共享机制，促进检测资源优化整合，实现结果互认，避免重复检验检测，提高检测设备利用率。严格资质审查，加强检验检测人员培训和管理，提高检验检测服务水平。

（二）加强"菜篮子"产品全程质量控制。引导和鼓励农业企业、农民专业合作社等开展HACCP、ISO9000等管理体系认证，控制和提高"菜篮子"产品质量，逐步形成生产有档案、产地有准出制度、销地有准入制度、产品有标准标识、农产品批发市场有进销货台账记录和销售凭证的质量可追溯体系。建立健全"菜篮子"产品检验检疫风险预警体系。

（三）加强"菜篮子"市场监管。全面推行农产品例行检测、初级农产品农（兽、渔）药残留和农业投入品质量抽检制度，依法加强对产地环境质量标准、种子种苗标准、产品标识标注以及农业投入品特别是农（兽、渔）药残留限量等标准实施的监督，依法加大对不符合强制性标准农产品的查处力度。加强市场经营秩序监管，依法打击恶意囤积、欺行霸市、合谋涨价、串通涨价等违法行为，按规定严肃查处恶性炒作事件，维护正常的市场秩序。

七、加强组织领导，建立和完善长效工作机制

（一）强化"菜篮子"市县长负责制。各市、县（市、区）政府对本地区"菜篮子"工作负总责，政府主要负责人为第一责任人。各地要高度重视"菜篮子"工作，切实加强组织领导，细化落实"菜篮子"工作责任和措施，制定"菜篮子"工程建设规划，并将其纳入国民经济和社会发展规划。大中城市政府要根据当地实际，落实菜地最低保有量制度，合理确定"菜篮子"生产用地及保有数量、主要"菜篮子"产品自给率和产品质量安全合格率等指标，并认真落实促进生产、保供稳价、市场监管、应急处置等措施。建立健全各级"菜篮子"工作议事协调机构，协调解决"菜篮子"工作重大问题。农业部门要抓好"菜篮子"初级农产品的生产供应、预警体系和农产品产地批发市场建设；发展改革部门要支持"菜篮子"工程基础设施建设；财政部门要落实"菜篮子”工程建设资金；商务部门要抓好农产品流通体系建设、组织市场应急调控等工作；物价部门要落实批发市场、畜禽水产养殖用电、用水价格政策；工商部门要依法加强市场经营秩序监管工作；国土资源部门要切实加强“菜篮子”生产基地保护，努力满足农产品批发市场建设的合理用地需求；交通运输部门要落实鲜活农产品“绿色通道”政策；其他有关部门都要认真履行职责，共同抓好“菜篮子”工作。

（二）完善“菜篮子”工程建设扶持政策。加大政策扶持和资金投入力度，建立完善以政府投资为引导、农民和企业投资为主体的多元化投入机制。对“菜篮子”产品初加工和流通企业，按规定简化增值税抵扣手续，取消不合理收费。严格落实国家和省规定的支持“菜篮子”工程建设的各项用电、用水价格政策，蔬菜生产、畜禽水产养殖用电价格按照农业生产用电价格执行；大型农贸市场用电、蔬菜冷链物流中心的冷库用电实行与一般工商业用电同价，是否执行峰谷电价由用户自行选择。进一步落实和完善鲜活农产品运输“绿色通道”政策。提高“菜篮子”生产用地征占补偿水平，加强城市郊区现有菜地和养殖区域保护。优先保障供应农产品批发市场、农产品加工业集聚区用地，落实批发市场用地按工业用地对待政策。

（三）加强宣传引导。完善新闻发布制度，重要信息由省“菜篮子”工作领导小组办公室统一发布。要引导新闻媒体坚持正面宣传，全面、客观、准确报道“菜篮子”产品市场供应、价格和质量安全等信息，积极宣传各地在促进“菜篮子”产品生产、保障市场供应、维护市场秩序等方面所采取的政策措施，防止过度宣传和不当炒作。要引导群众客观、理性对待市场变化，营造有利于促进“菜篮子”生产、稳定“菜篮子”市场的氛围。

二〇一一年八月九日

浙江省人民政府办公厅关于印发浙江省县级公立医院综合改革试点指导意见的通知

浙政办发〔2011〕101号

各市、县（市、区）人民政府，省政府直属各单位：

《浙江省县级公立医院综合改革试点指导意见》已经省政府同意，现印发给你们，请结合实际，认真贯彻执行。

二〇一一年九月七日

浙江省县级公立医院综合改革试点指导意见

为指导各地切实做好县级公立医院综合改革试点工作，根据《中共中央国务院关于深化医药卫生体制改革的意见》（中发〔2009〕6号）、《国务院办公厅关于印发2011年公立医院改革试点工作安排的通知》（国办发〔2011〕10号）、卫生部等部门《关于印发公立医院改革试点指导意见的通知》（卫医管发〔2010〕20号）和我省有关文件精神，制定本指导意见。

一、提高对县级公立医院综合改革重要性的认识

当前，我省深化医药卫生体制改革工作已取得了阶段性成效，全民医保制度框架基本形成，基本药物制度在政府办基层医疗卫生机构全面实施，明显降低了群众在基层看病就医的费用。公立医院改革试点工作也取得了一定进展，但距离人民群众的期待还有较大差距。当前，县级公立医院的补偿机制、运行机制、监管机制不健全和医疗服务能力不能满足县域城乡居民看病就诊问题还十分突出，亟待通过综合性改革加以改善。

县级公立医院是公立医院体系的网底，县域医疗卫生服务网络的龙头，连接城乡医疗卫生服务体系的枢纽，承担着区域内近70%人口的医疗服务任务。深入实施县级公立医院综合改革，以破除以药养医机制、调整收入结构和改革支付方式为切入点，将改善群众医疗保障条件与提高县级公立医院服务能力有机结合，不仅有利于解决县域群众的看病就医问题，有效缓解“看病贵、看病难”，也有助于改善县域医疗资源的科学配置，提高县域医疗卫生服务水平，缩小医疗服务的城乡差别，缓解城市大医院的压力，推动公立医院改革整体取得突破性进展。同时，建立公立医院经济运行新机制，将促使县级公立医院强化公益性，真正成为“保基本、强基层、建机制”的重要保证，促进医疗卫生事业又好又快发展。

二、总体要求

（一）指导思想。以邓小平理论和“三个代表”重要思想为指导，深入贯彻落实科学发展观，按照“群众得实惠、医院得发展、政府得民心”的要求，把推进县级公立医院综合改革放在当前深化医药卫生体制改革的重要位置。创新体制机制，完善政策措施，破除以药养医机制，建立科学有效的公立医院经济运行新机制；破除逐利行为，维护公立医院的公益性；激发运行活力，切实提高县级公立医院服务能力，有效解决县域城乡居民看病就医问题。

（二）基本原则。

——政府主导，惠民利民。强化政府在规划、政策、监管和投入等方面的责任，维护县级公立医院公益性质。把维护人民群众的健康权益放在首位，努力减轻人民群众医疗费用负担，实现人人享有与县域经济社会发展水平和各方承受能力相适应的基本医疗卫生服务。

——创新机制，综合推进。破除以药养医机制，建立县级公立医院运行新机制。通过采取“一减一调一补”（即：减少药品费用，调整医疗服务收费，适当增加财政对公立医院改革的投入），以及调整相关医保政策等综合措施，确保改革有力有序推进。

——积极探索，稳步发展。鼓励各地充分发挥主动性和创造性，因地制宜制订具体方案，探索改革的有效形式和办法。不断提升县级医院医疗服务能力，建立医务人员收入合理增长机制，充分调动医务人员积极性，确保县级公立医院稳步健康发展。

（三）工作目标。通过推进县级公立医院综合改革试点，使县域医疗服务体系更加完善，医疗服务能力有较大提高，以药养医机制根本改变，广大医务人员积极性有效调动，医疗费用得到合理控制，医疗质量安全更有保障，人民群众看病就医更加便捷，并尽快形成县级公立医院综合改革总体思路和主要政策措施，进而使县级公立医院改革全面推进并不断深化。具体目标如下：

——建立医院经济运行新机制。坚持县级公立医院公益性，以人民群众实际医疗服务需求为依据，按照“总量控制、结构调整”的原则，通过实施药品零差率，调整医疗服务价格，改变医疗保险支付方式，加大财政对县级公立医院基础设施、设备等的投入，有效减轻患者医疗费用负担，建立起县级公立医院经济运行新机制。

——建立医院内部管理新机制。提高县级公立医院管理水平和运行效率，增强解决临床实际问题的能力，保证县级公立医院可持续发展，县域内就诊率明显提高，基本实现大病不出县。医院内部管理和医疗服务有较大改善，医疗服务行为进一步规范，各项医疗管理专项工作扎实有效开展，患者对医院服务的综合满意度逐步提高。

——建立上下联动协作新机制。全面建立城市医院与县级医院长期稳定的对口协作关系，加快形成县级公立医院与乡村医疗卫生机构上下联动、分工协作机制。鼓励县域内共享型医疗资源的横向联系，使基层首诊、分级诊疗制度得到有效落实，医疗资源得到有效利用。

——建立医院人事管理激励新机制。进一步健全院长负责制，建立院长目标责任管理制度，完善以岗位管理、绩效考核为主要内容并体现激励导向的人事分配制度，充分体现医务人员的劳动价值，医务人员工资收入稳步提高，医务人员积极性得到有效调动。

（四）试点安排。确定29个县（市、区）为县级公立医院改革试点地区（具体名单附后）。各试点县（市、区）要根据本指导意见，结合当地实际，制订具体的实施方案，2011年底前报省有关部门备案后实施。试点工作半年后进行评估，修订完善相关政策。省里将于2012年底组织有关部门对试点情况进行总结并及时推广成功经验。

三、主要任务

（一）探索建立县级公立医院经济运行新机制。

1. 破除“以药养医”机制，所有药品（中药饮片除外）实行零差率销售。试点县（市、区）要进一步完善基本药物制度，并根据当地实际情况制订县域总控药品目录。县域总控药品目录应包括国家基本药物目录（含省增补药品目录）和医保甲类药品目录，并合理确定各类药品目录的比例。县级公立医院严格使用县域总控药品，全部药品实行按实际进价零差率销售。试点县（市、区）应设定基本药物（包括省增补药品）、医保甲类药品以及非医保目录药品的使用金额比例，严格控制药品金额在业务总收入中的占比。实行以省为单位的药品集中招标采购制度，切实降低虚高药价，严格控制奇异规格和价格畸高品种进入招标目录。

2. 调整价格政策，完善医疗服务收费结构。试点县（市、区）实行药品零差率销售后，按照医药费用“总量控制、结构调整”的原则，参考2010年药品差价以及药品实际招标价格下降幅度，根据财政、医保保障情况，并通过医院内部适当消化后，调整手术费、治疗费、护理费、诊查费（或增设药事服务费）、床位费等。调整意见经市价格主管部门审核，并报省级价格主管部门批准后施行。医疗服务价格调整必须与医保、卫生、财政政策同步调整，医疗服务价格调整总量不得超过药品差价总量，不得增加患者实际医药费用负担。

3. 发挥医疗保险政策调节作用，引导病人合理就医。实行药品零差率后，因实行药品零差率所调整的服务价格，当地基本医疗保险和新农合政策按调整后价格执行。因政策调整造成基本医疗保险基金出现赤字的，由财政予以保障。扩大参保人员在基层医疗机构与二三级医院、本县（市、区）医疗机构与外地医院之间的就诊报销比例差距，引导病人合理就诊。试点县（市、区）应同步推进基本医疗保险结算制度改革，实行总额控制下的多种结算方式，包括总额预付、按病种付费、按服务单元付费或按人头付费等方式。切实发挥医疗保险对医药费用尤其是过度用药的制约作用，严格控制费用增长，避免财政支出的大幅上涨。

4. 加大财政保障力度，体现政府职责和公立医院的公益性。合理安排政府对公立医院投入，主要用于基本建设和设备购置、扶持重点学科发展、事业单位养老保险单位缴费补助、政策性亏损补贴和承担的公共卫生任务补助等方面。在事业单位养老保险制度改革前，公立医院符合国家规定的离退休人员费用，由财政根据国家有关规定核定补助。

（二）大力提升县级公立医院服务能力。

1. 加强临床技术能力建设。加强县级医院基本科室建设，做到人员、技术和管理三配套，使常见病、多发病、危急重症能够在县级医院得到及时有效救治。依托县级公立医院，建立和完善县域院前急救体系，配备必要的救护车和调度管理系统，提升农村院前急救保障和高危重症救治能力。根据当地的疾病谱和转诊情况，选择县外转诊率靠前的临床科室进行重点帮扶，逐步降低向上级医院的转诊率。加大县级医学龙头学科和区域专病中心建设力度，有效提升县级医院综合服务能力水平。

2. 加强卫生技术人才队伍建设。鼓励经过规范化培训的医师到县级医院就业，并为其长期在县级医院工作创造条件。建立县级医院医务人员继续教育制度，每3—5年轮训一次。各县级医院每年遴选不少于3名骨干医师或其他卫生专业技术人才到对口的三级医院进修学习。积极培养县域内学科带头人。加强护理、影像、检验、药学、病理等卫生技术人员的引进和培养。

3. 提高县域中医药服务能力。加强县中医院或县综合性医院中医科能力建设，充分发挥中医简便验廉的特点，为群众提供价廉质优的防病治病途径。加强县中医院对乡镇卫生院和村卫生室中医药服务能力建设的支持和指导，促进中医药进基层、进农村。

（三）充分发挥县级医院的龙头和纽带作用。

1. 有效配置县域医疗资源。针对县域内城乡居民主要健康问题，结合经济发展、人口数量和地理交通等因素，科学制订区域卫生规划和医疗机构设置规划。有效配置县级公立医院资源，明确相应的床位规模、人员编制和功能任务。人口数超过30万的县（市、区）2011年基本建成1所二级甲等综合性医院，超过70万的县（市、区）可建1所三级综合性医院。鼓励建立资源共享的临床检验中心、影像会诊中心、消毒物品集中供应中心、卫生物资采购中心等，促进县域卫生资源的统筹配置，提高利用效率。

2. 加强城市医院对口支援工作。加大城市医院对口支援力度，严格执行城市医院医生在晋升职称前到基层医疗卫生机构服务的制度。采取合作、托管、组建医疗联合体等多种方式，建立与县级医院长期稳定的对口协作关系。建立城市三级医院向县级医院轮换派驻医师制度，每所医院不少于5名医师。鼓励采取专家团队支援的方式，提高支援效果。将业务支援扩展到管理支援，从城市三级医院选聘一批有管理经验的业务骨干到对口支援的县级医院担任院级或科级领导，帮助县级医院提高管理水平。

3. 加强县级医院对乡镇卫生院的支持指导。大力推进县（市、区）、乡镇纵向合作机制建设，建立县级医院与农村基层医疗卫生机构分工协作机制，促进人员、技术、管理等医疗资源向基层流动，提升基层医疗卫生机构技术水平。加快完善基层首诊、分级医疗、双向转诊制度，发挥农村三级医疗卫生服务网络的整体功能和效率。

（四）切实加强县级公立医院的综合管理。

1. 严格医疗费用管理。试点县要突出医疗费用的控制管理，通过实施临床路径管理、规范检查和治疗行为、实行检查检验结果互认、有效减少重复检查等综合措施，严格控制县级公立医院医药费用总量、业务总收入增长幅度，以及患者门诊和住院均次费用等项指标，建立相关费用控制指标考核体系和公示制度。

2. 加强医疗技术管理。分科目管理县级医院常见病、疑难重症的诊断、治疗及急诊抢救技术。根据本地疾病结构变化、医学技术进步和经济发展，合理引进和开展新技术项目。积极筛选包括中医中药技术在内的适宜医疗技术在县级医院推广应用。严格控制和规范超越县级医院功能定位或疗效不明确、费用高昂的医疗技术的引进和应用。

3. 加强医疗行为管理。进一步加强医疗行为管理，通过实施单病种质量控制、临床路径和处方点评等管理措施，引导医务人员坚持合理检查、合理治疗、合理用药。降低过多的用药和检查治疗，坚决查处开大处方、滥用药物及过度检查等行为。要采取切实措施，遏制中药饮片处方价格的过快上涨。加强医疗质量管理，重点管理好病历书写、手术安全、医院感染和急诊急救工作。

（五）不断深化县级公立医院运行机制改革。

1. 完善院长负责制。突出院长职业化管理能力的培养，建立医院院长目标责任管理制度，完善院长收入分配激励机制和约束机制，建立院长问责制度。认真落实"三重一大"等相关事宜的院务公开，促进医院民主管理，充分发挥职工代表大会的作用。

2. 改革人事和收入分配制度。合理确定县级医院医务人员编制，全面建立岗位管理和人员聘用制度，完善卫生人才职称评定标准。健全绩效考核制度，将医务人员的工资收入与医疗服务的数量、质量、技术难度、成本控制、群众满意度等挂钩，做到多劳多得、优绩优酬，优先提高临床一线护士和医师工资待遇水平，向关键岗位、业务骨干和做出突出贡献的人员重点倾斜，充分调动医务人员积极性。

3. 提高医院运行效率。推广医院精细化管理，切实加强医院运行成本控制，提高运行效率。严格执行医院财务会计管理制度，严格预算管理和收支管理，加强医院成本管理，提高资产的共享程度和利用效率。

（六）全面改善县级公立医院医疗服务。

1. 实施惠民便民措施。深入开展"三好一满意"创建活动，围绕降低就医费用、优化诊疗流程、改善就医感受等，集中推出一批易操作、见效快的服务举措，缓解县域内人民群众看病就医矛盾。积极推行预约挂号诊疗及双向转诊服务，加强便民简易门诊，方便群众看病就医。加强临床护理规范管理，开展优质护理服务。实行基本医疗保障费用即时结算、收费项目公示和费用查询等制度。建立患者投诉处理机制，及时受理、认真解决患者投诉，提高群众满意度。

2. 强化医德医风建设。加强医疗卫生法律法规、规章制度和医德医风规范的学习教育，促使广大医务人员严格遵守行为规范，尊重患者、理解患者，主动为患者着想。加强医患沟通，充分尊重患方的知情权、同意权、选择权。

进一步健全医德医风管理制度体系，强化监督检查，提高制度执行力。坚持廉洁行医，严厉打击医药购销领域商业贿赂行为，严肃查处违法违纪违规的单位和个人。

3. 加强信息化建设。建立满足门急诊挂号、住院管理、药房管理、成本核算、医疗保障结算等工作的医院管理信息系统。加强远程医学信息支持系统建设，逐步实现远程会诊、远程（病理）诊断、远程重症监护和远程教育等。探索建立以居民健康档案为基础的县域医疗卫生服务信息网络，逐步实现县域居民健康档案信息资料的有效利用。

四、保障措施

县级公立医院综合改革试点任务重、难度大，要充分认识其复杂性和艰巨性，坚持总体设计、突出重点、鼓励创新、稳步推进的试点原则，扎实做好各项工作。

（一）加强组织领导。在省深化医药卫生体制改革领导小组下，设立省县级公立医院综合改革试点指导小组。试点县（市、区）政府要建立由政府主要领导牵头的试点工作领导小组，组织专门工作班子，研究制订实施方案，精心组织，周密部署，扎实推进，力争突破。各市政府要切实做好所辖县（市、区）公立医院综合改革的指导和推动工作。

（二）加强部门协调。地方各级卫生、发展改革（医改办）、财政、人力社保、物价等部门要明确职责，各司其职，密切协作，及时制订出台县级公立医院综合改革配套文件，细化相关政策措施，加强业务指导和督促检查，研究解决工作中遇到的困难和问题，形成推进改革试点的工作合力。

（三）加大宣传力度。各有关部门要做好舆论宣传和引导工作，加强对县级公立医院综合改革工作重要意义、指导思想、基本原则、主要任务和政策措施的宣传。要充分调动广大医务人员参与改革的积极性、主动性、创造性，争取广大人民群众和社会各界的理解和支持，共同营造全社会参与的良好氛围。

（四）建立目标责任制。将县级公立医院综合改革试点工作纳入省、市、县各级医改年度责任书，明确目标任务，规定时限，落实责任。同时，要加大目标责任制的监督考核力度，确保试点工作稳步推开，各项措施落到实处。

附件：浙江省县级公立医院综合改革试点县（市、区）名单（略）

浙江省人民政府办公厅
关于进一步强化药品安全责任的意见

浙政办发〔2011〕93号

药品安全直接关系人民群众身体健康和生命安全，关系千家万户的幸福。切实做好药品安全工作，保障公众用药安全有效，是推进“平安浙江”建设、实施“全面小康六大行动计划”的重要内容，是维护社会稳定、促进社会和谐的现实要求，是加强社会管理创新、推动经济转型升级的重要举措。为进一步提升我省药品安全水平，认真落实国务院关于构建“地方政府负总责、监管部门各负其责、企业是第一责任人”的药品安全责任体系，以及省委《关于加强和创新社会管理的决定》提出“完善食品药品安全考评评价和责任追究机制”的要求，经省政府同意，现就进一步强化药品安全责任提出以下意见：

一、强化药品安全地方政府负总责的责任

（一）加强对药品安全工作的领导。各级政府要从加强和创新社会管理的角度，本着对人民群众高度负责的态度，充分认识加强药品安全工作的重要性，将药品安全纳入“平安浙江”建设、地方党政领导班子实绩考核、发展方式转变评价指标体系等，健全绩效考核与行政问责机制。要进一步明确分管领导，完善工作机制，层层落实药品安全责任。

（二）建立药品安全评价机制。组织开展药品安全责任体系评价工作，分析评估本地区药品安全状况，切实采取有效措施，及时研究解决影响药品安全的突出问题和群众关心的热点问题，不断提高公众对药品安全状况的满意度。

（三）健全重大药品安全事件应急机制。建立健全省、市、县三级联动的药品检验检测、不良反应监测工作体系，提升风险预警能力。完善重大药品安全事故应急预案，定期开展应急演练与培训，加强信息传递与共享，提高应急处置能力。积极应对药品安全突发事件，切实做到密切配合、快速反应、科学处置。

（四）完善药品安全工作保障机制。根据药品安全工作任务，合理配置监管资源，健全乡镇和村居监管网络，保障基层用药安全。要加大对药品安全监管工作的投入，切实保障示范创建、专项整治、检验监测等工作的正常开展；加强技术支撑能力建设，按照国家标准添置必需的执法装备和检验监测设施设备，落实监管队伍培训和举报奖励经费。

二、强化药品安全各监管部门的责任

（五）明确监管部门的药品安全监管责任。药品监管部门要切实加强对药品研制、生产、流通、使用全过程的监管，依法严厉查处违法违规行为，加大对药品安全工作的督查力度。其他监管部门要按照《浙江省人民政府办公厅关于加强药品安全监管工作的通知》（浙政办发〔2007〕63号）确定的职责要求及国家有关规定，切实做好药品安全监管工作，不断提高人民群众安全用药水平。

（六）增强药品安全监管合力。各有关部门要认真落实药品质量安全属地监管责任，建立逐级考核制度。建立健全各级药品安全联席会议制度，加强部门协作和配合，完善部门联动、协调互动机制，增强工作合力，提高监管效能。

（七）加强药品安全风险管控。完善风险管控机制，严格监督实施药品生产质量管理规范。强化基本药物质量监管，保障基本药物供应。扎实推进药品安全示范创建，建立长效监管机制。继续扩大药品监督抽验覆盖面，加大评价抽验工作力度，并根据药品质量抽验结果，及时发布药品质量公告。推进实施药品电子监管制度，建成覆盖全品种、全环节的药品质量追溯体系。加强特殊药品、药品类易制毒化学品的监管，严防流入非法渠道。

（八）严厉打击药品违法犯罪活动。针对药品安全的关键环节和突出问题，扎实开展专项整治行动，有效打击各种药品安全违法行为，提高监管的有效性和公信力。健全举报受理处理机制，探索建立省级药品稽查员制度，加大对制售假劣药品违法犯罪的打击力度；加强行政与司法衔接，严格执行案件移送规定，防止地方保护主义；对涉嫌违法犯罪的，及时立案、快速侦破、依法惩处，杜绝以罚代刑、以罚代管，坚决遏制药品安全违法犯罪行为。

（九）加强药品安全宣传教育。要加大药品安全法制宣传和科普教育力度，引导医药企业诚信守法，增强消费者自我保护意识；推进政务信息公开，及时公布企业信用等级状况，宣扬先进典型，曝光违法失信行为。

三、强化药品安全企业是第一责任人的责任

（十）不断强化企业法制观念和自律意识。药品研究、生产、流通企业和使用单位要牢固树立“质量安全第一”理念，严格执行药品法律法规、药品质量标准和质量管理规范，完善内部管理制度和质量内审内控制度。切实加强职业道德建设，不断增强产品安全意识和社会责任意识。

（十一）强化药品生产企业的源头安全责任。药品生产企业要坚持“品质源于设计”，加强药品研究与创新，提高药品安全性和有效性。严格实施药品生产质量管理规范，全面落实药品安全质量受权人制度；加强药品生产风险评估，消除药品质量隐患。药品出厂检验合格率达到100%。加强上市后药品监测，承担产品召回责任，强化药品不良反应主动报告职责，避免药品安全事故发生。

（十二）强化药品流通企业和使用单位的质量安全责任。药品流通企业要自觉执行经营质量管理规范，严把药品购进关，切实落实索证索票制度；加强药品储存管理，严格执行药品分类管理制度，强化特殊药品及含特殊药品复方制剂的管理；发布的药品广告必须真实、合法，不得违法发布药品广告，误导消费者。药品使用单位要把好最后关口，加强药品质量管理，开展合理用药情况评估，杜绝药物滥用和不合理用药。

（十三）深化企业诚信体系建设。推行信用等级评定、分类监管制度，开展企业质量安全公开承诺，对失信企业进行公布。发生严重药品安全事故，以及屡次被评为低等级信用的企业，要列入重点对象严格监管。医药行业协会、医疗器械行业协会要加强信息沟通，主动协调服务，在促进企业技术创新、人才交流、品牌推广、行业自律等方面积极作为，服务医药产业转型升级。

四、强化药品安全的责任追究

（十四）建立健全药品安全责任制和问责制。药品安全实行当地政府负总责、监管部门各负其责、企业是第一责任人的责任追究制度。

（十五）严格实行政府领导责任追究制。各级政府要支持药品监管部门依法履行职责，不得要求承担经济发展指标和行业发展任务，更不得干扰正常监管执法。由于领导不力导致发生重大药品安全责任事故，或引发群体性事件造成恶劣影响的，要进行通报批评、取消评先评优资格；对分管领导和相关责任人员给予党纪政纪处分；涉嫌犯罪的，移送司法机关依法处理。

（十六）严格实行职能部门监管责任追究制。监管部门不认真履行监管职责，瞒报、谎报安全监管信息，工作玩忽职守、滥用职权、徇私舞弊，以及应急处置不力或不听从指挥造成严重后果的，要进行通报批评、取消评先评优资格；对部门负责人和直接责任人员给予党纪政纪处分；涉嫌犯罪的，移送司法机关依法处理。

（十七）严格实行涉药单位安全责任追究制。药品生产、经营企业和使用单位，要自觉履行药品安全承诺制度。对失信企业，要向社会进行公示，加强社会公众监督；对违法违规单位，要根据情节依法责令其停业整顿、吊销生产和经营许可证（医疗机构执业许可证）、注销药品批准文号直至移送司法机关处理；对故意造假售假的，从严从重处理。

二〇一一年八月二十六日

浙江省人民政府办公厅关于深入推进基层医疗卫生机构综合改革的意见

浙政办发〔2011〕120号

各市、县（市、区）人民政府，省政府直属各单位：

为加快建立覆盖全省城乡居民的基本医疗卫生制度，根据国家深化医药卫生体制改革的有关部署和《国务院办公厅关于建立健全基层医疗卫生机构补偿机制的意见》（国办发〔2010〕62号）等有关文件精神，经省政府同意，现就深入推进基层医疗卫生机构综合改革提出如下意见：

一、基本要求

乡镇卫生院、社区卫生服务中心（站）和村卫生室是基层医疗卫生服务网络的基础，也是基层医疗卫生机构综合改革的主要对象。要按照“保基本、强基层、建机制”的要求，以全面实施基本药物制度为抓手，深入推进基层医疗卫生机构综合改革，着力破除“以药补医”机制，实现基层医疗卫生资源有效配置，综合保障能力稳步增强，基层医疗卫生队伍结构明显优化，公共卫生和基本医疗服务水平显著提升，确保全省城乡居民享有基本医疗卫生服务。

在推进改革过程中，要坚持政府主导，强化政府在制度、规划、筹资、服务、监管等方面的责任，确保基层公共卫生和基本医疗卫生服务的公益性；坚持综合改革，创新体制机制，统筹配置基层医疗卫生资源，着力建立充满活力的人事、分配、保障制度和规范的药品购销新机制；坚持以人为本，着力提高基层医疗卫生服务能力，逐步降低药品价格，调整医疗服务收费，规范收费行为，减轻群众看病就医负担；坚持突出重点，配套实施，因地制宜，把解决当前突出问题与完善体制机制相结合，加快推进基层医疗卫生机构综合改革。

二、改革内容

（一）明确基层医疗卫生机构的功能定位。

乡镇卫生院、社区卫生服务中心（站）和村卫生室主要负责提供公共卫生服务和基本医疗服务，尤其是政府举办的乡镇卫生院、社区卫生服务中心是公益性事业单位，要严格界定其功能和任务，核定人员编制，明确收支范围和标准，政府要保障其正常运行和稳定发展。

创新机构编制管理方式。以县（市、区）为单位，按照“定编定岗不定人”的原则，由机构编制部门按规定标准核定人员编制，实行总量控制，动态调整。

（二）建立竞聘上岗的用人机制。

建立因事设岗、全员聘用的人事制度。基层医疗卫生机构要根据机构职能、工作任务和核定编制数设置岗位，按照“能上能下、能进能出”的原则，建立在编在职人员按照岗位任职条件竞聘上岗、按岗聘用、以岗定薪、合同管理的制度。

建立基层医疗卫生机构负责人竞聘上岗机制。加快探索乡镇卫生院院长和社区卫生服务中心主任公开选拔、择优聘用的制度，实行任期目标责任制。

建立未聘人员多渠道分流机制。对未聘人员可探索实行一次性补助、到一体化管理的村卫生室工作或培训后再竞聘上岗等分流方式。

（三）实行与绩效挂钩的收入分配机制。

加快实施基层医疗卫生机构绩效工资制度。要按照核定的编制人员数、服务工作量和当地事业单位工作人员平均工资水平核定工资总额，完善绩效工资方案并加快实施。要注重保障职工的基础性绩效工资，发挥奖励性绩效工资的激励作用，奖励性绩效工资要向关键岗位、业务骨干和作出突出贡献的工作人员倾斜，拉开收入差距。

建立基层医疗机构业绩考核制度。要以服务数量、服务质量和群众满意度为主要内容，对基层医疗卫生机构完成基本医疗服务和公共卫生服务任务等工作情况进行综合考核，将考核结果与财政资金拨付相挂钩，与职工个人收入相挂钩，充分调动医务人员积极性。积极推行新型工分制和有效工时制。

（四）实行规范化的基本药物采购机制。

完善以省为单位的基本药物集中招标采购制度。国家基本药物和省增补药物实行以省为单位集中采购、统一配送，发挥集中批量采购优势，招标和采购结合，签订购销合同，一次完成采购全过程，最大限度地降低采购成本，促进基本药物生产和供应。

建立基层医疗机构基本药物的采购使用管理制度。基层医疗卫生机构必须配备使用基本药物，严格执行省集中采购中标结果，实行零差率销售。各地要将基层医疗卫生机构采购使用基本药物纳入目标管理和绩效考核，卫生、监察、财政、物价、食品药品监管等部门要加强对基本药物采购、配送、使用及回款情况的监督管理。

建立以县（市、区）为单位的药品货款统一结算制度。具备条件的地区在国库支付中心设立药品资金专户，暂不具备条件的地区要安排周转资金，由卫生行政主管部门统一组织结算。

（五）完善稳定长效的多渠道补偿机制。

落实基层医疗卫生机构财政补助政策。按照核定收支、统筹算账、财政“兜底”的原则，合理安排基层医疗卫生机构经常性收支差额。基层医疗卫生机构的基本建设和设备购置等支出，由政府根据基层医疗卫生机构发展建设规划足额安排。探索非政府举办的基层医疗卫生机构实行政府购买服务的补偿方式。

调整基层医疗卫生机构收费补偿和医保支付政策。加快建立将已实施基本药物制度的基层医疗卫生机构、村卫生室（含社区卫生服务站）的普通挂号费、普通门诊诊查费、注射费以及药事服务成本合并为一般诊疗费的制度。一般诊疗费列入基本医疗保险、新农合报销范围，按甲类医疗服务项目报销。各地要积极探索建立医保报销比例向基层倾斜的制度。

（六）建立城乡医疗卫生统筹发展机制。

加快实施“大院带小院、县院带乡镇院、乡镇院带村室”的发展战略，完善各级医疗卫生机构分工协作、对口支援制度，强化基层医疗卫生机构的公共卫生服务和基本医疗服务功能。鼓励乡镇卫生院（社区卫生服务中心）医疗卫生资源向村级延伸。

探索建立县域医疗资源整合、共建共享的新机制。以效益提升为导向，促进技术设备共建共享；以满足需求为导向，促进县域人才柔性流动和充实更新。深入推进县乡卫生一体化、县院托管乡镇院、“一院多站”等医疗资源统筹整合的改革，促进城乡医疗卫生事业的均衡发展。

（七）完善村卫生室运行管理机制。

加强对村卫生室规范化管理，积极推进乡村卫生一体化管理。加快完善村卫生室运行保障机制，将村卫生室纳入基本药物制度实施范围，基本药物由乡镇卫生院负责供应并实行零差率销售，由财政对村卫生室进行专项补助。将村卫生室纳入新农合门诊统筹实施范围，并将符合条件的村卫生室纳入新农合定点。通过政府购买服务的方式，对乡村个体医生提供基本公共卫生服务进行合理补助。

三、保障措施

基层医疗卫生机构综合改革政策性强、涉及面广、任务艰巨，各地必须高度重视、精心组织、统筹安排、周密部署、加强协调，扎扎实实抓好落实。

（一）加强组织领导。各级政府主要领导负总责，分管领导亲自抓。县级政府是基层医疗卫生机构综合改革的责任主体，具体负责组织实施。各级卫生、机构编制、发展改革、财政、人力社保、物价、食品药品监管等部门要各司其职，加强沟通，密切配合，确保各项改革措施落实。

（二）加快工作进度。各级政府要抓紧研究制订基层医疗卫生机构综合改革实施方案，出台相关配套政策，加大推进力度，确保2011年底前全面实施基层医疗卫生机构综合改革。

（三）强化监督考核。省医改办牵头对基层医疗卫生机构综合改革实施情况开展督查。各地政府要建立工作责任制，对政策落实情况和工作进度定期进行监督检查，及时发现问题，及时采取有效措施，确保各项改革顺利推进。

二〇一一年十月三十一日

浙江省人民政府办公厅关于加强流动人口计划生育工作的实施意见

浙政办发〔2011〕143号

各市、县（市、区）人民政府，省政府直属各单位：

为进一步加强流动人口计划生育工作，不断提高服务管理能力，稳定适度低生育水平，促进人口均衡发展，推动和谐社会建设，根据《流动人口计划生育工作条例》（国务院令第555号）精神，经省政府同意，结合我省实际，提出如下实施意见：

一、充分认识加强流动人口计划生育工作的重要意义

流动人口服务管理，是加强和创新社会管理、完善基本公共服务的重要内容，是落实基本国策、稳定低生育水平的关键环节，是统筹解决人口问题、促进和谐社会建设的重点任务。我省是全国流动人口主要集聚区之一。流动人口大多处在生育旺盛期，且长期人户分离，原依附于户籍的计划生育服务管理手段难以发挥有效作用，而适应流动人口特点的计划生育工作体制、机制尚未完全建立，造成对流动人口群体的计划生育服务管理难以到位，成为影响全省适度低生育水平长期稳定的重要因素。同时，受到体制机制的制约，在落实流动人口计划生育基本公共服务均等化及保障流动人口合法权益等方面还面临着诸多困难和问题，在一定程度上影响了人口均衡发展与和谐社会建设。

全省各地要从贯彻落实科学发展观、构建社会主义和谐社会的高度，进一步提高对加强和改进新时期流动人口计划生育工作重要性的认识，紧紧围绕加强和创新社会管理的要求，认真学习贯彻《流动人口计划生育工作条例》精神，开拓创新，大胆实践，积极探索做好流动人口计划生育工作的思路和方法，不断提高服务和管理能力，更好地为经济社会协调发展服务。

二、明确流动人口计划生育工作的总体目标

全省流动人口计划生育工作要按照科学发展观的要求，认真落实《流动人口计划生育工作条例》，完善流动人口计划生育“一盘棋”服务管理体制；加强和创新管理，全面推进基本公共服务均等化，建立健全具有浙江特色的流动人口计划生育服务管理新模式，实现人口长期均衡发展。到“十二五”中期，形成比较完善的“统筹管理、服务均等、信息共享、区域协作、双向考核”的流动人口计划生育服务管理工作机制，整体工作水平处在全国前列；到“十二五”末，基本形成具有浙江特色的“运行体制良好、工作机制健全、服务体系完善、信息共享高效、理论研究得力”的流动人口计划生育服务管理新模式，使我省成为全国流动人口计划生育服务管理工作的先进区和示范区。

三、加强流动人口计划生育工作的主要措施

（一）加快推进流动人口计划生育基本公共服务均等化。按照“属地化管理、市民化服务”的要求，扎实做好计划生育宣传教育和技术服务，在流动人口育龄群众中大力宣传普及科学、文明、进步的婚育观念。为流动人口免费落实避孕节育措施，实现流动育龄妇女在现居住地享受免费基本项目技术服务和药具全覆盖。实施优生“两免”（免费婚前健康检查、免费孕前优生检测）和优生优育优教“三优”促进工程，努力实现与户籍人口的优生优育优教服务同待遇。积极提供生殖健康服务，将流动育龄妇女纳入当地生殖健康服务范围，实现流动人口生殖健康服务项目与户籍人口共享受。

（二）不断强化流动人口计划生育区域协作。完善以“信息互通、管理互补、服务互动、责任互担、经费互结”为主要内容的全省“一盘棋”工作机制。深化省内流动人口计划生育工作区域协作，建立流动人口计划生育双向考核评估指标体系，推动现居住地和户籍地依法落实工作职责。流动人口计划生育工作由流动人口户籍所在地和现居住地政府共同负责，以现居住地政府为主，户籍所在地政府予以配合。现居住地着重加强技术服务，户籍地着重加强生育管理。加强泛长三角流动人口计划生育区域协作，认真做好流动人口生育服务登记、计划生育证件办理、信息沟通、技术服务、社会抚养费征收和打击“两非”（非医学需要的胎儿性别鉴定、非医学需要的人工终止妊娠行为）等方面协作，并逐步扩大协作范围，不断提高协作质量。

（三）加快建立流动人口计划生育利益导向机制。依法落实法律、法规和规章规定的流动人口计划生育服务和奖励、优待政策。对于实行晚婚晚育的，要落实休假待遇，在社会救济等方面给予优先照顾。关爱关怀和帮扶救助流动人口计划生育家庭的留守成员。

（四）认真落实流动人口便民维权措施。实行流动人口计划生育行政受理一站式服务，积极组织开展人口计生政策咨询、行政管理、社会事务、便民维权等服务。要向社会公布计划生育服务机构和开展计划生育健康服务的医疗保健机构的相关资料，畅通“12356阳光计生服务热线”，方便流动人口计划生育对象咨询政策法规、投诉举报和反映意见建议等。

（五）努力提高服务管理信息化水平。认真贯彻《浙江省流动人口居住登记条例》，依托浙江省流动人口综合信息平台，全面实现部门之间的信息共享和交换。流动人口现居住地的县级公安、民政、人力社保、卫生等部门要及时向同级人口计生部门通报在办理有关登记和证照中掌握的流动人口婚育证明办理情况等计划生育信息，对涉及公民隐私的流动人口信息应当予以保密。流动人口现居住地和户籍地要建立信息交换和通报制度，实现流动人口计划生育工作动态管理。

（六）继续完善全员流动人口统计制度。加强和规范流动人口计划生育信息采集、数据更新，建立健全全员人口信息数据库。推进流动人口动态监测体系建设，认真开展流动人口动态监测，加强对重点地区的日常监测和动态分析。

四、落实流动人口计划生育工作的保障措施

（一）加强组织领导。各级政府统一领导本行政区域内流动人口计划生育服务管理工作。要把流动人口计划生育工作作为人口计生工作的重要组成部分，纳入目标管理责任制考核范围，定期进行督促检查和专项评估。各地要根据《流动人口计划生育工作条例》和本实施意见，结合实际，研究制订具体措施。

（二）健全机构队伍。各级政府要加强流动人口计划生育服务管理组织机构建设，配备必需的流动人口计划生育服务管理人员。乡镇（街道）要进一步落实流动人口协管员工作职责。强化村（居）特别是流动人口聚集村（居）的工作网络建设，配足流动人口计生联络员，并与户籍人口服务管理的计生服务员同管理、同培训、同报酬补助。要建立健全流动人口计划生育协会组织网络，完善流动人口计划生育自我服务管理模式。

（三）落实工作职责。各有关部门应在职责范围内，负责相关的流动人口计划生育工作。人口计生部门主管本行政区域内流动人口计划生育工作。教育部门在办理流动人口子女入托、入园、入学时，应核查其经现居住地查验盖章的婚育证明，并及时将情况通报当地人口计生部门。公安部门和流动人口服务管理机构在为流动人口办理居住登记、发放居住证时，协查《流动人口婚育证明》，定期与人口计生部门交换流动人口信息。民政部门应将流动人口计划生育服务管理纳入社区建设总体规划和服务体系，引导流动人口融入社区。人力社保部门应将流动人口中女职工的生育服务纳入劳动保护范围。卫生部门要督促医疗机构按规范向流动人口提供计划生育技术服务。乡镇（街道）负责本辖区内流动人口计划生育工作，按照《流动人口计划生育工作条例》规定，切实承担相关职责。

（四）确保经费到位。要严格按照《中共中央国务院关于全面加强人口和计划生育工作统筹解决人口问题的决定》（中发〔2006〕22号）的要求，建立经费保障长效机制，将流动人口计划生育工作经费纳入各级财政预算，满足流动人口计划生育工作和基本公共服务均等化的需求。

二〇一一年十二月二十一日

中共杭州市上城区委　杭州市上城区人民政府关于在全区构建“民情服务网”体系的实施意见

（2011 年 4 月 6 日）

上委〔2011〕20 号

为认真贯彻党的十七届五中全会精神，深化学习和实践科学发展观活动，落实周永康同志在全国“用群众工作统揽信访工作经验交流会”上的讲话精神，充分认识并积极发挥群众工作对化解社会矛盾、维护社会稳定的重要作用，区委、区政府决定，在总结推广湖滨街道“湖滨晴雨”工作室和环保分局“联街结社”共建活动的基础上，着力构建上城区“民情服务网”体系，不断开创群众工作新模式，特制定如下实施意见：

一、指导思想

认真研究和把握新形势下群众工作的特点和规律，深入做好组织群众、宣传群众、教育群众、服务群众工作，用党的群众工作统揽信访工作，妥善解决信访矛盾和群众实际困难，充分体现党的群众路线和为人民服务的根本宗旨，使群众更加拥护党的领导和各项方针政策。

二、总体目标

树立用群众工作统揽信访工作的新理念，把群众要求作为第一选择，把群众利益作为第一原则，把群众满意作为第一标准，通过整合政府各部门资源，搭建做好群众工作的新平台。把以人为本的理念贯穿于群众工作之中，把事前预防、事中疏导、事后解决的全方位一体化工作模式贯穿于群众工作的全过程，实现各部门由重管理到重服务、由被动应付到主动调解、由消极围堵到积极疏导的转变，开辟化解各类纠纷、解决人民内部矛盾的新渠道。

三、实施步骤

“民情服务网”体系是指：在区委、区政府的统一领导下，由区群众工作领导小组具体牵头，以各街道联系区长为总联系人，将区属各部门、市属延伸单位及指挥部分别联系对接到各街道、社区，整合各街道、社区现有的群众工作资源和力量，遵循“谁主管、谁负责”和“属地管理”相结合的原则，合力构建起上下联动、左右互通、环环相连的群众工作“网状服务”新体系，确保“小事不出社区，大事不出街道”，力争将矛盾纠纷化解在基层、处置在萌芽状态。根据区委、区政府的要求，结合工作实际，整个构建过程具体分为两大步骤：

（一）组织发动

1. 统一思想，提高认识。全区上下要站在巩固党的执政地位的高度，立足构建社会主义和谐社会的目标，充分认识以群众工作统揽信访工作的重要意义，坚持运用党的群众工作方法，畅通群众诉求表达渠道，树立为民服务理念，不断健全和完善利益协调、权益保障机制，有效提高人民内部矛盾的化解能力，促进社会和谐稳定。

2. 建立组织，强化领导。区级层面成立由区委、区政府主要领导任正副组长，各街道总联系人、区纪委、区委办、区委组织部、区委宣传部、区维稳办、区信访局、区机关党工委（区考评办）、区人大办、区政府办、区政协办、区人事局、区民政局主要领导任成员的区群众工作领导小组。下设办公室，设在信访局，由区委办、区政府办主任及区信访局局长兼任办公室正副主任，负责日常工作。街道层面成立由各街道主要领导任组长，分管综治副书记为副组长，街道各副书记、副主任及各部门领导为成员的街道群众工作领导小组。社区层面成立由各社区主要领导任组长，分管综治书记或主任为副组长，相关社区干部及各部门联系人为成员的社区群众工作领导小组。

3．积极参与，明确人员。区属各部门和市属延伸部门及各指挥部要高度重视“民情服务网”体系的构建工作，结合各自工作实际，制定适合本部门的实施方案，确保每个街道至少有1名联系领导，每个社区至少有1名联系人；各指挥部要确保工程推进到哪个社区或街道，相关部门的联系人跟进到社区，部门领导联系到街道。名单汇总后上报区群众工作领导小组办公室。

（二）具体实施

1．深入实地，扎实开展。各部门联系领导要主动了解所联系街道涉及本部门的群众工作情况，积极参与到化解矛盾、解决诉求的过程中去；各联系人要在全面了解社区情况的基础上，确保每月至少1次深入社区进行走访，并视具体情况，及时参与到社区做好群众工作。

2．筑好平台，构建有力。各街道要将构建“民情服务网”体系纳入街道重要工作之中，切实履好职、定好位、牵好头，在规划好目标、任务及方案的同时，加强对社区群众工作的领导，在各方面予以大力支持和指导帮助。各社区也要相应成立社区群众工作领导小组，会同联系人员实地了解辖区范围内群众工作情况，充分发挥“社区治保调委会”的作用，积极利用“小巷总理”贴近群众的优势，及时发现问题、了解情况、掌握信息，并与部门联系人共同努力，力争将各类矛盾预防和化解在萌芽状态。

3．通力协作，落到实处。各级群众工作领导小组至少每年2次召开全体成员会议，通报群众工作开展情况，分析研究热点、难点问题。结合近期群众工作特点以及一些疑难群众诉求，总联系人、各街道以及各社区可适时召集各层面相关联系人员召开专题会议，商讨化解方案。在协调过程中，凡遇到群众诉求涉及相关部门，但部门联系领导或联系人并非分管此类问题的，由部门联系领导和联系人负责与分管领导和相关人员沟通后进行协调处理，但部门联系领导或联系人仍为首办责任人，履行首办责任制。

四、主要任务

构建“民情服务网”体系，主旨在为群众排忧解难，同时也要注重宣传政策、引导群众用合法合理的手段来维护自身的合法权益。

1．当好以民为本、为民谋利的服务员。要深化对新时期群众工作规律性认识，把握群众工作的基本原则，牢固树立群众观念，用群众工作统揽信访工作全局，把以人为本的理念贯彻到群众工作的全过程，变“等访”为“下访”、变“事后处理”为“事前预防”、变“一时息事”为“彻底解决”，变“管理型政府”为“服务型政府”，努力实现由管理向服务转变，由被动解决向主动发现并研究解决群众诉求转变。

2．当好讲解政策、辅导法律的宣传员。当前，相当一部分群众的信访问题，是由于群众对法律、法规及相关政策的不理解或不了解造成的，因此，各部门要把宣传本部门的法律、法规和相关政策作为重要任务之一，通过宣传墙报、黑板报、知识讲座等形式，积极组织开展群众喜闻乐见的宣传活动，倡导居民群众在理解法律、法规的基础上自觉遵守法律、法规，使街道、社区成为政策宣传的前沿阵地。

3．当好理顺情绪、化解矛盾的协调员。进一步完善区、街道、社区三级调解模式。对案情简单，争议不大且在同一社区产生的群众诉求由社区与各职能部门联系人先行调解，协调不成的，可提交街道综治调解中心再进行深入协调；对案情较复杂，可能引起群体性事件的问题或社区协调不成的群众诉求由街道综治调解中心联合各部门联系领导进行调解，协调不成的，可提交各街道总联系人牵头再协调；对涉及面广、问题突出的群体性事件或街道协调不成的群众诉求由各街道总联系人牵头，召集相关部门主要领导开展联合调解。三级调解过程中，均可视具体情况，邀请处置信访事项专家团成员、律师、人大代表、政协委员以及居民代表共同参加。

4．当好收集民情、传递民意的信息员。各街道、各部门的领导干部要深入基层，深入一线，及时了解和收集民情，第一时间发现问题、掌握信息，特别是对苗头性、倾向性的不稳定因素，更要予以重点关注和掌控，确保矛盾纠纷化解在早、化解在小；对一些暂时无法解决的共性问题，积极梳理归类，并向上级有关部门反映，争取出台统一规定和化解途径。

五、监督奖惩

1．区群众工作领导小组将加强对各部门、各街道有关活动开展的指导和督促，定期到各街道、社区走访了解情况，推动“民情服务网”体系的顺利构建。

2．区群众工作领导小组办公室根据各部门群众工作特点，组织开展每半年一次的各部门与各街道、社区之间的双向配合度测评活动，主要从是否积极参与、密切配合、有效化解三方面予以综合评定，设为好、一般、差三档，分别对应10分、5分和0分。测评结果及时通报，并纳入各部门、各街道公述民评以及年底综合考评重要内容之一，同时作为年度信访、维稳工作先进评选和年度目标管理考核重要标准之一。

3．对工作到位、成效显著的部门和街道予以通报表彰；对表现突出的部门、街道工作人员可按照中组部、人事部《公务员奖励规定（试行）》办法，予以嘉奖记功；对表现优秀的社区工作人员予以表彰奖励。

4．对群众工作不到位、不作为，导致群众反响强烈，甚至引发重大群体性不稳定事件的部门和个人，可视情节轻重，按照区委、区政府《关于对重大决策部署执行不力实行问责的办法（试行）》和《上城区信访事项首办责任制暂行规定》中的有关规定予以责任追究。

附件：1. 街道社区对各部门测评表（略）
2.（部门）对各街道测评表（略）

中共杭州市拱墅区委办公室 杭州市拱墅区人民政府办公室关于加强拱墅区劳动关系调解工作的实施意见

拱委办〔2011〕64号

各街道、区直属各单位：

为贯彻落实党的十七届五中全会和胡锦涛总书记在省部级主要领导干部社会管理及其创新专题研讨班上的重要讲话精神，创新社会管理，构建和谐劳动关系，现制订本实施意见，具体内容如下：

一、重要意义

当前，拱墅区全面实施新三年行动计划，加快推进城市与产业"双转变"，面对经济体制深刻变革、社会结构深刻变动、利益格局深刻调整、思想观念深刻变化的新形势，全区劳动关系呈现建设工地多、搬迁企业多、外来人员多、劳动纠纷多的"四多"现象，劳动关系日益多元化、复杂化，劳动纠纷进入易发期和多发期。由于集体劳动争议增多，处理难度加大，迫切需要进一步加强和创新社会管理，在全区范围内推广劳动关系调解室，落实"预防为主、基层为主、调解为主"工作方针，完善劳动关系调解工作机制，通过小场地解决大问题，形成"纵向到底、横向到边的区、街道、社区三级劳动关系调解网络"，对于构建和谐劳动关系具有积极作用。

加强劳动关系调解工作，将调解作为劳动关系处理的基本原则和重要程序，关口前移、重心下沉，逐步建立和完善企事业单位调解、街道调解、行业调解、人民调解、行政调解等多渠道的争议调解体系，在源头上建立预防为主的利益协调机制，在基层中建立渠道通畅的诉求表达机制，在处置时建立调裁诉紧密衔接的矛盾调处机制，努力将矛盾化解在基层、化解在萌芽状态，对于构建设和谐社会具有重要意义。

二、总体要求

把劳动关系调解工作作为促进和谐社会建设的重要基础性工作，摆在更加突出的位置，充分发挥劳动关系调解工作在处理社会矛盾、实现社会公平正义、构建和谐社会中的重要作用。按照"党委领导、政府履职、工会推动、企业参与"要求，全面实施劳动法律法规和规章，完善各项制度政策，依法维护职工和企业的合法权益，着力构建规范有序、公平合理、互利共赢、和谐稳定的劳动关系，促进企业持续健康发展，实现广大劳动者体面劳动和有尊严的生活。街道、社区100%建立劳动关系协调组织，在专业市场、行业协会和规模以上企业，建立健全企业劳动关系调解组织。

三、工作原则

1. 坚持职工和企业利益双维护。坚持正确处理发展经济与改善民生、维护职工合法权益与促进企业健康发展的关系，引导广大企业始终坚持以职工为本，在促进企业健康发展中改善职工生活；引导广大职工与企业同呼吸共命运、立足岗位建功立业，实现职工和企业利益双维护，实现共建共享、和谐发展。

2. 坚持行政和市场双调节。坚持依法协调劳动关系，开展企业民主管理，加快推进劳动关系协调工作的制度化、规范化、长效化。进一步健全城乡统一、开放有序的劳动力市场，强化市场服务，规范市场管理，充分发挥市场对劳动力资源配置的基础性作用和对劳动关系的调节作用。

3. 坚持物质和精神双关怀。坚持以人为本，着眼于满足职工全方位多层次需求，既注重落实物质待遇，又注重加强人文关怀，切实保障广大劳动者在就业创业、劳动合同、职业培训、安全卫生、休息休假、劳动报酬、社会保险、社会福利、居住条件、子女教育、文化娱乐、权益维护等方面权利，使广大劳动者物质有保障、精神有追求，促进广大劳动者身心健康和全面发展。

4. 坚持企业和区域双创建。坚持动员社会各方力量积极参与劳动关系和谐企业创建活动，积极推动开展区域性创建活动，进一步形成全方位、多层次的和谐劳动关系格局。把创建活动与建章立制、规范管理紧密结合起来，促进劳动关系协调长效机制的建立。

四、工作职责

根据《关于深入发展和谐劳动关系的意见》（浙委〔2011〕23号）文件精神，成立拱墅区和谐劳动关系促进委员会，在区委、区政府的领导下，整合资源、各方协作，形成"富有活力、规范高效、协调配合"的劳动关系调解工作新格局。

1. 区和谐劳动关系促进委员会，统筹规划协调劳动关系调解工作，定期分析研究全区劳动关系发展状况，着力解决劳动关系协调中存在的普遍性和深层次矛盾，探索开展创业型城区、充分就业城区、无欠薪城区创建活动。

2. 区劳动保障局、区委维稳办、区总工会、区公安分局、区发改局、区信访局、区拆迁办等部门，及时排查劳动纠纷隐患，妥善解决因企业关停并转和欠薪等劳动纠纷引起的全局性、突发性、群体性劳动关系问题，进一步健全协调机制，推进劳动纠纷预防和调解工作。

3. 区法制办、区法院、区司法局等部门，研究解决劳动关系协调工作相关问题政策措施，增强劳动关系协调政策法规的科学性和可操作性，健全劳动纠纷法律援助制度，保护企业和劳动者的合法权益。司法部门要加强对下属人民调解委员会调解劳动纠纷的培训，依法积极将劳动纠纷纳入调解范围。

4. 区总工会、区发改局、区劳动保障局、区建设局等部门，共同推进企业建立健全劳动关系协调组织，落实企业工资集体协商及集体劳动合同签订，完善劳动纠纷预防和调解制度，提高企业自主解决劳动纠纷的能力。

5. 各街道、园区，建立健全劳动关系协调组织建设和工作机制，整合调解资源，大力推进劳动关系调解室的建立和运作。按照属地管理原则加大劳动纠纷调处力度，积极打造无欠薪街道。

五、工作措施

1. 加强街道劳动关系调解。健全劳动关系协调委员会，深入开展劳动关系调解工作。高度重视劳动关系调解室建设，完善工作机制，实现“组织、场地、经费、人员、制度、保障”的六个落实。全面掌握辖区用人单位劳动的用工情况，指导、督促用人单位规范用工。整合街道综治、公安、司法、经管、劳动保障和工会等组织调解资源，妥善、快速调处本区域企业发生的各类劳动纠纷案件。

2. 发挥社区调解委员会作用。按照《关于加强劳动人事调解工作的意见》文件精神，充分发挥社区人民调解组织遍布城乡、网络健全、贴近群众的优势，依法积极将劳动纠纷纳入调解范围，使劳动关系调解职能向社区延伸。社区人民调解委员会，要落实专人兼任劳动关系协调员；企业比较集中、劳动纠纷多发的社区，单独配备劳动关系协调员，及时受理并调解劳动纠纷，有针对性地开展劳动法律咨询和宣传工作，预防和减少劳动纠纷的发生。

3. 完善企业劳动关系调解组织。在园区、专业市场、行业协会和规模以上企业，建立健全企业劳动关系调解组织。落实场地设立劳动关系调解室、配备专人担任劳动关系协调员，根据市场、行业和企业各自的特点开展行之有效的劳动纠纷预防和调解工作。企业劳动关系调解组织，要在宣传劳动法律法规、预防劳动纠纷、协调履行劳动合同、工资集体协商、执行规章制度等方面发挥积极作用，提高企业自主解决劳动纠纷的能力，着力将劳资矛盾化解在源头。企业劳动关系调解组织要与劳动保障、工会部门建立工作联系机制，及时报送劳动关系情况、存在的困难问题和意见建议。

4. 健全劳动关系协调员队伍建设。加强劳动关系协调员队伍建设，是做好劳动关系调解工作的重要保障。拓宽劳动关系协调员来源，吸纳优秀高校毕业生、法律工作者等人员充实基层劳动关系协调员队伍，参与劳动关系调解工作。通过劳动法律知识培训、调解方法和技巧培训、典型案例评析研讨等形式，提高劳动关系协调员的调解能力和法律素养。加强对劳动关系协调员的考核和管理，健全激励保障措施，努力建设一支心系群众、热心公正，掌握劳动保障法律知识和调解工作技能的高素质劳动关系协调员队伍。

中共杭州市拱墅区委员会办公室
杭州市拱墅区人民政府办公室
二〇一一年五月十二日

中共建德市委　建德市人民政府
关于加快推进养老服务事业发展的意见(试行)

（2011 年 7 月 15 日）

市委〔2011〕12 号

为积极应对人口老龄化形势，满足广大老年人不断增长的、与经济社会发展水平相适应的养老服务需求，根据省、杭州市有关精神和建德市国民经济和社会发展“十二五”规划，现就加快推进我市养老服务事业发展提出如下意见(试行)。

一、充分认识加快养老服务事业发展的重要意义

我市老龄化程度较高，2010 年末，全市 60 岁及以上老年人口达 8.9 万人，占总人口的 17.6%，高于全国、全省平均水平。其中 80 岁以上高龄人口达 1.2 万人，空巢老人达 1.1 万人，分别占老年人口的 13.8%和 12.4%，老龄化、高龄化、空巢化趋势明显，养老服务供给相对不足。优先发展社会养老服务是贯彻十七届五中全会精神、落实科学发展观的重要实践，是保障和改善民生、促进经济和社会稳定协调发展的重要举措，各级各部门要切实增强责任感和使命感，采取措施，推动我市养老服务事业科学发展。

二、加快养老服务事业发展的总体要求

（一）指导思想。以科学发展观为指导，坚持以人为本，坚持完善体系，坚持创新机制、整合资源，结合我市老年人口特点，按照“政府主导、政策扶持、社会参与、多措并举、市场推动”的总体思路，加快推进养老服务社会化、专业化、标准化建设，建立健全与人口老龄化进程相适应、与经济社会发展相协调，以社区服务为依托、自主养老为基础、居家养老为主体、机构养老为补充，覆盖城乡的养老服务网络，形成投资主体多元化、服务层次多样化、服务方式社会化的可持续发展的养老服务体系。

（二）主要目标。到2015年，城乡社区普遍建立居家养老服务站（点），机构养老较好满足社会需求，基本形成“9055”养老模式，即老年人口中，以社区为依托、社会化服务为协助的自主居家养老占90%；享受政府购买服务的居家养老占5%；社区卫生服务中心（站）建有老年人健康档案；百位老人的机构养老床位达到5张（其中社会办养老服务机构床位数占60%）。该目标纳入全市国民经济和社会发展指标体系，同步实施，同步考核。

三、加快养老服务事业发展的主要措施

（一）科学制定“十二五”老龄事业发展规划。根据经济和社会发展实际，以优先发展和适度普惠为目标，制定并实施建德市老龄事业“十二五”规划，纳入各级国民经济和社会发展“十二五”规划。科学制定养老服务机构设施布点规划和实施计划。根据老年人口发展速度和养老服务需求状况，编制具有前瞻性、可操作性，体现区域特色的养老服务机构近期、中长期规划和养老服务设施建设布局规划，做到规划选址明确、用地性质明确、建设时序明确、考核评价明确，确保规划、计划、行动“三位一体”，推进全市养老服务机构科学、合理、可持续发展。

（二）构建多层次多类型的养老服务体系。

1. 建立多层次机构养老服务体系。按照功能定位、服务对象的不同，对养老服务机构进行功能分类，合理布局，分福利性、非营利性和营利性三种类型。其中公办福利性养老机构养护的老人必须全部具有本市户籍；非营利性养老机构养护本市户籍老人比例应当达到70%以上；鼓励营利性养老机构优先满足本市户籍老人的需求。

引导由政府举办、以政府集中供养对象为主的福利性养老机构的转型；鼓励发展实行工商登记，面向社会普通老人服务，实行市场化运作的营利性养老服务机构；鼓励社会资本发展主要面向享受福利性服务对象以外且无力承担营利性养老服务的非营利性养老机构；鼓励各类养老机构和其他社区服务业网点为当地老年人提供居家养老服务。

2. 建立养老服务需求评估体系。政府资助项目和补助对象均必须进行服务质量和养老需求评估，根据评估情况实施相应的政策支持和帮助。民政部门要建立和实施养老服务机构认证、评级、年检制度。

（三）支持推动养老机构建设。

1. 加快建立市、乡镇（街道）、村（社区）三级养老服务体系。市级建成具有组织、指导、服务、培训等功能的养老服务指导中心，强化对养老服务体系的行业管理和指导；乡镇（街道）建立区域性综合养老服务中心。加快实施乡镇（街道）敬老院整合和改造工程，探索社会化、市场化办院路子。“十二五”期间，乡镇（街道）敬老院全部完成向区域性综合养老服务中心转型，并区分不同类型实施依法登记；村（社区）全面建成居家养老服务站，通过科学规划和布局，大力推进托养中心等设施建设，鼓励和扶持企事业单位和社会力量兴办养老服务机构。

2. 完善配套设施。把养老服务设施建设作为与幼儿园、中小学等配套设施同等重要的内容，纳入城乡社区配套用房建设范围，按照每百户20平方米建筑面积的标准，与社区服务中心建设同步规划，相对集中地进行配建，建成后的养老服务设施产权归当地街道（乡镇），由街道（乡镇）、村（社区）专项用于养老服务或出租给社会力量兴办养老服务机构。乡镇（街道）、村（社区）要充分利用社区配套用房或闲置房屋等存量资源建设养老服务设施。

3. 规范用地保障。对公办福利性和民办非营利性养老机构建设用地，经批准依法采取划拨或出让方式供地。村（社区）利用本集体土地兴办的非营利性老年公寓（托老所等），可依法办理农村集体建设用地使用手续。

4. 实行床位建设补助。对公办福利性养老服务机构和取得《民办非企业单位证书》、《社会养老服务机构设置批准书》的非营利性养老机构，符合《老年人建筑设计规范》和《〈老年人社会福利机构基本规范〉行业标准》，并经民政等部门验收合格的，在省、杭州市补助基础上，分自建与租赁用房给予补助：自建用房一次性新增床位50张以上、市财政按3000元/床给予一次性建设资助；一次性新增床位在50张以下减半资助。租用用房且租用期5年（含）以上的，养老床位一次性增长50张（含）以上的，市财政按每年每张养老床位给予500元补助，补助期为5年；50张以内的减半补助，补助期为5年。

5. 对非营利性民办养老服务机构，市财政给予养老服务机构一定的运营补贴。

对接收建德籍普通老人入住的，按每人每月30元给予补贴；

对接收持有效期内《建德市困难家庭救助证》家庭的老人入住的，按每人每月80元给予补贴；

对接收建德籍农村五保和城镇“三无”人员入住的，按规定标准将其生活、医疗费等补助转入民办养老服务机构，用于支付其生活、医疗、照料服务等所需费用，市财政再按每人每月30元给予补贴。

运营补贴标准应根据上级文件要求和我市实际情况适时调整，由市民政局会同市财政局下文公布。

6. 营利性养老机构接收持有效期内《建德市困难家庭救助证》家庭老人、建德籍农村“五保”和城镇“三无”人员入住的，按入住人数享受非营利性养老机构规费待遇和相应的运营补助标准。

7. 降低准入门槛。对筹办非营利性养老服务机构的，注册资金不低于20万元（其中村和社区办养老服务机构可放宽至最低10万元），总床位数不低于30张；30张以下的纳入社区服务业渠道登记。

8. 允许非营利性养老服务机构投资者提取合理回报。收费标准根据服务条件提出，物价部门核准，报财政、民政部门备案。非营利性养老服务机构在扣除办院成本、预留发展基金以及按照国家有关规定提取其他必需的费用后，出资人可以取得合理回报。

9. 给予税费减免。

养老服务机构用电、用水、用气（燃料、燃气）等与居家用户实行同价，并免收相应配套费。

免收养老服务机构电话、有线（数字）电视、宽带互联网一次性接入费。减半收取养老服务机构通信费（国内固定电话）、视听费、数字电视机顶盒购置费。

减半收取养老机构的城市市政基础设施配套费、人防工程易地建设费、防雷装置设计技术评价费、城镇垃圾处理费，减免相关基金的市本级留存部分。

养老服务机构缴纳水利建设专项资金确有困难的，报经税务部门批准，可予以减免。

免收福利性、非营利性养老服务机构企业所得税和营业税。

对各类非营利性养老服务机构免征自用房产、土地的房产税、城镇土地使用税。

10. 支持各类养老服务机构开展社会化老年医疗卫生服务和老年病护理服务。对提供基本医疗服务的老年病护理机构，符合相关条件的，可纳入基本医疗保险机构定点范围。

11. 鼓励企事业单位、个人对城镇现有闲置的厂房、学校、社区用房等进行改造和利用，兴办养老服务机构。经规划批准临时改变建筑使用功能从事非营利性养老服务的，暂不征收年租金或土地收益差价。企业兴办养老服务机构的用地和房产，由民政、建设、国土资源、消防等部门进行联合审批，审批通过后按市政府有关规定变更使用功能；租用非民用房，改造后用于兴办养老服务机构的，应先报民政、建设、国土资源、等部门备案。备案后，凡符合消防安全标准的房屋，5年内可暂不予办理土地和房产功能变更手续，满5年后继续用于兴办养老服务机构的，可由产权人按有关规定办理使用功能变更手续。

（四）大力发展城乡社区居家养老服务。

1. 实行居家养老服务站（点）建设补助。新建的通过民非登记或社区服务业登记的村（社区）居家养老服务站（含老年食堂），经市、乡镇（街道）两级民政（老龄）机构验收合格后，由市财政给予每个1－2万元的一次性建设补助。验收标准由市民政局会同财政局研究制定。

2. 保障星光老年之家的正常运行。对具备生活照料、医疗护理、文体娱乐、教育学习、精神慰藉等基本居家养老服务功能，且运行正常的星光老年之家，经年度检查合格后，除杭州市补助外，市财政每年再补助2500元的运行经费。乡镇（街道）和村（社区）也要给予一定的运行经费保障，其中乡镇（街道）财政补助额应不低于市级标准的50％进行配套。

村（社区）居家养老服务站（点）、“星光老年之家”和老年食堂的水、电、气等价格，实行与居民同价。

3. 加大对特殊老年群体居家养老财政支持力度。市财政每年安排居家养老服务专项经费，以政府购买服务补助等形式，重点支持一定年龄以上、生活不能自理或不能完全自理而子女又无力照顾、家庭困难的空巢、孤寡老人和特殊贡献老人、部分长寿老人的居家养老。具体补助办法与额度由市民政局、财政局共同制定。

享受政府居家养老服务补贴的对象安装呼叫器的，在杭州市补助的基础上，市财政按照安装费总额的50％给予补助，租金等费用由各乡镇（街道）、村（社区）和个人共同负担。

4. 加快队伍建设。居家养老服务站按当地享受政府购买居家养老服务对象的需要配备助老员，纳入公益性岗位。将养老服务机构护理员和居家养老服务助老员纳入就业和再就业培训计划，开展免费培训，实行持证上岗制度。大力发展居家养老服务志愿者队伍，动员和组织低龄健康老人与困难、高龄和空巢老人结对帮扶，开展“银龄互助”。

5. 鼓励社会力量参与居家养老服务。中介组织和社会实体兴办（设置）的居家养老服务网点，运行规范有序、社会效益明显的，由市政府予以表彰。企事业单位、社会团体或者县级以上人民政府及其部门，用于公益事业的捐赠支出，在年度利润总额12％以内的部分，准予在计算应纳税所得额时扣除。个人向非营利性养老服务机构的捐赠，通过慈善总会等机构的，可以在缴纳个人所得税前予以全额扣除。

（五）积极培育养老养生产业发展。对养老养生产业项目扶持，除本意见规定外，按照我市养老养生产业有关政策执行。

四、工作要求

（一）高度重视。各级各部门要把养老服务事业发展摆上重要议事日程，纳入国民经济和社会发展规划及基本公共服务均等化行动计划，把养老服务事业特别是居家养老服务和机构养老工作纳入政府综合考核指标体系，进行考核。

（二）加强协调。市建立养老服务体系建设联席会议制度，建立市级养老服务指导中心，负责全市养老服务业的指导培训、检查评估、行业管理工作。乡镇（街道）建立养老服务中心，指导、协调和落实本辖区养老服务工作。民政、老龄、发改、财政、建设、国土资源、劳动保障等部门要明确职责、密切配合、齐抓共管、形成合力，促进我市养老服务事业发展。

（三）强化监管。严禁以办养老服务机构为名变相进行房地产开发；严禁擅自改变机构的养老服务性质；严禁擅自改变养老服务机构服务设施的用途；严禁擅自出售、出借养老服务设施；严禁在养老服务场所开展与养老服务无关的其他业务。如违反上述规定，各级财政应收回各项补助资金，并由相关部门依照有关规定进行处理。养老服务机构因注销登记、终止、迁移等原因停止使用土地，或因债务纠纷须处置养老服务机构土地资产的，如土地通过行政划拨取得，由政府收回土地使用权，按土地取得成本予以补偿，收回的土地优先用于养老服务事业发展；如土地通过招拍挂取得，按照招拍挂文件或出让合同的规定处理。

本意见自2011年7月1日开始实施。

本意见由市民政局（老龄办）牵头负责解释。

中共宁波市海曙区委
关于进一步加强和创新社会管理的决定

（2011年7月29日中国共产党宁波市海曙区第七届委员会第十一次全体会议通过）

海党〔2011〕33号

中共宁波市海曙区第七届委员会第十一次全体会议，认真学习贯彻胡锦涛同志“七一”重要讲话精神，根据中央和省、市委关于加强和创新社会管理的部署要求，认真总结我区推进科学发展和加强社会管理创新的工作实践，全面分析我区经济社会发展面临的新形势、新任务，就进一步加强和创新社会管理作出如下决定。

一、进一步加强和创新社会管理的总体要求

加强和创新社会管理，是党中央深刻分析我国经济社会发展形势，从党和国家事业发展全局出发确定的一项重大战略任务，是我区顺应经济社会发展新形势，加快科学发展，提升城区品质的现实抉择和必由之路。全区各级各部门必须把社会管理摆在更加突出的位置，围绕改革发展稳定大局，谋划社会管理创新，提高社会管理效能，促进经济社会协调发展。

（一）正确把握加强和创新社会管理的新形势、新要求。党的十六大以来，我区高度重视社会建设和管理，积极创新体制机制和方法手段，大力推进平安大区、“法治海曙”建设，在民生服务、社会管理等领域进行了一系列卓有成效的探索与实践，形成了社区自治建设、81890服务平台、基层和谐促进工程、居家养老服务、城市管理“海曙模式”、“社区警务e超市”信息平台、就业项目经理人制度、社会组织管理服务等一大批社会管理创新品牌。自2010年宁波市开展社会管理创新综合试点工作以来，我区从创新体制机制入手，从破解重点难点着力，以点带面积极构建新型社会管理体系，取得了阶段性成效，为今后进一步加强和创新社会管理奠定了良好基础。当前，是我区深入贯彻落实科学发展观、着力构建社会主义和谐社会的战略机遇期，是全面实施“四个大力、四个更加”的战略重点和发展目标、提升城区功能的重要阶段。同时，我区也进入了社会矛盾凸显期，群众利益诉求多元、社会矛盾纠纷多发，社会治安形势不容乐观、公共服务不够完善、公共安全隐患仍然较多，社会综合治理任务日益繁重，社会管理还面临诸多新情况、新问题，存在不少薄弱环节和体制机制不完善、方法手段不适应的地方。面对新形势，妥善协调各方利益关系，切实解决社会管理中的突出问题，深入推进加强和创新社会管理工作，探索建立与开放、动态、信息化的社会环境相适应的社会管理体系，是全面落实科学发展观的内在要求，是维护社会和谐稳定的根本途径，是满足人民群众新期待的重要举措，是提升社会管理能力和水平的必然选择，对全面推进和谐发展的现代化中心城区建设具有重大战略意义。全区各级党组织和广大党员干部必须从全局和战略高度深刻认识加强和创新社会管理的重要性和紧迫性，准确把握社会管理规律，继承与发展以往在社会管理方面积累的宝贵经验，适应新形势，把握新要求，在新的起点上继续开拓创新，扎实做好社会管理各项工作，努力开创我区社会管理新局面。

（二）正确把握加强和创新社会管理的指导思想和基本原则。加强和创新社会管理，要以邓小平理论和“三个代表”重要思想为指导，深入贯彻落实科学发展观，紧紧围绕区委“四个大力、四个更加”的战略重点和发展目标，牢牢把握最大限度激发社会活力、最大限度增加和谐因素、最大限度减少不和谐因素的总要求，以建设社会主义和谐社会为目标，以深化平安大区、“法治海曙”建设为载体，以解决影响社会和谐稳定突出问题为突破口，以维护群众利益为根本，以夯实基层基础为重点，着力强化社会建设理念，完善社会管理格局，创新社会管理体制机制，提升公共服务水平，为全面建成惠及全区人民的小康社会、加快建设和谐发展的现代化中心城区创造良好的社会条件。在具体实践中，必须坚持以人为本、服务为先，多方参与、共同治理，关口前移、源头治理，统筹推进、协商协调，依法管理、综合施策，科学管理、提高效能的基本原则。

（三）正确把握加强和创新社会管理的总体目标。到2012年，基本完成市委确定的社会管理创新综合试点工作任务，率先在全市建立具有时代特征、中心城区特点、海曙特色的社会管理制度框架和配套改革体系。到“十二五”末，努力使全区社会管理科学化水平进一步提高，社会管理的各项工作走在全市、全省乃至全国前列，具体目标是：

——社会服务更加完善。初步建立与现代化中心城区发展水平和功能定位相适应的公共产品供给体制和运作机制，实现基本公共服务均等化，全面提高全区人民学有所教、劳有所得、病有所医、老有所养、住有所居的服务保障水平，形成和谐社会人人共享的局面。

——社会管理更加科学。初步建立规范长效的社会管理制度体系，实现社会管理综合信息系统、社会组织培育管理、公共服务平台建设、城市管理综合执法等重点领域体制机制的创新突破和社会管理网络的全覆盖，社会管理创新向“标准化、普遍化、高效化、精细化、人性化”迈进。

——社会参与更加广泛。初步建立政府行政管理与社会自我调节、居民自治管理良性互动，社区管理与单位管理有机结合的现代社会共同治理体制机制。社区自治建设深入推进，社会组织有序发展，经济组织社会责任明显增强，社会工作和志愿服务长效机制健全，社会力量在社会管理中的作用有效发挥，社会创造力进一步激发。

——社会关系更加和谐。初步建立社会公平正义充分彰显、治安秩序稳定、社会行为规范、人际关系和谐的良好社会环境。社会矛盾纠纷"大调解"机制和治安"大防控"体系进一步完善，公众安全感和满意度明显增强。公民文明素养明显提高，社会心态理性平和，全社会文明礼貌、守法诚信、崇尚科学、积极向上的新风尚进一步形成。

二、进一步加强和创新社会管理的重点任务

当前和今后一个时期，我区要着力"完善一个格局、夯实三大基础、加强和创新八大体系"，全面推进社会管理创新各项工作。

（一）完善社会管理格局。紧密结合本区实际，不断创新体制机制，进一步完善"党委领导、政府负责、社会协同、公众参与"的社会管理格局，调动一切有利于社会和谐的积极因素，形成共建共享和谐社会的生动局面。充分发挥区委的领导核心作用，把党领导社会管理工作放在突出位置，认真谋划和实施推进社会建设与社会管理的总体决策部署，集中精力抓好全局性、战略性和前瞻性的重大问题。充分发挥政府的主导作用，加快推进法治政府和服务型政府建设，努力强化政府社会管理和公共服务能力。充分发挥社会各方力量的协同作用，支持人大及其常委会依法履行监督等职能，强化人大代表在反映群众利益诉求、促进社会和谐稳定中的渠道作用，支持政协紧紧围绕加强和创新社会管理，履行政治协商、民主监督、参政议政职能，支持和引导工会、共青团、妇联等群团组织和民兵预备役部队、社会组织、经济组织、基层群众自治组织等在社会管理中的作用。充分发挥群众的主体作用，健全社会力量参与社会管理的途径和机制，动员组织群众有序参与社会服务管理工作，努力形成社会管理人人参与的良好局面。

（二）夯实社会管理的民生基础。提高基本公共服务均等化水平，全面推进各项民生工程建设，切实保障和改善民生，从源头上为加强和创新社会管理奠定基础。加强行政服务中心、司法行政法律服务中心、社区公共服务中心和企业公共服务平台的规范化、制度化建设，进一步拓展和发挥81890服务平台的功能作用，不断完善公共服务网络。推进公共服务市场化改革，形成政府主导、社会组织和企事业单位广泛参与的新型公共服务供给机制，加大对面向民生的服务行业市场主体的监管力度，不断提高民生服务水平。加快构建与经济社会发展水平和群众需求相适应的教育、医疗保障、住房保障、养老服务和公共文化服务体系，切实解决群众在就学、就医、住房、出行、养老等方面的实际问题。积极实施扩大就业、支持创业政策，深化就业项目经理人制度，努力增加居民群众收入。完善社会保险体系，健全新型社会福利和救助体系，实现社会保障全覆盖和保障水平的不断提高。切实关爱困难群众，完善低收入群众收入随同经济增长逐步提高的机制。积极应对人口老龄化，深化居家养老服务模式，构建以居家养老为基础、社区服务为依托、机构养老为支撑的养老服务体系。加快残疾人事业发展，健全残疾人社会保障和服务体系。进一步做好未成年人和妇女儿童保护、人口计生、红十字、慈善等方面工作。

（三）夯实社会管理的基层基础。切实把社会管理工作重心转移到基层，充分发挥街道（社区）在社会管理中的基础作用。加强基层民主建设，深化社区党组织"公推直选"及居委会直选工作，完善社区事务公开、民主议事等制度，动员引导党员群众依法有序参与社区管理。持续发挥社区社会组织、物业管理机构、业主委员会等在社会管理中的积极作用。深入推行"网格化管理、组团式服务"模式，整合社区"十分钟公共服务圈"，健全覆盖全区、条块结合、多元高效、具有地域特色的社区服务体系。充分发挥街道综治工作中心的作用，深化基层和谐促进工程，加强和谐促进联谊会、"十加十"社区和谐促进服务团等基层和谐促进队伍建设，注重借鉴基层社会管理区域化做法，推动基层社会管理主体多元化、管理机制系统化、管理方式精细化。

（四）夯实社会管理的信息化基础。进一步适应社会信息化快速发展的新形势，广泛推动信息技术在社会管理中的运用，加快以数字化、网络化、智能化为主要特征的"智慧海曙"建设。建立健全全面覆盖、动态跟踪、联通共享、功能齐全的智慧政务平台，加强对公安、人口和计划生育、人力资源和社会保障、住房和城市建设、民政、教育、卫生、工商等部门的信息资源整合。建立健全基层社会管理综合信息系统，加强对人、地、物、事、组织等基础信息的采集更新，进一步完善自然人库、法人库、地理信息库等基础数据平台。建立健全公共服务信息系统，加快构建集多项功能于一体的"网上办事大厅"平台，为提升社会管理效能提供强有力的科技支撑。

（五）加强和创新维护群众合法权益体系。坚持民主决策、科学决策，完善重大事项社会稳定风险评估机制，防止因决策不当损害群众利益。对决策失误造成重大损失和严重不良影响的，坚决追究有关责任主体的责任。完善群众利益诉求表达机制，深化推广街道（社区）社情民意接待站（室）等特色做法，发挥人大、政协、民主党派和社会各界的社会利益表达功能，拓宽诉求表达渠道，规范诉求表达方式，引导群众理性合法表达利益诉求。尊重和依法保障群众信访权利，加强诉求回应及办理保障机制建设，完善领导干部接访、下访、约访、包案督办和有效投诉查处、信访问责等制度，促进解决群众诉求问题。完善群体性事件预警预测和排查机制，积极构建全面覆盖、纵深到底的矛盾纠纷排查网络，充分发挥"和谐促进员"等基层维稳力量，将社会服务管理和维稳网络延伸到楼道墙门和商务楼宇及流动人口聚集地等管理末梢，密切关注征地拆迁、劳资纠纷、环境污染、安全生产、食品药品安全等与群众密切相关的社情动态，加强网络舆情的汇集、分析和处理，从源头上预防和减少社会矛盾的发生。完善社会矛盾纠纷调解机制，推进区域性行业调解仲裁组织建设，切实加强人民调解、行政调解、司法调解。进一步完善治安联防、矛盾联调、问题联治、事件联处、平安联创的机制和配套制度。

（六）加强和创新流动人口和特殊人群服务管理体系。积极推进户籍制度改革，进一步完善外来务工人员积分落户政策，实施流动人口居住证制度，健全覆盖全部实用人口动态管理系统。推进公共服务由户籍人口逐步向常住人口扩展，分层次、有步骤地解决流动人口在劳动就业、入学医疗、社会保障等方面的实际问题。把以证管人与以房管人、以业管人结合起来，重点做好无稳定职业、无固定居住场所、无稳定收入来源的流动人口管理工作。加强社会融合组织建设，促进"新老宁波人"共建共享改革发展成果。加强少数民族流动人口的服务管理，做好辖区内境外人员的服务管理。完善特殊人群服务管理政策，加强对刑释解教人员、社区矫正人员、吸毒人员的帮教管理，完善对精神病人、艾滋病人等的社会关怀帮扶制度。加强对社会闲散人员、有不良行为青少年的教育帮扶、心理辅导和技能培训，加大对孤儿、流浪乞讨少年儿童的关爱和救助。

（七）加强和创新公共安全体系。加强社会治安综合治理，整合社会防控资源，建立健全专群结合、点线面结合、网上网下结合、人防物防技防结合、打防管控结合的立体化社会治安防控体系。深入实施社区警务战略，完善"社区警务 e 超市"信息平台，加强基层警务工作。切实发挥社会治安动态视频监控系统作用，加大社会治安重点区域和突出问题的排查整治力度，始终保持对各类违法犯罪活动的"高压"态势，严厉打击"盗抢"等群众反映强烈的犯罪活动，有效遏制"黄赌毒"等社会丑恶现象。切实加强安全生产基层基础建设，加快构建区、街道、社区三级公共安全监管网络，加快推进公共安全监管机构向基层延伸，加快整合基层监管队伍，综合履行公共安全监管职能。扎实推进"安全社区"创建，完善干预和防范措施，努力提高事故防范的能力。强化企业安全生产主体责任，认真组织实施安全生产网格化建设和安全生产专项治理，严厉打击非法违法生产经营。进一步加大道路交通、消防安全等领域的监管和整治力度，确保群众生产生活正常有序。加强食品药品检验检测，健全食品药品质量追溯制度，大力整治质量安全薄弱环节和突出问题，坚决打击食品药品领域违法犯罪活动。加强应急管理组织机构和领导体系建设，完善应急预案和人员、资金、物资、装备、技术准备制度，建立健全公共突发事件和灾害应急监测预警、灾情研判、信息发布、快速反应、救援处置、舆论引导和日常演练机制，加强军地协调，切实提高应对突发事件和各种灾害的能力，维护国家、集体和人民群众的生命财产安全。

（八）加强和创新现代化新型城市管理体系。加强城市管理职能部门的综合协调，强化属地管理责任，整合行政执法力量，形成城市管理工作合力。继续深化城市管理执法体制改革，完善城市管理相对集中行政处罚权制度。深入推进城市管理行政综合执法工作，完善管理、考评和激励机制，加强执法队伍建设，推进执法规范化，提高城市管理执法公信力。在体制机制创新的基础上，进一步拓展"数字城管"系统功能，建立部门联动机制，逐步构建覆盖全面、信息融合、运转高效的"智慧城管"系统，实现城市管理的集成化、精细化、智能化。深入开展全国文明城市创建，不断提升城市形象，着力解决影响城市交通、市容市貌和环境保护等方面的突出问题，努力创造更加整洁、有序的城区环境。

（九）加强和创新非公有制经济组织服务管理体系。探索建立非公有制经济组织服务平台，拓宽联系服务企业渠道，完善联系服务企业制度，强化政府对非公有制经济组织的服务职能。以发展和谐劳动关系为主线，深化和谐企业创建，推动企业普遍建立党工团组织，加快形成兼顾国家、社会、股东、管理者、员工利益的协调机制，全面推行劳动合同、集体合同制度，建立健全员工工资集体协商、正常增长、支付保障机制，改善员工生产和生活环境，加强人文关怀，提升员工素质，维护员工合法权益，促进企业可持续发展。进一步完善企业社会责任评价体系和非公有制经济代表人士综合评价体系，深入推进光彩事业和慈善事业，引导非公有制经济组织和非公有制经济人士积极履行社会责任，促进广大非公有制经济组织健康发展和非公有制经济人士健康成长。

（十）加强和创新社会组织服务管理体系。坚持一手抓引导发展、一手抓依法管理，形成统一登记、各司其职、协调配合、分级负责、依法监督的社会组织管理体制。科学制订全区社会组织"十二五"发展规划，创新社会组织分类管理制度，完善社会组织发展扶持政策，重点培育和优先发展经济类、公益慈善类、社区社会组织和民办非企业单位。以区社会组织服务中心为龙头，充分发挥各级社会组织管理服务平台作用，引导社会组织完善内部治理结构和工作制度，提高社会组织在项目运作、活动策划、组织协调、提供服务等方面的能力，更好地发挥自我服务、自我教育、自我管理、自我监督、自我发展和表达诉求、维护利益、有序参与、社会协商、化解矛盾的作用。积极稳妥推行社会组织直接登记制度，逐步扩大社会组织备案管理范围，加快推进各类社会组织与行政主管部门的分离。加强对社会组织依法监管，健全社会组织考核评估制度，完善社会组织退出机制。拓展政府和社会组织合作渠道，完善公益创投基金制度，通过项目购买、项目奖励、项目补贴等方式，积极支持和引导社会组织参与社会服务管理。

（十一）加强和创新网络社会服务管理体系。坚持"积极利用、科学发展、依法管理、确保安全"的方针，逐步形成党委统一领导、政府严格管理、企业依法运营、行业加强自律、全社会共同监督的互联网综合管理格局。建立健全全区互联网服务管理机构，加强互联网服务管理队伍建设。完善党委宣传部门总体协调、职能部门主动应对、网络媒体积极配合的网上社情民意、社会舆情收集研判和应对引导机制，制定突发事件舆论引导工作规程，建立健全网络新闻发言人制度，加强专兼职网络评论员和网络志愿者队伍规范化建设，利用微博等新型网络方式加强与网民的交流互动，巩固网上主流舆论阵地，不断增强重大突发事件和群体性事件的网上舆论引导能力。加强对网络有害信息的监测，依法严厉打击网络淫秽色情、赌博、诈骗、造谣传谣、诬陷诋毁等违法犯罪活动。加强网络法制教育，开展“文明办网、文明上网”活动，建设“绿色网吧”，净化网络环境。

（十二）加强和创新社会环境建设体系。加强社会主义核心价值体系建设，坚持用社会主义荣辱观引导全社会树立正确的世界观、人生观、价值观。加强社会公德、职业道德、家庭美德、个人品德建设，加强对青少年的德育培养，推进廉政文化建设，深入开展文明单位、文明社区、文明家庭等群众性精神文明创建活动，不断提高全体市民的文明素养和公民意识。加强学习型社会建设，不断提高公众科学文化素养。强化社会公众诚信教育，大力弘扬“博纳兼容、诚信崇德、开拓务实、追求卓越”的海曙精神，建立健全政府、企业和公民共同遵循的社会诚信体系和行为规范。加强政府信息公开制度建设，建立健全重大事项舆情发布机制，进一步营造开放、透明的社会舆论环境。加强社会心理服务，注重心理疏导，建立心理危机干预预警机制，培育奋发进取、理性平和、开放包容的社会心态，防范和降低社会风险。

三、进一步加强和创新社会管理的重要保障

全区各级各部门要进一步强化对社会管理工作的组织领导，不断提高社会管理能力和水平，切实加强工作保障力度，加快推进创新项目实施，确保进一步加强和创新社会管理工作取得实实在在的成效。

（一）强化组织领导，着力形成统筹推进社会管理工作合力。把加强和创新社会管理纳入全区经济社会发展的总体规划，明确方向重点，解决困难问题，做到与经济建设同规划、同部署、同检查、同落实。建立加强和创新社会管理工作综合协调机构，逐步形成长效工作机制。党政主要领导要切实承担第一责任，亲自抓、负总责。区社会管理创新工作领导小组要加强对社会管理工作的宏观指导、统筹协调和督促检查，整合各方力量，形成工作合力。要加快研究制定科学的社会管理考核评价体系，把社会管理工作实绩作为各级领导班子和领导干部绩效考核的重要内容，加大社会管理指标考核权重。进一步加强宣传和舆论引导工作，支持广大干部在社会管理创新中解放思想、大胆实践，在全区上下营造鼓励创新、宽容失败的良好氛围。

（二）强化能力建设，切实提高各级干部队伍社会管理能力。各级干部队伍特别是领导干部要主动适应形势发展需要，加强对社会管理重大问题的调查研究，自觉学习掌握有关理论和科学分析社会形势的方法，提高社会管理能力和水平。区委相关部门要借助各种平台载体，增设社会管理相关内容的教育培训，并根据省市委要求，以街道、社区党组织书记为重点开展集中轮训。进一步突出重视基层的用人导向，注重改善干部队伍结构，采取交流、挂职、下派等形式加强干部实践锻炼，不断提高各级干部队伍的社会管理能力和群众工作能力。要把群众工作贯穿到社会管理各个方面、各个环节，坚持和完善密切联系群众的制度，着力解决群众最关心最直接最现实的利益问题，在同群众朝夕相处中增进对群众的感情、增强服务群众的本领。

（三）强化工作保障，确保社会管理创新工作扎实有序推进。积极探索社会领域党建工作，强化党对加强和创新社会管理的引领作用。调整优化党的基层组织设置，健全适应社会管理需求的组织体系，强力推进党在新经济和新社会组织的全覆盖。大力推进服务型党组织建设，在加强和创新社会管理中发挥党组织和党员的作用。深入推进“法治海曙”建设，强化社会管理创新的法治保障，树立依法管理理念，加强法制宣传教育，推进执法规范化建设，确保社会管理和服务的法治化、制度化。深入推进社会工作者队伍建设，强化社会管理创新的综合保障，制定引进、培训和使用的相关政策，加快推进社会工作者专业化和职业化。加强志愿者队伍建设，建立健全社会工作者和志愿者互动机制、社会志愿者服务长效机制。深化公共财政体制改革，加大社会管理资金保障力度，逐步提高社会建设和社会管理支出在新增财政支出中所占比例，健全社会管理专项资金投入和管理机制，强化社会管理创新的资金保障。

（四）强化责任落实，加快推进社会管理创新项目实施。各级各部门要按照区委总体工作部署和要求，切实履行职责，加强协同配合，抓好各项政策措施的落实。要按照社会管理创新项目化实施要求，把握时间节点，认真抓好全区社会管理创新综合试点工作，力争在重点领域和关键环节取得实质性突破。坚持以点带面、典型引路，及时总结、宣传、推广创新经验和做法，为全区进一步加强和创新社会管理工作提供良好借鉴。

加强和创新社会管理，是社会领域的一场深刻变革，是一项宏大的系统工程，是一项刻不容缓又必须长期坚持的艰巨任务。全区各级党组织和广大党员干部，要把握历史机遇，牢记历史使命，遵循社会发展规律，进一步加强和创新社会管理，扎扎实实做好各项工作，确保人民安居乐业、社会和谐稳定，为全面建设和谐发展的现代化中心城区作出新的贡献！

中共宁波市江北区委办公室　宁波市江北区人民政府办公室关于全面推进“网格化管理、组团式服务”创新基层社会管理服务体系的意见

（2011年11月11日）

北区委办〔2011〕31号

为深入贯彻落实区委七届十一次全体（扩大）会议精神，加强和创新基层社会管理服务，深化“平安江北”建设，根据省、市委关于推进“网格化管理、组团式服务”工作的要求，现就全面推进“网格化管理、组团式服务”，创新基层社会管理服务体系提出如下意见：

一、充分认识全面推进“网格化管理、组团式服务”，创新基层社会管理服务体系的重要意义“网格化管理、组团式服务”的基本内涵是，在党组织的统一领导下，最大限度地整合基层管理服务资源，寓管理于服务，使社会管理更为精细、服务群众更为直接，努力实现全方位，动态式管理和多样化、多元化服务。全面推进“网格化管理、组团式服务”，是深入推进“平安江北”建设、加强和创新社会管理的有力抓手，是深化“基层和谐促进工程”、加强基层基础工作的重要举措，是创新基层社会管理服务模式、满足人民群众对公共服务新需求的具体实践，对于推动科学发展，保障和改善民生，维护社会和谐稳定，全面建设惠及全区人民的小康社会具有重要意义。

二、牢牢把握全面推进“网格化管理、组团式服务”，创新基层社会管理服务体系的目标要求深入贯彻落实科学发展观，坚持以为民、便民、惠民为宗旨，以基层网格为管理单元，以管理服务平台、队伍建设为主要载体，以信息化手段为技术支撑，把加强党的基层组织建设与创新基层社会管理服务模式紧密结合起来，着力推动社会管理和服务向末端延伸，构建扁平式、网格式、全覆盖的基层社会管理体系，实现基层社会管理服务的常态化、人性化、精细化。

全面推进“网格化管理、组团式服务”，创新基层社会服务体系，要努力实现以下目标：

（一）管理服务网络全面覆盖。基层管理服务责任单元划分切合实际、科学合理。管理服务队伍职责明确，结构优化，精干高效，与基层党政组织、群团组织、群众自治组织、社会组织等有效衔接和优势互补，形成横向到边、纵向到底的基层社会管理服务网络体系。

（二）管理服务功能更加健全。基层政府行政资源、公共服务资源、社会资源、市场资源等管理服务资源得到最大限度的整合和利用。各类基层管理服务平台有机融合、全面覆盖，规范化、信息化水平显著提高，作用得到有效发挥。基层管理服务网格的宣传教育、信息收集、矛盾化解、安全防范、民主监督和公共服务、志愿服务、市场化服务等功能日趋完善。

（三）管理服务效能明显提升。基层社会管理和服务机制完善，制度规范，运行有序。人民群众诉求表达渠道更加通畅，合法权益得到有效维护。矛盾纠纷调处、社会治安防控、公共安全管理和社会公共服务水平显著提升，重点人群、社会组织、信息网络等重点领域管理和服务措施进一步落实。基层社会治理机制进一步完善，突出矛盾纠纷、刑事治安案件和群体性事件得到有效预防和减少，人民群众安全感满意度进一步提高。

三、进一步明确全面推进“网格化管理、组团式服务”，创新基层社会管理服务体系的主要任务

（一）推进“网格化”管理服务网络。按照尊重传统、着眼发展、便于管理、全面覆盖和保持管理对象属地化、整体性的原则和要求，科学合理划分管理服务责任网格。在城市社区，以“片区经理人”联系的每300户左右住户为基本单元划分网格；在农村，以自然村、村民小组或一定数量住户为基本单元划分网格。城市社区和农村辖区内的机关企事业单位归入相关网格，工业园区、商务楼宇和流动人口数量集中居住地区等建立专属网格。全面推行“一格多员”的责任网格管理服务模式，网格管理员由居（村）民小组长、墙门楼栋长、和谐促进员以及居（村）民代表担任，开展邻里守望、互助关照等服务。

（二）组建“组团式”管理服务团队。根据每个网格范围大小和服务内容不同，分级分类组建自治服务、基础服务、专业服务等类型的服务团队。自治服务团队，由社区（村）组建，居住在网格内的社区工作者、村干部、党代表、人大代表、政协委员、党（团）员和社区社会组织等参加，为所在网格群众提供日常性社区服务。基础服务团队，由街道（镇）组建，街道（镇）干部、社区（村）干部、社区（驻村）民警、专职巡防员、社区保安、流动人口协管员、计生协管员等参加，对责任网格进行经常性的联系服务，重点做好公共服务工作。专业服务团队，主要在区、街道（镇）层面组建，由相关职能部门和技术部门下派的法治促进员、农村工作指导员、社区（村）法律顾问以及社会组织、志愿者协会中的专业人士等参加，提供专业和特色服务。

（三）健全“三位一体”社区组织管理体系。加快推进城市社区、农村社区和混合社区等新型社区建设，进一步健全社区党组织、社区和谐共建理事会、社区公共服务中

心、社区综治工作室(综治警务室)等机构或组织,形成党建工作、行政管理、社会事务"三位一体"的新型社区组织管理体系。推行"一网格+一党支部(党小组)"模式,把党支部(党小组)建在网格上,使党组织和党员进一步融入基层群众工作中,成为引领基层社会管理服务的中坚力量。

(四)加强基层社会管理服务平台建设。整合基层行政管理、公共服务资源,加快街道(镇)集公共服务中心、综治工作中心、党员服务中心于一体的社会管理服务中心平台建设,推动基层工作重心转移到社会管理服务上来,促进基层党建工作、行政管理、社会事务的统筹管理和有效服务。扎实推进街道(镇)管理服务平台与城乡社区服务中心(站)、社区(村)及企业综治工作室的功能对接和信息共享,全面推行"一站式"管理、"一条龙"服务,最大限度地满足人民群众的个性化、多样化服务需求。

(五)完善基层社会治理机制。建立健全社区(村)党组织主导下的协商议事组织,完善协商议事会议制度,推动区域内各类组织和群体的横向联动与沟通,强化区域共驻共商、共建共帮。探索建立社区居委会、物业管理企业和业主委员会共同参与的"三方"联席会议建设,发挥各自优势,增进相互了解,化解物管纠纷,形成工作合力。加强居(村)民委员会建设,完善居(村)民委员会组织体系和运行机制,着力提升社区(村)自治组织社会管理和服务能力。

(六)推进基层管理服务信息化。进一步完善面向社会公众的信息服务网络,加快建立集诉求受理、信息采集、综合监管、协调指挥和系统记录评价于一体的社会管理服务信息系统。积极依托"警务e超市"、"互联社区"、"对话民生"等民生服务平台,充分利用热线电话、社区QQ群、网络微博、手机短信、电子信箱等公众信息平台,增强互动服务功能和快速反应能力,畅通政府、社区、企事业单位和居民之间的信息交流渠道,不断提高为民办事效率。

(七)培育发展基层社会组织。大力培育和发展公益性、服务性的基层社会组织,积极承接公共服务、调处矛盾、化解纠纷、扶贫帮困等服务功能,推进各类社会组织有序参与社会管理服务,增强基层社会管理服务合力。深化基层和谐促进工程建设,健全社区(村)和谐促进会组织,延伸和谐促进小组网络,壮大和谐促进员队伍,发挥和谐促进组织作用,努力实现组织网格化、职责明确化、工作规范化、活动经常化、保障制度化、成效具体化。

四、切实加强对全面推进"网格化管理、组团式服务",创新基层社会管理服务体系的组织领导

全面推进"网格化管理、组团式服务",创新基层社会管理服务体系,是加强和创新社会管理的一项重要任务。各级各有关部门要高度重视,加强领导,精心组织,狠抓落实,不断提高基层社会管理服务的科学化水平。

(一)精心组织实施。切实把推进"网格化管理、组团式服务",创新基层社会管理服务体系工作纳入党委、政府加强和创新社会管理的重要内容,进一步统一思想,明确任务,统筹谋划,完善工作方案,深入动员部署。注重把全面推进"网格化管理、组团式服务",创新基层社会管理服务体系与"平安江北"建设、加强社会管理综合治理工作结合起来,融入到区域化党建、新农村建设、平安建设等各项工作之中,协调推进,提升整体水平。

(二)坚持分类指导。按照长期规划、分步实施、重点突破、整体推进的要求,从实际出发,区分不同情况,搞好分类指导,确保各项任务落到实处。各有关部门特别是区委组织部门、政法综治部门、民政部门要加强分工协作,结合各自职能,认真负责地抓好协调指导工作,切实解决推进过程中存在的难题。各级综治委成员单位要结合基层联系点工作,加强对基层社会管理服务工作的指导。

(三)加大保障力度。各地每年都要安排专项经费,为推进"网格化管理、组团式服务",创新基层社会管理服务体系提供必要的支持和保障。坚持从本地实际出发,制定相应工作考核办法,建立健全考核奖惩机制,最大限度地调动党员、干部和社会各方面参加这项工作的积极性。

(四)强化舆论引导。广泛做好宣传发动工作,让全社会充分认识推进"网格化管理、组团式服务",创新基层社会管理服务体系的重要性,积极引导广大干部群众投入到推动基层社会管理创新的实践中来。及时总结和推广各地的典型经验和成功做法,加大舆论宣传力度,努力营造比学赶超推进社会管理创新的浓厚气氛。

中共温州市瓯海区委　温州市瓯海区人民政府
关于推进城乡社区建设加强社会管理的实施意见

瓯委发〔2011〕90号

各街道党工委、办事处,泽雅镇党委、人民政府,区属各单位:

为认真贯彻落实中央、省、市关于加强城乡社区建设和社会管理工作的总体部署及推进城乡统筹综合改革的有关要求,根据中共中央办公厅、国务院办公厅《关于加强和改进城市社区居民委员会建设工作的意见》(中办发

〔2010〕27号）、市委办公室、市政府办公室《关于实施村级组织设置改革全面推进农村新社区建设的指导意见》（温委办发〔2011〕103号）和中共温州市瓯海区委《关于加强和创新社会管理的实施意见》（瓯委〔2011〕7号）精神，现就推进我区城乡社区建设，加强和创新社会管理提出如下意见：

一、指导思想和工作目标

1. 指导思想。以邓小平理论和“三个代表”重要思想为指导，深入贯彻落实科学发展观，坚持以加快城市化进程、促进城乡一体化发展为方向，进一步解放思想、开拓思路、创新方法、强化服务，结合“三分三改”和农房集聚建设等工作，深化村级组织设置改革，以“联合自治＋中心服务＋网格管理”为基本模式，全面规范建设城乡社区，打造基层社会管理的基础平台，为建设生态宜居民富区强的现代化新瓯海提供强有力的保障。

2. 工作目标。按照“先搭框架、后抓深化，全面达标、创先争优”的总体要求，通过三年的努力，把全区所有的城乡社区建成“居民自治、管理有序、设施齐全、服务完善、生态和谐、文明祥和”的社会生活共同体，创建市、区两级示范点30个以上，使我区城乡社区建设走在全市前列。

二、完善以党组织为核心的社区组织体系

3. 健全“1＋3＋x”型的社区联合自治架构。建立健全以社区党组织为核心、以社区自治组织为主体、以社区社会组织为重要补充、社区居民和驻区单位广泛参与、联合自治的“1＋3＋x”社区组织体系。“1”为社区党组织，“3”为社区居民会议（社区居民代表会议）、社区议事监督委员会、社区居民委员会（社区管理委员会）等社区自治组织，“x”为社区共青团、妇联、残联、老龄协会、计划生育协会、慈善协会等群众组织和各种服务性、公益性、互助性以及兴趣类的社区社会组织。各社区要在党组织领导下，进一步健全社区自治模式，建立有效承接社区服务管理的人民调解、治安保卫、公共卫生、计划生育、群众文化等各类专门委员会，选齐配强居民小组长、楼院门栋长，形成上下贯通、左右联动的社区自治组织体系新格局。

4. 加快党建社区化。适应市场经济发展和城乡社会结构变化的实际，在城乡社区内的经济组织和社会组织、农村专业生产合作社、居民区、楼宇、产业链、流动务工经商人员集中点等处建立不同形式的党组织，做到有党员的地方组织全覆盖，没党员的地方工作全覆盖。以社区党员服务中心（站）为依托，整合各类资源，加强党员发展、教育、管理和服务。社区通过选派党建工作指导员、设立党员联络服务站和党代表工作室等多种形式，消除社区党建的盲点和空白点。广泛开展党员设岗定责、依岗承诺、创先争优、党员联系户、帮扶困难群众等活动，落实在职党员到社区报到制度，构筑社区党员联系和服务居民的网络，发挥广大党员的先锋模范作用。

5. 完善社区自治机制。逐步完善社区居民委员会选举制度，城乡社区建立初期，由于居民身份的多样性，居民委员会可以采取间接选举的方式，条件成熟的实行直选。通过联的方式组建的社区管理委员会，根据居民构成的变化情况，可以适时转为居民委员会。继续推进“大社区”建设，规模较小的社区要进一步进行整合，优化社区的空间布局。发挥社区议事监督委员会作用，深入开展以居民会议、议事协商、民主听证为主要形式的民主决策实践，以自我管理、自我教育、自我服务为主要目的民主管理实践，以居务公开、民主评议为主要内容的民主监督实践。广泛开展村落、院落、楼座、门栋自治及邻居节等睦邻活动，强化居民代表对政府公共服务的监督和评议，增强民主的实效性。积极探索业主自治与居民自治的有效衔接，开拓物业管理机构参与社区管理与服务的方式和途径，切实维护社区居民和业主的合法权益。

6. 积极发挥社会组织作用。引导和鼓励社区群众成立农民专业合作社、红白理事会、老年协会、农民体育协会等社会组织，鼓励新温州人广泛参与，共同参与社区化管理服务。对不具备登记条件的社会组织办理备案手续，并在组织运作、活动场地等方面为其提供帮助，对经评估为良好的由财政予以一定经费补助。要通过政府购买服务、设立项目资金等途径，积极引导各种社会组织和各类志愿者参与社区管理和服务。

三、完善社区服务体系

7. 健全“1＋5”社区中心服务架构。建立健全以便民利民惠民为目标，以社区综合服务中心和各类功能型服务中心为服务平台，以社区公共服务、社区商业服务和社区非盈利性服务为基本形式的“1＋5”中心服务架构。“1”为规范对外、资源整合、功能配套的社区综合服务中心，“5”为社区综合服务中心下设的便民服务、综治服务、文化活动、党员服务和信息建设等5大功能型服务中心。各社区要有效整合社区各类服务管理资源，为社区居民提供多元化、精细化、个性化的服务。

8. 加强社区服务设施建设。将社区综合服务中心用房和公益设施用房纳入城市规划、土地利用规划和社区发展相关专项规划，并与社区卫生、警务、文化、体育、养老、教育等服务设施统筹规划建设。社区综合服务中心用房的设置，应根据实际情况体现“一室多用”的原则，一般设各类组织办公室和5大功能性服务中心。社区便民服务中心内设“一站式”便民服务大厅、民政事务站、劳动保障站、新居民服务管理站、计生服务室、卫生服务站、居家养老服务站、综合服务社等，社区综治服务中心内设社区综治工作室、纠纷调解室、警务室和治安监控室等，社区文化活动中心内设社区图书阅览室、多功能活动室和社区学校等，社区党员服务中心内设流动党员服务站、志愿者服务站、党代表工作室和党员关爱互助站等，社区信息建设中心内设远程教育服务站、信息咨询站、社区档案室、党务、居务公开栏和科普宣传栏。社区办公服务用房面积标准原则上按每百户20平方米的标准配置，最小不少于350平方米，一般不少于600平方米。要整合利用现有村办公楼和公益服务设施，就近作为医疗卫生、居家养老、文体活动等各类社区服务设施。

9. 优化社区基本公共服务。按照“因事设岗、一人多岗、一专多能”的要求，有效承接上级行政机关和公共事务管理部门延伸在社区的各种社会管理和公共服务，积极推进以劳动就业、社会保障、社会救助、社会治安、医疗卫生、计划生育、文化、教育、体育及流动人口管理为主要内容的基本公共服务覆盖到社区。要在社区便民服务大厅全面推行"一站式"、"即办式"、"代办式"服务。

10．发展社区公益性、志愿性和有偿性社会服务。依托社区养老机构和社区老年人日间照料中心，逐步建立以居家为基础、社区为依托、机构为补充的社会养老服务体系。鼓励社区共建单位向社区居民开放内部设施，丰富社区资源。动员发动社区各种力量，逐步发展社区慈善事业，为低收入人群、老年人、残疾人、优抚对象、城市流浪儿童和城乡"留守儿童"等提供服务。依托社区综合服务中心，在镇街、社区建立志愿者服务站，指导社区群团组织组建青年志愿者、巾帼志愿者、老年志愿者、医疗志愿者等服务队，健全社区志愿服务网络，完善社区志愿者注册管理制度，力争用3－5年的时间，实现社区志愿者注册率占居民人口10％以上的目标，探索社区志愿者在就学、择业、晋升等方面的激励措施，鼓励和引导社区居民广泛参与志愿服务活动。深入实施以"便利消费进社区、便民服务进家庭"为主题的"双进工程"，有序引导各类组织、企业和个人兴办与居民生活密切相关的城乡社区服务业，通过社区网站、呼叫热线（"7171"便民服务热线等）、短信平台和有线数字电视、电子阅览室、信息服务自助终端，为社区居民提供"一网式"、"一线式"综合服务。

11．积极推进社区信息化建设。整合社区现有信息网络资源，改善信息技术装备条件，建立覆盖全区的社区综合信息管理和服务平台，实现数据一次收集、资源多方共享。整合区、镇街、社区面向居民群众、驻区单位服务的内容和流程，建设集行政管理、社会事务、便民服务为一体的社区信息服务网络，全面支撑社区管理和服务工作，提高工作效率。

四、加强新型社区管理机制建设

12．健全"1＋x"型的社区网格管理机制。建立健全以社区地域、人口全覆盖为基本要求的"1＋x"型网格化管理机制。"1"为整个社区大网格；"x"为以社区所辖范围、分布特点、人口数量、居住集散程度、群众生产生活习惯、产业特点等情况划分后的基础网格。基础网格可以以村、自然村、住宅小区（居民区）、楼宇地域特点进行划分。通过整合社区两委干部和专职工作人员、大学生村官、各类协管员、社区志愿者、上级单位驻社区干部等人力资源和社区机关事业单位、企业、社区群团组织、社会团体等党政、社会资源，努力构建职责明确、全面覆盖、管理精细、运行高效的社区管理工作新格局。

13．健全社区组织日常工作制度。建立健全社区党总支（党委）会议、社区党建联席会议制度、社区党组织与社区居民委员会联席会议制度、社区居民委员会与驻区单位协商议事制度、"四议两公开"制度。完善社区专、兼职工作人员管理制度，实行集中办公、错时上下班、全日值班、节假日轮休"AB岗"等工作制度，方便群众办事。完善社区党务、居务、财务公开制度，规范社区财产、档案、公章管理。

14．健全社区社会治安综合治理机制。推行社区"无缝隙管理模式"，落实综治进网格工作。加强对吸毒人员、刑释解教人员以及服刑人员的未成年子女、农村留守儿童的管理、监督、教育和服务，加强和改进对流动人口的服务管理。依托信息化网络，建立自然灾害、事故灾难、公共卫生事件、社会安全事件应急管理体制，逐步健全社区利益协调机制和权益保障机制，强化社区调解工作，引导社区居民以理性合法的形式表达利益诉求，维护自身的合法权益。

五、塑造城乡社区文化和形象

15．繁荣社区文化。广泛开展社会主义核心价值体系宣传普及工作，深入开展社会公德、职业道德、家庭美德、个人品德教育，推进廉政文化教育进社区，推动形成良好的社会风尚与和谐的人际关系、邻里关系。加强社区文化基础设施建设，充分挖掘社区文化资源，广泛开展各具特色的群众性文化活动。积极发展社区教育事业，倡导终身学习理念，特别要加强未成年人思想道德建设，利用社区资源为社区内中小学开展社会实践活动提供方便。大力开展全民健身活动，不断增强社区居民体质，建立健全社区心理咨询网络，加强对居民的人文关怀和心理疏导。重视社区物质文化遗产和非物质文化遗产保护。

16．美化社区环境。要积极发动社区专、兼职工作人员和志愿者队伍整合社区资源，深化对社区人居环境的整治工作，积极投身"两拆两绿"行动，实施社区绿化、亮化、洁化、美化工程，建设环境友好型社区。

17．开展示范社区创建活动。以示范社区创建活动为载体，丰富社区建设内涵，提高社区建设水平，创出亮点，创出特色，努力打造特色社区、精品社区、示范社区。大力开展"互看互比"活动，建立示范点动态管理、提升或退出机制，营造"学、比、赶、超"良好氛围。加大示范创建结果运用力度，逐步在运转经费和干部考录、选拔等方面予以倾斜，完善激励机制。

六、加大对城乡社区建设加强社会管理的保障力度

18．加强组织领导。在推进城乡社区建设的过程中，街道党工委（镇党委）书记为直接责任人，要亲自担任城乡社区建设领导小组组长，把该项工作作为当前及今后一个时期镇街工作的重中之重，做到心中有数、亲力亲为。区考绩办要把城乡社区建设情况作为各镇街和区属相关部门工作目标管理和年度考核的重要内容。要明确相关部门的工作职责，形成区委、区政府统一领导，组织、民政部门牵头抓总、相关部门分工协作的合力机制。各有关部门要做好下放社区办理（包括协办、代办）事项的内部调整和管理对接工作，全力支持在城乡社区开展管理和服务。综治、财政、教育、科技、公安、司法、劳动、社保、建设、文化、卫生、环保、体育等部门要整合对基层的公共资源配置，以新社区为单位配置人力、物力和财力资源，提高资源配置效益与合理性。城建办、规划和民政部门要做好农房改造项目和新建住宅小区设计会审工作，确保社区综合服务中心用房和其他服务设施的落实。发展改革、金融、税务、工商、质监等部门要支持城乡社区开展服务管理活动，维护城乡社区和社会组织的主体地位。

19. 加强社区工作者队伍建设。把能力强、热心社区工作、群众拥护的人，选（派）进社区组织的领导班子。提倡社区党组织成员与自治组织成员实行交叉任职，鼓励年轻干部和大中专毕业生到城乡社区建功立业。社区工作人员分专职工作人员和兼职工作人员，其中专职工作人员职数一般为5—9人；社区规模特别大的或示范社区可适当增加，增加职数需报区委组织部和民政局批准；已有若干名兼职工作人员的，可适当减少专职工作人员的职数。社区专职工作人员主要由镇街下派干部或优先从各村居两委成员、村聘人员、大学生村官、外口协管员、劳动保障员（协管员）中择优聘用，不足部分由区里统一向社会考录分配。社区专职工作人员的报酬不低于当地上一年的职工平均工资水平，并落实"五险一金"，兼职人员的报酬视承担工作和实际贡献而定，具体由组织、监察、民政和财政部门负责制定相关规定，由各镇街制定相关办法予以落实。建立专业技术资格与待遇挂钩制度，对取得社会工作者职业水平证书并被聘用的，给予每月不少于100元的补助。建立社区工作者的培训机制，及时组织对新当选或新任社区工作者的业务培训和岗位轮训，每人每年受训时间一般不少于20小时。探索建立从优秀社区工作者中考录公务员、事业单位工作人员的工作机制，对成绩突出、居民满意的社区工作者，要及时给予表彰和奖励，鼓励他们在社区工作中创造优秀业绩。

20. 规范社区考核制度。按照"统一考核、综合运用"的原则建立规范的社区工作考核体系。由城乡社区建设领导小组办公室牵头汇总各部门对社区的考核事项，在规定的时间对社区统一进行考核，财政补助经费基数与考核结果挂钩。各部门可综合运用考核结果，不再自行组织各类考核，为社区提高管理和服务效率创造良好环境。

21. 建立社区经费多元投入机制。每年财政安排不少于3500万元预算对社区工作经费、人员报酬以及服务设施和社区信息化建设经费予以补助，并建立逐步增长机制，具体补助办法由区组织部、区监察局、区民政局和区财政局联合制定。农村集体经济要分担社区运行和社区建设经费。有关部门和镇街依法应由社区协助办理的事项，应为社区提供必要的经费；凡委托给社区办理的有关服务事项，应当实行权随责走、费随事转。加大福利彩票、体育彩票公益金对社区服务、福利和文体设施建设的投入。社区兴办公益事业所需费用，经居民会议（居民代表会议）或议事监督委员会讨论，按照自愿原则，可以向社区居民或受益单位筹集。加强社区经费的监督和管理，确定区财政局为社区财务的业务主管部门。各级财政补助的社区各项经费、社区购买服务收入和社会捐赠资金等所有收入及支出均纳入社区财务管理，实行居账镇街代理，专款专用，并定期公开使用情况，接受居民监督。

中共温州市瓯海区委
温州市瓯海区人民政府
二〇一一年九月二十七日

中共温州市龙湾区委　温州市龙湾区人民政府
关于在全区机关单位全面推行即办制的实施意见

温龙委〔2011〕5号

各镇党委、人民政府，各街道党工委、办事处，区属各单位：

为大力推进机关工作提速提质提效，更好地服务龙湾转型发展，根据市委、市政府有关精神，区委、区政府决定在全区机关单位全面推行即办制。现提出如下实施意见：

一、实施范围

全区各级机关、人民团体及所属企事业单位，市派驻龙湾各单位。

二、主要目标

通过几年的努力，使我区机关工作达到"流程最优、效率最高、服务最佳、评价最好"的水平，实现"温州领先、全省一流"的目标。具体目标是："更高、更快、更好"的服务理念牢固树立，"一日事一日毕"的良好习惯自觉养成；机关办事流程进一步优化，要求更加明确，手续更加便捷，过程更加透明；机关办事速度大大加快，各类审批时限在去年基础上压缩30%，其他事项办理时限压缩30%以上；机关服务质量明显改善，群众满意度有较大幅度提升。

三、实施内容

所有公务事项都应该推行即办制。各单位要按照单位内部事务、行政审批事项、两个以上部门联合办理的其他事项进行划分，根据公务事项办理的难易程度，分类为简单事项、复杂事项、特殊事项，形成即办事项规范表，并据此开展行政工作。

一是简单事立即办。凡是属于程序简单、不需要集体研究、单个部门可以独立办理的事项，应当场或当天办结，做到当天事当天办、一日事一日毕。

二是复杂事限时办。凡是属于程序复杂、需要集体研究、涉及两个以上部门联合办理或需上级审核批准的事项，应立即启动办理程序，做到并联办理、限时办结。

三是特殊事紧急办。凡是属于上级部门和领导有特殊要求或情况紧急的事项，应迅速办理，做到急事急办、特事特办。

四、实施方法

1. 注重教育引导。今年上半年，要开展以“为民、务实、清廉”为主要内容的领导干部从政理念教育，开展以“热爱祖国、忠于人民，恪尽职守、廉洁奉公，求真务实、开拓创新，顾全大局、团结协作”为基本要求的公务员精神教育，开展机关精神和机关工作人员核心价值观讨论活动，引导广大机关工作人员树立正确的价值取向和行为规范，为推行即办制奠定思想文化基础。

2. 规范即办事项。各单位对本单位的各类事项逐项进行梳理分类，简化办事流程、明确办事要件、压缩办理时限、落实责任人员，形成即办事项规范表。其中，属于单位内部事务的，由本单位领导班子集体研究确定；属于行政审批事项的，由区审管办审定；涉及两个以上部门联合办理的其他事项，由区纪委(监察局)和区直机关党工委组织力量进行审核。即办事项规范表经审定后，向社会公开，接受群众监督。这项工作由区纪委(监察局)和区直机关党工委总牵头，各单位具体落实，要求6月15日之前完成。

3. 完善配套制度。5月25日之前，各单位要对现有的各项办事制度进行梳理，按照即办制的要求进行修改完善，特别要健全完善办事公开制、首问负责制、一次性告知制、AB岗工作制、重大项目行政审批代办制等行之有效的配套制度，为推行即办制提供支撑。同时，注重制度创新，尤其要通过建立否定报备制等制度，切实解决有些单位办事中存在该办不办、拖延迟办、推诿扯皮等问题；积极推行并会、套会和半节会等会议制度，努力解决因会议过多过长而影响日常公务处理、影响即办制落实的问题。

4. 加强过程监管。完善电子政务系统，全面推行网上办公，强化电子效能监察，对即办件运行情况进行全程跟踪。区纪委(监察局)、区直机关党工委要不定期开展明查暗访、组织巡视督查，及时曝光反面典型。区效能监察投诉中心要开通网上渠道、设立电话热线，随时接受群众投诉，及时查处违规行为。对各单位即办制执行情况进行抽样调查，定期公布检查结果。即办制执行情况，要作为“五星机关”考核的重要内容纳入区直单位的考绩体系。

五、组织领导

推行即办制是改进机关作风、加快政府转型的一项创新性举措，要坚持“党政带头、两委牵头、两办领头”，采取切实有效措施，扎实予以推进。

1. 坚持领导带头。各级领导干部首先是区委、区政府班子成员要以身作则，带头执行即办制。对文件传阅和审签、重要事项决定、紧急事项处理等，按规定限时办结，并做到能快则快、能早则早。对请示事项要及时批办，并认真负责地提出明确的办理意见。对分管的部门和工作，加强督促检查，抓好即办制落实。

2. 明确职责分工。区纪委(监察局)和区直机关党工委要牵头负责，加强组织协调、检查指导、典型引导、情况通报，切实抓好这项工作。区委办公室和区政府办公室要领头执行即办制，拿出具体措施和办法，为机关单位起到示范作用。各部门单位要从我做起、自我加压，各司其职、各负其责，发挥落实即办制的主体作用。

3. 强化责任追究。推行即办制，各机关单位一把手是第一责任人，所有机关单位工作人员都是直接责任人。对各类即办事项，要逐项逐级落实责任。建立责任追究制，对违反即办制规定的人和事，要发现一起、查处一起、纠正一起；对执行不力或纠正不到位的机关单位及其责任人员，要实行行政问责。

4. 营造浓厚氛围。新闻媒体要通过开设专栏、策划专题、专家访谈、事件评议、案例剖析等形式，加大对即办制推行情况的报道，加大对先进典型的宣传，加大对反面典型的监督，形成正确的舆论导向，进一步弘扬先进机关行政文化，在全区上下营造推行即办制的浓厚氛围。

附：关于区领导带头执行即办制的若干规定

中共温州市龙湾区委
温州市龙湾区人民政府
二〇一一年四月二十八日

附件

关于区领导带头执行即办制的若干规定

区委、区政府决定在全区机关单位全面推行即办制，区委、区政府班子成员要从我做起，带头执行即办制。就此特作以下规定。

一、关于文件审签。一般文件的程序性审签，审签领导应即到即签，做到不过夜；若遇出差等情况，可由工作人员通过传真送签或电话请示同意后补签，但应在一个工作日内完成，做到一日事一日毕。重要的政策性文件审签，在送签过程中需作进一步审核或修改调整的，审签领导应在3个工作日内完成，使每个文件在区委、区政府领导审签环节时间总体控制在5个工作日内。

二、关于文件传阅。上级公文传阅，一般批阅时间为1个工作日，紧急公文即到即阅。若遇出差等情况，可采取待阅的办法，先由其他领导先予阅批，以防公文滞留和流转不畅。

三、关于请示件批办。下属部门单位呈报的请示、报告，不需要协调研究的，应即到即办；需要协调研究的，应尽量快速批办(一般不超过5个工作日)；需要相关部门研究提出意见的，应明确办理和反馈时限要求。同时，对所有请示件批办，应认真负责地提出明确的办理意见，并签名以示负责。

四、关于重要决定事项办理。凡经区委常委会、区政府常务会议、专题会议研究决定的、有明确具体责任领导和具体办理时限的事项，必须按要求限时办理；没有时间要求但有明确具体责任领导的，应及时研究部署，除涉及经费、编制、土地、案件处理等特殊情况以及时间跨度较长的外，一般事项应在15个工作日内办结。

五、关于上级交办事项落实。凡上级交办的工作任务，根据工作分工，分管领导要亲自过问，抓紧组织办理。有时间要求的，按要求限时办结；没时间要求的，按照能快则快要求，及时完成。

六、关于重要紧急事项处理。对重要紧急事项，应急事急办、特事特办，第一时间做出处理。对重大突发性事件，相关领导应按规定要求，第一时间赶赴现场靠前指挥。

七、本规定适用于区级党政领导班子成员。其他及各级领导可参照执行。

为配合区领导带头执行即办制，区"两办"要增强服务意识，加强综合协调，改进方式方法，并通过建立健全预警机制等各项制度，为区领导落实即办制提供优质服务。特别是"两办"主任和联系副主任要积极协助区领导掌握时间节点，注意提醒督促，加快工作进度，确保各类事项按时完成。

乐清市人民政府关于解决未就业大中专院校毕业生户口"非转农"问题的通知

乐政发〔2011〕42号

各镇人民政府、街道办事处，市政府直属各单位：

为切实维护我市未就业大中专院校（技校）毕业生（以下简称大中专院校毕业生）的合法权益，经研究，决定允许符合条件的大中专院校毕业生办理户口"非转农"。现将有关事项通知如下：

一、办理对象

（一）1995年及以后毕业（肄业、结业），未曾被国家机关、事业单位、国有企业（含国有控股企业，下同）、集体企业正式录用的大中专院校毕业生（包括已落实户口和手持迁移证未落实户口的）；

（二）与符合条件的大中专院校毕业生共同居住生活，且结婚前户口为农业户口但因夫妻投靠变更户口性质的配偶；

（三）与符合条件的大中专院校毕业生共同居住生活的未成年子女。

二、办理条件

大中专院校毕业生符合以下条件的，经迁入地村民委员会确认为该村迁出并同意落实农业户口的，可以将户口迁回该村并转为农业户口：

（一）被大中专院校招生（包括成人教育）录取前户口性质为农业户口；

（二）迁出前原籍在本市农村的；

（三）现生活在本市。

三、办理流程

（一）申请。符合条件人员，原则上在6个月内书面申请办理户口"非转农"。户口已落实在外地（指乐清市外）的大中专院校毕业生须先将人事关系及户口迁回至我市原籍地。已婚嫁至市内的大中专院校毕业生，可申请返回原籍"非转农"；配偶户口为农业户口的，也可经原户口迁出地村民委员会确认原户口性质为农业户口，并由现配偶户口所在地村民委员会出具同意办理户口"非转农"证明，再申请办理户口"非转农"。申请人向落户地公安派出所（分局）提出申请，并提供以下材料：

1. 申请报告；

2. 毕业（肄业、结业）证书、本人迁出原籍户籍证明或者迁出时迁移证复印件、本人户口簿、身份证；

3. 迁入地村民委员会出具申请人系该村迁出并同意落实农业户口的证明；

4. 市人力资源和社会保障局出具的未曾被国家机关、事业单位、国有企业、集体企业正式录用的证明；

5. 市民政局出具的应征入伍的大中专院校毕业生退伍后未安置的证明；

6. 其他需要提供的材料。

申请配偶、子女随迁的，还应当提供当地镇政府（街道办事处）出具婚育状况证明。

（二）审核。落户地公安派出所（分局）在收到申请材料之日起10个工作日内进行调查核实（不包括公示日期）。

（三）公示。落户地公安派出所（分局）将调查核实情况在落户村进行公示。公示期不少于7日。

（四）核准。经审核、公示后，符合条件的，落户地公安派出所（分局）将有关材料报市公安局审批，凭《户口准迁证》予以办理。

四、工作要求

（一）加强组织领导。大中专院校毕业生户口"非转农"工作涉及面广、政策性强、情况复杂，各镇（街道）和有关部门要高度重视，切实加强领导，按照自愿申请、严格把关、便民利民、积极稳妥的原则，精心组织实施，确保此项工作平稳有序进行。

（二）强化部门协作。市公安机关要切实履行主管职能，负责相关工作的具体实施；市教育部门要摸清底数，并做好对大中专院校和有关学生的政策宣传工作；市人力资源和社会保障部门要做好大中专院校毕业生的就业指导和就业情况认定工作；市民政部门要做好应征入伍人员退伍后未安置情况的认定工作；其他有关部门要根据职责分工，及时完善相关配套政策，协助做好符合条件大中专院校毕业生户口“非转农”工作。同时，市委组织部门、市人力资源和社会保障部门在办理录用人员手续时，必须要求其提供非农户籍证明，被录用人员为农业户口的，必须凭录用证明到公安机关办理户口“农转非”。

（三）规范审批办理。各镇（街道）和有关部门要公布政策内容，加强政策宣传，提高政策透明度。要按照规定的条件、程序和权限，做好申请受理、材料审核、审批落户等工作。要严肃工作纪律，对公民采用隐瞒事实真相、编造虚假事实、提供虚假证明材料等手段，违法、违规办理户口“非转农”并查证属实的，由公安机关撤销相应的户口登记；构成违反治安管理行为的，依法予以处罚；构成犯罪的，依法追究其刑事责任。出具相关证明的部门、村居有关工作人员及办理的工作人员要坚持实事求是的原则，坚决杜绝弄虚作假，对违规出具证明或违规办理的要依法追究相关单位责任领导和责任人的责任。

二〇一一年九月二十三日

中共湖州市吴兴区委办公室　湖州市吴兴区人民政府办公室关于加强新居民服务管理工作的实施意见

（2011年8月8日）

吴委办〔2011〕8号

近年来，随着经济社会的快速发展，城市化进程步伐的不断加快，社会各项事业的繁荣发展，外地来我区务工、经商和创业的吴兴新居民大量增加，积极参与我区建设，为吴兴的经济发展作出了重大贡献。为切实加强新居民的服务管理，促进全区经济社会又好又快发展，根据《浙江省流动人口居住登记条例》、《浙江省人民政府办公厅关于贯彻实施〈浙江省流动人口居住登记条例〉的意见》（浙政发〔2009〕106号）的有关规定，结合我区实际，现提出如下实施意见：

一、统一思想，进一步加强新居民服务管理

（一）指导思想。以邓小平理论和“三个代表”重要思想为指导，全面贯彻落实科学发展观，按照“平安吴兴”建设的总体要求，坚持解放思想、实事求是，着力探索新居民的科学管理；坚持以人为本，完善政策措施，优化整体服务环境，逐步改善新居民的工作生活条件；坚持齐抓共管，发挥政府、社会、群团和企业等各方力量，积极探索加强新居民服务管理的有效途径，强化服务管理措施，创新服务管理机制，促进新居民更好地融入我区的建设和生活，全面推进和谐社会建设。

（二）基本原则。加强新居民服务管理工作，应把握以下几个原则：

1. 以人为本原则。实行亲情化服务管理，充分体现对新居民的人文关怀，努力解决新居民的实际困难，切实维护新居民的合法权益，积极营造和谐相处、安居乐业的社会环境。

2. 分类指导原则。实施分类指导服务制度，努力为新居民提供工作、学习和生活等全方位服务，落实各项优惠措施，按照《浙江省流动人口居住登记条例》等有关法律法规的规定，加强对新居民的服务管理，寓管理于服务之中。

3. 属地管理原则。各乡镇（街道）、村（社区）都要按照属地管理的原则，突出发挥基层的服务管理功能，将新居民纳入日常服务管理对象，全面落实用人单位“谁用人、谁负责”；房屋出租“谁出租、谁负责”；服务管理“谁主管、谁负责”的责任制度。同时，积极探索“以证管人、以业管人、以房管人”的服务管理新模式，全面推进新民居的服务管理。

4. 统筹协调原则。新居民服务管理是一项系统工作，必须在党委政府的统一领导下，坚持统筹协调，有关职能部门各司其职，各负其责，分工协作，共同做好新民居的服务管理工作。

（三）总体目标。通过建立新居民的综合信息、社会保障、优化服务、规范管理、组织队伍五大体系建设，全面提升新居民服务管理工作的法制化、规范化、信息化、社会化建设水平，不断健全惠及全区新居民的城乡公共服务体系和新居民维权机制，增强预防、控制和打击流动人口违法犯罪的能力。经过3至5年的努力，在全区逐步形成“流动有序、和谐相处，共创繁荣、共保平安”的新居民服务管理新局面，努力实现“平等、共建、共享”的目标。

二、明确对象，切实保障新居民合法权益

（一）年满十六周岁、拟在本区居住三十日以上的非本区户籍的新民居办理居住登记时，公安机关应当发给《浙江省临时居住证》(《浙江省流动人口居住登记条例》另有规定的除外)。

(二)新居民同时符合下列条件的,可以申领《浙江省居住证》:

1. 持有《浙江省临时居住证》,连续居住满3年;

2. 有固定住所;

3. 有稳定工作;

4. 具有初中以上文化程度;

5. 已在本区缴纳社会保险费满3年;

6. 无违反计划生育行为;

7. 无违法犯罪记录。

(三)荣获现居住地区级以上人民政府及市级以上有关部门授予的各种荣誉称号,或当选为现居住地各级人大代表或政协委员,或经现居住地区级以上人民政府认定,属于投资创业或引进人才的新居民,可以直接申领《浙江省居住证》。

三、优化服务,改善新居民工作生活条件

(一)持《浙江省临时居住证》的新居民可享受以下待遇:

1. 享受公共就业服务机构提供的职业指导、职业介绍等就业服务,享受政府部门组织的劳动法律法规、安全生产、维权知识等方面的基本知识培训。在技术职称的评定、职业资格证书的取得等方面,享有与本地居民相同的权利并履行相应的义务。

2. 参加职工基本养老保险的新居民,在终止或解除劳动关系后,可根据有关规定,由社会保险经办机构予以保留或随同转移职工基本养老保险关系。

3. 其随行的7周岁以下子女可与当地儿童一样享受扩大国家免疫规划规定的疫苗。

4. 其符合《浙江省人民政府关于进一步加强和改进进城务工人员子女教育工作的意见》(浙政发〔2008〕69号)规定的,义务教育阶段享有与本地居民子女同等的免费政策。

5. 已婚育龄夫妇可免费享受国家规定基本项目的计划生育技术服务,生育第一个子女的,可以在现居住地乡镇人民政府或街道办事处办理生育服务登记。

6. 享有与本地居民同等的法律援助待遇。

7. 可在现居住地报考汽车驾照。

8. 可申请租住政府提供的住房或新居民集中居住点住房。

(二)持《浙江省居住证》的新居民除可享受《浙江省临时居住证》的待遇外,还可享受以下待遇:

1. 与本地居民同等享受政府提供的职业技能培训补助。

2. 已建立并缴存住房公积金的,在与用人单位终止劳动关系后离开吴兴的,根据本人要求和提供有效证明材料,其个人住房公积金账户内的缴存余额(包括单位为其等额缴存部分)可一次性支付给本人。

3. 持合法生育证件的育龄夫妇,在现居住地生育子女的,可享受生育救助政策。

4. 持《浙江省居住证》的新居民子女,符合相关报考条件的,可申请就读吴兴区所属职业学校的指定专业。

5. 持《浙江省居住证》的新居民子女就读吴兴区属中、小学的,可按规定参加本区城镇居民医疗保障制度。

6. 持《浙江省居住证》的新居民患有结核病、血吸虫病、艾滋病等传染病的,享受国家规定的免费检查和治疗费用。

7. 可根据相关规定参加现居住地的各种荣誉称号评选,获选后享受相关待遇。

8. 持《浙江省居住证》5年以上,并符合有关规定的,可根据本人意愿,在居住地落实非农户口。

四、明确职责,健全新居民服务管理组织体系

(一)建立"吴兴区新居民服务管理工作领导小组",由常务副区长任组长,区委组织部、区综治办、区发改委、教育局、民政局、司法局、财政局、区人力社保局、建设交通局、卫生与计生局、文体局、行政执法局、公安分局、工商分局以及工会、团委、妇联等部门负责人为成员,领导小组办公室设在区新居民事务局。

(二)区新居民服务管理机构主要履行以下职责:一是贯彻执行有关新居民服务管理的法律、法规、规章、政策以及上级工作部署;二是协调有关部门研究解决新居民服务管理中的重点、难点问题,制订工作措施;三是监督、检查、考核本行政区域内新居民服务管理相关工作的落实情况。

(三)按照分工协作的原则,涉及新居民服务管理的相关部门应当根据各自职责,密切协作,共同做好新民居服务管理工作。

公安部门负责新居民居住登记、居住证管理和出租房屋治安、消防管理,建立新居民综合信息平台,全面掌握并提供新居民服务管理工作情况和动态信息,同时要继续加强对重点高危新居民管理,对有犯罪前科的高危人员,实施重点监控、重点防范,提高信息反映的实时性、准确性。积极、有效打击严重违法犯罪分子,全力维护社会稳定,促进"平安吴兴"建设;组织部门负责新居民服务管理人员配备保障和流动党员、党组织管理工作;司法部门负责组织、指导、协调新居民的法制宣传教育、法律服务和法律援助工作;教育部门负责新居民子女教育管理工作;财政部门负责新居民服务管理的经费保障工作;民政部门负责新居民中接受救助人员的服务管理工作;劳动保障部门负责新居民的职业培训、劳动就业、社会保险管理服务,规范人力资源市场秩序,依法维护新居民的合法权益;建设交通部门负责对从事房屋建筑、基础设施工程施工活动的建筑施工企业行为监管,督促施工企业加强建筑工地民工工资拖欠等其他工作;卫计部门负责新居民公共卫生、计划生育服务管理。综治、发改、文化、行政执法、工商、工会、团委、妇联等其他相关部门协助做好有关新居民服务管理工作。

五、建立机构,落实新居民服务管理措施

(一)各乡镇(街道)按照规定,开展基层新居民服务管理工作。乡镇(街道)要加快建立新居民事务所,负责抓好区域内的新居民服务管理工作,同时按照新居民人数多少的实际情况配备相应工作力量。各企事业单位、社会团体

和社区、居民委员会、村民委员会以及其他组织应当协助服务管理机构和其他有关部门做好新居民服务管理工作。新居民超过200人的社区(村)、超过100人的用人单位应设立新居民服务管理站(点),依托社区(村、企业)服务中心、综治工作室和社区(农村)警务室及人民调解室开展工作。

(二)乡镇(街道)新居民事务所、服务管理站(点)主要由公安、卫生计生、劳动保障、教育等部门通过整合资源,部门协调等方式集成,切实落实部门责任,主要负责办理新居民的居住登记、居住证发放和变更登记以及出租房屋登记备案、日常管理,做好教育、计划生育、劳动就业与保障等服务管理的具体事务工作。

(三)原则上按照不低于上年度登记新居民人口500:1的比例,配备新居民协管员。新居民协管员的录用应遵循面向社会、统一标准、择优录用的原则,根据有关规定签订劳动合同,其工资水平应与当地城镇职工工资水平相适应。

六、强化考核,完善新居民服务管理保障机制

(一)将新居民服务管理工作纳入对乡镇(街道)综合考核内容。区新居民服务管理领导小组办公室要结合新居民服务管理工作实际,制订全区统一的考核评价办法。

(二)对新居民服务管理工作制度健全、措施落实、成绩突出的单位,要及时总结推广,并由区委区政府给予表彰奖励;对因新居民服务管理工作制度不健全、措施不到位,导致发生重大影响案件的,要对有关部门和责任人进行责任追究,并实行社会治安综合治理一票否决。

(三)区财政和各乡镇(街道)要根据实际工作需要,保障新居民服务管理工作经费。

中共嘉兴市南湖区委办公室　嘉兴市南湖区人民政府办公室印发《关于促进农村劳务合作社发展指导意见》的通知

南委办〔2011〕37号

各镇、街道党委(党工委)、政府(办事处),区级机关各部门:

为了推动农村劳动力转移就业,增加农民收入,保障“两分两换”工作顺利推进,维护农村社会和谐稳定,现就促进我区各镇农村劳务合作社的发展,提出如下指导性意见。

一、统一思想,切实提高发展农村劳务合作社重要性的认识

随着我区城乡统筹一体化建设进程加快,“两换两换”工作的进一步推进,在农地流转或征用过程中部分农民由于年龄偏大、文化较低、劳动技能有限,出现了就业困难的情况。发展农村劳务合作社这一新颖合作组织,把我区农业转移劳动力以及自主就业困难人员组织起来,加强劳动技能培训,提供劳动就业岗位,增加收入,是各级党委和政府应尽的责任。同时,通过就业岗位的提供与就业方式的转变,积极引导农村居民改变传统的生产和生活方式,将有效地加快实现农民向市民的身份转换,促进我区城乡一体化发展。

二、明确工作思路,稳步推进农村劳务合作社的组建工作

(一)以各镇为区域范围注册成立农村劳务合作社,各镇所辖村(社区)设立劳务合作分社。各街道暂不成立劳务合作社。

(二)各镇农村劳务合作社必须有五名以上成员作为成立发起人,本镇范围常住居民自愿加入,且必须到工商部门登记成为独立法人单位,登记名为嘉兴市南湖区＊＊＊农村劳务专业合作社;经济性质为农民专业合作社;经营范围为本社成员提供劳务咨询服务、受委托从事普通劳务服务。

(三)农村劳务合作社应突出公益性,重点解决本地农村劳动力转移就业,把增加农民收入作为兴办劳务合作社的出发点和落脚点,努力承接劳务业务,扩大业务领域,以市场化运作,积极参与市场竞争,壮大自身实力。

(四)加强宣传引导,增强农民自愿加入农村劳务合作社的积极性。贯彻“民办、民管、民受益”的原则,建立健全社员(代表)大会、理事会、监事会制度。规范收益分配,可分配盈余主要应按提供的劳务量二次分配给成员,确保让入社农民真正得益。

(五)加强政府引导与服务。各镇要加强对劳务合作社组建运作过程中的指导与服务,引导各劳务合作社强化对社员的岗位培训,提供劳动岗位信息,帮助劳务合作社建立管理制度。

(六)农村劳务合作社必须为每个社员购买人身意外伤害商业保险,有效规避劳动风险。

三、确立工作目标,促进农村劳务合作社规范化发展

(一)完善制度,规范运行机制。在政府宣传引导下,充分尊重农民意愿,积极动员吸收广大农民入社。依法规范合作社的章程,建立健全民主管理、技能培训、股金设置、盈余分配、财务管理等运行制度,逐步提高合作社的管理水平,规范合作社的服务内容,增强自我发展活力。

（二）搭建平台，承接劳务服务。一是为企业、业主开展定向、定单式用工服务；二是承接土地规模经营企业、业主的农业代耕、代种、代管、代收等全程农业劳务用工服务；三是向物业公司、农业基地、公路、水利部门等单位，承接绿化养护，河道保洁、道路养护与保洁等劳务用工服务。

（三）规范管理，确保社员增收。一是劳务合作社积极收集相关劳务需求信息，与用工企业、业主等相关用工单位建立常态化联系制度。二是及时、足额的将劳务费用发放给社员。

（四）加强组织领导。建立南湖区农村劳务合作社协调领导小组，组长由区政府分管区长担任，成员单位由各有关部门组成，领导小组下设办公室，办公室设在区人事劳动社会保障局；领导小组主要研究并协调解决农村劳务合作社组建及运作过程中的政策问题。各镇政府成立相应机构。

四、落实扶持政策，着力营造农村劳务合作社发展的良好环境

（一）工商部门要为农村劳务合作社工商登记提供指导和便利，并合理核定经营范围，申请人提交的登记申请资料齐全的，应当场予以登记。

（二）建设、交通、水利部门要扶持农村劳务合作社的发展，凡由公共财政支付的绿化养护、卫生保洁、道路养护保洁、河道保洁等劳务工程，同等条件下，应当优先安排给农村劳务合作社承担。

（三）区财政将对农村劳务合作社进行一定的补助，具体补助办法由区财政局会同区人事劳动社会保障局另行制定。

（四）区委农办、农经局、人事劳动社会保障局应支持与指导农村劳务合作社开展农村劳动者农业技术、职业技能培训，提升农村劳动者职业技能和生产技术，促进稳定就业。

（五）各有关部门应积极支持农村劳务合作社拓展企业后勤外包服务，开发适合农村劳动力就业的工作岗位。鼓励农村劳务合作社大力开发各类社会公益性岗位，优先安排当地就业困难人员就业。

发展农村劳务合作社是缓解农村富余劳动力就业压力、增加农民收入的有效措施，各镇政府和相关部门务必高度重视。区政府将把农村劳务合作社组建运作情况作为今年对镇政府年度目标责任制考核的内容之一。各镇政府也可根据实际制定本辖区的激励扶持政策，要切实把发展农村劳务合作社作为促进经济社会发展的重要工作目标，加强指导，搞好服务，加快我区农村劳务合作社建设顺利推进。

中共嘉兴市南湖区委办公室
嘉兴市南湖区人民政府办公室
二〇一一年五月二十三日

中共桐乡市委关于加强和创新社会管理的实施意见

（2011年8月17日）

桐委〔2011〕16号

中国共产党桐乡市第十二届委员会第十二次全体会议，根据中央和省委关于加强和创新社会管理的部署，认真总结我市和谐社会建设实践经验，全面分析当前社会发展趋势特征，就进一步加强和创新社会管理提出如下实施意见。

一、加强和创新社会管理的总体要求

1．充分认识重大意义。加强和创新社会管理，是党中央深刻分析全面建设小康社会的关键时期和深化改革开放、加快转变经济发展方式的攻坚时期我国经济社会发展要求，从党和国家事业发展全局出发确定的一项重大战略任务。改革开放以来，特别是党的十六大以来，市委根据国内外形势的发展变化，围绕全面建设小康社会，率先基本实现现代化的战略目标，大力推进“平安桐乡”、“法治桐乡”建设，针对推进科学发展的新要求和维护社会稳定的新情况，不断就加强和创新社会管理进行研究部署，在关键环节和重点领域进行了一系列实践探索，取得了显著成效，社会各领域法治化进程明显加快，有效维护了社会和谐稳定，为今后一个时期加强和创新社会管理打下了良好基础。当前，我市处于全面建成小康社会的关键时期和加快推进经济发展方式转变的攻坚阶段，社会管理面临新机遇、新挑战。加强和创新社会管理，是全面贯彻落实科学发展观的内在要求，是推进经济社会协调可持续发展的必然选择，是维护社会和谐稳定、确保长治久安的根本路径，对于我市经济转型升级、惠及全市人民的小康社会全面建成具有重大战略意义。各级党组织和广大党员干部要从全局和战略高度，深刻认识加强和创新社会管理的重要性、紧迫性，切实增强责任意识，按照中央、省委和嘉兴市委要求，深刻认识和把握社会管理规律，结合我市实际，在推进科学发展中加强和创新社会管理，不断开创我市社会管理新局面。

2．指导思想。高举中国特色社会主义伟大旗帜，全面贯彻党的十七大和十七届三中、四中、五中全会精神，以邓小平理论和“三个代表”重要思想为指导，深入贯彻落实科学发展观，紧紧围绕全面建设小康社会总目标，牢牢把握最大限度激发社会创造力、最大限度增加和谐因素、最大限度减少不和谐因素的总要求，以深化“平安桐乡”、“法治桐乡”建设为载体，深入推进“六大专项行动”，以解决影响社会和谐稳定突出问题为突破口，以维护群众利益为根本，以加强基层基础工作为重点，着力完善社会管理格局、维护人民群众权益、促进社会公平正义、保持社会良好秩序、有效应对社会风险，加快形成具有桐乡特点的社会管理体系，为转变经济发展方式，全面建成惠及全市人民的更高水平的小康社会创造良好的社会条件。

3. 基本原则

以人为本，服务为先。切实贯彻党的全心全意为人民服务的根本宗旨，突出人民主体地位，不断满足人民群众日益增长的物质文化需求。以群众工作统揽社会管理，寓管理于服务，在服务中提高管理水平，切实维护人民群众合法权益，着力保障和改善民生。

科学谋划，统筹推进。坚持把加强和创新社会管理贯穿于经济社会发展全局，统筹经济建设与社会建设、统筹社会建设与社会管理、统筹行政管理与公共服务，正确反映和协调各个方面、各个层次的利益诉求，兼顾好各方面群众的关切，促进社会动态平衡。

社会协同，多方参与。完善党委领导、政府负责、社会协同、公众参与的社会管理格局。发挥党委领导核心和政府主导作用，支持人大、政协和各民主党派、工商联、人民团体以及无党派人士发挥各自作用。切实转变政府职能，支持和鼓励社会力量参与社会管理，形成推动社会和谐发展的合力。

基层为重，源头治理。把社会管理的重点放在基层，关口前移，注重从源头上化解矛盾、解决问题，大力加强基层基础工作，健全基层管理服务网络，增强基层管理服务能力，凝聚工作合力，不断增强工作的前瞻性、主动性、有效性。

依法管理，综合施策。加强社会管理法治化建设，深入开展法制宣传教育，注重运用法律手段加强和创新社会管理，依法调整社会关系、规范社会行为，全面推进依法行政，加强社会管理领域的各项制度建设，促进社会和谐有序。

把握规律，改革创新。遵循社会管理的一般规律，把握发展阶段的新趋势、新特点和新要求，以改革创新精神加强和创新社会管理，加强实践探索，尊重群众首创精神，借鉴先进经验和成功做法，不断提高社会管理科学化水平。

4. 主要目标

社会服务更加完善。基本公共服务体系不断完善，党委、政府与社会各方互联、互补、互动的社会管理和公共服务网络基本形成，基本公共服务均等化水平明显提高，城乡居民就业更加充分，社会保障、城乡教育、医疗卫生、文化等社会事业均衡发展，城乡统筹、全民共享的基本公共服务在更高水平上得到实现。

社会管理更加科学。突出人文关怀，创新方式方法，进一步健全社会管理体制，坚持依法办事，充分发扬民主，充分运用科技创新成果，不断提升社会管理的信息化、规范化、制度化水平，社会管理服务制度和手段更加规范和完善。

社会管理基础更加扎实。以党组织为核心的基层组织建设全面加强，基层民主自治制度进一步深入，管理服务资源有效融合，政府投入和社会投入相结合的基层经费保障机制得到完善，基层工作条件明显改善，服务群众、引导群众能力显著增强。

社会环境更加文明。加强社会主义核心价值体系建设，加强社会主义道德建设，深入开展法制宣传教育，人民群众的思想道德建设不断加强，公民意识得到培育和弘扬，法治理念深入人心，公平正义的社会环境加快形成。

社会关系更加和谐。社会矛盾纠纷“大调解”机制和治安“大防控”体系建设显著加强，群众利益协调机制、群众权益保障机制、社会稳定风险评估机制不断完善，人民群众权益得到有效维护，社会公共安全得到有效保障，公众安全感和满意度不断提高。群众工作进一步深入，不断促进人际关系、群体关系、劳动关系、邻里关系、家庭关系和谐，切实维护社会稳定。

二、加强和完善社会管理格局

5. 充分发挥党的领导核心作用。各级党委要发挥总揽全局、协调各方的领导核心作用，建立完善社会管理组织领导机构和协调机制，充分发挥市委社会工作委员会作用，切实加强对社会管理工作的组织领导。要整合部门管理力量，经常分析社会形势，科学制定社会管理政策，落实工作措施，形成工作合力。鼓励基层探索创新社会管理组织领导体制。切实加强党在社会领域的组织和工作覆盖面，进一步拓展党组织发挥作用途径，发挥基层党组织和共产党员推动发展、服务群众、凝聚人心、促进和谐的作用。支持人大及其常委会依法履行职能，支持政府依法行政和依法管理，支持政协围绕加强和创新社会管理参政议政、献计献策，推进多党合作制度建设，加强和改进党对政法工作的领导，充分发挥政法机关职能作用。

6. 强化政府社会管理和公共服务职能。发挥政府在社会管理中的主导作用，按照转变职能、权责一致、强化服务、改进管理、提高效能的要求，创新行政管理，推进法治政府和服务型政府建设，着力提高政府的社会管理和公共服务能力。科学定位政府部门在社会管理中的职责，理顺政府、市场和社会组织的关系，推进建立新型政社合作互动关系。以发展社会事业和解决民生问题为重点，优化公共资源配置，加大对社会管理服务的投入，完善公共服务。深化行政审批制度改革，推进政务公开和公共服务信息化，切实增强政府公信力。健全和落实社会管理服务的政策制度，改进政府社会管理方式，提高社会事务管理服务效能，不断满足社会多样化需求。

7. 发挥社会各方面协同作用。强化各类企事业单位社会管理职责。深化事业单位改革，建立事业单位公益服务绩效评估制度。支持工会、共青团、妇联等群团组织在社会管理和公共服务中发挥作用。引导社会团体、行业组织、中介机构、志愿者团体等各类社会组织加强自身建设，增强管理服务能力。积极整合社会管理资源，加强政府与社会组织之间的分工、协作以及不同社会组织之间的相互配合。

8. 发挥群众参与社会管理基础作用。扩大基层民主，支持推动城乡社区、村(居)民自治组织依法实现自我管理、自我教育、自我服务、自我监督。依法维护群众的知情权、选择权、表达权和监督权，进一步深化党务公开、政务公开、村务公开、厂务公开以及办事公开工作，着力推进权力公开透明运行，探索群众参与社会管理有效途径，动员和组织群众有序参与社会管理和服务，切实形成社会管理人人参与、和谐社会人人共享的良好局面。

三、加强和完善维护群众合法权益体系

9. 完善畅通有序的民意诉求表达机制。坚持高效、畅通、多元的发展方向，推进群众利益诉求表达机制法治化、规范化、制度化。坚持以群众工作统揽信访工作，搭建多种形式的沟通对话平台，尊重和保护群众表达诉求的权利，深化和完善党政领导定期接访、下访和在线访谈制度。坚持把解决问题作为信访工作的着力点和落脚点，落实首办负责制，提高初信初访化解率，完善复杂疑难信访领导包案、部门会办和督查督办工作制度，依法做好信访事项“三级终结”和信访人教育管理工作，教育和引导诉求方依法理性有序表达诉求，依法合理处置无理上访及诉求。完善人民建议征集办理制度，严格落实突出问题和重点信访事项通报制度，完善信访工作绩效考核，探索建立解决特殊疑难信访问题专项资金，规范管理使用，做好困难信访群众帮扶救助工作。加强12345市长电话、政风行风热线等社情民意“直通车”建设，方便群众反映诉求。加强党委、政府门户网站建设，提高行政权力网上公开透明运行水平，为群众反映问题、提出意见、查询办理情况提供便利条件。深入开展进基层“拉家常”活动，完善民情联络员制度，经常深入群众了解民情，帮助群众解决实际问题。充分发挥人大、政协和人民团体、行业协会、大众传媒等的社会利益表达功能，健全群众诉求落实机制，建立健全有效的投诉查处、党政机关问责等制度，促进群众诉求的有效解决。

10. 建立健全积极稳妥的矛盾纠纷调处机制。积极组织实施“社会矛盾化解专项行动”，按照“衔接顺畅、配合得力、协调联动、优势互补”的要求，充分调动各方力量参与矛盾纠纷调处化解工作，最大限度地把矛盾纠纷解决在当地，化解在萌芽状态、始发状态。定期开展群众信访热点难点问题、安全生产、基层基础工作薄弱环节、重点人群管控、社会稳定风险等排查工作，对排查发现的问题，加强分析研判，明确责任主体，及时有效化解。突出调解优先，强化调解意识，加强调解人才培养，整合调解力量，创新调解方法，拓展调解范围，把调解优先原则更好地体现到依法调节经济社会关系中去。健全镇(街道)、村(社区)多层次调解工作网络，推动村(社区)、规模以上企业综治工作室(站)把控源头，镇级综治工作中心联合调解，市调解中心统筹攻坚，联动推进矛盾纠纷化解。完善医患纠纷、劳动争议、交通事故等调解委员会，加强行业性、区域性、专业性和特殊群体、重点领域的调解组织建设，推进“诉调对接”、“检调对接”、“警调对接”、“访调对接”等，构建人民调解、行政调解和司法调解有机结合的体制机制。培育、壮大、规范社会中介、行业协会等第三方组织及“老娘舅”等民间力量，共同参与矛盾纠纷的调处化解工作。

11. 建立健全维护群众利益的决策和评估机制。建立健全决策形成机制，推进决策的科学化、民主化和程序化，真正使决策能够充分反映民意、广泛集中民智，有效保障群众利益。凡涉及群众利益的重大事项决策，要广泛征求群众意见和建议，对大多数群众不理解、不支持的事项缓出台或不出台。推行党委、政府重大政策制定和重大工程项目社会稳定风险评估机制，落实全员维稳责任制，突出抓好重点工程建设、企业改制、征地拆迁、环境保护、教育医疗、安全生产等重点领域的社会稳定风险评估工作，最大限度防止因决策不当引发新的社会矛盾。建立健全决策失误纠错机制和责任追究机制，对因决策失误造成重大损失和严重不良影响的，追究有关人员责任。

四、加强和完善新居民和特殊人群服务与管理体系

12. 加强新居民服务与管理工作。深入开展“新居民服务管理专项行动”，深化居住证制度改革，大力推广“以证管人、以房管人、以业管人”的服务管理模式，建立健全覆盖全部实有人口动态管理体系。强化信息监测研判，以思想素质、技术素质、法律素质、文明素质提升为重点，加强新居民教育培训，预防和减少新居民违法犯罪。加强人文关怀，增强归属感。加强管理机构和服务队伍建设，建立健全组织工作网络、基层管理网络，推进新居民自我管理和互助服务。深化新居民议事制度，构建集政策服务、权益保障及参政议事等为一体的服务平台，提高就业服务、社会保障、社会救助、子女就学、居住环境等方面服务管理水平。

13. 完善特殊人群管理和服务。加强对刑释解教人员、吸毒人员的管理和服务，建立健全对精神病人、艾滋病人等的社会关怀帮扶制度。深入推进社区矫正工作规范化建设，加强对社区服刑人员的教育管控。落实刑释解教人员教育关爱和有效安置政策，明确安置帮教各成员单位的责任，加强对刑释解教人员的就业培训，帮助刑释解教人员提高融入社会的能力。加强精神卫生防治体系建设，建立对具有肇事肇祸倾向精神病人的监测、预警、救治、服务、管理机制。加强对闲散人员、有不良行为青少年的教育帮扶和心理辅导、技能培训。加快构建孤儿、流浪乞讨少年等困境少年儿童救助与福利机制，进一步健全完善救助管理站网络和长效管理制度。

五、加强和完善基层社会管理和服务体系

14. 加强基层组织建设。建立健全以党组织为核心、基层政府行政管理和基层群众团体、自治组织管理相结合的基层社会管理格局，推动镇(街道)把工作重心转到社会管理上来。选优配强基层党组织领导班子，深入开展“创先争优”活动，大力加强服务型基层党组织建设，把基层党组织建成引领群众构建和谐社会的坚强战斗堡垒。加强和改进党员发展工作，优化党员队伍结构，完善党内关爱制度，激发党员队伍活力，充分发挥党员在社会管理中的先锋模范作用。加强非公有制经济组织和社会组织党的建设，根据区域集聚、产业布局、就业结构、组织形式和党员流向的发展变化，采取转型过渡式、统分结合式、区域共建式、链状融合式等四种模式，拓展党的组织覆盖和工作覆盖。完善党员“区域共管一卡通”，深化区域化党建。加强和改进村、社区等基层群众自治组织的组织建设、制度建设和设施建设，不断健全完善村民委员会、村务监督委员会等村民自治组织体系和运转机制，推动城乡村(居)民委员会依法组织开展自治活动、协助政府工作、开展监督活动。进一步加强基层群团组织和其他社会组织建设，增强服务能力。

15. 整合基层管理和服务资源。以“网格化管理、组团式服务”为依托，以镇(街道)综治工作中心为平台，最大限度地整合基层管理服务资源、强化基层工作基础，形成覆盖城乡、条块结合的管理服务体系，实现社会管理终端化。完善96345服务平台，延伸服务网络，组织群众参加志愿服务，推动志愿服务发展。探索基层综合执法机制建设。建立健全政府投入和社会投入相结合的基层经费保障机制，确保基层社会管理和服务有人干事、有钱办事。加强公安、人口计生、劳动保障、规划建设、民政、教育、卫生、金融等各类信息的整合，加强对人、地、物、事、组织等基础信息的采集，探索建立以公民身份号码为唯一代码、统一共享的人口基础信息库，为社会管理提供基础性服务。

16. 强化城乡社区自治和服务功能。完善社区治理结构，坚持党的领导、居民自治与依法办事相结合，充分调动社会组织、驻社区单位、社区居民的积极性，全面实施“社区、社团、社工建设专项行动”，把社区建设成为管理有序、服务完善、文明祥和的社会生活共同体。推进社区民主自治，落实民主选举、民主管理、民主监督各项措施，建立健全社区居民代表会议制度和议事协商制度，深入开展民情恳谈、事务协调、听证、成效评议等活动，增强社区自治功能。理顺社区党组织、居委会、服务站等在社区服务中的关系，形成社区公共服务、互助服务和自助服务协调共存的社区服务格局。推进政务服务、公益服务和便民服务的有机结合，形成“一站式公共服务平台”，完善社区义工队，深化社区志愿服务，构筑有效便捷的社区公共服务网络。保障社区必要的工作服务场所、工作经费和社区工作者待遇。进一步完善城乡社区规划布局，积极探索城乡一体新社区治理模式。完善居民小区物业管理机制，提高物业管理质量，改善居民生活环境。

17. 着力发展和谐劳动关系。牢固树立“富民、惠民、安民”理念，强化制度建设，全面实施劳动合同制度，加快推进集体合同制度，建立健全以职代会为主要形式的企业民主管理制度。加强监管调解，依法规范劳动用工行为，加大劳动监察执法力度和劳动争议调解处理，建立完善法律援助制度，努力化解劳动关系矛盾。加强对企业工资分配的指导和调控，严格执行最低工资保障制度，完善职工工资支付保障机制，促进职工工资收入稳步增长，依法打击恶意欠薪逃匿行为。高度重视劳动保护，积极改善职工劳动条件。加强企业文化和职工文化建设，不断满足职工文化需求。加强和改善企业职工医疗卫生服务、住房服务，全面提升职工生活保障水平。

六、加强和完善公共安全体系

18. 完善社会治安防控机制。深化“平安桐乡”建设，大力开展平安创建活动，加强社会治安综合治理。以社会化、网络化、信息化为重点，有效整合各种社会防控资源，建立健全专群结合、点线面结合、网上网下结合、人防物防技防结合、打防管控结合的立体化治安防控体系。深化城乡社区警务制度建设，进一步充实基层一线警力，加强治安岗亭建设。深化社会治安教育，提高群众防范意识和能力。加强专业力量与群众力量相结合的社会治安防控力量建设，加强专兼职治安巡防、新居民协管员、企业社区保安、护村队等群防群治队伍建设。加强新居民集聚区综合管理，推进平安志愿者队伍长效机制建设。加大社会治安薄弱环节、重点区域的整治力度，着力解决突出治安问题和安全隐患。加强刑事犯罪预警工作，始终保持严厉打击刑事犯罪活动的高压态势，切实保障人民群众生命财产安全。

19. 严格安全生产和环境监管机制。落实安全生产属地监管责任，完善市、镇(街道)、村(社区)三级安全监督体系。进一步落实部门(行业)安全监管责任，深入开展隐患排查治理，切实抓好道路交通、危险化学品、建筑施工、消防等重点领域安全生产工作，有效预防各类事故的发生。强化落实生产经营单位安全主体责任，推进企业安全生产标准化建设，建立企业安全生产诚信机制，严厉打击非法违法生产经营。加强安全生产法制建设，强化生态环境安全和安全生产保障，完善安全生产长效管理措施，提高安全生产水平。推进生态立市战略，增强环境保护意识，加强环境综合治理和日常监管，切实减少环境污染引发的社会安全问题。

20. 健全食品药品安全监管机制。进一步理顺食品药品监管体制，健全食品药品安全协调机构，完善考核评价和责任追究机制，落实重点领域和薄弱环节的监管责任。建立健全食品安全检验检测体系，落实食品药品认证制度，加强食品药品安全监测技术支撑能力建设。加快完善、严格执行食品药品安全标准，建立健全食品药品质量追溯制度，形成来源可追溯、去向可查证、责任可追究的安全责任链。突出预防为主，健全食品药品安全应急体系，完善应对突发事件预案和风险监测、安全预警、快速反应各项机制，实现对产品风险的有效管理。进一步强化企业食品药品安全第一责任人的意识，营造食品药品安全诚信环境。深入开展食品药品安全重点领域、薄弱环节专项整治，加大对食品药品抽检力度和大案要案查办力度，切实提升食品药品安全水平。

21. 健全突发事件应急体系。加强应急管理组织机构和领导体系建设，统筹指挥、组织协调突发事件预防和应对工作。健全覆盖全市的突发事件监测预警体系，完善应急预案，加强综合应急平台建设，健全预警信息快速发布和舆论引导机制，完善镇（街道）、部门协同机制，形成统一高效的公共安全应急指挥系统。加强应急保障能力建设，完善资金、物资、装备、技术准备制度，健全各类应急通讯网络，加强灾害监测、预报和预警能力建设，提高应对各种灾害和突发事件的能力。注重城乡重要基础设施和生命线工程的安全保护，提高重点领域、重点区域和薄弱环节的应对水平。整合应急力量，加快形成专兼职队伍、专家队伍和社会志愿者协同配合的应急队伍体系。建立健全社会动员机制，组织开展突发事件应急演练和教育培训，提高公众自救互救能力。坚持应急、防控和监管并重，开展“公共安全保障专项行动”，形成有效预防社会公共安全事件发生的安全保障网络体系。

七、加强和完善非公有制经济组织、社会组织管理体系

22. 明确非公有制经济组织服务管理员工的社会责任。组织实施“新经济组织管理创新专项行动”，指导和帮助非公有制经济组织全面提升自身素质，明确非公有制经济组织服务管理员工的社会责任。推动企业形成兼顾国家、社会、股东、管理者、员工利益的协调机制，深化“和谐企业”和“发展强、党建强”先进企业创建，深入开展企业“议事会、新三会一课”等活动，凝聚员工智慧，助推企业发展。改善员工生产和生活环境，提升员工素质，维护员工合法权益，促进企业内部和谐。进一步完善非公有制经济代表人士综合评价体系，注重评价结果运用，大力弘扬“优秀社会主义建设者”精神，促进广大非公有制经济组织健康发展和非公有制经济人士的健康成长，引导非公有制经济组织和非公有制经济人士奉献爱心，积极参与公益慈善事业。

23. 推动社会组织健康发展。坚持一手抓引导发展、一手抓依法管理，建立健全党和政府领导的“枢纽型”社会组织工作体系、管理体制和工作机制。制定扶持引导社会组织发展政策，加大培育力度，支持社会组织参与公共服务和社会管理。研究制定社会组织承接政务职能转移、政府购买服务等政策，逐步将事务性、服务性工作和部分社会管理工作委托给社会组织承担，推进政社良性互动与合作。拓宽社会组织依法参政议政渠道，探索建立行业协会商会行业发言人制度，扩大社会组织对公共事务的参与。加强社会组织自身建设，完善内部法人治理结构，实施社会组织等级评估，形成自我管理、自我服务、自律自治的运作机制。探索建立社会组织联席会议制度，加强对社会组织的监督管理。

八、加强和完善信息网络管理体系

24. 依法促进信息网络健康有序发展。推进“信息网络管理专项行动”，加强组织领导和统筹协调，形成党委统一领导、政府严格管理、部门责任明确、企业依法运营、行业加强自律、全社会共同监督的互联网综合管理格局。领导干部要善学、善待、善用、善管互联网，借助互联网更好地关注民生、推动发展、服务群众。加强互联网管理工作队伍建设，进一步落实管理责任，着力提高互联网管理效能。加强互联网基础管理，强化网站准入和网站接入服务等源头环节管理，加大技术手段和监管平台建设，切实维护网上信息传播秩序，不断提高依法、规范、科学、系统、动态管理能力和水平，为经济发展、社会进步和满足群众精神文化需求提供有力保障。

25. 健全网上舆论引导机制。进一步加强网络主流文化阵地建设，加大正面宣传力度，加快建立公开透明、及时有效的信息发布制度，掌握舆论引导的先机和主动权。加强网络舆情分析、研判和监测，高度重视互联网上的社情民意，及时主动回应社会和群众关切。坚持开展各种形式的领导干部与网民互动交流活动。落实《关于进一步加强互联网管理工作的实施意见》，完善重大网络舆情处置预案，全面实行重大舆情信息即时专报制度，落实网络突发事件应对措施。完善新闻发言人和网络发言人制度，健全专兼职结合的网络评论员队伍，不断增强重大突发事件和群体性事件的网上舆论应对能力。建立网络民意收集机制，认真做好重点网站网民留言办理工作，使网络民意在现实的公共决策和政策执行中发挥有效作用。

26. 健全网上网下结合的综合防控机制。加强网上技术手段和力量建设，完善网上有害信息的监测、研判、预警、处置机制，推进整治互联网和手机媒体有害信息工作，依法严厉打击淫秽色情、赌博、诈骗等违法犯罪活动，建立健全净化网络文化环境长效机制。广泛开展网络道德法制教育，深化“文明办网、文明上网”活动，使互联网成为全社会共建共享的健康精神文化家园。

九、加强和完善社会环境建设体系

27. 大力加强思想道德建设。把提高全社会文明程度作为加强和创新社会管理的基础性工程。加强社会主义核心价值体系建设，广泛开展群众性爱国主义教育活动，扎实推进形势政策宣传教育，大力弘扬“凤起梧桐、同创共享”的桐乡精神，使社会主义核心价值体系成为人们的基本价值取向。加快文化名市建设，进一步完善以镇（街道）和农村（社区）为基础，覆盖城乡、功能健全、使用高效的公共文化设施网络，努力满足人民群众日益增长的精神文化需求。加强社会心理服务，注重心理疏导，建立心理危机干预预警机制，培育奋发进取、理性平和、开放包容的社会心态。实施“文明桐乡”提升行动计划，争创省级示范文明城市，大力开展形式多样的群众性精神文明创建活动。深入推进社会公德、职业道德、家庭美德、个人品德建设，不断提高社会道德水平，引导人们自觉履行法定义务、社会责任、家庭责任，树立良好社会风尚，努力在全社会形成齐心协力促进社会和谐稳定的良好氛围。

28. 建立完善社会诚信体系。强化政府诚信建设，充分发挥政府诚信在社会诚信体系建设中的引领作用。加强社会诚信制度建设，建立健全社会化的失信惩戒机制，加快构建社会诚信规范和约束体系。建立完善信用信息共享平台，以公民身份号码和组织机构代码为基础，探索建立统一的信用记录平台，不断提高信用信息共享度。建立统一规范的信用评估指标体系，提高评级公信力，拓展评级结果应用范围。积极推动中小企业、农户信用档案征集和信用评级，加快中小企业和农村信用体系建设。加快培育和发展信用中介行业，制定相关扶持政策，积极拓展信用产品和服务使用，促进信用中介行业健康发展。加强个人诚信体系建设，加快个人诚信评估和失信惩戒制度建设，提高公民个人信用素质。广泛开展社会诚信创建活动和区域合作，积极参与和推动“信用长三角”建设，努力营造诚实守信的社会环境。

29. 深入推进法治桐乡建设。认真组织实施“六五”普法规划，深入开展法制宣传教育，切实增强全社会法治意识，加强领导干部、执法人员、公务员的社会主义法治理念教育，不断提高依法决策、依法行政和运用法律解决问题的能力水平。全面推进依法行政，健全行政执法体制和程序，规范行政决策、行政执法及行政处罚自由裁量权行使，积极推进行政指导、说理性执法等执法方式创新。进一步深化司法体制及工作机制改革，严格执法程序，推进“阳光司法”，不断扩大司法公开范围和程度，保护公众的知情监督权和当事人合法权益，完善司法过错与渎职责任追究制度，建立健全案件质量评查与责任追究制度体系，维护司法公平公正。

30. 促进不同民族、不同宗教信仰群众和谐相处。把民族团结进步宣传教育纳入公民道德教育和社会主义精神文明建设全过程，努力维护少数民族群众合法权益。切实加强少数民族流动人口的服务与管理工作，不断拓宽工作渠道，提高服务管理水平。全面贯彻党的宗教信仰自由政策，依法管理宗教事务，引导宗教与社会主义社会相适应，努力促进宗教关系和谐。教育引导各族群众、信教群众和不信教群众团结一心，共同维护社会和谐稳定。

十、切实提高社会管理能力与水平

31. 提高统筹推进社会管理工作能力。把加强和创新社会管理纳入经济社会发展总体规划，做到与经济建设同规划、同部署、同检查、同落实。党政主要负责同志要切实承担第一责任，亲自抓、负总责。各有关部门、单位要切实履行职责，抓好各项专项行动和政策措施的落实。加快研究制定科学的社会管理工作考核评价指标体系，把社会管理工作实绩作为对领导班子、领导干部综合考核评价的重要内容。加快社会管理重点基础项目建设，探索实施项目化管理，明确工作内容、工作标准、工作时效和工作责任，加强跟踪督查，确保工作实效。加大社会管理的财政保障力度，合理增加社会建设和社会管理支出。发挥电视、报纸、网络等媒体的作用，加大宣传力度，努力营造加强和创新社会管理的良好氛围。

32. 提高各级干部社会管理能力。各级领导干部和机关事业单位人员要主动适应形势发展需要，加强对社会管理重大问题的调查研究，自觉学习掌握社会管理相关理论和科学分析社会形势的方法，提高社会管理能力和水平。党校、行政学校要增设社会管理相关课程，加强对各级干部的社会管理知识教育培训，以镇（街道）、村（社区）党组织书记为重点开展基层党组织书记集中轮训。进一步突出重视基层的用人导向，注重改善干部队伍结构，采取交流、挂职、下派锻炼等形式加强干部实践锻炼，不断提高各级干部队伍的社会管理能力和群众工作能力。

33. 提高社会管理队伍建设水平。出台社会工作人才发展专项规划，完善培养、使用和激励等方面的政策制度，推进社会工作者组织和人才队伍建设，发挥社会工作者在社会管理工作中的积极作用。规范社会工作者岗位设置、待遇、考核评价和权益保护机制，按照专业化、职业化的发展要求，抓好社会工作者职业水平考试和教育培训，培养造就一支适应我市经济社会转型发展需要的社会工作人才队伍。加快建立社会工作者人才信息库。完善志愿者管理和支持体系，建立“社工引导志愿者、志愿者协助社工”的联动工作机制，不断壮大志愿者队伍，共同推动社会进步。

34. 提高公共服务能力。加快推进以保障和改善民生为重点的社会建设，建立符合实际、比较完整、覆盖城乡、可持续的基本公共服务体系，全面实施基本公共服务均等化，努力让人民群众学有所教、劳有所得、病有所医、老有所养、住有所居、难有所助。推进教育事业优先发展、科学发展，健全城乡统筹的现代教育体系，着力巩固教育强市建设成果，落实保障困难群体、新居民子女平等接受教育的各项措施。实施更加积极的就业政策，完善各类免费就业培训制度，加大就业困难人员就业、再就业扶持力度。全面落实创业扶持政策。完善社会保险体系，努力实现养老、医疗、失业、工伤、生育等保险从“制度全覆盖”向“人群全覆盖”推进。启动实施医药卫生体制改革，推进国家基本药物制度，加强以全科医生为重点的基层医疗队伍建设，着力解决看病难看病贵问题。推进养老事业发展，完善养老服务。完善以最低生活保障为基础，养老、医疗、教育、住房等专项救助为辅助，其他救济和社会帮扶为补充的新型社会救助体系。健全最低生活保障标准的动态增长和物价补贴机制，深入实施农村“五保”和城镇“三无”对象集中供养制度，形成困难群众长效帮扶机制。加快完善廉租房、公共租赁房、经济适用房住房保障体系，严格保障性住房管理。加强农村公路、供水供电排污等基础设施建设，完善公共配套。进一步做好未成年人和妇女儿童保护，以及人口计生、残疾人社会保障与服务、红十字、慈善等方面工作。合理调整收入分配关系，努力缩小城乡、区域、行业和社会成员之间收入差距，增加居民收入。

35. 提高做好新形势下群众工作能力。把群众工作贯穿到社会管理的各个方面、各个环节，深入研究和把握新形势下群众工作的新特点新要求，坚持教育群众和服务群众相统一，继承创新群众工作方式方法，综合运用法律、政策、经济、行政、科技等手段和教育、协调、疏导等办法开展群众工作，提高群众工作的针对性和实效性。牢固树立群众观点，自觉实践群众路线，始终保持党同人民群众的血肉联系，健全完善服务群众、联系群众制度，坚持和深化领导干部下基层蹲点调研、结对联系、破难攻坚等制度，与时俱进地做好联系群众、宣传群众、组织群众、服务群众、团结群众的各项工作。加强党风廉政建设，对人民群众反映强烈的热点难点问题进行专项治理，严肃查处损害群众利益的违纪违法案件，以惩治腐败的实际成效取信于民。

中共上虞市委　上虞市人民政府关于加强社会工作者队伍建设推进社会工作发展的意见

市委〔2011〕28号

各乡镇、街道，市直各部门和单位：

为贯彻落实党的十七大和《中共中央关于构建社会主义和谐社会若干重大问题的决定》精神，充分发挥社会工作者在构建社会主义和谐社会中的作用，努力造就一支结构合理、素质优良的社会工作人才队伍，初步建立具有上虞特色的社会工作制度体系，现就加强社会工作者队伍建设，推进我市社会工作发展提出如下意见：

一、充分认识加强社会工作者队伍建设的重要意义

（一）加强社会工作者队伍建设，是解决社会问题、促进社会和谐的需要

社会工作是综合运用专业知识、技能和方法，为有需要的个人、家庭、群体、组织提供专业社会服务，预防和解决社会问题、恢复和发展社会功能、促进社会公正和谐的职业活动。当前，上虞正处于大好的发展机遇期、优势扩张期、实力赶超期，在经济社会取得快速发展的同时，各种社会矛盾不断凸显，解决难度不断加大。加强社会工作人才队伍建设，充分发挥其专业从事困难救助、矛盾调处、权益维护、心理疏导、行为矫治等方面的独特优势，对于协调社会关系、预防和解决社会问题、促进社会公平正义、维护社会和谐稳定具有重要意义。

（二）加强社会工作者队伍建设，是转变政府职能、创新社会管理的需要

政府实行职能转变要从全能政府向有限政府、从管理型政府向服务型政府转变。社会工作者是社会服务的专业提供者、社会矛盾的有效调解者和社会公平的积极维护者，是社会管理和公共服务的重要力量。通过依托政府、充分调动社会工作者力量参与社会管理，有利于整合社会资源，降低社会管理成本，提高社会管理效率，实现社会管理创新。

（三）加强社会工作者队伍建设，是实施人才战略、推动社会建设的需要

社会工作者是我市人才队伍的重要组成部分，坚持党管人才的原则，建设具有专业知识和技能的社会工作者队伍，是全面落实人才强市战略的重要举措。近年来，我市以社区建设为切入点，大力抓好社区专职工作者队伍建设，但社会工作基础还比较薄弱，社会工作者队伍建设还不能适应我市社会建设的需要。加强社会工作者队伍建设，是推进社会工作发展的一项全局性战略任务。

二、正确把握加强社会工作者队伍建设的目标任务

（一）总体要求

深入贯彻落实科学发展观，坚持党管人才原则，适应社会建设发展要求，整体规划、分步推进，适度倾斜、重点突破，积极稳妥、创新务实。通过3—5年努力，大力推进社会工作的职业化、专业化和社会化，建立科学合理的社会工作者培养、评价、使用和激励机制，完善社会工作岗位设置和社会工作者配置机制，培育和发展一批能够承载并促进社会工作发展的公益性社会组织，营造有利于社会工作发展的社会氛围，逐步形成“党委统一领导、政府主导推动、社会组织运作、公众广泛参与”的社会工作发展格局。

（二）具体目标

以培养结构合理、规模适当、专兼结合的社会工作者队伍为目标，逐步形成与全市社会事业发展相适应的初、中、高级社会工作者梯度发展结构。到2015年，全市力争培养约2500名社会工作人员，约占全市总人口的3.2‰；以高级社会工作师、社会工作师、助理社会工作师名义登记注册的社会工作者要达到社会工作人员总量的15%，社会工作岗位新录用人员60%以上取得职业水平证书，社会工作人员在职在岗培训率要实现100%，切实增强社会工作者队伍的整体素质和综合能力。

三、大力推进社会工作者队伍的专业化

（一）加强社会工作者教育培训工作

1. 制定教育培训规划。在掌握我市社会工作者队伍建设现状的基础上，进一步把握社会工作的发展趋势，制定今后一段时期全市社会工作者的教育培训规划，明确全市社会工作者教育培训的规模和结构，探索建立贯穿高校专业教育、社工入职教育、社工继续教育各阶段衔接的教育培训体系，切实提升我市社会工作者的职业道德修养、政策法规水平、专业技术素质、社会工作实务等综合能力。

2. 设立教育培训基地。按照社会工作人才队伍专业化发展方向，整合现有教育培训资源，依托高校和社会工作服务机构，建立培训基地，充分发挥基地在实践锻炼、案例积累等方面的示范带动作用，使其成为社区社会工作人才的培养输出地。社会工作相关部门在开展业务培训时要积极安排社会工作相关内容，市委党校要在主体班中开设社会工作课程。开展与先进地区社会工作者的交流与合作，学习借鉴社会工作发展的成功经验。

3. 开展教育培训工作。鼓励尚未取得职业资格的在岗人员参加社会工作专业学历教育和社会工作职业资格

考试，加快向专业社会工作者的转化。对现有社会工作从业人员进行专业培训，每年参加社会工作专业教育时间累计不少于40学时，重点突出社会工作理念方法、专业知识、操作技能、职业操守等方面的教育，全面提高社会工作从业人员的专业化水平和提供优质服务的能力。

（二）建立社会工作者职业水平评价制度

1. 组织职业水平考试。贯彻落实人事部、民政部颁发的《社会工作者职业水平评价暂行规定》和《助理社会工作师、社会工作师职业水平考试实施办法》，按照国家的统一部署，组织开展社会工作者职业水平考试和评价工作。各类参加助理社会工作师、社会工作师考试并成绩合格的社会工作者，由人事部门颁发职业水平证书，纳入专业技术人员资格证书统一管理。

2. 开展登记注册工作。实施社会工作者职业水平证书登记工作，取得职业水平证书的社会工作者可自愿在社会工作主管部门或其委托的机构登记为社会工作者（社工），并接受其管理。建立社会工作职业规范、从业标准等制度，逐步形成社区社会工作标准化职业规范体系。社会工作者在社会工作职业活动中，应遵守社会工作者守则，接受社会工作主管部门或其委托机构的管理，在法律法规规定的范围内开展工作。对违反有关法律、法规、规章制度或职业道德的人员，由登记机关取消登记，并由发证机关收回职业水平证书。

3. 推行职业准入制度。探索社会工作职业准入制度，鼓励社会工作专业岗位优先聘用具有社会工作者职业水平证书并登记为社会工作者的专门人才，逐步实行持证上岗。到2015年，现有社会工作从业人员15%以上、社会工作岗位新录用人员60%以上取得职业水平证书。

（三）健全社会工作者激励保障机制

1. 完善薪酬保障机制。以体现专业人才价值为导向，建立健全多层次、全方位的社会工作人才薪酬保障机制。在公务员岗位及参照公务员管理的岗位从事社会工作的社会工作者，应获得相应职级的公务员薪酬；受聘岗位为事业编制的，应结合事业单位人事、工资制度改革，执行体现岗位绩效和能力水平的专业技术人员工资标准；社区工作者待遇应参照全市经济发展水平，要研究确定相应的工资增长机制；在公益性社会组织工作的，要采取学历、资历、资格、业绩、岗位等多种指标相结合，按照以岗定薪、以绩定奖、按劳取酬的原则，保证其薪酬不低于同等条件专业技术人员的薪酬水平。公益性社会组织应按照社会保险政策规定，按时足额交纳应由本机构承担的社会保险费用。

2. 建立考核评估机制。社会工作岗位要求职责规范，要制订考核评估标准，明确考核评估机构和方法，建立社会工作人才考核评估制度。由社会工作者所属机构和所服务单位定期对社会工作者履行岗位职责、教育培训、职业发展状况等进行综合考核评估，强化对社会工作人才的动态管理。每年根据综合考核评估结果，择优选用，使社会工作人才队伍更具竞争力和生命力。

3. 建立合理流动机制。加强社会工作者流动的宏观调控与指导工作，贯彻落实好组织人事政策。在相对成熟的领域，通过建立统一的社会工作者数据库，设置就业指导窗口、举办专场招聘会、发布供求信息、开展人才推荐等形式，搭建社会工作者和聘任组织双向选择的平台，促进社会工作者有序流动。

4. 建立表彰奖励机制。将社会工作者表彰奖励纳入我市人才奖励体系，与其他各种类型的人才同等对待。对业绩突出的社会工作者和经过考核评估成效明显、群众受益高的项目或项目的组织者以及对推动社会工作成绩突出的政府职能部门和社会组织，可采取多种形式予以表彰奖励，提升社会工作者的职业声望和地位，增强其工作热情和归属感，吸引更多职能部门和社会组织推动优秀人才从事社会工作。

四、积极开发设置社会工作岗位

（一）研究建立社会工作岗位设置配备标准体系

社会工作岗位开发与设置是加强社会工作者队伍建设，加快发展社会工作的基础性工作。按照科学合理、精简效能、按对象设岗位、以需求定数量的原则，在涉及社会工作的党政机关、人民团体、事业单位和社会公益性民间组织中研究设定社会工作岗位。综合衡量不同社会工作岗位要求、服务对象需求、工作难易程度等因素，研究设计相应岗位等级、岗位数量以及与社会工作岗位要求相适应的社会工作人才配置比例，形成我市社会工作岗位设置配备标准体系。

（二）积极开发设置社会工作岗位

根据社会工作岗位设置配备标准体系，按照整体规划、分步推进、协调发展的原则开发设置岗位。首先在涉及社会工作相对较多、条件比较成熟的民政、司法、教育、残联等领域根据实际需求按对象分步设置一定数量的社会工作岗位，有计划、有步骤地重点在社区建设、社会福利与救助、青少年教育、老年人心理调适、司法矫正、人民调解、残障康复、外来务工人员服务、婚姻家庭服务中推进社会工作，多渠道吸纳社会工作者，逐步导入社会工作理念和方法。在总结试点经验的基础上，逐步扩展社会工作服务领域。

（三）探索转换和引进相结合的社会工作者配置办法

我市社会工作者的配置既要着眼于加快社会工作的职业化和专业化进程，又要考虑公共财政的承受能力。社会工作者的配置应采取提升转换现有存量人员和引进专业人才相结合的办法。要认真做好现有从事社会工作人员的提升转换工作，对已在设定的社会工作岗位工作，但尚未取得社会工作者职业水平证书的人员要组织开展分期、分批、分层培训，帮助其获得职业水平证书并按要求进行登记，逐步做到持证上岗。要大力引进具有专业背景的社会工作人员，鼓励高校社会工作专业毕业生在我市参加职业水平考试并登记为社工。

五、大力发展社会公益性民间组织

（一）培育发展社会公益性民间组织

1. 高度重视社会公益性民间组织的培育。发展社会公益性民间组织是推进社会工作的重要条件，社会公益性民间组织是社会工作的重要承担者，是社会工作人才的重要承载者。大力培育发展直接提供社会工作服务的社会公益性民间组织，不断拓展社会工作者施展才能的空间，鼓励社会公益性民间组织承接承揽政府行政职能之外的社会管理与社会服务，有利于形成“政府主导推动、民间组织运作”的社会工作运行格局，实现社会服务的共建共享。

2. 积极培育发展社会公益性民间组织。按照“多种渠道、整合资源”的思路，推行“三个一批”的办法：结合我市事业单位改革，将一批可以承接政府购买服务的事业单位改造转化为社会公益性民间组织；选择一批现有的民间组织，按照承担社会服务工作的要求规范整合，使之成为有资质、能力承接政府购买服务的社会公益性组织；鼓励支持社会力量，创办一批社会公益性民间组织。这类民间组织在承接政府购买服务后，要优化工作流程、控制成本费用、改善服务质量、提高人员素质，满足社会服务需求。

3. 注重培育发展社会工作者行业协会。大力培育社会工作者协会等直接为社会工作者和社会公益性民间组织提供管理服务的民间组织。要成立市社会工作者协会，构建以公益目标为导向、内部激励机制完善、外部监管制度健全的规范合理的运行机制，为社会工作者和社会公益性组织提供服务。切实发挥社会工作者协会作为社会组织孵化基地的作用，积极创造条件，推动社会组织的发育和发展。

（二）加大对社会公益性民间组织的政策支持

1. 简化社会公益性民间组织登记管理。改革社会公益性民间组织登记办法，简化登记手续，鼓励社会力量举办社会公益性民间组织，保证其民间性。原则上按照社会公益性民间组织的业务性质确定其业务主管单位，对于业务交叉或难以找到业务主管单位的公益性民间组织，可以由市社会工作管理部门担任其业务主管单位。推行社会公益性民间组织服务质量体系认证，保证其健康持续发展。

2. 规范政府向社会公益性民间组织购买服务制度。开展政府向社会公益性民间组织购买服务。对政府在社会福利、维权、治安、卫生、教育、文化等方面的服务项目，鼓励政府相关部门尝试社会化、市场化运作。由社会工作管理部门会同有关业务主管部门、政府采购部门，采用“项目管理”方式向社会公益性民间组织购买，并以合同方式确定双方的责、权、利关系，促进公益资源的共享和合理配置。

3. 完善社会公益性民间组织相关保障。社会工作管理相应主管部门和市人力资源和社会保障局应推动民间组织建立和完善从业人员人事、福利、保障等制度，加强人才培训工作，吸引更多优秀人才进入社会公益性民间组织。探索建设“民间组织孵化基地”，优先满足符合孵化条件的社会公益性民间组织进驻需要。

（三）加强对社会公益性民间组织的监督管理

社会公益性民间组织要坚持正确的政治方向，认真贯彻落实党的路线、方针、政策，严格遵守国家法律法规，加强党的建设，发挥党组织的核心作用。要按照有关管理要求和章程，完善内部治理结构，加强能力建设，严格自律。社会工作管理部门、社会组织登记管理部门和业务主管部门，要依法加强经常性的管理和监督，严肃查处违背宗旨、超范围活动等违法行为。

六、加快建立社会工作者与志愿者联动机制

（一）充分发挥社区在社会建设中的作用

社区是现代城市社会生活的基本形态，在社会工作中发挥着主体性和基础性的作用，已成为解决社会发展问题的十分有效的载体和平台。要以社区为依托，紧密结合社区自治的提升和强化、社区服务的拓展和深化，加快建立社会工作者与志愿者联动机制，切实推进社会工作。

（二）切实加强志愿者队伍建设

广泛弘扬公民精神、普及志愿服务理念，切实发挥志愿者在社会工作中的作用。加强志愿者队伍的组织、管理、培训、监督，认真实施志愿者队伍的注册登记工作，将志愿者培训纳入社会工作教育培训规划，有计划、分层次、多形式地开展社会工作专业知识与技能培训，提升志愿者服务的专业化水平，着力培育有一定专业特长、参与面广、服务功能强、作用发挥好的志愿者队伍，所需经费纳入政府购买社会工作服务的范围。对工作成绩显著的志愿者，给予表彰，形成人人争当志愿者的良好氛围。推动志愿服务领域的延伸和拓展，创新服务方式、丰富服务内容，促进服务的经常化、制度化和规范化。倡导公职人员、党团员、大中学生参加志愿者服务，充分发挥示范导向作用。

（三）着力完善社会工作者与志愿者联动发展机制

推进社会工作，既要发挥专业社会工作者的主体、主导作用，又要发挥志愿者的协助、参与作用。建立市注册志愿者与社会工作者结对联系制度，每个社会工作者相对固定联系一定数量的志愿者，有针对性地联动开展社会工作。社会工作者所在机构应为志愿者开展工作提供必要的条件，积极发挥社会工作者在组建团队、规范服务、拓展项目、培训策划等方面的专业优势，形成“社会工作者引领志愿者拓展服务、志愿者协助社会工作者改善服务”的发展模式。对有从事社会工作职业意愿且符合相关条件的优秀志愿者，在其通过社会工作者职业水平考试并经过登记后，优先录用为职业社会工作者。建立“社工、志愿者”联动工作联席会议制度，由市社会工作管理部门和共青团组织牵头，有关的社会工作服务机构和志愿者组织等参加，统筹协调联动工作，研究解决工作中遇到的问题。

七、为社会工作者队伍建设和社会工作发展创造良好环境

（一）建立社会工作的领导体制

社会工作是社会建设和管理的一项基础性、综合性工作。为大力推动社会工作者队伍建设和社会工作发展，成立市加强社会工作者队伍建设推进社会工作发展领导小组，市委专职副书记任组长，市政府分管领导任副组长，相关部门负责同志为成员，领导小组办公室设在市民政局。在全市建立“组织部门牵头抓总、民政部门具体负责、各有关部门积极配合”的领导管理体制。

（二）健全社会工作的运行机制

推进社会工作，必须坚持党对社会工作的领导，正确处理发展社会工作与加强党的基层组织建设、政府与社会、社会工作管理部门与乡镇街道、其他部门的关系，必须充分发挥各级各部门、社会各方面和社会工作者的积极性，形成社会工作的发展合力。社会工作管理部门要加强对社会工作的研究指导和组织协调，充分发挥职能作用。各有关部门要大力支持社会工作，研究制订落实配套政策，建立良好工作机制，特别是社会工作涉及领域的相关部门，要抓住政府职能转变的契机，加强本领域社会工作的研究，开展社会工作队伍建设的探索，切实推进社会工作在多个领域的发展。

（三）完善公共财政的支持体系

建立以政府购买社会工作服务为重要形式的财政支持机制，合理界定政府提供社会工作服务的范围，体现财政支持社会工作的科学性和有效性。建立政府资助社会工作的制度，对社会工作教育培训、交流合作、基地建设、调研宣传等给予适当经费补贴。拓宽社会融资渠道，鼓励引导社会资金向社会工作投入，加强对社会工作资金使用的内部审核和外部监督，建立健全财务管理制度、服务项目投标制度、绩效审计评估制度，提高社会工作资金的使用效能。

（四）加强对社会工作的调查研究

围绕社会工作者队伍建设中的重点、难点、热点问题，要认真研究、积极探索社会工作发展的规律、途径、模式。借鉴国内外有益经验，明确政府、社会工作机构和社会工作者在社会工作中的权利义务关系，保障社会工作者服务的法定性、规范化和队伍的专业化、职业化，维护社会工作的职业权威和专业形象。

（五）加大对社会工作的宣传力度

目前我们在培养社会工作者方面还刚刚起步，社会工作者这一职业尚未被社会各方面广泛了解。社会工作管理部门和新闻宣传部门要加强对社会工作的宣传，系统宣传社会工作的专业理念、方法和作用，特别要深入宣传社会工作者的典型事迹和社会工作的典型案例，提高全社会对社会工作的知晓度和认同度。要总结交流各领域社会工作的经验，展示社会工作丰富的职业内涵、社会价值及广大社会工作者的职业风采，营造加强社会工作者队伍建设、推进社会工作发展的良好社会氛围。

中共上虞市委员会
上虞市人民政府
二〇一一年五月二十六日

中共兰溪市委　兰溪市人民政府关于印发《关于进一步鼓励和支持大学生村官自主创业的实施办法》的通知

兰委〔2011〕27号

各镇乡党委、街道党工委，镇乡人民政府、街道办事处，市机关各部门：

《关于进一步鼓励和支持大学生村官自主创业的实施办法》已经市委、市政府研究同意，现印发给你们，请认真贯彻执行。

中共兰溪市委
兰溪市人民政府
二〇一一年九月七日

关于进一步鼓励和扶持大学生村官自主创业的实施办法

为进一步激发大学生村官创业热情，提高大学生村官干事创业活力，促进大学生村官服务期满后有序流动，根据省委组织部《关于做好大学生"村官"有序流动工作的实施意见》、《关于鼓励和支持选聘到村任职高校毕业生自主创业的意见》和金华市委组织部等《关于鼓励和支持选聘到村任职高校毕业生自主创业的意见》精神，结合我市实际，现就进一步鼓励和扶持大学生村官创业提出如下实施办法。

一、指导思想

以科学发展观为指导，认真贯彻落实近年来中央、省、金华和我市大学生村官工作的有关精神，紧紧围绕培养我市新农村建设后备力量和推进农业产业化发展，坚持把大学生村官与培养造就农村优秀青年人才、农村创业创新带头人相结合，立足大学生村官农村自主创业平台，以创业引领发展，以创业带动村民致富，加快推进全市社会主义新农村建设，促进大学生村官工作健康持续发展。

二、扶持政策

（一）注册优惠。

1. 放宽市场准入条件，除法律、行政法规另有规定外，申请企业登记，注册资本最低限额降低至3万元；在不低于法定注册资本最低限额前提下，允许注册资本分期到位，其他部分可在公司成立之日起两年内到位；

2. 鼓励大学生村官以知识产权、实物、科技成果等可以用货币评估并可以依法转让的非货币财产作价出资登记公司，允许非货币财产作价出资最高达到注册资本的70%。鼓励大学生村官自主创业企业以股权出质融资。

3. 大学生村官自主创业的，须由其本人担任个体工商户业主、企业法定代表人（负责人），且其出资总额不低于注册资本的30%。大学生村官开设网店的，其经营场所可设在住宅内。

（二）减免税收。大学生村官从事个体经营，成立农民专业合作社的，免交开业登记类、证照类、管理类的各项行政事业性收费。从事农、林、牧、渔业等项目企业所得，按规定免征或减征企业所得税。

（三）资金扶持。

1. 设立大学生村官创业基金。由市财政拨款设立大学生村官创业基金，专门用于扶持大学生村官自主创业。基金设在农信担保有限公司，暂时采用封闭式运行办法进行管理。

2. 提供大学生村官创业小额贷款。

(1)信用贷款。在兰溪市农村信用合作银行、越商村银行、兰信小额贷款公司、立民小额贷款公司开设大学生村官低息专项贷款，贷款额度为1－5万元（含5万元），单笔贷款期限一般不超过1年，贷款利率按人民银行公布的同档次贷款基准利率下浮10%执行。

(2)担保贷款。在兰溪市农村信用合作银行开设大学生村官创业小额贷款，贷款额度为5－20万元（含20万元），贷款期限一般为1年，贷款利率按人民银行公布的同档次贷款基准执行，按期还款的给予60%的贴息（展期不贴息），由兰溪市农信担保有限公司提供担保。贷款具体程序参照《兰溪市人民政府〈关于印发兰溪市低收入农户扶贫小额贷款暂行办法的通知〉》（兰政办发〔2009〕75号）执行。

3. 支持大学生村官创办企业。对大学生村官在兰注册登记的企业（专业合作社）申报的科技计划项目，落实专项资金，进行重点扶持和优先支持。对大学生村官申请获得授权的国内发明专利、实用新型专利、外观设计专利的，给予一定的奖励。鼓励大学生村官在本市注册登记的企业（专业合作社）科研成果，通过国家、省、市级科技成果鉴定参加科技成果评奖，对科学技术奖的获奖单位和个人给予一定的奖励。同一成果按照从优、不重复原则奖励。

对大学生村官创办其他企业或从事个体经营的（除建筑业、娱乐业及销售不动产、转让土地使用权、广告业、房屋中介、桑拿、按摩、网吧、氧吧外），给予年租金10%的补助（最高不超过3000元），期限最长不超过3年。创办企业，吸纳当地劳动者就业（不受吸纳就业起点限制）且正常生产经营一年以上，并与其签订1年以上期限劳动合同的，按每人200元的标准给予新增就业岗位奖励；吸纳当地其他高校毕业生就业的，凭工商登记、职工五金交纳凭证和劳动合同，按每人3000元的标准给予一次性促进就业补助；劳务派遣单位不享受新增就业岗位奖励。

大学生村官首次开办网上商店，经营满一年且达到二钻以上的，经市创业办认定给予一次性奖励1000元，其他特色创业项目经创业办评估认定，给予一次性奖励500元。

4. 鼓励大学生村官从事现代农业项目。对大学生村官通过土地租赁、土地入股等流转方式创办农业经营和服务公司的给予政策倾斜。大学生村官组织的经营主体达到《兰溪市人民政府关于加快农村土地承包经营权流转促进土地规模经营的若干意见》（兰政发[2009]7号）所规定土地流转和规模经营要求的，按照市政府文件规定的标准和既定资金渠道予以奖励；对经营主体尚未达到文件要求，但土地流转连片经营在10亩以上、签订规范流转合同、流转期限在5年以上用于发展粮食、蔬菜生产的，自创业之日起三年内每年给予经营主体20元/亩的补助，三年补助总额不超过1万元。

每年对大学生村官组织的现代农业项目进行考核，对创办一定规模的家庭农场、养殖场或建立农业产业化基地，给予2000元－1万元的一次性创业补助。对经营规模、投资额度达到农业产业化基地的，经镇乡（街道）推荐、主管部门认定后，优先立项，优先落实补助资金。

三、配套措施

1. 完善大学生村官创业俱乐部功能。健全大学生村官创业俱乐部工作制度，通过举办创业项目推介会、创业培训会等形式，为大学生村官提供创业培训指导、创新成果展示、创业成果转化、创业公共服务、创业资金帮扶、创业孵化推荐等不同层次、不同类型和不同需求的创业服务。

2. 开展创业培训。引导和鼓励大学生村官参加各项创业培训，创业培训补助标准不高于1000元（限一次）；取得SYB创业培训合格证书的学员，创业计划书在可行性、市场前景等方面综合评分达到优秀且开业经营3个月以上的，给予不超过1万元创业启动资金补助。将服务期满解聘且未就业的大学生村官纳入大学生见习计划，见习期间按不低于当地最低工资标准给予生活补贴，其中政府补贴不低于50%。大学生村官可根据自身创业实际需求，参加“十万农村劳动力素质培训工程”、“十万农村实用人才培训工程”和农函大专业学历教育学习。

3. 推荐创业项目。科技、农、林、水等部门，定期公布全市农业发展导向目录，发布投资信息、市场行情等，并筛选一批适合农村创业，成本低、见效快、前景广、效益好的项目，通过推介会、培训会等形式，提供给有意愿创业的大学生村官选择。

4. 组建导师团队。根据不同的创业项目和特点，聘请农业龙头企业、创业成功者、科技特派员担任创业导师。采取单个指导、会诊指导、授课指导、陪伴指导、咨询指导等形式，帮助大学生村官提高创业实践能力。

5. 建立实践基地。重点依托发展前景好、经济效益高的种养殖基地、农业龙头企业、现代农业示范园区、农村专业合作社、来料加工专业村等，建立一批大学生村官创业实践基地，组织大学生村官参与生产、经营、管理，在实践中增强创业意识、提升创业能力。

6. 健全奖励表彰制度。市委组织部和市人事劳动社会保障局每年组织开展大学生村官创业示范基地和大学生村官创业能手评比活动，对在自主创业中表现突出的大学生村官给予表彰奖励。

四、组织领导

各镇乡党委、街道党工委和市机关有关部门党委、党组要切实加强对大学生村官创业工作的领导，明确责任分工，加强协作配合，形成工作合力，确保各项扶持政策落实到位；要鼓励大学生村官勇于投身创业实践、脚踏实地、艰苦奋斗，引导他们正确处理好完成本职工作和自主创业之间的关系，在创业中提高素质，增长本领，锻炼成才；要重视舆论宣传，坚持正面宣传，创新宣传形式，认真总结大学生村官的典型事迹，增强宣传工作的针对性、实效性和感染力，激发更多的大学生村官投身到社会主义新农村建设事业当中来。

中共浦江县委　浦江县人民政府
关于进一步加强和改进新时期群众工作的意见

县委〔2011〕12号

各乡镇党委、政府，各街道党工委、办事处，县机关部门，县属各单位：

人民群众的拥护和支持是我们党的力量源泉和胜利之本。做好新时期群众工作，对于全面贯彻落实科学发展观，进一步密切党和政府同人民群众的联系，夯实党的群众基础，提高党的执政能力具有重大意义。解决好群众最现实、最直接、最关心的利益问题，维护好人民群众的合法权益，化解好来自人民内部的各类矛盾纠纷，最大限度地维护稳定、减少不和谐因素，对于促进我县经济社会又好又快发展，推动建设浙中新兴特色城市具有重要作用。现结合我县实际，就加强我县新时期群众工作提出如下意见：

一、把做好新时期群众工作摆在更加突出的位置

1. 深化对做好新时期群众工作重要性的认识。群众工作是党的一项重要的基础性工作。高度重视并认真做好群众工作，是我们党的政治优势和优良传统，也是我们党一贯坚持的方针政策。当前，全县改革发展正处在一个关键时期，既是发展机遇期，又是矛盾凸显期，这对做好新时期群众工作提出了新的更高要求。全县各级党组织必须从战略和全局的高度深刻认识到，加强和改进新时期群众工作，是全面落实科学发展观，实现经济社会又好又快发展的迫切需要；是构建社会主义和谐社会，维护改革、发展、稳定大局的迫切需要；是加强党的建设，提高党的执政能力，巩固党的执政基础的迫切需要。各级党组织必须把做好群众工作摆在更加突出的位置，加强领导，强化措施，不断开创群众工作的新局面。

2. 明确新时期群众工作的指导思想。加强和改进新时期的群众工作，要坚持以邓小平理论和“三个代表”重要思想为指导，全面落实科学发展观，踏实践行党的根本宗旨，拓宽联系群众的途径，丰富服务群众的内容，畅通群众表达意愿的渠道，切实实现好、维护好、发展好广大人民群众的根本利益，凝聚和激励全县广大群众为建设新浦江而努力奋斗。

3. 把握新时期群众工作的基本要求。做好新时期的群众工作，必须牢固树立马克思主义群众观，充分尊重群众、相信群众和依靠群众；必须增进同人民群众的感情，保持与人民群众的血肉联系；必须畅通民情民意反映渠道，了解群众意愿，倾听群众心声；必须保障人民群众的根本利益，切实解决好人民群众最关心、最直接、最现实的问题；必须创新群众工作的方式方法，提高组织群众、宣传群众、教育群众、服务群众的本领；必须改革完善群众工作的领导体制和工作机制，形成做好群众工作的强大合力。

二、切实保障群众参与决策和管理的权利

4. 建立重大决策信访评估制度，提高科学决策水平。各乡镇（街道）、部门在制定关系人民群众切身利益的重大决策时，要深入进行调查研究，通过民主的程序，采取听证、公示等制度，充分听取广大党员群众及相关部门的意见和建议，进行信访评估，使决策最大限度地反映不同群体的合理意愿，增强决策的民主性和科学性。实行决策失误责任追究和纠错改正机制，防止出现决策失误，特别是要防止出现涉及群众利益的重大决策失误，努力从源头上预防和减少信访事项及损害群众合法权益行为的发生。

5. 完善民主管理制度。积极探索和推广各种行之有效的形式和办法，加快推进民主管理的制度化、规范化、程序化建设。深化政务、厂务、村务、校务、医务等公开，切实保障基层群众的知情权、参与权、表达权、监督权。对涉及群众利益的各种矛盾和问题，要通过民主、法治的办法解决，做到依法办事、按政策办事，尊重群众意愿办事。

三、进一步畅通群众意愿表达渠道

6. 加强群众工作平台建设。要按照“满足工作需要、结构布局合理、服务群众方便、彰显浦江特色”的原则，在全县乡镇(街道)设立群众工作站，村(社区)设立群众工作室，在有关部门、企业分别设立相应机构，建立上下沟通、左右联络的群众工作网络，巩固和强化群众工作主阵地作用。不断加大群众工作机构的软硬件建设力度，在全县选拔一批思想好、作风正、能力强，热心做群众工作的优秀干部充实到群众工作一线，努力建立健全功能更加完善、运转更加协调的群众工作体系。

7. 建立社情民意信息系统。加强以涉及群众切身利益的政策执行情况的调查研究，收集、分析有关群众思想、工作和生产生活等方面的动态，提出相应的对策。建立和完善政府及部门网站，设置热线电话和举报电话，方便群众通过电子邮件、信函、电话等方式，咨询有关政策，反映意见和建议。完善全国信访信息系统，保证与中央、省、市的联网高效畅通。

8. 建立完善联系群众制度。建立健全党政领导联系点制度、党员联系群众制度。充分发挥群团组织联系群众的桥梁纽带作用，通过多种途径广泛联系各方面群众。坚持开展好每周一的“领导接访日”活动，不断加强与群众经常性的思想沟通。坚持领导阅批群众来信制度。对收到的群众有效信件，做到每件必看、每件必批、每件必督、每件必办、每件必结。

9. 加强领导干部定期接待群众工作。坚持和完善县、乡镇(街道)和部门党政领导定期接待群众来访制度，领导接待日具体安排要通过适当形式向群众公布，促进领导公开接访的制度化、规范化。

10. 切实维护正常的信访秩序。加强法制宣传和教育引导。加大《信访条例》和有关法律法规以及处理违法上访案例宣传力度，教育引导群众正确理解党和国家方针、政策，增强法制观念，以理性合法的方式表达诉求。各乡镇(街道)、部门要认真做好责任范围内人员到上级党政机关非正常上访的劝返处置工作。对进京、去省、到市非正常上访人员，煽动围堵党政机关大门的人员，组织跨地区串联上访的策划者、重点挑头人员等，各相关乡镇(街道)和部门要采取有效方式进行法制教育。对违法上访人员，公安部门要及时掌握证据，适时依法处理。

四、提高矛盾纠纷排查化解综合能力

11. 健全群众工作网络。逐步建立以县信访联合接待中心为中心，以乡镇(街道)群众工作站为纽带，以村(社区)群众工作室和村(社区)群众工作信息员、调解员、代理员为前哨，以协调解决群众反映的实际问题和排查化解矛盾纠纷为主要任务，形成纵到底、横到边、上下联动、相互协作的群众工作网络。

12. 坚持经常性排查各类矛盾纠纷。要坚持“抓早、抓小、抓苗头”，切实增强解决苗头性、倾向性问题的能力，防患于未然。要坚持定期和不定期排查相结合、经常性排查和重点排查相结合、分级排查和分类排查相结合的方法，加大矛盾纠纷的排查力度。县里实行月查月报制度，乡镇(街道)实行旬查月报制度，村(社区)随查随报。

13. 加大矛盾纠纷调处力度。进一步健全完善县、乡镇(街道)、村(社区)三级纠纷调处组织网络，特别要重视发挥村(社区)、学校、企业等基层组织调处矛盾纠纷的作用。按“属地管理”、“谁主管、谁负责”的原则，将群众的诉求依法、及时、合理处理在基层，解决在萌芽状态。

14. 依法妥善处理群体性事件。认真分析各类群体性事件产生的原因特别是深层次原因。努力从源头上减少群体性事件的发生。建立完善应急预案，一旦发生群体性事件，相关乡镇(街道)、部门的主要负责人要亲临现场指挥，尽快平息事态，并将情况及时上报。严格区分两类不同性质的矛盾，坚持以民主的方法、说服教育的方法对待群众，化解矛盾，解决问题。对部分群众的某些过激行为，要慎用强制手段。当问题性质发生变化时，要果断地依法打击少数违法犯罪活动的组织者、策划者、为首者，维护好群众利益。

五、着力解决涉及群众切身利益的突出问题

15. 突出解决好关系群众切身利益的问题。解决人民群众最关心、最直接、最现实的问题，要从影响社会和谐的突出问题和群众反映强烈的问题抓起，特别是要突出最困难的群体，解决最迫切的问题，让群众得到实际的利益。着力在加快经济发展、加强农村基础设施建设、实现充分就业、完善社会保障体系、促进教育公平、加强公共医疗卫生服务、加大环境保护力度、深化平安浦江建设、加强党风廉政建设等九个方面狠下功夫，务求取得实效。

16. 探索建立解决群众切身利益问题的长效机制。逐步建立符合县情的城乡求助制度、城乡医保大病统筹制度、城乡就业制度、最低收入保障制度、环保激励约束制度、公共财政制度以及和谐社会建设评价指标体系等，从根本上保障人民群众切身利益。要正确处理好个人利益与集体利益和国家利益的关系，当前利益和长远利益、根本利益的关系，局部利益和大局利益的关系，不同地方、不同行业、不同阶层、不同群体的利益关系，坚决克服个人利益、地方利益、部门利益和小团体利益至上的错误思想，严肃查处与民争利、损害群众利益的各种行为。

六、进一步加强对群众工作的领导

17. 把群众工作列入重要议事日程。各乡镇(街道)、部门要定期研究部署群众工作，提出目标任务和要求，制定政策措施，健全规章制度，狠抓工作落实。县委常委会每季度至少要听取一次群众工作中重大事项和重要情况的汇报，政府每两个月至少要研究一次涉及群众切身利益的相关工作，及时解决存在的问题。各乡镇(街道)、部门要建立健全群众工作领导小组，每月召开一次工作例会，协调做好相关工作。

18. 强化群众工作层级负责制和目标管理责任制。各乡镇(街道)、部门“一把手”是第一责任人，对本地本部门群众工作负总责；分管领导是直接责任人，负责组织、协调有关方面开展群众工作；其他领导按照“一岗双责”的要求，负责处理联系点和分管范围内的群众工作。要形成一级抓一级、一级对一级负责的群众工作领导体系。要科学制定群众工作管理目标，将群众工作实绩纳入综合目标管理和干部考核内容，并对做群众工作成绩突出的先进单位和个人给予相应的物质或精神奖励。建立和完善群众工作民主评议制度，将群众民主评议作为考核群众工作的重要方式，作为对干部选拔任用、评优评先的重要依据。

19. 建立和完善齐抓共管的工作机制。各乡镇（街道）、部门要在党委统一领导下，建立以党的基层组织为核心，社会各阶层广泛参与的协调配合机制，形成做好群众工作的整体合力。各单位要根据业务分工，明确各自的群众工作职责，与业务工作同部署、同落实、同检查。建立健全群众工作联席会议制度，定期分析情况，研究问题，共同做好群众工作。

20. 加强对群众工作的督促检查。要加强督办检查，确保有关群众工作的决策、部署落到实处。继续实行信访工作定期通报制度，对每月到市、去省、进京上访量居前的乡镇（街道）、部门，实行“重点管理”。要强化群众工作纪律，对在群众工作中不负责任、激化矛盾，造成不良影响或严重后果的，对措施不力导致群众利益受到损害或影响社会稳定的，要严肃追究有关人员的责任。

21. 加强群众工作队伍建设。各乡镇（街道）、部门要高度重视群众工作部门干部队伍建设，在政治上、工作上和生活中关心、爱护他们，帮助解决实际问题。要根据群众工作任务形势发展的需要，调整充实工作力量，每年分批选派新提拔的干部和后备干部到基层和信访部门挂职锻炼，增强他们做群众工作的本领。要加大对群众工作部门的投入，改善工作条件。

二〇一一年四月十二日

衢州市人民政府关于解决未参保集体企业退休人员及其他人员基本医疗保障有关问题的通知

衢政发〔2011〕103号

各县（市、区）人民政府，市政府各部门、直属各单位：

为认真贯彻落实浙江省人力资源和社会保障厅、浙江省财政厅《关于解决未参保集体企业退休人员及其他人员基本养老保障等遗留问题的实施意见》（浙人社发〔2011〕221号）精神，妥善处理好相关人员的医疗保障问题，结合我市实际，现就有关事项通知如下。

一、按照浙人社发〔2011〕221号文件规定参加职工基本养老保险的人员，可自愿选择参加当地城乡居民基本医疗保险（包括城镇居民基本医疗保险及新型农村合作医疗，下同），或参加职工基本医疗保险和大病补充医疗保险并按以下规定补缴职工基本医疗保险费：

（一）符合按月领取职工基本养老保险待遇条件的人员，从未参加过职工基本医疗保险的，按规定一次性补缴20年的职工基本医疗保险费；曾参加过职工基本医疗保险但缴费年限不足的，按规定一次性补缴不足年限的职工基本医疗保险费。

（二）尚未达到法定退休年龄的人员，在办理退休手续时按规定一次性补缴职工基本医疗保险费。

二、浙人社发〔2011〕221号文件实施对象以外，以灵活就业人员身份办理退休并已按月领取职工基本养老保险待遇的人员，因未参加职工基本医疗保险或缴费年限不足未享受职工基本医疗保险待遇的，在2012年12月31日前也可按规定一次性补缴职工基本医疗保险费。

三、按本意见第一条第一款及第二条规定补缴的人员，补缴基数按办理补缴手续时的灵活就业人员职工基本养老保险最低缴费基数确定。60周岁及以上人员一次性补缴职工基本医疗保险费的，享受优惠补贴政策：年龄每增加1岁优惠补贴5%，最多优惠补贴50%。大病补充医疗保险费从补缴职工基本医疗保险费的当月起按规定缴纳。

所有补缴人员，可由本人自行选择是否补缴职工基本医疗保险个人账户费用。

四、所有补缴人员，补缴的职工基本医疗保险费只计算缴费年限，不享受补缴年限时间段内的职工医疗保险待遇。

按本意见第一条第一款及第二条规定补缴的人员，住院统筹和大病补充医疗保险待遇从办理补缴手续后的第7个月起按规定享受，门诊统筹、个人账户待遇从办理补缴手续后的次月起按规定享受。

五、在城乡居民基本医疗保险待遇享受期内的人员参加职工基本医疗保险的，其各项职工基本医疗保险待遇均从办理缴费（补缴）手续后的次月起按规定享受。

同一参保人员不得重复享受城乡居民基本医疗保险和职工基本医疗保险待遇。已按城乡居民基本医疗保险结算的医疗费用，职工基本医疗保险不再补差结算。

六、本意见自2012年1月1日起施行。

二〇一一年十二月三十一日

中共三门县委办公室　三门县人民政府办公室关于印发《三门县基层便民服务中心管理办法(试行)》的通知

三县委办〔2011〕95 号

各乡镇党委、政府，县直属各单位，在三门省市属各单位：

《三门县基层便民服务中心管理办法(试行)》已经县委、县政府同意，现印发给你们，请认真抓好落实。

中共三门县委办公室

三门县人民政府办公室

二○一一年十月十二日

三门县基层便民服务中心管理办法(试行)

第一章　总　　则

第一条　为了进一步深化行政审批制度改革，创新社会管理，着力推进基层政府职能转变，整合行政资源，提高行政效率，方便群众办事，建设行为规范、运转协调、公正透明、廉洁高效的基层便民服务中心(以下简称便民中心)，形成上下联动的便民服务网，特制定本办法。

第二条　便民中心是指乡镇便民服务中心、村级便民服务中心和社区便民服务中心。

第三条　设立便民中心应坚持因地制宜、集中办理、公开透明、便民高效的原则，为办事群众提供优质服务。

第四条　建立统一集中办事制度，实行“一站式”服务，乡镇、村(社区)和基层站所与经济建设、群众生活生产密切相关的审批办理和其他服务事项统一纳入便民中心办理，并在承诺时限内予以办结。

第五条　未进驻便民中心的基层站所办事窗口，是便民中心建设的重要组成部分，接受所在地乡镇便民中心的业务指导和监督。

第六条　相关部门在村级设立的便民服务站点，是村级便民中心的重要组成部分，统一纳入村级便民中心，实行场所、人员、经费和管理四统一。相关部门上级下拨的专项经费全部纳入村级便民中心建设管理经费中统筹安排。各种服务站点可以在村级便民中心增挂符合相关要求的标牌、标识。

第七条　便民中心分别隶属所在地乡镇人民政府和村民委员会(社区)，纳入县、乡镇、村(社区)三级行政审批服务管理体系。县行政审批服务中心负责对便民中心的业务指导。县行政审批服务中心、县纪委(监察局)负责对便民中心的规范运作进行监督检查。

第二章　机构和职责

第八条　乡镇便民中心是乡镇政府的常设机构，由乡镇人民政府直接领导，乡镇长是乡镇便民中心工作的第一责任人。

乡镇确定一名党政班子成员分管便民中心工作，并兼任主任，负责全面工作；确定一名乡镇中层干部担任便民中心专职副主任，负责日常工作。

乡镇成立便民中心办公室，具体负责便民中心日常工作；工作人员由乡镇人民政府根据需要调配。

第九条　村级便民中心是村民委员会的办事机构，由村党支部和村民委员会直接领导，村党支部书记或村民委员会主任兼任村级便民中心主任。村级便民中心工作人员根据便民中心类型安排。

第十条　社区便民中心是社区党组织与居民委员会为民办事机构，由社区党组织和居民委员会直接领导，社区党组织书记或居委会主任兼任便民中心主任。

第十一条　乡镇便民中心的职责。

(一)咨询服务。宣传法律法规、各项政策，接受群众咨询。

(二)行政服务。办理或代办行政审批事项、服务事项、行政事业收费事项以及各种证件、牌照等，包括全程代理、个人建房、计划生育、户籍管理、民政优抚、合作医疗、家电下乡、邮政服务、农林渔水、规划建设、工商登记、人力社保、国土房管、流动人口管理等。

(三)信息服务。包括“三农”、劳务输出、职业供求、技能培训、农作物、禽兽优良品种、农副产品加工贸易、农产品价格、科技，投资建设、创办企业、产业技术服务、非保密性政府信息查询等各类信息。

（四）科技服务。提供农业科学技术指导、咨询和信息等服务；解决种、养、加工等生产环节的科学技术问题。

（五）村帐服务。提供村级帐务公开，村帐乡管等服务。

（六）其它服务。包括开展基层与人民群众密切相关的政务活动等。

（七）上级机关决定由乡镇便民中心行使的其它工作职责。

第十二条 乡镇便民中心办公室的职责。

（一）负责窗口的设立与调整，以及政策调研工作。

（二）对进入便民中心的服务事项确定、审核、调整，对服务事项运转、工作人员进驻、事项审批授权、工作流程等情况进行协调、监督。

（三）对涉及多个部门的服务事项，组织联合办理或确定一个部门牵头负责。

（四）负责制定便民中心各项具体的规章制度，并组织实施。

（五）负责对便民中心工作人员进行日常管理和考核。

（六）受理对便民中心工作人员违规违纪行为的投诉。

（七）协调、指导村级和社区便民中心的便民服务工作。

（八）负责对村级便民中心和社区便民中心的规范化建设工作运行管理和考核工作。

（九）协调、指导基层站所办事窗口的审批服务工作。

（十）负责便民中心的后勤保障。

（十一）所在地乡镇人民政府决定由便民中心办公室行使的其它工作职责。

第十三条 村级便民中心的工作职责。

（一）宣传解释法律、法规、政策，接受群众办理服务事项的咨询。

（二）受理登记村民的服务申请，做好报送代办服务。

（三）办理人力社保和社会救助服务。

（四）办理邮政基本功能服务和拓展服务。

（五）负责村务、政务、服务信息公开公示工作，开具村民相关的证明材料，提供村级其他服务事项。

（六）接受村民纠纷调解申请，提供法律、政策咨询和纠纷调解服务。

（七）与相关部门做好工作衔接，配合相关部门做好审批项目的现场踏勘工作。

（八）按时报送办理事项统计数据和相关资料。

（九）完成乡镇便民中心、村党支部、村民委员会、村民代表会议交办的其它工作。

（十）办理其他公共服务事项。

第十四条 社区便民中心工作职责

（一）宣传解释法律、法规、政策，提供法律、法规、政策咨询和法律援助。

（二）负责处理乡镇政府委托居委会办理的、可以在社区便民中心处理的事务。

（三）办理人力社保和社会救助服务。

（四）办理邮政基本功能服务和拓展服务。

（五）向本社区居民和企事业单位提供代办服务。

（六）接受居民纠纷调解申请，为居民提供纠纷调解服务。

（七）负责制定各项代办、帮办制度并组织实施。

（八）组织党员、居民志愿服务队等为群众服务。

（九）完成乡镇政府、乡镇便民中心交办的其他工作。

（十）办理其他公共服务事项。

第三章 规范标准

第十五条 乡镇便民中心的建设，要坚持经济适用，符合规范，确保需求的原则。

乡镇便民中心建设规模，按照辖区人口状况分成三类。而且应当建有相对应的“一站式”服务大厅。

一类乡镇便民中心，服务人口在2.5万以上，“一站式”服务大厅面积100平方米以上。

二类乡镇便民中心，服务人口2万至2.5万，“一站式”服务大厅面积80平方米以上。

三类乡镇便心中心，服务人口在2万以下，“一站式”服务大厅面积在50平方米以上。

县行政审批服务中心所在地乡镇（城关镇）可以按照二类乡镇便民中心标准建设。

乡镇便民中心要符合规范化建设标准，要求硬件设施齐全，布局合理，环境整洁，管理有序。

第十六条 村级便民中心按服务对象分布现状等分三类规模建设，建成后通过考核验收合格，县政府给以相应的补助。

1000人以上的行政村，建一类便民中心。

500至1000人的行政村，建二类便民务中心。

500人以下的行政村，建三类便民中心。

一类便民中心应当具备以下硬件设施：

（一）设有30平方米以上的“一站式”服务大厅，并附带相对齐全的综合服务设施。

（二）有标识标牌，公示栏（牌）、电脑、打印机、电话、网络、窗口吊牌、办事指南盒等以及相关部门上级要求的站点建设必备的办公设施。

一类便民中心应当安排1至2名工作人员。负责日常工作运转。

二类便民中心应当具备以下硬件设施：

（一）设有20平方米以上的“一站式”服务大厅。

（二）有标识标牌、公示栏（牌）、电话、电脑、打印机、办事指南、便民联系卡盒等以及相关部门上级要求的站点建设必备的办公设施。

二类便民中心应当安排1名工作人员，负责日常工作运转。

三类便民中心应当具有以下硬件设施：

（一）有公共办公场所

（二）有标识标牌、电脑、电话、台帐本、便民服务卡等以及相关部门上级要求的站点建设必备的办公设施。

三类便民中心应当有1名工作人员，负责日常工作运转。

乡镇便民中心所在地的村级便民中心根据人口现状可以降低一个级别标准建设，三类便民中心除外。

第十七条 社区便民中心应当建有面积30平方米以上的“一站式”服务大厅。要求硬件设施齐全，布局合理，环境整洁。

第四章 管理方式

第十八条 乡镇便民中心应当根据当地实际，按照“应进尽进，服务全面，方便群众”的要求选择设置窗口。计划生育、人力社保、民政优抚、农林渔水、国土资源、城建房管、合作医疗等七个窗口必须统一设置。

第十九条 村级便民中心设立综合窗口，应当根据工作实际和群众需求，拓展服务内容，扩大服务范围，确保满足村民的服务需求。

第二十条 社区便民中心应当根据当地的实际，设立相对独立的综合窗口。既要与乡镇便民中心做好衔接，又要拓展服务功能，扩大服务范围，确保满足居民的服务需求。

第二十一条 乡镇便民中心各窗口单位对进入乡镇便民中心的行政服务等事项进行调整、变更的，应经由乡镇便民中心办公室批准后方可执行。

第二十二条 乡镇便民中心办理事项按照“即办件、承诺件、补办件、上报件、退回件和联办件”等六件管理，做到“一般事项直接办理、特殊事项承诺办理、重大事项联合办理、上报事项负责办理、控制事项明确答复”的原则办理。

第二十三条 乡镇人民政府，各部门基层站所应选派素质高、业务熟、能力强、作风正的在编工作人员进驻乡镇便民中心，窗口工作人员应当保持相对稳定。

第二十四条 村级便民中心工作人员由村党支部和村民委员会集体讨论决定，并报乡镇人民政府核准。工作人员应当同时具备以下五个条件。

（一）作风正派，责任性强，热心公益事业。

（二）身体健康，年龄一般在45周岁以下。

（三）学历要求高中毕业以上。

（四）熟悉计算机操作。

（五）能保证履行正常工作职责和要求。

工作人员在村干部或驻村大学生村官中优先选派。条件成熟时，由乡镇人民政府统一通过考核，优胜劣汰。

工作人员的报酬以政府购买服务成果形式给以补助。

第二十五条 社区便民中心工作人员由社区党组织、居委会成员、社区干部等组成，也可以根据工作需要适当增加工作人员。

第二十六条 便民服务中心要加强内部管理。乡镇便民中心办公室要建立科学合理的窗口评比制度和项目管理机制。定期组织综合考评评比，召开工作例会。建立目标管理制度和激励奖惩机制，强化对窗口工作人员的监督管理。对窗口及工作人员的考核结果要及时通报所在乡镇政府、进驻窗口部门及县有关监督部门。

村民委员会、社区便民中心管理机构应当建立便民窗口工作和工作人员的考核考评机制。定期和不定期的进行检查。检查结果主管部门要登记备案，并通报所在乡镇便民服务中心。加强对窗口及工作人员的监督管理。

村级便民中心、社区便民中心必须制作办事指南、便民服务卡、规章制度，方便群众查询，接受群众监督。建立台帐，做好服务记录，数据汇总，定期上报所在乡镇便民中心。县、乡镇、村（社区）要充分利用计算机软件，逐步实行计算机网络化管理，实现资源共享。

第二十七条 实行阳光办公，做好政务公开，凡是进入便民中心的工作人员和办理事项，都要实行规范化管理。服务事项、实施依据、申报材料、办事程序、承诺时限、收费标准和工作人员身份、热线服务电话，要通过宣传栏、网站、报刊和服务指南、桌牌、胸牌等形式向社会公开。

第五章 效能监督

第二十八条 便民中心要实行一次性告知制、首问负责制、服务承诺制、限时办结制、明确答复制、AB岗工作制等效能制度。

第二十九条 便民中心实行办事群众满意度测评制度，采取设立测评箱、发放评议表等形式，接受群众的评议。要设立投诉箱、投诉电话和服务热线电话，受理办事群众的投诉举报，接受社会监督。

第三十条 对不履行或不正确履行工作职责，影响行政管理秩序和效率，损害办事群众合法权益的工作人员，根据有关规定追究相关责任。

第三十一条 监督部门要不定期对便民中心工作进行检查并通报。

第三十二条 便民中心工作纳入乡镇经济和社会发展目标责任制年度考核和党建年度考核之中。考核结果作为乡镇经济和社会发展目标责任制年度考核和党建年度考核的一个主要指标。

第六章 考核奖惩

第三十三条 县行政审批服务中心要加强对乡镇便民中心的检查指导，要制定出台乡镇便民中心考核办法和激励机制。县纪委（监察局）要加强监督检查。对乡镇便民中心的考核工作纳入县对乡镇经济和社会发展目标责任制考核和党建责任制考核之中。每年年底由县委县政府统一组织实施。

第三十四条 村级便民中心、社区便民中心实行星级动态管理。

村级便民中心、社区便民中心的星级管理是指对便民中心服务质量、管理水平、办事效率、办公条件等方面的综合量化考评。星级便民服务中心分四个级别设置，即二星级、三星级、四星级、五星级。

星级评定由申报单位提出申请，由相关单位组织人员，安排时间、进行现场踏勘、考评。根据标准认定。

星级评定结果是考核乡镇便民中心年度工作的主要依据。星级动态评定工作由县行政审批服务中心负责组织实施。县纪委（监察局）负责监督检查。

第三十五条 村级便民中心、社区便民中心有下列情形之一的，予以降低星级。

（一）经检查未达到相应星级标准的。（二）一年内非同一事件被投诉三次以上（含三次），经查属实。

（三）工作人员在工作中存在“吃、拿、卡、要”等不符合廉政建设行为的。

（四）工作人员利用职权，公报私仇，刁难服务对象，造成一定社会影响的。（五）工作人员在工作中违反国家政策法规，造成严重后果的；

（六）工作人员在工作中玩忽职守、严重失职，给单位和群众造成重大影响或损失的。

（七）便民中心服务质量和管理水平被相关媒体点名批评，经查属实，在社会上造成严重影响的。

（八）便民服务中心被上级机关通报批评的。

第七章 附 则

第三十六条 本办法由县行政审批服务中心负责解释。

第三十七条 本办法自发布之日起施行。

中共嵊泗县委
关于加强和创新社会管理
全面推进美丽海岛建设的若干意见

（2011 年 11 月 7 日中国共产党嵊泗县第十一届委员会第十次全体会议通过）

嵊委〔2011〕9 号

为认真贯彻落实中央、省委和市委关于加强和创新社会管理的决策部署，现就我县加强和创新社会管理、全面推进美丽海岛建设提出如下意见。

一、加强和创新社会管理，全面推进美丽海岛建设的总体要求

社会管理是中国特色社会主义事业总体布局中社会建设的重要组成部分。加强和创新社会管理是推动中国特色社会主义社会管理体系自我完善和发展的重要任务。在大力推进浙江舟山群岛新区和我县“美丽海岛”建设的新形势下，社会管理面临着新的考验。必须把社会管理放在更加突出的位置，在新的更高起点上谋划社会管理创新，提高社会管理成效，促进经济社会协调发展。

（一）重大意义。不断加强和创新社会管理，是全面落实科学发展观，实施省委“两创”总战略，推进舟山群岛新区和我县“美丽海岛”建设的客观需要，是顺应人民群众新期待，提升社会管理效能和水平，维护社会和谐稳定的重要举措。近几年来，我县大力推进“平安嵊泗”和“法治嵊泗”建设，积极创新社会管理，在重点领域进行了一系列实践探索，取得了明显成效，巩固和发展了社会和谐稳定的局面。当前，我县正处于大力推进舟山群岛新区和“美丽海岛”建设的重要时期，既面临着历史上从未有过的大开发、大开放、大发展的大好机遇，但同时也必将带来经济体制深刻变革、社会结构深刻变动、利益格局深刻调整、思想观念深刻变化，社会矛盾呈现易发多发趋势，因而深入推进社会管理创新极为重要、极为紧迫。各级党组织和广大党员干部要从全局和战略高度，深刻认识深入推进社会管理创新的重要性和紧迫性，强化忧患意识和责任意识，坚持解放思想、锐意创新、先行先试，以更加有力的举措不断开创我县社会管理新局面。

（二）指导思想。以邓小平理论和“三个代表”重要思想为指导，深入贯彻落实科学发展观，全面落实省委“两创”总战略和市委“两创一促”、建设舟山群岛新区的战略部署，紧紧围绕“美丽海岛”建设主线，牢牢把握最大限度激发社会创造力、最大限度增加和谐因素、最大限度减少不和谐因素的总要求，以构建和谐社会为目标，以解决影响社会和谐稳定突出问题为突破口，以维护广大人民群众根本利益为出发点和落脚点，以深化“网格化管理、组团式服务”社会管理模式为主要抓手，着力完善社会管理格局，着力提升社会管理能力，着力优化社会管理服务，着力促进社会公平正义，着力形成具有区域特色品牌的社会管理体系，全面提高社会管理科学化水平，为全力推进美丽海岛建设创造良好的社会环境。

（三）基本原则。第一，坚持以人为本、服务为先。努力实现由防范、控制型管理向人性化、服务型管理的转变，把人民群众的参与度与满意度作为衡量加强和创新社会管理成效的根本标准。第二，坚持多方参与、共同治理。充分发挥党委总揽全局、协调各方的领导核心作用，支持政府及职能部门依法行政、管理社会事务，发挥人大、政协和各民主党派、工商联以及人民团体的职能作用，引导各类社会组织和广大群众积极有序地参与社会建设和社会管理，实现政府行政管理与社会自我调节、居民自治管理良性互动，形成推动社会和谐发展、保障社会安定有序的合力。第三，坚持关口前移、源头治理。加强社会管理和服务的重点在基层，要大力加强基层基础工作，形成源头治理、动态协调、应急处置的有机结合，不断增强基层实力和活力，提升基层服务和管理水平。第四，坚持改革创新、依法管理。牢牢把握浙江舟山群岛新区和“美丽海岛”建设新形势下社会管理的规律、特征，充分尊重基层和群众首创精神，着力形成和拓展具有嵊泗特色的社会管理创新品牌。深化法治嵊泗建设，找准以法治推动社会管理创新的切入点和着力点，把社会管理和服务纳入法治化、制度化轨道，健全完善依法、常态、有序的管理机制和制度，依法保障人民群众的合法权益。第五，坚持科学谋划、统筹协调。着眼于完善社会主义现代化建设“五位一体”的总体布局，把社会建设和管理纳入发展大局，统筹经济建设与社会建设，统筹社会建设与社会管理，统筹行政管理与公共服务。正确反映和协调各个方面、各个层次、各个阶段的利益诉求，兼顾好各方面群众的权益，促进社会动态平衡。

（四）目标要求。到“十二五”末，打造一批符合嵊泗实际的特色亮点品牌，基本形成较为完善配套的社会管理体系，社会行为更加规范，社会秩序更加良好，社会服务更加完善，社会管理更加科学，社会大局更加稳定，社会关系更加和谐。

二、加强和完善社会管理新格局

加强和创新社会管理，必须从建设“美丽海岛”的实际出发，调动一切有利于社会和谐的积极因素，提高社会管理效能，构建起“党委领导、政府负责、社会协同、公众参与”的社会管理新格局。

（五）充分发挥党的领导核心作用。各级党委要切实加强组织领导，建立健全社会管理组织领导机构和协调机制。合理配置党政部门社会管理职责权限，支持政府履行公共服务和社会管理职能，引导社会各方积极参与社会建设，切实解决多头管理、分散管理、缺乏有效合力的问题。加强党在社会领域的组织和工作覆盖面，充分发挥基层党组织和党员服务群众、凝聚人心的作用，全面加强和改进新形势下群众工作，调动一切积极力量参与社会服务管理。

（六）充分发挥政府在社会管理中的主导作用。强化政府的社会管理职能，做到职能到位，既不越位，也不缺位。按照转变职能、权责一致、强化服务、改进管理、提高效能的要求，健全职责体系，完善工作职能，加快推进法治政府和服务型政府建设，依法加强社会管理，有效提供基本公共服务。坚持科学决策、民主决策，完善政策法规，依法高效履行职责。充分发挥政府主导作用，动员组织社会力量有序参与社会服务管理。充分发挥各职能部门作用，形成各负其责、相互配合的工作机制，确保工作运转协调、运行高效。健全社会管理体系，培育发展社会组织，逐步转移可由社会组织承担的社会管理服务职能，畅通公民参与渠道，推进政府管理方式创新。

（七）发挥社会各方面协同作用。注重发挥各类社会组织、各类经济组织、基层自治组织等社会力量的积极协同作用，共同做好社会服务管理工作。鼓励企业职工参与企业的民主决策、民主管理和民主监督，形成规范有序、公正合理、互利共赢、和谐稳定的新型劳动关系。支持工会、共青团、妇联等群团组织和民兵预备役部队在社会管理和公共服务中发挥作用。推动包括社会团体、行业组织、中介机构等在内的各类社会组织发展壮大，增强其参与社会管理和服务的能力。完善社会志愿服务体系，健全以星级认证为主要内容的志愿者激励机制，激发公众参与志愿服务热情，开辟志愿服务新领域，推动志愿服务事业发展。

（八）发挥群众参与社会管理的基础作用。充分尊重人民群众的主人翁地位，引导公民依法理性有序参与社会管理。扩大基层民主，支持推动城乡社区、村（居）民自治组织依法实现自我管理、自我教育、自我服务、自我监督。依法维护群众的知情权、选择权、表达权和监督权，进一步深化党务公开、政务公开、村务公开、厂务公开以及办事公开工作，积极探索群众参与社会管理的有效途径，健全群众参与机制。动员和组织全县群众以及外来务工人员有序参与社会管理和服务，切实形成社会管理人人参与、和谐社会人人共享的良好局面。

三、加强和完善基层基础巩固体系

抓基层、打基础是一项管根本、管长远的工作，是维护社会稳定工作的一个永恒课题。必须进一步夯实基层基础，切实打牢基层社会服务管理的根基。

（九）深化“网格化管理、组团式服务”工作。进一步健全党委政府主导、职能部门协同、社会部门共同参与的“网格化管理、组团式服务”工作领导体制，扩大网格覆盖面，拓宽工作领域，把网格团队管理服务和社区（村）自治建设有机地结合起来，继续完善并深化“一网格一党小组一阵地”立体式便民服务圈，切实提高“走访入户率、问题解决率、群众满意率”。进一步完善“网格化管理、组团式服务”的工作机制，规范组织架构、考核激励、监督管理等机制，加强部门、机关干部融入网格工作，发挥领导干部的带头作用，进一步完善海上网格的服务与管理，结合“红帆工程”，积极打造海上服务前沿阵地。切实加强高素质的网格管理服务团队建设，特别是加强专业（义工）服务团队等三支队伍的建设，提高对弱势群体、重点人群网格服务的针对性。进一步提升信息化水平，加快民生热线的建立，形成一个开放式、社会化、互联互通的信息服务网络，打造便民、便捷、高效的信息服务平台。

（十）加强各领域基层组织建设。完善社会领域党建工作网络，加强社会领域党组织自身建设和党建工作队伍建设，推动社会领域党建工作创新，进一步落实“党员承诺制”，充分发挥基层党组织和党员推动发展、服务群众、凝聚人心、促进和谐的作用。全面加强两新组织党组织建设，完善两新组织服务管理体系，明确两新组织服务管理员工的社会责任。组建和完善渔农村专业合作社，加大对渔农业龙头企业和渔农民专业合作组织的培育扶持力度，壮大渔农村村级集体经济；制定扶持引导政策，重点培育和优先发展工商经济类、公益慈善类、社会服务类、网络群体类等社会组织，支持社会组织参与公共服务和社会管理。引导社会组织完善内部治理结构，建立社会组织评价监管制度，探索建立对新社会组织负责人的培训制度。

（十一）强化社区（村）自治和服务功能。深入开展“民主法治村（社区）”、“平安村（社区）”等创建活动，不断推进基层民主法治和综合治理建设。建立健全以社区(村)党组织为核心、以群众自治组织为主体、社会各方广泛参与的新型社区(村)管理机制,依法民主管理社区(村)公共事务和公益事业。健全社会服务机构,发挥专业合作经济组织、驻嵊企事业单位、社区(村)民间组织发挥积极作用,引导群众通过各种方式参与社区(村)建设,吸纳流动人口参与社区(村)治理。加强社区(村)队伍建设,加大财政对社区建设的保障力度,完善优秀人才服务社区激励机制,推进社区工作人员专业化、职业化。以居民需求为导向,整合人口、就业、社保、民政、卫生、文化以及综治、维稳、信访等管理职能和服务资源,加快社区信息化建设,构建社区综合管理和服务平台。

四、加强和完善群众权益保障体系

统筹协调各方面利益关系,建立健全群众利益协商协调机制,妥善解决人民内部矛盾,依法按政策及时处理群众反映的问题,坚决纠正损害群众利益的不正之风,切实维护群众的合法权益。

(十二)建立健全群众利益诉求表达机制。把群众利益诉求表达机制纳入合法化、制度化、规范化轨道,实现多元、便捷、高效。进一步发挥人大、政协和民主党派、工商联、无党派人士及人民团体、社会组织等的社会团体利益表达作用。依法维护群众的知情权、选择权、表达权和监督权。健全完善群众利益诉求表达办理保障机制,建立健全有效投诉查处、党政机关问责等制度,促进群众诉求问题的解决。大力推行一线工作法,推动领导干部下基层活动常态化,通过访谈、约谈、座谈等形式,与群众面对面沟通交流,畅通群众诉求表达渠道。健全科学的决策形成机制,扩大社会公众参与公共决策的过程,通过听证会、意见征求会等形式加大公众对决策的参与度,提高公共决策的民主化程度,充分吸收民间智慧,积极引导公民参与社会治理。

(十三)建立健全社会矛盾纠纷调解机制。建立健全反应灵敏的预警机制、条块结合的排查机制、多管齐下的联调机制、高效规范的处置机制,推动矛盾纠纷排查化解常态管理,努力把矛盾纠纷解决在当地、化解在萌芽状态。推进乡镇调解中心以及社区(村)调解委员会建设,加强行业性专业人民调解组织建设,鼓励和支持社会组织、法律工作者、志愿者等社会力量参与矛盾纠纷化解,深入推进诉调联动、警调联动、政调联动、访调联动、检调联动等机制建设,切实加强人民调解、行政调解、司法调解、仲裁调解及其联动配合,构筑多元化大调解工作机制。

(十四)建立健全社会稳定风险评估机制。全面推行各级党委、政府和有关部门重大工程项目和重大政策制定社会稳定风险评估机制,切实防止因决策不当引发社会矛盾。坚持科学、民主、依法决策,完善论证、咨询、评估、公示、听证等制度。对拟实施的每个重大事项,尤其是利益分配、征地拆迁、教育卫生、食品药品、劳动保障、城乡建设、环境保护、安全生产等重点领域,政策制定的主管、实施部门要深入细致调查研究,听取各方意见,收集掌握社情民意,分析论证编制重大事项社会稳定风险评估报告,对社会稳定风险评估结果坚决实行一票否决制。坚持在"公开、公平、公正"基础上,促进社会因素相互配合、部门联动整合,充分发挥各方积极作用。按照"谁主管谁负责、谁决策谁负责"的原则,建立健全社会稳定风险评估责任监督、倒查和追究机制。

五、加强和完善公共服务覆盖体系

以发展社会事业和解决民生问题为重点,优化公共资源配置,创新公共服务体系,改进公共服务方式,逐步形成惠及全体人民的基本公共服务体系。

(十五)加快推进城乡基础设施建设。坚持"实事求是,量力而行"的原则,集中财力,突出重点,加快城乡基础设施建设步伐,保障要素有效供给。加快交通基础设施建设,抓紧改建低等级和等外级公路,进一步改善乡镇交通面貌;加快更新客运运力,开辟新航线,增加航班密度,进一步打造我县半小时海上交通经济圈;加快实施污水处理、垃圾焚烧等生态工程,进一步加强生态环境建设;加快电力基础设施建设,进一步完善全县电网布局和电网结构。全力推进沈家湾客运码头、嵊泗中心渔港(新港区)扩建等工程建设,继续实施村庄环境风貌改造。

(十六)扎实推进基本公共服务建设。建立符合实际、比较完整、覆盖城乡、可持续的基本公共服务体系,努力让人民群众学有所教、劳有所得、病有所医、老有所养、住有所居、难有所助。创新公共服务提供方式,完善政府购买公共服务政策,推进非基本公共服务市场化改革。切实加强基础教育、幼儿教育和职业教育,大力推行特色化、小班化教育方式,探索建立社会各届人士共同参与的社区教育新模式。积极拓展社区服务功能,建立党代表、人大代表、政协委员以及公职人员联系社区、接待群众和兼职服务制度。完善社会公共文化服务体系,加大文化设施投入,不断满足广大群众日益增长的多样化、多层次精神文化需求。深入推进医药卫生体制改革,加快城乡卫生服务体系标准化规范化建设。加快体育事业发展,加强体育公共服务,推进全民健身活动。积极创新养老模式,扩大养老服务范围,加大政府购买和优惠服务力度。完善以家庭为核心,以社区为依托,以专业化服务为依靠,以志愿者服务为补充的城乡一体化的居家养老服务体系。进一步做好未成年人和妇女儿童保护及人口计生、残疾人社会保障与服务、红十字、慈善等方面工作。

(十七)积极推进社会保障城乡一体化建设。进一步健全统筹城乡的就业服务体系,切实完善面向困难群众的就业帮扶机制,动态消除零就业家庭。实施更加积极的就业政策,多渠道增加就业岗位,认真做好就业援助、培训、服务等工作,加强高校毕业生的就业指导和服务,积极扶持渔农村劳动力的转产转业。在城乡低保一体化基础上,进一步做好低保提标扩面。构建新型社会福利体系,完善住房保障体系。加大统筹力度,全面实施城乡居民养老保险政策,统筹推进新型渔农村社会保障体系建设,完善社会保险统筹机制,不断扩大社会养老保险面。切实抓好菜篮子工程,努力平抑市场物价,做好低收入群众物价动态补贴工作,有效保障群众生产生活。

六、加强和完善全域信息支撑体系

进一步适应社会信息化快速发展的新形势，逐步形成全面覆盖、动态跟踪、联通共享、功能齐全的全域社会管理综合信息系统。

（十八）完善港、景、渔产业的信息化布局。以信息化作为推动港、景、渔生产力巨大发展的动力，树立整体信息化概念。建立完善的信息网络系统、信息集成系统及港口物流电子信息平台，整合港口信息资源。产业相关部门要以信息化为着眼点，不断提高信息化服务水平，加强与大型互联网企业的合作。加强旅游信息化管理，打造信息化景区，推进旅行社的信息化服务，借力网络论坛、博客、微博等互联网新媒体，加大旅游推广，实现旅游景点景区无线网络全覆盖，提供全方位的信息服务，提升整个旅游产业的信息化水平。以信息化提升现代渔业的生产管理水平，加强渔业信息技术标准化建设，推广海产品产地认证，加快海洋渔业安全通信网“四网合一”平台的建设，进一步提升GPS、AIS效能，加强渔场风力自动测报和渔港定时监控等渔业安全体系建设。

（十九）加强和完善公共信息网络管理体系。加强经济信息、公安、人口和计划生育、人力资源和社会保障、住房和城乡建设、民政、教育、卫生、金融等部门的各类信息的整合，实现互联互通、共建共享，为社会管理提供基础性服务。推动信息技术在消费、生产经营过程、服务管理过程的应用，加快物联网技术引进、应用，推进电子政务、电子商务、企业信息化、科教信息网、社会保障信息系统、社区信息化、市场秩序保障、社会公共安全保障等信息工程的发展。积极推进电信网、有线广播电视网和计算机网的“三网合一”建设，加快便民服务信息发布平台建设，加强政府与民众间的网上互动，鼓励政府职能部门开通微博，推广OA协同办公系统、110、122等报警系统和全民手机报，在有条件的乡镇逐步推广城市视频监控，加快城区与渔农村的信息化改造。按照积极利用、科学发展、依法管理、确保安全的方针，坚持建设与规范并重，加快构建互联网管理体系。加强办公系统信息化建设，完善政务信息公开透明发布。

（二十）强化网络舆论引导，扎实推进网络社会防控监管。加强网络舆情分析、研判和监测，高度重视网络社情民意，升级优化网上舆情监测预警系统，完善网上舆情导控应急处置和协调工作机制。加强主流网络媒体建设，加大网上正面宣传力度，推进网络问政平台升级，建立社区（村）网络平台，建立网络问政监察系统、网民评价和通知督办系统，加强网络评论员队伍建设，不断增强重大突发事件和群众性事件网上舆论应对能力。加强组织领导和统筹协调，加大技术手段和监管平台建设，切实维护网络信息传播秩序。积极推进互联网警务模式创新，依法加强对网络的规范化管理，逐步构建和完善疏控并举、重点覆盖的网络社会综合防范管理网络。

七、加强和完善人口服务管理体系

适应浙江舟山群岛新区建设和我县“美丽海岛”建设的新要求，合理配置人力资源，加强流动人口和特殊人群的服务与管理，不断提高各类人群服务管理精细化、信息化、科学化水平。

（二十一）盘活人力资源，形成人尽其才的良好格局。合理配置人力资源，提升干部职工素质能力，以盘活人力资源带动机关效能的大提升。充分调动机关干部的工作积极性，加大对各级干部的治庸、治懒、治散力度，建立更加科学的绩效考核机制。进一步创新人才工作的机制，营造有利于人才健康发展的良好环境。建立人才储备信息库，构建吸引人才和智力的信息平台。建立健全培养人才、引进人才、使用人才、留住人才的良好机制，用发展的眼光布局人才的数量、结构和梯队，将急需人才列入重点引进和培养对象。用科学的规划指导、引领嵊泗人才的健康发展，出台更加优惠的政策，鼓励本地大学生回家乡创业、就业。

（二十二）加强和改进流动人口服务管理。进一步加强流动人口服务管理工作网络建设，优化完善外来务工人员服务管理工作体系和政策体系，由单纯的政府部门管理向社会化管理和主动服务转变，改进管理方式，重视动态管理，增强外来人口的理性维权意识，维护其合法权益。切实解决流动人口子女入学、就业服务、医疗卫生、社会保障和居住环境等方面的实际困难，使外来人口真正融入本地社会。鼓励外来人口来嵊泗创业、经商、迁居，扩大集聚规模，加强对来嵊务工经商的少数民族群众服务管理工作。

（二十三）加强对特殊人群管理服务。加强对归正人员等的管理和服务，建立健全对精神病人等社会关怀帮扶制度，深入推进社区矫正工作规范化建设。加强对社会闲散人员的教育帮助和失足青少年的教育挽救，构建青少年违法犯罪教育、预防和控制体系。建立健全吸毒人员人性化戒毒康复机制、艾滋病人的关爱矫治机制和重症精神疾患人员的监管机制，有针对性地实行教育管理措施，加强服务救助。完善帮助特殊人群融入社会的机制，加大帮扶力度，帮助其解决实际困难，坚决消除社会歧视，更多地给予人文关怀、精神关怀。

八、加强和完善公共安全管理体系

公共安全问题关系到社会安定，必须把事先预防寓于日常管理当中，推动建立主动防控和应急处置相结合、传统方法和现代手段相结合的公共安全管理体系。

（二十四）加强社会治安综合治理。以社会化、网格化、智慧化为重点，加强动态视频监控系统建设，健全专群结合、点线面结合、网上网下结合、人防物防结合、打控管控结合的立体型社会治安动态防控体系建设。完善社会治安重点区域和突出问题滚动排查、挂牌整治机制，着力解决突出治安问题和安全隐患。进一步加强基层维稳综治中的规范化建设，大力推进基层平安系列创建活动。进一步加强群防群治，完善专兼职相结合的工作体系，建立和完善全社会的防控体系，下大力气做好预防和减少违法犯罪工作。

（二十五）加强安全生产监管。落实安全生产属地监管责任，强化安全生产基层基础建设，推进公共安全监督管理网络向社区(村)延伸。深入开展安全隐患排查整治，推进安全生产标准化活动，切实抓好重点环节和重点领域安全生产工作，有效预防各类事故的发生。建立企业安全生产诚信机制，完善安全生产长效管理措施，提高安全生产整体水平。

(二十六)加强食品药品安全管理。进一步落实食品药品监管责任，加强食品药品监管队伍建设，加强食品药品安全基层基础工作。建立食品药品安全源头追溯制度，加强食品药品检验检测机构建设和工作能力提升，加强食品药品安全专项整治，营造安全放心的消费环境。

(二十七)加强突发事件应急管理工作。完善各项应急处置预案，完善应急处置和战勤保障体系，提升对突发事件的监测预警、信息发布、快速反应、处置救援和舆论引导水平，做到积极预防、及时控制、消除隐患。健全军地协调机制和维护国防利益机制，支持驻嵊部队积极履行平时服务、急时应急职能，加强民兵应急队伍建设。

九、加强和完善社会环境建设体系

进一步加强社会主义精神文明建设，把提高公民文明素质作为加强和创新社会管理，全面推进社会建设的基础性工程来抓，努力创建社会文明环境。

(二十八)加强思想道德建设。大力加强社会主义核心价值体系建设，引导全社会树立正确的世界观、人生观、价值观。坚持正确宣传导向，有效引导社会舆论，巩固和发展积极健康向上的主流舆论，努力为浙江舟山群岛新区建设和我县“美丽海岛”建设营造良好氛围。加强社会心理服务，深入开展精神文明创建活动，建立文明创建长效机制，加强社会公德、职业道德、家庭美德、个人品德建设，形成全社会讲秩序、重责任、守诚信、善包容的文明风尚。

(二十九)推进社会诚信体系建设。着眼于建立完善社会诚信体系和行为规范，进一步发挥政府诚信在社会诚信体系建设中的导向作用，强化诚信理念，加快诚信建设。建立完善各类企事业单位信用管理制度，引导企业确立和践行诚信的管理理念。加强个人诚信体系建设，加快个人诚信评估和失信惩戒制度建设，强化社会公众诚信教育，树立“诚信为本、操守为重”的良好社会风尚。

(三十)提高全社会法治化管理水平。大力弘扬社会主义法治精神，深入推进“法治嵊泗”建设，切实强化法治保障。深入开展“六五”普法和“四五”依法治县工作，加强法制宣传教育，增强广大群众知法、守法、用法的自觉性，引导公民理性表达诉求，依法维护权益。全面提高依法行政水平，规范行政决策和行政执法行为，提高执法效能。进一步深化司法体制及工作机制改革，严格执法程序，推进“阳光司法”。积极推进基层民主法治建设，不断提高基层法治化管理水平。

十、加强和创新社会管理的保障措施

各级党组织要加强对社会管理创新工作的领导，切实加大保障力度，提高社会管理工作水平。

(三十一)强化组织领导，完善管理体系。积极构建“党委领导、政府负责、社会协同、公众参与”的社会管理体系，形成共建共享和谐社会的生动局面。把加强和创新社会管理工作纳入经济社会发展的总体规划，明确方向重点，解决困难问题，做到与经济建设同规划、同部署、同检查、同落实。充分发挥工会、共青团、妇联等群团组织和基层性群众组织、各类社会组织的作用，健全群众参与社会管理的途径和机制，动员广大群众有序参与社会管理和服务。

(三十二)落实目标责任，加大考核评价。各级各部门要按照县委总体工作部署和要求，抓好社会管理创新目标任务的分解，明确责任，确保各项工作措施的落实。建立健全科学的社会管理工作考核评价指标体系，把社会管理工作实绩作为对领导干部综合考核评价的重要内容，加大社会管理指标考核权重。加快社会管理重点基础项目建设，实施项目化管理，明确工作内容、工作标准、工作时效和工作责任，加强跟踪督查，确保工作实效。

(三十三)加强队伍建设，增强能力水平。加强对各级领导干部的社会管理知识教育培训和实践锻炼，不断提高各级干部的社会管理能力和群众工作能力。坚持和完善密切联系群众的制度，以群众工作推进社会管理创新各项工作。大力培养和引进社会管理人才，制定相应的培养、使用和激励等方面的政策措施，建设一支与社会管理任务相适应的社会工作人才队伍，发挥社会工作者在社会管理工作中的积极作用。加强义工志愿者队伍建设，建立健全义工志愿者服务体系，推进社会志愿者长效机制建设。

(三十四)加大保障力度，营造良好氛围。加大人财物的有效投入，逐步提高社会建设和社会管理支出在财政支出中所占比例，健全社会管理资金投入和管理机制，吸引社会资金参与社会建设。充分发挥新闻媒体的作用，加大对社会管理创新知识的宣传普及，大力宣传各级各部门推进社会管理创新的经验做法，大力宣传破解重点难点问题的进展情况，广泛动员和依靠社会力量，努力营造举全县之力推进社会管理创新的良好氛围。

中共丽水市委办公室　丽水市人民政府办公室关于进一步推进丽水市重大事项社会稳定风险评估工作的通知

丽委办〔2011〕49号

各县(市、区)党委和人民政府,市直属各单位:

《中共丽水市委办公室丽水市人民政府办公室关于印发〈丽水市重大事项社会稳定风险评估暂行规定〉的通知》(丽委办〔2009〕48号)文件下发后,我市各地各部门组织开展了重大事项社会稳定风险评估工作,取得了较好效果。为更好、更全面地推进重大事项社会稳定风险评估工作,努力从源头上预防和减少不稳定因素,维护我市社会稳定,根据省委维护稳定工作领导小组下发的《全面推进重大事项社会稳定风险评估工作的意见》(浙维稳〔2011〕3号)精神,现通知如下:

一、提高认识,增强稳定风险意识。开展重大事项社会稳定风险评估工作是贯彻落实科学发展观的重大举措,是社会管理创新的重要内容,是促进科学决策、民主决策、依法决策的迫切需要。实践证明,深入开展重大事项社会稳定风险评估,有利于从源头上预防和减少社会矛盾;有利于推进维稳工作从注重事中控制、事后处置向注重事前预防、源头治理转变;有利于促进决策的科学化、民主化、规范化;有利于社会稳定责任的明确,防范和化解社会稳定风险措施的落实。

各县(市、区)和市直各部门务必提高思想认识,将社会稳定风险评估工作作为今后重大决策部署、重要政策出台、重大项目建设、重大改革实施前的工作程序和防范化解社会不稳定风险的有效措施,确保重大事项实施的平稳有序,确保社会大局的稳定。

二、全面实施,要求做到应评尽评。今后,凡重大事项的决策实施前,都应围绕可能存在的社会稳定风险,开展合法性、合理性、可行性、可控性等评估工作,认真分析研究可能存在的社会不稳定隐患和问题,科学评判社会稳定的风险程度和可控范围。县(市、区)要深入调查研究,总结经验教训,着力在拓宽领域、深化提高上下功夫;市直各部门要在全面推行、组织实施上下功夫。重大事项的主管部门要切实履行评估工作的主体责任,对事关人民群众切身利益、影响面广、容易引发不稳定问题的重大决策、重要政策、重点建设项目、重大改革举措,都应开展社会稳定风险评估,要求做到应评尽评。

三、分工负责,落实部门把关责任。县(市、区)党委、政府要把重大事项社会稳定风险评估工作摆上重要议事日程,进一步推进评估工作的经常化、制度化、规范化。凡重大决策、重要政策报党委、政府决策前,党委、政府办公室应做好上会前的把关工作,将社会稳定风险评估作为上会研究的前置条件;重大改革举措出台、重点建设项目审批前,发改委等相关审批部门应将社会稳定风险评估作为审批的前置条件,要求相关部门认真组织社会稳定风险评估;做到不评估不上会、不评估不审批、不评估不出台。凡重大事项出台实施,责任部门要根据评估情况,切实落实化解不稳定因素和维护社会稳定的具体措施。对事前难以化解的不稳定隐患要制定相应预案,有针对性地做好工作,严防影响社会稳定重大事件的发生。

四、突出重点,不断完善评估机制。市直各部门要明确工作责任,落实主管领导、分管领导、职能处室及具体工作人员,在全面推行社会稳定风险评估工作的基础上,努力探索部门的行业评估工作。特别是涉及到土地、建设、交通、环保、教育、农业、卫生等事关较大范围人民群众切身利益的、群众普遍关心的或对人民群众生产生活造成影响事项较多的主管部门,更要强化评估工作的责任意识,更要认真落实社会稳定风险评估工作,积极有效的探索本部门社会稳定风险评估工作的方式、方法,形成具有部门行业特色的社会稳定风险评估工作机制。

五、完善考核,严格评估责任查究。各级党委、政府要把重大事项社会稳定风险评估工作纳入党政综合工作和平安综治工作的考核内容。市、县(市、区)委维稳办要强化综合协调、专项督查和业务指导,积极开展评估工作的业务培训,定期通报评估工作开展情况。对于不重视重大事项社会稳定风险评估工作,有关事项应评估而不评估,或在风险评估工作中搞形式主义造成评估失实,或因风险预防化解工作不落实、不到位而引发大规模集体上访或群体性事件,给社会稳定造成严重影响的,要依据《丽水市预防处置群体性事件领导责任制及责任追究制实施办法(试行)》,追究单位主要领导、分管领导和直接责任人的责任。构成违纪的,依照《中国共产党纪律处分条例》和《行政机关公务员处分条例》给予纪律处分。

中共丽水市委办公室
丽水市人民政府办公室
二〇一一年六月二十日

丽水市莲都区人民政府办公室关于印发进一步促进民办教育发展若干意见的通知

莲政发〔2011〕45 号

各乡镇人民政府，各街道办事处，区政府直属各单位：

《丽水市莲都区人民政府关于进一步促进民办教育发展的若干意见》已经区政府常务会议通过，现印发给你们，请认真组织实施。

二〇一一年十二月三十日

丽水市莲都区人民政府关于进一步促进民办教育发展的若干意见

为贯彻落实《国家中长期教育改革和发展规划纲要（2010－2020 年）》、《浙江省中长期教育改革和发展规划纲要（2010－2020 年）》，进一步促进我区民办教育发展，加快推进教育现代化，根据《丽水市人民政府关于进一步促进市区民办教育发展的若干意见》（丽政发〔2010〕41 号）和《浙江省财政厅、教育厅关于印发浙江省扶持民办幼儿园发展奖补暂行办法的通知》（浙财教〔2011〕183 号），结合我区实际，特提出如下意见：

一、提高认识，进一步明确促进民办教育发展的总体要求和目标

（一）民办教育是促进教育改革和发展的重要力量。积极鼓励支持民办教育，有利于深化教育体制机制改革，提高教育质量；有利于扩大优质教育资源，更好地满足人民群众日益增长的优质教育需求。进一步提高认识，统一思想，积极发挥民办教育在提供优质教育资源中的作用，进一步加大公共财政对民办教育（含学前教育，下同）的扶持力度，营造有利于民办教育发展的良好环境。

（二）总体要求：以科学发展观为统领，以扩大优质教育资源、提高民办学校办学水平为宗旨，进一步加大对民办教育的扶持力度，促进民办学校（含幼儿园，下同）强内涵、提质量、创特色、树品牌、上水平。

（三）发展目标：到 2015 年，基本形成“学前教育以公办为示范，促进民办幼儿园上等级，提高保教质量；义务教育以公办为主体，民办上水平，不断满足社会选择教育的需求”的办学格局。

二、完善政策，积极鼓励社会力量参与办学

（一）有序开放教育市场。根据市区教育发展布局规划，教育行政主管部门可将部分学校建设项目经过包装，吸引社会力量进行投资建设和办学。新创办的民办学校，办学条件必须符合中小学和幼儿园设置标准。

对符合教育发展布局规划，新建、扩建的民办学校，经政府有关部门批准，按公益事业用地及建设有关规定享受与公办学校同等优惠政策。举办者不得擅自变更用地性质。

（二）创新教育投融资体制。根据《国务院关于鼓励和引导民间投资健康发展的若干意见》（国发〔2010〕13 号）精神，积极鼓励民间资金投资教育。民间资金可独立投资办学，也可在产权明晰前提下以合资、合作、参股的方式办学。

鼓励民办学校组建教育发展公司，负责学校教育建设项目的资金筹措、运作和组织实施。经依法审批登记建立的民办教育发展公司，享受《关于进一步拓宽教育融资渠道加快教育事业发展的意见》（浙政办发〔2001〕78 号）规定的有关优惠政策。各金融机构应积极为民办学校提供信贷支持。

（三）鼓励发展学前教育。在发挥公办幼儿园示范、引领、指导作用的基础上，充分运用市场机制，积极鼓励社会资金投向学前教育领域，促进我区学前教育办出质量、办出特色、办出活力。

（四）支持民办优质义务教育。鼓励民办义务教育办优办强，满足社会对多元化、个性化教育的需求。允许学生自主选择民办学校，依法保障民办学校义务教育阶段学生的权益。

三、扶优扶强，加快推进民办教育优质发展

（一）鼓励民办幼儿园上等级。在我区自建园舍或租赁园舍 5 年以上（含 5 年），办园条件符合标准，办园规模达到 6 个班级及以上的民办幼儿园（含公建民办），实施如下鼓励政策：

1. 被评上省三、二、一级幼儿园，分别给予 5 万元、8 万元、10 万元的一次性教学设备添置款补助；自建园舍的幼儿园，被评上省三、二、一级幼儿园，分别给予10万元、20万元、30万元的一次性教学设备添置款补助。

2. 评上省等级幼儿园的民办幼儿园，在其做好本园教职工各类保险工作的基础上，对符合教育行政部门聘用标准、经教育行政部门审核备案、持有教师资格证的非公办教师（含具有相应资质的卫生保育员、保洁员、炊事员），按规定缴纳的社会保险费中单位承担部分，政府给予30%的补助。

3. 对学历进修达到学前教育专业大专或本科毕业，并具有幼儿教师资格证的现任民办幼儿园园长、教师，在民办幼儿园连续从事幼儿教育且服务期满5年的，政府给予以下一次性补助：取得大专学历每人补助3000元；取得本科学历每人补助4000元。

4. 经教育行政部门审核选派参加省、市教育部门组织的业务培训的民办幼儿园专任教师，培训后经考核合格的，给予培训费50%的经费补助。

（二）鼓励扶持普惠性民办幼儿园发展。对面向大众、保教费收费标准与我区同类型、同等级教育部门办幼儿园收费标准相当或低于的，经区教育行政部门批准设立的普惠性民办幼儿园，实施等级幼儿园补助和质量补助。

1. 等级幼儿园补助。省一级园，生均220元；省二级园，生均200元；省三级园，生均180元；准办园，生均80元。

2. 幼儿园质量补助。质量指标，暂考虑符合条件的普惠性民办幼儿园的教师资格证持证率、职工参保率、师生比三个方面。①教师资格证持证率：教师资格证持证率低于30%（含30%）的，不予补助；教师资格证持证率大于30%、低于60%（含60%）的，生均补助为30元；教师资格证持证率大于60%、低于80%（含80%）的，生均补助为50元；教师资格证持证率高于80%的，生均补助为80元。

②职工参保率：指民办园不占编教职工参加养老、医疗保险的比例。生均补助标准为：符合条件的普惠性民办幼儿园职工参保率×120元。

③师生比：师生比在1:15（含15）以内的，生均补助为150元；

师生比大于15、小于20（含20）以内的，生均补助为100元；师生比大于20、小于25（含25）以内的，生均补助为50元；师生比大于25、小于30（含30）以内的，生均补助为20元；师生比大于30的，不予补助。

等级幼儿园补助和质量补助暂时面向农村民办幼儿园，待条件成熟后逐步扩大到城区民办幼儿园。

（三）鼓励义务教育阶段民办学校做出精品。在我区自建校舍，办学条件符合标准，办学规模较大（小学班级数达24个及以上、初中班级数在18个及以上），符合任职资格的专任教师人数达到70%，且经教育主管部门考核认定办学行为规范、办学水平较高的民办中小学，实施如下鼓励政策：

1. 民办中小学在做好教职工参加各类保险的基础上，对具有专业技术职务的教师，按规定缴纳的社会保险费中单位承担部分，政府给予30%的补助。

2. 被评为市级教育现代化示范学校的民办中小学，给予以下教育教学创新项目课题经费补助：国家级教育教学创新项目课题立项，且结题的补助10万元；省级教育教学创新项目课题立项，且结题的补助8万元；市级教育教学创新项目课题立项，且结题的补助5万元。

3. 公办中小学的办学资源不能满足现有义务教育任务和招收民工子弟的情况下，民办中小学接受政府委托承担义务教育任务和招收民工子弟的，根据其接纳学生数量，按照物价部门批准的同类在本校就读学生的学费收费标准给予相应的经费补助。

（四）允许民办学校取得合理回报。出资人要求取得合理回报的民办学校，每个会计年度结束时，学校年度净收益扣除依法预留25%发展基金、不低于10%的教职工福利基金和相应的风险保证金后的剩余部分，学校可合理分配。剩余部分分配方案实施前须报教育行政主管部门备案。

四、创新机制，进一步加强教师队伍建设

（一）提高民办学校师资水平。民办学校办学应配备具有教师资格、数量足够、结构合理的师资队伍，其中符合任职资格的专任教师达到70%以上。民办学校应根据办学规模，参照公办学校教职工配置编制标准，面向社会通过资格审核、试教、考核等程序招聘教职工。民办学校聘任的教师必须具有相应的教师资格。现在民办学校任教、未取得教师资格证书的教师，2012年12月底前须取得相应的教师资格证书，逾期未能取得教师资格证书的，不得从事课堂教学工作。

（二）实行民办学校教职工人事代理制。凡符合聘用条件的师范类毕业生、教育系统人员和已取得教师资格者，应聘到我区民办学校工作，由区人才管理服务处实行人事代理。

（三）依法保障民办学校教职工待遇。对已实行人事代理的教师，要逐步实行民办学校教师工资保障制度。民办学校要依照有关规定，及时为教职工办理养老、工伤、失业、生育、医疗等社会保险，并按时足额缴纳各项社会保险费。

（四）落实民办学校教师优惠政策。民办学校的教师，在职务评定、业务培训、学历提高、评选先进、教育教研、年度考核等方面参照公办学校教师管理。民办学校要建立健全教师的业务档案，与教师签订聘用合同，明确双方的责、权、利。符合条件的专任教师必须参加专业技术职务评审，提升专业水平。保障民办学校教职工参与民主管理、民主监督的权利。

民办学校自聘的教师，在报考公办教师时，根据教学业绩情况，在同等情况下给予优先聘用。对特别优秀的民办学校的自聘教师，经学校推荐，区教育、人事部门审核，通过相关程序可进入公办教师队伍。具体办法由人事、教育行政主管部门制定。

鼓励身体条件好、教学业绩佳的公办学校退休教师到民办学校任教。其上课补贴、奖金和福利等由民办学校给予解决。

(五)进一步提高民办幼儿园师资水平。达到省三级办园标准的民办幼儿园，至少给予配备1名事业编制教师(或园长);达到省二级及以上办园标准的民办幼儿园，配备1名事业编制园长(或业务园长)指导管理，并按每2个班配备1名事业编制教师，或财政定额补助的编外教师。事业编制教师由区教育行政主管部门会同人事部门统一招聘，其编制与人事关系放在公办幼儿园。事业编制教师按规定享受的工资收入待遇(包括津补贴)由财政予以保障。建立公民办幼儿园编制教师流动机制，稳定民办幼儿教师队伍。

(六)加大民办中小学师资扶持力度。对符合本意见“扶优扶强，加快推进民办教育优质发展”第(三)项办学要求的民办中小学，由区机构编制部门会同教育行政主管部门根据其办学规模和服务区域内的学生数量等情况，核定所在民办中小学教师事业编制数。民办中小学事业编制教师由区教育行政主管部门会同人事部门组织招聘。在民办中小学任教的事业编制教师，由区教育行政主管部门按有关规定审核，人事部门确认事业编制人员档案工资，参加事业单位社会保险，退休时享受事业单位同类人员相关待遇。民办中小学事业编制的优秀教师，确因工作需要，经考核，学校和教育行政主管部门同意，人事部门核准，可调入公办中小学任教，但不得调入其他事业单位。上述编制核定、人员招聘等具体办法另行制定。

五、提升内涵，进一步提高民办教育学校办学水平

(一)强化办学理念。民办学校要在实现教育现代化进程中，不断创新教学观念、教学内容、教学方法，着力提高学生的学习能力、实践能力、创新能力，推进教育理念、教育手段、教育方法、教育管理现代化。要通过举办小班化教学、加强与外地名校联合办学、选派骨干教师和管理人员外出培训等途径，强内涵、创特色，提质量，树品牌，努力实现民办教育资源优质化、理念先进化、设备现代化。

(二)提高管理水平。民办学校要在管理上下功夫，在教学上想办法，在质量上求突破，不断提升办学水平，在数量上扩展规模的同时，注重质量和效益提升。区教育行政主管部门可根据需要选派公办学校管理骨干到民办学校任职，其人事关系保留在原单位。任职期间，其工资、福利等由任职的民办学校支付，任职期满后回公办学校或教育机构工作。民办中小学的校长、民办幼儿园的园长应由区教育行政主管部门核准。

(三)加强安保工作。区教育、财政、公安主管部门要把民办学校的安全保卫工作纳入统一管理，在民办学校聘请保安、配备安保器械等方面给予必要的资金补助。

六、依法管理，进一步规范民办教育办学行为

(一)加强民办学校工作指导。区教育行政主管部门要加强对民办学校教育教学工作的检查指导，建立等级督导评估制度，加强教育教学检查和财务审计工作，努力提升民办学校管理水平。

(二)规范民办学校收费管理。举办学历教育的民办学校，收费标准由学校根据年生均培养成本确定，报同级价格主管部门批准并向社会公示后执行。对举办非学历教育的民办学校，收费项目和收费标准由举办学校制定，报有关部门备案并公示。民办学校举办者不得向学生及家长、社会公开募集资金举办民办学校。

民办学校要依法建立学校财务、会计和资产管理制度，并按照国家规定的会计制度进行会计核算，按年度向主管部门提交财务会计报告。民办学校存续期间，举办者不得抽逃出资，不得挪用办学经费;对政府的奖励补助经费，民办学校必须严格按照规定使用，不得挪用、移用、截留和私分。违者一经查实，给予收回政府奖励补助经费、取消奖励补助政策待遇、削减招生计划等处理;情节严重的，由有关部门依法责令停止办学，并追究举办者(法人)相应的法律责任。

(三)规范民办学校招生行为。民办学校的招生广告(简章)向社会公布前，须经审批机关审核备案，并不得随意突破招生计划。严禁有偿招生和委托非法招生中介机构、个人进行招生。工商、公安、教育行政主管部门对民办学校虚假广告和违规招生行为要按国家有关规定，及时作出处理。

(四)建立民办学校退出机制。民办学校要求变更举办者或终止办学，由审批机关负责对学校校产进行评估，并进行财务清算后由原审批机关核准。终止办学的民办学校，应当妥善安置在校学生，并由教育行政主管部门收回办学许可证、销毁印章、注销登记。

(五)建立教学设备公开采购制度。获得教学设备补助的民办学校，所需的设备应在教育行政主管部门指导监督下，实行公开采购。

七、其他

本《意见》自2011年1月1日起施行，今后上级对民办教育事业发展有新规定的，从其规定。

中共云和县委关于加快构建“小县大城”社会管理新格局的实施意见

云委〔2011〕13号

根据中央和省市委关于加强和创新社会管理的总体部署，结合我县建设“平安云和”、“法治云和”以及开展“网格管理、阳光服务”系列活动的实践，现就加强和创新社会管理、加快构建“小县大城”社会管理新格局提出如下实施意见。

一、加强和创新社会管理、加快构建“小县大城”社会管理新格局的重大意义、指导思想和基本要求

（一）重大意义

加强和创新社会管理，是党中央深刻分析全面建设小康社会的关键时期和深化改革开放、加快转变经济发展方式的攻坚时期我国经济社会发展要求，从党和国家事业发展全局出发确定的一项重大战略任务，事关巩固党的执政地位，事关国家长治久安，事关人民安居乐业。改革开放以来，特别是近年来，县委根据国内外形势的发展变化，紧密结合云和实际，按照“小县大城”发展战略的要求，大力推进“平安云和”、“法治云和”建设，积极推进社会管理工作创新，有效巩固了社会大局持续稳定的良好局面，为我县今后一个时期加强和创新社会管理奠定了坚实的基础。与此同时，随着“小县大城”发展战略十年的实施，我县的产业布局、人口布局发生了重大变化，各种社会矛盾多样多发，群众利益诉求多元复杂，流动人口服务管理任务繁重，社会公共服务不够完善，对社会建设和社会管理工作带来前所未有的影响与挑战。因此，在当前，不断加强和创新社会管理事关云和发展大局、稳定大局，事关“小县大城”核心战略的深化和可持续性发展，事关云和包容大气的移民文化以及和谐发展的人文精神的培育，也事关“十二五”和年度目标的展开、推进和实现。全县各级党组织和广大党员干部要从全局和战略高度深刻认识加强和创新社会管理的重要性和紧迫性，按照中央和省市委的要求，统筹推进经济建设、政治建设、文化建设、社会建设以及生态文明建设，全面加强和改进党的建设，深刻认识和准确把握社会管理规律，继承和发展我县在社会管理方面积累的宝贵经验，坚持与时俱进、开拓创新，加快构建“小县大城”社会管理新格局。

（二）指导思想

高举中国特色社会主义伟大旗帜，以邓小平理论和“三个代表”重要思想为指导，深入贯彻落实科学发展观，按照最大限度激发社会创造活力、最大限度增加和谐因素、最大限度减少不和谐因素的总要求，全面落实中央和省市委关于加强和创新社会管理的总体部署，以打造“阳光云和”为目标，以“网格管理、阳光服务”系列活动为龙头，以解决影响社会和谐稳定的突出问题为突破口，积极推进社会管理理念、体制、机制、制度、方法创新，加快构建“小县大城”社会管理新格局，努力使社会关系更加协调、社会行为更加规范、社会秩序更加良好、社会大局更加稳定，为加快建设“中国童话休闲旅游城”、推动“小县大城”向“小县名城”转型升级创造更加良好的思想基础和工作基础。

（三）基本要求

1. 以人为本，服务为先。贯彻全心全意为人民服务的宗旨，坚持群众观点、群众路线，在服务中实施管理，在管理中体现服务，努力实现管理与服务的有机统一。全面梳理社会管理工作中存在的不符合、不适应问题，采取有针对性的措施加以解决，努力实现由“治理型”管理向“服务型”管理转变，让人民群众权益受到保障、心情更加舒畅，从而自觉接受管理、主动配合管理、积极参与管理。

2. 多方参与，共建共享。在充分发挥党委领导核心作用和政府主导作用的基础上，充分发挥各种社会力量在社会管理中的协同、自治、自律、他律、互律作用，充分调动人民群众参与社会管理的积极性、主动性和创造性，形成机制互联、功能互补、力量互动、协作配合、齐抓共管的社会管理整体合力。

3. 源头治理，治本管理。坚持以改善民生为重点、注重制度安排的公平正义、让发展成果惠及全体人民，从源头上预防、化解和减少社会矛盾。坚持社会管理关口前移，把工作重心从治标转向治本、从事后救急转向源头治理，大力加强基层基础工作，增强基层社会管理服务能力，从源头上不断加强社会建设，最大限度地使社会矛盾不积累、不激化。

4. 统筹兼顾，整体推进。正确反映和协调各个方面、各个层次、各个阶段的利益诉求，使社会管理真正能够体现维护公平正义的“刚性”、协调各方利益的“柔性”、应对新情况新问题的“弹性”。更多地运用民主的方式、群众路线的方式、说服教育的方式，把综合协调、全面推进作为基本工作方法，科学规划、系统设计、由点到面、整体推进社会建设。

5. 依法管理、综合施策。强化依法管理理念，引导人们相信法律，依法理性表达诉求，依法调整社会关系、规范社会行为。健全覆盖社会管理和服务各个领域的规章制度，提高社会管理的制度化和规范化水平。综合运用行政干预、经济调节、道德约束、心理疏导、舆论引导等措施，提高化解社会矛盾、规范社会行为、解决社会问题的效果。

二、切实抓好加强和创新社会管理、加快构建"小县大城"社会管理新格局的各项重点工作

（一）深化"阳光服务"活动，打造"阳光政府"

1. 推进政府职能转变。以政府流动服务跟进社会管理，进一步深化"阳光服务"活动，积极搭建服务平台、优化服务团队、完善服务机制，推进"12355城乡社会协同管理创新平台"建设，打造职责明确、指挥有序、管理精细、信息共享、渠道畅通、服务有效的管理服务体系，努力使网络覆盖更加全面、资源配置更加合理、社会管理更加到位、服务群众更加有效、基层基础更加扎实。积极推进各级各类政务服务平台的联接与融合，全面推进乡镇（街道）阳光服务中心、分中心建设，将劳动就业、社会保险、社会救助、社会福利、计划生育、农用地审批、新型农村合作医疗及涉农补贴等纳入其中公开规范办理；在城乡社区（村）设立便民代办点，将便民服务向城乡社区（村）延伸，推行便民服务免费代办制度。以新区划运行为契机，进一步提升城市管理和社区管理水平，为进城农民承担属地管理责任，促进进城农民和谐融入城市，真正化农民为市民，提升市民生活品质。大力推进行政权力运行程序化和公开透明，及时、准确、全面公开群众普遍关心、涉及群众切身利益的政府信息。积极推进行政审批制度改革，全面落实"并联制"审批机制，促进服务提质、审批提速。大力推进网上政务改革，推行网上受理、网上审批和网上政务公开，探索开展各种形式的领导干部和网民互动交流活动，努力为人民群众提供方便、快捷、优质、高效的服务。

2. 推进基本公共服务均等化。围绕着促进社会公平，合理配置公共资源，进一步调整和完善公共财政政策，把更多的人力、物力、财力等公共资源向社会管理和公共服务倾斜，下大力气统筹解决好与群众切身利益相关的就业、就医、就学、住房、社会保障等民生问题。进一步优化公共资源配置，加大公共服务向农村地区倾斜力度，促进农村地区均衡发展，扩大优质公共服务资源的覆盖面。健全政府购买公共服务制度，调动社会各方面的力量，特别是各类社会组织和民间资本，参与公共服务，满足群众多样化的社会服务需求。充分发挥大民政的优势，积极实施"济困工程"，全面落实最低生活保障、医疗救助、司法救助等制度，积极推动慈善捐助体系、社会救助体系以及适度普惠型社会福利体系的建设，努力使社会建设与管理成果更好地惠及全体人民。认真贯彻党的民族政策、宗教政策，依法管理宗教事务，维护少数民族群众合法权益，促进不同民族、不同宗教信仰群众和谐相处。

3. 强化对流动人口和特殊人群的服务管理。整合县流动人口管理办公室及乡镇劳动力转移服务中心资源，设立全县流动人口服务管理中心，大力推广"以证管人、以房管人、以业管人"和"一站式"流动人口服务管理新模式。按照"动态、适时、准确、真实"的要求，建立县级流动人口综合信息平台，将公安、卫生、计生、教育、房管、消防等部门的信息进行整合，实现信息"一次采集、一次录入、统一管理、全县共享"，真正把流动人口服务管理的基础夯实。制定出台《关于加强外来务工人员服务与管理工作的意见》，加强对农民工尤其是新生代农民工的人文关怀，有计划有步骤地推进基本公共服务由户籍人口向常住人口扩展，解除他们的后顾之忧。积极稳妥有序推进户籍制度改革，加快建立城乡一体化的人口和资源要素自由流动机制。完善社区矫正工作体系，实施"社区阳光矫正工程"，加强社区服刑人员的教育管控，加大对边缘人群和困难人群关注和救助力度，努力形成以政府为主导、社区为平台、社会力量参与的关怀教育管理格局，最大限度消除社会不稳定因素。加强社会闲散人员、刑释解教人员、问题青少年、吸毒人员等人员帮教管理和服务，做好就业指导和安置工作。加强精神卫生防治体系建设，健全对精神病人、艾滋病人等的社会关怀帮扶制度。

4. 注重对虚拟社会的管控。完善网上网下综合防控体系，加强网上技术手段和力量建设。建立对网上影响国家安全和社会稳定信息的监测、研判、预警、处理机制，建立对网上有害信息监管和查处机制，提高对网上煽动策划指挥、网下串联行动事件的处置能力。健全网上舆论引导机制，及时研究应对措施，由新闻发言人统一对外发布。健全涉警、涉法舆情事件处理机制，属于工作失误的，要迅速纠正，平息事态，严肃追究责任；属于不实炒作的，要快速公布真相，以正视听；属于造谣生事的，要及时搜集证据依法处理，并在网上公布结果。积极探索利用网络收集社情民意，通过网络理政、设立网络发言人、开通官方微博等方式，加强与网民的沟通、交流。

（二）深化"阳光执法"活动，加快构建大平安体系

1. 拓展"阳光执法"活动外延。总结深化政法机关"阳光执法"活动，在全县行政执法机关大力推进"阳光执法"。积极搭建执法工作为民服务平台，实施执法利民阳光措施，建立快捷高效的执法流程，对群众的诉求，实行一次受理、内部流转、分别办理的"一站式"服务模式，切实为群众提供"近距离"、"阳光温情"服务。加强执法规范化建设，强化执法责任落实，层层分解、逐级落实执法责任，做到职能明晰，责任落实；提高执法透明度，最大限度地公开执法程序、执法进度、执法结果和执法文书；深化执法质量考评，进一步完善执法质量考评机制，严格落实执法过错责任追究，确保执法人员严格按照法定权限和程序行使权力、履行职责。健全公正廉洁执法长效机制，着力解决执法不严、执法不公、执法不规范等问题。建立指导制度，规范自由裁量权的行为。健全完善案件法律审核把关和个案监督机制，充分发挥新闻媒体和人大代表、政协委员、特邀监督员的监督作用。积极推进警力下沉和工作职能下沉，不断深化完善办案效果跟踪回访、警民恳谈、巡回法庭、农村法律指导员等上门服务制度，强化警民沟通联系。

2. 完善立体化治安防控体系。创新安保机制，有效整合基层村级巡防队、企事业单位安保员、平安自愿者、警务专业巡队等各方资源力量，进一步完善街面巡逻、社区

群防、重点部位监控、卡点阻截和区域警务协作、虚拟社会防控的立体化治安动态防控体系。加强社区警务和治安防控工作，强化人防、物防、技防硬件建设。把物防、技防建设纳入市政规划，着力抓好城市居民小区、重点部位建设工程治安防控硬件规划、施工，加强城区及周边集镇视频监控系统建设，大力向农村地区推广简单实用的物防技防设备。扎实推进基层平安创建工作，加强基层“两所一庭”规范化建设，根据新的行政区划合理布局公安派出所网点，增强基层社会治安防控能力。加强社会治安重点地区和突出问题排查整治工作，加大社会治安薄弱环节、重点地区整治力度，深入推进“打黑除恶”专项斗争，着力解决突出治安问题和安全隐患，增强人民群众安全感。

3. 加快构建公共安全体系。健全各级食品药品安全协调机构，完善考核评价和责任追究机制，建立食品药品安全质量追溯制度，形成来源可追溯、去向可查证、责任可追究的安全责任链；深入开展重点领域专项整治，严厉查处违法行为，切实维护食品药品市场秩序，营造安全、放心的消费环境。健全安全生产监管网，全面落实安全生产属地监管责任和部门（行业）安全监管责任，完善县乡（镇、街道）两级安全监管体系，提高安全生产保障能力；继续抓好重点领域安全生产工作，深入开展隐患排查治理，努力降低事故总量，坚决遏制重特大事故；强化生产经营单位安全主体责任，推进企业安全生产标准化建设，提高安全生产整体水平。建立企业安全生产诚信机制，提高应急管理能力。建立健全各级各类应急管理机构，抓紧制定配套制度和工作细则，全面落实风险和突发事件隐患排查监控责任；完善应急预案体系和全民动员机制，积极有效应对各种突发事件；加强洪涝、干旱、台风、地质等灾害监测、预报和预防能力建设，提高应对各种灾害和突发事件的能力。

（三）深化“阳光信访”活动，加快构建大信访体系

1. 完善群众利益诉求表达机制。坚持用群众工作统揽信访工作，完善畅通有序的诉求表达机制，切实解决人民群众通过信访渠道所反映的实际问题。探索建立乡镇（街道）、社区社情民意接待服务站（室），不断改进信访工作方式方法，构建信、访、电、网“四位一体”的信访工作平台。进一步发挥人大、政协和民主党派、工商联、人民团体、社会组织、大众传媒等的社会利益表达功能，积极探索推广党代表、人大代表、政协委员、律师、专业社工人员参与接待群众来访制度。深化和完善党政领导定期接访、约访、下访以及在线访谈制度，深化“信访积案化解年”活动，建立健全有效投诉查处、党政机关问责等制度，促进群众诉求问题的解决。

2. 完善维护群众利益决策机制。完善重大行政决策程序规则，把公众参与、专家论证、风险评估、合法性审查和集体讨论决定作为必经程序加以规范，增强公共政策制定透明度和公众参与度。规范和健全重大事项专家咨询、社会公示与听证、决策评估等公众参与机制，凡是涉及群众切身利益的重大事项，都要充分听取群众意见建议，注重进行有效论证和评估，统筹协调各方面利益，对大多数群众不理解、不支持的事项缓出台或不出台，切实防止因决策不当损害群众利益，努力实现科学决策、民主决策、依法决策。建立有效的决策执行监督和保障机制，充分保障群众对决策执行效果的评议权，完善决策失误纠错机制和责任追究机制。

3. 完善社会稳定风险评估机制。全面推行各级党委、政府和有关部门重大工程项目和重大政策制定社会稳定风险评估机制，将社会稳定风险评估作为各级各部门作出重大决策、制定重大政策、开展重大活动、建设重点项目的前置程序，突出抓好房屋土地征收、工程建设、环境保护、安全生产等到重点领域的社会风险评估工作。按照“谁主管谁负责、谁决策谁负责”的原则，建立健全社会稳定风险评估通报备案、部门联动、考核考评、责任倒查追究等配套机制，保障和推动评估措施落到实处。

（四）深化“阳光调解”活动，加快构建大调解体系

1. 完善矛盾排查机制。坚持把排查作为联系群众、做群众工作的重要方式，作为替群众排忧解难、为民办实事的过程，深入了解社情民意，有针对性地采取服务管理措施。严格贯彻落实《云和县矛盾纠纷排查调处工作规程》，认真做好经常性排查、专项排查、定期排查和滚动排查工作，摸清底数，掌握情况，及时准确掌握各种社会矛盾纠纷、社会管理服务的重点人群和社会治安重点地区及突出问题等基础信息，加强动态分析和综合研判。

2. 建立矛盾纠纷层级化解机制。强化基层调解力量整合，完善县级阳光调解中心，以“一中心三站室”为主平台，分层调解矛盾纠纷，一般性、常规性矛盾纠纷由村（社区、企业、单位）综治工作站调处；较大矛盾纠纷由乡镇（街道）、村（社区）两级合力调处；复杂重大矛盾纠纷由县、乡（镇、街道）、村三级合力调处，确保“小事不出村、大事不出乡、难事不出县、矛盾不上交”。强化部门和行业调解责任，重点在医患纠纷、交通事故、征地拆迁、食品药品管理、安全生产等领域建立调解组织，发挥各类群团组织、基层组织以及专家学者等社会力量的作用，共同化解社会矛盾。

3. 完善“四调联动”化解机制。全面加强人民调解、行政调解、司法调解、仲裁调解工作，拓展阳光调解工作领域，逐步构建四种调解有效衔接的“大调解”工作体系，做到“哪里有人群，哪里就有调解组织；哪里有矛盾，哪里就有调解工作”，实现调解组织网络纵向到底、横向到边全面覆盖，社会矛盾化解自下而上、分级调处无缝对接，确保及时把社会矛盾化解在基层、解决在萌芽状态。建立健全各类调解职能协作机制，政法综治部门综合协调，有关部门各司其职，大力推进“诉调对接”、“检调对接”、“警调对接”、“交调对接”、“访调对接”、“仲调对接”、“上下对接”、“部门对接”工作。

（五）深化“六城联创”活动，加快构建大诚信体系

1. 坚持以各种创建提升公民道德建设水平。进一步深化各种文明创建活动，广泛开展社会主义核心价值观体系教育活动，深入推进社会公德、职业道德、家庭美德、个人品德建设，不断提高全社会道德水平，引导人们自觉履行法定义务、社会责任、家庭责任，努力形成讲秩序、强责

任、重包容的文明风尚。高度重视文化建设对加强和创新社会管理的重要作用，深入挖掘我县包容大气的文化精髓，加快发展具有地方特色的文化事业和文化产业，让人民群众在文化生活中丰富精神家园、提高文明素养、增进价值共识，为加强和创新社会管理提供强大的精神力量。

2. 加强社会诚信体系建设。认真组织实施"六五"普法规划，大力弘扬社会主义法治精神，切实增强全社会法治意识，扎实推进依法治理和法治创建活动。积极推进政府诚信建设，全面推进依法行政，加大政府信息公开力度，打造阳光、透明的法治政府，提升政府公信力，发挥政府诚信在社会诚信体系建设中的导向作用。积极创建首个"全国信用县"，加强社会诚信宣传教育，加大守信激励、失信惩戒力度。建立中小企业咨询服务中心，深化"诚信守法企业"创建活动，引导企业确立和践行诚实守信的管理理念，不断积累和提升企业的信用价值。加强个人诚信体系建设，加快个人诚信评估和失信惩戒制度建设，提高公民个人信用素质。

3. 加强社会心理服务。加强人文关怀，注重心理疏导，对社会不良情绪积极疏导、调节，避免不良社会心态积累恶变，预防社会突发事件的发生，有针对性地加强对群众特别是重点人群的社会心理服务，为他们妥善解决一些具体利益问题，见微知著，倾注真情，把公众情绪引导到健康、理性轨道上来。

(六)深化"阳光共建"，加强和完善社会管理格局

1. 落实党委领导、政府负责。充分发挥党的领导核心作用，全县各级党委要把领导社会管理工作放在突出位置，站高、看远、谋深，认真谋划和实施推进社会建设和社会管理的总体决策部署，集中精力抓好全局性、战略性、前瞻性的重大问题。充分发挥政府在社会管理中的职能作用，按照"五位一体"的总体布局，把社会管理创新摆到与抓经济发展同等重要的位置，把社会管理创新纳入各级各部门经济社会发展的总体规划，做到与经济建设同规划、同部署、同检查、同落实，切实履行好调节社会关系、协调社会利益、化解社会矛盾、解决社会危机的社会管理职能，履行好管理社会组织、规范社会行为、防范社会风险、稳定社会秩序的社会管理职能，履行好保护公民权利、维护社会正义、促进社会公平、增进社会福祉的社会管理职能。

2. 发挥社会各方协同作用。支持人大依法履行职能，推进社会管理工作的法治化、制度化，支持政府依法行政和依法管理，支持政协为加强和创新社会管理参政议政、献计献策，支持工会、共青团、妇联等群团组织在社会管理和公共事务中发挥更大作用。合理配置党政部门社会管理的职责权限，切实解决多头管理、分散管理、难以形成有效合力的问题。充分发挥人民群众在社会管理中的主体作用，积极培育公众的参与意识、法律意识和诚信意识，使广大人民群众积极履行公民义务，有序参与社会管理。

3. 壮大基层自治服务力量。强化村级组织建设，完善以村党组织为核心、村民会议和村民代表会议为决策机构、村民委员会为执行机构、村务监督委员会为监督机构的村民自治机制。切实抓好"村财乡管"工作，深化"农村基层党风廉政建设示范村"创建，增强基层组织的凝聚力、战斗力。健全完善以社区党组织为核心、社区居委会为主体、社区工作站为中坚力量、社区群团组织、社区志愿组织相配套的社区组织体系，充分发挥社区在社会管理中的基础作用。提高"两新"组织党建工作水平，积极开展非公有制企业"双强争先"活动，形成规范有序、公正合理、互利共赢的和谐劳动关系，实现职工得实惠、企业得效益、经济得发展、社会得稳定的和谐共进局面。积极推进"老李帮忙团"等社会组织建设，强化阳光志愿者、巾帼志愿服务者等志愿者平台建设，推进基层社会管理队伍多元化，增强自治服务力量。

三、切实提高社会管理能力和水平

1. 加强组织领导。各街道、各乡镇、各部门要增强大局意识、政治意识和责任意识，切实把加强和创新社会管理摆上重要议事日程，摆到与抓经济发展同等重要的位置，研究制定贯彻意见，认真抓好工作落实。党政一把手要担负起加强和创新社会管理第一责任，做到亲自抓、带头抓、带头管。要加强统筹协调和工作配合，进一步整合资源，充实基层政法、综治、维稳、信访、民政、社保等部门的工作力量，充分发挥他们的骨干作用，保证各项工作有序展开。

2. 敢于破解难题。全县广大党员干部要自觉加强对社会管理知识的学习，进一步深化对社会建设规律、管理规律、发展规律的认识，认真学习借鉴其他地区的好经验好做法，不断提升社会管理的能力。紧紧抓住工作中存在的突出问题和薄弱环节，从关键节点上求突破，真正做到"管得到、管得住、管得好"，以取得社会管理创新更多的实实在在的成效。

3. 加强督查考核。研究制定社会管理创新工作的相关实施细则，建立完善督察考评机制，通过项目化管理，提高社会管理实效。把加强和创新社会管理工作纳入领导班子和领导干部考核体系，纳入重大事项督查范围，通过强化督查和考核，形成分级负责、逐级推进、上下共同努力的工作格局。

4. 强化政策保障。县政府要研究制定相关的扶持政策，加大工作保障力度。各街道、各乡镇也要切实加大对社会管理工作的保障力度，完善工作机制和管理机制，以保证社会管理各项工作的深入推进。深化公共财政体制创新，逐步提高社会建设和社会管理支出在财政支出中所占比例。坚持正确的用人导向，注重培养选拔熟悉社会建设和管理、会做群众工作的优秀干部，努力建设一支结构合理、素质优良的社会工作人才队伍。

5. 提高做好群众工作能力。把群众工作贯穿到社会管理的各个方面、各个环节，深入研究和把握新形势下群众工作的新特点新要求，坚持教育群众和服务群众相统一，继承创新群众工作方式方法，综合运用法律、政策、经济等手段和教育、协调、疏导等办法开展群众工作，提高群众工作的针对性和实效性。健全完善服务群众、联系群众制度，坚持和深化领导干部下基层蹲点调研、结对联系、破

难攻坚等制度，与时俱进地做好联系群众、宣传群众、组织群众、服务群众、团结群众的各项工作。

加强和创新社会管理是社会管理领域的一场深刻变革，是一项事关全局的重大课题、紧迫任务，是一项宏大的系统工程。全县各级党组织和广大党员干部要把握发展机遇，牢记历史使命，深化"平安云和"、"法治云和"建设和"网格管理、阳光服务"系列活动，切实加强和创新社会管理，努力做好维护社会和谐稳定各项工作，为打造"中国童话休闲旅游城"、推动"小县大城"向"小县名城"转型升级做出新的贡献！

中共云和县委

二〇一一年十一月十一日

景宁畲族自治县人民政府办公室关于印发景宁畲族自治县群众增收致富奔小康低收入农户发展扶贫贷款项目实施意见(试行)的通知

景政办发〔2011〕47号

各乡镇人民政府、管理区，县政府直属各单位：

《景宁畲族自治县群众增收致富奔小康低收入农户发展扶贫贷款项目实施意见(试行)》已经县政府同意，现印发给你们，请认真组织实施。

二〇一一年六月二日

景宁畲族自治县群众增收致富奔小康低收入农户发展扶贫贷款项目实施意见(试行)

第一章 总 则

第一条 为了加大金融扶贫力度，促进我县家庭年人均纯收入在4000元以下低收入农户(以下称低收入农户)增收致富，根据中共浙江省委、省政府《关于推进欠发达地区加快发展若干意见》(浙委〔2011〕29号)和《浙江省扶贫小额信贷实施暂行办法》(浙扶贫办〔2008〕37号)，特制定本实施意见。

第二条 低收入农户发展扶贫贷款以低收入农户为主要对象，以群众增收致富奔小康中低收入农户产业发展资金为支持，以涉农金融机构发放贷款为主要方式，按照"小额流动，有偿使用，持续发展"的原则，提供小额贷款服务，帮助低收入农户发展生产，自主创业，增加收入。

第三条 低收入农户发展扶贫贷款的范围是经调查、审核、确定的全县低收入农户。

第二章 职责分工

第四条 县农办(扶贫办)、县财政局、县人民银行共同负责全县低收入农户发展扶贫贷款工作的组织指导。

第五条 县农办(扶贫办)、财政局、人民银行、涉农金融机构、保险公司的主要工作职责。

(一)农办(扶贫办)。引导低收入农户转变观念、发展生产、自主创业，重点发展短、平、快的种、养、加等项目。负责低收入农户调查、审核、确定和增收计划的制定等工作的组织、指导、协调、监督和监测。

(二)财政局。负责低收入农户发展扶贫贷款专项资金(包括贴息资金)管理、拨付和监督使用。

(三)县人民银行。做好低收入农户发展扶贫贷款的政策和业务指导工作。负责低收入农户发展扶贫贷款工作的组织、协调和监督。

(四)涉农金融机构。分片包干，负责低收入农户发展扶贫贷款的调查、发放和收回管理工作，在确保小额信贷资金安全的前提下，尽量简化手续，提供方便、快捷的服务。负责低收入农户发展扶贫贷款风险补偿资金和贴息资金的申报、使用与管理等工作。

(五)保险公司。负责对低收收入农户和涉农金融机构申请的小额贷款提供保险保障，并组织做好风险评估工作。

第六条 各乡镇(管理区)。成立由乡(镇)党委、政府分管领导和相关人员组成低收入农户发展扶贫贷款项目实施工作小组，负责落实低收入农户发展扶贫贷款项目实施工作；按照《景宁畲族自治县家庭年人均纯收入4000元以下低收入农户状况调查工作方案》(景委政研〔2011〕3号)，对辖区内2010年度家庭年人均纯收入在4000元以下低收入农户进行全面调查，针对每家每户的实际，分户制定增收计划(见附件1)，向相关金融机构提供低收入农户资料和小额信贷贴息认定工作。

第三章　贷款的对象、用途、条件和方式

第七条　贷款对象。为在涉农金融机构所包干乡镇(管理区)辖区内有固定住所(指借款申请人在户籍所在地、经营所在地有固定经营场所证明或在常住地有房屋产权证明),年满十八周岁不大于六十周岁,信誉良好、无不良记录,经调查、审核、确定,2010年度家庭年人均纯收入在4000元以下,具备发展种养业、农产品加工和营销等方面短平快的条件,并有发展意愿的低收入农户。

第八条　贷款用途。低收入农户开展的特色农业、来料加工业、家庭工业、休闲旅游业等生产经营项目。

第九条　贷款条件。

(一)申请信贷的低收入农户必须符合发放贷款的涉农金融机构个人贷款管理办法及其实施细则的有关规定。

(二)申请扶贫信贷的低收入农户必须具有完全民事行为能力、有致富意愿并选择了适合的发展项目,遵纪守法,诚实守信,无不良信用记录。

第十条　低收入农户发展扶贫贷款按照贷款方式的不同,分为信用贷款、保证贷款和抵(质)押贷款,提倡对低收入农户采用信用贷款方式。

第四章　贷款的额度、期限和利率

第十一条　贷款额度。低收入农户申请贷款,由金融部门按照各乡镇(管理区)对每家每户制定增收计划的资金投入概算等方面情况确定贷款额度。

第十二条　贷款期限。根据农业生产的季节特点、生产经营项目周期和综合还贷能力等灵活确定。

第十三条　贷款利率。执行人民银行规定的同期同档次贷款基准利率。

第五章　贷款程序

第十四条　贷款对象的认定。各乡镇(管理区)在调查、审核、确定,并制定增收计划的基础上,建立低收入农户发展小额信贷备选名册,经县农办(扶贫办)和县财政局审核确认后,将《景宁畲族自治县低收入农户发展扶贫贷款备选名册》送交相关金融机构。

由低收入农户提出申请和承诺,户籍所在地村委会、乡镇政府签署意见并盖章(见附件2),相关金融机构按照普通贷款操作规程,对符合低收入农户发展扶贫贷款条件的对象办理贷款手续和管理。列入低收入农户发展扶贫贷款的对象方可按照规定享受贷款贴息。

第十五条　贷款的管理。涉农金融机构要对低收入农户发展小额信贷实行专项管理,每季度将低收入农户发展扶贫贷款的发放、收回情况列表送县农办(扶贫办)、财政局、县人民银行(见附件3)。

第六章　资金管理

第十六条　低收入农户发展扶贫贷款专项资金包括省群众增收致富奔小康特别扶持资金、县财政配套资金和贴息资金,纳入扶贫资金管理。

第十七条　贴息资金管理。

(一)贴息标准。在贷款期限内,对低收入农户发展小额信贷按基准利率100%给予贴息。

(二)贴息方式。金融机构不向低收入农户产业发展扶贫贷款对象收取利息,由财政部门将低收入农户发展扶贫贷款的利息拨付给相关金融机构。

第十八条　贷款风险补偿。由保险部门按照相关规定,对低收入农户扶贫贷款进行保险;其保险费用由政府统一支付。

第七章　附　　则

第十九条　本实施意见由县农办(扶贫办)和人民银行负责解释。

第二十条　本实施意见自发文之日起实施。

附件:1. 景宁畲族自治县低收入农户增收计划表
2. 景宁畲族自治县低收入农户发展扶贫贷款申请表
3. 景宁畲族自治县低收入农户发展扶贫贷款情况汇总表

生态文明篇

浙江省人民政府关于做好“十二五”期间森林限额采伐管理工作的通知

浙政发〔2011〕42号

各市、县(市、区)人民政府,省政府直属各单位:

根据《国务院批转林业局关于全国“十二五”期间年森林采伐限额审核意见的通知》(国发〔2011〕3号)精神,现将“十二五”期间年森林采伐限额下达给你们,并就做好森林限额采伐管理工作通知如下:

一、严格执行森林采伐限额制度

省政府下达给各地的森林采伐限额总量和各分项指标,是每年采伐胸径5厘米以上林木的最大限量,各地、各有关部门必须严格执行,不得突破。采伐总限额2000立方米以上的县(市、区),要及时将采伐限额分解下达到乡镇,不得层层截留。各县(市、区)如因自然灾害、征占用林地等需集中采伐林木的,可以单列少量采伐限额,但不得超过森林采伐限额的5%;如因上述情况需临时增加采伐限额的,由县(市、区)政府向省林业厅申请,并由省林业厅在省预留采伐限额内审批。人工林采伐可以占用天然林采伐限额,商品林抚育采伐和其他采伐可以占用主伐限额,其他各分项限额严禁互相挪用、挤占。商品林采伐限额年度有结余的,经省林业厅批准,可以在“十二五”期间向以后各年度结转使用;公益林采伐限额不允许结转使用。交通运输、铁路、水利、建设部门和驻浙部队等管理和经营的林木,统一纳入采伐限额管理。各单位要严格执行《中华人民共和国森林法》等法律法规的有关规定,规范采伐管理制度。

二、完善森林采伐分类管理

对集体林,要简化森林采伐审批程序,除省级以上公益林、天然阔叶林外,县级林业主管部门可委托乡镇政府依照有关规定核发各类林木采伐许可证;改革森林采伐限额蓄积、材积双项控制,实行按蓄积量单项管理;引导经营者编制森林经营方案,逐步实现依据森林经营方案确定森林采伐限额;森林经营者对伐前、伐中和伐后自主管理,林业主管部门提供技术指导和服务。对国有林,应编制并按照森林经营方案进行经营管理,执行伐前拨交、伐中检查、伐后验收等监管制度。各地木材生产计划实行备案制,省里不再下达木材生产计划。非规划林地上的商品林,不纳入采伐限额管理,由经营者自主经营、自主申请、凭林木采伐许可证采伐。人工商品林和天然松类商品林的主伐年龄由县级林业主管部门确定,并报省林业厅备案。个人采伐原则上实行一户一证,但对于同一小班的相邻地块,林权所有人申请联合采伐的,可联户发证。同一自然年度内相邻地块的采伐,可视为“一次采伐”。对于同一建设工程或同一林业有害生物除治项目需要采伐林木,在同一个行政村范围内,可跨小班发证。对于皆伐,以面积控制为主;

对在采伐许可证规定的皆伐四至范围内，已采伐林木数量超过采伐许可证核定采伐量但不超过25%的，采伐申请者可在原采伐许可证有效期内提出增加采伐数量的申请，经林业主管部门审核，按实际采伐量核销采伐限额指标，并办理相应采伐数量的林木采伐许可证。

三、推进森林可持续经营

省林业厅要根据《全国森林可持续经营实施纲要》、《全国森林经营规划》，结合我省实际，编制《浙江省森林经营规划》。各县（市、区）要编制县级森林经营规划，确定林业发展和森林经营战略目标，细化森林功能分区，对不同类型森林实施不同采伐方式，并引导森林经营者编制森林经营方案，按其确定的合理采伐量落实采伐限额，将森林经营措施落实到山头地块，科学开展森林经营活动和采伐管理，同时推广应用先进适用技术和模式，提高森林经营水平和效益。各地要制定木材经营加工规划，根据本行政区域内森林资源状况和木材供给能力，合理确定木材经营加工企业的布局、数量和规模，促进森林资源与木材经营协调发展。

四、依法加强森林资源管理

要加快森林资源动态监测体系建设，完善森林资源预警机制。加强对年森林采伐限额执行情况的监督检查，畅通投诉举报渠道，依法严厉打击乱砍滥伐林木等破坏森林资源的违法行为。省级以上公益林只准进行抚育采伐和更新采伐。要加强木材运输和经营加工管理，合理调整木材检查站布局，严防发生公路“三乱”行为。要建立健全市场准入规则，对以木材为原料的经营加工企业规模、木材综合利用率、环境保护等指标提出严格要求。新建扩建年消耗林木资源折合蓄积5万立方米以上的加工企业，须报经省林业厅审批。加强林地保护管理，严格依据林地保护利用规划审查各类建设项目，完善占用、征收、征用林地程序和补偿办法，特别是要加强国有林地保护管理，任何单位和个人不得随意侵占国有林地和改变林地用途，不得擅自变更国有林业单位隶属关系、下放经营权、改变经营范围。

五、加强对森林限额采伐管理工作的组织领导

依法实行森林采伐限额制度，是保护森林资源的有效措施，对于促进林业可持续经营、推进生态文明建设具有十分重要的作用。各地要重视森林限额采伐管理工作，切实加强领导，进一步建立健全领导干部保护和发展森林资源任期目标责任制，把森林覆盖率、森林保有量、林木蓄积量、采伐限额执行、林地保护管理、迹地更新造林等纳入政府年度目标考核体系，政府主要负责人为第一责任人，政府分管负责人为主要责任人。要稳定和健全林业行政管理体系，加强林业执法队伍及基础设施建设；实行林木采伐公示和网上办理林木采伐证制度，进一步推进林业政务公开，着力提高依法行政、规范执法水平。要加强林业普法工作，广泛宣传森林法律法规及森林采伐限额制度等规定，为加强森林资源保护管理、促进森林可持续经营营造良好的社会氛围，确保实现“十二五”期间全省活立木蓄积增加5000万立方米的目标。

附件：浙江省“十二五”期间年森林采伐限额汇总表（略）

二〇一一年六月十五日

浙江省人民政府关于印发浙江省清洁土壤行动方案的通知

浙政发〔2011〕55号

各市、县（市、区）人民政府，省政府直属各单位：

现将《浙江省清洁土壤行动方案》印发给你们，请认真组织实施。

二〇一一年七月二十九日

浙江省清洁土壤行动方案

为贯彻实施《中共浙江省委关于推进生态文明建设的决定》（浙委〔2010〕64号），加快推进我省土壤污染防治工作，根据《“811”生态文明建设推进行动方案》，特制定本方案。

一、充分认识开展清洁土壤行动的重要性和紧迫性

近年来，我省在实施“811”环境污染整治行动和“811”环境保护新三年行动中，把土壤污染防治作为重要内容加以部署推进，取得了比较明显的成效。但是，必须清醒地看到当前我省土壤环境质量总体呈恶化趋势，特别是重金属污染和有机物污染问题凸显，已对食品安全和人体健康造成严重威胁。土壤是构成生态系统的基本环境要素，是人类赖以生存和发展的物质基础。全面开展清洁土壤行动，着力解决土壤污染问题，既是保障农产品质量和人民群众身体健康的重要举措，又是促进经济社会可持续发展的必然要求。各地、各有关部门要从全局和战略的高度，进一步认识开展清洁土壤行动的重要性和紧迫性，采取更加有力的措施，努力把土壤污染防治工作提高到一个新水平。

二、指导思想和基本原则

（一）指导思想。认真贯彻落实科学发展观，以保障农产品质量和人民群众身体健康、建设良好人居环境为出发点和落脚点，以农业用地和污染场地为重点，以土壤污染源头治理为切入点，以土壤污染监测监控体系建设为支撑，切实解决关系人民群众切身利益的突出土壤环境问题，全力推动土壤污染防治从以治理为主向“预防、控制、治理”相结合转变，促进生态文明建设，推动经济社会全面协调可持续发展。

（二）基本原则。

开展清洁土壤行动要坚持以下基本原则：

——统筹协调，理顺机制。统筹兼顾城镇和农业用地的土壤污染防治，协同推进源头监管、调查评估、监测监控和治理修复。充分整合各级、各部门资源，切实落实企事业单位责任，调动社会各方面积极性，积极运用经济、法律、技术和必要的行政手段，全面推进土壤污染防治。

——预防为主，防治结合。优化产业布局，严格控制主要农产品基地等敏感区域周边工业企业的设立和发展。着力强化工业企业污染治理，同步推进生活和农业面源污染防治，加强土壤污染源头控制。借鉴国内外先进经验，坚持试点先行、以点带面，积极推进污染场地治理修复。

——因地制宜，分类指导。在全面强化耕地质量保护的基础上，在杭州、宁波、温州、嘉兴、绍兴和台州等市重点开展污染场地治理修复，其他地区侧重开展农业用地土壤污染预防和监控。各地要综合考虑土地用途、污染程度等实际情况，采取有针对性的治理措施，确保取得实效。

三、主要目标和实施步骤

（一）主要目标。到2015年，全省形成较为完善的土壤污染防治工作机制，土壤污染防治法制体系基本健全，土壤环境监测网络基本覆盖全省，主要农产品产地土壤污染得到有效控制，重大土壤环境安全隐患基本消除。

1. 源头控制水平。

——全省五类重金属污染物排放量比2009年规划调查数据降低5%以上（从40.9吨下降到38.8吨以下），非重点防控区主要重金属污染物排放量比2009年规划调查数据降低5%，重点防控区主要重金属污染物排放量比2009年规划调查数据降低20%。

——重点行业（再生有色金属生产、铁矿石烧结、炼钢、废弃物焚烧）单位产量（处理量）二噁英排放强度比2008年削减10%。

——危险废物、医疗废物基本实现无害化处置；设区市本级污水处理厂污泥无害化处置率达到95%以上，县（市）污水处理厂污泥无害化处置率达到90%以上，重点企业污泥无害化处置率达到90%；县以上城市生活垃圾无害化处置率达到95%以上，农村生活垃圾集中收集实现行政村全覆盖。

——农田测土配方施肥覆盖率不低于80%，施用高效低毒低残留农药推广使用面积达到80%以上，规模化畜禽养殖场排泄物综合利用率达到97%以上。

2. 监测监控能力。

——建立重点企业和主要工业集聚区土壤监测体系，重点行业新源二噁英排放达标率达到100%。

——建成农产品基地土壤环境质量监控体系，标准农田长期监测点覆盖率不低于80%。

——基本建成全省土壤环境状况数据库，建立较为完善的土壤环境质量评价体系。

3. 控制修复工程。

——建立全省污染场地环境风险控制清单，确定主要污染场地的范围、污染程度和风险控制措施。

——推进污染场地治理，实施11个污染场地控制修复试点工程。

4. 环境质量指标。

——主要农产品基地土壤重金属指标达标率不低于80%。

——新增的工业用途转非工业用途场地环境风险评估执行率不低于90%，新建的非工业用途建设项目场地土壤环境质量达标率不低于90%。

（二）实施步骤。

第一个阶段为启动实施阶段（2011—2012年）：建立省市两级土壤污染防治工作协调机制。制定《浙江省清洁土壤行动环境监测实施方案》，初步建成省级土壤环境状况数据库，开展重点企业和主要农产品基地土壤环境监测。制定污染场地开发利用管理和环境风险评价办法。各地组织排查重金属等污染场地，确定污染场地的位置、污染面积和程度；完成重金属重点防控企业和重点污泥产生单位的年度整治任务。

第二个阶段为全面实施阶段（2013—2015年）：全面开展工业、废弃物焚烧、农业等领域的土壤污染源头防治。建立全省污染场地环境风险控制清单，实施污染场地治理修复示范工程，重点地区的示范工程要取得明显成效。建成农产品基地、重点工业区土壤污染监测监控体系，建成较为完善的省级土壤环境状况数据库。基本解决突出的土壤污染问题，全省农业土壤环境质量保持稳定，污染场地开发利用基本实现规范化。

四、主要任务

（一）加强土壤污染源头综合整治。

1. 推进重金属污染防治。按照《浙江省重金属污染综合防治规划》的要求，进一步优化重金属排放企业空间布局，合理规划建设电镀园区，推进电镀行业“圈区管理”。加快铅蓄电池、金属冶炼和制革企业的同类整合，规范铜、铅、锌等重金属再生利用行业发展。严格产业和环保准入，实施新增产能与淘汰产能“等量置换”、“减量置换”，加大重点防控区落后产能淘汰力度。大力推进重金属排放企业强制性清洁生产审核，着力推动制革、冶炼、金属表面处理、铅蓄电池和电石法聚氯乙烯等行业的技术革新，降低重金属生产原料用量，提高重金属物质回收率。制定实施18个重点防控区污染综合防治规划，整顿提升铅蓄电池等5个重点防控行业，完成305家重点防控企业的达标整治。

2. 加强持久性有机污染物治理。加快实施《浙江省持久性有机污染物(POPs)“十二五”污染防治规划》，大力推进再生有色金属生产、废弃物焚烧、炼钢、铁矿石烧结等重点行业二噁英减排工程。严格新建二噁英排放项目环保准入，加强环境影响评价二噁英污染防治专项审核，落实项目建设过程中的环境监理措施，强化环保“三同时”验收二噁英排放监测。完善《浙江省淘汰和禁止发展的落后生产能力目录》，加快淘汰再生有色金属生产、废弃物焚烧、炼钢、铁矿石烧结行业落后产能、工艺和设备。重点改造年处理能力大于3万吨(含)的生活垃圾焚烧设施，逐步关闭年处理能力3万吨以下的生活垃圾焚烧设施。加快多氯联苯电容器及污染物清运处置，加强多氯联苯污染场地监督管理。深入调查杀虫剂等持久性有机污染物现状，建立持久性有机污染物和污染源优先治理目录，按步骤实施无害化处置。到2015年，已识别持久性有机污染物无害化管理率达到100%，已识别杀虫剂类污染物安全处置率不低于85%，18个封存点的多氯联苯电容器完成清运处置。

3. 深化固体废物污染防治。推行危险废物申报登记制度，完善基础情况数据库。抓好危险废物源头监管，重点落实台账、申报、转移申请和联单跟踪等四项基本制度。强化危险废物经营许可管理，引导持证经营单位提高管理服务水平，鼓励有条件的地区利用水泥窑协同处置危险废物。加强危险废物专项执法，有效打击非法转移处置危险废物的行为。加强医疗废物管理，加快医疗废物集中处置向乡村医疗卫生机构辐射延伸。重点围绕集中式污水处理厂，加快建设污泥处置设施。积极推进市、县(市、区)区域内污泥处置设施共建共享，鼓励规范的污泥处置单位跨县(市、区)服务。到2015年，完成县以上城市污水处理厂污泥处置设施建设改造，化工、制药、造纸、印染、制革等五大行业408家企业达到污泥规范化处置要求，污泥管理台账和联单制度全面落实，基本实现污泥处置减量化、稳定化、无害化、资源化。积极开展城镇生活垃圾分类收运处置，推进生活垃圾处置减量化、资源化，降低有机质垃圾填埋比重。继续推进垃圾填埋设施改造，加强垃圾渗滤液收集处理，淘汰乡镇简易垃圾填埋场。按照“村收集、乡镇中转、县市处置”的原则，加大农村生活垃圾收集处理力度，试点推进先进适用的农村垃圾生态化处理技术。到2015年，淘汰15座简易垃圾填埋场，改造21座垃圾填埋设施。加快进口固废拆解园区化步伐。建成台州金属再生工业园区、宁波镇海再生金属园区三期工程。加强进口固废总量调控，督促拆解企业提高技术工艺水平，逐步淘汰拆解作业中的热解工艺。

4. 强化农业农村面源污染防治。深入实施畜牧业“西进东扩”发展战略，调整优化畜牧业布局，严格执行畜禽养殖禁养区和限养区制度。实行畜禽养殖区域、总量双重控制，推广农牧结合、资源利用等生态化治理模式，推进畜禽养殖排泄物资源化利用和无害化处理。加强农村环保基础设施建设，提高农村生活污水处理水平，到2015年，全省70%以上的行政村开展生活污水治理。扩大测土配方施肥覆盖面，推广“三新”病虫防治技术，加强肥料、农药和饲料等农业投入品中有害成分的监测，积极引导农民使用生物农药或高效低毒低残留农药，切实降低农业生产对土壤环境的影响。到2015年，全省测土配方施肥面积达到3200万亩，减量控害增效施药示范面积达到100万亩。

(二)加强土壤污染监测监控。

1. 深化工业污染源环境监测。围绕重金属和有机污染物排放等两大土壤污染源头，建立重金属重点防控企业废水特征污染物日监测和月报制度，逐步开展重点行业二噁英排放监督性监测，并督促企业加强相应废水、废气排放自主监测。建立敏感区域土壤环境质量监测体系，在重金属污染重点防控区、再生有色金属利用企业聚集区、重点废弃物焚烧企业和垃圾危废填埋设施周边，设立长期监测点位，定期监测土壤和地下水环境质量，评估分析土壤环境风险。全面实行建设项目土壤污染评价制度，落实重金属和有机污染物排放项目用地事前监测和定期回顾性评估要求，督促企业加强土壤污染源头治理。加强重金属污染环境监测能力建设，全省18个重金属重点防控区所在县(市、区)加快建设重金属专项实验室，配置相应的仪器设备。到2012年，重金属重点防控企业废水、废气污染物全部实现在线监控和联网；到2013年，18个重金属重点防控区所在县(市、区)环境监测站具备开展污染源及周边水、气和土壤环境监测的能力；到2015年，全省废弃物焚烧企业二噁英定期监督性监测执行率达到100%。

2. 强化农产品产地土壤污染监控。重点开展基本农田(标准农田)、粮食生产功能区、现代农业示范园区和“菜篮子”基地等土壤(重金属)污染状况及其成因的调查和监测工作，在主要农产品产区、大中城市郊区、工矿企业周边、污水灌溉区等敏感区域新建1000个农田土壤(重金属)污染长期定位监测点，建立300个(含原有的200个地力监测点)农田土壤污染综合监测点，建设20个农田土壤污染综合防控试验站。完善农产品基地土壤污染监控机制，强化产品和土壤环境质量双重监督，定期开展无公害农产品产地环境安全抽查，定期通报相关农产品和土壤环境质量状况。

3. 建立土壤环境监测与评价体系。制定实施《浙江省清洁土壤行动环境监测实施方案》，建设一批土壤环境质量监测点位，建设覆盖全省重金属重点防控区、重点防控源和主要农产品产地的土壤环境质量监测网络。完善环保、国土资源、农业等部门间土壤环境监测调查信息共享机制，建设省级土壤环境状况数据库，实现污染场地状况和土壤环境质量信息互通共享。研究制定土壤环境质量评价指标体系和土壤污染监测技术规范，适时启动省级土壤环境功能区划工作。

（三）加强污染场地治理修复。

1. 排查场地污染风险。深化污染企业原址调查，开展在产企业场地环境风险识别。编制全省污染场地环境风险控制清单，为污染场地治理和农产品产地安全监管提供科学依据。深入推进基本农田土地质量和农产品产地环境状况调查，抓紧启动全省山地丘陵农业地质环境调查，全面掌握全省污染场地数量、分布、类型和污染程度。

2. 规划治理修复任务。有污染场地的县（市、区）要根据污染场地的环境风险水平，结合土地利用总体规划和年度计划，制定场地污染防治工作方案，确定分类处理措施。对污染严重且难以修复的，要及时调整用地规划；对拟治理修复的，要明确责任主体、工作进度、技术路线和资金渠道；尚不具备治理修复条件的，要明确监管措施和责任单位。

3. 推进治理修复试点。积极推进重点流域生态修复。针对不同场地污染类型，选取有代表性的典型区域，建设场地污染治理修复示范工程。到2012年，完成台州市路桥区和温岭市拆解业污染场地治理修复二期工程；到2015年，每个设区市至少建成1个污染场地治理修复示范工程。

4. 规范污染场地开发利用。建立化工、制药、农药、重金属排放企业搬迁后原址土地收储污染评估制度。推行污染场地开发利用环境风险评估，将非工业建设项目用地的土壤污染风险纳入建设项目环境影响评价范围。对已确定的利用污染场地的非工业用途新建项目，其场地经评估需治理修复的，环保部门要结合建设项目环境影响评价和环保"三同时"验收，加强对治理修复工作的监督管理，防止未经修复或修复不达标的污染场地进入开发利用环节。

五、保障措施

（一）加强组织领导。建立省级部门土壤污染防治联席会议，由省生态办（省环保厅）牵头，省发改委、省经信委、省科技厅、省财政厅、省国土资源厅、省建设厅、省水利厅、省农业厅、省林业厅、省卫生厅、省质监局、省海洋与渔业局、浙江保监局等部门参加，定期分析土壤污染防治形势，研究解决工作中遇到的困难和问题，指导协调全省清洁土壤行动。各地要切实加强对清洁土壤行动的组织协调，建立健全相应的领导机制和工作机制，加快制定土壤污染防治规划。清洁土壤行动的实施情况纳入各级生态建设考核体系，按年度进行考核，并与生态市县、环保模范城市创建等工作挂钩。

（二）加强制度建设。制定污染场地环境管理办法，明确污染场地调查、评估和修复的程序和要求。制定污染场地风险评估技术导则和治理修复验收规程，确定风险评估和修复的主要内容、评价方法和风险控制程度。探索研究土壤绿色保险等环境经济政策，加快形成工业企业源头防控土壤污染的约束机制。

（三）加强资金保障。各级政府要统筹安排环保财政专项资金，切实加大土壤污染防治投入，重点支持土壤环境监测、调查评估、科研试点、重大污染场地治理修复示范和污泥处置工程。积极争取国家各类生态环保补助资金用于土壤污染防治。完善多元化投融资机制，按照"谁投资、谁受益"的原则，引导和鼓励社会资金参与土壤污染防治。

（四）加强技术支撑。充分利用省环保公共科技创新服务平台，引导科研院所和高等院校开展土壤污染治理修复技术攻关。重点抓好持久性有机污染物热脱附、重金属污染物去除和生物治理等关键、共性技术的研究推广。加强危险废物、新化学品、持久性有机污染物生态毒理和环境行为生态效应评估，健全高风险人群环境与健康评估体系。广泛开展国内外交流与合作，积极引进先进适用的土壤污染治理修复技术，加快污染土壤治理修复装备国产化步伐。大力培养土壤环境管理、监测评估和治理修复专业人才，积极培育污染土壤治理修复专业技术机构和骨干企业。

（五）加强宣传教育。各地要通过报纸、电台、电视、网络等多种载体和科普教育、干部培训、热线咨询等多种方式，广泛开展土壤污染防治宣传教育，进一步提高社会公众对保护土壤环境重要性的认识。建立健全公众参与机制，扩大公众参与渠道，充分调动社会各界参与清洁土壤行动的积极性、主动性和创造性，努力营造全社会关心支持清洁土壤行动的良好氛围。

附件：浙江省清洁土壤行动重点任务及责任分解表（略）

浙江省人民政府关于积极推进绿色建筑发展的若干意见

浙政发〔2011〕56号

为贯彻实施《中共浙江省委关于推进生态文明建设的决定》(浙委〔2010〕64号),加快建设资源节约型、环境友好型社会,积极推进绿色建筑发展,特提出以下意见:

一、充分认识发展绿色建筑的重要性和紧迫性

发展绿色建筑,提升建设领域绿色发展水平,是加强节能减排,应对全球气候变化,建设生态文明的重大举措,有利于提高资源能源使用效率,缓解资源能源供需紧张的矛盾;有利于降低社会总能耗,减少污染物排放,确保完成节能减排硬任务;有利于推进住宅产业现代化,提高住宅产业科技含量和产业附加值,加快建筑业和房地产业转型升级;有利于提高建筑空间健康、舒适程度,改善人居环境,实现全面小康目标;有利于在全社会促进形成节约资源、保护环境的生产生活方式和消费模式,加快建设资源节约型、环境友好型社会。各地、各有关部门要从全局和战略的高度,充分认识推进绿色建筑发展的重要性和紧迫性,切实把这项工作摆到更加突出的位置,采取更加有力的措施,努力提高绿色建筑发展水平。

二、指导思想、基本原则和总体目标

(一)指导思想。深入贯彻落实科学发展观,紧紧围绕科学发展主题、加快转变经济发展方式主线和全面建设小康社会的新要求,建立完善绿色建筑监管体系、绿色建筑法规标准体系、绿色建筑新技术认证推广体系和绿色建筑咨询服务体系,着力提高建筑全寿命周期的节能、节地、节水、节材和环保工作水平,努力营造安全、健康、舒适的人居环境,促进资源节约型、环境友好型社会建设。

(二)基本原则。

——政府引导,市场运作。坚持在政府引导下充分发挥市场配置资源的基础性作用,积极引导鼓励各类要素参与绿色建筑发展,逐步形成全社会关心、重视和支持发展绿色建筑的良好氛围。

——质量第一,集约高效。坚持把确保人民群众生命财产安全放在首位,在保证建筑质量和防火安全的前提下,积极推广应用各种先进高效的绿色建筑技术和产品,不断提升建筑能源资源利用效率。

——因地制宜,分类指导。坚持推动绿色建筑发展与各地实际相适应,充分利用各地的气候条件和自然资源,充分尊重当地群众的意愿,以点带面、积极有序地推动绿色建筑发展。

——依法推进,规范管理。坚持以法制规范作为推进绿色建筑发展的重要保障,严格执行并不断完善各项法律法规和政策标准,推动发展绿色建筑工作走上制度化、法制化、规范化的轨道。

(三)总体目标。争取到2015年,全社会绿色节能意识明显增强,在全国率先基本形成绿色建筑发展体系,实现从节能建筑到绿色建筑的跨越式发展。新建建筑实行建筑节能设计标准的覆盖面进一步扩大,绿色建筑占当年新增民用建筑的比例达到10%以上,既有高耗能建筑节能改造率达到30%以上,建成太阳能光热等可再生能源建筑应用建筑面积5000万平方米。城乡建设用地节约集约水平进一步提高,单位建设用地生产总值比2010年提高20%以上。城市建筑节水能力进一步增强,建筑建造和使用过程的节水率在现有基础上提高10%以上。建筑材料循环利用范围和比例进一步扩大,新建建筑对不可再生资源的总消耗比现有水平下降10%。住宅产业化水平进一步提高,住宅产业化项目建筑面积占当年竣工住宅建筑总面积的比例达到35%以上。住宅全装修模式进一步推广,全省全装修住宅面积占当年新建住宅竣工总面积的比例不低于35%。物业服务进一步发展,全省物业服务平均覆盖率达到80%以上,其中新建住宅小区实现物业服务全覆盖,旧住宅小区物业服务或准物业服务覆盖率达到70%以上,新建非住宅物业服务覆盖率达到60%以上。

三、主要任务

(一)深入推进建筑集约用地。

1. 完善城市用地功能布局。科学划定城镇空间增长边界,引导紧凑型城市布局,县以上城市人均建设用地控制在120平方米以内。科学规划和布局城市功能,促进城市居住、就业和公共服务等就近配套,减少城市出行交通,减轻城市交通负荷,降低城市交通能耗。提升城市用地尤其是工业园区的土地利用效能,继续推进工业向园区集中、人口向城镇集中、居住向社区集中,促进土地节约集约利用。充分利用自然地形,因地制宜推进城市建设。

2. 合理开发利用城市地下空间。在符合人防、消防等要求的前提下,结合重大基础设施和公共设施布局,合理规划和开发利用城市地下空间。加强地铁等地下空间通道的规划预留和保护,鼓励结合广场、大型建筑和地下通道等建设地下车库、地下商场等城市公共配套设施。

3. 积极推进城市空间复合利用。倡导建设地面基础设施公用走廊,引导城市高压线、铁路、公路及河道两岸绿地空间的复合利用。加强城市新区各类管线布局和建设的综合协调，统筹推进缆线共用沟、管道共用沟的建设。鼓励建设集约式立体停车库。

（二）继续加强建筑节能。

1. 严格执行建筑节能设计标准。建设单位、设计单位、施工单位、监理单位和施工图设计文件审查机构要依法履行职责，切实落实民用建筑节能设计标准。加强民用建筑设计节能评估和审查，未按规定进行节能评估和审查并取得民用建筑节能审查意见书的，规划部门不予核发建设工程规划许可证，施工图设计文件审查机构不得颁发施工图设计文件审查合格书，建设行政主管部门不予核发建设工程施工许可证。对依法应当进行竣工能效测评的民用建筑项目，竣工能效测评结果不合格的，建设单位不得通过竣工验收。建设行政主管部门在民用建筑项目竣工备案时，应当查验能效测评结果和建筑节能验收内容，对能效测评结果不合格，或者建设单位在竣工验收中未对建筑节能内容进行验收的，应当责令限期整改并重新组织竣工验收。积极提倡农村新建建筑实行民用建筑节能设计标准。

2. 积极推进既有建筑节能改造。各地要加强既有建筑节能普查，重点查清既有高耗能建筑情况，并及时制定实施既有建筑节能改造计划。具备条件的既有建筑，鼓励进行全面节能改造，也可以结合建筑维护和城市街道整治、“平改坡”等旧区改善工程对建筑外窗、外墙、屋面、照明系统和空调系统等分部分时进行改造。既有建筑节能改造工程要严格落实基本建设管理程序，确保质量安全。国家机关办公建筑的节能改造费用应当纳入财政预算，居住建筑和公益事业使用的公共建筑节能改造费用，由政府、建筑所有权人共同负担。鼓励农村地区结合危旧房改造，提高农村房屋的节能性能。

3. 加强民用建筑用能管理。加快建筑能耗监测和节能运行监管体系建设。国家机关办公建筑和大型公共建筑应当设置用电分项计量系统，并与建筑节能监管平台实现能耗数据实时传输。加快出台政府机构、公共建筑能耗定额，完善用能价格政策，加强建筑用能管理。研究制定建筑合同能源管理办法，引导社会资金投资建筑节能领域。

4. 扩大太阳能等可再生能源建筑应用。积极推广太阳能光热光电技术建筑一体化应用。新建公共机构办公建筑、保障性住房、12层以下的居住建筑、建筑面积1万平方米以上的公共建筑项目，应当按国家和省有关要求利用一种以上的可再生能源。既有建筑节能改造要充分考虑利用太阳能，实现太阳能建筑一体化利用。因地制宜发展换热型地源水源热泵技术，严格控制以直接抽取地下水方式发展“水空调”。积极推进沼气、太阳能在农村建筑中的应用。

5. 推广高能效建筑用能设备。新建和改造建筑要积极推广应用热泵空调技术、高效节能控制技术和设备以及高效照明灯具。加强城市照明用电管理，加快推进城市照明动态智能化。探索太阳能等清洁能源在城市照明中的使用，加强城市景观照明的科学设计和管理。

（三）不断深化建筑节水。

1. 加强建筑节水设施建设和运行监管。新建、改建、扩建的建筑项目应当制定节水措施方案，开展节水评估，配套建设节水设施。节水设施要与主体工程同时设计、同时施工、同时投入使用。加快推进“一户一表”工程，实现用水实时监控和计量。积极发挥价格杠杆作用，推进实行城市居民生活用水阶梯式水价和非居民用水超定额累进加价政策。

2. 大力推广应用节水技术。严格执行节水型生活用水器具标准，限制销售非节水型生活用水器具。城市所有新建、改建和扩建的民用建筑，应采用符合节水标准的用水器具。大力推广管网检漏防渗技术，加快漏损管网改造，降低城市供水管网漏损率。积极推广耐旱性树种、节水型植物群落和微灌、滴灌、渗灌等技术，大力发展节水型绿化。

3. 积极探索城市雨水和再生水利用。开展废水综合利用，推进中水利用系统建设。水资源紧缺的城市在制定污水处理等规划时，要同步规划污水再生利用设施，促进污水资源化利用。鼓励城市大型公共建筑、居住小区设置雨水收集利用装置，建设区域性中水回用系统。因地制宜规划城市水景，从严控制非自然水源人工水景的建设。积极探索科学合理的中水回用和再生水利用价格机制，鼓励引导再生水、雨水、河湖水在园林绿化、洗车、环卫等行业的使用。提倡应用透水路面工程技术。

（四）大力推动建筑节材。

1. 推进墙体材料革新。积极推广墙体自保温等新型结构体系，加快发展和应用新型墙体材料，努力降低建筑材料消耗。城市规划区内属于框架结构的建筑工程，要选用新型墙体材料，鼓励其他建筑工程和农村建筑工程使用新型墙体材料。加快发展以工业废渣、粉煤灰、建筑渣土、煤矸石和江河湖海泥等为原料的新型墙体材料，积极开发各种砌块、轻质板材和高效保温材料，推行复合墙体和屋面技术，改善墙体保温和屋面保温的防水技术性能。积极研究开发科技含量高、利废效果好、节能效果显著的新型墙体材料生产技术。

2. 推进城市垃圾资源化利用。积极推进建筑垃圾资源化利用，加快推进施工过程中建筑垃圾减量化和资源化，探索将房屋拆除垃圾资源化利用方案纳入城市房屋拆除管理。积极探索符合我省实际的垃圾分类收集与再生利用机制，提高垃圾处理水平。

3. 推进绿色施工。制定完善绿色施工管理规定和评价标准，全面创建绿色工地。加强施工现场噪声和光污染、水污染控制，减少施工对周边环境的影响。施工现场主要道路路面和加工场地要硬化，裸露场地要采取固化或绿化措施，切实控制施工扬尘。推广应用新技术、新工艺、新材料、新设备，提高建筑施工管理水平。

（五）加强建筑环境与安全管理。

1. 加强建筑环境质量管理。建立民用建筑场地安全勘察机制，凡放射性指标等严重影响人体健康的危害性指标未达到建筑场地环境安全标准的建设用地，必须经工程技术处理达标后方可用于民用建筑开发建设。对污染企业搬迁后的场地和其他污染场地用于民用建筑开发建设的，要加强环境风险评估。深入实施民用建筑工程室内环境污染控制规范，有效控制民用建筑工程室内污染。勘察设计单位在工程勘察和室内通风、装饰装修设计中要充分考虑室内环境污染控制的要求。施工单位和监理单位要加强材料进场检验，凡放射性指标、有害物质含量指标超标的产品不得进场使用。加强民用建筑工程室内环境竣工验收检测，凡放射性指标、有害物质含量指标不符合规范要求的，不予竣工备案，不得投入使用。

2. 加强建筑运行安全监测。加强对大型建筑和地下工程施工过程中周边地面和建筑变形的监测，确保既有建筑使用安全。建立健全高层建筑、大型市政设施和地下建筑物倾斜、变形、沉降定期监测机制，加强城市建筑运行安全监测和防范。

3. 加强建筑室外环境建设。积极推广应用建筑热环境和通风环境模拟评估技术，提高建筑群体特别是住宅小区规划设计水平。继续推进园林城市创建，进一步加强城市绿化工作。合理选择适宜的植物品种，科学配置乔、灌木和草坪，形成良好的住宅小区植物群落。在满足城市绿化指标的前提下积极鼓励新建建筑发展屋顶绿化和垂直绿化，丰富建筑绿化形式，提高建筑环境品质。

（六）加快推进住宅产业现代化。

1. 转变住宅产业发展模式。以国家住宅产业化试点省建设为契机，全力推进住宅设计标准化、住宅建筑工业化、住宅生产经营社会化，推动住宅产业向研发、设计、品牌、营销、服务等高附加值环节延伸。以建筑施工工厂化、住宅部品产业化、住宅装修一次到位为重点，加快实现建筑业从半手工半机械化模式向现代工业化模式转变。以保障性安居工程住房为重点，加快住宅产业化模式的推广和普及，提高住宅产业科技化、集约化发展水平。“十二五”期间，全省新创建3个以上的国家级住宅产业化基地、10个以上的国家康居示范工程，通过国家A级住宅性能认定的住宅小区超过20个。

2. 推进住宅装修一次到位。加快制定住宅全装修技术标准和规范，稳步推进住宅全装修。政府主导的具有保障性质的公共租赁房、廉租住房等项目和住宅产业化试点项目要逐步全面实行全装修，鼓励其他住宅项目实行全装修。

3. 加快物业服务业发展。加快推进物业服务企业从低技术含量、劳动密集型向技术密集型、服务创新型转变，着力构建现代物业服务体系。充分发挥物业服务企业在管理、维修、养护房屋及配套设施设备和相关场地等方面的功能，进一步健全建筑经常性维护保养机制，延长建筑物使用寿命。以市场化、产业化、规范化为方向，进一步拓宽服务领域，完善服务功能，提高服务质量，培育一批物业服务龙头企业。

4. 创新住宅产业运行机制。结合住宅产业化和低碳科技、智能化科技的开发应用，打造一批高端要素集聚平台和产业化基地，加快科技、人才、资金、服务等要素的集聚，加快标准化住宅体系、工业化建筑体系和通用部品配套体系的建设与推广。吸收物联网、智能化楼宇、集成智能家居等领域的最新科技成果，加快绿色住宅成套技术的开发应用。加快出台住宅产业化有关规范、标准和制度，逐步构建房地产业与相关产业协调发展的产业发展体系。

四、保障措施

（一）加强组织领导。成立省发展绿色建筑领导小组，负责组织协调全省绿色建筑发展工作，领导小组办公室设在省建设厅。省级各有关单位要各司其职，密切协作，形成合力。各地要高度重视发展绿色建筑，建立健全相应的领导机制和工作机制，确保各项工作顺利开展。全省要形成上下联动、部门协同推动绿色建筑发展的工作格局。

（二）加大财政投入。各级政府要进一步加大对发展绿色建筑的投入，逐步增加建筑节能专项资金，重点支持新建建筑绿色提升、既有建筑节能改造、建设科技创新、可再生能源建筑应用等项目。省建立的科研院所、公共科技创新服务平台、技术改造、循环经济、扶持服务业发展等专项资金，要对符合条件的绿色建筑项目给予支持。制定绿色建筑产品推广目录，机关事业单位和社会团体使用财政资金采购时，要优先购买推广目录内的产品。

（三）落实扶持政策。对符合建筑节能设计标准的建筑工程，享受新型墙体材料专项基金退付支持政策。经建筑能效测评获得低能耗建筑节能标志的节能建筑项目和绿色建筑，以及国家康居示范工程、获国家A级住宅性能认定标志的建筑，凡符合企业所得税法有关规定的，实行企业所得税优惠。对用于绿化且向公众开放部分的建筑面积，以及因实施外墙外保温和外墙光电等节能技术而增加的建筑面积部分，可不计入建筑面积、不纳入建筑容积率核算。对国家、省确定的住宅产业化示范项目和星级绿色建筑项目，给予建筑面积奖励、税费减免等扶持，具体办法由省住房城乡建设部门会同省国土资源、财政等部门研究制定。

（四）加强法制建设。加快研究制定符合我省实际的民用建筑节能条例、建筑物拆除管理规定等地方性法规和规章，逐步完善绿色建筑法规体系。进一步加大执法力度，确保绿色建筑及建筑节能法律法规落到实处。研究制定民用建筑绿色设计基础标准、住宅全装修技术标准等地方工程建设标准，加快完善绿色建筑标准体系。

（五）强化技术支撑。鼓励引导高校、科研院所和企业开展绿色建筑相关技术研究和示范，着力形成一批先进适用技术和关键共性技术。大力推广应用国内外先进的绿色建筑新技术、新工艺、新材料、新装备，着力提高绿色建筑技术含量。重点提升工程勘察设计水平。要完善工程勘察设计招投标制度，突出工程勘察设计质量水平在评标中的主体作用。严格执行国家工程勘察设计收费标准，防止低价无序竞争。加强工程勘察设计人员的培养和管理，建设一支高素质的工程勘察设计队伍，造就一批工程勘察设计大师。

（六）加强宣传引导。广泛开展形式多样的宣传教育，提高社会公众对发展绿色建筑重要性的认识，引导全社会形成节约资源、保护环境的生产生活方式和消费模式，为发展绿色建筑营造良好的氛围。积极创建绿色学校、绿色医院、绿色宾馆、绿色商场等绿色系列工程，深入推进绿色建筑标识认定，加快培育一批绿色建筑示范项目，引领全社会绿色建筑发展。

二〇一一年八月一日

浙江省人民政府关于印发浙江省清洁水源行动方案的通知

浙政发〔2011〕60号

各市、县（市、区）人民政府，省政府直属各单位：

现将《浙江省清洁水源行动方案》印发你们，请认真组织实施。

二〇一一年八月十一日

浙江省清洁水源行动方案

为贯彻实施《中共浙江省委关于推进生态文明建设的决定》（浙委〔2010〕64号），深入推进水污染防治工作，全面改善水环境质量，保障人民群众饮用水安全和经济社会发展需要，根据《"811"生态文明建设推进行动方案》，特制定本方案。

一、实施清洁水源行动意义重大

近年来，全省上下坚持以科学发展观为统领，在推进生态省建设、开展两轮"811"行动中，全面实施八大流域、四大河网水污染防治规划，不断强化水环境保护，全省水质总体持续好转，局部明显改善，饮用水安全基本得到有效保障。但是，必须清醒地看到，东阳江、武义江、浦阳江、鳌江和广大平原河网地区水质仍然较差；全省湖库富营养化趋势明显，部分湖库藻类异常增殖和暴发的可能性仍然较大；工业污染、城镇生活污染尚未得到根本控制，农业农村污染、河道内源污染日益突出，饮用水源安全仍然面临威胁。水是生命之源泉、生产之要素、生态之基础。全面开展清洁水源行动，及时解决突出的水环境问题，有效改善水环境质量，既是维护人民群众环境权益、保障人体健康的迫切需要，又是建设生态文明、实现经济社会全面协调可持续发展的必然要求。各地、各有关部门要从全局和战略的高度，充分认识开展清洁水源行动的重要性和紧迫性，采取更加有力的措施，努力把水环境保护工作提高到一个新水平。

二、指导思想、基本原则和主要目标

（一）指导思想。以科学发展观为统领，以保障人体健康、提高人民群众生活品质为出发点和落脚点，综合运用经济、法律、技术和必要的行政手段，统筹推进工业污染、城镇生活污染、农业农村污染和河道内源污染防治，不断改善水环境质量，切实保障饮用水安全，努力实现经济社会发展与水环境保护相协调、与水资源环境承载能力相适应。

（二）基本原则。

——以人为本、讲求实效。把保障人民群众环境权益摆在首要位置，着力解决影响人民群众切身利益的突出水环境问题，着力改善水环境质量，让人民群众喝上干净的水、享有良好的水环境。

——尊重自然、遵循规律。坚持以客观规律为准则，以水资源环境承载能力为基础，采取有效措施，着力维持水生态系统自身平衡、良性循环，让江河湖库休养生息。

——突出重点、标本兼治。在持续加强治污减排、着力解决突出水环境问题的同时，加快推进经济结构调整和发展方式转变，拓展水环境保护工作新领域，努力从根本上改善水环境质量。

——系统管理、综合治理。着力构建上下游相互协调、各部门密切协作的工作机制和横向到边、纵向到底的责任管理体系，综合运用工程、技术、生态等方法，系统推进水污染治理。

（三）主要目标。

1. 环境质量。

——八大水系、运河、主要湖库水（环境）功能区达标率达到75%以上，劣五类水体比例控制在5%以内。

——交接断面水质达标率超过65%，钱塘江流域交接断面基本消除劣五类水质。

——平原河网超标断面氨氮、总磷浓度比2010年下降10%以上或达到功能区要求。

——重点湖库富营养化加重趋势得到遏制，氮磷污染物浓度有所下降。

——县级以上集中式饮用水源地水质达标率高于90%，乡镇集中式饮用水源地水质达标率达到75%以上。

2. 污染减排。

——化学需氧量、氨氮排放总量完成国家下达指标。

——全省主要重金属排放量比2009年规划调查数据降低5%以上，其中重点防控区主要重金属排放量比2009年规划调查数据降低20%以上。

3. 污染治理。

——重点工业污染源实现稳定达标排放。

——全面实现生猪存栏50头以上畜禽养殖场排泄物无害化处理与资源化利用，规模化畜禽养殖场排泄物综合利用率达到97%以上。

——实施测土配方施肥面积达到3200万亩、减量控害增效施药面积达到1100万亩，推广农作物重大病虫害无害化防治面积达到90%，化肥、农药施用强度分别比2010年降低5%和10%以上。

——规模化养殖场站污水治理率达到20%以上。

4. 环保基础设施。

——设区城市污水处理率达到90%，县以上城市污水处理率达到85%，其中到2012年分别达到87%和83%。太湖流域、钱塘江流域城市污水处理率分别达到93%和90%以上，其中到2012年分别达到92%和88%以上。力争建制镇污水处理率达到45%以上。

——污水处理厂再生水回用率达到国家要求。

——农村生活污水处理行政村覆盖率达到70%以上，农村生活垃圾集中收集实现行政村全覆盖。

——设区市本级污水处理厂污泥无害化处置率达到95%以上，县(市)污水处理厂污泥无害化处置率达到90%以上。

5. 生态修复。

——完成河道整治10000公里，整治区域内主要河道、沟塘的基本功能有效恢复，黑臭现象基本消除，水面面积保持现有水平。

——建成生态公益林4500万亩，其中水源涵养林2400万亩以上，建设重点防护林290万亩，平原区域新造林180万亩；全省森林覆盖率稳定在61%以上，平原区域林木覆盖率达到18%以上。

——新增治理水土流失面积3000平方公里，其中到2012年新增1200平方公里。

6. 监管能力。

——基本建成县以上饮用水源地、县(市)交接断面和重要敏感水域水质自动监测站，上传数据准确率达到90%。

——各级环境监测、执法监察(环境应急)机构均达到国家标准化建设要求。

——环境污染突发事故预警监测和应急处置能力明显提高。

三、主要任务

(一)深化工业污染防治。

1. 优化产业布局和结构。严格实施主体功能区规划、生态环境功能区规划和水(环境)功能区划，科学确定优化开发、重点开发、限制开发、禁止开发的空间布局。全面关停和搬迁饮用水源保护区内的污染企业，禁止在重要湖库集水区新(改、扩)建增加含氮、含磷污染物排放的项目。鼓励中小型企业入园发展，加强对块状经济的整合提升，着力构筑与水资源环境承载能力相协调的区域开发新格局。及时完善落后产能淘汰目录，不断提高落后产能淘汰标准，进一步健全落后产能退出机制，加快促进产业结构调整。在确保完成国家下达任务的基础上，以造纸、印染、制革等行业为重点，基本淘汰不符合产业政策和节能减排要求的落后产品、技术、工艺、设备。

2. 实施重点行业整治。印染、造纸、化工、医药、制革、电镀、电池、食品等八大水污染重点行业于2012年底前制订实施污染整治指导意见，并于2014年基本完成整治，2015年底前全面完成整治。富阳造纸、绍兴印染、嘉兴制革、温州电镀、台州医化、湖州电池等重点地区的重点行业于2011年编制完成污染整治指导意见，并于2012年基本完成整治，2013年底前全面完成整治。全面实施重金属污染综合防治规划，完成18个重点防控区、5大重点防控行业、305家重点防控企业的综合整治。

3. 加强重点企业整治。全面实行排污许可证制度，严禁企业无证或超标、超总量排污。2012年底前完成对浙江明新皮业有限公司等15家年排放氨氮100吨以上重点企业的整治，氨氮排放量削减30%以上。2015年底前完成对宁波飞日水产实业有限公司等37家年排放氨氮50吨以上重点企业的整治，氨氮排放量削减30%以上；完成对杭州萧山长远电镀灯饰有限公司等33家总磷排放重点企业的整治，总磷排放量削减30%以上。积极推进工业园区清洁生产审核和绿色企业(清洁生产先进企业)创建。按国家要求加快实施钢铁、水泥、平板玻璃、煤化工、多晶硅、电解铝、造船等7个产能过剩行业企业的清洁生产审核。继续对超标、超总量排污或排放有毒有害物质的企业实行强制性清洁生产审核，2012年底前完成5大重金属重点防控行业重点企业的强制性清洁生产审核。

(二)推进污水污泥处理处置。

1. 完善基础设施。继续推进污水处理设施建设，加快完善污水收集管网。到2012年，80%的建制镇基本建成污水处理设施，到2015年基本实现镇级污水处理设施全覆盖，全省新增城镇污水收集管网6000公里。加快推进污水处理设施提标改造，新建、在建城市污水处理厂配套建设脱氮除磷设施，太湖流域、钱塘江流域城镇污水处理设施执行一级A标准。加强污水处理厂污泥处置。到2015年，基本建成县以上城市污水处理厂污泥处置设施。鼓励城镇污水再生利用和污水处理厂污泥综合利用。

2. 加强进水监管。向城镇污水处理设施及配套管网排放的污水必须达到《污水综合排放标准》(GB8978—1996)，其中氨氮指标必须达到《污水排入城镇下水道水质标准》(CJ343—2010)，严禁酸洗、电镀等特殊行业特征污染物通过污水处理厂稀释排放。加强对进入城镇污水收集系统的主要排放口特别是重点工业排放口水质水量的监测，禁止超标污水进入收集系统。对进管污水超标导致污水处理厂出水不能稳定达标的，要对超标排放污水的入网单位实施限期治理，实行限产限排或停产措施，并在限期治理验收前停止审批、核准该单位新增所超标水污染物排放的建设项目。

3. 强化运行管理。严格按照国家要求，完善污水处理厂中控系统。加强污水处理设施在线监测装置日常维护，确保在线监测装置正常使用。强化台账规范化管理，健全内部运营机制和突发事故应急预案，推广污水处理第三方运营模式，提高污水处理厂管理运行水平。完善污水处理厂管理人员、技术人员、操作人员培训、考核、持证上岗等制度，探索推进污水处理厂环保监督员、协管员派驻工作。

（三）加强农业农村污染治理。

1. 发展生态农业。加快建立与现代高效农业相适应的生态农业生产模式，积极发展以无公害、绿色、有机农产品为特征的高效生态农业和高效生态林业。加快形成“资源—产品—废弃物—再生资源”的循环农业模式，培育一批农业循环经济示范工程。“十二五”期间，全省建成无公害农产品、绿色食品和有机农产品基地面积1500万亩，相关认证产品达到5500个以上；建成省级生态循环农业示范县20个、示范区100个、示范企业100家、示范项目500个。

2. 深化畜禽养殖污染整治。调整优化畜牧业布局，严格实行区域和总量双重控制，严格落实禁养区和限养区制度。全面清理禁养区内畜禽养殖点和饮用水源保护区内家禽放养行为。加强畜禽养殖环境管理，特别是对规模化畜禽养殖场要加快推行排污申报登记和许可证制度，严格执行环境影响评价和环保“三同时”制度，继续推进污染治理。大力开展规模以下养殖户污染整治，因地制宜建设生态畜牧养殖小区，积极引导散养户向养殖小区集中。大力推广农牧结合、资源利用等畜禽养殖污染生态化治理模式，到2015年新建沼气工程池容40万立方米。

3. 开展水产养殖污染防治。制订实施水产养殖规划，积极推行水产生态养殖模式。科学发展湖库洁水保水渔业，鼓励开展以稻鱼共生、稻鱼轮作为主的生态种养模式试点。优化养殖饵料投放，提高饵料利用率。加强湖库、河塘和滩涂水产养殖环境监管，禁止向水库库区及其上游支流水体投放化肥和动物性饲料。严禁在饮用水源一级保护区内从事网箱养殖，禁止在作为饮用水源的湖库从事投饵养殖。全面清退河湖外荡珍珠养殖，严格限制投饲网箱养殖。加强渔业养殖污染治理，鱼塘换水清淤必须通过农田、湿地储存消化，减轻水产养殖尾水、污泥对水体的污染。到2015年，建成生态种养结合和水产养殖废水排放生物处理试点100个。

4. 加强化肥农药污染防治。积极推进测土配方施肥和农药减量控害增效工程。大力推广使用配方肥、专用肥、掺混肥等高效肥，鼓励开发环保型、缓释型肥料，引导农民科学施肥，减少农田化肥氮磷流失。大力推广运用病虫草害综合防治、生物防治和精准施药等技术，引导农民使用生物农药或高效、低毒、低残留农药，切实降低农药对土壤和水环境的影响。

5. 推进农村生活污染治理。采取“纳入城镇管网”、“就地分片处理”、“湿地处理利用”等方式，因地制宜处理农村生活污水，重点抓好平原河网、集中式饮用水源保护区和人口聚居区域的农村生活污水处理。进一步加强农家乐环境管理和污染治理，到2015年，全省农家乐餐饮污水治理率达到80%。大力推广“户集、村收、镇运、县处理”的农村生活垃圾收集处置模式，加强对村庄河道、池塘、沟渠和道路两旁垃圾的清理，建立健全村庄环境卫生长效管理机制，全面实现农村生活垃圾日产日清。

（四）加强河道内源污染治理。

1. 实施河道综合整治。深入开展万里清水河道建设，加大对河道支流、池塘的综合治理力度，有效清除河道内源污染。按照集中投入、整体推进的原则，扎实开展农村河道综合整治。按照建设一段、保洁一段的要求，建立完善“政府主导、部门配合、市场运作、群众参与”的河道长效保洁管理机制。大力整治建筑行业泥浆运输，禁止泥浆排入河道。

2. 加强船舶污染防治。全面取缔营运挂桨机运输船舶，所有进入我省内河运输的机动船舶要按有关标准配备防污染设备，并确保设备处于正常工作状态。内河货运码头、旅游码头、油码头等船舶集中停泊区域，要按有关规范配置船舶含油污水、垃圾的接收存储设施，建立健全含油污水、垃圾接收、转运和处理机制，做到含油污水、垃圾日收日清。

3. 合理发展湖库旅游业。根据水资源环境承载能力，合理开发湖库旅游资源，防止超负荷发展旅游业。湖库旅游开发项目必须严格执行环境影响评价和环保“三同时”制度，湖库集水区内所有宾馆、旅游度假村和农家乐必须配备污水处理设施，所有废水必须经处理达标后排放。严格控制饮用水源湖库内的旅游开发活动；严格控制在饮用水源二级保护区范围内新上旅游开发项目，已建排放污染物的旅游设施要限期拆除或关闭；严禁在饮用水源一级保护区范围内从事旅游活动，已建旅游设施要限期拆除。

（五）加强生态保护与修复。

1. 防治水土流失。大力开展江河湖库源头水源涵养林和河道、湖滨、农田防护林等生态公益林建设，增强森林固土护坡、涵养水源、调节径流的功能。严格执行河道采砂许可制度，严格控制在湖库集水区内从事采砂、采石、挖沙等活动。加强水土保持工作，开展清洁型小流域建设和坡耕地、经济林地水土流失治理，强化生产建设项目水土保持监管。

2. 加强湿地保护。按照严格控制、保护生态、分类管理、占补平衡的原则，规范建设项目占用水域行为，严禁随意填埋河沟池塘或改变其用途。建立健全湿地保护管理机制，加强滨海湿地、河流湿地、湖泊湿地等重要湿地的保护，遏制湿地面积萎缩和功能退化的趋势。对生态功能遭到破坏的滨水带，要采取湿地恢复与重建、河湖岸线治理、科学的植物配置等措施，重点推进现有长距离刚性河道、湖泊护岸的生态化改造，提高生物水陆交换能力，改善生态功能。主要饮用水源水库和其他重要湖库的入湖库河口要因地制宜建设前置库或湿地处理系统，进行综合治理，降低入湖库氮磷总量；湖滨带要全面实行退田还湖或开展生态修复。

3. 实施水生态修复。开展重点湖库生物资源调查和生态安全评估，有针对性地制订实施水环境保护和水生态系统修复规划，做到“一湖一策”。2015年底前建成千岛湖水生态观测站。严厉打击炸、毒、电鱼等破坏渔业资源和湖库环境的不法行为，并根据湖库水质保护要求和鱼类生物资源状况，严格实行禁渔期、禁渔区制度，科学合理确定捕捞规格品种，增殖保护土著水生生物资源，改善水域生物群落组成，保持水生态平衡。积极采取生物调控措施，修复水域生态系统，提高水体自身净化调节功能。

（六）构建水源安全保障体系。

1. 加强水源建设与保护。加快规划水源地及备用水源地建设，2015年底前建成合溪水库、钦寸水库等大型水源工程，构建区域水源联网联调大格局。坚持大中小结合、蓄引提并举，建设一批城市应急备用水源。2015年底前主要县级以上城市要具备2个以上水源供水能力，有必要的地区还要建设应急地下水水源地。加强供水水库水源保护，因地制宜开展底泥清淤、生态湿地建设，提高饮用水安全保障能力。继续实施农村饮水安全提升工程，到2015年改善395万农村人口的饮水安全状况。加强农村供水设施的维护管理及水源地的治理保护，进一步提高农村饮用水安全保障水平。

2. 创建合格规范饮用水源。加强集中式饮用水源地建设和管理。2012年底前全面完成集中式饮用水源地保护区范围的划定；2013年底前全面完成饮用水源保护区范围内的排污口清理，完成保护区标志牌和界桩的设置；2015年底前全面完成合格规范饮用水源创建。饮用水源保护区附近人口众多、交通繁忙又无天然隔离屏障的，要统一设置物理隔离或生物隔离设施，拦截污染物直接进入水源保护区。积极引导饮用水源保护区范围内农民下山脱贫或生态移民，全面推进水库型饮用水源集雨区农村生活污水治理。

3. 加强监测预警体系建设。继续推进重点污染源自动监控系统建设，加快建立省、市、县三级污染源自动监控网络。全面推进饮用水源水质自动监测站和地表水交接断面水质自动监测系统建设，推广建设水质安全在线生物预警系统，加快形成全天候实时监测的水环境质量监控体系。到2012年，新建81个主要饮用水源水质自动监测站。到2013年，新建57个地表水交接断面水质自动监测系统。进一步加强水质指标特别是三致物、持久性有机污染物监测能力建设。到2013年，11个设区市均具备开展藻类监测的能力。到2015年，所有镇级饮用水源地均开展不少于两个月一次的常规监测，有条件的县级以上饮用水源地开展全指标监测。

4. 完善污染事故防范预警应急体系。加强环境隐患排查和环境风险防范，健全突发水污染事件和藻类防控应急预案，落实环境突发事故各项应急措施。饮用水源集雨区内所有生产、使用有毒有害化学品的企业必须制订应急预案，建设事故池，配备应急物资。危险化学品运输必须经公安部门审核备案，需通过饮用水源附近路段的，还要有专用车辆护送。饮用水源附近的高速公路、主要道路要设置隔离设施，防止危险化学品运输事故车辆翻入、事故残液流入饮用水源地。

四、保障措施

（一）加强组织领导，狠抓责任落实。省生态办（省环保厅）要牵头负责，省级各有关单位要密切配合，加强对全省清洁水源行动的指导协调。各级政府是水环境保护工作的责任主体，要建立健全相应的领导机制，切实加强对清洁水源行动的组织领导。抓紧制订当地清洁水源行动方案和分年度工作计划，明确责任分工，抓好工作落实。清洁水源行动的实施情况纳入经济社会发展评价体系和生态省建设目标责任考核体系，作为评价领导班子、领导干部政绩的重要内容，与生态市县、环保模范城市创建等工作挂钩。

（二）健全体制机制，完善政策措施。进一步完善和落实流域生态补偿机制，加大对湖库、饮用水源上游地区的经济补偿力度，调动上游地区防治水污染、保护水环境的积极性。建立健全跨界执法协调机制，提高水污染联防联治水平。积极推行绿色信贷、绿色证券、绿色保险、绿色贸易、绿色采购等绿色经济政策，研究出台更加有力的财政税收激励政策，鼓励企业淘汰落后产能、加强污染防治、推进节能减排。

（三）严格环境准入，加强源头把关。全面实行空间准入、总量准入、项目准入“三位一体”和专家评价、公众评价“两评结合”的环境准入制度，进一步加强规划环境影响评价，深化完善建设项目环境影响评价制度，严格落实建设项目环保审批“十不批”原则。2012年底前出台产业发展导向政策，制订水污染重点行业环境准入指导意见。加快制订更加严格的医化、造纸、印染、制革、畜禽养殖等行业污染物排放地方标准，严格执行太湖流域13个重点行业特别排放标准和造纸行业水污染物排放新标准。

（四）实施排污许可，强化总量控制。继续实行主要污染物总量控制制度，强化对化学需氧量、氨氮排放的控制。各地要根据国家和全省总量控制要求，结合当地水环境质量现状、水（环境）功能区要求和保护目标，制订主要水污染物排放总量减排计划，并通过排污许可证形式将总量控制指标分解下达到辖区内排污单位。排污单位要按照排污许可证规定的污染物种类、数量、浓度和其他排放条件排放污染物。有主要污染物总量削减任务的排污单位，必须如期完成减排任务。

（五）拓宽融资渠道，加大资金投入。建立健全政府引导、企业为主、社会参与的水污染防治投入机制。加强对各类专项资金的整合，加大对水污染防治和水环境保护的财政支持力度，重点加大对饮用水源地建设和保护的投入。严格执行污水处理收费政策，逐步提高污水处理收费标准，太湖流域、钱塘江流域和经济发达地区要执行高于全省的污水处理收费标准。完善多元化投融资机制，拓宽投融资渠道，引导和鼓励社会资金参与水污染防治和水环境保护。

（六）完善环境法制，严格执法监管。积极推动出台《浙江省饮用水源保护管理条例》，及时修订完善水环境保护地方性法规、规章。综合运用行政处罚、媒体曝光、挂牌督办、区域限批、荣誉摘牌等措施，保持对环境违法行为的高压严管态势。积极采取交叉检查、专项执法、在线监控、飞行监测等手段，着力提高环境执法监管绩效。加强环境执法监管机构、队伍和装备建设，不断提高环境执法监管能力。

（七）加强科研攻关，强化技术支撑。加强水污染防治和水环境保护相关的科研攻关，重点抓好饮用水安全保障、面源污染控制、湖库富营养化控制、藻类防治、生态修复等方面技术的研究和推广。认真实施国家水专项，加快形成一批先进适用的污染防治和生态修复技术，加快建设一批切实有效的示范工程。

（八）深化宣传教育，鼓励公众参与。广泛开展水污染防治和水环境保护宣传教育，进一步提高社会公众对保护生态环境、建设生态文明重要性的认识。进一步加强环境信息公开，建立健全公众参与机制，切实保障人民群众的环境知情权、参与权和监督权，充分调动社会各界参与清洁水源行动的积极性、主动性和创造性，努力营造全社会关心支持清洁水源行动的良好氛围。

附件：1. 浙江省清洁水源行动工作重点及责任分解表（略）
2. 浙江省饮用水源保护工程表（略）
3. 氨氮整治重点企业名单（略）
4. 总磷整治重点企业名单（略）
5. 饮用水源地水质自动监测站项目表（略）
6. 地表水交接断面水质自动监测系统项目表（略）

浙江省人民政府关于加强和改进垦造耕地工作的通知

浙政发〔2011〕67号

各市、县（市、区）人民政府，省政府直属各单位：

为认真贯彻落实最严格的耕地保护制度，加强和改进垦造耕地工作，确保落实耕地占补平衡法定义务，有效服务和保障全省经济社会发展，现就有关事项通知如下：

一、统一思想，充分认识加强和改进垦造耕地工作的重要性

我省耕地资源相对匮乏，土地供需矛盾十分突出，耕地占补平衡任务十分艰巨。近年来，在各地、各有关部门的共同努力下，全省垦造耕地工作取得了明显成效，在增加有效耕地面积、保护粮食综合生产能力、保障经济社会发展等方面发挥了重要作用。但是，垦造耕地工作中也存在思想认识不到位、操作程序不规范、监督管理不严格等问题，一定程度上影响了这项工作的深入推进。加强和改进垦造耕地工作事关耕地保护责任和耕地占补平衡法定义务的落实，事关经济社会长远发展。各地、各有关部门要统一思想，提高认识，采取有效措施，加强和改进垦造耕地工作，确保继续实现耕地占补平衡，为全省经济社会可持续发展提供资源保障。

二、严格管理，加强和改进垦造耕地监管工作

（一）加强垦造耕地规划管理。各级政府要全面开展耕地后备资源调查工作，进一步摸清家底，挖掘垦造耕地资源潜力。要依据主体功能区规划、土地利用总体规划和城乡规划，抓紧编制土地整治规划，并与低丘缓坡综合开发利用规划、滩涂围垦规划、产业发展规划、生态建设规划、林地保护利用规划等相关规划做好衔接。各级土地整治规划的具体编制工作由国土资源部门会同发展改革、农业、林业、水利、环保等部门组织开展，规划成果经同级政府审核后，报上一级国土资源部门审批。经批准的土地整治规划是审批、核准垦造耕地项目的基本依据之一，要加强规划实施管理，统筹安排垦造耕地规模、时序和区域，有计划组织项目实施。

（二）加强垦造耕地项目管理。规范项目立项管理。垦造耕地项目必须符合土地整治规划和低丘缓坡综合开发利用规划、滩涂围垦规划，充分考虑项目立地条件和垦造耕地的适宜性，科学合理做好项目规划选址，注重保护和改善生态环境。严禁将坡度25度以上的林地、省级以上生态公益林、自然保护区和自然保护小区内的林地、省级以上森林公园、有古树名木和珍贵树种分布的林地、以及生长茂盛成片的林地垦造为耕地，坚决杜绝以土地开发为名，擅自毁林开垦。省统筹委托造地项目由县级政府提出申请，由省国土资源厅、省财政厅代表省政府负责立项审批；跨市调剂委托造地项目由县级政府提出申请，由设区市政府负责立项审批，并报省国土资源厅备案；设区市级统筹造地项目和设区市内部跨县调剂委托造地项目由县级政府提出申请，由设区市政府负责立项审批；其他造地项目由乡镇政府提出申请，由县级政府负责立项审批，并报设区市国土资源部门备案。项目申请立项前，由项目所在地国土资源部门组织发展改革、财政、农业、林业、水利、海洋与渔业等有关部门和专家，对项目选址、规划设计方案、耕地质量标准和投资预算进行论证。各级政府在批准项目立项前，由国土资源部门组织有关部门进行立项审核，水利、农业、林业、海洋与渔业等有关部门要各司其职，密切配合，主动服务，做好项目审核等相关工作。垦造耕地项目在取得立项批准文件前，不得开工建设。

强化项目实施管理。垦造耕地项目由县级政府或乡镇政府负责组织实施，按照基本建设程序和管理要求，严格实行招投标，严格执行项目法人制、公告制、合同制、监理制和审计制。各级国土资源部门要会同有关部门加强项目实施监管，严格按照《浙江省土地开发整理工程建设标准（试行）》和项目规划设计方案、耕地质量标准，加强垦造耕地项目管理，切实提高项目工程质量和土壤地力标准。

严格项目验收管理。垦造耕地项目实施完成后，由县级政府组织初验，批准项目立项和项目备案的单位组织验收或复核，并出具验收意见或复核意见。项目验收前，国土资源部门要及时通知农业部门开展补充耕地地力评定工作，农业部门根据项目要求在规定时间内出具质量评定意见，并作为项目验收依据。在初验、验收和复核过程中实行联合验收制度，由各级国土资源部门会同发展改革、财政、农业、林业、水利、海洋与渔业等有关部门，严格按照《浙江省土地开发整理工程建设标准（试行）》和项目规划设计方案，共同把好项目验收关，确保项目新增耕地面积准确、建设质量符合要求。对不符合工程建设标准、不按规划设计实施的项目，责令项目单位和工程施工单位限期整改。整改不到位的，不予通过验收。

（三）加强垦造耕地质量管理。垦造耕地要坚持数量和质量并重，确保数量，提高质量。要加强项目工程质量管理，严格按照《浙江省土地开发整理工程建设标准（试行）》编制项目规划设计方案，确保项目区地块平整、农田水利设施和田间道路配套、田坎等水土保持设施完善、耕作层不少于30厘米，满足农作物种植条件。积极推行建设占用耕地表土剥离再利用工作，建设项目占用基本农田、标准农田的，其耕作层要剥离后用于垦造耕地项目特别是废弃矿山等建设用地复垦项目。耕作层剥离再利用所需资金列入建设项目概算，具体由市、县（市、区）政府规定。

要加强项目后续管护，实施地力提升工程。垦造耕地项目通过验收后，由项目所在地农业部门负责项目后续管护工作和地力提升工程，建立新增耕地质量定期监测制度，指导农作物种植，防止新增耕地抛荒，管护期不少于三年。财政部门要从新增建设用地土地有偿使用费、土地出让金用于农业开发部分等资金中，安排专项资金，专项用于负责项目后续管护和地力提升。

（四）加强垦造耕地资金管理。各级政府要按照国家和省关于造地改田资金筹集和使用管理的有关规定，制订完善造地改田资金筹集和使用管理办法，加大资金筹集力度，确保垦造耕地各项支出。要建立垦造耕地项目投资预算制，按定额标准合理安排规划设计、工程建设等各项支出，严格按照工程决算和审计结果拨付项目建设资金，专款专用、专账核算，确保工程建设资金投入到位。要切实加强耕地占补平衡指标调剂成本回收资金管理，应将70%以上调剂收入纳入造地改田资金，实行专项管理，主要用于垦造耕地。各级财政、审计部门要加强对垦造耕地资金管理，加大资金使用监督检查力度，促进资金依法依规合理使用。

三、完善机制，不断提升垦造耕地工作水平

（一）建立共同管理机制。各级政府要切实加强组织领导，重视垦造耕地管理队伍和力量建设，完善垦造耕地管理办法，建立垦造耕地共同管理机制，明确国土资源、财政、发展改革、监察、农业、林业、水利、海洋与渔业、环保、审计、统计等部门和乡镇政府的职责分工，共同推进垦造耕地工作。省级有关部门要各司其职、齐抓共管，加强相互沟通和协作配合，及时协调解决垦造耕地工作中的重大问题，共同做好服务和监管工作。

（二）完善项目监管机制。各级政府和有关部门要切实加大垦造耕地监管力度，建立项目全程监管机制，做到项目选址踏勘到位、规划设计论证到位、项目资金投入到位、工程施工招标到位、项目实施监理到位、新增耕地实测到位、项目竣工联合验收到位、后期管护地力提升到位。同时，要加大对工程招投标、测绘、监理和审计等活动的监督管理力度，做到各个工作环节用制度把关、用制度管人。

（三）建立资源调控机制。县级政府要立足自身，积极挖掘耕地后备资源潜力，努力实现耕地占补平衡。各设区市要建立市级统筹补充耕地机制，立足在市域范围内落实耕地占补平衡。部分市、县（市、区）确因耕地后备资源匮乏，无法落实耕地占补平衡的，可以向省国土资源厅提出跨市委托垦造耕地申请，经批准后办理委托造地手续。省国土资源厅要切实加强跨市委托垦造耕地管理，合理调控资源流向和调剂价格。各市、县（市、区）政府要按照省政府的要求，落实省统筹委托垦造耕地任务，积极支持国家和省重大项目建设。省国土资源厅要制订完善省统筹补充耕地指标使用管理办法，明确使用范围、标准和程序，切实加强补充耕地统筹管理。

（四）建立群众监督机制。各级政府要建立垦造耕地群众监督机制和项目公示制度，垦造耕地项目选址、立项、实施要充分尊重群众意愿，听取群众意见，依法保护群众合法权益。项目立项前，要明确相关政策，征求村组和群众意见，争取群众支持；项目实施前，对涉及的地面附着物和青苗要予以合理补偿；项目实施中，要主动接受群众监督，向群众公开项目实施范围和标准；项目竣工后，要安排村组和群众代表共同参与项目验收；项目验收后，要及时落实土地承包经营权，及时将新增耕地交付并指导村组和群众进行耕种。

（五）强化考核奖惩机制。加大对垦造耕地工作的考核力度，建立垦造耕地完成情况、项目监管情况、省统筹委托造地任务完成情况与年度新增建设用地计划安排挂钩制度，根据各地垦造耕地工作成效，奖励或者扣减一定的用地计划。根据省"百万"造地工程责任追究办法规定，建立垦造耕地项目规划、审批、验收终身负责制，严格实行垦造耕地责任追究。

二〇一一年九月二十一日

浙江省人民政府关于进一步加快淘汰落后产能的意见

浙政发〔2011〕75号

各市、县（市、区）人民政府，省政府直属各单位：

为深入贯彻落实科学发展观，加快转变经济发展方式，推进节能减排和产业结构优化升级，建立资源节约型和环境友好型产业体系，保障可持续发展和社会和谐稳定，现就进一步加快淘汰落后产能提出如下意见：

一、重要意义

近年来，全省认真贯彻落实《国务院关于进一步加强淘汰落后产能工作的通知》（国发〔2010〕7号）和《浙江省人民政府关于加快淘汰落后产能促进工业转型升级的若干意见》（浙政发〔2010〕34号）精神，取得了积极成效。但是，我省淘汰落后产能的机制还不健全，落后生产能力仍然普遍存在，这不仅加剧用电紧张矛盾，加大要素保障压力，更对全面完成节能减排任务形成严峻挑战，还容易造成产品质量安全事件和安全生产事故，严重影响社会和谐稳定和经济社会可持续发展。进一步加快淘汰落后产能是优化电力分配，削减不合理用电需求，缓解阶段性电力紧张的重要手段；是优化用能方式，为先进生产能力腾出用能空间，全面完成我省"十二五"节能减排任务的重要保障；是优化产业结构，转变发展方式，提高企业质量效益、安全生产能力和市场竞争力，实现可持续发展和社会和谐稳定的必然选择。

二、总体思路

按照贯彻落实科学发展观、加快工业转型升级、建设资源节约型和环境友好型社会的总体要求，坚持"科学统筹、力求创新"，围绕"建机制、促调整、保节能、谋主动、保稳定"，着力加强基础工作，突出运用经济手段，不断增强统筹规划，努力实现淘汰落后产能的"三个转变"，即从以行政推动为主向以市场手段为主转变，从企业被动淘汰为主向企业自觉主动淘汰为主转变，从单纯推动淘汰为主向以淘汰促转型发展为主转变，努力构建淘汰落后产能的长效机制，大力推进产业结构调整和优化升级，提高经济增长质量和效益，增强可持续发展能力。

三、主要目标

在确保完成国家下达我省淘汰落后产能目标任务的基础上，通过5年左右时间的努力，以冶炼、造纸、印染、水泥、制革、化工、化纤、电镀等高耗能高污染行业为重点，基本淘汰不符合国家产业政策和节能减排要求的落后产品、技术和工艺设备，并根据区域产业结构调整的需要，逐步淘汰一批不具有能源资源利用优势、产品附加值较低的相对落后产能，转移一批我省不具备能源资源优势、但属产业链必需且仍有发展空间的加工环节，建立比较完善的淘汰落后产业标准准入体系、政策支撑体系、监管考核体系和技术服务体系，基本形成可持续的淘汰落后产能的工作格局。

四、工作措施

（一）制定和完善落后产能界定标准。由省经信委和省质监局牵头，会同省级有关部门和行业协会，根据国家产业结构调整指导目录，抓紧修订完善包含规模大小、装备新旧、单耗、排放、质量、安全标准等因素的地方性淘汰和禁止发展的落后生产能力目录和科学界定标准，报省淘汰落后产能工作协调小组同意后发布施行，依照标准，依法、公开、公平、公正地推动落后产能的淘汰。各市可根据当地产业结构调整需要，制定相对宽于省级淘汰落后产能行业范围与相对严于省级标准的市级淘汰落后产能的标准，报省淘汰落后产能工作协调小组办公室（以下简称省淘汰办）备案后实施。

（二）组织开展全面调查摸底。由省淘汰落后产能协调小组牵头组织各市政府，针对国家产业政策调整，在全省重点高能耗高污染行业中开展一次落后产能的调查摸底，全面掌握落后产能占比、区域分布、就业容量、淘汰难易程度及对节能减排的效应大小等情况。

（三）编制"十二五"专项规划。按照淘汰落后产能力度与保障用能总控制目标相对应、淘汰落后产能与新上项目用能相平衡、淘汰落后产能与保障社会稳定有机结合的原则，编制完成全省、各市和县（市、区）"十二五"淘汰落后产能专项规划，建立既积极主动又有序稳定推进淘汰落后产能的工作机制，努力把握"十二五"淘汰落后产能工作的主动权。各市"十二五"淘汰落后产能专项规划报经省淘汰办批准后执行。工业总量明显偏小的县（市、区），报经当地市政府同意、省淘汰办备案后，可暂不编制淘汰落后产能专项规划，但须严格落实淘汰落后产能工作。

（四）强化差别电价杠杆作用。在综合运用法律、技术和必要的行政手段基础上，更加重视运用经济手段，特别是发挥价格杠杆的作用，加快淘汰落后产能。由省经信委负责，督促各市限期对我省已实施差别电价政策的钢铁、铁合金、电解铝、电石、烧碱、水泥、黄磷、锌冶炼等8个高耗能行业淘汰类、限制类企业开展全面排查摸底和甄别认定，及时公布企业名单，并实施动态管理，确保差别电价政策落实到位。各市在继续对8个高耗能行业实施差别电价政策的基础上，在保证节能任务完成、保障新上项目用能和确保社会稳定的前提下，可根据当地产业结构调整要求，在报经省执行差别电价工作小组办公室批准后，扩大差别电价实施的行业范围。省经信委应会同物价、电监、电力等部门认真落实《浙江省执行差别电价政策企业认定管理办法》，研究制订对企业执行差别电价实行授权管理的相关办法，进一步明确市、县（市、区）政府的相应权限。

（五）落实超限额标准用能电价等加价惩罚性政策。制定和完善符合我省产业结构的行业和产品状况的能耗限额标准，对能源消耗超过现有国家和省级单位产品能耗（电耗）限额标准的企业和产品，按《浙江省超限额标准用能电价加价管理办法》严格执行惩罚性电价政策。省经信委牵头对重点行业单位产品能耗限额标准执行情况开展专项监察工作，排出超标准耗能企业名单，确保惩罚性电价政策落到实处。各市政府经省政府授权后可制定标准更高的惩罚性电价加价标准。积极推行非居民用户超计划、超定额用水累进加价收费办法。提高排污费征收标准，加大征收力度。

（六）推行淘汰落后产能与新增用能指标核定相结合。建立淘汰落后生产能力与新上项目用能指标核定相结合的制度，把淘汰落后生产能力作为取得新增用能指标的前提，推动各地通过淘汰落后产能为发展先进产能腾出资源和能耗空间，为新上先进项目和现代产业项目增加用能提供支持，促进战略性新兴产业和高附加值的先进制造业加快发展。

（七）严格行业准入。省经信委、省发改委、省质监局、省环保厅等部门要严格行业准入，鼓励发展低消耗、低污染的先进产能。要进一步加强投资项目审核管理，对产能过剩行业坚持新增产能与淘汰产能“减量置换”或“等量置换”的原则，严格环评、土地和安全生产审批，遏制低水平重复建设，防止新增落后产能。严格土地供应管理，严禁向淘汰类工业项目供地，从严控制限制类工业项目供地。全面实施固定资产投资项目节能评估和审查制度，探索建立新上项目用能指标核定制度，加强投资项目能评审查和竣工投产后的能耗评价，保证新上项目的先进性，从源头上和全过程杜绝能源浪费，控制能源消费增量和总量。凡未进行能评审查或未能通过能评审查的项目，供电部门一律不予用电报装。对未按期完成淘汰落后产能任务的地区，实行项目“区域限批”，暂停对该地区新上（扩建）项目的环（能）评审查及项目审批、核准和备案，并严格控制省安排的投资项目。对未按规定期限淘汰落后产能的企业，银行业金融机构不得提供任何形式的新增授信支持。

（八）支持企业“压小上大”和转型升级。除了国家产业政策严格控制的产业领域外，支持造纸、印染、制革、水泥、有色等行业根据国家产业结构调整鼓励类政策的要求，实施“压小上大”的“等量或减量置换”，促进其加快转型升级。对企业运用高新技术和先进适用技术对落后产能进行升级改造的，在安排工业转型升级专项资金和节能减排专项资金、投资项目核准备案、土地开发利用、融资支持等方面给予倾斜。支持优势企业通过兼并、收购、重组等方式整合落后产能企业的有效资产，并对消化落后生产能力实施跨地区、跨行业的兼并重组，在项目核准、银行信贷等方面给予支持。

（九）建立淘汰落后产能专项资金。将收取的差别电价和超限额能耗加价费用建立专项资金，由各市、县（市、区）统筹用于当地淘汰落后产能和节能降耗工作，资金使用情况接受审计部门的监督。省经信委要会同省财政厅制定专项资金管理和使用办法。各级财政要加大对淘汰落后产能工作的支持力度，对落后产能较集中、企业转产难度较大的经济欠发达地区，在安排相关专项资金时视情况给予适当倾斜。各地要积极安排资金，支持淘汰落后产能工作，综合运用财政补助、税收优惠、土地开发置换、融资支持等政策，统筹解决淘汰落后产能的资产补偿和人员安置等问题。

（十）切实保障社会稳定。提高淘汰落后产能信息透明度。省经信委和各市经信部门每年向社会公告淘汰落后产能企业名单、落后工艺设备和淘汰时限，并定期向同级政府报告工作进展情况；各级地方政府和有关部门要建立淘汰落后产能情况通报制度，充分发挥新闻媒体和行业协会的作用，加大宣传力度，总结推广淘汰落后产能工作的有效做法，宣传先进地区、先进企业的典型经验和国家淘汰落后产能的政策法规，营造良好的社会舆论氛围。各市、县（市、区）政府对本地区统筹淘汰落后产能、促进产业结构调整和保持社会稳定负总责，各级政府、各有关部门的主要负责人要切实承担起淘汰落后产能工作第一责任人的职责，做到责任到位、措施到位、监管到位，确保淘汰落后产能工作积极稳妥推进。各地要统筹处理好淘汰落后产能与保障企业、职工合法权益的关系，督促落后产能企业根据国家和省有关规定制定职工安置方案并报有关部门审核后执行。同时，加强淘汰落后产能企业职工就业信息服务和技能培训，做好淘汰落后产能企业职工的社会保险关系接续，切实保障职工的合法权益，健全矛盾纠纷调处机制，做到属地管理、矛盾不上交，维护社会稳定。对因关停处置工作不当，造成大规模群体性事件，严重影响社会稳定的，省政府将依法依纪追究有关责任人员的责任。企业要切实承担起淘汰落后产能的主体责任，严格遵守安全、环保、节能、质量等法律法规，认真贯彻国家产业政策，积极履行社会责任，主动淘汰落后产能，尽最大可能在企业内部做好职工转岗安置工作。对未按期淘汰落后产能的企业，依法吊销排污许可证、生产许可证和安全生产许可证。

二〇一一年十月二十日

浙江省人民政府关于在全省开展单位地区生产总值能耗和能源消费总量“双控”工作的实施意见

浙政发〔2011〕83号

各市、县(市、区)人民政府,省政府直属各单位:

为深入贯彻落实科学发展观,确保完成我省“十二五”节能减排目标任务,保障能源供应安全,加快建立资源节约型、环境友好型发展模式和产业体系,推进生态文明建设,实现经济平稳较快发展,根据党的十七届五中全会精神及《国民经济和社会发展第十二个五年规划纲要》、《国务院关于印发“十二五”节能减排综合性工作方案的通知》(国发〔2011〕26号)的要求,现就我省开展单位地区生产总值能耗和能源消费总量“双控”工作提出如下意见:

一、“双控”工作的重要意义

“十二五”期间,国家继续把单位地区生产总值能耗作为约束性指标对各省(区、市)进行考核,同时将把能源消费总量控制目标分解落实,实行目标责任管理。目前,国家已下达我省“十二五”单位地区生产总值能耗下降目标任务是,在“十一五”的基础上继续下降18%,能源消费总量控制目标也将适时下达。由于我省单位地区生产总值能耗已经处于全国领先水平,按现有的生产方式和产业结构,节能潜力和空间十分有限,加上工业化和城镇化进程加快、人民生活水平不断提高带来的能源需求刚性增长,完成“十二五”节能目标任务难度很大。面对严峻的形势,节能工作必须在过去重点控制单位地区生产总值能耗的基础上,转向既控制单位地区生产总值能耗、又控制能源消费总量。这是主动适应国家节能工作的新要求、新部署,确保完成国家下达的“十二五”节能目标任务的需要;是从浙江实际出发,统筹节能工作与经济发展,使节能降耗的进度、结构调整的力度与经济增长的幅度相协调的需要;是加快能源生产、利用和管理方式调整,拓展用能空间,构建可持续的能源支撑体系的需要;也是遏制化石能源消耗带来的排放进一步增加的趋势,应对气候变化,保护群众生态权益,提高群众生活质量的需要。总之,实行“双控”不仅是节能工作思路的深化和发展,也是能源生产、利用和管理方式的调整,更是关系到经济结构调整和发展方式转变的变革,是一项事关全局、关乎长远的战略部署。各级政府和有关部门、各企事业单位要切实提高对“双控”工作重要性的认识,增强责任意识、忧患意识,把做好“双控”工作作为提高企业素质和竞争能力的重要手段,作为优化经济结构和产业布局的一项指导原则,作为保障我省能源安全、实现科学发展走在前列的重要任务,摆上更加突出的战略位置,列入重要议事日程,采取强有力的措施,深挖潜力,常抓不懈,确保全省经济和社会的可持续发展。

二、指导思想、基本原则和主要目标

(一)指导思想。深入贯彻落实科学发展观和《中华人民共和国节约能源法》,把“双控”作为推进经济转型升级和生态文明建设的重要突破口,按照“控制总量、减少排放、强化责任、建立机制、夯实基础、倒逼转型”的思路,保障合理用能、鼓励节约用能、限制过度用能,实现能源使用的高效配置,不断提高能源利用效率,确保完成国家下达的“十二五”能源消费总量控制和单位地区生产总值能耗下降目标任务,加快构建资源节约、环境友好的生产方式和消费模式,增强经济和社会可持续发展能力。

(二)基本原则。

1. 统筹合理控制能源消费总量目标与单位地区生产总值能耗下降目标。遵循能源消费变化规律,把控制能源消费总量与确保完成单位地区生产总值能耗下降目标衔接起来,按共同责任、区别对待的原则,结合各地能源消费水平、经济结构和产业布局实际,合理确定各地能源消费总量控制目标。

2. 统筹实行“双控”与促进科学发展。控制能源消费强度和能源消费总量的最终目的是为了科学发展,必须把“双控”工作作为促进发展方式转变的突破口和重要措施,以能源生产、利用、管理方式的转变促进经济结构调整和发展方式转变,形成推动科学发展的倒逼机制,促进经济和社会发展。

3. 统筹实行“双控”与维护社会和谐稳定。优先保障群众生活用能,优化配置生产用能,同时尽可能减少用能对资源环境带来的压力,努力平衡居民、企业、社会、环境等各方面的关系,促进生活富裕、生产发展、生态良好的统一。

4. 统筹实行“双控”与鼓励使用可再生能源。从2011年起,全省能源消费总量以化石能源消费量为重要责任考核依据,可再生能源消费量可不计入考核,以鼓励发展和使用可再生能源,促进能源生产与消费结构的调整。

5. 统筹完成全省“双控”指标与市、县(市、区)政府分级负责。全省能源消费总量控制目标和单位地区生产总值能耗下降指标层层分解到市、县(市、区)政府,由各地政府负责调控和平衡，并对目标任务完成负总责。

(三)主要目标。单位国内生产总值能耗控制目标：2015年全省单位地区生产总值综合能耗下降到0.59吨标准煤(按2005年价格计算)，比"十一五"期末的0.72吨标准煤下降18%。各市以"十一五"期末万元地区生产总值能耗下降20%为基数，按照省政府下达的"十二五"万元地区生产总值能耗下降幅度，确定本市"十二五"期间单位地区生产总值能耗控制目标。

能源消费总量控制目标：以2010年全省能源消费总量为基数，根据国家下达给我省的"十二五"能源消费总量控制目标，按照"核定基数、分解增量"的方法，确定各地能源消费总量控制目标。

三、实现"双控"目标的主要途径

建立注重实效、动态的"控制总量、降低单耗、优化结构、减少排放"的调控模式，形成良好的、有作为的、多重主体责任落实的"双控"工作格局。

(一)积极优化用能，实现能源使用高效配置。按照控制区域能源消费总量的要求，将全省的能源消费总量分解到各市、县(市、区)，由各地政府在确保合理生活用能的前提下，将有限的能源配置到能耗水平低、经济效益好、财政贡献大、市场前景好、发展潜力大的行业和企业及用能单位，实现能源高效配置。同时，进一步加强有序用电管理，严控高耗能和产能过剩行业企业用电，并使这项工作在"十二五"期间规范化、常态化。

(二)全面节约用能，不断提高能源利用效率。高度重视结构节能，积极推动三次产业结构调整，加快发展现代服务业，逐步提高第三产业在地区生产总值中的比重。加快生物、物联网、新材料、新能源等战略性新兴产业的发展，逐步降低高耗能行业占工业增加值的比重。进一步实施"扎根浙江"、"走出浙江"与"发展浙江"相结合的发展战略。着力发展集"研发设计、运营管理、集成制造、营销服务"等"四位一体"、各具特色的总部经济，强化企业内部之间和地区之间的产业分工与协作，促进产业转型升级。加快我省不具备资源能源优势，但成长性较强、产业链条中不可缺少的熔炼、浇铸、热处理、印染等生产环节和工序的转移，鼓励企业加快发展高端制造。大力发展循环经济，按照资源循环利用的理念规划建设和改造开发区及重化工业集中区，形成资源高效循环利用的产业链，发挥产业集聚和生态效应，努力提高资源产出效率。深入实施"节能降耗十大工程"，支持电力、石化、冶金、建材、印染、造纸等行业开展余热余压利用、集中供热、燃煤工业锅炉改造、变频调速技术、系统能源优化等节能技改，逐步提升节能环保设备和装备水平。加大对节能新技术、新工艺、新产品、新设备的推广力度。继续强化管理节能，进一步推动建筑、交通运输、公共机构、商业及民用节能等社会各领域节能。

(三)淘汰落后用能，倒逼产业结构优化升级。根据国家"十二五"落后产能淘汰计划，制定淘汰落后五年规划和年度实施计划，创新淘汰落后产能的体制，探索建立产业"上大压小"、"上新汰劣"的用能动态平衡机制，利用淘汰落后腾出的用能空间，实现传统产业的改造和提升，促进新兴产业发展和壮大。以冶炼、水泥、化工、化纤、造纸、印染、电镀等高耗能行业为重点，基本淘汰不符合国家产业政策和节能降耗要求的落后产能，并根据区域产业结构调整的需要，逐步淘汰一批不具有能源利用优势、产品附加值较低的相对落后产能，转移一批我省不具备能源利用优势，但产业链配套所必须且仍有发展空间的加工环节。

(四)调控新增用能，从源头杜绝不合理用能。在大力发展经济的同时，充分考虑区域能源消费总量指标的限制，在有限能源供应的情况下严控高耗能、高排放项目，着重发展产品能耗低、单位效益好、产业带动强的产业，推动经济转型升级，实现科学发展。进一步加强新建及改扩建固定资产投资项目的节能评估和审查，对新上项目的能耗准入对标审查，并对项目用能总量指标建立核定制度，着力控制新增用能的总量和能耗水平。

(五)拓展清洁用能，确保经济可持续发展。以减少二氧化碳等温室气体排放为着力点，加快能源生产和利用方式变革，在优化发展化石能源，建设现代化能源基础设施的基础上，高效发展安全的核能，鼓励各地因地制宜，发展并利用可再生能源，减少对化石能源的依赖。加强小水电技术改造，重点做好老电站的报废重建、增容改造，适度发展抽水蓄能电站。加快在风能资源较好、建设条件成熟、对生态系统无影响的沿海岛屿和洋面建设风电项目。结合国家"金太阳工程"，积极实施光伏与建筑一体化项目，不断增加光伏装机容量。进一步推广应用太阳能热水器，积极实施工业领域光热综合应用项目。充分利用沼气、生物质直燃、生物质固体成型燃料和生物液体燃料等技术，综合治理和能源化利用各种有机废弃物。积极开发利用潮汐能、波浪能、潮流能。

(六)保障民生用能，提高居民合理用能水平。按照"先生活、后生产"的原则，切实把居民生活用电摆在首要位置，充分保障居民生活用能的合理增长，全力保障涉及公众利益和国家安全的重要用户用电需要。进一步推进以"信息化、自动化、互动化"为特征的"智能电网"建设，提高电网运行、管理和服务水平。加强节能宣传，提高居民和机关事业单位节约用能意识，积极推广日常生活、工作中的节能技术和技巧，提高用能效率。

四、建立和完善实行"双控"的体制机制

(一)建立和完善"双控"目标责任制度。以"十二五"全省单位地区生产总值能耗下降目标任务为基础，综合考虑各地经济社会发展水平、产业结构、节能潜力等因素，将国家下达我省的能源消费总量指标层层分解到市、县(市、区)，签订目标责任制。各市、县(市、区)政府要根据上一级政府下达的控制指标制定本地能源消费总量控制的总体方案和年度实施方案，将能源消费总量科学合理地分解到基层和用能单位，把目标和责任落到实处，形成横向到边、纵向到底的能源消费总量控制责任体系，确保完成本地区总体目标任务。

(二)建立"双控"目标与用电总量联动调控制度。根据年度能耗强度和用能总量指标，制定下达各市相应的用电总量调控目标，并将其执行结果作为核准各地“双控”指标完成情况的重要依据。进一步加强电力需求侧管理，优化有序用电方案，根据用能单位的用能绩效，公开、公正、科学配置电力资源，引导企业转变用能方式和发展方式，不断提高能源利用效率。

（三）建立新增项目用能指标核定制度。各级政府应将能源消费总量控制工作纳入国民经济和社会发展规划、年度计划。按照《浙江省实施〈中华人民共和国节约能源法〉办法》的要求，分级建立完善与用能总量和能耗强度考核要求相一致的新上项目用能标准与准入体系，加强对固定资产投资项目公开公正的节能评估与用能审查，实行新上项目的能耗准入对标审查制度，以确保单位地区生产总值能耗不断降低；实行新上项目的用能指标核定制度，以确保地区用能总量不被突破。对未经能评审查或能评审查没有通过的项目，或未经用能指标核定的项目，一律不准开工建设，供电部门一律不予用电报装；对未经能评审查或能评审查没有通过的项目，或未经用能指标核定的项目，擅自准予开工建设和用电接入的，要依法追究相关责任人员的法律责任。通过项目竣工后的节能验收和能源利用后评价，实施全过程管理。

（四）建立地区能源消费总量台账和动态平衡制度。各地要根据省政府下达的单位地区生产总值能耗指标和能源消费总量指标，建立地区能源消费总量台账。既要着力加强购入用能指标、淘汰落后产能、使用可再生能源等新增用能指标的工作，又要着力控制新增项目用能、新增生活用能以及用能总量指标售出等对能源消费总量的影响，实时掌控地区可用能源消费总量。新增用能源消费总量指标要优先安排关系国计民生的重点项目、重点工程和促进转型升级的项目，把“等量置换”或“减量置换”落到实处，确保实现区域能源消费总量的动态平衡。

（五）完善节约用能的市场调节机制。根据国家产业结构调整指导目录和能源“双控”任务，省级和各地政府要抓紧修订完善淘汰和禁止发展的落后生产能力能耗标准，作为落后产能淘汰的依据。鼓励各市、县（市、区）制定相对宽于上级淘汰落后产能行业范围与相对严于上级标准的本级淘汰落后产能能耗标准。继续严格执行差别电价政策，各市、县（市、区）可根据当地产业结构调整要求和节能减排需要，根据不同地区的产业能耗标准，在报经省执行差别电价工作小组办公室批准后，扩大差别电价实施的行业范围。坚持和完善居民生活用电阶梯式电价，支持有条件的地区探索实行企业用电阶梯式电价。严格执行《浙江省超限额标准用能电价加价管理办法》，对超过省和市规定的单位产品能耗（电耗）限额标准的企业和产品，实施惩罚性电价；各市、县（市、区）可在省级规定的基础上，制定一批严于国家和省级标准的区域产品能耗（电耗）限额标准，明确能效先进值、准入值和限制值等标准内容，让企业和用能单位对标，提高能耗标准门槛，推动“倒逼式”改造。加快培育专业服务机构和服务市场，推行包括合同能源管理在内的节能服务模式，加强节能产品认证，鼓励引入清洁发展机制。

（六）探索建立用能指标的转让、合作与交易机制。建立新上固定资产投资项目与用能总量指标挂钩、与淘汰落后产能相衔接的用能总量动态平衡机制，实行企业间与地区间的“等量置换”或“减量置换”合作交易。各地可根据产业发展规划和淘汰落后的空间，探索搭建区域内企业或项目用能量交易平台，建立并试行用能指标交易制度，开展新增用能量以及现有用能存量有偿转让和交易试点；加强能源公证计量行（站）建设，开展大宗能源公正计量，确保用能交易公平。加强地区间用能合作和交流，对新上项目用能，县（市、区）范围内无法内部平衡的部分，可在自愿的基础上通过契约方式跨县（市、区）进行用能量指标的调剂合作。

五、健全有利于实行“双控”的工作体系

（一）健全能源消费计量、统计体系。各用能单位要按照国家《用能单位能源计量器具配备和管理通则》（GB17167－2006）等标准要求配备能源计量器具，建立能源计量器具管理和能耗统计台账，准确计量，真实统计，及时报送。各级质监部门要加强对企业能源计量的监督管理，开展能源计量所必需的能源数据监测技术平台建设，夯实能源统计计量技术基础。建立健全能源统计制度，按照“分类指导、系统管理”原则，在加强工业领域能源实时统计的基础上，重点建立覆盖全社会的能源统计管理体系。强化可再生能源统计，建立健全科学的能源消费统计、监测和考核体系。各级统计部门要建立专门的能源统计机构，充实专业统计人员，确保全省能源消费统计资料收集、评价顺利开展。

（二）健全用能指标动态调节平衡体系。各地要建立并逐步完善动态的行业经济增长与行业用能增长相挂钩的评价指标体系与行业主动调控模型，加强月度、季度、年度的监测分析和调控。省有关部门要加强对各市月度、季度、年度用电量的监测，及时进行平衡，在一个周期内确保不突破核定用电指标的前提下，可允许各地进行周期内不同时段用电指标的调剂。

（三）健全用能预警、调控体系。加快推进全省及各地能源管理信息系统建设，尽快建立重点用能企业实时、动态的用能监测和评价体系。省级有关部门要密切配合，根据各市月度和季度的用电量与用能量、工业增加值与地区生产总值的内在关系，测算和评价各市用能总量和能耗强度变化情况，实行“红、黄、绿”用能预警制度。亮红灯的地区要立即启动相应的应急预案，采取切实有效措施进行控制。对亮红灯的地区，暂停该地区高耗能项目的能评审查和审批，不断推动用能和节能调控的制度化、有序化和科学化。

（四）健全节能政策法规和标准体系。加快研究制定《浙江省能源监察管理办法》、《浙江省电力需求侧管理办法》等规章及配套政策措施。省质监局要会同省级有关部门、各地政府加快制定和修订一批单位产品能耗限额强制性地方标准，扩大能耗限额标准覆盖面，逐步建立涵盖我省主要高能耗产品的能耗限额标准体系。鼓励企业制定严于国家标准、行业标准或地方标准的企业节能标准。加强对节能法律、法规和标准执行情况的监督检查，依法查处违法用能行为。

（五）健全节约用能扶持政策体系。统筹使用节能专项资金与超限额标准用能加价收入，支持重点节能改造项目、高效节能技术和产品、节能新机制推广等。落实好国家节能、资源综合利用、加速折旧等税收优惠政策。积极拓宽企业节能融资渠道，切实加大对节能项目的信贷支持力度。积极落实国家有关扶持可再生能源开发与产业发展的税收政策。加快组织研究制定可再生能源发电并网技术规范，为可再生能源发电并网提供保障。

六、切实加强“双控”工作的组织领导

（一）统一认识，加强领导。各地、各有关部门要进一步统一认识，把“双控”工作放在重要的位置，抓紧研究，及时部署，积极推进，狠抓落实。省节能减排工作领导小组负责全省“双控”工作的组织、协调和督查，下设的节能降耗办公室负责日常工作。省级各有关部门在各自的职责范围内做好“双控”工作。各市、县（市、区）政府要完善相应的工作机制，明确“双控”工作的牵头部门和各有关部门的职责分工，提供必要的财力、人力、物力支持及政策和组织保证，为“双控”工作开展创造良好的条件。

（二）上下衔接，稳妥推进。省节能减排工作领导小组节能降耗办公室要会同省发改委、省统计局、省能源局等部门加强与国家有关部门的对接，根据国家下达我省的能源消费总量指标和相应的统计评价考核办法，及时下达各市“十二五”能源消费总量指标。省里要制定出台《能源消费总量考核评价办法》、《可再生能源统计核算办法》、《固定资产投资项目新增用能指标核定办法》以及《能源消费量交易与合作管理办法》等具体实施办法，确保“双控”工作深入实施。

（三）强化实施，力求主动。各市、县（市、区）要根据“双控”工作的总体要求，主动制定年度能源消费总量控制实施方案，提出本区域能源重点保障、优先保障的用户和项目，明确限制使用、禁止使用的领域；主动创新工作思路，不断加大工作力度，采取切实有效的政策措施，确保完成目标任务；主动创新体制机制，充分发挥市场机制的作用，加快形成上下联动、条块结合、中介组织及其他社会组织等共同参与的工作机制；主动加强对“双控”工作的宣传，发挥舆论导向和监督作用，宣传节能先进典型，曝光浪费能源现象，营造“双控”工作推动的良好氛围，让“双控”工作成为企业和各级政府的自觉行为。

（四）政策配套，形成合力。加强能源、环保、安全生产、财政、金融、价格等政策衔接配套，发挥政策合力，推动“双控”工作落到实处。严格执行能源、环境保护、安全生产和价格等法律法规及政策，严格项目准入门槛，抑制高耗能、高污染行业的扩张。利用“倒逼”机制，加快淘汰落后产能，促进“双控”目标实现；落实好国家相关税收优惠政策，充分发挥财政政策的引导及金融手段的扶持作用，加大技术改造力度，加快推广一批节能新技术、新产品，着力推进循环经济发展和资源综合利用，形成税收、财政、金融支持节能工作的长效机制，有效降低用能总量和单位能耗水平。

（五）加强考核，完善监督。把单位地区生产总值下降目标和能源消费总量控制指标完成情况一同纳入各地经济社会综合评价体系，作为政府领导干部综合考核评价的主要内容。各市政府每年要向省政府报告单位地区生产总值能耗下降目标和合理控制能源消费总量完成情况。省政府每半年对各市和有关部门的“双控”目标完成情况、控制措施与用能控制管理体系建设进行综合评价和考核。同时，将“双控”目标完成情况纳入省对各市、县（市、区）的节能降耗考核指标体系，按照有关规定进行考核和奖惩。

二〇一一年十一月十一日

浙江省人民政府关于印发浙江省节能减排行动计划和综合性工作实施方案的通知

浙政发〔2011〕87 号

各市、县（市、区）人民政府，省政府直属各单位：

为深入贯彻落实科学发展观，确保完成“十二五”节能减排目标任务，推进生态文明建设，提高经济社会可持续发展能力，根据《国务院关于印发“十二五”节能减排综合性工作方案的通知》（国发〔2011〕26 号）和《中共浙江省委关于推进生态文明建设的决定》（浙委〔2010〕64 号）精神，现将《浙江省节能减排行动计划和综合性工作实施方案》印发给你们，请结合实际，认真贯彻执行。

二〇一一年十一月十八日

浙江省节能减排行动计划和综合性工作实施方案

一、节能减排的总体要求和主要目标

（一）总体要求。深入贯彻落实科学发展观，坚持降低能源消耗强度、减少主要污染物排放总量、合理控制能源消耗总量相结合，形成加快转变经济发展方式的倒逼机制；坚持强化责任、健全法制、完善政策、加强监管相结合，健全节能减排的激励和约束机制；坚持优化产业结构、推动技术进步、实施重点工程、加强管理引导相结合，大幅度提高用能效率，显著减少污染物排放；进一步形成政府为主导、企业为主体、市场有效驱动、全社会共同参与的推进节能减排工作格局，确保完成国家下达的“十二五”节能减排约束性目标，加快建设资源节约型、环境友好型社会，促进经济和社会又好又快发展。

（二）主要目标。到2015年，全省单位生产总值综合能耗下降到0.59吨标准煤（按2005年价格计算），比2010年下降18%，比2005年下降34.4%，节能3800万吨标准煤以上；主要耗能产品单位能耗继续保持全国领先水平，部分耗能产品单位能耗达到国际领先水平。到2015年，全省化学需氧量、氨氮、二氧化硫和氮氧化物排放总量分别控制在74.6万吨（其中工业和生活53.7万吨）、10.36万吨（其中工业和生活7.84万吨）、59.3万吨和69.9万吨，分别比2010年下降11.4%（其中工业和生活减少12.5%）、12.5%（其中工业和生活减少12.5%）、13.3%和18.0%；主要污染物减排工作继续保持全国领先，生态环境综合指数继续位居全国前列。

二、强化节能减排目标责任

（三）合理分解节能减排目标。综合考虑各市经济发展水平、产业结构、节能潜力、环境容量及产业分布等因素，将全省节能减排约束性指标合理分解到各市、各行业。各市要将省下达的节能减排目标层层分解落实，明确下一级政府、有关部门、重点用能单位和重点排污单位的责任。

（四）健全节能减排统计、监测、预警和信息发布体系。加强能源生产、流通、消费统计，建立和完善建筑、公共运输、公共机构能耗统计制度及各市单位生产总值能耗指标统计制度，完善统计核算与检测方法，提高能源统计的准确性和及时性。抓好省、市、县三级在线监测联网，加快构建污染物排放实时立体监测体系。加强氨氮、氮氧化物排放统计监测，建立农业源和机动车排放统计监测指标体系。各市要对所辖县（市、区）的节能减排情况进行监测和评价，发现异常情况及时预警；污染情况严重地区，要求启动预警调控方案，并按干部管理权限，对当地政府领导和有关部门负责人进行约谈。继续做好各市单位生产总值能耗、总能耗和主要污染物排放指标公报工作。

（五）强化节能减排目标责任考核评价。完善节能减排考核办法，做到地区考核目标与行业考核目标、五年目标和年度目标、年度目标考核与进度跟踪“三个结合”。各市政府每年要向省政府汇报节能减排目标完成情况。省级有关部门每年要向省政府汇报节能减排措施落实情况。省政府每年组织开展对各市政府节能减排目标责任考核评价，考核结果向社会公告。强化考核结果应用，将节能减排目标完成情况和政策措施落实情况作为政府领导班子和领导干部综合考核评价的重要内容，纳入政府绩效和国有企业业绩管理，实行问责制和“一票否决”制。制定节能减排经济激励政策，对超额完成“十二五”节能减排任务的地方政府、单位和个人给予表彰。

三、调整优化产业结构

（六）加强能源消费总量控制。在继续加强能源消耗强度控制，确保完成单位生产总值能耗下降目标的同时，合理控制能源消费总量，形成推动科学发展的倒逼机制。各市要根据省下达的能源消费总量和能源消耗强度下降指标，制定本市能源消费总量控制总体方案和年度实施方案，提出完善优化用能结构、优化用能方式和重点保障、优先保障、限制保障等具体方案和措施，加快推进产业结构调整和优化。建立能源消费总量预测预警机制，跟踪监测各地区能源消费总量和能源消耗强度，对能源消费总量过快增长或能源消耗强度下降缓慢的地区及时预警和调控。在大气联防联控重点区域开展煤炭消费总量控制试点，控制“十二五”煤炭消费新增量在3500万吨以内。

（七）抑制高耗能、高排放行业过快增长。严格并逐步提高行业准入的技术、资金、资源能源消耗、土地、环保等门槛，依法严格节能评估审查、环境影响评价、建设用地审查，严格贷款审批。进一步加强新建及改扩建固定资产投资项目的准入审查，严控高耗能、高排放的“两高”项目，着力控制新增用能和污染物排放量。新建工业项目单位增加值能耗和污染物排放强度一般不得高于全省和当地单位增加值能耗和污染物排放强度平均水平。严格执行项目开工建设条件，对擅自批准项目建设的，依法追究有关人员责任。严格控制高耗能、高排放产品出口。

（八）加快淘汰落后产能。认真贯彻落实国家产业结构调整指导目录，加快制定全省重点行业“十二五”淘汰落后产能实施方案，并将任务按年度分解落实到各市。重点淘汰电力、冶金、建材、印染、造纸、化工、制革、砖瓦、锅炉等行业落后产能。定期向社会公布淘汰落后产能的企业名单和各地执行情况。对没有完成淘汰落后产能任务的市，暂停该市重点行业建设项目办理核准、审批和备案手续；对不按期淘汰的企业，各级政府要依法予以关停，有关部门依法吊销生产许可证和排污许可证并予以公布，电力供应企业依法停止供电。

（九）加快发展现代服务业和战略性新兴产业。贯彻落实《浙江省人民政府关于进一步加快发展服务业的若干政策意见》（浙政发〔2011〕33号），加快发展现代服务业，尤其是资金、技术、智力密集的生产性服务业。到2015年，第三产业增加值占地区生产总值的比重提升到48%。

顺应世界经济技术发展趋势，加快发展生物、物联网、新材料、新能源等产品能耗低、单位效益好、产业带动强的战略性新兴产业，不断提高战略性新兴产业的比重。到2015年，战略性新兴产业增加值占地区生产总值的比重达到12%。

（十）积极推动传统产业转型升级。以纺织服装、石化、家电、建材、皮革等传统产业为重点，通过推进现代产业集群示范区、产业集聚区建设，加快推动块状经济转型升级。继续组织实施“双千工程”，加快运用高新技术和先进适用技术改造提升传统产业，加强信息技术的应用，促进信息化和工业化深度融合。提高加工贸易准入门槛，促进加工贸易转型升级。合理引导企业兼并重组，提高产业集中度。

（十一）积极推进能源结构调整优化。推进煤炭的清洁高效利用，提高能源利用效率。不断优化电力结构，提高经济社会发展的电气化水平。在确保安全的基础上加快发展核电，争取更多的天然气供应，加快建设风力发电，鼓励发展城市垃圾焚烧发电或热力利用，加快地热（水冷）资源的开发与利用，推广应用非粮生物燃料、沼气和秸秆气化发电等生物质能技术，积极发展太阳能，进一步优化全省能源结构。

四、加强重点领域的节能减排管理

（十二）强化对重点用能单位的节能管理。大力推进6050家年耗能千吨标准煤以上的重点用能企业尤其是年耗能超过万吨标准煤以上的880家企业节能行动。按照属地管理的原则与重点用能单位签订用能总量和节能目标责任书，切实抓好重点企业的用能监管。各重点用能单位要发挥示范带头作用，认真落实节能目标责任，加强用能管理，加快技术创新步伐，积极应用节能技术。到2015年，年耗能千吨以上重点用能企业万元增加值能耗与2010年相比下降16%，节约标准煤2440万吨。

（十三）加强重点污染减排项目管理。加快新（扩）建城镇污水厂建设和管网配套，提高收集能力和处理负荷，加大深度处理与提标改造力度，大力推进中水回用，建立健全污水处理厂运行和监管长效机制。到2015年，新（扩）建污水处理能力250万吨/日以上，新增污水收集管网7000公里以上，全省基本实现镇级污水处理设施全覆盖，设区城市污水处理率达到90%，县以上城市污水处理率达到85%，太湖流域和钱塘江流域城镇污水处理厂出水执行一级A排放标准，其他流域提高至一级B排放标准，污水处理厂平均再生水回用率达到10%，污泥基本得到有效处置。重视垃圾渗滤液等集中式污染治理设施的废水处理。加快推进燃煤电厂低氮燃烧、SCR脱硝和热电厂脱硫设施建设，开展水泥企业低氮燃烧和脱硝设施建设，加强脱硫脱硝设施运行监督管理，确保减排效益。

（十四）加强工业节能减排。围绕电力、建材、石化、冶金、纺织印染、造纸、制革、化工等重点工业行业开展节能减排。电力行业要加大对低参数、小容量火电机组的改造和淘汰力度，提高超临界发电机组的比例，优化机组结构；积极推广分布式热、电、冷联产示范，积极发展风电等可再生能源发电，优化能源结构，有条件的火力发电厂要积极扩展供热、冷改造。建材行业要积极推广运用浮法玻璃窑炉辅助融化及全氧（富氧）燃烧技术，淘汰水泥、陶瓷等建材企业落后生产线。石化行业要积极推进脱硫设施改造。冶金行业要大力回收生产过程中产生的二次能源如余压、余热、副产煤气等，淘汰90平方米及以下烧结机等落后冶金生产设备，推进烧结机脱硫设施改造，新建烧结机配套安装脱硫脱硝设施。纺织印染行业要积极推广无水等离子体染整前处理技术、无水化涂料染色、节能染色关键技术等，淘汰年加工能力在3000万米以下、综合能耗和新鲜水取水量达不到行业准入条件的印染生产线及落后生产设备。造纸行业要积极推进制浆、造纸工艺过程及管理系统计算机控制技术，淘汰年产3万吨及以下的废纸造纸（特种纸除外）生产线。化工行业要加大合成氨、烧碱等高能耗产品设备的技术改造，淘汰氮肥、染料、颜料、农药、医药等企业高污染产品。制革行业要淘汰年加工20万牛皮标张以下的制革生产线。对冶金、纺织印染、造纸、制革、化工等重点用能行业要积极创造条件推进锅炉集中供热，大力推广锅炉节能技术，淘汰、改造低能效锅炉。对造纸、印染、化工、制革等重点行业实施达标治理、提标改造和中水回用工程。加强重点区域、重点行业和重点企业重金属污染防治，积极开展重金属污染治理与修复试点示范。

（十五）推动建筑和公共机构节能。根据《浙江省人民政府关于积极推进绿色建筑发展的若干意见》（浙政发〔2011〕56号）精神，大力推进绿色建筑发展，从规划、法规、技术、标准、设计等方面全面推进建筑领域节能工作。严格落实建筑节能标准，从设计、施工、监理、验收等各个环节严格控制，确保新建民用建筑全面执行节能设计标准。强化新建项目建筑节能，严格建设项目节能评估和审查，加强建设过程中节能监管。加大公共建筑、宾馆、饭店、大型商场等既有建筑节能改造力度，提高节能运行管理水平。开展节约型公共机构示范单位创建活动，创建100家示范单位。建立完善公共机构能源审计、能效公示和能耗定额管理制度，加强能耗检测平台和节能监管体系建设。深入推进高效节能产品政府采购，完善节能产品政府采购评价监督机制，在积极推进政府机构优先采购节能（包括节水）产品的基础上，选择部分节能效果显著、性能比较成熟的产品，予以强制采购。实行公共机构办公设备“零”待机能耗计划，通过严格控制政府采购办公设备的待机能耗标准，采用先进的电源管理技术，有效降低待机能耗。严格执行公共建筑空调室内温度最低（高）标准。加强车辆编制和配备管理，实施公务车油耗定额管理，加大新购公务车辆中节能和新能源汽车比例。

（十六）推动交通运输领域节能减排。加快构建综合交通运输体系，优化交通运输结构。按照节能减排和集约化发展的原则，科学确定各市公路水路交通基础设施的布局和结构。加快交通基础设施建设，推动形成完善、配套、高效、安全和能源节约的综合运输网络系统。深入开展“车船路港”低碳交通运输专项行动，加快发展先进运输组织方式，逐步实现货运无缝衔接和客运零换乘。加大淘汰高污染车辆力度和补贴力度，加速淘汰老旧机动车、船舶，基本淘汰2005年以前注册运营的“黄标车”，加快提升车用燃油品质。实施第四阶段机动车排放标准，在有条件的重点城市逐步实施第五阶段排放标准。全面推行机动车环保标志管理，探索城市调控机动车保有总量，积极推广节能与新能源汽车。大力推进智能交通技术的开发和应用，逐步实现道路和车船的数字化管理，提高通行效率和服务品质；建立完善技术标准规范体系，加强交通节能技术标准的制订、修订和宣传贯彻工作。

（十七）推进农业和农村节能减排。加快农业生产和农村生活节能技术的推广应用，推进农业机械节能、畜禽养殖节能、耕作制度节能和农民生活节能。加大农村太阳能、生物质能等可再生能源的综合开发力度，大力发展农村户用沼气、大中型畜禽养殖场沼气工程和农作物秸秆气化集中供气系统，增加清洁能源，优化农村能源结构。加快农业机械及农业提水排灌机电设施更新改造，淘汰和更新高能耗落后机械和装备，大力促进农机节能。积极推进新型墙体材料在农村住宅建设中的应用。治理农业面源污染，加强农村环境综合整治，鼓励集约化养殖，积极引导养殖专业户和散养户集中进入养殖小区，对污染物统一收集和治理，逐步减少生猪散养比例。到2015年，全省生猪饲养量控制在3300万头，比2010年增长4.1%，全面实现生猪存栏50头以上畜禽养殖场排泄物无害化处理与资源化利用。大力推进农牧结合的规模化生态养殖模式，力争粪尿全部就近消纳和资源化利用，减少污染物排放。

（十八）推进渔业领域节能减排。继续实施渔船节油降耗工程，强化节油产品和装置的推广应用，支持采用节能技术与节能产品改造旧渔船，加大船用柴油机的节油器和船用小型风能发电机的推广和应用。推广节能减排循环水养殖模式，实现渔业结构由捕捞的高耗低效向养殖的低耗高效方向转型。加快水产品加工制冷设备的节能改造，改进加工工艺，不断提高水产品加工的能源利用效率，降低污染物排放。到2015年，渔业节能产品与技术得到初步普及，完成3000艘渔船的节能技术改造，累计节省柴油15万吨，折合标准煤22万吨。

五、大力发展循环经济

（十九）加强循环经济宏观指导。编制全省循环经济发展规划和重点领域专项规划，指导各市做好规划编制和实施工作。组织落实《浙江省循环经济试点实施方案》，实施循环经济十大工程。研究制定进一步加快全省循环经济发展的政策建议。研究制定全省循环经济发展的指导目录。继续推广循环经济典型模式。建立完善循环经济统计评价制度。

（二十）全面推进清洁生产。重点围绕主要污染物减排和重金属污染治理，全面推进农业、工业、建筑、商贸服务等领域清洁生产示范，从源头和全过程控制污染物产生和排放，降低资源消耗。制定和实施重点行业清洁生产标准和评价指标体系，加大重点耗能、耗水、污染企业清洁生产审核力度。重点耗能、耗水、污染企业和符合强制性审核条件的企业都须通过清洁生产审核，方可申请新建、扩建项目或享受政策性补贴。大力发展高效生态农业，推行农业清洁生产，合理使用农药、肥料，减少农村面源污染。研究完善有利于推动清洁生产的政策措施。加强对清洁生产审核机构的管理，提升清洁生产审核质量。

（二十一）推进资源综合利用。统筹规划区域经济布局，促进企业在资源综合利用领域进行合作，实现资源的高效利用和循环使用。积极开展废弃电器电子产品、报废机动车船、废轮胎、废铅酸电池回收处理试点等工作，稳步提高粉煤灰、煤渣等传统工业废弃物综合利用水平，加快推进废弃资源再利用。鼓励开展垃圾焚烧发电和供热、填埋气体发电、餐厨废弃物资源化利用。加快新型保温隔热墙体材料的发展与应用，推进建筑节能材料的产业化，降低万块标砖综合能耗。

（二十二）加快打造再制造产业基地。以“城市矿产”资源的循环、规模、高值利用为重点，加快“城市矿产”示范基地建设，探索形成具有浙江特色的“城市矿产”资源管理模式。以汽车变速器、转向助力泵、大型轮胎、模具、工程机械、机床等再制造为重点，着力培育一批再制造示范企业，打造一批再制造产业基地。加快建设城市社区和乡村回收站点、分拣中心、集散市场“三位一体”的再生资源回收体系。

（二十三）促进垃圾资源化利用。全面推进城市生活垃圾分类体系建设，建立健全城市生活垃圾分类回收制度，完善分类回收、密闭运输、集中处理体系，充分回收垃圾中的废旧资源。健全城市餐厨废弃物回收体系，逐步开展城市餐厨垃圾资源化利用工作，构建“源头减量—回收—再利用”的城市餐厨废弃物处置闭路循环体系。大力抓好农业农村、生产生活废弃物综合利用，推动农作物秸秆、渔业加工废弃物等农业资源的利用和无害化处理，构建农业资源化利用系统。鼓励和支持污泥和垃圾中的废弃物经过分拣、提出或粉碎后进行再生利用，鼓励生产、使用建筑垃圾再利用产品。鼓励工业过程协同处理城市生活垃圾和污泥。

（二十四）推进节水型社会建设。建立用水效率控制红线，实施用水总量控制和定额管理，制定区域、行业和产品用水效率指标体系。改造城镇公共水厂供水管网，推广普及高效节水灌溉技术。加快重点用水行业节水技术改造，加快推动中水回用技术的研究和应用推广，提高工业用水循环利用率。加强城乡生活节水，加快淘汰落后高用水工艺、设备和产品，推广应用节水器具。推进再生水、矿井水和海水等非传统水资源利用。

六、加快节能减排技术开发和推广应用

（二十五）加快节能减排共性和关键技术研发。在省政府及其各直属单位与各地的科技计划和专项中，加大对节能减排科技研发的支持力度；重大节能减排技术可列入省科技计划专项。加强节能减排关键技术和共性技术的应用研究，重点围绕洁净能源技术、替代能源技术、节油节电技术、绿色照明技术、可再生能源利用技术以及污水脱氮除磷和深度处理、污泥处理、中水回用、二氧化硫治理、电厂脱硫脱硝、低氮燃烧、农业农村面源污染控制技术等方面开展技术攻关。积极组建节能减排工程实验室和专家队伍。推动组建节能减排技术与装备产业联盟，继续依托省级技术（工程）中心加大节能减排科技研发力度。加强资源环境高技术领域创新团队和研发基地建设。

（二十六）加大节能减排技术产业化示范。实施节能减排重大技术与装备产业化工程，重点支持稀土永磁无铁芯电机、半导体照明、低品位余热利用、生物脱氮除磷、烧结机烟气脱硫脱硝一体化、高浓度有机废水处理、污泥和垃圾渗滤液处理处置、废弃电子电器产品资源化、金属无害化处理等关键技术与设备产业化，加快建设产业化基地。加强高效节能减排关键共性技术研发与示范，根据行业特点确定相关重点技术产品进行节能减排示范改造。

（二十七）加快节能减排技术推广应用。继续发布全省节能技术、产品推广导向目录及全省鼓励发展的重大环保技术装备目录，建立节能减排技术遴选、评定和推广机制。大力推广先进适用的节能降耗和污染减排新技术、新工艺、新设备、新材料。加强与国家有关部委、兄弟省（区、市）在节能环保领域的交流与合作，积极推进节能环保领域的产学研合作，积极引进、消化、吸收国外先进节能减排技术与管理经验，加大推广力度。

七、完善节能减排经济政策

（二十八）推进价格和环保收费改革。积极运用价格杠杆，促进节能减排，建立比较完善的价格激励、约束和补偿机制。推行居民用电、用水阶梯价格。完善电力峰谷分时电价政策。进一步完善可再生能源发电价格政策。继续对八大高耗能行业实行差别电价政策；对能源消耗超过国家和省规定的单位产品能耗（电耗）限额标准的企业和产品，实行惩罚性电价。各地可在国家和省规定的基础上，按程序进一步加大差别电价、惩罚性电价实施力度。严格落实脱硫电价，研究制定燃煤电厂烟气脱硝电价政策。全面落实城镇污水处理、生活垃圾处理、危险废物处置收费制度。进一步完善污水处理收费政策，积极推行按污染程度计费方式；改革垃圾处理收费方式，加大征收力度，降低征收成本。完善水资源收费政策，逐步提高水资源收费标准。完善初始排污权有偿使用和排污费政策，适时调整收费标准，探索实行差别排污费政策。

（二十九）完善节能减排财政税收激励政策。认真落实节能减排、资源综合利用、再生资源回收等方面的税收优惠政策。继续实施合同能源管理财政补助政策，按照国家和省有关规定，对以合同能源管理模式投资节能技术改造项目的节能服务机构予以补助。省财政继续安排资金支持节能减排。各市应将节能减排作为公共财政支出的重点，每年在预算中安排一定资金支持节能减排重点工程、高效节能产品和节能新机制推广等。继续加强和改进新型墙体材料专项基金和散装水泥专项资金征收使用管理。

（三十）加强节能减排领域金融服务。鼓励和引导金融机构加大对节能减排项目的信贷支持，优先为符合条件的节能减排项目提供融资服务。支持符合条件的节能环保企业在银行间债券市场发行短期融资券、中期票据和中小企业集合票据，拓宽直接融资渠道。各金融机构要认真贯彻落实国家环保政策，严格授信管理，严格控制对高耗能、高污染行业的信贷投入，加快对落后产能和工艺的信贷退出步伐。开展金融产品和信贷管理制度创新，推广排污权抵押贷款等绿色信贷产品，建立信贷支持节能减排的长效机制。研究建立环境污染责任保险制度，实行企业环境行为信用等级评价。建立银行绿色评级制度，将绿色信贷成效与银行机构高管人员履职评价、机构准入、业务发展相挂钩。建立节能降耗和环境保护信息通报制度，将企业用能和环境违法信息纳入省企业信用发布查询系统和人民银行企业征信系统，与企业信用等级评定、贷款及证券融资联动。

八、强化节能减排监督检查

（三十一）健全节能减排法律法规。推进节能法规政策标准体系建设，通过建章立制，努力将节能工作纳入法制化、规范化、正常化轨道。制订、修订一批节能法规政策，进一步提高能耗限额标准覆盖面。加快环境保护、饮用水水源保护、机动车污染防治、废弃家电及电子产品回收利用等地方性法规和规章的立法进程，强化对节能减排法律、法规的监督检查，依法查处违法用能和排污行为。

（三十二）严格节能评估审查和环境影响评价制度。按照《浙江省实施〈中华人民共和国节约能源法〉办法》的要求，分级建立完善与用能总量和能耗强度考核要求相一致的新上项目能耗准入标准体系，依照新上项目的能耗准入标准，加强对固定资产投资项目的公开公正的节能评估与用能审查，以确保项目用能的先进性；建立新上固定资产投资项目用能指标核定制度，以确保地区用能总量不被突破。严格执行和深化环评制度，完善空间、总量、项目“三位一体”的环境准入制度和专家评估、公众评估“两评结合”的环境决策咨询制度，把污染物排放总量指标作为环评审批的前置条件，对年度减排目标未完成的市实行阶段性环评限批。对未通过能评、环评审查的投资项目，有关部门不得审批、核准、批准开工建设，不得发放生产许可证、安全生产许可证、排污许可证和取水许可证，金融机构不得发放贷款，有关单位不得供水、供电。加强能评和环评的监督管理，严肃查处各种违规审批行为。能评费用由节能审查机关会同同级财政安排。

（三十三）加强重点污染源和治理设施运行监管。严格排污许可证管理。强化重点流域、重点地区、重点行业污染源监管，适时发布主要污染物超标严重的省重点环境监控企业名单。列入国家和省重点环境监控范围的电力、钢铁、造纸、印染等重点行业的企业，要安装运行管理监控平台和污染物排放自动监控系统，定期报告运行情况及污染物排放信息，推动污染源自动监控数据联网共享。加强城市污水处理厂监控平台建设，提高污水收集率，做好运行和污染物削减评估考核，考核结果作为核拨污水处理费的重要依据。对城市污水处理设施建设严重滞后，收费政策不落实，污水处理厂建成后一年内实际处理水量达不到设计能力60%、投入运行三年后达不到75%的，以及已建成污水处理设施但无故不运行的地区，暂缓审批该地区涉水项目环评，暂缓下达有关项目的国家和省生态环保资金。

（三十四）加强节能减排执法监督。省级有关部门和各地政府每年组织开展节能减排专项执法检查行动，严肃查处各类违法违规行为。加大对重点耗能企业和重点污染源的执法检查力度，对违反节能环保法律法规的单位公开曝光，依法查处，对重点案件实行挂牌督办、限期整改。开设节能降耗违法行为和事件举报电话和网站，进一步完善"12369"环保举报电话和环境违法行为有奖举报工作，充分发挥社会公众监督作用。实行节能减排执法责任追究制度，对行政不作为、执法不力、徇私枉法、权钱交易等行为，依法追究有关政府、主管部门和执法机构负有责任的领导人员及直接责任人员的责任。

九、推广节能减排市场化机制

（三十五）建立"领跑者"标准制度。研究以高能耗产品和终端用能产品能效领先水平为目标的"领跑者"标准，制定"领跑者"能效指标，明确实施时限。将"领跑者"指标与新上项目能评审查、节能产品推广应用相结合，推动企业技术进步，加快标准的更新换代，促进能效水平快速提升。

（三十六）加强节能发电调度和电力需求侧管理。制定并实施有利于节能减排的发电调度办法，电网企业要按照节能、经济原则，优先调度水电、风电、太阳能发电、核电以及余热余压和垃圾等发电上网，优先安排节能、环保、高效火电机组发电上网。研究推行发电权交易。电网企业要及时、准确、完整地公布节能发电调度信息，电力监管部门要加强对节能发电调度工作的监管。定期公布发电和热电企业综合能耗指标及发电企业综合脱硫、脱硝效率，实施发电企业用能效率、热电企业供热水平以及综合脱硫、脱硝效率与机组发电量计划挂钩，提高低能耗、脱硫、脱硝机组的发电比例。加强需求侧管理，建立用能总量与用电总量联动调控制度，在保障生活用能的前提下，根据用能单位的用能绩效，公开、公正、科学配置电力资源，不断提高能源利用效率。

（三十七）加快推行合同能源管理。鼓励企业以合同能源管理方式参与节能改造。研究建立合同能源管理项目节能量审核和交易制度，培育第三方审核评估机构。鼓励重点用能单位利用自身技术优势和管理经验，组建专业化节能服务公司。积极推动公共机构合同能源管理示范项目建设。

（三十八）加大能效标识和节能环保产品认证实施力度。扩大终端用能产品能效标识实施范围。继续推行节能产品、环境标志产品、环保装备认证，扩大认证范围，规范认证行为。加强对标识和认证的监督管理，强化社会监督、举报和投诉处理机制，严厉查处违法违规行为。

（三十九）推行排污权有偿使用和交易试点。深入推进主要污染物排污权有偿使用和交易试点，建立和完善排污权有偿使用和交易制度，培育排污权交易市场。进一步扩大试点，加快试点步伐，结合排污权许可证制度的实施，推进初始排污权的核定和有偿使用，积极探索企业之间的排污权交易，加快交易平台的建设，运用排污权交易机制推进减排工作。

（四十）推行污染治理设施建设运行特许经营。总结燃煤电厂烟气脱硫特许经营试点经验，建立健全相关政策措施。鼓励采用多种建设运营模式开展城镇污水、污泥、垃圾处理和工业园区污染物集中治理，确保处理设施稳定高效运行。实行环保设施运营资质许可制度，推进环保设施的专业化、社会化运营服务。完善市场准入机制，规范市场行为，打破地方保护，为企业创造公平竞争的市场环境。

十、加强节能减排基础工作和能力建设

（四十一）加快节能环保标准体系建设。进一步推动能源标准化体系建设，发挥节能标准对节能降耗工作的技术支撑作用。加快制定一批通用用能设备运行及节能监测、交通等领域强制性地方节能标准。完善地方环境保护标准体系，建立行业排放标准定期评估和修订制度，提高部分行业排放标准。加强节能环保标准的宣传贯彻力度，严格执行已颁布实施的标准。

（四十二）强化节能减排管理能力建设。建立健全节能管理、监察、服务"三位一体"的节能管理体系。加强政府节能管理能力建设，完善机构，充实人员。加强节能监察机构能力建设，加强人员培训和设备配置，完善覆盖全省的节能监测体系。加强节能减排统计能力建设，充实统计力量，加强培训，强化统计信息化建设。推动重点用能单位按要求配备计量器具，推行能源计量数据在线采集、实时监测，围绕块状经济转型升级，尤其是重污染高耗能行业深化整治，全面推进块状经济区块能源计量应用管理，促进行业性节能减排。开展城市能源计量建设示范，推进能源计量社会中介机构建设。加强对环境监测用计量器具的监督管理，提升节能减排技术保障能力。积极推进"数字环保"，加强减排监管能力建设，推进环境监管机构标准化，提高污染源监测、机动车污染监控、农业源污染检测和减排管理能力，建立健全省、市、县三级减排监控体系。

（四十三）加快建立节能环保技术服务体系。鼓励节能环保技术服务机构的发展。支持节能环保服务机构开展节能咨询、设计、评估、检测、审计、认证等服务。鼓励行业协会在行业节能减排规划、节能环保标准制定和实施、节能环保技术推广、能源消费统计、节能环保宣传培训和信息咨询等方面发挥作用。各有关学会要组织专家深入企业开展技术咨询，帮助企业进行技术改进。鼓励建立包括节能环保服务的融资担保机构，鼓励用能企业采取节能减排自愿协议的形式，实施节能减排改造。培育一批环保骨干企业，推广一批环保先进设备和技术。积极推进环保服务产业发展，研究提出推进污染治理市场化的政策措施，促进环保设施的企业化、社会化、专业化运营。

十一、动员全社会参与节能减排

（四十四）加强节能减排教育宣传。广泛深入开展节能减排宣传，通过全国节能宣传周、世界环境日、浙江生态日等重大主题宣传活动，开展系列和专题宣传。教育部门要将节能环保知识纳入基础教育、高等教育、职业教育培训体系；各级科协要围绕节能环保开展系列科普活动，组织和动员广大科技工作者围绕节能环保开展科技研究、学术交流等活动；各级劳动竞赛委员会要围绕节能减排目标，广泛开展节能减排专项劳动竞赛，努力营造节能减排的企业文化氛围；有关行业协会要协助政府做好行业节能减排管理、技术推广、信息咨询等工作；新闻媒体要积极宣传节能减排的重要性、紧迫性以及全省采取的政策措施和取得的成效，加强节能减排的深度报道，宣传节能减排先进典型，普及节能减排知识和方法，充分发挥舆论导向和监督作用，形成全社会节能减排的良好氛围。

（四十五）深入开展节能减排全民行动。抓好家庭社区、青少年、企业、学校、军营、农村、政府机构、科技、科普和媒体等十个节能减排专项行动，通过典型示范、专题活动、展览展示、岗位创建、合理化建议等多种形式，广泛动员全社会参与节能减排。发挥职工节能减排义务监督员队伍作用，倡导文明、节约、绿色、低碳的生产方式、消费模式和生活习惯。

（四十六）政府机关带头节能减排。建设崇尚节约、厉行节约、合理消费的机关文化。建立科学的政府机构节能减排目标责任和评价考核制度，制定并实施政府机构能耗定额标准，积极推进能源计量和监测，实施能耗公布制度，实行节奖超罚。抓好政府机构办公设施和设备节能。各级政府机关要将节能减排作为机关工作的一项重要任务来抓，进一步健全规章制度，落实岗位责任，细化管理措施，树立节约意识，践行节约行动，做好节能减排的表率。

附件：1. 全省及各市“十二五”节能目标
2.“十二五”各市化学需氧量排放总量控制计划
3.“十二五”各市氨氮排放总量控制计划
4.“十二五”各市二氧化硫排放总量控制计划
5.“十二五”各市氮氧化物排放总量控制计划

附件 1

全省及各市“十二五”节能目标

	单位地区生产总值能耗下降率(%)		
	“十一五”时期	“十二五”时期	2006—2015 年累计
全省	20.01	18.0	34.41
杭州	20.6	19.5	35.6
宁波	20.0	18.5	34.8
温州	20.1	15.0	32.0
嘉兴	20.0	18.5	34.8
湖州	20.4	19.5	35.6
绍兴	20.3	19.5	35.6
金华	20.2	18.5	34.8
衢州	20.1	20.0	36.0
舟山	20.1	15.0	32.0
台州	20.0	13.0	30.4
丽水	20.0	15.0	32.0

附件 2

“十二五”各市化学需氧量排放总量控制计划

单位:吨

地区	2010年		2015年		2015年比2010年(%)	
	排放量	其中:工业和生活	控制量	其中:工业和生活	增加或减少	其中:工业和生活
杭州市	113934	80012	99578	68730	-12.6	-14.1
宁波市	74495	55559	64662	47837	-13.2	-13.9
温州市	145552	126468	126485	108130	-13.1	-14.5
嘉兴市	83264	46543	73022	40352	-12.3	-13.3
湖州市	52990	30009	47109	26228	-11.1	-12.6
绍兴市	92528	75640	80407	66110	-13.1	-12.6
金华市	85073	58398	74694	50865	-12.2	-12.9
衢州市	60586	27742	54407	24996	-10.2	-9.9
舟山市	19740	16978	17865	15399	-9.5	-9.3
台州市	72534	61615	63757	53913	-12.1	-12.5
丽水市	41193	34623	37074	31264	-10.0	-9.7
合　计	841890	613587	739060	533824	-12.2	-13.0

备注:全省化学需氧量排放量削减11.4%的总量控制目标为74.6万吨,实际分配给各市73.9万吨,省预留0.7万吨,用于化学需氧量排污权有偿使用和交易试点工作。

附件 3

“十二五”各市氨氮排放总量控制计划

单位:吨

地区	2010年		2015年		2015年比2010年(%)	
	排放量	其中:工业和生活	控制量	其中:工业和生活	增加或减少	其中:工业和生活
杭州市	14525	10595	12622	9218	-13.1	-13.0
宁波市	14933	11964	12992	10433	-13.0	-12.8
温州市	20920	18776	18012	16148	-13.9	-14.0
嘉兴市	13276	8247	11577	7208	-12.8	-12.6
湖州市	6821	4608	5969	4069	-12.5	-11.7
绍兴市	10875	8493	8928	6913	-17.9	-18.6
金华市	11634	8764	10017	7537	-13.9	-14.0
衢州市	7616	3450	6626	3008	-13.0	-12.8
舟山市	2297	1874	2019	1649	-12.1	-12.0
台州市	11127	9304	9602	8029	-13.7	-13.7
丽水市	4426	3506	3886	3078	-12.2	-12.2
合　计	118450	89581	102250	77290	-13.7	-13.7

备注:全省氨氮排放量削减12.5%的总量控制目标为10.36万吨,实际分配给各市10.23万吨,省预留0.13万吨,用于氨氮排污权有偿使用和交易试点工作。

附件 4

“十二五”各市二氧化硫排放总量控制计划

单位：吨

地区	2010 年排放量	2015 年控制量	2015 年比 2010 年(%)
杭州市	95780	81604	－14.8
宁波市	161137	130682	－18.9
温州市	41885	36356	－13.2
嘉兴市	83094	71294	－14.2
湖州市	44169	38825	－12.1
绍兴市	64171	54032	－15.8
金华市	47112	40940	－13.1
衢州市	48509	41233	－15.0
舟山市	16319	14687	－10.0
台州市	51508	44966	－12.7
丽水市	29873	26946	－9.8
合　计	683557	581565	－14.9

备注：全省二氧化硫排放量削减 13.3%的总量控制目标为 59.3 万吨，实际分配给各市 58.2 万吨，省预留 1.1 万吨，用于二氧化硫排污权有偿使用和交易试点工作。

附件 5

“十二五”各市氮氧化物排放总量控制计划

单位：吨

地区	2010 年排放量	2015 年控制量	2015 年比 2010 年(%)
杭州市	124847	103248	－17.3
宁波市	282387	192306	－31.9
温州市	62455	50838	－18.6
嘉兴市	57022	49780	－12.7
湖州市	70915	59001	－16.8
绍兴市	53408	45664	－14.5
金华市	58087	48735	－16.1
衢州市	47317	41639	－12.0
舟山市	19789	18879	－4.6
台州市	65240	55911	－14.3
丽水市	11804	11686	－1.0
合　计	853271	677687	－20.6

备注：全省氮氧化物排放量削减 18%的总量控制目标为 69.9 万吨，实际分配给各市 67.8 万吨，省预留 2.1 万吨，用于氮氧化物排污权有偿使用和交易试点工作。

浙江省人民政府关于加强矿产资源勘查工作的意见

浙政发〔2011〕91号

各市、县(市、区)人民政府,省政府直属各单位:

矿产资源是国民经济和社会发展的重要物质基础。我省是经济大省,也是矿产资源消耗大省,矿产资源保障事关全省经济社会发展大局。为进一步加强矿产资源勘查工作,加快实现地质找矿重大突破,切实提高矿产资源保障能力,根据国务院常务会议审议通过的《找矿突破战略行动纲要(2011—2020年)》等精神,结合我省实际,提出如下意见:

一、总体要求和主要目标任务

(一)总体要求。坚持以科学发展观为统领,深入贯彻落实省委"八八战略"和"创业富民、创新强省"总战略,从浙江的成矿地质条件出发,以实现地质找矿重大突破为目标,以构建地质找矿新机制为动力,以实施"751"地质找矿工程为抓手,以增强矿产勘查科技能力为支撑,统筹部署今后一个时期的地质找矿工作,加大投入,突出重点,整装勘查,快速突破,不断增强我省重要矿产资源保障经济社会发展的能力。

(二)主要目标。全面提高地质工作科技水平,实现我省重要成矿区带大比例尺基础地质工作全覆盖。以铁、铜、金、银、铅、锌、铀、地热、钼、萤石等矿种为重点,实现重点勘查区、整装勘查区、老矿山外围及深部找矿新突破,形成一批矿产资源战略接续区。到"十二五"末,力争提交大型矿床10处、中型矿床16处以上。

(三)主要任务。

1. 加强重点勘查区的矿产勘查。按照统一找矿思路、统一勘查部署、统一工作进度、统一成果质量的要求,在淳安唐村—临安新桥、开化桐村—淳安梓桐、金华罗店—绍兴平水、龙泉查田—松阳象溪、天台龙溪—三门亭旁、衢江大洲—杜泽、杭嘉湖地区等7个重点勘查区,统筹部署矿产勘查工作。对其中找矿潜力大、近期有望取得重大突破的重点区块实施整装勘查,集中力量快速勘查评价。

2. 加强老矿山外围和深部找矿。重点选择绍兴漓渚铁矿、绍兴平水铜矿、建德岭后铜矿、遂昌治岭头金矿、青田石平川钼矿等5个老矿山(区),以现有矿山企业为主体,开展外围接替资源勘查。同时,加强重要成矿区带深部地质找矿工作,努力开拓找矿第二空间。

3. 鼓励和支持"走出去"勘查开发矿产资源。以我省短缺的战略性矿产资源和大宗矿产为重点,鼓励和支持我省企业通过风险勘查、投资并购、合作开发等多种形式,到省外境外勘查开发矿产资源,建立稳定、多元、安全的省外境外矿产品供应基地和资源储备基地。

二、加快构建地质找矿新机制

遵循社会主义市场经济规律和地质找矿规律,紧密结合我省实际,积极探索并着力构建"公益先行、商业跟进、基金衔接、整装勘查、快速突破"的地质找矿新机制。

(一)公益先行。公益性地质工作是矿产资源勘查的前提和基础,主要目的是围绕找矿突破,超前部署并开展基础地质调查、重要成矿区带矿产远景调查和矿产资源潜力评价,为商业性地质工作提供地质资料和找矿靶区。公益性地质工作由财政出资,其成果向社会公开,无偿提供利用。

(二)商业跟进。商业性矿产勘查工作是在公益性地质工作的基础上,投资者为获得商业利益而进行的找矿活动。商业性矿产勘查遵循"谁投资,谁承担风险,谁受益"的原则,主要由社会资金投入。商业性风险勘查可通过"申请在先"的方式获得探矿权。

(三)基金衔接。地质勘查基金是政府为了引导和推动商业性矿产勘查、降低找矿风险而设立的地质勘查专项资金,优先支持重要矿种、重要成矿区带以及与经济社会发展关系密切的地质找矿工作。根据需要,地质勘查基金可以与社会资金合作,开展以预查、普查为主的风险勘查工作,也可参与整装勘查区、重点勘查区的矿产勘查工作。

(四)整装勘查。整装勘查是在当前资源形势和一定的地质条件下,实现矿产勘查快速突破的一种商业性找矿新模式。可选择地质工作程度较高、近期有望取得重大找矿突破且适宜开展大规模勘查的区域作为整装勘查区,集中人力、物力、财力,实现快速勘查、评价。

(五)快速突破。实现找矿快速突破是构建地质找矿新机制的最终目的。快速突破的核心要求是打破以往一般的勘查程序,超常规部署和实施勘查工作,力争在短期内取得重要找矿成果。

三、保障措施

(一)加强组织领导。各地、各有关部门要从全局和战略的高度充分认识加强矿产勘查、实现找矿突破的重大意义,把地质找矿工作列入重要议事日程,加强组织领导,切实抓紧抓好。省国土资源厅要会同省级其他有关部门加强全省找矿工作部署,研究制订鼓励和促进找矿突破及"走出去"勘查开发矿产资源、保障我省矿产资源供应的具体政策措施。省级其他有关部门要结合自身职责，加强协调配合，大力支持地质找矿工作。各市、县（市、区）政府要加强矿产资源法律法规的宣传教育，依法维护探矿权人及地勘单位的合法权益，支持探矿权人、地勘单位依法开展矿产勘查活动，为找矿突破营造良好的外部环境。

（二）加强财政支持。按照地质找矿新机制“公益先行”的要求，加大对重要成矿区带基础地质工作的财政投入，吸引更多的社会资金投入到地质找矿。在省级矿业权出让所得等收入中每年安排一定比例用于省级地质勘查基金，到“十二五”末争取基金总额累计达到5亿元。加强省级地质勘查基金管理，提高基金使用效益。成矿地质条件好、找矿潜力大的市、县（市、区），应当在采矿权出让所得本级留成中安排专项用于地质找矿工作。

（三）加强人才科技支撑。把地质找矿项目的实施与地质技术人才培养有机结合起来，在地质找矿实践中培养和造就一批业务精通、技术过硬、吃苦耐劳、开拓创新的高层次领军人才和专业技术人才。建立整装勘查区和重点勘查区专家咨询制度。加大基础地质研究和重要矿产成矿理论研究，不断提高对成矿规律的认识，充分运用地质找矿新理论、新技术、新方法指导地质找矿工作。

（四）加强找矿激励。建立和完善资本、技术和管理等要素参与找矿成果收益分配的制度。承担财政出资的勘查项目，探明中型以上规模矿床的，给予地勘单位矿业权出让净收益10—20%的比例分成。地勘单位承担社会出资的商业性勘查项目，对达到或超过预期找矿成果的，探矿权人应给予项目承担单位一定比例的收益分成。

（五）加强矿业权管理。加大重点勘查区矿业权整合力度，鼓励和支持拥有探矿权的地勘单位与有实力的企业通过资本与技术、勘查与开发的有机结合，组建勘查开发实体，加快矿产资源的勘查评价。加强探矿权总量控制，探矿权人申请及拥有探矿权的数量要与探矿队伍的资质及技术力量相适应。全面清理闲置探矿权，建立和完善矿业权准入和退出机制。健全地质工作质量管理制度，强化地质资料汇交管理和公开发布工作，为地质找矿突破提供服务。

二〇一一年十二月二日

浙江省人民政府关于印发浙江省循环经济“991”行动计划（2011—2015年）的通知

浙政发〔2011〕106号

各市、县（市、区）人民政府，省政府直属各单位：

现将《浙江省循环经济“991”行动计划（2011—2015年）》印发给你们，请结合实际，认真贯彻执行。

二〇一一年十二月二十七日

浙江省循环经济“991”行动计划（2011—2015年）

为深入贯彻省委十二届七次全会精神，扎实推进循环经济试点省建设，努力形成节约能源资源和保护生态环境的产业结构、增长方式和消费模式，根据《“811”生态文明建设推进行动方案》的要求，特制定本行动计划。

一、总体要求

（一）指导思想。坚持以邓小平理论和“三个代表”重要思想为指导，以科学发展为主题，以加快转变经济发展方式为主线，全面实施“八八战略”和“创业富民、创新强省”总战略，紧紧抓住生态文明建设和全国循环经济试点省建设的重大机遇，以资源高效利用和循环利用为核心，以科技创新和制度创新为动力，加快形成节约能源资源和保护生态环境的产业结构、增长方式和消费模式，着力探索具有浙江特色的循环经济发展之路，加快建设资源节约型和环境友好型社会，努力实现经济社会可持续发展和人与自然和谐发展。

（二）发展目标。到2015年，全省循环经济发展取得显著成效，循环型产业形成较大规模，资源利用效率和再生资源利用水平显著提高，主要污染物排放得到有效控制，绿色消费理念深入人心，发展环境进一步优化，基本形成具有浙江特色的循环经济发展模式，全面完成循环经济试点省建设，积极争创全国循环经济发展示范区。

——循环型产业形成较大规模。循环型工业、生态农业、循环型服务业发展加快推进，培育形成一批支撑循环经济发展的新兴产业，循环型产业链进一步延伸和拓展，循环型产业发展模式广泛推广，形成各具特色的区域循环经济格局。到2015年，全省再生资源回收企业销售收入达到1470亿元，节能环保产业和新能源产业分别实现年销售收入6500亿元和3500亿元。

——资源利用效率显著提高。循环经济科技支撑能力进一步增强，能源、水、土地、矿产等资源利用效率继续保持全国前列。到2015年，全省资源产出率比2010年提高15%。单位国内生产总值能耗比2010年降低18%，万元生产总值用水量下降到78立方米，单位建设用地生产总值比2010年提高20%。

——再生资源利用水平全国领先。再生资源回收利用体系基本建成，资源化利用水平显著提升，“城市矿产”成为重要资源来源，工业废弃物、农业废弃物和生活垃圾的利用水平不断提高。到2015年，全省工业固体废弃物综合利用率达到94%，县以上城市生活垃圾无害化处理率达到95%，秸秆综合利用率达到80%，规模畜禽养殖场排泄物综合利用率达到97%。

——主要污染物排放得到有效控制。清洁生产机制全面推行，节能减排水平显著提升，应对气候变化方案得到贯彻实施。到2015年，全省非化石能源消费占一次能源消费总量比重达到15%，化学需氧量、氨氮、二氧化硫和氮氧化物的排放总量分别控制在74.6万吨、10.36万吨、59.3万吨和69.9万吨。

——绿色消费理念深入人心。基本形成节约能源资源和保护环境的生活方式和消费模式，节能与绿色标志产品、低碳交通、生态物流、生态旅游等在全社会广泛推行，“绿色系列”创建深入开展。

——发展环境进一步优化。循环经济法律法规、规划体系、标准体系、统计考核、政策措施、要素保障等基本健全，有效引导与支撑全省循环经济发展。

二、主要任务

(一)发展循环经济九大领域。

1. 着力发展循环型工业。围绕11个重点产业转型升级，加快推进重点行业循环化改造，淘汰落后过剩产能和工艺技术。以产业集聚区、循环经济试点基地和工业循环经济示范园区建设为载体，着力优化循环经济发展空间布局，推动循环型产业集聚发展。加强开发区(园区)循环化改造，促进企业内部、企业之间以及园区之间废弃物的循环利用，促进循环型产业链的纵向延伸和横向拓展，积极探索工业领域资源循环利用模式。

2. 加快发展生态农业。广泛推广种养结合、粮经结合、农机农艺结合以及农作物间作、套作、轮作等新型农作制度，大力发展海洋生态渔业和森林旅游业。积极推行农业清洁生产，全面推广应用测土配方施肥技术、农作物病虫害统防统治方法、物理和生物等绿色防治技术，推行畜禽清洁化健康养殖。根据不同区域资源禀赋，引导发展具有区域特色的生态农业。

3. 引导发展循环型服务业。着力构建循环型交通运输体系，优化运输组织结构和运力结构，提高交通工程的土地、岸线资源集约利用水平，严格实行运输行业节能减排准入制度。加快推进生态旅游业发展，建立旅游企业清洁生产的监督及考核制度，合理确定旅游区环境容量。大力发展生态物流业，优化物流业发展空间布局，加强生态物流标准建设。改造提升餐饮服务业，全面开展排污申报，推动餐厨废弃物资源化利用。

4. 积极培育支撑循环经济发展的新兴产业。重点引导发展节能、环保、新能源等战略性新兴产业，着力培育节能服务业、资源循环利用服务业、环保工程总承包服务业、环境设施运营服务业、环境技术咨询服务业等一批支撑循环经济发展的新兴服务业。构建全省循环经济信息化平台，为全社会提供循环经济宣传、网上交易、技术服务等公共服务。

5. 强化资源回收与综合利用。加强工业废弃物综合利用，重点推进冶金、电力、医药、石化、造纸、建材、轻纺等行业固体废弃物的循环利用，开展粉煤灰、煤矸石和冶金、化工废渣及有机物综合利用，加强工业废气治理和回收利用。推进农业废弃物资源化利用，提高畜禽养殖废弃物、农作物秸秆、农产品加工废弃物、废弃农膜、海洋生物废弃物等资源化利用水平。提高再生资源综合利用水平，着力建设社区回收网点、分拣加工中心、集散市场“三位一体”的再生资源回收体系。鼓励对生活垃圾、餐厨垃圾、建筑垃圾和污泥进行资源化利用。

6. 推进资源节约与集约利用。大力推进节约能源，以钢铁、电力、化工、建材等高耗能行业为重点，深入推进工业节能。全面开展建筑节能、交通运输节能和农业农村节能。深入开展节约用水，推广适用节水技术，强化工业节水和农业农村节水，鼓励建筑和城市节水，有序推进海水利用。落实最严格的节约用地制度，严格控制新增建设用地规模，探索开展低效利用建设用地二次开发，加大农村土地整治力度。持续加强原材料消耗管理和技术改造，加大再生材料和替代材料推广力度。

7. 深化污染减排和清洁生产。采取工程减排、结构减排、监管减排等综合措施，扎实推进化学需氧量、二氧化硫、氨氮、氮氧化物等主要污染物排放总量控制。加强城镇污水处理设施、城镇污水处理厂污泥处理处置设施、城镇生活垃圾收运处置设施等环保基础设施建设，加快推进农村垃圾处理、污水治理、卫生院改厕等环保设施项目。全面推行清洁生产，推进农业、服务业清洁生产示范。

8. 加强应对气候变化能力建设。调整优化产业结构和能源结构，严格控制温室气体排放。加快推进森林固碳建设，实施生态公益林示范提升工程，加快海防林、长防林等重点防护林工程建设，继续推进公路铁路等绿化通道建设、清水河道“岸绿”工程建设、农田林网建设和矿山复绿工程建设。加强气候变化研究、观测和影响评估，加强适应气候变化特别是应对极端气候事件能力建设。

9. 努力倡导绿色消费。推广绿色建筑，建立健全绿色建筑标准和规范，加快实施存量建筑改造，推进可再生能源在建筑中的规模化应用。广泛开展绿色消费教育，深入推动限塑工作，进一步推广垃圾分类收集，鼓励绿色出行和消费绿色产品。实施绿色采购，开展节约型机关创建活动。

(二)打造循环经济九大载体。

1. 打造一批循环经济示范城市和乡镇。以杭州市建设全国低碳城市试点、宁波市建设全国循环经济试点城市等为契机，加快推进国家级循环经济试点示范城市建设，着力培育一批省级循环经济示范市、示范县(市、区)及示范乡(镇、街道)。

2. 建设一批循环经济示范基地和园区。深入推进绍兴滨海工业园区国家级循环经济试点园区建设，加快推进台州湾循环经济产业集聚区建设。全面推进25个省级循环经济试点基地建设，争创若干个国家级循环经济示范基地。创建若干个国家级和省级循环经济教育示范基地。建设一批工业循环经济示范园区、生态循环农业示范区和生态旅游景区。

3. 培育一批循环经济示范企业。深入推进巨化集团国家级循环经济试点企业建设，争创一批国家级循环经济示范企业，培育一批省级循环经济示范企业。着力在清洁生产、节能、节水、海水淡化、资源回收与综合利用、生态循环农业、生态物流和生态旅游等领域，培育一批循环经济示范企业。

4. 构建一批循环型产业链。以石化、纺织印染、皮革制造、造纸等行业为重点，构建以物质和能量梯度利用为核心的循环型产业链。以废旧金属、废塑料等“城市矿产”开发利用为重点，构建再生资源回收利用产业链。围绕农业主导产业发展，构建生态循环农业产业链。

5. 创建一批循环经济“绿色系列”。积极创建节约型政府、绿色建筑、绿色社区、绿色学校、绿色医院、绿色饭店等一批循环经济“绿色系列”，使其成为宣传循环经济理念、倡导绿色消费的重要载体。

6. 认证一批循环经济产品。支持企业研发和生产具有环境标志、节能、节水的生产装备和产品，鼓励研发和生产节能环保型消费品。大力发展无公害农产品、绿色食品和有机产品，加快建设绿色食品生产基地。鼓励企业开展中国环境标志认证和国际绿色认证，形成具有较强竞争力的绿色品牌。

7. 推行一批循环经济典型模式。在电力、钢铁、有色、化工、建材、轻工、资源循环利用、再制造、农林业、餐厨废弃物资源化利用、服务业等重点领域，推广一批循环经济发展典型模式，带动全省循环经济发展水平整体提升。

8. 推广一批循环经济适用技术。根据《国家鼓励的循环经济技术、工艺和设备名录》，推广对重点行业、重点领域循环经济发展具有重要支撑作用的技术、工艺和设备。重点推广一批减量化、再利用与再制造、废弃物资源化、产业共生与链接等方面的技术、工艺和设备。

9. 制定一批循环经济标准和规范。深入推进蓝天生态农业开发有限公司、巨化集团等2个国家循环经济标准化试点建设。组织制定循环经济地方标准、行业标准、技术标准、产品标准及相关规范，逐步建立健全循环经济标准化体系。制定循环经济示范企业、示范基地、示范园区等评价标准。

(三)实施循环经济十大工程。

1. 节能减碳工程。以锅炉窑炉改造、电机系统节能、能量系统优化、余热余压利用、节约和替代石油、建筑节能改造等为重点，加快推进节能改造。加大节能产品推广力度，推进新能源的开发利用，鼓励建设陆上风电、海上风电、生物质发电、光伏发电、光热利用、地热能利用项目和海洋能发电示范项目。

2.“城市矿产”开发工程。以报废机电设备、电线电缆、家电、汽车、手机、铅酸电池、塑料、橡胶等“城市矿产”资源的循环利用、规模利用和高值利用为重点，加快推进“城市矿产”基地建设，力争建成若干个国家级和省级“城市矿产”示范基地。

3. 农业资源循环化利用工程。重点围绕农作物秸秆、畜禽养殖废弃物、食用菌种植和农产品加工废弃物、废弃农膜、废旧竹木制品、渔业加工废弃物等农业资源的资源化利用和无害化处理，加快构建农、林、渔再生资源回收与综合利用体系。

4. 水资源综合利用工程。加快推进海水直接利用和海水淡化，大力支持沿海炼化一体化和大型电厂、主要海岛等建设一批海水直接利用工程和海水淡化工程。大力推进国家级、省级节水型社会、节水型城市建设，积极推广雨水集蓄、中水回用及分质供水工程，引导城市利用非常规水资源。

5. 产业园区循环化改造工程。推进开发区(园区)和重要产业集聚区循环化改造，逐步形成“纵向闭合、横向耦合”的循环型产业链和产业发展支撑体系。推进园区内废物交换利用、能量梯级利用、土地集约利用、水的分类利用和循环使用，共建共享基础设施和其他有关设施。

6. 餐厨废弃物资源化利用工程。健全餐厨废弃物回收体系，通过政府投入扶持、民间融资参与等方法建设餐厨废弃物处理示范工程，积极开展餐厨废弃物综合利用工艺和设备的研发，推动全省餐厨废弃物资源化利用和无害化处理。

7. 再制造产业化工程。以汽车零部件、大型轮胎、模具、工程机械、机床等再制造为重点，促进再制造企业的集聚发展，推动再制造服务体系建设。力争“十二五”期间培育若干个具有较大规模和较强行业影响力的再制造骨干企业，并在汽车零部件再制造产业化领域取得重点突破。

8. 污泥和垃圾资源化利用工程。鼓励各地因地制宜探索低成本、无害化、多用途的污泥和垃圾处理方法，同步推进生活垃圾分类收集和污泥处置区域集中运行模式，推动污泥资源利用和垃圾焚烧发电的产业化发展。鼓励生产、使用建筑垃圾再利用产品。

9. 关键技术突破工程。加快突破水资源综合利用关键技术，重点研究开发海水淡化与综合利用、中水和再生水回用等技术。加快突破节能与可再生能源利用关键技术，重点研究开发机电节能、建筑节能、新能源等技术。加快突破固体废弃物综合利用关键技术，重点研究开发工业废弃物、污水污泥、城市生活垃圾和餐厨垃圾的无害化、资源化处置等技术。

10. 绿色消费促进工程。大力推广绿色交通方式，鼓励居民选择步行交通、自行车交通和公共交通，鼓励发展公共自行车系统和快速公交系统。积极发展绿色建筑，大力推广太阳能等可再生能源建筑一体化应用。支持公共服务组织和非盈利组织向社会提供有针对性的节能指导和服务。

三、保障措施

（一）加强组织领导。充分发挥各级发展循环经济建设节约型社会工作领导小组的作用，健全推进循环经济发展的工作机制，加强对循环经济发展的组织协调和指导推动，及时协调解决循环经济工作推进过程中的重大问题。各地、各成员单位要按照国家和省的总体部署和要求，根据任务分解方案，结合本地区、本部门实际，制订工作方案，明确责任、落实工作。

（二）健全法规体系。全面贯彻落实国家相关法律法规，积极做好循环经济领域的立法调研、起草工作。提请省人大常委会制定或修订《浙江省循环经济促进条例》、《浙江省资源综合利用条例》、《浙江省可再生能源开发利用促进条例》等循环经济领域的地方性法规，逐步建立循环经济法规体系。加强资源节约与环境保护地方标准建设，抓好节能减排计量技术规范的制定和修订。

（三）加强规划引领。继续实施《浙江省循环经济试点省实施方案》，指导循环经济试点基地建设规划的编制和实施。积极组织编制并实施省级及各地循环经济"十二五"规划，以及节能、节水、污水垃圾、生态循环农业发展等重点领域的省级"十二五"专项规划。

（四）推进体制机制改革。完善循环经济发展准入机制，对再生资源与新能源、节能环保装备制造、循环经济研发及咨询服务企业降低准入门槛，鼓励社会资本进入循环经济各领域。加强环保准入和能效标准管理，对达不到环保和能耗要求的产业项目禁止审批。全面推进城乡建设用地增减挂钩试点、宅基地空间置换改革，探索建立低效利用土地退出机制。积极推进居民生活用水阶梯式水价制度，探索建立水权制度和饮用水源生态补偿机制。继续实施和完善高耗能行业差别电价政策，实施城乡生活垃圾处理收费制度。全面推进排污权有偿使用和交易试点，建立健全排污许可证制度，建立排污权交易平台。积极推进生态补偿机制，完善对省级以上自然保护区、海洋自然保护区的财政专项补助政策。

（五）完善要素保障。强化金融扶持，贯彻落实国家发展改革委、人民银行、银监会、证监会《关于支持循环经济发展的投融资政策措施意见的通知》（发改环资〔2010〕801号），加强对国家和省级循环经济重点项目、示范企业、示范园区、试点基地以及配套基础设施、公共服务平台等领域的信贷扶持。强化土地保障，对国家和省政府确定的循环经济重点项目，各级政府要优先安排建设用地指标，并确保循环经济重点项目优先供地。对国家和省政府确定的循环经济试点基地、示范园区，结合新一轮土地利用总体规划修编，保障其用地需求。强化人才保障，创新人才流动机制，制定循环经济高端人才引进特殊政策，对循环经济发展作出重要贡献的创新型人才，在职称评定、成果奖励及生活待遇方面予以支持。

（六）健全统计考核制度。完善循环经济评价指标体系，建立全省及开发区（工业园区）循环经济发展水平评价制度，把循环经济评价主要指标纳入经济发展方式转变综合评价体系。抓紧开展以资源产出率评价循环经济发展的统计试点工作，并结合试点工作实际及时完善全省循环经济评价指标体系。建立循环经济统计监测制度，加强资源消耗、综合利用和废物产生的统计监测，加强节能降耗、环境保护等循环经济重点行业领域计量器具配备管理工作。建立循环经济考核制度，将发展循环经济工作纳入党政干部政绩考核体系。

（七）强化科技支撑。加大循环经济关键共性技术和设备研究开发力度，促进循环经济科技创新。发挥企业在科技创新中的主体作用，积极引导创新企业集聚发展。组织实施节能环保技术重大科技专项和减排科技成果转化工程，建设循环经济、清洁生产等技术应用示范试点。抓好浙江省国家城市能源计量中心建设，组织开展涉及节能减排重大技术检测课题攻关。

（八）开展宣传教育。加强循环经济发展、节约型社会建设的宣传工作，向全社会普及循环经济、节能环保知识，传播绿色理念，倡导低碳生活，弘扬生态文化。组织动员社会力量参与节约型社会建设，深化"关爱家园，从我做起—节约资源，保护环境"系列公益宣传活动，组织好全国节能宣传周、世界环境日、地球日、水日等宣传报道活动。

附件：浙江省循环经济"991"行动计划（2011—2015年）工作任务分解表（略）

浙江省人民政府
关于十二五时期重污染高耗能行业
深化整治促进提升的指导意见

浙政发〔2011〕107号

各市、县(市、区)人民政府,省政府直属各单位:

为扎实推进"十二五"时期重污染高耗能行业整治提升工作,推动产业转型升级,改善生态环境质量,促进生态文明建设,特制定本意见:

一、充分认识开展重污染高耗能行业深化整治促进提升工作的重要意义

"十一五"时期,我省认真贯彻落实科学发展观,深入推进生态省建设,扎实开展"811"环境污染整治行动和"811"环境保护新三年行动,全面实施资源节约与环境保护行动计划,取得了明显的成效,国家下达的节能减排目标任务全面完成,生态环境质量总体保持稳中趋好。但是,必须清醒地看到,当前和今后一个时期我省生态环保的任务依然十分艰巨。特别是铅蓄电池、电镀、印染、造纸、制革、化工等6大重点行业总体上污染仍然较重,能耗仍然较大,既给持续推进节能减排、改善生态环境质量带来很大的压力,也影响到经济发展的质量和效益。对这些行业进一步深化整治,促进其转型升级,有利于推进节能减排、缓解资源环境瓶颈制约,有利于改善生态环境质量、维护群众环境权益,有利于优化产业结构、加快经济发展方式转变,有利于促进社会和谐、实现经济社会全面协调可持续发展。各级政府、各有关部门要从全局和战略的高度,充分认识开展重污染高耗能行业深化整治促进提升工作的重要意义,进一步增强责任感和使命感,采取更加有力的措施,切实抓紧抓实抓出成效。

二、指导思想、主要目标和工作要求

(一)指导思想。认真贯彻落实科学发展观,按照生态文明建设的总体要求,以"关停淘汰一批、整合入园一批、规范提升一批"为基本思路,综合运用法律、经济、科技和必要的行政手段,全面推进铅蓄电池、电镀、印染、造纸、制革、化工等6大重点行业整治提升工作,努力实现6大重点行业产业结构合理化、区域布局集聚化、企业生产清洁化、环保管理规范化、执法监管常态化,推动经济转型升级,改善城乡环境质量,促进全省经济社会持续健康发展。

(二)主要目标。力争经过4年的努力从根本上解决铅蓄电池、电镀、印染、造纸、制革、化工等6大重点行业存在的突出环境问题,基本完成落后产能淘汰,使这6大重点行业产业结构和区域布局明显优化,工艺装备、污染防治、清洁生产和环保管理水平明显提高,污染物排放总量和单位产值能耗大幅下降,步入健康、规范和可持续发展的轨道。

——铅蓄电池行业:2011年底前,所有企业完成整治并通过验收,区域布局和产业结构调整基本完成;除少数环保标杆式企业外,其他企业搬迁入园(工业集聚区)整合发展;有铅蓄电池企业的县(市、区)通过整治验收。

——电镀行业:2012年6月底前,所有拟原地保留的企业完成整治并通过验收,污染物得到妥善处置并实现稳定达标排放。2012年底前,电镀企业较多的县(市、区)建成电镀园区,除少数环保标杆式企业外,其他企业搬迁入园整合发展;有电镀企业的县(市、区)通过整治验收。

——印染行业:2013年底前,所有企业完成整治并通过验收。2014年底前,全省印染行业化学需氧量和氨氮排放总量分别在2010年基础上削减25%以上,平均重复用水率达到35%以上;有印染企业的县(市、区)通过整治验收。

——造纸行业:2013年底前,所有企业完成整治并通过验收。2014年底前,全省造纸行业废水和化学需氧量排放总量分别在2010年基础上削减30%以上,平均重复用水率达到60%以上;有造纸企业的县(市、区)通过整治验收。

——制革行业:2013年底前,所有企业完成整治并通过验收。2014年底前,全省制革行业化学需氧量和氨氮排放总量在2010年基础上分别削减30%以上,铬排放量在2009年规划调查数据基础上削减15%以上;有制革企业的县(市、区)通过整治验收。

——化工行业:2013年底前,所有拟原地保留的企业完成整治并通过验收。2014年底前,其他企业基本实现搬迁入园(工业集聚区)整合发展。2015年底前,全省现有化工企业特征污染物排放总量在2010年基础上削减20%以上,全行业单位产值排污量在2010年基础上降低30%以上;有化工企业的县(市、区)通过整治验收。

(三)工作要求。

——统一部署,集中整治。省环保厅、省经信委要根据本指导意见,会同省级有关部门逐个出台铅蓄电池、电镀、印染、造纸、制革、化工等6大重点行业的整治提升方案,指导推动各地实施并完成整治提升工作。

——结合实际,交叉推进。各地要按照本指导意见和分行业整治提升方案，组织开展6大重点行业企业基本情况排查，并结合实际，科学制订当地的实施方案。要根据轻重缓急，从当地污染最为严重、耗能最大的行业入手，交叉推进各重点行业的整治提升工作。

——严格规程，分批验收。省环保厅、省经信委要会同省级有关部门制订统一的验收规程和标准，并在规定时间内指导完成对6大重点行业企业整治提升工作和各相关县(市、区)6大重点行业整治提升工作的验收。各地可根据实际情况，对相关行业提前整治，分批验收。

——以治促调，治管并重。坚持治理整顿和转型提升并举，上大压小，有保有压，促进产业持续健康发展。坚持集中整治和长效监管并重，巩固整治成果，严防污染反弹。

三、主要任务

(一)优化产业布局。

1. 严格项目准入。加强投资项目能评审查和竣工投产后的能耗评价，严格执行空间、总量、项目准入"三位一体"和专家评审、公众评价"两评结合"的环境准入制度。6大重点行业新建(含搬迁)项目在符合行业准入条件和环境准入要求的基础上，原则上应进入已完成规划环评审查的工业园区(工业集聚区)，工业园区(工业集聚区)外原则上不再新上该类项目；改(扩)建项目选址必须符合生态环境功能区规划、环境功能区划、城市总体规划、县(市)域总体规划、土地利用总体规划和产业布局规划；新(改、扩)建项目需新增主要污染物排放总量的，总量指标应自身平衡或按比例在本区域同行业内置换替代。

2. 推动产业集聚。大力推进6大重点行业企业向工业园区(工业集聚区)集聚，特别是电镀、化工行业企业原则上均要迁入当地条件适合的工业园区整合发展(经当地政府同意，园区外可保留少数环保标杆式企业)。按照"减量置换"的原则，积极采取上大压小、兼并重组等方式，优先在园区发展规模大、技术先进的重点行业项目，扶持一批企业做大做强，促进产业转型升级。

3. 规范园区建设。工业园区建设必须符合各类规划要求，制订科学的总体发展规划和产业布局规划，并经过规划环评审查。园区内要统一规划、建设和管理集中供热、污水集中处理、危险废物集中处置、物料输送管廊等环保基础设施。要明确负责园区环保工作的机构和人员，落实园区环保管理责任。

(二)加快产业升级。

1. 淘汰落后产能。在6大重点行业的整治提升方案中，要明确标准，坚决关闭规模小、能耗高、污染重、治理无望的企业和生产线，加快或提前淘汰国家和省明确的产业结构调整淘汰类产品、工艺和装备。要根据区域产业结构调整的需要，逐年淘汰一批不具有能源资源节约和环境保护优势、产品附加值较低的相对落后产能。

2. 提升工艺水平。优先发展低毒、低污染、低能耗的替代工艺和清洁生产工艺，鼓励使用先进、环保、高效的生产工艺和装备，积极采用高效、安全、可靠的污染治理技术，不断提高资源能源循环利用率。继续拓展清洁生产审核覆盖面，6大重点行业企业在整治验收前均应完成强制性清洁生产审核，并按审核要求实施清洁生产改造。鼓励6大重点行业企业开展节能技术改造。

(三)加强污染治理。

1. 加强工业园区污染治理。工业园区(工业集聚区)要严格实行雨污分流，建设集中的废水处理设施。6大重点行业企业的废水必须全部纳管，并实行分质分流。区内要推行集中供热、危险化学品规范管理、危险废物集中收集处置。

2. 加强水污染治理。6大重点行业企业厂区应设置严格的清污分流系统，防止污水"跑、冒、滴、漏"和混入清下水。清下水化学需氧量浓度不得高于50mg/l或不高于进水20mg/l。废水排放应符合国家相关排放标准和工业园区(工业集聚区)纳管标准，并达到区域总量控制要求。对水污染物不能稳定达标、超过许可排放总量、影响集中污水处理厂达标排放的企业，除依法给予处罚外，必须实施限期治理；未按要求实施限期治理或逾期未完成治理任务的企业，依法责令停产、关闭。

3. 加强大气污染治理。6大重点行业企业产生的废气应设置高效收集系统，采用适用技术进行回收和处理，减少无组织排放。不同性质的废气应根据其特性，采取吸收、吸附、焚烧、布袋除尘或其他先进适用技术及组合工艺进行处理，确保达标排放。鼓励工业锅炉和工业炉窑使用清洁能源。对污水处理中产生臭气的构筑物要实行加盖集气，收集的废气经处理达到《恶臭污染物排放标准》(GB14554—93)后高空排放。

4. 加强固体废物污染治理。根据"减量化、资源化、无害化"的原则，对固体废物进行分类收集、规范处置。固体废物暂存、处置需符合国家和省相关标准和规定。涉及危险化学品的包装物、废液、废渣及废水处理污泥应按照危险废物进行管理。危险废物应当委托具有相应经营资质的单位利用处置，并严格执行危险废物转移计划审批和转移联单制度。

(四)规范日常管理。

1. 健全企业环保制度。6大重点行业企业必须按要求建立完善的节能环保组织体系、健全的环保规章制度和规范的环保台账系统，配备专职、专业人员负责日常环保管理。企业环保管理人员应经过县级以上环保部门组织的环保岗位业务培训并持证上岗。

2. 加强排污检测管理。6大重点行业企业每个厂区原则上只能设置1个标准化废水排放口和1个清下水排放口，排放口应设于厂区外以便监督监测。标准化废水排放口和主要废气排放口，应按要求安装废水、废气主要污染物在线监测监控设施，并与环保部门联网。6大重点行业企业及所在工业园区应设废水、废气检测化验室，并应具备检测分析所需控制污染因子的能力，恶臭污染严重的还应建立恶臭检测体系。鼓励企业委托专业机构承担检测任务。污染物排放日常检测结果应逐月向当地环保部门报告。

3. 严防突发环境事故。6大重点行业企业及所在工业园区要编制环保应急预案，配备相应的环境风险防范设施和应急物资，定期开展污染事故应急演练，提高环境事故应急应对能力。厂区必须按规范要求设置应急事故池，应急事故池的容积应满足相关技术规范的要求；事故源切断系统应设置电动和手动两套系统；危险化学品储存区必须设置应急围堰。要积极开展环境风险评估，积极投保环境污染责任险，减少和分担突发环境事故引发的环境风险。

4. 强化危险化学品管理。危险化学品应专库储存，库房、生产作业场所必须符合安全生产条件，并具有防台风、洪水、火灾等自然灾害的功能。对地质灾害易发区内的危险化学品贮存项目，要严格执行地质灾害性评估制度，加强地质灾害防治。

（五）严格执法检查。

1. 开展专项检查。各级政府要组织开展专项检查，查清6大重点行业企业基本情况，并视情作出处理：对无合法环保手续的企业，依法查处，对未补办手续的，不得恢复生产。对卫生防护距离不达标、造成严重污染事故的企业，以及不能稳定达标排放的企业，依法实施限期治理，逾期未完成治理任务的，依法责令停产、关闭。对拒不履行停产整治、责令关闭等决定继续违法生产的企业，依法采取行政强制措施或实施行政强制执行。对依法关闭的企业，各相关部门应及时依法吊销其营业执照和生产许可证等证照。

2. 加强执法联动。各级、各有关部门要加强联动，整合资源，严肃查处违法建设、经营和排污案件，挂牌督办一批群众反映强烈、污染严重、影响社会稳定的重污染高耗能企业。金融、电力、供水等部门和单位要积极配合相关职能部门依法打击环境违法行为。对不依法履职、查处环境违法行为不力甚至包庇纵容环境违法行为造成严重后果的，要依法依纪追究责任，构成犯罪的要及时移交司法机关处理。整治完成后，要不定期组织监督检查，有条件的地方要在重点行业企业和园区设立环保监督员，加强日常监管，严防污染反弹。

（六）切实加强监管。

1. 落实监管责任。各地要建立分片包干检查责任制，落实长效监管责任。实行现场检查责任制，将历次检查的负责人及检查、监测结果记录在案，并纳入企业一厂一档环保档案系统；对检查中存在重大疏漏或发现问题隐瞒不报的，要严肃追究检查人员的责任。

2. 加强日常巡查。各级工商、公安等部门要密切配合，加强巡查，对无证无照经营的6大重点行业企业，发现一家取缔一家，严防"低、小、散"污染企业反弹。各级环保部门要加强对重点污染源和水气环境的定期巡查和监测，各级国土资源、农业部门要组织开展工业园区地下水位、水质的动态监测和周边农作物的监测，及时依法查处违法问题。

3. 加强信息管理。建立完善一厂一档环保档案系统，将6大重点行业企业纳入企业环境行为信用等级评定工作范围。及时公示通过整治验收的合格企业名单，发布企业环境违法行为查处信息，接受社会各界监督。

四、保障措施

（一）强化组织领导。各市、县（市、区）政府是重污染高耗能行业深化整治促进提升工作的实施主体和责任主体。要抓紧成立政府领导牵头、环保和经信部门具体组织协调、各有关部门共同参与的整治提升工作领导小组，切实加强对整治提升工作的组织领导。要建立健全条块结合、多方联动的工作机制，形成分工明确、责任清晰、协同有力、监督有效的工作制度，确保各项任务落实到位。

（二）严格考核问责。各市、县（市、区）要按照本指导意见制订本地整治提升实施方案，提出分阶段计划，明确目标，细化任务，落实责任，稳步推进整治提升工作。各地的整治提升工作情况纳入各级生态建设考核体系，并实行一票否决。对组织领导不力、整治提升工作进展缓慢的，要采取挂牌督办、区域限批、撤销荣誉等措施并约谈有关负责人。

（三）加大资金投入。各级政府要优化支出结构，加大重污染高耗能行业深化整治促进提升工作的财政支持力度。省级财政要通过相关专项资金，对6大重点行业企业污染治理、提标改造、技术装备提升和自动控制技术改造等给予支持。对现有生产企业就地关闭转产的，要通过三级配套补贴等方式给予适当奖励，并按规定给予税费减免优惠。对主动实施搬迁、符合条件的企业，要在新项目用地、审批方面给予优先办理。要完善生态补偿机制，深化排污权有偿使用和交易试点，建立健全多元化的投融资机制，鼓励和引导各类资金投入整治提升。

（四）加强舆论宣传。各地要通过各种途径和方式，广泛宣传重污染高耗能行业深化整治促进提升工作的重要意义，提高全社会对这项工作重要性和紧迫性的认识，调动社会各界参与这项工作的积极性、主动性和创造性。及时发布重点行业企业名单和企业整治进展情况，积极回应各类环境诉求，宣传节能环保先进企业的做法和经验，曝光典型违法案件，形成正确的舆论导向。完善公众参与机制，拓宽公众参与渠道，切实保障人民群众的知情权、参与权和监督权，努力形成全社会关心、支持和参与整治提升工作的良好氛围。

二〇一一年十二月二十九日

中共浙江省委办公厅　浙江省人民政府办公厅
关于印发《“811”生态文明建设推进行动方案》的通知

浙委办〔2011〕42号

各市、县(市、区)党委和人民政府,省直属各单位:

《“811”生态文明建设推进行动方案》已经省委、省政府同意,现印发给你们,请认真组织实施。

中共浙江省委办公厅

浙江省人民政府办公厅

二〇一一年四月七日

“811”生态文明建设推进行动方案

为深入贯彻落实省委十二届七次、八次全会精神,扎实推进生态文明建设,根据《中共浙江省委关于推进生态文明建设的决定》(浙委〔2010〕64号)精神,现就2011年至2015年开展“811”生态文明建设推进行动制定如下方案。

一、指导思想、总体目标和基本原则

(一)指导思想。深入贯彻落实科学发展观,全面实施“八八战略”和“创业富民、创新强省”总战略,坚持生态省建设方略,走生态立省之路,以建设“富饶秀美、和谐安康”的生态浙江为目标,以维护人民群众环境权益、保障改善民生为核心,大力发展生态经济,不断优化生态环境,积极培育生态文化,着力完善体制机制,加快调整优化产业结构,促进经济增长方式和消费模式转变,构筑资源节约型、环境友好型社会,不断提高人民群众生活品质,努力建设全国生态文明示范区。

(二)总体目标。经过五年努力,基本实现经济社会发展与资源、环境承载能力相适应,环境质量提高与改善民生需求相适应,生态省建设继续保持全国领先,生态文明建设走在全国前列。

(三)基本原则。以人为本、讲求实效;统筹兼顾、整体推进;巩固传承、整合提升;强化法治、健全机制;依靠科技、开放合作;党政主导、社会参与。

二、主要目标

通过实施“811”生态文明建设推进行动,到2015年实现以下目标:

(一)生态经济目标。

——服务业增加值占生产总值比重达到48%,高新技术产业增加值占工业增加值比重达到30%,单位建设用地生产总值比2010年提高20%;

——单位工业增加值用水量控制在58立方米/万元以内,农业灌溉水有效利用系数达到0.58,非化石能源占一次能源消费总量比重达到15%,循环经济总体发展水平走在全国前列;

——主导农产品中无公害农产品、绿色食品、有机食品产地面积比重达到50%以上;

——节能环保产业销售收入年均增长16%以上,产业总体规模保持全国前列。

(二)节能减排目标。

——单位生产总值能耗、单位生产总值二氧化碳排放量完成国家下达指标;

——化学需氧量、氨氮、二氧化硫、氮氧化物排放总量完成国家下达指标;

——铅、汞、镉、铬、砷5种主要重金属污染物排放量比2009年降低5%以上,铁矿石烧结、炼钢、再生有色金属生产、废弃物焚烧等重点行业单位产量(处理量)二噁英排放强度比2008年削减10%。

(三)环境质量目标。

——八大水系、运河、主要湖库水质达到或优于Ⅲ类标准的比例达到75%以上,劣Ⅴ类水质比例控制在5%以内,平原河网水质明显改善,县以上城市集中式饮用水水源地水质达标率达到90%以上,近岸海域水质总体保持稳定;

——县以上城市环境空气质量年均浓度值达到或优于二级标准,酸雨率和酸度均有所下降,灰霾天气出现频率明显下降;

——区域环境噪声小于55分贝的县以上城市比例达到75%以上。

(四)污染防治目标。

——设区市城市污水处理率达到85%,县以上城市污水处理率达到83%;70%以上的行政村开展生活污水

治理；

——县以上城市生活垃圾无害化处理率达到95%以上，其中设市城市生活垃圾无害化处理率达到97%，农村生活垃圾集中收集实现行政村全覆盖；

——县以上城市污水处理厂污泥无害化处置率达到80%，重点企业污泥无害化处置率达到90%，工业固体废物综合利用率达到94%以上，危险废物、医疗废物基本实现无害化处置；

——重点工业污染源实现稳定达标排放；

——规模化畜禽养殖场排泄物综合利用率达到97%以上，农作物秸秆综合利用率达到80%以上；

——废旧放射源安全收贮率达到100%，确保辐射环境安全。

（五）生态保护与修复目标。

——森林覆盖率达到61%，平原区域林木覆盖率达到18%以上，力争50%以上的城市林木覆盖率达到30%以上，林木蓄积量达到29225万立方米；

——新增治理水土流失面积3000平方公里，需治理与修复的废弃矿山治理率达到95%以上，生态葬法行政村覆盖率达到85%以上；

——省级以上自然保护区面积占全省国土总面积比例达到1%；

——重要水域、海域、湿地生态环境和生物资源得到有效保护修复。

（六）环境安全保障能力建设目标。

——环境质量、饮用水源、重点污染源在线监测监控系统有效运行，建成大气复合污染立体监测网络，形成省、市、县三级联网的现代化环境监测监控网络；

——环境监测、环境监察（环境应急）机构达到国家标准化建设要求，环境污染突发事故监测预警和应急处置能力明显提高。

（七）生态文化建设目标。

——生态文明宣传普及率不断提高，公众对生态文明建设的认知度和对环境质量的满意度持续提高；

——绿色系列创建水平不断提升，覆盖面持续扩大；

——建立30个省级以上文化生态保护区，培育、发展、传播生态文化的机制基本形成；

——生态文明试点和各类生态示范创建取得明显成效，70%以上的县（市、区）创建成为省级以上生态县（市、区），50%以上的城市创建成为省级以上环保模范城市。

（八）生态文明制度建设目标。

——进一步健全符合科学发展要求、有利于推动生态文明建设的党政领导班子和领导干部实绩考评机制；

——资源节约、环境保护领域的体制机制和政策制度创新积极推进，资源环境要素市场化配置改革取得实质性进展；

——环境保护法治建设进一步加强，依法实施政府信息公开，基本形成较为完备的地方环保法规、规章和标准。

三、专项行动

（一）节能减排行动。

1. 全面推进国民经济各领域的节能、节水、节地、节材工作。科学合理布局城乡用地空间，优化资源配置，进一步提升城镇建设用地整体利用效益。大力推广应用低碳技术，开展低碳经济示范试点，加快建设以低碳排放为特征的工业、建筑、交通体系。完善落后产能退出机制，加快淘汰火电、水泥、冶炼、造纸、印染等行业落后产能。

2. 全面推进重点领域节能降耗。继续加强重点企业节能，加快推进传统产业改造，振兴装备制造业，推进建筑节能、交通运输节能、商业及民用节能和公共机构节能。鼓励节能技术创新，加快推行合同能源管理，大力推广应用可再生材料、新型墙体材料、散装水泥和节能产品。确保实现国家下达的“十二五”单位GDP能耗控制指标，主要耗能产品单位能耗继续保持全国领先水平，部分耗能产品单位能耗达到国际领先水平。合理开发利用水能资源，推进农村水电更新改造。

3. 全面落实污染物排放总量控制计划。采取工程减排、结构减排、监管减排等综合措施，扎实推进化学需氧量、二氧化硫、氨氮、氮氧化物等主要污染物排放总量控制。继续强化造纸、印染、制革、医化等重点行业和企业水污染整治，推进城镇污水处理设施建设改造及管网配套，深入推进养殖污染整治。完成火电企业脱硫脱硝设施建设。推进冶金、石化、建材等重点行业二氧化硫和氮氧化物减排。严格控制机动车氮氧化物排放。确保实现国家下达的“十二五”污染减排目标，地表水和环境空气质量持续改善。

（牵头单位：省经信委、省环保厅；责任单位：省发改委、省科技厅、省公安厅、省国土资源厅、省建设厅、省交通运输厅、省水利厅、省农业厅、省商务厅、省质监局、省统计局、省海洋与渔业局、省能源局、电监会杭州监管办、省能源集团、省电力公司）

（二）循环经济行动。

1. 着力优化产业布局。依据主体功能区规划、生态环境功能区规划，紧紧围绕建设现代产业体系特别是建设产业集聚区、发展海洋经济、发展战略性新兴产业等重大战略任务，加强规划环境影响评价，实行空间准入、总量准入、项目准入“三位一体”的环境准入制度，推动形成产业布局更加合理，与环境资源承载能力相协调的区域开发格局。

2. 大力推进产业结构优化升级。确保实现国家下达的“十二五”单位GDP二氧化碳排放量控制指标。积极推进循环经济试点省建设，加快25个循环经济试点基地建设，着力推进工业循环经济“733”工程，在重点行业、产业园区、城市和农村培育一批循环经济示范工程，努力推动形成减量化、再利用、资源化的现代循环经济产业体系。大力发展高效生态农业，积极推进无公害农产品、绿色食品、有机食品和森林食品基地建设，推动农业转型升级。大力发展绿色制造业，着力培育和发展战略性新兴产业。积极推进海水淡化和海水综合利用。加快发展对先进制造业支撑能力强、与城市化进程结合紧密的现代服务业。

3. 深入推进清洁生产。继续加强开发区（工业园区）

生态化改造建设，积极推动形成企业、园区和区域层面的循环经济链。积极支持企业、园区开展ISO14000环境管理体系认证，逐步建立针对企业和各类产品的绿色环保认证体系，积极引导绿色创新和绿色发展。继续对超标、超总量排污或排放有毒有害物质的企业实行强制性清洁生产审核。

4. 加强工业、农业和生活废弃物的资源化综合利用。以提高粉煤灰、煤渣等传统工业废弃物综合利用水平为重点，拓展资源综合利用品种，引导资源综合利用向纵深发展，逐步提高生活垃圾、废弃电器电子产品、废旧木材、污泥等废弃物的利用率。加强废弃电器电子产品回收利用体系建设。推进城市餐厨废弃物无害化处理和资源化利用，开展城市生活垃圾分类收集处理试点工作。认真贯彻《浙江省农业废弃物处理与利用促进办法》，加快农业废弃物处理设施、服务体系建设，推进农业废弃物资源化利用。

5. 大力发展节能环保产业。深入实施节能环保产业发展规划，积极研发和推广应用一批先进节能环保装备和产品，实施一批节能环保重点工程，大力发展节能环保服务业，加快培育一批节能环保特色产业基地，基本建立市场竞争能力强、结构及布局合理、功能完备的节能环保产业体系。加快形成有利于节能环保产业发展的政策法规体系、技术创新体系、技术标准体系。积极培育一批以企业为主体的国家级、省级节能环保产业研发机构、创新服务平台、工程技术(研究)中心、企业技术中心，加快突破一批具有重大支撑作用的节能环保技术，力争若干核心技术达到国内领先水平。到2015年全省节能环保产业实现年销售收入6500亿元。

（牵头单位：省发改委；责任单位：省经信委、省科技厅、省财政厅、省环保厅、省建设厅、省农业厅、省林业厅、省质监局、省海洋与渔业局、省旅游局）

（三）绿色城镇行动。

1. 加强城镇环境基础设施建设。加强城镇污水处理设施建设改造，不断提高城镇污水收集率、处理率、负荷率和达标率。到2015年县以上城市基本形成收集、处理和排放相互配套、协调高效的城镇污水处理系统，完成城镇污水管网改造建设6000公里以上。加快镇级污水处理设施建设，到2015年基本实现镇级污水处理设施全覆盖。加快城镇污水处理厂污泥处理处置设施建设，到2012年基本完成设区市城市和有条件的县(市、区)污水处理厂污泥处理处置设施建设改造；到2015年全面完成县以上城市污水处理厂污泥处理处置设施建设改造，基本实现污泥无害化处置、资源化利用。加快污水处理厂工艺改造，积极推进污水处理厂中水回用系统建设。完善城镇生活垃圾处置体系，积极开展城镇生活垃圾分类收运处置，推进垃圾处置减量化、无害化、资源化。

2. 强化城镇环境综合整治。严格实施城乡规划，深入开展城乡结合部、城中村和背街小巷环境整治，加快推进城市环境基础设施及运行管理向郊区和农村延伸，实现城郊一体、统筹管理。加大城市内河环境整治，努力营造水清、流畅、岸绿、景美的水景风貌。强化城镇市容环境卫生管理，实现市容市貌整洁、规范、有序。继续巩固和扩大“烟尘控制区”、“噪声达标区”和“禁燃区”，重点防治建筑扬尘、交通和娱乐业噪声、餐饮业油烟和小型燃煤锅炉烟尘污染。加强对辐射污染和放射源的监管，确保废旧放射源和放射性废物的安全收贮。加强对消耗臭氧层物质生产企业和消耗企业的监管，促进消耗臭氧层物质的淘汰替代。

3. 大力提升城镇绿化水平。积极开展园林城镇创建，完善城镇绿地系统规划和绿地建设、园林建设、景观保护等各项制度。大力提倡全民植绿、护绿活动，大幅度增加城镇绿色空间。不断推进城市园林化建设，扩大乔木树种、乡土树种、珍贵树种和彩叶树种栽植比例，努力打造绿色宜居城镇。到2015年县以上城市建成区绿地率达35%以上，人均公园绿地面积达12平方米以上。

4. 积极发展绿色建筑，努力建设低碳城镇。健全绿色建筑监管体系，促进绿色建筑监管规范化。积极推进节水型社会建设，落实各项节水措施。加快完善绿色建筑技术标准体系，加强民用建筑设计方案节能评估和审查。推动从单纯发展节能建筑转向发展以节能为重点的绿色建筑。着力抓好建筑节能和绿色建筑试点示范工作，继续扩大绿色建筑试点示范，大力推进绿色建筑标识认定工作，切实加强可再生能源建筑应用。继续抓好国家可再生能源建筑示范应用工作。积极探索建立全过程的绿色、节能技术咨询服务体系，大力发展绿色建筑技术中介服务队伍。

5. 结合文明城市创建，营造城市人文特色。加大科技、教育、文化、体育等公益设施建设力度，建立和完善文明城镇创建长效机制，不断提高城镇居民的整体素质。积极开发和保护好城镇人文资源，大力挖掘和弘扬城镇特色传统文化，丰富城镇历史文化内涵，增强城镇文化品位，彰显城镇人文魅力，努力建设一批文明和谐的现代化城镇。

（牵头单位：省建设厅；责任单位：省委宣传部、省发改委、省经信委、省国土资源厅、省环保厅、省交通运输厅、省水利厅、省林业厅、省文化厅、省体育局、省能源局）

（四）美丽乡村行动。

1. 发展农村生态产业。发展生态农业，以粮食生产功能区和现代农业园区为主平台，大力发展生态循环农业，积极推行测土配方施肥和农药减量增效技术，有效减少化肥、农药施用量，促进农业生产清洁化。到2015年化肥、农药利用率均比2010年提高5%以上，商品有机肥使用量增加30%。实施“百家升级工程”，调整乡村工业产业结构，推动乡村企业向工业功能区聚集，发展乡村低消耗、低排放工业。加快发展以重点景区为龙头、骨干景点为支撑、“农家乐”休闲旅游业为基础的乡村生态旅游业，实施“农家乐加快发展与提升”工程，促进“农家乐”休闲旅游业可持续发展。

2. 优化农村人居布局。大力培育建设中心村，引导农村人口集中居住。开展农村土地综合整治，实施“农村建设节地工程”。深入实施“强塘固房”工程，广泛开展“减灾示范社区”创建活动，增强防灾减灾能力，推进农村住房改造建设，保障农村人居安全。加快推进城镇基础设施向乡村拓展延伸，统筹建设农村社区综合服务中心，促进城乡公共资源配置合理化、基本公共服务均等化。

3. 改善农村生态环境。推进"千村示范、万村整治"工程扩面提升，加强农村环保设施建设，加快推进农村垃圾处理、污水治理、卫生改厕。到2015年所有乡镇建有垃圾中转或处置设施，生活垃圾集中收集实现行政村全覆盖，70%以上的行政村开展生活污水治理，卫生厕所普及率达到90%以上。深入实施污水净化沼气工程，推广畜禽养殖场（户）沼气利用技术，积极推进太阳能综合利用进村入户，在农村建设中积极推广应用节能环保材料和技术。实施农村环境连片整治项目，大力开展沿路、沿河、沿线、沿景区的环境综合整治。深入开展农村河道综合整治与村庄绿化。建立农村卫生长效管护制度，探索建设村综合保洁站，确保垃圾、污水等设施正常运行。

4. 培育农村生态文化。编制实施农村特色文化村落保护规划，把历史文化底蕴深厚的传统村落培育成传统文明和现代文明有机结合的特色文化村。深入开展文明村镇、五好文明家庭创建活动，广泛开展"双万结对共建文明"活动、"种文化"活动、全民健身活动，形成农村生态文明新风尚。开展群众性生态文明创建活动，大力倡导绿色、低碳、健康的生产生活方式。

（牵头单位：省农办；责任单位：省委宣传部、省经信委、省民政厅、省国土资源厅、省环保厅、省建设厅、省交通运输厅、省水利厅、省农业厅、省林业厅、省文化厅、省卫生厅、省体育局、省海洋与渔业局、省妇联、省气象局）

（五）清洁水源行动。

1. 深化水污染防治。继续实施八大水系和杭嘉湖、宁绍、温黄、温瑞四大平原河网水污染防治规划。深入开展印染、造纸、化工、医药、制革、电镀、食品酿造等重点行业污染整治。大力发展生态农业，减少化肥农药施用和流失，建立畜禽养殖区域和污染物排放总量双控制制度。到2015年全面实现生猪存栏50头以上畜禽养殖场排泄物无害化处理与资源化利用。全面实施水域清淤保洁，有效削减内源污染。

2. 加强污染源监管。全面实行排污许可证制度，严禁无证或超标、超总量排污，综合运用在线监控、飞行监测等手段，加强对排污企业的监管，坚决遏制环境违法高发态势。全面清理饮用水源保护区范围内排污口，严格实施对饮用水源周边危险化学品运输等流动源的监管，取缔一切影响饮用水源安全的环境违法、破坏生态行为。

3. 实施水生态修复。大力开展湖库源头水源涵养林、生态公益林和河道、湖滨、农田防护林等生态隔离带建设，加强水域湿地保护，维护和发挥水域湿地的生态功能。积极发展保水洁水渔业，实施渔业养殖污染治理，推广生态循环渔业模式，减轻水产养殖尾水、污泥对水体的污染。加强湖泊水库渔业管理，依法严厉打击炸、毒、电鱼等破坏渔业资源和湖库环境的不法行为，增殖保护土著水生生物资源，改善水域生物群落组成，提高水体自身净化调节功能。

4. 保障饮用水安全。全力创建合格规范饮用水源。到2012年全面完成所有集中式饮用水水源地保护区的划定，县级以上集中式饮用水水源地水质达标率达到86%以上，农村自来水覆盖率达到98%；到2015年县级以上集中式饮用水水源地水质达标率达到90%以上，乡镇集中式饮用水水源地水质达标率达到75%以上。加快形成全天候实时监测的水环境质量监控体系。到2015年建成81个饮用水源水质自动监测系统，推广建设水质安全在线生物预警系统。开展供水水库水源保护工程建设，加快备用水源地及规划水源地建设。到2015年所有城市具备2个以上水源供水能力，建立健全突发水污染事件和藻类防控应急预案，有计划地开展应急演练，有效提高水环境污染突发事故预警监测和应急处置能力。

（牵头单位：省环保厅；责任单位：省发改委、省经信委、省公安厅、省国土资源厅、省建设厅、省水利厅、省农业厅、省林业厅、省安监局、省海洋与渔业局）

（六）清洁空气行动。

1. 切实推进工业大气污染防治。大力推进火电、钢铁、建材、石化、印染、化工、合成革、油品贮运等八大行业的大气污染防治工作。全面推进火电企业脱硫脱硝设施建设，进一步提高除尘效率。到2015年全省135兆瓦以上现役燃煤发电机组全部完成烟气脱硝并投入运行，现役35吨以上燃煤锅炉烟气脱硫率、脱硫设施投运率分别达到90%和95%以上。加强钢铁、水泥行业及废气有机污染物排放重点行业大气污染整治。2011年底前钢铁企业全面完成脱硫设施建设并投运，2012年底前焦化企业完成焦炉干熄焦改造。到2015年全省所有水泥回转窑开展氮氧化物减排治理，所有相关重点行业完成有机废气整治。

2. 实施城市"蓝天工程"。优化城区工业布局，加快实施"退二进三"、"腾笼换鸟"，禁止在城市市区及其近郊建设废气高污染企业。推行清洁能源，到2015年八个大气污染防治重点城市市区的清洁能源使用率达到70%以上。加强烟尘控制，到2015年全省新增"烟尘控制区"面积2500平方公里以上。加强城市扬尘、餐饮业油烟废气、细颗粒物污染治理，城市市区所有建筑工地现场施工达到扬尘控制要求，城市市区餐饮业油烟净化装置配备率达到100%，并建立运行维护制度。积极推行城乡一体的道路路面保洁制度，有效控制城市郊区道路扬尘。

3. 实施绿色交通工程。加强机动车排气污染控制，重点城市要力争提前执行国家下一阶段的机动车污染物排放标准。严格实施机动车环保分类标志管理，对"黄标车"实行区域限行，加速"黄标车"和低速载货车淘汰进程。建成覆盖全省的机动车排气检测和监管体系，全面实行机动车安全技术与排气污染同步检测。提高车用油品质，在公交、出租车领域推广应用天然气汽车，到2015年全省建设加气站150个，累计替代燃油7亿升。加快油气回收进程，2012年1月1日前基本完成加油站、储油库、油罐车油气回收治理工程。积极推进甲醇汽油试点推广工作。加快建设以城市为核心的快速便捷交通系统，减少因道路拥堵造成的机动车排气污染，逐步扩大电动公交车、出租车试点。

4. 实施农村大气污染防治工程。推进农作物秸秆资源化、商品化综合利用。到2015年基本形成秸秆还田和多元利用格局。加强执法监管，建立健全禁止露天焚烧秸秆的长效管理机制。开展化肥农药污染防治，控制农业氨污染。严格控制矿山开采、加工作业、废弃物堆放、矿石装运过程中的粉尘排放。

5. 大力发展清洁能源。积极开展清洁能源试点示范，努力打造全国清洁能源基地示范省。稳妥发展核电，加快开发利用风能、太阳能、生物质能、海洋能等可再生能源。到2015年全省新增可再生能源装机155万千瓦。继续增加天然气气源，基本建成省级天然气主干网，积极推广应用天然气，到2015年全省天然气消费量占一次能源消费总量的5%左右。积极推广应用分布式能源、智能电网、煤炭清洁化利用等先进技术，加强能源需求侧管理，优化能源资源配置，提高能源利用效率。到2015年全省清洁能源占一次能源消费总量的比重达到20%左右。

6. 建设大气复合污染监测与评价体系。编制实施《浙江省大气复合污染立体监测网络建设规划》，到2012年大气污染防治重点城市基本完成区域大气复合污染监测体系建设；到2015年全面建成全省大气复合污染立体监测网络，特殊污染因子监测水平明显提高。完善空气质量评价指标体系，逐步开展低能见度灰霾等天气预报预警和应急响应工作。建立大气监测预报预警信息服务系统。

（牵头单位：省环保厅；责任单位：省发改委、省经信委、省公安厅、省国土资源厅、省建设厅、省交通运输厅、省农业厅、省商务厅、省质监局、省能源局、省气象局、省能源集团、省电力公司、中石化浙江分公司、中石油浙江销售分公司）

（七）清洁土壤行动。

1. 加强土壤环境调查、监测和评估。开展土壤污染状况调查，全面掌握主要污染场地的分布、类型、污染程度和成因，建立全省土壤环境状况数据库。开展省级土壤环境功能区划工作，各设区市制定实施土壤污染防治规划。开展建设项目土壤环境影响评价和后评估，将重金属、有机污染物排放企业周边土壤及地下水环境质量监测纳入环境监测体系。加强对农田特别是基本农田的生态保护，开展农用土壤环境监测、评估与安全性划分，建立农产品基地土壤环境预警机制，着力强化农田土壤重点污染区的治理和修复，合理调整污染严重且难以修复的耕地使用功能。到2012年建成重点区域土壤环境监测网络，建立土壤环境质量数据库。到2015年土壤环境监测网络基本覆盖全省。

2. 全面加强重金属污染防治。以铅、汞、镉、铬和类金属砷等五类重金属污染物为重点，兼顾镍、锌、铜等重金属污染物，突出重金属污染重点防控区、重点防控行业、重点防控企业的污染整治，加强源头防控，加快推进重金属污染综合防治。到2015年重点防控区主要重金属污染物排放量比2009年降低20%。

3. 加强工业固废污染防治。完善固体废物产生、运输、利用、处置的全过程监管体系，加强重点行业和区域固废污染整治，深化污水处理厂污泥处置。到2015年形成覆盖城乡、综合性和专业性处理有机结合的固体废物处理体系。强化危险废物、医疗废物污染防治，加强对危险废物、新化学品的生态毒理和环境行为的生态效应评估，健全高风险人群环境与健康评估体系，加快农村医疗废物收集网络建设。到2015年建成较为完善的危险废物回收、利用和处置体系。

4. 开展污染土壤修复试点示范。规划实施污染场地治理工程，制定污染土壤修复规范。加强污染场地以及废弃矿场、垃圾填埋场的环境修复，开展不同污染类型土壤的生态修复试点示范。重点抓好持久性有机污染物热脱附、重金属污染物去除和生物治理等关键、共性技术研究推广。加强对污染企业原址开发利用的监管，建立污染土壤风险评估和修复制度，防止将污染严重的企业原址未经修复直接用于商住开发。切实强化持久性有机污染物防治，加强对再生有色金属生产、废弃物焚烧、炼钢生产和铁矿石烧结等二噁英重点排放行业的污染治理。到2015年污染土壤治理修复试点工程取得明显成效。

（牵头单位：省环保厅；责任单位：省发改委、省经信委、省科技厅、省国土资源厅、省建设厅、省水利厅、省农业厅、省林业厅、省卫生厅、省质监局、省海洋与渔业局）

（八）森林浙江行动。

1. 加强林业建设。优化生态公益林建设布局，提高林分质量，推进森林扩面提质，重点加强中幼林抚育，低效林和林相改造，发展珍贵树木和经济林。推进平原绿化，扩大平原地区林木覆盖面积，形成沿海基干林带、海岛防护林、平原农区与城镇防护林、山地丘陵防护林相结合的综合防护林体系。到2012年生态公益林占林业用地面积比例达40%，沿海基干林带基本合拢。到2015年生态公益林面积达到4500万亩，占林业用地面积比例达45%以上，其中生态公益林优质林分面积比重达到85%以上；林木蓄积量净增5000万立方米以上，森林吸收二氧化碳每年达到5400万吨以上；全省平原新增森林面积180万亩，平原林木覆盖率达到18%以上。

2. 建设生态屏障。加强钱塘江、瓯江、太湖等主要流域源头地区生态保护和修复，建设浙西南、浙西北丘陵山区绿色屏障。加强自然保护区和重要生态功能保护区的建设管理。到2015年省级以上自然保护区管护能力达到规范化建设要求。建立健全湿地保护管理机制，加快实施《浙江省湿地保护规划》，加强滨海湿地、河流湿地、湖泊湿地等重要湿地的保护，有效遏制湿地面积萎缩和功能退化趋势。

3. 推进生态修复。积极推进以生态清洁型小流域建设为主要载体的水土流失治理，加强水土流失重点防治区的划定、公告和监督管理，强化开发建设项目水土流失预防监督，构建科学完善的水土流失防治体系。强化重要湿地的生态修复，发挥湿地综合功能。强化废弃矿山生态环境治理与修复，做好露天开采矿山边坡整治、复绿及景观修复工作。到2015年全省符合创建条件的生产经营性矿山60%以上要建成绿色矿山。继续推进公路绿化。加快“三沿五区”坟墓治理。到2015年水土流失面积占总土地面积的比例下降到7%，废弃矿山生态环境治理任务基本完成，新增交通干线公路绿化里程3000公里。

4. 加强生物多样性保护。开展生物物种资源调查和生物多样性评价，编制实施《浙江省生物物种保护利用规划》和《浙江省生物多样性保护战略与行动计划》。做好转基因生物、外来物种和病原微生物的环境安全管理。严格资源开发活动中的生态环境监管，加大水、土地、矿产、森林、湿地、海洋、海岛等资源开发过程中的生态环境保护监管力度。

5. 大力实施森林碳汇工程。加快大径材、珍贵用材林和速生丰产林基地建设，加快实施阔叶化改造和生物防火林带建设，增强森林固碳能力。建立碳汇林业市场机制，鼓励全社会造林增汇。加强碳汇林业科技研究，加快碳汇计量、监测体系和标准建设。

（牵头单位：省林业厅；责任单位：省民政厅、省国土资源厅、省环保厅、省建设厅、省交通运输厅、省水利厅、省农业厅、省海洋与渔业局）

（九）蓝色屏障行动。

1. 加强近岸海域污染防治。严格控制入海排污总量，突出抓好氮、磷及重金属等入海污染物减排。强化工业、农业、生活等陆源污染整治，重点加强排海企业废水治理设施和集中式污水处理厂建设与提标改造，并实现持证排污、达标排放。全面清理入海排污口，做好入海口水质监测。

2. 严格涉海工程环境监管。强化对海岸工程、海洋工程和海洋倾废的监督管理，实施重大涉海工程环境影响评价和跟踪监测。科学控制海岸和海上作业风险，完善港口、码头、船舶排放的油类、化学品、垃圾及生活污水的接收和处理设施，加强对造船业、拆船业的环境监管，有效防止溢油、泄漏等污染事故发生。加强滩涂和近海水产养殖污染整治，大力发展海洋生态养殖和碳汇渔业。

3. 加强海洋生态环境监测、赤潮灾害预警和海上污染事故应急处置能力建设。进一步建立和完善省、市、县三级海洋生态监测体系，加强入海污染源、重点港湾、重要海洋功能区和生态脆弱区监测。完善赤潮监测系统，建立健全赤潮灾害应急响应机制和跨区域、跨部门的海上环境应急机制。制定实施《浙江省防治船舶污染海洋环境应急能力建设规划》，提高海上环境事故快速反应和处置能力。

4. 加强海洋生态保护。加强海洋自然保护区、海洋特别保护区、水产种质资源保护区、水生生物增殖放流区建设与管理，开展海洋生物资源、重要港湾及重点海域生态环境修复。规划布局具有滨海湿地功能的生态缓冲区块，开展生态屏障示范区、滨海生态走廊建设。发挥海洋碳汇和生态屏障功能，启动海岛生态修复试点，强化对海洋生物多样性、重要海洋生境和景观的保护。

（牵头单位：省海洋与渔业局；责任单位：省发改委、省经信委、省环保厅、省建设厅、省交通运输厅、省水利厅、省林业厅、浙江海事局）

（十）防灾减灾行动。

1. 完善防洪减灾工程体系。加快重点流域上游骨干控制性工程及配套工程建设，全面加快“强塘固房”和沿海标准渔港工程建设，加大海塘、江塘（堤）、山塘以及病险水库的除险力度，完善易涝常灾地区防洪排涝工程，加强蓄滞洪区建设与管理。到2015年全省80%的海塘、江塘（堤）、水库、山塘等水利工程防护能力达到国家标准，形成比较完善的综合防灾减灾能力体系。

2. 强化自然灾害监测预报预警能力建设。完善气象、水文、地质、海洋、地震等灾害的监测预警预报系统，重点加强农村和海洋自动气象站建设，加快推进水文气象、大气成分、温室气体、酸雨、海平面监测等专业观测网络建设，形成陆、海、空相结合的立体监测系统。建立完善自然灾害风险隐患数据库，健全灾害预警预报信息发布机制。到2015年基本建立覆盖全省的自然灾害监测预报预警和应急处置指挥系统。

3. 加强地质灾害防治。深入开展地质灾害调查评价，全面查明地质灾害隐患，基本建立排查到位、预警预报及时、转移避险有效的地质灾害群测群防体系。加强地面沉降防治，加快实施重点区域地质灾害避让搬迁和治理工程。到2015年全省需要避让搬迁和治理的重要地质灾害隐患点基本得到避让或治理。

4. 加强生态系统预警监测。开展典型生态系统跟踪监测试点，提高生物（生态）监测能力。加强动植物病疫监测预警体系建设，形成比较完善的重大生物灾害防控体系。

5. 强化核与辐射安全保障。加强核与辐射监测能力建设，加快建立放射性同位素（放射源）在线监控与预警网络，构筑辐射安全预警系统。建成完整的核应急和辐射应急预案体系，确保电离、电磁、核辐射环境安全保障水平全国领先，辐射环境质量继续保持在本底水平。

6. 加强灾害快速救援和应急处置能力建设。成立省减灾委员会，建立防灾减灾宣传机制，健全灾害应急救援指挥体系，完善灾害救援应急预案，加强减灾救灾科技装备建设和避灾安置场所、物资仓储网络建设，加快灾害信息员队伍建设，形成统一指挥、反应灵敏、协调有序、运转高效的灾害应急救援体系。

（牵头单位：省民政厅、省水利厅；责任单位：省公安厅、省国土资源厅、省环保厅、省建设厅、省农业厅、省林业厅、省海洋与渔业局、省人防办、省应急办、浙江检验检疫局、省地震局、省气象局）

（十一）绿色创建行动。

1. 着力提高全民生态文明意识。积极引导社会各界和广大公众关心、支持、参与、监督生态文明建设，共建共享生态文明。建立完善生态文明宣传机制，加强生态文明宣传教育，使生态文明理念贯穿于生产生活各个层面，加快形成符合生态文明要求的生产生活方式。研究制定推进生态文明建设的道德规范，大力倡导生态伦理道德，积极开展“节能减排家庭社区行动”、“关注森林活动”。充分发挥民间环保组织在普及生态理念、引导生态行为、培育生态文化中的积极作用。

2. 着力推进生态示范创建工作。大力开展生态文明建设试点，深入推进生态市、生态县、生态乡(镇、街道)、生态村创建活动。完善创建标准，强化动态考核评估，注重生态创建实效。积极鼓励创建文明城市、卫生城市、园林城市、环保模范城市、水土保持生态环境建设示范城市、节水型城市等，有效改善城市整体环境质量。到2015年70%以上的县(市、区)创建成为省级以上生态县(市、区)，继续创建一批国家级和省级文明城市、卫生城市、园林城市和环保模范城市。

3. 广泛开展绿色系列创建活动。深化生态环境教育示范基地、绿色企业、绿色学校、绿色社区、绿色医院、绿色家庭、绿色饭店等创建活动，为广大公众提供生动直观、特色鲜明、功能多样的环境宣传教育场所和参与平台。

(牵头单位：省环保厅；责任单位：省委宣传部、省委统战部、省农办、省经信委、省教育厅、省民政厅、省建设厅、省水利厅、省林业厅、省文化厅、省卫生厅、省人口计生委、省工商局、省旅游局、省总工会、团省委、省妇联、省工商联)

四、保障措施

(一)健全综合考核评价体系。编制各专项行动的实施方案，落实各项重点工程项目，纳入"十二五"国民经济和社会发展规划同步实施。研究建立生态文明建设评价指标体系，适时发布评价结果。进一步强化环境与发展综合决策机制，建立健全资源环境决策责任追究制度。建立完善与生态文明建设相适应的考核评价机制，把生态文明建设推进情况纳入各级领导班子和领导干部考核评价体系。

(牵头单位：省委组织部；责任单位：省委政研室、省发改委、省监察厅、省环保厅、省统计局和十一项专项行动的牵头单位)

(二)完善环境准入制度。深化环境准入制度改革，优化空间布局，推进结构调整，从源头控制污染物排放。加强环境空间管治，严格落实主体功能区规划和生态环境功能区规划。加强环境总量准入管理，大力推行区域和行业规划环评，强化规划环评刚性，开展区域和行业规划水资源论证，优化环境资源配置。加强建设项目环评管理，制定完善重污染行业环境准入标准，开展建设项目空间布局和总量控制符合性审查，从严控制"两高一资"和产能过剩项目。强化建设项目全过程环境管理，建立对环境影响评价、技术评估、环境监理、验收监测和评审专家的责任追究制度，加强项目审批过程的公众参与。

(牵头单位：省环保厅；责任单位：省发改委、省经信委、省水利厅)

(三)加强环保法规标准建设。加快研究制定和修订保护环境、节约能源资源、促进生态经济发展等方面的法规规章，加强饮用水源保护、建设项目环境管理、机动车污染防治、辐射环境监督管理、湿地保护等重点领域的专项立法。提高立法质量，增强法规规章的针对性、操作性和实效性。加快完善相关标准体系，积极制定符合我省实际的生态环境质量、污染物排放、环境准入、用水定额和总量控制、能耗水耗等强制性标准。

(牵头单位：省人大常委会法工委、省法制办；责任单位：省经信委、省环保厅、省水利厅、省质监局)

(四)完善环境经济政策。深化环境资源价格改革，完善反映市场供求关系、资源稀缺程度、环境损害成本的环境资源价格机制。完善水资源有偿使用制度，健全水资源费标准调整机制，推进水价改革，完善分类水价制度，稳步推进实施居民生活用水阶梯式水价和企业用水超计划累进加价办法。完善城市居民用电阶梯价格制度，严格执行差别电价政策，对超能耗产品实施惩罚性电价政策。全面实施燃煤电厂脱硫电价考核办法，扣减脱硫设施停运期间脱硫电价款。制定燃煤电厂脱硝电价补助政策。进一步完善可再生能源发电和垃圾焚烧发电上网电价政策，激励清洁能源发电。加强清洁发展机制项目建设，探索建立省内碳排放权交易制度。适度稳妥提高污水、垃圾处理费和企业排污费征收标准。完善跨界断面河流水量水质目标考核与生态补偿相结合的办法，健全森林生态效益补偿、饮用水源保护和海洋生态补偿机制，完善自然保护区财政专项补助政策，逐步提高源头地区保护水源的积极性和收益水平。健全生态环境质量综合考评奖惩机制，根据市、县(市、区)年度生态环境质量综合考评指数优劣状况，实施经济奖励或处罚。积极实施排污权有偿使用和交易、企业环境行为信用等级评价、上市企业环保核查、绿色信贷、绿色保险、电力(热力)行业烟气脱硝补助等环境经济政策，激励各级政府和市场主体有效配置环境资源，绿色节能产品优先列入政府采购目录。

(牵头单位：省发改委；责任单位：省经信委、省财政厅、省环保厅、省建设厅、省水利厅、省林业厅、省海洋与渔业局、省物价局、省能源局、人行杭州中心支行、浙江银监局、浙江证监局、浙江保监局、电监会杭州监管办、省能源集团、省电力公司)

(五)严格环境执法监管。切实加强生态环保法制宣传教育，着力提高公众自觉守法意识。加大环保执法监管力度，严厉打击污染环境和破坏生态的违法行为，着力解决一批群众反映强烈的环境问题。积极创新环保执法方式，加强省级监督性执法、市级区域联动和交叉检查、县级网格化管理。积极开展部门横向联动执法和省市县三级联动执法，加强检察司法工作，推进环境保护公益诉讼，依法严厉查处破坏生态、污染环境的案件。进一步完善针对环境违法行为的媒体曝光、挂牌督办、"黑名单"、区域限批等制度以及荣誉摘牌、考评降档等制约性措施。进一步规范环保行政许可、现场执法检查、排污收费、行政处罚等执法行为，加强和改进行政复议工作，建立健全行政执法监督检查和稽查制度，规范环境行政执法内部监督机制。继续实行环境污染有奖举报制度，鼓励社会各界依法有序参与和监督生态环保工作。自觉接受人大的法律监督和工作监督、政协的民主监督、舆论监督等社会监督。加强基层环保机构和队伍建设，提高执法人员素质和能力。

（牵头单位：省环保厅；责任单位：省编办、省公安厅、省监察厅、省司法厅、省法制办，省法院，省检察院）

（六）完善监测监控预警体系。积极构建省、市、县三级联网、全天候实时监控的现代化环境质量监测体系，加强生态环境监测监控预警。进一步完善县（市、区）跨行政区河流交接断面水质自动监测系统和重点污染源自动监测监控系统。到2015年全面建成县以上饮用水源地水质自动监测系统，建成全省水土保持监测网络、全省地下水资源监测网络、全省大气复合污染监测预警网络，建立全省湿地、土壤环境质量监测与预警系统，初步建立近岸海域环境和浮标实时监测系统。强化对监测和预警系统设备的检查，确保监测和预警数据准确可靠。加强环境应急保障体系建设，规范和强化突发环境事件的应急处理工作，加强饮用水源地水质、危险废物、核辐射安全应急保障。加强重大危险源安全监控系统建设，防止危险化学品等重大危险源发生泄漏，破坏生态环境。

（牵头单位：省环保厅；责任单位：省国土资源厅、省水利厅、省农业厅、省安监局、省海洋与渔业局、省应急办、省气象局）

（七）强化环境科技支撑。大力发展生态环境保护技术和节能减排、循环利用关键技术，着力提升生态环境监测、保护、修复能力和应对气候变化能力。加强综合性环境管理、污染防治和生态修复、节能减排、资源节约、环境监测预警等关键共性技术研究，开展氮氧化物、重金属、危险化学品、工业挥发性有机污染物和电磁电离辐射等控制技术研发以及大气复合污染、灰霾产生机理等基础研究，力争重点领域的若干核心技术处于国内领先水平。大力推进生态环保技术创新基地、技术中心建设，建设一批国家级和省级环境保护重点实验室。加快实施《浙江数字环保信息化规划》，加强环境信息保障体系建设。积极构筑完善环保人才培训、科技研发、成果转化相衔接的科技支撑体系，深入实施引进大院名校共建创新载体战略，深化产学研合作。

（牵头单位：省科技厅；责任单位：省经信委、省教育厅、省人力社保厅、省环保厅）

（八）完善生态环保投融资机制。把生态环境保护作为公共财政支出的重点领域，充分发挥公共财政在生态环境保护和建设方面的导向作用，保证环保投入增长幅度高于经济增长速度。落实国家有关发展生态经济、改善生态环境、加强资源节约的各项税收优惠政策，积极争取国家中央预算内、国债等各类生态环保建设补助资金，加大对循环经济、清洁生产、节能减排、节地节水节材项目和企业的政策扶持。重大环境保护和生态建设项目要优先纳入国民经济和社会发展规划（计划）及相关投资计划。积极推进绿色信贷，推动林权、排污权抵押贷款增量扩面。创新投融资机制，积极开展生态建设和环境保护项目市场化运作。鼓励和支持社会资金以独资、合资、承包、租赁、股份制、股份合作制、BOT等不同形式参与生态建设和环境保护事业，积极鼓励和支持有条件的企业通过上市、发行企业债券等资本运作方式筹措资金。按照“政府引导、社会参与、市场运作”原则，积极引导企业等社会资金参与城镇和农村污水处理设施、污水配套管网、垃圾处理设施、污泥处理项目等生态环保基础设施建设和运营。

（牵头单位：省财政厅、省金融办；责任单位：省农办、省发改委、省经信委、省环保厅、省建设厅、省商务厅、省地税局、省国税局、人行杭州中心支行、浙江银监局、浙江证监局）

（九）积极培育生态文化。深入开展生态文明宣传教育，加强生态文化研究，积极推进生态文化载体建设。每年安排一批生态文化研究项目，形成一批生态文明研究成果和文化作品。加强文化生态保护，注重挖掘浙江山水文化、海洋文化、森林文化、传统农耕文化以及茶文化、花文化、竹文化、石文化中丰富的生态思想，积极创建文化生态保护区。充分发挥图书馆、博物馆、科技馆、文化馆、美术馆、体育中心、全民健身中心、工人文化宫、青少年活动中心、妇女儿童活动中心、老年活动中心等的作用，使其成为弘扬生态文化的重要阵地。加强自然保护区、森林公园、湿地公园、地质公园、矿山公园、遗址公园、海洋公园和植物园的建设和管理，使其成为承载生态文化的重要平台。大力倡导健康文明的生活方式，积极引导鼓励生态消费，广泛开展爱国卫生运动。坚持计划生育基本国策，努力提高出生人口素质，着力改善人口结构，促进人口长期均衡发展。各级党校、行政学院要把生态文明建设作为干部教育培训的重要内容。要把生态文明建设的有关知识和课程纳入国民教育体系，引导广大青少年儿童增强生态文明意识。在机关企事业单位、城乡社区广泛开展群众性生态文明教育和科普宣传，提高全民生态文明素养。积极组织开展“世界环境日”、“世界地球日”、“世界水日”、“中国水周”、“世界湿地日”、“世界气象日”、“地球一小时”、“全国土地日”、“植树节”和“浙江生态日”等重要节日的宣传活动。加强环境警示教育，增强全社会的环境忧患意识。切实加大环境信息公开力度，形成以环境质量公报、企业环境行为公告、环境信访、听证、环境影响评价公众参与等为主体的环境信息公开体系，切实保障公民的环境知情权、表达权、参与权和监督权。涉及重大公众环境利益的法规政策、发展规划和建设项目，应通过听证会、论证会或社会公示等形式，听取公众意见。

（牵头单位：省委宣传部；责任单位：省委组织部、省委党校、省发改委、省教育厅、省科技厅、省民政厅、省人力社保厅、省国土资源厅、省环保厅、省建设厅、省水利厅、省农业厅、省林业厅、省商务厅、省文化厅、省卫生厅、省人口计生委、省工商局、省体育局、省海洋与渔业局、省旅游局、省法制办、省总工会、团省委、省妇联、省科协、省气象局）

（十）加强国际国内生态环保合作交流。按照国家环境外交及国际合作交流的总体部署，有针对性地加强与国际环保组织、金融组织以及相关国家、地区组织的交流合作，积极利用国外资金、技术、人才，促进我省生态文明建设。加强环境与贸易的协调，积极应对绿色贸易壁垒，建立完善进口货物的环保监控体系和环境风险评估机制，严格防范污染引进、有害外来物种入侵。积极参与长江三角洲地区、海峡西岸经济区环境保护合作，加强与周边省市在生态共育、污染联防联控、统一环境准入制度等方面的合作，形成有效的区域流域生态环境保护协调机制。

（牵头单位：省环保厅；责任单位：省发改委、省科技厅、省人力社保厅、省建设厅、省农业厅、省商务厅、省外办、浙江检验检疫局）

（十一）积极开展试点示范。积极开展生态文明示范创建、区域生态环保体制机制创新、流域性生态环保体制机制创新、产业集群优化发展、生态文化培育、农村环境保护、海陆联动环境管理、流域水量分配和水权制度改革、排污权有偿使用和交易、市县域生态补偿、绿色金融政策创新、国际国内环保科技合作示范等试点工作。及时总结推广试点示范经验，推动生态文明建设向纵深发展。

（牵头单位：省环保厅；责任单位：省委宣传部、省农办、省发改委、省经信委、省科技厅、省财政厅、省农业厅、省水利厅、省海洋与渔业局、省金融办、人行杭州中心支行、浙江银监局、浙江证监局、浙江保监局）

本方案确定的十一项专项行动，牵头单位要会同有关责任单位抓紧制订具体实施方案，并滚动编制年度实施计划，把各项目标任务落到实处。提出的十一项保障措施，牵头单位要会同有关责任单位，及时制定出台配套政策措施。各市、县（市、区）党委、政府要结合实际，抓紧制订实施本地区生态文明建设推进行动方案。各市、省直有关单位的工作落实情况，纳入生态省建设考核。各级纪检监察机关要加强对生态文明建设各项政策措施落实情况的监督检查。

浙江省人民政府办公厅
关于加快构建环境安全保障体系的意见

浙政办发〔2011〕5 号

为深入推进生态文明建设，保障群众健康和生态环境安全，促进我省经济社会持续健康发展，根据《中共浙江省委关于推进生态文明建设的决定》（浙委〔2010〕64 号）精神，经省政府同意，现就加快构建环境安全保障体系提出如下意见：

一、充分认识加快构建环境安全保障体系的重要意义

近些年来，全省上下深入推进生态省建设，全面实施两轮“811”环境保护行动，有效解决了一批突出环境问题，全省环境质量稳步改善。但是，由于我省正处在工业化、城市化加快发展的阶段，区域、行业环境安全隐患仍较为突出，环境问题依然是影响群众健康和制约经济社会发展的重要因素。加快构建环境安全保障体系，是防范和化解各类环境风险的必然要求，是推进生态文明建设的重要内容。各级政府、各有关部门要从全局和战略的高度，充分认识加快建设环境安全保障体系的重要性和紧迫性，进一步加大工作力度，采取切实有效措施，努力确保我省环境安全。

二、总体要求和工作目标

（一）总体要求。以邓小平理论和“三个代表”重要思想为指导，深入贯彻落实科学发展观，紧紧围绕生态文明建设，坚持“统筹规划、分步实施，因地制宜、分类指导，政府主导、社会参与”的原则，以维护人民群众环境权益为核心，着力构建与我省经济社会发展相适应的环境监测监控保障、环保基础设施工程、生态保护和修复工程、环境执法与应急保障、环境信息保障、环境科技支撑等六大体系，为经济社会持续健康发展提供有力的环境安全保障。

（二）工作目标。到 2015 年，环境监测监控能力、环境执法监管能力、突发环境事件应急处理能力显著增强，环境信息保障水平明显提高，环保基础设施建设和环境科技支撑能力全国领先，城乡生态环境持续改善，基本形成科学、规范、高效的环境安全保障体系。

三、建设环境监测监控保障体系

（一）完善环境质量监测网络。加强水、大气、土壤等环境监测系统建设，加快形成省、市、县三级联网的现代化环境监测体系。完善饮用水源地安全预警体系，加强重要水环境功能区水质生物（安全）预警监测系统和供水水库水源水质监测系统建设，强化农村饮用水源水质保护。推进大气复合污染立体监测体系建设。加快制订有机毒物分析标准，建设持久性有机污染物监测重点实验室，完善放射性废物库运作机制。加快构建农业土壤监测评价体系，建设重要食品基地土壤环境监测系统。到 2012 年，新建 81 个县以上饮用水源水质自动监测站。到 2015 年，全面建成县以上饮用水源地、县（市）交接断面和重要敏感水域水质自动监测站，以及杭嘉湖、宁波、温黄、温瑞平原和金衢盆地地下水监测站网，建立全省水土保持监测、水功能区水质监测、地下水资源监测网络和信息系统；逐步完善环境空气质量评价体系，建成大气复合污染监测和预警体系；进一步完善省、市两级土壤环境监测网络。

（二）加强污染源监控体系建设。继续推进重点污染源自动监控系统建设，建立省、市、县三级污染源自动监控网络，落实监控工作人员、经费和场地、设备。加强对自动监控设施的运维和巡检，充分发挥设施效用。加快实施监控平台升级改造和管理平台建设，积极推进监控站点联网，加快形成完整的污染源监控和管理网络，提高实时监控能力。深入研究和挖掘污染源自动监控系统预警功能，建设基于地理信息系统的全方位联合预警体系。建立固废处置设施污染物排放监测制度。到2012年，初步形成主要生活垃圾、危险废物处置设施监控体系。到2015年，初步形成污染源立体自动监控体系。

（三）建立健全核与辐射安全保障体系。开展“放心放射源”、“和谐绿色电磁”、“常备核应急与辐射”活动，强化核与辐射安全评审和监督管理。建立健全全省辐射环境监测网，在各县（市、区）设立陆地辐射省控点，在各设区市设立电磁环境质量省控点，建立放射性同位素（放射源）在线监控与预警网络，加强对核电基地、核电厂流出物的监督、监测。充分发挥我省辐射环境安全监测重点实验室作用，大力发展辐射防护产业。到2012年，建成核事故场外应急、辐射环境管理信息系统，建成秦山核电基地放射性流出物在线监督监测系统，完成放射性矿污染综合整治。到2015年，建成环境保护部辐射环境监测重点实验室、三门核应急指挥中心、三门核电厂外围辐射环境连续监测系统和流出物监督监测系统、福建宁德核电厂外围浙江境内环境辐射连续监测系统。

（四）健全突发环境事件和灾害预警体系。加强气象、海洋环境、地质灾害和生物疫病监测预警体系建设，强化系统协调和信息共享。到2015年，基本建成突发环境事件和重大灾害预警防控体系。加快推进大气成分、酸雨等专业气象观测网络建设。到2015年，建成比较完整的气象大气环境预报预警系统。建立健全小流域山洪与地质灾害监测预警体系，完善海洋生态环境和突发性地质灾害监测预警体系。到2015年，基本建成省、市、县三级海洋生态环境监测体系和浙南、浙北海洋环境应急监测中心，建成布局合理的全省海洋生态环境和突发性地质灾害监测预警站网，监测预警能力达到国内先进水平。开展典型生态系统跟踪监测试点，提升生物（生态）监测能力，加强生态系统预警监测。

（五）加强环境常规监测能力建设。完善环境监测管理法规、规章、制度和标准，加强特征污染因子监测研究和自动监测数据量值溯源研究，提高监测实验室监测分析综合能力。加快推进环境监测机构标准化建设，落实人、财、物保障，夯实环境监测基础能力。到2015年，全省县级环境监测机构建设达到《全国环境监测站建设标准》要求。

四、建设环保基础设施工程体系

（一）加强污染减排重点项目建设。围绕化学需氧量、氨氮、二氧化硫、氮氧化物等主要污染物总量减排和降低重点行业二噁英类持久性有机污染物排放强度，实施一批重点减排工程。重点抓好造纸、印染、制革、化工、医药、电镀等行业的污染治理设施建设，确保污水排放达标率稳定在90%以上。继续推进新建电厂、热电厂脱硫脱硝工程建设。到2015年，新建、改建、扩建火电厂机组100%配套建设脱硫设施，配套建设脱硝设施的机组容量占总装机容量的90%以上。加快热电厂已建脱硫设施技术改造，提高脱硫效率。健全落后生产能力退出机制，加快淘汰小火电等落后产能。全面启动非电力行业脱硫脱硝技术改造。在废弃物焚烧、再生有色金属生产、炼钢、铁矿石烧结等重点排放行业全面推行二噁英削减和控制措施。到2011年6月底，重点行业所有废气排放装置配套建设高效除尘设施，确保2015年实现二噁英排放强度降低10%。

（二）推进城镇污水处理厂建设。加大全省中心镇及太湖和钱塘江流域、水系源头地区、环境敏感地区城镇污水处理设施建设力度，加快完善配套管网。到2015年，新增城镇污水配套管网4000公里以上。到2012年，县城以上城市污水处理率达到80%以上，2015年达到83%以上。加快镇级污水处理设施建设。到2012年，80%以上的建制镇建成污水处理设施，2015年全省有条件的建制镇全部建成污水处理设施。切实加强城镇污水处理设施运行管理，推行城镇污水处理企业与被处理污水企业合同制管理，提高污水处理效率。加强处理后尾水资源化利用，多途径充分利用再生水资源。

（三）加快固体废物污染防治设施建设。加快城市生活垃圾收集处理系统建设，积极开展城市生活垃圾分类收运处置，推进现有生活垃圾处理设施无害化改造，加强垃圾填埋场环境监管和二次污染治理，提高生活垃圾资源化利用水平。加快污水处理厂污泥处置设施建设。到2012年，基本完成设区城市和有条件的县（市）污水处理厂污泥处置设施建设改造，到2015年，全面完成县以上城市污水处理厂污泥处置设施建设改造，基本实现污泥无害化处置和资源化利用。完善工业固体废物回收利用和交换系统，加快危险废物集中处置设施建设，积极改造工业园区配套的焚烧处置设施，切实强化危险废物全过程监管。到2015年，形成覆盖全省的危险废物回收利用和处理处置设施体系。

（四）加强农村生活污染治理。积极推进农村环境连片整治，全面提高农村生活污水处理率。到2012年，开展生活污水处理的行政村覆盖率达到60%以上，2015年达到70%以上。加强农村生活垃圾处置分类指导，在平原、经济发达农村地区，推行“户集、村收、镇（乡）运、县处理”的运行模式，在经济欠发达地区、偏远山区、海岛，推广“统一收集、就地分拣、综合利用、无害化处理”方式。到2012年，农村生活垃圾集中收集处理行政村覆盖率达到90%以上，2015年达到95%以上。深入推进农村改厕及人、畜（禽）粪便无害化处理和综合利用。到2012年，全省农村改厕普及率和粪便无害化处理率分别达到85%和75%以上，2015年分别达到90%和78%以上。

五、建设生态保护和修复工程体系

（一）大力开展水体生态保护和修复。以水环境容量和承载力为基础，按照水（环境）功能区纳污能力和污染物限排总量的控制要求，综合运用工程、技术和生态方法，对水体污染较为严重的江河流域和平原河网地区以及水质为Ⅳ、Ⅴ类和劣Ⅴ类的重点水（环境）功能区，实施水环境治理和水生态修复与保护工程。加强对钱塘江、瓯江、太湖等主要流域源头地区以及饮用水源、战略性水源、地下水水源的保护，实施主要供水水库水源安全保障工程。在杭嘉湖、萧绍宁、温黄、温瑞等重点平原地区实施河道生态化整治，开展甬江、鳌江生态修复试点，实施瓯江干流水生态保护与修复试点。加快推进湿地保护地方立法，深入实施《浙江省湿地保护规划》。到2015年，全省湿地面积萎缩和功能退化的趋势基本得到遏制。加强沿海滩涂、重点港湾与重点海域生态修复，重点实施杭州湾、象山港、三门湾和乐清湾等生态修复工程，启动海岛生态修复试点工程。

（二）推进重要生态功能区保护建设。制定实施《浙江省生物多样性保护战略与行动计划》，加强各级自然保护区规范化建设，促进生物多样性和植物种质资源保护。加强重要生态功能保护区环境监管，提升其水源涵养、生物多样性维持等生态服务功能。完善外来物种风险评估及早期预警体系，加强外来入侵物种管理，确保珍稀物种及其生境安全。在全省海域和淡水流域建设水产种质资源保护区、增殖放流区，养护水生生物资源。严格控制入海排污总量，加大陆源污染治理力度，推进海洋生物资源和重要港湾、重点海域生态环境恢复工程，构建蓝色生态屏障。

（三）加强土壤污染防治。制订土壤污染防治规划和污染土壤修复使用标准，建立持久性有机污染物数据库，加强对污染耕地、污染场地、废弃矿场、垃圾填埋场的环境修复和对已搬迁污染企业原址开发利用的监管，建设污染土壤修复示范工程。到2015年，完成台州市土壤污染修复控制项目，建成典型地区持久性有机污染物土壤修复工程。实施千万亩标准农田质量提升工程，加强对农田特别是基本农田的生态保护，强化农田土壤重点污染区治理和修复。

（四）加强森林生态建设与水土保持。全面推进生态公益林建设，着力提高重点公益林林分质量。继续加强沿海防护林体系建设，加快平原绿化步伐。到2012年，全省重点公益林占林业用地面积比例达40%左右，沿海基干林带基本合拢。到2015年，全省森林覆盖率稳定在61%以上，平原地区林木覆盖率达到18%以上。实施坡耕地和经济林地水土流失规模治理，大力推进小流域水土流失治理和泥石流灾害防治。加快推进废弃矿山生态环境治理与修复，重点做好露天开采矿山的边坡整治及复垦、复绿和景观修复工作。开展矿山生态环境监测与评价，及时评估矿山生态修复成效。到2012年，全省需治理的废弃矿山治理率达到92%，2015年达到95%。加强交通工程水土保持和弃土方治理，推进绿色通道建设。

六、建设环境执法与应急保障体系

（一）加强环境监察执法能力建设。严格执行生态环境保护各项法律法规，建立完善部门联动、案件移送、挂牌督办、后督察等环境监察执法机制，综合运用法律、经济、行政等手段及时查处环境违法行为。各级政府要高度重视环保队伍建设，特别是经济较发达、开发建设项目和工业企业较集中、环保监管任务较重的县（市、区）要重点加强基层环保监察执法力量建设，在人员、经费、装备等方面加强保障。到2015年，省、市、县三级环境监察机构全部通过国家规定的标准化建设验收。

（二）加强环境应急保障能力建设。强化环境应急资金、装备、人力、技术保障，加强部门应急联动，提高应对突发环境事件的能力。市、县（市、区）政府要建立健全环境应急专家库，加强环境应急资金保障和物资储备。加强海洋环境应急监测装备建设，提高海洋环境应急监测能力。各级环境监测实验室要提升装备水平，加强对生物藻种、毒素和油污的监测鉴定。重点海港和内河港口逐步配备环境应急监测船。到2015年，依托政府综合应急平台，建成比较完善的环境应急指挥调度系统，环境应急监测装备水平和应急指挥能力进一步提升。

（三）加快完善环境应急制度。按照"分类管理、分级负责、属地为主"的原则，建立健全突发环境事件处置责任体系和工作制度，完善突发环境事件应急响应机制和应急处置联动机制，加强信息共享和资源整合，有效提高环境应急能力。到2012年，市、县（市、区）及重点企事业单位全面编制完成突发环境事件应急预案，并有计划地加强环境应急演习演练。

七、建设环境信息保障体系

（一）完善环境信息基础保障体系。实施《浙江省数字环保信息化规划》，依托省政府内网，建立环境信息化运维管控体系和环境信息安全保障体系，完善组织和标准制度，确保信息网络规范建设、运行、管理和维护。到2012年，建立完善环境信息化应用标准、数据交换标准、网络基础设施标准、安全管理标准。

（二）整合提升环境信息共享平台。按照监测自动化、传输网络化、管理数字化的要求，强化数据集成，形成环境质量、污染源和环境管理"三位一体"的信息化管控体系。到2012年，基本建成省、市两级环境信息数据中心和环境信息交换体系，实现重点污染源"一厂一档、动态管理"。大力整合环保、水利、国土资源、海洋、气象等相关领域的监测观测数据，推动生态环境监测观测网络的信息共享，构建全省生态环境数据管理平台和信息发布系统。到2015年，开发完成基于地理信息系统、信息高度集成的环境质量监测管理、污染源管理、生态保护管理、核安全与辐射管理、环境应急管理等业务系统，建立环境信息资源共享平台。

（三）加强环境信息应用平台建设。加快完善和整合以政府电子政务综合平台为依托的排污申报收费、环境信访、环境统计、网上审批等系统，积极推进"一站式"环境管理服务。加快建立环境信息资源服务平台，提高环境信息服务水平。

八、建设环境科技支撑体系

（一）加大环保科研力度。全面实施《浙江省环境科技重点发展领域和优先主题》，大力开展综合性环境管理和污染防治技术研究，重点加大污染减排技术方法、区域大气复合污染、大气污染对人体健康影响等方面的研究力度。到2015年，完成饮用水源保护、水土流失防治、水生态保护与修复、中水回用和再生水利用、流域水污染控制、区域大气污染防治、固体废物处置、核与辐射环境安全等重点领域的一批关键技术研究；全省环境科技研发能力显著增强，在若干关键领域达到国内领先水平。

（二）推广环保先进适用技术。以重点行业废水和集中污水处理厂污水处理、畜禽养殖污染综合治理、燃煤烟气脱硫脱硝与工艺废气处理、污染场地修复、生活垃圾和污泥处理处置等为重点，及时发布先进适用技术推广目录，加强关键共性技术示范工程建设，推广一批能够解决重点环境问题的先进适用污染防治技术。大力发展环保科技中介组织，充分发挥其在环保科技成果转化和先进适用技术推广中的桥梁纽带作用。

（三）支持企业环保科技创新。充分发挥企业在环保科技创新中的主体作用，引导和鼓励企业结合市场和自身需求，自主选择开展科研项目，积极帮助企业申报高新技术产业化等科研项目。大力支持以企业为主的产学研合作，引导和扶持企业开发具有自主知识产权的高新环保技术装备和基础装备，创建一批环保产业化示范基地和生态工业示范基地。

（四）构建环保科技创新服务体系。积极探索省市县联动、产学研协同的环境科技平台共建共享机制，加快环保公共科技创新服务平台和环保科技创新基地、环境技术中心、环境保护重点实验室建设，进一步增强环保科技支撑能力。到2015年，建成5个省级以上环保重点实验室。加强环保科普工作，加快建设一批环保科普基地。加强各类环保产业、科技协会和环保科技服务中介机构建设。

九、保障措施

（一）加强组织领导。各级政府、各有关部门要高度重视环境安全保障体系建设，落实各项政策措施，并把这项工作纳入生态省建设、“平安浙江”建设和环境保护目标责任考核。各级环保部门要充分发挥牵头协调作用，各级农办、发展改革、经信、科技、公安、财政、国土资源、建设、交通运输、水利、农业、林业、卫生、质监、安监、海洋与渔业、物价等部门要各负其责，认真抓好各项工作的落实。

（二）强化依法治理。加强生态环保立法，完善环境安全制度体系，坚持依法监管环境、依法保护生态、依法治理污染。严格落实主体功能区规划、生态环境功能区规划，坚持空间、总量、项目“三位一体”的环境准入制度，从源头保障环境安全。严格执行污染物排放标准，深入开展各类环保专项执法行动，重点加强对重金属、有毒有害物质和高环境风险行业的监管。加强联合执法，金融、电力、供水等部门和单位要积极配合相关职能部门打击环境违法行为。完善环境行政执法部门与司法机关的协调配合机制，依法及时向司法机关移送环境违法案件。

（三）创新体制机制。探索建立区域性、流域性环境管理体制，加快构建跨区域环境保护合作平台和环境安全协调保障机制。积极推进排污权有偿使用和交易试点，健全完善生态补偿机制，严格实行交接断面水质保护管理考核，推动环境安全保障责任的落实。要充分发挥公共财政的导向作用，加大对环境安全保障体系建设的资金支持力度。同时，积极探索多元化的投融资机制，鼓励社会资金参与环境安全保障体系建设。

进一步完善环境经济政策。深化环境资源价格改革，健全反映市场供求关系、资源稀缺程度、环境损害成本的环境资源价格机制。完善产业政策，综合运用价格、土地、环保、市场准入等措施，倒逼企业加快淘汰落后产能，引导企业清洁生产、绿色发展。逐步完善分类水价、差别电价政策，实行阶梯式水价电价、超定额用水加价和惩罚性电价制度。建立健全企业环境行为信用等级评价体系，大力实施绿色信贷、绿色保险、电力（热力）行业烟气脱硝补助等环境经济政策。鼓励高环境风险企业参加环境污染责任保险，提高防范和应对环境风险的能力。

（四）加强宣传教育。大力加强公众环境安全宣传教育，广泛开展生态文明示范创建和绿色系列创建活动，提高社会各界的环境安全意识。建立健全环境保护社会监督制度，及时发布环境影响评价、环境质量和企业环境行为等信息，积极发挥民间环保组织等社会团体的作用，切实保障社会公众的环境知情权、表达权、参与权和监督权，营造全社会共同维护环境安全的良好氛围。

二〇一一年一月二十日

浙江省人民政府办公厅
关于印发森林浙江行动方案的通知

浙政办发〔2011〕100号

各市、县（市、区）人民政府，省政府直属各单位：

《森林浙江行动方案》已经省政府同意，现印发给你们，请结合实际，认真贯彻实施。

二〇一一年八月三十一日

森林浙江行动方案

为加快建设"森林浙江"，促进"兴林富民"，积极推进生态文明建设，根据《中共浙江省委关于推进生态文明建设的决定》(浙委〔2010〕64号)、《中共浙江省委浙江省人民政府关于加快林业改革发展全面推进"森林浙江"建设的意见》(浙委〔2011〕8号)精神，特制定本行动方案。

一、重要意义

森林是陆地生态系统的主体，林业是国民经济的基础产业。森林和林业在贯彻可持续发展战略中具有重要地位，在生态建设中具有首要地位，在应对气候变化中具有特殊地位。实施"森林浙江"行动，对于培育发展林业资源，增强固碳和防灾减灾抗灾能力，美化城乡面貌，优化人居环境，弘扬生态文明，促进农民增收和经济发展，推进新型城市化和新农村建设具有十分重要的意义。近年来，各地按照中央和省委、省政府的部署要求，深入实施生态省建设，大力发展现代林业，全省森林资源稳步增长，生态环境明显改善，林业产业快速发展，有力地促进了生态文明建设和经济社会发展。但是，仍存在森林地域分布不均、森林质量和综合效益不高、林业基础设施薄弱、抵御自然灾害能力较弱、森林火灾和有害生物综合防控能力不强等问题，必须加快"森林浙江"建设，加强林业基础和生态建设，科学发展林业经济，促进森林生态、经济、文化协调发展。

二、总体要求

(一)指导思想。以科学发展观为指导，以转变发展方式为主线，立足生态优先、兴林富民，坚持依法治林、科技兴林，加强森林资源培育，优化森林布局，提高森林质量，拓展森林经营，科学开发利用森林功能，弘扬森林文化，全面推进"森林浙江"建设，逐步建立起完备的森林生态体系、高效的森林产业体系和繁荣的森林文化体系，为经济社会发展和全面建设惠及全省人民的小康社会提供有力支撑。

(二)基本原则。

——坚持生态优先，兴林富民。把生态建设作为首要任务，在加强森林生态建设的同时，统筹开发利用森林的生态、经济、文化等功能，大力发展现代森林产业，促进"兴林富民"。

——坚持科学规划，分类推进。各地要针对不同的地形地貌、自然条件和经济基础，结合"十二五"规划，科学制订符合实际、各具特色的"森林浙江"行动实施计划，确保取得实效。

——坚持创新机制，增强活力。深化集体林权制度改革，推动"森林浙江"建设机制创新，优化林业生产力和森林资源布局，增强林业发展活力。

——坚持政府主导，社会参与。各级政府要加强组织协调，综合运用行政、经济等手段，加大政策支持力度，加强宣传引导，充分调动企业、社会组织和公众参与"森林浙江"行动的积极性。

(三)主要目标。通过五年努力，力争实现以下目标：

——林业生态建设扎实推进。全省建设4500万亩生态公益林、250万亩重点防护林，新增公路绿化里程3000公里。完成森林抚育经营1000万亩、阔叶化改造100万亩，建设珍贵树种培育基地100万亩、大径材培育基地350万亩，森林蓄积量净增5000万立方米以上，林分单位面积蓄积达65立方米/公顷，森林年吸收二氧化碳5400万吨以上。

——林业经济加快发展。森林资源和功能得到科学开发利用，林业产业布局和结构更趋优化，规划建设150万亩现代林业园区，加快木业、竹业、花卉苗木、森林食品、野生动植物驯养繁殖、森林旅游等主导产业转型升级，培育一批具有竞争力的林业龙头企业、林业专业合作社和特色优势林产品，林业行业社会总产值超2300亿元。

——森林资源有效保护。全省森林覆盖率稳定在61%以上，平原区林木覆盖率达18%以上。保护区(小区)、湿地和森林公园占国土面积比重达6.1%。建设生物防火林带1万公里，森林火灾受害率控制在1‰以下，林业有害生物成灾率控制在5‰以下。

——森林文化日益繁荣。关注森林、建设森林成为社会新风尚，义务植树尽责率达85%以上。建设一批生态道德教育基地。森林文化产业加快发展，培育一批森林文化品牌。

(四)行动期限。2011年至2015年。

三、主要任务

(一)大力实施森林生态工程。

1. 加强生态公益林建设管理。进一步优化重点生态公益林建设布局，扩大生态公益林建设范围，有效保障大江大河上游、重要水源地、自然保护区等重要区域的生态安全。组织实施生态公益林示范提升工程，提高生态公益林建设水平。建立健全重点生态公益林管护网络、效益监测、信息管理、投入保障等体系，完善森林生态效益补偿制度。

2. 加强重点防护林建设。继续推进沿海、长江等重点防护林体系建设，完善沿海基干林带、平原农区与城镇防护林以及山地丘陵防护林三道防线的布局，进一步扩大建设规模，优化结构，提高质量，增强防灾减灾能力，基本构筑起结构稳定、功能完善的沿海森林生态防御屏障。加强新围垦区绿化造林。到2015年，全省建设重点防护林250万亩，基干林带实现合拢。

3. 加快平原绿化步伐。针对平原地区总体缺林少绿、生态建设滞后的特点，组织实施平原绿化"1818"行动，以沿海沿江、公路铁路、内河航道、村庄城镇、农田林网、粮食生产功能区、现代农业园区等为重点，统筹规划，合理布局，全面推进平原绿化建设，提高林木覆盖率，着力构建完善的平原森林生态系统。到2015年,全省平原地区林木覆盖率达18%以上,新增林木面积180万亩。

4. 扎实推进通道绿化。以公路、铁路、河渠、堤坝等沿线绿化为重点,坚持高起点规划、高质量建设、高效能管理,坚持新建与改造相结合,坚持绿化、美化、彩化相结合,加快公路沿线绿化进程,优先抓好高速公路、高速铁路绿化,重点加强省际交接地段绿化,同时加强公路绿化管理和养护,全面提高公路、铁路、河渠、堤坝沿线绿化水平。到2015年,全省新增公路绿化里程3000公里。

5. 大力发展碳汇林业。组建完善中国绿色碳汇基金会专项基金浙江碳汇基金,加快建立地方专项。探索碳汇林业市场机制、碳交易管理政策及相关规则,建立完善森林碳汇计量、监测和评估体系,构建社会捐资造林获取二氧化碳、提前储存碳信用的平台,促进碳汇林业项目有序开展,鼓励捐资造林增汇和志愿减排,在全省掀起碳汇造林热潮。

6.积极推进人居森林建设。加快推进森林城市、森林城镇和森林村庄建设,重点加强四大都市经济圈的森林城市建设,将营造森林与城市建设、环境治理相结合,大力发展乔木树种、乡土树种、珍贵树种和彩叶树种,营造立体绿化、生态绿地、城市片林和环城林带,着力构建多树种、多层次、多效益的森林景观,提高生态质量,优化人居环境。全省新建省级以上森林城市30个、森林城镇100个、森林村庄500个。

7.努力提升森林质量。坚持森林科学经营,组织实施“1165”森林提质行动,以松、杉等针叶林为重点,加快推进中幼林抚育经营、林相改造和珍贵用材林培育,优化森林结构,提高森林质量,增强森林碳汇能力和生态功能。到2015年,全省完成森林抚育经营1000万亩,建设珍贵树种培育基地100万亩,森林单位面积蓄积量每公顷达65立方米以上。

(二)大力发展现代森林产业。

1. 加快推进现代林业园区建设。集中力量建设一批规划布局合理、生产要素集聚、科技和设施装备先进、经营机制完善、经济效益和示范带动效应明显的现代林业园区,加快推进木业、竹业、花卉苗木、森林食品、野生动植物驯养繁殖、森林旅游等六大主导产业转型升级,大力发展林下经济,进一步增强富民能力。加快推进林区道路建设,根据林区实际制定合理的道路等级、路网密度等标准,加强政策扶持,落实建设资金。到2015年,全省建设现代林业综合园区50个以上、主导产业示范区70个以上、特色精品园180个以上,面积150万亩以上;建设林区道路5万公里,林业生产条件得到明显改善。

2. 加快发展林产品精深加工业。支持林产品加工企业引进先进加工技术与设备,加快技术改造,增强自主创新能力,提高林产品精深加工水平。积极推进竹木材循环利用和资源综合利用,加强竹木加工废弃物、竹木废旧制品的再利用,促进林业循环经济发展。引导产业集聚,培育具有区域特色的竹木加工产业群团,强化产业群团对企业、资金、技术的集聚功能,推进林业产业块状经济向现代产业集群转型升级。

3. 加快发展现代林产品流通业。培育和壮大营销主体,扶持一批具有较强市场开拓能力、品牌影响力的林业龙头企业、行业协会、专业合作社、运销大户和经纪人。鼓励发展林产品物流配送、连锁经营、网络直销等新型流通业态,拓宽林产品销售渠道。加强林产品产地交易市场建设,优化交易环境和手段。继续举办省农博会、森林产品博览会、森林旅游节等形式多样的推介活动,宣传推广森林产品品牌,拓展森林产品市场。

4. 加快发展森林旅游业。挖掘森林的生态、休闲、保健等功能,大力发展森林生态休闲旅游业,以森林公园建设为龙头,重点发展城郊型、村庄型森林公园和以森林资源为依托的农家乐休闲旅游业及其相关的森林生态休闲基地,促进森林旅游经营方式由粗放经营向集约节约经营转变,产业形态由观光向休闲、度假、商务等拓展,企业组织由中小企业向企业集团、股份公司、连锁经营等形式拓展,形成布局合理、内容丰富、功能齐备、管理科学、效益良好的森林生态旅游体系。到2015年,新建省级以上森林公园20个,打造10条具有浙江特色的森林旅游线路。

5. 加快发展珍贵树种和大径材培育。以发展珍贵乡土树种资源为重点,深入实施百万亩珍贵树种和大径材战略储备基地建设,培育发展珍贵树种和大径材资源。到2015年,全省建设大径材培育基地350万亩。

(三)切实加强森林生态和资源保护。

1. 加强林地、湿地保护管理。组织编制省、县两级林地保护利用规划,严格实施林地用途管理制度,认真落实征占用林地定额管理,引导节约集约使用林地。积极补充林地数量,多途径增加林地资源,确保全省林地资源动态平衡。完善湿地管理体制,加大湿地公园、湿地保护区(小区)保护建设力度,新建省级以上湿地公园及湿地保护区(小区)20个。加强城市湿地公园生态保护管理,积极推进国家城市湿地公园建设,优化城市人居环境。

2. 加强森林消防建设。加强森林火灾预防、扑救、保障三大体系建设,改善基础设施条件,提高森林消防装备水平,完善森林火险气象等级预报,开展航空消防巡护,增强预警、监测、应急处置和扑救能力。加强生物防火林带建设,逐步增强森林自身抵御火灾能力,森林火灾受害率稳定控制在1‰以下,发生率稳定控制在25起/10万公顷以下。

3. 加强林业有害生物防治。贯彻“预防为主、科学防控、依法治理、促进健康”的防治方针,进一步落实目标管理责任,加大林业有害生物监测预警、检疫御灾、防治减灾三大体系以及公共防治服务、重要生态区域防控基础设施的建设力度,创新防治机制,防范外来有害生物入侵,形成较完善的林业有害生物防控体系。林业有害生物成灾率控制在5‰以下。

4. 加强森林资源监测。完善省、市、县三级网络化森林资源动态监测体系。加强森林群落结构、树种类型结构、森林健康、森林受灾程度及综合反映森林生态状况的生态指数等指标监测,加快新技术应用,提高监测数据分析能力和信息化水平，开展森林生物量、碳汇、生物多样性、森林防灾减灾等方面的监测和研究，逐步建立森林功能价值评估监测体系。

5. 加强水土流失治理。健全水土保持监督管理体系，规范水土流失重点防治区的划定、公告及监督管理，强化开发建设项目水土流失预防监督，加快建设水土保持重点工程，推进水土流失综合防治。扎实推进生态清洁型小流域建设，突出抓好坡耕地和经济林地水土流失治理。切实加强中小河流治理和山洪地质灾害防治等工作。到2015年，全省完成水土流失治理3000平方公里，建设生态清洁型小流域50条。

6. 开展矿山废弃矿山及坟墓环境治理修复。按照“谁开发、谁保护，谁破坏、谁治理”的要求，大力推进绿色矿山创建活动，切实抓好废弃矿山复绿工作，力争把新建矿山建成县级或市级、省级绿色矿山，把符合条件的大中型矿山基本建成绿色矿山。大力推行“绿色葬法”，继续推进“三沿五区”坟墓整治和绿化，扎实抓好乡村公益性生态墓地建设和城镇经营性公墓“四化”建设，扶持发展乡村公益性墓地建设。到2015年，全省完成“三沿五区”30万穴坟墓治理任务，治理率达85%以上，“生态葬法”行政村覆盖率达到88%。

7. 加强自然保护区和生物多样性保护。完善自然保护区保护、科研等设施，新建一批自然保护区(小区)，扩大保护面积，增加保护对象，完善自然保护区体系。开展生物物种资源调查和生物多样性评价，编制实施《浙江省生物物种保护利用规划》和《浙江省生物多样性保护战略与行动计划》。加强野生动植物资源保护，组织实施《浙江省极小种群野生植物拯救保护规划》，开展就地保护，强化迁地保护，维护生物多样性。抓好农业转基因生物、外来物种和病原微生物的环境安全管理。加大水、土地、矿产、森林、海洋、海岛等资源开发过程中的生态环境保护监管力度。

(四)大力发展森林生态文化。

1. 深入开展全民义务植树和关注森林活动。通过植纪念树，造纪念林，认种认养绿地树木，健全义务植树登记卡制度，建设义务植树基地等工作，强化义务植树组织管理，深化全民义务植树工作，义务植树尽责率达85%以上。深入推进“关注森林”活动，创新活动载体，丰富活动内容，扩大社会影响力，倡导亲近自然、热爱森林、保护生态的人与自然和谐相处的生活方式。

2. 建设生态道德教育基地。依托森林公园、湿地公园和自然保护区等生态场所，选择一批具有代表性、生态文明宣传教育深入扎实的单位，积极创建生态道德教育示范基地，深入开展生态文明和生态文化教育宣传活动，大力倡导生态价值观、生态道德观、生态责任观、生态消费观和生态政绩观，增强全民生态文明意识。

3. 发展森林文化产业。按照“以人为本、重在自然、贵在和谐、精在特色”的发展理念，依托全省森林景观资源，发展以体验森林文学、森林美学、森林哲学等为主要内容的森林文化，大力建设森林休闲绿道，积极开发利用森林天然氧吧，倡导以人与自然和谐为主题的旅游方式。创新森林文化产业发展模式，推进文化与创意结合，扶持发展森林文化创意产业。利用我省竹文化、茶文化、花文化等文化底蕴深厚的优势，以森林产品博览会、森林旅游节等为载体，全力打造森林文化品牌，促进生态、文化和经济协调发展。

四、保障措施

(一)切实加强组织领导。各地要把实施“森林浙江”行动纳入经济社会发展总体规划，结合“811”生态文明建设推进行动，切实加强组织领导和政策支持，制定年度实施计划，明确落实部门职责任务和工作措施，强化考核，切实做到思想认识到位、工作责任到位、政策措施到位、资金保障到位。各级林业、发展改革、财政、建设、国土资源、环保、民政、交通运输、水利、农业、文化、旅游、海洋与渔业等部门要认真履行职责，加强协作与配合，形成工作合力。坚持政府主导和社会参与相结合，动员各方力量，积极引导广大人民群众参与“森林浙江”行动。

(二)加强政策支持。加大财政支持力度，拓宽资金来源渠道，逐步建立分类补偿与分档补助相结合，量力而行、分步推进、逐步完善，补偿标准基本合理、补偿资源多元化的森林生态效益补偿制度。探索建立湿地生态效益补偿机制和造林碳汇交易机制。逐步建立健全造林、抚育、保护、管理等投入的补贴补助制度；开展森林抚育、林木良种、造林补贴试点，加大林木种质资源保育投入。加强森林基础设施建设，将供水、供电、通信等基础设施纳入相关行业发展规划。

(三)强化科技支撑。加强林业科技队伍和科技攻关能力建设，以行业发展共性技术和关键技术需求为导向，建设竹子、林木种苗、花卉、经济林果、生物“三药”、食用菌、森林碳汇、木材加工等8个产业的省重点科技创新团队，同时扶持建设林业生态、林化产品制造、中药材、生物质能源、园林工程、木本粮油以及森林休闲等7个产业科技创新团队，增强林业自主创新和科技支撑能力。全面落实林技推广责任制度，建立健全林技推广、动植物疫病防控、林产品质量监管“三位一体”基层农业公共服务体系，大力推广应用林业先进适用技术。推进林业标准化建设，加快森林食品质量、生产技术规程、设施林业等地方标准的研制和推广应用。深入实施林木种苗工程，加强种质资源保护和开发，着力育成一批具有良好应用前景、自主知识产权和核心竞争力的优良品种，加强林木良种繁育基地建设，支持种业企业做大做强，加快培育发展现代林业种业。

(四)扎实推进改革创新。全面深化集体林权制度配套改革，巩固集体林权制度主体改革成果，建立完善森林资源交易平台和政府公共服务平台，加强森林资源产权变动管理制度和评估队伍建设，完善林权流转制度，有序推进林权流转。加大金融支持林业发展力度，开展金融产品创新，完善林权抵押贷款制度，扩大林权抵押贷款覆盖面。引导林业经营主体积极参加政策性林木综合保险，提高参保率。改革森林采伐管理，严格执行森林采伐限额制度，完善森林采伐分类管理。创新林业经营机制，培育新型林业经营主体，大力发展林业专业合作社、合作林场、股份制林场等合作组织，做大做强林业龙头企业并引导其与农户建立紧密利益联结机制，大力推进林业产业化经营，提高经营效益。

（五）加强依法管理。建立林业行政综合执法体制，健全森林执法机构队伍，提高执法人员整体素质，增强综合执法能力。加大行政执法力度，严肃查处破坏森林资源、非法占用林地等违法行为。加强林地承包经营纠纷调解仲裁工作，维护林区社会和谐稳定。

（六）加强宣传引导。充分利用广播、电视、报刊、网络等新闻媒体，开展多层次、多形式的“森林浙江”行动舆论宣传和科普宣传，增强群众的生态意识、文明意识，在全社会形成珍爱环境、保护生态、崇尚自然、节约资源的共识，为实施“森林浙江”行动营造良好的社会氛围。

浙江省人民政府办公厅关于印发浙江省蓝色屏障行动方案的通知

浙政办发〔2011〕104 号

各市、县（市、区）人民政府，省政府直属各单位：

《浙江省蓝色屏障行动方案》已经省政府同意，现予印发，请认真贯彻执行。

二〇一一年九月二十八日

浙江省蓝色屏障行动方案

为进一步加强我省近岸海域、海岸带环境污染防治，有效保护海洋生态环境，提高海洋经济可持续发展能力，根据《中华人民共和国海洋环境保护法》、《中华人民共和国海岛保护法》和《浙江省海洋环境保护条例》等法律法规的规定，按照《中共浙江省委关于推进生态文明建设的决定》（浙委〔2010〕64 号）、《浙江海洋经济发展示范区规划》和《“811”生态文明建设推进行动方案》的要求，特制定本方案。

一、充分认识开展蓝色屏障行动的重要意义

浙江是海洋大省，海域面积广阔，岛屿数量众多，岸线优势明显，滩涂资源丰富，在环境承载、生态平衡、要素供给等方面具有十分重要的作用。近年来特别是“十一五”以来，我省高度重视海洋生态环境保护工作，制定了一系列相关地方性法规、规章和规范性文件，相继实施了两轮“811”环境保护行动，开展了“碧海生态建设行动”，取得了初步成效。但是，现阶段我省海洋生态环境保护工作还存在不少问题：入海河流携带的氮、磷和重金属污染物超过重点海域环境容量，近岸海域、海岸带和海岛生态系统处于不健康或亚健康状态，在海洋生态环境保护中政府和市场两种调节机制的作用尚未充分发挥等。实施蓝色屏障行动，深入开展海洋污染防治，着力提高海洋生态环境质量，有利于我省全面实施海洋经济示范区建设战略，加快推进生态文明建设，促进经济社会持续平稳较快发展。各级政府和有关部门一定要从谋发展、惠民生、促和谐的高度出发，认真组织实施蓝色屏障行动。

二、总体要求

（一）指导思想。以科学发展观为指导，认真落实省委关于推进生态文明建设的总体部署，坚持以防为主、防治结合，注重海陆一体、人海和谐，以制度创新、管理创新和科技创新为动力，深入推进陆海污染综合防治，建立健全海洋环境联合监管机制，加强海洋生态系统保护和修复，促进海洋资源合理开发利用，充分发挥海洋资源价值和服务功能，加快推进经济转型升级，为全面建设惠及全省人民的小康社会构筑坚实的蓝色屏障。

（二）主要目标。到 2015 年，基本完成沿岸陆域污染整治，初步完成主要河口、海湾和近岸海域环境污染治理，清洁海域面积力争达到 15%以上，沿岸海域水质保持总体稳定；绝大多数无居民海岛及周边海域生态得到有效保护，海洋生物多样性、重要海洋生境和景观保护不断强化，海洋生态系统形成良性循环，海洋生态服务效益有所显现；滩涂、海域、海岛资源的集约利用能力不断增强，港湾、海岛等生态脆弱地区的清洁能源利用率进一步提高；海洋资源环境承载能力与海洋经济发展需求基本相适应，力争把浙江沿海和海岛地区建设成为环境优美、生态和谐、经济社会协调发展的蓝色示范区域。

（三）基本原则。

——坚持陆海同步，标本兼治。统筹河海陆，正确处理海洋环境承载力与陆域经济发展的关系，一手抓好陆域污染防治，一手抓好海域生态环境整治，做到陆域和海域联防联控联治。

——坚持统一规划，分步实施。抓紧编制《浙江省“十二五”近岸海域污染防治规划》，在“一核两翼三圈九区多岛”的海洋经济发展示范区空间布局范围内，对海洋生态环境保护实行统筹考虑，统一规划。坚持量力而行，区分轻重缓急，分步实施，逐步推进，优先解决海洋生态环境恶化、对海洋经济发展影响大的重点区域和问题。

——坚持政府主导，各方参与。强化政府主体职责，通过宣传引导、政策扶持等手段，充分调动社会各界和公众的积极性，凝聚各方智慧和力量，广泛参与海洋生态环境保护和建设。

三、工作重点

（一）强化陆源污染物入海控制。

1. 抓好入海污染物治理和达标排放。以氮、磷及重金属等入海污染物减排为重点，强化工业、农业、生活等陆源污染整治。加强排海企业废水污水治理，严格清洁生产审核和持证排污管理，严控入海污染物排放，到2015年石化、化工、制药、修造船等重点行业企业主要污染物和特征污染物直排海实现双达标。加快沿海城市排水管网和污水处理厂等设施建设，到2015年沿海建制镇的污水处理设施基本建成并投入运行，县级以上城市污水处理率达到85%以上。实施六大入海水系污染防治，加强江河与小流域环境综合治理，着力改善入海水系水质。

2. 加强入海排污口管理。全面清理入海排污口，加强区域统筹规划，进一步规范工业企业排污口和清下水系统排放口设置，做到清污分流。加强排污口在线监控，重点污染源要安装在线监测装置和等比例采样器，密切监控入海口水质。

3. 建立入海污染物浓度控制与污染总量控制制度。抓紧编制重点海域名录，组织开展调查评估，摸清重要海湾及生态敏感海域的环境容量，研究确定科学可行的控制标准，制定相应的降污减排方案，加强入海污染物浓度控制与污染总量控制。

（二）做好海洋面源污染防治。

4. 科学控制海岸和海上作业污染风险。完善港口、码头和油库排放油类、化学品、垃圾及生活污水的防油、防污配套设施，确保安全接收和处理。加强对船舶排污监管，控制船舶压载水和机舱水直接排放，防范船舶及相关作业活动造成海洋环境污染。加强修造船作业管理，实行定点拆解，集中规范处置污染物。加强海洋倾倒区监控，做好海洋倾废监管工作。

5. 加强涉海工程管理和引导。完善涉海重点污染行业空间准入、总量准入和项目准入机制，把好涉海项目环保入口关。推进涉海工程环境准入和环境监理等制度建设，重点加强对新建、扩建的重大海岸工程建设项目监管，严格实施环境影响评价和项目跟踪监测。对各类海岸工程、海洋工程建设项目，必须做到防污设施与主体工程同时设计、同时施工、同时投产运行。鼓励和支持在沿海产业集聚区发展低污染、低排放项目，优先在海洋经济发展示范区空间布局范围内建设循环经济示范基地10个以上，发展海洋清洁能源示范基地1—2个。

6. 加强滩涂和近海水产养殖污染整治。积极推广全循环养殖、海洋生态增养殖技术和模式，提高水产养殖的自洁能力，逐步改善近岸海域水质。鼓励有条件的地方结合现代渔业园区建设，扶持一批浅海鱼、贝、藻生态养殖基地，到2015年建设海洋碳汇渔业15万亩。抓紧编制沿海各地水产养殖发展规划，科学合理确定养殖空间、规模、结构和发展速度，促进水产养殖业转型升级。

（三）实施海洋生态保护修复和建设。

7. 加强典型海洋和海岛生态系统保护。在加强已建海洋自然保护区、海洋特别保护区管理的基础上，加大保护区创建力度，到2015年新建省级以上保护区5个。抓紧制定《中华人民共和国海岛保护法》配套管理制度，进一步完善海岛生态保护与建设规划。设立无居民海岛及其周边海域生态环境保护与建设示范区3—4个，重点加强对无居民海岛鸟类及周围海域生物、海岛自然景观和原始地貌、海岛林生态体系等的保护，严格限制填海连岛工程，严禁在海岛海岸线从事挖砂取石、炸礁等破坏性开发利用活动。鼓励探索“风能产电—海水淡化—植被绿化—岛屿生态”等科技兴岛模式。

8. 开展滨海生态走廊建设。通过实施滩涂湿地退养还滩、沿海防护林带建设等沿海生态环境防护治理，积极打造滩林堤结合、生态缓冲功能显著的滨海生态走廊。要以实施杭州湾、象山港、三门湾、乐清湾等重要港湾，重点海域生态修复项目为抓手，切实加强对滩涂湿地的保护，确保到2015年30%以上的滩涂湿地恢复生态功能，逐步实现滩涂湿地生态结构的完整性和平衡性。加快重点防护林建设，到2012年实现沿海基干林带基本合拢。

9. 加大海洋生物资源养护力度。加强近海水域渔业休养生息，优化休渔禁渔制度，适当拓展休渔禁渔覆盖面，进一步扩大增殖放流规模。加强水生生物资源调查评估，组织编制重要渔业水域名录，提供准确、翔实的保护和管理依据。围绕构建水生生物资源养护体系，切实加强近海主要经济鱼类产卵场、索饵场、越冬场和洄游通道的“三场一通道”保护和建设，大力推进种质资源保护区、人工鱼礁生态区建设。积极发展海洋牧场，“十二五”时期在象山港、渔山列岛、普陀、嵊泗等地建成海洋牧场5个。

10. 科学合理开展围填海。根据海洋功能区划及滩涂自然属性特点，依法有序推进海涂围垦，合理掌握围填海工程的区域和规模。禁止围垦各类海洋、湿地保护区，限制围垦河口、港湾等重点地区，严控六大入海水系河口围垦速度。抓紧制订并实施围填海计划指标管理办法，进一步规范围填海审批工作。

（四）增强海洋环境监测和海洋污染应对能力。

11. 加强海洋环境监测网络建设。以入海污染源、重点港湾、重要海洋功能区和生态脆弱区为监测重点，加快建设近岸海域环境浮标在线监测系统，统筹各地、各部门的海洋环境监测设施资源，建立海洋环境监测信息共享平台。充分利用近岸海域环境监测网，着力完善省、市、县三级海洋环境监测机构。

12. 积极防御和应对赤潮灾害。通过监测站点和海上船舶观测、航空和卫星遥感等多种途径，加强赤潮综合观测监视，提高赤潮信息接收处理能力。加强赤潮发生发展机理研究，建立完善赤潮预测预报模型，提高防御和应对赤潮灾害的科学性和有效性。

13. 加强海上污染事故应急处置工作。建立健全近岸海域重大环境污染事故应急响应机制，加强事故现场应急监测、污染处理和事后环境影响评估工作，落实相应的海洋生态环境修复措施。完善突发性海洋环境污染事故应急监测和处置设施设备，到2015年建成浙南、浙北两个海洋环境应急监测中心和宁波—舟山溢油应急设备库及温州、台州、嘉兴溢油应急设备点。

四、保障措施

(一)落实工作责任。省海洋经济工作领导小组和海洋经济发展试点工作协调推进小组负责领导全省蓝色屏障行动。海洋主管部门要切实承担牵头部门职责，做好蓝色屏障行动的具体组织实施工作。其他有关部门要各司其职，认真做好各自职责范围内的海洋环境监管、陆海污染整治、海洋生态保护等工作。有关市、县(市、区)政府要切实加强领导，制订蓝色屏障行动分年度工作计划和目标，并将该行动落实情况纳入环境保护目标责任制考核，推进本地、本区域蓝色屏障行动顺利实施。

(二)加强区域协作。建立健全沿海各地共同防治海洋污染的协作机制，采取统一行动，实施联防联控联治，共同解决跨市县域的海洋生态环境问题。积极配合国家筹建长三角近岸海域环境保护与生态建设行动机构，主动加强与沿海省份的合作。加强与国际海洋生态环境保护组织的联系，积极开展相关领域的对外交流合作。

(三)落实资金投入。有关市县政府要把海洋生态环境保护经费纳入财政预算，并根据当地财力状况，逐步增加经费投入。按照“谁损害，谁赔(补)偿”的原则，探索建立海洋生态赔(补)偿机制。同时，积极拓展融资渠道，鼓励和引导社会资金投入海洋环境保护事业，形成多元投入机制。

(四)强化科技支撑。发挥有关大专院校和科研院所的人才资源优势，组织开展海洋环境保护课题研究。支持高新科技企业开展海洋环境保护适用技术研发推广。围绕海洋环境保护科技成果转化、技术咨询、技术交易、人才和信息交流等，建立区域性海洋环境保护技术服务平台。

(五)加强宣传教育。各级政府定期向社会公布的本行政区域环境质量和环境污染信息中，应包括海洋环境方面的内容。要借助广播、电视、报刊、网络等媒体，利用“世界海洋日”等载体，广泛开展海洋环境保护宣传活动，营造良好的舆论氛围。积极组织海洋环境保护科技咨询活动和蓝色屏障行动志愿者活动，提高全民保护海洋生态环境的意识。加强海洋环境保护教育培训，提高海洋、环保等有关部门人员的业务素质和履职能力。

附件：浙江省蓝色屏障行动工作重点及责任分解表(略)

浙江省人民政府办公厅
关于印发浙江省绿色创建行动方案的通知

浙政办发〔2011〕112号

各市、县(市、区)人民政府，省政府直属各单位：

《浙江省绿色创建行动方案》已经省政府同意，现印发给你们，请认真组织实施。

二〇一一年十月十七日

浙江省绿色创建行动方案

为贯彻落实《中共浙江省委关于推进生态文明建设的决定》(浙委〔2010〕64号)和《中共浙江省委办公厅浙江省人民政府办公厅关于印发“811”生态文明建设推进行动方案的通知》(浙委办〔2011〕42号)精神，深入开展各类绿色创建活动，着力增强全社会生态文明意识，切实提高生态环境质量，特制定本方案。

一、总体要求

以科学发展观为指导，以建设“富饶秀美、和谐安康”的生态浙江为目标，以保障人民群众环境权益为出发点和落脚点，以改革创新为动力，扎实推进并不断拓展提升各类绿色创建活动，弘扬生态文明理念，增强全社会生态文明意识，努力构筑共建共享生态文明的良好格局，把我省建设成为全国生态文明示范区。力争到2015年,全省各类绿色创建活动继续保持全国前列,形成一批在全国具有较强示范性、典型性的绿色创建示范点;培育和传播生态文化的机制基本形成,生态文明宣传普及率不断提高,生态文明理念深入人心。

二、基本原则

——以人为本、全民参与。坚持多方联动、整体推进,注重把绿色创建活动与解决影响人民群众切身利益的生态环境问题结合起来,引导社会各界关心、支持和参与绿色创建活动,着力改善人居环境,增进民生福祉。

——因地制宜、突出特色。坚持绿色创建活动与各地实际相结合,充分利用各地的自然社会条件,充分尊重当地群众的意愿和首创精神,科学规划、分类指导,有步骤、有重点地推进绿色创建活动。

——注重过程、讲求实效。坚持绿色创建与各类群众性精神文明创建活动紧密结合,充分发挥创建过程对全社会的典型示范和辐射引领作用,以点带面,推动生态文明建设。

——创新开拓、持续推进。坚持顺应人民群众新期待和生态文明建设新需要,积极推进创建体制、机制、载体、方法、手段等的探索创新,使绿色创建活动永葆活力、深入发展。

三、主要任务

(一)着力提高全民生态文明意识。

1. 加强宣教引导,弘扬生态文明理念。制订生态文明建设道德规范,倡导生态伦理,树立全民生态文明观、道德观、价值观。完善生态文明宣传机制,构建宣传生态文明、普及环保知识、弘扬生态文化的立体式宣教格局。完善新闻发布制度,发挥新闻媒体作用,推动形成正确的生态文明建设舆论导向。精心组织各类生态文明系列宣传活动。"十二五"时期,全省各类主流媒体每年与生态文明建设相关的宣传报道达到5000篇以上。

2. 加强公民教育,提高生态文明素养。将生态文明教育内容纳入大中小学教育规划设计,强化学生的生态文明教育,构建大中小学相衔接,学校、家庭、社会相结合的生态文明教育体系,增强青少年生态文明意识。加强对领导干部、企业家、城乡居民的生态文明教育,努力培育"生态优先的政绩观"、"科学理性的致富观"、"适度消费的生活观"。到2015年,全省生态文明教育普及率达到90%以上。

3. 加强公众参与,探索生态文明社会化创建机制。加强环境信息公开,切实保障公众环境知情权、参与权和监督权。完善公众参与机制,创新公众参与方式,拓宽公众参与渠道,提高公众参与生态文明建设的层次和水平。充分发挥共青团员和环保志愿者的作用,支持和鼓励各类民间环保组织健康有序发展,探索建立社会化的生态文明创建机制。

(二)着力推进生态示范创建活动。

1. 生态文明建设试点创建。按照生态文明建设的要求,加强组织领导,创新体制机制,加快推进生态文明试点创建工作,建成一批国家级和省级生态文明建设试点。完善生态文明建设制度,制订试点地区生态文明建设规划。及时总结和推广试点创建经验,不断拓展提升试点创建工作,推动全省生态文明建设。

2. 生态市、县(市、区)创建。推进生态产业体系、生态环境体系、生态文化体系和生态人居体系建设,改善城乡环境质量,促进经济社会发展与生态环境相协调。加强生态建设示范区建设,努力构建资源节约型、环境友好型社会。到2015年,70%以上的县(市、区)创建成为省级以上生态县(市、区)。

3. 环保模范城市创建。加强城市污水、污泥、垃圾、医疗废物、危险废物集中处置,加强城市环境综合整治和长效管理,改善城市环境。加强公众参与和信息公开,营造环保模范城市共建共享氛围。将城市环境综合整治定量考核和城市环保评估结果纳入年度生态省建设目标责任考核。到2015年,50%以上的城市创建成为省级以上环保模范城市。

4. 生态乡镇(街道)、生态村创建。以"美丽乡村"行动为载体,深入实施农村环境"五整治一提高"工程,加快推进"千村示范、万村整治"工程扩面提升,加强农村环境连线连片综合整治,健全村庄卫生保洁、设施维护、绿化养护长效机制,优化农村生态环境。及时总结和推广创建经验,树立一批生态乡镇(街道)典型。到2015年,全省70%以上的乡镇(街道)创建成为省级以上生态乡镇(街道),50%的行政村创建成为市级生态村。

5. 园林城市(城镇)创建。以培育城市园林文化为核心,以城市建成区公共绿地、道路、居住区、河道为重点,加强城市绿化建设。加大村镇绿化力度,构筑城乡融合的生态网络系统。积极推广屋顶绿化、附壁式绿化、水体绿化、停车场绿化和墙面桥体垂直绿化,打造"节约型园林绿化"。制订园林城镇标准,完善园林城市创建动态管理和长效管理机制。鼓励国家园林城市争创更高水平的国家生态园林城市。到2015年,在全国率先建立市县镇三级园林城镇体系,设市城市均创建成为园林城市,园林市县占全省市县的70%以上,每个设区市创建的园林镇不少于4个。

6. 森林城市(城镇、村庄)创建。以扩大森林面积、增加森林总量、提高森林质量为目标,大力植树造林,推进"身边增绿"。把城市森林作为城市基础设施的重要组成部分,结合城市建设和环境整治,营造立体绿化、生态绿地、城市片林和环城林带,构建多树种、多层次、多色彩、多效益的城市森林生态系统。引导鼓励各地以整县或连线成片推进的方式和苗木直补等形式,加强对村庄绿化的改造提升。到2015年,全省累计创建省级以上森林城市30个、森林城镇100个,创建省级森林村庄500个以上。

7. 城乡卫生创建。深入推进城乡环境卫生综合整治,扎实开展城乡整洁行动,进一步发挥卫生创建对城乡卫生特别是农村卫生的带动作用。全面推进"全民健康促进行动",认真开展健康城镇建设。加强卫生城市长效管理,将考核结果纳入双文明百分考核体系。到2015年,全省城市均达到省级卫生城市标准，累计创建国家卫生城市和县城30个、国家卫生镇20个、省级卫生县城36个、省级卫生镇200个；创建一批省级卫生村。

8. 人居环境示范创建。加强城乡基础设施和公共服务设施规划、建设和运行管理，强化生态环境和历史文化资源保护，努力提高城乡人居环境品质。加强"中国人居环境奖"和"中国人居环境范例奖"创建指导，鼓励开展联合国人居环境（范例）奖创建申报工作。到2015年，全省获得中国人居环境（范例）奖的市县和项目争取达到33个。

9. 节水型城市和节水型社会创建。以执行《浙江省节约用水办法》（省政府令第237号）为主线，以落实最严格的水资源管理制度为核心，以工程建设为重点，突出全方位、全过程节水，重点抓好农业、工业、生活和非常规水源利用四大领域节水工作。农业领域加快推进灌区续建配套和节水改造，着力解决农村饮水安全问题。工业领域重点推进高耗水行业节水减排技改和循环用水工程建设，组织实施一批重大节水示范工程，创建节水型企业、灌区、学校、社区、服务业。生活领域加快实施供水管网和节水器具改造，创建节水型示范社区。非常规水源利用领域大力推进海水、再生水、雨水利用工程建设。到2015年，全省累计创建国家节水型城市7个、省级以上节水型社会7个，实现农业用水负增长、工业用水微增长、生活用水适度增长。

10. 水土保持生态环境建设示范创建。深化全国水土保持生态环境建设示范城市、示范县、示范小流域和全国水土保持科技示范园区创建，提高生态修复、面源污染防治、生态清洁型小流域建设水平。实施水土保持生态修复工程，开展小流域综合治理，改善农村生产生活环境。在城镇、各类开发区和居民集中区域，加大对水系和生活区周边环境的综合整治力度，提高绿化指数和雨洪调蓄能力，恢复和增强城镇生态系统功能。到2015年，全省累计创建国家级水土保持生态示范城市5个、省级水土保持生态示范城市10个、省级水土保持生态示范县10个；累计建设生态清洁型小流域50条。

11. 生态旅游区创建。加强生态旅游资源保护，提高生态旅游资源利用效率和水平，推动旅游区旅游要素生态化建设。推进生态旅游区绿色环境管理，健全生态旅游区长效监管机制，完善生态旅游政策、法规、标准和制度。加强对旅游业管理者、从业者和旅游者的生态教育，倡导科学、文明、健康的旅游行为。到2015年，全省旅游区环境达标率达到100%，省级生态旅游区力争达到70个。

12. 文化生态保护实验区创建。围绕宣传生态文化、保护文化生态两大任务，全面加强以文化遗产为主体的人文资源保护。强化世界遗产地、自然保护区、森林公园、湿地公园、地质公园、矿山公园、考古遗址公园、海洋公园和植物园的建设管理，深入挖掘浙江生态文化资源，重点推动生态博物馆建设。加强生态文化理论研究，实施一批生态文化研究项目，形成一批生态文明研究成果和文化作品。到2015年，全省建立省级以上文化生态保护实验区30个。

（三）广泛开展绿色系列创建活动。

1. 生态文明教育基地创建。以世界遗产地、自然保护区、森林公园、湿地公园、地质公园、矿山公园、考古遗址公园、自然博物馆、非遗传承教学基地、学校、青少年教育活动中心、风景名胜区为重点，建设一批文化内涵深刻的生态文明教育基地。继续探索实践生态文明教育进课堂、进社区、进企业等做法，不断提高创建水平。到2015年，全省累计创建省级生态文明教育基地100个以上。

2. 绿色社区创建。加强社区软硬件设施建设，优化社区环境。大力宣传绿色生活理念、绿色社区知识，不断增强居民生态环保意识，提高绿色社区创建公众参与度。推动绿色社区创建与和谐社区、文明社区创建相结合，实现绿色社区、和谐社区、文明社区创建互促共进。到2015年，全省累计创建省级绿色社区800个以上。

3. 绿色学校创建。加强学校绿色环境建设，重视绿色人才培养，营造绿色文化氛围。加强学校生态文明知识宣传，把生态文明教育纳入各级各类学校课程，渗透到学校教学管理各个环节。探索将绿色学校创建工作拓展到高校。到2015年，全省绿色学校创建工作继续保持全国领先，中小学环境教育普及率达到100%，累计创建省级以上绿色学校1500所以上。

4. 绿色企业创建。大力发展生态工业，全面推行企业清洁生产，从源头和生产全过程控制和减少污染物产生与排放，提高企业能源资源综合利用效率。加强企业生态环境建设，推进厂区绿化、美化、净化。推行企业环境综合管理体系，加强企业环境管理制度建设。完善绿色企业评审标准，扩大绿色企业覆盖领域，定期开展绿色企业复查。到2015年，全省累计创建省级绿色企业800家以上。

5. 绿色饭店创建。完善绿色饭店创建培训机制、激励机制和评定机制，规范绿色饭店复核、复评、换牌工作。深化现有绿色饭店节能减排工作，将节能减排指标作为星级饭店创建评定和年度复核的考核内容。到2015年，全省85%以上的四星和五星级饭店、50%以上的三星级饭店达到绿色旅游饭店标准，累计创建省级绿色饭店450家以上。

6. 绿色医院创建。加强医院环境管理，重点抓好医院内感染管理、"三废"处置和医护人员环保宣传教育，提高医院环境保护工作水平。定期对已命名的绿色医院开展随机复查，建立绿色医院管理长效机制。完善绿色医院考核标准，逐步建立科学、规范的绿色医院评价体系。创新绿色医院创建机制，探索把绿色医院创建作为等级医院评定的重要指标。到2015年，全省累计创建省级绿色医院175家以上。

7. 绿色家庭创建。继续把创建绿色家庭作为深化文明家庭创建的重要载体，不断扩大绿色家庭创建覆盖面。开展形式多样的宣传教育，普及生态环保知识，引导广大家庭参与生态环保实践。继续开展节能减排家庭社区行动，倡导家庭生活消费新模式，搭建节能减排社区新平台。到2015年，全省累计创建省级绿色家庭2500户以上。

8. 绿色矿山创建。加强矿产资源开发整合，规范矿产资源开发秩序，推进矿区土地复垦，保护矿山环境，提高矿山节能减排和资源集约节约利用水平。研究出台支持发展绿色矿业、提高资源利用效率的激励政策。到2015年，全省累计创建省级绿色矿山150家以上，大中型矿山基本达到绿色矿山标准，小型矿山均按照绿色矿山的标准严格管理。

四、保障措施

（一）加强组织协调，强化责任考核。建立省级部门绿色创建联席会议制度，由省生态办（省环保厅）牵头，省宣传、统战、农办、经信、教育、民政、财政、国土资源、建设、水利、林业、文化、卫生、人口计生、工商、旅游、总工会、团委、妇联、工商联等部门和单位参与，指导协调全省绿色创建行动。各地要切实加强对绿色创建行动的组织协调，建立健全相应的工作机制，认真编制行动方案和年度计划，持续推进各项工作。绿色创建行动的实施情况纳入各级生态建设考核体系，实施年度考核。

（二）健全体制机制，完善动态管理。完善绿色创建工作机制，健全各类绿色创建活动组织体系。完善绿色创建资金扶持和奖励制度，努力构建一套持续有效的激励机制，调动各方参与创建的积极性、主动性和创造性。严格各类绿色创建活动的考评标准和程序，严把考核验收关，确保创建质量。加强对已创建成功单位的督查和复查，完善动态管理和长效管理机制，增强创建实效。建立健全绿色创建退出机制，及时对不符合要求的已创建成功单位实行限期整改或取消命名。

（三）加大资金投入，强化能力建设。各级政府要加大对各类绿色创建活动的财政投入力度，重点用于创建奖励、示范项目补助和宣传教育等领域。建立社会资金广泛参与的多元化投入机制，引导和鼓励社会力量参与绿色创建。积极与高等院校和科研机构开展合作，加强相关理论研究，加强各类人才培养，为绿色创建和生态文明建设提供有力的理论和人才支撑。

（四）加大宣传力度，营造良好氛围。通过电视、网络、报纸、电台等多种载体，全方位宣传绿色创建行动，提高社会公众对绿色创建行动的认知水平。加快绿色创建信息平台建设，积极推广典型经验。大力开展浙江生态日和世界环境日、世界地球日、世界水日、世界气象日等重要时节的群众性生态环保主题活动，努力营造全社会关心、支持和参与绿色创建活动的良好氛围。

附件：浙江省绿色创建行动工作重点及责任分解表（略）

浙江省人民政府办公厅关于印发浙江省绿色城镇行动方案的通知

浙政办发〔2011〕125号

各市、县（市、区）人民政府，省政府直属各单位：

《浙江省绿色城镇行动方案》已经省政府同意，现印发给你们，请结合实际，认真组织实施。

二〇一一年十一月九日

浙江省绿色城镇行动方案

为贯彻落实《中共浙江省委关于推进生态文明建设的决定》（浙委〔2010〕64号）和《中共浙江省委办公厅浙江省人民政府办公厅关于印发"811"生态文明建设推进行动方案的通知》（浙委办〔2011〕42号）精神，推进城镇绿色发展，促进生态文明建设，特制定本方案。

一、指导思想、基本原则和总体目标

（一）指导思想。深入贯彻落实科学发展观，以新型城市化战略为龙头，按照集约节约、功能完善、宜居宜业、生态特色的要求，以改善人居环境、提升人民群众生活品质为目标，以改革创新为动力，规划、建设、管理齐抓并进，政府、企业、社会各方联动，引导、扶持、保障多措并举，着力打造一批生态环境优美、人居条件良好、基础设施完备、管理机制健全、人与自然和谐相处、经济社会与资源环境协调发展的绿色城镇，促进生态文明建设。

（二）基本原则。

——规划引领，统筹发展。统筹经济社会发展和资源环境保护，统筹生产、生活和生态需要，统筹城镇地上、地下空间开发，加强规划，合理布局。

——以人为本，务实发展。注重完善城镇功能设施，注重改善人居环境，注重优化政府管理服务，保障和改善民生，提高人民群众生活品质。

——因地制宜，特色发展。充分考虑各地经济社会发展实际,充分发挥各地资源环境优势,充分体现各地自然人文特色,因地制宜、分类推进,促进城镇特色发展。

——改革创新,持续发展。着力破解制约绿色城镇发展的体制机制障碍,着力构建推进城镇绿色发展的新平台新载体,着力探索建设绿色城镇的新方法新手段,在改革创新中促进城镇持续健康发展。

(三)总体目标。到2015年,在全国率先形成城乡一体的规划体系,城乡规划制度全面落实;率先基本实现镇级污水处理设施全覆盖,城镇污水收集处理率和处理达标率处于全国领先水平;率先实现供水、供气和生活垃圾收集处置城乡一体化,城乡基本公共服务均等化加快推进;率先推行城镇生活垃圾分类处理,初步建立比较完善的生活垃圾分类收运处置设施设备体系和标准制度体系;率先建立市县镇三级园林城镇体系,园林城镇创建水平进一步提高;率先基本形成绿色建筑发展体系,实现从节能建筑到绿色建筑的跨越式发展。

二、主要任务

(一)加强规划引领。确立全域规划理念,优化完善城市总体规划、县(市)域总体规划和镇总体规划,合理布局城镇空间。2011年底前,全面完成27个小城市培育试点镇的总体规划修改完善工作;2012年底前,全面完成中心镇的总体规划修编工作。加强控制性详细规划编制工作,加快实现城镇建设用地范围控规全覆盖。积极开展各类专项规划特别是基础设施、公共服务设施、地下空间开发利用等专项规划的编制工作,着力加强规划之间的统筹衔接。严格执行"先规划后建设"要求,严格落实已建区、适建区、限建区、禁建区和城市绿线、蓝线、紫线、黄线管治措施,严格履行规划修改法定程序,确保规划有序有效实施。建立健全规划督察员监管制度。到2015年,所有设区城市均实施规划督察员监管制度,县(市)规划督察员监管示范试点工作稳步推进。

(二)加快城镇基础设施建设。

1. 完善城镇污水处理设施。加快推进污水处理设施及配套管网建设,提高污水收集处理率。到2012年,80%的建制镇建成污水处理设施,设区城市和县以上城市污水处理率分别达到87%和83%,其中太湖流域、钱塘江流域城市分别达到92%和88%以上。到2015年,基本实现镇级污水处理设施全覆盖,新增城镇污水收集管网7000公里以上,设区城市和县以上城市污水处理率分别达到90%和85%,其中太湖流域、钱塘江流域城市分别达到93%和90%以上;建制镇污水处理率力争达到45%以上。加快推进污水处理厂升级改造,新建、在建城镇污水处理厂配套建设脱氮除磷设施。积极推进污水处理厂中水回用系统工程建设,提高中水回用率。到2015年,全省污水处理厂中水回用率达到10%。

2. 完善城镇生活垃圾处理设施。加快推进生活垃圾无害化处置设施建设改造,重点加大垃圾焚烧处置设施建设力度,构建技术先进、方式多样的生活垃圾无害化处置设施体系。到2012年,设区城市生活垃圾无害化处理率达到96%,县以上城市生活垃圾无害化处理率达到94%。到2015年,实现县以上城市生活垃圾无害化处置设施全覆盖,设区城市生活垃圾无害化处理率达到97%,县以上城市生活垃圾无害化处理率达到95%。积极推进城市生活垃圾分类处理,着力完善分类收运网络和处置设施。到2015年,设区城市均开展生活垃圾分类处理工作,全省建成4个生活垃圾分类处理示范市县、4个以上生活垃圾分类处理示范项目。

3. 完善城镇污泥处置设施。重点加快建设集中式污水处理厂污泥处置设施。积极推进市、县(市、区)区域内污泥处置设施共建共享,鼓励规范的污泥处置单位跨县(市、区)服务。到2012年,基本完成设区城市和有条件的县(市)污水处理厂污泥处置设施建设改造。到2015年,全面完成县以上城市污水处理厂污泥处置设施建设改造,设区城市污水处理厂污泥无害化处置率达到95%以上,县(市)污水处理厂污泥无害化处置率达到90%以上。

4. 完善城镇供水设施。加强老旧和劣质供水管材管网更新改造,加快既有供水水厂工艺提升改造,完善配水系统,减少供水漏损和管网二次污染。到2015年,全省城市供水管网漏损率不超过12%。加快推进城市供水设施向周边地区特别是农村地区延伸覆盖,鼓励有条件的地区因地制宜发展区域供水管网体系,促进城乡和区域供水设施共建共享。

(三)加强城镇综合管理。

1. 强化设施运行管理。加强对污水处理设施运行的监管,提高出水水质达标率。到2015年,太湖流域和钱塘江流域城镇污水处理厂出水执行一级A排放标准,其他城镇污水处理厂出水提高到一级B排放标准。加强对生活垃圾处理设施特别是填埋场和焚烧厂运行的监管,确保设施正常运转。到2015年,全省生活垃圾填埋场运行管理均达到《生活垃圾填埋场无害化评价标准》(CJJ/T107—2005)规定的II级以上标准,生活垃圾焚烧厂运行管理均达到《生活垃圾焚烧污染控制标准》(GB18485—2001)。加强供水设施运行监管,严格质量和卫生管理,确保供水安全。到2015年,全省城市供水水质106项指标均达到《生活饮用水标准》(GB5749—2006)。

2. 强化洁化序化管理。加强对城乡结合部、城中村、背街小巷等重点部位和占道经营、乱搭乱建、乱堆乱摆等重点行为的整治,规范城镇日常秩序。加强对清扫保洁、户外广告、建筑立面和城市家具的规范化管理,提高城镇整洁美观度。加强环卫作业管理,加快更新环卫作业装备,提高机械化作业水平。到2015年,全省城镇道路机械化清扫率达到45%以上。

3. 强化环境管理。加强城市内河环境整治,改善河道水质,努力营造水清、流畅、岸绿、景美的水景风貌。实施河道综合养护管理,健全常态化、规范化、标准化的河道管护机制,到2015年,河道保洁覆盖率达到90%以上。深化"烟尘控制区"、"噪声达标区"、"烟花爆竹禁放区"和"禁燃区"划定工作,重点防治建筑扬尘、交通和娱乐业噪声、餐饮业油烟和小型燃煤锅炉污染。到2015年,全省新增"烟尘控制区"面积2500平方公里以上,区域环境噪声小于55分贝的县以上城市比例达到75%以上，城市市区餐饮业和单位食堂100%配备油烟净化装置并建立运行维护制度，8个大气污染防治重点城市城区清洁能源使用率达到70%以上。加强辐射污染和放射源监管，确保废旧放射源和放射性废物的安全收贮。到2015年，废旧放射源安全收贮率达到100%。

（四）提高城镇人居品质。

1. 推进城镇园林绿化。编制完善城镇绿地系统规划，到2015年，各市、县（市）全面完成绿地系统规划的修编工作。探索开展城镇绿道网规划编制工作，合理布局城镇绿色空间。加强既有绿地管理养护，严格落实绿线管制和古树名木保护措施。积极推广实行建筑物、屋顶、墙面、立交等立体绿化，大力推广应用乡土植物，严格控制大树移植，努力打造“节约型园林绿化”。到2015年，县以上城市建成区绿化覆盖率达到35%以上，绿地率达到31%以上，人均公园绿地面积达到12平方米，公园绿地服务半径覆盖率不低于60%。深化园林城镇创建工作，鼓励国家园林城市争创更高水平的国家生态园林城市。到2015年，设市城市均创建成为园林城市，园林市县占全省市县总数的70%以上，每个设区市创建的园林镇不少于4个。

2. 推进城市湿地资源保护。加强城市规划区范围内湿地的保护和管理，确保城市建设不占或少占原生湿地资源。加快推进临海三江国家城市湿地公园、台州鉴洋湖国家城市湿地公园的保护和建设，总结推广绍兴市建设镜湖国家城市湿地公园的成功经验，鼓励支持有条件的城市湿地公园申报创建“国家城市湿地公园”。开展城市湿地环境净化和生态恢复功能性研究，提高城市湿地保护管理水平。

3. 推进风景名胜资源和历史文化遗产保护。认真实施《浙江省风景名胜区条例》，依法加强对各类风景名胜资源的保护，加快推动我省由风景名胜大省向风景名胜强省跨越。重点抓好西湖和江郎山世界遗产的保护，鼓励有条件的地区积极开展世界遗产申报工作。到2015年，省级以上风景名胜区基本实现详细规划全覆盖，风景名胜区设施配套水平、管理水平显著提高，各类风景名胜资源得到有效保护。加强对历史文化名城名镇名村、各级文物保护单位和其他文物古迹的保护，维护历史文化遗产的真实性和完整性。

4. 推进人居环境示范创建。积极推进中国人居环境奖和中国人居环境范例奖创建工作，鼓励开展联合国人居环境（范例）奖申报创建，引领各地着力提高城镇人居综合品质。到2015年，全省获得中国人居环境（范例）奖的市县和项目争取达到30个以上。

（五）大力发展绿色建筑。

1. 深化建筑节地。科学划定城镇空间增长边界，引导紧凑型城镇布局。科学规划和安排城镇功能，促进城镇居住、就业和公共服务等就近配套。提高城镇用地特别是工业园区的土地利用效率，促进土地集约节约利用。积极推进城镇空间复合利用，加快推进城镇地下空间开发利用。

2. 深化建筑节能。加强民用建筑设计节能评估和审查，开展民用建筑竣工能效测评，落实民用建筑节能要求。加强既有建筑节能普查，积极推进既有建筑节能改造。加强民用建筑用能管理，扩大太阳能等可再生能源建筑应用，推广高能效建筑用能设备。到2015年，新建民用建筑全面实行节能设计标准，既有高耗能建筑节能改造率达到30%以上，建成太阳能光热等可再生能源建筑应用建筑面积5000万平方米以上。

3. 深化建筑节水。加强建筑节水设施建设和运行监管，落实建设项目节水设施“三同时”制度，积极推行城市居民生活用水阶梯式水价和非居民用水超计划累进加价政策。大力推广节水技术和符合节水标准的用水器具，积极探索雨水和再生水等非常规水资源利用。广泛开展国家级、省级节水型城市和节水型社会创建活动，到2015年全省力争创建国家节水型城市7个、省级以上节水型社会7个，建成一批节水型工业园区、企业、学校和社区。

4. 深化建筑节材。积极推广墙体自保温等围护结构体系，加快发展和应用新型墙体材料，努力降低建筑材料消耗。建立完善建筑垃圾资源化利用管理制度，积极推进施工过程中建筑垃圾减量化和资源化。大力推行绿色施工，积极创建绿色工地，控制施工现场污染，减少物料损耗。

三、保障措施

（一）加强组织领导。绿色城镇行动是建设生态文明、实施新型城市化战略的重要内容，全省上下要高度重视，扎实推进。省建设厅要加强牵头协调，省级各有关单位要密切配合，形成合力，共同指导推动全省绿色城镇行动。各地要切实加强组织领导，健全工作机制，明确责任分工，制订实施计划，确保认识到位、责任到位、措施到位、保障到位。绿色城镇行动的实施情况纳入各级生态建设考核体系，与文明城镇、生态市县、环保模范城市、园林城市、卫生城市创建等工作挂钩。

（二）加大资金投入。各级政府要着力优化支出结构，整合各类专项资金，逐步加大对绿色城镇建设的财政支持力度。完善多元化投融资机制，鼓励各类投资主体以多种方式参与绿色城镇建设，重点支持社会资本参与污水处理、污泥处置、垃圾处理、园林绿化等方面工程的建设和运营。

（三）强化科技支撑。充分利用高等院校、科研院所和骨干企业的科研资源，加大绿色城镇建设相关科研攻关力度，重点抓好垃圾资源化利用、沼气净化治理、环境污染防治、新能源利用等方面技术的研究，着力形成一批关键共性技术。广泛开展国内外交流与合作，积极引进先进适用的新技术、新工艺、新材料、新装备，着力提高绿色城镇建设的科技含量。

（四）营造浓厚氛围。通过广播、电视、报刊、网络等载体，多形式、全方位宣传绿色城镇行动，提高全社会对绿色城镇行动的认识。加强政府信息公开，健全公众参与机制，切实保障人民群众的知情权、参与权和监督权，充分调动社会各界参与绿色城镇行动的积极性、主动性和创造性。组织开展省级试点示范工作，及时总结推广先进经验，通过典型引路、示范带动，推动绿色城镇行动深入开展。

浙江省人民政府办公厅关于做好自然保护区管理有关工作的通知

浙政办发〔2011〕144号

各市、县(市、区)人民政府,省政府直属各单位:

为贯彻落实《国务院办公厅关于做好自然保护区管理有关工作的通知》(国办发〔2010〕63号)精神,进一步加强我省自然保护区管理工作,经省政府同意,现就有关事项通知如下:

一、进一步提高思想认识

近年来,各级政府、各有关部门认真贯彻落实科学发展观,扎实推进自然保护区建设和管理各项工作,取得了积极成效。全省已初步建立布局基本合理、类型较为齐全、功能渐趋完善的自然保护区体系,为维护我省生态安全、促进经济社会持续健康发展作出了积极贡献。但是,随着工业化、城市化、农业现代化的加快推进,自然保护区管理也面临一些突出矛盾和问题。进一步加强自然保护区管理,有利于缓解自然保护区发展面临的压力,有利于保护生态环境、维护生态安全、建设生态文明,有利于加快转变经济发展方式、全面建设小康社会。各地、各有关部门要从全局和战略的高度,进一步提高对加强自然保护区管理的认识,切实增强工作的责任感和紧迫感。要把自然保护区建设和管理纳入当地经济社会发展规划,切实加强组织领导,有效解决管理机构不到位、管理力量不足、资金投入不足等问题,努力把自然保护区管理工作推上一个新台阶。

二、加强对自然保护区范围和功能区调整的管理

从严控制自然保护区调整,自然保护区自批准建立之日起,原则上五年内不得进行调整。任何部门和单位不得随意撤销已批准建立的自然保护区,不得擅自改变自然保护区性质、范围和功能分区。国家级自然保护区范围和功能区的调整,必须严格按照《国家级自然保护区范围调整和功能区调整及更改名称管理规定》履行报批程序。省级自然保护区范围和功能区的调整严格按照《浙江省自然保护区管理办法》(省政府令第215号)办理,并报环境保护部和国家有关自然保护区行政主管部门备案。市、县级自然保护区范围和功能区的调整按照有关规定审批和备案。

三、加强涉及自然保护区开发建设活动的监管

严格管理涉及自然保护区的开发建设活动。自然保护区内的开发建设项目,必须符合自然保护区总体规划及生态旅游等专项规划的要求,必须严格执行环境影响评价及环保"三同时"制度。涉及国家级自然保护区的开发建设项目,其环境影响评价审批严格按国家有关规定执行。涉及省级自然保护区的开发建设项目,省环境保护行政主管部门要对环境影响报告书进行严格审查,并征求省有关自然保护区行政主管部门意见;所在地环境保护行政主管部门应当根据省级部门的意见进行审批。所在地环境保护行政主管部门和保护区管理机构要加强项目施工期间的监管,督促建设单位落实保护与恢复治理方案。

四、切实保障自然保护区管理所需资金

省级自然保护区管护基础设施的建设投资由省发改委统筹安排,能力建设资金由省级财政以专项资金形式安排,日常管理经费由省级财政和所在地政府共同予以保障,列入省级财政和所在地财政预算。市、县级自然保护区的建设管理经费,由市、县(市、区)政府统筹解决。要加大财政转移支付力度,积极探索自然保护区生态补偿机制,妥善解决和处理有关土地权属问题,促进自然保护区健康发展。自然保护区内的野生动物对周边居民造成损害的,所在地人民政府应给予补偿。

五、积极开展自然保护区科研工作

加强自然保护区生物多样性基础理论、保护技术和管理政策等方面的研究。建立自然保护区生态系统、植被、珍稀濒危物种和地质遗迹分布数据库。各自然保护区应充分发挥生态环保宣传教育和自然科学普及平台作用,吸引高等院校和科研机构到自然保护区开展科学研究与教学实习,建立人才交流与合作培养等有效机制,开展各种业务培训,全面提高自然保护区科研水平。

六、提高自然保护区规范化管理水平

省环境保护行政主管部门要会同省有关自然保护区行政主管部门深入开展自然保护区专项执法检查和规范化管理考核,严肃查处各类违法行为,提高规范化管理水平。组织开展对自然保护区范围、界限和功能区划的核查和确认工作。对自然保护区与其他类型保护区域存在范围交叉重叠的,要理顺关系、明确责任、从严管理;对管理机构建设不到位、管理不规范、存在违法开发建设活动的,要责令限期整改;对环境和资源受到严重破坏,失去保护价值的自然保护区,经省环境保护行政主管部门会同省有关自然保护区行政主管部门查实后,要按有关程序给予降级或撤销处理;对由于人为因素导致自然保护区降级或撤销的,要依照相关规定追究有关单位和人员的责任。

二〇一一年十二月二十八日

浙江省人民政府办公厅
关于印发浙江省防灾减灾行动方案的通知

浙政办发〔2011〕131号

各市、县(市、区)人民政府,省政府直属各单位:

《浙江省防灾减灾行动方案》已经省政府同意,现印发给你们,请结合实际,认真贯彻实施。

二〇一一年十一月二十三日

浙江省防灾减灾行动方案

为贯彻落实《中共浙江省委关于推进生态文明建设的决定》(浙委〔2010〕64号)和《中共浙江省委办公厅浙江省人民政府办公厅关于印发〈"811"生态文明建设推进行动方案〉的通知》(浙委办〔2011〕42号)精神,扎实推进防灾减灾行动,特制定本方案。

一、指导思想、基本原则和工作目标

(一)指导思想。深入贯彻落实科学发展观,紧紧围绕"八八战略"和"创业富民、创新强省"总战略,以维护人民群众生命财产安全、保障和改善民生、促进社会和谐稳定为出发点和落脚点,坚持预防为主,预防、治理、抢险与救助相结合的方针,综合运用经济、法律、行政、科技等手段,不断完善防灾减灾体制机制,着力提升防灾减灾综合能力和管理服务水平,促进全省经济社会全面协调可持续发展。

(二)基本原则。

——统筹规划,突出重点。将加强防灾减灾能力建设纳入经济社会发展规划,从全局和战略高度谋划防灾减灾工作。合理部署重点防御工程和重点项目,着力解决防灾减灾领域的突出问题。

——预防为主,协同推进。突出灾害预防,加强灾害风险调查评估、监测预警预报、工程防御等工作。坚持防灾、减灾、救灾相结合,协同推进灾害管理工作。

——依法实施,科学应对。健全相关法规政策,依法推进防灾减灾各项工作。尊重规律,尊重科学,合理制订防灾减灾工作方案,科学组织实施。

——政府主导,社会参与。建立以行政区域分级的灾害防御管理体制机制,加强部门协同和资源整合,充分发挥各级政府在防灾减灾工作中的主导作用。注重防灾减灾知识的宣传教育和普及,畅通各类市场主体和社会组织、城乡社区和社会公众参与渠道,推进全社会共同参与防灾减灾工作。

(三)工作目标。到2015年,政府统一领导、相关部门分工协作、功能完善、协调有序、运转高效的防灾减灾体系进一步健全,综合防灾减灾能力全面提升,应对重特大自然灾害能力明显加强,城乡基层灾害设防水平和全民防灾减灾技能显著提高,灾害对国民经济和社会发展的影响明显降低,因灾造成的直接经济损失占全省当年生产总值比例低于1.5%。

二、主要任务

(一)强化自然灾害监测预报预警能力建设。

1. 防汛防台抗旱监测预警体系建设。加强水文、气象基础设施建设,扩大覆盖范围,优化监测站网布局,加快应急机动监测能力建设,着力提高重点地区、重要城市、行政区界和地下水的水文测报能力。建设覆盖全省的防汛防台抗旱综合信息共享平台,健全水利、气象、水文、海洋、海事、国土资源、环保、建设、卫生等部门密切协作的防洪安全、供水安全和水环境安全监测预报预警体系。

2. 气象灾害综合监测和预报预警系统建设。根据我省中小河流治理和中小水库除险加固、山洪地质灾害防治、易灾地区生态环境综合治理的需求,增加监测台网密度,优化地面自动气象监测,按照5—10公里站间距开展自动气象站建设。强化雷达和应急移动气象监测,建设湖州、丽水、杭州西部新一代天气雷达。加强近海海洋气象灾害、农业农村气象灾害、城市气象灾害和人居环境气象的监测,发展交通、能源等专业气象灾害监测。加强台风、海上大风、海雾等气象灾害的监测预报预警,建设东海气象灾害监测预警中心,进一步发挥舟山海洋气象广播电台作用。建立多部门合作机制,形成相关部门气象灾害监测数据汇交共享平台。加强多源数据融合分析,建立网格化气象预报预警系统。开展气象灾害风险调查分析和风险评价,建立及时、准确、权威、畅通、有效的灾害立体监测预警服务体系。

3. 海洋灾害综合观测预警网络建设。充分利用国家已建、在建、拟建的海洋、气象观测设施,以海洋产业集聚区、海防薄弱区、海洋灾害频发区为重点，通过地方新建、共建和改(扩)建的方式，构建优势互补、布局合理的海洋灾害综合观测网。形成以省、市两级预报机构为主，县级海洋站为辅的海洋预报体系。开展以县(市)为基本单元的海洋灾害风险评估与区划，合理布局灾害防御重点，完成防御特大海啸灾害的定量海啸预警数据库建设，成立海啸预警计算中心。加快全省海洋灾害信息服务网建设，统筹现代传媒资源，建立应急联动信息发布机制，加强海啸、风暴潮预警信息快速分发系统建设，实现海洋灾害信息服务覆盖沿海市、县(市)、主要乡镇和社区，包括滨海旅游区、港口、海洋工程、标准渔港和其他涉海企事业单位。

4. 地质灾害监测与预警预报体系建设。按照分类分级管理要求，将全省已查明的5868处地质灾害隐患点全部纳入地质灾害群测群防网络体系，确保责任明确、隐患清楚、巡查到位、监测有效、预警及时。进一步完善以重要地质灾害专业监测为重点的骨干监测网络，在加快推进新昌县下山村滑坡省级监测示范工程建设的基础上，新建专业监测项目75个，实时掌握动态变化信息，提高地质灾害专业监测预报预警能力。继续建设和完善省、市、县(市)三级突发性地质灾害气象预报预警体系，完善国土资源、水利、气象等多部门联合的监测预警信息共享平台和短时临近预警应急联动机制，实现在汛期、灾害性天气时有效预报预警。

5. 地震监测台网和防震减灾公共服务信息系统建设。优化全省地震监测台网布局，推进立体地震监测网络建设，建立健全地震监测台网技术支撑保障体系，提高地震速报的准确性和时效性，提升地震前兆信息捕捉的有效性。强化重点监视防御区地震背景监测和地震构造环境探测，推进大型水库、核电站、特大桥梁、蓄能电站、海港码头等重大建设工程专用地震监测台网建设。综合利用现有信息系统建设成果，加快建设主要由基础平台、功能平台和应用平台构成的省级防震减灾公共服务综合信息系统。逐步健全群测群防网络体系，提高防灾减灾的社会参与度。

6. 森林火灾预警监测体系建设。在全省林区，采取省、市、县(市)三级共建的方式，逐步建立完善的森林火灾预警监测体系，森林火灾预警监测能力和水平明显提高，实现科学防火。建设由预警中心、森林火险要素监测站和可燃物因子采集站构成的森林火险预警系统，建设完善林火卫星监测系统、森林火灾远程视频监控系统，加强森林火险天气等级和林火行为预测预报，并建立相应的预警响应机制。

(二)完善防汛防台抗旱工程体系。

1. 河流治理和海塘配套加固。以"强塘固房"工程为抓手，加强钱塘江、瓯江等独流入海河流的治理，提升流域的防洪排涝能力。推进中小河流治理，优先对洪涝易发、人口集中、经济集聚、农田连片的河段进行堤岸加固和清淤疏浚，加强山洪灾害易发地区小流域和山洪沟治理。到2015年，完成干堤加固建设450公里以上、中小河流治理1000公里以上，基本完成全省八大流域和中小河流重点河段的治理。加固已建标准海塘，提高低标准海塘防御标准，完善沿塘配套建筑物，巩固和提高海塘防御风暴潮能力。完成海塘配套加固436公里。加强中小河流、山洪灾害易发地区生态建设与保护，有效发挥森林生态体系的防灾减灾作用，大力开展长江流域防护林、沿海防护林和生态公益林建设，加快沿海基干林带建设，重点建成温台和环杭州湾等沿海基干林带，确保全面合拢，新围垦区要按规划建设沿海防护林。

2. 病险水库水闸山塘除险加固和区域防洪排涝工程建设。深入实施病险水库除险加固，加强水库安全动态监测，及时消除安全隐患，完成病险水库除险加固415座以上，将病险水库年发生率控制在3%以内。加快大中型、重点小型水闸除险加固和安全隐患严重的危险山塘整治。进一步完善城市防洪排涝工程体系，确保城市防洪达到国家规定的设防标准。扩大防洪工程保护范围，提高主要平原、产业集聚区及低洼地区的防洪排涝能力，力争完成低洼圩区综合整治200万亩、泵站改造和扩建10万千瓦，主要平原和低洼易涝地区排涝标准提高到10年一遇以上。加快沿海易受台风灾害影响地区、地质灾害易发区的危旧房改造加固或搬迁，基本消除危房结构安全隐患。

3. 抗旱水源工程建设。深入实施"水资源保障百亿工程"，构建浙北浙中地区水库群联合供水、台州"北水南调"等区域水源联网联调工程格局。建设一批城市应急备用水源工程、抗旱水源工程和中水回用、海水淡化、分质供水、雨水利用等非常规水资源利用工程，推动建设一批山区中小型水库，建设和改造一批小山塘、小堰坝、小水池、小泵站和小沟渠，提高城乡供水保证率和饮用水源水质。巩固"千万农民饮用水工程"建设成果，实施农村饮水安全提升工程，到2015年，切实改善395万农村人口饮水条件。加强人工增雨作业能力建设，科学开发利用空中云水资源。建设10个人工影响天气作业基地，通过火箭作业和飞机作业相结合，积极实施以农业抗旱、森林防火、水库增水和生态环境改善为重点的人工影响天气作业。

(三)加强地质灾害防治。

1. 地质灾害防治机制建设。各市和有突发性地质灾害防治任务的69个县(市、区)要及时编制年度地质灾害防治方案，层层签订地质灾害防治责任书，落实防灾减灾任务。国土资源、水利、气象、交通运输、建设等相关部门要各司其职，加强协作，合力防灾。要严格执行各项汛期防灾工作制度，汛前认真做好重点时段和重点区段的检查、排查工作，查找薄弱环节，落实防灾措施；汛中加强巡查和应急值守，确保上情下达和灾情速报；汛后及时组织开展新发生地质灾害隐患的复查确认。

2. 地质灾害调查评价。开展重点县(市、区)1：50000地质灾害详细调查，查明地质灾害隐患，进行地质灾害易发程度区划和风险评估，为地质灾害防治提供全面准确的基础数据。在地质灾害高、中易发区的城镇和人口集聚区开展1：10000地质灾害调查和勘查，提出相应的防治措施和建议，为工程建设提供科学依据。在编制地质灾害易发区内的城市和镇总体规划、乡规划和村庄规划时，要将地质灾害预防治理要求作为规划的强制性内容。有突发性地质灾害防治任务的69个县(市、区)要开展年度地质灾害隐患排查，及时发现地质灾害隐患点，落实防灾措施，实现地质灾害点动态管理。

3. 地质灾害隐患勘查治理与避让搬迁。对因自然因素造成的威胁农村居民点的地质灾害隐患，要结合新农村建设、下山脱贫和农村危旧房改造工程，通过加强勘查治理、有序组织避让搬迁等途径妥善解决。对发生的地质灾害点，要及时进行应急排险处置，消除险情；不能消除的，应进行工程治理或避让搬迁。到2015年，通过地质灾害隐患工程治理、受灾群体避让搬迁等防治措施，使全省受地质灾害威胁人数大幅下降，10万人脱离地质灾害的威胁。继续做好地面沉降防治，以嘉兴、台州地面沉降减缓率为考核重点，进一步完善我省地面沉降监测网络。

(四)加强生态系统预警监测。

1. 林业有害生物防治。进一步落实目标管理责任，创新防治机制，加大基础设施投入，重点加强林业有害生物监测预警、检疫御灾、防治减灾三大体系以及公共防治服务、重要生态区域的防控基础设施建设，形成完善的林业有害生物防控体系，切实提高预测预警能力、检疫执法水平和防灾减灾成效。有效防范外来有害生物入侵，加强重大林业有害生物防治，到2015年，将林业有害生物成灾率控制在4‰以下。

2. 动植物疫情疫病监测。建立和完善疫病监测预警、预防控制、防疫监督以及基础设施保障系统，形成比较完善的重大生物灾害防控体系。开展野生动物携带人兽共患病的基础数据收集，加强对检疫性实蝇、舞毒蛾、杂草蛾等有害生物的监测，提高对口蹄疫、禽流感、红火蚁、谷斑皮蠹、香蕉穿孔线虫等重大疫情疫病的预警预报和快速处置能力。在对外开放口岸建立标准熏蒸处理库，确保外来疫情疫病得到有效处理，防止境外动植物疫情疫病侵入和蔓延。

(五)强化核与辐射安全保障。

1. 核应急与有害气体泄漏应急气象保障系统建设。加强大气环境与核应急气象保障中心能力建设，开发核污染、有害气体泄露等气象应急响应模式系统，建立应急区域精细化风、温、湿以及降水等气象要素场的诊断模型、短时短期预报模型和核应急气象评价模型，建立核电基地特定应急区域基础气象信息数据库，完善核应急气象保障业务平台。

2. 沿海核电等特种涉海工程的风险评估与应急监测。开展沿海核电、石油储备、重化工等设施区域海啸、风暴潮灾害风险评估，开发应急海域核泄露物、危化物在海水中的扩散、漂移数值预报模型，在重点区域设立海洋水文自动观测站，提高海洋环境及生物的核辐射监测能力。

3. 核与辐射污染源的监测管理和防治。进一步完善辐射环境保护制度体系，制订并实施核与辐射发展规划，推进核与辐射项目审批的制度建设，修改完善《浙江省核电厂(基地)场外应急预案》。加强核设施安全和辐射环境监管，完善放射源、射线装置和开放型放射性同位素应用的分级监管体系，加强对伴生矿开采的辐射环境保护和重点辐射工作单位的监管，抓好重点核监管企业和场所历史遗留问题的研究解决，防止发生相关群体性事件。

4. 核与辐射口岸安全保障。加强对口岸突发核与辐射事件前瞻性研究，增强相关工作的针对性。加强培训，进一步提高口岸一线工作人员核与辐射突发事件监测、处置能力。在对外开放口岸(包括海港、空港、内陆口岸、国际邮件处理中心等)配置足够的核与辐射检测设备，充实核与辐射专业技术人员。

(六)加强灾害快速救援和应急处置能力建设。

1. 灾害应急预案建设。进一步完善省、市、县(市、区)、乡镇(街道)、村(社区)五级灾害应急预案体系，重点加强乡镇(街道)、村(社区)级预案的修订完善，增强预案的系统性、科学性和可操作性。加强应急预案演练，建立救灾应急预案评估机制，规范预案应急工作流程，提高基层救灾应急响应能力。

2. 突发灾害预警信息发布和接受能力建设。建设完善气象信息采集和预报发布系统，实现气象部门与政府应急管理部门、相关行业部门以及公共媒体之间的互联互通，确保自然灾害信息的快速有效汇集、发布和传播。依托各级气象部门已有信息网络基础和信息发布手段，进一步完善相应功能，通过与电视、广播、通讯、网络、民防警报等系统的有效对接，形成覆盖全省的突发自然灾害预警信息统一发布系统，使其具备承担对突发灾害信息的接收、处理和及时发布能力。健全乡镇(街道)、村(社区)以及敏感行业、单位的灾害预警信息接收机制，形成及时、准确、权威、畅通、有效的预警信息发布渠道。

3. 应急救援队伍和技术装备建设。按照“一队多用、专兼结合、军民结合、平战结合”的要求，依托公安消防部队和各级政府综合应急救援队伍，加强防汛抗旱应急队伍、森林防火应急队伍、地质灾害应急队伍、矿山危险化学品应急救援队伍、卫生应急队伍、海(水)上应急救援队伍和民防应急救援队伍等基层专业队伍建设，逐步构建起以专业应急救援队伍为基本力量，综合性应急救援队伍为骨干力量，公安、武警、驻浙解放军为突击力量，企事业单位和志愿者队伍为辅助力量的灾害应急救援队伍体系。增加有效投入，增添必要装备，提高应急救援装备专业化、技术化水平。

4. 基层防灾能力建设。进一步提高基层灾害防范意识和预警预报、组织协调、应急避险能力，健全灾前应急准备、临灾应急防范和灾后应急救援等应急处置与救援系统，做到信息畅通、行动一致、反应迅速、协调有效。巩固基层防灾减灾救灾体系建设成果，进一步落实重要堤防、病险水库、地质灾害易发区等巡查预警制度，继续开展气象灾害应急准备认证，深化气象防灾减灾标准乡镇(街道)和示范村(社区)建设，深入开展地质灾害群测群防“十有县”创建和基层国土所地质灾害防治工作“五到位”活动，落实防雷装置安全检测、审核、验收制度和重点单位安全责任制，建立健全基层群防群治的长效机制。加强基层信息员队伍建设，实现乡镇(街道)有气象协理员、防震减灾助理员、动物疫病防控信息员，村（社区）有气象信息员，山洪灾害有预警员，地质灾害有群测群防监测员，重点渔村有渔船安全协管员，山塘水库有巡查员。根据灾害信息员国家职业标准要求，加强灾害信息员职业技能培训和鉴定工作。到2015年，完成培训城乡灾害信息员30000名。

5. 避灾安置场所建设。继续推进城乡避灾安置场所、人防人员疏散场所和地震避灾所及疏散通道建设，统一各类场所的建设规划，研究制订规范化管理制度，提高室内避灾场所抗震设防水平，确保避灾安置场所安全。建设的地震避难场所、疏散通道要建立专门的引导和指示标识。到2015年，基本实现各市、县（市）有1所避灾安置中心，各乡镇（街道）、3级以上标准渔港、多灾易灾城乡社区都有1所避灾安置所，累计总数8000所、可容纳灾民300万人的目标。

6. 抢险救灾物资仓储建设。加强抢险救灾物资应急保障能力建设，编制规划，优化布局，推进抢险救灾物资储备库改（扩）建，丰富物资储备种类，基本形成功能齐全、布局合理、运行高效、保障有力的抢险救灾物资仓储体系。重点推进多灾易灾地区抢险救灾物资储备库建设，全省基本实现每个县（市、区）一个救灾仓库、每处重点水利工程一个防汛抢险物资储备点的目标。探索完善抢险救灾仓储管理手段，实现省、市、县三级抢险救灾仓储网格化管理。

7. 防灾减灾宣传教育。结合国家“防灾减灾日”、“防汛防台日”宣传活动，加大宣传力度，创新宣传方式，建立防灾减灾宣传长效机制，实现防灾减灾宣传制度化、经常化。加强减灾教育基地建设，加强全社会尤其是重点地区、重点人员防灾减灾科学知识和技能的宣传教育，不断提高公众防灾减灾意识和自防、自救、互救能力。加快推进城乡“减灾示范社区”创建活动，大力开展城乡社区减灾宣传教育，充分调动社区居民参与防灾减灾工作积极性，切实提高社区减灾能力。加强对核电站、大型水库、发电厂、大型石油化工企业的防灾减灾宣传教育，提升企业突发灾害的应急处置能力。

三、保障措施

（一）加强组织领导。各级政府要高度重视防灾减灾工作，建立健全减灾委员会，充分发挥其综合协调作用。进一步落实责任，将防灾减灾行动实施情况纳入各级生态建设考核体系。各级民政、水利、公安、国土资源、环保、建设、农业、林业、海洋与渔业、人防、检验检疫、地震、气象、消防等部门要各司其职、密切配合，进一步形成工作合力。要积极动员社会力量参与防灾减灾工作。建立健全省、市、县三级联动、协同配合、科学高效、覆盖全面的灾害信息共享机制、灾害应急救助机制、救灾征用补偿机制，形成政府主导、部门配合、社会参与的防灾减灾工作格局。

（二）完善法规政策。推进防灾减灾法规政策体系建设，依法制（修）订符合我省实际的防灾减灾法规、规章和有关政策，将防灾减灾工作纳入法制化、规范化轨道。加强理论研究和实践探索，积极借鉴防灾减灾管理先进国家和地区经验，进一步提升我省防灾减灾管理科学化、标准化水平。

（三）加大资金投入。各级政府要增加防灾减灾资金投入，进一步提高公共财政保障能力，加大对地质灾害集中地区、贫困地区和农村地区防灾减灾基础设施建设的支持力度。完善防灾减灾项目建设经费分级投入机制和多渠道资金筹措机制，健全救灾和捐赠款物的管理、使用和监督机制。完善自然灾害救助标准体系，探索研究建立财政支持的自然灾害风险分散机制，探索通过多元化机制实现重特大自然灾害的经济补偿与损失转移分担。

（四）强化科技支撑。加强防灾减灾专业人才队伍建设，提高防灾减灾专业化水平。深化成灾规律、成灾条件、灾害预警、风险评估、防御对策及应急处置等方面的研究。加强关键领域的技术创新，加快防灾减灾科技创新与成果转化，充分发挥科学技术在防灾减灾中的支撑作用。

附件：浙江省防灾减灾行动工作任务分解表（略）

中共杭州市委　杭州市人民政府关于推进生态型城市建设的若干意见

（2011 年 1 月 5 日）

市委〔2011〕3 号

为全面贯彻落实科学发展观，认真贯彻落实党的十七届五中全会和省委十二届七次、八次全会精神，扎实推进国家生态市创建、国家低碳城市试点、全国生态文明建设试点等工作，建设具有杭州特色的生态型城市，提高生态文明水平，特提出如下意见。

一、重要意义

1. 建设生态型城市是全面贯彻落实科学发展观的内在要求。党的十七大提出了建设生态文明的重要战略任务，形成了经济建设、政治建设、文化建设、社会建设、生态文明建设“五位一体”的格局。省委十二届七次全会作出的推进生态文明建设的决定，是指导我省生态文明建设的纲领性文件。生态型城市是生态文明水平在城市的综合体现，是城市生态文明发展的必然结果。建设生态型城市是推进生态文明的有效途径，有利于进一步提升科学发展、和谐发展理念，牢固树立生态文明观念，促进资源节约型和环境友好型社会建设，实现以人为本、全面协调可持续发展。

2. 建设生态型城市是实现杭州城市新发展的更高追求。生态型城市是以系统生态学理念为指导的城市发展的理想模式，代表了世界先进城市的一般特征和未来城市发展的重要方向，它通过综合协调城市经济社会活动与资源环境间的相互关系，实现经济持续稳定发展、资源能源高效利用、生态环境良性循环、社会文明高度发达。近年来，我市经济社会发展迅速，城乡面貌变化巨大，人民生活水平显著提高。但也要清醒看到，我市产业结构与环境容量不协调、环境质量与群众要求不适应的矛盾仍较为突出，生态环境形势依然严峻。当前，我市正处在人均地区生产总值从 1 万美元向 2 万美元跨越的关键时期，既面临加强生态环境治理和保护的倒逼压力，也有着加快生态型城市建设的良好基础和诸多机遇。建设生态型城市，是我市全面建成惠及全市人民的小康社会的重要内容，是共建共享“生活品质之城”的应有之义，有利于加快转变经济发展方式，实现经济效益、社会效益与生态效益共赢；有利于保障人民群众生态权益，改善生产生活环境，提高人民群众生活品质，为杭州当代人民乃至子孙后代谋福祉。

3. 建设生态型城市是提升杭州城市综合竞争力的战略举措。生态文明程度是一个城市形象的重要标志。良好的生态环境，是杭州最具魅力、最富竞争力的独特优势和战略资源。建设生态型城市，有利于进一步增强环境就是生产力、环境就是竞争力的意识，使节约和合理利用资源、保护生态环境成为全社会的共同行动和核心价值观；有利于将生态环境比较优势转化为竞争优势、产业优势，增强可持续发展能力，在激烈的竞争中抢占制高点；有利于保持和维护好我市生态环境品牌，树立杭州生态环境好、生态环境保护得好、经济社会与生态环境协调发展得好的形象，实现城市增值和品位提升，推动城市发展迈入新境界。

4. 建设生态型城市是巩固扩大杭州生态环境建设成果的有效载体。近年来，我市深入实施"环境立市"战略，先后出台了加强环境保护和节能减排、建设生态市、建设低碳城市等一系列重大政策举措，取得了积极成效，获得了国际花园城市、联合国最佳人居环境奖、国家园林城市、国家环保模范城市、国家森林城市、中华环境奖等荣誉。当前，我市正处在推进国家生态市创建、国家低碳城市试点、全国生态文明建设试点工作的重要阶段，把建设生态型城市作为推进生态文明建设的总载体和总抓手，有利于统筹各方资源，形成整体合力，巩固我市生态环境建设成果，推进各项国家试点和创建工作，提升杭州生态文明水平。

二、总体要求

5. 指导思想。以邓小平理论和"三个代表"重要思想为指导，全面贯彻落实科学发展观，以加快转变经济发展方式为主线，深入实施"环境立市"战略，发展生态经济、改善生态环境、培育生态文化、强化科技支撑、创新体制机制，力争率先基本形成节约能源资源和保护环境的产业结构、增长方式和消费模式，走出一条具有杭州特色的生产发展、生活富裕、生态良好的文明发展道路，加快建设以绿色、低碳、和谐、可持续发展为主要特征的生态型城市，彰显杭州山水园林城市特色，打造国家生态市、国家低碳城市和全国生态文明示范市，提升生态文明水平。

6. 基本原则

——遵循规律、统筹兼顾。充分尊重经济社会发展规律和自然生态规律，正确处理经济社会发展与生态环境保护的关系，促进经济、社会、生态良性互动，把生态优势转化为发展优势，实现发展更科学、环境更优质、社会更和谐。

——立足当前、着眼长远。把生态型城市建设目标任务纳入经济社会发展规划，统筹近期与长远、局部与整体的关系，因地制宜、分类指导，标本兼治、彰显特色，有计划有层次分步骤地推动生态型城市建设向纵深发展。

——重点突破、整体联动。在优先选择对经济社会发展和生态环境建设有重大影响的重点领域、重点区域、重点问题进行有效突破的同时，坚持城乡区域统筹，推动生态经济、生态文化、生态科技、生态环境文明、生态制度文明共同发展，增强生态型城市建设的普惠性。

——创新机制、依靠科技。积极推进体制机制和管理创新，加快建立符合市场经济规律的生态型城市建设制度体系；加强生态科技人才培育、先进成果推广应用，强化生态型城市建设的智力支撑和科技支撑。

——党政主导、全民参与。发挥党委、政府的组织引导协调推动作用，调动各方力量，构建党政主导、部门分工协作、全社会共同参与的工作格局，形成群策群力推进生态型城市建设的强大合力。

7. 总体目标

到2015年的主要目标是：杭州市和相关区、县(市)全部达到国家生态市(区、县)标准，以低碳经济、低碳交通、低碳建筑、低碳生活、低碳环境、低碳社会为标志的"六位一体"低碳城市格局初步形成，国家生态文明建设试点工作全面完成，基本达到国家生态文明建设示范区要求。

——生态经济加速发展。全市服务业增加值占地区生产总值比重超过50%，单位生产总值综合能耗和温室气体排放进一步下降，主要污染物排放总量进一步减少，清洁生产普遍推行，循环经济形成较大规模，生态经济成为新的增长点，基本形成高附加值、低消耗、低排放的绿色低碳产业结构。

——生态环境持续改善。市区河道水质摘掉劣五类帽子，饮用水源达标率达到100%，空气质量在保持总体良好基础上污染指数逐步降低，森林覆盖率达到65%，城市人均公园绿地达到16平方米，国家级生态乡镇比例达到80%，城乡宜居水平有较大提高，基本形成"蓝天碧水绿色清净"的生态环境。

——生态文化日益繁荣。生态文化研究和生态文明教育不断加强，生态文化载体日益丰富，人与自然和谐共处的生态理念深入人心，全市生态文明宣传普及率在90%以上，社会公众对生产生活环境的满意度达到90%，基本形成善待自然、和谐文明的生态文化体系。

——生态体制不断完善。市、区县(市)、乡镇(街道)、村(社区)四级生态文明创建体系健全，党政领导班子和领导干部综合考评、生态补偿、财税金融扶持、科技与人才创新等机制和环境保护法律法规体系日益完善，初步建立生态文明建设管理体系。

到2020年的主要目标是：建立符合可持续发展要求的经济结构、生态环境系统和社会管理体系，基本实现人口规模素质与生产力发展要求相适应、经济社会发展与资源环境承载力相适应、人们行为方式与自然客观规律相适应，建成国内一流的生态型城市，低碳城市建设走在全国前列，达到国家生态文明建设示范区高级阶段要求。

三、发展生态经济

8. 优化区域发展布局。认真实施主体功能区规划，依据环境容量和生态承载力，统筹谋划人口分布、经济布局、国土利用和城市化格局。完善杭州中心城市和五县(市)功能定位，增强中心城市辐射带动作用，引导和推动市区产业特别是制造业向五县(市)有序转移，加快五县(市)新型城市化进程，形成分工合理、特色鲜明、优势互补的市域经济发展格局。加快建设大江东新城和杭州城西科创产业集聚区，整合提升国家级和省级开发区、重点城镇特色工业功能区、现代服务业集聚区、文化创意产业园等现有产业发展平台，推进产业集聚区建设，优化全市生产力布局。

9. 加快产业转型升级。把发展生态经济作为推进转型升级的重要目标和重要途径，研究制定杭州生态产业发展规划，加快推进产业结构战略性调整，大力发展绿色低碳产业，促进生态经济化、经济生态化。深入实施“服务业优先”战略，按照集聚化要求大力发展生产性服务业，按照便利化要求积极发展生活性服务业，按照均等化要求加快发展公共服务业，加快发展八大门类文化创意产业，加快建设国际重要的旅游休闲中心、全国文化创意中心、电子商务中心、区域性金融服务中心，打造建设服务业强市。加强对战略性新兴产业的规划引导和政策支持，把产业基础好、企业实力强的新一代信息技术、高端装备制造、生物、节能环保产业培育成为我市的支柱产业，把具有较大发展空间与增长潜力的新能源、新材料、新能源汽车产业培育成为我市的先导产业，充分发挥战略性新兴产业对转型升级的引领作用。积极运用高新技术、先进适用技术特别是信息技术改造提升传统优势产业，提高制造业水平和竞争力。以高产、优质、高效、生态、安全为发展导向，完善现代农业产业体系，发挥农业在减少污染、增加绿化、培育碳汇方面的独特作用。

10．加大节能减排力度。强化节能减排目标责任考核，健全节能减排激励约束机制和统计监督体制，严格实行固定资产投资项目节能评估和审查制度，完善落后产能退出机制，坚决淘汰高能耗行业的落后产能，坚决防止产能过剩行业生产能力扩张和重复建设，坚决禁止限期淘汰的落后装备擅自扩容改造和异地转移。实施重点节能工程，推广先进节能技术和产品，推广清洁生产，推行合同能源管理，实现节能由工业节能向交通、建筑、家电在内的社会节能延伸。加强国控、省控、市控重点污染源达标排放，严格控制化学需氧量、二氧化硫、氨氮、氮氧化物等主要污染物排放总量。

11．大力发展循环经济。以提高资源产出效率为目标，加强规划引导，加强财税金融等政策支持，实行生产者责任延伸制度，推进生产、流通、消费各环节循环经济发展。大力发展工业循环经济，全面实施循环经济“770工程”、工业循环经济“2632”示范工程。积极发展生态循环农业，重视种植业和养殖业废弃物循环利用。加强循环经济示范企业、示范园区和基地建设。加强矿产资源综合利用，鼓励产业废物循环利用，加强再生资源现代回收体系建设，实现资源再生利用产业化。

12．积极发展清洁能源。合理控制能源消费总量，调整能源消费结构，提高能源利用效率，积极发展新能源，增加非化石能源消费的比重，加快从“碳基能源”向“低碳能源”转变，从源头上实现绿色低碳发展。在生产生活领域积极推广太阳能、沼气、天然气、地热等清洁能源和可再生能源综合利用，提高天然气发电、太阳能发电、生物质能发电比重，推进能源多元化、清洁化、可持续化。加强工业余热利用，推广应用清洁煤发电技术，推进乙醇汽油试点推广工作，加强智能电网建设，打造全国清洁能源基地示范市。

13．加强资源集约节约利用。落实节约优先战略，全面实行资源利用总量控制、供需双向调节、差别化管理。完善土地管理制度，强化规划和年度计划管控，严格用途管制，健全节约土地标准，加强用地节地责任和考核，深化农村土地综合整治，实施低丘缓坡开发利用。高度重视水安全，建设节水型社会，健全水资源配置体系，强化水资源管理和有偿使用，严格控制地下水开采，加强农业节约用水、工业废水回收再利用和区域性中水回用系统建设。厉行节约用材，加快可再生材料、新型墙体材料和散装水泥推广应用。

四、改善生态环境

14．加强森林系统和园林绿化建设。深入实施杭州市森林城市建设总体规划、城市绿地系统规划、生态公益林建设规划等规划，大力开展植树造林，加强森林保护，强化平原绿化和山地丘陵植被保育，增加林分、改善林相，提高森林覆盖率和林木蓄积量，增强保土蓄水和固碳能力。加强六条生态带建设和保护，实施山区林道、生态公益林等建设工程，加快沿高速公路、快速路、铁路生态廊道建设，加强古树名木和名贵树种保护，促进生态多样化，打造生态林、产业林、景观林共建的森林体系和绿色屏障。巩固国家森林城市和国家园林城市建设成果，倡导“让森林走进城市、让城市拥抱森林”、“城在林中、林在城中、人在绿中”的理念，加强城市公共绿地建设，完善城市公园、广场、住宅小区等区域绿地生态系统，推广立体绿化，合理规划构建多色系四季花卉竞相开放、乔灌木错落有致的景观布局，营造良好的城市绿化环境。

15．加强水污染整治和水生态系统综合保护。加强大江大河和水源保护主体功能区的生态修复，加强钱塘江流域和东苕溪流域的城镇环保基础设施建设、环境综合整治和生态修复，严格执行《杭州市生活饮用水源保护条例》，加快县级以上城市集中式备用水源地建设。加快推进城乡污水收集管网和污水处理厂污泥处置设施建设。严格实行排污许可证制度，加大化工、印染、造纸等高耗水行业的水污染控制，强化农村农业面源污染治理。建立流域综合管理和开发利用数字平台，提高流域水环境管理水平。保护主要江河湖等水资源，深入实施西湖、西溪湿地、运河、市区河道综合保护工程，加大疏浚、截污、引水、生物治理力度，开展河流生态修复工程和沿河景观建设工程，积极整治市区和平原河网水系，构建市域湿地生态网络体系，全面实现“水清、流畅、岸绿、景美、宜居、繁荣”目标。

16．加强大气污染综合整治。进一步实施半山和北大桥地区大气污染整治，深化市区工业企业搬迁和升级改造，有效改善区域大气环境。严禁新增、力争拆除供热范围内的燃煤蒸汽锅炉，全面推进燃煤热电厂除尘脱硫脱硝工作。严格治理餐饮业油烟，控制城市扬尘污染，积极淘汰高污染机动车，强化机动车尾气等污染物排放治理工作。深化对灰霾天气形成机理研究，创新综合整治措施，有效减少城市灰霾。

17．加强固体废物污染控制。扎实推进垃圾分类工作，完善城乡垃圾收集、分选、转运、处置设施体系，推进城乡生活垃圾集中处理和资源化利用，积极创造条件实现垃圾零填埋、资源全回收。建设完善工业固体废物处置中心和危险废物安全处置场，形成集中处置、有效监管的工业固体废物处置利用系统。加强医疗废物、化学废弃物等有毒有害物品全过程监控与管理，实行专业收集、专线清运和集中处置。加强重金属、危险废物、土壤污染治理，强化辐射监管。

18. 加强生态修复工程建设。坚持保护优先和自然恢复为主，从源头上扭转生态环境恶化趋势。实施重大生态修复工程，巩固天然林保护、退耕还林还草成果。加强重点生态敏感区保护和管理，注重养护和提高土地的生态服务功能，增强涵养水源、保持水土、防风固沙能力。严密防范外来物种入侵，保护生物多样性。加强水利基础设施建设，增强城乡防洪能力。加快建立地质灾害易发区评价监测预警体系，加大重点区域地质灾害治理力度，推行自然灾害风险评估，科学安排危险区域生产和生活设施的合理避让。

19. 加强农村环境综合整治。深入实施"百千"工程，继续推进"清洁乡村"创建和庭院整治，以高速公路、国省道为重点大力实施整村、整镇、整河、整路和区域性连片环境整治，加快推进农村道路硬化、污水治理、水沟治理、卫生改厕、路灯建设、绿化建设、改厨改房等工作，建立农村垃圾集中收集和无害化处理的户集、村收、镇运、县处理系统，对偏远、分散、管线暂不能到达的农村推广实施分散型生态治污模式，建设一批绿色城镇、美丽乡村和农村新社区。

20. 加强城乡宜居环境建设。坚持以生态理念指导城市有机更新，积极引入紧凑型城市发展模式，推进新城和城市综合体生态化建设，打造多功能、多空间、多业态的复合型城市生态单元。健全城乡基础设施网络体系，优化市政公用设施布局，鼓励发展生态型住宅小区，探索推广各种生态型居住方式。加强历史文化街区和地段的综合保护，开展背街小巷和社区庭院生态建设，完善各项城市公共服务设施。坚持林网、水网、路网相融合，建设以慢行交通系统为主的沿运河、钱塘江、余杭塘河及串联西湖、西溪、青山湖、湘湖的景观游憩绿道，并实现与市域内自然保护区、森林公园、旅游景观的串联，使游憩绿道成为生态休闲文化长廊。

五、培育生态文化

21. 加强生态文化研究和载体建设。加强传统和现代生态文化研究，丰富生态文化内涵，推进生态文化创新。弘扬跨湖桥文化、良渚文化、南宋文化等杭州历史文化中体现的传统生态文化理念和思想，积极挖掘体现杭州自然山水、农垦渔猎、生态休闲、人文艺术等特色的文化符号和元素，开发倡导生态文明、普及生态知识的图书、音像、舞台艺术、动漫等文化产品。保护和开发生态文化资源，加强自然保护区、森林公园、湿地公园、植物园、动物园、地质公园、文化遗址公园等生态文化基地建设和管理，推进生态文化保护区建设，维护生态文化多样性。发挥图书馆、博物馆、文化馆、美术馆、体育中心、青少年"第二课堂"等在传播生态文化方面的作用，加快建设中国杭州低碳科技馆，满足人民群众的生态文化需求。

22. 普及生态文明教育。把生态文明教育作为学习型城市建设的重要内容，制定和实施生态文明建设道德规范，发布杭州市生态文明公约，培育生态文明道德，形成生态文明社会新风尚。组织开展丰富多彩的生态文明教育实践活动，总结宣传生态文明建设先进典型，逐步形成善待资源环境光荣、滥用资源环境可耻的风气。

23. 开展生态文明创建活动。积极组织开展世界环境日、世界地球日、中国水周、全国土地日、中国植树节、浙江生态日等重要时节的纪念和宣传活动，动员全社会积极参与各种形式的环保活动。实施生态文明建设细胞工程，开展生态文明家庭、生态文明示范村(社区)、生态文明乡镇(街道)、生态文明区县(市)等生态创建活动，全面深化国家生态市创建、国家生态文明建设试点、国内最清洁城市、国家健康城市试点、国家低碳城市试点等工作。

六、强化科技支撑

24. 加强生态科技研究和开发。支持生态环境领域科学研究和开发，建立生态产业关键技术重点实验室、环保科技产业基地，开展重大科技项目示范，加速科研成果的生产力转化。建立健全环保技术创新体系，鼓励企业加大生态科技研发和技改投入，加强环保公共科技创新服务平台建设，积极开发应用源头减量、循环利用、再制造、零排放和产业链接等技术。开展气候变化科学研究，加强适应气候变化特别是应对极端气候事件能力建设。

25. 加强生态科技人才队伍建设。充分利用在杭高等院校和科研院所，加强生态领域的相关重点学科建设，开展企业经营者生态经济理念培训，做好生态建设急需人才培养工作。积极招引生态科技专家和领军人才，坚持事业留人、感情留人、待遇留人，畅通人才引进"绿色通道"，建设一支高层次、高水准的生态科技人才队伍。建立健全人才使用激励机制，充分调动和发挥专业人才的积极性、创造性。

26. 加强生态领域的交流与合作。学习借鉴国内外节能减排、生态建设与环境保护的有益经验，引进国内外先进方法与管理理念，有效利用生态文明建设优秀成果。积极开展与国内外政府机构、民间组织、学术团体、企业及个人之间各种类型的合作，鼓励外商投资生态、低碳、节能和资源综合利用项目，争取经济技术援助及优惠转让有关技术，推进重点项目建设与技术攻关。

27. 加强生态科技监测体系建设。加快建设环境质量自动监测系统、重点污染源在线监测系统、环保管理信息化系统，形成"三位一体"的全天候实时监测的现代化环境监测体系，重点做好地下水资源、饮用水源、主要河流交界断面、敏感区域空气质量、危险废弃物处置、核辐射安全以及动植物疫病监测预警工作，不断完善应对突发环境事件和重大生物灾害的预警、防控和应急体系。

七、建设低碳城市

28. 发展低碳经济。探索以低能耗、低污染、低排放为基础的低碳经济发展模式，建设和培育低碳产业链。全面实施工业园区低碳化改造，开展服务业集聚区低碳化转型试点，办好杭州——新加坡低碳科技园。鼓励知识分子、文化人、大学生以文化创业、科技创业、网络创业等多种形式开展低碳创业。开发低碳科技，建立以企业为主体、产学研相结合的低碳技术创新与成果转化体系。发展低碳设计，出台低碳产品认定办法，以低碳设计带动低碳产品和低碳技术发展。

29. 建设低碳交通。深入实施“公交优先”战略，构建轨道交通、公共汽车、出租汽车、水上巴士、免费单车“五位一体”的公共交通营运体系，形成八城区与五县(市)一体化并延伸覆盖杭州都市经济圈的公共交通网络。积极在公交车、出租车中推广新能源汽车，鼓励市民购买新能源环保节能型汽车。加快慢行交通系统建设，完善免费单车服务系统。倡导市民选择公交出行方式，深入开展“无车日”活动，适时推行错时上下班制度。

30. 推广低碳建筑。制定实施杭州低碳(绿色)建筑技术导则，有计划地开展既有建筑低碳改造，提倡建筑材料循环使用，提高新建住宅、写字楼的精装修比例。在建筑领域加大光伏发电推广应用力度，实施“阳光屋顶示范工程”，在地铁、东站枢纽、奥体博览中心、杭师大新能源学院等建设项目中建成一批光伏发电应用示范工程。推行建筑节能“绿色评级”，鼓励新建住宅建成为低碳、低固废、低污水排放和低能耗的生态建筑。

31. 倡导低碳生活。加强低碳文化的传播普及，组织编写低碳生活行为手册，开展节能减排进社区、低碳家庭创建等活动，引导市民崇尚节约、合理消费、适度消费，支持居民使用节能型电器、节水型设备，抵制高能耗、高排放产品和过度包装商品，限制一次性用品的使用，促进人们日常生活的衣、食、住、行、用等方面从传统的高碳模式向低碳模式转变。

32. 营造低碳环境。依托杭州有江、有河、有湖、有海、有溪、有湿地的自然禀赋，加强钱塘江、富春江、新安江、西湖、千岛湖、湘湖、青山湖、运河、苕溪、寿昌江、浦阳江等重点水资源保护，加强天目山、清凉峰等自然保护区生态环境保护，实现江、河、湖、山等自然风景与城市有机结合。加强“三江两岸”生态景观保护和建设，完善规划设计，有效串联沿线山水景观和文化要素，打造重要的生态景观走廊和经济走廊。

33. 打造低碳社会。借鉴国际低碳社区、“碳中和”社区建设等成功经验，打造若干个在全国乃至国际上有影响力的低碳社区、低碳企业、低碳建筑、低碳园区、低碳新城和城市综合体的品牌。推行绿色办公计划，推进机关事业单位办公用房、商务办公大楼的低碳化运行改造，推广电子商务和电子政务，实现无纸化办公或节能办公。推行绿色学校节能计划，充分发挥学校在促进低碳发展上的“阵地”作用。

八、创新体制机制

34. 完善生态补偿机制。按照“谁保护、谁受益”，“谁改善、谁得益”，“谁贡献大、谁多得益”原则，建立健全生态补偿机制，补偿金额与河流交界断面水质、大气环境质量、当地政府环保业绩等挂钩。加强流域区域生态补偿资金管理，根据财政资金状况逐年提高资金额度，重点提高钱塘江、太湖源头地区保护水源的积极性和受益水平。加大对自然保护区的财力转移支付力度，建立健全分类补偿与分档补助相结合的森林生态效益补偿机制。加大对生态保护地区扶持力度，推进重大生态环保基础设施联合共建。

35. 优化要素资源配置。发挥市场在资源配置中的基础性作用，建立和完善能够反映资源环境成本的价格和收费政策，实施阶梯水价、电价制度，进一步完善矿产、森林、水资源有偿使用制度。建立污染排放的约束机制，对超过污染物排放总量控制指标的单位和超过水气环境功能要求的区域，停批新增总量的新批项目。建立规范的排污权交易机制，强化排污费征收及监管，开展排污权有偿出让及排污权交易试点。开展碳交易试点，探索建立碳排放交易市场。完善政府采购制度，将绿色节能产品优先列入政府采购目录。

36. 构建多元投资机制。充分发挥财政的资源配置职能和引导作用，通过政府购买服务等形式，积极引导社会资本和投资主体参与生态环保基础设施建设和经营，建立“政府引导、社会参与、市场运作”的多元化投融资体系。积极申请国家专项资金和国内外金融机构贷款，努力争取国际组织、国内外机构和企业的投入，鼓励和支持上市公司通过增发、股权再融资等方式筹措生态文明建设资金。建立有效的资金专款专用监管制度，完善公开招投标制度，严格执行投资问效、追踪管理。

37. 加强法治保障。认真贯彻落实有关生态环境保护和建设的一系列法律法规，制定出台《杭州市生态文明建设条例》、《杭州市生态文明建设规划》等地方法规规章和规划。加强生态环境保护和建设领域的法律服务工作，强化环境监测结果的运用。加强环境执法队伍建设，强化环保执法力度。倡导环境公益诉讼，严格追究环境侵权者的民事责任、行政责任和刑事责任。加强生态法制宣传教育，在全社会形成人人遵法守法、自觉保护环境的良好氛围。

九、落实保障措施

38. 强化组织领导。建立由市领导牵头的生态型城市建设和生态文明建设领导小组，负责全市生态型城市和生态文明建设领导工作，分解落实阶段性目标任务，组织实施相关综合考评。支持人大按照法律赋予的职责，加强对生态型城市建设的执法检查和监督。支持政协切实履行政治协商、民主监督和参政议政职能，动员各方力量为生态型城市建设献计出力。纪检监察部门要加强对生态型城市建设政策措施贯彻落实情况的监督检查。基层党组织和广大党员要充分发挥战斗堡垒作用和先锋模范作用，确保市委、市政府决策部署落到实处。

39. 加强社会协同。充分发挥行业协会和企业在推进生态型城市建设中的重要作用，引导企业强化社会责任意识，自觉控制污染、推行清洁生产、追求绿色效益。发挥新闻舆论的导向和监督作用，在新闻媒体设立生态型城市建设的专栏、专刊和专题节目。加强民间环保组织和志愿者队伍建设，发挥其在环保专项行动、环保监督、环保宣传等方面的作用。完善生态型城市建设决策和项目听证公示制度，畅通社会公众参与渠道，形成全社会关心、支持、参与和监督生态型城市建设的强大合力。

40. 严格落实责任。制定生态型城市和生态文明建设专项行动方案，细化工作目标和年度计划，落实具体举措。完善信息公开制度，及时公开生态环境质量、污染整治、企业环境行为等信息，曝光典型环境违法行为。落实社会稳定风险评估机制，积极预防、妥善处置群体性事件。严格问责制度，对造成重大生态环境事故事件的，依法追究相关地方、单位和人员的责任。对举报破坏生态环境案件的公民予以奖励，对为生态型城市建设作出突出贡献的单位和个人予以表彰。

各区、县(市)和市直有关单位要根据本意见，制定有关实施细则，落实相关措施。

富阳市人民政府
关于印发富阳市工业污水处理收费管理
暂行办法及其实施细则的通知

富政〔2011〕2号

各乡镇人民政府，各街道办事处，市政府各部门、各直属单位：

修订后的《富阳市工业污水处理收费管理暂行办法》和《富阳市工业污水处理收费管理暂行办法实施细则》已经市政府同意，现印发给你们，请认真贯彻执行。

二〇一一年三月二十五日

富阳市工业污水处理收费管理暂行办法

第一条 为规范我市工业污水处理费的征收、管理和使用，加快污水处理产业化，保护水资源环境，促进节约用水，根据《中华人民共和国价格法》、《中华人民共和国水污染防治法》等法律以及省物价局《关于进一步落实污水处理收费制度的通知》(浙价资〔2010〕330号)、《浙江省物价局关于颁发〈浙江省定价目录〉的通知》(浙价法〔2010〕239号)的有关规定，结合本市实际，制定本办法。

第二条 本办法所称工业污水处理收费是指污水处理企业向其规划服务区范围内的一切用水单位、个体工商户和个人提供污水处理服务而征收的费用。

第三条 工业污水处理费实行排污者负担、依法征收的原则。工业污水实行集中处理，走污水处理产业化道路，减轻污染负荷。

第四条 工业污水处理费标准的制定，要适应社会主义市场经济要求，体现“谁污染、谁付费”和公平负担的原则。既要使污水集中处理企业能正常运转，又要兼顾污水排放单位的实际承受能力。

工业污水处理费应按照补偿排污管网和污水集中处理设施的运营维护成本，并合理盈利的原则核定。

运营维护成本主要包括污水排放集中处理过程中发生的动力费、材料费、折旧费、检修费、财务费用、管理费用、职工工资福利费、排污费、中水回用工程成本、污泥处置成本和税金等。

第五条 工业污水处理收费应根据工业企业排放污水的污染物浓度分档计价，污染物浓度越高，收费标准相应提高。

第六条 工业污水处理费的征收范围。凡规划或在建或已建成投运污水处理企业(项目)规划服务范围内的污水排放单位，其排放污水均应缴纳污水处理费。规划服务区内的生活污水处理收费参照城市居民生活污水处理收费标准执行。按规定缴纳污水处理费的企业，不再缴纳污水排污费。本行政区域内的其它污水排放单位应严格按照规定标准缴纳污水排污费，排放污水中的污染物超过国家和地方规定的水污染物排放标准的，按照排放污染物的种类、数量计征的收费额度加一倍征收超标准排污费。

第七条 为充分发挥污水回用工程的效能，节约用水，鼓励有条件的企业实行中水回用。

第八条 工业污水处理费由政府委托市工业污水处理收费管理办公室向污水排放单位收取。

第九条 工业污水处理费的征收，按在线监测设施监测的实际排放污水量或生产用电量、生产用汽量计收。污水排放单位应按规定及时缴纳污水处理费，逾期不缴纳污水处理费的加收滞纳金，超过十五日仍未缴纳的，由污水集中处理企业采取停纳措施；市建设部门和环保部门可按照有关规定予以处罚。

污水处理费必须按时足额缴入污水处理费专户，任何部门和单位都不得擅自减免污水处理费。

第十条 工业污水处理费的使用管理。工业污水处理费必须专款专用，专项用于工业污水集中处理设施的建设和运营管理，接受市发展和改革局、财政局、审计局等部门的监督。对已实行产业化的污水集中处理单位，污水处理费由政府委托市工业污水处理收费管理办公室向污水排放单位收取后，按合同约定支付给有运营资格的业主；对不具备实行产业化的污水集中处理单位，其运营维护成本应不高于实行产业化建设和运营的污水集中处理单位，其污水处理费经价格主管部门和财政部门核定后，由市工业污水处理收费管理办公室从污水处理费专户中拨付。

第十一条 本办法适用于本市行政区域内的所有污水排放单位。

第十二条 本办法由市发展和改革局负责解释。

第十三条 本办法自发布之日起施行。原《富阳市工业污水处理收费管理暂行办法》(富政〔2006〕12号)同时废止。

富阳市工业污水处理收费管理暂行办法实施细则

第一章 总 则

第一条 为了加强工业污水处理费的征收和使用管理，保障工业污水处理设施的建设、维护和正常运行，根据《富阳市工业污水处理收费管理暂行办法》的规定，制定本实施细则。

第二条 根据我市工业污水治理市场化运作的目标要求，收取的工业污水处理费专项用于补偿排污管网及工业污水处理设施的建设、运营和维护等费用。

第三条 为维护企业之间公平竞争的市场环境，解决公平负担问题，对规划或在建或已建成投运污水处理企业(项目)规划服务范围内的污水排放单位同时开征污水处理费。

第四条 市工业污水处理收费管理办公室负责全市工业污水处理费的收缴和管理工作。

第二章 工业污水处理费的核定

第五条 工业污水处理收费标准按工业污水处理企业保本微利的原则核定。

第六条 所有污水排放企业须在污水排放口按照规范要求，设置可采样的位置及监测计量装置。监测的污染物浓度作为污水处理费征收的依据之一。

污水处理费征收一律按企业生产用电电费的一定比例计收，在线监测计量数据和供汽数据可以作为辅助参考数据，具体比例和参考方式由市工业污水处理收费管理办公室根据企业不同生产工艺确定，但经过折算的污水处理费标准不得低于现行的污水处理费标准。企业生产用电费数据由市供电局负责提供，在线监测数据由环保监测大队负责提供，企业用汽数据由热电企业负责提供。

自备电厂数据由市工业污水处理收费管理办公室单独采集相关数据核定。

第七条 工业污水处理费逐步实行按污染程度分档计价的办法，以排放污水COD值分档，具体分档如下：第一档COD≤500，第二档500＜COD≤800，第三档COD＞800。按企业生产用电电费的一定比例计收污水处理费，也应考虑按不同的排污浓度，参照上述分档标准分别折算。

第八条 凡已建成投运污水处理企业(项目)规划服务范围内的已纳管污水排放企业已安装在线监测系统且通过验收的，污水处理费按企业生产用电电费、排放COD值，并参考在线监测数据和供汽数据计收；凡规划或在建或已建成投运污水处理企业(项目)规划服务范围内的未纳管污水排放企业已安装在线监测系统且通过验收的，污水处理费按企业生产用电电费，并参考在线监测数据和供汽数据计收。

第九条 市工业污水处理收费管理办公室对进入主干网的污水，应委托具有相应法定资质的单位进行污染物浓度的监测。

第十条 污水排放单位须使用符合相关行业标准和国家规定的污染物监测仪器和污水流量计，负责监测仪器和污水流量计的购置、安装和日常维修，也可委托相关单位负责监测仪器和污水流量计的购置、安装和日常维修。市质量技术监督局负责对监测仪器和污水流量计的管理、监督。

第十一条 在污水监测仪器和计量器具计量检定或维修期间，排污水量和污染物浓度参照企业前三个月平均水平计算。

第三章 工业污水处理费的征收和使用

第十二条 工业污水处理费由市工业污水处理收费管理办公室统一收缴，收缴的污水处理费由工业污水处理管理办公室专户储存，专款专用，市财政局负责监管。

第十三条 污水处理费的收缴票据，统一使用财政部门提供的非税收入专用票据。

第十四条 收取的工业污水处理费主要用于富阳市工业污水处理设施的建设、运行和维护。工业污水处理费的使用应当接受市财政、物价、审计等有关部门的监督和检查。

第十五条 任何部门和单位都不得擅自减免污水处理费。

第十六条 污水处理费拨付应根据各污水处理企业的实际运营情况，经价格主管部门和财政部门共同审核，报市污水处理领导小组审定，由市工业污水处理收费管理办公室依据价格主管部门和财政部门核定的标准从污水处理费专户中按月拨付，年度结算。

第十七条 工业污水处理费中所含排污费，由市环境保护局根据国家污水排污费征收标准计算，经市污水处理领导小组确认，按季从工业污水处理费中剥离。

第十八条 凡已交纳污水处理费的企业，不再收取污水排污费。

第十九条 市工业污水处理收费管理办公室的办公及人员经费，在收取的污水处理费中列支，具体金额按工业污水处理费收缴总额的2%核定。

第四章 保障措施

第二十条 污水排放单位应按规定于市工业污水处理收费管理办公室通知缴费之日起的30天内缴纳污水处理费，对逾期未交纳污水处理费的(包括污染物浓度超标加收部分)，自超过之日起按日加收3‰滞纳金。超过十五日的，已纳管企业由污水处理企业根据规定采取停纳措施，未纳管企业由市环保等部门按有关规定予以处罚。对违反《富阳市城市排水管理办法》的行为，市建设部门要按有关规定实施处罚。

第二十一条 故意损坏进水、排水计量器具和仪器仪表的行为，由市质量技术监督局依法查处。

第二十二条 市有关部门要加强协调。环保部门应加强对企业的监督和管理。价格主管部门应加强对污水集中处理设施运行、维护成本的调查分析，为科学合理地制定工业污水处理费标准提供依据。其他相关部门要按照各自职责，落实有关任务。

第五章 附 则

第二十三条 本办法由市发展和改革局负责解释。

第二十四条 本办法自发布之日起施行。原《富阳市工业污水处理收费管理暂行办法实施细则》(富政办〔2009〕118号)同时废止。

平阳县人民政府关于推进低丘缓坡综合开发利用工作的意见

平政发〔2011〕32号

为加强低丘缓坡综合开发利用工作，拓展发展空间，缓解我县土地供需矛盾，促进经济社会又好又快发展，根据《浙江省人民政府关于推进低丘缓坡综合开发利用工作的通知》(浙政发〔2006〕20号)等文件精神，结合我县实际，现就推进我县低丘缓坡综合开发利用工作提出如下意见：

一、充分认识低丘缓坡综合开发利用工作的重要性

我县耕地资源相对匮乏，土地供需矛盾十分突出。综合开发利用低丘缓坡，是节约耕地，缓解土地供需矛盾，实现耕地占补平衡的主要途径，是经济社会发展的重要保障。各乡(镇)、各有关部门要提高认识，科学开发和合理利用低丘缓坡，拓展土地开发利用空间，挖掘土地开发利用潜力，努力保障我县经济社会发展对土地的合理需求。

二、低丘缓坡综合开发利用的原则

低丘缓坡综合开发利用要遵守土地、林业、农业、水利、环境保护等方面的法律法规，依法依规开发利用；要符合平阳县土地利用总体规划和平阳县低丘缓坡综合开发利用规划等相关规划，有序有度开发利用；要根据低丘缓坡的自然属性和区位条件，做到“宜林则林、宜农则农、宜建则建”，进行科学合理开发利用。

对集镇和村庄周边的低丘缓坡，适宜开发建设的，要确定为建设用地；对土层厚、有水源的地块可开发为耕地；对林木生长茂盛的成片林地，要保持林地现状。建设项目选址要充分论证，涉及地质灾害易发区的，必须进行危险性评估。要采取有效措施防止水土流失，严格环境影响和水土流失评估。开发过程中产生的裸露山坡及周边空地，要进行水土流失治理和复绿美化。低丘缓坡利用要严格遵循供地政策，完善土地利用各类标准，积极引进污染少、能耗低、用地少、产出大的项目，贯彻节约集约用地原则，防止借低丘缓坡开发为名造成土地资源浪费现象。

三、加大政策引导，积极推进低丘缓坡综合开发利用工作

(一)鼓励利用低丘缓坡开发建设用地

1. 对使用低丘缓坡的建设项目和区块，优先安排用地指标。

2. 鼓励利用低丘缓坡开发商住项目。通过科学规划和整合城

镇周边低丘缓坡，在设计上结合地形，依山就势，错落布置住宅。

3. 促进利用低丘缓坡增加工业用地。利用低丘缓坡建设工业项目的，可适当降低工业项目绿化率。

4. 农民利用低丘缓坡的非耕地建造住宅的，户宅基地面积在限额标准基础上适当增加，增加部分面积最高不超过25平方米。

5. 结合社会主义新农村建设，对平原地区农村居民点向低丘缓坡地带集中搬迁建设住宅小区，并将原村庄宅基地整治复垦为耕地的，要给予鼓励、优先立项。同时，通过复垦新增的用地指标优先满足本村建房需要，多余指标

有偿调剂给其他项目。

（二）加大对低丘缓坡开发垦造耕地的支持力度

1. 低丘缓坡开发垦造耕地项目补助标准

（1）项目区内路、渠、坎配套设施及覆土等工程直接费经有资质的审价机构审价后结付；

（2）乡（镇）政策处理包干费用为 5000 元/亩，县里预验收通过后预拨 50%，另 50%在项目通过省验收后拨付；

（3）项目勘测、设计、验收、监管等经费为 2000 元/亩；

（4）造地公司工作经费按 2000 元/亩包干使用；

（5）补助项目所在地村委会工作经费为 1000 元/亩；

（6）后期耕种管护补助费为 1500 元/亩，第一年拨付 300 元/亩、第二年拨付 500 元/亩、第三年拨付 700 元/亩；

（7）项目涉及林地的，先以综合开发利用补助经费名义，按浙政办发〔2008〕84 号文件第三条第（二）项规定的标准预拨给林业部门。项目立项后，先按立项面积预付 50%给林业部门，待项目竣工后按实际开发面积结算。

2. 工程直接费的拨付程序

中标单位进场施工后，预拨工程款的 10%，完成总工程量的 40%后，预拨至工程总造价的 30%，完成总工程量的 70%后，预拨至工程总造价的 60%，项目经省、市、县验收通过后，支付至结算资金总额的 90%，预留项目结算资金总额的 10%作为工程质量和落实耕种保证金，一年后经复查无工程质量问题和土地抛荒现象的，再予兑付。

3. 对已开发为优质耕地的低丘缓坡，按照法定程序纳入基本农田储备库，在下一轮土地利用总体规划修编时按市场价格有偿置换城镇周边基本农田。经验收达到标准农田要求的，可同时作为标准农田补建地块。

4. 低丘缓坡开发垦造耕地要实行项目化管理，规范项目的立项审批、规划设计、招标投标、工程监管和竣工验收等管理，确保工程质量。

（三）落实易地造林，实现林地占补平衡

1. 严格林地管理，凡低丘缓坡综合开发利用项目需要征占用林地的，必须依法报批。凡利用林地开发耕地的项目，业主必须向县林业部门申请并提供相关材料，按规定办理使用林地审核手续，缴纳森林植被补造费用。

2. 凡低丘缓坡综合开发利用项目征占用林地的，当地乡（镇）政府应当结合创建“森林城市”规划，组织制定在当年或次年内恢复不少于被占用征用林地面积的森林植被措施。充分利用荒山、荒坡、荒地、荒滩等未利用地造林，加强退耕还林和城镇、村庄四旁绿化工作，积极营造沿海防护林、农田林网、绿色通道，改造低产林提高林分质量，多途径实现林地占补平衡。森林植被补造林项目，经县林业部门验收合格后，根据造林面积和质量，在资金补助上给予倾斜。

3. 鼓励利用低丘缓坡营造名特优经济林和珍贵树木，营造经济林和珍贵树木的，优先列入省、市、县造林补助项目。

四、建立激励和约束机制，确保完成低丘缓坡开发垦造耕地目标任务

1. 县人民政府根据《平阳县低丘缓坡综合开发利用规划》，结合各乡（镇）实际情况，下达年度低丘缓坡综合开发利用项目计划。年度低丘缓坡综合开发利用项目计划纳入乡（镇）人民政府年度目标考核内容。

2. 实行低丘缓坡开发垦造耕地与下一年度新增建设用地相挂钩政策。对完成计划任务好的，奖励适当的建设用地计划指标，反之则扣减相应新增建设用地计划指标。对上一年度完成计划任务不到 50%的乡（镇），暂停新增建设用地指标安排。

3. 各乡（镇）当年按时完成低丘缓坡开发垦造耕地计划任务的，奖励 3000 元/亩；超额完成的，按超额完成面积再奖励 2000 元/亩。

五、加强对低丘缓坡综合开发利用工作的领导

低丘缓坡综合开发利用是一项综合性的系统工程，各乡（镇）、各有关部门要加强领导，各司其职，密切配合，合力推进我县低丘缓坡综合开发利用工作。

二〇一一年一月二十五日

中共海宁市委办公室　海宁市人民政府办公室
关于印发《海宁市水环境综合治理工作实施意见》的通知

海委办〔2011〕16 号

各镇党委、政府，各街道党委、办事处，市级机关各部门、市直属各单位：

《海宁市水环境综合治理工作实施意见》已经市委、市政府同意，现印发给你们，请结合实际认真贯彻执行，确保治理工作取得实效。

中共海宁市委办公室

海宁市人民政府办公室

二〇一一年三月二十一日

海宁市水环境综合治理工作实施意见

为加快实施环境提升战略，推动生态文明建设，改善群众生活，促进持续发展，经市委、市政府研究，决定在全市开展水环境综合治理。现提出如下实施意见。

一、指导思想

以邓小平理论和“三个代表”重要思想为指导，全面贯彻科学发展观，坚持“科学治水，铁腕治污”，以保护水资源、保障水安全、遏制水污染、重建水生态为工作重点，全面实施水环境治理，提升群众生活品质，为建设生态宜居新市提供生态环境保障。

二、总体目标

以“优化水网、调活水体、改善水质、营造水景”为水环境综合治理的工作目标，通过科学制定方案、强化水源保护、加大控源截污、加快管网建设、加强河道治理、完善执法监管、推进项目建设和创新制度建设，实施综合治理各项行动计划，提高水体环境容量，提升水体自净能力，改善河道水体质量，改善生态修复功能，实现主要河流水体四类水质占主体，饮用水源水质提高 1 至 2 个类别的“十二五”规划目标，打造水清流畅、岸绿景美、城在水中、人水和谐的优美水环境。

三、工作任务

水环境治理坚持“统筹兼顾、突出重点，标本兼治、重在治本，分步实施、注重实效，条块结合、以块为主，建管并举、着眼长效”的原则，扎实推进各项工作任务。

（一）科学制定方案，着力夯实水环境治理基础。依托专业科研团队开展全市水环境现状调查评估，全面普查和客观分析成因，提出合理的对策措施，科学制定水环境综合治理方案。市级相关部门（单位）根据治理方案，结合工作职责，制定行动计划，按照条块结合、以块为主的原则，将行动计划的年度工作任务逐项分解至各镇（街道）和连杭经济区、经济开发区、盐官观潮景区、经编产业园区（以下简称开发区），并实施个性化考核。

（二）强化水源保护，着力保障群众饮用水安全。按照统筹兼顾、突出重点的原则，切实把饮用水水源保护和污染防治作为水环境综合治理工作的重中之重。水源保护区所在地的镇（街道）和开发区要守土有责，环保、水利、农经、经贸、建设、城管、卫生、工商、水务等部门（单位），要相互配合，形成合力，不定期地开展联合执法等专项行动，严格执行《海宁市饮用水地表水水源保护区污染防治管理办法》的规定，切实履行水源地保护的各项措施，严厉打击污染水源保护区的违法行为，确保广大群众的饮用水安全。

（三）加大控源截污，着力整顿污染源排放。按照标本兼治、重在治本的原则，强化水污染的源头防治。全面实施工业企业污水防治行动计划，加强对重污染行业的治理，淘汰落后产能，倒逼产业转型升级；完善工业园区清污分流系统，推动企业中水回用，推进工业污泥无害化处置。全面实施农业养殖和农村生活污水防治行动计划，发展生态农业，削减农药、化肥使用量，加强农业面源污染防治；推进养殖结构调整，控制畜禽和水产养殖规模，关停重污染养殖场；加强新市镇、新社区污水收集处理，探索农村分散型生活污水多方式处置。全面实施特定行业和市场污水防治行动计划，强化五小行业、废品收购市场、农贸市场的监管。全面实施城区雨污分流行动计划，新建项目的设计和施工必须做到雨污分流，对不符合要求的现有住宅小区实施雨污分流改造。全面实施统筹城乡保洁行动计划，积极开展城乡环境卫生整洁，构建集镇保洁、河道保洁、道路保洁和农村垃圾收集四位一体的城乡保洁新机制。

（四）加快管网建设，着力推动集污纳管进程。全面实施污水管网建设行动计划，加快市区生活污水收集管网工程、各镇（街道）和开发区生活污水和养殖污水收集管网工程、西片污水管网及泵站改建工程、尖山污水厂配套管网工程和沿江百里长廊排水配套工程等项目建设，实施污水处理厂新建、扩建和提标改造工程，加大污水脱氮、脱磷处理，提高集污纳管能力和污水处理能力。各镇（街道）和开发区配合做好管网建设的政策处理工作，制定并实施辖区内污水入网的年度计划，同步实施排污口封堵和污水入网工作，切实提高污水入网率。

（五）加强河道治理，着力提升生态修复能力。全面实施清河行动计划，各镇、街道和开发区开展新一轮河道疏浚、疏拓、整坡及绿化工作，探索推行“河长制”管理，完善河道保洁的日常监管。加强河道生态建设，推广河流生态修复技术，落实水土保持各项措施，切实预防水土流失。市级以上河道和新市镇、新社区中心地带河道绿化达到优化水景的效果，镇、村级河道注重原生态保护，提升水体自净能力。合理调配水资源，增加水体更换量，调活水体，改善水质，提高水资源和水环境承载能力。

（六）完善执法监管，着力打击环境违法行为。全面实施重点领域水污染防治行动计划，建立健全水环境监测体系，强化对饮用水源保护区、出入境水域、工业园区等重点区域水体质量的监控，完善公众参与、阳光执法等制度建设，加大对排污口飞行监测的力度，加强涉水建设项目环保审批管理。加大环保执法的力度，对拒不入网、偷排偷放、拒不接受监测、排放水质不达标的违法主体，责令停产整顿直至依法关停。各镇（街道）和开发区要切实履行属地管理的职责，根据市级主管部门的部署，及时做好相关企业、养殖场的关停和搬迁工作。

（七）推进项目建设，着力优化水系提高水质。按照分步实施、注重实效的原则，在启动鹃湖应急备用水源工程、长水塘水源生态湿地工程、第二水厂水源地保护工程，提升我市饮用水安全保障水平的同时，加快推进杭平申航道改造工程、洛塘河改道工程、京杭运河二通道工程和许村临杭片水系改造及水产养殖综合整治（龙渡湖）等工程建设，优化我市河网水系，提高水体质量。探索开展境外引水和利用废弃矿区建设平原水库等可行性研究，逐步改善原水水质，提高全市水域面积的占比，建立水域生态保护区，实行永久保护。

（八）创新制度建设，着力提升治理工作成效。按照建管并举、着眼长效的原则，完善和创新水环境治理工作制度建设。建立公众监督、舆论助动的参与机制，建立与科研机构、专业团队的合作机制，建立政府主导、多元投入、服务外包、市场运作的投入和运行机制，建立河段内污染排放、河道保洁和护坡绿化包干负责的管理机制，建立“一把扫帚全覆盖”的城乡保洁新机制，探索建立分质供水、分梯度收费的资源配置机制等，形成全民关注、全力攻坚、全社会参与、全方位互动、全过程渗透的工作格局，发挥综合治理的系统效应和整体功能，提升水环境治理工作的成效。

四、工作要求

水是生命之源、生存之本、生态之魂。实施水环境治理，提高水环境质量，事关群众的切身利益，事关更高水平全面小康社会的建设进程，全市上下要统一思想，全力以赴打一场水环境综合治理的持久战。

（一）加强领导，精心组织。为加强对水环境综合治理工作的领导，市委市政府成立由市委书记、市长任组长，市级相关部门（单位）为成员单位的市水环境综合治理工作领导小组，负责组织、指挥、协调、监督全市水环境综合治理工作。领导小组下设办公室（简称市治水办），牵头开展水环境现状调研，制定水环境综合治理方案，部署年度治理工作任务，及时了解掌握治理工作进展情况，协调解决工作中的实际问题。各镇（街道）和开发区也要相应成立由党政主要领导为组长的水环境综合治理工作领导小组，抽调辖区内农业水利、环保卫生、城管执法等机构的人员，组建专门的工作班子，负责辖区内的水环境综合治理工作。

（二）明确职责，密切配合。各镇（街道）和开发区是辖区水环境综合治理工作的第一责任主体，要对各项治理任务进行分解细化，精心组织实施，做到机构、人员、任务、责任、经费落实到位，迅速行动，强力推进，确保按时保质完成各项工作任务。领导小组其他成员单位要抓住重点区域、重点行业、重点问题，研究采取有针对性的对策措施，加强监督管理，提高执法水平，从严、从重查处各类违法行为，会同属地合力抓好水环境综合治理的各项工作。

（三）强化督查，严格考核。实行市领导和市级有关部门联系各镇（街道）和开发区水环境综合治理工作制度，加强治理工作指导和监督。市治水办要加强对各镇（街道）和开发区和有关部门（单位）开展水环境治理工作的监督检查。水环境治理工作将作为一项长期性的考核指标，纳入对各镇（街道）和开发区以及市级有关部门（单位）年度工作目标责任制考核，对水环境综合治理工作成绩显著的，给予通报表彰和奖励；对在水环境治理和执法监管中玩忽职守、失职渎职、工作不力，导致突发严重水污染事件或造成恶劣影响的，依法依纪问责问效。

中共绍兴市委　绍兴市人民政府
关于进一步加快淘汰落后产能的决定

绍市委发〔2011〕68号

各县（市、区）委、人民政府，市级各部门：

为深入贯彻落实科学发展观，促进经济转型升级，推动战略性新兴产业发展，现就进一步加快淘汰落后产能作出以下决定。

一、统一认识，坚定不移加快淘汰落后产能

（一）重要意义。落后产能技术装备水平低、资源能源消耗高、环境污染重、安全无保障，严重制约我市经济发展质量的提高、节能减排任务的完成、经济社会的可持续发展。加快淘汰落后产能是贯彻落实科学发展观，转变经济发展方式，促进经济结构调整，提高经济运行质量的必然要求；是推进节能减排，改善生态环境，推动经济社会可持续发展的迫切需要；是优化资源配置，破解要素制约，保障战略性新兴产业发展，构筑现代产业体系的重大举措。各地各部门要进一步增强责任感和紧迫感，采取更加有力的措施，加快淘汰落后产能，促进战略性新兴产业发展，努力为我市经济建设又好又快发展奠定坚实的基础。

（二）指导思想。以科学发展观为指导，按照建设“特色产业城市、文化休闲城市、生态宜居城市”的总体要求，在遵循市场经济规律的基础上，充分利用经济手段鼓励淘汰，积极运用法律手段强制淘汰，合理使用行政手段促进淘汰，进一步加大淘汰落后产能力度，建立健全淘汰落后产能的长效机制，加快产业结构的优化调整和转型升级，推动战略性新兴产业发展，着力提高经济发展质量和可持续发展能力，促进经济社会的科学发展。

（三）基本原则

——坚持市场调节与依法行政相结合。要加强政策引导，充分发挥市场配置资源基础性作用，采取激励和倒逼机制，推动企业淘汰落后产能；严格执行相关法律法规和技术及产业能效标准，强化法律约束，提高标准门槛，依法淘汰落后产能。

——坚持淘汰落后产能与经济转型升级相结合。要一手抓落后产能淘汰，确保完成节能减排任务，缓解经济社会发展的能源资源需求和环境压力；一手抓经济转型升级，大力推进战略性新兴产业发展，不断提升我市产业竞争力，提高产业发展水平。

——坚持政府分级负责与企业主体责任相结合。要建立政府统一领导、部门合力推进的工作机制，分解落实淘汰落后产能的目标任务和工作职责，确保各项措施落到实处；要强化企业淘汰落后产能的主体责任，认真贯彻执行国家的产业政策，积极履行社会责任，主动淘汰落后产能。

——坚持强势淘汰与有序推进相结合。要按照国家产业政策和相关规定，加大力度，强势推进，坚决淘汰落后产能，坚定不移地完成目标任务。同时，要统筹淘汰落后产能与产业转型升级、企业整合重组和维护社会稳定的关系，把握好工作的节奏和力度，积极稳妥地推进落后产能的淘汰工作，促进经济持续健康发展。

（四）目标任务。全面完成省政府下达的淘汰落后产能工作目标任务；2012 年基本关停淘汰产能过剩、高能耗、污染严重的小印染、小冶炼、小化工、小锅炉、小砖窑等“五小企业”；2015 年基本淘汰印染、纺织、化工、建材、制革、造纸等行业中的落后产能。加快淘汰和优化提升单位用电、排污、占地对税收贡献度较低的相对落后产能。力争今后 5 年，累计淘汰落后印染产能 50 亿米、落后化纤产能 60 万吨、落后织造产能 30 亿米，节约标准煤 200 万吨以上，盘活土地 1 万亩左右。

二、加大力度，全力推进淘汰落后产能工作

（五）严格依法淘汰。根据国家和省淘汰落后产能指导目录，结合我市实际制订淘汰落后产能实施方案，开展落后、非法、超标产能等专项整治行动，坚决淘汰落后产能和用能设备。对列入国家、省、市淘汰目录的一律实施关停淘汰；对未批先建、批小建大等非法产能一律实施关停淘汰；对未经核定和超核定污染排放量的企业，所有超环评外设备产能一律实施关停淘汰；对产品能耗超限额标准的生产线及设备一律实施关停淘汰；对不具备安全生产条件的落后产能一律实施关停淘汰；对假冒伪劣产品和无证无照生产企业一律实施关停淘汰。

（六）强化行政约束。严格执行环境保护、节约能源、清洁生产、产品质量、安全生产、职业健康等方面的法律法规和技术标准，依法加强监督检查。对达不到要求的落后产能，不予奖励扶持和资源综合利用认定。对未按期淘汰落后产能的企业，清理取消对其原有的优惠政策，环保部门依法吊销排污许可证，金融机构不予提供信贷支持，投资管理部门不予审批和核准新的投资项目，国土资源部门不予审批新增用地，规划部门不予审批原有用地新增容积率，质检、安监等部门不予办理生产许可证和安全许可证，已颁发的许可证要依法撤回，电力和水务部门要依法停止对落后产能企业的供电、供水。对未按规定淘汰落后产能、被当地政府责令关闭或撤销的企业，限期办理工商注销登记，或者依法吊销工商营业执照。加大行政处罚力度，对未按期完成淘汰落后产能任务的县（市、区）实行项目“区域限批”，即暂停对该地区项目的能评、环评、核准、审批和备案。

（七）加强综合调控。对不属于国家、省要求强制淘汰，但根据地方实际有必要进行淘汰的相对落后产能，综合运用经济、行政和要素保障等多种方式加大调控力度，倒逼企业加快淘汰落后产能。根据市区工业企业的单位用电、排污、占地与税收贡献情况进行综合归类排序，定期向社会公布，并充分发挥有序用电的调节手段，优先保障战略性新兴产业企业用电，限制落后产能行业和企业用电。加强对淘汰类、限制类、过剩类、产业低端类行业和企业的甄别认定工作，加大差别电价、水价和排污费实施力度，合理运用经济杠杆淘汰落后产能。严格市场准入，加强投资项目审核管理，严格能评、环评、土地和安全生产等环节的审批，禁止新增落后产能。

（八）推进整合提升。加大整合重组力度，鼓励和引导行业龙头企业或优势企业兼并收购列入淘汰计划的落后产能企业，鼓励战略性新兴产业企业通过并购落后产能转型发展战略性新兴产业项目。加快企业升级改造，支持企业运用高新技术提升改造落后产能，促进企业转型升级。要充分发挥开发区、工业园区在淘汰落后产能工作中的作用，推进印染、化工等块状行业向园区整合、集聚，提升集约发展水平。

（九）加大政策激励。市和各县（市、区）、市直开发区要统筹安排工业转型升级专项资金，支持企业淘汰落后产能。积极争取中央和省财政对我市淘汰落后产能工作的支持，对列入国家、省淘汰目标任务的落后产能，淘汰工作完成好的企业，给予省淘汰落后产能财政补助资金的一定比例配套补助奖励。对按照《绍兴市淘汰落后产能实施方案》淘汰相对落后产能的企业，其淘汰的落后产能设备按评估机构评估的资产净值给予一定比例资助。对主动淘汰落后产能的企业，在用电、用地和融资等方面予以倾斜支持，环保、电力部门可给予不减少排污及电力容量的政策优惠。

三、强化保障，合力营造良好工作机制

（十）加强组织领导。成立绍兴市淘汰落后产能工作

领导小组及办公室，负责全市淘汰落后产能工作的统筹协调，研究解决工作中的重大问题。要建立淘汰落后产能专项工作经费保障机制，加强人员配置，确保淘汰落后产能工作落实到位。领导小组成员单位要认真履行职责，加强沟通，密切配合，合力推进淘汰落后产能各项工作。各县（市、区）及市直开发区要成立相应的组织机构，明确目标，强化责任，加快推进本地区淘汰落后产能工作。

（十一）严格督查问责。把淘汰落后产能列入对各级党委政府目标责任制考核内容及相关部门绩效考核范围，实行严格的问责制。市政府要将淘汰落后产能年度目标任务分解落实到各县（市、区）和市直开发区，并签订责任书，进行严格考核。市淘汰落后产能工作领导小组办公室要牵头组织对各县（市、区）及市直开发区淘汰落后产能工作完成情况进行督查、考核。对未按要求完成淘汰落后产能任务的地区和部门进行通报，并限期整改；对瞒报、谎报

淘汰落后产能进展情况，整改不到位或因关停不当影响社会稳定的地区和部门，实行“一票否决”，并依纪依法追究责任；对完成淘汰落后产能工作成绩突出的地区和企业要给予表彰奖励。

（十二）优化服务指导。各有关部门要深入企业、服务企业，积极帮助企业解决淘汰落后产能中遇到的困难和问题。要充分发挥行业协会的作用，做好行业落后产能标准的制定、行业落后产能的调查摸底等工作，大力宣传淘汰落后产能的法律法规和政策，加强行业自律，协助有关部门做好淘汰落后产能工作。各地在淘汰落后产能工作中，要正确把握政策调控的方式和力度，对列入整改、淘汰、关停落后产能名单的企业，要根据各企业实际制订实施计划，细化工作措施，妥善分流安置职工，最大限度减少矛盾和纠纷，切实维护经济和社会稳定。

（十三）加强舆论宣传。各地各有关部门及媒体要加大淘汰落后产能的宣传力度，大力宣传淘汰落后产能、促进经济转型升级的相关政策和先进典型，加强工作交流，总结推广先进经验和做法，营造良好的舆论氛围。要设立淘汰落后产能举报电话，接受社会各界的监督。

中共绍兴市委

绍兴市人民政府

二〇一一年七月二十八日

中共磐安县委　磐安县人民政府关于推进生态文明建设的实施意见

县委〔2011〕31号

一、指导思想

以邓小平理论和“三个代表”重要思想为指导，深入践行科学发展观，以“人与自然、环境与经济、人与社会和谐共生”为目标，紧紧围绕“和谐”主题，以生态文明示范创建为载体，大力发展生态经济，不断优化生态环境，注重建设生态文化，着力完善推进生态文明建设的体制机制，加快形成资源节约、环境友好的发展方式、消费模式和文化氛围，努力实现经济社会可持续发展，努力把磐安建设成为全国生态文明示范县。

二、总体目标和“十二五”时期工作任务

总体目标：经过10年努力，到2020年基本建成全国生态文明建设示范县。具体分两个阶段：“十二五”期间为全面推进阶段（2015年基本达到生态文明建设标准中“建设模范”标准的要求）；“十三五”期间为完善提升阶段（2020年基本达到“生态文明”标准的要求）。

“十二五”时期生态文明建设的主要工作任务是：

1. 生态文化建设：生态文明知识普及率达到90%以上；生态环境教育课时比例达到6%以上；规模以上企业开展环保公益活动的比例达到90%以上；公众节能电器普及率达到90%以上；节水器具普及率达到95%以上；绿色出行率50%以上。

2. 生态环境建设：环境功能区达标率（水、气、声、土壤）达到100%；农业面源污染防治率90%以上；生态用地比例60%以上；生物多样性受保护程度95%以上；主要污染物排放强度，化学需氧量（COD）控制在2.0千克/万元以下，二氧化硫（SO2）控制在0.5千克/万元以下，氨氮（NH3-N）控制在0.3千克/万元以下，氮氧化物（NOx）控制在1.0千克/万元以下。

3. 生态经济建设：人均GDP达到3.5万元以上；生态资产保持率达到1以上；单位GDP能耗小于0.5吨标煤/万元；单位工业增加值新鲜水耗小于10m³/万元；农业灌溉水有效利用系数大于0.65；碳排放强度小于300Kg/万元；科技进步贡献率大于55%；主要农产品中有机、绿色及无公害产品种植面积的比重高于80%；应实施清洁生产审核企业的审核比例达到100%；城乡居民收入增长比大于1；居民人均收入增长率与GDP增长率比值大于1；新建绿色建筑比例大于90%；千人拥有卫技人员5人以上；公众对居住生产生活环境的满意度高于90%。

4. 生态制度建设：环保工作占党政实绩考核的比例高于10%；政府采购环境标志产品所占比例90%以上；政府经济社会发展决策环境影响评价率95%以上；环境信息公开率90%以上。

其中，2011年要巩固国家生态县创建成果，全面推进农村环境连片整治工作，编制生态文明建设规划，建立较为完善的生态文明建设运行机制，为全国生态文明示范区建设起好步、开好局。“十三五”时期我县生态文明建设的主要任务，要根据“十二五”时期生态文明建设发展状况及中央、省委、市委要求，结合我县实际再作明确。

三、主要工作举措

为实现上述生态文明建设工作目标，全面开展“811”生态文明建设推进行动，着重在组织领导、污染防治、经济发展、执法监管、普及理念等方面加大工作力度，确保如期完成各项指标任务。

（一）加强组织领导，落实工作责任。

为加强生态文明建设的组织领导和行动协调，县委、县政府成立磐安县生态文明建设领导小组，负责重大事项的部署、决策和协调。各乡镇也要成立领导小组，由党委书记任领导小组组长，并做到责任、措施、投入"三到位"。建立生态文明建设年度工作目标责任制，将生态项目、环境质量、节能减排等相关指标纳入相关部门和各乡镇的创业承诺考核内容，考核结果作为评优创先和干部提拔任用的重要依据，并与生态补偿资金财政转移支付相挂钩。

(二)加强农村污染整治，改善人居环境。

1. 推进农村污水治理。2015年前每年新建10个以上农村污水处理点和污水处理提升工程。强化农村服务业污水治理，到2015年，农家乐经营户及所有农村规模经营的农家乐旅游点、餐饮经营点、风景名胜区、旅游度假区等都要按照接待规模，建成相应的污水处理设施或预处理后纳入管网集中处理。全面完成年存栏生猪100头以上、牛20头以上规模化畜禽养殖场排泄物治理，基本完成3万羽以上家禽养殖场治理，规模化畜禽养殖场粪便综合利用率达到95%以上。

2. 加强农村垃圾收集和处理。完善农村环境卫生长效管理机制，健全垃圾集中收集和处理网络，新建一批垃圾房、垃圾箱，新增一批垃圾清运车辆。2011年要基本完成台口垃圾填埋场三期工程和方前垃圾中转站建设。

3. 加强农业面源污染防治。深入实施农药、化肥减量增效工程，大力推广降污增效平衡施肥技术、生物和综合防治技术，实行配方施肥，严禁高残毒农药、化肥施用。力争到2015年，全县测土配方施肥面积基本覆盖全部农用地，化肥施用强度小于250千克/公顷，农林病虫害综合防治率达到95%，秸杆综合利用率达到95%以上，农用塑料薄膜回收率达到90%以上。

(三)加强工业污染防治，完成污染减排目标。

1. 抓好主要污染物减排。坚持工程减排、结构减排和监管减排三管齐下，重点突出工程减排。积极开展"十二五"减排研究，摸清我县污染减排项目底数，加强项目储备，确保"十二五"和年度减排目标实现。实施县城污水处理厂提标改造工程，并加强监管，确保污水处理设施正常运行，加快实施云山区块、新城区污水收集管网建设工程，提高污水收集处理率；实施尖山污水处理厂建设工程；启动新城区、新渥、冷水污水处理厂建设。

2. 强化重点污染源监管。继续扩大烟尘控制区建设，严格控制燃煤烟气污染；加强工业废气、废水、固体废物的治理，严格控制有毒有害污染物排放；实施餐饮业油烟污染控制；在旧城改造和建设的过程中，加强建筑施工管理，防止扬尘污染等。对全县工业污染集中且污染较重的地区，实行重点监管、挂牌督办、限期整治，争取到2015年工业污染问题基本得到解决。

(四)提升发展生态经济，建设生态经济区。

立足发展以低能耗、低污染、低排放为基础的生态工业，大力发展循环经济，倡导清洁生产，实现经济发展和环境保护双赢；坚持减量化、再利用和资源化原则，大力推进节能节水节地节材，切实加强资源综合利用，着力提高能源利用效率，努力建设资源节约型社会。支持企业开展ISO14000环境管理体系认证，鼓励企业开展清洁生产审核，鼓励开展"三废"综合利用。开展省级生态循环农业示范县、示范区、示范企业创建活动，大力推广现代生物技术和生态循环种养模式，实施生态农产品精品工程，继续抓好绿色、有机、无公害农产品基地建设和绿色认证，不断提高绿色、有机、无公害农产品比重。加大生态旅游开发和品牌建设力度，保持旅游业目前良好的发展势头，努力使这一"无烟工业"成为我县生态经济发展的新引擎。

(五)加强生态安全保障体系建设，提高执法监管能力。

1. 加快环境监测监控网络建设。深化"数字环保"建设，构建和完善城乡两级联网、全天候实时监测的现代化环境质量监测网络。开展敏感生态系统生态监测，建立并完善农村环境监测体系，加强农村环境质量监测，定期公布农村环境状况。到2015年，完成县环境监测站实验室提升改造；完成环境在线监测系统、重点污染源在线监控系统；完成与省市管理信息系统的对接，实现"三位一体"的高水平监控体系。

2. 加强自然生态管理和保护。着重加强大盘山国家级自然保护区、地质公园、森林公园的建设和管理，加快大盘山药用植物园建设，促进生物多样性和野生药用植物种质资源保护。实施"美化磐安"行动，加快城镇、景区、交通主干道沿线等特色景观带建设。加强重点生态公益林建设，不断提高森林质量，增强碳汇功能。深入开展全民义务植树和关注森林活动，创建一批森林城镇和森林村庄。强化野生动植物和古树名木保护管理，确保森林生态安全。

(六)积极开展生态文明创建活动，提高公民生态文明意识。

以提高全民环境道德素质为核心，弘扬生态文明理念，促使生态文明宣传普及率不断提高，公众对生态文明建设的认知度和对环境质量的满意度持续提高。深化生态环境教育示范基地建设，大力开展绿色机关、绿色企业、绿色学校、绿色社区、绿色医院、绿色家庭、绿色饭店等"绿色系列"建设，建立多层次的环境保护公众参与平台，不断扩大公众参与面。到2015年，新建国家级绿色家庭3—5家，省级绿色家庭10家；省级绿色学校4所，省级绿色企业5家，省级绿色医院1家。全面开展生态文明示范乡、镇、村创建。按照国家生态文明示范区创建部署，每年安排5个乡镇开展生态文明示范乡镇创建，并力争通过验收。2011—2015年新建市级生态示范村150个以上(每年30个以上)；2015年前力争创建国家级生态示范村2个。各新闻媒体要在宣传生态文明理念上发挥主力军作用，采用广播、电视、报纸、网络等多种形式，广泛开展多层次、多形式的生态文明建设宣传教育，让生态文明理念走进机关企事业单位和千家万户。

四、奖补政策

为推动生态文明建设项目建设、促进生态经济发展和生态文明创建活动开展，要加大资金投入，强化政策引导。2011年起，县财政加强资金整合力度，每年安排1000万元以上的专项资金，用于生态文明建设有关项目和工作补助与奖励。具体奖补政策如下：

1. 农村污水处理：

（1）传统模式处理项目：按年度规划建成的集中式无动力厌氧处理设施，按污水处理池日处理量给予每立方米1200—1500元补助（具体视建设质量决定）；分散式污水湿地处理，按每户600元标准补助；集中式湿地处理的，按每立方米补助250元；微动力污水处理的，按污水处理池日处理量给予每吨补助1800元；阿科蔓技术处理设施，按工程造价的80%补助（工程造价为阿科蔓材料1、材料2、水生动植物配置、喷泉系统等几项之和）。

（2）低能耗高效率新工艺污水处理项目：采用复合式多介质生态处理的，按日污水处理量补助每吨3000—3500元；采用脱氮除磷复合式生物滴滤池处理的，按日污水处理量补助每吨1700—2000元；农家乐采用"高效厌氧反应器＋复合式生物滴滤池"工艺处理的，按日污水处理量补助每吨2200—2600元；采用一体化生物反应器工艺处理的，按日污水处理量补助每吨1500—1800元；采用生态型化粪池处理的，每个补助500—850元。

2. 农村垃圾处理：

（1）村庄保洁。每年安排400万元左右资金，对卫生管理达到要求的长效保洁村进行奖励和补助，具体按照县委办、县府办《关于完善磐安县农村环境卫生长效管理实施办法的通知》执行。

（2）垃圾收集设施建设。经县规划，村庄新建成的固定垃圾箱按每座500元标准补助；流动式垃圾箱按每只100元标准补助；垃圾房按造价的60%补助；县旅游特色村实施村庄垃圾分类收集的，按人口数确定新建分类收集垃圾箱个数，每个补助300元。

（3）农村垃圾清运。考虑人口、路程、油价等因素，县财政提高对各乡镇从村到垃圾中转站（填埋场）垃圾运输定额补助标准：双峰乡、新渥镇、万苍乡、玉山镇各2万元/年；大盘镇、维新乡、盘峰乡、冷水镇、尚湖镇、尖山镇、胡宅乡各1.5万元/年，仁川镇、方前镇、深泽乡、九和乡、安文镇、云山度假区各1万元/年。对从村直接运到县城垃圾填埋场的双溪乡、窈川乡，每年分别补助6万元、4万元。

3. 规模化养殖场治理：符合县养殖业发展规划布局的规模化养殖场污染治理，按照《关于实施"一乡一品一园"工程　加快发展现代农业的意见》（县委〔2010〕2号）文件规定给予补助和奖励。

4. 绿色农产品认证：对通过无公害、绿色、有机农产品认证的企业和单位继续按照《关于实施"一乡一品一园"工程　加快发展现代农业的意见》（县委〔2010〕2号）文件规定进行补助和奖励；对超过有效期限后，再次通过认证的绿色品牌，按县委〔2010〕2号文件规定标准减半给予补助和奖励。

5. 鼓励发展循环经济：工业循环经济项目，按照《关于进一步加快工业经济发展促进转型升级的若干意见》（县委〔2010〕12号）文件规定的标准给予补助；列入省级生态循环农业示范区、示范企业创建点的农业循环经济项目，分别给予4万元、2万元的补助。

6. 生态文明示范乡镇村：对通过国家、省、市生态文明示范乡镇验收的乡镇，分别奖励15万元、10万元、5万元；对通过国家、省、市生态文明示范村验收的，分别奖励6万元、3万元、1万元；新命名的市级生态示范村参照市生态文明示范村奖励标准，奖励1万元。此项奖励经费应用于乡镇、村的生态项目建设。

7. 绿色单位创建：凡被命名为国家、省级、市级绿色学校、绿色医院、绿色社区的，分别奖励创建单位3万元、2万元、1万元；被命名为国家、省、市、县级绿色家庭的，每户分别奖励0.3万元、0.2万元、0.1万元、0.02万元；被命名为国家、省级生态文明教育示范基地的，分别奖励5万元、3万元；被命名为国家、省级森林城镇的，分别奖励创建单位10万元、5万元；凡被命名为国家、省级森林村庄的，分别奖励5万元、2万元；凡被命名为国家、省级、市级绿化示范村的，分别奖励创建单位5万元、2万元、1万元；

8. 合格饮用水源创建：开展合格饮用水源创建，按照县政府出台的《磐安县农村饮用水管理办法》（磐政〔2011〕44号）及其操作性文件的规定进行奖励。

生态文明建设专项资金实行专款专用，严格执行资金使用审批程序。绿色农产品认证、循环经济、农村卫生长效管理、饮用水管理、规模化养殖场治理等项目，按原县有关文件规定的立项和资金审拨程序执行；森林城镇、森林村庄、绿化示范村按现有林业项目立项和资金审拨程序执行；其它符合本意见的项目，须由县生态办年初列入计划，完工后经县生态办和财政局验收合格，由县财政局拨付奖补资金，同一项目不重复奖励。同时，县财政局、农办、环保局、农业局、林业局、水务局、交通局、建设局等部门要加强沟通联系，统筹财力扶持"秀美乡村"和"生态文明示范村"的建设。

五、本意见由县生态办负责解释，自下文之日起执行。

附件："十二五"期间和2011年生态文明建设工作任务分解（略）

中共磐安县委
磐安县人民政府
二〇一一年五月二十六日

衢州市人民政府办公室
关于进一步加强节能降耗工作的通知

衢政办发〔2011〕39 号

各县(市、区)人民政府,市政府各部门、直属各单位:

节能降耗工作是落实科学发展观、转变经济发展方式、促进可持续发展的必然要求,是深入实施“创业创新、富民强市”总战略和“工业立市”主战略的重要举措。为进一步做好 2011 年我市节能降耗工作,为“十二五”节能降耗工作开好局、起好步,现就进一步加强全市节能降耗工作通知如下:

一、充分认识节能降耗工作的艰巨性和复杂性

“十一五”期间,经过全市上下的共同努力,我市万元 GDP 综合能耗从 2005 年的 2.07 吨标煤下降到 1.65 吨标煤,超额完成了万元 GDP 能耗累计下降 20%的目标,但我市万元 GDP 综合能耗仍为全省最高,是全省唯一万元 GDP 综合能耗超过 1 吨标煤的地区。

“十二五”时期,节能降耗工作仍然是各级政府最重要的工作内容之一,国家已经确定了万元 GDP 综合能耗下降 16%的目标,我市任务将更为艰巨。2011 年作为“十二五”的开局之年,一季度,我市万元 GDP 能耗上升 1.1%,万元 GDP 电耗上升 5.9%,高能耗产业生产快速增长,万元 GDP 能耗不降反升,给节能降耗工作带来巨大压力,形势十分严峻。各县(市、区)政府、市级各部门单位对此一定要有充分认识,及早谋划,采取措施,切实强化节能降耗工作,坚决遏制高能耗行业能耗快速增长势头。

二、当前节能降耗工作措施

(一)继续实行责任制考核。全市“十二五”节能目标任务按年度分解到各县(市、区)和市级有关部门,各县(市、区)政府和有关部门全面负责本地区、本部门的节能降耗工作,继续将节能降耗目标任务纳入政府、部门目标责任制,实行严格考核,对不能如期完成进度目标的,要进行行政问责。

(二)切实加强有序用电调控。在 2011 年有序用电方案制订及执行过程中,要把有序用电和节能降耗、促进工业转型升级紧密结合,对节能降耗工作进度落后的县(市、区),从严控制用电指标。对高耗能行业,特别是水泥等行业,实行用电总量控制,2011 年用电量不得超过 2010 年水平,对超标用能的企业,实行加价用电或限制供电等措施。

(三)建立区域能耗预警制度。实施节能降耗指标完成情况预警制度。按节能指标完成情况实行红色和黄色预警。节能指标不降反升的区域,或县(市)万元 GDP 能耗下降幅度距离考核目标 2 个百分点及以上(市辖区、开发区、高新园区万元工业增加值能耗下降幅度距离考核目标 4 个百分点及以上),实行红色预警;县(市)万元 GDP 能耗下降幅度距离考核目标 1 个百分点及以上(市辖区、开发区、高新园区万元工业增加值能耗下降幅度距离考核目标 2 个百分点及以上)的区域,实行黄色预警。对红色预警区域,由市政府分管领导对县(市、区)政府有关领导进行约谈,并由所在县(市、区)政府向市政府提出整改措施,市政府督查室对整改措施落实情况进行督查,同时暂停审批其用能超过 1000 吨标煤以上的工业项目,并暂停接入工业增加值能耗高于 0.72 吨标煤的 315kVA 以上容量变压器报装项目;对黄色预警区域,由所在县(市、区)政府向市节能办提出整改措施。统计部门要在季度终了次月的 20 日内及时公布能耗数据,并积极会同有关部门作好分析,供政府决策参考。

(四)切实加快发展第三产业。有关部门要积极制订鼓励政策,采取切实有力措施,大力发展旅游、物流等第三产业,提高三产比重,扭转三产占比不断下滑的势头,促进产业协调发展,为工业发展提供更大的用能空间。同时做好宾馆、商场等“三产”服务场所的节能工作,将自身能耗控制在合理水平。

(五)抓好全社会节能工作。抓好建筑、交通、农业和公共机构等行业、部门的节能降耗工作:一是加大建筑节能改造力度,新建建筑应严格执行节能 65%的设计规范,同时加快既有建筑的节能改造进度;二是交通部门要加快淘汰高耗能汽车,鼓励营运车辆向大型化、专业化方向发展;三是公共机构要起到节能降耗工作表率作用,按照国家规定使用空调和各类电器;四是在农业、服务业、居民生活领域,充分开发利用太阳能、沼气等可再生能源,逐步引导、限制和替代生活用外购能源;五是新闻媒体应主动深入开展节能降耗宣传工作,引导全社会共同参与,不断扩大节能降耗工作的广度和深度。

三、切实加强组织领导

各县(市、区)政府和市级各有关部门单位要把推进本地、本部门节能降耗工作作为当前及今后一个时期工作的重中之重来抓,妥善处理好经济发展和节能降耗之间的关系。要结合本地、本部门实际,进一步建立健全节能降耗工作责任制和问责制,加强组织领导,加大工作力度,努力形成一级抓一级、层层抓落实的长效工作机制,确保完成 2011 年节能降耗工作目标任务,为全市经济社会发展作出应有的贡献。

二〇一一年六月三日

中共开化县委　开化县人民政府
关于加快生态乡村建设的实施意见

县委〔2011〕9号

各乡镇党委、政府，工业园区，县级机关各部门：

为深入贯彻落实科学发展观，按照省委、省政府实施美丽乡村建设行动计划（2011—2015年）和重点欠发达县群众增收致富奔小康的部署要求，进一步推进城乡统筹发展，提升我县新农村建设水平，现就我县2011—2013年生态乡村建设提出如下实施意见。

一、指导思想和总体目标

（一）指导思想。深入贯彻落实科学发展观，全面实施“生态立县、特色兴县”战略，坚定不移走“产业高新、小县大城、生态发展”道路，按照“建生态乡村，享品质生活”的基本要求，以“村镇规划科学布局美、生态经济发展产业美、人居环境改善家园美、农民创业增收生活美，特色文化繁荣人文美，农村稳定和谐乡风美”为目标，以农村“美化、洁化、亮化、绿化、文化、产业化”工程建设为主抓手，着力推进农村生态经济体系、农村生态环境体系、农村生态文化体系和农村生态人居体系建设，形成有利于农村生态环境保护和可持续发展的农村产业结构、农民生产方式和消费模式，努力把我县农村建设成为布局合理、功能完善、经济发展、环境优美、社会和谐的社会主义新农村。

（二）总体目标。“生态乡村”建设按照“重点培育、连片推进、环境美化、服务提升”的基本思路，以“一线两环多点”为基本布局，以农村“六化”工程建设为主抓手，总体上要达到“六个美”的基本目标：

——村镇建设规划布局科学合理，达到“布局美”。顺应新型工业化、新型城镇化和新农村建设互动发展的新趋势，以“一村一品、一村一业、一村一景、一村一韵”为特色，按照城乡规划总体要求，结合各地自然、人文、经济等基础，科学布局中心镇、中心村、重点村和环境提升村，完善村庄建设规划修编，合理功能定位，引导农民向县城、中心镇、中心村集聚。

——农村生态经济持续稳定发展，达到“产业美”。加快高效、低耗、低排放的乡村生态加工业、生态农业、生态休闲旅游业发展。农村工业污染、生活污染、农业面源污染、畜禽养殖污染得到较好治理。农村循环经济、清洁生产等各类技术应用率明显提高。农村新型能源得到广泛开发和利用，节地、节材、节能技术得到较好推广。

——农村整体人居环境明显改善，达到“家园美”。村庄环境综合整治深入推进，生活垃圾、生活污水得到有效治理，村道硬化、卫生改厕、路灯亮化、村庄绿化建设水平明显提升，农村社会公共服务功能不断完善，农民居住条件不断改善，农村整体环境明显改善，形成一批宜居宜业宜游的美丽村庄。

——农民创业增收能力不断增强，达到“生活美”。通过加快农村经济转型升级，加强劳动力市场培育和农民就业技能培训，努力拓展农民就业创业领域和能力，推动农村经济加速发展，农民持续增收，使全县农民生活更加美好。

——农村特色文化建设持续推进，达到“人文美”。深化文明乡镇、文明村、文明家庭等创建活动；将传统文化与现代文化有机结合起来，充分发掘保护培育农村特色文化，加强生态文明知识的普及教育，农村健康文明的生活与消费方式初步形成，生态文明理念深入人心，农村社会文明新风得到进一步弘扬。

——农村社会保持和谐稳定，达到“乡风美”。强化农村基层组织建设和农村干部作风建设，完善农村矛盾纠纷预防化解机制，创新农村社会管理，深化农村民生保障。通过“平安开化”、“平安乡镇”、“平安单位”、“平安村（社区）”创建等活动，全面提高广大农村干部群众法制意识和文明素质，农村社会环境文明有序、安定和谐。

二、主要内容

（一）实施“农村产业富民推进行动”

按照“生态经济发展产业美”的要求，因地制宜地编制农村产业发展规划，推进产业集聚和产业升级，构建高效的农村生态产业体系。

1. 推动乡村生态加工业发展。按照产业集聚的要求，推动乡村企业到工业功能区集聚，实现污染集中治理。按照产业升级的要求，推行“循环、减降、再利用”等绿色技术，调整乡村工业产业结构。通过建设标准厂房、民工公寓，发展来料加工服务点和村级物业等，推进村域经济实力的不断壮大。

2. 推动乡村生态农业发展。充分发掘农村土地资源、气候条件和区位条件的优势，积极培育无公害、绿色、有机农产品基地。加快土地承包经营权流转，积极推进“两区”建设。积极推进农作制度创新，发展立体农业、循环农业。全面推广测土配方和节本增效等技术，提高农业清洁化生产水平，农业化肥施用强度降低5%以上，商品有机肥推广使用量提高30%以上，高效低毒低残留农药推广使用面积达到75%以上，肥料、农药利用率均提高

5%以上。推行畜禽生态养殖模式，加强畜禽养殖污染治理，规模化畜禽养殖场排泄物综合利用率达到97%以上。

3. 推动乡村生态旅游业发展。合理科学布点，积极健康发展乡村休闲旅游业，努力建成一批以农事体验、农业观光、民俗风情、红色旅游、自然景观为特色的休闲旅游群落。认真做好景区和农家乐村污染整治，农家乐村污水治理率达到90%以上，经营户生活污水治理率达到100%。

（二）实施“农民创业增收能力提升行动”

按照“农民创业增收生活美”的要求，大力开展农民创业就业培训，优化创业就业环境，拓展农民就业门路，不断提升农民创业增收能力。

1. 提升农民就业创业能力。按照“数量型”向“质量型”、“外输型”向“本地型”、“就业型”向“创业型”转变要求，深入实施万名农民素质工程，培育壮大有文化、懂技术、会管理的新型农民队伍。加大异地培训力度，增强外出农民外地创业能力。继续围绕本地产业发展和农民转产转业开展就业技能培训，使有转移就业意向的农民都能通过培训实现转移就业。以农业规模经营大户、农民专业合作社领办人、农业企业经营者、来料加工经纪人、农家乐经营户等为重点对象，积极开展农村实用人才培训，提高他们创业技能，以创业助推就业。积极开展高效生态农业实用技术培训，提高农民科技应用能力，提高农业经营效益。

2. 优化农民就业创业环境。加强劳动力市场培育和就业信息指导，拓展农民转移就业渠道；围绕农民创业培训、项目推介、信息发布、资金扶持、跟踪服务等内容，进一步加大政策扶持力度，拓展创业就业空间；创新服务机制，全面推行“联合办、高效办、优惠办”制度，实行一个窗口管理、一站式服务、一条龙运作，降低农民创业就业成本。大力宣传农民创业先进事迹，大力弘扬他们艰苦创业精神，激发广大农民的创业激情。

（三）实施“农村生态村镇建设行动”

按照“村镇规划科学布局美”的要求，开展中心村培育建设、农村土地综合整治和农村危旧房改造等项目建设，促进农村人口和二三产业集聚。

1. 推进农村人口集聚。以优化村庄和农村人口布局为基本指向，修编完善村庄布局规划，大力推进中心村、重点村建设。中心村规划常住人口一般要达到1500人左右，最大居住点人口占村总人口数的50%以上。结合农村土地综合整治，采取多种方式推动自然村落整合和农居点缩减，提高农村人口集中居住和土地集约使用的水平。

2. 推进农村住房改造。结合中心镇、中心村培育、下山移民搬迁和集镇发展，因地制宜地推进农村住房改造建设。全面完成农村低保收入标准（2007年）150%以下农村困难家庭危房改造任务。鼓励村级组织盘活利用存量建设用地开展农村住房改造建设。加快农村危旧房改造，实现“居者有新房、村庄有新貌、城镇有新型”。

3. 推进农村基础设施建设配套。扩大城镇对农村的辐射带动作用，推进农村公路、农村饮水安全、农村电气化等项目建设，促进城乡公共资源均等化。具备建路条件的行政村公路通村率和通村公路硬化率达到100%。行政村客运通达率达到95%以上，城乡客运一体化率达到100%。村内河沟池塘基本得到有效治理，农村饮水安全覆盖率达到90%。

（四）实施“农村生态文化培育行动”

按照“特色文化繁荣人文美”，以提高农民群众文明素养，形成农村文明新风尚为目标，加强生态文明知识的普及教育，构建和谐的农村文化体系。

1. 开设宣教专栏。把提高农民群众生态文明素养作为深化文明乡镇、文明村、文明家庭等文明创建活动的重要内容，开辟生态文明橱窗等生态文化阵地，运用村级文化教育场所，开展形式多样、内容丰富的生态文明知识的宣传、培训活动，形成农村生态文明新风尚。

2. 培育特色文化。充分发掘和保护古村落、古民居、古建筑、古树名木和民俗文化等历史文化遗迹遗存，优化美化村庄人居环境，把历史文化底蕴深厚的传统村落培育成为传统文明和现代文明有机结合的特色文化村。特别是要挖掘传统农耕文化、茶文化、根艺文化、红色文化，把特色文化村打造成为弘扬农村生态文化的重要基地和文化休闲旅游点。

3. 创建生态生活方式。开展文明清洁示范户创建活动，引导农民生态消费、理性消费。制定教育、监督、管理相结合的生态乡村建设的村规民约，规范广大村民的行为，积极提倡少用塑料袋，广泛使用竹篮、环保袋，降低白色污染。

（五）实施“农村生态人居提升行动”。

按照“人居环境改善家园美”的要求，突出重点，连线成片，切实抓好农村改路、改水、改厕、垃圾处理、污水治理等项目建设，构建优美的农村生态人居体系。

1. 实施农村环境综合治理。按照先规划、后建设，先地下、后地上的原则，全面开展垃圾处理、污水治理、卫生改厕、村道硬化等项目建设，到2013年全县村庄环境综合整治覆盖面要达到90%以上，农村垃圾集中收集处理率达到90%以上，开展农村生活污水治理的行政村覆盖率要达到70%以上，卫生户厕农户要达到全县总农户数的90%以上。在国省道沿线、重点景区沿线有重点地开展赤膊墙整治和彩化工程，实施“生态乡村”创建的村庄绿化覆盖率达到18%以上。积极推进省级农村河道综合整治试点县建设，实现“河畅水清、岸绿景美、人水和谐”的综合治理目标。“一线二环”内90%以上村庄达到“生态乡村”建设要求。

2. 推进节能节材技术应用。畜禽养殖场（户）沼气利用技术在农村得到普遍推广，路灯太阳能供电、太阳能热水器等太阳能综合利用进村入户。拓展居住建筑节能标准的执行范围，积极引导农村新建住宅采用节能新技术，农村居民广泛使用新型墙体建材、环保装修材料。

（六）实施“农村和谐社会创建行动”

按照“农村稳定和谐乡风美”的要求，加强基层组织建设，积极开展平安创建活动，促进农村社会和谐稳定。

1. 强化农村基层组织建设。按照“城乡统筹抓基层，和谐组织强基础”的要求，不断推进“先锋工程”建设，深入开展“创先争优”活动，认真落实农村基层党建责任制，建立健全村干部绩效考核体系建设，提高村级班子战斗力。健全完善村情民情档案，深化“三民工程”。完善乡村干部与农民群众对话协商平台，大力推进“四议四公开”，全面推行“村务监督委员会”等成功经验，实现农村重大事项的民主决策、科学决策。

2. 深入开展平安创建活动。深入开展农村“普法”活动和“平安乡镇”、“平安单位”、“平安村(社区)”创建等活动，完善农村矛盾纠纷预防化解机制，创新农村社会管理，全面提高广大农村干部群众法制意识和文明素质，增强村干部的村级维稳能力。加快农村社会事业发展，强化农村民生保障。深入实施婚育新风进万家行动，积极倡导生育文明新风。积极组织开展“和谐家庭”创建评选活动，推动农村社会环境文明有序、安定和谐。

三、保障措施

(一)完善规划方案。在县域总体规划和土地利用规划的指导下，根据村庄布局规划和村庄建设规划，合理编制“生态乡村建设规划方案”。结合乡镇及广大农村实际，加快供水、污水处理、垃圾集中处理等专项规划向周边农村延伸。细化乡镇(村)区域内生产、生活、服务各类区块的功能定位，明确工作计划和实施方案，确保生态乡村建设科学有序推进。

(二)加大投入力度。县财政设立生态乡村建设专项扶持资金，用于生态乡村建设的奖励或补助。在2011年至2013年期间实施“生态乡村”创建的行政村，根据创建项目不同给予不同标准的资金补助。对实施中心村培育、重点村建设的村每村给予100万元左右的以奖代补资金；环境整治村每村给予21—25万元的以奖代补资金；农家乐提升村每村给予10—20万元以奖代补资金；农家乐创建村每村给予30—40万元以奖代补资金；农家乐特色点每个点给予3—6万元以奖代补资金。沿线环境综合改造提升村通过村级申报、乡镇初审、县级审定，按工程实际验收情况实行以奖代补。沿线景观林建设按项目申报实施。同时，对“生态乡村”建设重点片区内的一些重点村，在扶持资金安排上给予倾斜。

按照“谁投资、谁经营、谁受益”的原则，积极鼓励不同经济成分和各类投资主体以多种形式参与“生态乡村”建设。积极鼓励民间资本参与农村基础设施和公共服务工程建设。

(三)增强科技支撑。积极开发和引进减量化技术、再利用技术、资源化技术和生态修复技术，为“生态乡村”提供有效技术支持。推广节能、节水、节材、节地为主的先进适用技术，切实提高垃圾无害化和资源化处理、污水沼气净化治理、农业面源污染防治、新型能源利用的普及面与建设水平。

(四)营造良好氛围。充分发挥新闻舆论的导向和监督作用，广泛深入地开展形式多样、内容丰富、生动活泼的“生态乡村”建设宣传教育活动，加强对先进典型的总结和推广，形成全社会关心、支持和监督“生态乡村”建设的良好氛围。

(五)强化部门协作。按照“‘生态乡村’建设项目点定到哪里，相关部门的资金和项目就跟到哪里”的要求，进一步加强部门协作，强化资源整合，将规建、环保、卫生、农业、水利、林业、交通、国土、财政等部门的项目资源与“生态乡村”建设项目结合起来，形成资源集聚效应，切实提高“生态乡村”共建水平和效果。

(六)加强督查考核。把“生态乡村”建设作为衡量干部政绩的重要内容，列入县综合争先考核和社会主义新农村建设考核。加强对“生态乡村”建设的督查指导，做到及时发现问题，及时整改。开展“生态乡村”建设评优评先活动，对“生态乡村”建设先进单位，县里将予以表彰。

四、组织领导

“生态乡村”建设系统性、综合性强，要加强党委、政府组织领导，坚持党政一把手亲自抓，分管领导具体抓。成立县“生态乡村”建设工作协调小组，形成党委领导、政府主导、农民主体的工作机制。各乡镇也要相应成立工作领导小组，加强领导，积极发动，精心组织，周密部署，明确责任，认真抓好“生态乡村”工程建设各项工作。要按照“分类指导、分步实施、分级负责、分头落实”的原则，将建设任务和工作责任层层分解落实，各乡镇及有关部门要切实负起责任，认真抓好工作落实，确保“生态乡村”建设取得实实在在的成效，实现我县新农村建设新跨越。

中共开化县委

开化县人民政府

二〇一一年三月七日

中共岱山县委关于
推进海洋生态文明建设的实施意见

岱委〔2011〕3号

县委所属各党委、党组：

为认真贯彻落实党的十七大和省委十二届七次、市委五届八次全会精神，根据《中共浙江省委关于推进生态文明建设的决定》(浙委〔2010〕64号)和《中共舟山市委关于贯彻省委十二届七次全会精神推进海洋生态文明建设的实施意见》(舟委〔2010〕7号)，就我县推进海洋生态文明建设提出如下实施意见。

一、推进海洋生态文明建设的意义、目标和要求

(一)建设海洋生态文明的重大意义。生态文明是继原始文明、农耕文明、工业文明之后一种新的文明形态。建设海洋生态文明，实质上就是要建设以海洋资源环境承载力为基础、以自然规律为准则、以海洋资源综合开发和海洋经济可持续发展为目标的资源节约型、环境友好型社会，实现人与自然、人与海洋和谐共生、良性循环、协调发展。在新的发展阶段推进海洋生态文明建设，是深入贯彻落实科学发展观的内在要求，是转变经济发展方式、加快转型升级的必由之路，是全力参与舟山海洋综合开发试验区建设、提升县域经济综合竞争力、推进“三大定位、四个岱山建设”的迫切需要，也是切实改善民生、提高人民生活质量、为子孙后代谋福祉的重要内容和战略举措。当前，我县正处于海洋大开发大开放的关键时期，全县上下一定要从全局和战略的高度，充分认识到我县建设海洋生态文明的重要意义，切实增强使命感和紧迫感，把推进海洋生态文明建设和促进经济社会发展有机结合起来，在加快发展的基础上深入推进海洋生态文明建设，在建设海洋生态文明的过程中提升发展的质量、拓展发展的空间，努力实现岱山经济社会与生态环境协调发展。

(二)推进海洋生态文明建设的总体要求。坚持以邓小平理论和“三个代表”重要思想为指导，深入贯彻落实科学发展观，按照党的十七大、十七届五中全会和省委十二届七次、市委五届八次全会精神要求，围绕“三大定位、四个岱山建设”这一总体目标，充分发挥区域经济特色和生态环境优势，以科学发展为主题，以转变经济发展方式为主线，以争创国家级生态县为抓手，大力发展生态经济，不断优化生态环境，加快建设生态文化，着力完善体制机制，努力形成循环利用资源和保护海洋生态环境的产业结构、增长模式和生活方式，不断提高全县人民的生活品质。

(三)推进海洋生态文明的主要目标。推进海洋生态文明建设是一项长期的战略任务，要动员全县上下共同奋斗，争做省市海洋生态文明发展的排头兵，努力把我县建设成为全省乃至全国海岛海洋生态文明建设的示范区。“十二五”时期的具体目标是：

——达到国家级生态县建设标准。国家级生态县创建有序推进，力争2015年创建成功。

——海岛花园城市建设成效明显。中心城区发展能级提升，中心镇培育和特色乡镇建设步伐持续加快，“一城三镇”城市框架体系不断完善，本岛“东拓西延中提升”战略得到有效实施。同时，本着生态优先、群岛规划的原则，精心打造一批有海岛特色的风情小镇。力争到“十二五”末，城镇化水平达到68%，城乡一体、山海秀美、绿色生态、富有活力的海岛花园城市初步形成。

——海洋生态经济加快发展。循环经济形成较大规模，清洁生产大力推行，生态型海洋产业成为新的经济增长点。全面完成省、市下达的“十二五”单位生产总值能耗下降指标，高附加值、低消耗、低排放的产业结构加快形成。

——海洋生态环境质量保持领先。全面完成省、市下达的“十二五”主要污染物减排任务，海洋环境、大气环境、水环境持续改善，重点区块生态环境得到较好保护和治理，森林覆盖率、平地绿化面积稳步提高，到2015年，全县森林覆盖率达到46%以上，城市人均公园绿地面积达到20平方米以上，海洋生态安全保障体系基本形成。

——海洋生态文化日益繁荣。海洋生态文化研究和海洋生态文明教育不断加强，绿色创建活动广泛开展，海洋生态文明理念深入人心，绿色消费模式和健康文明的生活方式初步形成，保护环境、善待自然、节约资源成为良好的社会风尚和广大群众的自觉行为。

——生态建设体制机制不断完善。推进海洋生态文明建设的政策体系进一步完善，绿色政绩考评、生态补偿、排污权交易、资源要素市场化配置、投融资及财税金融扶持等体现海洋生态文明建设要求的制度得到全面有效实施。

二、加快经济发展方式转变，大力发展海洋生态经济

(四)着力构筑“一城三岛多区”海洋生态经济建设布局。根据资源环境承载能力，统筹谋划人口分布、产业布局、国土利用和城镇化格局，全面实施岱山生态环境功能区划，形成海洋生态文明建设“一城三岛多区”规划布局。“一城”以中心城市建成区为主体，统筹规划、联动建设高亭、东沙、岱西、岱东等城镇，加快推进本岛一体化，产业功能集聚化。“三岛”为衢山、长涂、秀山三大岛，立足各岛屿区位条件、资源禀赋和产业特色，按照岛屿分类开发导向，重点开发建设衢山港口物流岛、长涂临港工业岛和秀山休闲度假岛。“多区”是在七个乡镇主体功能定位基础上，加快集聚发展要素，突出打造临港工业区、港口物流区、海岛休闲旅游度假区、海洋能源区等发展区块，进一步构筑海洋经济发展大平台。与此同时，加强无居民海岛统筹梳理和巡查管理，坚持有效保护和有序开发并重，实行无居民海岛利用审批许可与有偿使用；严格保护未经批准利用的无居民海岛。

（五）大力推动海洋经济转型升级。坚持以绿色发展为导向，以转型升级和结构调整为主线，做大三产、做强二产、做优一产，不断优化海洋产业结构，努力构建附加值高、资源消耗低、环境污染少、三次产业融合发展的生态型现代海洋产业新体系。要培育壮大生态型现代服务业。依托我县区位和深水港口资源优势，着力于港口岸线的高水平开发利用，加大重大港口物流项目建设力度，加快推进岱山港口功能向产业、贸易、中转、储运、加工一体的综合性港口转变，重点推进鼠浪湖矿砂中转、黄泽山油品储运中转、小衢山海上工程大型构件制造、大衢山海上物流中转等临港产业大项目建设。深化港航联动建设步伐，加大本地龙头航运企业培育力度，大力吸引国内外大型船务公司运力落户，着力推进货物本地化运输。以创建品牌、建设核心区块、完善配套为重点，加大海岛生态旅游基础投入，打造长三角最佳的海上休闲度假胜地。加紧实施“一岛一镇一山一沙一中心”（秀山岛、东沙古镇、摩星山、鹿栏晴沙、旅游集散中心）五大核心区块，打造精品系列，提高海岛旅游业的整体效益。大力发展现代商贸、金融、会展、信息、咨询、文化创意等现代服务业，大幅提高生态型服务业所占地区生产总值比重。要提升做强优势临港产业。引导船舶工业发展重心从规模扩张转向结构调整和产业链配套转变，推进船舶产业群建设，提升岱山船舶工业集群整体竞争力。大力培育大宗物资仓储加工、海洋工程装备、海洋生物等新兴临港产业。注重采用环保型先进工艺提升传统产业。要积极推进渔农业转型升级。以发展生态、高效、品牌现代渔农业为方向，合理利用海洋渔业资源，积极推广各项节能技术应用于渔船，积极、稳妥发展远洋渔业，不断优化渔业生产结构。大力开发优质环保海水产品，扶持发展无公害农产品，加快建设一批有规模、有品牌、标准化的渔农产品生产基地，保障渔农产品质量安全，加快发展休闲渔农业，打响休闲渔农业品牌。

（六）加快发展生态循环经济。大力推广先进实用循环技术，推动循环经济在生产、流通、消费、回收各环节和企业、园区、社会各层面的发展。加快新能源建设，积极发展风能、太阳能、潮流能等各类可再生能源，推进海水综合利用。大力推广绿色、有机农产品，建设一批示范项目和示范园区。加强循环经济骨干企业、示范园区和基地建设，逐步在船舶修造、水产加工等行业全面推进循环经济发展，形成循环经济产业链。加强资源的综合利用和再生利用，有序推进工业“三废”综合利用项目建设。

（七）合理开发和集约节约利用海洋资源。集约高效利用港口岸线、岛屿、海域、盐田等资源，强化海洋功能区划、无居民海岛管理规划和城市总体规划、港口总体规划、土地利用总体规划等专项规划的控制性管理，严格规划控制尚未开发的产业发展岸线及其发展腹地，积极争取在规划许可范围内，在有条件的沿海滩涂地带组织实施填海造地工程，努力增加土地后备资源。要节约利用水资源，全面开展节水型社会创建活动，加强水资源保护与开发，加大雨水集蓄、海水淡化、海水直接利用、工业废水回收再利用、区域性中水回用等项目建设，强化水资源保障。要注重节地节能节材，倡导“亩产论英雄”，优化建设用地结构，增加单位土地投资强度，实施盐碱荒地、低丘缓坡的开发利用，加快闲置土地清理、农村土地流转及土地遗留问题等处置，切实提高土地利用效率。大力推进各领域、生产生活各环节的节能，重点抓好电力、船舶修造、水产加工等重点行业及渔业和海运业等重点领域的节能改造，着力提高能源利用效率；严格项目能耗准入，推动开展新增项目节能评估；大力倡导厉行节约用材，加大替代型材料、再生材料的推广力度，鼓励企业广泛使用可降解、可回收的包装材料，努力建设资源节约型社会。

（八）强化海洋科技和人才支撑。健全完善人才培育、引进和激励机制，积极培育和引进船舶、科技、旅游、物流、航运等符合我县新一轮发展需求的专业人才。加强科技创新，大力推进产学研合作，依托产业优势和行业龙头企业，加强与上海、杭州为主的国内外科研院所的合作，共建一批能源类、环保类科技创新载体和服务平台，着重在船舶研发、海岛苗木培育、渔农业废弃物、水产品下脚料资源化利用等技术方面有所突破。开展一批资源节约、清洁生产、能源替代、污染防治及生态保护等领域先进适用技术的引进、开发、应用和推广。大力发展生态环境保护技术，发展节能减排和循环利用关键技术，着力提升生态环境监测、保护、修复能力和应对气候变化能力。

三、加强综合治理和修复，建设生态海岛花园城市

（九）深化环境污染综合整治。全面推行清洁生产和污染源达标排放工作，严格控制并逐步削减污染物排放总量，扎实开展“811”生态文明建设推进行动，加大重点污染源限期治理力度。大力开展水环境污染防治，加强饮用水源地保护，完善饮用水源污染事故应急预案，确保城镇集中式饮用水水源地水质达标和饮水安全。加快城镇污水处理设施建设，加强已建污水处理厂运行监管，进一步实施雨污分流工程，实现污水处理厂污泥无害化处理，提高城市生活污水处理率。加强城乡河道保洁管理，进一步清淤疏浚河道，全面改善河道水质。大力抓好海上流动污染源整治，严格管理海上倾废，加大港口船舶污水收集处理设施建设。加强工业废水的治理，抓好重点行业的污染控制。综合治理大气污染，加大烟尘、粉尘、细颗粒物和汽车尾气的专项治理力度。规范建筑工地、采石场、码头、堆场和船舶企业的施工作业，有效控制扬尘污染，坚决制止违规焚烧垃圾、秸秆以及有毒有害物质。开展烟气脱硫脱硝工作，减少二氧化硫、氮氧化物排放总量。加大机动车尾气污染防治，严格实施机动车尾气监测和分类标准管理，加快绿色交通体系建设。加强船舶修造等行业油漆废气治理，开展餐饮行业油烟污染治理，落实餐饮企业油烟净化装置，实施餐厨垃圾无害化处理。推进噪声污染防治工作，及时查处群众反映强烈的各类噪声污染扰民问题。

（十）不断改善城乡人居环境。用生态理念规划城乡、建设城乡、管理城乡，逐步形成特色鲜明、功能完善、布局合理、资源节约、生态良好的城镇体系。全面开展“美丽海岛”建设活动，继续实施“千村示范、万村整治”和渔农村环境“五整治一提高”工程，深化新渔农村建设，优化村庄布局，因地制宜推进中心村和农房改造建设，开展衢山桂太小流域连片整治，切实推进以污水处理、垃圾收集、道路交通、乡村绿化、农民饮用水工程、万里清水河道建设等工作为主要内容的渔农村生活环境综合治理，建成一批具有较高水平且具有综合示范意义的渔农村社区和特色生态村，全面推进城乡统筹一体化进程，打造一批“海岛风情、设施完善、氛围祥和、管理有序”的新型渔农村社区和一批“宜居宜业宜游”的美丽海岛。深入实施绿色生态岱山建设提升工程，丰富绿色生态内涵，合理配置各类绿化资源，推进国家级生态乡镇创建。深入开展省级示范文明县城创建活动，全面推进城乡环境卫生整治行动，着力提升城乡环境质量。进一步加强城乡市政卫生设施建设，完善污水管网、生活垃圾处置等市政设施，稳步推进生活垃圾分类处置，全面推行常态化卫生保洁制度。

（十一）推进海洋生态保护和修复工程。坚持严格保护与合理开发并举，防止海洋污染和生态破坏。加强对岱山海域生物资源和生态环境的基础调查，开展衢山桥梁山岛生态修复试点工程。在重要海域、沿海滩涂等生态敏感区域，进一步开展增殖放流、人工鱼礁等形式的海洋生态修复活动。加大对海上采砂行为的监管力度，保护海底生态环境。建设海洋牧场，严格执行禁渔区、休渔期制度，促进近海渔业资源的可持续利用。开展土壤修复，加强废弃采石场的环境修复，促进矿山生态环境改善。

（十二）强化环境监督管理。严格执行建设项目环境影响评价制度和“三同时”制度，坚持“谁污染谁治理”的原则，切实加大环境监管执行力度，坚决杜绝不符合要求的企业和项目落户。规范重点行业污染治理，加强水产加工企业、船舶修造企业监督管理，完成全县工业固废填埋场建设。深入开展环保专项执法检查和“飞行监测”行动，严厉查处超标排污企业，对严重违法排污企业实施挂牌督办、公开曝光，并将违法信息纳入企业信用管理体系。进一步加强县、乡镇、企业环境应急能力建设，努力消除油库、油管等环境安全隐患，严防环境污染事故和生态灾难的发生。全面建设环境质量自动监测、污染源在线监控系统和环境监控中心体系，积极开展所属海域、主要排污口、海洋开发重点区自动化在线监测，完善海洋环境质量公报、海洋灾害预警预报、海洋环境突发事故应急机制及监测观测机构和设施设备建设，提高防灾减灾、应对海洋灾害的能力。

四、强化生态意识，大力培育海洋生态文化

（十三）树立海洋生态文明理念。制定实施海洋生态文明建设道德规范，大力倡导海洋生态伦理道德，加强对各级领导干部的海洋生态文明宣传教育。党校（行政学院）要把海洋生态文明建设作为干部教育培训的重要内容。加强对中、小学生的海洋生态文明宣传教育，把海洋生态文明有关知识和课程纳入国民教育体系。教育引导广大企业家增强生态环保意识和社会责任感，加强环境污染治理，推动企业发展方式转变。加强对基层群众的海洋生态文明教育和科普宣传，提高全民海洋生态文明素养，形成海洋生态文明社会新风尚。

（十四）继承和发展海洋生态文化。加强海洋生态文化理论研究，注重挖掘岱山海洋文化、佛教文化、渔文化、泥文化、盐文化中蕴藏的丰富生态思想。加强海洋生态文化建设的战略规划、制度机制、对策举措等研究。继续办好中国海洋文化节等重大节庆活动，扩大节庆规模、提升节庆档次，进一步传播海洋生态文化。定期安排一批海洋生态文化研究项目，形成一批具有鲜明岱山特色的海洋生态文明研究成果和文化艺术作品，为推进海洋生态文明建设提供理论支撑和思想支持。

（十五）开展系列海洋生态文明创建活动。巩固提升省级生态县、生态乡镇建设成果，全力推进国家级生态县创建活动，组织引导全县各级党政机关、人民团体、企事业单位和城乡居民参与绿色机关、绿色学校、绿色医院、绿色企业、绿色社区、绿色家庭等系列创建活动，不断壮大生态环保志愿者队伍，形成政府引导、企业支持、社会组织协助、公众参与的海洋生态文明创建模式。积极开展“世界环境日”、“世界海洋日”、“世界地球日”、“地球一小时”、“中国航海日”、“中国水周”、“全国土地日”、“植树节”、“浙江生态日”等重要时段的纪念和宣传活动，引导人民群众不断强化生态环保意识。

（十六）推行绿色健康的生活方式。大力开展“节能减排家庭社区行动”，在全社会倡导勤俭节约的低碳生活。积极引导城乡居民广泛使用节能型电器、节水型设备。鼓励公民选择公共交通、非机动车等交通工具出行。积极引导鼓励绿色消费，提倡健康节约的饮食文化，抵制高能耗、高排放产品和过度包装商品，限制一次性用品的使用。继续贯彻计划生育基本国策及优生优育方针，合理调控人口数量，提高人口素质，改善人口结构，优化人口分布，促进人口均衡良性发展。弘扬文明的婚丧嫁娶风俗。广泛开展爱国卫生运动，积极推进全民健身，加强疾病防控，推行室内公共场所禁烟，不断提高城乡居民健康水平。

五、加快推进制度创新，强化海洋生态文明建设的体制机制保障

（十七）科学编制和严格执行海洋生态文明建设规划。将海洋生态文明建设的各项要素落实到县域空间布局、基础设施建设、产业和人口发展、环境保护等各个环节，编制并实施岱山县海洋生态文明建设纲要及专项规划。建立并完善科学化、民主化的环境与发展综合决策机制，在城市规划、产业项目审批、土地开发建设等重大决策过程中，完善专家论证、环境信息发布、重大项目公示和听证等制度，对可能产生重大环境影响的城市建设和社会经济发展重大决策行使环保“一票否决”权。

（十八）建立健全综合考评和生态补偿机制。制定科学合理的海洋生态文明建设评价考核指标，按照各乡镇发展目标定位，实施分类考核评价，加快构建促进科学发展及海洋生态文明建设的党政领导班子和领导干部综合考核评价机制，落实责任制，突出强调生态建设、改善民生、统筹协调发展。建立健全生态环境质量综合考评奖惩机制，根据考评结果优劣，实施经济奖励或处罚。按照“谁保护、谁受益”、“谁改善、谁得益”、“谁贡献大、谁多得益”原则，建立健全生态环保财力转移支付制度，提高各乡镇保护生态环境的积极性。对适度开发岛和生态保护岛所在乡镇给予必要的财政专项补助。加大对生态保护区的扶持力度，重大生态环保基础设施建设实行县、乡镇联合共建。

（十九）加快完善市场化要素配置机制。探索完善海域、岸线有偿使用制度，推进围海土地转为建设用地高效开发利用机制。建立健全经营性土地市场化配置机制，完善建设用地招拍挂制度，探索集体建设用地上市流转。推进水权制度改革，完善分类水价制度、城市居民用水阶梯式水价制度及城市污水处理和危险废物、工业固废、生活垃圾集中处置收费制度。健全电力调度制度，严格实施差别电价政策。积极开展化学需氧量和二氧化硫排污权有偿使用与交易工作，加快建立排污权有偿使用与交易制度。完善矿山、森林、海洋等环境资源有偿使用制度，建立健全分类补偿与分档补偿相结合的森林生态效益补偿制度。

（二十）完善投融资体制和财税金融扶持政策。健全海洋生态文明建设的投入机制，完善政府主导、企业与社会共担、投入与效益共享的投融资渠道。加大资金等资源要素向海洋生态文明建设倾斜力度，安排财政专项资金用于海洋生态文明建设。加大生态环保基础设施的投入力度，充分发挥市场机制的作用，按照“政府引导、社会参与、市场运作”原则，积极引导企业等社会资金参与城镇和渔农村污水处理设施、污水配套管网、垃圾处理设施、污泥处理项目等生态环保基础设施建设和经营。制定鼓励和扶持新能源、环保产业的发展政策，推进对清洁生产、节能减排、节地节水等项目和企业的政策扶持。继续抓好国家有关发展生态经济、改善生态环境、加强资源节约的各项税收优惠政策的落实，加大对发展循环经济，推进清洁生产、节能减排、节地节水项目和企业的政策扶持。完善政府采购制度，绿色节能产品要优先列入政府采购名单，各乡镇各部门要优先采购列入国家“环境标志产品政府采购清单”和“节能产品政府采购清单”的产品。

（二十一）强化推进海洋生态文明建设的法治保障。认真贯彻落实国家有关环境保护、生态建设的一系列法律法规，从我县实际出发，制定完善推进海洋生态文明建设的综合性配套政策，重点建立绿色信贷、绿色税收、绿色贸易等经济政策。加大执法力度，创新执法方式，充实基层环保执法力量。加强检察司法工作，依法严厉查处破坏生态、污染环境的案件。结合“六五”普法规划，加强生态法制宣传教育，重点加强对领导干部、公务员、企业经营管理人员和青少年的法制宣传教育，在全社会形成人人遵法守法、自觉保护环境的良好局面。

六、加强组织领导，确保海洋生态文明建设工作落到实处

（二十二）强化组织领导。建立健全党委统一领导，党政主要领导亲自抓、负总责，分管领导具体抓的领导机制，切实将海洋生态文明建设摆上突出位置，列入重要议事日程，与经济建设、政治建设、文化建设、社会建设共同部署、共同推进。支持人大按照法律赋予的职责，加强对海洋生态文明建设的法律监督工作，强化生态环保预算审查监督，加强环保及生态建设执法检查和监督，依法行使好重大事项决定权。支持政协积极履行政治协商、民主监督和参政议政职能，团结动员各方面力量为海洋生态文明建设献计出力。纪检监察机关要切实加强对海洋生态文明建设各项政策、措施贯彻情况的监督检查，确保县委决策部署落到实处。党的基层组织和广大共产党员在推进海洋生态文明建设中要充分发挥战斗堡垒作用和先锋模范作用。工会、共青团、妇联等人民团体和工商联等组织要动员广大职工、共青团员、妇女群众和社会各界人士积极投身海洋生态文明建设，形成全社会共同参与的新局面。

（二十三）加强社会协同。充分发挥企业和行业协会在推进海洋生态文明建设中的重要作用，引导企业树立环保意识和科学财富观，促进企业的活动方式和产品功能向产品绿色化、服务人性化和环境友好化转变。大力开展生态环保主题宣传活动，充分发挥新闻舆论的导向和监督作用，利用电视、报刊、网络等新闻媒体，广泛持久地开展多层次、多形式的海洋生态文明建设宣传教育，加强对先进典型的总结和推广，形成推进生态文明建设的良好氛围。进一步激发提升广大群众投身生态文明建设的责任意识和参与意识，推进环境信息公开，重大决策、规划、项目要实行环境影响评价告知、听证，加强环境保护社会监督员队伍建设，积极开展违法环境行为有奖举报活动，切实保障公民的环境知情权、参与权和监督权，形成全社会共同参与的新局面。

（二十四）抓好工作落实。各乡镇各部门要按照县委部署，根据工作职责，加快制定和实施“十二五”时期推进海洋生态文明建设专项行动方案，细化工作目标，拟订年度实施意见，把推进海洋生态文明建设的各项任务落到实处。加强对海洋生态文明建设工作的效能监察和工作督查，及时公开生态环境质量、污染整治、企业环境行为等信息，曝光典型环境违法行为。认真落实社会稳定风险评估机制，防止因决策不当和生态安全问题引发群体性事件。严格问责制度，对造成重大生态环境事故、事件的，要依法追究相关单位和人员的责任；对在海洋生态文明建设中做出突出贡献的单位和个人予以表彰奖励。

海洋生态文明建设是一项长期而艰巨的系统工程，也是一项民生工程。全县各级党组织和广大干部群众一定要深入贯彻落实科学发展观，同心同德，克难攻坚，全力推进经济、社会和生态环境统筹协调可持续发展，为加快推进“三大定位”，开创岱山科学发展新局面而努力奋斗！

中共岱山县委

二〇一一年三月八日

中共龙泉市委办公室　龙泉市人民政府办公室关于印发《关于推进"三沿"整治创建美丽乡村幸福生活行动计划的实施意见》的通知

龙委办〔2011〕29号

各乡镇党委、政府，各街道党工委、办事处，市直各单位：

《关于推进"三沿"整治创建美丽乡村幸福生活行动计划的实施意见》已经市委、市政府研究同意，现印发给你们，请结合实际认真贯彻实施。

中共龙泉市委办公室

龙泉市人民政府办公室

二〇一一年四月十四日

关于推进"三沿"整治创建美丽乡村幸福生活行动计划的实施意见

2009年以来，我市组织实施了沿线综合整治工程，沿线村庄环境脏、乱、差问题得到初步整治，农村面貌有了较大变化，但离新农村建设总体目标和省、丽水市的要求还有很大差距，必须下大力气开展"三沿"整治。为认真贯彻落实《浙江省美丽乡村建设行动计划（2011——2015年）》和《关于丽水市推进"三沿"整治创建美丽乡村行动计划的实施意见》（丽委办〔2010〕74号），进一步提升我市的形象和城乡品位，市委、市政府决定，对沿线、沿江、沿景周边地区环境进行综合整治，努力创建美丽乡村，全面提升幸福指数，现就"三沿"整治创建美丽乡村幸福生活工作制定如下意见。

一、指导思想和建设目标

（一）指导思想。以科学发展观为统领，按照协调推进生态文明建设与新农村建设的要求，以建设一批宜居、宜业、宜游的美丽乡村为目标，围绕"科学规划布局美、村容整洁环境美、创业增收生活美、乡风文明素质美"的主题，突出"三沿"综合整治，将"三沿"地区农村建设成为我市的美丽乡村。

（二）建设目标。通过连片推进山水田路村房综合整治和生态建设，努力改善"三沿"地区生态状况，改变村庄环境面貌，实现农村"生态经济加快发展、生态环境普遍改善、资源集约利用成效显著、生态文化日益繁荣"的目标，将"三沿"地区打造成为"山青水秀的生态走廊、环境优美的田园风光、村容整洁的美丽乡村"，全面展现我市新农村风貌。

二、基本原则

（一）规划引领。在认真开展调查的基础上，按照高起点规划、高标准建设的要求，科学编制"三沿"整治创建美丽乡村幸福生活总体规划，制定总体方案和年度工作计划。

（二）彰显特色。根据山区特点，充分发挥山水资源丰富、自然景观优美、特色文化浓厚等优势，展现农村山水、田园、生态韵味，彰显个性特色。

（三）突出重点。在全面推进"三沿"综合整治中，以沿路为重点，突出"四清"、"四治"、"四改"等整治内容，在创建美丽乡村中优先选取先天禀赋优良、发展前景优势突出的村作为示范村或特色村建设，建立健全卫生保洁、污水治理和公共设施管护等长效机制。

（四）示范带动。在"三沿"地区选择条件较好、见效较快的村或地段作为美丽乡村创建示范村和综合整治示范点，通过示范村（点）建设，推进全市面上"三沿"整治创建美丽乡村幸福生活行动计划的实施。

（五）分类推进。按照"全面惠及与突出重点"、"均等化与差异化"相结合的原则，在整治内容、项目和标准上进行区别对待；在创建美丽乡村的内容、项目和标准上进行区别对待，在不同类型上采取不同措施。

三、建设范围、内容及要求

（一）范围

1．"三沿"整治范围：安仁——市区——上垟，市区——小梅"丫"轴的高速公路、省道及通景公路、主要河道沿线地区及水源地保护区。

2．创建美丽乡村范围：全市除城中村以外的431个行政村。

（二）建设内容及要求

1．"三沿"整治建设内容及要求把"三沿"整治作为"十村示范、百村整治"工程的提升内容，点线面结合，山水田路村房综合整治，重点抓好“四清四治四改”工作。

“四清”

——清理垃圾。按照创建国家级卫生城市的要求，全面清除“三沿”地区农村垃圾和废弃菌棒，农村垃圾采取“户集、村收、乡镇运、市处理”和“户集、村收、乡镇处理”及“户集、村收、就地处理”相结合的运作模式，因地制宜进行垃圾焚烧、填埋、沤肥等无害化处理，建立长效保洁机制，做到每天清扫每天清运；废弃菌棒按照“谁家的孩子谁抱走”的原则，采取填埋、沤肥等方法处理，严禁向河道、路边倾倒。

——清理违法违章建筑。坚持拆字第一，以拆除“五破”(破房子、破猪栏、破牛栏、破厕所、破灰寮)为重点，按照“谁所有、谁制造、谁清理”的原则，对“三沿”两侧“五破”、废弃场进行拆除、复耕或复绿，使其整洁美观。

——清理广告、路牌。按照“规范、安全、美观”的要求，制定“三沿”广告布点控制性规划，规范各种交通警示标志、旅游标志、广告牌、宣传牌，拆除有碍景观、未经审批等不规范的广告牌，对集镇沿街商铺广告牌按照统一设计、统一规格、统一立面、统一色调要求进行整改。

——清理乱堆乱放。按照“整齐、卫生、美观”的要求，对沿线可视范围堆放杂物进行全面清理，生产性物品要尽量集中堆放不占道；生活性物品要整理整齐，堆放到不可视的地段上。

“四治”

——治理污水。按照规定的排放标准，采用纳管式、集中式、分散式等方式，因地制宜开展农村生活污水治理。积极动员“三沿”地区农户进行卫生改厕，指导农户建造无害化卫生厕所和卫生公厕。科学划定及调整畜禽禁养、限养区，采用种养结合立体生态农业、能源环保配套、户用沼气等模式，对畜禽粪便进行减量化、资源化、无害化处理。

——治理坟墓。严禁在“三沿”地区滥建坟墓，对于已建坟墓采取搬迁、就地深埋、绿化覆盖等措施进行治理，使沿线山体、田野恢复自然生态景观。

——治理河道。按照“水清、洁净、流畅、岸绿、景美”的要求，对河道进行综合治理。继续推进水利西进、清洁型小流域治理、农村饮用水工程，对有条件的“三沿”村庄实施活水进村项目。加强沿线水域环境保护，推进岩樟溪水源地保护工作，加大河道采砂整治和管理，抓好河道疏浚工作。

——治理市场。按照“规范、有序、安全、方便”的要求，对沿线集镇市场进行治理，全面加强市场管理工作，坚决制止沿街设摊、占道经营等不良行为。

“四改”

——旧村改造。按照“改造空心村，撤并自然村，建设新农村”的要求，对“三沿”地区危旧房较集中的村进行旧村改造，连片拆除危旧房，重新规划建新房，将旧村建设成为美丽乡村。

——危旧房改造。按照“安全、实用、美观、节能”的要求，对“三沿”地区危旧房进行拆旧建新或修缮加固。按照江南建筑风格(白墙黑瓦)，对部分墙体进行立面整治，消除“赤膊墙”。

——林相改造。以创建国家级森林城市为抓手，对“三沿”地区可视范围内的低效经济林、疏林地、荒山荒地、火烧和病虫害迹地、开垦地、裸露山体以及公路绿化景观带等进行改造和提升。山体林相改造采取“新造、补植、改造、封育”等措施，形成多林种、多树种、多色彩、多层次的林相结构，达到优化、美化、彩化的森林景观效果。公路沿线的绿化景观带提升，坚持“乔、灌、花、草”相结合，多利用乡土树种，达到四季常青、四季有花的效果。对“三沿”两侧的农田按照规模化、标准化、景观化的要求，推进沿线农业产业带的培育。

——道路改造。加快农村联网道路建设，对“三沿”地区通村联网道路、村次干道等进行改造，根据道路使用功能，采用水泥浇筑或鹅卵石铺面等硬化改造措施，改善沿线道路交通状况。“三沿”村庄村内主干道路安装路灯。

2. 创建美丽乡村建设内容及要求

根据村庄的基础条件、发展潜力及其所处的地理位置，将创建美丽乡村分成示范村、特色村、提升村和一般村四种建设类型，计划在2011——2013年建设示范村10个、特色村20个、提升村121个、一般村280个。

示范村：实施“生态人居建设行动、生态环境提升行动、生态经济推进行动、生态文化培育行动”，推进人口集聚，建设农村环保设施，发展生态农业、生态旅游、生态工业、培育特色文化，促进社会和谐，将其建设成为特色产业发展型、生态休闲旅游发展型、特色文化保护型、边际和谐发展型、商贸经济发展型的美丽乡村，达到典型示范的要求。

特色村：组织开展“四清、四治、四改”整治，着力加强农村基础设施建设，加强村庄绿化、亮化、洁化、美化工作，将其建设成为环境优美、村容整洁、特色鲜明的美丽乡村，达到产业发展有特色、村庄建设有特色、历史文化有特色“三特色”要求。

提升村：在巩固前期整治成果的基础上，进一步提升农村道路硬化、卫生洁化、村庄绿化、住宅美化工作，将其建设成为洁美、生态、和谐的美丽乡村，达到提升产业培育水平、提升村庄整治水平、提升农村居住水平“三提升”要求。

一般村：开展农村垃圾集中收集处理、畜禽粪便治理、矛盾纠纷调处和低收入农户奔小康工作，将其建设成为洁净、安全、脱贫的美丽乡村，达到保洁净、保安全、保脱贫“三保”要求。

四、实施期限

“三沿”整治创建美丽乡村幸福生活行动计划实施期限为2010年9月—2013年12月，分四个阶段进行：

(一)组织发动阶段。2010年9月—12月。组织开展对“三沿”现状和农村基础情况的调查，科学编制“三沿”整治创建美丽乡村幸福生活规划和年度实施方案，研究制定“三沿”整治创建美丽乡村幸福生活行动计划实施意见，落实工作任务，明确部门职责。通过召开动员会和媒体宣传等，进行层层发动，营造浓厚氛围，动员全市广大干部群众积极投身到“三沿”整治创建美丽乡村幸福生活行动中。

(二)全面建设阶段。2011年1月—2012年12月。

按照"试点先行、示范带动"的要求，认真开展"三沿"整治创建美丽乡村幸福生活试点工作，通过试点，以点带面，全面推进"三沿"整治创建美丽乡村，基本完成三沿地区"四清、四治、四改"和创建美丽乡村工作。

（三）完善提高阶段。2013年1月—6月。对照建设内容，查漏补缺，逐一落实整改措施，建立健全相应的长效管理机制。

（四）总结验收阶段。2013年7月—12月。市"三沿"整治创建美丽乡村幸福生活领导小组办公室将组织人员对有关乡镇、部门"三沿"整治和创建美丽乡村幸福生活工作进行全面考核验收。同时，认真做好迎接丽水市考核验收的各项准备工作。

五、专项资金补助的标准和拨付方式

（一）补助标准。按照示范村、特色村、提升村三种类型制定补助标准，所有补助资金都将落实到具体建设项目上，如果建设项目与中心村培育、村庄整治、农村垃圾集中收集处理等项目相同，可根据就高标准补助，但相同项目不得重复补助。"三沿"整治项目补助资金按照实际工作量核算，一般村按照农村垃圾集中收集规定标准进行补助。

（二）拨付方式：在每年项目启动时，先预拨当年度项目资金的30%，在完成年度70%以上的工作量再预拨30%，在完成年度建设任务并经本市及以上有关部门考核验收达标后再拨付40%。如考核验收不达标，将不再拨付剩余的项目资金。

六、项目申报、审核、考核验收程序

按照《龙泉市推进"三沿"整治创建美丽乡村幸福生活总体规划》和年度工作计划，有关乡镇（街道）于年初向领导小组办公室申报年度实施项目村名单以及项目建设内容，领导小组办公室根据申报情况提出初步意见报领导小组审定。每年12月15日前，有关乡镇（街道）向领导小组办公室报送项目村年度项目完成及投入情况，并提出考核验收申请。每年12月30日前，领导小组办公室将组织考核验收，考核验收结果报领导小组审定。考核细则另行制定。

七、示范村创建配套政策

（一）大力发展生态经济。将农业主导产业培育与示范村创建结合起来，大力推进现代农业园区和特色农业精品园建设，积极培育无公害、绿色、有机农产品基地；鼓励发展五金汽配、来料加工、农家乐等二、三产业；积极发展村级集体经济，支持村集体以土地入股、林权抵押等形式建设标准厂房或发展服务业等；村级公益事业建设"一事一议"政策要重点向示范村倾斜。

（二）推进农村人口集聚。将生态移民工程、旧村和危旧

房改造工程与示范村创建结合起来，鼓励示范村拆除危旧房、闲置房，按照拆除面积（房屋占地面积）给予主房50元/平方米、辅房25元/平方米的标准奖励村集体。

（三）积极拓展发展空间。将土地综合整治与示范村创建结合起来，执行建设用地与耕地保护面积增减相挂钩制度，鼓励把老宅基地复垦为耕地，由此产生的建设用地复垦指标收储所产生的利润50%返还给示范村，用于示范村基础设施和公共服务设施建设。

八、保障措施

（一）加强领导，明确责任。为有序推进我市"三沿"整治创建美丽乡村幸福生活工作，市委、市政府决定成立推进"三沿"整治创建美丽乡村幸福生活行动计划领导小组，负责组织协调、工作指导、督促检查和考核验收等工作。领导小组下设办公室（设在市农办），抽调3—5名工作人员，负责具体日常工作。"三沿"整治的实施主体为乡镇人民政府（街道办事处），创建美丽乡村的实施主体为有关村级组织，责任主体为乡镇人民政府（街道办事处），有关乡镇（街道）要将"三沿"整治创建美丽乡村幸福生活纳入重要议事日程，建立相应的领导和工作机构。市直有关单位要根据各自工作职能（详见附件1、2），按照建设内容和要求，科学编制规划，提出建设标准，制定具体的建设工作方案并认真组织实施，同时做好对有关乡镇（街道）的工作指导，帮助落实年度实施项目，检查督促建设工作进度。

（二）整合资源，加大投入。市财政积极筹措"三沿"整治创建美丽乡村幸福生活专项资金，并设立专户，实行专款专用。同时，加大部门资源整合力度，将中心村培育、村庄整治、卫生城市创建、森林城市创建、康庄工程、农民饮用水工程、旧村及危旧房改造、绿化示范村建设、村级公益事业建设"一事一议"等与"三沿"整治创建美丽乡村幸福生活有机结合。市农办、农业、林业、水利、环保、交通、建设、国土、民政、旅游、卫生等部门要加大"三沿"整治创建美丽乡村幸福生活的投入，全力推进"三沿"整治创建美丽乡村幸福生活工作。

（三）强化宣传，营造氛围。为顺利推进"三沿"整治创建美丽乡村幸福生活工作，有关乡镇（街道）和单位要采取各种宣传形式，通过召开动员会、现场会、座谈会、印发宣传小册子等方式，多层次宣传"三沿"整治创建美丽乡村幸福生活的重要意义和有关政策措施；各新闻媒体要积极参与，在报纸和电视上设立《推进"三沿"整治创建美丽乡村幸福生活专栏》，营造浓厚的舆论氛围。

（四）健全机制，严格考核。市委、市政府将推进"三沿"整治创建美丽乡村幸福生活工作纳入有关乡镇（街道）和单位年度目标责任制考核，并设立争优奖（设一等奖2名、二等奖4名、三等奖6名、鼓励奖7名），对于组织有力、措施到位、成效明显的乡镇（街道）每年给予6—12万元工作经费奖励。要将推进"三沿"整治创建美丽乡村幸福生活工作作为村办实事之一，充分发挥村级组织战斗堡垒作用，每年评选出"龙泉美丽乡村"10个村、"十佳创业村干部"10名。建立推进"三沿"整治创建美丽乡村幸福生活工作项目申报、工作例会、规划会商、进度通报、难题会诊以及派驻指导员等制度，确保各项建设任务落到实处。

附：1. 龙泉市推进"三沿"整治创建美丽乡村幸福生活行动计划领导小组成员单位工作职责（略）
2. 龙泉市推进"三沿"整治创建美丽乡村幸福生活行动计划工作要求及责任单位（略）

加强党建篇

中共浙江省委　浙江省人民政府
关于全面推进廉政风险防控机制建设的意见

（2011 年 1 月 18 日）

浙委〔2011〕6 号

为认真贯彻党的十七大及十七届中央纪委五次、六次全会精神，全面落实中央《建立健全惩治和预防腐败体系2008—2012 年工作规划》和省委实施办法，积极探索预防腐败的有效途径，强化对权力运行的监督制约，提高党员干部特别是领导干部的廉政风险防范能力，现就全面推进我省廉政风险防控机制建设提出如下意见。

一、充分认识推进廉政风险防控机制建设的重要意义

廉政风险是指党员干部和国家公职人员在行使公共权力中发生腐败行为的可能性。廉政风险防控机制是指以积极防范为目标，以强化管理为手段，在公共权力行使的重点领域、重要岗位和关键环节，排查廉政风险，健全内控机制，加强风险预警的防控机制。全面推进廉政风险防控机制建设，对于贯彻“标本兼治、综合治理、惩防并举、注重预防”方针，完善具有浙江特色的惩治和预防腐败体系，提高反腐倡廉建设水平；对于把预防腐败工作与经济、政治、文化和社会各项事业紧密结合起来，提高党委、政府科学决策水平和公共管理效能；对于进一步增强党员干部廉政风险防控意识，最大限度地减少党员干部廉政风险，具有重要促进作用。各级党委、政府要充分认识这项工作的重要意义，切实加强领导，认真组织实施。

二、指导思想和基本原则

（一）指导思想。

推进廉政风险防控机制建设，要坚持以邓小平理论和“三个代表”重要思想为指导，深入贯彻落实科学发展观，牢固树立以人为本、执政为民理念，以廉政风险排查为基础，以规范和制约公共权力为核心，以建立健全防控制度为保障，创新体制机制和方式方法，最大限度地降低廉政风险，不断提高预防腐败工作的科学化、规范化和法制化水平，健全完善具有浙江特色的惩治和预防腐败体系，为全省经济社会又好又快发展提供坚强保障。

（二）基本原则。

1. 围绕中心、服务大局。围绕全省经济社会发展的中心任务，把推动科学发展、促进社会和谐作为廉政风险防控机制建设的出发点，通过规范公共权力运行、提升工作效能，服务和促进经济社会发展。

2. 突出重点、注重实效。以党政机关、司法机关和国有企事业单位为重点，突出党政领导班子、领导干部特别是主要领导干部，针对腐败现象易发多发的重点领域、重要岗位、关键环节和涉及群众切身利益、社会反映强烈的难点热点问题，把廉政风险防控机制建设融入业务工作，确保取得实效。

3. 积极探索、勇于创新。坚持解放思想、实事求是，认真研究和改革不利于科学发展的体制、机制和制度，探索创新有利于降低廉政风险，加强从源头预防腐败的改革举措。

4. 分类指导、有序推进。从本地区本部门的实际出发，区别不同岗位、不同人员的特点，坚持分类指导，分步实施，积极稳妥，有序推进。

三、主要任务

围绕规范公共权力运行，紧密结合各地各部门实际，全面排查岗位职责、业务流程、制度机制和外部环境等方面可能引发廉政风险的问题，通过评估风险等级、梳理权力清单、规范权力运行、加强风险预警、强化考核追究等手段，采取前期预防、中期监控和后期处置等措施，力争到2012年初步建立覆盖各级党政机关、司法机关和国有企事业单位的廉政风险防控机制。

（一）查找廉政风险，评估风险等级。

根据部门职能、岗位职责和工作流程，全面排查廉政风险点。

1. 查找个人岗位廉政风险。党员干部对照履行职责、执行制度的情况，认真查找个人岗位存在的廉政风险内容及其表现形式，报所在部门（单位）党组织审核。

2. 查找机关内设部门廉政风险。对单位内部管理人、财、物和行政审批、行政许可、行政处罚等事项重要岗位，由机关内设部门对照职责定位等情况，查找在业务流程、制度机制和外部环境等方面存在或可能存在的廉政风险，并细化分析风险的内容和表现形式，报所在部门（单位）党委（党组）审核。

3. 查找单位廉政风险。结合地区和行业特点，查找在重大决策、重要干部任免、重大项目安排和大额度资金使用等方面容易产生腐败行为的风险内容及表现形式，报上级党委（党组）、纪检监察机关备案。

按照风险发生的机率大小或可能造成的危害程度评估廉政风险。廉政风险分为三级：一级风险为发生机率高，或者一旦发生可能造成严重损害后果，有可能触犯国家法律，构成犯罪的风险；二级风险为发生机率较高，或者一旦发生可能造成较为严重损害后果，有可能违反党纪政纪和相关法规，受到党纪政纪处分的风险；三级风险为发生机率较小，或者一旦发生可能造成不良社会影响的风险。廉政风险等级实行分级管理、分级负责。一级廉政风险由单位主要领导负责，二级廉政风险由单位分管领导负责，三级廉政风险由内设部门领导直接管理和负责。

建立廉政风险信息库。单位、机关内设部门、个人查找的廉政风险点和采取的防控措施，经组织审核把关后，填写单位廉政风险防控登记表、内设部门廉政风险防控登记表和个人岗位廉政风险防控登记表。对查找的廉政风险要加强综合分析和研判，结合信访举报、考核检查等渠道获得的信息，形成廉政风险信息库。廉政风险点要在一定范围内公示，接受社会监督。

（二）核定权力清单，规范工作流程。

对照法律法规和机构职能"三定"方案，按照"谁行使、谁清理"的原则，对单位、部门和岗位权力事项自下而上进行清理规范，逐项审核确定权力事项的类别、行使依据、责任主体。凡没有法律法规依据和规定的职权，原则上取消，确因工作需要保留的，应当按照法定程序加以设定；虽有法律法规依据但不切实际或实际中不需要的职权，要尽可能取消。进一步削减审批项目，精简办事环节，防止已压缩的权力事项扩张、已取消的事项反弹。针对岗位的工作性质和业务特点，按照"程序法定，流程简便"的要求，编制岗位职权目录、制度目录和业务流程目录，绘制权力运行流程图，进一步优化权力运行程序，固化工作流程。

（三）合理配置权力，加强有效制衡。

不断完善决策权、执行权、监督权既相互制约又相互协调的权力结构，形成结构合理、配置科学、程序严密、制约有效的权力运行机制。对风险较高的重大事项决策权、行政审批权、执法权、监督权等，要根据法律规定和实际工作需要，进行合理分解，强化制约监督，防止权力过于集中。建立健全部门主要领导不直接分管财务、人事、基建工程、物资采购、项目审批等制度。对重要部门负责人、重点岗位人员应按规定实行定期轮岗交流。制定权力行使特别是行政处罚实施细则，规范自由裁量权，防止自由裁量权过大产生廉政风险。继续推进审批中心、便民服务中心建设，全面实行岗位责任制、首问负责制、限时办结制、绩效评估制、行政问责制。

（四）推行"阳光权力"，强化监督制约。

公开"权力清单"。行政决策、行政执行、重要人事任免、行政执法、行政服务、行政监督、廉政勤政等事项，都应在不同范围内公开。公开办事流程、权力依据和办事结果。充分运用科技手段和信息化技术，推进电子政务和电子监察系统建设，对政务事项推行网上公开、网上办事，鼓励有条件的地方建设综合电子监督系统，构建行政审批阳光运行平台和监督机制，实时监控廉政风险，提升廉政风险防控工作的科技含量，促进权力运行的规范化、公开化、程序化，保证公共权力在阳光下运行。坚持把党内监督与人大监督、政协民主监督、政府专门机关监督、司法监督、群众监督、舆论监督结合起来，整合监督资源，实施有效监督管理。

（五）加强风险预警，落实防控责任。

针对腐败现象易发多发的重点领域和关键环节，从投诉举报、经济责任审计、案件分析、巡视、干部考察、述职述廉、个人重大事项报告、新闻媒体、问卷调查等方面收集廉政风险信息，进行分析评估，对可能引发腐败的苗头性、倾向性问题，视情节轻重，分别作出岗位预警、单位预警、综合预警，并采取自查自纠、教育提醒、廉政谈话等方式，及时进行预警提示和纠正，避免发展成违纪违法行为。通过信息监测、定期自查、上级检查、社会评议等方式，对廉政风险防控效果进行监控。对不按照规定落实廉政风险防控措施，群众举报和社会有反映的，区分不同情况，采取提醒警示、谈话诫勉、效能责任追究、问责、组织处理和纪律处分等措施，帮助和督促其及时纠正工作中的失误和偏差。对整改不力，造成后果的，按照相关规定作出处理。对廉政风险进行动态管理，突出过程考核，及时堵塞漏洞，逐步建立健全监督检查、考核评估、纠错整改和责任追究机制。

(六)开展风险教育，筑牢思想防线。

根据廉政风险等级和岗位特点，从容易滋生腐败、发生不正之风特别是利益冲突的领域入手，有针对性地安排廉政教育，通过情景教育、案例警示以及知识测试、廉政承诺、约访谈话等多种形式，突出抓好党员干部思想道德教育、岗位廉政行为规范教育、廉政风险防控教育和法纪教育，引导党员干部牢固树立廉洁意识、风险意识和责任意识，筑牢拒腐防变的思想道德防线。

四、加强组织领导

(一)加强领导。各级党委、政府要把推进廉政风险防控机制建设作为反腐倡廉建设的重要内容，加强领导，周密部署，认真实施。建立由党委构建惩防体系工作领导小组宏观决策、纪检监察机关负责协调推进、各部门各单位各负其责的领导体制和工作机制，及时研究和部署廉政风险防控机制工作。各级纪检监察机关要充分发挥职能作用，积极协助党委(党组)做好统一思想、协调指导、督促检查和考核评估工作。各地各部门要结合实际制定推进廉政风险防控机制建设工作细则，明确责任领导、责任部门和工作人员，将廉政风险防控机制与业务工作同步部署、同等要求、同时督促。

(二)认真抓好落实。各级党政领导班子及其成员要按照党风廉政建设责任制的要求，切实履行“一岗双责”，带头查找廉政风险，带头制定和落实防控措施，带头抓好自身和管辖范围内的廉政风险防控机制建设工作。要通过推进廉政风险防控机制建设，进一步增强本系统本部门党员干部特别是领导干部的廉洁自律意识，提高遵守廉洁自律规定的自觉性，有效预防和避免违纪违法行为的发生。

(三)强化监督检查。各级党委、政府要把推进廉政风险防控机制建设考核与领导班子和党员干部年度考核、工作目标考核以及惩防体系建设和党风廉政建设责任制考核等结合进行，也可组织专门考核。考核结果纳入党委、政府工作部门领导班子党风廉政建设职责考核评价系统。对认识不到位、工作不力的单位要追究相关领导的责任。加强调查研究和督促检查，定期分析防控机制运行过程中出现的新情况新问题，完善对策措施，建立健全长效机制，确保廉政风险防控机制建设稳步推进。

中共浙江省委印发《关于健全促进科学发展的领导班子和领导干部考核评价机制的实施意见》的通知

浙委〔2011〕62号

各市、县(市、区)党委，省直属各单位党委(党组)：

现将《关于健全促进科学发展的领导班子和领导干部考核评价机制的实施意见》(以下简称《实施意见》)印发给你们，请结合实际认真贯彻执行。

健全促进科学发展的领导班子和领导干部考核评价机制，是贯彻落实科学发展观、深入实施“八八战略”和“创业富民、创新强省”总战略、加快转变经济发展方式、加强和创新社会管理的重要举措，对于完善体现科学发展观和正确政绩观要求的干部考核评价体系，着力构建有利于科学发展的体制机制；对于进一步发挥干部考核评价的导向、激励和监督作用，建设善于领导科学发展的领导班子和领导干部队伍，具有十分重要的意义。

为深入贯彻落实《实施意见》，经省委同意，省委组织部制定了《浙江省市、县(市、区)党政领导班子和领导干部综合考核评价实施办法(试行)》、《浙江省党政工作部门领导班子和领导干部综合考核评价实施办法(试行)》、《浙江省高等学校领导班子和领导干部综合考核评价实施办法(试行)》、《浙江省省属国有企业领导班子和领导人员综合考核评价实施办法(试行)》、《浙江省党政领导班子和领导干部年度考核实施办法(试行)》，与《实施意见》一起形成领导班子和领导干部考核评价机制。各地区各部门要把《实施意见》与上述五个试行办法结合起来一并抓好落实，从实际出发制定具体实施细则，推动考核评价机制不断完善，为科学发展观的贯彻落实提供可靠的制度和组织保证。

中共浙江省委

二〇一一年六月二十四日

关于健全促进科学发展的领导班子和领导干部考核评价机制的实施意见

为深入贯彻落实科学发展观，加强和改进干部考核评价工作，进一步把各级领导干部的思想和行动引导到科学发展上来，根据《中共中央办公厅印发〈关于建立促进科学发展的党政领导班子和领导干部考核评价机制的意见〉的通知》（中办发〔2009〕30号）精神，结合我省实际，制定本实施意见。

一、总体要求

1. 重要意义。科学发展观是我国经济社会发展的重要指导方针，是发展中国特色社会主义必须坚持和贯彻的重大战略思想。深入贯彻落实科学发展观，领导班子和领导干部是关键。健全促进科学发展的领导班子和领导干部考核评价机制，是我省深入实施"八八战略"和"创业富民、创新强省"总战略、加快转变经济发展方式、加强和创新社会管理的需要，对于充分发挥干部考核评价的导向、激励和监督作用，把各级领导班子建设成为善于领导科学发展的坚强领导集体，具有十分重要的意义。各级党委要充分认识健全促进科学发展的干部考核评价机制的重要性和紧迫性，进一步解放思想、把握规律、开拓创新，不断提高干部考核评价工作水平。

2. 指导思想。高举中国特色社会主义伟大旗帜，坚持以邓小平理论和"三个代表"重要思想为指导，深入贯彻落实科学发展观，着眼于为科学发展选干部、配班子、建队伍、聚人才，进一步健全考核制度，完善考核内容，改进考核方式，扩大考核民主，强化考核结果运用，着力形成有利于科学发展的用人导向，切实加强各级领导班子和领导干部队伍建设，为推进我省转型发展、创新发展、统筹发展、和谐发展提供坚强的政治和组织保证。

3. 基本原则。健全促进科学发展的干部考核评价机制，必须贯彻以下原则：

——坚持服务科学发展、促进转型升级。注重在推动科学发展的实践中考核评价干部，把促进科学发展、推进转型升级的实际成效作为考核的基本内容和评价的基本依据，引导领导班子和领导干部围绕科学发展改进工作、提高水平、增强能力。

——坚持德才兼备、以德为先。始终把思想政治素质放在首位，既重能力，更重品行，注重考核领导干部的政治品质、理论素养、责任意识、思想作风、勤政廉政和道德修养，引导领导干部坚持原则、勇于负责，敢抓善管、真抓实干。

——坚持群众公认、注重实绩。贯彻民主公开的要求，充分保障群众对干部考核评价工作的知情权、参与权、表达权和监督权；突出考核推动科学发展的现实表现，引导领导干部创造经得起实践、人民和历史检验的实绩。

——坚持客观公正、简便易行。根据不同地区、不同部门、不同类型领导班子和领导干部的特点，实行共性与个性相结合、定性与定量相结合，科学设置考核内容和指标，全面客观准确地考核评价干部。改进考核方式方法，力戒繁琐，讲求实效。

4. 工作目标。以促进科学发展为根本目的，以综合考核评价为主要方式，以考核结果运用为关键环节，健全完善市县、党政工作部门、高等学校、国有企业领导班子和领导干部（领导人员）考核评价办法，努力把平时考核、年度考核与换届（任期）考察、任职考察结合起来，把考核评价与干部选拔任用、培养教育、管理监督、激励约束结合起来，全面加强对各级领导班子和领导干部的考核评价工作，形成有机联系、相互配套又具有浙江特色的干部考核评价机制。

二、完善干部考核评价内容

5. 突出科学发展导向。围绕促进科学发展，进一步完善考核指标，注重考核推进经济转型升级、社会管理、保障和改善民生、党风廉政建设的实际成效，增强考核内容的科学性。对市、县（市、区）领导班子和领导干部的考核评价，不简单地把GDP、发展速度等作为考核评价干部实绩的主要依据，突出对经济转型升级、生态文明建设、精神文明建设、社会和谐稳定等方面的考核，把改善民生、节能减排、环境保护、文化建设、社会管理等指标纳入考核内容。对党政工作部门领导班子和领导干部的考核评价，充分体现服务科学发展的新要求，注重考核履行部门职责、推动转型升级、促进科学发展的实际成效。对高等学校领导班子和领导干部的考核评价，注重考核科学决策、依法治校和民主办学等方面的水平，突出考核人才培养、科学研究和社会服务等方面的实绩。对国有企业领导班子和领导人员的考核评价，体现国有企业性质和特点，突出经营绩效导向，注重对履行政治责任、经济责任、社会责任和国有资产保值增值的考核。

6. 强化对德的考核。坚持把党性作为德的核心内容，加强对领导干部思想政治素质的考核。注重考核政治品德、职业道德、社会公德、家庭美德等情况。注重从坚持民主集中制原则、履行岗位职责、完成急难险重任务、关键时刻表现、对待个人名利以及日常生活表现等方面考察干部的德，引导各级领导干部始终保持共产党人的政治本色。

7. 体现分类考核要求。紧密结合各地各部门实际，建立各有侧重、各具特色的考核指标。对市、县（市、区）领导班子和领导干部的考核评价，根据各地经济社会发展水平，突出不同区域的考核重点。11个设区市划分为Ⅰ类地区、Ⅱ类地区、Ⅲ类地区，按照不同的发展目标要求，赋予实绩考核评价指标不同的权重。对党政工作部门领导班子和领导干部的考核评价，在设置班子自身建设、部门和系统建设、落实考核责任制等共性指标的基础上，围绕履行部门工作职责设置相应个性指标。对高等学校领导班子和领导干部的考核评价，根据学校的办学定位和发展现状，分为具有博士培养任务的本科高校（Ⅰ类）、其他本科高校（Ⅱ类）和高职高专（Ⅲ类）三大类型，有选择、有侧重地设置不同考核内容并赋予不同权重。对国有企业领导班子和领导人员的考核评价，要注重全面的绩效考核，充分考虑不同规模企业经营难度不同，在指标基准分、加分标准的设置上作适当区分，使考核更加贴近企业实际。加强对党政主要负责人的考核，重点考核其领导科学发展、驾驭复杂局面、执行民主集中制、抓班子带队伍、坚持原则、履行廉政职责等情况。

三、扩大干部考核评价民主

8. *提高群众知情度和参与度*。强化党内外干部群众的参与和监督，把上级评价、相关职能部门评价、本单位评价、基层群众以及社会评价结合起来，多层次、多渠道、多角度地了解评价干部，避免以偏概全。探索实绩“公开、公示、公议”等做法，深入了解群众对推动科学发展实际成效的直接感受和现实要求，深入了解领导干部在群众中的公认度。根据知情度、关联度和代表性，科学合理界定参与民主推荐、民主测评、个别谈话的人员范围。完善考察对象推荐提名程序，充分发挥党委全委会在推荐提名、党委（党组）在研究确定考察对象时的作用，推广运用二次会议推荐方法，探索试行被推荐人选公开述职。坚持民主与集中相结合，加强集体研究和综合分析，既尊重民意，又不简单以票取人。

9. *加大群众满意度的分量*。通过多种途径，广泛收集社情民意，了解掌握群众对领导班子和领导干部贯彻落实科学发展观、履行职责、工作作风、依法办事等方面的满意程度。群众满意度测评应贴近群众的直接感受和现实要求，选取群众看得见、摸得着、关注度高、感受度强的内容，设置具体、形象、直观的调查项目。根据需要，群众满意度测评可以委托有关专业机构进行。

四、改进考核评价方式

10. *强化经常性考核*。加强平时考核，通过谈心谈话、专项调查、巡视组巡视、领导干部经济责任审计、参加领导班子民主生活会、述职述廉等途径，及时了解领导班子和领导干部贯彻落实科学发展观的情况；注重考核干部在重大任务、重大事件中和关键时刻的表现。健全年度考核，在年度总结、述职基础上，组织开展民主测评（评议）、实绩分析，结合平时考核了解掌握的情况，加强综合分析，确定考核等次。改进任职考察，围绕岗位职责要求，改进考察方法，加强对个别提拔考察对象综合素质和发展潜力的考察，实行差额考察和考察预告，扩大考察范围，认真听取纪检监察机关的意见，深入了解考察对象的现实表现，切实防止干部“带病提拔”、“带病上岗”。

11. *完善换届（任期）考察*。围绕考核完成届期目标或者任期目标的情况，在坚持民主推荐、民主测评、个别谈话的基础上，进一步完善民意调查、实绩分析、综合评价等方法，加强对领导班子领导能力和领导干部德才素质情况的全面考察。强化实地调查和延伸考察，注重听取知情者的意见。按照定性分析与定量分析相结合的要求，把定量分析作为重要手段运用到考察的各个环节，进行量化对比分析，形成既有定性评价、又有定量分析的综合评价意见。

五、强化考核评价结果运用

12. *加强考核评价结果分析*。坚持实事求是评价干部，综合分析考核各环节掌握的情况，使之相互印证、互为补充。加强对平时考核、年度考核、换届（任期）考察、任职考察等各方面情况的综合分析，全面客观准确地评价领导班子和领导干部。正确看待当前与长远、显绩与潜绩、主观努力与客观条件、个人与集体的关系，全面衡量干部的德才素质、适应职位能力。建立定期分析制度，切实运用动态考核信息和定期考核评价结果，有针对性地提出加强和改进领导班子和干部队伍建设的措施。

13. *科学运用考核评价结果*。坚持把考核评价结果作为领导班子建设和领导干部选拔任用、培养教育、管理监督、激励约束的重要依据，充分发挥考核的积极作用，着力形成注重品行、科学发展、崇尚实干、重视基层、鼓励创新、群众公认的正确用人导向。对自觉坚持科学发展、善于领导科学发展，坚持原则、勇于负责，敢抓善管、真抓实干，实绩突出、群众公认的优秀干部，要表彰奖励、提拔重用；对不按照科学发展观要求办事，急功近利、搞形式主义和形象工程，不负责任、不讲原则、怕得罪人的，要批评教育、诫勉谈话、督促整改；对群众意见较大、不胜任现职岗位的，要及时进行组织调整；对因工作失职造成严重后果的，要依法依纪处理。要及时客观地向领导班子和领导干部本人反馈考核评价结果，积极探索考核评价结果反馈与公开的有效形式。

六、切实加强组织领导

14. *落实工作责任*。各级党委（党组）要把健全完善促进科学发展的干部考核评价机制，作为贯彻落实科学发展观、推进经济转型升级的重要措施，加强领导，狠抓落实。要强化组织协调，整合考核力量和信息，推动形成党委统一领导、组织部门牵头负责、有关部门积极配合、干部群众广泛参与的工作格局。要注意与其他考核方式的衔接，避免重复考核；切实用好干部考核结果，有力推动各级领导班子建设。各级组织人事部门要充分发挥职能作用，紧密结合实际，制定具体实施细则，把各项工作要求落到实处。

15. *抓好组织实施*。健全完善考核评价工作责任制，规范考核工作程序，加强监督检查，切实保证考核评价工作公平公正。加强考核评价人员队伍建设，选配具有较高素质和相应资格的人员组成考核组，特别要挑选公道正派、坚持原则、经验丰富的同志担任组长；注重培训教育，努力提高干部考核评价工作人员的综合素质。积极开展干部考核评价工作质量和成效评估，不断提高干部考核评价工作公信度，保证干部考核评价机制的有效运行。

16. *严肃考核纪律*。考核对象应正确对待考核工作，不准弄虚作假，不准搞非组织活动；对违反规定造成考核评价失真失实的，视情节轻重，对相关责任人进行批评教育或给予党纪、政纪处分。参与考核评价的人员，应实事求是地提供情况、表达意见；对协助或参与非组织活动的，一经查实，按照有关规定严肃处理。对工作不负责任、违反规定程序、数据收集上报失真、考核材料失实、隐瞒问题或造成泄密的，要严肃批评教育，情节严重、造成不良后果的要追究责任。加强对考核工作的监督，对举报、反映的干部考核评价有关问题和意见，考核机关要正确对待，及时处理。

17. *加强探索创新*。适应新形势新任务的要求，坚持从实际出发，及时总结新经验，探索新方法，解决新问题，加大实践创新力度，尊重基层首创精神。对实践证明比较成熟的做法，认真总结推广；对符合考核评价工作规律、体现改革方向的创新做法，鼓励大胆探索；对考核评价工作中的难点问题，先行试点，力求突破，推动干部考核评价机制逐步完善。加强干部考核配套制度建设，按照分级分类原则，探索建立健全工作目标责任制和岗位职责规范，逐步构建共性要求与岗位职责特殊要求相统一的考核内容和指标，为考核评价干部提供依据。重视借鉴采用新的考核方法和手段，注重发挥相关职能部门作用，不断提高干部考核评价工作水平。

中共浙江省委关于进一步加强党员领导干部教育管理监督的通知

浙委〔2011〕74号

各市、县（市、区）党委，省直属各单位党委（党组）：

近期，中央纪委、监察部下发了《关于浙江省杭州市原副市长许迈永严重违纪违法案件的通报》（中纪通〔2011〕3号），通报了许迈永严重违纪违法案件，深刻剖析了许迈永严重违纪违法的原因，明确要求各级党组织要认真贯彻党内监督条例、进一步加强对党员领导干部的监督。各地各部门要迅速传达中纪委通报精神，教育、引导广大党员干部尤其是领导干部深刻吸取教训，自觉引以为戒。要针对存在的问题和薄弱环节，进一步加强对党员干部尤其是领导干部的教育、管理和监督工作。

一、深入开展党员领导干部反腐倡廉教育

各地各部门要以贯彻落实中央纪委关于许迈永案件通报精神为契机，结合剖析许迈永违纪违法的原因和教训，通过召开警示教育大会、观看警示教育片、参观法纪教育基地等方式，在县（处）级以上党员领导干部中普遍开展一次专题警示教育。要以思想教育为先导，不断夯实党员领导干部廉洁从政的思想政治基础，筑牢拒腐防变的思想道德防线。进一步加强党性党风和从政道德教育，促使党员领导干部坚定理想信念，牢记宗旨观念，自觉加强党性修养和作风养成，树立正确的世界观、人生观、价值观和权力观、地位观、利益观。进一步加强党纪国法和廉政法规制度教育，以学习贯彻《廉政准则》为重点，教育党员领导干部认真学习党的纪律和国家法律，增强法纪观念，加强自我约束，严守廉洁从政底线和党纪国法红线。要及时开展提醒教育，对干部政治思想、道德品质、勤政廉政、选人用人、生活作风等方面存在的苗头性、倾向性问题，及时进行提醒、函询或诫勉谈话，做到防微杜渐、防患于未然。全面推进岗位廉政风险防范教育，引导党员领导干部增强防范岗位廉政风险意识，提高化解岗位廉政风险能力。

二、着力健全公共权力规范化运行机制

各地各部门要以权力较为集中的部门和岗位为重点，不断完善公共权力运行制度规范，着力构建公共权力阳光运行平台，减少“权钱交易”机会。要进一步深化行政审批制度改革，减少审批事项、审批环节和审批时间，推进审批职能整合和集中改革，积极探索行政审批服务标准化建设，进一步提高行政服务中心工作水平。进一步完善国有、集体土地管理和土地使用权有偿出让的法规制度，深化公共资源交易中心建设，不断规范土地使用权招标、拍卖、挂牌等有偿出让行为，严格规范和约束房地产开发中变更规划、调整容积率等行为，着力提高公共资源市场化配置水平。以规范和约束自由裁量权为重点，找准权力失控问题发生的主要形式和环节，有针对性地建章立制，严格问责制度，实现责权统一，切实增强公共政策的执行力。各地要在深入开展房地产领域突出问题集中整治的同时，对国有房地产企业与他人合作开发、土地出让金管理使用等情况进行一次专项清理。

三、严格规范和约束党员领导干部从政行为

各地各部门要认真贯彻落实《廉政准则》等领导干部廉洁从政行为规范，严格规范领导干部从政行为。全面推进廉政风险防控机制建设，认真落实省委、省政府《关于全面推进廉政风险防控机制建设的意见》，以管人、管钱、管事等重要部门和关键岗位为重点，排查廉政风险，健全工作规程，完善内控制度，强化风险预警，确保年底前在全省各级党政机关、所有企事业单位实现廉政风险排查工作全覆盖，到2012年实现廉政风险防控机制全覆盖。认真落实《浙江省党员领导干部防止利益冲突暂行办法》，完善党员领导干部利益公开、利益回避、利益冲突处理等制度，严禁党员领导干部违反规定私自从事营利性活动，以及利用职务之便，通过以明显低价购房购车、在企业持股、与企业进行关联交易等方式，为本人、亲属或特定关系人谋取不正当利益。严格执行党员领导干部报告个人有关事项的规定，细化党员领导干部述廉要求，加强对配偶、子女均已移居国（境）外干部的管理，不断完善领导干部个人廉情公开制度。

四、切实加强对重要岗位、重点领域和关键环节的监督

各地各部门要突出容易发生问题的重点对象、重点领域和关键环节，把监督渗透到权力运行的方方面面和全过程。要认真吸取许迈永违纪违法案件的教训，举一反三，切实加大对党政主要负责人的监督力度，严格规范党政主要负责人用权行为，建立健全党政主要负责人不直接分管财务等制度，全面推行县（市、区）党政主要负责人经济责任同步审计；认真贯彻落实民主集中制，加大对“三重一大”问题集体决策制度执行情况的督查力度，防止党政主要负责人以个人意见代替集体决策。紧紧抓住重大事项决策权、行政事务协调权、公共资源配置权、大额资金使用管理权等比较集中的部门，科学配置职能，合理分解权力，建立健全决策权、执行权、监督权既相互制约又相互协调的权力运行结构。要针对驻外机构监督管理上存在的薄弱环节，切实提高对驻外机构的关注度，加强日常管理，完善监管制度，防止驻外机构成为监管盲区。

五、不断完善党政领导干部选拔任用制度

各地各部门要进一步深化干部人事制度改革，建立健全科学规范的党政领导干部选拔任用机制，不断提高干部选拔任用工作水平。要全面实施中央关于促进科学发展的干部考核评价“一个意见、三个办法”和我省的“一个意见、五个办法”，坚持德才兼备、以德为先的用人标准，突出对干部德的考核考察，建立健全选贤任能、优胜劣汰的竞争择优机制和导向明确、充满活力的成长激励机制，坚决防止干部选拔任用中重才轻德、唯票选人等倾向。进一步改进干部考察和延伸考察工作，规范考察程序，细化考察要求，推进干部工作信息公开，完善组织部门与纪检机关沟通制度，增强干部考察工作的真实性、公开性和透明度，减少和避免失察、失误。加大对反映干部问题的查核力度，对有问题反映的考察对象必须在问题调查清楚后才能提交组织讨论，公示期间群众反映问题尚未调查清楚的暂缓发文公布。

各级纪委和组织部门要切实履行好干部监督管理职责。今年全省正在开展自下而上的集中换届工作，一定要严肃制止违反党的政治纪律、组织人事纪律的行为，严厉查处以权谋私权钱交易、失职渎职滥用职权的案件，切实解决损害群众利益、群众反映强烈的突出问题，努力营造风清气正的换届环境。

各地各部门要结合本地区本部门实际，就进一步加强对党员干部尤其是领导干部教育、管理和监督提出有针对性的具体措施，并及时将有关重要情况报告省委。

中共浙江省委

二〇一一年七月八日

中共浙江省委关于进一步加强新形势下工会、共青团、妇联工作的意见

（2011年9月30日）

浙委〔2011〕92号

为深入贯彻落实胡锦涛总书记“七一”重要讲话以及省委十二届九次全会精神，更好地发挥工会、共青团、妇联的重要作用，推进科学发展、构建和谐社会，全面建成惠及全省人民的小康社会，现就加强新形势下工会、共青团、妇联工作提出如下意见。

一、加强新形势下工会、共青团、妇联工作的重要意义、总体要求

1. 重要意义。工会、共青团、妇联是党领导下的工人阶级、先进青年和各族各界妇女的群众组织，是党联系人民群众的桥梁和纽带，是国家政权的重要社会支柱。加强工会、共青团、妇联工作，对于进一步密切党同人民群众的血肉联系，巩固党的执政地位，增强党的阶级基础和扩大党的群众基础，具有极其重要的作用。近年来，省委高度重视加强对工会、共青团、妇联工作的领导，充分发挥工会、共青团、妇联团结动员群众、宣传教育群众、联系服务群众的独特优势和重要作用，在统筹城乡工建、团建、妇建工作，构建和谐劳动关系，促进青年、妇女就业创业，开展“千万职工大行动、转型升级立新功”、“浙江青年山海协作行动”和“巾帼建功”、“双学双比”活动等方面都积累了许多成功经验，全省工会、共青团、妇联工作成绩显著。当前，全国和我省正处在全面建设小康社会的关键时期和深化改革开放、加快转变经济发展方式的攻坚时期，经济体制深刻变革、社会结构深刻变动、利益格局深刻调整、思想观念深刻变化。这对切实加强党对工会、共青团、妇联工作的领导，充分发挥群团组织优势，做好新形势下党的群众工作提出了新的任务和要求。各级党委要充分认识做好工会、共青团、妇联工作的重要性和紧迫性，按照做好新形势下党的群众工作的要求，进一步加强和改善工会、共青团、妇联工作，推动我省工会、共青团、妇联工作迈上新的台阶。

2. 总体要求:高举中国特色社会主义伟大旗帜,以邓小平理论和“三个代表”重要思想为指导,深入贯彻落实科学发展观,进一步加强党对工会、共青团、妇联工作的领导,支持工会、共青团、妇联组织依照法律和各自的章程独立自主地开展工作,充分发挥工会、共青团、妇联组织群众、引导群众、服务群众和维护群众合法权益的作用,坚持围绕中心、服务大局,推动科学发展、促进社会和谐,不断研究新情况、解决新问题、总结新经验、探索新路子,激发活力、凝聚人心,团结和动员广大职工、青年、妇女为深入实施“八八战略”和“创业富民、创新强省”总战略,全面建成惠及全省人民的小康社会作出新的贡献。

二、充分发挥工会、共青团、妇联组织在促进科学发展、加快转变经济发展方式中的作用

1. 组织引导广大职工、青年、妇女争当科学发展排头兵。围绕科学发展主题和转变经济发展方式主线,着眼我省加快产业结构优化升级、统筹城乡区域协调发展、建设生态文明、发展海洋经济、推进“四大建设”等决策部署,紧密结合自身实际,切实找准工作的结合点和切入点,组织动员广大职工、青年、妇女积极投身经济建设主战场,扎实有效地开展各具特色的建功立业活动。各级工会要以“当好主力军、建功‘十二五’”为主题,广泛开展劳动竞赛,积极创建“工人先锋号”,切实推动职工技术创新。各级共青团组织要以“蓝色海洋·青春建功”、“青春助推转型升级”等为载体,大力开展青年创业创新行动。各级妇联要推进妇女创业就业服务中心、来料加工推广中心等妇女发展载体建设,深入开展“巾帼创新业、建功‘十二五’”活动和“妇女素质提升行动”、“妇女创业创新行动”。各级工会、共青团、妇联组织要深入推进“我为节能减排做贡献”、“青少年绿色低碳行动”、“低碳家庭健康万里行”等主题实践活动,不断加强绿色生态志愿者队伍建设,组织引导广大职工、青年、妇女积极参与生态文明建设。

2. 组织引导广大职工、青年、妇女争当改革开放先锋。引导广大职工、青年、妇女深刻认识改革开放的伟大意义,不断解放思想、转变观念,毫不动摇支持改革开放、全力以赴参与改革开放。各级工会、共青团、妇联组织要围绕省委深化改革开放的一系列决策部署,积极搭建平台,努力创造条件,引导广大职工、青年、妇女投身经济、文化、社会等方面的改革实践,投身对内对外开放实践,着力在重要领域和关键环节改革上施展本领。引导广大职工、青年、妇女始终以主人翁的姿态,做改革事业的拥护者、参与者和推动者。鼓励工会、共青团、妇联组织重视发现和培养勇于改革、善于改革、引领改革的先进人物,不断为深化改革开放注入新的创造活力。

3. 组织引导广大职工、青年、妇女争当创业创新优秀人才。把职工、青年、妇女人才资源的开发作为一项重要任务,健全培养格局,创新培养模式,完善培养机制,积极营造优秀人才健康成长、施展才干的环境,促使更多优秀职工、优秀青年和优秀妇女人才脱颖而出。各级工会、共青团、妇联组织要通过开展“创建学习型组织,争做知识型职工”,“创建学习型团组织、实施青少年读书计划”、争创学习型妇联组织等活动,引导广大职工、青年和妇女树立终身学习的观念,努力学习新知识新技术,不断提高竞争能力和创新能力。深入实施职工素质工程、职工“技术大比武、大练兵”计划、农村青年人才发展计划、青工技能振兴计划、百万妇女百项新技术推广培训工程、城乡妇女劳动力培训工程,建立健全职工技能竞赛与职业技能鉴定、职称晋升相结合制度,拓展职业发展通道,不断提高各个领域职工、青年、妇女职业技能和创业本领,努力造就一大批一线创新人才。认真做好“推优入党”、“推干荐才”工作,充分发挥劳动模范和各类先进人物的表率引领作用,积极为党委、政府培养、推荐和输送职工、青年、妇女中的优秀分子,促使他们各尽其才、才尽其用。

三、充分发挥工会、共青团、妇联组织在加强和创新社会管理、构建社会主义和谐社会中的作用

1. 组织引导职工、青年、妇女投身社会建设和管理。着眼于健全完善社会管理格局,强化社会协同,坚持党建带工建、带团建、带妇建,创新城乡统筹基层群团组织建设机制,扩大群团工作覆盖面,提高工会、共青团、妇联组织自我管理、自我服务、自我教育、自我监督能力。按照深入推进“网格化管理、组团式服务”的要求,进一步整合基层管理服务资源,大力加强服务型基层群团组织建设,增强群团组织凝聚力。动员组织广大职工、青年、妇女积极履行公民义务,有序参与社会管理和服务,深化推进志愿服务工作,建立健全各级志愿服务组织,不断拓宽职工、青年、妇女参与社会管理的渠道。加强对职工、青年、妇女的心理疏导和服务,培育职工、青年、妇女奋发进取、理性平和、开放包容的社会心态,自觉增强主人翁意识、法律意识和诚信意识,更加有效地发挥广大职工、青年、妇女在社会管理中的主体作用。各级工会、共青团、妇联组织要积极参与化解各类社会矛盾和问题,协助党委、政府预防和妥善处置群体性事件,为建设“平安浙江”作出应有贡献。

2. 切实维护职工、青年、妇女合法权益。各级工会、共青团、妇联组织要真正当好群众利益的代表者、维护者,建立健全职工、青年、妇女的诉求表达机制、利益协调机制、矛盾调处机制和权益保障机制,积极引导职工、青年、妇女依法、逐级、有序、理性反映利益诉求。畅通信息渠道,及时、真实、准确地向党委、政府上报涉及职工、青年、妇女切身利益的信息,当好群众利益诉求的第一知情人和第一报告人,为党委、政府科学决策提供依据。建立健全以职工代表大会为基本形式的企事业单位民主管理制度,实行厂务公开,切实保障职工的民主权利。积极探索实行团代表常任制,普遍推行团员青年民主恳谈、团务公开、团员民主评议等制度。落实村民委员会妇女委员专职专选和妇女村民代表的有关要求,保障农村妇女参与基层民主管理的权利。深入开展“安康杯”竞赛活动和“青年安全示范岗”创建活动,筑牢安全生产群防群治防线,防范重特大事故发生和职业危害。强化预防青少年违法犯罪工作,维护青少年合法权益,保障青少年健康成长。扎实推进“妇女儿童权益保障行动”,全面落实《妇女权益保障法》、《未成年人保护法》和妇女、儿童“十二五”发展规划。重视保障职工、青年、妇女权益的法律法规的制定和落实，把群众诉求表达机制、利益协调机制、矛盾调处机制和权益保障机制建设纳入法治化、制度化、规范化轨道。

3. *深入发展社会主义和谐劳动关系*。围绕让广大职工工作更体面、生活有尊严，让广大企业竞争更有力、发展更健康，坚持以人为本，统筹兼顾，创新推动，共建共享，着力构建规范有序、公平合理、互利共赢、和谐稳定的社会主义新型劳动关系。积极发挥工会、共青团、妇联组织的作用，形成社会各方共同参与发展社会主义和谐劳动关系的新局面。建立健全目标责任制和指导协调机制，强化督促检查和考核，加强沟通配合，定期交流协调有关工作，形成工作合力。全面实施劳动合同和集体合同制度，努力提高劳动合同签订率、履约率和劳动合同质量，实现劳动合同全覆盖。依法推动企业普遍建立工资集体协商制度，完善国有企业收入分配管理办法，科学制定、稳步提高最低工资标准。充分发挥劳动关系和谐企业的示范引领作用，以非公有制企业、新社会组织为重点，扩大创建活动覆盖面。积极推动劳动关系和谐开发区（工业园区）等区域性创建活动，探索开展劳动关系和谐乡镇（街道）、劳动关系和谐城市创建活动。教育引导广大职工牢固树立与企业命运共同体、事业共同体和利益共同体意识，与企业同舟共济、共同发展。教育引导广大企业经营者牢固树立以人为本的科学发展理念，尊重劳动，尊重职工的主体地位，切实承担社会责任，保障职工的政治、经济、文化和社会权益，不断提高职工生活水平和质量，促进职工全面发展。

四、充分发挥工会、共青团、妇联组织在加快建设文化大省、推进文化大发展大繁荣中的作用

1. *加强以社会主义核心价值体系为重点的思想政治教育和形势政策教育，大力弘扬浙江精神*。要结合工会、共青团、妇联工作实际，始终坚持把思想政治教育放在首要位置，重视抓好中国特色社会主义理论体系的学习教育，把社会主义核心价值体系教育贯穿于思想政治教育的全过程，用以爱国主义为核心的民族精神和以改革创新为核心的时代精神鼓舞斗志，用以“八荣八耻”为主要内容的社会主义荣辱观引领风尚，用以“创业创新”为核心的浙江精神激励群众建功立业。积极开展形势政策教育，帮助广大职工、青年、妇女正确认识世情、国情和省情，增强忧患意识、大局意识、责任意识，树立正确的世界观、人生观、价值观。深入开展“青年马克思主义者培养工程”、“学党史、知党情、跟党走”、“争创巾帼先锋”等各类主题教育实践活动。创新思想政治教育方式方法，善于运用微博、QQ、论坛等网络新兴载体加强思想政治教育，不断提高工作成效。

2. *着力提高广大职工、青年、妇女的道德素质*。工会、共青团、妇联组织要大力宣传《公民道德建设纲要》，以职业道德建设“双十佳”评选和创建“工人先锋号”、“青年文明号”、“巾帼文明岗”等活动为载体，引导职工、青年、妇女积极参与群众性精神文明创建活动，坚持崇尚科学，反对迷信，自觉抵制拜金主义、享乐主义、极端个人主义和“黄赌毒”等腐朽思想文化的侵蚀，全面提升文明素养。着力构建“和谐企业”、“和谐校园”、“和谐机关”、“和谐社区”、“和谐家庭”，深入推进社会公德、职业道德、家庭美德、个人品德建设，积极倡导知荣辱、讲正气、树新风、促和谐的社会风尚。深入开展“六五”普法教育，不断提高广大职工、青年、妇女的法制意识。

3. *广泛组织开展丰富多彩的文化活动，大力传播社会主义文明新风*。积极引导广大职工、青年、妇女投身文化大发展、大繁荣实践，正确把握文化的发展方向，大力弘扬社会主义先进文化。各级工会、共青团、妇联组织要创新设置群众喜闻乐见又富有时代特色的主题活动载体，广泛开展各类基层群众性文化活动，推进先进文化进社区、进学校、进企业、进农村，不断拓展文化建设覆盖面，引导各界群众积极投身社区文化、农村文化、校园文化、企业文化、家庭文化、网络文化建设，丰富基层群众文化生活。广泛开展校园文化节、乡村青年文化节、青工文化节、家庭文化节、城乡妇女文体活动。大力加强工会、共青团、妇联组织的文化阵地建设，不断扩大公共文化资源的受益面。各级党委和政府要在加大投入的同时，积极鼓励社会力量参与各类职工、青年、妇女文化体育活动场所建设，努力建成一批上水平、有特色、受欢迎的公共文化体育基地。

五、充分发挥工会、共青团、妇联组织在加强和改进新形势下党的群众工作中的作用

1. *牢牢把握新形势下党的群众工作的新要求*。工会、共青团、妇联组织要着眼于提高组织建设科学化水平，充分发挥贴近基层、贴近群众的优势，根据新形势下党的群众工作的新要求，积极探索加强和改进群众工作的新途径、新办法、新机制，并贯穿到工会、共青团、妇联工作的各个方面、各个环节。加强和改进群众工作方法，注意传统优势与现代手段的有机结合，善于区分不同对象，主动适应信息化发展的要求，运用计算机网络、远程平台等现代信息技术手段更好地开展群众工作，使群众工作更加鲜活生动、更加富有成效。加强和改进群众工作机制，深入研究新形势、新环境下不同社会群体的利益诉求，把握新特点，探索新规律，形成新机制，在切实维护人民群众共同利益的同时，注重维护好各自所联系群众的具体利益，让广大群众共享改革发展的成果。健全完善群众工作网络，延伸群众工作触角，加大组织引导群众工作力度，夯实群众工作的基层基础。

2. *把竭诚服务群众作为一切工作的出发点和落脚点*。各级工会、共青团、妇联组织要始终保持与群众的密切联系，真诚倾听群众呼声，真实反映群众诉求，准确把握新时期职工、青年、妇女多元化的需求特征，努力帮助解决群众最关心、最直接、最现实的利益问题。要进一步整合工会、共青团、妇联组织社会帮扶资源，建立部门协作、多方参与的帮扶救助体系，加大扶贫帮困力度，完善扶贫帮困机制，大力推行医疗互助、“金秋助学”、“爱心圆梦”等做法，加强工会维权帮扶中心、法律援助中心妇联工作站等建设，支持工会、共青团、妇联组织深入开展“送温暖”、“希望工程”、“妇女儿童关爱行动”等活动，切实帮助下岗失业人员、贫困学生、流动留守妇女儿童等困难群体解决生活、学习、就业等方面的实际问题，努力实现帮扶工作的社会化、制度化、长效化。各级工会、共青团、妇联组织要不断增强工作的针对性和有效性，通过提供扎实有效的服务，使工会、共青团、妇联组织真正成为广大群众高度信赖、可以依靠的“职工之家”、“青年之家”和“妇女之家”。

3. 提升组织群众和服务群众的能力水平。要进一步加强对各级工会、共青团、妇联干部的教育和管理，切实增进工会、共青团、妇联干部同广大群众的感情，不断提高服务群众的能力和实效。各级工会、共青团、妇联组织要根据全面贯彻落实科学发展观和构建和谐社会的新形势、新任务、新要求，不断创新工作理念、工作模式、工作机制和组织形式，善于运用社会平台，整合社会资源，发挥社会协同作用，不断提高工会、共青团、妇女工作的社会化程度。各级工会、共青团、妇联干部要自觉加强政治理论学习，熟练掌握党的群众工作政策和方法，多为群众办实事、解难事、做好事，不断提高做好群众工作的能力和水平。

六、进一步加强和改进党的领导，努力为工会、共青团、妇联开展工作创造良好环境和条件

1. 始终坚持工会、共青团、妇联工作正确的政治方向。各级党委要把工会、共青团、妇联建设纳入党的建设总体格局，统一规划、统一部署、统一检查、统一考核，努力形成“党带群团、一体共建、互促共进”的工作格局。坚持县和县以上党委常委会每年一到两次听取工会、共青团、妇联工作汇报制度；坚持由党委分管领导召集，工会、共青团、妇联组织和有关部门负责人参加的联席会议制度，及时研究解决工作中存在的困难和问题；坚持各级政府确定一名领导联系工会、共青团、妇联工作，建立健全工会与政府联席会议制度，充分发挥青少年工作领导小组、未成年人保护委员会、妇女儿童工作委员会的协调作用；坚持将党建带群团建设纳入党建工作目标考核体系，作为党委书记履行基层党建工作责任制专项述职的重要内容。

2. 加强工会、共青团、妇联领导班子和干部队伍建设。坚持德才兼备、以德为先的用人标准，把那些政治素质好、群众公认、年富力强、善于做群众工作的优秀干部选拔充实到工会、共青团、妇联领导岗位，进一步选优配强工会、共青团、妇联领导班子。在提名党委委员、人大常委会委员、政协常委会委员候选人时，应考虑工会、共青团、妇联的负责人。省辖市和经济发达、职工人数多的县（市、区），在提名党委常委候选人或人大常委会、政协副职候选人时，应根据本人条件考虑同级地方工会主要负责人。县及县以上团委正、副书记和妇联正、副主席按同级党委（行政）职能部门正副职条件配备。乡镇（街道）专职工会主席任职期间，享受同级行政副职待遇。乡镇（街道）团委书记、妇联主席要按照同级党委（党工委）委员条件配备，在任职期间享受相应待遇。坚持工会、共青团、妇联领导干部以同级党委管理为主，上级工会、共青团、妇联协助管理的干部管理体制。通过各级党校培训、高等院校进修、上挂下派和内外交流等形式，加大对工会、共青团、妇联干部的培养力度。继续把工会、共青团、妇联干部的培训列入各级党校培训计划的主体班次。加强工会、共青团、妇联组织与党政机关及有关单位之间干部的横向交流和系统内部的纵向交流，建立中层干部转岗使用的正常流转机制，积极拓宽向地方、机关、企业、学校输送渠道，保持干部队伍合理的年龄结构。加强基层工会、共青团、妇女干部队伍建设，拓宽选拔渠道。高度重视产业集聚区、工业园区工会、共青团、妇联工作，配齐配强干部队伍。以市县乡领导班子换届为契机，切实加大培养使用年轻干部、女干部力度。

3. 重视和加强工会、共青团、妇联基层组织网络建设。在巩固传统领域工建、团建、妇建基础上，高度重视在非公有制经济组织、新社会组织和农民工群体等新领域组建群团组织的工作，形成纵向到底、横向到边、条块结合的工作网络，不断扩大工会、共青团、妇联组织覆盖面和工作覆盖面。着力发挥县级工会、团委、妇联的统筹协调功能，健全乡镇（街道）、村（社区）的团组织和妇联组织网络，推进经济发达镇总工会建设，推动企业群团组织建设，加大流动务工人员入会、流动团员青年驻外团组织建设和留守流动妇女工作的力度，积极探索联系、引导职工、青年、妇女自组织的有效途径。坚持党内带党外，深入推进工会、共青团、妇联组织创先争优活动，努力形成全社会齐创共争、争创一流的良好局面。

4. 充分发挥工会、共青团、妇联组织在民主管理、民主监督和民主决策中的作用。各级党委召开讨论本地区全局性工作和研究涉及职工、青年、妇女切身利益重大决策的有关会议，应吸收同级工会、共青团、妇联党员主要负责人列席。人大、政府及其有关部门在研究和制定经济和社会发展计划，教育、卫生、文化、体育、劳动、工资、就业和社会保障及其他涉及职工、青年、妇女切身利益的地方性法规和重大政策措施时，应当充分听取同级工会、共青团、妇联的意见。注意保持各级人大代表、政协委员中职工、青年、妇女的适当比例。切实加强基层群众性自治工作，引导和组织职工、青年、妇女参与基层民主实践，在党务、政务、厂务、村务等办事公开中发挥更大作用。积极推动村（社区）团支部书记、妇代会主任按程序进入村（社区）两委班子。要把党政所需、职工青年妇女所急、工青妇组织所能的事更多地交给工会、共青团、妇联组织去办，支持工会、共青团、妇联组织从群众团体的特点出发，创造性地开展工作。

5. 努力为工会、共青团、妇联组织开展工作提供有力保障。适应新形势的要求，把更多资源和手段赋予工会、共青团、妇联组织。人大要加大对涉及职工、青年、妇女权益的地方立法和执法检查力度，政府要帮助工会、共青团、妇联组织不断改善工作条件，政协要加强对涉及职工、青年、妇女权益保护事项的民主协商和民主监督。宣传舆论部门要大力宣传工会、共青团、妇联组织的性质、地位和作用，宣传保护职工、青年、妇女合法权益的有关法律法规和政策。各级财政要保证工会、共青团、妇联必要的工作经费。要把职工、青少年、妇女活动场所与设施建设纳入当地经济社会发展规划及城乡规划。各有关部门要结合各自职责，积极为工会、共青团、妇联组织开展工作提供支持和帮助，形成全社会关心、支持工会、共青团、妇联工作的良好氛围和环境。

中共浙江省委办公厅关于印发《浙江省贯彻〈2010—2020年干部教育培训改革纲要〉实施意见》的通知

浙委办〔2011〕21号

各市、县(市、区)党委,省直属各单位党委(党组):

《浙江省贯彻〈2010—2020年干部教育培训改革纲要〉实施意见》已经省委领导同志同意,现印发给你们,请结合实际认真贯彻执行。

中共浙江省委办公厅
二〇一一年三月十二日

浙江省贯彻《2010—2020年干部教育培训改革纲要》实施意见

为贯彻落实中央《2010—2020年干部教育培训改革纲要》(以下简称《纲要》),扎实推进今后一个时期我省干部教育培训工作,不断提高干部教育培训科学化水平,现结合我省实际,提出如下实施意见。

一、贯彻实施《纲要》的总体要求和主要目标

1. 总体要求。以邓小平理论和"三个代表"重要思想为指导,深入贯彻落实科学发展观,认真实施"八八战略"和"创业富民、创新强省"总战略,紧扣加快转变经济发展方式这一主线,围绕推进马克思主义学习型政党建设,按照中央《纲要》提出的"服务大局、以人为本,改革创新、竞争择优,联系实际、学用结合,质量第一、注重实效"的基本原则,积极推进干部教育培训改革创新,不断提高干部教育培训的统筹性、针对性、实效性,全面落实大规模培训干部、大幅度提高干部素质的工作部署,努力培养造就一支政治上靠得住、工作上有本事、作风上过得硬、人民群众信得过的高素质干部队伍,为全面建成惠及全省人民的小康社会、基本实现社会主义现代化提供思想政治保证、人才保证和智力支持。

2. 主要目标。到2020年,建立健全与我省经济社会发展相适应、与培养和造就高素质干部队伍目标相符合、与深化干部人事制度改革要求相衔接的干部教育培训体系。

——形成更具统筹性针对性实效性的教育培训模式。遵循干部成长规律和教育培训规律,紧贴浙江科学发展实践和全省中心工作要求,创新培训理念、内容和方式,干部教育培训满意度有较大幅度提升。

——形成开放竞争、优势互补、充满活力的干部教育培训格局。党校、行政学院主渠道作用充分发挥,干部培训阵地进一步拓展,高等院校和其他培训机构积极参与,干部教育培训网络平台全面覆盖。

——形成规范有序、健全高效的运行机制。培训需求充分体现,组织调训为主、自主选学为辅的干部参训机制进一步完善,学习培训考核激励与约束制度更加健全。

——形成职责明确、制度健全、保障有力的宏观管理体制。管理理念进一步转变,管理效能更加显著,管理者队伍建设和经费保障明显加强。

——全面完成大规模培训干部工作任务。厅局级、县处级领导干部每5年完成党校、干部学院或经组织人事部门认可的其他培训机构累计3个月以上的培训。

二、创新培训内容方式

3. 坚持分类培训。以中央组织部制定的干部教育分类培训大纲为基础,针对各类干部的能力素质特点,根据干部管理权限,研究制定分类培训大纲,明确干部初任培训、任职培训、业务培训和岗位培训等的目标、内容和方式,不断提高干部教育培训科学化水平。

4. 坚持不懈地抓好马克思主义理论教育。重点开展中国特色社会主义理论体系特别是科学发展观的教育培训。各级党校、行政学院要在领导干部主体班次中开设马克思主义经典著作课程,引导干部把马克思主义经典著作的学习同马克思主义中国化理论成果的学习结合起来,更好地掌握马克思主义立场、观点和方法。

5. 大力加强党性党风党纪、社会主义核心价值体系和群众观教育。进一步突出"德才兼备、以德为先"的培训导向,培养干部高尚道德情操和健康心态,引导干部牢固树立正确的世界观、权力观、事业观。重视加强领导干部的党性教育和党性锻炼,充分利用省内外革命传统、反腐倡廉等教育基地,开展专题教学、党性分析和现场体验活动。加强与延安干部学院、井冈山干部学院在领导干部党性教育方面的战略合作,到2020年,对省管领导干部和省管后备干部普遍进行一次专题党性教育。

6. 积极开展能力培训。着眼于提高各级领导干部推动科学发展、促进社会和谐的能力，有针对性地开展适应各级各类干部特点的能力培训。尤其对中青年干部要重点加强做群众工作能力、网络舆情应对能力、开拓创新能力等方面的培训；对基层干部要重点加强政策理解和执行能力、处理突发事件能力、依法办事能力、服务群众能力等方面的培训。

7. 深入推进专题培训。紧扣中央和省委、省政府重大决策部署、经济社会发展的热点难点问题、群众最关心的现实问题，每年举办一定数量的专题研讨班，有计划、有重点地加大对加快转变发展方式、推进经济转型升级以及社会管理、公共服务、群众工作、应急管理、舆论引导、维护稳定等方面专题培训的力度，使专题培训成为推动落实党委、政府决策部署的重要抓手，推动领导干部研究解决重要现实问题的有效载体。

8. 改进培训方法。根据形势任务变化和干部履职要求，改进培训班次设置，推广专题研究、短期培训，突出按干部类别开展培训。大力推广和综合运用讲授式、案例式、研究式、体验式、互动式等教学方式，积极探索研究型培训、异地培训、分段式培训，进一步增强培训的吸引力和感染力。

三、完善运行管理机制

9. 健全体现培训需求的计划生成机制。牢固树立按需培训理念，把需求调研作为培训计划生成的必经环节。各级组织部门要会同教育培训机构定期开展培训需求调研，研究经济社会发展对干部能力素质的新要求，提出做好干部教育培训的指导性意见。建立干部教育培训需求调研成果共享制度、培训计划协调会商制度，以培训需求为导向，研究确定培训项目，制定培训计划。

10. 建立培训机构有序参与的竞争择优机制。省委组织部要协调有关部门研究制定干部教育培训机构资质认证标准，对社会培训机构进行承担干部教育培训职能的资质认证。研究建立干部教育培训项目化管理制度，部分培训项目可通过直接委托、服务外包、招投标等形式，在干部教育培训主渠道、高校培训基地和经过资质认证的社会培训机构中，择优确定承办单位。加强监督管理，确保各类干部教育培训机构公平参与、规范运作、能进能出。

11. 完善组织调训为主、自主选学为辅的干部参训机制。坚持和完善组织调训制度，严格执行调训计划申报制度，加强统筹协调，重点解决好多头调训、重复调训、多年不训等问题，提高调训计划的科学性和严肃性。对政治理论、党性教育、中央和省委、省政府重大决策部署等需要组织调训的，坚持实行组织调训；对主要领导干部、重点岗位干部以及需要点名调训的，可实行点名调训。探索推进自主选学，逐步扩大干部选择培训机构、培训内容、培训师资、培训时间的自主权，提高自主选学工作质量。

12. 健全干部教育培训考核评价机制。认真实行干部教育培训考核制度，加强对干部理论素养和学习能力的考核。各级党校（行政学院）的主体班次、其他各类中长期重点培训项目，由组织人事部门委托或会同干部培训机构考核鉴定。考核结果按干部管理权限，反馈给相关党委（党组）组织人事部门。建立干部教育培训信息管理系统，及时录入干部脱产培训、网络学习及考核等情况，并将重要培训情况纳入干部人事档案。积极探索省管领导干部学习培训量化管理办法。

13. 建立健全干部教育培训激励约束机制。探索把干部学习培训情况作为选拔任用干部和任职考察的重要依据的具体办法。提拔担任县处级以上党政领导干部，要达到《干部教育培训工作条例（试行）》规定的培训时间要求，确因特殊情况在提任前未达到要求的，须在提任后1年内完成培训，仍未完成的要延长试用期。将开展干部教育培训情况作为干部所在单位领导班子年度考核的重要内容。结合干部年度考核，开展述学、评学、考学活动。干部学习培训考核不合格的，年度考核不得确定为优秀等次。

14. 建立干部教育培训机构质量评估机制。研究制定教学质量评估办法和指标体系，从教学质量、师资水平、教学管理、教学设施等方面，积极开展培训机构培训质量评估工作。评估结果作为培训机构承担培训任务、深化教学改革的重要依据。到2012年，在全省普遍推行教学质量评估制度。

四、深化办学体制和师资管理改革

15. 加强干部培训阵地建设。办好办强省、市委党校，深入推进市、县（市、区）党校办学体制改革，充分发挥主阵地作用，突出培训特色，提升整体办学水平。到2013年，基本完成市、县两级党校（行政学院）办学体制改革任务。加强干部教育培训高校基地建设，明确工作职责，加强统筹规划，加大扶持力度。适时筹建有浙江特色的干部学院。

16. 整合利用优质培训资源。加强与国内一流大学在专业知识技能培训、重点课题研究、精品课程开发、师资培训等方面的合作。加大跨省市、跨部门办学力度，推进优质教学资源合作共享。大力推进部门、行业教育培训机构优化整合，不断提升其专业化水平。

17. 加强与改进境外培训。围绕省委、省政府重大战略部署，精选境外培训专题，开发较高层次的境外培训项目。加强与境外知名培训机构的合作，进一步拓展境外培训和见习渠道，积极稳妥地开展领导干部境外培训，着力培养领导干部的世界眼光和战略思维能力。到2020年，基本做到省管领导干部赴境外培训一次。

18. 加强浙江领导干部网络学院建设。有计划地扩大学员覆盖面，完善功能，扩大容量，实现在线学习、在线培训测试、互动交流和信息化管理，更好地满足各级领导干部个性化、多样化的学习需求。领导干部要自觉参加网络学院学习。各地可依托浙江领导干部网络学院建立网络分院。到2011年底，基本形成以浙江领导干部网络学院为中心、各地网络分院为延伸的全省干部网络学习平台，实现全省网络培训资源共建共享，各级领导干部网络学习培训全覆盖。

19. 推进现场教学基地建设。认真总结我省经济社会发展的实践成果和典型经验，开发建设适应不同培训需求的现场教学基地。分期分批评定“浙江省干部教育培训现场教学示范基地”。加强现场教学案例库建设、课程开发和师资配备。研究制定《浙江省干部教育培训现场教学基地管理办法》，逐步规范现场教学基地的开发建设与使用管理。到2012年，形成布点合理、特色鲜明、管理规范的全省干部教育培训现场教学基地网络。

20. *加强师资队伍建设*。建立完善培训师资选聘机制，积极选聘知名专家学者、经验丰富的党政领导干部、优秀企业家和先进模范人物担任兼职教师，逐步实现省、市主体班次中本校教师、外校教师、兼职教师各占三分之一。市级以下干部教育培训机构师资构成要逐步过渡到以兼职教师为主。建立领导干部讲课制度，市、县(市、区)党政主要领导干部要带头到干部教育培训机构授课。建立完善省市两级干部教育培训师资库，实现全省共享、动态管理。实施“培训者培训工程”，加大对党校(行政学院)中青年骨干教师的培养力度，通过学习进修、挂职锻炼和参与重大课题调研等形式，切实提高教师理论联系实际能力和教学水平。

五、加强组织领导与宏观管理

21. *落实领导责任*。各级党委(党组)要高度重视干部教育培训改革，把《纲要》实施工作摆上重要议事日程，切实履行领导职责。党委(党组)主要负责同志要加强调查研究，及时掌握情况，积极指导改革工作。各级组织部门要在党委领导下履行好牵头抓总职责，纪检监察、宣传、统战、机关工委、编制、发展改革、教育、财政、人力资源和社会保障、国有资产监督管理、经济和信息化等有关部门，党校、行政学院等教育培训机构要按照职责分工，认真落实好相关改革任务和要求，形成各司其职、各尽其责、齐抓共管、合力推进的工作格局。建立健全干部教育培训领导小组，充分发挥其在干部教育培训改革工作中的宏观指导和沟通协调作用。

22. *强化管理职能*。各级干部教育培训主管部门要切实履行整体规划、宏观指导、协调服务、督促检查、制度规范职能，加强与其他干部教育培训管理部门的沟通协调，加强对干部教育培训机构的工作指导，及时研究解决干部教育培训工作中的困难和问题。

23. *加强学风建设*。干部教育培训机构要坚持从严治校，严格执行学员请销假等制度，认真实行理论素养与党性锻炼“双百分”考核，强化培训日常管理，加强培训考核监督。学员要坚持理论联系实际，倡导优良学风，严守培训纪律。教师要严谨治学、以德施教。组织人事部门要建立学风督促检查制度，健全完善组织部门干部跟班督学等制度，将干部在学习期间的学习态度、成果质量、党性锻炼等情况，作为评价学风情况的重要内容。纪检监察机关要将干部学习培训期间的表现纳入干部日常监督管理范围，对培训期间违反有关规定和纪律的，视情节轻重，给予批评教育直至纪律处分。

24. *加强干部教育培训管理者队伍建设*。配齐配强工作力量，优化结构，提高素质。积极实施“管理者培训工程”，采取专题培训、跟班学习、业务研讨、工作考察等多种方式，加大对干部教育培训管理者的培训力度，不断提升其业务水平和工作能力。定期组织开展课题调研和理论研讨，加强对干部教育培训重点热点问题的研究，不断提高理论研究能力。

25. *完善培训经费增长机制*。各地要将干部教育培训经费列入年度预算，确保培训经费随财政收入增长逐步提高。建立健全培训专项经费制度，科学管理与合理安排各类培训经费。探索建立以财政投入为主体，社会、个人多元化投入相结合的干部教育经费投入机制。研究制定干部教育培训经费使用与管理制度，建立完善经费“跟着项目走”、“跟着干部走”的管理办法和使用方式。对欠发达的县(市、区)和乡镇领导干部参加组织调训的，酌情给予培训费用减免。

26. *强化分类指导*。针对不同地区、不同部门、不同培训机构的特点，采取推动改革的相应措施。及时解决推进干部教育培训改革中的实际问题，促进工作有效开展。加强干部教育培训改革情况的调查研究，鼓励基层大胆探索，及时总结推广行之有效的做法和经验，抓好典型示范和引导工作。各级党委组织部门要强化对改革情况的跟踪了解和督促检查，确保改革取得实效。

27. *加强督促检查*。各地各部门要根据本实施意见要求，结合实际，及时对本地区本单位干部教育培训改革情况进行检查和自查，切实抓好贯彻落实。各级组织人事部门要对干部教育培训改革情况进行跟踪了解，定期督查，确保改革扎实推进，取得实效。

中共浙江省委办公厅　浙江省人民政府办公厅关于印发《2011年省委、省政府领导重点调研课题》的通知

浙委办〔2011〕29号

各市、县(市、区)党委和人民政府,省直属各单位:

《2011年省委、省政府领导重点调研课题》已经省委、省政府同意,现印发给你们,请按照分工认真做好各项工作。

中共浙江省委办公厅
浙江省人民政府办公厅
二〇一一年三月十八日

2011年省委、省政府领导重点调研课题

一、加强和创新社会管理研究

工作要求:认真贯彻党的十七届五中全会精神和中央举办的省部级主要领导干部社会管理及其创新专题研讨班精神,全面总结改革开放以来我省加强社会建设和管理的经验,深入研究社会管理方面存在的突出问题,结合浙江实际和综合试点成果,积极探索新形势下加强和创新社会管理、加强和改进群众工作、促进社会和谐稳定的思路与举措,为省委全面部署相关工作提供参考、做好准备。

赵洪祝同志主持

牵头单位:省委办公厅

参加单位:省政府办公厅、省委组织部、省委宣传部、省委政法委、省发改委、省民宗委、省公安厅、省民政厅、省司法厅、省人力社保厅、省信访局、省统计局、省总工会、团省委、省妇联

工作安排:

1.2月下旬,成立课题组,召开课题会议。

2.3月上旬至月底,展开专题调研。

3.3月下旬至4月中旬,起草调研报告并形成初稿。

4.4月中旬至月底,召开座谈会,征求意见。

5.5月上旬,修改完善并完成调研报告。

二、坚持统筹兼顾,加快推进城乡一体化发展研究

工作要求:认真贯彻落实党的十七届五中全会精神,按照推进工业化、城市化和农业现代化同步发展的要求,认真总结近年来统筹城乡发展、推进城乡一体化的实践探索,深入分析统筹城乡发展面临的新形势、新任务,研究提出新形势下统筹推进新型城市化和新农村建设、统筹推进发达地区和欠发达地区发展、统筹推进大中小城市协调发展,加快中心城市发展和中心镇建设的战略举措。

赵洪祝同志主持

牵头单位:省委政研室

参加单位:省农办、省发改委、省经信委、省教育厅、省民政厅、省人力社保厅、省国土资源厅、省建设厅、省交通运输厅、省水利厅、省农业厅、省文化厅、省卫生厅、省经合办

工作安排:

1.2至3月,成立课题组,制定调研方案,明确工作分工。

2.4至6月,广泛开展调查研究。

3.7至8月,起草课题研究报告初稿。

4.9至10月,广泛征求意见,修改并完成研究报告。

三、加快山区经济社会发展,促进陆海联动区域协调研究

工作要求:认真总结我省推动山区发展、促进陆海联动区域协调的实践探索,深入分析制约山区发展、区域协调的突出矛盾和问题,积极借鉴国内外的成功经验,研究提出加快山区经济社会发展、促进陆海联动区域协调的思路和政策举措,努力实现"十二五"全省经济社会发展目标。

吕祖善同志主持

牵头单位:省政府办公厅、省政府研究室

参加单位:省农办、省发改委、省经信委、省教育厅、省科技厅、省公安厅、省民政厅、省财政厅、省人力社保厅、省国土资源厅、省环保厅、省建设厅、省交通运输厅、省水利厅、省农业厅、省林业厅、省商务厅、省文化厅、省卫生厅、省国资委、省地税局、省工商局、省统计局、省旅游局、省供销社、省经合办、省咨询委、浙江大学、省委党校、浙江农林大学

工作安排:

1.5月底前,开展专题调研,形成专题调研报告和政策建议。

2.8月底前，形成综合调研报告和政策意见稿，征求有关方面意见。

3.10月底前，完成综合调研报告和政策意见，适时采取召开会议或省委、省政府发文形式部署推动有关工作。

四、以建设“平安浙江”为平台做好新形势下群众工作研究

工作要求：认真贯彻党的十七届五中全会和省部级主要领导干部社会管理及其创新专题研讨班精神，回顾总结2004年5月以来我省运用建设“平安浙江”平台做好群众工作的经验做法，深入研究当前影响社会和谐稳定、影响人民群众安全感的突出问题，积极探索新时期加强和创新社会管理、深化“平安浙江”建设、做好新形势下群众工作的思路和举措，为促进社会和谐、实现“十二五”时期经济社会发展目标任务提供有力保障。

夏宝龙同志主持

牵头单位：省委办公厅、省委政法委

工作安排：

1.2至3月，成立课题组，召开课题会议。

2.3至7月，展开专题调研。

3.7至8月，起草调研报告并形成初稿。

4.8至9月，召开座谈会，征求意见。

5.9至10月，修改完善并完成调研报告。

五、加强基层党务公开研究

工作要求：开展基层党务公开课题调研，分析当前基层党务公开的特点、情况，总结好做法和经验，并提出相关对策措施。

任泽民同志主持

牵头单位：省纪委

工作安排：

1.3至6月，到有关市县进行调研。

2.7至9月，起草课题调研报告并完成初稿。

3.10至11月，召开不同层次座谈会，征求意见，并进行讨论、论证和修改。

4.12月，进一步修改完善，完成课题报告。

六、着力打造“两个中心”，加快建设金融强省研究

工作要求：回顾总结浙江中小企业金融服务和民间资本现状，深入分析中小企业融资难和民间资金投资难问题及其原因，研究提出“十二五”时期打造中小企业金融服务中心和民间财富管理中心的基本思路、主要任务和保障措施，为金融强省建设奠定坚实的基础。

陈敏尔同志主持

牵头单位：省政府办公厅、省金融办

参加单位：人行杭州中心支行、浙江银监局、浙江证监局、浙江保监局、浙江大学金融研究院（浙江省金融研究院）

工作安排：

1.1月中下旬，成立课题组，明确方案，落实任务。

2.2至7月，开展专题调研，形成课题大纲和政策意见纲要，召开相关协调会和研讨会。

3.7至8月，形成课题研究报告初稿和政策意见初稿，进行论证完善。

4.9月，形成课题最终报告和政策意见。

七、宁波建设国际强港的对策研究

工作要求：按照构筑“三位一体”港口服务体系，打造国际强港的要求，深入分析宁波港发展具备的现实基础和面临的突出问题，研究提出加强港口基础设施建设，深化口岸大通关建设，拓展港口集疏运网络；完善港口物流服务功能，发展大宗商品交易市场，打造国际性资源交易配置中心；大力发展港航金融服务，积极培育离岸金融市场，加快建设区域性金融中心的思路和举措。

王辉忠同志主持

牵头单位：宁波市委政研室

参加单位：宁波市交通运输委员会、市外经贸局、市口岸办、宁波港集团有限公司、市金融办、市物流办

工作安排：

1.1至2月，组织调研力量，确定调研方案，收集相关资料。

2.3至5月，到市内外开展调研。

3.6至8月，起草调研报告。

4.9至10月，修改完善调研报告。

5.11月底，上报调研报告。

八、社会矛盾化解机制研究

工作要求：深入贯彻落实党的十七大和十七届五中全会精神，结合我省近年来加强社会矛盾化解工作的实践和探索，深入分析社会矛盾化解遇到的问题，研究提出完善社会矛盾化解机制、加强和创新社会管理、促进社会和谐稳定的思路与对策。

李强同志主持

牵头单位：省委政研室

参加单位：省委办公厅、省委政法委、省信访局、省司法厅、浙江大学

工作安排：

1.2月，成立课题组，制定工作方案，明确工作分工。

2.3至4月，开展专题调研，形成专题调研报告。

3.5月，起草课题总报告初稿。

4.10月底前，修改并完成研究报告。

九、杭州加强和创新社会管理研究

工作要求：认真贯彻党的十七届五中全会精神和中央举办的省部级主要领导干部社会管理及其创新专题研讨班精神，全面总结改革开放以来杭州加强社会建设和管理的经验，深入研究社会管理方面存在的突出问题，积极探索新形势下加强和创新社会管理、加强和改进群众工作的思路与举措，不断提高社会管理科学化水平，确保社会既充满活力又和谐稳定。

黄坤明同志主持

牵头单位：杭州市委政研室

参加单位：市委政法委、市公安局、市信访局、市人力社保局、市民政局、市委党校、市委外宣办

工作安排：

1.2月下旬，成立课题组，召开课题会议。

2.3月,形成课题提纲,开展专题调研。

3.5月,形成课题初稿。

4.6月,召开座谈会,征求意见。

5.7月,修改完成课题报告。

十、浙江省种业发展对策研究

工作要求:高度重视种子种苗产业对我省农业特别是粮食安全的影响,针对我省种质资源丰富,农业科研机构、科技人员众多的工作实际,在认真分析种业现状、发展趋势的基础上,研究提出创新种业发展的政策措施、工作机制,争取走出一条加快现代种业发展的新路子。

葛慧君同志主持

牵头单位:省农业厅

参加单位:省林业厅、省海洋与渔业局、省科技厅、省财政厅、省农业科学院、浙江大学、中国水稻研究所、省茶叶研究院

工作安排:

1.3月,成立课题组,明确方案,落实任务。

2.4至5月,开展专题调研,根据调研情况召开座谈会、研讨会。

3.6至7月,形成课题研究报告初稿,进行论证完善。

4.8至9月,完成课题并形成政策措施。

十一、加强和改进我省网络文化建设和管理研究

工作要求:全面了解当前我省网络文化建设和管理的现状,总结成功的做法和经验,深入分析存在的突出问题和薄弱环节,提出加强和改进我省网络文化建设和管理工作的总体思路、实施步骤和具体对策,贯彻落实中办发〔2010〕24号文件精神,制定出台我省有关加强和改进互联网管理工作的实施意见。

茅临生同志主持

牵头单位:省委宣传部、省委外宣办

参加单位:省发改委、省公安厅、省经信委、省教育厅、省工商局、省通信管理局、省文化厅、省广电局、省新闻出版局,各市委宣传部

工作安排:

1.2月,组成课题组,拟定调研方案。

2.3月,召开调研协调会部署分解任务。

3.4至7月,在全省广泛开展调研。

4.8至9月,形成调研报告,起草完成有关加强和改进互联网管理工作的实施意见的代拟稿。

十二、基层党组织在加强社会管理中的作用研究

工作要求:深入分析新形势下加强社会管理对党的建设提出的挑战和要求,认真总结各地在加强社会管理中发挥基层党组织作用的经验做法,有针对性地提出充分发挥基层党组织在加强社会管理中的积极作用的思路和措施。

蔡奇同志主持

牵头单位:省委组织部

参加单位:省委政法委、省委党校、省民政厅、省信访局、省统计局,部分市委组织部

工作安排:

1.2月,组成课题组,拟定调研方案。

2.3月,召开调研协调会部署分解任务。

3.4至6月,在全省深入开展调研。

4.8月,形成课题调研报告。

十三、把当代革命军人核心价值观培育工作向民兵预备役人员延伸研究

工作要求:着眼推进思想政治建设领域的军民融合发展,深刻认识把当代革命军人核心价值观培育工作向民兵预备役人员延伸对巩固意识形态领域的安全、培育民兵预备役人员战斗精神、推进经济发展方式转变、促进和谐社会建设等方面的积极作用,调查分析"四个多样化"社会环境给民兵预备役人员思想带来的深刻影响,研究提出在把当代革命军人核心价值观培育工作向民兵预备役人员延伸的意见措施,教育引导民兵预备役人员在学习实践社会主义核心价值体系中走在前列。

林恺俊同志主持

牵头单位:省军区

工作安排:

1.1至2月,成立课题组,制定调研方案。

2.2至3月,组织调研组开展调研。

3.6至7月,起草调研报告并征求意见。

4.7月,修改完善调研报告并上报。

十四、社会养老服务体系建设研究

工作要求:根据党的十七届五中全会关于"优化发展社会养老服务"的要求,深入分析我省老龄化发展面临的形势,回顾总结近些年来我省社会养老服务体系建设取得的成绩,学习借鉴国内外的成功经验,研究提出下一阶段我省社会养老保险服务体系建设的目标、任务和政策措施,推动我省社会养老服务体系建设再上新台阶。重点研究完善养老服务组织体制,探索建立养老服务需求评估制度和养老服务补贴制度,健全养老机构登记管理制度、大力发展民办养老机构、规划指导乡镇敬老院发展,推动养老服务标准化,加强养老服务队伍建设等。

陈加元同志主持

牵头单位:省民政厅

参加单位:省发改委、省财政厅、省人力社保厅、省国土资源厅、省建设厅、省卫生厅、省地税局、省国税局、省工商局、省质监局、省物价局、省老龄办、浙江大学民政研究中心、杭州师范大学

工作安排:

1.1至2月,制定课题调研方案,明确任务分工。

2.3至4月,组织开展省内外调研,根据课题研究需要召开相关座谈会、研讨会。

3.5至6月,完成课题研究报告,省政府出台有关深化社会养老服务体系建设的意见及相关配套政策。

4.7月,省政府召开全省社会养老服务体系建设推进会,部署今后一个时期的社会养老服务体系建设工作。

十五、加快实施"走出去"战略,提高我省国际竞争力研究

工作要求:通过对"走出去"的形式、方式、领域、布局、存量和流量等方面的现状及存在的问题的剖析,阐述我省

企业"走出去"的成因及取得的成就和贡献，分析今后一段时期特别是"十二五"期间"走出去"面临的形势、机遇和挑战。围绕如何通过"走出去"来促进我省产业结构的调整、提高国际竞争力和可持续发展能力这一主线，提出我省大力实施"走出去"战略的指导思想、发展目标、战略思路、工作举措和支撑体系。

龚正同志主持

牵头单位：省商务厅

参加单位：省委政研室、省发改委、省经信委、省财政厅、省建设厅、省农业厅、省国资委、省工商局

工作安排：

1.2至3月，成立课题组，制订工作方案，明确部门责任分工，落实责任人员，分管秘书长召开相关部门开题。

2.4至8月，落实具体调研内容，进行资料收集、汇总分析，组成调研组到省内外调研，召开相关座谈会听取意见和建议。

3.9至10月，完成课题初稿，并征求有关方面意见。由省政府领导或分管秘书长适时组织召开课题论证会。最后形成课题调研报告。

4.11至12月，着眼于课题成果转化和应用，根据课题成果，研究提出新形势下实施"走出去"战略的政策意见。

十六、信息化与工业化深化融合的工作部署和具体举措研究

工作要求：深入分析全省工业化与信息化深化融合的现状与存在问题，全面研究信息化与工业化融合面临的形势与发展趋势，重点在运用信息技术改造提升传统产业、培育发展战略性新兴产业，加快推进经济转型升级等方面提出对策建议，完善相关政策，作出工作部署，实现新的突破。

毛光烈同志主持

牵头单位：省经信委

参加单位：省委政研室、省科技厅、省发改委、省商务厅、省统计局等

工作安排：

1.2月，制定课题调研方案，明确任务分工。

2.3至4月，组织开展省内外调研，根据课题研究需要，召开相关座谈会、研讨会。

3.5至6月，形成课题研究报告初稿，并作进一步修改论证。

4.7至8月，完成课题研究报告，研究制定相关政策措施。

十七、推进市场提升发展，再创浙江市场优势研究

工作要求：深入分析我省各类市场发展状况，研究提出指导下一步我省市场发展的思路，力求在提升发展上下功夫，在改革创新上求突破，在规范管理上迈新步，在再创优势上出成果，推进我省各类商品交易市场建设再上一个新台阶，在我省加快转变经济发展方式、推动经济持续健康发展中发挥更大作用，为实现"科学发展走在前列，惠及全省人民的小康社会全面建成"的目标，作出新贡献。

王建满同志主持

牵头单位：省工商局

参加单位：省委政研室、省政府研究室、省财政厅、省商务厅、省经合办

工作安排：

1.2月上旬，制定课题调研方案，明确任务分工。

2.2月中旬至3月，组织赴省内和山东、江苏、广东等省外市场调研。

3.4月上旬，召开专题研讨会，邀请专家学者从战略层面谋划浙江市场提升发展问题。

4.4月中旬，起草课题报告。

5.5至6月，修改并完成课题报告。

6.7月，研究制定相关指导意见，适时召开会议进行部署。

十八、浙江省公共文化服务体系建设制度设计研究

工作要求：总结我省公共文化服务体系建设经验，分析存在的矛盾和问题，深入开展制度设计研究，探索我省公共文化服务体系建设模式及公共文化服务体制机制，为加快我省公共文化服务体系建设提供决策支持。

郑继伟同志主持

牵头单位：省政府办公厅、省文化厅

参加单位：省委宣传部、省编委办、省发改委、省财政厅、省广电局、省新闻出版局、省体育局

工作安排：

1.2月底前，分解研究任务，落实子课题负责人，完成研究大纲。

2.3至10月，开展广泛调研，完成各子课题研究报告，并通过中期评审。

3.11至12月，在各子课题研究报告的基础上，形成《浙江省公共文化服务体系建设制度设计研究报告》。制定有关进一步加强公共文化服务体系建设的意见。

十九、温州市统筹城乡、推进新型城市化改革发展研究

工作要求：深入贯彻落实科学发展观，总结近年来温州统筹城乡、推进新型城市化的实践与探索，深化研究统筹城乡发展、推进城市化的体制机制问题，研究制订相关政策措施，促进城乡统筹发展和1650大都市区建设，形成城乡一体化发展新格局。

陈德荣同志主持

牵头单位：温州市委办公室

参加单位：温州市委政研室、市农办、市发改委、市公安局、市民政局、市住建委

工作安排：

1.2月，成立课题组，制定工作方案。

2.3至6月，开展调研。

3.7至9月，形成研究报告初稿，征求有关方面和专家意见，作进一步修改完善。

4.10月底前，完成研究报告。

中共浙江省委办公厅关于印发《浙江省地方各级党代表大会代表提案制度（试行）》等五项制度的通知

浙委办〔2011〕34 号

各市、县（市、区）党委，省直属各单位党委（党组）：

《浙江省地方各级党代表大会代表提案制度（试行）》、《浙江省地方各级党代表大会代表提议制度（试行）》、《浙江省地方各级党代表大会代表调研视察制度（试行）》、《浙江省地方各级党代表大会代表列席党内重要会议制度（试行）》、《浙江省地方各级党代表大会代表学习培训制度（试行）》等五项制度，已经省委同意，现印发给你们，请结合实际认真贯彻执行。

制订出台这五项制度，是我省推进党内民主建设的重要举措。各级党委（党组）要认真组织学习，熟悉相关内容，领会精神实质，完善保障措施，确保这五项制度落到实处。广大党代表要切实增强政治意识、主体意识、服务意识和自律意识，认真履行党代表职责，不断提高自身文化修养、职业技能和履职本领，立足岗位创先争优，充分发挥示范表率作用，以实际行动赢得党员和群众信任。

各地各单位在执行过程中如有问题和建议，请及时报告省委。

中共浙江省委办公厅

二〇一一年三月二十八日

浙江省地方各级党代表大会代表提案制度（试行）

第一条 为充分发挥党代表大会代表（以下简称代表）作用，规范代表提案工作，根据党内有关规定和《中国共产党浙江省地方各级代表大会代表任期制实施办法（试行）》，制定本制度。

第二条 本制度适用于省、市、县（市、区）代表。

第三条 党代表大会成立代表提案工作委员会。提案工作委员会由主任、副主任和委员若干人组成，初步人选由同级党的委员会提名，提交党代表大会审议通过。提案工作委员会负责党代表大会会议期间代表提案审查、立案等工作。

第四条 10 人以上代表联名或代表团可以在党代表大会会议期间，向大会提出属于同级党代表大会职权范围内的提案。

（一）代表提出提案前，应进行深入的调查和论证。

（二）代表联名提出提案，提案发起人应向参加联名的其他代表分别提供提案文本，经集体讨论、取得一致意见后，签名提出。

（三）代表团提出提案，应由代表团会议充分讨论，经代表团过半数应到代表通过，并由代表团团长签署。

（四）提出提案的代表或代表团可以要求撤回提案。

第五条 代表提案的主要范围：

（一）贯彻执行党代表大会和党内决议、决定的重大事项；

（二）思想建设、组织建设、作风建设、制度建设和反腐倡廉建设等党的建设中的重要问题；

（三）经济建设、政治建设、文化建设、社会建设以及生态文明建设中的重大事项；

（四）其他重大事项。

第六条 代表提出的提案应符合国家法律法规和党内有关规定，符合本地实际，具有合法性、科学性和可行性。有下列情形之一的代表提案，不予立案：

（一）与宪法、法律和党内法规相抵触的；

（二）涉及党和国家秘密的；

（三）超越本级党代表大会职权范围的（其中涉及问题重大、影响深远的，由代表联络工作机构报本级党委同意后向上级代表联络工作机构反映）；

（四）已进入民事、刑事、行政诉讼或仲裁程序的；

（五）涉及解决代表本人及其亲属个人问题的；

（六）指名举报或代转党员群众来信、具体案件材料的；

（七）属于学术探讨，作品、产品宣传推介的；

（八）没有实际内容的；

（九）其他不宜作为代表提案的。

不作为提案受理的，视情可作为代表来信处理，由大会秘书处书面告知领衔代表或代表团团长。

第七条 代表提案应当一事一案，有案由、案据和建议方案。案由应明确清楚，案据应充分合理，建议方案应具体可行。

第八条 代表提案须按规定程序，在规定时间内提交党代表大会。代表提案使用统一印制的代表提案专用纸，要求字迹工整、格式规范。

第九条 同级党委应在党代表大会后，适时召开代表提案交办会议，部署提案办理工作，确定提案主办和协办单位，明确办理期限和工作责任。

第十条 承办单位应尊重代表的权利，把办理代表提案工作纳入重要议事日程，确定分管领导，落实专人负责。

根据政策规定和实际情况，凡是有条件解决的代表提案，承办单位应抓紧研究解决；因条件限制一时不能解决的，应创造条件逐步解决；确实无法解决的，应在规定时间内向代表作出书面说明。

第十一条 承办单位接到交办的代表提案，认为不属于本单位职权范围内的，应在收到之日起10个工作日内，书面向代表联络工作机构提出。代表联络工作机构按程序重新研究确定承办单位。

第十二条 承办单位在办理过程中，应主动与提案代表沟通联系，深入了解提案代表想法，充分听取提案代表意见，增强代表提案办理工作的针对性和实效性。

第十三条 承办单位自收到提案之日起6个月内，将代表提案办理结果书面答复领衔代表或代表团团长，并报代表联络工作机构。个别情况复杂，6个月内确实不能办理完毕、需要延期的，应向同级代表联络工作机构履行报批手续，并向领衔代表或代表团团长作出解释。

（一）对代表提案的答复，以党组织公文（函）的形式，由承办单位党组织负责人审核签发，并注明承办单位联络人姓名、地址和联系电话，随附《代表提案办理情况意见反馈表》。

（二）由两个以上承办单位负责办理的代表提案，由主办单位负责给予回复。

（三）领衔代表或代表团团长在收到书面答复后要及时将《代表提案办理情况意见反馈表》分别寄送同级代表联络工作机构和主办单位。

（四）提案代表对答复不满意的，同级代表联络工作机构应督促承办单位再次研究办理，承办单位应在1个月内重新书面答复。

第十四条 同级党委应加强对代表提案工作的领导和指导。

（一）建立优秀代表提案评选制度，鼓励代表积极研究思考，提出高质量的提案。

（二）建立健全代表提案办理奖惩机制。对代表提案办理工作成绩显著的单位或个人予以表彰；对推诿责任、敷衍塞责的单位或个人予以批评，情节严重的追究承办单位主要领导的责任。

（三）建立代表提案办理督查制度。同级代表联络工作机构可适时组织代表对代表提案办理工作进行督促检查。

第十五条 同级代表联络工作机构负责代表提案办理答复的督促、落实和反馈工作，并做好代表提案交办过程中有关资料的立卷留存工作。

第十六条 代表提案审查、办理情况，要适时作出书面报告，并通过简报、会议等形式在一定范围内通报。

第十七条 本制度由中共浙江省委党代表联络工作机构（中共浙江省委组织部）负责解释。

第十八条 本制度自公布之日起试行。

浙江省地方各级党代表大会代表提议制度（试行）

第一条 为充分发挥党代表大会代表（以下简称代表）作用，规范代表提议工作，根据党内有关规定和《中国共产党浙江省地方各级代表大会代表任期制实施办法（试行）》，制定本制度。

第二条 本制度适用于省、市、县（市、区）代表。

第三条 党代表大会闭会期间，代表可以个人或联名的方式，采用书面形式向同级党的委员会提出属于同级党代表大会和党的委员会职权范围内的提议。

第四条 代表提议的主要范围：

（一）贯彻执行党代表大会和党内决议、决定的重大事项；

（二）思想建设、组织建设、作风建设、制度建设和反腐倡廉建设等党的建设中的重要问题；

（三）经济建设、政治建设、文化建设、社会建设以及生态文明建设中的重大事项；

（四）其他重大事项。

第五条 有下列情形之一的代表提议，不予受理：

（一）与宪法、法律和党内法规相抵触的；

（二）涉及党和国家秘密的；

（三）超越本级党代表大会或党的委员会职权范围的（其中涉及问题重大、影响深远的，由代表联络工作机构报本级党委同意后向上级代表联络工作机构反映）；

（四）已进入民事、刑事、行政诉讼或仲裁程序的；

（五）涉及解决代表本人或亲属个人问题的；

（六）指名举报或代转党员群众来信、具体案件材料的；

（七）属于学术探讨，作品、产品宣传推介的；

（八）没有实际内容的；

（九）其他不宜作为代表提议的。

第六条 代表提议应一事一议，内容明确具体。代表提议使用统一印制的代表提议专用纸，要求字迹工整、格式规范。

代表撰写提议时，应事先进行深入的调查和论证，注意听取和反映选举单位党员和群众的建议意见。

第七条 联名提出的代表提议，应真实反映联名代表的意愿。

第八条 同级代表联络工作机构每年组织一次代表提议活动，代表应积极参加。代表任期内提出提议的次数一般不少于一次（包括参加联名的代表提议）。

第九条 同级代表联络工作机构负责组织代表提议的审核受理工作，对收到的代表提议应及时审核转办。

第十条 经审核作为代表提议受理的，由同级代表联络工作机构明确承办单位，落实交办工作。凡涉及两个或两个以上承办单位的，应明确主办单位和协办单位。

经审核不作为代表提议受理的，作为一般来信处理，由同级代表联络工作机构书面告知代表或领衔代表。

第十一条 同级代表联络工作机构应将代表提议汇总材料抄告同级党的委员会有关领导。同级党的委员会领导作出批示的，按批示要求办理，由同级党的委员会相关部门负责督办；未作批示的，按规定程序办理。

第十二条 承办单位接到交办的代表提议，认为不属于本单位职权范围内的，要在收到之日起10个工作日内，书面向代表联络工作机构提出意见，由代表联络工作机构重新研究确定承办单位。

第十三条 承办单位在接到代表提议后的3个月内，将办理结果书面答复提议代表，并报同级代表联络工作机构；个别情况复杂的，经同级代表联络工作机构同意，可以延长至6个月内答复。

第十四条 承办单位在办理过程中，应主动与提议代表沟通联系，深入了解提议代表想法，充分听取提议代表意见，增强代表提议办理工作的针对性和实效性。

第十五条 代表提议的答复由承办单位党组织负责人审核签发，并以党组织公文（函）的形式答复提议代表，注明承办单位联络人姓名、地址和联系电话，并附寄《代表提议办理情况意见反馈表》。

第十六条 提议代表在收到书面答复后应及时将《代表提议办理情况意见反馈表》分别寄送同级代表联络工作机构和主办单位。提议代表对答复不满意的，由同级代表联络工作机构督促承办单位再次研究办理。承办单位应自收到再次研究办理通知后，在1个月内重新办理并书面答复。

第十七条 代表提议办理情况应以一定形式适时在一定范围内进行通报。

第十八条 同级代表联络工作机构负责做好代表提议办理后续工作，加强跟踪、督促，确保代表提议得到有效落实。

第十九条 代表提议办理过程中的有关资料，由代表联络工作机构立卷留存。

第二十条 党的委员会应加强对代表提议办理工作的领导和指导。对代表提议办理工作成绩显著的单位和个人予以表彰；对推诿责任、敷衍塞责的单位予以批评，情节严重的追究承办单位有关领导责任。

第二十一条 本制度由中共浙江省委党代表联络工作机构（中共浙江省委组织部）负责解释。

第二十二条 本制度自公布之日起试行。

浙江省地方各级党代表大会代表调研视察制度（试行）

第一条 为发挥党代表大会代表（以下简称代表）作用，规范代表调研视察工作，根据党内有关规定和《中国共产党浙江省地方各级代表大会代表任期制实施办法（试行）》，制定本制度。

第二条 本制度适用于省、市、县（市、区）代表。

第三条 代表受同级党代表大会或党的委员会委托，可在本地区对涉及同级党代表大会和党的委员会职权范围内的有关重大决策、重要事项进行调研视察。

党代表列席党委全体会议，一般应围绕会议主题开展会前调研视察活动。

第四条 代表调研视察应坚持群众路线，深入实际，了解和掌握本地区重要情况，客观反映存在的突出问题，提出书面意见和建议，对党的工作实施民主监督。

第五条 代表应积极参加调研视察活动，任期内参加调研视察活动不少于一次。

第六条 代表调研视察的主要内容：

（一）本地各级党组织贯彻执行党的路线、方针、政策的重大事项；

（二）本地各级党组织贯彻落实上级党组织重大决策、重要部署情况；

（三）本地经济建设、政治建设、文化建设、社会建设以及生态文明建设和党的建设等重大问题；

（四）同级党代表大会或党的委员会委托的事项；

（五）应邀参加党内会议或有关征求意见活动的相关问题；

（六）其他事项。

第七条 代表调研视察可通过调查走访、听取汇报、召开座谈会、个别访谈、现场观摩、调阅有关资料等方式进行。

第八条 代表开展调研活动，事先应明确调研主题。

代表调研主题由代表根据同级党委中心工作提出，也可经同级党委拟定课题后，由代表选择。

第九条 代表调研视察的具体活动，由代表联络工作机构负责组织实施。参加调研视察的代表人选一般经各选举单位推荐，由同级代表联络工作机构确定。代表联络工作机构可视情邀请上级代表、有关专家或相关人员参加。

第十条 代表调研视察时可向被调研视察单位提出

意见建议。对代表提出的意见建议，所涉单位一般应当场答复。确需事后研究处理的，在1个月内以书面形式答复代表。

第十一条 代表在调研视察时应当遵守纪律：

（一）不干预所涉单位的正常工作；

（二）不直接处理所涉单位的具体问题；

（三）不负责查办案件；

（四）不给所涉单位增添不必要的负担。

在调研视察涉及到代表个人或亲属的问题时，代表应主动回避。对违反保密、廉洁自律等有关规定的代表，视情节给予严肃处理。

第十二条 各级党组织应积极配合代表调研视察活动，提供必要帮助。有关单位党组织负责人应如实汇报情况，回答代表提出的问题，提供相关材料，自觉接受监督。代表所在单位应为代表开展调研视察活动提供便利条件。

第十三条 代表调研视察经费列入财政预算。

代表调研视察活动发生的交通费用，由所在单位报销，并享受相应的出差补贴。无固定收入代表的交通费用，根据实际情况，在同级党代表联络工作机构报销，并给予适当补贴。

第十四条 代表调研视察后，一般应形成专题报告。代表调研视察报告由同级代表联络工作机构负责收集，重要的调研视察报告应报同级党委主要领导。

第十五条 本制度由中共浙江省委党代表联络工作机构（中共浙江省委组织部）负责解释。

第十六条 本制度自公布之日起试行。

浙江省地方各级党代表大会代表列席党内重要会议制度（试行）

第一条 为充分发挥党代表大会代表（以下简称代表）作用，规范代表列席党内重要会议工作，根据党内有关规定和《中国共产党浙江省地方各级代表大会代表任期制实施办法（试行）》，制定本制度。

第二条 本制度适用于省、市、县（市、区）代表。

第三条 省、市、县（市、区）党委、纪委召开全体会议时，应邀请同级党代表大会的部分代表列席会议。

第四条 召开下列党内重要会议时，根据会议内容，可以邀请部分代表列席：

（一）同级党委常委会议；

（二）同级党委常委会民主生活会；

（三）同级党委主持召开的党内重要情况通报会；

（四）同级党委主持召开的专题工作会议；

（五）其他党内重要会议。

第五条 代表在任期内应邀列席党内重要会议不少于一次。

第六条 根据代表的结构分布和活动特点，应当优先安排基层和生产一线的代表列席党内重要会议。

第七条 列席党内重要会议的代表人数，根据会议议题和实际需要，由会议组织方和同级代表联络工作机构协商提出建议，报请同级党委审定。

第八条 列席会议代表人选一般经各选举单位推荐，由同级代表联络工作机构确定。

会议组织单位也可接受代表的自愿申请或直接邀请代表参加党内重要会议，相关情况在半个月内抄告同级代表联系工作机构。

第九条 列席会议代表确定后，一般不得请假。确因特殊情况需要请假的，会前由同级代表联络工作机构批准，会议期间由大会秘书处或会议组织单位批准。

会前因请假造成缺额的，可补足缺额，其补缺人选经相关选举单位推荐审核后，由同级代表联络工作机构确定。

第十条 列席会议代表应加强与选举单位党组织、党员群众的联系，围绕会议议题就相关问题事先征求他们的意见、建议，必要时可开展相应的会前调研。

第十一条 代表列席会议时可通过单独分组等形式参与会议讨论和相关活动。会议组织单位应当为代表开展活动创造条件。

第十二条 代表列席会议时，可以口头发表意见建议，也可以书面形式提出意见建议。

列席会议代表对会议提交表决的事项没有表决权。

第十三条 对列席会议代表提出的意见建议，同级党委或相关部门应认真研究，重视吸收合理化的意见建议。其中比较成熟的意见建议，代表可作为提议提出，经同级党代表联络工作机构审核受理后，按规定程序进行处理。

第十四条 列席会议代表应遵守会议纪律，对应保密的会议内容和讨论情况，必须严格保密，不得对外泄露。

第十五条 列席会议代表参加会议的通知、报到、住宿和参加相关活动等，由会议组织单位统一安排。

第十六条 同级代表联络工作机构应协助做好代表列席会议的相关联络服务工作。

第十七条 代表列席党内重要会议发生的交通费用，由所在单位报销并落实相应的出差补贴。无固定收入代表的交通费用，根据实际情况，在同级党代表联络工作机构报销，并给予适当补贴。

第十八条 上一级党代表大会的代表可应邀列席所在地党组织召开的党内重要会议。

第十九条 本制度由中共浙江省委党代表联络工作机构（中共浙江省委组织部）负责解释。

第二十条 本制度自发布之日起试行。

浙江省地方各级党代表大会代表学习培训制度(试行)

第一条 为增强党代表大会代表(以下简称代表)的代表意识,提高代表整体素质,规范代表学习培训工作,根据党内有关规定和《中国共产党浙江省地方各级代表大会代表任期制实施办法(试行)》,制定本制度。

第二条 本制度适用于省、市、县(市、区)代表。

第三条 同级党的委员会应有计划地组织代表参加培训。代表培训纳入同级党委干部教育培训规划和年度干部培训计划。代表在任期内至少接受一次集中培训。

在届期内参加党校理论学习培训班的代表,可计算为参加代表集中培训的时间。

第四条 代表学习培训的主要内容:

(一)中国特色社会主义理论体系;

(二)党章和党的民主集中制、党代表大会制度等党的基础知识;

(三)党的决议、决定,党内有关规定;

(四)国家法律法规;

(五)社会调查、提案和提议撰写等履职的基本技能;

(六)其他。

第五条 代表培训形式应灵活多样、注重实效,可采取理论学习、以会代训、专题辅导、专题研讨、参观调查、经验交流和代表论坛等形式进行。

第六条 党的委员会组织相关学习培训时,应注意统筹安排同级代表参加。

第七条 代表应严格要求自己,结合自身实际,有选择地进行自学,提高自身素质。

第八条 参加集中培训的代表人选一般经各选举单位推荐,由同级代表联络工作机构确定。

第九条 代表应服从安排,认真参加统一组织的集中培训活动,不准无故缺席。因特殊情况不能参加的,须向同级代表联络工作机构请假。

第十条 代表集中培训的经费列入财政预算。

代表参加集中培训发生的交通费用,由所在单位报销。无固定收入代表的交通费用,根据实际情况,在同级党代表联络工作机构报销,并给予适当补贴。

第十一条 代表所在单位党组织和选举单位应支持和鼓励代表参加学习培训,为代表参加学习培训提供便利条件。代表参加集中培训期间,以正常出勤计。

第十二条 代表集中培训由同级代表联络工作机构和党校共同组织实施。

第十三条 本制度由中共浙江省委党代表联络工作机构(中共浙江省委组织部)负责解释。

第十四条 本制度自发布之日起试行。

中共浙江省委办公厅关于认真学习贯彻胡锦涛同志在庆祝中国共产党成立90周年大会上重要讲话的通知

浙委办〔2011〕83号

各市、县(市、区)党委,省直属各单位党委(党组):

7月1日上午,胡锦涛同志在庆祝中国共产党成立90周年大会上发表了重要讲话。全省各级党组织要把组织广大党员干部学习贯彻胡锦涛同志重要讲话作为当前一项重大政治任务,迅速掀起学习贯彻胡锦涛同志重要讲话精神的热潮。根据中共中央办公厅通知精神和省委意见,现就学习贯彻胡锦涛同志重要讲话精神提出如下要求。

一、充分认识学习贯彻胡锦涛同志重要讲话的重大意义

胡锦涛同志的重要讲话,以马克思列宁主义、毛泽东思想、邓小平理论和“三个代表”重要思想为指导,深入贯彻落实科学发展观,站在时代发展和战略全局的高度,全面回顾了我们党90年的光辉历程和取得的伟大成就,系统总结了党和人民在革命、建设和改革实践中创造的宝贵经验,深刻回答了新形势下加强和改进党的建设的新课题,明确提出了提高党的建设科学化水平的目标任务,深入阐述了在新的历史起点上把中国特色社会主义伟大事业全面推向前进的大政方针。

胡锦涛同志的重要讲话坚持解放思想、实事求是、与时俱进,全面分析国内外形势新变化,深入阐释党和国家事业发展新要求,高屋建瓴,统揽全局,思想深刻,内容丰富,为全面推进党的建设新的伟大工程和中国特色社会主义伟大事业指明了方向,是一篇马克思主义的纲领性文献。

认真学习贯彻胡锦涛同志的重要讲话,对我们全面贯彻落实科学发展观,深入实施“八八战略”和“创业富民、创新强省”总战略,进一步推动经济社会科学发展,切实加强党的执政能力建设和先进性建设，加快实现全面建成惠及全省人民小康社会的目标，具有重大而深远的指导意义。

二、深刻领会胡锦涛同志重要讲话的精神实质，切实把思想认识统一到胡锦涛同志重要讲话上来

各级党组织要作出专门安排，集中一定时间，认真组织学习。各级领导干部要带头学，党委中心组要把胡锦涛同志重要讲话作为近期学习重要内容，系统学习并组织一些专题研讨。要精心组织好广大党员干部的学习，强调通读原文，并采取个人自学、集中讨论、组织宣讲等多种形式，确保学习效果。

学习要突出重点。着重学习、深刻认识90年来我们党在革命、建设、改革中取得的辉煌成就，切实把握推进马克思主义中国化时代化大众化的历史必然性，把握中国共产党在中国的领导地位和核心作用形成的历史必然性，把握中国人民走上社会主义道路的历史必然性，把握通过改革开放和社会主义现代化建设实现中华民族伟大复兴的历史必然性。着重学习、深刻领会90年来我们党在革命、建设、改革实践中积累的宝贵经验，加深对坚持中国特色社会主义道路、中国特色社会主义理论体系、中国特色社会主义制度的认识，加深对提高党的建设科学化水平目标任务的认识，加深对中国特色社会主义事业发展要求的认识。着重学习、深刻把握在新形势下推进党的事业、加强党的建设的新要求，始终坚持以马克思主义科学理论为指导，坚持以改革创新精神加强党的建设，坚持把党的先进性建设摆在突出位置来抓，深化对党的建设规律的认识，全面推进党的建设新的伟大工程，不断提高党的建设科学化水平。

要通过学习，把广大党员特别是领导干部的思想和行动统一到胡锦涛同志重要讲话精神上来，切实用讲话精神武装头脑、指导实践，提高贯彻执行党的基本理论、基本路线、基本纲领、基本经验的自觉性和坚定性，提高贯彻落实继续解放思想、坚持改革开放、推动科学发展、促进社会和谐总体要求的自觉性和坚定性，提高深入实施“八八战略”和“创业富民、创新强省”总战略、确保实现“十二五”经济社会发展目标任务的自觉性和坚定性。

三、紧密结合实际，切实把胡锦涛同志的重要讲话精神贯彻落实到各项工作中去

必须把学习贯彻胡锦涛同志重要讲话精神与推进各方面工作紧密结合起来，努力把浙江经济、政治、文化、社会建设以及生态文明建设和党的建设各项工作做得更好，切实把学习效果转化为加强和改进工作的实际成效。

要坚持科学发展这个主题和加快转变经济发展方式这条主线，积极推进经济转型升级，全面加快大平台大产业大项目大企业建设，扎实做好海洋经济发展示范区建设各项工作，大力建设生态文明，深入推进重点领域改革，进一步扩大对内对外开放，保持我省经济平稳较快发展。要按照发展社会主义民主政治、建设社会主义法治国家的要求，大力推进“法治浙江”建设，切实加强立法、执法、司法、普法各项工作，努力夯实基层基础，全面提高依法执政能力，进一步提升全社会法治化水平。要按照发展社会主义先进文化的要求，加快建设文化大省，深化社会主义核心价值体系建设，弘扬以“创业创新”为核心的“浙江精神”，大力推进文化体制改革，构建公共文化服务体系，发展文化事业和文化产业，促进我省文化大发展、大繁荣。要按照建设社会主义和谐社会的要求，认真贯彻落实省委十二届九次全会精神，切实加强和创新社会管理，认真做好新形势下的群众工作，注重解决好群众生产生活中遇到的突出困难和问题，着力保障和改善民生，保持社会和谐稳定，努力实现“富民强省、社会和谐”的根本目的。要按照不断提高党的建设科学化水平的要求，切实抓好党的思想建设、组织建设、作风建设、制度建设和反腐倡廉建设各项工作，深入开展创先争优活动，扎实推进学习型党组织建设，抓好集中换届工作，进一步加强领导班子和干部队伍建设，全面构建具有浙江特色的惩防体系。

各级党组织要在抓好学习的基础上，着眼于加强和改进各方面工作，制定贯彻落实胡锦涛同志重要讲话精神的具体措施，切实把讲话精神落到基层、落到实处。

四、加强宣传工作，营造浓厚的舆论氛围

全省各级宣传部门要把学习宣传胡锦涛同志重要讲话作为当前宣传工作的首要任务，报刊、电视、广播、网络等各类媒体要开辟专栏、设置专题，加大宣传力度，组织有深度的宣传活动。

要重点宣传我们党团结带领全国各族人民90年奋斗的光辉历程、伟大业绩、宝贵经验，宣传坚持和拓展中国特色社会主义道路、坚持和丰富中国特色社会主义理论体系、坚持和完善中国特色社会主义制度的现实意义和长远意义，宣传中国特色社会主义在浙江的生动实践和浙江经济社会发展取得的巨大成就，宣传“红船精神”和以“创业创新”为核心的“浙江精神”，宣传我省改革开放和现代化建设中涌现出来的先进典型事迹，激励全省广大干部群众更加奋发有为地投身全面建设惠及全省人民的小康社会、加快推进社会主义现代化的伟大实践。

要组织宣讲团深入基层和群众宣讲胡锦涛同志重要讲话精神，各级党校要把胡锦涛同志重要讲话列为干部培训教育的重要内容，广大理论工作者要积极开展研究和阐释工作。对干部群众在学习中提出的思想认识问题和理论问题，要进行深入细致的宣传思想工作，引导干部群众全面准确理解和把握讲话精神。

各地各部门学习贯彻胡锦涛同志重要讲话的情况，要及时报告省委。

中共浙江省委办公厅

二〇一一年七月二日

中共浙江省委办公厅　浙江省人民政府办公厅关于印发《浙江省党政主要领导干部和国有企业领导人员经济责任审计办法》的通知

浙委办〔2011〕91号

各市、县(市、区)党委和人民政府,省直属各单位:

《浙江省党政主要领导干部和国有企业领导人员经济责任审计办法》已经省委、省政府同意,现印发给你们,请结合实际认真贯彻执行。

中共浙江省委办公厅
浙江省人民政府办公厅
二〇一一年八月四日

浙江省党政主要领导干部和国有企业领导人员经济责任审计办法

第一章　总　　则

第一条　为健全和完善经济责任审计制度,加强对党政主要领导干部和国有企业领导人员(以下简称领导干部)的管理监督,推进党风廉政建设,根据《中华人民共和国审计法》、《党政主要领导干部和国有企业领导人员经济责任审计规定》和其他有关法律法规,以及干部管理监督的有关规定,结合我省实际,制定本办法。

第二条　领导干部经济责任审计的对象包括:

(一)各市、县(市、区)、乡(镇、街道)党委书记和行政首长;

(二)各市、县(市、区)法院、检察院和宁波海事法院的正职领导干部或者主持工作一年以上的副职领导干部;

(三)省、市、县(市、区)各级党政工作部门、事业单位和人民团体的正职领导干部或者主持工作一年以上的副职领导干部。上级领导干部兼任部门、单位的正职领导干部,且不实际履行经济责任时,实际负责本部门、本单位常务工作的副职领导干部;

(四)国有和国有控股企业(含国有和国有控股金融企业)的法定代表人;

(五)省级以上人民政府批准的开发区、新区的党政主要领导干部。

第三条　领导干部履行经济责任的情况,应当依法接受审计监督。

实行任中经济责任审计与离任经济责任审计相结合,以任中经济责任审计为主。

对党政主要领导干部的经济责任原则上实行同步审计。

第四条　领导干部经济责任审计的管辖依照干部管理权限确定。上级审计机关可以将其审计管辖范围内的经济责任审计计划项目,授权给下一级审计机关审计。

各市、县(市、区)审计局局长的经济责任审计,由本级党委与上一级审计机关协商后,由上一级审计机关组织实施。

第五条　各市、县(市、区)审计机关应当明确经济责任审计机构,配备与经济责任审计任务相适应的审计人员。

第六条　审计机关依法独立实施经济责任审计,任何组织和个人不得拒绝、阻碍、干涉,不得打击报复审计人员。

审计机关和审计人员对经济责任审计工作中知悉的国家秘密、商业秘密,负有保密义务。

第七条　审计机关应当对确定的经济责任审计项目配置必要的人员、时间、技术装备和经费等审计资源。

经济责任审计工作所需的经费列入审计机关的部门预算,由本级政府予以保证。

第二章　组织领导

第八条　各级党委和政府应加强对经济责任审计工作的领导,建立由纪检、组织、审计、监察、人力资源社会保障和国有资产监督管理等部门组成的经济责任审计工作联席会议制度。各市、县（市、区）联席会议召集人由同级党委或政府的有关领导担任，牵头和统筹上述部门的相关工作。

各级党委和政府应定期听取经济责任审计工作汇报，研究重要事项。

第九条 联席会议的主要职责是研究制定有关经济责任审计的政策和制度，监督检查、交流通报经济责任审计工作开展情况，协调解决工作中出现的问题。

联席会议应建立健全各项工作制度，每年定期开会研究经济责任审计工作并作出有关决定，充分发挥领导职能。

第十条 联席会议下设办公室作为办事机构，负责落实联席会议各项决定及其他日常工作，为联席会议成员单位提供与经济责任审计工作相关的服务。

联席会议办公室与同级审计机关内设的经济责任审计机构合署办公。联席会议办公室主任为同级审计机关的副职领导或者同职级领导。

第十一条 实行领导干部任前经济责任告知制度。组织部门在与新任领导干部进行任职谈话时，应告知其经济责任的具体内容和经济责任审计有关要求。联席会议办公室做好相关工作。

领导干部履行经济责任情况应作为领导干部年度总结报告的重要内容。报告情况列入领导班子和领导干部年度考核。

第十二条 实行领导干部离任经济事项交接制度。领导干部在调任、转任、免职、辞去公职、辞退之前，应清理单位财政财务收支、资产负债、经济诉讼和担保，以及个人管理使用的公共财物和账面未涉及的其他事项等，按制度规定及时办理离任经济事项的交接手续。

第十三条 建立审计对象动态管理机制。各级审计机关应与组织部门加强合作，运用信息技术建设经济责任审计对象数据库，实行动态管理。

第十四条 建立审计对象分类管理制度。按照岗位性质和经济责任的复杂程度实施审计对象分类管理，根据不同类别审计对象，可以采取不同的经济责任审计方式。

对不实施离任经济责任审计的，以离任经济事项交接代替。

第十五条 建立重要岗位领导干部任期内轮审制度。对权力高度集中、掌握稀缺资源、自由裁量权大等重要岗位领导干部的经济责任履行情况，任中至少审计一次，以促进权力运行公开化、资源配置市场化、操作行为规范化。

第十六条 按照全面覆盖、突出重点、规范有序的原则，制定经济责任审计中长期规划。年度经济责任审计计划与中长期规划应相互衔接。

第十七条 审计机关实施企业事业单位、社会团体领导干部经济责任审计，遇有审计力量不足或相关专业知识受到限制等情形时，可以从社会中介机构和其他专业机构聘请或者直接聘请外部人员参与审计工作。

第三章 审计内容

第十八条 经济责任审计的内容应与被审计领导干部的经济管理职权相对应，重点监督领导干部推动本地区、本部门（系统）、本单位科学发展和守法、守纪、守规、尽责情况。

审计机关可根据不同种类经济责任审计对象的特点，分别制定相应的操作规范，保证同类岗位和同职级领导干部的经济责任审计内容与评价标准基本一致。各类操作规范应遵循国家审计法律法规和执业标准。

第十九条 市、县（市、区）、乡（镇、街道）党政主要领导干部经济责任审计的重点内容是：贯彻落实科学发展观情况；经济社会发展、经济结构调整和税源培植情况；本地区财政收支真实、合法和效益情况；国有资产的管理和使用情况；土地矿产等稀缺资源的管理和使用情况；政府债务的举借、管理和使用情况；民生保障和改善情况；政府投资项目的建设和管理情况；环境治理及环境改善情况；对直接分管部门的监管情况；遵守有关廉洁从政规定情况。

第二十条 省、市、县（市、区）党政工作部门、审判机关、检察机关、事业单位和人民团体等单位主要领导干部经济责任审计的重点内容是：重要经济决策的制定和执行情况；重要经济事项管理制度的建立和执行情况；部门预算的执行情况；国有资产管理情况；重要基本建设项目和修缮项目的管理情况；对下属单位的监管情况；遵守有关廉洁从政规定情况。

第二十一条 国有企业领导人员经济责任审计的重点内容是：国有资产保值增值情况；贯彻执行法律法规和有关产业政策情况；企业经营活动和财务收支的真实、合法和效益情况；企业发展战略、改制重组、产权转让、对外投资、融资、对外担保、资产处置、大宗采购、建设项目和大额资金运作等的决策和执行情况；有关内部控制制度的建立和执行情况；遵守有关廉洁自律规定情况。

第二十二条 高校负责人经济责任审计的重点内容是：学校总体发展情况；执行财经法规和国家有关政策情况；重要经济决策的制定和执行情况；预算的执行情况；内部重要经济事项管理制度的建立和执行情况；经济管理权履行情况；重要投资项目的建设和管理情况；国有资产的管理情况；对下属单位的监管情况；遵守有关廉洁自律规定情况。

第二十三条 有关党委、政府和部门、单位的主要领导干部由上级领导干部兼任，且实际履行经济责任的，对其进行经济责任审计时，审计内容仅限于该领导干部所兼任职务应当履行的经济责任。

联席会议有关成员单位提出的要求或提供的情况应作为审计关注的重点。

第四章 审计实施

第二十四条 经济责任审计应当有计划地进行。组织部门每年提出下一年度经济责任审计委托建议，经联席会议办公室研究后提出经济责任审计计划草案，由审计机关报请本级政府行政首长审定后，纳入审计机关年度审计工作计划并组织实施。

第二十五条 审计机关应当根据年度经济责任审计计划，组成审计组并实施审计。经济责任审计应严格执行国家审计法定工作程序。

第二十六条 在制定审计实施方案前，审计组应广泛听取各方面的意见和查阅有关资料，重点掌握被审计领导干部的工作思路、工作举措，梳理被审计领导干部的重要决策、重点工作，以确定审计重点。

第二十七条 审计机关应当在实施经济责任审计3日前，向被审计领导干部及其所在单位或者原任职单位（以下简称所在单位）送达审计通知书，同时抄送联席会议有关成员单位。

第二十八条 审计机关实施经济责任审计时，应当召开审计进点会，由被审计领导干部介绍履责情况，审计组介绍审计工作安排。联席会议有关成员单位根据工作需要派人参加。参加进点会的其他人员可根据实际情况确定。

第二十九条 审计机关在实施经济责任审计时，被审计领导干部及其所在单位，以及其他有关单位应当及时提供与被审计领导干部履行经济责任有关的资料，对所提供资料的真实性、完整性负责，并作出书面承诺。

第三十条 在实施经济责任审计过程中，审计人员可以向有关领导干部、党代表、人大代表、政协委员、被审计单位人员、关联单位人员以及被审计领导干部服务对象等调查了解与被审计领导干部履行经济责任有关的情况，有关人员应当予以配合。

第三十一条 审计机关履行经济责任审计职责时，可以依法提请有关部门提供相关责任制考核情况、各种专项检查结果和信访查办情况，提请其他有关单位提供有关情况或就特定事项作出说明，有关部门和单位应当予以协助配合。

第三十二条 审计机关实施经济责任审计，应当进行审计公示，并通过访谈、民意调查等方法，增强审计过程透明度和社会公众参与度。

第三十三条 根据审计实施方案确定的审计目标、审计范围、审计内容和重点及工作要求，审计人员可以采取在审计事项中选取全部项目或者部分特定项目进行审查，也可以采取审计抽样等方法，以获取审计证据。

第三十四条 经济责任审计报告是对被审计领导干部履行经济责任情况出具的结论性文书，主要反映被审计领导干部的经济责任履行情况，对被审计单位存在的问题也应一并反映。

经济责任履行情况包括履责的基本情况、存在的主要问题和应承担的相应责任。

被审计单位存在的问题应在被审计领导干部经济责任履行情况之后集中反映。

经济责任审计报告分别送达被审计者及其所在单位。

第三十五条 经济责任审计报告应征求被审计领导干部及其所在单位的意见。有下列情况之一的，还应同时征求本级党委、政府有关领导同志，以及联席会议有关成员单位的意见：

（一）党委、政府有关领导交办的审计项目；

（二）联席会议有关成员单位提出重要审计线索；

（三）审计机关认为需要同时征求意见的其他情况。

第三十六条 经济责任审计结果报告是审计机关对被审计领导干部履行经济责任情况作出的书面结论。审计机关应当将经济责任审计结果报告报送本级政府行政首长，必要时报送本级党委主要负责同志；提交委托审计的组织部门；抄送联席会议有关成员单位。

审计结果报告必须以经济责任审计报告的内容为基础，审计评价结论应根据审计报告反映的事实和相关经济责任审计评价依据作出。

审计机关应根据所审计的事项发表审计评价意见，对审计过程中未涉及、审计证据不适当或者不充分、评价依据或者标准不明确以及超越审计职责范围的事项，不发表审计评价意见。

第五章 审计评价与结果运用

第三十七条 经济责任审计评价应遵循以下原则：

（一）客观评价原则。根据审计查证的事实，依据相关标准，发表独立、客观和公正的评价意见。

（二）重点评价原则。围绕被审计者履责主要工作业绩和存在的突出问题，抓住主要方面进行评价。

（三）谨慎评价原则。评价内容应与审计内容一致，评价结论有充分的证据支持。

第三十八条 经济责任审计评价的依据主要包括：

（一）法律、法规、规章和其他规范性文件；

（二）国家的有关方针和政策；

（三）会计准则和会计制度；

（四）国家和行业的技术标准；

（五）预算、计划和合同；

（六）被审计单位的管理制度和绩效目标；

（七）被审计单位的历史数据和历史业绩；

（八）公认的业务惯例或者良好实务；

（九）专业机构或者专家的意见；

（十）其他标准。

被审计单位的管理制度和其他规定与法律法规不符的，不能作为经济责任审计评价的依据。

第三十九条 各级审计机关可按不同种类的审计对象建立经济责任审计评价体系。评价体系是建立在审计内容基础上、能客观描述审计结果的方法体系，主要的评价指标应与审计内容相关，并合理利用统计数据或党委、政府有关考核数据。

第四十条 审计机关应当针对经济责任审计发现的问题，根据被审计领导干部履行职责情况，严格依据有关规定区分和界定被审计领导干部承担的直接责任、主管责任和领导责任。

第四十一条 本办法所称的直接责任，是指领导干部对履行经济责任过程中的下列行为应当承担的责任：

（一）直接违反法律法规、国家有关规定和单位内部管理规定的行为；

（二）授意、指使、强令、纵容、包庇下属人员违反法律法规、国家有关规定和单位内部管理规定的行为；

（三）未经民主决策、相关会议讨论或虽经相关会议讨论但在多数人不同意的情况下直接决定、批准、组织实施重大经济事项，并造成重大经济损失浪费、国有资产（资金、资源）流失等严重后果的行为；

（四）其他应当承担直接责任的行为。

第四十二条 本办法所称的主管责任，是指领导干部对履行经济责任过程中的下列行为应当承担的责任：

（一）领导干部对其直接分管的工作不履行或者不正确履行经济责任的行为；

（二）主持相关会议讨论或者以其他方式研究，并且在多数人同意的情况下决定、批准、组织实施重大经济事项，由于决策不当或者决策失误造成重大经济损失浪费、国有资产（资金、资源）流失等严重后果的行为。

第四十三条 本办法所称的领导责任，是指除直接责任和主管责任外，领导干部对其不履行或者不正确履行经济责任的其他行为应当承担的责任。

第四十四条 审计机关应会同联席会议有关成员单位加强对审计发现问题和审计建议整改落实情况的监督检查，逐步探索和推进经济责任审计结果公告制度，建立健全经济责任审计问效问责机制。

审计机关在经济责任审计中发现的应由其他部门处理的问题，依法移送有关部门处理。有关部门应根据审计结果，在各自职权范围内及时处理，加强对领导干部的管理监督。

第四十五条 有关部门和单位应当根据干部管理监督的相关要求运用经济责任审计结果，将其作为考核、任免、奖惩被审计领导干部的重要依据，并以适当方式将经济责任审计结果运用情况反馈审计机关。

经济责任审计结果报告应当归入被审计领导干部本人档案。

第四十六条 审计机关应加强与相关部门的协调配合，完善信息沟通机制，建立审计发现重大违法违规问题和线索移送会商机制，实行审计发现问题的整改报告制度。

第四十七条 探索建立纪检监察机关和组织、审计等部门联合监督的工作机制，通过联合监督等方式的履责联审，促进纪检监察监督、组织监督和审计监督有机结合。

第六章 附 则

第四十八条 审计机关和审计人员、被审计领导干部及其所在单位，以及其他有关单位和个人在经济责任审计中的职责、权限、法律责任等，本办法未作规定的，依照《中华人民共和国审计法》、《中华人民共和国审计法实施条例》、《党政主要领导干部和国有企业领导人员经济责任审计规定》和其他法律法规的有关规定执行。

第四十九条 审计机关开展领导干部经济责任审计适用本办法。有关机构依法履行国有资产监督管理职责时，按照干部管理权限开展的经济责任审计，参照本办法组织实施。部门和单位可以根据本办法，制定内部管理领导干部经济责任审计的规定。

第五十条 本办法由省审计厅负责解释。

第五十一条 本办法自发布之日起施行。1996年中共浙江省委办公厅、浙江省人民政府办公厅制定的《浙江省领导干部经济责任审计办法（试行）》（省委办〔1996〕70号）同时废止。

中共浙江省委办公厅 浙江省人民政府办公厅
关于进一步深化领导干部定期接待群众来访工作的意见

（2011年10月12日）

浙委办〔2011〕124号

为深入贯彻党的十七届五中全会和省委十二届九次全会精神，认真落实中办发〔2009〕3号和浙委办〔2009〕63号等文件规定，进一步深化领导干部定期接待群众来访工作，现提出如下意见。

一、充分认识领导干部定期接待群众来访工作的重要意义

近年来，我省各级领导干部坚持定期接待群众来访，有效化解了一大批影响社会和谐稳定的突出矛盾和问题，切实维护了群众的合法权益，取得了良好的社会效果。当前，我省正处于全面建设小康社会的关键时期，社会管理面临诸多矛盾和问题，如何使这些矛盾和问题得到有效解决，已成为各级领导干部践行以人为本、执政为民理念的新课题、新考验。领导干部定期接待群众来访，可以充分发挥指导、协调作用，妥善解决一些重大复杂疑难信访问题；可以强化信访工作责任落实，实现矛盾就地化解、问题就地解决、人员就地稳控；可以及时发现带有普遍性、苗头性的问题，实施标本兼治、综合治理，从源头上减少信访问题的发生。实践充分证明，深化领导干部定期接待群众来访工作，是创新社会管理、化解社会矛盾的有效途径，是转变作风、密切联系群众的具体体现，是方便群众、解决问题的重要举措，对做好新时期群众工作和信访工作，促进社会和谐，推动科学发展，具有十分重要的意义。各级各部门要进一步深化对领导干部定期接待群众来访工作重要性的认识，建立健全统一规范、畅通有序，方便群众、便于操作，统筹兼顾、科学高效，横向到边、纵向到底的领导干部定期接待群众来访工作长效机制，切实维护好群众权益、疏导好群众情绪、解决好群众反映的问题，确保实现社会和谐稳定。

二、建立健全省、市、县、乡、村五级领导大接访机制

(一)省级领导坚持带头接访

每年开展一次省领导集中下访活动，由省委、省政府领导和省人大、省政协主要领导带领省直有关部门负责同志，深入到县(市、区)接待群众，重点围绕“三跨三分离”以及需要省级层面协调解决的重大复杂疑难信访事项，采取约访为主，调研和检查相结合的方式，面对面听取诉求，实打实解决问题，引领各级领导干部转变作风、真抓实干，推动信访工作重心下移，形成关心群众、解决问题的合力。

(二)市级领导坚持定期接访

各市党委、政府实行每月领导接待日制度，由领导班子成员轮流接待群众来访。领导班子成员每季度至少参加一次接待群众来访，并把定点接访与重点约访、带案下访结合起来，认真倾听群众反映的带有普遍性、倾向性的意见和建议，掌握社情民意，汲取群众智慧；推动解决涉及面广、影响大、事关社会稳定的重大信访问题；及时处理基层单位经过协调仍未解决的，或反复来信来访反映的疑难复杂信访问题。

(三)县级领导坚持开门接访

各县(市、区)党委、政府领导班子成员每月至少安排一次定点接访。各县(市、区)在每年1月1日前制定领导干部全年接访计划表(包括领导干部的姓名、职务、分管工作、接访时间和地点等)，在办公、接访场所上墙公布，并以适当方式向社会公告，方便信访群众了解和参与。全年接访计划表报省联席会议办公室备案。县(市、区)党委、政府领导班子成员要认真做好重点约访、带案下访、包案化解、督办落实等工作，深入基层一线，了解社情民意，听取群众意见，剖析问题症结，研究解决方法。在接待群众来访过程中，县(市、区)党政主要领导重点解决涉及全局和班子成员分管工作范围内难以解决的重大复杂疑难信访问题；其他党政领导班子成员重点解决分管工作范围内难以解决的重大复杂疑难信访问题。

(四)乡级领导坚持随时接访

各乡镇(街道)党委、政府领导班子成员要坚持随时接待群众来访。其中，乡镇(街道)党政主要领导每周至少安排一次坐班接访。乡镇(街道)党政领导干部要以定点接访为主，认真落实首办首问责任制，就地接访、就地处理，及时化解初信初访问题，并回访处理结果；要经常深入村居(社区)下访，建立信访分析协调会制度，组织辖区内与群众生活密切相关的基层站所(服务窗口)帮助群众协调解决实际问题；对职权范围内难以解决的问题，安排人员陪同信访人到上一级有关部门反映诉求。乡镇(街道)党委、政府要实行领导挂牌、群众点名接访制度，主动公开领导干部姓名、职务、分管工作、联系方式，方便群众自主选择接访领导，并由接访领导亲自协调督促办理信访问题。

(五)村级干部坚持上门走访

村居(社区)干部要经常性地上门走访，摸清底数，掌握动态，发挥“第一道防线”作用。要当好服务员，主动入户，了解居民的思想情绪，帮助解决实际问题；要当好调解员，对邻里纠纷等一般性问题，积极调解，做好思想疏导工作，把矛盾化解在萌芽状态；要当好代理员，做好陪访、代访工作，及时反映群众的信访问题和实际困难；要当好信息员，对重要的社情民意、存在的不稳定因素，主动向乡镇(街道)报告。

三、完善机关部门领导干部接访机制

省、市、县(市、区)级有关部门坚持领导干部定期定点接待群众来访制度，其中，省直有关部门领导每季度至少参加一次接待群众来访；市直有关部门领导每月至少安排一次定点接访；县(市、区)直有关部门领导随时接待群众来访。各级有关部门要把领导干部接访与干部下访结合起来，通过督促检查、带案督办、座谈走访、驻点指导、调查研究等方式方法，了解下级贯彻上级决策部署的情况，督导抓好落实；检查下级解决信访突出问题的情况，指导推动及时就地化解矛盾；掌握下级落实相关政策的情况，提出制定和完善的意见建议。进驻省、市、县(市、区)三级联合接访中心的相关部门要定期安排领导干部到中心参与接访，以提高联合接待的综合协调能力。其中，省直相关部门每月安排一天、每次安排1名领导；市直相关部门每半月安排一天、每次安排1名领导；县(市、区)直有关部门每周安排一天、每次安排1名领导。

四、深化领导干部定期接待群众来访工作的基本要求

(一)加强组织领导。各地各部门要把领导干部定期接待群众来访工作摆上重要议事日程，与中心工作一同部署、一同检查、一同落实。主要领导是定期接待群众来访的第一责任人，要身体力行、亲自接待，发挥示范表率作用。信访问题突出的地方和部门或重大活动期间，可以根据实际情况，适当增加接访次数，或组织开展集中大接访活动。

(二)突出工作重点。各级领导干部要带着责任和感情接待群众来访，严格依法按政策办事，及时就地化解矛盾，强化思想疏导工作。要认真落实包案处理责任，包调查、包协调、包督办、包结案、包稳定，做到问题不查清不放过、错误不纠正不放过、上访不停止不放过。要着重解决案情复杂、久拖未决的疑难问题，着重解决责任主体难落实、工作难度大的复杂问题，着重研究涉及政策层面、需要完善相关规定的重大利益矛盾和突出问题，力求案结事了。

(三)完善工作机制。开展领导干部定期接待群众来访工作，要坚持统筹兼顾、标本兼治、预防为主的原则，既注重解决突出问题，又通过接访工作发现问题，探索研究治本之策。严格按照国务院《信访条例》的规定，把领导干部定期接待群众来访与联合接访工作结合起来，领导干部定点接访尽可能安排在各级联合接访中心进行；与深入开展矛盾纠纷排查化解、建立健全各项信访工作制度结合起来，逐步形成处理信访问题的长效机制。

（四）健全考核制度。领导干部定期接待群众来访，要按照“属地管理、分级负责”和“谁主管、谁负责”的原则，严格落实责任，严禁推诿扯皮、上交矛盾。把领导干部定期接待群众来访落实情况纳入信访工作目标管理考核和领导干部政绩考核的重要内容，考核结果作为干部任用的重要依据，工作成绩突出的予以表彰。在接待群众来访过程中走过场、搞形式主义，造成不良影响的，严肃追究相关领导干部的责任。

（五）强化工作督查。对领导干部接待的信访事项，要建立包括问题发生地、责任单位、产生原因、接待处理意见、办理结果等要素在内的工作台账，并采取电话督办、发函督办、约谈督办、会议督办、挂牌督办、通报督办等形式，督促解决。各地每季度都应统计领导干部定期接待群众来访情况，其中市、县（市、区）两级党政领导干部接访情况于下一季度第一个月15日前报省联席会议办公室，由省联席会议办公室汇总后报省委、省政府领导同志，并通报全省。乡、村两级接访情况由各市联席会议办公室负责汇总、督促检查和通报。

中共浙江省委人才工作领导小组关于印发浙江省高技能人才队伍建设三年行动计划（2011—2013年）的通知

浙委人〔2011〕3号

各市、县（市、区）党委人才工作领导小组，省直各单位：

《浙江省高技能人才队伍建设三年行动计划（2011—2013年）》已经省委人才工作领导小组第15次会议审议通过，现印发给你们，请结合实际，认真贯彻执行。

中共浙江省委人才工作领导小组
二〇一一年六月十六日

浙江省高技能人才队伍建设三年行动计划（2011—2013年）

为认真贯彻落实全国、全省人才工作会议精神和《浙江省中长期人才发展规划纲要（2010—2020年）》，切实加快培养引进适应我省经济转型升级、产业结构优化要求的高技能人才，带动技能劳动者队伍素质整体提高，特制定浙江省高技能人才队伍建设三年行动计划（2011—2013年）。

一、指导思想、基本原则和目标任务

（一）指导思想。

以邓小平理论和“三个代表”重要思想为指导，全面贯彻落实科学发展观，以支撑我省先进制造业、现代服务业、战略性新兴产业等发展为目标，以高技能人才建设系列工程推进行动为抓手，把高职院校、技工院校作为培养高技能人才的主渠道，充分发挥企业在高技能人才建设中的主体作用，紧紧抓住高技能人才培养引进、岗位使用、激励评价等环节，加快培养大批技术技能型、复合技能型和知识技能型高技能人才，重点引进一批优秀高技能人才，培养造就数量充足、梯次合理、技艺精湛的高技能人才队伍，尽快扭转我省技能人才特别是高技能人才短缺的局面，为经济转型升级提供强有力的技能人才支撑。

（二）基本原则。

——坚持政府指导与企业主体相结合。既要发挥政府宏观指导作用，积极搭建公共服务平台，抓好高技能人才建设重点项目工程，又要发挥企业用人的主体作用，保障经费投入，搭建事业发展平台，形成政府指导、企业主体、市场主导的高技能人才开发机制。

——坚持自主培养与开放聚才相结合。既要紧紧围绕我省产业发展和技术进步的要求，多渠道、多形式自主培养开发高技能人才，又要紧扣实际需求，有计划、有重点地引进国内外紧缺急需高技能人才，跨越式实现我省高技能人才总量增长、素质提升和结构优化。

——坚持部门配合与市县联动相结合。既要积极发挥相关部门的职能优势，加强沟通与合作，形成部门之间联合推动工作的合力，又要充分调动市县的工作积极性，做到上下联动、密切配合，形成统筹协调、共同推进高技能人才队伍建设的工作格局。

（三）目标任务。

根据我省经济社会发展的目标要求，围绕我省先进制造业、现代服务业，以及新能源、生物、新材料、新一代信息

网络、高端装备制造、环保、海洋、核电关联产业等战略性新兴产业发展规划，通过深入组织实施高技能人才队伍建设三年行动计划，培养引进一批企业急需的技术技能型、复合技能型以及高新技术产业急需的知识技能型人才，争取到2013年底，基本解决我省高技能人才建设滞后问题，使高技能人才队伍建设满足我省经济社会发展的需要。

——扩大高技能人才规模。大幅度增加高级工总量，到2013年底，新增各类高技能人才30万人，全省高技能人才总量达到140万人，高技能人才占技能劳动者23%以上，高、中、初级技能人才队伍梯次结构渐趋合理。

——提升高技能人才素质。鼓励吸纳高校毕业生进入高技能人才队伍，选送海外培训高技能人才300名，培养300名具有地方特色、绝技绝活的能工巧匠，从省外引进紧缺急需型高技能人才3000名，其中引进海内外高端技能型人才150名。

——建设高技能人才培养平台。重点培育一批国家级、省级示范高职院校，扶持10所重点技师学院，建设一批特色专业、新兴专业和骨干专业，建立15家综合性高技能人才公共实训基地，建立100个技能大师工作室。

——基本形成高技能人才引进、培养、使用的良好环境。畅通高技能人才引进渠道，大力开发职业技能教育，全方位贯通高技能人才职业发展通道，建立完善多元化高技能人才投入保障机制，确保高技能人才发展所需经费。

二、组织实施八项工程

（一）实施高技能人才选拔工程。为培养造就一批技艺精湛、作风过硬的高技能人才，今后两年在全省评选表彰10名“钱江技能大奖”、50名“首席技师”、300名“浙江省技术能手”，发现、培养和造就一批各行业、职业领域和各专项技能方面的拔尖型高技能人才。按照滚动培养、重点资助、跟踪管理、鼓励竞争的要求，对“钱江技能大奖”、“首席技师”、“浙江省技术能手”荣誉获得者给予一定的补助奖励，激励他们当好刻苦学习、岗位成才的带头人，带动我省高技能人才队伍建设。引导企业进一步加大经费投入，落实人才待遇，为高技能人才成长创造条件。（牵头单位：省人力社保厅；参与单位：省总工会、省国资委、省经信委、省财政厅）

（二）实施高技能人才引进集聚工程。结合我省行业及产业发展特点，每年定期组织用人单位赴德国、日本等制造业、服务业、新兴产业发达的国家和地区引进高技能领军人才，以良好的条件吸引发达国家高技能人才来浙江企业工作。积极利用企业引进国外先进设备的有利条件，同步引进专门的高技能人才。定期组织用人单位到国内大型国企和外企集中的地区，积极引进我省紧缺急需的高技能人才，缓解我省企业、行业技术技能型、复合技能型和知识技能型人才短缺的局面。建立浙江省高技能人才网，在浙江人才网开辟高技能人才专区，收集发布高技能人才需求信息。在高技能人才集中的地区建立联系点或工作站，为用人单位与高技能人才提供有效对接。积极发挥人力资源中介的作用，多途径引进高技能人才。建立健全高技能人才柔性引进机制，制定优惠引才政策。（牵头单位：省人力社保厅、省委组织部；参与单位：省经信委、省国资委）

（三）实施职业院校发展行动工程。结合我省经济发展和产业调整对高技能人才培养的实际需求，重点扶持100所中等职业教育改革发展示范学校，逐步实行中等职业教育免费制度。支持高职院校突出专业建设，改革教学内容和课程体系，强化实用技能训练。进一步扩大技工院校办学规模，到2013年全省技工院校达到80所，其中高级技工院校和技师学院20所，在校生数15万人，每年培养高技能人才3万人。扩大高职院校、技师学院、高级技工学校面向中等职业教育毕业生的招生规模。在现有12家省高技能人才公共实训基地的基础上，新建3—5家，重点对高校毕业生进行技能实训，对经实训并通过考核鉴定的毕业生，颁发相应等级的资格证书。培养1000名达到高级工以上职业资格的“一体化”专业骨干教师，开通人才绿色通道，聘请一批优秀的企业高技能人才担任职业院校的技能实训指导教师。省财政对省级重点技工院校、技师学院、高级技工学校、中等职业学校、实训基地给予适当经费补助。（牵头单位：省教育厅、省人力社保厅；参与单位：省发改委、省财政厅）

（四）实施“金蓝领”国（境）外培训工程。每年选派100名紧缺型职业（工种）、具有相应技能水平、富有创新潜力和行业国际视野、跨语言交流能力的一线优秀技术工人和技工院校名师，到国外知名企业、知名职业培训机构培训和研修，学习借鉴国内外先进制造工艺技术和先进职业教育理念、方法。进一步畅通完善海外培训渠道，在德国、日本、瑞士等制造业发达的国家建立海外高技能人才培训基地。建立海外培训专项资金，对列入“金蓝领”国（境）外培训工程的，由省财政给予专项补助。（牵头单位：省人力社保厅；参与单位：省国资委、省经信委、省财政厅、省总工会）

（五）实施技能人才培训校企合作工程。鼓励校企“联姻”，采取“订单式”培训，探索“工学结合、半工半读”的培养模式，组织实施技能人才培训校企合作对接工程。各地要搭建校企合作对接的信息沟通平台，定期召开学校与企业见面会，及时收集、发布学校、企业的合作意向和需求信息。各高职院校、技工院校每年要制定校企合作计划，协调解决各种问题，保证校企合作正常运转。相关企业要积极发挥技术、设备、信息等资源优势，与高职院校、技工院校共同做好人才培养、专业建设、课程改革、实训基地建设等工作。全省每所高职院校、技工院校年培训企业高技能人才500人次以上。各地在安排职业教育专项经费时，要优先支持开展半工半读的职业院校；对实行校企合作的定向培训费用，可从企业职工教育经费中列支；对支付实习学生报酬的企业按照有关规定给予相应税收优惠；对积极开展校企合作，培训成效显著的企业和学校，政府有关部门给予表彰和奖励。（牵头单位：省人力社保厅、省教育厅；参与单位：省国资委、省经信委、省财政厅）

（六）实施紧缺高技能人才培训工程。根据我省经济社会发展对高技能人才的需求状况，结合人力资源市场高技能人才需求信息，每年确定一批紧缺型职业（工种），全省培养10000名高技能人才，其中省本级培训5000名。通过财政补助、企业和个人分担等多种渠道筹集培训资金，按照“谁出资培养、谁享受补贴”的原则，鼓励企业、院校和各类培训机构积极参与紧缺型高技能人才培养。高技能人才培训补贴根据紧缺型职业（工种）高技能人才数量和工作绩效，每培养一名技师、高级技师按一定的补贴标准，对出资培养单位给予补助。（牵头单位：省人力社保厅；参与单位：省国资委、省经信委、省财政厅）

（七）实施技能大师工作室建设工程。根据企业生产需要，选择科技和技能含量较高的规模以上企业，到2013年在全省建立100个技能大师工作室，对高技能人才培养成绩突出的，各地财政给予适当补贴。通过师傅在生产岗位上的“传、帮、带”，培养一支能开展技术研修、技术攻关、技术技能创新、在关键岗位解决疑难问题、传技带徒的高技能人才队伍，培育一批具有绝技绝活的能工巧匠，扶持一批能够继承传统技术工艺的优秀人才。（牵头单位：省人力社保厅；参与单位：省国资委、省经信委、省财政厅）

（八）实施高技能人才评价推进工程。积极探索多元化技能人才评价体系，建立健全职业技能鉴定社会化考评体系，研究建立以职业院校学生为对象的职业资格认证体系。大力推行高技能人才企业评价制度，在规模以上大中型企业普遍建立高技能人才考核评价制度。积极开展职业资格的国际互认工作，为高技能人才的流动和企业引进国外高技能人才创造条件。进一步完善职业技能鉴定体系，推进职业技能鉴定督导制度，对获得我省高级以上紧缺职业（工种）职业资格的高技能人才，予以减免鉴定费用。（牵头单位：省人力社保厅；参与单位：省教育厅、省国资委、省经信委）

三、保障措施

（一）加强组织领导。实施高技能人才队伍建设三年行动计划，是加快我省高技能人才队伍建设的重大工程。为推动行动计划顺利实施，成立由省委组织部、省人力社保厅、省发改委、省经信委、省教育厅、省科技厅、省财政厅、省国资委、省总工会等单位组成的省高技能人才队伍建设三年行动计划指导小组，指导小组下设办公室（设在省人力社保厅）。各地要制定具体的实施方案，将其纳入本地重大人才工程，作为地方党政领导人才工作目标责任制考核的重要内容，定期组织检查考核，切实完成三年行动计划的各项目标任务。

（二）明确责任分工。各相关部门要进一步明确责任，密切配合，形成合力。党委组织部门负责牵头抓总，加强宏观指导；人力社保部门负责行动计划实施的具体政策协调和组织推动；教育部门负责扶持培育中等职业学校、高职院校，切实发挥职业院校培养高技能人才的基础作用；财政部门负责制定年度预算，合理安排高技能人才发展所需资金，确保及时拨付到位；发改、经信、科技、国资等部门要发挥行业主管部门的职能优势，指导本行业加强高技能人才队伍建设；各级工会组织要积极推动企业高技能人才队伍建设，动员组织全省职工广泛开展岗位练兵活动，调动职工学习知识、提高技能的积极性。

（三）加大资金投入。各地要充分保障用于高技能人才队伍培养引进的资金，建立高技能人才培训补贴制度，对经济发展需要、市场紧缺、企业急需的职业（工种）的高技能人才培训，提供相应的经费补贴。扩大失业保险基金支付范围，进一步加大对公共实训基地的扶持力度。全省各类企业要按职工工资总额2%的比例足额提取并合理使用职工教育经费，职工教育经费的70%以上用于一线职工培训。

（四）落实相关政策。各地要落实高技能人才在户籍、住房、培训、子女入学等方面的优惠政策，做好高技能人才在不同行业、不同所有制单位以及跨地区流动的社会保险关系的转移接续。积极破除职工身份界限，企业在聘的高级工、技师、高级技师分别对应助理工程师、工程师、高级工程师享受同等工资福利待遇。对获得高级职业资格证书的高级技工学校、技师学院毕业生，用人单位在使用、工资福利等方面与大专学历人员同等对待。探索建立高技能人才津贴制度，引导企业为高技能人才设立高技能津贴，已有津贴的要及时调整、适当提高标准。

（五）强化舆论宣传。充分发挥广播、电视、报刊以及网络等媒体的作用，广泛宣传高技能人才在我省经济转型升级中的重要作用和突出贡献，动员社会各界积极参与高技能人才队伍建设，在全社会形成崇尚技术创新、爱岗敬业和岗位成长的舆论导向，努力构建有利于高技能人才成长的社会氛围。

中共杭州市下城区委
关于推进全区区域化党建工作的实施意见

区委〔2011〕6 号

各街道党工委、区级机关各单位党组织：

为认真贯彻落实党的十七大、十七届四中和五中全会精神，全面深化创先争优活动，积极整合区域党建工作资源，创新社会管理，推进社会建设，充分发挥基层党组织推动发展、服务群众、凝聚人心、促进和谐的作用，现就进一步推进我区区域化党建工作提出如下意见：

一、充分认识新形势下推进区域化党建工作的重要意义

推进区域化党建，首先是创新社会管理、加强社会建设的需要。随着改革的不断深化和利益关系不断调整，社会结构和社会组织形式深刻变化，分布在城市社区的新经济组织和新社会组织大量涌现，形成了一批商务圈、楼宇群、特色街、创业园，大量企业退休人员、下岗失业人员和流动人员进入社区，使街道社区日益成为城市管理的重点。加快推进区域化党建，有利于将各类经济和社会组织纳入党的工作网络，实现党的组织和党的工作全覆盖，促进区域和谐稳定发展。其次是深化社区党建，夯实执政基础的需要。街道社区党组织是党在城市工作的基础。2009 年 11 月中组部提出，街道社区党建要下力气抓好“三有一化”(有人管事、有钱办事、有场所议事和区域化党建)。加快推进区域化党建，有利于创新基层党组织设置，增强街道社区党组织的领导、协调和服务能力，最大限度地实现组织资源与经济资源、社会资源的整体互动，不断提升城市基层党建工作水平。再次是打响“繁华时尚之区”品牌，为“十二五”发展开好局的需要。当前，全区上下正按照“十二五”规划制定的蓝图，以科学发展为主题，以加快转变经济发展方式为主线，以富民强区、创造美好生活为主旨，进一步深化改革开放，统筹南北区域协调发展，努力建设“繁华时尚之区”。加快推进区域化党建，有利于充分发挥辖区单位党组织和党员的作用，引导辖区单位共建共享“繁华时尚之区”，为率先建成惠及全区人民的小康社会营造良好局面。全区各级党组织和辖区有关单位要从巩固党的执政基础、构建社会主义和谐社会的战略高度，充分认识全面推进区域化党建工作的重要意义，善于调动方方面面的积极因素，共同开创基层党建工作的新局面。

二、进一步推进区域化党建工作的指导思想和目标任务

1. 指导思想。坚持以邓小平理论和“三个代表”重要思想为指导，深入贯彻落实科学发展观，紧紧围绕推动发展、服务群众、凝聚人心、优化管理、促进和谐的目标，进一步创新基层党建的组织形式和活动形式，拓宽基层党建工作领域，强化基层党组织功能，整合区域内各类党建资源，全力构建以街道党工委为核心，社区党组织和楼宇社区党组织为基础，以服务群众、服务社会和服务发展为重点，辖区单位党组织和全体党员共同参与的资源共享、优势互补、互惠互利、共驻共建的党建工作新格局，为共建共享“繁华时尚之区”，率先建成惠及全区人民的小康社会提供坚强的组织保证。

2. 目标任务。按照领导体制扁平化、运行机制规范化、党组织设置网格化、党组织活动方式多样化、党员发挥作用常态化、党组织和党员服务群众长效化、工作载体品牌化、党务工作者队伍专职化、阵地建设标准化、经费保障制度化的要求，抓实社区党建“三有一化”工作，进一步加强街道、社区党的建设，广泛建立街道、社区党建共建组织，充分发挥基层党组织在加强和创新社会管理中的作用。积极推进楼宇社区党建工作，在商务圈、楼宇群、特色街、创业园等新领域建立区域性党组织，加强“两新”组织党的组织覆盖和工作覆盖，增强党组织在“两新”组织中的影响力、渗透力。转变组织活动方式，建立起党建、经济、服务“三位一体”双向联动的区域化党建工作机制，为辖区单位参与地区党建共建、党员发挥作用搭建平台，推动全区经济社会和谐发展。

三、全面建立街道、社区区域化党建共建组织

按照资源共享、优势互补、互利互惠、共驻共建的原则，全面建立街道、社区党建共建组织，健全完善区域化党建工作的协调机制，使隶属不同系统、掌握不同资源的党组织成为联系紧密的区域党建共同体。

（一）建立组织网络

1. 街道层面。建立地区党建共建委员会，作为街道党建共建的最高议事机构，全面组织协调开展共驻共建活动。地区党建共建委员会委员由街道党工委委员、规模较大的辖区单位、“两新”组织、机关企事业单位、社区党组织主要负责人组成。委员会下设地区党建共建理事会，作为委员会的日常议事机构，设理事长1名，一般由街道党工委书记兼任；部分街道党工委班子成员、规模较大的辖区单位、“两新”组织、机关企事业单位、社区党组织负责人兼任副理事长；理事若干名，理事会成员由街道党工委与辖区单位党组织协商推荐，经委员会全体会议通过产生。理事会下设秘书处和党群建设、经济发展、平安维稳、民生保障、生态环境、精神文明等六个党建共建专项工作组，作为具体执行机构。秘书处设秘书长1名，一般由街道党工委副书记兼任；副秘书长2名，一般由街道分管经济的副主任和组织员兼任；秘书处成员若干名，由街道相关科室负责人兼任，理事会成员单位各指派1名同志担任联络员；党建共建工作专项工作组各设组长1名，一般由街道班子分管领导兼任；副组长1名，由街道相关科室负责人兼任。

2. 社区层面。建立社区党建共建议事会，作为社区党建共建的议事机构，设主任1名，由社区党委书记兼任；副主任2—3名，由社区党委副书记、部分规模较大的辖区单位党组织或办公室负责人担任；议事会成员由社区党委委员、部分规模较大的辖区单位党组织或办公室负责人组成。议事会下设社区党建共建议事会工作站，作为议事会的办事机构，设站长1名，由社区党委副书记兼任，社区专职党务工作者和辖区有关单位人员作为工作站工作人员。

（二）明确职责任务

地区党建共建委员会主要负责研究区域内党建共建中长期发展规划和年度计划；研究、协调区域内重大事务；通过、修订委员会工作章程，协商产生地区党建共建理事会理事。委员会一般一年召开1—2次全体会议。

地区党建共建理事会主要负责执行委员会决定的事宜，统筹、协调区域内党建共建工作；协商确定区域党建的共建项目。理事会一般每半年召开1—2次会议，也可根据需要及时召开专题会议。

秘书处设在街道社会工作党委，一般每季度召开一次会议，主要承办委员会、理事会的日常工作；负责区域党建指导、共建协调、活动安排、互动联络等工作。

党建共建专项工作组根据需要召开工作组会议和专项会议，具体执行和实施理事会提出的共建项目以及交办的有关任务，落实好街道其他工作。

社区党建共建议事会一般一年召开2—3次会议，主要协调社区范围内的党建共建工作；完成地区党建共建委员会及理事会交办的有关工作；共商社区发展事务，共解社区管理问题。

社区党建共建议事会工作站主要承办议事会各类活动，承担各项工作的协调落实。

（三）落实工作机制

1. 组织联建机制。按照便于党员参加活动、便于党组织发挥作用的要求，进一步调整和优化基层党组织设置。重点抓好商务圈、楼宇群、特色街、创业园等新领域党组织建设，积极创新区域性党组织设置模式，着力将区域性党组织建设作为街道、社区党建共建的拓展和延伸，促进“两新”组织加快融入区域化党建工作。充分发挥辖区机关企事业单位的党建优势，加强党建工作经验的交流与学习，共同推进各领域党组织建设。进一步深化党群共建，以党组织建设带动工会、共青团、妇联等群团组织建设，努力形成党建工作整体合力。

2. 双向服务机制。各街道社区要依托党建共建组织网络，广泛吸纳辖区单位参与地区党建、综合治理、城市管理、社区建设等社会管理工作，为辖区单位服务社区、服务群众搭建平台。将“组团式服务、网格化管理，片组户联系”机制延伸到党建共建工作中，拓宽“66810”为民服务体系，把辖区单位列入日常服务联系的对象，实行分片管理、分组服务，建立健全“双服务”工作长效机制。街道社区党组织通过多种形式，主动与辖区单位党组织沟通联系，了解辖区单位党组织的需求，征求意见和建议，帮助辖区单位排忧解难、化解矛盾，营造良好的环境。

3. 项目认领机制。按照项目化运作的模式，建立区域化党建共建工作认领机制。各街道、社区党建共建组织在充分征求区域内各级党组织和党员意见建议的基础上，每年推出一批党群建设、经济发展、民生改善、环境治理、综治联防、文明共创等共驻共建和社会管理、服务项目，明确实施项目的时间步骤、推进方式、组织措施，由街道和辖区单位结合自身优势认领或安排，激发各单位参与社区建设和社会管理、服务的积极性。加强对项目推进情况的动态监督，确保共建项目取得实效。

4. 资源共享机制。进一步加强区、街道和社区三级党员服务中心(站)建设，在条件成熟的楼宇、街区、园区、市场等建立"一站式"的区域性党员服务机构，加强与楼宇综合服务中心、社区服务中心、文化活动中心和卫生服务中心等服务机构的资源整合，进一步完善服务功能。积极推动辖区单位党组织将党建、文化、教育、体育等活动设施向社区党员群众开放，实现阵地资源的共建共享。充分发挥辖区单位的党建特色，利用辖区单位的人才资源优势，携手开展区域性的党建活动，创新开放式的组织生活，进一步丰富党员教育的内容和形式。

5. 结对共建机制。深化机关党组织、辖区单位党组织与社区党组织结对工作。积极倡导和推动在职党员、党的组织关系不在社区的离退休党员和辖区单位党员主动联系社区、服务社区，在社区亮明身份，发挥特长，适时、适宜、适度，力所能及地参与社区公共事务和各类志愿服务。社区党组织每年将在职党员在社区的表现情况反馈至其所在单位党组织，加强社区党组织与在职党员所在单位党组织的联系。

四、积极推进楼宇社区党建

随着我区楼宇经济的快速发展，大批非公有制经济组织和新社会组织在楼宇集聚，形成了相对于居民社区的工作生活空间——楼宇社区，加快楼宇社区建设已成为城市社会管理的重要领域。加强楼宇社区党的建设是发挥党组织在楼宇社区建设中领导核心和战斗堡垒作用的需要，是推进"两新"组织党的组织覆盖和工作覆盖的需要，是促进我区楼宇经济又好又快发展的需要，也是城市基层区域化党建工作的重要阵地。各街道、部门党委(党工委)要坚持边探索、边实践、边总结，积极推进楼宇社区党建工作，把它作为当前我区党的建设的一项重要任务，作为继续提升我区党建工作整体水平的重要抓手，切实抓紧抓好。

1. 加强基础工作。一是做好工作协同。各街道在推进楼宇社区建设中，要高度重视楼宇社区建设中，要高度重视楼宇社区党建工作，做到同步规划、同步推进。街道党群工作要提前主动介入，在组织设置、制度建设、党员分布等方面做好调查摸底工作。发挥街道社会工作党委和社区党委的作用，探索建立符合楼宇社区特点的区域联动党建工作制度和机制，为楼宇社区企业、党员和员工互动交流、共驻共建搭建好平台。二是加强人员选派。街道要重视楼宇社区人员选派工作，将政治素质高、业务能力强、协调能力好的人员选派到"一楼六员八人"综合服务团队，具体承担党建工作指导任务。三是抓好阵地建设。依托楼宇综合服务中心，开展楼宇党员服务中心建设，拓宽服务功能，完善工作制度，提供党员活动场所，规范楼宇社区党建工作。

2. 加强组织建设。坚持高起点谋划，高标准建设，积极探索楼宇社区党建工作的新思路、新举措。立足楼宇企业规模、业主和党员的不同情况，因企制宜、因楼而宜灵活设置楼宇社区党组织。积极探索楼宇社区网格化管理，根据楼宇企业党员数量和党组织开展工作的需要，合理划分网格，把党组织建在网格上，通过"以点带面，以大带小、连点带片"等形式，推进"两新"组织党的组织和工作全覆盖。进一步加强楼宇社区党建带群团工作，找准党建、群团工作与楼宇企业发展的结合点，建立健全楼宇党群"1＋X"工作机制，营造楼宇社区党组织和群团组织良性互动、共促共进的氛围。

3. 加强机制建设。要加强楼宇社区党建制度建设，建立健全政治学习、党员管理、组织协调、民主评议等工作制度，做到制度上墙，管理规范，推动楼宇社区党建工作规范化、科学化、制度化。要加强楼宇社区党建工作的各项保障，选好配强党组织班子，落实党建工作经费，抓好党员活动场地建设，确保楼宇社区党建活动正常开展。各部门党委(党工委、党组)要积极配合，在服务、互动和保障等方面大力支持，合力推进楼宇社区党建工作。要根据楼宇企业和党员实际，创新活动载体，深化创先争优，通过开展"一个支部一面旗、一名党员一颗星"和发展强、党建强"双品牌"示范点创建活动，进一步增强党建工作的有效性和针对性，营造楼宇社区浓厚的党建氛围。要加强楼宇社区文化建设，积极开展党员志愿服务活动，引导楼宇企业参与公益事业，增强企业的社会责任感。

五、工作要求

1. 加强领导，全面实施。全区各级党组织要认真落实区委的要求，抓紧研究和推进区域化党建工作。区委组织部要发挥牵头抓总、统筹协调的作用，调动各方面积极因素，形成各有关单位分工负责、齐抓共管的合力。各街道、社区党组织要结合实际，认真制定区域化党建工作的实施方案，并在6月底全面建立街道、社区区域化党建共建组织。各部门党委(党工委、党组)也要对本系统、本行业单位党组织联系社区、参与区域化党建共建工作提出明确要求。

2. 落实责任，强化保障。要把街道、社区开展区域化党建工作作为履行基层党建工作责任制的重要内容，纳入每年的党建工作目标考核内容。加大对区域化党建工作的投入，落实经费、人员保障，切实加强街道社会工作党委建设，配足配好专职工作人员，确保区域化党建工作的正常开展。各级党组织要建立健全党建共建工作的规章制度，进一步转变基层党组织的工作方式，综合运用政治、经济、法律、行政和社会等多种手段，加强对街道内各类组织的领导、指导和协调，强化组织保障。

3. 总结经验，营造氛围。各级党组织要充分发挥好舆论引导和宣传作用，加大区域化党建工作的宣传力度，及时总结各级各部门在开展区域化党建工作中的特色做法，大力推广基层创造的新鲜经验，深入挖掘各方面的先进典型。同时，要及时把工作实践中一些行之有效的方法，以制度形式固化下来，发挥长效作用，不断提升区域化党建工作的整体水平。

中共杭州市下城区委员会

二〇一一年六月十五日

中共临安市委　临安市人民政府
关于构建"服务百姓档案"长效机制
深化服务型基层党组织建设的实施意见

（2011 年 9 月 19 日）

临委〔2011〕85 号

为扎实推进"服务百姓档案"工作，提高基层党组织和党员干部的服务意识、服务能力、服务水平，深化服务型基层党组织建设，现就构建"服务百姓档案"长效机制，提出如下意见。

一、指导思想

坚持以邓小平理论和"三个代表"重要思想为指导，以科学发展观为统领，围绕知民情、晓民意、解民忧、恤民生主题，不断推动"服务百姓档案"工作向广度和深度发展，建立健全新形势下党员干部联系和服务群众工作机制，充分发挥基层党组织和党员干部服务基层、服务群众、改善民生、保障民生的作用，深入推进以服务型基层党组织建设为主题的"天目先锋"创先争优活动，不断提高党建科学化水平，为实现杭州西郊现代化生态市建设大跨越提供坚强组织保证。

二、工作目标

根据市委部署要求，按照"一个平台、两大体系、三项机制"总体目标，在去年全面推行"服务百姓档案"工作基础上，不断总结经验，巩固成果，深化完善，全面构建起具有临安特色的为民服务新体系。力争到 2011 年底，依托市镇村三级便民服务网络，构建全面覆盖的"服务百姓档案"信息网络体系，建立健全"实时式"信息更新、"组团式"联村服务、"联动式"共建互帮三项机制，不断满足群众多元化的个性需求，转变基层党员干部的工作作风，加快推进社会管理创新，努力实现"民情联系常态化、为民办事规范化、村务管理制度化"的目标。

三、工作内容

（一）建立健全"实时式"信息更新机制。深化"片组户"民情联系工作，建立党员干部经常性入户制度，畅通群众诉求表达渠道，健全"服务百姓档案"信息收集、记录和更新机制。

1. 深化"片组户"民情联系工作。村级组织换届后，根据村干部调整情况，对片组划分、民情联系员进行调整，健全民情联系网络并上墙公示，统一制作民情联系卡，公布镇村干部联系方式，并发放到每个农户。实施定人定点定时"三定"制度，镇街班子成员每人联系 1 个村，每月听取农村工作指导员汇报不少于 1 次，入户不少于 5 户次；农村工作指导员每月到片组调研不少于 4 次，入户不少于 10 户次；村两委班子成员担任片长，每月听取组长汇报不少于 4 次，入户不少于 15 户；民情联系员联系 10—15 户农户，每月走访联系不少于 1 次。民情联系情况统一记入民情联系本（民情日记、办事档案记录本），各村信息管理员每月收集汇总一次民情联系信息。

2. 加强民情联系员管理与考核。民情联系员以农村党员为主体，可吸纳村民小组长、村民代表、入党积极分子等参加。探索民情联系员与农户双向选择结对联系制度，提高民情联系的实效。镇街应指导各村根据民情联系员走访、办事等情况，出台考核激励办法，给予一定的经济保障，民情联系员的表现与创先争优承诺践诺、基层评先评优、入党积极分子考察等挂钩。

3. 推行"民情热线"制度。推广太阳镇"民情热线"做法，探索在村便民服务中心开通"民情热线"，上班时间确定一名接线员负责接听，下班时间和节假日转移至手机接听，确保 24 小时畅通，并按受理、登记、交办、回复四个步骤，处理群众来访来电，来访来电及处理情况要及时登记归档。"民情热线"印制到民情联系卡上，发放到户，与村便民服务中心工作流程或便民服务手册、村干部值班安排表等一起公示。

4. 健全民情分析会制度。各村每月召开一次民情分析会，分析、讨论、研究入户走访过程中收集到的群众生产生活中的热点难点问题，以及影响农村社会稳定的苗头性、倾向性问题，并落实具体的解决措施，一般 5 个工作日内办结。村级无法解决的问题，通过"服务百姓档案"信息平台提交，由镇街汇总梳理、研究解决。各镇街每季度召开一次民情分析会，研究分析各村提交的难点问题，并落实具体的解决方案，一般 10 个工作日内办结。镇街无法解决的共性问题，提交市服务百姓档案管理中心，统一受理、分配和交办。

5. 优化完善"服务百姓档案"信息管理平台。优化完善"服务百姓档案"住户信息系统，镇街指导各村定期将民情信息录入电脑，每年对住户信息进行更新不少于 1 次。修改完善党员干部"办事档案"信息系统，与镇街、村便民服务中心网络配套衔接，构建民情事务登记、分配、办理和答复的网络体系。整合"网上信访"、"网上市民之家"、"网上行政服务中心"等载体，搭建统一的政民互动平台，实现信息资源共享。积极发挥信息平台搜索查找、筛选分类、统计汇总和分析研判等功能，为民生服务提供信息资源和决策参考。加强“服务百姓档案”信息系统管理员队伍建设，定期开展培训辅导，做好信息安全保密工作。

（二）建立健全“组团式”联村服务机制。整合镇街机关干部、驻镇部门力量，建立驻村服务团队，推行“每周到村现场办公”制度，深化“一线工作法”长效机制建设。

6. 镇街建立驻村服务团队。按照“网格化管理、组团式服务、片组户联系”工作要求，镇街要改革一对一的驻村模式，统一调配机关干部、大学生村官、驻镇部门力量，建立驻村服务团队，由班子成员带队，按照村规模大小，合理配备服务团队成员，做好民情联系和服务群众工作。

7. 全面推行“每周到村现场办公”制度。推广清凉峰镇“每周到村现场办公”做法，每周确定一天到村现场办公，驻村服务团队、村两委会干部集中在村办公场所或便民服务中心，开展现场办公服务。各镇街要规范“现场办公服务日”的内容、方法和程序，一般包括以下内容：镇村干部召开每周例会，回顾上周工作进展，安排本周重点工作；现场接待、处理群众来访和咨询，提供计划生育、审批办证、劳动保障等办事服务；走访种养大户、困难户、信访户等重点对象，推进项目建设，调处矛盾纠纷等。

8. 构建镇街、村两级便民服务网络。大力推进镇街便民服务中心建设和农村社区服务中心建设，方便群众办事。按照应进尽进要求，将民政、工商、国土、计生、卫生、农业、社会保障、建设等部门的相关审批职能纳入镇街便民服务中心，形成统一平台，完成全市18个镇街便民服务中心建设。进一步加强村级便民服务中心建设，整合民政、卫生、劳动保障、村镇建设等与农民群众生产生活密切相关的审批事项，扩大服务项目，健全服务功能，实现村级便民服务全覆盖。把“服务百姓档案”信息系统作为镇街、村便民服务中心的办公软件，全面及时记录党员干部为民办事过程。

9. 推行村民事务全程代办制度。依托镇街、村便民服务中心，以农村工作指导员、村两委会干部、村报账员、大学生村官为代办员，建立健全村民事务代办服务网络。代办事项包括劳动保障、计划生育、民政残联、农业林业、国土建设、公安工商、综合服务等。规范全程代办的工作流程，做到“一个窗口受理、一次性告知、一条龙服务、一次性收费、一个时限办结”，实行服务事项、办理依据、申办条件、办事程序、申报材料、承诺时限、收费依据和标准“七公开”，并配套建立轮流值班、优质服务、登记建档和考核管理等制度。

10. 健全村干部创业承诺、挂牌值班和业绩考核制度。结合深化创先争优活动，对新一届村干部实行“阳光考评”，激发村干部干事创业的热情。一是健全村干部创业承诺制度。围绕换届时签订的创业承诺目标，每位村干部结合工作分工，提出具体细化的年度创业承诺并公示，年末组织党员群众进行评诺。二是健全村干部挂牌值班制度。各村每天至少安排一名村干部值班，负责处理日常事务，填写好村级工作日志。要在办公场所开通值班电话，公示值班村干部的照片、姓名、职务、值班日期和联系方式等信息。三是健全村干部业绩考核制度。围绕落实“一定三有”目标，镇街要科学设置村干部年度考核目标，制定考核办法，明确经济发展、社会事业、基层组织、党风廉政、精神文明、民主政治等考核重点，采取干部述职、民主测评、镇街党（工）委考评等方式全面考核，做到让村干部有岗有责有为有保障。

（三）建立健全“联动式”共建互帮机制。以城乡党建资源为纽带，以市级机关部门人员力量为主体，整合资源、上下联动、形成合力，做好服务基层、服务群众工作，推进城乡区域统筹发展。

11. 健全领导干部联系点制度。市四套班子领导开展“五联系”活动，即带头联系机关部门、镇街、村、企业和重点项目，每年到基层调研不少于一周，到村、企业、项目一线走访调研不少于10次。市管领导干部要开展“四个一”活动，即按照“联系一个点、查找一批问题、帮扶一户家庭、办成一件实事”的要求，结合分管工作实际，深入农村走访调研，倾听民意、解决问题，其中部门领导干部每年到村、企业、项目一线走访调研不少于20次，镇街领导干部每年走访农户不少于60户次。

12. 建立市级机关部门联系镇街工作服务组。联系镇街的部门要组建不少于4人的工作服务组，明确1名主要领导带队，1名分管领导具体负责，到对口联系镇街开展服务工作，每月下镇街不少于1天，全年组织机关干部开展“下乡送服务”活动不少于3次。紧扣统筹城乡区域发展，市级机关部门根据自身职能，组建综治维稳、农村经济发展、基础设施建设、清洁乡村、工业经济发展等专业服务组，设置“服务菜单”，根据基层群众的需求，配送相应专业服务。

13. 选派农村工作指导员。完善农村工作指导员选派制度，市直机关每年向每个镇街选派不少于1名优秀干部，到新农村建设任务重、村级组织软弱涣散、集体经济薄弱、信访问题较多的村担任农村工作指导员，党员兼任村党组织副书记，非党员兼任村委会主任助理或村经济合作社社长助理，原则上要求全年大部分时间必须在村开展工作。各镇街每年向每个行政村选派不少于1名农村工作指导员。推行农村工作指导员向所驻村干部群众述职制度，健全激励考核机制，增强农村工作指导员工作的主动性和积极性。

14. 开展新一轮城乡党组织“共建互帮”活动。健全完善城乡党组织“共建互帮”活动机制，深入开展领导干部“红色帮扶”、机关党组织“联村帮困”、市管干部“访贫结对”、企业党组织“共建新农村”活动，落实“一村一企一领导”、“一户一策一干部”帮扶机制，要求各级领导干部每年走访慰问困难党员群众不少于4人次，机关、企业党组织每年到村开展结对帮扶活动不少于2次，年度帮扶资金原则上在3万元以上。发挥党员关爱资金作用，落实党内结对帮扶制度，在重大节日和党员家庭遭遇突发情况时，及时上门慰问。

四、工作要求

1. 加强领导，健全机制。各镇街要把构建“服务百姓档案”长效机制，深化服务型基层党组织建设，作为农村党建工作的重要任务，切实抓好落实。各相关部门要高度重视，认真负责，齐心协力推进服务基层、服务群众工作。市服务百姓档案管理中心要加强对全市面上工作的指导和检查，及时交办民情事务，督促工作落实。

2. 整合资源，形成合力。各相关部门要根据自身的职能特点，发挥资源优势，帮助镇街和村解决热点难点问题。各相关部门的派出机构要主动派出工作人员参与当地镇街驻村服务团队。各镇街和行政村要抓住便民服务网络全覆盖的契机，整合“服务百姓档案”信息管理平台、劳动保障网等资源，形成信息畅通、办事便捷、资源共享的信息平台。

3. 强化指导，严格督查。市委继续把这项工作列入年度镇街和机关部门专项工作考核，严格督查考核。联系镇街的机关部门要切实履行工作职责，指导和协助镇街抓好各项任务的落实。各镇街要健全考核激励机制，充分调动镇村两级党员干部做好“服务百姓档案”工作的积极性、主动性。

4. 统筹兼顾，务求实效。要把“服务百姓档案”工作与“天目先锋”创先争优活动、“一线工作法”长效机制建设、“绿色家园、富丽山村”建设、加强城乡区域统筹发展、落实全年工作目标任务等有机结合起来，努力做到相互联动、相互促进。

中共温州市委　温州市人民政府
关于印发《温州市领导干部绩擢法(试行)》的通知

温委〔2011〕4 号

各县(市、区)委、人民政府，市直属各单位：

《温州市领导干部绩擢法(试行)》已经市委、市政府同意，现印发给你们，请认真遵照执行。

中共温州市委

温州市人民政府

二〇一一年三月九日

温州市领导干部绩擢法(试行)

为进一步深化干部人事制度改革，强化凭实绩选拔任用干部，根据《党政领导干部选拔任用工作条例》和温州市考绩法，结合我市实际，制定本办法。

一、指导思想和工作原则

坚持德才兼备、以德为先的用人标准，进一步树立注重品行、科学发展、崇尚实干、重视基层、鼓励创新、群众公认的用人导向，积极探索“凭实绩擢用干部”的竞争性选拔方式，真正把政治坚定、实绩突出、敢于攻坚、善于破难的“智勇双全”干部选拔上来，为推动温州科学发展和全面实现“十二五”规划目标提供坚强有力的组织保证。

凭实绩选拔任用干部必须坚持以下六条原则：

(一)党管干部原则；

(二)德才兼备、以德为先原则；

(三)注重实绩、群众公认原则；

(四)公开、平等、竞争、择优原则；

(五)民主集中制原则；

(六)依法办事原则。

二、主要方式

凭实绩选拔任用干部要拓宽视野，创新方式方法，结合当前我市转型发展实际，在做好日常干部选拔任用工作和其他竞争性选拔任用干部的同时，可采取“考绩择才”、“赛场挑才”和“挂牌招才”等方式。

(一)“考绩择才”：以温州市考绩法为依据，根据年度考绩结果，每年从县(市、区)、功能区和市直单位考绩优秀以及被评为考绩“单项工作先进个人”的副县级领导干部中，选拔一定数量的正县级领导干部；每年从被评为“考绩先进单位”的县(市、区)、功能区和市直单位正科级领导干部中，选拔一定数量的副县级领导干部。正县级领导干部的考绩情况，作为向省委推荐省管领导干部的重要依据。

(二)“赛场挑才”：设乡镇行政区划调整后的中心镇、都市型功能区、市区街道(保留为镇建制的按中心镇考绩)等赛场，以市委、市政府制定的相关赛场考绩办法为依据，根据年度考绩结果，每年从中心镇、都市型功能区和市区街道等赛场考绩优秀的党(工)委书记中，选拔一定数量的副县级领导干部。

(三)“挂牌招才”：根据市委、市政府推进专项工作的需要，视情推出若干个承担急难险重项目和任务的副县级领导岗位，明确任职资格条件、目标和任务要求，鼓励符合条件的科级领导干部自荐报名，并通过一定的竞争程序选拔副县级领导干部。

三、主要程序

（一）“考绩择才”一般经过下列程序：

1. 制定方案。每年年初，市委组织部根据温州市考绩法，拟定当年“考绩择才”工作方案，包括选拔领导干部的数量、选拔规则和工作程序等，报市委常委会审定。

2. 发布公告。根据市委常委会审定的方案，起草公告并通过新闻媒体发布。

3. 根据考绩结果确定初步人选。次年年初，市委组织部根据市考绩委员会办公室报送的市管党政领导干部考绩结果和被评为“考绩先进单位”的县（市、区）、功能区和市直单位党委（党组）推荐的正科级领导干部考绩优秀人选情况，确定初步人选。

4. 组织考察。按照《党政领导干部选拔任用工作条例》规定的程序，从初步人选中确定考察对象，并进行全面考察。

5. 讨论决定。根据考绩结果和考察情况，提交市委常委会讨论决定拟任人选。对任用人员实行一年的试用期，期满进行全面考核，合格的正式任职；不合格的免去试任职务，一般按试任前职务层次安排工作。

6. 公布结果。通过新闻媒体向社会公布选拔结果。

（二）“赛场挑才”一般经过下列程序：

1. 制定方案。市委组织部根据市委、市政府制定的中心镇、都市型功能区和市区的街道等考绩办法，拟定相应的“赛场挑才”工作方案，包括选拔领导干部的数量、选拔规则和工作程序等，报市委常委会审定。

2. 发布公告。根据市委常委会审定的方案，起草公告并通过新闻媒体发布。

3. 根据考绩结果确定初步人选。次年年初，市委组织部根据市考绩委员会办公室报送的中心镇、都市型功能区和市区的街道党（工）委书记考绩结果，确定初步人选。

4. 组织考察。按照《党政领导干部选拔任用工作条例》规定的程序，从初步人选中确定考察对象，并进行全面考察。

5. 讨论决定。根据考绩结果和考察情况，提交市委常委会讨论决定拟任人选。对任用人员实行一年的试用期，期满进行全面考核，合格的正式任职；不合格的免去试任职务，一般按试任前职务层次安排工作。

6. 公布结果。通过新闻媒体向社会公布选拔结果。

（三）“挂牌招才”一般经过下列程序：

1. 制定方案。市委组织部根据全市重点工作需要，拟定相应的“挂牌招才”工作方案，包括选拔岗位、选拔规则和工作程序等，报市委常委会审定。

2. 发布公告。根据市委常委会审定的方案，起草公告并通过新闻媒体发布。

3. 自荐报名。采取公开自荐的方式进行报名。报名者围绕目标岗位职责，对“挂牌”岗位的任期工作目标任务提出工作方案并作出书面承诺。

4. 审查遴选。市委组织部根据目标岗位要求对报名者的任职资格和方案承诺书按一定的程序进行审查遴选。

5. 现场答辩。根据审查遴选结果按目标职位以一定的比例确定人选，组织现场答辩。现场答辩评委由有关领导和专家组成，必要时可吸收“两代表一委员”及群众代表参与。现场答辩注重了解报名者的领导能力素质、个性特征，重点考察报名者所作出的方案及承诺目标实际可行性和科学性。

6. 组织考察。由市委组织部根据报名者综合素质、书面承诺遴选结果和现场答辩情况，按一定比例确定考察对象，并进行全面考察。

7. 聘任试岗。根据考察情况，提交市委常委会讨论决定试岗人选，并按规定程序进行公示，公示后未发现影响任用问题的办理任职手续。任职实行聘任制，按目标岗位工作要求确定聘期（一般为1年），聘任期间政治生活待遇按试用期标准执行。

8. 目标考绩。试岗人选聘任期满后，组织人员围绕目标岗位要求及其承诺进行考绩，对是否胜任选拔职位作出评价。

9. 正式任职。根据考绩情况和试岗期间表现，能全面完成工作目标任务并得到群众公认的，提交市委常委会研究后，办理正式任职手续，不再实行试用期。不胜任或不适合所聘任岗位的，解去聘任职务，回原单位按聘任前职务层次安排工作。

10. 公布结果。通过新闻媒体向社会公布选拔结果。

四、组织实施及工作要求

（一）加强领导。凭实绩选拔任用干部工作在市委的统一领导下开展，建立领导小组及其办公室（设在市委组织部），由市委组织部牵头相关职能部门负责组织实施。

（二）精心组织。市委组织部要坚持从实际出发，遵循“于事简便、于法周全”原则，制定详细周全的工作方案。各有关单位要积极参与，密切协作，确保各项工作顺利进行。

（三）把握导向。必须严格按《党政领导干部选拔任用工作条例》的规定程序进行，既突出看个人实绩表现，又注重考察干部品德表现；既要大胆使用优秀干部，不拘一格选拔人才，但又不降格以求。

（四）做好结合。注重与其他类型的竞争性选拔干部工作以及干部日常调配工作相结合，并在实践中及时总结经验，不断完善凭实绩选拔任用干部工作。

（五）市县联动。各县（市、区）要按照本办法，结合本地实际制定具体措施，通过市县联动形成凭实绩选拔任用干部工作的良好氛围。

附：1. 2011年“考绩择才”工作方案
　　2. 2011年“赛场挑才”工作方案
　　3. 2011年“挂牌招才”工作方案

附1

2011年“考绩择才”工作方案

为进一步强化凭实绩擢用干部导向，真正把实绩突出的干部选拔上来，根据《党政领导干部选拔任用工作条例》精神和《2011年度县（市、区）考绩法》、《2011年度市直单位考绩法》以及《温州市领导干部绩擢法（试行）》要求，现就2011年“考绩择才”工作提出如下方案：

一、选拔数量

2011年“考绩择才”共选拔市管领导干部16名，其中正县级领导干部6名，副县级领导干部10名。

1. 正县级领导干部6名：

(1)从县（市、区）、功能区副县级领导干部考绩优秀者中选拔2名；

(2)从县（市、区）、功能区被评为考绩“单项工作先进个人”的副县级领导干部中选拔1名；

(3)从市直单位副县级领导干部考绩优秀者中选拔3名。

2. 副县级领导干部10名：

(1)从县（市、区）“考绩先进单位”推荐的正科级领导干部中选拔3名；

(2)从功能区“考绩先进单位”推荐的正科级领导干部中选拔1名；

(3)从市直“考绩先进单位”推荐的正科级领导干部中选拔6名。

二、选拔规则

根据县（市、区）、功能区和市直单位相应考绩结果按选拔职位1:2的比例确定和推荐初步人选。

1. 正县级领导干部初步人选具体对象为：

(1)县（市、区）、功能区考绩前4名的副县级领导干部；

(2)县（市、区）、功能区在考绩中被评为固定资产投资、城乡统筹发展、六城联创、平安建设、计划生育等“单项工作先进个人”且党政领导干部绩效考核得分在“单项工作先进个人”中前2名的副县级领导干部；

(3)市直单位考绩前6名的副县级领导干部。

2. 副县级领导干部初步人选，从“考绩先进单位”推荐的正科级领导干部中产生，其中市直“考绩先进单位”按单位工作绩效考核总分进行排序，总分列前6名的单位方具有推荐资格。具有推荐资格的“考绩先进单位”党委（党组）均可推荐2名正科级领导干部，各单位推荐人选应从考绩优秀的干部中产生。

提任人选应符合《党政领导干部选拔任用工作条例》和有关法律法规规定的基本条件及任职资格条件，如不符合提任的资格条件，确因表现特别优秀或工作特殊需要的，可视情按有关程序予以破格提拔。

三、实施步骤

1. 发布公告。2011年3月中旬，在市内主要新闻媒体上发布公告。

2. 汇总初步人选名单。2012年1月—2月，市委组织部根据市考绩委员会办公室报送的考绩结果和被评为“考绩先进单位”推荐的正科级领导干部名单，按选拔规则分类汇总初步人选名单。

3. 组织考察。2012年2月下旬，按《党政领导干部选拔任用工作条例》规定的条件和程序，确定考察对象，组织考察组进行全面考察。考察中，注重对考察对象进行德的考察。

4. 讨论决定。2012年3月，根据考察情况，提出拟任人选并明确任职岗位，征求纪委等部门意见后，提交市委常委会票决，决定拟任人选。

5. 公布结果。2012年3月，通过市内主要新闻媒体向社会公布选拔结果。

附2

2011年“赛场挑才”工作方案

为进一步推动重要工作的落实，形成创先争优的浓厚氛围，市委决定开展工作竞赛，根据《党政领导干部选拔任用工作条例》精神和《温州市领导干部绩擢法（试行）》以及市委、市政府制定的中心镇、都市型功能区和市区街道考绩办法要求，现就2011年“赛场挑才”工作提出如下方案：

一、赛场设定和选拔数量

2011年“赛场挑才”设中心镇、都市型功能区和市区街道3个赛场，分两批进行竞赛，共选拔副县级领导干部5名，其中：

1. 从鹿城、龙湾、瓯海等三个区街道（含区划调整拟改建街道的镇）党工委书记考绩优胜者中选拔2名；

2. 全市乡镇行政区划调整后，从全市中心镇（含鹿城、龙湾、瓯海三个区保留建制的镇）党委书记考绩优胜者中选拔2名，从各县（市、区）属都市型功能区党（工）委书记考绩优胜者中选拔1名。

二、选拔规则

1. 按2011年度中心镇、都市型功能区和市区街道的考绩结果，以选拔职位1:2的比例确定初步人选。具体对象为：

(1)市区街道考绩前4名的党工委书记；

(2)全市中心镇考绩前4名的党委书记；

(3)各县（市、区）属都市型功能区考绩前2名的党

(工)委书记。

2. 提任人选应在考绩中连续担任列入考绩单位的党(工)委书记职务满1年(其中市区街道为2011年1月至2011年12月,中心镇和都市型功能区从区划调整完成后开始计算)。

3. 提任人选应符合《党政领导干部选拔任用工作条例》和有关法律法规规定的基本条件及任职资格条件,如不符合提任的资格条件,确因表现特别优秀或工作特殊需要的,可视情按有关程序予以破格提拔。

三、实施步骤

1. 发布公告。2011年3月中旬,通过市内主要新闻媒体发布公告,在鹿城、龙湾、瓯海等三个区街道中开展第一批"赛场挑才";全市乡镇行政区划调整完成后,发布公告在全市中心镇和各县(市、区)属都市型功能区中开展第二批"赛场挑才"。

2. 汇总初步人选名单。市委组织部根据市考绩委员会办公室两次报送的考绩结果,分别按选拔规则分类汇总初步人选名单。

3. 组织考察。按《党政领导干部选拔任用工作条例》规定的条件和程序,确定考察对象,组织考察组进行全面考察。考察中,注重对考察对象进行德的考察。

4. 讨论决定。根据考察情况,提出拟任人选并明确任职岗位,征求纪委等部门意见后,提交市委常委会票决,决定拟任人选。

5. 公布结果。通过市内主要新闻媒体向社会公布选拔结果。

附3

2011年"挂牌招才"工作方案

为了推进全市急难险重工程的进展,实现"十二五"规划建设目标的顺利开局,选拔任用一批敢于攻坚、善于破难的"智勇双全"干部,根据《党政领导干部选拔任用工作条例》精神和《温州市领导干部绩擢法(试行)》要求,现就2011年"挂牌招才"工作提出如下方案:

一、挂牌项目及岗位

"挂牌招才"项目及岗位可根据全市重点工作开展的需要,不定期提交市委常委会审定。

二、选拔规则

1. 各挂牌项目业主单位根据工作实际和《温州市领导干部绩擢法(试行)》的要求,负责制定各挂牌项目的具体招才方案说明书,并报市委组织部汇总。挂牌项目方案说明书应包括岗位名称、任务要求、考绩办法、人员配备等。

2. 市委组织部汇总各业主单位的挂牌项目方案说明书后,组织相关单位领导、专家学者对方案的可行性进行评估,经修改完善后报市委常委会研究审定。

3. 按照《温州市领导干部绩擢法(试行)》规定的程序组织产生人选。

4. 选拔面向温州市各级党政机关、事业单位、国有企业的在编在岗干部,具有大专以上学历,年龄不超过51周岁(1960年3月1日以后出生)。还应符合以下资格条件:

(1)现任党政机关正科级领导职务、事业单位相当于正科级领导职务、市属国有企业中层正职,任职时间满1年;或现任党政机关副科级领导职务、事业单位相当于副科级领导职务、市属国有企业中层副职,任职时间满4年。

(2)近3年年度考核均为称职(合格)以上等次。

三、实施步骤

1. 发布公告。根据市委常委会审定的方案,在市内主要新闻媒体上发布公告。

2. 自荐报名。组织好公开自荐报名工作。报名者围绕目标岗位职责,对"挂牌"岗位的任期工作目标任务提出工作方案并作出书面承诺。

3. 审查遴选。对报名者的任职资格进行审核,并组织有关专家对报名者所提出方案、承诺和目标的可行性、科学性进行分析评估。

4. 现场答辩。根据审查遴选结果,按目标职位以不少于1:3的比例确定答辩人选进行现场答辩。

5. 组织考察。由市委组织部根据报名者综合素质、书面承诺遴选结果和现场答辩情况,按目标职位一定的比例确定初步人选,并按照《党政领导干部选拔任用工作条例》规定的程序进行民主推荐,结合民主推荐结果确定考察对象,组织考察组进行全面考察。考察中,注重对考察对象进行德的考察。

6. 讨论决定。根据考察情况提出拟任人选,征求纪委等部门意见后,提交市委常委会票决,决定拟任人选。

7. 聘任试岗。拟任人选公示后未发现影响任用问题的,按有关规定程序办理任职手续。任职实行聘任制,按目标岗位工作要求确定聘期(一般为1年),聘任期间政治生活待遇按试用期标准执行。

8. 目标考绩。试岗对象聘任期间,市委组织部不定期向所在单位党委(党组)掌握了解其工作开展情况。试岗对象聘任期满后,组织人员围绕目标岗位要求及其承诺进行考绩,对是否胜任选拔职位作出评价。

9. 正式任职。根据考绩情况和试岗期间表现,能全面完成工作目标任务并得到群众公认的,提交市委常委会研究后,办理正式任职手续,不再实行试用期。不胜任或不适合所聘任岗位的,解去聘任职务,回原单位按聘任前职务层次安排工作。

10. 公布结果。通过市内主要新闻媒体向社会公布选拔结果。

中共平湖市委
关于印发平湖市领导干部日常行为量化监督管理若干规定的通知

平委〔2011〕9号

各镇、街道党委，平湖经济开发区（钟埭街道）党工委，市委各部委，市级机关各部门党委（党工委、党组），市属各单位党委（总支、支部）：

《平湖市领导干部日常行为量化监督管理若干规定》已经市委同意，现印发给你们，请结合实际，认真贯彻执行。

中共平湖市委

二〇一一年九月十九日

平湖市领导干部日常行为量化监督管理若干规定

第一条 为切实加强对领导干部日常行为的监督管理，建立健全干部有效监督、量化管理的长效机制，进一步改进干部作风，加大治庸治懒力度，提高领导干部的勤政廉政意识和执政能力水平，促进干部监督管理工作的科学化、规范化、制度化，特制定本规定。

第二条 本规定适用对象为市委管理的各镇街道和市级机关各部门（单位）乡科级领导干部。

第三条 本规定采用按监督管理内容量化计分的形式，对领导干部贯彻落实上级要求、履行岗位职责、执行规章制度及勤政廉政等方面的情况实施经常性的综合监督管理。

第四条 纪委（监察局）、检察院、市委办、市府办（外事办）、组织部、宣传部、政法委、信访局、台办、财政局、人事局、公安局、审计局、行政服务中心（公管办）等14个部门为考评责任单位，根据各自职责进行量化监督计分。

第五条 监督内容主要包括领导干部执行制度、履行职责、廉洁从政、自身形象、综合评价等五大方面。

（一）执行制度方面

1. 不认真执行民主集中制原则，不按规定实行重大事项集体决策的，视情节轻重，单位主要负责人和直接责任人每起分别计3—5分。（责任单位：纪委、组织部）

2. 不按规定执行民主生活会制度或中心组理论学习制度的，单位党委（党工委、党组）主要负责人每起分别计2分或1分。（责任单位：纪委、组织部、宣传部）

3. 不按规定带头执行市委、市政府的决策、部署和工作要求，在招商引资、征迁、创卫、作风建设、参与社区服务、社会管理等各项中心工作中，工作不力、配合不够的，每起计3分。（责任单位：市委办、市府办、组织部）

4. 违反《干部任用条例》和组织部关于机关中层干部和非领导职务等选拔任用相关规定的，或未经报批擅自进合同工的，单位主要负责人和分管负责人分别计3分和2分；提拔干部未实行《干部选拔任用工作全程记实办法》的，分管负责人每起计1分；在选人用人上存在不正之风的，单位主要负责人和分管负责人每起分别计3—5分。（责任单位：组织部、人事局）

5. 不按规定执行财经纪律和制度，在预算执行、财务管理、专项资金管理、奖金福利发放等方面存在较大问题的，或者在工程项目管理、资金管理和竣工结算等环节不按规定操作的，视情节轻重，单位主要负责人和直接责任人分别计3—5分。（责任单位：纪委、财政局、审计局）

6. 不按规定执行招投标制度或政府采购制度的，视情节轻重，单位主要负责人和直接责任人分别计3—5分。（责任单位：纪委、审计局、行政服务中心（公管办））

7. 不按规定报告或不如实报告个人收入和重大事项或不遵守廉洁过节“零报告”制度的，每起计2分。（责任单位：纪委、组织部、审计局）

8. 对上级召开的重要会议和组织的重大活动无故不参加，或对上级统一安排的培训无故缺席、缺课的，每起计1分；未经审批擅自召开全市性会议的，单位主要负责人和直接责任人每起分别计2分；在会议会风监督检查中，因违反相关规定被记录的计2分，情节严重进行公开通报的计4分。（责任单位：市委办、市府办、纪委、组织部、宣传部）

9. 乡科级领导干部理论与知识水平任职资格考试、乡科级领导干部年度理论考试及公务员更新知识培训考试考核不合格的，每起分别计1分；乡科级领导干部学习积分制考核不合格的计2分。（责任单位：组织部、宣传部、人事局）

10. 违反外出参观学习考察活动若干规定的，每起计3分。（责任单位：市委办、市府办、纪委）

11. 不按规定办理审批、请假手续擅自出国（境）、无故中途改变出国（境）路线或超过规定时间返回的，每起计5分；返回后未履行出国（境）报告手续或出国（境）证件未及时交组织集中保管的，每起计2分。（责任单位：市委办、市府办〈外事办〉、纪委、组织部、台办、公安局）

（二）履行职责方面

12. 在镇街道年度工作目标绩效考核中，连续两年列末位且主要经济指标未完成年度目标任务，或在市级机关部门工作目标绩效考核中，连续两年列末两位的，单位主要负责人计3分，其他班子成员各计2分；在年度考核中被“一票否决”的，单位主要负责人和分管负责人分别计2分。（责任单位：市委办）

13. 班子内部不团结，对工作开展造成不利影响的，单位主要负责人计3分，直接责任人计5分。（责任单位：纪委、组织部）

14. 因主观原因导致工作失误或责任事故，造成不良影响但尚不够党政纪处分的，每起计3分。（责任单位：市委办、市府办、纪委、组织部）

15. 无正当理由不及时办理、反馈市委、市政府督查事项和市领导交办事件，造成工作被动的，单位主要负责人和直接责任人每起分别计2分。（责任单位：市委办、市府办）

16. 本单位干部群众发生违法违纪案件，受到党政纪处分或追究刑事责任的，单位主要负责人和分管负责人分别计3分；下属单位主要负责人发生违法违纪案件，受到党政纪处分或追究刑事责任的，或下属单位工作人员被追究刑事责任的，主管单位主要负责人计1分，分管负责人计3分。（责任单位：纪委、检察院、公安局、审计局）

17. 遇有自然灾害、突发事件、群体性事件和其他急难险重任务时，无正当理由未立即赶赴现场的，每起计5分；到场后，未能有效履行职责，及时控制事态发展的，每起计1—3分；不按规定及时报送紧急信息，造成工作被动的，每起计1分；不按规定开展全员维稳工作，措施不落实的，每次计2分；对重大项目没有进行社会稳定风险评估，造成不良后果的，每起计2分。（责任单位：市委办、市府办、政法委）

18. 因损害群众利益、解决问题不及时或信访处置不当，造成群众集体（5人及以上）越级上访（嘉兴市级以上）或聚众闹事等群体性事件的，视情节轻重，单位主要负责人、分管负责人和直接责任人分别计1—3分；事件被嘉兴市级以上通报批评并追究责任或被嘉兴市级以上主流媒体曝光的，再计2—3分。（责任单位：宣传部、政法委、信访局、公安局）

（三）廉洁从政方面

19. 因违纪被纪检监察部门查处，受到“免予处分”的计5分；受到限期改正、责令检查、通报批评等处理的计6分。（责任单位：纪委）

20. 因落实党风廉政建设责任制不力，被市落实党风廉政建设责任制暨构建惩防体系工作领导小组发放整改通知书的，涉及内容直接责任人计1—3分；对违规问题在规定时间内纠正、整改不力的，单位主要领导和分管领导分别计1—3分。（责任单位：纪委）

21. 违反《党员领导干部廉洁从政若干准则》相关规定，尚不够党政纪处分的，每起计5分。（责任单位：纪委）

22. 违反规定购置公车或违规占用下属单位车辆、违规租赁车辆的，单位主要负责人和直接责任人分别计2分；私驾公车每起计2分；违反道路交通法规，发生重大交通事故且造成社会危害并负主责的计2分。（责任单位：市府办、纪委、财政局、公安局、审计局）

23. 不履行领导干部离任经济事项交接制度的计1分；领导干部经济责任审计结果认定为“C”等的计5分；对违规问题在规定时间内纠正、整改不力的，主要责任人再计2分。（责任单位：组织部、审计局）

（四）自身形象方面

24. 因生活圈、社交圈反映问题较多，经查影响领导干部自身形象但尚不够党政纪处分的，视情节轻重，计2—3分。（责任单位：纪委、组织部）

25. 因来信来访有反映，经查实存在违纪违规行为但尚不够党政纪处分的，视情节轻重，计2—3分。（责任单位：纪委、组织部）

26. 违反《浙江省机关效能建设“四条禁令”》、《平湖市机关工作人员日常行为禁令》及其他效能建设有关规定，视情节轻重，计2—4分；被嘉兴市级以上通报批评并追究责任或被嘉兴市级以上主流媒体曝光的，分管负责人和直接责任人分别再计1—2分。（责任单位：纪委、宣传部）

27. 违反《平湖市关于加强国家工作人员遵守计算机信息网络纪律的若干规定》，造成不良影响但未达到免职条件的，每起计3分。（责任单位：市府办、纪委、人事局、公安局）

28. 不服从组织调动决定，无正当理由，一周内不到岗或到新的岗位不履行职责的计5分；不遵守工作纪律，旷工或无正当理由请假逾期不归连续超过3天的计5分。（责任单位：组织部、人事局）

（五）综合评价方面

29. 在届中、届末班子回访考察中，领导班子民主测评不满意票达20%，或基本满意和不满意票之和超过30%，经查确属班子自身问题的，单位主要负责人计5分，其他班子成员各计3分。（责任单位：组织部）

30. 在领导干部年度考核中，综合排名连续两年列市级机关部门各考评口或镇街道同职级末位的计3分；单位民主测评不称职票达20%，或基本称职和不称职票之和超过30%，或连续两年不称职票达15%，经查确属自身存在问题的计5分；年度考核被评定为基本称职等次的计5分。（责任单位：组织部）

第六条 组织部要牵头做好领导干部日常行为量化监督计分情况的收集、审核和汇总整理，建立全程记实档案。平时要积极加强与相关责任部门的联系协作，及时掌握信息。各考评责任部门要进一步细化计分办法，分别建立台帐，并明确专人负责，做到责任落实到人。

第七条 各责任单位要对照监督管理内容，提出量化计分意见，经考评责任单位党委(党工委、党组)讨论研究后，每半年向组织部提供一次量化计分情况，并将计分的原因及分值告知被计分领导干部所在单位主要负责人。对反映问题较为复杂或计分依据不够充分的，要组织人员进行调查核实，收集相关资料和依据。

第八条 同一情况需计分的，按分值最高的一项计分，不重复计分。计分情况每半年统计一次，每满一年汇总交流一次，三年为期滚动，三年满后重新开始。

第九条 计分实行追溯原则，对 2009 年 7 月后发生的所有涉及追究领导责任的情况实行追溯计分。

第十条 建立领导干部日常行为量化监督管理工作联席会议制度，各考评责任单位为联席会议成员单位，联席会议由组织部召集，分管副部长为联席会议召集人，定期召开由责任单位负责人参加的联席会议，沟通信息，交流量化计分情况，分析问题，研究对策，改进工作。

第十一条 每年 3 月底前总结上一年度量化计分情况，并经联席会议讨论后提交组织部部务会议提出处理意见，如涉及降免职等处理的，提交市委常委会审定。

第十二条 量化计分情况要与领导干部的年度、届中、届末等考核有机结合，作为领导干部选拔任用及评先评优的重要依据之一。对领导干部一年内计分达到 8 分或两年累计达到 10 分、三年累计达到 15 分的，要给予诫勉谈话，本人要书面报告整改措施，一年内不得提拔使用，并取消年度评先评优资格；对领导干部一年内计分达到 10 分或两年累计达到 15 分、三年累计达到 20 分的，视情给予改任、降职、免职或责令辞职等处理。

第十三条 年度累计计分情况由组织部每年以书面形式反馈给领导干部本人及所在单位主要负责人。

第十四条 各考评责任单位要坚持实事求是、严谨细致的工作作风，确保干部监督信息的质量，做到及时、准确、不漏报、不瞒报；要严格遵守保密纪律，不得泄露有关干部监督信息内容。如发现有隐瞒或其他违规情况，严肃追究有关人员责任。

第十五条 本规定由组织部负责解释。

第十六条 本规定自发布之日起执行。2009 年 7 月发布的《平湖市领导干部日常行为量化监督管理的暂行规定》及《〈平湖市领导干部日常行为量化监督管理暂行规定〉考评办法》同时废止。

中共嘉善县委关于开展
县委权力公开透明运行试点工作的实施方案

(2011 年 3 月 22 日)

善委〔2011〕22 号

县委权力公开透明运行是规范县委权力行使、保证县委正确运用权力的客观要求，是发展党内民主、推进民主政治建设的有效途径，是强化对县委权力监督、从源头上防治腐败的重要举措。根据《中国共产党章程》、《中国共产党党内监督条例(试行)》和《印发〈关于开展县委权力公开透明运行试点工作的意见〉的通知》(中纪发〔2010〕33 号)文件精神，经省委批准，省纪委、省委组织部决定在我县开展县委权力公开透明运行试点工作，现就试点工作提出如下实施方案：

一、指导思想

坚持以邓小平理论、“三个代表”重要思想和党的十七大精神为指导，全面贯彻落实科学发展观，紧紧围绕“科学发展示范点”和“创先争优示范点”建设，坚持以人为本、执政为民为主线，以权力公开透明运行为核心，以厘清职权、规范程序、公开运行、强化监督为主要手段，以阳光决策、阳光人事、阳光工程、阳光支出和阳光处置重大突发事件等阳光施政为重点内容，探索建立决策权、执行权、监督权既相互协调又相互制约的县委权力公开透明运行机制，为全县经济社会转型发展、和谐稳定提供强有力的政治保证。

二、主要任务

(一)厘清职权。按照党内有关法规文件，完成县委本级的职权清理，划清权力边界。界定县委全委会、常委会及其成员的职权并编制职权目录，同时科学划分县委与县人大、县政府、县政协的职责权限，正确处理好相互之间的关系。包括县党代会，县委全委会、常委会及其成员的职责和权限；县委本级各类非常设机构及其职权；县委各职能部门的职责权限。尤其要加强对县委书记和各职能部门“一把手”职权的规范，对超越职权范围的职权予以纠正，对职能交叉的予以厘清，对权责不清的予以明确，对履行职能不到位的予以强化。同时，编制职权目录，明确职权主体、责任和要求，并根据职权的重要程度、行使频率和发生问题几率，实施风险评估。

(二)规范程序。对县委权力进行合理配置和流程优化，编制权力运行流程图，提高权力运行程序化、规范化水平。围绕县委重大决策、重要人事任免、重大工程项目建设、重大突发事件处置及大额度资金使用等制度，规范县委权力公开透明运行工作流程。

(三)公开运行。按照“客观全面、阳光透明、形式多样、及时有效”的要求，建立健全规范县委权力公开透明运行的各项制度，对县委权力内容范围和运行情况特别是“四重一大”、严重违纪违法问题的处理、党员群众普遍关注关心的问题，对内以会议、文件和通报、简报等形式公开；对外以建立党务公开网站、党务公开宣传长廊和县委新闻发言人等形式予以公开。开辟公开情况“直通车”专栏和民意“直通车”短信平台，探索建立开放式、互动式党务公开方式，实现公开由单向向互动转变、重点向全面转变，独立向联动转变，保障公开做到“党委工作全方位、权力运行全过程、关键环节全透明”。

（四）强化监督。通过整合资源，畅通渠道，加强对县委权力公开透明运行过程实施全方位监督。不断强化党内监督，更加自觉地接受省、市党委、纪检监察机关和组织部门的监督。充分发挥人大、政协、人民群众和新闻舆论的监督作用，形成对县委权力运行的监督合力。聘请社会监督员，组织开展广泛的社会监督和评议，建立完善科学民主、客观公正的县委权力公开透明运行评估评价体系和奖惩问责、民意反映诉求处理机制。

三、实施步骤

（一）“调研＋部署”阶段（2011 年 3 月底前）

1. 调研摸底。深入调研，充分吸纳中纪委试点的成功经验和做法，对照嘉善的实际情况，抓住工作现状中的短板和不足，形成高起点、高质量的富有嘉善特色的工作思路。

2. 动员部署。制定工作方案，明确工作任务、步骤和保障措施；召开县委权力公开透明运行动员大会暨全面推进党务公开工作动员大会，进行全面部署。

（二）“厘权＋评估”阶段（2011 年 4 月）

1. 厘清职权。厘清县委本级及各职能部门的职责和权限，制定《县委全委会工作规则》、《县委常委会工作规则》及《进一步规范县委全委会、常委会及成员职权的意见》等制度，并编制职权目录，详列权力清单。

2. 风险评估。对县委职权进行风险等级评估，形成风险点清单，并制定防控措施。

（三）“制度＋流程”阶段（2011 年 5 月 6 月）

1. 创新制度。建立健全规范县委权力公开透明运行的机制，制定党政“一把手”“四个不直接分管”和重大事项决策“末位表态”制度、县委事务例行公开制度、重大决策征求意见和听证咨询制度、党内情况通报制度、县委党务工作社会监督员制度、县委新闻发言人制度、党代表参与县委决策制度及关于党务公开实行目录管理的意见等文件制度，以制度来管权、管事、管人。

2. 规范流程。抓住决策、执行、结果等主要环节，编制《县委权力公开透明运行流程图》、《县委重大事项公开决策流程图》、《县委重大工程项目建设公开实施流程图》、《科级干部任免流程图》、《重大事件处置流程图》等，进一步明确行使职权的条件、步骤、监督环节等，规范县委权力公开透明运行工作流程。

（四）“公开＋监督”阶段（2011 年 10 月底前）

1. 实施公开。积极整合现有公开平台和公开网络，借助触摸屏、数字点播、手机短信、在线平台等信息科技手段，拓展公开渠道，对权力运行实施全程公开。

2. 强化监督。整合资源，坚持党内监督与党外监督、专门机关监督与群众监督、事前监督与事中事后监督相结合，对县委权力公开透明运行过程实施全方位监督。

（五）“总结＋提效”阶段（2011 年 11 月底前）

1. 总结经验。进行系统分析和认真总结，相关资料汇编归档。邀请党建理论方面的专家学者帮助一起总结提炼，培育工作标杆，提升试点工作起点层次和水平。

2. 提升绩效。综合检查考核、监督员意见、群众评议等各方意见建议，对工作绩效进行评估，进一步完善提高，推动县委权力公开透明运行工作制度化、规范化、常态化。

四、保障措施

1. 加强领导。成立以县委书记为组长，县委各部门主要领导为成员的县委权力公开透明运行工作领导小组，加强对县委权力公开透明运行工作的领导。领导小组下设办公室，办公室设在县纪委，主任由县纪委书记兼任，工作人员由领导小组成员单位相关人员组成，负责对县委权力公开透明运行工作的指导协调和督查。

2. 宣传引导。站在省委试点的高度谋划和制定宣传报道计划方案，围绕县委权力公开透明运行试点工作的重要环节，组织新闻媒体进行集中宣传报道，适时以工作推进会、经验交流座谈会、新闻通气会等形式来加大宣传力度。积极宣传县委权力公开透明运行试点工作的重要意义、目标要求，及时总结宣传试点工作的好做法、好经验，注意积累宣传试点工作的好素材，充分展示工作的新进展、新成果。

3. 联动推进。以县委权力公开透明运行试点为契机，全面深化党务公开。同步推进全县基层党组织党务公开和权力公开透明运行，联动推进全县政务、村（居）务、厂务、院务、校务等各类公开。选择若干镇（街道）和部门单位，作为基层党组织权力公开透明运行和党务公开工作的联系点，以点带面，有序推进，促进县委权力公开透明运行工作深入开展。

中共绍兴市越城区委　绍兴市越城区人民政府
关于开展“强化作风建设，推进‘三个年’活动”的实施意见

越委〔2011〕31号

各镇、街道党委、政府(办事处)，区级各部门(单位)：

为深入贯彻落实区委七届十次全会精神，着力推进“三个年”活动和换届工作，经研究，决定开展以“提增信心、凝聚合力”为教育主题，以“分类设重点，分级抓教育”为教育方法，以“转观念、提能力、优服务、严管理”为主要内容的“强化作风建设，推进‘三个年’活动”的活动。现提出如下实施意见：

一、指导思想

围绕区委“抓转型、重统筹、惠民生、促和谐、强党建”工作基调，深化2010年干部作风建设成果，促进全区各级干部进一步转变观念树信心、提升能力强责任、改进作风优服务、严以律己守纪律，全力促进“项目建设推进年”、“城乡统筹提升年”、“基层基础强化年”“三个年”活动和三级组织换届各项工作落到实处，为我区“十二五”规划的顺利实施、加快“三区”建设提供坚强的作风保障。

二、实施范围

区、镇街机关全体干部，重点是领导干部；基层站所全体工作人员。

三、主要目标

(一)科级以上领导干部

重点针对信心不足、责任不强、合力不够的问题。

1. 增信心。清醒认识和把握城区发展的特点和优势，勇于直面困难，转变思想观念，树立发展信心，抢抓发展机遇，善于扬长避短，立足方法创新，善于处理和解决实际问题，适应“十二五”发展和市权下放的需要，着力解决认识模糊、信心不足、怨气十足等问题。

2. 强责任。坚持以人为本、执政为民理念，提高决策能力、执行能力和攻坚能力，强化责任意识，树立中心意识，勇于走进矛盾，敢于担事担责，在“急、难、险、重”任务面前勇挑重担，一级带一级，一级做给一级看，着力解决履职意识不强、担责意识不够、工作推进不力等问题。

3. 凝合力。领导班子发挥表率作用，凝聚干部合力。主要领导善于带班子、抓队伍，抓人促事，敢抓敢管，发挥核心作用，班子成员独当一面、各司其职、团结协调、齐心干事，着力解决班子凝聚力不强、表率作用不够、监督管理不严等问题。

(二)区级机关干部

重点针对精神不振、业务不精、服务不优的问题。

1. 振精神。加强人生观教育，引导干部树立尽职尽责、忠于职守、积极进取的良好职业道德，激发工作激情，促使干部珍惜岗位、热爱岗位、干好岗位，增强事业心和责任心，解决干部队伍中无所用心、不思进取、不负责任等问题。

2. 精业务。强化业务知识、政策法规的学习，增强学习的紧迫感和自觉性，提高当领导参谋的能力和抓具体工作的能力，努力成为本岗位的行家里手，着力解决工作标准不高、业务不精、办法不多等问题。

3. 优服务。围绕“三个年”活动目标，牢固树立群众观念，强化服务理念，主动服务、优质服务、高效服务、廉洁服务，积极创建规范、有序、公正、诚信、高效的服务环境，切实提高行政效能，着力解决被动应付、推诿扯皮、效率不高等问题。

(三)镇街机关干部

重点针对干劲不足、实干不够、纪律不严的问题。

1. 提干劲。着眼于提高镇街干部的思想认识，大力抓好思想教育工作，切实增强干部的大局意识和合作意识，不比待遇比工作，不比职位比贡献，着力解决机关干部抱怨满腹、心情浮躁、静不下心想事、扑不下身干事等突出问题。

2. 重实干。弘扬脚踏实地、真抓实干、埋头苦干的工作作风，以实绩论英雄，以作为求地位，增强干部工作的主动性和进取性，形成主动干事、用心干事的良好风气。着力解决被动应付、得过且过、贪图轻松、精神萎靡等问题。

3. 严纪律。加强教育、监督和管理，严格执行各项制度和规定，强化执行力和落实力，确保政令畅通，令行禁止，着力解决纪律松弛、作风飘浮、自由散漫等问题。

(四)政法系统干部

重点针对宗旨意识不强、业务不精、执法不严的问题。

1. 强宗旨。开展新时期群众观和当代政法干警核心价值观的学习、讨论，通过认真审视自己的言、思、行，打牢执法为民的思想根基，着力解决对当事人态度粗暴、方法简单等问题。

2. 提本领。通过开展政法系统争创“双十佳”和案件评查活动，激发政法干部的蓬勃朝气、昂扬锐气、浩然正气，掀起比、学、赶、帮、超热潮，全面提升工作能力和水平，着力解决工作浮躁、业务不精、办案质量不高等问题。

3. 严执法。围绕人民群众反映强烈的执法司法问题，按照“四个一律”和从严治警的各项纪律要求，认真查

找问题，深入剖析原因，有针对性地制订、落实整改措施，着力解决接受吃请、滥用职权、徇私枉法等问题。

四、具体举措

（一）开展分层次教育。根据不同对象确定内容，开展分层次教育。科级以上领导干部层面结合省委提出的讲大局、鼓干劲、守纪律、正作风换届主题教育活动，重点进行“增信心、强责任、凝合力”教育活动，实施开好一次领导班子作风建设专题民主生活会、举办一期领导干部作风建设论坛等“五个一”活动。区级机关重点进行“振精神、精业务、优服务”教育活动，镇街机关重点进行“提干劲、重实干、严纪律”教育活动，政法系统结合正在开展的“发扬传统、坚定信念、执法为民”主题教育实践活动，重点进行“强宗旨、提本领、严执法”教育活动，认真分析本单位本系统干部队伍中存在的突出问题，精心设计载体，组织干部开展形式多样的教育活动。通过教育活动，促使各级干部自我修正、自我完善、自我提高，进一步振奋精神，树立信心，增强事业心和责任感，形成全区上下讲大局、重实干、比实绩的良好氛围。

（二）开展“三项”专项服务。深化“服务企业、服务基层”专项活动。开展区领导联系服务、干部进企服务、部门专项服务、人才科技服务，服务项目比实效、服务企业比实招、服务民生比实绩，切实优化对基层、企业和群众的服务，为各项重点工作推进创造良好的服务环境。深化“网格式联系、多元化服务”专项活动。开展蹲点调研，走访联系困难群众，落实帮扶措施，密切干群关系。开展“阳光便民”专项活动。以规范有序、高效便捷、公正诚信为目标，切实加强机关行风效能建设，落实好“首问首办”、“一次性告知”、“限时办结”等服务制度，做到承办部门、承办人、政策法规、办事流程、办结时限“五公开”，全面提升行政效能。

（三）完善“五项”工作机制。完善工作考核机制。围绕“三个年”活动，进一步健全完善镇街、区级部门年度岗位目标责任制考核，科学定量，拉开档次，体现效率，鼓励多劳多得，对重点工作完成不力的采取倒扣分。完善干部任用机制。正确把握用人导向，大力倡导争做“讲实在、重实干、出实绩”的“三实”型干部，提拔重用品行正、干劲足、群众认可度高的干部，调整不称职、不胜任现职领导干部，实现优胜劣汰、能上能下。完善干部能力提升机制。按照分级培训原则，加大干部培训力度，注重理论、业务和科学知识的学习，强化宗旨教育，引导党员干部树立正确的人生观和价值观；注重实践锻炼，有计划、分批次抽调干部上挂下派锻炼。完善领导干部日常工作透明机制。继续落实区委作风建设八项配套制度，深化领导干部工作日志周报制度，建立区委、区政府班子成员和镇街党政正职日志报送制度，编发《每日动态》。完善先进典型导向机制。全面宣传“双十佳”先进典型，开展“岗位先锋”评比活动，大力表彰岗位实绩突出的干部，让广大干部学有榜样、干有方向。

（四）加大督查问责力度。建立主题教育、重点项目、作风纪律督查队伍，开展全方位的暗访、督查和评议。加强对主题教育活动的督查。对目标不清、教育不实、敷衍塞责走过场的单位责令进行重点整改。加强对“三个年”活动推进情况的督查。建立重点项目进程月报制，保证重点工作高效有序推进。加强对换届选举工件的监督。加大对拉票贿选、买官卖官、跑官要官、违规用人和干扰换届的整治力度，发现一起查处一起，营造风清气正的换届环境。加强对不正之风的治理。重点治理公款旅游、公车私用、公款吃喝现象，切实纠正和查处损害群众利益的问题。加大问效问责问纪力度。对项目推进过程中牵头单位和责任领导联系不及时、沟通不到位、协调不力、敷衍应付的进行问效；对职能部门在“三个年”活动中不作为、乱作为、效率低下的进行问责；对有令不行、有禁不止、违反纪律的进行问纪。

五、工作要求

（一）加强组织领导。区建立干部作风建设工作领导机构（详见越委办〔2011〕26号文件），各镇街、区级部门也要成立相应组织，“一把手”要负起总责，分管领导具体负责，其他成员各负其责，按照“分级设重点、分类抓教育”的要求，认真分析解决班子成员和干部队伍中存在的突出问题，制定干部教育、纪律、奖惩等方面针对性、操作性强的措施，切实将这次教育活动落到实处，抓出成效。各牵头部门要切实承担起责任，落实好牵头工作。

（二）注重统筹兼顾。要合理安排时间，周密组织实施。坚持作风建设活动与创先争优活动相结合，与推进“三个年”活动相结合，与换届选举工作相结合，与加强干部队伍建设相结合，以作风带行风，以行风促效能，做到统筹兼顾、互为促进。

（三）强化督促指导。充分发挥作风建设工作机构的组织协调职能，加强对工作的具体指导和监督检查，认真总结工作经验，及时反映工作动态，定期检查活动开展情况，提出改进工作的意见建议，确保活动顺利、有序开展。敢于动真碰硬，严厉查处影响机关作风行为，切实加大问责追究力度，增强监督检查的震慑力。

附件：1．“强化作风建设，推进‘三个年’活动”安排（略）

2．在领导干部中开展“增信心、强责任、凝合力”主题教育活动的方案

二〇一一年四月十八日

附件 2

在领导干部中开展“增信心、强责任、凝合力”主题教育活动的方案

一、教育目的

重点针对领导班子和领导干部中存在的信心不足、责任不强、合力不够等问题，加强教育和自我教育，促使领导干部转变观念、增强发展信心，提升能力、强化领导责任，做好表率、凝聚干部合力。

二、教育对象

科级以上领导干部。

三、活动内容

围绕“增信心、强责任、凝合力”主题，开展“五个一”活动。

（一）开好一次领导班子作风建设专题民主生活会（牵头部门：区委组织部）

围绕“增信心、强责任、凝合力”主题，召开上半年度领导班子作风建设专题民主生活会，深刻剖析领导班子和领导干部在信心、事业心、责任心、执行力以及表率作用发挥等方面存在的问题，查找问题根源，明确整改方向，落实整改措施，达到转变作风、解决问题、推进发展的目的。

（二）举办一期领导干部作风建设论坛（牵头部门：区纪委）

紧贴“增信心、强责任、凝合力”主题，结合本职岗位，就当前领导干部“在思想观念、发展信心中存在的突出问题”、“对勇于担责、善于攻坚的理解”、“对以身作则、发挥表率作用方面的认识”等内容，要求每一位科级以上领导干部撰写文章，各抒己见，开展讨论。在此基础上，举办领导干部作风建设论坛。通过学习交流，统一思想，振奋精神，增强信心，凝聚合力。

（三）联系一批重点项目（牵头部门：区府办）

按照区委《关于分解落实 2011 年越城区“三个年”活动工作任务的通知》（越委办〔2011〕10 号）要求，相关责任单位和协调单位要进一步细化量化，定岗定位，将各项任务分解落实到每一位科级领导干部，并加强监督检查，确保任务完成。继续深化“服务企业、服务基层”专项行动，加大对企业、对基层的服务力度，优化发展环境。

（四）联系一个创建社区（牵头部门：区委宣传部）

建立健全区级机关各部门、科级领导干部联系社区创建工作制度，要求每一位科级领导干部联系一个社区，重点指导创建全国文明城市和国家卫生城市复查迎检工作，确保创建和复查迎检工作取得成功。

（五）联系一批困难群众（牵头部门：区委办、区民政局）

根据区委《关于全面推进“网格式联系、多元化服务”的工作意见》（越委〔2010〕23 号），深化落实“一对一”帮扶活动，每一位科级以上领导干部都要深入网格，联系 1—2 户困难党员、困难群众，定期不定期走访了解、真情帮扶，解决生产生活中遇到的困难问题。联系活动保持相对稳定，遇到人事变动应及时调整递补，确保联系活动落到实处，富有成效。

制，制定党政“一把手”“四个不直接分管”和重大事项决策“末位表态”制度、县委事务例行公开制度、重大决策征求意见和听证咨询制度、党内情况通报制度、县委党务工作社会监督员制度、县委新闻发言人制度、党代表参与县委决策制度及关于党务公开实行目录管理的意见等文件制度，以制度来管权、管事、管人。

2. 规范流程。抓住决策、执行、结果等主要环节，编制《县委权力公开透明运行流程图》、《县委重大事项公开决策流程图》、《县委重大工程项目建设公开实施流程图》、《科级干部任免流程图》、《重大事件处置流程图》等，进一步明确行使职权的条件、步骤、监督环节等，规范县委权力公开透明运行工作流程。

（四）“公开＋监督”阶段（2011 年 10 月底前）

1. 实施公开。积极整合现有公开平台和公开网络，借助触摸屏、数字点播、手机短信、在线平台等信息科技手段，拓展公开渠道，对权力运行实施全程公开。

2. 强化监督。整合资源，坚持党内监督与党外监督、专门机关监督与群众监督、事前监督与事中事后监督相结合，对县委权力公开透明运行过程实施全方位监督。

（五）“总结＋提效”阶段（2011 年 11 月底前）

1. 总结经验。进行系统分析和认真总结，相关资料汇编归档。邀请党建理论方面的专家学者帮助一起总结提炼，培育工作标杆，提升试点工作起点层次和水平。

2. 提升绩效。综合检查考核、监督员意见、群众评议等各方意见建议，对工作绩效进行评估，进一步完善提高，推动县委权力公开透明运行工作制度化、规范化、常态化。

四、保障措施

1. 加强领导。成立以县委书记为组长，县委各部门主要领导为成员的县委权力公开透明运行工作领导小组，加强对县委权力公开透明运行工作的领导。领导小组下设办公室，办公室设在县纪委，主任由县纪委书记兼任，工作人员由领导小组成员单位相关人员组成，负责对县委权力公开透明运行工作的指导协调和督查。

2. 宣传引导。站在省委试点的高度谋划和制定宣传报道计划方案，围绕县委权力公开透明运行试点工作的重要环节，组织新闻媒体进行集中宣传报道，适时以工作推进会、经验交流座谈会、新闻通气会等形式来加大宣传力度。积极宣传县委权力公开透明运行试点工作的重要意义、目标要求，及时总结宣传试点工作的好做法、好经验，注意积累宣传试点工作的好素材，充分展示工作的新进展、新成果。

3. 联动推进。以县委权力公开透明运行试点为契机，全面深化党务公开。同步推进全县基层党组织党务公开和权力公开透明运行，联动推进全县政务、村（居）务、厂务、院务、校务等各类公开。选择若干镇（街道）和部门单位，作为基层党组织权力公开透明运行和党务公开工作的联系点，以点带面，有序推进，促进县委权力公开透明运行工作深入开展。

中共金华市委　金华市人民政府
关于全面推进廉政风险防控机制建设的实施意见

（2011 年 6 月 27 日）

市委〔2011〕23 号

为深入贯彻党的十七大及十七届中央纪委五次、六次全会精神，全面落实中央《建立健全惩治和预防腐败体系2008—2012 年工作规划》和省委实施办法、市委工作细则，扎实推进反腐倡廉建设，提高廉政风险防控能力，保证权力正确行使，促进干部勤政廉政，根据中共浙江省委、浙江省人民政府《关于全面推进廉政风险防控机制建设的意见》（浙委〔2011〕6 号）精神，现就全面推进我市廉政风险防控机制建设提出如下实施意见。

一、指导思想

以邓小平理论和“三个代表”重要思想为指导，深入贯彻落实科学发展观，坚持突出重点、有序推进、全面覆盖、注重实效的原则，围绕权力运行和监督制约，以查找、规范、监督等环节为重点，着力形成以岗位为点、程序为线、制度为面、科技手段为依托，预防超前、制度完善、监督有力、干部廉洁的廉政风险防控机制，不断提高党风廉政建设和反腐败工作水平，为加速浙中崛起，全面建成惠及全市人民的小康社会提供重要保障。

二、主要任务

廉政风险是指党员干部和国家公职人员在行使公共权力中发生腐败行为的可能性。廉政风险防控机制是指以积极防范为目标，以强化管理为手段，在公共权力行使的重点领域、重要岗位和关键环节，排查廉政风险，健全内控机制，加强风险预警的防控机制。各地各部门要围绕规范公共权力运行，紧密结合实际，全面排查岗位职责、业务流程、制度机制和外部环境等方面可能引发廉政风险的问题，通过评估风险等级、梳理权力清单、规范权力运行、加强风险预警、强化考核追究等手段，采取前期预防、中期监控和后期处置等措施，力争到 2012 年初步建立覆盖各级党政机关、司法机关和国有企事业单位的廉政风险防控机制。

（一）全面查找廉政风险

1. 明确查找对象。廉政风险查找对象包括各级党政机关、司法机关和国有企事业单位的全部岗位和工作人员，并逐步向中介机构、村（社区）级组织延伸，实现全面覆盖。按照部门职能、岗位职能和工作流程，分三个层面查找风险点。一是查找个人岗位廉政风险。党员干部要对照履行岗位职责、执行制度、行使国家权力和内部管理权等方面，认真查找存在的廉政风险内容及其表现形式，报所在部门（单位）党组织审核。二是查找机关内设部门廉政风险。以行政管理、执纪执法等事项的重要环节为重点，查找在业务流程、制度机制和外部环境等方面存在或可能存在的廉政风险，并细化分析风险内容和表现形式，报所在部门（单位）党委（党组）审核。三是查找部门（单位）廉政风险。结合行业特点，以重大事项决策、重要人事任免、重大项目安排和大额资金使用等方面为重点，查找容易产生腐败行为的廉政风险内容及表现形式，报上级党委（党组）、纪检监察机关备案。

2. 细化查找内容。廉政风险查找要围绕本单位职责内公共资源管理、公共服务提供、执法行为履行等公务活动中权力运行的重要部位和关键环节；贯穿村（社区）级组织常态运行、中介机构服务群众、国有企业生产经营等活动的全过程。重点查找六类风险：一是环境性廉政风险，即社会环境和服务主体对行政执法和管理可能带来的影响；二是机制性廉政风险，即工作机制中存在的管理、监督、执法等环节的空档、漏洞；三是程序性廉政风险，即自由裁量权、现场即决权、内部管理权等权力运行过程中存在的风险；四是管理性廉政风险，即日常工作环节中管理是否规范、制度是否落实等；五是政策性廉政风险，即政策规定冲突及相对滞后对某些业务工作环节的影响；六是岗位性廉政风险，即通过业务工作各类数据比对、日常投诉、检查考核、信访举报等途径发现的个人岗位方面存在的问题。

3. 完善查找方法。廉政风险查找一般采取五种方法：即单位自查，根据工作职责、程序、流程，结合实际，认真分析存在或潜在的廉政风险；内部互查，班子成员和内设机构之间、部门（单位）和下属单位之间相互分析排查；群众帮查，向人大代表、政协委员、行风监督员和服务对象代表征求意见建议；专家助查，邀请本行业有关专家分析业务工作中存在或潜在的廉政风险；纪检协查，结合党风廉政建设责任制考核、机关效能建设督查和查办案件情况开展排查。各地各部门要在此基础上，积极探索，注重创新，采取多种手段，丰富查找方法。

4. 评定风险等级。查找出的廉政风险要按照发生的几率大小或可能造成的危害程度进行辨识、归类和等级评定。廉政风险分为三个等级：一级风险为发生几率高，或者一旦发生可能造成严重损害后果，有可能触犯国家法律，构成犯罪的风险；二级风险为发生几率较高，或者一旦发生可能造成较为严重损害后果，有可能违反党纪政纪和相关法规，受到党纪政纪处分的风险；三级风险为发生几率较小，或者一旦发生可能造成不良社会影响的风险。廉政风险实行分级管理、分级负责。一级廉政风险由单位主要领导负责，二级廉政风险由单位分管领导负责，三级廉政风险由内设机构领导直接管理和负责。

5. 建立风险信息库。单位、单位内设部门和个人查找的廉政风险点和采取的防控措施，经组织审核把关后，填写单位廉政风险防控登记表、内设部门廉政风险防控登记表和个人岗位廉政风险防控登记表，并结合信访举报、考核检查等渠道获得的相关信息，形成廉政风险信息库，实行分类、系统、动态管理。廉政风险防控信息要在一定范围内公示，接受社会监督。

（二）健全风险防控机制

1. 建立流程防控机制。核定权力清单，规范工作流程，对照法律法规和机构职能“三定”方案，按照“谁行使、谁清理”的原则，对单位、部门和岗位权力事项自下而上进行清理规范，逐项审核确定权力事项的类别、行使依据、责任主体。凡没有法律法规依据和规定的职权，原则上取消；确因工作需要保留的，应当按照法定程序加以设定；虽有法律法规依据但不切实际或实际中不需要的职权，要尽可能取消。进一步削减审批项目，精简办事环节，防止已压缩的权力事项扩张、已取消的事项反弹。针对岗位的工作性质和业务特点，特别要抓住重要岗位和环节，编制岗位职权目录、制度目录和业务流程目录，绘制权力运行流程图，明确运行流程，严格操作程序，确保权力规范运行。

2. 健全分类防控机制。根据权力运行的不同情况，合理区分各类权力，采取切合实际、科学有效的措施推进分类防控，不断完善决策权、执行权、监督权既相互制约又相互协调的权力结构，逐步形成结构合理、配置科学、程序严密、制约有效的权力运行机制。针对风险较高的重大事项决策权、行政审批权、执法权、监督权等，要根据法律规定和实际工作需要，进行合理分解，强化制约监督，防止权力过于集中。针对人财物管理使用等重要岗位、关键环节，建立健全部门主要领导不直接分管财务、人事、工程建设、物资采购、项目审批等制度，重要部门负责人、重点岗位人员按规定实行定期轮岗交流。针对权力运行过程，要制定权力行使特别是行政处罚实施细则，防止自由裁量权过大产生廉政风险；继续深化行政审批、司法体制和工作机制以及财税、金融、投资、国有企业体制改革，积极推进公共资源配置市场化，着力从源头上减少廉政风险。

3. 深化监督防控机制。公开办事流程、权力依据和办事结果。行政决策、行政执行、重要人事任免、行政执法、行政服务、行政监督、勤政廉政等事项，都应在不同范围内公开，保证公共权力在阳光下运行。充分运用科技手段和信息化技术，推行政务事项网上公开、网上办事，推进电子政务和电子监察系统建设，实时监控廉政风险，提升廉政风险防控工作的科技含量，促进权力运行的规范化、公开化、程序化。坚持把党内监督与人大监督、政协民主监督、政府专门机关监督、司法监督、群众监督、舆论监督结合起来，整合监督资源，实施有效监管。

4. 完善预警防控机制。强化对容易发生廉政风险的各个环节的日常性监控，及时收集廉政风险信息，定期分析搜集的信息资料，掌握廉政风险发生、演变的表现形式和内在规律，研判防控机制运行过程中出现的新情况新问题，视情节轻重，实行岗位、单位、综合等分级预警，采取自查自纠、教育提醒、限期整改、廉政谈话等方式，及时进行预警提示和纠正，防止苗头性、倾向性问题演变为违纪违法问题。

5. 落实教育防控机制。根据廉政风险等级和岗位特点，从容易滋生腐败、发生不正之风或导致利益冲突的领域入手，有针对性地安排廉政教育，通过情景教育、案例警示以及知识测试、廉政承诺、约访谈话等多种形式，丰富廉政文化进机关活动，抓好党员干部思想道德教育、岗位廉政行为规范教育、廉政风险防控教育和法纪教育，引导党员干部牢固树立廉洁意识、风险意识和责任意识，筑牢拒腐防变的思想道德防线。

（三）建立长效运行机制

1. 协同推进机制。廉政风险防控机制建设要与其他工作相互结合、协调协作，形成整体推进的工作机制。要与惩防体系重点工作项目化管理相结合，形成构建具有金华特色的惩治和预防腐败体系的整体合力。要与“创先争优”、“深化作风建设年”等活动相结合，提升干部学风、作风，提高破解难题的能力，促进党员干部勤政廉政。要与业务工作紧密结合，深化公共权力运行改革，加强行业系统管理制度建设，建立有效管用的腐败制约机制，最大限度地提高反腐败工作水平。

2. 定期分析机制。各地各部门要以季度、年度等为时间段，区分不同领域、不同层级，有针对性地分析廉政风险防控机制建设情况，科学界定工作进度，为理清工作思路、深化机制建设创造条件。要相互对照比较、交流借鉴，牢牢抓住发现的问题和存在的不足，强化工作力度，抓好整改落实。

3. 优化提升机制。廉政风险防控机制建设要结合经济社会发展、行政职能转变和预防腐败工作的新要求，不断总结经验，对新出现的腐败风险及时制定和优化防控措施，形成廉政风险防控动态优化机制，推进源头治腐工作向纵深发展。

4. 检查考核机制。通过信息监测、定期自查、上级检查、社会评议等方式，对廉政风险防控情况进行检查考核。考核结果纳入党风廉政建设责任制考核评价体系，作为党政领导干部年度考核的重要依据。

5. 责任追究机制。对不按规定落实廉政风险防控措施、群众有举报和社会有反映的，按照党风廉政建设责任制有关规定和《关于实行党政领导干部问责的暂行规定》，采取提醒警示、谈话诫勉、效能责任追究、组织处理和纪律处分等措施，实施责任追究，帮助和督促其及时纠正工作中的失误和偏差。

三、工作要求

（一）加强组织领导。各级党委、政府要把推进廉政风险防控机制建设作为反腐倡廉建设的重要内容，强化领导，周密部署，认真实施。建立健全由党委构建惩防体系工作领导小组宏观决策、纪检监察机关负责协调推进、各部门各单位各负其责的领导体制和工作机制，实现多方联动、上下协同、合力推进廉政风险防控机制建设。各级纪检监察机关要充分发挥职能作用，积极协助党委(党组)做好协调指导、督促检查和考核评估工作。各地各部门要结合实际制定推进廉政风险防控机制建设工作细则，明确责任领导、责任部门和工作人员，将廉政风险防控机制建设与业务工作同步部署、同等要求、同时督促。

(二)认真抓好落实。各级党政领导班子及其成员要按照党风廉政建设责任制的要求，切实履行"一岗双责"，带头查找廉政风险，带头制定和落实防控措施，带头抓好自身和管辖范围内的廉政风险防控机制建设工作，做到真抓实干、开拓创新，确保风险防控的每一个环节、每一个步骤、每一项措施，得到扎实推进、全面落实。通过推进廉政风险防控机制建设，进一步增强本系统本部门党员干部特别是领导干部的廉洁自律意识，提高遵守廉洁自律规定的自觉性，有效预防和避免违纪违法行为的发生。

(三)推进改革创新。各地各部门要找准着力点和突破口，不断拓展廉政风险防控机制建设的方法和途径，推进理念思路、制度机制和工作手段创新。要积极借助现代科技手段，构建廉政风险防控的技术支撑体系，提升廉政风险防控工作的科技含量。要及时总结工作实践中创造的有效经验和做法，并加以概括提炼，上升为普遍性的要求和方法，确保廉政风险防控机制建设稳步推进、取得实效。

中共东阳市委关于
进一步加强"五事"干部队伍建设的意见

市委〔2011〕51号

各镇乡党委、街道党工委，市机关各部门、各单位党组织：

自2009年我市在干部队伍中组织开展"践行科学发展、争当'五事'干部"活动以来，经过全市上下的共同努力，干部队伍精神面貌有了新提振、整体素质有了新提升、执政能力有了新提高、工作作风有了新转变、工作机制有了新发展，形成了心齐、气顺、劲足、实干的良好氛围，有力促进了全市经济社会快速发展，达到了预期的目标和要求。为进一步形成干部队伍建设的长效机制，现就加强"五事"干部队伍建设提出如下意见：

一、指导思想

坚持以邓小平理论和"三个代表"重要思想为指导，全面贯彻落实科学发展观和党的十七大及十七届五中全会精神，认真总结"践行科学发展、争当'五事'干部"活动成功经验和有效做法，以市镇集中换届为契机，以推进干部思想政治建设、干部实践锻炼工程建设、干部选拔任用科学化建设、党内和谐机制建设和干部作风建设等"五大建设"为重点，形成干部队伍建设长效机制，使"五事"理念更加深入、"五事"内涵更加丰富、"五事"实践更加扎实，着力打造一支"肯干事、会干事、干成事、能共事、不出事"的高素质干部队伍，为实现"加快东阳崛起、实现全面小康"目标提供强大的组织保证。

二、目标要求

1. 着眼于"肯干事"，不断增强服务崛起的源动力。广大干部崇尚务实、努力干事的氛围日渐浓厚，干事创业的热情进一步迸发；敢于承担挑战性的重大工作任务，乐于在工作中体现价值；具备高度的事业心和强烈的责任感，最大限度激发"肯干事"的动力。

2. 着眼于"会干事"，不断增强服务崛起的执行力。广大干部善于学习、勤于思考，业务素质明显提高，知识结构不断优化；勤于实践，善于把学习的理论知识和工作实践进行有机结合，做到学用互促；驾驭全局、科学发展、开拓创新、执行落实、沟通协调等解决实际问题的能力显著增强，全面提高"会干事"的能力。

3. 着眼于"干成事"，不断增强服务崛起的创造力。广大干部牢固树立主人翁意识、实干意识，努力改进工作思路和工作方法，提高干事效率；牢固树立创先争优意识，始终保持奋发进取、昂扬向上的精神状态，高标准、严要求开展工作，创造一流业绩；牢固树立创新意识，实现思维创新、方法创新、机制创新，永葆生机活力，努力提升"干成事"的创造力。

4. 着眼于"能共事"，不断增强服务崛起的凝聚力。广大干部坚持围绕大局、服务中心、团结协作，严格落实民主集中制；树立"不怕吃亏"的精神，胸襟开阔，乐于奉献；互相学习，取长补短，集思广益，努力在竞争中提高，在合作中成长，形成"能共事"的良好氛围。

5. 着眼于"不出事"，不断增强服务崛起的保障力。广大干部牢固树立法纪观念，自觉抵制不良风气，保持"思想"纯净；坚持自重、自警、自省、自励，自觉守住法律和道德底线；坚持廉洁从政，淡泊名利，清清白白做人，干干净净为官，自觉修炼好"不出事"的内力。

三、主要措施

(一)深入推进干部队伍思想政治建设，进一步增强践

行“五事”干部标准素质

1. 坚持用中国特色社会主义理论武装头脑。充分运用“双创”大讨论、“文明在东阳”思想道德建设、“与法同行”法制宣传教育的成功经验，深入开展思想道德主题教育活动。认真组织学习中国特色社会主义理论体系，深化对世情、国情、党情和市情的科学认识，进一步解放思想、开拓创新。认真组织学习社会主义核心价值体系，引导干部增强政治敏锐性和责任感。深入开展向孙炎明、林南珍等先进人物学习活动。大力弘扬“崇文重教、精工善艺、大气包容、创新图强”的与时俱进的东阳人文精神和“四不一顾”的红椿巷旧城改造精神，最大限度地激发社会活力。

2. 积极创建学习型党组织。倡导“主动学习、全员学习、终身学习”理念，形成重视学习、崇尚学习、坚持学习的浓厚氛围。继续做好学习型党组织、学习型党员干部“双二十佳”评选工作。进一步健全各级党委(组)理论中心组学习、党员学习日、机关干部每周一次学习等制度，完善各党委(组)理论中心组学习秘书联系交流机制和学习情况通报制度，促进干部的学习能力不断提升、知识素养不断提高。

3. 不断强化并规范干部教育培训工作。按照《关于贯彻〈干部教育培训工作条例(试行)〉的实施意见》，创新干部教育培训理念、内容和方式，把经济转型、社会管理创新、环境保护、危机处理、网络知识等列入干部教育培训内容，广泛开展案例式、体验式教育培训。积极推进资源整合和现场教学基地建设，完善干部教育培训课程质量评估指标体系，加强对干部教育培训课程质量的考核，认真实施《东阳市干部教育培训档案登记管理办法(试行)》。

(二)深入推进干部实践锻炼工程建设，进一步提高践行“五事”干部标准能力

1. 认真贯彻落实“五事”干部标准。将学习“五事”干部标准纳入广大干部学习的重要内容，利用自学、集中学习、专题研讨、座谈会、举办征文演讲等多种有效方式，进一步组织引导广大党员干部深刻理解“五事”干部标准的丰富内涵，全面领会“五事”干部标准的精神实质。以“五事”干部标准指导具体实践，自觉践行科学发展观。广大干部要将“五事”干部标准内化为具体行动，融入工作生活方方面面，时时处处对照检查，总结反思，做到以“五事”干部标准引领自身进步成长。

2. 继续落实干部下基层锻炼制度。积极选派年轻干部、有发展潜力干部到基层任职或到重大项目、重点工程和信访等岗位挂职锻炼，提高基层实际工作能力。坚持把基层工作经历作为选拔干部的重要条件，进一步探索完善专项考察干部的制度、程序、办法，在促进经济发展、城市建设改造、破解历史遗留问题等重大工程、重要工作、重点项目中发现人才、使用干部。

3. 加大干部交流力度。认真实施《镇乡街道领导干部交流工作暂行规定》、《机关部门单位中层正职交流工作暂行规定》、《关于建立镇乡街道机关及事业单位工作人员交流制度的意见》等制度，进一步健全干部交流工作。采用“组织调配、公开选拔、下派挂职”等方式，推进机关部门与镇乡街道的干部交流；采取培养性交流、常规性交流等多种交流形式相结合的交流方式发现干部、培养干部、使用干部。

4. 落实好领导班子集体和干部个人“办事档案”制度。切实把市委、市政府中心工作和重点工作完成情况、落实市委研究决定的有关事项执行情况、急难险重等工作中的表现情况等作为“办事档案”的重要内容，真正清楚了解干部“会不会干事，干成了多少事”。坚持把“办事档案”作为年度考核、评优评先和干部选拔任用的重要依据，切实发挥其作用。坚持“办事档案”通报制度，广泛接受群众监督。

(三)深入推进干部选拔任用科学化建设，进一步提升践行“五事”干部标准公信度

1. 健全干部考核评价体系。按照《关于健全完善促进科学发展的干部考核评价体系机制的实施意见》、《东阳市镇乡街道和市机关部门单位党政领导班子和领导干部年度考核实施办法(试行)》要求，进一步完善考核评价内容，改进考核评价方式，扩大考核评价民主，强化考核评价结果运用。突出科学发展政绩考核，坚持分类考核，增强考核评价的可比性和公平性。坚持定性与定量结合，完善民意调查、实绩分析等方法，充分运用审计、统计及部门(行业)专项考评结果。进一步实施党政正职联评制，年度考核等次根据镇乡街道、机关部门正职领导评议、市级领导评议和单位年度工作目标责任考核综合确定。

2. 注重干部“德”的考核考察评价。认真学习贯彻胡锦涛同志提出的“以德修身、以德服众、以德领才、以德润才、德才兼备”的“五德”用人思想，加强对领导干部德的考核考察评价。按照《东阳市领导干部德的考核考察评价实施办法(试行)》，采取个人述德、群众评德、档案析德、社区访德等办法，坚持定量与定性相结合，注重考察干部的政治品德、职业道德、社会公德和家庭美德等四方面情况，全面客观准确地考察领导干部。

3. 进一步规范干部选拔任用工作。牢固树立“论德才、讲实绩、重基层、凭公认”的用人导向，坚持让老实干事的不吃亏、敢抓敢管的不委屈、敢于改革创新的不受非议，真正把那些政治坚定、有真才实学、实绩突出、群众公认的干部选拔上来。进一步完善落实市委全委会成员推荐提名重要干部人选制度，不断完善组织推荐、领导干部推荐、党员群众推荐、个人推荐等推荐提名方式。以市镇换届为契机，选好配强镇乡街道和市机关部门党政领导干部，推进领导班子结构优化。进一步规范镇乡街道和市机关部门党政领导班子后备干部的选拔、培养、管理和任用工作，切实抓好“四项监督制度”的贯彻实施。加大年轻干部的培养、选拔和任用力度，加强镇乡街道与市机关部门单位之间年轻干部的交流，进一步优化干部队伍结构。有计划地储备一批年轻后备干部人选，进行重点培养，实行动态管理，为今后干部选拔任用奠定基础。

4. 进一步完善竞争性选拔干部方式。改进竞争性选拔的方式方法，强化实绩导向、注重能力水平、体现能岗相适，促进公开选拔、公开选派、公开选调、跨部门竞岗等竞

争性选拔方式规范化、制度化。力争到2015年每年新提拔县处级以下委任制党政领导干部中，通过竞争性选拔方式产生的不少于三分之一，确保干得好、能力强、作风实的干部选得上、出得来。

(四)深入推进党内和谐机制建设，进一步激发践行“五事”干部标准动力

1. 进一步规范工作运行。继续按照“集体领导、民主集中、个别酝酿、会议决定”的原则，完善领导班子议事规则和决策机制。进一步规范和明确职责分工和范围，形成分工明确、权责对等、密切配合、运行高效的班子分工负责机制。坚持和落实好镇乡街道机关干部学习日、值班、周三服务日、党建述职报告、专职驻村、镇村干部联合接访等一系列制度，进一步完善镇乡街道管理运行机制。

2. 严格落实民主集中制各项规定。结合市镇集中换届，继续抓好以“一把手”和新进领导班子成员为重点的民主集中制专题教育。坚持开好领导班子民主生活会，认真做好征求意见、交换看法、谈心谈话等会前准备工作，引导领导干部在会上积极开展批评与自我批评，着力解决存在的突出问题。实行领导班子民主生活会与领导干部年度总结报告、述职述廉、年度考核和党风廉政建设责任制检查等有机结合，完善和落实市级联系(分管)领导参加联系(分管)部门领导班子民主生活会制度。

3. 健全和落实谈心谈话制度。有针对性地开展市管领导干部、市管后备干部的激励谈话、沟通反馈谈话、提醒警示谈话、诫勉谈话等谈心谈话工作。党委(党组)主要负责同志要带头同领导班子成员谈心，每年至少一次；班子成员之间也要互相谈心。主要负责同志同下一级党政主要负责同志谈话每届至少一次；分管领导同所分管科室和单位的主要领导谈话每年至少一次。

(五)深入推进干部作风建设，进一步强化践行“五事”干部标准自律意识

1. 深化作风建设主题年活动。及时总结相关经验，不断拓展作风建设的广度与深度。强化“东阳发展人人有责”的责任意识和主动意识，深入推进“能办推定”工作法和“工作流程”再造，不断提高服务效能和服务水平，优化发展环境。认真落实干部蹲点调研、定期下访约访接访、包案解决疑难信访问题和维稳信访工作定期研判等制度，促进党员干部深入基层一线，努力做到情况掌握在基层，问题解决在基层，矛盾化解在基层，工作推动在基层。

2. 加大问政问责力度。进一步突出为民服务重点，不断推进窗口单位和服务行业创先争优，完善镇村便民服务中心建设，提高服务群众的质量和效率。大力推行领导干部作风效能建设公开承诺制，把干部作风效能建设的考核指标纳入到年度工作目标考核中，形成公开透明的考核奖惩激励环境。采取专题检查、明察暗访等形式，对机关干部特别是执法执纪部门和窗口服务单位干部的工作纪律、作风情况进行不定期检查抽查，严肃查处“不作为、乱作为”问题。严格落实《东阳市执行力建设问责办法》，对违反机关效能建设规定和“中梗阻”、“下搁浅”等损害发展环境的行为，做到发现一起，查处一起。加强社会监督员队伍建设，发挥行风热线、效能投诉、曝光台等各个投诉平台的联动作用。

3. 严格执行党风廉政建设责任制。完善责任制检查考核办法，进一步推动惩防体系建设。严格执行述职述廉、领导干部个人重大事项报告和经济责任审计等制度，强化领导班子内部监督。严格落实廉洁从政各项规定，坚决克服形式主义、官僚主义和奢侈浪费。加强党风廉政宣传教育，大力推进廉政文化建设，增强党员干部的党性观念、廉洁意识和拒腐防变能力。

四、具体要求

1. 提高认识，加强领导。各镇乡街道，市机关各部门单位要充分认识加强“五事”干部队伍建设的重要性，切实把加强“五事”干部队伍建设列入重要议程。各单位“一把手”要以身作则，率先垂范，切实担负起抓班子、带队伍的责任，对班子成员和干部队伍要敢抓敢管，严格要求，严格监督，及时发现和解决干部队伍建设中出现的问题，强化日常管理。

2. 健全制度，巩固成果。要切实总结“践行科学发展，争当‘五事’干部”活动经验，巩固成果，认真完善活动中的相关工作制度，特别是实践证明行之有效的经验做法，要及时以制度形式固定下来。市纪委、市委组织部、市委宣传部、市委党校等有关部门要充分发挥职能作用，有效整合资源，不断形成工作合力，有力促进“五事”干部队伍建设。

3. 加强探索，提升水平。要深入调查研究，大胆实践和创新，不断改进干部队伍建设中的方式方法，创新工作载体，探索总结特色做法，进一步建立健全高效、廉洁、勤政的干部队伍建设长效机制。要以“五事”干部标准，进一步严格要求广大党员干部，加强教育、管理和监督，不断提升干部“五事”水平，推动各项工作顺利开展。

中共东阳市委

二〇一一年十月十七日

中共江山市委关于加强新经济组织和新社会组织党建工作的意见

市委发〔2011〕51 号

各乡镇(街道)党(工)委、机关部门党组织：

为切实加强我市新经济组织和新社会组织(以下简称两新组织)党的建设，推动我市经济社会又好又快发展，现就进一步加强和改进我市两新组织党建工作，提出以下意见：

一、指导思想和主要目标

1. 指导思想。以邓小平理论、“三个代表”重要思想为指导，深入贯彻落实科学发展观，以加强党的执政能力建设和先进性建设为主线，以扩大基层党组织覆盖面和党的工作覆盖面为基础，充分发挥党组织推动发展、服务群众、凝聚人心、促进和谐的作用，努力为推进我市转型发展科学跨越、加快实现“一高两进”三步走战略目标、打造“幸福江山”提供坚强的组织保证。

2. 主要目标。一是实现“两个 100%”覆盖面。即具备组建条件的两新组织党组织覆盖率必须达到 100%，暂时不具备条件的，党的工作覆盖率必须达到 100%。二是实现“双强”效果。即新经济组织发展强、党建强。具体要达到“六个好”：生产经营好、发展成效好、劳动关系好、文化建设好、履行社会责任好、党组织自身建设好；新社会组织诚信强、党建强，具体要达到“五个好”：领导班子好、党员队伍好、工作机制好、发展业绩好、群众反映好。三是实现“213”重点培育目标。即争取 3 年内培育 2 家省级“双强百佳”党组织，衢州市级、江山市级“双强”先进党组织分别达到 10 家与 30 家。

二、切实扩大两新组织党组织覆盖面

3. 理顺党组织隶属关系。一般情况下，新经济组织以属地管理为主，行业管理为辅；新社会组织以行业管理为主，属地管理为辅。

4. 拓展党建工作覆盖面。以我市龙头企业为重点，以基层商会、行业协会和产业链为依托，以“网格化管理”为载体，以建立联合党组织为主要形式，大力推进两新组织党组织组建工作。有党员或从业 80 人以上或从业 50—79 人且营业收入 500 万以上的新经济组织党组织覆盖率要达到 100%；从业 50 人以上的民办非企业单位和社会中介组织、拥有 80 家以上会员单位且有一定数量专职工作人员的社会团体党组织覆盖率要达到 100%。暂不具备组建党组织条件的，要按照“四个有”要求(即有专职或兼职党建工作指导员、联络员，有入党积极分子，有工青妇组织，有每年一次的业主或负责人教育培训)，至少完成“一个有”，抓好党的工作全覆盖，

5. 优化党组织设置方式。从实际出发，因地制宜，积极探索适合本地区本单位的组建方式。一般情况下，有 3 名以上正式党员的，应单独建立党的支部委员会；党员人数不足 3 名的，可按照“行业相近、地域相邻、产业相通、工作方便”的原则，通过采取派员帮建、园区联建、行业统建、龙头领建、楼宇共建、区域合建、村企联建、党工共建、系统带建等模式，设置和组建联合党组织；党员人数超过或接近 50 名、100 名的，可分别建立党总支、党委。

三、致力加强两新组织四支队伍建设

6. 加强党建指导员队伍建设。进一步健全和完善党建工作指导员制度，拓宽来源渠道，通过“内选、选派、下派、招聘”等方法，充实党建指导员人才库，并实行分类派驻，原则上市级以上“双强”培育企业必须有驻企党建指导员，30 人以上企业要有联企指导员。党建工作指导员主要负责指导党组织组建、党员发展、党员教育管理以及与上级党组织联络、协调、沟通等工作。要加强党建指导员的教育培训和考察考核工作。

7. 加强党务工作者队伍建设。通过内部推优、组织选派、外部招聘、公开选拔等形式，大力选拔高素质的党员干部担任两新组织党组织书记。建立党组织书记列席两新组织内部重要会议制度，推进两新组织党组织班子成员与经营管理层“双向进入、交叉任职”；建立两新组织党务干部培训制度，采取分级负责、党建和企业管理知识“1＋1”叠加培训等方式，加强党务干部培训；建立两新组织党组织书记解聘报备制度，解聘两新组织党组织书记，要事先征求所属基层党委意见，并说明解聘原因。建立完善激励机制，推荐两新组织党建工作突出的党组织书记担任“两代表一委员”，提高党务工作者的政治地位。

8. 加强党员队伍建设。深化“三培养两推荐”工作，以生产经营管理人员和技术骨干为重点，认真做好发展党员工作。职工要求在企业入党的，一般应在企业连续工作 2 年以上。建立健全党员发展推优制、双重考察制、双重公示制、票决制、责任追究制。要加强党员教育培训管理，严格党的组织生活，健全“三会一课”、党员民主评议等制度，充分利用党校、远程教育等形式，开展多层次培训教育，确保党员每年培训累计不少于 16 学时。建立健全党内激励、关怀、帮扶机制，建立党员、职工关爱基金，关心和爱护生活困难党员、职工。继续推行党员“双重组织生活”

制度，使隐形党员、口袋党员亮化身份。完善流动党员活动证制度，积极做好流动党员的教育、管理和服务工作。

9. 加强人才队伍建设。组织开展人才强企（院、校、所、会）活动，推动两新组织党组织参与做好人才的引进、培养、使用，帮助两新组织建立健全科学的人才管理使用机制、竞争激励机制、考核奖惩机制，努力营造引人、育人、留人的良好氛围。帮助两新组织加强员工培训及职业生涯规划，完善住房、医疗等各项保障措施，解决人才后顾之忧。建立企业党组织领导班子联系人才制度，定期开展谈心交心，做好思想政治工作，确保人才队伍稳定。实施“创业二代”培养工程，着力增强“创业二代”创业创新能力、干事创业活力和履行社会责任意识能力，确保党建工作的持续有序开展。

四、有效发挥两新组织党组织作用

10. 发挥党组织和党员作用。发挥党组织和党员的“五推动”作用，即推动生产经营。建立健全与经营管理者定期交流、平等协商工作机制，支持经营管理者依法行使职权。积极开展“我为企业发展献一计”、“金点子”征集等活动，在推动发展特别是在完成急难险重任务中发挥模范带头作用。推动和谐发展。搭建职工与经营管理层的沟通平台，维护职工的合法权益，深入开展“四必谈、五必访”活动，发现和化解矛盾，建立劳资平等、诚信互助、互利共赢的和谐劳动关系。结合“幸福江山连心服务”工程，加强服务型党组织建设，通过设置党代表工作室、谈心交心室、心理热线，为职工提供点对点、面对面、心贴心的服务。推动人才强企。构建科学高效的选人育人用人机制，加强党员和人才的双向培养。加强职工的教育培训，提高职工文化素质和专业技能，促进职工的全面发展。推动思想政治和文化建设。加强党员和职工的理想信念、社会公德和职业道德教育。用社会主义核心价值体系引领两新组织文化建设，引导两新组织积极回报社会。推动群团组织建设。统筹群团组织的资源，坚持党群联动、整体推进，形成党群工作的整体合力。支持工会、共青团、妇女等群团组织依照法律和各自章程开展工作。建立和完善以职工代表大会为基本形式的民主管理制度，推行党务、厂务公开。

11. 推进“双强争先”活动。按照新经济组织“六好”和新社会组织“五好”的要求，制定“双强”先进企业（单位）“五星争先”考核评价细则。积极培树典型，抓点带面，重点培育10个“五星”两新党组织。总结运用“双强争先”活动成功经验和有效做法，不断创新活动载体，全面实施党组织和党员公开承诺、定期考评制度，积极探索组团承诺、量化承诺、网上承诺，深入开展党员之星、闪光言行展示评选和领导点评、群众评议工作。开展“三十佳”评选表彰工作，分别就两新组织业主、党务工作者、党员，开展“十佳党建热心人”、“十佳党建能手”、“十佳党员先锋”评比表彰，努力形成两新组织创先争优的长效机制。

五、建立健全两新组织党建保障机制

12. 健全领导管理机制。两新工委要切实发挥好牵头抓总和指导协调作用；统战部、工商联、民政局、工商局、经信局、司法局、农业局、林业局、教育局、交通运输局、财政局、经济开发区、供销联社等有关部门，要发挥各自优势，切实履行职责，共同抓好两新组织党建工作。工青妇等群团组织要积极配合，做好两新组织中群团组织各项工作。经济开发区、贺村镇、峡口镇、清湖镇、四都镇等新经济组织相对集中的地方，适时成立两新工委，并配备专职的工作人员。

13. 建立业主引导激励机制。建立党建工作情况半年通报制度，两新组织党组织要定期向业主通报党建工作开展情况，听取他们的意见和建议，提高他们对党建工作的认同感。制订两新组织业主表彰宣传机制，通过报刊、网络等媒体宣传业主积极支持党建工作典型事迹。优先推荐重视党建的业主担任“两代表一委员”，激发业主支持党建工作动力。在信用等级评定、业务年检、评比表彰以及享受有关优惠政策等方面，有关部门要征求市两新工委的意见，对党建工作出色的两新组织要优先考虑。

14. 完善活动保障机制。落实企业党建活动支出税前扣除的规定，企业为本单位党组织活动提供必要条件的支出，允许在发生年度据实税前扣除〔浙地税函(2007)446号〕。市财政每年安排30万元的经费，市委组织部从市级留存党费每年划拨10%作为两新组织党建工作专项资金，为两新组织党建工作顺利开展和机构的正常运转提供有力保障。两新组织要因地制宜，落实党员活动场所建设，重点培育的两新组织要按照“三室八有”（有办公室、会议室、党员活动室，有牌匾、有党旗、有规章制度、有电教设备、有办公设施、有档案资料、有党务公开栏、有公章）的要求，进一步规范活动场所建设。探索开展网络党建工作，建立网络党支部、党员QQ群、网上党员活动室、网上党校、微博等，大力推进党建工作信息化。

15. 加强督查考核机制。建立和完善两新组织党建工作联席会议、党员领导干部联系两新组织党建工作等制度，把开展两新组织党建工作的情况，作为各级党委和领导干部述职的重要内容。同时，将两新组织党建工作纳入乡镇（街道）年度党建工作目标考核。建立两新组织党建督查通报制度，对两新组织党建工作定期检查指导，并通报情况，对于工作不力的，及时督促整改。

16. 建立舆论宣传机制。树立开放、整合、协作的理念，充分运用两新组织和党的各种资源，建立“大宣传”的工作机制。通过建立健全党政协作机制，将宣传工作与两新组织中心工作相结合，与文化建设相结合，与服务型党组织建设相结合。发挥社会宣传媒体、企业内刊、网站、宣传栏、宣传画册的作用，突出宣传江山两新党组织的实践创新以及各种先进典型。

中共衢州市衢江区委办公室　衢州市衢江区人民政府办公室 关于印发衢江区领导干部经济责任审计六项制度的通知

区委办发〔2011〕110 号

各乡镇(街道、办事处)、区级各单位：

《衢江区领导干部经济责任审计六项制度》已经区委、区政府研究同意,现印发给你们,请认真贯彻执行。

中共衢州市衢江区委办公室
衢州市衢江区人民政府办公室
二〇一一年九月六日

衢江区领导干部经济责任审计六项制度

为加强领导干部经济责任意识,规范领导干部经济责任行为,强化领导干部经济责任审计监督工作,推进审计关口前移,实现"审计一点、规范一片"目标,提升经济责任审计工作绩效,根据《中华人民共和国审计法》、《党政主要领导干部和国有企业领导人员经济责任审计规定》、《衢江区党政领导干部问责办法》等法律、法规和规定,结合我区实际,制定衢江区领导干部经济责任审计工作六项制度。

一、告知制度

(一)告知对象

区委、区政府工作部门的主要领导,包括主持本部门、本单位常务工作且履行经济责任的副职领导干部(不含垂直管理单位和副处级及以上单位领导);乡镇(街道、办事处)党政主要领导。

(二)告知内容

完成区委、区政府和上级主管部门下达的工作目标任务和经济及财政、财务等指标;贯彻执行有关法律法规和地方性行政规章等;规范本单位部门预算编制、执行和决算;加强财政收支、财务收支及资产管理,提高使用绩效;遵循重大经济事项科学民主决策程序;建立健全并有效执行本单位内部管理控制制度;及时清理本单位债权债务;监督管理所属单位的经济活动;遵守有关廉政规定及建立落实廉政责任制;其他应承担的经济责任事项。

领导干部履行经济责任的具体内容,由区审计局根据各单位性质、职能和工作岗位确定。

(三)告知方式

新任的领导干部到岗时,由区委组织部书面告知其任期内应履行的经济责任;经济责任审计列入领导干部培训内容,由区审计局进行业务辅导。

(四)告知要求

1. 在领导干部任职期间或离任时,区委组织部根据经济责任审计工作安排,有计划地建议区审计局对领导干部的经济责任进行审计,并对领导干部任期内经济责任履行情况作出评价;

2. 区审计局接受委托实施经济责任审计时,应当认真履行职责,依法独立开展工作,做到客观公正、实事求是、廉洁奉公、保守秘密;

3. 领导干部要以科学发展观为指导,树立正确的政绩观,不断强化责任意识,准确把握应履行的经济职责,自觉接受组织和群众的监督,主动配合区审计局和审计人员开展工作。

二、年度报告制度

(一)报告对象

区委、区政府工作部门的主要领导,包括主持本部门、本单位常务工作且履行经济责任的副职领导干部(不含垂直管理单位和副处级及以上单位领导);乡镇(街道、办事处)党政主要领导。

(二)报告内容

年度主要经济责任指标完成情况;预算执行情况;重大经济决策等经济事项情况;建设工程组织实施情况;资产管理情况;单位债权债务情况;内控制度的建立和执行情况;个人遵守廉政规定情况及单位遵守财经法规情况等。

(三)报告方式

次年 1 月 20 日前,将经济责任年度报告书上报区委组织部,抄送区纪委(监察局)和审计局。

(四)报告要求

1. 经济责任年度报告书作为领导干部年度述职述廉的主要内容之一,列入领导干部考核档案;

2. 区审计局组织实施领导干部经济责任审计时,要将年度报告制度执行情况列入审计内容,经济责任年度报告所列事项作为职务履行、责任界定和审计评判的主要依据；

3. 报告对象应按要求填写报告书表式内容，并提供相关资料，确保所填事项真实、完整、无隐瞒。

三、结果公告制度

（一）公告原则

1. 审计结果公布不受其他行政机关、社会团体和个人的干涉；

2. 审计结果公布应当依法保守国家秘密和被审计单位的商业秘密，遵守国家有关规定；

3. 审计结果公布应当事实清楚，证据确凿，定性准确，评价客观公正。

（二）公告内容

1. 被审计单位的基本情况及审计评价；

2. 审计发现的主要问题、意见及整改情况。

（三）公告程序

1. 区审计局根据审计结果拟定审计结果公告文书；

2. 公告文书经区委组织部审核后，报区政府审定；

3. 对单位违纪情节特别严重的，报区纪委（监察局）审查，待审查完毕后按上述程序进行公告。

（四）公告方式

通过衢江区公文交换系统对外发布（范围为区级机关、乡镇以及其他经济责任审计对象单位，下同），今后逐步推行其他方式。

（五）公告时间

在审计报告、审计结果报告等审计结论性文书生效后90日内公布，特殊情况可以适当延长公布时间。

四、整改承诺制度

（一）承诺对象

区委、区政府工作部门的主要领导，包括主持本部门、本单位常务工作且履行经济责任的副职领导干部（不含垂直管理单位和副处级及以上单位领导）；乡镇（街道、办事处）党政主要领导。

（二）承诺内容

对领导干部经济责任审计结果公告中公布的主要问题和审计意见进行整改承诺。对每个问题的整改都必须有明确的整改措施、整改期限和具体责任人。

（三）承诺方式和范围

1. 在衢江区公文交换系统中进行公开承诺；

2. 报区审计意见整改督查领导小组办公室备案。

（四）承诺时间

审计意见整改承诺和审计结果公告同步进行。

（五）承诺要求

1. 承诺要诚恳，切忌敷衍；

2. 措施要切实可行、具体明确、量化到位、责任到人。

五、考核通报制度

（一）考核对象

区委、区政府工作部门的主要领导，包括主持本部门、本单位常务工作且履行经济责任的副职领导干部（不含垂直管理单位和副处级及以上单位领导）；乡镇（街道、办事处）党政主要领导。

（二）考核内容

被审计单位对审计意见整改的所有承诺事项。

（三）考核时间

本年度年终进行考核。

（四）考核组织及方法

1. 区审计意见整改督查领导小组负责考核；

2. 被考核单位在年底前以书面形式向区审计意见整改督查领导小组办公室报告整改承诺履行情况；

3. 考核组进点考核。一是召开被考核单位相关代表参加的座谈会，听取对本单位履行整改承诺的意见反映；二是查看台账，对审计意见整改承诺事项逐一进行核实考证。

（五）考核结果运用

1. 考核结果列入党风廉政建设考核内容；

2. 考核结果公开，对被考核单位的整改落实情况在衢江区公文交换系统中通报；

3. 对无故不履行整改承诺的由区纪委（监察局）、区委组织部进行问责。

六、经济责任审计问责制度

（一）问责对象

区委、区政府工作部门的主要领导，包括主持本部门、本单位常务工作且履行经济责任的副职领导干部（不含垂直管理单位和副处级及以上单位领导）；乡镇（街道、办事处）党政主要领导。

（二）问责原则

坚持实事求是、权责一致、客观公正、惩教结合、依法有序的原则。

（三）问责依据

《衢江区党政领导干部问责办法（试行）》（区委办发〔2010〕67号）

（四）问责情形

有下列情形之一的，应当进行问责：

1. 不认真履行党政领导干部经济责任年度报告制度，经济责任年度报告内容与实际情况出入较大，并且存在问题较为严重的；

2. 对区审计局提出的审计意见和建议在规定期限内整改不到位，或经区审计意见整改督查小组责令整改或组织部门批评教育后仍不积极整改的；

3. 区审计局在审计过程中，查出违法违纪行为的。

（五）问责方式

1. 对领导干部的问责采用下列方式：

①批评教育；

②诫勉谈话；

③停职检查；

④引咎辞职；

⑤责令辞职或免职。

2. 领导干部具有下列情节之一的，应当从重问责：

①干扰、阻碍审计工作开展的；

②弄虚作假、隐瞒事实真相的；

③对审计人员和举报人员实施打击、报复、陷害的；

④党内法规和国家法律法规规定的其他从重情节。

（六）问责实施

对领导干部实行问责，区审计部门向区纪委（监察局）、区委组织部提出问责建议后，由区纪委（监察局）、区委组织部按照《衢江区党政领导干部问责办法》组织实施。

此六项制度自印发之日起施行。

附件：1. 衢江区部门（乡镇党政）正职领导干部经济责任告知书（略）

2. 衢江区部门正职经济责任年度报告书（略）

3. 衢江区乡镇党政正职经济责任年度报告书（略）

中共临海市委　临海市人民政府关于印发《临海市村干部问责办法》的通知

临市委发〔2011〕45号

临海经济开发区、东部区块党工委和管委会，临海港区管委会，各镇党委和政府，各街道党工委和办事处，市委各部门，市级国家机关各部门，在临各直属单位，市属各企事业单位，各人民团体：

《临海市村干部问责办法（试行）》（临市委发〔2010〕1号）试行以来，在规范村干部行为、推动工作落实、推进村级民主自治、促进农村社会和谐稳定等方面取得了明显成效，为深化该项工作，现将修订后的《临海市村干部问责办法》印发给你们，请认真贯彻执行。

中共临海市委

临海市人民政府

二〇一一年五月十九日

临海市村干部问责办法

第一章　总　　则

第一条　为加强对村干部的管理和监督，增强村干部的责任意识和大局意识，健全村干部预防腐败工作制度，以扎实的农村基层党风廉政建设推进临海科学发展，根据《中国共产党章程》、《中国共产党农村基层组织工作条例》、《中华人民共和国村民委员会组织法》、《浙江省农村基层党员和干部廉洁自律若干规定（试行）》以及有关法律法规，结合我市实际，制定本办法。

第二条　村干部问责是指全市各村“两委”及其成员不履行、不完全履行或不正确履行职责，依照本办法对其进行的责任追究。

不履行职责主要包括拒绝、抵触、放弃、推诿等情形；不完全履行职责主要是指履行职责不彻底的情形；不正确履行职责主要指无合法依据以及没有依照规定程序、规定权限、规定时限履行职责等情形。

上述行为是指尚未构成犯罪或违反党政纪处理规定的行为。

对问责事项的追究，按照工作分工，直接责任人负直接责任，分管班子成员和班子主要成员分别负直接领导责任和主要领导责任。

第三条　本办法的问责主体为镇（街道）党委（党工委）、政府（办事处）。各镇（街道）党委（党工委）、政府（办事处）应成立问责领导小组，下设办公室负责日常工作；被问责主体为全市村“两委”及其成员。

第四条村干部问责实行权责相统一，惩戒与教育相结合的原则。

第二章　问责事项

第五条　村干部在执行上级党委（党工委）、政府（办事处）工作部署中要积极主动，认真落实。不准阳奉阴违、逃避推诿。有下列情形之一的，应当问责：

1. 对上级党委（党工委）、政府（办事处）确定的工作任务、工作目标以及交办事项，因主观原因未履行职责，不能完成任务，造成较大损失或较坏影响的；

2. 对上级党委（党工委）、政府（办事处）督办的突出问题推诿扯皮，致使问题得不到解决，或被镇、街道及其以上单位检查发现问题较重的；

3. 干扰、阻挠重点项目工程建设，对发展环境造成不良影响的；

4. 作风漂浮懒散，工作被动拖沓，平时忙于个人事务，长期外出，不理村务，情节严重的；

5. 对任期年度目标承诺，因主观原因造成未能按时、全面完成，造成较大损失或较坏影响的。

第六条 在村级组织建设中要按照规定履行职责，不准各自为政。有下列情形之一的，应当问责：

1. 在村级组织选举中，采取不正当手段拉票、贿选或者利用宗族势力、黑恶势力干扰、操纵、破坏民主选举；

2. 党组织班子成员之间或上下级之间，长期闹不团结或村“两委”关系不协调，影响工作正常开展，情节严重的；

3. 村党组织书记任职以来三年内没有发展中国共产党党员的，或者接任后两年内不及时做好发展党员工作，导致长期没有发展党员或者不能解决长期没有发展党员问题的；

4. 在民主测评中，“基本称职”和“不称职”票数合计达到三分之二以上的；

5. 村主要干部年度考核不称职，或者连续两年基本称职的。

第七条 在处理村级事务中要发扬民主，尊重民意，秉公用权，不准独断专行、违规操作。有下列情形之一的，应当问责：

1. 涉及本村经济和社会发展的重大决策事项，不顾本村现有财力和经济社会发展实际情况，未按照规定程序进行操作，不向镇(街道)党委(党工委)、政府(办事处)报告，擅自投资兴建各种建设项目，造成较大损失或引发群体性事件的；

2. 涉及与人民群众利益密切相关的村工程项目、企业、土地、山林、滩涂、农田、水利设施等进行承包、出让、租赁，未经村民代表会议或村民会议等民主形式讨论通过，造成较大损失或引发群体性事件的；

3. 违反有关法律法规，擅自出让、出租土地或者擅自改变土地使用现状的；或者强令农民进行土地流转、侵害农民合法土地承包经营自主权的；

4. 其他违反民主决策和民主管理制度造成严重经济损失、生态环境破坏或者不良社会影响的；

5. 不按规定公开村务，情节严重的。

第八条 在工作中要清正廉洁、奉公守法，不准以权谋私、铺张浪费、扰乱社会秩序。有下列情形之一的，应当问责：

1. 未按照规定落实党风廉政建设责任制，干扰或阻碍村务监督委员会正常工作，情节严重的；

2. 以虚报、冒领等手段套取国家对集体土地补偿费、安置补助费以及地上附着物和青苗的补偿费等，截留、滞留、挤占或挪用征地补偿费或救灾、扶贫等财政专项资金；

3. 截留、挪用、私分农村集体资金、资产，未经批准借用村集体款物或者经批准借用村集体款物但逾期不还，以办理村公务为名用集体资金搞各种形式的宴请送礼、大吃大喝、进行娱乐活动等，或者以参观、学习、考察为名变相用集体资金旅游；

4. 其他违反村级财务管理制度，造成村集体经济损失的；

5. 纵容、支持、参与黑恶势力活动，参与宗族宗派纷争，参与色情、赌博、吸毒、迷信活动或者为其提供便利条件，以及其他违反社会主义道德，影响恶劣的。

第三章　处理规程

第九条 问责信息来源：

1. 村务监督委员会的监督建议；

2. 公民、法人或其他组织的举报、投诉、申诉；

3. 镇(街道)党委(党工委)、政府(办事处)工作中发现；

4. 上级机关指示或上级领导批示；

5. 党政职能部门提出的问责建议；

6. 党代表、人大代表、政协委员提出的问责建议；

7. 司法机关提出的司法建议；

8. 新闻媒体曝光；

9. 其他。

上述信息需经查证核实。

第十条 问责处理方式：

1. 批评教育；

2. 责令整改；

3. 通报批评；

4. 取消当年评优评先资格；

5. 缓发、减扣、停发报酬或取消考核奖励；

6. 诫勉；

7. 停职、免职；

8. 劝辞、建议终止职务、罢免；

问责事项经查实违反党纪或触犯刑法的，依法依纪建议党纪处理或移送司法机关调查处理。

上述问责处理方式可以单独适用，也可以合并适用。以第6、7、8项方式问责的，应一并给予第4、5项处理。其中以第7、8项方式问责的，按照有关管理权限和规定程序办理。

第十一条 问责对象有下列情形之一的，应从重处理：

1. 一年内两次以上被问责的；

2. 干扰、阻碍问责工作的；

3. 对举报、申诉、投诉人进行诬陷或打击报复的；

4. 其他需要从重处理的情形。

第十二条 问责对象有下列情形之一的，应从轻处理：

1. 主动交代错误的；

2. 主动检举他人问题经查证属实的；

3. 主动挽回损失或者有效地阻止危害结果发生的；

4. 在经济方面违规后，主动退赔的；

5. 其他可从轻处理的情形。

第十三条 问责对象有下列情形之一的，可直接由镇(街道)党委(党工委)、政府(办事处)按有关规定给予停职、免职或启动罢免程序处理：

1. 干扰、阻挠重点项目工程建设，造成严重后果的；

2. 侵占、截留、挪用村集体经济，造成严重后果或恶劣影响的；

3. 严重侵害群众利益的。

第十四条 各镇(街道)问责领导小组办公室根据问责信息来源,核实问责事项。对需要有关部门联合调查的问责事项,牵头成立联合调查组进行调查核实。调查核实工作应在10日内完成,确需延长的,应征得镇(街道)党委(党工委)主要领导同意,但延长时间最多不超过10日。所形成的调查报告应当明确提出问责或不予问责的建议,并报经镇(街道)党委(党工委)、政府(办事处)决定。

第十五条 村党组织成员的问责决定和结果应报市委组织部备案,村民委成员的问责决定和结果应报市民政局备案。

问责信息来源于上级机关指示或上级领导批示的,应当将问责决定和结果,同时报上级机关或上级领导。

问责涉及个人的,应当将问责决定和结果存入个人档案。

第十六条 问责期间,镇(街道)党委(党工委)、政府(办事处)应当指定一名机关干部为被问责对象的帮教联系人,负责联系帮助指导整改工作;问责对象对问责决定不服的,可以自接到问责决定之日起10日内向作出问责决定的镇(街道)党委(党工委)、政府(办事处)申诉。镇(街道)党委(党工委)、政府(办事处)应在30日内予以复议、复查,并作出结论。仍不服的,10日内可以按备案规定向市委组织部或市民政局申诉。申诉期间,不停止执行问责决定。

第四章 纪律保障

第十七条 调查人员与被调查对象有亲属或利害关系的,应当回避。

第十八条 调查人员隐瞒、歪曲事实真相,泄露问责情况或通风报信的,视其情节轻重按照规定给予处理。

第十九条 对应当问责而不问责的,由上级纪检机关和组织部门按照干部管理权限,追究所在镇(街道)主要责任人和直接责任人的责任。

第五章 附 则

第二十条 本办法由市纪委会同市委组织部和市民政局负责解释。

第二十一条 本办法自印发之日起施行。以前市内颁布的与本办法相抵触的有关文件一律废止。

第二十二条 村务监督委员会及其成员参照本办法实行,其问责决定和结果报市纪委备案。各镇(街道)可根据本办法,结合本地实际制定具体实施意见。

中共仙居县委关于深化完善干部监督联动工作机制的意见

(2011年9月27日)

仙县委发〔2011〕86号

《仙居县干部监督联动工作机制实施办法(试行)》实施以来,我县干部监督联动工作取得了明显成效。为进一步提高干部监督管理工作水平,现就深化完善干部监督联动工作机制提出如下意见:

一、扩大监督范围

干部监督联动工作范围从县管干部、后备干部、部管干部扩大到机关、企事业单位中层干部和村两委主职干部。

二、完善监督网络

(一)健全内部监督。进一步延伸干部监督联动工作层面,公安、财政(地税)、教育、卫生、建设、国土、林业、交通、工商、文广新、水利、农业、旅游等部门要在下属单位建立干部监督联动工作机构。

(二)加强民主监督。扩大干部监督信息员队伍,建立干部监督联动工作信息网站,设立网上举报(投诉)信箱、举报电话,广泛收集群众意见和举报信息。充分发挥"两代表一委员"、党外民主人士在干部监督信息收集方面的作用。

(三)关注舆论监督。加强与新闻媒体的沟通,关注网络和各类媒体涉及干部监督的舆论报道,及时掌握干部监督最新动态。

三、健全监督制度

(一)规范干部监督联动工作运行。完善干部监督信息的收集、处理、运用制度,进一步规范干部监督联动工作的具体步骤和环节。各地各单位要根据监督范围扩大到中层干部和村两委主职干部的要求,建立健全相应的干部监督联动工作制度,将内部干部监督信息处理结果及时上报县干部监督联动工作领导小组办公室。

(二)建立干部监督联动工作联席会议制度。根据工作需要,适时召开干部监督联动工作联席会议,贯彻落实干部监督联动工作领导小组决议,通报干部监督工作情况,交流工作经验,解决工作中出现的问题。

(三)强化干部监督结果运用。进入警戒等级的干部监督信息与组织部门的干部监督信息库实时联动,同步更新,作为干部考察考核、调整使用的依据。

四、加强组织领导

(一)落实工作责任。各地各单位的主要负责人为干部监督联动工作的第一责任人，必须高度重视干部监督联动工作的开展，确保人员和精力到位，按照有关要求明确分工、落实责任。

（二）深化工作内容。干部监督联动工作要与乡镇（街道）勤廉跟踪督评、部门关键岗位重点监督绩效考评、岗位廉政风险以及干部德的考察等各阶段干部监督内容结合，不断拓展干部监督领域。

（三）加强督查考核。把干部监督联动工作列入县对乡镇、街道和部门党建考核内容，加强工作开展情况专项督查，确保各项工作落实。

（四）加大宣传力度。要充分利用新闻媒体、专题会议、组织生活等途径，采取多种形式，加强对干部监督联动工作的宣传，及时反映工作的新进展、新成效，提高知晓度，积极营造良好的工作氛围。

中共遂昌县委
关于打造“勤廉遂昌”的决定

遂委〔2011〕17号

为认真贯彻落实党的十七大、十七届三中、四中、五中全会，中央、省、市纪委全会和县十三次党代会以来历次全会精神，深入推进我县反腐倡廉建设，进一步加快长三角休闲旅游名城建设步伐，现就打造“勤廉遂昌”作出如下决定。

一、充分认识新形势下打造“勤廉遂昌”的重大意义

打造“勤廉遂昌”，是县委深入学习贯彻党的十七大以及十七届三中、四中、五中全会精神，遵循经济社会发展规律和反腐倡廉建设规律，围绕全面推进新山区发展实践和建设长三角休闲旅游名城，以改革创新精神统筹推进勤政廉政建设作出的一项重大决策部署。现阶段，我县经济社会发展正处于战略机遇期、发展黄金期和矛盾凸显期，一方面，县委十三届五次全会以来，我县深入实施“经营山水、统筹城乡，全面建设长三角休闲旅游名城”发展战略，逐步建立起以乡村休闲旅游为引领、一二三产统筹协调发展的新山区发展模式，走出了一条特色化、差异化的山区科学发展之路，促进了经济社会又好又快发展，但也存在经济总量偏小、城乡可持续发展的保障能力薄弱、干部创业激情不够等问题，要实现遂昌的科学发展、和谐发展、跨越发展任务仍然十分艰巨。另一方面，我县的反腐倡廉建设呈现出成效明显与问题突出并存、有利条件与不利因素并存的复杂态势，通过近年来的努力，一些诱发腐败的深层次问题逐步得到解决，人民群众对反腐倡廉建设的满意度不断提高，经济社会发展外部环境得到明显改善，但反腐败的形势依然严峻，违纪违法行为在一些领域仍然易发多发，一些消极腐败现象和不正之风仍在影响着长三角休闲旅游名城建设进程。打造“勤廉遂昌”，是县委顺应新的党情、县情、廉情提出的当前和今后一个时期我县反腐倡廉建设的总目标。这一目标，是深入推进长三角休闲旅游名城建设作出的必然选择，是遂昌廉政文化的发展延续，更是人民群众的迫切希望。“勤廉遂昌”的提出和实施，有利于在反腐倡廉建设中提高执政能力，进一步激发党员干部干事创业的积极性和主动性；有利于深化广大干部群众对反腐败斗争长期性、复杂性、艰巨性的认识，更加旗帜鲜明地反对腐败；有利于形成统筹推进勤政廉政建设的工作导向，进一步保障发展大局、转变干部作风和保护干部成长，更大范围形成共识、凝聚合力，推动新山区反腐倡廉按照更严的要求推进、新山区经济社会朝着更高的目标发展。

二、打造“勤廉遂昌”的指导思想、工作目标和基本原则

（一）指导思想

高举中国特色社会主义伟大旗帜，以邓小平理论和“三个代表”重要思想为指导，深入贯彻落实科学发展观，以打造“勤廉遂昌”为总目标，按照勤廉乡镇、勤廉村、勤廉站所、勤廉机关、勤廉干部“五位一体”的工作布局，努力建设“党政清廉、干部勤廉、社会崇廉”的“勤廉遂昌”，积极探索新山区反腐倡廉建设新路子，切实把以人为本、执政为民贯彻到反腐倡廉各项工作中去，为顺利实施“十二五”规划、全面推进新山区发展实践、加快建设长三角休闲旅游名城提供有力保障。

要以保障科学发展为主题，牢固树立“围绕中心抓廉政，抓好廉政促发展”的理念，做新山区发展实践的推动者、执行者和保障者。

要以规范权力运行为主线，牢固树立“惩治腐败是政绩，预防腐败同样是政绩”的理念，着力构建具有遂昌特色的惩治和预防腐败体系。

要以维护群众利益为主旨，牢固树立“以人为本、执政为民”的理念，坚持把人民群众的利益实现好、维护好、发展好。

（二）工作目标

力争“十二五”时期全县勤廉乡镇、勤廉村、勤廉站所、勤廉机关的创建率达到90%以上，促使党政更加清廉、干部更加勤廉、社会更加崇廉，干部工作的贡献率进一步提

高，腐败现象的发生率进一步降低，人民群众的满意率进一步提高。

党政清廉，就是要坚持立党为公、执政为民，更加有力地保障科学发展和防治腐败行为，树立勤政廉政的新山区机关形象。

干部勤廉，就是要坚持勤廉互促、勤廉并进，更加有力地加强作风建设和严格干部监管，树立勤廉兼优的新山区干部风貌。

社会崇廉，就是要坚持发展为了人民、发展依靠人民，更加有力地激发干事激情和弘扬廉政文化，形成崇勤尚廉的新山区社会导向。

（三）基本原则

按照勤政建设和廉政建设并重，惩治腐败和预防腐败并重，约束干部和爱护干部并重的工作原则，始终坚持“五个第一”。

坚持把服务中心作为第一要务，切实把名城建设作勤廉遂昌建设最关注的课题、最主要的工作、最优先的日程。

坚持把人民群众满意作为第一标准，切实解决好勤廉遂昌建设中人民群众最关心、最直接、最现实的利益问题。

坚持把让干部少犯错误作为第一境界，在坚决惩治腐败的同时切实加大有效预防腐败工作力度。

坚持把基层勤廉建设作为第一基础，大力推进农村基层党风廉政建设。

坚持把干部能力建设作为第一保障，不断提高勤廉遂昌建设的能力和水平。

三、打造“勤廉遂昌”的工作举措

（一）建立健全“制度化勤廉”工作体系。把制度建设贯穿于勤廉建设的全过程，着力形成严密、完备、管用的勤廉建设制度体系，提高“勤廉遂昌”建设的科学化水平。

1. 以健全和落实执行力制度为重点，进一步保障政令畅通。加强对各项决策部署落实情况的监督检查，坚决纠正有令不行、有禁不止的现象，维护政令畅通。开展“问计于群众，提能在项目，给力十二五”主题实践活动，坚持问策于群众、问需于群众、问愿于群众，提能在一线、提能在基层、提能在服务、提能在机关，进一步激发干部队伍活力，以项目促发展、以发展惠民生，深入推进长三角休闲旅游名城建设。完善重点项目效能监察、重点工作跟踪督查、重点问题现场办公等工作制度，着力构建“点线面”服务保障机制。深化工程建设领域突出问题和“小金库”专项治理，严肃查处重点领域和关键环节的突出问题。深化“企业服务年”活动，提高涉企办事“绿色通道”服务中心办事效率，解决企业发展中的困难和问题。开展“千局万站优环境促发展推进年”活动，不断优化发展软环境。从严落实《深化执行力建设工作制度》、《执行力建设责任追究办法》，加强责任制、承诺制、公开制、销号制、评判制、督查制和问责制等七大机制制度执行情况的监督检查，着力转变不符合科学发展观的思想观念，进一步解决影响长三角休闲旅游名城建设的体制机制弊端。

2. 以健全和落实党风作风建设长效机制为重点，进一步密切党群干群关系。严明党的政治纪律，加强科学发展观教育，党的性质宗旨教育，责任意识、公仆意识、服务意识和讲大局教育，增强党性修养，弘扬新风正气。贯彻落实《中国共产党党员领导干部廉洁从政若干准则》，加强对“八个禁止”执行情况的监督检查，从严查处党员干部违规收受礼金、参与赌博和利用婚丧嫁娶、乔迁事宜敛财等违法违纪行为，促进干部廉洁自律。严明换届工作纪律，严肃查处违反组织人事纪律的行为，确保换届工作风清气正。深化治理慵懒散活动，以治庸提能力、以治懒增效率、以治散正风气。探索建立干部“退出”机制，出台《遂昌县调整不适宜担任现职领导干部办法（试行）》，对思想政治素质、组织领导能力、工作作风、生活作风等方面存在问题，不符合岗位要求，岗位职责履行不到位的领导干部进行调整，树立“干好干坏不一样，治庸治懒动真格”的工作导向。扎实推进党的作风建设，着力解决干部思想作风、学风、工作作风、领导作风和生活作风方面的突出问题。深入开展庆典、研讨会、论坛过多过滥问题专项治理。进一步规范公务用车、公务接待、公款消费。落实领导干部报告个人有关事项等两项制度，加强领导干部因私、因公出国（境）管理。大力弘扬密切联系群众的优良作风，引导各级领导干部自觉做到知民情、解民忧、化民怨、结民亲；大力弘扬求真务实和艰苦奋斗的优良作风，认真落实厉行节约有关规定；大力弘扬批评和自我批评的优良作风，始终保持共产党人的蓬勃朝气、昂扬锐气、浩然正气。扎实推进国有企业、学校和城市社区党风廉政建设。

3. 以健全和落实惩治预防制度为重点，进一步有效防治腐败。坚持打造“勤廉遂昌”和构建惩防体系的协调统一，更加注重教育、监督、预防、惩治制度建设，增强反腐倡廉建设的整体性、系统性和实效性。深化教育制度建设。加强以人为本、执政为民教育，牢固树立群众观点。深入开展示范教育、警示教育、廉政短信教育、岗位廉政教育、“廉政套餐”教育等专题教育活动。加强中心组理论学习，每年确定1—2个主题深入开展勤政廉政教育。健全领导干部讲党课制度。将党风廉政建设纳入干部培训内容。落实县纪委常委同乡镇、部门党政主要负责人廉政谈话制度。深化监督制度建设。认真贯彻执行党内监督条例，坚持党内监督与党外监督、专门机关监督与群众监督相结合，支持人大监督、政协监督和民主党派监督，重视发挥新闻舆论的监督作用。切实增强法制观念和依法办事意识，督促机关及其工作人员严格按照法律法规和政策开展工作。加强对党政主要负责人的监督，不断完善科学民主依法决策机制。加强领导干部经济责任审计。探索县属单位纪检监察组织派驻工作。深化预防制度建设。深化行政管理体制、干部人事制度、财税管理体制改革。完善以党政正职不直接分管财务、人事、基建工程、物资采购、项目审批、资产、资源等七个方面为主要内容的权力制衡工作。建立健全防止利益冲突制度。建立党风廉政建设工作巡查制度，定期开展廉政巡查，及时发现突出问题，督促单位落实整改。建立廉政风险防控机制，排查廉政风险、评估风险等级、建立防控措施、加强风险预警。深化惩治制度建设。建立健全腐败案件及时揭露、发现、查处机制，加强信访举报工作，严肃查办发生在领导机关和领导干部中贪污贿赂、失职渎职案件，重点领域和关键环节中的违纪违法案件，严重违反政治纪律和组织人事纪律的案件，重大责任事故和群体性事件涉及的失职渎职及背后的腐败案件；严肃查办商业贿赂案件，发生在基层政权组织和重点岗位以权谋私、滥用职权的案件，以案谋私、贪赃枉法和为黑恶势力充当“保护伞”等案件。加强以案促教、以案促管、以案促建，充分发挥案件查办的治本功能。

4. 以健全和落实基层勤廉制度为重点，进一步促进基层勤廉。按照“五位一体”的工作布局，积极推进“勤廉乡镇”、“勤廉村”、“勤廉站所”、“勤廉机关”创建，组织开展“勤廉干部”评选。贯彻落实《全面实施勤廉农村建设工程的实施意见》，完善勤廉农村建设“3353”工作机制，提升乡镇便民服务中心、招投标中心、农村财务规范化管理中心“三个中心”建设，加强村级集体资源、资金、资产“三资”管理，深化党务、政务、村务、事务和干部身份“五个公开”，强化乡镇纪委、村监会、站所纪检员“三支队伍”建设。当前，重点要抓好村监会选举工作，健全村监会工作机制，推进农村民主政治建设；全面推进村级便民服务中心建设，在全县所有行政村建立便民服务中心，进一步转变作风、提高效率和方便群众办事。加大创建工作的督查力度，加强基层干部的教育、管理和监督，严肃查处少数基层干部滥用职权、涉黑涉恶、侵吞国家和集体财产等行为。建立激励奖惩机制，以星级评选的形式进行科学考评和动态管理，将创建结果与创建单位的项目和资金安排、评先评优、年度考核以及村干部基本报酬等相挂钩，纳入各地各单位党风廉政建设责任制考核内容。

5. 以健全和落实组织协调机制为重点，进一步提升反腐合力。完善反腐败组织协调工作机制，积极发挥反腐败协调小组、联席会议等机制的作用，加强对反腐败重大事项、重大案件的指导、协调和督办。完善县纪委常委会工作制度，健全县纪委常委会向县委或县委常委会汇报工作制度，严格执行县纪委常委会议事规则。完善县纪委委员工作制度，落实重大事项征求意见、重要情况通报、重大活动参与、定期约谈、学习例会、意见建议办理制度和监督机制。健全县纪委委员联系基层党风廉政建设工作制度，由县纪委委员分组分片联系乡镇、部门的党风廉政建设工作，充分发挥纪委委员作用。完善纪检监察员和效能监督员工作制度，纪检监察员和效能监督员在县纪委领导下履行督查职能，配合纪委开展各项工作，及时向纪委反映群众对反腐倡廉建设的意见和建议，对纪检监察工作提出批评建议。

（二）建立健全“社会化推进”工作体系。着力构建群众积极参与反腐倡廉建设的体制机制，大力解放反腐败生产力，提高“勤廉遂昌”建设的群众化水平。

1. 推进社会管理科学化。根据最大限度激发社会活力、减少不和谐因素的要求，以解决影响社会和谐稳定突出问题为突破口，提高社会管理科学化水平。注重城市社区功能的发挥，进一步完善社区的公共服务职能和自治作用，促进城市精细管理。注重群众利益诉求的表达，统筹兼顾群众的切身利益，形成科学有效的利益协调机制、诉求表达机制、矛盾调处机制、权益保障机制。注重应急管理体系建设，进一步完善“网格化管理，零距离服务”工作，着力加强常态化民兵应急分队和人民调解组织建设，完善重大事项社会稳定风险评估机制，形成有效应对各种自然灾害和社会公共危机事件的社会稳定机制，确保社会政治和谐稳定。

2. 推进资源配置市场化。贯彻落实加快推进国有资源配置市场化的意见，在更深层次、更大程度、更广领域实现资源的公正廉洁配置。规范市场配置程序，深化招投标“管办分离”改革，贯彻落实《遂昌县国有投资建设工程项目招标投标监督管理若干规定》，加大招标投标监管和标后管理力度。提升政府投资项目代建制和森林资源流转工作。完善市场诚信体系，健全行业监管和行业自律机制。扩大资源配置市场化范围，在推进水电、土地矿产、森林、市政公用、经营性非经营性资产、中介代理等六大领域资源配置市场化的同时，加快储备粮拍卖、小流域治理、公共服务收费等其他领域资源配置市场化进程。

3. 推进廉政文化社会化。加强廉政文化的传承、宣传、拓展工作，营造风清气正的良好工作氛围。进一步挖掘和整合汤显祖文化、红色文化、晚明文化、民间文化等仙县文化中的勤廉文化元素，深化“文化养廉”专线建设，丰富专线内涵，提升专线品质。完善反腐倡廉“大宣教”工作格局，及时宣传报道反腐败斗争形势和重大举措，建立健全新闻发布会制度，适时通报反腐倡廉工作情况。重视反腐倡廉舆情网络信息的收集、研判和处置。把廉政文化建设纳入公共文化服务体系建设，深入推进廉政文化“六进”工作，每年举办1—2个影响较大、覆盖面较广的全县性反腐倡廉宣传教育活动，引导群众积极参与反腐倡廉建设。

4. 推进权力运行公开化。以“抓公开、抓规范、抓监督”为重点，全面推行行政权力、公共服务公开透明运行。贯彻落实政府信息公开条例，推进党务、政务、村务、厂务、事务和干部身份公开，扩大党务公开的范围，提高村务公开的质量，促进公开规范化、制度化、常态化，保障群众的知情权、参与权和监督权。规范行政审批中心、招投标中心、会计核算中心、效能监察投诉中心运行，深化“两集中、两到位”职能归并工作，积极推进电子政务、网上审批和电子监察系统建设，打造优质高效服务平台。深入开展廉政监察、执法监察、效能监察，规范行政行为和行政执法自由裁量权。联合新闻媒体加大监督检查力度，严肃查处作风粗暴、推诿扯皮、吃拿卡要等违反机关效能建设规定的行为。

5. 推进群众监督常态化。着力从构建平台、扩大参与、解决问题入手，把以人为本、执政为民落实到各项工作中去。整合媒体和网站资源，构建统一的群众监督平台，建立健全群众投诉受理、督办、反馈、公开机制，以及与群众利益密切相关的社会公示制度和社会听证制度。深化群众民主评议机关、评议干部、评议行风制度，开展“中层干部大家评”活动，做到评议对象由群众确定、评议过程让群众参与、评议结果向群众公开，注重将活动的过程提升为干部受教育的过程。坚决纠正损害群众利益的不正之风，重点解决征地拆迁、住房保障、食品药品安全、环境保护、安全生产等方面损害群众利益的突出问题。加强对强农惠农政策落实情况的监督检查，做好减轻企业、农民负担工作。开展最低生活保障工作专项检查。完善教育收费监管长效机制，认真治理医药购销和医疗服务中的不正之风。规范行业协会、市场中介组织的服务和收费行为。开展民主评议行风活动。

（三）建立健全“项目化管理”工作体系。坚持任务目标化、目标责任化、责任具体化，提高“勤廉遂昌”建设的项目化管理水平。

1. 实行重点工作项目化管理。对重点工作、重大项目、临时性重特大问题实行“项目化管理”，保障各项工作顺利开展。推进《遂昌县国民经济和社会发展第十二个五年规划纲要》的深入实施，“十二五”规划对今后五年我县经济社会发展作出了全面部署，各乡镇、部门要根据发展目标制定具体的实施计划，确保年度任务和阶段性指标顺利完成。贯彻落实县委、县政府年度重点工作责任分工，进一步明确工作责任，细化工作目标，确保年度各项工作目标如期实现。推进县政府年度“十件实事”，采取切实有效措施，狠抓工作落实，确保“十件实事”如期完成。深化县领导联系重点项目制度，根据项目年度投资计划和形象进度，明确责任单位、责任人、分管领导工作职责，推进年度重点建设项目计划和重大前期项目计划顺利实施。深化领导干部年度实事考核工作，督促领导干部制定年度实事计划并抓好落实，考核结果作为干部年度考核等次的主要依据，并与县管领导干部调整使用相结合。

2. 实行廉政责任项目化管理。认真落实党风廉政建设责任制，制定年度落实党风廉政建设责任制、惩防体系建设和“勤廉遂昌”建设项目化管理责任分工，健全领导体制、责任机制、督查机制。实行牵头负责制，明确年度重点项目的牵头单位和配合单位，牵头领导或牵头单位负总责，配合单位积极协助，抓好各项工作落实；实行督导联系制，将项目推进的组织协调职责落实到责任单位或科室，强化督查指导工作；实行属地责任制，各乡镇、部门要将年度工作任务进行细化，明确分管领导、实施方案、推进措施和完成时限。加强过程管理，通过实行一份项目化管理责任分工表、一次进度通报、一次考核奖惩的“三个一”举措，确保领导到位、责任到岗、任务到人、考核到边，对领导不力甚至不抓不管，导致严重不正之风长期得不到治理、屡屡出现重大腐败问题的地方和单位，按照有关规定追究相关领导的责任。

3. 实行纪检工作项目化管理。切实把以人为本、执政为民贯彻到反腐倡廉各项工作中去，努力在实践根本宗旨、坚持群众路线、做好群众工作上作出表率和取得成效。深化“做党的忠诚卫士、当群众的贴心人”主题实践活动和创先争优活动，选派部分干部到工业园区、重点项目挂职锻炼，加强乡镇、部门纪检监察干部教育培训，激发干部干事创业激情，积极创建学习型、项目型、执行型、文化型、创新型“五型机关”。深入贯彻中央五部委《关于加强地方县级纪检监察机关建设的若干意见》，加强纪检监察机关和组织网络建设，推进机关纪委建设，深化乡镇纪检组织规范化建设。实行纪检监察工作项目化管理，健全项目申报、项目实施、项目监督、项目评价机制，实行牵头负责制和“大科室”制，加强内部管理，规范操作流程，提高运转效率。

四、加强对打造“勤廉遂昌”的领导

（一）加强组织领导。县委成立打造“勤廉遂昌”领导小组，与县委构建惩治和预防腐败体系工作领导小组合署，领导小组办公室具体负责打造“勤廉遂昌”的日常工作。各乡镇、部门是打造“勤廉遂昌”的责任主体，党政主要负责人要切实履行第一责任人职责，围绕县委的决策部署，建立领导机构，制定具体的贯彻意见和工作措施。

（二）健全工作机制。建立打造“勤廉遂昌”工作责任制，实行项目化管理责任分工，健全党委统一领导、党政齐抓共管、纪委组织协调、部门各负其责、依靠群众支持和参与的领导体制和工作机制。纪检监察机关要加强组织协调和监督检查，协助县委研究部署和深入推进“勤廉遂昌”建设。县委县政府督查室、县效能办、县执行力办要加强对打造“勤廉遂昌”的督查指导，查找问题、督促整改、推进工作。

（三）营造良好氛围。各级领导干部要率先垂范，在打造“勤廉遂昌”中发挥表率作用。要坚持走群众路线，最大限度地调动人民群众投身打造“勤廉遂昌”的积极性、主动性和创造性。要建立科学的考核评价体系，将打造“勤廉遂昌”列入乡镇、部门年度考核和干部考核内容。要加强舆论引导工作，努力营造全县上下关心、支持、参与打造“勤廉遂昌”的良好氛围。

中共遂昌县委
二〇一一年三月三十一日

图书在版编目(CIP)数据

浙江政策年鉴.2012/中共浙江省委政策研究室编.
—北京:研究出版社,2013.1
ISBN 978-7-80168-742-5

Ⅰ.①浙… Ⅱ.①中… Ⅲ.①方针政策—浙江省—2012—年鉴 Ⅳ.①D675.5-54

中国版本图书馆CIP数据核字(2012)第304798号

浙江政策年鉴·2012

编　　者:中共浙江省委政策研究室
杭州市省府路省行政中心3号楼
邮编:310025　电话:0571—87055076
出版发行:研究出版社
北京1746信箱
邮编:100017　电话:010—64045067
责任编辑:苏　刚
责任校对:张　璐
印　　刷:浙江印刷集团有限公司
开　　本:889mm×1194mm　1/16
印　　张:46.75
字　　数:1887千字
版　　别:2012年12月第1版
版　　次:2012年12月第1次印刷
定　　价:300.00元
书　　号:ISBN 978-7-80168-742-5
